IUSTITIAM COLIMUS

O. Dominioni, P. Corso, A. Gaito, G. Spangher, N. Galantini,
L. Filippi, G. Garuti, O. Mazza, G. Varraso, F.R. Dinacci,
M. Bontempelli, E.M. Mancuso, C. Iasevoli

Procedura penale

OTTAVA EDIZIONE - RISTAMPA EMENDATA

Giappichelli

VIA PO, 21 - TEL. 011-81.53.111
http://www.giappichelli.it

ISBN/EAN 979-12-211-0336-6

G. Giappichelli Editore

Questo libro è stato stampato su carta certificata, riciclabile al 100%

Stampa: Rotolito S.p.A. - Pioltello (MI)

Indice

pag.

Parte IV
Gli atti

Capitolo V
Gli atti
di *Gianluca Varraso*

Capitolo VI
Le invalidità
di *Gianluca Varraso*

Parte V
Il diritto delle prove

Capitolo VII
Il corpo del diritto delle prove. Disposizioni generali
di *Oreste Dominioni*

Capitolo VIII

I mezzi di prova

di *Oreste Dominioni*

Capitolo IX

I mezzi di ricerca della prova

di *Oreste Dominioni*

pag.

Parte VI
Le misure cautelari

Capitolo X
Le misure precautelari
di *Piermaria Corso*

Capitolo XI
Le misure cautelari personali
di *Piermaria Corso*

Capitolo XIV

L'udienza preliminare

di *Giulio Garuti*

Capitolo XV
Il giudizio ordinario
di *Giulio Garuti*

pag.

Capitolo XVI

Il procedimento davanti al Tribunale in composizione monocratica

di *Giorgio Spangher*

Parte VIII

Provvedimenti speciali

Capitolo XVII

I procedimenti speciali

di *Giorgio Spangher*

Parte IX

La disciplina extracodicistica dei processi

Capitolo XVIII

La procedura per accertare la responsabilità degli enti

di *Giulio Garuti*

Capitolo XIX
Il processo penale minorile
di *Giorgio Spangher*

Capitolo XX
Il procedimento penale davanti al giudice di pace
di *Giorgio Spangher*

Parte X
I giudizi di impugnazione

Capitolo XXI
Le impugnazioni in generale

di *Alfredo Gaito*

pag.

Capitolo XXII
L'appello
di *Alfredo Gaito*

Capitolo XXIII
Il ricorso per cassazione
di *Alfredo Gaito*

Parte XI
Il giudicato

Capitolo XXIV
Il giudicato

di *Filippo Raffaele Dinacci*

pag.

Capitolo XXV

I mezzi straordinari di impugnazione

di *Novella Galantini*

Capitolo XXVI

L'esecuzione penale

di *Enrico Maria Mancuso*

Parte XII
I rapporti con le autorità straniere

Capitolo XXVII
Spazio penale europeo e cooperazione giudiziaria internazionale

di *Alfredo Gaito*

Capitolo XXVIII
Mandato d'arresto europeo ed estradizione

di *Alfredo Gaito*

Capitolo XXIX

Rogatorie

di *Alfredo Gaito*

pag.

Capitolo XXX

La cooperazione giudiziaria nell'esecuzione e la nuova disciplina del trasferimento dei procedimenti penali

di *Alfredo Gaito*

Parte XIII

Il procedimento di prevenzione

Capitolo XXXI

Il procedimento di prevenzione

di *Leonardo Filippi*

Prefazione

L'entrata in vigore del d.lgs. n. 150 del 2022, adottato in attuazione della legge delega n. 134 del 2021, porta a compimento la "riforma Cartabia" del processo penale.

Si tratta di un'ampia riscrittura del codice del 1988, che incide sul sistema nel suo complesso, ispirata dall'obiettivo del raggiungimento di un risultato di efficienza quantitativa, individuato dallo stesso Ministro della Giustizia proponente nel taglio lineare del 25% della durata media dei processi nell'arco di cinque anni, e realizzata non senza sacrifici dell'efficienza qualitativa.

Siamo ben lontani dalle ideologie che, in passato, hanno animato ogni intervento novellistico sul martoriato impianto del processo accusatorio varato più di trent'anni fa. L'efficienza del processo, nelle sue due specie, deve essere inquadrata nelle coordinate costituzionali basate sul fine cognitivo del processo penale, e pone l'interprete dinanzi a scenari inediti, a partire dall'esatta definizione del suo stesso concetto che rimane ambiguo nella natura relazionale.

Emerge una insistente tendenza al passaggio a un modello processuale post-accusatorio, in cui si stabilizzano gli esperimenti condotti nel periodo dell'emergenza pandemica – dal processo a distanza, agli atti telematici fino alle impugnazioni cartolari, pur con il consenso dell'imputato –, si potenzia la funzione di accertamento delle indagini preliminari e dell'udienza preliminare mediante nuove regole di giudizio e nuovi poteri di controllo del giudice sulle indagini e sull'imputazione, ma anche prevedendo inconsueti oneri per la difesa e favorendo la desistenza premiata dal dibattimento e dalla relativa cognizione.

La complessità e la vastità della riforma hanno imposto non solo una nuova edizione del Manuale, ma anche un ripensamento della sua sistematica, per renderlo uno strumento più adatto allo studio e alla comprensione di una disciplina in profonda trasformazione. Nell'ottica del rinnovamento editoriale si inscrive anche la scelta di coinvolgere nuovi Autori.

Gli Autori

Marzo 2023

Autori

Oreste Dominioni
Ordinario nell'Università degli Studi di Milano.

Piermaria Corso
Ordinario nell'Università degli Studi di Milano.

Alfredo Gaito
Ordinario nella «Sapienza-Università di Roma».

Giorgio Spangher
Ordinario nella «Sapienza-Università di Roma».

Novella Galantini
Ordinario nell'Università degli Studi di Milano.

Leonardo Filippi
Ordinario nell'Università degli Studi di Cagliari.

Giulio Garuti
Ordinario nell'Università degli Studi di Modena e Reggio Emilia.

Oliviero Mazza
Ordinario nell'Università degli Studi di Milano-Bicocca.

Gianluca Varraso
Ordinario nell'Università Cattolica del Sacro Cuore di Milano.

Filippo Raffaele Dinacci
Ordinario nell'Università LUISS Guido Carli di Roma.

Manfredi Bontempelli
Ordinario nell'Università degli Studi di Milano.

Enrico Maria Mancuso
Ordinario nell'Università Cattolica del Sacro Cuore di Milano.

Clelia Iasevoli
Ordinario nell'Università degli Studi di Napoli Federico II.

Avvertenza

Gli articoli del codice di procedura penale vigente sono citati, di regola, senza altra indicazione, mentre gli articoli del codice abrogato sono sempre accompagnati da un esplicito rinvio a tale codice. Per i capitoli XVIII, XIX e XX si veda, invece, la nota apposta ai rispettivi titoli.

La L. 16.2.1987, n. 81, recante «delega legislativa al Governo della Repubblica per l'emanazione del nuovo codice di procedura penale» viene talvolta indicata, per brevità, come «legge delega».

Le disposizioni dell'ordinamento giudiziario (r.d. 30.1.1941, n. 12) sono citate, di solito, come «ord. giud.», tenendo ovviamente conto delle novellazioni intervenute.

Con l'abbreviazione «disp. att.» si allude, di regola, alle «Norme di attuazione, di coordinamento e transitorie del codice di procedura penale», approvate con d.lgs. 28.7.1989, n. 271.

Mediante l'abbreviazione «ord. penit.» ci si riferisce alla L. 25.7.1975, n. 354, recante «Norme sull'ordinamento penitenziario e sulla esecuzione delle misure privative e limitative della libertà», ed alle sue successive modificazioni.

La Convenzione europea per la salvaguardia dei diritti dell'uomo e delle libertà fondamentali (resa esecutiva con L. 4.8.1955, n. 848) viene indicata con l'abbreviazione «C.e.d.u.».

Il Patto internazionale sui diritti civili e politici (reso esecutivo con L. 25.10.1977, n. 881) viene indicato con l'abbreviazione «P.i.d.c.p.».

Per altri testi convenzionali, le corrispondenti abbreviazioni saranno indicate all'interno del volume.

Parte I

Le fonti del diritto processuale penale

Capitolo I

Introduzione allo studio del diritto processuale penale alla luce dei princìpi costituzionali

di *Alfredo Gaito*

SOMMARIO: 1. La cultura della legalità e l'approccio allo studio del diritto processuale penale. – 2. Le norme di organizzazione e funzionamento. – 3. Processo penale e Costituzione. – 3.1. I profili costituzionali del processo penale. – 4. L'adeguamento delle tecniche interpretative indotto dalla riforma costituzionale sul giusto processo. – 4.1. Costituzione materiale e processo penale. – 5. La revisione esegetica dei meccanismi codicistici a presidio dei requisiti costituzionali del giusto processo. – 6. La tenuta della riforma del 2022 nell'ottica dei princìpi del giusto processo. – 7. La successione delle norme procedurali nel tempo: *tempus regit actum*.

1. La cultura della legalità e l'approccio allo studio del diritto processuale penale

La sottesa ideologia che regge la logica interna della struttura normativa conferma che la procedura penale (come complesso di regole da rispettare in vista del conseguimento di un "verdetto" non solo persuasivo ma anche appagante sotto il profilo della legalità) non costituisce un esangue meccanismo tecnico indipendente dai valori, malgrado i bilanciamenti tra gli stessi che non sempre portano ai risultati che ispirano il garantismo penale. Ad ogni modo, lo studio delle regole procedurali della giustizia penale trascende i confini di una astratta dogmatica formale e comporta inevitabili riflessioni etiche; il tema della verità non riguarda più solo la conoscenza del fatto controverso ma anche la condotta delle parti.

Il contrasto tra le esigenze investigative e di informazione relative a vicende giudiziarie, anche di pubblico interesse, ed il diritto dei singoli alla propria riservatezza ed al sacrosanto rispetto delle regole, hanno costantemente scandito progressivi e percettibili scivolamenti ed assestamenti teorici che hanno contribuito ad una sorta di messa al bando del diritto alla *privacy*, con conseguente scadimento dello ***standard* di legalità**.

«*Male captum, bene retentum*» è un antico brocardo, che troppe volte è servito in passato alla bulimia inquisitoria di quanti furono chiamati ad amministrare la giustizia. In tempi recenti, è valso in maniera surrettizia ad ammantare di pseudo-legalità la condotta spregiudicata ed avulsa dai binari scanditi dalla progressione e dalle regole procedimentali di alcuni settori della magistratura (non solo inquirente) palesemente interessati a conseguire in prospettiva giustizialista alcuni opinabili obiettivi solo apparentemente funzionali ad un'evanescente azione moralizzatrice, dimentica della separazione tra morale e diritto penale. Di qui, la necessità e l'importanza di riflettere se non valga la pena di abbandonare ogni forma di «politica giudiziaria di scopo», quando si tratta di **tutelare le libertà fondamentali della persona**. Aspetto questo che oggi, in una fase di transizione verso nuovi equilibri istituzionali e processuali, deve essere ancora e sempre di più sottolineato in prospettiva problematica nelle aule universitarie, oltre che negli ambulacri dei c.d. «palazzi di giustizia» tenendo presenti non solo malintese (e malamente individuate) aspettative di una indefinibile collettività, ma soprattutto i diritti dell'individuo. Intorno ad essi, infatti, si muovono interessi contrapposti (quello dello Stato ad un elevato livello di controllo del singolo cittadino e quello di ogni persona ad un alto grado di autodeterminazione), per cui sarà inevitabile argomentare che è auspicabile, perché necessaria, una determinazione positiva di scelte chiare che non siano foriere di equivoci esegetici e infortuni operativi, sul presupposto che i risultati della ricerca contano nella misura in cui sono osservate le regole preposte ai modi di produzione della verità: sembra francamente paradossale che la necessità di fissare delle metodologie di acquisizione secondo protocolli predefiniti (c.d. *best practices* o *standard operating procedure*) venga riconosciuta soltanto per la prova scientifica, mentre in ogni altro settore le regole legislative dell'ordinato procedere vengano distortamente intese quali formalismi cedevoli.

In definitiva, va dato atto della mancata risoluzione di un problema che si ripropone da anni ed è essenzialmente di cultura e di metodo, aspetti inscindibili del modello costituzionale del **giusto processo**. Occorre accelerare, cioè, il recupero della cultura della legalità sul piano dell'effettività del diritto vivente e ripristinare, perciò, il metodo della correttezza e del rispetto dei ruoli processuali secondo le linee assiologiche sottese ai diversi istituti processuali ed in senso deontologicamente orientato; beni entrambi erosi in misura non marginale da prassi devianti settorialmente interessate. Solo su tali premesse, metodologiche e non solo, possono essere utilmente affrontati dagli studenti universitari temi ostici come quelli che seguono, sistematizzati e semplificati nei limiti del possibile per essere destinati alla didattica nei corsi d'insegnamento del diritto processuale penale (come viene definito oggi con una terminologia che, abbandonando la tradizionale e risalente dicitura di «Procedura penale», sottolinea con immediatezza gli spessori contenutistici e le questioni metodologiche tipiche dell'analisi problematica di un sistema).

2. Le norme di organizzazione e funzionamento

Il processo penale si incarna in un sistema di norme (essenzialmente codice di rito e Ordinamento giudiziario [1], ma anche leggi speciali) attraverso le quali lo Stato autolimita il proprio potere di imperio dettando a sé stesso le regole che sarà tenuto a rispettare al momento di perseguire i cittadini sospettati di aver commesso uno o più reati. Il che si risolve – al contempo – nel rispetto del principio di **uguaglianza**. Difatti, lo svolgimento della contesa giudiziaria viene disciplinato in forza di leggi alla cui osservanza sono tenuti tutti i soggetti che vi partecipano: sia quelli portatori degli interessi in collisione (polizia giudiziaria, pubblico ministero, parte civile, imputato), sia quelli investiti del potere di risolvere il contrasto stesso (giudici di merito e giudice di legittimità). Le norme processuali (e quelle ordinamentali) anziché porre quei divieti di azione che contrassegnano il contenuto tipico dei precetti limitativi di libertà, si concretano di regola nella prescrizione tecnica di condotte ovvero nell'imposizione di canoni di comportamento, da porre in essere in un certo modo, entro il limite stabilito, e nel rispetto della sfera di azione degli altri soggetti, se si vogliono conseguire le finalità assegnate. Le norme di procedura e quelle ordinamentali, in definitiva, sono accorgimenti tecnici utili a predeterminare non solo il comportamento dei soggetti privati portatori degli interessi in conflitto, ma anche il comportamento di tutti i soggetti pubblici operanti nel processo penale, e segnatamente anche dei giudici. Il diritto processuale, perciò, dovendo precostituire schemi formali validi a regolare dagli interventi cautelari al metodo probatorio, dalle tecniche decisorie agli strumenti di controllo, si articola in norme definite anche di organizzazione e funzionamento.

Posto che i soggetti processuali vedono le loro situazioni di potere e di dovere prefigurate in **schemi tipici**, fuori dei quali sconfinano nell'arbitrio, è chiaro che tutto quanto loro non espressamente consentito è da ritenere precluso. Ma se, nel processo penale, i soggetti operanti possono compiere soltanto quelle attività alle quali risultano specificamente autorizzati dalla legge, nell'ambito delle paratie di tempo e di modo prestabilite; cioè, se certi risultati utili possono essere conseguiti soltanto rispettando le regole prefissate,

---

[1] R.d. 30.1.1941, n. 12, e modificazioni successive.

ne deriva che l'attività delle parti e del giudice, per essere giuridicamente rilevante deve, appunto, svolgersi sempre e costantemente nel rispetto della legge. È questo il nucleo del c.d. «**giusto processo**», introdotto con riforma costituzionale tra il finire dell'anno 1999 e i primi giorni del 2000 (L. Cost. 23.11.1999, n. 2; d.l. 7.1.2000, n. 2, conv. in L. 25.2.2000, n. 35). Il processo penale è, dunque, la serie delle attività compiute dall'autorità giudiziaria nei modi di legge e dirette alla verifica empirica dell'ipotesi dell'accusa attraverso una statuizione fondata su un giudizio il quale, a sua volta, è in diretta dipendenza dalla ricostruzione empirica dei fatti previsti come reati sulla base degli elementi di prova acquisiti e dalla valutazione che il giudice competente (precostituito, naturale, terzo ed imparziale) ne compie alla stregua (non già di decisioni potestative bensì) dei criteri stabiliti dalla legge, sicché il collaudato principio di stretta legalità penale si salda con il moderno principio di legalità del giusto processo (imperniato intorno alla giurisdizione, alla presunzione di non colpevolezza, alla formale ritualità degli atti, all'effettività del contraddittorio e alla tutela sostanziale del diritto di difesa).

Nel processo inquisitorio emergeva, a significativa costante, la ricerca della verità reale quale principio etico di base; noi sappiamo adesso che si trattava certamente di una sovrastruttura ideologica dietro la quale si mascherava lo stato totalitario che, in nome della verità assoluta, voleva avere via libera nei processi onde poterne condizionare l'esito. Il rito accusatorio, di contro, qualifica già significativamente attraverso il connotato semantico le posizioni delle parti (accusatore-accusato) esprimendo l'esigenza (logica prima ancora che normativa) di prove prodotte dal pubblico ministero a supporto dell'accusa; ed appare impensabile che le prove possano essere ricercate dal giudice, la cui funzione è, e deve restare, quella di arbitro imparziale che assicuri l'osservanza delle regole, sollecito ad intervenire quando le garanzie del singolo paiano poste in pericolo dalla preponderanza dell'apparato investigante.

Con il codice vigente è stato dissolto il feticcio della verità reale (come si avrà modo di vedere nei riti semplificati a prova contratta, nello studio delle c.d. «regole di esclusione» ed a proposito dei limitati effetti delle sentenze definitive), contando anche l'ortodossia del metodo, non più solo il risultato: si profila così, anche nell'ambito della giustizia penale, quel «processo come gioco» quale utile schema conoscitivo di riferimento, sociologicamente teorizzato e positivamente sperimentato dagli studiosi del processo civile e dai processualpenalisti di tradizione anglo-americana; anche se accanto a nuovi istituti propri del rito accusatorio – es. investigazioni difensive, diritto dell'imputato al silenzio (il diritto al silenzio e quello a non autoincriminarsi costituiscono prinċìpi internazionali generalmente riconosciuti che, fornendo all'accusato una garanzia contro le pressioni – sia proprie che improprie – dell'autorità giudiziaria o di polizia, concorrono ad evitare errori giudiziari e ad assicurare il perseguimento del "giusto" processo), divieto di istruttorie occulte, diritto all'espletamento del controesame e all'assunzione della prova contraria – persistono alcune strutture inquisitorie di tipo tradizionale che consentono ancora oggi al giudice dell'udienza di svolgere certe attività di elaborazione probatoria che dovrebbero essere oramai proprie ed esclusive delle parti. Perciò è chiaro che, una volta ripudiato a livello di opzione legislativa l'obiettivo della verità reale (e correlativamente, con coerenza, dissolto il c.d. "mito del giudicato"), ogni tentativo (ancora talvolta affiorante nelle prassi) di forzare le regole legali dell'assunzione e della valutazione della prova, sull'altare dell'aspirazione alla ricerca della verità reale, si risolverebbe in un *escamotage* utilizzato per giustificare all'opinione pubblica discutibili deviazioni dalle norme, naturalmente secondo un'applicazione distorta del principio dell'indipendenza del giudice nel momento dell'apprezzamento delle risultanze di causa (c.d. "libero convincimento"), opportuno corollario di un rito inquisitorio svincolato da limiti, da osservanze e da oneri di accusa.

Quarant'anni fa, all'epoca dell'emergenza, si era teorizzato, e praticato, il processo penale come mezzo poliziesco di lotta per la prevenzione e per la repressione di certi fenomeni di criminalità e di terrorismo, anzi che strumento di accertamento imparziale. Poi c'è stato un ribaltamento di prospettive, ma la verità è sempre l'obiettivo primario, nella ricerca e nell'elaborazione delle prove e nella dinamica di ogni processo; guai se così non fosse, perché altrimenti la sorte di uomini e cose sarebbe rimessa unicamente alla maggiore o minore bravura di un avvocato o di un pubblico ministero. Non va trascurato che in forza dell'art. 358, co. 1, «il pubblico ministero [...] svolge altresì accertamenti su fatti e circostanze a favore della persona sottoposta alle indagini», così restando delineati i contorni di una sorta di parte imparziale (per usare la terminologia classica) che ha il dovere di indagare non soltanto sui fatti a sostegno dell'esercizio dell'azione penale, ma su tutto ciò che attiene alla vicenda storica, quindi anche sulle circostanze a favore della persona sottoposta alle indagini. E questo non è un enunciato puramente enfatico: il pubblico ministero ha l'obbligo istituzionale di individuare tutto quanto concerne i reati ed i responsabili (le indagini possono essere considerate adeguate solo se e quando siano condotte in modo da risultare orientate al fine di acquisire, oltre le prove a carico, anche quelle a discarico dell'accusato) [2]. Quanto ai poteri probatori del giudice, va subito detto che – per non risultare una pre-

---

[2] Corte eur., sent. 14.3.2002, Edwards c. Regno Unito; Corte eur., sent. 27.7.2000, Pisano c. Italia; in prospettiva di metodo già Corte eur., sent. 24.11.1993, Imbrioscia c. Svizzera. Sull'efficacia delle indagini v. Corte eur., sent. 18.5.2010, Anusca c. Moldavia.

varicazione delle prerogative altrui (del pubblico ministero, dell'imputato e delle altre parti private) – l'intervento d'ufficio del giudice deve essere esplicato unicamente in funzione di garanzia del rispetto delle regole e di riequilibrio di situazioni anomale (es. decadenza dalle richieste probatorie per fatto non direttamente imputabile alla parte interessata; minorata difesa) [3].

Se è vero che non c'è più l'obbligo di compiere tutti gli accertamenti possibili per scoprire la verità reale, quello della **ricerca della verità** rimane pur sempre l'obiettivo etico fondamentale, anche se non è più conclamato come un tempo; sta di fatto che assieme alla stessa ricerca della verità occorre il **rispetto delle regole** del gioco, cioè dei princìpi generali di organizzazione e funzionamento e delle singole disposizioni non solo in tema di prova ma anche di giurisdizione, competenza, tempo, ecc.; e tra le regole è stata ribadita all'art. 124 quella per cui «i magistrati, i cancellieri e gli altri ausiliari del giudice, gli ufficiali e gli agenti di polizia giudiziaria sono tenuti a osservare le norme di questo codice anche quando l'inosservanza non importa nullità o altra sanzione processuale» (co. 1) e «i dirigenti degli uffici vigilano sull'osservanza delle norme anche ai fini della responsabilità disciplinare» (co. 2).

In realtà questa regola, riproduttiva del tenore dell'art. 154 c.p.p. del 1930, non aveva mai ricevuto applicazione, perché la sanzione dell'obbligo di correttezza non era (e non è) di natura processuale e non erano sperimentate, in passato, altre tipologie invalidanti gli atti processuali diverse dalla nullità. E ciò aveva provocato una sorta di slealtà procedimentale nell'individuazione delle prove, con correlativo lassismo da parte del giudice nell'ammettere e valutare la prova illecitamente o illegittimamente acquisita, sacrificando il rispetto delle forme sull'altare dell'ossessione per il conseguimento della verità e/o della lotta alla criminalità del momento. Ma le cose sono cambiate con la previsione delle regole d'esclusione della prova acquisita in violazione di legge e, forse ancor più, con la consapevolezza che il c.d. Ordinamento giudiziario è la prima legge fondamentale di procedura e che il giudice deve essere sempre terzo, imparziale ed equidistante dalle parti tanto nella fase di formazione della prova in contraddittorio quanto nel momento individuale di selezione e di valutazione del materiale decisorio.

Il dato fenomenologico più appariscente, a questo proposito, è il venir meno (all'opposto del vecchio codice) del feticcio ideologico dell'infallibilità del giudice nel ricostruire la verità e la tendenziale riconduzione del processo penale nell'alveo fisiologico di strumento d'accertamento secondo regole egualmente vincolanti per tutti i soggetti. Dove la minore tensione verso un risultato ad ogni costo e la ripulsa di ogni ansia giudiziale per la verità reale

---

[3] Corte cost., sent. n. 241 del 1992; Corte cost., sent. n. 255 del 1992; Corte cost., sent. n. 111 del 1993.

(anche in considerazione del polimorfismo processuale e della giustizia negoziata) lasciano il posto, in funzione di recupero, a sempre più sofisticati strumenti di controllo in fase di impugnazione e *post rem iudicatam* (il riferimento d'obbligo è all'enucleazione del ricorso straordinario per errore di fatto in cassazione, agli ambiti della revisione progressivamente dilatati dall'elaborazione della giurisprudenza ordinaria e di quella costituzionale, agli spazi applicativi della procedura esecutiva incidentale).

Per l'effetto, il giudice non è più e non può essere *legibus solutus*. Per rimanere al tema della decisione: il giudice attuale è vincolato nella selezione del materiale decisorio da un reticolo di disposizioni codicistiche quali gli artt. 192, co. 2 («l'esistenza di un fatto non può essere desunta da indizi a meno che questi siano gravi, precisi e concordanti»), e 526, co. 1 («il giudice non può utilizzare ai fini della deliberazione prove diverse da quelle legittimamente acquisite nel dibattimento»), e co. 2 («la colpevolezza dell'imputato non può essere provata sulla base di dichiarazioni rese da chi, per libera scelta, si è sempre sottratto all'esame da parte dell'imputato o del suo difensore»); e c'è pur sempre da fare i conti con le regole di esclusione e con i divieti di utilizzazione disseminati qua e là a salvaguardia della correttezza nell'acquisizione del materiale probatorio (es. artt. 64, 191, 195, 197 *bis*, 203, 271, 401, 403, 404, 513) e con le regole di giudizio e la gerarchia delle formule liberatorie (es. artt. 129, 500, 529, 530, 533): tutto ciò si riflette nel valore della **motivazione della sentenza**, come espressione del concreto operare delle regole del giusto processo, con particolare riferimento all'incidenza del momento probatorio nella formazione del convincimento del giudice, pur sempre "libero" epperò in vasta misura vincolato al rispetto dei parametri legali appena evocati a titolo esemplificativo, dei quali è tenuto a rendere conto nella motivazione della sua decisione (i limiti normativi stabiliti dall'art. 192, co. 2 e 4, oltre che per gli indizi in genere e per la chiamata di correo, valgono anche per le sentenze irrevocabili, in forza dell'art. 238 *bis*, e per le dichiarazioni dei testimoni assistiti, alla stregua dell'art. 197 *bis*).

L'essenzialità del discorso giustificativo dell'organo decidente, postulato dall'art. 111 Cost., si disvela in tutta la sua importanza proprio nei confronti delle argomentazioni della difesa, in quanto indicativo della correttezza delle modalità del procedere e dell'uguale apertura verso le ragioni di ogni parte processuale. In ipotesi di motivazione carente, potrebbe intervenire in funzione rettificante il giudice d'appello; mentre si suole ripetere che la strozzatura del controllo derivante dal tenore del vigente art. 606, co. 1, lett. *e*, impedirebbe al giudice di legittimità qualsiasi controllo effettivo sulla vicenda sottoposta al suo esame (si vedrà nella sede opportuna come questa impostazione deve essere avviata a revisione critica, nonostante il coagularsi di forti spinte reazionarie in contrario).

3. Processo penale e Costituzione

L'approccio metodologicamente ortodosso allo studio e all'applicazione del diritto processuale penale presuppone il costante raffronto delle regole scandite a livello di legislazione ordinaria con i princìpi dettati dalla Costituzione e dagli accordi sovranazionali, in armonia con la gerarchia delle fonti

A prescindere, per il momento, dai nuovi equilibri tra regole interne e princìpi europei, elementari esigenze di chiarificazione sull'assetto normativo interno consigliano di prendere le mosse dalla preliminare rilevazione dei **princìpi costituzionali** operanti sul versante procedurale del microcosmo della giustizia penale, onde verificare la perdurante e attuale validità delle soluzioni di volta in volta praticate nella legge ordinaria e nella prassi delle aule di giustizia, nella prospettiva di valutare, successivamente, la rispondenza del processo penale italiano ai parametri della giurisdizione "giusta", conclamata dal legislatore nazionale e imposta dalle istituzioni sovranazionali.

L'art. 2 della legge delega per il codice di procedura penale (L. 16.2.1987, n. 81) specificava, significativamente, che «il codice di procedura penale deve attuare i princìpi della Costituzione e adeguarsi alle norme delle convenzioni internazionali ratificate dall'Italia e relative ai diritti della persona e al processo penale». Per l'effetto, a tacer d'altro, il sistema processuale penale in genere e la celebrazione di ogni singolo processo penale nello specifico, devono essere sempre, e irrinunciabilmente, in linea con il principio di uguaglianza, con il diritto alla libertà, al domicilio, alla corrispondenza, alla difesa, al giudice naturale precostituito per legge, con la presunzione di non colpevolezza, con il principio di tutela differenziata per i membri del Parlamento e per il Capo dello Stato, con il principio di indipendenza dei giudici, della disponibilità della polizia giudiziaria da parte dell'autorità giudiziaria e dell'obbligatorietà dell'azione penale.

3.1. I profili costituzionali del processo penale

In estrema sintesi.

a) L'art. 3 Cost. proclama **l'uguaglianza formale** (co. 1) e **sostanziale** (co. 2) davanti alla legge di tutti i cittadini indipendentemente dal sesso, dalla razza, dalla lingua. Correlativamente, situazioni affini vanno trattate in maniera omogenea. Una esemplificazione: posto che nelle nostre aule di giustizia deve obbligatoriamente essere utilizzata la lingua italiana (art. 109; salvo il bilinguismo previsto per alcune province di confine), al fine di non discriminare parti private di differente idioma, che non comprendono o non parlano la lingua italiana, è prevista l'assistenza di un interprete al fine di rendere intelligibile il contenuto degli atti e delle attività che si compiono nel processo. Il d.lgs. 4.3.2014, n. 32, ha dato attuazione alla direttiva 2010/64/UE, sul diritto all'interpretazione e alla traduzione nei procedimenti penali. Correlativamente, ogni eventuale differenziazione deve trovare legittimazione giustificativa nella peculiare specificità del fine ad essa sotteso [4].

b) L'art. 13 Cost. è posto a salvaguardia del minimo etico inviolabile della **libertà personale** anche mediante «violenza fisica e morale» sulle persone già sottoposte alla restrizione della libertà personale (anche sotto forma di ispezione o perquisizione personale). Ciò esclude forme di «tortura» nei confronti dei detenuti, e qualsiasi pressione o strumentalizzazione eterodossa degli strumenti processuali ordinari *ad eruendam veritatem*. Il diritto di libertà personale può essere sacrificato «nei soli casi e modi previsti dalla legge» (c.d. riserva di legge) e per «atto [...] dell'autorità giudiziaria» (c.d. riserva di giurisdizione) che deve essere adeguatamente «motivato» (c.d. obbligo di motivazione). Allo stesso modo possono essere adottati «in casi eccezionali di necessità e urgenza, indicati tassativamente dalla legge» da parte dell'autorità di pubblica sicurezza, provvedimenti provvisori (arresto e fermo) che necessitano di convalida da parte dell'autorità giudiziaria nel termine di 48 ore; in difetto «si intendono revocati e restano privi di effetti». A presidio della tutela della libertà personale, i provvedimenti di carcerazione preventiva patiscono dei limiti tassativamente indicati e, di recente, rafforzati dal legislatore [5], sia mediante l'istituto dei termini (per ogni singola fase, complessivi e massimi) della custodia cautelare, sia attraverso uno specifico obbligo di motivazione del provvedimento che limita la libertà. Sotto la spinta della giurisprudenza europea si può oramai ritenere garantito al «detenuto» europeo uno spazio minimo vitale [6], con previsione di rimedi preventivi [7] e compensativi.

c) L'art. 14 Cost. proclama **l'inviolabilità del domicilio** (e sul punto l'attività ermeneutica della giurisprudenza costituzionale e di legittimità è sempre stata copiosa) di fronte ad atti invasivi dell'autorità giudiziaria e di quella di pubblica sicurezza, quali ispezioni e perquisizioni, possibili – come per gli atti che comprimono la libertà personale – solo di fronte alla duplice riserva di giurisdizione e di legge e all'obbligo di motivazione. Ad ulteriore tutela della *privacy*, anche per la libertà e la segretezza della corrispondenza e di ogni altra forma di **comunicazione** (art. 15 Cost.) sono previste delle limitazioni nel rispetto della riserva di giurisdizione, della riserva di legge e del-

---

[4] Per un primo opinabile intervento v. Cass., Sez. Un., 24.4.2014, Espenhann ed altri.

[5] Con L. 16.4.2015, n. 47, recante *Modifiche al c.p.p. in materia di misure cautelari personali.*

[6] Corte eur., sent. 8.1.2013, Torregiani c. Italia.

[7] Corte eur., sent. 10.1.2012, Ananyev ed altri c. Russia.

l'obbligo di motivazione. La garanzia apprestata vale in particolar modo per le intrusioni nelle comunicazioni telefoniche, ambientali e telematiche e per le nuove forme di intrusione tra presenti mediante immissione di captatori informatici in dispositivi elettronici portatili. Le nuove tecnologie hanno imposto alla giurisprudenza di confrontarsi con le problematiche riguardanti il corretto bilanciamento dei contrapposti interessi in gioco: da una parte la tutela dei diritti individuali e dall'altra l'interesse alla prevenzione di eventi altamente rischiosi per la collettività e le esigenze di prevenzione generale. Già le Sezioni Unite avevano avuto modo di stabilire che l'intercettazione di comunicazioni tra presenti mediante l'installazione di un captatore informatico in un dispositivo elettronico è consentita nei soli procedimenti per delitti di criminalità organizzata per i quali trova applicazione la disciplina di cui all'art. 13 del d.l. n. 151 del 1991, conv. dalla L. n. 203 del 1991, che consente la captazione anche nei luoghi di privata dimora, senza necessità di preventiva individuazione ed indicazione di tali luoghi e prescindendo dalla dimostrazione che siano sedi di attività criminosa in atto.

In motivazione la Corte aveva sottolineato che, in considerazione della forza intrusiva del mezzo usato, la qualificazione del fatto reato, ricompreso nella nozione di criminalità organizzata, debba risultare ancorata a sufficienti, sicuri e obiettivi elementi indiziari, evidenziati nella motivazione del provvedimento di autorizzazione in modo rigoroso[8].

Con la riforma del 2017 è stata conferita ed attuata la delega legislativa per la formulazione di «disposizioni dirette a garantire la riservatezza delle comunicazioni in particolare dei difensori nei colloqui con l'assistito, e delle conversazioni telefoniche e telematiche oggetto di intercettazione, in conformità all'art. 15 Cost., attraverso prescrizioni che incidano anche sulle modalità di utilizzazione cautelare dei risultati delle captazioni e che diano una precisa scansione procedimentale per la selezione di materiale intercettativo nel rispetto del contraddittorio tra le parti e fatte salve le esigenze di indagine, avendo speciale riguardo alla tutela della riservatezza delle comunicazioni e delle conversazioni delle persone occasionalmente coinvolte nel procedimento, e delle comunicazioni comunque non rilevanti a fini di giustizia penale».

Le **intercettazioni**, d'altronde, pur costituendo strumento efficace per contrastare le forme più gravi della criminalità organizzata, presuppongono un efficace reticolo di cautele operative (artt. 266-271), spesso imperdonabilmente eluse dalla prassi, quasi che fossero inessenziali; il che ha provocato significativi e reiterati interventi della Corte costituzionale e delle Sezioni

[8] Cass., Sez. Un., 28.4.2016, Scurato.

Unite della Corte di cassazione (senza contare alcuni significativi moniti della Corte europea) [9].

d) Il **diritto di difesa**, scandito dall'art. 24, ma anche dall'art. 111, co. 3, Cost., garantisce a «tutti» la possibilità di agire in giudizio per la tutela dei propri diritti ed interessi legittimi, mediante l'inviolabilità della difesa in ogni stato e grado del procedimento. Tra i suoi corollari rientra l'istituto del gratuito patrocinio per i non abbienti, in funzione di assicurare i «mezzi per agire» e «difendersi» in giudizio. Rientrano nel novero del diritto di difesa anche «le condizioni e i modi per la riparazione degli errori giudiziari» (co. 4) che trovano una normativa specifica negli artt. 643-647.

e) I requisiti costituzionali del **giudice naturale**, precostituito per legge, terzo e imparziale sono enunciati all'art. 25, co. 1, e all'art. 111, co. 2, Cost. Particolarmente vivo in passato il dibattito in ordine al significato da attribuire agli aggettivi «naturale» e «precostituito per legge» (sterile endiadi o piuttosto diversi profili per cui la naturalità si attaglia all'ufficio giudiziario e la precostituzione al magistrato/persona fisica secondo l'attribuzione degli affari penali mediante il sistema tabellare). Alla luce della tutela sopravvenuta del principio di terzietà ed imparzialità del giudice (art. 111, co. 2, Cost.), oggi la funzione giudicante può dirsi presidiata da efficaci garanzie che, però, per divenire realmente efficaci abbisognano di un approccio interpretativo – purtroppo ancora di là da venire – alle norme codicistiche in tema di competenza ed incompatibilità davvero coerente con tali ineccepibili parametri e rispettoso dei valori in gioco, che sono posti non solo a tutela del singolo protagonista della contesa processuale ma anche, e forse soprattutto, per la trasparenza delle cose e per la salvaguardia delle aspettative della collettività.

f) L'art. 27 Cost., che proclama la **presunzione di non colpevolezza**, per cui l'imputato può essere considerato colpevole solo a fronte di una sentenza divenuta definitiva, costituisce una fondamentale regola di civiltà giuridica che, tra l'altro, influenza i criteri di valutazione delle prove. In un sistema processuale ove la decisione è il risultato di un complesso procedimento di verificazione e di falsificazione di un'ipotesi di accusa, nessun valore può essere attribuito all'imputazione, fino a quando tale procedimento di verificazione/falsificazione non si sia concluso. L'impostazione della L. 20.2.2006, n. 46 (c.d. "legge Pecorella"), ha rafforzato questo principio, nella misura in cui ha esplicitato che «il giudice pronuncia sentenza di condanna se l'imputato risulta colpevole del reato contestatogli al di là di ogni ragionevole dubbio» (art. 533, co. 1). Sullo stesso piano si pongono i canoni valutativi in caso di insufficienza, contraddittorietà e non idoneità degli elementi di prova acquisiti (artt. 425, co. 2, e 530, co. 2).

---

[9] Corte eur., sent. 29.3.2005, Matheron c. Francia.

g) L'art. 68, co. 2 e 3, Cost. si pone a presidio dei diritti garantiti dagli artt. 13, 14 e 15 Cost. per impedire al potere giudiziario di prevaricare gli altri poteri. La richiesta di autorizzazione a procedere alla Camera di appartenenza non impedisce il compimento di indagini nei confronti di un membro del Parlamento, soltanto precludendo il compimento di atti particolarmente invasivi, quali ispezioni e perquisizioni personali e domiciliari, restrizioni alla libertà personale, intercettazioni telefoniche e sequestro di corrispondenza. Viene così abbandonato il convincimento che la necessità dell'autorizzazione *ad acta* costituisca un *escamotage* per sottrarsi alla potestà punitiva dello Stato.

h) L'art. 79 Cost. prevede la possibilità di adottare atti di clemenza come amnistia ed indulto. La legge di concessione deve specificare i connotati temporali di applicazione ed eventuali limiti (ad esempio per determinate categorie di reati).

i) L'art. 101 Cost. garantisce alla magistratura, senza alcuna distinzione tra giudicanti e requirenti, la **soggezione soltanto alla legge**, *id est* quell'autonomia e indipendenza dagli altri poteri dello Stato che costituisce il requisito fondamentale per il retto esercizio della giustizia, senza condizionamenti e pressioni. Anche per questo, l'autorità giudiziaria dispone direttamente della polizia giudiziaria.

l) Il principio dell'**obbligatorietà dell'azione penale**, enunciato dall'art. 112 Cost., si trova periodicamente al centro di vivaci diatribe in quanto al chiaro tenore letterale («Il pubblico ministero ha l'obbligo di esercitare l'azione penale») si contrappone l'altrettanto limpido significato degli artt. 50, 358 e 405 che pongono una gerarchia nell'esercizio dell'azione penale da parte del pubblico ministero, esercitabile solo «quando non deve richiedere l'archiviazione» (art. 405, co. 1). Sta di fatto, però, che il principio di obbligatorietà dell'azione penale non comporta l'obbligo, per il pubblico ministero, di esercitare l'azione ogni qualvolta venga raggiunto da una notizia di reato, ma va razionalmente contemperato con il fine di evitare l'instaurazione di un processo superfluo [10]. Per conseguenza, il pubblico ministero ha l'obbligo di esercitare l'azione penale quando all'esito delle indagini emergano elementi antitetici a quelli previsti per la richiesta di archiviazione (art. 125 disp. att.) e cioè quando abbia raccolto elementi di prova tali da sostenere l'accusa in giudizio. E al di là di tale finalizzazione e, pertanto, pur in presenza degli elementi suddetti, il pubblico ministero è esonerato dall'esercizio dell'azione penale quando ricorra la causa di esclusione della punibilità per particolare tenuità del fatto, contemplata dall'innovato art. 131 *bis* c.p. [11], idonea a giustificare il provvedimento di archiviazione *ex* art. 411 (oltre che il non luogo

---

[10] Corte cost., sent. n. 96 del 1997.

[11] D.lgs. 16.3.2015, n. 28.

a procedere *ex* art. 420, il proscioglimento predibattimentale *ex* art. 469, nonché la sentenza di assoluzione *ex* art. 530, in grado di generare un importante vincolo extrapenale *ex* art. 651 *bis* sulle pretese risarcitorie).

m) All'art. 111 Cost., da sempre, era previsto che tutti i provvedimenti devono essere **motivati** (co. 6) e che le sentenze e tutti i provvedimenti sulla libertà personale sono suscettibili di controllo, almeno per violazione di legge, da parte della Corte di cassazione (co. 7). Si tratta di esigenze che rispondono al bisogno di controlli effettivi del giudice su ogni atto del giudice e che si pongono tra i pilastri fondamentali del giusto processo, oggetto della epocale riforma di fine 1999. È per questa ragione che alcuni fermenti di riforma tesi ad erodere il collaudato ambito attuale dei controlli sulla motivazione da parte della Corte di cassazione sono oggetto di vivace critica responsabilmente orientata a rivendicare che ogni necessità di riforma va inserita piuttosto nell'alveo del potenziamento del contraddittorio e non certo della sua riduzione. In questa ortodossa prospettiva, del resto, si collocano le disposizioni del 2014 in tema di partecipazione effettiva al processo della persona imputata o sottoposta ad indagini (che hanno radicalmente immutato gli schemi oramai superati dell'irreperibilità e della contumacia) e sull'uso della lingua del processo e della partecipazione cosciente da parte di tutti i soggetti privati (con obbligo di nominare un interprete e di disporre la traduzione degli atti in lingua comprensibile, a spese dello Stato). Si tratta di due profili fondamentali che contribuiscono a dare finalmente corpo e sostanza ai concetti di pienezza ed effettività del contraddittorio.

n) L'art. 117 Cost. stabilisce che la potestà legislativa è esercitata dallo Stato e dalle Regioni nel rispetto della Costituzione, nonché dei vincoli derivanti dall'ordinamento comunitario e dagli obblighi internazionali. Si tratta di una disposizione che vincola non solo il Legislatore, ma anche i giudici che, qualora rilevino un contrasto tra la legislazione interna e la normativa europea, sono tenuti ad interpretare la prima adeguandola ai parametri della seconda alla stregua di quanto deciso nelle sentenze della Corte europea dei diritti dell'uomo e, ove ciò non sia possibile, a sollevare questione di legittimità costituzionale. A partire dalle c.d. "**sentenze gemelle**" [12] le norme della C.e.d.u. – nel significato loro attribuito dalla Corte europea dei diritti dell'uomo – integrano, quali «norme interposte», il parametro costituzionale espresso dall'art. 117, co. 1, Cost., nella parte in cui impone la conformazione della legislazione interna ai vincoli derivanti dagli «obblighi internazionali» [13]. Ne deriva che, ove si profili un contrasto – non superabile a mezzo di una interpretazione "adeguatrice" – fra una norma interna e una norma della

---

[12] Corte cost., sentt. n. 348 e n. 349 del 2007.

[13] Corte cost., sentt. n. 30 del 2014, n. 264 del 2012, n. 236, n. 113 e n. 80 del 2011.

C.e.d.u., il giudice nazionale, non potendo rimuoverlo tramite la semplice e diretta disapplicazione della norma interna, deve denunciare la rilevata incompatibilità tramite la proposizione di una questione incidentale di legittimità costituzionale per violazione del suddetto parametro.

4. L'adeguamento delle tecniche interpretative indotto dalla riforma costituzionale sul giusto processo

Né il legislatore politico delegante del 1987, né il legislatore tecnico delegato del 1988, avevano considerato, in modo adeguato, la differente e più accentuata incidenza (rispetto al passato) dell'evoluzione dei tempi, in una società di tipo industriale dinamicamente volta verso l'Europa, non più a connotazione prevalentemente agricola-tradizionale e statica. Dall'altra parte, contenuti, forme e finalità dei singoli strumenti di prova, di difesa e d'impugnazione sono rimasti tal quali, anche vent'anni dopo: la tecnica normativa ha trascurato completamente di considerare le implicazioni ed i riflessi che sulla decisione, sul giudizio d'appello e di cassazione, nonché sull'esecuzione penale, necessariamente comporta la trasformazione del sistema operativo dal modello inquisitorio-misto a quello tendenzialmente accusatorio, in ossequio alla piena realizzazione del giusto processo.

L'inserimento delle regole del **giusto processo** nell'art. **111 Cost.** [14] ha modificato il quadro di riferimento della giustizia italiana: i princìpi del giusto processo sono stati posti in posizione gerarchicamente sovraordinata rispetto alle altre norme sul processo penale aventi forza di legge ordinaria. La novella costituzionale trae origine da differenti vicende: da una parte il fallito progetto della Commissione bicamerale di inserire, nella Carta fondamentale, le norme della Convenzione europea sui diritti dell'uomo; dall'altra la reazione del Parlamento, a seguito della sentenza con la quale la Corte costituzionale aveva dichiarato illegittimo l'art. 513, co. 2 [15], e certe ricorrenti affermazioni giurisprudenziali sulla valutazione della chiamata di correo. Palese, insomma, l'intento di "rottura", non solo con le pastoie letterali dei vecchi testi legislativi e con gli schemi interpretativi della Corte costituzionale, ma anche con il frenante cordone ombelicale delle massime consolidate.

La costituzionalizzazione del principio del giusto processo ed in particolare dei connotati minimi irrinunciabili attinenti al giudice (inteso come persona-fisica terza ed imparziale) ed al contraddittorio ad armi pari (inteso

---

[14] Per effetto della L. Cost. 23.11.1999, n. 2.

[15] Corte cost., sent. n. 361 del 1998.

come aspetto dinamico caratterizzante la celebrazione del processo penale col metodo accusatorio), in aggiunta al diritto ad ottenere dalla Corte di cassazione una verifica di legalità su tutte le sentenze e su tutti i provvedimenti concernenti la libertà della persona, impone un generale ripensamento delle norme e degli istituti processuali.

4.1. Costituzione materiale e processo penale

a) La **terzietà** e l'**imparzialità** costituiscono una sorta di «corredo deontologico» imprescindibile che deve assistere l'organo giudicante, già naturale e precostituito, fondando al contempo l'essenza stessa della giurisdizione: hanno il pregio della chiarezza le parole in tal senso della Corte costituzionale, secondo cui «tra i princìpi del "giusto processo" posto centrale occupa l'imparzialità del giudice, in carenza della quale le regole e le garanzie processuali si svuoterebbero di significato. L'imparzialità è perciò connaturata all'essenza della giurisdizione» [16]. A ben vedere (sebbene i concetti «terzietà»-«imparzialità» e «naturalità»-«precostituzione» vadano tenuti distinti, in quanto potrebbe non apparire terzo ed imparziale il giudice che sia comunque naturale e precostituito), può affermarsi che solo il giudice terzo ed imparziale è veramente «naturale», liberando la «naturalità» dal consueto collegamento al *locus commissi delicti*, adottandone una più ampia accezione che contiene, ed al contempo supera, la tradizionale portata del principio. Tanto che la *ratio* del princìpio di precostituzione del giudice ed il valore da esso garantito è da individuarsi nella tutela della imparzialità del giudice; concetto inattaccabile considerato l'autorevole avallo da parte della giurisprudenza costituzionale [17].

La Consulta è ferma nel ritenere l'inscindibilità «precostituzione-naturalità»/«terzietà-imparzialità», poiché «l'esigenza della precostituzione del giudice [si pone] quale garanzia di imparzialità dell'organo giudiziario» [18], «terzietà ed imparzialità [... del giudice] costituiscono peraltro requisiti indefettibili del suo status di giudice naturale» [19] e «il principio sancito dall'art. 25 Cost. tutela essenzialmente l'esigenza che la competenza degli organi giudiziari, al fine di una garanzia rigorosa della loro imparzialità, venga sottratta ad ogni possibilità di arbitrio attraverso la precostituzione [...]» [20].

---

[16] Corte cost., sent. n. 432 del 1995; Corte cost., sent. n. 131 del 1996; Corte cost., sent. n. 155 del 1996.

[17] Corte cost., ord. n. 69 del 1966; Corte cost., ord. n. 130 del 1995; Corte cost., sent. n. 453 del 1994; Corte cost., ord. n. 42 del 1994; Corte cost., sent. n. 305 del 1993; Corte cost., sent. n. 186 del 1992; Corte cost., ord. n. 161 del 1992; Corte cost., sent. n. 124 del 1992.

[18] Corte cost., ord. n. 162 del 1992.

[19] Corte cost., sent. n. 453 del 1994.

[20] Corte cost., ord. n. 130 del 1995.

La Corte europea, da parte sua, ha evidenziato, a più riprese, l'essenzialità del giudice, quale garante della dinamica processuale. Per cui non può trattarsi di un giudice qualunque, inteso come colui al quale la collettività ha conferito il potere di pronunciarsi, come che sia, sulla *res iudicanda*: il Tribunale di cui all'art. 6, par. 1, C.e.d.u. si caratterizza «in senso materiale per il suo ruolo giurisdizionale [e per il fatto di essere dotato del potere di] decidere, sulla base di norme giuridiche e all'esito di un procedimento giuridicamente regolato, ogni questione relativa alla sua competenza (oltre a dover soddisfare) una serie di altre condizioni – [...] imparzialità, durata del mandato dei suoi membri, garanzie procedurali – parecchie delle quali figurano nel testo stesso dell'art. 6 par. 1» [21]. Certo, non è semplice propugnare un approccio differente rispetto a quello operato cinquant'anni orsono dalla Corte costituzionale [22], che ha progressivamente ridotto la reale portata del principio del giudice naturale, considerandolo attinente alla semplice costituzione per legge e legittimando chiare violazioni della riserva di legge in nome di generiche esigenze di servizio o per la speditezza dei giudizi; così facendo, sul principio in parola calerebbe una pietra tombale ed esso tornerebbe ad essere una «formula magica priva di effettivo contenuto» (per dirla con la plastica, pur se datata, terminologia dello JEMOLO). Ancora, in tal senso, pesa l'insegnamento della Corte costituzionale ove nega, con riferimento al giudizio abbreviato, nella sua originaria connotazione di «patteggiamento sul rito», che la richiesta dell'imputato ed il consenso del pubblico ministero siano idonei a superare gli eventuali difetti di imparzialità del giudice, perché «i requisiti costituzionali degli organi giudicanti, prima ancora che una pretesa di parte, costituiscono esigenze obbiettive e irrinunciabili dell'ordinamento» [23]. Pare significativo, del resto, che la Corte di Strasburgo sia ferma nel riconoscere la lesione del principio di imparzialità anche quando l'interessato abbia omesso di contrastare la situazione di incompatibilità attraverso la ricusazione [24].

b) Il **contraddittorio** consiste, in buona sostanza, nell'alternanza delle ragioni delle parti contrapposte, che devono avere, in ogni caso, pari opportunità; senza anticipare qui il profilo della possibile variegata modulazione della pienezza e della effettività del contraddittorio nei singoli momenti della progressione processuale, in via di prima approssimazione può dirsi che si risolve in strumento di stimolo all'approfondita indagine di ogni soluzione avanzata,

[21] Corte eur., sent. 29.4.1988, Belisos c. Svizzera.

[22] Corte cost., sent. n. 88 del 1962.

[23] Esemplarmente Corte cost., sent. n. 155 del 1996.

[24] Corte eur., sent. 22.2.1996, Bulut c. Austria.

sollecitando l'attenzione e la disponibilità dell'organo giudicante verso l'accertamento di ogni alternativa potenzialmente riduttiva della plausibilità dell'impostazione del pubblico ministero. La ricostruzione del fatto, in pratica, non può prescindere dalle enunciazioni della difesa nella loro dimensione rivelatrice delle eventuali incongruenze affioranti nella tesi sostenuta dall'accusa. Limitare simili potenzialità, implicite nella posizione d'imputato, vorrebbe dire frustrare il diritto di difesa, relegandolo in un piano statico, di mero contrasto passivo, anacronistico rispetto alla svolta in chiave di metodo scandita prima dal codice Vassalli (il codice di rito vigente fu introdotto nel 1988, quando Ministro della giustizia era Giuliano Vassalli, dal quale prese il nome; il codice abrogato, il c.d. codice Rocco, risaliva all'epoca fascista ed era connotato da impronta fortemente autoritaria), e poi dalla riforma del giusto processo (il riferimento è non soltanto al testo innovato dell'art. 111 Cost. ma anche agli apporti recati dalla L. 1.3.2001, n. 63).

Il principio di **parità delle armi** impone che le parti siano in grado di fronteggiarsi attivamente, collocate su posizioni tendenzialmente omogenee nell'attività di formazione della prova: posto che è l'accusa a formulare il tema che ha il compito di dimostrare e su cui la difesa ha l'onere di contraddire, i poteri della seconda devono essere simmetricamente commisurati a quelli della prima, in forma di reciprocità, ovvero di idoneità degli uni a controbilanciare gli altri, in funzione delle opposte prospettive. Questo esige la valorizzazione del ruolo propulsivo della difesa; in altri termini, l'effettività di rendimento della sua partecipazione dinamica, in ogni stato e grado del procedimento, dove ad una fase d'indagine nella totale disponibilità del pubblico ministero (in cui prima dell'apertura alle indagini difensive l'imputato contava assai poco) non possono non fare da contraltare una serie di occasioni di controllo, discrezionalmente e liberamente attivabili dal privato, sicché quell'iniziale sospensione dei diritti di difesa trova corrispettiva – pur se non sempre adeguata – riparazione, in prima battuta nelle indagini difensive, e, poi, nel dibattimento di primo grado (ma non sono da sottovalutare la rinnovazione dell'istruttoria dibattimentale in appello e nel giudizio di rinvio e gli elastici spazi di intervento attribuiti al giudice dell'esecuzione). Solo in questo modo, tra l'altro, si ottiene il rispetto di quei princìpi, connaturati all'idea stessa della giurisdizione, che sono la terzietà e l'imparzialità, quali postulati dell'equità del giudizio del giudice, nella tendenza (pur se non più nella spasmodica ricerca) verso la verità: considerato che la prova costituisce il tema centrale del contraddittorio processuale, appare chiaro che in tanto si può parlare di giusto processo, in quanto le modalità di esercizio del diritto alla prova assicurino all'imputato la facoltà di concorrere alla formazione della decisione, attraverso l'esplicazione della *chance* di difendersi provando innanzi al giudice che adotterà la decisione. In caso di mutamento del giudice deve procedersi alla rinnovazione dell'attività istruttoria già effettuata, affinché l'organo giudicante possa valutare direttamente la prova: situazioni di mancata rinnovazione dell'istruttoria dibattimentale unita ai limiti imposti alla difesa all'accesso al fascicolo processuale e alla possibilità di contestare prove decisive integrano sicura violazione del principio di immediatezza e delle connesse garanzie di equità processuale [25]. È un principio sacrosanto, messo in crisi, in tempi recenti, per un verso dalla giurisprudenza di legittimità [26] dietro la spinta della Corte costituzionale [27] e, per l'altro, dall'ultima riforma della giustizia penale, che ha escluso il diritto alla rinnovazione integrale dell'attività istruttoria nel caso in cui le testimonianze siano state oggetto di documentazione integrale mediante mezzi di riproduzione audiovisiva prima del mutamento soggettivo del giudice (art. 495, co. 4 *ter*).

L'equità del giudizio non può non misurarsi in proporzione allo spazio concesso alle parti per la ricerca, l'elaborazione e la verifica del materiale probatorio, in quanto opzione sintomatica, non solo di un'accettabile democraticità del sistema processuale, ma anche di un'adeguata metodologia di accertamento della verità, sul presupposto che la migliore approssimazione alla realtà si consegue tramite il confronto degli interessati dinanzi ad un giudice davvero terzo rispetto alla regiudicanda. Dove i punti cruciali sono quelli dei limiti all'assunzione della controprova (es. alibi) e della verifica, in sede di impugnazione, della corretta valutazione della prova acquisita dal primo giudice (il che presuppone la correttezza nelle preventive operazioni di selezione ed acquisizione della prova).

In pratica, nel corso del dibattimento di primo grado la difesa – sui temi oggetto della prova a carico – ha la facoltà di chiedere l'estensione dell'indagine in direzione di qualsiasi altro dato significativo per la ricostruzione del fatto principale, con conseguente diritto ad ottenere, nel rispetto della *par condicio*, l'ammissione delle prove a discarico, volte ad accertare che quel fatto non si è verificato, anche attraverso la dimostrazione di fatti diversi con esso logicamente non conciliabili; ovviamente: altrettanto deve valere ogni qualvolta, in qualsiasi modo, risulti che questo specifico diritto non sia stato anteriormente esercitato dalla difesa dell'imputato, per cause non riconducibili alla sua volontà. Si tratta, insomma, di riconoscere in ogni tipologia di giudizio, che non sia di sola legittimità (dall'udienza preliminare al giudizio abbreviato, dal dibattimento di primo grado a quello d'appello, dal giudizio di rinvio alla revisione), il diritto della difesa all'introduzione del materiale probatorio in contraddittorio, senza doversi rifugiare sul versante della sem-

---

[25] Corte eur., 18.3.2014, Beraru c. Romania.

[26] Cass., sez. un., 30.5.2019, Bajrami Klevis.

[27] Corte cost. n. 132 del 2019.

plice aspettativa, dipendente dalla benevola discrezionalità del giudice: la violazione della posizione processuale dell'imputato sarebbe manifesta ogni qualvolta si negasse, o fosse limitato, il suo potere di rappresentare la realtà dei fatti a lui favorevole, attraverso un'opinabile restrizione dei mezzi di prova offerti o dell'oggetto della prova proposta. Il metodo e gli obiettivi del giusto processo autorizzano l'organo giudicante a rifiutare unicamente quelle prove a discarico che non superino il vaglio della manifesta superfluità o irrilevanza, senza che il pregiudizio sulla forza persuasiva di altri argomenti di prova possa indurlo a non avvalersi di elementi comunque idonei a ribaltare la decisione errata.

c) I princìpi della giurisdizione e del **giusto processo** impongono il rispetto scrupoloso della garanzia del contraddittorio e della parità delle armi tra accusa e difesa, del diritto alla prova ed alla prova contraria e del diritto di sottoporre ad un giudice (normalmente) superiore (e comunque sempre) imparziale ogni decisione di merito. Una volta stabilito, nel rispetto di ineludibili regole di civiltà giuridica, che la decisione finale, suscettibile di avere esecuzione, non può scaturire che da un giusto processo, allora il metodo del contraddittorio, nell'oralità ed immediatezza, il diritto alla prova e alla controprova, l'imparzialità del giudice e la possibilità di impugnare appaiono come gli strumenti, più appropriati, per il conseguimento di una verità giudiziale (possibilmente coincidente con la verità reale) che valga a scongiurare l'errore giudiziario.

Dal canto suo, a più riprese la Corte europea dei diritti dell'uomo ha affermato che «la possibilità per l'imputato di confrontarsi con un testimone in presenza del giudice chiamato a decidere in seconda istanza sull'accusa è una garanzia di un processo equo» che non si arresta al procedimento di primo grado. Anche nel giudizio di appello, soprattutto quando oggetto dell'impugnazione è una sentenza di assoluzione, pur in assenza di espressa richiesta di nuovo esame dei testimoni da parte dell'imputato, «il giudice dell'impugnazione è tenuto ad adottare d'ufficio misure positive allo scopo di garantire l'audizione di testimoni nel contraddittorio tra le parti» [28]. Tale profilo è stato recepito prima dalla giurisprudenza interna [29] e poi dal legislatore che ha introdotto una ipotesi di rinnovazione dell'istruttoria dibattimentale obbligatoria per le ipotesi di impugnazione, da parte del pubblico ministero, della sentenza di assoluzione pronunciata in primo grado [30].

La perenne disomogeneità tra autorità e libertà, e tra i disparati interessi

---

[28] Corte eur., sent. 4.6.2013, Hanu c. Romania; Corte eur., sent. 5.3.2013, Manulachi c. Romania; Corte eur., sent. 14.6.2011, Dan c. Moldavia. Da ultimo, soprattutto, Corte eur., Sez. I, sent. 29.6.2017, Lorefice c. Italia.

[29] Cass., Sez. Un., 28.4.2016, Dasgupta; Cass., Sez. Un., 19.1.2017, Patalano.

[30] V. *infra*, Parte X, cap. XXII.

coinvolti, trova adeguata composizione nella connotazione dialettica del procedimento nel senso che l'osservanza di un ortodosso metodo processuale vale a rendere accettabile il prodotto, costituito da una decisione non solo sostanzialmente «esatta» ma anche formalmente «equa». Una volta che il giudizio penale è inteso come sede e il contraddittorio è il metodo privilegiato per la verifica, ad armi pari, dell'ipotesi affermata dal titolare della funzione d'accusa, e posto che non è più concepibile una conoscenza imparziale che ignori le opinioni altrui, la decisione (anche formalmente) equa presuppone che alle parti sia stato consentito di illustrare – in reciproca contrapposizione – le rispettive argomentazioni. Correlativamente si tratta di assicurare l'utile contributo argomentativo di ogni parte, al fine di non sottovalutare alcuna ipotesi alternativa configurabile sul tema di fatto (e sui profili di diritto) dell'imputazione. È fisiologico che la difesa abbia interesse a confutare l'addebito mossogli, attraverso la prospettazione di soluzioni contrastanti con quelle dell'accusa, ovvero tramite ipotesi e contro-ipotesi capaci di fornire spiegazioni alternative compatibili con l'insieme dei dati disponibili. Di qui, la necessità che il convincimento del giudice non rimanga avulso dalla conoscenza di tutti quei fatti che possano risultare, comunque, significativi nella ricostruzione della vicenda dedotta in giudizio. La decisione non può non poggiare sull'apprezzamento comparato e contestuale delle opposte argomentazioni, secondo le regole di alternanza connaturate all'operatività degli schemi tipici dell'interesse e dell'onere (della prova o di allegazione).

d) Negli ultimi anni è affiorato ed ha assunto rilievo e crescente tutela il diritto alla celebrazione di ogni tipologia procedimentale in **pubblica udienza**, ovvero almeno a richiederne la trasformazione ogni qualvolta la forma tipica standardizzata sia costituita da un rito camerale a porte chiuse [31]. In recenti pronunce nei confronti dello Stato italiano, la Corte di Strasburgo ha in effetti ritenuto che la procedura «in camera di consiglio» – e, dunque, senza l'intervento del pubblico – sia incompatibile con l'indicata garanzia convenzionale. Ciò è avvenuto, in particolare, con riguardo al procedimento per l'applicazione delle misure di prevenzione (cui si riferiscono le prime pronunce). La Corte europea ha, infatti, osservato che – pur a fronte dell'elevato «grado di tecnicismo» di dette procedure e delle esigenze di protezione della vita privata di terzi indirettamente interessati, in esse spesso riscontrabili – l'entità della «posta in gioco» e gli effetti che le procedure stesse possono produrre impongono di ritenere che il controllo del pubblico sull'esercizio della giuri-

[31] Corte eur., sent. 4.3.2014, Grande Stevens c. Italia; Corte eur., sent. 10.4.2012, Lorenzetti c. Italia; Corte eur., 5.1.2010, Buongiorno c. Italia; Corte eur., 8.7.2008, Pierre ed altri c. Italia; Corte eur., 15.11.2007, Bocellari e Rizza c. Italia; Corte cost., sent. n. 80 del 2011; Corte cost., sent. n. 93 del 2010.

sdizione rappresenti una condizione necessaria ai fini del rispetto dei diritti dei soggetti coinvolti: prospettiva nella quale dovrebbe essere offerta a questi ultimi «almeno la possibilità di sollecitare una pubblica udienza davanti alle sezioni specializzate dei tribunali e delle corti d'appello». La Corte costituzionale aveva prontamente dichiarato illegittime, per contrasto con i parametri C.e.d.u., la normativa sulle misure di prevenzione nella parte in cui non consentiva che, su istanza degli interessati, il procedimento per l'applicazione delle misure di prevenzione si svolgesse, davanti al Tribunale e alla Corte d'appello, nelle forme dell'udienza pubblica [32]. Successivamente, anche l'art. 679, co. 1, è stato dichiarato illegittimo per le medesime ragioni in riferimento al procedimento per l'applicazione delle misure di sicurezza che si svolga davanti al magistrato di sorveglianza e al Tribunale di sorveglianza [33]. Nella prospettiva della progressiva omogeneizzazione è stata dichiarata, dapprima l'illegittimità degli artt. 666, co. 3, e 678, co. 1, nella parte in cui non consentono che, su istanza degli interessati, il procedimento davanti al Tribunale di sorveglianza si svolga nelle forme dell'udienza pubblica [34]; e successivamente l'illegittimità degli artt. 666, co. 3, 667, co. 4, e 676 nella parte in cui non consentono che, su istanza degli interessati, il procedimento di opposizione contro l'ordinanza in materia di applicazione della confisca, si svolga, davanti al giudice dell'esecuzione, nelle forme dell'udienza pubblica [35].

e) Da ultimo, va posto in evidenza, come stia crescendo l'attenzione verso il principio del ***ne bis in idem***, che seppur non espressamente previsto dalla Carta costituzionale, acquista il rilievo di diritto fondamentale per effetto dell'elaborazione giurisprudenziale della Corte europea (artt. 50 e 52, par. 3, della Carta di Nizza, e art. 4 Protocollo n. 7 alla C.e.d.u.) che ne ha esteso il campo di applicazione ben oltre i confini sanciti dall'art. 649. Sulla scia di un filone interpretativo che ha portato la giurisprudenza europea ad ampliare notevolmente il concetto di «pena» [36], dimostrando una particolare sensibilità alla problematica dei rapporti tra sistema amministrativo e sistema penale, è stato ritenuto incompatibile con lo *standard* minimo del giusto processo europeo il sistema del doppio binario, sul quale si articola la repressione degli abusi di mercato a seguito delle modifiche apportate al d.lgs. n. 58 del 1998 dalla L. n.

---

[32] Corte cost., sent. n. 93 del 2010, recepita a livello legislative negli artt. 7, co. 1, e 10, co. 2, d.l. 6.9.2011, n. 159 (c.d. codice antimafia).

[33] Corte cost., sent. n. 135 del 2014.

[34] Corte cost., sent. n. 97 del 2015.

[35] Corte cost. n. 109 del 2015.

[36] Tra tante: Corte eur., sent. 8.6.1976, Engel c. Paesi Bassi; Corte eur., sent. 9.2.1995, Welch c. Regno Unito; Corte eur., sent. 30.8.2007, Sud Fondi c. Italia; Corte eur., sent. 17.12.2009, M. c. Germania; Corte eur., sent. 29.10.2013, Varvara c. Italia.

62 del 2005 [37], rimarcandosi come il divieto di *bis in idem* tutela l'individuo non solo contro la possibilità di essere sanzionato due volte per lo stesso reato, ma anche dalla possibilità di essere sottoposto una seconda volta a processo (anche di diversa natura) per un fatto per il quale è stato già giudicato (in particolare è stato chiarito come il riferimento al "reato" *ex* art. 4 Protocollo n. 7 aggiuntivo alla C.e.d.u. va inteso a tutti gli effetti come "fatto storico"). Correlativamente, il diritto a non essere giudicati due volte per lo stesso fatto costituisce oggi un ulteriore e nuovo diritto fondamentale che copre tutte quelle ipotesi in cui le sanzioni comminate siano sostanzialmente afflittive ed intervengano in conseguenza di procedimenti eterogenei (ad esempio penali e amministrativi), ma per la stessa condotta intesa come fenomeno di carattere storico (anche se e quando non preso in esame come reato). La portata di simili affermazioni, pur se con fatica, viene lentamente recepita dai giudici interni: è stata, invero, ritenuta non manifestamente infondata la questione di legittimità costituzionale, per violazione dell'art. 117, co. 1, Cost., in relazione all'art. 4 del Protocollo n. 7 alla C.e.d.u., dell'art. 649, nella parte in cui non prevede l'applicabilità della disciplina del divieto di un secondo giudizio al caso in cui l'imputato sia stato giudicato, con provvedimento irrevocabile, per il medesimo fatto nell'ambito di un procedimento amministrativo per l'applicazione di una sanzione alla quale debba riconoscersi natura penale ai sensi della Convenzione per la salvaguardia dei Diritti dell'Uomo e delle Libertà fondamentali e dei relativi Protocolli [38]. La stessa norma è stata censurata nella parte in cui «*limita l'applicazione del principio del ne bis in idem all'esistenza del medesimo "fatto giuridico", nei suoi elementi costitutivi, sebbene diversamente qualificato, invece che all'esistenza del medesimo "fatto storico"*», con riferimento all'art. 117, co. 1, Cost., in relazione all'art. 4 del Protocollo n. 7 alla Convenzione europea per la salvaguardia dei diritti dell'uomo e delle libertà fondamentali [39].

Secondo le pronunce della Corte di Giustizia UE la limitazione al divieto di secondo giudizio, previsto dall'art. 50 della Carta dei diritti fondamentali dell'Unione, può essere giustificata ma nel rispetto del principio di proporzionalità e solo qualora sia necessario e risponda effettivamente a finalità di interesse generale riconosciute dall'Unione o all'esigenza di proteggere i diritti e le libertà altrui.

L'art. 50 della Carta deve essere interpretato, secondo i giudici europei, nel senso che esso osta ad una normativa nazionale che consente di celebrare un procedimento riguardante una sanzione amministrativa pecuniaria di na-

---

[37] Corte eur., sent. 4.3.2014, Grande Stevens ed altri c. Italia. Nello stesso senso Corte eur., sent. 4.5.2014, Nykanen c. Finlandia; Corte eur., sent. 10.2.2015, Kiiveri c. Finlandia.

[38] Cass., Sez. V, ord. 10.11.2014, n. 1782.

[39] Corte cost., sent n. 200 del 2016.

tura penale nei confronti di una persona per condotte illecite che integrano una manipolazione del mercato, per le quali è già stata pronunciata una condanna penale definitiva a suo carico, nei limiti in cui tale condanna, tenuto conto del danno causato alla società dal reato commesso, sia idonea a reprimere tale reato in maniera efficace, proporzionata e dissuasiva [40]. Una pronuncia manipolativa della Corte costituzionale potrebbe rappresentare soluzione adeguata ad apprestare lo strumento normativo in grado di rimuovere, nei singoli casi concreti, l'incompatibilità con il divieto convenzionale di *bis in idem* del regime del "doppio binario" sanzionatorio ancora consentito in materia tributaria, bancaria, di prevenzione, ecc.

5. La revisione esegetica dei meccanismi codicistici a presidio dei requisiti costituzionali del giusto processo

La riflessione imposta dall'epocale riforma dell'art. 111 Cost. investe non già e non solo gli strumenti posti a presidio dell'individuazione del giudice del processo, ma, soprattutto, la revisione per via di esegesi adeguatrice del sistema di **rimedi** e di **sanzioni**, cui la violazione del diritto al giusto processo è collegata. Per questa ragione, caso per caso, e volta per volta, bisognerà individuare quali sono gli strumenti che normativamente consentano il superamento di un meccanismo già logoro dopo appena vent'anni, ispirato ad un garantismo di mera facciata, alle volte ridondante ed esasperato sotto il profilo formale ma in effetti privo di garanzie sostanziali [41]. L'operazione passa (anche) attraverso una rilettura, in chiave costituzionalmente orientata, delle norme e degli istituti codificati (ovviamente anche di quelli scanditi nella legislazione speciale). Invero, la tradizionale impostazione non vale ad escludere una esegesi alternativa di ogni norma più fedele al rinnovato assetto costituzionale; giova rammentare al proposito come in più occasioni la Corte costituzionale abbia affermato che tra le diverse interpretazioni che il dato normativo appare suscettibile di suggerire va sempre privilegiata quella conforme alle norme fondamentali, ed ancora che una norma risulta incostituzionale non tanto quando di essa può fornirsi un'interpretazione in conflitto con il dettato costituzionale, ma quando non risulta possibile fornirne una ad esso conforme [42]. Inoltre, e soprattutto, i princìpi del novellato art. 111 Cost. si pongono, rispetto alla legge ordinaria, non solo «come parametri di legit-

---

[40] Corte Giust. UE, Grande Sezione, 20 marzo 2018, C-524/15, Menci; C-537/16, Garlsson Real Estate e a.; C-596/16 e C-597/16, Di Puma e Zecca.

[41] Corte eur., sent. 1.3.2006, Sejdovic c. Italia; Corte eur., sent. 1.12.2006, Zuric c. Italia.

[42] Corte cost., sent. n. 356 del 1996 e Corte cost., sent. n. 345 del 1997.

timità ma, prima ancora, come essenziali punti di riferimento dell'interpretazione conforme a costituzione della disciplina sottoposta a scrutinio di costituzionalità» [43].

Quando non ci si limita ad operazioni di semplice esegesi, aspirando anche a inoculare nello studente universitario gli strumenti conoscitivi di base per consentire una verifica autonoma della rispondenza della norma scritta e della norma reale (quella risultante dall'applicazione giurisprudenziale) alle aspettative di un mondo in trasformazione e in fermento, è possibile che sorgano malintesi, da dissipare fin dall'inizio. Qui ci si deve limitare alla constatazione che i tempi e gli strumenti del processo penale, benché radicalmente innovato, risultano tuttora largamente insoddisfacenti rispetto all'effettiva realizzazione del processo giusto. In particolare, si tratta di prendere atto come siffatto atteggiamento critico non sia rivolto solo ed unicamente ai tempi e ai modi della fase d'indagine e alle tecniche dibattimentali di elaborazione della prova, estendendosi fino a comprendere l'assetto complessivo delle impugnazioni e l'adeguatezza degli ambiti del controllo tipico sulle decisioni giudiziali alla conclamata introduzione del sistema accusatorio nella celebrazione dei processi penali. Perché un dato è certo. Il regime codicistico della prova, delle sanzioni processuali e delle impugnazioni non è stato commisurato alle radicali trasformazioni della fase d'indagine e del giudizio di primo grado, con correlativa moltiplicazione di delusioni nel momento decisorio.

6. La tenuta della riforma del 2022 nell'ottica dei princìpi del giusto processo

Il catalogo di princìpi costituzionali alla luce dei quali parametrare l'analisi del dato normativo, anche in considerazione dei contenuti esegetici che continuamente provengono dal dialogo tra le Corti superiori, rappresenta un passaggio obbligato per la misurazione della conformità al modello delle novità normative introdotte all'esito della stagione di riforme appena conclusa.

La segnalata prospettiva di metodo di cui al paragrafo precedente acquista un valore ancora maggiore in un contesto di profonda revisione dei meccanismi di funzionamento del processo, in quanto cambiamenti estesi su più aree di intervento sono in grado di condizionare non solo i congegni di volta in volta interessati ma, in prospettiva generale, il punto di equilibrio tra le

---

[43] Così Corte cost., sent. n. 440 del 2000, nel chiaro tentativo di scongiurare un eccessivo ricorso al sindacato di legittimità cui andrebbero incontro numerose disposizioni codicistiche ove acriticamente ancora interpretate sulla scia di prassi inveterate.

esigenze in senso lato "politiche" che, da sempre, ruotano attorno all'amministrazione della giustizia e le ragioni del giusto processo, quale accertamento del fatto filtrato dal rispetto di alcune scelte di valore tradotte in moduli formali di azione.

Lo scopo dichiarato dell'intervento riformatore del 2022 è quello di ampliare **l'efficienza** del processo penale, vale a dire la capacità della sequenza di giungere a conclusione entro un tempo di lavorazione accettabile dal punto di vista della **ragionevole durata**, anche riducendo il carico di lavoro degli uffici giudiziari, specie d'impugnazione.

Per conseguire questo obiettivo, il legislatore ha messo sul campo strumenti differenziati.

Lungo un primo crinale è dato rinvenire quei meccanismi normativi che mirano a defalcare la significativa mole dei carichi pendenti presso i tribunali e le corti di appello fino alla Corte di legittimità, tra cui spicca la disposizione dell'art. 344 *bis* che lega le condizioni di procedibilità dell'azione penale al rispetto di alcuni termini di durata dei giudizi d'impugnazione, anche in funzione compensativa della sostanziale eliminazione degli spazi di operatività della prescrizione in impugnazione dovuta all'art. 161 *bis* c.p., introdotto con la L. n. 134 del 2021.

Sul versante opposto, si rinvengono interventi che puntano al miglioramento della tempistica modificando i modi di funzionamento del procedimento, a partire dai poteri di azione del p.m. e dagli oneri della difesa e passando per il sistema delle notificazioni e della documentazione dell'attività processuale, fino alle forme semplificate di svolgimento dell'udienza in primo grado e in impugnazione.

In terzo luogo, infine, è dato riscontrare cambiamenti relativi ad istituti che orbitano attorno al rito ordinario ed interagiscono con la sua durata complessiva o disincentivandone l'attivazione, come col potenziamento dei riti speciali, oppure promuovendo forme alternative di definizione, come nel caso della giustizia riparativa, di nuovo conio. In maniera schematica, prima di apprezzare le ricadute della riforma sui princìpi del giusto processo, occorre segnalare le principali trasformazioni del codice.

a) Un primo gruppo di innovazioni riguarda **la fase delle indagini** e intende promuovere l'efficienza contingentando i poteri di iscrizione della notizia di reato del pubblico ministero e sottoponendoli ad una forma di controllo giurisdizionale, a fronte di una giurisprudenza che spesso ha ravvisato spazi di valutazione non sindacabili davanti al giudice, aprendo alla possibilità che dalle scelte investigative e di iscrizione derivino lungaggini della procedura, come in caso di reiterata richiesta di proroga del termine massimo di durata dell'investigazione.

Su questo profilo, il legislatore interviene principalmente con quattro elementi: definisce in modo più puntuale la notizia di reato allo scopo di vincolare maggiormente l'attività di discernimento del p.m. (art. 335); offre all'indagato una via di accesso al giudice, consentendogli di attivare la verifica della corretta datazione della notizia di reato, da cui dipende la decorrenza del termine massimo di durata delle indagini preliminari (art. 335 *quater*); assegna al Parlamento il compito di porre regole generali per la fissazione di criteri di priorità nell'esercizio dell'azione penale, nella consapevolezza che la generale obbligatorietà di cui all'art. 112 Cost. apre a possibili discrezionalità fonte di inefficienza del procedimento; stabilisce, in fine, il principio della proroga unica del *dies ad quem* per la conclusione dell'indagine preliminare.

Sul versante della possibile inerzia del p.m. nella fase conclusiva dell'investigazione, la novità di maggior rilievo riguarda l'obbligo di deposito del fascicolo investigativo correlato da apposito avviso alle parti (art. 415 *ter*), quale strumento in grado di compulsare le determinazioni dell'ufficio di Procura necessarie allo svolgimento ulteriore del procedimento penale.

b) Vi sono, poi, i rimedi introdotti nella **disciplina dell'udienza preliminare** per rimediare alle distorsioni derivanti da imputazioni generiche (artt. 421, co. 1 e 423, co. 1 *bis*), che accrescono le ipotesi di rinvio a giudizio e incrementano gli indicatori statistici dei proscioglimenti dibattimentali, con duplice criticità tanto sul versante dei diritti soggettivi quanto su quello del corretto impiego della macchina giudiziaria.

c) Rileva, inoltre, la nuova regola di giudizio per sciogliere l'alternativa tra l'instaurazione del processo di merito e il proscioglimento, basata sull'esistenza di una **ragionevole previsione di condanna** e non più sulla mera sostenibilità dell'accusa in giudizio, la cui sussistenza viene richiesta già per l'esercizio dell'azione penale (artt. 408, co. 1 e 425, co. 3).

d) Ancora, si segnala il nuovo volto dell'**immediatezza** nell'ambito del giudizio di prime cure, dove il diritto alla ripetizione dell'attività istruttoria in caso di mutamento soggettivo del giudice sussiste solo nel caso in cui le deposizioni dei testimoni non siano state videoregistrate, alla luce di un bilanciamento tra immediatezza e ragionevole durata, nonché il generale passaggio al **processo penale telematico** con nuove regole sulla formazione degli atti come documenti informatici (art. 110), sul deposito telematico (art. 111 *bis*), sulle comunicazioni e notificazioni in via telematica (art. 148), sulla digitalizzazione dei fascicoli (art. 111 *ter*) e, in particolare, sul deposito degli atti d'impugnazione (art. 582).

e) Sul versante dei **riti semplificati**, è possibile notare il maggiore incentivo all'accesso mediante l'offerta di un'ulteriore riduzione di pena a patto di non impugnare la condanna in abbreviato (442, co. 2 *bis*) o di non presentare l'opposizione al decreto penale di condanna (art. 460, co. 1, lett. h *ter*);

l'estensione dell'ambito applicativo dei procedimenti a citazione diretta e della sospensione con messa alla prova; l'allargamento degli effetti premiali del patteggiamento alla confisca facoltativa e alle pene accessorie e la riduzione degli effetti extrapenali della relativa sentenza (art. 445, co. 1 *bis*); l'introduzione dell'udienza predibattimentale a seguito di citazione diretta, in funzione di filtro dei dibattimenti inutili o, comunque, per l'individuazione preventiva di vizi processuali (art. 554 *bis*).

f) Quanto alla **disciplina generale delle impugnazioni**, emerge un'inedita causa di improcedibilità dell'azione penale dovuta al superamento dei termini massimi di durata del giudizio d'appello o di legittimità, contestualmente introdotti (art. 344 *bis*), che porta a cestinare l'intero processo ad esclusione della possibile applicazione della confisca di prevenzione e della domanda di parte civile, la cui cognizione viene trasferita dinanzi al relativo giudice; l'esclusione dell'obbligo di rinnovare l'istruttoria nell'appello sull'assoluzione ottenuta in abbreviato semplice (art. 603, co. 3 *bis*); il passaggio ad un rito camerale non partecipato, che prevede la trattazione solo scritta della causa, quale modalità operativa di base per la decisione delle corti d'appello o della Corte di cassazione, salvo apposita richiesta di parte; l'ampliamento, infine, della competenza della Corte di legittimità, che può essere adita, in via preventiva, per dirimere questioni in via preventiva relative alla competenza per territorio (art. 24 *bis*) oppure in caso di condanna a Strasburgo dell'Italia per violazioni dei diritti fondamentali, allo scopo di recepire le indicazioni europee.

g) Si assiste, in aggiunta, al trapianto nel nostro ordinamento della c.d. **giustizia riparativa** di matrice anglosassone, una sequenza parallela al procedimento principale volta a favorire l'eliminazione delle conseguenze pregiudizievoli subite dalla vittima, con funzione estintiva del reato, se procedibile a querela, o, comunque, di alleggerimento del trattamento sanzionatorio.

L'articolato quadro di innovazioni può essere riassunto seguendo alcune linee di ragionamento.

Muovendo dalle modifiche che interessano il rito ordinario, l'attenzione dev'essere dedicata alle norme che promuovo l'efficienza a scapito delle garanzie minimali del giusto processo. Il riferimento va, principalmente, all'abdicazione tendenziale al principio di oralità, al mezzo tecnologico quale limite al diritto all'immediatezza, alle anticipazioni di giudizio in cui il G.u.p. dovrà necessariamente incorrere per effettuare la ragionevole prognosi di condanna, fino all'improcedibilità in impugnazione dell'azione penale, che preclude la possibilità stessa di completare il controllo del verdetto sulla responsabilità.

Si tratta di cambiamenti che adottano un approccio efficientista a tutto campo invece che prediligere, in ragionata prospettiva, un bilanciamento tra gli ambiti in cui è auspicabile intervenire per comprimere i tempi morti dell'accertamento – è il caso del processo telematico e del sistema di notificazioni e comunicazioni telematiche – e quelli in cui, viceversa, occorre salvaguardare le garanzie minime del giusto processo assicurando all'imputato il rispetto delle regole di cui all'art. 111 Cost.

Quanto ai cambiamenti legislativi che interessano i riti semplificati, anche in questo ambito vi è qualche perplessità: perduta la scommessa dei codificatori del 1988 sull'auspicato ampio ricorso ai procedimenti alternativi per evitare il sovraccarico di riti ordinari, le modifiche introdotte dal legislatore della riforma del 2022 si preparano ad essere un'ulteriore occasione mancata per la razionalizzazione e sostanziale potenziamento di tali sequenze parallele, la cui piena attrattività e certezza in punto di benefici resta ancora da realizzare. E considerazioni analoghe potrebbero essere svolte per la giustizia riparativa, se solo si considera che occorre un'apposita autorizzazione giurisdizionale per accedere al programma e che, per i reati perseguibili d'ufficio, la riparazione comporta la mera riduzione della pena e non l'estinzione del reato, come forse sarebbe stato auspicabile per un concreto successo dell'innovazione.

Pur nella consapevolezza che saranno le prassi operative e l'esegesi giurisprudenziale a dare la misura dei cambiamenti concreti, già sul versante del diritto positivo sembrano emergere delle criticità, tra alcuni ambiti eccessivamente calibrati sulle ragioni dell'efficienza e altri in cui, viceversa, l'incentivo alla definizione alternativa dell'imputazione avrebbe dovuto trovare maggiore impulso.

7. La successione delle norme procedurali nel tempo: *tempus regit actum*

Il tema della cultura della legalità – nel momento di sintesi della celebrazione di processi davvero in linea con i connotati del giusto processo, scandito a livello costituzionale e con le "nuove" disposizioni sulla prova introdotte nel 2001 e con quelli del giudizio equo postulato dalla normativa sovranazionale (art. 6 C.e.d.u.) – non può essere affrontato solo in rapporto a schemi teorici standardizzati ed alle pretese aspettative della collettività bensì tenendo in adeguata considerazione anche le esigenze garantistiche di trattamento non discriminante tra tutti gli imputati.

Le **questioni intertemporali** concretamente più rilevanti sono quelle che, presupponendo modifiche normative intervenute in corso d'opera, investono il regime della prova (se divenute differenti le regole della valutazione rispetto ai criteri di acquisizione), il trattamento dell'imputato in stato di limizazione della libertà personale in forza di misura cautelare (soprattutto quando venga aumentata la durata massima della custodia preventiva) e la competenza del giudice (in ipotesi di mutamento dei criteri attributivi tra il momento di attivazione del pubblico ministero e l'epoca della decisione).

a) Intervenute con opportuna tempestività, a proposito della vicenda dell'art. 513 riformato nel 1997, le Sezioni Unite della Corte di cassazione riconobbero l'applicabilità diretta delle **norme nuove di garanzia**, in tutti i processi in corso, rilevando, incisivamente, che «in presenza di innovazioni legislative verificatesi nel corso del processo in materia di utilizzabilità o di inutilizzabilità della prova, il principio ***tempus regit actum*** deve essere riferito al momento della decisione e non a quello dell'acquisizione, atteso che il divieto di uso, colpendo proprio l'idoneità della prova a produrre risultati conoscitivi valutabili dal giudice per la formazione del suo convincimento, interviene allorché il procedimento probatorio non ha trovato ancora esaurimento, di modo che – come è stato icasticamente affermato in dottrina – il divieto inibisce che i dati probatori, pur se acquisiti con l'osservanza delle forme previste dalle leggi previgenti, possano avere un qualsiasi peso sulla bilancia del giudizio» [44]; a siffatto canone avrebbe dovuto attenersi con chiarezza il Legislatore ordinario al quale era stato devoluto il compito di articolare la disciplina di attuazione dell'art. 2, L. Cost. 23.11.1999, n. 2, in materia di giusto processo; il definitivo regime di trapasso al nuovo metodo di formazione e valutazione della prova è stato infatti scandito all'art. 26, L. 1.3.2001, n. 63, ma con una formulazione che ha subito dato luogo ai soliti disorientamenti giurisprudenziali, nonostante le indicazioni fornite dalle Sezioni Unite, in una notissima sentenza donde è dato apprendere che, proprio per effetto del co. 1 dell'art. 26, L. n. 63 del 2001, «lo *ius superveniens*» trova immediata applicazione con la conseguenza che, dopo l'entrata in vigore della nuova legge, «un interrogatorio assunto ai sensi dell'art. 64 nella formulazione anteriore all'intervento delle modifiche introdotte dalla L. n. 63 del 2001, è inutilizzabile sia, ovviamente, nel successivo dibattimento, sia nel corso delle indagini preliminari e, in particolare, nell'ambito, delle decisioni *de libertate*» [45]. Va dato atto, perciò, che in tema di prova – per effetto del co. 1 dell'art. 26, L. n. 63 del 2001 – lo *ius superveniens* trova immediata applicazione nei procedimenti in corso all'epoca della sua entrata in vigore, con la conseguenza che l'interrogatorio già compiuto anteriormente, senza essere stato preceduto dal triplice avvertimento del nuovo art. 64, nell'ipotesi in cui non ricorra una delle circostanze eccettuative espressamente previste dai co. 3, 4 e 5 dell'art. 26, L. n. 63 del 2001, è inutilizzabile.

---

[44] Cass., Sez. Un., 25.2.1998, Contu ed altro; nonché Cass., Sez. Un., 13.7.1998, Citaristi ed altri.

[45] Cass., Sez. Un., 24.9.2003, Zalagaitis.

b) Quanto alla successione nel tempo delle norme in materia di **libertà personale**, l'approccio più garantista (la non retroattività delle norme sulla libertà personale era già stata affermata vigendo il codice processuale del 1865; era stata accolta all'art. 65 delle norme transitorie del codice liberale del 1913; ed era stata ribadita nella codificazione fascista del 1931 all'art. 68 delle disposizioni transitorie) era stato ribaltato dal legislatore dell'emergenza, che aveva esplicitamente optato per l'applicabilità immediata dell'aumento di durata alle situazioni di custodia preventiva già in corso (art. 1, d.l. 11.4.1974, n. 99, conv. in L. 7.6.1974, n. 220; d.l. 15.12.1979, n. 625, conv. in L. 6.2.1980, n. 15), con l'avallo della Corte costituzionale che – pur limitando il divieto dell'irretroattività sfavorevole alle sole norme penali «primarie» e non a quelle processuali, ritenute «strumentali» alle prime – aveva fatto riferimento espresso, tuttavia, al particolare contesto storico e alla necessità di fronteggiare certe esigenze di emergenza rimarcando come «essa legittima sì misure insolite, ma ... queste perdono legittimità, se ingiustificatamente protratte nel tempo» [46]. In ogni caso, se risulta esatta e condivisibile l'ipotesi ricostruttiva secondo cui le norme regolanti lo *status custodiae* dell'iputato hanno natura sostanziale, e non semplicemente processuale (l'art. 137 c.p. fissa il principio della fungibilità della detenzione), il problema potrebbe essere risolto secondo i princìpi regolatori la successione di leggi penali, e in particolare secondo quello della ultrattività della norma più favorevole (art. 2 c.p.), senza neppure dover ricorrere all'inflazionato principio del *favor rei*.

c) Tra i tanti problemi intertemporali, sono di particolare rilievo quelli sulla **competenza** del giudice, che investono una delle garanzie fondamentali del giusto processo. In argomento mancano punti di riferimento sicuri, risultando poco convincenti le ragioni che in passato avevano indotto la Corte costituzionale ad affermare la legittimità di ogni variazione in tema di competenza, quando la legge abbia operato «in via generale» [47].

Può ricordarsi che qualche tempo fa il legislatore ha creduto di dover porre rimedio alla protratta (dal 2005, quando con la L. n. 251 furono aggravate le pene per alcune ipotesi di associazione mafiosa) e diffusa "disattenzione" sulla mutata competenza per materia quanto alle forme aggravate del delitto previsto dall'art. 416 *bis* c.p.: con disposizione transitoria, l'operatività della "nuova" competenza del Tribunale ai procedimenti in corso, iniziati quando la competenza era *ex lege* della Corte d'assise (art. 2, d.l. 12.2.2010, n. 10, conv. in L. 6.4.2010, n. 52).

---

[46] Corte cost., sent. n. 15 del 1982.

[47] Corte cost., sent. n. 56 del 1967; Corte cost., sent. n. 72 del 1976.

Sta di fatto, però, che la disciplina nuova nulla ha disposto quanto agli atti compiuti dal giudice incompetente sino alla data di entrata in vigore del *ius superveniens* (né, a ben vedere, sarebbe stato diversamente possibile, se non attraverso una discutibile e generalizzata "sanatoria"). Per l'art. 26, co. 1 (che indubbiamente si pone come regola generale), l'inosservanza delle norme sulla competenza non produce l'inefficacia delle prove già acquisite. Ma il principio è immediatamente derogato riguardo alla – più grave – incompetenza per materia («Le dichiarazioni rese al giudice incompetente per materia, se ripetibili, sono utilizzabili soltanto nell'udienza preliminare e per le contestazioni a norma degli artt. 500 e 503»: art. 26, co. 2).

L'attività del giudice dibattimentale incompetente non si esaurisce, però nella sola acquisizione di prove: si estrinseca, invece, in atti tipici necessari alla progressione del processo (costituzione delle parti, apertura del dibattimento, ecc.) e in atti eventuali, ma ugualmente fondamentali (ordinanze e ogni altro tipo di decisione). Almeno tutti questi atti, così come le prove dichiarative "ripetibili", devono dunque essere rinnovati dal Tribunale ("divenuto" competente soltanto a partire dal 13.2.2010, giorno dell'entrata in vigore dello *ius superveniens*) in quanto radicalmente nulli siccome posti in essere in dichiarato difetto, sino alla data indicata, di competenza per materia.

Capitolo II

L'adattamento del diritto interno alle fonti europee

di *Alfredo Gaito*

SOMMARIO: 1. Osservazioni preliminari: vecchi schemi e nuovi modelli. – 2. L'obbligo di interpretare in senso europeo la disciplina interna: il problema delle decisioni quadro e delle direttive. – 3. Dalla cooperazione internazionale in materia penale ai nuovi schemi processuali interni. – 4. Il "minimo comune denominatore europeo" del diritto processuale penale e i contenuti del Trattato di Lisbona. – 5. I rapporti tra norme C.e.d.u. e diritto interno dopo il Trattato di Lisbona. – 6. Il rinvio pregiudiziale alla Corte di Giustizia.

1. Osservazioni preliminari: vecchi schemi e nuovi modelli

La meta di ogni iniziativa è qualcosa di nuovo; e nel mondo del diritto di nuovo c'è quello che è all'opposto di quanto è comune, tradizionale, già compiutamente sistematizzato. Nel caso del diritto processuale penale, il nuovo esiste, ma è ancora tutto da scoprire; a parte le "ipotesi di tentata giustizia", quotidianamente perseguite nelle aule delle Corti, alla ricerca di una sorta di "passaggio a Nord-Ovest" negli angusti spazi residuali tra la *littera legis* e gli indirizzi consolidati nell'elaborazione giurisprudenziale, l'allargamento dell'Europa, e la costituzionalizzazione delle sue regole di base, dischiudono i contorni di un microcosmo più avventuroso e creativo, nel quale l'impegno ricostruttivo del cultore del diritto processuale penale è appena iniziato. Al di là di esigenze didattiche contingenti, vi è quella legata alla necessità di stare al passo con le dirompenti novità sovranazionali sui temi della tutela dei diritti dei singoli nel processo e della cooperazione giudiziaria in materia penale e con la non imbrigliabile effervescenza dell'evoluzione giurisprudenziale delle Corti europee nel delineare – per interventi progressivi – i connotati esatti del giusto assetto tra libertà ed autorità nei Paesi democratici, nella società del benessere diffuso e del terrorismo non soltanto islamico e non più solo strisciante.

A partire dal 2004 l'Europa ha intrapreso un percorso evolutivo, con dieci "nuovi" Stati che hanno reso effettiva l'adesione all'Unione e con i "vecchi" Stati membri che hanno messo a regime il c.d. "mandato d'arresto europeo". È nata la **Costituzione europea** che, accompagnata da non infondate riserve e perplessità e dall'iniziale esito negativo della prova referendaria in Francia ed in Olanda, ha ceduto il posto ad un nuovo Trattato di riforma dell'assetto istituzionale dell'Unione, sottoscritto a Lisbona il 13.12.2007, entrato ufficialmente in vigore l'1.12.2009. In modo particolare, il biennio 2004-2005 è stato importante per i nuovi equilibri imposti dal riconoscimento della supremazia delle regole sovranazionali e delle sentenze delle Corti Europee sulla legislazione nazionale e sulle vicende giudiziarie interne. Questo biennio ha scandito la realizzazione effettiva della nuova Europa, in linea con i precetti delle Convenzioni; e chi è sensibile alle nuove realtà, in corso di avveramento, riconosce un profondo legame con l'incessante movimento delle idee, che sono alla base dell'adeguamento dei meccanismi formali della giustizia penale interna ai differenti *standard* sostanziali del «giusto processo» così come delineati dalle Corti sovranazionali.

Nella ricerca del riconoscimento dei propri diritti e nella tutela dei medesimi, per non parlare del riconoscimento e della tutela degli interessi, il cittadino sa che il corrispondente potere spetta tradizionalmente allo Stato, il quale esercita tale compito attraverso particolari organi o uffici predisposti allo scopo. Ciò, almeno da quando lo Stato ha accentrato su di sé ogni onere burocratico-organizzativo, esclude che il cittadino possa rendersi giustizia da sé, secondo norme o tradizioni di diritto naturale.

L'Europa non si sostituisce allo Stato nell'amministrazione della giustizia per il caso singolo, ma riconosce ai singoli una serie di diritti e detta regole di organizzazione e di funzionamento rivolte agli Stati; la novità sta nella circostanza che formule tralaticiamente ritenute non più che raccomandatorie e prive di sanzione hanno improvvisamente acquistato cogenza ed effettiva vitalità. Nel mutare continuo di Costituzione, leggi e approdi giurisprudenziali, lo spirito europeo è divenuto fattore di stimolo e di inesauribile entusiasmo nell'aspirazione a realizzare un costante e completo monitoraggio dello stato attuale della c.d. "norma reale" (processuale penale, ovviamente), anche al di là delle anguste paratìe interne e degli schemi esegetici tradizionali. Occorre prendere atto del definitivo superamento di certi "miti" che fino a pochi anni orsono sembravano ancora immutabili (il pensiero corre, ad esempio, alla sempre più ridotta autorità del "giudicato" ed al sovvertimento del dogma per cui *societas delinquere non potest*); alla medesima stregua degli adattamenti di natura politica, economica, sociale e culturale conseguiti allo sgretolamento di certi "muri" (materiali ed ideologici) divenuti anacronistici a fronte di una globalizzazione inarrestabile, così la cultura processuale penale italiana deve essere pronta ad adeguare gli istituti interni e le tecniche interpretative tradizionali alle realtà nuove, prima che gli uni e le altre divengano obsoleti.

Si tratta di considerazioni ancorate al positivo riconoscimento alle regole ed alle statuizioni sovranazionali del triplice effetto di espansione, assimilazione ed irreversibilità nel diritto interno. Possono segnalarsi, a titolo di esemplificazione, alcuni dati emblematici non trascurabili di tale effetto di trasposizione e/o recepimento:

a) la L. 4.2.2005, n. 11, recante «Norme generali sulla partecipazione dell'Italia al processo normativo comunitario e sulle procedure di esecuzione degli obblighi comunitari», che si pone quale strumento coartante di garanzia per l'adempimento degli obblighi assunti nell'aderire alle Convenzioni;

b) la L. 18.4.2005, n. 62, recante «Disposizioni per l'adempimento di obblighi derivanti dall'appartenenza dell'Italia alla Comunità Europea. Legge Comunitaria 2004» laddove – a tacer d'altro – evoca quali fonti di derivazione del diritto interno una serie di sentenze della Corte di Giustizia, in coerente applicazione dell'obbligo di attenervisi *ex* art. 228 Trattato CE[1];

c) la L. 22.4.2005, n. 60, di conversione con modificazioni del d.l. 21.2.2005, n. 17, recante «Disposizioni urgenti in materia di impugnazione delle sentenze contumaciali e dei decreti di condanna», adottata allo scopo dichiarato di omologare, in qualche misura, il procedimento in contumacia allo *standard* minimo del **giusto processo europeo** dopo che la Corte europea di Strasburgo, in due pronunce, ha dichiarato che alcune disposizioni interne in materia di contumacia violano l'art. 6 C.e.d.u., imponendo allo Stato di modificare la legislazione interna[2];

d) la L. 22.4.2005, n. 69, recante «Disposizioni per conformare il diritto interno alla decisione quadro 2002/584/GAI del Consiglio, del 13.6.2002, relativa al mandato d'arresto europeo e alle procedure di consegna tra Stati membri» ha scandito il formale adeguamento (anche se tardivo) da parte del Parlamento italiano alla disciplina dettata dalla decisione quadro 2002/584/GAI del 13.6.2002, relativa al **mandato di arresto europeo**, dando corpo effettivo alla partecipazione dello Stato italiano al c.d. spazio giudiziario europeo;

e) un ruolo di tutto rilievo ha assunto l'esito della vicenda Stoichkov contro Bulgaria, laddove sono stati abbandonati tutti gli schemi formali della tradizione, per giungere alla conclusione che la celebrazione di un processo interno, non in linea con i requisiti minimali del giusto processo europeo non può

---

[1] Il riferimento è a Corte Giust. CE, sent. 15.1.2002, C-439/99; Corte Giust. CE, sent. 13.2.2003, C-458/00; Corte Giust. CE, sent. 10.4.2003, C-65/01; Corte Giust. CE, sent. 7.10.2004, C-247/02.

[2] Corte eur., sent. 18.5.2004, Somogyi c. Italia; Corte eur., sent. 10.11.2004, Sejdovic c. Italia.

rimanere priva di rimedio: se e quando l'inutile decorso del tempo non consente alla Corte sovranazionale di intervenire in funzione rettificante sulla sentenza, diversamente è a dirsi per la pena che sia ancora in corso di esecuzione, nella sperimentazione di una via europea alla teoria dei frutti dell'albero avvelenato di matrice anglo-americana[3].

È questa la punta dell'*iceberg* di una rivoluzione, nei rapporti in materia penale tra gli Stati, che sta a testimoniare come il ponte tra l'utopia e la realtà è stato finalmente gettato; correlativamente, è arrivato il momento di passare dall'approccio, tendenzialmente teorico ed astratto, allo studio pratico e concreto, cominciando a fornire risposte nuove a tante domande. L'Europa sta aiutando gli studiosi tradizionalmente legati alla circoscritta visuale interna ad osare di avere immaginazione, ci sta aiutando a crescere e ad allargare gli orizzonti. Tuttavia, pare quasi che, nella fretta di rinnovarsi, si dimentichi il sapere del passato; il rischio c'è e va scongiurato. Perché tra qualche decennio, forse, il codice interno di procedura penale e la legislazione speciale di complemento, con i suoi problemi contingenti e settoriali, saranno "archeologia giuridica". Ma non va trascurato come quello che "in futuro" risulterà essere stato "il passato" è quel che regola i nostri rapporti "nel presente" e che in tanto si potrà avverare quel futuro, in quanto questo presente ne abbia posto le premesse di base. Ecco perché la cultura processuale impone comunque al giurista di avvicinarsi all'*actio finium regundorum* dell'oggetto e delle prospettive operative del diritto processuale penale europeo attraverso i metodi classici più collaudati, che passano pur sempre attraverso l'individuazione del corretto uso delle nozioni e delle fonti.

Anche l'anno 2008 ha portato una produzione normativa che inciderà non poco sull'assetto istituzionale e sul funzionamento della nuova Europa. A livello interno, l'Italia ha ratificato il Trattato di Lisbona[4], entrato definitivamente in vigore l'1.12.2009. Come si vedrà meglio in seguito, l'assetto normativo e funzionale ha subito un radicale mutamento finalizzato a realizzare, attraverso procedure semplificate, l'armonizzazione dei sistemi processuali penali. Nel novembre 2008 il Consiglio GAI ha adottato, allo scopo, la decisione quadro 2008/919/GAI, in modifica alla decisione 2002/475/GAI sulla lotta al terrorismo, che introduce obblighi di penalizzazione della pubblica istigazione a commettere tali reati e quella sulla repressione del razzismo e della xenofobia (decisione quadro 2008/913/GAI). Al fine della concretizzazione del principio del mutuo riconoscimento sono state adottate:

[3] Corte eur., sent. 24.3.2005, Stoichkov c. Bulgaria.

[4] L. 2.8.2008, n. 130, recante «Ratifica ed esecuzione del Trattato di Lisbona che modifica il Trattato sull'Unione europea ed il Trattato che istituisce la Comunità europea ed alcuni atti connessi, con atto finale e dichiarazioni fatto a Lisbona il 13.12.2007».

a) la decisione quadro 2008/909/GAI sull'applicazione del principio del reciproco riconoscimento delle sentenze penali che irrogano pene detentive o comunque privative della libertà personale, ai fini della loro esecuzione nell'Unione Europea[5];

b) la decisione quadro 2008/947/GAI sull'applicazione del principio del mutuo riconoscimento alle sentenze ed alle decisioni di sospensione condizionale, in vista della sorveglianza delle misure e sanzioni alternative alla pena detentiva;

c) la direttiva sull'Ordine europeo di indagine (su Iniziativa di Belgio, Bulgaria, Estonia, Spagna, Austria, Slovenia e Svezia), che sostituito dopo due anni, e prima che potesse andare a regime, la decisione quadro 675/2008/GAI sul mandato europeo di ricerca della prova[6].

Da non trascurare la direttiva 2011/99/UE del Parlamento europeo e del Consiglio, del 13 dicembre 2011 sull'Ordine di Protezione Europeo, che si fonda sulla cooperazione giudiziaria in materia penale nonché sul mutuo riconoscimento delle sentenze e delle decisioni giudiziarie, così come sancito dall'art. 82 del T.F.U.E.[7].

Giova ancora evidenziare quattro ulteriori snodi epocali in questa materia:

a) nell'estate 2015 la Grande Chambre della Corte europea, in un caso italiano[8], ha rimodulato autoritativamente le posizioni di gerarchia nei rapporti tra Corti sovranazionali e Corti costituzionali dei Paesi membri, stabilendo che il ricorso al giudice delle leggi non possa essere considerato quale ricorso effettivo, ulteriormente precisando che il tenore dell'art. 6 Trattato UE per il quale «l'Unione riconosce i diritti, le libertà e i principi sanciti dalla Carta dei diritti fondamentali dell'Unione europea [...] che ha lo stesso valore giuridico dei trattati» (par. 1) e che «i diritti fondamentali, garantiti dalla Convenzione europea per la salvaguardia dei diritti dell'uomo e delle libertà fondamentali e risultanti dalle tradizioni costituzionali comuni agli Stati membri, fanno parte del diritto dell'Unione in quanto principi generali», il che conferma la avvenuta "trattatizzazione" della CEDU[9];

---

[5] Dall'1.7.2010 è in vigore in Francia la «*Loi n. 2010-242 du 10 mars 2010 tendant à amoindrir le risque de récidive criminelle et portant diverses dispositiones de procédure pénale*».

[6] La forma è quella dell'*Iniziativa* per una direttiva: 2010/C-165/02, in *Gazz. uff. CE*, 24.6.2010.

[7] Il d.lgs. 11.2.2015, n. 9, ha dato attuazione allo strumento di cooperazione a tutela di soggetti destinatari di provvedimenti di protezione emessi dalle autorità giurisdizionali. V. *infra*, Parte XII, cap. XXX, par. 1.

[8] Corte EDU, Gr. Ch., 27.8.2015, Parrillo c. Italia.

[9] Si tratta della impostazione propugnata dalla prima edizione del Manuale; v. *infra*, al par. 5 di questo capitolo.

b) nell'autunno 2015 la Corte di Giustizia europea (CGUE), nel noto caso Taricco [10] che ha provocato vivaci e polemiche reazioni (anche da parte della nostra Corte costituzionale [11]), aveva imposto al giudice nazionale di disapplicare la norma penale (e processuale penale) interna qualora essa, stabilendo un limite massimo alla durata della **prescrizione** nonostante gli eventi interruttivi, impedisca la repressione di frodi gravi lesive degli interessi finanziari dell'Unione; ritornando sui suoi passi, la Grande Sezione della Corte di Giustizia [12], comprendendo il dubbio prospettato dalla Corte costituzionale [13] ha riconosciuto che l'obbligo per il giudice nazionale di disapplicare, sulla base della "regola Taricco", la normativa interna in materia di prescrizione, viene meno quando ciò comporta una violazione del principio di legalità dei reati e delle pene, a causa dell'insufficiente determinatezza della legge applicabile [14];

c) in data 31.3.2016 è entrata in vigore la direttiva 2016/343/UE «sul rafforzamento di alcuni aspetti della presunzione di innocenza e del diritto di presenziare al processo nei procedimenti penali», in forza della quale (art. 1 della direttiva 2016/343/UE): «Gli Stati membri adottano le misure necessarie per garantire che, fino a quando la colpevolezza di un indagato o imputato non sia stata legalmente provata, le dichiarazioni pubbliche rilasciate da autorità pubbliche e le **decisioni giudiziarie diverse da quelle sulla colpevolezza non presentino la persona come colpevole.** Ciò lascia impregiudicati gli atti della pubblica accusa volti a dimostrare la colpevolezza dell'indagato o imputato e le decisioni preliminari di natura procedurale adottate da autorità giudiziarie o da altre autorità competenti e fondate sul sospetto o su indizi di reità»; questa direttiva, volta a rafforzare il diritto a un equo processo, stabilisce norme minime comuni relative ad alcuni aspetti della presunzione d'innocenza, al *22° Considerando*, chiarisce come «*l'onere della prova della colpevolezza di indagati e imputati incombe alla pubblica accusa e qualsiasi dubbio dovrebbe valere in favore dell'indagato o imputato. La presunzione d'innocenza risulterebbe violata qualora l'onere della prova fosse trasferito dalla pubblica accusa alla difesa …*»;

d) a inizio estate 2017 nella vicenda Lorefice la Corte di Strasburgo ha condannato l'Italia statuendo tra l'altro che se è da ritenere non equo il processo che consente la riforma di una sentenza di assoluzione in condanna senza riassunzione delle prove dichiarative da parte del nuovo giudice, a-

---

[10] Corte Giust. UE, Gr. Ch., 8.9.2015, causa C-105/14, Taricco e altri.

[11] Corte cost., ord. n. 24 del 2017.

[12] Corte Giust. UE, Gr. Ch., 5 dicembre 2017, causa C-42/17, M.A. S. e M. B.

[13] Corte cost., ord. n. 24 del 2017.

[14] V. anche Corte cost., n. 115 del 2018.

trettanto è da ritenere non giusta e per ciò stesso non efficace e quindi non eseguibile la pena in tal modo comminata [15];

e) nel 2018 la Grande Chambre ha imposto, per l'applicazione della confisca in ipotesi di reato estinto per prescrizione, quanto meno un accertamento sostanziale della responsabilità e rispettoso delle garanzie del processo equo [16].

2. L'obbligo di interpretare in senso europeo la disciplina interna: il problema delle decisioni quadro e delle direttive

Quanto all'obbligo di una lettura della disciplina interna orientata in senso europeo, bisogna stabilire alcuni punti fermi.

Sia chiaro. Il valore, in generale, delle fonti europee (comunitarie e non) entrate a far parte a pieno titolo del nostro ordinamento giuridico ed addirittura in alcuni casi prevalenti sulle fonti di diritto interno, non è in discussione: nell'ipotesi in cui la norma interna si ponesse in contrasto con la disciplina europea sarebbe sempre quest'ultima a prevalere [17]. Un meditato distinguo si impone, invece, in specifico riferimento alle decisioni quadro, che sempre più spesso vengono adottate «per il ravvicinamento delle disposizioni legislative e regolamentari degli Stati membri»; l'art. 34, n. 2, lett. *b*, UE, stabilisce espressamente che le decisioni quadro «sono vincolanti per gli Stati membri quanto al risultato da ottenere, salva restando la competenza delle autorità nazionali in merito alla forma e ai mezzi. Esse non hanno efficacia diretta».

Chiamata a decidere se l'obbligo di interpretare il diritto nazionale, alla luce della lettera e dello scopo delle direttive comunitarie, si applichi con gli stessi effetti e limiti qualora l'atto interessato sia una decisione quadro, la Corte di Giustizia UE ha avuto modo di chiarire di recente come e perché «la formulazione dell'art. 34 n. 2 lett. b UE [...] strettamente ispirata a quella dell'art. 249 comma 3 CE [...] attribuisce un carattere vincolante alle decisioni quadro nel senso che quest'ultime "sono vincolanti" per gli Stati membri "quanto al risultato da raggiungere, salva restando la competenza delle autorità nazionali in merito alla forma e ai mezzi"»; ed «il carattere vincolante delle decisioni quadro, formulato in termini identici a quelli dell'art.

[15] Corte eur., Sez. I, sent. 29 giugno 2017, Lorefice c. Italia.

[16] Corte eur., Gr. Ch., sent. 28.6.2018, G.I.E.M. S.r.l. e altri c. Italia.

[17] Corte eur., sent. 6.7.2010, Hamza c. Regno Unito, che ha affermato la prevalenza delle regole procedurali europee anche in riferimento ad altri Trattati internazionali (nello specifico: in rapporto al trattato di estradizione tra USA e Regno Unito).

249 comma 3 CE comporta, in capo alle autorità nazionali, ed in particolare ai giudici nazionali, un obbligo di interpretazione conforme nel diritto nazionale». Cosicché, nell'applicare il diritto interno, il giudice nazionale «è tenuto a farlo per quanto possibile alla luce della lettera e dello scopo della decisione quadro al fine di conseguire il risultato perseguito da questa e di conformarsi così all'art. 34, n. 2, lett. b, UE»[18].

Tuttavia, «l'obbligo per il giudice nazionale di far riferimento al contenuto di una decisione quadro quando interpreta la norme pertinenti al suo diritto nazionale trova i suoi limiti nei princìpi generali del diritto, ed in particolare in quelli della certezza del diritto e di non retroattività»; e tali «princìpi ostano in particolare a che il detto obbligo possa condurre a determinare o aggravare, sul fondamento di una decisione quadro e indipendentemente da una legge adottata per l'attuazione di quest'ultima, la responsabilità penale di coloro che agiscono in violazione delle sue disposizioni»[19]: in tal modo, con parole che hanno il pregio della chiarezza, è stato ribadito quanto già era stato affermato con riferimento alla direttiva comunitaria, nel senso che questa «non potrebbe nemmeno avere come effetto, di per sé e indipendentemente da una legge interna di uno Stato membro adottata per la sua attuazione, di determinare o aggravare la responsabilità penale delle persone che agiscono in violazione delle sue disposizioni» e che «il principio dell'applicazione retroattiva all'imputato della legge penale più favorevole» costituisce «diritto fondamentale che fa parte, così come il principio di legalità di cui costituirebbe un aspetto importante, dell'ordinamento giuridico comunitario»[20].

Inoltre, «l'obbligo per il giudice nazionale di far riferimento al contenuto di una decisione quadro nell'interpretazione delle norme pertinenti del suo diritto nazionale cessa quando quest'ultimo non può ricevere un'applicazione tale da sfociare in un risultato compatibile con quello perseguito da tale decisione quadro. In altri termini, il principio di interpretazione conforme non può servire da fondamento ad un'interpretazione *contra legem* del diritto nazionale. Tale principio richiede tuttavia che il giudice nazionale prenda in considerazione, se del caso, il diritto nazionale nel suo complesso per valutare in che misura quest'ultimo può ricevere applicazione tale da non sfociare in un risultato contrario a quello perseguito dalla decisione quadro»[21]

Insomma, nell'interpretazione delle norme, il giudice nazionale è tenuto ad atteggiarsi per quanto possibile alla luce della lettera e dello scopo della

[18] Corte Giust. CE, sent. 16.6.2005, C-105/03.

[19] Corte Giust. CE, sent. 16.6.2005, C-105/03.

[20] Corte Giust. CE, sent. 3.5.2005, cause riunite C-387/02, C-391/02 e C-403/02.

[21] Corte Giust. CE, sent. 16.6.2005, C-105/03.

decisione quadro e/o delle direttive, evitando approdi esegetici destinati a raggiungere un risultato contrario a quello perseguito dal legislatore comunitario; in ogni caso, poi, il riferimento ai contenuti della decisione quadro e la lettura della norma «orientata in senso comunitario» incontrano invalicabili limiti nei princìpi generali del diritto, ed in particolare in quelli della certezza del diritto e della non retroattività, e non potranno mai porsi in contrasto con la lettera della legge, sfociando, di fatto, in una interpretazione *contra legem* del diritto nazionale.

3. Dalla cooperazione internazionale in materia penale ai nuovi schemi processuali interni

Gli attentati di New York dell'11 settembre 2001, determinando l'accelerata elaborazione e l'immediata uniforme applicazione di misure comuni in funzione di contrasto reale, e non meramente apparente, al terrorismo internazionale islamico, hanno probabilmente favorito – quale effetto correlato – l'enucleazione parallela di uno spazio effettivo di libertà, sicurezza e giustizia che, dopo essere rimasto per tanti anni di pace un obiettivo sempre auspicato al livello degli enunciati politici astratti, mai era stato portato, da solo, al punto della realizzazione concreta. La coeva adozione del **mandato di arresto europeo**, pur tra luci (poche) ed ombre (parecchie), mira a soppiantare lo strumento dell'estradizione (almeno nell'area geo-politica degli Stati membri dell'Unione)[22] non solo per l'esecuzione delle pene comminate con sentenza definitiva ma anche per l'esecuzione delle misure coercitive, così dando tendenziale effettività e concretezza al principio del c.d. mutuo riconoscimento.

Va dato atto, però, che stiamo assistendo al perfezionamento finale dell'assetto dei rapporti tra autorità giurisdizionali straniere avviato con la Convenzione europea di estradizione del 1957, che già a partire dal 1989 (con l'accordo sulla modernizzazione delle procedure di trasmissione delle domande di consegna) aveva consigliato un'opera di semplificazione delle procedure, continuata nel 1990 con la Convenzione di applicazione dell'Accordo di Schengen (ratificata dall'Italia con L. 30.9.1993, n. 388, ed entrata in vigore il 26.10.1997) con cui è stato istituito il S.I.S. (il sistema che permette di migliorare i flussi di informazione tra gli Stati membri al fine di individuare i soggetti ricercati e stabilire i contatti tra le autorità nazionali in occasione di un arresto), nonché con la Convenzione di Bruxelles del 1995 (non ancora ratificata dal nostro Paese) con la quale è stato introdotto l'elemento del con-

[22] Corte Giust. CE, sent. 12.8.2008, C-296/08.

senso al fine di superare la procedura formale di estradizione, oltre alla possibilità di rinuncia al principio di specialità (consenso e rinuncia entrambi irrevocabili), e con quella di Dublino del 1996 (anche questa non ratificata dall'Italia) che, in relazione ai soli reati associativi, prevede il venir meno del principio della doppia incriminabilità.

Sono fermenti evolutivi che stanno a contrassegnare il trapasso da un meccanismo di cooperazione tra Stati tendenzialmente affini sul piano economico, politico e culturale, ma privi di basi giuridiche positive comuni (*id est*: vincolati unicamente al rispetto delle norme convenzionali), ad un **sistema unitario** incentrato sull'omologazione del diritto interno dei singoli Stati membri indotta con l'adeguamento alle regole sovranazionali. Può correttamente affermarsi, al proposito, che la realtà europea attuale risulta tesa fra l'organizzazione paritaria, ideale, culturale e tecnico-giuridica di nazioni libere (costituite dal Consiglio d'Europa) e la costruzione, da parte della maggior parte degli Stati europei, di un organismo – l'Unione Europea – che trascende gli Stati stessi, modellato e trainato dall'unificazione delle economie: il complesso dei recenti trattati sulla cooperazione internazionale (in particolar modo la Convenzione di applicazione dell'accordo di Schengen del 14 giugno 1985 relativo alla eliminazione graduale dei controlli alle frontiere comuni, ratificata ed entrata in vigore per l'Italia con L. 30.9.1993, n. 388, ed il Trattato di Lisbona) ha portato alla creazione di **un'area giudiziaria europea**, all'interno della quale l'interesse alla collaborazione prevale sull'interesse del singolo Stato ad estrinsecare la sua potestà punitiva evitando di scivolare, come nel passato, in un miope nazionalismo chiuso a qualsiasi deroga al criterio di sovranità giurisdizionale, perseverando in concezioni stantie, che vedono la cooperazione internazionale come alcunché di inessenziale ed accessorio.

In questa prospettiva, ed a seguito del fallimento del progetto intrapreso con il Trattato per la Costituzione europea, aperto alla firma a Roma il 29.10.2004 e ratificato dall'Italia con L. 6.4.2005, n. 57 (che inglobava nel minimo comune denominatore comunitario la previsione di uno spazio di libertà, sicurezza e giustizia, attraverso misure di contrasto e di prevenzione della criminalità, del razzismo e della xenofobia, mediante il coordinamento e la cooperazione tra forze di polizia ed autorità giudiziarie, ma soprattutto «attraverso il riconoscimento reciproco delle decisioni giudiziarie penali e, se necessario, il riavvicinamento delle legislazioni penali») la dichiarazione di Berlino del 25.3.2007 ha rappresentato il primo atto ufficiale in direzione di ripresa di un percorso riformatore e la Conferenza intergovernativa del 2007, su richiesta del Consiglio europeo, ha elaborato un nuovo Trattato di riforma per consentire all'Europa di far fronte alle esigenze di velocizzazione delle procedure, per addivenire ad un sistema comune in grado migliorare l'azione interna ed esterna dell'Europa. Durante il Consiglio europeo di Lisbona, tenutosi il 18-19.10.2007 è stato approvato il nuovo Trattato di riforma dell'Unione Europea, firmato dagli Stati membri nel dicembre 2007. Questo Trattato intende perseguire le finalità di fissare i princìpi essenziali attorno ai quali deve ruotare il funzionamento dell'Unione, affidando un ruolo centrale alla protezione dei diritti fondamentali, di rafforzare la legittimità democratica del sistema, di completare i percorsi istituzionali già avviati con i Trattati di Amsterdam e Nizza.

Con il Trattato di Lisbona viene superata la struttura per pilastri, ponendo l'attenzione sul primato del diritto comunitario.

A livello processuale, la cooperazione tra Stati è basata sul principio del **mutuo riconoscimento**, emblematico della fiducia tra Stati e dell'abolizione del primato della sovranità nazionale. Rispetto al passato, con il Trattato di riforma, sono stati affermati i poteri del Parlamento europeo e del Consiglio di adottare misure allo scopo di riavvicinare ed armonizzare le legislazioni degli Stati membri nelle materie indicate nell'art. 69, lett. *b* del Trattato di Lisbona.

Nella misura necessaria a facilitare l'applicazione del principio del mutuo riconoscimento e la cooperazione giudiziaria e di polizia, il Parlamento ed il Consiglio possono adottare strumenti procedurali comuni che possono disciplinare il mutuo riconoscimento nell'ammissibilità delle prove tra gli Stati membri, l'espletarsi dei diritti e delle garanzie individuali nel procedimento penale, i diritti delle vittime del reato. Il tutto con la possibilità, per i singoli Stati, di mantenere o introdurre un più alto livello di protezione dei diritti individuali, nonostante l'adozione di regole procedurali minime adottabili, ad oggi, anche attraverso i rinnovati meccanismi di c.d. «cooperazione rafforzata» – previsti dall'art. 280, lett. *d*, del Trattato di Lisbona.

Rimane, naturalmente, ferma la possibilità, *ex* art. 69, lett. *b*, del Trattato di Lisbona, per il Parlamento europeo e per il Consiglio, di stabilire norme minime comuni relative alla definizione di reati, già delineata nella disposizione per la quale «la legge quadro europea può stabilire norme minime relative alla definizione dei reati e delle sanzioni» in relazione a specifiche fattispecie delittuose particolarmente gravi con dimensione transnazionale (art. III-172), quali i reati di terrorismo, tratta degli esseri umani, sfruttamento sessuale delle donne e dei minori, traffico illecito di stupefacenti, traffico illecito di armi, riciclaggio di capitali, corruzione, contraffazione di mezzi di pagamento, criminalità informatica e criminalità organizzata (elenco suscettibile di estensione, al pari di quello contenuto nell'art. 29 del Trattato sull'Unione Europea, essendo previsto che, in funzione dell'evolversi della criminalità, il Consiglio, deliberando all'unanimità e previa approvazione del Parlamento europeo, «può adottare una decisione europea che individui altre sfere di criminalità»).

La cooperazione, tradizionalmente perseguita soltanto mediante l'applicazione del principio di mutuo riconoscimento, prevede adesso, quale strumento fisiologico ordinario, anche il riavvicinamento delle disposizioni legislative e regolamentari degli Stati membri. A tal fine la legge quadro potrà prevedere norme minime in tema di ammissibilità reciproca delle prove tra gli Stati, di diritti della persona nella procedura penale, di diritti delle vittime della criminalità, nonché di altri elementi specifici della procedura penale individuati dal Consiglio con decisione adottata, anche in questo caso, all'unanimità, previa approvazione del Parlamento europeo. A ben vedere, i settori per i quali è prevista la possibilità di adottare norme minime sono, almeno in parte, già "armonizzati" od in via di armonizzazione, essendo state adottate o, comunque, presentate proposte di decisione quadro aventi ad oggetto proprio tali materie.

4. Il "minimo comune denominatore europeo" del diritto processuale penale e i contenuti del Trattato di Lisbona

È vero che il panorama delle fonti normative nei rapporti giurisdizionali con autorità straniere è quanto mai complesso (alla fonte nazionale rappresentata dal Libro XI del codice di rito si sovrappongono con efficacia prevalente le fonti di origine internazionale quali trattati di estradizione, convenzioni bilaterali e multilaterali); ma le cose si atteggiano diversamente per quanto attiene a quello che si potrebbe chiamare "minimo comune denominatore del **diritto processuale penale europeo**". Dove a livello di fonti scritte rilevano essenzialmente la Carta di Nizza (trapiantata nel nuovo assetto europeo maturato con l'entrata in vigore del Trattato di Lisbona), la Convenzione europea per la salvaguardia dei diritti dell'uomo, la Convenzione europea di estradizione e la Convenzione europea per l'assistenza giudiziaria in materia penale; ma soprattutto bisogna fare i conti con il vasto panorama della giurisprudenza delle Corti europee che, pur se non direttamente vincolante per gli Stati rimasti estranei allo specifico contenzioso, si pone sempre quale criterio interpretativo generale e quale parametro di riferimento per i casi nuovi.

Un catalogo di tutte le decisioni delle Corti europee sarebbe un fuor d'opera in questa sede; per rimanere, però, almeno ancorati all'attualità e alla preminente rilevanza dei temi, non può farsi a meno di segnalare (nelle pagine che seguono) l'importanza delle statuizioni europee incidenti sui **diritti fondamentali** dei cittadini.

Quello dell'individuazione del confine tra meccanismi di cooperazione sovranazionali e garanzie europee operanti nei processi nazionali e peculiarità interne del processo penale (e, quindi, quello dell'individuazione dell'oggettivo "minimo comune denominatore" delle garanzie europee nel processo penale) è uno dei classici settori dove è ineludibile operare un bilanciamento degli interessi in gioco e dove si corre il rischio di dire tutto e il contrario di tutto.

Per quanto riguarda, specificamente, le valutazioni di politica estera che hanno indotto i Padri fondatori ad includere determinate garanzie tra quelle contemplate nella **Convenzione europea dei diritti dell'uomo**, non ci si può esimere dal rilevare come all'epoca, cinquant'anni fa, si trattasse di aspirazioni utopistiche più che di realtà. Il progressivo avveramento di quei sogni e la progressiva effettiva realizzazione di uno spazio comune europeo di assistenza e cooperazione ha portato via via alla precisazione di garanzie ulteriori, avvertite come irrinunciabili nell'evoluzione del sentire sociale comune, delle quali sono garanti le Corti europee, con correlativo obbligo di adeguamento a carico delle Autorità nazionali.

Tutto ciò appare in perfetta sintonia con la tavola di valori accolta dalla Costituzione; se, infatti, già dal 1948, veniva attenuato il ruolo dell'Autorità costituita nazionale mentre era attribuito un significato preponderante ad alcuni diritti dei singoli individui, come l'integrità fisica della persona e la libertà personale, a far data dal gennaio 2000 è entrata a regime l'epocale riforma sul giusto processo, con la consacrazione definitiva del diritto di difendersi provando e del metodo di elaborazione della prova in pienezza di contraddittorio.

Bisogna prendere atto dell'esistenza di una tendenza volta ad inglobare tutto quanto elaborato a livello europeo in materia penale – e destinato comunque ad incidere sulla celebrazione dei processi penali nazionali – come **procedura penale europea**. Senonché, un approccio del genere si appalesa subito come non utile, in quanto tale generica omnicomprensività non consentirebbe di distinguere quanto incide sulla dimensione tipicamente processualistica da quel che rimane nell'ambito del diritto penale sostanziale ovvero della semplice cooperazione internazionale per il compimento di indagini di polizia ovvero per l'esecuzione di provvedimenti giudiziari. E, per converso, non va sottovalutata la circostanza obbiettiva che nella Convenzione europea dei diritti dell'uomo, nei suoi Protocolli aggiuntivi, nella Carta di Nizza e negli Accordi di Schengen sono garantiti ai cittadini degli Stati membri alcuni diritti, non tutti egualmente contemplati dalle Costituzioni e dalle legislazioni interne dei singoli Paesi.

All'epoca della firma della Convenzione Europea, le disparate realtà nazionali erano tutte reduci dai traumi bellici vissuti spesso in un regime tipicamente autoritario; solo per rimanere alla nostra esperienza, non soltanto non esistevano la libertà di pensiero e la libertà di stampa, ma non erano neppure presi in considerazione quelli che a far data dalla «Liberazione» sarebbero stati riconosciuti dalla Costituzione repubblicana come diritti «inviolabili»;

ed ovviamente, se è vero (e non può francamente dubitarsene) che i diritti «inviolabili» sono quei diritti che un popolo, nello sviluppo delle sue lotte, acquisisce e impone in termini definitivi, che consacra appunto come nuova natura che non si può più violare. Si suole ripetere che, per un verso, i c.d. diritti inviolabili scandiscono livelli di potere storicamente acquisiti e politicamente irrigiditi dalla forma di Stato e/o di Governo; mentre, per altro verso, i contenuti di questi diritti «inviolabili» sono vari e mobili. Nella perenne contrapposizione tra autorità e libertà, è il rapporto tra istituzioni e cittadini che ne fissa il grado di inviolabilità. Ci sono stati in epoche passate i diritti inviolabili della nobiltà, del clero e della borghesia; ci sono stati, in esperienze non più ripetibili, i diritti inviolabili dei monarchi, dei despoti autoritari e finanche della classe operaia e del proletariato. I regimi democratici, dove l'individuo – da oggetto succube del dispotismo del Signore – assurge a soggetto di diritto, hanno portato alla luce i diritti dei cittadini oggi garantiti in Costituzione, come rivendicazioni rivoluzionarie rispetto all'assetto del potere dell'*ancien régime*, affermando come tali le variegate espressioni individuali della libertà: la libertà di pensiero e di religione contro l'uniformità ideologica prescritta dal regime fascista, l'*habeas corpus* contro l'intolleranza e l'intromissione del potere centrale e del partito unico precedente nella vita dell'individuo, la proprietà contro i diritti feudali dei monarchi e dei nobili, l'indipendenza d'associazione contro l'organizzazione corporativa, e così discorrendo. Tanto basta a denotare che ogni approccio restrittivo ad uno dei diritti garantiti ai cittadini introduce un *vulnus* al tessuto della Costituzione materiale.

In periodi di crisi e di assestamento, in cui i termini dei rapporti di forza sono tesi fino all'incredibile, i "nuovi" diritti costituzionali dei cittadini si oppongono ai "vecchi" poteri tradizionali. E sarebbe un grave errore ritenere che Convenzione europea, Protocolli aggiuntivi e Carta di Nizza non integrino il minimo etico dei diritti delle persone coinvolte in un processo penale nell'ambito dello Spazio Europeo; dove il riferimento non è solo ai generici diritti di libertà di opinione, di critica e di circolazione, ma anche ai fondamentali princìpi della stretta legalità e del giusto processo con effettivo diritto alla prova dinanzi ad un giudice terzo e imparziale, con la *chance* di azionare efficaci meccanismi di controllo.

5. I rapporti tra norme C.e.d.u. e diritto interno dopo il Trattato di Lisbona

Con l'entrata in vigore del Trattato di Lisbona, le difficoltà dei giudici e delle Corti statali, a rendere operanti tali criteri di coordinamento tra diritto interno e diritto sovranazionale, dovrebbero essere superate. Il Trattato di riforma, invero, offre una nuova ed assolutamente diversa interpretazione dei rapporti tra norme C.e.d.u. e ordinamento interno, alla luce della quale la concezione delle «**norme interposte**» risulterebbe non più attuale, e quindi, allo stato, non più applicabile.

L'art. 6 par. 1, del Trattato (che sostituisce l'art. 6 del Trattato sull'Unione Europea) stabilisce, infatti, che «[l]'Unione riconosce i diritti, le libertà e i principi sanciti nella Carta dei diritti fondamentali dell'Unione europea del 7 dicembre 2000, adattata il 12 dicembre 2007 a Strasburgo, che ha lo stesso valore giuridico dei trattati. Le disposizioni della Carta non estendono in alcun modo le competenze dell'Unione definite nei trattati. I diritti, le libertà e i principi della Carta sono interpretati in conformità delle disposizioni generali del titolo VII della Carta che disciplinano la sua interpretazione e applicazione e tenendo in debito conto le spiegazioni cui si fa riferimento nella Carta, che indicano le fonti di tali disposizioni»; inoltre, ai parr. 2 e 3, prevedendo che «L'Unione aderisce alla Convenzione europea per la salvaguardia dei diritti dell'uomo e delle libertà fondamentali. Tale adesione non modifica le competenze dell'Unione definite nei trattati. I diritti fondamentali, garantiti dalla Convenzione europea per la salvaguardia dei diritti dell'uomo e delle libertà fondamentali e risultanti dalle tradizioni costituzionali comuni agli Stati membri, fanno parte del diritto dell'Unione in quanto principi generali». In ambito europeo si vuole, anzi, si deve, attribuire un rilievo tutto nuovo alla tutela dei diritti e delle libertà fondamentali; ed è solo con una esegesi più approfondita e di carattere anche sistematico che si può riuscire a cogliere il reale e "dirompente" valore delle modifiche introdotte con il Trattato di Lisbona, concretizzatesi, come si è avuto modo di rilevare, nella "trattatizzazione" della Carta di Nizza[23] e, altresì, nella "comunitarizzazione" della C.e.d.u.»[24].

Per quanto riguarda la specifica rilevanza delle **norme della C.e.d.u.**, anche volendo prescindere dalla problematica della reale portata della "adesione" sancita al par. 2 dell'art. 6 del Trattato, deve evidenziarsi che l'ultimo paragrafo della stessa norma apporta un formale riconoscimento dei diritti fondamentali garantiti dalla Convenzione (e comuni al patrimonio costituzionale degli stati membri) all'interno del novero delle fonti del diritto dell'Unione «in quanto princìpi generali». Ma c'è di più: a ben vedere, può addirittura sostenersi che della "trattatizzazione" della Carta beneficino, in un certo qual senso, anche i diritti sanciti e tutelati dalla C.e.d.u., i quali fini-

---

[23] Approvata l'11.12.2000 ed entrata in vigore, a seguito dell'approvazione degli Stati dell'Unione, l'1.2.2003.

[24] Convenzione europea dei diritti dell'uomo e delle libertà fondamentali, firmata a Roma il 4.11.1950 ed entrata in vigore dal 3.9.1953.

rebbero col risultare (doppiamente) "comunitarizzati" (anche) grazie al nuovo "valore giuridico" attribuito alla Carta stessa.

L'art. 52 («Portata e interpretazione dei diritti e dei principi») della Carta dei diritti fondamentali dell'Unione europea, *sub* quel Titolo VII cui lo stesso art. 6 del Trattato di riforma, come visto, fa espresso rinvio («I diritti, le libertà e i principi della Carta sono interpretati in conformità delle disposizioni generali del titolo VII della Carta [...]»), prevede, infatti, che «laddove la presente Carta contenga diritti corrispondenti a quelli garantiti dalla Convenzione europea per la salvaguardia dei diritti dell'uomo e delle libertà fondamentali, il significato e la portata degli stessi sono uguali a quelli conferiti dalla suddetta convenzione. La presente disposizione non preclude che il diritto dell'Unione conceda una protezione più estesa». Conseguentemente, tutti quei diritti previsti dalla C.e.d.u. che trovino un «corrispondente» all'interno della Carta devono essere intesi, adesso, come tutelati (anche) a livello comunitario (*rectius*, europeo, stante l'abolizione della divisione in «pilastri») quali diritti sanciti da un vero e proprio Trattato dell'Unione (solo a titolo di esemplificazione parziale: nella Carta rinveniamo l'art. 47 – «Diritto a un ricorso effettivo e a un giudice imparziale» – il quale, riproducendo fedelmente il par. 1 dell'art. 6 della Convenzione, al par. 2 scandisce che «ogni persona ha diritto a che la sua causa sia esaminata [...] pubblicamente [...]»). Oltretutto, sotto quest'ultimo profilo, il fatto che nella Carta, allo stesso art. 52, si sia voluto adottare una «clausola di salvaguardia» in favore di una eventuale tutela rinforzata da parte dell'Unione, non può che significare che, almeno nel loro contenuto "minimo" recepito dalla Carta, tali diritti, a livello europeo, siano indubbiamente riconosciuti come intangibili e di valore fondamentale.

Ecco che, anche a prescindere da una formale ratifica della C.e.d.u. da parte dell'Unione Europea (che, comunque, presto o tardi naturalmente dovrà intervenire, proprio per effetto della «adesione» di cui all'art. 6 del Trattato), pare potersi affermare che i diritti elencati nella Convenzione siano ormai più che ragionevolmente da ritenersi come «**comunitarizzati**» sotto un duplice profilo: in via diretta ed immediata, tramite il loro riconoscimento ufficiale (quantomeno) alla stregua di «princìpi generali del diritto dell'Unione»; in via «mediata», ma non meno rilevante, quali diritti omologhi a quelli tutelati da un Trattato che dall'1.12.2009 è divenuto fonte primaria di diritto nell'area europea. Le clausole della Carta dei diritti fondamentali e della Convenzione europea non rappresentano più princìpi di diritto da ricavarsi in via interpretativa, ma diventano diritto positivo cogente, la cui violazione, da parte delle istituzioni comunitarie, determina l'invalidità dei relativi atti e, se del caso, la responsabilità dell'Unione mentre, da parte degli Stati, può determinare la procedura d'inadempimento dinanzi alla Corte di Giustizia, laddove la violazione dei valori supremi di cui all'art. 2 del Trattato sull'Unione Europea può determinare la più grave procedura prevista dall'art. 7 del medesimo Trattato della sospensione dello Stato.

È in corso d'opera un negoziato tra la gli organi (Commissione e Consiglio) dell'Unione Europea ed il Consiglio d'Europa al fine di adottare un accordo di adesione dell'Unione alla C.e.d.u. La prima proposta di accordo, presentata a Strasburgo il 10.6.2013, è stata ritenuta dalla Corte di Giustizia[25] incompatibile con il principio del "primato del diritto comunitario". I giudici di Lussemburgo, dopo aver ricordato che il problema della mancanza di una base giuridica per l'adesione dell'Unione alla C.e.d.u. è stato risolto dal Trattato di Lisbona, ha sottolineato che, poiché l'Unione non può essere considerata uno Stato, l'adesione dovrà tenere in considerazione le caratteristiche particolari dell'Unione medesima. Ciò posto, la Corte ha osservato anzitutto che, in virtù dell'adesione, la C.e.d.u., al pari di qualsiasi altro accordo internazionale concluso dall'Unione, vincolerebbe le istituzioni di quest'ultima e gli Stati membri e formerebbe dunque parte integrante del diritto dell'Unione. L'Unione sarebbe sottoposta, al pari di qualsiasi Alta Parte contraente, ad un controllo esterno avente ad oggetto il rispetto dei diritti e delle libertà previsti dalla C.e.d.u. L'Unione e le sue istituzioni sarebbero dunque assoggettate ai meccanismi di controllo previsti da tale convenzione e, in particolare, alle decisioni e alle sentenze della Corte europea dei diritti dell'uomo di Strasburgo. E poiché tale "controllo esterno" sarebbe incompatibile con il primato del diritto dell'Unione, occorrerà assicurare un meccanismo di coordinamento tra C.e.d.u. e Carta dei diritti fondamentali dell'UE, per evitare di compromettere il livello di tutela previsto da quest'ultima, nonché il primato, l'unità e l'effettività del diritto dell'Unione. Detto altrimenti, si verificherebbe una situazione in cui atti che sfuggono al controllo della Corte di Giustizia UE (quali quelli adottati nell'ambito della Politica estera e di sicurezza comune – P.E.S.C.) potrebbero essere sottoposti al controllo giurisdizionale della Corte dei diritti dell'uomo, che sarebbe legittimata a pronunciarsi sulla conformità alla C.e.d.u. di determinati atti, azioni od omissioni posti in essere dall'Unione. Una simile situazione equivarrebbe ad affidare, per quanto riguarda il rispetto dei diritti garantiti dalla C.e.d.u. il controllo giurisdizionale esclusivo degli atti, delle azioni o delle omissioni dell'Unione sopra citati ad un organo esterno all'Unione, provocando una lesione delle caratteristiche

---

[25] Parere del 18.12.2014 della Corte di Giustizia dell'UE. Tenuto conto, da un lato, dell'efficacia giuridica dei pareri adottati dalla CGE ai sensi dell'art. 218 (11) T.F.U.E. e, dall'altro lato, dell'obbligo posto dal Trattato di Lisbona per l'Unione di aderire alla C.e.d.u. (art. 6 (2) T.U.E.), il Consiglio e la Commissione dovranno ora attivarsi per riaprire i negoziati con il Consiglio d'Europa al fine di adottare un nuovo accordo di adesione in linea con il parere della CGE.

specifiche del diritto dell'Unione riguardo al controllo giurisdizionale degli atti, delle azioni o delle omissioni dell'Unione.

Per quanto riguarda l'ambito italiano, le più recenti soluzioni delle Corte costituzionale chiamata a decidere sulla legittimità di alcuni istituti e discipline difformi dai contenuti operativi stabiliti dalla Convenzione europea dei diritti dell'uomo, hanno affermato la soggezione del diritto nazionale di fonte legislativa al rispetto delle clausole della C.e.d.u. nell'interpretazione che esse ricevono dalla Corte di Strasburgo, configurando il rapporto tra queste clausole e le leggi statali e regionali in termini di legittimità costituzionale, in riferimento al co. 1 dell'art. 117 Cost. La Corte costituzionale[26], **riconoscendo alle norme della C.e.d.u.** – quali interpretate dalla Corte di Strasburgo – il rango di «**norme interposte**», e dunque sub-costituzionali, aveva affermato in modo perentorio che, ove il giudice si fosse trovato a ravvisare un contrasto «insanabile» in via interpretativa tra queste ultime e la disciplina nazionale confliggente, si dovesse inevitabilmente imporre la rimessione della questione avanti la Corte medesima per valutare la duplice conformità alla Costituzione di entrambe le piattaforme normative. Tuttavia, non era consentito al giudice adìto di procedere ad una «disapplicazione» analoga a quella operante in riferimento alle norme comunitarie poiché le norme previste dalla C.e.d.u. avrebbero comportato vincoli del tutto distinti da quelli comunitari: la sent. n. 349 del 2007 precisa, infatti, che «il Consiglio di Europa, cui afferiscono il sistema di tutela dei diritti dell'uomo disciplinato dalla CEDU e l'attività interpretativa di quest'ultima da parte della Corte dei diritti dell'uomo di Strasburgo, è una realtà giuridica, funzionale e istituzionale, distinta dalla Comunità europea creata con i Trattati di Roma del 1957 e dall'Unione europea oggetto del Trattato di Maastricht del 1992».

Ad oggi, stante la sopravvenuta vigenza delle disposizioni del Trattato di riforma che ha comunitarizzato le disposizioni C.e.d.u. attraverso il richiamo alle stesse nella Carta dei diritti fondamentali dell'Unione, deve ritenersi l'obbligo in capo al singolo giudice interno di disapplicare qualsiasi norma o disciplina in contrasto con i diritti fondamentali in esse sanciti poiché costituenti princìpi generali di diritto comunitario, validi e cogenti *erga omnes*, sempre se non contrastanti con i diritti ed i principi fondamentali della Costituzione.

Deve rimanere fermo, pur nell'ottica della necessaria integrazione, che con riferimento ad un diritto fondamentale, il rispetto degli obblighi internazionali non può mai essere causa di una diminuzione di tutela rispetto a quanto già predisposto dall'ordinamento interno, ma può e deve, viceversa, costituire strumento efficace di **ampliamento della tutela** medesima.

---

[26] Corte cost., sent. n. 348 del 2007; Corte cost., sent. n. 349 del 2007.

Sembra questa la filosofia adottata dalla Corte costituzionale nell'opporre i controlimiti innanzi alle pretese della Corte di Giustizia di disapplicazione di norme e principi fondamentali a livello interno. Del resto, l'art. 53 della Convenzione stabilisce che l'interpretazione delle disposizioni C.e.d.u. non può implicare livelli di tutela inferiori a quelli assicurati dalle fonti nazionali. Di conseguenza, il confronto tra tutela prevista dalla Convenzione e tutela costituzionale dei diritti fondamentali deve essere effettuato mirando alla **massima espansione delle garanzie**, concetto nel quale deve essere compreso il necessario bilanciamento con altri interessi costituzionalmente protetti, cioè con altre norme costituzionali, che a loro volta garantiscano diritti fondamentali che potrebbero essere incisi dall'espansione di una singola differente tutela. Il richiamo al "margine di apprezzamento" nazionale – elaborato dalla Corte di Strasburgo, e rilevante come temperamento alla rigidità dei principi formulati in sede europea – deve essere sempre presente nelle valutazioni della Corte costituzionale, cui non sfugge come la tutela dei diritti fondamentali debba essere sistemica e non frazionata in una serie di norme non coordinate ed in potenziale conflitto tra loro. In definitiva, se (come più volte affermato)[27] la Corte costituzionale non può sostituire la propria interpretazione di una disposizione della C.e.d.u. a quella data in occasione della sua applicazione al caso di specie dalla Corte di Strasburgo, con ciò superando i confini delle proprie competenze in violazione di un preciso impegno assunto dallo Stato italiano con la sottoscrizione e la ratifica, senza l'apposizione di riserve, della Convenzione; la Corte costituzionale, però, è tenuta a valutare come ed in quale misura l'applicazione della Convenzione da parte della Corte europea si inserisca nell'ordinamento costituzionale italiano. La norma convenzionale, nel momento in cui va ad integrare il co. 1 dell'art. 117 Cost. come norma interposta diviene oggetto di bilanciamento, secondo le ordinarie operazioni cui il giudice delle leggi è chiamato in tutti i giudizi di sua competenza. Operazioni volte non già all'affermazione della primazia dell'ordinamento nazionale, ma alla integrazione delle tutele[28].

Oltre la figura di un giudice interno quale passivo ricettore di un comando esegetico impartito altrove nelle forme della pronuncia giurisdizionale, la giurisdizione nazionale non può spogliarsi della funzione che le è assegnata dall'**art. 101, co. 2, Cost.**, con il quale si «esprime l'esigenza che il giudice non riceva se non dalla legge l'indicazione delle regole da applicare nel giudizio, e che nessun'altra autorità possa quindi dare al giudice ordini o suggerimenti circa il modo di giudicare in concreto». E ciò vale anche per le nor-

---

[27] Corte cost., sentt. n. 236, n. 113 e n. 1 del 2011, n. 93 del 2010, n. 311 e n. 239 del 2009, n. 39 del 2008, n. 349 e n. 348 del 2007.

[28] Corte cost., sent. n. 264 del 2012.

me della C.e.d.u., che hanno ricevuto ingresso nell'ordinamento interno grazie a una legge ordinaria di adattamento[29].

Certamente, il giudice comune non potrà negare di dar corso alla decisione promanante dalla Corte di Strasburgo che abbia definito la causa di cui tale giudice torna ad occuparsi, quando necessario, perché cessino, doverosamente, gli effetti lesivi della violazione accertata. Il diritto convenzionale, poggiando sull'art. 117, co. 1, Cost., e comunque sull'interesse di dignità costituzionale, deve coordinarsi con l'art. 101 Cost., nel punto di sintesi tra autonomia interpretativa del giudice comune e dovere di quest'ultimo di prestare collaborazione, affinché il significato del diritto fondamentale cessi di essere controverso. È in quest'ottica che si spiega il ruolo della Corte europea, in quanto permette di soddisfare l'obiettivo di certezza e stabilità del diritto.

È, pertanto, un "**diritto consolidato**" generato dalla giurisprudenza europea che il giudice interno è tenuto a porre a fondamento del proprio processo interpretativo, mentre nessun obbligo esiste in tal senso, a fronte di pronunce che non siano espressive di un orientamento oramai divenuto definitivo. Del resto, tale asserzione non solo si accorda con i princìpi costituzionali, aprendo la via al confronto costruttivo tra giudici nazionali e Corte di Strasburgo sul senso da attribuire ai diritti dell'uomo, ma si rivela confacente rispetto alle modalità organizzative del giudice di Strasburgo. Esso infatti si articola per sezioni, ammette l'opinione dissenziente, ingloba un meccanismo idoneo a risolvere un contrasto interno di giurisprudenza, attraverso la rimessione alla *Grande Chambre*. È perciò la stessa Convenzione europea a implicare il carattere progressivo della formazione del diritto giurisprudenziale, incentivando il dialogo fino a quando la forza degli argomenti non abbia condotto definitivamente ad imboccare una via, anziché un'altra. Questo tratto conferma un'opzione di favore verso un confronto fondato sull'argomentare, in una prospettiva di cooperazione e di dialogo tra le Corti, piuttosto che per l'imposizione verticistica di una linea interpretativa.

È quanto accaduto nei recenti interventi che hanno posto in evidenza proprio la difficile conciliabilità di disposizioni generiche ed indeterminate, e pertanto contrastanti con l'art. 7 C.e.d.u., contenute nel "Codice antimafia" in grado di violare il principio-diritto alla prevedibilità degli esiti applicativi ed interpretativi delle norme, che consentano ai consociati di «prevedere ragionevolmente in anticipo in quali "casi" – oltre che in quali "modi" – essi potranno essere sottoposti a misure limitative dei propri diritti[30]. Ad osservare le interazioni tra Corti, interne e sovranazionali, in alcuni casi se ne coglie la funzione recuperatoria rispetto all'azione legislativa, delle garanzie e dei diritti individuali nel loro valore inderogabile.

---

[29] Corte cost., sent. n. 49 del 2015.

[30] Corte cost., sentt. n. 24, 25 e 26 del 2019.

Può piacere o meno, ma ogni qualvolta si trovi in presenza di un "**diritto consolidato**" o di una "**sentenza pilota**", il giudice nazionale (italiano o di altro Stato membro: è lo stesso) è vincolato a recepire la norma individuata a Strasburgo, adeguando ad essa il suo criterio di giudizio per superare eventuali contrasti rispetto ad una legge interna, anzitutto per mezzo di «ogni strumento ermeneutico a sua disposizione»[31], ovvero, se ciò non fosse possibile, ricorrendo all'incidente di legittimità costituzionale[32], senza trascurare l'ipotesi della c.d. questione pregiudiziale europea da prospettare alla Corte di Giustizia del Lussemburgo[33]. Mentre, nel caso in cui sia il giudice comune ad interrogarsi sulla compatibilità della norma convenzionale con la Costituzione, questo dubbio, in assenza di un "diritto consolidato", è forse sufficiente per escludere quella stessa norma dai potenziali contenuti assegnabili in via ermeneutica alla disposizione della C.e.d.u., così prevenendo, con interpretazione costituzionalmente orientata, la proposizione della questione di legittimità costituzionale.

6. Il rinvio pregiudiziale alla Corte di Giustizia

Con l'entrata in vigore del Trattato di Lisbona è stato ri-disegnato il ruolo della Corte di Giustizia UE sia per effetto dei nuovi rapporti tra l'Unione stessa e le Carte dei diritti umani, sia per l'estensione delle sue competenze al settore dello "Spazio di libertà, sicurezza e giustizia" (vecchio terzo pilastro del Unione). A seguito della trattatizzazione della Carta di Nizza (art. 6 T.F.U.E.) la Corte di Giustizia ha assunto il ruolo di giudice supremo per i diritti fondamentali dell'Unione, rafforzato anche grazie all'adesione dell'Unione alla C.e.d.u. Ciò ha comportato l'intersecarsi di inediti rapporti tra Corte di Giustizia UE e Corte europea per la salvaguardia dei diritti dell'uomo (C.e.d.u.), non ancora istituzionalizzati. La Corte di Giustizia ha il compito di assicurare il rispetto dei diritti nell'interpretazione e nell'applicazione dei Trattati e delle disposizioni europee. A tal fine è possibile che la stessa sia adita **in via pregiudiziale** dai giudici interni di ciascuno Stato membro con la finalità di garantire la legalità nell'applicazione e nell'interpretazione del diritto dell'Unione.

La verifica pregiudiziale da parte della Corte di Giustizia ha il suo fondamento nel principio del "**primato del diritto dell'Unione Europea**", raf-

[31] Corte cost., sent. n. 49 del 2015.

[32] Corte cost., sent. n. 264 del 2012.

[33] V. *infra*, par. successivo.

forzato dall'obbligo di interpretazione conforme della normativa nazionale rispetto a direttive e decisioni quadro, anche a prescindere dall'effettivo recepimento di queste ultime con legge interna. In ambito penale i giudici comunitari hanno stabilito che una condanna penale inflitta in forza di una legge interna contrastante con il diritto comunitario, è anch'essa incompatibile con il diritto comunitario[34]. In ogni caso, sulla base dei principi di certezza del diritto e irretroattività e legalità della pena, l'operatività dei principi di applicazione del diritto comunitario e di interpretazione conforme, in materia penale, è limitata ad operare *in bonam partem*[35].

La competenza pregiudiziale della Corte, è disciplinata dall'art. 19 del T.U.E. e dall'art. 267 del T.F.U.E. (Trattato sul funzionamento dell'Unione Europea) e ha ad oggetto la pronuncia sull'interpretazione dei Trattati e sulla validità e l'interpretazione degli atti compiuti dalle istituzioni, dagli organi o dagli organismi dell'Unione. Il rinvio pregiudiziale da parte del giudice interno è considerato obbligatorio quando si tratti di organo di ultima istanza; è, invece, facoltativo per le altre categorie di giudici nazionali. Qualora la questione riguardi una persona in stato di detenzione la procedura di rinvio è accelerata e la Corte deve statuire il più rapidamente possibile.

A livello procedurale, la verifica pregiudiziale viene attivata su richiesta delle giurisdizioni nazionali ed è il giudice interno a poter o a dover domandare alla Corte di pronunciarsi su una determinata questione. I giudici di Lussemburgo sono titolari di un autonomo potere di valutazione sulla natura dell'organo che effettua il rinvio, anche a prescindere dalle qualificazioni interne offerte dai singoli Stati. La valutazione si basa su un insieme di tratti caratteristici, quali l'origine legale dell'organo, il suo carattere permanente, l'obbligatorietà della sua giurisdizione, la natura contraddittoria del procedimento, l'indipendenza e la vincolatività delle sue decisioni[36].

A livello interno la Corte costituzionale italiana è organo legittimato a proporre la questione pregiudiziale innanzi alla Corte di Giustizia sia nei giudizi di legittimità costituzionale promossi in via principale, che in quelli promossi in via incidentale, avendo natura di giurisdizione nazionale ai sensi dell'art. 267 T.F.U.E. Rimane ferma la legittimazione degli altri organi giurisdizionali che esercitano la loro funzione nei procedimenti penali.

Il rinvio pregiudiziale alla Corte di Lussemburgo può essere effettuato sia *motu proprio* dal giudice, che su istanza di una parte processuale. L'organo interno può sempre adire, se del caso, d'ufficio la Corte di Giustizia, così come valutare se, a fronte di un'istanza di parte, adire la stessa quando lo ri-

---

[34] Corte Giust., 5.10.2004, Pfeiffer, causa C-403/01.

[35] Corte Giust., 3.5.2005, Berlusconi, C-387/2002.

[36] Corte Giust., 18.6.2002, Hi, C-92/2000.

tenga opportuno. Il giudice nazionale è, innanzitutto, tenuto all'apprezzamento di **rilevanza** o pertinenza della **questione** di interpretazione o validità ai fini della risoluzione della controversia. Qualora non si tratti di giudice di ultima istanza (in quest'ultimo caso il rinvio è obbligatorio), occorre verificare anche la **necessità**, per adottare la propria decisione, di una pronuncia della Corte di Giustizia. Quando il giudizio nel quale si pone la questione (interpretativa o di validità) sia un giudizio di ultima istanza, seppure si delinei un **obbligo** di rinvio pregiudiziale, tale obbligo non è assoluto. Se si tratta di questione interpretativa già decisa dalla Corte europea, o non pertinente, il rinvio pregiudiziale può essere evitato o negato. Nel caso di accertamento di validità (e quindi non di giudizio interpretativo) degli atti comunitari, se la questione si pone innanzi ad un giudice di ultima istanza, il rinvio pregiudiziale è obbligatorio, non essendo i giudici interni competenti ad accertare direttamente l'invalidità di atti delle istituzioni comunitarie. Se così non fosse, si creerebbero divergenze tra giudici dei diversi Stati membri, che potrebbero compromettere l'unità e la certezza dell'ordinamento europeo.

Ad ogni modo, rappresenta una **violazione** del principio del **processo equo** la negazione del rinvio pregiudiziale, sollecitato da istanza di parte, con atto immotivato del giudice di ultima istanza[37].

L'attivazione del procedimento di verifica pregiudiziale da parte del giudice nazionale avviene, a livello interno, attraverso la pronuncia di un'ordinanza con la quale, riferiti i termini ed i motivi dell'istanza con cui è stata sollevata o rilevata d'ufficio la questione, si dispone la trasmissione immediata degli atti alla Corte di Giustizia sospendendo il processo in corso. L'ordinanza di rinvio del giudice nazionale deve contenere gli elementi di fatto e di diritto delle questioni sollevate e la fondatezza delle ipotesi su cui tali questioni sono fondate. Il giudice nazionale deve indicare i motivi della scelta delle disposizioni comunitarie di cui si chiede l'interpretazione e il nesso tra quelle disposizioni e la normativa nazionale applicabile alla controversia al fine di permettere alla Corte di dare l'interpretazione che gli consenta di valutare la compatibilità di norme di diritto interno con la normativa comunitaria, nonché consentire ai governi degli Stati membri e alle altre parti interessate di presentare osservazioni. Spetta esclusivamente al giudice nazionale cui è sottoposta la controversia valutare la necessità della pronuncia in via pregiudiziale e la rilevanza delle questioni sottoposte.

Non è necessario un nuovo rinvio pregiudiziale quando la questione interpretativa sia materialmente identica ad altra già sollevata e decisa e quando non esista alcun dubbio interpretativo (***acte claire***). Il rinvio pregiudiziale alla Corte di Giustizia presuppone che la questione interpretativa riguardi

---

[37] Corte eur., 8.7.2014, Dhahbi c. Italia.

norme dell'Unione (Trattati, Carta dei diritti fondamentali dell'Unione, regolamenti, direttive, decisioni, risoluzioni e principi generali dell'ordinamento) e che tale questione sia rilevante ai fini della decisione e che sussistano effettivi dubbi sulla interpretazione. Esula quindi dalla competenza della Corte l'interpretazione del diritto nazionale.

È necessario, ai fini della ricevibilità dell'atto di rinvio, che il quesito posto sia sufficientemente preciso: è importante che il giudice definisca l'ambito di fatto e di diritto in cui si inseriscono le questioni sollevate o almeno spieghi le ipotesi di fatto su cui tali questioni sono basate. In sostanza, il giudice interno è tenuto ad indicare le ragioni precise che lo hanno indotto ad interrogarsi sull'interpretazione del diritto comunitario ed a ritenere necessaria una pronuncia pregiudiziale della Corte. È indispensabile che il giudice nazionale fornisca un minimo di spiegazioni sui motivi della scelta delle norme comunitarie di cui chiede l'interpretazione e sul nesso che egli stabilisce tra le dette norme e la normativa nazionale che si applica alla controversia[38].

La Corte esamina le condizioni in cui viene adita dal giudice nazionale al fine di verificare la propria competenza, che è finalizzata all'amministrazione della giustizia negli Stati membri. È, cioè, necessario che sussista una reale controversia da dirimere nel processo di rinvio, anche tenendo conto dei riflessi che le proprie decisioni assumono non solo nei confronti delle parti in causa, ma verso la Comunità e gli altri Stati membri. La pronuncia in via pregiudiziale che la Corte emette, invero, seppure non investa formalmente un'efficacia *erga omnes* in senso proprio, rappresenta una massima ed autorevole indicazione dalla quale partire ai fini dell'interpretazione del diritto dell'Unione e, in quanto tale, spiega effetti più ampi rispetto ai confini del processo di rinvio. Con riferimento a quest'ultimo, invece, la decisione della Corte di Giustizia ha lo scopo di risolvere le questioni di diritto e vincola il giudice interno quanto all'interpretazione delle norme e degli atti comunitari rilevanti nella causa. La decisione pregiudiziale vincola non solo il giudice del grado in cui si trova il processo al momento del rinvio, ma altresì quelli dei gradi successivi.

---

[38] Corte Giust., 8.10.2002, Viacom, C-190/02.

Parte II

La struttura processuale

Capitolo III

La struttura processuale

di *Oliviero Mazza*

SOMMARIO: 1. Procedimento e processo penale: fasi, stati, gradi e situazioni soggettive. – 2. Il problema della verità giudiziale nei sistemi processuali inquisitori e accusatori. – 3. Il principio di legalità processuale. – 4. Il giusto processo. – 5. La giustizia riparativa.

1. Procedimento e processo penale: fasi, stati, gradi e situazioni soggettive

Il codice di procedura penale non contiene un'espressa definizione dei concetti di procedimento e processo. Non si è però in presenza di una vera e propria lacuna legislativa, trattandosi di nozioni agevolmente evincibili dal complesso dell'ordito normativo e dal sistema. In via di prima approssimazione, si può dire che il processo penale è una concatenazione di atti, compiuti da determinati soggetti a ciò legittimati, che tendenzialmente conduce all'atto finale rappresentato dalla sentenza. Una sequenza che, nel suo sviluppo tipico, prende avvio con la notizia di reato e termina con il passaggio in giudicato della sentenza irrevocabile, o meglio con l'esecuzione della sentenza definitiva posto che anche tale fase viene giustamente inclusa nell'ambito processuale.

Il processo penale come serie legislativamente, logicamente e cronologicamente ordinata di atti mostra la natura schiettamente procedimentale del fenomeno. Per questo motivo, la nozione di processo e quella di procedimento finiscono spesso per sovrapporsi e i due termini nel linguaggio comune vengono spesso utilizzati come sinonimi.

Pur non potendosi rinvenire, come detto, esplicite definizioni normative, la terminologia impiegata dal legislatore appare (quasi) sempre sorvegliata nel tenere distinti i concetti di procedimento e di processo in senso stretto [1].

[1] Non va dimenticato che tale convenzione terminologica non trova preciso riscontro al di fuori

La necessità di precisare la portata della dicotomia **procedimento/processo** non è dunque dettata solo da una mera questione astrattamente nomenclatoria, rispondendo, al contrario, a una concreta esigenza di chiarezza espositiva e di più agevole lettura delle disposizioni codicistiche.

Occorre, tuttavia, distinguere nettamente due piani del discorso: quando l'analisi rimane confinata in sede di teoria generale, è possibile usare indifferentemente i due termini per descrivere l'intera sequenza di atti che va dalla notizia di reato fino al giudicato e all'esecuzione; quando, invece, si è chiamati all'esegesi del dato normativo, ferma restando la possibilità di fare riferimento atecnico al *genus* del procedimento in senso lato, la suddivisione delle *species* procedimento/processo va ridefinita nei seguenti termini.

Il **procedimento** (in senso stretto) è costituito dagli atti che precedono l'esercizio dell'azione penale, mentre il **processo** (sempre inteso in senso stretto) abbraccia gli atti compiuti successivamente a tale momento coincidenti con l'intervento giurisdizionale tipico.

Lo spartiacque rappresentato dall'esercizio dell'azione penale permette di scindere ulteriormente la serie di atti in **fasi**. La fase delle indagini preliminari coincide con il procedimento in senso stretto e precede l'azione penale, mentre le fasi processuali, che prendono avvio con l'esercizio dell'azione penale, sono rappresentate dall'udienza preliminare e dal giudizio. Con riferimento alla fase del giudizio si possono poi specificare ulteriormente i **gradi del processo**: dibattimento di primo grado, giudizio d'appello e giudizio in cassazione. Per ragioni meramente descrittive viene utilizzato anche il termine **sottofase** per meglio delineare uno sviluppo dotato di autonomia concettuale all'interno della fase; ad esempio, nella fase del dibattimento di primo grado si possono distinguere le sottofasi degli atti introduttivi, della istruzione e della discussione finale.

Spesso il legislatore utilizza il termine **stato** per indicare la fase (e le sottofasi che lo compongono): ad esempio, l'art. 60., co. 2, stabilisce che «la qualità di imputato si conserva in ogni stato e grado del processo» sino alla decisione irrevocabile, con ciò intendendo che in ogni fase del processo e in ogni grado di giudizio tale status permane.

La serie degli atti che compongono il procedimento (in senso lato) è legislativamente disciplinata e ordinata, nel senso che il codice prevede i **modelli legali degli atti processuali (fattispecie)** e la loro sequenza. La disciplina legale dell'atto riguarda anche il profilo soggettivo, ossia il rapporto fra l'atto e il soggetto autore o destinatario dello stesso, nonché la stessa concatenazione degli atti e delle situazioni soggettive nell'ambito della progres-

---

del codice di procedura penale: v., ad esempio, l'art. 111, co. 2, Cost. laddove il termine processo è impiegato in senso lato come sinonimo dell'intero procedimento.

sione che conduce all'atto conclusivo. Le **situazioni soggettive** sono variamente indicate come diritti, facoltà, poteri, oneri, doveri, anche se, a ben vedere, tutte possono essere ricondotte alla più stringente suddivisione fra poteri e doveri.

I soggetti processuali operano, dunque, nell'ambito del procedimento penale (in senso lato) da intendersi come costruzione normativa di una sequenza di atti e di corrispondenti situazioni soggettive di potere e di dovere.

La definizione appena fornita, il concetto di procedimento come concatenazione di atti e di situazioni soggettive, è puramente formale e non fornisce alcuna spiegazione sul risultato che si tende a realizzare, sul perché si celebra il processo penale. Tentando di fornire una risposta al quesito sulla stessa ragion d'essere della vicenda processuale, non bisogna cadere nell'errore di limitarsi all'analisi dei rapporti, o meglio, della contrapposizione fra diritto penale e processo. Il versante processuale e quello sostanziale sono due facce della stessa medaglia, concorrono in maniera paritetica alla realizzazione della giustizia penale. Se è indiscutibile che il diritto penale si attua esclusivamente mediante l'applicazione processuale (*nullum crimen nulla poena sine iudicio*), è altrettanto vero che il processo non può essere considerato solo per la funzione strumentale e servente alla realizzazione della potestà punitiva statuale.

Il processo non persegue esclusivamente l'obiettivo, tipicamente giurisdizionale, di **attuare la legge penale nel caso concreto**, ma riveste una ben più alta **funzione politico-assiologica** di tutela di tutti i valori e gli interessi in gioco, a partire dai diritti fondamentali dell'imputato. In quest'ottica, il processo penale può essere descritto come la disciplina dei limiti imposti dalla legge (processuale) al potere statuale nell'amministrazione della giustizia penale per garantire il rispetto di diritti pari o addirittura superiori al valore rappresentato dall'accertamento delle responsabilità e dalla conseguente punizione dei colpevoli. Con ciò non si vuole negare che il processo venga celebrato allo scopo di ricostruire il fatto-reato e di accertare l'eventuale responsabilità penale dell'imputato; si vuole solo sottolineare come il processo abbia in sé una connotazione ulteriore rappresentata dalla finalità di assicurare la tutela di interessi e diritti che potenzialmente entrano in conflitto con l'obiettivo della concreta repressione dei reati.

La **finalità cognitiva** e l'accertamento delle responsabilità devono dunque essere contemperati alla **garanzia dei diritti fondamentali**, in primo luogo, dell'imputato che direttamente e personalmente subisce la pretesa punitiva dello Stato. Nel nostro ordinamento il fine dell'attuazione del diritto penale può essere raggiunto solo attraverso un giusto processo regolato dalla legge (art. 111, co. 1, Cost.) che risulta tale quando è assiologicamente orientato alla garanzia di tutti i valori costituzionali coinvolti: «un processo non giusto, perché carente sotto il profilo delle garanzie, non è conforme al modello costituzionale»[2] a prescindere dall'esito cognitivo al quale può pervenire.

Questa conclusione è ricca di ulteriori implicazioni, a partire dal venir meno dell'**illusione della verità assoluta**. In sede processuale, l'accertamento non è diretto a scoprire una presunta verità materiale la cui ricerca è storicamente refrattaria a ogni regola di garanzia. Molto più laicamente, la funzione cognitiva del processo è volta alla verifica dell'ipotesi accusatoria cristallizzata nell'imputazione, passando attraverso il rispetto di tutte le forme che la legge impone a garanzia di altri valori costituzionalmente rilevanti. Il fine è dunque il raggiungimento di una **verità giudiziale** che può scaturire solo dal rispetto delle regole del giusto processo. In altri termini, è il metodo di accertamento che condiziona il risultato e non viceversa. L'errore di impostazione dei sistemi processuali tipicamente inquisitori era, invece, proprio quello di legittimare la piena libertà dell'inquirente di ricorrere a ogni strumento ritenuto utile al conseguimento del presunto fine conoscitivo, compresa la tortura dell'accusato.

2. Il problema della verità giudiziale nei sistemi processuali inquisitori e accusatori

L'abbandono della perniciosa illusione del raggiungimento di una conoscenza giudiziaria oggettiva e di una giustizia assoluta delle decisioni non può essere ricondotto solo a scelte politiche consacrate nella disciplina costituzionale del processo. Appare opportuno ricordare che, anche dal punto di vista strettamente epistemologico, è da tempo dimostrato come uno dei più gravi fraintendimenti sia quello di ritenere che esista una verità sostanziale, una assoluta Verità che conduca a una incontestabile conoscenza oggettiva. La verità oggettiva, nel processo come in ogni altro ambito della vita, rappresenta solo un irraggiungibile limite ideale. Perfino in campo scientifico l'aspirazione al conseguimento dell'episteme – della conoscenza assolutamente certa e dimostrabile – si è rivelato un idolo. Ogni asserzione della scienza è destinata a rimanere allo stato di tentativo, non esistono certezze assolute e oggettive, potendo l'uomo essere assolutamente certo solo della sua convinzione soggettiva. Questa relatività della verità è generalmente riconosciuta dalla cultura filosofico-scientifica contemporanea a cui non sfugge che qualunque risultato di un'indagine fattuale, come quella processuale, è dipendente dal contesto in cui quest'ultima si svolge, dalla metodologia se-

[2] Corte cost., sent. n. 317 del 2009.

guita e dagli obiettivi prefissati. Scartata la possibilità di raggiungere una conoscenza certa e incontrovertibile, il problema della obiettività del risultato cognitivo, tanto in ambito scientifico quanto in quello giudiziario, deve spostarsi sui fattori che possono condizionarlo, dalle ipotesi che rappresentano la base della ricerca, ai postulati impliciti nella conduzione dell'indagine, fino all'incidenza degli strumenti impiegati per la raccolta degli elementi di prova.

Il conseguimento della verità assoluta e oggettiva è, dunque, solo un'illusione, un'aspirazione che non trova alcun riscontro nella realtà scientifica e che è destinata a rimanere tale anche in campo filosofico e giuridico, sebbene l'idea contraria che si possa raggiungere ed asserire una verità oggettivamente e assolutamente certa è ben sedimentata nella storia del processo penale, confermata non solo dalle prassi inquisitorie, ma anche dalle teorie illuministiche del giudizio come applicazione meccanica della legge.

Bisogna, invece, sottolineare come, in ambito giudiziario, alcuni dei fattori che generalmente compromettono la possibilità di integrare il modello ideale della verità come corrispondenza oggettiva e assoluta ai fatti appaiono ancora più irrefutabili: oggetto di indagine sono sempre accadimenti del passato non suscettibili di verificazione sperimentale diretta; la ricerca è condotta da soggetti, il giudice e prima ancora il pubblico ministero, condizionati dal proprio approccio soggettivo e dagli strumenti a disposizione, le prove, caratterizzate da un irriducibile margine di incertezza. Inoltre, vi è un fattore del tutto specifico rappresentato dal rispetto delle regole imposte all'accertamento processuale quale condizione di validità della conoscenza stessa.

Le dimostrazioni offerte circa la fallacia del concetto di verità oggettiva o assoluta non impongono, però, di abbandonare del tutto la rappresentazione classica della verità come corrispondenza. È possibile trovare nella concezione semantica della verità un efficace correttivo alla ricostruzione che postula la perfetta corrispondenza della verità ai fatti. Tenuto conto del carattere inevitabilmente approssimativo della verità processuale rispetto al modello ideale della corrispondenza, la concezione semantica esclude la necessità di attribuire al termine «vero» implicazioni metafisiche legate alla corrispondenza ontologica fra le tesi di cui si assume la verità e la realtà da esse descritta.

Detto altrimenti, il concetto di verità risulta circoscritto agli enunciati fattuali e ne viene fornita una definizione solo nominale. Applicando in campo processuale la teoria semantica della verità, ne consegue che la ricerca della verità è limitata alla verifica empirica delle proposizioni fattuali (Tizio ha commesso il fatto x) e di quelle giuridiche (il fatto x è previsto dalla legge penale come reato): verifica che si compie, per le prime, in via induttiva sulla base dei dati probatori raccolti; per le seconde, in via deduttiva sulla base dell'interpretazione delle disposizioni. La verità conseguibile processualmente non riguarda i fatti descritti, bensì la descrizione degli stessi (concezione semantica della verità). Non concerne direttamente i fatti, che di per sé non possono essere né veri né falsi, ma l'affermazione circa la loro esistenza. L'attenzione non è più focalizzata sull'esigenza di accertare una verità oggettiva o un fatto considerato nella sua datità, ma sulla necessità di raccogliere elementi di prova sufficienti per verificare o falsificare un enunciato fattuale.

Non ci si può nascondere, tuttavia, che la **concezione semantica della verità**, riferita alle proposizioni fattuali e giuridiche, non risolve il problema relativo alle condizioni in presenza delle quali si può asserire che tali proposizioni siano vere. Pur con tale limite congenito, la concezione semantica della verità offre comunque un contributo decisivo alla risoluzione del problema della conoscenza giudiziaria: il giudice non dovrà chiedersi se l'imputato abbia effettivamente commesso il reato che gli viene ascritto, non dovrà interrogarsi in merito a un'irraggiungibile verità ipostatizzata; il suo compito, molto meno ambizioso, sarà quello di valutare la sufficienza o meno delle prove acquisite per la verifica dell'enunciato fattuale dell'accusa e di interpretare le disposizioni legislative in modo tale da risolvere la *quaestio iuris*.

Il problema della verità processuale è strettamente intrecciato con quello della **giustizia della decisione giurisdizionale**. Si può anzi delineare un rapporto di presupposizione, essendo innegabile che la verità della ricostruzione fattuale rappresenti il fondamento per l'emanazione di una decisione giusta. Rintracciare la conseguenza del legame che intercorre fra i due concetti (verità/giustizia) dovrebbe essere agevole: se la conoscenza oggettiva rappresenta una semplice illusione, allo stesso modo l'ideale di una giustizia assoluta è destinato a rimanere un'aspirazione irrealizzabile attraverso lo strumento processuale. Giusta, in senso assoluto, sarebbe, infatti, solo quella decisione che potesse affermare una verità oggettiva e inconfutabile. La regola di giustizia impiegata per valutare la decisione non può essere, dunque, il raggiungimento della verità oggettiva.

Chiarito che la giustizia assoluta della decisione, al pari della verità oggettiva, sono idoli, false nozioni capaci di proiettare i loro effetti distorsivi sull'intera disciplina processuale, e che l'unico obiettivo gnoseologico che può razionalmente porsi l'accertamento giurisdizionale è quello di una verità riferita agli enunciati fattuali il più possibile approssimata alla realtà, dovrebbe essere agevole cogliere il carattere sostanzialmente mistificatorio e sicuramente pericoloso della contrapposizione, storicamente consolidata, fra due diverse epistemologie giudiziarie, quella inquisitoria-autoritaria e quella accusatoria-garantista.

Il **modello inquisitorio**, infatti, è quello che più si allontana dal concetto di verità umanamente raggiungibile appena delineato, aspirando, invece, proprio al conseguimento della chimerica verità sostanziale o materiale, cioè una verità assoluta refrattaria ai limiti legali, conseguibile con qualunque mezzo in spregio di regole e controlli procedurali. La ricerca della verità materiale, legata al cognitivismo etico su cui si fonda il sostanzialismo penale, funge, dunque, da schermo ideologico per giustificare limitazioni al diritto di difesa ed elusioni di regole probatorie garantistiche. In realtà, l'epistemologia inquisitoria-autoritaria, più che caratterizzarsi come teoria della conoscenza, appare funzionale alla celebrazione, per scopi politico-ideologici, di un processo senza garanzie e senza verità, un processo che svolge la funzione ancillare di attuazione di scelte politiche ben rappresentate dal diritto penale sostanziale.

Un processo che degrada esso stesso a strumento repressivo, che svela il suo vero volto celato dietro alla parvenza di una residua funzione cognitiva. E non bisogna credere che le aberranti conseguenze di tale presunta epistemologia siano confinate nel passato, magari all'epoca dell'inquisizione romana. Vi sono, infatti, anche esempi più vicini a noi di come la ricerca della verità materiale sia stata invocata per sovvertire precise disposizioni garantistiche. Basti pensare allo scardinamento delle regole di esclusione probatoria, che assicuravano la formazione della testimonianza nel contraddittorio dibattimentale, operato dalla famosa sentenza costituzionale n. 255 del 1992: per legittimare una scelta politica diametralmente opposta a quella compiuta dal legislatore del 1989 al termine di un lungo percorso di riforma, il giudice delle leggi non ha esitato a richiamare l'assunto secondo cui «fine primario ed ineludibile del processo penale non può che rimanere quello della ricerca della verità»[3].

L'unico modello che permette di approssimarsi, nei limiti sopra ricordati, all'ideale dell'episteme è quello **accusatorio-garantista**: scartata ogni suggestione derivante dalla verità oggettiva o materiale, senza, per converso, cadere in un rassegnato scetticismo giudiziario che rinneghi la possibilità stessa di raggiungere una verità nel processo, questo modello si propone di sottoporre a verifica o a falsificazione gli enunciati fattuali e giuridici costituenti l'ipotesi d'accusa, attraverso un procedimento legislativamente predeterminato, connotato da regole e forme, intrise di valori garantistici, dirette ad assicurare il soddisfacimento e il contemperamento dell'esigenza politica di salvaguardia di determinati diritti, in primo luogo quelli di rilievo costituzionale, con la necessità epistemologica di guidare il giudice nella verifica degli enunciati che rappresentano il *thema decidendum*.

Nella prospettiva accusatorio-garantista, il rispetto delle regole e delle forme processuali legislativamente e assiologicamente predeterminate è condi-

---

[3] Corte cost., sent. n. 255 del 1992.

zione necessaria e sufficiente per il conseguimento del risultato conoscitivo, e la verità, che a questo punto può essere efficacemente definita a pieno titolo giudiziale, cessa di essere la meta assorbente di ogni attività giurisdizionale, ma va considerata come il risultato delle azioni compiute da tutti i soggetti che partecipano allo svolgimento di un **giusto processo regolato dalla legge** (***due process of law***).

3. Il principio di legalità processuale

L'art. 111, co. 1, Cost. stabilisce che «la giurisdizione si attua mediante il giusto processo regolato dalla legge». Questa affermazione, di ampia portata, certamente riferibile anche alla giurisdizione penale, sancisce il **principio di legalità processuale**, simmetrico a quello imposto dall'art. 25, co. 2, Cost., in ambito penale sostanziale, da cui consegue la necessità che il processo sia compiutamente regolato da disposizioni di legge e si svolga nel rigoroso rispetto delle prescrizioni normative. Trattandosi di un principio di garanzia per l'accusato, ne discende ulteriormente che la disciplina codicistica, al pari delle fattispecie incriminatrici, non è suscettibile di interpretazioni analogiche *in malam partem*, ossia tese a limitare i diritti processuali riconosciuti all'imputato.

Non va nemmeno dimenticato che la riserva di legge processuale non è solo stabilita dall'art. 111, co. 1, Cost., ma assume un preciso rilievo anche in altre previsioni costituzionali (ad esempio, art. 13, co. 2; art. 14, co. 2; art. 15, co. 2, Cost.) nonché in seno alla Convenzione europea dei diritti dell'uomo, pur non essendo rintracciabile una precisa disposizione al riguardo. Secondo l'interpretazione fornita dalla Corte europea dei diritti dell'uomo, infatti, il principio di legalità del diritto processuale penale e della procedura penale è un principio generale del diritto. Rappresenta il *pendant* della legalità del diritto penale ed è consacrato dall'adagio *nullum iudicium sine lege*. La Corte europea ricorda, inoltre, che la regolamentazione della procedura penale ha come scopo la protezione della persona inquisita contro i rischi degli abusi del potere ed è dunque la difesa maggiormente esposta a subire un pregiudizio dalle lacune e dalle imprecisioni di tale regolamentazione[4].

A dispetto della rilevanza costituzionale ed europea, il principio di legalità processuale penale non trova però preciso riscontro nella prassi. Guardando alle concrete modalità applicative della disciplina codicistica, bisogna ammettere che oggi il processo penale è spesso regolato in modo del tutto

[4] Cfr. Corte eur., sent. 22.6.2000, Coëme e altri c. Belgio.

autonomo da pratiche giurisprudenziali devianti. Occorre, dunque, richiamare l'attenzione su una realtà la cui consapevolezza va solitamente di pari passo con la ritrosia nell'ammetterla: il diritto processuale penale, inteso come *corpus* di disposizioni codificate, sta progressivamente abdicando in favore di una procedura penale di matrice giurisprudenziale. Il fenomeno non sarebbe allarmante se rimanesse confinato nei limiti tradizionali, e in certa misura fisiologici, dell'interpretazione tesa a chiarire il dato legislativo oscuro o, al massimo, a colmarne le apparenti lacune. Al contrario, l'intervento giurisprudenziale assume sempre più di frequente ben altra connotazione, rompendo gli argini dell'ermeneutica per puntare alla sostituzione di una lineare disciplina codicistica, magari non ineccepibile sotto il profilo della tecnica normativa, con una diversa ricostruzione che si presenta, al tempo stesso, eversiva della *littera legis* e capace di snaturare gli istituti implicati[5].

Non bisogna, dunque, fare troppo affidamento sul grado di effettività del principio costituzionale di legalità processuale, soprattutto quando alla formazione di un diritto giurisprudenziale *contra* o *praeter legem* concorre, spesso in misura determinante, lo stesso giudice delle leggi che dovrebbe essere garante sia dell'osservanza dell'art. 111, co. 1, Cost. sia, attraverso l'art. 117, co. 1, Cost., del rispetto dei vincoli derivanti dagli obblighi internazionali[6].

La procedura penale vive in un sistema sempre più marcatamente di diritto giurisprudenziale, per molti versi analogo a quelli di *common law*, con l'aggravante della mancanza di un principio che vincoli i giudici al rispetto dei precedenti giurisprudenziali (*stare decisis*), sebbene la nuova previsione dell'art. 618, co. 1 *bis*, sembri muoversi proprio nella direzione di vincolare l'interpretazione alle decisioni assunte dalle Sezioni Unite della Cassazione. All'incertezza di un diritto codificato integrato e spesso surrogato da interpretazioni devianti si aggiunge così l'ulteriore incognita della mancanza di stabilità e certezza delle affermazioni giurisprudenziali, suscettibili di essere modificate o comunque non osservate da giudici diversi oppure, come spesso accade all'interno della Cassazione fra le diverse sezioni, addirittura dallo stesso giudice.

L'amaro scetticismo circa il grado di effettività che attualmente accompagna il principio di legalità processuale non può condurre alla rassegnata constatazione di un processo regolato dalla giurisprudenza. Il primato della legge in funzione di tutela dei diritti deve essere ribadito e rafforzato dalla con-

[5] V., quale esempio paradigmatico, Cass., Sez. Un., 20.12.2007, Battistella, in tema di rimedi esperibili nell'udienza preliminare a fronte di una imputazione indeterminata, norma giurisprudenziale oggi però codificata nel nuovo art. 421, co. 1 *bis*.

[6] A quest'ultimo riguardo, cfr. Corte cost., sent. n. 348 del 2007; Corte cost., sent. n. 349 del 2007, nonché Corte cost., sent. n. 49 del 2015.

siderazione che le garanzie processuali non sono assicurate solo dalla riserva di legge, ma trovano diretto fondamento in livelli normativi superiori, dalla Costituzione alla C.e.d.u., senza dimenticare il P.i.d.c.p. nonché il Trattato dell'Unione Europea.

In altri termini, al di sopra delle disposizioni contenute nel codice e nelle leggi speciali, vi è una dettagliata disciplina costituzionale ed europea del processo penale la cui matrice garantistica risulta ancora più evidente proprio per la tipologia della fonte sovraordinata.

4. Il giusto processo

L'espressione "giusto processo" descrive le regole e i principi che devono necessariamente disciplinare il processo penale in un ordinamento democratico. Pur trovando origine nei concetti della tradizione angloamericana di *fair trial* e di *due process of law,* il **giusto processo** rappresenta oggi **l'insieme di tutte le garanzie processuali**, dalla presunzione d'innocenza al contraddittorio nella formazione della prova, dai caratteri della giurisdizione alle regole dell'agire e ai diritti della difesa [7]. Nella ampia nozione di "giusto processo" vanno altresì ricompresi i **diritti fondamentali** che possono entrare in tensione nel corso dello svolgimento del processo, basti pensare alla libertà personale, all'inviolabilità del domicilio, alla segretezza e alla libertà delle comunicazioni, fino alla riservatezza e al rispetto della vita privata. Il giusto processo, dunque, è quello che assicura la tutela dei diritti fondamentali dell'individuo anche quando l'autorità statuale avrebbe l'interesse a limitarli in funzione dell'obiettivo rappresentato dall'accertamento della responsabilità penale.

La formula "giusto processo" esprime così un concetto molto ampio, che supera il catalogo compreso nell'art. 111 Cost e negli omologhi art. 6 C.e.d.u. e 14 P.i.d.c.p., per abbracciare il complesso di diritti e garanzie inscritti nello statuto costituzionale, europeo ed internazionale del giusto processo penale.

È quindi evidente la stretta **correlazione fra funzione giurisdizionale e giusto processo** i cui elementi caratterizzanti non sono solo quelli espressamente enunciati nell'art. 111 Cost., ma rappresentano un catalogo aperto, così come ha più volte sottolineato la Corte europea dei diritti dell'uomo con riguardo all'omologo art. 6 C.e.d.u. [8]. La *fairness* processuale, tratto essenzia-

---

[7] Secondo C. cost. n. 131 del 1996, il 'giusto processo' è la «formula in cui si compendiano i principi che la Costituzione detta in ordine tanto ai caratteri della giurisdizione, sotto il profilo soggettivo e oggettivo, quanto ai diritti di azione e difesa in giudizio».

[8] Al riguardo, v. il *leading case* Corte eur., sent. 27.2.1980, Deweer c. Belgio.

le e irrinunciabile della giurisdizione, è il portato dell'interazione di una serie di garanzie che vanno dall'uguaglianza dei cittadini dinanzi alla legge (art. 3 Cost.; art. 14 C.e.d.u.; artt. 2 e 14, par. 1, P.i.d.c.p.), alla presunzione d'innocenza (art. 27, co. 2, Cost.; art. 6, par. 2, C.e.d.u.; art. 14, par. 2, P.i.d.c.p.), al diritto di difesa (art. 24, co. 2, Cost.; art. 6, par. 3, C.e.d.u.; art. 14, par. 3, P.i.d.c.p.), al rispetto della libertà personale (art. 13 Cost.; art. 5 C.e.d.u.; artt. 9 e 10 P.i.d.c.p.), del domicilio (art. 14 Cost.; art. 8 C.e.d.u.; art. 17 P.i.d.c.p.), della riservatezza delle comunicazioni (art. 15 Cost.; art. 8 C.e.d.u.; art. 17 P.i.d.c.p.), a tutti i diritti inviolabili dell'uomo (art. 2 Cost.; art. 1 C.e.d.u.; art. 2 P.i.d.c.p.).

Le garanzie espressamente enunciate nella Costituzione e nei testi internazionali rappresentano, tuttavia, solo un elenco basilare ed esemplificativo dei tratti caratteristici del giusto processo. Spetta all'interprete **espandere il concetto di equità processuale** oltre il dato normativo testuale, in modo tale da ricomprendervi anche gli aspetti che rimangono impliciti nella nozione stessa di *fairness*. Basti pensare, ad esempio, al diritto al silenzio, riconosciuto pacificamente all'imputato, ma non espressamente previsto nella Costituzione o nella Convenzione europea. La Corte di Strasburgo e analogamente la Corte costituzionale non hanno mai dubitato che tale garanzia sia al centro del giusto processo[9] e più specificamente trovi solido fondamento nel diritto di difesa[10]. Non diversamente per la pubblicità delle udienze che non è espressamente sancita dall'art. 111 Cost., a differenza dei testi internazionali, ma che è implicita nell'insieme delle garanzie stabilite per la giurisdizione[11].

Senza dimenticare che «il confronto tra tutela convenzionale e tutela costituzionale dei diritti fondamentali deve essere effettuato mirando alla **massima espansione delle garanzie**, anche attraverso lo sviluppo delle potenzialità insite nelle norme costituzionali che hanno ad oggetto i medesimi diritti»[12].

La giurisdizione, con il suo corredo di garanzie, può essere vista anche come un preciso diritto fondamentale dell'imputato: il diritto a un processo celebrato in modo equo da un organo giurisdizionale terzo e imparziale. Si tratta di uno dei «principi supremi del nostro ordinamento costituzionale, in cui è intimamente connesso con lo stesso principio di democrazia l'asicurare a tutti e sempre, per qualsiasi controversia, un giudice e un giu-

---

[9] Corte eur., sent. 8.2.1996, John Murray c. Regno Unito; Corte eur., sent. 25.2.1993, Funke c. Francia.

[10] V., tra le altre, Corte cost., sent. n. 267 del 1994; Corte cost., sent. n. 361 del 1998; Corte cost., ord. n. 291 del 2002.

[11] Corte cost., sent. n. 373 del 1992.

[12] Corte cost., sent. n. 317 del 2009.

dizio» [13], un diritto annoverabile «tra quelli inviolabili dell'uomo, che la Costituzione garantisce all'art. 2» [14]. Il **diritto di accesso al giudice** trova consacrazione anche nella giurisprudenza europea che ha sempre censurato quelle disposizioni volte ad ostacolare, o comunque a rendere più difficoltosa, la possibilità di beneficiare di un processo equo [15]. Si può richiamare, come esempio, la pronuncia che ha ritenuto illegittima la scelta legislativa francese di subordinare lo svolgimento del giudizio in cassazione alla previa costituzione in carcere dell'imputato già condannato nei gradi di merito [16] e potrebbe anche fondatamente dubitarsi della legittimità dell'attuale previsione dell'art. 581, co. 1 *quater*, che condiziona l'ammissibilità dell'impugnazione presentata dal difensore in favore dell'imputato assente al rilascio di un mandato specifico nonché all'elezione o alla dichiarazione di domicilio.

Quanto detto finora dovrebbe chiarire il carattere artificioso della contrapposizione fra l'interesse punitivo dello Stato e quello dell'imputato al pieno godimento dei suoi diritti processuali. **L'accertamento giurisdizionale della responsabilità penale non può prescindere dall'equità processuale**, con la conseguenza che è interesse anche, se non soprattutto, dello Stato e della collettività che si giunga all'eventuale condanna solo dopo la celebrazione di un giusto processo. Non ha, quindi, senso distinguere garanzie soggettive dell'imputato e garanzie oggettive di regolare svolgimento della funzione giurisdizionale, posto che entrambe si fondono e tendono al medesimo risultato. Sarebbe così errato, ad esempio, contrapporre la ragionevole durata del processo (ritenuta garanzia oggettiva) all'esercizio del diritto di difesa (tipica prerogativa soggettiva dell'imputato), magari per imporre a quest'ultimo limitazioni giustificate da non meglio individuate esigenze di celerità dell'accertamento, «giacché il diritto di difesa ed il principio di ragionevole durata del processo non possono entrare in comparazione, ai fini del bilanciamento, indipendentemente dalla completezza del sistema delle garanzie. Ciò che rileva è esclusivamente la durata del giusto processo [...]. Una diversa soluzione introdurrebbe una contraddizione logica e giuridica all'interno dello stesso art. 111 Cost., che da una parte imporrebbe una piena tutela del principio del contraddittorio e dall'altra autorizzerebbe tutte le deroghe ritenute utili allo scopo di abbreviare la durata dei procedimenti. Un processo non giusto, perché carente sotto il profilo delle garanzie, non è conforme al modello costituzionale, quale che sia la sua durata» [17].

---

[13] Corte cost., sent. n. 18 del 1982.

[14] Corte cost., sent. n. 98 del 1965.

[15] V. già Corte eur., sent. 21.2.1975, Golder c. Regno Unito.

[16] Corte eur., sent. 29.7.1998, Guérin c. Francia.

[17] Corte cost., sent. n. 317 del 2009.

Va quindi precisato che il connotato della ragionevole durata del giusto processo non può essere inteso come un valore contrastante con le garanzie dell'imputato, da porre in bilanciamento con le stesse al fine di limitarle, trattandosi molto semplicemente di un'ulteriore garanzia per l'individuo sottoposto a processo penale, ossia del **diritto soggettivo a un giusto processo di durata ragionevole**. Non ha quindi ragion d'essere il ricorrente e sempre più attuale tentativo di ricostruire il principio della durata ragionevole del processo come un'esigenza statuale di efficienza repressiva tale da giustificare limitazioni di ogni altro aspetto del giusto processo.

Nel nostro ordinamento, la giurisdizione penale si può attuare solo mediante il giusto processo che, a ulteriore tutela dell'imputato, deve essere anche di durata ragionevole.

Infine, a fronte di una riforma che ha riscritto gran parte delle regole processuali con l'obiettivo dichiarato di un taglio lineare della durata media dei processi (d.lgs. n. 150 del 2022), è opportuno ricordare che la **durata ragionevole** imposta dalla Costituzione rimane un **concetto casistico**, rapportabile solo alla complessità e alle peculiarità del singolo processo, da tenere ben distinto rispetto al distorto ideale legislativo di un processo breve o abbreviato, frutto di un taglio dei tempi di svolgimento che prescinde dalla piena attuazione delle garanzie del giusto processo. Il giusto processo di durata ragionevole non deve essere necessariamente breve, ma deve durare il tempo ragionevolmente necessario per un compiuto accertamento della responsabilità penale nel pieno rispetto di tutti i diritti e di tutte le garanzie dell'imputato.

5. La giustizia riparativa

La disciplina organica della giustizia ripartiva è stata introdotta nell'ordinamento penale con il d.lgs. n. 150 del 2022. Secondo la definizione fornita dall'art. 43, co. 2, d.lgs. n. 150 del 2022, «i programmi di giustizia riparativa tendono a **promuovere il riconoscimento della vittima** del reato, la responsabilizzazione della persona indicata come autore dell'offesa e la ricostituzione dei legami con la comunità».

L'obiettivo è quello di una **composizione stragiudiziale del conflitto che ha dato origine al reato**, seguendo un percorso di mediazione che può essere disposto d'ufficio dal pubblico ministero o dal giudice (art. 129 *bis*), a seconda delle fasi, e che, in caso di esito positivo, può sfociare nell'estinzione del reato mediante remissione di querela ovvero, per i reati procedibili d'ufficio, nel riconoscimento della circostanza attenuante dell'art. 62, co. 1, n. 6, c.p.

L'accesso al sistema della giustizia riparativa presuppone, logicamente e giuridicamente, la **definizione dei ruoli processuali di colpevole e di vittima del reato** che l'art. 27 comma 2 Cost. confina nella fase successiva all'accertamento definitivo di responsabilità, ossia nel procedimento di esecuzione della condanna. Questa considerazione rende evidente come, nel corso dello svolgimento del giudizio di cognizione, la giustizia ripartiva, in tutte le sue forme, sia ontologicamente **incompatibile con il rispetto della presunzione d'innocenza**, in quanto presuppone una già intervenuta cristallizzazione dei **ruoli**, colpevole e vittima, che per la logica del processo penale non solo non possono essere affermati fino all'accertamento definitivo di responsabilità, ma sono addirittura **ribaltati dalla previsione costituzionale** per cui l'imputato va considerato non colpevole e la vittima va presunta non tale o comunque non vittima dell'azione dell'imputato.

Anche la prudenza linguistica di non utilizzare il termine colpevole non appare sufficiente, sia perché la vittima del reato rimane definita tale, in modo assertivo e connotativo (art. 45, co. 1, lett. *a*, d.lgs. n. 150 del 2022), sia perché «la persona indicata come autore dell'offesa» (art. 45, co. 2, lett. *b*, d.lgs. n. 150 del 2022) rappresenta comunque una definizione deteriore rispetto a quella costituzionale che vuole l'imputato considerato non colpevole. Ovviamente non si tratta solo di questioni lessicali, ma della considerazione sostanziale dei ruoli rivestiti dalle parti nella mediazione.

A ciò si aggiunga che per le fonti eurounitarie (art. 12, comma 1, lett. *a* Direttiva 2012/29/UE), «si ricorre ai servizi di giustizia riparativa soltanto se sono nell'interesse della vittima, in base ad eventuali considerazioni di sicurezza, e se sono basati sul suo consenso libero e informato, che può essere revocato in qualsiasi momento». È quasi inutile sottolineare la netta finalizzazione della giustizia riparativa a tutela esclusiva della vittima che trova puntuale riscontro nell'obiettivo inequivocabilmente descritto dall'art. 43, co. 2, d.lgs. n. 150 del 2022.

Per comprendere appieno il **significato vittimocentrico** dell'intero sistema di *restorative justice*, non si può dimenticare come la condizione essenziale per l'avvio del relativo procedimento sia che «l'autore del reato [abbia] riconosciuto i fatti essenziali del caso» (art. 12, co. 1, lett. *c* Direttiva 2012/29/UE). Analoga affermazione si ritrova nel paragrafo 30 della Raccomandazione 8(2018) del Consiglio d'Europa, secondo cui «punto di partenza per un percorso di giustizia riparativa dovrebbe essere generalmente il riconoscimento a opera delle parti dei fatti principali della vicenda». La giustizia riparativa rimane, fin dalla sua matrice europea e nella sua connotazione finalistica, un **istituto di favore e di garanzia per la vittima al quale l'imputato accede solo riconoscendo la sua responsabilità**.

Tornando al principio costituzionale, appare ancora più evidente l'antitetica condizione imposta nel corso del processo proprio dal rispetto dell'art. 27 comma 2 Cost., ossia che la fase dell'accertamento non è neutrale, postulando la non colpevolezza dell'imputato a cui corrisponde la mancanza di *status* per la vittima, presunta non tale. Avendo ben chiara questa situazione, appare illegittima qualunque intersezione con la giustizia riparativa che presuppone un'esatta e diametralmente opposta definizione dei ruoli, a partire dall'ammissione di responsabilità dell'imputato. Al tempo stesso, anche la postulata equiprossimità del mediatore (art. 59, co. 1, d.lgs. n. 150 del 2022) contravviene alla logica della presunzione d'innocenza che vorrebbe tutelato, in costanza del procedimento penale, il soggetto da considerarsi non colpevole e non, su una base di parità, la presunta non vittima.

Tale intersezione risulta ancora meno accettabile nella misura in cui risulta **imposta d'ufficio dal giudice o dal pubblico ministero** ossia ad opera di soggetti che istituzionalmente sono tenuti a rispettare la presunzione d'innocenza. Il potere officioso attribuito dall'art. 129-*bis*, co. 1, al giudice, prima della condanna, presuppone esattamente quella **considerazione di colpevolezza dell'imputato vietata testualmente dall'art. 27 comma 2 Cost.**

Se, dunque, l'imputato può scegliere liberamente di non difendersi nel merito e di proporre o di accettare la mediazione con la vittima, così come può risarcire il danno o confessarsi colpevole o scegliere un rito alternativo premiale, non altrettanto può dirsi per il giudice che è tenuto al rispetto della presunzione di non colpevolezza e non può considerare colpevole l'imputato, prima dell'accertamento definitivo di responsabilità, inviandolo d'ufficio al centro per la giustizia riparativa. Il potere officioso si pone in aperto contrasto con la previsione costituzionale, senza che tale illegittimità possa dirsi superata da quella interpretazione "adeguatrice" per cui il giudice potrebbe disporre l'invio dell'imputato alla mediazione non solo considerandolo colpevole, ma anche "in ipotesi" di colpevolezza. Nessuno può seriamente dubitare che la giustizia riparativa presupponga una "rottura" da riparare, punto di partenza che deve essere fuori discussione secondo le matrici europee dell'istituto, così come l'invio dell'imputato all'apposito centro non possa prescindere dalla considerazione logica, prima che giuridica, della sua colpevolezza proprio in ragione di quella rottura dei rapporti sociali che merita riparazione. In altri termini, se il giudice lo considerasse non colpevole, come sarebbe tenuto a fare in base al precetto costituzionale, non potrebbe mai disporre d'ufficio l'avvio della mediazione, a meno di non voler incorrere in un grottesco *nonsense* e nella negazione del significato precettivo dell'art. 27, co. 2, Cost.

L'incostituzionalità della previsione in esame risulta rafforzata dall'assenza di rimedi per l'anticipazione del convincimento che il giudice formula inviando l'imputato al centro per la giustizia riparativa prima che sia pronunciata sentenza di condanna. L'art. 37, co. 1, lett. *b*, infatti, consente la ricusazione solo quando l'anticipazione sia stata indebitamente manifestata nell'esercizio delle funzioni, mentre, nel caso in esame, mancherebbe la natura indebita di tale manifestazione, trattandosi dell'esercizio di un potere d'ufficio attribuito espressamente dalla legge al giudice.

Lo scenario che si delinea mette in crisi non solo la presunzione d'innocenza, ma anche l'imparzialità del giudice: una volta disposto l'invio dell'imputato al centro per la giustizia riparativa, anche nel caso di esito negativo del programma, lo stesso giudice sarà poi chiamato a giudicare la responsabilità dell'imputato già implicitamente sottesa all'esercizio del potere officioso, senza incorrere in incompatibilità endofasica, non prevista dalla legge, e senza esporsi a ricusazione.

Il vuoto di tutela per l'imputato appare evidente e non può essere nemmeno mitigato dal debole schermo rappresentato dalla «riservatezza sulle dichiarazioni e sulle attività svolte nel corso dei programmi di giustizia riparativa» imposta dall'art. 43, lett. *e*, d.lgs. n. 150 del 2022. Premesso che il concetto di riservatezza non coincide con quello giuridico di segretezza, il risultato non sembra garantito dalla previsione dell'art. 50 d.lgs. n. 150 del 2022 nella quale non è contemplata alcuna sanzione per la violazione del dovere di riservatezza. Si tratterebbe, al più, di un impegno morale, ma la previsione non appare in alcun modo precettiva, anche volendo richiamare le illusorie responsabilità disciplinari che riguarderebbero, però, solo i mediatori.

In particolare, la previsione secondo cui «i partecipanti sono tenuti a non rendere pubbliche le dichiarazioni rese e le informazioni acquisite nel corso del programma di giustizia riparativa prima della sua conclusione e della definizione del procedimento penale con sentenza o decreto penale irrevocabili» non significa che gli stessi non possano riferire al giudice, nel corso dei loro esami, quanto avvenuto dinanzi al mediatore. Il concetto di pubblicità vietata risulta di carattere atecnico, sprovvisto di sanzione e comunque non tale da integrare un preciso divieto di rendere dichiarazioni nel corso dell'esame testimoniale (persona offesa e parte civile) o dell'esame delle parti (imputato e parte civile), per non considerare le interlocuzioni spontanee consentite all'imputato.

La permeabilità del procedimento penale rispetto al contegno tenuto dalle parti dinanzi al mediatore e alle informazioni ivi raccolte discende dalla scelta legislativa di **non imporre precisi doveri di segretezza penalmente sanzionati**, l'unica soluzione che sarebbe stata in grado di assicurare un vincolo effettivo, ma di limitarsi a un non meglio definito dovere di riservatezza, peraltro cedevole rispetto ad esigenze superiori come l'esercizio del diritto di difesa in giudizio, tanto per l'imputato quanto per la parte civile, o quando vi sia il consenso dei partecipanti alla rivelazione oppure quando il mediatore ritenga questa assolutamente necessaria per evitare la commissione imminente di reati o la commissione di reati gravi o ancora quando le dichiarazioni integrino di per sé reato, vale a dire allorché le stesse potrebbero tradursi nelle ipotesi, ad esempio, di calunnia o di minaccia aggravata.

La stessa regola di inutilizzabilità imposta dall'art. 51 d.lgs. n. 150 del 2022, secondo cui «le dichiarazioni rese e le informazioni acquisite nel corso del programma non possono essere utilizzate nel procedimento penale e nella fase dell'esecuzione della pena, fatti salvi i contenuti della relazione di cui all'articolo 57 e fermo quanto disposto nell'articolo 50, co. 1», appare ben poca cosa. Se, infatti, la documentazione della mediazione è in sé inutilizzabile, nulla può vietare alle parti di fare riferimento in giudizio a quanto avvenuto al diverso tavolo della giustizia riparativa ogniqualvolta ciò sia strumentale all'esercizio del superiore diritto di difesa e in ragione dell'assenza di obblighi di segretezza sanzionati penalmente.

In definitiva, l'attuale disciplina **non garantisce in alcun modo l'impermeabilità del processo penale** e l'intersezione fra accertamento processuale e mediazione risulterà particolarmente pregiudizievole per l'imputato che non avesse accondisceso all'invito alla riparazione sotteso all'esercizio dei poteri officiosi del giudice.

Le considerazioni finora svolte, soprattutto con riguardo all'esercizio del potere riconosciuto al giudice, valgono anche per il pubblico ministero che, nella fase delle indagini preliminari, viene investito dello stesso potere autoritativo da cui discende l'ulteriore violazione del principio costituzionale della parità fra le parti (art. 111, co. 2, Cost.). Alla luce dei principi che reggono il giusto processo, non è infatti ammissibile che una parte, il pubblico ministero, possa obbligare un'altra parte, l'imputato, a tenere un determinato comportamento che rientra a pieno titolo nella strategia e nelle prerogative difensive, ossia nell'esercizio di un diritto costituzionale definito inviolabile in ogni stato e grado del procedimento dall'art. 24, co. 2, Cost., peraltro senza possibili deroghe o limitazioni.

L'accesso o meno alla giustizia riparativa deve rimanere una libera scelta difensiva che non può certo essere imposta dalla parte avversa, pena, appunto, la patente violazione del principio di parità fra le parti che rappresenta, oltretutto, uno dei tratti qualificanti del processo *adversary* che è alla base del modello costituzionale del giusto processo (art. 111, co. 2, Cost.). L'inammissibile ingerenza del pubblico ministero nelle scelte difensive, attraverso l'esercizio di un potere officioso, a cui corrisponde il dovere giuridico di presentarsi al centro per la giustizia riparativa e di ammettere, nel caso, l'indisponibilità alla riparazione, è stata evidentemente pensata dal legislatore per cercare di recuperare surrettiziamente l'idea, invero mai abbondonata dopo che la proposta della Commissione Lattanzi non è stata recepita nella legge delega, dell'archiviazione meritata.

Non è difficile immaginare che il pubblico ministero disporrà l'invio dell'imputato al centro per la giustizia riparativa, facendo seguire a questa sua scelta la prospettazione di un esito archiviativo delle indagini in presenza di una composizione del conflitto interpersonale con la vittima, e ciò non solo per i reati procedibili a querela, per i quali l'esito positivo della mediazione potrebbe condurre alla remissione della stessa querela, ma anche per i fatti procedibili d'ufficio, rispetto ai quali l'intervenuta riparazione rappresenterà una sorta di causa sopravvenuta di improcedibilità atipica o di tenuità del fatto ovvero di esclusione della ragionevole previsione di condanna, in conseguenza della pacificazione con il testimone chiave dell'accusa.

Anche nella prospettiva di una archiviazione meritata per intervenuta riparazione, il potere officioso attribuito al pubblico ministero rimane in contrasto con il principio di parità fra le parti che dovrebbe governare il giusto processo in tutte le sue fasi, compresa quella preliminare.

Occorre, infine, porre attenzione al **costo che il dilemma della mediazione porrà a carico dell'imputato**. La stessa possibilità di accedere alla giustizia riparativa, consentita per ogni tipologia di reato senza alcuna preclusione, finirà per stravolgere l'andamento processuale, anche quando l'imputato non vorrà farvi ricorso. Non si è attentamente ponderata l'eventualità che il rifiuto della mediazione in corso di processo porterà con sé una inaccettabile discriminazione agli occhi del giudice, non sanabile dalle pseudo cautele previste solo per l'inutilizzabilità processuale della documentazione di quanto avvenuto dinanzi al mediatore. **La stessa scelta di accedere o meno alla giustizia riparativa influenzerà in un senso o nell'altro l'esito del processo**. Per l'imputato, richiedere o anche solo accettare l'offerta della vittima di svolgere programmi di giustizia riparativa significherà, inevitabilmente, **ammettere la propria responsabilità**, così come espressamente previsto dall'art. 12, co. 1, lett. *c* Direttiva 2012/29/UE. L'eventuale esito negativo della mediazione intrapresa volontariamente comprometterà in modo irreparabile la strategia difensiva davanti al giudice, nonostante la irrisoria previsione dell'art. 58, co. 2, d.lgs. n. 150 del 2022, sul **presupposto logico che un imputato innocente avrebbe rifiutato l'idea stessa della riparazione** per un torto non commesso, per di più in danno di un millantatore, la presunta vittima, e quindi non avrebbe nemmeno tentato questa strada. La scelta di non richiedere l'accesso alla giustizia riparativa o, peggio ancora, di non accettare la sollecitazione in tal senso proveniente dalla vittima o di opporsi alla decisione assunta d'ufficio dal giudice equivarrà, in caso di condanna, al pagare un prezzo ancora più alto in termini **sanzionatori per la scelta di difendersi nelle forme ordinarie**, non essendo difficile pronosticare che un giudice, già oggi incline a negare la concessione delle attenuanti generiche a fronte dell'esercizio di diritti costituzionali, come quello dell'imputato di rimanere assente dal suo processo, inasprirà ancor di più la risposta punitiva nei confronti di chi avrà declinato l'eufemistico invito alla giustizia riparativa. La già ricordata disposizione per cui, «in ogni caso, la mancata effettuazione del programma, l'interruzione dello stesso o il mancato raggiungimento di un esito riparativo non producono effetti sfavorevoli nei confronti della persona indicata come autore» (art. 58, co. 2, d.lgs. n. 150 del 2022) si presta ad agevoli aggiramenti da parte del giudice chiamato a determinare discrezionalmente la pena "congrua" per l'imputato (art. 133 c.p.), senza dover necessariamente motivare in relazione al fallimento del tentativo di mediazione, ma tenendo ben presente tale esito.

Solo la scelta processuale remissiva di accedere alla giustizia riparativa e di addivenire alla composizione del conflitto con la vittima porterà un vantaggio processuale all'imputato misurato sulla nuova diminuente prevista dall'art. 62, co. 1, n. 6, c.p. In ogni altro caso, il dilemma stesso della mediazione finirà per incidere negativamente sulla posizione dell'accusato.

Parte III

I soggetti

Capitolo IV

I soggetti

di *Oliviero Mazza*

1. La struttura triadica del processo. Parti e soggetti

Il processo penale è, soprattutto nelle fasi giurisdizionali, un *actus trium personarum*. La forma triadica, o più precisamente triangolare, è scolpita nell'art. 111, co. 2, Cost.: «ogni processo si svolge nel contraddittorio tra le parti, in condizioni di parità, davanti a un giudice terzo e imparziale».

Accusa e difesa, in condizioni di parità, sono collocate idealmente agli estremi della base di un **triangolo equilatero** dinanzi al giudice che, per essere equidistante dalle parti, ossia terzo e imparziale, siede al vertice del triangolo. Questa raffigurazione geometrica del processo permette di comprendere come parti necessarie siano il pubblico ministero e l'imputato, mentre il giudice non è parte, dovendo anzi essere terzo e imparziale, ma solo soggetto (protagonista) della vicenda processuale.

Il nucleo essenziale rappresentato da pubblico ministero, imputato (assistito dal difensore) e giudice, senza i quali non potrebbe nemmeno celebrarsi un processo penale, è suscettibile di notevole incremento con la comparsa di soggetti e parti eventuali.

A questo punto è opportuno distinguere le parti dai soggetti processuali. Il concetto di **parte** è intimamente connesso a quello di **azione**, tanto sul versante attivo quanto sotto il profilo passivo. Parti, dunque, sono i **soggetti che esercitano o che subiscono l'azione penale e l'azione civile** (esercitata in sede penale). Dalla tradizionale definizione discende che le parti compaiono nella fase strettamente processuale, ossia in coincidenza con l'esercizio dell'azione penale o dell'azione civile. In tal modo, tuttavia, si rischia di trascurare il dato sistematico che vede le parti essenziali, pubblico ministero e persona nei cui confronti si procede penalmente, già presenti nella fase delle indagini preliminari, necessariamente il pubblico ministero ed eventualmente l'indagato qualora la notizia di reato sia attribuita ad autori noti. Si potrebbe perciò affermare che le **parti essenziali siano immanenti** in ogni fase del procedimento penale (inteso in senso lato), eccettuata l'ipotesi delle indagini svolte nei confronti di ignoti, con l'ulteriore precisazione che l'imputato è tale solo dopo che sia stata esercitata l'azione penale, mentre in precedenza il suo *status* viene descritto con l'impiego della locuzione «persona sottoposta alle indagini» spesso sostituita dal poco elegante neologismo indagato.

Nel caso in cui il processo penale si svolga per l'accertamento della responsabilità amministrativa degli enti dipendente da reato, ai sensi del sottosistema processuale delineato dal d.lgs. 8.6.2001, n. 231, alla figura dell'imputato deve essere assimilata quella, appunto, dell'ente responsabile. Tale equiparazione è del resto espressamente imposta dall'art. 35 d.lgs. n. 231 del 2001 secondo cui «all'ente si applicano le disposizioni processuali relative all'imputato, in quanto compatibili».

Diverso è il discorso per quanto riguarda le **parti eventuali** correlate all'esercizio dell'azione civile in sede penale che dipende da una scelta discrezionale del danneggiato dal reato di richiedere direttamente al giudice penale la condanna dell'imputato al risarcimento del danno. Si parla, perciò, di parti eventuali, posto che l'esercizio dell'azione civile in sede penale è solo eventuale. In seguito all'esercizio dell'azione civile nel processo penale compaiono la **parte civile** e il **responsabile civile**. La presenza di quest'ultimo è doppiamente eventuale, dipendendo dall'esercizio dell'azione civile e dalla ricorrenza delle circostanze in base alle quali la pretesa risarcitoria può rivolgersi verso un soggetto diverso dall'imputato, chiamato a rispondere civilmente del fatto di quest'ultimo.

Altra parte eventuale è la **persona civilmente obbligata per la pena pecuniaria**, che si affianca all'autore del reato per rispondere, in via sussidiaria, delle obbligazioni che sorgono dall'eventuale condanna.

I **soggetti**, invece, sono coloro i quali hanno il **potere/dovere di iniziativa nel compimento di atti processuali**. Nella generale categoria rientrano, dunque, le parti, ma anche altre figure che pur non essendo attori o destinatari dell'azione compaiono sulla scena processuale in quanto titolari dei suddetti poteri/doveri. Si tratta della **persona offesa dal reato** e degli **enti rappresentativi di interessi lesi dal reato**, della **polizia giudiziaria**, ma anche del **giudice** che, come detto, non è una parte e del **difensore** che si affianca alle parti o ai soggetti (con ovvia esclusione del giudice).

Vi è, infine, la categoria residuale delle «**persone che partecipano al procedimento**», citata dall'art. 45 in tema di rimessione, la quale include ogni individuo che svolga un ruolo nel procedimento penale, ad esempio i testimoni, i periti, i consulenti tecnici.

La disciplina di parti e soggetti sarà oggetto di approfondimento nei paragrafi seguenti.

2. La giurisdizione penale

La **giurisdizione** è la funzione statuale del giudicare, ossia dello stabilire in modo vincolante quale sia la legge da applicare al caso concreto sottoposto a giudizio. Tale funzione è esercitata da organi giurisdizionali, i **giudici**, che la Costituzione vuole «soggetti soltanto alla legge» (art. 101, co. 2, Cost.) per garantire loro la massima indipendenza dagli altri poteri dello Stato e da qualunque altro soggetto. Il riferimento alla **legge** come unico elemento in grado di condizionare i giudici nel momento in cui esercitano la funzione giurisdizionale rafforza il già citato principio di legalità processuale, nel senso che l'intero procedimento (art. 111, co. 1, Cost.) e, in particolare, il momento del giudizio (art. 101, co. 2, Cost.) devono svolgersi nel più rigoroso rispetto delle disposizioni di legge. Anche l'art. 2 ribadisce che la giurisdizione è esercitata secondo le norme del codice di procedura penale.

La soggezione dei giudici alla legge non significa, peraltro, che gli stessi siano passivi recettori della produzione normativa del Parlamento o, in casi straordinari di necessità e d'urgenza, del Governo. Il riferimento è alla **legge costituzionalmente orientata**, ossia immune da vizi di illegittimità, conforme ai princìpi espressi dalla Carta fondamentale. Resta quindi impregiudicato il potere/dovere dei giudici di valutare la legittimità delle leggi prima di applicarle al caso concreto ed eventualmente, qualora sorga un dubbio al riguardo, di sollevare la questione dinanzi alla Corte costituzionale, organo deputato a stabilire in via definitiva se la legge ordinaria sia o meno coerente con la Costituzione (v. art. 1, L. Cost. 9.2.1948, n. 1; art. 23, L. 11.3.1953, n. 87).

La funzione giurisdizionale presenta l'ulteriore caratteristica di essere **indeclinabile**, sia nel senso che il giudice, una volta sollecitato attraverso l'esercizio dell'azione penale, non può rifiutarsi di emanare la decisione sia perché l'attuazione della legge penale, l'accertamento del dovere di punire, non può che avvenire attraverso le forme giurisdizionali (riserva di giurisdizione in materia penale) secondo il principio *nullum crimen, nulla poena sine iudicio* enucleabile dagli artt. 25, co. 2, 27, co. 2, e 112 Cost.

L'accertamento giurisdizionale dei presupposti applicativi della legge penale, per essere conforme ai princìpi costituzionali ed europei, deve anche rispettare i canoni dell'equità processuale. La giurisdizione è tale solo se viene esercitata assicurando all'imputato un **giusto processo**, altrimenti finirebbe per trasformarsi in una garanzia meramente apparente.

La giurisdizione penale attribuisce al giudice che ne viene investito anche il potere/dovere di conoscere ogni questione da cui dipende la decisione sul merito dell'imputazione, questione che viene risolta incidentalmente, ancorché di natura civile, penale o amministrativa, senza efficacia vincolante in altri processi. Si tratta delle **questioni pregiudiziali** che il giudice deve risolvere per giungere alla decisione di merito: ad esempio, la questione civile in ordine all'altruità della cosa per poter configurare il furto [1]; la questione penale relativa alla commissione del reato presupposto (ad esempio, il furto) nel giudizio riguardante la ricettazione. Anche la **pregiudiziale penale** viene risolta incidentalmente senza efficacia vincolante e senza vincoli derivanti da altre sentenze penali. Questa completa **autonomia di giudizio** può condurre due o più giudici a conclusioni difformi in ordine a questioni penali, con conseguente eventuale **conflitto di giudicati** da risolversi in sede di revisione (art. 630, co. 1, lett. *a* alla cui disciplina si rinvia).

Il giudice penale, quando la questione attiene allo **stato di famiglia** o **di cittadinanza**, si presenta seria, ossia di difficile soluzione, pende una causa nel-

[1] Secondo Cass., Sez. Un., 28.2.2008, Niccoli, «il giudice penale investito del giudizio relativo a reati di bancarotta *ex* art. 216 ss. r.d. 16 marzo 1942 n. 267 non può sindacare la sentenza dichiarativa di fallimento, quanto al presupposto oggettivo dello stato di insolvenza dell'impresa e ai presupposti soggettivi inerenti alle condizioni previste per la fallibilità dell'imprenditore, sicché le modifiche apportate all'art. 1 r.d. n. 267 del 1942 dal d.lgs. 9 gennaio 2006 n. 5 e dal d.lgs. 12 settembre 2007 n. 169, non esercitano influenza ai sensi dell'art. 2 c.p. sui procedimenti penali in corso». Può, invece, «disporre la sospensione del dibattimento a norma dell'art. 479 qualora sia in corso il procedimento civile per l'accertamento dello *status* di fallito, ferma restando, una volta che sia intervenuta sentenza definitiva di condanna, la facoltà del condannato di chiederne la revisione ai sensi dell'art. 630 comma 1 lett. *b*».

la sede competente (civile), e l'esito del procedimento extrapenale appare influente sulla decisione da assumere (peraltro su un qualunque aspetto, non solo sull'alternativa decisoria assoluzione/condanna), **può sospendere il processo** penale fino al passaggio in giudicato della sentenza civile. Si noti come la sospensione in attesa della decisione del giudice civile sia solo facoltativa, avendo sempre il giudice penale la possibilità di decidere autonomamente e incidentalmente anche tali specifiche questioni pregiudiziali. Nel caso in cui opti per la sospensione del processo penale, la decisione adottata dal giudice civile sarà però **vincolante** per quello penale (art. 3). L'ordinanza che dispone la sospensione non impedisce il compimento degli atti urgenti ed è impugnabile con ricorso per cassazione[2].

In tutte le **altre ipotesi** in cui questioni civili o amministrative particolarmente complesse, ovviamente diverse da quelle in materia di stato di famiglia o cittadinanza e per le quali nella sede propria non vigano limiti legali alla prova dei fatti, inducano il giudice penale alla sospensione del processo in attesa dell'esito del parallelo procedimento extrapenale, la decisione assunta nella sede propria **non sarà vincolante** in quella penale e la stessa sospensione del processo potrà essere revocata se, dopo un anno, la causa civile o amministrativa risulterà ancora pendente (art. 479).

Va infine ricordato che la giurisdizione, intesa come attività di accertamento dei presupposti applicativi della legge penale, è tipica della fase processuale quando il giudice, in seguito all'esercizio dell'azione penale, è tenuto a valutare la fondatezza dell'accusa. Nell'attuale sistema, tuttavia, si può parlare di **giurisdizione** anche con riferimento ad alcuni interventi del giudice collocati **nella fase delle indagini preliminari**, dunque in un momento precedente il processo e l'esercizio dell'azione penale che allo stesso dà avvio. Basti pensare all'incidente probatorio, ai provvedimenti sulla libertà personale e alle relative impugnazioni, all'autorizzazione alle intercettazioni.

Lo stesso discorso vale anche per la **fase esecutiva** che segue la formazione del giudicato, collocandosi la giurisdizione in un ambito non più retto dall'esercizio dell'azione penale. Sono tutte ipotesi in cui il giudice viene chiamato ad esercitare la funzione giurisdizionale con riferimento ad oggetti incidentali e diversi da quello tipico rappresentato dall'accertamento della responsabilità dell'imputato per il reato che gli viene ascritto. L'intervento del giudice finisce così per espandere le garanzie tipiche della giurisdizione in contesti diversi da quello strettamente processuale. Volendo mantenere, sul piano dogmatico, il **rapporto fra azione e giurisdizione**, nel senso che la

---

[2] «In mancanza di impugnazione, la sospensione del procedimento, anche se disposta fuori dei limiti consentiti, produce i suoi effetti propri, tra cui la sospensione del corso della prescrizione» (Cass., Sez. Un., 1.10.1991, Mapelli).

giurisdizione si attiva necessariamente in seguito all'esercizio dell'azione, sarà indispensabile, come si vedrà meglio parlando del pubblico ministero, **ripensare il concetto stesso di azione** al fine di adeguarlo alla nuova sistematica processuale.

3. I connotati essenziali del giudice penale: naturalità e precostituzione per legge

I soggetti investiti della funzione giurisdizionale devono presentare alcune caratteristiche costituzionalmente imposte. Si tratta dei connotati della naturalità, della precostituzione per legge, dell'indipendenza, della terzietà e della imparzialità che rappresentano lo statuto del giudice penale.

Naturalità e precostituzione per legge sono associate nel richiamo operato dall'art. 25, co. 1, Cost., secondo cui «nessuno può essere distolto dal giudice naturale precostituito per legge».

La **precostituzione per legge** è il portato del più generale **principio di legalità processuale** che si rivolge, anzitutto, all'organo giurisdizionale il quale dovrà essere individuato sulla base di criteri normativi predeterminati rispetto alla commissione del fatto da giudicare.

Il richiamo al principio di legalità nella determinazione del giudice è presente anche nelle fonti internazionali (art. 6, par. 1, C.e.d.u.; art. 14, par. 1, P.i.d.c.p.) che, pur non facendo esplicito riferimento al concetto di pre-costituzione, sono univoche nel garantire che la scelta del giudice non possa avvenire arbitrariamente in rapporto alla singola regiudicanda, dovendo fondarsi su criteri generali ed astratti, tipici delle previsioni legislative.

La predeterminazione legislativa degli organi giurisdizionali riguarda **tanto l'ufficio giudiziario quanto la persona fisica** che in concreto è chiamata a svolgere l'attività decisoria nel singolo processo[3]. La legge deve dunque dettare criteri oggettivi in base ai quali si possa operare anche la scelta del soggetto che di volta in volta sarà investito della funzione giurisdizionale rispetto ai diversi processi. È soprattutto la legge di ordinamento giudiziario a garantire il pieno rispetto del principio della precostituzione, disciplinando sia la formazione di apposite tabelle degli uffici giudiziari, in base alle quali vengono poi scelti i giudici, sia i criteri per l'assegnazione degli affari e la sc-

[3] Come ricordato da Corte cost., sent. n. 88 del 1962, «precostituzione del giudice e discrezionalità nella sua concreta designazione sono criteri fra i quali non si ravvisa possibile una conciliazione». V. anche Corte cost., sent. n. 269 del 1992.

stituzione dei giudici impediti (artt. 7 *bis* e 7 *ter* ord. giud.). Bisogna ammettere, tuttavia, che non sempre tali principi vengono praticamente osservati, registrandosi prassi elusive anche del "diritto tabellare".

Occorre, peraltro, ricordare che la disciplina codicistica non appare altrettanto rigorosa nell'assicurare la precostituzione del giudice: l'art. 33, co. 2 **esclude** l'attinenza alla capacità del giudice, e di conseguenza la **nullità assoluta** *ex* artt. 178, lett. *a* e 179 in caso di violazione, delle «disposizioni sulla destinazione del giudice agli uffici giudiziari e alle sezioni, sulla formazione dei collegi e sull'assegnazione dei processi a sezioni, collegi e giudici». Sarebbe stato sicuramente più opportuno, considerata la rilevanza del principio, sanzionare anche a livello di validità degli atti processuali eventuali violazioni dei criteri legislativi di determinazione del giudice.

L'ambito in cui la garanzia in esame risulta esposta ai maggiori rischi è però quello della successione di leggi nel tempo. L'uso del participio passato «**precostituito**» impone che la determinazione dell'organo giurisdizionale a cui spetta la decisione avvenga in base a norme sulla competenza e, a maggior ragione, sulla giurisdizione, **vigenti al momento del compimento del fatto oggetto di imputazione**. A stretto rigore, la particella «pre» sembra richiedere che la norma interessata debba risultare anteriore a ciascuna concreta regiudicanda. Questa ricostruzione, formalmente corretta, potrebbe però lasciare aperta la strada anche a un'interpretazione che estenda il riferimento alla norma preesistente la commissione del reato, ma non più vigente in tale preciso momento. Per evitare il possibile equivoco, appare allora preferibile intendere la precostituzione come individuazione del giudice sulla base della normativa vigente al *dies delicti*.

Bisogna ricordare come i costituenti, in realtà, si siano limitati a stabilire la precostituzione, senza spiegare a quale momento vada collegata l'anteriorità insita in quello stesso concetto. Nell'art. 25, co. 1, Cost. manca cioè l'esplicita individuazione del punto di riferimento temporale. Stando così le cose non sarebbe del tutto assurdo sostenere che il momento da considerare non sia quello del fatto penalmente illecito, ma quello iniziale del processo. In favore di questa soluzione sembra porsi la circostanza che solo attraverso il promovimento dell'azione penale si configura in capo al giudice un vero e proprio obbligo di *ius dicere*. Cristallizzare la normativa sulla competenza al momento dell'avvio del processo potrebbe, inoltre, evitare l'effetto di mantenere *sine die* la possibilità teorica che nuovi giudizi si celebrino davanti a giudici individuati sulla base delle norme anteriori. È evidente, infatti, che il numero dei processi pendenti sarebbe circoscritto e determinabile, a differenza di quello dei reati la cui stessa commissione può rimanere per lungo tempo sconosciuta.

Non si può infine dimenticare che già in campo civile e amministrativo la precostituzione non viene riferita al momento del fatto, ma a quello della domanda o del ricorso. Come si può constatare, vi sarebbero ragioni convincenti per ritenere che l'art. 25, co. 1, Cost. abbia voluto garantire l'immutabilità della disciplina della competenza e della giurisdizione solo a partire dal momento dell'esercizio dell'azione penale. Tuttavia, non vi è dubbio che permettendo fino all'avvio della fase strettamente processuale il mutamento del giudice si finirebbe per affievolire notevolmente la garanzia offerta dal principio.

Differente sarebbe, invece, la conclusione se si potesse ritenere fissata la competenza al momento iniziale del procedimento, e cioè nell'istante dell'iscrizione della *notitia criminis* nell'apposito registro. Del resto, anche durante le indagini preliminari, e cioè prima del vero e proprio esercizio dell'azione penale, si realizza comunque una peculiare forma di intervento giurisdizionale, detto di garanzia o *iurisdictio ad acta*, che non dovrebbe essere sottratto all'ambito applicativo del principio costituzionale.

La dottrina prevalente, tuttavia, non si discosta dall'opinione tradizionale univocamente indirizzata nel ritenere che la precostituzione implichi la determinazione del giudice sulla base delle norme vigenti al momento della commissione del reato.

Tale rigorosa ricostruzione del concetto di precostituzione ha trovato un preciso riscontro in una delle prime decisioni assunte sul tema dalla Corte costituzionale. In tale occasione si era infatti precisato che «il principio della precostituzione del giudice tutela nel cittadino il **diritto a una previa non dubbia conoscenza del giudice competente a decidere**, o, ancor più nettamente, il diritto alla certezza che a giudicare non sarà un giudice creato *a posteriori* in relazione a un fatto già verificatosi»[4].

Successivamente, l'orientamento della giurisprudenza costituzionale ha però subito un radicale mutamento fino al punto che, attualmente, si può dire sia quasi del tutto vanificato il significato stesso della espressione contenuta nell'art. 25, co. 1, Cost. A fronte di un tipico caso di retroattività normativa e, di conseguenza, di violazione della precostituzione del giudice, la Corte ha affermato che «il precetto costituzionale enunciato nel primo co. dell'art. 25 tutela un'esigenza fondamentalmente unitaria: quella, cioè, che la competenza degli organi giudiziari, al fine di una rigorosa garanzia della loro imparzialità, venga sottratta ad ogni possibilità di arbitrio. L'illegittima sottrazione della regiudicanda al giudice naturale precostituito si verifica, perciò, tutte le volte in cui il giudice venga designato *a posteriori* in relazione ad una determinata controversia o direttamente dal legislatore in via di eccezione singolare alle regole generali [...] Il principio costituzionale viene rispettato, invece, quando la legge, sia pure con effetto anche sui processi in corso, modifica in generale i presupposti o i criteri in base ai quali deve essere individuato il giudice competente: in questo caso, infatti, lo spostamento della competenza dall'uno all'altro ufficio giudiziario non avviene in conseguenza di una deroga alla disciplina generale, che sia adottata in vista di una determinata o di determinate controversie, ma per effetto

---

[4] Corte cost., sent. n. 88 del 1962.

di un nuovo ordinamento – e, dunque, della designazione di un nuovo giudice naturale – che il legislatore, nell'esercizio del suo insindacabile potere di merito, sostituisce a quello vigente»[5].

Anche in tempi più recenti, la Corte costituzionale ha ribadito che, nonostante per effetto delle modifiche sopravvenute il giudice finisca per essere designato in un momento successivo a quello della commissione del reato, il principio espresso dall'art. 25, co. 1, Cost. deve ritenersi comunque rispettato allorché l'organo decidente sia stato istituito dalla legge sulla base di criteri generali fissati non in vista di singole controversie[6].

I principali riflessi dell'impostazione seguita dalla giurisprudenza costituzionale si sono registrati sull'attività del legislatore che, in caso di modifiche alla competenza, più che al canone della precostituzione, ha spesso preferito fare riferimento a un adattamento del principio della *perpetuatio iurisdictionis* (o *competentiae*), lasciando proseguire secondo le vecchie norme solo quei processi in cui fosse già stata dichiarata l'apertura del dibattimento. Non va, tuttavia, dimenticato che un simile **ridimensionamento della garanzia**, svilita da pre-costituzione a semplice costituzione del giudice per legge, si ritrova anche negli orientamenti della giurisprudenza ordinaria per la quale le norme sulla competenza hanno carattere processuale e, in applicazione del principio d'ordine generale *tempus regit actum*, sono di immediata applicazione anche ai reati commessi in epoca antecedente alla data della loro entrata in vigore, salvo che il relativo processo sia già radicato legittimamente davanti ad altro giudice, competente secondo le norme previgenti, perché in tal caso – e solo in esso – opera la ***perpetuatio competentiae***.

Se la precostituzione è stata nel corso del tempo ridotta alla semplice costituzione per legge, la **naturalità**, secondo requisito sancito dall'art. 25, co. 1, Cost., non ha **mai goduto di autonoma considerazione**, da sempre ritenuta mero sinonimo della precostituzione stessa[7]. Tale esegesi conduce a un suicidio interpretativo non conforme ai princìpi dell'ermeneutica, in particolare quella costituzionale, e soprattutto foriero di un'ingiustificata riduzione delle garanzie processuali. Allo stesso sterile risultato giungono anche le interpretazioni che attribuiscono alla naturalità un contenuto rinvenibile in altre disposizioni costituzionali, come quando si ritiene che il giudice naturale

---

[5] Corte cost., sent. n. 56 del 1967.

[6] V., ad esempio, Corte cost., sent. n. 72 del 1976; Corte cost., sent. n. 185 del 1981; Corte cost., sent. n. 207 del 1987.

[7] In tal senso, v. Corte cost., sent. n. 88 del 1962, secondo cui «la locuzione giudice naturale, come sostanzialmente questa Corte ha ritenuto anche in precedente sentenza (n. 29 del 1958), non ha nell'art. 25 un significato proprio e distinto, e deriva per forza di tradizione da norme analoghe di precedenti Costituzioni, nulla in realtà aggiungendo al concetto di giudice precostituito per legge».

sia quello ordinario. Non si può, infatti, dimenticare che già l'art. 102, co. 2, Cost. vieta l'istituzione di giudici straordinari, intesi come quelli creati *ad hoc* dopo la commissione dello specifico fatto-reato che devono giudicare, con una competenza di solito temporalmente limitata, ovvero di giudici speciali, costituiti con apposita disciplina per determinati reati, in deroga alle regole generali di competenza, sia pure prima del *dies delicti*.

La naturalità andrebbe più correttamente considerata una garanzia autonoma, originariamente fondata sul **collegamento del giudice con il *locus commissi delicti***, mediante la quale si esprime l'esigenza che chi esercita la funzione giurisdizionale, per risultare realmente imparziale, debba essere in grado di cogliere e di comprendere tutti i valori socio-culturali coinvolti nel processo. In un periodo storico in cui le comunicazioni e gli spostamenti erano difficoltosi e rari, il semplice radicamento del giudice sul territorio poteva bastare a garantire la sua capacità di ascolto e di esatta comprensione del significato più profondo della condotta da giudicare.

Al giorno d'oggi, se da un lato la globalizzazione ha fatto cadere le barriere locali, dall'altro l'evoluzione della società multietnica e pluralista presenta scenari inconsueti. La naturalità trae così nuova linfa dalla sempre più pressante esigenza che il giudice sia attrezzato per comprendere ciò che deve giudicare, sotto il profilo culturale prima ancora che giuridico. Il principio della naturalità del giudice potrebbe perciò essere adeguatamente valorizzato sia per introdurre nel nostro ordinamento correttivi legati al riconoscimento della *cultural defence*, intesa, in generale, come possibilità di valutare giuridicamente anche i **fattori culturali** che possono aver inciso nella dinamica del reato, sia per ottimizzare la partecipazione diretta del popolo alla giustizia (art. 102, co. 3, Cost.) in forme rinnovate, attente anche alla selezione dei giudici popolari in base alla loro formazione e provenienza.

4. *Segue*. Indipendenza, imparzialità e terzietà

Alla figura del giudice delineata dalla Costituzione è connaturata una posizione di **estraneità rispetto agli interessi** coinvolti nella *res iudicanda* e di **assenza di pregiudizi** (art. 111, co. 2, Cost., ma anche, implicitamente, artt. 3 e 101 Cost.), nonché di **piena autonomia dalle parti** processuali, **dagli altri poteri dello Stato e dalla stessa organizzazione giudiziaria** (artt. 101 e 104 Cost.). Si tratta dei caratteri distintivi **dell'imparzialità e dell'indipendenza** che trovano riconoscimento anche negli art. 6, par. 1, C.e.d.u. e art. 14, par. 1, P.i.d.c.p., sia pure sotto il diverso angolo visuale del diritto soggettivo dell'imputato a godere di un equo processo.

I due requisiti essenziali della qualità stessa di giudice, pur dotati di una indubbia autonomia concettuale, non sembrano suscettibili di separata tutela, risultando difficile affermare l'esistenza dell'uno in assenza dell'altro. La stessa giurisprudenza costituzionale ha più volte ribadito l'esistenza di un rapporto di **stretta connessione** giacché «il principio dell'indipendenza è volto ad assicurare l'imparzialità del giudice o meglio [...] l'esclusione di ogni pericolo di parzialità onde sia assicurata al giudice una posizione assolutamente *super partes*»[8], mentre la Corte europea, per prassi consolidata, esamina congiuntamente la sussistenza dei requisiti di indipendenza e di imparzialità del giudice quasi si trattasse di un'endiadi[9].

In realtà, imparzialità e indipendenza, ma anche terzietà, sono concetti distinti che concorrono necessariamente e congiuntamente a delineare la figura del giudice (penale).

L'**imparzialità** del giudice si misura nel **distacco dall'oggetto del singolo giudizio**, disinteresse che si specifica ulteriormente nella **indifferenza** rispetto al risultato dell'attività decisoria, nella **mancanza di pregiudizi**, nell'**assenza di legami** con le parti. Quest'ultimo aspetto può essere ricondotto anche al concetto di terzietà del giudice, oggi espressamente sancito dall'art. 111, co. 2, Cost. non a caso a fianco dell'imparzialità.

La **terzietà** rappresenta, infatti, la condizione di **equidistanza del giudice dalle parti sotto il profilo ordinamentale**. Mentre l'imparzialità postula che il giudice non abbia rapporti o legami personali con le parti del singolo processo, la terzietà opera invece sul piano generale degli assetti normativi, stabilendo che il giudice debba essere collocato dalla legge, in particolare da quella di ordinamento giudiziario, in posizione equidistante dalle parti, garantendo la sua **estraneità tanto alle funzioni d'accusa quanto a quelle della difesa**, senza commistione di ruoli. Il giudice deve rimanere confinato al vertice del triangolo equilatero che rappresenta geometricamente la struttura processuale ideale.

Nel nostro attuale ordinamento **non può dirsi pienamente rispettato il requisito della terzietà**, posto che i magistrati della decisione e quelli dell'accusa condividono l'appartenenza al medesimo ordine giudiziario. La completa terzietà del giudice potrà essere affermata solo quando le due specie di magistrati apparterranno a distinte organizzazioni di ordinamento giudiziario e avranno, di conseguenza, diverse configurazioni istituzionali. Per raggiungere l'obiettivo della piena terzietà del giudice non è dunque sufficiente la netta distinzione dei ruoli svolti all'interno del processo così come non sarebbe sufficiente limitarsi ad ipotizzare una separazione delle carriere o delle funzioni, magari accompagnata da meccanismi che rendano particolarmente difficile il passaggio dalla funzione d'accusa a quella di decisione o viceversa.

---

[8] Corte cost., sent. n. 60 del 1969.

[9] Corte eur., sent. 25.11.1993, Holm c. Svezia.

Il **nodo** da sciogliere è quello **ordinamentale** che vede giudice e pubblico ministero accomunati dall'appartenenza alla medesima organizzazione giudiziaria. La profonda differenza fra funzioni decisorie (imparziali) e funzioni d'accusa (parziali), ben visibile nella struttura processuale, deve condurre a configurare **giudice e pubblico ministero come organi distinti anche sul piano ordinamentale**.

La Corte europea scinde abitualmente all'interno del principio di imparzialità un aspetto soggettivo, presunto fino a prova contraria e costituito dal foro interiore del giudice, da un profilo oggettivo, da valutarsi caso per caso e rappresentato dalla presenza di situazioni esteriori di tipo normativo, funzionale e organico tali da allontanare ogni sospetto di parzialità [10]. La delicatezza della materia in esame impone, infatti, la **tutela anche delle apparenze**, al di là della reale situazione soggettiva in cui può versare il magistrato, posto che risulta di fondamentale importanza che i giudici **ispirino fiducia ai cittadini** e all'imputato. In definitiva, non conta solo che il giudice sia soggettivamente imparziale, ma anche che appaia oggettivamente tale.

Al di là delle situazioni di incompatibilità al giudizio o dei casi di astensione/ricusazione che verranno successivamente presi in esame, l'imparzialità oggettiva potrebbe risultare **minata anche da previsioni normative** che il legislatore abbia erroneamente sottovalutato nelle potenzialità lesive delle caratteristiche del giudice. Si pensi all'ipotesi in cui l'organo giudicante eserciti d'ufficio i poteri istruttori, integrativi ma anche suppletivi, riconosciutigli dall'art. 507 [11].

Sembra difficile negare che la scelta del giudice di sopperire alla negligenza dimostrata dal pubblico ministero nel coltivare, sotto l'aspetto probatorio, l'ipotesi accusatoria faccia venir meno se non altro l'apparenza esteriore dell'imparzialità. Quale fiducia potrebbe ispirare nell'imputato un simile comportamento? Per fugare i dubbi al riguardo non sembra utilmente invocabile la circostanza che il giudice si limiterebbe a operare la verifica di temi di prova comunque posti dalle parti e non autonomamente determinati [12].

---

[10] Corte eur., sent. 24.5.1989, Hauschildt c. Danimarca; Corte eur., sent. 26.10.1984, De Cubber c. Belgio.

[11] Così come interpretato da Corte cost., sent. n. 111 del 1993 e da Cass., Sez. Un., 17.10.2006, Greco; Cass., Sez. Un., 6.11.1992, Martin.

[12] Non sembra nemmeno persuasiva la risposta fornita da Corte cost., sent. n. 73 del 2010, nell'affermare che «l'esercizio del potere di cui all'art. 507 può ridondare, in concreto, a potenziale vantaggio della parte che sollecita la prova (peraltro, solo in via di ipotesi, la cui realizzazione è comunque sempre legata al concreto risultato probatorio, al quale può concorrere e sul quale può incidere la controparte mediante il controesame). Ma ciò non può essere concepito come indice di "parzialità": l'ammissione di una prova a richiesta di parte giova sempre, per definizione, a chi, avendo formulato la richiesta stessa (tempestiva o tardiva che sia), si veda accordato uno strumento argomentativo da impiegare a sostegno della propria tesi e pur sempre sottoposto alla verifica

Tale considerazione si scontra con la prassi processuale che non richiede mai l'esplicitazione di ogni singolo tema di prova, essendo pacificamente ritenuta sufficiente l'enunciazione del generale *thema decidendum* rappresentato dai fatti oggetto di imputazione. Il **giudice-istruttore** finisce così per coltivare l'ipotesi accusatoria non solo attraverso l'assunzione dei mezzi di prova non ritualmente acquisiti dal pubblico ministero, ma anche ponendo di volta in volta l'ipotesi ricostruttiva autonoma implicata dai singoli temi di prova sui quali verrà effettuato l'esperimento probatorio. Un tale giudice assume inevitabilmente le vesti (l'apparenza), se non la reale natura, dell'**investigatore**, divenendo, in tal modo, **incompatibile al giudizio** (art. 34, co. 3). Del resto, non è necessario corrompere l'imparzialità del giudice per trovare un rimedio all'inerzia del pubblico ministero che illegittimamente si sottragga al preciso dovere costituzionale non solo di promuovere l'accusa, ma anche di sostenerla in giudizio con tutte le prove disponibili. La **violazione del "dovere di prova"** dovrebbe, infatti, determinare la **nullità dell'azione**, con conseguente regressione al momento genetico del processo.

L'**indipendenza** è una sorta di prerequisito dell'imparzialità: come detto in precedenza, un giudice dipendente da altri soggetti non potrebbe nemmeno essere considerato imparziale. L'indipendenza può essere declinata in diversi modi a seconda del punto di osservazione. Si parla così, anzitutto, di una indipendenza **istituzionale (o organica esterna)** quando si prende in considerazione l'autonomia dell'organizzazione giudiziaria, complessivamente intesa, rispetto agli altri poteri dello Stato (artt. 104, co. 1, e 105 Cost.). Il singolo giudice è però autonomo anche **nell'ordine giudiziario a cui appartiene (indipendenza organica interna)**, essendo inamovibile e non sussistendo gerarchie interne, ma solo distinzioni fondate sulle funzioni esercitate (art. 107, co. 1 e 3, Cost.).

L'**indipendenza (funzionale)** viene garantita soprattutto nel momento decisorio, allorché il giudice è soggetto soltanto alla legge. Ciò implica il divieto per chiunque, tanto dall'interno delle istituzioni giudiziarie quanto dall'esterno, di interferire con ordini o suggerimenti nell'attività di giudizio che

---

della escussione dialettica dibattimentale. La prospettiva del giudice è, in effetti, diversa da quella della parte: il giudice ammette la prova in quanto risponda al criterio legale, parametrato sulla sua idoneità a permettere una decisione causa cognita (nella specie, in termini di indispensabilità); che poi la prova, una volta introdotta nel processo, torni a beneficio della parte istante è una delle possibili conseguenze naturali, non un dato che entri nella valutazione del giudice in sede di ammissione». Quando il giudice sopperisce alle carenze probatorie del pubblico ministero (ma lo stesso varrebbe nei confronti dell'imputato) è inevitabile e indiscutibile che contribuisca direttamente al successo dell'accusa (o della difesa): ciò appare sufficiente a comprometterne irrimediabilmente l'imparzialità. Inoltre, non va dimenticato che il tema necessario di prova nel processo penale è l'ipotesi della colpevolezza, con la conseguenza che l'omissione in grado di giustificare l'intervento officioso sarà giocoforza quella relativa alle prove d'accusa.

deve rimanere condizionata solo dall'ordinamento giuridico. L'indipendenza funzionale, interna ed esterna, non esclude, tuttavia, la possibilità che le regole processuali impongano un coordinamento fra le attività dei diversi giudici che operano nel medesimo procedimento: si pensi, ad esempio, alla disposizione che, in caso di conflitto, fa prevalere la decisione del giudice dibattimentale su quella del giudice dell'udienza preliminare (art. 28, co. 2), ovvero al vincolo derivante al giudice del rinvio dal principio di diritto enunciato dalla Cassazione con la pronuncia di annullamento (art. 627, co. 3). A ben vedere, si tratta pur sempre di **imposizioni dettate dalla legge** alla quale il giudice è soggetto nell'esercizio delle sue funzioni. Nuovi scenari si schiudono, tuttavia, per effetto della attribuzione di un **valore vincolante al precedente interpretativo** delle Sezioni Unite della Cassazione (art. 618, co. 1 *bis*) che sembra confliggere proprio con il principio dell'indipendenza funzionale interna.

5. L'attuazione dei princìpi costituzionali della precostituzione e della naturalità del giudice: la giurisdizione e le regole di competenza

Come si è avuto modo di sottolineare, la Costituzione, e analogamente le Carte internazionali, delineano la figura del giudice penale come **soggetto precostituito, naturale, indipendente, terzo e imparziale**. Tutti questi connotati devono trovare effettiva attuazione nella legge ordinaria, in particolare nella normativa processuale penale.

Il rispetto della precostituzione e della naturalità è garantito dalle regole che ripartiscono fra i diversi giudici la giurisdizione (penale e non) e da quelle che stabiliscono quale fra i giudici (penali) debba esercitare la funzione giurisdizionale penale nel singolo caso. Le prime sono le **regole sulla giurisdizione**, le seconde quelle **sulla competenza**. Entrambe devono essere fissate dalla legge ordinaria vigente al momento della commissione del fatto da giudicare, così da garantire la **riserva di legge e la precostituzione del giudice**. Nessuno dovrebbe poter intervenire successivamente, con atto di qualunque genere (legislativo, regolamentare, amministrativo), per modificare la giurisdizione e la competenza cristallizzate al *dies delicti*.

La **giurisdizione penale**, ossia il potere/dovere di applicare la legge penale sostanziale una volta accertati processualmente i presupposti, appartiene **indistintamente a tutti i giudici penali**. Nondimeno, un solo giudice deve procedere a giudicare il singolo caso, mentre gli altri devono contestualmente astenersi dall'esercitare il potere giurisdizionale. Per regolare questa situazione, per stabilire chi debba effettivamente procedere all'esercizio della funzione giurisdizionale sono previste le **regole di competenza (per materia,**

per territorio, per connessione, funzionale). Sarebbe, però, **errato ritenere che la competenza sia la misura del potere giurisdizionale** attribuito al singolo giudice, perché, se così fosse, il giudice incompetente sarebbe privo di tale potere. In realtà, la violazione delle norme di competenza, se non ritualmente rilevata, non impedisce la formazione del giudicato, ossia che la sentenza emessa dal giudice incompetente rimanga valida e divenga irrevocabile. Se, invece, all'incompetenza si accompagnasse un difetto di giurisdizione, la sentenza sarebbe emessa dal non giudice (*rectius*, da un soggetto non investito del potere giurisdizionale) e come tale sarebbe da considerarsi un atto inesistente insuscettibile di passare in giudicato.

La giurisdizione spetta, dunque, ad ogni giudice penale per intero, mentre le regole di competenza servono solo per individuare il giudice che dovrà intervenire nel singolo caso, senza però avere alcuna incidenza sul potere giurisdizionale.

I giudici investiti della giurisdizione penale si dividono in **ordinari** e **speciali**.

Sono **giudici penali ordinari** di primo grado il Giudice di pace, il Tribunale in composizione monocratica o collegiale, la Corte d'assise, il Tribunale per i minorenni (giudice ordinario specializzato con competenza sui reati commessi dai minori di anni diciotto); nel secondo grado giudicano la Corte d'appello, la Corte d'assise d'appello e la sezione della Corte d'appello per i minorenni; vi è infine la Corte di cassazione, unica per tutto il territorio nazionale con sede in Roma.

Sono **giudici penali speciali**, senza peraltro che ne possano essere istituti di nuovi, stante il divieto posto dall'art. 102, co. 2, Cost., il Tribunale militare e la Corte d'appello militare, per i reati militari commessi dagli appartenenti alle forze armate (art. 103, co. 3, Cost.); la Corte costituzionale, in composizione integrata, per i reati di alto tradimento e attentato alla Costituzione commessi dal Presidente della Repubblica (art. 90 Cost.).

La ripartizione dei procedimenti fra i giudici ordinari avviene, anzitutto, sulla base della competenza per materia che è determinata dalla quantità della pena edittale, computata ai sensi dell'art. 4, o dal titolo del reato per cui si procede.

La **Corte d'assise** è competente per i delitti più gravi (fatti di sangue e reati politici) per i quali si ritiene che il giudice naturale sia quello in composizione mista popolare e professionale. Bisogna, infatti, ricordare che la Corte d'assise realizza la partecipazione diretta del popolo all'amministrazione della giustizia (art. 102, co. 3, Cost.), essendo composta da due giudici professionali e da sei giudici popolari, secondo lo schema dello scabinato. Il legislatore, tuttavia, non nasconde la diffidenza verso questo giudice in composizione mista, con componente popolare numericamente maggioritaria, al quale viene sottratta la competenza a giudicare gravi delitti per i quali si ritiene sia necessaria una specifica preparazione tecnico-giuridica o comunque rispetto ai quali – ad esempio, i reati di criminalità organizzata – si teme che il giudice popolare risulti più esposto a indebiti condizionamenti esterni.

Sotto il profilo quantitativo (art. 5, co. 1, lett. *a*), la Corte d'assise è competente a giudicare i delitti per i quali la legge stabilisce la pena dell'ergastolo o della reclusione non inferiore nel massimo a ventiquattro anni, esclusi i delitti, comunque aggravati, di tentato omicidio (artt. 56 e 575 c.p.), di rapina (art. 628 c.p.), di estorsione (art. 629 c.p.), di associazioni di tipo mafioso anche straniere nonché i delitti, comunque aggravati, previsti dal testo unico sugli stupefacenti (d.P.R. 9.10.1990, n. 309).

In base al criterio qualitativo (art. 5, co. 1, lett. *b*, *c*, *d*, *d-bis*), alla Corte d'assise è attribuita la competenza a giudicare l'omicidio del consenziente (art. 579 c.p.), l'istigazione o l'aiuto al suicidio (art. 580 c.p.), l'omicidio preterintenzionale (art. 584 c.p.). Ha, inoltre, competenza su ogni delitto doloso se dal fatto è derivata la morte di una o più persone, esclusi però i casi di morte o lesioni come conseguenza (non voluta) di altro delitto (art. 586 c.p.), rissa (art. 588 c.p.), omissione di soccorso (art. 593 c.p.). Infine, giudica i delitti di ricostituzione del partito fascista (L. 20.6.1952, n. 645), di genocidio (L. 9.10.1967, n. 962), quelli contro la personalità dello Stato puniti con la reclusione non inferiore nel massimo a dieci anni, quelli, consumati o tentati, di associazione per delinquere teleologicamente orientata alla commissione di taluni reati (art. 416, co. 6, c.p.), di riduzione in schiavitù (art. 600 c.p.), di tratta di persone (art. 601 c.p.), di acquisto o alienazione di schiavi (art. 602 c.p.), nonché i delitti con finalità di terrorismo, purché sia stabilita la pena non inferiore nel massimo a dieci anni.

Il **Giudice di pace** ha una competenza per materia circoscritta ad alcune fattispecie di reato (criterio qualitativo) di minore gravità, perlopiù espressive di microconflittualità individuale, elencate nell'art. 4 d.lgs. 28.8.2000, n. 274. A titolo esemplificativo, si possono ricordare le percosse (art. 581 c.p.), le lesioni colpose (art. 590 c.p., sia pure con numerose eccezioni), le ipotesi non aggravate di diffamazione (art. 595 c.p.), minaccia (art. 612, co. 1, c.p.) e danneggiamento (art. 635, co. 1, c.p.). Dopo la riforma dell'art. 582 c.p. ad opera dell'art. 2, co. 1, lett. *b*, n. 1 e 2, d.lgs. n. 150 del 2022, la previsione dell'art. 4, co. 1, lett. *a*, d.lgs. n. 274 del 2000 comprende non solo le lesioni volontarie lievissime, ma anche quelle lievi procedibili a querela in assenza di concorrenti circostanze aggravanti. Rientra nella competenza del Giudice di pace anche il reato di ingresso e soggiorno illegale nel territorio dello Stato (art. 10 *bis*, d.lgs. 25.7.1998, n. 286).

Il **Tribunale** ha una competenza residuale per tutti i reati che non rientrano nella competenza della Corte d'assise e del Giudice di pace (art. 6, co. 1), nonché del Tribunale per i minorenni.

Così delineata, la competenza del Tribunale si suddivide ulteriormente in *sub*-**competenze** a seconda che proceda il Tribunale in **composizione collegiale (tre componenti) o monocratica (un solo componente)**. La ripartizione del carico giudiziario all'interno del Tribunale non viene ricondotta dal legislatore al concetto di competenza, preferendosi parlare di **attribuzioni** (artt. 33 *bis* e 33 *ter*). Non si tratta, però, solo di una questione nomenclatoria: l'aver stabilito che la ripartizione interna al Tribunale dei procedimenti non riguardi la competenza, che viene fittiziamente riferita al Tribunale come se fosse un unico organo giudicante, produce conseguenze non secondarie in tema di inosservanza di tali regole.

Al Tribunale in composizione collegiale è attribuita in via generale, sotto il profilo quantitativo, la cognizione dei reati puniti con la pena detentiva superiore nel massimo a dieci anni, anche nell'ipotesi di tentativo, purché ovviamente non rientrino nella competenza della Corte d'assise (art. 33 *bis*, co. 2). Il legislatore ha inoltre selezionato, sulla base del criterio qualitativo, una serie di fattispecie di reato da devolvere al collegio che vanno dalla criminalità organizzata ai delitti dei pubblici ufficiali contro la pubblica amministrazione, dai reati sessuali a quelli societari e fallimentari (art. 33 *bis*, co. 1). Il Tribunale collegiale è anche competente a giudicare i reati commessi dai ministri nell'esercizio delle loro funzioni[13], peraltro secondo un procedimento che trova specifica regolamentazione nella L. Cost. 16.1.1989, n. 1 e nella L. 5.6.1989, n. 219.

---

[13] Per la definizione del presupposto della competenza del Tribunale dei ministri, v. Cass., Sez. Un., 20.7.1994, De Lorenzo, secondo cui il reato si considera commesso nell'esercizio delle funzioni di governo «tutte le volte in cui l'atto o la condotta siano comunque riferibili alla competenza funzionale del soggetto; ragion per cui sarebbe arbitrario tanto identificare quel rapporto in un nesso di mera occasionalità con l'esercizio delle funzioni, quanto pretendere che esso sia arricchito di ulteriori elementi qualificanti, come l'abuso dei poteri o delle funzioni, ovvero la violazione dei doveri d'ufficio, non richiesti dalla legge né suggeriti da una corretta interpretazione». Peraltro, la medesima pronuncia ha precisato che «l'area dei cosiddetti reati ministeriali, previsti dall'art. 96 Cost., non è riducibile ai soli provvedimenti formali assunti da un ministro nell'ambito della sua competenza, posto che una tale limitazione, oltre a non trovare giustificazione nel contenuto e nelle finalità dell'art. 96 Cost. (il quale si riferisce indifferentemente a tutte le ipotesi di reato previste dall'ordinamento, molte delle quali realizzabili soltanto con atti diversi dalla deliberazione di un provvedimento formale), trascurerebbe un aspetto di decisiva rilevanza, e cioè che la attività funzionale di un ministro, nello ambito del dicastero da lui rappresentato e diretto, non si esaurisce nell'adozione di provvedimenti, ma comprende una serie di interventi che si sviluppano secondo un iter procedimentale più o meno complesso, nel quale possono confluire contributi necessari od eventuali di altri organi o di altri uffici della stessa o di una diversa amministrazione». Al riguardo, v. anche Cass., Sez. Un., 27.9.1995, Mannino, per la quale «la circostanza che l'indagato sia (o sia stato) ministro della Repubblica non fa cambiare natura al concorso nell'associazione per delinquere di stampo mafioso che gli sia stato contestato non già per la sua attività di ministro, bensì per la sua attività di uomo di partito, occasionalmente divenuto ministro in un momento della storia di quel concorso (fattispecie in tema di competenza, relativamente alla quale la S.C., alla stregua del principio di cui in massima, ha escluso la competenza funzionale del cosiddetto tribunale dei ministri, per affermare quella del giudice ordinario)».

Al Tribunale in composizione monocratica è attribuita la cognizione per i delitti di produzione, traffico e detenzione illeciti di stupefacenti (art. 73 d.P.R. n. 309 del 1990), purché non sia contestata l'aggravante di cui all'art. 80 d.P.R. n. 309 del 1990. Giudica, inoltre, tutti i reati puniti con pena detentiva fino a dieci anni (art. 33 *ter*, co. 2), esclusi quelli rientranti nella competenza del Giudice di pace (art. 4 d.lgs. n. 274 del 2000), e i reati la cui cognizione è espressamente attribuita al Tribunale monocratico da singole disposizioni di legge, come, ad esempio, la guida sotto l'influenza dell'alcool o delle sostanze stupefacenti (artt. 186, co. 2 *ter*, e 187, co. 1 *ter*, d.lgs. 30.4.1992, n. 285).

6. *Segue*. La competenza per territorio

La competenza per materia opera una **ripartizione verticale e ascendente** del carico giudiziario sui diversi organi giurisdizionali, partendo dai reati meno gravi devoluti alla cognizione del Giudice di pace, passando dal Tribunale nelle diverse composizioni monocratica e collegiale, per finire alla Corte d'assise. Posto che gli organi giurisdizionali sono distribuiti sul territorio nazionale in ambiti geografici predeterminati dalla legge (circondari per i tribunali, circoli per le Corti d'assise), la **suddivisione del lavoro** deve avvenire anche in **senso orizzontale**, ossia tra giudici parimenti competenti per materia aventi sede in luoghi diversi. A tal fine sovvengono le regole sulla **competenza per territorio** determinata dal luogo in cui il reato è stato consumato (art. 8, co. 1). Questa previsione, come si è già avuto modo di dire, esprime il tradizionale significato della garanzia del **giudice naturale**, vale a dire che sia incaricato di giudicare l'organo giurisdizionale radicato sul territorio nel quale si è svolta l'azione criminosa. È interesse dell'imputato non essere distolto dal giudice naturale, come stabilisce l'art. 25, co. 1, Cost., ma è anche interesse della collettività che il processo si celebri nel luogo dove sono maggiori il coinvolgimento sociale e l'attenzione per l'accertamento del reato e delle relative responsabilità.

Per regola generale, il giudice territorialmente competente è dunque quello del **luogo di consumazione del reato**. Vale la pena di chiarire che, per stabilire la consumazione, nei reati materiali si fa riferimento alla realizzazione dell'evento, mentre per i reati formali assume rilievo la condotta.

Tuttavia, non sempre è agevole individuare il luogo di consumazione del reato, come nel caso di accesso abusivo ad un sistema informatico o telematico: secondo la giurisprudenza, il luogo di consumazione del delitto di cui all'art. 615 *ter* c.p. coincide con quello in cui si trova l'utente che, tramite elaboratore elettronico o altro dispositivo per il trattamento automatico dei dati, digitando la "parola chiave" o altrimenti eseguendo la procedura di autenticazione, supera le misure di sicurezza apposte dal titolare per selezionare gli accessi e per tutelare la banca-dati memorizzata all'interno del sistema centrale ovvero vi si mantiene eccedendo i limiti dell'autorizzazione ricevuta [14].

La regola del luogo di consumazione del reato subisce **eccezioni** stabilite in via generale dall'art. 8, co. 2, e in singole leggi speciali. L'art. 8, co. 2, contempla il caso in cui dal fatto derivi la morte di una o più persone, attribuendo la competenza al giudice del luogo in cui è stata tenuta la condotta (azione od omissione) anziché a quello del luogo in cui si è realizzato l'evento mortale. Tuttavia, quando alla causazione dell'evento morte concorrono (art. 110 c.p.) o cooperano (art. 113 c.p.) più persone ovvero l'evento è determinato da condotte indipendenti (art. 41 c.p.), la regola secondo cui per i reati materiali è competente il giudice del luogo in cui si verifica l'evento risulta ripristinata per effetto della connessione *ex* art. 16, co. 2 [15].

Se si tratta di reato permanente (ad esempio, sequestro di persona a scopo d'estorsione, art. 630, co. 2 e 3, c.p.), è competente il giudice del luogo in cui ha avuto inizio la consumazione (la condotta), anche se dal fatto è derivata la morte di una o più persone (art. 8, co. 3).

Infine, se si tratta di delitto tentato è competente il giudice del luogo in cui è stato compiuto l'ultimo atto diretto a commettere il delitto.

Vi sono poi previsioni speciali derogatorie. La prima, interna allo stesso codice di rito, è sancita dall'art. 328, co. 1 *bis* e 1 *quater*, e si intreccia con la competenza funzionale. Riguarda, infatti, le funzioni di giudice per le indagini preliminari o di giudice dell'udienza preliminare che, nei procedimenti per delitti di criminalità organizzata, terrorismo, pedopornografia e informatici afferenti al cosiddetto doppio binario (art. 51, co. 3 *bis*, 3 *quater*, 3 *quinquies*), sono esercitate da un magistrato del Tribunale che ha sede nel capoluogo di distretto di Corte d'appello al quale appartiene il giudice competente. La competenza territoriale distrettuale del giudice per le indagini preliminari o del giudice dell'udienza preliminare nei procedimenti del doppio binario solleva non poche perplessità in ordine al mancato rispetto del principio del giudice naturale dal quale l'imputato viene distolto sulla base del *nomen iuris* prescelto dal pubblico ministero nell'operare la qualificazione giuridica del fatto. Soprattutto quando il processo si chiude con la celebrazione

---

[14] Cass., Sez. Un., 26.3.2015, confl. comp. in proc. Rocco: in motivazione la Corte ha specificato che il sistema telematico per il trattamento dei dati condivisi tra più postazioni è unitario e, per la sua capacità di rendere disponibili le informazioni in condizioni di parità a tutti gli utenti abilitati, assume rilevanza il luogo di ubicazione della postazione remota dalla quale avviene l'accesso e non invece il luogo in cui si trova l'elaboratore centrale.

[15] Di cui si dirà *infra*, par. 7.

di alcuni riti speciali – giudizio abbreviato o patteggiamento, ma anche decreto penale di condanna, sia pure in ipotesi residuali, considerata la gravità dei reati – il giudice dell'udienza preliminare è investito del potere di assumere una decisione definitiva sul merito dell'imputazione in sostituzione del giudice naturale la cui competenza territoriale verrebbe ripristinata solo nel caso di celebrazione del dibattimento.

Altre eccezioni si rinvengono nella legislazione speciale: ad esempio, per il reato di diffamazione concernente fatti determinati commesso mediante trasmissione radiotelevisiva, l'art. 30, co. 5, L. 6.8.1990, n. 223 stabilisce la competenza in capo al giudice del luogo di residenza della persona offesa; per i reati finanziari attinenti alle imposte sui redditi e sul valore aggiunto, l'art. 21, co. 2, L. 7.1.1929, n. 4 prevede che la competenza si radichi nel luogo in cui risultino accertati; l'art. 11, co. 1, L. Cost. 16.1.1989, n. 1, sancisce, per i reati ministeriali, la competenza distrettuale (ossia del Tribunale situato nel capoluogo di distretto di Corte d'appello a cui appartiene l'ufficio giudiziario che sarebbe ordinariamente competente); l'art. 18 d.lgs. 10.3.2000, n. 74 detta un complesso di regole derogatorie per i reati tributari.

Il codice prevede anche **norme sussidiarie** applicabili quando i criteri generali dettati dall'art. 8 non consentano di individuare il giudice competente: in base all'art. 9 sarà allora necessario fare riferimento al luogo in cui è avvenuta una parte della condotta, o meglio l'ultimo luogo conosciuto in cui è avvenuta la parte della condotta considerata; in ulteriore subordine, il luogo di residenza, dimora, domicilio dell'imputato. Infine, come norma di chiusura, qualora non sia ancora determinabile la competenza per territorio, si farà riferimento al luogo in cui ha sede la procura della Repubblica che per prima ha iscritto la notizia di reato. Sebbene si tratti di un'ipotesi probabilmente solo di scuola, occorre notare che, in presenza di più notizie di reato iscritte in pari data, la questione rimarrebbe legalmente non decidibile.

Per i **reati commessi interamente all'estero** (art. 10), la competenza si radica facendo riferimento al luogo di residenza, dimora, domicilio, arresto (inteso in senso lato, come esecuzione di un provvedimento restrittivo), consegna dall'autorità straniera a quella italiana dell'imputato. Se si tratta di più imputati e ricorre un'ipotesi di connessione *ex* art. 12, co. 1, lett. *a*, procede il giudice competente per il maggior numero di essi stabilito sulla base delle regole appena ricordate. Se il reato è stato commesso in danno del cittadino e non sussistono casi di connessione o collegamento, la competenza è del tribunale o della Corte d'assise di Roma quando non determinabile secondo le regole ordinarie. Criterio di chiusura è sempre quello della prima iscrizione della notizia di reato. Se, invece, solo una parte del reato è stata commessa all'estero, troveranno applicazione gli artt. 8 e 9.

Una **particolare competenza per territorio** è stabilita dall'art. 11 quando un magistrato – giudice o pubblico ministero, anche onorario [16]; gli appartenenti alla direzione nazionale antimafia sono specificamente contemplati dall'art. 11 *bis* – assuma la qualità di indagato, imputato, persona offesa o danneggiata dal reato. In tal caso, se competente fosse un ufficio giudiziario compreso nel distretto di Corte d'appello in cui il magistrato interessato svolge le sue funzioni o le svolgeva al momento del fatto [17], il procedimento verrà spostato dinanzi al giudice parimenti competente per materia che ha sede nel capoluogo del diverso distretto di Corte d'appello determinato ai sensi dell'art. 1 disp. att. e dell'allegata tabella A. Lo stesso accade ai procedimenti connessi a quelli in cui è coinvolto il magistrato. Se nel diverso distretto di Corte d'appello determinato in base alla citata tabella il magistrato è venuto successivamente a esercitare le sue funzioni, la competenza verrà nuovamente spostata sempre in applicazione dei criteri della tabella. Il meccanismo delineato dall'art. 11 è finalizzato a garantire l'imparzialità dell'organo giudicante e, pur incidendo sulla determinazione della competenza, presenta numerose affinità con l'istituto della rimessione del processo che verrà in seguito esaminato [18].

Pur trattandosi, all'evidenza, di una regola speciale di competenza territoriale, la giurisprudenza [19] ritiene che la disciplina dell'art. 11 rientri nel concetto di **competenza funzionale**, e non semplicemente territoriale, con conseguente rilevabilità, anche di ufficio, del vizio in ogni stato e grado del procedimento [20].

7. *Segue*. La competenza per connessione, la riunione e la separazione dei procedimenti

Il fenomeno processuale spesso presenta **situazioni soggettivamente ed oggettivamente complesse**. Il processo ideale, che si celebra a carico di un

---

[16] Secondo Cass., Sez. Un., 15.12.2004, Scabbia e altro, «la deroga alle regole generali della competenza per territorio nei procedimenti in cui un magistrato assume la qualità di indagato, di imputato ovvero di persona offesa o danneggiata dal reato, si applica anche al magistrato onorario il cui incarico sia connotato dalla stabilità, e cioè dalla continuatività riconosciuta formalmente per un arco temporale significativo, in quanto questa, essendo sufficiente a radicarlo istituzionalmente nel plesso territoriale di riferimento, potrebbe ingenerare il sospetto, stante il rapporto di colleganza e di normale frequentazione tra magistrati della medesima circoscrizione, di un non imparziale esercizio della giurisdizione dei suoi confronti».

[17] La regola non trova applicazione quando, al tempo del processo, il magistrato è uscito dall'ordine giudiziario: cfr. Corte cost., ord. n. 163 del 2013.

[18] Cfr. *infra*, par. 11.

[19] Cass., Sez. Un., 15.12.2004, Scabbia e altro.

[20] Sulla competenza funzionale, v. *infra*, par. 8.

solo imputato per una sola imputazione priva di collegamenti con altri fatti penalmente rilevanti, nella realtà rappresenta un'evenienza quasi marginale. Il legislatore ha dunque dovuto predisporre regole che tenessero conto anche della complessità e per questo ha stabilito un'autonoma disciplina della **competenza per connessione**.

Si può parlare di connessione di procedimenti nei tre casi elencati dall'art. 12:

a) quando il reato per cui si procede è stato commesso da più persone in concorso (per i reati dolosi, art. 110 c.p.) o in cooperazione (per quelli colposi, art. 113 c.p.) fra loro o se più persone con condotte indipendenti hanno determinato l'evento (ad esempio, la morte causata dal ferimento e dall'errore del medico curante). Si tratta del caso di connessione plurisoggettiva;

b) quando una persona è imputata di più reati commessi con una sola azione od omissione (concorso formale, art. 81, co. 1, c.p.) ovvero con più azioni od omissioni esecutive del medesimo disegno criminoso (reato continuato, art. 81, co. 2, c.p.). La connessione è di tipo monosoggettivo;

c) quando si procede per più reati, se gli uni sono stati commessi per eseguire od occultare gli altri. Considerato il legame finalistico dei reati, si parla di connessione teleologica. Quest'ultima ipotesi è oggetto di divergenti interpretazioni giurisprudenziali[21].

Per un primo indirizzo, nonostante il dato letterale dell'art. 12, lett. *c*, non faccia più esplicito riferimento alla medesima persona o alle medesime persone (essendo stato eliminato l'originario incipit «se una persona»), l'identità tra gli autori del reato-mezzo e gli autori del reato-fine resta una condizione imprescindibile per la configurabilità della connessione teleologica. A sostegno di tale conclusione si adducono essenzialmente due argomenti: in caso di eterogeneità degli autori, mancherebbe l'unità del processo volitivo tra il reato-mezzo e il reato-fine, che dell'ipotesi di connessione in esame rappresenterebbe comunque il presupposto logico; l'interesse di un solo imputato alla trattazione unitaria dei reati legati da vincolo teleologico – così come dei reati commessi in continuazione fra loro – non potrebbe pregiudicare l'interesse del coimputato (o dei coimputati) a non essere sottratti al giudice naturale, secondo le ordinarie regole di competenza.

Un secondo orientamento, al contrario, ritiene che il nesso teleologico rilevi in termini oggettivi, ossia a prescindere dalla coincidenza fra gli autori dei reati in concorso. Tale lettura si fonda sulla già ricordata variazione lessicale dell'art. 12, lett. *c* operata nel 1991 e mantenuta ferma dalla riforma del

[21] Sul punto, cfr. Corte cost., sent. n. 21 del 2013.

2001, da ritenersi espressiva di una precisa volontà legislativa orientata al generale obiettivo di ampliare il perimetro di operatività dell'istituto della connessione rispetto all'impostazione originaria giudicata eccessivamente restrittiva. A ulteriore conferma di siffatta ricostruzione si ricorda che, anche sul versante del diritto penale sostanziale (art. 61, n. 2, c.p.), la configurabilità della connessione teleologica in caso di diversi autori è stata riconosciuta da dottrina e giurisprudenza.

Il contrasto giurisprudenziale è stato recentemente superato dalle Sezioni Unite, secondo le quali, «ai fini della configurabilità della connessione teleologica prevista dall'art. 12, lett. c), e della sua idoneità a determinare uno spostamento della competenza per territorio, non è richiesto che vi sia identità fra gli autori del reato fine e quelli del reato mezzo, ferma restando la necessità di accertare che l'autore di quest'ultimo abbia avuto presente l'oggettiva finalizzazione della sua condotta alla commissione o all'occultamento di un altro reato»[22].

Le regole sulla competenza derivante dalla connessione di procedimenti non sono subordinate alla pendenza dei procedimenti nello stesso stato e grado, essendo anche quello basato sulla connessione un criterio originario e autonomo di attribuzione della competenza[23].

In presenza di una causa di connessione, un solo giudice è competente a giudicare tutti gli imputati e tutti i reati connessi. Per stabilire quale sia l'unico giudice competente fra **più giudici aventi diversa competenza per materia**, si applica il criterio dell'art. 15 in base al quale i casi connessi vengono attribuiti al giudice di competenza superiore, ossia alla Corte d'assise che giudicherà anche i reati di competenza del Tribunale. Pur non potendosi parlare di competenza all'interno del Tribunale, la connessione attribuisce comunque al Tribunale collegiale la cognizione anche sui reati attribuiti al Tribunale monocratico (art. 33 *quater*).

Se i giudici hanno pari competenza per materia, e quindi solo una **diversa competenza territoriale**, la connessione attribuisce la cognizione al giudice territorialmente competente per il reato più grave (art. 16, co. 1), così valutato sulla base dei criteri stabiliti dall'art. 16, co. 3. In caso di pari gravità dei reati, prevale il giudice territorialmente competente per il reato commesso per primo (art. 16, co. 1). Qualora non sia noto il luogo di commissione del reato più grave (o del primo reato), secondo la giurisprudenza non può farsi immediato ricorso ai criteri suppletivi dell'art. 9, dovendosi invece prima fare riferimento, in successione gradata, al reato più grave (o anteriore nel tempo) fra quelli residui. Solo quando risulti impossibile individuare il luogo

---

[22] Cass., Sez. Un., 26.10.2017, Confl. comp. in proc. Patroni Griffi e altri.

[23] Cass., Sez. Un., 28.2.2013, Taricco.

di commissione per tutti i reati connessi, la competenza spetta al giudice competente per il reato più grave (o per il primo reato), individuato secondo i criteri suppletivi indicati dall'art. 9, co. 2 e 3[24]. Allo stesso modo, in caso di pari gravità dei reati, se non fosse possibile stabilire quale sia il reato più risalente, non risultando databili i fatti oppure essendo stati commessi in perfetta sincronia fra loro, troverebbe applicazione la norma di chiusura dell'art. 9, co. 3.

L'art. 16, co. 2, infine, inverte il criterio generale dell'art. 8, co. 2, stabilendo che la competenza a giudicare l'evento morte determinato da condotte realizzate in luoghi diversi è del giudice dove si è verificato l'evento.

La connessione può investire anche procedimenti spettanti a giudici ordinari e speciali (art. 13). La Corte costituzionale attrae a sé tutti i procedimenti connessi, mentre la connessione non opera in favore dei Tribunali militari[25], essendo previsto solo che il giudice ordinario sia competente a giudicare anche il reato militare quando quello comune risulta più grave. È altresì escluso che la connessione abbia effetto fra procedimenti concernenti imputati maggiorenni e procedimenti a carico di minorenni, anche quando lo stesso imputato abbia commesso i fatti connessi da minorenne e successivamente da maggiorenne (art. 14).

Per quanto concerne la connessione di procedimenti appartenenti alla competenza del Giudice di pace (art. 6, d.lgs. n. 274 del 2000), si rinvia all'apposita trattazione.

Sebbene la competenza per connessione sia naturalmente preordinata alla celebrazione del *simultaneus processus*, essa **non comporta necessariamente la riunione dei procedimenti** che rimane facoltativa e soprattutto condizionata ad alcune circostanze (art. 17): la pendenza dei procedimenti da riunire nello stesso stato e grado dinanzi al medesimo giudice, la convenienza, in termini di economia processuale, della trattazione cumulativa che quindi non deve determinare ritardo nella definizione degli stessi. In aggiunta alle ipotesi di connessione, la riunione dei procedimenti può avvenire anche in base a un semplice collegamento probatorio definito dall'art. 371, co. 2, lett. *b*. All'interno del Tribunale, se alcuni processi pendono dinanzi al giudice

[24] Cass., Sez. Un., 16.7.2009, Orlandelli.

[25] Come ha avuto modo di affermare anche Cass., Sez. Un., 25.10.2005, Maldera, «la connessione tra procedimenti di competenza del giudice ordinario e procedimenti di competenza del giudice militare determina, *ex* art. 13, comma secondo, l'attrazione di questi ultimi nella giurisdizione ordinaria solo se, trattandosi di procedimenti per reati diversi, il reato comune è più grave di quello militare; negli altri casi invece le sfere di giurisdizione, ordinaria e militare, rimangono separate e pertanto, se la connessione concerne procedimenti relativi ad uno stesso reato militare commesso da militari in concorso con civili, il giudice militare mantiene integra nei confronti dei militari la giurisdizione ed il giudice ordinario esercita la giurisdizione nei soli confronti dei concorrenti civili».

monocratico e altri dinanzi al collegiale, la riunione viene sempre disposta davanti al Tribunale in composizione collegiale. Anche in caso di successiva separazione rimane ferma la composizione collegiale dell'organo giudicante.

Il giudizio cumulativo comporta indubbi vantaggi in termini di economia processuale e di completezza dell'accertamento, ma al tempo stesso presenta anche non secondarie controindicazioni, in particolare sotto il profilo delle difficoltà che inevitabilmente incontrano tanto il giudice quanto le parti processuali nel governare l'elefantiasi ben rappresentata dal fenomeno dei **maxi processi**. Il gigantismo delle «carte» processuali, l'abnorme proliferazione delle udienze dibattimentali, l'ipertrofia processuale determinata dalla presenza di un numero elevato di imputati e imputazioni finiscono per minare alla base le prerogative della difesa e la stessa possibilità per il giudice di valutare con la dovuta attenzione ogni singola posizione. Una patologia grave che il legislatore ha più volto cercato di curare con interventi mirati a ricalibrare le ipotesi di connessione e di collegamento, senza peraltro riuscire a trovare un soddisfacente punto di equilibrio fra le contrapposte esigenze di economia delle attività di accertamento e di garanzia del giusto processo.

I processi cumulativi possono essere anche fatti oggetto di un provvedimento di **separazione** che il giudice adotta discrezionalmente, con l'accordo delle parti, quando lo ritenga utile ai fini della speditezza del processo (art. 18, co. 2). Tale possibilità è espressamente riferita dall'art. 344, co. 4, al caso in cui ritardi l'autorizzazione a procedere nei confronti di uno o più imputati.

La separazione diviene obbligatoria, a meno che la riunione non appaia assolutamente necessaria per l'accertamento dei fatti, nei seguenti casi:

– nel corso dell'udienza preliminare la posizione di uno o più imputati ovvero una o più imputazioni sono immediatamente decidibili, mentre altre regiudicande richiedono un supplemento istruttorio;

– per uno o più imputati ovvero per una o più imputazioni è stata disposta la sospensione del procedimento;

– la mancata comparizione in dibattimento di uno o più imputati è dovuta a un vizio della *vocatio in iudicium* oppure a legittimo impedimento o a ignoranza incolpevole della citazione;

– la mancata comparizione in dibattimento di uno o più difensori per mancato avviso o legittimo impedimento;

– l'istruzione dibattimentale risulta conclusa per alcune delle regiudicande, mentre per altre deve proseguire;

– i termini di durata della custodia cautelare sono prossimi alla scadenza in relazione ai delitti di cui all'art. 407, co. 2, lett. *a*, e sia necessario definire con urgenza lo stato o il grado del procedimento per evitare la scarcerazione automatica.

La separazione dei procedimenti può avvenire direttamente con la sentenza di condanna quando si procede per i delitti di cui all'art. 407, co. 2, lett. *a*, anche se connessi ad altri reati, e incombe il rischio della scarcerazione per decorrenza dei termini di custodia cautelare. Una volta operata la separazione, le sentenze si moltiplicano in funzione dei distinti oggetti di decisione e il giudice può quindi dedicarsi con priorità alla scrittura della motivazione riguardante gli imputati che stanno per essere scarcerati, anticipando il deposito della sentenza che li riguarda (art. 533, co. 3 *bis*).

Ogni ipotesi di separazione, obbligatoria o facoltativa, si fonda su esigenze di celerità processuale, mentre non viene mai in considerazione l'interesse degli imputati ad evitare un processo cumulativo che per dimensioni risulti incompatibile con l'esercizio dei diritti difensivi, con la necessaria ponderazione delle singole decisioni, in definitiva con la stessa idea di giustizia.

La separazione non fa venir meno la comune matrice dei procedimenti separati, con la conseguenza che i vizi e le invalidità verificatesi nel processo cumulativo si trasmettono ai nuovi procedimenti separati.

8. *Segue*. La competenza funzionale

La competenza funzionale attiene alla ripartizione dei compiti ai quali devono assolvere i diversi giudici in relazione allo sviluppo del procedimento (in senso lato) e riflette i suoi effetti direttamente sull'idoneità specifica dell'organo giurisdizionale all'adozione di un determinato provvedimento. Pur non avendo trovato esplicita disciplina codicistica, proprio perché connaturata alla costruzione normativa delle attribuzioni del giudice e allo sviluppo del procedimento, la giurisprudenza[26] e la dottrina hanno enucleato la categoria desumendola dal sistema. La competenza funzionale esprime tutta la sua imponente rilevanza in relazione alla legittimità del provvedimento emesso dal giudice, perché la sua mancanza rende tale provvedimento non più conforme a parametri normativi di riferimento e di conseguenza affetto da nullità assoluta e insanabile, rilevabile d'ufficio in ogni stato e grado del procedimento[27].

Sui distinti interventi giurisdizionali nella fase delle indagini preliminari, nell'udienza preliminare, in dibattimento, nei giudizi di impugnazione, si radica dunque la competenza funzionale. Ad esempio, la competenza a decidere sulla richiesta di applicazione della pena, proposta dopo la notifica del decreto di giudizio immediato, è del giudice per le indagini preliminari che

---

[26] Cass., Sez. Un., 20.7.1994, De Lorenzo.

[27] Cass., Sez. Un., 25.1.2005, Gioia e altro.

ha la disponibilità del fascicolo processuale (artt. 446, co. 1; 457, co. 1, e 458, co. 1) e, come tale, è da considerare giudice procedente anche dopo la notifica del decreto per effetto dell'ultrattività delle sue funzioni[28].

Un caso di incompetenza funzionale, interno alla speciale competenza per i reati ministeriali, è stato invece riscontrato nel provvedimento di applicazione di una misura cautelare adottato da un giudice per le indagini preliminari, quando invece l'organo funzionalmente competente avrebbe dovuto essere il Tribunale collegiale ai sensi dell'art. 7, L. Cost. 16.1.1989, n. 1[29].

L'elaborazione giurisprudenziale ha tuttavia **esteso la portata applicativa** del concetto ben oltre i suoi limiti naturali, riconducendovi anche situazioni che sembrano piuttosto riguardare la competenza per territorio o per materia. Ad esempio, si è stabilito che la speciale competenza stabilita dall'art. 11 per i procedimenti in cui un magistrato assume la qualità di indagato, di imputato ovvero di persona offesa o danneggiata dal reato ha natura funzionale, e non semplicemente territoriale, con conseguente rilevabilità, anche di ufficio, del relativo vizio in ogni stato e grado del procedimento[30].

9. *Segue*. Il difetto di giurisdizione e di competenza, i relativi conflitti, il rinvio pregiudiziale della questione di competenza per territorio

Il **difetto di giurisdizione** può verificarsi in **tre distinte ipotesi**: quando il giudice penale esercita poteri che non spettano alla giurisdizione (ad esempio, se emanasse una legge ordinaria), quando il giudice ordinario giudica la materia spettante a quello speciale (militare e Corte costituzionale per i reati presidenziali) e viceversa, oppure quando un giudice extrapenale, civile o amministrativo, assume una decisione in materia riservata alla giurisdizione penale. Il primo caso è considerato dall'art. 606, co. 1, lett. *a* e rappresenta un motivo di ricorso per cassazione; il secondo, trova disciplina nell'art. 20; il terzo viene risolto facendo ricorso alla categoria-vizio dell'inesistenza del provvedimento[31].

---

[28] Cass., Sez. Un., 17.1.2006, Bergamasco. Analogamente, Cass., Sez. Un., 17.1.2006, Novak.

[29] Cass., Sez. Un., 20.7.1994, De Lorenzo.

[30] Cass., Sez. Un., 15.12.2004, Scabbia e altro.

[31] Secondo Cass., Sez. Un., 24.11.1999, Di Dona «è giuridicamente inesistente il provvedimento giurisdizionale che, quantunque materialmente esistente e ascrivibile a un giudice, sia tuttavia privo del requisito minimo della provenienza da un organo giudiziario investito del potere di decisione in una materia riservata agli organi della giurisdizione penale e, come tale, risulti esorbitante, siccome invasivo dello specifico campo riservato al giudice penale, dai limiti interni e oggettivi

L'**incompetenza** è determinata dalla violazione delle regole in tema di distribuzione del lavoro giudiziario fra i diversi giudici penali ordinari. Può quindi essere **per materia, per territorio, per connessione o funzionale**. Nella prima ipotesi, può ulteriormente configurarsi come difetto o eccesso, a seconda che il reato competa al giudice superiore o inferiore (artt. 21, co. 1, e 23, co. 2). L'incompetenza per materia è sempre rilevabile anche d'ufficio: quella in difetto in ogni stato e grado del processo, quella per eccesso, trattandosi di vizio meno grave, posto che giudicherebbe comunque un organo superiore, sebbene incompetente, fino all'apertura del dibattimento di primo grado (art. 491, co. 1) [32]. Se non dedotta in termini, la questione rimane dunque preclusa.

Come detto, nella ripartizione interna al Tribunale (collegiale e monocratico) non si pone formalmente una questione di competenza per materia, bensì di attribuzioni che trova disciplina negli artt. 33 *quinquies*, 33 *sexies*, 33 *septies*, 33 *octies*, 33 *nonies*. Si tratta di un regime affievolito rispetto a quello dell'incompetenza: il vizio deve essere dedotto o rilevato d'ufficio nel corso dell'udienza preliminare e, se questa manca, in sede di questioni preliminari *ex* art. 491, co. 1, prima dell'apertura del dibattimento. Se la questione non è stata proposta o rilevata nei termini appena citati, rimane successivamente preclusa.

La questione relativa alla *sub*-competenza del collegio o del giudice monocratico si intreccia con la possibilità che dinanzi al Tribunale in composizione monocratica si segua o meno il rito che prevede la celebrazione dell'udienza preliminare (art. 550). Il risultato della complessa disciplina può essere sintetizzato avendo riguardo all'eccesso o al difetto di *sub*-competenza.

---

che, alla stregua dell'ordinamento positivo, discriminano il ramo civile e quello penale nella distribuzione della *jurisdictio* (fattispecie relativa a un'ordinanza del tribunale civile, ritenuta viziata da difetto assoluto di giurisdizione, di accoglimento del ricorso di difensore avverso decreto di giudice per le indagini preliminari militare in materia di liquidazione dei compensi professionali a norma della legge n. 217 del 1990)».

[32] Secondo Cass., Sez. Un., 27.9.18, Balais, l'incompetenza a conoscere dei reati appartenenti alla cognizione del Giudice di pace deve essere dichiarata dal giudice togato in ogni stato e grado del processo, ai sensi dell'art. 48, d.lgs. 28.8.2000, n. 274, disposizione che deroga al regime previsto dall'art. 23, co. 2, che consente la rilevabilità dell'incompetenza per materia c.d. in eccesso entro precisi termini di decadenza; tuttavia, nel caso in cui il giudice togato riqualifichi il fatto in un reato di competenza del Giudice di pace, resta ferma la sua competenza per effetto del principio della *perpetuatio iurisdictionis*, purché l'originario reato gli sia stato attribuito nel rispetto delle norme sulla competenza per materia e la riqualificazione sia un effetto determinato da acquisizioni probatorie sopravvenute nel corso del processo.

Cass., Sez. Un., 27.9.18, Treskine, ha poi precisato che, nel caso in cui il giudice togato conosca del reato del Giudice di pace per essere venuto meno il vincolo di connessione, resta ferma, per effetto del principio della *perpetuatio iurisdictionis*, la sua competenza, purché in origine correttamente individuata.

La violazione per eccesso si realizza quando nel corso dell'udienza preliminare il giudice si avvede che per il reato doveva procedersi con citazione diretta in giudizio, ossia senza udienza preliminare: deve quindi trasmettere gli atti al pubblico ministero affinché provveda a emettere il decreto di citazione a giudizio (art. 33 *sexies*) [33]. Altra violazione per eccesso si ha quando il Tribunale collegiale, in dibattimento, rilevi che il procedimento spetta al Tribunale monocratico e quindi gli trasmette gli atti (art. 33 *septies*, co. 1).

La violazione per difetto si verifica quando il Tribunale monocratico, in dibattimento, stabilisce che il procedimento spetta al collegio al quale trasmette gli atti (art. 33 *septies*, co. 1). Se il giudice monocratico, a dibattimento instaurato in seguito a citazione diretta, si avvede che per il reato è prevista l'udienza preliminare, trasmette gli atti al pubblico ministero per un nuovo esercizio dell'azione penale (art. 33 *septies*, co. 2).

Le parti che hanno tempestivamente sollevato la questione, non accolta dal giudice, possono proporre appello sul punto in modo che il giudice di secondo grado, se riterrà la *sub*-competenza del giudice collegiale, annullerà la sentenza del Tribunale monocratico, trasmettendo gli atti al pubblico ministero. Se, invece, l'attribuzione fosse in eccesso, ossia ha giudicato il collegio un reato devoluto alla cognizione del monocratico, la Corte d'appello decide il merito senza regressione del procedimento (art. 33 *octies*). Anche la Cassazione annulla la sentenza viziata dall'attribuzione in difetto al Tribunale monocratico, mentre resta irrilevante quella in eccesso del collegiale.

L'art. 33 *nonies* stabilisce, infine, che l'inosservanza delle citate regole di *sub*-competenza non determina l'invalidità degli atti del procedimento né l'inutilizzabilità delle prove. Si tratta di un'eccezione al principio di immediatezza che, soprattutto in tema di prova, dovrebbe essere meglio coordinata con quanto previsto dall'art. 525, co. 2. Per quanto concerne gli atti del procedimento, appare più opportuno distinguere quelli compiuti dalle parti, che rimangono validi non mutando i contraddittori, da quelli del giudice dichiarato incompetente che ovviamente non possono sopravvivere dinanzi al nuovo organo giudicante.

L'incompetenza per territorio è deducibile dalle parti, e rilevabile d'ufficio dal giudice, fino alla chiusura della discussione nell'udienza preliminare [34].

---

[33] Tuttavia, secondo Cass., Sez. Un., 18.4.19, conf. comp. Trib. mon. Genova v. Trib. coll. Genova, «gli effetti della connessione sull'attribuzione monocratica o collegiale si determinano al momento del rinvio a giudizio da parte del giudice dell'udienza preliminare e, qualora venga meno la connessione per effetto di pronuncia di sentenza di proscioglimento, il giudice deve disporre il rinvio a giudizio davanti al tribunale in composizione monocratica anche nel caso in cui residuino solo reati per i quali è previsto il decreto di citazione diretta a giudizio».

[34] Con riguardo all'eventualità che l'udienza preliminare si trasformi in giudizio abbreviato, si è precisato che «l'eccezione di incompetenza territoriale è proponibile "in limine" al giudizio ab-

Se manca questo snodo processuale, può essere dedotta o rilevata in dibattimento nel corso delle questioni preliminari (art. 21, co. 2). Entro quest'ultimo termine deve essere riproposta la questione respinta nel corso dell'udienza preliminare. Nei rapporti fra Tribunale e sezioni distaccate, che godono di autonomia nei limiti di *sub*-competenza per materia del Tribunale monocratico (art. 48 *quater* ord. giud.), si applicano le regole di competenza territoriale. Le questioni sono tuttavia risolte secondo la disciplina speciale dell'art. 163 *bis* disp. att.

L'incompetenza per connessione, determinata dalla violazione degli artt. 15 e 16, deve essere dedotta o rilevata entro gli stessi termini previsti per l'incompetenza territoriale [35]. Questa assimilazione dei rispettivi regimi è giustificata quando risultino violate le regole sulla competenza per territorio nei procedimenti connessi (art. 16) oppure quando l'errore determini la competenza per materia del giudice superiore. Qualora, invece, dal mancato rispetto delle regole di competenza per connessione consegua un'incompetenza per materia in difetto, il regime dell'art. 21, co. 3, dovrebbe lasciare spazio alle regole più garantiste specificamente previste per tale vizio dall'art. 21, co. 1, con la conseguenza che la questione risulterebbe rilevabile anche d'ufficio in ogni stato e grado del procedimento.

Nel corso delle indagini preliminari, le questioni di competenza si possono porre solo in occasione dell'intervento del giudice che in tale fase assume i connotati di una giurisdizione *ad acta* (ad esempio, provvedimenti sulle misure cautelari [36], in tema di incidente probatorio, in chiave di garanzia per

breviato non preceduto dall'udienza preliminare, mentre, qualora il rito alternativo venga instaurato nella stessa udienza, l'incidente di competenza può essere sollevato, sempre "in limine" a tale giudizio, solo se già proposto e rigettato in sede di udienza preliminare. In motivazione la Corte ha precisato che, pur in assenza nel giudizio speciale di una fase dedicata alla soluzione delle questioni preliminari, l'eccezione può essere proposta in quella dedicata alla verifica della costituzione delle parti» (Cass., Sez. Un., 29.3.2012, Forcelli).

[35] Va ricordato che, «in tema di riparto tra giudice monocratico e collegiale, l'attribuzione determinata da ragioni di connessione va valutata al momento del rinvio a giudizio e non sulla base dei fatti così come contestati nella richiesta del pubblico ministero. (In motivazione, la Corte ha affermato che il principio della "*perpetuatio iurisdictionis*", inteso come immutabilità della competenza a fini di certezza ed economia processuale e di tutela della ragionevole durata del processo, non può che riferirsi alla contestazione risultante dal complessivo vaglio del giudice dell'udienza preliminare sull'accusa formulata dal pubblico ministero e alla conseguente individuazione del giudice naturale operata sulla base dell'esito di quel controllo)» (Cass., Sez. Un., 18.4.2019, confl. comp. in proc. Sacco).

[36] Un caso particolare è stato deciso da Cass., Sez. Un., 23.4.2020, Giacobbe: «in tema di misure cautelari personali, il giudice dell'impugnazione che rilevi l'incompetenza di quello che ha applicato la misura ha l'onere di verificare, ai sensi dell'art. 291, co. 2, la sussistenza delle condizioni per l'adozione del provvedimento genetico, conservando il potere, nel caso in cui tale verifica abbia esito negativo, di annullare lo stesso, ovvero, nel caso contrario, di provvedere ai sensi dell'art. 27, laddove ravvisi l'urgenza di anche solo una delle esigenze cautelari riscontrate».

determinate prove, come le intercettazioni, o in sede di archiviazione). Se il giudice sollecitato a intervenire si dichiara incompetente, restituisce gli atti al pubblico ministero con ordinanza, eccetto il caso previsto dall'art. 27, ma la questione rimane impregiudicata, posto che tale ordinanza produce effetti limitatamente al provvedimento richiesto (art. 22, co. 1 e 2)[37]. Qualora il pubblico ministero reiterasse la richiesta di provvedimento al giudice dichiaratosi incompetente, la situazione di stallo andrebbe risolta alla luce della disciplina dei conflitti analoghi (art. 28, co. 2). Occorre, tuttavia, ricordare come la giurisprudenza ritenga configurabile il conflitto di competenza solo tra organi giurisdizionali, con la conseguenza che una situazione di conflittualità fra il pubblico ministero, che è una parte, anche se pubblica, e il giudice, non sarebbe inquadrabile neppure sotto il profilo dei casi analoghi[38].

Successivamente all'esercizio dell'azione penale, le fasi processuali sono caratterizzate dalla piena giurisdizionalità e il giudice, che a questo punto è l'organo procedente, è tenuto a dichiarare con sentenza la propria incompetenza.

Nelle fasi successive alla chiusura delle indagini preliminari (in particolare, l'udienza preliminare) e nel dibattimento, alla declaratoria d'incompetenza segue la restituzione degli atti al pubblico ministero presso il giudice competente[39]. La regressione alla fase delle indagini preliminari avviene anche nel dibattimento di primo grado, dopo che la Corte costituzionale ha dichiarato per due volte illegittimo l'art. 23, co. 1, nella parte in cui prevedeva la trasmissione degli atti al giudice ritenuto competente, anziché la restituzione al pubblico ministero[40].

---

[37] «È inoppugnabile, salvo che sia abnorme, l'ordinanza con la quale, nel corso delle indagini preliminari, il giudice, ai sensi dell'art. 22 comma 1, riconosce la propria incompetenza e dispone la restituzione degli atti al pubblico ministero» (Cass., Sez. Un., 17.7.2014, PM in proc. Giuliano e altri).

[38] Cass., Sez. Un., 28.11.2013, Seghaier.

[39] Derogando alla regola generale, «il tribunale del capoluogo del distretto che, in fase dibattimentale, dichiari la propria incompetenza per materia in relazione ad un reato attribuito alla competenza della Corte di assise ai sensi dell'art. 5, co. 1, lett. *d bis*) e ricompreso nell'elenco di cui all'art. 51, co. 3 *bis*., deve trasmettere gli atti direttamente alla Corte di assise e non al pubblico ministero presso tale giudice, a condizione che la competenza non appartenga a un giudice (Corte di assise) di altro distretto e le funzioni di pubblico ministero e di giudice dell'udienza preliminare siano state svolte ai sensi degli artt. 51, co. 3-*bis*, e 328, co. 1 *bis*. (In motivazione la S.C., in linea con quanto affermato dalla sentenza della Corte Cost. n. 104 del 2001, ha chiarito che in tale ipotesi non sussiste la necessità della regressione del procedimento e di nuova celebrazione dell'udienza preliminare, avendo le parti già potuto liberamente esercitare i propri diritti in quella precedente, legittimamente svoltasi dinanzi al giudice naturale, e palesandosi la ripetizione dell'udienza preliminare come adempimento in contrasto con il principio della ragionevole durata del processo)» (Cass., Sez. Un., 23.3.2017, A e altro).

[40] Corte cost., sent. n. 76 del 1993; Corte cost., sent. n. 70 del 1996.

Nel corso del giudizio d'appello, la decisione negativa della competenza implica l'annullamento della decisione impugnata, e la restituzione degli atti al pubblico ministero[41] presso il giudice di primo grado ritenuto competente, quando si tratti di incompetenza per materia in difetto, ma anche per territorio o per connessione, a patto che la questione fosse stata tempestivamente dedotta. Nel caso di incompetenza per materia in eccesso, il giudice d'appello, invece, decide il merito e non annulla la sentenza impugnata a patto che quest'ultima fosse appellabile. In caso contrario, potrebbe trovare applicazione la norma in tema di trasmissione degli atti alla Cassazione ai sensi dell'art. 568, co. 5.

La Cassazione decide sulla competenza (e sulla giurisdizione) in modo vincolante nel corso del processo, salvo che risultino fatti nuovi dai quali derivi la competenza per materia di un giudice superiore o un diverso assetto della giurisdizione (art. 25).

In presenza di una declaratoria d'incompetenza, le prove già acquisite rimangono efficaci, ma le dichiarazioni ripetibili assunte dal giudice incompetente per materia sono utilizzabili esclusivamente nell'udienza preliminare (compresi abbreviato e patteggiamento che ivi si celebrano) e per le contestazioni ai sensi degli artt. 500 e 503. Come si è già sottolineato, tale limite non vige nella disciplina del difetto di attribuzioni fra i due tribunali, monocratico e collegiale.

Anche le misure cautelari disposte dal giudice che si sia contestualmente o successivamente dichiarato incompetente[42] mantengono efficacia provvi-

---

[41] Cfr. Corte cost., sent. n. 214 del 1993; Corte cost., sent. n. 70 del 1996, che hanno dichiarato illegittimo l'art. 24, co. 1, nella parte in cui prevedeva la restituzione degli atti al giudice di primo grado competente, anziché al pubblico ministero presso quest'ultimo. Tali pronunce concernono solo l'incompetenza per materia in difetto e per territorio. In via interpretativa si può ritenere che la medesima soluzione valga anche in caso di incompetenza per connessione.

[42] L'art. 27 si applica anche quando «trattasi di *incompetenza funzionale* e questa sia dichiarata non dallo stesso giudice, ma dalla Corte di Cassazione a seguito di ricorso *per saltum* proposto avverso la suddetta ordinanza; e ciò in quanto è soltanto l'incompetenza, come tale, a giustificare la provvisoria ultrattività del provvedimento impositivo della misura cautelare, quale che sia la fase del procedimento nella quale tale incompetenza sia riconosciuta e dichiarata» (Cass., Sez. Un., 20.7.1994, De Lorenzo). Tuttavia, «la caducazione automatica della misura cautelare conseguente a declaratoria di incompetenza si verifica e ha ragion d'essere solo quando, a seguito di tale declaratoria, il giudice che deve emettere il nuovo provvedimento è diverso da quello incompetente»: non potrebbe perciò trovare applicazione «nell'ipotesi di declaratoria di *incompetenza per materia* pronunciata dal giudice dibattimentale, cui consegue la regressione del procedimento alla fase delle indagini preliminari, … stante l'unicità dell'organo giurisdizionale della fase delle indagini per i procedimenti di competenza del tribunale e della corte d'assise» (Cass., Sez. Un., 24.1.1996, Fazio).

La possibile «diversità tra giudice che dispone la misura e giudice che dichiari l'incompetenza, in quanto il carattere provvisorio della efficacia della misura disposta da giudice incompetente è

soria nei venti giorni[43] successivi alla trasmissione degli atti al giudice competente, il quale, entro tale termine, deve provvedere all'adozione di un nuovo provvedimento cautelare (art. 27)[44]. La stessa regola vale nel caso in cui si dichiari incompetente il giudice dell'impugnazione cautelare[45].

Le questioni di competenza possono determinare **conflitti** fra i diversi giudici penali ordinari mentre quelle di giurisdizione fra giudici ordinari e giudici speciali. Il conflitto sorge in qualsiasi stato e grado del processo quando due o più giudici contemporaneamente (*rectius*, in due o più procedimenti che pendono contemporaneamente in sedi diverse) prendono cognizione del medesimo fatto attribuito alla stessa persona, affermando la propria competenza o giurisdizione (conflitto positivo) oppure quando due o più giudici

espressione di un potere eccezionale e, pertanto, non può essere limitato ai casi di identità tra giudice disponente la misura e giudice che dichiara l'incompetenza», è confermata anche da Cass., Sez. Un., 24.1.1996, Fazio.

Va infine ricordato che «quando il luogo dell'arresto o del fermo sia diverso da quello della commissione del reato, l'ordinanza coercitiva emessa dal giudice per le indagini preliminari competente per la convalida ha efficacia provvisoria a norma dell'art. 27» (Cass., Sez. Un., 14.7.1999, Salzano), posto che l'attribuzione prevista dall'art. 391, co. 5 non configura una competenza funzionale del giudice della convalida.

[43] Secondo Cass., Sez. Un., 31.1.2001, Buffoli, «il termine di venti giorni entro il quale la misura cautelare personale, disposta dal giudice contestualmente o successivamente dichiaratosi incompetente, perde efficacia se il giudice competente non provveda ad emettere provvedimento coercitivo, decorre dalla data dell'ordinanza di trasmissione degli atti da parte del primo e non da quella, eventualmente successiva, di ricezione degli atti stessi da parte del secondo». Cass., Sez. Un., 18.6.1993, Silvano e altro, ha anche chiarito che «il termine di venti giorni, posto dall'art. 27, costituisce il limite temporale dell'efficacia della misura cautelare disposta dal giudice incompetente, ma il suo decorso non comporta alcuna preclusione all'esercizio del potere-dovere del giudice competente ad emettere successivamente il provvedimento applicativo di detta misura, ancorché sulla base degli stessi presupposti e delle stesse esigenze cautelari, ove sussistenti».

[44] La giurisprudenza ha chiarito che la perdita d'efficacia della misura cautelare risulta condizionata alla dichiarazione formale di incompetenza da parte del giudice che l'ha adottata: «nell'ipotesi in cui la misura cautelare sia stata disposta dal giudice della convalida *ex* art. 391, comma 5, e il luogo dell'arresto o del fermo sia diverso da quello di commissione del reato, solo la formale dichiarazione di incompetenza da parte del giudice determina l'inefficacia della misura cautelare che non sia stata rinnovata dal giudice competente entro venti giorni dall'ordinanza di trasmissione degli atti» (Cass., Sez. Un., 25.3.2010, Mones). Cass., Sez. Un., 26.9.2001, Zaccardi, ha inoltre specificato che «le misure cautelari disposte, a norma dell'art. 27, da un giudice, dichiaratosi contestualmente o successivamente incompetente, non perdono efficacia per il mancato espletamento di un nuovo interrogatorio di garanzia da parte del giudice competente il quale abbia emesso nel termine stabilito una propria ordinanza, sempre che non siano stati contestati all'indagato o all'imputato fatti nuovi ovvero il provvedimento non sia fondato su indizi o su esigenze cautelari in tutto o in parte diversi rispetto a quelli posti a fondamento dell'ordinanza emessa dal giudice incompetente».

[45] In tal senso, Cass., Sez. Un., 24.1.1996, Fazio, laddove si afferma che «la pronuncia di incompetenza, da parte del giudice dell'impugnazione avverso provvedimenti cautelari determina, al pari della declaratoria di incompetenza del giudice che aveva disposto la misura cautelare, l'inefficacia differita, *ex* art. 27, della misura cautelare stessa».

rifiutano di prendere cognizione del medesimo fatto[46] attribuito alla stessa persona, sostenendo entrambi la propria incompetenza o mancanza di giurisdizione (conflitto negativo) (art. 28, co. 1)[47].

Il conflitto negativo, in realtà, nasce quando il giudice, al quale l'organo dichiaratosi incompetente (o privo di giurisdizione) ha trasmesso gli atti, ritiene che sia invece competente (o avente giurisdizione) proprio chi si è spogliato del procedimento in suo favore. La catena della trasmissione degli atti potrebbe essere anche più lunga e allora il conflitto sorgerebbe quando l'ultimo destinatario invertisse le precedenti declaratorie d'incompetenza, attribuendo la cognizione a uno dei giudici che si erano già liberati del procedimento.

La disciplina dei conflitti si applica anche ai casi analoghi a quelli appena evidenziati, ma non riguarda i rapporti fra giudice dell'udienza preliminare e giudice del dibattimento, essendo stabilito dall'art. 28, co. 2, che prevalga sempre la decisione di quest'ultimo purché si risolva in provvedimenti previsti e consentiti dall'ordinamento. In caso contrario il conflitto rimarrebbe possibile[48].

Nel corso delle indagini preliminari non sono ammessi conflitti positivi fondati sulla competenza per territorio derivante da connessione (art. 28, co. 3).

Il conflitto è rilevato da uno dei giudici interessati mediante ordinanza con la quale vengono trasmessi alla Corte di cassazione anche gli atti necessari alla sua risoluzione. Può anche essere denunciato dalle parti (pubblico ministero e parti private) con atto depositato presso la cancelleria di uno dei giudici in conflitto. Tale denuncia, corredata della documentazione necessaria alla decisione, è poi trasmessa dal giudice alla Cassazione. Sia l'ordinanza sia la denuncia non hanno effetto sospensivo sui processi in corso.

---

[46] Secondo Cass., Sez. Un., 28.6.2005, Donati e altro, «l'identità del fatto sussiste quando vi sia corrispondenza storico-naturalistica nella configurazione del reato, considerato in tutti i suoi elementi costitutivi (condotta, evento, nesso causale) e con riguardo alle circostanze di tempo, di luogo e di persona».

[47] È opportuno ricordare che le disposizioni sui conflitti positivi (o negativi) di competenza, sono applicabili solo alle ipotesi di duplicazione del processo dinnanzi a giudici di diverse sedi giudiziarie, uno dei quali risulta incompetente. Diversamente, «non può essere nuovamente promossa l'azione penale per un fatto e contro una persona per i quali un processo già sia pendente (anche se in fase o grado diversi) nella stessa sede giudiziaria e su iniziativa del medesimo ufficio del P.M., di talché nel procedimento eventualmente duplicato dev'essere disposta l'archiviazione oppure, se l'azione sia stata esercitata, dev'essere rilevata con sentenza la relativa causa di improcedibilità. La non procedibilità consegue alla preclusione determinata dalla consumazione del potere già esercitato dal P.M., ma riguarda solo le situazioni di litispendenza relative a procedimenti pendenti avanti a giudici egualmente competenti e non produttive di una stasi del rapporto processuale, come tali non regolate dalle disposizioni sui conflitti positivi di competenza, che restano invece applicabili alle ipotesi di duplicazione del processo innanzi a giudici di diverse sedi giudiziarie, uno dei quali è incompetente» (Cass., Sez. Un., 28.6.2005, Donati e altro).

[48] Così Cass., Sez. Un., 6.12.1991, Di Stefano.

La Corte di cassazione decide in camera di consiglio con sentenza vincolante, salvo fatti nuovi che implichino la competenza di un giudice superiore, stabilendo quale organo giurisdizionale abbia competenza o giurisdizione nel singolo caso[49]. Si applicano le già considerate disposizioni degli artt. 26 e 27 in tema di prove e di misure cautelari.

I conflitti possono risolversi anche spontaneamente quando uno dei giudici coinvolti si dichiari competente o incompetente, a seconda dei casi (art. 29).

Il giudice può anche disporre il **rinvio pregiudiziale** della questione di **competenza territoriale** alla Corte di cassazione (art. 24 *bis*). Prima della conclusione dell'udienza preliminare o, se questa manchi, entro il termine previsto dall'art. 491, co. 1, la questione concernente la competenza per territorio può essere rimessa, a richiesta di parte o anche di ufficio, alla Corte di cassazione. Entro il termine previsto dall'art. 491, co. 1, può essere altresì rimessa alla Corte di cassazione la questione concernente la competenza per territorio riproposta ai sensi dell'art. 21, co. 2. La Corte di cassazione decide in camera di consiglio, con le forme dell'art. 127 e, se dichiara l'incompetenza del giudice che procede, ordina la trasmissione degli atti al pubblico ministero presso il giudice ritenuto competente. La parte che ha eccepito l'incompetenza per territorio, senza chiedere contestualmente la rimessione della decisione alla Corte di cassazione, non può più riproporre l'eccezione nel corso del procedimento. Questa preclusione è frutto di una scelta discutibile, posto che il rinvio pregiudiziale è una prerogativa del giudice, mentre la mancata sollecitazione in tal senso ad opera della parte che abbia comunque eccepito tempestivamente l'incompetenza per territorio non può incidere sul potere di rinnovare la questione dinanzi a un giudice diverso.

---

[49] «In sede di risoluzione del conflitto di giurisdizione, la Corte di cassazione, accertata la sussistenza della "medesimezza" del fatto sulla base della piena conoscenza degli atti e delle vicende processuali pendenti innanzi ai giudici in conflitto, è chiamata anche a valutare, discrezionalmente e in piena autonomia, se la qualificazione giuridica del fatto storico (nelle sue componenti di condotta, evento e nesso causale) attribuita dall'uno o dall'altro giudice sia corretta, procedendo – in caso contrario – a delineare essa stessa l'esatta definizione da attribuirgli, con la conseguente designazione dell'organo giudiziario chiamato a giudicare sullo stesso» (Cass., Sez. Un., 23.6.2016, Zimarmani). Le Sezioni Unite hanno altresì precisato che «la pronuncia risolutiva del conflitto di giurisdizione (e di competenza) è decisione incidentale dotata di effetti preclusivi (quanto alla giurisdizione e alla competenza) circoscritti al "thema decidendum" del conflitto, senza estendersi alla valutazione anche solo prognostica della fondatezza o meno delle imputazioni, il cui apprezzamento è riservato al giudice della cognizione di merito designato, che rimane libero di apprezzare il fatto e di mutarne anche la qualificazione giuridica ipotizzata dalla Corte regolatrice, con il solo limite di non poter qualificare il fatto "rebus sic stantibus" come appartenente alla competenza di altro giudice ... Ai fini della attribuzione della giurisdizione al giudice ordinario in caso di procedimenti per reati connessi, comuni e militari, la maggiore gravità del reato comune è individuata sulla base delle regole stabilite dall'art 4, stante il rinvio contenuto nell'art. 13, co. 2, ai criteri valutabili ai sensi dell'art. 16, co. 3; ne consegue che non sono apprezzabili le circostanze aggravanti comuni, ma soltanto quelle ad effetto speciale che importano un aumento di pena superiore ad un terzo».

La disciplina del rinvio pregiudiziale dovrebbe, almeno nelle intenzioni, **evitare i conflitti** e scongiurare il rischio che l'eccezione di incompetenza per territorio, respinta dai giudici di merito, venga accolta dalla Cassazione solo all'esito del relativo grado di giudizio, con la necessità di rinnovare *ab imis* l'intero processo.

D'altro canto, il procedimento incidentale, attivato dal rinvio pregiudiziale, determina una inevitabile **stasi del processo** in ragione dei tempi più o meno rapidi della decisione della Cassazione. Decisione che dovrebbe essere assunta sulla base non di tutti gli atti disponibili, ma solo di quelli che il giudice rimettente ritiene necessario trasmettere (art. 24 *bis*, co. 2). A ciò si aggiunga che il giudice dell'udienza preliminare dispone dell'intero fascicolo delle indagini, mentre quello del dibattimento, *in limine litis*, conosce solo gli atti contenuti nel fascicolo formato ai sensi dell'art. 431. La limitata conoscenza degli atti incide sull'effettività del rinvio pregiudiziale, così come la selezione degli stessi operata dal giudice *a quo* rischia di condizionare la decisione della Cassazione. Per assicurare una tutela effettiva al principio costituzionale della naturalità del giudice, la nuova disciplina avrebbe dovuto consentire alla Cassazione l'accesso diretto a tutto il fascicolo delle indagini sulle cui risultanze è costruita l'imputazione.

10. L'attuazione dei princìpi di indipendenza, imparzialità e terzietà del giudice: le regole in tema di capacità, di incompatibilità al giudizio, di astensione e ricusazione

Come si è avuto modo di affermare, il giudice penale si caratterizza per il potere giurisdizionale che gli è attribuito e per gli ambiti in cui può esercitarlo (competenza). Vi è tuttavia un prerequisito, la **capacità**, che l'art. 33, co. 1, riconduce alle leggi di ordinamento giudiziario, con esclusione delle disposizioni in tema di funzionamento interno degli uffici giudiziari (art. 33, co. 2 e 3, comprese le regole sulla ripartizione degli affari penali fra Tribunale collegiale e monocratico)[50].

---

[50] Analogamente, v. Corte cost., sent. n. 419 del 1998, laddove si afferma che «l'art. 33, comma 1, identifica la capacità del giudice con l'idoneità a rendere il giudizio: vale a dire con la riferibilità del giudizio ad organi titolari, secondo il disegno dell'ordinamento giudiziario, della funzione giurisdizionale, quindi anche nella composizione prevista per la loro formazione collegiale. I criteri di assegnazione degli affari nell'ambito di tali organi esulano dalla nozione generale della loro capacità che, riguardando la titolarità della funzione, non comprende quanto attiene all'esercizio della funzione stessa, in relazione alla organizzazione interna all'organo che ne è titolare. La ripartizione degli affari nell'ambito dell'organo competente deve essere effettuata secondo le regole proprie dell'organizzazione della giurisdizione. Nel disegno normativo, è dunque evidente la differenza tra

Entro questi limiti, la mancanza di capacità del giudice, così come la violazione del numero dei giudici necessario a comporre i collegi, integrano una **nullità assoluta** (artt. 33, co. 1, e 178, lett. *a*). Tale nullità dipenderebbe perciò solo dalla violazione delle norme di ordinamento giudiziario che regolano l'immissione in ruolo del magistrato[51] e la qualifica richiesta per le funzioni esercitate (capacità generica), nonché le previsioni, sempre contenute nell'ordinamento giudiziario, in tema di composizione numerica dei collegi[52].

Sarebbero escluse da questo concetto ristretto di capacità del giudice, e dunque anche dalla nullità assoluta in caso di inosservanza, tanto le norme che presiedono alla regolare costituzione dell'organo giudicante nell'ambito del singolo processo (capacità specifica, eccetto la già ricordata composizione numerica dei collegi), quanto le regole poste a tutela dell'indipendenza e dell'imparzialità del giudice.

Tuttavia, se si parte dal presupposto che la capacità è l'idoneità del giudice a rendere il giudizio, appare più coerente con tale definizione l'impostazione dottrinale che tende a interpretare estensivamente l'art. 33, co. 1, ricomprendendovi anche le condizioni di imparzialità e di indipendenza dell'organo giudicante stabilite dalla disciplina codicistica. Del resto, sarebbe impensabile che un giudice non imparziale o non indipendente venisse comunque considerato capace, ossia idoneo al giudizio. In tal senso, soccorre anche il tenore letterale delle norme in tema di incompatibilità (artt. 34 e 35) e di ricusazione (art. 37) che affermano espressamente come il giudice che versa in tali situazioni «non possa» esercitare le funzioni giurisdizionali. Vi è poi un argomento sistematico ancor più convincente: posto che, per la giurisprudenza europea, la garanzia dell'indipendenza e dell'imparzialità del giudice non è disponibile[53], lasciare a presidio di questi valori solo gli istituti dell'astensione e della ricusazione, ossia meccanismi discrezionali che potrebbero concretamente non essere attivati, significa accettare il rischio che

---

le condizioni di capacità del giudice ed i criteri di assegnazione degli affari. L'art. 33 mantenendo distinti questi due profili, non introduce, al secondo comma, una eccezione alla regola generale relativa alla capacità del giudice, ma ne definisce i contorni rendendone espliciti il contenuto ed i limiti. Il principio costituzionale di precostituzione del giudice non implica che i criteri di assegnazione dei singoli procedimenti nell'ambito dell'ufficio giudiziario competente, pur dovendo essere obiettivi, predeterminati o comunque verificabili, siano necessariamente configurati come elementi costitutivi della generale capacità del giudice, alla cui carenza il legislatore ha collegato la nullità degli atti. Questo non significa che la violazione dei criteri di assegnazione degli affari sia priva di rilievo e che non vi siano, o che non debbano essere prefigurati, appropriati rimedi dei quali le parti possano avvalersi».

[51] A ben vedere, il giudice non nominato o sprovvisto dei requisiti per la nomina, più che incapace sarebbe un *non-iudex*, con conseguente inesistenza dei suoi atti.

[52] Cfr. anche Cass., Sez. Un., 12.2.1993, Alvaro e altri.

[53] Corte eur., sent. 22.2.1996, Bulut c. Austria.

nel singolo caso si pronunci un soggetto che non presenta i caratteri minimi connaturati alla sua stessa qualità di giudice.

Al contrario, se il difetto di imparzialità o indipendenza fosse sanzionato dalla nullità assoluta sancita dagli artt. 33, co. 1, e 178, lett. *a*, tale situazione potrebbe trovare rimedio fino alla formazione del giudicato, indipendentemente dal fatto che le parti si siano attivate per la ricusazione o che il giudice si sia astenuto, ripristinando così la conformità del sistema al già citato principio europeo per cui i valori fondamentali della giurisdizione non possono essere nella disponibilità degli interessati o del giudice stesso.

La giurisprudenza è, ciò nondimeno, consolidata nell'interpretazione letterale dell'art. 33 che porta a **estromettere dalla capacità del giudice le condizioni di indipendenza e imparzialità**, le quali trovano invece tutela sotto forma degli istituti dell'incompatibilità, dell'astensione, della ricusazione e della rimessione[54].

L'**incompatibilità** è una situazione che pregiudica l'imparzialità e rende il giudice incapace di esercitare le sue funzioni in un determinato procedimento. Il codice elenca partitamente queste situazioni (artt. 34 e 35) che sono completate dalle previsioni degli artt. 18 e 19 ord. giud. e dell'art. 12 della legge sulla Corte d'assise (L. 10.4.1951, n. 287). Il novero delle incompatibilità originariamente previste dal codice è stato notevolmente ampliato da una serie di interventi additivi della Corte costituzionale. Per comodità espositiva, le incompatibilità possono essere ricomprese in **tre gruppi**.

Il primo riguarda l'ipotesi in cui il giudice, nel medesimo procedimento, abbia assunto ruoli che devono rimanere distinti dalla funzione giudicante: pubblico ministero, polizia giudiziaria, difensore, procuratore speciale di una parte, testimone, perito, consulente tecnico, denunciante, querelante, proponente istanza o richiesta, concorrente nella deliberazione dell'autorizzazione a procedere (art. 34, co. 3).

Il secondo concerne il coniugio, la parentela o l'affinità fino al secondo grado fra giudici che abbiano esercitato funzioni, anche separate o diverse, nel

---

[54] Secondo Cass., Sez. Un., 24.11.1999, Scrudato e altri, «l'eventuale incompatibilità del giudice costituisce motivo di ricusazione, ma non vizio comportante la nullità del giudizio». Ancor più chiaramente, Cass., Sez. Un., 17.4.1996, D'Avino, ritiene che «l'esistenza di cause di incompatibilità, non incidendo sui requisiti di capacità del giudice, non determina la nullità del provvedimento adottato dal giudice ritenuto incompatibile, ma costituisce esclusivamente motivo di ricusazione, da far valere con la specifica procedura prevista dal codice di rito; né ha incidenza sulla capacità del giudice la violazione del dovere di astensione, che non è causa, pertanto, di nullità generale ed assoluta ai sensi dell'art. 178, lett. a), ma costituisce anch'essa esclusivamente motivo, per la parte, di ricusazione del giudice non astenutosi. Nell'affermare detto principio la Corte ha precisato che il difetto di capacità del giudice di cui all'art. 178, lett. a), deve essere inteso quale mancanza dei requisiti occorrenti per l'esercizio delle funzioni giurisdizionali e non anche come difetto delle condizioni specifiche per l'esercizio di tali funzioni in un determinato procedimento».

medesimo procedimento (art. 35). Analoghe disposizioni sono contenute negli artt. 18 e 19 ord. giud.[55] e nell'art. 12, L. n. 287 del 1951.

Il terzo attribuisce rilievo alla circostanza che il giudice abbia già svolto funzioni giurisdizionali nel medesimo procedimento (art. 34, co. 1, 2, 2 *bis*, 2 *ter*, 2 *quater*), sul presupposto che risulterebbe condizionato dalla «forza della prevenzione», «e cioè da quella naturale tendenza a mantenere un giudizio già espresso o un atteggiamento già assunto in altri momenti decisionali dello stesso procedimento»[56]. Non può, quindi, partecipare al giudizio, inteso come qualsiasi decisione di merito fondata sull'esame delle prove, compreso il giudizio abbreviato[57], il soggetto che ha pronunciato la sentenza in un precedente grado, ha emesso il provvedimento conclusivo dell'udienza preliminare, ha adottato il decreto penale di condanna, ha disposto il giudizio immediato, ha deciso sull'impugnazione avverso la sentenza di non luogo a procedere (art. 34, co. 1 e 2).

La Corte costituzionale, con **sentenze additive** del dettato codicistico, ha poi stabilito che non può svolgere la funzione di giudice chi ha rigettato la richiesta di patteggiamento prima dell'apertura del dibattimento[58]; chi, in un precedente dibattimento per il medesimo fatto a carico dello stesso imputato, ha disposto la trasmissione degli atti al pubblico ministero ai sensi dell'art. 521, co. 2, perché il fatto era diverso da quello contestato[59]; chi ha rigettato la domanda di oblazione ritenendo il fatto diverso[60]; chi, in qualità di componente del Tribunale del riesame o dell'appello, si è pronunciato sul merito (aspetti non esclusivamente formali) di ordinanze in tema di misure cautelari personali[61]; chi ha già valutato la responsabilità dell'imputato nel pronunciare o nel concorrere a pronunciare una precedente sentenza a carico di altri soggetti, quando la posizione dell'imputato concorrente nel mede-

---

[55] V. anche l'art. 42 *quater* ord. giud. per i giudici onorari di Tribunale e l'art. 8, L. 21.11.1991, n. 374 per i giudici di pace.

[56] Corte cost., sent. n. 432 del 1995.

[57] Corte cost., sent. n. 401 del 1991.

[58] Corte cost., sent. n. 186 del 1992 e Corte cost., ord. correttiva n. 313 del 1992; Corte cost., sent. n. 399 del 1992.

[59] Corte cost., sent. n. 455 del 1994. V. anche Corte cost., sent. n. 177 del 2010 che esclude l'incompatibilità quando la diversa e più grave qualificazione giuridica del fatto sia «fondata soltanto sulla valutazione degli atti del fascicolo, effettuata in sede di udienza di convalida e di applicazione di misura cautelare e, quindi, basata sul medesimo materiale processuale utilizzato per formulare l'originaria imputazione e per richiedere la misura restrittiva della libertà personale», posto che «detta qualificazione, in quanto posta in essere allo stato degli atti, si è risolta in una valutazione astratta delle risultanze processuali che, dunque, non ha implicato "valutazioni contenutistiche della consistenza dell'ipotesi accusatoria"».

[60] Corte cost., sent. n. 453 del 1994.

[61] Corte cost., sent. n. 131 del 1996.

simo reato, già oggetto di precedente valutazione, costituisca elemento essenziale per la stessa configurabilità del reato (a concorso necessario) contestato agli altri concorrenti[62]; chi ha pronunciato sentenza nei confronti dello stesso imputato per il medesimo fatto realizzato in concorso formale con quello da giudicare successivamente[63]; non può, infine, partecipare al giudizio di rinvio dopo l'annullamento il giudice che ha pronunciato o concorso a pronunciare ordinanza di accoglimento o rigetto della richiesta di applicazione in sede esecutiva della disciplina del reato continuato o del concorso formale, ai sensi dell'art. 671[64].

L'art. 34, co. 2 *bis*, stabilisce che chi ha svolto funzioni di giudice per le indagini preliminari non può, nel medesimo procedimento, emettere il decreto penale di condanna né tenere l'udienza preliminare o partecipare al successivo giudizio, a meno che non si sia limitato a compiere atti che non implicano un pre-giudizio sul merito della regiudicanda, indicati tassativamente nei co. 2 *ter* e 2 *quater* dello stesso art. 34: ad esempio, l'assunzione dell'incidente probatorio, i permessi per i detenuti, la restituzione nel termine *ex* art. 175, la dichiarazione di latitanza ai sensi dell'art. 296. A chiarimento dell'art. 34, co. 2 *bis*, la giurisprudenza costituzionale, dopo un primo orientamento di segno contrario[65], è oggi consolidata nel ritenere che «il giudice che si è pronunciato in una diversa fase processuale sulla libertà personale dell'imputato, formulando un apprezzamento prognostico (positivo o negativo) in ordine alla sua responsabilità (ancorché su base indiziaria e allo stato degli atti), diviene incompatibile all'esercizio della funzione di giudizio sul merito dell'accusa»[66].

Al di là della limitata previsione dell'art. 34, co. 2 *bis*, il sistema delle incompatibilità, inizialmente calibrato sulla fase dibattimentale, deve ormai investire anche **l'udienza preliminare**. Considerata la rilevanza sistematica della fase deputata a una pregnante valutazione di merito sulla consistenza del-

---

[62] Corte cost., sent. n. 371 del 1996. V. anche Corte. cost., ord. n. 347 del 2010, laddove si ricorda che, al di là della specifica incompatibilità appena esaminata, «se il predetto pregiudizio deriva da attività compiute in un procedimento diverso, a carico di altri soggetti (quale, in specie, la pronuncia di una sentenza nei confronti di uno dei pretesi concorrenti, in separato processo svolto nelle forme del giudizio abbreviato), il principio del "giusto processo" trova attuazione mediante gli istituti dell'astensione e della ricusazione, "anch'essi preordinati alla salvaguardia delle esigenze di imparzialità della funzione giudicante, ma secondo una logica a posteriori e in concreto" (ordinanza n. 367 del 2002)». Cfr., più di recente, Corte cost., ord. n. 86 del 2013.

[63] Corte cost., sent. n. 241 del 1999.

[64] Corte. cost., sent. n. 183 del 2013.

[65] Con riferimento all'indirizzo, ormai superato, volto a configurare il merito dell'accusa e le cautele come ambiti distinti per oggetto e funzione, v. Corte cost., sent. n. 124 del 1992; Corte cost., sent. n. 502 del 1991; Corte cost., ord. n. 516 del 1991.

[66] Corte cost., sent. n. 153 del 2012.

l'accusa (oggi ragionevole previsione di condanna), «le decisioni che ne costituiscono l'esito devono così essere annoverate tra quei giudizi idonei a pregiudicarne altri ulteriori e a essere a loro volta pregiudicati da altri anteriori, con la conseguenza che, per assicurare la protezione dell'imparzialità del giudice, l'udienza preliminare deve essere compresa nel raggio d'azione dell'istituto dell'incompatibilità, disciplinato dall'art. 34»[67].

Si è così stabilito che non può svolgere l'udienza preliminare il giudice che abbia pronunciato o concorso a pronunciare sentenza, poi annullata, nei confronti del medesimo imputato per lo stesso fatto[68] oppure che abbia emesso il decreto di rinvio a giudizio poi annullato[69] o che abbia disposto, in un precedente dibattimento per la medesima regiudicanda, la trasmissione degli atti al pubblico ministero a norma dell'art. 521, co. 2[70]. Sia pure con riferimento al procedimento a carico di imputati minorenni, il giudice delle leggi ha introdotto l'incompatibilità alla funzione di giudice dell'udienza preliminare di chi, in qualità di componente del Tribunale del riesame o dell'appello, si è pronunciato sul merito dell'ordinanza in tema di misure cautelari personali[71]. Tale previsione dovrebbe ragionevolmente investire anche il procedimento a carico di imputati maggiorenni.

A maggior ragione l'incompatibilità deve valere per i giudizi speciali che si radicano all'interno dell'udienza preliminare: non può dunque pronunciarsi sulla richiesta di patteggiamento il giudice che nel medesimo procedimento, in qualità di componente del Tribunale del riesame o dell'appello, si sia già espresso sul merito (aspetti non esclusivamente formali) dell'ordinanza in tema di misure cautelari personali[72]; non può partecipare al giudizio abbreviato il giudice dell'udienza preliminare che abbia rigettato la richiesta di applicazione di pena concordata di cui all'art. 444[73].

Il patteggiamento potrebbe però celebrarsi anticipatamente già nella fase delle indagini preliminari, con la conseguenza che sarebbe incompatibile a tale decisione il giudice per le indagini preliminari che avesse assunto provvedimenti in tema di misure cautelari personali, tanto positivi (applicazione, modifica, sostituzione e revoca) quanto negativi (rigetto della richiesta di applicazione, modifica, sostituzione e revoca)[74].

---

[67] Corte cost., sent. n. 335 del 2002.

[68] Corte cost., sent. n. 224 del 2001.

[69] Corte cost., sent. n. 335 del 2002.

[70] Corte cost., sent. n. 400 del 2008. V. anche Corte cost., sent. n. 177 del 2010.

[71] Corte cost., sent. n. 290 del 1998.

[72] Corte cost., sent. n. 155 del 1996.

[73] Corte cost., sent. n. 439 del 1993.

[74] Corte cost., sent. n. 155 del 1996.

L'incompatibilità non può invece essere determinata da **atti compiuti all'interno della medesima fase**, destinati a essere assorbiti nella pronuncia conclusiva: la Corte costituzionale, infatti, ha enunciato il principio secondo cui l'imparzialità del giudice non può ritenersi intaccata da una valutazione, anche di merito, compiuta all'interno della medesima fase del processo, intesa quale ordinata sequenza di atti, ciascuno dei quali legittima, prepara e condiziona quello successivo[75]; poiché ogni provvedimento ordinatorio o istruttorio implica o può implicare una delibazione del merito, ove si dovesse ritenere altrimenti, ne deriverebbe un'assurda **frammentazione del procedimento** con l'attribuzione di ciascun segmento di esso ad un giudice diverso[76]. Tale principio ha trovato attuazione soprattutto in materia di provvedimenti sulla libertà personale[77] che, nel corso del dibattimento, sono devoluti alla cognizione dell'organo procedente. È infatti un canone generale quello «in forza del quale – anche fuori dei casi indicati dall'art. 34, comma 2 *bis* – l'adozione di provvedimenti inerenti alla libertà personale dell'imputato, i quali implichino una valutazione prognostica in ordine alla sua responsabilità, ancorché su base indiziaria e allo stato degli atti, impediscono al giudice che li ha emessi di partecipare al giudizio, sempre che i provvedimenti in questione si collochino in una fase processuale distinta da quella pregiudicata»[78].

La Corte costituzionale ha precisato che «non può attribuirsi alle parti la potestà di determinare [ad esempio, mediante la presentazione di un'istanza di scarcerazione] l'incompatibilità nel corso di un giudizio del quale il giudice è già investito con la conseguenza che lo stesso giudice verrebbe spogliato di tale giudizio in ragione del compimento di un atto processuale cui è tenuto a seguito di un'istanza di parte; esito [...] non solo irragionevole ma in

[75] Cfr. Corte cost., sent. n. 153 del 2012, secondo cui, «benché l'architettura del nuovo rito penale richieda, in linea di principio, che le conoscenze probatorie del giudice si formino nella fase del dibattimento, non basta a generare l'incompatibilità la semplice "conoscenza" di atti anteriormente compiuti, ma occorre che il giudice sia stato chiamato a compiere una "valutazione" di essi, strumentale all'assunzione di una decisione. In secondo luogo, detta decisione deve avere natura non "formale", ma "di contenuto": essa deve comportare, cioè, valutazioni che attengono al merito dell'ipotesi dell'accusa, e non già al mero svolgimento del processo. Da ultimo, affinché insorga l'incompatibilità, è necessario che la precedente valutazione si collochi in una diversa fase del procedimento, essendo del tutto ragionevole che, all'interno di ciascuna delle fasi, resti comunque preservata "l'esigenza di continuità e di globalità": prospettiva nella quale il giudice chiamato al giudizio di merito non incorre in incompatibilità allorché compia valutazioni preliminari, anche di merito, destinate a sfociare in quella conclusiva (venendosi altrimenti a determinare una "assurda frammentazione" del procedimento, che implicherebbe la necessità di disporre, per la medesima fase del giudizio, di tanti giudici diversi quanti sono gli atti da compiere)».

[76] Corte cost., ord. n. 24 del 1996.

[77] Cfr., ad esempio, Corte cost., sent. n. 177 del 1996; Corte cost., sent. n. 51 del 1997.

[78] Corte cost., sent. n. 153 del 2012.

contrasto con il principio del giudice naturale precostituito per legge», dovendosi perciò «escludere che alla scelta processuale di una parte possa essere rimessa la permanenza della titolarità del giudizio in capo al giudice che ne è investito»[79].

Versando in una situazione di **incompatibilità**, il giudice deve **astenersi** (art. 36, co. 1, lett. *g*) e le parti hanno il potere di **ricusarlo** (art. 37, co. 1, lett. *a*).

L'astensione si può fondare anche sulle ulteriori ragioni indicate nell'art. 36 in cui il giudice presenta legami con le parti, un interesse nel procedimento ovvero ha dato consigli o manifestato il suo parere sull'oggetto del procedimento stesso al di fuori dell'esercizio delle funzioni giudiziarie. Il giudice ha inoltre il dovere di astenersi quando esistono altre **gravi ragioni di convenienza** (art. 36, co. 1, lett. *h*).

La Corte costituzionale ha chiarito che «la formula altre gravi ragioni di convenienza impone in definitiva una valutazione caso per caso, e si deve perciò escludere che il pregiudizio, nelle ipotesi di assoggettamento dei concorrenti a procedimenti distinti dinanzi allo stesso giudice, sussista sempre e necessariamente, sicché alla fattispecie plurisoggettiva del concorso di persone nel reato debba corrispondere sul piano processuale l'onere di realizzare il *simultaneus processus* nei confronti di tutti i concorrenti, ovvero, in caso di processi separati, un automatico dovere di astensione del giudice nel successivo giudizio»[80]. Qualora, però, l'imparzialità sia concretamente minata, «la formulazione dell'art. 36, comma 1, lettera *h*) ha una sfera di applicazione sufficientemente ampia da comprendere anche le ipotesi in cui il pregiudizio alla terzietà del giudice derivi da funzioni esercitate in un diverso procedimento»[81]. Peraltro, se il giudice avesse già valutato nel separato procedimento la responsabilità dell'imputato che deve giudicare si ricadrebbe in una situazione di incompatibilità.

Pur con qualche incertezza nella definizione del presupposto (causa di incompatibilità o di ricusazione), la giurisprudenza sembra avviarsi a ricono-

---

[79] Corte cost., ord. n. 232 del 1999. Per un'applicazione di tale principio, v. Cass., Sez. Un., 27.10.2004, Wajib, secondo cui «in tema di giudizio abbreviato, quando l'imputato "rinnova" prima della dichiarazione di apertura del dibattimento una richiesta condizionata di accesso al rito già respinta dal giudice per le indagini preliminari (secondo il meccanismo di sindacato introdotto dalla sentenza costituzionale 23 maggio 2003 n. 169), il giudice è chiamato ad effettuare, acquisendo gli atti del fascicolo del pubblico ministero in applicazione analogica dell'art. 135 disp. att., una valutazione solo incidentale delle risultanze raccolte, finalizzata alla verifica della prospettata necessità della prova integrativa richiesta, senza che ciò si traduca in giudizio sul merito dell'azione penale e dunque in causa di incompatibilità per il giudice stesso».

[80] Corte cost., sent. n. 113 del 2000.

[81] Corte cost., sent. n. 113 del 2000.

scere pienamente il **pregiudizio derivante da una precedente decisione in un diverso procedimento**, affermando che «integra propriamente una causa di ricusazione, *ex* art. 37, co. 1, lett. *b* (come inciso da Corte cost., sent. n. 283 del 2000) e non una causa di incompatibilità di cui all'art. 34 la circostanza che il medesimo magistrato chiamato a decidere sulla responsabilità di un imputato abbia già pronunciato sentenza di applicazione della pena su richiesta nei confronti di un concorrente nel medesimo reato, allorquando nella motivazione di essa risultino espresse valutazioni di merito sullo stesso fatto nei confronti del soggetto sottoposto a giudizio»[82].

La **dichiarazione di astensione** è presentata al presidente dell'organo giudiziario (Tribunale o Corte) al quale appartiene il magistrato. Il presidente decide con decreto *de plano*, senza formalità, ma è opportuno ricordare che non si tratta di una mera presa d'atto, bensì di una decisione volta a verificare la sussistenza dei presupposti dell'astensione. Se si astiene il presidente del Tribunale, decide il presidente della Corte d'appello, mentre se si astiene il presidente della Corte d'appello decide il presidente della Corte di cassazione. Pur non essendo espressamente previsto, il presidente della Corte di cassazione si astiene *motu proprio*.

Il decreto che accoglie l'astensione stabilisce se, e in quale parte, conservino efficacia gli atti precedentemente compiuti dall'astenuto (art. 42, co. 2). Dopo l'emissione del decreto l'astenuto non può compiere alcun atto del procedimento. Il giudice astenuto viene sostituito con un altro magistrato dello stesso ufficio ai sensi dell'art. 43.

Le parti possono **ricusare il giudice**[83] per gli stessi motivi che giustificano l'astensione, **escluse le gravi ragioni di convenienza**[84]. La ricusazione del

[82] Cass., Sez. Un., 26.6.2014, Della Gatta e altro, laddove, in una massima successiva, afferma che «l'ipotesi di incompatibilità del giudice derivante dalla sentenza della Corte costituzionale n. 371 del 1996 – che ha dichiarato la incostituzionalità dell'art. 34 comma 2 "nella parte in cui non prevede che non possa partecipare al giudizio nei confronti di un imputato il giudice che abbia pronunciato o concorso a pronunciare una precedente sentenza nei confronti di altri soggetti, nella quale la posizione di quello stesso imputato in ordine alla sua responsabilità penale sia già stata comunque valutata" – sussiste anche con riferimento alla ipotesi in cui il giudice del dibattimento abbia, in separato procedimento, pronunciato sentenza di applicazione della pena su richiesta nei confronti di un concorrente necessario nello stesso reato».

[83] «… ai sensi dell'art. 37, il giudice può essere ricusato soltanto dalla parte, per cui è da escludere un'autonoma parallela legittimazione del difensore il quale, pur potendo validamente proporre l'atto di ricusazione, deve avere indefettibilmente ricevuto a tal fine apposito mandato, anche se non necessariamente nelle forme della procura speciale; infatti, in considerazione del dato testuale ricavabile dall'art. 38, comma 4, che menziona separatamente il difensore ed il procuratore speciale, attribuendo così rilievo al rapporto fiduciario fra il professionista ed il cliente, il primo non è tenuto a documentare i suoi poteri con una procura avente i requisiti ed il contenuto di quella prevista dal combinato disposto degli artt. 122 e 38, comma 4, ultima parte. Purtuttavia il difensore dell'imputato latitante o evaso, è sempre legittimato, a norma dell'art. 165, comma 3, a

giudice è inoltre possibile quando nell'esercizio delle funzioni e prima di pronunciare sentenza abbia manifestato indebitamente il proprio convincimento sui fatti oggetto dell'imputazione (art. 37, co. 1, lett. *b*)[85] ovvero quando, «chiamato a decidere sulla responsabilità di un imputato, abbia espresso in altro procedimento, anche non penale, una valutazione di merito sullo stesso fatto nei confronti del medesimo soggetto»[86].

La tassatività dei motivi di ricusazione e l'esclusione delle gravi ragioni di convenienza non permettono alle parti di segnalare l'eventuale pregiudizio causato all'imparzialità dalle diverse (e magari opposte) **opinioni politiche** del giudice. Si tratta di una materia delicata, riguardante i rapporti spesso conflittuali fra il potere politico e quello giudiziario. Pur senza potersi soffermare in questa sede sull'argomento, che meriterebbe ben altro approfondimento, è opportuno segnalare come la Corte europea abbia giudicato contraria all'art. 6, par. 1, C.e.d.u., ossia al processo equo, l'impossibilità per la persona offesa di ricusare, in un dibattimento per diffamazione a mezzo stampa riguardante questioni politiche, i componenti della giuria appartenenti al partito avversario da cui era controllata la casa editrice del volume contenente le frasi incriminate, casa editrice per la quale lavorava l'autore della diffamazione a sua volta consigliere ideologico del medesimo partito[87]. Si tratta, ovviamente, di un caso limite che, tuttavia, anche nel nostro ordinamento non potrebbe fondare un'istanza di ricusazione, posto che le gravi ragioni di convenienza possono essere invocate solo dal giudice stesso per astenersi.

Le **modalità e i termini** per la proposizione della dichiarazione (*rectius*, domanda) motivata e documentata di ricusazione sono disciplinati dall'art. 38. Va solo precisato che i termini per la formalizzazione della dichiarazione di ricusazione, nell'ipotesi in cui il giudice abbia raccolto l'invito della

---

proporre la dichiarazione di ricusazione in nome e per conto del suo assistito, che è da lui rappresentato "ad ogni effetto"» (Cass., Sez. Un., 5.10.1994, Battaggia).

[84] «... le questioni sollevate da una parte, inerenti all'incompatibilità per precedenti funzioni svolte, hanno natura oggettiva e sono estensibili a tutti i coimputati, poiché le relative norme attuano i principi costituzionali di imparzialità e terzietà del giudice, a garanzia del giusto processo» (Cass., Sez. Un., 16.12.2010, Digiacomantonio e altri).

[85] Come precisato da Cass., Sez. Un., 27.9.2005, Falzone e altro, «l'indebita manifestazione del convincimento da parte del giudice espressa con la delibazione incidentale di una questione procedurale, anche nell'ambito di un diverso procedimento, rileva come causa di ricusazione solo se il giudice abbia anticipato la valutazione sul merito della *res iudicanda*, ovvero sulla colpevolezza dell'imputato, senza che tale valutazione sia imposta o giustificata dalle sequenze procedimentali, nonché quando essa anticipi in tutto o in parte gli esiti della decisione di merito, senza che vi sia necessità e nesso funzionale con il provvedimento incidentale adottato».

[86] Corte cost., sent. n. 283 del 2000.

[87] Corte eur., sent. 25.11.1993, Holm c. Svezia.

parte ad astenersi, non decorrono fino a quando non sia nota la decisione di rigetto della dichiarazione di astensione, potendosi configurare in capo alla parte una legittima aspettativa a vedere riconosciuta la situazione di pregiudizio alla imparzialità e serenità di giudizio da essa segnalata [88]. Qualora, poi, la causa di ricusazione sia sorta nel corso dell'udienza, la parte interessata ha solo l'onere di formulare la dichiarazione di ricusazione prima del termine dell'udienza, con esplicita riserva di formalizzare tale dichiarazione nel termine di tre giorni previsto dall'art. 38, co. 2., non potendo essere imposto alla parte di abbandonare l'udienza per presentare la dichiarazione di ricusazione, con i relativi documenti, nella cancelleria competente [89].

La decisione sulla dichiarazione di ricusazione spetta alla Corte d'appello. Se ricusato è un giudice di una sezione della Corte d'appello, deciderà una diversa sezione della stessa Corte d'appello, lo stesso vale per la Cassazione. Non è previsto cosa accadrebbe se fosse ricusato il primo presidente della Cassazione che, in quanto tale, può presiedere tutte le sezioni (art. 66, co. 2, ord. giud.).

Non è ammessa la **ricusazione dei giudici chiamati a decidere sulla ricusazione**, ciò per evitare eventuali abusi con conseguente paralisi del processo. Si tratta però di una previsione ingiustificata, ben potendo sussistere valide ragioni per ricusare anche i giudici chiamati a risolvere la questione, ai quali, invece, viene garantita una sorta di **immunità**.

La decisione è assunta con **ordinanza**, in seguito a procedimento camerale che prevede, se necessaria, l'assunzione di opportune informazioni. In attesa della decisione, il giudice ricusato **non deve sospendere la sua attività** [90], a meno che la Corte giudicante non disponga in tal senso, magari facendo salva la possibilità di compiere solo gli atti urgenti (art. 41, co. 2), ma non può comunque pronunciare o concorrere a pronunciare sentenza (art. 37, co. 2) [91]. La Corte costituzionale ha stabilito che anche tale divieto cada qua-

---

[88] Cass., Sez. Un., 26.6.2014, Della Gatta e altro.

[89] Cass., Sez. Un., 26.6.2014, Della Gatta e altro.

[90] Come ricorda Cass., Sez. Un., 26.6.2002, Conti, «la presentazione della dichiarazione di ricusazione del giudice non determina automaticamente la sospensione dell'attività processuale e, conseguentemente, non comporta la sospensione dei termini di durata della custodia cautelare ai sensi dell'art. 304, commi 1, lett. *a* e 4, salvo che intervenga nel momento immediatamente precedente la deliberazione della sentenza, nel qual caso la sospensione dell'attività processuale ha luogo come effetto indiretto della richiesta dell'imputato, con la conseguenza che legittimamente il giudice dispone la sospensione di detti termini».

[91] «Il divieto, per il giudice ricusato, di pronunciare sentenza *ex* art. 37, comma 2, opera sino alla pronuncia di inammissibilità o di rigetto, anche non definitiva, dell'organo competente a decidere sulla ricusazione, essendo, tuttavia, la successiva decisione del giudice ricusato, affetta da

lora si tratti di istanza di ricusazione reiterata sui medesimi motivi: la *ratio* è evidentemente quella di **scongiurare l'abuso dell'istituto**[92].

In caso di accoglimento della ricusazione, il giudice non può più compiere alcun atto del procedimento, viene sostituito e la Corte dichiara se e in quale misura gli atti già compiuti mantengano efficacia (artt. 42 e 43)[93]. Essendo **mutata la composizione del giudice**, rimane salva la facoltà per le parti di ottenere, a richiesta e nei limiti dell'art. 495, co. 4 *ter*, la rinnovazione dell'istruzione dibattimentale già compiuta, ciò per garantire il principio di immediatezza.

Occorre infine precisare che «la violazione del divieto, *ex* art. 42, co. 1, per il giudice la cui ricusazione sia stata accolta, di compiere alcun atto del procedimento comporta rispettivamente la nullità, *ex* art. 178, lett. *a*, delle decisioni ciononostante pronunciate e l'inefficacia di ogni altra attività processuale, mentre la violazione del divieto, *ex* art. 37, co. 2, per il giudice solo ricusato, di pronunciare sentenza, comporta la nullità di quest'ultima solo

---

nullità qualora la pronuncia di inammissibilità o di rigetto sia annullata dalla Corte di cassazione e il difetto di imparzialità accertato dalla stessa Corte o nell'eventuale giudizio di rinvio» (Cass., Sez. Un., 27.1.2011, Tanzi). La stessa pronuncia ha anche precisato che «rientra nell'ambito del divieto per il giudice ricusato di pronunciare sentenza sino a che non intervenga l'ordinanza che dichiara inammissibile o rigetta la ricusazione ogni provvedimento che, comunque denominato, sia idoneo a definire la regiudicanda cui la dichiarazione di ricusazione si riferisce. Fattispecie di ordinanza di revoca dell'affidamento in prova al servizio sociale».

[92] Corte cost., sent. n. 10 del 1997. Secondo Cass., Sez. Un., 29.9.2011, Rossi e altri, «l'abuso del processo consiste in un vizio, per sviamento, della funzione, ovvero in una frode alla funzione, e si realizza allorché un diritto o una facoltà processuali sono esercitati per scopi diversi da quelli per i quali l'ordinamento processuale astrattamente li riconosce all'imputato, il quale non può in tale caso invocare la tutela di interessi che non sono stati lesi e che non erano in realtà effettivamente perseguiti. In applicazione di tale principio, la S.C. ha escluso nel caso di specie qualsiasi violazione del diritto alla difesa, ravvisando un concreto pregiudizio dell'interesse obiettivo dell'ordinamento, e di ciascuna delle parti, alla celebrazione di un giudizio equo in tempi ragionevoli, atteso che lo svolgimento e la definizione del processo di primo grado erano stati ostacolati da un numero esagerato di iniziative difensive – attraverso il reiterato avvicendamento di difensori in chiusura del dibattimento, la proposizione di eccezioni di nullità manifestamente infondate e di istanze di ricusazione inammissibili – con il solo obiettivo di ottenere una reiterazione tendenzialmente infinita delle attività processuali».

[93] Al di là di quanto stabilito dalla stessa decisione sulla ricusazione, «le questioni concernenti l'efficacia e la conseguente utilizzabilità degli atti compiuti dal giudice prima della dichiarazione di astensione o ricusazione sono deducibili in ogni stato e grado del processo», mentre «in assenza di una espressa dichiarazione di conservazione di efficacia degli atti nel provvedimento che accoglie la dichiarazione di astensione o di ricusazione, gli atti compiuti in precedenza dal giudice astenutosi o ricusato devono considerarsi inefficaci», precisandosi ulteriormente «che la nozione di 'efficacia' indica, nella specie, la possibilità di inserimento degli atti, compiuti dal giudice astenutosi o ricusato, nel fascicolo per il dibattimento, e che la valutazione di efficacia od inefficacia, operata dal giudice che decide sull'astensione o sulla ricusazione, pur autonomamente non impugnabile, è successivamente sindacabile, nel contraddittorio tra le parti, dal giudice della cognizione» (Cass., Sez. Un., 16.12.2010, Digiacomantonio e altri).

ove la ricusazione sia successivamente accolta, e non anche quando la ricusazione sia rigettata o dichiarata inammissibile» [94].

11. *Segue*. La rimessione del processo

La rimessione del processo è volta a salvaguardare l'imparzialità e l'indipendenza del giudice da possibili condizionamenti connessi a una **particolare situazione ambientale** presente nel luogo in cui, secondo le normali regole di competenza territoriale, dovrebbe svolgersi il giudizio. A differenza dell'astensione e della ricusazione, la rimessione non riguarda il singolo magistrato *suspectus* in ragione dei suoi rapporti o condizioni personali, ma tende a garantire la **serenità dell'organo giudicante** nel suo complesso a fronte delle situazioni ambientali abnormi delineate dall'art. 45. A ben vedere, la rimessione assolve a una più ampia funzione di garanzia riferibile al **generale contesto processuale**, essendo prese in considerazione dall'art. 45, come oggetti di tutela, anche la libera determinazione delle persone che partecipano al processo, dunque non solo il giudice, nonché la sicurezza e l'incolumità pubblica.

Per assicurarne il sereno svolgimento, la rimessione trasferisce il processo in una diversa sede giudiziaria che si presume immune da condizionamenti ambientali. Sebbene il **trasferimento** sia **predeterminato dalla legge** tanto nei presupposti (art. 45) quanto nell'individuazione del nuovo giudice (art. 11 e tabella A allegata all'art. 1 disp. att.) che, dunque, risulta precostituito, è evidente il sacrificio della **garanzia del giudice naturale** dal quale l'imputato viene distolto. Senza dimenticare che il principio del giudice naturale tutela anche un interesse diffuso della collettività a che il processo si svolga nel luogo che presenta il più stretto collegamento col fatto da giudicare.

Il legislatore ha quindi operato un **bilanciamento degli interessi** confliggenti, ritenendo prevalente sulla naturalità del giudice l'esigenza di garantire il regolare svolgimento processuale. L'istituto della rimessione presenta così **carattere eccezionale**, implicando appunto una deroga al principio costituzionale del giudice naturale e, come tale, comporta la necessità di un'interpretazione restrittiva delle disposizioni che lo regolano, a partire dai presupposti per la *translatio iudicii* [95].

La rimessione è possibile in presenza di gravi situazioni locali tali da tur-

---

[94] Cass., Sez. Un., 27.1.2011, Tanzi, nella cui motivazione si afferma che «il rispetto del divieto di pronunciare sentenza costituisce in ogni caso un preciso dovere deontologico del magistrato ricusato».

[95] Cass., Sez. Un., ord. 28.1.2003, Berlusconi e altri.

bare la celebrazione del processo e non altrimenti eliminabili. Si tratta quindi di accadimenti **esterni al processo**, essendo ininfluente tutto ciò che attiene alla dialettica interna fra le parti, anche aspra e accesa; **contemporanei al processo**, risultando irrilevante la grave situazione locale coeva alla fase procedimentale o addirittura anteriore ad essa, in quanto, in quel momento, il processo da rimettere eventualmente ad altra sede non esisteva ancora; **radicati e circoscritti nella sede giudiziaria naturale**, perché se fossero diffusi su tutto il territorio nazionale lo spostamento sarebbe inefficace; **non altrimenti eliminabili**, nel senso che altri accorgimenti – ad esempio più rigide misure di ordine pubblico o il procedere a porte chiuse – sarebbero insufficienti; connotati dal requisito della **gravità**, ossia della concretezza e della obiettiva potenzialità condizionante; in grado di **alterare il corretto svolgimento processuale** sotto **almeno uno dei tre profili** in cui si specifica la previsione dell'art. 45, vale a dire la **sicurezza e l'incolumità pubblica**, la **libera determinazione** delle persone che partecipano al processo, il **legittimo sospetto**. È quindi chiaro che anche «i motivi di legittimo sospetto possono configurarsi solo in presenza di questa grave situazione locale e come conseguenza di essa» [96].

Quanto al significato delle espressioni impiegate dall'art. 45, per la giurisprudenza [97] è netta la differenza fra «libertà di determinazione delle persone che partecipano al processo» e «legittimo sospetto». Il pregiudizio della libertà di determinazione dei partecipanti al processo è il condizionamento che questi subiscono, in quanto soggetti passivi di una vera e propria coartazione fisica o psichica che, incidendo sulla libertà morale, impone loro una determinata scelta, quella della parzialità o della non serenità, precludendone altre di segno contrario. Il legittimo sospetto è, invece, il ragionevole dubbio che la gravità della situazione locale possa portare il giudice a non essere, comunque, imparziale o sereno, dovendo intendersi per imparzialità la neutralità, la indifferenza, del giudice rispetto al risultato, rispetto all'esito del processo.

La formula legittimo sospetto appare, quindi, più ampia, più comprensiva della formula libertà di determinazione delle persone che partecipano al processo, ponendo l'accento sull'effetto potenziale, cioè sul pericolo concreto che possano risultare pregiudicate l'imparzialità o la serenità di giudizio, senza esigere che quell'effetto

---

[96] Cass., Sez. Un., ord. 28.1.2003, Berlusconi e altri, che ha anche dichiarato «manifestamente infondata, in relazione all'art. 25 comma 1 Cost., la questione di legittimità costituzionale dell'art. 45, come modificato dall'art. 1 l. 7 novembre 2002 n. 248, in tema di rimessione per legittimo sospetto, in quanto la rilevanza di quest'ultimo ai fini della *translatio iudicii* è subordinata alla sua derivazione, come effetto, da gravi situazioni locali idonee a pregiudicare oggettivamente e concretamente l'imparzialità del giudice, circostanza, quest'ultima, che esclude la possibilità di uno spostamento della competenza per territorio affidato alla mera discrezionalità della Corte di cassazione».

[97] V., in particolare, Cass., Sez. Un., ord. 28.1.2003, Berlusconi e altri; Cass, Sez. Un., ord. 29.5.2002, Berlusconi e altri.

sia conseguenza dell'impossibilità per il giudice di essere imparziale per essere stato coartato fisicamente o psichicamente. In sintesi, i motivi di legittimo sospetto sono configurabili quando si è in presenza di una grave ed oggettiva situazione locale, idonea a giustificare la rappresentazione di un concreto pericolo di non imparzialità del giudice, inteso questo come l'ufficio giudiziario della sede in cui si svolge il processo di merito.

In entrambi i casi – legittimo sospetto e pregiudizio per la libertà di determinazione – il contesto ambientale extragiudiziario rappresenta la causa pregiudicante e solo successivamente riverbera i suoi effetti all'interno della peculiare vicenda processuale. Ciò significa che la Corte di cassazione, investita della decisione sull'istanza di rimessione, deve prima accertare se sussista la grave situazione locale/territoriale, prescindendo dalla dialettica processuale interna.

Qualora la grave situazione locale/territoriale obiettivamente non sussista, ciò che accade nel processo non può essere riflesso di una inesistente grave situazione locale e, quindi, non può avere alcuna rilevanza ai fini della rimessione. Solamente quando sia verificata la sussistenza della citata situazione locale potranno essere presi in considerazione i provvedimenti e i comportamenti del giudice per valutare se, per le loro caratteristiche oggettive, siano sicuramente **sintomatici della mancanza di imparzialità** dell'ufficio giudiziario della sede in cui si svolge il processo medesimo. Per quanto riguarda il contegno del pubblico ministero, i suoi atti, quando censurabili, possono costituire presupposto per la rimessione del processo solo nella misura in cui assurgano al rango, abnorme e patologico, di grave situazione locale in grado di pregiudicare la libera determinazione dei partecipanti al processo ovvero di dar causa a motivi di legittimo sospetto sull'imparzialità dell'ufficio giudiziario.

Sotto l'aspetto **procedimentale**, competente a giudicare la richiesta di rimessione del processo presentata dall'imputato o dal pubblico ministero (presso il giudice procedente o procuratore generale presso la Corte d'appello) è la Corte di cassazione[98]. L'art. 45 circoscrive l'ambito applicativo della rimes-

[98] Come ricorda Cass., Sez. Un., 12.5.1995, Romanelli, «il giudice al quale sia stata presentata richiesta di rimessione del processo, ai sensi degli artt. 45 e 46, non può, perché funzionalmente incompetente, adottare pronuncia alcuna in relazione alla richiesta medesima, ma deve limitarsi a trasmetterla immediatamente alla Corte di cassazione [...] e ciò anche nelle ipotesi in cui l'inammissibilità o l'infondatezza della istanza siano rilevabili *ictu oculi*, ovvero nel caso in cui l'interessato abbia riproposto la istanza di rimessione dopo che la precedente sia stata rigettata o dichiarata inammissibile dalla Corte di cassazione; i suddetti obblighi del giudice, tuttavia, presuppongono l'esistenza di un atto avente i caratteri propri della richiesta di rimessione nei termini precisati dall'art. 45, con la conseguenza che non sono applicabili le disposizioni di cui agli artt. 46 comma 3e 47 comma 1 qualora l'atto presentato sia privo della prescritta motivazione o provenga da soggetto non legittimato (quale, ad esempio, la parte civile), e con l'ulteriore conseguenza che, non potendo esso qualificarsi per quello che vorrebbe essere, al giudice è consentito constatarne la

sione ad ogni stato e grado del processo di merito, ossia alle fasi successive all'imputazione, con esclusione delle indagini preliminari. La giurisprudenza, tuttavia, consente opportunamente che la rimessione operi non solo rispetto a quelle attività processuali riconducibili nella categoria del processo vero e proprio, ma anche in tutti i casi nei quali la legge processuale affida al giudice il compito di emettere decisioni corrispondenti all'esercizio della funzione giurisdizionale, sebbene non sia stata ancora promossa l'azione penale. Ad esempio, è stata ritenuta ammissibile la richiesta di rimessione proposta nella fase di chiusura delle indagini preliminari quando, a seguito della richiesta del pubblico ministero, il giudice è chiamato a decidere se disporre o meno l'archiviazione.

Nelle more della decisione della Cassazione la sospensione del processo è oggetto dell'articolata disciplina dell'art. 47[99] che tenta di scongiurare abusi dell'istituto volti alla paralisi del processo[100]. La Cassazione decide[101] con rito camerale[102] dopo aver assunto, se necessario, le opportune informazioni.

---

non corrispondenza al tipo previsto dalla legge». Infine, «qualora il giudice, cui sia stata presentata richiesta di rimessione del processo ai sensi dell'art. 45, abbia irritualmente provveduto a dichiararne l'inammissibilità, la Corte di cassazione, annullata l'ordinanza impugnata, può decidere direttamente nel merito dell'istanza, in applicazione del principio generale, desumibile dagli artt. 620, lett. *i*, e 621, secondo il quale, nel caso in cui altro giudice abbia pronunciato in materia di sua competenza la Corte procede all'annullamento senza rinvio e ritiene il giudizio».

[99] «L'istanza di sospensione del processo di merito presentata, ai sensi dell'art. 47, comma 1, alla Corte di cassazione va trattata e decisa con procedura *de plano* e non con quella camerale, in considerazione della natura cautelare del provvedimento richiesto, diretto a paralizzare con urgenza il pregiudizio, imminente e irreparabile, che potrebbe derivare dall'illegittima prosecuzione del processo principale in costanza del predetto procedimento incidentale» (Cass., Sez. Un., ord. 27.3.2003, Previti).

[100] Secondo Cass., Sez. Un., 12.5.1995, Romanelli, «la sentenza pronunciata in violazione del divieto posto dall'art. 47, comma 1, che inibisce al giudice di definire il giudizio finché non sia intervenuta l'ordinanza della Corte di cassazione che dichiara inammissibile o rigetta la richiesta di rimessione del processo, è nulla solo nel caso in cui la Corte medesima abbia accolto l'istanza, mentre conserva piena validità tutte le volte che essa sia dichiarata inammissibile o rigettata: il predetto divieto, infatti, integra un temporaneo difetto di potere giurisdizionale, limitato alla possibilità di pronunciare la sentenza e condizionato alla decisione della Corte di cassazione dichiarativa della sussistenza delle condizioni per la rimessione del processo ad altro giudice, e quindi della competenza, con la conseguenza che la valutazione di validità o meno della sentenza irritualmente adottata avviene *secundum eventum*».

[101] «Le questioni di competenza per territorio non possono trovare ingresso nel procedimento incidentale di rimessione dinanzi alla Corte di cassazione che, in tale sede, è unicamente investita del problema di sussistenza delle condizioni richieste dalla legge per lo spostamento del processo ad altro giudice» (Cass., Sez. Un., ord. 28.1.2003, Berlusconi e altri). Il momento in cui interviene la decisione della Cassazione «coincide con quello nel quale la deliberazione collegiale è assunta e resa nota mediante la comunicazione del dispositivo e non con quello del deposito della motivazione» (Cass., Sez. Un., ord. 27.3.2003, Previti).

[102] Tipica forma di partecipazione al rito camerale è rappresentata dal contraddittorio scritto, per tale ragione Cass., Sez. Un., ord. 28.1.2003, Berlusconi e altri, ha ricordato che «nel procedi-

In caso di accoglimento, l'ordinanza viene comunica al giudice procedente e a quello designato, mentre il processo viene trasferito al giudice avente pari competenza per materia e sede presso il capoluogo di distretto della Corte d'appello individuata sulla base dell'art. 11. Il nuovo giudice designato procede alla rinnovazione degli atti compiuti anteriormente alla rimessione se una parte lo richiede e se non si tratta di atti di cui è divenuta impossibile la ripetizione (art. 48, co. 5).

12. Il pubblico ministero e l'azione penale

Il pubblico ministero è la **parte pubblica** alla quale è affidato principalmente il compito di **esercitare l'azione penale** ossia di formulare al giudice la domanda sulla quale quest'ultimo dovrà pronunciarsi. Per garantire l'imparzialità e la terzietà del giudice è, infatti, indispensabile che un diverso soggetto ponga il tema che sarà oggetto di accertamento (*ne procedat iudex ex officio*). Il dovere di definire l'ambito decisorio del giudice penale è imposto dalla Costituzione al pubblico ministero (art. 112 Cost.).

Nel sistema processuale l'esercizio dell'azione penale corrisponde alla **formulazione dell'imputazione** (art. 50) attraverso la quale il pubblico ministero cristallizza l'addebito mosso a carico dell'imputato. L'imputazione contiene il profilo soggettivo (l'individuazione dell'imputato) e quello oggettivo (dettagliata descrizione, comprese le coordinate spazio temporali) del fatto, la sua qualificazione giuridica in termini di reato e l'indicazione degli elementi accidentali (circostanze aggravanti). Una volta formulata, l'imputazione rimane tendenzialmente stabile e può essere corretta o ampliata solo con le forme garantite delle nuove contestazioni (artt. 423 e 516 ss.), anche su sollecitazione del giudice (art. 421, co. 1 *bis* e 554 *bis*, co. 6). Il potere di indicare al pubblico ministero l'opportunità di modificare l'imputazione determina il venir meno dell'imparzialità del giudice e dovrebbe integrare almeno l'incompatibilità alla prosecuzione dell'attività giurisdizionale, tanto nell'udienza preliminare quanto in quella predibattimentale, ai sensi dell'art. 34, co. 3,

---

mento di rimessione a norma degli artt. 45 ss., il pubblico ministero presso il giudice dinanzi al quale si celebra il processo di merito, in quanto parte, ha facoltà di interloquire, presentando memorie o richieste scritte e, quindi, anche proponendo osservazioni e contestazioni agli argomenti addotti dall'imputato a sostegno della richiesta di rimessione». La stessa pronuncia ha anche ritenuto «legittima l'acquisizione agli atti del procedimento di rimessione di osservazioni del giudice del processo principale non trasmesse alla Corte di cassazione contestualmente alla richiesta e ai documenti allegati, come prescritto dal comma 3 dell'art. 46, ma in un momento successivo, in quanto il comma 4 del medesimo articolo prevede come causa di inammissibilità della richiesta l'inosservanza delle forme e dei termini previsti dai commi 1 e 2, ma non ricollega alcuna sanzione processuale al mancato rispetto delle forme e dei termini stabiliti nel comma 3».

inteso come previsione diretta a **scongiurare ogni commistione fra la funzione d'accusa e quella di giudizio** nel medesimo procedimento.

Come si è già ricordato analizzando la distinzione fra procedimento e processo [103], il promovimento dell'azione penale rappresenta lo **spartiacque** fra la fase delle indagini preliminari (procedimento in senso stretto) e quella processuale (udienza preliminare e dibattimento) caratterizzata dalla piena giurisdizionalità. Si può quindi affermare che l'esercizio dell'azione penale coincida con la formulazione dell'imputazione e con gli atti di instaurazione del processo che rappresentano un *numerus clausus* tassativamente indicato dall'art. 405, co. 1.

I caratteri distintivi dell'azione penale sono **l'obbligatorietà, l'irretrattabilità, l'indivisibilità, la pubblicità e l'officialità.**

Si è già accennato al fatto che l'art. 112 Cost. affida al pubblico ministero il ruolo di attore pubblico sotto forma di obbligo. L'obbligatorietà nella persecuzione penale è il portato del più generale principio di legalità (artt. 25, co. 2, e 101, co. 2, Cost.) e di uguaglianza dei cittadini dinanzi alla legge (art. 3 Cost.) [104], ponendosi in alternativa al principio della discrezionalità e opportunità. Il pubblico ministero non può dunque operare scelte diverse dal rigoroso rispetto della legge che, tuttavia, impone l'esercizio dell'azione penale non in astratto, a fronte di una semplice notizia di reato, bensì in concreto, ossia quando tale *notitia criminis*, all'esito delle indagini preliminari, non appaia infondata. In altri termini, «limite implicito alla stessa obbligatorietà, razionalmente intesa, è che il processo non debba essere instaurato quando si appalesi oggettivamente superfluo: regola, questa, tanto più vera nel nuovo sistema, che pone le indagini preliminari fuori dell'ambito del processo, stabilendo che, al loro esito, l'obbligo di esercitare l'azione penale sorge solo se sia stata verificata la mancanza dei presupposti che rendono doverosa l'archiviazione, che è, appunto, non-esercizio dell'azione (art. 50)» [105].

All'esito delle indagini preliminari il pubblico ministero dovrà sciogliere l'alternativa fra esercizio dell'azione penale e richiesta di archiviazione (inazione) esclusivamente sulla base di una valutazione oggettiva della fondatezza o meno della notizia di reato. Per rendere effettivo il principio dell'obbligatorietà nell'azione occorre apprestare adeguati meccanismi di controllo

---

[103] Cfr. *supra*, cap. III, par. 1.

[104] In tal senso, si è espressa Corte cost., sent. n. 88 del 1991, affermando che «il principio di legalità (art. 25, secondo comma), che rende doverosa la repressione delle condotte violatrici della legge penale, abbisogna, per la sua concretizzazione, della legalità nel procedere; e questa, in un sistema come il nostro, fondato sul principio di eguaglianza di tutti i cittadini di fronte alla legge (in particolare, alla legge penale), non può essere salvaguardata che attraverso l'obbligatorietà dell'azione penale».

[105] Corte cost., sent. n. 88 del 1991.

anche sulla legalità dell'inazione. Il fondamento del sistema di legalità, tanto nell'azione quanto nell'inazione, è il principio di completezza[106], almeno tendenziale, delle indagini preliminari. La completa individuazione degli elementi e delle fonti di prova in sede investigativa è, infatti, l'unico argine contro eventuali prassi di esercizio apparente dell'azione penale, che, avviando la verifica giurisdizionale sulla base di indagini troppo superficiali, lacunose o monche, si risolverebbero in un ingiustificato aggravio del carico dibattimentale, ma anche rispetto al fenomeno inverso, e ancor più pericoloso per la tenuta del sistema, rappresentato da richieste di archiviazione determinate proprio dalle omissioni del pubblico ministero.

Non bisogna però farsi troppe illusioni sul concreto rispetto del principio di completezza delle indagini. La prassi dimostra come spesso il pubblico ministero non adempia a tale dovere e come i meccanismi di controllo, soprattutto in sede di archiviazione e di avocazione, non vengano utilizzati col dovuto rigore. Si assiste, pertanto, a una **discrezionalità occulta**, legata a scelte di politica criminale dell'organo dell'accusa, di norma dovute a esigenze di economia processuale, avallate dal giudice in sede di successiva verifica. In questo stato di cose si innesta la nuova previsione dell'art. 1, co. 9, lett. *i*, L. 27.9.2021, n. 134, che oggi consente a ogni singolo procuratore della Repubblica, per garantire l'efficace e uniforme esercizio dell'azione penale, nell'ambito dei criteri generali indicati dal Parlamento con apposita legge, di individuare criteri di priorità trasparenti e predeterminati, al fine di selezionare le notizie di reato da trattare con precedenza rispetto alle altre. Si tratta di una **discrezionalità palese** nello svolgimento delle indagini che si riflette sull'obbligatorietà dell'azione e che si pone in aperto contrasto con la previsione dell'art. 112 Cost., laddove non sono ammessi temperamenti all'obbligatorietà dell'azione nemmeno nei casi stabiliti dalla legge. I temperamenti introdotti con legge ordinaria al principio dell'obbligatorietà dell'azione penale avrebbero infatti richiesto una coerente revisione costituzionale.

Al di là di queste non secondarie considerazioni, il criterio discretivo per stabilire la sussistenza dell'obbligo nell'esercizio dell'azione penale è costituito dal principio di **non superfluità del processo** espresso con la nuova formula della **ragionevole previsione di condanna** dagli artt. 50, 408, co. 1. Il pubblico ministero, e il giudice eventualmente investito della richiesta di archiviazione, valutano gli elementi acquisiti nel corso delle indagini, sul presupposto della completezza, per la loro idoneità a giustificare una ragionevole previsione di condanna. La scelta dell'inazione si giustifica, perciò, solo quando, sulla base delle complete risultanze delle indagini, è possibile affermare che l'accusa sarebbe destinata a non sfociare in una sentenza di condanna.

---

[106] Enunciato da Corte cost., sent. n. 88 del 1991.

Dall'obbligatorietà dell'azione discende anche l'obbligo, sempre in capo al pubblico ministero, di sostenere l'accusa in giudizio adducendo ogni prova disponibile. L'organo dell'accusa non può venir meno al preciso dovere di acquisire in dibattimento le prove necessarie per dimostrare concretamente la fondatezza dell'imputazione. Il **dovere di prova**, definibile anche come **dovere di accusare provando**, non è altro che il portato dell'obbligatorietà dell'azione e la sua eventuale inosservanza non potrebbe che determinare l'invalidità dell'azione stessa.

Il rispetto della legalità nell'eguaglianza dei cittadini dinnanzi alla legge e dell'obbligatorietà dell'azione penale non sarebbe possibile «se l'organo cui l'azione è demandata dipende[sse] da altri poteri: sicché di tali principi è imprescindibile requisito **l'indipendenza del pubblico ministero**. Questi è infatti, al pari del giudice, soggetto soltanto alla legge (art. 101, secondo comma, Cost.) e si qualifica come un magistrato appartenente all'ordine giudiziario collocato come tale in posizione di istituzionale indipendenza rispetto ad ogni altro potere, che non fa valere interessi particolari ma agisce esclusivamente a tutela dell'interesse generale all'osservanza della legge»[107].

L'indipendenza del pubblico ministero, connaturata all'obbligatorietà nella persecuzione penale, comporta che nessuno possa interferire sul promovimento o meno dell'azione, salvi ovviamente i controlli previsti dal codice, e che anche l'attività investigativa preparatoria, le strategie da adottare nella conduzione delle indagini, siano lasciate alla libera valutazione dell'organo procedente[108]. Il pubblico ministero è una parte processuale che, in quanto tale, **non può essere ricusata dalle altre parti**. Trattandosi, però, di un organo pubblico che esercita una funzione pubblica, su di lui incombe il dovere di imparzialità che viene garantito dalle norme in tema di **astensione**.

Il pubblico ministero «ha la facoltà di astenersi quando esistono gravi ragioni di convenienza» (art. 52, co. 1), ma l'art. 53, co. 2, chiarisce che l'astensione è doverosa in presenza di un interesse personale nel procedimento (art. 36, co. 1, lett. *a*, *b*, *d*, *e*) e che se l'interessato non si astiene può essere sostituito dal capo dell'ufficio. A bene vedere, anche in presenza delle gravi ragioni di convenienza l'astensione non è una mera facoltà, bensì un preciso dovere deontologico del magistrato, posto che la scelta negativa sarebbe sicuramente censurabile dal Consiglio Superiore della Magistratura. La dichiarazione di astensione deve comunque essere valutata dal capo dell'ufficio e solo in caso di accoglimento comporta la sostituzione del magistrato astenuto, secondo quanto stabilito dall'art. 52, co. 2 e 4.

---

[107] Corte cost., sent. n. 88 del 1991. V. anche Corte cost., sent. n. 190 del 1970; Corte cost., sent. n. 96 del 1975.

[108] Corte cost., sent. n. 420 del 1995.

Una volta esercitata, l'azione penale è **irretrattabile**. Benché l'art. 50, co. 3, faccia salvi i casi di sospensione e di interruzione, non si tratta di vere e proprie eccezioni al principio quanto, piuttosto, di casi in cui il processo rimane sospeso (ad esempio, artt. 3, co. 1; 71, co. 1, e 479, co. 1) ovvero si conclude con una sentenza meramente processuale (ad esempio, art. 334). Ciò comporta che alla proposizione della domanda (azione) debba sempre seguire la risposta giurisdizionale (sentenza), salva la possibilità di sospensione del processo. Al pubblico ministero non è dunque consentito ritrattare la scelta iniziale, non essendo previsti casi di revoca o anche solo di interruzione dell'azione, ma nulla impedisce che nel corso del successivo sviluppo processuale possa mutare l'opinione espressa con la formulazione dell'imputazione e giungere a richiedere l'assoluzione dell'imputato.

Le scelte di strategia processuale successive all'esercizio dell'azione non incidono sulla stessa che rimane validamente proposta in funzione della pronuncia giurisdizionale. Il cambiamento d'opinione del pubblico ministero, formalizzato nella richiesta di proscioglimento dell'imputato, non costituisce ritrattazione dell'azione. Del resto, tale possibilità è insita nella logica dello sviluppo processuale: l'imputazione è solo una ragionevole prognosi di condanna formulata sulla base degli elementi raccolti nel corso delle indagini che potrebbe trovare smentita nel materiale probatorio formatosi in dibattimento o ancor prima nell'udienza preliminare. A fronte di una tale evenienza, il pubblico ministero avrebbe non solo la facoltà, ma il preciso dovere di richiedere il proscioglimento dell'accusato, dato che l'ordinamento giudiziario gli impone di vegliare all'osservanza delle leggi, alla pronta e regolare amministrazione della giustizia (art. 73 ord. giud.) e, soprattutto, al rispetto delle norme sul giusto processo (art. 1, co. 2, d.lgs. 20.2.2006, n. 106).

Il magistrato dell'accusa è, dunque, una **parte pubblica** dal cui *status* discendono **doveri di imparzialità nel rispetto della legalità**, a partire dalla fase delle indagini preliminari in cui «il ruolo del pubblico ministero non è quello di mero accusatore, ma pur sempre di **organo di giustizia** obbligato a ricercare tutti gli elementi di prova rilevanti per una giusta decisione, ivi compresi gli elementi favorevoli all'imputato» [109]. Si tratta, ovviamente, di una situazione innaturale, ben descritta dall'**ossimoro** insito nella definizione di **parte imparziale**.

Nella prassi, prevale quasi sempre la **forza della prevenzione**, lo svolgimento di indagini unilateralmente orientate alla ricerca degli elementi d'accusa, il mantenimento dell'*opinio delicti* già manifestata nell'elevare l'imputazione, situazioni che, valorizzando i dati reali più che quelli normativi astratti, andrebbero correttamente inquadrate nella *sporting theory* del pro-

---

[109] Corte cost., sent. n. 88 del 1991.

cesso penale statunitense. Ciò nondimeno, sarebbe fuori luogo invocare a giustificazione dell'accanimento accusatorio un canone di coerenza comportamentale nella prosecuzione dell'azione che finirebbe per confliggere con i precisi doveri imposti dalla disciplina ordinamentale.

Tale canone non è invocabile, a maggior ragione, con riferimento alle impugnazioni che non rientrano nel concetto di esercizio o di prosecuzione dell'azione penale. Per convincersi dell'assunto basta considerare che il pubblico ministero è abilitato dalla legge processuale a fare acquiescenza alla sentenza di primo grado, quali che siano state le sue conclusioni e quale che sia stato il contenuto della sentenza (art. 570, co. 1), nonché a rinunciare all'impugnazione proposta o ai motivi senza dover motivare tale scelta (art. 589 e 599 *bis*). Inoltre, è la Corte costituzionale a ricordare che «il potere di appello del pubblico ministero non può riportarsi all'obbligo di esercitare l'azione penale come se di tale obbligo esso fosse – nel caso in cui la sentenza di primo grado abbia disatteso in tutto o in parte le ragioni dell'accusa – una proiezione necessaria ed ineludibile»[110].

L'azione penale è caratterizzata anche dall'**indivisibilità**, nel senso che deve riguardare tutti coloro che hanno commesso il reato per cui si procede (espressione di tale principio è, ad esempio, l'art. 123 c.p. in tema di estensione *ex lege* della querela nei confronti di tutti i concorrenti); dalla **pubblicità**, essendo titolare un organo pubblico che agisce nell'interesse generale della collettività alla repressione dei reati; dalla **officialità**, poiché il pubblico ministero, esercitando l'azione, adempie alla sua specifica funzione (*officium*) i cui limiti sono previsti dalla legge (ad esempio, attraverso le condizioni di procedibilità). Non è invece stabilita l'esclusività in capo al pubblico ministero.

L'art. 112 Cost. si limita a sancire il principio per cui il pubblico ministero ha l'obbligo di esercitare l'azione penale, con ciò sottintendendo che non potrebbe essere privato del relativo potere/dovere, ma **non sancisce l'esclusiva titolarità dell'azione in suo favore**. Il legislatore potrebbe quindi consentire ad altri soggetti **azioni penali concorrenti o sussidiarie**, fermo comunque l'obbligo di agire del pubblico ministero, ampliando in tal modo la

[110] Corte cost., sent. n. 280 del 1995: posta la premessa che il potere di impugnazione non attiene all'esercizio o alla prosecuzione dell'azione penale, «è dato trarre la conclusione che quando il pubblico ministero deve decidere se impugnare o meno una sentenza, egli deve interrogare la propria coscienza in relazione al contenuto del provvedimento impugnabile e determinarsi secondo gli interessi generali della giustizia. Questo vale per l'appello principale; ma analoga considerazione può farsi per l'appello incidentale, con il correttivo del particolare profilo derivante dalla visione che il pubblico ministero possa essere indotto ad avere circa i contenuti della sentenza che il giudice di secondo grado potrebbe essere tratto a pronunciare in accoglimento dell'appello principale dell'imputato pervenendo a conclusioni che egli ritiene, ove fossero adottate, contrarie a giustizia».

partecipazione diretta del popolo all'amministrazione della giustizia. L'opzione espressa con la riforma del 1989 è stata, tuttavia, di segno opposto, avendo l'art. 231 norme coord. espunto dall'ordinamento le ipotesi allora vigenti di azioni penali non esercitate dal pubblico ministero.

Nell'attuale sistema processuale, l'azione penale segna il passaggio dalla fase delle indagini preliminari a quelle processuali e pienamente giurisdizionali. Si registrano, tuttavia, significativi interventi del giudice anche prima dell'esercizio dell'azione penale o dopo la formazione del giudicato, ossia in ambiti non coperti dalla domanda del pubblico ministero rivolta all'accertamento del dovere di punire. Tali interventi sono parimenti sollecitati alla giurisdizione dall'organo dell'accusa: si pensi all'adozione di misure cautelari o all'attuazione della sentenza definitiva (v. anche l'art. 73 ord. giud.). Dal punto di vista dogmatico, sarebbe allora più corretto configurare, accanto al concetto di azione penale principale, **un'azione penale cautelare e un'azione penale esecutiva** che permettano di inquadrare correttamente la domanda che l'attore pubblico rivolge al giudice prima e dopo le fasi strettamente processuali.

13. La struttura degli uffici del pubblico ministero

Il pubblico ministero è strutturato in una serie di uffici collegati agli organi giurisdizionali dinanzi ai quali esercitano le funzioni. La **procura della Repubblica presso il Tribunale** svolge le funzioni di pubblico ministero in tutti i giudizi di primo grado, quindi non solo per i reati di competenza del Tribunale, ma anche della Corte d'assise e del Giudice di pace. Vi è poi un apposito ufficio della procura della Repubblica presso il Tribunale per i minorenni che si occupa dei procedimenti di competenza del giudice specializzato.

Nel grado d'appello le funzioni d'accusa sono svolte dalla **procura generale presso la Corte d'appello.** Lo stesso accade in Cassazione dove è istituita la **procura generale presso la Corte di cassazione.**

Anche presso il giudice speciale militare esistono tre distinti uffici di procura collegati ai diversi gradi di giudizio. Nei procedimenti per i reati del Presidente della Repubblica le funzioni di pubblico ministero sono invece svolte da uno o più commissari nominati dal Parlamento dopo che è stata deliberata la messa in stato d'accusa (art. 13, L. Cost. 11.3.1953, n. 1).

Gli uffici della procura della Repubblica sono strutturati al loro interno su **base gerarchica**, sia pure attenuata, al cui vertice si colloca il procuratore della Repubblica. La materia è specificamente disciplinata dal d.lgs. 20.2.2006, n. 106, così come modificato dalla L. 24.10.2006, n. 269. **Il procuratore della**

Repubblica è titolare esclusivo dell'azione penale e la esercita personalmente o mediante assegnazione a uno o più magistrati dell'ufficio (aggiunti o sostituti). Con l'atto di assegnazione il procuratore può stabilire i criteri (in via generale o con riferimento al singolo procedimento) ai quali il magistrato assegnatario deve attenersi [111].

Particolari criteri possono essere previsti per l'impiego della polizia giudiziaria e delle risorse finanziarie e tecnologiche. Se i criteri non sono rispettati o se si verifica un contrasto col procuratore, quest'ultimo può revocare l'assegnazione con provvedimento motivato. La **dipendenza** del delegato si attenua quando il magistrato si trova in **udienza** dove esercita le funzioni con **piena autonomia** (art. 53, co. 1; art. 70, co. 4, ord. giud.). In tal caso, l'eventuale sostituzione può avvenire solo con il consenso dello stesso magistrato ovvero in presenza di grave impedimento, di rilevanti esigenze di servizio o di una causa di incompatibilità determinata dall'interesse nel procedimento (art. 53, co. 2). In quest'ultima eventualità, se il procuratore non provvede, interviene il procuratore generale presso la Corte d'appello (avocazione) nominando un magistrato appartenente al suo ufficio (art. 53, co. 3). Lo stesso accade nel corso delle indagini ai sensi dell'art. 372, co. 1, lett. *a* e *b*.

Il rapporto gerarchico si palesa anche nella **richiesta delle misure cautelari** (personali e reali) che deve essere previamente assentita per iscritto dal procuratore, così come l'adozione di un provvedimento di fermo. L'assenso scritto non è previsto quando la misura è richiesta in occasione della convalida dell'arresto, del fermo [112] o del sequestro preventivo d'urgenza.

La giurisprudenza ha comunque stabilito che l'ammissibilità della richiesta di applicazione di misure cautelari personali, presentata dal magistrato assegnatario del procedimento, non implica l'assenso scritto del procuratore della Repubblica, che, pertanto, non è condizione di validità della conseguente ordinanza cautelare del giudice [113]. Di conseguenza, la mancanza dell'assenso scritto rileva solo sul piano disciplinare e non incide sulla validità dell'atto processuale. Non ci si può nascondere come questa interpretazione abbia svuotato la disposizione della sua portata garantistica.

---

[111] «In tema di delega conferita dal procuratore della Repubblica al vice procuratore onorario e al magistrato ordinario in tirocinio per lo svolgimento delle funzioni di pubblico ministero, devono considerarsi come non apposte le condizioni o restrizioni non previste dalla legge ivi eventualmente inserite, delle quali, quindi, il giudice non deve tenere alcun conto» (Cass., Sez. Un., 24.2.2011, Fatihi).

[112] Cass., Sez. Un., 24.2.2011, Fatihi, ha ritenuto che «la delega conferita dal procuratore della Repubblica al vice procuratore onorario e al magistrato ordinario in tirocinio da almeno sei mesi per lo svolgimento delle funzioni di Pubblico Ministero nella udienza di convalida dell'arresto o del fermo, nei rispettivi ambiti stabiliti dall'art. 72, comma 2, lett. *b*, ord. giud., comprend[a] la facoltà di richiedere l'applicazione di una misura cautelare personale».

[113] Cass., Sez. Un., 22.1.2009, Novi.

Il d.lgs. n. 106 del 2006 ha regolamentato anche i **rapporti con gli organi di informazione** che sono mantenuti personalmente dal procuratore oppure tramite un magistrato appositamente delegato. Ogni notizia dovrebbe essere attribuita all'ufficio impersonalmente senza riferimento agli assegnatari, ma si tratta di una previsione regolarmente disattesa. Ai singoli magistrati è fatto divieto di rendere dichiarazioni o di fornire informazioni sull'attività in corso ed eventuali violazioni di tale precetto devono essere segnalate dal procuratore al consiglio giudiziario per avvalersi del potere di vigilanza e di sollecitazione dell'azione disciplinare, il cui esercizio è prerogativa del Ministro della giustizia (art. 107, co. 2, Cost.) e del procuratore generale presso la Cassazione.

La gerarchia attenuata presente all'interno delle procure non trova corrispondenza nei **rapporti fra i diversi uffici**. La procura generale presso la Cassazione interviene solo per risolvere i contrasti positivi o negativi fra procure collocate in diversi distretti di Corte d'appello. La procura generale presso la Corte d'appello mantiene una funzione di vigilanza che si manifesta nel potere di assumere dati e informazioni per verificare il corretto e uniforme esercizio dell'azione penale, il rispetto delle norme sul giusto processo e l'organizzazione interna. Ben più penetranti sono i poteri di risoluzione dei contrasti fra procure appartenenti al distretto e, soprattutto, quelli di avocazione del procedimento, nei casi tassativamente previsti dal codice (artt. 51, co. 2; 372; 412; 413; 415 *ter*, co. 2, 421 *bis*, co. 2), che consentono all'organo superiore di sostituirsi a quello inferiore. Nonostante il potere di avocazione, i rapporti fra procura generale presso la Corte d'appello e procura presso il Tribunale non possono essere considerati di tipo gerarchico.

Quando si procede per delitti di criminalità organizzata (art. 51, co. 3 *bis*), per delitti consumati o tentati con finalità di terrorismo (art. 51, co. 3 *quater*), per delitti di pedopornografia, informatici o di intercettazione abusiva (art. 51, co. 3 *quinquies*), le funzioni di pubblico ministero in primo grado sono esercitate dalla **procura distrettuale**, ossia dall'ufficio della procura della repubblica presso il capoluogo del distretto di Corte d'appello all'interno del quale ha sede il giudice competente. Si tratta di una competenza per materia accentrata, derogatoria delle ordinarie regole territoriali, che si accompagna alla creazione, in seno alla procura distrettuale, della **direzione distrettuale antimafia** costituita da un gruppo di magistrati che hanno chiesto di essere assegnati ai procedimenti attinenti alla criminalità organizzata (art. 70 *bis*, co. 1, ord. giud.). La direzione distrettuale antimafia si occupa, dunque, dei reati previsti dall'art. 51, co. 3 *bis*.

Analogamente, nell'ambito della procura generale presso la Corte di cassazione è istituita la **direzione nazionale antimafia** alla quale è preposto il procuratore nazionale antimafia (art. 76 *bis* ord. giud.). Il **procuratore nazionale antimafia** svolge attività di coordinamento fra le varie direzioni distrettuali (art. 371 *bis*) che può sfociare nell'avocazione delle indagini nei casi di perdurante e ingiustificata inerzia o di violazione dei doveri di coordinamento da parte di una procura distrettuale. Per assolvere ai suoi compiti si avvale dei magistrati addetti alla direzione nazionale antimafia e, per quanto concerne la polizia giudiziaria, degli appartenenti alla direzione investigativa antimafia.

14. La competenza investigativa

Nelle fasi processuali la necessaria definizione della competenza del giudice determina anche il pubblico ministero chiamato a svolgere le funzioni requirenti. Nella fase delle indagini preliminari, invece, si può porre un'autonoma questione di **competenza dell'organo inquirente**, calibrandola ovviamente sulle regole della competenza del giudice presso il quale ha sede il pubblico ministero.

Il principio generale adottato dal codice, soprattutto nel suo impianto originario, è che la **fluidità dell'ipotesi accusatoria** rende preferibile non cristallizzare la competenza per territorio o per materia (limitatamente alle procure distrettuali), **consentendo a ogni procura di indagare su qualunque fatto**. Con riferimento all'operato del pubblico ministero è perfino escluso l'impiego del vocabolo competenza che però rimane il più adatto a descrivere il fenomeno.

È quindi possibile che si svolgano **indagini parallele**, ma è anche possibile che insorgano **contrasti fra gli inquirenti**, tanto positivi quanto negativi, che richiedono una determinazione della competenza investigativa.

Il **contrasto negativo** si verifica quando un ufficio del pubblico ministero, riconosciutosi incompetente, ha trasmesso gli atti alla procura che reputa competente e l'ufficio destinatario della trasmissione ritiene competente chi li ha trasmessi (art. 54). Si realizza così una situazione di stallo che, se non risolta, pregiudica lo svolgimento delle indagini. Diverso sarebbe se il destinatario della trasmissione reputasse competente un ufficio diverso dal mittente: in tal caso la trasmissione degli atti proseguirebbe fino a quando un destinatario non si considerasse competente ovvero trasmettesse gli atti a uno dei mittenti facendo sorgere il contrasto negativo.

Per determinare la competenza interviene il procuratore generale presso la Corte d'appello, se gli uffici sono interni al distretto, o il procuratore generale presso la Cassazione, quando gli uffici appartengono a distretti diversi.

Il **contrasto positivo** presuppone che più procure indaghino sullo stesso fatto attribuito alla medesima persona e che una richieda all'altra o alle altre la trasmissione degli atti reputandosi competente: a fronte del rifiuto nella trasmissione degli atti sorge il contrasto che deve essere risolto dal procuratore generale presso la Corte d'appello o di Cassazione (art. 54 *bis*), a meno che nelle more della decisione la questione non sia superata dalla volontaria trasmissione degli atti.

Il contrasto, positivo o negativo, può riguardare anche la competenza per materia o per territorio delle **procure distrettuali**, nel qual caso l'organo decidente deve sentire o informare il procuratore nazionale antimafia (art. 54 *ter*).

Risolto il contrasto attraverso la designazione dell'inquirente competente, gli atti di indagine precedentemente compiuti mantengono validità e utilizzabilità (nei limiti stabiliti dal codice). Le disposizioni appena analizzate si applicano anche a ogni situazione affine a quelle considerate dal legislatore (contrasti analoghi, peraltro difficilmente ipotizzabili).

La questione relativa alla competenza del pubblico ministero procedente può essere **sollevata anche dall'indagato**, **dalla persona offesa** e dai rispettivi difensori quando abbiano legittima conoscenza della pendenza del procedimento, avendo ricevuto notizia ai sensi degli artt. 335 o 369 (art. 54 *quater*). Se ritengono che il reato appartenga alla competenza di un diverso pubblico ministero (*rectius*, di un giudice diverso da quello presso il quale il pubblico ministero che procede esercita le sue funzioni), possono chiedere la trasmissione degli atti all'organo competente, enunciando, a pena di inammissibilità, le ragioni a sostegno della richiesta.

Il pubblico ministero destinatario dell'istanza decide entro dieci giorni e, in caso di accoglimento, trasmette gli atti alla procura competente. In caso di rigetto, il richiedente può proporre la medesima istanza al procuratore generale presso la Corte d'appello o di Cassazione, a seconda che le procure interessate siano o meno interne al distretto. Entro venti giorni dal deposito della richiesta, il procuratore generale provvede alla determinazione della competenza con decreto motivato comunicato alle parti e agli uffici interessati. La richiesta non può essere reiterata, a meno che non si fondi su fatti nuovi o diversi. Gli atti di indagine rimangono validi e utilizzabili.

15. La polizia giudiziaria e la dipendenza funzionale dal pubblico ministero

In base all'art. 109 Cost., il **pubblico ministero dispone direttamente della polizia giudiziaria** che lo coadiuva nello svolgimento delle indagini. La polizia giudiziaria non è un corpo a sé di polizia, ma **una funzione** attribuita, di norma, agli appartenenti alle forze dell'ordine. L'art. 55, co. 1, ricorda che i soggetti investiti di siffatta funzione devono, anche di propria iniziativa, prendere notizia dei reati, impedire che vengano portati a conseguenze ulteriori, ricercarne gli autori, compiere gli atti necessari per assicurare le fonti di prova [114] e raccogliere quant'altro possa servire per l'applicazione della legge penale.

Il **discrimine fra polizia di sicurezza e giudiziaria** è dunque rappresentato dalla **notizia di reato**. Tutto ciò che avviene in occasione dell'acquisizione della *notitia criminis* e nei momenti successivi riguarda il procedimento penale e la **funzione di polizia giudiziaria**, mentre le attività precedenti sono di carattere amministrativo e le forze di polizia (di sicurezza e di prevenzione) non godono dei poteri coercitivi tipici della funzione giudiziaria.

Gli ufficiali e agenti di polizia giudiziaria hanno una **duplice dipendenza**, **organica** dal corpo di polizia di appartenenza, **funzionale** dal pubblico ministero che dirige e coordina l'attività di indagine.

La dipendenza funzionale è più stretta per gli appartenenti alle sezioni di polizia giudiziaria che sono istituite presso le procure della Repubblica, hanno composizione interforze, provenendo gli ufficiali e gli agenti dai Carabinieri, dalla Polizia di Stato e dalla Guardia di Finanza, e si occupano esclusivamente dell'attività investigativa alle dipendenze del procuratore (artt. 58 e 59; artt. 5, 9, 10, 15 disp. att.).

Meno stringente è la dipendenza dei servizi di polizia giudiziaria che sono invece incardinati presso i corpi di appartenenza e si rapportano al pubblico ministero tramite il loro dirigente (art. 59, co. 2). Ancor più labile è il rapporto con gli altri uffici di polizia giudiziaria e con tutti gli appartenenti alle forze dell'ordine che, in seguito alla notizia di reato, assumono le funzioni di polizia giudiziaria (art. 57). Anche questi ultimi sono però tenuti ad eseguire i compiti affidati dal pubblico ministero (art. 59, co. 3), così che non viene mai meno la subordinazione funzionale della polizia giudiziaria all'organo inquirente.

Non va dimenticato che, per quanto riguarda le indagini di criminalità organizzata, la funzione di polizia giudiziaria è svolta da un organo centrale interforze denominato **direzione investigativa antimafia**, posto sotto la sorveglianza del procuratore nazionale antimafia e operativo nelle indagini condotte dalle direzioni distrettuali antimafia.

È agevole rilevare **l'ambiguità di fondo** di una funzione, quella di polizia giudiziaria, ancillare rispetto al potere giudiziario, ma non affidata a un organismo a sé, dipendente dalla magistratura, bensì distribuita in capo a tutti

---

[114] L'art. 55, tuttavia, non attribuisce alla polizia giudiziaria «un autonomo potere di sequestro da esercitare anche al di fuori dei casi espressamente previsti dal codice di rito, ma si limita ad indicare le funzioni della polizia giudiziaria, mentre gli strumenti per svolgerle sono quelli previsti dalle altre norme del codice stesso» (Cass., Sez. Un., 18.6.1991, Caltabiano).

gli appartenenti alle forze dell'ordine, come tali organicamente dipendenti dal potere esecutivo. Ambiguità foriera di potenziali sovrapposizioni fra poteri dello Stato e capace di incidere profondamente nel rispetto di altri princìpi costituzionali: si pensi, ad esempio, alla concreta eventualità che la polizia giudiziaria funga da filtro per le notizie di reato che raccoglie e che dovrebbe poi trasmettere al pubblico ministero, con sostanziale elusione del principio di obbligatorietà nell'azione penale e di legalità processuale.

La scelta di compromesso, con tutti gli accennati risvolti negativi, va fatta risalire alla stessa formulazione dell'art. 109 Cost. Come dimostrano i lavori preparatori della Costituzione, si è registrata una precisa volontà politica di mantenere il **doppio vincolo di dipendenza**, organica dall'esecutivo e funzionale dalla magistratura. In quel dibattito si sono levate autorevoli voci favorevoli alla piena dipendenza della polizia giudiziaria dalla magistratura, al punto che anche allora si doveva «dolorosamente constatare come l'autorità giudiziaria spessissimo si trovi in condizioni di assoluta impotenza di fronte agli organi di polizia». Nondimeno, l'Assemblea costituente approvò un emendamento inteso a sostituire l'inciso «dipende direttamente» con quello «dispone direttamente», ricordando che «dire dipende non è solo stabilire una dipendenza funzionale, ma anche gerarchica», invece, con il termine dispone «vi è la dipendenza funzionale [...] ma non la dipendenza gerarchica».

16. L'imputato parte necessaria e fonte di prova

Alla già ricordata distinzione fra procedimento (in senso stretto) e processo[115] corrisponde quella fra **indagato e imputato**, ossia fra la persona nei cui confronti vengono svolte le indagini preliminari e il soggetto a carico del quale è stata formulata l'imputazione. La qualità di imputato, acquisita con l'esercizio dell'azione penale, viene conservata fino a che il processo non si chiuda con una sentenza definitiva e la si riacquista nel caso in cui il processo si riapra in seguito a revisione, a revoca della sentenza di non luogo a procedere, a rescissione del giudicato o ad accoglimento della richiesta di eliminazione degli effetti pregiudizievoli delle decisioni adottate in violazione della C.e.d.u., rimedio previsto dal nuovo art. 628 *bis* (art. 60). Anche la morte dell'imputato ne determina la perdita dello *status*, dovendo essere immediatamente pronunciata sentenza con cui si dichiara estinto il reato[116]. Tale

[115] Cfr. *supra*, cap. III, par. 1.

[116] Tuttavia, «la declaratoria di improcedibilità per difetto di querela prevale su quella determinata dall'estinzione del reato per morte dell'imputato, giacché la mancanza di una condizione di procedibilità osta a qualsiasi altra indagine in fatto», mentre «la declaratoria di estinzione del

pronuncia, tuttavia, non preclude un nuovo esercizio dell'azione penale per il medesimo fatto a carico della stessa persona qualora si accerti successivamente che la morte dell'imputato era stata dichiarata erroneamente (art. 69).

La dicotomia indagato/imputato riveste il preciso significato sistematico appena ricordato, ma non assume particolare rilevanza sotto il profilo dei diritti fondamentali riconosciuti indistintamente al soggetto nei confronti del quale si procede. Di ciò prende atto l'art. 61, co. 1, nel riconoscere espressamente che i diritti e le garanzie dell'imputato si estendono alla persona sottoposta alle indagini. In questa sede, pertanto, si impiegherà indifferentemente il termine imputato anche per far riferimento all'indagato.

L'imputato, al pari del pubblico ministero, è **protagonista del contraddittorio processuale**. La contesa ad armi pari che si svolge dinanzi al giudice non può prescindere dalle due parti necessarie: accusa e difesa. Il participio «imputato» potrebbe far pensare a una posizione passiva, quella di chi subisce l'imputazione, mentre il termine difesa rende meglio l'idea della contrapposizione all'accusa sostenuta dal pubblico ministero. Non a caso nei sistemi genuinamente *adversary*, come quello statunitense, non si usa il termine imputato, bensì *defendant* per meglio identificare il soggetto chiamato a difendersi. La figura dell'imputato è dunque inscindibilmente connessa ai diritti fondamentali che in ragione del suo *status* gli sono riconosciuti, primo fra tutti il diritto di difesa.

Il terreno d'elezione per l'esercizio dei diritti difensivi, ma anche di maggior tensione nei rapporti dialettici fra accusa e difesa, è rappresentato dall'eventualità che l'imputato divenga **fonte di prova** nel suo processo. Sia pure con diversi approcci e sfumature, la ricostruzione fattuale operata in giudizio ruota da sempre attorno all'esigenza di raccogliere il contributo conoscitivo dell'accusato. Anche in tempi recenti, nonostante la maggiore sensibilità maturata per la presunzione d'innocenza abbia ormai svincolato la celebrazione del processo dalla confessione del prevenuto, la disciplina delle modalità acquisitive del sapere della persona nei cui confronti si procede conserva intatta la sua peculiare rilevanza, fornendo l'esatta misura delle scelte culturali, ideologiche e politiche sottostanti ai diversi sistemi processuali e, più in generale, all'assetto dei rapporti intercorrenti in un dato momento storico fra Stato e cittadino, fra autorità e libertà.

La procedura di stampo inquisitorio colloca al centro dell'attività istruttoria l'imputato, il quale, colpevole o innocente che sia, viene considerato il depositario

---

reato per morte dell'imputato prevale su quella di prescrizione, pur maturata anteriormente, avendo quest'ultima carattere di accertamento costitutivo, precluso nei confronti di persona non più in vita e in relazione a un rapporto processuale oramai estinto» (Cass., Sez. Un., 24.9.2009, Martinenghi).

di una verità da ottenere a qualunque costo. Non vi sono garanzie per chi deve raccontare tutto ciò che si presume sia a sua conoscenza, e ogni strumento *ad eruendam veritatem*, dalle pressioni psicologiche alla tortura fisica trova una precisa giustificazione nel fine superiore della ricerca di un'illusoria verità materiale. Il processo è ridotto alla contesa tra accusatore-giudice e inquisito, con un esito peraltro scontato in favore delle tesi del primo. E ciò grazie, soprattutto, all'ingresso sulla scena giudiziaria della tortura.

Completamente diverso è il clima che si respira nei processi modellati sui canoni accusatori. giudice e inquisitore sono soggetti distinti, la colpevolezza deve essere dimostrata, al di là di ogni ragionevole dubbio, sulla base di elementi addotti dall'organo dell'accusa. Cambia, in particolare, la considerazione dell'imputato: non più solo potenziale fonte di prova, ma titolare di precisi diritti e garanzie, tra cui spicca la facoltà di non collaborare in alcun modo alla propria condanna. Il rifiuto della tortura e il riconoscimento del carattere contro natura delle dichiarazioni confessorie divengono patrimonio comune della cultura garantista che troverà formale consacrazione solo nel XX secolo, in coincidenza con l'adozione delle Carte internazionali dei diritti dell'uomo.

Anche il nostro sistema processuale, pur ispirato alla tradizione accusatoria, non ha rinunciato alla possibilità che sia l'imputato stesso a fornire elementi conoscitivi utili alla ricostruzione fattuale. Il retaggio storico, unitamente alla valorizzazione in chiave autodifensiva dell'istituto, hanno indotto il legislatore repubblicano a confermare la scelta dell'interrogatorio quale strumento d'elezione per l'acquisizione processuale del contributo narrativo dell'accusato. Non si tratta, però, dell'unico istituto rivolto a tale finalità. Accanto all'interrogatorio, che si colloca temporalmente nelle fasi delle indagini preliminari e dell'udienza preliminare, è stato, infatti, disciplinato l'esame dibattimentale, direttamente influenzato dalle diverse regole di acquisizione probatoria che governano il giudizio di primo grado.

La disciplina dell'interrogatorio, non a caso collocata nel Titolo IV del Libro I, costituisce perciò il miglior punto di osservazione per condurre l'analisi dei **diritti fondamentali dell'imputato**.

17. L'interrogatorio e i diritti fondamentali: la libertà morale

Le regole generali per lo svolgimento dell'interrogatorio sono concentrate negli artt. 64 e 65. Il legislatore si è preoccupato, anzitutto, di ricordare che la persona sottoposta alle indagini, anche se soggetta a provvedimento cautelare o comunque in stato di detenzione, «interviene libera all'interrogatorio, salve le cautele necessarie per prevenire il pericolo di fuga o di violenze» (art. 64, co. 1). Si tratta del pieno riconoscimento, a livello di legislazione ordinaria, del **diritto fondamentale dell'inquisito di autodeterminarsi nelle proprie scelte** difensive senza subire alcuna forma di coazione. La **libertà fisica** viene garantita quale presupposto indispensabile della condizione di **libertà morale** che deve contrassegnare il rapporto dell'interrogato con l'interrogante. La costrizione fisica, infatti, non esaurisce in se stessa i suoi effetti, ma si riflette inevitabilmente sull'aspetto morale e psicologico.

Il primo diritto fondamentale riconosciuto alla persona sottoposta a procedimento penale è dunque quello di autodeterminarsi liberamente nell'esercizio della difesa, detto anche diritto alla libertà morale. All'interrogato devono essere garantiti la libertà di ragionare senza condizionamenti, il diritto di non essere ingannato, di non vedersi ingiustamente imposto un determinato contegno, di formare in piena autonomia le sue determinazioni.

Il problema del fondamento costituzionale del diritto in questione trova agevole soluzione nella considerazione che la **libertà di autodeterminazione** può essere considerata a pieno titolo uno dei **diritti inviolabili dell'uomo** sanciti dall'art. 2 Cost. [117]. Va anche ribadito che il diritto alla libertà morale si connota, inoltre, per lo stretto **collegamento con il diritto di difesa**, del quale rappresenta un'indispensabile pre-condizione: nessuna forma di esercizio della difesa sarebbe tale se non fosse il frutto di una scelta libera e consapevole.

La libertà di autodeterminazione trova direttamente tutela anche in tutte quelle disposizioni che vietano ogni forma di **tortura**, di violenza o di pressione fisica e psicologica. Si fa riferimento, in primo luogo, alla Convenzione europea dei diritti dell'uomo, il cui art. 3 proclama solennemente che «nessuno può essere sottoposto a tortura né a pena o trattamento inumani o degradanti». In più occasioni la Corte europea dei diritti dell'uomo è intervenuta per condannare gli Stati responsabili di violazioni del medesimo art. 3 C.e.d.u. commesse nel corso di interrogatori svolti secondo tecniche deprecabili, di fatto assimilabili alla tortura [118]. Il divieto di tortura e di trattamenti crudeli, disumani o degradanti è stabilito altresì dall'art. 7 del P.i.d.c.p. e dall'art. 5 della Dichiarazione universale dei diritti dell'uomo, approvata dall'Assemblea generale delle Nazioni Unite a New York il 10 dicembre 1948.

A livello internazionale, la libertà morale è garantita anche da testi normativi specifici, come la Convenzione europea per la prevenzione della tortura e delle pene o trattamenti inumani o degradanti [119] ovvero la Convenzione internazionale contro la tortura e gli altri trattamenti o pene crudeli, inumani o degradan-

---

[117] In tal senso, v. Corte cost., sent. n. 229 del 1998, dove si afferma che la tutela della «libertà morale della persona nell'assunzione della prova [...] rappresenta una diretta applicazione dell'art. 2 Cost.» e che il divieto di utilizzare mezzi incidenti sulla libertà di autodeterminazione, imposto dall'art. 188, è il portato di «regole che prima ancora di essere codificate rappresentano l'espressione di principi fondamentali di civiltà giuridica».

[118] V., in particolare, Corte eur., sent. 28.7.1999, Selmouni c. Francia.

[119] Adottata il 26.11.1987, ratificata dall'Italia con L. 2.1.1989, n. 7 ed entrata in vigore l'1.2.1989.

ti [120], dove all'art. 1 si definisce «tortura» «qualsiasi atto mediante il quale sono intenzionalmente inflitti ad una persona dolore o sofferenze forti, fisiche o mentali, al fine segnatamente di ottenere da essa o da una terza persona informazioni o confessioni [...] qualora tale dolore o sofferenze siano inflitte da un agente della funzione pubblica o da ogni altra persona che agisca a titolo ufficiale, o su sua istigazione, o con il suo consenso espresso o tacito».

La libertà di autodeterminazione dell'interrogato è ulteriormente assicurata dall'art. 64, co. 2, laddove stabilisce che «non possono essere utilizzati, neppure con il consenso della persona interrogata, metodi o tecniche idonei a influire sulla libertà di autodeterminazione o ad alterare la capacità di ricordare e di valutare i fatti». Il divieto è poi esteso dall'art. 188 a ogni tipo di attività probatoria riguardante qualsiasi soggetto, confermando che si tratta di un principio generale.

Considerata la solida dimensione raggiunta dalla garanzia della libertà morale dell'interrogato, non dovrebbero esservi più dubbi sul radicale ripudio sia di ogni forma di violenza fisica e psicologica sia di tutti quei metodi pseudo-scientifici – in particolare, l'ipnosi e la narcoanalisi – il cui impiego, anche in un passato non remoto, veniva proposto per ottenere dal prevenuto dichiarazioni veridiche e complete a prescindere dalla sua coscienza e volontà.

Una finalità non dissimile è perseguita anche attraverso l'uso del *lie detector*, detto altrimenti poligrafo o **macchina della verità**, e cioè di quello strumento ideato per evidenziare le dichiarazioni mendaci attraverso la registrazione dei riflessi psichici e biologici indipendenti dalla volontà del soggetto. Pur non trattandosi di un metodo invasivo della coscienza come la narcoanalisi o l'ipnosi, anche la sottoposizione alla macchina della verità è funzionale a superare la volontà del dichiarante nel rilevare eventuali menzogne, senza dimenticare che tale strumento finisce per limitare fortemente la libertà di determinarsi dell'interrogato attraverso la pressione psicologica esercitata proprio dalla presenza stessa di una macchina che si presume in grado di svelare in tempo reale il carattere mendace delle risposte fornite. E ogni forma di coartazione incidente sulla piena libertà di determinazione deve ritenersi vietata dall'art. 64, co. 2.

È comunque opportuno sottolineare che il bando di tali metodi o tecniche, alle quali devono oggi essere assimilate le **neuroscienze**, si giustifica non tanto sulla base di un'opzione di gnoseologia giudiziale indotta dalla dubbia attendibilità dei risultati che si potrebbero ottenere attraverso simili apporti pseudo-scientifici, quanto piuttosto per **motivi di ordine etico** che impongono il rifiuto di ogni intervento sulla personalità e sulla libertà di autodeter-

---

[120] Adottata dall'Assemblea generale delle Nazioni Unite il 10.12.1984, entrata in vigore il 26.6.1987 e ratificata dall'Italia con L. 3.11.1988, n. 498.

minazione dei soggetti posti dinanzi all'autorità, anche in presenza del loro consenso. La libertà morale dell'interrogato non è, dunque, una garanzia soggettiva disponibile, ma un **diritto fondamentale irrinunciabile** che contraddistingue la stessa attività giurisdizionale. Alla luce di queste conclusioni appare evidente l'impossibilità di fare ricorso alle neuroscienze anche solo per controllare le modalità di esercizio dell'autodifesa.

Non si può escludere che cadano sotto un preciso divieto probatorio, con conseguente inutilizzabilità *ex* art. 191 delle dichiarazioni in tal modo assunte, anche gli espedienti spesso impiegati per vincere la resistenza dell'interrogato, come, ad esempio, gli inganni, le promesse d'impunità, le minacce, le blandizie, le domande suggestive o capziose. A maggior ragione risultano interdette forme di interrogatorio esasperate che vengano a minare palesemente la salute dell'inquisito.

Si pensi all'**interrogatorio detto di terzo grado**, costituito dal complesso di pratiche violente e brutali dirette a ottenere confessioni o rivelazioni attraverso il disfacimento o la dissociazione dell'equilibrio psichico, con l'accortezza di impiegare mezzi di natura tale da non lasciare traccia sul corpo dell'interrogato, ovvero all'**interrogatorio stringente**, espressione pur sempre di un metodo coercitivo, sicuramente meno violento, consistente nel proseguire l'interrogatorio per molte ore di giorno e anche di notte, mediante l'alternarsi di diversi interroganti, oppure nel cominciare l'interrogatorio di sera, quando l'interrogando è stanco, magari svegliandolo bruscamente e a più riprese durante il riposo notturno.

18. *Segue*. Il diritto di autodifesa, la presunzione d'innocenza e il *nemo tenetur se detegere*

Nel rapporto dialogico, e spesso conflittuale, che si instaura fra autorità procedente e interrogato trova la massima espansione il diritto costituzionale di difesa che, come detto, caratterizza la posizione stessa dell'imputato all'interno del processo penale. Più specificamente, alla persona interrogata è consentito avvalersi del **diritto di autodifesa** che va considerato come una incoercibile manifestazione dell'istinto di libertà e, in quanto tale, non assoggettabile a vincoli giuridico-morali, trovando al contrario pieno riconoscimento il principio generale *nemo tenetur se detegere* traducibile con l'affermazione per cui nessuno può essere costretto ad autoaccusarsi.

L'autodifesa può ulteriormente distinguersi sia in quell'**aspetto attivo** rappresentato dalla facoltà per l'imputato di interloquire nel processo per discolparsi, senza obblighi di verità, sia in un **profilo passivo**, inteso come facoltà di difendersi tacendo o, comunque, come facoltà di non fornire elementi in proprio danno.

Il contegno non collaborativo dell'interrogato non è però solo il corollario del diritto fondamentale di (auto)difesa [121], fondandosi con altrettanta robustezza, sulla **presunzione costituzionale d'innocenza** (art. 27, co. 2, Cost.). E ciò per un duplice ordine di ragioni.

In primo luogo, la presunzione d'innocenza opera quale **regola di giudizio** e di distribuzione dell'onere probatorio in capo alle parti. In particolare, nell'imporre all'accusa l'onere della prova, nel senso che il pubblico ministero è tenuto a dimostrare tutti gli elementi della fattispecie al di là di ogni ragionevole dubbio, esclude la sussistenza, sotto qualsiasi forma, di un onere di difesa. L'imputato ha così la più ampia libertà di scegliere, alla luce delle prove a carico prodotte dall'accusa, se fornire o meno prove a discarico, se cercare di confutare l'addebito o invece limitarsi alla negativa. La scelta dipenderà dalla concreta situazione processuale e dall'entità delle prove a carico.

Al riguardo vale la pena di precisare che si può correttamente parlare di **onere della prova**, con conseguente rischio della mancata prova, anche quando, come nel nostro processo, sono previsti interventi d'ufficio del giudice volti all'assunzione delle prove (ad esempio, art. 507). Si tratta di un **onere imperfetto**, dal cui mancato assolvimento non deriva automaticamente la soccombenza, posto che l'inerzia o l'incapacità dell'organo dell'accusa potrebbe essere compensata dai poteri istruttori *ex officio* del giudice; nondimeno, se l'imputazione rimanesse sprovvista di adeguato supporto probatorio, il pubblico ministero correrebbe il rischio dell'assoluzione dell'imputato. Dal punto di vista del pubblico ministero, l'onere imperfetto della prova andrebbe meglio inquadrato nella categoria del dovere direttamente discendente dal principio costituzionale dell'obbligatorietà dell'azione penale: l'organo dell'accusa è infatti obbligato a svolgere indagini complete, ad esercitare l'azione sulla base delle risultanze investigative e a sostenere concretamente l'accusa in giudizio acquisendo ogni prova disponibile.

In secondo luogo, il precetto costituzionale, quale **regola di trattamento**, impone di guardare all'indagato come a un presunto non colpevole e, cioè, come alla persona meno informata dei fatti oggetto di imputazione. Sul piano logico, prima ancora che su quello giuridico, sarebbe inammissibile pretendere da tale soggetto un contributo conoscitivo in ordine a circostanze che si devono ritenere da lui non conosciute, in quanto, appunto, presunto innocente. L'unica soluzione rispettosa della presunzione di non colpevolezza è,

---

[121] Ritengono che l'art. 24, co. 2, Cost. garantisca anche il diritto al silenzio, ad esempio, Corte cost., sent. n. 361 del 1998; Corte cost., sent. n. 267 del 1994.

dunque, quella di escludere ogni obbligo di collaborazione a carico dell'interrogato e di vietare all'autorità procedente di coltivare anche solo un'aspettativa di collaborazione. Per completezza, va ricordato che la regola di trattamento imposta dalla presunzione d'innocenza trova applicazione soprattutto sul terreno delle misure restrittive della libertà personale che devono essere previste solo per il soddisfacimento di esigenze processuali e non possono essere adottate per finalità di anticipazione della pena.

A livello teorico, l'**autodifesa passiva** può articolarsi secondo distinte modalità. Sulla scorta di quanto avviene negli ordinamenti di *common law*, si possono ricavare, infatti, diverse **facoltà**: quella **di non autoincriminarsi** (*privilege against self incrimination*), quella **di rimanere in silenzio** di fronte alle singole domande o **di rifiutare complessivamente il dialogo** e quella **di non essere interrogato dal giudice o dalle parti** (*right not to be questioned*).

Sebbene queste facoltà siano tutte espressione del diritto fondamentale di autodifesa, quasi mai risultano sincronicamente esercitabili da parte dell'inquisito. Il **carattere diacronico** delle garanzie è accentuato, inoltre, dalla circostanza che la disciplina codicistica articola diversamente la scelta del silenzio in funzione della fase in cui si trova il procedimento.

Per quanto riguarda le indagini preliminari, a fronte dell'iniziativa del pubblico ministero, l'indagato ha solo la possibilità di non rispondere alle singole domande, ovvero di trincerarsi dietro un silenzio totale che sfocia nel rifiuto complessivo del dialogo con l'interrogante. L'inquisito, pur potendo vanificare l'utilità probatoria dell'interrogatorio attraverso la *recusatio respondendi* integrale, non può invece avvalersi della più ampia facoltà di impedire lo stesso instaurarsi dell'atto processuale deciso dall'autorità procedente. Quest'ultima facoltà è invece riconosciuta in sede di esame dibattimentale alla cui assunzione si procede solo per scelta dell'imputato.

Una considerazione a parte merita la **facoltà di non autoincriminarsi**. A chiunque non rivesta la qualità di indagato o di imputato, in occasione del compimento di un atto processuale [122], è riconosciuta la garanzia di non essere costretto a fornire risposte che potrebbero aprire la via alla propria incriminazione. Trattandosi di una previsione di ordine generale, sul piano teorico è chiaro che la stessa guarentigia spetti pure alla persona già sottoposta a procedimento penale quando le domande rivoltegli vertano su addebiti ulteriori rispetto a quelli contestati.

L'art. 63, co. 1, amplia la garanzia contro le autoincriminazioni, prevedendo che, quando dinanzi all'autorità giudiziaria o alla polizia giudiziaria una persona non imputata o non indagata – e quindi non solo chi ha assunto la

---

[122] Corte cost., sent. n. 136 del 1995, ha ribadito che l'art. 63 «opera solo con riferimento alle dichiarazioni rese nel corso del procedimento e non genericamente in pendenza del procedimento».

veste formale di testimone, ma anche, ad esempio, le persone informate sui fatti – renda dichiarazioni dalle quali emergano indizi di reità a suo carico, l'autorità procedente ne debba interrompere l'esame, avvertendo che a seguito di tali dichiarazioni potranno essere svolte indagini. Le dichiarazioni indizianti precedenti l'avvertimento non possono, tuttavia, essere utilizzate [123] a carico di chi le ha rese.

Il co. 2 dell'art. 63 rende inutilizzabili *erga omnes*, quindi anche nei confronti dei terzi, le dichiarazioni rilasciate da chi fin dall'inizio doveva essere sentito in qualità di imputato o indagato. Secondo la giurisprudenza, tale inutilizzabilità estesa *erga omnes* presuppone che le dichiarazioni provengano da soggetto a carico del quale già sussistevano indizi in ordine al medesimo reato ovvero a reato connesso o collegato con quello attribuito al terzo, per cui dette dichiarazioni egli avrebbe avuto il diritto di non rendere se fosse stato sentito come indagato o imputato; restano invece al di fuori della sanzione di inutilizzabilità comminata dal co. 2 dell'art. 63 le dichiarazioni riguardanti persone coinvolte dal dichiarante in reati diversi, non connessi o collegati con quello o quelli in ordine ai quali esistevano fin dall'inizio indizi a suo carico, poiché rispetto a questi egli si trova in una posizione di estraneità ed assume la veste di testimone; restano escluse altresì dalla sanzione di inutilizzabilità, alla stregua della *ratio* della disposizione, ispirata alla tutela del diritto di difesa, le dichiarazioni favorevoli al soggetto che le ha rese ed a terzi, chiunque essi siano, non essendovi ragione alcuna di escludere dal materiale probatorio elementi che con quel diritto non collidono [124].

La determinazione della veste del dichiarante, da cui dipende l'operatività delle garanzie sancite dall'art. 63, spetta al giudice il quale ha il potere di verificare in termini sostanziali, e quindi al di là del riscontro di indici formali, come l'eventuale già intervenuta iscrizione nominativa nel registro delle notizie di reato, l'attribuibilità allo stesso della qualità di indagato nel momento in cui le dichiarazioni vengano rese [125]. Per giungere alla declaratoria di inutilizzabilità *ex* art. 63, co. 2, occorre tuttavia dimostrare che a carico dell'interessato erano già acquisiti, prima dell'escussione, indizi non equivoci di reità,

---

[123] Per la giurisprudenza, tale inutilizzabilità è di tipo patologico (al pari di quella sancita dall'art. 63, co. 2) e dunque non sanata nemmeno dalla scelta del giudizio abbreviato: cfr. Cass., Sez. Un., 21.6.2000, Tammaro.

[124] Cass., Sez. Un., 9.10.1996, Carpanelli e altri, ha inoltre «chiarito che i casi di irregolarità di assunzione delle dichiarazioni di colui che viene sentito come indagato o imputato – omesso avviso al difensore o simili – esulano dalla disciplina dell'art. 63 secondo comma in quanto rientranti nella sfera delle nullità, riguardanti solo la persona nell'interesse della quale le formalità sono previste».

[125] Cass., Sez. Un., 25.2.2010, Mills.

come tali conosciuti dall'autorità procedente, non rilevando a tale proposito eventuali sospetti od intuizioni personali dell'interrogante [126].

Alla luce della disciplina dell'art. 63, co. 2, potrebbe assumere rilevanza anche pratica riconoscere il privilegio contro le autoincriminazioni a chi, pur sentito in qualità di indagato, sia interrogato su fatti diversi da quelli per i quali formalmente si procede. Se è vero che tale soggetto godrebbe comunque della facoltà di non rispondere e ne sarebbe stato previamente reso edotto nei preliminari dell'interrogatorio, la mancata contestazione dell'addebito sul quale l'autorità indaga surrettiziamente ponendo le domande potrebbe comunque suggerire di equipararlo alla figura indicata dall'art. 63, co. 2. La non trascurabile conseguenza di siffatta equiparazione sarebbe quella di rendere del tutto inutilizzabile il contenuto di eventuali risposte rese prima della formale contestazione dell'ulteriore addebito.

Sul versante attivo dell'autodifesa, una delle più rilevanti manifestazioni è costituita dalla facoltà offerta all'inquisito di fornire il proprio apporto conoscitivo alla ricostruzione fattuale **senza** dover soggiacere agli **obblighi di verità** che caratterizzano la testimonianza. Ciò nonostante, la possibilità di dilatare la garanzia del *nemo tenetur se detegere* fino al punto di farvi rientrare il mendacio dell'interrogato è da sempre controversa. L'idea stessa che la persona sottoposta a procedimento penale abbia la **facoltà di mentire** nel dialogo con l'autorità giudiziaria si è rivelata per lungo tempo inaccettabile.

Non va infatti dimenticato come, ancora sotto la vigenza del codice del 1930, la dottrina abbia affrontato il tema del mendacio difensivo sostenendo che l'imputato ha un onere di verità, nel senso che eventuali menzogne o reticenze costituiranno il risultato del mezzo di prova e come tali verranno valutate alla stregua delle regole dell'esperienza per la formazione del convincimento del giudice. La medesima concezione di fondo riemergeva anche in asserzioni all'apparenza innocue, come quella secondo cui la persona interrogata ha sempre il dovere civico di collaborare con gli organi inquirenti e, quindi, anche di rispondere alle domande di questi dicendo il vero. Tale dovere, però, ha carattere giuridico ed è penalmente sanzionato solamente nei casi in cui la persona è chiamata a deporre quale testimone davanti all'autorità giudiziaria.

---

[126] Cass., Sez. Un., 23.4.2009, Fruci. Cfr. anche Cass., Sez. Un., 22.2.2007, Morea, secondo cui «l'acquirente di modiche quantità di sostanza stupefacente, nei cui confronti non siano emersi elementi indizianti di uso non personale, deve essere sentito nel corso delle indagini preliminari come persona informata dei fatti, essendo irrilevante, a tal fine, che egli possa essere soggetto a sanzione amministrativa per l'uso personale: ne consegue la utilizzabilità delle dichiarazioni rese in tale veste».

Un'ulteriore riprova della difficoltà di configurare il mendacio dell'interrogato quale vera e propria facoltà autodifensiva si ottiene constatando come anche la dottrina più recente, che ammette la possibilità di rispondere in modo non veridico, si limiti a prendere atto della mancanza nell'ordinamento giuridico di sanzioni specifiche per tale comportamento, salvo che ciò integri comunque una fattispecie di reato. Siffatto atteggiamento, tuttavia, non appare risolutivo. Un conto, infatti, è convenire che allo stato attuale dell'ordinamento (penale sostanziale) nulla determina un generalizzato obbligo di verità a carico dell'indagato; altro è dimostrare l'esistenza di un preciso diritto alla menzogna magari di rango costituzionale, in modo che il legislatore non possa introdurre legittimamente doveri testimoniali a carico dell'incriminato.

Se si pone l'accento sulla comune matrice garantistica del silenzio e del mendacio, è possibile configurare anche la **facoltà di mentire come corollario del più ampio diritto costituzionale di difesa**[127]. In particolare, il mendacio è coessenziale allo sviluppo dell'aspetto attivo dell'autodifesa, che risulterebbe irrimediabilmente pregiudicato se l'indagato non avesse la possibilità di interloquire liberamente senza obblighi di verità.

Si deve affermare, pertanto, che il contenuto attivo dell'autodifesa è rappresentato anche dalla facoltà di mentire su ogni elemento che possa portare sia alla formazione come alla verificazione o all'aggravamento di un'accusa. Pare difficile, ad esempio, negare la piena rilevanza difensiva del comportamento dell'interrogato che, invece di tacere, neghi mendacemente i fatti di cui è accusato. Allo stesso modo, sembra indubbio che faccia parte della dialettica processuale e del pieno esercizio dell'autodifesa sostenere, consapevolmente e falsamente, che i testimoni introdotti dall'accusa mentono.

L'autodifesa attiva, garantita nella sua libera esplicazione dalla possibilità di mentire, viene a integrare quanto sul versante passivo è assicurato dal riconoscimento della facoltà di non rispondere. I due aspetti sono, dunque, autonomi e, al tempo stesso, complementari, al punto che non si può ipotizzare la compensazione delle limitazioni eventualmente imposte al mendacio con l'alternativa del silenzio. In modo più esplicito, non sarebbe accettabile imporre all'inquisito un obbligo di verità sulla base della considerazione che se decidesse di parlare lo farebbe liberamente, avendo sempre la possibilità di tacere. Così ragionando, si dimentica che l'autodifesa ne risulterebbe dimezzata, essendo garantito solo l'aspetto passivo, peraltro con l'ulteriore rischio che il rifiuto del dialogo potrebbe essere interpretato, anche solo a livello di sensazioni, come un'implicita ammissione dell'impossibilità di rispondere secondo verità.

---

[127] Secondo Corte cost., sent. n. 179 del 1994, «l'imputato non solo gode della facoltà di non rispondere, ma non ha nemmeno l'obbligo di dire la verità».

Né si può fondatamente obiettare che per tutelare l'autodifesa attiva non sia indispensabile configurare una vera e propria facoltà di mentire. Al riguardo, vale la pena di ribadire che l'alternativa è stringente: negando rilevanza costituzionale al contegno difensivo mendace, si finisce per ammettere la possibilità, anche solo teorica, che il legislatore imponga all'inquisito un obbligo di verità, dal quale deriverebbe la legittimazione di strumenti coattivi volti a garantirne il rispetto.

Stabilito che il mendacio dell'interrogato trova copertura costituzionale nei limiti in cui è strumentale all'esercizio dell'autodifesa attiva, la soluzione al problema posto dalle norme incriminatici che, a diverso titolo, puniscono le dichiarazioni non veritiere diviene pressoché automatica. Si tratterà di accertare, caso per caso, quando la menzogna sia stata motivata da una reale necessità di difendersi e, cioè, quando sussista una relazione diretta tra l'oggetto del mendacio e il contenuto effettivo o possibile dell'accusa. Per contenuto effettivo si intende ciò che forma già oggetto di una contestazione di reato, mentre per contenuto possibile ciò che potrà formare oggetto dell'accusa o in qualunque modo aggravare quella già formulata. Qualora la scelta di mentire risultasse effettivamente dettata dall'esigenza di avvalersi del diritto di (auto)difesa, la condotta dell'interrogato non sarebbe punibile per la ricorrenza della **scriminante dell'esercizio di un diritto costituzionale** (art. 51 c.p.).

A titolo esemplificativo, si può pensare alla situazione paradossale in cui verrebbe a trovarsi l'indagato per il reato di sostituzione di persona (art. 494 c.p.) al quale, nei preliminari dell'interrogatorio, venissero chieste le generalità. La risposta secondo verità potrebbe significare la piena ammissione di colpevolezza, mentre la menzogna integrerebbe il reato previsto dall'art. 495 c.p. L'eventuale silenzio, peraltro formalmente escluso dagli artt. 64, co. 3, lett. *b*, e 66, co. 1, sarebbe comunque penalmente rilevante ai sensi dell'art. 651 c.p. Come si può notare, non vi sarebbero alternative lecite alla confessione se non si ritenesse che il mendacio sulle proprie generalità sia giustificato dall'esercizio del diritto di difesa. L'esempio fatto ci permette anche di chiarire come la scriminante prevista dall'art. 51 c.p. non sia limitata alla risposta mendace, ma si estenda altresì al silenzio quando il rifiuto di fornire indicazioni sulla propria identità appaia frutto di una precisa scelta difensiva. Nel caso ipotizzato, la mancata collaborazione con l'autorità, motivata dalla necessità di difendersi, non potrebbe far sorgere una responsabilità penale *ex* art. 651 c.p.

Nel delineare la necessità di un nesso di collegamento tra il mendacio e l'effettiva esigenza difensiva si può dire risolto il problema dei limiti interni all'esercizio del diritto scriminante e, quindi, della portata stessa che raggiunge in sede applicativa l'autodifesa attiva. Resta aperta, invece, la questione dei limiti esterni, quelli cioè derivanti da altri valori di rango costituzionale che potrebbero entrare in conflitto con il diritto di difesa.

Il punto di emersione di questa tematica è rappresentato, generalmente, dai delitti di calunnia e di autocalunnia integrati dalle menzogne dell'interrogato. Sulla punibilità di tali comportamenti si scontrano, da un lato, il diritto di (auto)difesa, e dall'altro, l'interesse, sempre costituzionalmente protetto, al celere e corretto svolgimento della giurisdizione penale, nonché quello di eventuali terzi coinvolti a non vedere offesa la propria onorabilità e innocenza.

Tenendo conto del fatto che il diritto di difesa è un diritto fondamentale, espressamente definito inviolabile dall'art. 24, co. 2, Cost., e che quindi occupa una posizione di assoluto rilievo nella gerarchia dei valori costituzionalmente tutelati, dal necessario bilanciamento di interessi sembra risultare prevalente quello al mendacio difensivo. Si può tranquillamente ipotizzare un'apprezzabile utilità difensiva per l'interrogato sia dell'autocalunnia, quando la confessione di un reato non commesso serva a simulare un alibi utile per difendersi da altre accuse più gravi, sia della calunnia, quando, come si è già ricordato, la falsa dichiarazione che ne rappresenta l'elemento materiale sia inscindibilmente collegata alla negazione dei fatti addebitati (si pensi all'esempio dei testimoni d'accusa tacciati di falsità). In simili eventualità, il contegno mendace dovrebbe essere scriminato dalla prevalenza del diritto di difesa. Il problema dei limiti esterni finisce, quindi, per ripiegarsi su quello dei limiti interni: le condotte astrattamente punibili devono considerarsi scriminate nella misura in cui, in concreto, perseguano un'apprezzabile finalità difensiva, prevalente sugli altri interessi costituzionalmente protetti.

19. La disciplina dell'interrogatorio: i preliminari

La disciplina dell'interrogatorio non contempla più la formale distinzione fra preliminari e merito che invece caratterizzava il corrispondente istituto del codice previgente (artt. 366 e 367 c.p.p. 1930). Nondimeno, la tradizionale bipartizione mantiene ancora oggi efficacia, quantomeno sotto il profilo descrittivo.

Qualora l'interrogatorio sia il primo atto del procedimento al quale partecipa l'indagato, i preliminari si aprono necessariamente, secondo quanto previsto dall'art. 66, co. 1, con l'invito rivolto al prevenuto dall'autorità procedente «a dichiarare le proprie generalità e quant'altro può valere a identificarlo, ammonendolo circa le conseguenze cui si espone chi si rifiuta di dare le proprie generalità o le dà false». Le informazioni ulteriori rispetto alle strette generalità sono tassativamente indicate dall'art. 21 disp. att., laddove si prevede che all'interrogato vada anche chiesto se ha un soprannome o uno pseudonimo, se ha beni patrimoniali e quali sono le sue condizioni di vita individuale, familiare e sociale, se è sottoposto ad altri processi penali, se ha riportato condanne in Italia o all'estero e, quando ne è il caso, se esercita o ha esercitato uffici o servizi pubblici o servizi di pubblica necessità e se ricopre o ha ricoperto cariche pubbliche. Il contenuto di tali domande evidenzia la caratterizzazione dell'interrogatorio anche come mezzo di identificazione.

Dalla disciplina codicistica dell'**attività di identificazione** sembra emergere la precisa volontà di imporre all'interrogato l'obbligo di cooperare in questo frangente con l'autorità procedente, sul presupposto che le dichiarazioni concernenti le generalità non implicherebbero l'esercizio del diritto di difesa. Del resto è proprio questo il significato attribuibile alla disposizione contenuta nell'art. 66, co. 1, dove è prevista addirittura l'ammonizione circa le conseguenze penali delle false dichiarazioni sulla propria identità. Ciò nondimeno, permangono serie perplessità di ordine sistematico che sconsigliano di aderire acriticamente alla pur esplicita regolamentazione legislativa.

Anche tenendo ben distinte le risposte concernenti le strette generalità, vale a dire nome, cognome, data e luogo di nascita[128], da quelle riguardanti le altre informazioni utili all'identificazione, non si può escludere che in alcuni casi il mendacio o anche il silenzio già sulle strette generalità possano concretamente assumere una precisa rilevanza difensiva. È quindi preferibile ritenere che l'imputato, pur dovendo in linea di massima fornire un'attestazione veritiera circa i propri stretti indici di identificazione, possa anche impunemente astenersi dal farlo ovvero mentire qualora tali contegni risultino direttamente funzionali all'esercizio del diritto di difesa e perciò scriminati ai sensi dell'art. 51 c.p.

A maggior ragione, la possibilità di tacere[129] o di mentire deve essere riconosciuta rispetto a tutte le ulteriori domande indicate nell'art. 21 disp. att., vertendo su argomenti che, per un verso, non contribuiscono direttamente all'identificazione in senso stretto, mentre, per altro verso, sono facilmente riconducibili ai fatti oggetto di addebito o comunque potenzialmente pregiudizievoli per la posizione processuale dell'interrogato, come, ad esempio, nel caso delle domande riguardanti i precedenti penali. Per inciso, va ricordato che l'autorità procedente ha a disposizione tutti gli strumenti per verificare autonomamente i precedenti penali e i procedimenti pendenti (v. art. 66 *bis*) senza dover dipendere dalle eventuali risposte dell'imputato che potrebbe anche non essere al corrente del quadro aggiornato della sua situazione.

---

[128] Le strette generalità sono state così individuate da Corte cost., sent. n. 108 del 1976.

[129] La Corte costituzionale è intervenuta sul punto, precisando che l'imputato incorre nel reato previsto dall'art. 495 c.p. se in risposta alla domanda dell'autorità fornisce notizie false concernenti i propri precedenti penali, ma può sempre astenersi dal rispondere a tali domande (e questa precisazione sembra estendibile a tutte le altre domande elencate dall'art. 21 disp. att., corrispondente all'art. 25 disp. att. c.p.p. 1930), fermo restando il solo obbligo di declinare le proprie strette generalità (Corte cost., sent. n. 108 del 1976).

Da questa impostazione, a stretto rigore, dovrebbe discendere, sul piano procedurale, la necessità di far precedere le domande riguardanti l'identificazione dall'avvertimento della facoltà di non rispondere che, dunque, diverrebbe in assoluto il primo incombente dell'interrogatorio. Tuttavia, proprio l'art. 64, co. 3, lett. *b*, sembra escludere espressamente dalla sfera di operatività della facoltà di rimanere in silenzio le risposte riguardanti l'identificazione alle quali, come si è detto, potrebbe tuttavia corrispondere un preciso interesse difensivo a non fornirle o a mentire. Un punto di equilibrio fra la tutela dell'autodifesa passiva e l'esigenza processuale di identificare correttamente il soggetto nei cui confronti si procede potrebbe essere raggiunto accettando pragmaticamente che l'avviso circa la facoltà di non rispondere, opportunamente depurato da ogni equivoco riferimento all'art. 66, co. 1, venga posticipato al momento che precede le domande indicate dall'art. 21 disp. att.

Quanto detto finora riguarda la verifica dell'identità anagrafica dell'imputato, ossia l'attribuzione alla persona fisica sottoposta a procedimento delle esatte generalità. Tale attività non è comunque indispensabile per lo sviluppo del procedimento, essendo sufficiente che la persona nei cui confronti si procede sia esattamente individuata nel capo di imputazione (identità fisica), a prescindere quindi dalla correttezza o meno dell'identità anagrafica. L'identità fisica può essere accertata, ad esempio, mediante le impronte digitali, il test del DNA, la descrizione offerta da un testimone oculare.

L'eventuale errore nell'attribuzione delle generalità viene rettificato mediante la procedura *ex* art. 130 (art. 66, co. 3) e, nelle indagini preliminari, con un provvedimento del pubblico ministero. L'errore di persona (errore sull'identità fisica, art. 68), invece, si compie quando il procedimento è rivolto nei confronti di un soggetto diverso da quello individuato nell'imputazione. Al vero imputato viene sostituita una persona diversa. In una simile evenienza, l'errore sull'identità fisica dell'imputato integra una causa di improcedibilità, ossia una causa ostativa alla decisione di merito, che va dichiarata in ogni stato e grado del processo ai sensi dell'art. 129. L'imputato apparente non viene dunque prosciolto nel merito, soluzione che sarebbe fuori luogo, non essendo lui l'effettivo destinatario dell'azione penale, ma solo estromesso dal processo. Nel corso delle indagini preliminari, sarà il pubblico ministero a richiedere l'archiviazione del procedimento svolto per errore di persona, senza peraltro che vi sia la possibilità di distinguere nella formula di archiviazione tra questione di merito (estraneità ai fatti) e questione di rito (errore di persona).

L'esatta identità anagrafica è invece rilevante quando si tratti di stabilire se l'imputato, al momento della commissione del fatto, fosse minorenne. Da ciò dipende, infatti, la competenza del giudice specializzato per i minorenni.

In caso di incertezza, gli atti devono essere trasmessi al procuratore della Repubblica presso il Tribunale per i minorenni (art. 67).

I preliminari dell'interrogatorio si completano con la nomina di un difensore di fiducia e, in caso negativo, con il compimento da parte dell'autorità procedente delle attività necessarie per assicurare l'assistenza da parte di un difensore d'ufficio.

L'ultimo atto della scansione dei preliminari è rappresentato dall'invito rivolto all'indagato affinché dichiari uno dei luoghi indicati nell'art. 157, co. 1, ovvero elegga domicilio per le notificazioni, accompagnato dall'avvertimento di cui all'art. 161, co. 1.

Sebbene lo stesso art. 161, co. 1, riconosca la possibilità che l'interessato non collabori con l'autorità procedente, si può ritenere che rispetto alla sequenza «verifica dell'assistenza difensiva-determinazione del domicilio per le notificazioni» non sia ravvisabile un interesse dell'indagato a esercitare la *recusatio respondendi* degno di tutela.

Pertanto, volendo porre in ordine cronologico tutte le attività preliminari dell'interrogatorio, si può ipotizzare il succedersi dell'identificazione – limitatamente alle strette generalità e salva comunque la possibilità per l'indagato di esercitare il diritto di autodifesa –, della nomina del difensore e della indicazione del domicilio ai fini delle notificazioni: una volta concluse queste incombenze, e prima di procedere all'eventuale assunzione delle ulteriori notizie previste dall'art. 21 disp. att., andrebbero effettuati gli avvertimenti previsti dall'art. 64, co. 3, tra cui quello riguardante la facoltà di non rispondere. La successione così delineata sembra costituire la soluzione maggiormente rispettosa del dettato normativo e, contestualmente, quella che permette all'inquisito di avere ben presenti portata e limiti dei propri obblighi e diritti di fronte alle domande dell'autorità procedente.

20. *Segue*. L'avvertimento della facoltà di non rispondere

L'avvertimento, rivolto all'indagato, che «le sue dichiarazioni potranno sempre essere utilizzate nei suoi confronti» e che «ha facoltà di non rispondere ad alcuna domanda, ma comunque il procedimento seguirà il suo corso» (art. 64, co. 3, lett. *a* e *b*), segna la conclusione dei preliminari e l'accesso al merito dell'interrogatorio.

Si tratta certamente di un **avvertimento** in senso tecnico finalizzato all'integrazione della *scientia iuris* dell'inquisito, e non, quindi, di un'ammonizione o di una esortazione. La distinzione si rivela di notevole importanza: gli avvertimenti hanno un valore finale, nel senso che esauriscono in se stessi il proprio fine, mentre le ammonizioni o le esortazioni presentano un valore strumentale, mirando a influire sulla condotta del soggetto destinatario. È chiaro, dunque, che queste ultime si ripercuotono sulla sfera di libertà della persona interrogata che, invece, non viene condizionata dagli avvertimenti.

L'avvertimento in esame presenta una struttura complessa. Accanto all'informazione riguardante la facoltà di non rispondere ad alcuna domanda vengono, infatti, illustrate le conseguenze sia del contegno omissivo, e cioè che il procedimento comunque seguirà il suo corso, sia del contegno collaborativo, nel senso che le dichiarazioni potranno sempre essere utilizzate nei confronti di chi le ha rese. Quest'ultima parte dell'avvertimento si presenta come un'enfatizzazione, peraltro innocua, delle reali potenzialità probatorie ascrivibili alle dichiarazioni eventualmente rilasciate dall'interrogato, le quali dovranno comunque soggiacere a tutti i limiti di utilizzabilità connaturati alla tipologia dell'atto e alla fase in cui lo stesso si realizza.

In linea teorica, si può concordare con chi ritiene che anche la precisazione in ordine alle conseguenze dell'esercizio o meno della facoltà di non rispondere si colloca pur sempre sul piano informativo. In pratica, tuttavia, non si può escludere che, soprattutto l'avvertimento in ordine alla prosecuzione del procedimento nonostante l'esercizio della facoltà di non rispondere, proprio perché quasi superfluo e, quindi, poco comprensibile, possa assumere un tono intimidatorio, ricadendo così nell'alveo concettuale delle ammonizioni dirette a stimolare un contegno collaborativo.

A parte queste considerazioni legate a possibili distorsioni nelle prassi applicative, occorre ribadire che, almeno a livello teorico, gli avvertimenti imposti dall'art. 64, co. 3, lett. *a* e *b*, assolvono principalmente a una funzione informativa attraverso la quale l'interrogato dovrebbe essere posto in condizione di compiere scelte processuali consapevoli. Non bisogna però cadere nell'errore di ritenere che l'assistenza difensiva – che, come vedremo *infra*, par. 25, accompagna l'imputato nel dialogo con l'autorità procedente – faccia venir meno l'utilità degli avvertimenti in parola: se è vero che il difensore ben potrebbe mettere al corrente l'assistito dei propri diritti, a patto però che sia stato possibile un colloquio preliminare, è altrettanto vero che l'avvertimento proveniente dall'autorità, oltre a garantire con certezza la funzione informativa, sortisce un effetto sicuramente maggiore, non fosse altro che nel rasserenare l'atmosfera in cui dovrà svolgersi l'interrogatorio.

Questa seconda finalità, favorendo le migliori condizioni psicologiche dell'interrogato, soddisfa un'esigenza che per sua natura si ripropone a ogni interrogatorio e non viene meno per il fatto che l'inquisito abbia già ricevuto nel corso di un precedente atto l'avvertimento in questione e possa, perciò, presumersi informato dei suoi diritti. Per tale ragione, oltre che per il dovuto rispetto dello schema legale dell'atto, si deve concludere che le prescrizioni dettate dall'art. 64, co. 3, lett. *a* e *b* vadano osservate *in limine* a ogni interrogatorio.

Gli avvertimenti in esame trovano il loro modello nella enunciazione legislativa. Tuttavia, non si tratta di formule sacramentali, destinate a essere pedissequamente ripetute. Sarà l'interrogante, caso per caso, a scegliere le parole più adatte a rendere edotto l'imputato che la legge gli conferisce la facoltà di non rilasciare alcuna dichiarazione in sede di interrogatorio e che da tale scelta non deriverà per lui nessuna conseguenza pregiudizievole. Qualora gli avvertimenti non rispecchiassero i contenuti legislativamente stabiliti, le dichiarazioni eventualmente rese dall'indagato sarebbero inutilizzabili. L'art. 64, co. 3 *bis* riferisce, infatti, la conseguenza dell'inutilizzabilità non solo al caso limite dell'omissione di ogni avvertimento, ma anche all'ipotesi in cui non siano state soddisfatte le esigenze informative imposte dall'art. 64, co. 3, lett. *a* e *b*.

Considerata la rilevanza dell'attività in esame e la gravità delle conseguenze per l'inosservanza delle regole codicistiche, è auspicabile che venga sempre fedelmente documentato non solo se, ma anche in che modo, gli avvertimenti sono stati formulati, così da consentire il necessario controllo circa la loro concreta idoneità a garantire il diritto al silenzio. È dunque imprescindibile una verbalizzazione precisa e puntuale delle parole impiegate dall'autorità procedente nei confronti dell'imputato. Nella prassi, tuttavia, si impiegano quasi sempre documenti informatici che già riportano la menzione dell'adempimento in questione che, quindi, si può dire non venga mai verbalizzato nella sua effettiva formulazione.

Occorre insistere nell'esigere una rigorosa documentazione per scongiurare il rischio che continuino a riproporsi indirizzi giurisprudenziali lassisti come, ad esempio, quello secondo cui la verbalizzazione della dichiarazione dell'interrogato «intendo rispondere» dimostrerebbe, con certezza, che, preliminarmente, egli era stato avvertito della facoltà di non rispondere.

L'ultimo aspetto che merita di essere chiarito riguarda il contegno dell'interrogato subito dopo la formulazione dell'avvertimento circa la facoltà di non rispondere: trattandosi, appunto, di un avvertimento e non di una domanda, non è richiesta una risposta circa i futuri atteggiamenti, anche se l'interessato potrebbe già in questo momento decidere istintivamente di far presente al pubblico ministero la sua intenzione di avvalersi integralmente della facoltà di non rispondere, rifiutando così *in toto* l'interrogatorio. L'indagato potrebbe inoltre giustificare tale scelta, spiegando i motivi che lo spingono a rifiutare il dialogo con l'autorità procedente. In questa ipotesi ci si troverebbe di fronte a dichiarazioni spontanee precedenti l'interrogatorio, come tali da verbalizzare e utilizzare quale eventuale elemento di prova (si pensi, ad esempio, all'imputato che, accusato di reati di terrorismo, si dichiari prigioniero politico).

Gli avvertimenti disciplinati dall'art. 64, co. 3, lett. *a* e *b*, non contengono alcun riferimento alla facoltà di mentire o, quantomeno, all'assenza di un dovere di verità in capo all'imputato che scelga di rispondere alle domande. L'obiettiva lacuna normativa non può che essere stigmatizzata. Come si è avuto modo di chiarire, la facoltà di mentire rappresenta un aspetto rilevante del diritto di autodifesa attiva. Trattandosi, dunque, di una prerogativa che, al pari della facoltà di non rispondere, caratterizza la posizione dell'indagato nei confronti dell'autorità procedente, non si comprende il motivo per cui anche la recente revisione normativa dell'art. 64 (L. 1.3.2001, n. 63) abbia ignorato l'esigenza di completare il quadro informativo delle facoltà esercitabili in sede di interrogatorio.

21. *Segue*. Le conseguenze dell'omesso o insufficiente avvertimento della facoltà di non rispondere

L'avvertimento della facoltà di non rispondere è sempre stato oggetto di interpretazioni giurisprudenziali dirette a limitarne la portata garantistica. Conviene ricordare che all'introduzione nel nostro ordinamento dell'obbligo di tale avvertimento, risalente al 1969, non è seguito il necessario adeguamento dei costumi giudiziari. La magistratura si è subito mostrata poco incline ad adempiere ai nuovi doveri, spesso vissuti con malcelata insofferenza, e ha quindi elaborato un indirizzo giurisprudenziale, divenuto col tempo nettamente prevalente, diretto a ricondurre nell'ambito della mera irregolarità l'omissione dell'avvertimento della facoltà di non rispondere.

Il ragionamento posto a base di questa interpretazione riduttiva appare ancor oggi tanto semplice quanto poco condivisibile: poiché all'imputato è nota la facoltà riconosciutagli dalla legge di astenersi dal rispondere alle domande rivoltegli durante l'interrogatorio, egli può avvalersi di tale facoltà indipendentemente dall'avvertimento del giudice, la cui omissione, pertanto, costituisce un'irregolarità formale non colpita da sanzione di nullità. Più in generale, la giurisprudenza ha quasi sempre negato che l'avvertimento in parola potesse avere rilevanza nell'ambito della nozione di intervento dell'imputato e quindi sotto il profilo delle nullità.

Dal canto suo, la dottrina ha giustamente fatto notare che, proprio partendo da una nozione di intervento non limitata alla mera presenza fisica dell'interrogato, ma estesa alla possibilità concreta di esercitare consapevolmente e liberamente i diritti e le facoltà previsti dalla legge, era consequenziale ritenere l'omesso avviso della facoltà di non rispondere direttamente incidente sull'intervento e, dunque, integrante una **nullità intermedia**.

Con l'attuale codice di rito si auspicava l'abbandono delle passate deviazioni giurisprudenziali, ma la Cassazione ha immediatamente disatteso ogni aspettativa, ribadendo immutato il proprio orientamento secondo cui l'omissione dell'avvertimento della facoltà di non rispondere alla persona sottoposta ad interrogatorio non costituisce causa di nullità. E ciò sia perché l'art. 64 n. 3 non prescrive che l'inosservanza della disposizione causi una nullità, sia perché la predetta inosservanza non rientra neppure nelle nullità di ordine generale di cui all'art. 178, non riguardando l'intervento, l'assistenza e la rappresentanza dell'imputato.

Per superare le resistenze giurisprudenziali, la citata riforma del 2001, in tema di attuazione dei princìpi del giusto processo (L. n. 63 del 2001), ha stabilito espressamente che l'inosservanza delle disposizioni di cui all'art. 64, co. 3, lett. *a* e *b*, rende inutilizzabili le dichiarazioni rese dalla persona interrogata. La codificazione dell'**inutilizzabilità** lascia però irrisolti notevoli problemi interpretativi.

In primo luogo, la dizione impiegata dall'art. 64, co. 3 *bis*, sembra imporre l'inutilizzabilità assoluta delle dichiarazioni rese dall'interrogato, sia dal punto di vista soggettivo sia da quello oggettivo. Tali dichiarazioni sarebbero allora da ritenersi inutilizzabili nei confronti di chiunque, per qualunque tipo di decisione e a prescindere dal loro tenore, quindi anche nel caso in cui fossero di segno favorevole al dichiarante. Del resto, quando il legislatore ha inteso limitare l'inutilizzabilità all'impiego delle dichiarazioni *in malam partem*, lo ha detto espressamente, come, ad esempio, nel caso dell'art. 63, co. 1.

Tuttavia, questa forma assoluta di inutilizzabilità porta con sé aspetti di rigidità forse eccessivi che rischiano di ritorcersi contro l'interesse dello stesso indagato e che segnano, sotto questo profilo, una netta involuzione rispetto al passato. Occorre ricordare, infatti, che prima della riforma, qualora le dichiarazioni raccolte fossero risultate favorevoli all'interrogato, si sarebbe potuta ritenere sanata *ex* art. 183, co. 1, lett. *a*, l'eventuale nullità intermedia derivante dall'omesso avvertimento circa la facoltà di non rispondere. Il raffronto con la duttilità della disciplina previgente, ovviamente intesa sulla base di una corretta nozione di intervento dell'imputato, risulta inesorabile, mettendo in luce come lo zelo legislativo abbia prodotto, in concreto, risultati non certamente all'altezza delle migliori intenzioni che lo hanno animato.

Per superare le conseguenze appena delineate, davvero paradossali se si pensa che derivano da una riforma che ha voluto dare attuazione ai canoni del giusto processo, bisognerebbe riuscire a dimostrare, sul piano interpretativo, che l'inutilizzabilità circoscritta *in malam partem* dall'art. 63, co. 1, funga da regola generale estensibile anche a diverse ipotesi di invalidità, come quella che si ricava dalla violazione dell'art. 64, co. 3, lett. *a* e *b*.

Una questione non dissimile, che chiama in causa sia l'estensione oggettiva sia quella soggettiva dell'inutilizzabilità, potrebbe porsi a fronte di dichiarazioni dell'indagato impiegabili nel processo in favore di altri soggetti, ma non ritualmente precedute dagli avvertimenti in esame. Ancora una volta, per superare la portata apparentemente assoluta dell'inutilizzabilità, sarebbe necessario fare ricorso all'interpretazione analogica dell'art. 63. Non dovrebbe, invece, creare particolari problemi l'opzione ermeneutica di enucleare la categoria dell'inutilizzabilità-vizio innocuo quando la prova ottenuta in violazione della disciplina sugli avvertimenti sia stata valutata dal giudice solo in negativo, per escluderla dal materiale su cui si fonda la decisione.

22. *Segue*. L'avvertimento circa i possibili obblighi testimoniali sul fatto altrui

L'ultimo degli avvertimenti che devono essere rivolti all'interrogato costituisce la più rilevante novità introdotta in materia dalla L. n. 63 del 2001. Ai sensi dell'art. 64, co. 3, lett. *c*, l'indagato viene informato che eventuali risposte su fatti concernenti la responsabilità altrui potranno avere per lui come conseguenza l'assunzione del dovere testimoniale rispetto a tali fatti. L'avvertimento in parola è, dunque, funzionale alla possibile **trasformazione dell'imputato in testimone sul fatto altrui.**

A differenza della disciplina precedente, in cui la distinzione fra imputato e testimone era scolpita in disposizioni che permettevano di individuare preventivamente e in astratto i diversi ruoli rivestiti nel processo, l'attuale regolamentazione fa dipendere l'assunzione dello *status* testimoniale proprio dal contegno serbato dinanzi alle domande dell'autorità procedente. Considerato che tale riforma viene a limitare notevolmente le prerogative autodifensive dell'imputato quando questi decida di parlare sul fatto altrui, era inevitabile che un passaggio così netto e delicato fra la qualifica di accusato, che può sempre avvalersi delle facoltà di non rispondere o di mentire, e quella di testimone, che, invece, ha l'obbligo di rispondere secondo verità, salvo quanto previsto dagli artt. 197 *bis*, co. 4, e 198, co. 2, dovesse necessariamente essere preceduto da un avvertimento formale che rendesse consapevole l'interessato della gravità delle conseguenze collegate legislativamente alla scelta di rendere dichiarazioni riferibili alla responsabilità di altri.

Occorre precisare che il meccanismo delineato dall'art. 64, co. 3, lett. *c*, non opera nel caso in cui le dichiarazioni si riferiscano alla responsabilità di futuri o attuali coimputati del medesimo reato nello stesso procedimento o in procedimenti connessi *ex* art. 12, co. 1, lett. *a*. L'interrogato non potrà perciò assumere la qualifica di testimone quando le sue dichiarazioni, pur riferibili anche alla responsabilità altrui, riguardino però gli stessi fatti che gli vengono addebitati a titolo di concorso nel medesimo reato, cooperazione nel delitto colposo o determinazione dell'evento mediante condotte indipendenti.

In tutti questi casi, essendo ovviamente inscindibili le dichiarazioni sul fatto proprio da quelle sul fatto altrui, poiché tutti i protagonisti sono chiamati a rispondere del medesimo reato, si è giustamente preferito accordare la precedenza alle garanzie tipiche dello *status* di imputato. Tale incompatibilità alla testimonianza assistita cade solo, entro i limiti dettati dall'art. 197 *bis*, co. 1 e 4, quando il dichiarante, ormai non più tecnicamente imputato, sia già stato prosciolto o condannato con sentenza irrevocabile, compresa quella di applicazione della pena su richiesta[130].

La sfera di operatività delle conseguenze descritte dall'avvertimento di cui all'art. 64, co. 3, lett. *c*, è quindi circoscritta ai casi di connessione debole contemplati dall'art. 12, co. 1, lett. *c*, e a quelli di collegamento previsti dall'art. 371, co. 2, lett. *b*[131]. Nei limiti appena indicati, l'interrogato che, previamente avvertito delle conseguenze della sua condotta, fornisca risposte riguardanti la responsabilità d'altri soggetti assume automaticamente l'ufficio di testimone assistito.

L'apparente automatismo dell'art. 64, co. 3, lett. *c*, nasconde notevoli difficoltà ricostruttive. Ci si potrebbe chiedere, anzitutto, cosa debba intendersi esattamente per «fatti che concernono la responsabilità di altri». La formula legislativa sembra presupporre la narrazione di accadimenti che si presentino immediatamente come integranti una condotta criminosa altrui. Questa lettura restrittiva appare certamente la più adeguata per garantire al dichiarante di percepire, quantomeno dal punto di vista oggettivo, il carattere accusatorio nei confronti di terzi del suo contributo narrativo e, di conseguenza, ad assicurargli, almeno potenzialmente, la consapevolezza dello *status* di testimone che andrà ad assumere in futuro. Non si può escludere, però, che rientrino

---

[130] Secondo Corte cost., sent. n. 381 del 2006, il coimputato del medesimo reato, una volta assolto per non aver commesso il fatto con sentenza passata in giudicato, si trasforma in testimone comune e non più assistito, salva comunque l'inutilizzabilità *contra se* delle dichiarazioni rese. Sullo *status* degli indagati o degli imputati connessi nei cui confronti sia stata disposta l'archiviazione o pronunciata la sentenza di non luogo a procedere, ossia provvedimenti revocabili, v. anche Corte cost., ord. n. 250 del 2003.

[131] Per la giurisprudenza, «non sussiste incompatibilità ad assumere l'ufficio di testimone per la persona già indagata in procedimento connesso ai sensi dell'art. 12 comma 1 lett. *c* o per reato probatoriamente collegato, definito con provvedimento di archiviazione. La Corte ha osservato che la disciplina limitativa della capacità di testimoniare prevista dagli artt. 197 comma 1 lett. *a* e *b*, 197 *bis* e 210 si applica solo all'imputato, al quale è equiparata la persona indagata nonché il soggetto già imputato, salvo che sia stato irrevocabilmente prosciolto per non aver commesso il fatto, nel qual caso non trovano applicazione i commi terzo e sesto dell'art. 197» (Cass., Sez. Un., 17.12.2009, De Simone e altri). Nella stessa pronuncia si è anche affermato che «l'imputato in procedimento connesso ai sensi dell'art. 12 comma 1 lett. *c* o collegato probatoriamente, anche se persona offesa dal reato, deve essere assunto nel procedimento relativo al reato connesso o collegato con le forme previste per la testimonianza cosiddetta assistita».

nella nozione di «fatti concernenti la responsabilità altrui» anche quelle circostanze che, pur non integrando di per sé una fattispecie di reato, rispecchino comunque alcuni elementi della condotta criminosa tipica. Sembra, infine, accettabile una dilatazione della previsione legislativa che consenta di ricomprendervi anche i fatti che eventualmente smentiscano l'ipotesi accusatoria.

Il richiamo alla responsabilità altrui, se correttamente inteso, non allude alla punibilità, ma alla semplice possibilità che il reato sia attribuito all'imputato-terzo, indipendentemente dalla non punibilità in concreto dell'autore.

I fatti narrati devono, inoltre, essere riferibili a una ben definita persona, anche a prescindere dalla sua precisa identificazione. Per assumere gli obblighi testimoniali non è dunque necessario che il dichiarante conosca le generalità del soggetto responsabile, anche se appare indispensabile che il racconto ne permetta almeno l'individuazione. Esula dalla tematica in esame il semplice racconto di fatti non attribuiti dall'interrogato stesso alla responsabilità di un soggetto. Il nesso successivamente o altrimenti scoperto fra il fatto narrato e una determinata persona non sarebbe sufficiente a far assumere la veste di testimone all'imputato che si fosse limitato a descrivere l'accadimento. Ad esempio, non potrebbe essere costretto a divenire testimone sulla responsabilità altrui l'inquisito che avesse solo riferito gli effetti materiali del reato di incendio o di danneggiamento senza indicarne l'autore.

Anche la definizione dell'oggetto dell'obbligo testimoniale si presta a non trascurabili incertezze interpretative. L'art. 64, co. 3, lett. *c*, stabilisce che l'interrogato, «se renderà dichiarazioni su fatti che concernono la responsabilità di altri, assumerà, in ordine a tali fatti, l'ufficio di testimone». A una prima lettura, si direbbe che l'ampiezza della dichiarazione resa in sede di interrogatorio anticipi esattamente i limiti della futura testimonianza. Tuttavia, i fatti su cui si rendono dichiarazioni sono più ampi dei fatti propriamente dichiarati. I primi rappresentano un tema di prova, i secondi sono delimitati dalle risposte fornite su quel tema.

È possibile, pertanto, che il coimputato si trovi obbligato come teste a rispondere su profili non toccati dalle domande nel corso dell'interrogatorio, ma comunque attinenti al medesimo tema di prova, ossia i fatti altrui su cui ha parlato in precedenza. Ulteriori espansioni dell'obbligo testimoniale non sembrano trovare giustificazione nel disposto legislativo: in particolare, non sarebbe accettabile che l'interrogato si vedesse obbligato a rispondere su fatti nuovi, sebbene correlati a quello di cui ha parlato, ovvero su responsabilità di soggetti diversi da quelli indicati, sia pure, in ipotesi, concorrenti nel reato.

Per effetto delle dichiarazioni eteroaccusatorie rese durante l'interrogatorio ritualmente compiuto osservando il disposto dell'art. 64, co. 3, lett. *c*, gli obblighi testimoniali possono essere assunti sia nel corso del successivo esame dinanzi al giudice in dibattimento o nell'incidente probatorio sia durante ulteriori atti condotti dagli organi inquirenti. È da escludere, invece, che la trasformazione in testimone avvenga immediatamente nel corso dello stesso interrogatorio in cui sono rese per la prima volta le dichiarazioni sul fatto altrui.

L'**omesso avvertimento** di cui all'art. 64, co. 3, lett. *c*, comporta una duplice conseguenza: per un verso, le dichiarazioni rese sui fatti concernenti la responsabilità di altri non saranno utilizzabili nei loro confronti; per altro verso, la persona interrogata non dovrà assumere in relazione a tali fatti la veste di testimone (art. 64, co. 3 *bis*). In entrambi i casi si tratta di esiti particolarmente gravi, che si intrecciano fra loro, pur risultando giustificati da due distinti ordini di motivi. La mancata trasformazione dell'interrogato in testimone si spiega con l'omessa preventiva informazione circa le conseguenze del suo contegno collaborativo e, quindi, con l'impossibilità oggettiva di effettuare una scelta informata e consapevole in favore della successiva testimonianza assistita. L'inutilizzabilità *erga alios* è invece finalizzata a tutelare il diritto al contraddittorio di chi, raggiunto dalle dichiarazioni altrui, non si vedrebbe garantita la possibilità di interrogare il proprio accusatore che, come detto, non assumerebbe l'ufficio di testimone e potrebbe, quindi, liberamente sottrarsi all'esame.

23. *Segue*. La contestazione dell'addebito

Dopo aver formulato gli avvertimenti previsti dall'art. 64, co. 3, l'autorità procedente deve contestare all'interrogato, in forma chiara e precisa, il fatto che gli è attribuito, rendere noti gli elementi di prova a carico, nonché le fonti, se ciò non pregiudichi lo svolgimento delle indagini (art. 65, co. 1). L'interrogatorio si qualifica ulteriormente quale mezzo di contestazione dell'accusa.

Potrebbe dare l'impressione di una forzatura ermeneutica parlare di contestazione dell'accusa rispetto a un sistema processuale che, sulla base di una precisa scelta di rottura con il passato, nella fase delle indagini preliminari, destinata ad accogliere l'interrogatorio, non conosce una vera e propria imputazione. Nondimeno, la dottrina più attenta ritiene che la disciplina codicistica imponga all'interprete di enucleare il concetto della «imputazione preliminare» o della «incolpazione preliminare» per descrivere l'addebito provvisoriamente mosso all'indagato nella fase procedimentale.

La possibilità di ravvisare un'**imputazione preliminare** anteriormente all'esercizio formale dell'azione penale non può far dimenticare che la relativa contestazione, operata durante l'interrogatorio, riveste comunque una minore efficacia rispetto al passato, trattandosi pur sempre di un addebito provvisorio, suscettibile di ogni successiva modificazione, anche la più penetrante, sulla base delle sopravvenute risultanze investigative, senza, peraltro, che in presenza di tale mutamento vi sia l'obbligo corrispondente per il pubblico ministero di provvedere a una nuova contestazione.

Tenuto conto che l'informazione relativa all'imputazione preliminare risulta essere necessariamente allo stato degli atti, recependo gli esiti dell'attività investigativa fino a quel punto compiuta, l'indagato potrebbe trovarsi di fronte a una pericolosa situazione di evanescenza dell'addebito, caratteristica indotta dalla fluidità delle conoscenze acquisite nella fase procedimentale, ma che, nella prassi applicativa, risulta pregiudizievole alla difesa.

Tornando alle modalità della contestazione, l'autorità procedente è tenuta a comunicare «in forma chiara e precisa» il fatto attribuito all'interrogato (art. 65, co. 1). La chiarezza implica che il magistrato non debba limitarsi a esporre le circostanze di fatto, ma abbia il dovere di esplicitarne il rilievo accusatorio con riguardo al più generale contesto in cui si inseriscono. La precisione richiede l'esposizione integrale dei dati raccolti sino a quel momento idonei a descrivere il fatto-reato sotto ogni profilo, dalla condotta all'elemento soggettivo e all'evento, dai mezzi esecutivi alle circostanze spazio temporali. La chiarezza e la precisione della contestazione sono imposte anche dall'art. 6, par. 3, lett. *a*, C.e.d.u. che prevede in favore di ogni accusato, e quindi anche di chi è sottoposto a interrogatorio, il diritto di «essere informato [...] in una lingua a lui comprensibile e in modo dettagliato, della natura e dei motivi dell'accusa elevata a suo carico»[132].

L'art. 111, co. 3, Cost. non richiede, al contrario, che l'informazione circa i motivi dell'accusa sia dettagliata, limitandosi ad affermare che la stessa debba essere inviata nel più breve tempo possibile e in modo riservato. Questa omissione si spiega con il fatto che in sede di riforma dell'art. 111 Cost. si è avuta di mira solo la costituzionalizzazione dello specifico istituto processuale dell'informazione di garanzia e non, come invece sarebbe stato auspicabile, della contestazione dell'accusa nei suoi aspetti generali. Pertanto, preso atto degli scarni contenuti dell'art. 369, il legislatore costituente non ha avvertito l'esigenza di imporre una ricostruzione in dettaglio degli addebiti provvisori, senza considerare, peraltro, che questo *deficit* nelle comunicazioni ufficiali indirizzate all'indagato può facilmente riflettersi anche sull'efficacia dello stesso istituto dell'informazione di garanzia.

In base alla formulazione dell'art. 65, co. 1, la descrizione del fatto non deve necessariamente essere accompagnata da una precisa contestazione del titolo di reato, benché l'art. 111, co. 3, Cost., così come gli art. 6, par. 3, lett. *a*,

---

[132] Una formula analoga si rinviene nell'art. 14, par. 3, lett. *a*, P.i.d.c.p.

C.e.d.u. e art. 14, par. 3, lett. *a*, P.i.d.c.p., riferiscano il diritto alla conoscenza degli addebiti tanto agli aspetti in diritto (natura) quanto a quelli in fatto (motivi). La lacuna legislativa, oggi anche costituzionalmente censurabile, è stata probabilmente determinata dall'erronea considerazione che, durante la fase preliminare, per l'esercizio consapevole delle facoltà autodifensive ciò che conta è la conoscenza dei fatti per cui si procede, anche a prescindere dalla loro qualificazione giuridica.

Oggetto della contestazione sono anche «gli elementi di prova esistenti contro» (art. 65, co. 1) la persona sottoposta alle indagini, nonché le relative fonti, a condizione che il venir meno della riservatezza sotto quest'ultimo profilo non pregiudichi la prosecuzione delle indagini. Va precisato che l'interrogante non ha il potere di selezionare gli elementi di prova, dovendo evidenziare tutti i risultati delle investigazioni che abbiano valore di elementi a carico. Non è però prevista la comunicazione obbligatoria degli elementi a discarico eventualmente raccolti nel corso delle indagini ai sensi dell'art. 358. Pur considerando l'esercizio del diritto di difesa fondato principalmente sulla conoscenza del materiale posto a sostegno dell'accusa, si può ritenere che un'esatta e completa percezione del quadro probatorio, comprensiva anche della consapevolezza degli accertamenti favorevoli eventualmente compiuti, consentirebbe una migliore valutazione delle strategie difensive da adottare. La volontà legislativa di imporre l'obbligo di comunicazione solo con riferimento alle risultanze aventi valore di elementi a carico può forse giustificarsi con l'esigenza di evitare che l'imputato modelli le sue dichiarazioni su ciò che altri hanno affermato in suo favore (ad esempio, i testimoni a discarico).

La facoltà di non svelare le fonti di prova, attribuita all'autorità interrogante, deve essere intesa in senso restrittivo, limitatamente ai casi limite in cui sussistano fondati e concreti motivi per ritenere probabile che, a seguito dell'atto, l'indagato possa inquinare concretamente le prove, tramite indebite pressioni sulle fonti (ad esempio, i testimoni a carico). Trattandosi, però, di una scelta che non deve essere motivata, appare arduo ricostruire un efficace controllo del corretto impiego di tale potere discrezionale, anche in funzione della rilevazione di eventuali invalidità dell'atto. L'impostazione più rigorosa sembra comunque disattesa dalla giurisprudenza che **collega lo specifico potere di secretazione delle fonti al più generale segreto investigativo**. Si tratta di una scelta interpretativa seriamente eccepibile, per non dire tautologica, se solo si considera che proprio al compimento dell'interrogatorio l'art. 329, co. 1, ricollega il venir meno della segretezza interna.

L'obbligo della contestazione non può essere aggirato dall'autorità procedente facendo riferimento *per relationem* ad atti dai quali si potrebbe trarre il medesimo contenuto informativo, come nel caso del rinvio al testo dell'ordinanza cautelare nella quale siano esposti i fatti, gli elementi di prova e le fonti, né, tantomeno, può ritenersi già adempiuto quando, in precedenza, l'indagato abbia avuto conoscenza di un siffatto provvedimento. Al di là della finalità informativa, che in alcuni casi potrebbe essere raggiunta pure in altro modo, la contestazione dell'addebito *in limine* riveste una non minore importanza sotto il profilo della correttezza dei rapporti fra interrogante e interrogato.

Il peso dell'atto esige una contestazione completa e precisa che elimini ogni possibile dubbio circa l'esatta comprensione delle accuse e che, al tempo stesso, palesi all'indagato il *fair play* con cui il pubblico ministero intende giocare questa cruciale partita. Tuttavia, qualora si proceda a una serie di interrogatori in un lasso di tempo ristretto, per esigenze di ragionevole durata dell'atto si potrebbe forse considerare sufficiente ripetere solo la contestazione chiara e precisa del fatto, ammettendo che l'indicazione degli elementi e delle relative fonti di prova avvenga attraverso un rinvio *per relationem* a quanto esposto nel primo interrogatorio.

La **contestazione del fatto** in apertura dell'interrogatorio nel merito costituisce un obbligo indefettibile per l'autorità procedente anche quando in precedenza l'interrogato abbia impropriamente risposto all'avvertimento circa la facoltà di non rispondere, comunicando l'intenzione di avvalersi *in toto* del diritto al silenzio. Pur prescindendo dalla già rilevata irritualità di tale risposta, la natura difensiva dell'interrogatorio presuppone, infatti, che l'inquisito venga comunque reso edotto dell'addebito mosso nei suoi confronti, degli elementi di prova che lo sostengono ed, eventualmente, delle relative fonti, poiché solo a seguito di tali informazioni si creano le condizioni indispensabili per operare coscientemente ogni scelta autodifensiva, compresa quella di non accettare il dialogo con l'interrogante.

L'indagato, ricevuto l'avvertimento di cui all'art. 64, co. 3, lett. *b*, è perciò libero di decidere se rispondere o meno a fronte di ogni singola domanda, mentre non gli viene preclusa nemmeno la possibilità, una volta entrati nel merito dell'interrogatorio, e quindi dopo essere stato informato dell'addebito e degli elementi di prova a carico, di avvalersi integralmente della facoltà di non rispondere; solo in quest'ultima ipotesi, e a partire da questo momento, sarebbe pregiudicato ogni successivo svolgimento dell'atto.

Nell'ottica del pubblico ministero si può quindi concludere che, non essendo, di norma, obbligato a procedere all'interrogatorio, l'organo dell'accusa possa mantenere segreti gli elementi raccolti fino alla necessaria *discovery* segnata dall'avviso di conclusione delle indagini preliminari (art. 415 *bis*), ma se ritenesse opportuno acquisire anche il contributo conoscitivo dell'inquisito, dovrebbe valutare l'incidenza sul prosieguo delle investigazioni del dovere di svelare comunque in sede di interrogatorio i risultati fino a quel momento conseguiti, anche a fronte dell'eventualità di non ottenere in cambio alcuna collaborazione dall'interrogato che decidesse di avvalersi totalmente della facoltà di non rispondere.

L'omessa contestazione ovvero la contestazione erronea, insufficiente o lacunosa, anche solo per mancata indicazione degli elementi o delle fonti di prova, rappresentano patologie che incidono sull'intervento dell'indagato e, quindi, sulla validità dell'interrogatorio che risulterebbe affetto da nullità intermedia ai sensi dell'art. 178, co. 1, lett. *c*.

24. *Segue*. L'interrogatorio nel merito

Attraverso la *litis contestatio* l'interrogato acquisisce la piena conoscenza del fatto, condizione logica necessaria per passare alla fase successiva in cui gli viene data la parola affinché esponga «quanto ritiene utile per la sua difesa» (art. 65, co. 2). Si introduce in tal modo uno spazio in cui l'indagato, se vuole, può liberamente esplicare l'autodifesa attiva, non necessariamente discolpandosi, ma anche solo fornendo nuovi spunti per le indagini attraverso l'indicazione di fatti e circostanze a proprio favore, su cui poi il pubblico ministero dovrà *ex* art. 358 svolgere adeguati accertamenti, ferma restando, ovviamente, la possibilità di avvalersi della facoltà di non fornire alcun elemento conoscitivo.

L'autorità procedente potrà di seguito porre direttamente le domande, dando inizio al vero e proprio interrogatorio in senso stretto, sebbene spesso accada che il pubblico ministero interloquisca, per avere ulteriori chiarimenti, già nel momento della narrazione spontanea. Sarebbe comunque preferibile che l'autorità procedente si attenesse scrupolosamente alla sequenza delineata dal legislatore: contestazione e *discovery*; versione difensiva dell'indagato; domande da parte di chi conduce l'interrogatorio. Assolutamente inderogabile è l'anteriorità logico-cronologica della contestazione. Da ciò consegue che non è consentito procedere a una contestazione parziale, con riserva di completarla nel corso dell'interrogatorio a mano a mano che si succedano le dichiarazioni dell'interrogato. L'interrogatorio in contropiede è vietato dalla scansione normativa e se comunque svolto risulta viziato da nullità intermedia.

Si è già detto[133] che la legge vieta la celebrazione dell'interrogatorio secondo modalità contrastanti con il dovuto rispetto per i diritti fondamentali dell'indagato e, in particolare, per la sua libertà fisica e morale. È quindi sufficiente ribadire che l'approccio dell'autorità procedente deve essere **improntato al più rigoroso *fair play*.**

---

[133] Cfr. *supra*, par. 17.

Non si può tuttavia dimenticare come il modello legale dell'interrogatorio nella prassi spesso ceda il passo a una ben diversa disciplina giurisprudenziale. Ad esempio, prendendo le mosse dalla considerazione che le modalità dell'interrogatorio, specificate nell'art. 65, non sono tassative, ma vanno adattate al concreto espletarsi dell'atto, la Cassazione ha affermato che la contestazione non deve avvenire necessariamente all'inizio dell'interrogatorio, ma può aver luogo anche nel corso dell'atto medesimo.

A fronte di una così macroscopica divergenza fra la sequenza legale degli adempimenti chiaramente ordinata dall'art. 65 in funzione di garanzia del prevenuto e la tendenza della prassi a legittimare lo svolgimento di interrogatori «a carte coperte», non resta che riaffermare il principio secondo cui ogni violazione del diritto fondamentale di autodifesa non può non riflettersi sulla validità dell'atto e dei contributi conoscitivi eventualmente ottenuti dall'indagato attraverso simili travisamenti delle disposizioni codicistiche.

L'interrogatorio dell'indagato viene documentato mediante verbale (art. 373, co. 1, lett. *b*) nel quale deve farsi espresso riferimento anche al fatto che l'indagato si sia rifiutato di rispondere (art. 65, co. 3). La formulazione legislativa va intesa come riguardante tanto il caso in cui l'interrogato sia rimasto in silenzio di fronte a singole domande quanto l'ipotesi di rifiuto complessivo del dialogo con l'autorità procedente. In proposito, occorre subito precisare che la descrizione della *recusatio respondendi*, sebbene imposta da una specifica previsione, è semplicemente il portato logico dello stesso concetto di documentazione dell'atto e, pertanto, non può in alcun modo essere intesa come conferma legislativa della possibilità di valutare a fini probatori il contegno omissivo.

L'art. 65, co. 3, stabilisce, inoltre, che nel verbale siano registrati, quando occorre, i connotati fisici e gli eventuali segni particolari della persona. Manca però un'espressa previsione che imponga la descrizione del contegno espressivo dell'interrogato. Ciò ovviamente non impedisce che a verbale possano essere descritti anche i tratti prosodici e paralinguistici delle risposte – e in ugual modo quelli delle domande, non meno importanti per valutare la genuinità delle risposte – i quali verrebbero ulteriormente valorizzati dal ricorso alla documentazione mediante ripresa audiovisiva. In tema di verbalizzazione, non va infine dimenticata la previsione che impone l'impiego di mezzi di riproduzione audiovisiva o fonografica per la documentazione dell'interrogatorio della persona che si trovi, a qualsiasi titolo, in stato di detenzione e che non si svolga in udienza (art. 141 *bis*, co. 1).

L'interrogatorio, e gli istituti analoghi – sommarie informazioni acquisite dalla polizia giudiziaria (art. 350), esame dibattimentale (artt. 208, 209 e 503), dichiarazioni spontanee (artt. 350, co. 7; 374 e 494)[134] –, sono gli unici canali

[134] Ai sensi dell'art. 374, co. 2, «quando il fatto per cui si procede è contestato a chi si presenta

attraverso i quali si possono legittimamente introdurre nel processo le conoscenze dell'accusato. In particolare, è espressamente **vietata la testimonianza sulle dichiarazioni rese dall'imputato** nel corso del procedimento (art. 62). Tale divieto risponde a una duplice esigenza di tutela: dell'interessato, che deve sempre essere consapevole della scelta di contribuire alla ricostruzione processuale del fatto, e della genuinità della prova inevitabilmente compromessa dalla testimonianza *de relato*.

Il collegamento fra dichiarazioni e procedimento su cui si fonda il divieto va inteso in senso lato, per evitare facili aggiramenti. Ad esempio, non è ammissibile la testimonianza di appartenenti alla polizia giudiziaria che, nel corso di operazioni investigative sotto copertura, abbiano svolto colloqui con soggetti indagati senza palesare la loro identità, compiendo in tal modo una sorta di «interrogatorio mascherato». La documentazione di siffatta attività (registrazione) non è utilizzabile processualmente e i contenuti del colloquio non sono recuperabili attraverso la testimonianza dell'agente sotto copertura [135].

Analogamente, il divieto posto dall'art. 62 si applica alla testimonianza di un ispettore del lavoro su quanto a lui riferito da persona nei cui confronti siano emersi, nel corso dell'attività ispettiva, anche semplici dati indicativi di un fatto apprezzabile come reato e le cui dichiarazioni, ciononostante, siano state assunte in violazione delle norme poste a garanzia del diritto di difesa (art. 220 disp. att.). Per rendere doverosa l'applicazione della disciplina codicistica in tema di assunzione delle dichiarazioni dell'indagato basta la sussistenza della mera possibilità di attribuire comunque rilevanza penale al fatto che emerge dall'inchiesta amministrativa e nel momento in cui emerge, a prescindere dalla circostanza che il fatto stesso possa essere riferito ad una persona determinata [136].

---

spontaneamente e questi è ammesso a esporre le sue discolpe, l'atto così compiuto equivale per ogni effetto all'interrogatorio». Di conseguenza, «le dichiarazioni rese in sede di presentazione spontanea all'autorità giudiziaria, equivalendo "ad ogni effetto" all'interrogatorio, sono idonee ad interrompere la prescrizione, purché l'indagato abbia ricevuto una contestazione chiara e precisa del fatto addebitato, in quanto gli atti interruttivi indicati nell'art. 160 c.p. si connotano per essere l'esplicitazione, da parte degli organi dello Stato, della volontà di esercitare il diritto punitivo in relazione ad un fatto-reato ben individuato e volto a consentirne la conoscenza all'incolpato. In motivazione è stato chiarito che per valutare il coefficiente di specificità della contestazione deve essere considerato lo sviluppo delle indagini e l'attuale stato del procedimento» (Cass., Sez. Un., 28.11.2013, Citarella e altri).

[135] Cass., Sez. Un., 28.5.2003, Torcasio e altro.

[136] Cass., Sez. Un., 28.11.2001, Raineri.

25. Il diritto di difesa tecnica dell'imputato

Il diritto di autodifesa, tanto nella sua componente attiva quanto in quella passiva, viene rafforzato e integrato dall'ulteriore garanzia dell'assistenza di un difensore nel corso del procedimento. Il difensore è un soggetto abilitato alla funzione di avvocato che si affianca all'imputato per assisterlo e rappresentarlo. Sul presupposto che la **difesa tecnica** è nel nostro ordinamento una **garanzia indisponibile**, ossia irrinunciabile, non essendo prevista l'autodifesa esclusiva nemmeno quando l'imputato abbia una sufficiente preparazione giuridica, il difensore nominato ha il potere di compiere per conto del suo assistito gli atti che il codice non riserva espressamente alla parte in prima persona (rappresentanza *ad litem*, art. 99, co. 1). La **titolarità della difesa** è, tuttavia, sempre **in capo all'imputato** che può togliere effetto, con espressa dichiarazione contraria, all'atto compiuto dal difensore prima che, in relazione all'atto stesso, sia intervenuto il provvedimento del giudice (art. 99, co. 2). Portato di questo principio è anche l'affermazione giurisprudenziale secondo cui «il difensore, di fiducia o d'ufficio, dell'indagato o dell'imputato, non munito di procura speciale non può effettuare una valida rinuncia, totale o parziale, all'impugnazione, anche se da lui autonomamente proposta, a meno che il rappresentato sia presente alla dichiarazione di rinuncia fatta in udienza e non vi si opponga»[137].

Per il compimento degli atti riservati alla parte (**atti personali**, ad esempio, remissione della querela, richiesta di patteggiamento o di giudizio abbreviato) il difensore deve munirsi di apposita **procura speciale**, nelle forme dell'art. 122, che gli consente di agire in nome e per conto del rappresentato[138]. Vi sono poi **atti personalissimi** per i quali non è prevista la rappresentanza volontaria, ma solo l'assistenza del difensore: ad esempio, l'interrogatorio.

---

[137] Cass., Sez. Un., 24.11.2015, Celso. Sul punto, si veda anche la nuova disciplina del concordato con rinuncia ai motivi d'appello prevista dall'art. 599 *bis*.

[138] Una particolare disciplina riguarda i rapporti fra difensore e imputato latitante: secondo l'interpretazione giurisprudenziale «la disposizione di cui all'art. 165, comma 3, secondo la quale l'imputato latitante o evaso è rappresentato "ad ogni effetto" dal difensore, ha una portata più ampia di quanto non indichi l'intitolazione, riferentesi alle sole notificazioni, dell'articolo in cui è contenuta, perché ricomprende – in conformità con la *ratio* ispiratrice della norma, che è quella di assicurare la piena tutela della difesa – anche quei casi in cui il codice di rito riserva personalmente all'imputato non evaso o latitante l'esercizio di determinati diritti o facoltà processuali; con l'esclusione, tuttavia, tra questi, dei poteri processuali dispositivi relativi all'accesso ai procedimenti speciali ed alla rinuncia all'impugnazione, i quali non costituiscono esplicazione di tutela difensiva e come tali, potendo ricondursi solo alla volontà dell'interessato, richiedono una manifestazione personale o per mezzo di procuratore speciale» (Cass., Sez. Un., 5.10.1994, Battaggia).

Il difensore ha poi il **diritto/dovere di assistere al compimento di alcuni atti** di indagine ovvero di partecipare alle udienze delle fasi processuali [139]. Ma al di là delle singole prerogative, che verranno partitamente esaminate in seguito, il compito del difensore è di portata ben più ampia, investendo in generale le strategie difensive che possono essere correttamente impostate solo su consiglio di un tecnico del diritto, basti pensare allo svolgimento di investigazioni difensive, alla scelta dei riti speciali premiali o della messa alla prova, alla proposizione delle impugnazioni.

L'imputato ha diritto di farsi assistere da **non più di due difensori** di sua scelta che vengono definiti **difensori di fiducia** (art. 96, co. 1) [140]. In realtà è possibile farsi assistere anche da un numero superiore di difensori che, tuttavia, non potranno comparire sulla scena processuale se non in qualità di sostituti di quelli formalmente nominati (art. 102). Qualche problema interpretativo si è posto nel caso della nomina di un terzo difensore senza che venisse revocato almeno uno dei due già nominati: per la giurisprudenza [141], la nomina del terzo difensore «resta priva di efficacia, salvo che si tratti di nomina per la proposizione dell'atto di impugnazione la quale, in mancanza di contraria indicazione dell'imputato, comporta la revoca dei precedenti difensori». Qualora, poi, «uno di quelli precedentemente nominati già abbia proposto impugnazione, questa conserva validità, mentre quando entrambi i patroni originariamente incaricati abbiano proposto gravame, quello del legale nominato all'uopo in eccedenza rimane inefficace, in quanto la facoltà di impugnazione legittimamente esercitata dai primi difensori ha consumato quella del terzo nominato».

---

[139] «La parte su cui grava l'onere di eccepire, *ex* art. 182 comma 2, la nullità di un atto al quale assiste è solo il difensore – ovvero il pubblico ministero –, in nessun caso l'indagato o l'imputato né altra parte privata, in quanto l'ordinamento processuale privilegia la difesa tecnica rispetto all'autodifesa, che non è mai consentita in via esclusiva, ma solo in forme che si affiancano all'imprescindibile apporto di un esperto di diritto abilitato alla professione legale» (Sez. Un., 29.1.2015, P.G. in proc. Bianchi).

[140] Nel caso in cui le nomine dei difensori non siano contestuali, «l'avviso di fissazione dell'udienza deve essere effettuato al difensore di fiducia dell'imputato che rivestiva tale qualità all'atto di fissazione dell'udienza e non anche all'avvocato che abbia acquistato successivamente tale veste, in quanto con l'emissione dell'avviso si cristallizza la situazione processuale relativa agli adempimenti di cancelleria» (Cass., Sez. Un., 26.3.2015, Maritan).

[141] Cass., Sez. Un., 15.12.2011, Di Cecca, che ha ulteriormente chiarito come «la disposizione generale per cui la nomina di un difensore in eccedenza rispetto al numero consentito rimane priva di effetto finché la parte non provvede alla revoca di quelle precedenti, non [sia] applicabile nel giudizio di cassazione, nel quale prevale, in quanto speciale, quella dell'art. 613, comma 2, in forza della quale la nomina di un terzo difensore iscritto nell'albo delle giurisdizioni superiori ai fini della presentazione del ricorso o successivamente non può essere considerata eccedente e conferisce a quest'ultimo in via esclusiva nella fase di legittimità la titolarità della difesa ed il diritto a ricevere i relativi avvisi». Sulla nomina di ulteriori difensori per il giudizio in cassazione, v. anche Cass., Sez. Un., 9.10.1996, Carpanelli e altri.

La nomina è un atto a forma libera che consiste in una dichiarazione orale o scritta indirizzata o consegnata all'autorità procedente dallo stesso imputato o dal difensore (art. 96, co. 2). Finché l'interessato si trovi in stato di privazione della libertà (arresto, fermo, custodia cautelare) e non abbia provveduto personalmente, la nomina del difensore di fiducia può essere effettuata anche da un prossimo congiunto (art. 96, co. 3)[142].

Il difensore di fiducia può **rifiutare** la nomina, comunicandolo all'interessato, ma la mancata accettazione ha effetto solo da quando viene portata a conoscenza dell'autorità procedente (art. 107, co. 1 e 2). Il difensore di fiducia può anche **rinunciare al mandato** dopo averlo accettato. Anche la rinuncia deve essere comunicata tempestivamente all'interessato e all'autorità procedente, ma non produce effetti finché l'imputato non sia assistito da un nuovo difensore e non sia decorso il termine a difesa, non inferiore a sette giorni, eventualmente concesso a quest'ultimo (art. 107, co. 3, e art. 108, co. 1). Le condizioni di efficacia della rinuncia si applicano anche alla **revoca** operata dall'imputato. Queste previsioni servono a garantire la **continuità nell'assistenza difensiva** e, al tempo stesso, a scongiurare possibili abusi del processo. Di fronte a una situazione patologica, rappresentata dal reiterato avvicendamento di difensori, posto in essere in chiusura del dibattimento, secondo una strategia non giustificata da alcuna reale esigenza difensiva, ma con la sola funzione di ottenere una dilatazione dei tempi processuali con il conseguente effetto della declaratoria di estinzione dei reati per prescrizione, il giudice dovrebbe fare corretta applicazione dell'art. 107, co. 3, e far terminare la discussione al difensore rinunciante o revocato[143].

---

[142] La nomina del difensore da parte dell'imputato detenuto, «con atto ricevuto dal direttore dello stabilimento di custodia a norma dell'art. 123, ha immediata efficacia come se fosse direttamente ricevuta dall'autorità giudiziaria destinataria, alla quale deve essere comunicata con urgenza con le modalità e gli strumenti previsti dall'art. 44 disp. att.; ne consegue che è affetto dalla nullità di carattere generale a regime intermedio di cui all'art. 178 lett. *c* l'atto compiuto in mancanza del previo avviso al difensore di fiducia così tempestivamente nominato, ancorché la nomina non sia pervenuta all'ufficio dell'autorità procedente prima della fissazione dell'atto medesimo. Nell'affermare detto principio la Corte ha altresì precisato che l'atto di nomina del difensore effettuato in carcere, specie nelle ipotesi in cui si debba ancora procedere all'interrogatorio di garanzia *ex* art. 294, è da annoverare tra i casi 'di speciale urgenza' nei quali, ai sensi della seconda parte dell'art. 44 disp. att., è autorizzato, oltre al telegramma, l'uso di qualsiasi mezzo di comunicazione, come – ad esempio – il fonogramma, il telefax o la semplice telefonata, da confermarsi con lettera raccomandata» (Cass., Sez. Un., 26.3.1997, Procopio).

[143] Nella medesima situazione, Cass., Sez. Un., 29.9.2011, Rossi e altri, ha invece ritenuto che «il diniego di termini a difesa, ovvero la concessione di termini ridotti rispetto a quelli previsti dall'art. 108, comma 1, non possono dar luogo ad alcuna nullità quando la relativa richiesta non risponda ad alcuna reale esigenza difensiva e l'effettivo esercizio del diritto alla difesa tecnica dell'imputato non abbia subito alcuna lesione o menomazione».

Come detto, l'imputato non può optare per l'autodifesa esclusiva: pertanto, in mancanza della nomina di un difensore di fiducia, l'autorità procedente provvede alla designazione di un **difensore d'ufficio** (art. 97) sulla base degli elenchi predisposti dal consiglio dell'ordine degli avvocati e dei relativi turni di reperibilità. L'iscrizione degli avvocati in tali elenchi avviene su base volontaria. Il meccanismo dell'investitura automatica del difensore d'ufficio è stato perfezionato con la riforma operata dalla L. 6.3.2001, n. 60, alla quale è seguita la riorganizzazione del patrocinio a spese dello Stato contenuta nel d.P.R. 30.5.2002, n. 115. Al riordino complessivo della disciplina della difesa d'ufficio ha provveduto il d.lgs. 30.1.2015, n. 6, adottato a norma dell'art. 16 della L. 31.12.2012, n. 247 (riforma forense).

Il difensore d'ufficio ha le stesse prerogative di quello di fiducia, compreso il diritto alla retribuzione da parte del suo assistito. A differenza di quello di fiducia, si trova però vincolato dalla designazione, **non potendo rinunciare o rifiutare l'incarico**, a meno che non ricorra un giustificato motivo per la sua sostituzione (ad esempio, una grave infermità) (art. 97, co. 5 e 105). Anche dopo la designazione del difensore d'ufficio, l'imputato ha sempre la possibilità di modificare la sua iniziale inerzia e di nominare un difensore di fiducia, con la conseguenza di far cessare automaticamente il difensore d'ufficio dalle sue funzioni (art. 97, co. 6).

Tanto il difensore di fiducia quanto quello d'ufficio hanno l'obbligo di partecipare agli atti per i quali è richiesta la loro presenza necessaria, ad esempio, alle udienze dibattimentali. Qualora, però, il difensore non sia stato reperito, e quindi non sia stato informato dell'incombente [144], non compaia e, contestualmente, non abbia nominato un sostituto ai sensi dell'art. 102 ovvero abbia abbandonato la difesa, sarà il giudice a nominare un sostituto «d'ufficio» ai sensi dell'art. 97, co. 4 [145]. Tale nomina del sostituto produce effetti limitatamente al compimento dello specifico atto, mentre «il titolare dell'ufficio di difesa rimane sempre l'originario difensore designato il quale, cessata la situazione che alla sostituzione ha dato causa, può riprendere immediatamente il suo ruolo e ricominciare a svolgere le sue funzioni non richiedendo la legge, proprio per la immutabilità della difesa e per l'automa-

---

[144] Va tuttavia precisato che «la nomina, da parte del giudice, di un sostituto processuale del difensore di fiducia o del difensore d'ufficio, presuppone un regolare avviso ai titolari del diritto di difesa ed è consentita solo nelle ipotesi tassativamente elencate dall'art. 97 comma 4» (Cass., Sez. Un., 26.3.2015, Maritan).

[145] Secondo Cass., Sez. Un., 9.7.2003, Mainente, «è nulla la notificazione (nella specie, dell'estratto contumaciale di sentenza) effettuata a difensore di ufficio diverso da quello originariamente designato e a quest'ultimo sostituito per effetto di nomina disposta al di fuori delle ipotesi di sostituzione tassativamente indicate nell'art. 97, comma 4, cod. proc. pen. (mancati reperimento o comparizione ovvero abbandono della difesa)».

tismo della reintegrazione, comunicazioni o preavvisi di sorta»[146].

La designazione del sostituto d'ufficio non può comunque sanare l'omesso avviso dell'udienza al difensore di fiducia tempestivamente nominato dall'imputato. In tal caso, infatti, si verifica una nullità assoluta ai sensi degli artt. 178, co. 1, lett. *c* e 179, co. 1, quando del difensore è obbligatoria la presenza, a nulla rilevando che la notifica sia stata effettuata al difensore d'ufficio e che in udienza sia stato presente un sostituto nominato *ex* art. 97, co. 4. Nell'enunciare tale principio, peraltro agevolmente ricavabile dal sistema, la giurisprudenza ha «evidenziato che ove, in presenza di una rituale e tempestiva nomina fiduciaria effettuata dall'interessato, il giudice proceda irritualmente alla designazione di un difensore d'ufficio, viene ad essere leso il diritto dell'imputato "ad avere un difensore di sua scelta", riconosciuto dall'art. 6, par. 3, lett. *c*, Cedu»[147].

Il difensore che si trovi impossibilitato a presenziare all'atto per un **concomitante impegno professionale** può presentare tempestiva istanza di differimento all'autorità procedente. Soprattutto con riferimento alla celebrazione delle udienze, il difensore non ha, tuttavia, un vero e proprio diritto ad ottenerne il rinvio, spettando comunque al giudice il compito di «effettuare una valutazione comparativa dei diversi impegni al fine di contemperare le esigenze della difesa e quelle della giurisdizione, accertando se sia effettivamente prevalente l'impegno privilegiato dal difensore per le ragioni rappresentate nell'istanza e da riferire alla particolare natura dell'attività cui occorre presenziare, alla mancanza o assenza di un codifensore nonché all'impossibilità di avvalersi di un sostituto a norma dell'art. 102»[148]. La giurisprudenza ha enucleato un vero e proprio decalogo al cui rispetto è condizionata la sussistenza del **legittimo impedimento** che dà luogo ad assoluta impossibilità a comparire, ai sensi dell'art. 420 *ter* co. 5: il difensore deve, dunque: a) prospettare l'impedimento non appena conosciuta la contemporaneità dei diversi impegni; b) indicare specificamente le ragioni che rendono essenziale l'espletamento della

---

[146] Cass., Sez. Un., 11.11.1994, Nicoletti, secondo cui, dal citato principio di immutabilità «consegue che unico destinatario della notifica di atti destinati alla difesa e segnatamente dei provvedimenti soggetti ad impugnazione è il difensore che risulti titolare dell'ufficio, con esclusione, quindi, del difensore chiamato a sostituire il già nominato difensore di ufficio o quello incaricato della difesa dallo stesso imputato».

[147] Cass., Sez. Un., 26.3.2015, Maritan.

[148] Cass., Sez. Un., 25.6.2009, De Marino. Nel caso in cui il difensore ottenga «il rinvio della udienza per legittimo impedimento a comparire ha diritto all'avviso della nuova udienza solo quando non ne sia stabilita la data già nella ordinanza di rinvio, posto che, nel caso contrario, l'avviso è validamente recepito, nella forma orale, dal difensore previamente designato in sostituzione, ai sensi dell'art. 97, comma 4, il quale esercita i diritti ed assume i doveri del difensore sostituito e nessuna comunicazione è dovuta a quest'ultimo» (Cass., Sez. Un., 28.2.2006, Grassia).

sua funzione nel diverso processo; c) rappresentare l'assenza in detto procedimento di altro codifensore che possa validamente difendere l'imputato; d) rappresentare l'impossibilità di avvalersi di un sostituto ai sensi dell'art. 102 sia nel processo a cui intende partecipare sia in quello di cui chiede il rinvio [149].

L'impedimento del difensore a comparire in udienza può essere dovuto anche a serie, imprevedibili e attuali **ragioni di salute**, debitamente documentate e tempestivamente comunicate al giudice. In tal caso, l'impedimento non comporta l'obbligo di nominare un sostituto processuale o di indicare le ragioni della mancata nomina e il difensore ha diritto al rinvio dell'udienza, anche camerale [150].

Il difensore può altresì dichiarare di aderire all'**astensione dalla partecipazione alle udienze** legittimamente proclamata dagli organismi rappresentativi della categoria [151]. Di conseguenza, l'udienza, anche camerale, deve es-

---

[149] Cass., Sez. Un., 18.12.2014, Torchio, che ha anche precisato come «il rinvio dell'udienza per impedimento legittimo del difensore per contemporaneo impegno professionale determin[i] la sospensione del corso della prescrizione fino ad un termine massimo di sessanta giorni a far capo dalla cessazione dell'impedimento stesso, dovendosi applicare in tal caso la disposizione di cui all'art. 159 comma 1 n. 3 c.p., nel testo introdotto dall'art. 6 della l. 5.12.2005, n. 251».

[150] Cass., Sez. Un., 21.7.2016, Nifo Sarrapochiello e altri.

[151] «In tema di adesione del difensore all'astensione proclamata dagli organismi rappresentativi della categoria, il bilanciamento tra tale diritto di rilievo costituzionale e i contrapposti diritti e valori costituzionali dello Stato e dei soggetti interessati al servizio giudiziario, è stato realizzato in via generale, secondo le indicazioni della sentenza n. 171 del 1996 della Corte costituzionale, dal legislatore con la legge n. 146 del 1990 (e successive modifiche) e dalle fonti secondarie ivi previste, alle quali è stata dalla legge attribuita la competenza in materia, mentre al giudice spetta normalmente il compito di accertare se l'adesione all'astensione sia avvenuta nel rispetto delle regole fissate dalle competenti disposizioni primarie e secondarie, previa loro corretta interpretazione» (Sez. Un., 27.3.2014, Lattanzio). Con la medesima pronuncia, la Corte ha anche precisato che la dichiarazione di astensione dalle udienze o dalle attività del difensore «può essere trasmessa a mezzo telefax alla cancelleria del giudice procedente, dovendo applicarsi la norma speciale contenuta nell'art. 3 comma 2 del vigente codice di autoregolamentazione, secondo la quale l'atto contenente la dichiarazione di astensione può essere "trasmesso o depositato nella cancelleria del giudice o nella segreteria del pubblico ministero"».

V. anche Corte cost., sent. n. 180 del 2018 che ha dichiarato l'illegittimità costituzionale dell'art. 2 *bis* della L. 13.6.1990, n. 146 (Norme sull'esercizio del diritto di sciopero nei servizi pubblici essenziali e sulla salvaguardia dei diritti della persona costituzionalmente tutelati. Istituzione della Commissione di garanzia dell'attuazione della legge), nella parte in cui consente che il codice di autoregolamentazione delle astensioni dalle udienze degli avvocati – adottato in data 4 aprile 2007 dall'Organismo Unitario dell'Avvocatura (OUA) e da altre associazioni categoriali (UCPI, ANF, AIGA, UNCC), valutato idoneo dalla Commissione di garanzia per lo sciopero nei servizi pubblici essenziali con delibera n. 07/749 del 13 dicembre 2007 e pubblicato nella Gazzetta Ufficiale della Repubblica n. 3 del 2008 – nel regolare, all'art. 4, co. 1, lett. *b*, l'astensione degli avvocati nei procedimenti e nei processi in relazione ai quali l'imputato si trovi in stato di custodia cautelare, interferisca con la disciplina della libertà personale dell'imputato.

Si tratta di una pronuncia obiettivamente ambigua il cui significato può essere ricostruito sia nel senso che la Corte ha inteso escludere la legittimità dell'astensione degli avvocati nei processi

sere rinviata con **sospensione dei termini di prescrizione per l'intero lasso di tempo del rinvio**. In caso di mancata concessione da parte del giudice del rinvio della trattazione dell'udienza, anche camerale, in presenza di una dichiarazione effettuata o comunicata dal difensore nelle forme e nei termini previsti dall'art. 3, co. 1 del vigente codice di autoregolamentazione, si verifica una nullità per la mancata assistenza dell'imputato, ai sensi dell'art. 178, co. 1, lett. *c*, che ha natura assoluta ove si tratti di udienza o di udienza camerale a partecipazione necessaria del difensore, ovvero natura intermedia in tutti gli altri casi [152].

Sotto la vigenza del codice del 1930, la Corte europea aveva chiaramente evidenziato come gli aspetti problematici della disciplina della difesa d'ufficio non fossero tanto quelli connessi alle modalità di scelta del difensore, quanto alla mancanza di una disciplina che obbligasse l'autorità procedente a intervenire direttamente a fronte di carenze manifestate dal legale nello svolgimento del mandato difensivo [153].

Nonostante il nuovo codice avesse come obiettivo primario quello di adeguare la legislazione processuale al rispetto delle «norme delle convenzioni internazionali ratificate dall'Italia» (art. 2, L. n. 81 del 1987), in sede di riforma il tema dell'effettività della difesa d'ufficio è stato affrontato obliterando proprio l'insegnamento fornito dalla Corte europea nell'interpretazione dell'art. 6, par. 3, lett. *b* e *c*, C.e.d.u. Le maggiori innovazioni hanno infatti riguardato il procedimento di individuazione del difensore d'ufficio, cercando di scongiurare scelte discrezionali soprattutto da parte del pubblico ministero che rappresenta l'antagonista naturale dell'imputato, l'obbligatorietà del patrocinio d'ufficio e la retribuzione di tale attività.

Il nostro sistema continua a non conoscere forme normativamente stabilite di controllo sulle concrete modalità di esecuzione del mandato da parte

---

con imputati detenuti finché il legislatore non interverrà individuando il limite di tale diritto rispetto ad altri diritti costituzionali ritenuti prevalenti, sia nel senso che il Giudice delle leggi si è limitato a dichiarare l'incostituzionalità del diritto degli imputati di manifestare il proprio dissenso rispetto alla scelta dei difensori di astenersi dalle udienze, ovvero, ancor più precisamente, della facoltà attribuita ai detenuti di incidere, con il loro consenso o dissenso, sulla durata (complessiva) della custodia cautelare.

[152] Cass., Sez. Un., 30.10.2014, P.O. in proc. Tibo e altro; nella medesima pronuncia, la Corte ha anche ricordato che «la dichiarazione di astensione dalla partecipazione alle udienze, espressa dal difensore della persona offesa o della parte civile ai sensi dell'art. 3, comma 2, del vigente codice di autoregolamentazione, non dà diritto al rinvio della trattazione del procedimento, qualora il difensore dell'imputato o dell'indagato non abbia espressamente o implicitamente manifestato analoga dichiarazione di astensione, così mostrando un proprio interesse ad una celere definizione del procedimento. Principio affermato con riferimento ad un caso in cui l'astensione era stata dichiarata nell'ambito di una udienza fissata a seguito di opposizione della persona offesa alla richiesta di archiviazione».

[153] Corte eur., sent. 9.4.1984, Goddi c. Italia; Corte eur., sent. 13.5.1980, Artico c. Italia.

del difensore d'ufficio. Se tale impostazione può forse giustificarsi per la difesa di fiducia con l'esigenza di non interferire nei rapporti tra imputato e difensore e di non attentare all'indipendenza dell'avvocatura, non altrettanto può dirsi per la difesa d'ufficio. In questo caso, infatti, nell'inerzia dell'interessato è l'autorità procedente a dover incaricare un soggetto qualificato dello svolgimento della difesa tecnica.

Il conferimento dell'incarico è già di per sé un'interferenza necessitata nelle dinamiche interne alla difesa e non può non avere ulteriori conseguenze. Il legale prescelto, sia pure in base a criteri oggettivi e non discrezionali, compare sulla scena processuale per volontà dell'autorità giudiziaria. Questa anomalia, unitamente al difetto genetico di un pregresso rapporto fiduciario fra difensore e assistito e alle difficoltà nell'instaurarlo dopo la nomina, rischiano di condizionare negativamente l'intero svolgimento del mandato. Spetta, dunque, a chi ha compiuto la designazione del difensore **vigilare** affinché quest'ultimo operi secondo scienza e coscienza, offrendo **un'assistenza legale effettiva e concreta**.

La Corte europea ha avuto modo in più occasioni di dettare le linee guida dell'onere di intervento imposto all'autorità procedente. Le carenze della difesa d'ufficio devono risultare manifeste ovvero devono essere state segnalate al giudice, magari dallo stesso imputato[154]. Non si può, infatti, ascrivere allo Stato ogni tipo di mancanza del patrocinio d'ufficio. La responsabilità dell'autorità giudiziaria e il conseguente onere di intervento sorgono solo a fronte di una deficienza grave, capace di incidere negativamente sulla regolarità dello svolgimento processuale, come tale rilevabile direttamente dal giudice. Oppure deve trattarsi di una carenza che non è di immediata evidenza, ma che l'imputato può avere interesse a far rilevare affinché vengano adottati provvedimenti idonei a sanarla.

L'ineffettività della difesa d'ufficio risulta accentuata dall'ingresso nel processo del sostituto del difensore d'ufficio. La mancata presenza del difensore designato e non impedito obbliga, infatti, il giudice a nominare un sostituto che sia prontamente reperibile per permettere il compimento dell'atto o lo svolgimento dell'udienza. Questo adempimento testimonia normalmente la forma più grave di disinteresse del difensore d'ufficio che, pur avendo il dovere di assicurare l'assistenza dell'imputato, non si presenta senza addurre un legittimo impedimento. Il suo sostituto risulta ancor meno preparato per lo svolgimento del mandato e, nonostante ciò, spesso non si oppone a che la sua presenza sia ridotta a mera condizione formale di prosecuzione del procedimento. Si innesca così un meccanismo perverso che accentua i difetti

---

[154] Corte eur., sent. 21.4.1998, Daud c. Portogallo; Corte eur., sent. 19.12.1989, Kamasinski c. Austria.

congeniti della difesa d'ufficio al punto che non è fuori luogo parlare di una difesa tecnica solo apparente.

Emblematica in tal senso è la vicenda che ha condotto alla condanna dell'Italia per l'ineffettività della difesa d'ufficio [155]. Lo svolgimento dell'udienza alla presenza del sostituto del difensore d'ufficio finisce per essere una patologia nella patologia della difesa d'ufficio. Gli stimoli del sostituto sono ancora meno di quelli che caratterizzano la posizione del titolare della difesa. Bisogna però ammettere che un sostituto che volesse rispettare il suo ruolo e che richiedesse un congruo termine per studiare gli atti del procedimento verrebbe sopportato con malcelata insofferenza dal giudice. Peraltro, tale iniziativa finirebbe per scontrarsi con un consolidato indirizzo giurisprudenziale che non attribuisce al sostituto la facoltà di chiedere un termine a difesa. Pur senza generalizzare, la scelta del sostituto di imbastire una qualche forma di difesa effettiva sarebbe considerata nella prassi un'anomalia da osteggiare più che assecondare.

Al fine di assicurare la difesa tecnica (di fiducia o d'ufficio) anche ai soggetti non abbienti [156], è istituito il patrocino a spese dello Stato che non riguarda, tuttavia, i procedimenti per reati di evasione in materia di imposte (d.P.R. n. 115 del 2002 che ha sostituito la L. 30.7.1990, n. 217). L'ammissione al gratuito patrocinio è decisa dal giudice procedente (nel corso delle indagini, dal giudice per le indagini preliminari) [157] e comporta che il pagamento delle spese e degli onorari del difensore [158] sia posto a carico dello Stato in base al provvedimento giurisdizionale di liquidazione, adottato in modo tale da non superare i valori medi delle tariffe professionali.

---

[155] Corte eur., sent. 27.4.2006, Sannino c. Italia.

[156] Secondo il decreto interministeriale del 7 maggio 2015, si tratta dei soggetti titolari di un reddito annuo imponibile, risultante dall'ultima dichiarazione, non superiore a euro 11.528,41. Se l'interessato convive con il coniuge o con altri familiari, il reddito, ai fini della concessione del beneficio, è costituito dalla somma dei redditi di tutti i componenti della famiglia. In tal caso, il limite di reddito è elevato di euro 1.032,91 per ognuno dei familiari conviventi.

[157] Cfr. Cass., Sez. Un., 25.2.2004, Lustri.

[158] Secondo Cass., Sez. Un., 30.6.2004, Turrisi e altro, «il difensore della persona ammessa al patrocinio a spese dello Stato può nominare, a norma dell'art. 102, un sostituto per tutte le attività per le quali la sostituzione è consentita, oltre quella di investigazione difensiva, alla quale soltanto fa riferimento l'art. 101 d.P.R. 30 maggio 2002 n. 115». È stato inoltre chiarito che «il sostituto del difensore della persona ammessa al patrocinio a spese dello Stato non deve necessariamente essere scelto tra gli iscritti nell'albo speciale di cui all'art. 80 d.P.R. 30 maggio 2002 n. 115» e che «al difensore della persona ammessa al patrocinio a spese dello Stato compete il compenso per l'attività difensiva svolta dal sostituto».

26. *Segue*. Le prerogative del difensore

Il difensore dell'imputato non è solo **titolare di diritti** da esercitare all'interno del processo. La sua posizione è più complessa e prevede anche alcuni **precisi doveri**, oltre a specifiche **garanzie per il libero esercizio dell'attività difensiva**.

Il difensore può assistere più imputati, purché le diverse posizioni non siano fra loro **incompatibili** (art. 106, co. 1). È quindi imposto al difensore comune il dovere di evitare situazioni di incompatibilità che si verificano quando un imputato abbia l'interesse a sostenere una tesi difensiva sfavorevole o inconciliabile con quella di un altro. Non è sufficiente a integrare l'incompatibilità del difensore la semplice diversità di posizioni giuridiche o di linee di difesa tra più imputati, ma occorre che la versione difensiva di uno di essi sia assolutamente inconciliabile con la versione fornita dagli altri assistiti, così da determinare un contrasto radicale e insuperabile, tale da rendere impossibile, per il difensore, sostenere tesi logicamente inconciliabili tra loro. Occorre, in altri termini, che la difesa dell'uno escluda la possibilità di difendere l'altro il quale rimarrebbe sprovvisto, di fatto, dell'assistenza tecnica.

Nella versione codicistica dell'incompatibilità sembrerebbero non rientrare, almeno formalmente, i casi determinati dai rapporti con le altre parti, come quando il difensore intrattiene rapporti professionali (sia pure in altri procedimenti o anche in sede stragiudiziale) con la parte civile, oppure quando consiglia occultamente la persona offesa. Si tratta di infedeltà penalmente rilevanti (artt. 380 e 381 c.p.) che dovrebbero quantomeno spingere il difensore ad astenersi dall'esercizio del mandato.

L'incompatibilità del difensore comune è un vizio rilevabile d'ufficio dall'autorità giudiziaria procedente (pubblico ministero o giudice, a seconda delle fasi) che deve indicare la questione agli interessati (parti e difensore), spiegandone le ragioni e concedendo un termine per rimuovere la situazione ostativa al regolare sviluppo del procedimento. L'incompatibilità può essere superata volontariamente dagli interessati mediante rinunce (da parte del difensore) o nuove nomine (da parte degli imputati). In caso contrario, interviene il giudice (nella fase delle indagini preliminari, a richiesta del pubblico ministero o di una parte privata), provvedendo alle necessarie sostituzioni con difensori d'ufficio designati *ex* art. 97.

Il giudice non può operare la sostituzione per ragioni diverse dall'incompatibilità nella difesa comune. È illegittima, ad esempio, la sostituzione del difensore, indicato nella lista testi dal pubblico ministero, fondata sulla presunta incompatibilità con la funzione di testimone, in quanto detta incompatibilità non è prevista in via generale (v. art. 197, co. 1, lett. *d*) e i rapporti tra il ruolo del difensore e l'ufficio del testimone, concernendo la sfera della deontologia professionale, non si prestano ad essere disciplinati in termini assoluti ed astratti [159].

L'illegittimo ricorso da parte del giudice al disposto di cui all'art. 106 determina la nullità del giudizio di merito e della relativa decisione. Il meccanismo appena esposto, che vede il giudice impegnato a segnalare l'incompatibilità e a intervenire nella perdurante inerzia degli interessati, opera solo in presenza di un difensore comune di fiducia. Se fosse d'ufficio, potrebbe provvedere direttamente il giudice alla sua sostituzione, posto che l'incompatibilità è un giustificato motivo per intervenire ai sensi dell'art. 97, co. 5.

Se fosse incompatibile solo uno dei due difensori di fiducia nominati dall'imputato, verrebbe rimosso dal giudice senza sostituzione d'ufficio, rimanendo la difesa affidata all'altro.

Spetta, infine, al giudice stabilire a quando risalga il verificarsi dell'incompatibilità. Con riguardo alla posizione dello pseudo-difeso, o eventualmente di tutti gli pseudo-difesi, si verifica una nullità assoluta (art. 179, co. 1) che investe gli atti da compiersi con l'assistenza difensiva (ad esempio, sommarie informazioni *ex* art. 350; incidente probatorio; udienza preliminare; dibattimento).

L'art. 106, co. 4 *bis*, contempla un caso specifico di incompatibilità del difensore che assista più imputati che abbiano reso dichiarazioni concernenti la responsabilità di altro imputato nel medesimo procedimento o in un procedimento connesso (art. 12) o collegato (art. 371, co. 2, lett. *b*). Si vuole in tal modo evitare che l'unico difensore dei dichiaranti possa concertare una narrazione comune dei suoi assistiti. Per la giurisprudenza, la sussistenza di questa incompatibilità non costituisce causa di nullità o di inutilizzabilità delle dichiarazioni rese dai coimputati, comportando soltanto, oltre all'eventuale responsabilità disciplinare del difensore, la necessità, da parte del giudice, di una verifica particolarmente incisiva relativamente alla loro attendibilità [160].

Il difensore di fiducia, pur potendo rinunciare al mandato, ha il dovere di **non abbandonare la difesa**, ossia di non lasciare l'imputato privo di assistenza tecnica in attesa della nomina di un nuovo difensore. Il difensore d'ufficio, invece, non può rifiutare la designazione.

L'abbandono o il rifiuto della difesa, la violazione dei doveri di lealtà e probità e del divieto di cui all'art. 106, co. 4 *bis*, sono comportamenti che l'autorità giudiziaria deve segnalare al competente consiglio dell'ordine degli avvocati per l'adozione delle relative sanzioni disciplinari. Tuttavia, se

---

[159] Sul difensore-testimone, v. Corte cost., ord. n. 433 del 2001.

[160] Cass., Sez. Un., 22.2.2007, Dike.

l'abbandono o il rifiuto sono **motivati da violazione dei diritti della difesa**, evidentemente addebitata dal legale all'autorità procedente, il consiglio dell'ordine valuta le ragioni che hanno indotto il difensore a tale scelta e se le ritiene giustificate, indipendentemente dal fatto che nel processo il giudice abbia escluso le violazioni denunciate, non procede ad applicare la sanzione disciplinare.

È opportuno chiarire che il dovere deontologico di **lealtà e probità**, richiamato anche dall'art. 105, co. 4, deve essere inteso come un **obbligo di correttezza, ma non certo di collaborazione con l'accusa.** Il difensore ha anzi il preciso dovere di contribuire alla ricostruzione fattuale solo nell'ottica di ciò che è favorevole alla posizione del suo assistito. La difesa **persegue un interesse schiettamente di parte**, introduce nel processo soltanto le prove e gli argomenti a discarico con l'unico limite, rappresentato appunto dal *fair play* processuale, di non produrre prove false.

A tutela del libero svolgimento della difesa tecnica, il legislatore assicura la riservatezza e il carattere confidenziale dei rapporti fra difensore e assistito, sia prevedendo il **segreto professionale** in favore di avvocati, investigatori e consulenti tecnici (art. 200), sia imponendo rigorosi **limiti all'attività d'indagine** che non può avere ad oggetto le relazioni interne all'ufficio difensivo (art. 103).

L'operatività delle garanzie di libertà del difensore non è subordinata alla condizione che gli atti di indagine siano disposti dall'autorità giudiziaria nello stesso procedimento in cui è svolta l'attività difensiva o all'ipotesi in cui questa sia ancora in corso[161]. Ciò premesso, è stabilito che presso gli uffici del difensore le ispezioni e le perquisizioni sono consentite solo quando il difensore stesso o i suoi collaboratori, che svolgono l'attività presso l'ufficio, siano imputati e soltanto per l'accertamento del reato loro attribuito.

Ispezioni e perquisizioni sono ammesse anche per rilevare le tracce e egli effetti materiali del reato, evidentemente commesso presso lo studio legale, oppure per ricercare cose o persone specificamente predeterminate, si pensi a un latitante nascosto dal difensore o a valori depositati presso lo studio. È comunque vietato il sequestro di carte e documenti attinenti all'oggetto della difesa, rinvenuti presso il difensore o i suoi ausiliari (investigatore privato, consulente tecnico), salvo che costituiscano corpo di reato.

È opportuno precisare che i limiti imposti a perquisizioni e ispezioni dovrebbero valere, per identità di *ratio*, anche quando gli atti probatori fossero compiuti presso gli uffici dell'investigatore o del consulente tecnico incaricati di coadiuvare il difensore. Inoltre, il sequestro dei documenti attinenti alla

---

[161] Cass., Sez. Un., 12.11.1993, De Gasperini; Cass., Sez. Un., 12.11.1993, Grollino.

difesa, non costituenti corpo di reato, dovrebbe essere vietato in qualunque luogo, e non solo negli uffici del difensore e degli ausiliari. Sarebbe assurdo ipotizzare la sequestrabilità di una memoria difensiva in mano all'imputato o al suo legale. In tal senso si è espressa anche la Cassazione sottolineando come, «mentre per le ispezioni e per le perquisizioni la garanzia prevista dall'art. 103 è collegata ai locali dell'ufficio, per i sequestri (così come avviene anche per le intercettazioni e per il controllo della corrispondenza) la lettera del secondo comma, con le parole iniziali (presso i difensori), mostra che la garanzia è collegata direttamente alle persone (difensori e consulenti tecnici), sicché il divieto opera anche quando l'attività diretta al sequestro si svolge in luogo diverso dall'ufficio»[162].

Anche così interpretato, l'art. 103, co. 2, sembrerebbe non tutelare l'imputato che detenga documenti attinenti alla difesa. Sebbene una siffatta esclusione non abbia fondamento, la giurisprudenza valorizza il dato letterale nell'affermare la legittimità del sequestro di documenti in bozza rinvenuti in luoghi in uso all'imputato e non già presso il difensore, ricordando che i limiti imposti dall'art. 103, con specifico riferimento al sequestro, non possono riguardare documenti nella sfera di pertinenza esclusiva dell'imputato, privi di una finalizzazione attuale all'espletamento delle funzioni del difensore[163].

Quando possibili in base ai criteri appena esaminati, **ispezioni, perquisizioni e sequestri** sono sottoposti a garanzie rafforzate: possono essere disposti solo dall'autorità giudiziaria; non sono delegabili alla polizia giudiziaria e devono quindi essere eseguiti dal pubblico ministero o dal giudice; a pena di nullità, deve essere avvisato il competente consiglio dell'ordine degli avvocati in modo tale da consentire al presidente o a un suo delegato di assistere al compimento dell'atto. Non si tratta però di un preavviso in senso stretto, potendo l'inquirente avvertire l'ordine quando già si trova sul posto e ha congelato il luogo (art. 250, co. 3) in attesa dell'arrivo del presidente o del suo delegato.

L'art. 103, co. 5, vieta le **intercettazioni** relative a conversazioni o comunicazioni intercorrenti fra difensori, investigatori, consulenti tecnici e loro ausiliari ovvero fra questi soggetti e gli assistiti. Il testo della disposizione non brilla certo per chiarezza e deve essere interpretato nel senso che non è riconosciuta un'immunità assoluta rispetto alle intercettazioni, ma solo con riferimento ai dialoghi riguardanti l'attività difensiva (lecita)[164]. Ciò significa che

---

[162] Cass., Sez. Un., 12.11.1993, De Gasperini.

[163] Cass., Sez. Un., 25.2.2010, Mills.

[164] In tal senso, Cass., Sez. Un., 12.11.1993, Grollino, sostiene che «il divieto in questione non riguarda indiscriminatamente tutte le conversazioni di chi rivesta la qualità di difensore e per il solo fatto di tale qualifica, ma solo le conversazioni che attengono alla funzione esercitata».

anche i difensori e i loro ausiliari possono essere sottoposti a intercettazioni, ma che le conversazioni che si scoprissero, dopo l'ascolto, attinenti alla difesa non sarebbero utilizzabili (art. 103, co. 7). Occorre ulteriormente precisare che l'attività difensiva protetta anche dalle intercettazioni è solo quella lecita: se il difensore travalicasse i limiti della sua funzione e, ad esempio, si accordasse con l'imputato per organizzarne la fuga o per occultare la refurtiva, tali conversazioni sarebbero certamente intercettabili.

Analoga protezione vale per la **corrispondenza** fra difensore e imputato che non soggiace a controlli e sequestri in quanto recante sulla busta gli indici di riconoscimento prescritti dall'art. 35 disp. att., salvo che l'autorità giudiziaria abbia fondato motivo di ritenere che si tratti di corpo del reato. Ancora una volta si tratta di un'immunità relativa.

La violazione delle prescrizioni contenute nell'art. 103 è sanzionata dalla **inutilizzabilità assoluta** dei risultati probatori eventualmente ottenuti.

L'autorità giudiziaria non può, infine, impedire i colloqui fra difensore e imputato, nemmeno quando quest'ultimo sia privato della libertà personale. L'art. 104, co. 1 e 2, riconosce, infatti, all'arrestato, al fermato o al sottoposto a custodia cautelare il diritto di conferire con il difensore subito dopo l'esecuzione del provvedimento restrittivo. Tuttavia, nel corso delle indagini preliminari per i delitti di cui all'art. 51, co. 3 *bis* e 3 *quater*, quando «sussistono specifiche ed eccezionali ragioni di cautela», il giudice, su richiesta del pubblico ministero, può dilazionare i colloqui difensivi per un tempo non superiore a cinque giorni attraverso un apposito decreto motivato. In caso di arresto e di fermo, questo potere viene attribuito direttamente al pubblico ministero fino a che il soggetto non sia posto a disposizione del giudice, e quindi per un massimo di quarantotto ore dalla privazione della libertà (art. 104, co. 3 e 4).

La previsione del differimento dei colloqui per ragioni di cautela sembra porsi insanabilmente in contrasto con l'art. 24, co. 2, Cost. Leggendo in trasparenza l'art. 104, co. 3, non è difficile scorgere il timore che il difensore possa concorrere in un eventuale disegno di inquinamento probatorio nei procedimenti del "doppio binario". Si tratta di una presunzione legislativa che non dovrebbe avere diritto di cittadinanza in un ordinamento, come il nostro, dove la difesa tecnica è tutelata a livello costituzionale quale aspetto di un più ampio diritto fondamentale. Un conto, infatti, è la possibilità di reprimere, anche penalmente, le condotte che nei casi concreti abbiano travalicato i limiti del corretto esercizio del patrocinio legale, altro è porre implicitamente a fondamento di una previsione codicistica l'assunto che i difensori possano tradire il proprio ruolo e, quindi, predisporre uno strumento che, in via preventiva, consenta di impedire contatti con l'indagato *in vinculis* ritenuti potenzialmente dannosi per lo svolgimento delle indagini e per i risultati dell'interrogatorio.

Non bisogna poi farsi troppe illusioni circa il fatto che l'obbligo di motivare il decreto di differimento serva a limitare a casi davvero eccezionali la scelta di vietare i colloqui con il difensore. Da un lato, accade troppo spesso che la motivazione venga concretamente svilita a mera clausola di stile modellata testualmente sui presupposti enunciati dal legislatore, con la conseguenza di far assurgere il differimento a regola. Dall'altro, il provvedimento in parola è considerato inoppugnabile.

La violazione del diritto di difesa appare ancor più manifesta quando il differimento dei colloqui venga posto in relazione con lo svolgimento dell'interrogatorio di garanzia della persona sottoposta a custodia cautelare (art. 294, co. 1), dell'interrogatorio dell'arrestato e del fermato da parte del pubblico ministero (art. 388) o dell'interrogatorio che si compie nell'udienza di convalida delle misure precautelari (art. 391, co. 3). In tutte queste ipotesi, la dilazione dei colloqui difensivi per cinque giorni permette al pubblico ministero rispetto all'arrestato e al fermato, e al giudice in ogni altro caso, di interrogare la persona privata della libertà senza che questa abbia potuto preventivamente consultarsi con il difensore. Infatti, bisogna ricordare che il termine massimo di cinque giorni previsto per il differimento dei colloqui corrisponde esattamente a quello entro cui deve compiersi l'interrogatorio della persona sottoposta a custodia cautelare (art. 294, co. 1) ed è superiore a quello di novantasei ore stabilito per l'udienza di convalida dell'arresto e del fermo (art. 390, co. 1 e 2).

Anche da questo punto di vista l'art. 104, co. 3, si ispira a una logica che contraddice apertamente il rispetto del diritto di difesa: si vuole impedire che il detenuto parli con il difensore prima dell'interrogatorio perché, così facendo, si evita il rischio di un esercizio consapevole della facoltà di non rispondere e si lascia maggior spazio a un contegno collaborativo. Questo atteggiamento culturale del legislatore non deve stupire: è uno sperimentato insegnamento della procedura inquisitoria che l'impatto psicologico della detenzione in carcere, associato al prolungato isolamento e alla mancanza del conforto del difensore, possano stimolare una confessione accreditata, anche solo implicitamente, come l'unico mezzo per porre fine alla situazione di prostrazione.

Oltre a essere fondatamente sospettata di illegittimità costituzionale, la normativa in esame potrebbe esporre il nostro Paese a una condanna da parte della Corte europea dei diritti dell'uomo. Il giudice di Strasburgo ha infatti ricordato che il differimento dei colloqui fra persona privata della libertà e difensore alla scadenza delle ventiquattro ore successive all'arresto rischia di pregiudicare gravemente l'indiziato, che si trova a dover operare una scelta rilevante, come quella dell'esercizio o meno del diritto al silenzio, senza potersi avvalere della consulenza del proprio legale. Secondo la Corte europea, nel rispetto del processo equo previsto dall'art. 6 C.e.d.u., il prevenuto deve poter beneficiare dell'assistenza difensiva prima che abbiano inizio gli interrogatori [165].

27. La capacità dell'imputato

L'esercizio di tutti i diritti e le facoltà riconosciuti all'imputato, in particolare l'autodifesa, presuppone la sua **capacità di partecipare consapevolmente al procedimento**. Non si tratta della capacità di intendere e di volere che deve essere accertata con riferimento al momento della commissione del fatto per stabilire l'imputabilità, bensì dell'idoneità psichica dell'accusato a comprendere compiutamente il significato degli atti che si compiono nel processo a suo carico.

La giurisprudenza non si mostra particolarmente sensibile all'esigenza di un intervento dell'imputato pienamente consapevole, ritenendo che per escludere il requisito della sua cosciente partecipazione non sia sufficiente la presenza di una patologia psichiatrica, anche grave, ma sia necessario che il soggetto nei cui confronti si procede risulti in condizioni tali da non comprendere quanto avviene e da non potersi difendere. Questa impostazione restrittiva viene giustificata con la considerazione che, altrimenti, sarebbe impossibile procedere al giudizio nei confronti di soggetti infermi o seminfermi di mente.

La ricostruzione più corretta del problema dovrebbe però considerare anche il caso in cui la capacità dell'imputato di stare consapevolmente in giudizio sia ridotta dalla presenza di un vizio di mente e non solo l'ipotesi estrema della totale incapacità. Per partecipare coscientemente al processo occorre una piena capacità di intendere e di volere, mentre un vizio di mente, anche solo parziale, potrebbe ridurre notevolmente le capacità di autodifesa, con inaccettabile compressione di quello che, per l'art. 24, co. 2, Cost., deve essere un diritto inviolabile dell'accusato.

La Cassazione non sembra attenta alle esigenze di garanzia nemmeno sotto il profilo diagnostico della malattia. Si ritiene, infatti, che, nel valutare la capacità dell'imputato di stare in giudizio, il giudice – alla luce di un'interpretazione costituzionalmente orientata dell'espressione «se occorre» contenuta nella previsione dell'art. 70, co. 1 – possa anche non procedere ad approfondimento specialistico se si convinca autonomamente dello stato di incapacità, mentre a fronte di un *fumus* di incapacità non può ne-

---

[165] Corte eur., sent. 6.6.2000, Averill c. Regno Unito; Corte eur., sent. 6.6.2000, Magee c. Regno Unito.

gare l'indagine peritale senza rendere idonea e convincente motivazione. Secondo questa interpretazione, basterebbe, dunque, un'adeguata motivazione da parte del giudice per non accedere alla valutazione scientifica della patologia. Al contrario, in presenza di sintomi seri dell'incapacità dell'imputato, non dovrebbe mai essere consentito rinunciare al contributo degli esperti. Il giudice potrebbe solo valutare preliminarmente la serietà dei sintomi che, se confermata, dovrebbe necessariamente dar luogo alla perizia.

Anche se l'art. 70 si riferisce letteralmente a ipotesi di «infermità mentale», la Corte costituzionale ha chiarito come il sistema normativo preveda la sospensione ogni volta che lo «stato mentale» dell'imputato ne impedisca la cosciente partecipazione al processo. Partecipazione che non può intendersi limitata alla consapevolezza dell'imputato circa ciò che accade intorno a lui, ma necessariamente comprende anche la sua possibilità di essere parte attiva nella vicenda e di esprimersi, esercitando il suo diritto di autodifesa. Ciò significa che quando non solo una malattia definibile in senso clinico come psichica, ma anche qualunque altro stato di infermità renda non sufficienti o non utilizzabili le facoltà mentali (coscienza, pensiero, percezione, espressione) dell'imputato, in modo tale da impedirne una effettiva partecipazione al processo, questo non può svolgersi [166].

Se invece risulta che lo stato mentale dell'imputato ne consente, di per sé, la partecipazione consapevole e attiva al processo, e sussistono solo ostacoli alla espressione verbale o scritta e alla reciproca comprensione, derivanti da infermità all'udito o alla parola, trovano applicazione le regole dell'art. 119, che prevede il diritto all'assistenza di un «interprete, scelto di preferenza fra le persone abituate a trattare» con l'imputato, al fine di consentirgli di «potere comprendere l'accusa contro di lui formulata e di seguire il compimento degli atti cui partecipa» [167].

L'infermità che incide sulla consapevole partecipazione al processo non deve necessariamente essere sopravvenuta alla commissione del fatto, come originariamente previsto dall'art. 70, ben potendo verificarsi casi in cui l'infermità di mente, non coincidente con la totale incapacità di intendere o di volere e quindi insufficiente a escludere l'imputabilità, risalga al *tempus commissi delicti* e perduri nel corso del procedimento [168].

La disciplina codicistica distingue nettamente l'ipotesi dell'incapacità temporanea e reversibile da quella dell'incapacità irreversibile dell'imputato.

---

[166] Corte cost., sent. n. 39 del 2004. È comunque esclusa da Corte cost., ord. n. 243 del 2013, ogni forma di equiparazione dell'infermità mentale con quella fisica.

[167] Corte cost., sent. n. 341 del 1999.

[168] Corte cost., sent. n. 340 del 1992.

L'art. 71 dispone che, se il giudice accerta, anche attraverso l'esperimento peritale, che lo stato mentale dell'imputato è tale da impedirne temporaneamente la cosciente partecipazione al procedimento e che siffatta condizione è reversibile, deve disporre la sospensione del procedimento, sempre che non debba essere pronunciata sentenza di proscioglimento o di non luogo a procedere, svolgendo poi ogni sei mesi (o, se necessario, anche prima) ulteriori accertamenti sullo stato di mente dell'imputato, in vista di una revoca della sospensione «non appena risulti che lo stato mentale dell'imputato ne consente la cosciente partecipazione al procedimento» (art. 72). Nel periodo di sospensione, così come nelle more degli accertamenti, il giudice, a richiesta del difensore, assume le prove che possono portare al proscioglimento dell'imputato (ma una volta acquisite rimangono valutabili a ogni fine, anche *contra reum*) nonché, a richiesta di qualunque parte, le prove indifferibili.

È tuttavia opportuno ricordare che non sempre il proscioglimento prevale sulla sospensione del processo: qualora siano contestualmente accertate l'infermità di mente al momento del fatto e l'incapacità dell'imputato di partecipazione cosciente al processo, tale situazione impedisce la pronuncia della sentenza di proscioglimento per difetto di imputabilità con contestuale applicazione di una misura di sicurezza. Ciò perché l'imputato ha interesse a partecipare consapevolmente al giudizio per escludere proprio l'applicazione di misure di sicurezza che, sebbene non costituiscano pene in senso tecnico, hanno un indubbio contenuto afflittivo rispetto al quale deve riespandersi il diritto di autodifesa che può dunque essere sacrificato solo per accedere a un proscioglimento senza ulteriori conseguenze.

Durante la sospensione del processo, l'imputato, per il quale ricorrano i presupposti della custodia cautelare, viene ricoverato in un ospedale psichiatrico (art. 286, co. 1). In ogni altro caso, sarà l'autorità amministrativa a valutare l'opportunità di applicare idonee misure terapeutiche, compreso il ricovero presso una struttura del servizio psichiatrico ospedaliero, ricovero che può anche essere disposto dal giudice solo in via d'urgenza e provvisoria (art. 73).

Nel caso in cui l'impedimento alla partecipazione consapevole al processo sia di carattere irreversibile, il giudice, revocata l'eventuale ordinanza di sospensione, pronuncia sentenza di non luogo a procedere o di non doversi procedere, a seconda delle fasi processuali, salvo che ricorrano i presupposti per l'applicazione di una misura di sicurezza diversa dalla confisca (art. 72 *bis*). La sentenza di proscioglimento è sempre revocabile qualora lo stato di incapacità venga meno o si accerti che è stato erroneamente dichiarato (art. 345, co. 2).

28. Reato e danno: la persona offesa e il danneggiato

Il reato, oltre a offendere o mettere in pericolo il bene giuridico protetto dalla norma penale sostanziale, obbliga l'autore alle restituzioni e al risarcimento del danno, come previsto dall'art. 185 c.p. Un'unica condotta, quella costituente reato, presenta dunque una **duplice illiceità**, penale e civile, che, per ragioni di economia dei giudizi e per evitare possibili giudicati contrastanti, si prevede possa essere valutata unitariamente dal giudice penale.

Prima di trattare dell'azione civile esercitata nel processo penale, è però opportuno fornire alcune precisazioni.

Il soggetto titolare del bene giuridico la cui lesione o la cui messa in pericolo costituisce l'essenza della condotta penalmente illecita (detto altrimenti, il bene giuridico protetto dalla norma penale che si assume violata) è la **persona offesa dal reato**. Quando la persona offesa sia deceduta in conseguenza del reato, le facoltà e i diritti previsti dalla legge sono esercitati dai suoi prossimi congiunti o da persona alla medesima legata da relazione affettiva o con essa stabilmente convivente (art. 90, co. 3). La persona offesa minorenne, interdetta per infermità di mente o inabilitata partecipa al procedimento a mezzo di un rappresentante indicato dagli artt. 120 e 121 c.p.

Il soggetto titolare del diritto, di natura civilistica, alle restituzioni o al risarcimento del danno è il **danneggiato** che può azionare tale diritto nel processo penale mediante la costituzione di parte civile. La **costituzione di parte civile**, infatti, non è altro che l'esercizio dell'azione civile nella sede processuale penale, anziché in quella propria civile, volta a ottenere il riconoscimento di un danno derivante dal reato e la conseguente riparazione nelle forme del risarcimento o della restituzione.

La pretesa risarcitoria può investire sia il danno patrimoniale (art. 2043 c.c.), così definito in quanto commisurabile economicamente, espresso nelle forme del danno emergente, ossia della perdita, distruzione o danneggiamento di un bene facente parte del patrimonio del soggetto, e del lucro cessante, inteso come perdita di un potenziale guadagno; sia il danno non patrimoniale (art. 2059 c.c.), detto anche danno morale, rappresentato dalle sofferenze psichiche patite in conseguenza della commissione del reato, il quale per sua natura sfugge a ogni valutazione in termini di esatta quantificazione economica. Il danno (patrimoniale e non) deve derivare direttamente dalla condotta del soggetto attivo del reato e incidere su una situazione personale classificabile come diritto soggettivo, con esclusione di situazioni di mero interesse o di interesse legittimo. Non dovrebbe, pertanto, essere risarcibile nemmeno l'asserita lesione di interessi generali o diffusi che non potrebbero trovare tutela, in quanto tali, attraverso la costituzione di parte civile, sebbene la giurisprudenza sul punto appaia alquanto permissiva, come si dirà meglio in seguito.

Se il danno patrimoniale può essere risarcito per equivalente, attraverso la corresponsione di una somma di denaro appunto pari all'entità del danno subito, quello morale è risarcibile solo in via satisfattiva con l'attribuzione di una *pecunia doloris*, una somma che, pur non potendo dare ristoro per il torto subito, sarà proporzionata alla gravità del reato e all'entità del turbamento patito a causa dello stesso.

Il risarcimento del danno patrimoniale può avvenire anche per mezzo della restituzione che si riferisce proprio all'oggetto del reato e può realizzarsi con la riconsegna del «mal tolto» o più in generale con la *restitutio in integrum*.

La persona offesa, in quanto tale, non può avanzare pretese risarcitorie che sono, invece, di esclusiva spettanza del danneggiato. Normalmente, però, le due figure **tendono a coincidere**, posto che dal reato nasce quantomeno il diritto al risarcimento dei danni morali (artt. 185 c.p. e 2059 c.c.).

Ai due soggetti sono attribuiti dall'attuale sistema codicistico ruoli distinti da svolgere in contesti diversi. La persona offesa agisce nella fase delle indagini preliminari in qualità di soggetto (quindi non di parte) che si affianca al pubblico ministero per stimolarne e controllarne l'attività, coltivando l'interesse al rinvio a giudizio dell'imputato. Per svolgere efficacemente questo ruolo, all'offeso è riconosciuto il potere di partecipare a determinati atti del procedimento (ad esempio, gli accertamenti tecnici non ripetibili, *ex* art. 360, o l'incidente probatorio *ex* art. 401, co. 5), di presentare memorie e indicare elementi di prova (art. 90, co. 1), di essere informato della pendenza del procedimento (artt. 369 e 335, co. 3 e co. 3 *ter*), dello svolgimento dell'udienza preliminare (art. 419, co. 1) e del decreto che dispone il giudizio (art. 429, co. 4), di controllare l'operato dell'organo inquirente (in occasione della richiesta di proroga delle indagini e di archiviazione, nonché mediante presentazione dell'istanza di avocazione). La persona offesa ha, inoltre, la facoltà di dichiarare o eleggere domicilio, anche indicando un indirizzo di posta elettronica certificata o altro servizio di elettronico di recapito certificato qualificato (art. 90, co. 1 *bis*).

Dando attuazione alla direttiva europea sulla tutela della vittima, il legislatore ha previsto che la persona offesa debba essere **informata** dall'autorità procedente in ordine alle **facoltà** che le sono attribuite e agli **sviluppi** del procedimento (art. 90 *bis* e 90 *ter*). Il lungo catalogo delle informazioni che devono essere fornite alla persona offesa dovrebbe consentire a quest'ultima una piena partecipazione al procedimento e un'adeguata tutela, soprattutto nei confronti dell'imputato (in particolare, art. 90 *ter*).

L'elenco delle informazioni alla persona offesa (art. 90 *bis*) si è ulteriormente incrementato con riferimento alla possibilità che la stessa rivesta anche il ruolo di **querelante**, nel qual caso dovrà dichiarare o eleggere domicilio, mentre il domicilio sarà sempre eletto presso il difensore eventualmente nominato. La persona offesa-querelante è altresì avvisata che la sua mancata comparizione, senza giustificato motivo, all'udienza alla quale sarà citata in qualità di testimone comporterà la **remissione tacita** di querela (art. 90 *bis*, lett. *n-bis*) e che lo stesso esito conseguirà dal risultato riparativo del relativo programma al quale abbia partecipato insieme all'imputato (art. 90 *bis*, lett. *p-ter*). L'informazione circa la facoltà di accedere e di svolgere i **programmi di giustizia riparativa** è oggetto anche di un'apposita previsione generale (art. 90 *bis.1*) in cui, in modo alquanto espressivo e in violazione dell'art. 27, co. 2, Cost, la **persona offesa viene definita vittima del reato**.

Una protezione rafforzata, volta a scongiurare il fenomeno della vittimizzazione secondaria, è riconosciuta alla persona offesa che versi in **condizioni di particolare vulnerabilità** (art. 90 *quater*). La definizione della persona offesa particolarmente vulnerabile si fonda sull'età (presumibilmente minorenne o comunque di giovane età, ma forse anche di età avanzata, sebbene il legislatore non abbia fornito precisazioni al riguardo), sullo stato di infermità o di deficienza psichica, sulla tipologia del reato e sulle peculiarità del fatto, con particolare riguardo ai delitti commessi con violenza alle persone o con odio razziale, ai reati di criminalità organizzata, di terrorismo, di tratta degli esseri umani o connotati da finalità di discriminazione. Se vi è incertezza sulla minore età della persona offesa, il giudice dispone d'ufficio perizia al riguardo. Se anche dopo la perizia permangono i dubbi, la minore età è presunta ai fini dell'applicazione delle norme processuali (art. 90, co. 2 *bis*).

La particolare vulnerabilità può infine dipendere dalla condizione di dipendenza affettiva, psicologica o economica dall'autore del reato.

Nonostante lo sforzo legislativo, la persona offesa particolarmente vulnerabile rimane una **figura dai contorni sfumati**, certamente non rispondente alle ineludibili esigenze di tassatività imposte dal principio di legalità processuale. Considerato che dallo *status* di particolare vulnerabilità discendono non secondarie conseguenze sul piano del trattamento normativo differenziato (ad esempio, l'art. 190 *bis*, co. 1 *bis*), l'indeterminatezza che caratterizza il nuovo soggetto processuale porta con sé un'evidente violazione del principio sancito dall'art. 111, co. 1, Cost. Non va nemmeno taciuto un ulteriore profilo di possibile illegittimità costituzionale della nuova disciplina: se l'imputato è presunto non colpevole (art. 27, co. 2, Cost.), la persona offesa deve logicamente presumersi non vittima del reato o comunque non vittima dell'azione ascritta all'indagato-imputato. Proprio la presunzione d'innocenza appare contraddetta da una tutela rafforzata delle ragioni della persona offesa che presuppone necessariamente l'opposta presunzione di responsabilità dell'indagato.

Nella fase procedimentale la situazione soggettiva del danneggiato non viene invece considerata dal legislatore, sul presupposto che la pretesa risarcitoria non potrebbe essere fatta valere in tale momento, essendo ammessa la costituzione di parte civile solo dopo l'esercizio dell'azione penale.

Nella fase processuale la condizione risulta rovesciata, la persona offesa può solo continuare a presentare memorie e indicare elementi di prova, senza però poter partecipare attivamente all'udienza preliminare e al dibattimento, mentre al danneggiato è riconosciuta la possibilità di costituirsi parte civile e come tale di esercitare tutti i diritti spettanti alla parte processuale.

Il disegno del legislatore appare chiaro: sul presupposto della tendenziale convergenza in capo al medesimo soggetto degli *status* di danneggiato e offeso dal reato, la pretesa risarcitoria viene tutelata anticipatamente nel corso delle indagini attraverso la figura della persona offesa[169], alla quale sono riconosciute prerogative che le consentono di interagire col pubblico ministero al fine di ottenere il rinvio a giudizio dell'imputato, ossia il presupposto per l'esercizio dell'azione civile in sede penale, mentre nel processo l'intervento è subordinato all'onere di costituzione di parte civile. Nonostante le recenti riforme, la vittima del reato, intesa quale soggetto promotore della pretesa punitiva, rimane estranea al nostro sistema processuale.

29. La costituzione di parte civile

Dopo l'esercizio dell'azione penale da parte del pubblico ministero, più precisamente nell'udienza preliminare prima che siano ultimati gli accertamenti relativi alla costituzione delle parti oppure, quando manchi l'udienza preliminare, fino a che nel dibattimento gli stessi accertamenti non siano compiuti (art. 79), il danneggiato può a sua volta esercitare l'azione per il risarcimento del danno o le restituzioni, costituendosi parte civile nel processo penale. La costituzione di parte civile, prevista anche nel procedimento penale militare in seguito all'intervento della Corte costituzionale[170], non è ammessa nel processo penale a carico di imputati minorenni (art. 10 d.P.R. 22.9.1988, n. 448) ed è tendenzialmente esclusa dalla giurisprudenza nel processo a carico degli enti *ex* d.lgs. 8.6.2001, n. 231.

---

[169] Emblematico è il riconoscimento alla persona offesa che ha diritto alla restituzione delle cose sequestrate della facoltà di intervento spontaneo nel giudizio di riesame del sequestro preventivo o probatorio: «tale intervento, non solo non produce alcuna irregolarità o nullità procedurale, ma rappresenta la manifestazione minore di una più ampia facoltà espressamente ammessa dalla legge. Ne consegue che all'interveniente qualificato sono attribuite le stesse prerogative riconosciute al soggetto che ha proposto la richiesta di riesame, e quindi anche quella di produrre documenti e altri elementi di prova, nonché di partecipare all'eventuale giudizio di legittimità, da altri o da lui stesso promosso, con correlativo diritto a ricevere, in quest'ultimo caso, i prescritti avvisi, conformemente al disposto degli artt. 325 comma 3, 311 comma 5, 127 comma 1» (Cass., Sez. Un., 29.5.2008, Ivanov).

[170] Corte cost., sent. n. 60 del 1996. V. anche i dubbi espressi da Cass., Sez. Un., 14.12.1994, Michelon e altro in proc. Trombetta, in ordine alla deroga allora imposta dall'art. 270 c.p.m.p.

La **legittimazione** alla costituzione di parte civile non riguarda solo le persone fisiche, ma anche enti o associazioni dotati o privi di personalità giuridica che abbiano subito un danno dal reato. Vanno aggiunti anche i successori universali del danneggiato, a cui sono assimilati i conviventi *more uxorio* (cfr. art. 90, co. 3), e una serie di soggetti che trovano legittimazione in apposite disposizioni di leggi speciali [171].

La **capacità di agire** della parte civile è disciplinata dall'art. 77 che prevede anche le modalità di costituzione dell'incapace, compreso l'intervento d'urgenza e in via provvisoria del pubblico ministero.

L'azione risarcitoria o restitutoria viene esercitata mediante l'atto di costituzione di parte civile che consiste in una dichiarazione scritta, resa anche a mezzo di procuratore speciale, che segue le forme civilistiche imposte dall'art. 78. In particolare, deve contenere le generalità del soggetto che si costituisce, le generalità dell'imputato nei cui confronti l'azione viene esercitata, le ragioni che giustificano la domanda (*causa petendi*), l'indicazione del difensore, munito di procura *ad litem*, che dovrà anche sottoscrivere l'atto.

La parte civile, infatti, sta in giudizio non personalmente, ma **a mezzo del difensore** (art. 100, co. 1) che è munito di procura speciale per rappresentare processualmente la parte e compiere gli atti processuali necessari, primo fra tutti quello di costituzione/esercizio dell'azione. Il difensore munito di **procura alle liti** è legittimato a presentare l'atto di costituzione di parte civile, ma quando gli è stata conferita anche la **procura per la costituzione** di parte civile ai sensi dell'art. 122 e in detta procura non è stabilito diversamente, può delegare un proprio sostituto, con atto scritto, sia per la sottoscrizione sia per il deposito dell'atto di costituzione (art. 78, co. 1 *bis*).

Il difensore ha anche il **potere di autenticare** sia la sottoscrizione della procura alle liti che la parte gli ha conferito (art. 100, co. 2) sia l'eventuale procura speciale (art. 122, co. 1). L'autografia della sottoscrizione può essere certificata dal difensore anche quando la procura alle liti sia apposta in un atto diverso da quelli indicati nel co. 2 dell'art. 100, sempre che sia riferita in modo certo al processo in relazione al quale la si allega e siano assicurate la sua certezza e tempestività [172].

---

[171] V., ad esempio, art. 36, co. 2, L. 5.2.1992, n. 104, in tema di assistenza sociale e tutela dei diritti delle persone handicappate; art. 2, co. 5, L. 29.12.1993, n. 580, sul riordino delle camere di commercio; art. 10, L. 7.3.1996, n. 108, in materia di usura; art. 187 *undecies*, co. 2, d.lgs. 24.2.1998, recante il t.u. delle disposizioni in materia di intermediazione finanziaria; art. 97 d.lgs. 8.7.1999, n. 270, sull'amministrazione delle grandi imprese in stato di insolvenza; art. 311, co. 1, e 315, d.lgs. 3.4.2006, n. 152, in materia ambientale; art. 61, co. 1, d.lgs. 9.4.2008, n. 81, in tema di tutela della salute e della sicurezza nei luoghi di lavoro.

[172] Cass., Sez. Un., 18.6.1993, Depaoli.

Occorre comunque tenere **concettualmente distinta** la **procura *ad litem***, che la parte civile conferisce al difensore per la rappresentanza processuale, dalla **procura speciale**, che il danneggiato può rilasciare a un soggetto (eventualmente il difensore) affinché provveda a rendere la dichiarazione di costituzione di parte civile[173]. La prima è il mandato alle liti e di per sé non implica il potere di esercitare o disporre del diritto né quello di compiere atti processuali riservati espressamente al rappresentato (ad esempio, la revoca della costituzione di parte civile *ex* art. 82, co. 1, o la rinuncia all'impugnazione ai sensi dell'art. 589, co. 2, oltre ovviamente all'esame disciplinato dall'art. 208, atto personalissimo), la seconda comporta invece una piena rappresentanza del danneggiato nella titolarità del diritto.

Come detto, la costituzione di parte civile può avvenire prima che siano ultimati gli accertamenti relativi alla costituzione delle parti nell'udienza preliminare o, quando questa manchi, nel dibattimento, con atto presentato direttamente al giudice, oppure fuori dell'udienza, mediante deposito presso la cancelleria del giudice competente per la fase e notifica all'imputato e al pubblico ministero (art. 78). Il primo momento utile è dopo l'esercizio dell'azione penale con la richiesta di rinvio a giudizio o con la citazione diretta, mentre nella fase delle indagini preliminari non è consentita la costituzione di parte civile nemmeno quando si celebri l'udienza a seguito della richiesta di applicazione della pena[174].

I **termini** imposti per la costituzione sono previsti a **pena di decadenza** (art. 79, co. 1 e 2). Quando la costituzione di parte civile è consentita fino alla verifica dibattimentale della costituzione delle parti, ossia quando manca l'udienza preliminare, se la stessa avviene dopo che è spirato il termine previsto dall'art. 468 (sette giorni liberi prima della data fissata per il dibattimento), la parte civile non può avvalersi della facoltà di presentare la lista dei testimoni, periti o consulenti tecnici (art. 79, co. 3), con le ulteriori conseguenze in tema di diritto alla prova sancite dagli artt. 468 e 493.

---

[173] Su tale distinzione, cfr. Cass., Sez. Un., 27.10.2004, Mazzarella, laddove si chiarisce «che la parte civile con la procura speciale rilasciata a norma dell'art. 100 conferisce al difensore lo *jus postulandi*, ossia la rappresentanza tecnica in giudizio, mentre con la procura speciale prevista dall'art. 122 attribuisce al procuratore, a norma dell'art. 76, comma 1, la *legitimatio ad processum*, ossia la capacità di essere soggetto del rapporto processuale e di promuovere l'azione risarcitoria in nome e per conto del danneggiato».

[174] Cass., Sez. Un., 27.11.2008, D'Avino, che ricorda anche come sia «pertanto illegittima la condanna dell'imputato al pagamento delle spese sostenute dal danneggiato dal reato la cui costituzione sia stata ammessa dal giudice nonostante tale divieto. In motivazione la Corte ha affermato che lo stesso principio deve ritenersi operante, data l'identità di *ratio*, anche in relazione alle udienze fissate per l'applicazione della pena richiesta con l'opposizione a decreto penale o a seguito di decreto di giudizio immediato».

Dopo la novella dell'art. 79, co. 3, dovrebbe ritenersi superato quell'orientamento giurisprudenziale che consentiva alla persona offesa, non ancora costituita parte civile, di depositare la lista testi, così da non incorrere nella decadenza dal diritto alla prova (artt. 468 e 493).

La costituzione di parte civile dispiega i propri effetti in ogni stato e grado del processo (art. 76, co. 2) in forza del **principio di immanenza** della costituzione che, dunque, non dovrà essere rinnovata nei diversi gradi o nelle diverse fasi del processo. Alla parte civile non è nemmeno imposto l'onere di impugnare la decisione assolutoria di primo grado, potendo giovarsi dell'appello presentato dal pubblico ministero che, qualora venga accolto e determini la condanna dell'imputato, obbliga il giudice a pronunciarsi anche sulla domanda della parte civile [175].

Sempre per il principio di immanenza, non è nemmeno necessaria la presenza in udienza della parte e del suo difensore dato che l'assenza non può interpretarsi come contegno equivalente a revoca tacita o presunta della costituzione [176], salva comunque la necessità che il difensore compaia nell'ultima udienza dibattimentale per presentare conclusioni scritte riguardanti la precisazione del *petitum*, ossia la determinazione dell'ammontare del risarcimento richiesto (artt. 523, co. 2, e 82, co. 2).

Pur non essendo previsto un provvedimento positivo di ammissione della parte civile, il giudice deve comunque **verificarne la regolare costituzione**. Questa valutazione non pregiudica in alcun modo la decisione sul merito della pretesa risarcitoria o restitutoria (art. 88, co. 1). Del resto, l'accertamento della regolare costituzione delle parti è una valutazione strettamente processuale che non implica alcuna decisione sul merito della fondatezza dell'azione civile.

---

[175] Così Cass., Sez. Un., 10.7.2002, Guadalupi. *Contra*, Cass., Sez. Un., 25.11.1998, Loparco, per la quale, «in tema di impugnazioni, alla parte civile costituita non può riconoscersi il risarcimento del danno se, assolto l'imputato nel giudizio di primo grado, vi sia condanna dello stesso su appello del solo pubblico ministero. E invero la parte lesa, una volta costituitasi parte civile, può liberamente decidere di insistere, nei gradi successivi del processo penale, nell'attivata azione per le restituzioni e/o il risarcimento del danno, nonostante l'assoluzione dell'imputato e il ritenuto accertamento (da parte del giudice del processo in una fase suscettibile di impugnazione) dell'insussistenza del fatto o della non commissione di esso da parte del chiamato in giudizio, ovvero di altra evenienza esonerante da responsabilità o implicante l'improcedibilità (e ciò quantunque il pubblico ministero abbia optato per l'accettazione della decisione); oppure scegliere di non coltivare l'azione stessa, anche quando il pubblico ministero attivi l'impugnazione nell'interesse dello Stato, con la conseguenza di far formare il giudicato in ordine al relativo rapporto, con effetti sia sostanziali, sia processuali».

[176] In tal senso, v. Cass., Sez. Un., 13.12.1995, Clarke, secondo cui «l'assenza della parte civile nel giudizio di appello non può interpretarsi come comportamento equivalente a revoca tacita o presunta, non essendo riconducibile ad alcuna delle specifiche ipotesi previste dall'art. 82 comma 2».

La parte civile costituita può essere **esclusa** dal processo quando, su istanza motivata del pubblico ministero, dell'imputato, del responsabile civile (art. 80) ovvero anche d'ufficio (art. 81), il giudice accerta l'insussistenza dei presupposti sostanziali (carenza di legittimazione o di capacità processuale) o dei requisiti formali (inosservanza dei tempi e dei modi per la costituzione) dell'azione civile. L'ordinanza di esclusione della parte civile non è impugnabile, mentre quella di inammissibilità o di rigetto della richiesta di esclusione è impugnabile, da parte del proponente, unitamente all'impugnazione della sentenza[177]. Tuttavia, se l'esclusione è disposta nell'udienza preliminare, nulla osta a che la costituzione sia ripresentata in dibattimento, sede nella quale l'escluso potrebbe anche sanare eventuali vizi di forma e quindi riproporre validamente la costituzione. L'esclusione non pregiudica il diritto di chi si ritiene danneggiato dal reato di instaurare un autonomo procedimento in sede civile (art. 88, co. 2).

La parte civile può anche **revocare la costituzione** con dichiarazione resa in udienza personalmente dalla parte o da un procuratore speciale. Trattandosi di un atto di disposizione del diritto, il difensore munito del solo mandato alle liti non sarebbe legittimato. La revoca può intervenire anche mediante atto scritto depositato in cancelleria del giudice e notificato alle altre parti (art. 82, co. 1). La costituzione è tacitamente revocata, per presunzione *ex lege*, se la parte civile non presenta le conclusioni scritte nella discussione finale dibattimentale (art. 523) oppure se promuove l'azione davanti al giudice civile (art. 82, co. 2).

È opportuno ricordare che il soggetto danneggiato dal reato ha sempre la **facoltà di avanzare le proprie pretese dinanzi al giudice civile**, instaurando un autonomo procedimento per la restituzione o il risarcimento del danno nella sede naturale. È il portato del *favor separationis* che caratterizza il sistema processuale penale: per esigenze di semplificazione dell'accertamento penalistico, il legislatore favorisce la trattazione separata dell'azione civile. Si possono così verificare le seguenti ipotesi disciplinate dall'art. 75.

Anzitutto, l'azione civile esercitata nella sede propria può essere trasferita nel processo penale fino a quando sia consentita la costituzione di parte civile e se il giudice civile non ha ancora pronunciato sentenza di merito, anche non passata in giudicato. Ciò per evitare che l'identica domanda sia decisa da due giudici diversi, con possibili contrasti. Il trasferimento dell'azione civile nel processo penale comporta l'automatica rinuncia agli atti del giudizio civile che, di conseguenza, verrà dichiarato estinto.

---

[177] Cass., Sez. Un., 19.5.1999, Pediconi, che ricorda come «nel caso di costituzione di parte civile per l'udienza preliminare, la richiesta di esclusione della stessa p[ossa] essere proposta dall'imputato, a pena di decadenza, fino al momento degli accertamenti relativi alla costituzione delle parti nel dibattimento».

Se l'azione è trasferita nella sede civile dopo che era già stata proposta dinanzi al giudice penale o se viene iniziata nella sede propria dopo che nel processo penale è stata pronunciata sentenza di primo grado, il processo civile rimane sospeso fino a che non divenga irrevocabile la decisione assunta nel processo penale che poi avrà efficacia di giudicato vincolante nel giudizio civile (artt. 651 e 652). Il legislatore vuole così, da un lato, disincentivare la presenza della parte civile nel processo penale, posto che un'azione civile iniziata nella sede propria non incontrerebbe tali limiti; dall'altro, scongiurare decisioni contrastanti e fare in modo che il procedimento civile avviato tardivamente si conformi all'esito del processo penale.

La sospensione del procedimento civile e l'efficacia vincolante della sentenza penale non si verificano quando la parte civile sia stata costretta ad esercitare l'azione davanti al giudice civile in seguito all'esclusione dal processo penale (art. 88, co. 3) o negli altri casi in cui il danneggiato non ha potuto liberamente scegliere la sede nella quale far valere i suoi diritti: ad esempio, quando il processo penale sia sospeso per l'incapacità dell'imputato (art. 71, co. 6), quando si celebri il giudizio abbreviato alla cui adozione la parte civile non può opporsi (art. 441, co. 4); quando il processo penale si chiuda col patteggiamento che non consente una decisione sulla pretesa civilistica (art. 444, co. 2), salva comunque la rifusione delle spese di costituzione di parte civile[178].

Se l'azione civile viene esercitata tempestivamente nella sede propria, ossia prima della sentenza penale di primo grado, il procedimento civile che ne consegue si sviluppa parallelamente a quello penale senza subire sospensioni e senza che l'eventuale giudicato penale di assoluzione vincoli il giudice civile che, dunque, rimarrebbe libero di condannare l'imputato al risarcimento del danno (art. 652). Questa previsione è la massima espressione del già citato *favor separationis*.

La presenza della parte civile nel processo penale è da sempre una **scelta contrastata**. Per un verso, attribuire al giudice penale la cognizione dei due profili di illiceità (penale e civile) del medesimo fatto favorisce l'economia dei giudizi ed evita il rischio di decisioni contrastanti di organi giurisdizionali diversi. Per altro verso, la duplicità delle azioni nella sede penale appesantisce l'attività processuale di accertamento del reato a discapito di quell'obiettivo di semplificazione e di economia degli atti imposto anche dalla legge delega (art. 2, n. 1, L. 16.2.1987, n. 81).

---

[178] Non va nemmeno dimenticato che «è ricorribile per cassazione la sentenza di patteggiamento nella parte relativa alla condanna alla rifusione delle spese di parte civile, in particolare per quanto attiene alla legalità della somma liquidata e alla esistenza di una corretta motivazione sul punto» (Cass., Sez. Un., 14.7.2011, Tizzi e altro).

La vera controindicazione alla presenza dell'attore civile nel processo penale è però rappresentata dal ruolo che concretamente tale soggetto riveste. Nel processo penale, la parte civile non si limita a introdurre la domanda risarcitoria, ma diviene inevitabilmente una vera e propria **accusa privata** interessata all'accertamento della responsabilità penale dell'imputato quale presupposto della responsabilità civile [179], sebbene tale tendenza sia contrastata dal legislatore che ha espressamente limitato l'atto di costituzione di parte civile all'esposizione delle ragioni che giustificano la domanda ai soli effetti civili (art. 78, co. 1 lett. *d*). Tale accusa privata, avendo un interesse personale e diretto alla condanna dell'imputato, risulta spesso più accanita di quella pubblica, finendo per determinare un evidente squilibrio fra le parti processuali: una difesa a fronte di due accusatori. L'asimmetria ricade negativamente sull'imputato che dovrà non solo difendersi sul doppio fronte, civile e penale, ma anche affrontare due distinti soggetti, parimenti interessati alla sua condanna, la cui presenza non sembra pienamente compatibile col **principio della parità delle parti** sancito dall'art. 111, co. 2, Cost.

30. Il responsabile civile, il civilmente obbligato per la pena pecuniaria e gli enti esponenziali degli interessi lesi dal reato

La richiesta risarcitoria avanzata dalla parte civile nei confronti dell'imputato può avere un ulteriore destinatario eventuale: il **responsabile civile**. Tale figura è delineata dall'art. 185 c.p. che obbliga al risarcimento del danno da reato «il colpevole e le persone che, a norma delle leggi civili, debbono rispondere per il fatto di lui». Al responsabile civile viene dunque ascritta una responsabilità (civile) per l'altrui comportamento illecito (penale) – il fatto addebitato all'imputato – sulla base di specifiche previsioni normative. Si possono ricordare i padroni e i committenti per i danni arrecati dal fatto illecito dei loro domestici e commessi nell'esercizio delle incombenze a cui sono adibiti (art. 2049 c.c.); i proprietari e gli usufruttuari di veicoli per i danni

---

[179] In proposito, v. Corte cost., sent. n. 49 del 2019 che ha dichiarato non fondata la questione di legittimità costituzionale dell'art. 2, co. 1, L. Reg. Veneto, 26.1.2018, n. 1 (Modifiche della L. Reg. 28.12.2012, n. 48 "Misure per l'attuazione coordinata delle politiche regionali a favore della prevenzione del crimine organizzato e mafioso, della corruzione nonché per la promozione della cultura della legalità e della cittadinanza responsabile"), laddove si prevede l'obbligo per la Regione Veneto di costituirsi parte civile in tutti i procedimenti penali, relativi a fatti commessi nel territorio della Regione stessa, in cui sia stato emesso decreto che dispone il giudizio o decreto di citazione a giudizio contenente imputazioni per i delitti di cui agli artt. 416 *bis* c.p. (associazione di tipo mafioso) e 416 *ter* c.p. (scambio elettorale politico-mafioso) o per i delitti consumati o tentati commessi avvalendosi delle condizioni di cui all'art. 416 *bis* c.p.

prodotti dal conducente (art. 2054, co. 3, c.c.); le compagnie assicurative per la responsabilità da circolazione stradale; l'albergatore per la sottrazione, la perdita, il deterioramento di cose appartenenti ai clienti, nei limiti dell'art. 1784 c.c.; l'armatore di nave o l'esercente un aeromobile per i danni commessi dall'equipaggio (artt. 274 e 878 cod. nav.).

Il responsabile civile è una parte che accede al processo penale attraverso due strade: la **citazione o** l'**intervento volontario**.

La citazione avviene a richiesta della parte civile o, eccezionalmente, del pubblico ministero che ha esercitato l'azione civile nell'interesse del danneggiato incapace. Del resto, è l'attore della pretesa risarcitoria o restitutoria, la parte civile, ad avere interesse alla citazione di un secondo convenuto, il responsabile civile, che si affianca all'imputato nel rispondere civilmente del danno derivante da reato. Vi è tuttavia una particolare ipotesi in cui l'imputato assicurato per la responsabilità civile derivante dalla circolazione dei veicoli a motore può chiedere la citazione dell'assicuratore responsabile civile [180].

La richiesta di citazione è possibile dal momento in cui si è costituita la parte civile, e dunque ne segue i relativi termini il cui rispetto è imposto a pena di decadenza. La citazione viene disposta dal giudice in seguito a una sommaria verifica dell'ammissibilità della richiesta e deve contenere quanto stabilito dall'art. 83, co. 2. Al responsabile civile citato in giudizio deve essere concesso un termine per comparire non inferiore a venti giorni, sulla falsariga di quanto riconosciuto all'imputato dall'art. 429, co. 3 [181].

Una volta ritualmente citato, il responsabile civile può costituirsi in ogni stato e grado del processo con apposita dichiarazione proposta anche a mezzo di procuratore speciale (art. 84). Come la parte civile, sta in giudizio per mezzo di un difensore al quale deve essere conferita procura speciale *ad litem* e vale la regola dell'immanenza della costituzione che produce effetti in ogni stato e grado del processo (art. 84, co. 4).

L'intervento volontario si propone nelle stesse forme e nei tempi della costituzione in seguito a citazione (art. 85) e consente al responsabile civile di sviluppare la sua linea di difesa senza attendere la citazione. Nel processo tale soggetto potrebbe contestare l'affermazione di responsabilità penale dell'imputato, dalla quale dipende la responsabilità civile, cercare di prevenire eventuali manovre

[180] Ipotesi individuata da Corte cost., sent. n. 112 del 1998, dichiarando l'illegittimità dell'art. 83, «nella parte in cui non prevede che, nel caso di responsabilità civile derivante dalla assicurazione obbligatoria prevista dalla legge 24 dicembre 1969, n. 990 [successivamente abrogata dall'art. 354, co. 1, d.lgs. 7 settembre 2005 n. 209], l'assicuratore possa essere citato nel processo penale a richiesta dell'imputato». Questa possibilità è comunque esclusa, nel giudizio abbreviato, dal disposto dell'art. 87, co. 3.

[181] In tal senso, Corte cost., sent. n. 430 del 1992.

collusive fra imputato e parte civile, mettere in discussione la sussistenza di un danno risarcibile o quantomeno escludere la sua posizione di garanzia.

La presenza processuale del responsabile civile si giustifica fino a quando rimane validamente esercitata l'azione civile. Di conseguenza, ove intervenga la revoca o l'esclusione della parte civile, perde efficacia anche la citazione o l'intervento del responsabile civile (artt. 83, co. 6, e 85, co. 4). Il responsabile civile può anche essere **escluso dal processo** a sua richiesta motivata, sempreché non sia intervenuto volontariamente, a richiesta motivata di un'altra parte che non ne abbia in precedenza chiesto la citazione ovvero d'ufficio dal giudice.

L'estromissione è disposta sempre dal giudice, con ordinanza, valutata la mancanza dei presupposti sostanziali o formali della sua presenza processuale (*legitimatio ad causam* o *ad processum*). Lo stesso interessato può chiedere di essere escluso anche quando le prove raccolte prima che venisse citato, quindi prima di poter esercitare il contraddittorio, possano compromettere l'esercizio del suo diritto di difesa in relazione ai possibili effetti di un giudicato penale di condanna nel giudizio civile di danno. Il termine ultimo per richiedere l'esclusione coincide con l'apertura del dibattimento di primo grado (art. 87, co. 1). L'estromissione non pregiudica una separata azione civile nella sede propria, a meno che non sia stata disposta a richiesta della parte civile (art. 88, co. 2).

Il **civilmente obbligato per la pena pecuniaria** è una parte privata eventuale, al pari della parte civile e del responsabile civile, che può comparire sulla scena processuale in forza dell'obbligazione civile di corrispondere una somma pari all'ammontare della multa o dell'ammenda inflitta al condannato e da quest'ultimo non pagata. Tale particolare obbligazione, di **natura fideiussoria**, imposta dalla legge, nasce sul presupposto che il condannato, pur sottoposto a esecuzione, risulti insolvibile e che vi sia un particolare legame fra quest'ultimo e l'obbligato (in base agli artt. 196 e 197 c.p. o ad alcune leggi speciali). Sono così civilmente obbligati per la pena pecuniaria i soggetti esercenti autorità, direzione e vigilanza rispetto ai sottoposti che abbiano commesso il reato violando disposizioni che i dirigenti dovevano far rispettare, al di fuori delle ipotesi di concorso, oppure gli enti forniti di personalità giuridica per i reati commessi dai rappresentati, dagli amministratori o dai dipendenti in violazione degli obblighi inerenti alla qualità rivestita ovvero nell'interesse dell'ente.

La persona civilmente obbligata per pena pecuniaria può essere citata a richiesta del pubblico ministero, essendo interesse dello Stato potersi rivolgere anche al responsabile in solido, o dell'imputato che, se insolvibile, rischia la conversione della pena pecuniaria non pagata in libertà controllata o in lavoro sostitutivo. Citazione, costituzione ed esclusione sono modellate sulla già esaminata disciplina del responsabile civile (art. 89).

Agli **enti rappresentativi degli interessi lesi dal reato** vengono riconosciuti poteri molto simili a quelli della persona offesa. Si può anzi affermare che tali enti siano satelliti della persona offesa dal cui consenso dipende l'ingresso nel processo (art. 92). Questi soggetti processuali devono essere stati riconosciuti in forza di legge, prima della commissione del reato, come enti non aventi fine di lucro e rappresentativi degli interessi (collettivi o diffusi) lesi dalla condotta penalmente rilevante.

Si pensi, ad esempio, alla CONSOB nei procedimenti per *insider trading* o per manipolazioni del mercato (art. 187 *undecies*, d.lgs. 24.2.1998, n. 58) [182]. A queste condizioni e con il consenso della persona offesa, che può prestarlo a non più di un ente, il soggetto esponenziale degli interessi lesi dal reato interviene nel processo o nel procedimento con apposito atto presentato all'autorità procedente, i cui requisisti sono stabiliti dall'art. 93. È prevista la possibilità che le parti, effettive o potenziali, a seconda dello sviluppo procedimentale, possano opporsi all'intervento (art. 95) nel qual caso sarà il giudice a decidere con ordinanza (nella fase delle indagini competente è il giudice per le indagini preliminari). L'ente può anche essere escluso d'ufficio dal giudice in ogni stato e grado del processo.

Come le parti private eventuali, anche l'ente esponenziale, per esercitare diritti e facoltà deve avvalersi di un difensore al quale viene conferita, mediante procura speciale, la rappresentanza processuale. I poteri conferiti all'ente esponenziale sono quelli della persona offesa con l'aggiunta di alcune specifiche prerogative dibattimentali (art. 505).

La scelta codicistica di prevedere questa particolare figura rappresentativa di situazioni meta-individuali era finalizzata, almeno nelle intenzioni, ad evitare che interessi diffusi e collettivi trovassero tutela processuale con un ricorso distorto alla costituzione di parte civile. Si voleva così confinare l'azione civile risarcitoria nel suo terreno proprio di tutela di diritti soggettivi, lasciando il compito di rappresentare altri interessi non strettamente individuali agli enti esponenziali. L'introduzione del nuovo soggetto non ha però dato i frutti sperati, anche per effetto di una giurisprudenza particolarmente lassista nell'ammettere la costituzione di parte civile di enti e associazioni mossi da obiettivi eccentrici rispetto alla tipica pretesa risarcitoria [183].

---

[182] Per altri esempi, v. art. 61, co. 2, d.lgs. 9.4.2008, n. 81, in materia di tutela della salute e della sicurezza nei luoghi di lavoro; art. 7, L. 20.7.2004, n. 189, riguardo alle associazioni che richiedono l'affidamento di animali sequestrati o confiscati.

[183] Ad esempio, si è recentemente ritenuta «ammissibile la costituzione di parte civile di un'associazione anche non riconosciuta che avanzi, "iure proprio", la pretesa risarcitoria, assumendo di aver subito per effetto del reato un danno, patrimoniale o non patrimoniale, consistente nell'offesa all'interesse perseguito dal sodalizio e posto nello statuto quale ragione istituzionale della propria esistenza ed azione, con la conseguenza che ogni attentato a tale interesse si configura come lesione di un diritto soggettivo inerente la personalità o identità dell'ente. Nella specie, la Corte ha riconosciuto la legittimazione a costituirsi parte civile dell'associazione "Medicina Democratica – Movimento per la

Per quanto riguarda gli enti sottoposti a procedimento penale volto all'accertamento della responsabilità amministrativa dipendente da reato, si è già detto della loro sostanziale assimilazione alla figura dell'imputato e si rinvia, per un esame più approfondito, al capitolo avente a oggetto il sottosistema processuale loro dedicato dal d.lgs. n. 231 del 2001.

salute – Onlus", che persegue statutariamente lo scopo di tutelare la salute dei lavoratori nell'ambiente di lavoro, in un processo riguardante il decesso di alcuni dipendenti a causa della violazione delle norme di prevenzione degli infortuni» (Cass., Sez. Un., 24.4.2014, P.G., R.C., Espenhahn e altri).

Parte IV

Gli atti

Capitolo V

Gli atti

di *Gianluca Varraso*

1. Premesse terminologiche

Nel disciplinare la materia degli atti, il **Libro II** del codice di procedura penale raggruppa una serie di **regole** destinate a trovare tendenziale applicazione all'**intero procedimento penale**, comprensivo della fase delle indagini preliminari.

Nello specifico, è da ricordare a tali fini che il procedimento inizia immediatamente dopo la ricezione della notizia di reato da parte della polizia giudiziaria o del pubblico ministero e si chiude con la pronuncia della sentenza irrevocabile e, dato l'ormai indiscusso carattere giurisdizionale, con la fase esecutiva.

La volontà di assegnare alle norme di cui agli artt. 109 ss. una operatività estesa all'intero arco del procedimento, fatte salve eventuali disposizioni derogatorie all'interno delle singole fasi, risulta dal titolo stesso del Libro II: l'impiego della locuzione «atti» ha sostituito quella del previgente codice «atti processuali».

L'attenzione linguistica del legislatore delegato, pur apprezzabile nel *distinguo* procedimento-processo, non ha, peraltro, sciolto l'equivocità del termine atto.

È possibile così distinguere **due piani concettuali**.

A livello dinamico, l'atto giuridico (*species* del fatto giuridico) è il comportamento o la condotta di un soggetto nel momento del suo verificarsi caratterizzato dalla volontarietà, che necessita della documentazione per lasciare traccia nel procedimento medesimo. A livello statico, l'atto va inteso come entità materiale attestante l'esecuzione del comportamento e la relativa documentazione.

Resta ferma la scelta espressa dal legislatore del 1988 di riferire la **nozione di atti** ai comportamenti posti in essere dai soggetti del procedimento all'interno dello stesso, riservando la nozione tecnica di «**documento**» all'atto che si forma fuori da esso o in un procedimento penale diverso e la cui disciplina è contenuta nel Libro III del codice di rito nell'ambito dei mezzi di prova.

Strutturalmente, dopo le «**Disposizioni generali**» (artt. 109-124), dove sono analizzate la forma degli atti, il divieto della loro pubblicazione, la loro circolazione endo ed extraprocessuale ed alcuni profili dell'attività delle parti (art. 121) e sono disciplinati gli atti e i provvedimenti del giudice (artt. 125-133).

Nella **documentazione degli atti** (artt. 134-142), rilievo centrale è dato alla redazione del verbale. I profili linguistici trovano spazio nel Titolo IV, relativo alla **traduzione degli atti** (artt. 143-147).

Sono confermate le parti relative alle **notificazioni** (artt. 148-171) e ai **termini** (artt. 172-176).

Il Libro II si chiude con la disciplina dettagliata delle **nullità**, risultando le altre cause di invalidità regolate in ambiti del codice ritenuti più pertinenti (v. ad es. l'art. 191 per l'inutilizzabilità).

2. La lingua degli atti

L'art. 109, co. 1 e 3, stabilisce, come regola, che «gli atti del procedimento penale sono compiuti **in lingua italiana**», a pena di nullità relativa [1].

---

[1] V. *infra*, cap. VI, par. 4.2.

Il superamento di ogni spirito nazionalistico ha elevato al rango di lingua del procedimento, alla pari di quella italiana, altre lingue, seppure nell'ambito circoscritto di un territorio dove è insediata **una minoranza linguistica riconosciuta**. È stato così attuato l'art. 2, n. 102, della legge-delega e, a livello di fonti sovraordinate, l'art. 14 C.e.d.u. e, prima ancora, gli artt. 3 e 6 Cost.

Chi appartiene ad una minoranza linguistica riconosciuta ha diritto di utilizzare nei rapporti con l'autorità giudiziaria la propria madrelingua, a prescindere dal livello di conoscenza della lingua italiana.

Da qui, il cittadino italiano che appartiene a questa minoranza è, a sua richiesta, interrogato o esaminato nella madrelingua e il relativo verbale è redatto anche in tale lingua. Nella stessa lingua sono tradotti gli atti del procedimento a lui indirizzati successivamente alla sua richiesta (art. 109, co. 2).

L'uso di una lingua diversa da quella italiana per l'imputato, le altre parti private, i testimoni, i periti, i consulenti tecnici e tutti coloro che intervengono nel procedimento penale è subordinato alla ricorrenza di tre distinti requisiti.

È necessario, innanzitutto, che la lingua diversa da quella italiana sia qualificata come lingua minoritaria in forza di una legge statale o regionale (v. gli artt. 2, 3 e 9, L. 15.12.1999, n. 482 che, rispettivamente, fissano la tutela della lingua e della cultura delle popolazioni albanesi, catalane, germaniche, greche, slovene e croate e di quelle parlanti il francese, il francoprovenzale, il friulano, il ladino, l'occitano e il sardo, l'individuazione delle aree di insediamento e la previsione di uso della propria lingua nei rapporti con le amministrazioni locali e l'autorità giudiziaria compresi i procedimenti davanti al giudice di pace).

In secondo luogo, la tutela offerta dall'art. 109, co. 2, è limitata ai procedimenti che si celebrano davanti all'autorità giudiziaria avente competenza di primo grado o di appello sul territorio dove è insediata la minoranza linguistica riconosciuta.

L'ultimo requisito è costituito dall'onere del cittadino alloglotta di esprimere oralmente o per iscritto la sua volontà di utilizzare una lingua diversa da quella italiana.

Il dettato codicistico è completato dall'art. 26 disp. att., in cui è specificato che, in questi casi, l'imputato e le altre parti private hanno il diritto di nominare il difensore senza alcun limite derivante dall'appartenenza etnica o linguistica dello stesso. Per assicurare l'effettività della difesa, si prevede, inoltre, che l'autorità giudiziaria, nell'individuare il difensore d'ufficio o nel designare il sostituto del difensore a norma dell'art. 97, co. 4, tenga conto dell'appartenenza etnica o linguistica dell'imputato.

L'art. 109, co. 2 parte finale, fa salvi «gli altri diritti stabiliti da leggi speciali e da convenzioni internazionali»: sicché le garanzie codicistiche possono essere ampliate, come accade per l'uso della lingua tedesca e della lingua ladina nel Trentino Alto Adige ad opera del d.P.R. n. 574 del 1998, modificato dal d.lgs. 29.5.2001, n. 83, dal d.lgs. 13.6.2005, n. 124 e dal d.lgs. 4.11.2015, n. 186.

Le regole previste dall'art. 109, co. 2, sono previste anch'esse a pena di nullità (co. 3) che, qualora riguardi l'intervento di una parte privata, deve ritenersi a regime intermedio ai sensi dell'art. 180[2].

Nell'alveo delle garanzie volte ad agevolare la comunicazione con l'autorità giudiziaria, si iscrive anche l'art. 119, il quale disciplina la partecipazione agli atti del procedimento del **sordo**, del **muto** e del **sordomuto**. Qualora questi intendano rendere dichiarazioni si impone il rispetto di alcune prescrizioni: al sordo si presentano per iscritto le domande, gli avvertimenti e le ammonizioni ed egli risponde oralmente; al muto tali comunicazioni vengono effettuate oralmente ed egli risponde per iscritto; con il sordomuto tutto avviene per iscritto.

Lo stesso art. 119, co. 2, riconosce alle medesime categorie di persone, a prescindere dalla circostanza che sappiano leggere e scrivere, il diritto di farsi assistere gratuitamente da un interprete, scelto di preferenza tra le persone abituate a trattare con loro, al fine di poter comprendere l'accusa formulata contro di loro e di seguire il compimento degli atti cui partecipano[3].

3. La digitalizzazione del procedimento penale e la forma degli atti: atti analogici e atti informatici

Con l'obiettivo dichiarato di procedere alla digitalizzazione del procedimento penale, il d.lgs. n. 150 del 2022 (c.d. legge Cartabia), nel riscrivere l'**art. 110**, pone, in relazione alla forma degli atti per i quali sia prevista la forma scritta[4], la regola secondo cui gli stessi «sono redatti e conservati **in forma di documento informatico**, tale da assicurare l'autenticità, l'integrità, la leggibilità, la reperibilità, l'interoperabilità e, ove previsto dalla legge, la segretezza» (co. 1).

In particolare, è necessario che «gli atti redatti in forma di documento informatico rispettino la normativa, anche regolamentare, concernente la redazione, la sottoscrizione, la conservazione, l'accesso, la trasmissione e la ricezione degli atti e dei documenti informatici»[5].

Diventa, di conseguenza, fondamentale la **definizione di documento in-**

[2] V. *infra*, cap. VI, par. 4.

[3] Corte cost., n. 341 del 1999.

[4] Per la pressoché assoluta prevalenza di tale forma v. *infra*, par. 10.1.

[5] Il richiamo alla normativa, anche regolamentare, chiarisce che la nuova disciplina in tema di informatizzazione degli atti e di processo penale telematico troverà piena applicazione solo quando verranno emanati tali regolamenti.

formatico ricavabile dall'art. 1, lett. *p*, d.lgs. n. 82 del 2005 (c.d. Codice dell'amministrazione digitale – CAD) da intendersi quale «documento elettronico che contiene la rappresentazione informatica di atti, fatti o dati giuridicamente rilevanti».

Solo in via residuale, ogniqualvolta per gli atti di cui si richieda la forma scritta «per loro natura o per specifiche esigenze processuali, non possono essere redatti in forma di documento informatico» [6], si procede in via analogica (art. 110, co. 3), dovendosi intendere per documento analogico «la rappresentazione non informatica di atti, fatti o dati giuridicamente rilevanti» (art. 1, lett. *p bis*, d.lgs. n. 82 del 2005).

Anche quando l'atto è incorporato in modalità analogiche, si prevede in ogni caso la conversione, senza ritardo, in copia informatica ad opera dell'ufficio che li ha formati o ricevuti, dovendosi applicare la regola generale del co. 1 (v. art. 110, co. 4).

3.1. La data e la sottoscrizione

In via generale, sempre in tema di documentazione degli atti, l'art. 111, co. 1, ha adeguato di conseguenza alla nuova scelta di digitalizzazione degli atti la disciplina in tema di data e di sottoscrizione degli stessi (v. ad es. artt. 429, co. 1, lett. *g*, e 456, co. 1, per il decreto che dispone il giudizio; gli artt. 426, co. 1, lett. *f*, e 546, co. 1, lett. *g*, per le sentenze).

«Quando la legge richiede la data di un atto, informatico o analogico, sono **indicati il giorno, il mese, l'anno e il luogo** in cui l'atto è compiuto. L'indicazione dell'ora è necessaria solo se espressamente prevista» (art. 111, co. 1), come ad esempio dall'art. 136, in tema di redazione del verbale o nell'art. 386, co. 3, a proposito del verbale redatto dalla polizia giudiziaria nell'ipotesi di arresto o fermo e nell'art. 480, in relazione al verbale di udienza dibattimentale.

«Se l'indicazione della data di un atto è prescritta a **pena di nullità** [da considerarsi a carattere relativo] questa sussiste, soltanto nel caso in cui la data non possa stabilirsi con certezza in base ad elementi contenuti nell'atto medesimo o in atti a questo connessi» (art. 111, co. 2), in ossequio ad una impostazione antiformalistica e per salvaguardare la conservazione dell'atto

Con riferimento alla **sottoscrizione del documento informatico** sono stati introdotti due commi.

Da un lato, si prevede che «l'atto redatto in forma di documento informatico è sottoscritto, con **firma digitale o altra firma elettronica qualificata**, nel

---

[6] Ad esempio una memoria redatta in un documento cartaceo da un imputato in custodia cautelare in carcere.

rispetto della normativa, anche regolamentare, concernente la sottoscrizione, la trasmissione e la ricezione degli atti e dei documenti informatici» (art. 111, co. 2 *bis*).

Dall'altro lato, a fronte della ricezione di un atto orale, trascritto in forma di documento informatico, vi deve essere «l'attestazione da parte dell'autorità procedente che lo sottoscrive [nelle forme appena evidenziate del co. 2 *bis*] **della identità della persona che lo ha reso**» (art. 111, co. 2 *ter*).

Per l'atto incorporato in un **documento analogico** e sempre che ne sia richiesta la sottoscrizione, l'art. 110, co. 2 *quater* prevede che, «se la legge non dispone altrimenti, è sufficiente la scrittura di propria mano, in fine dell'atto, del **nome e cognome** di chi deve firmare».

L'obbligo della sottoscrizione autografa incontra un unico limite fissato sempre dall'art. 110, co. 2 *quater* parte finale: se «chi deve firmare non è in grado di scrivere», il pubblico ufficiale al quale è presentato l'atto scritto o che riceve l'atto orale, ha l'obbligo, una volta accertata l'identità della persona, di annotare in fine dell'atto medesimo tale impossibilità, perché analfabeta, ovvero permanentemente o temporaneamente impedita. La mancata sottoscrizione provoca a volte una inammissibilità (art. 78, co. 1), a volte una nullità relativa (artt. 142, 171, co. 1, lett. *c* e *g*, 546, co. 3), a volte una nullità rilevabile anche d'ufficio (art. 292, co. 2, lett. *e*). In alcuni casi, in deroga alle regole appena evidenziate, è prevista la sottoscrizione alla fine di ogni foglio (v. art. 137, co.1).

4. Verso il processo penale telematico: il deposito telematico, il fascicolo informatico e l'accesso agli atti

Gli artt. 111 *bis* e 111 *ter* costituiscono l'architrave del processo penale telematico, che sarà attuato ed entrerà a regime con l'adozione della disciplina regolamentare secondaria.

In primo luogo, si prevede «in ogni stato e grado del procedimento», l'obbligatorietà e l'esclusività del «deposito di atti, documenti, richieste, memorie [...] con modalità telematiche, nel rispetto della normativa, anche regolamentare, concernente la sottoscrizione, la trasmissione della ricezione degli atti e dei documenti informatici» (art. 111 *bis*, co. 1).

Si prevede, inoltre, che debbano essere adottate modalità tecniche per assicurare, a fronte di tale deposito, «la certezza, anche temporale, dell'avvenuta trasmissione ricezione, nonché l'identità del mittente del destinatario nel rispetto della normativa, anche regolamentare, concernente la sottoscrizione, la trasmissione e la ricezione dei documenti informatici» (art. 111 *bis* co. 2).

Si prevedono solo due eccezioni.

Da un lato, la disciplina *de qua* non si applica «agli atti e ai documenti che, per loro natura o per specifiche esigenze processuali, non possono essere acquisiti in copia informatica» (co. 3) (si pensi a documenti formati al di fuori del procedimento quali una scrittura privata o un testamento olografo di cui si contesti l'autenticità o documenti quali planimetrie, fotografie, mappe che perderebbero di precisione se trasformate in documento digitale)

Dall'altro lato, rimane il diritto delle parti che compiono personalmente un qualsiasi atto del procedimento di depositarlo anche con modalità non telematiche (co. 4).

Non bisogna, inoltre, dimenticare che anche il malfunzionamento dei sistemi informatici del Ministero della giustizia certificato *ex* art. 175 *bis* consente il deposito non telematico (v. nello specifico il co. 3 dell'art. 175 *bis*).

L'art. 111 *ter* riguarda la tenuta e la formazione dei fascicoli informatici del procedimento penale.

Tali fascicoli «sono formati, conservati, aggiornati e trasmessi nel rispetto della normativa, anche regolamentare, concernente il fascicolo informatico, in maniera da assicurarne l'autenticità, l'integrità, l'accessibilità, la leggibilità, l'interoperabilità, nonché l'agevole consultazione telematica».

Quest'ultima previsione evidenzia che anche per il fascicolo di cui si discute devono essere garantite modalità che consentano di orientarsi al suo interno al fine di favorire il diritto di difesa, al pari di quanto avviene per il fascicolo analogico con l'indice degli atti.

Al fine di evitare dubbi interpretativi, al comma 2 si prevede che le predette disposizioni generali si applichino anche quando la legge prevede la **trasmissione di singoli atti e documenti** contenuti nel fascicolo informatico.

Gli atti e documenti formati depositati in forma di **documento analogico** sono **convertiti**, senza ritardo, in documento informatico e inseriti nel fascicolo informatico, salvo che per loro natura o per specifiche esigenze processuali non possano essere acquisiti o convertiti in copia informatica. In tal caso, nel fascicolo informatico è inserito un elenco dettagliato degli atti e dei documenti acquisiti in forma di documento analogico (co. 3).

In modo analogo a quanto previsto dall'art. 16 *bis*, co. 9 *bis*, d.l. n. 179 del 2012 per il settore civile, le copie informatiche, anche per immagine, degli atti dei documenti processuali redatti in forma di documento analogico, presenti nei fascicoli informatici, equivalgono all'originale anche se prive della forma digitale di attestazione di conformità all'originale.

È solo da evidenziare conclusivamente che il fascicolo processuale rimane in ogni caso **unico**, anche qualora composto da atti informatici e analogici e che la nuova disciplina non intacca il c.d. sistema del doppio fascicolo.

5. La surrogazione, la ricostruzione e la rinnovazione degli atti

Può verificarsi l'eventualità in cui l'originale di una sentenza o di un altro atto sia distrutto, smarrito o sottratto e non sia possibile un recupero.

Il codice prevede, in questi casi, una pluralità di rimedi pensati per gli atti analogici tra loro sussidiari e, quindi, da esperire secondo una progressione logica in ragione della loro complessità.

Il più semplice è la **surrogazione all'originale di una copia autentica** (art. 112). La competenza funzionale è affidata al presidente della Corte o del Tribunale, i quali provvedono, anche di ufficio, ad ordinare con decreto a chi detiene la copia di consegnarla alla cancelleria, salvo il diritto del detentore di avere gratuitamente un'altra copia autentica. Sarà compito della stessa cancelleria attestare sulla copia autentica l'efficacia attribuitele ai sensi dell'art. 40 disp. att.

Qualora non sia possibile procedere alla surrogazione di copie, l'art. 113 dispone che **l'atto venga ricostituito**: il giudice davanti al quale pende il procedimento o il giudice dell'esecuzione, anche di ufficio, accerta il contenuto dell'atto mancante e stabilisce, con ordinanza, se e in quale tenore esso deve essere ricostituito (co. 1), sulla falsariga, se esiste, della minuta dell'atto mancante ritenuto conforme alla minuta stessa da taluno dei giudici che l'hanno sottoscritto (co. 2).

L'ultimo rimedio, che assume carattere eccezionale, è la **rinnovazione dell'atto mancante**: solo se necessario e possibile, il giudice che procede prescrive con ordinanza il modo e indica eventualmente anche gli altri atti che devono essere rinnovati (art. 113, co. 3).

6. I divieti di pubblicazione

Il legislatore nell'**art. 114** ha previsto taluni divieti di pubblicazione, con il mezzo della **stampa o altro mezzo di diffusione** idoneo a mettere al corrente un numero indeterminato di persone, degli atti di indagine del procedimento penale compiuti dal pubblico ministero e dalla polizia giudiziaria, sia per tutelare la c.d. segretezza processuale esterna (ossia rispetto agli estranei alla vicenda procedimentale), sia la dignità e la sfera di riservatezza, in particolare, dell'indagato o dell'imputato e delle persone intervenute nel processo.

Il divieto riguarda non solo gli atti di indagine coperti dal segreto investigativo ai sensi dell'art. 329, ma anche gli atti, ancorché non più coperti da tale segreto, che si vuole mantenere riservati in ragione delle dinamiche del procedimento penale e degli interessi coinvolti.

Al riguardo si rintracciano due distinti divieti di pubblicazione.

Da un lato, vi è un **divieto assoluto** di pubblicazione sia del contenuto sia del testo dei singoli atti di indagine. Dall'altro lato, vi è un **divieto relativo** di pubblicazione, in quanto limitato alla sola divulgazione testuale dell'atto e non anche del suo contenuto.

Tale *distinguo* si ricava dal combinato disposto dell'art. 114, co. 1 e 7, che impedisce la pubblicazione anche parziale o per riassunto, con il mezzo della stampa o con altro mezzo di diffusione, degli atti coperti dal segreto, ovvero anche del loro contenuto; ma afferma, allo stesso tempo, che è sempre consentita la pubblicazione del contenuto degli atti non più coperti dal segreto.

Il divieto assoluto di pubblicazione di cui all'art. 114, co. 1, è così strettamente **correlato all'operatività dell'art. 329**, che prevede la segretezza degli atti di indagine (compiuti dal pubblico ministero e dalla polizia giudiziaria) non conoscibili dall'indagato o dal suo difensore e che pone come termine finale di tale segretezza la chiusura delle indagini (*rectius* la notifica dell'avviso di conclusione delle indagini ai sensi dell'art. 415 *bis*). L'area del divieto di pubblicazione può, inoltre, subire variazioni in virtù dei **decreti motivati del pubblico ministero** con cui si consente, in deroga all'art. 114, proprio la pubblicazione di quanto sia necessario alla prosecuzione delle indagini, ovvero, all'opposto, con l'esercizio del potere di segretare atti non più coperti dal segreto (v. art. 329, co. 2 e 3).

Quanto al divieto relativo di pubblicazione degli atti non coperti dal segreto (si pensi all'interrogatorio) o per i quali questo è ormai venuto meno esso è soggetto ai termini progressivi fissati dall'art. 114, co. 2.

Se non si procede a dibattimento, fatta eccezione per l'ordinanza cautelare di quell'articolo 292, il divieto cade con la chiusura delle indagini (a seguito di un decreto di archiviazione), ovvero dell'udienza preliminare (a seguito dell'emissione di una sentenza di non luogo a procedere) (art. 114, co. 2).

È sempre vietata la pubblicazione, anche parziale, del contenuto delle intercettazioni non acquisite ai sensi degli artt. 268, 415 *bis* e 454 (co. 2 *bis*).

Se si procede, invece, a dibattimento occorre distinguere a seconda della categoria degli atti (art. 114, co. 3).

Da un lato, gli atti che risultano inseriti nel fascicolo per il dibattimento sono sempre pubblicabili, anche per estratto, sin dalla formazione del fascicolo medesimo ai sensi dell'art. 431 e non più, come era previsto *ab initio*, con la pronuncia della sentenza di primo grado[7], al pari degli atti inseriti nello stesso fascicolo a seguito di contestazione *ex* artt. 500 e 503. Dall'altro lato, gli atti contenuti nel fascicolo del pubblico ministero sono pubblicabili solo dopo la pronuncia della sentenza di secondo grado.

---

[7] Corte cost., n. 59 del 1995.

La diversa estensione temporale dei divieti svela la *ratio* della norma anche a seguito della sentenza della Corte cost. n. 59 del 1995.

Al fine di preservare la neutralità metodologica del giudice, garantita proprio dal sistema del doppio fascicolo, si vuole scongiurare il rischio che il giudice del dibattimento e del gravame possa essere condizionato dalla pubblicazione degli atti di indagine prima e dopo la sentenza di primo grado, dovendo decidere solo sulla base delle prove legittimamente formatesi nel contraddittorio delle parti e contenute nel fascicolo a formazione progressiva di cui all'art. 431 (v. art. 526).

Gli atti contenuti, per l'appunto, in tale fascicolo sono necessariamente conosciuti dal giudice e la loro pubblicazione non pregiudica in alcun modo la terzietà e l'imparzialità dell'organo giurisdizionale.

L'art. 114, co. 4-6, prevede alcuni divieti di pubblicazione a tutela di interessi extraprocessuali.

Qualora la pubblicità del dibattimento fissata in generale dall'art. 470 subisca, infatti, delle eccezioni, con il provvedimento del giudice il quale dispone che si proceda a porte chiuse per l'assunzione di prove che possono causare pregiudizio alla riservatezza dei testimoni e delle parti private in ordine ai fatti che non costituiscono oggetto di imputazione (v. art. 472, co. 1 e 2), il giudice, sentite le parti, può disporre il divieto di pubblicazione degli atti del dibattimento e anche degli atti o di parte di essi utilizzati per le contestazioni (art. 114, co. 4). Il divieto in questione è destinato, comunque, a cessare decorsi i termini stabiliti dalla legge sugli archivi di Stato, ovvero decorso il termine di dieci anni dalla sentenza irrevocabile, qualora la pubblicazione sia autorizzata dal Ministro della giustizia ai sensi dell'art. 122, co. 1, d.lgs. 22.1.2004, n. 42. Se invece il dibattimento o parte di esso si svolge a porte chiuse per proteggere interessi non suscettibili di essere pregiudicati dalla diffusione pubblica (art. 472, co. 3), la mancanza di pubblicità immediata non comporta quella della pubblicità mediata, in quanto il legislatore attribuisce al giudice il potere di consentire la presenza in aula di giornalisti (v. art. 473, co. 2).

Se non si procede al dibattimento, l'art. 114, co. 5, attribuisce al giudice il potere di disporre, sentite le parti, il divieto di pubblicazione di atti o di parti di essi che, se si fosse celebrato il dibattimento, ne avrebbero comportato lo svolgimento a porte chiuse per **salvaguardare il buon costume** o per impedire la diffusione di notizie oggetto di **segreto nell'interesse dello Stato**, ovvero un **pregiudizio alla riservatezza** dei testimoni e delle parti.

L'art. 114, co. 6 e 6 *bis*, prevede due ultimi divieti di pubblicazione per **tutelare la personalità di soggetti deboli** coinvolti nella vicenda giudiziaria.

È così inibita la pubblicazione delle generalità e dell'immagine dei minorenni testimoni, persone offese o danneggiati dal reato, fino a quando non siano divenuti maggiorenni, nonché, più in generale, degli elementi che anche indirettamente possano portare alla identificazione dei suddetti minorenni, fermo restando il potere per il Tribunale per i minorenni di autorizzare la pubblicazione nell'esclusivo interesse del minore, o su richiesta di quest'ultimo che abbia compiuto i sedici anni.

L'art. 114, co. 6 *bis*, vieta la pubblicazione dell'immagine della persona privata della libertà personale, che si trovi sottoposta all'uso di manette ai polsi ovvero ad altro mezzo di coercizione fisica, per evitare forme di spettacolarizzazione della giustizia penale destinate a ledere la dignità dell'indagato o dell'imputato e ad ingenerare nell'opinione pubblica un'indebita anticipazione del giudizio di colpevolezza.

Il mancato rispetto dei divieti sanciti dall'art. 114 determina le conseguenze fissate dal successivo art. 115.

In base a quest'ultimo, fatte salve le sanzioni previste dalla legge penale (v. gli artt. 684, 326 e 734 *bis* c.p.) e, quindi, la possibile coesistenza di più sanzioni, dispone che la violazione in questione costituisce illecito disciplinare quando il fatto è commesso da impiegati dello Stato o di altri enti pubblici (magistrati, personale giudiziario ausiliario, polizia giudiziaria), ovvero da persone esercenti una professione per la quale è richiesta una speciale abilitazione dello Stato (avvocati, periti, consulenti tecnici, giornalisti professionisti e pubblicisti). Di ogni violazione commessa da tali persone il pubblico ministero informa l'organo titolare del potere disciplinare.

7. Contenuto degli atti e garanzia della presunzione di innocenza

In attuazione dell'art. 4 della **direttiva UE 9 marzo 2016 n. 343**, sul rafforzamento di alcuni aspetti della presunzione di innocenza, che fissa il **divieto** nelle decisioni diverse da quelle sulla colpevolezza **di presentare l'indagato-imputato come colpevole**, l'art. 4 d.lgs. n. 188 del 2021 ha introdotto il nuovo art. 115 *bis*.

Quest'ultima norma identifica **tre categorie** di atti, in relazione alle quali la tutela della presunzione di innocenza viene declinata diversamente.

In primis, il predetto divieto non si applica alle **decisioni** adottate dal giudice in merito alla **responsabilità dell'imputato** (come la sentenza di condanna), al pari degli atti del pubblico ministero volti a dimostrare la colpevolezza sempre dell'indagato o dell'imputato.

Nei **provvedimenti diversi** da questi ultimi, che costituiscono la seconda categoria, l'indagato e l'imputato medesimo non possono essere indicati come colpevoli fino a quando la colpevolezza non sia stata accertata con sentenza o decreto penale di condanna irrevocabile (art. 115 *bis*, co. 1).

Vi è infine una terza categoria di atti, dai confini molto incerti e che rende problematico il precedente distinguo, ossia «i provvedimenti che presuppongono la **valutazione di prove, elementi di prova o indizi**» (si pensi ad una richiesta del p.m. o ad una ordinanza cautelare del giudice), per i quali si richiede comunque che l'autorità giudiziaria limiti «i riferimenti alla colpevolezza della persona sottoposta all'indagine dell'imputato alle sole indicazioni necessarie a soddisfare i presupposti, i requisiti e le altre condizioni richieste dalla legge per l'adozione del provvedimento» (art. 115 *bis*, co. 2).

In caso di violazione dei divieti fissati dalla norma, l'interessato può, a pena di decadenza, nei 10 giorni successivi alla conoscenza del provvedimento, **richiederne la correzione**, quando è necessario per salvaguardare la presunzione di innocenza nel processo (co. 3).
Sull'istanza di correzione il giudice che procede provvede, con **decreto motivato**, entro 48 ore dal suo deposito. Nel corso delle indagini preliminari è competente il giudice per le indagini preliminari. Avverso il decreto l'interessato, le altre parti e il pubblico ministero possono proporre **opposizione** nei 10 giorni successivi alla notificazione o alla comunicazione dell'atto al presidente del tribunale o della corte, il quale decide con decreto senza formalità di procedura. Quando l'opposizione riguarda un provvedimento emesso dal presidente del tribunale o della corte di appello si applicano le disposizioni di cui all'art. 36, co. 4 (co. 4).

8. Il rilascio di copie degli atti e di informazioni sul loro contenuto

La possibilità di chiedere il rilascio di copie di atti del procedimento penale, nonché, in casi specifici, di informazioni scritte sul loro contenuto, è disciplinata dagli artt. 116, 117, 118 e 118 *bis*, con i quali si introducono regole differenziate in ragione dei **soggetti legittimati alla richiesta**, nonché dell'oggetto e della sua finalità.
L'art. 116 stabilisce che, durante il procedimento e dopo la sua definizione, **chiunque abbia interesse** alla conoscenza di un atto, anche se si tratti di soggetto estraneo al medesimo procedimento, può ottenere il rilascio a proprie spese di copie (riproduzioni totali), estratti (riproduzioni parziali) o certificati (attestazioni relative all'esistenza, al contenuto e alla data) di singoli atti, anche se non incorporati su supporti cartacei. La lettura delle due norme successive rende palese che non si può chiedere il rilascio di copia di atti ancora coperti dal segreto sulle indagini o divenuti oggetto di un decreto di segretazione del pubblico ministero.

La norma va coordinata con quanto disposto dall'art. 43 disp. att., in base al quale nessuna autorizzazione è dovuta nei casi in cui è riconosciuto espressamente al richiedente il diritto al rilascio di copie, estratti o certificati di atti. Ciò vale per le sentenze in quanto emanate in nome del popolo italiano (v. art. 101 Cost.), per le persone o gli uffici coinvolti nel procedimento (v. art. 258, co. 3), nonché per le parti private e i loro difensori in tutte le ipotesi in cui è previsto il rilascio di copia, a seguito del deposito dell'atto nella segreteria del pubblico ministero o nella cancelleria del giudice (v. ad es. artt. 141, co. 2, 258, co. 3, 309, co. 8, 366, co. 1, 415 *bis*, co. 2, 430, co. 2).

È da sottolineare, secondo gli insegnamenti della Corte costituzionale[8] e delle Sezioni Unite[9], che il deposito dell'atto è funzionale non solo alla presa visione, ma anche all'estrazione di copia proprio da parte del difensore, anche se non previsto in via testuale (v. ad es. art. 419, co. 2).

Sulla richiesta provvede l'organo nella cui effettiva disponibilità si trova l'atto al momento della richiesta: il pubblico ministero nella fase delle indagini preliminari; il giudice che procede al momento della presentazione della domanda, ovvero, dopo la definizione del processo, il giudice o il presidente del collegio che ha emesso il provvedimento di archiviazione o la sentenza.

Il rilascio non fa venir meno il **divieto di pubblicazione** stabilito dall'art. 114 (art. 116, co. 3).

Ai sensi dell'art. 116, co. 3 *bis*, il difensore o un suo sostituto che presenti all'autorità giudiziaria atti o documenti ha diritto al rilascio di attestazione dell'avvenuto deposito. La norma è di carattere generale e risponde all'esigenza di individuare con certezza la data del deposito, ogniqualvolta il giudice non abbia tenuto conto nei provvedimenti degli atti difensivi, in particolare laddove prescritto a pena di nullità.

Gli artt. 117, 118 e 118 *bis* rappresentano altrettante norme speciali rispetto alla disciplina generale contenuta nell'art. 116, in quanto prevedono il rilascio di copie di atti o di informazioni scritte sul loro contenuto a favore del pubblico ministero, ovvero del Ministro dell'interno o del Presidente del Consiglio dei ministri.

Nell'art. 117 si prevede che il pubblico ministero, quando è necessario per il compimento delle proprie indagini, possa ottenere dall'autorità giudiziaria competente, anche in deroga al divieto stabilito dall'art. 329, copie di atti relativi ad altri procedimenti penali e informazioni scritte sul loro contenuto.

La clausola di esclusione rispetto a quanto previsto dall'art. 371 con il quale esordisce la norma, conferma il carattere residuale dell'istituto *de quo*, utilizzabile solo nell'ipotesi in cui non sussistano le condizioni e i presupposti per il coordinamento investigativo tra gli uffici del pubblico ministero.

---

[8] Corte cost., n. 192 del 1997.

[9] Cass., Sez. Un., 22.4.2010, Lasala, le quali configurano, peraltro, una facoltà di estrarre copia e non un diritto.

Sebbene la stessa autorità giudiziaria procedente possa disporre, di propria iniziativa, la trasmissione degli atti e delle informazioni ai sensi dell'art. 117, organo legittimato a presentare la richiesta è solo il pubblico ministero che procede, con esclusione di organi delegati.

In ragione degli artt. 118 e 118 *bis*, il **Ministro dell'interno** e il **Presidente del Consiglio** dei ministri possono accedere in via diretta, ovvero rispettivamente a mezzo di un ufficiale di polizia giudiziaria o del personale della Direzione investigativa antimafia delegato, o a mezzo del direttore generale del Dipartimento delle informazioni per la sicurezza, alle fonti informative, anche in deroga al divieto stabilito dall'art. 329.

Si deve trattare di fonti informative indispensabili per la prevenzione dei delitti per i quali è obbligatorio l'arresto in flagranza, ovvero per lo svolgimento delle attività connesse alle esigenze del Sistema di informazione per la sicurezza della Repubblica.

Ai medesimi fini, l'autorità giudiziaria può consentire alle predette Autorità amministrative l'accesso diretto al registro delle notizie di reato, anche se tenuto in forma automatizzata.

Verificate senza ritardo la propria competenza e la legittimazione a presentare la richiesta, l'autorità giudiziaria adita o l'accoglie o la rigetta con decreto motivato.

Un ulteriore deroga al segreto investigativo si ha a fronte del potere conferito dall'art. 117, co. 2 *bis*, al **procuratore nazionale antimafia e antiterrorismo** e dall'art. 118 *bis*, co. 3, ai funzionari delegati del direttore generale del Dipartimento di informazioni per la sicurezza, nell'ambito delle rispettive funzioni, di accedere al registro delle notizie di reato tenuto presso ogni procura della Repubblica nonché, per il solo procuratore nazionale antimafia e antiterrorismo, ai registri delle misure di prevenzione di cui all'art. 81, d.lgs. n. 159 del 2011 e alle banche dati istituite appositamente presso le direzioni distrettuali antimafia, realizzando se del caso collegamenti reciproci. Tale accesso dovrebbe favorire la conoscenza dell'esistenza stessa di procedimenti ai sensi dell'art. 51, co. 3 *bis*.

9. Le attività delle parti

9.1. Memorie e richieste

L'esercizio dello ***ius postulandi***, ossia del diritto delle parti e dei loro difensori di interloquire con il giudice, è disciplinato dall'art. 121 in base al quale «**in ogni stato e grado del procedimento** le parti e difensori possono presentare al giudice memorie o richieste scritte, mediante deposito nella cancelleria».

È pacifico che tale diritto spetti anche alla persona sottoposta alle indagini e alla persona offesa in forza delle previsioni contenute rispettivamente negli artt. 61, co. 1, e 90, come anche, espressamente, al consulente tecnico endoperitale, il quale ai sensi dell'art. 233, co. 1, può esporre il proprio parere al giudice presentando memorie a norma dell'art. 121.

Quanto al contenuto, mentre le richieste sono finalizzate a provocare un determinato provvedimento, come confermato dall'art. 121, co. 2, il quale stabilisce che sulle richieste ritualmente formulate il giudice provvede senza ritardo, ossia, salve specifiche disposizioni di legge, entro quindici giorni (termine ordinatorio), le memorie non esigono un'apposita pronuncia, pur rientrando nel materiale processuale di cui occorrerà tener conto nella decisione.

Disposizioni specifiche sono dettate a proposito dello *ius postulandi* di **persone detenute o internate**, che all'evidenza non possono allontanarsi dal luogo in cui si trovano e le quali hanno facoltà di presentare impugnazioni, dichiarazioni e richieste con atto ricevuto dal direttore dell'istituto (art. 123, co. 1). Questi atti, dopo l'iscrizione in un apposito registro, sono comunicati all'autorità competente immediatamente ed hanno efficacia come se fossero ricevuti direttamente dall'autorità giudiziaria. Viene così neutralizzato il tempo per l'inoltro dell'atto. Il co. 2 *bis* dell'art. 123 fissa allo stesso tempo che le impugnazioni, le dichiarazioni, compresa quella relativa alla nomina del difensore, e le richieste siano contestualmente comunicate anche al difensore nominato.

L'imputato in stato di arresto, di detenzione domiciliare o custodito in un luogo di cura usufruisce delle medesime facoltà: l'atto in tal caso è ricevuto da un ufficiale di polizia giudiziaria che ne cura l'immediata trasmissione all'autorità competente. Ancora una volta le impugnazioni, le dichiarazioni e le richieste hanno efficacia come se fossero ricevute direttamente dall'autorità giudiziaria (art. 123, co. 2).

L'art. 44 disp. att. completa la disciplina. Le impugnazioni, le richieste e le altre dichiarazioni sono comunicate il giorno stesso o al più tardi in quello successivo all'autorità giudiziaria competente mediante estratto, copia autentica o raccomandata, e, nei casi di speciale urgenza, ci si può avvalere di strumenti più celeri, come il telegramma confermato con lettera raccomandata o altri mezzi tecnici idonei.

9.2. La procura speciale

L'art. 122 individua le regole che devono essere osservate quando la legge processuale consente che un atto sia compiuto per mezzo di un procuratore speciale, ossia attraverso un soggetto al quale si conferisce il potere di agire in proprio nome e per proprio conto.

Nell'ipotesi in cui la legge preveda l'utilizzo della procura speciale, occorre distinguere le prerogative dell'imputato da quelle delle altre parti eventuali.

Per l'**imputato**, il conferimento della procura speciale è necessario ogni qualvolta voglia compiere attraverso l'operato di un altro soggetto **atti di natura personalissima**, che presuppongono l'esercizio di un potere dispositivo (v. ad es. artt. 38, co. 4, 46, co. 2, 82, co. 1, 419, co. 5, 438, co. 3, 446, co. 3).

Per quanto riguarda, per contro, le altre **parti private** (parte civile, responsabile civile e civilmente obbligato per la pena pecuniaria), i quali instaurano nel processo penale un'azione di tipo privatistico, occorre tenere ben presente un *distinguo* di fondo. Tali parti non possono stare in giudizio personalmente, ma solo tramite il loro procuratore, secondo lo schema tipico del rito civile della **rappresentanza processuale necessaria**.

Da qui la necessità per costoro di conferire ad un difensore la cosiddetta ***procura ad litem*** che viene conferita nei limiti e nelle forme fissati dall'art. 100.

L'art. 122 disciplina, per contro, la cosiddetta ***procura ad causam***, ossia la procura con la quale si conferiscono ad un altro soggetto (che può essere lo stesso difensore) i poteri connessi all'esercizio dell'azione nel processo penale ai sensi degli artt. 76, 84, 85 e 89 [10].

Riguardo alla forma della procura che, ai sensi dell'art. 37 disp. att., può essere conferita anche in via preventiva, l'art. 122, co. 1, impone che sia rilasciata, a pena di inammissibilità, per atto pubblico (art. 2699 c.c.) o scrittura privata autenticata (anche dal difensore ai sensi dell'art. 39 disp. att.) e che contenga, oltre alle indicazioni richieste specificatamente dalla legge, la determinazione dell'oggetto per cui è conferita e i fatti ai quali si riferisce.

Per quanto concerne il rilascio della procura speciale da parte delle pubbliche amministrazioni, è sufficiente che la stessa contenga l'apposizione del sigillo e della sottoscrizione del dirigente preposto all'ufficio dislocato nella circoscrizione in cui si procede (art. 122, co. 2).

Il nuovo art. 122, co. 2 *bis* stabilisce che «la procura speciale è depositata, in copia informatica autenticata con firma digitale o altra firma elettronica qualificata, nel rispetto della normativa, anche regolamentare, concernente la sottoscrizione, la trasmissione la ricezione dei documenti informatici, con le modalità previste dall'articolo 111 *bis*, salvo l'obbligo di conservare l'originale analogico da esibire a richiesta dell'autorità giudiziaria».

---

[10] Cass., Sez. Un., 21.12.2017, Zucchi e al.

9.3. Partecipazione di testimoni ad atti del procedimento

Una funzione di rappresentanza e di assistenza si prospetta avendo riguardo anche alla partecipazione del testimone ad atti del procedimento ai sensi dell'art. 120, istituto che rientra nell'ambito delle garanzie volte ad assicurare il regolare compimento degli atti.

Richiami espressi all'art. 120 si rinvengono, infatti, in tema di ispezione personale (art. 245, co. 1) e di perquisizione personale (art. 249, co. 1), nonché in tema di perquisizione locale (art. 250, co. 1). Si tratta di atti irripetibili a sorpresa, rispetto ai quali viene concessa al soggetto coinvolto la **presenza di una persona di fiducia**.

La testimonianza in questione viene così definita impropria, in quanto non ha finalità probatorie sui fatti oggetto del processo, ma solo sulla regolarità delle attività poste in essere, a dire il vero anch'esse oggetto di prova ai sensi dell'art. 187, co. 2.

Al fine di garantire il corretto perseguimento degli scopi della norma e della delicatezza del ruolo, l'art. 120 enuncia tassativamente le cause di incapacità naturali e giuridiche a svolgere la funzione di cui si discute, fermo restando che la capacità si presume fino a prova contraria.

Non possono così intervenire come testimoni *ad acta* i minori degli anni quattordici, le persone palesemente affette da infermità di mente o in stato di manifesta ubriachezza o intossicazione da sostanze stupefacenti o psicotrope; le persone sottoposte a misure di sicurezza detentive o a misure di prevenzione.

10. Gli atti e i provvedimenti del giudice

10.1. La forma dei provvedimenti

All'interno di un sistema in cui, pur non mancando atti a forma libera, prevalgono quelli a forma vincolata[11] e per iscritto, il legislatore si preoccupa di prevedere una disciplina unitaria della forma, intesa come struttura tipica, per i provvedimenti del giudice.

L'art. 125 si colloca sul solco della tradizione nel prevedere **tre modelli**: la sentenza, l'ordinanza e il decreto.

In chiave funzionale, le **sentenze** si caratterizzano per l'idoneità a chiudere uno stato o un grado del procedimento; l'attitudine definitoria si correla alla potenzialità ad acquisire autorità di cosa giudicata.

In via esemplificativa, le sentenze dibattimentali di proscioglimento e di

---

[11] V. *infra*, cap. VI, par. 1.

condanna (artt. 529 ss.) e le sentenze di non luogo a procedere (art. 425) si distinguono in ragione della fase processuale che definiscono, chiudendo rispettivamente il dibattimento ovvero l'udienza preliminare; le sentenze di merito e le sentenze processuali si differenziano in ragione dell'oggetto della decisione, risolvendo le prime la questione relativa al dovere di punire, le seconde questioni di natura processuale (sentenze sulla giurisdizione e sulla competenza); per quanto riguarda le sentenze costitutive e le sentenze dichiarative, le prime sono idonee a produrre effetti giuridici innovativi (sentenze di perdono giudiziale *ex* art. 169 c.p. o di riabilitazione *ex* art. 683, nonché quelle che riconoscono efficacia alle sentenze penali straniere ai sensi dell'art. 730), le seconde sono ricognitive dell'esistenza dei presupposti di determinate fattispecie processuali (v. sempre le sentenze sulla giurisdizione e sulla competenza).

L'art. 125, co. 2 e 3, nel prevedere l'obbligo che le sentenze siano pronunciate in nome del popolo italiano e che siano motivate a pena di nullità, rappresenta la proiezione processuale degli artt. 101 e 111, co. 6, Cost., i quali sanciscono che la giustizia sia amministrata in nome del popolo e che tutti i provvedimenti giurisdizionali debbano essere motivati.

Quanto all'**ordinanza**, l'unico requisito strutturale previsto dall'art. 125, co. 3, è l'obbligo di motivazione, richiesto, come nella sentenza, a pena di nullità.

Solo in via tendenziale l'ordinanza, al pari della sentenza, ha natura decisoria in quanto idonea a definire taluni segmenti del procedimento (procedimenti incidentali); ma non mancano alcune ordinanze in grado di chiudere il processo, come quelle che dichiarano l'inammissibilità dell'impugnazione (art. 591).

Si sostiene comunemente, allo stesso tempo, da un lato, che l'ordinanza è un provvedimento emesso all'esito del contraddittorio tra le parti, ma vi sono casi in cui ciò non accade come dimostra l'ordinanza applicativa della misura cautelare (art. 292). Dall'altro lato che sono di regola revocabili (v. art. 299); ma il relativo corollario, ossia la inoppugnabilità, soffre anch'esso plurime deroghe (artt. 41, 309, 586 e 591).

Il **decreto**, infine, con il quale si esprime un ordine, un comando, un atto di autorità dalla natura amministrativa, è nella disponibilità sia del giudice che del pubblico ministero e non è soggetto all'obbligo di motivazione, salvo i casi in cui quest'ultima sia espressamente prescritta dalla legge (art. 125, co. 3).

Peraltro, anche il decreto come l'ordinanza sconta la relatività degli enunciati definitori.

Il decreto ha carattere tendenzialmente ordinatorio, in quanto funzionale alla progressione del procedimento, ma vi sono casi in cui acquisisce natura decisoria (si pensi al decreto di archiviazione e al decreto penale di condanna *ex* art. 460). Il decreto è, inoltre, di regola revocabile in quanto inoppugnabile, ma esistono decreti revocabili ed impugnabili (ad es. il decreto di sequestro preventivo *ex* art. 321), nonché suscettibili di divenire addirittura irrevocabili (il decreto penale di condanna non opposto).

In una prospettiva di massima semplificazione, è del tutto residuale la categoria dei **provvedimenti adottati senza formalità**, pertanto innominati ed adottabili anche oralmente (art. 125, co. 6). L'ambito più importante di tale categoria è rappresentato dalla «disciplina dell'udienza e [dal]la direzione del dibattimento» esercitate dal presidente del collegio (artt. 470, co. 1, 471, co. 4, 5 e 6 e 504).

L'art. 125 non definisce solo le forme dei provvedimenti, ma anche la relativa deliberazione in camera di consiglio, la quale, più in generale, si caratterizza, come si desume dall'art. 525, per l'immediatezza rispetto alla chiusura dell'udienza, per l'immutabilità del giudice e per la continuità delle attività compiute.

Nell'art. 125, co. 4 prima parte, è fatto esplicito divieto di partecipare alla fase deliberativa alle parti e all'ausiliario del giudice, che assiste quest'ultimo in tutti gli atti ai quali procede ai sensi dell'art. 126.

La parte finale del co. 4 dell'art. 125 fissa la segretezza della deliberazione, oggetto anche di specifica tutela penale (artt. 326 e 685 c.p.).

Si tratta di regola che non ammette deroghe, come comprovato dalla circostanza che il giudice il quale abbia concorso alla deliberazione non può deporre come testimone in ordine alla formazione della volontà coperta dal segreto d'ufficio. Solo nell'ipotesi di provvedimenti collegiali, su richiesta di un componente del collegio che non abbia espresso voto conforme alla decisione finale, si può provvedere a compilare «sommario verbale in forma di documento analogico contenente l'indicazione del dissenziente, della questione o delle questioni alle quali si riferisce il dissenso e dei motivi dello stesso», da conservarsi, a cura del presidente, in plico sigillato presso la cancelleria dell'ufficio (art. 125, co. 5). Si vogliono così neutralizzare eventuali pretese dirette a far valere la responsabilità civile del giudice senza alcuna differenziazione. Si prevede espressamente l'inapplicabilità dei nuovi art. 110, co. 4 e 111 *ter*, co. 3.

10.2. I procedimenti in camera di consiglio

L'art. 127 detta la disciplina generale valevole per i procedimenti che si svolgono in camera di consiglio e, quindi, senza le forme dell'udienza dibattimentale.

È indubbio che la locuzione, la quale compare anche nell'art. 125, co. 4, sta ad indicare non più il luogo in cui il giudice si ritira per deliberare, ma identifica il procedimento camerale a carattere generale, che assicura il contraddittorio tra le parti e, in misura più ampia, il diritto di difesa dei soggetti interessati, dispensando dal compito di predisporre per ogni singola ipotesi di rito in camera di consiglio le relative forme, laddove non si intendano derogare.

Due le note caratteristiche: la **mancanza di pubblicità** dell'udienza e, quindi, la mancata presenza del pubblico; la **partecipazione eventuale** delle parti.

Mentre sulla prima caratteristica, fissata dall'art. 127, co. 6, bisogna ormai sottolineare come a seguito della giurisprudenza della Corte europea dei diritti dell'uomo [12] e della giurisprudenza costituzionale [13] è un diritto dell'imputato chiedere, in ogni caso, la celebrazione in pubblica udienza laddove si discuta di questioni di merito, l'affievolirsi per finalità di semplificazione del diritto al contraddittorio è rimasto, per contro, inalterato.

Al riguardo, l'art. 127, co. 3, prevede che «il pubblico ministero, gli altri destinatari dell'avviso nonché i difensori sono sentiti se compaiono». A questo primo modello accedono i procedimenti in camera di consiglio nei quali il contraddittorio è eventuale, essendo lasciato alla scelta discrezionale delle parti: a titolo esemplificativo il procedimento per la risoluzione dei conflitti di giurisdizione e di competenza *ex* art. 32, il procedimento per la decisione sulla dichiarazione di ricusazione *ex* art. 41, co. 3, il procedimento per il riesame delle ordinanze che dispongono una misura coercitiva ai sensi dell'art. 309, co. 8; il procedimento per la decisione sulle richieste di archiviazione controverse di cui all'art. 409, co. 2; il procedimento sulla decisione del ricorso straordinario per cassazione *ex* art. 625 *bis*, co. 4.

Non mancano, peraltro, altri modelli che si discostano da quello dell'art. 127, in cui il procedimento camerale è a **partecipazione necessaria** sia del pubblico ministero che del difensore (incidente probatorio, udienza preliminare, giudizio abbreviato, procedimento di esecuzione, procedimento di sorveglianza), ovvero del solo difensore (udienza di convalida dell'arresto o del fermo).

Esistono, infine, da un lato, i riti camerali senza intervento delle parti, di natura cartolare, nei quali la dialettica tra le stesse parti si realizza in forma scritta (procedimento in cassazione ai sensi dell'art. 611; procedimento per la proroga dei termini di durata delle indagini preliminari ai sensi dell'art. 406, co. 4), dall'altro lato, i riti camerali c.d. *de plano*, caratterizzati dal fatto che la decisione del giudice è priva di contraddittorio ed è adottata senza

---

[12] Tra le altre, avendo riguardo al procedimento di ingiusta detenzione, Corte eur., 10.4.2012, Lorenzetti c. Italia.

[13] Da ultimo, Corte cost. n. 97 del 2015, per il procedimento di sorveglianza, prima dell'introduzione nell'art. 678, co. 3.1, e Corte cost. n. 109 del 2015, per il procedimento di opposizione contro l'ordinanza in materia di applicazione della confisca davanti al giudice dell'esecuzione. Per la soluzione opposta, nel procedimento di riesame, Corte cost. n. 263 del 2017.

formalità (procedimento di esecuzione ai sensi dell'art. 667, co. 4; procedimento in cassazione di declaratoria dell'inammissibilità del ricorso ai sensi dell'art. 610, co. 5 *bis*, novellato dalla L. 23.6.2017, n. 103)[14].

Il procedimento camerale tipico *ex* art. 127 prende avvio, di regola, da una specifica **richiesta di parte**, salve le ipotesi eccezionali di iniziativa ufficiosa del giudice (art. 130 per la correzione degli errori materiali, 409, co. 2, per la richiesta di archiviazione non accoglibile *de plano*, l'art. 406, co. 5, per la proroga delle indagini).

L'atto iniziale assume la forma del decreto di fissazione dell'udienza di cui è dato avviso a pena di nullità almeno dieci giorni prima alle parti, alle altre persone interessate e ai difensori (per l'imputato quello d'ufficio se non ne ha nominato uno di fiducia) (art. 127, co. 1).

Fino a cinque giorni prima dell'udienza si possono presentare **memorie** in cancelleria (art. 127, co. 2).

Dopo l'intervento della Corte costituzionale[15], il **verbale** che ai sensi dell'originario art. 127, co. 10, era redatto solo in forma riassuntiva, a norma dell'art. 140, co. 2, può essere ora redatto tanto in forma integrale quanto in forma riassuntiva ai sensi dell'art. 134, co. 2. Dovranno, pertanto, applicarsi le nuove regole sulle modalità di documentazione fissate a seguito del d.lgs. n. 150 del 2022 da tale norma così come riscritta.

Il pubblico ministero, gli altri destinatari dell'avviso e i difensori **sono sentiti**, sempre a pena di nullità, se compaiono (art. 127, co. 3 prima parte).

Per l'interessato detenuto o internato, l'art. 127, co. 3 seconda parte, detta una disciplina differenziata a seconda che costui si trovi in un luogo posto o meno fuori dalla circoscrizione del giudice che procede: nel primo caso, all'imputato detenuto è riconosciuto il diritto, se ne fa richiesta, di partecipare all'udienza camerale; nel secondo caso, a seguito di una interpolazione del d.lgs. n. 150 del 2022, si provvede mediante collegamento a distanza, oltre che nei casi specificatamente previsti dalla legge, quando l'interessato vi consente. In caso contrario, l'interessato, come previsto originariamente dalla norma, è sentito prima del giorno dell'udienza dal magistrato di sorveglianza del luogo di detenzione o internamento.

Bisogna, peraltro, sottolineare che alla luce della giurisprudenza costituzionale[16] e per evitare ingiustificate disparità di trattamento legate al *locus detentionis* che appare casuale, bisogna sminuire del tutto il *distinguo*, am-

---

[14] Cass., Sez. Un., 11.4.2006, De Pascalis, che hanno riconosciuto la legittimità di schemi procedimentali atipici, nei quali il modello camerale delineato dall'art. 127 c.p.p. risulta variamente declinato. Di recente, Cass., Sez. Un., 27.9.2018, Romeo Gestioni s.p.a.

[15] Corte cost., n. 529 del 1990.

[16] Corte cost., n. 45 del 1991.

mettendo, in ogni caso, il potere per il giudice di tradurre *ex officio* l'imputato davanti a sé.

Contiguo a tale profilo è il problema della rilevanza del **legittimo impedimento** a comparire dello stesso imputato e del difensore.

L'art. 127, co. 4, si limita a prevedere, a pena di nullità, che «l'udienza è rinviata se sussiste un legittimo impedimento dell'imputato o del condannato che ha chiesto di essere sentito personalmente e che non sia detenuto o internato in un luogo diverso da quello in cui ha sede il giudice», nulla disponendo per il difensore.

Se in relazione all'imputato e al condannato, la giurisprudenza si è assestata su interpretazioni estensive garantiste, per cui è sempre rinviabile l'udienza quando venga addotto da costoro un legittimo impedimento e vi sia un'apposita richiesta a prescindere dal *locus detentionis*, a risultati diversi e discutibili, nel silenzio del legislatore, è pervenuta la stessa giurisprudenza per il difensore.

È affermazione costante con recenti timide aperture in senso contrario che questi può chiedere il rinvio dell'udienza per legittimo impedimento solo se ciò è previsto dal legislatore *expressis verbis*, come nell'udienza preliminare e nell'udienza dibattimentale, ma non nell'udienza camerale per la quale l'art. 127 non prevede un analogo diritto [17].

Il rito camerale si chiude, salvo casi particolari (artt. 425, 599, co. 1 e 599 *bis*), con la pronuncia di un'**ordinanza** che deve essere notificata o comunicata senza ritardo alle parti, alle persone interessate e ai difensori, i quali possono impugnarla mediante ricorso per cassazione. L'eventuale ricorso non provoca la sospensione dell'esecuzione dell'ordinanza, salvo che il giudice che l'ha emessa non disponga diversamente con decreto motivato (art 127, co. 7-8). La stessa disciplina vale qualora il giudice, senza formalità, dichiari inammissibile l'atto introduttivo del procedimento (art. 127, co. 9).

Sempre al fine di offrire una disciplina unitaria ai provvedimenti del giudice emessi in camera di consiglio o *de plano*, l'art. 128 prevede che, al di fuori delle ipotesi di cui agli artt. 424 e 548, gli originali siano depositati in cancelleria entro il termine ordinatorio di cinque giorni dalla deliberazione. L'avviso del deposito del provvedimento deve essere notificato «a tutti coloro cui la legge attribuisce il diritto di impugnazione», facendo così decorrere il relativo termine per impugnare.

---

[17] Cfr. Cass., Sez. Un., 27.6.2006, Passamani. Più di recente, peraltro, Sez. Un., 30.10.2014, Tibo e al., prefigurano l'obbligo di rinvio dell'udienza in presenza di una dichiarazione di astensione del difensore. V. anche, a configurare un'ipotesi seppure eccezionale di rinvio del giudizio camerale di appello a seguito di rito di primo grado celebrato in abbreviato, Cass., Sez. Un., 21.07.2016, Nifo Sarrapochiello e al.

10.3. L'immediata declaratoria di determinate cause di non punibilità

L'art. 129, co. 1, stabilisce che «**in ogni stato e grado del processo**, il giudice, il quale riconosce che il fatto non sussiste o che l'imputato non lo ha commesso o che il fatto non costituisce reato o non è previsto dalla legge come reato ovvero che il reato è estinto o che manca una condizione di procedibilità, lo dichiara d'ufficio con sentenza».

Questo potere di iniziativa ufficiosa conferito al giudice si ispira sia ad esigenze di **economia processuale** sia al principio del ***favor rei***, dovendosi arrestare il processo immediatamente con una sentenza di proscioglimento, qualora emerga una causa di non punibilità nei confronti dell'imputato.

L'istituto opera solo nel contesto del processo e non anche nella fase delle indagini preliminari, all'interno della quale una funzione equivalente è svolta dal meccanismo di archiviazione ai sensi degli artt. 408 e 411.

Secondo una interpretazione ampiamente condivisa[18], l'art. 129 non attribuisce al giudice un potere di giudizio ulteriore e autonomo rispetto a quello già riconosciuto dalle specifiche norme che regolano l'epilogo "assolutorio" nelle varie fasi e nei diversi gradi del processo (artt. 425, 469, 529, 530 e 531). Identifica solo una **regola di condotta** rivolta al giudice medesimo, la quale presuppone l'esercizio della giurisdizione con un pieno contraddittorio.

Il che significa che l'art. 129, da un lato, consente al giudice di adottare in presenza di una causa di non punibilità la corrispondente decisione allo stato degli atti, senza che possa trovare spazio una qualsiasi attività non essenziale di natura probatoria anche all'interno dell'udienza preliminare, dall'altro lato, lo obbliga a pronunciarsi con la sentenza propria della fase e del grado del processo in corso di celebrazione, garantendo alle parti il diritto di essere ascoltate prima della medesima decisione.

Nell'ambito dei procedimenti speciali, l'art. 444, co. 2, l'art. 459, co. 3, e l'art. 464 *quater*, co. 1, esplicitano l'incidenza dell'art. 129, in sede di patteggiamento, decreto penale di condanna e sospensione del procedimento con messa alla prova. Negli atti preliminari al dibattimento opera il solo art. 129, co. 1 (v. art. 469, co. 1)[19]. Nei gradi di impugnazione, l'applicabilità *ex officio* sempre dell'art. 129, co. 1, configura una deroga all'effetto parzialmente devolutivo del gravame.

L'art. 129, co. 2, nel disciplinare l'ipotesi che concorrano **cause di proscioglimento nel merito e cause estintive** del reato (quali la prescrizione),

---

[18] Cass., Sez. Un., 25.1.2005, De Rosa.

[19] V. *infra*, cap. XV, par. 2.4.

stabilisce una precisa gerarchia tra le formule di proscioglimento: «quando ricorre una causa di estinzione del reato, ma dagli atti risulti evidente che il fatto non sussiste, che l'imputato non lo ha commesso o che il fatto non costituisce reato, o non è previsto dalla legge come reato, il giudice pronuncia sentenza di assoluzione o di non luogo a procedere con la formula prescritta».

Accanto alla regola di giudizio che fissa la prevalenza della formula di merito più favorevole su quella estintiva, si affianca una regola istruttoria che richiede, per poter prosciogliere nel merito, l'evidenza sulla base degli atti: il che significa che le prove che giustificano il proscioglimento nel merito sono già state acquisite al momento del verificarsi della causa estintiva.

Occorre, peraltro, precisare che l'interesse dell'imputato ad ottenere una formula di proscioglimento più favorevole è, comunque, garantito dalla facoltà riconosciuta al medesimo di rinunciare all'applicazione delle principali cause estintive del reato, quale, oltre alla prescrizione (non più dichiarabile nel giudizio di appello), l'amnistia.

10.4. La correzione degli errori materiali

La correzione delle sentenze, delle ordinanze e dei decreti del giudice (con esclusione dei provvedimenti del pubblico ministero) inficiati da errori od omissioni avviene con **la procedura semplificata** disciplinata dall'art. 130

Si vuole così evitare il ricorso ai mezzi di impugnazione per eliminare vizi non gravi che potrebbero, comunque, creare incertezze nell'esecuzione.

Si deve trattare di errori ed omissioni **materiali** che si traducono in mere irregolarità, ossia in una divergenza dal modello legale che non produce alcuna nullità, nonché di una mera difformità esteriore tra il pensiero del giudice e la sua estrinsecazione formale che non incide sul contenuto essenziale dell'atto. Di regola, pertanto, sono escluse le correzioni del dispositivo, mentre è consentito correggere un provvedimento dove compaia il nome di un magistrato diverso da quello che ha fatto parte del collegio.

La L. n. 103 del 2017 ha poi introdotto nell'art. 130, co. 1 *bis*, il potere per il giudice, in caso di errore di denominazione o di computo, di **rettificare la specie e la quantità della pena** contenuta in una sentenza di patteggiamento.

Competente a procedere alla correzione, anche d'ufficio o su istanza del pubblico ministero e delle parti private, è il giudice autore dell'atto. Se questo è impugnato, e l'impugnazione non è dichiarata inammissibile, la competenza è del giudice *ad quem*.

Il procedimento di correzione si svolge ai sensi dell'art. 130, co. 2, in camera di consiglio secondo le forme prescritte dall'art. 127, dovendosi escludere una procedura *de plano*. Ai sensi dell'art. 48 disp. att., «alle variazioni o aggiunte che occorre eseguire prima della sottoscrizione si provvede con postille, che devono essere approvate».

L'ordinanza conclusiva deve essere notificata per intero ed è ricorribile per cassazione. L'ordinanza che dispone la correzione è annotata sull'originale dell'atto (v. sempre art. 130, co. 2).

Il procedimento di correzione degli errori materiali opera pure nel giudizio di cassazione, salva l'applicabilità dell'art. 625 *bis*[20]. Si è così ritenuta emendabile l'omessa sottoscrizione della sentenza da parte del giudice estensore, purché involontaria e magari accompagnata dalla sottoscrizione del presidente del collegio, o l'omessa trascrizione del dispositivo in calce all'originale della sentenza deliberata in camera di consiglio.

Alla disciplina generale dell'autocorrezione di errori materiali di cui all'art. 130, il codice affianca ipotesi specifiche di correzione o di integrazione dei provvedimenti del giudice, con il rinvio sempre all'art. 130.

Si pensi all'erronea indicazione delle generalità dell'imputato ai sensi dell'art. 66, co. 3, alla omessa condanna alle spese (art. 535, co. 4), alla mancanza o incompletezza di alcuni dei requisiti previsti dall'art. 546 (quali l'intestazione della sentenza, le generalità delle parti, l'indicazione delle conclusioni delle parti, l'indicazione degli articoli di legge e la data), tranne la mancanza di motivazione, la mancanza o l'incompletezza nei suoi elementi essenziali del dispositivo, la mancata sottoscrizione del giudice, requisiti previsti a pena di nullità (v. art. 547), alla condanna di una persona in luogo di un'altra (art. 668).

Una fattispecie del tutto peculiare di correzione propria del giudizio di legittimità è disciplinata nell'art. 619: la Corte di cassazione rimedia *de plano* agli errori di diritto e alla erronea indicazione di testi di legge, privi di influenza decisiva sul dispositivo (co. 1), nonché agli errori concernenti la denominazione o il computo della pena (co. 2), anche contenuti in una sentenza di patteggiamento impugnata (v. art. 130, co. 1 *bis*).

10.5. I poteri coercitivi del giudice e l'accompagnamento coattivo

La previsione di poteri coercitivi del giudice nell'art. 131, che egli può esercitare chiedendo «l'intervento della polizia giudiziaria e, se necessario, della forza pubblica», è finalizzata a garantire «il sicuro e ordinato compimento degli atti ai quali si procede».

Trattandosi di **poteri di disciplina processuale** (cfr. art. 470), il loro esercizio non è subordinato a specifiche formalità: l'ordine può essere impartito dal giudice anche oralmente, a norma dell'art. 125, co. 6.

---

[20] Cfr. *infra*, cap. XXV, par. 3.

Una figura autonoma, espressione dei poteri coercitivi del giudice, è l'accompagnamento coattivo, eseguibile anche con la forza a norma dell'art. 46 disp. att. Sebbene l'istituto comporti di fatto una restrizione della libertà personale, la collocazione tra i poteri di polizia è giustificata per una affermata incidenza limitata sia temporale che funzionale, ossia «per la sua finalità di diretto contributo "positivo" all'attività di indagine e di accertamento» (Rel. prog. prel.).

Sotto il profilo soggettivo, il legislatore opera una distinzione in base ai destinatari del provvedimento, dettando regole diverse a seconda che si tratti dell'imputato (art. 132), ovvero di altre persone (art. 133).

L'art. 132, dedicato all'**accompagnamento coattivo dell'imputato**, si limita a prevedere che il giudice ordina di condurlo alla sua presenza con decreto motivato, rinviando per il resto ai «casi previsti dalla legge».

Al di fuori dell'ipotesi di cui all'art. 376 dell'accompagnamento disposto dal pubblico ministero, sebbene autorizzato dal giudice, per procedere ad atti di interrogatorio e di confronto, i casi a cui si rinvia sono ricollegabili alla previa notificazione di un decreto di citazione o di un avviso rimasto senza effetto: può essere così disposto in sede di incidente probatorio (art. 399) o nel dibattimento (art. 490). Quali destinatari dell'accompagnamento coattivo, accanto all'imputato per assumere prove diverse dall'esame o alla persona sottoposta alle indagini, sono da ricordare gli imputati in un procedimento connesso (v. artt. 210 e 513).

Per evitare che il decreto di accompagnamento si trasformi in una misura coercitiva, si stabilisce una ben precisa efficacia temporale dell'atto: la persona non può essere trattenuta oltre il compimento dell'atto medesimo e, in ogni caso, oltre le ventiquattro ore (art. 132, co. 2).

Per quanto riguarda **l'accompagnamento coattivo dei testimoni**, periti, e delle persone sottoposte all'esame del perito diverse dall'imputato, consulenti tecnici, interpreti e custodi di cose sequestrate, l'art. 133 specifica i presupposti.

In primo luogo, vi deve essere una regolare citazione o convocazione e, in secondo luogo, i soggetti indicati non devono essere comparsi nel luogo e nel tempo stabiliti senza addurre un legittimo impedimento.

Alla luce della qualità rivestita, tali persone possono essere condannate ad una sanzione pecuniaria, nonché alle spese causate dalla mancata comparizione, ma la condanna è revocata con ordinanza laddove il giudice ritenga fondate le giustificazioni addotte dall'interessato in un secondo momento, ai sensi dell'art. 47 disp. att. Le forme e le garanzie procedimentali sono le stesse stabilite per l'imputato.

Una previsione specifica è stata introdotta dal d.lgs. n. 150 del 2022 nel nuovo art. 133, co. 1 *bis* per operare un raccordo con il nuovo art. 152, co. 3, n. 2, che introduce una ipotesi di remissione tacita della querela per la partecipazione ad un programma di giustizia riparativa.

Limitatamente a quest'ultimo caso, non è possibile l'accompagnamento coattivo nel caso di **mancata comparizione del querelante** all'udienza in cui sia stato citato a comparire come testimone.

11. L'accesso ai programmi di giustizia riparativa

Con una collocazione poco coerente, se non eccentrica, rispetto alle finalità e all'istituto del proscioglimento immediato *ex* art. 129, il nuovo art. 129 *bis*, introdotto dal d.lgs. n. 150 del 2022, costituisce la norma centrale codicistica in relazione al possibile **avvio di un programma di giustizia riparativa**[21].

Dalla sua effettiva applicazione dipenderà molta parte dell'affermarsi o meno della giustizia riparativa, così come definita e disciplinata in modo organico dagli artt. 42 ss. d.lgs. n. 150 del 2022 per **ogni fattispecie di reato** e a prescindere dalla relativa gravità.

La norma *de qua* deve, inoltre, in modo inevitabile leggersi alla luce dei numerosi meccanismi informativi introdotti, ispirati a quanto previsto in generale dagli artt. 44 e 47, d.lgs. n. 150 del 2022, in base ai quali «la persona indicata come autore dell'offesa e la vittima del reato [come descritta nell'art. 42 d.lgs. n. 150 del 2022] vengono informate senza ritardo da parte dell'autorità giudiziaria, in ogni stato e grado del procedimento penale, o all'inizio dell'esecuzione della pena detentiva o della misura di sicurezza, in merito alla facoltà di accedere ai programmi di giustizia riparativa» (v. in particolare artt. 90 *bis* co. 1, 369, co. 1 *ter*).

In stretta correlazione agli obblighi informativi, l'art. 129 *bis* stabilisce che **in ogni stato e grado del procedimento** (e quindi fin dalla fase delle indagini preliminari) l'autorità giudiziaria **può disporre, anche d'ufficio,** l'invio dell'imputato (e dell'indagato) e della vittima del reato così come definita dall'art. 42, co. 1, lett. *b* al centro per la giustizia riparativa di riferimento, per l'avvio di un programma di giustizia riparativa (co. 1).

La possibile attivazione d'ufficio è auspicabile che rimanga l'**eccezione** a fronte della regola che dovrebbe essere costituita dalla «richiesta dell'imputato o della vittima del reato [...] proposta personalmente o per mezzo di procuratore speciale» (art. 129 *bis*, co. 2).

---

[21] V. *supra*, cap. III, par. 5.

Il rapporto regola-eccezione evidenziato è del resto inevitabile a fronte delle modalità formali imposte all'autorità giudiziaria per il suo impulso anche d'ufficio.

Il giudice che procede dovrà disporre l'avvio del programma con **ordinanza motivata**, sentite le parti, i difensori nominati e, se lo ritiene necessario, la vittima, qualora reputi che lo svolgimento di un programma di giustizia riparativa possa essere utile alla risoluzione delle questioni derivanti dal fatto per cui si procede e non comporti un pericolo concreto per gli interessati e per l'accertamento dei fatti. Nel corso delle indagini preliminari provvede il pubblico ministero con decreto motivato.

Il che fa emergere come, mentre nel processo l'**udienza è sede tipica** dell'applicazione dell'art. 129 *bis*, nelle indagini preliminari, fuori in particolare dei casi di contraddittorio imposto in tema di incidente probatorio e misure cautelari, l'impulso può aversi obbligatoriamente dall'autorità giudiziaria in occasione di un interrogatorio (o di un apposito incontro) con l'indagato, sempre che non sia necessario anche l'incontro con la vittima, fino ad ora mai previsto dal codice di rito (se non in sede di assunzione di informazioni di natura testimoniale).

La richiesta dell'indagato si collocherà verosimilmente in sede di conclusione delle indagini preliminari, come lascia prefigurare l'art. 129 *bis* co. 4.

Nel caso di reati perseguibili a querela soggetta remissione e in seguito all'emissione dell'avviso di conclusione delle indagini, il giudice, su richiesta dell'indagato o dell'imputato, può disporre con ordinanza la **sospensione del procedimento** per lo svolgimento del programma di giustizia riparativa per un periodo non superiore a 180 giorni.

In pendenza, il termine di prescrizione è sospeso, al pari del termine per dichiarare l'improcedibilità di cui all'art. 344 *bis* nel giudizio di impugnazione, nonché, in quanto compatibili, sono sospesi i termini massimi di custodia cautelare fissati dall'art. 304.

Alla conclusione dello svolgimento del programma di giustizia riparativa, l'autorità giudiziaria acquisisce la **relazione** trasmessa dal mediatore ai sensi dell'art. 57, d.lgs. n. 150 del 2022, contenente la descrizione delle attività svolte e dell'esito riparativo conseguito.

12. La documentazione degli atti

Per documentazione si intende l'attività avente tipicamente natura dinamica con la quale il comportamento di un soggetto all'interno del procedimento penale viene **rappresentato** e **conservato**, affinché il giudice (ma anche le parti e l'opinione pubblica) possano controllare la regolarità dell'atto e valutarne il contenuto ai fini della decisione sia in primo grado che nel giudizio di impugnazione.

È di regola posta in essere da un soggetto diverso dall'autore dell'atto documentato (v. però quale eccezione l'art. 357) e l'attività in questione si distingue sia dalla condotta che viene rappresentata, ossia dichiarazioni e operazioni materiali, sia dal supporto materiale nel quale la documentazione medesima è destinata a confluire.

Il Titolo III del Libro II, pur riferendosi alla documentazione degli **atti del giudice**, contiene disposizioni di **portata generale**, essendo applicabili, in mancanza di apposita deroga, a tutti gli atti del procedimento.

Infatti per gli atti del pubblico ministero l'art. 373, co. 2, rinvia alle modalità di quelli del giudice e per gli atti della polizia giudiziaria il rinvio, mediato, è a quelli del pubblico ministero (art. 357, co. 3). A sua volta, in materia di investigazioni difensive, l'art. 391 *ter*, co. 3, rinvia proprio alle disposizioni in quanto applicabili del Titolo III del Libro II.

Le norme contenute nel Titolo III non esauriscono, peraltro, la disciplina della documentazione, dal momento che quest'ultima viene integrata da disposizioni specifiche per l'incidente probatorio (art. 401, co. 5 e 8), per l'udienza preliminare (art. 420, co. 4), per l'udienza dibattimentale (artt. 480-483 e 510) e per quella davanti al Tribunale in composizione monocratica (art. 559, co. 2) e al giudice di pace (art. 32, co. 3, d.lgs. n. 274 del 2000).

L'art. 134, co. 1, detta il principio secondo cui alla documentazione degli atti si procede, di regola, mediante **verbale**, redatto, nei casi previsti dalla legge, **anche mediante riproduzione audiovisiva e fonografica** (con la modifica apportata dal d.lgs. n. 150 del 2022). Quando il verbale è redatto in forma stenotipica o con altro mezzo meccanico, può essere formato da più ausiliari o tecnici autorizzati (art. 50 disp. att.).

Tralasciate le questioni definitorie (v. art. 155 del 1930), il verbale non fa più fede fino all'impugnazione di falso come nel previgente codice, anche se risulta confermata la natura di atto pubblico e la sua conseguente efficacia extrapenale ai sensi degli artt. 2699-2700 c.c. Il giudice può liberamente valutare l'attendibilità e la correttezza di quanto è attestato dal pubblico ufficiale, senza che ciò escluda il ricorso agli artt. 478 e 479, ovvero all'informativa al pubblico ministero analogamente a quanto previsto dall'art. 241.

Sono previste due forme di verbalizzazione: quella **integrale** con la quale si compie una descrizione completa dell'atto processuale (*rectius* della dichiarazione, in quanto per le operazioni tutto dipende dalle capacità di chi documenta) e quella **riassuntiva** che rappresenta solo parzialmente la condotta oggetto di documentazione. La scelta per l'una o l'altra forma, che risponde a ragioni di semplificazione, è condizionata dalla natura e dalla funzione dell'atto.

Al di fuori di casi particolari per i quali è il legislatore stesso a prevedere la riproduzione integrale dell'atto (artt. 481, co. 2, 494, co. 2, e 510, co. 2), la scelta tra le due forme è, infatti, rimessa di regola al giudice, e ciò, dopo la sentenza della Corte cost., n. 529 del 1990, anche per i verbali del procedimento in camera di consiglio (v. art. 127, co. 10)[22] e dell'udienza del procedimento di esecuzione.

I criteri di scelta del giudice sono però specificati dall'art. 140, co. 1, il quale consente la forma riassuntiva quando gli atti da verbalizzare hanno **contenuto semplice o limitata rilevanza**, ovvero quando si verifica una contingente (guasto, malore, malattia) indisponibilità di strumenti di riproduzione o di ausiliari tecnici.

Nell'udienza preliminare il verbale è redatto di regola in forma riassuntiva, ma, su richiesta di parte, il giudice dispone la riproduzione fonografica o audiovisiva ovvero la redazione del verbale con la stenotipia (art. 420, co. 4). Nel dibattimento davanti al Tribunale monocratico, l'adozione del verbale riassuntivo è rimessa alla concorde volontà delle parti, sempre che il giudice non ritenga necessaria la redazione in forma integrale (art. 559, co. 2); il verbale riassuntivo è la regola nell'udienza davanti al giudice di pace (art. 32, co. 3, d.lgs. n. 274 del 2000).

Riguardo alle tecniche di verbalizzazione, l'art. 134 prescrive l'utilizzo della stenotipia o di altro strumento idoneo allo scopo, ovvero, in caso di impossibilità di ricorso a tali mezzi, l'utilizzo della scrittura manuale alla quale deve essere assimilata quella stenografica. È chiara l'intenzione del legislatore di privilegiare l'uso dei mezzi meccanici, caratterizzandosi quale residuale il ricorso al metodo manuale.

Quando entrerà a regime la digitalizzazione degli atti, varrà la **regola della redazione informatica del verbale** ai sensi dell'art. 110.

L'art. 134, co. 3 stabilisce che quando il verbale è redatto in forma riassuntiva **è effettuata anche la riproduzione audiovisiva o fonografica**.

Il d.lgs. n. 150 del 2022 ha creato analogo legame necessario con tale ultima riproduzione anche quando la redazione del verbale è avvenuta in forma integrale, ma sia ritenuta insufficiente (art. 134, co. 3)

Quando si procede alla redazione del verbale in forma riassuntiva, l'autorità giudiziaria deve vigilare affinché sia riprodotta nell'originaria genuina espressione la parte essenziale delle dichiarazioni, con la descrizione delle circostanze nelle quali sono rese, se queste possono servire a valutarne la credibilità (art. 140, co. 2).

---

[22] V. *supra*, par. 10.2.

La redazione del verbale è affidata all'ausiliario (art. 126) che assiste il giudice (art. 135). In sede di indagini preliminari, per gli atti del pubblico ministero provvederanno gli ufficiali o gli agenti di polizia giudiziaria ovvero il personale di segreteria (art. 373, co. 6), che assumono la veste di pubblici ufficiali.

Tuttavia, qualora il verbale sia redatto con la riproduzione audiovisiva e fonografica o con la stenotipia o con altro strumento meccanico, il giudice autorizza l'ausiliario che non possieda le necessarie competenze a farsi assistere da personale tecnico, anche esterno alla pubblica amministrazione. La scelta è demandata al Presidente della Corte d'appello e possono essere stipulati contratti biennali, con imprese specialistiche (v. art. 51 disp. att.).

Quanto al contenuto, il verbale contiene la menzione del luogo, dell'anno, del mese, del giorno e, quando occorre, dell'ora in cui è cominciato e chiuso, nonché le generalità delle persone intervenute, l'indicazione delle cause, se conosciute, della mancata presenza di coloro che sarebbero dovuti intervenire. Inoltre l'ausiliario deve descrivere quanto fatto o constatato e quanto è avvenuto in sua presenza, nonché le dichiarazioni ricevute da lui o da altro pubblico ufficiale che egli assiste (art. 136, co. 1).

Per ogni dichiarazione verbalizzata è indicato se è stata resa spontaneamente o previa domanda e, in tal caso, è riprodotta anche la domanda. Occorre far menzione se la dichiarazione è stata dettata dal dichiarante o se questi si è avvalso dell'autorizzazione a consultare note scritte (v. artt. 136, co. 2, 499, co. 5, 501, co. 2).

L'art. 137 disciplina le **formalità della sottoscrizione**, previa lettura del verbale. Si prevede che la firma si apposta alla fine di ogni foglio da parte del pubblico ufficiale che l'ha redatto, dal giudice e dalle persone intervenute, ancorché le operazioni non siano esaurite o vengano rinviate. Se chi è intervenuto non vuole o non è in grado di sottoscrivere il verbale, ne è fatta menzione indicandone i motivi: il verbale resta pienamente valido. Regole semplificate sono previste per il verbale del dibattimento (art. 483) e per quello dell'incidente probatorio (art. 401, co. 5), nonché, per ragioni tecniche, tutte le volte in cui è impiegato lo strumento meccanico che non comporta l'immediata impressione di caratteri comuni di scrittura a norma dell'art. 50, co. 2, disp. att.

L'art. 138 disciplina la trascrizione del verbale redatto con il mezzo della stenotipia. Sebbene sia possibile ottenere anche la trascrizione simultanea, la norma prescrive che i nastri impressi con i caratteri della stenotipia debbano essere trascritti in caratteri comuni non oltre il giorno successivo a quello in cui sono stati formati, fatta eccezione del verbale del dibattimento, alla cui trascrizione, invece, si deve procedere entro i tre giorni successivi alla sua formazione (termini ordinatori).

Per la riproduzione fonografica o audiovisiva non è previsto dall'art. 139 alcun termine temporale. Inoltre, qualora le parti vi consentano, il giudice può disporre che di tali riproduzioni non sia effettuata la trascrizione ai sensi dell'art. 139, co. 5.

Analogamente a quanto stabilito per le trascrizioni con la stenotipia, anche per le registrazioni fonografiche o audiovisive le trascrizioni, se effettuate, sono unite agli atti del procedimento ai sensi dell'art. 139, co. 6.

L'art. 142 individua, quali cause di **nullità del verbale** da considerarsi a carattere relativo, «se vi è incertezza assoluta sulle persone intervenute», non desumibile da altri dati contenuti nello stesso verbale né da altri atti processuali ivi richiamati o ad esso comunque riconducibili, «o se manca la sottoscrizione del pubblico ufficiale che lo ha redatto».

Sono irrilevanti, pertanto, l'omessa sottoscrizione del verbale da parte del giudice, la mancata sottoscrizione in calce ad ogni singolo foglio, la mancata trascrizione delle registrazioni.

La clausola di salvezza posta nell'*incipit* dell'art. 142 rispetto a particolari disposizioni derogatorie va riferita alle regole in tema di ricognizione ai sensi dell'art. 213, co. 2 e 3, e alle sue modalità di svolgimento (artt. 214, co. 3, 215, co. 3). In tali casi la documentazione dell'atto funge da condizione di validità del suo contenuto.

In via generale, è da sottolineare la scelta metodologica contenuta nel d.lgs. n. 150 del 2022 di prevedere per gli **atti e le prove a contenuto dichiarativo** la registrazione **audio e video** o, per lo meno, fonografica, salva la indisponibilità dei mezzi (v., nel paragrafo successivo, l'art. 141 *bis*; nonché gli artt. 294, co. 6 *bis*, 351, co. 1 *quater*, 357, co. 3 *bis* e 3 *ter*, 362, co. 1 *quater*, 373, co. 2 *bis*-2 *quinquies*, 391 *ter*, co. 3 *bis*-3 *quater*). Si tratta di una disciplina da salutare con favore, al fine di garantire la genuinità e la completezza della documentazione di atti destinati ad assumere valenza probatoria. È solo da segnalare come in questo modo, ai sensi dell'art. 495, co. 4 *quater*, in caso di mutamento del giudice, non si potrà procedere alla rinnovazione dell'atto.

12.1. La documentazione dell'interrogatorio del detenuto

Al fine di garantire l'effettività della libertà di autodeterminazione della persona sottoposta ad interrogatorio disincentivando metodi di conduzione dell'atto lesivi della stessa libertà, in situazioni di soggezione psicologica conseguente alla restrizione *in vinculis*, l'art. 2, L. n. 332 del 1995 ha introdotto l'art. 141 *bis*, da ultimo interpolato dal d.lgs. n. 150 del 2022.

Questa norma impone ora la **documentazione integrale con mezzi di riproduzione audiovisiva** e, solo se non sia possibile, con la fonografia, a pena di inutilizzabilità dell'interrogatorio, della persona che si trovi a qualsiasi titolo in stato di detenzione, e che non si svolga in udienza.

L'**obbligo**, con il quale si cerca di porre un limite alla prassi invalsa di far ricorso quasi sempre al verbale riassuntivo non accompagnato dalla video o fonoregistrazione, si ricollega a **tre presupposti**.

Si deve trattare in senso tecnico di un interrogatorio della persona sottoposta alle indagini, dell'imputato, ovvero dell'imputato in un procedimento per reato connesso o collegato a quello per cui si procede ai sensi dell'art. 371, co. 2, lett. *b*. Il riferimento è, quindi, ad ipotesi eterogenee di interrogatorio riferibili sia al giudice che al pubblico ministero (v. artt. 294, 299, co. 3 *ter*, 301, co. 2 *ter*, 363, 364, co. 1, 388, co. 1, 415 *bis*, co. 3). Restano escluse discutibilmente dall'ambito di applicazione della norma, le sommarie informazioni della persona sottoposta alle indagini della polizia giudiziaria ai sensi dell'art. 350 e gli interrogatori delegati alla stessa ai sensi dell'art. 370.

In secondo luogo, l'interrogato deve essere a qualsiasi titolo in stato di detenzione, intendendosi almeno nella interpretazione rigorosa fornita dalla giurisprudenza per tale, lo *status* di chi si trovi in custodia cautelare anche per un altro procedimento o che stia espiando una pena detentiva anche per un altro reato. Anche se non possono ormai trascurarsi le implicazioni dell'art. 294, co. 6 *bis*, in tema di ampliamento generalizzato di forme di documentazione audiovisive dell'interrogatorio di garanzia[23].

Infine, la norma non si applica agli interrogatori assunti nel contesto spazio-temporale dell'udienza, quali quello di convalida dell'arresto o del fermo ai sensi dell'art. 391.

È richiamato l'art. 141 *bis* dall'art. 16 *quater*, co. 3, d.l. n. 8 del 1991, per il verbale illustrativo dei contenuti della collaborazione.

La mancata documentazione integrale dell'interrogatorio determina la **inutilizzabilità oggettiva e assoluta** delle dichiarazioni acquisite non solo in sede dibattimentale, ma, pure, nei riti alternativi al procedimento ordinario, ovvero ai fini dell'adozione di una misura cautelare o di una misura di prevenzione, sia nei confronti della persona che rende dichiarazioni, sia nei confronti di terzi.

13. La partecipazione e l'esame a distanza

La partecipazione e l'esame a distanza sono stati introdotti con un **duplice obiettivo** di economia processuale: ridurre la traduzione dei detenuti per la partecipazione al dibattimento, nonché garantire la sicurezza personale del dichiarante e attenuare i rischi di evasione, **dilatando i confini dell'udienza dibattimentale o camerale**, con un collegamento a distanza realizzato tramite una connessione video con una postazione remota.

---

[23] V. *supra*, par. 12.

L'istituto è stato infatti previsto prima delle ultime modifiche della legge Cartabia al fine di consentire la partecipazione a distanza al dibattimento o alla camera di consiglio (art. 45 *bis* disp. att.) o al giudizio abbreviato (art. 134 *bis* disp. att.) di persona che si trova, a qualsiasi titolo, *in vinculis* (art. 146 *bis* disp. att.) e l'esame in dibattimento degli operatori sotto copertura, delle persone che collaborano con la giustizia e degli imputati di reato connesso (art. 147 *bis* disp. att.): nel primo caso si usa parlare di videoconferenza o teleconferenza e nel secondo di telesame.

Al di là di tali espressioni, estranee al linguaggio legislativo e tecnico, bisogna sottolineare che oggi si impiegano reti IP per la realizzazione sia della videoconferenza, sia del collegamento fonico riservato.

È chiaro che la videoconferenza oltre che l'esame non possono assimilarsi del tutto all'assistenza personale o alle dichiarazioni tipiche rese nel contesto spaziale-temporale dell'udienza.

In virtù dell'art. 146 *bis*, co. 1, disp. att., modificato dalla L. n. 103 del 2017, la **partecipazione a distanza dell'imputato**, anche relativa a reati per i quali sia in stato di libertà e anche qualora assuma la veste di testimone, è attivata obbligatoriamente al verificarsi di **due presupposti**.

Da un lato, deve trattarsi di un dibattimento per una delle fattispecie elencate dall'art. 51, co. 3 *bis*, o dall'art. 407, co. 2, lett. *a*, n. 4: il rinvio è principalmente ai reati di criminalità di stampo mafioso o assimilati e ai delitti commessi per finalità di terrorismo o di eversione dell'ordinamento costituzionale.

In secondo luogo, la persona deve trovarsi a qualsiasi titolo in stato di detenzione in carcere, sia perché sottoposta a custodia cautelare ovvero a seguito dell'espiazione di pena.

La partecipazione a distanza è sempre disposta per la persona imputata ammessa ai **programmi o misure di protezione** (art. 146 *bis*, co. 1 *bis*).

Tranne che in caso di applicazione delle misure c.d. di carcere duro *ex* art. 41 *bis* ord. penit., il giudice può disporre con decreto motivato, anche su istanza di parte, la presenza delle predette persone, qualora lo ritenga necessario (co. 1 *ter*).

Fuori dalle ipotesi *ex* art. 146 *bis*, co. 1 e co. 1 *bis*, analogo potere discrezionale di decidere la partecipazione a distanza spetta al giudice, con il consueto decreto motivato: in presenza di gravi ragioni di sicurezza o di ordine pubblico e in considerazione congiunta alla particolare complessità del dibattimento (al fine di evitare il cosiddetto turismo giudiziario) e all'esigenza che la partecipazione a distanza risulti necessaria ad evitare ritardi nello svolgimento dell'udienza; quando si debba assumere la testimonianza di una persona *in vinculis* a qualsiasi titolo (co. 1 *quater*).

La videoconferenza si può interrompere ai sensi dell'art. 146 *bis*, co. 7, se occorre procedere a confronto o ricognizione o ad altro atto che richieda la presenza dell'imputato, sempre che il giudice, sentite le parti, ritenga indispensabile la presenza dell'imputato per il tempo del compimento dell'atto.

Per salvaguardare l'incolumità fisica di testimoni, di imputati di reato connesso nell'ambito di un processo per taluno dei delitti previsti dall'art. 51, co. 3 *bis*, o dall'art. 407, co. 2, lett. *a*, n. 4, e degli operatori sotto copertura ai sensi dell'art. 9, L. 16.3.2006, n. 146 (dopo la L. n. 103 del 2017), accanto alla partecipazione a distanza, si è previsto **l'esame in dibattimento a distanza disciplinato dall'art. 147 *bis* disp. att.**

Tale esame dibattimentale delle persone ammesse, in base alla legge, a programmi o a misure di protezione anche di tipo provvisorio, come i programmi per la protezione dei testimoni di giustizia, ovvero per le quali è stato disposto il cambiamento delle generalità (*ex* art. 3, d.lgs. n. 119 del 1993), nonché degli operatori sotto copertura è obbligatorio, salvo che il giudice ritenga assolutamente necessaria la presenza della persona da esaminare, con le cautele necessarie alla tutela e alla riservatezza della stessa, evitando, in particolare, che il volto delle persone appena ricordate sia visibile (co. 1 *bis* e co. 3).

Il legislatore al co. 2 fissa le modalità esecutive, consentendo, tra l'altro, al giudice o al presidente di disporre anche d'ufficio tale figura di esame a distanza, qualora siano disponibili strumenti tecnici idonei mediante un collegamento audiovisivo che assicuri la contestuale visibilità delle persone presenti nel luogo dove la persona sottoposta all'esame si trova, alla presenza del medesimo ausiliario abilitato ad assistere il giudice in udienza.

Qualora la persona da esaminare debba essere assistita da un difensore, il telesame si trasforma in videoconferenza: consequenziale l'applicabilità delle disposizioni previste dall'art. 146 *bis*, co. 3, 4 e 6 (v. art. 147 *bis*, co. 4).

13.1. La partecipazione a distanza ad udienze ed atti del pubblico ministero e della polizia giudiziaria dopo la legge Cartabia

In attuazione del criterio di delega stabilito dall'art. 1, co. 1, l. n. 134 del 2021 della semplificazione e della speditezza, il d.lgs. n. 150 del 2022 ha introdotto una disciplina a carattere generale rispetto a quella già analizzata, ampliando i casi di possibile **partecipazione a distanza** non più solo ad **udienze**, ma anche per il compimento di **singoli atti** del pubblico ministero e della polizia giudiziaria, di testimoni, indagati-imputati, parti private, consulenti tecnici, periti.

Da un lato, subordinando tale partecipazione a distanza al **consenso delle parti**, dall'altro lato, cercando di garantire l'effettiva e consapevole partecipazione dell'imputato, come imposto dalla sentenza n. 342 del 1999 della Corte costituzionale.

Rimane l'inevitabile, ma alquanto discutibile, limite tradizionale dell'indisponibilità in concreto dei mezzi tecnici e dei luoghi necessari al collegamento.

Da qui, l'introduzione di un apposito **titolo II *bis* nel libro II del codice di rito**, intitolato "**partecipazione a distanza**", composto dagli artt. 133 *bis* e 133 *ter*, da leggere con le numerose norme interpolate codicistiche che la consentono.

L'**art. 496, co. 2 *bis*** generalizza la partecipazione a distanza di testimoni, imputati in procedimento connesso, periti, consulenti tecnici e parti private.

Disposizioni analoghe sono previste dagli artt. 422, co. 2 e 441, co. 6 **nell'udienza preliminare** e in sede di **giudizio abbreviato**.

È consentita la partecipazione a distanza all'indagato o all'imputato per l'interrogatorio di garanzia (art. 294, co. 4), l'udienza di convalida dell'arresto o del fermo (art. 391, co. 1), nel procedimento di sorveglianza e di esecuzione (art. 678, co. 3.2 e 664, co. 4), per l'espletamento dell'interrogatorio nella procedura estradizionale (artt. 703, co. 2 e 717, co. 2). In relazione agli atti di indagine del p.m. si è intervenuti sulla disciplina degli accertamenti tecnici irripetibili (art. 360, co. 3 *bis*) e dell'interrogatorio dell'indagato, anche delegato (art. 370, co. 1 *bis*).

Per le attività dirette di polizia giudiziaria, sull'assunzione di informazioni *ex* art. 350, co. 4 *bis*.

A fronte di queste possibilità, salvo che sia diversamente stabilito (v. art. 133 *bis*), **l'autorità giudiziaria**, quando dispone che un atto sia compiuta distanza o che una o più parti partecipino a distanza al compimento di un atto o alla celebrazione di udienza, provvede con **decreto motivato** (art. 133 *ter* co. 1).

Quando non è emesso in udienza, il decreto è notificato e comunicato alle parti unitamente al provvedimento che fissa la data per il compimento dell'atto o la celebrazione dell'udienza e, in ogni caso, almeno tre giorni prima della data suddetta. Il decreto, se si tratta di atto di della polizia giudiziaria, e comunicato anche alle autorità interessate per il collegamento.

L'art. 133 *ter*, co. 2 individua le caratteristiche generali da rispettare per tale **collegamento audiovisivo**, che deve esserci tra l'aula di udienza, l'ufficio giudiziario, e il luogo in cui si trovano le persone che compiono l'atto o che partecipano all'udienza distanza, luogo che è equiparato all'aula di udienza, stabilendo che detto collegamento deve essere attuato, a pena di nullità, con modalità idonee a **salvaguardare il contraddittorio e l'effettiva partecipazione** delle parti all'atto, nonché all'udienza e ad assicurare la contestuale, effettiva e reciproca visibilità delle persone presenti nei diversi luoghi e la possibilità per ciascuna di essa di udire quanto viene detto dalle altre.

Inoltre, nei casi di udienza pubblica, deve essere assicurata un'adeguata pubblicità degli atti compiuti a distanza. Infine sia dell'atto che dell'udienza deve essere sempre disposta la registrazione audiovisiva (commi 2 e 3).

Vengono, quindi, specificati **i luoghi** da cui le persone che intervengono all'atto o all'udienza debbono collegarsi. La **regola** è fissata dall'art. 133 *ter*, co. 4, che identifica tale luogo in altro ufficio giudiziario o da un ufficio di polizia giudiziaria individuato dall'autorità giudiziaria, previa verifica della disponibilità di dotazioni tecniche e delle condizioni logistiche idonee per il collegamento audiovisivo.

Tre le **deroghe**.

Le persone **detenute**, internate, o sottoposte a custodia cautelare in carcere o ristrette in carcere a seguito di arresto e di fermo, quando compiono l'atto partecipano all'udienza distanza, si collegano dal **luogo in cui si trovano** (co. 5).

In secondo luogo, è rimessa alla **discrezionalità dell'autorità giudiziaria**, sentite le parti, autorizzare le persone che compiono l'atto o che partecipano all'udienza a distanza a collegarsi dal luogo diverso (co. 6).

La terza deroga riguarda **i difensori**, i quali si collegano dai rispettivi uffici o da altro luogo, purché idoneo. Fermo restando che deve essere comunque assicurato il diritto dei difensori o dei loro sostituti di essere presenti nel luogo dove si trova l'assistito. Del pari deve essere sempre assicurato il diritto degli stessi di consultarsi riservatamente tra loro e con l'assistito per mezzo di strumenti tecnici idonei (co. 7).

Fuori dei casi in cui l'autorità giudiziaria non disponga diversamente, all'attestazione delle generalità delle persone collegate a distanza provvede un ausiliario del giudice o del pubblico ministero, ovvero un ufficiale di polizia giudiziaria individuato in via prioritaria tra il personale in servizio presso le sezioni di polizia giudiziaria. Il primo potrà essere individuato anche tra gli ausiliari in servizio presso l'ufficio giudiziario *ad quem*, mentre la scelta del secondo non potrà cadere su di un ufficiale di polizia giudiziaria che svolga o abbia svolto attività di investigazione o di protezione nei confronti dell'imputato o in relazione ai fatti a lui riferiti. La persona individuata per tale attestazione deve essere presente nel luogo ove si trovano le persone che compiono l'atto che partecipano all'udienza, e nell'attestare l'identità deve redigere verbale delle operazioni, in cui deve dare atto dell'osservanza delle disposizioni nonché delle cautele adottate per assicurare la regolarità dell'esame con riferimento al luogo in cui la persona si trova, nonché dell'assenza di impedimenti o limitazioni all'esercizio dei diritti e delle facoltà ad essa spettanti (co. 8).

A queste norme a carattere ormai generale contenute nell'art. 133 *ter* fanno oggi riferimento l'art. 205 *ter* disp. att. in tema di partecipazione al processo a distanza per l'imputato detenuto all'estero, nonché lo stesso art. 146 *bis* e l'art. 45, co. 3, disp. att.

14. La traduzione degli atti

Il Titolo IV del Libro II (artt. 143-147) è dedicato alla disciplina della traduzione degli atti processuali, da intendersi in senso lato come estrinsecazione dei diritti linguistici, **funzionali alla partecipazione effettiva e consapevole** dei soggetti al procedimento penale.

È lo stesso art. 111, co. 3, Cost. a fissare il diritto fondamentale della persona accusata di un reato di essere assistita da un interprete se non comprende o non parla la lingua impiegata nel processo, secondo un principio già desumibile dall'art. 6, co. 3, lett. *a*, C.e.d.u. e dall'art. 14, co. 3, lett. *f*, P.i.d.c.p.

La materia ha subito una radicale riforma ad opera del d.lgs. 4.3.2014, n. 32 (di attuazione della legge delega 6.8.2013, n. 96), imposta da diverse fonti normative, anche europee, e alla quale aveva dato impulso *ab initio* la stessa Corte costituzionale, sulla scorta della giurisprudenza della Corte europea dei diritti dell'uomo, secondo la quale il diritto all'assistenza linguistica investe non solo gli atti orali, ma pure quelli scritti, tutte le volte in cui, fin dalla fase delle indagini preliminari, la mancata conoscenza della lingua italiana sia evidenziata dall'interessato e accertata dall'autorità che procede.

La spinta decisiva alla novella è stata data dall'approvazione della direttiva 2010/64/UE che ha previsto criteri analitici in ordine al diritto alla traduzione e all'interprete per gli atti fondamentali dei procedimenti penali. Alla direttiva 2010/64/UE ha fatto seguito, con funzione complementare, la direttiva 2012/13/UE sul diritto all'informazione nel procedimento penale, il cui scopo è quello di far conoscere e comprendere all'accusato i suoi diritti fondamentali, tra cui, quello di cui si discute.

Con **l'interprete d'ufficio** (previsto dall'art. 143) non deve confondersi il c.d. interprete fiduciario, scelto cioè dalla parte o dal suo difensore, che affianca ovvero subentra a quello nominato dall'autorità procedente: lo ha chiarito la Corte costituzionale[24] nel dichiarare illegittimo, per contrasto con l'art. 24 Cost. l'art. 102 d.P.R. n. 115 del 2002, nella parte in cui non prevedeva la possibilità, per lo straniero ammesso al patrocinio a spese dello Stato che non conosce la lingua italiana, di nominare un proprio interprete.

[24] Corte cost. n. 254 del 2007.

La prima novità si coglie già dalla rubrica dell'art. 143, «**Diritto all'interprete e alla traduzione di atti fondamentali**», norma riscritta per intero dall'art. 1, d.lgs. n. 32 del 2014.

Il co. 1 di tale norma stabilisce, *in primis*, che l'imputato e, già prima, la persona sottoposta alle indagini in virtù dell'equiparazione al primo operata dall'art. 61, (italiano, apolide o straniero) se non conosce (ossia se non parla e/o non comprende del tutto o comunque in modo sufficiente) la lingua italiana, ha diritto ad **avvalersi gratuitamente dell'interprete** «al fine di poter comprendere l'accusa contro di lui formulata e di seguire il compimento degli atti e lo svolgimento delle udienze cui partecipa».

Anche il requisito della gratuità, già contemplato dal previgente art. 143 ma reso effettivo solo dalla modifica introdotta dal d.lgs. n. 32 del 2014, viene ad accentuare la configurazione stessa dell'assistenza dell'interprete quale diritto dell'imputato, a cui corrisponde, da parte dell'autorità che procede, il dovere di garantire in concreto l'assistenza linguistica sia per gli atti scritti che per quelli orali a prescindere dall'esito del procedimento.

In attuazione di questi principi ed esplicitando le principali finalità dell'istituto, l'art. 143, co. 1, aggiunge che l'imputato (e quindi sempre anche l'indagato e il condannato) che non conosce la lingua italiana ha diritto all'assistenza gratuita di un interprete per le **comunicazioni con il difensore** prima di rendere interrogatorio, ovvero al fine di presentare una richiesta o una memoria nel corso del procedimento.

In stretta correlazione, il nuovo art. 104, co. 4 *bis*, ribadisce che l'indagato-imputato in stato di custodia cautelare, l'arrestato o il fermato, che non conoscono la lingua italiana, hanno diritto all'assistenza gratuita di un interprete per conferire con il difensore in vista proprio dell'interrogatorio.

Si comprende come la funzione dell'interprete non si esaurisce nell'ambito del mero supporto alla conoscenza di informazioni, ma si proietta anche in termini di **ausilio all'autodifesa attiva** dell'accusato[25].

Nella consapevolezza ormai consolidata dell'importanza di una conoscenza effettiva anche degli atti scritti ai fini dello sviluppo procedimentale, l'art. 143, co. 2, impone l'obbligo per l'autorità procedente di disporre la **traduzione scritta**, entro un termine congruo tale da consentire l'esercizio dei diritti e della facoltà della difesa, dell'informazione di garanzia (art. 369), dell'informazione sul diritto di difesa (art. 369 *bis*), dei provvedimenti che

[25] Così, se per finalità di contenimento della spesa derivante dalla gratuità dell'assistenza linguistica, l'art. 51 *bis*, co. 1, disp. att., introdotto dal d.lgs. n. 129 del 2016, limita il diritto all'assistenza gratuita dell'interprete ad un solo colloquio con il difensore in riferimento al compimento di un medesimo atto processuale, a tale limite è sempre consentito derogare se l'esercizio del diritto di difesa, per circostanze particolari, richiede lo svolgimento di più colloqui.

dispongono le misure cautelari personali (art. 292), dell'avviso di conclusione delle indagini preliminari (art. 415 *bis*), dei decreti che dispongono l'udienza preliminare e la citazione a giudizio, delle sentenze e dei decreti penali di condanna[26].

All'elencazione tassativa degli atti contenuta nell'art. 143, co. 2, il co. 3 della stessa norma attribuisce, comunque, al giudice la possibilità, anche su richiesta di parte e con atto motivato impugnabile unitamente alla sentenza, di tradurre gratuitamente altri atti o anche solo parte di essi, ritenuti essenziali per consentire all'imputato di conoscere l'accusa a suo carico.

Sebbene la norma faccia riferimento al giudice e paia collocarsi in **dibattimento**, è più corretto, per ragioni di coerenza sistematica, ritenere che un'istanza di tal genere possa essere depositata **già nella fase delle indagini preliminari** in sede di applicazione di una misura cautelare o di incidente probatorio dall'indagato alloglotta al giudice per le indagini preliminari.

Il margine di apprezzamento riguarda, in via esclusiva, l'essenzialità dell'atto ai fini della conoscenza dell'accusa e non la necessità della traduzione.

L'accertamento della conoscenza della lingua italiana è compiuto dall'autorità giudiziaria, escludendosi qualsiasi onere in tal senso da parte del cittadino straniero. Lo stesso art. 143, co. 4, pone una **presunzione relativa di conoscenza** della lingua italiana per chi sia cittadino italiano.

Ai sensi dell'art. 143, co. 5, alla nomina dell'interprete si deve procedere anche quando il giudice, il pubblico ministero e l'ufficiale di polizia giudiziaria abbiano una personale conoscenza della lingua o del dialetto da interpretare.

Alla luce del ruolo fondamentale rivestito dall'interprete, questi ha l'obbligo di prestare l'ufficio potendo nei suoi confronti essere disposto addirittura l'accompagnamento coattivo ed essere comminata la condanna al pagamento delle sanzioni pecuniarie (v. artt. 143, co. 6, e 133, co. 1). Tuttavia, ove vi siano strumenti tecnici idonei, l'autorità procedente può disporre che l'interprete presti il suo ufficio a distanza, mediante l'utilizzo di apposite tecnologie di comunicazione, e sempre che non ne possa derivare concreto pregiudizio al diritto di difesa (art. 51 *bis*, co. 5, disp. att).

---

[26] Qualora non sia possibile avere prontamente la traduzione scritta di tali atti e ricorrano particolari ragioni di urgenza l'autorità giudiziaria ne dispone, con decreto motivato, la traduzione orale, anche in forma riassuntiva, redigendo contestualmente verbale (art. 51 *bis*, co. 2, disp. att.). È comunque necessario che ciò non pregiudichi il diritto di difesa dell'imputato, il quale può in ogni caso rinunciare espressamente e consapevolmente, anche a mezzo di procuratore speciale e avendo consultato a tal fine il difensore, alla traduzione scritta degli atti. In questo caso il contenuto degli atti è tradotto oralmente, anche in forma riassuntiva (art. 51 *bis*, co. 3, disp. att.). Della traduzione orale è effettuata anche la riproduzione fonografica.

Il codice di rito, a seguito dell'attuazione con il d.lgs. 15.12.2015, n. 212 della direttiva 2012/29/UE sui diritti e la protezione delle vittime, contempla il **diritto** alla nomina di un interprete e alla traduzione, fin dall'inizio del procedimento, **anche per la persona offesa che non conosce la lingua italiana**. A favore di quest'ultima, da un lato, l'art. 90 *bis* prevede, in via preliminare, un onere di informazione delle modalità di presentazione degli atti di denuncia e querela anche in una lingua a lei conosciuta (v. art. 107 *ter* disp. att.) e di tutta una serie, seppure non tassativa, di diritti e facoltà previsti dalla disciplina processuale (quali il diritto di ricevere comunicazione dello stato del procedimento e delle iscrizioni di cui all'art. 335, co. 1, 2 e 3 *ter*, ovvero il diritto ad essere avvisata della richiesta di archiviazione). Dall'altro lato, il nuovo art. 143 *bis*, co. 1 e 4, stabilisce che tutte le informazioni utili all'esercizio dei suoi diritti debbano essere fornite alla persona offesa in una lingua a lei comprensibile, proprio attraverso la nomina di un interprete, chiamato alla traduzione degli scritti in lingua straniera o in un dialetto non facilmente intelligibile, ovvero alla traduzione, anche per iscritto con inserimento nel verbale, delle sue dichiarazioni. L'autorità giudiziaria che procede nomina, anche d'ufficio, un interprete per svolgere l'audizione della persona offesa alloglotta, nonché per consentirle una partecipazione consapevole alle udienze qualora abbia fatto richiesta di assistenza linguistica (art. 143 *bis*, co. 2).

Il legislatore ha previsto poi nell'art. 144 una serie di motivi di **incapacità e incompatibilità** dell'interprete, omologhi a quelli stabiliti per il perito: non possono prestare ufficio di interprete, in quanto incapaci, il minore, l'interdetto, l'inabilitato, l'affetto da infermità mentale, l'interdetto dai pubblici uffici, l'interdetto o il sospeso dall'esercizio di una professione o di un'arte, il sottoposto a misure di sicurezza personali o di prevenzione. Per ragioni di incompatibilità soggettiva, vale analoga preclusione per chi non può essere assunto come testimone, per chi ha la facoltà di astenersi dal testimoniare o per chi è chiamato a prestare ufficio di testimone o di perito, ovvero è stato nominato consulente tecnico nello stesso procedimento o in un procedimento connesso.

L'interprete incapace o incompatibile può essere ricusato dalle parti private e, riguardo agli atti compiuti o disposti dal giudice, anche dal pubblico ministero ai sensi dell'art. 145, co. 1.

In ogni caso quando esiste un motivo di ricusazione, anche se non proposto, ovvero se vi sono gravi ragioni di convenienza per astenersi, l'interprete ha l'obbligo di dichiararlo ai sensi dell'art. 145, co. 2.

Sulla dichiarazione di ricusazione o di astensione, la cui presentazione è subordinata alle rigide preclusioni temporali di cui al co. 3 dell'art. 145 (fino a che non siano esaurite le formalità di conferimento dell'incarico e, in caso di motivi sopravvenuti o conosciuti dopo, prima dell'espletamento dell'incarico), spetta al giudice decidere con ordinanza inoppugnabile (v. art. 145, co. 4).

Gli artt. 146, 147 e l'art. 52 disp. att. disciplinano il **conferimento dell'incarico** all'interprete e al traduttore e la sua sostituzione.

Con il provvedimento di nomina è disposta la notificazione del relativo decreto di citazione che nei casi di urgenza può essere comunicato anche oralmente per mezzo dell'ufficiale giudiziario o della polizia giudiziaria.

L'autorità procedente ne accerta l'identità; verifica le situazioni di incapacità e di incompatibilità; lo ammonisce in ordine all'obbligo di adempiere bene e fedelmente all'incarico, con lo scopo di far conoscere la verità, mantenendo il segreto sugli atti, anche in ragione dell'applicabilità al medesimo degli artt. 326, 366 e 373 c.p. Lo invita a prestare l'ufficio.

Quando l'interprete o il traduttore risiede nella circoscrizione di altro Tribunale, l'autorità procedente può richiedere il compimento della predetta attività al g.i.p. del luogo (art. 146, co. 2 *bis*).

Se l'incarico riguarda traduzioni scritte di particolare complessità, l'autorità che procede può prorogare per una sola volta il termine fissato *ab initio*, sempre che vi sia una giusta causa ai sensi dell'art. 147, co. 1: il mancato rispetto del termine può comportare la sostituzione dell'interprete, il quale dopo essere stato citato a comparire per discolparsi può essere condannato dal giudice, con ordinanza inoppugnabile, al pagamento di una somma a favore della cassa delle ammende (v. art. 147, co. 2).

15. Le notificazioni

15.1. Generalità

Il termine notificazione sottende l'idea del **render noto un accadimento** ad una persona diversa da colui che lo pone in essere, attraverso una fattispecie a formazione progressiva di **consegna dell'atto ricettizio** suddivisa in tre fasi: l'impulso che consiste nell'ordine o nella richiesta di eseguire la notificazione e nella consegna materiale dell'atto all'organo esecutivo; l'esecuzione nella quale si predispone l'atto da notificare, si svolge l'attività di ricerca del destinatario, si consegna lo stesso atto alla persona abilitata a riceverlo; la documentazione dell'attività svolta dall'organo esecutivo.

All'interno del procedimento penale, costituito da una serie concatenata di atti finalizzati ad una decisione giurisdizionale di colpevolezza o di proscioglimento destinata ad assumere forza di giudicato, i soggetti titolari di facoltà, oneri, obblighi devono essere informati in modo tempestivo che tali atti, i quali contrassegnano i momenti essenziali della serie causale, sono stati compiuti o stanno per compiersi.

Sotto questo profilo, **la notificazione è strumentale alla vitalità del procedimento penale**, nel consentire alle parti e alle persone che hanno il diritto o il dovere di intervenire nel processo, di adempiere ai propri obblighi e di tutelare i propri interessi e nel fornire un contributo decisivo all'attuazione del contraddittorio.

Nella tradizione giuridica, il procedimento di notificazione non considera elemento costitutivo di efficacia la conoscenza effettiva da parte del destinatario dell'attività cui si riferisce, accontentandosi per il perfezionarsi della fattispecie che siano espletate tutte le formalità che la legge ritiene necessarie e sufficienti per realizzare lo scopo della maggiore possibilità di conoscenza reale dell'accadimento, ovvero dell'avvenuta consegna dell'atto al destinatario, con un onere di collaborazione diligente da parte di quest'ultimo.

Non bisogna, peraltro, dimenticare che in un sistema a carattere accusatorio non solo la contrapposizione dialettica tra le parti, ma l'ampio ricorso ai riti alternativi, nonché istituti che si fondano sull'accordo delle parti, **esaltano la presenza personale dell'imputato e delle parti** e presuppongono la conoscenza effettiva del procedimento, che già la L. n. 67 del 2014 e ora il d.lgs. n. 150 del 2022, con la modifica degli artt. 420 *bis* ss.[27], ha cercato di favorire, con risultati non sempre soddisfacenti, ma finalmente coordinati proprio con la disciplina delle notificazioni, che continua in via inevitabile a fondarsi su presunzioni di conoscenza a carattere relativo, in ragione dell'impossibilità di procedere sempre con la notifica dell'atto a "mani proprie" dell'imputato.

15.2. Gli organi e le forme: la centralità delle notificazioni telematiche

In attuazione del criterio di delega specificato nell'art. 1, co. 5, lett. *a*, L. n. 134 del 2022, l'art. 148, co. 1, interamente riscritto dal d.lgs. n. 150 del 2022, pone la **regola**, simmetrica a quanto stabilito per tutti gli atti del procedimento, della **notifica telematica,** per conoscere le informazioni **da parte dell'autorità giudiziaria**, rendendo la consegna a mezzo dell'ufficiale giudiziaria ipotesi residuale, nonché percorribile se prevista da apposita norma di legge.

Tale notifica dovrà assicurare l'identità del mittente e del destinatario, l'integrità del documento trasmesso, nonché la certezza, anche temporale, dell'avvenuta trasmissione e ricezione (v. sempre art. 148, co. 1, parte finale).

In stretta connessione e in modo coerente con tale scelta, anche le notificazioni eseguite dalle **parti private**, ai sensi del nuovo art. 152, possono essere eseguite dal **difensore a mezzo posta elettronica certificata (PEC)** o altro servizio elettronico di recapito certificato qualificato. Con le stesse modalità, si può procedere, di regola, per le notificazioni al pubblico ministero sia per le medesime parti sia per il giudice (art. 153, co. 1 e 2).

[27] V. *infra*, cap. XIV, par. 4 ss.

Questa nuova disciplina entrerà in vigore solo dopo l'adozione di apposita disciplina secondaria di natura regolamentare, che dovrà identificare le specifiche tecniche della notifica.

L'art. 148, co. 2 e 3 conferma le **equipollenze** rispetto anche alla notifica telematica della lettura dei provvedimenti o degli avvisi alle persone presenti o rappresentate dal difensore, nonché la consegna di copia del documento analogico dell'atto all'interessato da parte della cancelleria o della segreteria dell'autorità giudiziaria.

La coincidenza tra conoscenza effettiva e conoscenza legale, correlata alla contiguità spazio-temporale tra il soggetto d'impulso e il destinatario dell'atto, surroga la notificazione, purché ne sia fatta menzione nel verbale. La consegna dell'atto assume il valore di notificazione per l'avvenuto conseguimento dello scopo conoscitivo.

15.3. Il domicilio digitale e le notificazioni telematiche a mezzo di posta certificata

Diventa così centrale il concetto di domicilio digitale, non più da intendersi quale spazio virtuale da preservare ai sensi dell'art. 14 Cost., bensì, per l'appunto, come **indirizzo elettronico eletto presso un servizio di posta elettronica certificata**, o un servizio elettronico di recapito certificato qualificato, secondo la definizione data dal codice dell'amministrazione digitale (art. 1, co. 1, lett. n-*ter* del CAD).

Anche questa nuova disciplina entrerà in vigore solo dopo l'adozione di apposito regolamento, che dovrà identificare le specifiche tecniche della notifica.

È così destinata ad andare finalmente a regime la disciplina che vede nella posta elettronica certificata (PEC) il mezzo tecnico idoneo per eccellenza a sostituire la consegna dell'ufficiale giudiziario, a seguito di quanto previsto dall'art. 4, d.l. n. 193 del 2009, conv. in L. n. 24 del 2010, in base al quale tutte le notificazioni e le comunicazioni per via telematica si effettuano, per l'appunto, mediante posta elettronica certificata sia nel procedimento civile che penale.

Il che presuppone risorse economiche-finanziarie importanti e la fattiva collaborazione di tutti i protagonisti del procedimento.

Da un lato, l'art. 48, d.lgs. 7.3.2005, n. 82 (c.d. CAD), così come riscritto dal d.lgs. 30.12.2010 n. 235, equipara la PEC alla trasmissione postale a mezzo lettera raccomandata, salvo che la legge disponga diversamente.

Il d.m. 21.2.2011, n. 44 (modificato dal d.m. 15.10.2012, n. 209) ha poi individuato le regole tecniche per l'adozione nel processo civile e nel processo penale delle tecnologie dell'informazione e della comunicazione, stabilendo in particolare, in primo luogo, che la trasmissione degli atti avverrà tra gli avvocati e la cancelleria dell'autorità giudiziaria tramite proprio posta elettronica certificata. In secondo luogo, nell'art. 17 si stabilisce che le richieste telematiche di un'attività di notificazione da parte di un ufficio giudiziario sono inoltrate al sistema informatico dell'UNEP e che quest'ultimo, eseguita la notificazione, trasmette per via telematica, a chi ha richiesto il servizio, il documento informativo con la relazione di notificazione sottoscritta mediante firma digitale e congiunta all'atto cui si riferisce, nonché le ricevute di posta elettronica certificata secondo le specifiche stabilite dall'art. 34 del regolamento.

La strada tracciata sembra ormai chiara.

Le notificazioni al difensore, anche quale domiciliatario o rappresentante *ex lege* dell'imputato (che ormai sono le più numerose)[28], e alle parti private diverse dall'imputato sono effettuate, già a decorrere dal 15 dicembre 2014 (v. art. 16, co. 9, lett. *c bis*, d.l. n. 179 del 2012), in via esclusiva con posta elettronica certificata nei procedimenti davanti al Tribunale e alla Corte d'appello, e ai relativi uffici di procura, realizzando quell'aspirazione originaria del codice del 1988 alla massima semplificazione e all'utilizzo di tutti gli strumenti della scienza tecnologica che era impossibile tipizzare *ex ante*.

Solo per le notificazioni personali all'imputato, al convivente, al portiere o a chi ne fa le veci sembra ancora prevalere, ai sensi degli artt. 157 ss.[29], il formalismo notificatorio che permeava il codice del 1930 e che ancora caratterizza in parte il codice del 1988, anche dopo la riforma del 2022.

15.4. Le notificazioni fuori dei casi di trasmissione telematica degli atti

A norma dell'art. 148, co. 4, in tutti i casi in cui, per espressa previsione di legge, per l'**assenza** o l'**inidoneità di un domicilio digitale** del destinatario o per la sussistenza di impedimenti tecnici non è possibile procedere alla notifica telematica si riespandono le regole tradizionali.

Da qui, l'organo deputato alle notificazioni non più in via principale, ma sussidiaria è **l'ufficiale giudiziario** (la cui attività è regolamentata dal d.P.R. 15.12.1959, n. 1229), o chi ne esercita le funzioni. In tale locuzione è ricompreso, innanzitutto, l'aiutante ufficiale giudiziario che, al pari del primo, svolge la propria attività nell'ambito del mandamento ove ha sede l'ufficio al quale è addetto.

Rinviando a quanto previsto dalle norme speciali (L. n. 890 del 1982, modificata dal d.l. n. 35 del 2005, conv. in L. n. 80 del 2005, dal d.l. n. 248 del 2007, conv. in L. n. 31 del 2008, dalla L. n. 205 del 2017 e, da ultimo, dalla L. n. 145 del 2018), l'art. 170 prevede che l'ufficiale giudiziario possa, a sua volta, eseguire la notificazione anche a mezzo degli uffici postali, anche

---

[28] V. Cass., Sez. Un., 28.4.2011 n. 28451, Pedicone e, da ultimo, Cass., Sez. Un., 26.6.2015, n. 32243.

[29] V. *infra*, par. 15.5.

se tale possibilità è da ritenere limitata ai soli atti introduttivi del giudizio, oltre ai casi individuati dall'art. 148, co. 4.

Occorre così riprendere anche le altre disposizioni a carattere generale, che continueranno ad applicarsi e che ritroviamo riprodotte sempre nell'art. 148, co. 6-8, a seguito dell'abrogazione degli artt. 150 e 151 ad opera del d.lgs. n. 150 del 2022.

Con l'obiettivo di riconsegnare la polizia giudiziaria alle funzioni istituzionali di cui all'art. 55, l'art. 17, co. 1, d.l. n. 144 del 2005 (conv. in L. n. 155 del 2005) ne ha ridimensionato il ruolo nell'ambito *de quo*: può ora assumere anch'essa la veste di organo delle notificazioni nel corso delle indagini preliminari, su richiesta del pubblico ministero, ma nei soli casi di indagini o di provvedimenti che la stessa polizia giudiziaria è delegata a compiere o è tenuta ad eseguire (art. 148, co. 6).

Bisogna, peraltro, sottolineare che a seguito del d.lgs. n. 150 del 2022, e la rimodulazione del processo in assenza dell'imputato, da un lato l'art. 157 *ter* co. 2, in particolare laddove ritenuto indispensabile, dall'altro lato, l'art. 420 *bis*, co. 5 (prima di emettere la sentenza di non doversi procedere *ex* art. 420 *quater*) prevedono che sia proprio la polizia giudiziaria a notificare l'atto introduttivo del giudizio, con l'atto di esercizio dell'azione penale[30].

Anche la polizia penitenziaria può fungere da organo delle notificazioni: più precisamente, nei procedimenti con detenuti e in quelli davanti al Tribunale del riesame, il giudice, in caso di urgenza, può avvalersi della polizia penitenziaria del luogo in cui i destinatari sono detenuti, fermo restando ai sensi dell'art. 17, co. 6, d.l. n. 144 del 2005 che, nei procedimenti per i delitti di cui all'art. 407, co. 2, lett. *a*, n. 1, 3 e 4, residua ancora il potere del giudice di avvalersi della polizia giudiziaria.

Oggetto della notificazione ai sensi dell'art. 148, co. 8, è l'atto nella sua interezza.

In casi tassativi, per ragioni di economicità, si prevede la notificazione per estratto, ossia la riproduzione della sola parte essenziale dell'atto (v. artt. 32, co. 2, 48, co. 4, 149, co. 5, 397, co. 4, 520, co. 1, 548, co. 3, e 585, co. 2).

La **notificazione dell'atto analogico** avviene di regola mediante consegna di una copia a **mani proprie del destinatario**. Quando ciò non è possibile, a tutela della riservatezza dei soggetti coinvolti, l'art. 148, co. 8 dispone che l'ufficiale giudiziario e la polizia consegnano la copia dell'atto agli altri soggetti legittimati alla ricezione, dopo averlo inserito in busta che provvedono a sigillare, trascrivendo «il numero cronologico della notificazione e dandone atto nella relazione in calce all'originale e alla copia dell'atto».

---

[30] V. *infra*, cap. XIV, par. 4 ss.

Esigenze di celerità ispirano l'art. 149, co. 1, il quale stabilisce che **nell'impossibilità sempre della notifica telematica e nei casi di urgenza** il giudice o il pubblico ministero possono disporre, anche su richiesta di parte, che le persone diverse dall'imputato siano avvisate o convocate per mezzo del telefono a cura della cancelleria o della segreteria nel rispetto delle forme fissate dai commi successivi.

Legittimato a disporre tale notifica non è più solo il giudice, ma anche il p.m., mentre gli ausiliari sono tenuti ad annotare nel fascicolo e il numero telefonico chiamato, il nome, le funzioni o le mansioni svolte dalla persona che riceve la comunicazione, il suo rapporto con il destinatario, il giorno e l'ora della telefonata (art. 149, co. 2).

Il nuovo **comma 3** introduce una disciplina più rigorosa rispetto al passato. Alla comunicazione si procede chiamando il numero telefonico corrispondente ai luoghi indicati nell'art. 157, co. 1 e 2 o il numero indicato dal destinatario all'atto della identificazione, ovvero che risulti dagli atti in uso. La notifica non ha effetto se non è ricevuta dal destinatario, da persona convivente anche temporaneamente ovvero che sia al suo servizio.

Sempre l'obiettivo della massima semplificazione delle forme, giustifica la disciplina peculiare prevista dall'art. 153 per le **notificazioni e comunicazioni al pubblico ministero** e per le notificazioni **richieste dalle parti private** (art. 152), che confermano come detto la regola della notificazione telematica.

La prima norma consente, anche direttamente dalle parti o dai difensori, nonché allo stesso giudice di eseguire tali notificazioni al domicilio digitale dell'ufficio di procura, diventando del tutto residuale la consegna in modalità analogica mediante consegna di copia dell'atto nella segreteria, imponendo, di conseguenza al pubblico ufficiale addetto di annotare sull'originale e sulla copia le generalità di chi ha eseguito la consegna e la data in cui questa è avvenuta, la quale, secondo le regole generali, contiene il giorno, il mese, l'anno e il luogo. Per quanto concerne la comunicazione di atti e provvedimenti del giudice al pubblico ministero, l'art. 153, co. 2, mantiene la possibilità che il pubblico ministero prenda visione diretta dell'atto, sottoscrivendolo. In entrambe le ipotesi di notifica tradizionale l'annotazione vale a surrogare la relata di notifica che viene redatta da chi la riceve.

L'art. 152 consente anche alle parti private di **sostituire alle forme telematiche**, salvo che la legge disponga diversamente, «l'invio di copia dell'atto effettuata dal difensore mediante lettera raccomandata con avviso di ricevimento». L'art. 56 disp. att., che integra la disciplina, impone al difensore di documentare la spedizione mediante deposito in cancelleria della copia dell'atto inviato, l'attestazione della conformità all'originale e l'avviso di ricevimento.

15.5. Le notificazioni all'imputato

La disciplina delle notificazioni all'imputato dipende **dallo status soggettivo in cui egli si trova.**

Nel caso di imputato detenuto, ossia sottoposto a custodia cautelare, arresto, fermo, pena carceraria definitiva, misura di sicurezza custodiale applicata anche provvisoriamente, l'art. 156, co. 1, stabilisce che le notificazioni, anche successive alla prima, sono effettuate sempre nel luogo di detenzione mediante consegna di copia a mani proprie della persona.

Nei casi di cui all'art. 148, co. 4 e sempre che non abbia già ricevuto gli avvertimenti di cui all'art. 161, co. 1[31], la **prima notificazione all'imputato che si trovi in stato di libertà**, ovvero che sia detenuto in luogo diverso dagli istituti penitenziari, deve avvenire, per contro, nel rispetto delle **regole previste dall'art. 157**.

Il co. 1 di questa norma fissa quale forma prioritaria di notificazione, per garantire la conoscenza effettiva dell'atto, la **consegna di copia** dell'atto in formato analogico alla persona, la quale può avvenire in qualsiasi luogo venga trovato il soggetto. L'imputato, raggiunto di persona, non può rifiutare di ricevere l'atto: il rifiuto equivale a consegna.

Solo in via sussidiaria, qualora non sia possibile la consegna personale, si procede con la consegna a una **persona che conviva** anche temporaneamente, al datore di lavoro o a persona addetta alla ricezione o, in mancanza, al portiere o chi ne fa le veci nei luoghi indicati nell'art. 157, co. 1 terza alinea: la casa di abitazione o il luogo in cui l'imputato esercita abitualmente l'attività lavorativa. Se i luoghi predetti, dove normalmente l'imputato dimora o lavora, non sono conosciuti soccorre, in via subordinata, il luogo di temporanea dimora o recapito.

Se non è possibile la consegna a queste persone, si procede ad una nuova ricerca (c.d. **secondo accesso** ai sensi dell'art. 157, co. 7) e, in caso di esito negativo, al deposito dell'atto nella casa comunale di abituale residenza o lavoro, con affissione dell'avviso di deposito alla porta della casa di abitazione o del luogo di lavoro (art. 157, co. 8). L'avvenuto deposito è comunicato anche con lettera raccomandata con avviso di ricevimento, dalla cui ricezione decorrono gli effetti dell'atto.

Di particolare rilevanza è l'art. 157, co. 8 *ter* (di nuova introduzione), a seguito del quale l'imputato con la prima notifica è avvertito che **le notificazioni successive**, diverse dalle notifiche degli atti introduttivi del giudizio, saranno eseguire mediante consegna al difensore di fiducia o d'ufficio *ex* art.

[31] V. *infra*, par. 15.7.

157 *bis* co. 1. Si avverte, inoltre, il destinatario dell'atto dell'onere di indicare al difensore ogni recapito telefonico o indirizzo di posta elettronica nella sua disponibilità, ove il difensore possa effettuare le comunicazioni, nonché di informarlo di ogni loro successivo mutamento.

Da qui, l'omessa o ritardata comunicazione da parte del difensore al proprio assistito, per fatto imputabile a quest'ultimo, non costituisce inadempimento degli obblighi del mandato professionale (co. 8 *quater*).

Altrettanto importante, stante la frequenza di applicazione nella prassi, è il nuovo art. 157 *bis*, co. 2.

Se l'imputato è difeso d'ufficio e la prima notificazione è avvenuta mediante consegna di copia dell'atto a persona diversa dall'imputato, da persona convivente o dal portiere o chi ne fa le veci e l'imputato non ha ricevuto gli avvertimenti di elezione o dichiarazione di domicilio *ex* art. 161, co. 01, le notificazioni successive alla prima non possono effettuarsi al difensore, ma solo con le modalità di cui all'art. 157, fino a quando la consegna non avviene alle predette persone e consenta la domiciliazione *ex lege* presso il difensore.

Vi sono poi situazioni in cui l'imputato non è fisicamente raggiungibile. Si tratta delle ipotesi dell'imputato latitante o evaso (art. 165), dell'imputato irreperibile (artt. 159 e 160) o che si trovi all'estero (art. 169) per le quali valgono le regole peculiari ivi previste.

15.6. Le notificazioni degli atti introduttivi del giudizio all'imputato libero

Per quanto riguarda le notifiche degli **atti introduttivi** del giudizio all'imputato non detenuto, il d.lgs. n. 150 del 2022 ha previsto una disciplina specifica volta a favorire il più possibile la conoscenza effettiva dell'atto medesimo, come impone la giurisprudenza europea in tema di processo in assenza[32].

L'art. 157 *ter* stabilisce così che la **notificazione** all'imputato non detenuto dell'avviso di fissazione dell'udienza preliminare, della citazione in giudizio ai sensi degli artt. 450, co. 2, 456, 552 e 601, nonché del decreto penale di condanna sono effettuate al **domicilio dichiarato o eletto** ai sensi dell'art. 161, co. 1. **In mancanza** di un domicilio dichiarato eletto, la notificazione eseguita nei luoghi e con le modalità di cui all'**art. 157**, con esclusione delle modalità telematiche di cui all'art. 148, co. 1.

Nei **casi** in cui sia immanente la scadenza del termine di prescrizione del reato o il decorso del termine di improcedibilità, oppure sia in corso di ap-

---

[32] V. *infra*, cap. XIV, par. 4.4 ss.

plicazione una misura cautelare, oppure in presenza di altre gravi situazioni lasciate alla valutazione discrezionale dell'autorità giudiziaria che procede si è previsto che tale autorità possa disporre la notificazione all'imputato degli atti introduttivi al giudizio di cui si discute, nonché del decreto penale di condanna ad opera della **polizia giudiziaria**.

Si chiarisce infine che, in caso di impugnazione proposta dall'imputato o nel suo interesse, la notificazione dell'atto di citazione a giudizio nei suoi confronti è sempre eseguita presso il domicilio dichiarato o eletto, il quale deve essere indicato nell'atto di impugnazione medesimo a pena di inammissibilità *ex* artt. 581, co. 1 *ter* e 1 *quater*.

Non appare coerente rispetto alla finalità di rendere effettiva la conoscenza dell'accusa e del processo per l'imputato, la previsione contenuta nell'art. 170, co. 1, come modificato sempre dal d.lgs. n. 150 del 2022, il quale, proprio riferendosi alle notificazioni degli atti introduttivi del giudizio, ammette la **possibilità di eseguirle anche con il mezzo degli uffici postali**, ossia mediante lettera raccomandata con avviso di ricevimento.

15.7. Le notificazioni alla persona offesa e alle parti diverse dall'imputato

Una disciplina specifica è prevista per le notificazioni alla persona offesa dal reato, alla parte civile, al responsabile civile, nonché al civilmente obbligato per la pena pecuniaria.

Rilevanti ancora una volta le modifiche introdotte dalla riforma Cartabia, innanzi per la persona offesa a seconda che abbia o meno presentato querela.

L'art. 154, co. 1 stabilisce che notificazione alla persona offesa che **non ha proposto querela** e non ha nominato un difensore sono eseguite presso il domicilio digitale che risulti dagli atti, ovvero nel caso di assenza o di inidoneità ovvero per la sussistenza di impedimenti tecnici, sempre che manchi la dichiarazione o l'elezione di domicilio o le stesse siano insufficienti o inidonee, secondo le regole fissate dall'art. 157, co. 1, 2, 3, 4 e 8 per la prima notificazione all'imputato libero.

In due ipotesi residuali, la notificazione alla persona offesa avviene mediante deposito dell'atto in cancelleria: quando risultino sconosciuti i luoghi di abitazione, di lavoro, di dimora (anche temporanea) o di recapito, ovvero quando risulti omessa la dichiarazione o l'elezione di domicilio in caso di residenza o dimora all'estero.

Ai sensi dell'art. 153 *bis*, il **querelante**, nella querela, **deve dichiarare o eleggere domicilio** per la comunicazione o la notificazione degli atti del procedimento, potendo indicare a tali fini un indirizzo di posta elettronica certificata o altro servizio elettronico di recapito certificato qualificato.

La dichiarazione di elezione domicilio può avvenire in qualsiasi momento con dichiarazione raccolta verbale o depositata con le modalità telematiche, ovvero mediante telegramma lettera raccomandata con sottoscrizione autenticata anche dal difensore; nonché presso la segreteria del pubblico ministero procedente o presso la cancelleria del giudice procedente.

In caso di mutamento del domicilio dichiarato eletto, il querelante ha l'obbligo di comunicare all'autorità che procede il nuovo domicilio. L'inidoneità del domicilio dichiarato eletto o l'insufficienza provoca la notificazione mediante deposito dell'atto da notificare nella segreteria del pubblico ministero o del giudice che procede.

In ogni caso, qualora la persona offesa dal reato abbia esercitato la facoltà di nominare un **difensore**, questi ne diviene **domiciliatario *ex lege*** ai sensi dell'art. 33 disp. att.

Per quanto riguarda la **parte civile**, che deve necessariamente nominare un difensore nell'atto di costituzione ai sensi dell'art. 78, co. 1, lett. *c*, la notificazione avviene presso il difensore, essendo quest'ultimo il suo rappresentante processuale necessario (cfr. art. 100).

Per il **responsabile civile** e per la **persona civilmente obbligata** per la pena pecuniaria occorre distinguere tra la notifica del primo atto e le notifiche successive. La notifica iniziale va eseguita con le forme stabilite per la prima notificazione all'imputato libero. Le altre notifiche, al pari di quanto previsto per la parte civile, sono effettuate presso il difensore se il responsabile civile o il civilmente obbligato per la pena pecuniaria si siano costituiti in giudizio; altrimenti, qualora non abbiano assolto all'onere di eleggere domicilio o vi abbiano assolto in modo insufficiente, le notificazioni sono eseguite mediante deposito in cancelleria.

Se le parti eventuali sono pubbliche amministrazioni, persone giuridiche o enti privi di personalità giuridica, l'art. 154, co. 3, dispone che le notificazioni siano eseguite nelle forme stabilite per il processo civile.

15.8. Il domicilio dichiarato o eletto

L'*incipit* dell'art. 161, co. 1, introdotto dal d.lgs. n. 150 del 2022, è perentorio nel richiedere alla polizia giudiziaria**, nel primo atto compiuto alla presenza della persona sottoposta alle indagini**, una comunicazione eventuale e due avvertimenti necessari.

Da un lato, se è nelle condizioni di farlo, deve **indicare** le norme di legge che si assumono violate, la data e il luogo del fatto e l'autorità giudiziaria procedente.

Dall'altro lato, deve **informarlo** che le successive notificazioni, fuori dei casi di atti introduttivi del giudizio, saranno effettuate al difensore di fiducia o d'ufficio; nonché deve avvisarlo che ha l'onere di indicare al difensore ogni recapito, anche telefonico, o indirizzo di posta elettronica e ogni successivo mutamento.

Sempre nel primo atto compiuto con l'intervento dell'indagato o dell'imputato non detenuto o internato, la stessa polizia giudiziaria, ma **anche il giudice e il pubblico ministero**, lo invitano a dichiarare ai fini delle notificazioni uno dei luoghi di cui all'art. 157, co. 1, ossia la casa di abitazione o il luogo di esercizio abituale della professione, ad indicare un indirizzo d posta elettronica certificata o altro servizio elettronico di recapito certificato qualificato, nonché a eleggere domicilio per le notificazioni degli atti introduttivi del giudizio e del decreto penale di condanna.

Dichiarare il domicilio significa indicare uno dei luoghi predetti, ove l'imputato abita o lavora; **eleggere il domicilio** è, per contro, una dichiarazione di volontà e non di mera scienza che comporta la designazione di un luogo e necessariamente le generalità di un destinatario (normalmente il difensore) ai sensi dell'art. 62 disp. att., salvo che la mera indicazione dell'ufficio consenta, comunque, di individuare tale persona (c.d. domiciliatario).

Contestualmente all'elezione di domicilio, l'indagato e l'imputato sono avvisati che hanno l'obbligo di comunicare ogni mutamento del domicilio dichiarato o eletto e che, in mancanza di tale comunicazione o in caso di rifiuto di dichiarare o eleggere domicilio, nonché nel caso in cui il domicilio sia o divenga inidoneo, le notificazioni degli atti introduttivi verranno eseguite mediante consegna al difensore, anche d'ufficio, già nominato o che viene nominato contestualmente (art. 161, co. 1), salvo il caso fortuito e la forza maggiore in presenza delle quali continuano ad applicarsi gli artt. 157 e 159 (v. co. 4).

La dichiarazione o elezione di domicilio da parte dell'imputato può essere effettuata in qualsiasi momento, anche prima e indipendentemente dall'invito, con le modalità telematiche di cui all'art. 111 *bis*, ovvero con dichiarazione raccolta a verbale, ovvero mediante telegramma o lettera raccomandata, con sottoscrizione autenticata anche dal difensore (art. 162, co. 1).

Per quanto riguarda le **modalità di notifica presso il domicilio dichiarato o eletto**, l'art. 163 rinvia, in quanto applicabili, alle disposizioni sempre degli artt. 148 e 157.

La giurisprudenza ha chiarito che la notificazione dell'atto che non avvenga nel domicilio indicato dall'imputato, ma mediante consegna al difensore, dà luogo a nullità[33].

L'elezione di domicilio presso il difensore d'ufficio non ha effetto se l'autorità che procede non riceve, unitamente alla dichiarazione di elezione,

---

[33] Cass., Sez. Un., 22.6.2017, Tuppi.

l'assenso del difensore domiciliatario (art. 162, co. 4 *bis*, introdotto dall'art. 1, co. 24, L. n. 103 del 2017). Se non presta l'assenso, il difensore attesta l'attestazione da parte sua all'imputato della mancata accettazione della domiciliazione o le cause che hanno impedito tale comunicazione.

16. I termini

16.1. Regole generali

All'interno del procedimento penale, costituito da una serie concatenata di atti finalizzati ad una decisione giurisdizionale di colpevolezza o di proscioglimento destinata ad assumere forza di giudicato, la dimensione temporale è componente essenziale per realizzare il principio della ragionevole durata del processo (art. 111, co. 2, Cost.), bilanciando le esigenze di celerità con quelle di garanzia delle parti. Al riguardo, non vanno trascurati i riferimenti al tempo necessario per svolgere la difesa (art. 6, co. 1, C.e.d.u. e art. 111, co. 3, Cost.).

Pare utile richiamare la classificazione più comune e significativa che si fonda sulla diversa efficacia dei termini e che distingue, a tali fini, i termini in ordinatori, dilatori e perentori.

Il **termine ordinatorio** è quello fissato per il compimento di un atto processuale che può essere posto in essere dal momento del sorgere del relativo potere fino ad un predeterminato giorno, senza tuttavia che, trascorso infruttuosamente tale giorno, la parte e l'organo giudiziario decadano dallo stesso potere.

Il **termine perentorio** è quello che si identifica con un giorno finale, trascorso infruttuosamente il quale il soggetto decade dal potere di compiere il relativo atto, fermo restando il ricorso alla restituzione in termini[34], ovvero cessano gli effetti dell'atto.

Entrambi questi termini, detti anche acceleratori, servono pertanto ad imprimere una cadenza predeterminata e sollecita al procedimento penale.

Infine, il **termine dilatorio** indica uno spazio di tempo precostituito, prima del decorso del quale non è consentito compiere un determinato atto (v. ad es. artt. 429, co. 3, e 552, co. 3).

Di regola, alla configurazione di tale ultimo termine si correla una precisa garanzia difensiva, in quanto è volto a consentire la predisposizione dei mezzi adeguati ad esercitare il diritto di difesa e l'effettiva tutela della dialettica processuale, che potrebbe essere sacrificata da uno svolgimento troppo velo-

---

[34] V. *infra*, par. 16.2.

ce del procedimento. L'atto egualmente compiuto è, pertanto, affetto da nullità ai sensi dell'art. 178, lett. *c*[35].

Da qui, tutte le norme che prevedono un termine dilatorio fondano una *norma agendi* per gli organi giudiziari e conferiscono, al tempo stesso, alle parti un potere finalizzato al concreto ed effettivo esercizio del diritto di difesa.

In relazione ai termini perentori, si impongono, inoltre, alcune precisazioni.

Ai sensi dell'art. 173, «i termini si considerano stabiliti **a pena di decadenza** soltanto nei casi previsti dalla legge». Il principio di legalità processuale consacrato per la individuazione della categoria parrebbe implicare una regola secondo cui è perentorio un termine soltanto quando espressamente la legge ricolleghi all'infruttuoso decorso dello stesso la decadenza di una parte dal potere che era stato previsto esercitabile entro il predetto termine. Bisogna, d'altro canto, tenere presente che il fenomeno della decadenza è strettamente **correlato a quello dell'inammissibilità**: la decadenza presuppone l'esercizio tempestivo di un potere e ne indica la perdita; la inammissibilità specifica una particolare invalidità dell'atto, conseguente al compimento dell'atto medesimo una volta venuto meno il relativo potere. L'art 173 va letto, pertanto, nel senso che i termini si considerano stabiliti a pena di decadenza quando la legge dispone che la parte decade dal relativo potere se non compie l'atto entro il termine stabilito; nonché quando la parte pone in essere un atto inammissibile, se lo compie dopo la scadenza del termine stesso.

Le due categorie della decadenza e della **inammissibilità** concorrono a delimitare il principio di tassatività per quanto riguarda i termini perentori e hanno la stessa finalità: impedire l'esercizio della facoltà o del diritto da cui l'interessato è decaduto per la mancata osservanza del termine.

Le regole generali, radicate nella nostra tradizione, relative all'inizio, al **decorso** e alla **scadenza** dei termini sono precisate nell'art. 172, estendibili a tutto l'arco del procedimento, come si evince implicitamente dagli artt. 173, co. 3, 175, co. 4, e dall'art. 240 *bis* disp. att.

Il tempo viene scandito, secondo il calendario comune, in ore, giorni, mesi ed anni e, riprendendo un'antica regola, in via di principio nel termine non si computa l'ora e il giorno in cui è iniziata la decorrenza. Tale regola può essere derogata nei soli casi espressamente previsti dalla legge (v. ad es. art. 297, co. 2). Ai sensi dell'art. 172, co. 4, per contro, l'ultima ora o l'ultimo giorno vanno sempre computati nel termine finale.

---

[35] V. *infra*, cap. VI, par. 4.1.

Se è stabilito solo il momento finale (v. artt. 429, co. 4, 465, co. 2, e 468, co. 1), «le unità di tempo stabilite per il termine si computano intere e libere» (art. 172, co. 5): non si tiene cioè conto né del giorno iniziale né di quello finale.

Con riferimento alla scadenza del termine, l'art. 172, co. 6, cristallizzando i risultati di consolidate elaborazioni dottrinali e giurisprudenziali, ha precisato che il termine per fare dichiarazioni, depositare documenti, compiere altri atti in un ufficio giudiziario si considera scaduto nel momento in cui, secondo i regolamenti, l'ufficio viene chiuso al pubblico, orario che dovrebbe essere adeguatamente pubblicizzato.

Il decorso ordinario di un termine può subire variazioni a fronte di situazioni particolari di carattere oggettivo o di natura soggettiva: la proroga, il prolungamento o l'abbreviazione.

La **proroga** consiste nella prosecuzione di durata di un termine per effetto di una previsione legislativa (c.d. proroga legale), ovvero in conseguenza di uno specifico provvedimento del giudice (c.d. proroga giudiziale).

Alla prima ipotesi è riconducibile la fattispecie di cui all'art. 172, co. 3: la scadenza del termine (compreso ad es. anche quello per la redazione della motivazione della sentenza) in giorno festivo comporta una proroga *ex lege* al giorno successivo non festivo. Al secondo tipo, a titolo esemplificativo, si può riferire la proroga dei termini di custodia cautelare di cui all'art. 305, nonché la proroga dei termini complessivi delle indagini preliminari ai sensi dell'art. 406.

I termini previsti a pena di decadenza non possono essere prorogati (art. 173, co. 2).

Ciò che caratterizza la proroga del termine è che essa interviene sul termine in corso e ciò consente di cogliere le differenze rispetto al **prolungamento dei termini di comparizione**.

Tale ultimo istituto è disciplinato dall'art. 174 e si ricollega ad oggettive difficoltà di trasferimento dell'imputato e di ogni altra persona chiamata davanti all'autorità giudiziaria per recarsi dal luogo di residenza, domicilio o dimora al luogo di presentazione.

Si distingue il prolungamento dei termini per l'imputato residente o dimorante in Italia, ovvero residente all'estero, rispetto al prolungamento dei termini di comparizione per ogni altra persona per la quale l'autorità procedente emette un ordine o un invito: la disciplina è comune (v. art. 174, co. 2).

Se l'imputato in Italia abbia la residenza risultante dagli atti, ovvero il domicilio dichiarato o eletto fuori dal comune nel quale ha sede l'autorità giudiziaria procedente ai sensi dell'art. 174, co. 1, il termine per comparire è prolungato del numero di giorni necessari per il viaggio: un giorno per ogni cinquecento chilometri di distanza quando è possibile l'uso dei mezzi pubblici o di trasporto; un giorno per ogni cento chilometri negli altri casi. In ogni caso il prolungamento del termine non può essere superiore a tre giorni.

Ove l'imputato sia residente all'estero gode di uno *status* privilegiato, dal momento che viene affidato al potere discrezionale dell'autorità giudiziaria italiana il prolungamento del termine di comparizione, che dovrà tener conto della distanza e dei mezzi di comunicazione utilizzabili.

La terza situazione è costituita dall'abbreviazione del termine (non perentorio), stabilito a favore della sola parte in senso tecnico nei limiti fissati dall'art. 173, co. 3: la parte, a cui vantaggio il termine è stabilito, può chiedere o consentire, personalmente o a mezzo di procuratore speciale, l'abbreviazione con dichiarazione scritta o orale ricevuta nella cancelleria o nella segreteria dell'autorità procedente. Per specifiche ipotesi di abbreviazioni d'ufficio, si può far riferimento al disposto degli artt. 364, co. 5, e 375, co. 4, 400 e 552, co. 3.

Il decorso dei termini processuali, anche in relazione alla fase delle indagini preliminari, è sospeso di diritto dal 1° agosto al 31 agosto e riprende a decorrere dalla fine del periodo di sospensione (v. art. 1, L. 7.10.1969, n. 742, modificato dall'art. 16, co. 1 e 3, d.l. 12.9.2014, n. 132, conv. in L. 10.11.2014, n. 162).

La sospensione non riguarda i termini concernenti le attività del giudice[36], mentre per le attività del pubblico ministero sono soggetti a sospensione i termini di durata delle indagini preliminari.

Sono previste alcune eccezioni ai sensi dell'art. 2, L. n. 742 del 1969.

La prima è costituita dalla rinuncia dell'imputato alla sospensione, anche in relazione ai termini stabiliti per la fase delle indagini preliminari. La sospensione dei termini nel periodo feriale non trova applicazione per l'udienza di convalida dell'arresto del fermo. La sospensione non opera nei procedimenti per reati di criminalità organizzata e nei procedimenti incidentali *de libertate*.

Deroghe significative sono legate al compimento di atti urgenti: se nel corso delle indagini preliminari c'è massima urgenza, il g.i.p. pronuncia ordinanza, su richiesta del pubblico ministero, dell'indagato o del difensore, enunciando le ragioni dell'urgenza e la natura degli atti da compiere. Allo stesso modo provvede il pubblico ministero, con decreto motivato, tutte le volte in cui deve procedere al compimento di accertamenti tecnici irripetibili.

La sospensione dei termini non opera nelle ipotesi previste dall'art. 467.

Quando nel corso del dibattimento si presenta la necessità di assumere prove nel periodo feriale, si procede a norma sempre dell'art. 467. Se le prove non sono state

---

[36] Cass., Sez. Un., 20.7.2017, D'Arcangelo; Cass., Sez. Un., 19.6.1996, Giacomini.

già ammesse, il giudice, nella prima udienza successiva, provvede a norma dell'art. 495; le prove dichiarate inammissibili non possono essere utilizzate.

Nei procedimenti per reati la cui prescrizione maturi durante la sospensione o nei successivi quarantacinque giorni, ovvero nelle ipotesi in cui durante il medesimo periodo scadano o siano prossimi a scadere i termini della custodia cautelare, il giudice che procede pronuncia, anche di ufficio, ordinanza non impugnabile con la quale è specificamente motivata e dichiarata l'urgenza del processo. In tal caso i termini processuali decorrono, anche nel periodo feriale, dalla data di notificazione dell'ordinanza. Nel corso delle indagini preliminari l'urgenza è dichiarata nella stessa forma dal giudice su richiesta del pubblico ministero (art. 2, co. 4 e 5, L. n. 742 del 1969).

16.2. La restituzione nel termine

La restituzione nel termine è **un rimedio** processuale **eccezionale** per ovviare a situazioni in cui l'infruttuoso decorso del termine perentorio previsto a pena di decadenza o di inammissibilità per l'esercizio di un potere ne abbia determinato l'estinzione, disciplinato dagli artt. 175 e 175 *bis*, co. 5.

Si esclude l'utilizzabilità di tale rimedio in caso di inosservanza del termine per presentare querela, istanza o richiesta, anche in ragione della collocazione extraprocedimentale di tali atti.

L'istituto risponde all'esigenza, da contemperare con la certezza e la stabilità delle situazioni giuridiche sottese ai termini perentori, che le parti possano concretamente esercitare le facoltà e i diritti attribuiti dalla legge, non potendosi, in caso contrario, arrivare all'emissione di una sentenza giusta.

La restituzione nel termine in presenza dei presupposti non configura, pertanto, per i soggetti legittimati alla richiesta un beneficio, ma un vero e proprio **diritto**.

Dato il suo carattere di eccezionalità, il rimedio è percorribile solo se l'inosservanza del termine perentorio sia dovuta alle **cause previste dalla legge** e sempre che allo stesso risultato non si possa pervenire con altri rimedi.

L'art. 175, co. 1, stabilisce che «il pubblico ministero, le parti private e i difensori sono restituiti nel termine stabilito a pena di decadenza, se provano di non averlo potuto osservare per **caso fortuito** o **forza maggiore**».

Sono così delineate la legittimazione soggettiva e le due situazioni che consentono la richiesta.

Sotto il primo profilo, è da evidenziare che i soggetti titolari del diritto non sono solo la parte pubblica e quelle private (indagato-imputato, parte civile, responsabile civile e civilmente obbligato per la pena pecuniaria regolarmente citati e costituitisi ovvero intervenuti volontariamente), ma anche i difensori, la cui attività è funzionale all'esercizio dei poteri che spettano al soggetto assistito e rappresentato. Sebbene la locuzione «parti» possa far propendere per l'esclusione della legittimazione in capo alla persona offesa, è preferibile una lettura meno rigorosa del dato normativo, soprattutto nella fase delle indagini preliminari.

Sotto il secondo profilo, l'impossibilità di rispettare il termine perentorio deve dipendere da «caso fortuito» o «forza maggiore» e rivestire i caratteri dell'assolutezza, potendosi verificare in qualsiasi momento del tempo assegnato.

Riguardo al contenuto di queste due locuzioni, rimesso in via inevitabile alla casistica, può essere utile riferirsi ad eventi non previsti e imprevedibili che nessuna diligenza, prudenza o perizia può evitare, ovvero a quelle forze esterne contro cui nulla può la volontà dell'uomo, ossia a situazioni di inevitabilità ed estraneità della causa rispetto a colui che deve compiere l'atto e di irresistibilità: si pensi a cataclismi, quali terremoti, ad alluvioni, alla morte di uno strettissimo congiunto.

L'**onere** della prova (*rectius* **di allegazione**) dell'impossibilità grava sulla parte che chiede di essere restituita nel termine: il dubbio giova al richiedente.

L'art. 175, co. 2 stabilisce che «l'imputato condannato con decreto penale, che non ha avuto tempestivamente effettiva conoscenza del provvedimento, è restituito, a sua richiesta, nel termine per proporre opposizione, salvo che vi abbia volontariamente rinunciato».

La modifica appare condivisibile laddove la richiesta si giustifica a fronte di una mancata conoscenza sia tempestiva che effettiva[37], alla base del corretto operare del diritto all'opposizione al decreto fissato dall'art. 460. Appare discutibile, nella parte in cui sembra prefigurare a carico dell'imputato la prova positiva di un fatto negativo, laddove, per contro, la giurisprudenza europea[38] assegna all'autorità giudiziaria i correlativi oneri probatori: il che dovrebbe valere anche dopo la novella a fronte di un *dictum* normativo a dire il vero non del tutto chiaro.

L'art. 175 *bis*, co. 5 prevede, infine, che nel caso di malfunzionamento dei sistemi informatici dei domini del Ministero della giustizia, appositamente certificato, è consentita sempre la restituzione nel termine previsto a pena di decadenza, se scade proprio nel periodo di tale malfunzionamento.

Ben precise sono poi **le cadenze procedimentali** previste sempre dall'art. 175.

La richiesta di restituzione, motivata e documentata, è presentata, ovvero spedita per posta, entro dieci giorni da quello nel quale è cessato il fatto costituente il caso fortuito o la forza maggiore (co. 1). Nell'ipotesi di cui all'art. 175 capoverso, il termine sempre perentorio è fissato in trenta giorni che de-

[37] Cass., Sez. Un., 28.2.2019, n. 28912.

[38] Corte eur., sent. 8.12. 2009, Previti c. Italia; Corte eur., sent. 18.10.2006, Hermi c. Italia.

corrono «dal momento in cui l'imputato ha avuto effettiva conoscenza del provvedimento» (co. 2 *bis*)[39]. Il riferimento rimasto al caso di estradizione dall'estero e alla decorrenza «dalla consegna del condannato» (sempre co. 2 *bis*) non pare percorribile per reati puniti con pena pecuniaria (oggetto del decreto ai sensi dell'art. 459).

«La restituzione non può essere concessa più di una volta per ciascuna parte in ciascun grado del procedimento» (co. 3).

La **competenza a decidere** è attribuita, in via generale, al giudice che procede al tempo della presentazione della richiesta. Nello specifico, prima dell'esercizio dell'azione penale, la competenza spetta al giudice per le indagini preliminari; se sono stati pronunciati sentenza o decreto di condanna il giudice che è competente a pronunciarsi sull'impugnazione o sull'opposizione.

Nel silenzio del legislatore, la decisione è adottata con procedura *de plano* e assume la forma dell'ordinanza, salvo che la richiesta si inserisca in un procedimento principale in corso di svolgimento con il rito camerale, imponendosi in questo caso l'obbligo di rispettare le regole di tale rito *ex* art. 127[40].

A fronte del rigetto della richiesta è sempre ammesso ricorso per cassazione (co. 6), in deroga a quanto disposto in generale sull'impugnazione delle ordinanze dall'art. 586.

In caso di accoglimento, la regola è l'inoppugnabilità, salvo che la restituzione sia stata concessa per impugnare la sentenza od opporsi al decreto di condanna. In tale ultima ipotesi, il gravame è differito: infatti, si può impugnare l'ordinanza solo insieme alla sentenza che decide sull'impugnazione o sull'opposizione.

L'**effetto** fondamentale della restituzione ai sensi dell'art. 175 è che il termine ricomincia a decorrere *ex novo* nella sua interezza dal giorno successivo a quello della comunicazione o notificazione dell'ordinanza.

Non mancano altri effetti.

L'art. 175, co. 7, chiarisce che, se viene accolta una richiesta finalizzata ad una impugnazione, il giudice, se occorre, ordina la scarcerazione dell'imputato detenuto e adotta tutti i provvedimenti necessari per far cessare gli effetti determinati dalla scadenza del termine.

Per evitare abusi del processo, l'art. 175, co. 8, stabilisce che, nel caso di restituzione del termine per opporsi al decreto ai sensi del co. 2, non si tiene conto, ai fini della prescrizione del reato, del tempo intercorso tra la notifi-

---

[39] Cass., Sez. Un., 18.5.2017, Pulca, le quali, considerando la necessità di rendere effettivi i rimedi approntati dal legislatore per sopperire al difetto di garanzie per il processo contumaciale, hanno ritenuto che la tempestività della richiesta di restituzione a mezzo servizio postale debba essere apprezzata con riferimento alla data di spedizione.

[40] Cass., Sez. Un., 11.4.2006, De Pascalis.

cazione del decreto di condanna e la notificazione alla parte dell'avviso di deposito dell'ordinanza che concede la restituzione. Il riferimento rimasto alla «sentenza contumaciale» è da intendersi implicitamente abrogato dalla novella del 2014.

Infine, l'art. 176, co. 1, per salvaguardare le fondamentali esigenze di economia processuale ed evitare di conseguenza regressioni, subordina la rinnovazione degli atti compiuti dopo il termine restituito a tre requisiti: deve esserci una richiesta di parte; deve essere possibile; deve riguardare atti ai quali la parte aveva diritto di assistere.

A tale rinnovazione provvede, di regola, il giudice che ha emesso l'ordinanza di restituzione (sempre art. 176, co. 1), salvo che quest'ultima sia stata concessa dalla Corte di cassazione: gli atti da rinnovare saranno allora compiuti dal «giudice competente per il merito» (art. 176, co. 2), ossia il giudice davanti al quale si è verificata la decadenza dal termine.

16.3. La restituzione nel termine per proporre impugnazione dell'imputato assente

Il d.lgs. n. 150 del 2022 ha reintrodotto nell'art. 175, co. 2.1 la disciplina della restituzione del termine per impugnare per l'**imputato giudicato in assenza** senza avere conoscenza, incolpevolmente, del processo.

La ragione è spiegata nella Relazione.

Configurandosi per l'imputato-assente un onere aggiuntivo al fine di appellare la sentenza di primo grado, ossia il deposito di una procura speciale e di una elezione di domicilio successivi alla sentenza (v. art. 581, co. 1 *bis*)[41], il rimedio più coerente con questa scelta, che tende a precludere il gravame per l'assente, si è ritenuta proprio la rimessione in termini per proporre l'impugnazione.

Ciò che stupisce è che si sia riprodotto il tenore letterale dell'istituto *ante* riforma del 2005 in punto di assenza colpevole.

Il nuovo art. 175, co. 2.1, prevede, infatti, che l'imputato giudicato in assenza «è restituito, su richiesta, nel termine per proporre impugnazione, salvo che vi abbia volontariamente rinunciato se, nei casi previsti dagli artt. 420 *bis* commi 2 e 3, **fornisce la prova di non aver avuto effettiva conoscenza** della pendenza del processo e di non aver potuto proporre impugnazione nei termini **senza sua colpa**».

È vero che permane l'eccezionalità del rimedio che si riferisce ai soli casi di assenza accertata dal giudice e di assenza volontaria, da far valere con ap-

---

[41] V. *infra*, cap. XXII.

posita istanza da presentare, a pena di decadenza, «entro trenta giorni da quello in cui l'imputato ha avuto effettiva conoscenza del provvedimento», termine che decorre in caso di estradizione dall'estero, dalla consegna del condannato (v. art. 175, co. 2 *bis*), ovvero dalla conoscenza della sentenza *ex* art. 656, co. 5.

È altrettanto vero che resta "incomprensibile" il perché non si è riprodotto il tenore letterale dell'istituto così come modificato dalla L. 22 aprile 2005, n. 60.

Nel corrispondente art. 175, co. 2, dell'epoca non si poneva a carico dell'imputato alcun onere probatorio, tanto meno sull'assenza di colpa, proprio per rispettare la giurisprudenza europea, che configurava tale rimedio come diritto dell'imputato che non avesse ricevuto la notifica a mani proprie e che si dichiarasse inconsapevole della propria condanna, gravando sull'autorità giudiziaria l'onere di provare la conoscenza del processo in capo all'imputato medesimo e la sua sottrazione volontaria al processo medesimo[42].

Sembrano, così, riproporsi i **dubbi di legittimità costituzionale** già sollevati avendo riguardo alla disciplina *ante* riforma del 2005, che era stata più volte censurata dalla Corte EDU.

È prevalsa la preoccupazione di evitare che gli strumenti di cui si discute possano essere utilizzati in modo "abusivo" dall'imputato il quale, formalmente assente, sia venuto successivamente alla dichiarazione di assenza a conoscere della pendenza del processo in tempo utile per intervenire e per proporre impugnazione.

La stessa preoccupazione, ingiustificata nella sua assolutezza quasi "presuntiva", che ha ispirato **tutti i rimedi compensatori**, correlati anch'essi alla prova dell'assenza di colpa in capo all'imputato e non ad una sua precisa scelta volontaria di sottrarsi al processo, per di più con onere probatorio sempre in capo all'imputato, con buona pace dei *dicta* della Corte EDU, lasciando incompiuta la parabola evolutiva della disciplina *de qua* in tema di tutela del diritto fondamentale dell'imputato alla presenza nel suo processo.

---

[42] Si riproduce per comodità il testo dell'art. 175, co. 2, c.p.p. introdotto dal d.l. 21.2.2005, n. 17, convertito nella L. 22.4.2005, n. 60: «se è stata pronunciata sentenza contumaciale o decreto di condanna, l'imputato è restituito, a sua richiesta nel termine per proporre impugnazione od opposizione, salvo che lo stesso abbia avuto effettiva conoscenza del procedimento o del provvedimento e abbia volontariamente rinunciato a comparire ovvero a proporre impugnazione od opposizione. A tale fine l'autorità giudiziaria compie ogni necessaria verifica». Con riferimento a questa norma parlano di diritto incondizionato (privo di oneri probatori in capo all'imputato) alla restituzione, Cass., Sez. Un., 28.2.2019, Innaro, in *CED Cass.*, 275716-01; Cass., Sez. Un., 29.9.2016, Rrushi, in *CED Cass.*, 268101-01.

Il nuovo art. 175, co. 8 *bis*, quale norma di chiusura, prevede che nel caso di accoglimento della richiesta non si tiene conto, ai fini della improcedibilità di cui all'art. 344 *bis* del tempo intercorso tra il novantesimo giorno successivo alla scadenza del termine previsto dall'art. 544, come eventualmente prorogato a norma di legge (v. art. 154 disp. att.) e la notificazione alla parte dell'avviso di deposito dell'ordinanza che concede la restituzione.

Si vogliono così neutralizzare gli effetti di tale rimedio sulla durata complessiva del giudizio di gravame.

Capitolo VI

Le invalidità

di *Gianluca Varraso*

SOMMARIO: 1. L'atto irregolare e l'atto invalido. – 2. Le invalidità: nullità, inutilizzabilità, inammissibilità. – 3. Le nullità e il principio di tassatività. – 4. La classificazione delle nullità. – 4.1. Nullità speciali e nullità di ordine generale. – 4.2. Le nullità assolute, le nullità a regime intermedio e le nullità relative. – 4.3. Deducibilità e sanatoria delle nullità. – 5. Gli effetti della dichiarazione di nullità. – 6. Le invalidità che si sottraggono o derogano alla tassatività: l'inesistenza e l'abnormità

1. L'atto irregolare e l'atto invalido

Nel procedimento penale, contrariamente al processo civile che si ispira al principio della libertà della forma degli atti i quali devono essere compiuti nel modo più idoneo al conseguimento dello scopo (art. 121 c.p.c.), è stato accolto il principio della **forma vincolata degli atti**.

Questi ultimi devono conformarsi ad un preciso modello legale, il cui rispetto rende l'**atto perfetto ed efficace**.

Il sistema processuale penale, allo stesso tempo, non prevede *tout court* l'invalidità e l'inefficacia degli atti non conformi al modello legale, in quanto essenziali ragioni di economia processuale impongono di selezionare le forme da considerarsi irrinunciabili e, quindi, invalidanti l'atto processuale.

Il vizio dell'atto non provoca, pertanto, in ogni caso, una invalidità dello stesso, come si ricava dall'art. 124.

Quest'ultimo, nell'imporre ai magistrati, ai cancellieri e agli altri ausiliari del giudice, agli ufficiali giudiziari, agli ufficiali e agli agenti di polizia giudiziaria l'obbligo generale di osservare le norme del codice di rito, riconosce che la relativa inosservanza non comporta sempre una nullità o un'altra sanzione processuale.

È la legge che determina quando al **mancato rispetto del modello legale**, ossia all'**imperfezione dell'atto**, consegua una mera **irregolarità**, che al più integra un illecito disciplinare, e quando, per contro, consegua una invalidità dell'atto.

In ossequio al principio di conservazione degli atti imperfetti, è stata compiuta un'altra scelta di sistema.

L'**atto invalido produce sempre i suoi effetti tipici**, ma a differenza dell'atto conforme al tipo tali effetti hanno una caratteristica peculiare e immancabile: sono precari. Tale **precarietà** cessa o a seguito della **dichiarazione di invalidità** dell'atto da parte del giudice o a seguito della **sanatoria** dell'atto [1], che comportano rispettivamente l'eliminazione *ex tunc* degli effetti precari, ovvero la stabilizzazione sempre *ex tunc* di questi effetti.

La nullità dell'atto del procedimento penale è così assimilabile, quanto agli effetti, alla categoria dell'annullabilità civilistica.

2. Le invalidità: nullità, inutilizzabilità, inammissibilità

La **nullità** è la specie più importante di **invalidità dell'atto**, fondata in relazione agli atti **del procedimento** (e non solo del processo) sul principio di **tassatività**, che impedisce il ricorso all'interpretazione analogica ed estensiva della disciplina. Lo stesso principio deve valere anche per le altre forme di invalidità degli atti e, nello specifico, di quelle che consentono la proposizione del ricorso per cassazione ai sensi dell'**art. 606, lett.** ***c***, per inosservanza di norme processuali: l'inutilizzabilità e l'inammissibilità (con la decadenza).

La **inutilizzabilità** è la sanzione che concerne gli **atti a valenza probatoria** (v. art. 191) [2], impedendo all'autorità giudiziaria di fondare su di essi una decisione.

Tradizionale è il distinguo tra inutilizzabilità **patologica**, che è correlata ai vizi più gravi dell'ammissione, acquisizione e valutazione della prova (v. ad esempio in tema di intercettazioni l'art. 271, co. 1) e la inutilizzabilità **fisiologica**, posta a presidio del principio della separazione delle fasi, al fine di evitare che atti di indagine preliminare possano fondare una decisione finale.

In quest'ultimo caso, l'atto è stato compiuto nelle forme previste dal codice, ma non si è formato nel contraddittorio tra le parti: il che, ai sensi dell'art. 111, co. 4, Cost., impedisce, di regola e al di fuori delle eccezioni contemplate sempre dall'art. 111, co. 5, Cost., l'utilizzo a fini decisori, come esplicitato dall'art. 526 e dal divieto di lettura di cui all'art. 514.

La giurisprudenza parla anche di **inutilizzabilità relativa** riguardo alle ipotesi stabilite dal legislatore in via esclusiva «nel dibattimento», quali, ad e-

---

[1] V. *infra*, par. 5.

[2] V. anche *infra*, cap. VII, par. 21.

sempio, quelle previste dall'art. 350, co. 7, per le dichiarazioni spontanee rese alla p.g. dall'indagato, dall'art. 360, co. 5, per l'accertamento tecnico irripetibile eseguito dal pubblico ministero in difetto delle condizioni indicate e dall'art. 403 per l'incidente probatorio cui non abbia partecipato il difensore dell'imputato[3].

La norma generale di riferimento per il vizio di cui si discute è l'**art. 191**, in base al quale «le prove acquisite in violazione dei divieti stabiliti dalla legge non possono essere utilizzate» (co. 1).

Il rinvio, contenuto pure nella rubrica, alle «prove illegittimamente acquisite» sembra ricollegare tale invalidità alla violazione dei divieti probatori fissati da una norma processuale in tema di ammissione, acquisizione e valutazione della prova. Non deve, peraltro, trascurarsi una lettura più ampia e sensibile alla tutela più elevata dei valori sottesi ai diritti inviolabili della persona, che ricollega il vizio *de quo* anche alle prove raccolte in violazione di una norma della legge penale sostanziale (c.d. prove illecite), posta il più delle volte proprio a garanzia dei diritti fondamentali garantiti dalla Costituzione: e ciò a prescindere che sia allo stesso tempo violata una norma processuale.

In definitiva, al di là di comminatorie specifiche di inutilizzabilità previste all'interno delle singole norme, l'inutilizzabilità opera, in via generale, nei confronti di tutte le prove ammesse e acquisite *contra legem*.

La L. n. 110 del 2017 ha specificato all'art. 191, co. 2 *bis*, che le dichiarazioni o le informazioni ottenute mediante il delitto di tortura non sono comunque utilizzabili, salvo che contro le persone accusate di tale delitto e al solo fine di provarne la responsabilità penale.

L'art. 191, co. 2, stabilisce che «**l'inutilizzabilità è rilevabile anche di ufficio in ogni stato e grado del procedimento**» e, quindi, dalla fase delle indagini preliminari alla chiusura definitiva del processo. L'inutilizzabilità patologica è un vizio insanabile, traducendosi in un limite al libero convincimento del giudice. Non può, pertanto, procedersi alla rinnovazione dell'atto.

Da qui, solo la inutilizzabilità fisiologica e relativa non è più rilevabile dopo la richiesta di giudizio abbreviato ai sensi dell'art. 438, co. 6 *bis*, introdotto dall'art. 1, co. 43, L. n. 103 del 2017.

L'**inammissibilità** ha il suo ambito elettivo negli atti di parte e, in particolare, si riferisce alla categoria delle "**domande**".

Questa causa di invalidità impedisce al giudice di esaminare il merito di una richiesta di parte, quando essa non ha i requisiti formali ritenuti essenziali ai fini di efficacia dalla legge processuale, che ne fissa i tempi di compi-

---

[3] Cass., Sez. Un., 21.6.2000, Tammaro.

mento (v. art. 591, co. 1, lett. *c*, per l'impugnazione), il contenuto (v. ad es. l'art. 78, co. 1, per la dichiarazione di costituzione di parte civile), la forma (v. ad es. l'art. 122) o la legittimazione a compiere l'atto (v. ad es. art. 41 in tema di ricusazione).

Salvo che non sia diversamente stabilito dalla legge (v. art. 81, co. 1), si tratta di vizio radicale, rilevabile anche d'ufficio in ogni stato e grado del procedimento, che per la giurisprudenza impedisce al giudice anche il proscioglimento immediato ai sensi dell'art. 129.

La **decadenza**, per contro, pur non trattandosi di una invalidità in senso proprio, si sostanzia nella **consunzione di un potere** da esercitare entro termini perentori, in ragione del decorso del tempo e dell'inerzia della parte.

Appare chiaro che proprio avendo riguardo ai termini perentori, con esclusione dei termini ordinatori e acceleratori, decadenza e inammissibilità sono le due facce della stessa medaglia. La richiesta presentata fuori termine è inammissibile e, per la parte legittimata a porla in essere, nell'inerzia si profila la decadenza da tale potere nei casi previsti dalla legge[4].

3. Le nullità e il principio di tassatività

Il principio di tassatività per le nullità è sancito espressamente dall'**art. 177**, secondo il quale «l'inosservanza delle disposizioni stabilite per gli atti del procedimento è **causa di nullità soltanto nei casi previsti dalla legge**».

Il riferimento alle «disposizioni» e non alle forme prescritte per gli atti processuali consente di sostenere che è la legge a specificare i requisiti dell'atto da considerare irrinunciabili, individuando i relativi presupposti, le condizioni, le modalità di tempo e di luogo del compimento, la legittimazione a compierli. All'interprete non è consentito, una volta verificatasi la nullità, valutare se consegua un pregiudizio effettivo per l'interessato. Sono da criticare i tentativi, che a dire il vero proliferano nella giurisprudenza soprattutto per arginare fenomeni di abuso del processo, volti ad una valutazione, inevitabilmente discrezionale, della lesività sostanziale dell'atto nullo da parte del giudice[5].

L'art. 177 non consente il richiamo ai **vizi della volontà**. L'atto compiuto da un soggetto per errore, dolo o violenza non è, pertanto, nullo, pur dovendosene tener conto per le dichiarazioni di scienza ai fini dell'attendibilità: solo il difetto assoluto di volontà dell'autore dell'atto lo rende ine-

---

[4] V. *supra*, cap. V, par. 16.1.

[5] Tra le tante, Cass., Sez. Un., 24.11.2016, Amato.

sistente[6]. Avendo riguardo agli interrogatori dell'imputato e alle prove acquisite con metodi e tecniche idonee ad influire sulla libertà di autodeterminazione della fonte di prova si rientra nell'ambito specifico dell'inutilizzabilità.

4. La classificazione delle nullità

4.1. Nullità speciali e nullità di ordine generale

Strettamente connesso al principio di tassatività è il distinguo tra nullità speciali e nullità di ordine generale, che consente di evidenziare altrettanti metodi utilizzati dal legislatore per individuare la nullità.

Da un lato, può trovarsi nel corpo della stessa norma la comminatoria *ad hoc* della nullità (c.d. **nullità speciale**): la sanzione è prevista contestualmente alla prescrizione della fattispecie legale. Due esempi emblematici si rinvengono nell'art. 109, in tema di uso della lingua italiana per gli atti del procedimento penale, e nell'art. 525, co. 2, in tema di immutabilità del giudice. Peculiari nullità speciali sono previste per le notificazioni dall'art. 171.

In secondo luogo, per ovviare agli inconvenienti che deriverebbero dall'utilizzo solo di tale metodo (vuoti di tutela a fronte di situazioni rilevanti, dimenticanze, un appesantimento delle singole norme), può accadere che un certo vizio sia **riconducibile ad una norma di carattere generale** che prevede, una volta per tutte, la nullità in correlazione all'inosservanza di prescrizioni dettate per gli atti riferibili a determinate categorie soggettive.

Ciò avviene con l'**art. 178** che, sotto la rubrica «**nullità di ordine generale**», dispone: «è sempre prescritta a pena di nullità l'osservanza delle disposizioni concernenti: a) le condizioni di capacità del giudice e il numero dei giudici necessario per costituire i collegi stabilito dalle leggi di ordinamento giudiziario; b) l'iniziativa del pubblico ministero nell'esercizio dell'azione penale e la sua partecipazione al procedimento; c) l'intervento, l'assistenza e la rappresentanza dell'imputato e delle altre parti private, nonché la citazione in giudizio della persona offesa dal reato e del querelante».

Da qui, in presenza di una inosservanza di norma processuale, occorre compiere una duplice verifica. In primo luogo, se nella stessa norma violata sia contenuta una specifica previsione di nullità. In caso di verifica negativa, accertare, comunque, se l'inosservanza sia riconducibile alle situazioni tutelate dall'art. 178. Solo a fronte di questa seconda verifica negativa, si ha una mera irregolarità.

---

[6] V. *infra*, par. 6.

Il **primo gruppo** di nullità di ordine generale attiene alla **figura del giudice**.

Da un lato, ci si riferisce alla sua capacità di acquisto delle funzioni giurisdizionali, ossia delle qualità immancabili per tale figura (cittadinanza, godimento dei diritti civili, titolo di studio, superamento del concorso: v. art. 2, d.lgs. 5.4.2006, n. 160). Dall'altro lato, alla capacità di esercitare le funzioni giurisdizionali, distinta in capacità generica (esistenza della nomina e dell'ammissione alle funzioni giudiziarie e assenza delle cause di incompatibilità generiche previste dall'ordinamento giudiziario) e in capacità specifica (regolare costituzione dell'organo giudicante per un determinato processo, con riferimento alla rituale composizione del giudice collegiale e all'assenza di situazioni specifiche di incompatibilità).

Non tutte queste situazioni determinano, peraltro, una nullità di ordine generale, imponendosi alcune precisazioni. A fronte della mancanza dell'atto di nomina e di un provvedimento di destinazione all'ufficio, gli atti compiuti devono ritenersi, piuttosto, inesistenti. È controverso se anche la violazione del cosiddetto diritto tabellare, ossia delle regole che determinano una destinazione all'ufficio, l'immissione nelle funzioni del magistrato, per effetto, in via permanente, di attribuzione delle funzioni, promozioni, trasferimenti e, in via temporanea, applicazioni e supplenze determinino la nullità. Sempre con riferimento alla capacità generica sono riconducibili all'area delle nullità le condizioni previste dall'art. 18 ord. giud. in tema di incompatibilità di sede per parentela o affinità con professionisti e dall'art. 19 ord. giud. in tema di incompatibilità per vincoli di parentela o di affinità tra magistrati della stessa sede. È ricondotta all'ambito dell'art. 178, lett. *a*, l'incompetenza funzionale del giudice, cioè il difetto di legittimazione del giudice a pronunciare un determinato provvedimento essendo per legge connesso alle funzioni di altro giudice.

Il concetto di capacità del giudice è svuotato in parte del suo significato dalla previsione dell'**art. 33, co. 2**, in base al quale «non si considerano attinenti alla capacità del giudice le diposizioni sulla destinazione del giudice agli uffici giudiziari e alle sezioni, sulla formazione dei collegi e sulla assegnazione dei processi a sezioni, collegi e giudici», considerate altrettante questioni ordinamentali rientranti nella sfera della discrezionalità amministrativa per evitare i riflessi negativi derivanti da una previsione di nullità estesa anche a tali disposizioni. È doveroso, infine, richiamare anche il co. 3 dell'art. 33, in base al quale non sono ancora una volta riconducibili alla capacità del giudice né al numero dei giudici necessari per costituire l'organo giudicante, le disposizioni sull'attribuzione degli affari penali al Tribunale collegiale o monocratico, come confermato dalla disciplina contenuta negli artt. 33 *quinquies* e 33 *nonies*, anche se non mancano opinioni diverse.

Il **secondo gruppo** di nullità di ordine generale di cui all'art. 178, lett. *b*, è relativo alla **figura del pubblico ministero**.

Per quanto riguarda l'iniziativa del pubblico ministero nell'**esercizio dell'azione** penale, che segna l'apertura del processo, occorre ricollegarsi a quanto disposto dagli artt. 405, 409, co. 5, nonché alla tematica delle nuove contestazioni, ossia o alla mancanza dell'atto di promovimento dell'azione penale (in violazione del principio *ne procedat iudex ex officio*), ovvero ai casi di azione invalidamente avviata. In via esemplificativa, si pensi all'instaurazione ad opera del pubblico ministero dei procedimenti speciali in assenza delle relative condizioni (la richiesta di decreto penale di condanna per un reato punito con pena detentiva, il giudizio direttissimo instaurato fuori dei casi previsti dalla legge), anche se è da segnalare una interpretazione giurisprudenziale permissiva. Non è riconducibile all'esercizio dell'azione penale l'attività dipendente dalla legittimazione ad impugnare del pubblico ministero.

Quanto all'aspetto relativo al **diritto del pubblico ministero a partecipare al procedimento** da ricavare, in via residuale, rispetto all'attività di iniziativa, ci si può riferire agli atti di proseguimento dell'azione penale, indispensabili per conseguire una decisione definitiva del giudice. In questa prospettiva, assumono rilevanza le norme che prevedono richieste, requisitorie, pareri al pubblico ministero, ossia contributi dialettici che rappresentano altrettante forme di partecipazione della pubblica accusa al procedimento penale (a titolo esemplificativo i pareri del pubblico ministero sulle scelte del rito, le ipotesi di partecipazione obbligatoria al procedimento: v. artt. 392, 401, 419, 420, 469).

L'art. 178, lett. *c*, si riferisce, infine, all'**imputato**, alle **altre parti private** (parte civile, responsabile civile, civilmente obbligato per la pena pecuniaria), alla **persona offesa** e al **querelante**.

Con specifico riferimento all'intervento, all'assistenza e alla rappresentanza dell'**imputato**, la norma richiama le tre forme in cui si estrinseca l'attività difensiva. L'**intervento** attiene alla vasta gamma di situazioni in cui si sostanzia il diritto all'autodifesa, ossia alla sua partecipazione personale al processo sia attraverso la presenza fisica sia mediante l'esercizio di poteri, diritti e facoltà che gli sono riconosciuti in via personalissima. L'**assistenza** attiene alla presenza del difensore, il quale fa valere i diritti, i poteri e le facoltà necessari a tutelare gli interessi dell'imputato. La **rappresentanza** dell'imputato comprende situazioni eterogenee, ben diverse dalle categorie civilistiche: può essere conferita al difensore dallo stesso imputato (art. 99, co. 1), oppure da singole disposizioni di legge in caso di irreperibilità, latitanza, evasione, in caso di assenza nell'udienza preliminare qualora venga modificata l'imputazione, in caso di assenza volontaria, di allontanamento volontario coattivo dall'udienza dibattimentale. Non mancano figure nelle quali il rappresentante legale è persona diversa dal difensore che collabora alla difesa personale dell'imputato, quali il tutore, il curatore, i genitori esercenti la potestà sull'imputato (v. ad es. art. 571, co. 2).

A titolo esemplificativo, tra i numerosi strumenti predisposti a fini di difesa si possono segnalare: il ricevimento dell'informazione di garanzia, l'ordinanza di accoglimento della richiesta di incidente probatorio, l'avviso di conclusione delle indagini e l'espletamento dell'interrogatorio richiesto; l'avviso relativo gli accertamenti tecnici non ripetibili; l'avviso di fissazione dell'udienza in camera di consiglio; l'osservanza del termine a comparire.

In modo analogo, è tutelato l'**intervento, l'assistenza e la rappresentanza delle altre parti private**, nonché la citazione in giudizio della persona offesa dal reato e del querelante (v. sempre l'art. 178, lett. *c*). È solo da ricordare che tali soggetti stanno in giudizio con il ministero di un difensore munito di una procura speciale *ad litem*, il quale può ricevere anche una procura speciale *ad causam* (art. 122)[7].

4.2. Le nullità assolute, le nullità a regime intermedio e le nullità relative

Sia le nullità speciali sia le nullità di ordine generale sono riconducibili a tre diversi tipi di nullità: le nullità assolute, le nullità a regime intermedio e le nullità relative.

Al riguardo, l'art. 178 assolve ad una funzione ulteriore rispetto a quella di identificare le categorie generali di nullità: funge da spartiacque tra le nullità relative e gli altri due tipi di nullità, nel senso che solo le nullità ad esso riconducibili possono qualificarsi come nullità assolute o a regime intermedio; tutte le altre nullità vanno considerate relative, con una precisazione concernente le nullità speciali.

La previsione espressa di una sanzione nel corpo di una norma non significa che ci si trova, in via automatica, di fronte ad una nullità relativa: anche per le nullità speciali occorre verificare la loro riconducibilità all'art. 178 e, quindi, alla categoria delle nullità assolute o a regime intermedio.

L'**art. 179** identifica **l'elenco tassativo delle nullità assolute**.

In primo luogo, sono tali quelle previste dall'art. 178, lett. *a*, relative alla violazione delle disposizioni concernenti le condizioni di capacità del giudice ed il numero dei giudici necessario per costituire i collegi stabilito dalle leggi di ordinamento giudiziario, seppure con le precisazioni già individuate. Del

---

[7] V. *supra*, cap. V, par. 9.2.

pari, sono considerate assolute le nullità di ordine generale concernenti l'iniziativa del pubblico ministero nell'esercizio dell'azione penale (v. art. 178, lett. *b*, prima parte) e quelle derivanti dall'omessa citazione dell'imputato o dall'assenza del suo difensore nei casi in cui ne è obbligatoria la presenza (art. 179, co. 1).

Si tratta di vizi molto gravi, in grado di pregiudicare la regolare instaurazione e lo svolgimento del processo.

Emerge che solo alcune delle nullità riferibili alle lett. *b* e *c* dell'art. 178 sono a carattere assoluto. A ciò bisogna aggiungere che l'art. 179, co. 1, elenca in modo tassativo solo le nullità di ordine generale da considerarsi assolute. Esistono ipotesi di nullità assolute anche al di fuori dell'elenco di cui all'art. 178. A queste si riferisce l'art. 179, co. 2, il quale conferma che vi sono «nullità definite assolute da specifiche disposizioni di legge».

Allo stato, il rinvio è all'**art. 525, co. 2**, il quale dopo aver stabilito che la sentenza va deliberata subito dopo la chiusura del dibattimento aggiunge che alla deliberazione concorrono, a pena di nullità assoluta, gli stessi giudici che hanno partecipato al dibattimento.

Una circostanza è indiscussa: le nullità assolute non coinvolgono mai le parti private diverse dall'imputato, né la persona offesa o il querelante.

L'art. 179, co. 1, identifica anche il **regime delle nullità assolute**: sono **insanabili e rilevabili, anche d'ufficio, in ogni stato e grado del procedimento**. Da qui, per la conseguente declaratoria ad opera del giudice è irrilevante il passaggio da una fase del procedimento nella quale la nullità si è verificata ad un'altra, la mancata eccezione delle parti o il difetto di interesse di chi deduce l'invalidità.

Esiste solo un limite alla insanabilità, costituito dalla *res iudicata*, che integra causa di sanatoria di qualsiasi invalidità processuale, fatta eccezione per l'inesistenza. Va, inoltre, ricordato che l'art. 627, co. 4, impedisce di rilevare nel giudizio di rinvio le nullità anche assolute verificatesi nei precedenti gradi del giudizio o nel corso delle indagini preliminari.

L'art. 180 identifica, in negativo, le **nullità a regime intermedio**: esse sono tutte le nullità di ordine generale non dichiarate assolute dall'art. 179. Nello specifico, l'**art. 180** stabilisce che «salvo quanto disposto dall'art. 179, le nullità previste dall'art. 178 sono **rilevate anche di ufficio**, ma **non possono più essere rilevate né dedotte** dopo la deliberazione della sentenza di primo grado ovvero, se si sono verificate nel giudizio, dopo la deliberazione della sentenza del grado successivo». Si ricava, pertanto, che solo alcune delle nullità di ordine generale di cui all'art. 178 prevedono una rilevabilità anche di ufficio in ogni stato e grado del procedimento, poiché tutte le altre, pur avendo in comune la rilevabilità anche d'ufficio, sono assoggettate a **tempi di rilevazione** (anche su iniziativa di parte) ben **precisi e perentori** che variano a seconda del momento procedimentale in cui si verificano e della presenza o meno della parte interessata al compimento dell'atto.

Se la parte **assiste allo svolgimento dell'atto**, la nullità deve essere dedotta prima del suo compimento e, qualora non sia possibile, immediatamente dopo (cfr. art. 182, co. 2).

Se viceversa la parte non assiste, la nullità deve essere dedotta entro i termini previsti dall'art. 180. La deliberazione della sentenza di primo grado segna il limite cronologico entro il quale devono essere rilevate o dedotte le nullità verificatesi nelle indagini preliminari o nell'udienza preliminare. Per le nullità che si sono verificate nel giudizio di primo grado (compresa la fase predibattimentale e fino alla chiusura del dibattimento pronunciata dal presidente quando la discussione sia esaurita ai sensi dell'art. 524), il termine è costituito dalla deliberazione della sentenza di appello. Per le nullità a regime intermedio verificatesi nel giudizio di appello il termine entro il quale eccepirle o rilevarle è dato dalla deliberazione della sentenza di cassazione.

Le **nullità relative** sono quelle che **non rientrano tra le nullità di ordine generale**, ovvero che non sono definite come assolute o a regime intermedio da apposite disposizioni di legge.

Così stabilisce l'art. 181 che si riferisce alle nullità «diverse da quelle previste dagli articoli 178 e 179 comma 2».

Come già emerso, non esiste una perfetta sovrapposizione tra le nullità speciali e le nullità relative: se le **nullità relative sono sempre speciali**, non sempre le nullità speciali sono relative. La nullità espressamente comminata da una norma potrebbe essere contestualmente definita assoluta oppure potrebbe essere ricollegabile ad una delle previsioni dell'art. 178 e, quindi, essere soggetta a seconda dei casi al regime assoluto o intermedio.

Del tutto peculiare è il **regime delle nullità relative** di cui all'**art. 181, co. 2-4**.

Sono dichiarate solo su **eccezione di parte**, con esclusione dei poteri *ex officio* del giudice (co. 1), sono **sanabili** e devono essere eccepite dalla parte interessata entro **termini perentori** stabiliti a pena di decadenza (art. 182, co. 3 e 4).

Nel caso in cui la parte assiste allo svolgimento dell'atto, la nullità deve essere eccepita prima del relativo compimento o subito dopo e non potrà esserci un successivo intervento d'ufficio del giudice (v. art. 182, co. 2). Ad esempio la violazione delle regole per l'espletamento della perizia nel corso dell'incidente probatorio deve essere eccepita dalla parte presente.

Nel caso in cui la parte non assiste al compimento dell'atto, i termini sono correlati alle singole fasi del procedimento penale.

Le nullità relative che colpiscono gli atti compiuti durante le indagini preliminari, l'incidente probatorio e l'udienza preliminare, nonché nel periodo compreso tra la richiesta di rinvio a giudizio e la conclusione dell'udienza preliminare, devono essere eccepite di regola prima che il giudice per l'udienza preliminare pronunci il provvedimento previsto dall'art. 424, ossia prima che sia dichiarata chiusa la discussione delle parti.

Qualora la nullità, regolarmente **eccepita** dalla parte legittimata, **non sia stata dichiarata** dal giudice, deve essere **riproposta** con l'impugnazione della sentenza di non luogo a procedere, ovvero entro il termine previsto dall'art. 491, in sede di questioni preliminari al dibattimento (v. art. 181, co. 3). Entro il medesimo termine dell'art. 491, devono essere eccepite le stesse nullità nei casi in cui manchi l'udienza preliminare, ovvero a fronte dell'instaurazione del giudizio direttissimo, del giudizio immediato, del procedimento per decreto, o del rito a citazione diretta davanti al tribunale monocratico e al giudice di pace.

Anche le nullità che colpiscono il decreto che dispone il giudizio, gli atti preliminari al dibattimento e l'attività integrativa di indagine del pubblico ministero e del difensore devono essere eccepite entro la discussione delle questioni preliminari ai sensi dell'art. 491.

Infine, le nullità verificatesi nel giudizio devono essere eccepite con l'impugnazione della relativa sentenza: le nullità relative rappresentano altrettanti motivi di gravame (art. 181, co. 4).

Rispetto all'assetto delle nullità delineato non è agevole l'inquadramento delle nullità previste rispettivamente dagli artt. 274, co. 1, lett. *a* e 292, co. 2 e 2 *ter*, in tema di **contenuto e motivazione dell'ordinanza cautelare**. La rilevabilità d'ufficio accomuna tali nullità a quelle a regime intermedio. Trattandosi di nullità diverse da quelle degli artt. 178 e 179, co. 2 sono assimilabili, sotto questo profilo, anche alle nullità relative. Ciò induce taluno a definirle nullità di *quartum genus*.

4.3. Deducibilità e sanatoria delle nullità

In ossequio al principio di economia processuale, il legislatore ha inserito nel sistema meccanismi con i quali si cerca sia di rimediare che di prevenire le nullità: i limiti alla deducibilità delle nullità; le cause di sanatoria.

I limiti alla deducibilità, che rappresentano altrettante preclusioni soggettive a farle valere, sono fissati dall'**art. 182** solo per le **nullità a regime intermedio e le nullità relative**.

Da un lato, ai sensi dell'art. 182, co. 1, la parte, da intendere in senso lato comprensiva dell'offeso, non deve aver causato o contribuito a causare l'invalidità e deve avere interesse all'osservanza della disposizione violata, in quanto allo stesso soggetto sia derivata la lesione di un diritto o di un interesse. Resta salva sempre la possibilità del giudice di rilevare d'ufficio la nullità di ordine generale a regime intermedio.

Dall'altro lato, l'art. 182, co. 2, stabilisce che «quando la parte vi assiste, la nullità di un atto deve essere eccepita prima del suo compimento ovvero, se ciò non è possibile, immediatamente dopo».

La *ratio* della norma è da ricercare in un'esigenza, coessenziale al modello accusatorio, di favorire la lealtà processuale e, quindi, di responsabilizzare le parti durante la formazione dell'atto, al fine di disincentivare comportamenti che siano causa, concausa o condizione della nullità, ovvero tattiche dilatorie ispirate all'abuso del processo, favorite, per contro, se fossero consentiti ripensamenti a chi nulla eccepisca su eventuali nullità avvenute in propria presenza.

Da qui, l'onere di eccezione immediatamente dopo il compimento dell'atto anche per gli atti non frazionabili.

I termini per rilevare o eccepire le nullità di cui si discute sono stabiliti a pena di decadenza, in via espressa, dall'art. 182, co. 3, in ossequio al principio di tassatività fissato dall'art. 173, co. 1[8].

Per poter rilevare la nullità sempre a regime intermedio o relativa correttamente eccepita dal soggetto che ne abbia interesse è altresì necessario che **l'atto invalido non sia stato sanato** (art. 183), ossia non sia intervenuto un atto o un fatto giuridico che sostituendo il requisito la cui mancanza ha cagionato l'invalidità, determini gli stessi effetti che l'atto viziato avrebbe prodotto ab origine se fosse stato compiuto nel rispetto del modello legale.

La sanatoria, quale fatto successivo che si combina con la fattispecie imperfetta, opera di diritto senza che sia richiesta al giudice un'apposita declaratoria.

Peraltro, se una nullità sia eccepita da una parte in presenza di una sanatoria, quest'ultima consolida, comunque, *ex tunc* gli effetti che l'atto viziato produce in via precaria, i quali divengono definitivi non essendo più possibile l'annullamento dell'atto sanato.

Sono previste **due cause generali di sanatoria**.

La prima assume due forme: l'accettazione degli effetti dell'atto e la rinuncia espressa a far valere la nullità ad opera della parte interessata (art. 183, co. 1). A differenza della rinuncia, l'accettazione può anche essere tacita e, quindi, ricondotta a comportamenti inequivoci incompatibili con l'intenzione di opporre la nullità. È da escludere da tale ambito la mancata deduzione o la mancata eccezione della nullità nei termini legata al solo decorso del tempo: l'istituto di cui si discute si ricollega alla volontà della parte e, quindi, alla consapevolezza del vizio.

La seconda causa generale di sanatoria è costituita dai casi in cui la parte «si sia avvalsa della facoltà al cui esercizio l'atto omesso o nullo è preordinato» (art. 183, lett. *b*): ossia la sanatoria tradizionale per il raggiungimento dello scopo dell'atto.

---

[8] V. *supra*, cap. V, par. 16.1.

Alla luce della clausola di salvezza contenuta nell'*incipit* dell'art. 183, che fa «salvo che sia diversamente stabilito», è da **escludere** che le sanatorie previste dallo stesso art. 183 possano riguardare anche **le nullità assolute**.

Si prevede, infine, una **sanatoria speciale**, sempre in ragione del conseguimento dello scopo dell'atto, per tutte le categorie di atti volti ad ottenere la comparizione di un soggetto processuale davanti al giudice: pubblico ministero, parti private, difensore, persona offesa.

«La nullità di una citazione o di un avviso ovvero delle relative comunicazioni e notificazioni è sanata se la parte interessata è comparsa o ha rinunciato a comparire» (art. 184, co. 1).

Affinché operi la sanatoria, un atto per quanto invalido ci deve essere: la previsione non può riguardare ipotesi in cui l'atto sia stato del tutto omesso, non potendosi sanare ciò che non esiste.

Nulla esclude che **la parte si presenti al solo fine di far rilevare il vizio** dell'atto: in questo caso deve comunque riconoscersi il diritto della parte a un termine a difesa non inferiore a cinque giorni (art. 184, co. 2).

Quest'ultimo termine non può essere inferiore ai venti giorni previsti dall'art. 429 quando la nullità riguarda la citazione a comparire al dibattimento (art. 184, co. 3) e, per il giudizio davanti al Tribunale in composizione monocratica, al termine di sessanta giorni di cui all'art. 552, co. 3.

Se è indubbio che le sanatorie di cui all'art. 184 operino nei confronti delle nullità a regime intermedio e delle nullità relative, nonostante la perentorietà della formula contenuta nell'art. 179, co. 1, che non sembra concedere spazio a deroghe alla regola della insanabilità, si discute se le stesse sanatorie delle citazioni, degli avvisi e delle notificazioni possano riguardare le nullità assolute.

Al riguardo, è da segnalare una giurisprudenza discutibile, secondo la quale la nullità assoluta e insanabile prevista in tema di notificazione della citazione all'imputato ricorre soltanto qualora quest'ultimo abbia subito un pregiudizio effettivo, risultando inidonea a produrre la conoscenza del procedimento[9].

È, infine, da ricordare che **la richiesta di giudizio abbreviato** determina la sanatoria delle nullità a regime intermedio e relative ai sensi dell'art. 438, co. 6 *bis*, introdotto dall'art. 1, co. 43, L. n. 103 del 2017.

5. Gli effetti della dichiarazione di nullità

Qualora i meccanismi predisposti dal codice per prevenire o rimediare alle nullità non operino, il giudice, a seconda dei casi d'ufficio o a seguito di

---

[9] Cass., Sez. Un., 24.11.2016, Amato. V. *supra*, par. 15.1.

tempestiva deduzione da parte dei soggetti legittimati, deve dichiarare la nullità.

Quest'ultima declaratoria, che assume in base al momento procedimentale nel quale viene adottata la forma dell'ordinanza o della sentenza, accanto alla **caducazione *ex tunc*** degli effetti dell'atto, **produce** altri **tre effetti** ai sensi dell'art. 185: la diffusione del vizio agli atti consecutivi che dipendono dall'atto imperfetto e che sono resi anch'essi invalidi; la rinnovazione, a determinate condizioni, dell'atto nullo; la regressione del procedimento alla fase o al grado in cui l'atto imperfetto è stato compiuto.

Riguardo al primo effetto, espresso nel **principio di diffusività** delle nullità (art. 185, co. 1), la propagazione della nullità agli atti successivi è da leggere in senso restrittivo e cioè da ricollegare ad una nozione di causalità necessaria, logica e giuridica, non ad un mero rapporto di successione cronologica. In altri termini, è necessario che gli atti successivi a quello viziato siano, rispetto a quest'ultimo, in un rapporto di derivazione reale ed effettiva e non solo occasionale, costituendo un atto dichiarato nullo la premessa logica e giuridica degli atti successivi (ad es. la nullità dell'omessa informazione di garanzia si estende all'atto garantito). Emerge il *distinguo* tra nullità originaria e nullità derivata, la quale non può che essere della stessa specie della prima.

La **propagazione della nullità è tipica degli atti propulsivi**, ossia di quegli atti che si pongono come momenti necessari del passaggio da una fase all'altra del procedimento (l'atto di esercizio dell'azione penale, il decreto che dispone il giudizio), secondo uno schema prestabilito che trova il suo momento finale nella decisione del giudice.

Diverse appaiono le conseguenze in caso di nullità di atti concernenti acquisizioni di prova. In stretta connessione a quanto disposto dall'art. 26, la nullità di una prova non si comunica in modo automatico ai successivi atti processuali e, in particolare, alla decisione. Solo qualora l'atto probatorio abbia influito sulla formazione del convincimento del giudice, la nullità della prova può determinare un vizio di motivazione e, quindi, l'invalidità della sentenza.

La dichiarazione di nullità può comportare, quale secondo effetto, la **rinnovazione integrale** dell'atto viziato ma solo a ben precise condizioni: sarà disposta dal giudice qualora sia necessaria e possibile, ponendo le spese a carico di chi ha dato causa alla nullità con dolo o colpa grave (art. 185, co. 2).

La rinnovazione non crea particolari difficoltà se la dichiarazione di nullità si abbia nella stessa fase in cui questa si sia verificata: provvede lo stesso giudice che ha dichiarato la nullità, sempre che la ritenga necessaria e possibile.

La questione è più complessa qualora occorra rinnovare l'atto a fronte di una nullità dichiarata in una fase o in un grado diversi da quello in cui l'invalidità si è verificata (art. 185, co. 3).

In questo caso la dichiarazione di nullità produce un terzo effetto: sempre se riguarda un atto propulsivo del procedimento (si pensi al decreto di citazione), comporta la regressione del procedimento allo stato o al grado in cui è stato compiuto l'atto nullo.

Del tutto peculiare è il regime della nullità della sentenza di primo grado dichiarata dal giudice d'appello introdotta dal d.lgs. n. 150 del 2022 nell'art. 604, co. 5 *bis*, qualora si sia proceduto in assenza dell'imputato fuori dei presupposti di cui all'art. 420 *bis*, co. 1, 2 e 3, con la conseguente trasmissione degli atti al giudice che procedeva quando si è verificata la nullità. La nullità è sanata se non è eccepita nell'atto di appello e non può più essere rilevata o eccepita se risulta che l'imputato era a conoscenza del processo ed era in condizione di comparire in giudizio prima della pronuncia della sentenza impugnata.

Come emerge dalla clausola di salvezza di cui all'art. 185, co. 3 parte finale, sono previste alcune eccezioni, in particolare nel giudizio di appello.

Ai sensi dell'art. 604, co. 5, il giudice d'appello, qualora accerti una nullità relativa non sanata oggetto di gravame, una volta dichiarata la nullità, provvede alla rinnovazione degli atti, o anche, se ritenga che non siano in grado di fornire elementi necessari al giudizio, decide direttamente nel merito; ai sensi dell'art. 604, co. 1 e 2, il giudice di secondo grado, pur in presenza di una nullità *ex* art. 522 della sentenza appellata [10], provvede con un nuovo giudizio di comparazione delle circostanze non ad effetto speciale e alla rideterminazione della pena.

La regressione, ai sensi dell'art. 185, co. 4, non opera in caso di nullità di un atto di acquisizione probatoria: in tal caso la rinnovazione dell'atto nullo è effettuata dallo stesso giudice che ha dichiarato la nullità, sempre che sia possibile e necessaria. Tale regola non si applica nel giudizio di cassazione, in cui il giudice deve annullare con rinvio.

6. Le invalidità che si sottraggono o derogano alla tassatività: l'inesistenza e l'abnormità

Al principio di tassatività derogano o si sottraggono le residue categorie di invalidità di elaborazione dottrinale e giurisprudenziale dell'abnormità e della inesistenza, caratterizzate dall'incompatibilità dell'atto processuale con i principi generali del sistema o da una macroscopica difformità dai paradigmi dell'ordinamento, non suscettibili di tipizzazione normativa.

---

[10] V. *infra*, cap. XXII, par. 12.

L'abnormità e l'inesistenza sono finalizzate a rimuovere quegli atti che diversamente, proprio in ragione del principio di tassatività, sarebbero validi ed efficaci, pur essendo inficiati da vizi così gravi da collocarli al di fuori del sistema per la stranezza e la singolarità del contenuto.

Il che significa *in primis*, da un lato, che **l'atto inesistente manca di quei requisiti minimi essenziali** per ricondurlo al modello legale, al fine di valutarne la difformità, dall'altro lato e in stretta correlazione, che occorre verificare in via preliminare se sia possibile, per contro, ravvisare un vizio meno radicale di nullità.

A titolo esemplificativo, si ritengono inesistenti: il provvedimento emanato *a non iudice* o esorbitante dalla giurisdizione penale; i provvedimenti nei confronti di persona penalmente incapace, in quanto esente da giurisdizione o totalmente immune; gli atti del tutto mancanti di coscienza e volontà.

L'**abnormità** riguarda in via esclusiva gli **atti della giurisdizione a carattere decisorio** del giudice di merito, con esclusione dei provvedimenti del pubblico ministero-parte.

La giurisprudenza, che si è preoccupata di elaborare una definizione di tale vizio, lo ricollega, da un lato, a provvedimenti che per la singolarità e la stranezza del contenuto risultino avulsi dall'intero ordinamento processuale, dall'altro lato, a quelli che, pur espressione di un legittimo potere, si esplichino del tutto al di fuori dei casi consentiti e delle ipotesi previste, determinando una stasi del processo con impossibilità di proseguirlo, ovvero una regressione indebita ad una fase ormai superata. Si può così configurare, sotto il primo profilo, **un'abnormità strutturale** dell'atto, mentre sotto il secondo profilo **un'abnormità funzionale**, a causa di un eccesso o di uno sviamento del potere del giudice.

Il provvedimento abnorme è **autonomamente e immediatamente impugnabile in cassazione** da chi vi abbia interesse, anche qualora si tratti di ordinanze dibattimentali e predibattimentali[11].

Si chiarisce la differenza con l'inesistenza.

Quest'ultima evidenzia una situazione di apparenza dell'atto, mentre l'abnormità presuppone un atto esistente, ma in contrasto strutturale con l'ordinamento, ovvero tale da determinare una stasi non rimediabile del procedimento. Inoltre, a differenza dell'inesistenza, l'abnormità, pur potendosi far valere sempre mediante ricorso per cassazione e pur essendo rilevabile d'ufficio dal giudice dell'impugnazione nell'ambito del tema devoluto, perde rilevanza con il passaggio in giudicato della sentenza.

---

[11] Cass., Sez. Un., 22.3.2018, Gianforte.

Parte V

Il diritto delle prove

Capitolo VII

Il corpo del diritto delle prove. Disposizioni generali

di *Oreste Dominioni*

1. La sistematica delle disposizioni sulle prove

La disciplina delle prove è distribuita in più comparti del codice, i quali regolano i diversi aspetti del fenomeno probatorio.

Va in primo luogo tracciata la fondamentale partizione sistematica:

a) nella Parte prima, Libro III del codice sono contenute le **regole generali della funzione probatoria**, il cui esercizio consiste nelle attività svolte nel procedimento per acquisirvi le conoscenze storiche necessarie a prendere provvedimenti e, in particolare, decisioni. Tali regole compongono il corpo del diritto delle prove, che al suo interno si articola nelle «Disposizioni generali» (Titolo I) e nelle previsioni dei «Mezzi di prova» (Titolo II) e dei «Mezzi di ricerca della prova» (Titolo III);

b) nella Parte seconda del codice sono contenute, in distinti Libri, **le regole per l'esercizio della funzione probatoria nelle singole fasi del procedimento**.

Si ricorre spesso all'immagine, però solo di stile, che le prime riguardano la statica e le seconde la dinamica della prova.

Questa organizzazione sistematica non è soltanto una tecnica di topografia codicistica, ma ha un rilievo normativo che fornisce indici interpretativi per come le due classi di disposizioni vadano coordinate fra di loro.

Nelle singole fasi del procedimento la funzione probatoria è svolta per specifiche finalità. Nelle indagini preliminari si ricercano gli elementi necessari a verificare se la notizia di reato abbia fondamento, se, progressivamente, siano enunciabili addebiti provvisori (artt. 65, co. 1; 292, co. 2, lett. *b*; 415 *bis*, co. 2) e se, a conclusione della fase, sia da promuovere l'azione penale con l'enunciazione di un'imputazione formale che consenta una prognosi di sua conferma nel dibattimento (art. 125 disp. att.). In contingenze particolari (irripetibilità, rischio di dispersione) si allestiscono incidenti probatori (artt. 392 ss.) per acquisire dati probatori di utilizzabilità dibattimentale. Nell'udienza preliminare ci si avvale degli esiti delle indagini preliminari e si acquisiscono ulteriori elementi (artt. 421 *bis* ss.) per affinare il giudizio prognostico che aveva determinato l'esercizio dell'azione penale e verificare in modo più approfondito se la tesi d'accusa meriti o no di essere portata al vaglio del dibattimento (artt. 425 e 429). Nella fase dibattimentale si esercita a fondo la funzione probatoria per costruire le basi storiche della decisione conclusiva sulla fondatezza dell'imputazione (artt. 529 ss.).

Alle diverse finalità delle fasi corrispondono diversi metodi di acquisizione della conoscenza giudiziaria, definiti dalle disposizioni speciali per ogni singola fase procedurale. Queste disposizioni pongono il problema di come esse siano integrate dalla disciplina generale della funzione probatoria.

Si deve anzitutto fissare un'indicazione di sistema. La vocazione prima della struttura processuale penale è che la funzione probatoria destinata a procurare le conoscenze per la decisione conclusiva sull'imputazione alla quale mette capo il dibattimento è riservata, salvo eccezioni, a questa fase. Pertanto **la regola generale è che i risultati probatori utilizzabili dalla decisione dibattimentale sono quelli acquisiti nel dibattimento.**

Su questa premessa, l'applicabilità del corpo del diritto delle prove nelle singole fasi procedimentali va stabilita distintamente per i suoi tre settori, corrispondenti agli altrettanti Titoli in cui si suddivide il Libro III.

a) Quanto alle **Disposizioni generali** (Titolo I), la loro applicabilità ricorre senz'altro e interamente per il dibattimento, mentre per le altre fasi si devono considerare le diverse situazioni che vi si presentino e cioè se in ciascuna di queste ne ricorrano i presupposti. Per fare alcuni esempi significativi: l'art. 188, che presidia la libertà morale della persona, è di applicazione generale; l'art. 190, che dispone in ordine al potere-dovere del giudice di ammettere le prove richieste dalle parti, va applicato quando si versi in una situazione procedurale incentrata per l'appunto su una richiesta probatoria di parte presentata a un giudice e inoltre deve fare i conti con disposizioni speciali, qual è, per l'udienza preliminare, l'art. 422; la determinazione dell'oggetto di prova, di cui all'art. 187, nelle indagini preliminari non può parametrarsi sull'imputazione, non ancora formulata, ma sull'oggetto del procedimento da rinvenire nella notizia di reato o in un addebito provvisorio e su loro plausibili sviluppi investigativi; la comminatoria dell'inutilizzabilità per le prove illegittime vale per ogni fase del procedimento (art. 191); così come è per i criteri di valutazione della prova (art. 192).

b) La disciplina dei **Mezzi di prova** (Titolo II) è concepita anzitutto in relazione al dibattimento, nel quale trova la sua sede naturale di applicazione. Per le indagini preliminari essa va invece confrontata con le disposizioni concernenti questa fase, la quale ricomprende una vasta gamma di attività. Fra queste si devono discernere le attività di indagine innominate (cioè le molteplici attività investigative volte a individuare persone che siano a conoscenza dei fatti su cui si indaga, a ricercare tracce della condotta criminosa o documenti e via dicendo), e le attività nominate (cioè designate dal codice) le quali, a loro volta, si distinguono in atti formali e non formali. Quelli formali, pur riecheggiando la tipologia dei «mezzi di prova», hanno proprie denominazioni e discipline: così, si elencano l'«individuazione di persone e di cose» (art. 361), l'«assunzione di informazioni» (art. 362), l'«interrogatorio dell'indagato» (art. 364) anziché, rispettivamente, le «ricognizioni» (artt. 213 ss.), la «testimonianza» (artt. 194 ss.), l'«esame delle parti» (artt. 208 ss.); tali atti trovano anzitutto la loro disciplina nelle disposizioni dettate per le indagini preliminari che tuttavia, ricorrendone i presupposti, vanno integrate con quelle contemplate per i «mezzi di prova». Altri atti di indagine, come la consulenza tecnica (artt. 359 s.) e il confronto (art. 364), vanno interamente ricondotti alla disciplina dei «mezzi di prova» e così i mezzi di prova assunti con incidente probatorio. Infine, nell'udienza preliminare le disposizioni sui «mezzi di prova» hanno un'applicazione tendenzialmente piena, pur con i necessari contemperamenti con le norme stabilite per questa fase.

c) La disciplina dei **Mezzi di ricerca della prova** (Titolo III) modella atti che precipuamente sono destinati a essere compiuti nella fase delle indagini preliminari: già il fatto che si tratti per lo più di atti «a sorpresa» (così si definiscono perché il loro esito utile richiede che il destinatario non ne sia previamente edotto) fa sì che essi trovino in questa fase il momento più propizio per il loro compimento. Il codice, infatti, si limita a designare tali atti (ispezione, confronto: art. 364; perquisizione, sequestro: art. 365), rinviandone la disciplina a quella contenuta nel Libro III, Titolo III. La quale opera, alla stessa stregua, per ogni altra fase del procedimento.

2. Mezzi di prova e mezzi di ricerca della prova

«Prova» è vocabolo di impiego non univoco nel lessico sia legislativo che giurisprudenziale e dottrinale. Per ovviare alle difficoltà che ciò può produrre, e spesso, in effetti, produce, nei discorsi sul fenomeno probatorio occorre provvedersi di definizioni precise nei loro significati, che muovano anzitutto dalla terminologia codicistica e dai relativi contenuti.

I due concetti legislativi cui va fatto riferimento sono «mezzi di prova» e «mezzi di ricerca della prova».

A) **Mezzi di prova** (tale il *nomen juris* della rubrica preposta al Titolo II del Libro III del codice) sono gli istituti giuridico-processuali preordinati a introdurre nel processo i dati di ricostruzione del fatto: la testimonianza, l'esame delle parti, i confronti, le ricognizioni, gli esperimenti giudiziali, la perizia, la consulenza tecnica endoperitale, quella estraperitale, i documenti. Si tratta di entità giuridiche a struttura complessa, che va disaggregata nelle sue singole componenti così individuabili:

a) la fonte formale di prova: è il meccanismo procedurale prefigurato, per ogni singolo mezzo di prova, nella sua specifica funzione di introduzione nel processo di dati di ricostruzione del fatto (ad esempio, esame diretto e controesame del testimone; le modalità di allestimento e conduzione della ricognizione);

b) la fonte materiale di prova: la persona, la cosa, l'operazione come portatori tipici di conoscenza dei quali si avvalgono i singoli mezzi di prova;

c) la specie di capacità conoscitiva: per la persona in rapporto ai congegni processuali assuntivi propri della testimonianza, dell'esame delle parti e del confronto è la capacità sensoriale di conoscenza di un fatto, cioè l'attitudine a percepire il suo accadimento mediante i sensi, impiegati singolarmente o nelle diverse combinazioni implicate dalla concreta esperienza conoscitiva; per la persona in rapporto ai congegni assuntivi propri della ricognizione di persone, cose, voci, suoni o altro oggetto suscettibile di percezione sensoriale è la capacità conoscitiva esercitata mediante la corrispondente singola funzione sensoriale; per la persona in rapporto ai congegni assuntivi propri della perizia e della consulenza tecnica è la capacità di percepire l'esistenza di un fatto o di inferirla da un altro mediante, in entrambi i casi, risorse fornite da competenze specialistiche d'ordine scientifico, tecnico o artistico; per la cosa-documento è la capacità rappresentativa di un fatto; per l'operazione in rapporto ai congegni assuntivi propri dell'esperimento giudiziale è la capacità empirica di riproduzione artificiale di un fatto;

d) la specie di elemento di prova: per la testimonianza, per l'esame delle parti e per il confronto è l'enunciazione di un fatto che si può designare «rappresentativa» perché riproduce l'esperienza storica di un fatto percepito dalla fonte materiale (il testimone, la parte) mediante le attitudini sensoriali; quella tipizzata per la perizia e la consulenza tecnica è l'enunciazione di un fatto che si può designare «critica» perché, anche nel caso di incarico conferito all'esperto per espletare un'indagine intesa a rilevare dati storici, la determinante, e quindi qualificante, attitudine conoscitiva in questa impegnata consiste nelle «specifiche competenze» con cui si svolgono le attività raziocinanti di rilevazione.

B) **Mezzi di ricerca della prova** (*nomen juris* della rubrica preposta al Titolo III del Libro III del codice) è categoria classificatoria di unitarietà solo tendenziale. Si tratta di mezzi probatori la cui utile operatività si basa per lo più sulla «sorpresa» e quindi hanno come sede primaria di impiego pratico la fase delle indagini preliminari. Ciò non esclude peraltro che possano essere proficuamente impiegati anche in situazioni in cui il loro destinatario sia messo sull'avviso grazie alla conoscenza del procedimento in corso, così che si prestano anche a un uso fuori da situazioni di «sorpresa» e persino oltre le indagini preliminari. Si faccia il caso della perquisizione e del sequestro quando si ha ragione di ritenere che una persona conservi ancora «il corpo del reato o cose pertinenti al reato» (artt. 247 e 253); o dell'ispezione intesa a rilevare «le tracce e gli altri effetti del reato» (art. 244) che siano di natura permanente e indelebili.

Sotto altro aspetto, si può dire che i mezzi di ricerca della prova consistono in un'attività che non costruisce processualmente un dato probatorio (ad esempio, la dichiarazione del testimone), ma individua dati esistenti fuori del procedimento (corpo del reato, documento).

I mezzi di ricerca della prova non presentano una struttura unitaria come i mezzi di prova, la quale va pertanto ricostruita per ogni loro singola figura.

Le disposizioni che prevedono i mezzi di prova e di ricerca della prova compongono il cosiddetto **catalogo legale**.

3. Altre locuzioni usate nel codice e loro significati: prova, elemento di prova, fonte di prova

Nel codice ricorrono anche altre denominazioni afferenti al fenomeno probatorio, delle quali vanno di volta in volta, nel contesto delle singole norme, identificati i significati.

Si consideri il termine **prova** e alcuni esempi salienti del suo impiego. Nell'art. 187 si designano i mezzi di prova e di ricerca della prova dei quali si stabiliscono i possibili temi. Nella rubrica dell'art. 188 ci si riferisce ancora ai mezzi probatori, per la cui assunzione sono vietati metodi e tecniche che ledono la libertà morale della persona. Gli artt. 189, 190 e 190 *bis* riguardano i mezzi probatori. L'art. 191 attiene all'esito di un singolo mezzo di prova. L'art. 192 attiene sia a questo oggetto e sia al complesso dei risultati acquisiti al processo mediante l'insieme dei mezzi probatori impiegati nell'istruzione dibattimentale (il riferimento è alla valutazione probatoria sia di primo che di secondo stadio: cfr. *infra*, par. 19). Nell'art. 530, co. 2 si designa questo secondo oggetto.

Di **elementi di prova** si parla nell'art. 421, co. 2, intendendo i risultati probatori, che hanno un'utilizzabilità limitata alla fase dell'udienza preliminare. Diverso è il significato di «elementi di prova» nell'art. 391 *octies* commi 1 e 4; qui si denota l'insieme dell'investigazione difensiva: gli atti compiuti a norma degli artt. 391 *bis* ss., i loro risultati e la documentazione.

Fonti di prova è locuzione che compare nell'art. 429, co. 1, lett. *d*. La norma non contempla per il decreto che dispone il giudizio la motivazione prescritta dall'art. 426, co. 1, lett. *d*, per la sentenza di non luogo procedere, cioè «l'esposizione sommaria dei motivi di fatto e di diritto su cui la decisione è fondata».

Una figura di decreto che dispone il giudizio recante una motivazione così strutturata comunicherebbe al giudice del dibattimento i risultati acquisiti nelle fasi precedenti e la loro valutazione; con ciò comprometterebbe l'effettività della regola secondo cui la decisione dibattimentale deve fondarsi solo sui risultati probatori di questa fase, nell'immediatezza del rapporto tra la loro formazione e il giudice che ne deve fruire nella decisione.

Per il decreto che dispone il giudizio è perciò richiesta soltanto l'indicazione sommaria degli atti di indagine preliminare e delle attività probatorie dell'udienza preliminare, nonché delle circostanze di fatto su cui si sono incentrate, senza alcun riferimento ai risultati probatori: cioè un'elencazione pedissequa di atti, non comprensiva dei loro risultati e asettica quanto a valutazioni logico-argomentative. La medesima locuzione ricorre nella rubrica dell'art. 348 («Assicurazione delle fonti di prova») e nel suo co. 3 («nuove fonti di prova») con un significato generico e onnicomprensivo di ciò su cui vertono le attività di polizia giudiziaria indicate in tali disposizioni.

4. Il principio di legalità probatoria

La funzione probatoria va esercitata secondo le regole del corpo del diritto delle prove e le disposizioni specifiche per ogni singola fase procedimentale. In linea di principio non è consentito che si ricorra a mezzi probatori non previsti o difformi dal catalogo legale. Che una certa operazione sia utile per immettere nel procedimento la conoscenza di un fatto non è ragione sufficiente per consentirla: affinché il suo risultato possa essere usato dal giudice per decidere (art. 526) occorre che sia prevista dalla legge e compiuta in conformità ai modelli legali.

Nel processo inquisitorio il magistrato inquisitore compiva ogni atto possibile, solo che contribuisse all'«accertamento della verità». Nel processo misto enucleato dal codice Rocco del 1930 secondo lo stile napoleonico (*Code d'instruction criminelle* del 1808) il giudice istruttore era svincolato dalla tipizzazione legale e gli era prescritto di compiere «tutti e soltanto quegli atti [...] necessari per l'accertamento della verità» (art. 299 c.p.p. 1930). Nel processo a struttura accusatoria, cioè di parti, sono consentiti soltanto atti probatori previsti dalla legge. Questa è la condizione prima perché la funzione probatoria, in quanto concepita come attività delle parti condotta con il metodo dialettico, sia esercitata proficuamente: infatti lo svolgersi di un contraddittorio effettivo esige regole prestabilite (legalità della prova) così come i suoi esiti devono essere fruibili dal giudice secondo regole altrettanto prestabilite (legalità della decisione), essendo le due sfere legali reciprocamente condizionate.

5. La prova atipica

Il principio di legalità, per cui la funzione probatoria va esercitata con i mezzi probatori tipici, è temperato dalla possibilità che, in date situazioni, si faccia ricorso a **mezzi atipici**, non previsti o difformi dai modelli legali.

Il fenomeno dell'atipicità probatoria va definito in tre aspetti: se e in quale misura sia consentito nel sistema; quali siano i requisiti che, nel caso concreto, la singola prova atipica richiesta debba avere per poter essere ammessa; quali regole si debbano seguire per la sua assunzione.

1. Quanto al primo aspetto si dice spesso che l'atipicità probatoria è consentita o meno a seconda che sussista una **norma generale di apertura** o di **chiusura** del catalogo dei mezzi probatori. Sennonché norme di questo genere non sono rintracciabili.

Era norma di chiusura quella contenuta nell'art. 179 del «Progetto preliminare del codice di procedura penale» del 1978 («Il giudice non può ammettere prove diverse da quelle previste dalla legge»), che però non è stata recepita nel codice vigente. D'altronde non è norma di apertura quella dell'art. 189, che, si vedrà, si occupa degli altri due aspetti sopra indicati. Per stabilire se e in quale misura il sistema consenta l'atipicità probatoria occorre dunque rifarsi ai contenuti normativi del catalogo.

La risposta affermativa alla questione se siano consentiti mezzi probatori atipici è in verità scontata posto che lo stesso art. 189 presuppone un catalogo in una qualche misura aperto all'atipicità. Ciò tuttavia non significa ancora che tale apertura sia illimitata, dovendosene appurare il quanto.

I limiti dell'atipicità probatoria sono tracciati, nella disciplina legale dei mezzi probatori, dalle disposizioni inderogabili in essa previste, l'inottemperanza delle quali produce una prova ***contra legem***: questa non può mai riconoscersi come prova atipica [1].

Sono inderogabili le disposizioni presidiate, per la loro inosservanza, da previsioni di invalidità (nullità, inutilizzabilità).

Con particolare riguardo alla figura dell'inutilizzabilità, vanno precisati i termini in cui le sue cause, sulla base della previsione generale dell'art. 191, sono da individuare in certi modi di manifestarsi dell'atipicità probatoria.

Bisogna muovere dal rapporto fra **tipicità** e **tassatività** delle previsioni del catalogo. La tipicità significa che la legge definisce le figure dei mezzi probatori, ma non implica di per se stessa che tutte le sue previsioni siano stabilite in chiave di tassatività: solo quando ricorre una prescrizione di questo tenore le operazioni probatorie devono riprodurre i modelli legali; conseguentemente, in simili casi, l'atipicità probatoria non è consentita.

Tali profili normativi tassativi dei mezzi probatori sono rinvenibili quando nella struttura legale tipica dei singoli mezzi probatori è stabilito un nesso funzionale necessario tra le sue componenti, e precisamente tra la specie di elemento di prova da introdurre nel processo e le fonti conoscitive a ciò preordinate dalla legge. Si tratta in questi casi di un nesso funzionale necessario in quanto, al fine dell'acquisizione di una certa specie di elemento probatorio, il mezzo probatorio per essa predisposto è infungibile con altro mezzo di prova. Si è dunque di fronte a un profilo tassativo del modello legale tipico, cioè a una disposizione inderogabile.

Così, per assumere l'elemento di prova della specie tipica del mezzo testimoniale (enunciazione rappresentativa di un fatto) è prescritto che si impieghino la fonte formale, la fonte materiale e la specie di capacità conoscitiva tipiche di tale mezzo, mentre è escluso che a tal fine si ricorra alle componenti tipiche della perizia; rilievo speculare vale per la specie di elemento di prova (enunciazione critica di un fatto) tipica di quest'ultimo mezzo, per l'assunzione della quale è contrario alle previsioni legali l'impiego di componenti proprie della struttura testimoniale.

Orbene, l'operazione probatoria atipica che disattende profili tassativi del catalogo viola un divieto probatorio e ciò genera una causa di inutilizzabilità (art. 191). Recentemente, ad esempio, in materia di prova atipica, un certo

---

[1] Cfr. Cass., Sez. Un., 28.3.2006, Prisco.

orientamento giurisprudenziale di legittimità ha ritenuto legittime e, quindi, utilizzabili le videoriprese eseguite su un'area destinata a cantiere edile, pur se di proprietà privata, non essendo essa qualificabile né come luogo di privata dimora, né come luogo in cui si svolgono le attività destinate a rimanere riservate.

2. Il secondo aspetto del regime dell'atipicità probatoria è definito dall'art. 189 prima parte. Consentita dal catalogo una data figura probatoria atipica, si deve stabilire se in concreto, con riguardo ai termini specifici in cui essa è richiesta, ne ricorrano i requisiti di ammissibilità, che sono l'**idoneità ad assicurare la ricostruzione del fatto** e la **non lesività della libertà morale** della persona. Tale giudizio sull'ammissione va condotto secondo le regole speciali dettate nell'art. 189[2].

3. Il terzo aspetto è disciplinato dall'art. 189 ultima parte. L'ammissione di un'operazione probatoria atipica, cioè in tutto o in parte fuori catalogo, non comporta che la stessa possa compiersi senza alcuna regola prestabilita. È infatti necessario che le parti sappiano preventivamente a quali regole, pur non legali, l'operazione probatoria debba attenersi. Giusto il precetto dell'art. 189 ultima parte, alla mancanza della **predeterminazione** *ex lege* di tali regole deve sopperire quella ***ex judice***, da compiersi nel contraddittorio delle parti.

6. Ipotesi di mezzi probatori atipici e loro rapporto con profili di tassatività del catalogo legale

Si possono enucleare le fondamentali figure paradigmatiche di mezzi probatori atipici:

1. il mezzo probatorio richiesto è interamente non previsto nel catalogo (c.d. **prova atipica innominata**). È un'ipotesi di rilievo pratico del tutto marginale perché è difficile prospettarsi un'operazione probatoria che non riproduca almeno in parte un modello legale;

2. nel mezzo probatorio richiesto una componente tipica della sua struttura è sostituita da una componente tipica di un diverso mezzo probatorio. Si può fare il caso che ci si riprometta di assumere l'elemento tipico della ricognizione (cioè: una persona che ha assistito alla commissione del fatto riconosce l'imputato, mostratogli fra due o più comparse, come colui che ha visto commetterlo) mediante il mezzo della testimonianza. Qui si versa in un'ipotesi di c.d. **prova atipica anomala**, che non è consentita perché viola un profilo di tassati-

[2] Cfr. *infra*, par. 14.

vità del catalogo, nel quale è prescritto in modo inderogabile che tale elemento di prova sia assunto impiegando il mezzo della ricognizione e non quello della testimonianza. Ne deriverebbe dunque, se ammesso e assunto, l'inosservanza di un divieto legale con la conseguenza dell'inutilizzabilità (art. 191). La struttura tipica della ricognizione ha un preciso fondamento, che spiega il suo carattere inderogabile. Negli artt. 213 ss. sono concepiti congegni che hanno una specifica valenza gnoseologica: la legge prescrive che l'operazione ricognitoria si svolga con le modalità per essa previste in quanto vuole garantire la genuinità del suo svolgimento e quindi l'attendibilità del suo esito. Queste garanzie vengono a mancare quando, adottando il modello testimoniale, una parte o il giudice indichi in udienza al testimone l'imputato e gli domandi se in lui riconosca l'autore del fatto di reato cui ha assistito;

3. nel mezzo probatorio richiesto una sua componente tipica è sostituita con **una componente non prevista dal catalogo** per alcun mezzo di prova. A questo proposito si tratta di verificare se nella situazione concreta una tale componente atipica sia tale da disattendere un profilo di tassatività. Si consideri il riconoscimento della voce eseguito da un esperto su base cosiddetta auditiva, il quale impiega una capacità acquisita con l'osservazione sistematica di dati esercitata nell'ambito di un'esperienza professionale (un tale addestramento fonetico consente, stando a studi svolti in materia, di depurare di elementi soggettivi il giudizio di identità tra due campioni vocali): si è di fronte a una capacità conoscitiva che, non essendo scientifica né tecnica, esula dalle «specifiche competenze» contemplate per la perizia (e per la consulenza tecnica) dall'art. 220, co. 1. Ciononondimeno una prova esperta imperniata su una tale competenza è da consentirsi come atipica in quanto l'elenco delle «specifiche competenze» annoverato nell'art. 220, co. 1, è tipico ma non tassativo; semmai il problema, da affrontare in sede di giudizio di ammissibilità *ex* art. 189, è se abbia il requisito dell'idoneità probatoria.

L'atipicità di cui si è sinora parlato può definirsi esterna, nel senso che la sua matrice risiede in una norma (l'art. 189) che non fa parte della disciplina dettata per i singoli mezzi di prova; essa si giustappone a fenomeni di atipicità interna a tale disciplina e che si manifestano quando, nel regolare un dato mezzo probatorio, viene fatto rinvio alle disposizioni dettate per un altro mezzo con la clausola «in quanto applicabili» (si pensi agli artt. 215, co. 1, e 216, co. 1, concernenti rispettivamente le ricognizioni di cose e le «altre» ricognizioni[3]). Tale clausola rimette al giudice di determinare le modalità assuntive di un mezzo probatorio adattandovi quelle previste per un altro. Pure in situazioni simili va applicato l'art. 189 ultima parte: le regole per l'assunzione dell'operazione probatoria vanno prestabilite con il provvedimento ammissivo, nel contraddittorio delle parti.

---

[3] Cfr. *infra*, cap. VIII, par. 4.7.

7. Giusto processo e prova

«Giusto processo» è la formula con cui l'art. 111 Cost., co. 1 (modif. dalla L. Cost. 23.11.1999, n. 2) designa la struttura necessaria minima che il processo deve avere: necessaria in quanto la legge ordinaria deve disciplinare il processo secondo i parametri stabiliti dalla legge costituzionale; minima in quanto, rispettati questi parametri, la legge ordinaria può ulteriormente svilupparli configurando in modo più intenso i fattori costituzionali del «giusto processo».

La figura costituzionale del **giusto processo** attiene a ogni specie di processo, civile, penale e amministrativo. La maggior parte delle sue prescrizioni riguarda però, significativamente, il procedimento penale (e dicendo «procedimento» si corregge la lettera della norma che, seppure recita «processo», è riferita all'intero arco procedurale, comprensivo sia della fase delle indagini preliminari e sia, dopo il promovimento dell'azione penale, del processo in senso proprio).

Le disposizioni dell'art. 111 modif. Cost. sono in parte risalenti a norme internazionali: in particolare, art. 6 C.e.d.u., 4.11.1950 (resa esecutiva con L. 4.8.1955, n. 848); art. 14 P.i.d.c.p., 16.12.1966 (reso esecutivo con L. 25.10.1977, n. 881).

I fattori del «giusto processo» che rilevano in particolare per la funzione probatoria sono così enucleabili:

1. il processo si informa al principio di legalità (art. 111, co. 1, Cost.). Ne consegue anche la **legalità della prova**: la ricostruzione del fatto deve avvenire con i metodi previsti dalla legge, riguardo sia all'ammissione e assunzione dei mezzi probatori e sia alla valutazione dei loro risultati; la prova atipica può essere consentita entro limiti e con modalità che non riducano irragionevolmente la legalità della funzione probatoria;

2. la funzione probatoria deve essere esercitata **«davanti a giudice terzo e imparziale»** (co. 2). I due termini non costituiscono un'endiadi, ma esprimono distinti concetti. *a*) La terzietà denota una struttura processuale nella quale il giudice non è titolare, salvo ragionevoli eccezioni, di poteri di iniziativa probatoria, cioè non ha un ruolo attivo nella ricerca e acquisizione degli elementi conoscitivi di verifica dell'ipotesi d'accusa. Il motivo che la ispira è di mantenere il giudice estraneo alle attività che coltivano la controversia giudiziaria, rispetto alla quale deve essere neutrale: premessa indispensabile affinché la decisione non sia pregiudicata da coinvolgimenti nell'elaborazione delle sue premesse. Questo è compito assegnato alle parti, che lo svolgono con il metodo dialettico, di cui è strumento tecnico-processuale il contraddittorio (co. 3). *b*) L'imparzialità denota la collocazione del giudice nell'ordinamento giudiziario, che non deve inserirlo in una organizzazione che lo accomuni a

un organo parziale, qual è il pubblico ministero titolare della funzione d'accusa. La comunanza dei due organi di accusa e di decisione in una medesima organizzazione ordinamentale e in un'unica categoria di «autorità giudiziaria» ha un conseguente, inevitabile precipitato: si compromette l'effettiva terzietà del giudice nel processo e la sua neutralità rispetto alla controversia;

3. le parti sono titolari di **situazioni giuridiche paritetiche** (co. 2): hanno poteri, diritti e oneri reciproci, che le qualificano come protagonisti a pari titolo della dialettica processuale;

4. primaria componente di questa struttura processuale è il **diritto alla prova**. Accusa e difesa hanno uguale diritto all'ammissione delle prove rispettivamente a carico e a discarico e a escutere davanti al giudice le persone (coimputati, imputati in procedimento connesso o collegato, testimoni) che rendono dichiarazioni (co. 3), così che la colpevolezza dell'imputato non può essere affermata «sulla base di dichiarazioni rese da chi, per libera scelta, si è sempre volontariamente sottratto all'interrogatorio da parte dell'imputato o del suo difensore» (co. 4) (cfr. art. 526, co. 1 *bis*).

8. L'oggetto della prova

La funzione probatoria è definita entro due coordinate che tracciano il suo ambito di esercizio.

La prima consiste nel ***thema probandum***, cioè l'enunciazione storica dell'imputazione formulata con l'atto di promovimento dell'azione penale (artt. 405 e 417, co. 1, lett. *b*), ribadita nel decreto che dispone il giudizio (art. 429, co. 1, lett. *c*) e eventualmente modificata nell'udienza preliminare (art. 423) o nel dibattimento (artt. 516 ss.).

La seconda coordinata consiste nel ***thema probans***, cioè l'enunciazione del fatto posta a base della richiesta di un mezzo di prova. Si parla di *thema probans* perché la sua dimostrazione positiva o negativa dovrà poi essere messa a confronto, in sede di valutazione, con l'oggetto dell'imputazione (*thema probandum*) per concludere se questo sia stato o no confermato.

Il *thema probans* è dunque l'oggetto della prova, che l'art. 187 definisce in relazione all'enunciato d'accusa e agli altri temi di decisione. Queste le sue tre possibili categorie: *a*) «i fatti che si riferiscono all'imputazione, alla punibilità e alla determinazione della pena o della misura di sicurezza» (co. 1); *b*) i fatti processuali, dai quali dipende l'applicazione di una norma processuale penale (co. 2); *c*) nel caso di azione civile promossa nel processo penale, «i fatti inerenti alla responsabilità civile derivante dal reato». Tali formulazioni analitiche sviluppano il concetto di rilevanza: la funzione probatoria deve riguardare solo i temi che la funzione decisoria del giudice dovrà affrontare.

L'oggetto di prova della prima categoria richiede un approfondimento. Esso può contemplare i «fatti giuridici» (detti anche principali): cioè i fatti che sono estremi della fattispecie legale di reato contestata; si tratta dunque di fatti che si qualificano giuridici in quanto rilevano per l'applicazione della norma penale, siano costitutivi, modificativi, impeditivi o estintivi. Può inoltre contemplare «fatti semplici» (detti anche secondari): cioè fatti che non sono estremi del reato, ma che hanno due possibili aspetti di rilevanza probatoria: *a*) se ne può inferire l'enunciazione assertiva o negativa di un fatto giuridico. È il caso dell'alibi: si postula che, nel momento in cui è stato commesso il fatto di reato, l'imputato si trovava in un luogo diverso da quello della condotta criminosa e incompatibile naturalisticamente con questa; verificata tale ipotesi, il fatto di reato non può essergli attribuito; *b*) rilevano per il giudizio di attendibilità del risultato di un altro mezzo di prova: sono i cosiddetti riscontri[4].

È da tenere presente che nell'imputazione (*thema probandum*) è necessaria l'enunciazione dei «fatti giuridici», mentre è solo possibile quella dei «fatti semplici»; d'altra parte vi devono essere enunciati, per previsione legale (art. 417, co. 1, lett. *b*), anche dati storici che, pur inerenti al fatto di reato, sono estranei alla sua fattispecie legale: ad esempio data e luogo del fatto e altri, affinché la sua enunciazione sia «chiara e precisa», nonché circostanze aggravanti e quelle che possono comportare l'applicazione di misure di sicurezza.

9. Due limiti eccezionali all'uso dei mezzi probatori

Nel processo penale la ricostruzione del fatto va perseguita con tutti i mezzi probatori previsti dalla legge processuale penale. Ogni fatto rilevante per la decisione è un possibile oggetto di qualsiasi mezzo probatorio. La ragione di questa regola generale del processo penale è di facile individuazione: poiché la decisione penale insiste sulla libertà della persona non è consentito che talune sue premesse storiche siano poste rinunciando all'uso, quando utile, ad esempio della prova testimoniale per riservarle a quella documentale (come invece ricorre nel settore civile). Ciò con due eccezioni: nel processo penale sono recepiti i limiti probatori previsti dalle leggi civili con riguardo allo **stato di famiglia e di cittadinanza**. La loro giustificazione è che queste materie sono di tale rilievo per la persona che richiedono stabilità e uniformità di accertamenti nelle diverse sedi giurisdizionali (art. 193).

10. Classi probatorie. *A*) Prove precostituite e prove costituende

I mezzi probatori sono suscettibili di classificazioni utili a definirne la morfologia sotto vari aspetti.

---

[4] Cfr. *infra*, par. 20.

Una prima classificazione è di solo valore descrittivo. Si distingue tra **prova precostituita** e **prova costituenda**, avendo come riferimento lo spartiacque tracciato dall'inizio del procedimento. Prima di questo sta la prova precostituita: il documento, il corpo del reato, le cose pertinenti al reato esistono prima del procedimento e dunque l'atto probatorio si esaurisce nella loro acquisizione[5]. La prova costituenda viene ad esistenza nel procedimento con l'impiego di mezzi probatori: svolgendo un'attività procedurale si ottengono dati di prova. La testimonianza, mediante l'esame diretto e il controesame del testimone (artt. 498 ss.), produce una dichiarazione rappresentativa di un fatto; la perizia, con analoga tecnica processuale (art. 501), produce il parere dell'esperto.

11. *Segue*. *B*) Prova rappresentativa e prova critica. L'indizio

Un'altra classificazione riguarda la struttura della gnoseologia giudiziaria. Si distingue tra prova rappresentativa e prova critica (altrimenti denominate diretta e indiretta, storica e logica). La prima ha per oggetto l'enunciazione di un fatto (*thema probans*) che coincide con l'enunciazione di un fatto necessariamente contenuta nell'imputazione (*thema probandum*) e cioè un "fatto giuridico" che così si qualifica perché concorre, con altri, a integrare la fattispecie legale di reato. La seconda non registra tale coincidenza. Il suo oggetto enuncia un fatto che può anche non essere enunciato nell'imputazione perché non riproduce un estremo della fattispecie legale di reato; si tratta di un "fatto semplice", cioè privo di rilevanza giuridico-penale, dal quale tuttavia si può inferire l'enunciazione di un fatto giuridico o anche l'attendibilità dell'esito di un altro mezzo probatorio[6].

Questa specie di prova si definisce critica perché consente (dunque è rilevante) di pervenire, sulla base del proprio esito, all'asserzione o negazione di un estremo della fattispecie criminosa solo mediante un ragionamento inferenziale condotto con l'impiego di leggi logiche o scientifiche non probabilistiche: posto un fatto, di per sé irrilevante per l'integrarsi del reato, se ne argomenta un altro che è estremo giuridico del reato.

Dalla prova critica viene distinto l'**indizio**: per l'appunto un fatto semplice da cui è dato inferire un fatto giuridico. Ad esempio, il corpo del reato rinvenuto con una perquisizione e sequestrato, tracce della condotta criminosa rilevate con un'ispezione, una dichiarazione testimoniale (nel mo-

---

[5] Cfr. *supra*, par. 2.

[6] Cfr. *supra*, par. 8.

mento in cui è stato commesso il fatto di reato l'imputato si trovava nel luogo della sua commissione) o un accertamento peritale (sono stati occultati materiali contabili inerenti a un'ipotesi di condotta di falso in comunicazioni sociali).

Diversamente dalla prova critica, nell'indizio l'inferenza è operata mediante la logica, massime di esperienza e leggi scientifiche probabilistiche e secondo le norme giuridiche stabilite per assicurare che, nella gnoseologia giudiziaria, il ragionamento abbia un'affidabile pratica incontrovertibilità.

Questa disciplina è dettata nell'art. 192, co. 2: «L'esistenza di un fatto non può essere desunta da indizi a meno che questi siano gravi, precisi e concordanti» (la norma è ripresa dall'art. 2729 c.c.).

Le prime due connotazioni danno vigenza giuridica a regole che già sono proprie delle strutture generali (metagiuridiche) della conoscenza. La precisione attiene alla premessa del ragionamento inferenziale: essa deve consistere in un dato di pratica certezza, non vago, non ambiguo nella sua consistenza storica. La gravità attiene alla concludenza del ragionamento giudiziale, che sulla base di una premessa precisa deve approdare a enunciare un fatto in termini ragionevolmente non controvertibili[7].

La terza connotazione, concordanza, stabilisce invece una regola di solo fondamento legale: affinché sia assicurata la ragionevole certezza del fatto ricavato dall'operazione inferenziale, occorre che questo sia asserito grazie a una pluralità di dati indizianti tra loro concordanti nel far pervenire alla medesima conclusione; può essere che nella linea logica della conoscenza un singolo indizio sia sufficiente a determinare una conclusione attendibile, ma ciò non basta alla conoscenza giudiziaria[8].

Un ulteriore limite alla prova indiziaria deriva dal divieto della cosiddetta *praesumptio de praesumpto* o «indizio mediato», cioè una catena di inferenze che germinano l'una dall'altra. La quale prefigura un ragionamento probatorio complesso che si snoda con questi passaggi: acquisito con un mezzo probatorio un fatto semplice (indiziario), esso viene assunto come premessa per inferirne ancora un fatto semplice e da questo (magari per il tramite di ulteriori passaggi inferenziali) si opera l'inferenza conclusiva di un fatto giuridico. Ciò, secondo la lettura data da una certa giurisprudenza di legittimità: «se il giudice può, partendo da un fatto noto, risalire da questo ad un fatto ignoto, non può in alcun caso porre quest'ultimo come fonte di un'ulteriore presunzione, in base alla quale motivare una pronuncia di condanna. La così detta *praesumptio de praesumpto* in nessun caso può costituire un indizio "grave, preciso e concordante", idoneo a giustificare una condanna dell'imputato». Seguendo questa interpretazione, l'asserto deve discendere dal requi-

[7] Cfr. sul punto anche Corte eur., sent. 6.7.2005, Natcchova e altri c. Bulgaria.

[8] Cfr. Cass., Sez. Un., 12.7.2005, Mannino; Id., Sez. Un., 26.6.2014, n. 42979.

sito di certezza che deve avere «la circostanza assumibile come indizio [...] perché da essa possa essere desunta l'esistenza di un fatto [...]. Tale requisito, benché non espressamente indicato dal menzionato art. 192 c.p.p., è da ritenersi insito nella previsione di tale precetto»[9]. L'affermazione di tale regola ricorre nella giurisprudenza civile.

Per differenziare, secondo le rispettive nature, gli esiti della prova rappresentativa e della critica si è introdotta una distinzione terminologica, per cui si designa l'esito della prima come risultato di prova e l'esito della seconda come elemento di prova (intesa tale locuzione in un significato che nulla ha a che vedere con quella codicistica segnalata[10]). Le due locuzioni si riferiscono rispettivamente ai concetti, già enucleati con riguardo all'oggetto della prova, di fatto giuridico e fatto semplice[11].

12. *Segue*. C) Prova a carico e prova a discarico. Prova contraria

Una terza classificazione riflette l'articolarsi del diritto alla prova nella fase dell'ammissione. Si enumerano la **prova a carico** e **la prova a discarico**. La prima è richiesta per confermare la fondatezza dell'accusa e la seconda per smentirla. Quando esse abbiano per oggetto il medesimo fatto, in una contrapposta prospettazione probatoria di conferma o di smentita che le qualificano reciprocamente come **prova contraria**, l'ammissione dell'una rende automaticamente necessaria l'ammissione dell'altra (art. 495, co. 2). Sono peraltro da fare alcune puntualizzazioni. Quando il mezzo probatorio richiesto da una parte (a carico o a discarico) è giudicato non manifestamente irrilevante, un differente giudizio non può essere formulato riguardo alla prova contraria. Ma se sono richieste prove contrarie numerose, quelle manifestamente superflue vanno escluse. Altro, infine, è che su una prova contraria sia da formulare un giudizio di prova *contra legem*: qui la sua non ammissione deriva da un divieto probatorio che la rende di per sé inammissibile, non potendo quindi trovare applicazione la regola della reciprocità.

---

[9] Cass., Sez. I, 11.11.2015, Korkaj: «la doppia presunzione si pone, infatti, in contrasto con la regola della certezza dell'indizio, e la c.d. *praesumptio de praesumpto*, o presunzione di secondo grado, si risolve in un mero paralogismo giuridico».

[10] Cfr. *supra*, par. 3.

[11] Cfr. *supra*, par. 8.

13. Il procedimento probatorio e le sue fasi

La formazione di un risultato di prova, cioè di un enunciato storico fruibile dal giudice per la decisione, si ottiene mediante il c.d. procedimento probatorio.

Come categoria giuridica generale il «procedimento» designa un insieme di atti che si succedono nella sequenza stabilita dalla legge e che sono legati fra di loro da un rapporto di implicazione per il quale il compimento di un atto è presupposto e causa della necessità giuridica di compiere il successivo e questo, a sua volta, ha il medesimo rilievo per l'atto ulteriore in una catena che dall'atto iniziale conduce inesorabilmente a quello finale. Questa struttura giuridica ha la funzione di regolare le attività procedurali in modo che esse si svolgano l'una dopo l'altra secondo un ordine che assegni a ciascuna uno specifico compito e le finalizzi al risultato ultimo del procedimento. Essa è propria del procedimento penale e, come sub-procedimento, di quello probatorio.

Gli atti del procedimento probatorio si raggruppano in tre fasi: l'ammissione, l'assunzione e la valutazione.

14. Ammissione. Diritto alla prova. Due regimi

Con **l'ammissione** si introducono nel procedimento i mezzi probatori. Ciò avviene a richiesta di parte (art. 190, co. 1), salvo i casi in cui è attribuito al giudice il potere di ammetterli di sua iniziativa («di ufficio»: art. cit., co. 2. Ad esempio, la perizia: art. 224, co. 1). Occorre una precisazione. I mezzi di prova che possono essere ammessi solo a richiesta di parte non sono suscettibili di ammissione per iniziativa d'ufficio (salvo situazioni particolari, come l'ipotesi dell'art. 507); quelli da ammettersi anche d'ufficio sono ammissibili pure a richiesta di parte, sulla quale il giudice ha il dovere di pronunciarsi.

Nei congegni dell'ammissione dei mezzi probatori risiede un primo fondamentale fattore del diritto alla prova.

La loro *ratio* è che, per attuare il diritto alla prova, il giudice, nel pronunciarsi sulla richiesta delle parti, non si inoltri in giudizi approfonditi sull'utilità e valore di quello che potrà essere l'esito dell'operazione probatoria. Se facesse ciò la prevaluterebbe prima dell'assunzione e scalzerebbe il diritto alla prova, che nei termini rigorosi significa che l'esercizio, ad opera di una parte, del potere di richiedere l'ammissione di un mezzo di prova costituisce in capo al giudice il dovere di ammetterla.

Peraltro uno schema così rigido di situazioni giuridiche soggettive (potere della parte di originare *tout-court* il dovere del giudice di ammettere il mezzo di prova richiesto) disattenderebbe irragionevolmente esigenze pratiche di economia processuale non eludibili. Il problema allora è che, nel consentire giudizi di prevalutazione probatoria per soddisfare tali esigenze, essi siano contenuti nei limiti essenziali. In altri termini, ciò di cui si fa carico la legge è di temperare il potere di richiesta di prova della parte nella sua efficacia costitutiva del dovere del giudice di ammettere il mezzo probatorio; questo temperamento è attuato consentendo che il giudice esprima giudizi prevalutativi di basso titolo logico, cioè nei limiti minimi in cui è accettabile che il diritto alla prova subisca una tale calibratura.

A) Queste complesse dinamiche processuali sono regolate dall'art. 190, co. 1, seconda parte. La disposizione istituisce quello che si può definire **regime di inclusione**: vanno ammessi tutti i mezzi di prova richiesti dalle parti, salvo che ne risultino connotazioni negative. Si considerino le diverse ipotesi:

1. prove vietate dalla legge. Si tratta di un giudizio giuridico formulato sulla base di un raffronto tra le norme e gli estremi dell'operazione probatoria così come prospettati nella richiesta. Qui non è individuabile alcun tasso di prevalutazione: se un tale raffronto fa concludere per un giudizio di contrasto l'operazione probatoria, quale che sia l'esito cui possa mettere capo, è *contra legem* e quindi di per sé inammissibile;

2. prove manifestamente superflue. Sono superflui (o sovrabbondanti: art. 468, co. 2) i mezzi probatori che con il proprio oggetto (*thema probans*) sono intesi a dare la dimostrazione positiva o negativa dell'oggetto dell'imputazione (*thema probandum*) conseguibile in modo esauriente con altri mezzi di prova. Si può prospettare questa situazione: sul medesimo oggetto di prova è chiesto l'esame di più testimoni il cui numero non si giustifica con l'esigenza di dare in modo esauriente la dimostrazione positiva o negativa del fatto asserito nell'imputazione: è nel potere-dovere del giudice ammetterne solo alcuni e non altri perché ridondanti. Una seconda situazione è che si richieda una perizia assieme a mezzi di prova documentali e testimoniali già di per sé sufficienti a dimostrare in positivo o in negativo il fatto dell'imputazione: la perizia è dunque superflua e non va ammessa. In entrambe le situazioni il giudizio di superfluità, in quanto formulato dal giudice nella fase dell'ammissione, implica una prognosi: taluni mezzi probatori sono in grado di produrre esiti attendibili e sufficienti, così da rendere superflui e pertanto non ammissibili gli altri. Un simile giudizio prevaluta il mezzo di prova nel suo esito e in tanto è rispettoso del diritto alla prova in quanto sia articolato con un basso titolo logico. Infatti, l'art. 190, co. 1, prescrive che sul mezzo di prova richiesto il giudice non debba esprimere, per ammetterlo, un giudizio positivo in termini di utilità, ma che, per non ammetterlo, esprima un giudizio negativo in termini di superfluità manifesta.

È significativo considerare quanto è invece stabilito dall'art. 495, co. 4: se nel corso dell'istruzione dibattimentale un mezzo di prova a suo tempo ammesso risulta superfluo il giudice, nel contraddittorio delle parti, ne revoca l'ammissione; regola analoga vale per i mezzi di prova che, già esclusi, vanno ora ammessi perché risultano utili. Nella disposizione è caduto il riferimento a ogni connotazione in termini di «non manifestamente». Il differente parametro di giudizio è correlato logicamente allo sviluppo dell'attività probatoria dibattimentale, che autorizza giudizi più penetranti. In questo momento processuale i provvedimenti sull'ammissione si esprimono pertanto in termini positivi: si ammette un mezzo di prova perché risulta utile (non basta che risulti non manifestamente superfluo) e se ne esclude uno perché risulta superfluo. Con questi giudizi si opera un confronto tra la valutazione di elementi di prova già acquisiti e la prevalutazione dell'elemento di prova ancora da acquisire. In tale quadro il diritto alla prova non può dirsi illegittimamente sminuito.

Questa *ratio* vale a maggior ragione per le previsioni degli artt. 507, co. 1, e 523, co. 6: conclusa l'assunzione dei mezzi di prova e persino nel corso della discussione il giudice, anche d'ufficio, può ammetterne di nuovi, quando risultino assolutamente necessari;

3. prove manifestamente irrilevanti. Anche per questa ipotesi vale la struttura logica di giudizi delineata per la precedente.

Occorre definire il concetto di rilevanza. Esso riguarda l'enunciazione di fatto posta ad oggetto (*thema probans*) del mezzo di prova di cui è richiesta l'ammissione. Tale enunciazione storica deve anzitutto avere il requisito della verosimiglianza, cioè deve essere verificabile in base agli apparati di conoscenza di cui si dispone grazie alle leggi della logica e della scienza. Non ha, ad esempio, questo requisito l'enunciazione che l'imputato ha tenuto un comportamento irrazionale in quanto ha agito in una notte di luna piena; infatti non appartiene al patrimonio gnoseologico della nostra epoca una legge scientifica per cui le fasi lunari producono effetti sul comportamento umano (l'esempio è stato fatto nel *leading case* statunitense Daubert v. Merrel-Dow Pharmaceutical, Inc., 509 U.S. 579, 1993). Deve inoltre ricorrere il requisito della pertinenza, per il quale è necessario che l'oggetto di prova postuli un esito dell'operazione probatoria che influisca sulla decisione [12]. In caso contrario l'operazione probatoria è comunque ininfluente, quale ne sia l'esito, e perciò non va ammessa.

B) Una disciplina differente, che può definirsi **regime di esclusione**, presiede ai giudizi sull'ammissione dei mezzi probatori atipici (art. 189). Questi vanno ammessi, non solo se non risultano connotazioni che li dequalifichino (secondo i parametri generali dell'art. 190: vietati dalla legge; manifestamen-

---

[12] Cfr. *supra*, par. 8.

te superflui o irrilevanti), ma se risultano positivamente anche connotazioni che li qualifichino: l'idoneità all'accertamento del fatto e la loro non lesività della libertà morale della persona (prescrizione specifica, quest'ultima, ripresa da quella generale dell'art. 188 e che già compare nell'art. 64, co. 2, con riguardo all'interrogatorio dell'indagato).

15. *Segue*. La nuova prova scientifica

Nella prassi processuale è sempre più frequente l'uso di risorse della scienza e della tecnica. Si tratta di apparati conoscitivi (princìpi e metodologie della scienza teorica, metodiche della scienza applicata, tecnologie, procedure tecniche di indagine, criteri di valutazione costruiti sulla scorta di esperienze pratiche specializzate, apparecchiature con cui queste risorse di conoscenza sono usate) che, esorbitando dal sapere comune, richiedono il ricorso a un esperto. Essi rappresentano un'ulteriore componente dei mezzi probatori (che si aggiunge a quelle in precedenza elencati: par. 2), designabile come **strumento di prova**, la cui ricorrenza nelle tipologie legali è necessaria per alcuni mezzi (come la perizia e la consulenza tecnica) e eventuale per altri (come l'esame del minorenne *ex* art. 498, co. 4, e la documentazione dell'interrogatorio di persona detenuta a norma dell'art. 141 *bis*).

Sono registrabili due figure pratiche dello strumento di prova: quello comune, il cui uso è ampiamente verificato nel campo delle ricerche scientifico-tecniche e, in ambito giudiziario, è collaudato nella sua idoneità probatoria e corredato di sedimentati criteri di valutazione (ciò si deve dire ad esempio dell'autopsia); quello nuovo, che nello stesso campo degli studi o in quello giudiziario, pur essendo fondato su un apparato metodologico teoricamente riconosciuto (non si tratta quindi di escogitazioni estemporanee, avulse dai metodi accreditati della scienza e della tecnica: quella che si dice «scienza spazzatura»), non è stato ancora oggetto di ampie verifiche e di un consolidato impiego (è il caso della ricostruzione del fatto mediante computer). Dalla fenomenica di quest'ultimo si enuclea la definizione della nuova prova scientifica: il mezzo probatorio nel quale si impiega uno strumento di prova scientifico-tecnico nuovo o controverso e di elevata specializzazione.

Sulle nuove prove scientifiche la giurisprudenza della Corte di cassazione[13] ha messo a punto un'importante elaborazione intesa a disciplinare il loro governo nel processo.

Intanto ci si deve fare carico «dell'approccio al sapere scientifico, quando

[13] Cass., Sez. Un., 10.7.2002, n. 30328, Franzese; Id., Sez. IV, 17.9.2010, n. 43786, Cozzini; Id., Sez. IV, 29.1.2013, n. 16237, Cantore.

esso non è consolidato, non è comunemente accettato perché vi sono tesi in irrisolto conflitto o si è in presenza di problemi causali in tutto o in parte nuovi». L'evidenziazione è puntuale: le questioni che in tema di prova scientifica richiedono una profonda rielaborazione delle impostazioni tralatice riguardano gli strumenti scientifico-tecnici probatori nuovi o controversi, anche se sono numerosi i riflessi che assumono portata generale.

Peraltro non sarebbe accettabile l'assunto che di una legge scientifica si faccia uso nel processo solo quando «essa abbia riconoscimento unanime. Infatti un consenso davvero generale nell'ambito della comunità scientifica si registra poco frequentemente». La questione è cruciale quanto molto complessa. Le aggiornate concezioni epistemologiche che assegnano alle conoscenze scientifiche un valore non più assoluto, ma relativo, comportano che nei campi delle scienze siano rinvenibili enunciati tra loro difformi e cionondimeno accreditati da ricerche metodologicamente corrette pur se non oggetto di una accettazione generale della comunità degli studiosi. «D'altra parte – viene ancora osservato – il contesto della dialettica processuale sembra fatto apposta per enfatizzare la diversità delle opinioni, soprattutto attraverso l'azione degli esperti».

La conclusione cui si perviene è che il «giudice non può certamente assumere un ruolo passivo di fronte allo scenario del sapere scientifico, ma deve svolgere un penetrante ruolo critico, divenendo (come è stato suggestivamente affermato) custode del metodo scientifico». In ciò si afferma la funzione del giudice di guardiano che protegge il processo dalle insidie della pseudoscienza.

Due corollari sono infine tratti da questa impostazione.

È ridefinito il brocardo *judex peritus peritorum*: per il giudice «nessuna rivendicazione di potere e supremazia. Piuttosto, l'indicazione di un metodo. Il giudice, con l'aiuto degli esperti, individua il sapere accreditato che può orientare la decisione e ne fa uso oculato, metabolizzando la complessità e pervenendo ad una spiegazione degli eventi che risulti comprensibile da chiunque, conforme a ragione ed umanamente plausibile».

Viene **ridimensionata la qualificazione della perizia come prova neutra**. Se il giudice è «protagonista dell'ammissione della prova peritale come atto neutro», ciò non esclude che anche il perito è un esperto che apporta il proprio sapere nel processo nella dialetticità della formazione della prova e cioè nel contraddittorio scientifico con gli altri esperti (i consulenti tecnici delle parti), così che si riproduce in sede processuale lo scenario del dibattito proprio del campo di studi di riferimento e i suoi risultati.

L'impiego di uno strumento scientifico-tecnico comune non pone problemi particolari per i giudizi sulla sua ammissibilità, regolata dai criteri generali dell'art. 190.

Di specifica problematicità è invece il mezzo probatorio incentrato su uno strumento scientifico-tecnico nuovo, che richiede un apposito vaglio già nella fase dell'ammissione. Di questa esigenza si fa carico l'art. 189. Tale disposizione, se nominalmente dedicata alla prova atipica (operazione probatoria che si discosta dai modelli normativi) ha, in effetti, la sua primigenia ragione nella necessità di regolamentare l'ingresso delle nuove risorse scientifico-tecniche nel processo.

Infatti, la nuova prova scientifica presenta aspetti in perfetta sintonia con i problemi di ammissibilità disciplinati dall'art. 189, tanto da far dire che si tratta di disposizioni formulate sul suo stampo:

a) l'idoneità della nuova prova scientifica a ricostruire il fatto e la sua non lesività della libertà morale della persona richiedono in fase di ammissione una verifica che, essendo di fronte a strumenti probatori scientifico-tecnici inediti alla prassi giudiziaria o in questa controversi, garantisca che si dia ingresso nel processo solo a prove assistite da quei requisiti;

b) ragioni di economia processuale richiedono che tale verifica sia compiuta prima dell'assunzione per evitare di impegnare vanamente il processo in attività laboriose e dispendiose di tempo e di mezzi, non assecondando operazioni probatorie fondate su asseriti princìpi scientifici o tecnologie che già nel momento in cui ne è richiesto l'impiego si possono rivelare sprovvisti di validità, o incontrollabili nella correttezza del loro uso pratico, o lesivi della libertà morale della persona, o ancora tanto sofisticati al punto da essere imperscrutabili per il giudice e le parti e sfuggire così al loro controllo, ovvero capaci di esercitare una suggestione impropria sul convincimento giudiziale;

c) nuovi o controversi strumenti probatori di elevata specializzazione possono necessitare, per queste loro peculiarità, di un adattamento anche molto marcato delle forme di assunzione tipizzate nel catalogo per il mezzo probatorio in cui si intende impiegarli; pertanto occorre che sia lo stesso provvedimento ammissivo a predeterminare le modalità assuntive atipiche che si ritengano adeguate alle esigenze della funzione probatoria.

Per sincerarsi che anche in questa materia vada applicato l'art. 189 si considerino questi profili normativi. Mentre per le prove tipiche i requisiti dell'idoneità alla ricostruzione del fatto e della non lesività della libertà morale della persona risalgono a un giudizio *ex lege*, per quelle atipiche, «nuove» («non disciplinate») al cospetto della legge, e per la prova scientifica «nuova» al cospetto dell'esperienza giudiziaria essi vanno verificati dal giudice prima dell'assunzione.

Anche per l'ammissione della nuova prova scientifica vale dunque il regime di esclusione: essa va esclusa se non ne sono accertati positivamente e espressamente i requisiti di idoneità probatoria e di non lesività della libertà morale della persona.

16. *Segue*. I giudizi sui presupposti di ammissione della prova atipica e della nuova prova scientifica

È da precisare il titolo logico che nella fase dell'ammissione caratterizza il giudizio da esprimere, in particolare, sull'idoneità del mezzo atipico o del nuovo strumento scientifico-tecnico a ricostruire il fatto. A tale fine il giudice può giovarsi di elementi limitati: quelli che le parti forniscano nell'illustrare i «fatti che intendono provare» (art. 493, co. 1), i dati e gli argomenti proposti al giudice riguardo all'idoneità probatoria del mezzo richiesto, i documenti che corredino la richiesta di ammissione o l'opposizione, gli atti contenuti nel fascicolo per il dibattimento. In questo momento mancano invece gli apporti dell'esame dibattimentale dell'esperto.

L'esperienza insegna che gli elementi di valutazione acquisibili nella fase di assunzione della prova sono, proprio nei casi più problematici, essenziali per accreditare o screditare i princìpi asseriti, i metodi adottati, le tecniche applicate nell'operazione probatoria. Una situazione processuale così prematura come quella dell'ammissione comporta che il giudice vi esprima un giudizio in termini di **non manifesta inidoneità probatoria**, che solo nella fase della valutazione, sulla scorta dei dati forniti dall'assunzione della prova, potrà evolvere in un giudizio positivo o negativo di ragionevole concludente certezza.

17. Assunzione. Il «contraddittorio per la prova»

La fase dell'**assunzione** consta delle attività con le quali si introducono nel processo i dati di conoscenza storica necessari per la ricostruzione del fatto. Questa funzione è esercitata tramite le regole e i mezzi probatori stabiliti dalla legge o, per la prova atipica, dal giudice (art. 189, ultima parte). In ciò si manifesta un fondamentale aspetto della legalità probatoria essendo decisivo per l'attuazione del diritto alla prova che le parti possano fare affidamento, nell'attività assuntiva, su regole predeterminate che garantiscano che l'operazione probatoria non sia suscettibile di escogitazioni estemporanee che la facciano sfuggire al loro controllo.

L'assunzione, in particolare nel dibattimento, è concepita genuinamente come attività dialettica: i suoi protagonisti sono le parti. È attività non unilaterale in quanto non è affidata a una sola parte, né al soggetto d'accusa né al soggetto di difesa, come invece avviene per il pubblico ministero nelle indagini preliminari (artt. 326 ss.) e per il difensore nelle investigazioni difensive (artt. 391 *bis* ss.). E non è autoritativa in quanto (salvo il regime dell'udienza preliminare) non è attribuita al giudice, che, in modo eminente nel dibattimento, è collocato in una posizione di terzietà [14]; egli ha solo il potere di controllo sul regolare esercizio della funzione probatoria ad opera delle parti (artt. 499, co. 4, ss.) e un ruolo complementare affinché questa sia esplicata con la compiutezza necessaria e possibile nel fornire le premesse storiche della decisione (artt. 506 e 507).

---

[14] Cfr. *supra*, par. 7.

Il fulcro di questa struttura è il **contraddittorio per la prova**, che consiste nell'attività con cui le parti formano la prova [15].

Il contraddittorio realizza due valori, convergenti nel dare l'impronta dialettica al modulo strutturale del processo.

Il primo è politico. Le parti, quali destinatari delle conseguenze giuridiche della decisione, hanno il diritto di essere i protagonisti dell'elaborazione delle sue premesse.

Il secondo è gnoseologico. Il metodo dialettico è riconosciuto in ogni campo della conoscenza come il più proficuo per coltivare le ricerche e ottenere risultati appropriatamente verificati, aggiornati e condivisi. Così è anche nel campo della conoscenza processuale. Il metodo unilaterale e l'autoritativo sono scadenti quanto a risultati: le migliori premesse della decisione e, quindi, la migliore decisione sono procurate dalla dialetticità del conoscere.

Per una compiuta comprensione della fase dell'assunzione è da evidenziare un suo importante aspetto.

In essa, invero, non si esplica una mera attività di neutra acquisizione al processo di dati di conoscenza, asettica nel prisma della valutazione. L'assunzione probatoria è di certo congegnata come funzione che procura il materiale storico conoscitivo su

---

[15] Sulla centralità del contraddittorio orale nella formazione della prova, cfr. anche Corte eur., sent. 29.6.2007, O'Halloran e Francis c. Regno Unito; Corte eur., sent. 10.4.2007, Panarisi c. Italia; Corte eur., sent. 19.10.2006, Majadallah c. Italia; Corte eur., sent. 20.4.2006, Carta c. Italia; Corte eur., sent. 13.10.2005, Bracci c. Italia; Corte eur., sent. 14.12.1999, A.M. c. Italia; Corte eur., 27.2.2014, Lucic c. Croazia. V. anche Corte eur., sent. 17.10.2013, Horvatic c. Croazia, in cui la Corte europea ha sottolineato come la garanzia del contraddittorio debba essere attuata, in relazione alla formazione della prova scientifica, ancor prima del rinvio a giudizio, se e nella misura in cui l'equità del successivo processo rischi di essere seriamente compromessa da una sua violazione iniziale. La centralità del contraddittorio è stata ribadita, sempre dalla Corte europea, anche in relazione al processo d'appello. In tema, cfr. Corte eur., sent. 5.3.2013, Manolachi c. Romania e Corte eur., sent. 9.4.2013, Flueras c. Romania. In entrambe, la Corte europea ha ritenuto iniquo il processo che, in secondo grado, si era concluso con una condanna dell'imputato all'esito, essenzialmente, di una rivalutazione – su base esclusivamente cartolare – delle testimonianze assunte in primo grado, senza passare attraverso la diretta audizione dei testi anche nel processo di secondo grado. Corte eur., sent. 22.2.2018, Drassich c. Italia (n. 2), pur non rilevando la violazione, nella fattispecie concreta (a seguito della proposizione del secondo ricorso dell'imputato avanti la Corte europea), dei diritti defensionali (sotto il profilo della disponibilità di tempo per la preparazione di un'adeguata difesa) e, pur non ravvisando alcuna lesione di tali diritti nel fatto che fosse stato ignorato il legittimo impedimento a comparire dell'imputato (vertendosi in una fase processuale in cui si dovevano discutere questioni di diritto avulse dalle conoscenze dell'imputato su cui questi non avrebbe potuto fornire alcun contributo), si è distinta nel panorama della giurisprudenza europea per avere ribadito il doveroso riconoscimento, in capo all'imputato, del diritto alla prova anche in sede di legittimità nel caso si verifichi una riqualificazione giuridica del fatto, per la prima volta nel processo, da parte della Corte di cassazione. Altro fattore importante è l'«immediatezza» della prova, cioè la sua formazione, con il metodo dell'«oralità», davanti al giudice che dovrà utilizzarla per decidere. Per la problematicità dell'attuazione pratica della «prova immediata» cfr. i rilievi svolti, *incidenter tantum*, da Corte cost., sent. 29.5.2019, n. 132. Cfr. anche Cass., Sez. Un., 30.5.2019, Bajrami.

cui dovrà poi esercitarsi la funzione della valutazione; ma, nel concreto operare dei suoi meccanismi, impegna già essa le parti e il giudice anche in giudizi valutativi. Ogni sua battuta, sia intonata o stonata sullo spartito dell'oggetto di prova, segna una traccia spesso indelebile nella convinzione giudiziale circa l'attendibilità della prova. Insomma la funzione valutativa, che ha come suo momento specifico la fase procedurale che segue all'esaurirsi dell'istruzione dibattimentale, è propiziata da giudizi già sedimentati nell'attività di assunzione.

Questi risvolti valutativi dell'assunzione sono esaltati dalla struttura dialettica della formazione della prova. Ogni atto di esercizio del contraddittorio muove dal proposito della parte di far acquisire al processo un dato di conoscenza storica presentato, al di là di superficiali movenze retoriche, non in una indecifrabile oggettività, ma come portatore anche di un valore argomentativo e persuasivo per la ricostruzione del fatto.

18. Valutazione. Il «contraddittorio sulla prova»

Conclusa l'assunzione probatoria si devono valutare i suoi esiti, al fine di stabilire se siano attendibili e se confermino o smentiscano gli enunciati storici contenuti nell'imputazione.

La fase della valutazione segue dunque a quella dell'assunzione e, a sua volta, si suddivide in due sotto-fasi procedurali.

Nella prima agiscono le parti che, nell'ordine stabilito, si impegnano nella discussione finale (art. 523). Qui si esercita **il contradditorio sulla prova**: le parti, argomentando dialetticamente, valutano i risultati probatori. Lo svolgimento dei loro giudizi ha il compito di propiziare, nelle rispettive proiezioni, il convincimento del giudice.

Nella seconda agisce conclusivamente il giudice. Chiuso il dibattimento (art. 524), ha inizio la **deliberazione** (art. 525), che si svolge in camera di consiglio: si procede in primo luogo alla valutazione dei risultati probatori («Tutti i giudici enunciano le ragioni della loro opinione»: art. 527, co. 2) e poi, sulla base di questa, all'adozione della decisione.

19. *Segue*. La struttura logica della valutazione: i suoi due stadi

La funzione valutativa si sviluppa in due stadi logici. Il primo considera l'esito della singola operazione probatoria; il secondo l'insieme complessivo dell'istruzione dibattimentale espletata con più mezzi di prova e con la raccolta, mediante questi, di molteplici risultati di prova.

1. Nel **primo stadio della valutazione** si fissano i dati di conoscenza storica ottenuti con i singoli mezzi probatori, se ne misura l'attendibilità e, quando si tratti di fatti semplici, se ne ricavano i giuridici, da utilizzare per la decisione [16]. Queste inferenze vanno condotte secondo le leggi della logica e della scienza nonché secondo i criteri forniti dal ragionevole sapere fornito dalla vita quotidiana.

2. Nel **secondo stadio della valutazione** si svolge un giudizio (che è poi, nella cosiddetta «dialettica interna» all'attività valutativa del giudice, un succedersi di giudizi, tanto più numerosi quanto maggiormente nutrito è il novero dei risultati probatori assunti) il cui spettro ricomprende gli esiti dell'intera istruzione dibattimentale, cioè «la prova nel suo complesso».

Il fondamento normativo del secondo stadio di valutazione è l'art. 192, co. 1, e quello logico è che la fissazione delle premesse storiche della decisione non può arrestarsi all'apprezzamento atomistico di ogni singolo risultato probatorio.

In una linea logica schematica i compiti a cui deve attendere la valutazione di secondo stadio sono così enucleabili:

a) verifica incrociata dei singoli giudizi espressi nel primo stadio della valutazione. Allora il giudice aveva valutato l'attendibilità in sé, atomistica, di ogni singolo «elemento di prova» e ne aveva inferito altrettanti «risultati di prova» (sui due concetti) [17]. Ora valuta la resistenza che ognuno di quei giudizi riceve dal controllo reciproco: in una visione organica dei materiali probatori definisce l'attendibilità dei singoli elementi di prova, verifica e se necessario ricalibra le inferenze già svolte nel primo stadio per enunciare le proposizioni fattuali quali premesse storiche della decisione;

b) misurazione comparativa del grado di efficacia dimostrativo-persuasiva dei risultati di prova selezionati come attendibili con la precedente valutazione e determinazione di quelli di maggior peso per la decisione, fissando sulla loro scorta il grado complessivo di efficacia dell'insieme dei risultati probatori;

c) fissazione del *factum probans* complessivo, risultante dall'insieme degli esiti dell'istruzione probatoria. In questo momento il giudice compone in un quadro unitario e coerente i giudizi sui singoli risultati di prova;

d) confronto tra il *factum probans* complessivo e il *thema probandum*. In ciò il giudice, ancora una volta, mette a frutto e nel contempo matura e supera i giudizi particolari di primo stadio. In questo momento valutativo si determina conclusivamente il grado logico di conferma o meno del *thema probandum*;

e) enunciazione dei fatti giuridici (estremi della fattispecie criminosa) in termini di esistenza o inesistenza sulla scorta delle conclusioni dei precedenti giudizi. Questi

---

[16] Cfr. *supra*, parr. 8 e 11.

[17] Cfr. *supra*, par. 11.

giudizi probatori costituiscono le premesse storiche della decisione. Secondo il titolo logico con cui sono espressi (certezza positiva o negativa, dubbio), essi stabiliscono la fondatezza o meno dell'imputazione e quindi, misurati con la regola legale della decisione («oltre ogni ragionevole dubbio»: art. 533), fanno individuare la sentenza che deve essere pronunciata: l'imputato è o no colpevole.

20. *Segue*. Valutazione probatoria e libero convincimento del giudice

Nell'esercitare la funzione di valutazione degli esiti delle operazioni probatorie il giudice deve seguire i criteri del **libero convincimento**, che si è affermato assieme alla legalità della prova e della decisione.

Esso ha superato la «intima convinzione», regime soggettivistico in cui il giudice stabiliva le premesse storiche della decisione in modo avulso da ogni regola logica, scientifica o giuridica: maturava una propria convinzione che non andava giustificata e non era quindi controllabile. Tanto da rendere vana qualsiasi regola di decisione; quand'anche si fossero dettate norme decisorie (*in dubio pro reo*, oltre ogni ragionevole dubbio), esse non avrebbero avuto alcuna effettività.

Nel regime del libero convincimento, invece, la valutazione della prova è per un verso affrancata da norme legali che vincolino il giudice ad attribuire a un risultato probatorio un determinato valore, ma per un altro verso non è consegnata a una libertà esercitabile fuori da criteri stabiliti, cioè a un giudizio soggettivo e dunque arbitrario: la valutazione della prova deve essere condotta secondo regole che ne assicurino la razionalità. E di ciò si deve dare conto nella motivazione del provvedimento (art. 192, co. 1).

Queste regole sono di due ordini:

1. del primo ordine sono **le regole logiche, le scientifico-tecniche, il senso comune**. Ad esse il giudice è vincolato in linea di razionalità. Questo vincolo logico si traduce in un dovere giuridico in quanto il sistema legale probatorio pretende appunto giudizi razionali sulle prove, prescrive che i criteri a cui si è informata la valutazione probatoria siano esplicitati nella motivazione della sentenza, ne predispone il controllo con i mezzi di impugnazione e conferisce al giudice dell'impugnazione il potere-dovere di espungere dal processo la decisione non corretta;
2. del secondo ordine sono le regole con cui la legge detta **i criteri per i ragionamenti inferenziali** da svolgere in particolari situazioni probatorie (art. 192, co. 2, 3 e 4). Si sono già esaminati i criteri che presiedono alla valutazione dell'indizio (art. cit., co. 2)[18]. Nei co. 3 e 4 sono stabiliti i criteri per la valutazione

[18] Cfr. *supra*, par. 11.

delle dichiarazioni rese dal coimputato del medesimo reato ovvero dall'imputato in un procedimento connesso (art. 12) o collegato a norma dell'art. 371, co. 2, lett. *b* (il co. 3 è richiamato anche dall'art. 197 *bis*, co. 6, per il testimone assistito)[19]. Tali dichiarazioni «sono valutate unitamente agli altri elementi di prova che ne confermano l'attendibilità». Sono i cosiddetti riscontri. Al riguardo la questione è se questi elementi di riscontro possano essere interni alla stessa dichiarazione di cui è in gioco l'attendibilità (la sua coerenza e specificità, la spontaneità di esposizione del dichiarante, ecc.) o se debbano essere esterni, forniti cioè da altri mezzi probatori. Il tenore della norma («altri elementi di prova») depone per la seconda soluzione: si è di fronte dunque a una prescrizione legale che ancora una volta va oltre i profili meramente logici del ragionamento giudiziale, perché intende assicurarne la pratica ragionevolezza[20].

Al medesimo ordine di regole di valutazione appartengono infine **i princìpi stabiliti in consolidati enunciati giurisprudenziali**. Emblematico è il caso della testimonianza della parte civile, la quale esige che il giudice, per una sua valutazione razionalmente e ragionevolmente corretta, operi secondo criteri speciali rispetto a quelli che valgono per la testimonianza di una persona che non è parte della controversia: «alla stregua di un consolidato orientamento giurisprudenziale, la deposizione della persona offesa costituita parte civile deve essere valutata dal giudice con prudente apprezzamento e spirito critico, non potendosi essa equiparare puramente e semplicemente a quella del testimone, immune dal sospetto di interesse all'esito della causa»[21].

---

[19] Cfr. *infra*, cap. VIII, par. 1.6.

[20] V. Cass., Sez. Un., 29.11.2012, Aquilina, che ha stabilito che la chiamata in reità o in correità *de relato*, il cui esame risulti impossibile, può avere come unico riscontro, ai fini della prova di responsabilità penale dell'accusato, altra o altre chiamate di analogo tenore, richiedendosi a tal fine: valutazione positiva della credibilità soggettiva; accertamento dei rapporti personali tra il dichiarante e la fonte diretta; convergenza delle varie chiamate; indipendenza delle chiamate; autonomia genetica delle chiamate che debbono provenire da fonti di informazione diversa.

[21] In questi termini, Corte cost., ord. n. 22 del 2004. Cfr. Cass., Sez. Un., 19.7.2012, Bell'Arte, secondo cui le regole dettate dall'art. 192, co. 3, non si applicano alle dichiarazioni della persona offesa, le quali possono legittimamente essere poste da sole a fondamento dell'affermazione di penale responsabilità dell'imputato, previa verifica, corredata da idonea motivazione, della credibilità soggettiva del dichiarante e dell'attendibilità estrinseca del suo racconto, che peraltro deve essere più penetrante e rigoroso rispetto a quello cui vengono sottoposte le dichiarazioni di qualsiasi testimone. Cass., Sez. Un., 19.1.2017, Patalano, ha affermato: «è affetta da vizio di motivazione, per mancato rispetto del canone di giudizio "al di là di ogni ragionevole dubbio", la sentenza di appello che, su impugnazione del pubblico ministero avverso assoluzione disposta all'esito di giudizio abbreviato non condizionato, affermi la responsabilità dell'imputato operando una diversa valutazione di prove dichiarative ritenute decisive, senza che nel giudizio di appello si sia proceduto all'esame delle persone che abbiano reso tali dichiarazioni». È peraltro da rilevare che la regola dell'«oltre ogni ragionevole dubbio» (art. 533) è regola di decisione e, dunque, non attiene alla valutazione delle prove.

21. La violazione di norme giuridiche nell'attività probatoria. Prova nulla, inutilizzabile, illecita, incostituzionale

L'inottemperanza a norme giuridiche produce qualificazioni negative dell'attività probatoria. A seconda che siano in gioco norme penali processuali o sostanziali, si parla di invalidità o di illiceità dell'atto probatorio: dunque due distinte categorie, per l'appunto di natura processuale la prima e sostanziale la seconda, che vanno definite in sé e nel loro rapporto.

L'**invalidità della prova**, che si scompone nelle due specie della nullità e dell'inutilizzabilità (oltre alla figura estrema dell'inesistenza giuridica), consegue da norme processuali penali che, per la loro inosservanza, prevedano tassativamente comminatorie di nullità o di inutilizzabilità. La tassatività è stabilita per la nullità nell'art. 177 e per l'inutilizzabilità è insita nel disposto dell'art. 191.

La **nullità** ha causa nell'inosservanza di disposizioni processuali che definiscono le figure tipiche degli atti, cioè i loro presupposti e le forme per il loro compimento. Essa è comune a tutti gli atti processuali penali, compresi quelli probatori. Può essere di regime assoluto, intermedio o relativo a seconda che la singola ipotesi di inosservanza normativa sia riconducibile rispettivamente agli artt. 179, 180 o 181. L'effetto, quanto agli atti probatori, è che i loro risultati non possono essere utilizzati per la decisione. Tra i numerosi casi si può fare qualche esempio. L'art. 213, co. 3, stabilisce che sono causa di nullità della ricognizione personale suoi svolgimenti con modalità diverse da quelle prescritte nel co. 1 nonché le omissioni di verbalizzazione di cui al co. 2. L'art. 497, co. 3, commina la nullità per l'inosservanza delle disposizioni del co. 2, secondo le quali, prima che abbia inizio l'esame, il presidente deve avvertire il testimone dei suoi obblighi e delle responsabilità penali in cui incorrerebbe non adempiendoli e deve invitarlo a pronunciare l'impegno a dire tutta la verità e a non nascondere nulla di quanto è a sua conoscenza.

L'**inutilizzabilità** attiene ai soli atti probatori e ha causa nella violazione di disposizioni processuali che vietano determinate attività probatorie, sia in termini di ammissione che di assunzione (art. 191; al riguardo si parla di prova illegittima). La fonte di questi divieti può essere direttamente la legge. Si veda, ad esempio, una fattispecie in cui, nel corso delle indagini preliminari, il pubblico ministero aveva disposto una consulenza tecnica attraverso la quale una persona informata sui fatti era stata sottoposta, in violazione appunto del divieto previsto dall'art. 188, a una seduta ipnotica al fine di recuperare i ricordi rimossi.

Nel decidere sulla sanzione disciplinare comminata per questi motivi al magistrato procedente, la Corte Suprema ha affermato come la violazione del divieto di cui all'art. 188, in quanto rivolto a tutelare un valore quale la libertà personale, avente rilievo costituzionale e non disponibile neppure dal soggetto interessato, ricorre per il mero fatto dell'utilizzazione di «metodi o tecniche idonei» ad influire sulla libertà di autodeterminazione del soggetto, quali che siano i risultati di volta in volta conseguiti e anche quando di risultato non se ne sia ottenuto alcuno[22].

Altra fonte, in via derivata, può essere una statuizione del giudice adottata sulla base della legge, come è nel caso dei provvedimenti giudiziali concernenti l'**assunzione della prova atipica** a norma dell'art. 189 ultima parte[23]. Il vizio è deducibile dalla parte (su cui incombe l'onere di precisa indicazione del vizio e di formale produzione delle risultanze documentali addotte a fondamento dello stesso[24] nonché rilevabile anche d'ufficio in ogni stato e grado del procedimento e non è sanabile. Il suo effetto è il medesimo delle nullità: il risultato dell'atto probatorio viziato di utilizzabilità non può essere usato dal giudice per la decisione. Da questa inutilizzabilità-vizio (detta patologica) si deve tenere distinta l'inutilizzabilità fisiologica, che è il portato naturale della separazione strutturale del procedimento in fasi, per cui è regola generale che gli atti probatori compiuti in una fase hanno efficacia solo al suo interno riguardo ai provvedimenti che vi si devono adottare, mentre non possono essere usati in altre fasi. La grande partizione è fra atti delle indagini preliminari, udienza preliminare e dibattimento, nel quale la decisione può fondarsi solo sui risultati dei mezzi probatori in esso esperiti. Ciò, salvo eccezioni che fondamentalmente riguardano gli atti irripetibili, quelli non rinviabili e gli altri elencati nell'art. 431, che vanno inseriti nel fascicolo per il dibattimento e in questo utilizzabili.

L'**illiceità** della prova è determinata dalla violazione di norme di diritto penale sostanziale: qui l'operazione probatoria integra un reato. Ciò, peraltro, non comporta di per sé che il risultato di prova ottenuto sia viziato sul piano processuale. Perché si verifichi una tale conseguenza occorre che una norma processuale penale, per la propria violazione ad opera della stessa condotta probatoria prevista dalla norma incriminatrice, statuisca (stante la tassatività delle invalidità degli atti processuali) la nullità o l'inutilizzabilità. Può dunque accadere che un'operazione probatoria con cui si realizza, al completo dei suoi estremi, una fattispecie legale di reato sia processualmente valida e il suo risultato di prova sia utilizzabile per la decisione a norma dell'art. 526 (in cui l'avverbio «legittimamente» è comprensivo delle ipotesi esenti da vizi comportanti sia la nullità che l'inutilizzabilità).

---

[22] La fattispecie è stata decisa da Cass. civ., Sez. Un., 1.2.2008, n. 2444.

[23] Cfr. *supra*, par. 5.

[24] Cfr. sul punto Cass., Sez. Un., 16.7.2009, De Iorio.

Infatti, la legge processuale penale è, rispetto a quella sostanziale, autonoma nel dettare la disciplina del processo: ciò che è illecito nella sfera delle norme incriminatici non è automaticamente invalido (nullo o inutilizzabile) nella sfera del processo. Si consideri la perquisizione personale eseguita dal pubblico ufficiale abusando dei propri poteri. L'art. 609 c.p. la configura come reato. Ma se la legge processuale non prevede che un tale atto sia viziato facendone conseguire la nullità o l'inutilizzabilità, il corpo del reato rinvenuto è validamente sequestrato e altrettanto validamente introdotto nel processo. Insomma agisce la regola *male captum bene retentum*.

Diverso discorso va fatto per le cosiddette **prove incostituzionali**, quelle cioè disposte o assunte in violazione di diritti fondamentali della persona, quali la libertà individuale, di domicilio, di segretezza della corrispondenza e di comunicazione interpersonale, garantiti dalla Costituzione (artt. 2, 13, 14 e 15) e dalla Convenzione europea per la salvaguardia dei diritti dell'uomo e delle libertà fondamentali 4 novembre 1950 (art. 8, co. 1 e 2, legge di ratifica 4.8.1955, n. 848). In tali disposizioni si ravvisano divieti probatori, la cui violazione ha come conseguenza l'inutilizzabilità stabilita dall'art. 191 [25].

L'art. 2 della L. 14.7.2017, n. 110, parallelamente all'introduzione sul fronte penale sostanziale del nuovo delitto di tortura di cui all'art. 613 *bis* c.p., sul fronte processuale ha ribadito la volontà di repressione di tale delitto inserendo, al co. 2 *bis* dell'art. 191, un nuovo divieto probatorio – di rinforzo della tutela della libertà morale dell'individuo garantita dall'art. 188 – che comporta l'inutilizzabilità delle dichiarazioni provenienti dall'imputato o delle informazioni comunque provenienti dal testimone ottenute mediante il delitto di tortura, ad eccezione delle ipotesi in cui le stesse vengano utilizzate contro le persone accusate di tale delitto e ai fini dell'accertamento della loro responsabilità.

La dichiarazione estorta con la tortura è una prova doppiamente vietata: come prova illecita (in quanto derivante dal delitto di tortura) e come prova derivante dall'adozione di tecniche idonee a ledere la libertà di autodeterminazione del dichiarante.

---

[25] Corte cost., 6.4.1973, n. 34 in un'affermazione *incidenter tantum* della motivazione; Cass., Sez. Un., 21.6.2000, Tammaro; Cass., Sez. Un., 30.10.2008, n. 1153, Racco; Id., Sez. Un., 9.4.2010, n. 13426, Cagnazzo.

Capitolo VIII

I mezzi di prova

di *Oreste Dominioni*

1. Testimonianza

1.1. Definizione e oggetto

La testimonianza consiste nella **rappresentazione nel processo di un fatto** da parte di una persona che l'ha percepito nella realtà storica mediante le proprie attitudini sensoriali, rielaborato dai meccanismi della memoria e, infine, rievocato nell'interrogatorio (art. 422, co. 2) o nell'esame e controesame (artt. 498 e 499).

Il fatto deve concernere l'oggetto della prova [1]. Si prevede peraltro (art. 194, co. 2) che le domande e le risposte che scandiscono la deposizione del testimone possano estendersi ai rapporti di parentela o di interessi fra il testimone e altri testimoni o le parti e alle circostanze necessarie per valutare la credibilità del teste; nonché a fatti indicativi della personalità della persona offesa quando il profilo caratteriale o il comportamento della stessa siano funzionali alla valutazione del fatto dell'imputato (ad esempio, per determinare l'applicazione di una circostanza attenuante, come nella tipica ipotesi del riconoscimento della provocazione).

È invece vietato che il testimone deponga sulla moralità dell'imputato (concetto fluido che deve collegarsi al sentire comune della collettività), con l'eccezione di fatti specifici e idonei a tratteggiarne la personalità in relazione al reato e alla pericolosità sociale. L'art. 194, co. 3, oltre a esplicitare il requisito di determinatezza che, accanto a quello di specificità previsto dall'art. 499, co. 1, informa l'esame testimoniale, vieta al testimone di deporre su voci correnti nel pubblico (pettegolezzi, dicerie, voci diffuse) e di esprimere apprezzamenti personali, salvo la loro inscindibilità dalla narrazione dei fatti. Quest'ultima eccezione introduce la figura, di creazione dottrinale, del cosiddetto **testimone tecnico**: un testimone che percepisce fatti avvalendosi di propri studi, esperienze scientifiche e pratiche professionali e li narra utilizzando un linguaggio specialistico con cui esprime anche apprezzamenti tecnici senza i quali il fatto percepito non potrebbe essere compiutamente rappresentato.

1.2. La testimonianza indiretta

La testimonianza indiretta (o *de relato* o *de auditu*) consiste nella narrazione di fatti di cui il testimone non ha avuto percezione sensoriale diretta, ma una conoscenza comunicatagli da altre persone fuori dal procedimento, oralmente o con altre modalità caratterizzate da un contenuto comunicativo intenzionale (art. 195). La problematicità di questa forma di testimonianza risiede nel fatto che nel processo non è possibile controllare immediatamente né l'**attendibilità della fonte originaria**, né il grado di incidenza, sull'attendibilità della deposizione *de relato*, di meccanismi deformativi nel passaggio di comunicazione dal teste diretto a quello indiretto. Da qui le cautele predisposte dalla legge.

La cautela primaria, condizione minima di utilizzabilità di tale deposizione, consiste nella necessità che sia indicata la persona protagonista dell'esperienza diretta (art. 195, co. 7). Senza di ciò la testimonianza indiretta sarebbe anonima e non sarebbe consentito attivare le ulteriori cautele: il giudice, su

[1] Cfr. *supra*, cap. VII, par. 8.

richiesta di parte (non vincolata a termini perentori, ma da formulare ragionevolmente entro e non oltre l'inizio della discussione) o d'ufficio, dispone che la fonte originaria sia chiamata a deporre. L'omesso accoglimento della richiesta di parte rende inutilizzabile la testimonianza indiretta, salvo che l'esame della fonte originaria sia impossibile per morte, infermità o irreperibilità (da intendersi come non rintracciabilità, mancata individuazione o identificazione): tutte ipotesi di impossibilità oggettiva riconducibili nell'alveo delle deroghe al principio del contraddittorio così come tracciato nell'art. 111, co. 5, Cost.

Infine, il co. 6 dell'art. 195 si pone come norma di sutura tra la testimonianza indiretta e le situazioni di segreto escludendo l'esame del teste *de relato* su circostanze apprese da persone depositarie del segreto professionale o d'ufficio (è escluso quello di Stato), salvo i casi in cui le circostanze su cui dovrebbe vertere l'esame siano già state rivelate in altro modo.

1.3. La testimonianza indiretta della polizia giudiziaria

Processualmente più articolata e storicamente più tormentata è la testimonianza indiretta degli ufficiali e agenti di polizia giudiziaria (art. 195, co. 4).

Originariamente il codice vietava la deposizione di ufficiali e agenti di polizia giudiziaria sulle dichiarazioni ricevute da testimoni. Questo divieto è stato dichiarato illegittimo dalla Consulta [2] sulla base di una ritenuta irragionevole disparità di trattamento tra la polizia giudiziaria e i testi comuni in punto di capacità giuridica di testimoniare e di affidabilità. Da questa pronuncia usciva sacrificata la vera *ratio* della disposizione: evitare che la polizia giudiziaria, testimoniando sugli esiti del proprio operato, potesse trasformare in materiale utile per la decisione un atto compiuto nella fase delle indagini preliminari che ben doveva rimanere separata dalla fase dibattimentale secondo il tipico schema *adversary* a cui si era ispirato il legislatore del 1988.

Sennonché, il principio di separazione delle fasi procedimentali è stato recuperato dall'art. 4, L. 1.3.2001, n. 63, sul «giusto processo», che ha introdotto la previsione (art. 195, co. 4) per la polizia giudiziaria del divieto, persino più specifico rispetto a quello originario, di deporre sul contenuto delle dichiarazioni acquisite da persone informate sui fatti destinate ad assumere, in un eventuale futuro processo, la veste di testimoni, oltre al divieto sul contenuto narrativo di denunce, querele, istanze presentate oralmente, soggette anch'esse a verbalizzazione obbligatoria (artt. 351 e 357, co. 2, lett. *a*).

Il divieto di deporre per la polizia giudiziaria si estende anche alle dichia-

[2] Corte cost., sent. n. 24 del 1992.

razioni spontanee ricevute dalla persona nei cui confronti sono svolte le indagini (art. 357, co. 2, lett. *b*), la quale assume la duplice veste di indagato e di «dichiarante» nel momento in cui, attivato il meccanismo dell'avvertimento previsto dall'art. 64, co. 3, volontariamente decide di potere diventare testimone sui fatti dichiarati concernenti la responsabilità altrui.

La Corte costituzionale [3] ha ampliato le limitazioni imposte alla testimonianza *de relato* della polizia giudiziaria dichiarando l'illegittimità costituzionale dell'art. 195, co. 4, se interpretato nel senso che gli ufficiali e gli agenti di polizia giudiziaria non possono essere chiamati a testimoniare sul contenuto di dichiarazioni rese dai testimoni solo se acquisite con le modalità di verbalizzazione disciplinate dagli artt. 351 e 357, co. 2, lett. *a* e *b* e non anche nel caso in cui non si sia provveduto alla redazione del verbale con ciò eludendo le modalità di acquisizione prescritte dalle norme medesime. Una diversa interpretazione, infatti – a parere della Consulta – sarebbe irragionevole e lesiva del diritto di difesa e dei princìpi del giusto processo.

1.4. La capacità di testimoniare giuridica e naturale. Limiti

L'art. 196, co. 1, stabilisce il principio della generale **capacità giuridica** di testimoniare la cui *ratio* è che il contributo dichiarativo di chi ha avuto un'esperienza conoscitiva storica del fatto oggetto di prova è strumento unico e infungibile di ricostruzione di tale fatto e deve essere svincolato da regole che ne possano negare o limitare l'impiego probatorio. A ciò consegue anche la portata generale, di matrice costituzionale (art. 2 Cost.), dell'obbligo di prestazione dell'ufficio di testimone.

Esclusi limiti alla capacità giuridica ad essere testimone, è tuttavia consentito al giudice, previa una valutazione discrezionale della sua necessità, di ricorrere ai mezzi previsti dal catalogo legale delle prove per accertare la **capacità naturale** (idoneità fisica e mentale) di una persona a testimoniare. Sono ad esempio ammessi a tale scopo (anche d'ufficio, a norma dell'art. 196, co. 2) accertamenti espletabili nelle forme tipiche dell'esperimento giudiziale o della perizia. In ogni caso, un accertamento negativo della capacità naturale non pregiudica necessariamente (art. 196, co. 3) l'assunzione della testimonianza, che comunque potrà fornire elementi utili alla ricostruzione del fatto.

1.5. Le situazioni di incompatibilità

La generale capacità giuridica di testimoniare incontra alcuni limiti che derivano da una relazione con i fatti oggetto del procedimento impeditiva dell'assunzione dell'ufficio di testimone, e che si qualificano come incompatibilità.

---

[3] Corte cost., sent. n. 305 del 2008.

Le **situazioni di incompatibilità** attengono a quattro gruppi di persone.

Nel primo gruppo (art. 197, lett. *a*) sono compresi i coimputati e gli imputati in procedimenti connessi *ex* art. 12, co. 1, lett. *a* (concorso o cooperazione nel reato); per questi ultimi, peraltro, l'incompatibilità permane solo fino a quando non siano raggiunti da una sentenza di proscioglimento, condanna o applicazione pena su richiesta delle parti divenuta irrevocabile. Tale incompatibilità con l'ufficio di testimone è giustificata dalla necessità di non porre un soggetto, già parte nel procedimento, in una situazione di conflitto fra l'obbligo testimoniale di rispondere secondo verità (art. 198, co. 1) e la tutela di propri interessi, almeno fino all'intervento del giudicato che dissolva tale conflittualità. Ciò spiega perché lascino, invece, inalterata la correlazione tra regiudicande (e, quindi, l'incompatibilità a testimoniare) sia la sentenza di non luogo a procedere (eventualmente rimovibile con la revoca *ex* art. 434), sia il decreto di archiviazione (superabile con la riapertura delle indagini *ex* art. 414). Un simile problema non si pone per la sentenza definitiva di condanna o per la sentenza emessa a norma dell'art. 444, co. 2, suscettibile di revisione (artt. 629 ss.) in quanto, a coprire una tale ipotesi di ripristinata interdipendenza tra gli interessi del dichiarante e il fatto oggetto del procedimento, opera la regola di esclusione probatoria sancita dall'art. 197 *bis*, co. 5, che rende inutilizzabili le dichiarazioni degli imputati in procedimento connesso o collegato nell'eventuale procedimento di revisione.

La medesima *ratio* di inscindibilità tra dichiarante e soggetto su cui ricadrebbero gli effetti della dichiarazione è sottesa all'incompatibilità prevista per il secondo gruppo di soggetti (art. 197, lett. *b*) cioè gli imputati in un procedimento connesso teleologicamente e gli imputati di un reato collegato a fini probatori. Questi risultano incompatibili con l'ufficio di testimone fino al proscioglimento, alla condanna o alla sentenza di applicazione della pena irrevocabili e sempre che non abbiano già reso dichiarazioni su fatto altrui dopo l'avvertimento (art. 64, co. 3, lett. *c*), che alla loro dichiarazione *erga alios* conseguirà l'assunzione dell'ufficio di testimone pur nei limiti della capacità a testimoniare (art. 197) e con le garanzie difensive dell'art. 197 *bis*.

Ragioni differenti, invece, correlate a una conflittualità sotto il profilo della parzialità, stanno alla base della previsione di incompatibilità per il terzo gruppo di soggetti (art. 197, lett. *c*): il responsabile civile e la persona civilmente obbligata per la pena pecuniaria, dato l'interesse a scongiurare la condanna dell'imputato e una conseguente pronuncia negativa nei propri confronti. Il contributo dichiarativo di tali soggetti potrà essere acquisito, su loro consenso o richiesta e senza l'obbligo di dire la verità, tramite il diverso mezzo di prova dell'esame delle parti a norma dell'art. 208.

L'ultima ipotesi di incompatibilità a testimoniare (art. 197, lett. *d*) riguarda il giudice, il pubblico ministero e i loro ausiliari, il difensore in relazione a fatti appresi nel corso di indagini difensive e i suoi collaboratori che abbiano preso parte all'attività di documentazione delle dichiarazioni e delle informazioni assunte a norma dell'art. 391 *ter*. L'incompatibilità di tale gruppo di soggetti è giustificata non da una presunzione di inattendibilità ancorata al loro pregresso o attuale ruolo nel processo, quanto, piuttosto, dall'esigenza di assicurare uno svolgimento sereno delle loro funzioni anche ai fini della efficienza processuale [4]. Rimangono esclusi da tale categoria i periti e gli interpreti per i quali è prevalente la funzione di testimone [5], come è confermato dalle rispettive previsioni codicistiche che individuano un ostacolo a nominare perito o interprete chi, nel medesimo procedimento, deve essere chiamato a deporre come testimone (art. 222, lett. *d* e 144, lett. *d*).

Ulteriori ipotesi di incompatibilità, parzialmente recuperabili con il ricorso alle garanzie del testimone assistito, sono state ravvisate dalla recente giurisprudenza di legittimità [6] che ha stabilito che non possa assumere l'ufficio di testimone, se non col previo avviso di cui all'art. 64, co. 3, lett. *c* e, appunto, con le garanzie previste per il teste assistito, colui che cumuli in sé le qualità di persona offesa e di indagato in atto o di imputato di reato connesso (art. 12, co. 1, lett. *c* o di reato collegato nei cui confronti non sia ancora stata pronunciata una sentenza divenuta irrevocabile. Se, invece, è già intervenuta nei confronti di tale soggetto una sentenza irrevocabile, allora questi potrà assumere la veste di testimone senza necessità di ricorrere all'avviso di cui all'art. 64, co. 3, lett. *c* e nei suoi confronti troveranno applicazione le garanzie difensive previste per il teste assistito, ad eccezione dell'ipotesi in cui la sentenza passata in giudicato sia una sentenza di assoluzione «per non aver commesso il fatto». In quest'ultimo caso non varranno neppure i limiti previsti dai co. 3 e 6 dell'art. 197 *bis*.

---

[4] L'assoluta terzietà e imparzialità del giudice sono alla base della ordinanza n. 66 del 2014 con cui la Corte costituzionale ha dichiarato la manifesta infondatezza della questione di legittimità costituzionale dell'art. 197, co. 1, lett. *d* sollevata in riferimento agli artt. 3, 97 e 111 Cost. In particolare, il giudice *a quo* dubitava della legittimità costituzionale dell'art. 197, co. 1, lett. *d*, nella parte in cui non consente di assumere come testimoni coloro che, nel medesimo procedimento, hanno svolto la funzione di giudice – e in particolare quali componenti di un collegio – neppure nel caso in cui la prova testimoniale sia preordinata ad accertare l'esistenza di un errore materiale nella redazione del verbale che documenta gli atti ai quali hanno partecipato. La Consulta, nel dichiarare la manifesta infondatezza della questione sollevata in ragione della inconferenza di tutti i parametri costituzionali invocati, ha sottolineato, in particolare, l'insussistenza della violazione del principio di ragionevolezza *ex* art. 3 Cost., in quanto, «quando i fatti sono appresi nell'esercizio delle funzioni giudiziarie, l'assoluta inconciliabilità fra le funzioni di giudice o di pubblico ministero e l'ufficio di testimone emerge dalla constatazione che tali soggetti, ove prestassero l'ufficio di testimone, verrebbero ad assumere un ruolo ontologicamente incompatibile con le rispettive posizioni processuali di assoluta terzietà ed imparzialità del giudice, di personale estraneità e distacco del pubblico ministero dai fatti di causa».

[5] *Rel. prog. prel. c.p.p.*, p. 130.

[6] Cass., Sez. Un., 29.3.2010, De Simone.

1.6. La figura del «testimone assistito»

L'art. 197 *bis* introdotto dall'art. 6, L. n. 63 del 2001 sul «giusto processo» prevede che possano essere sempre sentiti come testimoni: *a*) gli imputati in un procedimento connesso a norma dell'art. 12 o collegato probatoriamente a norma dell'art. 371, co. 2, lett. *b* una volta che la loro indifferenza ai fatti del procedimento sia attestata da un giudicato assolutorio, di condanna o di applicazione della pena *ex* art. 444 (art. 197 *bis*, co. 1); *b*) gli imputati in procedimento connesso teleologicamente o collegato, ancora pendente ovvero chiuso con decreto di archiviazione o con sentenza di non luogo a procedere (art. 197 *bis*, co. 2), ma solo limitatamente ai fatti oggetto di dichiarazioni implicanti una responsabilità penale altrui: si parla, a tale riguardo, di «compatibilità condizionata». In quest'ultima previsione emerge, con particolare evidenza, il motivo ispiratore della legge: bilanciare il diritto al silenzio dell'imputato chiamato a rendere dichiarazioni sulla responsabilità altrui con il diritto dell'imputato raggiunto da tali dichiarazioni di sottoporre al controesame il loro autore, in sintonia con il principio del contraddittorio per la formazione della prova. Infatti, la scelta operata in sede estradibattimentale di rispondere su circostanze a carico di altro soggetto deve avere come contraltare la rinuncia al diritto al silenzio e l'accettazione implicita della futura assunzione dell'ufficio di testimone con tutti i conseguenti obblighi tra cui, primo tra tutti, quello di rispondere secondo verità.

Tuttavia, nonostante l'irrevocabilità della sentenza o la scelta di rendere dichiarazioni *contra alios* ripristini la capacità di testimoniare dei soggetti indicati, il loro contributo dichiarativo è circondato da un insieme di garanzie. La prima garanzia consiste nell'assistenza di un difensore (da qui la denominazione di **testimone assistito** per il soggetto escusso), prevista indistintamente dall'art. 197 *bis*, co. 3, per i soggetti imputati o già giudicati in un procedimento connesso o collegato in ragione delle possibili menomazioni della posizione del dichiarante, alle quali è appunto di riparo l'ausilio tecnico di un difensore di fiducia o d'ufficio, che eserciti l'opposizione *ex* art. 504 a domande estranee ai delimitati temi oggetto di questa speciale prova testimoniale o rivendichi il privilegio contro l'autoincriminazione che, accordato in via generale a tutti i testimoni dall'art. 198, co. 2, deroga all'obbligo del testimone di rispondere secondo verità. Tale privilegio può essere fatto valere dagli imputati connessi o collegati indicati nel co. 1, dell'art. 197 *bis* a fronte di domande concernenti fatti già coperti da un giudicato di condanna e in ordine ai quali il dichiarante aveva optato per una linea difensiva di negazione della propria responsabilità o di esercizio del diritto al silenzio, ponendosi, tale trattamento di favore, nella scia della persistente operatività della presunzione di innocenza.

La medesima facoltà di astensione è invocabile da soggetti imputati di reato connesso o collegato[7] se i fatti su cui sono chiamati a deporre sono direttamente o indirettamente autoincriminanti e comunque «concernono la propria responsabilità» nel procedimento penale instaurato a loro carico e ancora pendente o già concluso. La conseguenza derivante dalla violazione del privilegio contro l'autoincriminazione è l'inutilizzabilità delle dichiarazioni eventualmente rese ricorrendo la violazione di un divieto probatorio (art. 191).

Un'ulteriore garanzia operante sul piano dell'autodifesa e comunemente definita come **inutilizzabilità *contra se*** è prevista dall'art. 197 *bis*, co. 5, che esclude l'uso delle dichiarazioni rese dai soggetti individuati nei co. 1 e 2 del citato articolo, sia in un eventuale procedimento penale ancora pendente a loro carico, sia nel procedimento di revisione della sentenza di condanna o in altro giudizio civile o amministrativo relativo ai fatti concernenti la propria responsabilità. Tale norma ha una duplice funzione: da un lato, incentiva il testimone assistito a rendere dichiarazioni utili alla ricostruzione del fatto, le quali, seppure comportino una responsabilità del dichiarante, sono inutilizzabili nei suoi confronti; dall'altro, garantisce il diritto di difesa in tutte quelle ipotesi *border-line* in cui è particolarmente sottile il confine tra fatto proprio e fatto altrui.

Infine l'art. 197 *bis*, co. 6, stabilisce una regola di valutazione del contributo dichiarativo del «testimone assistito»: le sue dichiarazioni devono essere corroborate da riscontri che ne confermino l'attendibilità secondo la disposizione dell'art. 192, co. 3 [8].

Da tale richiamo trapela una presunzione di inaffidabilità del «testimone assistito» che, pure con tutte le garanzie soggettive di cui è circondato, risulta essere comunque e sempre un testimone «interessato» al tema di prova oggetto delle sue dichiarazioni, le quali non possono costituire, da sole, prova del fatto narrato.

Su questo delicato e complesso meccanismo di contenimento dell'incompatibilità a testimoniare è intervenuta a più riprese la Corte costituzionale che, dapprima[9], ha dichiarato infondata la questione di costituzionalità della regola della corroborazione per l'imputato connesso o collegato raggiunto da sentenza irrevocabile di patteggiamento. Successivamente, la Consulta[10] ha sottratto al trattamento ri-

---

[7] Sul rapporto fra diritto a confrontarsi con il proprio accusatore e diritto al silenzio cfr. anche Corte eur., sent. 26.3.2006, Doorson c. Paesi Bassi.

[8] Cfr. *supra*, cap. VII, par. 20.

[9] Cfr. Corte cost., ord. n. 265 del 2004.

[10] Cfr. Corte cost., sent. n. 381 del 2006.

servato al «testimone assistito» l'imputato prosciolto in via definitiva con la formula «per non avere commesso il fatto», ciò in quanto ha ritenuto tale soggetto totalmente parificabile al testimone comune e (pena la violazione del principio di uguaglianza) non più circondabile di assistenza difensiva nel corso dell'escussione e non più destinatario della regola di valutazione di cui all'art. 197 *bis*, co. 6; questa risulterebbe irragionevolmente svalutativa del contributo dichiarativo di un soggetto che, divenuto definitivamente privo di ogni interesse all'esito del giudizio in forza di un giudicato assolutorio, fornisce un contributo conoscitivo che deve essere valutato alla stessa stregua del sapere offerto dal teste comune secondo i criteri generali di valutazione della testimonianza dell'art. 194, co. 2. Sull'onda di quest'ultima sentenza, la Corte costituzionale [11] è tornata a pronunciarsi sull'art. 197 *bis* dichiarando l'illegittimità costituzionale, per contrasto con l'art. 3 Cost., dei co. 3 e 6 della predetta norma nella parte in cui prevedeva la garanzia dell'assistenza del difensore e la necessità di riscontri nella valutazione delle dichiarazioni autoaccusatorie rese da coimputati o da imputati in procedimenti connessi o collegati *ex* art. 371, co. 2, lett. *b* anche se definitivamente assolti con la formula «perché il fatto non sussiste». L'intervento della formula assolutoria piena, secondo la Corte costituzionale, comporta per il destinatario la riassunzione dello *status* precedente alla instaurazione del procedimento penale con la conseguenza che non vi è più ragione di garantirgli la presenza di un avvocato o dubitare dell'attendibilità del suo racconto.

1.7. Le situazioni di astensione dall'ufficio di testimone. *A*) La testimonianza dei prossimi congiunti

Nel ricorrere di determinate situazioni, la persona chiamata a testimoniare ha la facoltà o l'obbligo di astensione.

La **facoltà di astensione** dall'ufficio di testimone consegue a vincoli familiari a cui è prestata tutela dall'art. 199. Tale norma prevede per i **prossimi congiunti** (art. 307, co. 4, c.p.) dell'imputato la facoltà di non rendere testimonianza, a cui corrispondono due doveri del giudice (nonché del pubblico ministero e della polizia giudiziaria in sede di assunzione di informazioni dalle persone informate sui fatti *ex* artt. 362 e 351): 1) di non obbligare tali testimoni a deporre, neppure nei modi indiretti previsti dall'art. 207, pena l'inutilizzabilità delle dichiarazioni coattivamente rese; 2) di avvisare i congiunti in forma chiara, reiterando l'avviso in ogni fase processuale, di questo «privilegio familiare» di non rispondere. Se il giudice omette tale avviso, la dichiarazione testimoniale comunque resa è viziata da nullità, che deve essere dedotta a norma dell'art. 182.

Duplici sono gli interessi sottesi a tale normativa: l'interesse oggettivo di evitare di acquisire un contributo ragionevolmente sospettabile di reticenza o menzogna e l'interesse soggettivo del dichiarante su cui incombe la scelta

[11] Cfr. Corte cost., sent. n. 21 del 2016.

tra il rispetto del vincolo familiare e l'obbligo di dire la verità. Peraltro in alcune ipotesi tassativamente previste un simile dissidio è superato *ex lege* a favore dell'obbligo di assumere l'ufficio di testimone: ciò avviene quando il prossimo congiunto ha già intrapreso delle iniziative processuali (denuncia, querela, istanza) o è persona offesa dal reato o prossimo congiunto di questi.

La tutela apprestata al vincolo familiare è ampia, estendendosi anche a coloro che sono legati all'imputato da un rapporto di adozione, di convivenza *more uxorio* in atto [12] o già conclusosi o matrimoniale cessato con una sentenza di annullamento, scioglimento o cessazione degli effetti civili del matrimonio. Per questi ultimi rapporti correlati alla convivenza coniugale, tuttavia, la facoltà di astensione non è totale, ma soggiace al limite per cui le domande devono vertere su singoli fatti verificatisi o appresi in pendenza del rapporto o di convivenza in quanto, venuto meno il legame affettivo, non ha più ragion d'essere un conflitto elevato dalla legge a presupposto della facoltà di astensione.

1.8. *Segue*. *B*) Testimonianza e segreti

Tre figure di segreto (professionale, d'ufficio e di Stato) interferiscono in vario modo nell'obbligo di testimoniare.

Il **segreto professionale** (art. 200) conferisce a determinate categorie di soggetti la facoltà di astenersi dal testimoniare su fatti appresi in ragione della loro attività. Tali soggetti sono: i ministri di confessioni religiose, al cui ruolo è connessa la libertà di religione (il riferimento è all'art. 19 piuttosto che all'art. 8 Cost.); gli avvocati, i praticanti avvocati abilitati al patrocinio, i consulenti tecnici della difesa (quelli dell'accusa essendo pubblici ufficiali sono invece depositari del segreto d'ufficio), gli investigatori privati autorizzati, l'attività dei quali attua il diritto di difesa sancito dall'art. 24 cpv. Cost.; i notai, il cui ufficio coinvolge interessi delle persone di cui è tutelata la riservatezza; i medici, i chirurghi, i farmacisti, le ostetriche e gli esercenti una professione sanitaria, le prestazioni dei quali sono funzionali al diritto alla salute tutelato dall'art. 32 Cost.; i giornalisti in relazione al diritto di cronaca previsto dall'art. 21 Cost.; altri soggetti ai quali la facoltà di astensione è riconosciuta dalla legge in funzione del segreto professionale quale proiezione di un rapporto fiduciario di particolare importanza (ad esempio, commercialisti, ragionieri, periti commerciali, assistenti sociali iscritti all'albo, consulenti del lavoro).

Si tratta, in tutti questi casi, del contrapporsi con intensità di vario grado di due interessi sottesi, rispettivamente, alla compiuta ricostruzione processua-

---

[12] Diversamente, la Corte EDU non ha riconosciuto la facoltà di astensione dall'obbligo di testimoniare alle coppie di fatto in Corte eur., sent. 3.4.2012, Van del Heijden c. Olanda.

le del fatto e a posizioni di rilevanza costituzionale o comunque sociale, tra i quali la legge riconosce prevalenza al secondo, peraltro con due peculiarità.

In primo luogo, ai soggetti in questione si attribuisce la facoltà di astensione anziché l'obbligo di non deporre (imposto invece, come si vedrà, ai portatori di un segreto d'ufficio o di Stato) così che ad essi è conferito il compito di discernere se il segreto professionale, nelle sue complesse problematiche, in concreto debba essere riaffermato a scapito dell'obbligo testimoniale. Inoltre l'opponibilità del segreto professionale non ha i caratteri dell'assolutezza, venendo meno quando i professionisti hanno l'obbligo di riferire i fatti appresi all'autorità giudiziaria (tale è la denuncia *ex* art. 331 o il referto *ex* art. 334) o il giudice, dubitando della fondatezza dell'eccezione di segretezza, accerti l'insussistenza di un nesso tra i fatti su cui si invoca il segreto e l'attività svolta e, di conseguenza, ordini al testimone di adempiere all'obbligo di deporre (art. 200, co. 2).

Particolare è la situazione del **giornalista professionista**. La facoltà d'astensione accordatagli riguarda la fonte delle notizie fiduciarie apprese e non già le stesse notizie: sia quelle pubblicate, che possono essere oggetto di approfondimento nell'esame, sia quelle che, pur non pubblicate, si abbia ragione di ritenere, sulla scorta delle prime o di altre circostanze, che il giornalista abbia avuto. Questo oggetto non è coperto dal segreto professionale perché il giornalista ha, oltre al diritto, il dovere di informazione. Inoltre il diritto di riserbo sulla fonte viene meno, e il giudice ordina di rivelarla, quando il suo contributo conoscitivo è indispensabile (cioè non acquisibile con altri mezzi di prova) ed è verificabile con la sua identificazione. Se il giornalista non ottempera all'ordine del giudice, la sua deposizione (oltre alla responsabilità penale per testimonianza reticente) configura una testimonianza indiretta inutilizzabile ai fini della decisione.

Il **segreto d'ufficio** ha come depositari i pubblici ufficiali (tra cui anche il giudice penale che abbia concorso in camera di consiglio alla deliberazione collegiale), i pubblici impiegati e gli incaricati di pubblico servizio, i quali hanno l'obbligo di non deporre sui fatti conosciuti per ragioni del loro ufficio che devono rimanere segreti. Tale obbligo, incentrato oggettivamente sulla natura segreta delle conoscenze, sopravvive al venir meno della qualifica soggettiva. L'obbligo di non deporre, peraltro, è soppiantato dall'obbligo di riferire all'autorità giudiziaria. Operano inoltre le disposizioni dell'art. 200, co. 2 e 3.

Il **segreto di Stato** (art. 202) ha per oggetto «gli atti, i documenti, le notizie, le attività e ogni altra cosa la cui diffusione sia idonea a recare danno all'integrità della Repubblica anche in relazione ad accordi internazionali, alla difesa delle istituzioni poste dalla Costituzione a suo fondamento, all'indipendenza dello Stato rispetto agli altri Stati e alle relazioni con essi, alla preparazione e alla difesa militare dello Stato» (art. 39, co. 1, L. 3.8.2007, n. 124).

I soggetti depositari di un segreto di Stato (gli stessi individuati per il segreto d'ufficio) hanno l'obbligo (e non la mera facoltà) di non deporre sui fatti che ne sono oggetto.

La salvaguardia del segreto di Stato è rafforzata, rispetto al segreto d'ufficio, da una più severa disciplina: l'autorità giudiziaria che vede opporre il segreto di Stato da uno dei soggetti di cui all'art. 202, se ritiene essenziale la conoscenza dei fatti ad esso relativi, chiede al Presidente del Consiglio dei ministri [13] conferma della fondatezza di tale opposizione. Innescata questa procedura, due sono gli esiti possibili: la conferma, con atto motivato, del segreto e il conseguente divieto di acquisizione e utilizzazione [14], diretta o indiretta, delle notizie coperte dal segreto (fatta salva la possibilità di procedere in base a elementi di prova estranei all'area di segretezza) e la declaratoria di non doversi procedere se si tratta di una conoscenza essenziale ai fini della decisione; oppure la non conferma nei trenta giorni dalla richiesta con la conseguente acquisizione delle relative notizie.

Una peculiare tutela è riservata al **segreto di polizia**, la quale vieta al giudice di obbligare gli ufficiali e agenti di polizia giudiziaria e i dipendenti dei servizi per la sicurezza militare e democratica [15] a rivelare i nomi delle persone (se non già rivelati al pubblico ministero con la comunicazione della notizia di reato *ex* art. 347, co. 1) da cui hanno ricevuto un'informazione, comminando l'inutilizzabilità delle dichiarazioni rese.

Con tale divieto si è inteso creare attorno ai confidenti un clima di riservatezza che ne impedisca la loro individuazione, in modo da garantire anche per il futuro risorse cruciali non solo per una singola investigazione, ma, più in generale, per attività di indagine organizzate su ampia scala [16].

---

[13] Cfr., sul punto, Corte cost., sent. n. 106 del 2009.

[14] La Corte costituzionale, con sent. n. 24 del 2014, ha ribadito come l'opposizione del segreto da parte del Presidente del Consiglio dei ministri, se certamente non può impedire che il pubblico ministero indaghi sui fatti di reato, può però inibire all'autorità giudiziaria di acquisire ed utilizzare gli elementi di conoscenza coperti dal segreto, in quanto si tratta di un ambito nel quale il Presidente del Consiglio dei ministri gode di un ampio potere discrezionale, sul cui esercizio è escluso qualsiasi sindacato dei giudici comuni, poiché il giudizio sui mezzi idonei a garantire la sicurezza dello Stato ha natura politica.

[15] È da considerare che, sebbene la legge processuale vigente (art. 203, co. 1) faccia ancora riferimento al «personale dipendente dai servizi per le informazioni e la sicurezza militare e democratica» (SISMI E SISDE), le denominazioni delle due Agenzie hanno subito una modifica ad opera della L. 3.8.2007, n. 124, che ha delineato il nuovo "Sistema di informazione per la sicurezza della Repubblica". L'art. 44 della predetta legge stabilisce che «in tutti gli atti aventi forza di legge l'espressione SISMI si intende riferita all'AISE [Agenzia informazioni e sicurezza esterna] e l'espressione SISDE si intende riferita all'AISI [Agenzia informazioni e sicurezza interna]».

[16] La L. 11.1.2018, n. 6 («Disposizioni per la protezione dei testimoni di giustizia») (in vigore dal 21.2.2018) ha stabilito nuove misure di tutela (predisposizione di misure di sicurezza nelle abitazioni, trasferimento in luoghi protetti, uso di documenti di copertura), sostegno economico (rim-

Le disposizioni sui segreti d'ufficio, di Stato e di polizia non valgono per le informazioni concernenti i reati di eversione dell'ordinamento costituzionale e quelli previsti dagli artt. 285, 416 *bis*, 416 *ter* e 422 c.p. Tuttavia, l'art. 66, co. 1, disp. att. prevede che nei fatti, notizie e documenti indicati nell'art. 204, co. 1, non siano compresi i nomi degli informatori. Il co. 2 (modif. dall'art. 40, co. 4, L. n. 124 del 2007), affida al Presidente del Consiglio dei ministri l'esercizio del potere di confermare il segreto se ritiene che non ricorrano i presupposti indicati nei commi 1, 1 *bis*, 1 *ter* dell'art. 204 perché il fatto coperto da segreto non concerne il reato per cui si procede. In caso di mancanza di tale conferma, decorsi trenta giorni dalla richiesta, il giudice dispone il sequestro del documento o l'esame del soggetto interessato.

1.9. Testimoni renitenti, reticenti e falsi

All'inosservanza di ciascuno degli obblighi del testimone, elencati nella triade di cui all'art. 198, co. 1, corrispondono conseguenze diverse sul piano processuale e sostanziale. L'**obbligo del testimone di presentarsi davanti al giudice** (ad eccezione dell'escussione «a domicilio» accordata ai testimoni indicati negli artt. 205 e 206) determina, in caso di inadempienza (testimone renitente), l'accompagnamento coattivo e l'applicazione di sanzioni pecuniarie.

Se il teste compare, ma si rifiuta di deporre fuori dei casi espressamente consentiti dalla legge (artt. 199, 200, 201, 202, 203) (testimone reticente), il giudice ribadisce l'**obbligo di deporre** con l'avvertimento *ex* art. 497, co. 2 e, se tale avvertimento non sortisce un cambiamento di atteggiamento da parte del teste, dispone l'immediata trasmissione degli atti al pubblico ministero perché proceda per il reato di cui all'art. 366 c.p.

Nel caso in cui il teste venga meno all'**obbligo di rispondere secondo verità** rendendo dichiarazioni logicamente incompatibili, discordanti da altri risultati di prova acquisiti o palesemente lacunose (testimone falso), il giudice, se ravvisa gli estremi del reato di falsa testimonianza, con la decisione finale della fase processuale in cui il teste è stato escusso, trasmette gli atti al pubblico ministero.

---

borsi spese, indennizzo forfettario per danni psicologici e biologici subiti) e reinserimento sociale e lavorativo (diritto alla conservazione del posto di lavoro o, allorché si profili un pericolo in quel luogo, diritto alla modifica della propria condizione lavorativa) per il "testimone di giustizia" qualificando tale chi: 1) rende dichiarazioni fondatamente attendibili, rilevanti ai fini delle indagini o del giudizio; 2) riveste, rispetto al fatto delittuoso, la qualità di persona offesa o di persona informata sui fatti oppure di testimone; 3) non ha riportato condanne per delitti non colposi connessi a quelli per cui si procede e non ha rivolto a proprio utilità l'essersi relazionato con l'ambiente criminoso rispetto al quale rende dichiarazioni; 4) non sia stato o non sia ancora sottoposto a una misura di prevenzione da cui si ricavi una condizione di persistente attualità di pericolosità sociale o la ragionevole probabilità di commissione di reati di grave allarme sociale; 5) si trovi in una condizione di grave, concreto e attuale pericolo tale da far ritenere inadeguate le normali misure di tutela adottabili dalle autorità di pubblica sicurezza.

2. Esame delle parti

2.1. Regole generali

L'esame delle parti (artt. 208 ss.) è il mezzo di prova con cui si introducono nel processo le conoscenze delle parti private (imputato, parte civile, responsabile civile e persona civilmente obbligata per la pena pecuniaria). Esso sopperisce al limite che subisce la testimonianza per lo *status* di incompatibilità in cui versano tali soggetti (art. 197), garantendo comunque al processo il loro sapere.

Una considerazione a parte merita la peculiare situazione di incompatibilità, rilevante sotto il profilo dell'«interferenza» di diversi ruoli processuali, in cui si può trovare la parte civile la cui citazione come testimone, con il conseguente obbligo di verità, preclude il suo esame come parte ad eccezione delle ipotesi in cui il giudice ne dichiari inammissibile la testimonianza perché richiesta tardivamente ovvero manifestamente superflua o irrilevante. Fuori da queste ipotesi, pertanto, fra le due qualifiche processuali che la parte civile può assumere, quella di testimone prevale su quella di parte.

L'acquisizione del sapere delle parti private avviene mediante l'esame nel dibattimento, fase naturale della formazione della prova, e nell'incidente probatorio (art. 392, lett. *c*). Mentre le dichiarazioni della persona sottoposta alle indagini (artt. 65, 375, 376) o dell'imputato nell'udienza preliminare (art. 421, co. 2) sono acquisite con l'interrogatorio.

2.2. Richiesta e consenso

L'esame di una parte privata è ammesso a seguito di sua richiesta o di consenso alla richiesta di altra parte. Le **due specie di richiesta** dell'esame hanno una differente efficacia: quella proveniente dalla parte interessata è sufficiente a costituire il dovere del giudice di ammettere l'esame; quella proveniente da altra parte è condizionata alla prestazione del consenso dell'esaminando.

Richiesta e consenso non devono rispettare particolari forme. Il consenso è valido anche se tacito; deve però essere consapevole e esteso a tutta la situazione processuale dell'esaminando e non solo a una sua parte. La richiesta e il consenso non sottostanno ai vincoli temporali e modali previsti dagli artt. 468 e 493: l'esame delle parti non deve essere indicato nella lista che, a norma dell'art. 468, co. 1, va depositata sette giorni prima dell'udienza dibattimentale. La *ratio* dell'onere di comunicare alle altre parti i mezzi di prova che ci si ripromette di richiedere per il dibattimento (cosiddetta *discovery*) non riguarda infatti l'esame delle parti il cui oggetto è genericamente predeterminato e non suscettibile di alcun effetto «a sorpresa». D'altronde il giudice, nell'ammettere l'esame delle parti, verifica solo l'esistenza della richiesta e, se del caso, del consenso, non potendo svolgere alcun vaglio di contenuto.

Richiesta e consenso all'esame sono revocabili sino all'inizio dell'assunzione dell'esame, che avviene non appena terminata l'assunzione delle prove a carico dell'imputato (art. 150 disp. att.).

2.3. Regime

Al di là dei regimi particolari dell'esame delle parti, dipendenti dalla condizione soggettiva processuale del dichiarante, l'art. 209 prevede alcune **regole generali** riprese dalla disciplina della prova testimoniale (artt. 194; 198, co. 2, 499 e 195) a dimostrazione di una tendenziale omogeneizzazione dei due mezzi di prova. In primo luogo, l'**oggetto** dell'esame delle parti, come l'oggetto della testimonianza, non può sconfinare dai limiti stabiliti dall'art. 194 e la parte esaminata, come il testimone, gode del privilegio contro l'autoincriminazione previsto dall'art. 198, co. 2.

È significativo il rinvio al co. 2, dell'art. 198: la parte esaminata ha la facoltà di non dire il vero o di rifiutarsi di rispondere ad alcune o a tutte le domande poste. Peraltro, con la richiesta o il consenso all'esame, la parte implicitamente rinuncia a un incondizionato diritto al silenzio, così che il suo successivo rifiuto di rispondere deve essere oggetto di menzione nel verbale (art. 209, co. 2) e confluirà nella valutazione probatoria.

Occorre però distinguere a seconda di quale sia la parte che abbia opposto il silenzio. Se si tratta dell'imputato, poiché allo stesso è riconosciuto in via generale il diritto al silenzio se interrogato (art. 64, co. 3, lett. *b*), tale comportamento nell'esame potrà assumere rilievo solo ai fini della valutazione di credibilità; se, invece, si tratta delle altre parti private, tale comportamento potrà essere valutato alla stregua di un argomento sfavorevole fonte di un possibile indizio.

Un rilievo a parte merita il rinvio alla disciplina della testimonianza indiretta (art. 195) la cui applicabilità è circoscritta all'esame delle parti private diverse dall'imputato. Questi, infatti, può introdurre nel processo conoscenze ricevute da altri senza che si determini la necessità che gli stessi siano sentiti a loro volta; l'utilizzazione dell'intero sapere dell'imputato non deve subire riserve, mentre per le altre parti private devono valere le regole della testimonianza [17]. Una tale linea normativa si trova riproposta nell'art. 240, che fa salva l'utilizzabilità dei documenti anonimi provenienti dall'imputato.

---

[17] *Rel. prog. prel. c.p.p.*, p. 64.

Infine, in virtù del rinvio all'art. 499, non possono essere poste domande nocive o lesive del rispetto dell'esaminato.

2.4. L'esame dell'imputato in procedimento connesso o collegato

L'art. 210, progressivamente rimodellato dalla Corte costituzionale [18], dalla L. 7.8.1992, n. 356 e dalla L. n. 63 del 2001 sul «giusto processo», disciplina nei commi da 1 a 5, il regime dell'esame riguardo agli imputati in procedimenti connessi per concorso nel medesimo reato o nelle altre ipotesi di cui all'art. 12, lett. *a*; nel co. 6 disciplina il regime degli obblighi e delle facoltà per gli imputati di procedimento connesso a norma dell'art. 12, lett. *c*, o di reato collegato a norma dell'art. 371, co. 2, lett. *b* che non abbiano già reso in precedenza dichiarazioni concernenti la responsabilità dell'imputato.

Il discrimine essenziale tra le due categorie di dichiaranti è rappresentato dal fatto che gli imputati in **procedimenti connessi a norma dell'art. 12, lett. *a***, prima di essere raggiunti da sentenza irrevocabile, sono incompatibili con il regime della testimonianza e possono solamente essere esaminati secondo la procedura garantita prevista nei commi da 1 a 5, sussistendo ancora il legame tra il fatto proprio e il fatto altrui; mentre **gli imputati in procedimenti connessi teleologicamente o collegati**, il cui legame con il fatto altrui è decisamente più debole, possono essere esaminati come testimoni anche prima della sentenza irrevocabile, quando, avvertiti secondo le formalità di cui all'art. 64, co. 3, abbiano reso dichiarazioni *erga alios*. Pertanto, fino a quando permane la situazione di incompatibilità, tali soggetti sono sottoposti alla disciplina peculiare dell'esame dettata dall'art. 210, co. 6.

Gli imputati in procedimenti connessi *ex* art. 12, lett. *a*, giudicati separatamente e non rientranti nel regime della testimonianza assistita, sono esaminati a richiesta di parte o su iniziativa del giudice quando un testimone si sia riferito, nel corso del proprio esame, alle conoscenze acquisite da tali imputati connessi (art. 210, co. 1). La disciplina normativa che ne regolamenta il contributo narrativo prescrive che i nomi degli imputati siano oggetto di ***discovery*** *ex* art. 468 e che, una volta citati, si presentino davanti al giudice con la possibilità, in caso contrario, di accompagnamento coattivo.

Nel corso dell'esame (a cui si applicano, per espresso richiamo normativo, le disposizioni degli artt. 194, 195, 498, 499 e 500), l'imputato in procedimento connesso gode dell'assistenza del difensore, se del caso nominato anche d'ufficio, al fine di porsi al riparo da domande che possano condurre a dichiarazioni *contra se*. Recentemente, in tema di presupposti applicativi dell'art. 210 e dei confini assegnati al potere del giudice per individuare in con-

[18] Corte cost., sent. n. 361 del 1998.

creto tali presupposti, la Corte di cassazione, pronunciandosi a Sezioni Unite [19], ha stabilito che, nel momento in cui viene in rilievo la veste che può assumere il dichiarante, spetta al giudice il potere di verificare in termini sostanziali, e quindi al di là del riscontro di meri indici formali, come l'eventuale già intervenuta iscrizione nominativa nel registro notizie di reato possa attribuire al soggetto la qualità di indagato nel momento in cui le dichiarazioni vengono dallo stesso rese. Il relativo accertamento della sussistenza di tali requisiti, se ben motivato, si sottrae ad un eventuale successivo sindacato di legittimità.

Infine, l'ultimo comma dell'art. 210 estende la disciplina prevista nei commi precedenti agli imputati in procedimento connesso teleologicamente o collegato prevedendo, tuttavia, un'istantanea mutazione dell'esame della parte in testimonianza se la narrazione del dichiarante si sia estesa alla responsabilità altrui. Infatti, i soggetti individuati dalla norma citata, se nonostante l'avvertimento dato a norma dell'art. 64, co. 3, non si avvalgono della facoltà di non rispondere e rendono dichiarazioni concernenti la responsabilità dell'imputato, assumono la veste di testimoni e sono sottoposti al regime garantito dall'art. 197 *bis*. Se invece non hanno reso in precedenza dichiarazioni *erga alios*, gli stessi potranno essere esaminati in dibattimento con le forme di cui all'art. 210 che, in forza del rinvio alla disciplina prevista per l'esame dell'imputato connesso (art. 12, lett. *a*), estende a tali imputati in procedimenti connessi o collegati le regole concernenti l'oggetto dell'esame, la testimonianza indiretta e il regime previsto per l'esame diretto e il controesame.

3. Confronti

3.1. Presupposti

Il confronto è ammissibile nella ricorrenza di **tre presupposti**: pregresse dichiarazioni rese dai soggetti confrontabili, la loro discordanza e l'importanza probatoria dei fatti e delle circostanze su cui si è verificato il disaccordo (art. 211).

Il primo presupposto consente di esperire il confronto solo **fra due o più persone** già **escusse** nella fase processuale in cui il confronto deve avvenire.

Il secondo presupposto della **discordanza** è da rilevare dal quadro delle dichiarazioni rese.

L'ultimo presupposto attiene all'**entità della discrepanza** fra le dichiarazioni riguardo all'esigenza di ricostruzione del fatto.

Dati questi presupposti, il confronto è suscettibile di ammissione solo nel

[19] Cass., Sez. Un., sent. 25.2.2010, Mills.

corso dell'istruzione dibattimentale e quindi non può essere oggetto di richiesta *ex* art. 493.

3.2. Svolgimento

Un ruolo centrale e direttivo è affidato al giudice (o al pubblico ministero e alla polizia giudiziaria delegata se il confronto è esperito nelle indagini preliminari, rispettivamente, a norma degli artt. 364 e 370) le cui iniziative nella conduzione del confronto, scandite nell'art. 212, segnano il passaggio da una fase all'altra dell'operazione probatoria. In prima battuta il giudice, con la lettura delle dichiarazioni rese dai soggetti posti a confronto, le richiama alla loro memoria; quindi ne chiede la **conferma** o la **smentita** e, se non intervengono modificazioni e persiste la divergenza nella ricostruzione del fatto, invita gli stessi alle reciproche contestazioni facendo da intermediario per le domande, che non possono essere formulate direttamente da un interlocutore all'altro. In questo dialogo possono intervenire i difensori, la cui mancata assistenza all'atto è causa di nullità assoluta, se il soggetto del confronto è la persona sottoposta alle indagini o l'imputato, ovvero di nullità relativa se lo è un'altra parte. Oltre ai difensori, possono assistere al confronto anche i periti, legittimati in via generale dall'art. 228, co. 2.

Delle domande e delle risposte deve essere fatta menzione nel verbale unitamente a «quanto altro è avvenuto durante il confronto» (art. 212, co. 2) come, in particolare, il comportamento tenuto dai soggetti messi a confronto.

La questione se, ai fini del confronto, possa essere disposto l'accompagnamento coattivo dell'imputato è da risolvere affermativamente su queste basi: per il confronto, a differenza dell'esame, non è richiesto il consenso dell'imputato; l'art. 490, vietando l'accompagnamento coattivo dell'imputato solo per l'esame, sembra ammetterlo per l'assunzione degli altri mezzi di prova; l'art. 376 espressamente consente al pubblico ministero, su autorizzazione del giudice, l'accompagnamento coattivo per procedere a interrogatorio o a confronto. Ciò naturalmente non impedisce all'imputato, una volta comparso, di avvalersi del diritto al silenzio senza che ciò possa rivestire rilievo probatorio.

4. Ricognizioni

4.1. Nozione

La ricognizione consiste nel mezzo di prova con cui si chiede a un soggetto se sia in grado di affermare l'identità tra ciò che in passato è stato oggetto di sua percezione sensoriale e ciò che gli viene mostrato nel processo. Il ricognitore deve procedere ad operazioni progressive: rievocare dalla memoria il ricordo di quanto ha vissuto, svolgere una comparazione tra l'oggetto del ricordo e quello sottopostogli e quindi dichiarare se la pregressa percezione sia sovrapponibile a quella presente.

4.2. Ricognizione e fasi del procedimento

La ricognizione, come gli altri mezzi di prova, è modellata sulla fisionomia dibattimentale [20]. Peraltro, l'art. 392, co. 1, lett. *g* ne fa oggetto possibile di incidente probatorio con un'ampia dizione: «quando particolari ragioni di urgenza non consentono di rinviare l'atto al dibattimento». Invero, data la natura della ricognizione, tali ragioni d'urgenza sono individuabili in molteplici situazioni: pericoli di inquinamento quando al ricognitore siano indirizzati tentativi di subornazione; ragioni di tempestività quando il ricordo del ricognitore possa essere menomato da una dilatazione delle cadenze del procedimento; esigenze di salvaguardia della genuinità specifica dell'operazione probatoria quando, ad esempio, l'effigie dell'indagato sia destinata a essere diffusa dai *media*; difficoltà ad allestire l'operazione probatoria in un dibattimento che per una sua particolare esposizione pubblica concretamente segnali in via anticipata l'identità dell'imputato.

La ricognizione può essere anche disposta dal giudice nell'udienza preliminare quando ne risulti evidente la decisività ai fini della sentenza di non luogo a procedere (art. 422, co. 1) o nel giudizio abbreviato quando ritenga di non poter decidere allo stato degli atti e disponga anche d'ufficio l'assunzione degli elementi necessari ai fini della decisione (art. 441, co. 5).

4.3. Specie di ricognizioni

A seconda dell'oggetto, si distingue tra ricognizioni di **persone, cose, voci, suoni e quant'altro è suscettibile di percezione sensoriale**. La disciplina della ricognizione è stabilita in modo compiuto per quella personale (artt. 213 e 214); per le altre (artt. 215 e 216) opera un rinvio parziale alla prima (precisamente, alle disposizioni dell'art. 213 «in quanto applicabili» e dell'art. 214, co. 3).

4.4. La ricognizione personale. Adempimenti preliminari

Al giudice è attribuito un ruolo coattivo circa la presenza del ricognitore, nonché direttivo nell'allestire e condurre le operazioni ricognitive; il pubblico ministero e i difensori possono, nella prima fase, avanzare richieste e dare suggerimenti e, nella seconda, formulare domande tramite il giudice. Un

---

[20] Cfr. *supra*, cap. VII, par. 2.

compito particolare della difesa si afferma quando soggetto attivo della ricognizione sia l'imputato, chiamato a riconoscere la persona di un coimputato: in questo caso è sempre riconosciuto al ricognitore il diritto al silenzio, «principio cardine del nostro sistema processuale» [21].

Il giudice dà inizio all'operazione probatoria invitando il ricognitore a richiamarsi alla propria memoria per rievocare più particolari possibili in relazione alla persona da riconoscere; sollecita lo stesso ad assumere un'attitudine mentale neutra, scevra da elementi condizionanti che possano manipolare i meccanismi mnestici e rievocativi. A tal fine, nella **fase propedeutica** alla ricognizione, il giudice instaura un dialogo serrato con il **ricognitore** per appurare se questi sia già stato chiamato a svolgere un riconoscimento in altro procedimento o nel procedimento in corso (ad esempio, in sede di individuazione condotta dal pubblico ministero a norma dell'art. 361), se prima o dopo i fatti per cui si procede abbia già visto la persona da riconoscere anche riprodotta in fotografia o in altro modo, così verificando se percezioni intermedie possano essersi interposte tra l'originaria e l'attuale, compromettendo la genuinità dell'esito della ricognizione.

Allo stesso fine il giudice deve accertare se la persona da riconoscere sia già stata indicata o descritta al ricognitore e ciò per isolare la ricognizione da interpolazioni informative di terzi.

Un ultimo adempimento preliminare consiste nell'indicazione di altre circostanze soggettive (concernenti attitudini sensoriali e distorsioni percettive) e oggettive (legate alla situazione ambientale) in cui la persona sarebbe stata in precedenza vista.

Le domande del giudice, le risposte e i relativi impegni rievocativi del ricognitore devono essere menzionati nel verbale. Per l'inosservanza di tale prescrizione, come per la stessa mancata esecuzione degli adempimenti preliminari, è comminata la nullità relativa.

4.5. *Segue*. Allestimento ed esecuzione dell'operazione

Esaurita l'indagine propedeutica, il ricognitore viene fatto allontanare. Il giudice allestisce la scena ricognitiva facendo allineare, accanto al soggetto da sottoporre a ricognizione (indagato, imputato, persona offesa o testimone, ai quali compete la scelta della posizione nello schieramento frontale) almeno altri due soggetti (muti nel loro ruolo di **comparse**) che siano il più possibile si-

[21] Cfr. Corte cost., sent. n. 267 del 1994 che, con sentenza interpretativa di rigetto, ha dichiarato non fondata la questione di legittimità costituzionale dell'art. 213 laddove non prevede, per l'imputato ricognitore, il diritto di rifiutarsi di rispondere, poiché tale diritto, benché non previsto espressamente, permea tutto il sistema e quindi deve essere riconosciuto all'imputato anche nelle operazioni di ricognizione.

mili al primo nei tratti somatici, fisionomici e nell'abbigliamento, nonché, per quanto possibile, nelle stesse condizioni in cui sarebbe stato visto dal ricognitore in modo da sollecitare un'attività comparativa ponderata e dagli esiti non scontati. Così collocati i vari soggetti, il ricognitore viene invitato a dichiarare se riconosce tra questi l'individuo che asserisce di avere visto al momento del fatto e, in caso di risposta affermativa, se ne sia certo. Si profilerebbe, nel caso di riconoscimento negativo falso, l'ipotesi di favoreggiamento personale e nel caso di riconoscimento positivo falso quella di falsa testimonianza.

Quando sia fondatamente da ritenere che il ricognitore, messo di fronte alla persona da riconoscere, possa subirne intimidazioni o influenze, si dispone la ricognizione «schermata» (art. 214, co. 3).

Lo svolgimento della ricognizione, documentabile anche tramite rilevazioni fotografiche, cinematografiche o altri procedimenti tecnici, deve essere verbalizzato a pena di nullità relativa.

4.6. La ricognizione di cose

A tali modalità operative e obblighi di documentazione è sottoposta anche la ricognizione di cose in virtù del rinvio dell'art. 215, co. 1, alle disposizioni dell'art. 213 «in quanto applicabili». Questa riserva è determinata dal fatto che, essendo oggetto della ricognizione una cosa mobile o immobile rientrante nella definizione di corpo del reato o di cosa pertinente al reato, le modalità di allestimento dell'operazione probatoria non possono non essere peculiari anche per la possibile difficoltà di rinvenire esemplari simili utili per la comparazione (art. 215, co. 2).

La ricognizione di cose prevede i medesimi adempimenti preliminari (con la detta riserva) della ricognizione personale, tra cui l'invito del giudice al ricognitore a descrivere le caratteristiche dell'oggetto da riconoscere appuntando l'attenzione su tutti i dettagli conservati nella memoria, nonché a dichiarare se ha già avuto modo di riconoscere quella determinata cosa, se la stessa gli sia stata già presentata anche in riproduzione fotografica, se gli sia stata descritta da altri in precedenza e se vi siano altre circostanze utili a valutare l'attendibilità del ricordo.

Di seguito il giudice allestisce la scena dell'operazione ricognitiva in modo utile per il giudizio di comparazione: la cosa che è oggetto di ricognizione è collocata, se possibile almeno tra altre due, simili esteriormente e esteticamente. Quindi il giudice domanda al ricognitore se riconosce taluna tra le cose mostrategli e, in caso affermativo, quale sia e se ne abbia la certezza.

In virtù del rinvio dell'art. 215, co. 3, alle disposizioni dell'art. 214, co. 3, per la ricognizione di cose la previsione di nullità opera in caso di omessa verbalizzazione dei singoli passaggi della ricognizione stessa; questa, inoltre, può essere documentata anche con fotografia, cinematografia e con altri strumenti tecnici, utili per valutazioni più sicure dell'attendibilità degli esiti.

4.7. Le «altre» ricognizioni

Il giudice può disporre la ricognizione anche di voci, suoni o di «quanto altro può essere oggetto di percezione sensoriale». Pure in queste ricognizioni il soggetto attivo deve procedere a un'analitica descrizione di quanto ricaduto sotto i suoi sensi sottoponendosi alle domande dettagliate nell'art. 213 in modo da assicurare l'attendibilità dell'operazione probatoria. Peraltro, l'art. 216, co. 1, pone una espressa riserva di applicabilità della disciplina prevista per le ricognizioni personali [22].

In virtù del rinvio dell'art. 216, co. 2, alle disposizioni dell'art. 214, co. 3, queste si applicano anche a tali «altre» ricognizioni quanto a adempimenti preliminari e documentazione delle singole operazioni svolte; per omissioni al riguardo è comminata la nullità relativa.

4.8. Ricognizioni plurime

L'art. 217 contempla l'eventualità di ricognizioni plurime. La pluralità può sussistere, **dal lato attivo**, nel senso che diversi sono i soggetti ricognitori di una medesima persona o oggetto; **dal lato passivo**, nel senso che un medesimo ricognitore è chiamato a riconoscere più persone o più oggetti.

Nel primo caso il giudice provvede ad isolare ciascuna operazione ricognitiva evitando scambi di informazioni e conseguenti rischi di suggestione fra i diversi ricognitori.

Nel secondo caso il giudice provvede a separare le persone o gli oggetti da riconoscere per evitare che il ricognitore risponda sulla base di una mera esclusione.

In entrambi i casi, per gli adempimenti preliminari, il *modus procedendi* e i doveri di verbalizzazione si applicano le disposizioni dettate per le diverse specie di ricognizioni, come conferma l'art. 217, co. 3.

5. Esperimenti giudiziali

5.1. Nozione

L'esperimento giudiziale è il mezzo di prova preordinato a **riprodurre in via artificiale un fatto** al fine di verificare se possa essere avvenuto con certe

[22] Sulla portata della quale, cfr. *supra*, par. 4.4.

modalità postulate nel processo. Il fatto passibile di riproduzione sperimentale è qualsiasi evento storico, comportamento umano, fatto naturale percepibile con i sensi e oggetto di prova a norma dell'art. 187, ivi compresa l'ipotesi che si tratti di verificare se un testimone possa avere avuto una certa percezione in determinate condizioni spazio-temporali e ambientali che possano incidere, distorcendole, sulle attitudini sensoriali di un individuo.

La struttura del mezzo di prova, come articolata nell'art. 218, co. 2, consiste nella riproduzione dello scenario in cui all'epoca ha trovato ambientazione il fatto e delle modalità di svolgimento dello stesso, sempre che tali operazioni riproduttive e ripetitive siano oggettivamente e agevolmente espletabili. È evidente, infatti, l'esistenza di un rapporto di stretta interdipendenza tra la plausibile riproduzione della sequela dei fatti e l'affidabilità del risultato conseguito: più è fedele l'esperienza artificialmente provocata (nel senso di approssimativamente corrispondente all'ipotesi postulata dall'accusa o dalla difesa o al fatto rappresentato da testimoni e parti private), più ne è attendibile il risultato probatorio.

5.2. Svolgimento

L'esperimento giudiziale può essere disposto dal giudice nel dibattimento o con incidente probatorio (art. 392, co. 1, lett. *f*).

Il giudice svolge, come nei confronti e nelle ricognizioni, un ruolo attivamente organizzativo e direttivo.

In primo luogo, il giudice dispone con ordinanza l'esecuzione delle operazioni curando che nel provvedimento ammissivo sia contenuta una descrizione sintetica dell'oggetto dell'esperimento e un'indicazione specifica del tempo e del luogo di esecuzione, al fine di garantire la presenza di tutte le parti e la compiuta realizzazione del contraddittorio per la prova.

Nel medesimo provvedimento ammissivo, o in uno successivo, il giudice può designare un esperto dotato di competenze specialistiche per lo svolgimento di determinate operazioni riproduttive che richiedono nozioni teoriche o pratiche estranee al sapere comune. L'intervento di un esperto, di certo sovrapponibile – quanto al bagaglio di risorse conoscitive specializzate – alla figura del perito di cui all'art. 220, non deve, tuttavia, fare ritenere che con ciò l'esperimento giudiziale si trasformi in perizia; anzi, si è «al di fuori dell'ambito della perizia» [23] persino quando la specifica struttura dell'esperimento potrebbe indurre a disporre una perizia. Nell'esperimento, infatti, l'esperto mette a disposizione delle parti e del giudice le proprie conoscenze ed esperienze qualificate per eseguire una riproduzione artificiale di un fatto

[23] *Rel. prog. prel. c.p.p.*, p. 136.

al fine di verificare se possa essere avvenuto in modo conforme alle sue enunciazioni nel processo. Nella perizia, invece, l'esperto è chiamato a svolgere un'attività che può essere acquisitiva di dati o valutativa degli stessi se occorre formulare ipotesi, massime di esperienza o inferenze; in altri termini, il perito non compie riproduzioni artificiali di un fatto, ma ricostruisce il suo accadimento nel passato.

Il predominante **ruolo organizzativo del giudice** si manifesta nella discrezionalità con cui egli sceglie i modi di documentazione dell'esperimento mediante rilevazioni fotografiche, cinematografiche o con altri strumenti tecnici.

Al giudice è affidato anche il compito di contemperare l'interesse all'ottenimento di un risultato probatorio il più possibile affidabile con l'esigenza di salvaguardare sia la sfera personale dei soggetti che partecipano all'esperimento che la sicurezza pubblica. Funzionali a ciò sono le disposizioni dell'art. 219 che contempla un rinvio alla disciplina in tema di pubblicità delle udienze (art. 471) quando la riproduzione artificiale del fatto avviene in ambiente esterno, così garantendo le condizioni di riservatezza e integrità che devono circondare l'esecuzione di un esperimento indipendentemente dal luogo in cui le operazioni riproduttive si svolgono.

A esigenze di ordine e riservatezza, sia pure sotto diversi profili, si ispira anche il successivo co. 4 dell'art. 219 che affida al giudice la facoltà di organizzare l'esecuzione dell'esperimento in modo tale da non offendere i sentimenti di coscienza (formula concisa, dal contenuto più ampio rispetto alle nozioni di sentimento nazionale e religioso, pietà verso i defunti e moralità pubblica previste dal codice abrogato del 1930). Tali valori assurgono a limiti normativi delle modalità dell'esperimento, la cui inosservanza può comportare sanzioni disciplinari, ma non conseguenze invalidanti (nullità, inutilizzabilità) dell'atto probatorio.

6. Perizia. Consulenza tecnica

6.1. Natura della perizia

La perizia si è ormai affrancata da concezioni legislative e dottrinarie fondate sulla configurazione del perito come «ausiliario» del giudice o suo «vicario» nell'esprimere giudizi sulle prove. Nel sistema delle prove la perizia costituisce un mezzo di prova improntato al **metodo dialettico**: il perito, ancorché nominato dal giudice, non è portatore di un ruolo neutrale di conoscenza, proprio perché si misura dialetticamente con gli altri soggetti di prova; né, rispetto a questi, ha per principio una posizione privilegiata quanto a autorevolezza e attendibilità. Il suo operato è oggetto di valutazione al pari di quello degli esperti (consulenti tecnici) nominati dalle parti.

6.2. L'occorrenza di competenze specialistiche quale presupposto della doverosità della perizia

In uno scenario di decisa apertura alle fonti conoscitive specialistiche, la progressiva valorizzazione della figura del perito e del consulente tecnico (del pubblico ministero e dei difensori), oltre a riflettere un'esigenza legislativa di «riordinamento» dell'istituto [24] è l'espressione dello sviluppo inarrestabile della scienza e della tecnica e del loro inevitabile proporsi nel campo probatorio.

Non a caso, a differenza della normativa del codice previgente (art. 314, co. 1, c.p.p. 1930), l'art. 220, co. 1, stabilisce che la perizia deve essere ammessa quando occorre svolgere attività specialistiche. La **doverosità** (anziché la facoltatività) della perizia significa che il giudice, quando il sapere comune non sia sufficiente per ricostruire il fatto, deve fare intervenire nel processo un esperto; l'**occorrenza** (anziché la necessità) di una indagine da condurre con specifiche competenze significa che il giudice deve disporre la perizia quando, pur essendo disponibili altri mezzi di prova (ad esempio, la testimonianza), è preferibile avvalersi di specifiche competenze scientifiche, tecniche o artistiche.

6.3. La tipologia degli incarichi peritali

L'art. 220, co. 1, enumera i tipi di incarico che possono essere conferiti al perito: «svolgere indagini o acquisire dati o valutazioni».

Acquisire dati è locuzione che allude a dati che studi specialistici hanno rilevato dalla storicità di determinati fenomeni sistematicamente analizzati, i quali, come tali, appartengono a una conoscenza specialistica.

Svolgere indagini significa ricercare dati di conoscenza di un fatto esplorando una determinata realtà storica; l'esperto adempie a ciò, ad esempio, quando indaga nei documenti di una società commerciale per reperire gli estremi di un'operazione finanziaria che, in relazione all'oggetto dell'imputazione, costituisca un fatto giuridico o semplice; o quando estrae da un apparato informatico dati che si assume vi siano stati immessi e poi obliterati, ma lasciandone tracce che solo tecniche specialistiche si propongono con la capacità di fare correttamente riemergere.

Fare valutazioni è locuzione che ricomprende diversi compiti assegnabili all'esperto: individuare leggi scientifico-tecniche valide a inferire un fatto da un altro e metterle a disposizione delle parti e del giudice perché questi svolgano tale inferenza; operare egli stesso l'inferenza sulla base di dati fattuali già

---

[24] *Rel. prog. prel. c.p.p.*, p. 137.

introdotti nel processo con altro mezzo di prova (testimonianza, documento) o sulla base di dati reperiti da lui stesso con una propria precedente indagine o ricavati dal patrimonio delle conoscenze scientifiche; svolgere la medesima inferenza da dati fattuali non costituenti elementi di prova acquisiti al processo né estraibili da una conoscenza specialistica, ma solo postulati (*hypothetical question*).

6.4. Le «specifiche competenze». Il divieto di perizia criminologica

«Specifiche competenze» è locuzione che denota capacità conoscitive che esorbitano dal sapere comune e che, come tali, non possono essere impiegate nel processo direttamente dalle parti e dal giudice, essendo necessaria la nomina di un **esperto**.

Possono essere tecniche, scientifiche o artistiche. Questa articolata previsione è «conseguente al continuo estendersi di tecniche sempre più differenziatesi e sofisticate» [25].

Nonostante questa apertura ai contributi della scienza e della tecnica, alcuni campi ne restano ancora preclusi. Infatti l'art. 220, co. 2, vieta le indagini di tipo criminologico, psicologico e caratteriale finalizzate a stabilire l'abitualità o la professionalità nel reato, la tendenza a delinquere, il carattere e la personalità dell'imputato e, in genere, le qualità psichiche indipendenti da cause patologiche.

La norma impedisce l'uso peritale di queste scienze umane in funzione delle statuizioni sulla pena e sulle misure di sicurezza, salvo consentirle per la loro individualizzazione nell'ottica del trattamento rieducativo e della risocializzazione del condannato.

Le questioni che pongono un tale sbarramento sono peraltro oggetto di una discussione mai sopita. Nella ricerca di un superamento della linea negativa verso i contributi delle *soft sciences* segnata drasticamente dal codice del 1930, si sono postulate timide aperture a pareri tecnici (funzionali all'analisi del comportamento antisociale del minore come previsto nel d.P.R. 22.9.1988, n. 448) nella tendenza a una progressiva erosione della libertà di giudizio del giudice circa la necessità di avvalersi di contributi specialistici.

La preoccupazione che ci si affidi a intuizioni semplicistiche del giudice e, per altro verso, le sollecitazioni della Corte costituzionale [26] a non subire una irragionevole diffidenza nei confronti della psicologia, sono state registrate nei lavori per l'emanazione del nuovo codice con posizioni favorevoli all'uso della scienza psicologica (come emerge dalla prima legge delega 3.4.1974, n. 108). Alla fine è però

[25] *Rel. prog. prel. c.p.p.*, p. 138.

[26] Cfr. Corte cost., sent. n. 124 del 1970, e Corte cost., sent. n. 179 del 1973.

prevalsa la posizione contraria con la codificazione, che ancora risulta problematica, di una sorta di presunzione *iuris et de iure* di capacità del giudice di governare i complessi problemi del funzionamento della mente umana.

6.5. I requisiti soggettivi del perito e le disposizioni poste a salvaguardia della sua competenza e obiettività

L'art. 221, per rispondere all'esigenza di elevata professionalità dei **periti**, si pone come norma a garanzia della loro competenza e obiettività.

La prima regola è prevista nel co. 1, che vincola il giudice a nominare solo coloro che risultano **iscritti in appositi albi**, la cui suddivisione in otto categorie specialistiche, la relativa disciplina di iscrizione e i meccanismi sanzionatori sono contemplati nelle disposizioni degli artt. 67 ss. disp. att.; se l'oggetto dell'incarico esula dalle individuate categorie ed è necessaria una particolare competenza, il giudice opta, dando adeguata motivazione di tale scelta, per una persona non iscritta negli albi, ma preferibilmente impegnata professionalmente presso un Ente pubblico. Vi sono, infine, ipotesi di selezione «obbligata» degli esperti: i tecnici della Direzione generale della Banca d'Italia, i tecnici della Direzione generale del Tesoro nei procedimenti per la falsificazione dei biglietti di banca o di monete metalliche (art. 74 disp. att.) e i medici legalmente abilitati all'esercizio professionale nel caso si tratti di eseguire autopsie (art. 45 d.P.R. 10.9.1990. n. 285).

6.6. Incapacità e incompatibilità

L'art. 222 individua in modo tassativo le cause di incapacità (lett. *a*, *b* e *c*) e le situazioni di incompatibilità (lett. *d* ed *e*) a prestare l'ufficio di perito.

Le **cause di incapacità** derivano dalla mancanza dei requisiti soggettivi richiesti dalla legge per assumere l'incarico peritale. Tali situazioni consistono, da un lato, nelle cause di incapacità naturale (minore età, che è ritenuta sintomatica di immaturità e infermità mentale) o giuridica (interdizione, che determina una situazione di incapacità legale e inabilitazione) e, dall'altro, nelle cause di incapacità rilevanti sotto il peculiare profilo della «indegnità». Sono tali: l'interdizione anche temporanea dai pubblici uffici (che può venire meno solo per effetto della riabilitazione a norma dell'art. 178 c.p.), la sospensione dall'esercizio di una professione o di un'arte e la sottoposizione a misure di sicurezza personali (tutte quelle di cui all'art. 215 c.p. senza distinzione tra detentive e non detentive) o a misure di prevenzione.

Le **situazioni di incompatibilità**, invece, sono determinate dall'assunzione, in capo all'esperto, di funzioni tra loro inconciliabili nell'ambito di uno stesso procedimento. È incompatibile con l'ufficio di perito chi non può essere assunto come testimone, chi ha la facoltà di astenersi dal testimoniare, chi è chiamato a prestare l'ufficio di testimone o di interprete [27] o è già stato nominato consulente tecnico nel medesimo procedimento o in un procedimento connesso.

La sussistenza di una causa di incapacità o di una situazione di incompatibilità in capo al perito determina la nullità della perizia. Si tratta di una nullità relativa sanabile a norma dell'art. 181 e rilevabile nei termini stabiliti dall'art. 182.

6.7. Astensione e ricusazione

L'art. 223 prevede le ipotesi di astensione e ricusazione del perito. La *ratio* della norma è garantire l'**obiettività del perito** nello svolgimento dell'incarico affidatogli.

Quando sussiste un motivo di astensione tra quelli previsti dall'art. 36 per il giudice, il perito ha l'obbligo di palesarlo; se non rende la dichiarazione di astensione, il perito può essere ricusato dalle parti. A tale riguardo, l'art. 223, co. 2, opera un richiamo pressoché integrale (ad eccezione delle «gravi ragioni di convenienza») alle disposizioni dell'art. 36. Questa omogeneizzazione normativa trova ulteriore conferma nel fatto che la disciplina del procedimento incidentale di ricusazione del perito rinvia, in virtù del richiamo operato dall'art. 223, co. 5, alle norme sulla ricusazione del giudice.

I soggetti legittimati alla ricusazione del perito sono il pubblico ministero e le parti private fino al compimento delle formalità per il conferimento dell'incarico; se si tratta di motivi di ricusazione sopravvenuti o conosciuti successivamente al conferimento, la dichiarazione di ricusazione può essere presentata fino alla formulazione del parere peritale.

Quanto alle formalità e all'oggetto della dichiarazione di ricusazione, essa deve contenere, a pena di inammissibilità, i motivi posti a sostegno della dichiarazione, nonché le prove su cui la stessa si fonda.

Una volta formalizzata, la dichiarazione di ricusazione non è più revocabile e il procedimento incidentale deve necessariamente concludersi con una pronuncia sulla situazione oggetto della dichiarazione di ricusazione.

L'organo competente a provvedere è il giudice che ha disposto la perizia, il quale, una volta verificata in via preliminare l'ammissibilità della dichiarazione, decide sul merito della stessa. A tale fine, il giudice fissa un'udienza ca-

---

[27] Nel valutare la situazione speculare di incompatibilità di un soggetto, già incaricato come perito, con l'ufficio di interprete, la Corte di cassazione a Sezioni Unite ha affermato che «sussiste l'incompatibilità con l'ufficio di interprete per il soggetto che, nello stesso procedimento, abbia già svolto il compito di trascrivere la registrazione delle comunicazioni intercettate» (Cass., Sez. Un., 24.2.2011, E.S.).

merale (art. 127) per garantire il contraddittorio tra le parti e, nel corso della stessa, assume le opportune informazioni. In caso di accoglimento della richiesta di ricusazione, il giudice provvede a sostituire il perito e stabilisce se e in quale misura gli atti già compiuti conservino efficacia.

6.8. Conferimento ed espletamento dell'incarico peritale

La perizia è un mezzo di prova che può essere ammesso anche per iniziativa del giudice («d'ufficio»: art. 224, co. 1). Ciò tuttavia non comporta che la fase dell'ammissione si svolga fuori dal contraddittorio delle parti. Il giudice, quando ritenga che vada ammessa una perizia [28], deve porre la questione alle parti, aprire il contraddittorio e, al suo esito, provvedere.

Il giudice dispone la perizia con ordinanza, provvedimento motivato e inoppugnabile ma revocabile, nel quale nomina il perito e indica l'oggetto dell'incarico; ordina quindi la citazione del perito, assicura la comparizione di coloro che dovranno essere sottoposti al suo esame e adotta i provvedimenti necessari allo svolgimento dell'incarico peritale (consegna del corpo del reato, delle cose e dei documenti).

Tali provvedimenti debbono peraltro essere mantenuti entro i limiti del **rispetto della libertà delle persone** (persona sottoposta alle indagini, imputato e terzi). Un simile impatto non è stato ravvisato nel provvedimento con cui il giudice dispone il prelievo ematico coattivo sul periziando perché considerato misura invasiva della sfera corporale non rientrante nella tipizzazione delle misure limitative della libertà personale [29]. È invece ritenuto prevalente sul diritto dell'imputato alla riservatezza del proprio stato di salute l'interesse della persona offesa vittima di violenza sessuale a evitare il rischio di contagio: l'art. 16, L. 15.2.1996, n. 66 ammette che l'imputato di reati a

---

[28] Corte cost., ord. n. 255 del 2012 ha dichiarato la manifesta inammissibilità della questione di legittimità costituzionale dell'art. 224 c.p.p., sollevata in riferimento agli artt. 2 e 15 della Costituzione, nella parte in cui prevede che il giudice del dibattimento disponga perizia avente ad oggetto la trascrizione di conversazioni e comunicazioni telefoniche intercettate ai sensi degli artt. 226 ss. c.p.p. quando, secondo il giudice remittente, tale selezione preliminare dovrebbe avvenire avanti il giudice per le indagini preliminari e non in dibattimento, nella pubblicità della pubblica udienza, col rischio di violare il diritto alla riservatezza delle persone coinvolte nelle predette intercettazioni. Secondo la Corte costituzionale, seguendo il ragionamento del giudice *a quo*, ove fosse devoluta al giudice per le indagini preliminari, anche a dibattimento in corso, l'operazione di selezione e trascrizione delle intercettazioni, ciò comporterebbe l'introduzione di una competenza specifica del giudice per le indagini preliminari in materia di acquisizione probatoria – destinata a operare anche dopo la conclusione delle indagini preliminari – la quale concorrerebbe, intersecandola, con la competenza generale del giudice del dibattimento, ma così creando un regime di acquisizione probatoria privo di riscontro nella sistematica del codice di rito. Da qui la manifesta inammissibilità della questione di legittimità sollevata.

[29] Cfr. Corte cost., sent. n. 238 del 1996.

sfondo sessuale sia sottoposto a accertamenti da svolgersi con le forme della perizia per l'individuazione di patologie sessualmente trasmissibili.

Il perito è quindi invitato a dichiarare se si trovi in una delle condizioni di incapacità o incompatibilità; è avvertito dei suoi obblighi e delle responsabilità penali e si impegna a svolgere il proprio ufficio «senza altro scopo che quello di far conoscere la verità e a mantenere il segreto su tutte le operazioni peritali» (art. 226, co. 1).

Dopo questi adempimenti preliminari, il giudice apre il contraddittorio tra le parti, il perito e i consulenti tecnici al fine di definire l'oggetto della perizia, enunciato mediante quesiti il più possibile precisi nel determinare i temi che il perito deve svolgere.

Il **responso peritale**, pur previsto in via generale dall'art. 227, co. 1, nella forma del parere immediatamente raccolto **nel verbale**, nella prassi giudiziaria si traduce **nella relazione scritta** (art. cit., co. 5). Nei casi di particolare complessità, in deroga ai principi di oralità e immediatezza, il perito può chiedere di poter disporre di un tempo adeguato per eseguire gli accertamenti necessari (tempo che non può comunque superare i sei mesi).

Le conclusioni che il perito enuncia nel proprio parere con la risposta ai quesiti sono il risultato di attività che il perito può svolgere in via autonoma o avvalendosi della collaborazione di **ausiliari**, previa autorizzazione del giudice.

Nella prima categoria di attività sono comprese operazioni di mera visione di cose, atti o documenti contenuti o acquisibili nel fascicolo per il dibattimento (art. 431); operazioni di indagine scientifico-tecnica; acquisizione di dati con l'assistenza all'esame delle parti e all'assunzione di mezzi probatori; acquisizione di notizie dall'imputato, dall'offeso dal reato o da altre persone (utilizzabili solo ai fini dell'accertamento peritale a norma dell'art. 228).

Nella seconda categoria di attività rientrano operazioni meramente materiali o esecutive non implicanti valutazioni di dati acquisiti; tali operazioni vanno condotte sotto la supervisione e direzione del perito e quindi non snaturano la natura personale e fiduciaria dell'ufficio peritale. Ciò avviene nel caso di procedure di estrazione del DNA da alcuni reperti e di comparazione fra i polimorfismi ricavati da campioni mediante macchinari utilizzabili non direttamente dal perito, ma da tecnici di laboratorio.

Diversa ipotesi è che il perito sia sprovvisto della preparazione specialistica necessaria a compiere una determinata attività d'indagine o valutativa: in questo caso è necessario il conferimento di uno specifico incarico peritale da parte del giudice a un ulteriore esperto (art. 221, co. 2).

La L. 30.6.2009, n. 85 istitutiva della banca dati nazionale del DNA in conformità a determinati atti delle istituzioni europee e a specifici accordi internazionali, ha inserito nelle norme sulla perizia l'art. 224 *bis* (oltre, quanto al tema della perizia dei campioni biologici: l'art. 72 *bis* disp. att., che detta particolari tutele ove la persona da sottoporre a esame coattivo sia minore, incapace o interdetto per infermità di mente; l'art. 72 *ter* disp. att. che regolamenta le modalità di redazione del verbale delle operazioni e l'art. 72 *quater* disp. att. sulla distruzione dei campioni biologici prelevati la cui conservazione non sia ritenuta assolutamente indispensabile dal giudice).

L'art. 224 *bis* attribuisce al giudice determinati poteri coercitivi quando l'espletamento della perizia comporta il compimento di atti incidenti sulla libertà personale e, in particolare, l'**esecuzione coattiva** del prelievo di materiale biologico o di accertamenti medici su persone viventi (indagato, persona offesa o terzo) nell'ambito della perizia. Il subprocedimento disciplinato dalla norma suddetta prende avvio con un'ordinanza autorizzativa dai contenuti molto più specifici rispetto a quelli previsti nell'omologa ordinanza di cui all'art. 224. Il legislatore, infatti, ha dettagliato in modo preciso e rigoroso le ipotesi in cui si può procedere all'esecuzione coattiva. Tale ordinanza indica, inoltre, a pena di nullità, i dati identificativi della persona da sottoporre all'esame; la tipologia del prelievo specifico da eseguire e le ragioni giustificative; gli avvisi necessari all'esercizio del diritto di difesa, nonché le coordinate spazio-temporali per l'esecuzione delle operazioni peritali.

Rispetto alle modalità con cui vengono eseguiti il prelievo e gli accertamenti medici, il legislatore ha previsto **divieti probatori**, sia immediatamente riferibili all'attività del giudice (il quale non può disporre operazioni contrastanti con la vita, l'integrità fisica, la salute della persona o comunque tali da arrecare sofferenze), sia strettamente attinenti le procedure esecutive della perizia che non debbono essere lesive della dignità e del pudore del periziando. Quest'ultimo, se, una volta invitato a presentarsi non compare senza addurre un legittimo impedimento, può essere accompagnato coattivamente e se non presta il proprio consenso, può essere sottoposto coattivamente agli accertamenti disposti dal giudice. In ogni caso l'atto è nullo se il periziando non è assistito da un difensore.

6.9. La consulenza tecnica endoperitale. Diritti delle parti

Come il perito non è più figura «ausiliaria» del giudice, così il consulente tecnico endoperitale (cioè l'esperto nominato da una parte nel caso che sia stata disposta perizia) non è più un mero «difensore tecnico» con il compito di accreditare sul piano scientifico-tecnico le argomentazioni della parte, ma assume la qualità di «soggetto di prova» **incaricato di contribuire alla elaborazione del responso esperto nel contraddittorio con il perito**.

Questa natura processuale del consulente tecnico si registra in più aspetti. È caduto il precedente limite numerico dell'unico consulente tecnico nominabile dalla parte. Inoltre l'art. 225, co. 1, attribuisce al pubblico ministero e alle parti private (nonché all'indagato e alla persona offesa) la facoltà di nominare propri consulenti tecnici in numero non superiore per ciascuna parte a quello dei periti incaricati; in tal modo si scongiura una pregiudizievole sperequazione di forze e si garantisce uno scambio dialettico valido ed efficace, in particolare quando siano incaricati più periti competenti in diverse discipline specialistiche.

D'altronde, la natura pubblicistica dell'incarico del perito (e del consulente tecnico del pubblico ministero) e quella privatistica dell'incarico del consulente tecnico del difensore non producono qualificazioni differenti dei loro ruoli nella formazione della prova: se, per un verso, il perito non è organo neutrale *super partes*, ma un soggetto di prova esperta che opera secondo il metodo dialettico (ciò che conta, in altri termini, non è un'autorità del suo sapere, ma la validità e l'attendibilità del suo operato), per un altro verso, il consulente tecnico (sia del pubblico ministero che del difensore) hanno i medesimi obblighi di lealtà e di verità del perito, tanto che correttamente è ormai invalsa la prassi giudiziaria di richiedere anche a loro la dichiarazione d'impegno prevista dall'art. 497, co. 2 (in virtù del rinvio operato dall'art. 501, co. 1. Norma recentemente richiamata dalla giurisprudenza di legittimità [30] per ribadire l'equiparazione – sotto il profilo del regime probatorio applicabile – fra il consulente tecnico e il testimone e ciò non solo quando il primo riferisce esclusivamente su fatti, di per sé passibili di essere affermati in modo veritiero o falso, ma anche quando esprime giudizi di natura tecnico-scientifica anche rispetto ai quali può essere svolta una valutazione in termini di verità-falsità).

Il fatto che, a differenza di quanto stabilito per il perito (e per il consulente tecnico nominato dal pubblico ministero *ex* art. 73 disp. att. [31]), il consulente tecnico del difensore non debba necessariamente essere scelto fra gli iscritti in albi professionali riflette solo un aspetto di organizzazione burocratica degli uffici del processo. Va piuttosto considerata una questione del tutto trascurata nella ricostruzione delle norme e nella prassi giudiziaria. In fase di ammissione della perizia, il giudice deve controllare, assieme agli altri requisiti, che il soggetto proposto come esperto sia dotato di «specifiche competenze tecniche, scientifiche o artistiche» (art. 220, co. 1). In caso negativo, la prova richiesta è inammissibile. Ciò vale anche per il consulente tecnico.

È da sottolineare, tra l'altro, che la credibilità del consulente tecnico è an-

[30] Cfr. Cass., Sez. Un., 25.9.2014, Guidi, in un'affermazione *incidenter tantum* della motivazione in cui si è enunciato il principio di diritto secondo cui «l'offerta o promessa di denaro o di altra utilità al consulente tecnico integra il delitto di intralcio alla giustizia di cui all'art. 377 cod. pen. in relazione alle ipotesi di cui agli artt. 371-*bis* o 372 cod. pen.».

[31] Cfr. Cass., Sez. Un., 28.11.2013, Seghaier, che ha stabilito che la competenza ad emettere il decreto di liquidazione del compenso del consulente tecnico nominato dall'accusa spetta esclusivamente al pubblico ministero incaricante, per il rapporto fiduciario intercorrente con il consulente selezionato, e non al giudice ordinario procedente al momento della richiesta.

che garantita dall'impossibilità che assuma l'incarico chi versi nelle condizioni di incapacità, indegnità o incompatibilità enucleate nell'art. 222, co. 1, lett. *a*, *b*, *c* e *d* a cui l'art. 225, co. 3, rinvia.

I compiti assegnati al consulente tecnico sono di portata determinante per l'assunzione della prova.

Nel momento preliminare di conferimento dell'incarico, l'art. 226, co. 2, prescrive al giudice un dovere di interpello del consulente tecnico nella delineazione del tema peritale per meglio definire l'operato del perito.

Nel corso delle operazioni peritali il consulente tecnico, che ha diritto di parteciparvi (e non semplicemente di assistervi), non è un «convitato di pietra», ma è protagonista attivo (cfr. anche art. 230, co. 1).

Il consulente tecnico ha la facoltà di proporre al perito lo svolgimento di specifici accertamenti che coltivino determinati temi rilevanti per l'oggetto della perizia; in tale ambito può anche svolgere un'attività controdeduttiva con la formulazione di osservazioni e riserve, di cui deve darsi atto nella stessa relazione peritale. Si tratta di un momento partecipativo cruciale che realizza la dialetticità della formazione della prova esperta. L'apporto qualificante del consulente tecnico è dunque di partecipazione attiva nel formarsi della prova e non di mero controllo *ex post* dell'operato del perito. Persino nell'ipotesi in cui i consulenti tecnici siano nominati solo a operazioni peritali concluse è a loro consentito, previa autorizzazione del giudice, l'esercizio di attività informative, esaminando persone, cose e luoghi che sono oggetto della perizia (art. 230, co. 3).

6.10. La consulenza tecnica estraperitale

La consulenza tecnica estraperitale è un mezzo di prova che può essere introdotto dalle parti nel procedimento **quando non sia disposta la perizia** (art. 233).

La *ratio* di questo istituto è che l'acquisizione processuale di un sapere specialistico può avere diversi veicoli: quello governato dal giudice mediante la perizia e quello procurato da una parte mediante la consulenza tecnica.

Il consulente tecnico estraperitale può esporre il proprio parere al giudice in forma orale o presentando memorie in ogni stato e grado del procedimento (art. 121). Il parere espresso dall'esperto di parte produce un risultato probatorio non diversamente dagli altri mezzi di prova, con la conseguenza che il giudice non è tenuto a disporre una perizia quando le conclusioni della consulenza tecnica siano esaustive, fondate e convincenti [32].

L'art. 233, inoltre, prevede una serie di attività di indagine dell'esperto di

---

[32] Sul punto cfr. Corte cost., sent. n. 33 del 1999.

parte, esercitabili lungo tutto l'arco procedimentale. In particolare, a norma del co. 1 *bis* dell'articolo citato, il consulente tecnico può essere autorizzato a esaminare le cose sottoposte a sequestro, a intervenire alle ispezioni e a esaminare l'oggetto dell'ispezione a cui lui stesso non ha potuto partecipare. Questa attività di esame su cose sequestrate o già ispezionate implica però una mera visione e non un intervento manipolativo o alterativo sulle stesse, come si ricava anche dal disposto del successivo co. 1 *ter* per il quale il giudice dà le prescrizioni finalizzate a lasciare inalterato lo stato di cose e luoghi esaminati dal consulente tecnico, nonché al rispetto delle persone.

Questa attività può essere svolta anche prima dell'inizio di un procedimento penale quando il difensore intenda svolgere **investigazioni preventive che richiedono cognizioni tecniche**: in questo senso è il collegamento tra il citato l'art. 233, co. 1 *bis*, che legittima il difensore a proporre una tale richiesta al pubblico ministero (e successivamente al giudice per le indagini preliminari in caso di rigetto del pubblico ministero) e il disposto dell'art. 391 *nonies*, che consente al difensore, munito di specifico incarico, di svolgere indagini difensive preventive avvalendosi dell'ausilio di un consulente tecnico.

Se successivamente alla nomina del consulente tecnico estraperitale è disposta una perizia, il suo ruolo si converte in quello di consulente tecnico endoperitale con la conseguente facoltà di partecipare alle operazioni peritali.

7. Documenti

7.1. Nozione

Il documento è un mezzo di prova che consiste in uno **scritto o altra entità idonea a rappresentare fatti, persone o cose mediante congegni tecnici** quali la fotografia, la cinematografia, la fonografia o qualsiasi diverso mezzo evocativo di frammenti di realtà passata utili alla ricostruzione dei fatti (art. 234). Pertanto la nozione di documento comprende sia manoscritti (o disegni) in cui l'oggetto della rappresentazione è un avvenimento fissato nella memoria di un individuo, sia altri oggetti (fotografie, pellicole, nastri magnetofonici e, secondo un'interpretazione estensiva data dalla giurisprudenza di legittimità [33], le registrazioni fonografiche di conversazioni o comunicazioni realizzate anche in modo occulto da chi vi ha preso parte o è stato autorizzato ad assistervi) rappresentativi di un fatto storico impresso in una macchina.

Per l'ammissione della prova documentale devono ricorrere **due presupposti**: 1) che il documento risulti materialmente **formato al di fuori del pro-**

---

[33] Cass., Sez. Un., 28.5.2003, Torcasio e altro.

cesso in cui si chiede o si dispone che lo stesso sia acquisito [34]; 2) che l'oggetto della documentazione estraprocessuale **attenga al fatto oggetto del procedimento** e non a quanto avviene nello svolgimento di questo [35]. Da ciò consegue che la nozione di prova documentale non si basa esclusivamente sulle caratteristiche materiali dello scritto grafico o del manufatto e sulla loro idoneità rappresentativa, ma anche sul rapporto tra l'oggetto rappresentato e il processo nel quale se ne chiede l'utilizzo. Rimangono quindi estranei alla disciplina della prova documentale gli atti confezionati nel processo per descrivere quanto in esso avviene, come, ad esempio, i verbali: a questi, sotto il profilo della lettura, è data diversa regolamentazione negli artt. 511 ss.

7.2. Divieti di acquisizione

Nella previsione di divieti di acquisizione di prove documentali è da registrare una tendenziale omogeneizzazione con la disciplina della prova testimoniale; ciò coerentemente con un sistema di stampo accusatorio che, privilegiando il principio di oralità, vuole evitare di ammettere nel processo prove documentali con un oggetto più ampio di quello previsto per la prova dichiarativa.

Infatti l'art. 234, co. 3, sancisce il divieto di acquisire documenti contenenti informazioni relative a **voci correnti nel pubblico** relativamente ai fatti oggetto del processo: si tratta del medesimo divieto già stabilito in tema di prova testimoniale dagli artt. 194, co. 3, e 195, co. 7, che preclude l'ingresso nel processo delle dichiarazioni di cui si ignora la fonte originaria. Al medesimo principio si conforma anche l'art. 240, che bandisce dal materiale acquisibile i **documenti anonimi**, come tali non confermabili dalla fonte, salvo che costituiscano corpo del reato o provengano dall'imputato.

Sempre richiamando un divieto già previsto per la prova testimoniale (art. 194, co. 3), l'art. 234, co. 3, ultima parte, vieta l'acquisizione di documenti contenenti **apprezzamenti soggettivi sulla moralità** in generale delle parti, dei testimoni, dei periti e dei consulenti tecnici.

7.3. Documenti costituenti corpo del reato e relativi al giudizio sulla personalità. Regimi acquisitivi

A seconda della loro fonte o funzione, ai documenti si applicano due diversi **regimi di ammissione**: 1) incondizionato; 2) condizionato ad un determinato uso probatorio.

---

[34] *Rel. prog. prel. c.p.p.*, p. 67.

[35] La necessaria ricorrenza di entrambi i presupposti è stata evidenziata da Cass., Sez. Un., 28.3.2006, Prisco.

Sono sottoposti al primo regime i documenti che costituiscono il corpo del reato (oggetto, strumento, prodotto, profitto o prezzo del reato), indipendentemente da chi ne sia l'artefice o il detentore (art. 235), nonché i documenti provenienti dall'imputato nel senso di essere stati da questi ideologicamente o materialmente formati o semplicemente detenuti (art. 237).

Al secondo regime sono invece sottoposti i certificati del casellario giudiziale, le sentenze italiane divenute irrevocabili e le sentenze straniere riconosciute nel territorio nazionale. Sono documenti ammissibili a condizione che servano alla valutazione della personalità dell'imputato e dei testimoni. Si tratta di una deroga alla regola generale che, coerentemente con la tutela del diritto alla riservatezza dell'individuo, vieta l'acquisizione di documenti attinenti alla moralità delle parti, dei testimoni, dei periti e dei consulenti tecnici (art. 234, co. 3, ultima parte). Questo regime vale anche nel caso in cui i documenti elencati nell'art. 236, co. 1, servano per la valutazione della personalità della persona offesa se il comportamento e la moralità di quest'ultima rilevano ai fini del *thema decidendum*.

Sempre condizionata alla formulazione del giudizio sull'imputato e, nei limiti sopra indicati, sulla persona offesa è l'ammissione di documenti conservati presso uffici del servizio sociale, enti pubblici e uffici di sorveglianza acquisiti in sostituzione delle deposizioni testimoniali degli estensori dei documenti predetti.

È anche consentita l'acquisizione delle sentenze italiane o straniere nonché dei certificati del casellario giudiziale per formulare un giudizio di credibilità circa il testimone escusso.

7.4. La circolazione di verbali di prova di altri procedimenti

L'art. 238 (modif. dall'art. 9, co. 1, lett. *a*, *b* e *c*, L. n. 63 del 2001) prevede la possibilità, seppure a determinate condizioni, di canali di passaggio di verbali di prove da un procedimento all'altro. Infatti, la norma consente l'acquisizione di verbali di prova di procedimenti diversi da quello in cui il documento è ammesso, ma solo se si tratta di **prove formate nel contraddittorio** delle parti in dibattimento o con incidente probatorio.

Queste trasmigrazioni probatorie sono possibili anche in relazione al materiale raccolto nel giudizio civile, di cui possono essere acquisiti i verbali di prova sempre che il giudizio si sia già concluso con sentenza divenuta irrevocabile.

La ricorrenza di questi presupposti consente l'utilizzo in generale dei verbali concernenti prove acquisite in altro procedimento. Perché sia consentito l'uso anche contro l'imputato di verbali di dichiarazioni raccolte in altro procedimento, è necessario che all'assunzione delle stesse abbia parecipato il difensore o che nei confronti dell'imputato faccia stato la sentenza civile divenuta irrevocabile (art. 238, co. 2 *bis*).

Indipendentemente poi dalla fase procedimentale in cui si sono formati i verbali di prova o dalla intervenuta irrevocabilità della sentenza civile, è sempre acquisibile la documentazione di atti originariamente irripetibili o divenuti tali per fatti o circostanze sopravvenute e imprevedibili. Con questa norma si è inteso attuare l'art. 111, co. 5, Cost. nella parte in cui consente la deroga al contraddittorio per «accertata impossibilità di natura oggettiva».

Al di fuori delle ipotesi di partecipazione dialettica alla formazione della prova e di irripetibilità originaria o sopravvenuta (e imprevedibile), l'unico strumento che può rendere pienamente utilizzabili i verbali di dichiarazioni raccolte in altro procedimento è il **consenso dell'imputato**; mancando tale presupposto, il loro utilizzo è limitato alle sole contestazioni di cui agli artt. 500 e 503.

Una volta acquisiti i verbali da procedimenti diversi, le parti possono sempre esercitare, in aderenza ai princìpi di oralità e formazione dialettica della prova, il diritto a esaminare gli autori delle dichiarazioni «travasate» nel proprio procedimento, ad eccezione dei casi in cui si proceda per reati di particolare allarme sociale (elencati nell'art. 51, co. 3 *bis*): qui l'audizione dei dichiaranti è disposta solo se intesa a ottenere informazioni diverse da quelle già raccolte o se ne risulti la necessità sulla base di particolari esigenze evidenziate dal giudice o da una parte.

7.5. La funzione probatoria delle sentenze irrevocabili

L'art. 238 *bis* estende l'efficacia probatoria delle sentenze irrevocabili (emesse a seguito di dibattimento, di giudizio abbreviato, di applicazione della pena su richiesta delle parti, di giudizi civili o avanti le giurisdizioni speciali) consentendone l'acquisizione anche ai fini della prova del fatto in esse accertato.

Tale norma (introdotta dalla L. n. 356 del 1992 per intenti di «semplificazione probatoria») rappresenta una deroga ai princìpi della oralità e del contraddittorio nella formazione della prova, deroga che, sottoposta anche di recente all'attenzione della Corte costituzionale [36], ha retto al relativo vaglio essendo stato ritenuto tutelato il principio del contraddittorio *per* la prova e *sulla* prova nella misura in cui la norma in oggetto fa **salva la facoltà del giudice *ad quem* di valutare liberamente le sentenze irrevocabili** acquisite sottoponendole alla procedura di corroborazione prevista in via generale dall'art. 192, co. 3. Va peraltro precisato che la sentenza irrevocabile dà la prova non di un fatto, ma che, in un dato procedimento, vi è stato un accertamento

---

[36] Corte cost., sent. n. 29 del 2009.

di un fatto: questo è un esito probatorio che deve rientrare nel concetto di oggetto della prova (art. 187) ed è soggetto a valutazione, da condursi anche a norma dell'art. 192, co. 3, vagliando la ricorrenza di «riscontri esterni individualizzanti» generalmente utilizzati per verificare l'attendibilità della chiamata di correo.

7.6. I documenti anonimi

Sono vietate l'acquisizione e l'utilizzazione di documenti contenenti dichiarazioni anonime (art. 240, co. 1), vale a dire documenti di cui non è possibile accertare la fonte o che non sono attribuibili ad alcun soggetto in quanto privi di sottoscrizione o di altro valido elemento identificativo dell'autore. Tale divieto ritorna in altre disposizioni: l'art. 333, co. 3, prescrive che «delle denunce anonime non può essere fatto alcun uso, salvo quanto disposto dall'art. 240»; l'art. 108 disp. att., nel disciplinare le modalità di conservazione delle denunce anonime e degli altri documenti anonimi, ne prevede l'inutilizzabilità; la previsione di inutilizzabilità è ribadita, infine, nell'art. 5 norme reg. in tema di annotazione di denunce e altri documenti anonimi.

Escluso, pertanto, ogni uso processuale del documento anonimo (l'ipotesi tipica è quella della denuncia), l'unica efficacia riconosciuta alle informazioni in esso contenute è di orientare l'attività investigativa del pubblico ministero e della polizia giudiziaria nella ricerca di elementi utili per l'individuazione di una *notitia criminis*. È da ricordare, infine, che al divieto di utilizzo si sottrae invece il documento anonimo che costituisca corpo del reato o provenga dall'imputato quale artefice o detentore dello stesso.

7.7. Accertamento sull'origine del documento

L'art. 239 prevede quale operazione di accertamento della provenienza del documento la sua presentazione, ai fini del riconoscimento, alle parti private o ai testimoni. Per «provenienza» (concetto che riecheggia anche negli artt. 237 e 240, co. 1) si intende l'**identificazione della persona che ha formato il documento** e non della persona presso la quale il documento è stato rinvenuto.

Il riconoscimento del documento si pone come presupposto indispensabile per la sua rilevanza giuridica [37]: speculare a tale regola è la comminatoria di inutilizzabilità prevista per il documento anonimo (art. 240), fatta sempre salva l'ipotesi che costituisca corpo del reato o provenga dall'imputato.

---

[37] *Rel. prog. prel. c.p.p.*, p. 67.

7.8. Documenti falsi

Il giudice, se rileva elementi di falsità del documento prodotto e il falso non è il *thema decidendum*, è tenuto *ex* art. 241 a compiere sullo stesso una valutazione di genuinità in via meramente incidentale e nei limiti in cui tale valutazione sia funzionale alle esigenze di accertamento del procedimento penale. All'esito della definizione del procedimento in cui il documento falso è stato acquisito, il giudice trasmettere gli atti al pubblico ministero (art. 241).

Tale procedura incidentale è coerente con l'oggetto della cognizione del giudice penale e con i princìpi generali in tema di pregiudizialità penale: secondo il disposto dell'art. 2, infatti, il giudice può risolvere in via autonoma ogni questione da cui dipende la decisione, salvo specifiche eccezioni previste dalla legge.

7.9. Traduzione e copia di documenti

L'art. 242 ammette l'ingresso nel procedimento di documenti redatti in lingua estera. In parziale deroga all'obbligatorietà dell'intervento dell'interprete (art. 143, co. 4), la nomina di quest'ultimo per la traduzione del documento è prevista solo se risulti necessaria alla comprensione dello stesso. Non può il giudice considerare il documento comprensibile facendo esclusivo riferimento alla sua conoscenza personale della lingua estera con cui il documento è stato formato.

L'art. 243, da leggersi in parallelo con quanto stabilito dall'art. 116 in tema di copie di atti del procedimento, consente a chi vi abbia interesse di ottenere copia di documenti confluiti nel materiale probatorio e che non debbano rimanere segreti (art. 329). Su tale richiesta decide il giudice autorizzando la cancelleria al rilascio di copia autentica, previa valutazione della sussistenza di un interesse effettivo in capo al richiedente.

Applicando in via analogica quanto previsto dal combinato disposto degli artt. 43 disp. att. e 116, è da ritenere che anche per i documenti si debba prescindere dall'autorizzazione giudiziale nelle ipotesi in cui al richiedente sia riconosciuto espressamente il diritto al rilascio di copie di documenti, come nel caso di richiesta avanzata dai difensori.

Capitolo IX

I mezzi di ricerca della prova

di *Oreste Dominioni*

1. Ispezioni

1.1. Nozione

Il *corpus* normativo dedicato ai mezzi di ricerca della prova ha subito recenti modifiche ad opera della L. 18.3.2008, n. 48 con cui il legislatore italiano ha ratificato e dato esecuzione alla Convenzione di Budapest sulla criminalità informatica del 23.11.2001. Se sul fronte del diritto penale sostanziale si è preferito procedere con l'introduzione di nuove fattispecie incriminatici, sul diverso fronte processuale penale (v. art. 8, L. n. 48 del 2008) si è optato per la tecnica di novellazione di norme già esistenti e attinenti un tema cruciale, nella lotta alla criminalità informatica, quale è quello della prova su cui inevitabilmente impatta l'accresciuto uso delle tecnologie informatiche. Concentrandosi su questa tematica, sono state modificate alcune regole relative, ad esempio, alle modalità di conservazione dei dati originali rinvenuti a seguito di perquisizioni e sequestri; ai rapporti con i fornitori di servizi informatici, telematici e di telecomunicazioni o, ancora, al sequestro della corrispondenza in forma elettronica o inoltrata per via telematica.

Le interpolazioni normative hanno interessato anche il primo mezzo di ricerca della prova disciplinato dal codice di rito: le ispezioni.

L'**ispezione** è un mezzo di ricerca della prova che consiste **nell'osservare una persona, un luogo o una cosa per rilevarne tracce o altri effetti materiali lasciati dal reato** (art. 244). Tale osservazione si traduce nella percezione diretta dei segni, delle impronte, delle macchie o di altre alterazioni visibili che la condotta delittuosa può avere provocato, oppure, se vi sia stato un dissolvimento dei segni visibili del reato (per scomparsa, cancellazione, dispersione, alterazione o rimozione), nella descrizione obiettiva di persone, luoghi o cose per come si presentano nel loro stato attuale. L'autorità giudiziaria procedente, se possibile, verifica anche lo **stato preesistente** al reato individuando cause, modi e tempi che hanno dato origine alle modificazioni.

Nell'ambito di queste attività, l'autorità giudiziaria può disporre rilievi segnaletici, descrittivi, fotografici e altri accertamenti tecnici per lo svolgimento dei quali si può avvalere della collaborazione di esperti negli specifici settori. È da evidenziare, a tale proposito, il discrimine tra l'operato di questi esperti e quello dei periti (art. 220): i primi sono chiamati a svolgere un'attività di mera rilevazione di dati che prescinde dal giudizio tecnico specialistico che invece è implicato nel responso peritale.

La prima modifica introdotta dalla L. n. 48 del 2008 riguarda l'inciso finale dell'art. 244, co. 2, che ora consente all'autorità giudiziaria di disporre rilievi segnaletici, descrittivi e fotografici e ogni altra operazione tecnica anche in relazione a sistemi informatici o telematici. La medesima disposizione normativa prevede, altresì, in capo al soggetto che esegue l'ispezione, la possibilità di esercitare un potere conservativo dei dati originali rinvenuti in sede di ispezione, al fine di evitare alterazioni degli stessi che potrebbero inevitabilmente compromettere la genuinità dell'accertamento investigativo.

1.2. Soggetti e forme

Legittimata a disporre l'ispezione è l'«autorità giudiziaria» (art. 244, co. 2), locuzione comprensiva del pubblico ministero e del giudice, la quale può delegare la polizia giudiziaria, ad eccezione delle ispezioni personali (art. 354, co. 2).

L'ispezione è disposta con **decreto motivato**, a pena di nullità (art. 125, co. 3). Il dovere di motivazione attiene alla specificazione del presupposto generale dell'ispezione («quando occorre accertare le tracce e gli altri effetti materiali del reato») e tutela i princìpi costituzionali di inviolabilità della libertà personale e del domicilio (artt. 13 e 14 Cost.) la cui limitazione è subordinata alla riserva di legge e di giurisdizione.

1.3. Ispezioni personali e garanzie difensive

L'oggetto dell'ispezione personale (art. 245) è il **corpo umano vivo o una sua parte**, visibile o nascosta alla vista altrui; oppure un **cadavere** quando l'operazione probatoria consista nel «riscontro diagnostico», mera rilevazione di dati oggettivi (oltre tali limiti si versa nell'autopsia, che è materia di perizia o consulenza tecnica). Il corpo oggetto di ispezione può essere quello dell'indagato, della persona offesa o di un terzo.

L'espletamento dell'ispezione personale è accompagnato da garanzie difensive e cautele intese ad assicurare il **rispetto della dignità** e, nei limiti del possibile, del **pudore dell'ispezionato**.

Tra le garanzie rientra la previsione dell'art. 364, co. 4, secondo cui il difensore dell'indagato ispezionato ha diritto di essere avvisato, almeno ventiquattro ore prima, del compimento delle operazioni, salvo le ipotesi di particolare urgenza in cui un ritardo nell'accertamento potrebbe irrimediabilmente compromettere l'assicurazione delle fonti di prova (art. 364, co. 5). Il difensore, anche se non avvisato, ha la facoltà di partecipare all'ispezione.

Oltre all'assistenza del difensore, è anche prevista l'assistenza di una «persona di fiducia» dell'ispezionato se questi, avvisato prima di procedere all'ispezione, ne faccia richiesta. L'intervento di questa persona di fiducia è condizionato alla sussistenza di due presupposti.

Il primo consiste nella «pronta reperibilità» di tale persona, naturalmente tenuto conto dei tempi tecnici necessari per rintracciala e per permetterle di raggiungere il luogo delle operazioni. Il superamento di questi tempi esclude il diritto all'assistenza del terzo di fiducia, in quanto si vuole evitare che le attese eccessive compromettano la proficuità dell'atto.

Il secondo presupposto è che la persona di fiducia sia «idonea», a norma dell'art. 120, ad assumere il ruolo di testimone ad atti del procedimento[1], ciò per l'eventualità che tale soggetto sia chiamato a deporre nel processo sulle attività a cui ha assistito.

Tra le cautele previste a tutela della dignità e del pudore dell'ispezionato rientrano la disposizione dell'art. 79 disp. att., che prevede che l'operatore dell'ispezione sia, se possibile, una persona dello stesso sesso dell'ispezionato, e quella dell'art. 245, co. 3, che consente all'autorità giudiziaria di astenersi dal partecipare all'ispezione se questa può essere eseguita per mezzo di un medico.

1.4. Ispezione di luoghi o di cose

L'art. 246 disciplina l'ispezione di luoghi o di cose. La prima ha ad oggetto **beni immobili** che si suppone coincidenti con il luogo di commissione del

---

[1] Cfr. *supra*, cap. V, par. 9.

reato, il quale può anche essere il domicilio; la seconda ha ad oggetto **beni mobili materiali**, **esseri animali** o anche il **cadavere di un uomo**, sempre che l'attività ispettiva si limiti all'osservazione e alla descrizione delle tracce del reato e non implichi anche una valutazione sconfinando, altrimenti, nell'ambito dell'indagine autoptica.

L'art. 246, co. 1, attua un bilanciamento tra il principio costituzionale di inviolabilità del domicilio (art. 14 Cost.) e la natura di atto «a sorpresa» connaturale all'ispezione; infatti la norma, da un lato, garantisce un diritto all'informazione circa la legittimità e la fondatezza della ispezione prevedendo, prima di procedere alle operazioni ispettive, la consegna di una copia del decreto motivato all'imputato o a chi abbia l'attuale disponibilità del luogo e, dall'altro, subordina la consegna della copia del provvedimento al presupposto della presenza *in loco* dei destinatari, così ovviando al rischio che l'attesa risulti pregiudizievole per gli esiti dell'ispezione.

A tutela di un efficace espletamento dell'ispezione si pone il co. 2 dell'art. 246, che prevede il potere di ordinare a talune persone presenti di non allontanarsi dal luogo delle operazioni per tutta la durata delle stesse e di ricondurvi coattivamente i trasgressori.

2. Perquisizioni

2.1. Nozione e presupposti

La perquisizione consiste in un'attività di **ricerca del corpo del reato o di cose pertinenti al reato**. Può essere personale o locale.

La **perquisizione personale** è disposta quando esistono elementi specifici e precisi che fanno ritenere che lo strumento, il prodotto, il prezzo del reato o le cose pertinenti al reato si trovino occultate sul corpo dell'imputato, della persona offesa o di soggetti estranei al procedimento, sugli abiti che li ricoprono o tra gli oggetti che trasportano (art. 247, co. 1, prima parte).

La **perquisizione locale** è disposta quando vi è fondato motivo di ritenere che il corpo del reato o le cose pertinenti al reato si trovino in determinati luoghi, che possono anche coincidere con il domicilio o che, nei detti luoghi, possa essere eseguito l'arresto dell'imputato (o indagato) o dell'evaso (art. 247, co. 1, ultima parte).

Il presupposto comune per procedere a questa attività di ricerca è individuato, dall'art. 247, co. 1, nel «fondato motivo di ritenere» che le cose oggetto di ricerca si trovino occultate su persone o in determinati luoghi o che in questi si trovi l'imputato o l'evaso: ciò non significa illazioni, congetture o meri sospetti, ma un insieme di indizi convergenti, riguardo a una concreta figura di reato, sulla probabilità di rinvenimento l'oggetto di ricerca.

Coerentemente con le innovazioni introdotte in tema di ispezione dalla L. n. 48 del 2008, il legislatore ha ritenuto di inserire il co. 1 *bis* nel testo dell'art. 247 prevedendo il ricorso a questo mezzo di ricerca della prova allorquando vi sia il fondato motivo di ritenere che dati, informazioni, programmi informatici o tracce comunque pertinenti al reato si trovino in un sistema informatico o telematico. Poiché la finalità di tale ricerca è quella di giungere al successivo sequestro dei dati reperiti, il legislatore ha previsto, anche per la perquisizione come già per l'ispezione, la possibilità di porre in essere tutti gli atti conservativi necessari ad evitare l'alterazione dei dati rinvenuti.

La perquisizione è disposta dal pubblico ministero nella fase delle indagini preliminari (o dalla polizia giudiziaria su delega del pubblico ministero o per iniziativa autonoma nelle ipotesi previste dall'art. 352) o dal giudice nelle fasi successive, con decreto motivato che deve indicare la fattispecie concreta nei suoi connotati modali e spazio-temporali e la norma incriminatrice che si ritiene violata[2].

2.2. Le procedure alternative alla perquisizione

L'art. 248 prevede due procedure alternative alla perquisizione.

La prima attiene ai casi in cui si ricerchi **una cosa determinata**: l'autorità giudiziaria può formulare **l'invito a consegnarla** che, se ottemperato, esclude la perquisizione (art. 248, co. 1).

La seconda attiene alla perquisizione **presso banche**, alla quale si procede solo quando sia opposto il rifiuto all'esame di atti, documenti e corrispondenza, nonché dati, informazioni e programmi informatici (art. 248, co. 2, novellato dall'art. 8, L. n. 48 del 2008) e ciò in una chiara ottica di cooperazione internazionale semplificatoria e acceleratoria delle modalità di accesso ai sistemi informatici delle banche.

Entrambe le procedure perseguono contemporaneamente obiettivi di semplificazione processuale e l'interesse individuale a vedere invasa il meno possibile la sfera di riservatezza. Quest'ultima, peraltro, soccombe di fronte alle necessità di ricerca della prova: infatti, l'art. 248, co. 1, fa salva la possibilità di procedere alla perquisizione anche dopo la consegna spontanea della cosa quando sia necessario assicurare la completezza dell'attività investigativa.

---

[2] Cfr. Corte eur., sent. 15.10.2013, Gutsanovi c. Bulgaria, ove la Corte europea ha condannato la Bulgaria essendo stata effettuata una perquisizione domiciliare ai danni del ricorrente, sospettato di peculato e di abuso d'ufficio, senza una previa autorizzazione giurisdizionale.

2.3. Perquisizioni personali e locali: garanzie

Le garanzie individuali relative all'esecuzione della perquisizione personale sono, in parte, coincidenti con quelle previste per l'ispezione personale (facoltà del perquisito di farsi assistere da persona di fiducia prontamente reperibile e idonea a norma dell'art. 120); in parte, meno incisive, laddove prevedono non il dovere di avviso al difensore ventiquattro ore prima del compimento dell'atto (art. 364, co. 1 e 2), ma solo l'assistenza di quest'ultimo nello svolgimento delle operazioni di ricerca (art. 365); in parte, infine, più ampie, prevedendo il dovere di consegnare una copia del decreto motivato al soggetto interessato.

Garanzie più ampie, rispetto all'ispezione, connotano anche la perquisizione locale. Infatti, è sempre fatto salvo il diritto dell'interessato ad essere compiutamente informato circa la legittimità e la fondatezza della perquisizione: in caso di assenza dell'imputato o di chi ha la disponibilità del luogo, una copia del decreto motivato è consegnata a un congiunto, coabitante, collaboratore, al portiere o a chi ne fa le veci.

L'autorità giudiziaria procedente può estendere l'oggetto della ricerca dalla originaria perquisizione dei luoghi alla perquisizione delle persone presenti o intervenute in tali luoghi (art. 250, co. 3), sempre che ricorrano i presupposti specifici per disporre la perquisizione personale (art. 247, co. 1) e si proceda con le modalità per questa previste (art. 249).

2.4. Perquisizioni domiciliari

L'art. 251 prevede una categoria specifica di perquisizione locale: quella nel **domicilio**. Per «domicilio» (anche considerando l'art. 14 Cost.) deve intendersi l'abitazione in cui la persona svolge abitualmente la vita domestica, altro luogo chiuso adiacente all'abitazione che si pone in rapporto di stretta contiguità, adibito alla vita familiare, o anche l'abitacolo di un'autovettura posteggiata presso il domicilio dell'interessato e nella sua diretta disponibilità.

In tale ambito più circoscritto, la perquisizione domiciliare si caratterizza rispetto alla locale per i **limiti temporali** imposti all'attività perquirente a tutela della pace domestica: la ricerca coattiva non può iniziare prima delle ore sette e oltre le ore venti; si può prescindere da questa delimitazione temporale solo nei casi in cui l'autorità giudiziaria ravvisi casi di urgenza, indicandoli per iscritto[3].

---

[3] Corte eur., sent. 27.9.2018, Brazzi c. Italia, ha accertato una violazione dell'art. 8 della Convenzione, poiché la normativa italiana non aveva permesso al ricorrente di ottenere un effettivo controllo giudiziale, preventivo o successivo, sulla necessità e legittimità della perquisizione subita presso la propria abitazione.

2.5. Il rapporto tra perquisizione e conseguente sequestro

L'art. 252 **prevede il sequestro del corpo del reato o delle cose pertinenti al reato** reperite nel corso di una perquisizione. Le cose sequestrate sono immediatamente affidate in custodia alla cancelleria o segreteria dell'autorità giudiziaria procedente o a un custode appositamente nominato; le stesse sono assicurate mediante l'apposizione di sigilli e, se deperibili, sono alienate o distrutte.

La questione più significativa relativa ai rapporti fra perquisizione e sequestro riguarda il problema se sia invalido il sequestro conseguente a una perquisizione illegittima. La questione è stata risolta negativamente[4] in quanto, tra perquisizione e sequestro, è tracciata una linea di autonomia del momento valutativo dei presupposti della perquisibilità e della sequestrabilità della cosa; ciò implica che l'attività di ricerca illegittima non si traduce in un'invalidità del sequestro e nella inutilizzabilità della prova rinvenuta[5].

Diversa è l'ipotesi in cui la legge prevede un **divieto di acquisizione**: la sua violazione è **causa di inutilizzabilità della prova** (art. 191). Non sono ad esempio sequestrabili presso il difensore, l'incaricato di investigazioni difensive e il consulente tecnico (e, dunque, non sono utilizzabili) le carte e i documenti relativi all'oggetto della difesa, salvo che costituiscano corpo del reato (art. 103), o gli elementi probatori raccolti in violazione delle regole sull'attività di intercettazioni di conversazioni o comunicazioni (art. 271).

Salvo che la perquisizione abbia consentito il sequestro, contro il decreto del pubblico ministero che l'ha disposta l'indagato e il perquisito possono proporre opposizione entro dieci giorni. Il giudice provvede in camera di consiglio nel contraddittorio delle parti (art. 127). L'opposizione è accolta se la perquisizione è stata disposta fuori dei casi previsti dalla legge (art. 252 *bis*).

3. Sequestri

3.1. Nozione e oggetto

L'art. 253 disciplina il sequestro penale a fini probatori, diverso dalle altre due figure di sequestro, conservativo e preventivo aventi, rispettivamente, finalità di cautela sostanziale e di prevenzione (Libro IV, Titolo II, relativo alle «Misure cautelari reali»).

---

[4] Cfr., al riguardo, Corte cost., ord. n. 332 del 2001; nonché, nella giurisprudenza ordinaria, Cass., Sez. Un., 10.5.1996, Sala.

[5] Cfr., sul tema, Corte eur., sent. 3.3.2016, Prade c. Germania.

Il **sequestro probatorio** è un mezzo di ricerca della prova finalizzato ad acquisire al procedimento elementi necessari alla ricostruzione del fatto tramite l'imposizione, su tali elementi, di un vincolo di indisponibilità materiale e giuridica.

Sono passibili di apprensione coattiva a fini probatori il **corpo del reato** e le **cose pertinenti al reato**. Sono «corpo del reato» le cose sulle quali o mediante le quali il reato è stato commesso o le cose che ne costituiscono il prodotto, il profitto o il prezzo; quando sussiste un tale rapporto tra il reato e la cosa, questa è ritenuta dotata di per sé di attitudine probatoria. La nozione di «cose pertinenti al reato» non si rinviene nella legge, ma nella casistica giudiziaria[6]. Si ritengono «cose pertinenti al reato» non solo quelle connotate da un'intrinseca, specifica e strutturale strumentalità rispetto al reato contestato e a quelli futuri di cui si teme la commissione, ma anche le cose indirettamente collegate al reato per cui si procede, purché risultino necessarie alla ricostruzione del fatto.

3.2. Soggetti legittimati e formalità

L'organo titolare del potere di disporre il sequestro è, come per le ispezioni e le perquisizioni, l'«autorità giudiziaria», vale a dire: il pubblico ministero nel corso delle indagini preliminari; il giudice per le indagini preliminari, sollecitato da una persona interessata che già aveva formulato la richiesta al pubblico ministero e da questi non accolta; il giudice del dibattimento, a richiesta di parte nel corso dell'istruzione dibattimentale o d'ufficio a istruzione conclusa a norma dell'art. 507.

Il sequestro è disposto con **decreto motivato** a pena di nullità (art. 125, co. 3)[7]. Il dovere di motivazione ha la sua matrice negli artt. 13 e 14 Cost. essendo il sequestro una misura limitativa delle libertà personale[8] e domiciliare.

Il decreto deve indicare le cose da sequestrare, ad eccezione delle ipotesi in cui il sequestro venga disposto non in via autonoma, ma nell'ambito di una perquisizione: in quest'ultimo caso, è sufficiente il generico riferimento del decreto alla possibile apprensione coattiva di cose che siano rinvenute nel

---

[6] *Rel. prog. prel. c.p.p.*, p. 145.

[7] Cass., Sez. Un., 19.4.2018, Botticelli ha stabilito che anche per le cose che costituiscono corpo di reato, il decreto di sequestro (o di convalida di sequestro) probatorio deve essere comunque motivato quanto alla finalità in concreto perseguita per l'accertamento dei fatti.

[8] Corte eur., sent. 24.4.2018, Benedik c. Slovenia, ha sanzionato la Slovenia ritenendo che la normativa utilizzata dalla polizia (*Criminal Procedure Act*) per ottenere informazioni sull'utente di un indirizzo IP fosse carente in chiarezza e non offrisse garanzie sufficienti contro il rischio di arbitrarie interferenze con il diritto al rispetto della vita privata e familiare.

corso della ricerca o di quant'altro risulti rilevante ai fini delle indagini. Va inoltre indicato il nesso strumentale diretto tra la cosa e il reato, nonché le esigenze probatorie concretamente perseguite in funzione dell'accertamento del fatto.

L'autorità giudiziaria può delegare, per l'esecuzione del sequestro, gli ufficiali di polizia giudiziaria (art. 370), i quali, peraltro, sono legittimati a procedervi anche di propria iniziativa, salva la successiva convalida ad opera del pubblico ministero, in occasione dell'esecuzione di rilievi e accertamenti urgenti sullo stato di cose o luoghi passibili di alterazione, dispersione o modifica irreversibile (art. 354, co. 2).

Alla persona interessata deve essere consegnata copia del decreto motivato.

3.3. Sequestro di corrispondenza presso uffici postali

Il co. 1 dell'art. 254 è stato riscritto dall'art. 8, co. 4, L. n. 48 del 2008, in particolare, nella parte in cui si è estesa la categoria dei soggetti presso i quali il sequestro è ora consentito, vale a dire: coloro che forniscono **servizi postali, telegrafici, telematici o di telecomunicazione**. In sostanza, ai soggetti privati esercenti l'attività di servizio postale, il legislatore del 2008 ha affiancato i soggetti che offrono un servizio di comunicazione **anche in forma telematica**. In secondo luogo, il legislatore ha voluto ampliare anche la sfera oggettiva del materiale sequestrabile includendovi le comunicazioni in chiave informatica.

L'art. 254, sulla base dell'art. 15, co. 2, Cost., prevede una limitazione alla garanzia costituzionale di inviolabilità e segretezza della corrispondenza consentendo il sequestro, negli uffici postali o telegrafici, di documenti rientranti nella nozione di «corrispondenza» (lettere, pieghi, pacchi, valori, telegrammi e altro tipo di corrispondenza anche se inoltrata per via telematica) in due situazioni: che vi sia «fondato motivo di ritenere» che si tratti di corrispondenza spedita dall'imputato o a lui indirizzata anche sotto diverso nome o tramite terzi intermediari; oppure che si ritenga tale corrispondenza in relazione pertinenziale con il reato[9].

---

[9] La Corte di cassazione a Sezioni Unite (cfr. Cass., Sez. Un., 19.4.2012, Pasqua) ha recentemente affermato – allineandosi in tal senso all'orientamento della Corte EDU – come il sequestro della corrispondenza epistolare destinata a un detenuto non possa avvenire segretamente e in modo occulto, in una sorta di applicazione analogica di quanto previsto dall'art. 266 in tema di intercettazioni. Ciò in quanto le disposizioni del codice di rito debbono conciliarsi con le garanzie supplementari apprestate dall'art. 18 dell'Ordinamento penitenziario che prevede: l'apposizione di un visto di controllo sulla corrispondenza esaminata; l'immediata comunicazione al detenuto dell'eventuale trattenimento della corrispondenza e la possibilità, concessa al detenuto, di presentare reclamo contro il provvedimento di assoggettamento a controllo. Se, dunque, l'intercetta-

È invece esclusa dal sequestro **la corrispondenza intercorsa tra l'imputato e il suo difensore**, salvo che l'autorità giudiziaria fondatamente ritenga che costituisca corpo del reato (art. 103, co. 6)[10]. Recentemente le Sezioni Unite della Corte di cassazione[11] hanno affermato come i limiti imposti dall'art. 103 e intesi come «garanzia di libertà del difensore», con specifico riferimento al sequestro, non possano avere ad oggetto documenti che si trovino nella sfera di pertinenza esclusiva dell'imputato e che siano privi di una finalizzazione attuale all'espletamento delle funzioni del difensore.

Il sequestro di corrispondenza è disposto dall'autorità giudiziaria. L'ufficiale di polizia giudiziaria, che procede al sequestro, è tenuto a trasmettere la corrispondenza sequestrata in modo integro all'autorità procedente senza prendere conoscenza in alcun modo del suo contenuto e rispettando il divieto, ora espressamente previsto sempre dall'art. 8, co. 4, L. n. 48 del 2008, di alterare gli oggetti di corrispondenza. Il timore di alterazione aumenta nei casi si tratti di dati informatici come dimostra il continuo rinvio, operato dal legislatore del 2008 (oltre che nell'ambito del sequestro, anche in tema di ispezioni e perquisizioni), al possibile espletamento di tecniche di conservazione dei dati.

Una volta aperta dall'autorità giudiziaria, la corrispondenza sequestrata deve essere analizzata per **separare quella che risulta utile nella ricostruzione del fatto da quella inutile** a tali fini o *ab origine* **non sequestrabile**, che deve essere immediatamente restituita all'avente diritto.

3.4. Sequestro di dati informatici

L'art. 254 *bis* è stato introdotto dall'art. 8, co. 5, L. n. 48 del 2008 e attiene al sequestro **di dati informatici presso fornitori di servizi informatici, te-**

---

zione di corrispondenza epistolare viene effettuata in violazione della legge, ciò determina una inutilizzabilità a norma dell'art. 191 (cfr. *supra*, cap. VII, par. 21). Il principio è stato ribadito anche dalla Corte costituzionale che, con sentenza n. 20 del 2016, proprio ricordando quest'ultima pronuncia di legittimità, ha dichiarato l'infondatezza delle questioni di legittimità costituzionale sollevate in relazione all'art. 266 ed agli artt. 18 e 18 *ter* o.p. nella parte in cui tali norme – in presunta violazione dell'art. 3 Cost. – non consentirebbero di procedere all'intercettazione della corrispondenza epistolare (nello specifico, riferibile a detenuto) con le stesse modalità utilizzate per le comunicazioni telefoniche. Corte eur., 31.10.2017, Dragosloan Rusu c. Romania ha riscontrato una violazione dell'art. 8 della Convenzione, in quanto il sequestro di corrispondenza del ricorrente, effettuato presso un ufficio postale, era avvenuto sulla base di una procedura d'urgenza ritenuta illegittimamente impiegata nel caso di specie.

[10] Corte eur., sent. 24.5.2018, Laurent c. Francia ha ribadito che l'intercettazione della corrispondenza tra un avvocato e i suoi clienti, non essendo necessaria in una società democratica, rappresenta una violazione dell'art. 8 della Convenzione (diritto al rispetto della vita privata e familiare).

[11] Cass., Sez. Un., sent. 25.2.2010, Mills.

lematici e di telecomunicazioni per la cui esecuzione l'autorità giudiziaria può stabilire modalità acquisitive specifiche, strumentali alla regolare fornitura dei servizi informatici, telematici e di telecomunicazioni. Nello specifico, l'acquisizione può avvenire mediante copia dei dati originali detenuti su adeguato supporto, ma solo in presenza di due condizioni: l'assicurazione, da parte del detentore del servizio, in ordine alla conformità dell'originale alla copia e la garanzia dell'immodificabilità dei dati acquisiti. Il dovere di collaborazione imposto al detentore di servizio informatico è ulteriormente ribadito nell'ultimo comma della norma in esame laddove si stabilisce che, se è acquisita solamente una copia su adeguato supporto, il detentore ha l'obbligo di conservare e proteggere, con le tecniche che ritiene più adeguate, il dato originale.

3.5. Sequestro presso banche

L'art. 255 disciplina il sequestro di documentazione pertinente al reato presso le banche. Tale **sequestro «autonomo» di corrispondenza bancaria** (documenti, titoli, valori, somme giacenti su conto corrente, altre cose anche contenute in cassette di sicurezza) si distingue dal sequestro eventualmente conseguente a perquisizione previsto nell'art. 248, co. 2, che disciplina la diversa ipotesi in cui la banca, rifiutando l'esibizione spontanea di documentazione rilevante ai fini investigativi, determina l'autorità giudiziaria alla ricerca coattiva della stessa.

Il presupposto per procedere a questa specie di sequestro è sempre da rinvenire nel «fondato motivo di ritenere» che la cosa abbia un **legame pertinenziale con il reato** e ciò indipendentemente dalla sua riconducibilità diretta o indiretta all'imputato.

3.6. Sequestro e segreti

L'art. 256 appresta una particolare **tutela alle aree di segretezza** già ritenute prevalenti sull'obbligo di testimoniare nell'ambito della disciplina della prova testimoniale (artt. 200 ss.).

L'autorità giudiziaria può rivolgere alle persone indicate negli artt. 200 e 201 l'**invito a consegnare immediatamente atti o documenti** (nonché le informazioni e i programmi informatici anche mediante copia degli stessi su adeguato supporto idoneo a immagazzinare e conservare inalterato il dato) di cui esse sono in possesso in ragione del proprio ufficio, incarico, ministero, professione o arte. Con specifico riferimento al segreto professionale riconosciuto al giornalista professionista, il rispetto del principio di proporzionalità fra la tutela della libertà di informazione, garantita dal segreto, e l'esigenza di assicurare l'accertamento dei fatti oggetto di indagine impone un'accurata motivazione sia dell'ordine di esibizione rivolto al giornalista ai sensi dell'art. 256, sia dell'eventuale successivo provvedimento di sequestro con riferimento alla specifica individuazione della «cosa» da sottoporre a sequestro e dell'assoluta necessità di tale apprensione ai fini delle indagini.

Tutti i soggetti, tutelati dall'opposizione del segreto, possono opporre un **rifiuto all'invito** dichiarando che gli atti o documenti di cui si chiede la consegna sono coperti da un segreto di Stato, d'ufficio o professionale.

L'autorità giudiziaria, se nutre dubbi sulla fondatezza dell'opposizione di segretezza per ragioni d'ufficio o professione e ritiene necessari ai fini investigativi i documenti e gli atti di cui ha chiesto l'esibizione, compie gli accertamenti necessari e, se i dubbi vengono confermati, dispone il sequestro.

Quando sia opposto il segreto di Stato, opera una procedura ricalcata su quella prevista dall'art. 202 per la testimonianza.

L'art 256 *bis* prevede una disciplina particolare per l'acquisizione di documenti, atti o altre cose presso le sedi dei servizi di informazione per la sicurezza della Repubblica. Tale disciplina concilia le esigenze investigative con la tutela della riservatezza dell'oggetto della procedura di esame e acquisizione di atti.

L'art. 256 *ter* tutela le ipotesi in cui debbano essere acquisiti in originale o in copia documenti, atti o cose per i quali il responsabile dell'ufficio eccepisce il segreto di Stato. In questo caso, le procedure di esame e consegna sono sospese e il documento, l'atto o la cosa coperti dal segreto di Stato sono trasmessi al Presidente del Consiglio dei ministri, che potrà autorizzarne l'acquisizione o confermare la sussistenza del segreto di Stato.

3.7. Operazioni successive al sequestro: estrazione di copie, custodia delle cose sequestrate e apposizione dei sigilli

L'art. 258 prevede una disciplina dettagliata per il **rilascio di copie** degli atti e dei documenti sottoposti a sequestro.

La regola generale è che l'autorità giudiziaria può autorizzare l'estrazione di copie di atti e documenti restituendo l'originale; se l'originale non può essere restituito, i legittimi detentori di tali atti o documenti possono ottenere il rilascio di copia autentica gratuita.

Sono poi previste regole particolari. Ad esempio è previsto che i pubblici ufficiali possano rilasciare copie, estratti o certificati delle cose a loro restituite purché nei documenti rilasciati si faccia menzione dell'esistenza di un sequestro. Nel caso in cui il documento sequestrato, di cui si chiede copia, sia parte integrante e inseparabile di un registro o di un volume, gli interessati possono fare richiesta di copie, estratti o certificati solamente delle parti del volume o registro non sottoposti a vincolo ablativo pur rispettando sempre la cautela di menzionare nelle copie, estratti o certificati rilasciati l'esistenza di un sequestro parziale.

L'art. 259 prevede i modi di **conservazione delle cose sequestrate** affinché non sia alterata la finalità probatoria. Una volta sequestrate, le cose sono affidate in custodia alla cancelleria o segreteria dell'autorità giudiziaria o in altro luogo ritenuto opportuno, nominando in tal caso un custode. Quest'ultimo, all'atto della nomina, assume l'obbligo (sanzionato penalmente a norma dell'art. 335 c.p.) di conservare la cosa affidatagli e di presentarla immediatamente all'autorità giudiziaria su richiesta della stessa. È eventuale, invece, il deposito di una cauzione.

La norma ha subìto un'interpolazione ad opera della L. n. 48 del 2008 che, accentuando il timore di alterazione dei dati – disseminato nelle varie disposizioni inerenti i mezzi di ricerca della prova – ha ampliato la tipologia di avvertimenti rivolti al custode individuato dall'autorità giudiziaria. Se la custodia riguarda dati, informazioni o programmi informatici, il custode deve essere avvertito anche dell'obbligo di impedire l'alterazione di tali dati o l'accesso agli stessi da parte di terzi, salva, in quest'ultimo caso, l'autorizzazione dell'autorità procedente.

La medesima *ratio* di non alterazione dell'attitudine probatoria della cosa sequestrata e del dato informatico, in particolare, è sottesa all'art. 260, che prescrive l'apposizione sulle cose sequestrate del sigillo dell'ufficio giudiziario e della sottoscrizione dell'autorità giudiziaria e dell'ausiliario che la assiste. Il sigillo può essere anche sostituito, in ragione della natura della cosa sequestrata, da altro mezzo pratico (ora anche informatico o elettronico) idoneo a rendere visibile l'esistenza sulla cosa del vincolo di indisponibilità. Inoltre, ove si tratti di estrarre copia di dati, informazioni o programmi informatici, la copia deve essere realizzata su adeguato supporto che garantisca sempre la conformità all'originale e l'immodificabilità.

Identiche cautele finalizzate alla non manomissione delle cose sequestrate sono previste anche nell'ipotesi in cui, durante il procedimento, sorga la necessità di esaminarle; in questa eventualità l'autorità giudiziaria procede alla rimozione dei sigilli curandone integrità e identità e, una volta terminata la disamina, assiste alla nuova apposizione dei sigilli ad opera dell'ausiliario.

3.8. La restituzione delle cose sequestrate

La restituzione delle cose sottoposte a sequestro può essere l'epilogo naturale delle vicende attinenti il sequestro (art. 262) o del procedimento di restituzione attivato dall'interessato (art. 263).

Il primo caso si verifica quando **vengono meno le esigenze probatorie** per cui il sequestro era stato disposto o si ritiene che tali esigenze possano essere parimente soddisfatte con altri strumenti meno afflittivi rispetto al vincolo ablativo. Verificatisi tali presupposti, il giudice dispone la restituzione delle cose all'avente diritto anche prima della sentenza, prescrivendo che esse, se occorre, siano presentate e imponendo una cauzione quando sia necessario garantire l'adempimento di tale obbligo.

La naturale vicenda estintiva del sequestro può tuttavia essere accompagnata dalla **necessità di mantenere il sequestro per fini diversi da quelli di prova**. In particolare, il vincolo ablativo può essere mantenuto in caso di conversione del sequestro probatorio in sequestro conservativo, disposto per garantire il pagamento delle spese processuali e delle obbligazioni civili derivanti da reato, sempre che ne sussistano i presupposti: *fumus boni iuris* e pericolo concreto di dispersione delle garanzie creditorie (art. 316).

Il giudice, inoltre, può decidere di mantenere il sequestro a fini preventivi, se sussiste il pericolo che la disponibilità della cosa sequestrata possa aggravare o protrarre le conseguenze del reato contestato o servire per la commissione di altri reati (art. 321). Infine il sequestro può essere convertito in confisca se ricorrono i presupposti di cui all'art. 240 c.p.

Accanto a queste naturali vicende estintive del sequestro, l'art. 263 disciplina le ipotesi in cui la **restituzione** è espressamente **chiesta dall'interessato** che, al di là delle ipotesi di riesame avverso il decreto di sequestro probatorio (artt. 257 e 324), può attivare una procedura di restituzione caratterizzata da dinamiche diverse a seconda della fase procedurale. Nel corso delle indagini preliminari l'interessato chiede la restituzione al pubblico ministero, il quale provvede con decreto motivato di accoglimento o rigetto. In caso di rigetto, l'interessato può proporre opposizione al giudice per le indagini preliminari, il quale fissa un'udienza camerale per il contraddittorio delle parti (art. 263, co. 5). Avverso il provvedimento emesso all'esito di tale udienza, le parti possono proporre ricorso per cassazione. Una volta divenuta irrevocabile la sentenza, sulla restituzione delle cose sequestrate provvede il giudice dell'esecuzione.

4. Intercettazioni di conversazioni o comunicazioni

4.1. Nozione e oggetto

L'istituto delle «intercettazioni di conversazioni o comunicazioni» è oggetto di una perdurante metamorfosi strutturale innescata dalla L. 23.6.2017, n. 103 («Modifiche al codice penale, al codice di procedura penale e all'ordinamento penitenziario») (c.d. "Riforma Orlando" dal nome del proponente) e, ad oggi, sfociata nel d.l. 30.12.2019, n. 161 (Modifiche urgenti alla disciplina delle intercettazioni di conversazioni o comunicazioni) convertito con modificazioni nella L. 28.2.2020, n. 7 [12], la c.d. "Riforma Bonafede" che ha portato a un pressoché totale stravolgimento [13] della Riforma Orlando (ad eccezione di alcune disposizioni, quale l'art. 1, introduttivo del nuovo reato di diffusione di riprese e registrazioni fraudolente *ex* art. 617 *septies* c.p., la cui formulazione è rimasta identica). Il fine resta quello di ridisegnare la disciplina delle intercettazioni (artt. 266-271) contemperando le esigenze di giustizia e sicurezza, pubblicità del processo e segreto investigativo con il diritto alla riservatezza (art. 15 Cost.) sia, quanto all'oggetto, in relazione alle informazioni sensibili o irrilevanti ai fini delle indagini e sia, quanto ai soggetti tutelati, rispetto alle parti e ai terzi estranei al procedimento penale, ma occasionalmente coinvolti nell'attività intercettativa. Questo bilanciamento di interessi è compulsato da un inarrestabile progresso tecnologico, sicuramente funzionale al potenziamento dell'efficacia di questo mezzo di ricerca a sorpresa della prova, ma la cui deriva è una scongiurabile mediatizzazione delle vicende giudiziarie.

Il d.lgs. 29.12.2017, n. 216 (in *Gazz. Uff.*, 11.1.2018, n. 8) ha dato attuazione alla delega contenuta nella L. n. 103 del 2017 con la previsione di nove articoli di cui, ad oggi, solo gli artt. 1 e 6 sono entrati in vigore seguendo i termini ordinari essendo le altre disposizioni sottoposte a progressive proroghe, quanto alla loro entrata in vigore [14], poi soppresse o sostituite dalla Riforma Bonafede.

---

[12] La nuova disciplina delle intercettazioni di conversazioni o comunicazioni, la cui entrata in vigore era stata via via prorogata fino ad essere fissata, dall'art. 1, L. 28.2.2020, n. 7 al 1° maggio 2020, è stata ulteriormente prorogata ad opera dell'art. 1, d.l. 30 aprile 2020, n. 28 secondo cui la nuova normativa si applicherà nell'ambito dei procedimenti penali iscritti dopo il 31 agosto 2020; mentre, la disciplina della pubblicità della ordinanza cautelare si applicherà a partire dal 1° settembre 2020. Uno slittamento dovuto al rallentamento patito dal processo di adeguamento delle strutture in uso agli uffici requirenti in ragione della emergenza epidemiologica da COVID 19.

[13] Il nucleo di tale stravolgimento è determinato dal fatto che gli artt. 268 *bis* (Deposito di verbali e registrazioni), 268 *ter* (Acquisizione al fascicolo delle indagini) e 268 *quater* (Termini e modalità della decisione del giudice) – che rappresentavano il cuore della Riforma Orlando in cui si era estremizzato il tema della tutela della *privacy* approntando un sistema complesso di selezione e acquisizione delle intercettazioni rilevanti – sono stati abrogati, unitamente all'allora previsto art. 493 *bis* c.p.p. (Trascrizione delle intercettazioni), dall'art. 1, lett. *q* del citato d.l. 30.12.2019, n. 161.

[14] L'art. 9 («Disposizione transitoria») del d.lgs. 29.12.2017, n. 216, nella sua formulazione originaria, stabiliva che «le disposizioni di cui agli articoli 2, 3, 4, 5 e 7 si applicano alle operazioni di intercettazione relative a provvedimenti autorizzativi emessi dopo il centottantesimo giorno successivo alla data di entrata in vigore del presente decreto. La disposizione di cui all'art. 2, comma 1, lettera b), acquista efficacia decorsi dodici mesi dalla entrata in vigore del presente decreto». Sostanzialmente, la disciplina transitoria prevedeva tre regimi diversi di efficacia delle norme della legge di delega: 1) le disposizioni di cui agli artt. 1 (nuova fattispecie penale di diffusione di riprese e registrazioni fraudolente) e 6 (nuovi presupposti per disporre le intercettazioni nelle indagini per gravi delitti dei pubblici ufficiali contro la pubblica amministrazione) sono diventate efficaci con l'entrata in vigore del decreto legislativo e, quindi, a far data dal 26.1.2018; 2) la sola disposizione relativa alla modifica dell'art. 114, co. 2, in merito alla inapplicabilità del divieto di pubblicazione dell'ordinanza di cui all'art. 292, avrebbe dovuto acquistare efficacia decorsi dodici mesi dalla entrata in vigore del decreto legislativo e, quindi, a far data dal 26.1.2018; 3) tutte le restanti disposizioni avrebbero dovuto acquistare efficacia decorsi 180 giorni dalla entrata in vigore del decreto legislativo e, quindi, a far data dal 27.7.2018. Tuttavia, già il Consiglio dei Ministri 24.7.2018, n.

L'art. 1, come premesso, ha introdotto il reato *ex* art. 617 *septies* c.p., punibile a querela della persona offesa, di diffusione di riprese e registrazioni delle comunicazioni (telefoniche o telematiche) captate fraudolentemente, cioè senza il consenso dell'interessato o degli interessati e con mezzi insidiosi (microfoni o telecamere nascoste), al solo fine di arrecare danni all'altrui reputazione o immagine, con esclusione della punibilità in caso di diffusione derivante in via diretta e immediata dalla utilizzazione di tali immagini in un procedimento amministrativo o giudiziario o per l'esercizio del diritto di difesa e del diritto di cronaca.

L'art. 6 ha invece previsto una «semplificazione delle condizioni per l'impiego delle intercettazioni delle conversazioni e delle comunicazioni telefo-

11 ha approvato il d.l. n. 91 del 2018 di «proroga dei termini previsti da disposizioni legislative» (in *Gazz. Uff.*, 25.7.2018), convertito, con modificazioni, in L. 21.9.2018, n. 220. In particolare, l'art. 2 (del citato d.l. n. 91 del 2018) rubricato «Proroga dei termini in materia di giustizia», prevedeva, al co. 1, che «all'articolo 9, comma 1 del decreto legislativo 29 dicembre 2017, n. 216, le parole "dopo il centottantesimo giorno successivo alla data di entrata in vigore del presente decreto" fossero sostituite dalle seguenti: "dopo il 31 marzo 2019"». Il fine della proroga era quello di completare le misure organizzative in atto per l'attuazione delle nuove norme in materia di intercettazioni introdotte dal d.lgs. 29.12.2017, n. 216, anche in relazione alla individuazione e all'adeguamento dei locali idonei per le cosiddette "sale di ascolto", alla predisposizione di apparati elettronici e digitali e all'adeguamento delle attività e delle misure organizzative degli uffici. Tale termine, tuttavia, è già stato oggetto di successive proroghe di sospensione dell'efficacia. La prima è intervenuta ad opera dell'art. 1, co. 1139 della L. 30.12.2018, n. 145 (in *Gazz. Uff.*, 31.12.2018, n. 302) il quale prevedeva che all'art. 9, d.lgs. n. 216 del 2017 fossero apportate le seguenti modificazioni: 1) al co 1, le parole "dopo il 31 marzo 2019" dovevano essere sostituite dalle seguenti: "dopo il 31 luglio 2019"; 2) al co. 2, le parole "decorsi dodici mesi dalla entrata in vigore del presente decreto" dovevano essere sostituite dalle seguenti: "a decorrere dal 1° agosto 2019". La seconda proroga è intervenuta ad opera dell'art. 9, co. 2, d.l. 14.6.2019, n. 53 (cosiddetto decreto Sicurezza-*bis*) a norma del quale, le parole "dopo il 31 luglio 2019" di cui all'art 9, co. 1, d.lgs. n. 216 del 2017 sono sostituite dalle parole: "dopo il 31 dicembre 2019" e le parole "a decorrere dal 1° agosto 2019" di cui al medesimo art. 9, co. 2 sono sostituite dalle parole: "a decorrere dal 1° gennaio 2020". Due ulteriori proroghe sono intervenute ad opera del d.l. n. 161 del 2019 e della L. n. 7 del 2020, di conversione del decreto. Il decreto legge ha sostituito le parole «dopo il 31 dicembre 2019» e le parole «a decorrere dal 1° gennaio 2020», di cui ai cit. co. 1 e 2 dell'art. 9, d.lgs. n. 216 del 2017, rispettivamente con le parole «dopo il 29 febbraio 2020» e con le parole «a decorrere dal 1° marzo 2020». Le parole «29 febbraio 2020» e «1° marzo 2020» sono poi state sostituite dalle seguenti «30 aprile 2020» e «1° maggio 2020», ad opera della L. n. 7 del 2020. Da ultimo, il d.l. 30 aprile 2020, n. 28, recante «Misure urgenti per la funzionalità dei sistemi di intercettazioni di conversazioni e comunicazioni, ulteriori misure urgenti in materia di ordinamento penitenziario, nonché disposizioni integrative e di coordinamento in materia di giustizia civile, amministrativa e contabile e misure urgenti per l'introduzione del sistema di allerta Covid-19», ha sostituito le parole «30 aprile 2020» e le parole «1° maggio 2020», con le parole «31 agosto 2020» e «1° settembre 2020». La L. 25.6.2020, n. 70, che ha convertito il decreto legge con modificazioni, non ha innovato sul punto. Il quadro che in definitiva emerge dai continui slittamenti di efficacia delle nuove disposizioni della Legge Orlando in tema di intercettazioni è il seguente: le uniche disposizioni divenute operative alla data di entrata in vigore del d.lgs. n. 216 del 2017 sono quelle di cui agli artt. 1 (introduzione del reato di cui all'art. 617 *septies* c.p.) e 6 (ampliamento degli spazi di operatività delle intercettazioni per i reati contro la pubblica amministrazione).

niche e telematiche nei procedimenti per i delitti dei pubblici ufficiali contro la pubblica amministrazione» puniti con la pena della reclusione non inferiore nel massimo a cinque anni.

In particolare, l'art. 6, co. 1, in tema di attività intercettiva *tout court* (quindi, a prescindere dall'utilizzo di apparecchiature elettroniche quali, come si dirà, il captatore informatico) stabilisce che nei procedimenti per i delitti dei pubblici ufficiali (o degli incaricati di pubblico servizio, dopo il d.l. n. 161 del 2019) contro la pubblica amministrazione puniti con la pena della reclusione non inferiore nel massimo a cinque anni, determinata a norma dell'art. 4 (da qui, per semplificare, anche delitti contro la p.a. più gravemente puniti), si applicano le disposizioni di cui all'art. 13, d.l. 13.5.1991, n. 152, convertito, con modificazioni, dalla L. 12.7.1991, n. 203. Nello specifico, tale comma, ancora in vigore, implica che per i delitti dei pubblici ufficiali contro la pubblica amministrazione puniti con la pena della reclusione non inferiore nel massimo a cinque anni, gli indizi di reato richiesti per poter disporre l'attività intercettativa non debbono più essere "gravi" (come prevede in via generale l'art. 267, co. 1), ma solo "sufficienti". Sempre l'estensione del regime derogatorio previsto per le intercettazioni nei reati di criminalità organizzata implica che le intercettazioni ambientali da svolgersi nei luoghi indicati nell'art. 614 c.p. possano essere eseguite, diversamente da quanto disposto in via generale dall'art. 266, co. 2, anche in assenza del fondato motivo di ritenere che in quei luoghi si stia svolgendo un'attività criminosa. Il regime dell'art. 6, co. 1, nella parte riguardante i delitti degli incaricati di pubblico servizio contro la pubblica amministrazione puniti con la pena indicata, si applica invece ai soli procedimenti penali iscritti successivamente al 31 agosto 2020 (art. 2, co. 8, d.l. n. 161 del 2019).

L'art. 6, co. 2, nella sua originaria formulazione contenuta nel d.lgs. n. 216 del 2017, sempre in relazione ai procedimenti per i delitti dei pubblici ufficiali contro la pubblica amministrazione puniti con la pena della reclusione non inferiore nel massimo a cinque anni, disciplinando l'esecuzione di intercettazioni di comunicazioni fra presenti mediante l'utilizzo di captatore informatico installato su dispositivo elettronico (sulle caratteristiche di questo dispositivo elettronico v. *infra*), le consentiva nelle ipotesi di intercettazioni ambientali nei luoghi indicati dall'art. 614 c.p., ma solo laddove vi fosse motivo di ritenere che in quei luoghi si stesse svolgendo un'attività criminosa. Tale norma è stata abrogata dall'art. 1, co. 3, L. 9.1.2019, n. 3 (la c.d. Legge "Spazza-corrotti" su cui v. *infra*).

L'entrata in vigore posticipata di tutte le restanti previsioni del d.lgs. n. 216 del 2017 – incidenti, a vario titolo, sui meccanismi di selezione, trascrizione, conservazione e secretazione del materiale intercettativo utile ai fini di giustizia oltre che sulla regolamentazione delle intercettazioni mediante captatore informatico – ha comportato nel periodo di *vacatio* la perdurante applicazione della disciplina *ante* d.lgs. n. 216 del 2017. In due anni, dunque, la disciplina delle intercettazioni è passata da ben due riforme delineanti, infine, uno scenario processuale non così distante dalla originaria impostazione del codice di rito del 1988.

Si deve quindi partire dalla **nozione di intercettazione**, che consiste nella captazione occulta e contestuale del contenuto di una conversazione fra presenti o di una comunicazione fra assenti, ad opera di soggetti estranei alle stesse mediante strumenti tecnici idonei a apprendere e registrare in tempo reale il dato comunicativo.

Come primo oggetto di captazione sono previste le conversazioni fra presenti (art. 266). Tale operazione deve avere carattere riservato, in modo da escluderne la conoscenza da parte di terzi ed è realizzata ai fini di prova sotto il controllo giurisdizionale preventivo o successivo. Queste, a date condizioni[15], possono svolgersi anche nel domicilio. Secondo quanto disposto dall'art. 614 c.p., il domicilio è il luogo di abitazione, altro luogo di privata dimora e loro appartenenze. Le captazioni di tali comunicazioni sono denominate **intercettazioni ambientali**.

Nella esecuzione delle intercettazioni ambientali, negli ultimi anni ha trovato sempre più spazio nella prassi investigativa l'utilizzo del **captatore informatico**: un *software*, definito anche *Trojan horse*, che viene installato – solitamente a distanza e in modo occulto – in un dispositivo *target* o bersaglio (*computer*, *smartphone*, *tablet* o *smart* TV in uso alla persona sottoposta a indagini) per il tramite di una comunicazione telematica, un *sms* o un'applicazione di aggiornamento. Si tratta, in sostanza, di un *virus* che infetta il dispositivo bersaglio al fine di controllarlo in vari modi: captando tutto il traffico dati, in arrivo o in partenza, dal dispositivo bersaglio; attivando, sempre a distanza, un microfono che consenta di captare i colloqui che si svolgono nella zona in cui si trova il soggetto che ha in uso il dispositivo; mettendo in funzione una *web camera* che riprenda le immagini dei luoghi limitrofi all'utilizzatore del dispositivo; facendo copia, totale o parziale, delle unità di memoria presenti sul dispositivo; decifrando ciò che appare sullo schermo *target* e, da ultimo, sfuggendo al controllo dei comuni *antivirus*. I dati captati vengono poi trasmessi, in tempo reale o a intervalli prestabiliti, ai *server* in uso agli organi inquirenti.

Come premesso, la disciplina di utilizzo del *trojan* è stata oggetto di un intervento ampliativo ad opera della L. 9.1.2019, n. 3 che ha stabilito una serie di «Misure per il contrasto dei reati contro la pubblica amministrazione, nonché in materia di prescrizione del reato e in materia di trasparenza dei

---

[15] Cfr. *infra*, par. 4.2.

partiti e movimenti politici». Con l'entrata in vigore di tale legge, alla data del 31.1.2019, è divenuta operativa la disciplina del *trojan* per i delitti dei pubblici ufficiali contro la pubblica amministrazione puniti con la pena della reclusione non inferiore nel massimo a cinque anni di reclusione [16]. Si è infatti estesa tale disciplina a tali reati disponendo l'abrogazione del sopra menzionato co. 2 dell'art. 6, d.lgs. n. 216 del 2017. Se originariamente la normativa di attuazione della Legge Orlando impediva, nei procedimenti per i delitti dei pubblici ufficiali contro la pubblica amministrazione più gravemente puniti, l'utilizzo del captatore informatico nel caso di intercettazioni di comunicazione fra presenti nei luoghi domiciliari e in assenza di motivi per ritenere lo svolgimento di una attività criminosa in tali luoghi, in seguito, la L. n. 3 del 2019, da un lato, ha eliminato il predetto co. 2 dell'art. 6, d.lgs. n. 216 del 2017 e il divieto in esso contenuto; dall'altro, intervenendo sul disposto dell'art. 266, co. 2 *bis* e dell'art. 267, co. 1, terzo periodo ha previsto, in un'ottica agevolativa delle investigazioni nell'ambito di tali procedimenti, l'estensione della disciplina derogatoria dei reati di cui all'art. 51, co. 3 *bis* e 3 *quater* anche ai delitti dei pubblici ufficiali contro la pubblica amministrazione puniti con la pena della reclusione non inferiore nel massimo a cinque anni.

Su tale quadro normativo, il d.l. n. 161 del 2019, conv. nella L. n. 7 del 2020, ha innestato ulteriori modifiche agli artt. 266, co. 2 *bis* e 267, co. 1. Per effetto di tali modifiche, risultano inclusi nella disciplina derogatoria i delitti anche degli incaricati di pubblico servizio, oltre che dei pubblici ufficiali contro la pubblica amministrazione, sempre gravemente puniti. Peraltro, per tali delitti, le intercettazioni mediante captatore sono consentite "sempre" (cioè anche in assenza della condizione di cui all'art. 266, co. 2) previa indicazione delle ragioni che ne giustificano l'utilizzo anche nei luoghi domiciliari, così delineandosi una distinzione di regime, in senso più rigoroso (imponendo la indicazione anche delle "ragioni") nelle modalità di svolgimento delle indagini per i reati contro la p.a. più gravemente puniti rispetto alla categoria dei delitti di cui all'art. 51, co. 3 *bis* e 3 *quater* [17].

---

[16] Tale normativa era già prevista, sebbene con efficacia sospesa nel d.lgs. n. 216 del 2017, per i reati di cui agli artt. 51, co. 3 *bis* e 3 *quater*.

[17] Secondo l'interpretazione della Corte di cassazione a Sezioni Unite (sent. 28.4.2016, Scurato), sono reati di criminalità organizzata oltre a quelli elencati nell'art. 51, co. 3 *bis* e 3 *quater* anche i reati facenti comunque capo ad un'associazione per delinquere *ex* art. 416 c.p. caratterizzata da una stabile organizzazione programmaticamente orientata alla commissione di più reati, con esclusione del mero concorso di persone nel reato. A seguito dell'entrata in vigore del d.lgs. 1.3.2018, n. 21 («Disposizioni di attuazione del principio di delega della riserva di codice nella materia penale a norma dell'articolo 1, comma 85, lettera *q)*, della legge 23 giugno 2017, n. 103» – relativa all'introduzione del principio della "riserva di codice" nel nostro ordinamento, in vigore dal 6.4.2018) il delitto di «Attività organizzate per il traffico illecito di rifiuti», prima disciplinato dall'art. 260, d.lgs. 3.4.2006, n. 152 («Codice dell'ambiente») ora è disciplinato dall'art. 452 *quaterdecies* c.p. È stato

Passando ora al secondo oggetto di captazione, esso consiste nelle **comunicazioni fra assenti** che possono svolgersi per il tramite del telefono, telegrafo, fax e qualsiasi altro mezzo idoneo a garantire la riservatezza del segnale inviato o ricevuto. L'art. 266 *bis* estende l'oggetto degli atti comunicativi suscettibili di intercettazione al «flusso di comunicazioni relativo a sistemi informatici o telematici ovvero intercorrente tra più sistemi». Specificamente la «comunicazione telematica» è la ricetrasmissione a distanza e in tempo reale di dati che passano attraverso la linea telefonica; mentre la comunicazione relativa a «flussi informatici» implica lo scambio di dati tramite elaboratori elettronici. La norma qui esaminata ha retto al vaglio della Corte costituzionale [18], la quale ha ritenuto inammissibile la questione di legittimità costituzionale degli artt. 234 e 266 nella parte in cui si includono, fra i documenti, e non fra le intercettazioni, le registrazioni di conversazioni effettuate da un interlocutore o da un terzo che vi assiste, di intesa con la polizia giudiziaria ed eventualmente con strumenti da quest'ultima forniti e comunque nell'ambito di un procedimento penale avviato.

Non è invece oggetto di captazione rilevante a norma degli artt. 266 ss., l'attività di rilevamento mediante «*global position system*» (g.p.s.), eseguita installando un ricevitore del segnale satellitare, solitamente su un'autovettura, al fine di rilevare la posizione di un qualsiasi oggetto sul territorio, seguirne il movimento a distanza e calcolarne la velocità di spostamento. Nella realtà processuale esso si traduce in uno strumento di **pedinamento elettronico** di una persona per captarne posizione e spostamenti in tempo reale a fini investigativi. La natura di intercettazione di questa attività investigativa è stata esclusa dalla giurisprudenza di legittimità, che ha ritenuto non sovrapponibile all'attività intercettiva tipica del contenuto di una comunicazione un'operazione di solo controllo a distanza di un soggetto in cui si sostanzia il pedinamento satellitare tramite g.p.s. Si tratta di un mezzo di ricerca atipico rientrante, secondo un certo orientamento giurisprudenziale, nelle attività di accertamento a cui è preposta la polizia giudiziaria a norma degli artt. 55 e 347 [19].

---

contestualmente abrogato il richiamo a tale reato nell'art. 51, co. 3 *bis*, come reato autonomamente determinante l'attribuzione delle funzioni di pubblico ministero al procuratore della Repubblica distrettuale. Lo spostamento di funzioni ora è previsto solo nel caso in cui il delitto di attività organizzate per il traffico illecito di rifiuti sia contestato come reato scopo di un'associazione per delinquere di cui all'art. 416 c.p.

[18] Corte cost., sent. n. 320 del 2009.

[19] Corte eur., 8.2.2018, Ben Faiza c. Francia, esaminando il ricorso presentato da un cittadino francese (nei confronti del quale il gip, a norma dell'art. 81, aveva autorizzato l'installazione di un localizzatore g.p.s. a bordo dell'autovettura di proprietà dell'indagato e per la durata di un mese), che lamentava come il g.p.s. rappresentasse una interferenza nella sua vita privata, ha osservato

Dall'ambito delineato dagli artt. 266 ss., è altresì esclusa tutta l'attività di acquisizione dei dati esteriori della comunicazione, intesa a identificare l'utenza telefonica di provenienza o di destinazione della comunicazione, la data e gli orari dell'intercorsa comunicazione. La Corte costituzionale[20] ha ritenuto che tali dati esulino dall'oggetto di un'intercettazione in senso tecnico e che agli stessi sia piuttosto applicabile la disciplina della consegna spontanea con conseguente sequestro prevista dall'art. 256, che impone agli incaricati del servizio pubblico delle telecomunicazioni di esibire all'autorità giudiziaria che ne faccia richiesta atti e documenti esistenti presso i propri uffici (v. L. 31.7.2005, n. 155).

4.2. Limiti di ammissibilità

I limiti di ammissibilità delle intercettazioni sono di tipo oggettivo o soggettivo.

Sono limiti oggettivi quelli indicati nell'art. 266, co. 1, che consente l'intercettazione in relazione solo a determinate tipologie di reato, individuate sulla base di un criterio «quantitativo» (delitti non colposi puniti con l'ergastolo o con la pena della reclusione – determinata secondo le regole dell'art. 4 – superiore nel massimo a cinque anni e delitti contro la pubblica amministrazione puniti con la pena della reclusione non inferiore nel massimo a cinque anni), o «qualitativo» attinente alle peculiarità di fattispecie delittuose oggetto di accertamento (traffico di sostanze stupefacenti, delitti concernenti le armi e le sostanze esplosive, contrabbando) per il cui accertamento risulta particolarmente utile lo strumento captatorio[21].

Nell'elenco rientrano anche ipotesi di reato quali ingiuria (ora depenalizzata a seguito del d.lgs. 15 gennaio 2016, n. 7), minaccia, usura, abusiva attività finanziaria, abuso di informazioni privilegiate, manipolazione del mercato, molestia o disturbo alle persone con il mezzo del telefono e pornografia minorile, le cui condotte comunemente involgono proprio l'uso di strumenti di comunicazione telefonica, informatica o telematica. In sede di conversione del d.l. n. 161 del 2019, si è altresì esteso il catalogo dei reati ai delitti commessi avvalendosi delle condizioni previste dall'art. 416 *bis* c.p. ovvero al fine di agevolare l'attività delle associazioni previste dallo stesso articolo. Rientra nella categoria dei limiti oggettivi la previsione dell'art. 266, co. 2, ri-

---

che l'art. 81, per rappresentare una solida base legale legittimante il posizionamento di un g.p.s., avrebbe dovuto soddisfare il requisito della presenza di garanzie sufficienti ad evitare il rischio di abusi, cosa che, all'epoca dei fatti, non era avvenuta. La Corte europea ha osservato che solo con la L. 28.3.2014 la Francia ha adottato una normativa disciplinante l'utilizzo della geolocalizzazione idonea a rafforzare la tutela del diritto al rispetto della vita privata.

[20] Cfr. sul punto, Corte cost., sent. n. 81 del 1993 e Corte cost., ord. n. 281 del 1998.

[21] Sulle modifiche apportate all'art. 266 ad opera del d.lgs. n. 216 del 2017 e sulla efficacia sospesa delle stesse, v. par. 4.1.

guardante le intercettazioni di comunicazioni tra presenti, eseguibili anche mediante l'inserimento di un captatore informatico su un dispositivo elettronico portatile dopo il d.lgs. n. 216 del 2017. La previsione consente l'intercettazione di conversazioni fra presenti svolte nel domicilio, quando si tratti di procedimenti per i reati individuati al co. 1 e se si abbia fondato motivo di ritenere che nel domicilio sia in atto l'attività criminosa. La *ratio* di questa previsione è da ricondurre all'inviolabilità del domicilio (art. 14 Cost.).

La categoria dei **limiti soggettivi** comprende sia le disposizioni previste a tutela delle garanzie di libertà del difensore (art. 103, co. 5), sia i divieti di intercettazione previsti da leggi speciali. A tale riguardo, ad esempio, sono vietate le intercettazioni nei confronti del Presidente della Repubblica (art. 7, co. 1, L. 5.6.1989, n. 219), del parlamentare italiano (art. 68, co. 2 e 3, Cost. e artt. 4 e 6 L. 20.6.2003, n. 140; su quest'ultima disposizione è intervenuta la Corte costituzionale[22] che ha dichiarato l'illegittimità costituzionale dell'art. 6, co. 2, 5 e 6, della legge citata nella parte in cui stabilisce che la disciplina ivi prevista si applichi anche nei casi in cui le intercettazioni debbano essere utilizzate nei confronti di soggetti diversi dal parlamentare, le conversazioni o comunicazioni del quale sono state intercettate), del parlamentare europeo (artt. 1 e 4 L. 3.5.1966, n. 437 e L. 6.4.1977, n. 150), del giudice costituzionale (art. 3, co. 2, L. Cost. 2.11.1967, n. 2), del Presidente del Consiglio dei ministri e dei ministri, anche una volta cessati dalla carica, per i reati ministeriali (art. 10, co. 1, L. Cost. 16.1.1989, n. 1)[23].

4.3. Presupposti e forme

Quanto all'organo legittimato a disporle, le intercettazioni si distinguono dagli altri mezzi di ricerca della prova. Infatti, abbandonato il riferimento alla nozione di «autorità giudiziaria» contenuto nelle disposizioni relative a ispezioni, perquisizioni e sequestri (rispettivamente, artt. 244, co. 2, 247, co. 3, e 253, co. 1), l'art. 267 attribuisce solamente al **giudice** per le indagini preliminari il potere di autorizzare preventivamente le intercettazioni o di

[22] Corte cost., sent. n. 390 del 2007.

[23] Corte cost., sent. n. 38 del 2019 ha rigettato per infondatezza una questione inerente l'art. 6, co. 2, L. 20.6.2003, n. 140 ritenuto in contrasto con l'art. 68, co. 3, Cost., nella parte in cui prevede che il giudice chieda alla Camera di appartenenza del parlamentare l'autorizzazione anche rispetto all'utilizzo di tabulati telefonici, acquisiti a carico di terzi, da cui risultino contatti con il medesimo, equiparando così i tabulati telefonici ai verbali e alle registrazioni delle conversazioni o comunicazioni intercettate nel corso di procedimenti riguardanti terzi. La Corte costituzionale ha valutato la previsione della necessaria autorizzazione all'utilizzo del tabulato telefonico un'attuazione del pertinente trattamento richiesto dalla garanzia costituzionale mirata a proteggere la libertà della funzione parlamentare senza che ciò comporti alcuna lesione del principio di uguale soggezione alla legge.

convalidare successivamente quelle disposte dal pubblico ministero che non abbiano consentito di attendere l'intervento giurisdizionale.

L'autorizzazione è data con le forme del decreto motivato (art. 125, co. 3) ed è soggetta a **due presupposti**.

Il primo consiste nella presenza di **gravi indizi di reato**; il secondo nella **indispensabilità**, ai fini della prosecuzione delle indagini, dello strumento intercettativo preordinato a esigenze di accertamento che non possano essere soddisfatte facendo ricorso ad altri mezzi investigativi (art. 267, co. 1).

In caso di uso del captatore informatico, il decreto autorizzativo deve indicare le ragioni che rendono necessaria tale modalità per lo svolgimento delle indagini e questo anche laddove si proceda per i delitti di cui all'art. 51, co. 3 *bis* e 3 *quater* e per i delitti dei pubblici ufficiali o degli incaricati di pubblico servizio contro la pubblica amministrazione puniti con la pena della reclusione non inferiore nel massimo a cinque anni[24]. Mentre per tutti gli altri reati occorre dare una indicazione aggiuntiva: luoghi e tempo, anche indirettamente determinati, in relazione ai quali è consentita l'attivazione del microfono (art. 267, co. 1 interpolato dal d.lgs. n. 216 del 2017 e, in seguito, dal d.l. n. 161 del 2019, conv. nella L. n. 7 del 2020). Per il fatto che tempo e luoghi possano essere di difficile individuazione, si ritiene consentito procedere a tale delimitazione facendo riferimento, nel decreto del giudice, alla sfera di operatività di determinate persone. La violazione di queste disposizioni comporta l'inutilizzabilità dei risultati delle captazioni (secondo l'orientamento della giurisprudenza di legittimità tale è la sanzione desumibile dal combinato disposto degli artt. 267 e 271).

Attuando la L. 1.3.2001, n. 63 sul «giusto processo», l'art. 267, co. 1 *bis*, impedisce di tenere conto, nella valutazione dei gravi indizi, delle notizie confidenziali raccolte dagli organi di polizia giudiziaria o dal personale dei sevizi di sicurezza (art. 203).

Il controllo giurisdizionale successivo sulle intercettazioni disposte per ragioni d'urgenza dal pubblico ministero deve intervenire in tempi rapidi: il pubblico ministero comunica al giudice immediatamente e comunque non oltre le ventiquattro ore il proprio decreto motivato (che indica le modalità e la durata – che non può superare i quindici giorni prorogabili solo dal giudice); entro le successive quarantotto ore, deve essere adottato il decreto motivato di convalida. Sempre nei casi di urgenza di cui all'art. 267, co. 2 sono intervenuti, dapprima, il d.lgs. n. 216 del 2017, poi, il d.l. n. 161 del 2019 stabilendo, al successivo co. 2 *bis*, che il pubblico ministero può disporre

[24] Ferma restando la necessità di indicare, per tale ultima categoria di delitti, le ragioni che giustificano l'utilizzo del captatore anche nei luoghi domiciliari, *ex* art. 266, co. 2 *bis*. Cfr. *supra*, par. 4.1.

l'intercettazione fra presenti mediante inserimento di captatore informatico su dispositivo elettronico ancora una volta soltanto per i delitti di cui all'art. 51, co. 3 *bis* e 3 *quater* e per i delitti dei pubblici ufficiali o degli incaricati di pubblico servizio più gravemente puniti. In tal caso vanno anche indicate le ragioni di urgenza che rendono impossibile attendere il provvedimento del giudice.

In base al regime generale, il decreto del pubblico ministero che dispone l'intercettazione deve indicare le modalità e la durata delle operazioni. Tale durata non può superare i quindici giorni, ma può essere prorogata dal giudice con decreto motivato per periodi successivi di quindici giorni, qualora permangano i presupposti del provvedimento (senza limitazioni quanto al numero di proroghe).

Tutti i decreti (dispositivi, autorizzativi, di convalida o proroga) emessi nel corso di un'operazione di intercettazione devono essere annotati, secondo un ordine cronologico, in un apposito registro riservato che, dopo la Riforma Bonafede, deve essere gestito, anche con modalità informatiche, e tenuto sotto la direzione e la sorveglianza del Procuratore della Repubblica (mentre secondo la disciplina originaria del codice doveva essere semplicemente conservato presso la segreteria del pubblico ministero). Su questo registro devono essere anche annotati l'inizio e il termine di ogni singola operazione di intercettazione.

L'art. 267, co. 4 detta inoltre la previsione generale secondo cui il pubblico ministero procede alle operazioni personalmente ovvero avvalendosi di un ufficiale di polizia giudiziaria, i cui delicati compiti nella redazione del verbale delle operazioni intercettive sono svolti sotto la vigilanza del pubblico ministero, secondo il nuovo regime dell'art. 268, co. 2 *bis* (cfr. *infra*, par. 4.4).

4.4. Modalità esecutive

Le modalità esecutive delle intercettazioni sono dettate dall'art. 268, che rappresenta il fulcro della disciplina finalizzata ad acquisire le conversazioni e le comunicazioni intercettate (co. 4-8). Non a caso era stato modificato dal d.lgs. n. 216 del 2017 (cfr. *supra*, par. 4.1). La Riforma Orlando aveva interpolato l'art. 268 in due punti fondamentali. Innanzitutto, introducendo i co. 2 *bis* e 2 *ter*, relativi al contenuto dei c.d. "brogliacci di ascolto". Le disposizioni assegnavano agli ufficiali di polizia giudiziaria, che si occupano di trascrivere il contenuto dei colloqui nel verbale delle operazioni, il compito di effettuare un inedito e problematico vaglio circa l'irrilevanza delle comunicazioni o conversazioni ai fini delle indagini, a tutela della riservatezza, con un controllo *ex post* affidato, altrettanto problematicamente, al pubblico ministero. Inoltre, il d.lgs. n. 216 del 2017 aveva abolito il meccanismo acquisitivo in origine previsto dal codice di rito, basato sulla c.d. "udienza stralcio" (co. 6 dell'art. 268) e aveva introdotto un nuovo regime in materia di trascrizione, deposito e conservazione dei verbali di intercettazione (sostituendo il co. 4 ed abrogando i co. 5, 6, 7 e 8 dell'art. 268 e contestualmente inserendo i nuovi artt. 268 *bis*,

268 *ter*, 268 *quater* e modificando l'art. 269). Questo regime non è stato mai applicato, in ragione delle continue proroghe ai termini di efficacia previsti dall'art. 9, d.lgs. n. 216 del 2017 (cfr. *supra*, par. 4.1), ed è stato quasi del tutto superato dalla Riforma Bonafede, che ha abrogato o, comunque, sostituito le disposizioni modificatrici dell'art. 268 introdotte con la Riforma Orlando, con un ritorno pressoché integrale alla disciplina acquisitiva contenuta nei co. 4-8 dell'articolo, testo originario del c.p.p. 1988, e con l'eliminazione del controverso vaglio di rilevanza affidato alla polizia giudiziaria in sede di stesura dei "brogliacci".

Questa disciplina stabilisce specifici adempimenti, in primo luogo, per la registrazione delle conversazioni o comunicazioni intercettate e per la verbalizzazione delle operazioni effettuate. Alla regola generale secondo cui nel verbale deve essere trascritto, anche sommariamente, il contenuto delle comunicazioni intercettate (co. 2), la Riforma Bonafede ha affiancato la prescrizione al pubblico ministero di **dare indicazioni e vigilare sull'attività dell'ufficiale di polizia giudiziaria, affinché nei verbali non siano riportate espressioni lesive della reputazione delle persone o quelle che riguardano dati personali definiti sensibili dalla legge**[25], salvo che risultino rilevanti ai fini delle indagini (co. 2 *bis*, come modificato in sede di conversione del d.l. n. 161 del 2019).

Ulteriori prescrizioni circa il contenuto del verbale sono dettate dall'art. 89 disp. att., anche con riguardo all'eventuale uso del captatore. In tal caso il verbale indica il tipo di programma impiegato e, ove possibile, i luoghi in cui si svolgono le comunicazioni o conversazioni. Infatti, ai fini dell'installazione e dell'intercettazione attraverso il captatore, devono essere impiegati programmi conformi ai requisiti tecnici stabiliti con decreto del Ministro della Giustizia (art. 89, co. 2, disp. att.)[26].

In secondo luogo, è regolata **la trasmissione al pubblico ministero dei verbali e delle registrazioni** (co. 4). Essa deve avvenire **immediatamente**, una volta effettuate le singole registrazioni, ed è finalizzata alla conservazione degli stessi verbali e registrazioni nel nuovo archivio gestito e tenuto sotto la direzione e la sorveglianza del Procuratore della Repubblica dell'ufficio che ha richiesto ed eseguito le intercettazioni (art. 269, co. 1, come sostituito dal d.l. n. 161 del 2019, conv. in L. n. 7 del 2020), a tutela della riservatezza delle persone coinvolte dalle intercettazioni, oltre che della segretezza investigativa. Presso l'archivio di cui all'art. 269, co. 1, avviene inoltre il successivo **deposito** (per un tempo prestabilito dal pubblico ministero, salvo che il giudice non riconosca necessaria una proroga) dei verbali, delle registrazioni

---

[25] Si veda ora l'art. 9 del Regolamento UE 2016/679.

[26] Si veda il d.m. 20 aprile 2018.

eseguite e di tutti i decreti (dispositivi, autorizzativi, di convalida o di proroga) emessi nell'ambito di un'operazione di intercettazione; ciò per consentire il contraddittorio sulle operazioni e i risultati delle captazioni. **I difensori hanno il diritto di esaminare gli atti e ascoltare le registrazioni** ovvero conoscere i flussi di comunicazioni informatiche o telematiche. La tempistica di deposito è peraltro diversamente cadenzata dalla legge. La regola generale secondo cui esso deve avvenire entro cinque giorni dalla conclusione delle operazioni (co. 4), viene nella prassi spesso trasgredita a favore della norma eccezionale prevista dal co. 5 sul deposito ritardato non oltre la chiusura delle indagini preliminari, che è disposto dal pubblico ministero su autorizzazione del giudice, soltanto se dal deposito stesso può derivare un grave pregiudizio per le indagini.

Su questo assetto normativo, che invero la Riforma Orlando manteneva fermo, è intervenuta la Riforma Bonafede in senso rafforzativo del meccanismo di **deposito soltanto al termine delle indagini preliminari**. Infatti, il nuovo co. 2 *bis* dell'art. 415 *bis*, introdotto dal d.l. n. 161 del 2019, conv. in L. n. 7 del 2020, prevede un'apposita procedura finalizzata a garantire il contraddittorio sugli atti relativi alle intercettazioni depositati, «qualora non si sia proceduto ai sensi dell'articolo 268, commi 4, 5 e 6» (cfr. *infra*, cap. XIII). Analoga procedura è incardinata nella disciplina del giudizio immediato, in base al nuovo co. 2 *bis* dell'art. 454, pure introdotto dalla Riforma Bonafede (cfr. *infra*, cap. XVII).

L'attivazione di tale procedura, su cui verosimilmente si sposterà il baricentro della prassi applicativa, rende eventuale il ricorso alle forme acquisitive di cui all'art. 268, co. 6. Infatti, soltanto in caso di disaccordo con il pubblico ministero sulle registrazioni o sui flussi indicati come rilevanti, il difensore può proporre al giudice istanza «affinché si proceda nelle forme di cui all'articolo 268, comma 6» (art. 415 *bis*, co. 2 *bis* ultimo periodo). Altrimenti, le forme in discorso operano quando si sia proceduto al deposito ritardato non oltre la chiusura delle indagini contemplato dall'art. 268, co. 5.

Le forme acquisitive di cui all'art. 268, co. 6-8, reintrodotte dalla Riforma Bonafede nel tessuto codicistico (dopo la previsione abrogativa, peraltro mai divenuta efficace, di cui alla Riforma Orlando), con limitate modifiche rispetto al testo originario del codice, attuano il principio del contraddittorio sugli esiti delle intercettazioni, consentendo alle parti di partecipare alla cernita di registrazioni e verbali utilizzabili (art. 268, co. 6). Ai difensori delle parti è immediatamente dato avviso della facoltà di esaminare gli atti e ascoltare le registrazioni ovvero di prendere cognizione dei flussi di comunicazioni informatiche o telematiche, entro il termine fissato dal pubblico ministero o prorogato dal giudice. Il d.l. n. 161 del 2019 ha previsto che l'esame e l'ascolto avvengano per via telematica, confermando peraltro una lacuna del sistema nella tutela del diritto di difesa. Resta, infatti, precluso ai difensori delle parti, anche a seguito della Riforma Orlando, di ottenere copia dei verbali e delle registrazioni depositati dal pubblico ministero, prima che vengano selezionati gli atti con l'acquisizione. Questa lacuna è stata solo parzialmente colmata dalla Corte costituzionale[27], che ha dichiarato l'illegittimità costituzionale dell'art. 268 nella parte in cui non prevede che dopo la notifica o l'esecuzione dell'ordinanza applicativa di una misura cautelare personale, il difensore possa ottenere la trasposizione su nastro magnetico delle intercettazioni utilizzate per adottare la misura coercitiva. Il legislatore ha recepito tale pronuncia, interpolando l'art. 293, co. 3 (con il d.lgs. n. 216 del 2017, e con il d.l. n. 161 del 2019, conv. in L. n. 7 del 2020 – cfr. *infra*, cap. XII). Sul punto, la Corte di cassazione[28] ha affermato come l'ingiustificato rifiuto, da parte del pubblico ministero, di consegnare al difensore la trasposizione su supporto informatico delle registrazioni poste alla base della misura cautelare, determina una illegittima compressione del diritto di difesa e, conseguentemente, una nullità di ordine generale a regime intermedio ai sensi dell'art. 178, lett. *c*. Anche nel contesto della procedura di cui all'art. 415 *bis*, co. 2 *bis*, e di cui all'art. 454, co. 2 *bis*, il difensore non ha il diritto di chiedere copia delle registrazioni che il pubblico ministero non ritiene rilevanti. I difensori delle parti possono ottenere copia delle registrazioni e degli atti quando questi vengono acquisiti a norma degli artt. 268, 415 *bis* e 454 del codice (in tal senso, v. l'art. 89 *bis*, co. 4, disp. att.).

Scaduto il termine per l'esame degli atti e per l'ascolto delle registrazioni depositate, **il giudice deve disporre l'acquisizione delle conversazioni o dei flussi di comunicazioni indicati dalle parti, attraverso lo stralcio** disciplinato dall'art. 268, co. 6. Si tratta di un'udienza apposita alla quale il pubblico ministero e i difensori hanno diritto di partecipare, previo avviso almeno ventiquattro ore prima. Il d.l. n. 161 del 2019 ha rafforzato il vaglio giurisdizionale, modificando il criterio acquisitivo, che ora viene riferito alle conversazioni indicate dalle parti che non appaiano irrilevanti (e non più manifestamente irrilevanti, come nel testo originario del codice). Resta poi fermo il dovere di procedere anche di ufficio allo stralcio delle registrazioni e dei verbali di cui è vietata l'utilizzazione (cfr. *infra*, par. 4.6) e, dopo la Riforma Bonafede, di quelli che riguardano categorie particolari di dati personali, sempre che non ne sia dimostrata la rilevanza.

L'acquisizione non esaurisce il procedimento finalizzato a rendere probatoriamente utilizzabili i risultati delle intercettazioni, essendo prevista al co. 7 la **trascrizione integrale delle registrazioni** ovvero la stampa in forma intel-

[27] Corte cost., sent. n. 336 del 2008.

[28] Cass., Sez. Un., sent. 22.4.2010, Lasala.

legibile delle informazioni contenute nei flussi di comunicazioni informatiche o telematiche da acquisire. La trascrizione avviene osservando le forme, i modi e le garanzie previste per l'espletamento delle perizie, già in base al disegno originario del codice, e può essere disposta anche nel corso dell'attività di formazione del fascicolo del dibattimento al termine dell'udienza preliminare (art. 431), secondo un'innovazione del d.l. n. 161 del 2019.

L'utilizzazione dibattimentale dei risultati delle intercettazioni passa, quindi, attraverso la perizia, come si desume sia dalla previsione secondo cui le trascrizioni o le stampe sono inserite nel fascicolo del dibattimento, sia dagli ultimi due periodi del co. 7, introdotti dalla stessa Riforma Bonafede, che prevedono l'utilizzazione con il consenso delle parti delle trascrizioni delle registrazioni effettuate dalla polizia giudiziaria nel corso delle indagini (c.d. "brogliacci" previsti dall'art. 268, co. 2), salvo disporre la perizia-trascrizione in caso di contestazioni. Si spiega, quindi, il disposto dell'art. 242, co. 2, introdotto dal d.lgs. n. 216 del 2017 e modificato dal d.l. n. 161 del 2019, conv. in L. n. 7 del 2020, secondo cui, quando è acquisita una registrazione, il giudice ne dispone, se necessario, la trascrizione a norma dell'art. 268, co. 7.

Soltanto a questo punto, disposta la perizia-trascrizione, **i difensori possono estrarre copia** delle trascrizioni stesse e fare eseguire la trasposizione della registrazione su idoneo supporto dei flussi intercettati, ovvero copia della stampa.

Quanto alla strumentistica utilizzabile, le operazioni di intercettazione telefonica possono essere eseguite, in via generale, utilizzando esclusivamente gli impianti installati negli uffici della Procura della Repubblica[29]. Tale regola è intesa a garantire un controllo immediato e diretto del pubblico ministero sull'esecuzione delle operazioni in modo da prevenire abusi nell'utilizzo di uno strumento investigativo particolarmente invasivo della sfera di riservatezza[30]. La regola, tuttavia, patisce un'eccezione: il pubblico ministero può disporre il compimento delle operazioni di intercettazione mediante impianti di pubblico servizio o in dotazione della polizia giudiziaria, ma solo nel caso di insufficienza o inidoneità degli impianti della Procura della Repubblica e in presenza di eccezionali ragioni di urgenza (art. 268, co. 3, ultima parte). Tale norma ha resistito a numerose censure di incostituzionalità[31]. Solo per

---

[29] Il d.lgs. 2.10.2018, n. 120 (in Suppl. Ord. *Gazz. Uff.*, 26.10.2018, n. 250) ha previsto che la liquidazione delle spese relative alle prestazioni di cui all'art. 96, d.lgs. 1.8.2003, n. 259 e di quelle funzionali all'utilizzo delle prestazioni medesime è effettuato senza ritardo con decreto di pagamento del pubblico ministero che ha richiesto o eseguito l'autorizzazione a disporre le operazioni di intercettazione.

[30] In materia, v. Corte eur., sent. 30.7.2009, Burzo c. Romania; Corte eur., sent. 31.3.2009, Natunen c. Finlandia; Corte eur., sent. 10.2.2009, Iordachi e altri c. Moldova.

[31] V. Corte cost., ord. n. 304 del 2000; Corte cost., sent. n. 259 del 2001; Corte cost., sent. n. 209 del 2004.

le comunicazioni informatiche e telematiche le intercettazioni possono essere eseguite, su provvedimento del pubblico ministero, presso impianti di privati (art. cit., co. 3 *bis*). Quando, invece, si tratta delle registrazioni con captatore informatico su dispositivo elettronico portatile, il secondo periodo del comma 3 *bis*, introdotto dalla Riforma Orlando, prevede che l'ufficiale di polizia giudiziaria possa avvalersi di persone idonee di cui all'art. 348, co. 4, coerentemente con le specifiche competenze tecniche richieste per il compimento delle operazioni, e anche per la disattivazione del captatore al termine di esse (v. art. 89, co. 5, disp. att.).

4.5. Documentazione

Le registrazioni, i verbali delle intercettazioni e ogni altro atto ad esse relativo devono essere conservati integralmente nel già citato archivio gestito e tenuto sotto la direzione e la sorveglianza del Procuratore della Repubblica dell'ufficio che ha richiesto ed eseguito le intercettazioni, previsto dall'art. 269, co. 1, testo modificato dal d.l. n. 161 del 2019, conv. in L. n. 7 del 2020. **L'archivio delle intercettazioni** è digitale; in esso ogni accesso è annotato in apposito registro, gestito con modalità informatiche, dove sono indicate data, ora iniziale e finale, e gli atti specificamente consultati dai soggetti autorizzati, vale a dire il giudice che procede e i suoi ausiliari, il pubblico ministero e i suoi ausiliari, ivi compresi gli ufficiali di polizia giudiziaria delegati all'ascolto, i difensori delle parti, assistiti, se necessario, da un interprete (art. 89 *bis* disp. att.).

La previsione dell'archivio e le modalità della sua gestione sono poste a tutela del segreto investigativo e della riservatezza, come si ricava dalla disposizione dislocata dalla Riforma Bonafede nell'art. 269, co. 1, che delimita il segreto sui verbali e sulle registrazioni (il d.lgs. n. 216 del 2017 aveva previsto una disposizione simile, nel co. 1 *bis*, abrogato nel 2019; si v. anche l'art. 89 *bis*, co. 2, disp. att., circa le modalità di gestione dell'archivio digitale a tutela della segretezza). Inoltre, le modalità di conservazione della documentazione dettate dall'art. 269 riguardano tutti gli atti relativi alle intercettazioni e operano sin dal momento del deposito effettuato ai sensi dell'art. 268 (co. 4 o 5) ovvero dell'art. 415 *bis*, co. 2 *bis*, o nel caso previsto dall'art. 454, co. 2 *bis*. Analogamente nell'archivio sono conferiti i verbali presentati dal pubblico ministero al giudice cautelare, limitatamente alle comunicazioni e conversazioni rilevanti (art. 291, co. 1, modificato dal d.lgs. n. 216 del 2017 e dal d.l. n. 161 del 2019, conv. in L. n. 7 del 2020). La conservazione è finalizzata a consentire al giudice per le indagini preliminari e ai difensori delle parti, successivamente al deposito, l'accesso all'archivio e l'ascolto delle conversazioni o comunicazioni registrate.

A seguito della presa di conoscenza del contenuto delle conversazioni o comunicazioni da parte dei difensori delle parti, non viene meno **il segreto**.

Questo **cade solo per i verbali e le registrazioni acquisite al fascicolo di cui all'art. 373, co. 5**, o comunque utilizzate nel corso delle indagini preliminari. È questa una previsione inserita nel co. 1 dell'art. 269, in sede di conversione del d.l. n. 161 del 2019, con la L. n. 7 del 2020; corrobora la distinzione fra il deposito nell'archivio e l'acquisizione-inserimento nel fascicolo delle indagini, essa sola implicante il venire meno del segreto (salvo il caso in cui il segreto sia caduto con l'utilizzazione dei verbali e delle registrazioni nel corso delle indagini, ad esempio in sede cautelare). La disposizione deve essere interpretata in rapporto al nuovo co. 2 *bis* dell'art. 114, aggiunto dal d.l. n. 161 del 2019 e modificato in sede di conversione dalla L. n. 7 del 2020, secondo cui è sempre vietata la pubblicazione, anche parziale, del contenuto delle intercettazioni non acquisite ai sensi degli artt. 268, 415 *bis* o 454 (cfr. *supra*, cap. V).

Il materiale che è stato oggetto di stralcio a norma dell'art. 268, co. 6, o che comunque non è stato acquisito ai sensi dell'art. 415 *bis*, co. 2 *bis*, ovvero dell'art. 454, co. 2 *bis*, deve essere conservato nell'archivio di cui all'art. 269, co. 1 fino alla sentenza non più impugnabile. Tale dovere è in funzione di un eventuale «recupero» del materiale raccolto in una fase successiva del procedimento quando, per fatti sopravvenuti, esso possa considerarsi rilevante. La regola generale individua nella intervenuta irrevocabilità della sentenza il termine massimo di conservazione delle registrazioni; le parti, tuttavia, possono chiedere al giudice che ha autorizzato o convalidato l'intercettazione la distruzione della documentazione raccolta, a tutela della riservatezza, salvo che la stessa costituisca corpo del reato (art. 271, co. 3) e sempre che il giudice ritenga tale documentazione irrilevante. Su questa richiesta il giudice provvede nell'ambito di un'udienza camerale. Se la richiesta è accolta, la distruzione della documentazione avviene sotto l'immediato controllo del giudice. Dell'operazione di distruzione è redatto un verbale.

4.6. Utilizzazione in altri procedimenti

È regola generale la **non trasferibilità dei risultati delle intercettazioni dal procedimento in cui sono state disposte ad altri procedimenti**. Una prassi di libera trasmigrazione dei risultati dell'attività captativa comporterebbe, per l'intercettazione confluita nel procedimento «diverso», una violazione della riserva di giurisdizione prevista dall'art. 15 Cost.: essa, infatti, verrebbe utilizzata senza che sulla stessa sia intervenuto il controllo del giudice procedente (art. 267)[32].

L'**unica deroga** è ammessa quando i risultati della captazione risultino rilevanti e indispensabili, nel procedimento diverso, ai fini dell'accertamento

[32] Sul punto Corte eur., sent. 19.3.2005, Matheron c. Francia.

del reato in esso contestato, per il quale sia previsto l'arresto obbligatorio in flagranza (art. 380) e dei reati di cui all'art. 266, co. 1. In tal senso la disciplina dell'art. 270, co. 1, è stata interpolata dal d.l. n. 161 del 2019, conv. in L. n. 7 del 2020. Il concetto di procedimento «diverso» è peraltro inteso in senso lato dalla giurisprudenza, che pure aveva precisato, ad opera delle Sezioni Unite intervenute prima della Riforma Bonafede, che il divieto di cui all'art. 270 – salvo che le intercettazioni risultino indispensabili per l'accertamento di delitti per i quali è obbligatorio l'arresto in flagranza – non opera (e quindi le intercettazioni sono utilizzabili) con riferimento ai risultati relativi a reati che risultino connessi *ex* art. 12 a quelli in relazione ai quali l'autorizzazione era stata *ab origine* disposta, sempreché rientrino nei limiti di ammissibilità previsti dalla legge[33].

Una **regola speciale riguarda** l'utilizzazione dei risultati delle intercettazioni tra presenti operate con **captatore informatico su dispositivo elettronico portatile**. Questi possono essere utilizzati anche per la prova di reati diversi da quelli per i quali è stato emesso il decreto autorizzativo, qualora risultino indispensabili per l'accertamento dei delitti di cui all'art. 51, co. 3 *bis* e 3 *quater*, indicati dall'art. 266, co. 2 *bis*.

Quando avvenga questo passaggio, si consente alle parti di verificare se nel procedimento in cui state originariamente disposte le intercettazioni siano state legittime; a tale scopo, nel «procedimento diverso» si devono depositare le registrazioni e i verbali delle intercettazioni. Quanto ai decreti autorizzativi, è onere della parte interessata allegare i decreti che si ritengano illegittimi e gli atti relativi[34].

Si è poi affermato, in sede di legittimità[35], come non trovino applicazione le limitazioni probatorie previste dall'art. 270 allorquando la comunicazione intercettata costituisca essa stessa una condotta delittuosa come, ad esempio, l'indebita ripresa di notizie ed immagini della vita privata svolgentisi nei luoghi indicati nell'art. 614 c.p., condotta sanzionata dall'art. 615 *bis* c.p.[36]. In tal caso, l'acquisizione della comunicazione deve essere inquadrata nelle norme che regolano l'uso processuale del corpo di reato.

---

[33] Cass., Sez. Un., 28.11.2019, Cavallo.

[34] Questa la regola sancita da Cass., Sez. Un., 17.11.2004, Esposito.

[35] Cfr. Cass., Sez. Un., 26.6.2014, Floris.

[36] Corte eur., sent. 7.6.2016, Karabeyoglu c. Turchia ha ritenuto che l'impiego, per una indagine penale, di informazioni ottenute mediante intercettazioni telefoniche condotte nell'ambito familiare non è atto lesivo del diritto al rispetto della vita privata trattandosi di informazioni ottenute in relazione ad un soggetto posto sotto sorveglianza in quanto sospettato di appartenere ad una organizzazione criminale. Diversamente, l'utilizzo delle medesime intercettazioni nell'ambito del parallelo procedimento disciplinare instaurato nei confronti del ricorrente è da considerarsi illegittimo in quanto avvenuto non «in conformità della legge» come richiesto dall'art. 8, par. 2 della Convenzione.

4.7. Comunicazioni di servizio di appartenenti al Dipartimento delle informazioni per la sicurezza e ai servizi di informazione per la sicurezza

L'art. 270 *bis* introdotto dall'art. 28, L. 3.8.2007, n. 124 prevede un ulteriore **divieto di utilizzazione**, che realizza una particolare tutela alle notizie riguardanti la sicurezza dello Stato. Si tratta delle **comunicazioni di servizio di appartenenti al Dipartimento delle informazioni per la sicurezza o ai servizi per la sicurezza**, di cui l'autorità giudiziaria sia venuta a conoscenza tramite intercettazioni. Di tutta la documentazione (documenti, supporti, atti concernenti tali comunicazioni) è disposta l'immediata secretazione e custodia in un luogo protetto.

Qualsiasi utilizzazione processuale di tali informazioni è subordinata alla trasmissione di copia delle stesse al Presidente del Consiglio dei ministri affinché verifichi se, tra i dati comunicativi intercettati, ve ne sia alcuno coperto dal **segreto di Stato**. L'opposizione del quale deve intervenire entro sessanta giorni, trascorsi i quali l'autorità giudiziaria può acquisire le informazioni.

L'utilizzo delle informazioni anche prima della risposta del Presidente del Consiglio dei ministri è legittimato solamente dal pericolo di inquinamento probatorio, dal pericolo di fuga o dalla necessità di prevenire o interrompere la commissione di un delitto per cui è prevista una pena non inferiore nel massimo ai quattro anni.

Nel caso di opposizione l'autorità giudiziaria può sollevare il **conflitto di attribuzione** che è deciso dalla Corte costituzionale. Se il conflitto è risolto nel senso della insussistenza del segreto di Stato, nessuna altra opposizione dello stesso è ammessa; se è risolto nel senso della sussistenza del segreto, gli atti non possono essere utilizzati dall'autorità giudiziaria.

Il segreto di Stato non è opponibile nei confronti della Corte costituzionale, che adotta discrezionalmente le cautele necessarie per garantire la segretezza del procedimento.

4.8. Il regime dei divieti di utilizzazione

L'inutilizzabilità dei risultati delle intercettazioni è determinata da cause diverse (art. 271).

La prima causa è che le intercettazioni siano state **eseguite «al di fuori dei casi consentiti dalla legge»**. Il riferimento è, ad esempio, alle intercettazioni disposte fuori dei limiti oggettivi di ammissibilità individuati dall'art. 266 ovvero dei limiti soggettivi che precludono le operazioni di captazione delle comunicazioni o conversazioni riguardanti alcuni soggetti tutelati in ragione della professione svolta (l'art. 103, co. 5, vieta l'intercettazione delle comunicazioni di difensori, investigatori privati autorizzati, incaricati del procedimento, consulenti tecnici e loro ausiliari, intercorse tra di loro, oppure con i soggetti da loro assistiti; l'art. 35, co. 5, disp. att., non consente l'intercettazione dei colloqui telefonici tra l'imputato detenuto e il suo difensore; l'art. 120 d.P.R. 9.10.1990, n. 309, modif. da L. 21.2.2006, n. 49, estende agli operatori del servizio pubblico per le tossicodipendenze e a coloro che operano presso enti, centri, associazioni o gruppi convenzionati con le autorità sanitarie locali, le garanzie previste per il difensore dall'art. 103) o del ruolo politico ricoperto[37].

La seconda causa è che le operazioni di intercettazione si **siano svolte non osservando le disposizioni previste dagli artt. 267 e 268, co. 1 e 3.** Il primo richiamo normativo riguarda il rispetto delle forme del provvedimento autorizzativo dell'intercettazione sotto vari profili, tra i quali, ad esempio, la legittimazione esclusiva del giudice per le indagini preliminari a autorizzare, prorogare o convalidare l'intercettazione; l'omessa o tardiva convalida dell'intercettazione disposta d'urgenza dal pubblico ministero; il difetto di motivazione del decreto di autorizzazione, convalida o proroga. In forza del secondo richiamo normativo, sono inutilizzabili i risultati delle intercettazioni i cui dati comunicativi non sono stati registrati e verbalizzati (art. 268, co. 1).

Un'ultima causa di inutilizzabilità attiene alla captazione delle conversazioni o comunicazioni di **soggetti depositari di un segreto professionale** (art. 200, co. 1) quando tali conversazioni o comunicazioni abbiano a oggetto fatti appresi in ragione del proprio ministero, ufficio o professione, salvo che tali fatti siano già stati resi noti nel corso di una deposizione o in altro modo divulgati; infatti, la pregressa divulgazione fa venire meno le esigenze di segreto alla cui tutela il divieto probatorio è preordinato.

Tali divieti di utilizzazione riguardano anche le intercettazioni di comunicazioni tra presenti eseguite mediante captatore informatico su dispositivo elettronico portatile (art. 266, co. 2). Per questa modalità di svolgimento delle indagini opera inoltre lo specifico divieto di cui all'art. 271, co. 1 *bis*, aggiunto dal d.lgs. n. 216 del 2017 e in seguito modificato dal d.l. n. 161 del 2019, conv. in L. n. 7 del 2020. Secondo la disposizione, non sono in ogni caso utilizzabili i dati acquisiti nel corso delle operazioni preliminari all'inserimento del captatore sul dispositivo elettronico portatile. Non sono nemmeno utilizzabili i dati acquisiti al di fuori dei limiti di tempo e di luogo indicati nel decreto autorizzativo, in relazione ai quali è consentita l'attivazione del microfono ai sensi dell'art. 267, co. 1 (cfr. *supra*, par. 4.3).

Tutta la documentazione inerente le intercettazioni inutilizzabili non ha ragione di essere mantenuta nel procedimento e pertanto ne è prevista, in ogni

[37] Cfr. *supra*, par. 4.2.

stato e grado, la **distruzione materiale**. A seguito dell'intervento della Corte costituzionale[38], il giudice decide sulla distruzione non più in via autonoma, ma solo dopo avere sentito le parti in udienza camerale sulla eventuale rilevanza *in bonam partem* di tale materiale. L'inutilizzabilità dei risultati delle intercettazioni, accertata nel giudizio di cognizione, ha effetti anche nel giudizio promosso per ottenere la riparazione per ingiusta detenzione[39] e in quello relativo all'applicazione delle misure di prevenzione[40].

4.9. Gli atti relativi a intercettazioni illegali

L'art. 240 disciplina due differenti oggetti: nel co. 1 i «documenti anonimi»[41]; nei co. da 2 a 6 (inseriti dalla L. 20.11.2006, n. 281) «gli atti relativi a intercettazioni illegali».

I citati commi si applicano a documenti, supporti e atti ricavati da comunicazioni o conversazioni telefoniche o telematiche, illegalmente acquisiti o formati a seguito della raccolta illegale di informazioni[42]. Con ciò si scongiura il pericolo di indebita circolazione di notizie la cui illiceità è insita, non solo nel modo con cui tali notizie sono state captate, ma anche nella loro mera esistenza, di per sé fattore di turbamento della vita sociale.

In tali ipotesi il pubblico ministero dispone, in via preliminare, **la secretazione e la custodia in un luogo sicuro** di tutti i materiali comunicativi illegalmente formati o acquisiti, per i quali è fatto divieto di riproduzione in copia e di utilizzo in qualsiasi fase processuale (art. 240, co. 2, ultima parte).

Successivamente, il pubblico ministero attiva la **procedura di distruzione** del materiale illecito. Tale procedura è scandita da tempi molto ravvicinati: entro quarantotto ore dall'acquisizione dei documenti, il pubblico ministero ne chiede la distruzione al giudice per le indagini preliminari; quest'ultimo, entro le successive quarantotto ore, fissa un'udienza camerale *ad hoc*; entro dieci giorni tale udienza è celebrata alla presenza delle «parti interessate» (art. 240, co. 4) da individuarsi nelle persone sottoposte ad indagini, nelle «vittime» delle captazioni illecite e nelle persone terze coinvolte nelle conversazioni intercorse fra altri. Questi soggetti hanno il diritto di interloquire, anche tramite un difensore di fiducia nominato tre giorni prima dell'udienza, sulla natura del materiale oggetto di distruzione e sulle modalità di formazione dello stesso.

---

[38] Corte cost., sent. n. 463 del 1994.

[39] Cass., Sez. Un., 30.10.2008, Racco.

[40] Cfr. Cass., Sez. Un., 25.3.2010, Cagnazzo e altro.

[41] Cfr. *supra*, cap. VIII, par. 7.6.

[42] Cass., Sez. Un., 26.6.2014, Floris, ha stabilito che la registrazione di un colloquio che costituisce reato è corpo del reato e, come tale, utilizzabile.

Esaurito il contraddittorio ed accertata l'illegale formazione o acquisizione dei documenti, dei supporti e degli atti di cui all'art. 240, co. 2, il giudice provvede in udienza dando lettura del relativo provvedimento di distruzione da eseguirsi immediatamente alla presenza degli intervenuti.

Dell'intera procedura deve essere redatto verbale (art. 240, co. 6) con la menzione dei soggetti interessati, dell'esistenza dei documenti, supporti e atti illeciti e, infine, delle modalità di acquisizione e di captazione illegali e dei mezzi utilizzati a tale fine per fissare, a futura memoria (tali verbali potranno essere letti in dibattimento a norma dell'art. 512, co. 1 *bis*), la natura illegale della documentazione senza doverne svelare il contenuto. Anzi, qualsiasi riferimento al contenuto dei documenti, supporti e atti di cui al co. 2, è espressamente vietato all'evidente scopo di non vanificare, con eventuali tracce a verbale, la *ratio* stessa delle relative disposizioni.

La Corte costituzionale[43] ha dichiarato l'illegittimità dell'art. 240 ai co. 4, 5 e 6. Quanto ai primi due commi, la Corte costituzionale ne ha dichiarato la parziale illegittimità nella parte in cui non prevedono, per la disciplina del contraddittorio, l'applicazione dell'art. 401, co. 1 e 2. La Consulta ha censurato le limitazioni del contraddittorio che connotano il modello generale del rito camerale importando, per tale istituto, la rigorosa prescrizione del contraddittorio tra le parti secondo il modello previsto dall'art. 401, co. 1 e 2 in tema di incidente probatorio, che implica la partecipazione necessaria del pubblico ministero e del difensore dell'indagato e la partecipazione facoltativa del difensore della persona offesa; la disciplina in tema di incidente probatorio prevede altresì che, laddove non compaia il difensore dell'indagato, il giudice debba designare un altro difensore a norma dell'art. 97, co. 4. La Corte costituzionale ha poi dichiarato l'illegittimità del co. 6 dell'art. 240 nella parte in cui non esclude, dal divieto di fare riferimento al contenuto dei documenti, supporti e atti, nella redazione del verbale, le circostanze inerenti l'attività di formazione, acquisizione e raccolta degli stessi documenti, supporti e atti. In definitiva, a parere della Consulta, la semplice descrizione delle modalità e dei mezzi utilizzati per raccogliere informazioni è inidonea a dare una esaustiva rappresentazione dei fatti e, di conseguenza, a garantire un adeguato controllo giudiziale.

---

[43] Corte cost., sent. n. 173 del 2009.

Parte VI

Le misure cautelari

Capitolo X

Le misure precautelari

di *Piermaria Corso*

SOMMARIO: 1. Provvedimenti provvisori e garanzie costituzionali. – 2. L'arresto in flagranza. – 3. L'arresto obbligatorio. – 4. L'arresto facoltativo. – 5. Disciplina comune ai due tipi di arresto. – 6. Il fermo di indiziato di delitto. – 7. Il controllo giurisdizionale sulla legittimità dell'arresto e del fermo. I provvedimenti consequenziali.

1. Provvedimenti provvisori e garanzie costituzionali

L'art. 13 Cost., dopo aver posto nel co. 2 una riserva giudiziaria in materia di provvedimenti restrittivi della libertà personale («Non è ammessa forma alcuna di detenzione [...] se non per atto motivato dell'autorità giudiziaria»), tiene conto dell'impossibilità di fatto che una «autorità giudiziaria» sia sempre presente o disponibile nelle situazioni che la richiedano e detta una norma (co. 3) idonea a rispondere a tutte le esigenze del caso concreto: «In **casi eccezionali di necessità ed urgenza, indicati tassativamente dalla legge**, l'autorità di pubblica sicurezza può adottare provvedimenti provvisori, che devono essere comunicati entro quarantotto ore all'autorità giudiziaria e, se questa non li convalida nelle successive quarantotto ore, si intendono revocati e restano privi di ogni effetto».

Il codice, tenuto conto di questi due princìpi, è intervenuto a precisare che l'«autorità giudiziaria» legittimata all'applicazione delle misure coercitive è soltanto il giudice (art. 279); che il pubblico ministero può avanzare la richiesta di provvedimento restrittivo ma non ha di regola il potere di disporlo; che l'eccezionale potere di adottare provvedimenti restrittivi compete alla sola polizia giudiziaria.

La riduzione (attuata con il codice 1988) del pubblico ministero da inquisitore/giudice a mera parte pubblica ha portato di necessità a privarlo di poteri coercitivi diretti nei confronti della persona sottoposta alle indagini, trattandosi di materia la cui delicatezza consiglia se non impone l'intervento del giudice terzo.

In questo schema lineare ben si comprende che il pubblico ministero – avulso dalla situazione di immediatezza in cui opera la polizia giudiziaria – non abbia il potere di disporre l'arresto in flagranza (se non *ex* art. 476, co. 1, e quando agisce *uti privatus*: art. 383), mentre si giustifica soltanto con ragioni di opportunità il fatto che il pubblico ministero conservi un potere di fermo dell'indiziato di delitto (art. 384, co. 1).

Essendosi in presenza di istituti che trovano applicazione nelle primissime fasi delle indagini e che coinvolgono esigenze di tutela dell'accertamento penale, fortissime sollecitazioni sono immediatamente intervenute per spostare l'equilibrio tra autorità e libertà proposto dal codice del 1988.

Di qui il sovrapporsi alle linee originarie di numerose modificazioni, ora nell'ambito ora al di là dei princìpi direttivi contenuti nella legge delega, in nome di una miglior tutela della collettività contro la criminalità e di un minore sbilanciamento in senso garantista con recupero di efficacia ed efficienza, finalità idonee entrambe a consentire l'accertamento e la repressione delle responsabilità, ma anche attenuazioni del rigore di qualche scelta iniziale.

I «provvedimenti provvisori» rientranti nell'art. 13, co. 3, Cost. e disciplinati dal codice, che li definisce «misure» (v. art. 381, co. 4), sono essenzialmente due: l'arresto in flagranza e il fermo.

Pur avendo indubbio contenuto restrittivo della libertà personale, non rientrano formalmente tra le misure cautelari personali (artt. 272 ss.) e pertanto vanno considerati (e definiti) provvedimenti precautelari.

Ad essi è accostabile l'allontanamento d'urgenza dalla casa familiare (art 384 *bis*), misura che viene ad incidere sulla libertà di circolazione.

Esigenze di tipo pratico hanno fatto sì che questi istituti siano disciplinati fuori del Libro IV (Misure cautelari) e collocati nel Libro V (Indagini preliminari e udienza preliminare), dove è compiutamente descritta l'attività del pubblico ministero e della polizia giudiziaria.

Completa attuazione riceve – e non poteva essere altrimenti – l'esigenza di «giurisdizionalizzazione» del procedimento di convalida, essendo compito del giudice valutare l'esistenza dei presupposti di fatto e di diritto invocati per l'adozione del provvedimento precautelare (artt. 390 e 391).

2. L'arresto in flagranza

L'arresto come istituto processuale (da non confondere con l'omonima pena detentiva ricollegata al reato contravvenzionale dagli artt. 17 e 25 c.p. o con la misura coercitiva personale di cui all'art. 284) si risolve in una misura restrittiva della libertà personale provvisoriamente adottata *a non iudice* in base a presupposti e condizioni diversi da quelli richiesti per l'adozione delle misure cautelari personali, la cui valutazione rientra nella discrezionalità legislativa [1].

Il che spiega, da un canto, lo stretto ambito temporale di efficacia e la caducazione *ope legis*, la tassatività dei casi e l'eccezionale situazione di necessità e di urgenza (da intendersi in relazione al rischio determinato dall'intervallo di tempo indispensabile per l'intervento giudiziario) che giustifica l'intervento della polizia giudiziaria o addirittura di un privato; dall'altro, che l'autonomia di disciplina non impedisce l'affiorare del contenuto sostanziale dell'istituto – che è pur sempre privativo della libertà – agli effetti di varie norme come quelle sulla determinazione della pena (art. 379), sulla durata della custodia cautelare (art. 297, co. 1) e sulla riparazione per l'ingiusta detenzione (pur formalmente non riparabile, l'arresto lo diventa in quanto momento *a quo*, e quindi ricompreso, della custodia cautelare) [2].

Normale presupposto dell'arresto è la flagranza, concetto di cui l'art. 382 dà una definizione autentica:

«1. È in stato di flagranza chi viene colto nell'atto di commettere il reato ovvero chi, subito dopo il reato, è inseguito dalla polizia giudiziaria, dalla persona offesa o da altre persone ovvero è sorpreso con cose o tracce dalle quali appaia che egli abbia commesso il reato immediatamente prima.

2. Nel reato permanente lo stato di flagranza dura fino a quando non è cessata la permanenza».

A seguito della L. 24.4.2003, n. 88 (di conversione del d.l. 24.2.2003, n. 28), si considera in stato di flagranza chi venga arrestato «entro le trentasei ore dal fatto» sulla base di documentazione videofotografica inequivoca nel ricollegare il fatto all'autore di reati di violenza «in occasione o a causa di manifestazioni sportive» (art. 1).

Verificandosi questo presupposto, che esige uno strettissimo nesso temporale tra la condotta illecita e la percezione di essa da parte di terzi, l'**arresto può essere obbligatorio o facoltativo**.

Destinataria dell'obbligo come della facoltà dell'arresto è la polizia giudiziaria, in quanto *longa manus* dello Stato incaricata di svolgere una serie di funzioni (art. 55) di estremo rilievo sostanziale e processuale.

L'arresto di colui che è colto nell'atto di commettere un reato concretizza, in particolare, le funzioni di «impedire che (i reati) vengano portati a conseguenze ulteriori» e di «ricercarne gli autori», in quanto l'arresto sortisce l'effetto di mettere a disposizione dell'autorità giudiziaria un soggetto nei

---

[1] Cfr. Corte cost., sent. n. 41 del 2022.

[2] Cfr. Corte cost., sent. n. 109 del 1999.

confronti del quale sussiste un *fumus commissi delicti* particolarmente concreto.

Non diversa è la situazione, impropriamente definibile di «quasi flagranza», in cui la connessione tra il reato e il presunto autore è data non da una contestualità temporale, ma da una contiguità temporale corroborata o dall'esistenza di una reazione in atto da parte della persona offesa o di terze persone o da una oggettività probatoria indiziante rappresentata da cose o tracce del reato.

Non ogni situazione di flagranza determina la necessità o la possibilità dell'arresto.

Non si è in presenza di un astratto *favor libertatis*, ma di una precisa scelta a tutela di un bene inviolabile e che la stessa autorità giudiziaria può comprimere solo in via eccezionale: scelta comprensibile perché non avrebbe senso – ad esempio – ledere la libertà personale di un soggetto che, avendo commesso un delitto punibile con la sola pena pecuniaria (multa), mai dovrebbe subire una privazione della libertà in caso di condanna.

Il che non significa che l'arresto sia una misura precautelare legata agli stessi presupposti della misura cautelare: anzi, la non corrispondenza delle sfere di incidenza dell'arresto e della misura custodiale dimostra che diversi sono i fini cui i due istituti intendono rispondere.

Ad esempio, l'arresto in casi in cui non si configurano esigenze cautelari risponde anche al fine di una pronta risposta dello Stato alla domanda di giustizia della vittima per la quale sarebbe intollerabile che l'autore del reato, dopo le identificazioni del caso, potesse impunemente riprendere e completare l'illecito interrotto dall'arrivo della polizia.

Ne consegue che la disciplina dell'arresto è in linea con i princìpi costituzionali (oltre all'art. 13, co. 3, si veda il riconoscimento esplicito dell'istituto nell'art. 68, co. 2, Cost.), e che le ragioni giustificatrici di questa anticipazione dei provvedimenti cautelari di competenza giurisdizionale sono rappresentate dalla «urgenza» di una valutazione che, in condizioni di normalità, competerebbe al giudice e dalla «necessità» di salvaguardare con immediatezza beni o valori lesi o posti in pericolo dall'arrestato.

È *in re ipsa* che l'esercizio del potere di arresto legittimi l'impiego dei mezzi idonei allo scopo.

3. L'arresto obbligatorio

L'arresto è obbligatorio per la polizia giudiziaria in casi tassativi nei quali si pongono «speciali esigenze di tutela della collettività».

L'art. 380 – norma pluriemendata – delinea i casi di arresto obbligatorio alla luce di due criteri: uno di gravità del delitto (l'arresto non è possibile per un reato contravvenzionale); l'altro in relazione al *nomen iuris* o a categorie di reato.

Il co. 1, avente carattere di norma generale, prevede l'arresto obbligatorio «di chiunque è colto in flagranza di un delitto non colposo, consumato o tentato, per il quale la legge stabilisce la pena dell'ergastolo o della reclusione non inferiore nel minimo a cinque anni e nel massimo a venti anni».

La pena presa in considerazione è quella edittale (cioè stabilita dalla legge) determinata, a norma dell'art. 379, mediante un rinvio a quanto dispone l'art. 278 (ivi comprese le modifiche sopravvenute) agli effetti dell'applicazione delle misure cautelari.

Appare chiaro che la competenza della polizia giudiziaria è sostitutiva di quella giurisdizionale solo nei limiti richiesti da una situazione provvisoria ed eccezionale: infatti le si chiede di operare una mera qualificazione giuridica del fatto-reato allo stato degli atti (cioè di valutare se un fatto costituisca reato e quale sia il *nomen iuris*), ma non le si chiede mai di operare giudizi prognostici sulla pena irrogabile alla conclusione del processo e sulla fruibilità della sospensione condizionale.

Una deroga esplicita a questa scelta lineare contenuta nell'art. 379 è stata prevista con le interpolazioni sopravvenute all'art. 380, co. 2, lett. *e* ed *e bis* [3].

La rilevante gravità dei delitti considerati (resa evidente dal livello delle pene comminate) opera in senso restrittivo dei poteri eccezionalmente attribuiti alla polizia giudiziaria, ma legittima la deroga alla competenza giurisdizionale, essendosi in presenza di fatti di reato che costituiscono espressione di una pericolosità sociale non marginale.

I criteri di determinazione della pena agli effetti dell'arresto in flagranza inquadrano i limiti entro i quali la polizia giudiziaria deve valutare la fattispecie concreta, ma delineano altresì lo spazio riservato al controllo giurisdizionale successivo.

La pena che risulta dall'applicazione di detti criteri, se rientrante nell'art. 380, co. 1, esonera la polizia giudiziaria da valutazioni circa la gravità del fatto o la pericolosità del soggetto, operando una presunzione *iuris et de iure* del legislatore circa la necessità e l'adeguatezza al caso concreto della misura precautelare dell'arresto.

L'art. 380, co. 2 (più volte modificato) individua le fattispecie di obbligatorietà dell'arresto in flagranza ricorrendo a categorie di reato o al singolo *nomen iuris*: la necessità e indifferibilità dell'adozione di provvedimenti precautelari è affermata con riguardo a reati qualitativamente espressivi di pericolosità sociale (delitti contro la personalità dello Stato o eversivi dell'ordina-

---

[3] Sulla legittimità costituzionale di tale disciplina cfr. Corte cost. n. 41 del 2022.

mento costituzionale; delitti di criminalità organizzata o contro la incolumità pubblica; delitti di particolare frequenza o gravità quali il furto a vario titolo aggravato, la rapina e l'estorsione o quelli attinenti le armi e la violenza sessuale)[4].

4. L'arresto facoltativo

La misura precautelare dell'arresto nei casi dell'art. 380 può anche essere rimessa alla valutazione discrezionale di colui che interviene a tutela della legalità violata: l'arresto in flagranza da parte del privato è facoltativo nei casi in cui è obbligatorio per la polizia giudiziaria purché si sia in presenza di delitti perseguibili d'ufficio (art. 383).

Il campo di applicazione dell'istituto è pertanto risultato eroso dalla costante politica di espansione delle fattispecie perseguibili a querela (da ultimo, con il d.lgs. n. 150 del 2022).

Lo Stato auspica che i privati collaborino con la polizia e la magistratura (e si preoccupa di legittimarne e disciplinarne l'intervento, ad evitare usurpazioni di pubbliche funzioni e ingiustificate restrizioni della libertà personale), ma non impone un attivarsi che potrebbe anche esporre a gravi rischi personali.

Fuori dei casi dell'art. 380 l'arresto in flagranza non è consentito: questa regola – che esprime il *favor libertatis* – conosce una deroga «soltanto se la misura è giustificata dalla gravità del fatto ovvero dalla pericolosità del soggetto desunta dalla sua personalità o dalle circostanze del fatto» (art. 381, co. 4).

Chiamata a questa delicata valutazione è la polizia giudiziaria che deve farsi carico (non essendo consentito ai privati procedere all'arresto nei casi dell'art. 381) di esaminare se, in aggiunta alla particolare evidenza dell'illecito, sussistano concrete e qualificate esigenze di tutela della collettività.

Il legislatore identifica le categorie di delitto che legittimano la polizia giudiziaria all'esercizio della valutazione discrezionale e lo fa seguendo lo schema dell'arresto obbligatorio, identificando una categoria di delitti la cui gravità è resa evidente dall'entità della pena comminata e una categoria di singoli *nomina iuris*.

Regola generale è che l'arresto è facoltativo nei confronti di «chiunque è colto in flagranza di un delitto non colposo, consumato o tentato, per il quale la legge stabilisce la pena della reclusione superiore nel massimo a tre anni

---

[4] L'arresto obbligatorio «anche fuori dei casi di flagranza» è previsto per il trasgressore dell'ordine di allontanamento pronunciato dal giudice (artt. 235 e 312 c.p.).

ovvero di un delitto colposo per il quale la legge stabilisce la pena della reclusione non inferiore nel massimo a cinque anni» (art. 381, co. 1).

La gravità del reato è il presupposto da cui partire per la valutazione della «gravità del fatto» o della pericolosità sociale di chi ne risulta autore, cioè di una delle due ragioni giustificatrici – anche se disgiunte – dell'adozione della misura restrittiva precautelare; il legislatore esclude ogni automatismo *contra libertatem* e il verbale deve dare atto delle ragioni che hanno determinato l'arresto (art. 386, co. 3).

La seconda categoria di delitti che consentono l'arresto è rappresentata da una elencazione tassativa (art. 381, co. 2, anch'esso pluri modificato) di fattispecie quasi tutte già rientranti nel criterio quantitativo del co. 1. Oggi anche per tali delitti la polizia deve limitarsi a valutare la gravità del fatto e la pericolosità dell'autore «desunta dalla sua personalità o dalle circostanze del fatto», non rilevando criteri diversi.

La controversa configurabilità di un potere di arresto in flagranza di chi renda false informazioni al pubblico ministero (delitto sanzionato dall'art. 371 *bis* c.p.) è stata risolta in senso negativo con la riforma dell'agosto 1995: «Non è consentito l'arresto della persona richiesta di fornire informazioni dalla polizia giudiziaria o dal pubblico ministero per reati concernenti il contenuto delle informazioni o il rifiuto di fornirle» (art. 381, co. 4 *bis*).

Del tutto eccezionale è l'arresto facoltativo «anche fuori dei casi di flagranza» di chi ha posto in essere una condotta punibile a norma dell'art. 385 c.p. (evasione), previsto dall'art. 3, d.l. 13.5.1991, n. 152, conv. in L. 12.7.1991, n. 203, e di chi, sottoposto alla misura di prevenzione, ha commesso taluno dei reati (o delle violazioni) previsti dagli artt. 71, 75 e 76 d.lgs. n. 159 del 2011.

Peculiari sono l'istituto del «trattenere sul posto persone e mezzi di trasporto per il tempo strettamente necessario a consentire l'intervento di agenti delle forze dell'ordine» ad opera dei militari delle Forze armate impegnati a tutelare l'incolumità delle persone o la sicurezza delle strutture vigilate (art. 19, L. 26.3.2001, n. 128, in materia di tutela della sicurezza dei cittadini); l'istituto dell'«accompagnamento» *manu militari*, presso uffici di polizia e carabinieri, «ai fini di identificazione, per procedere agli accertamenti e per procedere a tutti gli atti di polizia giudiziaria» (art. 7 *bis*, L. 24.7.2008, n. 125) e l'"allontanamento d'urgenza dalla casa familiare" (art. 384 *bis*) che anticipa gli effetti della omonima misura cautelare di cui all'art. 282 *bis*, e che si risolve in un potere della polizia giudiziaria a ciò autorizzata dal pubblico ministero.

5. Disciplina comune ai due tipi di arresto

I soggetti arrestati in flagranza di reato o sottoposti a fermo di indiziato di delitto sono sottoposti a prelievo di campioni biologici (destinati alla banca dati nazionale del DNA) nei casi e con le modalità di cui all'art. 9, L. 30.6.2009, n. 85.

Sia per i casi di arresto obbligatorio che per quelli di arresto facoltativo vale il divieto di arresto in determinate circostanze, quando il fatto appare compiuto in presenza di talune cause di giustificazione (adempimento di un dovere o esercizio di una facoltà legittima) o di una causa di non punibilità (art. 385).

Anche sotto questo profilo appare chiaro che l'arresto ha una disciplina che solo in parte evoca le condizioni generali di applicabilità delle misure cautelari personali (art. 273) e che deve indurre a prudenza nell'accostare istituti aventi finalità diverse anche se accumunati da un identico contenuto restrittivo.

Fuori dei casi previsti dagli artt. 380 e 381 l'arresto è vietato perché la gravità del fatto o la pericolosità del soggetto non toglie che il reato commesso sia obiettivamente non grave: questa almeno è la valutazione del legislatore, non esente da critiche.

Anche nei casi previsti dagli artt. 380-381 l'arresto è vietato da norme particolari *extra codicem*: in caso di incidente ferroviario (d.P.R. 4.7.1980, n. 575) o da circolazione stradale (art. 189, co. 8, cod. strada) il conducente non è arrestabile se rimane sul posto, prestando assistenza. Norma evidentemente premiale, nel senso che ricollega un vantaggio processuale ad un comportamento socialmente rilevante, e perciò in tal modo sollecitato, quale è il non darsi alla fuga.

Quando la polizia giudiziaria ritiene doveroso o consentito l'arresto effettuato direttamente o da un privato si configura una serie di doveri a garanzia delle prerogative del pubblico ministero che è *dominus* delle indagini preliminari (immediata notizia dell'arresto e messa a disposizione al più presto e comunque non oltre ventiquattro ore), del diritto di difesa (avviso della facoltà di nominare un difensore e avviso al difensore eventualmente nominato d'ufficio: artt. 350 e 386; avviso circa i diritti e le facoltà redatto in lingua comprensibile e avviso circa la facoltà di accedere ai programmi di giustizia riparativa: art. 386), della tutela della famiglia (avviso ai familiari, con il consenso dell'arrestato, al fine di assicurare l'assistenza morale, economica e giuridica: art. 387 anche in rapporto all'art. 96, co. 3) e della disponibilità da parte della magistratura della persona dell'arrestato (conduzione dell'arrestato nella casa circondariale del *locus commissi delicti*, salvo che il pubblico ministero disponga diversamente per ragioni di salute, di sicurezza o dell'accertamento penale).

Si configura così la custodia dell'arrestato «in uno dei luoghi indicati nel comma 1 dell'articolo 284» (art. 386, co. 5) e quindi anche un arresto domiciliare (art. 386, co. 5) che non perde la natura di provvedimento «provvisorio» e che non è da confondere con la misura coercitiva degli arresti domiciliari (art. 284).

Un regime speciale è dettato per il procedimento davanti al tribunale in composizione monocratica, che giudica nei casi previsti dall'art. 33 *ter* (il procedimento è disciplinato dagli artt. 549 s.). Qui il pubblico ministero dispone che l'arrestato in flagranza sia custodito in uno dei luoghi di cui all'art. 284, co. 1, in attesa dell'udienza di convalida e del contestuale giudizio direttissimo, sia quando gli ufficiali o gli agenti di polizia giudiziaria che hanno eseguito l'arresto o che hanno avuto in consegna l'arrestato hanno dato al giudice immediata notizia dell'arresto, sia quando il pubblico ministero ha ordinato che l'arrestato in flagranza sia posto a sua disposizione (art. 558, co. 4 *bis*: questa disposizione prevede che, in caso di mancanza, indisponibilità o inidoneità di luoghi predetti, la custodia avvenga presso idonee strutture nella disponibilità degli ufficiali o agenti di polizia giudiziaria che hanno eseguito l'arresto o che hanno avuto in consegna l'arrestato; ancora, deroghe a questo regime sono previste dall'art. 558, co. 4 *bis* e 4 *ter*).

I soli ufficiali di polizia giudiziaria «sul luogo o nell'immediatezza del fatto» possono assumere dall'arrestato «notizie e indicazioni utili ai fini della immediata prosecuzione delle indagini», non altrimenti utilizzabili se assunte senza l'assistenza del difensore (art. 350, co. 5 e 6).

Il pubblico ministero può procedere all'interrogatorio dell'arrestato, con le garanzie difensive (art. 388). La facoltatività dell'interrogatorio è dovuta al fatto che questo incombente è valutato dal magistrato ai fini delle determinazioni che gli competono (art. 326) e non assume connotazioni di occasione di autodifesa, come è per l'interrogatorio avanti al giudice o per quello richiesto dall'indagato *ex* art. 415 *bis* (e obbligatorio per il pubblico ministero).

Sempre con riguardo al pubblico ministero, va ricordato che l'art. 476 lo legittima all'arresto dell'autore di reati commessi in udienza «nei casi consentiti».

Il pubblico ministero è obbligato o può procedere all'arresto in relazione agli artt. 380 e 381: questa attribuzione di competenza – che esclude analogo potere della polizia giudiziaria – si giustifica con la possibilità di coincidenza tra arresto ed esercizio dell'azione penale per la presentazione diretta dell'imputato al giudice per il giudizio direttissimo (art. 449).

Al pubblico ministero è comunque vietato l'arresto del testimone in udienza per reati concernenti il contenuto della deposizione (art. 476, co. 2): la previsione esplicita del divieto ha il valore emblematico di rottura con gli usi e gli abusi del passato, pur non mancando di sollevare critiche per la rinuncia ad uno strumento di indubbia pressione. L'arresto facoltativo in flagranza – durante le indagini preliminari – di chi rende false informazioni al pubblico ministero (art. 371 *bis* c.p.) è espressamente vietato dall'art. 381, co. 4 *bis*.

La volontà di porre in tempi brevissimi l'arrestato nella disponibilità della magistratura giustifica la previsione di una causa estintiva *ope legis* «se non sono osservati i termini previsti dal comma 3» dell'art. 386.

La **perdita di efficacia** del provvedimento precautelare provvisoriamente adottato si verifica nel caso di arrestato messo a disposizione del pubblico ministero o nel caso di verbale trasmesso dopo le ventiquattro ore dall'arresto (l'art. 386, co. 7, ricollega la caducazione all'inosservanza dei «termini» e il plurale non consente letture restrittive).

La regola non vale se il pubblico ministero – prima della scadenza del termine – autorizza una dilazione maggiore per la trasmissione del verbale (art. 386, co. 3). La caducazione in tale caso si verificherà con l'inutile decorso del maggior termine, comunque nei limiti dell'art. 122 disp. att.

Il *favor libertatis* è alla base del potere, riconosciuto dall'art. 389, di liberare immediatamente l'arrestato.

Come le esigenze di tutela della collettività legittimano poteri restrittivi della polizia giudiziaria in sostituzione della competenza giudiziaria, così le esigenze di tutela della libertà impongono di riconoscere alla polizia il potere di porre termine all'arresto senza dover attendere l'intervento del magistrato.

Il legislatore si preoccupa di evitare che sia la polizia giudiziaria ad impegnarsi nel delineare i possibili epiloghi della vicenda iniziata con l'arresto in flagranza e prevede il potere di **immediata liberazione** soltanto in casi tassativi o nei quali i presupposti di legge mancavano o sono venuti meno («evidente» arresto fuori dei casi previsti dalla legge o per errore di persona, sopravvenuta caducazione). In tali casi la polizia può sostituirsi al pubblico ministero nel decretare la immediata liberazione dell'arrestato, fermo restando che il magistrato è competente in via principale.

La conferma è nell'art. 121 disp. att. secondo cui il pubblico ministero può ordinare la liberazione dell'arrestato anche fuori dei casi previsti nell'art. 389 «quando ritiene di non dover richiedere l'applicazione di misure coercitive».

6. Il fermo di indiziato di delitto

Tra le misure restrittive della libertà personale aventi natura precautelare si colloca, accanto all'arresto (obbligatorio o facoltativo), il **fermo di indiziato di delitto** (art. 384).

Il fermo viene disposto dal pubblico ministero e, prima che tale magistrato abbia assunto la direzione delle indagini, dalla polizia giudiziaria.

Il ruolo del pubblico ministero non è in linea con la scelta di fondo di sottrarre alla parte pubblica ogni potere restrittivo della libertà personale, ma è comprensibile che – al di fuori delle situazioni di urgenza tipiche dell'arresto in cui è giocoforza adottare criteri opposti – il legislatore ritenga più affidabile un intervento istituzionale del pubblico ministero piuttosto che della polizia giudiziaria (i cui poteri di iniziativa in materia sono configurati come residuali).

Ciò non toglie che, in presenza di presupposti tassativi (identificazione successiva dell'indiziato o sopravvenuto concreto pericolo di fuga), la polizia giudiziaria debba procedere al fermo ove il pubblico ministero non possa tempestivamente intervenire.

Per un caso particolare si veda l'art. 307, co. 4, che legittima la polizia giudiziaria a fermare lo scarcerato per decorrenza dei termini che stia per darsi alla fuga sottraendosi alle prescrizioni impostegli.

Non è prevista alcuna competenza sostitutiva del privato cittadino.

«Il fermo della persona gravemente indiziata di un delitto per il quale la legge stabilisce la pena dell'ergastolo o della reclusione non inferiore nel minimo a due anni e superiore nel massimo a sei anni ovvero un delitto concernente le armi da guerra e gli esplosivi» o il terrorismo internazionale è disposto (obbligatoriamente), «anche fuori dei casi di flagranza, quando sussistono specifici elementi che, anche in relazione alla impossibilità di identificare l'indiziato, fanno ritenere fondato il **pericolo di fuga**» (art. 384, co. 1).

Poiché detto pericolo è reso concreto dal «possesso di documenti falsi» (art. 384, co. 3), l'istituto va coordinato con il «fermo per identificazione personale» di cui all'art. 349, come riformulato con la normativa del 2005 e con la riforma Cartabia del 2021-2022, che consente accertamenti con prelievo di materiale biologico (capelli o saliva) e una disponibilità della persona da identificare per «non oltre le ventiquattro ore».

Presupposto per il fermo è la presenza congiunta dei seguenti requisiti:

a) gravi indizi di colpevolezza, cioè un *fumus commissi delicti* particolarmente qualificato (questo presupposto è comune con le misure cautelari personali);

b) la gravità del delitto per il quale esistono gli indizi a carico: a parte una identificazione per *genus* (delitti concernenti alcuni tipi di armi e gli esplosivi), la gravità è desumibile dalla pena edittale secondo i criteri già visti per l'arresto in flagranza (art. 379);

c) il pericolo concreto di fuga: nonostante il diverso tenore letterale deve ritenersi che la formula dell'art. 384 non pretenda una motivazione diversa da quella dell'art. 274, che richiede la sussistenza di «concreto e attuale pericolo» che l'indiziato si dia alla fuga;

d) non è richiesto lo stato di flagranza ma, ove flagranza vi sia, può esservi sovrapposizione tra la disciplina del fermo e quella dell'arresto perché non vi è dubbio che il pericolo di fuga sia specificamente rinvenibile nei confronti di «chi, subito dopo il reato, è inseguito dalla polizia giudiziaria, dalla persona offesa o da altre persone» (art. 382). Ne consegue che sono ipotizzabili situazioni in cui l'arresto è facoltativo ma il fermo è obbligatorio: il che rende superfluo per la polizia giudiziaria andare a valutare «se la misura è giustificata dalla gravità del fatto ovvero dalla pericolosità del soggetto desunta dalla sua personalità o dalle circostanze del fatto».

La disciplina del fermo è la stessa prevista per l'arresto quanto: all'omissione o al ritardo nell'adozione del provvedimento precautelare «quando è necessario per acquisire rilevanti elementi probatori o per la individuazione o la cattura dei responsabili» (art. 10, d.l. 31.12.1991, n. 419 convertito in L. 18.2.1992, n. 172), al divieto di fermo in determinate circostanze (art. 385), ai doveri della polizia giudiziaria in caso di fermo e alla caducazione *ope legis* (art. 386), all'avviso del fermo ai familiari (art. 387), all'assunzione di notizie e informazioni da parte della polizia giudiziaria «sul luogo o nell'immediatezza del fatto» (art. 350, co. 5), all'interrogatorio facoltativo del fermato da parte del pubblico ministero (art. 388) e all'obbligo di immediata liberazione del fermato in casi particolari (art. 389) e, per il pubblico ministero, quando ritenga di non dover richiedere l'applicazione di misure coercitive (art. 121 disp. att.).

7. Il controllo giurisdizionale sulla legittimità dell'arresto e del fermo. I provvedimenti consequenziali

La *ratio* dei provvedimenti «provvisori» (arresto e fermo) è quella di consentire l'intervento del giudice senza che il tempo necessario per tale incombente venga a pregiudicare la tutela della collettività: la garanzia della libertà personale impone che detto intervento avvenga in tempi brevissimi predeterminati per legge, pena la caducazione automatica.

Entro quarantotto ore dall'arresto o dal fermo il pubblico ministero deve richiedere la **convalida del provvedimento provvisorio**, pena l'inefficacia dello stesso (art. 390, co. 3), al giudice del luogo di adozione della misura precautelare (che può non coincidere con il luogo della custodia) (art. 122 disp att.) o al giudice del dibattimento nel caso di rito direttissimo (art. 449, co. 1).

Entro quarantotto ore dalla richiesta il giudice – su cui incombe l'obbligo di verificare che l'arrestato o il fermato siano stati resi edotti dei loro diritti e facoltà processuali (art. 391) – fissa l'udienza di convalida, dandone avviso al pubblico ministero e al difensore.

Per rispondere alle esigenze degli uffici del pubblico ministero di essere sollevati da adempimenti non strettamente necessari, l'art. 390 è stato modificato così da consentire che la parte pubblica si limiti all'invio di richieste motivate, senza obbligo di presenziare.

In una fase del procedimento coperta dal segreto (art. 329) il pubblico ministero deve indicare i motivi dell'arresto o del fermo e deve altresì trasmettere gli elementi su cui si fondano le (eventuali) richieste in ordine alla libertà personale (artt. 391 e 291).

Il legislatore risolve il possibile contrasto, tra tutela del segreto e necessità di mettere il giudice in condizione di decidere, prevedendo un *minimum* di documentazione da trasmettere (art. 122 disp. att.), ma deve ritenersi che una maggiore *discovery* sia rimessa alla valutazione del pubblico ministero sulla base della *ratio* dell'art. 329, co. 2.

In ogni caso, a seguito della modifica dell'art. 291, co. 1, il pubblico ministero deve presentare anche «tutti gli elementi a favore dell'imputato e le eventuali deduzioni e memorie difensive già depositate» se intende richiedere una misura cautelare personale.

All'udienza in camera di consiglio, che di regola si svolge nel luogo dove l'arrestato o il fermato è custodito (per la regola e le eccezioni si veda l'art. 123 disp. att.), partecipa necessariamente il difensore; l'arrestato o il fermato viene interrogato «salvo che questi non abbia potuto o si sia rifiutato di comparire».

Su richiesta dell'arrestato, del fermato o del difensore, «il giudice può autorizzarli a partecipare a distanza».

Il giudice deve accertare se l'arresto o il fermo sia stato eseguito legittimamente alla luce dei criteri degli artt. 380-381 e 384 e se non siano sopravvenute cause di caducazione delle misure precautelari (artt. 386 e 390).

Il giudice svolge un accertamento sull'avvenuto arresto o fermo, sulla configurabilità e qualificazione giuridica di un'ipotesi di reato e dei presupposti della misura restrittiva, sull'identità del soggetto anche per escludere un eventuale errore di persona, sul rispetto delle cadenze temporali a presidio della libertà.

In caso affermativo il giudice provvede alla convalida con ordinanza: il riconoscimento che l'intervento «provvisorio» è avvenuto *secundum legem* non implica di necessità il permanere dello stato privativo della libertà, così come la mancata convalida per inesistenza originaria o sopravvenuta dei requisiti di legge alla base del provvedimento precautelare non impedisce il protrarsi della restrizione della libertà personale.

Infatti il giudice, oltre ad un provvedimento rivolto a valutare il passato (convalida), è chiamato ad accertare se non esistano i presupposti di una misura coercitiva *ex* art. 291: per esemplificare, l'arresto (o il fermo) può essere riconosciuto legittimo e quindi convalidato, ma il giudice dovrà ordinare l'immediata liberazione se non ravvisi la necessità di applicare una misura coercitiva; l'arresto (o il fermo) può non essere convalidato, ma alla riconosciuta esistenza di esigenze cautelari deve seguire la misura coercitiva.

L'autonomia delle sfere di incidenza delle misure precautelari e delle misure cautelari è dimostrata dall'esigenza di un distinto provvedimento ulteriore di convalida; dall'esistenza di casi in cui è possibile il provvedimento provvisorio ma non l'esercizio del potere cautelare; dalla convalidabilità del provvedimento precautelare anche se non si configurano i presupposti per una misura coercitiva.

Nella prassi, il più delle volte alla convalida segue l'applicazione della misura cautelare: addirittura, nel caso di un arresto *ex* art. 381, co. 2, la misura può essere adottata anche in presenza di un delitto punito con pena non rientrante nei limiti di cui all'art. 280 (art. 391, co. 5).

Si è in presenza di un caso in cui la modalità di inizio della restrizione (arresto) si riverbera negativamente sulla libertà personale, rendendo necessarie – ai fini della misura coercitiva – le sole esigenze cautelari.

La diversa funzione della convalida e della decisione sulla misura coercitiva si traduce in autonomia di disciplina delle impugnazioni.

L'**ordinanza che decide sulla convalida** è ricorribile per cassazione dal pubblico ministero e dall'arrestato o dal fermato, nei limiti in cui vi sia interesse.

L'**ordinanza sull'applicazione di misure** coercitive è impugnabile a norma degli artt. 309 ss. avanti al Tribunale del riesame o, *per saltum*, in cassazione.

Per la sola ordinanza di convalida è prevista una caducazione *ope legis* se non pronunciata o depositata entro quarantotto ore dal momento in cui l'arrestato o il fermato è stato messo a disposizione del giudice, ad ulteriore conferma della particolare attenzione del legislatore per la tutela della libertà in presenza di provvedimenti provvisori.

Viene in tal modo rispettato il termine globale di novantasei ore previsto dall'art. 13, co. 3, Cost. entro il quale, se non interviene il controllo giurisdizionale sulla misura precautelare, quest'ultima perde efficacia.

Il procedimento di convalida assume profili particolari nel caso di fermo di persona scarcerata per decorrenza dei termini che stia per darsi alla fuga (art. 307) perché la misura «provvisoria» viene ad essere caducata solo se il giudice non abbia provveduto entro venti giorni (il che pone qualche dubbio di costituzionalità), e nel caso di arresto dell'evaso o equiparato (art. 3, d.l. n. 152 del 1991, conv. in L. n. 203 del 1991) perché – come si è già ricordato – il giudice può disporre la misura coercitiva anche al di fuori dei limiti di pena dell'art. 280.

Altrettanto può fare nel caso di violazione del divieto di accesso ai luoghi in cui si svolgono manifestazioni sportive.

Capitolo XI

Le misure cautelari personali

di *Piermaria Corso*

1. Le condizioni generali di applicabilità delle limitazioni alla libertà della persona

In una materia già contrassegnata dal principio di legalità (art. 13, co. 2, Cost.: «Non è ammessa forma alcuna di [...] restrizione della libertà personale, se non [...] nei soli casi e modi previsti dalla legge») l'art. 272 introduce una ulteriore garanzia, precisando che «le libertà della persona possono essere limitate con misure cautelari soltanto a norma delle disposizioni» del Titolo I del Libro IV.

Siamo di fronte ad una riaffermazione della *lex generalis* contenuta nel codice rispetto alla miriade di norme speciali germinate a fianco e talora contro di essa: una conferma è rinvenibile nell'art. 214 disp. coord. che, abrogando le disposizioni di leggi o decreti che prevedevano l'arresto o la cattura da parte di organi giudiziari non esercitanti funzioni penali, ha posto il codice come punto di riferimento unico per dare contenuto alla garanzia giurisdizionale in materia di libertà personale parimenti affermata nell'art. 13, co. 2, Cost. («atto motivato dell'autorità giudiziaria»).

Questa apprezzabile scelta di fondo non ha resistito al logorio dei primi anni di applicazione del codice 1988 ed è stata intaccata dalla legislazione novellistica, ma conserva ugualmente il profondo significato di porre il codice come legge fondamentale a tutela della «inviolabilità» della libertà personale (per cui la restrizione non può essere la regola: art. 13, co. 1, Cost.) e a regolamento dei «casi e modi» in cui, per ragioni di giustizia, possono essere attuate limitazioni a questa e ad altre libertà della persona come quella di circolazione, di comunicazione, di espatrio, di lavoro.

Resta confermato che «la libertà dei cittadini dipende dalla procedura penale» (F. Benevolo, 1886), ma va anche dato atto che la materia è di quelle più sensibili alle contingenze del momento.

Per quanto il valore dominante sia la libertà personale, l'art. 272 considera con pari dignità anche le altre libertà costituzionalmente garantite (v. art. 16 Cost.) ponendo un principio di legalità «rafforzato» con riguardo non solo alle misure coercitive ma anche alle misure interdittive[1], entrambe riconducibili al *genus* delle misure cautelari personali.

Valevoli per tutte le misure cautelari personali sono anche le «condizioni generali di applicabilità» stabilite dall'art. 273: quale che sia il carattere afflittivo della misura che si intende applicare, e quand'anche la misura incida marginalmente sulla libertà della persona, nessuno può esservi sottoposto se a suo carico non sussistano gravi indizi di colpevolezza (*fumus commissi delicti*).

Sul criterio di valutazione dei «gravi indizi di colpevolezza» si veda l'art. 273, co. 1 *bis*, norma inserita all'evidente fine di «guidare» la discrezionalità del giudice attraverso la precisazione legislativa dei parametri decisionali di riferimento (e con il riflesso, indiretto, di affermare che le regole probatorie valgono, almeno in parte, anche per la fase delle indagini preliminari).

Così, ad esempio, nella valutazione della gravità indiziaria si osservano sia il criterio prudenziale di apprezzamento delle dichiarazioni del coimputato dettato dall'art. 192, co. 3, sia il disposto di cui all'art. 203, che vieta l'utilizzazione delle dichiarazioni che la polizia giudiziaria ha ricevuto dai suoi informatori, a meno che essi non siano sentiti.

Nella storia del processo penale si sono alternate varie formule, con finalità ora restrittiva ora garantista, ma non vi è dubbio che l'aver richiesto «*gravi* indizi» invece che «sufficienti indizi» o, *tout court*, «indizi» di colpevolezza abbia un significato restrittivo dei poteri di valutazione giudiziale, imponendo di valorizzare nella motivazione non solo l'esistenza ma altresì la consistenza degli elementi di colpevolezza a carico, così da ridurre l'area delle situazioni indizianti che legittimano l'applicazione di misure cautelari.

Non è consentita una equiparazione del concetto di «gravi indizi» a quello di prova, richiedendo per l'emissione di una misura cautelare quanto necessario per la pronuncia di una sentenza di condanna: infatti, come si è visto, gli in-

[1] V. *infra*, par. 4.2.

dizi hanno efficacia probatoria quando siano precisi e concordanti, oltre che gravi (art. 192, co. 2, norma non richiamata dall'art. 273, co. 1 *bis*).

Ciò non ha impedito alla Corte costituzionale di considerare equivalente ad un giudizio sulla responsabilità dell'imputato la valutazione dei «gravi indizi», che deve essere così incisiva da risolversi in «un giudizio non di mera legittimità ma di merito (sia pure prognostico e allo stato degli atti) sulla colpevolezza dell'imputato»[2]. Di qui l'incompatibilità del giudice della misura ad essere giudice del merito.

Poiché è «grave» l'indizio fornito di capacità di resistenza a possibili letture alternative, per quanto sia elastico (e non legislativamente determinabile) il concetto di grave indizio postula un giudizio prognostico, allo stato degli atti, orientato verso la condanna della persona sottoposta a misura cautelare: ove così non fosse, la limitazione della libertà personale (e della libertà di circolazione e di lavoro) non sarebbe giustificabile.

Lo dimostra l'art. 273, co. 2, vietando l'adozione della misura cautelare in tutti i casi in cui la condanna non può sopravvenire: è il caso del fatto, compiuto in presenza di una causa di giustificazione sintomo di un *fumus boni iuris* che elide il *fumus commissi delicti* (adempimento di un dovere, esercizio di un diritto, legittima difesa, consenso dell'avente diritto), per il quale colui che ne risulta autore non può incorrere in responsabilità penale o può incorrere soltanto in responsabilità civile (stato di necessità: art. 2045 c.c. in relazione all'art. 54 c.p.); è il caso del fatto compiuto in presenza di una causa di non punibilità (ad esempio, si vedano gli artt. 308, 309, 384 e 649 c.p.); è il caso in cui il fatto risulta compiuto ma risulta parimenti sopravvenuta una causa di estinzione del reato (remissione di querela accettata dal querelato, amnistia e prescrizione non rinunziate).

Sarebbe del tutto illogico sanzionare in via indiretta, con la restrizione di una delle libertà fondamentali della persona, un fatto rispetto al quale il procedimento penale non può proseguire (dovendo il pubblico ministero chiedere l'archiviazione «quando risulta che manca una condizione di procedibilità, che il reato è estinto, che la persona non è punibile ai sensi dell'art. 131 *bis* c.p. per particolare tenuità del fatto o che il fatto non è previsto dalla legge come reato»: art. 411) ed il processo va obbligatoriamente ed immediatamente chiuso con sentenza dichiarativa *ex* art. 129, co. 1.

Gli indizi di colpevolezza devono persistere nel tempo (onde la necessità di rimuovere la misura una volta venuti meno gli indizi o risultando non più gravi) e giuridicamente non può parlarsi di indizio a carico quando si è in presenza di cause di giustificazione o di non punibilità o di causa estintiva del reato.

---

[2] Corte cost., sent. n. 432 del 1995 e sent. n. 153 del 2012.

Vi è un'ulteriore ipotesi in cui è vietata l'adozione di una misura cautelare ed è quella in cui il fatto risulta compiuto in presenza di «una causa di estinzione della pena che si ritiene possa essere irrogata».

Il riferimento è principalmente, se non esclusivamente, all'indulto (art. 174 c.p.) e dimostra che il legislatore ritiene eccessivo privare della libertà un soggetto che, ove pure riconosciuto colpevole, non potrebbe essere condannato a pena da espiare in concreto: in definitiva, il giudice delle indagini non può avere poteri restrittivi superiori a quelli del giudice della condanna.

Il legislatore non vuole correre il rischio di un condannato che esca dal processo dopo aver subito una misura cautelare di durata superiore alla pena irrogata e, pertanto, solo parzialmente convertibile (art. 137 c.p.): in questa prospettiva – che pone a carico dello Stato il costo della «riparazione» per l'ingiusta detenzione[3] – il divieto di adozione (o di mantenimento) della misura cautelare significa o consapevolezza di poter svolgere gli accertamenti in assenza di limitazioni alle libertà della persona o accettazione del rischio che gli accertamenti si svolgano in presenza di interferenze della persona gravemente indiziata, così che questa possa evitare non solo l'espiazione ma la stessa condanna.

2. Le esigenze cautelari

La sussistenza di gravi indizi di colpevolezza è condizione necessaria ma non sufficiente perché le libertà della persona possano essere limitate per fini di giustizia.

Affinché beni tendenzialmente inviolabili come la libertà personale e di circolazione vengano compressi non è sufficiente il *fumus* di responsabilità penale ma serve la presenza di «esigenze cautelari» (qui è il codice a colmare il silenzio dell'art. 13 Cost. sulle ragioni o sulle finalità per la cui tutela è consentita la restrizione).

Il problema non è quello di anticipare l'applicazione della pena (finalità inconciliabile con la presunzione costituzionale di non colpevolezza), ma di rendere possibile il compiuto accertamento dei fatti e delle responsabilità penali. Di qui il configurarsi di tre *pericula libertatis* ad evitare i quali il codice consente limitazioni alle libertà della persona con gravi indizi a carico.

L'art. 274 definisce le tre situazioni di esigenza cautelare con una dovizia di aggettivazioni e di particolari che lascia trasparire la precisa volontà legislativa di restringere gli spazi di discrezionale (ancorché motivata) valutazione dell'autorità giudiziaria:

---

[3] V. *infra*, par. 12.

– pericolo di inquinamento delle prove (lett. *a*);
– pericolo di fuga (lett. *b*);
– pericolosità sociale (lett. *c*).

La tradizionale figura del «pericolo di inquinamento delle prove» viene ora espressa con l'articolata frase: «quando sussistono specifiche ed inderogabili esigenze attinenti alle indagini relative ai fatti per i quali si procede, in relazione a situazioni di concreto ed attuale pericolo per l'acquisizione o la genuinità della prova, fondate su circostanze di fatto espressamente indicate nel provvedimento a pena di nullità rilevabile anche d'ufficio» (art. 274, lett. *a*).

La norma impone al giudice di indicare in motivazione la mancanza di alternative all'adozione della misura e le ragioni che in concreto fanno temere il c.d. inquinamento probatorio: il rifugiarsi in stereotipi o in frasi fatte apre la strada al controllo repressivo in sede di impugnazione del provvedimento che applica la misura cautelare, il che dovrebbe garantire – nelle previsioni del legislatore – o il dissenso del giudice dalla richiesta del pubblico ministero di disporre la misura o l'intervento *pro libertate* dei giudici dell'impugnazione.

L'inconsistenza o anche la mera omessa indicazione esplicita delle «circostanze di fatto» che danno concretezza al pericolo di inquinamento probatorio determina, come si è visto, la «nullità rilevabile anche d'ufficio» del provvedimento restrittivo adottato (analoga indicazione non è richiesta per il provvedimento di diniego della misura cautelare).

Forse gioverebbe alla concretezza richiedere l'indicazione specifica della prova a rischio di inquinamento.

Tra le finalità probatorie ricomprese nella lett. *a* non rientrano quelle di ottenere la collaborazione o la partecipazione *ad acta* dell'imputato o dell'indagato. A tali peculiari scopi sovviene l'istituto dell'accompagnamento coattivo (artt. 132 e 376) applicabile anche nei confronti di «terze persone» (art. 133).

Deve escludersi che il ricorso alle misure cautelari (in specie, custodiali) possa essere finalizzato ad ottenere dichiarazioni autoincriminanti, e ciò soprattutto dopo che, con la riforma dell'agosto 1995, il legislatore ha esplicitamente dichiarato che «le situazioni di concreto ed attuale pericolo non possono essere individuate nel rifiuto della persona sottoposta alle indagini o dell'imputato di rendere dichiarazioni né nella mancata ammissione degli addebiti».

Vi è piena consapevolezza tuttavia che l'esperienza carceraria, ancorché correttamente determinata da effettive esigenze cautelari, può indurre alla rinuncia al diritto al silenzio (e in tale direzione si muove, tra l'altro, la normativa sul trattamento dei collaboratori di giustizia).

Anche la tradizionale figura del «pericolo di fuga» si presenta ora (dopo l'intervento della L. n. 47 del 2015) in veste più articolata: la misura cautelare va disposta «quando l'imputato si è dato alla fuga o sussiste concreto e attuale pericolo che egli si dia alla fuga, sempre che il giudice ritenga che possa essere irrogata una pena superiore a due anni di reclusione» (art. 274, lett. *b*).

Obiettivo della norma è assicurare la soggezione al procedimento e all'eventuale condanna anche della persona gravemente indiziata dalla quale non si teme un'attività ostruzionistica o inquinante: lo Stato non vuole correre rischi di far girare a vuoto la macchina processuale né tollera comportamenti ribelli.

Peraltro, da un canto, il pericolo di fuga deve essere concreto (quale aver comperato biglietti aerei per l'espatrio o il possesso di documenti falsi); dall'altro, la fuga o il concreto pericolo di fuga è irrilevante – agli effetti delle misure cautelari – se la pena irrogabile è compresa nei due anni di reclusione, sia perché una pena di tale entità può comportare il beneficio della sospensione condizionale della pena (ed allora non avrebbe senso privare della libertà chi comunque niente avrebbe da espiare, pur se condannato: per una conferma v. l'art. 275, co. 2 *bis*) sia perché – pur se non sospendibile condizionalmente – la pena non sarebbe espressiva di un illecito particolarmente grave o di una concreta pericolosità.

La gravità del reato comunque non può assurgere a criterio esclusivo da cui dedurne la concretezza e l'attualità del pericolo di fuga.

La terza «esigenza cautelare» presa in considerazione dall'art. 274 è quella di prevenzione speciale sintetizzata talora, in modo non propriamente felice, con l'espressione *periculum libertatis*.

Il giudice dispone (la terminologia legislativa equivale a «il giudice deve disporre») la misura cautelare «quando, per specifiche modalità e circostanze del fatto e per la personalità della persona sottoposta alle indagini o dell'imputato, desunta da comportamenti o atti concreti o dai suoi precedenti penali, sussiste il concreto e attuale pericolo che questi commetta gravi delitti con uso di armi o di altri mezzi di violenza personale o diretti contro l'ordine costituzionale ovvero delitti di criminalità organizzata o della stessa specie di quello per cui si procede. Se il pericolo riguarda la commissione di delitti della stessa specie di quello per cui si procede, le misure di custodia cautelare sono disposte soltanto se trattasi di delitti per i quali è prevista la pena della reclusione non inferiore nel massimo a quattro anni ovvero, in caso di custodia cautelare in carcere, di delitti per i quali è prevista la pena della reclusione non inferiore nel massimo a cinque anni» (art. 274, lett. *c*)[4].

Si è in presenza di una misura cautelare sostanziale perché risponde non

[4] Il *referendum* abrogativo del riferimento al pericolo di reiterazione non ha raggiunto il *quorum* necessario (12.6.2022).

ad esigenze del procedimento nel quale la persona è gravemente indiziata ma ad esigenze di tutela della collettività; si tratta di un residuo della normativa dell'emergenza (1974-1982), rispondente ad apprezzabili finalità, ma che piega un istituto processuale a fini di natura sostanziale quali la prevenzione dei reati, in genere, e la prevenzione speciale, in particolare.

La norma richiede presupposti ben determinati per costringere il giudice a valutare l'effettiva esigenza dell'applicazione delle misure. È certo, comunque, che nessun rilievo va attribuito al generico pericolo di commissione di reati ricollegabile allo stato di libertà e che la gravità del reato va valutata anche «in relazione alla personalità dell'imputato».

Il riferimento a «delitti della stessa specie di quello per cui si procede» è stato circoscritto ai delitti con pena massima uguale o superiore ai quattro anni di reclusione, così da costringere il giudice a motivare non solo il convincimento circa la reiterazione, ma anche quello sulla gravità intrinseca resa evidente dalla pena edittale. In specifico, la custodia cautelare carceraria è consentita soltanto in presenza di delitti puniti con pena edittale uguale o superiore ai cinque anni di reclusione.

È sufficiente il configurarsi di una delle tre esigenze cautelari perché l'adozione della misura diventi doverosa.

3. I criteri di scelta delle misure

Dopo aver tipizzato in modo rigoroso le situazioni di esigenza cautelare il legislatore, con l'art. 275, disciplina i «**criteri di scelta delle misure**» per assicurare una decisione giudiziale rispettosa della tendenziale «inviolabilità» della libertà della persona.

La stessa possibilità di scelta tra una molteplicità di misure diverse di cui il legislatore fissa i presupposti, oltre ad escludere in via di principio automatismi, dà la dimensione del ruolo centrale della giurisdizione nel mediare fra interessi tra loro confliggenti.

Avendo a disposizione misure coercitive e misure interdittive ed essendo queste due categorie composite, il giudice dovrà tener conto della specifica idoneità di ciascuna misura in relazione alla natura ed al grado delle esigenze cautelari da soddisfare nel caso concreto (per esemplificare, ad evitare il pericolo di fuga può essere sufficiente l'obbligo di dimora; ad evitare il pericolo di inquinamento probatorio può essere adeguata la misura degli arresti domiciliari, salvo specifiche controindicazioni).

Dovrà, altresì, tener conto delle possibilità di controllo del rispetto delle prescrizioni imposte all'imputato non *in vinculis*.

Tra i criteri di scelta vi è quello della «proporzionalità», ad evitare che misure oltremodo afflittive vengano applicate all'indiziato di fatti non gravi e destinatari di sanzioni contenute: principio che, affermato già con riguardo alle «esigenze cautelari» (v. art. 274, lett. *b*), indica come l'obiettivo dell'accertamento della responsabilità penale non debba essere perseguito con costi personali devastanti ove la fattispecie concreta non lo richieda.

Riforme sopravvenute hanno portato ad inserire tra i «criteri di scelta delle misure» un divieto di scelta della misura custodiale, con ciò restringendo il potere discrezionale (ancorché motivato) del giudice.

L'art. 275, co. 2 *bis*, impone al giudice di valutare non solo la situazione esistente al momento della richiesta di applicazione della custodia cautelare, ma anche la pena che verosimilmente sarà irrogata al termine del processo, escludendo in via generale che la previsione di una condanna a pena sospensibile condizionalmente o a pena detentiva non superiore a tre anni sia compatibile con la misura cautelare carceraria e che quindi quest'ultima sia proporzionale alla gravità del caso.

Poiché questa norma, diversamente dall'art. 274, lett. *b*, fa riferimento all'istituto di cui agli artt. 163 ss. c.p. e non all'entità della pena che consentirebbe l'applicazione di questo «beneficio», se ne deduce che la prognosi giudiziale debba specificamente vertere sulla previsione che «il colpevole si asterrà dal commettere ulteriori reati».

Tale previsione è esclusa in radice dalla eventualmente riconosciuta esigenza cautelare di cui all'art. 274, lett. *c*, o dal sussistere di condizioni soggettive che escludono la concedibilità della sospensione condizionale della pena e ciò in quanto la pericolosità sociale, nel primo caso, o il superamento dei limiti entro i quali è ammesso il «beneficio» (art. 164 c.p.), nel secondo caso, fa venir meno il divieto di misura custodiale carceraria e ristabilisce la pienezza dei criteri di scelta.

Anche il giudice che pronuncia una sentenza di condanna deve procedere all'esame delle esigenze cautelari per l'adozione dei provvedimenti consequenziali (art. 275, co. 1 *bis*) e, a seguito di condanna in appello, deve disporre le misure cautelari personali nei casi in cui all'art. 275, co. 2 *ter* (per converso la Corte di cassazione, nel caso di annullamento della sentenza di appello, dispone la cessazione delle misure cautelari: art. 624 *bis*).

Importante, anche per il valore emblematico che assume, è aver configurato la custodia cautelare come *extrema ratio*, come misura eccezionale cui far ricorso «soltanto quando le altre misure coercitive o interdittive, anche se applicate cumulativamente, risultino inadeguate» (art. 275, co. 3), il che equivale a difesa della «inviolabilità» della libertà personale (art. 13 Cost.) e a pretesa di un particolare impegno giudiziale nel motivare il provvedimento di adozione.

I più ampi spazi per una gestione del procedimento con l'imputato libero equivalgono a consentire a quest'ultimo una più compiuta autodifesa, comprensiva anche dell'investigazione probatoria.

L'art. 275, co. 2 *bis* (come risulta dopo la riforma dell'agosto 2014) contiene, accanto al divieto di custodia carceraria e di arresti domiciliari ove si delinei l'applicazione della causa estintiva del reato (art. 167 c.p.) rappresentata dalla sospensione condizionale, il divieto di custodia cautelare carceraria ove il giudice richiesto dell'applicazione di tale misura ritenga che, «all'esito del giudizio, la pena detentiva irrogata non sarà superiore ai tre anni» di reclusione.

La regola liberale e condivisibile è stata grandemente erosa dalle eccezioni introdotte in sede di conversione del d.l. n. 92 del 2014 e con L. n. 69 del 2019: la discrezionalità del giudice procedente è stata soppressa in presenza di taluni delitti indicati nominativamente (incendio boschivo, maltrattamenti in famiglia, atti persecutori, furto in abitazione e con strappo) o per categoria generale (quelli menzionati nell'art. 4 *bis* ord. penit. e attestanti una accentuata pericolosità sociale) cosicché, pur in presenza di una prognosi di condanna a pena della reclusione non superiore ai tre anni, cade il divieto di misura custodiale carceraria.

Parimenti la custodia carceraria prevale sui ritenuti possibili arresti domiciliari in mancanza di un luogo rispondente ai requisiti di cui all'art. 284, co. 1.

Anche il ricordato principio della custodia cautelare come *extrema ratio* ha subìto una notevole erosione ad opera della legislazione proliferata dentro e fuori i princìpi della legge delega.

A seguito di interventi vari (l'ultimo, dal punto di vista cronologico, è la L. n. 47 del 2015) la pericolosità è assolutamente presunta (e la custodia cautelare in carcere è obbligatoria) «quando sussistono gravi indizi di colpevolezza in ordine ai delitti di cui agli articoli 270, 270 *bis* e 416 *bis* del codice penale» (associazioni sovversive, terrorismo, criminalità organizzata).

In tali ipotesi – analiticamente descritte nel co. 3 dell'art. 275 – il giudice deve applicare la misura coercitiva più limitatrice, salvo che ritenga «acquisiti elementi dai quali risulti che non sussistono esigenze cautelari».

Il giudice può dunque limitarsi ad indicare i gravi indizi di colpevolezza: la motivazione dell'ordinanza che dispone la custodia in carcere viene integrata dalla presunzione legislativa secondo cui, in presenza di uno dei reati tassativamente indicati, *ipso iure* sussistono le esigenze cautelari che impongono la misura più grave[5].

Sempre con la L. n. 47 del 2015 è stato individuato un gruppo di delitti [quelli di cui all'art. 51, co. 3 *bis* e *quater* nonché quelli di cui agli artt. 575 e

---

[5] V. Corte cost., ord. n. 450 del 1995, nonché le puntualizzazioni di Corte cost., sent. n. 265 del 2010 (con riguardo alla situazione precedente la riforma).

contro la personalità individuale (specificamente indicati)] per i quali la custodia in carcere può essere evitata con la riconosciuta inesistenza di esigenze cautelari o con la riconosciuta possibilità di soddisfare le esigenze cautelari con l'applicazione di altre misure meno afflittive.

È chiaro che opera una sorta di automatismo a favore della misura carceraria, non essendo pensabile che il pubblico ministero nella richiesta di ordinanza di custodia cautelare si impegni a valorizzare anche elementi di contrasto con la richiesta stessa (pur dovendo presentare al giudice anche «tutti gli elementi a favore dell'imputato»: art. 291, co. 1) né essendo consentiti poteri di acquisizione autonoma di elementi da parte del giudice per le indagini preliminari: come dire che, per i reati di cui all'art. 275, co. 3, terzo periodo, la custodia in carcere inizialmente è pressoché ineludibile e la revoca è subordinata allo sviluppo delle indagini del pubblico ministero o a contributi chiarificatori da parte della difesa allo stesso giudice per le indagini preliminari (*ex* artt. 327 *bis* e 391 *octies*) o al Tribunale del riesame.

La tutela della libertà personale è affidata, dall'art. 275, co. 3 *bis* ad una motivazione "rafforzata" richiesta al giudice della misura.

L'adozione della custodia carceraria presuppone l'avvenuta indicazione delle "specifiche ragioni" ostative alla misura degli arresti domiciliari accompagnati dai controlli elettronici di cui all'art. 275 *bis*, co. 1.

Il carattere eccezionale e il campo di applicazione residuale che il legislatore riconosce alla custodia cautelare in carcere sono ulteriormente ribaditi dal divieto di disporre questa misura (regola), salvo sussistano esigenze cautelari di eccezionale rilevanza (eccezione) nei confronti di specifiche categorie di indiziati.

In conformità di un principio generale che permea di sé il codice, **la tutela della salute** (art. 32 Cost.) è un valore che prevale sulle esigenze di giustizia, il che spiega il *favor libertatis* nei confronti della donna incinta o della madre di prole di età non superiore ai sei anni con lei convivente (analogo principio vale per il padre se su di lui grava – per ragioni oggettive – il compito di assistere i figli), di chi è ultrasettantenne [categoria quest'ultima in cui l'età – avuto riguardo non al *tempus commissi delicti* ma a quello di scelta delle misure da applicare – legittima una particolare comprensione (adozione di misure custodiali non carcerarie), non diversamente che per i minorenni (art. 275, co. 4)] e di chi, tossicodipendente o alcooldipendente, abbia in corso un programma terapeutico di recupero nell'ambito di una struttura autorizzata (art. 89 d.P.R. 9.10.1990, n. 309, t.u. sugli stupefacenti e succ. mod.).

Quest'ultima previsione dimostra come l'obiettivo primario del legislatore sia la disintossicazione e il recupero e non la repressione del reato.

Particolare attenzione riserva il legislatore all'imputato affetto da AIDS conclamata o da grave deficienza immunitaria accertata ai sensi dell'art. 286

bis (e cioè attraverso procedure diagnostiche e medico-legali stabilite con i d.m. 21.10.1999 e 7.3.2001) o comunque che si trova in condizioni di salute particolarmente gravi incompatibili o non curabili in detenzione: con L. 12.7.1999, n. 231 è stato affermato il principio che «non può essere disposta né mantenuta la custodia cautelare in carcere» di detti imputati (art. 275, co. 4 *bis*) ma, al fine di evitare una sorta di «licenza di delinquere» a favore di quanti volessero sfruttare per finalità illecite lo stato di malattia, è stato altresì previsto (art. 275, co. 4 *ter*) che, in presenza di esigenze cautelari di eccezionale rilevanza, vanno disposti gli arresti domiciliari e può essere disposta anche la custodia in carcere qualora gravi delitti siano commessi dopo l'applicazione delle più blande misure di cui all'art. 275, co. 4 *bis* e 4 *ter*, o vengano trasgredite le prescrizioni inerenti l'applicata misura non carceraria (art. 276, co. 1 *bis*) purché la trasgressione non sia di lieve entità (art. 276, co. 1 *ter*).

La previsione di adozione o mantenimento della custodia cautelare in carcere viene comunque meno quando per la grave patologia il malato sia in fase terminale: in tale ipotesi le esigenze di difesa della collettività appaiono tutelate dalla condizione fisica verosimilmente così compromessa da non consentire attività illecite (art. 275, co. 4 *quinquies*).

La competenza giudiziale non si esaurisce nella scelta originaria della misura da applicare perché i princìpi di adeguatezza e di proporzionalità impongono un costante aggiornamento in relazione allo stato del procedimento (art. 275 e, in specie, co. 1 *bis* e 2 *ter*).

Per esemplificare, il giudice potrà sostituire o cumulare le misure, ove le esigenze cautelari si rivelino più consistenti, ovvero potrà scegliere anche la custodia cautelare quando la persona non sia più incinta o abbia prole di età superiore ai sei anni o quando le condizioni di salute siano migliorate o il tossicodipendente abbia interrotto il programma di recupero.

Le misure di cautela personale rispondono ad esigenze *lato sensu* processuali e non possono essere strumentalizzate per finalità diverse, ivi compresa quella di anticipare l'esecuzione della pena: questo principio traspare dall'art. 277 che, rafforzando il disposto dell'art. 13, co. 4, Cost., mette in chiaro come la persona sottoposta a misure cautelari conservi tutti i diritti il cui esercizio non sia incompatibile con le esigenze cautelari del caso concreto, e ciò sia perché è presunta non colpevole (art. 27, co. 2, Cost.) sia perché la stessa detenzione a qualunque titolo non impedisce l'esercizio dei diritti personali (art. 4 ord. penit.).

Al fine di proteggere i detenuti dalla curiosità del pubblico e da ogni specie di pubblicità nonché per evitare ad essi inutili disagi, con L. 12.12.1992, n. 492 è stato introdotto l'art. 42 *bis* dell'ordinamento penitenziario così da imporre l'uso delle manette soltanto per i soggetti pericolosi o con propensione alla fuga.

È comunque vietata la pubblicazione dell'immagine della persona privata della libertà personale ripresa mentre la stessa si trova sottoposta all'uso delle manette ai polsi ovvero ad altro mezzo di coercizione fisica, salvo che la persona vi consenta (art. 114, co. 6 *bis*).

4. La tipologia delle misure cautelari personali

4.1. Le misure coercitive

Il codice delinea **nove tipi di misure coercitive** e **quattro tipi di misure interdittive**, con ciò determinando l'ambito entro il quale il giudice effettuerà la scelta in concreto ove consentitagli (si veda l'art. 275, co. 3).

In tale ambito non risulta la libertà su cauzione, che il codice non considera perché potenzialmente discriminatoria in base alle condizioni economiche, istituto di larga applicazione invece nell'ordinamento processuale nordamericano.

Alle condizioni generali di applicabilità (art. 273) se ne aggiunge un'ulteriore, comune alle misure cautelari coercitive (art. 280, co. 1) e interdittive (art. 287): quella dell'applicabilità solo quando si proceda per delitti per i quali la legge stabilisce la pena dell'ergastolo o della reclusione superiore nel massimo a tre anni (per la determinazione della pena a questi effetti v. l'art 278 come emendato).

Una soglia più rigorosa è stata introdotta (e attenuata) con riguardo alla custodia cautelare in carcere: questa misura «può essere disposta solo per delitti, consumati o tentati, per i quali sia prevista la pena della reclusione non inferiore nel massimo a cinque anni» (co. 2)[6], ma la regola torna ad essere quella del co. 1 «nei confronti di chi abbia trasgredito alle prescrizioni inerenti a una misura cautelare» (co. 3). Questa scelta legislativa vuole impedire ingiustificate lesioni di beni fondamentali della persona ed afferma il principio secondo cui solo per reati di una qualche gravità è consentito dare una risposta alle esigenze cautelari con l'applicazione di una misura coercitiva o interdittiva (per lo stesso principio, la violazione della riservatezza delle comunicazioni con il mezzo delle intercettazioni è consentita nei soli casi dell'art. 266, norma a sua volta pluriemendata), mentre per gli altri reati si procederà con l'indiziato libero nella persona.

Sia per le misure coercitive che per quelle interdittive si configura una ec-

---

[6] Il delitto di finanziamento illecito ai partiti consente in ogni caso la custodia cautelare in carcere (art. 280, co. 2).

cezione legislativamente prevista: le prime possono essere applicate anche per reati meno gravi in sede di udienza di convalida dell'arresto quando l'arresto è avvenuto in flagranza e per interrompere l'attività criminosa (art. 280 in relazione all'art. 391, co. 5) o quando l'arresto non è avvenuto in flagranza ma per una condotta di evasione; le seconde possono essere applicate anche in presenza di disposizioni particolari derogatorie dell'art. 287 (v. artt. 288, co. 2, e 290, co. 2), il che implica pur sempre il rispetto del principio di legalità ed un limite alla discrezionalità giudiziaria.

Le misure coercitive sono tassativamente indicate e menzionate in ordine di crescente afflittività:

– il **divieto di espatrio** (art. 281), attuato mediante il ritiro o l'annullamento del passaporto o di altri documenti validi per l'espatrio, lascia intatta la libertà di circolazione all'interno dello Stato;

– l'**obbligo di presentazione alla polizia giudiziaria** non impedisce la circolazione in Italia e all'estero se non nella misura in cui impone la presenza in Italia e il presentarsi alla polizia giudiziaria in determinati giorni e ore (art. 282): l'esigenza del controllo va coordinata con eventuali esigenze lavorative e con i tempi di spostamento;

– l'**allontanamento dalla casa familiare** è una misura coercitiva specificamente prevista per gli imputati di violenza nelle relazioni familiari: introdotto con l'art. 282 *bis* (norma pluriemendata), nei casi di cui al co. 6 è adottabile «anche al di fuori dei limiti di pena previsti dall'art. 280».

Gli effetti cautelari possono essere anticipati con l'"allontanamento d'urgenza" di cui all'art. 384 *bis*.

La misura cautelare si estrinseca in un obbligo di allontanarsi e/o di non rientro, salvo espressa autorizzazione del giudice procedente, che riguarda la casa familiare, ma può estendersi ai luoghi di lavoro della persona offesa e dei suoi prossimi congiunti e che può ricomprendere anche un contenuto patrimoniale provvisorio (assegno periodico) a favore delle persone (*ex*) conviventi. Il rispetto può essere garantito con modalità di controllo elettroniche, ove possibili (art. 282 *bis* in relazione all'art. 275 *bis*).

– Il **divieto di avvicinamento ai luoghi** frequentati dalla persona offesa (art. 282 *ter*) è una misura coercitiva che restringe la libertà di circolazione in funzione dell'esigenza di evitare contatti con la persona offesa e con i luoghi abitualmente o occasionalmente[7] frequentati da questa. Il divieto ha finalità molteplici non ultime quella di proteggere l'imputato dalla possibile reazione dei prossimi congiunti della persona offesa e quella di proteggere la persona offesa in pendenza del procedimento a carico dell'imputato libero

---

[7] Cass., Sez. V, 11.4.2012, n. 13568.

[l'adozione di questa misura cautelare è specificamente comunicata alla persona offesa (e, ove nominato, al suo difensore: v. art. 282 *quater*) sia perché essa segnali eventuali violazioni sia perché essa la percepisca come prima concreta risposta dello Stato alla domanda di giustizia]. È previsto un controllo elettronico, ove tecnicamente possibile, *ex* art. 275 *bis*. Viene riconosciuta priorità alla libertà di circolazione, di lavoro e di svolgimento della vita sociale della persona offesa in condizioni di sicurezza, cosicché questa misura cautelare può estendersi anche ad un divieto di comunicazione con qualsiasi mezzo.

– Il **divieto di dimora** lascia libertà di circolazione con eccezione di un luogo determinato (quello, ad esempio, di commissione del reato), mentre l'**obbligo di dimora** circoscrive la libertà di circolazione al territorio del comune di dimora o a frazione di questo, sempre che ragioni oggettive, quali la personalità del soggetto o le condizioni ambientali, non suggeriscano l'obbligo di dimora in altra sede adeguata (art. 283).

L'obbligo di dimora può anche incidere limitatamente sulla libertà personale (art. 283, co. 4). La finalità di questa misura coercitiva è quella di assicurare un più efficace controllo e una migliore reperibilità nel rispetto delle condizioni di vita sociale e lavorativa del soggetto, ma la scelta in concreto può essere determinata da altre ragioni quali quella di garantire adeguatamente le esigenze cautelari o di allontanare l'indiziato dal *locus commissi delicti* o di consentire il programma di recupero del tossicodipendente.

Il divieto e l'obbligo di dimora sono accompagnati da prescrizioni il cui controllo è affidato alla polizia e la cui violazione determina le conseguenze previste dall'art. 276 (norma emendata con L. n. 47 del 2015).

– Gli **arresti domiciliari**, nati come istituto destinato ad evitare la custodia in carcere di particolari categorie di imputati (appartenenti alle forze dell'ordine), sono divenuti una vera e propria misura cautelare con portata tendenzialmente generale (art. 284).

In forza di una modifica sopravvenuta non possono essere comunque concessi gli arresti domiciliari a chi sia stato condannato per evasione nei cinque anni precedenti al fatto per il quale si procede, ma la riforma del 2015 consente al giudice non revocare gli arresti domiciliari in presenza di violazioni di lieve entità (art. 284, co. 5 *bis*).

Gli arresti domiciliari non possono essere applicati "se il giudice ritiene che con la sentenza possa essere concessa la sospensione condizionale della pena", mentre possono venir applicati se il giudice ritenga irrogabile una pena "non superiore ai tre anni": in tale ipotesi l'art. 275, co. 2 *bis* (come modificato con L. n. 117 del 2014) vieta – con eccezioni – la custodia carceraria, ma non gli arresti domiciliari.

Logicamente tutte le volte che il legislatore impone la custodia cautelare in carcere, non è possibile ripiegare sulla meno gravosa misura di cui all'art. 284.

L'imputato non può allontanarsi dalla propria abitazione o dall'altro luogo di privata dimora o da un luogo pubblico di cura o di assistenza scelto dal giudice ovvero, ove istituita, da una casa famiglia protetta ed è posto in uno stato di autocustodia, nel senso che non è prevista alcuna forma di piantonamento (diversamente la misura sarebbe estremamente gravosa per le forze dell'ordine), ma l'interessato sa che in ogni momento il pubblico ministero e la polizia giudiziaria potranno controllare il rispetto delle prescrizioni imposte.

Nel disporre il luogo degli arresti domiciliari il giudice deve assicurare «le prioritarie esigenze di tutela della persona offesa dal reato» (art. 284, co. 1 *bis*).

Per le modalità di esecuzione del provvedimento che applica gli arresti domiciliari in sostituzione della custodia cautelare in carcere v. l'art. 97 *bis* disp. att.

Gli arresti domiciliari possono essere accompagnati da attenuazioni (per consentire il sostentamento e/o il lavoro) e da ulteriori limiti e divieti (come quello di comunicare con persone non conviventi e di utilizzare il telefono) idonei ad assicurare l'esigenza cautelare che ha imposto l'adozione della misura.

L'ordinanza che dispone gli arresti domiciliari deve prevedere procedure di controllo (in ossequio al principio di cui all'art. 275 *bis*) «mediante mezzi elettronici o altri strumenti tecnici», "salvo le ritenga non necessarie".

L'imputato può dichiararsi disponibile o no ad accettare il braccialetto (o cavigliera) elettronico, ma deve essere reso edotto che la non accettazione implica per il giudice l'obbligo di applicare la custodia cautelare in carcere (art. 275 *bis*).

Appare difficilmente condivisibile la previsione di non concessione degli arresti domiciliari per mancanza di un "domicilio" idoneo *ex* art. 284, co. 1 (art. 275, co. 2 *bis* come modificato con L. n. 117 del 2014).

Dato il forte contenuto afflittivo, **gli arresti domiciliari equivalgono alla custodia in carcere** sia per quanto concerne i termini [il che rende gli arresti domiciliari preferibili sotto ogni profilo alla custodia in carcere, equivalendo anch'essi a pena espiata: ad es., la durata degli arresti domiciliari si detrae dalla pena da espiare (art. 284, co. 5 in relazione all'art. 137 c.p.)] che per quanto concerne le conseguenze di una sottrazione alla misura (sottrarsi agli arresti domiciliari è punito come l'evasione e apre la strada alla custodia cautelare carceraria nei limiti di cui all'art. 276, co. 1 *ter*).

– La misura più coercitiva è la **custodia cautelare in carcere** (art. 285). Questa è la formula adottata per esorcizzare quell'impressione di anticipazione della pena implicita nella «carcerazione preventiva».

Fin dal 1984 il legislatore ha previsto la sostituzione della formula «carcerazione preventiva» con quella «custodia cautelare», ma la formula originaria è rimasta nell'art. 13, ult. co., Cost., in quanto norma non modificabile con legge ordinaria e quale dimostrazione che i problemi non sono di forma ma di sostanza.

«Custodia cautelare» oggi equivale a privazione della libertà dell'imputato, ma il codice dà rilievo al luogo in cui si attua tale privazione, che può essere il carcere (art. 285) o l'istituto a custodia attenuata (art. 285 *bis*) o il luogo di cura (art. 286).

– La **custodia cautelare in istituto a custodia attenuata** è prevista per le detenute incinte o madri (o per padri) di prole di età non superiore a sei anni, ove non vi ostino "esigenze cautelari di eccezionale rilevanza".

– La **custodia cautelare in luogo di cura** può essere disposta, «se la persona da sottoporre a custodia cautelare si trova in stato di infermità di mente che ne esclude o ne diminuisce grandemente la capacità di intendere o di volere», mediante «ricovero provvisorio in idonea struttura del servizio psichiatrico ospedaliero».

Ne discende che è inapplicabile all'infermità fisica ma, poiché la custodia cautelare in carcere – salvo controindicazioni di eccezionale rilevanza – non può essere disposta nei confronti di persona che si trova in condizioni di salute particolarmente gravi che non consentono le cure necessarie in stato di detenzione (art. 275, co. 4 *bis*), la persona gravemente malata potrà (salvo la deroga appena ricordata) vedersi applicare gli arresti domiciliari in un luogo pubblico di cura o di assistenza, mentre la persona malata non gravemente (e qui è facile prevedere un forte contenzioso) potrà subire la custodia cautelare in un carcere idoneo ad assicurare il rispetto del diritto alla salute, ove il giudice non la ammetta agli arresti domiciliari.

Nulla è detto con riguardo al ricovero in ospedale con piantonamento (formalmente previsto dall'art. 286 per il solo infermo di mente), ma deve ritenersi sempre applicabile la normativa penitenziaria (art. 17 reg. penit.) e che la custodia cautelare in luogo esterno di cura, con i provvedimenti necessari per prevenire il pericolo di fuga, equivalga a tutti gli effetti a modalità della custodia cautelare in carcere.

Diversamente, non troverebbe applicazione l'art. 275, co. 3, che configura la custodia in carcere come misura residuale («quando ogni altra misura risulti inadeguata») e che tutela la salute quale che sia la causa della grave compromissione di essa, dando attuazione al principio secondo cui le modalità di esecuzione delle misure devono salvaguardare i diritti della persona ad essa sottoposta (art. 277).

La custodia cautelare carceraria è vietata quando il giudice ritiene che la condanna beneficerà della sospensione condizionale della pena o non sarà comunque superiore ai tre anni di reclusione.

Pur in presenza di prognosi di pena irrogata rientrante nel limite dei tre anni, cade il divieto con riguardo ai delitti specificamente indicati nell'art. 275, co. 2 *bis*.

La custodia carceraria torna, in tali casi e in quelli di trasgressione delle prescrizioni inerenti agli arresti domiciliari o ad altra misura cautelare, ad essere pienamente rimessa alla discrezionalità del giudice procedente.

Il soggetto nei cui confronti è disposta la custodia cautelare in carcere va immediatamente condotto in un istituto di custodia per rimanervi a disposizione dell'autorità giudiziaria (con ciò volendo il legislatore evitare che il catturato rimanga nella disponibilità della polizia giudiziaria e assicurare che non subisca limitazioni della libertà «se non per il tempo e con le modalità strettamente necessarie alla sua traduzione»).

L'ufficiale o l'agente incaricato di dare esecuzione all'ordinanza cautelare deve rendere edotto il detenuto (o il soggetto agli arresti domiciliari) dei suoi diritti e della facoltà di accedere ai programmi di giustizia riparativa e il giudice deve anche d'ufficio assicurarsi che ciò sia avvenuto (artt. 293 e 294 come modificati).

Il soggetto al quale sia applicata la custodia cautelare in carcere o che venga messo agli arresti domiciliari è sottoposto al prelievo di campione biologico, destinato alla banca dati nazionale del DNA, nei casi e con le modalità di cui all'art. 9, L. 30.6.2009, n. 85.

Per le modalità di ingresso in carcere v. l'art. 94 disp. att.; per i colloqui del difensore con l'imputato detenuto v. l'art. 104: anche il diritto di difesa rientra certamente tra quelli compatibili con la privazione della libertà; colloqui con l'imputato detenuto sono previsti «al fine di acquisire informazioni utili per la prevenzione e repressione dei delitti di criminalità organizzata» (art. 18 *bis* ord. penit.), ma – a rigor di logica – non possono precedere l'interrogatorio del giudice (art. 294, co. 6). Si veda, infine, l'art. 391 *bis*, co. 7, per il colloquio del detenuto con un avvocato non difensore.

4.2. Le misure interdittive

La seconda *species* del *genus* «misure cautelari personali» è rappresentata dalle **misure interdittive**, categoria introdotta dal codice in sostituzione dell'applicazione provvisoria di pene accessorie (istituto fortemente sospetto di anticipazione della pena in violazione della presunzione di non colpevolezza) per salvaguardarne le finalità (v. art. 250, co. 4, disp. trans.).

Si è in presenza di quattro misure che non incidono sulla libertà personale (e come tali non devono fare i conti con l'art. 13 Cost.), ma che ugualmente limitano le libertà della persona (art. 272), incidendo su rapporti personalissimi o sulla capacità lavorativa:

– la **sospensione dall'esercizio della responsabilità genitoriale** (art. 288);
– la **sospensione dall'esercizio di un pubblico ufficio o servizio** (art. 289);
– il **divieto temporaneo di contrattare con la pubblica amministrazione** (art. 289 *bis* inserito con L. n. 3 del 2019);
– il **divieto temporaneo di esercitare determinate attività professionali o imprenditoriali** (art. 290).

L'adozione di queste misure (eventualmente in aggiunta ad una misura coercitiva) è regolata dalle «disposizioni generali» già esaminate[8] e presuppone gravi indizi di colpevolezza e almeno una delle «esigenze cautelari»; presuppone altresì che venga attribuito un delitto con pena edittale dell'ergastolo o della reclusione superiore nel massimo a tre anni (art. 287) e che la misura interdittiva sia idonea allo scopo per la quale è disposta.

In proposito, va detto che le misure interdittive appaiono pressoché superflue nell'ottica di evitare il pericolo di fuga, mentre appaiono utili per recidere quel legame, tra l'indiziato e il ruolo sociale svolto, che in tesi ha determinato il delitto, così da evitare o l'inquinamento probatorio (si pensi alla sospensione dall'esercizio di un pubblico ufficio o servizio finalizzata ad evitare subornazione di «testimoni» o sottrazione di documenti indizianti) o il *periculum libertatis* (si pensi alla sottrazione di minori al genitore accusato di violenza nei loro confronti o al divieto di continuare a svolgere una professione già utilizzata in precedenza per delinquere).

In forza di una modifica dell'art. 289, co. 2, «nel corso delle indagini preliminari, prima di decidere sulla richiesta del pubblico ministero di sospensione dall'esercizio di un pubblico ufficio o servizio», il giudice deve interrogare l'indagato.

La norma oscilla tra la tutela del diritto al lavoro e la tutela del normale andamento dell'attività amministrativa.

Questa misura interdittiva può essere disposta dal giudice in luogo di una misura coercitiva richiesta dal pubblico ministero.

Quando alla sentenza di condanna consegue una pena accessoria (artt. 28, 30, 32 *bis* e 34 c.p.), per determinarne la durata si computa la misura interdittiva di contenuto corrispondente eventualmente disposta (art. 662, co. 2).

Norme speciali prevedono l'applicabilità delle misure interdittive anche al di fuori dei limiti di pena dell'art. 287, co. 1.

---

[8] V. *supra*, parr. 1 e 2.

5. Profili procedurali dell'applicazione ed esecuzione delle misure cautelari personali

Sull'applicazione e sulla revoca delle misure cautelari personali nonché sulle modifiche delle loro modalità esecutive provvede il giudice che procede (art. 91 disp. att.). Prima dell'esercizio dell'azione penale – e, quindi, durante le indagini preliminari – provvede il giudice per le indagini preliminari.

Questo è il disposto dell'art. 279 che chiarisce non solo quale sia il giudice competente per materia, ma anche che le misure disciplinate con riferimento al solo imputato possono trovare applicazione prima della formulazione dell'imputazione e cioè nelle indagini preliminari quando, tecnicamente, può parlarsi soltanto di indagato.

Come diretta conseguenza della sua riduzione a parte, sia pure pubblica, il pubblico ministero non ha poteri restrittivi delle libertà della persona gravemente indiziata: gli compete unicamente un potere di iniziativa che è condizione necessaria perché il giudice si pronunci, ma che non vincola il giudice a condividere gli elementi su cui si fonda la richiesta di applicazione di una misura cautelare e ad accoglierla.

Ad assicurare uniformità nell'ambito dell'ufficio, è stato previsto che la richiesta di misure cautelari personali avanzata da un sostituto abbia il previo «assenso scritto» del procuratore della Repubblica (art. 3, d.lgs. 20.2.2006, n. 106).

L'art 291, co. 1, obbligando il pubblico ministero a presentare al giudice competente gli elementi su cui la richiesta si fonda «nonché tutti gli elementi a favore dell'imputato e le eventuali deduzioni e memorie difensive già depositate», mira a offrire al giudice un quadro di valutazione completo allo stato degli atti e a garantire una decisione tendenzialmente obiettiva.

Sul piano pratico l'incidenza della riforma non va sopravvalutata perché nella gran parte dei casi la richiesta di misura cautelare è avanzata nell'ambito di indagini svolte all'insaputa della persona indagata, cosicché non vi è materia né occasione per deduzioni o memorie tempestive.

Il provvedimento applicativo di misura cautelare è atto a sorpresa e non consente quindi, di regola, un previo contraddittorio (per un'eccezione v. l'art. 343, co. 2, e l'art. 289, co. 2, ultima parte).

L'obbligo a carico del pubblico ministero di presentare tutti gli elementi favorevoli all'imputato raccolti durante le indagini preliminari, oltre a dare una concretezza al disposto dell'art. 358, ultima parte, serve ad assicurare maggior equilibrio nell'adozione *inaudita altera parte* della misura cautelare.

Quando ricorrono le condizioni e sussiste l'urgenza di soddisfare taluna delle esigenze cautelari previste dall'art. 274, qualunque giudice è legittimato a disporre la misura richiesta dal pubblico ministero, «anche se riconosce la propria incompetenza per qualsiasi causa» (art. 291, co. 2).

Con d.lgs. n. 216 del 2017 è stato imposto al p.m. di inserire nella richiesta solo «i punti essenziali delle comunicazioni e conversazioni intercettate» (co. 1 *ter*), al fine di bilanciare le esigenze processuali con la tutela della riservatezza.

Con la L. n. 154 del 2001 è stato introdotto nell'art. 291 il co. 2 *bis* che consente al pubblico ministero, «in caso di necessità e urgenza», di chiedere al giudice l'adozione delle misure patrimoniali provvisorie di cui all'art. 282 *bis*, per evitare che l'offeso dal reato rimanga privo di sostentamento a causa dell'allontanamento dell'imputato dalla casa familiare.

Il provvedimento con cui il giudice si pronuncia in materia di misure cautelari personali è un'ordinanza.

L'art. 292 è stato più volte emendato per assicurare un controllo non formale, da parte del giudice, delle condizioni di applicabilità e sottolineare la «autonomia» di valutazione rispetto alla richiesta del pubblico ministero.

Il legislatore si preoccupa esclusivamente dell'ordinanza che dispone la misura cautelare e, in specie, di quella che applica la custodia cautelare in carcere, le uniche assistite dalla comminatoria di «nullità rilevabile anche d'ufficio», ma anche quella che nega la misura richiesta o ne applica una diversa da quella richiesta deve avere un contenuto non dissimile sia perché lo impone la tutela della collettività sia perché, diversamente, vi sarebbe spazio per una fondata impugnazione da parte del pubblico ministero oltre che la nullità dell'ordinanza per omessa valutazione degli «elementi a carico» dell'imputato (art. 292, co. 2 *ter*). Vale anche per il giudice l'obbligo di astenersi dal riferire brani non "essenziali" di quanto intercettato (co. 2 *quater*).

Oltre alle generalità dell'imputato e a quanto necessario a identificarlo e alla data e sottoscrizione del giudice, l'ordinanza deve contenere «la descrizione sommaria del fatto con le indicazioni delle norme di legge che si assumono violate» (lett. *b*); «l'esposizione e l'autonoma valutazione delle specifiche esigenze cautelari e degli indizi che giustificano in concreto la misura disposta, con l'indicazione degli elementi di fatto da cui sono desunti e dei motivi per i quali essi assumono rilevanza, tenuto conto anche del tempo trascorso dalla commissione del reato» (lett. *c*) e cioè la motivazione analitica delle ragioni a favore della cautela in genere e di quella specifica al posto di altre; l'esposizione e l'autonoma valutazione delle ragioni per cui gli elementi *pro libertate* esistenti agli atti non sono stati ritenuti rilevanti (la lett. *c bis* parla, invero, dei soli «elementi forniti dalla difesa», ma non pare dubbio che il giudice debba pronunciarsi puntualmente anche sugli «elementi a favore dell'imputato» raccolti dal pubblico ministero e da allegare obbligatoriamente alla richiesta di applicazione della misura cautelare: art. 291, co. 1); in caso di applicazione della custodia in carcere, la motivazione *standard* va rafforzata – sempre a pena di nullità rilevabile anche d'ufficio – con «l'esposizione e l'autonoma valutazione delle concrete e specifiche ragioni per le quali le esigenze di cui all'art. 274 non possono essere soddisfatte con altre misure». Infine, ove l'esigenza cautelare sia quella di cui all'art. 274, lett. *a*, e cioè di garantire l'acquisizione o la genuinità della prova, vi è l'obbligo di fissare la durata della misura (per esemplificare, la minaccia ad un «testimone» per inquinarne le dichiarazioni va elisa con l'incidente probatorio e non con una misura cautelare *sine die*). Al riguardo v. l'art. 301, relativo alla «estinzione di misure disposte per esigenze probatorie».

Il testo originario dell'art. 291 prevedeva – sempre a pena di nullità – l'apposizione del sigillo dell'ufficio. Dopo alcuni casi clamorosi di declaratoria di nullità, per mancanza del timbro o per presenza di un timbro non dell'ufficio, dell'ordinanza che disponeva la custodia cautelare, il legislatore si è affrettato a precisare che la mancanza dei requisiti dell'art. 292, co. 2 *bis*, non comporta nullità ma una mera irregolarità formale e che il provvedimento cautelare adottato conserva la sua validità.

Gli adempimenti esecutivi dell'ordinanza sono diversi in relazione alla tipologia della misura: l'ordinanza che ha disposto la custodia cautelare impone alla polizia giudiziaria la consegna di una copia del provvedimento (tradotto nella lingua dell'alloglotta), sia per rendere edotto il catturato del fatto, delle norme di legge che si assumono violate e dei motivi del provvedimento sia per consentire – grazie al diritto di avere copia degli atti presentati dal pubblico ministero con la richiesta di misura cautelare – le opportune impugnazioni (art. 293).

In forza dell'art. 94 disp. att., come riformato, il detenuto deve avere «precisa conoscenza del provvedimento che ne dispone la custodia», se del caso con l'ausilio di un interprete, e ha diritto di consultare la propria cartella personale e di ottenere copia dei provvedimenti giudiziari ivi contenuti (art. 23 reg. penit.).

Colui che esegue la cattura deve, altresì, avvertire l'imputato della facoltà di nominare un difensore di fiducia, informando immediatamente quest'ultimo o, se del caso, il difensore d'ufficio: la finalità è quella di garantire senza ritardo la difesa tecnica e con essa l'inviolabilità tendenziale della libertà personale.

Un rafforzamento del "diritto all'informazione" è dovuto agli artt. 293 e 294 come modificati per ricomprendervi l'avviso circa la "facoltà di accedere ai programmi di giustizia riparativa".

L'esecuzione dei provvedimenti che applicano una qualsiasi misura cautelare può essere ritardata quando ciò risponda a necessità probatorie o processuali in senso lato in relazione al delitto di sequestro di persona a scopo di estorsione. A tal fine è richiesto un decreto motivato del pubblico ministero (art. 7, co. 3, d.l. n. 8 del 1991, conv. in L. n. 82 del 1991).

Analogo potere è riconosciuto con riguardo ai delitti di estorsione, usura, riciclaggio e impiego di denaro di provenienza illecita (art. 10, d.l. 31.12.1991, n. 419 conv. in L. 18.2.1992, n. 172), a delitti di cui agli artt. 73 e 74, d.P.R. n. 309 del 1990, in tema di stupefacenti, nonché ai delitti di prostituzione minorile e pedofilia *ex* art. 14, L. 3.8.1998, n. 269.

Le ordinanze che dispongono misure diverse dalla custodia cautelare (ad esempio, una misura interdittiva) vanno notificate all'imputato e depositate nella cancelleria del giudice che le ha emesse, dandone avviso al difensore (come è evidente, l'ordinanza di custodia in carcere – concernendo un atto a sorpresa – non può essere preannunciata all'imputato o al suo difensore, senza rischiare di comprometterne l'esecuzione): vanno altresì trasmesse all'organo che ne cura l'esecuzione che, durante le indagini preliminari, è il pubblico ministero richiedente (art. 92 disp. att.).

Come si è accennato, il difensore ha diritto di esaminare gli atti e di estrarre copia, insieme all'ordinanza cautelare, della richiesta del pubblico ministero e degli atti trasmessi con la stessa.

Se la persona nei cui confronti è disposta una misura cautelare personale viene rintracciata, il provvedimento trova esecuzione; in caso contrario la polizia giudiziaria incaricata dell'esecuzione redige il «verbale di vane ricerche» e lo trasmette senza ritardo al giudice che potrà – ove del caso – disporre ulteriori ricerche o dichiarare l'irreperibilità (art. 159) o lo stato di **latitanza.**

Latitante è colui che volontariamente si sottrae alla custodia cautelare, agli arresti domiciliari, al divieto di espatrio, all'obbligo di dimora o ad un ordine con cui si dispone la carcerazione (art. 296).

Tranne che per quest'ultima ipotesi (che non riguarda un provvedimento cautelare), latitante è colui che volontariamente si sottrae ad una misura cautelare coercitiva.

La latitanza (da dichiararsi con decreto motivato) produce effetti processuali soltanto nel procedimento penale nel quale essa è stata dichiarata: tali effetti – che di per sé non si traducono in *capitis deminutio* per l'imputato – si risolvono nella nomina di un difensore d'ufficio a chi ne sia privo, nel deposito in cancelleria di copia dell'ordinanza che ha disposto la misura rimasta ineseguita, nella notifica dell'avviso del deposito al difensore, nella presunzione *iuris et de iure* di conoscenza del contenuto di un atto se notificato al difensore, nella rappresentanza ad ogni effetto da parte del difensore (art. 165) e in un termine particolare per presentare la richiesta di riesame dell'ordinanza che dispone una misura coercitiva (art. 309, co. 2).

Non costituisce un effetto speciale la possibilità, «al fine di agevolare le ricerche del latitante», che il giudice (o il pubblico ministero «nei casi di urgenza»: art. 267, co. 2) disponga l'intercettazione telefonica (art. 295, co. 3) o l'intercettazione ambientale (art. 295, co. 3 *bis*).

Infatti la latitanza non ha riflessi sui limiti entro i quali tale incisivo mezzo di aggressione della riservatezza è ammesso (art. 266), cosicché bisognerà sempre fare riferimento alla gravità o al *nomen iuris* del reato per cui si procede, rimanendo irrilevante la latitanza o no dell'imputato nel relativo procedimento.

6. Le vicende delle misure cautelari

Regola generale è che il giudice non abbia poteri di iniziativa in materia cautelare: in applicazione del principio *ne procedat iudex ex officio*, il giudice non potrà disporre una misura, se non gli viene richiesta dal pubblico ministero.

La necessità della previa richiesta non implica che il giudice si trovi di fronte all'alternativa tra adottare la misura richiestagli o non adottarne alcuna.

Deve, al contrario, ritenersi che il giudice possa adottare una misura diversa da quella sollecitatagli dal pubblico ministero perché è il giudice che deve valutare il rapporto di idoneità tra la misura, da un lato, e la natura e il grado delle esigenze cautelari da soddisfare nel caso concreto, dall'altro, e deve assicurare il rispetto dei princìpi di proporzione e adeguatezza (art. 275).

Al giudice è riconosciuto uno *ius variandi* rispetto alla richiesta avanzata dalla parte pubblica[9]: per una conferma si veda l'art. 289, co. 2 (come modificato con L. n. 47 del 2015).

Si deve ritenere, infatti, che il giudice sia abilitato ad intervenire *in bonam partem* senza limiti derivanti dallo specifico *petitum* quando sia investito in via diretta della competenza funzionale in materia cautelare da una richiesta di parte.

L'intervento *in peius* non è consentito d'iniziativa del giudice ma soltanto su richiesta del pubblico ministero ai sensi dell'art. 299, co. 4.

Se ne deve, pertanto, dedurre che il principio della domanda prevalga sulla valutazione giudiziale in punto adeguatezza e proporzionalità, nel senso che il giudice non può ritenere insufficiente il *petitum* del pubblico ministero alla luce delle esigenze cautelari del caso concreto.

Il giudice è competente a provvedere all'applicazione alla revoca e alla sostituzione delle misure cautelari nonché alle modifiche delle loro modalità esecutive (artt. 279 e 299).

La **revoca delle misure coercitive e interdittive** è doverosa quando risultano mancanti o venute meno le condizioni di applicabilità (ad esempio, i gravi indizi di colpevolezza o le esigenze cautelari).

In ossequio ai princìpi di proporzionalità e di adeguatezza, quando le esi-

---

[9] Corte cost., sent. n. 89 del 1998.

genze cautelari permangono, ma risultano attenuate o aggravate, il giudice provvede alla sostituzione della misura o alla sua applicazione con modalità diverse (si pensi ad una derubricazione del reato che implica un ridimensionamento del fatto e della sanzione irrogabile ovvero a tentativi di inquinamento probatorio posti in essere da un imputato libero). Questo potere deve tener conto di quanto previsto dall'art. 275, co. 3, che, per taluni gravi reati, non dà rilievo all'attenuarsi delle esigenze cautelari, ma solo alla loro venuta meno.

Il giudice deve provvedere con ordinanza entro cinque giorni dal deposito della richiesta di revoca o di sostituzione della misura avanzata dal pubblico ministero o dall'imputato.

Il termine breve vuole rappresentare una risposta al *favor libertatis* e, altresì, alla necessità di evitare il pregiudizio alle esigenze cautelari derivante dal ritardo.

Il giudice provvede *ex officio* in casi particolari (art. 299, co. 3) in cui la posizione dell'indiziato o imputato è comunque portata alla sua valutazione (interrogatorio, richiesta di proroga delle indagini preliminari, incidente probatorio, udienza preliminare e giudizio).

L'intervento del giudice è ora circondato da cautele dirette a valorizzare il parere del pubblico ministero prima della decisione sulla revoca o sulla sostituzione delle misure cautelari, il diritto di difesa soprattutto nella forma di autodifesa e l'accertamento delle effettive condizioni di salute dell'imputato senza pregiudizio delle esigenze cautelari (art. 299, co. 4 *quater*).

Prima di provvedere d'ufficio o a richiesta dell'imputato (o del suo difensore) il giudice deve chiedere il parere del pubblico ministero ma, se detto parere non viene espresso nei due giorni successivi, il giudice provvede ugualmente (art. 299, co. 3 *bis*).

Peculiare sotto vari profili è la disciplina della revoca e sostituzione delle misure, in caso di delitti commessi con violenza alla persona, introdotta nel 2013.

L'art. 299, co. 3 prevede una sorta di contraddittorio cartolare anticipato nel senso che il richiedente la revoca o sostituzione del provvedimento di allontanamento dalla casa familiare o di divieto di avvicinamento ai luoghi frequentati dalla persona offesa o di divieto (o obbligo) di dimora o di arresti domiciliari o di custodia cautelare in carcere o in luogo di cura deve – a pena di inammissibilità – notificare la sua richiesta al difensore della persona offesa (o, in mancanza, all'offeso stesso) così da consentire, nei due giorni successivi, la presentazione di osservazioni in merito (art. 121).

L'obiettivo di assicurare priorità alle esigenze di tutela della persona offesa dal reato si traduce in un aggravio degli oneri a carico dell'indagato/imputato e in un allungamento dei tempi della decisione.

Il provvedimento giudiziale sulla richiesta di revoca/sostituzione deve essere immediatamente comunicato ai servizi socio-assistenziali e alla persona offesa e, ove nominato, al suo difensore (art. 299, co. 2 *bis*).

La riforma dell'agosto 1995 ha introdotto la previsione di un potere/dovere del giudice di interrogare la persona sottoposta alle indagini allorché sia chiamato a valutare gli elementi addotti per la revoca o la sostituzione delle misure (art. 299, co. 3 *ter*).

Potere, se gli elementi addotti a sostegno della richiesta sono quelli già valutati precedentemente e di cui si chiede una rivisitazione.

Dovere di interrogatorio, se la richiesta è basata su «elementi nuovi o diversi rispetto a quelli già valutati» (art. 299, co. 3 *ter*).

Il co. 4 *ter*, in particolare, precisa che il giudice delle misure cautelari «in ogni stato e grado del procedimento», quando non è in condizione di decidere allo stato degli atti sulla misura o sulla sostituzione, deve disporre accertamenti sulle condizioni di salute o su altre condizioni o qualità personali.

È evidente l'interesse del legislatore che determinate condizioni, le quali possono far passare in seconda linea le esigenze cautelari (si pensi allo stato di salute), siano effettive e che della loro esistenza e consistenza tenga conto il giudice nel decidere.

In questa prospettiva si colloca la modifica del co. 4 *ter* che obbliga il giudice, orientato a non accogliere la richiesta di revoca o sostituzione della misura cautelare carceraria basata sulle condizioni di salute *ex* art. 275, co. 4 *bis*, a disporre una perizia medica, cioè a svolgere in via eccezionale un'attività probatoria che in generale è preclusa.

La relazione peritale non è vincolante per il giudice *peritus peritorum*, ma completa gli atti alla base della motivata decisione che il giudice è chiamato ad assumere (il termine di cinque giorni per la pronuncia è sospeso per il tempo necessario agli accertamenti peritali).

Un caso di estinzione (o di sostituzione) è quello ricollegato all'**interrogatorio della persona sottoposta a misura cautelare personale** (art. 294).

Questo incombente, facoltativo almeno fino alla chiusura delle indagini (art. 415 *bis*) per il pubblico ministero (che comunque non può procedere a interrogatorio prima del giudice: art. 294, co. 6), è obbligatorio «fino alla dichiarazione di apertura del dibattimento» per il giudice che ha deciso in ordine all'applicazione della misura. Egli deve procedervi «immediatamente e comunque non oltre cinque giorni dall'inizio dell'esecuzione della custodia, salvo il caso in cui essa (persona) sia assolutamente impedita» e «se non vi ha proceduto nel corso dell'udienza di convalida dell'arresto o del fermo dell'indiziato di delitto» (inciso introdotto in un secondo momento per evitare sostanziali duplicazioni dell'interrogatorio).

Il termine (non superiore ai dieci giorni per la persona sottoposta ad altra misura cautelare coercitiva o interdittiva) è perentorio e può essere differito per assoluto impedimento dell'interrogando, mentre non rileva l'impedimento del giudice (ad es., impegnato in altri interrogatori).

L'interrogatorio del detenuto da parte del giudice può essere anticipato se il pubblico ministero ne fa domanda con la richiesta di custodia cautelare e, in tal caso, deve avvenire entro le quarantotto ore (art. 294, co. 1 *ter*).

Non ha diritto all'interrogatorio di garanzia l'imputato che viene sottoposto a custodia cautelare per la prima volta dopo la sentenza di condanna [10].

L'interrogatorio, con tempestivo avviso al difensore che ha obbligo di intervenire (anche con modalità "a distanza") e al pubblico ministero, si considera avvenuto anche se la persona da interrogare si avvale della facoltà di non rispondere (art. 64). Esso ha finalità non investigativa ma di autodifesa e, in particolare, è stato previsto dal legislatore per consentire al giudice di valutare se esistano effettivamente o se permangono le condizioni di applicabilità e le esigenze cautelari previste a fondamento della misura coercitiva adottata e per permettergli di provvedere alla revoca o alla sostituzione della misura.

Altro problema è se l'interrogatorio "di garanzia" sia effettivamente tale nel momento in cui si svolge avanti al giudice che ha emesso il provvedimento restrittivo e che è chiamato a smentire se stesso, con una revoca o una attenuazione della misura.

A tale intervento modificativo o estintivo il giudice – quando assume l'interrogatorio della persona detenuta – può procedere, come già ricordato, anche *ex officio* (art. 299, co. 3): tale deroga al principio della richiesta si giustifica osservando che il pubblico ministero può non essere presente all'interrogatorio (e non percepire la diversa realtà) e che la tutela del singolo e della collettività esige una risposta non differita.

L'importanza di questa occasione di autodifesa concessa all'imputato traspare dall'art. 302 che prevede una **causa di estinzione della custodia cautelare** (e degli arresti domiciliari ad essa equiparati) per omesso interrogatorio entro il termine di cui all'art. 294.

L'inefficacia automatica della custodia cautelare (o degli arresti domiciliari) equivale ad una prevalenza del *favor libertatis* sulle esigenze cautelari pur esistenti.

Resta aperto il problema se l'interrogatorio "inutilizzabile" (per violazione delle modalità di documentazione di cui all'art. 141 *bis*) rilevi o no, ai fini della estinzione della custodia cautelare, come interrogatorio omesso.

La liberazione cui dà luogo l'estinzione della misura non è irreversibile, potendo una nuova misura essere disposta dal giudice su richiesta del pubblico ministero, ma soltanto *dopo* l'interrogatorio che consenta la valutazione delle condizioni legittimanti la misura stessa: di conseguenza, l'interrogatorio in tale ipotesi avviene sempre con l'imputato libero e con audizione del di-

---

[10] Cass., Sez. Un., 4.5.2009, La Mari.

fensore da parte del giudice richiesto di adottare il provvedimento[11], ma l'omessa od ingiustificata presentazione all'interrogatorio non impedisce la decisione (art. 302, co. 1).

A seguito di una decisione della Corte costituzionale[12], l'estinzione della misura per omesso interrogatorio nel termine stabilito di dieci giorni si estende alle misure interdittive e a quelle coercitive diverse dalla custodia in carcere o dagli arresti domiciliari, stante il loro innegabile contenuto afflittivo.

Deve ritenersi che il ripristino della misura possa avvenire su richiesta del pubblico ministero, ma sempre previo interrogatorio.

L'art. 300 disciplina la «**estinzione delle misure per effetto della pronuncia di determinate sentenze**»: si è in presenza di una serie di decisioni che in qualche modo smentiscono le valutazioni *ex ante* fatte al momento dell'adozione delle misure stesse.

La prima decisione menzionata non ha veste di sentenza, ma di decreto o di ordinanza (art. 409): l'archiviazione del procedimento per infondatezza della notizia di reato (art. 408) dimostra che sono venuti meno i gravi indizi di colpevolezza richiesti dall'art. 273 per l'applicazione delle misure.

A maggior ragione vanno considerati dissolti gli indizi a carico se per il fatto attribuito alla persona sottoposta alla misura cautelare è stata pronunciata sentenza di non luogo a procedere (al termine dell'udienza preliminare) o di proscioglimento (con rito abbreviato o in predibattimento o in giudizio).

La misura si estingue quale che sia la formula terminativa e, quindi, non solo quando vi è proscioglimento o non luogo a procedere per ragioni di merito (ad es., perché il fatto non sussiste o per non aver commesso il fatto o perché il fatto non costituisce reato), ma anche quando la persona non è imputabile o non è punibile per qualsiasi altra causa [ad es., per mancanza di una condizione di procedibilità, perché il reato è estinto per amnistia o per prescrizione o per mancata conoscenza della pendenza del processo (art. 420 *quater*, co. 7)].

La misura cautelare disposta perde efficacia anche in presenza di sentenza di condanna (o equiparata a condanna: art. 445, co. 2) se la pena irrogata è dichiarata estinta (ad es., perché interamente coperta da indulto) ovvero è condizionalmente sospesa e nei casi di cui al comma 4 *bis*.

La ragione è nel fatto che l'estinzione della pena è una causa che già originariamente impedirebbe l'adozione della misura (art. 273, co. 2) e che quindi non può consentirne il mantenimento; la sospensione condizionale della pena implica una pena ugualmente da non scontare che, da un canto, è obiettivamente contenuta (due anni per l'imputato maggiorenne) e, dall'altro, non

---

[11] Corte cost., sent. n. 219 del 1994.

[12] Corte cost., sent. n. 95 del 2001.

si concilia con il permanere di una misura la cui adozione *ex ante* implica reati punibili edittalmente con pene superiori ai tre anni (artt. 278, 280 e 287) o puniti in concreto con pena non sospendibile (art. 275, co. 2 *bis*).

La custodia cautelare e gli arresti domiciliari ad essa equiparati perdono efficacia, pur in presenza di una sentenza di condanna, «se la durata della custodia già subita non è inferiore all'entità della pena irrogata» (art. 300, co. 4).

Il legislatore vuole impedire che il presofferto superi l'entità della condanna e prevede l'estinzione della misura perché il condannato, ancorché con sentenza impugnata, non può più inquinare le prove (o può farlo con minore efficacia) e, quand'anche propenso alla fuga o socialmente pericoloso, niente più avrebbe da scontare per il reato attribuitogli.

Una causa estintiva particolare è prevista dall'art. 301 con riguardo alle misure cautelari disposte per esigenze probatorie (art. 274, lett. *a*): si è già visto che l'ordinanza deve contenere, a pena di nullità rilevabile anche d'ufficio (art. 292), la fissazione della durata della misura.

L'art. 301, co. 2 *bis*, quantifica in non più di trenta giorni il termine per lo svolgimento delle indagini con l'imputato in custodia cautelare: il termine è prorogabile per non più di due volte e entro il limite complessivo di novanta giorni su richiesta motivata del pubblico ministero prima della scadenza del termine da prorogare e previo interrogatorio dell'imputato.

Quando si procede per delitti previsti dall'art. 407, co. 2, lett. *a*, nn. da 1 a 6 o per quelli che richiedono indagini particolarmente complesse o atti d'indagine all'estero, non vi è termine specifico per dare risposta alle esigenze probatorie, al punto che durata delle indagini e durata della custodia in carcere vengono a coincidere. Per gli altri delitti il decorso di tale termine fa perdere immediatamente efficacia alla misura, salva reiterazione (anche ripetuta) con ordinanza motivata, su richiesta del pubblico ministero (art. 301) prima della scadenza del termine e purché vengano rispettati i termini di cui agli artt. 305 e 308.

Il contraddittorio è assicurato – oltre che dall'interrogatorio del detenuto – dalla previa audizione del suo difensore [13].

Il pubblico ministero dovrà convincere il giudice non solo della necessità di ulteriori indagini ma anche dell'esistenza di «ragioni che (ne) hanno impedito il compimento» nel termine originario.

La *ratio* della norma è chiara: le esigenze probatorie si tutelano acquisendo la prova, eventualmente con incidente probatorio, e non allargando i tempi di applicazione delle misure cautelari.

Le lungaggini o la fisiologica lunghezza del procedimento non devono essere pagate in termini di libertà della persona.

---

[13] Corte cost., sent. n. 219 del 1994.

In base all'art. 306 l'estinzione delle misure cautelari è automatica, ma impone un nuovo provvedimento giudiziale che disponga l'immediata liberazione o quanto necessario per la cessazione delle misure (ad es., colui che è agli arresti domiciliari non può ritenersi libero di uscire per mera decorrenza del termine di autocustodia) [14].

7. I tempi delle misure cautelari

Momento *a quo* degli effetti delle misure cautelari è quello della cattura, dell'arresto o del fermo, per la custodia cautelare e per gli arresti domiciliari, ovvero quello di notifica dell'ordinanza che le dispone, per le altre misure coercitive e per le misure interdittive.

Non rileva il momento di emissione dell'ordinanza perché l'esecuzione può risultare differita per ragioni oggettive (non reperimento dell'interessato) o per scelta processuale «quando è necessario per acquisire rilevanti elementi probatori o per l'individuazione e cattura dei responsabili» di gravi delitti (sequestro, estorsione, riciclaggio, ecc.).

In tale ultima ipotesi il pubblico ministero e la polizia giudiziaria possono ritardare l'esecuzione del provvedimento, essendo ciò consentito da norme sopravvenute.

Ad evitare una reiterazione di misure nei confronti della medesima persona e per il medesimo fatto, benché diversamente circostanziato (ad es., rapina pluriaggravata invece di rapina aggravata) o qualificato (omicidio volontario invece che preterintenzionale), ovvero «per fatti diversi commessi anteriormente all'emissione della prima ordinanza in relazione ai quali sussiste connessione ai sensi dell'art. 12, co. 1, lett. *b* e *c*, limitatamente ai casi di reati commessi per eseguire gli altri», l'art. 297, co. 3, prevede che comunque i termini decorrano dalla prima ordinanza e che vengano commisurati all'ultima o alla più grave delle imputazioni contestate [15].

La condivisibile regola conosce una controversa eccezione: «la disposizione non si applica relativamente alle ordinanze per fatti non desumibili dagli atti prima del rinvio a giudizio disposto per il fatto con il quale sussiste connessione».

Ciò autorizza a prevedere un forte contenzioso e un possibile svuotamento della garanzia contro le misure cautelari «a catena» (cioè quelle adottate nella previsione e in prossimità della scadenza dei termini di durata della mi-

---

[14] La sentenza definitiva di condanna estingue di diritto la misura coercitiva non custodiale, senza necessità di un provvedimento che lo dichiari: Cass., Sez. Un., 31.3.2011, n. 18353.

[15] Corte cost., sent. n. 293 del 2013.

sura applicata): a tutela della libertà personale è intervenuta la declaratoria di parziale illegittimità costituzionale dell'art. 297, co. 3 [16].

Particolare attenzione il codice riserva al momento *ad quem* della custodia cautelare.

La materia deve tener conto dell'art. 13, ult. co., Cost. che impone al legislatore di stabilire «i limiti massimi della carcerazione preventiva» e che, implicitamente, dichiara l'esistenza della custodia cautelare compatibile con la presunzione di non colpevolezza.

Deve tener conto, altresì, della Convenzione per la salvaguardia dei diritti dell'uomo e delle libertà fondamentali (ratificata con L. 4.8.1955, n. 848) il cui art. 5 dispone che «ogni persona arrestata o detenuta ha diritto di essere giudicata in un tempo congruo o liberata durante il corso del procedimento».

Questi princìpi non hanno impedito il continuo susseguirsi di interventi del legislatore sulla durata della custodia cautelare (allora «carcerazione preventiva»), una concezione elastica dei «termini massimi» (a seconda del prevalere di istanze garantiste o di istanze di difesa sociale), un elefantiaco aumento della durata fino a superare i dieci anni di carcerazione preventiva nella fase più acuta della c.d. stagione dell'emergenza (quando il legislatore ha operato per rafforzare la «provvisorietà» della libertà dell'imputato: 1974-1982), la condanna dell'Italia da parte degli organi di giustizia europea per mancato rispetto della Convenzione.

La Corte costituzionale, in tale contesto, ha legittimato questo inasprimento delle misure restrittive sul presupposto della loro temporaneità e dell'obiettiva situazione conflittuale dello Stato con il terrorismo e l'eversione [17], ma non ha mai saputo o potuto quantificare quale durata massima potesse ritenersi «ragionevole» alla luce dei princìpi costituzionali.

Il che non toglie che anch'essa abbia svolto un ruolo importante in questa delicata materia, alla perenne ricerca di un punto di equilibrio tra autorità e libertà, laddove è intervenuta a precisare l'insufficienza di un solo termine finale complessivo e la necessità della previsione di termini massimi intermedi [18].

Nel codice del 1988, accanto ai **termini massimi di durata** della custodia cautelare e ai **termini intermedi** – che tengono conto dei ricordati princìpi informatori e mirano ad evitare ingiustificati sacrifici della libertà personale – si rinvengono istituti *sui generis* che rendono meno certo il termine finale perché sospendono, «congelano» o prorogano l'*iter* naturale dei termini stessi.

Si tratta di scorie della legislazione dell'emergenza che ormai sono entrate a far parte integrante della disciplina della custodia cautelare e che, nella lo-

---

[16] Corte cost., sent. n. 408 del 2005 e n. 233 del 2011.

[17] Corte cost., sent. n. 15 del 1982.

[18] Corte cost., sent. n. 5 del 1970.

ro eventualità e nella loro indeterminabilità *ex ante*, consentono ugualmente al sistema processuale italiano di presentarsi all'estero con termini massimi di livello medio e quindi «ragionevoli».

Il decorso del termine di durata prima della definizione dello stato o grado del procedimento fa perdere efficacia alle misure ed è quindi una causa di estinzione che si aggiunge a quelle previste negli artt. 300-302. L'entità dei termini è fissata dal legislatore con riguardo alla custodia cautelare – che è la più afflittiva delle misure – salvo a farvi un rinvio *per relationem* laddove deve occuparsi dei termini di durata massima delle misure diverse dalla custodia cautelare (art. 308).

L'art. 303 costituisce l'attuazione legislativa del disposto dell'art. 13, ult. co., Cost.

Cinque sono le fasce (o fasi) processuali prese in considerazione e nell'ambito di ciascuna di esse vengono determinati termini massimi, di entità varia in relazione alla gravità del reato, il cui decorso senza che si sia passati nella fascia processuale successiva (o senza che sia intervenuta sentenza irrevocabile di condanna) estingue la misura e impone la liberazione (art. 306).

La **prima fascia** decorre dall'inizio dell'esecuzione della misura (e quindi dal momento della cattura, dell'arresto o del fermo: art. 297) al provvedimento che dispone il giudizio ovvero all'ordinanza con cui il giudice dispone il giudizio abbreviato ai sensi dell'art. 438 o alla pronuncia della sentenza di applicazione della pena su richiesta delle parti (art. 303, co. 1).

La custodia cautelare perde efficacia se non viene emesso uno dei provvedimenti ricordati entro il termine di tre mesi (per i delitti puniti fino a sei anni di reclusione), di sei mesi (per i delitti puniti con la reclusione superiore a sei anni) e di un anno (per i delitti puniti con l'ergastolo o la reclusione non inferiore a venti anni o superiore a sei anni di reclusione se trattasi di uno dei delitti indicati nell'art. 407, co. 2, lett. *a*).

Nonostante il permanere dei gravi indizi o di esigenze cautelari, la misura ha termine e prevale il *favor libertatis*: le indagini proseguiranno con l'imputato libero.

La **seconda fascia** decorre dall'emissione del provvedimento che dispone il giudizio o dalla sopravvenuta esecuzione della custodia cautelare e termina con la pronuncia della sentenza di condanna di primo grado.

La custodia cautelare perde efficacia qualora, senza che sia stata pronunciata la condanna di primo grado, siano decorsi sei mesi (per i delitti puniti con la reclusione fino a sei anni) ovvero un anno (per i delitti puniti con reclusione superiore ai sei anni ma non ai venti anni) ovvero un anno e sei mesi (per i delitti puniti con la reclusione superiore nel massimo a venti anni o con l'ergastolo).

I termini sono aumentati «fino a sei mesi» per i delitti di cui all'art. 407, co. 2, lett. *a* (art. 303, co. 1, lett. *b*, n. 3 *bis*), recuperando il maggior termine dalla fase precedente o erodendo quello della fase successiva.

La **terza fascia** è disciplinata dalla lett. *b bis* dell'art. 303 che prevede la perdita di efficacia della custodia cautelare se dall'emissione dell'ordinanza con cui il giudice dispone il giudizio abbreviato o dalla sopravvenuta esecuzione della custodia sono decorsi tre mesi (per i delitti con pena edittale non superiore a sei anni di reclusione) sei mesi (per i delitti con pena edittale superiore ai sei anni e non superiore ai venti anni) o nove mesi (per i delitti con pena edittale perpetua o superiore ai venti anni) senza che sia stata pronunciata sentenza di condanna ai sensi dell'art. 442.

Appare evidente la preoccupazione legislativa che l'accelerazione dei tempi processuali determini una compromissione delle esigenze cautelari.

La **quarta fascia** decorre dalla sentenza di primo grado (o dalla sopravvenuta esecuzione della custodia) alla sentenza di condanna in grado di appello (art. 303, co. 1, lett. *c*).

La custodia cautelare perde efficacia qualora, senza che venga pronunciata la condanna in grado d'appello, siano decorsi termini pari a mesi nove, dodici o diciotto in relazione alla condanna alla reclusione rispettivamente non superiore a tre anni, non superiore a dieci anni o, infine, superiore a dieci anni (per «pronuncia» della sentenza s'intende la lettura del dispositivo).

L'**ultima fascia** decorre dalla pronuncia della sentenza di condanna in grado d'appello (o dalla sopravvenuta esecuzione della custodia) alla pronuncia della sentenza irrevocabile di condanna. La custodia cautelare si estinguerà con il decorso di termini uguali a quelli previsti per la fascia precedente, senza che si pervenga alla sentenza definitiva, salve le ipotesi della lett. *b*, n. 3 *bis*.

In relazione al contenuto di questa sentenza la misura cautelare verrà a cessare, sostituita o dalla carcerazione o dalla libertà: un'eccezione è testualmente prevista (art. 303, co. 2) ed è quella di **regressione per qualsiasi causa** (ad es., per annullamento con rinvio da parte della Corte di cassazione) del procedimento ad una fase o a un grado di giudizio diversi, da coordinare con l'art. 624 *bis*.

In tal caso «dalla data del provvedimento che dispone il regresso o il rinvio ovvero dalla sopravvenuta esecuzione della custodia cautelare decorrono di nuovo i termini previsti dal co. 1 relativamente a ciascun stato e grado del procedimento».

La norma, ereditata dal precedente codice, non appariva immune da censure di costituzionalità (se si pensa – ad esempio – che faceva pagare in termini di libertà personale il fatto di aver ottenuto l'annullamento per violazione del diritto di difesa).

La Corte costituzionale[19] ha dichiarato che, ai fini del computo dei termini complessivi, i termini di fase devono essere conteggiati considerando anche la custodia cautelare presofferta rispetto al regresso del procedimento.

La **durata complessiva della custodia cautelare** non può, quindi, superare:

– i **due anni**, per i delitti puniti con la reclusione fino a sei anni;
– i **quattro anni**, per i delitti puniti con la reclusione superiore a sei anni ma non a venti anni;
– i **sei anni**, per i delitti puniti con la reclusione superiore ai venti anni o con l'ergastolo.

In deroga ai princìpi generali (art. 172, co. 4) il *dies a quo computatur in termino*, essendo anch'esso connotato dalla privazione della libertà.

La disciplina fin qui esaminata riguarda i termini intermedi e massimi delle misure disposte per l'esigenza di evitare il pericolo di fuga (art. 274, lett. *b*) e la pericolosità sociale (art. 274, lett. *c*).

Per quanto concerne l'esigenza di evitare l'inquinamento probatorio (art. 274, lett. *a*) i termini rimangono inalterati per i delitti previsti dall'art. 407, co. 2, lett. *a*, nn. da 1 a 6, e per quelli per il cui accertamento sono richieste investigazioni particolarmente complesse per la molteplicità di fatti tra loro collegati ovvero per l'elevato numero di persone sottoposte alle indagini o di persone offese, ovvero per reati per il cui accertamento è richiesto il compimento di atti di indagine all'estero, ma vengono drasticamente ridotti a non più di trenta giorni per tutti i delitti diversi da quelli testé citati in presenza di custodia cautelare carceraria (art. 301, co. 2 *bis*).

Ne consegue che – nonostante la previsione della proroga di detto termine nei limiti e con le cautele di cui all'art. 301, co. 2 *ter*[20] – l'ambito di applicazione dell'art. 303 viene ad essere significativamente circoscritto proprio quando la misura più rigorosa applicata fa supporre una maggior esigenza probatoria.

Poiché i trenta giorni sono la durata massima del termine per sopperire alle esigenze probatorie, il giudice dovrà comunque fissare la durata della misura carceraria entro i limiti dei trenta giorni, dal momento che l'omessa fissazione di una «data di scadenza» non viene colmata con un rinvio al termine massimo previsto dalla legge, ma dà luogo alla «nullità rilevabile d'ufficio» dell'ordinanza che dispone la misura (art. 292, co. 2).

Nella prassi, nel provvedimento applicativo della misura carceraria viene indicata almeno un'esigenza cautelare ulteriore, rispetto a quella probatoria,

---

[19] Corte cost., sent. n. 299 del 2005.

[20] V. *supra*, par. 6.

così da assicurare al pubblico ministero più tempo per le indagini in permanenza dello stato privativo della libertà.

La Corte europea dei diritti dell'uomo[21] ha ravvisato la violazione dell'art. 5 C.e.d.u. nel mancato riconoscimento del diritto alla riparazione[22] in caso di superamento dei termini massimi o intermedi di carcerazione.

8. Proroga e sospensione dei termini di custodia

I termini dell'art. 303, co. 4, devono tener conto di istituti paralleli quali, la «sospensione» dei termini che sterilizza il decorso del tempo agli effetti della durata massima (artt. 297 e 304) e la «proroga della custodia cautelare» (art. 305), che non incide sui termini massimi complessivi.

A) Il primo istituto che interferisce con la disciplina dei termini contenuta nell'art. 303 è quello della «**sospensione dei termini**», innanzitutto prevista nei confronti dell'evaso (art. 303) affinché il suo comportamento delittuoso non gli giovi sotto qualsiasi profilo. Al di là del tenore letterale deve ritenersi che il ripristino della custodia cautelare (con ripresa del decorso dei termini) non sia automatico, ma subordinato alla verifica della persistenza delle esigenze cautelari (potendo – ad esempio – essersi rivelato teorico il pericolo di inquinamento probatorio), ancorché sia difficile escludere la persistenza (o esistenza) del pericolo di fuga nei confronti di chi non ha esitato ad evadere.

I termini previsti dall'art. 303, co. 1, sono sospesi dalla data del provvedimento che accoglie la dichiarazione di astensione o di ricusazione a quello in cui il dibattimento davanti al nuovo giudice perviene allo stato in cui si trovava allorché è intervenuta la dichiarazione di astensione o di ricusazione. Detta sospensione non può superare i sessanta giorni (novanta giorni per i delitti di cui all'art. 51, co. 3 *bis*): di essa si deve tener conto per il termine di durata massima della custodia cautelare, ma non per i termini intermedi.

La sospensione dei termini è ulteriormente prevista nei casi di cui all'art. 304 per disincentivare comportamenti potenzialmente dilatori.

Essa può essere disposta con ordinanza del giudice (appellabile *ex* art. 310), innanzitutto, «durante il tempo in cui il dibattimento è sospeso o rinviato per impedimento dell'imputato o del suo difensore ovvero su richiesta dell'imputato o del suo difensore, sempre che la sospensione o il rinvio non

---

[21] Corte eur., sent. 9.6.2005, Picaro c. Italia. L'eccessiva e irragionevole durata della custodia cautelare costituisce violazione dell'art. 5 par. 3 della C.e.d.u.: così la Corte di Strasburgo, sent. 28.7.2022, n. 75115/17, di condanna della Federazione russa.

[22] Su cui v. *infra*, par. 12.

siano stati disposti per esigenze di acquisizione della prova o a seguito di concessione di termini per la difesa» (art. 304, lett. *a*).

Il permanere della misura cautelare senza che decorrano i termini di durata appare alquanto criticabile allorché il rinvio o la sospensione del dibattimento siano dovuti ad impedimento che il giudice procedente riconosce legittimo, ad esempio *ex* art. 486.

Il legislatore molto opportunamente esclude che l'imputato paghi in termini di libertà personale negata la riconosciuta esigenza di acquisizione probatoria (l'emergere di un rilevante tema di prova è interesse obiettivo, quale che sia il soggetto processuale che sottolinei con la richiesta la carenza delle indagini fino ad allora svolte) o l'avvenuta concessione di termini per la difesa (istituto che serve a riequilibrare il ruolo difensivo avanti a contestazioni suppletive: art. 519).

Altro caso di sospensione dei termini ma non dello stato di custodia cautelare si ha, sempre «nella fase del giudizio, durante il tempo in cui il dibattimento è sospeso o rinviato a causa della mancata presentazione, dell'allontanamento o della mancata partecipazione di uno o più difensori che rendano privo di assistenza uno o più imputati» (art. 304, lett. *b*).

Essendosi in presenza di una nullità assoluta (art. 179), il giudizio non può essere celebrato fino a che non venga rimossa la causa di invalidità: la norma, «sterilizzando» il tempo necessario ad una valida ripresa del dibattimento, vuole evitare che comportamenti ostruzionistici del difensore consentano il decorso del termine massimo e quindi la liberazione dell'assistito.

La norma, peraltro, sanziona l'imputato per un fatto attribuibile al difensore (non necessariamente d'accordo con l'assistito).

In queste ipotesi tracciate dall'art. 304, lett. *a* e *b*, vi è un automatismo che esclude un potere giudiziale di valutare caso per caso e che, non dettando criteri di scelta, assimila istituti tra loro diversi come la sospensione del dibattimento (i cui effetti non dovrebbero superare i dieci giorni: art. 477) e il rinvio del dibattimento (che potrebbe essere *sine die* o a udienza fissata ben oltre i dieci giorni), ma il divario è nella pratica meno significativo di quanto ipotizzabile dato il carico giudiziale che impedisce di fatto il rispetto del termine, non perentorio, di cui all'art. 477.

La sospensione dei termini della custodia cautelare si applica anche «se l'udienza preliminare è sospesa o rinviata per taluno dei casi indicati nel co. 1, lett. *a*) e *b*)» dell'art. 304.

Questa equiparazione tra udienza preliminare e dibattimento parifica la reazione dell'ordinamento alle tattiche potenzialmente dilatorie quale che sia il momento processuale in cui vengono poste in essere.

La sospensione dei termini di durata massima della custodia cautelare in permanenza della stessa si ha nella fase di giudizio, durante la pendenza dei termini per redigere la motivazione della sentenza (art. 304, lett. *c*).

Anche questa norma presta il fianco a qualche critica perché i termini di stesura della motivazione (art. 544, co. 2 e 3) non sono perentori e appare ingiusto che l'eccessiva complessità del procedimento (o la non sollecitudine dell'estensore) venga pagata in termini di libertà personale.

Infine, la sospensione dei termini è prevista nel giudizio abbreviato, durante il tempo in cui l'udienza è sospesa o rinviata per taluno dei casi indicati nelle lett. *a* e *b* e durante la pendenza dei termini previsti dall'art. 544, co. 2 e 3 (art. 304, co. 1, lett. *c bis*) o per la decisione sull'eventuale sostituzione della pena detentiva (art. 304, co. 1, lett. *c ter*).

Le cause di sospensione fin qui ricordate valgono quale che sia il reato oggetto del procedimento, senza distinzione di gravità e complessità.

L'art. 304, co. 2, prevede, invece, un'ipotesi di sospensione dei termini di custodia cautelare «nel caso di dibattimenti o di giudizi abbreviati particolarmente complessi» relativi a reati gravi tassativamente indicati nell'art. 407, co. 2, lett. *a*. La sospensione opera «durante il tempo in cui sono tenute le udienze o si delibera la sentenza» nel giudizio di primo grado e nel giudizio sulle impugnazioni, e quindi non concerne né la sospensione né il rinvio del dibattimento.

La norma «deve intendersi nel senso che, nella ipotesi di sospensione ivi prevista, la durata complessiva della custodia cautelare può superare i termini stabiliti nell'art. 303 comma 4» (e cioè i due, i quattro o i sei anni in relazione alla gravità del reato), mentre resta fermo «il limite previsto dall'art 304 comma 4» (ora co. 6) a salvaguardia della *ratio* della previsione[23].

L'esercizio dell'attività giurisdizionale è «sterilizzato» agli effetti dei termini i quali continuano però a decorrere tra un'udienza e l'altra.

Emerge anche in questa norma una sensibilità particolare del legislatore per i problemi dell'accertamento dei reati di criminalità organizzata, destinatari di una disciplina più rigorosa sotto vari profili.

Va ricordato che la sospensione dei termini di durata massima della custodia cautelare in questo caso non è automatica né materia di un intervento giudiziale *ex officio*: «la sospensione è disposta dal giudice su richiesta del pubblico ministero con ordinanza appellabile a norma dell'art. 310» (art. 304, co. 3), ma è da ritenere che la difesa possa interloquire prima dell'adozione del provvedimento e non solo in sede di impugnazione.

Il problema dell'efficacia soggettiva della causa di sospensione dei termini di custodia cautelare, e cioè se detta sospensione valga nei confronti di tutti gli imputati il cui dibattimento (o udienza preliminare) venga differito

---

[23] Cass., Sez. Un., 29.5-7.7.2014, Gallo.

ad altra data o nei confronti soltanto di quell'imputato che detta causa di sospensione ha determinato, è stato risolto legislativamente accogliendo l'orientamento interpretativo più sensibile alla tutela della libertà personale.

L'art. 304, co. 5, prevede che «le disposizioni di cui alle lett. *a* e *b* del comma 1, anche se riferite al giudizio abbreviato, e di cui al comma 4 non si applicano ai coimputati ai quali i casi di sospensione non si riferiscono e che chiedono che si proceda nei loro confronti previa separazione dei processi».

Il principio qui affermato è semplice e si riduce a voler evitare che le cause di sospensione dei termini di custodia cautelare ricadano in modo pregiudizievole sulla libertà personale di coimputati estranei alle cause stesse.

Non sfugge che la norma consenta la polverizzazione dei maxiprocessi (e qualche serio problema nella loro gestione) attraverso la separazione delle varie posizioni, ma va detto che, ove prevalga il convincimento che mantenere la riunione sia assolutamente necessario per l'accertamento dei fatti (art. 18, co. 1), i termini rimarranno sospesi soltanto per i coimputati all'origine della sospensione o rinvio dell'udienza preliminare o del dibattimento e decorreranno normalmente per gli altri, sempre che abbiano avuto l'accortezza di chiedere la separazione dei processi.

Se il giudice procede alla separazione dei processi, l'imputato detenuto che non ha causato la sospensione e ha chiesto la separazione ha diritto che il processo prosegua nei suoi confronti senza sospensione dei termini di custodia cautelare.

La dilatazione dei termini di custodia cautelare (per qualsivoglia reato o complessità del processo) incontra il solo limite previsto dall'art. 304, co. 6, proprio per evitare prolungamenti abnormi: «la durata della custodia cautelare non può comunque superare il doppio dei termini previsti dall'articolo 303, commi 1, 2 e 3, senza tener conto dell'ulteriore termine previsto dall'articolo 303 comma 1, lett. *b*, numero 3 *bis* e i termini aumentati della metà previsti dall'articolo 303, comma 4, ovvero, se più favorevole, i due terzi del massimo della pena temporanea prevista per il reato contestato o ritenuto in sentenza. A tal fine la pena dell'ergastolo è equiparata alla pena massima temporanea» (pari a ventiquattro anni: art. 23 c.p.).

La norma esprime sicuramente un *favor libertatis* ma consente pur sempre che, per il sommarsi di sospensioni (v. altresì l'art. 304, co. 7) e di termini massimi, si dia spazio a custodie cautelari sensibilmente superiori a quelle consentite dall'art. 303 e, prima ancora, dall'art. 13 Cost.

La sospensione dei termini di durata massima della custodia cautelare, oltre a effetti processuali (impedire la scarcerazione), produce effetti sostanziali poiché ad essa è ricollegata – per pari durata – la sospensione del corso della prescrizione (art. 159, co. 1, c.p.).

Per il computo della **custodia cautelare all'estero** v. l'art. 722.

B) Il secondo istituto che interferisce con la disciplina dell'art. 303 è quello della «**proroga della custodia cautelare**» (art. 305). Esso incide sui termini intermedi (di regola la maggiore celerità di una fase procedurale non consente di recuperare un termine maggiore nella fase successiva), ma non sposta il termine massimo che rimane di due, quattro o sei anni in relazione alla gravità del reato.

La proroga per il tempo necessario all'espletamento della perizia sullo stato di mente dell'imputato è consentita «in ogni stato e grado del procedimento di merito» (e, quindi, anche nelle indagini preliminari ma non durante il giudizio di cassazione). L'ordinanza, assunta su richiesta del pubblico ministero e sentito il difensore, è ricorribile per cassazione.

Nel corso delle indagini preliminari il pubblico ministero può chiedere la proroga (c.d. facoltativa) dei termini di custodia cautelare che siano prossimi a scadere quando sussistono gravi esigenze cautelari che, in rapporto ad accertamenti particolarmente complessi o a nuove indagini disposte ai sensi dell'art. 415 *bis*, co. 4, rendano indispensabile il protrarsi della custodia.

Ne consegue che la proroga non può riguardare misure cautelari diverse dalla custodia in carcere (o in luogo di cura) e che la richiesta formulata a termini scaduti non può comunque essere accolta. La motivazione addotta dal pubblico ministero a sostegno della richiesta va resa nota al difensore dell'indagato affinché possa esprimere la sua valutazione al riguardo.

Sulla richiesta decide il giudice per le indagini preliminari, con ordinanza appellabile, sentiti il pubblico ministero e il difensore, cui va riconosciuto il diritto ad un congruo termine per l'esame degli atti.

Se la decisione del giudice non interviene prima della scadenza del termine di custodia cautelare, l'indagato va rimesso in libertà non potendosi riconoscere effetto sospensivo dei termini alla mera richiesta di proroga (peraltro, deve ritenersi che la decisione di proroga sopravvenuta implichi il ripristino dello stato privativo della libertà personale).

La proroga è rinnovabile una sola volta, il che significa che sono possibili due proroghe della custodia cautelare, fermo restando che i termini massimi previsti per la fase delle indagini preliminari non possono essere superati di oltre la metà.

Per la peculiare disciplina della proroga dei termini della custodia cautelare in carcere, di cui all'art. 301, co. 2 *bis*, si rinvia al disposto del co. 2 *ter* della medesima norma.

Le alchimie sui termini di custodia cautelare non si riflettono sui termini di durata massima delle misure coercitive diverse dalla custodia cautelare, in quanto questi sono ancorati all'art. 303 e non risentono di sospensioni e proroghe: tutte le misure coercitive diverse dalla custodia cautelare perdono efficacia quando dall'inizio della loro esecuzione è decorso un periodo di tempo pari al doppio dei termini (intermedi e massimi) della custodia cautelare (art. 308).

Le misure interdittive non possono avere durata superiore ai dodici mesi e perdono efficacia con il decorso del termine fissato dal giudice con ordinanza. Il rinnovo è ammesso solo per esigenze di cautela probatoria (art. 308, co. 2).

Nessuna incidenza ha la disciplina della «sospensione dei termini processuali nel periodo feriale» (L. 7.10.1969, n. 742) sui termini di durata delle misure cautelari in genere e della custodia cautelare, in specie. Anzi, il *favor libertatis* impone una particolare considerazione durante tale periodo per i procedimenti relativi ad imputati in stato di custodia cautelare (art. 240 *bis* disp. coord.).

A favorire la celebrazione dei processi con imputati detenuti intervengono l'art. 132 *bis* disp. att. che riconosce loro la **priorità assoluta nella formazione dei ruoli di udienza** e l'art. 533, co. 3 *bis*, che consente la separazione dei procedimenti con la pronuncia della sentenza di condanna.

9. I provvedimenti in caso di scarcerazione per decorrenza dei termini

Evitare che la durata del procedimento si traduca in uguale durata della custodia cautelare è un problema delicato di equilibrio tra autorità e libertà. La previsione di un termine massimo, oltre il quale il permanere della restrizione della libertà è inaccettabile, non impedisce che in taluni casi concreti la riaffermazione della libertà suoni come offensiva per le esigenze dell'accertamento penale e suscettibile di determinare sconcerto ed allarme nella collettività (si pensi alla scarcerazione per decorrenza dei termini di condannati all'ergastolo con sentenza non definitiva).

A mediare tra le opposte esigenze interviene l'art. 307: quando la custodia cautelare si sia estinta non per sopravvenuta mancanza dei presupposti che l'hanno legittimata ma per un decorso dei termini massimi, l'imputato va scarcerato (*rectius*: liberato) con ordinanza che, al contempo, può disporre l'applicazione di altre misure cautelari (diverse dagli arresti domiciliari: art. 284, co. 5) in presenza dei relativi requisiti. Lo scarcerato deve dichiarare o eleggere domicilio (art. 161, co. 3).

Per fatti di criminalità organizzata o comunque rientranti nell'art. 407, co. 2, lett. *a*, le misure coercitive di cui agli artt. 281, 282 e 283 vanno applicate anche cumulativamente (art. 307, co. 1 *bis*).

La libertà riacquistata per decorrenza dei termini non è irreversibile perché la trasgressione di una prescrizione imposta all'atto della scarcerazione, se ricorrono esigenze cautelari, può implicare il ritorno in carcere, così come può implicarlo il sopravvenire di una sentenza di condanna (v. art. 275, co. 1 *bis* e 2 *ter* e art. 276, co. 1 *ter*).

Poiché il ripristino della custodia determina un decorso *ex novo* dei termini, ma «si tiene conto anche della custodia anteriormente subìta», se ne deduce che il ripristino è impossibile se la scarcerazione è avvenuta per decorso dei termini complessivi massimi (saranno, invece, possibili misure cautelari non carcerarie).

La polizia giudiziaria. può fermare il liberato se viola le prescrizioni impostegli all'atto della scarcerazione per decorrenza dei termini o se è stato condannato con sentenza non definitiva, accingendosi alla fuga.

Con il provvedimento di convalida il giudice, su richiesta del pubblico ministero, dispone la custodia cautelare. Tale misura perde efficacia entro venti giorni se non interviene il giudice competente (nell'ipotesi in cui il giudice della convalida del fermo non sia quello del procedimento in cui il soggetto è imputato).

10. Le impugnazioni

Per quanto circondato da cautele e prescrizioni, il provvedimento limitativo della libertà della persona può essere stato adottato in violazione della legge o infondatamente: di qui la necessità di prevedere un intervento di controllo affidato ad un giudice diverso da quello che ha disposto la misura cautelare e una procedura accelerata affinché il controllo sul provvedimento limitativo preceda i tempi, necessariamente più lunghi, del controllo sulla fondatezza dell'imputazione.

L'art. 111, co. 7, Cost. prevede la garanzia minima ed indefettibile («Contro le sentenze e contro i provvedimenti sulla libertà personale, pronunciati dagli organi giurisdizionali ordinari e speciali, è sempre ammesso ricorso in Cassazione per violazione di legge»), ma il legislatore ordinario è andato al di là, garantendo anche un controllo sul merito del provvedimento, affidato ad un organo collegiale, ed una disciplina dei termini di impugnazione idonea a minimizzare l'illegittima restrizione o l'omessa compiuta tutela delle esigenze cautelari (artt. 309-311).

La configurazione di limiti alla valutazione dei gravi indizi di colpevolezza nelle impugnazioni *de libertate* è stata dichiarata costituzionalmente illegittima, mentre è fuori discussione il potere-dovere del giudice (dell'esame e delle impugnazioni) di dare al fatto l'esatta qualificazione giuridica rilevante nel procedimento cautelare.

10.1. Il riesame

Il primo mezzo ordinario di impugnazione delle ordinanze che dispongono una misura coercitiva è il «**riesame**» (art. 309).

Il *nomen iuris* sottolinea come il legislatore ritenga di aver già operato a favore di un corretto provvedimento nel momento in cui ha privato il pubblico ministero del potere di adottare una misura cautelare ed ha affidato ad un giudice l'«esame» circa l'applicabilità delle misure.

Presupposto del riesame è l'adozione della misura coercitiva (cioè l'accoglimento della richiesta del pubblico ministero). Ciò spiega il fatto che interessato all'impugnazione, e quindi legittimato alla richiesta del riesame, sia il solo imputato (o il difensore).

Il termine (**perentorio**) entro il quale proporre la richiesta è di dieci giorni, termine che per l'imputato non latitante decorre dall'esecuzione o notificazione del provvedimento; per l'imputato latitante decorre dalla data della notificazione eseguita a norma dell'art. 165 (e cioè mediante consegna di copia al difensore) ovvero dalla sopravvenuta esecuzione «quando l'imputato prova di non aver avuto tempestiva conoscenza del provvedimento» (il che è la regola quando l'imputato sia difeso d'ufficio); per il difensore decorre dalla notificazione dell'avviso di deposito del provvedimento.

Il termine per impugnare è sospeso per il periodo nel quale è stato disposto il differimento del primo colloquio tra imputato detenuto e difensore (non più di cinque giorni: art. 104, co. 3).

La norma vuole favorire il diritto di difesa e, in specie, quello ad una impugnazione consapevole, ma la concessione è più di forma che di sostanza perché il riesame può essere chiesto «con riserva di motivi» e il difensore può comunque valorizzare quanto riferitogli dall'assistito, nel colloquio pur differito, prima dell'udienza.

Il riesame può essere richiesto «anche nel merito», il che rende questa impugnazione idonea a imporre un controllo *ex novo* di tutti i presupposti di fatto e di diritto alla base della misura coercitiva.

Nella prassi giudiziaria continua a sopravvivere l'etichetta di «tribunale della libertà» (che, peraltro, non è mai stata recepita in alcun testo normativo) a sottolineare la principale competenza per materia di detto organo giurisdizionale (chiamato ad occuparsi altresì delle misure cautelari reali).

Il legislatore, anche per sopperire a problemi di formazione del collegio giudicante, ha statuito che «sulla richiesta di riesame decide, in composizione collegiale, il Tribunale del luogo nel quale ha sede la corte d'appello o la sezione distaccata della corte d'appello nella cui circoscrizione è compreso l'ufficio del giudice che ha emesso l'ordinanza» (art. 309, co. 7). Va sottolineato come l'istituzione del giudice unico non abbia determinato, in questa materia, una rinuncia alla garanzia della collegialità.

La **richiesta di riesame** va presentata presso la cancelleria del giudice di cui all'art. 309, co. 7 (per l'imputato detenuto o agli arresti domiciliari vale l'art. 123 che prevede la comunicazione al difensore delle dichiarazioni/richieste presentate).

La richiesta può esaurirsi nella domanda di riesame ovvero essere motivata: la circostanza che vi possa essere un riesame anche in assenza di motivi di impugnazione e una decisione per motivi diversi da quelli enunciati nella richiesta o nel provvedimento impugnato dimostra che questo «mezzo di impugnazione» non è devolutivo e che il giudice del riesame non è vincolato al principio *tantum devolutum quantum appellatum*.

La decisione è adottata, oltre che sulla base dell'impugnazione (se motivata) o dei motivi enunciati prima dell'inizio della discussione, sulla base degli «atti presentati a norma dell'art. 291 comma 1» nonché di «tutti gli elementi sopravvenuti a favore della persona sottoposta alle indagini» che devono essere trasmessi entro cinque giorni dalla ricezione dell'avviso inviato all'autorità giudiziaria procedente (art. 309, co. 5), termine perentorio che decorre dal giorno stesso della presentazione della richiesta nella cancelleria del Tribunale del riesame[24] e la cui violazione determina la caducazione della misura coercitiva (art. 309, co. 10), in ossequio al *favor libertatis*.

L'unico limite implicito nell'art. 309, co. 9 (integrato con L. n. 47 del 2015), è che il Tribunale *de quo* non può applicare una misura coercitiva più grave (o con prescrizioni più gravi) di quella sottoposta al riesame (c.d. divieto di *reformatio in peius*). Per il resto, potrà dichiarare inammissibile la richiesta (perché tardiva o presentata da persona non legittimata o senza il rispetto della forma di cui all'art. 582), annullare il provvedimento, confermarlo o riformarlo (ma soltanto *in melius*). L'annullamento è disposto «se la motivazione manca o non contiene l'autonoma valutazione, a norma dell'art. 292, delle esigenze cautelari, degli indizi e degli elementi forniti dalla difesa».

Il tutto «entro dieci giorni dalla ricezione degli atti», termine anch'esso perentorio *pro libertate* nel senso che l'omessa decisione (o la decisione tardiva) determina l'estinzione della misura coercitiva e la liberazione dell'imputato.

I termini della decisione e del deposito della motivazione sono prorogati se l'imputato ha chiesto un differimento e per la durata (da cinque a dieci giorni) del differimento concesso (cfr. art. 309, commi 9 *bis* e 10, come interpolato con legge n. 47 del 2015).

La volontà di accelerare i tempi della decisione sulla ordinanza che ha disposto la misura coercitiva traspare anche dai tempi strettissimi del procedimento avanti al Tribunale che si svolge in camera di consiglio e cioè con garanzia del contraddittorio ma senza la presenza del pubblico (art. 309, co. 8).

Il detenuto impugnante ha diritto di comparire personalmente, se ne ha fatto richiesta, anche per il tramite del difensore, con l'istanza di riesame[25].

Vanno stigmatizzate tre degenerazioni: per la prima – avallata dalla giuri-

---

[24] Corte cost., sent. n. 232 del 1998.

[25] Cass., Sez. Un., n. 11803 del 2020.

sprudenza di legittimità – l'obbligo di fornire al Tribunale "tutti gli elementi sopravvenuti a favore" dell'indagato non impedirebbe al pubblico ministero di trasmettere anche quelli sopravvenuti "a sfavore" [26]; per la seconda, l'ordine tradizionale di discussione viene sovvertito obbligando la difesa a parlare per prima; per la terza, il termine di dieci giorni è rispettato se la decisione interviene entro tale termine, anche se la motivazione viene depositata in data successiva (l'*escamotage*, avallato dalle Sezioni Unite per venire incontro alla difficoltà del Tribunale, stretto tra carichi di lavoro e termini perentori, trova affermazione legislativa nell'art. 309, co. 10).

Non può essere oggetto di riesame l'ordinanza che dispone la misura coercitiva «emessa a seguito di appello del pubblico ministero» dal Tribunale del riesame: in tale ipotesi è consentito il ricorso per cassazione *ex* art. 311.

L'ordinanza emessa in sede di riesame, quale che sia il contenuto, è ricorribile per cassazione per violazione di legge [27].

In origine nessuna incompatibilità era ravvisata nell'essere il giudice del dibattimento intervenuto in sede di riesame o di impugnazione di provvedimenti in materia di misure coercitive, non essendovi un giudizio sul merito della *res iudicanda* [28].

Questa tesi interpretativa è andata in crisi a seguito dell'affermazione di incostituzionalità dell'art. 34 [29], non ravvisandosi più una sostanziale differenza tra la «incisiva valutazione di merito» fatta dal giudice richiesto dell'applicazione di una misura cautelare e quella cui è chiamato il Tribunale del riesame.

Va ricordato comunque che non mancavano ipotesi di richieste di riesame avanzate senza serie prospettive di accoglimento, fatte unicamente al fine di accedere agli atti del procedimento altrimenti coperti dal segreto sulle indagini preliminari (art. 329), atti che l'autorità giudiziaria procedente deve trasmettere al Tribunale del riesame per consentire la valutazione nel merito della misura (art. 309, co. 5) e che la difesa può conoscere.

La riforma attuata con L. n. 332 del 1995 ha sensibilmente ampliato il materiale processuale conoscibile nonostante il segreto sulle indagini preliminari: infatti, da un lato, il pubblico ministero deve presentare al giudice competente «gli elementi su cui la richiesta (di misura cautelare) si fonda» e deve farlo in misura a suo avviso idonea a superare «tutti gli elementi a favore dell'imputato» che pure contestualmente è tenuto a portare a conoscenza del giudice

---

[26] Cass., Sez. Un., 1.3.2011.

[27] V. *infra*, par. 10.3. Sui limiti alla rimozione dell'ordinanza cautelare che abbia perso efficacia cfr. Corte cost. n. 233 del 2016 che qualifica «prassi distorsiva» la successione di «ordinanze-fotocopia».

[28] Corte cost., sent. n. 502 del 1991 e Corte cost., sent. n. 124 del 1992.

[29] Corte cost., sent. n. 432 del 1995.

(art. 291, co. 1); dall'altro, l'ordinanza che dispone una misura cautelare è depositata nella cancelleria del giudice che l'ha emessa insieme alla richiesta del pubblico ministero e agli atti presentati con la stessa e un avviso di deposito viene notificato al difensore che potrà estrarne copia[30].

Infine, la Corte costituzionale ha riconosciuto il diritto della difesa ad ottenere copia delle intercettazioni utilizzate ai fini dell'adozione della misura cautelare, anche se non depositate[31]. Il diritto ad ottenere copia è comprensivo anche delle videoriprese[32].

Ne consegue che almeno la richiesta di riesame a fini «esplorativi» dovrebbe conoscere un ridimensionamento, deflazionando l'attività del Tribunale competente.

10.2. L'appello

«Fuori dei casi previsti dall'art. 309 comma 1» (e quindi fuori dei casi di riesame) il controllo sui provvedimenti *de libertate* è affidato all'**appello**, un mezzo di impugnazione anche nel merito avanti allo stesso Tribunale competente per il riesame (art. 310, co. 2).

Provvedimenti appellabili sono, a titolo esemplificativo,

– le ordinanze con cui il giudice non accoglie la richiesta di applicazione della misura cautelare avanzata dal pubblico ministero;
– le ordinanze che dispongono o negano una misura interdittiva (infatti il riesame è ammesso solo per le misure coercitive);
– le ordinanze che sospendono i termini di durata massima della custodia cautelare (art. 304);
– le ordinanze con cui il giudice proroga i termini della custodia cautelare durante le indagini preliminari «complesse» (art. 305, co. 2);
– le ordinanze che non dispongono la sospensione o la proroga richiesta;
– le ordinanze che accolgono o rigettano la richiesta di revoca o di sostituzione delle misure cautelari personali (art. 299);
– le ordinanze che dispongono la rinnovazione di misure applicate per esigenze probatorie (art. 301, co. 2);
– le ordinanze consequenziali alla perdita di efficacia delle misure (art. 306, co. 2) e quelle di rinnovazione delle misure interdittive (art. 308, co. 2).

Per l'appello valgono le norme del riesame per quanto concerne i termini per impugnare (dieci giorni), i soggetti legittimati (cui va aggiunto il pubbli-

---

[30] V. l'art. 293, co. 3, come interpretato da Corte cost., sent. n. 192 del 1997, e succ. mod.

[31] Corte cost., sent. n. 336 del 2008 sulla illegittimità parziale dell'art. 268, norma pluriemendata.

[32] Cass., Sez. II, 24 aprile-14 agosto 2013, n. 34979.

co ministero), la forma e il luogo di presentazione delle dichiarazioni di appello, la competenza e l'incompatibilità a giudicare, il rito camerale e le garanzie di contraddittorio.

La disciplina dei due mezzi di impugnazione diverge poiché l'appello deve essere motivato ed i motivi vanno presentati contestualmente, perché il Tribunale decide entro venti giorni dalla ricezione degli atti, perché non è previsto che l'omessa o tardiva decisione valga come causa estintiva del provvedimento *contra libertatem* impugnato (l'art. 310 non richiama l'art. 309, co. 10).

Sui termini di deposito della motivazione si veda l'art. 310, co. 2.

Deve ritenersi che il **giudizio di appello** sia **vincolato ai motivi di impugnazione** e che non sia possibile adottare un provvedimento diverso da quello richiesto o dalla conferma (*tantum devolutum quantum appellatum*).

Essendo sia il riesame che l'appello qualificati come «impugnazione», è da ritenersi applicabile l'art. 568, co. 5, secondo cui «l'impugnazione è ammissibile indipendentemente dalla qualificazione ad essa data dalla parte che l'ha proposta», cosicché il riesame può convertirsi in appello e viceversa ove sussistano i requisiti di legge.

Il Tribunale, quale giudice dell'appello, decide con ordinanza ricorribile per cassazione. Quale espressione del *favor libertatis* l'ordinanza che dispone la misura cautelare è sospesa in pendenza del ricorso, mentre l'ordinanza liberatoria è immediatamente esecutiva in conformità della regola generale dell'art. 588, co. 2. Il Tribunale non deve procedere all'interrogatorio di garanzia in caso di applicazione di misura cautelare coercitiva su appello del pubblico ministero[33].

10.3. Il ricorso per cassazione

Sono sempre oggetto di **ricorso per cassazione**, quando non altrimenti impugnabili, i provvedimenti con i quali il giudice decide sulla libertà personale (art. 568, co. 2). Il ricorso – soltanto per violazione di legge – è consentito (art. 311) contro le decisioni emesse dal «tribunale della libertà» in sede di riesame e in sede di appello e contro l'ordinanza di proroga della custodia cautelare per perizia psichiatrica «in ogni stato e grado del procedimento di merito» (art. 305, co. 1).

Un caso particolare di ricorso è quello ammesso *ex* art. 391, co. 4, avverso l'ordinanza che decide sulla convalida del fermo e dell'arresto.

Legittimato al ricorso (entro dieci giorni dalla comunicazione o notificazione dell'avviso di deposito del provvedimento) è chiunque vi abbia interes-

---

[33] Cass., Sez. Un., 26.3.2020, n.17274.

se (e quindi il pubblico ministero che ha chiesto l'applicazione della misura e/o quello presso il Tribunale *a quo*, l'imputato e il difensore, in relazione al provvedimento impugnato).

Per le sole misure coercitive (e non quindi per le interdittive) è consentito il ricorso *per saltum*, cioè di adire direttamente la Suprema Corte per violazione di legge (senza coinvolgere il Tribunale del riesame) al fine evidente di avere una pronuncia definitiva e più celere sulla legittimità della misura cautelare disposta: questa particolare modalità di impugnazione non è consentita al pubblico ministero avverso il diniego di applicazione della misura coercitiva richiesta (dovrà pertanto presentare appello).

I termini per impugnare *per saltum* sono quelli dell'art. 309, co. 1-3; in applicazione del principio *electa una via non datur recursus ad alteram* il ricorso proposto rende inammissibile la richiesta di riesame.

Il ricorso è presentato – con le forme di cui all'art. 582 – nella cancelleria del giudice *a quo* (quello che ha emesso la decisione sul riesame o sull'appello o il provvedimento impugnato *per saltum*) e va motivato (con possibilità di ulteriori motivi prima dell'inizio della discussione).

La decisione della Cassazione, in camera di consiglio, deve intervenire entro trenta giorni dalla ricezione degli atti, a conferma della scelta acceleratoria fatta dal legislatore.

Con L. n. 47 del 2015 è stato aggiunto all'art. 311 un co. 5 *bis* avente una precisa natura garantista: il giudizio di rinvio, dopo annullamento su ricorso dell'imputato, deve essere deciso entro dieci giorni dalla ricezione degli atti e con deposito della motivazione entro trenta giorni dalla decisione.

Il non rispetto di detti termini rende "inefficace" l'ordinanza che ha disposto la misura coercitiva.

11. L'applicazione provvisoria di misure di sicurezza

Tra le misure cautelari personali, accanto alle misure interdittive e coercitive, gli artt. 312 e 313 prevedono anche la «**applicazione provvisoria di misure di sicurezza**» a persone socialmente pericolose (art. 206 c.p.) «nei casi previsti dalla legge». Ad esempio, il malato di mente può essere ricoverato in una casa di cura e custodia o in un ospedale psichiatrico giudiziario *post* riforma con L. 30.5.2014, n. 81.

L'art. 312 richiede due condizioni per l'applicazione provvisoria: una, positiva, è che sussistano gravi indizi di commissione del fatto; l'altra, negativa, è che non ricorrano le condizioni previste dall'art. 273, co. 2. Ne consegue che l'art. 312 parifica le misure di sicurezza alle misure cautelari coercitive ed interdittive quanto a condizione generale per la loro applicazione provvisoria (si parla di «indizi di commissione del fatto» invece di «indizi di colpevolezza» per ricomprendere anche la pericolosità del non punibile: artt. 49, co. 2, e 115 c.p.).

L'applicazione provvisoria può avvenire «in qualunque stato e grado del procedimento» (e, pertanto, anche nelle indagini preliminari), su richiesta del pubblico ministero e a seguito di ordinanza del giudice (per la competenza v. art. 279, per il contenuto dell'ordinanza v. art. 292). Per un caso di applicazione nel «processo» v. l'art. 300, co. 2.

Compito precipuo del giudice è il previo accertamento della pericolosità sociale dell'imputato: l'interrogatorio della persona sottoposta alle indagini, quale mezzo di difesa e di corretta formazione del convincimento, è un momento importante e tendenzialmente irrinunciabile.

L'art. 313 richiama, nel caso di impossibilità di interrogatorio, il disposto dell'art. 294 sull'interrogatorio della persona in stato di custodia cautelare, ma il rinvio non può essere ulteriormente esteso fino a ricomprendere anche la peculiare causa estintiva di cui all'art. 302[34].

Il giudice dell'applicazione è anche il giudice della sostituzione o revoca delle misure di sicurezza provvisoriamente applicate, previo accertamento del permanere delle condizioni di applicabilità in ogni momento in cui ne ravvisi l'esigenza e comunque allo scadere del sesto mese dalla pronuncia (art. 72)[35].

Ai fini delle impugnazioni la misura di sicurezza provvisoriamente applicata è equiparata alla custodia cautelare, il che consente anche il ricorso *per saltum* in cassazione.

Avendo un carattere afflittivo, la misura di sicurezza provvisoriamente applicata viene equiparata alla detenzione e legittima la domanda di riparazione *ex* artt. 314-315.

12. La riparazione per l'ingiusta detenzione

Fin dal 1955 era legge dello Stato la **Convenzione per la salvaguardia dei diritti dell'uomo e delle libertà fondamentali**, il cui l'art. 5, par. 5, dispone che «ogni persona vittima di un arresto o di una detenzione, eseguiti in violazione alle disposizioni di questo articolo, ha diritto ad un indennizzo», ma solo con il codice 1988 è stata finalmente prevista la «riparazione per l'ingiusta detenzione» a completamento della «riparazione dell'errore giudiziario» disciplinata già dal codice 1930.

---

[34] Peraltro, la *ratio* alla base di Corte cost., sent. n. 95 del 2001, può portare alla conclusione opposta.

[35] Per una più ampia discrezionalità del giudice, v. Corte cost., sent. n. 367 del 2004, con riguardo all'infermo di mente socialmente pericoloso.

Legittimato alla «domanda» di riparazione (*ex* artt. 315 e 645) è colui che abbia subito una detenzione «ingiusta», situazione che si può verificare non solo con riguardo ad imputati riconosciuti innocenti ma anche con riguardo ad imputati riconosciuti colpevoli (cioè condannati con sentenza irrevocabile) quando la custodia cautelare superi per durata la pena inflitta[36]. La riparazione spetta anche nel caso di durata della custodia cautelare superiore alla misura della pena inflitta con la sentenza di primo grado cui poi abbia fatto seguito una sentenza di appello dichiarativa dell'estinzione del reato per prescrizione[37]. L'art. 314 riconosce il diritto ad un'equa riparazione:

a) a chi è stato prosciolto con sentenza irrevocabile perché il fatto non sussiste, per non aver commesso il fatto, perché il fatto non costituisce reato o non è previsto dalla legge come reato, dopo aver subìto un periodo di custodia cautelare (o di arresti domiciliari: art. 284, co. 5) senza dolo o colpa (ad es., la riparazione non compete a chi si è autocalunniato, mentre compete a chi si sia avvalso della facoltà di non rispondere, in quanto tale strategia difensiva non consente un giudizio di sussistenza di colpa).

b) a chi, già sottoposto a custodia cautelare (o arresti domiciliari), viene a fruire di un provvedimento di archiviazione o di una sentenza di non luogo a procedere. La riparazione è consentita anche per la custodia cautelare subita durante le indagini preliminari, dovendosi considerare impropria e limitativa la dizione «nel corso del processo».

c) a chi, prosciolto per qualsiasi causa (e quindi anche per estinzione del reato) o condannato, abbia subito un periodo di custodia cautelare (o arresti domiciliari) a seguito di un provvedimento emesso o mantenuto senza che esistessero i gravi indizi di colpevolezza o un'adeguata gravità del reato.

Questa situazione di custodia cautelare *sine titulo* deve risultare da una decisione irrevocabile che abbia accertato che la misura sia stata emessa o mantenuta in assenza delle condizioni di applicabilità (artt. 273 e 280).

Il diritto alla riparazione è escluso per la parte in cui la custodia cautelare presofferta si converte in pena espiata (essendosi di fronte ad un caso in cui il bene leso conosce una *in integrum restitutio*) o per la parte in cui la custodia cautelare sia stata sofferta in presenza di altro titolo valido (art. 314, co. 4).

Il diritto alla riparazione è escluso in presenza di archiviazione o sentenza di proscioglimento per *abolitio criminis*, non essendo – in questi casi – «ingiusta» la custodia cautelare sofferta prima dell'intervento legislativo che ha statuito che il fatto non va previsto dalla legge come reato (verosimilmente la

---

[36] V. Corte cost., sent. n. 219 del 2008, di parziale illegittimità dell'art. 314.

[37] Cass., Sez. Un., 29.1.2009, Pellegrino.

soluzione è opposta in presenza di declaratoria di incostituzionalità della norma incriminatrice).

A pena di inammissibilità la domanda di riparazione deve essere proposta dall'interessato (anche a mezzo di procuratore speciale *ex* art. 122) entro due anni dal giorno in cui la sentenza di proscioglimento o di condanna è divenuta irrevocabile, la sentenza di non luogo a procedere è divenuta inoppugnabile o è stata effettuata la notificazione del provvedimento di archiviazione (art. 315 come sostituito con L. 16.12.1999, n. 479).

Non potendo essere restituita la libertà violata, la riparazione avviene mediante l'erogazione di una somma comunque non superiore a euro 516.456,90: ciò significa che, nell'ipotesi estrema di ingiustizia di una custodia cautelare sofferta fino a scarcerazione per decorrenza dei termini massimi, i sei anni di privazione della libertà avranno una riparazione in ragione di circa euro 236,00 al giorno [per converso, la detenzione «giusta», se non superiore a sei mesi, può essere sostituita con pena pecuniaria in ragione di euro 250 (o di frazione di euro 250) al giorno (artt. 135 c.p. e 53, L. 24.11.1981, n. 689 e succ. mod.)][38].

Nel *quantum* da erogare a titolo di riparazione vanno ricomprese le spese legali sostenute per difendersi[39].

Per la disciplina processuale l'art. 315 rinvia alle norme sulla riparazione dell'errore giudiziario «in quanto compatibili»: in base all'art. 102 disp. att., competente a decidere sulla domanda di riparazione è la Corte d'appello nel cui distretto è stato pronunciato il provvedimento (archiviazione o sentenza) che ha definito il procedimento o in cui è stato emesso il provvedimento impugnato (nel caso di sentenza emessa dalla Corte di cassazione).

Si è sostenuto che nessuna riparazione sia possibile per l'arresto o il fermo illegittimi che non siano stati seguiti da un'illegittima custodia cautelare, ma l'art. 297, co. 1, dimostra il contrario, consentendo di affermare che gli effetti della custodia cautelare (anche quelli ingiusti e riparabili) decorrono dal momento dell'arresto o del fermo[40].

Restano non riparabili l'ingiusta misura coercitiva non cautelare e la misura interdittiva, mentre per l'ingiusta applicazione provvisoria delle misure di sicurezza interviene a consentire la riparazione l'esplicita previsione dell'art. 313, co. 3.

Per attenuare le conseguenze devastanti di una misura cautelare detentiva

---

[38] Sulla normativa citata, prima della riforma, ha inciso Corte cost. sent. n. 28 del 2022.

[39] Così Cass., Sez. Un., 18.10.2002, De Benedictis.

Una qualche incidenza possono avere anche la L. n. 178 del 2020 e il d.m. 20.12.2021, che disciplinano il rimborso delle spese legali «nel limite massimo di euro 10.500» all'imputato assolto.

[40] La riparazione per la detenzione ingiusta patita a seguito delle misure precautelari dell'arresto in flagranza e del fermo è stata ribadita da Corte cost., sent. n. 109 del 1999.

applicata ad un imputato poi assolto, prosciolto o destinatario di una sentenza di non luogo a procedere o di un provvedimento di archiviazione e quindi vittima di «ingiusta detenzione», l'art. 102 *bis* disp. att. prevede la «reintegrazione nel posto di lavoro perduto per ingiusta detenzione».

Il diritto non va esercitato attraverso la procedura degli artt. 314 ss. – mancando ogni indicazione al riguardo né essendo sufficiente la collocazione dopo l'art. 102 disp. att. relativo alla «domanda di riparazione per l'ingiusta detenzione» – e vale nei confronti di qualsiasi datore di lavoro pubblico o privato che abbia proceduto al licenziamento del dipendente sottoposto a misura cautelare detentiva (compresi gli arresti domiciliari).

La norma non richiede la definitività della sentenza e pertanto, in ossequio al *favor rei*, deve ritenersi che la reintegrazione nel posto di lavoro – se richiesta – debba avvenire anche nelle more delle impugnazioni (ma il datore di lavoro potrà eccepire il dolo o la colpa grave o il non nesso tra carcerazione e licenziamento).

L'art. 314 è stato dichiarato illegittimo nella parte in cui non prevede il diritto all'equa riparazione anche per la detenzione ingiustamente patita a causa di erroneo ordine di carcerazione[41] emesso sul presupposto di una condanna definitiva non esistente o a pena detentiva da non espiare (es., per sospensione condizionale, per indulto, per presofferta custodia cautelare).

La Corte europea dei diritti dell'uomo ha ravvisato la violazione dell'art. 5 C.e.d.u. nella detenzione nonostante l'indulto applicabile e nel diniego di riparazione del pregiudizio subìto[42].

Il fatto di aver ottenuto l'equa riparazione per ingiusta detenzione non impedisce, ove sia possibile, di computare detto periodo al fine di determinare la pena da espiare per un altro reato[43]. In tale caso la somma ricevuta a titolo di riparazione andrà restituita.

Del tutto peculiare è il rimedio risarcitorio previsto dall'art. 35 *ter* ord. penit. (introdotto con d.l. n. 92 del 2014 conv. in L. n. 117 del 2014): qualora la custodia cautelare sia stata "inumana" ai sensi dell'art. 3 Convenzione EDU a causa del sovraffollamento carcerario, per la parte "non computabile nella determinazione della pena" è possibile – entro sei mesi dalla cessazione dello stato di custodia carceraria – avanzare domanda risarcitoria in ragione di "euro 8 per ciascuna giornata" di asserito pregiudizio.

Sull'azione diretta al risarcimento si pronuncia il tribunale civile distrettuale in composizione monocratica (artt. 737 ss. c.p.c.).

---

[41] Corte cost., sent. n. 310 del 1996 e sent. n. 32 del 2020.

[42] Corte eur., sent. 2.3.2006, Pilla c. Italia.

[43] Cass., Sez. Un., 10.7.2008, Cascio.

Capitolo XII

Le misure cautelari reali

di *Clelia Iasevoli*

1. Il principio di proporzionalità e le misure cautelari reali

All'interno del codice di procedura penale si rinvengono **forme differenziate** di sequestro, i cui connotati tipici ne hanno determinato la diversa configurazione legislativa, con la collocazione del sequestro probatorio tra i mezzi di ricerca della prova (titolo III del libro III); del sequestro conservativo e di quello preventivo tra le misure cautelari reali (titolo II del libro IV). Queste classificazioni si spiegano in ragione della caratterizzazione in senso processuale del sequestro probatorio, in virtù dell'identificazione dello scopo nell'accertamento dei fatti (art. 253, co. 1), scopo incompatibile con fini di cautela sostanziale o di prevenzione.

Tuttavia, l'apprensione della *res* e l'imposizione del vincolo si prestano a pretestuose protrazioni dell'indisponibilità della cosa a danno dell'avente diritto. Le prassi applicative, orientate ad un abuso sostanziale dell'istituto, sono agevolate dalla contrazione degli spazi difensivi sia sul fronte della verifica dei presupposti delle misure ablative, sia sul piano del sindacato giurisdizionale. A ciò si aggiunga che non essendovi un richiamo espresso alle disposizioni generali del capo I del titolo I del libro IV, soltanto alle misure coercitive personali si applica la previsione secondo cui «nessuno può essere sottoposto a misure cautelari se a suo carico non sussistono gravi indizi di colpevolezza» (art. 273, co. 1). Si tratta di un'opzione di politica legislativa che è stata ritenuta conforme a Costituzione, in considerazione della gradualità dei valori: l'inviolabilità della libertà personale e la libera disponibilità dei beni, che la legge può contemperare in funzione di interessi collettivi[1]. Eppure la diversificata tipologia evidenzia una comune componente strutturale sotto il profilo dell'anticipazione dei contenuti afflittivi della pena. Basti considerare che i vincoli, pur incidendo sulla cosa, ricadono sulla persona. Il sequestro tende ad inibire attività come la vendita o l'uso, che il destinatario della misura può realizzare mediante la cosa. Esso comprime il diritto della persona a disporre liberamente dei propri beni, con contenuti sanzionatori, in una fase *ante iudicium* in cui si espande la presunzione di non colpevolezza (art. 27, co. 2, Cost.). Ed è qui che entra in gioco il rapporto tra sicurezza e riservatezza, intesa come «diritto alla non intromissione da parte del potere pubblico e di soggetti privati nella sfera individuale». Ogni misura, per dirsi proporzionata all'obiettivo da perseguire, implica che l'interferenza con il pacifico godimento dei beni sia il compromesso di un giusto equilibrio[2]. Il che significa che il **principio di proporzionalità** non è circoscritto alle cautele personali, ma ha un ambito di attività molto più diffuso, che va oltre il perimetro della libertà personale. Nel contesto sovranazionale, il principio è riconosciuto dalle fonti dell'Unione: par. 3 e 4 dell'art. 5 TUE, art. 49 par. 3 e art. 52 par. 1 della Carta dei diritti fondamentali. Dal canto suo la Corte costituzionale[3] ha chiarito che il controllo di ragionevolezza, che si sostanzia nel bilanciamento tra gli interessi in conflitto, non esclude il canone della proporzionalità.

Da questo tessuto assiologico discende l'esigenza di contenere l'intervento penale nei limiti della stretta necessità quanto al rapporto con la proprietà e la libera iniziativa economica privata, ai sensi dell'art. 42 Cost. e dell'art. 1 del Primo protocollo addizionale alla Convenzione Edu, come interpretato dalla Corte EDU, che, all'interno della sua configurazione giuridica, ha individuato tre punti inerenti alla proprietà privata. E, più specificamente, il primo enuncia il principio generale del riconoscimento del diritto di proprietà privata; il secondo indica le condizioni in presenza delle quali l'espropriazione per pubblica utilità può considerarsi legittima; il terzo riconosce il potere degli Stati di disciplinare l'uso dei beni in conformità all'interesse generale o al fine di assicurare il pagamento delle imposte o di altri tributi e ammende[4]. I contenuti normativi delle locuzioni "**pubblica utilità**" e "**inte-**

[1] Corte cost., sent. n. 48 del 1994.

[2] Corte eur., sent. 13 ottobre 2015, Unsped Paket Servisi SaN. Ve TIC. A.S. c. Bulgaria.

[3] Corte cost., sent. n. 85 del 2013, anche sent. n. 20 del 2017.

[4] Corte eur., sent. 14 aprile 2015, Chinnici c. Italia.

resse generale" – utilizzate nel primo e nel secondo paragrafo della disposizione –, sono rimessi alla discrezionalità dei singoli Stati, in virtù della teoria del c.d. "margine di apprezzamento statale".

In altri termini, con l'art. 1, co. 2, Protocollo addizionale, la Convenzione riconosce la facoltà dei singoli Stati di prevedere restrizioni del diritto di proprietà, sempre che si pongano nei confini imposti dalla legge e risultino indispensabili al soddisfacimento degli interessi di uno Stato di diritto. Si tratta di una espressa riserva di legge, che subordina la previsione di misure incidenti sulla proprietà privata all'esistenza di un pubblico interesse o, comunque, di un interesse generale.

Vero è che, soprattutto, l'accezione di "pubblica utilità" risente delle questioni politiche, economiche e sociali, proprie di ogni singolo Stato e, in quanto tale, non può che essere oggetto di apprezzamento del legislatore nazionale nel rispetto del canone di proporzionalità, la cui violazione è stata censurata dalla Corte di Strasburgo proprio per il "**peso eccessivo**" subito dal destinatario di una misura incidente sul diritto di proprietà[5]. La direzione in cui si muove la giurisprudenza europea è quella di garantire il diritto a non subire limitazioni oltre quanto sia strettamente necessario per realizzare lo scopo legislativamente predeterminato. Gli indicatori del **tasso di afflittività** della misura sono la capacità intrusiva del mezzo impiegato e il protrarsi nel tempo della restrizione. Il controllo giurisdizionale di adeguatezza e di proporzionalità mirano a verificare che l'ingerenza nella sfera del privato non sia eccessiva rispetto al fine prestabilito. Non si tratta soltanto di canoni di orientamento della discrezionalità del giudice, ma di criteri di metodo capaci di impedire la trasformazione della misura ablativa in uno strumento, in parte o in tutto, inutilmente punitiva.

2. La motivazione del provvedimento restrittivo

L'operazione di bilanciamento è affidata all'organo della giurisdizione, che dispone il sequestro, senza compromettere la funzionalità del bene sottoposto al vincolo, argomentando circa l'impossibilità di conseguire il medesimo risultato ricorrendo ad altri, meno invasivi, mezzi cautelari. Si tratta di modulare l'applicazione del vincolo in maniera tale da non causare un inutile sacrificio a quei diritti, il cui esercizio non pregiudicherebbe la finalità probatoria/cautelare perseguita[6].

---

[5] Corte eur., sent. 13 maggio 2014, Paulet c. Regno Unito, e sent. 5 marzo 2019, Uzan e altri c. Turchia.

[6] Corte cost., sent. n. 85 del 2013.

L'anticipazione, rispetto alla decisione finale, degli effetti sanzionatori del sequestro, implica un giudizio di tipo prognostico non solo sul piano del *fumus* del reato, ma anche sul piano di un'anticipata esigenza ablatoria. La **strumentalità** connota anche il sequestro conservativo, che, essendo volto a garantire il «pagamento delle spese di procedimento e di ogni altra somma dovuta all'erario dello Stato», manifesta contenuti di prevenzione, condizionati alla definitività della pronuncia a cui accede. L'intento è chiaramente quello di impedire che il trascorrere del tempo possa pregiudicare l'effettività della giurisdizione alla base della sentenza irrevocabile di condanna.

In questa proiezione finalistica, la Cassazione[7] dilata l'ambito di attività del co. 2 dell'art. 275 fino a comprendere le misure cautelari reali, con l'obbligo per il giudice di motivare sulla impossibilità di conseguire lo stesso risultato con **modalità meno invasive**.

Se è, dunque, preclusa per le misure cautelari reali ogni valutazione sui gravi indizi di colpevolezza a carico degli indagati, viceversa, per il sequestro preventivo e quello probatorio – non anche per il sequestro conservativo, essendovi la precondizione del rinvio a giudizio – l'autorità giudiziaria, che li dispone, è tenuta ad un *iter* motivazionale affine a quello della cautela personale sotto il profilo della compatibilità e congruità degli elementi a carico con la fattispecie penale oggetto di contestazione. Né può essere altrimenti considerato il presupposto normativo dell'esistenza di un reato in concreto e, altresì, la necessaria **esposizione** e **valutazione** degli **elementi rilevanti**. Ne consegue l'estensione, per via giurisprudenziale, dell'obbligo di autonoma valutazione[8], il cui controllo è attribuzione funzionale del giudice del riesame, nella prospettiva della possibile declaratoria di nullità del provvedimento per mancanza del requisito.

3. Il requisito dell'autonoma valutazione

La legittimazione sostanziale del potere cautelare, che è attribuito al giudice, esige che il provvedimento restrittivo sia caratterizzato da una "**autonoma valutazione**" degli **elementi costitutivi** della fattispecie cautelare e degli elementi modificativi o estintivi della stessa, se evidenziati dalla difesa o risultanti dagli atti, rispetto al vaglio operato nella fase investigativa dalla polizia giudiziaria o dal pubblico ministero nell'atto di esercizio dell'azione cautelare. L'intento è quello di evitare l'appiattimento sulle ragioni che il

---

[7] Così, *ex pl.*, Cass., Sez. V, 16.1.2013, n. 8382.

[8] Cass, Sez. Un., 31.3.2016, n. 18954.

pubblico ministero abbia indicato nella domanda cautelare. Da qui l'obbligo per il giudice di esercitare un autentico controllo sulla richiesta, attraverso una verifica indipendente rispetto a precedenti atti valutativi espressi da altri soggetti. L'obbligo si sostanzia nell'attribuire al compendio indiziario un significato coerente con i fatti sostanziali e/o processuali a fondamento del titolo cautelare. Ne deriva che l'autonoma valutazione è un requisito di validità, ricostruito dalla giurisprudenza con riferimento alla motivazione del provvedimento nel suo complesso in quanto risultato di un ***iter* logico giuridico unitario**: il prodotto finale della verifica compiuta dal giudice sulla richiesta cautelare.

L'inosservanza dell'obbligo comporta l'equiparazione dell'omessa autonoma valutazione alla motivazione mancante e alla motivazione apparente, prospettando il vizio della violazione di legge. La motivazione *per relationem* è, invece, ritenuta legittima a condizione che si dia conto del vaglio critico degli elementi contenuti negli atti richiamati del procedimento, spiegandone l'incidenza ai fini della sussistenza del *fumus* e dei *pericula*[9].

4. Il sequestro conservativo

Il sequestro conservativo non è altro che la richiesta del creditore di tutelare i propri interessi patrimoniali in previsione di una condanna definitiva, ove il debitore non offra adeguate garanzie. La **strumentalità** della misura rispetto al provvedimento definitivo di merito indica un nesso strutturale: senza il secondo la misura non avrebbe legittimità, né proiezione finalistica. La **provvisorietà** è concepita come limitazione della durata degli effetti del provvedimento cautelare, ricollegata non già al modo di formazione del provvedimento, ma alla natura stessa del rapporto a cui dà vita, destinato ad esaurirsi nel momento in cui sarà emanata la sentenza; e ciò tanto nel caso in cui venga accertata l'inesistenza del diritto a cautela del quale è stata applicata la misura, tanto nel caso inverso.

Nel caso di condanna gli effetti della cautela sopravvivono fino a quando non subentrano quei provvedimenti del processo esecutivo civile che, creando un'indisponibilità patrimoniale, garantiscono la fruttuosità pratica dell'espropriazione forzata. Sicché il sequestro non può considerarsi potere concesso al creditore per la tutela immediata della situazione di garanzia, ma per la protezione mediata del diritto di credito, che si attua attraverso il rapporto che lo lega al processo di merito. Le garanzie patrimoniali penali si sostanziano in misure preventive funzionalmente preordinate alla tutela degli

---

[9] Cass., Sez. III, 14.4.2016, n. 35296.

interessi patrimoniali connessi al reato (art. 189 c.p.): la loro peculiarità si desume dalla natura degli interessi oggetto della tutela preventiva e non dalla natura del bene, oggetto immediato della garanzia.

Il modello di riferimento è rappresentato dal sequestro conservativo civile, previsto dall'art. 2905 c.c. e regolato, nella procedura, dall'art. 671 c.p.c. I "**presupposti e gli effetti del provvedimento**" sono individuati dall'art. 316, che descrive una tutela di tipo cautelare reale con la caratteristica dell'inibizione di attività della persona mediante l'indisponibilità anche giuridica della *res*, rendendone inefficace l'eventuale alienazione. E ciò, in favore sia di crediti dello Stato dipendenti dalla celebrazione del processo, conclusosi sfavorevolmente per l'imputato, sia di crediti della parte civile per le obbligazioni derivanti dal reato, con espansione della misura cautelare reale ai beni immobili e la successiva e coerente previsione, nell'art. 218 disp. att., della abrogazione dell'istituto dell'ipoteca legale sugli immobili.

Il paradigma giuridico deriva dalla complessa **operazione di contemperamento** tra la tutela della persona danneggiata dal reato, i diritti dei terzi creditori e di quelli che sono titolari apparenti dei beni sequestrati all'imputato *uti dominus*, la pretesa risarcitoria dello Stato e, infine, il diritto dell'imputato ad azionare il controllo sui profili di legittimità del sequestro.

L'emanazione della misura segue all'accertamento giudiziale dei presupposti applicativi: il ***periculum in mora***, descritto come fondata ragione di ritenere che manchino o si disperdano le garanzie dei crediti erariali, elencate nell'art. 316, e delle obbligazioni civili derivanti da reato; la pendenza del processo penale nella fase di merito e la presenza di un soggetto al quale il reato sia ascritto; la deduzione ad opera delle parti legittimate, di uno dei crediti garantiti dalla norma; la disponibilità del bene da sequestrare (o sequestrato ad altro titolo) da parte dell'imputato.

Va segnalato che l'intervento attuativo del d.lgs. n. 150 del 2022 (art. 38) ha modificato la disciplina in tema di esecuzione e conversione della pena pecuniaria non eseguita per affermarne la piena autonomia dalle spese di giustizia e nell'ottica di rimediare alle inefficienze del sistema di esecuzione/conversione delle pene pecuniarie. In buona sostanza, la riforma Cartabia ha optato per l'accentuazione della risposta sanzionatoria nel caso di mancato assolvimento alla pena pecuniaria e per il superamento della visione civilistica e tributaria delle forme dell'esecuzione della stessa, escludendo l'applicabilità del sequestro conservativo a garanzia del pagamento della pena pecuniaria.

Quanto alle situazioni normative processualmente rilevanti, esse sono identificate dall'art. 316 nella "**mancanza**", intesa come insufficienza o inadeguatezza del patrimonio del debitore, o nella "**dispersione**", per effetto di cause tanto di ordine oggettivo (ad esempio, la deperibilità del bene) quanto di ordine soggettivo, dipendenti, cioè, dal comportamento del debitore il cui patrimonio corra il rischio di dissolversi, pure se non al deliberato fine di sottrarlo alla garanzia per l'obbligazione *ex delicto*. Il rischio della dispersione della garanzia patrimoniale è insito nella insufficienza del patrimonio dell'obbligato, valutata in relazione all'entità delle pretese risarcitorie; sicché non occorre che sia simultaneamente configurabile un futuro depauperamento ad opera del debitore.

Si vuole sottolineare che ad essere superflua è l'indagine sull'intenzione dell'imputato; la tutela del credito rientra nell'operazione di bilanciamento del legislatore, che prescinde dall'atteggiamento del debitore ed ha riguardo, esclusivamente, al pericolo di dispersione della garanzia patrimoniale, che può derivare anche da fatti accidentali o, comunque, non collegati all'azione del debitore.

Più specificamente, le garanzie mancano qualora vi sia la certezza, allo stato, dell'attuale inettitudine del patrimonio del debitore a far fronte interamente all'obbligazione nel suo ammontare, presumibilmente accertato; si disperdono se l'atteggiamento assunto dal debitore sia tale da far desumere l'eventualità di un depauperamento del patrimonio, attualmente sufficiente ad assicurare la garanzia a causa di una condotta del debitore idoneo a non adempiere l'obbligazione. Tuttavia, le due situazioni rilevano autonomamente, come si evince dalla formula disgiuntiva *o* che si rinviene nell'art. 316. Di conseguenza, «al fine di disporre il sequestro conservativo, è necessario e sufficiente che vi sia il fondato motivo di ritenere che manchino le garanzie del credito; vale a dire che il patrimonio del debitore sia attualmente insufficiente per l'adempimento delle obbligazioni di cui all'art. 316 commi 1 e 2 c.p.p.»[10]. Non occorre, quindi, che sia simultaneamente configurabile un futuro depauperamento del debitore.

Dal mero raffronto con l'art. 671 emerge la genericità della locuzione – che lo connota – «*fondato timore di perdere la garanzia del proprio credito*», viceversa, nell'art. 316 si rinviene il distinguo tra una situazione statica costituita dalla "mancanza" di garanzie, cioè, una situazione oggettiva di insufficienza originaria della garanzia patrimoniale e quella "dinamica" e soggettiva, consistente nel pericolo di depauperamento successivo del patrimonio del debitore.

Il perno centrale intorno a cui ruota il *periculum in mora* è il credito nei confronti dell'imputato, il cui importo sia determinabile con un apprezzamento che, sebbene approssimativo, va ancorato a dati oggettivi e ad ar-

[10] Cass., Sez. Un., 25.9. 2014 n. 51660.

gomenti sviluppati in termini idonei a rendere comprensibile il ragionamento del giudice: l'indicativa **quantificazione dell'importo del credito** è indispensabile per la verifica della proporzionalità della misura, oltre che dell'idoneità dell'eventuale cauzione offerta e della sussistenza del pericolo di dispersione. E se spetta all'organo della giurisdizione garantire che il vincolo sia mantenuto nei limiti in cui la legge lo consenta e accertare la ragionevole proporzionalità fra crediti ed ammontare del debito, ricade, invece, sull'interessato – che denunci la sproporzione – l'onere di fornire la prova del proprio assunto. Non è da escludere che l'imputato, di fronte a pretese risarcitorie particolarmente elevate, ancorché non dimostrate, si possa trovare nell'impossibilità di provare l'insussistenza di un *periculum in mora*, con la conseguenza dell'automatismo tra domanda della parte civile e provvedimento del giudice. L'evidente squilibrio di poteri tra parte civile ed imputato si sostanzierebbe in un *vulnus* al principio di parità delle parti, di cui all'art. 111, co. 2, Cost.

Secondo la giurisprudenza di legittimità [11], ai fini dell'accoglimento dell'istanza di sequestro conservativo avanzata dalla parte civile, non si può prescindere da una delibazione sulla pretesa risarcitoria, da essa fatta valere con la costituzione nel processo penale, pur mancando una norma espressa in tal senso. L'assunto interpretativo costituisce l'immediato corollario dei parametri di necessità, adeguatezza e proporzionalità. La verifica, però, non può spingersi sino a valutare la fondatezza della domanda risarcitoria, determinando, in tal caso, una sovrapposizione col giudizio di cognizione, inconciliabile con la natura cautelare del sequestro e con le cadenze procedimentali che lo connotano. La domanda va considerata non manifestamente infondata sulla base delle evidenze disponibili, che possono assumere contenuti più o meno incisivi al mutare della piattaforma probatoria in ragione della diversa fase processuale in cui la relativa decisione intervenga. Il vaglio sarà più approfondito nell'ipotesi in cui la parte civile, richiedente il sequestro, sia soggetto soltanto danneggiato dal reato e non anche persona offesa. Qualora, invece, vi sia la corrispondenza tra l'interesse che si assume leso dal reato ed il bene giuridico protetto dalla norma incriminatrice, il rinvio a giudizio e la consistenza del "*fumus commissi delicti*" – che esso presuppone – potranno esonerare il giudice del dibattimento dalla valutazione della non manifesta infondatezza della pretesa risarcitoria della parte civile, potendo tale giudizio reputarsi contenuto in quello sotteso alla decisione di sottoporre l'imputato a processo e, dunque, da esso assorbito.

---

[11] Cass., Sez. VI, 9.7.2019, n. 44899.

4.1. Il criterio giurisprudenziale dell'assorbimento

L'elemento necessitato della fattispecie costitutiva del potere di disporre il sequestro conservativo è, quindi, il *periculum in mora*, indipendentemente dal soggetto che abbia proposto la richiesta: il pubblico ministero oppure la parte civile. Esso può essere disposto in ogni stato e grado del processo di merito; ferma restando la precondizione che sia stata esercitata l'azione penale. Secondo l'impostazione prevalente la motivazione dell'ordinanza che dispone il sequestro non va estesa alla sussistenza degli indizi di colpevolezza, non essendo richiamati tra i presupposti applicativi. L'accertamento giudiziale del *fumus boni iuris* va, invece, limitato alla **pendenza del processo**, cioè, ad un'imputazione chiara e precisa e all'alta probabilità di una pronuncia sfavorevole all'imputato.

In questo contesto si inserisce il nuovo parametro della **ragionevole previsione di condanna** (art. 425, co. 3), introdotto dalla riforma Cartabia. Esso impegna ad un esercizio di merito proteso alla verifica della colpevolezza dell'imputato, che dovrà essere rinviato a giudizio quando gli elementi di prova siano dotati di una consistenza tale da poter prevedibilmente fondare nel dibattimento un giudizio di responsabilità.

Ne consegue l'accentuazione dei poteri cognitivi del pubblico ministero e del giudice dell'udienza preliminare nel verificare la tenuta delle risultanze e l'idoneità delle stesse a sostenere l'accusa in dibattimento e a condurre – in ragione della loro persuasività – ad un giudizio di condanna oltre ogni ragionevole dubbio. Il superamento del dubbio ragionevole *ex* art. 533, co. 1, a valle, è destinato ad incidere sulla valutazione operata, a monte, per il rinvio a giudizio dell'imputato, in quanto esprime la solidità degli elementi nella proiezione dibattimentale. Si vuole porre in evidenza che il richiamo alla ragionevole previsione di condanna segna un livello minimo di concludenza del materiale raccolto a sostegno dell'ipotesi accusatoria, al di sotto del quale, l'alternativa è l'emanazione di una sentenza di non luogo a procedere (art. 425, co. 3).

La riconoscibilità, a fondamento della decisione di rinvio a giudizio, di una valutazione di ragionevole previsione di condanna rende la stessa adeguata a configurare l'apprezzamento relativo al ***fumus commissi delicti*** indispensabile all'adozione della misura reale: il che non sminuisce l'intervento del giudice in sede cautelare, volto ad apprezzare il presupposto cautelare[12]. La **preclusione** inerente alla proponibilità della questione relativa al *fumus* si spiega nella logica secondo cui il decreto di rinvio a giudizio non possa essere privato di rilevanza per ragioni connesse al sistema impugnatorio delle

---

[12] Cass., Sez. V, 1.2.2019, n. 8445.

misure reali. Viceversa, per le misure cautelari personali, è intervenuta la declaratoria di illegittimità degli artt. 309 e 310, nella parte in cui non prevedevano la possibilità di valutare la sussistenza dei gravi indizi di colpevolezza nell'ipotesi di emissione del decreto che dispone il giudizio ai sensi dell'art. 429[13]. Tale pronuncia, però, non incide sulle misure reali, in ragione della non omologabilità delle situazioni; perciò resta fermo il principio di diritto che esclude la proponibilità della questione inerente al *fumus* quando sia stato disposto il rinvio a giudizio dell'imputato, non residuando alcun obbligo motivazionale ulteriore per l'emissione di un'ordinanza *ex* art. 316 e ss.[14]. Nella prassi è, quindi, radicata la convinzione che il *fumus delicti* sia insito nella fase in cui il provvedimento possa essere richiesto.

Altrettanto non può affermarsi per la tipologia di sequestro descritta dal comma 1 *bis* dell'art. 316. Il legislatore ha previsto la richiesta del sequestro da parte del pubblico ministero, in ogni stato e grado del procedimento, e, quindi, anche nella fase delle indagini preliminari, quando si procede «per delitto di omicidio commesso contro il coniuge anche legalmente separato o divorziato, contro l'altra parte dell'unione civile, anche se l'unione civile è cessata, o contro la persona che è o è stata legata da relazione affettiva e stabile convivenza» a garanzia del risarcimento dei danni subiti dai figli delle vittime, identificati nei figli della vittima minorenni o maggiorenni economicamente non autosufficienti. L'interpolazione del comma 1 *bis* introduce una ***misura cautelare propria***, limitata esclusivamente ad una particolare fattispecie di reato e a di determinati soggetti. L'esigenza cautelare è rappresentata dalle vittime stesse che si presentino, *ab origine*, in uno stato di pericolo economico.

L'autonoma configurazione dell'istituto e il suo automatismo applicativo lasciano pensare al ruolo del pubblico ministero nel rito civile, in cui il magistrato agisce per la tutela delle parti deboli ed incapaci, come portatore di un interesse «*superiore*» di giustizia.

4.2. Gli effetti del sequestro conservativo

Il giudice competente (art. 317) dispone con ordinanza il sequestro. I crediti si considerano privilegiati ai sensi dell'art. 316, co. 4, nell'ipotesi di concorso con crediti privilegiati anteriori, è sempre prevalente il credito tutelato dalla misura conservativa, indipendentemente dalla natura del privilegiato concorrente, e pure in rapporto a crediti privilegiati posteriori, inten-

---

[13] Corte cost., sent. n. 71 del 1996.

[14] Cass., Sez. V, 13.11.2017 n. 5185.

dendo per «posteriorità» il peculiare significato temporale ancorato all'adozione della misura cautelare. I crediti cautelari, dunque, prevalgono su tutti gli altri privilegi, non tributari, sorti successivamente.

Il provvedimento è immediatamente esecutivo (art. 317, co. 3, e art. 318, co. 2); l'inosservanza del termine perentorio di trenta giorni per l'esecuzione del sequestro conservativo di cui all'art. 675 non è causa di decadenza del provvedimento in quanto il richiamo alle «forme previste dal codice di procedura civile», contenuto nell'art. 317, co. 3, attiene esclusivamente alle modalità esecutive e non alle altre statuizioni del relativo codice di rito, aventi finalità diverse e proprie del procedimento civile. Inoltre, il co. 4 dell'art. 317 già disciplina in termini autonomi la perenzione del sequestro, ricollegandola non ad eventuali inerzie nel dare esecuzione alla misura, bensì al sopravvenire della sentenza di proscioglimento o di non luogo a procedere, non più soggette ad impugnazione.

Va tuttavia posta in debito risalto la clausola «salvo quanto disposto dal comma 1 *ter* dell'art. 578 c.p.p.», inserita nell'*incipit* del co. 4 dell'art. 317. Con la nuova previsione di cui all'art. 578, co. 1 *bis*, è stata disciplinata la sorte della domanda civile, laddove l'azione penale non sia procedibile per effetto del superamento dei termini previsti all'art. 344 *bis*. Il giudice del controllo – Corte d'appello e Corte di cassazione – accertata l'ammissibilità dell'impugnazione, trasmette gli atti al giudice civile competente per valore in grado d'appello davanti al quale il processo è rinviato in prosecuzione, con automatica progressione in sede civile. Per quest'ipotesi, il comma 1 *ter* prevede la permanenza degli effetti del sequestro conservativo fino a che la sentenza, che decide sulle questioni civili, non sia più soggetta ad impugnazioni. Emergono qui, con la forza dell'evidenza, i contenuti afflittivi della misura.

Non è, invece, prevista una revoca per il mutamento, la mancanza o anche il venire meno dei presupposti genetici del provvedimento. L'art. 319 ipotizza una "offerta di cauzione", non una "revoca" nel significato procedurale. Perciò non v'è spazio per un appello sul paradigma dell'art. 322 *bis*, predisposto per il sequestro preventivo. Inoltre al riesame, *ex* art. 318, è legittimato "chiunque vi abbia interesse" incluso il titolare del bene che non sia, al tempo stesso, imputato o responsabile civile. Con il passaggio in giudicato della condanna il sequestro si converte automaticamente (art. 320) in pignoramento: la competenza a giudicare domande di terzi, volte a contestare il vincolo imposto sul bene, è funzionalmente devoluta al giudice civile, dinanzi al quale la domanda va introdotta nelle forme dell'opposizione di terzo al pignoramento. Altrettanto può ritenersi con riferimento ad una sentenza di condanna esecutiva che abbia applicato la pena a richiesta delle parti, ai sensi degli art. 444 e ss. Si è, in tal senso, affermato che, dopo il passaggio in giudicato della sentenza di patteggiamento, la competenza ad adottare ogni provvedimento relativo al bene oggetto di sequestro conservativo è devoluta al giudice civile, stante l'automatica conversione del sequestro in pignoramento. Essa esige che la sentenza pronunciata nella sede penale contenga statuizioni già esecutive, cioè, abbia dichiarato l'esistenza di un credito certo, liquido ed esigibile, da costituire, appunto, un titolo esecutivo. Ne discende che nell'eventualità in cui la sentenza penale abbia emesso la sola condanna generica al risarcimento del danno in favore della parte civile, la conversione del sequestro conservativo in pignoramento si verifica solo al passaggio in giudicato della sentenza del giudice civile, il quale, sulla base della certezza del danno, acquisita in sede penale, abbia proceduto alla sua liquidazione.

5. Il sequestro preventivo "impeditivo"

Il modello legale del sequestro preventivo 'impeditivo' si connota per un duplice presupposto fattuale: il rapporto di pertinenza della cosa con il reato ed il concreto pericolo che la sua disponibilità possa aggravarne o protrarne le conseguenze. L'indeterminatezza della locuzione "**cosa pertinente al reato**" (art. 321, co. 1) è stata definita dall'interpretazione giurisprudenziale, tenendo presente l'ambito in cui rileva il concetto. Si è ritenuta, quindi, cosa pertinente al reato non solo quella che sia servita a commetterlo, ma anche quella strutturalmente funzionale alla possibile reiterazione dell'attività criminosa. Vero è che, in astratto, ogni cosa può è essere utilizzata per commettere reati futuri, perciò soltanto il giudice può determinarne, in concreto, la sequestrabilità a fini preventivi, restringendo l'ambito definitorio del concetto a quelle cose che hanno una pericolosità intrinseca. In altri termini, il rapporto di strumentalità tra la *res auferenda* ed il reato deve essere essenziale e non meramente occasionale; ciò per evitare di allargare a dismisura e, quindi, sostanzialmente *secundum libitum judicis*, il concetto di sequestrabilità [15].

L'impostazione si riscontra anche alla base della locuzione "cose pertinenti al reato", come definita dall'art. 253, che, sebbene più ampia di quella di corpo di reato, comprende non solo le cose sulle quali o a mezzo delle quali il reato fu commesso o che ne costituiscono il prezzo, il prodotto o il profitto, ma anche quelle legate solo indirettamente alla fattispecie criminosa, escludendo la relazione meramente occasionale tra la *res* e l'illecito penale.

---

[15] Cass., Sez. IV, 14.10.2020, n. 29956.

Nel **finalismo cautelare** del sequestro preventivo occorre impedire che la cosa pertinente al reato possa essere utilizzata per estendere nel tempo le conseguenze del crimine o per agevolare il compimento di altri delitti. Il provvedimento inibitorio è inteso a stabilire un vincolo di indisponibilità in riferimento ad una cosa mobile od immobile il cui uso è ricompreso necessariamente nell'agire vietato dalla legge penale. Diversamente, il non assoggettamento a vincolo della *res* può condurre, in pendenza dell'accertamento del reato, alla reiterazione della condotta criminosa e alla realizzazione di ulteriori effetti offensivi al bene protetto. Più specificatamente, va detto che il **pericolo,** in quanto probabilità di un **danno futuro**, deve avere caratteristiche di concretezza, che vanno verificate sulla base di elementi di fatto, in ordine all'effettiva e non generica possibilità che la cosa di cui si intenda vincolare la disponibilità assuma, in relazione a tutte le circostanze del fatto – natura, connessione con il reato, destinazione alla commissione dell'illecito, circostanze del suo impiego –, una configurazione strumentale rispetto all'aggravamento o alla protrazione del reato ipotizzato ovvero alla agevolazione alla commissione di altre figure criminose. In definitiva, il pericolo deve essere **concreto** ed **attuale**, pur in mancanza di una norma espressa.

Il giudice determina, in concreto, il livello di pericolosità che la utilizzazione della cosa appare in grado di raggiungere in ordine all'oggetto della tutela penale, in correlazione al potere processuale di intervenire con la misura preventiva. L'effettività del controllo giurisdizionale garantisce che il sequestro, nel perseguire fini di difesa sociale, non sacrifichi in modo indiscriminato i diritti patrimoniali dei cittadini, sottraendo a questi la disponibilità di cose che è in se stessa lecita.

Con riferimento al sequestro di immobili abusivi, ad esempio, dovrà considerarsi se le esigenze personali da salvaguardare siano effettivamente rilevanti e se non sia possibile ovviarvi facendo ricorso a soluzioni alternative, che non incidano negativamente su diritti di terzi altrettanto meritevoli di tutela o che non comportino situazioni di rischio per la salute e l'incolumità delle persone.

Quanto al ***fumus commissi delicti*** va osservato che, pur non essendo richiesti i gravi indizi di colpevolezza (art. 273, co. 1), sono necessari, ai fini della configurazione del presupposto, elementi fattuali concreti e persuasivi, quantomeno indiziari, che consentano di ricondurre l'evento punito dalla norma penale alla condotta dell'indagato. Il che significa che l'organo della giurisdizione non possa limitarsi alla mera verifica della corretta qualificazione giuridica prospettata dall'accusa, pur essendo tale valutazione contenutisticamente differenziata in ragione dei diversi stadi di accertamento dei fatti e del materiale probatorio prodotto.

Nell'eventualità in cui sia stato disposto il rinvio a giudizio, prevale l'impostazione giurisprudenziale secondo cui tale provvedimento e il decreto che dispone il giudizio immediato precludono la proponibilità della questione relativa alla sussistenza del *fumus* davanti al giudice del riesame, essendovi un preventivo vaglio giurisdizionale sulla sussistenza del fondamento dell'accusa[16]. In buona sostanza il *fumus* non investe la fondatezza della pretesa punitiva, ma implica la sola valutazione degli indizi di reato ai fini del sequestro.

5.1. Il sequestro ai fini di confisca

L'autonoma configurazione del sequestro ai fini di confisca deriva dalla sua collocazione al co. 2 dell'art. 321. Si tratta di una misura volta ad assicurare al processo cose di cui la legge preveda la **confisca** indipendentemente dalla "attitudine" delle stesse a determinare conseguenze in termini di aggravamento, protrazione degli effetti, e reiterazione del reato, già considerati dal comma 1. L'attribuzione funzionale al giudice di un potere di ablazione dalla natura discrezionale si evince dall'espressione "il giudice può", ancora più evidente a fronte della diversa formulazione del comma 2 *bis*, dedicato ai delitti previsti dal capo I del titolo II del libro secondo del codice penale secondo cui "il giudice dispone il sequestro dei beni di cui è consentita la confisca". A ciò si aggiunga che se nel comma 1 si rinviene il riferimento testuale ad un "**decreto motivato**", il comma 2 nulla evidenzia in merito. Tuttavia, è proprio l'esercizio di un potere discrezionale ad implicare l'esigenza della sua giustificazione in ragioni di fatto e di diritto, non essendo sufficiente la motivazione in ordine alla riconducibilità del bene tra le categorie di cose oggettivamente suscettibili di confisca.

Al riguardo, le Sezioni Unite[17] hanno affermato il principio di diritto secondo cui «il provvedimento di sequestro preventivo di beni (art. 321, co. 2 c.p.p.), finalizzato alla confisca di cui all'art. 240 c.p. deve contenere la concisa motivazione anche del *periculum in mora*, da rapportare alle ragioni che rendono necessaria l'anticipazione dell'effetto ablativo della confisca prima della definizione del giudizio, salvo restando che, nelle ipotesi di sequestro delle cose la cui fabbricazione, uso, porto, detenzione o alienazione costituisca reato, la motivazione può riguardare la sola appartenenza del bene al novero di quelli confiscabili *ex lege*».

---

[16] Cass., Sez. III, 17.9.2020, n. 35715.

[17] Cass., Sez. Un., 24.06.2021 n. 36959.

Nella ricostruzione delle Sezioni Unite **l'obbligo di motivare** il *periculm in mora* non è esteso all'ipotesi speciale di sequestro preventivo funzionale alla confisca, connotata da un carattere obbligatorio. Con la conseguenza che qualora sussista il *fumus* di uno dei delitti contro la pubblica amministrazione (ovvero i reati previsti dagli artt. compresi tra il 314 ed il 335 c.p.), sarà sufficiente, ai fini dell'emanazione della misura, il mero presupposto della confiscabilità del bene, senza alcuna ulteriore specificazione in relazione alle ragioni che rendono indispensabile l'anticipazione dell'effetto ablativo rispetto alla definizione del giudizio con la sentenza di condanna o di applicazione della pena.

Tale impostazione non è condivisibile: essa, facendo leva sul concetto di obbligatorietà dell'intervento anticipatorio, legittima automatismi decisori, che mal si conciliano con il rispetto delle prerogative di rango costituzionale e convenzionale sacrificate dall'azione cautelare in un'ottica di ragionevole e proporzionato bilanciamento dei valori in gioco. D'altra parte, anche l'intervento di cui all'art. 321, co. 1, ha carattere obbligatorio per il giudice; ma ciò non è sufficiente a porre in discussione la preventiva verifica giudiziale dei relativi presupposti costitutivi, tra i quali va annoverato anche quello inerente al *periculum.* Si vuole sottolineare la portata di carattere generale dell'esigenza anticipatoria della confisca a cui si deve rapportare il contenuto giustificativo del provvedimento. Il che significa che ogniqualvolta la confisca sia dalla legge condizionata alla sentenza di condanna o di applicazione della pena, il giudice sarà tenuto a spiegare le ragioni della impossibilità di attendere il provvedimento definitorio del giudizio, in termini che potranno essere diversamente modulati a seconda delle caratteristiche del bene da sottrarre, e che in ogni caso non potranno non tenere conto dello stato interlocutorio del provvedimento, e, dunque, della sufficienza di elementi di plausibile indicazione del *periculum.*

Viceversa, un orientamento interpretativo restrittivo dell'obbligo motivazionale è incompatibile sia con la presunzione di non colpevolezza di cui all'art. 27, co. 2, e di cui all'art. 6, par. 2, C.e.d.u., sia con il principio di proporzionalità, richiamato dalla giurisprudenza della Corte EDU nella valutazione delle ingerenze rispetto al diritto di proprietà tutelato dall'art. 1, Prot. 1, C.e.d.u. [18], riconosciuto dal diritto dell'Unione nell'art. 52 par. 1 Carta di Nizza. In particolare, secondo la giurisprudenza costante della Corte di Giustizia dell'Unione europea [19] il principio di proporzionalità «esige che gli strumenti istituiti da una disposizione di diritto dell'Unione siano idonei a

---

[18] Corte eur., Grande Camera, 16.7.2014, Alisic c. Bosnia e Erzegovina.

[19] Corte Giust., 3.12.2019, C-482/17.

realizzare i legittimi obiettivi perseguiti dalla normativa di cui trattasi e non vadano oltre quanto è necessario per raggiungerli».

Tale principio è stato inoltre espressamente richiamato nel Regolamento 2018/1805 del Parlamento Europeo e del Consiglio del 14 novembre 2018 relativo al riconoscimento reciproco dei provvedimenti di congelamento e di confisca in materia penale. In particolare, l'art. 1, par. 3, prevede che «nell'emettere un provvedimento di congelamento o un provvedimento di confisca, le autorità di emissione assicurano il rispetto dei principi di necessità e di proporzionalità». Il medesimo parametro è evocato, inoltre, dalla Direttiva 2014/42/UE del 3 aprile 2014 relativa al congelamento e alla confisca dei beni strumentali e dei proventi da reato nell'Unione Europea. Al considerando n. 17, si prevede che «nell'attuazione della presente direttiva con riguardo alla confisca di beni di valore corrispondente ai beni strumentali al reato, le pertinenti disposizioni potrebbero essere applicate se, alla luce delle circostanze particolari del caso di specie, tale misura è proporzionata, considerato, in particolare, il valore dei beni strumentali interessati». Ed ancora, il successivo considerando n. 18 prevede che «nell'attuazione della presente direttiva, gli Stati membri possono prevedere che, in circostanze eccezionali, la confisca non sia ordinata qualora, conformemente al diritto nazionale, essa rappresenti una privazione eccessiva per l'interessato, sulla base delle circostanze del singolo caso, che dovrebbero essere determinanti», pur aggiungendosi, poi, essere opportuno che «gli Stati membri facciano un ricorso molto limitato a questa possibilità e abbiano la possibilità di non ordinare la confisca solo quando essa determinerebbe per l'interessato una situazione critica di sussistenza».

Da qui la convinzione che soltanto l'interpretazione estensiva dell'obbligo di motivare la sussistenza del *periculum in mora*, pure nell'ipotesi di sequestro obbligatorio ai sensi dell'art. 321, co. 2 *bis*, possa garantire l'osservanza dei princìpi di proporzionalità, di adeguatezza e di gradualità della misura cautelare reale, evitando, da un lato, l'indebita limitazione di diritti costituzionalmente e convenzionalmente garantiti, dall'altro, la trasformazione della misura in uno strumento dai contenuti, evidentemente, sanzionatori.

A questo percorso esegetico si riconduce anche l'inderogabilità della tutela delle esigenze minime vitali di mantenimento in caso di confisca per equivalente e di sequestro ad essa finalizzato, con l'operatività dei limiti di impignorabilità delle somme spettanti a titolo di stipendio, di salario o di altre indennità relative al rapporto di lavoro o di impiego, comprese quelle dovute a titolo di licenziamento, nonché a titolo di pensione, di indennità o di assegno di quiescenza, previsti dall'art. 545 c.p.c.[20]. Sicché l'omesso richiamo,

[20] Cass., Sez. Un., 24.2.2022, n. 26252.

nella disposizione dell'art. 321 ai "limiti" entro i quali la legge consente il pignoramento dei beni, presente, invece, testualmente nel comma 1 dell'art. 316, non può essere valorizzato ai fini della impermeabilità del sequestro preventivo per equivalente alle disposizioni dell'art. 545 c.p.c. La ragione è da rinvenirsi nell'art. 104 disp. att. c.p.p., che nel disciplinare l'esecuzione del sequestro preventivo, dispone che la stessa abbia luogo, con riferimento ai beni mobili e ai crediti, nelle «forme prescritte dal codice di procedura civile per il pignoramento presso il debitore o presso il terzo in quanto applicabili». E, tra le forme che vanno seguite rientrano, quanto al pignoramento presso terzi, anche quelle prescritte dall'art. 546 c.p.c. che, con riguardo agli obblighi del terzo pignorato, operano un testuale riferimento proprio alla necessaria osservanza dei «limiti previsti dall'art. 545 e dalle speciali disposizioni di legge». Pertanto, il combinato disposto degli artt. 104 disp. att. c.p.p., 546 c.p.c. e 545 c.p.p. dimostra la superfluità di un richiamo, all'interno della strutturazione dell'art. 321 c.p.p., analogo a quello contenuto nell'art. 316 c.p.p.

5.2. Il potere precautelare del pubblico ministero e della polizia giudiziaria

Il co. 3 *bis* dell'art. 321 tipizza la **situazione di urgenza** che legittima la previsione di un potere precautelare attribuito al pubblico ministero e alla stessa polizia giudiziaria al fine di soddisfare tempestivamente le funzioni preventive. Nel corso delle indagini preliminari, il pubblico ministero, con decreto motivato, dispone il sequestro, qualora la situazione di urgenza impedisca di attendere il provvedimento del giudice. L'urgenza può essere pregnante al punto da richiedere un intervento ancora antecedente, in tal caso a procedere sono gli ufficiali di polizia giudiziaria con l'obbligo di trasmettere, entro le quarantotto ore successive, il verbale al pubblico ministero del luogo in cui il sequestro è stato eseguito. Quest'ultimo, entro quarantotto ore dalla ricezione del verbale è tenuto a richiedere al giudice la convalida e l'emissione del decreto motivato; se, invece, abbia egli stesso emanato la misura precautelare, la **convalida** va richiesta **entro quarantotto ore** dal sequestro. Si tratta di termini perentori, la cui inosservanza è causa di **inefficacia** della misura; conseguenza sanzionatoria prevista anche per l'eventualità in cui il giudice non emetta l'ordinanza di convalida entro dieci giorni dalla ricezione della richiesta (art. 321, co. 3 *ter*). Questa sequenza di atti, ovviamente, non si realizza qualora il pubblico ministero ritenga di disporre la restituzione delle cose sequestrate.

Quanto all'ordinanza di convalida del decreto d'urgenza, emesso d'iniziativa dal pubblico ministero o dalla polizia giudiziaria, e al decreto di sequestro preventivo va osservato che essi non sono inscindibilmente connessi, bensì autonomi, essendo possibile che il giudice per le indagini preliminari neghi la convalida, non ravvisando le ragioni di urgenza oppure avendo riscontrato la decorrenza del termine, ma disponga la misura cautelare, che avrà efficacia *ex nunc*, cioè, dal momento dell'emissione del decreto. In ragione dello sviluppo del procedimento e del suo passaggio dalla fase delle indagini preliminari a quella strettamente processuale, il giudice della convalida si identifica con il giudice del merito. La conferma è data dalla regola che si evince dall'art. 321, co. 1: essa opera un **distinguo** tra prima e dopo l'esercizio dell'azione penale, attribuendo – soltanto prima di questo momento – la competenza a provvedere al giudice per le indagini preliminari, successivamente spetta al giudice di merito.

5.3. La restituzione dei beni all'avente diritto

Qualora risultino **mancanti**, anche per **fatti sopravvenuti**, «le condizioni di applicabilità del comma 1» dell'art. 321, il sequestro è immediatamente revocato su richiesta del pubblico ministero o dell'**interessato**, risolvendosi quest'ultima locuzione in un'opzione semantica ampia e non selettiva. Nella fase delle indagini preliminari vi provvede il pubblico ministero con decreto motivato, notificato a coloro che hanno diritto di impugnare. Si percepisce chiaramente l'identità di *ratio* tra il comma 3 dell'art. 321 e l'art. 299, co. 1 entrambe le norme consentono alle parti di sollecitare un'attività giudiziale diversa, anche per fatti sopravvenuti. La **revoca** ha la funzione di adeguare la situazione cautelare sia ad eventuali carenze valutative circa la sussistenza originaria dei presupposti, sia all'oggettivo accadimento di fatti storici successivi all'emissione della misura cautelare. Si tratta del riscontro, senza limiti temporali, dei soli profili sostanziali, della restrizione sulla base delle osservazioni proposte dall'interessato o sulla base di una rivisitazione critica determinata da successive acquisizioni, anche provenienti dalla parte, a seguito dell'ostensione degli elementi fondanti l'intervento cautelare.

Contro il decreto di revoca emesso dal pubblico ministero può essere proposto **appello** ai sensi dell'art. 322 *bis*, co. 1, che nell'indicare i soggetti legittimati fa riferimento non soltanto alla persona alla quale le cose sono state sequestrate, ma anche a «quella che avrebbe diritto alla loro restituzione». Quest'ultimo soggetto può presentare richiesta di riesame avverso il decreto di sequestro preventivo (art. 322): l'**interesse ad impugnare** spetta proprio a chi abbia titolo alla restituzione della cosa come effetto del dissequestro, che può aversi anche prima della perdita d'efficacia della misura per la pronuncia di una sentenza, peraltro non irrevocabile, di proscioglimento o non doversi procedere che non disponga la confisca, vale a dire, pure al di fuori dell'ambito di operatività dell'art. 323. Che la restituzione dei beni sequestrati disposta dall'autorità giudiziaria anche prima della sentenza – e, dunque, in qualsiasi fase e grado del procedimento – debba avvenire nei confronti dell'avente diritto è prescritto per il sequestro probatorio (art. 262, co. 1); quando, invece, sia controversa la proprietà delle cose, l'organo della giurisdizione rimette la risoluzione della controversia al competente giudice civile, mantenendo il vincolo (art. 263, co. 3). La diversa natura del sequestro (probatorio o preventivo) non incide sull'operatività del principio generale che comporta la **restituzione dei beni** appresi nel corso di un procedimento penale all'**avente diritto**, mancando una regola speciale e tale non è l'art. 321, co. 3.

Tuttavia, l'esistenza di una controversia sull'appartenenza del bene sequestrato, che non sia stata decisa in sede giudiziale, impedisce al pubblico ministero di disporre la restituzione, in favore di persona diversa da quella nei cui confronti sia avvenuto il sequestro, che l'autorità inquirente reputi essere l'avente diritto. E il potere di investire il giudice competente è stato attribuito soltanto al giudice penale[21].

Il più evidente interesse ad appellare il provvedimento di revoca e di restituzione del bene ad un soggetto che non sia quello che abbia subito il sequestro preventivo, è proprio quello in capo ad altro soggetto che non sia l'imputato. Si tratta di un terzo al quale le cose sono state materialmente apprese e che assuma di detenerle in virtù di titolo legale, che intende far valere quale soggetto estraneo al reato, non passibile di confisca.

Un concreto interesse ad azionare l'appello nel caso di revoca del sequestro potrebbe individuarsi anche nel ripristino del vincolo cautelare quale antefatto storico e giuridico per garantire la successiva valutazione, ad opera del giudice circa l'eventuale avente diritto alla restituzione. D'altra parte, l'opposizione contro il provvedimento di restituzione del pubblico ministero costituisce un rimedio predisposto soltanto per il sequestro probatorio (art. 263, co. 5).

Quanto ai limiti di appellabilità oggettiva identificati dall'art. 322 *bis*, la locuzione "**ordinanze in materia di sequestro preventivo**", comprende tutti i provvedimenti che incidono sul sequestro non soggetti a riesame (art. 322). Esulano dall'ambito operativo dell'art. 322 *bis* quei provvedimenti, aventi natura sostanzialmente amministrativa, che intervengono nella fase dell'esecuzione della misura e che si sostanziano nell'autorizzazione al compimento di atti giuridici di natura privatistica concernenti le vicende e la gestione ordinaria dei beni sequestrati sottoposti ad amministrazione, nonché la nomina o la revoca del custode. In sintesi, nell'ambito definitorio delineato dal-

---

[21] Cass., Sez III, 26 maggio 2022, n. 30731.

l'espressione «ordinanze in materia di sequestro preventivo» vanno incluse quelle con le quali il custode dei beni sequestrati sia autorizzato a compiere atti eccedenti l'ordinaria amministrazione, con esclusione degli atti aventi natura amministrativa, riconducibili alla categoria dell'ordinaria amministrazione, cioè, tutti quegli atti che non riguardano direttamente la consistenza o la sopravvivenza del bene, così da non incidere su posizioni di diritto soggettivo della parte[22].

La competenza funzionale a decidere sull'appello è attribuita al tribunale, in composizione collegiale, del capoluogo della provincia nella quale ha sede l'ufficio che ha emesso il provvedimento (art. 322 *bis*, co. 1 *bis*). Inoltre la proposizione dell'appello non sospende l'esecuzione del provvedimento. L'operatività delle disposizioni di cui all'art. 310 è condizionata dalla clausola "in quanto compatibili" (art. 322 *bis*, co. 2).

Quanto all'amministrazione dei beni sottoposti a sequestro e confisca, va posto in debito risalto che la riforma Cartabia ha sancito che «in tutti i casi in cui il sequestro preventivo o la confisca abbiano per oggetto aziende, società ovvero beni di cui sia necessario assicurare l'amministrazione» è nominato un amministratore giudiziario secondo le norme del d.lgs. n. 159 del 2011. In particolare, dalle modifiche apportate all'art. 104 *bis* disp. att. deriva anche l'estensione delle disposizioni sulla tutela dei terzi contenute nel codice antimafia, con la citazione nel processo di cognizione dei terzi titolari di diritti reali o personali di godimento sui beni in sequestro, di cui l'imputato risulti avere la disponibilità a qualsiasi titolo.

6. Il riesame

A chiusura della disciplina delle misure cautelari reali, il capo III del libro IV predispone un *corpus* normativo (artt. 324 e 325), il cui ambito di attività comprende le differenti tipologie di sequestro conservativo, preventivo e probatorio.

La natura a sorpresa del provvedimento cautelare e della contestuale decorrenza di termini estremamente ristretti per la proposizione del riesame, risulta conforme all'esigenza di assicurare effettività alla tutela del diritto di proprietà e di iniziativa economica, sollecitando, attraverso modi e tempi che consentano il dispiegarsi del confronto dialettico, una rivisitazione dei presupposti a fondamento del sequestro. L'istanza di riesame va presentata **entro dieci giorni** dalla data di esecuzione del provvedimento che ha disposto il se-

[22] Cass., Sez. V, 18.12.2014, n. 18777.

questro o dalla data in cui l'interessato ne ha avuto conoscenza (art. 324, co. 1). Essa può essere presentata sia nella cancelleria del tribunale del capoluogo della provincia nella quale ha sede l'ufficio che ha emesso il provvedimento, sia nella cancelleria del tribunale o del giudice di pace del luogo in cui si trovano le parti private o i difensori, diverso da quello in cui fu emesso il provvedimento, ovvero davanti ad un agente consolare all'estero.

Secondo le Sezioni unite[23] l'espressa indicazione della cancelleria del tribunale nell'art. 309, co. 1, e il generico rinvio alle forme di cui all'art. 582 delinea un contrasto soltanto apparente, avendo il legislatore voluto indicare l'organo definitivo destinatario dell'istanza e non quello al quale essa va proposta in un primo momento. Ragioni d'urgenza potrebbero compromettere proprio l'attuazione di quel diritto che si pretende garantire ancora più rapidamente.

Il limite temporale per l'inoltro degli atti al tribunale del riesame in materia reale è di **un solo giorno** e non è perentorio. È inoltre riconosciuta la facoltà di enunciare **nuovi motivi** davanti al giudice del riesame, prima dell'inizio della discussione (art. 324, co. 4). Il procedimento si svolge in camera di consiglio nell'osservanza delle forme prescritte dall'art. 127. L'avviso della data fissata per l'udienza è comunicato al pubblico ministero e notificato al difensore, almeno tre giorni prima. Gli atti restano depositati in cancelleria fino al giorno dell'udienza (art. 324, co. 6).

Il tribunale del riesame deve decidere nel **termine di dieci dalla ricezione degli atti**. Si tratta di una scansione temporale stabilita come perentoria sin dall'originaria formulazione dell'art. 309, co. 10, come richiamato dall'art. 324, co. 7[24]. Il che significa che nei dieci giorni vi deve essere almeno il deposito del dispositivo della decisione, non valendo ad impedire l'inefficacia della misura il deposito della sola ordinanza dopo la decorrenza del termine. L'orientamento si rinviene in una risalente pronuncia[25] secondo cui dall'art. 309, co. 10 «si desume inequivocabilmente che, entro il termine di dieci giorni, deve, perentoriamente, deliberarsi, decidersi, il che altro non può voler dire se non che la decisione deve essere, in quel termine, constatabile all'esterno e, come tale, immodificabile. [...] Consegue da ciò che l'espressione se la decisione non interviene nel termine prescritto, che si legge nell'art. 309, co. 10, c.p.p. sta a significare che il tribunale, se, ovviamente, può fare intervenire e rendere visibile, entro quel termine, la decisione in entrambe le parti, del tutto autonome, – dispositivo e motivazione – nelle quali la stessa si materializza,

---

[23] Cass, Sez. Un., 22.06.2017, n. 47374.

[24] Cass., Sez. Un., 31.3. 2016, n. 18954.

[25] Cass., Sez. Un., 17.4.1996, n. 7.

può anche avvalersi della regola che gli permette di redigere la motivazione entro cinque giorni, provvedendo, peraltro, entro il termine perentorio di dieci giorni, alla decisione, cioè a decidere e, inoltre, a rendere visibile il *decisum* con il deposito del dispositivo, che della decisione è la sintesi». Ne discende che l'automatica perdita di efficacia della misura non si produce qualora entro il decimo giorno, dalla ricezione degli atti, il tribunale abbia deliberato in merito alla richiesta ed abbia, inoltre, provveduto al deposito del dispositivo. Quest'assunto interpretativo è stato esteso al procedimento di riesame in materia di sequestri, stante il rinvio recettizio operato dall'art. 324, co. 7, al comma 10 dell'art. 309, nella sua configurazione originaria[26].

La conclusione è rafforzata dall'attuale strutturazione normativa (art. 309, co. 10), che, pur non essendo applicabile ai giudizi di riesame in materia di sequestri, in virtù della natura recettizia del rinvio offre taluni spunti esegetici. In particolare, l'innovata disposizione opera il distinguo, tra la «decisione sulla richiesta di riesame» e il «deposito dell'ordinanza del tribunale in cancelleria», ai fini dell'applicazione della sanzione processuale dell'inefficacia della misura per l'omesso rispetto del termine perentorio. Come è noto la "**decisione**" va riferita all'atto processuale con cui si estrinseca il *dictum* del giudice, vale a dire la pronuncia del dispositivo, che – secondo le regole generali – viene ad esistenza o con la lettura in udienza, ovvero con il deposito in cancelleria, completo o meno delle motivazioni del provvedimento. Il richiamo operato dall'art. 324, co. 6, alle forme previste dall'art. 127 – riscontrabile pure nell'art. 309, co. 8 – riguarda la sequenza di atti che connota il procedimento, non, invece, la fase decisoria descritta nel comma 7, proprio perché la stessa è autonomamente, e diversamente, disciplinata dalle disposizioni che regolano i due moduli procedurali del riesame.

Pertanto, non può ritenersi che l'osservanza del **termine perentorio**, imposto per la decisione, possa ricavarsi *ex post* dal fatto che l'ordinanza completa di motivazione, depositata in cancelleria successivamente alla decorrenza del termine, attesti che la deliberazione sia stata assunta in una camera di consiglio tenutasi nel rispetto del previsto termine, ad es. lo stesso giorno in cui si sia tenuta l'udienza di discussione davanti al tribunale del riesame. Fermo restando che l'inosservanza del limite temporale perentorio è deducibile con ricorso per cassazione in quanto si sostanzia in un *error in procedendo*.

Vero è che la L. n. 47 del 2015 ha riformato l'art. 324, co. 7, con la tecnica della sostituzione delle parole "art. 309, commi 9 e 9-*bis*" alla formula "art. 309, commi 9", nell'intento di contenere l'espansione degli effetti della

---

[26] Cass., Sez. III, 24.3.2015, n. 14603.

modifica, circoscrivendola ai commi 9 e 9 *bis*. Per questa via le Sezioni unite sono pervenute ad affermare che la specificità della situazione normativa descritta dall'innovato comma 10 dell'art. 309 non sia compatibile con le misure cautelari reali, "vivendo" il rinvio nell'originaria strutturazione del comma 10[27]. Si applica, invece, il disposto del comma 9 *bis* secondo cui «su richiesta formulata personalmente dall'imputato entro due giorni dalla notificazione dell'avviso, il tribunale differisce la data dell'udienza da un minimo di cinque ad un massimo di dieci giorni se vi siano giustificati motivi». Parimente si afferma la compatibilità del riesame del sequestro con il potere di annullamento del titolo cautelare previsto dal comma 9 dell'art. 309 «se la motivazione manca o non contiene l'autonoma valutazione, a norma dell'art. 292, delle esigenze cautelari, degli indizi e degli elementi forniti dalla difesa». Sicuramente la norma va coordinata con le peculiarità delle differenziate tipologie di sequestro, che prescindono dalla gravità degli indizi, essendo caratterizzate dal *fumus* e dal *periculum in mora*. L'**ambito del controllo** non esclude la valutazione degli elementi forniti dalla difesa, né le esigenze cautelari, ma la loro rilevanza è circoscritta dai confini legislativi imposti alla autorità giudiziaria, che emana il provvedimento. Sicché il tribunale del riesame annulla il provvedimento impugnato qualora manchi la motivazione o essa non contenga la autonoma valutazione degli elementi che ne costituiscano il necessario fondamento, nonché degli elementi forniti dalla difesa.

L'art. 324, co. 7, ultima parte, prevede il divieto di restituzione delle cose soggette a confisca obbligatoria art. 240, co. 2, c.p., ma non anche le cose soggette a confisca obbligatoria contemplata da previsioni speciali, con l'eccezione del caso in cui tali previsioni richiamino l'art. 240, co. 2, c.p. o, comunque, si riferiscano al prezzo del reato o a cose la fabbricazione, l'uso, il porto, la detenzione o l'alienazione delle quali costituisce reato[28].

Nell'eventualità in cui emerga una controversia effettiva in ordine alla proprietà del bene sottoposto a sequestro, occorre un accertamento giudiziale, che neppure il giudice penale può effettuare, essendo questi tenuto a rimettere gli atti al giudice civile per la decisione della controversia relativa, mantenendo il sequestro ai sensi dell'art. 324, co. 8. Si tratta di un caso di necessaria **pregiudizialità dell'accertamento civile** rispetto alla decisione da assumersi in sede penale e il riferimento al solo diritto reale di proprietà va inteso nel più ampio senso della "appartenenza", che individua il soggetto identificato come "avente diritto".

---

[27] Cass., Sez. Un., 31.03.2016, n. 18954.

[28] Cass., Sez. Un., 30.05.2019, n. 40847.

7. Il ricorso per cassazione contro le ordinanze *ex* artt. 322 *bis* e 324

Il sindacato di legittimità sulle ordinanze, emesse dal tribunale del riesame ai sensi degli artt. 322 *bis* e 324, è circoscritto al vizio di "**violazione di legge**" (art. 325, co. 1). L'ambito del controllo, secondo la giurisprudenza di legittimità[29], non comprende i profili dell'adeguatezza delle linee argomentative e della congruenza logica del discorso giustificativo della decisione, essendo circoscritto alle situazioni di **motivazione inesistente** o **meramente apparente**. Nel primo caso essa manca materialmente, nel secondo la motivazione è del tutto priva dei requisiti minimi di coerenza e completezza, al punto da risultare inidonea a rendere comprensibile l'*iter* logico-giuridico seguito dal giudice di merito. Entrambi i vizi sono classificabili come inosservanza della norma processuale che impone, a pena di nullità, l'obbligo di motivazione dei provvedimenti giurisdizionali (art. 125, co. 3).

Questa ricostruzione parrebbe essere confermata dalla peculiare configurazione nel codice dei vizi logici della motivazione, che inficiano la base razionale del discorso giustificativo della pronuncia; essi sono tipizzati nella lett. *e*) dell'art. 606, avendo piena autonomia tra i motivi di ricorso per Cassazione. Sicché la mancanza di motivazione, pur essendo inclusa nella lett. *e*), non ha perduto l'intrinseca consistenza di una violazione di legge, affine al motivo enunciato nella lett. *c*) del medesimo art. 606.

Tuttavia, un'osservazione di più ampio respiro discende proprio dall'art. 111, co. 6, Cost. secondo cui «tutti i provvedimenti giurisdizionali devono essere motivati». Il principio costituzionale presuppone una doverosa enunciazione con funzione endoprocessuale, delle argomentazioni poste alla base della decisione ed idonee a rilevarne la *ratio*, al fine di assicurare una verifica di merito e di legittimità delle stesse. Sicché l'espressione "violazione di legge", attraverso un'interpretazione costituzionalmente orientata, si riempie di altri contenuti, che non escludono le patologie di contraddittorietà o di manifesta illogicità della motivazione: diversamente resterebbe frustrata quell'inderogabile funzione di controllo sull'effettività della giurisdizione di garanzia in materia di misure cautelari.

Si segnala, inoltre, l'operazione di ***overruling*** **legislativa** (art. 1, co. 60, della L. n. 102 del 2017) che ha ricondotto ad unità le forme di trattazione del ricorso in materia di misure cautelari reali con quelle predisposte per le cautele personali. Il legislatore ha sconfessato l'orientamento giurispruden-

---

[29] Cass., Sez. Un., 28 maggio 2003, n. 12.

ziale delle Sezioni unite Maresca[30], facendo prevalere la propria *voluntas* nel rispetto dei princìpi costituzionali. Si è colmata, così, la lacuna dell'omesso rinvio al comma 5 nell'originario impianto dell'art. 325, co. 3, omissione che aveva indotto la Suprema corte ad un *revirement* rispetto ai propri precedenti, sostenendo che il ricorso proposto, ai sensi dell'art. 325, dovesse seguire il modulo non partecipato di cui all'art. 611. Che la connotazione del principio di diritto fosse fortemente involutiva, emerge dalla facoltà dell'interessato di «enunciare motivi nuovi davanti alla corte di cassazione, prima dell'inizio della discussione» (art. 311, co. 4). A seguito delle modifiche apportate all'art. 325, che oggi rinvia esplicitamente al comma 5, si è ripristinata la coerenza interna all'insieme giuridico costruito *per relationem*, sulla base della superfluità del rinvio a fronte della previsione della discussione, che presuppone l'oralità del procedimento. Si verte, quindi, in una di quelle ipotesi in cui il rito camerale non partecipato non è applicabile, in quanto è diversamente stabilito. Da qui il riespandersi delle garanzie, che connotano il modello generale di cui all'art. 127.

[30] Cass., Sez. Un., 17 dicembre 2015, n. 51207.

Parte VII

Il procedimento di primo grado

Capitolo XIII

Le indagini preliminari

di *Manfredi Bontempelli*

1. Indagini preliminari e procedimento di primo grado

Le indagini preliminari sono la **fase iniziale del procedimento penale**, oggetto di un ripensamento complessivo dopo la riforma apportata dal d.lgs. n. 150 del 2022, quanto alla finalità di accertamento attribuita alla fase e al rafforzato ruolo di garanzia del giudice per le indagini preliminari, sul piano dei controlli dell'operato del pubblico ministero, in chiave di efficienza giudiziaria. Le "nuove" indagini preliminari si coniugano con la struttura portante del rito vigente, ancorata alla regola generale dell'irrilevanza dibattimentale degli atti d'indagine, derivante dal principio costituzionale del contraddittorio nella formazione della prova (art. 111, co. 4, Cost.). Pertanto, la centralità sistematica del dibattimento resta intatta, nonostante la riforma punti a limitarne l'instaurazione, potenziando appunto le indagini preliminari e l'udienza preliminare, con le regole di giudizio rivisitate, nonché prevedendo la nuova udienza predibattimentale nei procedimenti per citazione diretta a giudizio e incentivando i riti alternativi al dibattimento.

Le indagini preliminari costituiscono un procedimento (in senso lato), in quanto sono caratterizzate da una serie concatenata di atti, affidata all'impulso del pubblico ministero. Si può parlare, in quest'ottica, di **procedimento per le indagini preliminari**. Dal punto di vista teorico generale, il compimento dell'atto iniziale della serie, dopo la notizia di reato, costituisce in capo al pubblico ministero il dovere di far progredire la sequenza, passando attraverso gli atti propulsivi del procedimento, così definiti in quanto ne condizionano lo sviluppo (iscrizione della notizia nel registro, avviso della conclusione delle indagini preliminari), fino a concludere la sequenza stessa con il provvedimento di chiusura delle indagini preliminari, con il quale viene esercitata l'azione penale ovvero, in alternativa, richiesta l'archiviazione. A sua volta, questo provvedimento determina l'inizio del processo in senso stretto o del procedimento di archiviazione (art. 405).

La fase delle indagini preliminari si distingue, pertanto, dalla fase del processo, successiva all'esercizio dell'azione penale da parte del pubblico ministero, connotata dall'impulso del giudice e conclusa da una decisione giurisdizionale. L'atto conclusivo delle indagini preliminari è, invece, compiuto da una parte, quale è il pubblico ministero. Va, ancora, precisato che non tutti gli atti della fase delle indagini costituiscono atti d'indagine. In particolare, non lo sono gli atti del pubblico ministero propulsivi del procedimento, né le richieste al giudice per le indagini preliminari (ad esempio, di proroga del termine per la conclusione delle indagini). Nemmeno rientrano nella categoria in discorso gli atti del giudice per le indagini preliminari e dei difensori.

Dal punto di vista tecnico, si può convenire con la tesi che riserva la nozione di procedimento (in senso stretto) agli atti che precedono l'inizio dell'azione penale e quella di processo (in senso stretto) agli atti successivi all'esercizio dell'azione. Va, tuttavia, precisato che, mentre è pacifico che le disposizioni codicistiche, quando impiegano il termine «**processo**», si riferiscono alla fase processuale in senso stretto (ad esempio, art. 129), non altrettanto può dirsi per l'uso del termine «**procedimento**», non indicativo della sola fase delle indagini preliminari, ma dell'intero arco del procedimento penale, dalla notizia di reato al giudicato, ricomprendente quindi il procedimento e il processo in senso stretto. Depongono in questo senso le stesse disposizioni sugli atti del procedimento penale, contenute nel Libro II.

D'altro canto, nelle disposizioni costituzionali sul processo penale, entrambe le nozioni (procedimento e processo) vengono utilizzate in senso ampio, comprensivo della fase delle indagini preliminari e del processo, come si ricava dall'art. 24, co. 2, Cost., riguardante il diritto inviolabile di difesa «in ogni stato e grado del procedimento», e dall'art. 111 Cost., relativo alle garanzie del «giusto processo regolato dalla legge» (co. 1). Tuttavia, si rinviene anche un utilizzo della nozione di processo più ristretto e aderente alla nomenclatura codicistica, nell'art. 111, co. 4, Cost., riferito al contraddittorio nella formazione della prova regolante «il processo penale».

Proprio perché il procedimento include le indagini preliminari, ma non si esaurisce in esse, in quanto abbraccia anche le fasi processuali successive all'esercizio dell'azione, è possibile delineare la categoria del **procedimento di primo grado**, delimitato dall'atto immediatamente successivo alla notizia di reato e, rispettivamente, dalla decisione terminativa del giudizio di primo grado. Questa prospettiva porta, per un verso, a specificare i gradi del procedimento, e non solo del processo. Per altro verso, resta ferma l'estraneità delle indagini preliminari al giudizio di primo grado. Il grado iniziale del procedimento ricomprende, pertanto, una fase procedimentale necessaria, costituita dalle indagini preliminari, e due fasi processuali eventuali, costituite dall'udienza preliminare e dal giudizio dibattimentale di primo grado. I due ulteriori gradi del giudizio di appello e del giudizio in cassazione completano la fase processuale del giudizio.

Ciò non significa sostenere che l'esito fisiologico delle indagini preliminari sia l'avvio del processo, essendo parimenti contemplata la conclusione archiviativa. L'inquadramento della fase investigativa nel procedimento di primo grado consente di delineare il **collegamento funzionale con la fase processuale**, nell'eventualità in cui questa venga instaurata dal pubblico ministero, al termine della prima, quando ne ricorrano i presupposti. Innanzitutto, le due fasi vertono sullo stesso tema, in quanto il presupposto per avviare il processo, in base all'art. 408, co. 1, riscritto dal d.lgs. n. 150 del 2022, è la ragionevole previsione di condanna o di applicazione di una misura di sicurezza diversa dalla confisca. Il tema è, pertanto, la colpevolezza della persona sottoposta alle indagini o dell'imputato. Cambia, tuttavia, la regola di giudizio impiegabile per accertare il tema. Inoltre, le fonti di prova individuate nelle indagini preliminari consentono d'individuare i mezzi di prova da assumere nel dibattimento, e di condurre l'istruzione dibattimentale con efficienza.

Le indagini preliminari costituiscono una fase non esaustiva del procedimento penale, anche quando il pubblico ministero chiede l'archiviazione perché non ravvisa i presupposti per esercitare l'azione penale. In tal caso, il procedimento ricomprende una fase procedimentale necessaria e una fase procedimentale eventuale di archiviazione, funzionalmente collegata alla prima, in quanto il tema è, ancora una volta, costituito dalla colpevolezza dell'indagato per il reato ipotizzato nel corso delle indagini preliminari.

2. Oggetto e finalità delle indagini preliminari. Conseguente metodo di accertamento

Le indagini preliminari, in quanto collegate funzionalmente al processo, implicano accertare la fondatezza della notizia di reato. Infatti, all'esito della fase, affinché si debba iniziare il processo, va ragionevolmente prevista la condanna per il fatto contenuto nella notizia di reato (art. 335, co. 1), ai sensi dell'art. 408, co. 1, nuovo testo. In questa prospettiva, la **notizia di reato** costituisce l'oggetto delle indagini preliminari, mentre l'oggetto del processo è costituito dall'imputazione, formulata dopo la chiusura della fase investigativa (art. 407 *bis*, co. 1).

Il quadro normativo risultante dal d.lgs. n. 150 del 2022 esplicita la "finalità" della fase investigativa, con maggior chiarezza rispetto alla disciplina originaria del codice. «Le indagini necessarie per le determinazioni inerenti all'esercizio dell'azione penale», secondo la formula dell'art. 326, servono per verificare il fondamento della *notitia criminis*, attraverso un giudizio particolarmente approfondito. Poiché è richiesta una "previsione" di condanna, si tratta di svolgere un **giudizio prognostico sulla colpevolezza della persona sottoposta alle indagini**, con due possibili esiti, secondo l'art. 407 *bis*, co. 1: l'esercizio dell'azione penale, attraverso la formulazione dell'imputazione, nel caso in cui la colpevolezza sia ragionevolmente pronosticabile, in base agli elementi acquisiti nel corso delle indagini preliminari; la richiesta di archiviazione, nel caso contrario [1].

Il fatto che il compito delle indagini preliminari sia quello di accertare la fondatezza della notizia di reato, secondo un giudizio prognostico accurato, quale è quello delineato dall'art. 408, co. 1, influisce sul metodo di accertamento e, ancora prima, sulla stessa struttura e sui caratteri generali della fase investigativa. Innanzitutto, il giudizio è prognostico, e non diagnostico, in quanto si basa su un **accertamento probabilistico**: la colpevolezza dell'indagato va dimostrata secondo il criterio della probabilità, mentre per condannare l'imputato all'esito del processo, serve accertare la colpevolezza con certezza.

Bisogna, infatti, tener conto della struttura complessa del processo penale e, in particolare, del tipo di giudizi (storico-giuridici) che nel corso del procedimento vengono svolti sull'esistenza del reato e sulla sua commissione da parte dell'imputato. Si tratta di passare dalla possibilità che, nell'attuale sistema processuale, caratterizza il giudizio sotteso all'iscrizione della notizia di reato nel registro di cui all'art. 335, alla certezza sottesa alla condanna dell'imputato, alla luce della regola decisoria dell'«oltre ogni ragionevole dubbio» (art. 533, co. 1). Il sistema prevede, poi, il passaggio intermedio della probabilità, che è proprio quanto denota l'atto di esercizio dell'azione penale, conclusivo della fase investigativa, al pari della decisione cautelare e del rinvio a giudizio.

Del resto, la componente prognostica è ineliminabile in ogni **accertamento di tipo preliminare**, quale è quello radicato nella fase investigativa (e nella successiva fase dell'udienza preliminare). Si tratta di verificare un tema che potrebbe essere accertato in modo più approfondito e in termini categorici nella fase successiva del dibattimento. Accertamento preliminare, ragionamento probabilistico e giudizio prognostico sono, insomma, i termini necessari di uno schema che rende le indagini preliminari, al pari dell'udienza preliminare, refrattarie al giudizio diagnostico (semmai legato all'accertamento compiuto e alla valutazione categorica).

Il metodo di acquisizione delle conoscenze nella fase investigativa, in quanto finalizzato a un accertamento preliminare, deve pertanto distinguersi dal metodo impiegabile nel dibattimento, finalizzato a un accertamento di tipo categorico. Non avrebbe senso replicare nelle indagini preliminari le garanzie dell'oralità, dell'immediatezza e del contraddittorio, tipiche del giudizio

---

[1] In ordine alla finalità delle indagini preliminari, ossia di consentire al pubblico ministero di assumere le determinazioni sull'esercizio dell'azione penale, v. Corte cost., ord. 18.10.1996, n. 350; Corte cost., ord. 10.6.1994, n. 239; Corte cost., ord. 10.2.1993, n. 48.

dibattimentale sul merito dell'imputazione, e inadatte ad essere attuate in una fase destinata a svolgersi su impulso del pubblico ministero, e non del giudice. Nelle indagini preliminari, trova pertanto spazio un **metodo unilaterale di acquisizione delle conoscenze**, basato sulle attività compiute, da un lato, dal pubblico ministero e dalla polizia giudiziaria, nell'ambito delle indagini finalizzate alle determinazioni inerenti all'esercizio dell'azione penale (art. 326); dall'altro, dal difensore della persona sottoposta alle indagini, nell'ambito delle investigazioni difensive (artt. 327 *bis*, 391 *bis* ss.).

Nelle indagini preliminari si applicano le disposizioni speciali per l'esercizio della funzione probatoria in questa fase, dettate dal Libro V, e le disposizioni generali per l'esercizio della funzione probatoria dettate dal Titolo I del Libro III, che risultino compatibili con la fase. Inoltre, si applicano le disposizioni sui mezzi di prova contenute nel Titolo II del Libro III, in quanto siano richiamate dalle disposizioni sugli atti d'indagine tipici, previste dal Libro V; ad esempio, quelle in tema di testimonianza richiamate dalla disciplina dell'assunzione di informazioni (art. 362, co. 1). Infine, si applicano le disposizioni sui mezzi di ricerca della prova contenute nel Titolo III del Libro III.

Il metodo unilaterale di acquisizione delle conoscenze non viene seguito nel caso in cui si proceda con incidente probatorio, davanti al giudice per le indagini preliminari (artt. 392 ss.). Trattandosi di uno strumento eccezionale di acquisizione nella fase investigativa della prova utilizzabile nella fase dibattimentale, il metodo unilaterale è sostituito dal metodo dialettico di acquisizione delle conoscenze.

3. Caratteri generali delle indagini preliminari

3.1. Completezza investigativa ed efficienza giudiziaria

La completezza è il primo carattere fondamentale delle indagini preliminari [2], delineato dal sistema come condizione di efficienza giudiziaria e valorizzato con la riforma apportata dal d.lgs. n. 150 del 2022, attraverso la riformulazione della regola di giudizio di cui all'art. 408, co. 1. Il compito di svolgere le **«indagini necessarie»** (art. 326) richiede, in primo luogo, il necessario svolgimento delle indagini preliminari, una volta che sia emersa una notizia di reato. In secondo luogo, vanno compiute tutte le indagini necessarie («ogni attività necessaria», secondo l'art. 358), non solo per rendere effettivo l'obbligo di esercitare l'azione penale di cui all'art. 112 Cost., ma anche per garantire un efficiente accertamento giudiziale nel dibattimento. Il fine cognitivo del processo penale, insito nella presunzione d'innocenza dell'imputato (art

[2] Corte cost., 15.2.1991, n. 88; Corte cost., 9.5.2001, n. 115.

27, co. 2, Cost.), e implicante il raggiungimento di una "decisione giusta", presuppone infatti lo svolgimento di una fase investigativa che consenta al pubblico ministero di presentare una "richiesta giusta".

Va tenuto conto che l'efficienza giudiziaria, concepita in chiave cognitiva, si misura in base alla capacità del processo di conseguire una decisione giusta, vale a dire assunta applicando correttamente la legge, sia sostanziale che processuale, ai fatti correttamente accertati. Si tratta, quindi, di pervenire a questo risultato attuando tutte le garanzie processuali, a partire dall'oralità, dal contraddittorio e dall'immediatezza, per non parlare del diritto di difesa, essenziali pertanto in chiave epistemica, oltre che per tutelare i diritti costituzionali dell'imputato.

Il giudice, nel nostro sistema, è il garante di questo risultato, fermo restando che il pubblico ministero deve orientare obiettivamente l'attività di persecuzione penale, in quanto organo pubblico, e presentare richieste giuste (cioè funzionali a una decisione giusta). Nella fase delle indagini preliminari, il pubblico ministero non deve indirizzare tutta la sua attività al fine esclusivo di ottenere nel processo la condanna dell'imputato. Ciò discende dal fatto che, nel processo, il pubblico ministero ha l'obbligo di chiedere l'assoluzione dell'imputato, di cui non ravvisi la colpevolezza oltre ogni ragionevole dubbio, nonché l'obbligo d'impugnare la sentenza di condanna dell'imputato di cui non si ravvisi la colpevolezza. È vero, quindi, che anche il pubblico ministero deve coltivare l'interesse cognitivo e perseguire i reati tenendo conto dell'obiettivo del processo penale di conseguire una decisione giusta. Non si può, tuttavia, dire lo stesso del giudice, che non è portatore dell'interesse a perseguire i reati, avendo unicamente un obiettivo cognitivo, vale a dire quello di accertare, nel processo, la colpevolezza o meno dell'imputato per il reato contestato dal pubblico ministero, nelle indagini preliminari, i presupposti delle decisioni incidentali via via richieste (art. 328).

Le «indagini necessarie» sono quelle che servono "per le determinazioni inerenti all'esercizio dell'azione penale". Pertanto, il parametro in base al quale misurare la completezza investigativa è correlato alla regola di giudizio ai fini dell'esercizio dell'azione penale. Il rafforzamento di questa, ad opera del d.lgs. n. 150 del 2022, ha influito sulla connotazione di quello. Attualmente, il parametro è di tipo più qualitativo, che quantitativo, e consiste nella **capacità dimostrativa delle risultanze investigative**. L'esigenza di completezza è maggiore, in un sistema in cui le indagini che consentono l'esercizio dell'azione penale devono essere in grado di dimostrare la colpevolezza della persona sottoposta alle indagini in termini almeno probabilistici.

In quest'ottica, si spiega il dovere del pubblico ministero di compiere, *ex* art. 358, «accertamenti su **fatti e circostanze a favore** della persona sottoposta alle indagini» (per esempio, l'accertamento della fondatezza dell'alibi emerso nell'interrogatorio), finalizzati a sottoporre a tentativi di falsificazione l'ipotesi accusatoria, nell'ottica di prevedere o meno ragionevolmente la condanna.

Pertanto, l'art. 358 non delinea un congegno volto a salvaguardare il diritto di difesa della persona sottoposta alle indagini, attribuendo al pubblico ministero compiti di "supplenza". La regola, peraltro sprovvista di sanzioni processuali, non incrina il ruolo di parte dell'organo di accusa.

Le indagini preliminari sono svolte dal pubblico ministero e dalla polizia giudiziaria «nell'ambito delle **rispettive attribuzioni**», secondo il richiamato art. 326. Quindi, anche le indagini svolte dalla polizia giudiziaria «di propria iniziativa» (art. 55) concorrono alla completezza investigativa, in quanto sono finalizzate alle determinazioni del pubblico ministero sull'esercizio dell'azione penale e non si possono porre in contrasto con le indagini del pubblico ministero, il quale dirige le indagini preliminari e dispone direttamente della polizia giudiziaria, a norma dell'art. 327.

La completezza investigativa è un corollario dell'obbligo di esercitare l'azione penale, principio che sarebbe vanificato se, in presenza di una notizia di reato, non scattasse il dovere del pubblico ministero di acclararne il fondamento, attraverso le indagini preliminari. Il principio di cui all'art. 112 Cost. sarebbe parimenti violato se l'azione penale fosse iniziata in presenza di lacune investigative. Vi sarebbe un esercizio "apparente" dell'azione penale. Il sistema preordina, quindi, **rimedi preventivi e repressivi** dell'incompletezza investigativa. Le lacune investigative possono essere prevenute attraverso gli accertamenti di cui all'art. 358, nonché le iniziative assunte dall'indagato dopo l'avviso della conclusione delle indagini preliminari (art. 415 *bis*, co. 3), e le stesse investigazioni con cui il difensore ricerca e individua elementi di prova a favore del proprio assistito, presentandoli eventualmente al pubblico ministero (art. 391 *octies*, co. 4). I rimedi repressivi si collocano nell'ambito del procedimento di archiviazione (art. 409, co. 4) e dell'udienza preliminare (artt. 421 *bis* e 422).

Il compito dell'udienza preliminare di reprimere l'esercizio "apparente" dell'azione penale si affianca a quello di rimediare all'esercizio "azzardato" dell'azione stessa, che si verifica quando il pubblico ministero avrebbe dovuto chiedere l'archiviazione, perché «gli elementi acquisiti non consentono di formulare una ragionevole previsione di condanna» (artt. 408, co. 1, e 425, co. 3). La legge attribuisce all'udienza preliminare, non solo la funzione di «filtro delle imputazioni azzardate», ma anche di correttivo dell'incompletezza investigativa, per tutelare le libertà costituzionali dell'imputato e per consentire un efficiente accertamento giudiziale in dibattimento. Lo scopo è, quindi, di evitare il dibattimento "inutile" o "ingiusto". Il principio di completezza delle indagini preliminari previene, pertanto, il rischio che il dibattimento svolga impropri compiti "ricostruttivi" del fatto, a rigore demandati alle indagini preliminari, mentre nel dibattimento dovrebbe essere "rappresentato", attraverso la prova, il fatto ricostruito nel corso delle indagini preliminari, enunciato nell'imputazione.

La completezza investigativa realizza **finalità deflative del processo**, in quanto, in primo luogo, consente di attivare il filtro dell'archiviazione nelle situazioni d'infondatezza della notizia di reato, non meritevoli di essere vagliate nel processo. Ciò determina uno sfoltimento del carico giudiziario, a beneficio del lavoro dedicato al processo, e della sua ragionevole durata. Il principio di completezza delle indagini preliminari si riconnette anche alle finalità deflative del processo attribuite ai procedimenti speciali, implementati dal d.lgs. n. 150 del 2022 nell'ottica di restituire efficienza all'intera macchina giudiziaria. L'accertamento prognostico della fondatezza della notizia di reato, effettuato sulla scorta di indagini preliminari complete, potrebbe indurre l'imputato ad accettare un esito alternativo al giudizio o altrimenti convincerlo dell'inutilità del dibattimento, a beneficio del giudizio abbreviato.

3.2. Atipicità investigativa e legalità probatoria

Il Libro V delinea, inoltre, il carattere dell'atipicità investigativa, quale corollario della completezza delle indagini preliminari, mentre dal Libro III si ricava il principio di legalità probatoria, a sua volta temperato dalla possibilità di assumere prove non disciplinate dalla legge. L'atipicità investigativa è insita nelle stesse disposizioni del Libro V che attribuiscono, in generale, al pubblico ministero e alla polizia giudiziaria il potere di svolgere «le indagini necessarie» per delibare il fondamento della notizia di reato in chiave prognostica (art. 326), in specie, al pubblico ministero il potere di compiere «ogni attività necessaria» ai suddetti fini (art. 358), ricomprendendo pertanto le attività investigative non previste dalla legge. Si può, conseguentemente, parlare di un'**atipicità interna** alla disciplina dell'attività investigativa.

Quanto alle **attività a iniziativa della polizia giudiziaria**, la legge individua il fine di assicurare le fonti di prova, raccogliendo «ogni elemento utile alla ricostruzione del fatto e alla individuazione del colpevole» (art. 348, co. 1), lasciando peraltro alla stessa polizia giudiziaria ampi margini di scelta circa le modalità della ricerca probatoria, in linea con le funzioni dell'organo delineate ad ampio raggio dall'art. 55. È vero che l'art. 348 precisa, nel co. 2, i compiti attribuiti alla polizia giudiziaria, per conseguire il suddetto fine, attraverso la ricerca delle cose e delle tracce pertinenti al reato e la conservazione delle stesse e dello stato dei luoghi (lett. *a*) e la ricerca delle persone in grado di riferire su circostanze rilevanti per la ricostruzione dei fatti (lett. *b*). Ma non viene delineata una tipologia di atti d'indagine. Di conseguenza, è ragionevole sostenere che il fine di assicurare le fonti di prova sia perseguito, compiendo, innanzitutto, atti investigativi atipici, cioè non previsti dalla legge, residualmente, gli atti investigativi tipici previsti dai successivi articoli del titolo IV del

Libro V (art. 348, co. 2, lett. *c*). È, pertanto, invertito, nella sistematica delle attività di polizia giudiziaria, il rapporto fra il principio di legalità e il suo temperamento tramite l'atipicità, delineato per l'attività probatoria dal Libro III.

Che questa sistematica debba essere riproposta quanto alle **attività del pubblico ministero**, discende dal potere dell'organo d'accusa di compiere «personalmente ogni attività di indagine», ai sensi dell'art. 370, co. 1, non solo attraverso gli atti tipici previsti dal titolo V del Libro V, ma anche attraverso gli atti atipici ritenuti necessari, ai fini dell'art. 358. Il pubblico ministero si può avvalere della polizia giudiziaria, a norma dell'art. 370, co. 1, «per il compimento di attività di indagine», limitandosi a dare direttive, ma anche per il compimento di «atti specificamente delegati», individuando direttamente gli atti tipici o atipici da svolgere. Lo stesso potere direttivo delle indagini, e di disposizione diretta della polizia giudiziaria, implica il potere di compiere direttamente tutti gli atti attribuiti anche all'iniziativa della polizia giudiziaria ad essa non riservati. Tanto è vero che le funzioni di polizia giudiziaria previste dall'art. 55 devono essere esercitate «anche di propria iniziativa», quindi anche su delega del pubblico ministero. La polizia giudiziaria continua a svolgere tali funzioni, a norma dell'art. 348, co. 1, «anche successivamente alla comunicazione della notizia di reato», pertanto anche dopo l'intervento del pubblico ministero.

Ciò non significa che la funzione investigativa venga esercitata tramite mezzi tipici soltanto in via d'eccezione e tramite mezzi atipici normalmente. Il quadro normativo del Libro V restituisce un ampio ventaglio di atti d'indagine tipici, di frequente utilizzo pratico. Questi sono, per la polizia giudiziaria, l'«identificazione della persona nei cui confronti vengono svolte le indagini e di altre persone» (art. 349), le «sommarie informazioni della persona nei cui confronti vengono svolte le indagini» (art. 350) e le «altre sommarie informazioni» (art. 351), le «perquisizioni» (art. 352), l'«acquisizione di plichi o di corrispondenza» (art. 353), gli «accertamenti urgenti sui luoghi, sulle cose e sulle persone» (art. 354). Per il pubblico ministero, vanno richiamati gli «accertamenti tecnici» (art. 359) e gli «accertamenti tecnici non ripetibili» (art. 360), il «prelievo coattivo di campioni biologici su persone viventi» (art. 359 *bis*), l'«individuazione di persone e di cose» (art. 361), l'«assunzione di informazioni» (art. 362), l'«interrogatorio di persone imputate in un procedimento connesso» (art. 363). Si può, tuttavia, dire che gli atti investigativi tipici riecheggiano i mezzi di prova, ma non ne replicano le forme di assunzione. Per alcuni atti d'indagine tipici, ad esempio l'individuazione *ex* art. 361, addirittura non sono previste forme legali di assunzione, e si riespande l'atipicità investigativa. Per altri atti d'indagine tipici, la legge prevede modalità assuntive, di cui vanno accertati i profili di tassatività o derogabilità.

La disciplina degli atti tipici d'indagine può prevedere **forme tassative o non tassative**. Richiedono forme tassative i mezzi investigativi che replicano il *nomen juris* e la disciplina dei mezzi di ricerca della prova, quali la «perquisizione» (art. 352) e il «sequestro» menzionato nelle disposizioni relative all'«acquisizione di plichi o di corrispondenza» (art. 353) o agli «accertamenti urgenti» (art. 354). Un ulteriore profilo di tassatività del catalogo legale dei mezzi investigativi è insito nel "nesso funzionale" delineato tra le fonti previste per assumere i diversi elementi probatori e le singole specie di elementi probatori [3]. Per esempio, il pubblico ministero e la polizia giudiziaria non potrebbero assumere «informazioni» (art. 362) o «sommarie informazioni» (art. 351), ma dovrebbero avvalersi di «consulenti tecnici» (art. 359) o di «persone idonee» (art. 348, co. 4), al fine di compiere operazioni tecniche.

3.3. Segretezza investigativa e diritto alla conoscenza del procedimento

Gli atti d'indagine compiuti dal pubblico ministero e dalla polizia giudiziaria sono coperti dal segreto previsto dall'art. 329, a tutela, ancora una volta, dell'efficienza investigativa. Il sistema si basa sull'assunto che, per ricostruire speditamente il fatto, nella fase iniziale del procedimento, debba essere consentito ricercare e assicurare le fonti di prova all'insaputa della persona sottoposta alle indagini, almeno in una certa misura. Lo stesso riconoscimento del **diritto della persona accusata di un reato ad essere informata della natura e dei motivi dell'accusa elevata a suo carico**, a norma dell'art. 111, co. 3, Cost., richiede un bilanciamento con il contrapposto interesse di persecuzione penale sotteso all'art. 112 Cost. (art. 111, co. 3, Cost.), in quanto l'informazione avviene «nel più breve tempo possibile».

La formula della disposizione costituzionale implica non solo ammettere che esista uno spazio procedimentale anteriore al momento in cui la persona accusata viene a conoscenza dell'accusa formulata a suo carico, ma anche che in tale spazio il procedimento possa svolgersi con la copertura del segreto; altrimenti, non avrebbe senso garantirne la conoscenza a partire da un certo punto. Pertanto, devono essere definiti i presupposti per l'esercizio del **diritto alla conoscenza del procedimento** da parte della persona sottoposta alle indagini preliminari, ricavabile dall'art. 111, co. 3, Cost., nei due aspetti della conoscenza dell'instaurazione del procedimento e degli atti del procedimento.

Il primo aspetto è definito dalla disciplina della **comunicazione delle iscrizioni della notizia di reato** alla persona alla quale il reato è attribuito, alla persona offesa e ai rispettivi difensori (art. 335, co. 3) [4] e dell'**informazione di garanzia** alla persona sottoposta alle indagini e alla persona offesa, nel caso in cui il pubblico ministero debba compiere un atto al quale il difensore ha il

---

[3] Cfr. il par. 5 del cap. VII, quanto al nesso funzionale tra le componenti del mezzo di prova.

[4] Cfr., *infra*, par. 7.5.

diritto di assistere (art. 369, co. 1)[5]. Quanto al secondo aspetto della garanzia di cui all'art. 111, co. 3, Cost., relativo al diritto alla conoscenza degli atti d'indagine, la disciplina di riferimento è contenuta nell'art. 329, che definisce portata e limiti del segreto investigativo, attraverso il richiamato bilanciamento dell'interesse di persecuzione penale con il diritto di difesa dell'imputato. Alla figura dell'imputato si riferisce espressamente l'art. 329, co. 1, con locuzione da estendersi alla persona sottoposta alle indagini, giusto l'art. 61.

La disciplina del segreto riguarda gli atti d'indagine compiuti dal pubblico ministero e dalla polizia giudiziaria, e non tutti gli atti compiuti dai due organi nella fase delle indagini preliminari. Sono ricomprese nell'obbligo del segreto le richieste del pubblico ministero di autorizzazione al compimento di atti di indagine, presentate al giudice per le indagini preliminari, e gli atti del giudice che provvedono su tali richieste (art. 329, co. 1). Si pensi alla richiesta di autorizzazione a disporre intercettazioni di comunicazioni o conversazioni e al relativo decreto con cui l'atto è autorizzato o rifiutato (art. 267, co. 1). Pertanto, non sono coperti dal segreto gli atti propulsivi del procedimento, quali l'iscrizione della notizia di reato (art. 335, co. 1) e l'avviso di conclusione delle indagini preliminari (art. 415 *bis*), e le richieste che non concernono l'autorizzazione a compiere atti di indagine. Si consideri la richiesta di proroga del termine per la conclusione delle indagini preliminari (art. 406). Nemmeno rientrano nella disciplina del segreto investigativo le richieste e le decisioni cautelari (art. 291), né gli atti dei difensori.

L'art. 329, co. 1, stabilisce l'**obbligo di segretezza** su tutti gli atti d'indagine «fino a quando l'imputato non ne possa avere conoscenza». Pertanto, la regola generale del segreto investigativo è derogata per gli atti d'indagine conoscibili dalla persona sottoposta alle indagini. Si tratta degli **atti ai quali hanno diritto di assistere i difensori**, che possono essere conosciuti una volta depositati nella segreteria del pubblico ministero, ai sensi degli artt. 366 e 118 disp. att.

La deroga riguarda le perquisizioni e gli accertamenti urgenti di polizia giudiziaria, nonché l'immediata apertura del plico autorizzata dal pubblico ministero a norma dell'art. 353, co. 2 (art. 356), la perquisizione e il sequestro compiuti dal pubblico ministero (art. 365), nonché l'interrogatorio e l'ispezione, l'individuazione e il confronto cui deve partecipare la persona sottoposta alle indagini (artt. 364 e 365), il prelievo coattivo di campioni biologici *ex* art. 359 *bis*, se compiuto sulla persona sottoposta alle indagini, e gli accertamenti tecnici non ripetibili di cui all'art. 360. Vanno poi menzionate le sommarie informazioni dalla persona sottoposta alle indagini assunte dalla polizia giudiziaria, che contemplano la presenza necessaria del difensore (art. 350, co. 3).

---

[5] Cfr., *infra*, par. 11.8.

L'obbligo del segreto viene «comunque» meno alla «**chiusura delle indagini preliminari**», in quanto la persona sottoposta alle indagini può avere conoscenza degli atti investigativi depositati nella segreteria del pubblico ministero, in caso di notificazione dell'avviso della conclusione delle indagini preliminari (art. 415 *bis*), o nella cancelleria del giudice per le indagini preliminari, nel caso in cui venga fissata l'udienza per decidere sulla richiesta di archiviazione (art. 409, co. 2), ovvero, dopo il d.lgs. n. 150 del 2022, ancora, nella segreteria del pubblico ministero, in caso di inosservanza dei termini per la conclusione delle indagini preliminari (art. 415 *ter*).

La regola generale della segretezza degli atti d'indagine non conoscibili dall'indagato è derogata dalla disciplina sulla conoscenza della documentazione delle intercettazioni di conversazioni o comunicazioni, che prevede l'obbligo del segreto per atti d'indagine (verbali e registrazioni delle comunicazioni intercettate, e ogni altro atto ad esse relativo) depositati e conservati nell'archivio di cui all'art. 269, co. 1, atti che sono pertanto conoscibili dai difensori delle parti. Il segreto viene meno solo per i verbali e le registrazioni acquisite al fascicolo di cui all'art. 373, co. 5, o comunque utilizzate nel corso delle indagini preliminari (art. 269, co. 1).

Il sistema prevede, inoltre, la regola generale del divieto di pubblicazione degli atti coperti dal segreto o del loro contenuto (art. 114, co. 1), alla quale si affiancano due deroghe correlate ad esigenze investigative. Innanzitutto, il pubblico ministero può consentire, con decreto motivato, la **pubblicazione di singoli atti coperti dal segreto o di parti di essi**, quando lo ritenga «strettamente necessario per la prosecuzione delle indagini» (art. 329, co. 2). Si può fare il caso in cui, per rintracciare l'indiziato, venga pubblicata la sua immagine, oggetto d'individuazione ai sensi dell'art. 361. Una volta pubblicati, gli atti sono depositati presso la segreteria del pubblico ministero.

Inoltre, il pubblico ministero può disporre, sempre con decreto motivato, l'obbligo del segreto o il divieto di pubblicazione, «anche quando gli atti non sono più coperti dal segreto a norma del comma 1» dell'art. 329, in quanto conoscibili dall'indagato, «in caso di necessità per la prosecuzione delle indagini» (art. 329, co. 3). L'**obbligo del segreto** può essere disposto nelle due ipotesi previste dalla lett. *a* dell'art. 329, co. 3, vale a dire quando «lo consente» l'imputato che abbia partecipato all'atto o ne abbia avuto altrimenti conoscenza, oppure quando tale conoscenza «può ostacolare le indagini riguardanti altre persone». Si può fare il caso di un interrogatorio in cui l'indagato rende dichiarazioni su fatti riguardanti la responsabilità di altri. Il **divieto di pubblicazione** può invece essere disposto, a norma della lett. *b* del medesimo comma, senza che debbano ricorrere condizioni aggiuntive rispetto alla «necessità» del provvedimento per la prosecuzione delle indagini. Il divieto riguarda il «contenuto di singoli atti» (pertanto la previsione deroga all'art. 114, co. 7) oppure «notizie specifiche relative a determinate operazioni».

3.4. Fluidità dell'oggetto investigativo. Fatto e diritto nelle indagini preliminari

Durante le indagini preliminari, l'oggetto del procedimento è costituito dalla notizia di reato o dagli addebiti provvisoriamente formulati dal pubblico ministero. In particolare, fintantoché non siano elevati "addebiti provvisori" (o "preliminari") a carico della persona sottoposta alle indagini, l'oggetto del procedimento è ricavato dalla qualificazione giuridica del fatto. In questo senso depone la disciplina dell'**iscrizione della notizia di reato nel registro** previsto dall'art. 335, alla quale è peraltro parametrata l'attività investigativa del pubblico ministero e della polizia giudiziaria.

Infatti, la legge prevede che, nell'iscrizione, venga indicata la **qualificazione giuridica del fatto oggetto della notizia di reato**, come si desume dall'art. 335, co. 2, nella parte in cui impone l'«aggiornamento» delle iscrizioni, «se nel corso delle indagini preliminari muta la qualificazione giuridica del fatto ovvero questo risulta diversamente circostanziato». L'art. 335, co 1 *bis*, prescrive, inoltre, l'iscrizione del «nome della persona alla quale il reato è attribuito», contestualmente o successivamente all'iscrizione della notizia di reato, a seconda del momento in cui risultino indizi a suo carico. Ma non è richiesto che del fatto rappresentato dalla *notitia criminis* sia data attraverso l'iscrizione nel registro, anche una descrizione storica seppur sommaria. Ad essere iscritta nel registro è la notizia di reato, «contenente la rappresentazione di un fatto», secondo l'art. 335, co. 1, e non la rappresentazione contenuta nella notizia. Soltanto «le circostanze di tempo e di luogo del fatto» vanno «indicate, ove risultino» (ma non descritte) nell'iscrizione ai sensi dell'art. 335, co. 1, secondo per. Pertanto, il titolo giuridico del fatto per cui si procede assume, in questo frangente, un ruolo ben più pregnante rispetto agli ulteriori sviluppi della serie procedimentale. L'iscrizione è ancorata al fatto, ma non fissa i contorni di descrizione del fatto, replicandoli dalla notizia.

D'altra parte, se l'iscrizione della notizia richiedesse anche una descrizione storica dell'episodio criminoso al centro dell'attività investigativa, vi sarebbe l'incongruenza di consentire alla persona sottoposta alle indagini e alla persona offesa, tramite la comunicazione delle «iscrizioni previste dai commi 1 e 2» dell'art. 335 (v. il co. 3 dell'art.), una conoscenza dell'oggetto del procedimento più estesa di quella conseguibile attraverso l'informazione di garanzia che, a sua volta, ai sensi dell'art. 369, co. 1, reca l'«indicazione» esclusiva «delle norme di legge che si assumono violate» e «della data e del luogo del fatto», senza descrizione alcuna dell'avvenimento oggetto dell'indagine. Sarebbe inspiegabile attribuire all'informazione di garanzia, atto successivo all'iscrizione *ex* art. 335, un contenuto più ampio di questa.

Ne deriva che l'iscrizione della *notitia criminis*, per quanto consenta d'indicare dall'"esterno" l'oggetto del procedimento, seppur in termini provvisori e ipotetici, non lo identifica dall'"interno", dal momento che non reca una descrizione storica del fatto. Pertanto, l'iscrizione rende conoscibile *ab extra* l'oggetto dell'attività investigativa, per il tramite necessario della qualificazione giuridica del fatto. Il che spiega perché questa componente abbia, nell'iscrizione, un diverso ruolo rispetto a quello rivestito nell'imputazione e nell'accusa: qui il *nomen iuris* del reato contestato, oltre a rimanere estraneo all'oggetto del processo, non concorre, se non marginalmente, a descrivere la *res iudicanda* in funzione conoscitiva; lì è elemento essenziale di tale conoscenza.

Inoltre, la definizione giuridica attribuita al fatto nell'iscrizione costituisce un indice esterno, per così dire, "mobile", in quanto l'iscrizione stessa è improduttiva di effetti vincolanti il contenuto dell'indagine preliminare, sotto due profili da distinguere. In primo luogo, può ovviamente **mutare la qualificazione giuridica del fatto** oggetto della *notitia criminis*, dovendo in tal caso «il pubblico ministero cura[re] l'aggiornamento delle iscrizioni [...] senza procedere a nuove iscrizioni» (art. 335, co. 2). In secondo luogo, nel corso delle indagini, gli elementi acquisiti possono **mutare i contorni del fatto rappresentato nella notizia**, anche con riguardo al nucleo identificativo del fatto storico, senza che si producano le conseguenze previste per la fase del processo.

Si noti, intanto, come le variazioni della descrizione del fatto non comportino per il pubblico ministero il dovere di modificare l'iscrizione, nel che è insito un decisivo profilo di distinzione rispetto alla fase del processo. L'iscrizione deve essere aggiornata solo se il fatto risulti «diversamente circostanziato», come prescrive l'art. 335, co. 2: è sottinteso che la modifica delle circostanze del fatto, affinché imponga l'aggiornamento, debba riflettersi sulla qualificazione giuridica data al fatto nell'iscrizione originaria, che non lo descrive a livello storico (e non ne deve recepire le modifiche). Manca, quindi, un meccanismo corrispondente a quello previsto dagli artt. 423, co. 1, e 516, per le modifiche al fatto rappresentato nell'imputazione in udienza preliminare e in dibattimento.

Secondo la tesi preferibile, nel corso dell'*iter* investigativo possono, altresì, aversi cambiamenti negli elementi essenziali del fatto rappresentato nella notizia di reato, in modo da dare origine a un "altro fatto", rispetto a quello originariamente ipotizzato, senza necessità di dare origine a un procedimento nuovo, su un diverso oggetto. Solo nel caso in cui tali cambiamenti si riflettano sulla qualificazione giuridica, ad esempio per il passaggio dalla concussione originariamente ipotizzata alla corruzione, dovrà esservi un aggiornamento dell'iscrizione ai sensi dell'art. 335, co. 2, ma non l'iscrizione di una notizia nuova. Si avrà un aggiornamento anche qualora il titolo di reato sia lo stesso, ma cambino le coordinate spazio-temporali della condotta (arg. *ex* co. 1 e 2 dell'art. 335).

Questa lettura trae implicita conferma dal nuovo art. 335 *ter*, introdotto dal d.lgs. n. 150 del 2022, in quanto attribuisce al giudice per le indagini preliminari il potere di ordinare l'iscrizione del nome della persona sottoposta alle indagini, ma non di una nuova notizia di reato, sul presupposto di un maggior margine di manovra del pubblico ministero – fino alla conclusione delle indagini preliminari – sul piano dell'iscrizione oggettiva. L'evoluzione del quadro normativo dovrebbe, pertanto, portare al superamento del «criterio di ordine sostanziale», elaborato dalla giurisprudenza, in base al quale il fatto rappresentato nella notizia di reato muterebbe, e richiederebbe l'iscrizione di una nuova notizia, in tutti i casi in cui «non si tratti di mutamento della qualificazione giuridica del fatto né di diverse circostanze del medesimo fatto»[6]. Il risultato pratico dell'impostazione giurisprudenziale è un allungamento della fase investigativa, tenendo conto che i termini di durata decorrono autonomamente per ogni notizia di reato che venga iscritta a carico della persona sottoposta alle indagini preliminari e per ogni persona alla quale il reato venga attribuito[7].

È ragionevole ammettere una maggiore "fluidità" dell'oggetto delle indagini preliminari, rispetto all'oggetto del processo, anche per ragioni di **efficienza investigativa**. L'esigenza di garantire il tempestivo esercizio delle funzioni investigative potrebbe risultare compromessa se fosse, in effetti, previsto che il passaggio a un fatto "altro", rispetto a quello ipotizzato all'inizio delle indagini preliminari, implichi, a fronte dell'iscrizione di una nuova notizia dover transitare per la richiesta di archiviazione di quella vecchia. Si dovrebbe parimenti chiedere la riapertura delle indagini concluse con l'archiviazione nel caso di ritorno all'originaria ipotesi ricostruttiva, a seguito di un ulteriore "aggiustamento" della pista investigativa.

Inoltre, ha senso ipotizzare un tema predefinito, e immutabile nella sua essenza, quando la decisione conclusiva del procedimento produca gli effetti tipici del giudicato o, come avviene per la sentenza di non luogo a procedere effetti equiparabili. Invece, l'istituto della **riapertura delle indagini**, motivata dall'«esigenza di nuove investigazioni» (art. 414, co. 1), e non dalla sopravvenienza di nuove fonti di prova, attenua la portata preclusiva della pronuncia di archiviazione, giustificando una maggior variabilità del fatto ricostruito durante la fase investigativa.

D'altra parte, l'inazione del pubblico ministero in ordine al fatto originariamente ipotizzato non sfugge al controllo giurisdizionale: i profili di questo fatto dovrebbero riemergere nella procedura di archiviazione, e in questo caso il giudice per le indagini preliminari dovrebbe ordinare d'iscrivere nel registro *ex* art. 335 la notizia relativa all'altro reato. Ciò anche in base alla giurisprudenza che ammette l'ordine del giudice

---

[6] Cass., Sez. VI, 25.3.2010, Paviglianiti.

[7] Cass., Sez. II, 9.7.2013, Doronzo.

per le indagini preliminari di espletare ulteriori indagini nei confronti della persona sottoposta ad indagini per reati diversi da quelli per cui il pubblico ministero aveva richiesto l'archiviazione [8]. Analogamente, il giudice dell'udienza preliminare dovrebbe emettere una sentenza di non luogo a procedere sul fatto imputato, segnalando l'esistenza dell'altro fatto.

4. Direzione delle indagini preliminari. Rapporti del pubblico ministero con la polizia giudiziaria

Il procedimento per le indagini preliminari è affidato all'impulso del pubblico ministero, e non del giudice, in quanto è destinato a concludersi con un atto di parte, con cui il pubblico ministero assume le determinazioni inerenti all'esercizio dell'azione penale (richiesta di archiviazione o formulazione dell'imputazione) [9]. Coerentemente, la legge attribuisce, per un verso, al pubblico ministero il **potere direttivo delle indagini** (art. 327), per altro verso, prevede l'intervento del giudice per le indagini preliminari, nel corso della fase investigativa, solo su richiesta del pubblico ministero, delle parti private e della persona offesa dal reato (art. 328).

Il pubblico ministero dirige le indagini, in quanto è l'organo titolare del potere di esercitare l'azione penale (art. 112 Cost.). In un sistema retto dal principio "*ne procedat iudex ex officio*", non avrebbe senso attribuire il suddetto potere direttivo all'organo giurisdizionale. L'efficacia precettiva dell'obbligo costituzionale del pubblico ministero di esercitare l'azione penale retroagisce nella fase investigativa, imponendo al pubblico ministero stesso, non solo di svolgere indagini complete [10], ma anche di dirigere le indagini al fine di assicurare l'obiettivo della completezza. Si configura, pertanto, in capo al pubblico ministero un vero e proprio dovere di direzione delle indagini preliminari.

Costituisce un corollario del dovere direttivo delle indagini il **potere del pubblico ministero di disporre direttamente della polizia giudiziaria**, a norma dell'art. 327, in aderenza all'art. 109 Cost. L'organo di accusa può, pertanto, conformare le indagini della polizia giudiziaria alle sue direttive. Sarebbe, infatti, inefficiente, e in contrasto con l'art. 112 Cost., un sistema che consentisse alla polizia giudiziaria di svolgere indagini contrastanti con quelle del pubblico ministero. La rigidità del principio della diretta disponibilità da parte

---

[8] Cass., Sez. Un., 30.1.2014, p.m. in proc. L.

[9] Cfr., *supra,* par. 1.

[10] Cfr., *supra*, par. 3.1.

dell'autorità giudiziaria è, peraltro, mitigata dalla previsione di poteri investigativi esercitabili a iniziativa della polizia giudiziaria, il che non significa che questa possa svolgere indagini in autonomia dal pubblico ministero. Intanto, le attività a iniziativa della polizia giudiziaria rientrano nell'area operativa del principio di completezza delle indagini preliminari, cioè in tanto vanno svolte, in quanto siano necessarie per il completamento delle indagini preliminari [11].

Inoltre, il doveroso svolgimento delle indagini a iniziativa della polizia giudiziaria serve «per le determinazioni inerenti all'esercizio dell'azione penale», secondo l'art. 326. Ne consegue che la stessa completezza delle indagini di polizia giudiziaria è funzionale a consentire al pubblico ministero il rispetto del dovere direttivo delle indagini e, in ultima analisi, del dovere di esercitare l'azione penale. In quest'ottica si spiega la modifica all'art. 327 apportata dalla L. n. 128 del 2001, con cui è stato esplicitato il **legame fra la disponibilità diretta da parte del pubblico ministero e l'attività a iniziativa della polizia giudiziaria**. Questa «continua» a essere svolta, secondo l'art. 327 nuovo testo, «anche dopo la comunicazione della notizia di reato», atto che fa scattare in capo al pubblico ministero il potere direttivo delle indagini, nel quale viene incanalato il potere di disporre della polizia giudiziaria.

5. Funzioni del giudice per le indagini preliminari

Il giudice è estraneo alla direzione delle indagini preliminari e, ancora prima, è del tutto privo di poteri investigativi, poiché questi fanno capo, in primo luogo, al pubblico ministero, in quanto organo titolare della funzione di accusa, ricomprendente quella investigativa. In secondo luogo, tali poteri spettano alla polizia giudiziaria, in quanto organo ausiliario del pubblico ministero, pertanto ricompreso nella funzione investigativa. Inoltre, il sistema attribuisce al giudice la sola funzione di decisione, come si ricava dal principio di tassatività insito nell'art. 1 (i giudici esercitano soltanto la giurisdizione; la giurisdizione è esercitata soltanto dai giudici), in aderenza ai connotati della terzietà e della imparzialità del giudice. Pertanto, il giudice non può esercitare poteri investigativi, in quanto è un organo terzo e imparziale *ex* art. 111, co. 2, Cost.: non essendo parte del processo, non deve coltivare l'interesse alla persecuzione penale (art. 112 Cost.). Questo è affidato alla cura del solo pubblico ministero, che è parte del processo, seppur pubblica alla luce del principio costituzionale di parità tra le parti del processo (art 111, co. 2, Cost.).

---

[11] Cfr., ancora, *supra*, par. 3.1.

Su questa premessa sistematica, rafforzatasi dopo il d.lgs. n. 150 del 2022, la legge delinea la figura del giudice «per» le indagini preliminari, alla quale è assegnato il compito di svolgere **controlli sull'attività d'indagine del pubblico ministero**, in funzione di garanzia delle libertà e dei princìpi costituzionali di riferimento, a partire dal diritto di difesa della persona sottoposta ad indagini. Il d.lgs. n. 150 del 2022 ha implementato i poteri di controllo del giudice per le indagini preliminari, mantenendo l'impostazione di fondo del codice, che impone all'organo giurisdizionale di assumere decisioni durante le indagini preliminari per specifiche e tassative finalità, provvedendo nei soli «casi previsti dalla legge» (art. 328). Pertanto, il giudice non si occupa "della" fase delle indagini preliminari, ma delle questioni incidentali che insorgono nella fase: il giudice per le indagini preliminari non può intervenire d'ufficio, ma emette decisioni su richiesta delle parti e della persona offesa dal reato, esercitando appunto le «funzioni di giudice per le indagini preliminari» (art. 328, commi 1 *bis* e 1 *quater*).

Si può dire, pertanto, che il giudice per le indagini preliminari è competente per le decisioni assunte nel corso delle indagini preliminari. Si tratta di una vera e propria **competenza funzionale**, distribuita fra il giudice per le indagini preliminari territorialmente competente e, quando si tratta di procedimenti per i delitti indicati nell'art. 51 commi 3 *bis*, 3 *quater* e 3 *quinquies*, il giudice del tribunale del capoluogo del distretto nel cui ambito ha sede il giudice competente (giudice per le indagini preliminari distrettuale).

Al giudice per le indagini preliminari sono demandati **controlli in ambito probatorio** (attinenti alla ricerca e alla formazione probatoria), **cautelare** (personale e reale) **e precautelare**, **temporale** (concernenti l'instaurazione, lo svolgimento e la conclusione delle indagini preliminari), nonché **difensivo** (riguardanti la tutela della funzione di difesa). In alcuni casi, la legge prevede che le questioni siano decise attraverso un vero e proprio procedimento incidentale in camera di consiglio, nelle forme previste dall'art. 127.

Il d.lgs. n. 150 del 2022 ha soprattutto inciso nel settore dei controlli sui tempi delle indagini preliminari, attraverso congegni pur perfettibili che rafforzano il **ruolo del giudice per le indagini preliminari quale garante dell'efficienza giudiziaria**. Lo scopo è quello di accelerare le indagini preliminari, verificando la tempestiva attivazione delle stesse (artt. 335 *ter* e 335 *quater*) [12], e di rimediare alla stasi procedimentale, dopo la scadenza del termine di durata delle indagini (artt. 415 *bis*, co. 5 *quater*, e 415 *ter*) [13], creando nuovi spazi di

[12] Cfr., *infra*, par. 7.6.

[13] Cfr., *infra*, parr. 17 e 18.

intervento del giudice su richiesta del difensore e dell'indagato. Il rafforzamento dei poteri della difesa implementa la stessa completezza investigativa.

Quanto alla materia della ricerca probatoria, il giudice per le indagini preliminari provvede sulle richieste del pubblico ministero di autorizzazione a disporre mezzi di ricerca della prova, quali le intercettazioni di conversazioni o comunicazioni (art. 267) e il prelievo coattivo di campioni biologici su persone viventi (art. 359 *bis*), nonché sulle richieste di convalida dei medesimi atti disposti dal pubblico ministero nei casi di urgenza (artt. 267 e 359 *bis*); provvede, inoltre, sulle richieste di sequestro non disposto dal pubblico ministero (art. 368) e di autorizzazione all'accesso ai luoghi privati o non aperti al pubblico nell'ambito delle investigazioni difensive (art. 391 *septies*); provvede, altresì, sulla richiesta di restituzione delle cose sequestrate, nel caso di opposizione degli interessati al decreto del pubblico ministero che dispone la restituzione o respinge la relativa richiesta (art. 263). Quanto alla materia della formazione probatoria, il giudice procede all'incidente probatorio chiesto dal pubblico ministero e dalla persona sottoposta alle indagini (artt. 392 ss.), assumendo le prove in camera di consiglio, con le forme stabilite per il dibattimento (art. 401).

Quanto alla materia cautelare, il giudice per le indagini preliminari provvede sulle richieste del pubblico ministero di applicazione delle misure personali coercitive e interdittive (art. 292) e della misura reale del sequestro preventivo (art. 321), nonché di convalida del sequestro preventivo disposto dal pubblico ministero con urgenza (art. 321). Il giudice provvede, inoltre, sulle richieste di revoca e sostituzione delle misure cautelari personali (art. 299) e di liberazione della persona sottoposta alla custodia cautelare o di cessazione delle altre misure, nei casi in cui perdono efficacia (art. 306), nonché sulla richiesta di revoca del sequestro preventivo (art. 321). In ambito cautelare, il giudice provvede anche all'interrogatorio di cui all'art. 294. In ambito precautelare, il giudice per le indagini preliminari provvede sulle richieste di convalida dell'arresto o del fermo, celebrando un'udienza in camera di consiglio (art. 391).

Quanto alla materia dei tempi di instaurazione delle indagini preliminari, il giudice provvede sulla richiesta di retrodatazione dell'iscrizione nel registro delle notizie di reato (art. 335 *quater*, introdotto dal d.lgs. n. 150 del 2022). Quanto ai tempi di svolgimento della fase investigativa, il giudice per le indagini preliminari provvede sulle richieste di proroga del termine previsto dall'art. 405, con ordinanza emessa in camera di consiglio senza intervento del pubblico ministero e dei difensori nel caso dell'art. 406, co. 4, e in un procedimento che si svolge nelle forme di cui all'art. 127 nel caso dell'art. 406, co. 5. Quanto ai tempi di conclusione della fase investigativa, il giudice provvede sulla richiesta dell'indagato e della persona offesa di ordinare al pubblico ministero di assumere le determinazioni sull'azione penale, alla scadenza dei termini per l'esercizio dell'azione penale previsti dall'art. 407 *bis*, co. 2, secondo la nuova disciplina inserita dal d.lgs. n. 150 del 2022, per il caso d'inerzia del pubblico ministero stesso dopo la notifica dell'avviso di conclusione delle indagini preliminari (art. 415 *bis*, co. 5 *quater*), o dopo la notifica dell'avviso di deposito secondo l'art. 415 *ter*, co. 1, ovvero del decreto del procuratore generale presso la corte di appello secondo l'art. 415 *ter*, co. 2 (art. 415 *ter*, co. 3).

Il d.lgs. n. 150 del 2022 ha pure attribuito al giudice per le indagini preliminari la funzione di dare impulso alla fase investigativa, ordinando al pubblico ministero d'iscrivere nel registro il nome della persona sottoposta alle indagini (art. 335 *ter*). Il giudice provvede in tal senso, anche senza richiesta di parte, sempre che debba compiere «un atto del procedimento», secondo l'art. 328.

Quanto alla materia della tutela del diritto di difesa, il giudice per le indagini preliminari provvede sulla richiesta del pubblico ministero di autorizzazione alle ispezioni, alle perquisizioni e ai sequestri negli uffici dei difensori (art. 103, co. 4) e sulle richieste del pubblico ministero o delle parti private di rimuovere l'incompatibilità della difesa di più imputati nello stesso procedimento (art. 106, co. 4).

Il giudice per le indagini preliminari esercita funzioni anche **dopo la chiusura della fase delle indagini**, quando provvede sulla richiesta del pubblico ministero di archiviazione della notizia di reato (art. 409) o di riapertura delle indagini (art. 414), o di revoca della sentenza di non luogo a procedere (art. 434), in linea con lo schema generale delle decisioni *ex* art. 328. In questo caso, non si può parlare di decisioni incidentali, in quanto il giudice non provvede nel corso delle indagini preliminari.

Il giudice per le indagini preliminari esercita funzioni nell'ambito dei **procedimenti speciali** instaurati nella fase investigativa (applicazione della pena su richiesta delle parti, sospensione del procedimento con messa alla prova, procedimento di oblazione) e pronuncia il decreto di giudizio immediato.

6. L'attività investigativa del difensore

La dialettica tra accusa e difesa tipica del procedimento penale caratterizza anche la fase delle indagini preliminari. La **dialettica investigativa** ruota sempre attorno al polo dell'accusa, da ricondurre all'art. 112 Cost., e al polo della difesa, da ricondurre all'art. 24, co. 2, Cost., ma non ha al centro la figura del giudice, a meno che non vi sia una richiesta delle «parti private» o della persona offesa dal reato a norma dell'art. 328. Pertanto, il termine «parte», tecnicamente riferibile alla fase successiva all'esercizio dell'azione penale, può essere impiegato, in modo atecnico, anche con riguardo alla fase antecedente, alla luce dei contrapposti interessi dei soggetti del procedimento.

L'assenza del giudice, salvi i casi in cui vengano proposte questioni incidentali o instaurati procedimenti incidentali, si spiega con la finalità "ricostruttiva" delle indagini preliminari, mentre la finalità "rappresentativa" del dibattimento spiega la presenza necessaria del giudice. Le indagini preliminari servono a ricostruire il fatto, affinché questo possa essere descritto nell'imputazione e rappresentato nel dibattimento, attraverso l'assunzione della prova davanti al giudice. Pertanto, nella fase investigativa non trova spazio l'attività di formazione dialettica della prova, caratterizzante il "contraddittorio per la prova" dibattimentale, salvi i casi eccezionali in cui vengono disposti incidenti probatori.

Le indagini preliminari sono caratterizzate da una **dialettica tra contrapposte attività unilaterali**, svolte rispettivamente dal pubblico ministero (artt. 326 e 327) e dal difensore nell'ambito delle investigazioni difensive (art. 327 *bis*). L'attività investigativa del difensore si concretizza nella ricerca e nell'individuazione di «elementi di prova a favore del proprio assistito», a norma dell'art. 327 *bis*, co. 1. La facoltà di «ricercare ed individuare» gli elementi di prova a favore può essere attribuita al difensore «fin dal momento dell'incarico professionale, risultante da atto scritto» (art. 327 *bis*, co. 1). Tale facoltà è riconnessa al **fine di esercitare il diritto di difesa** «in ogni stato e grado del procedimento» (art. 327 *bis*, co. 2), quindi in primo luogo nelle indagini preliminari. Il sistema tende a riequilibrare la posizione di «indubbio vantaggio» di cui gode il pubblico ministero nella fase delle indagini preliminari, «ove la ricchezza degli strumenti investigativi a disposizione dell'organo dell'accusa, anche sul piano del carattere "invasivo" e "coercitivo" di determinati atti di indagine, non trova un riscontro paragonabile dal lato della difesa» [14].

L'attività investigativa del difensore è accostabile a quella del pubblico ministero soltanto per il metodo unilaterale di formazione della conoscenza. Si distingue, invece, da questa dal punto di vista finalistico, in quanto il pubblico ministero, per verificare compiutamente il fondamento della notizia di reato, non può limitarsi a svolgere indagini a carico dell'indagato, ma deve anche compiere «accertamenti [...] a favore della persona sottoposta alle indagini», i cui risultati confluiscono nel fascicolo conservato presso l'ufficio del pubblico ministero (art. 373, co. 5). Al contrario, le investigazioni del difensore sono soltanto indirizzate «a favore del proprio assistito» (art. 327 *bis*, co. 1), in linea con il differente statuto del pubblico ministero e del difensore.

Il pubblico ministero è una parte del processo, seppur pubblica; persegue un interesse di natura pubblica, quale è quello di persecuzione penale sotteso all'art. 112 Cost. Ha, pertanto, il dovere di assumere un provvedimento favorevole all'indagato, quale è la richiesta di archiviazione, qualora alla chiusura delle indagini preliminari non ravvisi il presupposto per iniziare l'azione penale, costituito dalla ragionevole previsione di condanna (art. 408, co. 1). Il difensore è, al contrario, un soggetto privato del procedimento penale, che ha l'obbligo di perseguire soltanto il personale interesse dell'imputato, sotteso all'art. 24, co. 2, Cost., ed è tutelando questo interesse che vengono soddisfatti gli interessi di rilevanza pubblica ai quali è ispirato l'intero processo penale.

---

[14] Corte cost., 26.2.2020, n. 34.

Pertanto, il difensore non ha l'obbligo di far confluire nel fascicolo di cui all'art. 373, co. 5, gli elementi di prova individuati tramite le investigazioni difensive, che possono essere presenti al pubblico ministero e al giudice, a norma dell'art. 391 *octies*. Il difensore, in quanto esercente un servizio di pubblica necessità, ai sensi dell'art. 359, co. 1, n. 1, c.p., non ha l'obbligo di denuncia neppure relativamente ai reati dei quali abbia avuto notizia nel corso delle attività investigative (art. 334 *bis*). Tuttavia, secondo la giurisprudenza, ha gli stessi diritti e doveri del pubblico ministero per quanto riguarda le modalità di documentazione delle dichiarazioni raccolte ai sensi degli artt. 391 *bis* ss., vale a dire svolge una funzione pubblica in tale ambito. Di conseguenza, integra il delitto di falso ideologico di cui all'art. 479 c.p. la condotta del difensore che utilizzi processualmente le dichiarazioni delle persone informate di circostanze utili acquisite a norma degli artt. 391 *bis* e 391 *ter* c.p.p. e verbalizzate in modo infedele[15].

Lo scopo dell'attività investigativa del difensore, durante le indagini preliminari, è, in prima battuta, di **persuadere il pubblico ministero** ad assumere una valutazione il più possibile favorevole al proprio assistito, nell'ambito delle determinazioni sull'azione penale. Pertanto, «il difensore può, in ogni caso, presentare al pubblico ministero gli elementi di prova a favore del proprio assistito», secondo l'art. 391 *octies*, co. 4. In seconda battuta, l'attività investigativa del difensore ha lo scopo di convincere il giudice per le indagini preliminari, al quale il difensore può presentare direttamente gli elementi di prova a favore, quando deve adottare una decisione con l'intervento della parte privata (art. 391 *octies*, co. 1), ovvero una decisione per la quale non è previsto l'intervento della parte assistita, sempre che il difensore abbia conoscenza del procedimento penale (art. 391 *octies*, co. 2). Dopo la chiusura delle indagini preliminari, i risultati dell'attività investigativa del difensore concorrono alla ricostruzione del fatto operata dapprima dal pubblico ministero, quando assume le determinazioni sull'azione penale, in seguito dal giudice per le indagini preliminari, nel caso in cui il pubblico ministero chieda l'archiviazione della notizia di reato, ovvero dal giudice dell'udienza preliminare, nel caso in cui il pubblico ministero chieda il rinvio a giudizio dell'imputato.

Le **forme** dell'attività investigativa del difensore sono stabilite nel titolo VI *bis* del Libro V. È previsto un catalogo di atti tipici d'investigazione difensiva negli artt. 391 *bis* ss., nonché modalità tipiche con cui avvengono le investigazioni difensive. Il che, di per sé, non esclude che il difensore possa svolgere attività investigativa atipica, nei limiti dei divieti probatori evincibili dalla stessa disciplina delle investigazioni difensive, oltre che da quella dei mezzi probatori. Le attività investigative possono essere svolte direttamente dal difensore o anche, su incarico di questi, dal sostituto, da investigatori privati

---

[15] Cass., Sez. Un., 27.6.2006, Schera.

autorizzati e, quando sono necessarie specifiche competenze, da consulenti tecnici (art. 327 *bis*, co. 2), in linea con gli analoghi poteri della polizia giudiziaria (art. 348, co. 4) e del pubblico ministero (art. 359).

7. Inizio delle indagini preliminari

7.1. La ricerca e l'acquisizione delle notizie di reato. L'attività d'indagine pre-procedimentale

L'inizio delle indagini preliminari presuppone l'**acquisizione di una notizia di reato**. Pertanto, la notizia di reato è un fatto giuridico esterno al procedimento penale, da cui trae origine il procedimento stesso. Il pubblico ministero e la polizia giudiziaria acquisiscono la notizia di reato, ai sensi dell'art. 330, di propria iniziativa oppure ricevono le notizie di reato presentate o trasmesse secondo le modalità tipiche previste dalla legge (artt. 331 ss.). Dopo l'acquisizione, la notizia viene immediatamente iscritta nel registro (art. 335, co. 1).

Prima dell'inizio delle indagini preliminari, sono possibili **indagini pre-procedimentali** finalizzate alla ricerca e all'acquisizione delle notizie di reato. Il sistema vigente attribuisce sia al pubblico ministero che alla polizia giudiziaria il potere di prendere notizia dei reati e, pertanto, di svolgere indagini pre-procedimentali «di propria iniziativa», come si ricava dall'art. 330. Nello stesso senso depongono gli artt. 335, co. 1, e 347, che prevedono l'acquisizione della notizia di reato a iniziativa non solo della polizia giudiziaria, ma anche del pubblico ministero.

La disciplina in esame configura un potere di acquisizione della notizia di reato, che presuppone un correlato potere di ricerca della stessa e risulta attribuito nei medesimi termini al pubblico ministero e alla polizia giudiziaria. L'esercizio del potere di ricerca della notizia di reato prescinde dall'esistenza di una segnalazione, anche in forma anonima, o da un'autonoma valutazione degli organi procedenti circa la possibile esistenza di indizi di reato. Questi presupposti non sono ricavabili dall'art. 330, né dell'art. 55 quanto alla polizia giudiziaria, e non paiono desumibili da altre disposizioni di legge processuale o di ordinamento giudiziario. Pertanto, anche il pubblico ministero, oltre alla polizia giudiziaria, può intraprendere la ricerca della notizia di reato "al buio".

Questa lettura è suffragata dal regime di diretta disponibilità della polizia giudiziaria da parte dell'organo di accusa (art. 327). Il pubblico ministero, titolare del potere di direzione delle indagini preliminari, conserva la diretta disponibilità della polizia giudiziaria durante l'attività investigativa che precede l'acquisizione della notizia di reato. L'art. 327 riguarda, innanzitutto, il versante delle indagini preliminari, ma traendo linfa dal precetto dell'art. 109 Cost., estende la portata operativa del suddetto regime di disponibilità a tutti i segmenti dell'attività investigativa compiuta dal pubblico ministero, prima e dopo l'inizio del procedimento penale. Converge in tal senso anche l'art. 55, co. 1, che attribuisce agli agenti e ufficiali di polizia giudiziaria il compito di prendere notizia dei reati «anche di propria iniziativa», pertanto anche a iniziativa del pubblico ministero. Insomma, è l'organo di accusa in prima battuta ad essere titolare del potere di prendere notizia dei reati.

In mancanza della notizia di reato, nelle indagini pre-procedimentali **non possono essere disposti i mezzi di ricerca della prova** disciplinati nel titolo III del Libro III. Questi congegni probatori servono per ricercare e assicurare al procedimento le tracce e gli altri effetti materiali del reato (art. 244, co. 1), nonché il corpo del reato e le cose pertinenti al reato (art. 247, co. 1), e presuppongono, pertanto, che siano insorti quantomeno indizi di reato. Né questi strumenti potrebbero essere allestiti come mezzi di ricerca della notizia di reato, attraverso l'interpretazione analogica, in quanto sarebbe violato un profilo di tassatività della relativa disciplina codicistica. Diversamente, in questa fase, possono essere compiuti gli atti tipici d'indagine preliminare che non presuppongono l'emersione di indizi di reato (per esempio, assunzioni di informazioni o consulenze tecniche) e, a maggior ragione, gli atti investigativi atipici.

Inoltre, il pubblico ministero e la polizia giudiziaria possono svolgere indagini sulla base della denuncia di reato da fonte anonima. Invero, nei casi in esame l'attività d'indagine non è tanto preordinata alla "ricerca" di notizie di reato, perché una notizia, ancorché "anonima", è già stata acquisita dagli organi investigativi. Si tratta, piuttosto, di verificare il fondamento dei dati di fatto e di diritto indicati nella segnalazione appresa. Ciò che, in linea generale, consentirebbe il ricorso ai mezzi di ricerca della prova. È, però, il divieto dell'art. 333, co. 3, ad escludere, in linea generale, che alle notizie anonime siano associati gli effetti tipici della notizia di reato ed a vietare, pertanto, i mezzi di ricerca. Salvo che costituisca corpo del reato e sia, comunque, proveniente dall'imputato, il documento rappresentativo della notizia di reato è squalificato dalla legge processuale, anche quando dal contenuto ivi rappresentato siano desumibili conoscenze sul piano investigativo. Le indagini successive alla ricezione della denuncia anonima soggiacciono ai limiti propri delle attività pre-procedimentali. Le denunce anonime sono conservate ai sensi del regolamento previsto dall'art. 108 disp. att.[16].

---

[16] V. art. 5, d.m. 30.9.1989, n. 334.

7.2. L'acquisizione della notizia di reato a iniziativa della polizia giudiziaria e la comunicazione al pubblico ministero

La polizia giudiziaria ha l'**obbligo di riferire al pubblico ministero la notizia di reato** acquisita di propria iniziativa, attraverso la comunicazione prevista dall'art. 347, co. 1. La polizia giudiziaria acquisisce la notizia di reato di propria iniziativa svolgendo indagini pre-procedimentali, entro i limiti già considerati, oppure indagini preliminari nell'ambito di un altro procedimento penale. Questo può avere ad oggetto la notizia del medesimo reato attribuito ad altra persona sottoposta alle indagini ovvero la notizia di un altro reato attribuito alla medesima o ad altra persona sottoposta alle indagini.

Subito dopo l'acquisizione della notizia di reato, sorge l'obbligo della polizia giudiziaria di trasmettere al pubblico ministero la comunicazione per iscritto (o su supporto magnetico o con trasmissione per via telematica)[17]. Questa non può essere posticipata al fine di raccogliere elementi di prova, in quanto la notizia viene **riferita «senza ritardo»**, secondo l'art. 347, co. 1. Inoltre, la polizia giudiziaria trasmette al pubblico ministero gli «elementi sino ad allora raccolti» (art. 347, co. 1) e continua a raccogliere ogni elemento di prova utile, «anche successivamente alla comunicazione della notizia di reato», in base all'art. 348, co. 1. Dal quadro normativo emerge, pertanto, che l'attività di assicurazione delle fonti di prova si svolge senza soluzione di continuità e non può ritardare la comunicazione della notizia di reato.

Per comprendere se, in base agli elementi di prova raccolti, debba ritenersi integrato o meno l'obbligo di riferire la notizia di reato, la polizia giudiziaria svolge un giudizio di contenuto analogo a quello compiuto dal pubblico ministero, ai sensi dell'art. 335, co. 1, per comprendere se la notizia di reato pervenuta o acquisita di propria iniziativa debba o meno essere iscritta nel registro. Non avrebbe senso imporre alla polizia giudiziaria di riferire al pubblico ministero una *notitia criminis* priva dei requisiti richiesti per l'iscrizione nel registro di cui all'art. 335. Peraltro, ciò non significa che la valutazione in fatto e in diritto sottesa alla comunicazione della notizia di reato vincoli il pubblico ministero in positivo o in negativo. L'organo che dirige le indagini preliminari deve iscrivere le notizie di reato non ravvisate o escluse dalla polizia giudiziaria, se ritenga che, invece, emergano dagli atti, e non deve iscrivere le notizie di reato che non ritenga configurabili.

Sul piano teorico, non dovrebbe esservi cesura fra il **momento dell'acquisizione della notizia di reato** da parte della polizia giudiziaria e il **momento della trasmissione della comunicazione** al pubblico ministero. Tuttavia, sul piano pratico, va da sé che tra i due momenti si possa porre un intervallo non

---

[17] V. art. 108 *bis* disp. att.

definibile in astratto, in quanto condizionato dalle difficoltà ricostruttive del fatto concreto. In ragione di questo aspetto, la disciplina codicistica impone alla polizia giudiziaria stessa di indicare, nella comunicazione, il giorno e l'ora in cui la notizia di reato è stata acquisita (art. 347, co. 4).

Soltanto nel caso in cui siano stati compiuti **atti per i quali è prevista l'assistenza del difensore** della persona nei cui confronti vengono svolge le indagini, opera un termine determinato per la comunicazione, che deve essere «trasmessa al più tardi entro quarantotto ore dal compimento dell'atto» garantito, ai sensi dell'art. 347, co. 2 *bis*. A questa deroga alla regola generale della trasmissione «senza ritardo», si affianca l'ulteriore previsione speciale che impone di trasmettere la comunicazione «immediatamente anche in forma orale», seguita «senza ritardo» dalla comunicazione in forma scritta, nelle due ipotesi enucleate dall'art. 347, co. 3. In primo luogo, la norma speciale si applica se si tratta di uno dei delitti inclusi nel catalogo di cui all'art. 407, co. 2, lett. *a*, nn. da 1) a 6) [18], al quale l'art. 347, co. 3, rinvia, ovvero di uno dei delitti espressamente richiamati da questa disposizione.

L'art. 347, co. 3, elenca i seguenti delitti: «maltrattamenti contro familiari o conviventi» (art. 572 c.p.), «violenza sessuale» (art. 609 *bis* c.p.), «violenza sessuale aggravata» (art. 609 *ter* c.p.), «atti sessuali con minorenne» (art. 609 *quater* c.p.), «corruzione di minorenne» (art. 609 *quinquies* c.p.), «violenza sessuale di gruppo» (art. 609 *octies* c.p.), «atti persecutori» (art. 612 *bis* c.p.), «diffusione illecita di immagini o video sessualmente espliciti» (art. 612 *ter* c.p.), ovvero «lesione personale» (art. 582 c.p.) e «deformazione dell'aspetto della persona mediante lesioni permanenti al viso» (art. 583 *quinquies* c.p.) nelle ipotesi aggravate ai sensi degli artt. 576, co. 1, nn. 2), 5) e 5.1), e 577, co. 1, n. 1), e co. 2.

In secondo luogo, le modalità di comunicazione "immediata" della notizia di reato operano «in ogni caso, quando sussistono **ragioni di urgenza**». Si apre, pertanto, un inevitabile margine di discrezionalità nella valutazione della polizia giudiziaria sull'«urgenza», così come, in generale, sui margini entro i quali operare «senza ritardo». La valutazione discrezionale deve, peraltro, tener conto dell'esigenza di provocare l'intervento del pubblico ministero, ad esempio, per l'emissione di un tempestivo decreto di perquisizione, al di fuori dei casi in cui la polizia giudiziaria può procedere a iniziativa ai sensi dell'art. 352.

Inoltre, per definire i tempi entro i quali va riferita la notizia di reato al pubblico ministero, occorre considerare il **contenuto della comunicazione** definito dai commi 1 e 2 dell'art. 347. Essa deve recare una descrizione storica del fatto, seppur limitata agli «elementi essenziali». La comunicazione

---

[18] Cfr., *infra*, par. 14.

non si spinge a una «enunciazione, in forma chiara e precisa, del fatto», richiesta non all'inizio, ma dopo la chiusura delle indagini preliminari, nel caso in cui venga esercitata l'azione penale con la formulazione dell'imputazione. Pertanto, nella comunicazione della notizia di reato, devono essere riferite le note descrittive che servono a identificare il fatto sul piano storico e a distinguerlo dagli altri fatti che potrebbero coesistere con il primo nella realtà. Inoltre, vengono riferiti «gli altri elementi» di prova sino a quel momento raccolti, indicando le fonti di prova e le attività compiute, delle quali viene pure trasmessa la relativa documentazione (art. 357). Nei casi di urgenza, le indicazioni e la documentazione previste dall'art. 347, co. 1 e 2, sono trasmesse senza ritardo (art. 108 *bis*, co. 1, disp. att.) Quando è possibile, vengono comunicate le generalità, il domicilio e quanto valga alla identificazione della persona nei cui confronti vengono svolte le indagini, della persona offesa e di coloro che siano in grado di riferire su circostanze rilevanti per la ricostruzione dei fatti.

7.3. La ricezione delle notizie di reato

Le notizie di reato, oltre ad essere acquisite dal pubblico ministero e dalla polizia giudiziaria di propria iniziativa, vengono presentate o trasmesse agli organi investigativi secondo le modalità stabilite dagli artt. 331 ss. (art. 330). In questo caso, il pubblico ministero o la polizia giudiziaria ricevono **notizie di reato "qualificate" (o tipiche)**, mentre si definiscono **"non qualificate" (o atipiche)** quelle presentate o trasmesse secondo modalità non previste dalla legge. In entrambi i casi, il pubblico ministero compie una valutazione sulla effettiva configurabilità di una notizia di reato, ai fini dell'iscrizione nel registro delle notizie di reato (mod. 21 e 44) o nel registro degli «atti non costituenti notizia di reato» (mod. 45).

Pertanto, l'iscrizione della notizia di reato non costituisce un automatismo, come si ricava anche dall'art. 109 disp. att. È stabilito che, quando la segreteria della procura della Repubblica riceve «atti che possono contenere notizie di reato», annota la data e l'ora in cui gli atti sono pervenuti all'ufficio e li sottopone immediatamente al procuratore «per l'eventuale iscrizione nel registro delle notizie di reato». Se, in forza di questa disposizione, la notizia di reato non viene iscritta nel registro di cui all'art. 335, non prende avvio il procedimento penale. Gli atti non costituenti notizia di reato iscritti nel mod. 45 non devono essere sottoposti al giudice per le indagini preliminari per l'archiviazione e possono essere trasmessi dal pubblico ministero direttamente all'archivio [19].

---

[19] Cass., Sez. Un., 24.9.2001, P.G. in proc. Chirico.

I **mezzi tipici di presentazione o trasmissione della notizia di reato** sono la già esaminata comunicazione di polizia giudiziaria disciplinata dall'art. 347, la denuncia da parte di pubblici ufficiali e incaricati di un pubblico servizio, la denuncia da parte di privati (artt. 331-333) e il referto (art. 334). Inoltre, la querela (art. 337), l'istanza di procedimento (art. 341) e la richiesta di procedimento (art. 342) rientrano fra le condizioni di procedibilità disciplinate dal titolo III del Libro V, ma possono contenere la notizia di reato; vanno ricomprese, pertanto, fra i mezzi (tipici) di presentazione o trasmissione della notizia di reato, qualora questa non sia stata acquisita in precedenza.

I **pubblici ufficiali e gli incaricati di pubblico servizio** hanno l'obbligo di fare denuncia per iscritto dei reati perseguibili d'ufficio (art. 331, co. 1), sempre che non venga in rilievo il richiamato obbligo di comunicazione specificamente previsto per la polizia giudiziaria dall'art. 347. L'obbligo di denuncia scatta quando i soggetti menzionati dall'art. 331 hanno notizia del reato «nell'esercizio o a causa delle loro funzioni o del loro servizio» e opera anche se non sia stata individuata la persona alla quale il reato è attribuito. In linea con lo schema generale di cui all'art. 347, co. 1, la denuncia deve essere presentata o trasmessa «senza ritardo» al pubblico ministero o a un ufficiale di polizia giudiziaria (art. 331, co. 2). Pertanto, anche l'obbligo di denuncia sorge subito dopo l'acquisizione della notizia.

Va, però, tenuto conto che l'assenza di competenze tecniche rende più complessa la valutazione discrezionale dei soggetti in questione, rispetto a quella degli agenti e ufficiali di polizia giudiziaria, e può incidere sui tempi della presentazione o trasmissione della denuncia, nonostante la denuncia abbia un contenuto sostanzialmente analogo a quello della comunicazione della notizia di reato redatta dalla polizia giudiziaria. Anche la denuncia contiene l'esposizione degli elementi essenziali del fatto; l'atto indica il giorno dell'acquisizione della notizia, nonché le fonti di prova già note e contiene, quando è possibile, le ulteriori informazioni quanto alla persona alla quale il fatto è attribuito, alla persona offesa e a coloro che siano in grado di riferire su circostanze rilevanti per la ricostruzione dei fatti, già richiamate con riguardo alla comunicazione di polizia giudiziaria (art. 332). Nel caso in cui più persone abbiano avuto notizia del medesimo fatto, esse possono anche redigere e sottoscrivere un unico atto di denuncia (art. 331, co. 3).

Lo stesso regime si applica nel caso in cui la notizia di un reato perseguibile d'ufficio venga acquisita in un procedimento civile o amministrativo (art. 331, co. 4), non necessariamente di natura giurisdizionale. Una volta che l'autorità procedente (giudice civile o amministrativo o altra autorità pubblica) accerta l'emersione di «un fatto nel quale si può configurare» il reato, redige e trasmette «senza ritardo» la denuncia al pubblico ministero: l'obbligo sorge «nel corso» (e non all'esito) del procedimento o della fase del processo. In questo caso, il procuratore della Repubblica informa senza ritardo il giudice civile o amministrativo delle richieste presentate alla conclusione delle indagini preliminari (art. 106 disp. att.).

In deroga al regime generale in discorso, l'art. 221 disp. coord. stabilisce che «continuano ad osservarsi» le modalità particolari di inoltro della denuncia all'autorità giudiziaria, ovvero di presentazione della stessa ad altra autorità che a quella abbia l'obbligo di riferire, in base a «disposizioni di legge o decreti». Si può considerare per esempio, il regime dettato dalla L. 3.8.2007, n. 124 («Sistema di informazione per la sicurezza della Repubblica e nuova disciplina del segreto»), che prevede per il personale dei servizi di informazione per la sicurezza e del DIS (art. 21) l'obbligo di denunciare fatti costituenti reato ai rispettivi direttori i quali, senza ritardo, informano il Presidente del Consiglio dei ministri, o l'Autorità delegata, ove istituita (art. 23, co. 6). A sua volta, il Presidente del Consiglio dei ministri adotta le necessarie misure e informa l'autorità giudiziaria senza ritardo, nei casi in cui la condotta prevista dalla legge come reato sia stata posta in essere in assenza ovvero oltre i limiti delle autorizzazioni (art. 18, co. 6). Un altro esempio è costituito dal d.lgs. 1.9.1993, n. 385 (T.U. delle leggi in materia bancaria e creditizia), che, all'art. 7, co. 2, attribuisce ai dipendenti della Banca d'Italia, nell'esercizio delle funzioni di vigilanza, la qualifica di pubblico ufficiale, prevedendo che essi hanno l'obbligo di riferire esclusivamente al Direttorio tutte le irregolarità constatate, anche quando assumano la veste di reati.

I **privati** hanno la facoltà, e non l'obbligo, di fare denuncia dei reati perseguibili di ufficio, salvi i casi di denuncia obbligatoria dettati dalla legge (art. 333, co. 1). Si possono considerare gli obblighi penalmente sanzionati di immediata denuncia in presenza della notizia di un delitto contro la personalità dello Stato per il quale la legge stabilisce la pena dell'ergastolo (art. 364 c.p.) e di denuncia di cose provenienti da delitto (art. 709 c.p.). I privati presentano la denuncia oralmente o per iscritto, al pubblico ministero o a un ufficiale di polizia giudiziaria. Inoltre, la denuncia può essere presentata personalmente o a mezzo di procuratore speciale (art. 333, co. 2). Se è presentata per iscritto, la denuncia è sottoscritta dal denunciante o da un suo procuratore speciale. È garantito il diritto della persona che presenta la denuncia di ottenere attestazione della ricezione davanti all'autorità alla quale è stata presentata (art. 107 disp. att.).

La denuncia veicola la notizia di reato e dà, pertanto, origine al procedimento penale, ma **non è un atto del procedimento penale**, a differenza della comunicazione della polizia giudiziaria al pubblico ministero *ex* art. 347, che è un atto del procedimento penale successivo al sorgere della notizia di reato. Pertanto, alla denuncia non si applica la disciplina sugli atti contenuta nel Libro II, nemmeno per quanto riguarda le forme della procura speciale di cui all'art. 122.

Questa lettura è confermata dall'art. 107 *ter* disp. att., che prevede il diritto all'assistenza dell'interprete per la proposizione o presentazione di denuncia o querela. Questa disposizione non avrebbe senso se si applicasse la disciplina sulla traduzione degli atti contenuta nel Libro II, che già contempla il caso di nomina dell'interprete «quando la persona che vuole o deve fare una dichiarazione non conosce la lingua italiana» (art. 143 *bis*, co. 1). Il denunciante ha anche diritto di ottenere la traduzione in una lingua a lui conosciuta dell'attestazione di ricezione della denuncia o querela (art. 107 *ter*, co. 1).

Da ultimo, la notizia di reato può essere ricevuta tramite **referto**, secondo le modalità di cui all'art. 334. Va premesso che l'obbligo, penalmente sanzionato, di referto riguarda l'esercente di una prestazione sanitaria che ha prestato la propria assistenza od opera in casi che possono presentare i caratteri di un delitto per il quale si debba procedere d'ufficio (art. 365 c.p.). Chi ha l'obbligo del referto, deve farlo pervenire al pubblico ministero o a qualsiasi ufficiale di polizia giudiziaria del luogo in cui ha prestato la propria opera o assistenza ovvero, in loro mancanza, all'ufficiale di polizia giudiziaria più vicino. Rispetto alla denuncia, cambiano per il referto le modalità temporali di trasmissione o presentazione della notizia, entro quarantotto ore o, se vi è pericolo nel ritardo, immediatamente, nonché il contenuto dell'atto. Il referto indica la persona alla quale è stata prestata assistenza, che generalmente è la persona offesa dal reato, tenendo conto che il reato di cui all'art. 365 c.p. non è configurabile «quando il referto esporrebbe la persona assistita a procedimento penale» (art. 365, co. 2). Se possibile, sono indicate le generalità della persona assistita, il luogo dove si trova attualmente e quanto altro valga a identificarla, nonché il luogo, il tempo e le altre circostanze dell'intervento.

Il referto non fornisce una descrizione del fatto, ma «le notizie che servono a stabilire le circostanze del fatto, i mezzi con i quali è stato commesso e gli effetti che ha causato o può causare» (art. 334, co. 2), dati che si ricavano dalle specifiche competenze di chi redige il referto e che potrebbero costituire oggetto di testimonianza tecnica nel processo (art. 195, co. 3). Anche in considerazione di questo aspetto si comprende che l'obbligo del referto, a differenza dell'obbligo di denuncia di cui all'art. 331, è cumulativamente previsto in capo a tutte le persone che hanno prestato la loro assistenza nella medesima occasione, ferma restando la facoltà di redigere e sottoscrivere un unico atto (art. 334, co. 3).

7.4. I requisiti della notizia di reato

Le disposizioni che attribuiscono al pubblico ministero e alla polizia giudiziaria il compito di acquisire la notizia di reato (art. 330) e che dettano le modalità tipiche di presentazione o trasmissione delle notizie di reato "qualificate" (artt. 331 ss.), non forniscono alcuna nozione di notizia di reato. Pertanto, prima del d.lgs. n. 150 del 2022, i **requisiti dell'istituto** dovevano essere individuati in via esegetica, al fine di definire i presupposti dell'iscrizione nel registro di cui all'art. 335. Va considerato che il tema dell'acquisizione e quello dell'iscrizione della notizia erano collegati, e lo sono tuttora, in quanto l'acquisizione della *notitia criminis* è quanto basta a far sorgere il dovere di iscrizione nel registro, ai sensi dell'art. 335, co. 1. Il dovere del pubblico ministero d'iscrivere la notizia di reato sorge «immediatamente» dopo la presentazione o la trasmissione ovvero l'acquisizione di propria iniziativa di una notizia di reato.

Pertanto, se il pubblico ministero ha preso notizia del reato di propria iniziativa, i presupposti dell'iscrizione e dell'acquisizione coincidono. Se la notizia è pervenuta da una fonte tipica, comunque il pubblico ministero deve accertare se sia stata acquisita una notizia di reato, al fine dell'iscrizione nel registro. Va precisato che accertare quando la notizia di reato è stata acquisita è compito, in prima battuta, del pubblico ministero, in seconda battuta, del giudice, nell'ambito dei controlli sulla mancata iscrizione della notizia di reato a carico di una persona determinata (art. 335 *ter*) e sulla ritardata iscrizione della notizia di reato e del nominativo della persona sottoposta alle indagini (art. 335 *quater*).

Il d.lgs. n. 150 del 2022 ha innovato la materia, introducendo una definizione di notizia di reato nell'art. 335, co. 1. Alla luce di questa disposizione, il pubblico ministero, al fine di provvedere sull'iscrizione, deve verificare se la notizia acquisita o ricevuta contenga «la **rappresentazione di un fatto**». Inoltre, deve emergere un fatto «determinato e non inverosimile, riconducibile in ipotesi a una fattispecie incriminatrice», secondo la formula ellittica impiegata dalla medesima disposizione. Pertanto, occorre svolgere un giudizio prognostico di basso titolo logico, caratterizzato da una valutazione meramente possibilistica e non probabilistica: il criterio del fatto "non inverosimile" richiede che gli elementi acquisiti dimostrino la possibile esistenza di un fatto. Questo deve in ipotesi integrare un reato. Se il fatto fosse indeterminato o inverosimile, non vi sarebbe l'ipotetico reato, e non emergerebbe una notizia di reato.

Questo assetto normativo porta a far coincidere il momento di acquisizione della notizia di reato con quello in cui emerge l'**indizio di un reato**, come si desume dall'interpretazione sistematica e dalla stessa formulazione del co. 1 *bis* dell'art. 335, che fa coincidere il momento di acquisizione della notizia di reato nei confronti di una persona con quello in cui emergono "indizi a suo carico". Non sarebbe ragionevole richiedere, ai fini dell'iscrizione della notizia oggettiva, elementi di minor peso di quelli necessari ai fini dell'iscrizione della notizia soggettiva. Né sarebbe ragionevole ammettere che i mezzi di ricerca della prova possano essere disposti nel secondo caso, caratterizzato dall'emersione di indizi di reato, e non nel primo. Non è contestabile che il pubblico ministero possa disporre un mezzo di ricerca della prova, sulla sola base di una notizia "qualificata".

Va precisato che, in tale contesto dell'ordinamento processuale, non rileva la nozione di "indizio" fatta propria dall'art. 192, co. 2, con riguardo all'elemento probatorio posto alla base del ragionamento inferenziale. In questo ambito, l'indizio assume rilevanza in quanto grave, preciso e concordante con gli ulteriori indizi. Nell'ambito dell'art. 335, il termine "indizio" rimanda al grado logico del giudizio di esistenza dell'illecito penale, caratterizzante i provvedimenti che segnano gli sviluppi del procedimento penale. Un giudizio compiuto nella fase iniziale del procedimento, quale è quello sotteso al provvedimento di iscrizione della notizia di reato nel registro, è necessariamente di basso titolo logico, in quanto si basa sugli scarni elementi sino a quel momento raccolti o pervenuti. L'incompletezza conoscitiva di partenza rende per natura provvisoria l'ipotesi di reato rappresentata nella notizia, sulla quale s'innesta l'attività ricostruttiva del fatto compiuta nelle indagini preliminari. Pertanto, per dare avvio alla fase investigativa, non occorre l'acquisizione di un'ipotesi di reato particolarmente "credibile" o "sostenibile", ma soltanto "verosimile".

Al contrario, al termine della fase investigativa, svolte tutte le indagini necessarie per accertare il fondamento della notizia di reato, ha senso richiedere un giudizio più pregnante sull'esistenza del reato e sulla colpevolezza dell'indagato. Non c'è più un'ipotesi di reato fluida (e da ricostruire), ma un fatto ricostruito, da enunciare nell'imputazione in forma chiara e precisa, per essere rappresentato nel dibattimento. Si spiega, pertanto, l'innalzamento del grado logico del giudizio prognostico, in termini probabilistici, ai sensi dell'art. 408, co. 1, al quale corrisponde un abbassamento del grado logico del giudizio nel momento d'inizio della fase. L'acquisizione di una notizia di reato semplicemente "verosimile" spiega perché l'iscrizione «non può, da sola, determinare effetti pregiudizievoli di natura civile o amministrativa per la persona alla quale il reato è attribuito», secondo l'art. 335 *quater*, introdotto dal d.lgs. n. 150 del 2022. Le disposizioni civili e amministrative da cui derivano effetti pregiudizievoli per la persona sottoposta a indagini devono, invece, intendersi nel senso che esse si applicano alla persona nei cui confronti è stata emessa una misura cautelare personale o è stata esercitata l'azione penale, ai sensi del nuovo art. 110 *quater* disp. att. Tali situazioni si basano su una pregnante valutazione prognostica della colpevolezza.

7.5. L'iscrizione nel registro delle notizie di reato

L'esistenza di un **indizio di reato** è, pertanto, la condizione necessaria e sufficiente per l'iscrizione della notizia di reato. Potrebbe trattarsi di un indizio acquisito tramite atti a iniziativa del pubblico ministero o della polizia giudiziaria, nell'ambito delle indagini pre-procedimentali, oppure di un indizio tratto dalla stessa rappresentazione del fatto contenuta nella notizia di reato "qualificata".

Inoltre, se non vi fosse una coincidenza fra il momento di emersione degli indizi di reato e il momento di acquisizione della notizia di reato, non si spiegherebbe la disciplina dettata dall'art. 220 disp. coord. per le **attività ispettive e di vigilanza** svolte da autorità amministrative in base a leggi o decreti, in forza della quale gli atti necessari per assicurare le fonti di prova e raccogliere quant'altro possa servire per l'applicazione della legge penale sono compiuti con l'osservanza delle disposizioni del codice, sin dal momento in cui «emergano indizi di reato». La trasformazione degli atti di accertamento amministrativo in atti di indagine preliminare presuppone l'instaurazione di un procedimento penale, a seguito dell'acquisizione di una notizia di reato (in coincidenza con l'emersione degli indizi).

Sfuma, in questo contesto, la distinzione fra "indizio" e "sospetto" di reato. Va considerato che il «sospetto di reato», nell'ambito delle indagini sulla morte di una persona regolate dall'art. 116, co. 1, disp. att., fa sorgere il dovere del procuratore della Repubblica di accertare la causa della morte, se necessario ordinando l'autopsia secondo le modalità previste dall'art. 360 o facendo richiesta di incidente probatorio, dopo aver compiuto le indagini occorrenti per l'identificazione. Sembra difficile negare che tali indagini si collochino nell'ambito di un procedimento penale e che, pertanto, il sospetto svolga in questo contesto un ruolo analogo a quello svolto dall'indizio in relazione all'art. 220 disp. coord.

Questo dato normativo sembra smentire l'interpretazione secondo cui il sospetto si porrebbe al centro dell'attività di ricerca della notizia di reato, mentre la *notitia criminis* costituirebbe la risultante dell'attività in questione. Tale interpretazione riflette l'idea che indizio e sospetto siano separati da una gradazione di tipo quantitativo in ordine alla consistenza dell'ipotesi di reato ed è, quindi, percorribile sul piano teorico. Tuttavia, il rischio è quello di favorire prassi devianti, tese a posticipare quanto più possibile l'applicazione delle disposizioni di garanzia codicistiche *ex* art. 220 disp. coord., sul fronte delle attività ispettive o di vigilanza, o comunque a ritardare l'iscrizione della notizia di reato o del nominativo della persona nei cui confronti si svolgono le indagini, sul fronte delle attività pre-procedimentali o d'indagine preliminare.

Da questa disciplina discende che il procedimento penale può iniziare prima dell'iscrizione della notizia di reato nel registro di cui all'art. 335. In particolare, quando la notizia di reato è stata acquisita a iniziativa del pubblico ministero o della polizia giudiziaria, il **primo atto del procedimento penale** è quello immediatamente successivo all'emersione di un indizio di reato. Gli atti di indagine compiuti da questo momento, seppure anteriori all'iscrizione della notizia nel registro, rientrano, a tutti gli effetti, nelle indagini preliminari e devono essere compiuti nell'osservanza delle norme del codice. Invece, l'iscrizione è il primo atto del procedimento penale, quando viene effettuata subito dopo la presentazione o trasmissione di una notizia di reato "qualificata", prima di compiere atti di indagine.

Tuttavia, il pubblico ministero potrebbe escludere che il fatto rappresentato dalla notizia configuri un'ipotesi di reato, non iscrivere la notizia nel registro di cui all'art.

335 e svolgere indagini pre-procedimentali finalizzate ad accertare se il fatto possa configurare un reato, ricreandosi la situazione sopra esaminata.

La disciplina dell'iscrizione nel registro delle notizie di reato tiene conto dell'ipotesi in cui gli indizi a carico della persona alla quale il reato è attribuito emergano in un momento non coincidente con quello in cui emergono indizi di reato. Pertanto, l'**iscrizione del nome della persona sottoposta alle indagini** viene effettuata contestualmente o successivamente all'iscrizione della notizia di reato, «non appena risultino» gli «indizi a suo carico», secondo l'art. 335, co. 1 *bis*. L'iscrizione soggettiva può avvenire successivamente all'iscrizione oggettiva sia nell'ipotesi in cui la notizia di reato venga presentata o trasmessa al pubblico ministero con un mezzo tipico, per esempio una denuncia di reato contro ignoti, sia nell'ipotesi in cui la notizia venga acquisita di propria iniziativa, nel corso delle indagini pre-procedimentali. Al contrario, quando emergono indizi di reato a carico della persona nei cui confronti vengono compiute attività ispettive e di vigilanza, regolate dall'art. 220 disp. coord., i due momenti dell'iscrizione (oggettiva e soggettiva) coincidono.

Inoltre, nei confronti di una persona non indiziata di reato, potrebbero essere compiuti atti d'indagine preliminare, per esempio una perquisizione, il cui esito positivo determinerebbe l'insorgenza di indizi di reità, il che determinerebbe l'obbligo d'iscrivere il nominativo di questa persona nel registro, *ex* art. 335, co. 1 *bis*. È evidente che, in questa situazione, gli atti d'indagine dovrebbero essere compiuti nel rispetto dei diritti e delle garanzie della persona sottoposta alle indagini, ai sensi dell'art. 61, in un momento anteriore all'iscrizione soggettiva. In generale, il riconoscimento dello *status* di indagato è indipendente dall'iscrizione della notizia di reato o del nome della persona sottoposta alle indagini nel registro.

Il **controllo sulla tempestività dell'iscrizione nel registro** della notizia di reato e del nome della persona sottoposta alle indagini è affidato a un rimedio repressivo di natura giurisdizionale, regolato dall'art. 335 *quater*, e ad un rimedio preventivo disposto dallo stesso pubblico ministero, ai sensi dell'art. 335, co. 1 *ter*, qualora non abbia provveduto tempestivamente (cioè "immediatamente") all'iscrizione oggettiva o soggettiva. Il meccanismo si basa sull'indicazione, «all'atto di disporre l'iscrizione», della «data anteriore a partire dalla quale essa deve intendersi effettuata» (retrodatazione dell'iscrizione).

Il ritardo potrebbe derivare da disfunzioni organizzative dell'ufficio della procura della Repubblica oppure da un'erronea valutazione del pubblico ministero in ordine all'ipotetica esistenza del reato. Il pubblico ministero deve retrodatare l'iscrizione senza necessità di accertare se il ritardo sia «giustificato», non operando il criterio di cui all'art. 335 *quater*, co. 2.

La legge garantisce il **diritto alla conoscenza delle iscrizioni** oggettive e soggettive, tramite l'istituto della comunicazione alla persona alla quale il reato è attribuito, alla persona offesa e ai rispettivi difensori (art. 335, co. 3). Questi soggetti possono presentare una richiesta, alla quale la segreteria della procura della Repubblica deve rispondere, a norma dell'art. 110 *bis* disp. att., tenendo conto degli eventuali impedimenti. Va precisato, in primo luogo, che il diritto alla conoscenza delle iscrizioni non è riconosciuto, radicalmente, nel caso in cui si proceda per uno dei delitti di cui all'art. 407, co. 2, lett. *a*, per i quali è pure previsto un più lungo termine di durata massima delle indagini preliminari, rispetto agli altri reati. In secondo luogo, è stabilito che il pubblico ministero possa disporre, con decreto motivato, a seguito della richiesta di comunicazione, il segreto sulle iscrizioni, per un periodo non superiore a tre mesi e non rinnovabili, sempre che sussistano specifiche esigenze investigative (art. 335, co. 3 *bis*). Le due deroghe perseguono il fine dell'efficienza investigativa, attraverso una tutela rafforzata del segreto investigativo, a scapito del diritto di difesa. Proprio per non pregiudicare il segreto sulle iscrizioni, l'art. 110 *bis* disp. att. prevede che la segreteria dell'ufficio di procura, nel rispondere alla richiesta di comunicazione, impieghi una formula "*standard*" che non lasci comprendere se sussista o meno un'effettiva iscrizione, in caso di risposta positiva («Risultano le seguenti iscrizioni suscettibili di comunicazione») e negativa («Non risultano iscrizioni suscettibili di comunicazione»).

Indipendentemente dalla tutela del diritto alla conoscenza delle iscrizioni, si pone il problema della tutela del **diritto di essere informati sullo stato del procedimento**. Questo diritto è espressamente riconosciuto alla persona offesa dal reato, la quale può presentare una richiesta decorsi sei mesi dalla data di presentazione della denuncia, ovvero della querela, senza pregiudizio del segreto sugli atti di indagine (art. 335, co. 3 *ter*). Quanto alla persona sottoposta alle indagini, è esclusivamente garantita la conoscenza della richiesta di proroga del termine per la conclusione delle indagini (art. 406, co. 3), pari a un anno, secondo la regola generale, a sei mesi, se si procede per una contravvenzione, e a un anno e sei mesi, se si procede per taluno dei delitti indicati nell'art. 407, co. 2 (v. art. 405, co. 2). Inoltre, questi termini decorrono dalla data dell'iscrizione del nome della persona alla quale il reato è attribuito nel registro delle notizie di reato, mentre il termine di sei mesi previsto per la persona offesa decorre indipendentemente dall'iscrizione della notizia di reato. Il diritto di cui all'art. 335, co. 3 *ter* deve intendersi attribuito alla sola persona offesa che abbia presentato la denuncia o la querela. L'indagato e la persona offesa sono altresì informati della chiusura delle indagini preliminari, seppur con meccanismi diversi (v. artt. 415 *bis* e 415 *ter*).

7.6. I controlli giurisdizionali sull'iscrizione nel registro delle notizie di reato

Il sistema preordina due tipi di controllo giurisdizionale sulle iscrizioni nel registro delle notizie di reato, in funzione propulsiva del procedimento penale (art. 335 *ter*) e, rispettivamente, repressiva della stasi procedimentale (art. 335 *quater*). Entrambi i rimedi sono stati introdotti dal d.lgs. n. 150 del 2022, per garantire la **ragionevole durata delle indagini preliminari** e, pertanto, l'efficienza dell'intero procedimento penale, poste le intuibili ricadute che l'omissione e il ritardo nelle iscrizioni possono provocare sul singolo procedimento e sull'intera macchina giudiziaria.

Il ritardato avvio della fase delle indagini preliminari può mettere a rischio l'attività di assicurazione delle fonti di prova, necessaria per garantire l'osservanza dell'obbligo di esercitare l'azione penale, evitando la formulazione di imputazioni "azzardate" o "apparenti". A sua volta, il ritardo nell'assicurazione delle fonti di prova può mettere a rischio l'attività dibattimentale di formazione della prova, nell'osservanza delle garanzie epistemiche del giusto processo, a partire dall'oralità, dall'immediatezza e dal contraddittorio, per non parlare delle ricadute sul diritto di difesa. Infine, il ritardo accentua le difficoltà operative degli organi investigativi e drena risorse impiegabili in altre vicende giudiziarie.

Il primo congegno, costituito dall'**ordine di iscrizione del nome della persona sottoposta ad indagini** (art. 335 *ter*), presenta la caratteristica distintiva di essere applicabile dal giudice per le indagini preliminari d'ufficio. L'istituto è attivabile quando il giudice è chiamato a provvedere sulle richieste delle parti e della persona offesa dal reato, secondo lo schema dell'art. 328, nel corso della fase investigativa (per esempio, in caso di richiesta cautelare o di autorizzazione a disporre le intercettazioni o di proroga del termine per la conclusione delle indagini preliminari), oppure al termine della fase (nel procedimento di archiviazione). Per facilitare il controllo giurisdizionale, è prevista una «informativa sulla iscrizione»: il pubblico ministero, quando presenta una richiesta al giudice per le indagini preliminari, indica sempre la notizia di reato e il nome della persona a cui il reato è attribuito (art. 110 *ter* disp. att.). Il giudice ordina al pubblico ministero con decreto motivato di provvedere all'iscrizione soggettiva, necessaria per far decorrere il termine per la conclusione delle indagini (art. 405, co. 2), qualora ritenga che il reato per cui si procede debba essere attribuito a una persona il cui nome non è stato ancora iscritto nel registro, in quanto rilevi che dagli atti d'indagine emergano indizi a carico di questa persona.

Ordinata l'iscrizione, sorge per il pubblico ministero il dovere di provvedere all'adempimento, ai sensi dell'art. 335 *ter*, co. 2. Pertanto, **il decreto del giudice per le indagini preliminari vincola il pubblico ministero**, che non può posticipare il momento dell'iscrizione, compiendo indagini finalizzate a valutare il fondamento della attribuzione soggettiva del reato prospettata dall'organo giurisdizionale. Inoltre, la disposizione prevede che il pubblico ministero indichi «la data a partire dalla quale decorrono i termini delle indagini», in linea con la disciplina del controllo preventivo sulla tempestività delle iscrizioni (art. 335, co. 1 *ter*). Pertanto, in mancanza di una disposizione di segno contrario, sul tipo di quella contenuta nell'art. 335 *quater*, co. 8, il decreto del giudice non dovrebbe vincolare il pubblico ministero nell'individuazione del *dies a quo* delle indagini preliminari. Tanto è vero che lo stesso art. 335 *ter*, nel co. 2, salvaguarda la facoltà della persona sottoposta alle indagini di proporre la richiesta di cui all'art. 335 *quater*, finalizzata a un controllo giurisdizionale vincolante sulla data dell'iscrizione.

La diversa ipotesi in cui il giudice rilevi la notizia di un ulteriore reato non è espressamente prevista e non può dar luogo all'applicazione analogica dell'art. 335 *ter*, alla luce del principio di tassatività degli interventi del giudice per le indagini preliminari. Altro è che tale lacuna venga accertata all'esito della fase investigativa, nel corso del procedimento di archiviazione, ipotesi in cui la giurisprudenza ravvisa il potere del giudice per le indagini preliminari di ordinare l'iscrizione[20].

Il secondo strumento introdotto dal d.lgs. n. 150 del 2022, con l'art. 335 *quater*, quale rimedio contro la stasi iniziale del procedimento penale, è costituito dalla **retrodatazione dell'iscrizione** a richiesta della persona sottoposta alle indagini. Si tratta di un innovativo istituto repressivo della ritardata iscrizione, che impone al giudice di accertare le cause del ritardo del pubblico ministero. Inoltre, l'operatività dell'istituto è estesa alla fase processuale, come si desume dal co. 4 dell'art. 335 *quater*, che attribuisce la competenza funzionale «al giudice che procede o, nel corso delle indagini preliminari, al giudice per le indagini preliminari».

Con la richiesta di retrodatazione, la persona sottoposta alle indagini richiede al giudice di accertare la **tempestività dell'iscrizione** della notizia di reato che la riguarda e del suo nome, rispetto al momento in cui sono insorti gli indizi di reato e gli indizi a carico dell'indagato. Coerentemente, è previsto che la richiesta debba indicare, a pena di inammissibilità, le ragioni che la sorreggono e gli atti del procedimento dai quali è desunto il ritardo. La persona sottoposta alle indagini ha pertanto l'onere di dimostrare, *ex* art. 187, co. 2, l'esistenza del fatto processuale da cui dipende la decisione del giudice per le indagini preliminari. Inoltre, il ritardo, per dar luogo alla retrodatazione, deve essere «inequivocabile» e «non giustificato», secondo la formulazione dell'art.

---

[20] Cfr., *supra*, par. 3.4.

335 *quater*, co. 2. Pertanto, in primo, luogo, non devono residuare dubbi sull'esistenza del fatto processuale. In secondo luogo, non devono emergere ragioni che giustifichino la ritardata iscrizione, cioè la rendano legittima dal punto di vista processuale. È ragionevole ritenere che, sulla scorta degli elementi disponibili, il pubblico ministero non avrebbe potuto anticipare l'iscrizione.

Per esempio, le dichiarazioni di Tizio sul comportamento di Caio potrebbero assumere rilevanza indiziaria, solo a seguito dell'acquisizione di ulteriori elementi, situazione in cui ragionevolmente il giudice non dovrebbe ordinare la retrodatazione. Poiché le ragioni in discorso devono rendere il ritardo compatibile con la disciplina processuale, non possono scaturire da vicende organizzative dell'ufficio della procura della Repubblica.

Il giudice accerta la tempestività delle iscrizioni in presenza di una richiesta della persona sottoposta alle indagini o, dopo l'esercizio dell'azione penale, dell'imputato. La richiesta presentata **nel corso delle indagini preliminari** viene decisa in un procedimento incidentale autonomo oppure in un procedimento incidentale già instaurato su un altro oggetto (quando il giudice «deve adottare una decisione con l'intervento del pubblico ministero e dell'indagato»). Nel primo caso, si applicano le forme previste dai commi 3 e 6 dell'art. 335 *quater*. La richiesta deve essere presentata, a pena di inammissibilità, entro venti giorni da quando la persona sottoposta alle indagini possa avere conoscenza degli atti che dimostrano il ritardo nell'iscrizione, e può essere riproposta, se fondata su atti diversi in precedenza non conoscibili (art. 335 *quater*, co. 3).

La richiesta viene decisa in un procedimento senza l'intervento delle parti, attraverso un "contraddittorio scritto" che prevede: il deposito della richiesta presso la cancelleria del giudice, con la prova della notificazione al pubblico ministero; l'eventuale deposito di memorie del pubblico ministero, entro i successivi sette giorni, e del difensore del richiedente (e dello stesso pubblico ministero) entro gli ulteriori sette giorni. Decorso tale ultimo termine, il giudice può provvedere sulla richiesta oppure disporre che il procedimento si svolga con l'intervento delle parti, se ritiene che un "contraddittorio orale" sia necessario; in tal caso, fissa la data dell'udienza in camera di consiglio, dandone avviso al pubblico ministero e al difensore del richiedente, che sono sentiti in udienza se compaiono. La decisione che conclude il procedimento incidentale è assunta con ordinanza (art. 335 *quater*, co. 6).

Nel caso in cui la richiesta di retrodatazione sia presentata nell'ambito di un altro procedimento incidentale, si applicano le forme di questo (art. 335 *quater*, co. 5). La legge stabilisce un requisito autonomo della richiesta, costituito dalla **rilevanza della retrodatazione ai fini della decisione**. Pertanto, è inoperante il termine di venti giorni previsto per il caso precedente (co. 3). Si pensi, per esempio, a una decisione cautelare influenzata dall'inutilizzabilità degli atti d'indagine che sarebbero considerati tardivi, a norma dell'art. 407, co. 3, se l'iscrizione fosse retrodatata.

Al contrario, per la richiesta presentata dall'imputato **nel corso dell'udienza preliminare o del giudizio** deve ritenersi operante il termine di venti giorni. Altrimenti, non avrebbe senso imporre all'indagato di attivarsi nel corso delle indagini preliminari, in presenza di atti dimostrativi del ritardo conoscibili. Nella fase del processo, l'istituto è pertanto destinato ad essere applicato residualmente, qualora vengano introdotti atti non conoscibili dall'imputato nella fase procedimentale. La richiesta, se non è proposta in udienza, viene depositata nella cancelleria del giudice e decisa in udienza (art 335 *quater*, co. 7).

Gli effetti della decisione di accoglimento della richiesta di retrodatazione *ex* art. 335 *quater* sono più penetranti di quelli che si sono sopra visti relativamente all'ordine di iscrizione del nome della persona sottoposta ad indagini *ex* art. 335 *ter*. Qui è il giudice a **indicare la data** dalla quale deve intendersi iscritta la notizia di reato e il nome della persona alla quale il reato stesso è attribuito, ai sensi dell'art. 335 *quater*, co. 8, senza che nessun margine di valutazione residui in capo al pubblico ministero.

Inoltre, la decisione del giudice, sia di rigetto che di accoglimento, è a sua volta sindacabile nell'ulteriore corso del procedimento. Il richiedente, nel primo caso, e il pubblico ministero e la parte civile, nel secondo, possono chiedere che la questione della retrodatazione venga nuovamente esaminata, a pena di decadenza: prima della conclusione dell'udienza preliminare o, se questa manca, entro il termine previsto per la trattazione delle questioni preliminari nel giudizio (art. 491, co. 1); nel dibattimento, solo se la domanda di nuovo esame della richiesta di retrodatazione sia stata già avanzata nell'udienza preliminare (art. 335 *quater*, co. 9); nei successivi gradi del giudizio, solo se l'ordinanza dibattimentale venga impugnata «nei casi e nei modi previsti dai primi due commi dell'art. 586», secondo l'art. 335 *quater*, co. 9, pertanto con l'impugnazione contro la sentenza.

8. Le condizioni di procedibilità

8.1. Querela

Le condizioni di procedibilità, disciplinate nel titolo III del Libro V, si distinguono dalle notizie di reato, disciplinate nel titolo II, in quanto **influiscono sul valido sviluppo del procedimento penale** e non semplicemente sul suo inizio. Le condizioni di procedibilità sono regolate anche dalle disposizioni del codice di procedura penale, oltre che del codice penale, ma non sono atti del procedimento penale. Al pari degli atti che veicolano la notizia di reato (denuncia, referto), esse non sono assoggettate alla disciplina degli atti processuali contenuta nel Libro II, a meno che non sia diversamente stabilito (per esempio, nel già richiamato art. 107 *ter* disp. att.), né alla disciplina di cui alla L. 7.10.1969, n. 742 («Sospensione dei termini processuali nel periodo feriale»): si tratta di atti esterni al procedimento penale, seppur produttivi di effetti processuali penali. È vero, peraltro, che tali atti possono veicolare la notizia di reato, attraverso la rappresentazione di un fatto in ipotesi integrativo di un reato.

In un sistema caratterizzato dal principio di obbligatorietà dell'azione penale (art. 112 Cost.), la previsione di condizioni di procedibilità in ordine a determinate ipotesi di reato, per risultare costituzionalmente compatibile, deve rispondere a esigenza di tutela di interessi costituzionali concorrenti con l'interesse di persecuzione penale [21]. Inoltre, le condizioni di procedibilità devono essere previste per legge, in un sistema in cui è la legge stessa a dettare le condizioni in presenza delle quali sorge il dovere di esercitare l'azione penale (art. 408, co. 1). Il sistema è, pertanto, caratterizzato dal principio di tassatività delle condizioni di procedibilità.

Ciò non significa che la categoria ricomprenda le sole condizioni indicate nel titolo III, vale a dire la querela, l'istanza, la richiesta e l'autorizzazione a procedere. Lo stesso art. 345, co. 2, contempla l'eventualità in cui il giudice dichiari «la mancanza di una condizione di procedibilità diversa da quelle indicate nel comma 1» dell'art., in tal senso definibile "atipica".

Le condizioni di procedibilità influenzano il valido sviluppo del procedimento, in quanto la loro mancanza impedisce l'esercizio dell'azione penale, e ne rende invalido l'eventuale esercizio. L'improcedibilità è un fenomeno d'invalidità che ha ricadute sull'ulteriore corso del procedimento, imponendone l'arresto, e sul contenuto del provvedimento da adottare, dichiarativo dell'improcedibilità senz'altro. In quest'ottica, la mancanza delle condizioni di procedibilità è assimilabile alle cause d'improcedibilità, situazioni la cui presenza impone al giudice di non procedere e di dichiarare l'ostacolo processuale alla decisione di merito. Si pensi alla sentenza di non luogo a procedere o di non doversi procedere per incapacità irreversibile dell'imputato (art. 72 *bis*), alla sentenza di non doversi procedere per l'esistenza del segreto di Stato (art. 202, co. 3), alla sentenza (di non luogo o di non doversi procedere) dichiarativa dell'improcedibilità per superamento dei termini di durata massima del giudizio di impugnazione (art. 344 *bis*), alla sentenza di proscioglimento o di non luogo a procedere per violazione del divieto di un secondo giudizio (art. 649).

---

[21] Cfr. Corte cost., ord. 23.5.2003, n. 178; Corte cost., 15.2.2002, n. 24.

La **querela** è un atto compiuto nell'esercizio di un diritto della persona offesa dal reato. Sotto il profilo oggettivo, essa riguarda i reati per i quali non debba procedersi d'ufficio o dietro richiesta o istanza (art. 120, co. 1, c.p.). La querela è proposta mediante una **dichiarazione** nella quale, personalmente o a mezzo di un procuratore speciale, si manifesta la volontà che si proceda in ordine a un fatto previsto dalla legge come reato (art. 336): rientra, pertanto, nella categoria delle dichiarazioni di volontà. Se la persona offesa è una persona giuridica, un ente o un'associazione, la volontà è manifestata dal legale rappresentante, il quale propone la querela (art. 337, co. 3). In tali ipotesi, l'atto di querela deve recare l'indicazione della fonte dei poteri di rappresentanza (norma, questa, da intendersi in funzione di verifica della legittimazione processuale del soggetto che esercita in concreto il diritto di querela).

Quanto alla legittimazione a esercitare il diritto di querela, bisogna richiamare la disciplina dettata dal codice penale: per i minori degli anni quattordici e per gli interdetti per infermità di mente, sono legittimati il genitore o il tutore (art. 120, co. 2, c.p.); se manca il rappresentante, o questi è in conflitto d'interessi, il diritto di querela è esercitato da un curatore speciale (art. 121 c.p.); i minori che hanno compiuto gli anni quattordici e gli inabilitati sono legittimati, ma il genitore ovvero il tutore o il curatore possono esercitare il diritto di querela in loro vece, nonostante ogni contraria dichiarazione di volontà, espressa o tacita, del minore o dell'inabilitato (art. 120, co. 3, c.p.).

La dichiarazione di volontà in cui si sostanzia la querela rimuove un **ostacolo alla procedibilità di un reato, non alla punibilità di una persona**. Se si trattasse di una condizione di punibilità, rileverebbe la volontà dell'offeso di circoscrivere gli effetti della querela a uno solo degli autori. Al contrario, l'art. 123 c.p. stabilisce l'effetto estensivo della querela a tutti coloro che hanno commesso il reato. Lo stesso principio si applica in caso di pluralità di offesi, in quanto l'art. 122 c.p. stabilisce che «il reato» (non, quindi, il suo autore) «è punibile» anche qualora sia stata proposta soltanto la querela di una persona offesa.

La querela viene proposta, per iscritto o oralmente, nelle **forme** previste per la denuncia da parte di privati (art. 333, co. 2, richiamato dall'art. 337, co. 1).

Nel caso di forma scritta, la querela viene sottoscritta dal querelante o da un suo procuratore speciale e può essere presentata al pubblico ministero o a un ufficiale di polizia giudiziaria, come prevede la disciplina della denuncia, ovvero a un agente consolare all'estero. Tali autorità attestano la data e il luogo della presentazione, identificano il proponente (art. 337, co. 4) e rilasciano la attestazione della ricezione della querela (art. 107, co. 1, disp. att.); trasmettono, inoltre, gli atti all'ufficio del pubblico ministero (art. 337, co. 4). La querela può essere presentata a tali autorità, anche recapitandola da un incaricato (eventualmente il difensore della persona offesa) o spedendola per posta in piego raccomandato: in questi due casi, la sottoscrizione del querelante o del procuratore speciale deve essere autenticata (artt. 333, co. 2, e 337, co. 1). Nel caso in cui la querela sia proposta oralmente alle autorità stesse, il verbale in cui la dichiarazione è ricevuta è sottoscritto dal querelante o dal procuratore speciale (art. 337, co. 2). Se, infine, la querela è proposta dal legale rappresentante di un ente, contiene l'indicazione specifica dei poteri di rappresentanza (art. 337, co. 3): si pensi, per esempio, allo statuto di una società o alla procura speciale conferita dal legale rappresentante a una persona al fine di proporre la querela.

Il **termine** per proporre la querela è di tre mesi, decorrenti dal giorno della notizia del fatto che costituisce reato, secondo l'art. 124, co. 1, c.p. Pertanto, al fine di verificare, nel procedimento penale, la tempestiva proposizione della querela, va accertato quando è stato commesso il fatto e quando la persona offesa ne ha avuto conoscenza. Alcune fattispecie di reato prevedono termini più lunghi: per esempio, dodici mesi, per la violenza sessuale, anche aggravata, *ex* artt. 609 *bis* e 609 *ter* c.p. (art. 609 *septies* c.p.).

Quando il diritto di querela è esercitato da un curatore speciale (art. 121 c.p.), il termine di tre mesi decorre dal giorno in cui gli è notificato il provvedimento di nomina, assunto dal giudice per le indagini preliminari del luogo in cui si trova la persona offesa, su richiesta del pubblico ministero (art. 338, co. 2) o degli enti che hanno per scopo la cura, l'educazione, la custodia o l'assistenza dei minorenni (art. 338, co. 3). Il curatore speciale ha la facoltà di costituirsi parte civile nel processo penale nell'interesse della persona offesa (art. 338, co. 4). Anche in quest'ottica è disciplinata l'ipotesi in cui la necessità di nominare il curatore speciale sopravvenga dopo la presentazione della querela, a fronte della quale provvede il giudice per le indagini preliminari o il giudice che procede (art. 338, co. 4).

Secondo la giurisprudenza, «resta inoltre a carico di chi deduca la tardività della querela la prova del difetto di tempestività della stessa»[22]. La stessa giurisprudenza converge su un'interpretazione in senso restrittivo della notizia del fatto da cui decorre il termine di presentazione della querela, «per tale dovendosi ritenere la conoscenza certa, da parte del soggetto passivo, che del fatto delittuoso si siano verificati i requisiti costitutivi, di guisa che la persona offesa abbia avuto nozione di tutti gli elementi necessari per proporre fondatamente l'istanza di punizione»[23]. Altrettanto restrittivamente, si ritiene che la decadenza *ex* art. 124 c.p. debba essere accertata secondo criteri rigorosi e non sulla base di supposizioni prive di adeguato supporto

---

[22] Cass., Sez. Un., 21.12.2017, Zucchi.

[23] Cass., Sez. VI, 12.3.2015, n. 24380.

probatorio[24], con la conseguenza che una eventuale situazione di incertezza deve essere considerata in favore del querelante[25].

Il diritto di querela non può essere esercitato se vi è stata **rinuncia** da parte di colui al quale ne spetta l'esercizio, a norma dell'art. 124, co. 2, c.p. Inoltre una volta proposta, la querela può essere revocata, attraverso la **remissione** consentita fino alla condanna definitiva, salvo che la legge non disponga altrimenti (art. 152, co. 5, c.p.). Va precisato che la legge contempla fattispecie di reato procedibili a querela irrevocabile: per esempio, le già richiamate ipotesi di violenza sessuale (art. 609 *septies* c.p.). La remissione integra una causa estintiva del reato, secondo quanto stabilito dall'art. 152, co. 1, c.p., e non una situazione d'improcedibilità; pertanto, non impedisce la rilevazione di una causa di proscioglimento più favorevole alla dichiarazione di estinzione, che risulti evidente ai sensi dell'art. 129, co. 2.

La remissione deve essere **accettata dal querelato**, secondo la disciplina processuale (art. 340, co. 1). Infatti, il querelato, protetto dalla presunzione costituzionale d'innocenza, ha l'interesse a una pronuncia giurisdizionale che accerti l'infondatezza dell'ipotesi di reato oggetto della querela. In quest'ottica, la disciplina sostanziale attribuisce al querelato il potere di ricusare la remissione, espressamente o tacitamente (art. 155, co. 1, c.p.). Ciò posto, va anche notato che la legge incentiva la remissione della querela, ponendo a carico del querelato le spese del procedimento, salvo che nell'atto di remissione sia stato diversamente convenuto (art. 340, co. 4).

Quanto alle **forme**, sia la rinuncia, che la remissione, che l'accettazione della remissione possono essere fatte espressamente o tacitamente e, nel caso in cui siano espresse, a mezzo di dichiarazione scritta o orale. L'articolazione della remissione processuale o extraprocessuale ed extraprocessuale espressa o tacita, prevista dall'art. 152, co. 2, c.p., è da intendersi assorbita dal regime processuale della remissione espressa o tacita. Pertanto, le dichiarazioni in discorso sono fatte personalmente o a mezzo di procuratore speciale (artt. 339, co. 1, e 340, co. 1).

La dichiarazione scritta di rinuncia è rilasciata all'interessato (il querelato) o a un suo rappresentante (art. 339, co. 1), mentre le dichiarazioni scritte di remissione e accettazione sono ricevute dall'autorità procedente o da un ufficiale di polizia giudiziaria che deve trasmetterle immediatamente (art. 340, co. 1). Le dichiarazioni orali di rinuncia, remissione e accettazione sono fatte a un ufficiale di polizia giudiziaria o a un notaio, i quali accertano l'identità del dichiarante e redigono verbale sottoscritto

[24] Cass., Sez. II, 14.9.2022, n. 43545.

[25] Cass., Sez. IV, 21.3.2019, n. 28102.

dal dichiarante stesso (art. 339, co. 1). La rinuncia, la remissione e l'accettazione sono fatte tacitamente, quando chi ha facoltà di proporre querela e, rispettivamente, il querelato, hanno compiuto fatti incompatibili con la volontà di querelarsi (art. 124, co. 3, c.p.), di persistere nella querela (art. 152, co. 2, c.p.) e di accettare la remissione (art. 155, co. 1, c.p.). Rinuncia e remissione non producono effetti se sottoposte a termini o condizioni (artt. 339, co. 2, e 152, co. 6, c.p.).

Il d.lgs. n. 150 del 2022 ha introdotto due fattispecie di remissione tacita (art. 152, co. 3, c.p.): 1) quando il querelante non compare senza giustificato motivo all'udienza alla quale è stato citato in qualità di testimone (a meno che non ricorrano le deroghe di cui all'art. 152, co. 4, c.p.); 2) quando il querelante ha partecipato a un programma di giustizia riparativa concluso con un esito riparativo, sempre che gli eventuali impegni comportamentali assunti dall'imputato siano stati rispettati.

È interessante osservare che la rinuncia, al pari della querela, si estende di diritto a tutti coloro che hanno commesso il reato (art. 124, co. 4, c.p.), indipendentemente dalla volontà della persona offesa, in quanto la rinuncia determina una situazione d'improcedibilità. Al contrario, nella remissione, l'effetto estensivo non opera nel caso in cui sia fatta da un solo querelante (art. 154 c.p.) e non opera per chi l'abbia ricusata, nel caso in cui la remissione sia fatta a favore anche di uno soltanto fra coloro che hanno commesso il reato (art. 155, co. 2, c.p.). Pertanto, nella remissione assume rilevanza la volontà del querelante e del querelato, in quanto si tratta di una causa estintiva del reato.

8.2. Istanza di procedimento e richiesta di procedimento

L'**istanza di procedimento** è una condizione di procedibilità operante per talune ipotesi di delitto comune del cittadino all'estero (art. 9, co. 2, c.p.) e dello straniero all'estero (art. 10, co. 1, c.p.). Si tratta di una dichiarazione della persona offesa dal reato, proposta nelle forme della querela, ai sensi dell'art. 341, in alternativa alla richiesta del Ministro della giustizia o della querela della stessa persona offesa. Pertanto, è prevista anche per reati che, se fossero commessi in Italia, sarebbero procedibili d'ufficio. Tuttavia, a differenza della querela, è un atto irrevocabile (artt. 129, co. 1, e 130 c.p.), ragion per cui si può dire che l'istituto non tuteli interessi privati dell'offeso.

La **richiesta di procedimento** è, invece, un atto irrevocabile sottoscritto dall'Autorità competente (Ministro della giustizia), che viene presentato al pubblico ministero, ai sensi dell'art. 342, nei casi di delitto politico commesso all'estero (art. 8 c.p.) e di delitto comune del cittadino e dello straniero all'estero (artt. 9-10 c.p.), nonché in altri casi di delitti commessi in Italia. Si tratta dei delitti procedibili a querela commessi contro il Presidente della Repubblica, per i quali la richiesta del Ministro della giustizia sostituisce la querela della persona offesa (art. 127 c.p.) e dei delitti richiamati dall'art. 313, co. 3, c.p.

La richiesta non può essere proposta decorsi tre mesi dal giorno in cui l'Autorità ha avuto notizia del fatto che costituisce reato (art. 128, co. 1, c.p.). Se la procedibilità del reato è condizionata dalla presenza del colpevole nel territorio dello Stato, come nelle menzionate ipotesi di cui agli artt. 9 e 10 c.p., la richiesta non può essere proposta decorsi tre anni dal giorno in cui il colpevole si trova in Italia (art. 128, co. 1, c.p.). Tali regole sono applicabili anche all'istanza della persona offesa (art. 130 c.p.).

8.3. Autorizzazione a procedere

L'**autorizzazione a procedere** è prescritta da disposizioni della Costituzione e di leggi costituzionali, oltre che di legge ordinaria. Da tali disposizioni e dalla stessa disciplina codicistica emerge una distinzione fra l'autorizzazione a procedere, che condiziona la procedibilità, e l'autorizzazione a compiere determinati atti del procedimento penale (autorizzazione "*ad acta*"), che non influisce sulla procedibilità, ma sul valido compimento di tali atti. Infatti, gli atti compiuti in violazione del divieto, cioè in mancanza di autorizzazione, non possono essere utilizzati, ai sensi dell'art. 343, co. 4.

La disciplina codicistica dell'autorizzazione a procedere ha una sfera operativa residuale, nei casi di autorizzazione a procedere e "*ad acta*" previsti dalle disposizioni costituzionali, alla luce del criterio gerarchico evincibile dall'art. 343, co. 3, come modificato dalla L. 20.6.2003, n. 140 («Disposizioni per l'attuazione dell'articolo 68 della Costituzione nonché in materia di processi penali nei confronti delle alte cariche dello Stato»). È, infatti, stabilito che si applicano le disposizioni della Costituzione o di leggi costituzionali, «nonché, in quanto compatibili, quelle di cui agli articoli 344, 345 e 346». Pertanto, le disposizioni codicistiche, sempre che siano compatibili, si applicano in via sussidiaria, cioè in quanto le disposizioni costituzionali non provvedano.

La disciplina codicistica si applica, integralmente, nei casi di autorizzazione previsti dalle disposizioni di legge ordinaria. In particolare, si tratta dei **delitti contro la personalità internazionale e interna dello Stato richiamati dall'art. 313 c.p.**, per i quali è richiesta l'autorizzazione a procedere del Ministro della giustizia o delle Assemblee legislative. A differenza della richiesta di procedimento, che viene presentata al pubblico ministero, l'autorizzazione viene richiesta dal pubblico ministero, prima di procedere a giudizio direttissimo o di richiedere il giudizio immediato o il rinvio a giudizio, il decreto penale di condanna o di emettere il decreto di citazione a giudizio. Con la richiesta il pubblico ministero enuncia il fatto per il quale intende procedere, indicando le norme di legge che si assumono violate, e fornisce all'autorità competente gli elementi su cui la richiesta si fonda (art. 111 disp. att.). In ogni caso, il pubblico ministero deve chiedere l'autorizzazione entro trenta giorni dall'iscrizione nel registro delle notizie di reato del nome della persona per la quale è necessaria l'autorizzazione (art. 344, co. 1) e, se tale persona è stata arrestata in flagranza, deve chiederla immediatamente e, comunque, prima dell'udienza di convalida (art. 344, co. 2).

L'autorizzazione è, tecnicamente, una **condizione di procedibilità dell'azione penale**. Tuttavia, la mancanza di autorizzazione preclude, non solo l'esercizio dell'azione penale, ma anche il compimento degli atti indicati nell'art. 343, co. 2, a meno che la persona non sia colta nella flagranza di uno dei delitti indicati nell'art. 380, commi 1 e 2. In particolare, sono vietati il fermo e le misure cautelari personali, nonché la perquisizione personale o domiciliare, l'ispezione personale, la ricognizione, l'individuazione, il confronto e le intercettazioni di comunicazioni o conversazioni. L'interrogatorio può essere disposto solo su richiesta dell'interessato, quindi in chiave difensiva. Gli atti compiuti in violazione del divieto sono inutilizzabili (art. 343, co. 4).

L'autorizzazione a procedere, al pari dell'istanza e della richiesta, e a differenza della querela, non è disponibile una volta concessa, in quanto non può essere revocata (art. 343, co. 5). Inoltre, a differenza delle altre condizioni di procedibilità, l'autorizzazione non si estende alle persone per le quali non viene chiesta o concessa. Per contro, se l'autorizzazione è necessaria soltanto per alcune delle persone nei cui confronti si procede e questa tarda ad essere concessa, si può procedere separatamente contro gli imputati per i quali l'autorizzazione non è necessaria (art. 344, co. 4).

La necessità dell'autorizzazione può sorgere dopo che il pubblico ministero abbia esercitato l'azione penale, nelle modalità di cui all'art. 344, co. 1. In tal caso, l'autorizzazione non influisce sull'instaurazione del processo, ma sulla sua valida prosecuzione e, pertanto, configura più propriamente una **condizione di proseguibilità dell'azione penale**. Il giudice, accertata tale necessità, sospende il corso del processo, e il pubblico ministero chiede senza ritardo l'autorizzazione a procedere. Se vi è pericolo nel ritardo, il giudice provvede ad assumere le prove richieste dalle parti (art. 344, co. 3).

Quanto alle situazioni disciplinate dalle fonti costituzionali, va richiamata, in primo luogo, l'autorizzazione per il compimento di determinati atti del procedimento penale nei confronti dei **membri del Parlamento**, prevista dall'art. 68, co. 2, Cost., e disciplinata a livello attuativo dalla L. n. 140 del 2003. Pertanto, in base alla disciplina attuativa, l'autorizzazione è richiesta quando nei confronti di un parlamentare deve essere eseguito uno dei seguenti atti probatori: perquisizioni personali o domiciliari, ispezioni personali, intercettazioni, in qualsiasi forma, di conversazioni o comunicazioni, sequestri di corrispondenza, acquisizioni di tabulati di comunicazioni. L'autorizzazione è prescritta anche quando occorre eseguire una misura cautelare personale coercitiva o interdittiva ovvero l'accompagnamento coattivo, nonché misure di sicurezza o di prevenzione aventi natura personale e ogni altro provvedimento privativo della libertà personale (art. 4, co. 1, L. n. 140 del 2003). Quanto alla materia probatoria, va precisato che l'autorizzazione è richiesta, ai sensi dell'art. 6, co. 1, L. n. 140 del 2003, anche quando il giudice ritenga necessario utilizzare intercettazioni effettuate nel corso di procedimenti riguardanti terzi, alle quali hanno preso parte membri del Parlamento, ovvero tabulati di comunicazioni acquisiti nel corso dei medesimi procedimenti (intercettazioni c.d. indirette dei parlamentari). Tuttavia, a seguito di un intervento della Corte costituzionale, l'autorizzazione non è più necessaria quando le intercettazioni debbano essere utilizzate nei confronti di soggetti diversi dal membro del Parlamento, le cui conversazioni o comunicazioni sono state intercettate[26].

L'autorità che ha emesso il provvedimento da eseguire (il giudice, nel caso delle intercettazioni indirette) presenta la richiesta di autorizzazione alla Camera alla quale il soggetto appartiene (art. 4, co. 2, L. n. 140 del 2003). Il provvedimento non può essere eseguito prima dell'autorizzazione. Coerentemente all'art. 68, co. 2, Cost., non è richiesta l'autorizzazione nel caso in cui il parlamentare sia stato colto nell'atto di commettere un delitto per il quale è previsto l'arresto obbligatorio in flagranza e nel caso in cui debba essere eseguita una sentenza irrevocabile di condanna (art. 4, co. 3, L. n. 140 del 2003).

L'autorizzazione è prevista anche per i **giudici della Corte costituzionale**, ai sensi dell'art. 3, L. cost. 9.2.1948, n. 1. Il fatto che la disposizione si riferisca espressamente alla «immunità accordata nel secondo comma dell'art. 68 della Costituzione ai membri delle due Camere» e alla «autorizzazione ivi prevista», che viene data dalla Corte costituzionale per i giudici che la compongono, induce a ravvisare un rinvio recettizio all'art. 68 Cost. originariamente vigente.

Diversamente, l'art. 9, co. 1, del Protocollo sui princìpi e sulle immunità dell'Unione europea, prevede che i **membri del Parlamento europeo**: «a) beneficiano, sul territorio nazionale, delle immunità riconosciute ai membri del Parlamento del loro Stato; b) non possono, sul territorio di ogni altro Stato membro, essere detenuti né essere oggetto di procedimenti giudiziari». Si tratta, pertanto, di un rinvio alla disciplina sulle guarentigie dei parlamentari, contenuta nell'art. 68 Cost., testo vigente, e nella L. n. 140 del 2003.

Un'ulteriore fattispecie di autorizzazione a procedere è prevista dall'art. 96 Cost. per il **Presidente del Consiglio dei ministri ed i ministri**, anche se cessati dalla carica, per i reati commessi nell'esercizio delle loro funzioni. L'autorizzazione è concessa dal Senato della Repubblica o dalla Camera dei deputati, secondo le norme stabilite dalla L. cost. 16.1.1989, n. 1. È importante sot-

[26] Corte cost., 23.11.2007, n. 390.

tolineare che la disciplina dell'autorizzazione detta, in questo caso, i criteri per la decisione della Camera competente, prevedendo che questa possa negarla, a maggioranza assoluta dei suoi componenti, ove reputi «che l'inquisito abbia agito per la tutela di un interesse dello Stato costituzionalmente rilevante ovvero per il perseguimento di un preminente interesse pubblico nell'esercizio della funzione di Governo» (art. 9, co. 3, L. cost. n. 1/1989). Si tratta di una valutazione di natura discrezionale e «insindacabile» (art. 9, co. 3, cit.), assunta dalla Camera cui appartengono le persone nei cui confronti si deve procedere, anche se il procedimento riguardi altresì soggetti che non sono membri delle Camere (art. 5, co. 1, L. cost. n. 1 del 1989).

La L. cost. n. 1 del 1989 e la L. 5.6.1989, n. 219, dettano regole speciali applicabili al procedimento per reati "ministeriali". Una prima deroga, rispetto alla disciplina codicistica, concerne la titolarità della funzione investigativa, che fa capo al collegio di cui all'art. 7, L. cost. n. 1 del 1989. Tale funzione viene esercitata «con i poteri che spettano al pubblico ministero nella fase delle indagini preliminari», ai sensi dell'art. 1, co. 2, L. n. 219 del 1989. Il collegio è istituito presso il tribunale del capoluogo del distretto di corte di appello competente per territorio ed è composto da tre membri effettivi e tre supplenti, estratti a sorte tra tutti i magistrati in servizio nei tribunali del distretto che abbiano la qualifica prevista. Il procuratore della Repubblica distrettuale, ricevuta la notizia di uno dei reati indicati nell'art. 96 Cost., entro il termine di quindici giorni trasmette con le sue richieste gli atti al collegio, «omessa ogni indagine» (art. 6, co. 2, L. cost. n. 1 del 1989).

Le indagini preliminari sono pertanto svolte da un organo giurisdizionale collegiale, che entro il termine di novanta giorni dal ricevimento degli atti provvede, sentito il pubblico ministero, all'archiviazione, nelle situazioni previste dall'art. 2, co. 1, L. n. 219 del 1989, ovvero alla trasmissione degli atti, con relazione motivata, al procuratore della Repubblica, affinché quest'ultimo rimetta, a sua volta, gli atti al Presidente della Camera competente (art. 8, co. 1, L. cost. n. 1 del 1989). A questo punto, si apre la procedura "parlamentare", con l'invio degli atti alla Giunta competente per le autorizzazioni a procedere. La Giunta riferisce all'Assemblea con relazione scritta, dopo aver sentito i soggetti interessati ove lo ritenga opportuno o se questi lo richiedano; l'Assemblea si riunisce entro sessanta giorni dalla data in cui gli atti sono pervenuti al Presidente della Camera competente; se concede l'autorizzazione, rimette gli atti al collegio per la continuazione del procedimento secondo le norme vigenti (art. 9, L. cost. n. 1 del 1989).

Senza l'autorizzazione della Camera competente, il Presidente del Consiglio dei ministri, i ministri e gli altri inquisiti che siano membri del Parlamento non possono essere sottoposti a misure limitative della libertà personale, a intercettazioni telefoniche o sequestro o violazione di corrispondenza ovvero a perquisizioni personali e domiciliari, salvo che siano colti nell'atto di commettere uno dei delitti indicati nell'art. 380, commi 1 e 2 (art. 10, L. cost. n. 1 del 1989).

8.4. Trattamento dell'improcedibilità

La mancanza della querela, della istanza, della richiesta o dell'autorizzazione a procedere deve essere dichiarata con un provvedimento (decreto o ordinanza) di archiviazione, per mancanza di una condizione di procedibilità (art. 411, co. 1), o con una sentenza di non luogo a procedere, nell'udienza preliminare, ovvero di proscioglimento, del tipo particolare della sentenza non doversi procedere, nel giudizio, entrambe emesse perché l'azione penale non doveva essere iniziata (artt. 425, co. 1, e 529, co. 1). L'improcedibilità deve essere **dichiarata non appena venga rilevata**, in quanto, nelle indagini preliminari, il pubblico ministero chiede l'archiviazione «quando risulta» la relativa causa (art. 411, co. 1) e, nel processo, il giudice ha l'obbligo di dichiararla immediatamente, quando la «riconosce» (art. 129, co. 1). Le pronunce in discorso hanno natura processuale, in quanto si limitano ad accertare la mancanza della condizione di procedibilità: sono, pertanto, "neutre" dal punto di vista dell'accertamento del dovere di punire (oggetto delle decisioni di natura sostanziale).

Inoltre, le pronunce che dichiarano l'improcedibilità, al pari delle pronunce di natura sostanziale, producono **effetti preclusivi**, in quanto impediscono l'esercizio dell'azione penale per il medesimo fatto e contro la medesima persona. Se così non fosse, non si spiegherebbe la deroga al principio del *ne bis in idem* prevista dall'art. 345, co. 1, per il caso in cui dopo l'archiviazione o la sentenza di non luogo a procedere ovvero di proscioglimento, «anche se non più soggetta a impugnazione», venga proposta la querela, l'istanza o la richiesta o sia concessa l'autorizzazione ovvero venga meno la condizione personale che rendeva necessaria l'autorizzazione (ad esempio, quella di membro del Parlamento). In mancanza di tale eccezione, non si potrebbe riprocedere nei confronti della stessa persona, per il medesimo fatto, nemmeno nel caso in cui la pronuncia fosse stata emessa sulla base dell'erroneo presupposto del difetto di una condizione di procedibilità in realtà sussistente.

Senza la deroga contenuta nell'art. 345, co. 1, il *ne bis in idem* opererebbe, in quanto la condizione di procedibilità sopravvenuta non farebbe venir meno l'identità del fatto nei due procedimenti, il che è quanto basta per applicare il divieto del secondo processo, a prescindere dal contenuto di accertamento della decisione. Allo stesso modo, di fronte a un precedente proscioglimento per mancanza di una condizione di procedibilità, il *ne bis in idem* preclude l'instaurazione di un secondo procedimento, contro la medesima persona, per lo stesso fatto, ma diversamente considerato per il titolo o per il grado ovvero per le circostanze e, dunque, ritenuto procedibile, non più a querela della persona offesa, ma d'ufficio: in tali casi, opera la regola generale dell'art. 649, co. 1, che impedisce l'instaurazione del secondo processo ancorché il «fatto» venga «diversamente considerato per il titolo, per il grado o per le circostanze».

A ben guardare, l'art. 345, co. 1, nel delineare una eccezione all'effetto preclusivo della sentenza di non luogo a procedere o di proscioglimento non più impugnabile, presuppone che la stessa **pronuncia soggetta a impugnazione** vieti l'instaurazione del secondo processo *in idem*. Ne consegue che la sopravvenienza della condizione di procedibilità consentirebbe di esercitare nuovamente l'azione penale per il medesimo fatto e contro la medesima persona, il che determinerebbe un'eccezionale situazione di litispendenza.

Il trattamento dell'improcedibilità causata dal difetto delle condizioni indicate nel co. 1 dell'art. 345 opera anche nel caso in cui derivi dalla **mancanza di una condizione di procedibilità diversa**, come si evince dal co. 2 dell'art., laddove consente la riproposizione dell'azione penale nel caso in cui tale condizione sopravvenga. La giurisprudenza riconduce a questa ipotesi il decreto di autorizzazione alla riapertura delle indagini, ai sensi dell'art. 414, in mancanza del quale non potrebbe essere superato l'effetto (limitatamente) preclusivo del provvedimento di archiviazione[27]. Per contro, la disposizione di cui al co. 1 non si addice alle cause d'improcedibilità che non derivano dal difetto di una condizione di procedibilità e, quindi, non contemplano la sopravvenienza di un fatto integrativo della condizione, come nei casi dell'errore di persona previsto dall'art. 68 e della violazione del divieto di un secondo giudizio stabilito dall'art. 649.

Nondimeno, la L. 23.6.2017, n. 103, ha introdotto nell'art. 345, co. 2, un'ipotesi "atipica" di riproponibilità dell'azione penale dopo la dichiarazione di una causa d'improcedibilità del tipo predetto. Si tratta di un'eccezione al *ne bis in idem* operante nel caso in cui il procedimento sia stato definito con sentenza di non luogo a procedere o di non doversi procedere, per **incapacità irreversibile dell'imputato**, ai sensi dell'art. 72 *bis*, pronuncia che non vieta di riproporre l'azione, non solo qualora lo stato d'incapacità venga meno, ma anche qualora si accerti che è stato erroneamente dichiarato. Pertanto, l'effetto preclusivo della dichiarazione d'incapacità verrebbe meno anche in assenza di fatti nuovi, sulla base di nuove prove. Invece, non sarebbe sufficiente una rivalutazione delle prove già acquisite, in quanto, se così fosse, non vi sarebbe alcun effetto preclusivo della sentenza e, quindi, non avrebbe senso prevedere la deroga nel caso in cui l'incapacità venga meno. Va da sé che la natura eccezionale della fattispecie in esame esclude che l'azione penale possa essere riproposta nel caso in cui sia stata erroneamente dichiarata un'altra causa d'improcedibilità.

Le condizioni di procedibilità si distinguono dalle cause d'improcedibilità che non dipendono dal difetto di una condizione, in quanto non precludono

---

[27] Cass., Sez. Un., 1.6.2000, Finocchiaro; Corte cost., 19.1.1995, n. 27.

il compimento degli **atti di indagine preliminare** necessari ad assicurare le fonti di prova, né l'assunzione di **prove** con l'incidente probatorio nelle fattispecie di cui all'art. 392, sempre che si tratti di condizione «che può ancora sopravvenire», ai sensi dell'art. 346. L'art. 112 disp. att. prescrive alla polizia giudiziaria di riferire «senza ritardo» al pubblico ministero l'attività d'indagine compiuta, mentre se sussistono ragioni di urgenza o si tratta di uno dei delitti di cui all'art. 407, co. 2, lett. *a*, nn. da 1) a 6), la comunicazione è data immediatamente anche in forma orale. La documentazione delle attività compiute è prontamente trasmessa al pubblico ministero che ne fa richiesta.

La regola generale di cui all'art. 346 è, tuttavia, derogata dall'art. 343, che vieta il compimento di determinati atti anche investigativi e probatori (co. 2), in mancanza dell'autorizzazione, salvo il caso della flagranza (co. 3). Un'ulteriore deroga è contenuta nella disciplina della riapertura delle indagini, che prevede un'ipotesi di inutilizzabilità degli atti di indagine compiuti in assenza del provvedimento giurisdizionale di autorizzazione alla riapertura (art. 414, co. 2 *bis*).

8.5. L'improcedibilità per superamento dei termini di durata massima del giudizio di impugnazione

La L. 27.9.2021, n. 134, ha introdotto, con il nuovo art. 344 *bis*, una «causa di improcedibilità dell'azione penale» per superamento dei termini di durata massima del giudizio di impugnazione, al fine di garantire la ragionevole durata del processo dopo il primo grado. In tal modo, la "riforma Cartabia" ha inteso superare il blocco del corso della prescrizione del reato, dopo la pronuncia di primo grado, introdotto dalla L. 9.1.2019, n. 3, a decorrere dal 1.1.2020 (c.d. "legge spazza-corrotti"), cancellando la figura dell'imputato "eterno giudicabile", nell'ottica di rimediare a una vistosa violazione dell'art. 111, co. 2, Cost. A ben guardare, la previsione configura una **causa d'improseguibilità dell'azione penale**, che comporta la pronuncia di una sentenza di proscioglimento dell'imputato di natura processuale, del tipo della sentenza di non doversi procedere perché l'azione penale non deve essere proseguita. Nel giudizio di cassazione, l'esito è quello dell'annullamento senza rinvio della sentenza impugnata per tale causa. Inoltre, si tratta di una situazione propriamente rapportabile al processo penale, come può desumersi dall'interpretazione preferibile circa il significato da assegnare all'espressione «azione penale» impiegata dall'art. 50, co. 3. La disposizione, nel dettare il principio di tassatività delle cause di sospensione o interruzione dell'«esercizio dell'azione penale», è più propriamente riferibile alla sospensione o interruzione del processo penale. Nel senso di rapportare la nuova improcedibilità al processo, invece che all'azione, depone del resto il co. 7 dell'art. 344 *bis*, che attribuisce all'imputato il potere di chiedere «la prosecuzione del processo», inibendo in tal modo la declaratoria d'improcedibilità.

La rinunciabilità dell'istituto da parte dell'imputato, in linea con la disciplina della prescrizione del reato che «è sempre espressamente rinunciabile dall'imputato» (art. 157, co. 7, c.p.), determina un avvicinamento del regime dell'improcedibilità a quello delle situazioni di natura sostanziale, a partire dalla prescrizione del reato, tuttora operante fino alla pronuncia di primo grado: tali situazioni lasciano aperta la decisione sui temi di merito correlati alla responsabilità penale. Non a caso, l'improcedibilità di cui all'art. 344 *bis* non preclude la decisione sul merito dell'azione civile, né determina la caducazione della condanna per gli interessi civili, ma comporta il trasferimento al giudice civile della decisione sulle questioni civili, attraverso il meccanismo dell'art. 578, co. 1 *bis*. Parallelamente, l'art. 578 *ter* prevede che, con l'improcedibilità, non vengano meno gli effetti del sequestro preventivo dei beni oggetto della confisca applicata con la sentenza impugnata (commi 2 e 3), ma permangano al fine di disporre le misure patrimoniali di prevenzione previste dal d.lgs. 6.9.2011, n. 159. L'azione patrimoniale viene, pertanto, trasferita dal processo penale a quello di prevenzione.

Il d.lgs. n. 150 del 2022, si noti, ha inoltre introdotto un momento processuale appositamente dedicato alla pronuncia sull'improcedibilità, ai fini di cui agli artt. 578, co. 1 *bis*, e 578 *ter*, co. 2, «non oltre il sessantesimo giorno successivo al maturare dei termini di durata massima del giudizio di impugnazione di cui all'articolo 344 *bis* del codice» (nuovo art. 175 *bis* disp. att.). Si tratta, quindi, di una causa d'improseguibilità dell'azione penale che non richiede la sua immediata declaratoria, contrariamente alle cause d'improcedibilità "tipiche" coperte dall'art. 129, co. 1, e che non fa cadere il sequestro preventivo basato sull'accertamento della colpevolezza dell'imputato, dopo la confisca disposta con la pronuncia impugnata. Si apre, conseguentemente, uno spazio per applicare l'art. 129, co. 2, almeno nelle situazioni in cui l'improcedibilità interferisce con la decisione di confisca, in quanto sarebbe irragionevole mantenere, dopo il giudicato penale di proscioglimento, l'efficacia di un provvedimento che postula l'accertamento della colpevolezza, nel caso in cui sia evidente la prova dell'innocenza dell'imputato.

I **termini** di durata massima del giudizio di impugnazione sono di due anni, per l'appello (co. 1), e di un anno, per il giudizio di cassazione (co. 2), con decorso dal novantesimo giorno successivo alla scadenza del termine per la redazione della sentenza, di cui all'art. 544 (co. 3 dell'art. 344 *bis*). I termini in discorso sono sospesi nelle situazioni previste dal co. 6 dell'art. 344 *bis*, vale a dire: nei casi di sospensione del corso della prescrizione ai sensi dell'art. 159, co. 1, c.p.; nel giudizio di secondo grado, per il tempo occorrente per la rinnovazione dell'istruzione dibattimentale; quando è necessario procedere a nuove ricerche dell'imputato irreperibile (art. 159) o dell'imputato non presente all'udienza di appello (art. 598 *ter*), per la notificazione del decreto di citazione per il giudizio di appello o dell'avviso di fissazione dell'udienza per il giudizio di cassazione.

I termini per la conclusione del giudizio di impugnazione sono, inoltre, **prorogabili**, per un periodo non superiore a un anno nel giudizio di appello e di sei mesi nel giudizio di cassazione, in base a un regime (art. 344 *bis* commi 4 e 5) sotto più profili problematico. Innanzitutto, il regime stride con la ragionevole durata del processo, in quanto ricrea la figura dell'imputato "eterno giudicabile", nella parte in cui consente «ulteriori proroghe», senza la previsione di un termine di durata massima, nei procedimenti per i delitti del catalogo inserito nello stesso co. 4.

Il catalogo di cui al co. 4 comprende i delitti commessi per finalità di terrorismo o di eversione dell'ordinamento costituzionale per i quali la legge stabilisce la pena della reclusione non inferiore nel minimo a cinque anni o nel massimo a dieci anni, i delitti di associazione sovversiva aggravata di cui all'art. 270, co. 3, c.p., banda armata di cui all'art. 306, co. 2, c.p., associazione di tipo mafioso di cui all'art. 416 *bis* c.p., scambio elettorale politico-mafioso di cui all'art. 416 *ter* c.p., violenza sessuale aggravata nelle ipotesi di cui agli artt. 609 *bis*, 609 *ter*, 609 *quater* e 609 *octies* c.p., associazione finalizzata al traffico illecito di sostanze stupefacenti o psicotrope di cui all'art. 74 d.P.R. 9.10.1990, n. 309. Diversamente, se si tratta di delitti aggravati ai sensi dell'art. 416 *bis*.1, co. 1, c.p., è previsto un limite alla proroga, che non può superare complessivamente tre anni nel giudizio di appello e un anno e sei mesi nel giudizio di cassazione. Il problema segnalato si pone, a maggior ragione, nei procedimenti per i delitti puniti con l'ergastolo, per i quali non si applica l'improcedibilità, nemmeno quando la pena *de qua* è l'effetto dell'applicazione di circostanze aggravanti (art. 344 *bis*, co. 9).

Inoltre, mal si concilia con il principio di tassatività delle cause d'improcedibilità, espressione del principio costituzionale di legalità processuale (art. 111, co. 1, Cost.), l'attribuzione del potere di impedire la realizzazione dell'improcedibilità stessa, con la proroga, all'autorità da cui dipende il rispetto dei termini, vale a dire il giudice procedente, per giunta in base a una **valutazione discrezionale**, dai contorni in larga parte indeterminati, quale è quella richiesta ai sensi dell'art. 344 *bis*, co. 4. Il requisito del giudizio di impugnazione «particolarmente complesso» può essere desunto dai due indici alternativi costituiti «dal numero delle parti o delle imputazioni» o «dal numero o dalla complessità delle questioni di fatto o di diritto da trattare».

Né il suddetto profilo di attrito con l'art. 111, co. 1, Cost. è compensato dalla previsione dell'obbligo di motivare l'ordinanza di proroga (co. 4) e della **ricorribilità per cassazione** della stessa da parte dell'imputato e del suo difensore (co. 5), tenuto conto del mero controllo di legittimità demandato alla Suprema Corte, che non potrebbe sostituire alla valutazione discrezionale del giudice di merito un'altra valutazione discrezionale. Il ricorso deve essere proposto, a pena di inammissibilità, entro cinque giorni dalla lettura dell'ordinanza o, in mancanza, dalla sua notificazione; non ha effetto sospensivo; viene deciso dalla Corte di cassazione con il procedimento in camera di consiglio senza partecipazione del procuratore generale e dei difensori, a norma dell'art. 611.

9. Svolgimento delle indagini preliminari. Mezzi di indagine e mezzi di ricerca della prova

Le indagini preliminari sono svolte dalla polizia giudiziaria e dal pubblico ministero dopo l'acquisizione della notizia di reato, che si verifica con l'insorgenza degli indizi di reato. Gli «elementi acquisiti nel corso delle indagini preliminari», secondo la formula dell'art. 408, co. 1, possono essere stati **formati o scoperti** compiendo atti d'indagine. Tenendo conto che i mezzi di prova, disciplinati dal titolo II del Libro III, vengono generalmente assunti nel dibattimento, salvi i casi eccezionali di formazione della prova nelle fasi anteriori con l'incidente probatorio, per la fase investigativa può essere tracciata una distinzione generale fra mezzi d'indagine e mezzi di ricerca della prova.

I **mezzi di indagine** servono per introdurre nel procedimento elementi conoscitivi, impiegabili ai fini dei provvedimenti adottati nella fase delle indagini. Si distinguono dai mezzi di prova, per il diverso congegno legale di formazione degli elementi, indice di un diverso metodo di acquisizione della conoscenza (unilaterale e non dialettico). Appartengono a questa categoria l'identificazione (art. 349), l'assunzione di sommarie informazioni (artt. 350 e 351), gli accertamenti tecnici, anche non ripetibili (artt. 359 e 360), l'individuazione di persone e di cose (art. 361), l'assunzione di informazioni (artt. 362), gli interrogatori (artt. 64 e 363).

I **mezzi di ricerca della prova** sono i congegni allestiti dal titolo III del Libro III, che vengono normalmente disposti nelle indagini preliminari. Fanno parte di questa categoria i rilievi e gli accertamenti ai fini identificativi (art. 349, co. 2), le perquisizioni (art. 352), l'acquisizione di plichi o di corrispondenza (art. 353), gli accertamenti urgenti sui luoghi, sulle cose e sulle persone, e il conseguente sequestro (art. 354).

In alcuni casi, non è agevole inquadrare l'atto d'indagine in una delle due categorie, in quanto si tratta di assicurare al procedimento prove reali, le cui caratteristiche dipendono dall'attività seguita nella ricerca probatoria dagli organi investigativi. Si pensi al prelievo coattivo di campioni biologici (art. 359 *bis*) e, ancora prima, al prelievo coattivo a fini identificativi (art. 349, co. 2 *bis*). Anche questi atti possono essere ricondotti alla categoria dei mezzi di ricerca della prova, in quanto servono per reperire il materiale conoscitivo, a sua volta da utilizzare per forgiare la prova: ad esempio, disponendo una consulenza tecnica o un accertamento tecnico non ripetibile (mezzi d'indagine) sul campione biologico reperito attraverso il prelievo coattivo (mezzo di ricerca della prova). Proprio come accade nell'ambito delle intercettazioni, dove l'elemento di prova utilizzabile dal giudice per la decisione non deriva dal mezzo di ricerca (intercettazione), ma dalla perizia (mezzo di prova) con la quale viene disposta la trascrizione dei colloqui intercettati.

10. Le indagini preliminari della polizia giudiziaria

10.1. Atti di identificazione

Quanto alle indagini preliminari della polizia giudiziaria, il cui fine è assicurare le fonti di prova (art. 348, co. 1), una seconda distinzione concerne le **attività anteriori all'intervento del pubblico ministero** e quelle **successive al suo intervento** (v. art. 348, co. 3). La polizia giudiziaria assicura le fonti di prova compiendo atti di propria iniziativa e, dopo l'intervento del pubblico ministero, anche compiendo atti delegati dallo stesso ed eseguendo le sue direttive.

Il titolo IV del Libro V prevede la tipologia degli **atti a iniziativa della polizia giudiziaria**.

L'**identificazione** è un atto compiuto nei confronti della persona sottoposta alle indagini e delle persone in grado di riferire su circostanze utili alla ricostruzione dei fatti (art. 349, co. 1), che la stessa polizia giudiziaria ha il compito di "ricercare", a norma dell'art. 348, co. 2, lett. *b*. L'atto si svolge su base volontaria o coattivamente. Per identificare la persona sottoposta alle indagini, vengono seguite le modalità previste dall'art. 66 (art. 349, co. 3, secondo per.). Pertanto, la polizia giudiziaria **invita la persona a dichiarare** le proprie generalità e quant'altro può valere a identificarla, ammonendola circa le conseguenze cui si espone chi si rifiuta di dare le proprie generalità o le dà false. La persona sottoposta a identificazione è pure invitata a dichiarare o eleggere domicilio per le notificazioni a norma dell'art. 161, nonché, a seguito del d.lgs n. 150 del 2022, ad indicare il recapito della casa di abitazione, del luogo in cui esercita abitualmente l'attività lavorativa e dei luoghi in cui ha temporanea dimora o domicilio, oltre che i recapiti telefonici o gli indirizzi di posta elettronica nella sua disponibilità (art. 349, co. 3), informazioni tutte finalizzate ad agevolare la notificazione degli atti con modalità telematiche o nelle forme stabilite dagli artt. 148 ss.

Solo se non è possibile identificare la persona assumendo le sue dichiarazioni, si può procedere coattivamente ricercando ulteriori fonti di prova, con le modalità e nei limiti previsti dallo stesso art. 349. La legge individua il mezzo di ricerca delle fonti di prova, parlando di «**rilievi** dattiloscopici, fotografici e antropometrici nonché **altri accertamenti**», secondo una formula di apertura al compimento di atti atipici (art. 349, co. 2). Tali rilievi o accertamenti possono essere eseguiti appunto «ove occorra»: significa che la polizia giudiziaria non può scegliere questa modalità identificativa in alternativa a quella di cui all'art. 66, ma soltanto qualora questa fallisca.

Se così non fosse, non si spiegherebbe la disciplina dell'**accompagnamento negli uffici di polizia giudiziaria**, atto che condiziona lo stesso svolgimento dei rilievi o accertamenti. Va tenuto conto che la polizia giudiziaria dispone l'accompagnamento, al fine di svolgere l'identificazione, se la persona rifiuta di farsi identificare o fornisce generalità o documenti di identificazione dei quali ravvisa la falsità, in base a «sufficienti elementi» (art. 349, co. 4). Pertanto, la regola è quella del compimento volontario dell'identificazione, mentre all'accompagnamento si può procedere eccezionalmente, quando sia necessario eseguire i rilievi o accertamenti, al fine di conseguire il risultato conoscitivo dell'atto d'indagine.

La lettura restrittiva s'impone anche alla luce del quadro costituzionale di riferimento. È chiaro che l'accompagnamento, incidendo sulla libertà personale dell'interessato, è inquadrabile fra le «altre restrizioni» del bene coinvolto ammesse dall'art. 13, co. 2, Cost., per il tramite di un «atto motivato dell'autorità giudiziaria» (da compiersi «nei soli casi e modi previsti dalla legge»). Per tali restrizioni, l'art. 13, co. 3, Cost. contempla l'adozione di un provvedimento provvisorio da parte dell'autorità di pubblica sicurezza, appunto «in casi eccezionali di necessità ed urgenza», e stabilisce che il provvedimento viene comunicato all'autorità giudiziaria entro quarantotto ore e si intende revocato e inefficace, se non viene convalidato entro le successive quarantotto ore. Emergono, quindi, problemi di compatibilità costituzionale del regime dei presupposti dell'accompagnamento ai fini identificativi, non tanto con riguardo al requisito della «necessità», evincibile dalla trama normativa in via esegetica, quanto a quello dell'«urgenza». Non sarebbe percorribile nemmeno un parallelismo con gli accertamenti urgenti sulle persone, di cui all'art. 354, co. 3, in quanto i rilievi o accertamenti ai fini identificativi non sono concepiti normativamente come surrogato di un atto compiuto dal pubblico ministero.

L'accompagnamento negli uffici di polizia giudiziaria porta a una restrizione provvisoria della libertà personale, in quanto la persona viene ivi **trattenuta** «per il tempo strettamente necessario per la identificazione e comunque non oltre le dodici ore» (art. 349, co. 4). Sulla legittimità di questa restrizione è effettuato un controllo successivo, non da parte del giudice (come pretenderebbe la lettura preferibile dell'art. 13 Cost.), ma del pubblico ministero, al quale è data immediata notizia dell'accompagnamento e dell'ora in cui questo è compiuto, affinché possa accertare l'esistenza delle condizioni di cui all'art. 349, co. 4, e ordinare il **rilascio** della persona accompagnata, nel caso in queste non ricorrano (art. 349, co. 5). Al pubblico ministero è parimenti data notizia del rilascio e dell'ora in cui esso è avvenuto (art. 349, co. 6). Viceversa, il controllo del pubblico ministero è preventivo, qualora il termine di dodici ore venga prolungato a non oltre ventiquattro ore. In tal caso, la polizia giudiziaria deve dare preventivo avviso anche orale al pubblico ministero, affinché l'organo d'accusa verifichi che si tratti di un'identificazione «particolarmente complessa» ovvero che occorra l'assistenza dell'autorità consolare o di un interprete (ferma, in tal caso, la facoltà dell'interessato di chiedere di avvisare un familiare o un convivente).

La persona accompagnata, a questo punto, potrebbe dichiarare le proprie generalità, il che porterebbe al rilascio, a meno che, ancora una volta, non si ravvisino sufficienti elementi per ritenere la falsità delle dichiarazioni. Solo in caso contrario, o nel caso in cui si ritenga la falsità («ove occorra»), potrebbero essere eseguiti i rilievi dattiloscopici, fotografici e antropometrici o gli altri accertamenti.

I rilievi devono sempre essere eseguiti, in deroga al criterio dell'occorrenza, quando si procede nei confronti di un apolide, di una persona della quale è ignota la cittadinanza, di un cittadino di uno Stato non appartenente all'Unione europea ovvero, in casi particolari, di un cittadino di uno Stato membro dell'Unione europea (che risulti privo del codice fiscale oppure sia o sia stato titolare anche della cittadinanza di uno Stato non appartenente all'Unione europea). In tali casi, la polizia giudiziaria trasmette al pubblico ministero copia del cartellino fotodattiloscopico e comunica il codice univoco identificativo della persona nei cui confronti sono svolte le indagini (art. 349, co. 2, modificato dalla L. 27.9.2021, n. 134).

I rilievi o gli accertamenti in discorso possono essere svolti consensualmente o coattivamente, dopo l'accompagnamento negli uffici di polizia giudiziaria. Se manca il consenso dell'interessato, non si può procedere ad atti invasivi della sfera corporale dell'individuo: in mancanza di una previsione espressa di legge, vi sarebbe una violazione dell'art. 13, co. 2, Cost. Tuttavia, gli accertamenti che comportano il **prelievo coattivo di capelli o saliva** possono essere compiuti dalla polizia giudiziaria, previa autorizzazione scritta (oppure resa oralmente e confermata per iscritto) del pubblico ministero, e devono rispettare la dignità personale del soggetto (art. 349, co. 2 *bis*). L'autorità giudiziaria deve verificare i presupposti di applicazione dell'istituto, in base al parametro dell'«occorrenza» di cui all'art. 349, co. 2, che rende residuale il ricorso a questo mezzo incidente nella dimensione corporale della persona sottoposta alle indagini, rispetto ai rilievi dattiloscopici, fotografici ed antropometrici e ad altri accertamenti meno invasivi.

10.2. Atti di assunzione di sommarie informazioni

La polizia giudiziaria può, inoltre, assumere sommarie informazioni dalla persona nei cui confronti vengono svolte le indagini, ai sensi dell'art. 350, dalle persone che possono riferire circostanze utili ai fini delle indagini, cioè le persone che nel dibattimento potrebbero essere sentite come testimoni, nonché dagli imputati in procedimento connesso o di reato probatoriamente collegato, ai sensi dell'art. 351, commi 1 e 1 *bis*. I soli ufficiali di polizia giudiziaria possono assumere «**sommarie informazioni**» dalla persona sottoposta alle indagini, qualora questa si trovi **in stato di libertà**. Tale condizione si desume dall'art. 350, co. 1, che vieta di procedere nelle situazioni di arresto o di fermo a norma dell'art. 384, nonché di allontanamento d'urgenza dalla casa familiare (art. 384 *bis*). Per la persona sottoposta a misura cautelare personale, l'art. 294, co. 6, autorizza l'interrogatorio da parte del pubblico ministero, non delegabile alla polizia giudiziaria, ai sensi dell'art. 370, co. 1.

L'atto della polizia giudiziaria è compiuto con le **modalità dell'interrogatorio previste dall'art. 64**, secondo una precisa connotazione finalistica: si tratta di assumere «sommarie informazioni utili per le investigazioni», come stabilisce l'art. 350, co. 1. Tuttavia, una volta disposto, il mezzo d'indagine attiva le potenzialità difensive e probatorie dell'interrogatorio. Fornendo informazioni alla polizia giudiziaria, la persona sottoposta alle indagini esercita attivamente il diritto di autodifesa e sopporta il rischio di un utilizzo probatorio sfavorevole degli elementi acquisiti. Le dichiarazioni possono essere utilizzate per le contestazioni, durante l'esame dell'imputato nel dibattimento (art. 503, co. 3 e 5).

L'atto è assunto con la «**necessaria assistenza del difensore**, al quale la polizia giudiziaria dà tempestivo avviso» (art. 350, co. 3). La polizia giudiziaria, prima di assumere le informazioni, invita la persona nei cui confronti vengono svolte le indagini a nominare un difensore di fiducia e, in difetto, provvede a dare avviso al difensore di ufficio, il cui nominativo è comunicato dal Consiglio dell'ordine circondariale ai sensi dell'art. 97, co. 3 (art. 350, co. 2). L'indisponibilità della garanzia della difesa tecnica è ribadita dalla previsione dell'obbligo del difensore di presenziare al compimento dell'atto, inserita nell'art. 350, co. 3. Solo se il difensore non è stato reperito o non è comparso, la polizia giudiziaria deve richiedere al pubblico ministero di provvedere al fine della nomina di un altro difensore di ufficio, secondo le modalità di cui all'art. 97, co. 4 (art. 350, co. 2).

L'atto può essere svolto a distanza, se il pubblico ministero lo autorizza, in forza della previsione speciale di cui all'art. 350, co. 4 *bis*, che rende operante l'istituto della «partecipazione a distanza», in forza della disposizione generale dell'art. 133 *bis*. Si applicano, in quanto compatibili, le modalità e le garanzie previste dall'art. 133 *ter*.

Pertanto, la polizia giudiziaria assume le sommarie informazioni tramite il collegamento con la persona sottoposta alle indagini dall'ufficio giudiziario o di polizia giudiziaria individuato dall'autorità giudiziaria (art. 133 *ter*, co. 4) e con il difensore dal rispettivo ufficio o da altro luogo idoneo (art. 133 *ter*, co. 7). Poiché si tratta di "smaterializzare" un atto d'indagine dotato di rilevanza difensiva e autodifensiva, è richiesto il consenso non solo della persona assistita, ma anche del difensore.

Il regime dell'assunzione delle sommarie informazioni, basato sulla necessaria assistenza del difensore, è derogato nelle due ipotesi in cui la polizia giudiziaria può assumere dichiarazioni dalla persona sottoposta alle indagini, anche senza la presenza dell'avvocato. Il primo caso è quello delle **dichiarazioni assunte sul luogo o nell'immediatezza del fatto**, ai sensi dell'art. 350, co. 5 anche dalla persona arrestata in flagranza o fermata a norma dell'art. 384 Trattandosi di un contesto non garantito, si spiega la legittimazione dei soli ufficiali di polizia giudiziaria e la cautela del legislatore nel descrivere gli elementi acquisibili («notizie e indicazioni», invece che «sommarie informazioni») e i loro limiti di utilizzo, «ai fini della immediata prosecuzione delle indagini» (art. 350, co. 5). Pertanto, se gli elementi sono stati effettivamente assunti senza l'assistenza difensiva, non assumono rilevanza probatoria nemmeno endofasica, essendone «vietata ogni documentazione e utilizzazione» ai sensi dell'art. 350, co. 6. Né il divieto probatorio potrebbe essere superato dalla testimonianza indiretta degli ufficiali di polizia giudiziaria, vietata dall'art. 62. Se gli elementi sono stati assunti alla presenza del difensore, potranno essere documentati, *ex* art. 357, co. 1, e utilizzati al pari degli altri atti d'indagine.

Il secondo caso è quello delle **dichiarazioni spontanee ricevute dalla polizia giudiziaria**, ai sensi dell'art. 350, co. 7. Le dichiarazioni non possono essere provocate e possono essere rese nel corso della fase investigativa senza limitazioni spazio-temporali. Inoltre, non opera il divieto di cui all'art. 350, co. 6; le dichiarazioni devono essere verbalizzate, a norma dell'art. 357, co. 2, lett. *b*, e possono essere utilizzate al di fuori del dibattimento oppure, nel dibattimento, ai fini delle contestazioni all'imputato (art. 503, co. 3), per valutarne la credibilità (artt. 500, co. 2, e 503, co. 4).

Quanto alle **«altre sommarie informazioni»** delle persone che possono riferire circostanze utili ai fini delle indagini, ai sensi dell'art. 351, il rinvio alle forme di assunzione delle informazioni da parte del pubblico ministero (art. 362) rende, innanzitutto, applicabili le garanzie difensive e autodifensive del testimone, a partire dal diritto di non autoincriminarsi (art. 198, co. 2) e dai diritti che scattano in presenza di dichiarazioni indizianti (art. 63, co. 1) e di dichiarazioni rese da una persona nei cui confronti sono già emersi indizi di reato (art. 63, co. 2).

Operano, inoltre, le incompatibilità con l'ufficio di testimone previste dall'art. 197 e le garanzie di cui all'art. 197 *bis*. Pertanto, per assumere sommarie informazioni dalle **persone imputate in un procedimento connesso o di un reato collegato, sul piano probatorio**, a quello per cui si procede, regolate dall'art. 351, co. 1 *bis*, occorre seguire le forme previste dall'art. 210, commi 2, 3, 4 e 6.

Tali forme operano nell'interrogatorio di persona imputata in un procedimento connesso o di reato collegato *ex* art. 371, co. 2, lett. *b*, compiuto dal pubblico ministero, giusto il richiamo dell'art. 363, co. 1, e vanno ritenute applicabili alle sommarie informazioni di cui all'art. 351, co. 1 *bis*, in quanto le persone indicate in questa disposizione non possono essere sentite come testimoni, ai sensi dell'art. 197, co. 1, lett. *a* e *b*, se non nei casi di cui all'art. 197 *bis*, commi 1 e 2. Gli ufficiali di polizia giudiziaria compiono l'atto di cui all'art. 351, co. 1 *bis*, garantendo il diritto del difensore della persona sentita di assistere all'atto, con tempestivo avviso. Se la persona è priva del difensore, è avvisata che è assistita da un difensore di ufficio, ma che può nominarne uno di fiducia.

Lo **statuto normativo della testimonianza** si estende alle persone sentite ai sensi dell'art. 351, co. 1, anche con riferimento alla facoltà di astensione dei prossimi congiunti (art. 199), delle persone che possono avvalersi del segreto professionale (art. 200), della polizia giudiziaria e dei soggetti equiparati quanto ai nomi degli informatori (art. 203), nonché con riferimento all'obbligo di astenersi delle persone tenute al segreto di ufficio (art. 201) e di Stato (art. 202). Il rinvio al secondo periodo del co. 1 dell'art. 362 rende, inoltre, applicabile il divieto di chiedere alle persone già sentite dal difensore o dal suo sostituto, nell'ambito delle investigazioni difensive, informazioni sulle domande formulate e sulle risposte date.

Nell'ottica di un ulteriore rafforzamento delle garanzie delle persone sentite dalla polizia giudiziaria, può essere interpretata la disciplina introdotta dal d.lgs. n. 150 del 2022, nel nuovo co. 1 *quater* dell'art. 351, con riguardo alle forme di documentazione delle dichiarazioni. La disposizione ha riconosciuto alla persona non sottoposta alle indagini un inedito **diritto alla documentazione mediante riproduzione fonografica**, ove ne faccia richiesta, diritto che, tuttavia, incontra il limite della «contingente indisponibilità di strumenti di riproduzione o di personale tecnico».

Ulteriori cautele riguardano le sommarie informazioni da persone minori, nonché da persone offese che si trovano in condizioni di particolari vulnerabilità, secondo la definizione dell'art. 90 *quater*, anche se maggiorenni, nei procedimenti per i delitti del catalogo di cui all'art. 351, co. 1 *ter*. Si tratta, innanzitutto, delle seguenti ipotesi di delitti contro la libertà individuale: «maltrattamenti contro familiari e conviventi» (art. 572 c.p.), «riduzione o mantenimento in schiavitù o servitù» (art. 600 c.p.), «prostituzione minorile» (art. 600 *bis* c.p.), «pornografia minorile» (art. 600 *ter* c.p.), «detenzione o accesso a materiale pornografico» (art. 600 *quater* c.p.), «pornografia virtuale» (art. 600 *quater*.1 c.p.), «iniziative turistiche volte allo sfruttamento della prostituzione minorile» (art. 600 *quinquies* c.p.), «tratta di persone» (art. 601 c.p.), «acquisto e alienazione di schiavi» (art. 602 c.p.). Sono, inoltre, richiamati i seguenti delitti contro la libertà personale: «violenza sessuale» (art. 609 *bis* c.p.), «atti sessuali con minorenne» (art. 609 *quater* c.p.), «corruzione di minorenne» (art. 609 *quinquies* c.p.), «violenza sessuale di gruppo» (art. 609 *octies* c.p.), «adescamento di minorenni» (art. 609 *undecies* c.p.), «atti persecutori» (art. 612 *bis* c.p.).

In tali casi, la polizia giudiziaria compie l'atto avvalendosi di un esperto in psicologia o in psichiatria infantile, nominato dal pubblico ministero. Si tratta di un'ulteriore componente del mezzo di indagine, prevista al fine di garantire l'attendibilità degli elementi dichiarativi introdotti e, pertanto, operante quale condizione di utilizzabilità degli stessi. La polizia giudiziaria deve, inoltre, curare che la persona offesa particolarmente vulnerabile, in occasione delle richieste di sommarie informazioni, non abbia contatti con la persona sottoposta alle indagini e, al fine di prevenire i fenomeni di c.d. "vittimizzazione secondaria", non sia chiamata più volte a rendere sommarie informazioni, salva l'assoluta necessità per le indagini.

10.3. Atti di ricerca della prova

10.3.1. Perquisizioni

I mezzi di ricerca della prova disciplinati nel titolo III del Libro III vengono generalmente disposti dall'autorità giudiziaria, secondo l'assetto codicistico, in aderenza alla riserva stabilita negli artt. 13, co. 2, e 14, co. 1, Cost. Inoltre, per attuare l'assetto costituzionale relativo all'iniziativa eccezionale dell'autorità di pubblica sicurezza (art. 13, co. 3, Cost.), il codice stabilisce che i soli ufficiali di polizia giudiziaria possano svolgere attività di ricerca della prova, "invasiva" per le libertà costituzionali, nelle **situazioni di pericolo e urgenza** regolate dagli artt. 352-355, demandando all'autorità giudiziaria un controllo *ex post*. Gli atti in discorso sono compiuti "a sorpresa", pertanto non prevedono il diritto del difensore di essere preavvisato (art. 356); inoltre possono essere compiuti all'insaputa della persona sottoposta alle indagini, la quale viene avvertita del diritto all'assistenza del difensore soltanto «se presente» agli atti indicati nell'art. 356 (art. 114 disp. att.). Gli atti di ricerca della prova compiuti a iniziativa della polizia giudiziaria sono pertanto "garantiti".

In primo luogo, gli ufficiali di polizia giudiziaria procedono a **perquisizione personale o locale** che può essere definita **non rinviabile**, nei casi previsti dall'art. 352, commi 1. La perquisizione può essere disposta nella flagranza del reato o nel caso di evasione e presuppone che vi sia una situazione di pericolo. Nel caso della perquisizione personale, il pericolo consiste nel fondato motivo di ritenere che sulla persona si trovino occultate cose o tracce pertinenti al reato che possono essere occultare o disperse. Nel caso della perquisizione locale, il pericolo è integrato dal fondato motivo di ritenere che tali cose o tracce (che possono essere cancellate o disperse) si trovino in un determinato luogo ovvero che in quel luogo si trovi la persona sottoposta alle indagini o l'evaso (art. 352, co. 1).

Inoltre, gli ufficiali di polizia giudiziaria possono procedere a **perquisizione personale o locale** che può essere denominata **d'urgenza**, nei casi previsti dall'art. 352, co. 2. L'atto può essere compiuto quando si deve eseguire un'ordinanza di custodia cautelare o un ordine di carcerazione nei confronti di persona imputata o condannata per uno dei delitti previsti dall'art. 380 ovvero al fermo di una persona indiziata di delitto e ricorrono i due ulteriori presupposti previsti dall'art. 352, co. 2, vale a dire. Non basta che vi sia una delle situazioni di pericolo di cui al co. 1. Occorrono anche particolari motivi di urgenza che non consentono l'emissione di un tempestivo decreto di perquisizione del pubblico ministero. La perquisizione domiciliare, disposta nei casi del co. 1 o del co. 2 dell'art. 352, può essere eseguita al di fuori dei limiti temporali di cui all'art. 251, co. 1, «quando il ritardo potrebbe pregiudicarne l'esito». Nei casi di particolare necessità e urgenza, l'atto può essere compiuto dagli agenti di polizia giudiziaria (art. 113 disp. att.).

Gli ufficiali di polizia giudiziaria dispongono, altresì, la **perquisizione informatica non rinviabile o d'urgenza**, nei casi previsti dall'art. 352, co. 1 *bis*. L'atto ha lo scopo di evitare la cancellazione o la dispersione delle prove digitale e può essere compiuto nella flagranza di reato o in uno dei casi previsti dall'art. 352, co. 2. Va tenuto conto che l'atto d'indagine in discorso presenta problemi specifici connessi non solo alla natura del luogo in cui le operazioni sono svolte (sistemi informatici o telematici, ancorché protetti da misure di sicurezza) e degli elementi ricercati (dati, informazioni, programmi informatici o tracce comunque pertinenti al reato), ma anche alla situazione di pericolo che legittima l'iniziativa della polizia giudiziaria (che gli elementi occultati siano cancellati o dispersi).

La ricerca probatoria ha qui per oggetto una prova potenzialmente difficile da scalfire, ma anche fragile, cioè facilmente manipolabile, sia pure in modo involontario. Rilevano, quindi, le «misure tecniche» con cui l'art. 352, co. 1 *bis*, si fa carico dell'esigenza di «assicurare la conservazione dei dati originali» e di «impedirne l'alterazione», in linea con quanto previsto per l'ispezione informatica (art. 244, co. 2) e per la perquisizione informatica (art. 247, co. 1 *bis*). A ciò si aggiunge, nella perquisizione informatica a iniziativa della polizia giudiziaria, l'esigenza di impedire, attraverso le adeguate misure tecniche, che un ritardo nelle operazioni di ricerca porti alla dispersione dei dati digitali.

Disposta la perquisizione nelle fattispecie viste, scatta il controllo *ex post* del pubblico ministero, che provvede sulla **convalida** (art. 352, co. 4), e del giudice, al quale la persona sottoposta alle indagini e la persona nei cui confronti la perquisizione è stata disposta o eseguita possono proporre **opposizione** (art. 352, co. 4 *bis*, introdotto dal d.lgs. n. 150 del 2022). A tal fine, la polizia giudiziaria trasmette senza ritardo, e comunque non oltre le quarantotto ore, al pubblico ministero del luogo di esecuzione della perquisizione, il verbale delle operazioni compiute. Il pubblico ministero decide sulla convalida della perquisizione, con decreto motivato da adottare entro le quarantotto ore successive, accertando l'esistenza o meno dei presupposti e delle condizioni dell'atto, in base a una valutazione dai contorni inevitabilmente discrezionali, che si sovrappone a quella della polizia giudiziaria. A questo controllo, si aggiunge quello del giudice per le indagini preliminari, al quale può essere proposta opposizione entro dieci giorni dalla data in cui le persone legittimate hanno avuto conoscenza del decreto di convalida.

Il giudice svolge un controllo di legittimità, dovendo accertare se la perquisizione sia stata disposta fuori dai casi previsti dalla legge (art. 252 *bis*, co. 3, richiamato dall'art. 352, co. 4 *bis*), a prescindere dalle ragioni addotte dalla polizia giudiziaria nel verbale di perquisizione e dal pubblico ministero nel decreto di convalida. Peraltro, il controllo giurisdizionale non ha luogo, essendo preclusa l'opposizione, nel caso in cui alla perquisizione sia seguito il sequestro, in base alla clausola di apertura dello stesso co. 4 *bis* dell'art. 352, in linea con la disciplina generale della perquisizione contenuta nel Libro III.

10.3.2. Acquisizione di plichi o di corrispondenza

Gli ufficiali di polizia giudiziaria possono **acquisire i plichi sigillati o altrimenti chiusi**, ma non il contenuto di essi, in quanto devono trasmetterli intatti al pubblico ministero, per l'eventuale sequestro (art. 353, co. 1). Possono, inoltre, chiedere al pubblico ministero di autorizzare l'apertura immediata e l'accertamento del contenuto, nella situazione di pericolo descritta dall'art. 353, co. 2, qualora l'apertura dei plichi sia funzionale alla raccolta di notizie utili alla ricerca e all'assicurazione di altre fonti di prova, che potrebbero andare disperse a causa del ritardo. Opera, in questo caso, la facoltà di assistere del difensore della persona sottoposta alle indagini (art. 356).

Gli stessi ufficiali di polizia giudiziaria possono **sospendere l'inoltro di corrispondenza**, a norma dell'art. 353, co. 3, qualora si tratti di lettere, plichi, pacchi, valori, telegrammi e altri oggetti di corrispondenza (anche se in forma elettronica o se inoltrati per via telematica), che si abbia fondato motivo di ritenere spediti dall'imputato o a lui diretti o che comunque possano avere relazione con il reato e per i quali, pertanto, è consentito il sequestro (art. 254, co. 1). L'atto può essere compiuto in caso di urgenza, cioè quando non sia possibile attendere l'intervento del pubblico ministero, con apposito ordine rivolto a chi è preposto al servizio postale, telegrafico, telematico o di telecomunicazione. L'efficacia della sospensione cessa (e gli oggetti di corrispondenza vengono inoltrati) se entro quarantotto ore dall'ordine della polizia giudiziaria il pubblico ministero non dispone il sequestro.

10.3.3. Accertamenti urgenti

Quanto agli ulteriori atti di ricerca della prova a iniziativa della polizia giudiziaria, vanno distinte due modalità d'indagine finalizzate a prevenire la dispersione delle fonti di prova prima dell'intervento del pubblico ministero. Innanzitutto, gli ufficiali e gli agenti di polizia giudiziaria devono sempre curare che le tracce e le cose pertinenti al reato siano conservate e che lo stato dei luoghi e delle cose non venga mutato (art. 354, co. 1), compiendo a tal fine atti non disciplinati dalla legge. Inoltre, i soli ufficiali di polizia giudiziaria devono svolgere **accertamenti urgenti** a norma dell'art. 354, co. 2, se vi è pericolo che le cose, le tracce o i luoghi anzidetti si alterino o si disperdano o comunque si modifichino e il pubblico ministero non può intervenire tempestivamente o non ha ancora assunto la direzione delle indagini. La legittimazione degli agenti di polizia giudiziaria deriva dall'esistenza di un caso di particolare necessità e urgenza (art. 113 disp. att.).

Si tratta di compiere gli «accertamenti» e i «rilievi» sullo stato dei luoghi e delle cose che siano ritenuti «necessari» per evitare la dispersione delle prove, per esempio sulla scena del crimine. Tali rilievi e accertamenti possono essere svolti sulle persone, sempre che non si traducano in un'ispezione personale (art. 354, co. 3); possono mettere capo al sequestro del corpo del reto e delle cose a questo pertinenti (art. 354, co. 2, terzo per.). Entro tale cornice, va rilevato che la nozione di «accertamenti urgenti» si sovrappone, almeno in parte, a quella di «accertamenti tecnici» di cui agli artt. 359 e 360, determinando problemi interpretativi circa l'ambito operativo delle garanzie difensive riservate agli «accertamenti tecnici non ripetibili» dall'art. 360[28].

Come si desume dalla complessiva costruzione dell'art. 354, il mezzo d'indagine in questione è disposto al fine di accertare le tracce del reato e, comunque, lo stato dei luoghi e delle cose, anche attraverso l'esecuzione di rilievi. Pertanto, l'atto consiste in un'ispezione urgente di polizia giudiziaria, come si ricava dall'analogo contenuto del mezzo di ricerca della prova disciplinato dall'art. 244. Corrobora questa lettura il disposto dell'art. 354, co. 3, che, nel vietare alla polizia giudiziaria di svolgere

---

[28] V., *infra*, par. 11.1

un'ispezione personale d'urgenza, soggetta alle garanzie di cui all'art. 245, per contro autorizza gli accertamenti di natura ispettiva «sulle persone» che non si traducano in un'ispezione «delle persone», secondo l'art. 244, co. 1. Pertanto, potrebbero essere disposti accertamenti e rilievi sulle parti scoperte del corpo, che non incidano sulla dignità e sul pudore delle persone.

Non è detto che l'atto si esaurisca nella mera osservazione del luogo o della cosa (o delle parti della persona), in base ai sensi; per accertare le tracce o svolgere i rilievi, potrebbe risultare necessario l'impiego di strumenti scientifico-tecnici, insiti negli «atti» e nelle «operazioni che richiedono specifiche competenze tecniche» di «persone idonee», delle quali si può avvalere la polizia giudiziaria, ai sensi dell'art. 348, co. 4. Il coinvolgimento di persone esperte non implica, peraltro, la trasformazione dell'atto in un accertamento tecnico analogo a quello che il pubblico ministero può disporre nominando e avvalendosi di consulenti (art. 359). Gli atti e le operazioni tecniche disposti nell'ambito degli accertamenti urgenti di polizia giudiziaria, al pari di quelli compiuti nell'alveo dell'ispezione dell'autorità giudiziaria, a norma dell'art. 244, co. 2, hanno il solo fine di rilevare le tracce e lo stato dei luoghi o delle cose e, quindi, non possono sfociare nei più ampi giudizi valutativi di cui all'art. 220, co. 1.

Gli **accertamenti urgenti informatici** di cui all'art. 354, co. 2, secondo per., sono un tipo particolare di accertamento urgente di polizia giudiziaria, implicante il compimento di atti o operazioni tecniche, come si ricava dal riferimento della disposizione alle «misure tecniche», comune agli altri mezzi di ricerca della prova digitale (v. artt. 244, co. 2, 352, co. 1 *bis*). Inoltre, tali misure tecniche, negli accertamenti urgenti, hanno non solo il fine di assicurare la conservazione dei dati, delle informazioni e dei programmi informatici o dei sistemi informatici o telematici e di impedirne l'alterazione, come negli altri mezzi, ma anche di impedirne «l'accesso».

Il riferimento all'impedimento dell'accesso si spiega con il contesto tipico in cui è svolto l'accertamento urgente di polizia giudiziaria, il cui obiettivo è preservare le prove da un'alterazione che potrebbe provenire da chi ha la disponibilità dei dati o dei sistemi informatici. Va tenuto conto che al suddetto fine possono essere impartite «le prescrizioni necessarie», in alternativa all'adozione di «misure tecniche».

Inoltre, l'art. 354, co. 2, tipizza il congegno tecnico della ricerca probatoria, stabilendo il compito degli ufficiali di polizia giudiziaria di provvedere, «ove possibile», alla «immediata duplicazione su adeguati supporti» dei dati informatici, compiendo la c.d. "copia forense", per la quale sono richieste competenze specialistiche (si tratta, pertanto, di uno strumento probatorio di natura tecnico-scientifica). La duplicazione deve avvenire mediante una «procedura», sempre nel lessico dell'art. 352, co. 2, che assicura la conformità dei dati acquisiti a quelli originali e l'immodificabilità dei dati acquisiti. Pertanto, la legge contempla la possibilità che la duplicazione prescritta modifichi i dati digitali acquisiti, rendendo pertanto irripetibile l'atto.

10.3.4. Sequestro

Il corpo del reato e le cose pertinenti al reato scoperte tramite gli atti di ricerca a iniziativa della polizia giudiziaria vengono sottoposti a sequestro con un provvedimento motivato della stessa polizia giudiziaria, contenuto nel **verbale di sequestro**. Il provvedimento deve essere controllato con la procedura di convalida prevista dall'art. 355. Il verbale viene consegnato in copia alla persona alla quale le cose sono state sequestrate e viene trasmesso senza ritardo, e comunque non oltre le quarantotto ore, al pubblico ministero del luogo di esecuzione del sequestro. Il pubblico ministero **convalida** il sequestro con decreto motivato entro le quarantotto ore successive, se ricorrono i presupposti dell'atto, notificando immediatamente copia del decreto alla persona alla quale le cose sono state sequestrate. In caso contrario, il pubblico ministero dispone la **restituzione** delle cose sequestrate.

Il decreto di convalida può essere impugnato, con richiesta di **riesame** anche nel merito, a norma dell'art. 324. La legittimazione è attribuita alla persona nei cui confronti vengono svolte le indagini e alla persona alla quale le cose sono state sequestrate, nonché a quella che avrebbe diritto alla loro restituzione. L'impugnazione può pertanto essere proposta dai terzi titolari di diritti sui beni sequestrati. Il termine per impugnare è di dieci giorni dalla notifica del decreto ovvero dalla diversa data in cui l'interessato ha avuto conoscenza dell'avvenuto sequestro. Non opera l'effetto sospensivo dell'esecuzione del provvedimento di sequestro, in deroga all'art. 588, analogamente alle impugnazioni in materia di libertà personale.

10.4. Documentazione degli atti di indagine della polizia giudiziaria

Il regime di documentazione degli atti di indagine della polizia giudiziaria, contenuto nell'art. 357, riflette la dicotomia fra gli atti di indagine atipici e quelli tipici, delineata dall'art. 348. Il principio di atipicità degli atti investigativi della polizia giudiziaria, temperato dalla previsione degli atti tipici di cui agli artt. 349 ss., trae conferma dal fatto che la legge privilegia la documentazione informale tramite **annotazione**, prevedendola per «tutte le attività svolte» dalla polizia giudiziaria «comprese quelle dirette alla individuazione delle fonti di prova» (art. 357, co. 1). Inoltre, è la stessa polizia giudiziaria a individuare le «modalità» dell'annotazione «ritenute idonee ai fini delle indagini».

Le annotazioni contengono l'indicazione dell'ufficiale o dell'agente di polizia giudiziaria che ha compiuto le attività di indagine, del giorno, dell'ora e del luogo in cui sono state eseguite e la enunciazione succinta del loro risultato, nonché le generalità e le informazioni utili per identificare la persona da cui vengono assunte dichiarazioni o di cui la polizia giudiziaria si è avvalsa per compiere l'atto (art. 115 disp. att.). Ulteriori specificazioni riguardano le attività di indagine «sotto copertura» (art. 115, co. 2, disp. att.).

Per contro, la documentazione formale tramite **verbale** è prevista, in via residuale, per i soli atti indicati nell'art. 357, co. 2: denunce, querele e istanze presentate oralmente (lett. *a*); sommarie informazioni rese e spontanee dichiarazioni ricevute dalla persona nei cui confronti vengono svolte le indagini (lett. *b*); altre sommarie informazioni assunte a norma dell'art. 351 (lett. *c*); perquisizioni e sequestri (lett. *d*); operazioni e accertamenti previsti dagli artt. 349, 353 e 354 (lett. *e*); ulteriori atti (pertanto atipici) che descrivono fatti e situazioni, eventualmente compiuti sino a che il pubblico ministero non ha impartito le direttive per lo svolgimento delle indagini (lett. *f*). Le più rigide forme di documentazione tramite verbale, in base alle regole del titolo III del Libro II (art. 373, co. 2, cui rinvia l'art. 357, co. 3), sono previste o perché si tratta di atti che devono essere inseriti nel fascicolo per il dibattimento ai sensi dell'art. 431 o che possono essere utilizzati nel dibattimento ai fini delle contestazioni o che, comunque, assumono rilevanza probatoria al di fuori del dibattimento o consentono d'individuare il momento d'inizio del procedimento penale (denunce).

Tutta la documentazione riguardante gli atti di polizia giudiziaria viene messa a disposizione del pubblico ministero (art. 357, co. 4), unitamente alle denunce e ai referti, alle istanze e alle querele pervenute per iscritto, nonché al corpo del reato e alle cose pertinenti al reato (art. 357, co. 5), affinché confluisca nel **fascicolo presso l'ufficio del pubblico ministero** previsto dall'art. 373, co. 5. Copia di tale documentazione è comunque conservata presso l'ufficio di polizia giudiziaria (art. 115, co. 3, disp. att.).

Il d.lgs. n. 150 del 2022 ha implementato gli obblighi di documentazione delle sommarie informazioni assunte ai sensi dell'art. 351, con riguardo alle sole indagini per i delitti di cui all'art. 407, co. 2, lett. *a*). In tali casi, le dichiarazioni sono documentate, ai sensi del nuovo co. 3 *bis*, mediante riproduzione fonografica, a mezzo di determinati strumenti tecnici idonei ad opera della polizia giudiziaria, anche in mancanza di richiesta della persona informata sui fatti (già prevista in generale dall'art. 351, co. 1 *quater*). Resta, tuttavia, il limite della contingente indisponibilità di strumenti di riproduzione o di personale tecnico (co. 3 *bis*).

La medesima forma di documentazione fonografica è prevista per le dichiarazioni della persona minorenne, inferma di mente o in condizioni di particolare vulnerabilità, come alternativa alla forma maggiormente garantita della riproduzione audiovisiva. L'art. 357, co. 3 *ter*, prevede che tali dichiarazioni vengano documentate integralmente con tali mezzi di riproduzione (fonografica o audiovisiva), a pena di inutilizzabilità. In tal caso, l'indisponibilità degli strumenti di riproduzione o del personale tecnico consente di assumere le sommarie informazioni soltanto se sussistano particolari ragioni di urgenza che non consentono di rinviare l'atto.

Va precisato che l'uso di tali mezzi tecnici di documentazione non comporta automaticamente la trascrizione della riproduzione audiovisiva o fonografica. Questa è disposta «solo se assolutamente indispensabile», secondo l'art. 375, co. 3 *quater*, pertanto in deroga alla previsione generale dell'art. 139, co. 5, che esclude la trascrizione «quando le parti vi consentono».

11. Le indagini preliminari del pubblico ministero

11.1. Accertamenti tecnici

Il pubblico ministero può compiere accertamenti tecnici, che si traducono in «accertamenti, rilievi segnaletici, descrittivi o fotografici e ogni altra operazione tecnica per cui sono necessarie specifiche competenze», ai sensi dell'art. 359. Nomina e si avvale, a tal fine, di **consulenti tecnici**, i quali non possono rifiutare la loro opera, al pari delle «persone idonee» di cui si può avvalere la polizia giudiziaria (art. 348, co. 4), e possono essere autorizzati dal pubblico ministero ad assistere al compimento di atti di indagine (ad esempio, un'ispezione). In base al tenore letterale dell'art. 359, i consulenti possono essere nominati al fine di svolgere non solo le attività di carattere valutativo ricondotte dalla giurisprudenza al concetto di "accertamento", ma anche le attività prodromiche di ricerca delle tracce del reato o delle cose pertinenti al reato riferite alla nozione di "rilievo" [29], che potrebbero essere compiute anche mediante «accertamenti urgenti» di polizia giudiziaria ai sensi dell'art. 354, co. 2 [30].

Gli accertamenti tecnici possono essere ripetibili o non ripetibili. Quando il pubblico ministero dispone accertamenti tecnici ripetibili, l'atto di indagine è disciplinato dalle disposizioni del corrispondente mezzo di prova (in questo

---

[29] V. Cass., Sez. V, 6.9.2019, Alterio, secondo cui «la nozione di "accertamento" riguarda non soltanto la constatazione o la raccolta di dati materiali pertinenti al reato e alla sua prova, operazioni queste che integrano il concetto di semplice rilievo, ma anche il loro studio e la loro elaborazione critica, quali attività necessariamente valutative condotte, per lo più, su base tecnico-scientifica». Nel senso che l'applicazione degli artt. 359-360 presuppone «attività di carattere valutativo su base tecnico-scientifica», v. anche Cass., Sez. II, 8.9.2016, Siino.

[30] V. Cass., Sez. V, 2.2.2021, Giangrande, secondo cui «l'attività di esaltazione delle impronte digitali mediante tecniche, anche complesse, che utilizzano diverse metodologie e prodotti chimici per la loro individuazione e la successiva evidenziazione e fissazione, costituisce una fase prodromica all'accertamento tecnico-comparativo e rientrante nelle operazioni di prelievo e messa in sicurezza del reperto, sicché non è assoggettata alla disciplina prevista per gli accertamenti non ripetibili». Cfr. anche Cass., Sez. II, 8.9.2016, Siino, dove si afferma che «l'attività di individuazione e rilevamento delle impronte dattiloscopico-papillari, risolvendosi in operazioni urgenti non ripetibili di natura meramente materiale, rientra nella disciplina di cui all'art. 354, comma secondo, cod. proc. pen.».

caso, la consulenza tecnica di cui all'art. 233). Quando il pubblico ministero dispone **accertamenti tecnici non ripetibili**, si applicano, inoltre, le disposizioni speciali di cui all'art. 360. L'ampia formula utilizzata dal legislatore («accertamenti tecnici») dovrebbe ricomprendere tutte le «operazioni tecniche» contemplate dall'art. 359, per le quali siano necessarie «specifiche competenze», ivi incluse quelle finalizzate a ricercare le tracce del reato. La tesi della giurisprudenza, secondo cui le operazioni di "rilievo" non dovrebbero essere svolte nell'ambito di accertamenti tecnici non ripetibili ai sensi dell'art. 360, ma di accertamenti urgenti di polizia giudiziaria ai sensi dell'art. 354, co. 2 [31], dovrebbe più propriamente essere circoscritta alle situazioni di urgenza contemplate da questa disposizione.

Il concetto di **non ripetibilità** va qui riferito alle situazioni di non rinviabilità della prova, che si verificano in presenza di accertamenti riguardanti persone, cose o luoghi il cui stato è soggetto a modificazione (art. 360, co. 1). Sono situazioni in cui è ragionevole prevedere che l'assunzione della prova, se differita nella sede naturale «in condizioni di effettiva parità tra le parti» [32], non sarebbe più utile. Il pericolo di dispersione probatoria impone di svolgere l'atto garantendo il contraddittorio con la persona sottoposta alle indagini, la persona offesa e i difensori, in vista dell'utilizzabilità dibattimentale dei risultati, previo inserimento dei verbali degli accertamenti non ripetibili nel fascicolo per il dibattimento, a norma dell'art. 431, co. 1, lett. *c*).

A tal fine, il pubblico ministero avvisa senza ritardo tali soggetti del giorno dell'ora e del luogo fissati per il conferimento dell'incarico al consulente tecnico e della facoltà di nominare consulenti tecnici (art. 360, co. 1) [33], provvedendo all'eventuale nomina del difensore di ufficio della persona sottoposta

---

[31] V., ancora, Cass., Sez. V, 2.2.2021, Giangrande, dove si ribadisce l'orientamento giurisprudenziale secondo cui, «anche in materia di prelievo di campioni di polvere da sparo, con "stub" o "tampone", è pacifico che i prelievi di polvere da sparo, quantunque prodromici all'effettuazione di accertamenti tecnici, non sono tuttavia identificabili con questi ultimi, per cui, pur essendo irripetibili, non richiedono alcuna partecipazione difensiva [...] perché l'attività tecnica cui fanno riferimento gli articoli 359 e 360 cod. proc. pen. è quella, successiva, dell'esame delle particelle prelevate. Ed è per questo esame che si porrà il problema della ripetibilità o meno, laddove il campione venga alterato o distrutto durante l'esecuzione delle analisi».

[32] Cfr. Cass., Sez. IV, 19.4.2019, Carati, secondo cui «la valutazione sulla ripetibilità dell'accertamento tecnico, rilevante secondo la disciplina emergente dal combinato disposto degli artt. 359 e 360 cod. proc. pen., deve essere effettuata considerando la possibilità, o meno, che l'accertamento venga ripetuto nel tempo in condizioni di effettiva parità tra le parti». Da questa premessa generale la pronuncia della Suprema Corte trae la conseguenza che «l'accertamento tecnico sul paziente in vita ha carattere irripetibile – e necessita della immediata apertura del contraddittorio scientifico – ogni qual volta riguardi la verifica di parti dell'organismo soggette a modificazione».

[33] L'omissione dell'avviso alla persona sottoposta alle indagini determina un'ipotesi di nullità di ordine generale a regime intermedio, dichiarabile anche in fase cautelare. Cfr. Cass., Sez. I, 31.3.2021, C.

alle indagini (art. 360, co. 2). Viene, pertanto, garantito anche il **diritto al «contraddittorio scientifico»**, in quanto sia i difensori, che i consulenti tecnici eventualmente nominati hanno diritto di assistere al conferimento dell'incarico, di partecipare agli accertamenti (anche «a distanza», su autorizzazione del pubblico ministero), nonché di formulare osservazioni e riserve (art. 360, commi 3 e 3 *bis*). Queste potrebbero derivare dal rifiuto del consulente tecnico del pubblico ministero di seguire le «specifiche indagini» proposte dal consulente tecnico delle altre parti, in linea con la disciplina delle operazioni peritali (art. 230, co. 2).

La disciplina degli accertamenti tecnici non ripetibili di cui all'art. 360 si applica anche agli accertamenti tecnici che modificano lo stato dei luoghi, delle cose o delle persone, rendendo l'atto non ripetibile, ai sensi dell'art. 117 disp. att. Pertanto, in tali casi, l'irripetibilità è la conseguenza dell'atto; invece, negli accertamenti disciplinati dall'art. 360, l'irripetibilità derivante dalla indifferibilità è il presupposto dell'atto. Quale esempio di accertamento tecnico "modificativo", si può richiamare l'analisi chimica che comporti la distruzione del reperto.

Gli accertamenti tecnici di cui all'art. 117 disp. att. sono tendenzialmente rinviabili. Tuttavia, in taluni casi, l'accertamento presenta sia effetti modificativi che la caratteristica della indifferibilità [34]. Si pensi, per esempio, alla verifica del funzionamento di una pistola oppure all'autopsia. In particolare, l'autopsia viene disciplinata nell'art. 116 disp. att. L'art. stabilisce, nel co. 1, che il pubblico ministero ordini l'atto «secondo le modalità previste dall'art. 360 del codice» ovvero faccia «richiesta di incidente probatorio, dopo aver compiuto le indagini occorrenti per l'identificazione». Si apre, quindi, una scelta discrezionale per il pubblico ministero, in quanto, per l'autopsia, è *in re ipsa* il requisito della «inevitabilità» della modificazione al quale l'art. 392, co. 1, lett. *f*), subordina l'assunzione della perizia con l'incidente probatorio.

Proprio il fatto che i medesimi accertamenti tecnici di cui all'art. 360 possono essere compiuti assumendo una perizia nell'incidente probatorio, sempre che si tratti di una modificazione dello stato dei luoghi, delle cose o delle persone non evitabile, fa comprendere l'istituto della **riserva** di promuovere incidente probatorio, previsto dall'art. 360, co. 4. L'iniziativa può essere assunta dalla persona sottoposta alle indagini, prima del conferimento dell'incarico al consulente tecnico del pubblico ministero; comporta l'onere di proporre la richiesta di incidente probatorio, entro il termine di dieci giorni dalla formulazione della riserva, in mancanza della quale la riserva stessa perde

---

[34] V. Cass., Sez. VI, 6.2.2013, Granella: «La disposizione sugli accertamenti tecnici non ripetibili riguarda le attività di accertamento tecnico probatorio fatta su cose soggette a modificazione, sia di per sé (il passaggio del tempo e le conseguenze sullo stato dei luoghi etc.) che per il carattere distruttivo del tipo di accertamento svolto sul reperto».

efficacia e non può essere ulteriormente formulata (art. 360, co. 4 *bis*); impone al pubblico ministero la scelta se procedere o meno agli accertamenti tecnici. È vero che il co. 4 dell'art. 360 prescrive al pubblico ministero di non procedere agli accertamenti tecnici, a meno che «questi, se differiti, non possano più essere utilmente compiuti». Si tratta, quindi, di svolgere una valutazione sulla indifferibilità dell'atto rispetto ai tempi d'instaurazione dell'incidente probatorio, invece che del dibattimento. Tuttavia, nel caso in cui il pubblico ministero abbia ugualmente disposto di procedere agli accertamenti tecnici, nonostante la riserva e in mancanza delle condizioni di cui al medesimo co. 4, l'atto non risulta invalido, ma inefficace come prova "nel dibattimento", secondo la regola di esclusione dell'art. 360, co. 5. Il divieto (relativo) non impedisce che gli accertamenti tecnici siano utilizzati come prova nei procedimenti speciali.

11.2. Prelievo coattivo di campioni biologici

Il pubblico ministero può, inoltre, compiere le operazioni di cui all'art. 224 *bis*, consistenti nel prelievo di capelli, di peli o di mucosa dal cavo orale su persone viventi ai fini della determinazione del profilo del DNA (c.d. "indagini genetiche") ovvero in accertamenti medici, in mancanza di consenso della persona interessata (non necessariamente la persona sottoposta alle indagini), in base alla disciplina contenuta nell'art. 359 *bis*. Gli accertamenti in discorso possono essere svolti, in via ordinaria, **su autorizzazione del giudice per le indagini preliminari**, concessa con ordinanza, quando ricorrono le condizioni previste dall'art. 224 *bis*, vale a dire: che si proceda per determinate ipotesi di reato (definite dal co. 1) e che gli accertamenti siano indispensabili per la prova dei fatti (qui da parametrare alle finalità delle indagini preliminari).

I prelievi e gli accertamenti possono essere, altresì, disposti **dal pubblico ministero nei casi di urgenza**, qualora sussista il fondato motivo di ritenere che dal ritardo possa derivare grave o irreparabile pregiudizio alle indagini. Si pensi, per esempio, al caso in cui, per verificare una pista investigativa, sia indispensabile prelevare campioni biologici da persone in rapporti di conoscenza con la persona offesa dal reato, per raffrontare il profilo genetico di tali persone con quello tratto dal reperto biologico acquisito sulla scena del crimine (per escludere o inferire la presenza delle stesse persone sulla *scena criminis*) o con i profili genetici raccolti nella banca dati nazionale del DNA.

È utile precisare che la L. 30.6.2009, n. 85, ha attribuito alla banca dati nazionale del DNA il compito di provvedere: alla raccolta del profilo del DNA di determinate categorie di soggetti (ai quali sia stata applicata la misura della custodia cautelare in carcere o degli arresti domiciliari; arrestati in flagranza di reato o sottoposti a fermo di indiziati di delitto; nei confronti dei quali sia stata applicata una misura alternativa alla detenzione per un delitto non colposo o, in via provvisoria o definitiva, una misura di sicurezza detentiva); alla raccolta dei profili del DNA di persone scomparse o loro consanguinei, di cadaveri e resti cadaverici non identificati; al raffronto dei profili del DNA a fini di identificazione (art. 7).

L'atto urgente viene disposto dal pubblico ministero con decreto motivato, contenente i medesimi **elementi dell'ordinanza** con cui il giudice dispone la perizia ai sensi dell'art. 224 *bis*. Vanno, fra l'altro, esposte le ragioni che rendono il prelievo o l'accertamento assolutamente indispensabile per la prova dei fatti, in relazione al fatto-reato per cui si procede (che deve essere descritto seppur sommariamente). L'atto può essere disposto a seguito di accompagnamento coattivo, qualora la persona da sottoporvi non si presenti senza addurre un legittimo impedimento, e può essere eseguito coattivamente, nel caso in cui la persona comparsa rifiuti di sottoporvisi (art. 359 *bis*, co. 2).

Poiché si tratta di atti incidenti sulla libertà personale, la legge prevede che il decreto del pubblico ministero e l'eventuale provvedimento di accompagnamento coattivo siano sottoposti alla procedura di **convalida**. Pertanto, il fine dell'istituto è di controllare i presupposti di legittimità dei provvedimenti e non le modalità esecutive degli atti. A tal fine, entro le successive quarantotto ore, il pubblico ministero presenta richiesta al giudice per le indagini preliminari, il quale provvede con ordinanza al più presto e comunque entro le ulteriori quarantotto ore, dandone avviso immediatamente al pubblico ministero e al difensore (art. 359 *bis*, co. 2). L'atto è regolato dalle disposizioni dell'art. 132, co. 2, quanto all'accompagnamento coattivo, e dell'art. 224 *bis*, co. 4 e 5, quanto alle modalità esecutive, a tutela della vita, dell'integrità fisica, della salute della persona e del nascituro, della dignità e del pudore di chi vi è sottoposto, nonché del criterio del minimo sacrificio necessario. La violazione di tali disposizioni determina la **nullità** delle operazioni e **l'inutilizzabilità** delle informazioni così acquisite (art. 359 *bis*, co. 3).

Un caso particolare di prelievo o accertamento urgente è stato introdotto nel co. 3 *bis* dell'art. 359 *bis*, con riguardo ai procedimenti per i reati di omicidio stradale (art. 589 *bis*) e lesioni personali stradali gravi o gravissime (art. 590 *bis*), qualora il conducente rifiuti di sottoporsi agli accertamenti dello stato di ebbrezza alcolica ovvero di alterazione correlata all'uso di sostanze stupefacenti o psicotrope. La disposizione prevede una procedura accelerata che consente al pubblico ministero di adottare il decreto di cui al co. 2 e l'eventuale provvedimento di accompagnamento coattivo anche oralmente, con successiva conferma per iscritto; l'accompagnamento viene eseguito dagli ufficiali di polizia giudiziaria, presso il più vicino presidio ospedaliero al fine di sottoporre la persona al necessario prelievo o accertamento; le operazioni possono essere eseguite coattivamente se la persona rifiuta di sottoporvisi. Il difensore dell'interessato, al quale deve essere data tempestiva notizia, ha facoltà di assistere al compimento dell'atto, senza che ciò possa comportare pregiudizio alle operazioni. Entro le quarantotto ore successive, il pubblico ministero richiede la convalida al giudice, che provvede al più presto e comunque entro le ulteriori quarantotto ore.

11.3. Individuazione

Come la ricognizione, così l'individuazione è un istituto preordinato ad acquisire conoscenze storiche fruibili nel procedimento. Peraltro, l'art. 361, definendo la finalità dell'atto di individuazione, circoscrive la portata di questo mezzo investigativo in raffronto a quella tipica del mezzo ricognitivo. Poiché l'atto è compiuto se «necessario per la immediata prosecuzione delle indagini» (art. 361, co. 1), l'individuazione assume **rilevanza investigativa**, e non probatoria. L'atto è, pertanto, deformalizzato, documentato tramite verbalizzazione soltanto riassuntiva (art. 373, co. 3) e privo di garanzie sia sul piano dei diritti della difesa, che su quello dell'attendibilità dell'accertamento. L'atto viene compiuto semplicemente «presentando» le persone, le cose e gli oggetti, ovvero sottoponendoli «in immagine» a chi deve eseguire l'individuazione (art. 361, co. 2), salva l'applicazione delle cautele previste dall'art. 214, co. 2, nel caso in cui vi sia fondata ragione di ritenere che la persona chiamata alla individuazione possa subire intimidazione o altra influenza dalla presenza di quella sottoposta a individuazione.

L'art. 213, co. 1, presuppone l'attitudine dell'individuazione a influire sull'**attendibilità della ricognizione**, motivo per cui prescrive al giudice di verificare se il ricognitore abbia in precedenza compiuto un'individuazione. Ma non si può parlare di effetti preclusivi derivanti dall'individuazione: questa pregiudica la ricognizione sul piano del valore persuasivo, non su quello giuridico.

Sul piano logico, non sembra sensato reiterare un analogo atto sullo stesso oggetto e dalla stessa fonte, tanto quanto si può dire per la ricognizione. Ma, sul piano giuridico, l'atto di individuazione è, «come tale, sempre ripetibile (salvo che l'oggetto di esso sia nel frattempo venuto meno) attraverso il "mezzo di prova" rappresentato dalla ricognizione»[35]. Ciò depone contro l'inserimento nel fascicolo per il dibattimento, *ex* art. 431, co. 1, lett. *c*, del verbale dell'atto.

Inoltre, l'individuazione è caratterizzata dall'"urgenza", essendo per definizione necessaria per la «immediata prosecuzione delle indagini». Sotto questo profilo, l'atto si sovrappone alla ricognizione svolta in incidente probatorio, che presuppone *ex* art. 392, co. 1, lett. *g*, la ricorrenza di «particolari situazioni di urgenza».

---

[35] Cass., Sez. VI, 18.2.1994, Goddi.

11.4. Assunzione di informazioni

Il pubblico ministero assume informazioni dalle persone in grado di riferire circostanze utili ai fini delle indagini, applicando la stessa disciplina delle sommarie informazioni assunte dalla polizia giudiziaria (artt. 351 e 362). Opera, in particolare, il medesimo **statuto di garanzie** della fonte di prova personale (artt. 197, 197 *bis*, 198, 199, 200, 201, 202 e 203), anche con riguardo all'ausilio dell'esperto in psichiatria o psicologia infantile (art. 362, co. 1 *bis*) e alle forme di documentazione mediante riproduzione fonografica su richiesta, salva l'indisponibilità degli strumenti di riproduzione o di personale tecnico (co. 1 *quater*)[36].

Va tenuto conto che la persona chiamata a rendere informazioni davanti al pubblico ministero si trova in una condizione di soggezione ben diversa da quella propria di chi rende sommarie informazioni alla polizia giudiziaria. Intanto, il pubblico ministero, a differenza della polizia giudiziaria, può disporre, a norma dell'art. 133, l'**accompagnamento coattivo** della persona informata sui fatti, anche se si tratta della persona offesa dal reato, in caso di mancata comparizione senza che sia stato addotto un legittimo impedimento, dopo l'emissione del decreto di citazione (art. 377).

Inoltre, la persona che rende al pubblico ministero dichiarazioni false ovvero tace, in tutto o in parte, ciò che sa intorno ai fatti sui quali viene sentita, risponde del reato di **false informazioni al pubblico ministero** di cui all'art. 371 *bis* c.p. Al contrario, le false dichiarazioni alla polizia giudiziaria non integrano la fattispecie penale anzidetta, salvo che non siano riconducibili al reato di favoreggiamento personale (art. 378 c.p.). Pertanto, la posizione della persona che rende informazioni al pubblico ministero è sostanzialmente assimilabile a quella del testimone, che può rispondere del reato di falsa testimonianza (art. 372 c.p.). In quest'ottica, l'art. 371 *bis*, co. 2, c.p. prevede un'ipotesi di sospensione del procedimento avente per oggetto le false informazioni al pubblico ministero, fino a quando nel procedimento nel quale sono state assunte le informazioni sia stata pronunciata sentenza di primo grado ovvero il procedimento sia stato anteriormente definito con archiviazione o con sentenza di non luogo a procedere; invece, in caso di rifiuto di informazioni, resta «ferma l'immediata procedibilità». La *ratio* è quella di evitare che la persona informata sui fatti sia indotta a una ritrattazione "non spontanea", a causa del condizionamento morale derivante dal procedimento penale a carico.

La L. 19.7.2019, n. 69, ha introdotto nell'art. 362, co. 1 *ter*, una disciplina speciale per l'assunzione di informazioni dalla persona offesa e da chi ha presentato denuncia,

---

[36] Cfr., *supra*, par. 10.2.

querela o istanza, nei procedimenti per il delitto di «omicidio» (art. 575 c.p.), nella forma tentata, o per i delitti, consumati o tentati, di «maltrattamenti contro familiari e conviventi» (art. 572 c.p.), «violenza sessuale» (artt. 609 *bis* e 609 *ter* c.p.), «atti sessuali con minorenne» (art. 609 *quater* c.p.), «corruzione di minorenne» (art. 609 *quinquies* c.p.), «violenza sessuale di gruppo» (art. 609 *octies* c.p.), «atti persecutori» (art. 612 *bis* c.p.), ovvero per i delitti di «lesione personale» (art. 582 c.p.) e «deformazione dell'aspetto della persona mediante lesioni permanenti al viso» (art. 582 *quinquies* c.p.) nelle ipotesi aggravate ai sensi degli artt. 576, co. 1, nn. 2), 5) e 5.1), e 577, co. 1, n. 1), e co. 2, c.p. In tali casi, le informazioni vengono assunte dal pubblico ministero entro tre giorni dall'iscrizione della notizia di reato. La presa di contatto immediata dell'organo di accusa con la persona offesa o il denunciante favorisce un più tempestivo esercizio del potere direttivo delle indagini preliminari da parte del pubblico ministero, pur nel contemperamento con i concorrenti interessi tutelati dalla disposizione. È, infatti, previsto che il pubblico ministero non dia luogo all'immediato svolgimento dell'attività informativa in presenza di «imprescindibili esigenze di tutela di minori di anni diciotto o della riservatezza delle indagini, anche nell'interesse della persona offesa». Se il pubblico ministero delega il compimento di atti di indagine alla polizia giudiziaria, questa procede senza ritardo (370, co. 2 *bis*), mettendo senza ritardo a disposizione del pubblico ministero la documentazione dell'attività svolta (art. 370, co. 2 *ter*).

11.5. Interrogatorio e presentazione spontanea

Il pubblico ministero può procedere all'interrogatorio della persona sottoposta alle indagini, ai sensi dell'art. 64, e delle persone imputate in un procedimento connesso o di reato probatoriamente collegato, ai sensi dell'art. 363. L'interrogatorio di cui all'art. 64 è un **atto a iniziativa del pubblico ministero**, che non può essere disposto a richiesta della persona sottoposta alle indagini, salvo il caso dell'art. 415 *bis*; a differenza dell'esame, che può essere ammesso anche a richiesta dell'imputato. Lo dimostra la disciplina della «presentazione spontanea» dettata dall'art. 374, che attribuisce a chi ha notizia che nei suoi confronti sono svolte indagini la facoltà di presentarsi al pubblico ministero e di rilasciare dichiarazioni (co. 1). Si può pensare al caso in cui sia stata comunicata l'iscrizione della notizia di reato, ai sensi dell'art. 335, co. 3. Ebbene, il pubblico ministero non ha l'obbligo di interrogare la persona che si presenta spontaneamente, in quanto può decidere se contestare il fatto per cui si procede, ammettendo la persona a esporre le sue discolpe. Solo in questo caso l'atto produce gli effetti dell'interrogatorio ed è regolato dagli artt. 64 e 65, nonché dall'art. 364. È evidente che questo assetto normativo ha lo scopo di tutelare il segreto investigativo, consentendo al pubblico ministero di scegliere quando rivelare i contorni del fatto oggetto delle indagini preliminari (da rappresentare «in forma chiara e precisa», attraverso la contestazione: art. 65, co. 1).

Pertanto, l'interrogatorio costituisce un **mezzo d'indagine**, come conferma il fatto che la presenza della persona sottoposta alle indagini può essere procurata coattivamente dal pubblico ministero, attraverso l'accompagnamento autorizzato dal giudice (art. 376). Il pubblico ministero deve invitare la persona a presentarsi al fine di rendere l'interrogatorio, ai sensi dell'art. 375, notificando l'invito almeno tre giorni prima di quello fissato per la comparizione, salvo che il termine sia abbreviato per ragioni di urgenza (art. 375, co. 4). L'invito deve, fra l'altro, contenere l'avvertimento che il pubblico ministero potrà disporre l'accompagnamento coattivo (art. 375, co. 2, lett. *d*), nonché «la sommaria enunciazione del fatto quale risulta dalle indagini fino a quel momento compiute» (art. 375, co. 3). L'atto è, quindi, posto in funzione di tutela anche del diritto di difesa.

L'invito a presentarsi ha, infatti, il fine di mettere la persona sottoposta alle indagini nelle condizioni di scegliere, a sua volta, se difendersi attivamente, rispondendo alle domande del pubblico ministero (art. 65, co. 2). L'organo di accusa, per converso, con l'invito, accetta il rischio di disvelare i contorni del fatto, senza acquisire le dichiarazioni della persona sottoposta alle indagini. Infatti, il pubblico ministero deve procedere alla contestazione del fatto, sia in caso di presentazione a seguito dell'invito (art. 375), che in caso di accompagnamento coattivo (art. 376).

Il pubblico ministero può disporre che l'interrogatorio della persona sottoposta alle indagini si svolga a distanza, quando l'indagato e il difensore vi consentono, ai sensi dell'art. 370, co. 1 *bis*.

11.6. Interrogatorio di persone imputate in procedimento connesso

Il pubblico ministero può, inoltre, disporre l'interrogatorio degli imputati in procedimento connesso a norma dell'art. 12, nei due casi della «connessione forte» di cui alla lett. *a* e della «connessione debole» di cui alla lett. *c* dell'art. 12, in forza dell'art. 363, co. 1, nonché all'interrogatorio degli imputati di reato collegato dal punto di vista probatorio a norma dell'art. 371, co. 2, lett. *b*, in forza dell'art. 363, co. 2. Deve trattarsi di persone imputate o sottoposte alle indagini[37] in taluno dei procedimenti anzidetti, nei cui confronti **si procede o si è proceduto separatamente**, in linea con quanto stabilito dall'art. 210, co. 1. Questa disposizione non è richiamata dall'art. 363, co. 1, ma deve ritenersi implicitamente applicabile, in quanto nel suo procedimento la persona sottoposta alle indagini viene interrogata nelle forme degli artt. 64 e 65, e non attraverso il mezzo di cui all'art. 210, cui rinvia l'art. 363.

---

[37] Cass., Sez. Un., 17.12.2009, De Simone.

Poiché si applica l'art. 210, non devono essere dati gli avvertimenti di cui all'art. 64, co. 3, lett. *a* e *b*, ma l'avvertimento dell'art. 64, co. 3, lett. *c*, sempre che si tratti di imputati in procedimento «connesso debole» (art. 12, co. 1, lett. *a* o di reato collegato dal punto di vista probatorio (art. 371, co. 2, lett. *b*, «che non hanno reso in precedenza dichiarazioni concernenti la responsabilità dell'[indagato]». In forza dell'art. 210, co. 6, se tali persone, dopo l'avvertimento, non si avvalgono della facoltà di non rispondere (garantita dall'art. 210, co. 4) e rendono **dichiarazioni su fatti che concernono la responsabilità di altri**, assumono l'ufficio di testimone, su tali fatti, salve le incompatibilità previste dall'art. 197 e le garanzie di cui all'art. 197 *bis*.

Ciò significa che, da quel punto, le dichiarazioni dell'imputato o indagato in procedimento connesso "debole" o di reato collegato vengono assunte, nella fase investigativa, applicando le forme del medesimo art. 197 *bis*, cui pure rinvia l'art. 362, co. 1, con l'obbligo, penalmente sanzionato, di rendere al pubblico ministero dichiarazioni veritiere. Va, pertanto, distinta la situazione dell'indagato che, nel suo procedimento, rende dichiarazioni su fatti che concernono la responsabilità di altri. Questa figura non assume l'ufficio di testimone assistito nel suo procedimento, ma in quello che, con il primo, si trova in un rapporto di «connessione debole» o di «collegamento probatorio».

11.7. Assistenza del difensore agli atti di indagine del pubblico ministero

Il difensore della persona sottoposta alle indagini ha diritto di assistere ai soli atti d'indagine del pubblico ministero per cui è prevista questa garanzia. Gli atti di indagine del pubblico ministero che prevedono il diritto di assistere del difensore possono, altresì, prevedere o meno l'avviso al difensore del compimento dell'atto. Gli **atti garantiti con avviso al difensore** sono l'interrogatorio, l'ispezione, l'individuazione di persone o il confronto ai quali deve partecipare la persona sottoposta alle indagini (art. 364, co. 1), nonché l'ispezione alla quale non deve partecipare l'indagato (art. 364, co. 3). Sono analogamente garantiti, con avviso al difensore, gli accertamenti tecnici non ripetibili (art. 360, co. 1).

Quando deve procedere a tali atti, il pubblico ministero notifica alla persona sottoposta alle indagini il già menzionato **invito a presentarsi** a norma dell'art. 375 (art. 364, co. 1), contenente, fra l'altro, l'indicazione del tipo di atto che deve compiersi (art. 375, co. 2, lett. *c* e la sommaria enunciazione del fatto risultante dalle indagini (art. 375, co. 3). L'invito viene notificato almeno tre giorni prima di quello fissato per la comparizione, salva l'abbreviazione del termine, per ragioni di urgenza (art. 375, co. 4). Il diritto di difesa viene tutelato avvisando la persona sottoposta alle indagini che sia priva del difensore, che è assistita da un difensore di ufficio, ma che può nominarne uno di fiducia (art. 364, co. 2).

L'**avviso al difensore** è dato almeno ventiquattro ore prima del compimento dell'atto (art. 364, co. 3), salve le deroghe previste dall'art. 364, co. 5, che consentono al pubblico ministero di procedere ancora prima del termine fissato ovvero senza avviso, indicando specificamente i motivi della deroga e le modalità dell'eventuale avviso (art. 364, co. 6). La prima deroga riguarda lo svolgimento dell'interrogatorio, dell'ispezione, dell'individuazione di persona e del confronto, nei casi di «assoluta urgenza», in presenza del fondato motivo di ritenere che il ritardo possa pregiudicare la ricerca o l'assicurazione delle fonti di prova. A fronte di questa situazione di pericolo di dispersione probatoria, il pubblico ministero può procedere senza rispettare il termine di cui all'art. 364, co. 3, dandone avviso al difensore senza ritardo e comunque tempestivamente. La seconda deroga riguarda la sola ispezione, nel caso in cui il «fondato motivo» riguardi il fatto che le tracce o gli altri effetti materiali del reato possano essere alterati.

Il difensore ha in ogni caso il diritto di assistere (art. 364, co. 4) o, nelle due deroghe anzidette, di intervenire durante il compimento degli atti (art. 364, co. 5). Quanto all'ispezione personale, è fatto salvo l'avvertimento della facoltà di farsi assistere da persona di fiducia, purché prontamente reperibile e idonea a norma dell'art. 120 (art. 245, co. 1). Il difensore che assiste agli atti di indagine del pubblico ministero garantisce il rispetto delle modalità investigative previste dalla legge, nell'interesse della persona sottoposta alle indagini; sollecita il compimento di accertamenti (per esempio, di determinate tracce del reato nel corso dell'ispezione) o l'adozione di provvedimenti (per esempio, l'invito alle concorrenti contestazioni in sede di confronto); prospetta l'esistenza di circostanze rilevanti (per esempio, tali da influire sulla libertà morale dell'interrogato durante l'interrogatorio); deduce l'eventuale violazione delle disposizioni codicistiche, presentando al pubblico ministero richieste, osservazioni e riserve delle quali è fatta menzione nel verbale. Analoghi poteri spettano al difensore che assiste al compimento di accertamenti tecnici non ripetibili, ai sensi dell'art. 360, co. 3. L'art. 364, co. 7, primo per., vieta a coloro che intervengono agli atti di fare segni di approvazione o disapprovazione.

Gli **atti garantiti senza avviso al difensore** sono la perquisizione e il sequestro. Va distinto il caso in cui questi atti siano compiuti in presenza o in assenza della persona sottoposta alle indagini. Nel primo caso, il pubblico ministero chiede alla stessa se è assistita da un difensore di fiducia e, in caso contrario, designa un difensore di ufficio a norma dell'art. 97, co. 3 (art. 365, co. 1), dando avviso dell'atto al difensore il cui nominativo viene comunicato dal Consiglio dell'ordine. Gli atti sono, pertanto, "a sorpresa", ma non segreti. Il difensore ha facoltà di assistere al compimento dell'atto (art. 365, co. 2), ed è pure fatta salva la facoltà dell'interessato di farsi assistere da persona di fiducia prontamente reperibile (art. 249, co. 1).

Se **la persona sottoposta alle indagini non è presente**, il pubblico ministero non deve nominare il difensore di ufficio, qualora l'interessato sia privo del difensore di fiducia, prima del compimento dell'atto (artt. 97, co. 3, e 365, co 1), ma successivamente, secondo la lettura della giurisprudenza[38], al fine di cui all'art. 366. Pertanto, gli atti restano garantiti.

Gli atti del pubblico ministero e della polizia giudiziaria ai quali il difensore ha diritto di assistere vengono **depositati** nella segreteria del pubblico ministero, a norma dell'art. 366, co. 1, al fine di consentire al difensore di esaminarli. Se si tratta di atti garantiti con avviso, il deposito è effettuato entro il terzo giorno successivo al compimento dell'atto, mentre il difensore ha facoltà di esaminarli ed estrarne copia nei cinque giorni successivi. Se si tratta di atti garantiti senza avviso, l'avviso di deposito è immediatamente notificato al difensore e il termine decorre dal ricevimento della notificazione. Il difensore ha la facoltà di esaminare le cose sequestrate nel luogo in cui si trovano e di estrarre copia dei documenti sequestrati.

L'art. 366, co. 2, consente al pubblico ministero di **ritardare il deposito**, con decreto motivato, sul presupposto di «gravi motivi», sindacabili davanti al giudice. A tal fine la persona sottoposta alle indagini e il difensore propongono opposizione, sulla quale il giudice provvede in camera di consiglio con l'intervento delle parti ai sensi dell'art. 127 (art. 366, co. 2).

11.8. Informazione di garanzia e nomina del difensore

Il compimento di un atto del pubblico ministero al quale il difensore ha diritto di assistere impone all'organo di accusa di notificare un'**informazione di garanzia**, contenente le indicazioni prescritte dall'art. 369. L'informazione è notificata alla persona sottoposta alle indagini e alla persona offesa ed è, pertanto, strumentale al diritto di difesa e, ancora prima, al diritto alla conoscenza del procedimento penale di entrambi i soggetti, per i quali l'informazione di garanzia potrebbe costituire il primo atto del procedimento di cui vengono a conoscenza. Tuttavia, l'atto deve essere notificato anche qualora gli interessati abbiano già conosciuto l'esistenza del procedimento, attraverso la comunicazione delle iscrizioni nel registro delle notizie di reato, e non impedisce che tali iscrizioni siano successivamente comunicate, come si desume dal fatto che la persona sottoposta alle indagini e la persona offesa, con l'informazione di cui all'art. 369, devono essere, altresì, informate del diritto alla comunicazione previsto dall'art. 335, co. 3 (art. 369, co. 1 *bis*).

---

[38] Cass., Sez. Un., 23.2.2000, Mariano.

Qualche precisazione richiede l'*incipit* dell'art. 369, co. 1, che prescrive la notifica dell'informazione «solo quando deve compiere un atto al quale il difensore ha diritto di assistere». L'informazione viene notificata: a) prima dell'atto garantito, se si tratta di atto al quale il difensore ha diritto di assistere con avviso (art. 364); b) contestualmente all'atto garantito, se si tratta di atto senza avviso al difensore, qualora la persona sottoposta alle indagini sia presente (art. 365); c) dopo l'atto garantito, senza avviso al difensore, qualora la persona sottoposta alle indagini non sia presente, nel qual caso l'informazione viene notificata unitamente all'avviso di deposito di cui all'art. 366, co. 1, secondo per. L'informazione di garanzia viene data **anche alla persona sottoposta alle indagini che sia priva di difensore** quando viene compiuto l'atto garantito. Per questo motivo, contiene l'invito a esercitare la facoltà di nominare un difensore di fiducia (art. 369, co. 1).

Il fine dell'informazione di garanzia è di consentire la preparazione della difesa sin dalla fase delle indagini preliminari, che ha come necessario presupposto, quanto alla persona sottoposta alle indagini, la conoscenza «della natura e dei motivi dell'accusa elevata a suo carico», a norma dell'art. 111, co. 3, Cost. Si comprende, quindi, come l'istituto regolato dall'art. 369 tuteli in modo inevitabilmente imperfetto la garanzia costituzionale in discorso. Infatti, nell'informazione è contenuta la sola «indicazione delle norme di legge che si assumono violate, della data e del luogo del fatto» (co. 1). Pertanto, tramite l'informazione di garanzia, la persona sottoposta alle indagini non conosce il fatto, ma la **qualificazione giuridica del fatto** rappresentato nella notizia di reato, in linea con quanto previsto in tema di comunicazione delle iscrizioni nel registro delle notizie di reato (art. 335, co. 3)[39].

Va, peraltro, considerato che, se il pubblico ministero deve procedere ad atti che richiedano la presenza della persona sottoposta alle indagini, questa è resa edotta del fatto quale risultante dalle indagini, attraverso la sommaria enunciazione dello stesso contenuta nell'invito a presentarsi (art. 375, co. 3). Inoltre, se si tratta di ispezione, perquisizione o sequestro, una descrizione pur sommaria del fatto deve emergere dal decreto motivato con cui il pubblico ministero dispone il mezzo di ricerca della prova (conoscibile dall'interessato), al fine di dimostrare l'esistenza dei presupposti dell'atto. Tuttavia, anche in questi casi la persona sottoposta ad indagini non conosce gli elementi che sorreggono l'addebito provvisorio, a differenza del caso in cui sia elevato un addebito cautelare, in occasione del quale vengono presentati gli elementi su cui la richiesta si fonda (art. 291, co. 1), conoscibili dal destinatario della misura (art. 293, co. 3).

[39] V., *supra*, par. 3.4.

L'informazione di garanzia non contiene alcun addebito provvisorio. Pertanto, non è un atto del pubblico ministero volto a dimostrare la colpevolezza della persona sottoposta alle indagini. Il destinatario di un'informazione di garanzia non potrebbe essere indicato come colpevole, soltanto in forza del compimento di tale atto, alla luce della disciplina a tutela della **presunzione d'innocenza** di cui all'art. 115 *bis* (introdotto dal d.lgs. 8.11.2021, n. 180). Ciononostante, emerge una cautela del legislatore, nel posticipare per quanto possibile l'informazione stessa («solo quando deve compiere un atto» garantito, secondo la formula introdotta dalla L. 8.8.1995, n. 332). La scelta legislativa si spiega considerando i possibili effetti pregiudizievoli sul piano della reputazione, tanto più nel contesto del «processo penale mediatico».

L'informazione di garanzia contiene l'avviso che la persona sottoposta alle indagini e la persona offesa hanno facoltà di accedere ai programmi di giustizia riparativa in base al nuovo co. 1 *ter* dell'art. 369, introdotto dal d.lgs. n. 150 del 2022.

Contestualmente all'informazione di garanzia, il pubblico ministero deve notificare alla persona sottoposta alle indagini la **comunicazione della nomina del difensore di ufficio**, prevista dall'art. 369 *bis*, co. 1, sul presupposto che non sia stato nominato un difensore di fiducia. Lo si ricava dalle ulteriori informazioni sul diritto di difesa contenute nella comunicazione ai sensi dell'art. 369 *bis*, co. 2 (inutili qualora fosse già intervenuta la nomina): a) l'informazione della obbligatorietà della difesa tecnico nel processo penale, con l'indicazione delle facoltà e dei diritti attribuiti dalla legge alla persona sottoposta alle indagini; b) il nominativo del difensore d'ufficio e il suo indirizzo e recapito telefonico; c) l'indicazione della facoltà di nominare un difensore di fiducia con l'avvertimento che, in mancanza, l'indagato sarà assistito da quello nominato d'ufficio; d) l'indicazione dell'obbligo di retribuire il difensore d'ufficio ove non sussistano le condizioni per accedere al patrocinio a spese dello Stato e l'avvertimento che, in caso di insolvenza, si procederà ad esecuzione forzata; d *bis*) l'informazione del diritto all'interprete ed alla traduzione di atti fondamentali; e) l'indicazione delle condizioni per l'ammissione al patrocinio a spese dello Stato.

La comunicazione è contestuale all'informazione di garanzia, in quanto l'*incipit* dell'art. 369 *bis*, co. 1, prevede che sia notificata «al compimento del primo atto a cui il difensore ha diritto di assistere». Pertanto, se si tratta di atto garantito con avviso al difensore, la comunicazione viene data prima del compimento dell'atto; se si tratta di atto garantito senza avviso, viene data contestualmente al compimento dell'atto, se la persona sottoposta alle indagini è presente; se la persona non è presente, la comunicazione viene data dopo il compimento dell'atto, con la notificazione dell'avviso di deposito dell'atto (art. 366, co. 1, secondo per.).

A differenza dell'informazione di garanzia, la comunicazione sul diritto di difesa è «comunque» data prima dell'invito a presentarsi a rendere l'interrogatorio richiesto dall'indagato dopo l'avviso della conclusione delle indagini preliminari *ex* art. 415 *bis*, ai sensi degli artt. 375, co. 3, e 416. Se non è stato compiuto un atto garantito, la comunicazione *ex* art. 369 *bis* viene notificata, al più tardi, contestualmente all'avviso *ex* art. 415 *bis*. In ogni caso, l'atto è previsto «**a pena di nullità degli atti successivi**», e costituisce pertanto un atto propulsivo del procedimento[40], nelle situazioni in cui l'indagato non abbia nominato un difensore di fiducia.

Riassumendo, l'indagato potrebbe aver nominato un difensore di fiducia: dopo la comunicazione delle iscrizioni delle notizie di reato nel registro di cui all'art. 335, co. 3; dopo l'invito a presentarsi al compimento di un atto cui debba partecipare l'indagato stesso, ai sensi dell'art. 364, co. 2; al momento dell'atto garantito senza avviso, ai sensi dell'art. 365, co. 2.

I difensori hanno facoltà di presentare **memorie e richieste scritte** al pubblico ministero, ai sensi dell'art. 367. Quanto alle richieste al pubblico ministero, non è previsto un rinvio alla disciplina operante per le richieste al giudice dall'art. 121, co. 2, ragion per cui non è individuabile un obbligo del pubblico ministero di provvedere e un termine per assumere il provvedimento. Le richieste di cui all'art. 367 erano principalmente finalizzate allo svolgimento di accertamenti del pubblico ministero a favore della persona sottoposta alle indagini, a norma dell'art. 358, prima dell'introduzione della disciplina sulle investigazioni difensive, ad opera della L. 7.12.2000, n. 397. La ragion d'essere principale delle "richieste" *ex* art. 367 è venuta meno, considerando che ora il difensore può direttamente svolgere indagini su fatti e circostanze a favore del proprio assistito.

I difensori possono, inoltre, chiedere al pubblico ministero di disporre il **sequestro** a norma dell'art. 368. In tal caso, è previsto un controllo sul dissenso del pubblico ministero, imponendo la trasmissione della richiesta con il suo parere al giudice per le indagini preliminari.

11.9. Gli atti delegati

Gli atti d'indagine del pubblico ministero possono essere compiuti personalmente o delegati alla polizia giudiziaria, secondo la richiamata disciplina di cui all'art. 370, co. 1. Quanto all'**interrogatorio e** ai **confronti** cui partecipi la persona sottoposta alle indagini, il pubblico ministero può delegare la polizia

---

[40] Cfr., *supra*, par. 1.

giudiziaria nel solo caso in cui la persona si trovi in stato di libertà. In questo caso, l'atto si svolge con la necessaria assistenza del difensore (art. 370, co. 1). Sotto entrambi i profili, la disciplina dell'interrogatorio ricalca quella delle sommarie informazioni di cui all'art. 350, commi 1 e 3.

Anche l'interrogatorio delegato può essere compiuto a distanza ai sensi dell'art. 370, co. 1 *bis*.

Agli atti delegati si applicano le disposizioni che prevedono la **nomina** e l'**assistenza del difensore** (artt. 364 e 365) e le disposizioni sulla documentazione degli atti (art. 373).

Inoltre, il pubblico ministero può compiere personalmente o delegare il compimento di atti da assumere nella **circoscrizione di altro tribunale**. La delega è attribuita al pubblico ministero presso il tribunale del luogo (art. 370, co. 3), al quale è attribuito il potere di compiere ulteriori atti di propria iniziativa. Tale potere può essere esercitato in presenza di «ragioni di urgenza» o di «altri gravi motivi» e riguarda gli atti che, a seguito dello svolgimento di quelli specificamente delegati, appaiono necessari ai fini delle indagini (art. 370, co. 4).

11.10. Documentazione degli atti di indagine del pubblico ministero

La disciplina in tema di documentazione degli atti di indagine del pubblico ministero, prevista dall'art. 373, contiene un'elencazione tassativa degli atti per i quali è redatto **verbale**, analogamente a quella relativa agli atti di indagine di polizia giudiziaria, prevista dall'art. 357. In particolare, viene redatto verbale, a norma dell'art. 373, co. 1: a) delle denunce, querele e istanze di procedimento presentate oralmente; b) degli interrogatori e dei confronti con la persona sottoposta alle indagini; c) delle ispezioni, delle perquisizioni e dei sequestri; d) delle informazioni assunte a norma dell'art. 362; d *bis*) dell'interrogatorio assunto a norma dell'art. 363; e) degli accertamenti tecnici compiuti a norma dell'art. 360. Rispetto a tali atti, valgono le medesime considerazioni che si sono svolte circa la *ratio* della previsione del verbale per i corrispondenti atti di polizia giudiziaria, collegata al possibile utilizzo degli atti nel dibattimento o alla loro rilevanza per definire il momento di inizio del procedimento (denunce) e accertare l'esistenza delle condizioni di procedibilità (querele e istanze).

Per questi atti, il richiamo dell'art. 373, co. 2, alle modalità stabilite nel titolo III del Libro II impone la redazione del verbale in forma integrale o riassuntiva (art. 134, co. 2) e l'uso necessario della **riproduzione audiovisiva o fonografica**, in caso di redazione del verbale in forma riassuntiva o quando la redazione in forma integrale è ritenuta insufficiente (art. 134, co. 3). Peraltro, se si tratta di interrogatorio della persona sottoposta alle indagini o di persona imputata in un procedimento connesso, è sempre prevista, in aggiunta al verbale, la documentazione con mezzi di riproduzione audiovisiva o, in caso di impossibilità per indisponibilità di mezzi o personale, fonografica (art. 373, co. 2 *bis*).

Un'ulteriore simmetria con la disciplina degli atti di polizia giudiziaria riguarda la documentazione mediante riproduzione fonografica o audiovisiva, richiesta per le informazioni assunte a norma dell'art. 362 e per le dichiarazioni della persona minorenne, inferma di mente o in condizioni di particolare vulnerabilità, alle condizioni e nei limiti già esaminati (richiamati dall'art. 373, commi 2 *ter* e 2 *quater*), salva la previsione che la trascrizione della riproduzione audiovisiva o fonografica possa essere effettuata anche dalla polizia giudiziaria che assiste il pubblico ministero (art. 373, co. 2 *quinquies*)[41].

Al di fuori dei casi tassativi di impiego del verbale, è previsto che le **attività di indagine preliminare diverse** siano documentate «soltanto mediante la redazione del verbale in forma riassuntiva» (quindi senza impiegare anche la riproduzione fonografica) ovvero, se si tratta di atti a contenuto semplice o di limitata rilevanza, mediante le annotazioni ritenute necessarie (art. 373, co. 3). Le modalità di documentazione semplificate operano, pertanto, in via residuale, come previsto per le attività di polizia giudiziaria.

La regola è quella della **documentazione contestuale** al compimento dell'atto, salvo che ricorrano «insuperabili circostanze» che la impediscano (art. 373, co. 4). In questo caso, la documentazione avviene «immediatamente dopo» il compimento dell'atto e le circostanze predette devono essere indicate specificamente. Alla documentazione provvede l'ufficiale di polizia giudiziaria o l'ausiliario che assiste il pubblico ministero (art. 373, co. 6).

11.11. Il collegamento investigativo

Il collegamento investigativo si verifica in presenza di indagini preliminari svolte da uffici diversi del pubblico ministero e richiede il coordinamento di cui all'art. 371, co. 1. Il collegamento postula, quindi, **più procedimenti** che appartengono alla competenza per territorio di diversi giudici. Altrimenti, se vi fosse una duplicazione investigativa derivante dalla violazione della disciplina in tema di competenza, vi sarebbe un contrasto positivo tra uffici del pubblico ministero, rimediabile applicando l'art. 54 *bis*.

---

[41] Cfr., *supra*, par. 10.4.

Inoltre, a differenza della connessione, il collegamento non produce effetti sulla competenza, secondo l'art. 371, co. 3. La clausola di apertura della disposizione, nel far «salvo quanto disposto dall'art. 12», si spiega in quanto la **connessione** costituisce, essa stessa, un'ipotesi di collegamento investigativo a norma dell'art. 371, co. 2, lett. *a*. Significa che il collegamento non impedisce alla connessione dei procedimenti di esplicare i suoi effetti sulla determinazione della competenza per territorio, ai sensi dell'art. 16. Tuttavia, tali effetti si producono nella sola fase del processo, mentre, nella fase investigativa, la disposizione speciale di cui all'art. 371, co. 2, lett. *a*, legittima i diversi uffici del pubblico ministero a indagare sui reati connessi.

Né sarebbe fondato sostenere l'abrogazione implicita dell'art. 371, co. 2, lett. *a*, a seguito dell'introduzione dell'art. 54 *bis*, ad opera del d.l. 20.11.1991, n. 367, conv in L. 20.1.1992, n. 8. L'istituto dei contrasti opera in presenza del "medesimo fatto" (art. 54 *bis*, co. 1), mentre il presupposto della connessione dei procedimenti è la diversità dei fatti. Vi sarebbe, invece, un contrasto positivo nell'ipotesi in cui vi fosse una duplicazione investigativa, per almeno uno dei reati connessi.

Le indagini si considerano collegate, oltre che nell'ipotesi esaminata della connessione di cui all'art. 371, co. 2, lett. *a*, anche nel caso di reati dei quali gli uni siano stati commessi in occasione degli altri, o per conseguirne o assicurarne al colpevole o ad altri il profitto, il prezzo, il prodotto o l'impunità, o che siano stati commessi da più persone in danno reciproco le une delle altre, ovvero se la prova di un reato o di una sua circostanza influisce sulla prova di un altro reato o di un'altra circostanza (art. 371, co. 2, lett. *b*). In particolare, l'ipotesi del **collegamento probatorio** può verificarsi sia in presenza di un legame tra fattispecie penali sostanziali, che rende una prova rilevante ai fini dell'accertamento di due reati, sia in mancanza di tale legame, quando la prova di un reato influisca sulla valutazione della prova di un altro reato.

In questo senso depone la giurisprudenza di legittimità consolidata, secondo cui il collegamento probatorio è ravvisabile, non solo «quando un unico elemento di fatto proietti la sua efficacia probatoria in rapporto ad una molteplicità di illeciti penali, tutti contemporaneamente da esso dipendenti per quanto attiene alla prova della loro esistenza ed a quella della relativa responsabilità», ma anche «quando gli elementi probatori rilevanti per l'accertamento di un reato, o di una circostanza di esso, oggetto di un procedimento spieghino una qualsiasi influenza sull'accertamento di un altro reato, o di una circostanza di esso, oggetto di un diverso procedimento» [42].

---

[42] Cass., Sez. Un., 6.12.1991, Scala.

Il collegamento investigativo si verifica, infine, quando la prova di più reati deriva, anche in parte, dalla **stessa fonte** (art. 371, co. 2, lett. *c*). Questa situazione si distingue dal collegamento probatorio di cui alla lett. *b*, in quanto non richiede che tra gli elementi probatori tratti dalla stessa fonte vi sia una reciproca influenza. Inoltre, la riunione dei processi può essere disposta nel caso di cui alla lett. *b*, ma non in quello di cui alla lett. *c*, dell'art. 371, co. 2, a norma dell'art. 17, co. 1, lett. *c*.

L'istituto del collegamento soddisfa esigenze di efficienza giudiziaria, come si ricava dagli obiettivi del **coordinamento** dei diversi uffici che procedono alle indagini collegate, fissati dall'art. 371, co. 1, attraverso il richiamo alla «speditezza, economia ed efficacia delle indagini medesime». A questi fini, gli uffici provvedono allo scambio di atti e informazioni, ai sensi dell'art. 117, nonché alla comunicazione delle direttive rispettivamente impartite alla polizia giudiziaria. Non è, invece, contemplato un coordinamento autonomo fra gli organi di polizia giudiziaria, in quanto assoggettati funzionalmente al pubblico ministero. Inoltre, nel caso in cui sia necessario per conseguire gli obiettivi del coordinamento, gli uffici di procura coinvolti possono compiere specifici atti d'indagine congiuntamente, ai sensi dell'art. 371, co. 1. In tal caso, gli atti producono effetti nei procedimenti paralleli.

Il **procuratore generale presso la corte di appello** ha il compito di promuovere il coordinamento investigativo, come si ricava dall'art. 118 *bis* disp. att. e dalla stessa disciplina in tema di avocazione contenuta nell'art. 372. Va premesso che gli uffici del pubblico ministero possono procedere a indagini collegate a seguito di segnalazione del procuratore generale presso la corte di appello o di loro iniziativa. Nel primo caso, il procuratore generale segnala l'esistenza di un'ipotesi di collegamento ai procuratori generali e ai procuratori della Repubblica del distretto interessati al coordinamento. Lo stesso procuratore della Repubblica, a norma dell'art. 118 *bis*, co. 1, disp. att., dà notizia al procuratore generale quando procede a indagini per taluno dei delitti indicati nell'art. 407, co. 2, lett. *a*, nonché per i delitti contro l'ambiente previsti dagli artt. 452 *bis*, 452 *quater*, 452 *sexies*, 452 *octies* c.p. Nel secondo caso, i procuratori della Repubblica danno notizia del collegamento al procuratore generale del relativo distretto (art. 118 *bis*, co. 2, disp. att.). In entrambe le ipotesi, il procuratore generale può riunire i procuratori della Repubblica che procedono a indagini collegate, quando il coordinamento non è stato promosso o non risulta effettivo. Se i procuratori della Repubblica appartengono a distretti diversi, la riunione è promossa dai procuratori generali presso le corti di appello interessate, di intesa tra loro (art. 118 *bis*, co. 3, disp. att.).

Le attività di coordinamento riguardano gli uffici delle procure della Repubblica presso il Tribunale, che esercitano le funzioni di pubblico ministero nelle indagini preliminari (art. 51, co. 1, lett. *a*). Nei casi di avocazione, le stesse funzioni sono esercitate dai magistrati della procura generale presso la corte di appello (art. 51, co. 2), che, pertanto, provvedono al coordinamento. Inoltre, la legge prevede una specifica causa di avocazione derivante dalla mancata realizzazione del coordinamento, nei procedimenti per i delitti previsti dall'art. 372, co. 1 *bis*, vale a dire: «associazioni con finalità di terrorismo anche internazionale o di eversione dell'ordine democratico» (art. 270 *bis* c.p.), «attentato per finalità terroristiche o di eversione» (art. 280 c.p.), «devastazione, saccheggio e strage» (art. 285 c.p.), «guerra civile» (art. 286 c.p.), «sequestro di persona a scopo di terrorismo o di eversione» (art. 289 *bis* c.p.), «cospirazione politica mediante associazione» (art. 305 c.p.), «banda armata» (art. 306 c.p.), «associazione per delinquere» (art. 416 c.p.) nei casi in cui è obbligatorio l'arresto in flagranza, «strage» (art. 422 c.p.). L'avocazione è disposta con decreto motivato, assunte le necessarie informazioni, se non risulta effettivo il coordinamento e non hanno dato esito le riunioni preventive disposte dal procuratore generale.

11.12. L'attività di coordinamento del procuratore nazionale antimafia e antiterrorismo

Un caso particolare di coordinamento investigativo è previsto per il procuratore nazionale antimafia e antiterrorismo dall'art. 371 *bis*. Va premesso che il procuratore nazionale, preposto alla Direzione nazionale antimafia e antiterrorismo (art. 103 d.lgs. 6.9.2011, n. 159), esercita le sue funzioni nei procedimenti per i delitti di cui all'art. 51, co. 3 *bis* e 3 *quater*. In relazione ai procedimenti di cui all'art. 51, co. 3 *bis*, il procuratore nazionale dispone sia della **Direzione investigativa antimafia**, che effettua le indagini di polizia giudiziaria relative esclusivamente ai delitti di associazione di tipo mafioso o comunque ricollegabili all'associazione mafiosa (art. 108, co. 1, d.lgs. n. 159 del 2011), sia dei servizi centrali e interprovinciali delle forze di polizia, e impartisce direttive per regolarne l'impiego ai fini investigativi. In relazione ai procedimenti per i delitti di cui all'art. 51, co. 3 *quater*, il procuratore nazionale si avvale dei suddetti servizi centrali e interprovinciali e impartisce analoghe direttive.

La legge attribuisce al procuratore nazionale «**funzioni di impulso**» nei confronti dei procuratori distrettuali, senza, tuttavia, delineare un rapporto gerarchico fra i due organi. I compiti del procuratore nazionale hanno il fine di rendere effettivo il coordinamento investigativo, nonché di garantire la funzionalità dell'impiego della polizia giudiziaria nelle sue diverse articolazioni e di assicurare la completezza e la tempestività delle investigazioni (art. 371 *bis*, co. 2). Pertanto, si tratta di compiti più penetranti di quelli attribuiti al procuratore generale presso la corte di appello nel quadro della disciplina generale del collegamento investigativo (art. 371). Si colloca fuori dell'ambito del coordinamento investigativo, il potere del procuratore nazionale di provvedere ad applicazioni temporanee dei magistrati della Direzione nazionale e delle procure distrettuali, per soddisfare specifiche e contingenti esigenze investigative o processuali (art. 371 *bis*, co. 3, lett. *b*).

Inoltre, il procuratore nazionale esercita i seguenti poteri più propriamente finalizzati a **prevenire o reprimere i contrasti** sulle modalità del collegamento investigativo tra gli uffici del pubblico ministero interessati: 1) assicura il collegamento investigativo, d'intesa con i procuratori distrettuali interessati, anche per mezzo di magistrati della Direzione nazionale antimafia e antiterrorismo (art. 371 *bis*, co. 3, lett. *a*); 2) acquisisce ed elabora notizie, informazioni e dati attinenti alla criminalità organizzata e ai delitti di terrorismo, anche internazionale, ai fini del coordinamento investigativo e della repressione dei reati (art. 371 *bis*, co. 3, lett. *c*); 3) impartisce specifiche direttive ai procuratori distrettuali, per prevenire o risolvere contrasti sulle modalità con cui realizzano il coordinamento investigativo (art. 371 *bis*, co. 3, lett. *f*); riunisce i procuratori distrettuali interessati al fine di risolvere i contrasti che hanno impedito di promuovere o rendere effettivo il coordinamento (art. 371 *bis*, co. 3, lett. *g*).

Infine, il procuratore nazionale dispone l'**avocazione delle indagini preliminari** quando non hanno dato esito le riunioni finalizzate al coordinamento e questo non è stato possibile a causa della «perdurante e ingiustificata inerzia» nella attività di indagine ovvero a causa della «ingiustificata e reiterata violazione» dei doveri previsti dall'art. 371 al fine del coordinamento investigativo.

L'avocazione è disposta con decreto motivato reclamabile al procuratore generale presso la Corte di cassazione. Il procuratore nazionale antimafia e antiterrorismo provvede all'avocazione dopo aver assunto sul luogo le necessarie informazioni personalmente o tramite un magistrato della Direzione nazionale antimafia e antiterrorismo designato. Dopo l'avocazione, il procuratore nazionale o il magistrato da lui designato non possono delegare per il compimento degli atti di indagine altri uffici del pubblico ministero (art. 371 *bis*, co. 4).

11.13. L'avocazione delle indagini

L'art. 372 prevede ulteriori casi di **avocazione obbligatoria** delle indagini preliminari da parte del procuratore generale presso la corte di appello. Il provvedimento è assunto con decreto motivato non reclamabile, a differenza dell'ipotesi di avocazione del procuratore nazionale antimafia e antiterrorismo di cui all'art. 371 *bis*, co. 4.

In primo luogo, l'avocazione viene disposta quando il magistrato designato dal procuratore della Repubblica si astenga per gravi ragioni di convenienza, a norma dell'art. 52, o sia incompatibile a norma degli artt. 18 e 19 ord. giudiz., ma non sia possibile provvedere alla sua tempestiva sostituzione. Si tratta, pertanto, di ragioni organizzative dell'ufficio, che non derivano da comportamenti negligenti del procuratore.

In secondo luogo, l'avocazione viene disposta quando il magistrato designato per le indagini versi in una delle situazioni di cui all'art. 36, co. 1, lett. *a*, *b*, *d*, *e*, che imporrebbero la sostituzione a norma dell'art. 53, ma il capo dell'ufficio ometta di provvedere tempestivamente. Qui il provvedimento del procuratore generale rimedia all'inerzia del procuratore.

12. Svolgimento dell'attività investigativa del difensore

12.1. L'acquisizione di notizie

Il titolo VI *bis* del Libro V, introdotto dalla L. n. 397 del 2000, contiene la disciplina organica delle «Investigazioni difensive» previste dall'art. 327 *bis*. Il difensore può, in primo luogo, acquisire notizie dalla persona in grado di riferire circostanze utili ai fini dell'attività investigativa, ai sensi dell'art. 391 *bis*, sempre che questa persona non versi in una delle situazioni di **incompatibilità** previste dall'art. 197, co. 1, lett. *c* e *d*. Non operano, invece, le incompatibilità di cui alle lett. *a* e *b* dell'art., in quanto l'atto d'indagine difensiva può essere compiuto, con le garanzie appositamente prescritte, anche per acquisire notizie dalla persona sottoposta alle indagini o imputata nello stesso procedimento, in procedimento connesso o per un reato collegato.

L'acquisizione delle notizie avviene secondo tre diverse modalità. La prima modalità, informale, è il **colloquio non documentato** previsto dall'art. 391 *bis* co. 1. Attraverso tale atto, il difensore o il sostituto, nonché gli investigatori privati autorizzati o i consulenti tecnici (che sono «ausiliari del difensore» secondo l'art. 391 *sexies*, co. 1) possono conferire con la persona in grado di riferire circostanze utili, senza redigere verbale, ma rivolgendo alla fonte di prova gli avvertimenti previsti dal co. 3 dell'art. 391 *bis*.

Le due ulteriori modalità, formali, di acquisizione delle notizie sono la **ricezione di dichiarazioni** e l'**assunzione di informazioni** previste dall'art. 391 *bis*, co. 2. Gli atti in questione possono essere compiuti soltanto dal difensore o dal suo sostituto e prevedono la redazione di una relazione di accompagnamento alla dichiarazione e, rispettivamente, la documentazione delle informazioni tramite verbale, nonché, dopo il d.lgs. n. 150 del 2022, tramite le ulteriori forme stabilite dall'art. 391 *ter*, commi 3 *bis*, 3 *quater* e 3 *quinquies*.

Prima di conferire con il colloquio non documentato, di ricevere dichiarazioni scritte o di assumere informazioni documentate, il difensore, il sostituto gli investigatori privati autorizzati o i consulenti tecnici devono **avvertire** le persone in grado di riferire circostanze utili, ai sensi dell'art. 391 *bis*, co. 3: a) della propria qualità e dello scopo del colloquio; b) se intendono semplicemente conferire ovvero ricevere dichiarazioni o assumere informazioni indicando, in tal caso, le modalità e la forma di documentazione; c) dell'obbligo di dichiarare se sono sottoposte ad indagini o imputate nello stesso procedimento, in un procedimento connesso o per un reato collegato; d) della facoltà di non rispondere o di non rendere le dichiarazioni; e) del divieto di rivelare le domande eventualmente formulate dalla polizia giudiziaria o dal pubblico ministero e le risposte date; f) delle responsabilità penali conseguenti alla falsa dichiarazione.

Gli avvertimenti in questione vanno correlati alle ulteriori regole probatorie stabilite dall'art. 391 *bis*, commi 4, 5 e 5 *bis*. Pertanto, l'avvertimento di cui alla lett. *e* va posto in relazione al divieto di chiedere notizie alle persone già sentite dalla polizia giudiziaria o dal pubblico ministero sulle domande formulate o sulle risposte date, previsto dall'art. 391 *bis*, co. 4, al fine di evitare un aggiramento del segreto investigativo. Va precisato che il divieto non attiene ai fatti oggetto delle dichiarazioni già rese agli organi investigativi pubblici, ma alle dichiarazioni stesse, salvo che il pubblico ministero eserciti il potere di segretazione di cui all'art. 391 *quinquies*, in presenza di «specifiche esigenze attinenti all'attività di indagine». In tal modo, il pubblico ministero può vietare alle persone sentite, con decreto motivato, di comunicare i fatti e le circostanze oggetto dell'indagine di cui hanno conoscenza (e non semplicemente di rivelare le domande e le risposte date). Tuttavia, il divieto non può avere durata superiore a due mesi e deve essere comunicato alle persone che hanno rilasciato le dichiarazioni, le quali sono altresì avvertite delle responsabilità penali conseguenti all'indebita rivelazione delle notizie (art. 391 *quinquies*, co. 2).

Quanto all'avvertimento di cui alla lett. *c*, va considerato che per conferire, ricevere dichiarazioni o assumere informazioni dalla persona sottoposta a indagini o imputata nello stesso procedimento o in un procedimento connesso o per un reato collegato, è prescritta la necessaria assistenza del suo difensore, al quale va dato avviso, almeno ventiquattro ore prima. Se la persona è priva di difensore, il difensore che procede alle investigazioni chiede al giudice di disporre la nomina di un difensore di ufficio ai sensi dell'art. 97 (art. 391 *bis*, co. 5). Si verifica, quindi, un'asimmetria rispetto alla disciplina dell'interrogatorio disposto dal pubblico ministero, atto al quale il difensore ha diritto (e non obbligo) di assistere.

In linea con la disciplina dei corrispondenti atti del pubblico ministero e della polizia giudiziaria, è invece prescritto che, nei procedimenti per i delitti di cui all'art. 351, co. 1 *ter*, le informazioni da persone minori siano assunte con il necessario ausilio di un esperto in psicologia o in psichiatria infantile, nominato dal difensore che procede alle investigazioni (art. 391 *bis*, co. 5 *bis*).

Va precisato che la violazione delle regole probatorie in discorso determina l'inutilizzabilità prevista dall'art. 391 *bis*, co. 6. Inoltre, tale violazione costituisce illecito disciplinare e impone al giudice che procede di dare comunicazione all'organo titolare del potere disciplinare.

Al di fuori del perimetro dell'inutilizzabilità si situano le due ulteriori disposizioni riguardanti le dichiarazioni ricevute e le informazioni assunte da parte di persona detenuta, su autorizzazione del giudice procedente, sentiti il suo difensore e il pubblico ministero (art. 391 *bis*, co. 7) e il divieto di assistere all'assunzione di informazioni previsto per la persona sottoposta alle indagini, la persona offesa e le altre parti private (art. 391 *bis*, co. 8).

L'avvertimento della **facoltà di non rispondere o di non rendere la dichiarazione** (art. 391 *bis*, co. 3, lett. *d*) delinea il carattere volontario del colloquio, della ricezione di dichiarazioni e dell'assunzione di informazioni. La persona da cui il difensore intende acquisire notizie, con il colloquio non documentato, ricevere dichiarazioni scritte o assumere informazioni documentate, può pertanto impedire la stessa instaurazione dell'atto. La facoltà in questione tutela, per un verso, il diritto al silenzio della persona sottoposta alle indagini o imputata in procedimento connesso o di reato collegato e la facoltà di non autoincriminarsi della persona non sottoposta ad indagini né imputata. Pertanto, la disposizione assorbe le garanzie previste per i corrispondenti atti compiuti dal pubblico ministero, a tutela della persona sottoposta alle indagini (art. 64, co. 3, lett. *b*) e della persona informata dei fatti (art. 198, co. 2, in relazione all'art. 362). Inoltre, la facoltà di non rispondere si riconnette alla regola di cui all'art. 391 *bis*, co. 9, che realizza una tutela anticipata del diritto al silenzio, in linea con quanto previsto dall'art. 63, imponendo al difensore e al sostituto di interrompere l'assunzione di informazioni da parte della persona non imputata o non sottoposta alle indagini, qualora essa renda dichiarazioni dalle quali emergano indizi di reità a suo carico. Le precedenti dichiarazioni non possono essere utilizzate contro la persona che le ha rese.

Per altro verso, la facoltà di cui all'art. 391 *bis*, co. 3, lett. *d*, estende la tutela della persona non sottoposta alle indagini né imputata, rispetto alla persona sentita dal pubblico ministero a norma dell'art. 362, in quanto comprende la **facoltà di non rispondere a singole domande**. La persona sentita dal difensore ha l'obbligo di rispondere secondo verità alle domande che gli sono rivolte, ma non di rispondere a tutte le domande, come si ricava dalla disciplina penale sostanziale di riferimento. Va considerato che, mentre il reato di false informazioni al pubblico ministero è integrato anche quando la persona «tace, in tutto o in parte, ciò che sa intorno ai fatti sui quali viene sentito» (art. 371 *bis* c.p.), non altrettanto può dirsi con riguardo al reato di false dichiarazioni al difensore (art. 371 *ter* c.p.).

Nel caso in cui la persona non sottoposta alle indagini né imputata nello stesso procedimento o in un diverso procedimento ai sensi dell'art. 210 eserciti la facoltà di non rispondere, il difensore può chiedere al pubblico ministero l'**audizione** di cui all'art. 391 *bis*, co. 10. Il pubblico ministero ha l'obbligo di disporre l'atto, entro sette giorni dalla richiesta, alla presenza del difensore. L'audizione è un atto d'indagine preliminare "atipico", in quanto il difensore formula le domande per primo, ma le disposizioni di cui all'art. 362 si applicano anche alle informazioni richieste dal difensore. Pertanto, la persona sentita ha l'obbligo di verità e non può sottrarsi alle singole domande.

In alternativa all'audizione, il difensore può chiedere al giudice che si proceda con **incidente probatorio** all'assunzione della testimonianza o all'esame della persona che abbia esercitato la facoltà di non rispondere, anche al di fuori delle ipotesi di cui all'art. 392 (art. 391 *bis*, co. 11). Pertanto, in questo caso, le dichiarazioni sono utilizzabili nel dibattimento[43].

Quanto alle forme di documentazione degli atti, è stabilito che la dichiarazione di cui all'art. 391 *bis*, co. 2, rechi la sottoscrizione del dichiarante, autenticata dal difensore o dal sostituto, e venga allegata a una **relazione**, nella quale sono riportati i seguenti elementi: a) la data in cui il difensore o il sostituto hanno ricevuto la dichiarazione; b) le generalità del difensore o del sostituto che ha raccolto la dichiarazione e quelle del dichiarante; c) l'attestazione di aver rivolto gli avvertimenti di cui all'art. 391 *bis*, co. 3; d) i fatti sui quali verte la dichiarazione (art. 391 *ter*, commi 1 e 2).

Quanto alle dichiarazioni assunte a norma dell'art. 391 *bis*, co. 2, è prevista la documentazione tramite **verbale** del difensore o del sostituto, che possono avvalersi di persona di loro fiducia per la materiale redazione. Il verbale deve rispondere ai requisiti stabiliti per gli atti d'indagine preliminare dal titolo III del Libro II, in quanto applicabili (art. 391 *ter*, co. 3).

Il d.lgs. n. 150 del 2022 ha aggiunto, con il co. 3 *bis* dell'art. 391 *ter*, la regola della documentazione delle informazioni in cui all'art. 391 *bis*, co. 2, «anche mediante riproduzione fonografica», riproducendo il regime introdotto per la documentazione delle informazioni assunte dal pubblico ministero (art. 373, co. 2 *ter*), anche con riguardo alla clausola che fa «salva la contingente indisponibilità di strumenti di riproduzione o di personale tecnico» (di cui bisognerà dar conto nel verbale). Tuttavia, l'uso della riproduzione fonografica non è limitato ai casi in cui si proceda per i delitti di cui all'art. 407, co. 2, lett. *a*, ovvero ne faccia richiesta la persona sentita, previsti invece dalla disciplina dell'assunzione di informazioni da parte del pubblico ministero. La diversa formulazione dell'art. 391 *ter*, co. 3 *bis*, segna un'asimmetria sistematica difficilmente giustificabile, tenuto conto dell'analogo regime di utilizzabilità degli atti in questione. Di fatto, la regola riguardante l'atto d'indagine difensiva rafforza lo statuto di garanzia della persona sentita dal difensore, rispetto a quella sentita dagli organi investigativi pubblici.

I nuovi commi 3 *ter* e 3 *quater* estendono all'atto del difensore le medesime regole previste per l'atto d'indagine preliminare con riferimento alle dichiarazioni della

[43] Cfr., *infra*, par. 13.3.

persona minorenne, inferma di mente o in condizioni di particolare vulnerabilità nonché con riferimento alla trascrizione della riproduzione audiovisiva o fonografica disposta «solo se è assolutamente indispensabile».

12.2. Accertamenti tecnici

Il difensore può svolgere accertamenti tecnici, avvalendosi di consulenti, al pari del pubblico ministero, come chiaramente si evince sia dalla disposizione che stabilisce lo svolgimento delle attività investigative mediante **consulenti tecnici** incaricati dal difensore, «quando sono necessarie specifiche competenze» (art. 327 *bis*, co. 3), sia dalla disposizione in tema di onere del difensore di avvisare il pubblico ministero degli accertamenti tecnici non ripetibili (art. 391 *nonies*, co. 3). Pertanto, il difensore può nominare consulenti ai sensi degli artt. 233 e 327 *bis*, co. 3, per svolgere accertamenti analoghi a quelli che possono essere disposti dal pubblico ministero, a norma dell'art. 359, quando sono necessarie specifiche competenze.

Inoltre, il difensore può avvalersi di consulenti per eseguire le operazioni di cui all'art. 391 *sexies*, in occasione dell'**accesso** a luoghi pubblici o, alle condizioni previste dall'art. 391 *septies*, a luoghi privati o non aperti al pubblico. L'accesso può essere disposto per prendere visione dello stato dei luoghi e delle cose ovvero per procedere alla loro descrizione o per eseguire rilievi tecnici, grafici, planimetrici, fotografici o audiovisivi, in linea con quanto previsto per il pubblico ministero dal medesimo art. 359. Gli accertamenti tecnici e i rilievi in questione possono avere natura ripetibile o non ripetibile.

Quando vengono effettuati **accertamenti tecnici non ripetibili**, si applicano le regole previste dall'art. 360 per gli accertamenti tecnici disposti dal pubblico ministero, in quanto compatibili (art. 391 *decies*, co. 3). Pertanto, il difensore deve dare avviso degli accertamenti, senza ritardo, al pubblico ministero per l'esercizio della facoltà di assistere al conferimento dell'incarico, di partecipare agli accertamenti stessi e di presentare osservazioni e riserve, anche tramite i consulenti tecnici eventualmente nominati dall'organo di accusa (art. 360, co. 3). Il pubblico ministero può, inoltre, formulare riserva di promuovere incidente probatorio, agli effetti previsti dall'art. 360, commi 4-6.

Il consulente del difensore può svolgere accertamenti e rilievi sulle cose sequestrate, nel luogo in cui si trovano, può intervenire alle ispezioni disposte dal pubblico ministero ed esaminare l'oggetto delle ispezioni alle quali non è intervenuto, a norma dell'art. 233, co. 1 *bis*. A tal fine, il difensore chiede autorizzazione al pubblico ministero, nel corso delle indagini preliminari, e può proporre opposizione al giudice contro il decreto del pubblico ministero che respinge la richiesta. Il giudice procede nelle forme dell'art. 127. Dopo l'esercizio dell'azione penale, il difensore chiede l'autorizzazione al giudice procedente.

Il consulente tecnico del difensore può effettuare accertamenti medici, con il consenso della persona da sottoporre ad esame, ma non coattivamente, nemmeno su autorizzazione dell'autorità giurisdizionale.

12.3. Atti di ricerca della prova

Il difensore non può svolgere attività di ricerca della prova incidente sulle libertà costituzionali, riservata all'«autorità giudiziaria» dagli artt. 13, 14 e 15 Cost. Può compiere atti di ricerca della prova effettuando il già menzionato **accesso ai luoghi** di cui all'art. 391 *sexies*. L'accesso può essere effettuato, oltre che dal difensore e dal consulente tecnico, anche dal sostituto e dagli investigatori privati autorizzati, per compiere accertamenti tecnici o atti di diversa natura (ripetibili o non ripetibili, come si evince dall'art. 391 *decies*, co. 3). Se si tratta di atti non ripetibili diversi dagli accertamenti tecnici, il pubblico ministero ha facoltà di assistere, senza avviso (art. 391 *decies*, co. 3).

Il difensore può accedere a **luoghi privati o non aperti al pubblico**, con il consenso di chi ne ha la disponibilità; in mancanza, può chiedere l'autorizzazione al giudice, che la concede con decreto motivato, se ritiene che l'accesso sia «necessario», specificando le concrete modalità dell'atto (art. 391 *septies*, co. 1). Tuttavia, se si tratta di luoghi di abitazione o pertinenze, l'accesso è consentito solo se sia necessario accertare le tracce e gli altri effetti materiali del reato (art. 391 *septies*, co. 3). In ogni caso, la persona presente nei luoghi deve essere avvertita della facoltà di farsi assistere da persona di fiducia, purché prontamente reperibile e idonea a norma dell'art. 120 (art. 391 *septies*, co. 2).

Quando effettuano l'accesso ai luoghi, il difensore, il sostituto e gli ausiliari possono redigere un verbale nel quale sono riportati, ai sensi dell'art. 391 *sexies*: a) la data e il luogo dell'accesso; b) le proprie generalità e quelle delle persone intervenute; c) la descrizione dello stato dei luoghi e delle cose; d) l'indicazione degli eventuali rilievi eseguiti, che fanno parte integrante dell'atto e sono allegati al medesimo. Il verbale è sottoscritto dalle persone intervenute.

Il difensore può, inoltre, fare **richiesta di documentazione alla pubblica amministrazione**, ai sensi dell'art. 391 *quater*, al fine di ricercare prove documentali a favore del proprio assistito, che può presentare al pubblico ministero o al giudice e di cui può chiedere l'ammissione nel dibattimento, a norma dell'art. 495, co. 3. La richiesta può essere presentata all'amministrazione che ha formato il documento o lo detiene stabilmente (co. 2). In caso di rifiuto della pubblica amministrazione, il difensore può presentare richiesta di sequestro al pubblico ministero, in base alla disciplina di cui agli artt. 367 e 368. Pertanto, qualora il pubblico ministero ritenga che non si debba procedere a sequestro, non trattandosi di corpo del reato o di cose pertinenti al reato necessarie per l'accertamento dei fatti, ai sensi dell'art. 253, co. 1, trasmette la richiesta con il suo parere al giudice per le indagini preliminari.

La medesima disciplina deve ritenersi applicabile per la **richiesta di documentazione ai privati**, non espressamente prevista nel titolo VI *bis*, ma ammissibile in quanto non vietata dalla legge.

12.4. L'utilizzazione della documentazione delle investigazioni difensive

Gli elementi di prova raccolti tramite le investigazioni difensive possono essere presentati al pubblico ministero (art. 391 *octies*, co. 4) o direttamente al giudice (art. 391 *octies*, commi 1 e 2) e utilizzati per i provvedimenti adottati nelle indagini preliminari ovvero nell'udienza preliminare o nei procedimenti speciali. La documentazione dell'attività investigativa del difensore è inserita nella parte riservata del **fascicolo informatico** introdotto dal d.lgs. n. 150 del 2022 (art. 391 *octies*, co. 3), dopo la presentazione al pubblico ministero o al giudice.

Pertanto, la documentazione viene inserita, nel primo caso, nella parte riservata del fascicolo di cui all'art. 373, co. 5, nel secondo caso, nel fascicolo informatico del difensore formato a cura del giudice. Presso l'**ufficio del giudice per le indagini preliminari** sono conservati i documenti redatti e depositati dal difensore in forma di documento analogico, in originale o, se il difensore ne chiede la restituzione, in copia (art. 391 *octies*, co. 3). Se la documentazione viene presentata al giudice per le indagini preliminari, quando deve adottare una decisione su richiesta delle parti private o con il loro intervento, il pubblico ministero può prenderne visione ed estrarne copia, prima della decisione.

Dopo la chiusura delle indagini preliminari, il fascicolo del difensore è inserito nel **fascicolo del pubblico ministero di cui all'art. 433**. Va da sé, quindi, che, secondo il disegno dell'art. 391 *octies*, co. 3, nuovo testo, nella parte del fascicolo informatico del pubblico ministero riservata al difensore, debbano essere inseriti anche gli atti d'indagine difensiva compiuti dopo l'emissione del decreto che dispone il giudizio, ai sensi dell'art. 430, in vista del dibattimento.

Nel **dibattimento**, gli atti d'indagine difensiva hanno la medesima rilevanza degli atti d'indagine preliminare. La documentazione delle dichiarazioni raccolte dal difensore viene inserita nel fascicolo del pubblico ministero ed è utilizzabile per le contestazioni durante l'esame testimoniale o delle parti, ai sensi degli artt. 500 e 503. Gli atti contenenti dichiarazioni vengono letti e inseriti nel fascicolo per il dibattimento per sopravvenuta irripetibilità (art. 512) o se l'imputato è assente o rifiuta di sottoporsi a esame (art. 513).

La documentazione degli **atti non ripetibili** compiuti durante l'accesso ai luoghi, presentata nel corso delle indagini preliminari o dell'udienza preliminare, è inserita nel fascicolo per il dibattimento. Se si tratta di accertamenti tecnici non ripetibili o di altri atti non ripetibili, in relazione ai quali il pubblico ministero ha esercitato la facoltà di assistere, la documentazione è inserita nel fascicolo del difensore e nel fascicolo del pubblico ministero. In ogni caso, la documentazione degli atti non ripetibili è inserita nel fascicolo per il dibattimento ai sensi dell'art. 431, co. 1, lett. *c* (art. 391 *decies*, co. 4).

Le prove documentali raccolte dal difensore vengono ammesse nel dibattimento *ex* art. 495, co. 3 (arg. *ex* art. 391 *decies*, co. 2).

12.5. L'attività investigativa preventiva

Il difensore può svolgere attività investigativa preventiva, «per l'eventualità che si instauri un procedimento penale», ai sensi dell'art. 391 *nonies*, co. 1. L'indagine difensiva preventiva può collocarsi prima dell'instaurazione del procedimento penale, ma anche successivamente, qualora la notizia di reato, seppure già acquisita, non sia conosciuta dalla persona sottoposta alle indagini. L'indagine preventiva richiede un **apposito mandato difensivo** con sottoscrizione autenticata, contenente la nomina del difensore e l'indicazione dei fatti ai quali si riferisce (art. 391 *nonies*, co. 2).

L'indagine in questione non può avere per oggetto gli atti che richiedono l'autorizzazione dell'autorità giudiziaria (accesso ai luoghi privati o non aperti al pubblico, *ex* art. 391 *septies*, co. 1; esame delle cose sequestrate, *ex* art. 233, co. 1 *bis*) o l'intervento della stessa (audizione di cui all'art. 391 *bis*, co. 10, ovvero assunzione della testimonianza o dell'esame con incidente probatorio, *ex* art. 391 *bis*, co. 11).

13. L'incidente probatorio

13.1. Fattispecie

L'incidente probatorio consente di assumere anticipatamente davanti al giudice per le indagini preliminari o al giudice dell'udienza preliminare[44] la prova utilizzabile nel dibattimento ai fini della deliberazione, in casi eccezionali indicati dalla legge. L'istituto deroga, quindi, al principio costituzionale dell'**immediatezza**, declinato dal punto di vista del rapporto fra il giudice della

---

[44] Corte cost., 10.3.1994, n. 77.

deliberazione e le fonti di prova (art. 111, co. 3, Cost.). Inoltre, l'assunzione della prova nell'incidente probatorio, con le forme stabilite per il dibattimento (art. 401, co. 5), non soddisfa pienamente il principio costituzionale del contraddittorio nella formazione della prova (art. 111, co. 4, Cost.), alla luce del diverso patrimonio conoscitivo di cui dispongono le parti, e in particolare la persona sottoposta ad indagini o imputata, nelle indagini preliminari e nel dibattimento. Va, altresì, considerato che il giudice provvede sulla richiesta di incidente probatorio svolgendo una prognosi di rilevanza della prova «per la decisione dibattimentale» (art. 393, co. 1, lett. *a*), ma nella fase delle indagini preliminari l'oggetto di prova va riferito a un tema non fisso, quale è quello enunciato dall'imputazione, nel processo, ma fluido, quale è quello rappresentato dalla notizia di reato. Pertanto, potrebbe variare l'oggetto del contraddittorio nel passaggio dall'incidente probatorio all'istruzione dibattimentale.

Il sacrificio delle garanzie epistemiche del processo penale dovrebbe comportare una limitazione dell'incidente probatorio alle situazioni eccezionali che «rendono la **prova non rinviabile al dibattimento**», secondo la formula dell'art. 393, co. 1, lett. *c*. Tuttavia, questo fondamento non è rinvenibile in tutti i casi attualmente previsti dalla legge.

In particolare, a norma dell'art. 392, co. 1, il giudice procede con incidente probatorio, **su richiesta** del pubblico ministero o della persona sottoposta alle indagini, nei casi di:

a) assunzione della **testimonianza** di una persona, quando vi è fondato motivo di ritenere che la stessa non potrà essere esaminata nel dibattimento **per infermità o altro grave impedimento**: si tratta di una situazione di pericolo di natura oggettiva, che potrebbe pregiudicare la stessa possibilità di assunzione della prova nel dibattimento;

b) assunzione di una **testimonianza** quando, per elementi concreti e specifici, vi è fondato motivo di ritenere che la persona sia esposta a **violenza, minaccia, offerta o promessa di denaro o di altra utilità**, affinché non deponga o deponga il falso: in questa situazione, il pericolo riguarda la possibilità di formare genuinamente la prova nel dibattimento;

c) **esame della persona sottoposta alle indagini** su fatti concernenti la responsabilità di altri: la situazione di pericolo non è di natura oggettiva, in quanto l'impossibilità di assunzione della prova nel dibattimento può derivare dall'esercizio del diritto al silenzio dell'imputato;

d) esame delle **persone indicate nell'art. 210**, che potrebbero parimenti esercitare la facoltà di non rispondere, e dei **testimoni di giustizia**, ai quali si applicano le speciali misure di protezione previste dalla L. 11.1.2018, n. 6, in quanto si trovano «in una situazione di grave, concreto e attuale pericolo» (art. 2, co. 1, lett. *e*);

e) **confronto** tra persone che in altro incidente probatorio o al pubblico ministero hanno reso dichiarazioni discordanti, quando ricorre una delle circostanze previste dalla lett. *a*) e *b*);

f) **perizia** o **esperimento giudiziale**, se la prova riguarda una persona, una cosa o un luogo il cui stato è soggetto a **modificazione non evitabile**: anche in questa situazione l'incidente probatorio tende a evitare che l'accertamento non possa più utilmente essere svolto nel dibattimento;

g) **ricognizione**, quando particolari ragioni di urgenza non consentono di rinviare l'atto al dibattimento: tali ragioni non sono ricavabili dalla ordinaria situazione di difficoltà nei ricordi connessa al semplice decorso del tempo, né dalle difficoltà connesse allo svolgimento della ricognizione in dibattimento, ma devono scaturire da fatti specificamente dimostrativi della suddetta situazione di non rinviabilità.

L'ulteriore fattispecie di incidente probatorio prevista nell'impianto originario del codice riguarda la **perizia** che, se fosse disposta nel dibattimento, ne potrebbe determinare una sospensione superiore a sessanta giorni (art. 392, co. 2). L'ipotesi in questione scaturisce da un bilanciamento della deroga al principio dell'immediatezza insita nell'istituto dell'incidente probatorio, con una maggior tutela del principio di concentrazione del dibattimento, che è esso stesso strumentale alla realizzazione dell'oralità, del contraddittorio e dell'immediatezza. Nel co. 2 dell'art. 392 è stata aggiunto, in seguito, il caso della perizia che comporti l'esecuzione di accertamenti o prelievi su persona vivente previsti dall'art. 224 *bis*, senza tuttavia menzionare l'esistenza di un pericolo di dispersione probatoria.

Un deciso allargamento dell'incidente probatorio a situazioni eccentriche rispetto alla *ratio* originaria dell'istituto è scaturito dall'inserimento del co. 1 *bis* del medesimo art. 392, ad opera della L. 15.2.1996, n. 66, contenente «Norme contro la violenza sessuale», e dalle ulteriori modifiche apportate dalla L. 1.10.2012, n. 172, di «Ratifica ed esecuzione della Convenzione del Consiglio d'Europa per la protezione dei minori contro lo sfruttamento e l'abuso sessuale, fatta a Lanzarote il 25 ottobre 2007», nonché dal d.lgs. 15.12.2015, n. 212, di «Attuazione della direttiva 2012/29/UE del Parlamento europeo e del Consiglio, del 25 ottobre 2012, che istituisce norme minime in materia di assistenza, protezione delle vittime di reato». La disposizione anzidetta consente di procedere con incidente probatorio all'assunzione della **testimonianza di persona minorenne** ovvero della **persona offesa maggiorenne**, anche al di fuori delle ipotesi previste dal co. 1, nell'ambito di procedimenti per particolari figure delittuose, e, in ogni caso (a prescindere dal reato oggetto del procedimento), alla **testimonianza della persona offesa particolarmente vulnerabile**. L'estensione dell'incidente probatorio salvaguarda gli interessi costituzionalmente rilevanti di tali persone, a scapito di un indubbio sacrificio non solo dell'immediatezza, ma anche del contraddittorio. Va, infatti, considerato che quando si procede per uno dei delitti indicati nell'elenco dell'art. 190 *bis*, co. 1 *bis*, parzialmente coincidente a quello di cui all'art. 392, co. 1 *bis*, viene pure limitato il diritto all'ammissione della prova nel dibattimento, rispetto alla disciplina ordinaria di cui all'art. 190.

L'art. 392, co. 1 *bis*, ricomprende i delitti di «maltrattamenti contro familiari e conviventi» (art. 572 c.p.), «riduzione o mantenimento in schiavitù o in servitù» (art. 600 c.p.), «prostituzione minorile» (art. 600 *bis* c.p.), «pornografia minorile» (art. 600 *ter* c.p.), «detenzione o accesso a materiale pornografico» (art. 600 *quater* c.p.), anche se relativi al materiale pornografico di cui all'art. 600 *quater*.1, «iniziative turistiche volte allo sfruttamento della prostituzione minorile» (art. 600 *quinquies*), «tratta di persone» (art. 601 c.p.), «acquisito e alienazione di schiavi» (art. 602 c.p.), «violenza sessuale» (art. 609 *bis* c.p.), «atti sessuali con minorenne» (art. 609 *quater* c.p.), «corruzione di minorenne» (art. 609 *quinquies* c.p.), «violenza sessuale di gruppo» (art. 609 *octies* c.p.), «adescamento di minori» (art. 609 *undecies* c.p.) e «atti persecutori» (art. 612 *bis* c.p.). In questi casi, la stessa persona offesa dal reato può chiedere al pubblico ministero di promuovere l'incidente probatorio, ferma restando la legittimazione del pubblico ministero e della persona sottoposta ad indagini.

13.2. Procedimento

L'incidente probatorio si svolge tramite un **procedimento** attivato dalla richiesta del pubblico ministero o della persona sottoposta alle indagini (ovvero dell'imputato, quanto alla richiesta nell'udienza preliminare), a seguito della quale le controparti possono presentare deduzioni. Dopodiché, il giudice provvede sulla richiesta con ordinanza e, nel caso di accoglimento, la prova viene assunta in un'udienza in contraddittorio. La persona offesa può solo stimolare l'iniziativa del pubblico ministero, il quale è tenuto a rispondere nel caso in cui non accolga la richiesta, con decreto motivato notificato al richiedente (art. 394).

L'art. 393 detta i termini entro cui può essere presentata la **richiesta** di incidente probatorio e il contenuto dell'atto. L'incidente può essere promosso entro i termini per la conclusione delle indagini preliminari, di cui all'art. 405, eventualmente prorogati ai sensi dell'art. 406. La richiesta può, a sua volta, dar luogo a una proroga del termine delle indagini preliminari ai fini dell'esecuzione dell'incidente probatorio, ma solo quando risulta che l'iniziativa non avrebbe potuto essere assunta anteriormente (art. 393, co. 4).

Ciò non significa che, in caso contrario, il giudice debba respingere la richiesta d'incidente probatorio, in quanto la ragionevole durata delle indagini preliminari non potrebbe essere tutelata a scapito dell'esigenza di assumere la prova in situazioni di pericolo di dispersione. Pertanto, in tal caso, il giudice dovrebbe negare la proroga, dare comunicazione al procuratore generale presso la corte di appello, in base a quanto previsto dall'art. 393, co. 4, e disporre l'incidente probatorio laddove ne ricorrano i presupposti. Nel caso in cui la proroga venga concessa, il giudice deve indicare, con decreto motivato, il tempo indispensabile all'assunzione della prova. Nello stesso modo, il giudice provvede se il termine delle indagini preliminari scade durante l'esecuzione dell'incidente probatorio.

La richiesta di incidente probatorio ha il fine di dimostrare l'esistenza dei presupposti del compimento dell'atto e di consentire la definizione dell'oggetto della prova da assumere anticipatamente. Infatti, l'atto deve indicare, a pena di inammissibilità, gli **elementi** previsti dall'art. 393, co. 1 e 2: a) la prova da assumere, i fatti che ne costituiscono l'oggetto e le ragioni della sua rilevanza dibattimentale; b) le persone nei confronti delle quali si procede per i fatti oggetto della prova; c) le circostanze che, a norma dell'art. 392, rendono la prova non rinviabile al dibattimento. Infine, se si tratta di richiesta del pubblico ministero, devono essere indicati i difensori delle persone interessate, nonché la persona offesa e il suo difensore, ove nominato, al fine di consentire i necessari avvisi a seguito dell'eventuale fissazione dell'udienza.

Va considerato che la richiesta d'incidente probatorio nei casi di cui all'art. 393, co. 1 *bis*, impone al pubblico ministero di depositare tutti gli atti di indagine compiuti sino a quel momento (art. 393, co. 2 *bis*), anche quando l'incidente sia promosso dalla persona sottoposta alle indagini. La *discovery* investigativa potrebbe pertanto essere imposta "a sorpresa" all'organo di accusa che, come contromossa, potrebbe chiedere il differimento dell'incidente probatorio, sempre che ne ricorrano i presupposti (art. 397). Il deposito di tutti gli atti di indagine è finalizzato a un più compiuto esercizio del diritto al contraddittorio, in situazioni in cui, come si è visto, potrebbe risultare paralizzato il contraddittorio dibattimentale, dovendosi applicare le speciali regole di ammissione della prova *ex* art. 190 *bis*.

La richiesta di incidente probatorio è depositata nella cancelleria del giudice per le indagini preliminari, unitamente a eventuali cose e documenti, e agli atti di cui all'art. 393, co. 2 *bis*, ed è notificata a cura del proponente alle controparti (art. 395). Entro due giorni dalla notificazione, possono essere presentate **deduzioni**, a norma dell'art. 396. Con le deduzioni, le parti possono interloquire sull'ammissibilità e sulla fondatezza della richiesta, possono ampliare il materiale probatorio a disposizione del giudice per provvedere al riguardo (depositando cose e producendo documenti) e possono chiedere un ampliamento dell'oggetto dell'incidente probatorio, indicando altri fatti che debbano costituire oggetto della prova e altre persone interessate (art. 396, co. 1).

Le deduzioni della persona sottoposta alle indagini vengono depositate in copia alla segreteria del pubblico ministero, che comunica senza ritardo al giudice le indicazioni necessarie per gli avvisi. La persona sottoposta alle indagini può prendere visione ed estrarre copia delle deduzioni da altri presentate (art. 396, co. 2).

Entro il medesimo termine di due giorni dalla notificazione della richiesta, il solo pubblico ministero può chiedere al giudice il **differimento** dell'incidente probatorio promosso dalla persona sottoposta alle indagini, quando la sua assunzione pregiudicherebbe uno o più atti di indagine preliminare (art. 397, co. 1). La salvaguardia delle esigenze investigative, che costituisce la *ratio* del congegno, non trova, peraltro, spazio, e il differimento non è consentito, quando pregiudicherebbe l'assunzione della prova. La richiesta di differimento deve indicare l'atto o gli atti di indagine preliminare pregiudicati e le cause del pregiudizio, nonché il termine del differimento richiesto (art. 397, co. 2).

Il giudice provvede sulla richiesta di differimento, entro due giorni con ordinanza, solo se non dichiara inammissibile o rigetta la richiesta di incidente probatorio. L'ordinanza di rigetto o inammissibilità è immediatamente comunicata al pubblico ministero (art. 397, co. 3). Invece, con l'ordinanza con cui accoglie la richiesta di differimento, il giudice fissa l'udienza per l'incidente probatorio, non oltre il termine strettamente necessario al compimento dell'atto o degli atti di indagine preliminare pregiudicati. L'ordinanza è immediatamente comunicata al pubblico ministero e notificata per estratto agli altri interessati. La richiesta di differimento e l'ordinanza sono depositate all'udienza di assunzione della prova (art. 397, co. 4).

Il giudice provvede sulla richiesta di incidente probatorio entro due giorni dal deposito in cancelleria della prova della notificazione della richiesta, ai sensi dell'art. 395. L'ordinanza di inammissibilità (ad esempio, perché presentata dopo la scadenza del termine delle indagini o priva dei requisiti di cui all'art. 393, commi 1 e 2) o di rigetto della richiesta (per insussistenza delle circostanze che renderebbero la prova non rinviabile al dibattimento) è immediatamente comunicata al pubblico ministero e notificata agli interessati (art. 398, co. 1). L'ordinanza di accoglimento stabilisce l'**oggetto della prova**, nei limiti della richiesta e delle deduzioni (art. 398, co. 2, lett. *a*). Tuttavia, non si può dire che i fatti indicati nella richiesta (art. 393, co. 1, lett. *a*) e nelle deduzioni (art. 396, co. 1) vincolino il provvedimento del giudice, che potrebbe circoscrivere (ma non ampliare) l'oggetto di prova, alla luce di una valutazione di rilevanza diversa da quella prospettata dalle parti.

Inoltre, l'ordinanza stabilisce le **persone interessate** all'assunzione della prova, individuate in base alla richiesta e alle deduzioni (art. 398, co. 2, lett. *b*), nonché la data dell'udienza, fissata entro un termine non superiore a dieci giorni (art. 398, co. 2, lett. *c*). Va, peraltro, considerato che i termini possono essere abbreviati nella misura necessaria ad assicurare l'assunzione della prova, qualora sia indispensabile procedere con urgenza (art. 400). Il giudice provvede alla citazione delle persone che devono comparire per l'assunzione della prova e, quando occorre procedere a una perizia, nomina il perito (art. 124 disp. att.).

Entro il termine di due giorni prima dell'udienza, l'**avviso** del giorno, dell'ora e del luogo in cui si deve procedere all'incidente probatorio viene comunicato al pubblico ministero e notificato alla persona sottoposta ad indagini, alla persona offesa e ai difensori, con l'avvertimento che nei due giorni precedenti l'udienza questi soggetti possono prendere cognizione ed estrarre copia delle dichiarazioni già rese dalla persona da esaminare (art. 398, co. 3). Tali dichiarazioni sono utilizzabili per le contestazioni durante l'esame del testimone e della parte (artt. 500 e 503). La *discovery* è, pertanto, parziale, in quanto non concerne l'intero compendio investigativo, sino a quel momento acquisito. Soltanto nel caso previsto dall'art. 392, co. 1 *bis*, la persona sottoposta alle indagini e i difensori delle parti hanno diritto di ottenere copia degli atti depositati ai sensi dell'art. 393, co. 2 *bis* (art. 398, co. 3 *bis*).

La legge regola due **ipotesi particolari**, disponendo, innanzitutto, per il caso in cui vengano proposti più incidenti probatori, che la prova venga assunta nella medesima udienza, sempre che non ne derivi ritardo (art. 398, co. 4). Inoltre, quando ricorrono ragioni di urgenza e l'incidente probatorio non può essere svolto nella circoscrizione del giudice competente, quest'ultimo può delegare il giudice per le indagini preliminari del luogo dove la prova deve essere assunta (art. 398, co. 5).

Quando si procede all'esame di testimoni minorenni o maggiorenni in condizioni di particolare vulnerabilità, nell'ambito dei procedimenti per i delitti elencati nell'art. 398, co. 5 *bis*[45], è previsto (a richiesta di parte, con riguardo al caso dei maggiorenni) l'impiego di «modalità particolari» dell'incidente probatorio, quando le esigenze di tutela della persona lo rendono necessario o semplicemente opportuno. A tal fine, l'udienza può anche svolgersi in luogo diverso dal tribunale, se del caso in strutture specializzate di assistenza o, in mancanza, presso l'abitazione della persona interessata all'assunzione della prova.

A tutela della fonte di prova e dell'attendibilità dell'accertamento, è previsto che le dichiarazioni testimoniali vengano integralmente documentate con mezzi di produzione fonografica o audiovisiva, in mancanza dei quali si procede con perizia o consulenza tecnica. Dell'esame è anche redatto verbale in forma riassuntiva. La trascrizione della deposizione è disposta a richiesta della parte.

---

[45] Corte cost., 9.7.1998, n. 262, ha dichiarato l'illegittimità costituzionale dell'art. 398, co. 5 *bis*, nella parte in cui non prevede il reato di corruzione di minorenne (art. 609 *quinquies*).

Dopo un intervento della Corte costituzionale, le disposizioni di cui all'art. 398, co. 5 *bis*, si applicano anche nel caso in cui fra le persone interessate all'assunzione della prova vi sia un maggiorenne infermo di mente, quando le esigenze di questi lo rendano necessario od opportuno [46].

Se si tratta di persona offesa che versa in condizioni di particolare vulnerabilità, si applica la disciplina prevista per l'esame dibattimentale, in forza della quale il giudice, se la persona offesa o il suo difensore ne fa richiesta, dispone l'adozione di modalità protette (art. 498, co. 4 *quater*).

13.3. Limiti ed effetti dell'assunzione della prova nell'incidente probatorio

Anche se nell'incidente probatorio la prova è assunta nelle forme previste per il dibattimento (art. 401, co. 5), le esigenze di speditezza sottese al procedimento incidentale mitigano la piena attuazione delle garanzie del dibattimento, nell'ottica di una **semplificazione delle forme**. L'incidente probatorio deve tendenzialmente svolgersi in un'udienza. Se l'assunzione della prova non si conclude nella medesima udienza, questa viene rinviata al giorno successivo non festivo, salvo che lo svolgimento delle attività di prova non richieda un termine maggiore (art. 401, co. 7).

L'udienza si svolge in camera di consiglio con la **partecipazione necessaria** del pubblico ministero e del difensore della persona sottoposta alle indagini (art. 401, co. 1). La mancata comparizione del difensore avvisato dell'udienza impone al giudice di nominarne uno di ufficio a norma dell'art. 97, co. 4 (art. 401, co. 2). Non così per il difensore della persona offesa dal reato, la cui presenza è soltanto eventuale, come si ricava dall'art. 401, co. 2, secondo per

La garanzia riguardante la persona offesa è coerente con il regime di efficacia della prova di cui all'art. 404. È solo nei confronti del danneggiato «posto in condizione di partecipare» alla procedura incidentale che la sentenza di assoluzione pronunciata sulla base di una prova assunta con incidente probatorio produce gli effetti di cui all'art. 652. Pertanto, il danneggiato, che sia al contempo persona offesa dal reato, ha interesse a influire sulle risultanze dell'incidente probatorio, motivo per cui è previsto il potere del suo difensore di partecipare all'udienza. Se non riveste anche la qualifica di persona offesa, il danneggiato non può partecipare all'assunzione anticipata della prova.

Diverso è il regime dettato per la persona sottoposta alle indagini e la persona offesa, che hanno **diritto di assistere** quando si debba esaminare un testimone o un'altra persona. Nelle altre fattispecie, è invece prevista

---

[46] Corte cost., 29.1.2005, n. 63.

l'autorizzazione del giudice. Va considerato che la presenza della persona sottoposta alle indagini potrebbe essere necessaria per compiere un atto da assumere con l'incidente probatorio. L'art. 398 prevede che, in tal caso, se la persona non compare senza un legittimo impedimento, il giudice ordina l'accompagnamento coattivo. La formulazione della disposizione, si noti, non esclude il caso dell'esame, a differenza di quanto previsto per il dibattimento (art. 490), il che si spiega considerando l'analogo potere previsto per procedere a interrogatorio da parte del pubblico ministero.

All'udienza si applicano le sole **forme di assunzione della prova** (e di documentazione della stessa, dopo il d.lgs. n. 150 del 2022) previste per il dibattimento, e non tutte le forme di celebrazione del dibattimento. Pertanto, operano le regole previste per l'esame testimoniale (artt. 498 ss.) e le contestazioni (art. 500), nonché per l'esame dell'imputato (art. 503) e del perito (art. 501). Per contro, il giudice non può esercitare i poteri probatori che postulano lo svolgimento dell'istruzione dibattimentale, quali sono quelli previsti dagli artt. 506, co. 1, e 507, mentre non si ravvisano ostacoli ad ammettere le domande del presidente durante l'esame, ai sensi dell'art. 506, co. 2. Nemmeno risulta applicabile la disciplina della testimonianza indiretta (art. 195). Inoltre, nel corso dell'udienza, è preclusa la trattazione e la pronuncia di nuovi provvedimenti su questioni relative all'ammissibilità e alla fondatezza della richiesta (art. 401, co. 4), mentre nel dibattimento le questioni sull'ammissibilità delle prove sono deducibili in ogni momento dell'istruzione (art. 495, co. 4).

Coerentemente alla previsione generale dell'art. 90, co. 1, è riconosciuto il diritto del difensore della persona offesa di chiedere al giudice di rivolgere domande alle persone esaminate.

Si è visto come l'oggetto della prova assunta nell'incidente probatorio sia stabilito con l'ordinanza che accoglie la richiesta, ai sensi dell'art. 398, co. 2, lett. *a*, nei limiti dei fatti indicati nella richiesta e nelle deduzioni (artt. 393, co. 1, lett. *a* e 396, co. 1). In mancanza dell'imputazione, che delimita l'oggetto di prova nel dibattimento (art. 187, co. 1), la definizione dell'oggetto di prova, con la decisione di accoglimento, serve non solo per limitare l'attività probatoria dell'udienza, ma anche per individuare i partecipanti all'assunzione della prova. Questa operazione è necessaria in quanto l'efficacia dell'incidente probatorio nel dibattimento è correlata alla partecipazione dei difensori degli imputati all'incidente probatorio (art. 403, co. 1). Si spiega, quindi, non solo il **divieto di estendere l'assunzione della prova** a fatti riguardanti persone diverse da quelle i cui difensori partecipano alla procedura incidentale (art. 401, co. 6, primo per.), ma anche il divieto di verbalizzare le eventuali dichiarazioni riguardanti tali soggetti (art. 401, co. 6, secondo per.). Lo scopo è innanzitutto di evitare il dispendio di attività probatoria, vale a dire che in udienza si svolga attività riguardante persone nei cui confronti la prova non sarebbe utilizzabile nel dibattimento.

Inoltre, il divieto probatorio di cui all'art. 401, co. 6, è posto in funzione di tutela del diritto di difesa delle persone i cui difensori non partecipano all'incidente probatorio, come si ricava dalla procedura stabilita dall'art. 402 ai fini dell'**estensione dell'incidente probatorio**. Va sottolineato che l'estensione dipende da una richiesta del pubblico ministero o del difensore della persona sottoposta alle indagini (che, in tale veste, partecipa all'udienza). Si tratta, quindi, di un'iniziativa di parte e non di un potere esercitato d'ufficio, in linea con l'impalcatura procedimentale dell'incidente probatorio. L'estensione richiesta ha per oggetto i fatti o le dichiarazioni riguardanti persone diverse da quelle i cui difensori partecipano all'incidente probatorio, a norma dell'art. 401, co. 6. Inoltre, al giudice è affidato il compito di accertare se ricorrono i requisiti dell'estensione, in base al medesimo art. 402.

Ciò significa accertare se ricorrono i requisiti per procedere nei confronti delle persone che non partecipano all'incidente probatorio (le persone interessate all'assunzione della prova sono quelle nei cui confronti si procede): quantomeno, nei confronti di tali persone devono essere emersi indizi di colpevolezza (arg. *ex* art. 403, co. 1 *bis*). L'incidente probatorio potrebbe, pertanto, portare all'iscrizione del nominativo di una nuova persona sottoposta ad indagini nel registro delle notizie di reato (art. 335).

Accertata la sussistenza dei requisiti dell'estensione, il giudice dispone le necessarie notifiche a norma dell'art. 398, co. 3, rinviando l'incidente per il tempo strettamente necessario e comunque non oltre tre giorni. Tuttavia, il giudice non deve dare corso all'estensione, qualora accerti che il rinvio **pregiudica l'assunzione della prova** (art. 402).

Nel caso in cui l'attività probatoria venga estesa, in mancanza di un provvedimento *ex* art. 402, la prova è **inutilizzabile**, ai sensi dell'art. 191, in quanto acquisita in violazione di un divieto stabilito dalla legge (art. 401, co. 6). La regola di cui all'art. 403, co. 1, ha il diverso fine di circoscrivere gli effetti delle prove legittimamente assunte con l'incidente probatorio. La disposizione prevede che tali prove, nel dibattimento, sono utilizzabili soltanto nei confronti degli imputati i cui difensori hanno partecipato alla loro assunzione. Se tali prove riguardano anche persone diverse da quelle che hanno partecipato all'incidente probatorio, nei loro confronti opera il divieto di utilizzazione traibile dalla disposizione.

Un ulteriore divieto di utilizzazione della prova riguarda l'**imputato raggiunto solo successivamente all'incidente probatorio da indizi di colpevolezza** (art. 403, co. 1 *bis*). È una situazione particolare in cui l'imputato non avrebbe potuto farsi assistere da un difensore nel momento in cui la prova è stata assunta. Viene, tuttavia, fatto salvo il caso in cui i suddetti indizi siano emersi dopo che la ripetizione dell'atto sia divenuta impossibile, ad esempio per il sopravvenuto decesso del testimone. La prova sarà utilizzabile nel dibattimento, nonostante la mancata partecipazione del difensore dell'imputato.

A differenza dell'art. 512, l'art. 403, co. 1 *bis*, non richiede che la prova sia divenuta irripetibile per fatti o circostanze imprevedibili. Il criterio dell'imprevedibilità ha, infatti, senso quando la situazione d'irripetibilità sopravviene all'avvio del dibattimento, in quanto sanziona la mancata assunzione della prova con l'incidente probatorio. Il criterio avrebbe meno senso quando la prova è già divenuta irripetibile, nel momento in cui emergono indizi di colpevolezza.

L'esigenza di tutelare il **diritto di difesa del danneggiato dal reato** è, invece, sottesa alla richiamata regola di cui all'art. 404, che esclude l'efficacia di giudicato, *ex* art. 652, della sentenza di assoluzione pronunciata sulla base di una prova assunta con incidente probatorio, a cui il danneggiato non è stato posto in grado di partecipare. Tuttavia, la regola non si applica quando il danneggiato abbia fatto accettazione anche tacita dell'incidente probatorio.

Pertanto, se il danneggiato non si costituisce parte civile, la sentenza di assoluzione divenuta irrevocabile è inefficacie nei suoi confronti ai sensi dell'art. 652, sempre che il danneggiato stesso non sia stato posto in condizione di costituirsi parte civile. Se il danneggiato si costituisce parte civile, l'eventuale sentenza di assoluzione non produce gli effetti di giudicato se la parte civile ha chiesto nuovamente di assumere la prova oggetto dell'incidente probatorio.

14. Termini per la conclusione delle indagini preliminari

Le disposizioni sulla «chiusura delle indagini preliminari» contenute nel titolo VIII del Libro V prevedono, innanzitutto, i termini per la conclusione delle indagini preliminari, negli artt. 405-407, e i termini per l'inizio dell'azione penale, nell'art. 407 *bis*. Queste disposizioni sono state interpolate dal d.lgs. n. 150 del 2022, nell'ottica di implementare l'efficienza delle indagini preliminari, attraverso la previsione di più ampi termini per la conclusione delle indagini per i delitti, l'eliminazione del meccanismo delle proroghe "a catena" dei termini e la modifica in senso restrittivo del parametro in base al quale autorizzare l'unica proroga dei termini prevista (art. 406, co. 1, nuovo testo). La previsione di un limite "temporale" per lo svolgimento dell'attività investigativa, essendo strumentale al valore dell'**efficienza inve-**

stigativa, non si pone in contrasto con il principio di obbligatorietà dell'azione penale (art. 112 Cost.) [47].

I termini di durata delle indagini preliminari, e il divieto di utilizzare gli atti d'indagine compiuti dopo il termine, implementano l'efficienza, in quanto accelerano la raccolta delle fonti di prova. La consapevolezza di un limite temporale per il potere d'indagine induce, inoltre, il pubblico ministero ad organizzare al meglio il lavoro investigativo nel singolo procedimento. Lo stesso procuratore della Repubblica è indotto ad evitare che le disfunzioni organizzative dell'ufficio di procura si ripercuotano sui tempi di svolgimento delle indagini nei singoli procedimenti.

Va, peraltro, considerato che, mentre l'osservanza dei termini per lo svolgimento delle indagini preliminari condiziona la **validità degli atti di indagine**, non altrettanto può dirsi con riguardo al valido esercizio dell'azione penale, che non risulta condizionato dall'osservanza dei termini di durata delle indagini, né di quelli per l'inizio dell'azione. Più radicalmente, la violazione dell'art. 407 *bis*, co. 2, resta priva di conseguenze sanzionatorie sul piano processuale [48]. D'altro canto, l'inosservanza dei termini per esercitare l'azione non influisce sulla validità degli atti d'indagine.

Quanto alla **durata delle indagini preliminari**, l'art. 405, co. 2, prevede che il pubblico ministero debba concluderle entro 1 anno dalla data in cui il nome della persona alla quale è attribuito il reato è iscritto nel registro delle notizie di reato. Il termine decorre dal momento in cui la querela, l'istanza o la richiesta di procedimento, ove necessarie, pervengono al pubblico ministero (art. 405, co. 3), ed è sospeso qualora sia necessaria l'autorizzazione a procedere, dal momento della richiesta a quello in cui l'autorizzazione perviene al pubblico ministero (art. 405, co. 4). Il termine è di sei mesi, per le contravvenzioni, e di un anno e sei mesi, se si procede per taluno dei delitti indicati nel catalogo dell'art. 407, co. 2 (art. 405, co. 2).

La legge prevede che l'unica **proroga** dei termini per la conclusione delle indagini preliminari possa essere autorizzata dal giudice per le indagini preliminari, per una sola volta e per un tempo non superiore a sei mesi (art. 406, co. 2). L'eventuale proroga è disposta all'esito di un procedimento in camera di consiglio in contraddittorio con la persona sottoposta alle indagini e la persona offesa dal reato ovvero con un provvedimento emesso senza dare avviso a tali soggetti (per i delitti di cui all'art. 406, co. 5 *bis*). La proroga può essere

[47] Corte cost., ord. 10.6.1994, n. 239.

[48] V., invece, l'art. 60 d.lgs. 8.6.2001, n. 231, che prevede la decadenza dal potere di contestazione, quando il reato da cui dipende l'illecito amministrativo dell'ente si estingue per prescrizione.

autorizzata «quando le indagini sono complesse», secondo il parametro introdotto dal d.lgs. n. 150 del 2022 (in sostituzione del parametro della «giusta causa»).

Il giudice per le indagini preliminari deve verificare la necessità di proseguire le indagini, al fine di completarle. Tuttavia, questo compito resta di difficile realizzazione pratica, in quanto l'organo giurisdizionale non dispone del fascicolo contenente gli atti di indagine fino a quel momento compiuti, *ex* art. 373, co. 5. Il pubblico ministero deve, infatti, presentare la richiesta contenente l'indicazione della notizia di reato e l'esposizione dei motivi che la giustificano, ma non gli elementi su cui la richiesta si fonda.

La richiesta di proroga deve essere presentata «prima della scadenza» del termine previsto dall'art. 405, ai sensi dell'art. 406, co. 1, ma il giudice può autorizzarla anche a termine scaduto, come si evince dall'art. 406, co. 8. La disposizione stabilisce l'**inutilizzabilità degli atti successivi alla scadenza del termine** originariamente previsto per le indagini, nel solo caso di rigetto della richiesta. Pertanto, la proroga condiziona la validità degli atti già svolti dopo la scadenza del termine, e non solo di quelli da svolgere. Gli atti anteriori alla scadenza del termine sono utilizzabili, anche se «compiuti dopo la presentazione della richiesta di proroga e prima della comunicazione del provvedimento del giudice», e anche nel caso in cui il giudice rigetti la richiesta.

Il giudice provvede sulla richiesta di proroga, in via ordinaria, con il **procedimento in camera di consiglio** disciplinato dai commi 3-5 dell'art. 406. Il procedimento si svolge, in una prima fase (necessaria), senza intervento del pubblico ministero e dei difensori in camera di consiglio (co. 4), ma garantendo il contraddittorio in forma scritta. A tal fine, il giudice cura che la richiesta di proroga sia notificata, con l'avviso della facoltà di presentare memorie entro cinque giorni, alla persona sottoposta alle indagini e alla persona offesa che abbia dichiarato di volerne essere informata (nella notizia di reato o successivamente). Scaduto il termine di presentazione delle memorie, il giudice provvede con ordinanza entro dieci giorni (co. 3).

Il passaggio alla seconda fase (eventuale) si verifica quando il giudice ritiene che allo stato degli atti non si debba concedere la proroga. Al fine di approfondire la trattazione della richiesta, il giudice fissa l'udienza in camera di consiglio, provvedendo nelle forme dell'art. 127, con l'intervento del pubblico ministero e dei difensori (art. 406, co. 5).

Nessuna forma di tutela del contraddittorio, nemmeno in forma scritta, è invece prevista nei procedimenti per taluno dei delitti indicati nell'art. 51, co. 3 *bis*, e nell'art. 407, co. 2, lett. *a*, nn. 4) e 7 *bis*). In questi casi, il giudice provvede sulla richiesta di proroga, con **ordinanza entro dieci giorni dalla presentazione della richiesta**, dandone comunicazione al pubblico ministero (art. 406, co. 5 *bis*).

Il giudice per le indagini preliminari può **autorizzare la proroga o respingere la richiesta** (art. 406, commi 6 e 7). Nel secondo caso, proseguono le indagini preliminari quando il termine non sia scaduto. Se il termine è già scaduto, l'art. 406, co. 7 prevede la fissazione di un ulteriore termine, non superiore a dieci giorni, per la formulazione delle richieste del pubblico ministero in ordine all'esercizio dell'azione penale, ai sensi del nuovo art. 407 *bis*. Resta, pertanto, inoperante il più ampio termine previsto per tali richieste dal co. 2 del predetto art.

Il d.lgs. n. 150 del 2022 è, altresì, intervenuto sulla disciplina dei **termini di durata massima delle indagini preliminari** prevista dall'art. 407, in considerazione delle modifiche riguardanti i termini per la conclusione delle indagini preliminari (art. 405) e della proroga dei termini (art. 406). La durata non può superare diciotto mesi o, se si procede per una contravvenzione, un anno, a meno che non ricorrano le quattro fattispecie che prolungano a due anni la durata massima.

La prima fattispecie opera, automaticamente, quando le indagini preliminari riguardano i **delitti di cui all'art. 407, co. 2, lett. *a*.**

Si tratta di ipotesi delittuose eterogenee fra loro, raggruppate nei seguenti numeri:

1) delitti di «devastazione, saccheggio e strage» (art. 285 c.p.), «guerra civile» (art. 286 c.p.), «associazioni di tipo mafioso anche straniere» (art. 416 *bis* c.p.), «strage» (art. 422 c.p.), «contrabbando di tabacchi lavorati esteri», nelle ipotesi aggravate dall'art. 291 *ter*, co. 2, lett. *a*, *d* ed *e*, d.P.R. 23.1.1973, n. 43, «associazione per delinquere finalizzata al contrabbando di tabacchi lavorati esteri», nell'ipotesi di cui all'art. 291 *quater*, co. 4, d.P.R. n. 43 del 1973;

2) delitti consumati o tentati di «omicidio» (art. 575 c.p.), «rapina», nell'ipotesi di cui all'art. 628, co. 3, c.p., «estorsione», nell'ipotesi di cui all'art. 629, co. 2, c.p., «sequestro di persona a scopo di estorsione» (art. 630 c.p.);

3) delitti commessi avvalendosi delle condizioni previste dall'art. 416 *bis* c.p. ovvero al fine di agevolare l'attività delle associazioni previste dallo stesso art.;

4) delitti commessi per finalità di terrorismo o di eversione dell'ordinamento costituzionale per i quali la legge stabilisce la pena della reclusione non inferiore nel minimo a cinque anni o nel massimo a dieci anni, nonché delitti di «associazioni sovversive», nell'ipotesi di cui all'art. 270, co. 3, c.p. e «banda armata», nell'ipotesi di cui all'art. 306, co. 2, c.p.;

5) delitti di illegale fabbricazione, introduzione nello Stato, messa in vendita, cessione, detenzione e porto in luogo pubblico o aperto al pubblico di armi da guerra o tipo guerra o parti di esse, di esplosivi, di armi clandestine nonché di più armi comuni da sparo escluse quelle previste dall'art. 2, co. 3, L. 18.4.1975, n. 110;

6) delitti di «produzione, traffico e detenzione illeciti di sostanze stupefacenti o psicotrope» (art. 73, d.P.R. 9.10.1990, n. 309), nelle ipotesi aggravate ai sensi dell'art. 80, co. 2, d.P.R. n. 309 del 1990, «associazione finalizzata al traffico illecito di sostanze stupefacenti o psicotrope» (art. 74, d.P.R. n. 309 del 1990);

7) delitto di «associazione per delinquere» (art. 416 c.p.), nei casi in cui è obbligatorio l'arresto in flagranza;

8) delitti di «riduzione o mantenimento in schiavitù o in servitù» (art. 600 c.p.), «prostituzione minorile», nell'ipotesi dell'art. 600 *bis*, co. 1, c.p., «pornografia minorile», nelle ipotesi dell'art. 600 *ter*, commi 1 e 2, c.p., «tratta di persone» (art. 601 c.p.), «acquisto e alienazione di schiavi» (art. 602 c.p.), «violenza sessuale» (art. 609 *bis* c.p.), nelle ipotesi aggravate previste dall'art. 609 *ter*, «atti sessuali con minorenne» (art. 609 *quater* c.p.), «violenza sessuale di gruppo» (art. 609 *octies* c.p.), nonché dei delitti previsti dall'art. 12, co. 3, d.lgs. 25.7.1998, n. 286 e successive modificazioni (in tema di disposizioni contro le immigrazioni clandestine).

La seconda fattispecie riguarda le notizie di reato che rendono **particolarmente complesse le investigazioni**, per la molteplicità di fatti tra loro collegati ovvero per l'elevato numero di persone sottoposte alle indagini o di persone offese (art. 407, co. 2, lett. *b*). In questo caso, la legge prevede parametri vincolanti per l'accertamento discrezionale della particolare complessità delle indagini.

La terza fattispecie riguarda le indagini che richiedono il compimento degli **atti all'estero** (art. 407, co. 2, lett. *c*).

La quarta fattispecie riguarda i procedimenti in cui è indispensabile mantenere il **collegamento** tra più uffici del pubblico ministero a norma dell'art. 371 (art. 407, co. 2, lett. *d*).

Dopo la scadenza del termine per la conclusione delle indagini preliminari stabilito dalla legge o prorogato dal giudice, non possono più essere compiuti atti di indagine, come si ricava dal **divieto di utilizzazione** di cui all'art. 407, co. 3. Gli atti sono inutilizzabili anche quando il pubblico ministero abbia formulato le richieste di cui all'art. 407 *bis* rispettando l'ulteriore termine previsto da questo art. Si tratta di una figura di inutilizzabilità patologica, operante anche al di fuori del dibattimento.

15. Forme e termini per l'inizio dell'azione penale

Scaduto il termine per la conclusione delle indagini preliminari stabilito dalla legge o prorogato dal giudice, il pubblico ministero deve tempestivamente assumere le determinazioni in ordine all'esercizio dell'azione penale. Il pubblico ministero esercita l'azione penale, quando non deve richiedere l'archiviazione. **L'azione penale è esercitata formulando l'imputazione**, nelle forme previste dall'art. 407 *bis*, co. 1, vale a dire:

– nei casi d'instaurazione dei procedimenti speciali disciplinati dai titoli II («applicazione della pena su richiesta delle parti»), III («giudizio direttissimo»), IV («giudizio immediato»), V («procedimento per decreto»), V *bis* («sospensione del procedimento con messa alla prova») del Libro VI;
– con la richiesta di rinvio a giudizio prevista dall'art. 416.

A tali forme si aggiunge il caso della citazione diretta a giudizio prevista dall'art. 550.

Quando si tratta di richiesta di rinvio a giudizio o di citazione diretta a giudizio, l'esercizio dell'azione penale deve essere preceduto dalla notificazione dell'**avviso della conclusione delle indagini preliminari** previsto dall'art. 415 *bis*. L'avviso viene notificato alla persona sottoposta alle indagini (e, in alcuni casi, alla persona offesa) prima della scadenza del termine previsto dall'art. 405, co. 2, anche se prorogato (art. 415 *bis*, co. 1). Il percorso fisiologico prevede, quindi, che il pubblico ministero eserciti l'azione penale o richieda l'archiviazione entro il termine di tre mesi decorrente dalla scadenza dei termini previsti dall'art. 415 *bis*, co. 3 e 4 (venti giorni dalla notificazione dell'avviso di conclusione delle indagini preliminari, entro il quale l'indagato può esercitare le facoltà difensive previste dalle disposizioni stesse, nonché trenta giorni dalle eventuali richieste dell'indagato, entro il quale il pubblico ministero svolge nuove indagini). Il termine per le determinazioni sull'esercizio dell'azione penale è di nove mesi nei casi previsti dall'art. 407, co. 2, in cui la durata massima delle indagini preliminari è pari a due anni. L'avviso di cui all'art. 415 *bis* costituisce, quindi, uno snodo procedimentale fondamentale, prodromico alle determinazioni del pubblico ministero sull'esercizio dell'azione penale e, come si dirà, alle eventuali iniziative difensive nella delicata fase di chiusura delle indagini[49].

Quando si tratta di giudizio direttissimo, giudizio immediato o procedimento per decreto, la legge stabilisce **termini speciali per l'esercizio dell'azione penale** (artt. 449 e 450, 453 e 454, 459). L'instaurazione di questi procedimenti speciali non richiede la notificazione dell'avviso di conclusione delle indagini preliminari.

Quando si tratta di applicazione della pena su richiesta delle parti o di sospensione del procedimento con messa alla prova, la legge non stabilisce termini speciali per l'esercizio dell'azione penale, ma consente l'instaurazione dei **procedimenti speciali nella fase delle indagini preliminari** (artt. 447 e 464 *ter*), senza richiedere la notificazione dell'avviso *ex* art. 415 *bis*.

---

[49] Cfr., *infra*, par. 17.

Peraltro, la richiesta di applicazione della pena e la richiesta di sospensione con messa alla prova possono essere presentate dopo l'eventuale avviso di conclusione delle indagini. Lo stesso pubblico ministero può proporre all'indagato la sospensione con messa alla prova con l'avviso *ex* art. 415 *bis*, in base all'art. 464 *ter*.1, introdotto dal d.lgs. n. 150 del 2022.

Alla luce di questi dati normativi, non è agevole individuare la *ratio* dell'art. 407 *bis*, co. 2, nella parte in cui fa decorrere il termine di tre mesi per l'esercizio dell'azione penale o per la richiesta di archiviazione dalla scadenza del termine di cui all'art. 405, co. 2, in alternativa alla scadenza dei termini di cui all'art. 415 *bis*, commi 3 e 4. È dalla scadenza di questi termini che, in ogni caso, decorre il termine di tre mesi per le determinazioni del pubblico ministero sull'esercizio dell'azione penale. La prima parte della disposizione parrebbe destinata a regolare il caso residuale in cui si tratti di procedimenti speciali attivabili dopo la scadenza del termine di cui all'art. 405, co. 2, senza necessità di notificare l'avviso *ex* art. 415 *bis*.

16. L'archiviazione

16.1. La richiesta di archiviazione per infondatezza della notizia di reato

Il pubblico ministero richiede al giudice l'archiviazione quando mancano i presupposti per esercitare l'azione penale. Al di là della formulazione degli artt. 50, co. 1, e 407 *bis*, co. 1, che parrebbe focalizzare l'accertamento sui presupposti dell'archiviazione, conta che il pubblico ministero, per decidere se esercitare l'azione penale o richiedere l'archiviazione, debba applicare la disposizione di cui all'art. 408, co. 1, che impone di accertare se gli elementi acquisiti nel corso delle indagini preliminari consentano o meno di formulare una ragionevole previsione di condanna. La disposizione ha due funzioni: prevede il tema di prova e stabilisce la regola di giudizio. Poiché va previsto un preciso esito del processo (la condanna), **il tema di prova è la colpevolezza della persona sottoposta alle indagini preliminari** (presupposto della condanna). Quando accerta che gli elementi acquisiti non consentono la ragionevole previsione del suddetto esito del processo, l'organo di accusa deve chiedere l'archiviazione.

La regola di giudizio è la «ragionevole previsione» della colpevolezza. Pertanto, in base al nuovo art. 408, co. 1, e al quadro sistematico di riferimento, il pubblico ministero deve accertare il tema di prova in base a un giudizio prognostico (e non diagnostico)[50]. Significa che non è necessario dimostrare la colpevolezza al di là di ogni ragionevole dubbio, in base alla regola decisoria applicabile al termine del giudizio (art. 533, co. 1). Secondo l'art.

---

[50] V., *supra*, par. 2.

408, co. 1, è la previsione di condanna ad essere ragionevole, e non l'eventuale dubbio, derivante da elementi acquisiti al procedimento. Di conseguenza, la **colpevolezza deve essere accertata in termini probabilistici**.

Un punto fermo è che non sarebbe ragionevole prevedere la condanna qualora gli elementi acquisiti nelle indagini preliminari risultassero insufficienti o contraddittori. In questa situazione il pubblico ministero dovrebbe senz'altro richiedere l'archiviazione. Tuttavia, non è detto che elementi di prova non insufficienti né contraddittori bastino per esercitare l'azione penale. La ragionevole previsione ricorre quando il pubblico ministero può pronosticare che gli elementi acquisiti nelle indagini, già dimostrativi della colpevolezza in termini almeno probabilistici, potranno essere confermati nel dibattimento, e affinati in modo da eliminare l'eventuale ragionevole dubbio.

Gli elementi acquisiti nelle indagini preliminari devono sì dimostrare il fatto oggetto della notizia di reato, al metro delle regole di valutazione della prova *ex* art. 192, co. 2: ad esempio, la presenza dell'imputato sulla scena del crimine, desunta dalle tracce ematiche certamente attribuibili all'imputato (precisione dell'indizio, *ex* art. 192, co. 2) e univocamente dimostrative della sua presenza al momento del fatto in mancanza di spiegazioni alternative (gravità dell'indizio), unitamente alle dichiarazioni del testimone oculare circa la presenza dell'imputato sulla scena del crimine prima del fatto (indizio concordante). Potrebbe, tuttavia, emergere il ragionevole dubbio dato da una spiegazione alternativa della presenza dell'imputato sulla scena del crimine prima del fatto, ricavata da un altro teste, il che precluderebbe di condannare, ma non di esercitare l'azione penale, in quanto sarebbe ragionevole (non certo) ritenere l'imputato colpevole.

16.2. Altri casi di archiviazione

Il pubblico ministero richiede l'archiviazione anche quando accerta i **fatti impeditivi** del dovere di esercitare l'azione penale, previsti dall'art. 411, co. 1. Si tratta dei casi in cui risulta che manca una condizione di procedibilità (situazione da equiparare alla presenza di una situazione d'improcedibilità), che la persona sottoposta alle indagini non è punibile per la particolare tenuità del fatto di cui all'art. 131 *bis* c.p., che il reato è estinto per qualsiasi causa o che il fatto non è previsto dalla legge come reato.

Poiché tali cause devono «risultare» dagli atti, il pubblico ministero non deve richiedere l'archiviazione quando vi è dubbio sull'esistenza di esse. Per converso, deve chiedere l'archiviazione non appena venga acclarata tale esistenza, inquanto la richiesta va fatta «quando risulta» (senza necessità di proseguire le indagini al fine di verificare la fondatezza o meno della notizia di reato).

16.3. Procedimento di archiviazione

Il procedimento di archiviazione è finalizzato a garantire il **vaglio giurisdizionale sulla fondatezza della notizia di reato**, al metro della stessa regola di giudizio della ragionevole previsione di condanna, applicata dal pubblico ministero ai sensi dell'art. 408, co. 1, al fine di richiedere l'archiviazione. Nei casi previsti dall'art. 411, co. 1, il vaglio giurisdizionale concerne l'esistenza dei fatti che impediscono l'esercizio dell'azione penale.

La richiesta del pubblico ministero non vincola il giudice per quanto riguarda la causa di archiviazione. Il giudice deve accertare la fondatezza della notizia di reato, al metro della regola di giudizio della ragionevole previsione di condanna, anche quando il pubblico ministero abbia richiesto l'archiviazione per estinzione del reato. Solo la mancanza di una condizione di procedibilità impedirebbe di svolgere un accertamento sul "merito" della *notitia criminis*.

Il procedimento si svolge in **contraddittorio** con la persona offesa dal reato, nel caso in cui risulti il suo interesse ad essere informata, e con la persona sottoposta alle indagini, salvo il caso in cui il giudice accolga senza formalità la richiesta di archiviazione. Per consentire l'esercizio dell'eventuale contraddittorio, deve essere assicurata la *discovery* investigativa. È, pertanto, previsto che il pubblico ministero, con la richiesta di archiviazione, trasmetta al giudice il fascicolo contenente la notizia di reato, la documentazione relativa alle indagini espletate (art. 373, co. 5) e i verbali degli atti compiuti davanti al giudice per le indagini preliminari (art. 408, co. 1).

L'**avviso della richiesta di archiviazione** viene notificato, a cura del pubblico ministero, alla persona offesa, qualora abbia dichiarato di voler essere informata dell'eventuale archiviazione, nella notizia di reato o successivamente alla sua presentazione, sempre che la querela non sia stata rimessa (art. 408, co. 2). L'avviso precisa che, nel termine di venti giorni, la persona offesa può prendere visione degli atti e presentare **opposizione** con richiesta di prosecuzione delle indagini; precisa, inoltre, che la persona sottoposta alle indagini e la persona offesa hanno la facoltà di accedere ai programmi di giustizia riparativa (art. 408, co. 3).

L'avviso è notificato alla persona offesa anche quando non abbia dichiarato di voler essere informata, se si procede per i delitti commessi con violenza alla persona o per il reato di cui all'art. 624 *bis* c.p. In tal caso, il termine per proporre opposizione è di trenta giorni (art. 408, co. 3 *bis*).

Se l'avviso è notificato alla persona offesa, il pubblico ministero trasmette gli atti al giudice per le indagini preliminari dopo la presentazione dell'opposizione o dopo la scadenza del termine per l'opposizione (art. 126 disp. att.).

Quando la persona offesa non presenta l'opposizione, il giudice provvede sulla richiesta di archiviazione *de plano* ovvero in un procedimento in camera di consiglio con l'intervento della persona sottoposta alle indagini e della persona offesa. Il giudice pronuncia **decreto motivato di archiviazione** e restituisce gli atti al pubblico ministero, se accoglie la richiesta del pubblico ministero. Il provvedimento viene notificato alla persona sottoposta alle indagini, nel solo caso in cui sia stata applicata nei suoi confronti la misura della custodia cautelare.

Pertanto, il procedimento penale potrebbe concludersi all'insaputa della stessa persona sottoposta alle indagini. La previsione sembra rispondere alla logica per cui, in mancanza della formulazione di un addebito preliminare, la persona sottoposta alle indagini non avrebbe interesse alla conoscenza di un provvedimento confermativo della sua presunzione d'innocenza. Diversamente, nel caso in cui fosse stato formulato un addebito cautelare, necessariamente basato sull'affermazione della colpevolezza (v. art. 115 *bis*), la persona sottoposta alle indagini avrebbe interesse a conoscere le ragioni dell'infondatezza dell'addebito.

Il giudice provvede in un **procedimento in camera di consiglio** ai sensi dell'art. 127, se non accoglie la richiesta di archiviazione. Il giudice deve fissare entro tre mesi la data dell'udienza, facendo dare avviso al pubblico ministero, alla persona sottoposta alle indagini e alla persona offesa dal reato (anche qualora non abbia dichiarato di voler essere informata). Anche in questo caso, l'indagato e l'offeso sono informati della facoltà di accedere ai programmi di giustizia riparativa. Gli atti trasmessi dal pubblico ministero restano depositati presso la cancelleria del giudice, con facoltà del difensore (dell'indagato e dell'offeso) di estrarne copia, fino al giorno dell'udienza (art. 409, co. 2).

L'udienza camerale può avere i seguenti esiti:

a) il giudice pronuncia **ordinanza con cui indica al pubblico ministero ulteriori indagini**, qualora le ritenga necessarie, a causa dell'incompletezza del quadro investigativo, fissando il termine indispensabile per il compimento di esse (art. 409, co. 4);

b) nel caso in cui non ritenga necessario svolgere ulteriori indagini, sul presupposto della completezza investigativa, il giudice provvede entro tre mesi, a norma dell'art. 409, co. 5:

– pronunciando **ordinanza di archiviazione**, qualora accolga la richiesta del pubblico ministero;

– pronunciando **ordinanza con cui dispone che il pubblico ministero formuli l'imputazione**, qualora accerti i presupposti per l'esercizio dell'azione penale. In tal caso, il pubblico ministero ha l'obbligo di formulare l'imputazione entro dieci giorni; entro i successivi due giorni, il giudice fissa con decreto l'udienza preliminare.

Secondo la lettura della giurisprudenza, non è consentito al giudice per le indagini preliminari ordinare al pubblico ministero la formulazione dell'imputazione nei confronti di persona non indagata, nonché nei confronti di una persona indagata per ipotesi di reato diverse da quelle per le quali sia stata richiesta l'archiviazione. In tali casi, il giudice dovrà «limitarsi a ordinare l'iscrizione nel registro di cui all'art. 335 degli ulteriori reati che abbia ravvisato nelle risultanze delle indagini portate a sua conoscenza» [51]. Qualora non agisca in questo modo, il provvedimento del giudice per le indagini preliminari che, non accogliendo la richiesta di archiviazione, ordina al pubblico ministero, a norma dell'art. 409, co. 5, di formulare l'imputazione per un reato diverso da quello oggetto della richiesta, costituisce «atto abnorme e quindi ricorribile per cassazione anche dalla persona sottoposta ad indagine» [52].

16.4. L'opposizione alla richiesta di archiviazione

L'opposizione alla richiesta di archiviazione può essere presentata dalla persona offesa o, nel caso particolare dell'art. 411, co. 1 *bis*, dalla persona sottoposta alle indagini. L'opposizione della persona offesa è concepita quale ulteriore rimedio dell'incompletezza investigativa, in quanto l'art. 410, co. 1, stabilisce che, con l'atto di opposizione, la persona offesa chiede la **prosecuzione delle indagini preliminari**, indicando, a pena di inammissibilità, l'oggetto della investigazione suppletiva e i relativi elementi di prova.

Tuttavia, l'opposizione non condiziona la decisione sulla richiesta di archiviazione, in quanto l'inammissibilità dell'opposizione non impone al giudice di emettere il provvedimento di archiviazione. Il giudice pronuncia **decreto motivato di archiviazione**, restituendo gli atti al pubblico ministero, solo se l'opposizione è inammissibile e la notizia di reato è infondata. Se l'opposizione non è inammissibile, il giudice non deve pronunciare decreto di archiviazione, ma fissare la data dell'udienza in camera di consiglio, provvedendo a norma dell'art. 409, co. 2 e 3: pertanto, l'atto della persona offesa funge da impulso rispetto all'instaurazione della procedura camerale in contraddittorio. L'avviso dell'udienza deve essere notificato al solo opponente, nel caso in cui vi siano più persone offese.

All'esito del **procedimento in camera di consiglio**, il giudice assume le decisioni già esaminate per il caso in cui non venga presentata l'opposizione, indipendentemente dalla decisione sulla richiesta di prosecuzione delle

---

[51] Cass., Sez. Un., 30.1.2014, p.m. in proc. L.

[52] Cass., Sez. Un., 22.3.2018, Gianforte.

indagini preliminari avanzata dalla persona offesa. Il giudice deve comunque accertare se siano necessarie ulteriori indagini, ed eventualmente indicarle al pubblico ministero con l'ordinanza di cui all'art. 409, co. 4. Nel caso in cui non emergano lacune investigative, il giudice deve decidere sulla richiesta del pubblico ministero, pronunciando ordinanza di archiviazione oppure ordinanza con cui dispone che il pubblico ministero formuli l'imputazione (art 409, co. 5).

Il provvedimento di archiviazione non è impugnabile. Tuttavia, contro di esso può essere proposto il **reclamo** introdotto dalla L. 23.6.2017, n. 103, con il nuovo art. 410 *bis*, nei casi di nullità previsti dai commi 1 e 2 dell'art.

Il **decreto di archiviazione** – che viene pronunciato *de plano* quando il giudice accoglie la richiesta di archiviazione e non è proposta opposizione oppure quando questa è dichiarata inammissibile e la notizia di reato è infondata – è nullo nei tre casi previsti dall'art. 410 *bis*, co. 1:

– se è emesso in mancanza dell'avviso della richiesta di archiviazione alla persona offesa che abbia dichiarato di voler essere informata o, in caso di richiesta di archiviazione per particolare tenuità del fatto, alla persona sottoposta alle indagini e alla persona offesa;
– se è emesso prima che il termine per l'opposizione della persona offesa sia scaduto, senza che sia stato presentato l'atto di opposizione;
– se è emesso dichiarando inammissibile l'opposizione della persona offesa al di fuori dei casi previsti dall'art. 410, co. 1 (vale a dire, senza che sia indicato l'oggetto dell'investigazione suppletiva o i relativi elementi di prova).

La formulazione, non lineare, dell'art. 410 *bis*, co. 1, secondo per., va interpretata alla luce della comminatoria di inammissibilità di cui all'art. 410, co. 1, nei due soli casi previsti dalla disposizione. Al di fuori di tali casi, il giudice non potrebbe pronunciare decreto di archiviazione, a seguito di opposizione, dal momento che questa decisione presuppone, oltre all'infondatezza della notizia di reato, anche l'inammissibilità dell'opposizione.

Per le stesse ragioni, va ritenuta priva di concreta valenza operativa l'ipotesi di nullità del decreto di archiviazione nel caso in cui il giudice abbia omesso di pronunciarsi sull'ammissibilità dell'opposizione.

L'**ordinanza di archiviazione** è nulla, ai sensi dell'art. 410 *bis*, co. 2, nei soli casi di violazione del contraddittorio previsti dall'art. 127, co. 1, 3 e 4, vale a dire:

– se è emessa senza l'avviso della data dell'udienza alle parti e ai difensori;
– se è emessa senza sentire le parti che compaiono o senza sentire, con le modalità prescritte, la persona sottoposta alle indagini detenuta o internata;

– se è emessa senza rinviare l'udienza nonostante il legittimo impedimento della persona sottoposta alle indagini che abbia chiesto di essere sentita personalmente (sempre che non sia detenuta o internata in luogo diverso da quello in cui ha sede il giudice).

Il reclamo è proposto dall'interessato nel termine di quindici giorni dalla conoscenza del provvedimento, innanzi al **tribunale in composizione monocratica**. Il tribunale provvede con ordinanza non impugnabile, senza intervento delle parti interessate. Tuttavia, le parti sono avvisate, almeno dieci giorni prima, dell'udienza fissata per la decisione e possono presentare memorie non oltre il quinto giorno precedente l'udienza (art. 410 *bis*, co. 3). Il tribunale può annullare il decreto o l'ordinanza di archiviazione e ordinare la restituzione degli atti al giudice che ha emesso il provvedimento, nel caso in cui il reclamo sia fondato, oppure può confermare il provvedimento o dichiarare inammissibile il reclamo (ad esempio, in quanto proposto fuori termine), condannando la parte privata proponente al pagamento delle spese del procedimento e, nel caso di inammissibilità, anche al pagamento di una somma in favore della cassa delle ammende secondo l'art. 616, co. 1 (art. 410 *bis*, co. 4).

Il legislatore ha previsto un'apposita procedura per il caso in cui l'archiviazione sia richiesta per **particolare tenuità del fatto** (art. 411, co. 1 *bis*). Va precisato che l'archiviazione per questa causa, al pari della pronuncia in presenza di una causa estintiva del reato, postula l'accertamento della colpevolezza dell'indagato. Pertanto, è stabilito che il pubblico ministero dia avviso non solo alla persona offesa, ma anche alla persona sottoposta alle indagini, che ha interesse a evitare una pronuncia non pienamente liberatoria. L'avviso contiene la precisazione che, nel termine di dieci giorni, entrambi i soggetti possono prendere visione degli atti e presentare opposizione. In questo caso, non è richiesto che l'atto di opposizione indichi l'oggetto dell'investigazione suppletiva (e i relativi elementi di prova), ma che enunci, a pena di inammissibilità, le ragioni del dissenso.

Se l'opposizione non è inammissibile, il giudice provvede in camera di consiglio ai sensi dell'art. 409, co. 2, e, dopo aver sentito le parti, se accoglie la richiesta di archiviazione, pronuncia ordinanza. Se non la accoglie, il giudice provvede ai sensi dell'art. 409, commi 4 e 5. In mancanza di opposizione o se questa è inammissibile, il giudice provvede senza formalità e, se accoglie la richiesta di archiviazione, pronuncia decreto motivato. Se non accoglie la richiesta, provvede ai sensi dell'art. 409, commi 4 e 5.

16.5. L'avocazione delle indagini preliminari per mancato esercizio dell'azione penale

Il tema del controllo giurisdizionale sulla richiesta di archiviazione interferisce con la materia dei controlli sul mancato esercizio dell'azione penale, finalizzati a garantire l'attuazione dell'art. 112 Cost. e la ragionevole durata delle indagini preliminari *ex* art. 111, co. 3, Cost. Il sistema deve farsi carico di **controlli, di natura gerarchica o giurisdizionale**, che rimedino all'inerzia del pubblico ministero, non solo quando l'organo d'accusa richiede l'archiviazione, ma anche quando non assume tempestivamente le determinazioni sull'azione penale, dopo la scadenza del termine per la conclusione delle indagini preliminari. Il d.lgs. n. 150 del 2022 ha ridisegnato l'intera materia, secondo alcune direttrici di fondo. In particolare, la riforma:

– mantiene, a fianco del controllo del giudice per le indagini preliminari sulla richiesta di archiviazione, il controllo gerarchico del procuratore generale presso la corte di appello, attraverso l'avocazione discrezionale delle indagini preliminari;
– trasforma il controllo gerarchico, affidato al procuratore generale presso la corte di appello, nel caso in cui il pubblico ministero non assuma tempestivamente le determinazioni sull'azione penale, dopo la scadenza del termine per la conclusione delle indagini preliminari, prevedendo l'avocazione, non più obbligatoria, ma discrezionale delle indagini preliminari;
– introduce ulteriori casi di avocazione discrezionale delle indagini preliminari, qualora il pubblico ministero non disponga tempestivamente la notifica dell'avviso della conclusione delle indagini preliminari;
– introduce ulteriori ipotesi di avocazione discrezionale delle indagini preliminari, a seguito della notifica dell'avviso di conclusione delle indagini preliminari [53];
– introduce nuovi poteri di controllo del giudice per le indagini preliminari, al fine di rimediare alla stasi del procedimento, determinata dall'inerzia del pubblico ministero, al termine delle indagini preliminari [54].

Il primo rimedio, operante rispetto al mancato esercizio dell'azione penale, è costituito dall'**avocazione discrezionale delle indagini preliminari a seguito della richiesta di archiviazione** (art. 412, co. 2). L'attivazione del rimedio implica che il giudice per le indagini preliminari non abbia accolto la richiesta del pubblico ministero ed abbia pertanto fissato l'udienza in camera di consiglio, della quale deve dare comunicazione al procuratore generale presso la corte di

---

[53] V., *infra*, parr. 17 e 18.

[54] V., *infra*, par. 18.

appello (art. 409, co. 3). Il procuratore generale deve svolgere le indagini preliminari indispensabili e formulare le sue richieste, rispetto all'esercizio dell'azione penale, entro trenta giorni dal decreto di avocazione (art. 412, co. 1).

Il secondo rimedio, operante rispetto all'inerzia del pubblico ministero, è l'**avocazione discrezionale delle indagini preliminari nel caso in cui il pubblico ministero non abbia esercitato l'azione penale o richiesto l'archiviazione, entro il termine previsto dall'art. 407 *bis*, co. 2**, nonostante la tempestiva notificazione dell'avviso di conclusione delle indagini preliminari, prima della scadenza del termine di cui all'art. 405, co. 2, come prescritto dall'art. 415 *bis*, co. 1. Anche in questo caso il procuratore generale può svolgere le indispensabili indagini preliminari e deve formulare le sue richieste entro trenta giorni dal decreto di avocazione (art. 412, co. 1).

Il terzo rimedio è l'**avocazione discrezionale delle indagini preliminari nel caso in cui il pubblico ministero non abbia notificato l'avviso di conclusione delle indagini preliminari, entro il medesimo termine previsto dall'art. 407 *bis*, co. 2.** Anche questa ipotesi deve ritenersi ricompresa nella disciplina dell'art. 412, co. 1.

Per contro, è da escludere che il procuratore generale possa disporre l'avocazione nel caso in cui il pubblico ministero non abbia notificato l'avviso di conclusione delle indagini preliminari, come previsto dalla regola generale, prima della scadenza del termine per la conclusione delle indagini preliminari di cui all'art. 405, co. 2, anche se prorogato (art. 415 *bis*, co. 1). Questo termine non è richiamato dall'art. 412, co. 1.

Le ulteriori ipotesi di avocazione discrezionale sono contemplate dalla disciplina degli artt. 415 *bis* e 415 *ter*, alla cui disamina si rinvia.

L'avocazione discrezionale prevista dall'art. 412, co. 1, può essere **chiesta dalla persona sottoposta alle indagini o dalla persona offesa** (art. 413, co. 1), sempre che tali soggetti siano a conoscenza del procedimento. Pertanto, la persona offesa potrebbe presentare la richiesta di avocazione e, al contempo, opporsi alla richiesta di archiviazione. La persona sottoposta alle indagini può chiedere l'avocazione, secondo la nuova disciplina degli artt. 415 *bis* e 415 *ter*.

16.6. Riapertura delle indagini

La disciplina della riapertura delle indagini di cui all'art. 414 si giustifica sul presupposto che il provvedimento di archiviazione produca effetti, seppur limitatamente, preclusivi, vale a dire che esso impedisca di procedere nuovamente per il medesimo fatto nei confronti della stessa persona, in mancanza di autorizzazione del giudice. L'istituto della riapertura delle indagini tutela, pertanto, il valore del ***ne bis in idem*** **processuale**.

Peraltro, gli effetti preclusivi della pronuncia di archiviazione sono meno incisivi di quelli attribuiti alla sentenza di non luogo a procedere divenuta esecutiva, che può essere revocata soltanto quando sopravvengono o si scoprono nuove fonti di prova che, da sole o unitamente a quelle già acquisite, possono determinare il rinvio a giudizio (art. 434). Invece, la riapertura delle indagini può essere disposta, anche se tali fonti di prova non siano state scoperte, ma vi sia l'esigenza di compiere nuove investigazioni per scoprirle, come si ricava dalla nuova disciplina introdotta nell'art. 414, co. 1, dal d.lgs. n. 150 del 2022.

La riforma ha reso più impegnativo l'onere del pubblico ministero di motivare l'esigenza di nuove investigazioni, con la richiesta di riapertura, dimostrando che è ragionevolmente prevedibile la individuazione di nuove fonti di prova che, da sole o unitamente a quelle già acquisite, possono determinare l'esercizio dell'azione penale (art. 414, co. 1, secondo per.). Pertanto, il pubblico ministero deve allegare nuovi elementi di prova, anche per chiedere la riapertura delle indagini dopo la pronuncia di archiviazione. Solo che tali elementi devono dimostrare la **probabile individuazione di nuove fonti di prova**, dotate delle suddette caratteristiche. Invece, nel caso in cui chieda la revoca della sentenza di non luogo a procedere, il pubblico ministero deve dimostrare che tali fonti di prova, pur essendo ancora da acquisire (arg. *ex* art. 435, co. 1), sono state già individuate.

La riforma ha anche esplicitato la previsione del **divieto di utilizzare gli atti di indagine** compiuti in assenza di un provvedimento di autorizzazione della riapertura (art. 414, co. 2 *bis*).

Dopo l'autorizzazione della riapertura, il pubblico ministero deve procedere a una nuova iscrizione della notizia di reato a norma dell'art. 335. Si tratta, pertanto, di un procedimento penale autonomo dal precedente, seppur vertente sullo stesso oggetto. La riapertura configura un'eccezione al principio del *ne bis in idem*.

16.7. Procedimento contro ignoti

Nel caso in cui le indagini preliminari non consentano d'individuare la persona alla quale attribuire il reato, si applica la disciplina di cui all'art. 415 («Reato commesso da persone ignote»). Il pubblico ministero, entro sei mesi dalla data della registrazione della notizia di reato (iscrizione soltanto oggettiva nel registro di cui all'art. 335), presenta al giudice **richiesta di archiviazione ovvero di autorizzazione a proseguire le indagini** (art. 415, co. 1).

Il giudice può accogliere la richiesta di archiviazione o di autorizzazione a proseguire le indagini, con decreto motivato con cui restituisce gli atti al pubblico ministero (art. 415, co. 2). Se ritiene che il reato debba essere attribuito a una persona, **ordina l'iscrizione del nominativo** nel registro in base alla nuova disciplina dell'art. 335 *ter*.

Le denunce a carico di ignoti sono trasmesse all'ufficio di procura presso il giudice competente dagli organi di polizia, unitamente agli eventuali atti di indagine svolti per la identificazione degli autori del reato, con elenchi mensili ai sensi dell'art. 107 *bis* disp. att. In questo caso, la richiesta di archiviazione e l'eventuale decreto di archiviazione sono pronunciati cumulativamente con riferimento ai suddetti elenchi, con l'eventuale indicazione delle denunce che il pubblico ministero o il giudice intendono escludere dalla richiesta o dal decreto (art. 415, co. 4).

17. L'avviso all'indagato della conclusione delle indagini preliminari

Il pubblico ministero fa notificare l'avviso di conclusione delle indagini preliminari alla persona sottoposta alle indagini e al suo difensore, quando non deve chiedere l'archiviazione, ai sensi dell'art. 415 *bis*, co. 1. Pertanto, l'istituto è in primo luogo **finalizzato all'esercizio dell'autodifesa e della difesa tecnica dell'indagato**, in relazione all'addebito provvisorio formulato dal pubblico ministero al termine della fase investigativa (e contenuto nello stesso avviso). Quando si procede per i delitti di cui all'art. 572 e all'art. 612 *bis* c.p., l'avviso è altresì notificato al difensore della persona offesa o, in mancanza, alla persona offesa.

L'avviso di cui all'art. 415 *bis* contiene la **sommaria enunciazione del fatto** per il quale si procede, delle norme di legge violate, della data e del luogo del fatto (co. 2). L'enunciazione del fatto, pur sommaria, deve consentire l'identificazione del fatto oggetto del procedimento penale. Inoltre, deve essere sufficientemente dettagliata per consentire all'indagato l'esercizio del diritto al contraddittorio. Rispetto al fatto descritto negli addebiti via via formulati nel corso delle indagini preliminari (ad esempio, in un decreto di perquisizione o in una richiesta cautelare), il fatto descritto nell'avviso *ex* art. 415 *bis* deve tener conto delle risultanze delle indagini successivamente compiute. Ragionevolmente, l'addebito di cui all'art. 415 *bis* deve recare un grado di maggior chiarezza e precisione rispetto ai precedenti addebiti.

Va poi tenuto presente che, durante le indagini preliminari, il pubblico ministero può disporre l'interrogatorio della persona sottoposta alle indagini, in cui deve contestare «in forma chiara e precisa il fatto che le è attribuito» (art. 65, co. 1), quale risulta dalle indagini fino a quel momento compiute (arg. *ex* art. 375, co. 3). La «sommaria enunciazione» del fatto richiesta dall'art. 415 *bis* non potrebbe scolorire, ma semmai affinare il grado di chiarezza e precisione del fatto contestato nell'interrogatorio.

Inoltre, l'avviso contiene l'avvertimento che **la documentazione relativa alle indagini espletate è depositata** presso la segreteria del pubblico ministero e che l'indagato e il suo difensore hanno facoltà di prenderne visione ed estrarne copia (co. 2). Ciò determina la *discovery* investigativa finalizzata a far comprendere all'indagato i motivi dell'addebito provvisorio e a consentirgli la compiuta articolazione della strategia difensiva, anche in vista dell'esercizio del diritto alla prova contraria nel dibattimento. L'indagato si può, così, avvedere delle eventuali lacune investigative, nonché dei temi a discarico *ex* art. 358, non esplorati dal pubblico ministero (o non sufficientemente approfonditi).

La *discovery* riguarda anche i risultati delle intercettazioni di comunicazioni o conversazioni, qualora i verbali e le registrazioni non siano già stati acquisiti tramite la procedura di cui all'art. 268, commi 4-6, nel corso o al termine delle indagini preliminari. L'avviso di conclusione delle indagini preliminari contiene l'avvertimento che l'indagato e il suo difensore hanno la facoltà di esaminare per via telematica (tramite l'accesso all'archivio di cui all'art. 269) gli atti depositati e ascoltare le registrazioni (o di prendere cognizione dei flussi di comunicazioni informatiche o telematiche) e che hanno la facoltà di estrarre copia delle registrazioni o dei flussi indicati come rilevanti dal pubblico ministero.

Il difensore dell'indagato può assumere le seguenti iniziative entro il termine di venti giorni:

– può contestare la rilevanza delle registrazioni di cui all'elenco del pubblico ministero, chiedendo al giudice per le indagini preliminari di procedere all'acquisizione ai sensi dell'art. 268, co. 6;

– può a sua volta depositare l'elenco delle ulteriori registrazioni che ritiene rilevanti e di cui chiede copia. Il pubblico ministero provvede sulla richiesta con decreto motivato. In caso di accoglimento, le ulteriori registrazioni indicate dal difensore vengono acquisite; in caso di rigetto, il difensore può avanzare al giudice per le indagini preliminari richiesta affinché si proceda ai sensi dell'art. 268, co. 6.

A seguito della notificazione dell'avviso di conclusione delle indagini preliminari, l'indagato può esercitare le **facoltà difensive** previste dall'art. 415 *bis*, co. 3:

– può presentare memorie, tramite le quali mettere in luce, per esempio, le debolezze intrinseche dell'addebito, nell'ottica di una richiesta di promuovere l'archiviazione, oppure enucleare le lacune dell'addebito, anticipando le iniziative che possono essere assunte nell'udienza preliminare, ai sensi dell'art. 421, co. 1, rispetto alle lacune dell'imputazione;

– può produrre documenti, depositare documentazione relativa ad investigazioni del difensore, anche in vista di una richiesta di essere giudicato con il rito abbreviato;

– può chiedere al pubblico ministero il compimento di atti di indagine, per esempio finalizzati ad accertare fatti o circostanze a discarico, ai sensi dell'art. 358;

– può presentarsi per rilasciare dichiarazioni o chiedere al pubblico ministero di essere interrogato: in quest'ultimo caso, il pubblico ministero deve disporre l'interrogatorio.

Il fine di tali iniziative difensive è quello di indurre il pubblico ministero a richiedere l'archiviazione. Oppure, tramite tali iniziative, l'indagato potrebbe "offrire" determinati elementi di prova al contraddittorio per "stimolare" il pubblico ministero a contro-argomentare o contro-investigare. L'indagato potrebbe svolgere iniziative cumulative, quali il deposito dei risultati delle indagini difensive e la richiesta d'interrogatorio, oppure potrebbe presentare una memoria difensiva e richiedere l'interrogatorio, per verificare la strategia argomentativa seguita dal pubblico ministero, attraverso le domande poste all'indagato durante l'interrogatorio.

Il pubblico ministero, a seguito delle richieste dell'indagato, può svolgere **nuove indagini**, che devono essere compiute entro trenta giorni dalla richiesta o entro il diverso termine prorogato dal giudice per le indagini preliminari, su richiesta del pubblico ministero, per una sola volta e per non più di sessanta giorni (art. 415 *bis*, co. 4). Entro lo stesso termine il pubblico ministero deve procedere all'interrogatorio chiesto dall'indagato, come si ricava dall'art. 415 *bis*, co. 5. La disposizione stabilisce l'utilizzabilità delle dichiarazioni rilasciate dall'indagato, dell'interrogatorio stesso e dei nuovi atti di indagine del pubblico ministero, se compiuti entro il suddetto termine, ancorché sia decorso il termine per la conclusione delle indagini preliminari stabilito dalla legge o prorogato dal giudice.

Il pubblico ministero deve notificare l'avviso di cui all'art. 415 *bis* entro la scadenza del termine previsto dall'art. 405, co. 2. Prima della scadenza di tale termine, l'organo di accusa può presentare **richiesta di differimento della notifica dell'avviso di conclusione delle indagini preliminari al procuratore generale presso la corte di appello**. La richiesta, motivata, può essere presentata in tre casi:

a) quando è stata richiesta l'applicazione della misura della custodia cautelare in carcere o degli arresti domiciliari e il giudice non ha ancora provveduto oppure quando non è stata ancora eseguita l'ordinanza cautelare, sempre che l'indagato non sia latitante (art. 415 *bis*, co. 5 *bis*, lett. *a*);

b) quando la conoscenza degli atti d'indagine può concretamente mettere in pericolo la vita o l'incolumità di una persona o la sicurezza dello Stato (art. 415 *bis*, co. 5 *bis*, lett. *b*);

c) quando tale conoscenza può arrecare un concreto pregiudizio ad atti o attività di indagine nei procedimenti per i delitti indicati nell'art. 407, co. 2, sempre che ricorrano le ulteriori condizioni:

– il pregiudizio, oltre che concreto, deve essere inevitabile attraverso la separazione dei procedimenti o in altro modo;

– non devono essere scaduti i termini per compiere i suddetti atti di indagine;

– tali atti devono essere diretti all'accertamento dei fatti, all'individuazione o alla cattura dei responsabili o al sequestro di denaro, beni o altre utilità di cui è obbligatoria la confisca (art. 415 *bis*, co. 5 *bis*, lett. *b*).

Il procuratore generale presso la corte di appello provvede entro venti giorni dal deposito della richiesta (art. 415 *bis*, co. 5 *ter*, primo per.). In primo luogo, **può autorizzare con decreto motivato il differimento** per il tempo strettamente necessario, comunque non superiore a sei mesi (un anno, per i delitti di cui all'art. 407, co. 2).

Una difficoltà interpretativa riguarda il momento da cui decorre il suddetto termine di sei mesi (o un anno). Nel caso in cui la richiesta di differimento sia effettivamente presentata prima della scadenza del termine di cui all'art. 405, co. 2, è ragionevole far decorrere da tale momento il termine di cui all'art. 415 *bis*, co. 5 *ter*. Nel caso in cui il pubblico ministero presenti la richiesta dopo la scadenza del termine per la conclusione delle indagini preliminari, sembra corretto far decorrere il termine di cui all'art. 415 *bis*, co. 5 *ter*, dalla scadenza del termine previsto dall'art. 407 *bis*, co. 2. Tale ultimo termine può essere considerato il termine "di riferimento" per la notificazione "tardiva" dell'avviso di conclusione delle indagini preliminari, come si ricava sia dall'art. 412, co. 1, che dall'art. 415 *ter*, co. 1, alla cui analisi si rinvia[55].

In secondo luogo, il procuratore generale presso la corte di appello può rigettare la richiesta di differimento. In questo caso **il procuratore generale ordina con decreto motivato al procuratore della Repubblica di provvedere alla notifica dell'avviso di cui all'art. 415 *bis*** entro un termine non superiore a venti giorni (art. 415 *bis*, co. 5 *ter*, secondo per.). Copia del decreto in esame viene notificata alla persona sottoposta alle indagini e alla persona offesa che nella notizia di reato o successivamente, abbia dichiarato di voler essere informata della conclusione delle indagini. In caso di inerzia del pubblico ministero, alla scadenza del suddetto termine di cui all'art. 415 *bis*, co. 5 *ter*, il procuratore generale può disporre l'avocazione delle indagini preliminari ai sensi dell'art. 412, co. 1, eventualmente su richiesta della persona sottoposta alle indagini o della persona offesa dal reato *ex* art. 413.

---

[55] V., *infra*, par. 18.

18. Rimedi contro la stasi del procedimento al termine delle indagini preliminari

Il d.lgs. n. 150 del 2022 ha altresì introdotto un rimedio contro la stasi del procedimento al termine delle indagini preliminari, nel nuovo art. 415 *ter* («Diritti e facoltà dell'indagato e della persona offesa in caso di inosservanza dei termini per la conclusione delle indagini preliminari»), articolando una disciplina di non semplice coordinamento con quella riguardante gli altri strumenti di controllo sull'inerzia del pubblico ministero. Il meccanismo di cui al nuovo art. 415 *ter* si applica quando, **alla scadenza del termine di cui all'art. 407 *bis*, co. 2, il pubblico ministero non ha disposto la notifica dell'avviso di conclusione delle indagini**, né ha esercitato l'azione penale o richiesto l'archiviazione. È previsto un complesso congegno procedimentale basato su tre passaggi, dei quali sono informati la persona sottoposta alle indagini e la persona offesa che, nella notizia di reato o successivamente, abbia dichiarato di voler essere informata della conclusione delle indagini.

Nel primo passaggio, è previsto il **deposito della documentazione relativa alle indagini espletate presso la segreteria del pubblico ministero** e l'immediata notifica dell'avviso dell'avvenuto deposito e della facoltà di esaminarla ed estrarne copia alla persona sottoposta alle indagini e alla persona offesa dal reato (art. 415 *ter*, co. 1). L'avviso contiene l'indicazione della facoltà di cui all'art. 415 *ter*, co. 3 (concernente l'attivazione del controllo giurisdizionale sulla stasi del procedimento) ed è comunicato al procuratore generale presso la corte di appello.

Il secondo passaggio si verifica quando il procuratore generale non riceve la comunicazione anzidetta entro dieci giorni dalla scadenza dei termini di cui all'art. 407 *bis*, co. 2. In questo caso, può essere disposta l'avocazione delle indagini preliminari ai sensi dell'art. 412, co. 1. **Se il procuratore generale non dispone l'avocazione, ordina con decreto motivato al procuratore della Repubblica di provvedere alla notifica dell'avviso di deposito di cui all'art. 415 *ter*, co. 1**, entro un termine non superiore a venti giorni (art. 415 *ter*, co. 2). Copia del decreto è comunicata all'indagato e alla persona offesa.

In funzione dei menzionati poteri del procuratore generale deve leggersi la nuova disciplina circa la comunicazione delle notizie di reato al procuratore generale stesso, contenuta nell'art. 127 disp. att., che impone alla segreteria del pubblico ministero di trasmettere ogni settimana al procuratore generale presso la corte di appello i dati dei procedimenti in cui si verificano situazioni di inerzia, in tre distinti elenchi riepilogativi, a seconda delle situazioni di inerzia normate.

Il terzo passaggio, di maggiore rilevanza sistematica e portata pratica, implica il coinvolgimento dell'organo giurisdizionale, in funzione di rimedio repressivo della stasi del procedimento, nel caso in cui il pubblico ministero non abbia assunto le determinazioni sull'azione penale entro un mese (o tre mesi nei casi previsti dall'art. 407, co. 2) dalla notifica dell'avviso di deposito di cui all'art. 415 *ter*, co. 1, o dal decreto del procuratore generale di cui all'art. 415 *ter*, co. 2. **La persona sottoposta alle indagini e la persona offesa possono chiedere al giudice per le indagini preliminari di ordinare al pubblico ministero di provvedere** (art. 415 *ter*, co. 3).

Il procedimento incidentale si svolge in base alla disciplina prevista dal secondo, terzo e quarto per. del co. 5 *quater* e dal co. 5 *quinquies* dell'art. 415 *bis*. Nel caso in cui accolga la richiesta, il giudice ordina al procuratore della Repubblica di assumere le determinazioni sull'azione penale entro un termine non superiore a venti giorni. Copia del decreto è comunicata al pubblico ministero e al procuratore generale presso la corte di appello e notificata al richiedente. Il pubblico ministero trasmette al giudice e al procuratore generale copia dei provvedimenti assunti in conseguenza dell'ordine.

Quando, a seguito dell'ordine del giudice, il pubblico ministero dispone la notificazione dell'avviso di conclusione delle indagini preliminari, i termini di cui all'art. 407 *bis*, co. 2, sono ridotti di due terzi (art. 415 *ter*, co. 3).

Va anche precisato che il pubblico ministero, prima della scadenza dei termini di cui all'art. 407 *bis*, co. 2, può chiedere al procuratore generale il differimento del deposito, nei casi previsti dall'art. 415 *bis*, co. 5 *bis* (art. 415 *ter*, co. 4).

In aggiunta, il d.lgs. n. 150 del 2022 ha introdotto nell'art. 415 *bis*, commi 5 *quater*, 5 *quinquies* e 5 *sexies*, un ulteriore spazio per l'intervento del giudice per le indagini preliminari quando, **alla scadenza dei termini di cui all'art. 407 *bis*, co. 2, il pubblico ministero non ha esercitato l'azione penale, né richiesto l'archiviazione**. La collocazione sistematica dell'istituto, nell'art. 415 *bis*, e i suoi rapporti con l'art. 415 *ter*, inducono a circoscrivere l'applicazione del rimedio giurisdizionale alle situazioni d'inerzia che si verificano **dopo la notifica dell'avviso di conclusione delle indagini preliminari**. Anche in questo caso, la persona sottoposta alle indagini e la persona offesa possono chiedere al giudice di ordinare al pubblico ministero di assumere le determinazioni sull'azione penale.

Il procedimento incidentale si svolge in base alla già richiamata disciplina di cui ai commi 5 *quater* e 5 *quinquies* dell'art. 415 *bis*, con la precisazione che alla persona offesa che abbia dichiarato di voler essere informata della conclusione delle indagini preliminari è notificato l'avviso di deposito di cui all'art. 415 *ter*, co. 1 (art. 415 *bis*, co. 5 *sexies*).

19. Criteri di priorità nella trattazione delle notizie di reato e nell'esercizio dell'azione penale

L'assetto normativo della fase delle indagini preliminari, risultante dal d.lgs. n. 150 del 2022, reca una disciplina dei criteri di priorità nella trattazione delle notizie di reato e nell'esercizio dell'azione penale, inserita negli artt. 3 *bis* e 127 *bis* disp. att. La disciplina processuale deve essere definita alla luce della cornice normativa ordinamentale, contenuta nelle disposizioni del d.lgs. 20.2.2006, n. 106, modificate dalla L. 17.6.2022, n. 71. Come stabilisce l'art. 1, co. 6, lett. *b*), del d.lgs. n. 106 del 2006, i criteri di priorità sono «finalizzati a **selezionare le notizie di reato**» e, quindi, i procedimenti penali, «da trattare con precedenza» rispetto agli altri. Essi sono determinati dal procuratore della Repubblica nel progetto organizzativo dell'ufficio di procura, in attuazione dei criteri generali di priorità indicati dal Parlamento con legge e tenendo conto «del numero di affari da trattare, della specifica realtà criminale e territoriale e dell'utilizzo efficiente delle risorse tecnologiche, umane e finanziarie disponibili».

In un sistema caratterizzato dall'obbligo di esercitare l'azione penale (art. 112 Cost.), la fissazione di criteri di priorità in questo ambito è il presupposto per organizzare l'ufficio della procura della Repubblica, in modo da assicurarne il «buon andamento» e l'«imparzialità» richiesti dall'art. 97, co. 1, Cost., a causa dell'impossibilità pratica di destinare adeguate risorse umane e materiali alla trattazione di ogni procedimento, tanto più negli uffici di grandi dimensioni. In linea con questo obiettivo, i criteri di priorità consentono al procuratore della Repubblica di determinare, nello stesso progetto organizzativo dell'ufficio, «le **misure organizzative** finalizzate a garantire l'efficace e uniforme esercizio dell'azione penale», ai sensi dell'art. 1, co. 6, lett. *a*), d.lgs. n. 106 del 2006.

In questo quadro normativo, l'art. 3 *bis* disp. att. impone al pubblico ministero di conformarsi ai criteri di priorità contenuti nel progetto organizzativo, sia nella trattazione delle notizie di reato, che nell'esercizio dell'azione penale. Pertanto, sin dall'acquisizione della notizia di reato il pubblico ministero deve compiere **scelte investigative** che assicurino gli obiettivi del progetto organizzativo. Scelte investigative che implichino un consistente dispendio di risorse non dovranno essere compiute nell'ambito dei procedimenti "non prioritari", qualora precludano di svolgere con efficienza i procedimenti "prioritari". Ai criteri di priorità vanno conformate le scelte del pubblico ministero successive alla scadenza dei termini delle indagini preliminari, in ordine alla notifica dell'avviso di conclusione delle indagini preliminari ovvero all'esercizio dell'azione penale o alla richiesta di archiviazione.

Lo stesso procuratore generale presso la corte di appello tiene conto dei criteri di priorità contenuti nel progetto organizzativo dell'ufficio della procura della Repubblica che ha iscritto la notizia di reato, nel disporre o meno l'avocazione discrezionale delle notizie di reato ai sensi dell'art. 412 (art. 127 *bis* disp. att.). Ciò non significa che non debbano essere avocate le indagini preliminari di procedimenti "non prioritari" ma che le risorse disponibili presso la procura generale debbano essere destinate, in primo luogo, ad avocare le indagini preliminari nei procedimenti "prioritari", in secondo luogo, se necessario, negli altri procedimenti.

20. Le indagini preliminari del "pubblico ministero europeo italiano"

Regole particolari riguardano le indagini preliminari per i reati di competenza della Procura europea. Va premesso che, ai sensi dell'art. 23 del Regolamento (UE) 2017/1939 del Consiglio del 12.10.2017, relativo all'attuazione di una cooperazione rafforzata nell'istituzione della Procura europea («EPPO») l'EPPO è competente per i **reati che ledono gli interessi finanziari dell'Unione** di cui alla direttiva (UE) 2017/1371 e per i reati connessi, alle condizioni stabilite dal Regolamento stesso. La Procura europea esercita la sua competenza avviando un'indagine a norma dell'art. 26 del Regolamento o decidendo di avvalersi del suo diritto di avocazione ai sensi dell'art. 27. Se l'EPPO decide di esercitare la sua competenza, le autorità nazionali competenti non esercitano la loro competenza in relazione alla stessa condotta criminosa (art. 25 par. 1, Reg.).

In base alla disciplina italiana di adeguamento di cui al d.lgs. 2.2.2021, n. 9, i **procuratori europei delegati** sono i soggetti che «esercitano, in via esclusiva e fino alla definizione del procedimento», «le funzioni e i poteri spettanti ai pubblici ministeri nazionali», «in relazione ai procedimenti per i quali la Procura europea ha assunto la decisione di avviare o avocare un'indagine» (art. 9, co. 1).

La disciplina in discorso deroga, quindi, all'ordinamento giudiziario italiano che concepisce il titolare dell'ufficio (procuratore della Repubblica) come il soggetto che esercita tutte le funzioni ricomprese nel concetto di "esercizio" dell'azione penale, ivi incluse le funzioni investigative, anche con riguardo al potere di avviare l'indagine preliminare. Coerentemente, l'art. 9, co. 3, d.lgs. n. 9 del 2021 dispone che «i procuratori europei delegati, nell'esercizio delle funzioni di cui al comma 1, non sono soggetti ai poteri di direzione attribuiti ai procuratori della Repubblica» (art. 70 ord. giudiz., nonché artt. 1, 2, 3 e 4, co. 1, d.lgs. n. 106 del 2006), «né all'attività di vigilanza del procuratore generale presso la corte di appello» (art. 6, d.lgs. n. 106 del 2006).

Il senso della norma è quello di escludere che l'indipendenza funzionale interna dei procuratori europei delegati possa essere limitata dai capi degli uffici giudiziari italiani, che, rispetto ai procuratori europei delegati, non possono neppure esercitare i poteri di direzione e organizzazione, nonché di coordinamento previsti dalla normativa processuale interna, anche con riguardo al potere di avocazione, in quanto l'art. 9, co. 3, d.lgs. n. 9 del 2021 esclude che si applichino gli artt. 53, 371 *bis*, 372, 412, 413 e 421 *bis*, commi 1, secondo per., e 2. Rispetto alle funzioni investigative e d'accusa attribuite al procuratore europeo delegato, la normativa UE attribuisce alle camere permanenti (organo situato al livello centrale dell'EPPO) penetranti poteri di monitoraggio, indirizzo e coordinamento, e lo stesso potere di decidere se portare un caso in giudizio, il che si traduce nella titolarità effettiva del potere di azione penale. In aggiunta, nella conduzione delle indagini e delle azioni penali, insistono le istruzioni che possono essere impartite dalla camera permanente, per il tramite del procuratore europeo incaricato della supervisione, in termini più incisivi rispetto ai «criteri» di esercizio dell'attività investigativa e d'accusa previsti dall'ordinamento giudiziario interno.

Al fine di consentire lo svolgimento delle indagini di competenza della Procura europea, l'art. 14, co. 1, del d.lgs. n. 9 del 2021, dispone che **le comunicazioni di cui all'art. 347, le denunce, le querele**, gli esposti e gli ulteriori atti comunque denominati che hanno ad oggetto reati in relazione ai quali la Procura europea potrebbe esercitare la sua competenza, siano presentati o trasmessi, oltre che al pubblico ministero nazionale, al procuratore europeo delegato.

Resta fermo il dovere del pubblico ministero di procedere all'**iscrizione di cui all'art. 335, co. 1**, e di svolgere le indagini preliminari, qualora la Procura europea non abbia comunicato di esercitare la sua competenza. Tuttavia, il congegno procedurale dell'iscrizione è articolato nei seguenti passaggi:

– quando riceve o acquisisce di propria iniziativa notizia di uno dei reati di competenza della Procura europea, il pubblico ministero provvede agli adempimenti previsti dall'art. 335, co. 1, se la Procura europea non ha già comunicato di esercitare la sua competenza e risulta necessario procedere al compimento di atti urgenti o vi è comunque motivo di ritenere che un ritardo nell'avvio delle indagini possa comprometterne l'esito (art. 14, co. 2, d.lgs. n. 9 del 2021);

– al di fuori di questi casi, il pubblico ministero dispone l'annotazione della notizia di reato in apposito registro automatizzato delle notizie di reato, dopodiché provvede – immediatamente – all'iscrizione di cui all'art. 335, co. 1, se la Procura europea comunica che non intende esercitare la sua competenza e, in ogni caso, decorsi trenta giorni dalla annotazione predetta (art. 14, commi 3 e 4). Il pubblico ministero informa la Procura europea dell'iscrizione del procedimento e dell'avvio delle indagini preliminari ai sensi dell'art. 14, co. 2 (art. 14, co. 5).

Le **indagini preliminari** sono svolte in conformità al Regolamento 2017/1939 e al diritto nazionale. Il procuratore europeo delegato incaricato di un caso può adottare le misure d'indagine e altre misure di persona oppure darne incarico alle autorità competenti del suo Stato membro (art. 28, par. 1, Reg.). Oltre alle specifiche «misure investigative» di cui all'art. 30, par. 1, del Regolamento, può essere chiesta o disposta «qualsiasi altra misura [...] che il diritto nazionale mette a disposizione dei procuratori in casi nazionali analoghi» (art. 30, par. 4). Possono essere svolte indagini transfrontaliere, ai sensi dell'art. 31 del Regolamento.

I procuratori europei delegati «sono responsabili delle indagini e delle azioni penali da essi stessi avviate», secondo l'art. 13, par. 1, del Regolamento, ma si limitano a presentare «un **progetto di decisione** di esercitare o no l'azione penale davanti a un organo giurisdizionale nazionale» (art. 35, par. 1, Reg.). Le camere permanenti decidono se «portare un caso in giudizio» o archiviarlo, ovvero applicare una procedura semplificata di azione penale o rinviare un caso alle autorità nazionali o riaprire un'indagine (art. 10, par. 3, Reg.).

Capitolo XIV

L'udienza preliminare

di *Giulio Garuti*

1. Funzioni e natura

Destinata fin dall'origine a rivestire un ruolo di rilievo centrale nell'ambito della struttura del sistema processuale penale, **l'udienza preliminare** si trova oggi a svolgere funzioni che, per determinati profili, si presentano ancora più significative rispetto a quelle ricoperte in passato. Essa, infatti, se per un verso è chiamata a realizzare un efficace "**filtro**" per le imputazioni azzardate, per l'altro verso garantisce **l'attuazione del diritto alla prova**, nonché rende effettivamente possibile **l'opzione alternativa dei riti speciali** in una prospettiva economica di deflazione dibattimentale.

Viceversa, con l'inserimento, all'interno del sistema, dell'art. 415 *bis*, la funzione di ***discovery***, in favore dell'imputato, del materiale investigativo raccolto dal pubblico ministero – tipica, in origine, soltanto dell'udienza preliminare –, sembra parzialmente venuta meno, essendo stata ceduta al meccanismo processuale collegato all'avviso di conclusione delle indagini. Essa continua tuttavia a svolgere questa funzione nei confronti della **persona offe-**

sa, destinataria – come vedremo – dell'avviso di fissazione dell'udienza preliminare, ma non dell'avviso di conclusione delle indagini.

2. Richiesta di rinvio a giudizio

2.1. Presentazione

La richiesta di rinvio a giudizio si pone come **atto conclusivo delle indagini preliminari** e costituisce il modo ordinario di esercizio dell'azione penale per i reati di competenza della Corte d'assise, di attribuzione del Tribunale in composizione collegiale, nonché del Tribunale in composizione monocratica diversi da quelli perseguiti con citazione diretta a giudizio (art. 550).

Il **presupposto** della richiesta è insito nella valutazione, operata dal pubblico ministero, di avere raccolto, nel corso delle indagini, elementi probatori sufficienti per consentire di formulare una **ragionevole previsione di condanna** o di **applicazione di una misura di sicurezza diversa dalla confisca**.

Pertanto, una volta concluse le indagini preliminari, il pubblico ministero, qualora non intenda avanzare richiesta di archiviazione o procedere con istanza di «patteggiamento», giudizio immediato o decreto penale di condanna, **deposita la richiesta di rinvio a giudizio nella cancelleria del giudice dell'udienza preliminare**, unitamente al fascicolo contenente la notizia di reato, la documentazione relativa alle indagini espletate e i verbali degli atti compiuti davanti al giudice per le indagini preliminari [1]; il corpo del reato e le cose ad esso pertinenti andranno allegate al fascicolo contenente la notizia di reato, a meno che non debbano essere custodite altrove (art. 416, co. 2).

A seconda della tipologia di imputato (es. impiegato dello Stato, ecclesiastico, religioso del culto cattolico, dipendente dai servizi per le informazioni e la sicurezza militare o democratica) ovvero della tipologia di reato contestato (es. artt. 317 ss. c.p., reati che hanno cagionato un danno per l'erario, reati previsti nel d.lgs.

---

[1] A riguardo, l'art. 111 *bis* («Deposito telematico») – introdotto dal d.lgs. 10.10.2022, n. 150 – afferma che: «1. [i]n ogni stato e grado del procedimento, il deposito di atti, documenti, richieste, memorie ha luogo esclusivamente con modalità telematiche, nel rispetto della normativa, anche regolamentare, concernente la sottoscrizione, la trasmissione e la ricezione degli atti e dei documenti informatici [...] – 3. La disposizione di cui al comma 1 non si applica agli atti e ai documenti che, per loro natura o per specifiche esigenze processuali, non possono essere acquisiti in copia informatica. – 4. Gli atti che le parti compiono personalmente possono essere depositati anche con modalità non telematiche».

L'art. 87 d.lgs. n. 150 del 2022 fissa l'entrata in vigore della disposizione in oggetto in funzione dell'emanazione di decreti ministeriali, da adottarsi entro il 31.12.2023, concernenti le modalità di deposito, comunicazione e notificazione degli atti in via informatica.

3.4.2006, n. 152, reati "ambientali"), al pubblico ministero compete un particolare **onere di informativa** regolato dall'art. 129 disp. att.

L'art. 416, co. 2, pone poi, in capo al pubblico ministero, un vero e proprio **obbligo di trasmissione degli atti processuali** a sostegno della richiesta di rinvio a giudizio, in relazione al quale questi non vanta un potere di scelta. Potere di scelta che, a ben vedere, non viene riconosciuto al pubblico ministero neppure dall'art. 130, co. 1, disp. att. («Contenuto del fascicolo trasmesso dal pubblico ministero con la richiesta di rinvio a giudizio»), laddove prevede, in relazione ad atti di indagine preliminare riguardanti più persone o più imputazioni, che il rappresentante dell'accusa «form[i] il fascicolo previsto dall'art. 416, co. 2 del codice, inserendovi gli atti ivi indicati per la parte che si riferisce alle persone o alle imputazioni per cui viene esercitata l'azione penale». Detta previsione, infatti, «**non** conferisce allo stesso pubblico ministero un **potere discrezionale** in ordine alla formazione del fascicolo da trasmettere al giudice dell'udienza preliminare, dal momento che la separazione dei fascicoli viene dalla norma collegata non ad un potere di scelta del pubblico ministero, ma all'esigenza oggettiva di procedere alla separazione dei processi in relazione all'esistenza di diversi imputati o di diverse imputazioni»[2].

In una prospettiva volta a rendere effettivo il c.d. «**principio di contestazione dell'accusa**» nella fase preliminare, è stata peraltro prevista la **nullità della richiesta di rinvio a giudizio** non preceduta dall'avviso con cui il pubblico ministero avverte l'indagato della conclusione delle indagini, nonché dall'invito a presentarsi quando il predetto abbia chiesto di essere interrogato entro il termine di cui all'art. 415 *bis*, co. 3 (art. 416, co. 1). Andando a incidere sull'intervento dell'indagato nell'ambito del procedimento, il vizio richiamato va ricondotto al sistema delle nullità a regime intermedio (artt. 178, co. 1, lett. *c*, e 180).

2.2. Contenuti

Per quanto riguarda specificamente i **contenuti**, la richiesta di rinvio a giudizio deve indicare l'imputazione sotto il profilo soggettivo (art. 417, co. 1, lett. *a*) e oggettivo (lett. *b*), le generalità della persona offesa, ove ciò risulti possibile (lett. *a*), le fonti di prova acquisite (lett. *c*), la domanda al giudice di emissione del decreto che dispone il giudizio (lett. *d*), nonché la data e la sottoscrizione del pubblico ministero (lett. *e*).

La previsione di cui alla lett. *a*, se, per un verso, è finalizzata a **individuare il soggetto** al quale il pubblico ministero imputa, in ipotesi d'accusa, il

---

[2] Corte cost., sent. n. 145 del 1991.

fatto, per l'altro verso, in caso di decesso, conseguente al reato, della persona offesa, indirettamente impone di indicare le generalità dei **prossimi congiunti** ai quali si estendono, *ex lege*, le facoltà e i diritti spettanti all'**offeso** (art. 90, co. 3).

La lett. *b*, nel prevedere «**l'enunciazione, in forma chiara e precisa, del fatto**, delle circostanze aggravanti e di quelle che possono comportare l'applicazione di misure di sicurezza, con l'indicazione dei relativi articoli di legge», tende a censurare la prassi del ricorso alla «criptoimputazione», non potendosi risolvere l'indicazione del fatto nel solo richiamo al titolo del reato, oppure nella mera trasposizione degli elementi della fattispecie astratta di reato. Insomma, una specifica indicazione del *thema decidendum in facto* risulta necessaria per conferire all'imputato l'**opportunità di difendersi** nella piena consapevolezza dell'accusa elevata nei suoi confronti.

Se la lett. *c* si limita poi a pretendere che il pubblico ministero – in via riepilogativa – enunci gli **elementi di carattere probatorio idonei a sostenere l'accusa in giudizio**, la lett. *d*, nell'imporre la formalizzazione della domanda di giudizio avanzata dal pubblico ministero, dà concretezza al **principio *nemo iudex sine actore***.

Infine, con la sottoscrizione richiesta dalla lett. *e*, il legislatore ha inteso attestare la riferibilità dell'atto all'organo titolare dell'azione penale.

In questo contesto, preme ora osservare come il disposto di cui all'art. 417 non preveda espressamente né vizi riguardanti il contenuto della richiesta di rinvio a giudizio, né sanzioni processuali a essi riconducibili. Ciò, tuttavia, non impedisce il richiamo alle **cause generali di nullità** codificate dall'art. 178, modulabili, quanto a natura, in ragione del grado dello scostamento dal modello legale disciplinato nell'art. 417.

Se la mancata o incompleta indicazione delle fonti di prova (lett. *c*), l'assenza di un'espressa domanda di instaurazione del dibattimento (lett. *d*), nonché la carenza della data (lett. *e*) non producono alcuna specie di invalidità della richiesta, non altrettanto è possibile sostenere, con certezza, in relazione a disfunzioni concernenti gli altri requisiti.

In particolare, risulta viziata da **nullità a regime assoluto**, perché carente dei requisiti minimi per l'esercizio dell'azione penale, la richiesta di rinvio a giudizio del tutto priva dell'**indicazione dell'imputato o dell'imputazione** (artt. 178, co. 1, lett. *b*, e 179).

Diversamente, la **genericità dell'imputazione**, pur non producendo un immediato vizio della richiesta, impone al giudice dell'udienza preliminare l'obbligo di invitare il pubblico ministero a modificare – ***ex* art. 421, co. 1** – l'imputazione carente o difettosa e soltanto l'inerzia di quest'ultimo determinerà la nullità, quantomeno a regime intermedio, della richiesta e la restituzione degli atti al pubblico ministero[3].

Con riferimento poi alla **sottoscrizione**, da parte del pubblico ministero, della **richiesta di rinvio a giudizio** (lett. *e*), si pone un'alternativa, a seconda che la mancanza della sottoscrizione sia tale da compromettere o meno la riconoscibilità dell'atto, sotto il profilo della sua provenienza: in un caso, l'atto risulterà viziato da nullità a regime assoluto (art. 178, co. 1, lett. *b*, e 179), mentre, nell'altro caso, la nullità è da escludere.

3. Fissazione dell'udienza

La preoccupazione che la scansione tra le fasi processuali avvenisse senza alcuna soluzione di continuità aveva indotto il legislatore delegante a prevedere, all'art. 2, n. 52 della legge delega 16.2.1987, n. 81, **l'obbligo del giudice «di tenere entro brevissimo tempo [dalla presentazione della richiesta di rinvio a giudizio] l'udienza preliminare»**.

In linea con questa direttiva, il legislatore delegato aveva disposto che il giudice, ricevuta la richiesta di rinvio a giudizio, entro due giorni, fissasse, con decreto, l'udienza preliminare (art. 418, co. 1). Tra la data di deposito della richiesta e la data dell'udienza non poteva comunque intercorrere un termine superiore a trenta giorni (art. 418, co. 2).

Fin dall'origine, la brevità dei termini collegati agli adempimenti operativi conseguenti al deposito della richiesta di rinvio a giudizio aveva destato qualche perplessità: si temeva, infatti, che una prassi deviante potesse finire per attribuire alla rigorosa previsione normativa il tipico temperamento della natura ordinatoria, vanificando l'intento del legislatore delegante.

In un quadro così caratterizzato, la pratica si è ovviamente attestata sul mancato rispetto dei suddetti termini. Se però l'inosservanza del termine previsto dall'art. 418, co. 1, non ha di regola determinato gravi inconvenienti, la trasgressione del termine stabilito dal co. 2 della medesima disposizione ha non solo provocato una **costante dilatazione dei tempi delle indagini «suppletive»** di competenza del pubblico ministero, ma anche sacrificato notevolmente le ragioni di speditezza processuale cui avrebbe dovuto ispirarsi il nostro sistema.

Tuttavia, nella consapevolezza che la soluzione del problema collegato al rispetto del termine di cui all'art. 418, co. 2, non risiedesse nell'estensione del termine stesso, la L. 16.12.1999, n. 479 si è limitata a intervenire sul termine riconosciuto al giudice per la fissazione dell'udienza, stabilendo che ta-

---

[3] Cfr. *infra*, par. 5.2.

le attività debba essere compiuta **entro cinque giorni** – e non più due – **dal deposito della richiesta di rinvio a giudizio**[4].

4. Preparazione dell'udienza

4.1. Atti introduttivi

La richiesta di rinvio a giudizio e l'avviso di fissazione dell'udienza sono notificati, a cura della cancelleria del giudice dell'udienza preliminare, all'imputato e alla persona offesa[5] della quale risulti agli atti l'identità e il domicilio; tale attività deve essere compiuta, a pena di nullità (art. 419, co. 7), **almeno dieci giorni prima dell'udienza** (art. 419, co. 4). Entro lo stesso termine, l'avviso viene comunicato anche al pubblico ministero, con l'invito a trasmettere la **documentazione delle indagini c.d. suppletive** compiute dopo la richiesta di rinvio a giudizio (art. 419, co. 3), nonché notificato al difensore dell'imputato, unitamente all'avvertimento della facoltà vuoi di prendere visione degli atti trasmessi dal pubblico ministero, vuoi di presentare memorie e produrre documenti. Allo stesso modo si procede per la notifica della citazione del responsabile civile e del civilmente obbligato per la pena pecuniaria.

Con riferimento ai **tempi**, se il termine a comparire sopra richiamato ha carattere dilatorio, nessun termine è invece previsto in relazione al deposito degli atti di indagine c.d. suppletiva; il tardivo deposito di questi atti può tuttavia giustificare un differimento dell'udienza che consenta alla difesa di prenderne adeguata cognizione[6].

Per quanto riguarda il **contenuto dell'avviso destinato all'imputato**, si ritiene che esso debba riportare non solo il giorno, l'ora e il luogo dell'udienza, ma anche diversi avvertimenti: quello relativo alla facoltà di essere giudicato secondo le regole in tema di assenza e impedimento a comparire; quello che conferisce al giudice il potere di pronunciare sentenza di non doversi procedere per mancata conoscenza della pendenza del processo da parte dell'imputato nonché di revocarla in caso di ritrovamento di quest'ultimo;

---

[4] Cass., Sez. Un., 25.1.2005, p.g. in proc. De Rosa, secondo cui nel periodo processuale che corre dalla richiesta di rinvio a giudizio allo svolgimento dell'udienza preliminare, il giudice non può pronunciare *de plano* l'immediata declaratoria di determinate cause di non punibilità ai sensi dell'art. 129, dovendo invece dare impulso, per emettere tale decisione, al rito tipico della fase in corso, ovvero fissare l'udienza preliminare e solo durante tale udienza, in presenza dei presupposti, emettere sentenza di non luogo a procedere ai sensi dell'art. 129.

[5] Il difensore della persona offesa, ove nominato, ne diviene domiciliatario *ex lege* (art. 33 disp. att.).

[6] Corte cost., sent. n. 16 del 1994.

quello relativo alla facoltà di nominare un difensore di fiducia ovvero all'obbligo di dichiarare o eleggere un domicilio per le notificazioni; quello volto a informare l'interessato che – in presenza dei presupposti di legge – è assicurato, a spese dello Stato, il patrocinio per la difesa dei non abbienti; quello riguardante la possibilità di esercitare le facoltà previste dall'art. 131 disp. att. con riferimento al deposito degli atti in vista dell'udienza; quello riguardante l'informazione – all'imputato e alla persona offesa – della facoltà di accedere ai programmi di giustizia riparativa.

In relazione, poi, alla **notificazione del suddetto avviso**, va evidenziato come, in questo caso, debbano trovare applicazione le regole stabilite dagli artt. 156 e 157 *ter* in tema di notificazioni all'imputato.

Con riferimento alla **patologia collegata all'attività di notificazione**, **l'omessa notificazione dell'avviso all'imputato** – impedendo l'insorgere del rapporto processuale – determina una nullità a regime assoluto, non suscettibile di sanatoria e rilevabile d'ufficio in ogni stato e grado del procedimento[7]. Ad analoga conclusione pare possibile pervenire anche rispetto all'omessa notificazione dell'avviso al difensore di fiducia dell'imputato.

Il vizio dell'avviso di udienza derivante dalla sua **tardiva notificazione all'imputato** (art. 419, co. 4) non sembra invece rientrare tra le nullità a regime assoluto disciplinate dall'art. 179, ma tra quelle a regime relativo: tale inosservanza, per quanto pregiudizievole possa risultare, è sempre diversa da quella costituita dall'omissione dell'avviso, risultando peraltro sanabile – *ex* art. 184 – mediante la comparizione della parte.

Come anticipato, **altro destinatario** della richiesta di rinvio a giudizio e del decreto di fissazione dell'udienza preliminare è la **persona offesa** della quale risulti agli atti l'identità e il domicilio. In relazione all'identità, la Corte costituzionale ha sottolineato come l'art. 419, co. 1, fissi una regola strettamente collegata alle prescrizioni enunciate nell'art. 417, co. 1, lett. *a*: spetta pertanto al pubblico ministero compiere tutti gli accertamenti necessari per rendere possibile l'identificazione dell'offeso. Tuttavia, laddove tali accertamenti non siano stati espletati, il giudice dell'udienza preliminare potrà restituire gli atti al pubblico ministero, salvo che non ritenga di provvedervi direttamente al fine di surrogare l'inerzia di quest'ultimo[8].

Per quanto riguarda il **contenuto**, si reputa che l'avviso debba porre la **vittima del reato** in condizione di essere presente all'udienza con un **duplice scopo**: possibilità di costituirsi parte civile laddove l'offeso abbia anche ricevuto un danno; possibilità di assistere allo svolgimento dell'udienza e alla let-

---

[7] Cass., Sez. Un., 9.7.2003, Ferrara.

[8] Corte cost., ord. n. 8 del 1992.

tura del provvedimento che la conclude, senza tuttavia ricoprire un ruolo attivo mediante la partecipazione ai momenti di contraddittorio che la caratterizzano.

Infine, i **vizi concernenti la notificazione** dell'avviso alla **persona offesa** – omissione o invalidità – integrano una nullità a regime relativo: essa sarà rilevabile soltanto da chi vi abbia interesse e non potrà dunque essere eccepita dall'imputato.

Rispetto ai **vizi collegati all'omessa comunicazione dell'avviso al pubblico ministero**, è sufficiente rinviare a ciò che abbiamo appena detto in relazione alla notificazione dell'avviso al difensore dell'imputato, con l'unica precisazione che la nullità concernente il rappresentante dell'accusa si iscriverà – sotto un profilo di carattere generale – nel modello dell'art. 178, co. 1, lett. *b*, e – sotto un profilo più specifico – tra le nullità concernenti la partecipazione del pubblico ministero all'udienza preliminare; di conseguenza, l'omissione della suddetta comunicazione sarà fonte di nullità a regime intermedio *ex* art. 180. Questo vizio potrà essere eccepito dal pubblico ministero o rilevato d'ufficio dal giudice dell'udienza preliminare entro la deliberazione della sentenza di primo grado.

In tale contesto, un'ultima considerazione risulta opportuna: all'**imputato** è riconosciuto il diritto – *ex* art. 419, co. 5 – di **rinunciare alla garanzia dell'udienza preliminare**, provocando in questo modo e per questo solo motivo l'instaurazione del **giudizio immediato**[9].

4.2. Costituzione delle parti

Alla fase degli atti introduttivi all'udienza preliminare segue il momento degli **accertamenti relativi alla costituzione delle parti**, destinato a rappresentare sia il *dies ad quem* per l'esercizio di alcune attività delle parti – tra le quali la costituzione di parte civile e l'intervento volontario del responsabile civile[10] –, sia il termine entro il quale deve avvenire, a pena di decadenza, la costituzione di parte civile per le imputazioni contestate (art. 79, co. 1).

L'art. 420, co. 1, prevede lo svolgimento dell'udienza preliminare con la **partecipazione necessaria** del pubblico ministero e del difensore dell'imputato; se il difensore non compare e non risulta legittimamente impedito, viene sostituito dal giudice dell'udienza preliminare con un altro difensore immediatamente reperibile, individuato a norma dell'art. 97, co. 4.

L'art. 420, co. 2, prescrive poi che il giudice dell'udienza preliminare accerti la regolare costituzione delle parti e ordini la «**rinnovazione** degli avvi-

[9] Corte cost., ord. n. 234 del 1991.

[10] Corte cost., sent. n. 192 del 1991.

si, delle citazioni, delle comunicazioni e delle notificazioni di cui dichiara la nullità».

Lasciando inespressa l'ovvia conseguenza che comunque, in caso di rinnovazione, il giudice dell'udienza preliminare dispone il rinvio dell'udienza ad altra data, il legislatore ha previsto che qualora **l'imputato** – pur avendo ricevuto regolare notifica – **non sia presente e non ricorra alcun impedimento**, si debba **procedere in assenza a norma dell'art. 420 *bis*** (art. 420, co. 2 *bis*). In tale contesto, interessa che l'imputato sia stato regolarmente avvisato e che la notificazione dell'avviso sia valida; in caso contrario, anche per questi dovrà essere ordinata la rinnovazione dell'avviso o della notificazione dichiarata nulla.

Nel disciplinare poi le **ipotesi in cui l'imputato deve ritenersi comunque presente**, l'art. 420, co. 2 *ter*, fa riferimento non soltanto alla situazione in cui quest'ultimo, dopo essere comparso, si sia allontanato dall'aula di udienza oppure non sia comparso alle udienze successive, ma anche alla situazione in cui egli abbia richiesto per iscritto di essere ammesso a un rito alternativo ovvero si trovi rappresentato in udienza da un procuratore speciale nominato per la suddetta richiesta. In questi casi, il legislatore reputa certa la conoscenza del processo da parte dell'imputato, avendo egli compiuto precise scelte difensive.

Per quanto riguarda la **partecipazione all'udienza preliminare della persona offesa**, l'interpretazione prevalente è giunta a sostenere che questa – pur non essendo legittimata a partecipare alla discussione – è tuttavia ammessa ad assistere all'udienza preliminare: se, da un lato, sarebbe inutile l'avviso obbligatorio a un soggetto poi non legittimato alla partecipazione, dall'altro lato, esiste perlomeno una norma – l'art. 95, co. 2 – che espressamente contempla l'eventuale presenza dell'offeso all'udienza preliminare.

4.3. Impedimenti

L'impedimento a comparire assume rilevanza, nell'ambito dell'udienza preliminare, non soltanto in riferimento all'imputato in una prospettiva di **tutela del diritto alla difesa personale** (c.d. autodifesa), ma anche rispetto al difensore, in un'ottica di maggiore consapevolezza del ruolo «necessario» svolto da quest'ultimo sotto il profilo della **difesa tecnica**. D'altronde, l'esercizio del diritto di difesa personale non accompagnato da un'effettiva difesa tecnica rischia di essere sterile se non addirittura foriero di scelte controproducenti.

Per quanto riguarda **l'imputato**, anche detenuto, l'impedimento a comparire determina il rinvio dell'udienza qualora derivi da **assoluta impossibilità** – da provare pienamente – riconducibile a **caso fortuito, forza maggiore o**

altro legittimo impedimento, ovvero dalla probabilità – liberamente valutata dal giudice e non suscettibile di discussione successiva né di impugnazione – che la sua assenza sia determinata da assoluta impossibilità di comparire per caso fortuito o forza maggiore (art. 420 *ter*, co. 1 e 2). Il suddetto rinvio viene disposto dal giudice con ordinanza da notificare all'imputato.

Con riferimento al **difensore**, invece, l'impedimento a comparire destinato a provocare il rinvio dell'udienza, anch'esso da provare pienamente, risulta sottoposto a **rigidità maggiori**.

Anzitutto, il giudice dell'udienza preliminare prende in considerazione soltanto le assenze dovute ad assoluta impossibilità di comparire riconducibili a impedimenti legittimi prontamente e specificatamente comunicati in modo dettagliato [11] e, con particolare riferimento all'impedimento riconducibile allo **stato di gravidanza**, il difensore «si ritiene legittimamente impedito a comparire nei due mesi precedenti la data presunta del parto e nei tre mesi successivi ad esso» (art. 420 *ter*, co. 5 *bis*).

In secondo luogo, il meccanismo richiamato non opera qualora l'imputato abbia nominato **due difensori** e l'impedimento riguardi soltanto uno di essi, ovvero il difensore impedito abbia nominato un sostituto o l'imputato abbia comunque acconsentito a una difesa rappresentata da un unico legale (art. 420 *ter*, co. 5).

Su questo sfondo, risultano infine irrilevanti le ragioni che, eventualmente, hanno determinato la mancata comparizione delle altre parti processuali.

La lettura, da parte del giudice dell'udienza preliminare, dell'ordinanza che dispone il rinvio dell'udienza, sostituisce gli avvisi rispetto a coloro che risultano presenti all'udienza o a coloro che sono considerati tali (art. 420 *ter*, co. 4).

4.4. Assenza dell'imputato. *A*) Presupposti

In seguito all'eliminazione, da parte della L. 28.4.2014, n. 67, dell'istituto della contumacia, **l'assenza** è rimasta **l'unica situazione codificata, processualmente rilevante, in cui l'imputato non risulta presente all'udienza preliminare.**

Vigendo quella disciplina, detta situazione contemplava una assenza "multiforme", essendo l'autorità giudiziaria chiamata a formulare un giudizio di assenza sulla base di una valutazione che oscillava tra la certezza oggettiva e la presunzione qualificata, volta a verificare se l'imputato fosse comunque a conoscenza del provvedimento di fissazione dell'udienza e, quindi, se la sua mancata presenza fosse o meno frutto di una scelta consapevole.

---

[11] Cass., Sez. Un., 18.12.2014, Torchio.

Simile modello di assenza ha tuttavia tradito le aspettative[12], dimostrandosi il giudizio basato su una valutazione desunta da una presunzione qualificata assolutamente inadeguato a far raggiungere quella conoscenza certa del processo, richiesta dalle fonti internazionali[13] e dalla giurisprudenza della Corte europea[14], per consentire la rinuncia ai diritti partecipativi dell'imputato.

Tale situazione ha così indotto il legislatore a intervenire nuovamente sull'istituto in parola mediante il d.lgs. n. 150 del 2022, potendosi oggi celebrare **l'udienza preliminare in assenza dell'imputato**, ogniqualvolta questi: *a*) sia stato citato a comparire a mezzo di **notificazione dell'atto in mani proprie** o di persona da lui espressamente delegata al ritiro di quell'atto; *b*) abbia **rinunciato** a comparire o a far valere un impedimento ai sensi dell'art. 420 *ter*; *c*) pur mancando una espressa rinuncia ad assistere all'udienza da parte sua, risulti altrimenti provato che egli abbia avuto «**effettiva conoscenza** della pendenza del processo e che la sua assenza all'udienza è dovuta ad una **scelta volontaria e consapevole**»: detta situazione sarà valutata dal giudice in considerazione di una serie di indicatori, quali le modalità della notificazione, gli atti compiuti dall'imputato prima dell'udienza e l'eventuale nomina di un difensore di fiducia; *d*) sia stato dichiarato **latitante** o si sia «**volontariamente sottratto alla conoscenza** della pendenza del processo»: situazione, quest'ultima, che presuppone un comportamento, perlopiù artificioso, finalizzato a impedire che l'informazione relativa al processo entri nella sfera di conoscenza dell'interessato.

---

[12] Cfr. Cass., Sez. Un., 28.11.2019, Darwish, che ha evidenziato come «la sola elezione di domicilio presso il difensore di ufficio, da parte dell'indagato, non è di per sé presupposto idoneo per la dichiarazione di assenza di cui all'art. 420 *bis*, dovendo il giudice in ogni caso verificare, anche in presenza di altri elementi, che vi sia stata un'effettiva instaurazione di un rapporto professionale tra il legale domiciliatario e l'indagato, tale da fargli ritenere con certezza che quest'ultimo abbia conoscenza del procedimento ovvero si sia sottratto volontariamente alla conoscenza del procedimento stesso».

[13] Si veda la direttiva 2016/343/UE del Parlamento europeo e del Consiglio, del 9 marzo2016, sul rafforzamento di alcuni aspetti della presunzione di innocenza e del diritto di presenziare al processo nei procedimenti penali.

[14] A riguardo, preme osservare come la giurisprudenza della Corte eur. (cfr., tra le altre, Corte eur., sent. 18.5.2004, Somogyi c. Italia; Corte eur., sent. 10.11.2004, Sejdovic c. Italia) abbia elaborato, in relazione all'istituto denominato "processo in assenza", i seguenti principi: a) la necessità che l'imputato sia a conoscenza delle accuse mosse a suo carico non in modo vago o indiretto ma in via ufficiale; b) l'esistenza, in capo all'imputato, del diritto di partecipare al processo penale a suo carico; c) la possibilità, in capo all'imputato, di rinunciare al diritto di partecipare al processo penale a suo carico, a condizione che la rinuncia – espressa o tacita – sia inequivoca; d) il "processo in assenza" non è di per sé incompatibile con i principi stabiliti dalla C.e.d.u., ma qualora un imputato venga condannato senza avere rinunciato in modo inequivoco al diritto a comparire, deve potere ottenere che una giurisdizione statuisca di nuovo sul merito delle accuse formulate a suo carico.

Il giudizio in assenza dell'imputato non potrà invece essere celebrato qualora, pur non essendo presente l'imputato all'udienza, manchino gli elementi sopra richiamati, da cui sia possibile evincere che lo stesso abbia avuto conoscenza dell'esistenza del processo a suo carico. In tale caso, il giudice dovrà rinviare l'udienza e procedere, tramite la polizia giudiziaria, alla notificazione all'imputato personalmente dell'avviso, della richiesta di rinvio a giudizio e del verbale d'udienza.

4.5. *Segue*. *B*) Profili dinamici

Una volta accertato che **l'assenza dell'imputato** all'udienza preliminare è dovuta a una sua **scelta consapevole**, il giudice emette ordinanza con cui dispone procedersi in assenza.

In questo caso, l'imputato è **rappresentato dal difensore** (art. 420 *bis*, co. 4), alla stregua dell'imputato presente che si allontani volontariamente dall'aula di udienza o che, presente a un'udienza, non compare alle udienze successive (art. 420, co. 2 *ter*).

Qualora l'imputato compaia all'udienza prima della decisione, il giudice revoca, anche d'ufficio, l'ordinanza con cui dispone procedersi in assenza. Tuttavia, la restituzione nel termine per potere esercitare le facoltà da cui l'imputato è decaduto, rimane subordinata a tre condizioni: *a*) che lo stesso dimostri che versava nell'assoluta impossibilità di comparire per caso fortuito, forza maggiore o altro legittimo impedimento e che non ha potuto trasmettere tempestivamente la prova dell'impedimento senza sua colpa; *b*) che – nei casi di cui all'art. 420 *bis*, co. 2 e 3 – egli fornisca la prova di non aver avuto effettiva conoscenza della pendenza del processo e di non essere potuto intervenire senza sua colpa in tempo utile; *c*) che comunque risulti la mancanza delle condizioni per procedere in sua assenza (art. 420 *bis*, co. 6). Questa ultima ipotesi si distingue dalle altre nella misura in cui si riferisce ai casi ove si è erroneamente proceduto in assenza, pur in mancanza dei presupposti normativi per farlo.

4.6. *Segue*. *C*) Sentenza di non doversi procedere per mancata conoscenza della pendenza del processo da parte dell'imputato: contenuto ed effetti

Ove la **mancata presenza in udienza dell'imputato non sia riconducibile ad alcuno dei casi di assenza previsti dall'art. 420 *bis***, il giudice – prima di adottare la sentenza di non doversi procedere per mancata conoscenza della pendenza del processo – **rinvia l'udienza** e, tramite la polizia giudiziaria, **notifica all'imputato personalmente** l'avviso di fissazione della nuova udienza, la richiesta di rinvio a giudizio e il verbale d'udienza (art. 420 *bis*, co. 5); analogamente il giudice provvede – previa revoca dell'ordinanza che dichiara l'assenza dell'imputato – qualora accerti che le condizioni per giudicare in assenza dell'imputato non sono soddisfatte (art. 420 *bis*, co. 7).

Detta iniziativa risulta strumentale all'apertura dell'udienza di rinvio oppure alla definizione del procedimento, atteso che porterà alternativamente a rintracciare l'imputato piuttosto che ad acclarare una concreta impossibilità di rintracciarlo.

Nel primo caso, l'udienza seguirà il suo corso ordinario a seconda che l'imputato deciderà o meno di partecipare, mentre nel secondo caso, con il dichiarato intento di superare «la sospensione del processo per assenza dell'imputato», il d.lgs. n. 150 del 2022 ha introdotto la **«sentenza di non doversi procedere per mancata conoscenza della pendenza del processo da parte dell'imputato»**.

Questa pronuncia, **inappellabile**, rappresenta una tipica **sentenza di rito** che ricalca, nella forma, ipotesi già previste dal codice, come, ad esempio, quella disciplinata dall'art. 72 *bis*, dedicata alla definizione del procedimento per incapacità irreversibile dell'imputato di parteciparvi coscientemente.

Al fine di salvaguardare l'interesse collettivo alla repressione dei reati, **tale sentenza viene accompagnata da una attività di ricerca periodica, posta in essere dalla polizia giudiziaria**, volta a rintracciare il soggetto destinatario della sentenza stessa; detta attività si protrae fino a quando non sia spirato il termine di prescrizione di cui all'art. 159, ult. co., c.p., per tutti i reati contestati, momento in cui la sentenza da inappellabile diventa irrevocabile e le misure cautelari personali più afflittive nonché quelle reali, in atto, perdono efficacia.

Durante l'arco temporale utilizzato per la ricerca del destinatario della sentenza, al giudice dell'udienza preliminare è affidato il compito sia di provvedere sulle **misure cautelari personali e reali**, sia di neutralizzare pericoli di dispersione probatoria, facendo ricorso, su richiesta di parte, all'**incidente probatorio** per la formazione di prove non rinviabili (art. 420 *quinquies*).

Quanto al **contenuto**, la sentenza in questione si presenta complessa: oltre al **contenuto generico tipico delle sentenze** (l'intestazione "in nome del popolo italiano", l'indicazione dell'autorità che l'ha pronunciata, le generalità dell'imputato e delle altre parti private, l'imputazione, il dispositivo, la data e la sottoscrizione del giudice), essa reca anche un **contenuto specifico**, composto, per un verso, dall'indicazione dell'esito delle notifiche e delle ricerche effettuate, nonché, per l'altro verso, dalla data fino alla quale dovranno continuare le ricerche finalizzate a rintracciare la persona destinataria della sentenza.

Quest'ultima riporta altresì una **serie di avvertimenti**: *a*) quello in ordine al fatto che il processo a suo carico verrà riaperto davanti alla medesima autorità giudiziaria; *b*) l'avviso che, qualora l'interessato non sia destinatario di una misura cautelare detentiva per i fatti per cui si procede, la data dell'udienza per la prosecuzione del processo risulta fissata *ex lege* «il primo giorno non festivo del successivo mese di settembre», se la persona è stata rintracciata nel primo semestre dell'anno, ovvero «il primo giorno non festivo del mese di febbraio dell'anno successivo», se la persona è stata rintracciata nel secondo semestre dell'anno; *c*) l'indicazione del luogo in cui sarà celebrata l'udienza; *d*) l'avviso che, qualora la persona rintracciata non compaia, pur non essendo legittimamente impedita, si procederà nei suoi confronti in assenza e verrà rappresentata dal difensore.

4.7. *Segue*. *D*) Revoca

Se a seguito dell'attività di ricerca che accompagna l'emissione della sentenza di non doversi procedere **l'imputato viene rintracciato**, la polizia giudiziaria **notificherà** a quest'ultimo **la sentenza** e gli darà avviso della **riapertura del processo**, nonché della data dell'udienza – come già individuata nella sentenza di non doversi procedere – nella quale è citato a comparire davanti alla medesima autorità giudiziaria che ha pronunciato la sentenza stessa.

Spetterà sempre alla polizia giudiziaria il compito di comunicare all'imputato – che sia rimasto privo di difensore e che non abbia provveduto a nominarne uno in autonomia – le generalità di un **difensore d'ufficio**, nonché la circostanza che questi sarà avvisato circa la data dell'udienza.

Dell'adempimento delle attività e degli avvisi indicati verrà dato atto mediante **processo verbale**, che sarà trasmesso senza ritardo al giudice, unitamente alla relazione di notificazione della sentenza.

Ricevuti, da parte della polizia giudiziaria, il verbale e la relazione di notificazione della sentenza, il **giudice dell'udienza preliminare revocherà con decreto la sentenza** e – salvo che l'imputato rintracciato sia sottoposto a custodia cautelare in carcere piuttosto che agli arresti domiciliari – farà dare avviso, almeno venti giorni prima, al pubblico ministero, al difensore dell'imputato e ad eventuali altre parti processuali della data dell'udienza già fissata.

Nel caso in cui l'imputato rintracciato sia sottoposto a **misura cautelare coercitiva**, si rileva che nella sentenza manca l'indicazione della data di udienza fissata per la prosecuzione del processo e, di conseguenza, sarà il giudice a dover stabilire – di volta in volta – tale data nonché disporre che l'avviso di fissazione sia comunicato al pubblico ministero e notificato alle altre parti e ai difensori nominati, almeno venti giorni prima (art. 420 *sexies*).

5. Svolgimento dell'udienza

5.1. Documentazione

Nell'ambito della disciplina originaria del c.p.p., il **verbale dell'udienza preliminare** doveva essere redatto *soltanto* in **forma riassuntiva**, a norma dell'art. 140, co. 2 (art. 420, co. 4). Ciò implicava una documentazione succinta senza alcuna riproduzione fonografica, nonché l'esclusione di qualsiasi tipo di verbalizzazione integrale.

Chiamata a valutare la legittimità di tale disciplina, la Corte costituzionale non ha negato la correttezza di una regola generale che consentisse, talvolta, la sola verbalizzazione in via riassuntiva, ma ha sottolineato come detta regola non dovesse trasformarsi in una presunzione assoluta, tesa a imporre automaticamente, in determinati casi (es. artt. 127, co. 10, 420, co. 5, e 666, co. 9), la sola forma riassuntiva. Anche in queste situazioni, infatti, era possibile che l'attività da documentare non fosse di contenuto semplice o di rilevanza limitata e dovesse, pertanto, essere utilizzato il metodo di verbalizzazione integrale. In ragione di ciò, la Corte ha sostenuto l'opportunità di porre il giudice dell'udienza preliminare nella condizione di derogare alla regola della documentazione in via riassuntiva, al fine di far fronte, sotto questo profilo, alle esigenze collegate a ogni singola vicenda procedimentale. Da qui, la dichiarazione di illegittimità costituzionale dell'art. 420, co. 5, laddove prevedeva la possibilità di procedere «soltanto» alla redazione in forma riassuntiva, anziché «di regola» [15].

D'accordo con siffatta impostazione, la L. n. 479 del 1999 ha riprodotto, nell'ambito del rinovellato art. 420, co. 4, il contenuto dell'art. 420, co. 5, così come risultava in seguito alla decisione della Corte costituzionale, prevedendo inoltre l'opportunità, in capo al giudice dell'udienza preliminare, di disporre, su richiesta di parte, «la riproduzione fonografica o audiovisiva ovvero la redazione del verbale con la stenotipia».

Ne è emerso, dunque, un sistema di documentazione così articolato.

Per quanto riguarda le forme, **la regola** è la verbalizzazione in via **riassuntiva**, sostituibile dal giudice – d'ufficio – con quella **integrale**, ove sussistano **concrete esigenze processuali** che lo rendano opportuno.

Quanto alle **tecniche di documentazione**, pare lecito ritenere che, al di là della forma adottata, la regola sia costituita dal verbale redatto con la scrittura manuale, sostituibile tuttavia, su richiesta di parte, dal verbale compilato con la stenotipia, ovvero dalla riproduzione fonografica o audiovisiva.

Dal punto di vista degli accadimenti concreti, ci si domanda se risulti sufficiente la **richiesta di una parte** per indurre il giudice a impiegare tecniche di documentazione differenti dal verbale redatto manualmente, e quali conseguenze provochi una richiesta di questo tipo non esaudita.

---

[15] Corte cost., sent. n. 529 del 1990.

Per quanto concerne il primo interrogativo, l'interpretazione letterale della norma induce a propendere per la soluzione positiva. La discrezionalità del giudice potrà, tutt'al più, manifestarsi nella scelta della tecnica, essendo evidente che le diverse forme di documentazione non sono equivalenti sotto il profilo della completezza degli elementi ricavabili. Seppure indirettamente, è lo stesso art. 134 a fare intendere che la tecnica più garantita sia la riproduzione audiovisiva, seguita da quella fonografica e dalla verbalizzazione mediante stenotipia.

In relazione al secondo quesito – cosa succede se, a fronte della richiesta, il giudice **non** abbia la **disponibilità dei mezzi tecnici per la documentazione** – le soluzioni teoricamente prospettabili sono due: il giudice procede alla redazione del verbale con scrittura manuale ovvero, preso atto della situazione, rinvia l'udienza per procurarsi mezzi e strumenti necessari. Nonostante risulti istintivo accogliere quest'ultima soluzione – essa appare maggiormente in linea con lo spirito dell'innovazione –, non possiamo tuttavia trascurare la circostanza che il legislatore non ha esplicitamente previsto la nullità del verbale redatto con forme e tecniche differenti da quella eventualmente richiesta dalla parte.

5.2. Genericità dell'imputazione e discussione

Al termine dell'accertamento riguardante la regolare costituzione delle parti, nella prospettiva di porre rimedio alla prassi della **formulazione generica dell'imputazione** da parte del pubblico ministero, il giudice dell'udienza preliminare, qualora rilevi una violazione dell'art. 417, co. 1, lett. *b*), dopo avere sentito le parti, invita il rappresentante dell'accusa a formulare di nuovo l'imputazione e, laddove quest'ultimo non provveda, dichiara – anche d'ufficio – la **nullità della richiesta di rinvio a giudizio**, disponendo con ordinanza la restituzione degli atti al pubblico ministero (art. 421, co. 1) [16].

La **modifica immediata dell'imputazione** da parte del pubblico ministero consentirà la notifica della stessa – inserita nel verbale di udienza – all'imputato presente, anche mediante collegamento a distanza; viceversa, l'assenza dell'imputato imporrà al giudice di rinviare a una nuova udienza e di disporre che il verbale sia notificato all'imputato entro un termine non inferiore a dieci giorni dalla data di quest'ultima (art. 421, co. 1 *bis*).

Tale soluzione, se da un punto di vista teorico consente di affermare che l'imputazione c.d. generica determina una **nullità quantomeno a regime intermedio** – nullità che, nei fatti, risulta tuttavia condizionata all'inutile esperimento del tentativo di aggiustare l'atto imperfetto –, sotto il profilo pratico,

[16] Cfr. *supra*, par. 2.2.

è sicuramente dettata in un'ottica di **economia processuale**, dovendo il giudice verificare la correttezza dell'imputazione in un momento antecedente l'effettivo svolgimento dell'udienza e potendo il pubblico ministero sanare l'invalidità direttamente in udienza.

Al di là dell'esito riconducibile a questa prima eventuale verifica, ove il giudice non disponga la restituzione degli atti al pubblico ministero, dichiara **aperta la discussione**.

Essa inizia con **l'esposizione introduttiva del pubblico ministero**, basata sui «risultati delle indagini e [su]gli elementi di prova che giustificano la richiesta di rinvio a giudizio», e si conclude con gli **interventi dei difensori**, secondo un ordine che pone al primo posto il difensore della parte civile, indi quello del responsabile civile e del civilmente obbligato, e infine il difensore dell'imputato. Al rappresentante dell'accusa e ai difensori è concessa **facoltà di replica**.

Tra l'esposizione iniziale del pubblico ministero e gli interventi dei difensori si colloca un momento – peraltro solo eventuale – all'interno del quale l'imputato, in una prospettiva di autodifesa attiva, può chiedere di rilasciare **dichiarazioni spontanee**, ovvero di essere sottoposto a **interrogatorio**, che verrà condotto direttamente dal giudice dell'udienza preliminare – o su richiesta di parte, con le forme dell'esame e del controesame (artt. 498 e 499) – ai sensi degli artt. 64 e 65.

Gli interventi che hanno luogo in tale fase si basano quasi esclusivamente su **fonti di prova precostituite** – risultati delle indagini ordinarie, nonché atti e documenti raccolti da pubblico ministero e difensore dell'imputato ai sensi dell'art. 419, co. 3, dopo il deposito della richiesta di rinvio a giudizio – sulle **prove assunte con le forme dell'incidente probatorio** celebrato nel corso delle indagini o dell'udienza preliminare [17] e, eventualmente, sull'interrogatorio e sulle dichiarazioni spontanee dell'imputato.

Tutti questi elementi conoscitivi – salvo, ovviamente, quelli raccolti nel corso dell'udienza preliminare – utilizzati dalle parti per formulare e illustrare le proprie conclusioni, accedono all'udienza in parola mediante un **controllo di ammissibilità condotto dal giudice**; controllo che deve essere svolto in una prospettiva orientata secondo il principio di «**legalità della prova**» destinato a coinvolgere i suddetti elementi non solo sotto il profilo dell'inutilizzabilità, ma anche sotto quello riguardante le nullità.

Sembra, invece, che il silenzio della norma, in tema di ammissione, debba intendersi volto a escludere il **giudizio di pertinenza e non superfluità** che rimane assorbito nel giudizio di merito sull'imputazione effettuato dal giudice dell'udienza preliminare al termine della discussione.

---

[17] Corte cost., sent. n. 77 del 1994.

Con riferimento, poi, alle **prove documentali** presentate dai soggetti che partecipano all'udienza preliminare, si ritiene che il giudice dell'udienza preliminare debba essere guidato, nella sua attività di controllo, dalle regole richiamate negli artt. 234 ss.

Al di là della verifica relativa all'esistenza di eventuali ipotesi di nullità o inutilizzabilità, il **giudice dell'udienza preliminare è comunque tenuto a controllare**: *a*) il rispetto dei limiti soggettivi e oggettivi delle indagini c.d. suppletive svolte ai sensi dell'art. 419, co. 3; *b*) il fatto che il pubblico ministero non abbia avuto la possibilità di effettuare detta attività entro il termine di chiusura delle indagini; *c*) il rispetto delle regole sul deposito e sulla trasmissione degli atti; *d*) gli strumenti utilizzati dal pubblico ministero nel corso delle ricerche; *e*) il rispetto della disposizione prevista dall'art. 407, co. 3.

5.3. Modificazione dell'imputazione. *A*) Difformità dalle risultanze istruttorie e diversa definizione giuridica

Al di là del controllo giurisdizionale volto a rimediare eventuali imputazioni formulate in modo generico, nel corso dell'udienza preliminare si assiste a un ulteriore e **differente controllo** collegato a situazioni fattuali ben precise, destinato a salvaguardare **esigenze di economia ed efficienza processuale**, allo scopo di ridurre, ove possibile, una dispendiosa regressione del procedimento.

Detto controllo, da parte del giudice, è volto a verificare se il fatto, le circostanze aggravanti, nonché le circostanze che possono comportare l'applicazione di misure di sicurezza – contenute nell'imputazione fissata nella richiesta di rinvio a giudizio – rispondano vuoi al **quadro che emerge dagli elementi di prova già conosciuti dalle parti** per avere formato oggetto di *discovery* o per essere stati acquisiti nel corso dell'udienza preliminare, vuoi alla **definizione giuridica astratta prevista dalla norma**.

Il giudice, una volta riscontrata la suddetta **assenza di correlazione**, sollecita il pubblico ministero a **modificare l'addebito** e soltanto in caso di inerzia di quest'ultimo, sentite le parti, ricorre all'**opzione restitutoria**, con conseguente regressione del procedimento, mediante un provvedimento motivato in cui saranno indicati i profili di non corrispondenza tra le risultanze degli atti e l'imputazione (art. 423, co. 1 *bis*).

La modifica dell'addebito sarà portata a conoscenza dell'imputato con modalità analoghe a quelle previste per la modifica dell'imputazione derivante dal controllo in caso di genericità della stessa (art. 423, co. 1 *ter*).

La soluzione adottata – perlopiù laddove avvenga senza retrocessione degli atti e nel contraddittorio delle parti –, se per un verso consente il più rapido superamento dei casi problematici, per altro verso, facilita **l'accesso ai riti alternativi**, soprattutto se preclusi proprio dalla qualificazione giuridica, permettendo altresì di svolgere il **dibattimento su un oggetto corretto**.

5.4. *Segue*. *B*) Fatto diverso ... e fatto nuovo

Per concludere il tema relativo alle vicende modificative dell'imputazione, occorre fare riferimento all'**art. 423**, il quale disciplina **due tipi di nuove contestazioni**: il primo comma tratta la nuova contestazione provocata da situazioni collegate alla diversità del fatto rispetto a quello descritto nella richiesta di rinvio a giudizio, all'accertamento di un reato connesso a norma dell'art. 12, co. 1, lett. *b*, all'accertamento di una circostanza aggravante; il co. 2, invece, la nuova contestazione dovuta all'emergere di un fatto nuovo non enunciato nella richiesta di rinvio a giudizio e costituente un reato perseguibile d'ufficio.

Quanto al co. 1 dell'art. 423, se non esistono problemi di interpretazione con riferimento al **reato connesso** e alla **circostanza aggravante** – la dottrina è giunta a sostenere l'opportunità di rifarsi, per l'identificazione di tale ultimo elemento, alle tipizzazioni proprie della legge penale –, non altrettanto è possibile sostenere rispetto al «**fatto diverso**».

A riguardo, alcuni autori affermano che la «**diversità**» possa essere determinata soltanto dalla variazione dell'elemento psicologico, del nesso causale, dell'evento, del luogo o del tempo di commissione del reato, fermi restando la condotta e, quanto ai reati materiali, l'oggetto. Secondo un altro orientamento, invece, il «fatto diverso» si configurerebbe laddove il fatto indicato nella richiesta di rinvio a giudizio sia persistente nella sua essenza, potendo il requisito di diversità inerire a ognuno degli elementi costitutivi e a qualsiasi delle circostanze di cui alla descrizione stessa.

Passando ora all'ipotesi disciplinata dall'art. 423, co. 2, per «**fatto nuovo**» non deve ritenersi il fatto che sostituisce, anche solo parzialmente, il fatto contestato, ma quello che vi si aggiunge quale ulteriore ipotesi di accusa e che non integra tuttavia l'ipotesi del reato connesso a norma dell'art. 12, co. 1, lett. *b*.

La **nuova contestazione può avvenire anche dopo la discussione**, allorché il giudice dell'udienza preliminare, invece di dichiararla chiusa, ritenga di attivare le procedure di cui agli artt. 421 *bis* e 422: più precisamente, il limite cronologico iniziale per lo svolgimento di tale attività è individuato nel momento immediatamente successivo all'accertamento della regolare costituzione delle parti e, quello finale, nel momento in cui viene dichiarata chiusa la discussione ed al quale segue, senza soluzione di continuità, la deliberazione.

In relazione al **procedimento di contestazione dell'accusa disciplinato dall'art. 423, co. 1 e 1** ***ter***, occorre precisare che al pubblico ministero è riservato sia l'onere di formulare e modificare l'imputazione, sia l'onere di effettuarne la contestazione; al giudice dell'udienza preliminare, invece, è riservato il mero controllo dei limiti materiali entro i quali è possibile la modifica dell'accusa.

Modifica dell'accusa che sarà anche qui portata a conoscenza dell'imputato con le modalità di cui all'art. 421, co, 1 *bis*, che distingue, come abbiamo detto, tra l'imputato presente in udienza e quello non presente.

Il procedimento di contestazione dell'accusa modificata ai sensi dell'art. 423, co. 2, si differenzia invece dal procedimento di cui ai co. 1 e 1 *ter* della medesima disposizione: pur rimanendo di competenza del pubblico ministero, la contestazione necessita dell'autorizzazione del giudice dell'udienza preliminare e del consenso dell'imputato. In presenza dell'accordo tra pubblico ministero e imputato, il giudice dell'udienza preliminare sembra essere obbligato a consentire alla contestazione dell'accusa modificata.

6. Integrazione dell'udienza

6.1. Investigativa

Al termine della discussione prevista dall'art. 421, quando il **giudice** non sia in grado di decidere allo stato degli atti, perché **ritiene incomplete le indagini preliminari**, emette un'ordinanza con la quale indica le «ulteriori indagini, fissando il termine per il loro compimento e la data della nuova udienza preliminare». Tale provvedimento viene comunicato al procuratore generale, affinché disponga l'avocazione delle indagini, con decreto motivato, qualora lo ritenga opportuno (art. 421 *bis*).

Una corretta lettura della disposizione in esame impone di affermare che la scelta del giudice di emettere **l'ordinanza di integrazione delle indagini** non si fondi sull'assoluta impossibilità di decidere allo stato degli atti, bensì sull'opportunità di differire l'epilogo dell'udienza preliminare per evitare che qualsiasi decisione sia condizionata dalla mancanza di elementi conoscitivi, di vario segno, importanti. Ciò significa che l'impossibilità del giudice di decidere allo stato degli atti deriva dalla volontà di quest'ultimo di emettere una pronuncia a seguito di un **accertamento completo**, relativo quindi a tutte, e non soltanto ad alcune, le ipotesi di ricostruzione del fatto suggerite dagli elementi già acquisiti. Insomma, il giudice dell'udienza preliminare vuole evitare il rischio di emanare una decisione motivata da una valutazione che, in realtà, dipende da lacune investigative.

Introducendo un meccanismo parzialmente simile a quello previsto dall'art. 409, co. 4, l'art. 421 *bis* ha affidato al **giudice dell'udienza preliminare un controllo che si articola su due livelli**: prima di procedere al sindacato in ordine alla richiesta di rinvio a giudizio, egli è tenuto ad accertare il grado di completezza delle indagini svolte in sede preliminare. Tuttavia, considerato il tipo di giudizio prognostico effettuato nell'ambito dell'udienza preliminare, il giudice non dovrà emettere l'ordinanza di cui all'art. 421 *bis* ogniqualvolta riscontri elementi di incompletezza investigativa, ma soltanto laddove operi una valutazione di incompletezza che si rifletta direttamente sull'idoneità (o sull'inidoneità) degli elementi raccolti nel corso delle indagini a sostenere l'accusa in dibattimento.

Quanto al **contenuto specifico dell'ordinanza** richiamata dalla disposizione in esame, la previsione legislativa è piuttosto scarna. Sembra, dunque, corretto sostenere che il giudice possa indicare indagini sia per supportare ulteriormente la richiesta di rinvio a giudizio, sia per mettere in discussione gli elementi posti in origine a fondamento della richiesta stessa. Tuttavia, in assenza di una disciplina particolare delle indagini difensive, è difficile pensare che il destinatario delle indicazioni del giudice possa essere il difensore dell'imputato.

Per quanto riguarda il livello di precisione che deve caratterizzare le indicazioni del giudice, riteniamo che quest'ultimo debba limitarsi a prospettare **temi investigativi da approfondire**.

Il dovere di seguire le indicazioni del giudice deriva poi indirettamente dall'onere, posto in capo al pubblico ministero, di **compiere in modo tendenzialmente completo le indagini** e la **vincolatività delle indicazioni del giudice** sembra, peraltro, confermata dalla facoltà riconosciuta al procuratore generale – ai sensi dell'art. 421 *bis*, co. 2 – di avocare le indagini, con decreto motivato, dopo aver ricevuto la comunicazione dell'emissione dell'ordinanza per l'integrazione.

In relazione all'ipotesi in cui il pubblico ministero accolga **l'invito a svolgere le indagini ulteriori**, alcune precisazioni si impongono circa la durata e la natura delle stesse.

Come dispone la norma, il **periodo di durata** sarà indicato dal giudice, il quale, in assenza di una esplicita disciplina, non potrà concedere proroghe.

Quanto alla **natura**, va sottolineata la parziale diversità di obiettivi rispetto alle indagini compiute ai sensi dell'art. 326: se queste ultime sono funzionali all'esercizio dell'azione penale, le prime si pongono soltanto in una prospettiva di integrazione del materiale già acquisito, non potendo dunque esorbitare dall'ambito rappresentato dalle indicazioni del giudice.

Dopo aver svolto le indagini in conformità alle indicazioni ricevute, il **pubblico ministero si presenta nuovamente di fronte al giudice** – nell'ambito di un'udienza preliminare già fissata con l'ordinanza che ha disposto l'integrazione investigativa – per esibire gli elementi raccolti e ottenere una pronuncia in ordine alla sua originaria richiesta. I suddetti elementi dovranno, comunque, essere vagliati dal giudice, non potendo prescindere, l'udienza preliminare, dal principio di «legalità della prova» e, quindi, dal controllo di legittimità su qualsiasi atto investigativo ivi introdotto.

6.2. Probatoria

Il presupposto che consente al giudice di accedere al **supplemento probatorio** disciplinato dall'art. 422, pur essendo rappresentato dall'impossibilità di decidere allo stato degli atti, può derivare sia da una situazione che si configura al termine della discussione di cui all'art. 421, sia da una situazione che si presenta al termine dell'udienza tenutasi dopo lo svolgimento delle indagini integrative previste dall'art. 421 *bis*. La scelta del giudice di procedere all'integrazione probatoria deve dunque avvenire nell'ambito di **ipotesi ricostruttive del fatto già prospettate in modo completo dal pubblico ministero**.

Sotto il **profilo dell'ammissione delle prove**, il giudice può disporre, su richiesta o anche d'ufficio, soltanto l'ammissione di prove decisive «a discarico».

In riferimento all'**iniziativa ufficiosa da parte del giudice**, se, per un verso, essa rappresenta un momento di «inquisitorietà» destinato a segnare il superamento del principio di terzietà dell'organo giudicante, per l'altro verso, un impiego di tale **iniziativa in via integrativa**, e non sostitutiva, del potere riconosciuto alle parti, può giovare allo svolgimento dell'udienza: l'intervento d'ufficio soltanto laddove le parti non siano in grado o non vogliano accogliere il suggerimento del giudice, consentirà di evitare situazioni di *impasse* processuale.

L'assenza di un elenco tassativo induce a ritenere che l'iniziativa probatoria – di parte o d'ufficio – non incontri limiti quanto a tipologia di atti, con la conseguenza che il giudice potrà assumere qualsiasi tipo di prova. In quest'ottica, l'elenco contenuto nell'art. 422, co. 2, **non** assume **valenza limitativa**, ma di semplice specificazione per categoria di soggetti potenzialmente coinvolti.

Il **criterio qualitativo** di ammissione delle prove si concretizza nella **«evidente decisività» ai fini della pronuncia della sentenza di non luogo a procedere** e si risolve in una sorta di presunzione di irrilevanza di prove diverse da quelle che appaiono decisive per raggiungere il proscioglimento. Ciò induce a ritenere che la prova non debba rivestire un'efficacia persuasiva tale da richiedere, in fase di apprezzamento, un impegno valutativo da parte del giudice.

L'ammissione delle prove in base alla regola di cui all'art. 422, co. 1, non deve, comunque, fare ritenere che, in tale contesto, non vadano rispettati, almeno tendenzialmente, i rimanenti **princìpi generali in tema di prova**: è la stessa Relazione al progetto preliminare che inserisce, tra le diverse aree di applicazione delle disposizioni contenute nel Libro III, l'udienza preliminare, la cui giurisdizionalità – oggi, peraltro, rafforzata – esige che gli strumenti di convincimento del giudizio rispondano ai parametri di legge [18].

L'assunzione delle prove sarà immediata se le persone da sentire sono presenti; in caso contrario, viene fissata una nuova udienza e disposta la citazione di tutti quei soggetti «di cui siano stati ammessi l'audizione o l'interrogatorio». **L'audizione e l'interrogatorio potrà svolgersi anche a distanza**, qualora il giudice accerti la disponibilità dell'indispensabile strumentazione tecnica nonché la ricorrenza di eventuali circostanze indicative dell'eventualità oppure qualora vi sia, a riguardo, l'accordo tra le parti (artt. 133 *bis*-133 *ter*; art. 422, co. 2).

Nel silenzio della legge, si ritiene che la **citazione delle persone ammesse per l'audizione e l'interrogatorio** sia a carico della parte che ne ha fatto richiesta, dovendo, invece, provvedere ai compiti di notificazione della citazione, la cancelleria del giudice, per coloro che siano stati ammessi d'ufficio da parte di quest'ultimo.

Quanto, poi, alla **fase di escussione delle prove**, l'assenza di una previsione circa l'ordine di assunzione delle stesse, non può che far ritenere applicabile, in via analogica, la regola fissata per il dibattimento dall'art. 496; le prove ammesse d'ufficio saranno le ultime a essere raccolte.

L'assunzione risulta affidata al giudice dell'udienza preliminare, mentre pubblico ministero e difensori possono soltanto porre domande suo tramite nell'ordine previsto dall'art. 421, co. 2. Dopo l'escussione delle prove richieste dalle parti e di quelle ammesse d'ufficio, l'**imputato** può comunque domandare di essere sottoposto a **interrogatorio**, cui il giudice sarà tenuto a dare corso – secondo le regole previste dagli artt. 64 e 65 –, indipendente-

---

[18] *Rel. prog. prel. c.p.p.*, pp. 180-181.

mente dal fatto che esso risulti caratterizzato da evidente decisività ai fini dell'emissione della sentenza di proscioglimento. Esiste, tuttavia, come si è visto, l'opportunità, per l'imputato, di rendere l'interrogatorio «nelle forme previste dagli articoli 498 e 499»; ciò avviene su richiesta di parte e con il consenso dell'interessato.

Dopo aver assunto le prove ed eventualmente l'interrogatorio dell'imputato, il pubblico ministero e i difensori formulano e illustrano le rispettive conclusioni, ponendo il giudice nella condizione di emettere un provvedimento.

7. Epiloghi dell'udienza

7.1. Sentenza di non luogo a procedere. *A*) Presupposti e formule

Al **termine della discussione** prevista dall'art. 421 – eventualmente integrata dall'attività di cui agli artt. 421 *bis* e 422 –, il giudice dell'udienza preliminare «procede alla deliberazione pronunciando **sentenza di non luogo a procedere** o **decreto che dispone il giudizio**» (art. 424, co. 1).

In tale contesto, il legislatore è pervenuto a creare una disposizione – l'art. 425 («Sentenza di non luogo a procedere») – che distingue i **presupposti per l'emissione della sentenza** in parola in **due categorie**.

Nell'ambito della prima categoria, il giudice dell'udienza preliminare è tenuto ad emettere sentenza di non luogo a procedere qualora **emerga in positivo la prova di una delle seguenti situazioni**: a) assenza di cause di procedibilità e proseguibilità (querela, istanza, esistenza del segreto di Stato confermato dal Presidente del Consiglio dei ministri); b) insussistenza del fatto (la presunta vittima di un omicidio in realtà è morta di malattia); c) non commissione del fatto da parte dell'imputato (esistenza di una prova d'alibi); d) non previsione del fatto come reato (abrogazione della norma incriminatrice); e) non costituzione del fatto come reato (manca l'elemento soggettivo del reato ovvero sussiste una causa di giustificazione); f) non punibilità dell'imputato per qualsiasi causa (non si è realizzata una delle condizioni di cui all'art. 44 c.p.; g) esclusione della punibilità per particolare tenuità del fatto ai sensi dell'art. 131 *bis* c.p.; difetto di imputabilità per incapacità di intendere e di volere); h) estinzione del reato (prescrizione, amnistia) (art. 425, co. 1).

Nell'ambito della seconda categoria, invece, il giudice è chiamato ad emettere sentenza di proscioglimento qualora reputi che «**gli elementi acquisiti non consentono di formulare una ragionevole previsione di condanna**» (art. 425, co. 3).

Detto presupposto – in linea con i parametri di valutazione prognostica seguiti dal pubblico ministero nella scelta tra archiviazione ed esercizio dell'azione penale – imporrà al giudice dell'udienza preliminare di **rinviare a giudizio l'imputato** non per cercare la prova o per corroborare gli elementi di prova acquisiti, bensì solo **se ritiene che, ragionevolmente, il giudice del dibattimento pronuncerà sentenza di condanna**.

Su questo sfondo, qualunque **situazione di incertezza** – valutabile ovviamente allo stato degli atti – non dovrebbe più giustificare il transito al dibattimento, a prescindere dal fatto che in quella sede ci si possa avvalere di risorse cognitive più penetranti e incisive rispetto alle fasi processuali che la precedono.

Viceversa, qualunque **situazione di presunta futura colpevolezza**, seppure basata su materiale investigativo caratterizzato da una valenza "dimostrativa" provvisoria, dovrà necessariamente transitare alla fase dibattimentale ove, a seguito dell'assunzione delle prove nel contraddittorio tra le parti, potrà o essere confermata o, invece, essere demolita e approdare a una decisione favorevole all'imputato.

Da un **punto di vista sistematico**, con l'introduzione di questo nuovo parametro per la richiesta di archiviazione e per l'emissione della sentenza di non luogo a procedere, le singole fasi del processo ordinario – indagini/udienza preliminare/dibattimento – risultano oggi tutte allineate in una prospettiva unitaria valutabile alla stregua del medesimo "parametro decisorio", che rimarrà unico nell'obiettivo finale, pur adattandosi, di volta in volta, alle caratteristiche tipiche della fase in cui dovrà essere considerato.

In tale contesto, giova tuttavia osservare che la **valutazione compiuta dal giudice, nell'ambito dell'udienza preliminare**, continua a essere diversa, per ampiezza ed estensione, da quella del giudice dibattimentale. All'udienza preliminare, la connotazione della decisività richiesta per l'ammissione – peraltro solo eventuale – della prova, limita parecchio l'assunzione di elementi conoscitivi, i quali vengono raccolti dal giudice con la partecipazione soltanto indiretta delle parti. In dibattimento, invece, il giudice ammette le prove in forza di un criterio meno selettivo di quello adottato all'udienza preliminare e forma di regola il proprio convincimento sulla base di prove assunte seguendo i princìpi dell'oralità, dell'immediatezza e nel rispetto del contraddittorio.

Nella sua valutazione, il giudice dell'udienza preliminare, ai fini della pronuncia della sentenza di proscioglimento, deve **tenere conto delle circostanze attenuanti, nonché applicare l'art. 69 c.p.** in tema di concorso tra circostanze aggravanti e attenuanti (art. 425, co. 2).

Se per un verso, la disciplina in parola va ricondotta alla logica di evitare la celebrazione di **dibattimenti inutili**, in quanto destinati a concludersi con il riconoscimento di una causa di estinzione del reato, proprio in forza del gioco delle circostanze, per l'altro verso, risulta, tuttavia, difficile negare come siffatto meccanismo proietti il giudice dell'udienza preliminare in una dimensione valutativa, espressione di quella discrezionalità tecnica che trova la sede naturale al termine del dibattimento.

In tale ambito, l'art. 425, co. 4 prevede il **divieto**, in capo al giudice dell'udienza preliminare, di **emettere sentenza di non luogo a procedere** quando ritenga che dal proscioglimento possa conseguire l'applicazione di una **misura di sicurezza «diversa dalla confisca»**. Ciò che ai nostri fini preme sottolineare è l'incompatibilità, già messa in evidenza dal giudice delle leggi [19], tra il tipo di accertamento compiuto nell'ambito dell'udienza preliminare e il tipo di accertamento richiesto per l'adozione di una misura di sicurezza personale. Tale misura, essendo infatti equiparabile, dal punto di vista del contenuto afflittivo, a una vera e propria pena, presuppone un accertamento giurisdizionale in ordine non solo alla commissione del fatto da parte dell'imputato, ma anche alla pericolosità del medesimo [20].

Per quanto riguarda l'opportunità di applicare la **confisca** in caso di emissione della sentenza di non luogo a procedere, il riferimento immediato è all'art. 240, co. 2, c.p., presupponendo, il primo comma di tale disposizione, la condanna dell'imputato. Nell'ambito del co. 2, poi, dovendosi escludere la confisca delle cose che costituiscono il prezzo del reato – possibile anch'essa soltanto in caso di sentenza di condanna, di patteggiamento o di decreto penale –, rimane da considerare la confisca obbligatoria delle cose «obiettivamente criminose», applicabile pure laddove non sia stata pronunciata sentenza di condanna (art. 240, co. 2, ultimo periodo).

7.2. *Segue. B*) Contenuti eventuali, requisiti, pubblicazione e notificazione

Passando ora al **contenuto eventuale della sentenza di non luogo a procedere**, va anzitutto detto che nel dispositivo il giudice dell'udienza preliminare può dichiarare la **falsità** di un atto o di un documento acquisito al procedimento nonché ordinare la **cancellazione** – totale o parziale –, la **ripristi-**

---

[19] Corte cost., sent. n. 41 del 1993.

[20] Al riguardo, cfr. Corte cost., sent. n. 224 del 2001, che, nel dichiarare l'illegittimità, per contrasto con gli artt. 3, 24 e 111 Cost, dell'art. 34, co. 1, «nella parte in cui non prevede l'incompatibilità alla funzione di giudice dell'udienza preliminare del giudice che abbia pronunciato o concorso a pronunciare sentenza, poi annullata, nei confronti del medesimo imputato e per lo stesso fatto», ha precisato in motivazione come, in base alla nuova formulazione dell'art. 425, tra le sentenze incidenti sul «merito della causa» debba annoverarsi anche «la sentenza di non luogo a procedere per difetto di imputabilità – ora consentita, quando non ne consegua l'applicazione di una misura di sicurezza – trattandosi di sentenza» che postula «il necessario accertamento di responsabilità in ordine al fatto reato».

nazione, la **rinnovazione** o la **riforma** del suddetto atto o documento, a condizione, però, che questa attività non pregiudichi l'interesse di un terzo non intervenuto come parte (art. 425, co. 5).

Una riflessione particolare merita poi il potere riconosciuto al giudice dell'udienza preliminare in materia di **spese e danni** nell'ambito di procedimenti per **reati perseguibili a querela**.

In questo tipo di procedimenti, il proscioglimento «perché il fatto non sussiste o l'imputato non lo ha commesso», comporta pure la condanna del querelante sia al pagamento delle spese del procedimento anticipate dallo Stato[21], sia – su richiesta degli interessati e salva la compensazione totale o parziale per giusti motivi – alla rifusione delle spese sostenute dall'imputato nonché dal responsabile civile citato o intervenuto, in caso di costituzione di parte civile (art. 427, co. 1 e 2).

Il comportamento tenuto dal querelante, improntato a **colpa grave**, può condurre alla condanna di questi al risarcimento del danno cagionato all'imputato o al responsabile civile che ne abbiano fatto domanda (art. 427, co. 3).

La sentenza di proscioglimento che accerti l'**estinzione del reato per intervenuta remissione della querela** comporta la condanna dell'imputato al pagamento delle spese processuali, salvo una diversa pattuizione tra querelante e querelato in sede di redazione dell'atto di remissione della querela (art. 427, co. 5).

La sentenza di non luogo a procedere provoca, inoltre, ricadute immediate anche in punto di **libertà**, qualora venga emessa per un fatto di reato rispetto al quale l'imputato risulti detenuto (artt. 300 e 131 *bis* disp. att.).

Per quanto riguarda i **requisiti della sentenza di non luogo a procedere** – elencati tassativamente e in modo minuzioso nell'art. 426, co. 1 – va evidenziato come soltanto tre, tra essi, essendo maggiormente significativi, siano prescritti a pena di nullità: motivazione («esposizione sommaria dei motivi di fatto e di diritto su cui la decisione è fondata»); dispositivo («il dispositivo, con l'indicazione degli articoli di legge applicati»); data e sottoscrizione («la data e la sottoscrizione del giudice») (art. 426, co. 3).

---

[21] Cfr. Corte cost., sent. n. 180 del 1993, che ha dichiarato l'illegittimità, per contrasto con l'art. 3 Cost., dell'art. 427, co. 1, «nella parte in cui prevede, nel caso di proscioglimento dell'imputato per non avere commesso il fatto, che il giudice condanni il querelante al pagamento delle spese anticipate dallo Stato anche quando risulti che l'attribuzione del reato all'imputato non sia ascrivibile a colpa del querelante»; nonché Corte cost., sent. n. 423 del 1993, che ha dichiarato l'illegittimità, per contrasto con gli artt. 3 e 24 Cost., dell'art. 427, co. 1, «nella parte in cui prevede, nel caso di proscioglimento dell'imputato perché il fatto non sussiste o per non avere commesso il fatto, che il giudice condanni il querelante al pagamento delle spese anticipate dallo Stato, anche in assenza di qualsiasi colpa a questi ascrivibile nell'esercizio del diritto di querela».

Se con riferimento a quest'ultimo requisito pare sufficiente effettuare un rinvio alla disciplina di carattere generale prevista dagli artt. 110 e 111, riguardo agli altri due può essere utile soffermarsi su alcuni aspetti.

In primo luogo, la «**sommarietà**», destinata a caratterizzare la **motivazione della sentenza**, sembra ricollegabile all'impronta di agilità espositiva che si è voluto assicurare alla decisione che qui importa e non a un'eventuale approssimazione di contenuti, dovendo comunque emergere, dalla sentenza, in modo compiuto, i percorsi logico-giuridici attraverso i quali il giudice dell'udienza preliminare è pervenuto alla decisione in punto di diritto e di fatto nonché i criteri da questi adottati nella valutazione delle prove.

In secondo luogo, il **dispositivo** – che rappresenta l'elemento principale della sentenza –, se, per un verso, esprime, in forma sintetica, il contenuto decisorio in relazione alle varie formule liberatorie e alle restanti eventuali predisposizioni accessorie, per l'altro verso, nel richiedere «l'indicazione degli articoli di legge applicati», prospetta l'esigenza di renderne comprensibile al massimo la portata.

Dal punto di vista tecnico, la **redazione dei motivi della sentenza di non luogo a procedere** viene di regola effettuata immediatamente, al termine dell'udienza, ma, laddove ciò non risulti possibile, il giudice dell'udienza preliminare provvede entro trenta giorni dalla pronuncia (art. 424, co. 4).

La sentenza viene **pubblicata** mediante lettura in udienza nonché depositata immediatamente in cancelleria, ove le parti hanno diritto di ottenerne copia (art. 424, co. 2 e 3). Se per le parti presenti la lettura sostituisce la notificazione, per gli assenti vale la regola, di carattere generale, in forza della quale l'avviso di deposito deve essere notificato a tutti coloro ai quali spetta il diritto di impugnare. L'avviso, poi, deve essere comunque notificato a tutti i soggetti – assenti o presenti in udienza – qualora la motivazione sia depositata oltre il trentesimo giorno dalla pronuncia della decisione.

7.3. Decreto che dispone il giudizio: requisiti e invalidità

In alternativa alla sentenza di non luogo a procedere, il nostro ordinamento prevede, all'art. 429, il **decreto che dispone il giudizio**, volto a realizzare la ***vocatio in iudicium* dell'imputato**, ove risulti verificata la fondatezza della richiesta in tal senso operata dal pubblico ministero.

Nella sua formulazione, l'art. 429, co. 1, prevede che **il decreto contenga**, al di là delle indicazioni utili all'identificazione dell'imputato, delle parti private e dei loro difensori (lett. *a*), l'indicazione della persona offesa, se nota (lett. *b*), «l'enunciazione, in forma chiara e precisa, del fatto, delle circostanze aggravanti e di quelle che possono comportare l'applicazione di misure di sicurezza, con l'indicazione dei relativi articoli di legge» (lett. *c*), nonché «l'indicazione sommaria delle fonti di prova e dei fatti cui esse si riferiscono» (lett. *d*). Il contenuto viene poi completato dall'avviso all'imputato e alla persona offesa della facoltà di accedere ai programmi di giustizia riparativa (lett. *d bis*), dalla vera e propria convocazione in udienza, che implica «l'indicazione del giudice competente per il giudizio» (lett. *e*), «l'indicazione del luogo, del giorno e dell'ora dell'udienza per la prosecuzione del processo davanti al giudice del dibattimento (lett. *f*), nonché «la data e la sottoscrizione del giudice e dell'ausiliario che l'assiste» (lett. *g*).

Nel considerare partitamene i suddetti elementi, preme osservare come l'art. 429, imponendo di richiamare, nell'ambito del decreto, il **profilo soggettivo dell'imputazione**, delle altre situazioni legittimanti, della persona offesa e dei difensori (lett. *a* e *b*), se in generale ha inteso perseguire una prospettiva volta a soddisfare un'esigenza di completezza della contestazione, in particolare ha voluto adeguare la disciplina in esame alle regole dettate per l'intervento, in sede dibattimentale, delle parti private diverse dall'imputato e della vittima del reato.

Per quanto concerne, poi, l'indicazione specifica del ***thema decidendum in facto*** (lett. *c*), da un punto di vista sistematico, va letta in una prospettiva volta a creare una disciplina unitaria con la richiesta di rinvio a giudizio, mentre, sotto il profilo funzionale, è destinata ad assicurare, in maniera pregnante, il diritto di difesa dell'imputato, esplicabile solo di fronte a un'accusa compiutamente e dettagliatamente formulata, nel rispetto dell'art. 111, co. 3, Cost.

Con **«l'indicazione sommaria delle fonti di prova e dei fatti cui esse si riferiscono»** (lett. *d*), il legislatore ha voluto evitare che il decreto dovesse contenere una motivazione argomentata, al fine di impedire che il giudice del dibattimento possa essere influenzato dalla ricostruzione dei fatti proposta dal giudice dell'udienza preliminare.

Mediante **l'avviso all'imputato e alla persona offesa dell'opportunità di accedere ai programmi di giustizia riparativa** (lett. *d bis*), si è voluto introdurre anche in questa fase – in linea con una disciplina organica della giustizia riparativa – il riconoscimento al reo di una possibilità di recupero in una prospettiva peraltro di una pragmatica esigenza di deflazione del carico giudiziario e di conseguente sfoltimento delle strutture penitenziarie.

Venendo alle indicazioni volte a individuare il **giudice competente per il giudizio**, nonché il **tempo** e il **luogo di svolgimento** (lett. *e* e *f*), vale la pena di ricordare come esse siano il frutto di un meccanismo normativo (artt. 429, 132 e 132 *bis* disp. att.), in forza del quale spetta al presidente del Tribunale stabilire e comunicare al giudice dell'udienza preliminare il giorno, l'ora e, quando occorre, la sezione ove comparire.

Con riferimento, infine, alla **data** e alla **sottoscrizione del giudice e dell'ausiliario che l'assiste** (lett. *g*), merita osservare come gli elementi in parola risultino oggi determinanti per individuare in modo corretto il momento di formazione del decreto, ritenendosi che la sottoscrizione dell'ausiliario sia volta a certificare l'autenticità dell'atto, avuto riguardo anche alla data.

Nel disegnare l'articolata disciplina del decreto che dispone il giudizio, l'art. 429, co. 2, prende poi esplicitamente in considerazione i **vizi riguardanti il contenuto** dello stesso, andando a sancirne la nullità in caso di incerta identificazione dell'imputato ovvero quando manchi o sia insufficiente l'individuazione del *thema decidendum in facto* o degli estremi di tempo e di luogo della citazione in udienza per la prosecuzione del processo davanti al giudice del dibattimento.

Se risulta possibile parlare di **nullità a regime assoluto** in caso di errata indicazione vuoi della data di comparizione vuoi del giudice competente per il giudizio nonché di omessa citazione dell'imputato (artt. 178, co. 1, lett. *c*, e 179), si deve invece parlare di **nullità a regime relativo** in caso di mancante o insufficiente enunciazione del fatto oggetto dell'imputazione (art. 181).

Così strutturato, il decreto di citazione a giudizio viene portato a conoscenza delle parti presenti all'udienza preliminare tramite la **lettura effettuata dal giudice ai sensi dell'art. 424**, assicurando comunque la nuova disciplina in tema di assenza la consapevolezza, da parte dell'imputato, di essere sottoposto a processo e pertanto la conoscenza – effettiva o presunta – della data disposta per lo svolgimento del dibattimento[22].

Tra la data del decreto e la data fissata per il giudizio deve intercorrere un **termine dilatorio non inferiore a venti giorni**, e, comunque, non superiore a sessanta in caso di procedimento per omicidio colposo in materia stradale o d'infortuni sul lavoro (art. 429, co. 3 e 3 *bis*).

È evidente che i termini richiamati – previsti a pena di nullità a regime intermedio – servono alle parti per prepararsi in modo adeguato ad affrontare il dibattimento.

8. Vicende collegate alla sentenza di non luogo a procedere

8.1. Impugnazioni

La L. 23.6.2017, n. 103, apportando alcuni significativi aggiustamenti all'art. 428 così come introdotto dalla L. 20.2.2006, n. 46, ha sostanzialmente replicato lo schema di base della disciplina dell'impugnazione della sentenza di non luogo a procedere contenuta nel testo originario della norma prevista nel 1988.

---

[22] L'art. 133, co. 1 *bis*, disp. att., prevede inoltre che il decreto sia «comunicato alle amministrazioni o enti di appartenenza quando è emesso nei confronti di dipendenti di amministrazioni pubbliche o di enti pubblici ovvero di enti a prevalente partecipazione pubblica, per alcuno dei delitti previsti dagli articoli 314, primo comma, 317, 318, 319 *ter*, 319 *quater* e 320 del codice penale e dall'articolo 3 della legge 9 dicembre 1941, n. 1383».

Legittimati a proporre appello avverso la sentenza di non luogo a procedere – per motivi vuoi di fatto vuoi di diritto – sono il procuratore generale, il procuratore della Repubblica e l'imputato. Se il procuratore generale potrà appellare soltanto nei casi di avocazione o qualora il procuratore della Repubblica abbia prestato acquiescenza alla sentenza (art. 593 *bis*, co. 2), l'imputato, carente d'interesse, non potrà proporre appello nei confronti della sentenza pronunciata per insussistenza o non commissione del fatto.

La **persona offesa**, invece, può proporre appello unicamente contro la sentenza di proscioglimento affetta da nullità ai sensi dell'art. 419, co. 7, vale a dire quella nullità che si verifica quando sia stata omessa o compiuta tardivamente la notificazione relativa all'avviso del giorno, dell'ora e del luogo dell'udienza preliminare e alla richiesta di rinvio a giudizio.

A chiunque rimane tuttavia preclusa la possibilità di appellare «[...] le sentenze di non luogo a procedere relative a **reati puniti con la sola pena pecuniaria o con pena alternativa**».

Sull'impugnazione proposta provvede la Corte d'appello in camera di consiglio, tenuta a seguire percorsi decisori diversi a seconda che l'appello sia stato presentato dal rappresentante dell'accusa o dall'imputato.

Nel primo caso, la Corte, se **non conferma** la sentenza di proscioglimento, può pronunciare sia decreto che dispone il giudizio – nonché formare, di conseguenza, il fascicolo del dibattimento secondo le disposizioni degli articoli 429 e 431 [23] –, sia sentenza di non luogo a procedere con formula meno favorevole all'imputato.

In caso di **gravame proposto dall'imputato**, invece, la Corte d'appello, se non conferma la decisione di proscioglimento, pronuncia sentenza di non luogo a procedere con formula più favorevole, dando attuazione, anche in questa fase, al divieto di *reformatio in peius*.

Nei confronti della decisione di proscioglimento emessa dalla Corte di appello – ovvero in presenza di una sentenza che conferma quanto deciso dal giudice dell'udienza preliminare – il procuratore generale e l'imputato possono proporre **ricorso** – soltanto per violazione di legge (art. 606, co. 1, lett. *a*, *b*, *c*) – davanti alla Corte di cassazione, tenuta a decidere in camera di consiglio con le forme di cui all'art. 611, vale a dire sull'instaurazione di un eventuale dialogo scritto, senza intervento dei difensori.

8.2. Revoca

Accanto all'impugnazione ordinaria, il codice prevede la revoca della sentenza di non luogo a procedere (artt. 434-437).

---

[23] Cfr. *infra*, par. 9.1.

Tale istituto, in presenza di determinati presupposti, consente al pubblico ministero di ottenere dal giudice per le indagini preliminari, a seguito di un'udienza, o la **fissazione dell'udienza preliminare** o la **riapertura delle indagini**.

Se la sentenza suscettibile di revoca deve essere un provvedimento non più soggetto a impugnazione, la condizione posta dal legislatore per la revoca è la **sopravvenienza o la scoperta «di nuove fonti di prova che da sole o unitamente a quelle già acquisite possano determinare il rinvio a giudizio»**. Ciò significa che l'art. 434 deve essere interpretato nel senso di ricomprendere sia le fonti di prova che si sono rese disponibili soltanto dopo la pronuncia della sentenza di proscioglimento, sia quelle che, pur essendo disponibili prima di quel momento, non sono state acquisite durante le indagini.

Sotto il **profilo soggettivo**, la procedura in esame coinvolge, da una parte, il pubblico ministero, legittimato a dare impulso alla richiesta di revoca, e dall'altra parte, il giudice per le indagini preliminari, competente a conoscere dell'imputazione ritenuta in sentenza.

Con riferimento al **contenuto della domanda** subordinata alla richiesta di revoca – rinvio a giudizio o riapertura delle indagini –, esso varia a seconda che le nuove fonti di prova siano già state acquisite o siano ancora da acquisire: nel primo caso, le fonti devono essere allegate alla domanda, nel secondo, soltanto indicate.

La **richiesta avanzata dal pubblico ministero** subisce, da parte del giudice per le indagini preliminari, un duplice controllo, volto a vagliarne dapprima l'**ammissibilità** e, in seguito, la **fondatezza**.

Il primo controllo si conclude con l'ordinanza che dichiara l'inammissibilità della richiesta oppure con la fissazione dell'udienza nel corso della quale verrà discussa la domanda del pubblico ministero. Questa udienza si svolge con le **forme previste dall'art. 127** ed è diretta a valutare, appunto, la fondatezza della richiesta, vale a dire la «sopravvenienza» o la «scoperta» delle fonti di prova da acquisire o acquisite, la loro «novità» nonché la loro idoneità a determinare, anche insieme ad altri elementi conoscitivi raccolti in precedenza, il rinvio a giudizio. L'udienza si conclude con **l'ordinanza di rigetto della domanda** del pubblico ministero, ovvero con **l'ordinanza di revoca della sentenza di non luogo a procedere**. A quest'ultima segue la fissazione dell'udienza preliminare ove il pubblico ministero abbia formulato richiesta di rinvio a giudizio; la riapertura delle indagini, ove le nuove fonti di prova non siano state ancora acquisite.

Nel primo caso, la fissazione dell'udienza viene comunicata mediante l'avviso agli interessati presenti, sostituito invece dalla notificazione in loro favore se assenti.

Nel caso in cui, avvenuta la revoca della sentenza di non luogo a procedere, il giudice per le indagini preliminari disponga con ordinanza la **riapertura delle indagini**, egli deve fissare anche un termine non superiore a sei mesi per il loro svolgimento. Pure questo provvedimento – alla stregua di quello che fissa l'udienza preliminare – deve essere comunicato o notificato a tutti i soggetti cui è dovuto l'avviso in camera di consiglio.

L'attività investigativa svolta dal pubblico ministero o dalla polizia giudiziaria in questa fase sarà disciplinata dalle regole ordinarie in tema di indagini preliminari e, coerentemente con tale impostazione, l'art. 436, co. 4, ripropone, alla scadenza del termine dei sei mesi, l'alternativa tra la richiesta di rinvio a giudizio e quella di archiviazione.

Avverso l'ordinanza che rigetta la richiesta di revoca o che la dichiara inammissibile, il pubblico ministero può **ricorrere per cassazione** limitatamente ai motivi di cui all'art. 606, co. 1, lett. *b*, *d*, *e* (art. 437). L'esito negativo del ricorso non preclude una nuova richiesta purché fondata su elementi diversi.

9. Vicende collegate al decreto che dispone il giudizio

9.1. Formazione dei fascicoli processuali

Immediatamente dopo l'emissione del decreto che dispone il giudizio, il giudice dell'udienza preliminare provvede di persona alla **formazione del fascicolo dibattimentale** nel contraddittorio delle parti, potendo comunque tale incombente slittare a un'udienza successiva, da tenersi nell'arco di quindici giorni, quando una delle parti lo richieda (art. 431, co. 1).

Il **contraddittorio** attuato in questa sede consente un controllo preventivo sulla selezione degli atti, volto a evitare un appesantimento della fase dibattimentale per questioni collegate alla composizione del fascicolo.

Spostando l'attenzione sull'**udienza per la formazione del fascicolo** – da tenersi «non oltre il termine di quindici giorni» –, la lettera della legge sembra imporre al giudice l'obbligo di fissarla ogniqualvolta la parte lo richieda. Reale è, dunque, il rischio di un uso strumentale del meccanismo in parola.

La ***ratio*** sottesa alla norma che prevede questa nuova udienza va colta, in generale, nell'esigenza di consentire una più meditata riflessione circa la composizione del fascicolo, e in particolare, nell'esigenza di facilitare un accordo tra le parti per l'inserimento nel fascicolo dibattimentale di atti contenuti nel fascicolo del pubblico ministero o relativi all'attività di investigazione difensiva (art. 431, co. 2).

Passando ora alle **modalità** che caratterizzano la procedura in parola, se è pacifico che essa debba svolgersi con le forme del rito camerale alla presenza del pubblico ministero e del difensore dell'imputato, qualche incertezza esiste, invece, in ordine alla gestione degli interventi delle parti. Nel silenzio del legislatore, riteniamo che laddove non sussista accordo sull'inserimento di un atto nel fascicolo, il pubblico ministero e i difensori delle parti private potranno dare vita a una discussione «contenuta nei limiti di tempo strettamente necessari», nella quale non sono ammesse repliche. Si tratta di una soluzione, già prevista dall'art. 491, co. 3 per le questioni preliminari, applicabile al caso di specie sulla base di un'uguaglianza di fondamento pratico.

Per quanto riguarda, poi, il **contenuto**, a norma dell'art. 431, co. 1, sono collocati nel **fascicolo per il dibattimento**: gli atti relativi alla procedibilità dell'azione penale e all'esercizio dell'azione civile (lett. *a*); i verbali degli atti non ripetibili compiuti dalla polizia giudiziaria (lett. *b*); i verbali degli atti non ripetibili compiuti dal pubblico ministero e dal difensore (lett. *c*); i documenti acquisiti all'estero mediante rogatoria internazionale e i verbali degli atti non ripetibili assunti con le stesse modalità (lett. *d*); i verbali degli atti assunti nell'incidente probatorio (lett. *e*); i verbali degli atti ripetibili assunti all'estero a seguito di rogatoria internazionale ai quali i difensori sono stati posti in grado di assistere e di esercitare le facoltà loro consentite dalla legge italiana (lett. *f*); il certificato generale del casellario giudiziario e gli altri documenti indicati nell'art. 236[24] (lett. *g*); il corpo del reato e le cose pertinenti al reato, qualora non debbano essere custoditi altrove (lett. *h*).

Sebbene l'**elencazione** di cui all'art. 431, co. 1, sia da ritenersi **tassativa** due sono i dati che rischiano, in concreto, di mettere in discussione questa tassatività: da un lato, la circostanza che nel codice non sono tipizzati gli **atti irripetibili** e stabiliti i criteri in forza dei quali questi atti dovrebbero essere considerati tali[25]; dall'altro lato, l'art. 431, co. 2, prevede l'acquisizione al fascicolo dibattimentale, su **accordo delle parti**, di «atti contenuti nel fascicolo

---

[24] Nonché copia del cartellino fotodattiloscopico con indicazione del codice univoco identificativo, quando si procede nei confronti di un apolide o di altre persone aventi situazioni analoghe sotto il profilo della cittadinanza.

[25] Cass., Sez. Un., 18.12.2006, Greco, sottolinea come sia necessario effettuare una interpretazione costituzionalmente orientata dell'art. 431 alla luce dell'art. 111 Cost., che impone il contraddittorio come regola per la formazione della prova e prevede come eccezionale il caso della accertata impossibilità di natura oggettiva. Con riferimento a quest'ultima situazione, un'interpretazione costituzionalmente orientata obbliga a delimitare gli atti acquisibili al dibattimento alle sole ipotesi nelle quali «la rinnovazione sia effettivamente ed oggettivamente impossibile». Ciò che attribuisce la natura di "non ripetibilità" a un atto «è la caratteristica di non essere riproducibile in dibattimento», caratteristica che ricorre soltanto qualora l'atto abbia quei requisiti «di genuinità e affidabilità che possono derivare soltanto da quell'attività di immediata percezione cristallizzata in un verbale che inevitabilmente andrebbe dispersa ove si attendesse il dibattimento».

del pubblico ministero, nonché della documentazione relativa all'attività di investigazione difensiva».

A riguardo, preme osservare come mediante l'introduzione di un **meccanismo a base consensuale** si sia voluto certamente valorizzare il potere dispositivo delle parti, seguendo una logica di ispirazione accusatoria che tende a esaltare la volontà del singolo all'interno del procedimento, ma si sia eroso ulteriormente quel sistema processuale basato sulla separazione delle fasi, che consentiva l'ingresso, nel fascicolo dibattimentale, soltanto a elementi conoscitivi raccolti nel rispetto di determinate garanzie. Tale soluzione trova tuttavia, oggi, una giustificazione, in sede costituzionale, nella regola sancita dall'art. 111, co. 5, laddove prevede una deroga al principio del contraddittorio «per consenso dell'imputato», che non significa un accertamento convenzionale dei fatti con la possibilità, per accusa e difesa, di disporre dell'oggetto del processo, in quanto rimane costante il controllo, da parte del giudice, circa tutti i passaggi salienti del procedimento probatorio[26].

Quanto, poi, ai **limiti oggettivi dell'accordo tra le parti**, la genericità che caratterizza il testo della disposizione fa presumere che in teoria qualsiasi atto compiuto o raccolto nel corso delle indagini o dell'udienza preliminare sia suscettibile di entrare nel fascicolo dibattimentale[27], con esclusione, ovviamente, di quelli viziati da inutilizzabilità c.d. patologica o da nullità a regime assoluto, non potendo avere, il suddetto accordo, efficacia sanante nei confronti di atti così formati[28].

Venendo ora al **fascicolo del pubblico ministero**, va sottolineato come esso risulti composto, in ogni caso, dagli atti diversi da quelli previsti dall'art. 431, dagli atti acquisiti all'udienza preliminare nonché dal verbale dell'udienza preliminare (art. 433, co. 1) e, eventualmente, dalla documentazione relativa all'attività integrativa d'indagine compiuta dal pubblico ministero e dal difensore dell'imputato, utilizzata dalle parti per formulare richieste al giudice del dibattimento, a condizione che le richieste stesse siano state accolte (art. 433, co. 3).

---

[26] Corte cost., sent. n. 184 del 2009, secondo cui «gli accordi che intercorrono tra le parti in ordine alla formazione del fascicolo per il dibattimento, non escludono affatto il diritto di ciascuna di esse ad articolare pienamente i rispettivi mezzi di prova, secondo l'ordinario, ampio potere loro assegnato per la fase dibattimentale».

Seguendo il ragionamento della Corte costituzionale, sembra che risulti ammissibile, accanto a una "acquisizione concordata" destinata a sostituire completamente l'acquisizione della prova orale nel contraddittorio tra le parti in dibattimento, una sorta di "acquisizione concordata" con lo specifico scopo di affiancare il verbale relativo all'atto di indagine alla prova orale ottenuta in dibattimento nel contraddittorio tra le parti.

[27] Per Corte cost., ord. n. 290 del 2011 e Corte cost., sent. n. 184 del 2009, è altresì legittimo l'accordo tra le parti volto all'acquisizione dell'intero fascicolo delle indagini preliminari.

[28] Cass., Sez. Un., 30.6.2000, Tammaro.

9.2. Attività integrativa di indagine

La necessità di assicurare una **continuità investigativa** volta al reperimento di ulteriori fonti di prova anche negli spazi processuali contenuti tra la richiesta di rinvio a giudizio e l'inizio della fase dibattimentale, rappresenta il fondamento non solo dell'attività compiuta ai sensi dell'art. 419, co. 3, (indagini c.d. suppletive), ma anche di quella svolta a norma dell'art. 430 (indagini integrative).

L'art. 430 ha riconosciuto, al co. 1 – al limitato fine di avanzare richieste al giudice del dibattimento – il potere al pubblico ministero e al difensore di compiere, nel periodo che segue la pronuncia del decreto che dispone il giudizio, ogni **attività di indagine integrativa che non preveda la partecipazione dell'imputato o del suo difensore**; e al co. 2, il **deposito immediato**, nella segreteria del pubblico ministero, della documentazione relativa all'attività compiuta, con facoltà, per le parti, di prenderne visione ed estrarne copia.

Da un **punto di vista strutturale**, preme osservare come le indagini integrative si presentino eccentriche, rispetto alle indagini ordinarie, sotto il profilo vuoi degli obiettivi vuoi dei contenuti.

Quanto al primo aspetto, è sufficiente evidenziare come le **indagini** compiute ai sensi dell'art. 326 siano **funzionali** all'esercizio dell'azione penale, mentre quelle **integrative** – essendo già stata formulata l'imputazione – alle **richieste dibattimentali**.

Riguardo poi al profilo concernente il **contenuto degli atti**, se per un verso sembrano escluse attività d'iniziativa della polizia giudiziaria, per l'altro verso – in forza del combinato degli artt. 431 e 433 – riteniamo impossibile l'assunzione di atti irripetibili, risultando, infatti, incomprensibile che un atto, destinato per sua natura ad appartenere al fascicolo per il dibattimento, finisca viceversa nel fascicolo del pubblico ministero e, per giunta, soltanto quando il giudice abbia accolto una richiesta di parte, cui egli abbia dato spunto.

Infine, nel precludere ogni attività che richieda la partecipazione dell'imputato o del suo difensore, l'art. 430, co. 1, pare abbia voluto **vietare il compimento di qualsiasi atto «garantito»**: ciò si spiega sia con la possibilità di assumere al dibattimento atti «garantiti» rinviabili, sia con la possibilità di assumere mediante il meccanismo previsto dall'art. 467 atti «garantiti» non rinviabili.

Capitolo XV

Il giudizio ordinario

di *Giulio Garuti*

1. Premessa

Il codice dedica un intero Libro – il VII – alla disciplina del giudizio di primo grado, suddiviso, a sua volta, in tre titoli, incaricati rispettivamente di regolare altrettante fasi, ovvero gli «atti preliminari al dibattimento», il «dibattimento» e la «sentenza».

Da un punto di vista funzionale, ognuna di queste fasi risulta specificamente caratterizzata.

Gli **«atti preliminari al dibattimento»**, se in generale sono chiamati a svolgere essenzialmente una funzione «preparatoria» destinata a disegnare le linee del futuro dibattimento, nello specifico, possono essere ricondotti, funzionalmente, a una triplice tipologia: *a*) atti con funzione strettamente preparatoria (preordinazione) (artt. 465, 466 e 468); *b*) atti con funzione probatoria (predisposizione) (art. 467); *c*) atti con funzione decisoria (predelibazione) (art. 469).

La fase dedicata al «**dibattimento**», poi, nel rappresentare il momento centrale del processo, in quanto sede prioritaria per elaborare la prova e argomentare in ordine all'oggetto dell'imputazione, può essere funzionalmente distinta in quattro blocchi: *a*) disposizioni generali (artt. 470-483); *b*) atti introduttivi (artt. 484-495); *c*) istruzione dibattimentale (artt. 496-522); *d*) discussione (artt. 523-524).

Infine, la fase dedicata alla «**sentenza**», pur richiamando formalmente un provvedimento statico, racchiude tutti gli «atti successivi al dibattimento», andando a enucleare sia le modalità seguite dal giudice in sede di deliberazione (artt. 525-528), redazione, pubblicazione, correzione e deposito della sentenza (artt. 544-548), sia le diverse tipologie decisorie alle quali il giudice può pervenire (artt. 529-543).

In via di premessa, va inoltre sottolineato come il **concetto di «giudizio»** non coincida né con quello di «processo» né con quello di «dibattimento» e come il concetto di «udienza» non coincida, a sua volta, con quello di «dibattimento».

Infatti, il giudizio, se da un lato rappresenta una fase – peraltro soltanto eventuale – del processo, dall'altro lato, non coincide con il dibattimento, risultando sicuramente più ampio di quest'ultimo, in quanto lo comprende.

Il termine «udienza», poi, è stato adottato per indicare il tempo di una singola giornata dedicato allo svolgimento di uno o più dibattimenti, mentre il termine «dibattimento», la trattazione in udienza di un determinato processo.

2. Atti preliminari al dibattimento

2.1. Atti del presidente e facoltà dei difensori

Il Titolo I del Libro VII, dedicato agli «Atti preliminari al dibattimento», apre con l'art. 465, che disciplina gli «**Atti del presidente del tribunale o della Corte d'assise**».

In particolare, il presidente, una volta ricevuto il decreto che dispone il giudizio, ha il **potere di anticipare o differire**, con decreto, la **data dell'udienza**, per una sola volta, laddove sussistano giustificati motivi[1]. Ci tro-

[1] Cass., Sez. Un., 18.6.1993, Garonzi, ha precisato che i «giustificati motivi» devono essere diversi da quelli afferenti alla nullità della citazione in giudizio o della sua notifica.

viamo, insomma, di fronte a una facoltà strumentale alle esigenze di celerità e semplificazione delle procedure, in grado di evitare, presenti determinate condizioni, la regressione del rito alla fase dell'udienza preliminare.

Se la data originaria dell'udienza viene stabilita, ai sensi dell'art. 132, co. 2, disp. att., dal presidente del Tribunale, su richiesta del giudice dell'udienza preliminare, in forza di criteri individuati dal Consiglio Superiore della Magistratura, i «**giustificati motivi**» che ne consentono lo spostamento, si concretizzano, in definitiva, in un potere discrezionale, assolutamente duttile e variegato, che non trova limiti né nell'obbligo di motivazione, né in sanzioni processuali per variazioni ingiustificate o disposte per più di una volta.

Il **decreto che contiene la variazione della data di udienza** è comunicato al pubblico ministero ai sensi dell'art. 153, co. 2, nonché notificato alle parti private, ai difensori e alla persona offesa, la quale viene avvisata, indipendentemente dal fatto che sia costituita parte civile nel processo – qualora sussista identità con il danneggiato – o che abbia nominato un difensore. Nell'ipotesi di anticipazione dell'udienza, ferma restando l'osservanza del termine minimo di venti giorni tra la data che dispone il giudizio e quella fissata per il dibattimento, il provvedimento deve essere comunicato e notificato alle parti, almeno sette giorni prima della nuova udienza, allo scopo di consentire loro l'esercizio di un effettivo diritto di difesa.

Immediatamente dopo la disposizione che regola gli «Atti del presidente [...]», è stato collocato l'art. 466 che, sotto la rubrica «**Facoltà dei difensori**», richiama, oltre a queste, anche le **facoltà riconosciute alle parti processuali**. Ai sensi della suddetta norma, nel periodo che corre tra la notificazione del decreto che dispone il giudizio e la data in cui è stata fissata l'udienza – ovvero nel maggior tempo che dovesse risultare in forza del rinvio del dibattimento ai sensi dell'art. 465 – le parti e i loro difensori hanno la facoltà di prendere visione, nel luogo in cui si trovano, delle cose sequestrate, di esaminare in cancelleria gli atti e i documenti raccolti nel fascicolo per il dibattimento e di estrarne copia. Evidente il limite, in capo alle parti e ai loro difensori, relativo all'esame di cose sequestrate che richieda l'utilizzo di strumentazioni tecniche ovvero l'intervento di tecnici.

2.2. Atti urgenti

Nel tentativo di evitare incertezze e vuoti di competenza, nella transizione tra una fase processuale e l'altra, l'art. 467, sotto la rubrica «**Atti urgenti**», identifica **i casi e le modalità di assunzione delle prove non rinviabili**, mediante il riconoscimento, in capo al presidente del Tribunale o della Corte d'assise, dell'opportunità di assumere, «a richiesta di parte», nel periodo processuale che corre tra la data in cui è stato fissato il dibattimento e la data del dibattimento stesso, le «prove non rinviabili» nei casi previsti dall'art. 392. Tale attività, se per un verso viene compiuta osservando le forme previste per la fase dibattimentale e previo avviso alle parti, del loro compimento almeno ventiquattro ore prima, per l'altro verso, trova ingresso, mediante verbalizzazione, nel fascicolo per il dibattimento.

Sul piano dei **contenuti**, va rilevato come, dal testo dell'art. 467, si evinca che, in questo ambito, le **prove suscettibili di essere raccolte**, «[n]ei casi previsti dall'art. 392», siano quelle «**non rinviabili**». A riguardo, occorre domandarsi se tale specificazione, in luogo di un richiamo più generale alle ipotesi di incidente probatorio, abbia un significato particolare.

Aderendo a un'**interpretazione di carattere meramente letterale**, destinata a individuare il concetto di «non rinviabilità» con la situazione di indifferibilità riconducibile all'accertato pericolo di dispersione, risulterebbe possibile raccogliere, in sede di atti urgenti, soltanto quelle prove, richiamate dall'art. 392, co. 1, nell'ambito delle lett. *a*, *b*, *e*, *f*, *g*.

Ove però si acceda a un'**interpretazione** del concetto in parola **di tipo sistematico**, occorre sottolineare come la «non rinviabilità» debba essere letta in una dimensione poliedrica, ovvero riferibile a una pluralità di situazioni caratterizzate da una sorta di previsione, talvolta, di non riassumibilità e, tal'altra, di non utile riassumibilità, determinata da contingenti fattori di rischio – non attinenti alle caratteristiche intrinseche dell'atto – suscettibili di essere provati o presunti *ex lege*. Da qui, situazioni di «non rinviabilità» naturali, collegate al rischio della dispersione della prova o dell'inquinamento della stessa e presunte, riconducibili alla debolezza dei soggetti dichiaranti o alla loro esposizione costante a minacce o promesse; nonché funzionali, riferibili al tentativo di salvaguardare la concentrazione del dibattimento. Seguendo questa impostazione, si dovrebbe allora concludere che tutti gli atti da assumere con le forme dell'incidente probatorio sono caratterizzati da una sorta di «non rinviabilità» e, in quanto tali, suscettibili di essere anche intesi come «atti urgenti» ai sensi dell'art. 467, co. 1.

Se la prima soluzione rischia di apparire eccessivamente rigida, la seconda – pur risultando in parte forzata – sembra essere più convincente, nonché avvalorata dalla rubrica dell'art. 467, co. 1, solo che si consideri «urgente» ogni atto suscettibile di andare disperso – anche soltanto sotto il profilo della genuinità – qualora ne venga rinviata l'assunzione al dibattimento.

Qualche riflessione meritano, ora, determinati profili riguardanti le **modalità di assunzione delle prove «non rinviabili»**.

In primo luogo, va osservato come i **soggetti legittimati a formulare la richiesta di prova** debbano essere tutte le parti già regolarmente costituite, dato che l'art. 392 – norma alla quale rinvia l'art. 467 – risente, necessariamente, delle peculiarità di una fase che postula l'assenza di parti in senso tecnico.

Quanto ai **tempi**, il *dies a quo* per la proposizione dell'istanza relativa all'atto non rinviabile, non può che essere rappresentato dal momento in cui viene emesso il decreto che dispone il giudizio, mentre il termine finale coincide con l'inizio degli atti introduttivi al dibattimento.

2.3. Citazione di testimoni, periti e consulenti tecnici

Ai sensi dell'art. 468, co. 1, le parti «che intendono chiedere l'esame di testimoni, periti o consulenti tecnici nonché delle persone indicate nell'articolo 210» sono tenute, «a pena di inammissibilità», a depositare, nella cancelleria del giudice del dibattimento, almeno sette giorni prima della data fissata per lo svolgimento di quest'ultimo, «la **lista con la indicazione delle circostanze su cui deve vertere l'esame**».

Da un punto di vista sistematico, l'attività di presentazione delle liste «testimoniali» tende a svolgere una prevalente **funzione di *discovery***, dettando un implicito divieto di introduzione di prove a sorpresa.

Guardando al **contenuto «soggettivo» della lista**, se il mancato richiamo all'esame delle parti lascia chiaramente intendere come tali prove risultino ammissibili senza bisogno di alcuna indicazione – esse non costituiscono di certo una sorpresa, essendo le parti immanenti al processo –, autonomo spazio di attenzione merita, invece, la questione inerente all'inserimento, in tale atto, del nome vuoi della **persona offesa dal reato**, vuoi dell'**imputato nello stesso procedimento**, chiamato a rendere dichiarazioni nei confronti di altre persone, senza assumere la veste di testimone.

Pur non essendovi alcun dubbio in ordine alla natura di testimone essenziale dell'**offeso**, la soluzione del problema trattato non pare debba essere cercata nel valore gnoseologico delle informazioni che può rendere tale soggetto, ma nei meccanismi processuali – esame e controesame – destinati a consentire l'acquisizione del suo contributo al dibattimento, il corretto funzionamento dei quali trova ragione nell'attività collegata al deposito delle liste. Da qui, la necessità di inserire il nominativo della persona offesa nell'elenco dei testimoni, qualora le parti abbiano l'esigenza di sentirla in tale veste.

Quanto poi all'esame dell'**imputato nello stesso procedimento**, chiamato a rendere dichiarazioni nei confronti di altre persone, senza assumere il ruolo di testimone, pare corretto ritenere che tale atto debba essere richiesto seguendo le medesime forme che assistono l'esame delle persone di cui all'art. 210, con conseguente indicazione nella lista regolata dall'art. 468[2].

---

[2] Corte cost., sent. n. 361 del 1998.

Nel prendere ora in considerazione le **condizioni di ammissibilità delle liste «testimoniali»**, se l'osservanza del requisito cronologico risulta agevolmente accertabile[3], altrettanto non possiamo affermare in relazione al requisito fattuale idoneo ad assicurare un giusto equilibrio tra l'effettività della *discovery* e il superamento di immotivati formalismi volti ad imporre alle parti una eccessiva puntualizzazione. Insomma, l'esigenza di specificità non può condurre a ritenere che le parti siano obbligate a presentare anticipatamente quasi una griglia delle domande formulabili nell'esame orale.

Qualche dubbio permane ancora in ordine al **regime di rilevabilità del vizio in parola**.

Seguendo un particolare indirizzo dottrinale, l'inammissibilità prescritta in punto di lista «testimoniale» non potrebbe mai essere rilevata d'ufficio, posto che gli interessi tutelati da simile istituto non ineriscono a profili di ordine pubblico processuale, ma a situazioni destinate, tutt'al più, ad avere ricadute sulla dialettica tra le parti.

Pur concordando sul fatto che il contenuto delle liste «testimoniali» sia strettamente connesso alla strategia processuale delle parti, non possiamo ignorare due elementi che, ai nostri fini, sembrano condurre a un'interpretazione diversa e contraria.

Il sistema processuale conosce, già, ipotesi d'inammissibilità rilevabili anche d'ufficio (es. art. 591, co. 2) e una gestione «privata» dei tempi e delle forme imposte perentoriamente dal codice al di fuori di qualsiasi possibilità di controllo giurisdizionale – se non quello invocato – rischierebbe di configurare un modello processuale nell'ambito del quale arbitri della legittimità diventano le parti; il che non sembra coerente con l'impostazione del codice.

A seguito della presentazione della lista «testimoniale», su esplicita richiesta, il **presidente del Tribunale o della Corte d'assise autorizza, con decreto, la citazione** dei testimoni, periti, consulenti tecnici ovvero delle persone indicate nell'art. 210, provvedendo a escludere le testimonianze vietate dalla legge e quelle manifestamente sovrabbondanti. Al presidente, inoltre, è riconosciuto il potere di disporre la citazione delle persone suddette, anziché per la data di inizio del dibattimento, per le udienze successive nelle quali sia previsto l'esame. I soggetti indicati nelle liste possono tuttavia essere presentati direttamente in dibattimento, evitando, in tal modo, la citazione. In ogni caso, il provvedimento del presidente non pregiudica la decisione circa l'ammissibilità della prova, in esito al procedimento di cui all'art. 495.

---

[3] Cass., Sez. Un., 31.1.2001, p.m. in proc. Romano, ha affermato che in caso di rinvio del dibattimento a un'udienza successiva, incombe sulle parti e non sul giudice l'onere di citare nuovamente i testimoni assenti, inseriti nella propria lista.

Il meccanismo processuale richiamato risulta tuttavia eventuale. La richiesta al presidente di emettere il decreto di autorizzazione alla citazione è volta infatti a dotare la parte di uno strumento giudiziale di coazione soltanto laddove sussista il timore che il soggetto indicato nella lista «testimoniale» possa disertare il dibattimento. Assente questo rischio, il decreto risulta del tutto inutile, potendo essere presentati direttamente in dibattimento i soggetti indicati nelle liste.

Il **controllo a cui viene chiamato il presidente** in questa fase – destinato a non autorizzare le testimonianze vietate e quelle manifestamente sovrabbondanti – se, **in generale**, ha carattere meramente formale, non implicando la conoscenza dei fatti di causa, ma basandosi unicamente sui dati contenuti nelle liste, **nello specifico** – ovvero sotto il profilo della sovrabbondanza della prova – risulta orientato da ragioni di mero carattere economico, essendo diretto a evitare la citazione di soggetti il cui esame non sia consentito, ovvero a escluderli quando siano in numero eccessivo rispetto alle prevedibili necessità probatorie.

A riguardo, pare corretto ritenere che questo tipo di controllo, se con riferimento alle **prove vietate**, deve prescindere dalla richiesta di citazione e essere attuato anche d'ufficio, rispetto alle **prove manifestamente sovrabbondanti**, necessita invece della richiesta di autorizzazione alla citazione, la cui assenza fa d'altronde venire meno quelle esigenze di economia processuale che rendono doveroso, per il presidente, l'esclusione delle prove sovrabbondanti.

Se il meccanismo dell'**autorizzazione «differita» alla citazione** del dichiarante riflette un'opportuna razionalizzazione processuale volta a evitare, soprattutto nei dibattimenti di lunga durata, l'inutile comparizione di chi non deve partecipare all'udienza, l'assoluta autonomia del giudizio, operato dal presidente in sede di autorizzazione alla citazione, rispetto al giudizio effettuato dal giudice in sede di ammissione della prova, trova giustificazione nel fatto che quest'ultimo contesto, regolato dalle disposizioni sul diritto alla prova, risponde a criteri completamente differenti da quelli che condizionano il decreto di autorizzazione alla citazione dei testimoni.

L'art. 468, co. 4, attribuisce alle parti la **facoltà di chiedere la citazione a prova contraria** di testimoni, periti e consulenti tecnici non compresi nella propria lista, oppure di presentarli direttamente in dibattimento per sentirli in ordine alle circostanze indicate nelle liste.

Al di là del fatto che, soltanto per un difetto di coordinamento, la citazione a prova contraria non investe anche i soggetti di cui all'art. 210, ciò che, a riguardo, preme evidenziare, è la circostanza secondo cui, per l'esercizio della facoltà in esame non operano le formalità previste dall'art. 468, co. 1, e, quindi, non è richiesto il deposito della lista e il rispetto del termine perentorio indicato da tale norma. Detta opzione consente alle parti di esercitare il diritto alla prova contraria fino al momento della presentazione in dibattimento del mezzo di prova da confutare, perché, diversamente opinando, si precluderebbe alla controparte la facoltà di esercitare il proprio diritto alla prova, in contrasto con il dovere di reciproca lealtà sotteso alla struttura accusatoria del processo.

In questo contesto, è stato poi previsto che, unitamente alla lista, sia depositata la **richiesta di acquisizione di verbali di prova provenienti da altri procedimenti** ai sensi dell'art. 238 (art. 468, co. 4 *bis*).

Limitata ai soli documenti rappresentati dai verbali di prove di altri procedimenti – non essendo richiesta per la produzione in dibattimento dei semplici documenti, che avviene senza una preliminare delibazione del contenuto dell'atto –, la ***discovery*** in parola rischia di essere comunque imperfetta, poiché il richiedente deve soltanto indicare gli estremi dei verbali di prove che intende fare acquisire e non il loro contenuto; non è inoltre assolutamente richiesto che detti verbali debbano essere esibiti in copia.

Particolarmente restrittiva risulta poi la disciplina riguardante la **richiesta di acquisizione di verbali di dichiarazioni di persone delle quali la stessa o altra parte chiede la citazione**; in questi casi, la richiesta è autorizzata dal presidente solo al momento dell'ammissione della prova, ovvero dopo che il giudice abbia ammesso l'esame ai sensi dell'art. 495. Del resto, collegando l'art. 468, co. 4 *bis*, all'art. 495 nonché, indirettamente, all'art. 190 *bis*, emerge che nei procedimenti per i reati particolarmente gravi previsti dall'art. 51, co. 3 *bis*, l'ammissione della prova orale deve seguire l'acquisizione del documento di cui all'art. 238, dovendo il giudice rifiutarla ove non ricorrano le condizioni previste appunto dallo stesso art. 190 *bis*.

La disciplina in parola, pur dettata al fine di evitare la c.d. **«usura dei testimoni»** – ovvero il rischio che emergano, a seconda delle diverse sedi processuali, narrazioni tra loro incompatibili –, desta tuttavia qualche perplessità sotto il profilo della **tutela del diritto alla prova**, dovendosi tale diritto esplicare anche attraverso l'esame diretto e il controesame dei testimoni, limitato, nel caso di specie, da una valutazione discrezionale del giudice, basata su un giudizio di superfluità derivante dall'esistenza del documento scritto.

Va da sé che il **diritto alla prova contraria**, pur non essendo richiamato espressamente in relazione ai documenti previsti dall'art. 468, co. 4 *bis*, trova ingresso anche in relazione alle circostanze cui si riferiscono i verbali di prova di altri procedimenti dei quali venga richiesta l'acquisizione.

Infine, l'art. 468, co. 5, prevede che il presidente disponga, sempre d'ufficio, la **citazione del perito nominato nell'incidente probatorio**, per essere esaminato oralmente nel corso del dibattimento.

2.4. Proscioglimento

Nel perseguire un'evidente logica di economia processuale, l'art. 469, co. 1, realizza un modello di definizione anticipata del giudizio mediante l'attribuzione al collegio, e non al presidente, del compito di pronunciare **sentenza anticipata di proscioglimento** qualora l'azione penale risulti improcedibile o improseguibile ovvero il reato risulti estinto.

La soluzione in parola sembra prospettabile qualora sussistano, contemporaneamente, determinate condizioni.

La prima condizione, di natura oggettiva, collocata nella clausola di salvezza posta all'esordio dell'art. 469, co. 1 – «[s]alvo quanto previsto dall'art. 129, co. 2» – avvalora la **riaffermazione della prevalenza delle formule di merito su quelle processuali**, per cui il giudice può dichiarare l'improcedibilità o l'estinzione del reato soltanto se non risulti evidente che il fatto non sussiste, l'imputato non lo ha commesso, il fatto non costituisce reato o non è previsto dalla legge come reato[4].

La seconda condizione, sempre di natura oggettiva, è insita nel fatto che **non si debba procedere al dibattimento per accertare la causa di proscioglimento**, dovendo essere, il requisito sostanziale sotteso alla suddetta causa, già provato allo stato degli atti; insomma, per quel che qui importa, la superfluità del dibattimento si fonda su una situazione di evidenza probatoria già ben definita negli atti processuali a disposizione del giudice.

La terza condizione, riconducibile a profili di natura soggettiva, si configura nel concorde **assenso del pubblico ministero e dell'imputato**, desumibile dalla mancata opposizione, da parte di questi soggetti, alla pronuncia stessa. Al riguardo, preme evidenziare non solo come sia sufficiente il dissenso di una parte affinché la declaratoria venga preclusa, ma anche come la necessità dell'assenso dell'imputato trovi giustificazione in rapporto alla prospettiva d'una pronuncia più favorevole nel corso del dibattimento. In questo caso, le ragioni di economia processuale sembrano cedere al prevalente interesse alla formula assolutoria maggiormente appetibile.

Da un punto di vista processuale, il giudice adotta il proscioglimento predibattimentale, con **rito camerale** (art. 127) alla presenza necessaria del pubblico ministero e dell'imputato, mediante la pronuncia di una sentenza che non può essere appellata. L'assenso esplicito delle parti, d'altronde, priva le stesse di ogni concreto interesse a coltivare ulteriormente le proprie ragioni, se non attraverso il ricorso per cassazione.

La medesima **logica di economia processuale** posta a fondamento del co.

---

[4] Cass., Sez. Un., 19.12.2001, p.m. in proc. Angelucci.

1 dell'art. 469, assiste anche il co. 1 *bis* della stessa disposizione[5], che attribuisce al collegio la possibilità di pronunciare la sentenza anticipata di proscioglimento anche laddove sussista la **causa di non punibilità prevista dall'art. 131 *bis* c.p.**, ovvero qualora «per le modalità della condotta e per l'esiguità del danno o del pericolo [...] l'offesa [sia] di particolare tenuità e il comportamento risult[i] non abituale».

In questo caso, il collegio potrà emettere sentenza di proscioglimento a condizione che sussista il concorde assenso del pubblico ministero e dell'imputato – desunto dalla mancata opposizione di questi –, nonché sia stata sentita, in camera di consiglio, la persona offesa, se comparsa.

3. Dibattimento

3.1. Princìpi

Il Titolo II del Libro VII del codice è dedicato al **dibattimento**, che rappresenta una fase del processo in cui le parti e il giudice sono chiamati a verificare i fatti oggetto dell'imputazione mediante un sistema caratterizzato dai princìpi della pubblicità, dell'oralità, dell'immediatezza, della concentrazione e del contraddittorio.

Esaminando, con ordine, questi princìpi, preme subito osservare come, ai nostri fini, la **pubblicità** qui richiamata risulti funzionale al controllo della collettività sull'amministrazione della giustizia e rappresenti uno strumento di prevenzione degli abusi, essendo la visibilità connotato essenziale di ogni potere esercitato in modo democratico. Il principio in esame non attiene pertanto alla pubblicità c.d. interna – stato di conoscenza procurato ai soggetti del procedimento tramite l'assistenza agli atti che vi si compiono –, ma alla pubblicità c.d. esterna, a sua volta realizzabile in forma mediata o immediata, a seconda delle modalità attraverso le quali risulta garantita la conoscibilità di ciò che accade nel processo[6].

Se la **pubblicità c.d. esterna mediata** si attua con la possibilità di pubblicare gli atti del dibattimento tramite la stampa o altro mezzo di diffusione, la pubblicità c.d. esterna immediata è assicurata dalle modalità di svolgimento

---

[5] L'art. 469, co. 1 *bis*, è stato introdotto dall'art. 3, d.lgs. 16.3.2015, n. 28.

[6] Cfr. Corte eur., sent. 13.11.2007, Bocellari e Rizza c. Italia, secondo cui «la pubblicità della procedura degli organi giudiziari di cui all'art. 6, par. 1, C.e.d.u. protegge le persone soggette alla giurisdizione contro una giustizia segreta che sfugge al controllo del pubblico [...]. Attraverso la trasparenza che essa conferisce all'amministrazione della giustizia essa aiuta a realizzare lo scopo dell'articolo 6, par. 1 C.e.d.u.: l'equo processo, la cui garanzia è annoverata tra i princìpi di ogni società democratica ai sensi della Convenzione».

dell'udienza che, come vedremo in seguito, si svolge, di regola, in forma pubblica (art. 471).

Riguardo poi al principio dell'**oralità** – sancito dall'art. 2, n. 2, legge delega 16.2.1987, n. 81 quale principio volto ad attuare, nell'ambito del processo penale, i caratteri del sistema accusatorio – va evidenziato come esso, pur non venendone fatta espressa menzione nel codice, rappresenti comunque una caratteristica tipica di comunicazione, strettamente collegata alla stessa struttura della prova e del processo, che impone l'uso della viva voce nell'assunzione delle dichiarazioni dei testimoni e delle parti.

L'oralità, pur potendo esistere anche da sola – è il caso della prova dichiarativa assunta in sede di incidente probatorio – trova tuttavia un suo completamento quando si accompagna al principio dell'**immediatezza**. Questo principio, destinato anch'esso ad attuare i caratteri del sistema accusatorio (art. 2, n. 66, legge delega n. 81 del 1987), implicando un rapporto privo di intermediazione tra l'acquisizione delle prove e la decisione dibattimentale, è finalizzato a ottenere una decisione che, adottata entro un breve intervallo di tempo dall'assunzione degli elementi probatori, risulta basata su un nitido e preciso ricordo dei fatti appresi dal giudice nel corso dell'istruzione dibattimentale. La qual cosa importa, per un verso, identità fisica tra il giudice che decide e il giudice di fronte al quale si svolge il dibattimento (c.d. principio di immutabilità del giudice), nonché, per l'altro verso, che la decisione del giudice debba essere basata sulle prove che sono state acquisite legittimamente in sede dibattimentale.

Accanto all'immediatezza, la legge delega pone pure, sempre quale criterio idoneo ad attuare i princìpi del sistema accusatorio in sede dibattimentale, la **concentrazione** (art. 2, n. 66, legge delega n. 81 del 1987). Tale opzione si fonda sulla necessità di evitare che vi siano intervalli di tempo tra l'assunzione delle prove in udienza, la discussione finale e la deliberazione della sentenza, allo scopo di garantire che la decisione rappresenti il risultato fedele delle elaborazioni processuali e non sia alterata da elementi esterni in grado di ingannare la memoria di chi è chiamato a emetterla. La concentrazione implica pertanto, in concreto, una tendenziale unità di tempo nella quale deve essere celebrato il giudizio, destinato a svilupparsi in una sola udienza o in udienze contigue. In questo senso, dunque, la concentrazione deve essere considerata alla stregua di un'esigenza funzionale pure alla concretizzazione dei princìpi dell'oralità e dell'immediatezza, poiché un'attività dibattimentale caratterizzata dalla discontinuità incide appunto in modo negativo sulla capacità di serbare il ricordo delle pregresse risultanze processuali.

L'ultimo principio destinato a connotare il dibattimento è il principio del **contraddittorio**. Richiamato parzialmente dalla legge delega, quale criterio idoneo ad attuare i princìpi del sistema accusatorio, laddove prevede la «partecipazione dell'accusa e della difesa su basi di parità in ogni stato e grado del procedimento» (art. 2, n. 3), il suddetto principio trova oggi attuazione, in sede dibattimentale, in forza del disposto contenuto nell'art. 111 Cost. che, al co. 2, prevede la necessità che ogni processo si svolga «nel contraddittorio tra le parti, in condizioni di parità, davanti a un giudice terzo e imparziale», mentre, al co. 4 – riconoscendo anche il diritto dell'accusato di confrontarsi con il suo accusatore (co. 3) (art. 500, co. 3) – stabilisce sia che il processo penale venga «regolato dal principio del contraddittorio nella formazione della prova» (artt. 498, 499), sia che la «colpevolezza dell'imputato non [possa] essere provata sulla base di dichiarazioni rese da chi, per libera scelta, si è sempre volontariamente sottratto all'interrogatorio da parte dell'imputato o del suo difensore» (art. 526, co. 1 *bis*).

In questa prospettiva, risulta dunque duplice, in relazione al dibattimento, il richiamo al contraddittorio: da un lato, si fa riferimento al «**contraddittorio in senso generico**», destinato a individuare la struttura di base del contraddittorio, caratterizzata dalla presenza di tre soggetti di cui, due di essi – accusato e pubblico ministero – posti in un rapporto di tipo dialettico – diretto o indiretto – in condizioni di parità e il terzo in una posizione imparziale; dall'altro lato, si fa riferimento al «**contraddittorio in senso specifico**», quale metodo dialogico nella formazione della prova, destinato a esplicarsi, vuoi nella semplice descrizione del contraddittorio inteso quale metodo di conoscenza, vuoi nell'esplicita enunciazione del diritto dell'imputato a confrontarsi con il proprio accusatore.

Nella consapevolezza, tuttavia, che un'applicazione rigida del «contraddittorio in senso specifico» non sarebbe stata possibile, in quanto avrebbe richiesto sacrifici eccessivi sotto il profilo dell'introduzione del sapere cognitivo all'interno del dibattimento, la Costituzione ha prefigurato delle **eccezioni**, nonché rinviato alla legge ordinaria per dare attuazione alla disciplina relativa.

Da qui, l'**art. 111, co. 5, Cost.** laddove prevede che la «legge regol[i] i casi in cui la **formazione della prova non [abbia] luogo in contraddittorio** per consenso dell'imputato o per accertata impossibilità di natura oggettiva o per effetto di provata condotta illecita».

Nel dettare questa previsione, la Costituzione ha tracciato i confini minimi delle eccezioni all'interno dei quali il legislatore ordinario si è orientato.

Con riferimento alla prima ipotesi, contraddistinta dal «**consenso dell'imputato**», il legislatore ordinario, per quel che qui importa, ha provveduto a convertire il requisito del «consenso dell'imputato» nel requisito dell'accordo tra le parti circa l'acquisizione al giudizio di elementi probatori formati unilateralmente, eliminando, così, qualsiasi ricaduta negativa sulla giustizia della decisione – almeno sotto il profilo della ricostruzione dei fatti – derivante dalla rinuncia al contraddittorio. A questa previsione pare dunque ragionevole ricollegare la possibilità, riconosciuta alle parti, di accordarsi sull'utilizzabilità in dibattimento della documentazione concernente singoli elementi di prova, raccolti al di fuori della sede tipica (artt. 431, co. 2; 493, co. 3; 500, co. 7)[7].

La seconda eccezione al principio del contraddittorio nella formazione della prova, consentita – come abbiamo detto – in caso di «**accertata impossibilità di natura oggettiva**», si fonda sull'esigenza di non disperdere un contributo probatorio – raccolto, unilateralmente, in sede investigativa (indagine preliminare o investigazione difensiva) – che, per motivi indipendenti dalla volontà del dichiarante, risulta, dopo attenta verifica, materialmente impossibile rinnovare in sede dibattimentale.

Al di là del fatto che l'acquisizione di tale elemento cognitivo al dibattimento non pregiudichi la questione del valore probatorio che in concreto esso può assumere, va sicuramente ricondotta all'eccezione in parola l'ipotesi prevista dall'art. 512, chiamata a regolare la «[l]ettura di atti per sopravvenuta impossibilità di ripetizione».

La terza e ultima eccezione al principio del contraddittorio nella formazione della prova, possibile «**per effetto di provata condotta illecita**», nel basarsi su una lesione alla libertà di autodeterminazione soggettiva, deve tuttavia essere interpretata e circoscritta in relazione all'effetto che, per quel che qui importa, le viene collegato, ovvero il recupero in chiave probatoria delle dichiarazioni raccolte unilateralmente.

In questa prospettiva di natura soggettiva, dunque, la deroga in parola, se da un lato deve essere ritenuta complementare a quella riconducibile alla «accertata impossibilità di natura oggettiva», dall'altro lato muove dal presupposto dell'incompatibilità tra metodo del contraddittorio e perdita della capacità di autodeterminazione.

Sul presupposto che l'accertamento relativo alla «provata condotta illecita» richiede un grado di incisività e certezza superiore rispetto a quello richiesto nell'accertamento riconducibile all'eccezione caratterizzata dal contraddittorio oggettiva-

---

[7] Corte cost., sent. n. 184 del 2009, secondo cui l'uso di atti raccolti in modo unilaterale può essere ammesso soltanto se vi consentono quelle parti che non hanno partecipato all'acquisizione dell'elemento di prova e che potrebbero subire un pregiudizio dall'utilizzabilità dello stesso. Pertanto, si giustifica che una deroga al principio del contraddittorio nella formazione della prova possa fondarsi solo sulla rinuncia incrociata delle parti. Resta comunque implicito che la fattispecie debba essere configurata in modo tale da assicurare uno svolgimento equilibrato del processo, evitando che la rinuncia al contraddittorio da parte dell'imputato pregiudichi *a priori* la correttezza della decisione.

mente impossibile, nel dare attuazione all'eccezione in esame, il legislatore ordinario ha opportunamente operato una scelta restrittiva in forza della quale la «provata condotta illecita» giustifica il recupero delle dichiarazioni raccolte in modo unilaterale soltanto nelle ipotesi previste dagli artt. 500, co. 4, 513, co. 1, e, indirettamente, dall'art. 512 [8].

3.2. Regole generali

3.2.1. Disciplina

A norma dell'art. 470, co. 1, la **disciplina dell'udienza** viene esercitata dal **presidente del collegio** mediante l'emissione di una serie di provvedimenti – non specificamente elencati – aventi come destinatari sia le parti processuali sia il pubblico in generale. Tali provvedimenti – volti a garantire che il processo si snodi ordinatamente, in un clima di serenità e in assenza di fattori in grado di turbarlo – possono essere emessi anche al di fuori dell'aula di udienza, qualora, ad esempio, si proceda all'esecuzione di un esperimento giudiziale in un contesto processuale diverso dalla stessa aula.

Sotto il profilo delle **modalità**, i suddetti provvedimenti – di natura amministrativa e non giurisdizionale – sono di regola adottati, salva una diversa previsione, **in assenza di contraddittorio e delle forme previste dall'art. 125.** Di conseguenza, essi non richiedono una motivazione e possono essere emessi oralmente, pur dovendo essere integralmente riprodotti nel verbale di udienza (art. 481, co. 2).

In via esemplificativa, sono espressione della potestà disciplinare del presidente del collegio gli ordini mediante i quali questi esclude dall'aula di udienza i minori, le persone sottoposte alle misure di prevenzione, gli ubriachi e le persone armate.

In assenza del presidente, la **disciplina dell'udienza** viene esercitata dal **pubblico ministero.**

A riguardo, va osservato come tale previsione non abbia lo scopo di attribuire al pubblico ministero tutti i poteri tipici che competono al presidente del collegio, ma soltanto la finalità di conferirgli una legittimazione di carattere generale, non potendo, ad esempio, il pubblico ministero emettere mai un provvedimento di allontanamento coattivo dell'imputato dall'udienza (art. 475).

---

[8] Corte cost., ord. n. 453 del 2002, ha affermato che la condotta illecita disciplinata dall'art. 111, co. 5, Cost., è soltanto quella posta in essere "sul dichiarante" e non la falsa testimonianza di quest'ultimo.

L'art. 470, co. 1, attribuisce poi al **presidente del collegio** anche la **direzione del dibattimento**.

Se da un punto di vista formale, in relazione ai provvedimenti in tema di direzione del dibattimento, valgono le medesime considerazione svolte con riferimento ai provvedimenti in tema di disciplina dell'udienza, da un punto di vista sostanziale, preme invece osservare come uno scorretto esercizio dei poteri di direzione del dibattimento, da parte del presidente, rischi di condizionare l'attività argomentativa delle parti e, conseguentemente, di incidere sul momento di formazione della prova.

A titolo esemplificativo, rientrano nelle attribuzioni presidenziali in materia di direzione del dibattimento, i provvedimenti con i quali vengono disciplinate le richieste di prova, impedendo ogni divagazione, ripetizione o interruzione (art. 493), oppure viene regolata la discussione finale (art. 523).

I **provvedimenti assunti** dal presidente del collegio in materia di disciplina dell'udienza e di direzione del dibattimento, nonché i provvedimenti emessi dal pubblico ministero in sostituzione del presidente, sono **immediatamente esecutivi** e, se necessario, sono posti in essere dalla forza pubblica. Tale opzione, in luogo di un'opzione legislativa destinata a coinvolgere, da un punto di vista operativo, la polizia giudiziaria, si spiega con l'intento di assicurare una più agevole attuazione dei provvedimenti, pur restando, il ricorso alla forza pubblica, un evento eccezionale, poiché in prima battuta risultano investiti dell'esecuzione di tali provvedimenti gli ufficiali giudiziari.

In una prospettiva più specifica di quella finora analizzata, l'art. 476 prevede che qualora **nel corso dell'udienza vengano commessi dei reati**, il pubblico ministero proceda a norma di legge, disponendo l'arresto dell'autore nei casi consentiti, tra i quali non rientra, come viene espressamente evidenziato, l'arresto del testimone per reati concernenti il contenuto della deposizione.

3.2.2. Pubblicità. *A)* C.d. esterna immediata

L'art. 471, co. 1, prevede la **pubblicità c.d. esterna immediata** dell'udienza e ricollega alla sua inosservanza la sanzione della nullità.

In proposito, va osservato sia che la pubblicità in esame deve essere esclusa, di regola, per le udienze in camera di consiglio nonché estesa al concetto di dibattimento, sia che la sanzione della nullità ivi richiamata deve essere ricondotta alla categoria delle nullità c.d. relative di cui all'art. 181 [9].

---

[9] Cass., Sez. Un., 23.6.1995, Zoccoli.

Su questo sfondo, il legislatore ha tuttavia ritenuto opportuno inserire alcuni **limiti di natura soggettiva** al principio di pubblicità, prevedendo, per motivi tra loro diversi, una serie di divieti di accesso all'aula di udienza relativi a talune categorie di persone. Questi divieti sono tassativi e non sono suscettibili di interpretazione estensiva.

Se il **divieto di accesso** a «coloro che non hanno compiuto gli anni diciotto» è dettato a tutela dell'interesse proprio degli esclusi, richiedendo gli spettacoli giudiziari un pubblico adulto, il divieto di accesso alle «persone che sono sottoposte a misura di prevenzione e [a] quelle che appaiono in stato di ubriachezza, di intossicazione o di squilibrio mentale» pare ricollegabile a esigenze di tutela della sicurezza e dell'ordine pubblico (art. 471, co. 2).

Ad esigenze analoghe a queste ultime è riconducibile pure il divieto di accesso alle «persone armate» che non siano «appartenenti alla forza pubblica», alle «persone che portino oggetti atti a molestare» nonché alle «persone che turbano il regolare svolgimento dell'udienza» (art. 471, co. 4).

In relazione a questa seconda categoria di persone il divieto si appalesa assoluto, mentre, con riferimento ai minori, ai sottoposti alle misure di prevenzione nonché a coloro che appaiono in stato di ubriachezza, di intossicazione o di squilibrio mentale, il divieto risulta parziale, essendo questi soggetti ammessi all'udienza soltanto laddove debbano partecipare in qualità di testimoni e limitatamente al periodo temporale in cui la testimonianza deve essere assunta (art. 471, co. 3).

Infine, sempre su disposizione del presidente del collegio, in «**casi eccezionali**» e «**per ragioni di ordine**», è possibile limitare quantitativamente, «a un determinato numero di persone», l'accesso all'aula di udienza (art. 471, co. 5).

L'attivazione di quest'ultimo divieto, a differenza di quanto previsto per i divieti sanciti nei co. 2 e 4 dell'art. 471, è oggetto di un **potere discrezionale del presidente del collegio**, che ha come presupposto una situazione di eccezionalità e, come obiettivo, l'esigenza di rispondere a un bisogno effettivo insuscettibile di essere soddisfatto con altri provvedimenti idonei a garantire l'ordinato svolgimento del processo.

In linea con ciò che accade, in generale, rispetto ai provvedimenti in punto di disciplina dell'udienza, l'art. 471, co. 6, prevede espressamente che i **provvedimenti disciplinari in tema di pubblicità**, emessi dal presidente del collegio o, in sua assenza, dal pubblico ministero, siano adottati in forma orale e senza formalità alcuna.

Sempre in materia di pubblicità c.d. esterna immediata, accanto ai limiti di natura soggettiva sopra evidenziati il legislatore ha introdotto delle **vere e proprie deroghe**, coerentemente con quanto viene stabilito a livello sovranazionale, sia dall'**art. 6 C.e.d.u. sia dall'art. 14 P.i.d.c.p.**, laddove prevedono espressamente la possibilità che il processo possa svolgersi, in tutto o in parte, a porte chiuse, per motivi di moralità, di ordine pubblico, di sicurezza nazionale o nei casi in cui la pubblicità potrebbe nuocere all'interesse della vita privata delle parti, della giustizia o dei minori.

Tali deroghe, se da un lato tendono a bilanciare le esigenze di garanzia collegate al controllo della collettività sull'amministrazione della giustizia con interessi di primaria importanza, dall'altro lato, vengono attivate mediante sistemi processuali diversificati a seconda dei valori in campo da tutelare.

La **decisione di procedere a porte chiuse** presuppone una richiesta, da parte dell'autorità competente, nei casi di temuta diffusione di notizie da mantenere segrete nell'interesse dello Stato, nonché da parte dell'interessato (art. 472, co. 1), nei casi di assunzione di prove in grado di causare pregiudizio alla riservatezza dei testimoni e delle parti private «in ordine a fatti che non costituiscono oggetto dell'imputazione» (art. 472, co. 2).

La suddetta decisione viene invece adottata d'ufficio, dal giudice, qualora l'interessato sia estraneo o assente dal processo, qualora si debba esaminare un minorenne (art. 472, co. 4), nonché – e qui il giudice può consentire la presenza dei giornalisti (art. 473, co. 2) – nei casi in cui la pubblicità rischi di «nuocere al buon costume», alla «pubblica igiene», ovvero laddove «avveng[a]no da parte del pubblico manifestazioni che turbano il regolare svolgimento delle udienze», o sia «necessario salvaguardare la sicurezza di testimoni o imputati» (art. 472, co. 3).

Inoltre, con riferimento a delitti di pedofilia (artt. 600 *bis*, 600 *ter* e 600 *quinquies* c.p.), di violenza sessuale (artt. 609 *bis*, 609 *ter* e 609 *octies* c.p.) e concernenti la tratta delle persone (artt. 600, 601 e 602 c.p.), la decisione di procedere a porte chiuse, se impone la richiesta della persona offesa maggiorenne, diventa la regola, qualora la persona offesa sia minorenne (art. 472, co. 3 *bis*).

Da un punto di vista dinamico, la decisione in parola viene assunta dal giudice con la **forma dell'ordinanza** nel rispetto del contraddittorio, nonché dallo stesso revocata, con le medesime modalità, qualora vengano a cessare i motivi che l'hanno determinata.

Una volta emesso il provvedimento, non possono accedere all'aula di udienza persone diverse da quelle che hanno il diritto o il dovere di intervenire e, comunque, coloro che sono chiamati a partecipare al processo in via occasionale (es. testimoni, periti e consulenti tecnici) non possono ivi restare per un tempo superiore a quello necessario all'espletamento del loro ufficio (art. 473).

3.2.3. *Segue*. *B*) C.d. esterna mediata

Mentre l'art. 471 si riferisce – come abbiamo detto – alla pubblicità c.d. esterna immediata, l'art. 147 disp. att. detta alcune regole destinate a disciplinare la **pubblicità c.d. esterna mediata**.

In particolare, la disposizione in parola prevede che il **diritto di cronaca** possa venire esercitato attraverso la ripresa fotografica o fonografica o audiovisiva, nonché mediante la trasmissione radiofonica o televisiva delle udienze.

La ripresa e la trasmissione dell'attività dibattimentale sono autorizzate dal giudice, con ordinanza, qualora ricorrano tre condizioni: *a*) che siano finalizzate all'esercizio del diritto di cronaca, quale espressione della libertà di manifestazione del pensiero tutelata dall'art. 21 Cost.; *b*) che non arrechino «pregiudizio al sereno e regolare svolgimento dell'udienza o alla decisione»; *c*) che vi sia il consenso di tutte le parti presenti al processo (art. 147, co. 1, disp. att.).

L'autorizzazione, da parte del giudice, può tuttavia essere concessa anche in assenza del consenso delle parti, qualora «sussist[a] un interesse sociale particolarmente rilevante alla conoscenza del dibattimento» (art. 147, co. 2, disp. att.).

Al di là del fatto che il legislatore non abbia provveduto a definire il concetto di «**interesse sociale**», ciò che qui preme evidenziare è, da un lato, la circostanza che il legislatore stesso, nell'ambito di un bilanciamento di interessi, abbia sancito la prevalenza del diritto di cronaca sul diritto alla riservatezza, nonché, dall'altro lato, l'ampia discrezionalità concessa al giudice nel valutare in concreto la sussistenza di tale condizione.

Va da sé che la condizione riconducibile all'interesse sociale deve preesistere all'accesso dei mezzi audiovisivi e non rappresentare una conseguenza derivante dall'attenzione che gli stessi mezzi hanno in particolare dedicato a un determinato processo.

Una volta autorizzato l'impiego dei mezzi audiovisivi – mediante un provvedimento revocabile in qualsiasi momento del processo, se le condizioni richieste vengono a mancare – **il giudice vieta comunque di riprendere le immagini** delle parti, dei testimoni, dei periti, dei consulenti tecnici, degli interpreti e di ogni altro soggetto presente, se costoro **non vi consentono** o se la **legge impone tale divieto** (art. 147, co. 3, disp. att.). Il diniego che proviene da questi soggetti, se per un verso ha ad oggetto la sola immagine personale e non ne investe anche la voce e il corpo, per l'altro verso viene attivato mediante l'interpello del soggetto interessato, titolare esclusivo del diritto alla riservatezza.

L'autorizzazione alla ripresa o alla trasmissione non può tuttavia essere concessa dal giudice se il dibattimento viene celebrato a porte chiuse quando: *a*) la pubblicità possa nuocere al buon costume o comportare la diffusione di notizie da mantenere segrete nell'interesse dello Stato (art. 472, co. 1); *b*) l'assunzione delle prove possa recare pregiudizio alla riservatezza dei testimoni e delle parti private in ordine a fatti che non si riferiscono all'imputazione (art. 472, co. 2); *c*) venga disposto l'esame di un minorenne (art. 472, co. 4) (art. 147, co. 4, disp. att.).

Rimangono escluse dal divieto di concedere l'autorizzazione le ipotesi in cui si procede a porte chiuse, disciplinate dall'art. 472, ai co. 3 e 3 *bis*, ovvero, di regola, quelle ipotesi in relazione alle quali l'ordine di procedere a porte chiuse non è determinato dalla necessità di tutelare interessi suscettibili di essere pregiudicati dalla diffusione pubblica.

3.2.4. Partecipazione

A norma dell'art. 474, **l'imputato assiste all'udienza libero nella persona**, anche se detenuto, al fine di evitare che l'impiego di mezzi coercitivi possa limitare la spontaneità delle sue dichiarazioni e la piena articolazione della sua difesa personale.

Destinata a garantire la presenza attiva dell'imputato al dibattimento, questa disposizione, se da un lato risulta dettata a tutela del **principio del *favor libertatis*** e della **presunzione di non colpevolezza**, dall'altro lato viene tuttavia **bilanciata dall'art. 475** che, nel disciplinare l'istituto dell'**allontanamento coattivo dell'imputato dall'aula di udienza**, consente di comprimere, seppure in via eccezionale, lo stesso diritto di partecipazione dell'imputato al proprio dibattimento.

Al di là della discutibile collocazione sistematica dell'istituto in parola all'interno del codice – da inserire preferibilmente tra gli obblighi e le sanzioni a carico di coloro che assistono alle udienze – ciò che al riguardo va evidenziato è la circostanza che l'insieme dei provvedimenti contemplati dall'art. 475, se in generale ha come unico presupposto di fatto il comportamento dell'imputato che impedisce il regolare svolgimento dell'udienza, in particolare si concretizza in una progressione sanzionatoria che, muovendo dall'ammonizione in ordine ai doveri di comportamento propri di chi partecipa all'udienza penale, passa attraverso l'allontanamento per poi culminare nell'espulsione dall'aula.

Insomma, se dopo l'ammonizione persiste il comportamento censurato, viene disposto un primo allontanamento dell'imputato a seguito del quale vi può essere la sua riammissione all'udienza – in ogni momento e anche d'ufficio – destinata tuttavia a culminare in un secondo allontanamento, accompagnato eventualmente dal provvedimento di espulsione, qualora, una volta riammesso, l'imputato insista nel mantenere una condotta censurabile.

Se i provvedimenti a carico dell'imputato vengono adottati di regola con ordinanza – l'ammonizione non richiede invece forme particolari –, l'autorità chiamata ad assumerli varia, a seconda della diversa gravità delle misure adottate: l'ammonizione e il primo allontanamento sono disposti dal presidente del collegio – o, si presume, dal pubblico ministero, in sua assenza (art. 470) – in quanto tipici atti di polizia dell'udienza; il secondo allontanamento, l'espulsione e la riammissione sono adottati dal collegio.

Sotto il profilo delle **garanzie difensive**, preme osservare che l'imputato allontanato o espulso dall'aula di udienza, pur considerato presente nonché rappresentato dal proprio difensore (art. 475, co. 2), può partecipare di nuovo al dibattimento unicamente per essere esaminato e per esercitare, ove lo richieda, il «diritto all'ultima parola», sancito dall'art. 523, co. 5.

In tale contesto, particolare rilievo assume pure la disciplina – stabilita dall'art. 146 *bis* disp. att. – della **partecipazione al dibattimento a distanza dell'imputato detenuto**; disciplina che oggi è stata in parte trasferita, mediante rielaborazione, nella disposizione di carattere generale prevista dall'art. 133 *ter* («Modalità e garanzie della partecipazione a distanza») e risulta – nell'ambito qui considerato – applicabile in quanto tale.

Lo svolgimento dell'udienza, con queste modalità, è consentito al fine di garantire la partecipazione al dibattimento – anche in qualità di testimone – di **imputati che si trovino in stato di detenzione carceraria**, per qualsiasi titolo e pure in relazione a procedimenti diversi da quello in cui si deve svolgere l'udienza, **a condizione che si proceda per uno dei delitti** – consumati o tentati – **previsti dall'art. 51, co. 3 *bis*** (delitti di stampo mafioso) o dall'**art. 407, co. 2, lett. *a*, n. 4** (delitti aventi finalità di terrorismo).

Le modalità in parola vengono adottate anche laddove, a prescindere dal reato per cui si proceda, sia richiesta la partecipazione al proprio dibattimento di **persona ammessa a programmi o misure di protezione**, comprese quelle di tipo urgente o provvisorie.

Inoltre, con decreto motivato, **il giudice può disporre** – pure su istanza di parte – la presenza all'udienza delle persone sopra richiamate qualora lo ritenga necessario, a condizione che dette persone non siano sottoposte alle misure di cui all'art. 41 *bis* ord. penit., ovvero, in generale, ogniqualvolta «sussistano ragioni di sicurezza», «il dibattimento sia di particolare complessità e sia necessario evitare ritardi nel suo svolgimento», nonché si debba «assumere la testimonianza di persona a qualunque titolo in stato di detenzione presso un istituto penitenziario».

Quanto alla **competenza a disporre lo svolgimento dell'udienza secondo queste modalità**, va detto come essa spetti all'autorità giudiziaria, che provvede mediante decreto motivato.

Da un punto di vista tecnico, la partecipazione a distanza viene attuata, a pena di nullità, mediante l'attivazione di un collegamento audiovisivo in videoconferenza tra l'aula di udienza e il luogo della custodia, «con modalità idonee a salvaguardare il contraddittorio e l'effettiva partecipazione delle parti [...] all'udienza e ad assicurare la contestuale, effettiva e reciproca visibilità delle persone presenti nei diversi luoghi e la possibilità per ciascuna di esse di udire quanto viene detto dalle altre» (art. 133 *ter*, co. 3, prima parte).

Se da un lato la contestualità serve ad annullare ogni differimento temporale nel collegamento, dall'altro lato l'effettività elimina ogni problema di percezione, mentre la reciprocità garantisce il collegamento di tutte le persone presenti.

Sul presupposto che il luogo da cui l'imputato si collega in audiovisione è equiparato, sotto ogni profilo, all'aula di udienza, in caso di **udienza pubblica** è assicurata un'adeguata pubblicità degli atti compiuti a distanza nonché disposta la registrazione audiovisiva (art. 133 *ter*, co. 3, ult. parte).

Viene prevista, inoltre, in capo al difensore o a un suo sostituto, la possibilità di essere presente nel **luogo in cui si trova l'assistito** o, comunque, l'opportunità di consultarsi con lo stesso in modo riservato o «per mezzo di strumenti tecnici idonei» (art. 133 *ter*, co. 7).

A riguardo, va osservato come la minore incisività di una difesa assente in udienza ma presente nella postazione remota accanto all'imputato, possa essere ovviata mediante la partecipazione all'udienza del difensore e la presenza del sostituto accanto all'imputato.

Sotto il **profilo organizzativo**, è previsto che, nel luogo in cui si trova l'imputato, debba essere presente un ausiliario abilitato ad assistere il giudice o il pubblico ministero in udienza, con il compito specifico di attestare l'identità dell'imputato e di dare atto che non sussistono impedimenti o limitazioni all'esercizio dei diritti e delle facoltà a lui spettanti. All'ausiliario compete pure il compito di verificare la funzionalità tecnica degli impianti utilizzati nel luogo da cui si collega l'imputato, con riferimento sia alla possibilità di percepire ciò che avviene nell'aula di udienza, sia all'opportunità di consultarsi riservatamente con il difensore (art. 133 *ter*, co. 8).

Le funzioni dell'ausiliario possono venire attribuite a un ufficiale di polizia giudiziaria che non svolga, o comunque non abbia svolto, attività di investigazione o di protezione in relazione all'imputato o ai fatti per i quali si procede, venendosi a creare, in tal modo, una sorta di incompatibilità per i soggetti chiamati ad assistere il giudice (art. 133 *ter*, co. 8) [10].

---

[10] L'art. 205 *ter* disp. att., nel disciplinare la «[p]artecipazione al processo a distanza per l'im-

L'intera disciplina della partecipazione al dibattimento a distanza, pur introdotta con l'intento di scongiurare, in determinati processi penali, gli inconvenienti legati al c.d. «turismo giudiziario» in punto di costi, tempo e sicurezza pubblica, desta tuttavia qualche perplessità sotto il profilo dell'**effettiva tutela del diritto di difesa**, soprattutto se vagliata alla luce delle garanzie riconducibili alla partecipazione personale dell'imputato al dibattimento. D'altronde, pare difficile negare che una partecipazione a distanza, se per un verso rischia di offrire una visione parziale e frammentaria di ciò che accade in udienza, per l'altro verso la offre attraverso uno strumento tecnico che, ragionevolmente, non è sempre in grado di filtrare in modo corretto tutto ciò che occorre. Nonostante ciò, la Corte costituzionale, investita, con riferimento alla disciplina concernente la partecipazione a distanza, della questione relativa a una presunta violazione degli artt. 3, 10, 13, 24 e 27 Cost., ne ha dichiarato l'infondatezza [11]. Ad analoghe considerazioni è pervenuta anche la Corte eur. che ne ha sancito la compatibilità con la disciplina prevista dall'art. 6 C.e.d.u. [12].

3.2.5. Durata, prosecuzione e «questioni varie»

Nel dettare l'art. 477, il legislatore ha tentato di contemperare il riconosciuto **principio della concentrazione** con l'**esigenza di rendere possibili sospensioni di breve durata del dibattimento** per motivi legati alla sussistenza di circostanze non altrimenti fronteggiabili. Ne è emerso, così, un sistema destinato a operare su due piani.

In generale, esso presuppone **l'esaurimento del dibattimento «in una sola udienza»**, ma consente tuttavia di risolvere l'impossibilità assoluta di raggiungere questo obiettivo, introducendo l'obbligo, per il giudice, di stabilire «il **calendario delle udienze**, assicurando celerità e concentrazione [nonché] indicando per ciascuna udienza le specifiche attività da svolgere». La calendarizzazione, in ogni modo, risulta subordinata a una duplice condizione, ovvero che la programmazione sia stata previamente discussa con le parti – sentite in contraddittorio – e che il giudice abbia già provveduto sulle istanze istruttorie (art. 477, co. 1).

Nello specifico, poi, il sistema riconosce al collegio la facoltà di sospendere il dibattimento unicamente per «**ragioni di assoluta necessità**» e per

---

putato detenuto all'estero», se per un verso subordina detta partecipazione a una espressa previsione contenuta in accordi internazionali, per altro verso opera un rinvio, in chiave integrativa, all'art. 133 *ter*, nonché un richiamo esplicito alle previsioni che: *a*) assicurano la presenza del difensore nel luogo in cui viene assunto l'atto nonché la possibilità, da parte di quest'ultimo, di colloquiare riservatamente con il suo assistito; *b*) assicurano la presenza dell'interprete in caso di mancata conoscenza della lingua; *c*) assicurano comunque lo svolgimento dell'udienza – senza determinarne la sospensione o il differimento –, qualora sia possibile la partecipazione all'udienza in collegamento audiovisivo, nei casi in cui l'imputato non dà il consenso o si rifiuta di assistere.

[11] Corte cost., sent. n. 342 del 1999.

[12] Corte eur., sent. 5.10.2006, Viola c. Italia.

un termine massimo che non superi i «dieci giorni, esclusi i festivi» (art. 477, co. 2).

Da un punto di vista meramente tecnico, sia in caso di differimento al giorno successivo sia in caso di sospensione, è comunque il presidente a dare oralmente gli opportuni avvisi destinati a sostituire le notifiche e le citazioni nei confronti di coloro che sono comparsi o che devono essere considerati presenti, a condizione però che, di tutto questo, ne sia fatta annotazione nel verbale (art. 477, co. 3).

Così strutturata, la disciplina in parola sollecita alcune considerazioni che, valutate nel loro insieme, rischiano tuttavia di dare vita a contraddizioni.

Anzitutto, preme osservare come la **prosecuzione** e la **sospensione** del dibattimento siano ancorate a presupposti talmente rigidi da relegare, almeno in astratto, l'ambito operativo di tali istituti nell'alveo dell'**eccezionalità**[13]. Tuttavia, non si può dimenticare che, trattandosi di poteri il cui esercizio viene rimesso alla discrezionalità del giudice, la decisione di accedere o meno agli istituti in parola passa necessariamente attraverso una comparazione tra l'esigenza di continuità e l'interesse che la sospensione consente di realizzare.

In secondo luogo, i **termini processuali** richiamati, se per un verso non sono accompagnati da alcuna sanzione a tutela del loro superamento, per l'altro verso rischiano, poiché ordinatori, di provocare una dilatazione eccessiva dei tempi processuali, in contrasto con il principio della «ragionevole durata» del processo sancito dall'art. 111, co. 2, Cost.

Infine, va evidenziato come l'art. 477 faccia riferimento esclusivo alla **sospensione** e nulla dica circa il **«rinvio»**, pur essendo tale istituto richiamato diverse volte all'interno del nostro sistema processuale (es. artt. 420 *ter* e 420 *quater*). Ciò significa che se il rinvio differisce dalla sospensione, diversa sarà pure la disciplina che li regola e, di conseguenza, l'istituto del «rinvio» non dovrà sottostare alle disposizioni contenute nell'art. 477, co. 2.

Da qui, allora, la **differenza concettuale tra sospensione e rinvio**, ravvisata nel fatto che nella sospensione si presuppone che il dibattimento abbia già avuto inizio e riprenda dal punto in cui è stato interrotto, mentre nel rinvio si presuppone un differimento che preceda la formale apertura del dibattimento e una ripresa *ex novo*.

Accanto all'ipotesi generale in tema di sospensione del dibattimento dettata appunto dall'art. 477, co. 2, il legislatore ha previsto pure alcune ipotesi specifiche – vere e proprie deroghe al principio della concentrazione – che differiscono da essa completamente, quanto a presupposti, struttura e con-

---

[13] Corte cost., sent. n. 203 del 1992, ritiene che l'art. 477, co. 2, abbia «un evidente carattere generale e residuale».

seguenze. Per quel che qui importa, attenzione particolare merita la sospensione del dibattimento dovuta alla risoluzione di una **questione pregiudiziale da parte di un giudice diverso da quello penale** (art. 479).

Nonostante al giudice penale sia attribuito il potere di conoscere ogni questione la cui risoluzione rappresenti il presupposto per la decisione finale, esistono tuttavia casi in cui si profila opportuno affidare alla giurisdizione civile o a quella amministrativa il compito di decidere sulla questione pregiudiziale. Ciò può accadere qualora dalla risoluzione della suddetta questione dipenda la **decisione sull'esistenza del reato** (es. un problema di titolarità del diritto di proprietà in relazione ai reati di furto o di appropriazione indebita) e non, laddove la questione riguardi, in ipotesi, soltanto un elemento accessorio dello stesso. La questione in parola, se per un verso deve essere già pendente innanzi al giudice «competente» secondo le norme civili o amministrative applicabili – il termine «competenza» va qui riferito al tipo di giurisdizione e non alle vere e proprie regole che assistono questo istituto – per l'altro verso deve essere «di particolare complessità», vale a dire non facilmente risolvibile in modo autonomo dal giudice penale e, comunque, seria. È peraltro richiesto che per risolvere la questione, la legge civile o amministrativa «non pon[ga] limitazioni alla prova della posizione soggettiva controversa», ovvero la decisione del giudice civile o amministrativo non deve essere conseguenza di un accertamento condotto secondo regole non accettabili in ambito penale.

Al verificarsi di questi presupposti, il **giudice penale può decidere discrezionalmente di sospendere il dibattimento** fino a quando la questione – civile o amministrativa – non sia stata definita con sentenza passata in giudicato. La sospensione in parola – che comporta pure la sospensione dei termini di prescrizione del reato [14] – è disposta con ordinanza suscettibile di revoca, qualora il procedimento extrapenale non venga definito entro il termine di un anno, nonché di ricorso per cassazione, destinato tuttavia a rimanere privo, ove esperito, di qualsiasi effetto sospensivo del provvedimento originario.

Per quanto riguarda le **conseguenze**, preme rilevare sia come durante la sospensione del dibattimento non possano essere compiuti atti urgenti, sia come la decisione extrapenale, divenuta esecutiva – che decide una controversia differente da quelle relative allo stato di famiglia e di cittadinanza (art. 3) – non abbia efficacia di giudicato nel procedimento penale, ma venga valutata, dal giudice penale, «alla stregua di ogni altro materiale utile sul piano probatorio, salvi com'è ovvio gli effetti costitutivi, modificativi od estintivi di situazioni giuridiche, che ad essi siano ricollegati dalla legge» [15]. Insomma, il

[14] Cass., Sez. Un., 1.10.1991, Mapelli.

[15] *Rel. prog. prel. c.p.p.*, p. 9.

giudice penale, pur avendo disposto la sospensione del dibattimento, può esprimere un'opinione differente rispetto alla sentenza civile o amministrativa, dandone ovviamente conto nella motivazione.

Sebbene non provochino la sospensione del dibattimento, in tale contesto pare opportuna, per ragioni riconducibili alla sistematica del codice, una riflessione in punto di «**Questioni incidentali**» (art. 478).

Proposte dalle parti per le ragioni più disparate – dall'ammissibilità di un mezzo di prova in sede di richiesta all'ammissibilità di una domanda nel corso dell'esame – le questioni incidentali devono essere risolte dal giudice, immediatamente, con un'ordinanza adottata in seguito a una discussione che si sviluppa nel contraddittorio tra le parti – pubblico ministero e un solo difensore per ogni parte privata – contenuta nei limiti di tempo necessari all'illustrazione della questione stessa e senza la possibilità di replica. Tale disciplina, applicabile in forza di un richiamo esplicito al meccanismo previsto dall'art. 491 in tema di questioni preliminari, se per un verso evita l'inutile protrarsi di incertezze in ordine alla risoluzione di questioni importanti in relazione all'intero processo, per l'altro verso conferisce alle decisioni adottate in questa sede una certa stabilità, essendo dette decisioni, nel silenzio della norma, suscettibili di essere impugnate unicamente insieme alla sentenza dibattimentale a norma dell'art. 586.

3.2.6. Verbale di udienza

In via di premessa, occorre ricordare come l'opzione effettuata dal codice di rito penale in tema di documentazione degli atti punti essenzialmente sulla **tecnica della verbalizzazione** – accompagnata dalla riproduzione audiovisiva o fonografica nei casi previsti dalla legge – realizzabile mediante stenotipia, altri strumenti meccanici idonei allo scopo, ovvero – in una prospettiva residuale – attraverso la scrittura manuale.

In generale, poi, per la verbalizzazione degli atti, si osservano le disposizioni di cui all'art. 110, in tema di «[f]orma degli atti», che prevede la redazione e la conservazione in forma di **documento informatico** degli atti per i quali è richiesta la forma scritta, nonché la **conversione in copia informatica** degli atti redatti in forma di documento analogico, atti che – per loro natura o per specifiche esigenze processuali – non possono fin dall'origine essere redatti in forma di documento informatico (art. 134, co. 1 e 2) [16].

---

[16] L'art. 87, d.lgs. 10.10.2022, n. 150 fissa l'entrata in vigore dell'art. 110 in funzione dell'emanazione di decreti ministeriali, da adottarsi entro il 31.12.2023, concernenti le modalità di deposito, comunicazione e notificazione degli atti in via informatica.

A garanzia di una documentazione fedele, la verbalizzazione imposta – in forma integrale o per riassunto – viene abbinata alla **riproduzione audiovisiva o fonografica** ogniqualvolta si proceda in via riassuntiva ovvero sia ritenuta insufficiente la forma integrale (art. 134, co. 3).

Al fine poi di consentire un'adeguata gestione delle tecniche di documentazione nel passaggio dal c.p.p. 1930 all'attuale sistema, il legislatore del 1988, dando specifica attuazione all'ultima parte dell'art. 2, n. 8, legge delega n. 81 del 1987, si è premurato di predisporre una deroga di carattere generale a quanto previsto dall'art. 134, prevedendo l'opportunità di una verbalizzazione in via riassuntiva non accompagnata dalla fonoregistrazione, qualora il contenuto dell'atto dichiarativo risulti semplice o di limitata rilevanza, ovvero si verifichino situazioni di «contingente indisponibilità» di strumenti di riproduzione o di ausiliari tecnici (art. 140, co. 1).

Queste disposizioni di carattere generale vengono poi integrate, nonché parzialmente adeguate, per quanto riguarda il **processo verbale relativo all'udienza dibattimentale**, dalle prescrizioni specifiche contenute negli artt. 480, 481, 482 e 483, con un duplice scopo: *a*) di fornire al giudice il verbale di udienza da inserire nel fascicolo del dibattimento (art. 480, co. 2), quale promemoria ai fini della consultazione, in camera di consiglio, durante la fase decisoria del procedimento di primo grado; *b*) di documentare l'attività che si svolge in udienza al fine di rendere possibile il sindacato di rito e di merito negli eventuali gradi di impugnazione.

Sotto l'**aspetto formale**, il verbale viene redatto dall'ausiliario che assiste il giudice e, nel fotografare il profilo statico dell'udienza, indica, da un lato, il luogo, la data nonché l'ora di apertura e di chiusura dell'udienza stessa, e provvede, dall'altro lato, all'identificazione delle persone intervenute. In particolare, vengono indicati nomi e cognomi dei giudici, del pubblico ministero intervenuto e dei difensori, oltre alle generalità – ovvero alle ulteriori indicazioni personali utili per l'identificazione – dell'imputato, delle altre parti e dei loro rappresentanti (art. 480). L'incertezza assoluta sulle persone intervenute determina la nullità del verbale (art. 142).

Quanto al **contenuto**, la forma integrale è prescritta in modo espresso – seppure non a pena di nullità – per i provvedimenti dati oralmente dal presidente (art. 481, co. 2), per le dichiarazioni spontanee dell'imputato (art. 494, co. 2), nonché per l'esame dei testimoni, periti, consulenti tecnici e parti private (art. 510), mentre le richieste e le conclusioni del pubblico ministero e dei difensori sono riportate nel verbale sinteticamente (art. 481, co. 1). Ogni altra attività compiuta in udienza può essere verbalizzata in forma integrale o riassuntiva secondo le regole generali, sopra richiamate, previste dagli artt. 134 e 140[17]. Con

[17] Corte cost., sent. n. 23 del 1993.

particolare riguardo a quest'ultima previsione, preme tuttavia osservare come la deroga di carattere generale alla verbalizzazione in forma integrale ivi contenuta, da un lato debba essere interpretata in maniera assolutamente restrittiva laddove prevede, quale presupposto, la «contingente indisponibilità di strumenti di riproduzione o di ausiliari tecnici», mentre, dall'altro lato, risulti opportuna qualora, sussistendo realmente il suddetto presupposto, se non attivata, rischierebbe di ripercuotersi in maniera negativa sull'andamento del processo, essendo ben presenti i limiti di una verbalizzazione integrale effettuata con la scrittura manuale.

Con riferimento poi al **potere di controllo**, in capo alle parti, **circa la documentazione**, queste hanno il diritto di fare inserire nel verbale ogni dichiarazione a cui abbiano interesse, a condizione che essa sia pertinente all'oggetto del giudizio, contenuta nei limiti materiali strettamente necessari e non contraria alla legge. Eventuali richieste e conclusioni formulate dalle parti trasfuse all'interno di una memoria, diventano parte integrante del verbale mediante il sistema dell'allegazione. Il controllo in parola può essere attivato anche d'ufficio da parte dello stesso giudice, il quale dispone la lettura di singole parti del verbale per verificarne in contraddittorio la fedeltà e la completezza. Con ordinanza – impugnabile insieme alla sentenza – il giudice decide inoltre sulle contestazioni relative alla verbalizzazione (art. 482).

Un ulteriore momento, relativo alla documentazione, specificamente regolato nell'ambito della disciplina di settore, riguarda la **sottoscrizione del verbale**, da effettuarsi – come dispone l'art. 483, co. 1 – «subito dopo la conclusione dell'udienza o la chiusura del dibattimento».

Al di là della distinzione mantenuta, nello specifico, tra dibattimento e udienza – riconducibile ovviamente alla possibilità che il dibattimento si sviluppi su più udienze – va detto che il verbale, poiché atto dell'ausiliario, viene sottoscritto da quest'ultimo alla fine di ogni foglio – la sottoscrizione attribuisce al verbale autenticità e pubblica fede – nonché vistato dal presidente, al solo scopo di controllarne la regolarità. Unicamente l'omessa sottoscrizione da parte dell'ausiliario – e non da parte del presidente – determina la nullità del verbale.

Poiché, come abbiamo detto, il verbale viene redatto in forma di documento informatico, la sottoscrizione da parte dell'ausiliario avverrà con le forme previste dall'art. 111, co. 2 *bis* e l'apposizione del visto da parte del presidente «con firma digitale o altra firma elettronica qualificata» (art. 483, co. 1 *bis*) [18].

---

[18] L'art. 87 d.lgs. n. 150 del 2022 fissa l'entrata in vigore dell'art. 111 in funzione dell'emanazione di decreti ministeriali, da adottarsi entro il 31.12.2023, concernenti le modalità di deposito, comunicazione e notificazione degli atti in via informatica.

Infine, i co. 2 e 3 dell'art. 483 disciplinano la **trascrizione del verbale dell'udienza dibattimentale** redatto con i caratteri della stenotipia, prevedendo – in deroga a quanto stabilito, in via generale, dall'art. 138 – che lo stesso venga trascritto, in caratteri comuni, entro tre giorni dalla sua formazione, nonché accluso, unitamente alla trascrizione, al fascicolo del dibattimento.

3.3. Atti introduttivi

3.3.1. Costituzione delle parti, impedimento a comparire, assenza e sentenza di non doversi procedere per mancata conoscenza della pendenza del processo

Abbiamo detto che, nella sistematica del codice, nell'ambito della fase dedicata al «dibattimento», al blocco delle disposizioni relative alle regole generali (artt. 470-483) segue il blocco delle norme chiamate a disciplinare gli **atti introduttivi** (artt. 484-495).

Questi atti hanno di norma lo scopo di consentire la verifica delle condizioni necessarie affinché il dibattimento possa svolgersi in modo ordinato e regolare, nel rispetto dei diritti reciproci delle parti.

Prima di dare inizio al dibattimento, il presidente del collegio deve **controllare la regolare costituzione delle parti** (art. 484, co. 1). Tale attività, se ha un significato tecnico in riferimento alle parti eventuali le quali devono costituirsi in giudizio con un difensore che le rappresenta mediante procura speciale, ha un significato limitato, invece, rispetto al pubblico ministero e all'imputato, vale a dire le parti necessarie, le quali stanno in giudizio senza avere l'onere di costituirsi.

Nulla al riguardo viene detto circa il **controllo del giudice sulla regolare costituzione del proprio ufficio**, ma va da sé che questa attività debba avvenire in via preliminare rispetto alle altre, essendo l'inosservanza delle disposizioni concernenti le «condizioni di capacità del giudice» e il «numero dei giudici necessario per costituire i collegi» causa di nullità di ordine generale assoluta (artt. 178 e 179).

Al di là di questo aspetto, il **controllo** compiuto dal presidente consiste, **rispetto alle parti private**, nella verifica circa la presenza, la regolarità delle procure speciali nonché la validità delle citazioni e delle notifiche, rispetto al rappresentante dell'accusa, nella verifica circa la presenza e la validità delle comunicazioni.

Il **controllo** in ordine alla presenza nonché alla **validità delle citazioni e delle notifiche** deve investire anche la **persona offesa dal reato** non costituitasi parte civile, dato che la sua citazione è obbligatoria, nonostante essa non sia parte nel processo.

Con particolare riferimento all'**imputato**, il presidente deve svolgere un ulteriore controllo attinente all'intervento o meno del suo legale di fiducia o del legale d'ufficio nominatogli. Che tale controllo debba precedere la verifica circa la comparizione in udienza dell'imputato emerge dal fatto che soltanto qualora vi sia un contraddittore tecnico – ovvero un difensore – si potrà pensare di discutere circa la regolarità o meno degli adempimenti che attengono al giudicabile.

Il controllo in parola dovrà dunque operare su più piani, avendo ad oggetto non solo la verifica circa l'intervento o meno del legale, ma anche, ove questi risulti assente, la verifica circa la presenza di un'eventuale variazione non comunicata della data di udienza ovvero la constatata presenza di un impedimento rilevante. Soltanto in caso di mancata presentazione all'udienza del legale – non dovuta a irregolarità varie o impedimenti – il presidente designa come sostituto un altro difensore a norma dell'art. 97, co. 4, vale a dire un legale abilitato che sia «immediatamente reperibile» (art. 484, co. 2).

A seguito del controllo sulla regolare costituzione delle parti, il giudice, in generale, dovrà rinviare l'udienza e ordinare la **rinnovazione delle citazioni, delle comunicazioni o delle notificazioni di cui ha dichiarato la nullità**.

Tuttavia, al di fuori di queste ipotesi, il giudice – in forza dei richiami normativi destinati a importare nel dibattimento istituti altrove disciplinati [19] – è chiamato a porre in essere una serie di ulteriori controlli nonché ad attivare determinate garanzie in favore dei suddetti soggetti, nel rispetto della compatibilità strutturale della fase del dibattimento.

E allora, in forza dei richiamati rinvii, sussistendo piena compatibilità tra le disposizioni dettate a riguardo per l'udienza preliminare e la struttura del dibattimento, il giudice di questa seconda fase dovrà ivi veicolare i **contenuti delle previsioni** – già analizzate – **riguardanti l'impedimento a comparire dell'imputato** e **del suo difensore**, nonché **l'assenza dell'imputato, la sentenza di non doversi procedere per mancata conoscenza – da parte di quest'ultimo – della pendenza del processo, la sua revoca**[20].

La **disciplina dell'assenza in dibattimento** sarà tuttavia affrontata dal tribunale in una prospettiva volta a rivalutare la decisione assunta a riguardo dal giudice dell'udienza preliminare, differendo comunque da quella tipica della fase che la precede per alcuni aspetti.

Da un lato, il tribunale – anche d'ufficio – in assenza dell'imputato è tenuto a dichiarare la nullità del decreto di rinvio a giudizio, con la restituzio-

---

[19] L'art. 484, co. 2 *bis* richiama direttamente gli artt. 420 *bis*, 420 *ter*, 420 *quater*, 420 *quinquies* e 420 *sexies*, mentre l'art. 489 richiama indirettamente l'art. 420 *bis*.

[20] Cfr. *supra*, cap. XIV, parr. 4.3, 4.4, 4.5, 4.6 e 4.7.

ne degli atti al giudice dell'udienza preliminare, qualora accerti che l'imputato stesso sia stato dichiarato assente, in sede di udienza preliminare, in mancanza dei presupposti richiesti dall'art. 420 *bis*.

Tuttavia, ove l'imputato sia presente in udienza, la nullità del decreto subisce un'attenuazione, dovendo necessariamente essere eccepita su istanza di parte, ferma restando, comunque, «la facoltà dell['imputato] stesso di essere restituito nel termine per formulare le richieste di procedimenti speciali [nonché] di esercitare le ulteriori facoltà dalle quali sia decaduto» (art. 489, co. 1 e 2).

Dall'altro lato, il tribunale è tenuto a **restituire nei termini**, per esercitare le facoltà dalle quali è decaduto, **l'imputato** – dichiarato assente in udienza preliminare – che: *a*) dimostri che versava nell'assoluta impossibilità di comparire per caso fortuito, forza maggiore o altro legittimo impedimento e che non ha potuto trasmettere tempestivamente la prova dell'impedimento senza sua colpa; *b*) fornisca, nei casi di cui all'art. 420 *bis*, co. 2 e 3, la prova di non aver avuto effettiva conoscenza della pendenza del processo e di non essere potuto intervenire senza sua colpa in tempo utile (art. 489, co. 2 *bis*).

3.3.2. Questioni preliminari

Tra l'accertamento relativo alla regolare costituzione delle parti e la dichiarazione formale di apertura del dibattimento, si inserisce il momento dedicato alla risoluzione delle **questioni preliminari**, destinato, per un verso a verificare tutto ciò che, sotto il profilo processuale, è accaduto, nonché per l'altro verso, a consentire che il processo possa proseguire il suo corso dopo avere eliminato eventuali cause di perturbamento in grado di impedire o intralciare, a vario titolo, l'esame del merito, sconvolgendo l'ordine e compromettendo la linearità del giudizio.

Quanto al **contenuto**, le questioni preliminari – da ritenersi tassative – vengono suddivise in due categorie – **c.d. assolute** e **c.d. relative** – a seconda del momento processuale in cui possono emergere.

Nell'ambito della **prima categoria**, vanno annoverate le questioni riguardanti: *a*) la competenza per territorio; *b*) la competenza per connessione; *c*) la competenza per materia, se per eccesso[21]; *d*) le nullità relative concernenti gli atti delle fasi anteriori al dibattimento non ancora sanate, oppure eccepite all'udienza preliminare e non dichiarate dal giudice; *e*) la costituzione e l'intervento di tutte le parti private, diverse dall'imputato, compresi enti o asso-

---

[21] Cass., Sez. Un., 15.12.2004, Scabbia, secondo cui le questioni di competenza funzionale concernenti l'art. 11 non sono assoggettabili alle preclusioni di cui all'art. 491, ma rilevabili d'ufficio in ogni stato e grado del procedimento ai sensi dell'art. 21, co. 1.

ciazioni rappresentativi di interessi lesi dal reato; *f)* l'inosservanza delle disposizioni sulla composizione monocratica o collegiale del Tribunale, quando non si sia tenuta l'udienza preliminare o in quella sede l'eccezione sia stata respinta.

Le suddette questioni devono essere proposte, a pena di preclusione, «subito dopo compiuto per la prima volta l'accertamento della costituzione delle parti» (art. 491, co. 1).

Nell'ambito della seconda categoria di questioni – vale a dire le **questioni c.d. relative** – vanno invece annoverate quelle riguardanti il **contenuto del fascicolo del dibattimento** nonché la **riunione o la separazione dei giudizi**.

Tali questioni, se di regola devono essere proposte, a pena di preclusione, entro lo stesso termine previsto per le questioni c.d. assolute, qualora emergano in un momento successivo a detto termine, potranno comunque essere sollevate anche nel corso del dibattimento.

Per quanto riguarda lo **schema di trattazione della questione preliminare**, va evidenziato come essa venga proposta mediante un'eccezione nonché discussa, nel contraddittorio tra il pubblico ministero e un solo difensore per ogni parte processuale, entro limiti di tempo strettamente necessari all'illustrazione, senza che siano ammesse repliche. La decisione viene adottata dal collegio con ordinanza – con sentenza nel caso in cui sia accolta un'eccezione d'incompetenza (arg. *ex* art. 23) – da pubblicare in udienza mediante lettura e da allegare al verbale ai sensi dell'art. 481, co. 2. Il provvedimento in parola può essere impugnato soltanto congiuntamente alla sentenza (art. 586) e laddove decida, in relazione a una questione concernente il contenuto del fascicolo, per l'eliminazione di un atto ivi contenuto, ne dispone, contemporaneamente, la restituzione al pubblico ministero (art. 148 disp. att.).

3.3.3. Apertura del dibattimento e richieste di prova

Una volta effettuato il controllo sulla costituzione delle parti e risolte le eventuali questioni preliminari, il presidente dichiara **aperto il dibattimento** e affida al suo ausiliario il compito di dare lettura dell'imputazione (art. 492), mantenendo così, almeno formalmente, una posizione di assoluta imparzialità.

A prescindere dal fatto che la mancata **lettura dell'imputazione** non determina alcuna nullità, perché si tratta di una violazione non specificamente prevista e non riconducibile comunque al paradigma delle nullità di ordine generale, è con questo atto che tuttavia assume forma concreta il passaggio al dibattimento mediante la fissazione di un *thema probandum* in grado di circoscrivere l'area delle informazioni che le parti possono fornire al giudice.

Poiché a quest'ultimo non è dato di sapere nulla circa quanto è avvenuto nel corso delle indagini preliminari – essendo la sua conoscenza del processo limitata al capo di imputazione e agli atti contenuti nel fascicolo del dibattimento – **spetta alle parti**, titolari del diritto alla prova, **indicare i fatti che intendono provare nonché chiedere l'ammissione dei mezzi di prova**.

A riguardo va evidenziato come sia venuta meno – in ossequio al principio di parità tra le parti stabilito dall'art. 111, co. 2, Cost. – la distinzione tra «esposizione introduttiva», ad appannaggio dell'accusa, e «indicazione dei fatti», quale prerogativa delle altre parti, in favore di un modulo destinato a svilupparsi in una successione di «indicazione dei fatti» che coinvolge indistintamente tutte le parti processuali, secondo un ordine che dà la precedenza al pubblico ministero nonché vede, a seguire, i difensori delle parti private e il difensore dell'imputato (art. 493).

Se, con riguardo al **rappresentante dell'accusa**, «i fatti che [si] intendono provare» sono i fatti oggetto dell'imputazione, nonché, inevitabilmente, gli altri fatti richiamati in modo espresso dall'art. 187, con riguardo all'**imputato**, «i fatti che [si] intendono provare» sono essenzialmente i fatti ostativi alla dimostrazione antagonista. Nulla vieta, tuttavia, che le parti, a fini meramente argomentativi, accompagnino la propria indicazione dei fatti con memorie scritte presentate ai sensi dell'art. 121.

Come abbiamo anticipato, all'indicazione dei fatti che le parti intendono provare segue l'attività tesa alla **richiesta di ammissione dei mezzi di prova**, che, se per un verso ha ad oggetto unicamente l'illustrazione dei presupposti richiesti per la prova vuoi disciplinata dalla legge (art. 190, co. 1) vuoi non disciplinata (art. 189), per l'altro verso è destinata anch'essa a svilupparsi secondo il medesimo ordine previsto per l'indicazione medesima.

A riguardo, è appena il caso di ricordare che, sotto il profilo dell'adempimento da ultimo menzionato, i maggiori nodi interpretativi si sono addensati sul **tenore della richiesta**, in ordine alla quale si discute se essa debba annoverare – al di là delle prove richiamate nella lista «testimoniale» – anche altri eventuali mezzi di prova.

Confronto, **ricognizione**, **esperimento giudiziale**, nonché **perizia** diversa da quella effettuata, facendo di regola riferimento a un contesto probatorio esistente, pur dovendo in teoria essere menzionati in sede di richiesta, difficilmente, nella pratica, lo saranno, poiché la necessità della loro ammissione oltre a essere di solito riconducibile a una situazione processuale connotata in termini di eventualità, rischia di emergere soltanto a istruzione probatoria avviata.

Detti problemi non sussistono, invece, in relazione all'esame delle parti, ai documenti nonché alle fonti dichiarative che si intendono assumere «a prova contraria».

Sempre in tema di richiesta di prova, una riflessione merita la disciplina richiamata dall'art. 493, co. 2, la quale, nell'ammettere **«l'acquisizione di prove non comprese nella lista prevista dall'art. 468 quando la parte che le richiede dimostra di non averle potute indicare tempestivamente»**, sembra in generale rispondere alla logica propria della restituzione nel temine (art. 175).

Nonostante ciò, se per un verso va salutato con favore il fatto che l'omissione incolpevole non determini l'automatica decadenza dal diritto all'ammissione alla prova, per l'altro verso va tuttavia sottolineato come la genericità della norma – laddove prevede, in relazione alle prove non richiamate nella lista, la dimostrazione di «non averle potute indicare tempestivamente» – consenta parametri di valutazione ben più ampi rispetto a quelli del «caso fortuito» o della «forza maggiore» richiamati dall'art. 175.

A questo punto, le parti – sulla falsariga di ciò che è loro consentito fare anche in sede di udienza preliminare – possono concordare l'acquisizione al fascicolo dibattimentale di atti contenuti nel fascicolo del pubblico ministero nonché della documentazione relativa all'attività di investigazione difensiva (art. 493, co. 3). Tale opzione – che trova giustificazione, in sede costituzionale, nella regola sancita dall'**art. 111, co. 5**, laddove prevede una deroga al principio del contraddittorio «per consenso dell'imputato» – porta con sé un profilo assai delicato, rappresentato dall'identificazione dei limiti entro i quali è richiesto l'**accordo delle parti**.

Se escludiamo, per evidenti ragioni di garanzia, che l'integrazione del fascicolo dibattimentale sia consentita anche nel semplice silenzio delle parti, interesse particolare dovrà essere riservato sia ai profili riconducibili ai promotori dell'accordo, sia a quelli concernenti il contenuto dello stesso.

Prendendo le mosse dalla prima situazione indicata, un'interpretazione fondata sul dato letterale indurrebbe a ritenere che **l'accordo debba intervenire tra tutte le parti costituitesi nel processo**, essendo sufficiente il dissenso di una sola per paralizzare qualsiasi iniziativa.

Una soluzione del genere non sembra tuttavia tenere in adeguata considerazione il fatto che gli elementi conoscitivi da recuperare mediante l'accordo possano incidere soltanto sulla posizione processuale di un imputato e non di altri, ovvero coinvolgere in misura più o meno marcata anche parti processuali diverse. Ne consegue il riconoscimento di un accordo parziale, a condizione, però, di trarne tutte le conseguenze sul piano del relativismo probatorio, già presente, peraltro, nel nostro sistema.

Quanto ai **limiti oggettivi** chiamati a caratterizzare l'accordo, la genericità che connota, sotto questo profilo, il testo dell'art. 493, co. 3, consente di ritenere che nel fascicolo dibattimentale possa entrare qualsiasi atto compiuto o raccolto nel corso delle indagini. La specificazione contenuta nella suddetta disposizione riguardante la «documentazione relativa all'attività di investigazione difensiva», se rischia di apparire inutile rispetto agli atti di investigazione presentati all'autorità giudiziaria – essi confluiscono di diritto nel fascicolo dell'accusa – serve tuttavia per acquisire quei verbali che non hanno trovato ingresso nel fascicolo del pubblico ministero perché il difensore non li ha presentati né al giudice né all'inquirente ai sensi dell'art. 391 *octies*.

Occorre ora verificare se il suddetto **accordo** sia in grado di scavalcare l'eventuale **patologia degli atti**. La soluzione al problema impone distinzioni: se la risposta è sicuramente negativa per quanto riguarda l'inutilizzabilità patologica [22] – essa integra un vizio teso non solo a vietare il consenso e rendere l'accordo invalido, ma suscettibile anche di essere eccepito e rilevato in ogni stato e grado del procedimento (art. 191, co. 2) – non altrettanto pare possibile affermare rispetto all'inutilizzabilità fisiologica, destinata invece a essere superata dal consenso che ha questo scopo specifico.

A conclusione analoga a quella raggiunta in punto di inutilizzabilità patologica sembra possibile pervenire – seppure con qualche variante sotto il profilo concettuale – anche rispetto alle nullità assolute, esistendo una disposizione, l'art. 179, che afferma l'insanabilità di tali vizi. Sanate dall'accordo tra le parti risulteranno invece le nullità vuoi intermedie vuoi relative: l'accordo in oggetto fa perdere il diritto a eccepire dette invalidità.

Va poi ricordato il tenore dell'art. 493, co. 4, che affida al giudice la disciplina del preambolo dibattimentale, mediante il conferimento, a questo soggetto, vuoi di un potere di semplice regolamentazione del momento narrativo, vuoi di un rimedio in grado di bloccare, fin dall'inizio, ogni tentativo delle parti di immettere, nell'area cognitiva dell'organo giudicante, dati a questi non destinati.

3.3.4. Dichiarazioni spontanee

Sebbene l'art. 494 («Dichiarazioni spontanee») continui a fare riferimento all'esposizione introduttiva, a seguito della modifica normativa intervenuta in relazione all'art. 493, il riferimento corretto, per collocare il momento idoneo all'assunzione delle **dichiarazioni spontanee da parte dell'imputato**, è la conclusione della fase in cui avviene, ad opera delle parti, l'indicazione dei fatti da provare e la richiesta dei mezzi di prova.

Vero ciò, una volta esaurita la suddetta attività, il presidente, nell'ambito delle proprie competenze funzionali, deve **informare l'imputato** che egli ha

[22] Cass., Sez. Un., 30.6.2000, Tammaro.

la facoltà di rendere, in ogni stato e grado del dibattimento, le dichiarazioni ritenute opportune, a condizione che esse si riferiscano all'oggetto dell'imputazione e non intralcino l'istruzione dibattimentale. Se nel corso delle dichiarazioni, l'imputato sconfina dall'ambito della causa, il presidente lo ammonisce e, qualora egli persista nel suo comportamento, gli toglie la parola (art. 494, co. 1).

Sul presupposto che le dichiarazioni spontanee non devono soggiacere, per natura, all'obbligo della verità e valgono, in generale, come contributo chiarificatore, affidato alla libera disponibilità dell'autodifesa da parte dell'imputato, preme immediatamente osservare come il **mancato avvertimento all'imputato**, da parte del presidente, circa la facoltà in parola, determini una nullità di ordine generale a regime intermedio da ricondurre nell'ambito dell'art. 178, co. 1, lett. *c*.

Le dichiarazioni spontanee, nell'assolvere la **funzione principale di mezzo di difesa** – anche se non esclusiva, in quanto possono contenere argomenti esplicativi di informazioni tratte da mezzi di prova acquisiti – se da un lato possono tuttavia riportare anche affermazioni accusatorie, dall'altro lato escludono ogni domanda o interpello ad opera delle parti o del giudice e non ammettono contestazioni.

La prescrizione prevista dall'art. 494, co. 2, secondo cui l'ausiliario riproduce integralmente le dichiarazioni spontanee rese in dibattimento, a meno che il giudice disponga la redazione del verbale in forma riassuntiva, pur in linea con il carattere garantista dell'istituto in esame, nella parte in cui pone la deroga alla verbalizzazione in forma integrale risponde sicuramente a esigenze di economia processuale.

3.3.5. Provvedimenti del giudice in ordine alla prova

Dopo l'esposizione dei fatti da provare, la richiesta di ammissione dei mezzi di prova ed eventuali dichiarazioni spontanee rilasciate dall'imputato, il giudice decide, con ordinanza, una volta sentite le parti – le parti hanno la facoltà di interloquire, motivando eventuali eccezioni e opposizioni – sull'**ammissione dei mezzi di prova**.

Nel compiere tale attività, egli deve seguire i **criteri stabiliti dagli artt. 190 e 190 *bis***: se in generale, dunque, in base a una sorta di principio non scritto di «presunzione di ammissibilità» delle prove richieste dalle parti, il giudice è tenuto ad ammettere tutte le prove richieste, escludendo soltanto quelle manifestamente superflue, irrilevanti o vietate dalla legge, con particolare riferimento ai procedimenti per gravi delitti di mafia e di criminalità organizzata (art. 51, co. 3 *bis*), ovvero per delitti di pedofilia (artt. 600 *bis*, co. 1, 600 *ter*, 600 *quater*, 600 *quater*.1 e 600 *quinquies* c.p.) e di violenza sessuale (artt.

609 *bis*, 609 *ter*, 609 *quater*, 609 *quinquies* e 609 *octies* c.p.), egli è tenuto a osservare criteri di selezione maggiormente restrittivi. La qual cosa significa che la richiesta dell'esame di testimoni[23] o di imputati ai sensi dell'art. 210 – che abbiano già reso dichiarazioni, nel contraddittorio con l'imputato, in sede di incidente probatorio, di dibattimento o nell'ambito di procedimenti diversi i cui verbali siano stati acquisiti a norma dell'art. 238 – è ammessa soltanto se riguarda fatti o circostanze diversi o se è ritenuto necessario sulla base di specifiche esigenze. Al di fuori di queste ipotesi, infatti, pur venendosi a creare una palese lesione del principio dell'oralità – volta tuttavia a evitare la c.d. usura di testimoni e coimputati – il giudice dovrà utilizzare, nell'ambito della propria valutazione, le dichiarazioni verbalizzate precedentemente in contesti diversi rispetto a quello in cui egli risulta coinvolto.

A prescindere dall'**ipotesi cui fa riferimento l'art. 190 *bis***, può tuttavia accadere che le parti abbiano fatto richiesta di ammettere **l'acquisizione di verbali di prove di altri procedimenti**. In questo caso, l'art. 495, co. 1, prevede che qualora sia stata ammessa l'acquisizione di tali verbali, la decisione in ordine a una successiva richiesta di assunzione della «stessa prova», debba essere posticipata rispetto alla materiale acquisizione della prova documentale.

Al di là dell'evidente **errore concettuale** – non può essere definita «stessa» una prova documentale e una prova orale che abbiano il medesimo oggetto – preme a riguardo rimarcare sia l'assurdità di considerare intercambiabili il verbale di una dichiarazione e l'escussione orale del dichiarante, nell'ambito di un processo basato sui princìpi dell'oralità, dell'immediatezza e del contraddittorio, sia l'assurdità di rendere palese l'invito al giudice a considerare la prova orale manifestamente superflua, una volta acquisito il verbale.

Sulla scorta di quanto previsto dall'art. 6, par. 3, lett. *d*, C.e.d.u., dall'art 14, par. 3, lett. *e*, P.i.d.c.p. nonché dall'art. 111, co. 3, Cost., l'art. 495, co. 2 sancisce un uguale diritto, in capo all'imputato e al pubblico ministero – ma non in capo alle altre parti processuali[24] – all'**ammissione della «prova contraria»**, che può tendere sia a negare l'esistenza del medesimo fatto principale, sia ad affermare l'esistenza di un fatto diverso, ma incompatibile con l'esistenza del fatto principale (es. alibi).

Supportata da una **presunzione di rilevanza** – posto che deriva dal riferimento a una prova già ammessa – la prova contraria, nel silenzio della leg-

[23] Per quanto riguarda i procedimenti relativi a delitti di pedofilia (artt. 600 *bis*, co. 1, 600 *ter*, 600 *quater*, 600 *quater*.1 e 600 *quinquies* c.p.) e di violenza sessuale (artt. 609 *bis*, 609 *ter*, 609 *quater*, 609 *quinquies* e 609 *octies* c.p.), si fa riferimento all'esame di un testimone minore degli anni sedici.

[24] Corte cost., sent. n. 532 del 1992.

ge, si presume debba essere valutata, sotto il profilo dell'ammissibilità, in base ai **criteri stabiliti dall'art. 190**, ma non debba essere necessariamente omogenea alla fonte di prova che si intenda replicare[25].

Per quanto riguarda poi le **prove documentali** diverse dai verbali di prove di altri procedimenti penali, sul presupposto che esse debbano venire indicate, dalle parti, nella richiesta di prova ma non nelle liste testimoniali e che, in relazione ad esse, **l'ammissione si confonde con l'acquisizione**, l'art. 495, co. 3, concede **alle parti la facoltà di esaminarle, prima che il giudice provveda sulla loro ammissione**. In tal modo, la richiesta può essere contrastata qualora la prova documentale prospettata dalla controparte non rientri, tecnicamente, nella categoria prevista dagli artt. 234 ss. ovvero non sia in linea con i criteri sanciti, in tema di prova, dall'art. 190.

L'ammissione delle prove e delle controprove nella fase iniziale del dibattimento non pregiudica tuttavia la possibilità che, in un momento successivo, sorga questione, di carattere incidentale, in ordine all'inammissibilità di prove già ammesse, all'ammissibilità di prove già dichiarate inammissibili, ovvero all'ammissibilità di nuove prove.

Se quest'ultima ipotesi viene regolata, come vedremo, dall'art. 507, le altre situazioni vengono invece disciplinate dall'art. 495, co. 4, il quale, nel lasciare ampio spazio alle parti circa la possibilità di proporre eccezioni, conferisce anche al giudice il potere di intervenire, mediante l'emissione di un'ordinanza, da adottare nel contraddittorio delle parti, sia per **revocare prove già ammesse** che si appalesino successivamente superflue, perché tendenti a dimostrare circostanze ormai pacificamente accertate, sia per **ammettere prove già in precedenza escluse**. Di solito, la decisione, da parte del giudice, viene adottata nella medesima udienza in cui è proposta l'eccezione; ove ciò risulti impossibile, il giudice, con ordinanza, sospende il dibattimento per il tempo strettamente necessario, fissando la data della nuova udienza (art. 509).

Alla stregua delle altre ordinanze emesse nel corso del dibattimento, anche queste sono impugnabili unitamente alla sentenza dibattimentale.

Inoltre, in una prospettiva volta a esaltare, nell'ambito del processo, la volontà delle parti, può accadere che, durante l'istruzione dibattimentale, **la parte che ha richiesto e ottenuto dal giudice l'ammissione di un mezzo di prova, rinunci alla sua assunzione**. Tale rinuncia, tuttavia, assume efficacia soltanto qualora le altre parti che partecipano al processo facciano converge-

---

[25] Cass., Sez. Un., 25.5.2010, Mills.

re su di essa il loro consenso (art. 495, co. 4 *bis*). Pare corretto ritenere che sia la rinuncia sia il consenso alla rinuncia debbano essere manifestati in forma espressa e non tacitamente.

Infine, in caso di **mutamento del giudice**, l'art. 495, co. 4 *ter* sancisce il dovere del giudice di ammettere, a seguito della richiesta della parte interessata, «[...] l'esame delle persone che hanno già reso dichiarazioni nel medesimo dibattimento nel contraddittorio con la persona nei cui confronti le dichiarazioni saranno utilizzate, salvo che il precedente esame sia stato documentato integralmente mediante mezzi di riproduzione audiovisiva», potendo tutt'al più la rinnovazione dell'esame essere disposta anche qualora il giudice la ritenga necessaria sulla base di specifiche esigenze [26].

3.4. Istruzione dibattimentale

3.4.1. Ordine istruttorio e modalità di assunzione delle prove

Nell'ambito della sistematica del codice, il terzo blocco di disposizioni normative all'interno del titolo dedicato al «Dibattimento» prende in considerazione l'«**Istruzione dibattimentale**».

Essa rappresenta il momento centrale del dibattimento e, più in generale, di tutto il processo, essendo il momento in cui, nel **contraddittorio delle parti**, si formano le prove e si verifica se l'imputazione prospettata dal pubblico ministero viene a trovare o meno riscontro.

Nell'ambito dell'istruzione dibattimentale, se l'**iniziativa probatoria** viene affidata in via principale alle parti, le modalità di assunzione vengono dettate con specifico riferimento alle prove dichiarative (es. testimonianza, esame, letture), pur potendo comunque essere acquisite, in tale fase, anche cose e documenti, mediante modalità di assunzione assai semplificate.

L'**ordine di assunzione delle prove** viene fissato dall'art. 496, co. 1, e, basandosi sui princìpi dell'onere della prova (art. 27, co. 2, Cost.) e della sua disponibilità (art. 190), assegna la precedenza all'assunzione delle prove richieste dal rappresentante dell'accusa, sul quale grava l'onere di dimostrare tutti i fatti richiamati nell'imputazione. Il suddetto meccanismo coinvolge poi, in successione, le parti private, lasciando per ultimo l'imputato.

Al di là del fatto che le parti possano **concordare tra loro un diverso ordine di assunzione delle prove** (art. 496, co. 2), ciò che qui interessa evidenziare è che, nell'ambito della porzione di tempo affidata al pubblico ministero e all'imputato, si

---

[26] Cfr. *infra*, par. 4.1.

provvede ad assumere le prove orali diverse dall'esame delle parti private che, in forza dell'art. 150 disp. att., avrà luogo nell'ordine previsto dall'art. 503, co. 1, appena terminata l'assunzione delle prove a carico dell'imputato, vale a dire subito dopo l'assunzione delle prove presentate dal pubblico ministero e, eventualmente, dalla parte civile.

Pertanto, dopo l'esame delle parti private – nell'ordine fissato dall'art. 503, co. 1 – verranno assunte le prove a discarico richieste dai difensori delle altre parti: responsabile civile, civilmente obbligato per la pena pecuniaria e imputato.

Preme peraltro evidenziare che l'art. 496 viene richiamato anche dall'art. 151 disp. att. in relazione all'ordine delle prove eventualmente disposte d'ufficio dal giudice ai sensi dell'**art. 507**, quando siano state richieste dalle parti.

Può tuttavia accadere che il dibattimento si protragga per più giorni: in tal caso, l'art. 145 disp. att. attribuisce al presidente, sentite le parti, la facoltà di stabilire un **calendario di udienze**, con l'indicazione del giorno in cui testimoni, periti, consulenti tecnici e parti debbono comparire per sottoporsi a esame.

Con riferimento poi alle **modalità**, l'art. 496, co. 2 *bis*, consente alle parti di accordarsi per procedere all'assunzione delle varie tipologie di esame – che si possono svolgere in sede dibattimentale – anche con le modalità a distanza secondo le regole di cui all'art. 133 *ter*.

3.4.2. Esame testimoniale

Nel trattare le **modalità di assunzione dell'esame testimoniale**, occorre muovere da alcune riflessioni circa gli atti a esso preliminari.

In generale, va detto che se il **principio di disponibilità della prova** regola la materia che qui ci occupa, esso si manifesta anche mediante la possibilità riconosciuta, a ciascuna parte, di scegliere, all'interno della porzione di tempo affidatagli, l'ordine di presentazione dei testimoni da sottoporre al giudice (art. 497, co. 1).

Entrando maggiormente nello specifico, da un punto di vista dinamico, l'escussione del testimone, se per un verso è preceduta da una serie di atti preliminari, per l'altro verso viene preservata da una serie di regole destinate a imporre al testimone un comportamento obbligato.

Quanto al profilo relativo agli **atti preliminari**, prima che l'escussione del testimone abbia inizio, il presidente lo deve avvertire circa l'obbligo di dire la verità, rendendolo edotto delle conseguenze penali in caso di testimonianza falsa o reticente (art. 372 c.p.). Il testimone viene poi invitato a dare lettura della formula di rito contenuta nell'art. 497, co. 2, nonché a fornire le proprie generalità, che verranno inserite, ai sensi dell'art. 510, co. 1, nel verbale di assunzione dei mezzi di prova. Se il testimone è chiamato a deporre in relazione ad «attività svolte sotto copertura», egli sarà tenuto, *ex lege*, a fornire le generalità utilizzate nel corso delle medesime attività (art. 497, co. 2 *bis*).

I suddetti **avvertimenti** non possono tuttavia avere quale destinatario una persona minore degli anni quattordici, in quanto soggetto non imputabile e, di conseguenza, non sanzionabile. Ciò, tuttavia, non attenua l'impegno morale e civile del minore, ma trova giustificazione nell'esigenza di non intimidire il minore con un approccio eccessivamente formalistico.

Il mancato rispetto delle previsioni concernenti avvertimenti e inviti preliminari alla testimonianza determina la nullità della stessa ed è da ricondurre alla violazione degli artt. 181 e 182 nonché alla categoria delle nullità relative.

Con riferimento al profilo riguardante le **regole** destinate a imporre **al testimone**, nella fase che precede il suo esame, un determinato comportamento, va detto che l'art. 149 disp. att. stabilisce come questi non possa comunicare con alcuna delle parti, con i difensori e i consulenti tecnici, né assistere all'esame delle altre persone, né vedere, udire o comunque essere informato su ciò che avviene in aula.

Diversamente da quanto previsto in relazione agli avvertimenti e agli inviti sopra richiamati, il mancato rispetto delle previsioni contenute nell'art. 149 disp. att. non risulta sanzionato in alcun modo, dando perciò vita a una semplice irregolarità.

Nella sistematica del codice, agli atti preliminari all'esame dei testimoni seguono gli artt. 498 («Esame diretto e controesame dei testimoni») e 499 («Regole per l'esame testimoniale»), destinati a regolare, rispettivamente, la **scansione della prova testimoniale** nonché i contenuti della stessa.

L'opzione del legislatore del 1988 in favore dell'**esame incrociato** quale modalità tipica di escussione della fonte orale, sottratta, di regola, al monopolio del giudice, trova un addentellato sia a livello sovranazionale, nell'art. 6, par. 3, lett. *d*, C.e.d.u. e nell'art. 14, par. 3, lett. *e*, P.i.d.c.p., sia a livello costituzionale, nell'art. 111, co. 3 e 4. Detta opzione individua la tecnica di ricostruzione dei fatti più efficace a estrarre la verità del deponente e si cura di delineare uno schema destinato ad articolarsi in tre momenti fondamentali: esame diretto, controesame e riesame.

In adesione al metodo accusatorio, l'**esame diretto** viene condotto dalla parte che lo ha chiesto, la quale formula direttamente le domande al testimone senza intermediazioni o interventi del giudice (art. 498, co. 1), salvo quelli giustificati dalla necessità di assicurare il rispetto dei limiti e dei divieti posti dall'art. 499, co. 6. L'esame diretto è volto a fare in modo che il testimone riveli i fatti così come da lui percepiti, i quali, se da un lato dovrebbero essere già conosciuti da parte dell'interrogante, dall'altro lato dovrebbero essere utili a dimostrare la tesi di colui che lo ha citato.

Il **controesame** viene invece condotto dalle parti che hanno un interesse contrario rispetto a quella che ha chiesto l'esame del testimone e, pur essendo eventuale – l'art. 498, co. 2, disciplina il controesame in termini di facoltà – quando ha luogo tende a fare in modo che il testimone: *a)* dichiari un fatto diverso o contrario rispetto a quello esposto nell'esame diretto; *b)* dia una spiegazione alternativa del fatto così come esposto nell'esame diretto; *c)* ammetta fatti che contraddicano le conclusioni alle quali è pervenuta la controparte. Anche nel controesame le parti intervengono secondo l'ordine stabilito dall'art. 496 che, a sua volta, richiama l'ordine di cui all'art. 493, co. 1.

Il **riesame**, poi, condotto dalla parte che ha chiesto l'assunzione della testimonianza, se per un verso può avere luogo unicamente laddove si sia svolto il controesame, per l'altro verso è posto anch'esso in termini di eventualità, essendo lasciata alla parte che ha chiesto l'esame la facoltà di avanzare istanza in questa direzione. Da un punto di vista funzionale, il riesame tende sia al recupero della sequenza dei fatti così come emersi nel corso dell'esame, dopo che il controesame ha cercato di prospettare soluzioni alternative, sia a consentire al testimone di giustificare eventuali contraddizioni emerse in sede di controesame.

Un'eccezione importante all'escussione diretta del testimone da parte del soggetto che lo ha citato la troviamo con riferimento all'**esame testimoniale del minorenne** – ovvero del maggiorenne infermo di mente[27] – condotto direttamente dal presidente, su domande e contestazioni proposte dalle parti, con l'assistenza eventuale di un familiare o di un esperto in psicologia infantile (art. 498, co. 4).

Tale opzione legislativa si fonda sicuramente sulla necessità di **tutelare la personalità del minore o comunque di chi sia svantaggiato**, anche nella prospettiva di evitare che eventuali traumi derivanti da pratiche processuali eccessivamente «forti» possano influire in modo negativo sulla serenità del testimone e, di conseguenza, sulla sua attendibilità.

Rimane tuttavia nella disponibilità del presidente stabilire fino a quando l'esame debba proseguire con le suddette forme, potendo egli decidere – dopo avere sentito le parti – che la deposizione vada avanti secondo le modalità ordinarie, ove ritenga che l'esame diretto non nuoccia alla serenità del testimone. Tale decisione viene adottata con ordinanza, revocabile tuttavia nel corso dell'esame.

---

[27] Corte cost., sent. n. 283 del 1997.

In una prospettiva volta a tutelare in misura ancora più accentuata i predetti soggetti nonché la loro **attendibilità in sede di deposizione**, laddove la parte lo richieda o il presidente lo ritenga necessario, l'esame testimoniale di questi soggetti può svolgersi secondo le modalità protette previste dall'art. 398, co. 5 *bis*, ovvero all'interno di strutture specializzate di assistenza o, in mancanza, presso l'abitazione del minore o del maggiore infermo di mente da escutere (art. 498, co. 4 *bis*).

Le **cautele** risultano poi ulteriormente **rafforzate** qualora si debba procedere all'esame di un minorenne o di un maggiorenne infermo di mente che siano stati vittima di maltrattamenti in famiglia (art. 572 c.p.), di *stalking* (art. 612 *bis* c.p.), di reati sessuali (artt. 600 *bis*, 600 *ter*, 600 *quater*, 600 *quinquies*, 609 *bis*, 609 *ter*, 609 *quater* e 609 *octies* c.p.) o di reati in materia di tratta di persone (artt. 600, 601 e 602 c.p.): in questi casi, su richiesta diretta della vittima o del suo difensore – nonché d'ufficio, in assenza di richiesta – l'esame viene condotto mediante l'uso di un vetro specchio unitamente a un impianto citofonico (art. 498, co. 4 *ter*).

Viceversa, ove la vittima dei suddetti reati sia maggiorenne e non abbia problemi di infermità, l'esame viene condotto in considerazione anche della «particolare vulnerabilità della stessa persona offesa», desumibile semmai «dal tipo di reato per cui si procede»; se necessario, su richiesta della vittima o del suo difensore, l'esame si svolge con modalità protette (art. 498, co. 4 *quater*).

Passando ora dal piano della scansione della **prova testimoniale** a quello dei **contenuti** della stessa, va detto che l'esame testimoniale deve svolgersi **«mediante domande su fatti specifici»** (art. 499, co. 1) che «**costituiscono oggetto di prova**» (art. 194, co. 1), al fine di impedire sia che, attraverso una narrazione continuativa, il testimone possa fornire al giudice una versione dei fatti già confezionata «in laboratorio» con l'ausilio della parte che ha provveduto a citarlo, sia che il testimone possa raccontare liberamente la propria esperienza.

Una regola generale, dettata in forma di divieto, destinata a caratterizzare tutte le domande prospettate nel corso dell'esame, del controesame e del riesame, viene fissata dall'art. 499, co. 2, laddove prescrive che «sono **vietate** le domande che possono nuocere alla sincerità delle risposte», vale a dire le **domande «nocive»**.

La genericità del divieto, se da un lato induce a ritenere che la sincerità della risposta rischi di essere compromessa vuoi dal contenuto della domanda vuoi dalle modalità attraverso le quali essa viene prospettata, dall'altro lato, consente di affermare che sono «nocive» quelle domande in grado di condizionare il testimone, alterandone la capacità di rievocare o di narrare correttamente i fatti. In via puramente esemplificativa, risultano «nocive» le domande che sottintendono minacce o lusinghe, che cercano di innervosire il testimone ovvero che tendono ad approfittare delle debolezze culturali o caratteriali di quest'ultimo.

Un'altra regola generale, stabilita attraverso la previsione di poteri disciplinari e censori in capo al presidente, chiamata anch'essa a caratterizzare qualsiasi domanda rivolta dall'interrogante – o qualsiasi comportamento tenuto da questi – in sede di esame testimoniale, viene sancita dall'art. 499, co. 4, nella parte in cui prevede che «**l'esame del testimone sia condotto senza ledere il rispetto della persona**».

Nel dare prevalenza alla tutela della persona del testimone rispetto all'interesse collegato all'acquisizione della prova, il divieto in parola costituisce un limite attinente non all'oggetto ma alle modalità e alla forma delle domande, non potendo rappresentare, l'esame testimoniale, un pretesto per aggressioni verbali in grado di offendere, soprattutto in sede di controesame, la dignità, il decoro e la reputazione del testimone, ad esempio mediante quesiti c.d. «screditanti» che tendono a porre quest'ultimo in cattiva luce per fargli perdere credibilità.

Se quanto detto finora vale in generale per qualsiasi domanda avanzata al testimone, esiste tuttavia una disciplina destinata a mutare a seconda che la domanda venga posta in sede di esame diretto o di controesame.

Ci riferiamo alla disciplina prevista dall'art. 499, co. 3, che, nel vietare «le domande che tendono a suggerire le risposte» nel corso dell'«esame condotto dalla parte che ha chiesto la citazione del testimone e da quella che ha un interesse comune», implicitamente ammette questo tipo di **domande in sede di controesame**.

Il principio al quale si ispira la regola qui considerata, muovendo dal presupposto che la domanda suggestiva di regola implica la sussistenza di un legame tra l'interrogante e il testimone, va nel senso che soltanto in sede di esame diretto sia realizzabile un accordo tra la parte e il testimone, suscettibile di alterare la spontaneità della risposta, mentre, nell'ambito del controesame, la conflittualità tra colui che formula i quesiti e il testimone, se per un verso esclude la possibilità di accordi preventivi, per l'altro verso impone il ricorso alle domande suggestive al fine di svelare l'eventuale natura «artificiosa» della deposizione resa nel corso dell'esame.

Considerata la *ratio* sottesa al divieto in parola nonché il fatto che il riesame è condotto dalla stessa parte che ha introdotto il testimone, innegabile sarà l'estensione del suddetto divieto al segmento del riesame.

Introducendo un'evidente deroga al principio dell'oralità, l'art. 499, co. 5 prevede che il presidente possa autorizzare il testimone «**a consultare, in aiuto della memoria, documenti da lui redatti**».

Se la nozione di «**documento**» qui considerata recepisce una accezione atecnica comprensiva anche, eventualmente, di atti del procedimento redatti dal dichiarante – come, ad esempio, i verbali redatti da ufficiali o agenti di polizia giudiziaria nel corso delle indagini, consultabili, durante l'esame testimoniale, ai sensi del combinato degli artt. 499, co. 5, e 514, co. 2 –, la modalità prescelta non consente tuttavia di sostituire il documento al mezzo di prova della testimonianza, che deve comunque mantenere l'ossatura della narrazione e impiegare la consultazione in parola unicamente per ricostruire passaggi di attività complesse o risalenti[28], una volta che sia accertato che il dichiarante non ricordi i fatti registrati a suo tempo.

Sullo svolgimento e sulle modalità dell'esame incrociato intervengono – d'ufficio o su opposizione proposta dalle parti (art. 504) – i **controlli presidenziali**, volti ad assicurare «la pertinenza delle domande, la genuinità delle risposte, la lealtà dell'esame e la correttezza delle contestazioni» (art. 499, co. 6).

Il fatto che, di regola, le domande vengano formulate direttamente dalle parti, induce a collocare i controlli del presidente in una **prospettiva essenzialmente interdittiva**, ovvero tendente a evitare sia che le domande possano andare oltre i limiti e i divieti sanciti dall'art. 499, sia che le risposte possano travalicare i limiti e i divieti insiti nelle domande. In quest'ottica, il presidente dovrebbe limitarsi a sollecitare la parte nella riformulazione delle domande e non sostituirsi ad essa.

In particolare, dal sistema emerge indirettamente come in capo al presidente esista anche un vero e proprio **potere di escludere le domande**, esercitabile d'ufficio o in seguito all'opposizione prevista dall'art. 504.

Riguardo a tale opposizione – sulla quale il presidente decide senza formalità e immediatamente, vale a dire prima che il testimone risponda –, si osserva che laddove essa venga illegittimamente rigettata le dichiarazioni dibattimentali che, purtuttavia, ne conseguono, devono essere considerate inutilizzabili, a norma degli artt. 191 e 526, anche se esse potranno comunque, in maniera indiretta, influenzare il giudicante.

Per quanto riguarda poi il controllo del presidente circa la **correttezza delle contestazioni**, laddove questi lo ritenga opportuno, può ordinare «l'esibizione del verbale nella parte in cui le dichiarazioni sono state utilizzate per le contestazioni» stesse. Al di là di ciò che si dirà in punto di contestazioni nel corso dell'esame testimoniale, per quel che qui importa, preme soltanto sottolineare come il potere riconosciuto in questo caso al presidente rischi di indurre quest'ultimo a rendersi eccessivamente protagonista, da un

---

[28] Cass., Sez. Un., 13.7.1998, Gallieri; Cass., Sez. Un., 24.1.1996, Panigoni.

punto di vista cognitivo, in una prospettiva volta all'esercizio dei poteri probatori d'ufficio sanciti dagli artt. 506 e 507.

3.4.3. Esame delle parti private

Collocato anch'esso all'interno dell'istruzione dibattimentale come **mezzo di prova**, l'esame delle parti private si configura alla stregua di un atto a **impulso di parte**. Quest'ultima vi si sottopone se ne fa richiesta ovvero se presta il consenso alla richiesta proveniente *ex adverso*. Richiesta e consenso – anche parziale in presenza di una richiesta articolata e comprensiva di una pluralità di fatti distinti da provare – sono revocabili fino al momento in cui l'esame non abbia inizio.

L'inserimento del dato della «**volontarietà**», se in generale lascia alla parte l'opzione circa la possibilità o meno di introdurre all'interno del processo il proprio sapere cognitivo, in particolare, garantisce all'imputato l'esercizio del diritto al silenzio anche in fase dibattimentale[29]. Tuttavia, una volta richiesto o dato il proprio consenso alla richiesta, il rifiuto di rispondere a singole domande, purché ammissibili, viene menzionato nel verbale di assunzione dei mezzi di prova ed è destinato a costituire un argomento di prova sfavorevole all'esaminato (art. 209, co. 2).

L'esame delle parti viene disposto dal presidente e, indipendentemente da chi l'abbia chiesto, si colloca, nel rispetto della **presunzione di non colpevolezza dell'imputato**, in una fase intermedia dell'istruzione dibattimentale, tra l'assunzione delle prove a carico e l'assunzione di quelle a discarico, secondo un ordine che dà la precedenza alla parte civile, colloca nel mezzo il responsabile civile e la persona civilmente obbligata per la pena pecuniaria, e poi si esaurisce con l'imputato (art. 503, co. 1). Se la violazione dell'ordine di assunzione dell'esame delle parti private non è assoggettata ad alcuna sanzione di tipo processuale, l'esame della parte civile riveste, in tale contesto, un carattere meramente residuale, potendo essere esperito soltanto laddove la parte civile non venga citata in qualità di testimone (art. 208, co. 1).

Per quanto riguarda le **modalità di assunzione** dell'esame delle parti, il legislatore ha provveduto a regolarle in evidente simmetria con quanto previsto per l'esame dei testimoni, richiamando espressamente gli artt. 498 e 499 (art. 503, co. 2). Detta simmetria non è tuttavia perfetta, poiché nella seconda parte dell'art. 503, co. 2, laddove si prevede la scansione dell'esame, se per un verso viene richiamata la medesima scansione prevista – direttamente e indirettamente – nei primi tre commi dell'art. 498, per l'altro verso

---

[29] Corte cost., sent. n. 221 del 1991.

viene invece inserita la figura del difensore del coimputato, in una posizione destinata a precedere la posizione – ultima – dell'imputato.

A riguardo, risultano utili due precisazioni: la scansione prevista dalla seconda parte dell'art. 503, co. 2, può avere luogo unicamente laddove l'esame dell'imputato non sia stato dallo stesso richiesto ma introdotto su suo consenso, perché diversamente spetterebbe al suo difensore cominciare; la suddetta scansione non prevede nulla circa l'ordine tra i difensori degli eventuali coimputati, lasciando detta decisione nella disponibilità del presidente.

In tale contesto, una posizione particolare assume l'esame dell'imputato.

Se l'esame dell'imputato sul fatto proprio non desta alcun problema in quanto segue le regole ordinarie e resta facoltativo, non altrettanto possiamo sostenere in relazione all'**esame dell'imputato che abbia ad oggetto la responsabilità di altri**.

A proposito, occorre distinguere quattro ipotesi.

La prima attiene al caso di colui che, originariamente **imputato in un procedimento connesso ai sensi dell'art. 12 o di un reato collegato a norma dell'art. 371, co. 2, lett. *b***, venga poi ad essere destinatario di una **sentenza irrevocabile** di proscioglimento, di condanna o di applicazione della pena ai sensi dell'art. 444. Questo soggetto, spogliatosi della qualità di imputato, potrà sempre essere sentito come testimone sul fatto altrui, con le garanzie di cui all'art. 197 *bis*, co. 3 e 5, e salvi i limiti di cui al co. 4 della medesima disposizione. In detta ipotesi troveranno integrale applicazione le norme dettate in punto di esame testimoniale.

La seconda situazione riguarda colui il quale sia **imputato in un procedimento connesso a norma dell'art. 12, co. 1, lett. *a*** – nei cui confronti si procede o si è proceduto separatamente – che abbia reso in precedenza dichiarazioni concernenti la responsabilità di altri e che, **non** essendo stato **destinatario di sentenza irrevocabile**, non può assumere l'ufficio di testimone. Questo soggetto – esaminabile a richiesta di parte, ovvero anche d'ufficio nell'ipotesi di cui all'art. 195 – prima che abbia inizio l'esame dovrà essere avvertito della facoltà di non rispondere alle domande che gli verranno formulate (art. 64, co. 3, lett. *c*). Data l'unicità del reato per cui si procede, il legislatore, nell'accordare detta facoltà, ha inteso evitare che l'imputato, parlando del fatto altrui, rischi di autoincriminarsi.

La terza situazione concerne **l'imputato in un procedimento connesso ai sensi dell'art. 12, co. 1, lett. *c*, o di un reato collegato a norma dell'art. 371, co. 2, lett. *b***. Questo soggetto, **laddove non abbia precedentemente reso dichiarazioni sul fatto altrui**, potrà essere esaminato ai sensi dell'art. 210, ma prima che abbia inizio l'esame, dovrà ricevere l'avvertimento di cui all'art 64, co. 3, lett. *c*. In tal caso, se il soggetto, non avvalendosi della facoltà di non rispondere, renderà dichiarazioni concernenti il fatto altrui, assumerà l'ufficio di testimone con la conseguenza che al suo esame si applicheranno non solo le disposizioni richiamate dal co. 5 dell'art. 210, ma anche quelle previste dagli artt. 197 *bis* e 497.

La medesima disciplina troverà applicazione – in forza della previsione di cui all'art. 197 *bis*, co. 2 – anche nei confronti dell'**imputato in un procedimento connesso ai sensi dell'art. 12, co. 1, lett. *c*, o di un reato collegato a norma dell'art. 371, co. 2, lett. *b***, che **abbia già reso dichiarazioni concernenti il fatto altrui** in sede di indagini preliminari o in udienza preliminare.

3.4.4. Esame dei periti e dei consulenti tecnici

Nel corso dell'istruzione dibattimentale è possibile procedere anche all'esame dei periti e dei consulenti tecnici secondo le regole previste per il **modello di escussione dell'esame testimoniale**, in quanto applicabili (art. 501, co. 1).

Ciò significa, in primo luogo, che tale atto si svolge oralmente, risultando scontata la sua natura di mezzo di prova dichiarativa.

Il perito autorizzato dal giudice e il consulente tecnico di parte – anche qualora non sia stata disposta perizia – sono tenuti a **depositare**, nella cancelleria del giudice, almeno **sette giorni prima dell'esame orale**, le proprie **relazioni scritte** (art. 501, co. 1 *bis* e 1 *ter*).

Tale meccanismo – il mancato rispetto del quale non è presidiato da alcuna sanzione processuale – se per un verso agevola il compito di accertamento da parte del giudice, chiamato ad accedere a saperi a elevato tasso di specializzazione, con approdi scientifici sempre più spesso esposti a controversia, per l'altro verso risulta di grande utilità per le parti processuali, in grado di svolgere, nel corso dell'esame, la *cross examination* in modo sicuramente più consapevole ed efficace.

A differenza dei testimoni, periti e consulenti tecnici, per ragioni collegate al loro ufficio, durante l'esame, possono sempre **consultare**, senza l'autorizzazione del presidente, «**documenti, note scritte, pubblicazioni nonché le relazioni depositate**», acquisibili al dibattimento anche d'ufficio (art. 501, co. 2).

Il perito, poi, prima di deporre, può essere autorizzato ad **assistere all'esame delle parti e all'assunzione di prove** (art. 228, co. 2), diversamente da ciò che accade in relazione al testimone, vincolato invece a mantenere determinati comportamenti ai sensi dell'art. 149 disp. att.

Al di là del fatto che un divieto a carico dei testimoni si trasformi, in questo caso, in una facoltà di autorizzazione per i periti, ciò che qui va evidenziato è come l'autorizzazione rilasciata dal giudice al perito si estenda automaticamente anche agli eventuali consulenti tecnici nominati, risultando essenziale, per una loro partecipazione effettiva alle operazioni peritali (art. 230, co. 2), la possibilità di conoscere tutto ciò che è nella disponibilità del perito.

Un ulteriore scarto, sotto il profilo della regolamentazione, esistente tra testimoni, periti e consulenti tecnici, risiede nell'**impegno formale a rendere dichiarazioni veritiere**: il testimone è vincolato alla verità storica (art. 497, co. 2), il perito alla verità critica (art. 226, co. 2), mentre il consulente tecnico, quale soggetto di parte, pare non dovere sottostare ad alcun vincolo, salvo il caso del consulente tecnico nominato dal pubblico ministero, il quale, concorrendo oggettivamente all'esercizio della funzione giudiziaria, ha il dovere, connaturato a ogni parte pubblica, di obiettività e di imparzialità, nel senso che la sua funzione è tesa al raggiungimento di interessi pubblici, come, in primo luogo, l'accertamento della verità[30].

Tra le disposizioni richiamate dagli artt. 498 e 499 in tema di esame testimoniale, destinate a non trovare applicazione in sede di esame di periti e consulenti tecnici, va annoverato anche il **divieto di porre domande «nocive» e «suggestive»**, non avendo senso parlare di sincerità con riferimento a un parere o a una valutazione.

Per quanto riguarda, poi, l'**ordine** da seguire **nell'assunzione dell'esame dei periti**, se la perizia viene disposta su richiesta di parte, la stessa dovrà inserirsi nell'ordine di assunzione stabilito dall'art. 496, che assegna a ciascuna delle parti una frazione dell'attività dibattimentale per sviluppare ed esaurire i rispettivi temi di prova.

3.4.5. Modelli alternativi

Accanto alle modalità ordinarie di assunzione dell'esame previste per testimone, perito e consulente tecnico, l'art. 502 disciplina una **modalità alternativa** per l'ipotesi in cui non sia possibile procedere all'esame nella sede dibattimentale, in quanto un «**legittimo impedimento**» ha determinato la «assoluta impossibilità» a comparire di uno di questi soggetti. In tal caso, il giudice, a richiesta di parte, può disporre che l'esame si svolga nel luogo in cui il soggetto da esaminare si trova, dando comunicazione, ai sensi dell'art. 477 co. 3, del giorno, dell'ora e del luogo in cui avverrà l'assunzione dell'atto (art. 502, co. 1).

Per quanto riguarda le **modalità operative**, l'esame viene effettuato con le forme ordinarie in assenza di pubblico e le parti private sono rappresentate dai rispettivi difensori, ad eccezione dell'imputato che può essere ammesso a partecipare dal giudice, qualora ne faccia richiesta e manifesti uno specifico

[30] Cass., Sez. Un., 12.12.2014, Guidi e altri.

interesse per il tema di prova, che verrà individuato in base a una valutazione svolta *a priori* (art. 502, co. 2).

Al di là del fatto che, ai sensi dell'art. 513, co. 2, l'**esame a domicilio** risulta ammesso anche per i soggetti di cui all'art. 210, ciò che, al riguardo, preme evidenziare è come la disciplina in parola – che rappresenta una facoltà per il giudice e non un obbligo – tenti di assicurare, il più possibile, il rispetto dei princìpi fondamentali che presiedono all'attività dibattimentale.

Se per un verso, all'esame a domicilio è chiamato a presenziare l'intero collegio, così da soddisfare il **principio dell'immediatezza**, per l'altro verso, la presenza necessaria di tutti i protagonisti del dibattimento – le parti private attraverso i propri difensori – assicura il **contraddittorio**. Per ragioni intuibili, collegate al fatto che l'esame si svolge in un luogo privato, viene invece esclusa la presenza del pubblico.

Un'altra modalità alternativa alle forme ordinarie di assunzione dell'esame – riconducibile a motivi di sicurezza dei soggetti esaminati – è prevista dall'art. 147 *bis* disp. att. e riguarda l'**esame sia delle persone che collaborano con la giustizia ammesse a programmi – anche di tipo urgente o provvisorio – o misure di protezione, sia degli imputati di reato connesso**.

La disciplina di cui all'**art. 147 *bis* disp. att.** è stata in parte trasferita, mediante rielaborazione, nella disposizione di carattere generale prevista dall'**art. 133 *ter*** («Modalità e garanzie della partecipazione a distanza») e risulta – nell'ambito qui considerato – applicabile in quanto tale.

In tali casi, lo strumento previsto per l'assunzione delle dichiarazioni da parte di questi soggetti è l'**esame a distanza** mediante collegamento audiovisivo, che, di regola, può essere disposto dal giudice, in base a una **valutazione di carattere discrezionale**, dopo avere sentito le parti e laddove siano disponibili gli strumenti tecnici idonei. La decisione del giudice viene adottata d'ufficio ovvero su sollecitazione delle parti o dell'autorità che ha disposto il programma o le misure di protezione (art. 147 *bis*, co. 2, disp. att.). La natura indisponibile dei diritti tutelati attraverso queste modalità di assunzione dell'esame induce a ritenere che il soggetto da tutelare non possa rinunciare alle modalità protette.

L'**esame a distanza** diventa poi **doveroso** – ovvero sottratto a una valutazione discrezionale del giudice – qualora, non ritenuta necessaria la presenza fisica della persona da esaminare, si verifichi una delle seguenti situazioni: *a*) le persone ammesse a programmi o misure di protezione debbano essere esaminate in un processo per taluno dei delitti previsti dall'art. 51, co. 3 *bis* (delitti di stampo mafioso) o dall'art. 407, co. 2, lett. *a* (delitti aventi finalità di terrorismo); *b*) nei confronti della persona sottoposta ad esame sia stato emesso un decreto di cambiamento delle generalità[31]; *c*) nell'ambito di un processo per taluno dei delitti previsti dall'art. 51, co. 3 *bis*, o dall'art. 407, co. 2, lett. *a*, debbano essere esaminate le persone indicate dall'art. 210 nei cui confronti si proceda per un reato del medesimo tipo (art. 147 *bis*, co. 3, disp. att.).

Infine, **a richiesta di parte**, l'esame a distanza può essere svolto quando riguardi le persone delle quali siano già stati acquisiti i verbali di dichiarazioni rese in altri procedimenti o quando vi siano gravi difficoltà ad assicurare la comparizione del dichiarante (art. 147 *bis*, co. 5, disp. att.).

Da un **punto di vista tecnico**, l'esame a distanza viene attuato, a pena di nullità, mediante l'attivazione di un collegamento audiovisivo in videoconferenza tra l'aula di udienza e il luogo in cui si trova il dichiarante, «con modalità idonee a salvaguardare il contraddittorio e l'effettiva partecipazione delle parti [...] all'udienza e ad assicurare la contestuale, effettiva e reciproca visibilità delle persone presenti nei diversi luoghi e la possibilità per ciascuna di esse di udire quanto viene detto dalle altre» (art. 133 *ter*, co. 3, prima parte).

In caso di udienza pubblica è assicurata un'adeguata pubblicità degli atti compiuti a distanza nonché disposta la registrazione audiovisiva (art. 133 *ter*, co. 3, ult. parte).

Ove necessario, viene prevista, inoltre, in capo al difensore o a un suo sostituto, la possibilità di essere presente nel luogo in cui si trova l'assistito o, comunque, l'opportunità di consultarsi con lo stesso in modo riservato o «per mezzo di strumenti tecnici idonei» (art. 133 *ter*, co. 7).

Sotto il **profilo organizzativo**, è previsto che, nel luogo in cui si trova il dichiarante, debba essere presente un ausiliario abilitato ad assistere il giudice o il pubblico ministero in udienza, con il compito specifico di attestare l'identità dell'imputato e di dare atto che non sussistono impedimenti o limitazioni all'esercizio dei diritti e delle facoltà a lui spettanti. All'ausiliario compete pure il compito di verificare la funzionalità tecnica degli impianti utilizzati nel luogo da cui si collega l'imputato, con riferimento sia alla possibilità di percepire ciò che avviene nell'aula di udienza, sia all'opportunità di consultarsi riservatamente con il difensore (art. 133 *ter*, co. 8).

Le **funzioni dell'ausiliario** possono venire attribuite a un ufficiale di polizia giudiziaria che non svolga, o comunque non abbia svolto, attività di investigazione o di protezione in relazione all'imputato o ai fatti per i quali si procede, venendosi a creare, in tal modo, una sorta di incompatibilità per i soggetti chiamati ad assistere il giudice (art. 133 *ter*, co. 8)[32].

---

[31] In tal caso, l'art. 147 *bis*, co. 2, lett. *b*, disp. att., prevede che «nel procedere all'esame, il giudice o il presidente si uniforma a quanto previsto dall'articolo 6, comma 6 del [d.lgs. 29.3.1993, n. 119] e dispone le cautele idonee ad evitare che il volto della persona sia visibile».

[32] L'art. 205 *ter* disp. att., nel disciplinare la «[p]artecipazione al processo a distanza per l'im-

3.4.6. Contestazioni. *A*) Nell'esame testimoniale

Nell'ambito dell'istruzione dibattimentale, un ruolo fondamentale è rivestito dall'istituto della **contestazione nell'esame testimoniale** disciplinato dall'**art. 500**.

La contestazione rappresenta un tipo particolare di domanda, formulata da una parte processuale, finalizzata a chiedere ragione circa la **discrepanza** emersa tra una dichiarazione resa dal testimone in dibattimento nel corso dell'esame e una dichiarazione dallo stesso rilasciata in merito al medesimo oggetto nel corso delle indagini preliminari o dell'udienza preliminare, contenuta nel fascicolo del pubblico ministero comprensivo pure di quello del difensore. La contestazione può essere effettuata soltanto se «sui fatti e le circostanze da contestare il **testimone abbia già deposto**» (art. 500, co. 1).

Con l'inserimento di quest'ultima limitazione, la norma, se per un verso vuole evitare che la lettura della dichiarazione precedentemente resa possa suggerire o condizionare la risposta del testimone in sede dibattimentale, in un'ottica di tutela del principio dell'oralità, per l'altro verso tenta di circoscrivere il più possibile l'ambito operativo della singola contestazione. In questa prospettiva, peraltro, il presidente, nell'esercizio dei controlli effettuati a norma dell'art. 499, co. 6, volti pure a verificare la «correttezza delle contestazioni», può, infatti, ordinare, «se occorre, l'esibizione del verbale nella parte in cui le dichiarazioni sono state utilizzate per le contestazioni». Ciò, evidentemente, al fine di evitare la conoscenza globale dell'apporto dichiarativo reso in precedenza.

Dal punto di vista delle **cadenze temporali**, per procedere alla contestazione non occorre attendere la conclusione dell'esame, potendo la parte sottoporre a contestazione qualsiasi affermazione anche durante lo svolgimento dell'esame stesso. Tale situazione risulta, di fatto, agevolata dalla partecipazione delle parti al contraddittorio che si sviluppa nel corso dell'esame incrociato.

Tecnicamente, le contestazioni avvengono mediante la **lettura della precedente dichiarazione** – «[l]e dichiarazioni lette per le contestazioni [...]» (art. 500, co. 2) – e sebbene l'art. 500 non faccia più riferimento all'ipotesi

---

putato detenuto all'estero», se per un verso subordina detta partecipazione a una espressa previsione contenuta in accordi internazionali, per altro verso opera un rinvio, in chiave integrativa, all'art. 133 *ter*, nonché un richiamo esplicito alle previsioni che: *a*) assicurano la presenza del difensore nel luogo in cui viene assunto l'atto nonché la possibilità, da parte di quest'ultimo, di colloquiare riservatamente con il suo assistito; *b*) assicurano la presenza dell'interprete in caso di mancata conoscenza della lingua; *c*) assicurano comunque lo svolgimento dell'udienza – senza determinarne la sospensione o il differimento –, qualora sia possibile la partecipazione all'udienza in collegamento audiovisivo, nei casi in cui l'imputato non dà il consenso o si rifiuta di assistere.

caratterizzata dal silenzio del testimone su circostanze già oggetto di precedenti dichiarazioni[33], laddove si esuli dal rifiuto, da parte di quest'ultimo, di rispondere in senso stretto, ma ci si trovi di fronte a risposte reticenti o amnesie – vere o false –, la contestazione, mediante il richiamo alle precedenti dichiarazioni, è ammissibile, anche al fine di stimolare, da parte del testimone, una risposta più precisa ed esaustiva[34].

In quest'ottica, dunque, «le dichiarazioni lette per la contestazione» possono essere utilizzate unicamente per valutare la **credibilità del testimone sottoposto a esame**, risultando viceversa irrilevanti a fini probatori, come d'altronde risulta indirettamente confermato dall'art. 500 laddove non ne stabilisce l'acquisizione al fascicolo dibattimentale, se non in relazione alle ipotesi riconducibili all'art. 111, co. 5, Cost.

Se questa è la regola in tema di contestazioni, va anche detto che l'art. 500 prevede pure tre categorie di **eccezioni** all'irrilevanza probatoria del precedente difforme.

La prima eccezione – che riproduce la deroga alla formazione della prova nel contraddittorio delle parti prevista dall'art. 111, co. 5, Cost., laddove fa riferimento alla «**provata condotta illecita**» – viene disciplinata dall'art. 500, co. 4 e 5, e si realizza in caso di inquinamento probatorio. In particolare, è ammessa l'acquisizione al fascicolo del dibattimento delle dichiarazioni rese in indagini preliminari, assunte in udienza preliminare a norma dell'art. 422, nonché di quelle rese ad altra parte, in sede di escussione dibattimentale, dal testimone che, in dibattimento, rifiuti – completamente o parzialmente – di essere esaminato, «[q]uando, anche per le circostanze emerse nel dibattimento, vi sono elementi concreti per ritenere che il testimone [sia] stato sottoposto a violenza, minaccia, offerta o promessa di denaro o di altra utilità, affinché non deponga ovvero deponga il falso». Per determinare se le dichiarazioni testimoniali siano state alterate ovvero il testimone si sia rifiutato di rispondere a seguito di pressioni esterne, il giudice apre, su richiesta della parte interessata, un procedimento incidentale – nell'ambito del quale egli svolge, anche d'ufficio, gli accertamenti ritenuti necessari – destinato a concludersi, senza ritardo, con la pronuncia di un'ordinanza.

A riguardo, va osservato che il **meccanismo di acquisizione al fascicolo dibattimentale** delle precedenti dichiarazioni, fissato dall'art. 500, co. 4 e 5, non passa necessariamente attraverso la lettura delle dichiarazioni ai fini

[33] La L. 1.3.2001, n. 63, nel riformulare l'intero art. 500, ha eliminato il co. 2 *bis*, che prevedeva la contestazione anche quando il testimone avesse rifiutato ovvero omesso in tutto o in parte di rispondere sulle circostanze riferite nelle precedenti dichiarazioni.

[34] Corte cost., sent. n. 407 del 1994, ha ritenuto lecita la contestazione sia della «notizia di reato» sia di «qualsiasi altra risultanza» al limitato scopo di valutare la credibilità del dichiarante.

contestativi, tantomeno laddove l'acquisizione abbia ad oggetto i verbali delle dichiarazioni richiamate dall'art. 500, co. 3. Insomma, l'accertamento del fatto che il testimone sia stato indebitamente condizionato consente, a prescindere dalla contestazione, l'acquisizione delle dichiarazioni precedentemente rese e contenute nel fascicolo del pubblico ministero. Da qui, tra le altre cose, l'acquisizione al fascicolo dibattimentale dell'intero verbale dell'atto di indagine o di prova e non solo della dichiarazione eventualmente utilizzata per la contestazione.

Quanto poi all'**oggetto dell'accertamento** da parte del giudice, se per un verso esso deve riguardare soltanto le condotte illecite poste in essere sul dichiarante e non quelle dallo stesso realizzate[35], per l'altro verso, non rileva a chi sia attribuibile la condotta illecita, non essendo questa da doversi necessariamente ricondurre al comportamento di una parte processuale.

Con riferimento, inoltre, allo ***standard*** **richiesto per ritenere provata la condotta illecita**, come non occorre giungere ai livelli necessari per emettere la sentenza di condanna, non è neppure sufficiente fermarsi allo stadio dei meri sospetti o congetture e, comunque, la prova non può limitarsi a richiamare le modalità della deposizione.

La seconda eccezione all'irrilevanza probatoria del precedente difforme viene disciplinata dall'art. 500, co. 6, e attiene alle **dichiarazioni assunte dal giudice dell'udienza preliminare ai sensi dell'art. 422**. Tali dichiarazioni, se utilizzate per le contestazioni nell'esame testimoniale, possono essere acquisite, su richiesta di parte, al fascicolo del dibattimento, nonché essere valutate a fini probatori nei confronti soltanto delle parti che, nel corso dell'udienza preliminare, hanno partecipato, in contraddittorio, alla loro assunzione.

Qualora non sussistano tutti i requisiti richiamati, ovvero non vi sia richiesta di parte, le dichiarazioni lette per le contestazioni potranno essere valutate unicamente ai fini della credibilità del testimone, a meno che, come abbiamo già visto, non risulti provata la condotta illecita di quest'ultimo.

La terza e ultima eccezione all'irrilevanza probatoria del precedente difforme – chiamata a riprodurre la deroga alla formazione della prova nel contraddittorio delle parti prevista dall'art. 111, co. 5, Cost., laddove fa riferimento, in maniera riduttiva, al «**consenso dell'imputato**» – viene disciplinata dall'art. 500, co. 7.

Nel ribadire il medesimo meccanismo processuale già ripreso all'interno del sistema dagli artt. 431, co. 2, e 493, co. 3, la disposizione in parola – che prescinde completamente dalla contestazione – consente l'acquisizione al fascicolo dibattimentale, su accordo delle parti, delle dichiarazioni, contenute

---

[35] Corte cost., ord. n. 137 del 2005.

nel fascicolo del pubblico ministero, precedentemente rese dal testimone.

A differenza degli accordi tra le parti che si sviluppano in sedi processuali diverse, l'accordo qui richiamato ha ad oggetto soltanto le **dichiarazioni precedentemente rese** e non atti processuali di altra natura, e si può perfezionare unicamente dopo che abbia avuto luogo l'esame orale del testimone, risultando in caso contrario violate le regole basilari in tema di prova che non ammettono la fungibilità tra prova orale e scritta.

Nonostante la collocazione sistematica della norma, l'art. 500, co. 3, richiama solo implicitamente le contestazioni nell'esame testimoniale, prevedendo, in una prospettiva più generale, che «[s]e il teste rifiuta di sottoporsi all'esame o al controesame di una delle parti, nei confronti di questa non possono essere utilizzate, senza il suo consenso, le dichiarazioni rese ad altra parte», salvo che il testimone sia stato intimidito o subornato.

Al di là del fatto che la suddetta disposizione faccia riferimento a dichiarazioni rilasciate in sede dibattimentale, ovvero entrate nel patrimonio conoscitivo del giudice per il tramite delle contestazioni operate dalla parte, è evidente che essa riproduce, anche se in modo parzialmente improprio ed estensivo, il divieto unilaterale contenuto nell'art. 111, co. 4, Cost., concernente la **volontaria sottrazione all'esame** condotto da parte della difesa. Insomma, la *ratio* dell'istituto in oggetto consiste nella tutela del diritto alla prova di quella parte che non abbia potuto partecipare all'esame incrociato, sul presupposto che la nozione di parte qui considerata debba coinvolgere non solo le parti private, ma anche il rappresentante dell'accusa.

Da un lato, non è stabilito se il rifiuto di sottoporsi all'esame o al controesame annoveri anche l'impossibilità di natura oggettiva sancita dall'art. 111, co. 5, Cost. – ma non crediamo –, mentre, dall'altro lato, riteniamo che il richiamo ai due momenti della fase dichiarativa debba essere inteso come un'endiadi riferibile agli esami di qualunque tipo; diversamente opinando, rimarrebbe esclusa da tale disciplina, senza alcuna ragione, la fase del riesame.

Con particolare riferimento al consenso sanante della parte che si è vista rifiutare l'esame, preme osservare come il potere di negare detto consenso sia da riconoscere unicamente a quella parte che abbia uno specifico interesse probatorio alla mancata utilizzazione delle dichiarazioni rese, durante l'esame, ad altra parte. Ad esempio, non vi è dubbio che la parte civile non abbia alcun interesse a paralizzare l'acquisizione delle dichiarazioni «a carico» dell'imputato, mentre, per quelle «a discarico», non è così pacifico che essa abbia un potere di interdizione.

Quanto, poi, alla **posizione del pubblico ministero**, va detto che – nonostante la formulazione della norma – mai sarà possibile un utilizzo delle dichiarazioni «nei confronti» del rappresentante dell'accusa, dovendosi invece intendere tale locuzione alla stregua di un generico utilizzo delle dichiarazioni all'interno del processo in funzione del corretto accertamento del fatto di reato, stante il ruolo pubblico rivestito da questa particolare parte necessaria. Da qui, dunque, il consenso del pubblico ministero ogniqualvolta, vistosi rifiutare l'esame, abbia tuttavia interesse a fare entrare nel processo dichiarazioni testimoniali, rese ad altra parte, in una prospettiva di un più completo e corretto accertamento del fatto di reato.

Alla lettera, invece, pare debba essere interpretato il rifiuto di «sottoporsi» all'esame, non potendo essere equiparata alla «mancata sottoposizione» il rifiuto di rispondere ad alcune domande o un modo di rispondere evasivo.

In conclusione, sotto il profilo dell'utilizzabilità, se risulta sempre possibile un uso, ai fini di prova, delle dichiarazioni dibattimentali rese da un testimone che abbia risposto a tutte le parti, altrettanto possibile sarà l'uso di quelle dichiarazioni per le quali sia intervenuto il consenso sanante della parte alla quale l'esame sia stato rifiutato.

Sotto altro profilo, preme osservare come le previsioni, in tema di **contestazioni** nell'esame testimoniale, trovino attuazione anche nell'ambito dell'**esame dei periti e dei consulenti tecnici**, servendo la contestazione, in tale situazione, per stigmatizzare contraddizioni o lacune espositive di natura fattuale e valutative rispetto sia a quanto affermato nel corso dell'esame sia a quanto scritto nella relazione previamente depositata[36].

3.4.7. *Segue. B*) Nell'esame delle parti

Anche nel corso dell'**esame delle parti** è possibile operare le contestazioni ai sensi dell'art. 503, co. 3, 4, 5 e 6.

Sul presupposto che, nel nostro sistema processuale, il **concetto di contestazione** ha un **unico valore** a prescindere dal soggetto che rilasci le dichiarazioni, l'art. 503, co. 3, nel delineare le modalità della contestazione nell'esame delle parti, riproduce il contenuto dell'art. 500, co. 1, laddove disciplina il medesimo meccanismo per le contestazioni testimoniali.

Analogamente avviene nell'ambito dell'art. 503, co. 4, ove i criteri di valutazione delle contestazioni nell'esame delle parti vengono disciplinati mediante il richiamo all'art. 500, co. 2, che fissa i criteri di valutazione delle contestazioni nell'esame dei testimoni.

Da qui, una prima conclusione: le considerazioni effettuate, nel paragrafo

---

[36] Cass., Sez. Un., 28.1.2019, Pavan.

precedente, in relazione a detti punti, assumono valore anche rispetto alle contestazioni nell'esame delle parti.

Accanto a queste regole in tema di contestazioni, sulla falsariga di ciò che avviene in relazione ai testimoni, anche in riferimento alle parti vengono stabilite delle **eccezioni all'irrilevanza probatoria del precedente difforme**.

In particolare, l'art. 503, co. 5, prevedendo che «[l]e dichiarazioni alle quali il difensore aveva diritto di assistere assunte dal pubblico ministero o dalla polizia giudiziaria su delega del pubblico ministero sono acquisite nel fascicolo per il dibattimento, [ove siano] state utilizzate per le contestazioni [...]», se per un verso, risulta dettato unicamente in relazione all'**esame dell'imputato** – stante il riferimento esplicito alla presenza del difensore agli atti di indagine –, per l'altro verso, consente un uso probatorio dibattimentale delle precedenti dichiarazioni difformi rilasciate in sede di indagine alla presenza del difensore del dichiarante.

La medesima disciplina – contestazione con acquisizione del precedente difforme – si applica poi, a norma dell'art. 503, co. 6, alle dichiarazioni rese al giudice per le indagini preliminari, nel corso degli **interrogatori condotti ai sensi degli artt. 294, 299, co. 3 *ter*, e 391**, nonché al giudice dell'udienza preliminare, nel corso dell'attività di integrazione probatoria svolta **ai sensi dell'art. 422.**

Nell'analizzare questa seconda disposizione, emerge chiaramente come le eccezioni all'irrilevanza probatoria del precedente difforme siano riconducibili essenzialmente alla figura dell'imputato, in quanto i riferimenti normativi alle dichiarazioni rilasciate in fase predibattimentale implicano quasi esclusivamente – salvo eventuali rare dichiarazioni rilasciate dalle altre parti private ai sensi dell'art. 422 – atti dell'indagato/imputato.

Da qui, una seconda considerazione: nell'ambito delle contestazioni si registra una **diversità di disciplina** tra l'**esame dell'imputato** e **quello delle altre parti processuali**, destinata a concretizzarsi, per l'imputato, in uno strumento che, di regola, consente il recupero dibattimentale del precedente difforme, mentre, per le altre parti private, in uno strumento che, di regola, non consente detto recupero, ma serve unicamente al fine di valutare la loro credibilità.

3.4.8. Letture consentite

Sebbene il dibattimento sia di regola caratterizzato dai princìpi dell'**oralità** e dell'**immediatezza** che, come si è visto, richiedono che l'atto sorga e si compia oralmente innanzi allo stesso giudice che emetterà la sentenza, il codice prevede delle **eccezioni** dettate da ragioni di necessità e di opportunità pratica. In determinati casi, infatti, il giudice può usare degli atti scritti come mezzo di prova o ad altro fine espressamente indicato nel codice, a condizione che di essi ne sia data **lettura in udienza**. In tal modo, anche se manca quella percezione diretta, fondamentale al giudice per trarre dall'oralità e dai caratteri che la contraddistinguono gli elementi necessari per valutare le dichiarazioni che gli vengono offerte, si ha almeno una indiretta presa di conoscenza in via orale degli atti scritti.

Peraltro, non tutti gli atti possono essere letti in dibattimento e benché il legislatore abbia provveduto a disciplinare vuoi le «[l]etture consentite» vuoi le [l]etture vietate», numerose sono le difficoltà interpretative che emergono al riguardo.

Muovendo dalle **letture consentite** – disciplinate secondo varie modalità dagli artt. 511, 511 *bis*, 512, 512 *bis* e 513 – va effettuata una distinzione tra lettura di atti contenuti nel fascicolo del dibattimento e lettura di atti contenuti nel fascicolo del pubblico ministero.

Gli **atti contenuti nel fascicolo del dibattimento**, pur essendo conosciuti dal giudice e dalle parti, devono tuttavia essere letti per potere essere utilizzati ai fini della decisione. La lettura – che in questo caso rappresenta dunque una modalità di acquisizione probatoria degli atti processuali non compiuti nel dibattimento – è disposta d'ufficio, a richiesta di parte (art. 511, co. 1) o degli enti o associazioni rappresentative di interessi lesi da reato intervenuti regolarmente nel processo (art. 511, co. 6).

La suddetta **lettura effettiva** può tuttavia trasformarsi in **lettura simbolica**, qualora il giudice, d'ufficio, su sollecitazione di parte o a richiesta degli enti o associazioni di cui all'art. 91, per evidenti ragioni di economia processuale, si limiti a indicare specificamente gli atti da utilizzare ai fini della decisione. La c.d. prassi del **«dar per letto»** si basa d'altronde sul presupposto, espressamente sancito dal legislatore, che «[l]'indicazione degli atti equivale alla loro lettura» (art. 511, co. 5).

Il giudice è comunque tenuto – a pena di nullità – a dare lettura degli atti contenuti nel fascicolo del dibattimento e non a limitarsi alla **mera indicazione**, quando, trattandosi di verbali di dichiarazioni, una parte ne faccia richiesta, ovvero, in caso di atti di altra natura, allorché vi sia un serio disaccordo sul loro contenuto (art. 511, co. 5).

Preme peraltro osservare che anche laddove l'acquisizione degli atti sia consentita mediante lettura, con particolare riferimento alle **prove dichiarative** rimane una esplicita **preferenza per l'escussione diretta**, come del resto risulta confermato, in generale, dall'art. 511, co. 2, nella parte in cui stabilisce che «[l]a lettura dei verbali di dichiarazioni è disposta solo dopo l'esame della persona che le ha rese, a meno che l'esame non abbia luogo», nonché, in particolare, dall'art. 511, co. 3, ove prevede che «[l]a lettura della relazione peritale è disposta solo dopo l'esame del perito».

A riguardo, con specifico riferimento alle dichiarazioni generiche e non di scienza, e, in particolare, alla condizione collegata alla locuzione «a meno che l'esame non abbia luogo», va detto che qualora la parte faccia richiesta di procedere all'esame in luogo della lettura, il giudice, ove ritenga ammissibile la richiesta (art. 190), deve assecondarla, non potendo egli scegliere discrezionalmente la lettura.

Identica disciplina è chiamata a regolare la **lettura dei verbali di prove di altri procedimenti di cui all'art. 238**, i quali, pur non originariamente inseriti all'interno del fascicolo del dibattimento, ivi entrano allorquando la parte, che ne abbia fatto espressa menzione nella lista testimoniale (art. 468, co. 4 *bis*), ne chieda l'acquisizione ai sensi dell'art. 493, co. 1, e il giudice l'ammetta a norma dell'art. 495, co. 1. Tanto si evince dalla lettura dell'art. 511 *bis*.

Introducendo un'**eccezione alla regola secondo cui la lettura costituisce una forma di acquisizione probatoria**, l'art. 511, co. 4, prevede che la lettura dei verbali delle dichiarazioni orali di querela o di istanza – contenuti anch'essi nel fascicolo del dibattimento – sia ammessa dal giudice ai soli fini dell'accertamento dell'esistenza della condizione di procedibilità (art. 511, co. 4).

Al di là del fatto che la norma debba trovare applicazione anche rispetto alla querela e all'istanza presentata per iscritto, ciò che preme qui evidenziare è come essa confermi, in generale, la **prevalenza dell'oralità** nell'ambito del dibattimento ivi imponendo la presenza della persona offesa qualora occorra narrare i fatti contenuti nell'atto di querela o di istanza.

Passando ora ad analizzare la **lettura di atti contenuti nel fascicolo del pubblico ministero**, l'art. 512, co. 1, stabilisce che il giudice, a richiesta di parte, disponga che sia data lettura – sempre effettiva e non sostituibile con l'indicazione – degli atti assunti dalla polizia giudiziaria, dal pubblico ministero e dai difensori delle parti private nel corso delle indagini preliminari, ovvero dal giudice durante l'udienza preliminare, «quando, per fatti o circostanze imprevedibili, ne [sia] divenuta impossibile la ripetizione».

La disposizione in parola, nel tradurre, all'interno del sistema codicistico, l'eccezione al principio del contraddittorio nella formazione della prova in caso di «**accertata impossibilità di natura oggettiva**» prevista dall'art. 111, co. 5, Cost., postula una nozione di irripetibilità distinta da quella presupposta dall'art. 431 e indirettamente richiamata dall'art. 511.

In particolare, l'**irripetibilità** qui considerata, se, in generale, deve essere sopravvenuta, assoluta e imprevedibile al momento in cui l'atto viene compiuto[37], nello specifico, può concretizzarsi, ad esempio, nell'irreperibilità del

---

[37] Al riguardo, Corte eur., sent. 13.10.2005, Bracci c. Italia, ha ritenuto che violi l'art. 6, parr. 1 e 3, lett. *d*, C.e.d.u., fondare la condanna esclusivamente su dichiarazioni rese alla polizia giudizia-

testimone[38] o nell'amnesia dello stesso[39], mentre non può dipendere da una scelta volontaristica di quest'ultimo, quale la decisione di un prossimo congiunto dell'imputato che, dopo avere rilasciato dichiarazioni nel corso delle indagini, decida di avvalersi, in sede dibattimentale, della facoltà prevista dall'art. 199[40].

L'**art. 512, co. 1 *bis***, consente poi la lettura – anche d'ufficio – del verbale di distruzione dei documenti formati mediante intercettazioni illegali o raccolta illegale di informazione di cui all'art. 240. A riguardo, preme soltanto evidenziare come ci si trovi di fronte a un'ipotesi di irripetibilità originaria e non sopravvenuta – la distruzione dei suddetti documenti è infatti imposta per legge dall'art. 240 – derivandone, dunque, ragionevolmente, un'impropria collocazione all'interno dell'art. 512.

L'**art. 512 *bis*** prevede che il giudice, a richiesta di parte e sulla base di una valutazione che tenga «conto degli altri elementi di prova acquisiti», dia **lettura di dichiarazioni** rese – anche a seguito di rogatoria internazionale – da **persona residente all'estero**, che sia stata regolarmente citata e non sia comparsa, ma solo nel caso in cui l'esame dibattimentale risulti assolutamente impossibile[41].

Perché operi in concreto tale disposizione, occorre: *a*) che le precedenti dichiarazioni siano state rese e raccolte a verbale dall'autorità giudiziaria in un contesto non garantito dalla possibilità, per il difensore dell'imputato, di assistere e di esercitare le facoltà previste dalla legge italiana; *b*) che il dichiarante sia persona residente all'estero, indipendentemente dal fatto che sia cittadino straniero; *c*) che il dichiarante sia stato citato e non sia comparso; *d*) che l'esame dibattimentale sia del tutto impossibile, esistendo un ostacolo permanente di carattere oggettivo[42]. Inoltre, il giudice deve decidere tenendo conto degli altri elementi di prova acquisiti ovvero,

---

ria da una persona successivamente divenuta irreperibile e che l'imputato non abbia potuto esaminare o fare esaminare; analogamente Corte eur., sent. 9.2.2006, Cipriani c. Italia; Corte eur., sent. 19.10.2006, Majadallah c. Italia; Corte eur., sent. 18.5.2010, Ogaristi c. Italia.

[38] Cass., Sez. Un., 28.5.2003, Torcasio.

[39] Corte cost., sent. n. 20 del 1995.

[40] Corte cost., sent. n. 440 del 2000.

[41] Corte eur., sent. 14.12.1999, A.M. c. Italia, ha ritenuto che violi l'art. 6, parr. 1 e 3, lett. *d*, C.e.d.u., fondare una condanna esclusivamente – o in maniera determinante – su deposizioni rese all'estero da stranieri prima del dibattimento, senza che l'accusato si sia potuto confrontare con i testi a carico in alcuna fase del procedimento e abbia quindi avuto un'occasione adeguata e sufficiente di contestarne le dichiarazioni.

[42] Cass., Sez. Un., 25.11.2010, De Francesco, secondo cui l'assoluta impossibilità dell'esame dibattimentale, richiesta per l'utilizzazione delle dichiarazioni rese nel corso delle indagini dalla persona informata sui fatti residente all'estero, consiste nella totale e definitiva impossibilità di ottenere la presenza del dichiarante.

in base a un principio analogo a quello stabilito dall'art. 192, co. 3, deve potere affermare la necessarietà della lettura al fine di completare il quadro probatorio.

La norma finale, nel sistema delle letture consentite, è l'**art. 513**, che regola la **lettura** delle **dichiarazioni rese** – nel corso delle indagini o dell'udienza preliminare – **dall'imputato nei confronti del quale si procede** o **dagli imputati in separati procedimenti connessi o collegati a quello in cui si deve svolgere il loro esame**.

Il co. 1 della disposizione in oggetto si interessa dell'imputato nei confronti del quale si procede e prevede che laddove egli sia **assente,** ovvero, pur presente, **non abbia dato la disponibilità a essere sottoposto all'esame** o si sia **avvalso della facoltà di non rispondere**, il giudice, a richiesta di parte, possa disporre la lettura delle dichiarazioni rese in precedenza dall'imputato nel corso delle indagini al pubblico ministero o alla polizia giudiziaria su delega di quest'ultimo, oppure delle dichiarazioni dallo stesso rilasciate durante l'udienza preliminare. Tali dichiarazioni, utilizzabili nei confronti dell'imputato, non sono tali nei confronti di terzi se non interviene il loro consenso, a meno che non ricorrano i presupposti di cui all'art. 500, co. 4 [43].

Dalla previsione considerata emerge una **disciplina sdoppiata** in relazione all'utilizzabilità in giudizio delle dichiarazioni precedentemente rese dall'imputato, a seconda del loro contenuto: per quel che qui importa, il diritto al silenzio riconosciuto all'imputato sul fatto proprio è circondato da minori garanzie di quanto non sia previsto per il diritto al silenzio sul fatto altrui. Insomma, l'attribuzione all'imputato del diritto al silenzio mediante il rifiuto all'esame dibattimentale, se, per un verso, non risulta funzionale alla garanzia dello stesso imputato dichiarante rispetto al fatto proprio, per l'altro verso, provoca l'effetto di impedire l'impiego processuale delle sue precedenti dichiarazioni nei confronti di terzi che ne sono stati coinvolti, non avendo essi potuto esercitare il contraddittorio sui temi oggetto di tali dichiarazioni.

Il tenore della norma lascia chiaramente intendere sia che i terzi considerati possano essere non solo i coimputati ma anche le altre parti private, sia che il consenso «sanante» introdotto da parte dei terzi ha sì permesso un sostanziale recupero del contraddittorio nella formazione della prova, ma in una prospettiva che resta pur sempre lontana dalla piena affermazione dei princìpi di oralità e immediatezza.

Per quanto riguarda poi la lettura delle dichiarazioni già rese dagli imputati in separati procedimenti connessi o collegati a quello in cui si deve svolgere il loro esame, l'art. 513, co. 2, prevede che il giudice, a richiesta di parte e a seconda dei casi, disponga, nei confronti di questi soggetti, l'accom-

[43] L'art. 513, co. 1, è stato così modificato dall'art. 10, co. 3, L. n. 67 del 2014.

pagnamento coattivo, l'esame a domicilio, la rogatoria internazionale oppure altre modalità d'esame che comunque assicurino il contraddittorio, come, ad esempio, l'esame a distanza. Quando, tuttavia, non risulta possibile procedere all'esame, né in udienza né secondo le forme alternative o equipollenti, viene ammessa la lettura delle loro dichiarazioni rese in precedenza nell'ambito dello stesso procedimento in cui si vogliono acquisire, secondo quanto stabilito dall'art. 512. L'impossibilità di svolgere l'esame in contraddittorio deve dipendere, dunque, da circostanze imprevedibili al momento della formazione dei verbali che si intendono leggere. Dall'ambito dell'irripetibilità sopravvenuta rimane comunque escluso l'esercizio della facoltà di non rispondere posto in essere dai suddetti imputati: ove costoro, dopo essere comparsi, si avvalgano di tale facoltà, la lettura delle precedenti dichiarazioni può essere disposta soltanto con l'accordo delle parti.

In generale, la disposizione in esame – ritenuta in linea con la previsione di cui all'art. 6, par. 3, lett. *d*, C.e.d.u. [44] – registra un'attuazione piena del principio del contraddittorio, laddove evita che il giudice possa porre a fondamento della decisione relativa a un determinato imputato, dichiarazioni rese da una persona nei cui confronti pende un altro procedimento, qualora non sia stata concessa l'opportunità – peraltro variamente fruibile – all'imputato medesimo di sottoporre tali dichiarazioni al vaglio dell'esame incrociato.

In particolare, poi, un'ulteriore attuazione del principio del contraddittorio viene qui tentata attraverso la tutela del diritto al silenzio per i soggetti indicati nell'art. 210. La disciplina in parola, pur in linea con una scelta di civiltà propria della nostra tradizione, desta tuttavia alcune perplessità: difficilmente, infatti, si riuscirà a fare coesistere, da una parte, il diritto al silenzio riconosciuto a imputati e coimputati nonché, dall'altra parte, il dovere di quanti accusano terzi, nel corso di un determinato processo, di non sottrarsi alle verifiche del contraddittorio dibattimentale.

Quanto all'**accordo tra le parti** che consente di dare luogo alla lettura delle dichiarazioni precedentemente rese dai soggetti indicati nell'art. 210, se per un verso va evidenziato come le parti intenzionate ad accordarsi varieranno a seconda che le dichiarazioni suscettibili di essere recuperate in dibattimento incidano soltanto sulla posizione dell'imputato ovvero coinvolgano anche altre parti eventuali, per l'altro verso dubbia appare una disposizione il cui funzionamento è condizionato da un accordo tra soggetti che, di regola, perseguono interessi differenti.

Infine, l'**art. 513, co. 3**, riprendendo un principio di carattere generale, consente la **lettura**, laddove l'esame dibattimentale non abbia luogo, dei **verbali delle dichiarazioni acquisite – con le forme dell'incidente probatorio –**

---

[44] Cass., Sez. Un., 2.7.1997, Dessimone.

dalla persona sottoposta alle indagini e dai soggetti di cui all'art. 210. Da un punto di vista sistematico, la disposizione appare in qualche modo superflua, atteso che i verbali concernenti le dichiarazioni assunte con le forme dell'incidente probatorio risultano già inseriti nel fascicolo del dibattimento ai sensi dell'art. 431 e, di conseguenza, leggibili a norma dell'art. 511.

3.4.9. Letture vietate

Definito dalla Relazione al progetto preliminare «**disposizione di chiusura** [...] che riafferma la regola del divieto di «letture» non espressamente consentite»[45], l'art. 514, nel disciplinare le «**[l]etture vietate**», oggi non può più essere ritenuto tale.

Una corretta impostazione sistematica della norma in esame avrebbe infatti richiesto l'inserimento, tra le eccezioni al **divieto di lettura** ivi previsto, non solo delle ipotesi regolate dagli artt. 511 *bis* e 512 *bis*, ma anche di quelle contemplate da tutte le altre disposizioni (artt. 500, co. 4, 5, 6 e 503, co. 5 e 6) che consentono di introdurre nel fascicolo del dibattimento – attraverso il meccanismo delle contestazioni – verbali di dichiarazioni rese fuori dal giudizio.

Queste omissioni inducono dunque a ritenere che l'art. 514 non debba più essere interpretato come una norma di chiusura, ma soltanto alla stregua di una disposizione cui fare riferimento, unitamente ad altre, per un corretto svolgimento dell'istruzione dibattimentale.

Al di là di tali considerazioni di sistema, va detto che la disposizione in esame, nell'ambito del co. 1, dopo avere fatte salve le letture tassativamente consentite, **vieta** invece **la lettura** «dei verbali delle dichiarazioni rese dall'imputato, dalle persone indicate nell'articolo 210 e dai testimoni alla polizia giudiziaria, al pubblico ministero o al giudice nel corso delle indagini preliminari o nell'udienza preliminare, a meno che nell'udienza preliminare le dichiarazioni siano state rese nelle forme previste dagli articoli 498 e 499, alla presenza dell'imputato o del suo difensore».

La norma richiamata, ponendo l'accento sulla **necessità di non disperdere elementi probatori raccolti al di fuori del dibattimento nel rispetto del contraddittorio**, da un lato, ha fatto salva la lettura di ogni dichiarazione resa nel corso dell'udienza preliminare con le forme dell'esame incrociato e alla presenza dell'imputato o del difensore, ma, dall'altro lato, ha comunque evitato di portare a estreme conseguenze i princìpi dell'oralità e dell'immediatezza.

---

[45] *Rel. prog. prel. c.p.p.*, p. 118.

Tuttavia, la previsione che consente di dare lettura delle dichiarazioni raccolte nel corso dell'udienza preliminare con le forme del dibattimento rischia, in concreto, di trovare scarsa attuazione, essendo riservato, l'esame incrociato, nell'ambito della suddetta udienza, al solo interrogatorio dell'imputato ai sensi dell'art. 422. Le dichiarazioni rese nel corso dell'interrogatorio, peraltro, non sembrano essere quelle sul «fatto proprio», ma soltanto quelle relative alla responsabilità di altri, poiché, ragionando diversamente, il requisito della presenza dell'imputato o del suo difensore risulterebbe privo di senso, essendo l'imputato colui che rende le dichiarazioni, nonché il suo difensore necessariamente presente. Ne deriva che le dichiarazioni cui allude l'art. 514, co. 1, ultima parte, saranno dichiarazioni rilasciate dall'imputato nel corso dell'interrogatorio in sede di udienza preliminare, concernenti la responsabilità di altri coimputati, essendo gli unici che, a ragione, possono partecipare di persona a questa udienza, unitamente ai propri difensori.

Passando ora a trattare il **co. 2 dell'art. 514**, ci rendiamo conto di come esso, facendo salve le letture consentite di cui all'art. 511, preveda un drastico ed esplicito **divieto di lettura** – e, conseguentemente, di utilizzazione – di tutti i verbali e di tutti gli «**altri atti di documentazione delle attività compiute dalla polizia giudiziaria**», a prescindere vuoi dalle modalità di documentazione utilizzate, vuoi dal fatto che si tratti di attività di iniziativa o delegata dal pubblico ministero.

Al contempo, la disposizione in parola, nel riconoscere altresì agli ufficiali o agenti di polizia giudiziaria, esaminati come testimoni, la possibilità di consultare gli atti non leggibili in aiuto della memoria, ai sensi dell'art. 499, co. 5, rischia di creare una potenziale breccia al sistema in grado di introdurre, nel materiale spendibile per la decisione, atti – o parti di atti – la cui lettura è per legge vietata.

3.4.10. Allegazione degli atti al fascicolo per il dibattimento

Il procedimento di acquisizione delle prove avvenuto nell'ambito dell'istruzione si conclude con la **materiale acquisizione al fascicolo per il dibattimento** dei documenti ammessi dal giudice *ex* art. 495, degli atti dei quali è stata data lettura e del verbale di udienza. Il fascicolo in parola, infatti, pur formatosi, in origine, a norma dell'art. 431, richiede una sorta di ulteriore costituzione per consentire al giudice di individuare realmente, e in via definitiva, il materiale probatorio da tenere in considerazione ai fini della decisione. Insomma, risulta evidente come il **fascicolo del dibattimento**, nelle intenzioni del legislatore e nella pratica, rappresenti una **realtà dinamica** suscettibile di un **progressivo arricchimento** del proprio contenuto.

In proposito, va osservato che, pur non essendo qui richiamato il meccanismo di formazione previsto dall'art. 431, nell'ambito di questa attività di **«ricostruzione»** del fascicolo siano ammesse le opposizioni provenienti dalle parti in ordine all'esclusione o all'inclusione di determinati atti.

Se, in generale, possiamo dunque concludere che l'art. 515 non rappresenti una norma dotata di una propria autonomia dispositiva, limitandosi a indicare tutto ciò che, raccolto nel corso dell'istruzione dibattimentale, deve essere inserito all'interno del suddetto fascicolo, in particolare, non possiamo tuttavia trascurare il fatto che detta disposizione sembri possa affrancarsi da quel formalismo eccessivo che le si è sempre voluto attribuire, nonché guadagnarsi, in una prospettiva funzionalistica, il ruolo di norma destinata a individuare il sostrato «documentale» da tenere in considerazione nella fase di deliberazione della decisione.

3.4.11. Perizia

Nonostante il dibattimento rappresenti la sede naturale deputata alla formazione della prova, nella pratica accade sovente che la **perizia** o venga a essere raccolta con le forme dell'incidente probatorio nel corso delle indagini o dell'udienza preliminare, ovvero non venga disposta, preferendosi a essa la consulenza tecnica di parte che, oltre a essere maggiormente gestibile sotto il profilo delle modalità esecutive, può costituire, presenti determinate condizioni, elemento utilizzabile per la decisione anche al di fuori dei casi di perizia.

Talvolta comunque accade che nel corso dell'**istruzione dibattimentale** si manifesti la **necessità di un accertamento peritale**. In tal caso, il giudice, d'ufficio o su richiesta di parte, nel disporre la perizia, cita immediatamente il perito a comparire in udienza affinché, nell'ambito dello stesso dibattimento, esponga il proprio parere circa i quesiti formulati con l'incarico peritale (art. 508, co. 1, prima parte). Al fine di salvaguardare il contraddittorio nella formazione della prova, le parti sono autorizzate a presentare in dibattimento, anche senza citazione, i propri consulenti tecnici (art. 152 disp att.).

Se queste **modalità operative** rappresentano in teoria la regola – a tutela del principio di immediatezza e concentrazione del dibattimento –, **nella pratica accade**, il più delle volte, ciò che il codice prevede alla stregua di un'eccezione alla regola, nel caso in cui i quesiti peritali impongano ricerche più o meno laboriose, ovvero la sospensione del dibattimento – mediante ordinanza – con conseguente fissazione della nuova udienza entro il termine, meramente ordinatorio, di sessanta giorni (art. 508, co. 1, ultima parte).

Con l'ordinanza in parola – che ha natura interlocutoria – il giudice affida la **direzione della perizia** a un componente del collegio, al quale competono tutte le decisioni riguardanti i poteri del perito e i limiti dell'incarico (art. 508, co. 2).

Nell'ambito della nuova udienza, a seguito della sospensione, il perito viene invitato a rendere il proprio parere ed è esaminato secondo le modalità stabilite dall'art. 501 (art. 508, co. 3).

3.4.12. Facoltà degli enti c.d. esponenziali

Se l'art. 511, co. 6, riconosce agli **enti c.d. esponenziali**, la facoltà di chiedere la **lettura o l'indicazione degli atti**, l'art. 505 riconosce loro la possibilità di partecipare all'istruzione dibattimentale, mediante la facoltà di rivolgere, tramite il presidente, domande ai soggetti esaminati, nonché la facoltà di chiedere al giudice l'assunzione di nuovi mezzi di prova.

Al di là del fatto che il mancato riconoscimento alla persona offesa dei poteri qui accordati agli enti c.d. esponenziali possa essere giustificato in base alla circostanza che, di regola, l'offeso – se anche danneggiato – possa partecipare al processo costituendosi parte civile, ciò che, in tale contesto, va evidenziato, è la difficoltà, per l'ente, di riuscirsi talvolta a orientare processualmente. Difficoltà derivante dal fatto che a detti soggetti e ai loro difensori non compete quella facoltà, riconosciuta invece alle parti, di esaminare e estrarre copia degli atti e dei documenti raccolti nel fascicolo per il dibattimento.

Quanto poi alla facoltà riconosciuta agli enti di richiedere «al giudice **l'ammissione di nuovi mezzi di prova** utili all'accertamento dei fatti», sul presupposto che non è configurabile, in capo a questi soggetti, un vero e proprio diritto alla prova, un'eventuale richiesta in tale direzione non comporta alcun vincolo per l'organo giudicante e non è soggetta ad alcun termine o formalità, risolvendosi in una mera funzione di stimolo e di indicazione.

3.4.13. Poteri del presidente

Riconoscere al giudice del dibattimento **poteri di integrazione probatoria d'ufficio** significa, di regola, apportare un temperamento al sistema accusatorio caratterizzato dal principio della disponibilità della prova. Tuttavia, se connotato in termini di mera integrazione e non di sostituzione del potere riconosciuto alle parti, con l'unico obiettivo di raggiungere un completamento dei fatti di prova oggetto del processo, il suddetto potere ben si combina con il sistema accusatorio.

In questa prospettiva, l'art. 506, co. 1, riconosce al **presidente del collegio**, in base ai risultati delle prove assunte a iniziativa delle parti o a seguito delle letture, il **potere di ampliare**, autonomamente o su richiesta di un componente del collegio, **il *thema decidendum***, indicando alle parti «temi di prova nuovi e più ampi, utili per la completezza dell'esame».

Dal contenuto della disposizione si evince che il potere riconosciuto al presidente – eventualmente sollecitato anche da altro componente del collegio – soggiace a **due limiti**: il primo, di ordine temporale, consistente nel fatto che al presidente è consentito attivarsi soltanto al termine dell'istruzione dibattimentale; il secondo, di ordine teleologico, ricavabile dalla circostanza che la proposizione dei temi ad opera del presidente deve, comunque, apparire utile per la «completezza dell'esame». Al fine di verificare questo secondo requisito, sarà indispensabile, per il presidente, fare riferimento a parametri oggettivi, desumibili dalle circostanze indicate nelle liste testimoniali, dai temi di prova individuati dalle parti nel contesto degli atti introduttivi del dibattimento, nonché dai risultati conseguiti nel corso dell'esame.

Le **indicazioni provenienti dal presidente** hanno il compito specifico di rimuovere la preclusione alle domande volte a modificare il tema delle prove, nonché di rimettere sostanzialmente in termini le parti per presentare richieste probatorie. Ove queste indicazioni vengano accolte e le parti presentino, di conseguenza, richieste probatorie, sarà il collegio a valutarle ai sensi dell'art. 495. Qualora, invece, le suddette indicazioni non vengano accolte dalle parti, restando sostanzialmente l'invito del presidente senza esito, l'art. 506, co. 2, riconosce a quest'ultimo – anche su richiesta di altro componente del collegio – la possibilità di «rivolgere domande ai testimoni, ai periti, ai consulenti tecnici, alle persone indicate nell'articolo 210 ed alle parti già esaminate, solo dopo l'esame e il controesame».

Se dal tenore della richiamata disciplina si desume chiaramente che **l'intervento del presidente**, ad esame già avvenuto, registra l'esigenza che la decisione di approfondire l'indagine emerga dall'escussione effettuata ad opera delle parti e non abbia lo scopo di sovrapporsi a essa, non altrettanto chiaramente si desume invece se i quesiti presidenziali debbano sottostare alle regole fissate dall'art. 499, benché non vi sia dubbio che i divieti ivi richiamati debbano comunque valere anche per le domande rivolte dal presidente, essendo divieti che, per un verso, sono funzionali alla qualità dell'accertamento e, per l'altro verso, implicherebbero un atteggiamento «antagonista» nei confronti dell'esaminato, la qual cosa mal si concilia con la posizione del presidente. Per gli stessi motivi, il presidente non può procedere alle contestazioni.

Infine, va ricordato che l'esame – testimoniale o delle parti – condotto dal presidente, deve **comunque concludersi secondo l'ordine indicato negli artt. 498, co. 1 e 2, e 503, co. 2**, vale a dire con il riconoscimento della possibilità di partecipare all'esame a tutte le parti e non solo a quella che aveva chiesto l'assunzione della prova (art. 506, co. 2, ultima parte).

Nonostante la norma non richiami l'art. 498, co. 3, in punto di **riesame**, non vi è alcun motivo per escluderne l'attuazione in tale contesto, soprattutto laddove il presidente, con le proprie domande, abbia esplorato argomenti di prova fino a quel momento trascurati.

Di regola, il giudice esercita i poteri previsti dall'art. 506 e pone in essere le attività a esso collegate nella medesima udienza in cui decide di avvalersene; ove ciò non risulti possibile, perché, ad esempio, non si riesce a dare corso all'attività istruttoria individuata, egli sospende, con ordinanza, il dibattimento, per il tempo strettamente necessario, fissando la data della nuova udienza (art. 509).

3.4.14. Ammissione e assunzione di nuovi mezzi di prova

In una prospettiva analoga a quella presa in considerazione nell'ambito dell'art. 506, ma in un'ottica volta non all'integrazione di uno specifico materiale probatorio, bensì a una vera e propria introduzione di una qualsivoglia prova nuova, si colloca l'art. 507 che, al co. 1, riconosce al giudice, una volta «terminata l'acquisizione delle prove» e laddove «risult[i] assolutamente necessario», il potere di **«disporre anche d'ufficio l'assunzione di nuovi mezzi di prova»**.

Norma chiave nell'intrigato sistema dei rapporti tra poteri delle parti e poteri del giudice in materia probatoria, l'art. 507, co. 1, registra il **compromesso** necessario cui è dovuto pervenire un sistema di tipo accusatorio, basato sul principio dispositivo, che continua a ruotare intorno a una giurisdizione fondata sul principio di obbligatorietà dell'azione penale.

Nell'introdurre una apparente deroga al principio dispositivo, al fine di garantire un **potere di intervento al giudice** ogniqualvolta questi ravvisi lacune e incompletezze nel materiale probatorio, l'art. 507, co. 1, per potere essere correttamente attuato, richiede la sussistenza di **determinate condizioni**[46].

In primo luogo, occorre che sia **«[t]erminata l'acquisizione delle prove»**, la qual cosa sta a individuare – secondo l'interpretazione offerta ormai pacificamente dalla giurisprudenza vuoi di legittimità[47] vuoi costituziona-

---

[46] In relazione all'art. 507, Corte cost., sent. n. 73 del 2010, afferma che «non risulta configurabile neppure una reale deroga al principio dispositivo, in base al quale il giudice è chiamato a giudicare sulla base di quanto allegato e provato dalle parti. Manca, di conseguenza, in radice la possibilità di ipotizzare una lesione del principio di imparzialità [...] con riguardo al rischio, anche solo astratto, di una impropria assunzione da parte del giudice di compiti dell'accusa o della difesa, atta a trasformarlo in un "alleato" dell'uno o dell'altro dei contendenti».

[47] Cass., Sez. Un., 17.10.2006, p.m. in proc. Greco; Cass., Sez. Un., 6.11.1992, p.m. in proc. Martin.

le[48] – il limite temporale decorso il quale il giudice può esercitare il potere di integrazione probatoria, anche nel caso in cui non vi sia stata alcuna precedente attività delle parti. Insomma, l'esercizio del potere probatorio d'ufficio, da parte del giudice, rimane autonomo rispetto all'effettivo esercizio del diritto alla prova delle parti, in quanto la definizione del processo secondo giustizia – obiettivo principale per la collettività – non può essere minacciata dall'inattività, o viceversa dall'iperattività, di una delle parti. D'altronde, sembra essere questa l'unica opzione possibile, ove si consideri che siamo in presenza di un sistema processuale informato al principio di obbligatorietà dell'azione penale, che si ispira ai princìpi di legalità e di uguaglianza e che ha, quale fine primario, la ricerca della verità[49]. Anche se, occorre dirlo, una interpretazione di questo tipo rischia, nella pratica, a fronte di un'eventuale inerzia di un difensore svogliato o disattento, ovvero di un pubblico ministero ritardatario o, addirittura, negligente, di consentire al giudice lo svolgimento di un'attività probatoria non in termini meramente integrativi, ma sostitutivi di quella di competenza delle parti.

La seconda condizione richiesta dalla norma, che legittima l'intervento istruttorio del giudice, risiede nel fatto che «**risult[i] assolutamente necessario**» assumere il nuovo mezzo di prova.

Al di là della circostanza che detta condizione sia da più parti ritenuta l'unico vero presupposto indefettibile richiesto per l'attivazione del potere in esame, ciò che al riguardo va posto in evidenza è che il requisito in parola risulta integrato quando la necessità di assumere il mezzo di prova emerga dagli atti contenuti nel fascicolo del dibattimento e la sua assunzione appaia decisiva. L'iniziativa del giudice non potrà, invece, dirigersi verso l'assunzione di prove volte unicamente a verificare una propria tesi ricostruttiva, sulla base di mezzi di prova non dotati di sicura concludenza, risultando un'attività di questo tipo sicuramente disarmonica rispetto alla logica di un processo di parti[50].

Va da sé che la costruzione del sistema sia tale da fare ritenere che il giudice non conosca gli atti delle indagini preliminari, ma sia chiamato a operare unicamente in ragione delle emergenze risultanti dall'istruzione dibattimentale[51].

La terza e ultima condizione richiesta dall'art. 507, co. 1, è insita nel carattere di «**novità**» che deve connotare il mezzo di prova da assumere.

---

[48] Corte cost., sent. n. 111 del 1993.

[49] Corte cost., sent. n. 111 del 1993.

[50] Cass., Sez. Un., 6.11.1992, p.m. in proc. Martin.

[51] Corte cost., sent. n. 338 del 1999.

Per **«prova nuova»**, deve intendersi non solo la prova sopravvenuta o scoperta successivamente alla richiesta di prove avanzata dalle parti a norma dell'art. 493, ma anche la prova non disposta precedentemente, preesistente o sopravvenuta, conosciuta o non conosciuta, purché risulti dagli atti processuali; si deve comunque prescindere dai motivi posti all'origine della mancata assunzione[52]. Tale impostazione deriva da una lettura in chiave sistematica dell'art. 507 in rapporto all'art. 603 che, riconoscendo al giudice di appello il potere di acquisire tutte le prove non ancora assunte, mal si concilierebbe con una disposizione che accordasse a un giudice di un grado precedente – grado peraltro deputato naturalmente alla formazione delle prove – poteri probatori meno estesi[53].

Sussistendo queste condizioni, il giudice – su richiesta di parte o d'ufficio – può procedere all'ammissione, nonché alla conseguente assunzione, di qualsiasi mezzo di prova, risultando invece preclusa detta attività in relazione ai mezzi di ricerca della prova. Una lettura restrittiva sembra invero imposta dalla lettera della norma. Dall'ammissione della «prova nuova» discende che ad essa consegua l'ammissione di eventuali prove contrarie dedotte dalle parti.

L'ambito operativo della disciplina finora considerata risulta poi ampliato dal co. 1 *bis* dell'art. 507, il quale attribuisce al giudice il potere di disporre, ove risulti assolutamente necessario, l'assunzione di **nuovi mezzi di prova**, **«relativi agli atti acquisiti al fascicolo per il dibattimento a norma degli articoli 431, comma 2, e 493, comma 3»**.

Da taluno ritenuta superflua, perché già rinvenibile mediante una lettura sistematica dell'art. 507, co. 1, la previsione in parola, se per un verso consente l'esercizio del potere di integrazione officiosa in relazione a una «prova nuova», assolutamente necessaria, che risulti dagli atti acquisiti al fascicolo del dibattimento su consenso delle parti, per l'altro verso consente, invece, di compensare un *deficit* di affidabilità di un atto che non sia stato formato nel contraddittorio tra le parti. In particolare, per quanto riguarda questo secondo profilo, il requisito riconducibile all'assoluta necessità di assumere la «prova nuova» è insito nell'esigenza di sottoporre a ulteriori verifiche l'atto probatorio entrato nel fascicolo del dibattimento su consenso delle parti, mentre la «prova nuova» è rappresentata dall'assunzione della prova davanti al giudice nel contraddittorio tra le parti, che è cosa diversa dalla lettura o indicazione di un verbale.

---

[52] Così, nella giurisprudenza di legittimità, Cass., Sez. Un., 6.11.1992, p.m. in proc. Martin; nella giurisprudenza costituzionale, Corte cost., sent. n. 111 del 1993.

[53] Cass., Sez. Un., 6.11.1992, p.m. in proc. Martin.

Insomma, con l'introduzione del co. 1 *bis* dell'art. 507, viene confermata non solo l'opinione secondo cui in materia probatoria il principio dispositivo è un principio temperato e non significa disponibilità dell'accertamento, ma anche la tesi che conferisce alle parti il potere di disporre della prova, ma non quello di arrivare a mettere a rischio il fine accertativo al quale il rito è preordinato.

Passando ora dai **profili** statici a quelli **dinamici**, va osservato come l'**art. 151 disp. att.**, sotto la rubrica «**Assunzione di nuove prove**», operi una distinzione, asimmetrica, prendendo in considerazione, da un lato, l'ipotesi in cui debbano essere assunte «prove nuove» ammesse a seguito di richieste di parte, nonché, dall'altro lato, l'ipotesi in cui debba essere assunto l'esame di una persona ammessa a seguito di un'iniziativa d'ufficio del giudice. Nulla viene detto circa l'ipotesi, antagonista alla prima, in cui le «prove nuove» da assumere siano state introdotte d'ufficio dal giudice.

Nel primo caso, mediante l'esplicito rinvio all'art. 496, il giudice provvede ad assumere le «prove nuove», **richieste dalle parti**, seguendo la scansione ordinaria ivi richiamata al co. 1, lasciando tuttavia alle parti medesime la facoltà di concordare un ordine diverso (art. 496, co. 2).

La mancanza di un'espressa disciplina di assunzione delle «prove nuove» relativa all'ipotesi in cui queste vengano **ammesse d'ufficio dal giudice**, induce a ritenere che, in tal caso, sia il giudice medesimo a fissare l'ordine di successione, in deroga alle regole ordinarie, posto che è lui stesso ad avere manifestato l'esigenza di ampliare l'indagine dibattimentale.

Infine, quanto alle **modalità** da seguire nell'assunzione dell'esame di una persona avvenuta a seguito di un'iniziativa d'ufficio del giudice, l'art. 151, co. 2, disp. att., prevede che il presidente del collegio, in deroga a quanto stabilito dall'art. 498, inizi l'esame della persona e soltanto al termine di questa prima fase, sulla base dei risultati ottenuti a seguito dell'escussione, stabilisca quale è la parte che deve procedere all'esame diretto.

Un'ultima annotazione.

Alla stregua di ciò che è previsto in relazione all'art. 506, il giudice, di solito, esercita i poteri richiamati dall'art. 507 nella **medesima udienza** in cui decide di avvalersene. Tuttavia, se ciò non risulta possibile per vari motivi, egli sospende, con ordinanza, il dibattimento, per il tempo strettamente necessario, fissando la data della nuova udienza (art. 509).

3.4.15. Verbale di assunzione dei mezzi di prova

La centralità dell'istruzione dibattimentale e la delicatezza dell'attività probatoria hanno indotto il legislatore a disciplinare in via autonoma, rispetto all'attività ordinaria di udienza, le **modalità di verbalizzazione relative all'escussione delle prove orali**.

Coerentemente, è stato previsto che la forma ordinaria di documentazione delle prove dichiarative assunte in sede dibattimentale debba essere rappresentata dalla verbalizzazione in **forma integrale** (art. 510, co. 2), rivestendo, la verbalizzazione in **forma riassuntiva** ai sensi dell'art. 140, co. 2, un ruolo assolutamente residuale, limitato vuoi alle ipotesi in cui gli atti da verbalizzare abbiano un contenuto particolarmente semplice o di modesta rilevanza, vuoi alle ipotesi in cui si verifichi una contingente indisponibilità di strumenti di riproduzione o di ausiliari tecnici. La decisione circa l'adozione della modalità di documentazione più snella viene assunta dal collegio, mentre il potere di vigilanza affinché la verbalizzazione rispecchi fedelmente il contenuto delle dichiarazioni spetta al presidente (art. 510, co. 3).

Nel verbale devono essere indicate le **generalità dei soggetti esaminati** – con esclusione di quelle relative alle parti poiché già presenti negli atti del processo –, gli avvertimenti preliminari fatti dal giudice al testimone in ordine all'obbligo di verità e alle generalità, nonché l'invito alla lettura della dichiarazione ai sensi dell'art. 497, co. 2 (art. 510, co. 1).

Con riguardo, più specificamente, all'escussione della prova orale, nel verbale deve essere documentato lo **svolgimento dell'esame** dei testimoni, dei periti, dei consulenti tecnici e delle parti private, con la riproduzione integrale, in forma diretta, delle domande poste dalle parti o dal presidente, nonché delle risposte fornite dalle persone esaminate (art. 510, co. 2).

Al di là del fatto che la previsione appena richiamata non risulti operativa in sede di verbalizzazione in forma riassuntiva, ciò che qui va evidenziato è che essa non include espressamente, tra gli atti da verbalizzare, la contestazione posta in essere dalle parti. Al riguardo, pare ragionevole ritenere che il dovere di verbalizzare tale atto debba essere ricondotto all'art. 510, co. 2, nella parte in cui impone all'ausiliario che assiste il giudice di documentare «lo svolgimento dell'esame».

Nella prospettiva, sempre più concreta, di fare assurgere al rango di forma ordinaria e generalizzata di documentazione delle prove dichiarative, lo strumento della **videoregistrazione**, l'art. 510, co. 2 *bis* dispone che le varie tipologie di esame che vengono assunte in sede dibattimentale – nonché gli atti di ricognizione e confronto – sono documentati oltre che con le forme tradizionali anche **«con mezzi di riproduzione audiovisiva»**; rimane tuttavia subordinata alla richiesta delle parti la trascrizione della riproduzione audiovisiva (art. 510, co. 3 *bis*).

3.5. Nuove contestazioni. *A*) Casi e attività

Sul presupposto che la **fluidità dell'imputazione** costituisce un dato caratterizzante il nostro sistema processuale, anche in sede dibattimentale – come d'altronde nell'ambito dell'udienza preliminare – viene tollerato un adeguamento dell'imputazione enunciata nel decreto che dispone il giudizio che rimane dunque, entro certi limiti, perfettibile. Risulterebbe d'altronde controproducente una «cristallizzazione» dell'imputazione fino all'esito del giudizio e una conseguente retrocessione del procedimento alla fase anteriore in presenza di situazioni caratterizzate dal mutamento del fatto di reato, in quanto si porrebbe in contrasto sia con la natura stessa dell'attività probatoria destinata a ricostruirlo, sia con le opzioni di funzionalità dell'apparato giudiziario improntate al principio di economia processuale.

In quest'ottica si colloca del resto l'art. 2, n. 78 della legge delega n. 81 del 1987 laddove stabilisce il «potere del pubblico ministero nel dibattimento di procedere alla modifica dell'imputazione e di formulare nuove contestazioni inerenti ai fatti oggetto del giudizio [prevedendo] adeguate garanzie per la difesa».

Nel corso dell'istruzione dibattimentale[54] – destinata appunto a fornire gli elementi per la ricostruzione giudiziale del fatto – può accadere che il **fatto di reato risulti diverso** – in uno dei suoi profili oggettivi o soggettivi – da come è descritto nel decreto che dispone il giudizio ovvero emerga un **reato connesso a norma dell'art. 12, co. 1, lett. *b***, o una **circostanza aggravante**, assenti anch'essi dall'imputazione cristallizzata in seno al decreto che dispone il giudizio. In questi casi, a meno che i fatti di reato così emersi non siano di competenza di un giudice superiore, il pubblico ministero modifica l'imputazione e procede alla relativa contestazione all'imputato presente (artt. 516, co. 1, e 517, co. 1). Ove **l'imputato risulti non presente fisicamente in udienza**, il pubblico ministero chiede al presidente di inserire nel verbale del dibattimento l'imputazione modificata, nonché di notificare tale verbale, per estratto, all'imputato. Nel contempo, il presidente sospende il dibattimento e fissa una nuova udienza per la prosecuzione, premurandosi tuttavia di osservare i termini a difesa riconosciuti all'imputato dall'art. 519, co. 2 e 3 (art. 520, co. 2).

Sulla modifica dell'imputazione il giudice non è tenuto a effettuare un **controllo immediato**, provvedendovi unicamente al momento della decisione. Ne consegue che la sola verifica che pone in essere, in tale contesto, concerne l'osservanza delle disposizioni relative alla competenza per materia e

[54] Cass., Sez. Un., 28.10.1998, Barbagallo, ha ampliato l'ambito temporale dell'istituto in esame e ha ritenuto possibile che il pubblico ministero effettui la modifica dell'imputazione anche dopo la dichiarazione di apertura del dibattimento ma prima dell'istruzione, sottolineando come l'anticipazione della nuova contestazione non produrrebbe alcuna lesione del diritto di difesa a fronte della conoscibilità, da parte dell'imputato, degli atti di indagine e della possibilità, riconosciuta a quest'ultimo, di esercitare comunque tutti i diritti che egli potrebbe esercitare ove l'accusa fosse modificata in un momento processuale successivo.

all'attribuzione dei reati alla cognizione del Tribunale in composizione monocratica o collegiale.

Se in relazione a eventuali **difetti riguardanti la competenza per materia** – rilevabili anche d'ufficio in ogni stato e grado del processo, salvo le ipotesi riconducibili agli artt. 21, co. 3, e 23, co. 2 – il giudice si limita a emettere sentenza a norma dell'art. 23, nonché a restituire gli atti al pubblico ministero presso il giudice competente, con riferimento a eventuali **difetti concernenti l'attribuzione dei reati alla cognizione del Tribunale**, la soluzione – specificamente indicata dal codice all'interno della normativa di settore – risulta più articolata.

La prima situazione che si può verificare viene regolata dall'art. 516, co. 1 *bis*, e, per richiamo, dall'art. 517, co. 1 *bis*, a mente dei quali, se nel corso di un **dibattimento instaurato davanti al giudice monocratico**, mediante citazione diretta ovvero richiesta di rinvio a giudizio, il pubblico ministero contesta un fatto diverso, un reato concorrente o una circostanza aggravante e **la nuova contestazione comporta la cognizione del Tribunale in composizione collegiale**, il giudice, d'ufficio o su richiesta di parte – presentata, a pena di decadenza, subito dopo la nuova contestazione o, nei casi di sospensione del dibattimento (artt. 519, co. 2, e 520, co. 2), prima del compimento di ogni altro atto nella nuova udienza – è tenuto a dichiarare l'inosservanza delle disposizioni sulla composizione del Tribunale, nonché a trasmettere gli atti al pubblico ministero (artt. 33 *septies*, co. 2, e 521 *bis*).

Se per un verso, emerge con chiarezza come in tale contesto rilevi soltanto l'**errore «per difetto»**, per l'altro verso, risulta evidente come il legislatore abbia cercato di raggiungere un compromesso tra il rispetto della normativa che attribuisce la cognizione dei reati e le esigenze di speditezza processuale, facendo tuttavia prevalere l'operatività del sistema di garanzie, previsto per la trattazione di fattispecie rimesse alla cognizione del giudice collegiale, sul sacrificio connesso all'allungamento dei tempi dovuto al rinnovo dell'*iter* processuale derivante dal mutamento del giudice.

La seconda situazione che si può verificare viene regolata dall'art. 516, co. 1 *ter*, e, per richiamo, dall'art. 517, co. 1 *bis*, in forza dei quali, se, nel corso di un **dibattimento instaurato con citazione diretta davanti al giudice monocratico**, il pubblico ministero contesta un fatto diverso, un reato concorrente o una circostanza aggravante e la nuova contestazione richiede il **perseguimento del reato attraverso l'*iter* ordinario**, il giudice, su eccezione di parte – presentata anche qui, a pena di decadenza, subito dopo la nuova contestazione o, nei casi di sospensione del dibattimento (art. 519, co. 2, e 520, co. 2), prima del compimento di ogni altro atto nella nuova udienza – è tenuto a dichiarare l'inosservanza delle relative disposizioni nonché a trasmettere gli atti al pubblico ministero.

Al di fuori dei casi enucleati dagli artt. 516 e 517, ove risulti a carico dell'imputato un **fatto nuovo** – vale a dire un fatto che si aggiunga quale ulteriore ipotesi di accusa e che non integri, però, l'ipotesi del reato connesso a norma dell'art. 12, co. 1, lett. *b* – non enunciato nel decreto che dispone il giudizio e per il quale si debba procedere d'ufficio, il pubblico ministero, di regola, esercita l'azione penale nelle forme ordinarie, potendo tuttavia procedere alla nuova contestazione in sede di udienza, qualora lo richieda al presidente e questi lo autorizzi dopo avere accertato che vi sia il consenso dell'imputato presente e non ne derivi pregiudizio per la speditezza dei procedimenti (art. 518).

In tal caso, può in teoria accadere che a seguito della contestazione relativa al fatto nuovo avvenuta in udienza, il **giudice monocratico, adito con citazione diretta**, ritenga che **l'accertamento del reato debba passare attraverso l'udienza preliminare** (artt. 518, co. 2, e 521 *bis*). Tuttavia, posto che la contestazione in udienza del fatto nuovo avviene con modalità differenti da quelle concernenti il fatto diverso, il reato concorrente e la circostanza aggravante, essa verrà autorizzata dal giudice laddove – in assenza di pregiudizio per la speditezza del procedimento – vi sia il consenso dell'imputato presente, da intendersi, in questi casi, come comprensivo della rinuncia a fare valere il vizio che, altrimenti, colpirebbe la procedura.

A fronte di un'avvenuta modifica dell'imputazione nel corso del dibattimento, l'**esercizio del diritto di difesa** – modulato sull'addebito originario – **non** deve tuttavia essere **pregiudicato**.

Per questo motivo, l'art. 519, ad eccezione dell'ipotesi in cui la nuova contestazione abbia ad oggetto la recidiva, riconosce all'imputato – tramite informazione data direttamente dal Presidente – il **diritto di chiedere un termine a difesa**. L'esercizio di tale diritto, da parte dell'imputato, determina una sospensione del dibattimento per un tempo non inferiore al termine per comparire e comunque non superiore a quaranta giorni.

Con analoghe modalità, l'art. 519 riconosce all'imputato pure **il diritto di formulare**, entro l'udienza successiva, **richiesta di giudizio abbreviato, di applicazione della pena ai sensi dell'art. 444 nonché di sospensione del procedimento con messa alla prova** [55]. Seguendo i percorsi tracciati dalla Corte costituzionale prima dell'intervento del legislatore del 2022 [56] – che ha

[55] Il mancato riferimento – nell'ambito dell'art. 519 – al procedimento per oblazione, si spiega con il fatto che la possibilità di accedere a tale rito, nei limiti di cui al reato oggetto della nuova contestazione, è già previsto nell'art. 141, co. 4 *bis*, disp. att.

[56] Cfr., tra le tante, Corte cost., sent. n. 14 del 2020; Corte cost., sent. n. 82 del 2019; Corte cost., sent. n. 141 del 2018; Corte cost., sent. n. 206 del 2017; Corte cost., sent. n. 139 del 2015; Corte cost., sent. n. 273 del 2014; Corte cost., sent. n. 184 del 2014; Corte cost., sent. n. 237 del

appunto riconosciuto, *ex lege*, il diritto, in capo all'imputato, di formulare richiesta di rito alternativo – la possibilità di effettuare detta richiesta da parte dell'imputato sembra ragionevolmente riguardare la nuova imputazione avente ad oggetto una modifica che risultava dagli atti di indagine già al momento dell'esercizio dell'azione penale ovvero che è emersa nel corso dell'istruzione dibattimentale.

3.5.1. *Segue. B*) Correlazione tra accusa contestata e sentenza

Strettamente collegata al sistema delle nuove contestazioni risulta la disciplina concernente la **riqualificazione in sentenza del fatto**.

In una prospettiva dal sapore vagamente inquisitorio, l'art. 521, co. 1, conferiva al giudice il potere-dovere di dare al fatto una qualificazione giuridica diversa da quella contestata dal pubblico ministero, a condizione che non mutasse l'identità sostanziale dell'addebito e che l'ipotesi criminosa ritenuta non eccedesse la competenza dell'organo giudicante [57].

Con l'introduzione del giudice unico di primo grado nonché l'attuazione della duplice struttura del rito ordinario avanti al giudice in composizione monocratica, nell'ambito dell'art. 521, co. 1, sono stati inseriti altri **due limiti**, destinati a vietare la diversa definizione giuridica del fatto, qualora il reato ravvisato risulti attribuito alla cognizione del Tribunale in composizione collegiale, ovvero appartenga alla categoria dei delitti per i quali occorreva il vaglio dell'udienza preliminare e questa non si fosse tenuta. In seguito, la L. 5.6.2000, n. 144 ha eliminato il limite introdotto in relazione all'omissione dell'udienza preliminare.

Sotto il profilo della scelta legislativa, se da un lato occorre evidenziare come l'opzione ivi sfruttata, confermando l'impostazione in punto di modifica dell'imputazione, abbia creato in capo al giudice uno sbarramento, nell'opera di riqualificazione giuridica del fatto, soltanto «verso l'alto», dall'altro lato si registra come risulti completamente assente uno sbarramento temporale in grado di precludere l'attività in oggetto.

Da qui, il tentativo di ricondurre una così intensa **tutela della competenza e del riparto di attribuzioni** alla mancanza, in capo alle parti, dell'opportunità di interloquire sul punto, posto l'ormai avanzato stato di svolgimento del giudizio dibattimentale. Evidente comunque il rischio di un impiego

---

2012; Corte cost., sent. n. 333 del 2009; Corte cost., sent. n. 265 del 1994.

[57] Corte eur., sent. 20.4.2006, I.H. e altri c. Austria, ha ritenuto che violi l'art. 6 C.e.d.u. condannare un imputato per una qualificazione giuridica del fatto, operata d'ufficio dal giudice, diversa da quella contenuta nell'imputazione, senza garantire all'accusato la possibilità di discutere, almeno in un successivo grado di giudizio, tale questione nei suoi profili fattuali e giuridici. Nello stesso senso, cfr. Corte eur., sent. 11.12.2007, Drassich c. Italia.

strumentale del meccanismo in oggetto, al fine di creare ipotesi «mascherate» di mutamento del fatto storico, come rimedio a eventuali erronee contestazioni in ordine alle quali giudice e parti abbiano colpevolmente omesso di intervenire in momenti processuali anteriori[58].

A riguardo, vale tuttavia la pena di sottolineare come le ragioni di economia processuale sottese al potere-dovere delineato nell'art. 521, co. 1, siano destinate a soccombere di fronte alla garanzia collegiale del giudice.

Passando ora ai **meccanismi attraverso i quali l'ordinamento reagisce all'incoerenza tra rappresentazione d'accusa e risultato probatorio**, preme osservare come, a norma dell'art. 521, co. 2, il giudice, constatata la diversità del fatto e preso dunque atto dell'inerzia – ovvero dell'incapacità – del rappresentante dell'accusa di fronte al dovere di adeguare la sua iniziativa alle emergenze del contraddittorio, debba ordinare la trasmissione degli atti al pubblico ministero, il quale, tuttavia, non risulta vincolato, nella sua successiva attività procedimentale, al provvedimento emesso.

Analogamente a quanto disposto dall'art. 521, co. 2, ai sensi del successivo co. 3, il giudice deve **trasmettere gli atti al pubblico ministero** anche qualora la nuova contestazione sia stata effettuata al di fuori dei casi previsti dagli artt. 516, 517 e 518, co. 2.

D'altronde, avendo il sistema sottratto al giudice un potere di verifica preventiva dell'atto contestativo, ragionevole è parso un meccanismo che, coniugando la salvaguardia delle **prerogative del pubblico ministero in materia di azione penale** con le **esigenze di economia processuale**, consenta comunque di ovviare all'irritualità della contestazione senza attendere l'instaurazione di un'inutile fase di impugnazione.

3.5.2. *Segue*. C) Modifiche della composizione del giudice

A questo punto, risulta agevole individuare, nell'art. 521 *bis*, co. 1, l'asse fisiologico degli obblighi spettanti al giudice in tutti i casi in cui la nuova contestazione o la diversa definizione giuridica del fatto comporti una **trasformazione del reato da fattispecie perseguita con citazione diretta in fattispecie perseguibile mediante richiesta di rinvio a giudizio**.

La disposizione in parola, nell'imporre al giudice adito mediante citazione diretta, la trasmissione degli atti al pubblico ministero, va sicuramente collocata tra le ipotesi di regressione del procedimento dovute ad una erronea scelta del rito, che scaturisce da una patologia collegata al momento di

[58] Cass., Sez. Un., 15.7.2010, Carelli, individua il mutamento del fatto nella trasformazione radicale degli elementi essenziali «in modo che si configuri un'incertezza sull'oggetto dell'imputazione da cui scaturisca un reale pregiudizio dei diritti della difesa».

controllo della scelta stessa, in occasione di una nuova contestazione o di una riqualificazione del fatto. Ne deriva, in capo al pubblico ministero, una serie di limitazioni che si concretizzano e nell'impossibilità di richiedere l'archiviazione e nell'obbligo di adeguarsi al *dictum* del giudice.

Oltre a tutelare le **garanzie connesse al filtro dell'udienza preliminare**, la soluzione prospettata dall'art. 521 *bis*, co. 1, pare essere l'unica in grado di consentire all'imputato un adeguato sfruttamento dei riti alternativi.

Nell'ambito di una valutazione chiamata a considerare le cause che provocano la trasformazione dell'imputazione e gli effetti a questa collegati, occorre sottolineare l'irrilevanza del fatto che l'erronea opzione sul rito abbia determinato anche un difetto di attribuzione. D'altronde, come evidenziato riguardo all'art. 33 *quinquies*, il vizio che impone la restituzione degli atti al pubblico ministero è quello relativo al rito e non all'inosservanza delle regole in punto di composizione del giudice.

3.5.3. *Segue. D*) Patologie

Per quanto riguarda la **patologia delle nuove contestazioni**, l'art. 522 – che chiude il Capo IV del Libro VII ad esse riservato – stabilisce, nel suo co. 1, che «[l]'inosservanza delle disposizioni previste [nello stesso] capo è causa di nullità». Tale disposizione, di portata generale, prende in esame sia la ritualità del procedimento di nuova contestazione, sia il rispetto della regola di correlazione tra accusa e sentenza.

Lo stesso art. 522 stabilisce poi, al co. 2, che «la sentenza di condanna pronunciata per un fatto nuovo, per un reato concorrente o per una circostanza aggravante senza che siano state osservate le disposizioni degli articoli precedenti è nulla soltanto nella parte relativa al fatto nuovo, al reato concorrente o alla circostanza aggravante».

Detta previsione, nell'apprestare la propria tutela processuale alla medesima area cui accede il co. 1, registra il **superamento del regime di nullità ultrattiva**, per limitarsi a circoscrivere l'incidenza del vizio alla sola parte della sentenza sulla quale ricade la violazione del procedere.

3.6. Discussione finale e chiusura del dibattimento

Conclusa l'istruzione dibattimentale destinata all'assunzione delle prove, si entra nell'ultima fase del dibattimento dedicata alla «**[d]iscussione finale**».

Sotto il **profilo strutturale**, l'art. 523 delinea una discussione – idealmente scomponibile in varie fasi e diretta da un giudice chiamato a impedire «divagazion[i], ripetizion[i] e interruzion[i]» – che si sviluppa in una successione di momenti processuali dedicati vuoi all'illustrazione e alla formulazione delle conclusioni di parte secondo un ordine che va dal pubblico ministero all'imputato – nel mezzo parlano parte civile, responsabile civile e civilmente obbligato per la pena pecuniaria – vuoi alle repliche consentite a questi stessi soggetti, nei limiti strettamente necessari per la confutazione degli argomenti avversari.

Sotto il **profilo del contenuto**, la discussione è invece caratterizzata dall'obbligo, in capo alla parte civile, di presentare conclusioni in forma scritta e dal diritto, riconosciuto a pena di nullità, dell'imputato e del difensore, a parlare per ultimi, nonché dal fatto di non potere essere interrotta per l'assunzione di «nuove prove», «se non in caso di assoluta necessità», con le forme previste dall'art. 507.

Con specifico riferimento a quest'ultimo aspetto, va osservato che nella fase della discussione finale viene meno anche la facoltà dell'imputato di rendere dichiarazioni spontanee – sebbene l'art. 494 le consenta in ogni stato del dibattimento – sul presupposto che esse non sono «nuove prove» assolutamente necessarie e, che, comunque, l'imputato e il suo difensore devono avere, a pena di nullità, la parola per ultimi, ove la richiedano.

Terminata la discussione, il **presidente dichiara chiuso il dibattimento** (art. 524). Tale attività, speculare alla dichiarazione di apertura collocata nell'ambito degli «atti introduttivi», se omessa in sede di verbalizzazione, non produce alcuna nullità, risultando comunque dal coordinamento fra i due momenti della discussione e della deliberazione della sentenza.

4. Sentenza

4.1. Deliberazione

Il Titolo III del Libro VII, dedicato alla «Sentenza», nel dettare una serie di regole chiamate a disciplinare attività che vanno dalla deliberazione del verdetto al suo contenuto, nonché agli adempimenti successivi all'emissione dello stesso, consente di intendere la **sentenza** sia come decisione deliberata dal giudice con la quale manifesta il proprio giudizio sull'oggetto dell'imputazione nell'ambito della propria potestà giurisdizionale, sia come atto processuale che racchiude detto giudizio e ne evidenzia le ragioni.

Dando attuazione al **principio dell'immediatezza della deliberazione**, che mira a garantire la continuità tra il momento della formazione della prova e quello della decisione, l'art. 525, co. 1, impone al giudice di deliberare la sentenza «subito dopo la chiusura del dibattimento». Tale attività di deliberazione non deve subire turbative da parte di elementi esterni al processo e di conseguenza, interruzioni, «se non in caso di assoluta necessità» o quando risulta indispensabile, per l'organo deliberante, la lettura del verbale di udienza redatto con la stenotipia, ovvero l'ascolto o la visione di riproduzioni fonografiche o audiovisive di atti del dibattimento (art. 528, co. 1). La sospensione della deliberazione viene disposta dal presidente con ordinanza (art. 525, co. 3).

Alla **deliberazione** devono concorrere, a pena di nullità assoluta, i **medesimi giudici che hanno partecipato al dibattimento** (art. 525, co. 2).

Quest'ultima regola – la cui violazione risulta espressamente sanzionata da una nullità assoluta che, seppure a fatica, sembra tuttavia collocabile tra quelle di cui all'art. 179 – detta il **c.d. principio di immutabilità del giudice**, in forza del quale soltanto l'identità fisica tra giudice che istruisce e giudice che decide consente a quest'ultimo di avere una conoscenza diretta del materiale probatorio sul quale fondare la propria decisione.

Se la suddetta identità viene meno, per qualsiasi motivo, dopo che il giudice sostituito abbia proceduto all'assunzione delle prove, la nullità della decisione si evita con la **rinnovazione del dibattimento**, l'estensione della quale, nel silenzio della norma, è stata **variamente intesa**.

Accanto a una **interpretazione, «massimalista»**, che reputa necessaria un'effettiva e integrale rinnovazione dell'intero procedimento probatorio, se ne colloca una, **«minimalista»**, che ritiene salvaguardato il c.d. principio dell'immutabilità del giudice, attraverso il meccanismo dell'acquisizione tramite lettura dei verbali di prova. Su una **posizione intermedia**, si è schierata una prima volta la Corte di cassazione, a Sezioni Unite, che ha chiarito come la lettura non possa mai surrogare l'esame del dichiarante ogniqualvolta detto esame sia richiesto e sia suscettibile di ripetizione davanti al nuovo giudice. Di conseguenza, è stata esclusa la possibilità di rinnovare la prova orale – ritenendo utilizzabile la prova già raccolta davanti ad altro giudice – in due soli casi, vale a dire laddove non sia possibile assumerla per sopravvenuta impossibilità di ripetere l'esame da parte del testimone, ovvero per rinuncia della parte a esercitare il proprio diritto a chiederne l'ammissione [59]. Problemi di tal sorta non esistono invece in relazione alle prove documentali eventualmente già raccolte dal giudice sostituito, poiché esse, prove precostituite, possono essere acquisite indipendentemente dalla preventiva adozione di un formale provvedimento di rinnovazione del dibattimento.

Con questa soluzione, la giurisprudenza ha tentato di realizzare un **bilanciamento tra le opposte esigenze** riconducibili, da un lato, al principio dell'oralità e, dall'altro lato, al principio di economia processuale, rimettendo tuttavia alla volontà delle parti la concreta attuazione del metodo orale nell'assunzione della prova [60].

---

[59] Così Cass., Sez. Un., 15.1.1999, Iannasso e altro, che riprende alcuni princìpi già espressi, al riguardo, da Corte cost., sent. n. 17 del 1994.

[60] Corte cost., sent. n. 205 del 2010, che ha ribadito come «la *ratio* giustificatrice della rin-

L'interpretazione fornita dalle Sezioni Unite non si è però stabilizzata ed è divenuta di nuovo oggetto di discussione in ragione di un diffuso "malessere" nei confronti delle distorsioni patologiche che la stessa subisce nella prassi; distorsioni dovute al fatto che il modello attuale del processo penale – improntato, appunto, ai principi dell'oralità, immediatezza e concentrazione – è assai distante dalla realtà praticata nelle aule giudiziarie.

In tale contesto, è intervenuta di nuovo la Corte di cassazione, a Sezioni Unite, la quale ha operato una sorta di **bilanciamento tra i principi dell'immediatezza e dell'oralità**, da una parte, e il **principio di conservazione degli atti e delle prove**, dall'altra parte, concludendo – attraverso il passaggio argomentativo della "ragionevole durata del processo" – per la prevalenza della conservazione sull'immediatezza e sull'oralità.

In particolare, le Sezioni Unite hanno evidenziato che: *a*) il principio di immutabilità del giudice impone che il giudice destinato a deliberare la sentenza sia non solo lo stesso giudice davanti al quale è stata assunta la prova, ma anche quello che ha disposto l'ammissione della prova, fermo restando che i provvedimenti sull'ammissione della prova emessi dal giudice diversamente composto devono intendersi confermati, se non espressamente modificati o revocati; *b*) l'avvenuto mutamento della composizione del giudice attribuisce alle parti il diritto di chiedere, ai sensi degli artt. 468 e 493, sia prove nuove sia la rinnovazione di quelle assunte dal giudice diversamente composto, con l'obbligo – in quest'ultimo caso – di indicare specificamente le ragioni che impongono tale rinnovazione, ferma restando, tuttavia, la valutazione, da parte del giudice, ai sensi degli artt. 190 e 495, anche sulla non manifesta superfluità della rinnovazione stessa; *c*) il consenso delle parti alla lettura – ai sensi dell'art. 511, co. 2 – degli atti assunti dal collegio in diversa composizione, a seguito della rinnovazione del dibattimento, non è necessario con riguardo agli esami testimoniali la cui ripetizione non abbia avuto luogo perché non richiesta, non ammessa o non più possibile [61].

La sentenza in parola ha finito per suscitare vivaci discussioni – dai più è stata vissuta alla stregua di un espediente volto ad aggirare i principi di oralità e di immediatezza – nonché indurre il **legislatore del 2022** a introdurre, nell'ambito dell'art. 495, il co. 4 *ter*, che sancisce, in caso di mutamento del giudice, il diritto, in capo alla parte che ha interesse, «di **ottenere l'esame delle persone che hanno già reso dichiarazioni nel medesimo dibattimento** nel contraddittorio con la persona nei cui confronti le dichiarazioni saranno utilizzate, salvo che il **precedente esame** sia stato **documentato integralmente mediante mezzi di riproduzione audiovisiva**», potendo tutt'al più la rinnovazione dell'esame essere disposta anche qualora il giudice la ritenga necessaria sulla base di specifiche esigenze.

novazione della prova non si richiama ad una presunta incompletezza o inadeguatezza della originaria escussione, ma si fonda sulla opportunità di mantenere un diverso e diretto rapporto tra giudice e prova, particolarmente quella dichiarativa, non garantito dalla semplice lettura dei verbali».

[61] Cass., Sez. Un., 10.1.2019, Bajrami.

La disposizione in esame, se per un verso conferma alcuni degli approdi raggiunti dalle Sezioni Unite del 2019, per altro verso sancisce un **criterio di ammissibilità della prova dichiarativa non condizionato** da «specifiche ragioni», bensì collegato alla mera presenza di una richiesta di assunzione della prova dichiarativa che risulti non vietata dalla legge o non manifestamente superflua o irrilevante.

Detta apertura risulta tuttavia temperata dal "**meccanismo compensativo**" riconducibile alla avvenuta documentazione integrale del precedente esame mediante mezzi di riproduzione audiovisiva, la qual cosa rende il diritto alla riassunzione della prova non più incondizionato e, così limitato, in contrasto con il principio dell'immediatezza della decisione.

L'art. 525, co. 2, prevede inoltre che alla deliberazione possano concorrere **giudici supplenti**, allorché i titolari siano impediti e che i provvedimenti già emessi dai titolari conservino efficacia, a meno che non siano espressamente revocati.

Tale previsione, da leggere in combinazione con il c.d. principio di immutabilità del giudice, se per un verso ammette indirettamente l'esistenza di giudici – diversi da quelli che ufficialmente compongono il collegio – chiamati necessariamente a fungere da spettatori al dibattimento, per l'altro verso riconosce a detti giudici, nel momento in cui vengono immessi nel collegio, la possibilità di revocare provvedimenti, non condivisi, emessi in precedenza.

In sede di deliberazione, il giudice «non può utilizzare [...] **prove diverse da quelle legittimamente acquisite nel dibattimento**» (art. 526, co. 1).

Ciò significa, anzitutto, che le prove utilizzabili per la decisione devono essere soltanto quelle assunte in dibattimento al cospetto del giudice chiamato a esprimersi circa la *res iudicanda* dedotta nel processo e non prove precostituite o assunte in altri luoghi, che non vi abbiano trovato ingresso con le forme consentite. Da un punto di vista precettivo, si riafferma dunque il principio che individua nel dibattimento il luogo privilegiato per la formazione della prova.

In seconda istanza, la previsione relativa alla possibilità di utilizzare unicamente prove «legittimamente acquisite» – che rappresenta un corollario del principio di legalità della prova – se per un verso consente alla disposizione in parola di assumere i connotati di una norma «aperta» che effettua un rinvio a un intero sistema, per l'altro verso impone di fare riferimento a quella sorta di griglia selettiva costituita e da tutti i casi in cui gli atti di indagine sono utilizzabili in dibattimento (artt. 431, 493, 511-515) e dai divieti probatori (art. 191), vale a dire quell'insieme di regole che compongono il profilo dibattimentale della prova.

In definitiva, l'art. 526, co. 1, nel rappresentare una norma di sintesi destinata a operare quale strumento di **raccordo tra inutilizzabilità patologica e inutilizzabilità fisiologica**, da un lato, fissa la sanzione che consegue all'inosservanza di divieti, mentre, dall'altro lato, opera alla stregua di un divieto volto a stabilire il regime di separatezza probatoria tra indagini preliminari e dibattimento[62].

Tra le regole che, in sede di deliberazione, il giudice deve rispettare, si inserisce, in via principale, quella contenuta nell'**art. 526, co. 1 *bis***, volta a vietare – sulla falsariga di quanto previsto nella seconda parte dell'art. 111, co. 4, Cost. – che la colpevolezza dell'imputato possa «essere provata sulla base di dichiarazioni rese da chi, per libera scelta, si è sempre volontariamente sottratto all'esame da parte dell'imputato o del suo difensore».

Previsione dalla **natura controversa** – regola di esclusione probatoria o regola di valutazione probatoria – l'art. 526, co. 1 *bis*, risulta caratterizzata da **tre elementi**: l'esame da parte dell'imputato o del suo difensore; la sottrazione al contraddittorio; l'accertamento della volontaria sottrazione.

Se rispetto al primo elemento, è sufficiente affermare che ad esso il sistema si è limitato a dare attuazione soltanto parziale – l'imputato non può direttamente esaminare –, con riferimento al secondo elemento, si precisa che la «sottrazione rilevante» è quella che si realizza nelle sedi di formazione della prova e assorbe non solo la renitenza, ma anche la reticenza, purché frutto di una libera scelta riferibile a tutto l'arco del procedimento in cui risulta possibile l'esame.

Quanto poi all'accertamento della volontaria sottrazione, esso deve avere ad oggetto, da una parte, il fatto che il soggetto che si sottrae all'esame sia consapevole del dovere di deporre, nonché, dall'altra parte, la circostanza che la sua assenza sia dovuta anche – o soltanto – all'intenzione di non sottoporsi all'esame. L'onere di provare la volontaria sottrazione spetta a chi l'afferma, invocando il divieto; il dubbio gioca a favore dell'imputato.

Su questo sfondo, il collegio procede poi in **camera di consiglio** – assenti l'ausiliario e le parti – alla **deliberazione della sentenza** che, ai sensi dell'art. 125, co. 4, deve essere caratterizzata dalla segretezza in relazione alle opinioni espresse dai giudici, attenendo dunque, tale requisito, alla dialettica interna dell'organo chiamato a decidere, in una prospettiva di tutela vuoi della serenità di giudizio del singolo magistrato, vuoi dell'indipendenza dell'intero

[62] Circa l'individuazione del momento applicativo dei canoni di legalità decisoria, Cass. Sez. Un., 25.2.1998, Gerina e Cass., Sez. Un., 13.7.1998, Citaristi, hanno evidenziato che qualora nel corso del processo si verifichino innovazioni legislative in materia di utilizzabilità o inutilizzabilità della prova, il principio *tempus regit actum* deve essere riferito al momento della decisione e non a quello dell'acquisizione della prova, atteso che il divieto di uso, colpendo proprio l'idoneità di questa a produrre risultati conoscitivi valutabili dal giudice per la formazione del suo convincimento, interviene allorché il procedimento probatorio non ha trovato ancora esaurimento.

organo giudicante. Tale **segretezza** – tutelata penalmente dagli artt. 326 e 685 c.p. – subisce tuttavia una parziale deroga laddove, in caso di provvedimenti collegiali e purché lo richieda un componente del collegio che non abbia espresso voto conforme alla decisione, sia compilato verbale contenente la ***dissenting opinion*** circa la questione oggetto della suddetta decisione, con l'indicazione del dissenziente e dei motivi succintamente esposti. Detto verbale, sottoscritto da tutti i componenti del collegio, è conservato, a cura del presidente, in plico sigillato presso la cancelleria dell'ufficio (art. 125, co. 5) [63].

Nel fondarsi essenzialmente su **tre princìpi** – collegialità della discussione, priorità logica delle questioni processuali su quelle di merito, *favor rei* – la deliberazione avviene sotto la **direzione del presidente** il quale, anzitutto, sottopone al collegio le questioni preliminari non ancora risolte (art. 491) e ogni altra questione di natura processuale. Qualora la risoluzione di tali questioni non precluda l'esame del merito – ad esempio, viene accolta una questione preliminare avente ad oggetto un'eccezione di competenza per territorio – il presidente pone in discussione le «questioni di fatto» che concernono l'imputazione – si valuta se i fatti affermati dalle parti sono dimostrati dalle prove acquisite –, nonché le «questioni di diritto» attinenti la medesima materia. A questo punto, se il giudice decide di condannare l'imputato, vengono poste in discussione le questioni «relative all'applicazione delle pene e delle misure di sicurezza nonché quelle relative alla responsabilità civile», nel caso in cui vi sia una parte civile costituita che abbia presentato le proprie conclusioni in sede di discussione (art. 527, co. 1).

Quanto ai **criteri di formazione della volontà collegiale**, ogni giudice deve esprimere un voto motivato su ciascuna questione, indipendentemente dal fatto che si sia trovato in minoranza in relazione alle deliberazioni su punti precedentemente affrontati. Il presidente raccoglie i voti – cominciando dal giudice meno elevato in grado o, a parità di grado, dal giudice meno anziano – e vota per ultimo. Nei procedimenti davanti alla Corte d'assise votano prima i giudici popolari, cominciando dal più giovane (art. 527, co. 2).

---

[63] Il testo originario dell'art. 125, co. 5, riproduceva quasi testualmente il disposto dell'art. 16, co. 1, L. 13.10.1988, n. 117, in tema di responsabilità civile dei magistrati. Corte cost., sent. n. 18 del 1989, aveva dichiarato l'illegittimità costituzionale, per contrasto con l'art. 97 Cost., del suddetto art. 16, co. 1, nella parte in cui disponeva che «è compilato sommario processo verbale» anziché «può, se uno dei componenti dell'organo collegiale lo richieda, essere compilato sommario processo verbale». Nel contempo, la Corte aveva invitato il Governo ad avvalersi dei poteri conferiti dall'art. 7 della legge delega n. 81 del 1987 al fine di sanare il vizio di legittimità dell'analoga previsione contenuta nell'art. 125. L'art. 1 d.lgs. 30.10.1989, n. 351, ha accolto l'invito, novellando il co. 5 del medesimo art. 125 nel senso sopra indicato.

Qualora nella **votazione avente ad oggetto l'entità della pena o la misura di sicurezza** si manifestino più di due opinioni, i giudici che hanno votato per la pena più grave si uniscono a quelli che hanno votato per la pena gradatamente più prossima alla più grave, fino a che venga a risultare la maggioranza. In ogni altro caso, quando su una questione vi è parità di voti, prevale, in applicazione del principio del *favor rei*, l'opinione più favorevole all'imputato.

4.2. Atti successivi alla deliberazione

Alla deliberazione seguono, rispettivamente, la redazione (art. 544), la pubblicazione (art. 545), la condanna a pena sostitutiva (art. 545 *bis*) nonché il deposito della sentenza (art. 548).

La disciplina concernente la **redazione della sentenza** – prevista dall'art 544 – si articola in uno schema che, dando forma all'art. 2. n. 2, legge delega n. 81 del 1987, fa seguire alla regola della contestualità tra redazione del dispositivo e redazione della motivazione (co. 1), un triplice ordine di eccezioni, in una prospettiva di differimento della motivazione, dettagliando entro limiti precisi la soluzione generica offerta dal legislatore delegante (co. 2) quindi regolando a parte i casi di particolare complessità richiamati dalla stessa legge delega (co. 3), nonché altri casi riguardanti procedimenti per i delitti di cui all'art. 407, co. 2, lett. *a*, anche se connessi ad altri reati (co. 3 *bis*).

In particolare, avvenuta la deliberazione, il **presidente redige e sottoscrive immediatamente il dispositivo** e, subito dopo, lo stesso presidente o un componente del collegio, redige una **concisa esposizione dei motivi di fatto e di diritto** su cui la sentenza è fondata.

Se il dispositivo rappresenta la dichiarazione solenne, ma sintetica, della volontà della legge in relazione al caso giudicato, la motivazione raffigura l'esteriorizzazione formale delle ragioni che hanno condotto il giudice all'adozione della decisione.

La regola della **contestualità della redazione**, nel salvaguardare il **principio di immediatezza** che caratterizza il processo penale, per un verso garantisce la **funzione extraprocessuale della motivazione**, volta a consentire il controllo della collettività sull'esercizio dell'attività giurisdizionale, mentre, per l'altro verso, tende ad assicurare il più possibile la corrispondenza del dispositivo con le ragioni, contenute nella motivazione, che lo sorreggono.

Qualora risulti **impossibile procedere alla redazione dei motivi** in camera di consiglio subito dopo la redazione del dispositivo, l'art. 544, co. 2, consente al presidente di provvedervi entro il **termine ordinatorio di quindici** giorni. Tale scelta, disancorata da qualsiasi valutazione di tipo qualitativo, viene affidata esclusivamente alla discrezionalità del giudice, il quale potrà optare per questa soluzione ogniqualvolta lo ritenga opportuno, a prescindere dal fatto che la stesura immediata dei motivi risulti tecnicamente impossibile.

Tuttavia, laddove il giudice reputi di non potere rispettare questo termine, poiché la **stesura della motivazione** risulta «**particolarmente complessa**» – valutazione discrezionale da effettuare sulla base vuoi del numero delle parti e delle imputazioni, vuoi della gravità di queste ultime – può indicare, nel dispositivo, un termine più lungo che non superi, tuttavia, i novanta giorni, a decorrere dalla pronuncia del dispositivo (art. 544, co. 3).

Al di là del fatto che i suddetti criteri rischino comunque di dare luogo a valutazioni soggettive e sottratte al controllo, non sembra tuttavia possibile negare come essi consentano al giudice una gestione più agile e corretta dei tempi di redazione della motivazione, in considerazione, anche, dell'organizzazione delle giornate di udienza.

Nelle ipotesi caratterizzate dal differimento della motivazione, all'estensione dei motivi può provvedervi anche un componente del collegio all'uopo designato, il quale – attraverso un sistema che si snoda tra redazione della minuta e controlli della stessa da parte del presidente o, addirittura, del collegio – consegna la minuta della motivazione alla cancelleria del giudice per la formazione dell'originale, che verrà sottoscritto da estensore e presidente dopo un'attenta verifica volta ad attestarne la corrispondenza alla minuta (art. 154 disp. att.).

Infine, un **ulteriore caso di differimento della motivazione** si ha nelle ipotesi previste dall'art. 533, co. 3 *bis*, vale a dire qualora, nei procedimenti per i delitti di cui all'art. 407, co. 2, lett. *a* (delitti aventi finalità di terrorismo), anche se connessi ad altri reati, il giudice, pronunciando la condanna, disponga la separazione dei procedimenti pure con riferimento allo stesso condannato, quando taluno dei condannati si trovi in stato di custodia cautelare e, per la scadenza dei termini e la mancanza di altri titoli, sarebbe rimesso in libertà.

In questi casi, si assiste a un **frazionamento della motivazione** per ciascuno dei procedimenti separati, secondo evidenti criteri di precedenza: il giudice procede, in prima battuta, alla stesura delle motivazioni relative ai condannati in stato di custodia cautelare che, per la scadenza dei termini, sarebbero rimessi in libertà, fissando invece, nel dispositivo delle sentenze di condanna riguardanti i procedimenti ai quali non sia stata accordata alcuna precedenza, un termine ordinatorio di centottanta giorni, per la redazione delle motivazioni. Tali termini – alla stregua di quelli previsti dall'art. 544, co. 3 – su richiesta giustificata del giudice che deve procedere alla redazione della motivazione, possono essere prorogati dal presidente del Tribunale, per una sola volta e per un periodo massimo di novanta giorni, mediante un provvedimento di cui viene data comunicazione al Consiglio Superiore della Magistratura.

Una volta **redatta la sentenza**, il giudice entra di nuovo nell'aula di udienza e provvede alla sua **pubblicazione**. Nel caso in cui vi sia stato il differimento della motivazione, la pubblicazione avverrà mediante lettura – fatta personalmente o tramite un giudice del collegio – del solo dispositivo (art. 545, co. 1); qualora, invece, il dispositivo e la motivazione siano stati redatti contestualmente, la pubblicazione avrà luogo mediante la lettura di entrambi i provvedimenti, tenendo tuttavia presente che la lettura della motivazione potrà essere sostituita da un'esposizione riassuntiva della stessa (art. 545, co. 2).

La **lettura**, avvenuta in udienza, del dispositivo e della motivazione, equivale a **notificazione della sentenza** per le parti che siano **presenti o che debbano considerarsi tali** (es. l'imputato comparso e poi allontanatosi ai sensi dell'art. 475, co. 2), non valendo invece a tal fine per le parti eventuali assenti, alle quali va inviato, ai sensi dell'art. 23, co. 2, disp. att., l'estratto della sentenza unitamente all'avviso di deposito (art. 545, co. 3).

A riguardo, preme evidenziare come l'inosservanza della disciplina in tema di pubblicazione non determini alcuna conseguenza sul piano sanzionatorio, impedendo tuttavia la decorrenza dei termini per la proposizione delle impugnazioni [64].

Alla pubblicazione della sentenza segue il **deposito** della stessa in cancelleria, che avviene immediatamente dopo l'udienza nel caso in cui vi sia stata redazione contestuale di dispositivo e motivazione, ovvero entro i termini previsti dall'art. 544, co. 2 e 3, qualora la motivazione abbia richiesto una gestazione più lunga (art. 548, co. 1).

Alla sentenza viene apposta, da parte del pubblico ufficiale addetto, la **sottoscrizione e la data del deposito**, che, se in generale, attesta soltanto la certificazione della regolarità del deposito, con particolare riferimento alle ipotesi di differimento della motivazione, attesta pure la data da cui fare decorrere il termine utile per impugnare il provvedimento (art. 548, co. 1, seconda parte).

Sul presupposto che tutti i termini di deposito dei provvedimenti del giudice hanno natura meramente ordinatoria, l'art. 548, co. 2, regola le conse-

---

[64] Cass., Sez. Un., 21.1.2010, Marcarino.

guenze derivanti dal **deposito della sentenza fuori termine**, prevedendo l'obbligo dell'avviso di deposito della stessa, al fine di evitare di arrecare un pregiudizio all'iniziativa delle parti circa il loro diritto di impugnare. Pertanto, se il solo avviso di deposito viene comunicato e notificato rispettivamente a pubblico ministero e parti private, nonché al difensore dell'imputato al momento del deposito del provvedimento e, eventualmente, al difensore nominato per proporre impugnazione (art. 548, co. 2), l'avviso di deposito unitamente all'estratto della sentenza viene invece comunicato al procuratore generale presso la Corte d'appello (art. 548, co. 3)[65].

Va da sé che, ai nostri fini, a nulla rileva il deposito della motivazione in un momento che precede il termine fissato all'atto della lettura del dispositivo, rappresentando comunque quest'ultimo il momento da cui inizia a decorrere il termine per proporre impugnazione.

4.2.1 *Segue*. Condanna a pena sostitutiva

Al fine di garantire l'effettiva **personalizzazione del trattamento sanzionatorio**, «quando è stata applicata una **pena detentiva non superiore a quattro anni e non è stata ordinata la sospensione condizionale della pena**», subito dopo la lettura del dispositivo di condanna, il giudice – ove sussistano le condizioni per sostituire la pena detentiva con una delle pene sostitutive di cui all'art. 53 L. 24.11.1981, n. 689 – è tenuto a darne avviso alle parti.

In caso di consenso, da parte dell'imputato, alla **sostituzione della pena detentiva** con altra pena diversa ovvero, se possibile, con una pena pecuniaria, il giudice, sentito il pubblico ministero, ove risulti impossibile decidere immediatamente, previa sospensione del processo e dei termini fissati per il deposito della motivazione, fissa una apposita udienza non oltre sessanta giorni, dandone avviso alle parti e all'ufficio di esecuzione penale esterna competente.

Rispetto a questa prima fase, pare corretto affermare che l'esplicito riferimento alle **condizioni di sostituibilità della pena**, implichi, da parte del giudice, una verifica circa: *a*) la compatibilità della pena irrogata e le singole pene sostitutive; *b*) l'assenza di condizioni soggettive di esclusione della sostituibilità di cui all'art. 59 L. n. 689 del 1981; *c*) un giudizio positivo sulla congruità delle ipotizzabili pene sostitutive rispetto agli obiettivi della risocializzazione del condannato e della minimizzazione dei rischi di recidiva (art. 545 *bis*, co. 1).

Per potere effettuare, nel migliore dei modi, la verifica in parola, nonché per essere in grado di individuare la pena sostitutiva applicabile e determi-

---

[65] L'art. 548, co. 3, è stato così modificato dall'art. 10, co. 5, L. n. 67 del 2014.

nare i relativi obblighi e le relative prescrizioni, il **giudice** può avviare un **contatto diretto con l'ufficio di esecuzione penale esterna** ovvero, se necessario, con la **polizia giudiziaria**, al fine di acquisire: *a*) tutte le informazioni utili rispetto «alle condizioni di vita personale, familiare, sociale, economica e patrimoniale dell'imputato»; *b*) «il programma di trattamento della semilibertà, della detenzione domiciliare e del lavoro di pubblica utilità con la relativa disponibilità [da parte] dell'ente; *c*) «la certificazione di disturbo da uso di sostanze o di alcol ovvero da gioco d'azzardo e il programma terapeutico, che il condannato abbia in corso o a cui intenda sottoporsi», qualora la pena debba essere eseguita nei confronti di persona tossicodipendente o alcoldipendente.

L'attività di verifica richiamata può essere coadiuvata dalle parti processuali mediante il deposito di documentazione direttamente all'ufficio di esecuzione penale esterna ovvero di memorie nella cancelleria del giudice, fino a cinque giorni prima dell'udienza (art. 545 *bis*, co. 2).

Con riferimento allo svolgimento dell'udienza, il giudice, dopo avere acquisito gli atti, i documenti nonché le informazioni richiamate, sente le parti che risultano presenti e decide: a) di sostituire la pena detentiva, integrando il dispositivo con l'indicazione della pena sostitutiva, dei relativi obblighi e delle corrispondenti prescrizioni; b) di confermare il dispositivo. In entrambi i casi, viene data lettura in udienza del dispositivo – integrato o originario –, la qual cosa corrisponde, *ex lege*, alla pubblicazione della sentenza (art. 545 *bis*, co. 3).

Da ultimo, con riguardo agli effetti conseguenti alla sospensione del processo e dei termini fissati per il deposito della motivazione, qualora il giudice non sia stato in grado di decidere immediatamente circa la sostituzione della pena detentiva, va osservato che la lettura della motivazione contestuale, redatta a norma dell'art. 544, co. 1, segue la lettura del dispositivo – integrato o confermato – e può essere sostituita da una esposizione sintetica, mentre, in assenza di contestualità della motivazione, i termini per il deposito della stessa decorrono dalla lettura del dispositivo (art. 545 *bis*, co. 4).

4.3. Requisiti e vizi della sentenza

Passando ora ad analizzare la sentenza come **atto processuale che racchiude un giudizio e ne evidenzia le ragioni**, possiamo affermare che la norma di riferimento è l'art. 546, chiamato a dettare i tratti essenziali della stessa mediante un'elencazione tassativa dei requisiti.

La **sentenza** può essere scomposta in **tre parti**: una parte enunciativa, una parte espositiva e una parte dispositiva.

La **parte enunciativa** comprende l'intestazione, l'indicazione del giudice che l'ha pronunciata, l'identificazione delle parti e l'imputazione; la parte espositiva racchiude l'indicazione delle conclusioni delle parti e la motivazione; la parte dispositiva contiene il dispositivo, con l'indicazione degli articoli di legge applicati, la data e la sottoscrizione del giudice.

Quanto alla parte enunciativa, se l'intestazione «in nome del popolo italiano» esprime la principale caratteristica dell'esercizio della giurisdizione consacrata nell'art. 101, co. 1, Cost., l'indicazione del giudice e l'identificazione delle parti – che non destano particolari problemi interpretativi – devono certamente corrispondere ai nominativi rilevabili dai verbali di udienza, potendo tuttavia, in caso di incertezza, essere da qui desunti. L'imputazione, poi, svolge una duplice funzione, consentendo, da un lato, una più chiara lettura della sentenza, e, dall'altro lato, una più agevole verifica circa il rispetto del principio di correlazione tra accusa e sentenza, sancito dall'art. 521.

Con riguardo alla **parte espositiva**, l'indicazione delle conclusioni formulate dalle parti – desumibili peraltro anch'esse dal verbale di udienza – fa sì che la sentenza, pure nel suo aspetto formale, rispecchi il contraddittorio al quale si è ispirato il dibattimento e consenta di capire, da un punto di vista sostanziale, la congruenza della motivazione. Quest'ultima, invece, raffigurando l'esteriorizzazione formale delle ragioni che hanno condotto il giudice all'adozione della decisione, nel fare riferimento alla «concisa esposizione dei motivi di fatto e di diritto», richiede espressamente una correlazione tra prova e giudizio mediante una previsione destinata a operare in una duplice direzione. Se da una parte, in positivo, viene, infatti, richiesta «la indicazione dei risultati acquisiti e dei criteri di valutazione della prova adottati», dall'altra parte, in negativo, viene pretesa «l'enunciazione delle ragioni per le quali il giudice ritiene non attendibili le prove contrarie». Enunciazione delle ragioni che deve necessariamente avere ad oggetto, in sede di motivazione, quattro punti preventivamente definiti dal legislatore: 1) «l'accertamento dei fatti e delle circostanze che si riferiscono all'imputazione e alla loro qualificazione giuridica»; 2) «la punibilità e la determinazione della pena, secondo le modalità stabilite dal comma 2 dell'articolo 533, e della misura di sicurezza»; 3) «la responsabilità civile derivante da reato»; 4) «l'accertamento dei fatti dai quali dipende l'applicazione di norme processuali»[66].

Infine, con riferimento alla **parte dispositiva**, se la data si limita a collocare, sotto il profilo temporale, l'atto, la sottoscrizione del giudice svolge invero una funzione di documentazione e non di statuizione, certificando la pa-

[66] L'art. 546, co. 1, è stato così modificato dall'art. 1, co. 52, L. n. 103 del 2017.

ternità dello stesso giudice rispetto all'atto completo in ogni sua parte. Quanto poi al dispositivo – formalmente definito alla stregua di una dichiarazione solenne, ma sintetica, della volontà della legge in relazione al caso giudicato – se il suo collegamento con «l'indicazione degli articoli di legge applicati», svolge una funzione prettamente illustrativa, non destinata a incidere sulla statuizione, sotto il profilo strutturale, esso si suddivide in capi e punti. Il **capo** rappresenta ogni imputazione o singola pretesa oggetto di valutazione, mentre il **punto**, che si trova all'interno del capo, qualsiasi questione suscettibile di essere decisa in autonomia. Il **dispositivo** si colloca in un rapporto di necessaria correlazione con la motivazione, dovendo concordare – quale atto di volontà – con le conclusioni espresse nella parte giustificativa, che ne raffigura appunto il presupposto logico.

La sentenza emessa dal giudice collegiale deve essere **sottoscritta dal presidente e dal giudice estensore**, i quali, in caso di morte o impedimento, vengono sostituiti, nella realizzazione di detta attività, previa menzione, nell'ambito del provvedimento, della causa ostativa. Il presidente viene sostituito dal «componente più anziano del collegio», mentre l'impedimento del giudice estensore implica la sottoscrizione del solo presidente (art. 546, co. 2).

A riguardo, tre sono le questioni degne di approfondimento: la determinazione del concetto di impedimento; il limite entro il quale è consentita la sostituzione; l'individuazione del sostituto.

Quanto al primo aspetto, al di là dell'evento morte espressamente richiamato, pacifico risulta l'**impedimento** provocato dal collocamento a riposo del giudice, ovvero da una grave malattia dello stesso, ma non, ad esempio l'impedimento causato dalla sua assenza per ferie[67].

Passando poi al profilo volto a identificare il **limite entro il quale è consentita la sostituzione**, non vi è dubbio che l'impedimento debba intervenire dopo che la motivazione sia già stata redatta perlomeno in minuta; diversamente, la sentenza risulterà nulla – a norma del combinato degli art. 125, co. 3, e 546, co. 3 – per totale carenza di sottoscrizione e di motivazione.

Infine, va sottolineato che, in attuazione del sistema di **sostituzioni delineato dall'art. 546, co. 2**, la sottoscrizione, da parte di un solo giudice persona fisica, di una sentenza emessa da un giudice collegiale, la si avrà vuoi nell'ipotesi – espressamente prevista – caratterizzata dall'impedimento del giudice estensore, vuoi nell'ipotesi in cui, impedito il presidente, il giudice estensore sia anche il componente più anziano del collegio.

---

[67] Cass., Sez. Un., 29.10.2009, Galdieri, ritiene che l'impedimento di cui all'art. 546, co. 2, debba essere «effettivo, serio, grave e duraturo».

Nel trattare ora dei **vizi che inficiano la sentenza**, va detto che non sempre essi ne producono la nullità, avvenendo ciò unicamente qualora la sentenza non sia motivata, manchi o risulti incompleto nei suoi elementi essenziali il dispositivo ovvero manchi la sottoscrizione del giudice (art. 546, co. 3). Al di fuori di questi casi, la mancanza o l'incompletezza dei requisiti previsti dall'art. 546 può essere superata attraverso il procedimento di correzione della sentenza ai sensi dell'art. 130.

Con particolare riferimento al **vizio attinente la motivazione**, preme osservare come esso rilevi, in termini di nullità, soltanto laddove la motivazione risulti mancante – ovvero indecifrabile[68] – sotto il profilo grafico e strutturale[69], configurandosi alla stregua di una sanzione destinata a colpire una mancata risposta, da parte della sentenza, a una delle domande che possono provenire dalla lettura del dispositivo. In particolare, ciò si verifica quando: *a*) difetta il momento giustificativo in relazione a uno dei punti del *decisum*; *b*) risulta assente l'indicazione delle acquisizioni probatorie attraverso le quali si è giunti alla deliberazione; *c*) non sono esplicitati i criteri di valutazione delle prove; *d*) sono state volontariamente ignorate le prove incompatibili con la ricostruzione del fatto accolta in sentenza.

Per quanto concerne il **vizio riconducibile al dispositivo**, esso rileva, in termini di nullità, in caso di mancanza o di incompletezza nei suoi elementi essenziali. La mancanza va riferita – pur con qualche voce dissenziente – al caso in cui il dispositivo difetti totalmente e non ai casi in cui quest'ultimo, esistente, sia stato letto in udienza, ma risulti assente, sotto il profilo grafico, dal corpo della sentenza[70]. Gli elementi essenziali del dispositivo suscettibili, se incompleti, di provocare la nullità della sentenza, risultano, in via generale, difficilmente definibili, mentre possono essere ricondotti, in via puramente esemplificativa, a errori concettuali relativi: *a*) alle statuizioni di merito in rapporto a un fatto reato; *b*) all'indicazione del nominativo di uno degli imputati e alla relativa pena; *c*) alla specificazione della causa di proscioglimento; *d*) alla statuizione sulla responsabilità e alla pena collegata.

Infine, con riguardo al **vizio avente ad oggetto la sottoscrizione del giudice**, esso rileva, in termini di nullità, laddove manchi completamente, vale a dire sia assente la firma vuoi del presidente vuoi del giudice estensore.

Al di fuori di queste ipotesi, il giudice può provvedere, anche d'ufficio, non solo a completare la motivazione insufficiente, ma pure a correggere, mediante il mecca-

---

[68] Cass., Sez. Un., 28.11.2006, G.F., ritiene che l'indecifrabilità grafica della sentenza comporti una nullità a regime intermedio.

[69] *Rel. al testo definitivo*, p. 200.

[70] Cass., Sez. Un., 12.5.1995, Sciancalepore.

nismo previsto dall'art. 130, i requisiti – mancanti o incompleti – chiamati a comporre la struttura della sentenza a norma dell'art. 546. Se l'insufficienza della motivazione che autorizza il completamento d'ufficio da parte del giudice va limitata a quei *vitia in procedendo* che non influiscono sul dispositivo, le correzioni che, invece, possono incidere sugli altri requisiti, devono essere tali da non determinare una modificazione essenziale dell'atto, ovvero correzioni che non si traducano in un mutamento della decisione.

4.4. Sentenza di proscioglimento

Passando ora a trattare le varie tipologie di sentenze dibattimentali e soffermandoci, per il momento, sulla «**[s]entenza di proscioglimento**», va detto che l'art. 2, n. 11, legge delega n. 81 del 1987 ha imposto al legislatore delegato, per un verso, di prevedere «**diverse formule di assoluzione o di proscioglimento**» da specificare «nel dispositivo della sentenza» e, per l'altro verso, di statuire «che si ha mancanza di prova anche quando essa è insufficiente o contraddittoria». In attuazione di tali princìpi, ne è derivato dunque un sistema processuale che articola il proscioglimento su una pluralità di formule, vuoi in rito vuoi nel merito, da richiamare nel dispositivo e destinate a essere recepite all'interno di sentenze di non doversi procedere (artt. 529 e 531) o di assoluzione (art. 530).

L'art. 529, co. 1, obbliga il giudice a emettere una **sentenza di non doversi procedere**, indicandone la causa nel dispositivo, quando l'azione penale non doveva essere iniziata o non doveva essere proseguita.

Se la prima formula va riferita a tutte le ipotesi in cui manchi una condizione di procedibilità in senso stretto (es. querela, istanza, richiesta e autorizzazione a procedere), la seconda va invece ricondotta a quelle situazioni – c.d. cause di improcedibilità atipiche – che, nell'imporre al giudice la pronuncia di una sentenza che definisce il giudizio, gli precludono ogni indagine di merito. Facciamo riferimento, ad esempio, a quelle situazioni in cui: *a*) viene emessa una sentenza che accerta l'errore sull'identità fisica dell'imputato ai sensi dell'art. 68; *b*) viene impedita la prosecuzione del processo dall'esistenza di un segreto di Stato (artt. 202, co. 3, e 256, co. 3); *c*) viene impedita la prosecuzione del processo dal principio del *ne bis in idem* processuale (art. 649) [71].

L'art. 529, co. 2, dando attuazione, per quel che qui importa, al principio ***in dubio pro reo***, equipara poi alla mancanza della condizione di procedibilità i casi nei quali è insufficiente o contraddittoria la prova della sua esistenza, oltre che, *a fortiori*, le ipotesi in cui essa manca del tutto. Detta equiparazio-

[71] Cass., Sez. Un., 28.2.2001, Ferrarese.

ne non sembra, secondo un'interpretazione letterale, applicabile anche in riferimento alle c.d. cause di improcedibilità atipiche, sebbene sia stato sostenuto il contrario ove non sussistano situazioni di incompatibilità strutturale a impedirlo.

Sotto il profilo tecnico, la prova risulta insufficiente quando rimane un'apprezzabile possibilità che, pur presenti gli elementi di prova offerti dal pubblico ministero, l'ipotesi prospettata nell'imputazione possa non essersi verificata, mentre risulta contraddittoria, quando, pur presenti prove sufficienti, esistono elementi probatori di segno contrario che non permettono al giudice di formulare un giudizio certo in alcuna direzione.

«Salvo quanto disposto dall'articolo 129 co. 2», la sentenza di non doversi procedere viene inoltre emessa in caso di **estinzione del reato** ovvero laddove sussista il **dubbio sull'esistenza di tale causa**; la causa di estinzione va pure qui enunciata nel dispositivo (art. 531).

L'opzione legislativa volta a utilizzare la medesima formula di proscioglimento vuoi per situazioni caratterizzate da mancanza di una condizione di procedibilità vuoi per situazioni caratterizzate da una causa di estinzione del reato, è stata fortemente criticata, in quanto dette situazioni non sono, neppure nei presupposti, omogenee: se la prima preclude ogni accertamento sul merito della fattispecie dedotta in giudizio, la seconda implica invece una decisione avente ad oggetto la punibilità del fatto in astratto.

Al di là di questa osservazione, va detto che la causa di estinzione del reato (es. morte del reo, amnistia, remissione della querela, prescrizione del reato, oblazione nelle contravvenzioni, perdono giudiziale per i minorenni) sarà presa in considerazione dal giudice, nell'ambito della sentenza di proscioglimento, a condizione che **dagli atti non risulti evidente** che il fatto non sussiste, l'imputato non lo ha commesso, il fatto non costituisce reato o non è previsto dalla legge come reato. In questi casi, infatti, riaffermandosi la prevalenza delle formule di merito su quelle processuali, nel rispetto di logiche economiche che impongono la presenza agli atti della prova evidente dell'innocenza dell'imputato, il giudice sarà tenuto a emettere sentenza di assoluzione (art. 531, co. 1)[72].

Anche qui, come abbiamo anticipato, il **dubbio** – sinonimo di prova in-

---

[72] Cfr. Cass., Sez. Un., 9.6.1995, Cardoni, secondo cui anteriormente all'esaurimento dell'attività di acquisizione probatoria, il giudice dovrebbe dichiarare l'estinzione del reato ogniqualvolta dagli elementi in quel momento a sua disposizione non risultasse già evidente la necessità di adottare una delle diverse formule indicate dall'art. 129, co. 2.

sufficiente o contraddittoria – circa l'esistenza della causa di estinzione del reato gioca a favore dell'imputato, imponendo al giudice la pronuncia della sentenza di non doversi procedere (art. 531, co. 2).

Tra le sentenze di proscioglimento il codice colloca, all'art. 530, anche la **sentenza di assoluzione nel merito**, che deve essere pronunciata, mediante l'indicazione della causa nel dispositivo, qualora sia provato che: *a*) il fatto non sussiste (la presunta vittima di un omicidio in realtà è morta di malattia); *b*) l'imputato non lo ha commesso (esistenza di una prova d'alibi); *c*) il fatto non costituisce reato (manca l'elemento soggettivo del reato ovvero sussiste una causa di giustificazione); *d*) il fatto non è previsto dalla legge come reato (abrogazione della norma incriminatrice); *e*) il reato è stato commesso da persona non imputabile o non punibile per un'altra ragione (il reato è stato commesso da un minore degli anni quattordici, da un soggetto totalmente infermo di mente o da un soggetto penalmente immune; l'imputato non è punibile ai sensi dell'art. 131 *bis* c.p. per particolare tenuità del fatto)[73].

Elencate tassativamente secondo un ordine gerarchico che muove **da quelle più favorevoli a quelle meno favorevoli** – in termini di eventuali effetti extrapenali della sentenza e di possibile pregiudizio morale insito in alcune di esse – le **formule di assoluzione**, per il solo fatto di essere previste, si collocano in contrasto con la **presunzione di non colpevolezza** (art. 27, co. 2 Cost.), che pone a carico del pubblico ministero l'onere di provare la responsabilità dell'imputato «al di là di ogni ragionevole dubbio».

Le suddette formule assolutorie si suddividono, di regola, tra **formule «in fatto»** e **formule «in diritto»**: se in quest'ultimo gruppo rientra sicuramente la formula «perché il fatto non è previsto dalla legge come reato», tra le formule «in fatto» si collocano tutte le altre, con la precisazione che la formula di assoluzione «perché il fatto non costituisce reato» può essere considerata, dal punto di vista sostanziale, bivalente, prendendo in considerazione vuoi l'ipotesi in cui manchi l'elemento soggettivo del reato, vuoi l'ipotesi in cui il fatto sia stato commesso in presenza di una causa di giustificazione.

Sulla falsariga di ciò che è previsto in relazione alla sentenza di non doversi procedere, anche la **sentenza di assoluzione** viene pronunciata «**quando manca, è insufficiente o è contraddittoria la prova** che il fatto sussiste, che l'imputato lo ha commesso, che il fatto costituisce reato o che il reato è stato commesso da persona imputabile» (art. 530, co. 2). Inserita in seguito all'abolizione della formula dubitativa presente nel c.p.p. 1930 (c.d. assoluzione per insufficienza di prove) nonché imposta, sul piano logico giuridico, dalla presunzione di non colpevolezza, l'equiparazione della prova dubbia –

[73] L'istituto della esclusione della punibilità per particolare tenuità del fatto e le relative modifiche al c.p. e al c.p.p. sono state introdotte dal d.lgs. n. 28 del 2015.

nonché della mancanza di prova – alla prova certa, non opera tuttavia in relazione alla formula assolutoria in diritto riconducibile alla mancata previsione del fatto come reato. Tale opzione si giustifica sul presupposto che situazioni «in diritto» necessitano di certezze e mal si combinano con elementi processuali controversi.

Il **dubbio** – sinonimo anche qui di insufficienza o contraddittorietà – **circa la prova** che il fatto sia stato commesso in presenza di una causa personale di non punibilità viene invece preso in considerazione, unitamente alla certezza, nonché al dubbio, circa la prova che il fatto sia stato commesso in presenza di una causa di giustificazione (es. difesa legittima), dall'art. 530, co. 3, il quale impone al giudice la pronuncia di una sentenza di assoluzione. La mancanza di prova circa l'esistenza di una di queste situazioni non impone, invero, diversamente da quanto prevede l'art. 530, co. 2, la pronuncia assolutoria.

L'ultimo co. dell'art. 530, nel prevedere un contenuto eventuale della sentenza di assoluzione, dispone che il giudice, con essa, possa applicare le **misure di sicurezza** nei casi stabiliti dalla legge, vale a dire in tutti i casi in cui accerti la pericolosità sociale in capo a un soggetto che abbia commesso un fatto preveduto dalla legge come reato – a prescindere dalla condanna – ovvero un fatto non preveduto come tale nei casi previsti dagli artt. 49 e 115 c.p. Con la sentenza di assoluzione il giudice può peraltro applicare la confisca obbligatoria, ai sensi dell'art. 240, co. 2, n. 2, c.p., «delle cose, la fabbricazione, l'uso, il porto, la detenzione o l'alienazione delle quali costituisce reato, anche se non è stata pronunciata condanna».

Infine, con la **sentenza di proscioglimento** – vuoi di non doversi procedere vuoi di assoluzione – il giudice ordina la **liberazione dell'imputato in stato di custodia cautelare e dichiara la cessazione di altre misure cautelari personali eventualmente disposte** (art. 532). Egli, inoltre, può dichiarare, nel dispositivo, la falsità di un atto o di un documento acquisito al processo nonché ordinare la cancellazione – totale o parziale – la ripristinazione, la rinnovazione o la riforma del suddetto atto o documento, a condizione, però, che questa attività non pregiudichi l'interesse di un terzo non intervenuto come parte (art. 537, co. 2).

4.5. Sentenza di condanna

Ai sensi dell'art. 533, co. 1, «[i]l giudice pronuncia **sentenza di condanna** se l'imputato risulta colpevole del reato contestatogli al di là di ogni ragionevole dubbio. Con la sentenza il giudice applica la pena [...]»[74].

---

[74] L'art. 533, co. 1, è stato modificato dall'art. 5, L. 20.2.2006, n. 46, mediante l'inserimento della regola di giudizio dell'«al di là di ogni ragionevole dubbio».

Sotto il **profilo strutturale**, gli elementi essenziali della sentenza di condanna sono due: *a*) l'accertamento del fatto storico, sussunto nel paradigma della fattispecie incriminatrice descritta dalla norma penale, a carico dell'imputato; *b*) l'irrogazione della pena.

Per quanto riguarda, poi, la **regola di giudizio** utilizzabile in tale contesto, preme osservare come, da un punto di vista processuale, il corretto significato della formula contenuta nell'art. 533, co. 1, evidenzi la circostanza che **«ragionevole dubbio»** non significa «dubbio razionale o logico» – il quale, risultando sempre possibile, impedirebbe *ex se* la condanna – ma **dubbio plausibile**, caratterizzato però da una sorta di oggettività in grado di estrinsecarsi mediante una motivazione ineccepibile – e nella forma e nella sostanza – che, a sua volta, deve passare attraverso categorie logiche[75].

Se questa è la definizione del concetto di «ragionevole dubbio» con la quale occorre confrontarsi, inevitabilmente si dovrà affermare che al di sotto di questo *standard* il dubbio si presenta in termini meramente psichici, irrilevante di conseguenza da un punto di vista giuridico. Da qui, un rapporto molto stretto tra il criterio dell'«[oltre] ogni ragionevole dubbio» e la motivazione della decisione del giudice, destinato a provocare un ulteriore vincolo al principio del libero convincimento.

Da un punto di vista sistematico, registriamo che accanto a un'interpretazione volta a sostenere come la regola di giudizio qui esaminata, introdotta formalmente nel 2006, risultasse già dal contenuto dell'art. 530, co. 2, si colloca una diversa opinione che ritiene come quest'ultima disposizione nulla dica al riguardo.

La sentenza di condanna è composta anche da **elementi accidentali**. Il giudice, infatti, pronunciandola, se per un verso può applicare eventuali misure di sicurezza (art. 533, co. 1), per l'altro verso, può concedere la **sospensione condizionale della pena** – con conseguente eventuale liberazione dell'imputato in stato di custodia cautelare e dichiarazione di cessazione di altre misure cautelari personali disposte (art, 532, co. 2) – nonché la **non menzione della condanna nel certificato del casellario giudiziale** (art. 533, co. 3). Non solo: il giudice può anche applicare la pena accessoria della **pubblica-**

---

[75] Anche la giurisprudenza ha da tempo espresso una netta preferenza per la "probabilità logica" in luogo di quella meramente "statistico-frequentista": Cass., Sez. Un., 10.7.2002, Franzese, più di recente, Cass., Sez. Un., 18.9.2014, Espenhahn e altri, ha ribadito come il rapporto di causalità non possa ritenersi sussistente sulla base del solo coefficiente di probabilità statistica, ma debba essere verificato alla stregua di un giudizio di alta probabilità logica, a sua volta fondato, oltre che su un ragionamento di deduzione logica basato sulle generalizzazioni scientifiche, anche su un giudizio di tipo induttivo elaborato sull'analisi della caratterizzazione del fatto storico e sulle particolarità del caso concreto.

zione della sentenza penale di condanna prevista dall'art. 36 c.p. (art. 536), nonché – alla stregua di ciò che avviene con la pronuncia della sentenza di proscioglimento – adottare provvedimenti in tema di **falsità di atti o documenti** acquisiti al processo.

Ove il giudice emetta una sentenza di condanna per **più reati**, ha l'obbligo di specificare la pena per ciascuno di essi e di procedere, successivamente, al calcolo della pena da applicare in concreto, tenendo conto delle disposizioni in tema di reati e di pene, nonché della continuazione, così da consentire l'individuazione delle singole pene nell'ambito del cumulo giuridico, al fine di rendere possibile la futura applicazione di eventuali cause estintive del reato, la determinazione della pena residua e l'eventuale durata di pene accessorie o di misure di sicurezza. In presenza dei presupposti, il giudice dichiara altresì il condannato delinquente o contravventore abituale o professionale o per tendenza (artt. 102-109 c.p.) (art. 533, co. 2).

Per consentire al giudice una corretta gestione del meccanismo processuale, già esaminato, della **redazione della motivazione in via differita rispetto alla redazione del dispositivo**, nei procedimenti per i delitti di cui all'art. 407, co. 2, lett. *a* (delitti aventi finalità di terrorismo), anche se connessi ad altri reati, il giudice, nel pronunciare la sentenza di condanna, dispone – su richiesta di parte o d'ufficio – la separazione dei procedimenti pure con riferimento allo stesso condannato, quando taluno dei condannati si trovi in stato di custodia cautelare e, per la scadenza dei termini e la mancanza di altri titoli, sarebbe rimesso in libertà (art. 533, co. 3 *bis*).

Sotto altro profilo, il giudice, nei casi di cui agli artt. 196 e 197 c.p., nonché nelle ipotesi previste dalle leggi speciali (es. in materia finanziaria, di contrabbando di tabacchi, doganale, ecc.), con la sentenza in oggetto, condanna il **civilmente obbligato per la pena pecuniaria**, regolarmente citato, al pagamento di una «somma pari alla pena pecuniaria [...] inflitta» all'imputato, se quest'ultimo «risulterà insolvibile» (art. 534). Il giudice, infine, pone a carico del condannato il pagamento delle **spese processuali**, ivi comprese quelle di mantenimento in carcere durante la custodia cautelare (art. 535).

4.6. Questioni civili

Se vi è stata costituzione di parte civile nel processo penale, il giudice, pronunciando sentenza di condanna, «decide [anche] sulla domanda per le **restituzioni e il risarcimento del danno**, proposta a norma degli articoli 74 e seguenti» e 185 c.p. In questo caso, ove pronunci condanna dell'imputato al risarcimento del danno, provvede altresì alla liquidazione dello stesso, salvo che sia prevista la competenza per materia o la giurisdizione di altro giudice (es. giurisdizione esclusiva della Corte dei conti per danni derivanti da responsabilità contabile). Laddove vi sia stata citazione o intervento volontario del responsabile civile, il medesimo, se riconosciuto responsabile, sarà condannato in solido con l'imputato alle restituzioni e al risarcimento del danno (art. 538).

A richiesta della parte civile, la **condanna alle restituzioni e al risarcimento del danno può essere dichiarata provvisoriamente esecutiva** quando ricorrano giustificati motivi, da ravvisarsi, ad esempio, nelle ipotesi in cui il danneggiato dal reato versi in stato di bisogno ovvero si ritenga che, nelle more del processo penale, vengano a mancare o si disperdano le garanzie delle obbligazioni civili derivanti da reato (art. 540, co. 1). Avverso il provvedimento con cui il giudice di primo grado accoglie la domanda, imputato e responsabile civile, unitamente all'atto di impugnazione della sentenza, potranno chiedere al giudice di appello la revoca o la sospensione della provvisoria esecuzione (art. 600, co. 2).

Se – come abbiamo detto – la regola generale è quella secondo la quale il giudice è tenuto a pronunciarsi vuoi sull'*an debeatur* vuoi sul *quantum*, nondimeno accade sovente – la quotidiana prassi operativa lo attesta – che le prove acquisite nel corso dell'istruzione dibattimentale non consentano la precisa quantificazione del danno. In tal caso, l'art. 539, co. 1, prescrive al giudice di pronunciare **condanna generica** e di **rimettere le parti «davanti al giudice civile»**, individuato in ragione delle norme sulla competenza contenute nel codice di procedura civile. La pronuncia relativa alla condanna generica, destinata a passare in giudicato e dunque a divenire irrevocabile, farà stato tra le parti, ai sensi dell'art. 651, nell'instaurando giudizio civile avente ad oggetto il *quantum debeatur*. Nel pronunciare condanna generica, il giudice, su richiesta della parte civile, condanna altresì imputato e responsabile civile al pagamento di una provvisionale nei limiti del danno per cui si ritiene già raggiunta la prova (art. 539, co. 2). L'eseguibilità di tale condanna – *ex lege* immediata (art. 540, co. 2) – può essere sospesa, da parte del giudice di appello, laddove imputato e responsabile civile, contestualmente all'atto di impugnazione, lo richiedano, ricorrendo gravi motivi (art. 600, co. 3)[76].

Tuttavia, qualora si proceda per l'**omicidio del coniuge** – anche legalmente separato o divorziato –, per l'omicidio **dell'altra parte dell'unione civile** – anche se l'unione civile è cessata –, o per l'omicidio **della persona che è – o è stata – legata da relazione affettiva e stabile convivenza**, il giudice è tenuto ad accertare l'esistenza della costituzione di parte civile dei figli della vittima – minorenni o maggiorenni non autosufficienti –, al fine di provvedere, anche d'ufficio, all'assegnazione,

---

[76] Corte cost., sent. n. 353 del 1994, ha dichiarato l'illegittimità costituzionale dell'art. 600, co. 3, «nella parte in cui prevede che il giudice di appello può disporre la sospensione dell'esecuzione della condanna al pagamento della provvisionale "quando possa derivarne grave e irreparabile danno" anziché "quando ricorrano gravi motivi"».

in loro favore, di una provvisionale «in misura non inferiore al 50 per cento del presumibile danno, da liquidare in separato giudizio civile» (art. 539, co. 2 *bis*).

Sul presupposto, di carattere generale, che le **spese processuali** seguono la soccombenza, l'art. 541, co. 1, dispone che, con la sentenza che accoglie la domanda di restituzione o di risarcimento del danno, il giudice condanni l'imputato e il responsabile civile, in solido tra loro, alla rifusione delle spese sopportate dalla parte civile – così come risultanti dalla nota presentata unitamente alle conclusioni scritte di cui all'art. 523, co. 2 (art. 153 disp. att.) – a meno che non ritenga di disporne, per giustificati motivi, la compensazione totale o parziale. Analogamente, laddove il giudice assolva l'imputato, per cause diverse dal difetto di imputabilità, se ne è fatta richiesta, condanna la parte civile alla rifusione delle spese sostenute dall'imputato e dal responsabile civile per effetto dell'azione civile, sempre che non ricorrano giustificati motivi per la compensazione totale o parziale. Il comportamento tenuto dalla parte civile, improntato a colpa grave, può condurre alla condanna di questa al risarcimento del danno cagionato all'imputato o al responsabile civile (art. 541, co. 2).

Infine, in assonanza con quanto disposto in materia di sentenza di non luogo a procedere dall'art. 427, anche l'art. 542 prevede che, in relazione a un **reato perseguibile a querela di parte**, il giudice, con la sentenza che assolve l'imputato «perché il fatto non sussiste» o «perché [questi] non lo ha commesso», condanni il querelante sia al pagamento delle spese del procedimento anticipate dallo Stato[77], sia – su richiesta degli interessati e salva la compensazione totale o parziale per giusti motivi – alla rifusione delle spese sostenute dall'imputato e dal responsabile civile citato o intervenuto, nonché al risarcimento del danno in loro favore (art. 542).

Nonostante il richiamo all'art. 427 operato dall'art. 542 appaia circoscritto, non vi è motivo di non ritenere qui applicabile anche il **principio contenuto nell'art. 340, co. 4** – espressamente richiamato dall'art. 427, co. 5 – a mente del quale l'estinzione del reato per intervenuta remissione della querela comporta la condanna dell'imputato al pagamento delle spese processuali, salvo una diversa pattuizione tra querelante e querelato in sede di redazione dell'atto di remissione della querela.

---

[77] Cfr. Corte cost., sent. n. 180 del 1993, che ha dichiarato l'illegittimità, per contrasto con l'art. 3 Cost., dell'art. 427, co. 1, «nella parte in cui prevede, nel caso di proscioglimento dell'imputato per non avere commesso il fatto, che il giudice condanni il querelante al pagamento delle spese anticipate dallo Stato anche quando risulti che l'attribuzione del reato all'imputato non sia ascrivibile a colpa del querelante»; nonché Corte cost., sent. n. 423 del 1993, che ha dichiarato l'illegittimità, per contrasto con gli artt. 3 e 24 Cost., dell'art. 427, co. 1, «nella parte in cui prevede, nel caso di proscioglimento dell'imputato perché il fatto non sussiste o per non avere commesso il fatto, che il giudice condanni il querelante al pagamento delle spese anticipate dallo Stato, anche in assenza di qualsiasi colpa a questi ascrivibile nell'esercizio del diritto di querela».

In **funzione riparatoria del danno non patrimoniale**, il giudice, su richiesta della parte civile, ordina la **pubblicazione della sentenza di condanna** – per estratto o per intero – **a cura e spese dell'imputato** e, se del caso, **del responsabile civile**. Laddove detta pubblicazione non avvenga nel termine stabilito dal giudice in sentenza, la parte civile che vi provveda direttamente ha diritto a ripetere, nei confronti di imputato e responsabile civile, le spese sostenute (art. 543).

Capitolo XVI

Il procedimento davanti al Tribunale in composizione monocratica

di *Giorgio Spangher*

1. Profili generali

Nella versione originaria il Libro VIII del codice disciplinava il procedimento per i reati di competenza del pretore.

Secondo le indicazioni della legge delega (direttiva n. 103), si trattava di un rito che – sulla base dei princìpi generali del procedimento davanti al Tribunale – doveva svolgersi secondo criteri di massima semplificazione, con esclusione dell'udienza preliminare e con possibilità di incidenti probatori solo in casi eccezionali. La scelta legislativa (d.lgs. 19.2.1998, n. 51 «Norme in materia di istituzione del giudice unico di primo grado») di unificare presso il Tribunale la competenza per tutti i reati che non fossero attribuiti alla Corte d'assise imponeva la soluzione di varie questioni: la conservazione o meno della tradizionale struttura collegiale dell'organo; il rito più o meno semplificato da applicare.

Il punto di equilibrio tra le alternative della collegialità-monocraticità dell'organo, della maggiore-minore gravità dei reati, della semplificazione-conservazione dell'*iter* processuale del procedimento del Tribunale è stato trovato secondo uno schema articolato. L'ampliamento della fascia dei reati da consegnare al giudice monocratico (di Tribunale), secondo le indicazioni di cui all'art. 33 *ter*, ha suggerito lo sdoppiamento del rito: per i reati meno gravi, indicati all'art. 550 (contravvenzioni e delitti puniti con la pena pecuniaria o con la pena detentiva fino a quattro anni, anche congiunta alla pena pecuniaria, nonché altri reati puniti con pena superiore indicati nominativamente), si procederà con citazione diretta a giudizio, da parte del pubblico ministero, cioè, senza l'udienza preliminare; per la residua serie di reati il procedimento transiterà alla fase dibattimentale a seguito dell'udienza preliminare.

Pertanto, per quanto non espressamente previsto dal Libro VIII ovvero in specifiche disposizioni, troveranno applicazione le norme del codice di procedura penale, ferma restando la peculiarità del procedimento.

Anche per questa ragione, per il rito *de quo* non può parlarsi di procedimento speciale – la cui espressione è assegnata dal Libro VI ai riti alternativi e sostitutivi del dibattimento – ma piuttosto di procedimento semplificato.

L'accorpamento presso il Tribunale – seppur differenziato tra composizione collegiale e monocratico – dei reati che non erano attribuiti *ex* art. 5 alla Corte d'assise non è durato a lungo: con il d.lgs. 28.2.2000, n. 274 una parte di questi reati – in particolare quelli previsti dall'art. 4 del citato decreto – sono stati attribuiti al giudice di pace.

La strategia ordinamentale ha portato all'unificazione presso la procura della Repubblica del Tribunale delle funzioni della pubblica accusa per il procedimento di primo grado per i reati attribuiti alla competenza della Corte d'assise, del Tribunale (monocratico o collegiale), del giudice di pace, non senza ricadute sul piano dell'efficienza.

Anche per questa ragione – al di là di quanto si dirà con riferimento al processo davanti al giudice onorario – l'art. 72 ord. giud. e l'art. 162 disp. att. prevedono che nei procedimenti nei quali il Tribunale giudica in composizione monocratica le funzioni di pubblico ministero possano essere svolte, per delega nominativa del procuratore, da soggetti riconducibili a categorie specificamente individuate (uditori giudiziari, viceprocuratori onorari, personale in quiescenza di polizia giudiziaria).

Con la riforma Cartabia, la robusta integrazione dei reati di cui all'art. 550, di cui al comma 2, alcuni con pena fino ai 6 anni, ha reso necessario un rafforzamento delle garanzie attraverso la previsione di una inedita udienza predibattimentale di comparizione (artt. 553, 554 *bis*, 554 *ter*, 554 *quater*, 554 *quinquies*).

2. Il procedimento davanti al Tribunale in composizione monocratica con «citazione diretta»

2.1. Il decreto di citazione diretta a giudizio

Come anticipato, per i reati indicati dai co. 1 e 2 dell'art. 550 – utilizzando ai fini della determinazione della pena i criteri generali di cui all'art. 4 – il pubblico ministero, ove intenda esercitare l'azione penale, provvederà ad emettere un decreto di citazione diretta a giudizio, cioè senza provvedere a richiedere il rinvio a giudizio, con conseguente esclusione dell'udienza preliminare.

La mancanza di ulteriori indicazioni porta, pertanto, ad escludere – nel procedimento davanti al Tribunale in composizione monocratica – ogni differenza con le indagini preliminari del rito davanti al Tribunale collegiale sia in relazione alla durata delle stesse, sia con riferimento all'incidente probatorio, sia per quanto attiene all'archiviazione.

Stante l'esplicito richiamo contenuto al co. 1 dell'art. 550, il pubblico ministero dovrà procedere ai sensi dell'art. 415 *bis*: l'unica differenza – come emerge espressamente dal co. 2, secondo periodo, dell'art. 552 – sarà costituita dal fatto che le eventuali patologie legate al deposito degli atti nonché alla mancata assunzione dell'interrogatorio richiesto dall'indagato ricadranno sul decreto di citazione diretta e non sulla richiesta di rinvio a giudizio.

Serrate scansioni temporali sono previste per taluno dei reati previsti dagli artt. 590, co. 3 e 590 *bis*, per la data di comparizione all'udienza dopo l'emissione del decreto di citazione a giudizio (art. 552, co. 1 *ter*).

Il contenuto del decreto di citazione a giudizio si presenta strutturalmente molto ricco, cumulando alle tradizionali finalità di contestazione e di impulso processuale anche funzioni informative nei confronti dell'imputato (art. 552, co. 1). Esso contiene: l'identificazione dell'imputato e del difensore e quella della persona offesa; la formulazione dell'accusa rivolta all'imputato attraverso l'enunciazione del fatto, in forma chiara e precisa, con l'indicazione delle circostanze aggravanti e di quelle che possono comportare l'applicazione di misure di sicurezza, integrata dai riferimenti di legge; la data e la sottoscrizione del pubblico ministero e dell'ausiliario.

Il decreto contiene, altresì, una serie di «informazioni» a pena di nullità: l'indicazione del giudice competente per l'udienza di comparizione predibattimentale e l'avviso che non comparendo sarà giudicato in assenza, nonché del luogo, del giorno e dell'ora della comparizione; l'avviso della facoltà di nominare un difensore di fiducia ed in mancanza della nomina di un legale d'ufficio; l'avvertimento della possibilità – ricorrendone i presupposti – di accedere al rito abbreviato, al patteggiamento, alla messa alla prova ed all'oblazione; la comunicazione della facoltà per le parti ed i difensori di prendere visione e di estrarre copia del fascicolo delle indagini preliminari depositato presso la cancelleria del giudice (art. 553).

Il decreto di citazione dovrà essere notificato all'imputato, al suo difensore e alla persona offesa almeno sessanta giorni prima della data dell'udienza di comparizione, termine riducibile a quarantacinque giorni in caso di urgenza.

Trattandosi sia di un atto con il quale viene esercitata l'azione penale, sia di un provvedimento finalizzato alla *vocatio in iudicium* (arg. *ex* artt. 550 e 552), la sua mancanza ovvero la carenza degli elementi strutturali previsti a pena di nullità determinerà, ai sensi degli artt. 178, co. 1, lett. *b*, e 552, co. 2, la regressione del procedimento e la necessità per il pubblico ministero, cui gli atti saranno trasmessi, di rinnovare il decreto e le attività successive.

Gli eventuali vizi della notificazione, invece, secondo il più recente insegnamento delle Sezioni Unite, integrando una nullità a regime intermedio, imporranno – ove non sanata – di effettuare nuovamente la notificazione dell'atto ai destinatari dello stesso.

2.2. L'udienza di comparizione predibattimentale a seguito di citazione diretta

Come anticipato, il vero dato strutturale innovativo della riforma Cartabia è costituito dalla previsione della udienza predibattimentale del procedimento a citazione diretta nel procedimento davanti al tribunale in composizione monocratica.

Le cadenze dell'udienza sono calibrate su quelle dell'udienza preliminare che però si celebra davanti ad un giudice dibattimentale. Dopo l'accertamento della costituzione delle parti, l'eventuale rinnovazione degli atti nulli, l'applicazione degli artt. 420, 420 *bis*, 420 *ter*, 420 *quater*, 420 *quinquies* e 420 *sexies* il giudice verificherà se il querelante, che presente è disposto a rimettere la querela e se il querelato è disposto ad accettare la remissione.

Subito dopo la verifica della costituzione delle parti dovranno essere proposte le questioni di cui all'art. 491 co. 1 e 2, che non potranno più essere riproposte.

Nell'eventualità in cui le indicazioni di cui all'art. 552, co. 1, lett. c (indicazione del fatto e delle circostanze) non corrispondano agli atti processuali il giudice, anche d'ufficio, sentite le parti, inviterà il p.m. a riformulare l'imputazione e in caso di mancato adempimento dichiarerà nulla l'imputazione e restituirà gli atti al p.m. (art. 554 *bis,* co. 5).

Non dovrebbe trovare applicazione né l'art. 421 *bis*, né l'art. 422. Invece, il giudice potrà, al fine di consentire che il fatto, la definizione giuridica, le circostanze aggravanti e quelle che possono comportare l'applicazione di misure di sicurezza, siano indicati in modo corrispondente agli atti processuali, il giudice, anche d'ufficio, sentite le parti, invitare il p.m. ad apportare le relative modifiche e ove il p.m. non provveda disporre la restituzione degli atti al p.m. con ordinanza.

Se l'imputato non è presente si provvederà alla notifica del verbale. Qualora a seguito della modifica dell'imputazione si determini la cognizione del procedimento da parte del tribunale collegiale, la questione va eccepita immediatamente; negli stessi termini va eccepita la necessità di procedere all'udienza preliminare (artt. 554 *bis*, co. 6 e 7).

La verbalizzazione dell'udienza sarà riassuntiva (art. 554 *bis*, co. 8).

All'esito dell'udienza predibattimentale il giudice potrà pronunciare una sentenza di non luogo a procedere ritenendo che gli elementi trasmessi e quelli acquisiti non consentano una ragionevole previsione di condanna, eccettuata l'ipotesi che dal proscioglimento potrebbe conseguire l'applicazione di una misura di sicurezza diversa dalla confisca. Sono a tale proposito richiamate le disposizioni di cui agli artt. 425, co. 2, 426 e 427.

La sentenza di non luogo a procedere è appellabile da parte del procuratore della repubblica e dal procuratore generale nei casi di cui all'art. 593 *bis* co. 2; dall'imputato eccettuata l'ipotesi che il fatto non sussista e l'imputato non l'ha commesso, nonché dalla persona offesa nei casi di nullità di cui all'art. 552, co. 3.

La decisione di non luogo a procedere della corte d'appello che si pronuncia in camera di consiglio *ex* art. 127 è suscettibile di ricorso in cassazione che si decide con il rito camerale *ex* art. 611 (art. 556 *quater*). Se la corte d'appello non conferma la sentenza fissa la data per l'udienza predibattimentale davanti ad un giudice diverso da quello che ha pronunciato la sentenza di non luogo.

La sentenza di non luogo, su richiesta del p.m. – che trametterà gli atti relativi a nuove fonti di prova – è suscettibile di revoca *ex* art. 554 *quinquies* qualora prove nuove o sopravvenute da sole o unite a quelle precedenti possano determinare l'utile svolgimento del giudizio.

2.3. I riti speciali (deflattivi del dibattimento)

La previsione di una udienza predibattimentale nel processo a citazione diretta del giudice monocratico colloca la richiesta dei riti del giudizio abbreviato, del patteggiamento e della messa alla prova nonché della domanda di oblazione, a pena di decadenza, prima della pronuncia della sentenza di non luogo di cui al citato art. 554 *ter*. Entro lo stesso termine l'imputato e il pubblico ministero possono concordare l'applicazione di una pena sostitutiva, con applicazione, nei limiti della compatibilità dell'art. 545 *bis* co. 2 e 3.

Sono conseguentemente abrogati i co. 2 e 3 dell'art. 555.

Trovano applicazione le disposizioni previste dal libro VI (art. 556, co. 1 e 2) con gli adeguamenti richiesti dalla presenza nell'udienza predibattimentale.

Stante il rinvio, nei limiti dell'applicabilità, alle disposizioni del Titolo V del Libro VI, nel rito *de quo* trova applicazione anche il procedimento per decreto (art. 557) e l'imputato potrà chiedere al giudice per le indagini preliminari, con l'opposizione, sia il giudizio abbreviato, sia il patteggiamento, sia l'oblazione, sia l'emissione del decreto di citazione a giudizio (art. 557, co. 1). Non potendo nel giudizio conseguente all'opposizione l'imputato riformulare le richieste dei riti premiali, deve ritenersi che il procedimento seguirà le cadenze ordinarie (art. 557, co. 2). Verosimilmente per esigenze di semplificazione, il legislatore ha previsto che spetta al giudice emettere il decreto di citazione a giudizio, con gli adeguamenti resi necessari dalle connotazioni del rito, ancorché non si escluda che l'atto debba piuttosto adattarsi ai requisiti del decreto che dispone il giudizio (art. 429).

2.4. Il giudizio

Venuta meno la possibilità di una definizione anticipata del processo, (sentenza di non luogo e in assenza delle definizioni anticipate) il giudice dell'udienza predibattimentale fissa la data per la prosecuzione del giudizio dibattimentale davanti al un giudice diverso e restituisce al p.m. il fascicolo contenente la documentazione, i verbali e le cose indicate nell'art. 416, co. 2.

Tra le due udienze deve intercorrere un termine non inferiore ai venti giorni (art. 554 *ter*, co. 4 e 5). Almeno sette giorni prima della data fissata per l'udienza dibattimentale le parti devono a pena di inammissibilità depositare nella cancelleria le liste dei testimoni, periti o consulenti tecnici, nonché delle persone indicate nell'art. 210 di cui intendono chiedere l'esame (art. 555, co. 1).

In particolare, le parti indicheranno i fatti che intendono provare, chiederanno l'ammissione delle prove e potranno effettuare il «patteggiamento sulla prova», cioè, concordare l'acquisizione al fascicolo per il dibattimento degli atti contenuti nel fascicolo del pubblico ministero e della documentazione delle investigazioni private (art. 555, co. 4). Per quanto non espressamente previsto troveranno applicazione, nei limiti della compatibilità, le norme del libro VII (art. 555, co. 5).

Stante l'espresso richiamo contenuto al co. 1 dell'art. 559, anche per il dibattimento trovano operatività – in quanto applicabili – le norme stabilite per il procedimento davanti al Tribunale in composizione collegiale.

Al riguardo, il legislatore ha previsto due specifiche particolarità, motivate da esigenze di semplificazione. Il verbale, se le parti vi consentono e il giudice non ritiene necessaria la redazione in forma integrale, può essere redatto soltanto in forma riassuntiva (art. 559, co. 2).

Anche nel procedimento davanti al Tribunale in composizione monocratica vige la regola per cui l'esame diretto e il controesame dei testimoni, dei periti, dei consulenti tecnici, delle persone indicate nell'art. 210 e delle parti private sono svolti dal pubblico ministero e dai difensori. Tuttavia, si prevede che – su concorde richiesta delle parti (non risulta sufficiente un tacito consenso a fronte di un'iniziativa del giudice) – l'esame può essere condotto direttamente dal giudice, sulla base delle domande e delle contestazioni svolte dal pubblico ministero e dai difensori (art. 559, co. 3).

2.5. I riti acceleratori. Il rito direttissimo

Invero, nel procedimento davanti al giudice in composizione monocratica senza udienza preliminare trovano estrinsecazione i riti acceleratori. Il legislatore ha previsto infatti che trovi applicazione un rito immediato, nel qual caso non si procederà all'udienza predibattimentale (art. 558 *bis*, co. 2).

Notevoli peculiarità presenta, invece, il giudizio direttissimo. Invero, restano ferme rispetto al modello «ordinario», le ipotesi di instaurazione del rito regolate dall'art. 449, co. 4 e 5 (in caso di arresto in flagranza convalidato dal giudice per le indagini preliminari, entro il trentesimo giorno dall'arresto; in caso di confessione resa dall'indagato, entro il trentesimo giorno dall'iscrizione nel registro delle notizie di reato) (art. 558, co. 9). Al riguardo, va segnato che – per un difetto di coordinamento – la conservata discrezionalità («può») va interpretata nel senso della doverosità («procede») di cui alle previsioni richiamate, nei termini e negli effetti ivi previsti. Sono, inoltre, disciplinati altri due possibili itinerari per l'incardinarsi del procedimento.

La prima prevede che la stessa polizia giudiziaria (ufficiali o agenti) che ha eseguito l'arresto (ovvero che ha avuto l'arrestato in consegna: art. 383 co. 2) conduca direttamente l'arrestato davanti al giudice per la convalida ed il contestuale giudizio, sulla base dell'imputazione formulata dal pubblico ministero (art. 163 disp. att.). Si tratta di un atto di esercizio dell'azione penale. Trovano, del resto, applicazione gli artt. 386, 388 e 389. Gli ufficiali e gli agenti di polizia giudiziaria che hanno eseguito l'arresto devono darne immediata notizia al pubblico ministero (art. 386, co. 1) che può interrogare, eventualmente, l'arrestato (art. 388) e disporne l'immediata liberazione (art. 389). Sarà, quindi, il pubblico ministero, dopo avere ricevuto la comunicazione dell'arresto, ad ordinare alla polizia giudiziaria di presentare direttamente l'arrestato in udienza, ovvero di porlo prima a sua disposizione. Al fine di poter operare tali scelte, l'art. 163, co. 2, disp. att., prescrive che la polizia giudiziaria consegni immediatamente gli atti al pubblico ministero presente all'udienza.

Ove il giudice non tenga udienza, gli ufficiali e gli agenti di p.g. lo informano immediatamente per la fissazione dell'udienza per la presentazione dell'arrestato, udienza che il giudice fissa entro 48 ore dall'arresto (art. 558, co. 2). Il giudice autorizza l'ufficiale o l'agente di polizia giudiziaria ad una relazione orale (che sostituisce la comunicazione scritta: art. 347) e quindi sente l'arrestato per la convalida (art. 556, co. 3). La polizia giudiziaria cita anche oralmente la persona offesa ed i testimoni, ed avverte il difensore di fiducia (art. 386 co. 2) o in mancanza quello designato d'ufficio (art. 556, co. 1, *ex* art. 97, co. 3).

La seconda modalità di instaurazione del rito direttissimo davanti al Tribunale in composizione monocratica è regolata dal co. 4 dell'art. 566 (come modificato dal d.l. n. 211 del 2011 conv. in L. n. 9 del 2012). Dopo aver escluso l'ipotesi appena delineata, il pubblico ministero – che, peraltro, può separare la convalida dal giudizio (che procederà nelle forme ordinarie delle indagini preliminari) – può disporre – come anticipato – che l'arrestato sia posto a sua disposizione ai sensi dell'art. 386. In tal caso, entro le quarantottore dall'arresto, lo presenta personalmente in udienza per la convalida ed il contestuale giudizio. Tuttavia, se il giudice non tiene udienza, il pubblico ministero avvierà l'arrestato per la convalida al gip, salvo poi attivare il giudizio direttissimo ai sensi dei co. 4 e 5 dell'art. 449 (art. 558, co. 9).

Dal confronto delle due differenti modalità di instaurazione del rito emerge una significativa differenza: mentre nel caso di presentazione diretta ad opera della polizia giudiziaria l'udienza deve comunque essere fissata entro quarantotto ore dall'arresto, nel caso di presentazione da parte del pubblico ministero nel caso in cui il giudice non tenga udienza nelle quarantotto ore dall'arresto l'udienza può intervenire entro le quarantotto ore successive alla richiesta, e dunque entro le novantasei ore dall'arresto.

Al fine di assicurare funzionabilità alle previsioni v. art. 123 disp. att. ultimo periodo che prevede la predisposizione di adeguate misure organizzative.

La citata novella del 17 febbraio 2012, n. 9 (chiamata giornalisticamente «svuota carceri»), è intervenuta – nell'intento di evitare l'ingresso negli istituti di pena, già sovraffollati, di detenuti destinati ad essere liberati, spesso, all'esito dell'udienza di convalida – anche sulle misure custodiali *medio tempore* applicabili. Si è così previsto – già esclusa dal co. 2 dell'art. 558 l'operatività dell'art. 386, co. 4, nella procedura avviata dalla p.g. – che nei due percorsi qui analizzati (co. 2 e 4 dell'art. 558) il pubblico ministero dispone che l'arrestato sia custodito in uno dei luoghi indicati nel co. 1 dell'art. 284 (non si tratta di arresti domiciliari, ma solo dei luoghi dove la restrizione va eseguita). In caso di mancanza, indisponibilità o inidoneità di tali luoghi, o quando essi sono ubicati fuori dal circondario in cui è stato eseguito l'arresto, o in caso di pericolosità dell'arrestato, il pubblico ministero dispone che sia custodito presso idonee strutture nella disponibilità degli ufficiali o agenti di polizia giudiziaria che hanno eseguito l'arresto o che hanno avuto in consegna l'arrestato. In caso di mancanza, indisponibilità o inidoneità di tali strutture, o se ricorrono altre specifiche ragioni di necessità o di urgenza, il pubblico ministero dispone con decreto motivato che l'arrestato sia condotto nella casa circondariale del luogo dove l'arresto è stato eseguito ovvero, se ne possa derivare grave pregiudizio per le indagini, presso altra casa circondariale vicina.

In deroga a questa previsione, il co. 4 *ter* sempre dell'art. 558 stabilisce che nei casi previsti dall'art. 380, co. 2, lett. *e bis* ed *f* (delitti di furto *ex* art. 624 *bis* c.p., salva l'attenuante dell'art. 62, co. 1, n. 4 c.p. e la rapina dell'art. 628 c.p. nonché l'estorsione dell'art. 629 c.p.), il pubblico ministero dispone che l'arrestato sia custodito presso idonee strutture nella disponibilità degli ufficiali o agenti di polizia giudiziaria che hanno eseguito l'arresto o che hanno avuto in consegna l'arrestato. Si applica la disposizione di cui al co. 4 *bis*, terzo periodo.

In entrambi i riferiti itinerari la convalida, regolata nei limiti della compatibilità dall'art. 391, è condizione necessaria per il rito, che consentirà di procedere immediatamente al giudizio, per il quale non si richiede, invece, il perdurare di una condizione restrittiva della libertà (art. 558, co. 6). La mancata convalida, tuttavia, non impedisce del tutto lo svolgimento del giudizio direttissimo: sarà però necessario il consenso sia dell'imputato sia del pubblico ministero (art. 558, co. 5).

Instaurato il dibattimento, l'imputato che ne faccia richiesta ha diritto ad un termine non superiore a cinque giorni per preparare la difesa, durante il quale le attività dibattimentali sono sospese (art. 559, co. 7) e può chiedere, subito dopo la convalida, a prescindere dal suo esito, il rito abbreviato o l'applicazione concordata della pena, non potendo essere privato del possibile accesso ai riti premiali (art. 559, co. 8).

3. Il procedimento davanti al Tribunale in composizione monocratica con udienza preliminare

Come anticipato, qualora si proceda per un reato attribuito alla competenza del Tribunale in composizione monocratica (art. 33 *ter*), ma al di fuori dei casi di cui all'art. 550 che prevedono la citazione diretta, il procedimento *de quo* prevede che la fase dibattimentale sia preceduta dall'udienza preliminare.

Pertanto, questo procedimento si caratterizza, sotto il profilo della disciplina, sia per le deroghe al rito collegiale con udienza preliminare, sia per le eccezioni al rito monocratico senza udienza.

Sotto il primo profilo, devono essere richiamate le deroghe operanti per il dibattimento (art. 559, co. 2, 3 e 4) e quelle per il giudizio direttissimo (art.

558) (mentre troverà operatività il giudizio immediato). Sotto il secondo profilo, oltre naturalmente a quanto specificamente previsto in relazione al meccanismo della citazione diretta, vanno ricordate le previsioni relative al «patteggiamento», al rito abbreviato e va rammentata la mancanza del rito immediato.

Le maggiori garanzie legate al rito con l'udienza preliminare determinano due significative implicazioni processuali.

La prima: nel caso di procedimenti connessi, solo per alcuni dei quali è ammessa la citazione diretta, il pubblico ministero dovrà presentare richiesta di rinvio a giudizio per tutti i procedimenti (art. 551).

La seconda: se il pubblico ministero ha esercitato l'azione penale con citazione diretta a giudizio per un reato devoluto al Tribunale in composizione monocratica, per il quale è prevista l'udienza preliminare, qualora l'eccezione sia proposta entro il termine di cui all'art. 491, co. 1, il giudice dovrà disporre con ordinanza la trasmissione degli atti al pubblico ministero affinché richieda il rinvio a giudizio. Nell'ipotesi inversa, troverà applicazione l'art. 33 *sexies*, co. 1: se nel corso dell'udienza preliminare il giudice accoglierà l'eccezione o rileverà che si deve procedere con citazione diretta, trasmetterà gli atti al pubblico ministero per l'emissione del relativo decreto.

Parte VIII

Provvedimenti speciali

Capitolo XVII

I procedimenti speciali

di *Giorgio Spangher*

1. I procedimenti speciali

1.1. I riti speciali nel codice del 1988

Il Libro VI è dedicato ai «Procedimenti speciali» (artt. 438-464 *novies*).

La presenza di percorsi procedurali e processuali variegati non è certo una novità anche se, nell'evoluzione normativa, sia nei nomi, sia nelle variabili assumono connotazioni diverse in relazione alla struttura ordinaria del processo.

Previsti anche nel c.p.p. 1930, non senza significative differenze, rispetto agli attuali, incrementatisi nel tempo, soprattutto in relazione alle varie stagioni delle diverse emergenze, costituiscono lo strumento con il quale il legislatore, attraverso varianti ed articolazioni, persegue le finalità di politica criminale muovendo dalla diversità delle situazioni processuali: natura dei reati, semplicità dell'accertamento, esemplarietà della risposta punitiva, istanze di economia processuale, complessità dei fenomeni criminali, connotazioni soggettive sono alcune delle premesse sulla cui base il legislatore articola le scelte dei diversi percorsi processuali.

A questa impostazione non si è sottratto il legislatore del 1988.

In un processo connotato da meccanismi sofisticati, come quello del nuovo codice, reso ulteriormente complesso dal sopraggiungere di emergenze varie, da modifiche ordinamentali, da nuovi scenari di illegalità, le variabili esterne ed interne allo schema-tipo sono molteplici, rendendo ardua la soluzione delle questioni definitorie e classificatorie.

Invero, a seconda del parametro considerato, le categorie della specialità ovvero della differenziazione si allargano ovvero si restringono. In altri termini, i profili classificatori – pur importanti – sono governati dalle variabili delle loro premesse.

Sotto questo profilo, adeguandosi all'impostazione codicistica, appare opportuno riservare la qualifica di specialità ai giudizi di cui al citato Libro VI ed alle sole varianti inserite nel loro percorso ovvero ai soli richiami contenuti dalla loro disciplina e conferire agli altri percorsi – di cui, peraltro, è necessario definire preliminarmente gli elementi caratterizzanti, evitando che marginali deviazioni dal modello assumano rilievo – la natura e la qualifica di procedimenti differenziati.

Dovrebbe essere in questo modo possibile cogliere meglio la giustificazione delle scelte legislative, senza sovrapporre elementi soggettivi alle indicazioni normative, il che non esclude la possibilità di prospettare discrasie ed incongruenze dal punto di vista sistematico.

Per questa ragione, non saranno prese in considerazione le varianti processuali più significative che si articolano all'interno del rito ordinario (nuove contestazioni, ricorso *per saltum*, concordato in appello, nonché quelle del tutto alternative al procedimento ordinario (giurì d'onore), ovvero il procedimento davanti al giudice in composizione monocratica (con o senza udienza preliminare), trattandosi di una articolazione del procedimento ordinario davanti del Tribunale.

Sotto questa prospettiva, l'analisi sarà limitata al giudizio abbreviato (secco e condizionato) ed alle sue varianti atipiche, in quanto inserite in altri riti; all'applicazione della pena su richiesta delle parti, nelle due versioni allargata ed originaria, anche in questo caso con le possibili varianti dell'innesto negli altri riti; al procedimento per decreto; al giudizio direttissimo, nelle sue diverse prospettazioni (facoltativa, obbligatoria, consensuale, atipica); al giudizio immediato, strutturato nelle due ipotesi della iniziativa del pubblico ministero e nella richiesta dell'imputato; dalla sospensione del procedimento con messa alla prova (introdotta con la L. n. 67 del 2014).

In quanto espressamente richiamati dall'art. 464, co. 2, si tracceranno pure i profili procedurali dell'oblazione, ancorché collocata agli artt. 162 e 162 *bis* c.p.

Alle sedi «naturali» sarà opportuno rinviare per la presenza o per l'esclusione di alcuni di questi giudizi nel procedimento davanti al giudice in composizione monocratica, nel procedimento per i reati di competenza del giudice di pace, nel procedimento agli enti, nel processo penale a carico di imputati minorenni che si connotano di loro caratteristiche peculiari, dovendosi adattare alle specificità dei relativi procedimenti.

La ritenuta necessità di rispondere – con lo strumento penale – alle esigenze emergenziali, oltre a riprodurre vecchie e nuove specificità, connotate da maggiore rigidità dei presupposti (si pensi alla rinnovata ed ampliata presenza dei giudizi direttissimi atipici, figli d'una stagione che la riforma voleva superare), altera anche la natura e la finalità dei riti che, pur nella loro conservata struttura normativa, pochi ma significativi innesti sono in grado di determinare (il riferimento va al giudizio direttissimo ed al rito immediato, rimodulati della L. n. 125 del 2008 di conv. del d.l. n. 92 del 2008).

1.2. Le successive previsioni: L. n. 67 del 2014; d.lgs. n. 28 del 2015; L. n. 103 del 2017; d.lgs. n. 150 del 2022

Con la L. n. 67 del 2014, in relazione a quanto disposto dagli artt. 168 *bis* e 168 *ter* c.p., è stato disciplinato agli artt. 464 *bis*-464 *novies* il procedimento della sospensione del processo con messa alla prova.

Con il d.lgs. n. 28 del 2015 sono stati previsti l'archiviazione e il proscioglimento e regolato il procedimento applicativo per la particolare tenuità del fatto di cui all'art. 131 *bis* c.p.

Con la L. n. 103 del 2017 che ha introdotto l'art. 169 *ter* c.p. sono state disciplinate le condotte riparatorie prodromiche alla dichiarazione di estinzione del reato.

Anche se la sospensione e messa alla prova, a differenza degli altri due percorsi, è collocata tra i riti speciali, le situazioni delineate configurano, invero, più correttamente, modalità di definizione – anticipata dal procedimento e dal processo, peraltro, non sempre – come nel caso della tenuità del fatto – riscontrabili.

Con il d. lgs. n. 150 del 2022 (riforma Cartabia) le condizioni di accesso ai riti e i profili della premialità sono stati ulteriormente rafforzati.

1.3. Ipotesi classificatorie

Le considerazioni appena sviluppate non escludono – ancorché questi dati dovrebbero emergere più chiaramente dall'analisi concreta della disciplina dei vari riti – la possibilità di configurare sin d'ora alcune connotazioni comuni ed alcuni tratti diversificati dei procedimenti che saranno qui di seguito considerati.

In termini generali, va sottolineato come la «specialità» dei riti sia collocata dopo il libro delle indagini e prima di quello del giudizio: la finalità della scelta era quella di regolamentare in modo diverso il rapporto tra le due fasi.

Sono state, invero, numerose le ricadute che su questo rapporto hanno finito per esercitare le modifiche progressivamente intervenute nella macchina della giustizia penale in relazione all'evoluzione ed involuzione che ha subìto e continua a subire il modello del 1988: il dato assume rilievo proprio nel momento in cui si tenta di configurare una sintesi di sistema dei riti che inevitabilmente ha subìto le ricadute del succedersi degli interventi correttivi ed integrativi del legislatore che via via si sono succeduti sotto la spinta di sollecitazioni eterogenee, settoriali e, pertanto, non organiche.

Abbandonando le vocazioni, se non archeologiche, certamente storiche, legate ai passaggi ed alle metamorfosi dei vari riti, limitate a rapidi cenni, potrà essere sufficiente soffermarsi sull'attuale configurazione dei procedimenti qui considerati.

Va subito detto che le varie categorie classificatorie prospettabili non escludono la collocazione differenziata all'interno di una pluralità di parametri, dovendosi escludere la possibilità di un'unica catalogazione.

Una prima – classica – differenziazione dei giudizi speciali qui considerati si fa risalire alla loro natura acceleratoria verso il dibattimento di primo grado ovvero deflattiva dello stesso.

Appartengono al primo gruppo il procedimento direttissimo, anzi i procedimenti direttissimi (soprattutto considerando la varietà di situazioni prospettabili) e quello immediato, anzi quelli immediati (il riferimento non va solo al rito chiesto dall'imputato, ma anche al c.d. immediato custodiale introdotto dalla già citata L. n. 125 del 2008).

Sotto il profilo classificatorio, si parla anche di riti deflativi dell'udienza preliminare e riduttivi dei tempi delle indagini preliminari. Con riferimento a quest'ultimo elemento, si tratta, peraltro, di una compressione temporalmente non omogenea: se lo è integralmente per i direttissimi atipici e sostanzialmente anche per quello previsto dal co. 1 dell'art. 449 (udienza di convalida e contestuale giudizio), lo è meno per le altre ipotesi, che scontano tempi, ancorché brevi, di investigazioni.

La scelta legislativa risulta ancorata alla ragionevole presunzione della sufficienza del materiale in possesso dell'accusa (conseguente all'arresto in flagranza nel direttissimo) ovvero legata all'evidenza di un fatto di agevole concretizzazione (nei direttissimi atipici) ovvero nella verosimile consistenza del materiale (prova evidente, gravità indiziaria corroborata da ulteriori eventuali indagini) da porre a fondamento della richiesta (nei riti immediati a domanda del pubblico ministero).

Le recenti modifiche introdotte dalla citata L. n. 125 del 2008 nel delineare un sottosistema della sicurezza, peraltro, estendibile anche ad altre ipotesi delittuose, parrebbe suggerire una classificazione legata all'obbligatorietà ovvero alla discrezionalità (da intendersi in senso relativo) delle scelte dell'accusa: rientrerebbero, così, nel primo schema, le situazioni delineate dagli artt. 449, co. 4 e 5, e 453 in tema di rito direttissimo ed immediato (fatta salva la necessità di speciali indagini), oltre alle ipotesi di giudizi direttissimi previsti da leggi speciali; resterebbero affidate alla discrezionalità del pubblico ministero le scelte relative al procedimento per decreto ed al patteggiamento, mentre sarebbero affidate alle opzioni difensive le scelte del rito abbreviato e dell'oblazione.

Un altro possibile criterio di ripartizione si ricollega alla natura premiale del rito: in quest'ambito, sono sicuramente riconducibili il rito abbreviato ed il patteggiamento. Quanto al procedimento per decreto, la sua natura premiale appare condizionata dalla richiesta del pubblico ministero e dall'accettazione del provvedimento da parte dell'imputato, essendo destinata a non maturare nelle ipotesi alternative.

Negli altri riti, la premialità – seppur differenziata – è condizionata dall'accordo delle parti (ovvero anche degli ingiustificati rigetti della richiesta), come nel patteggiamento, oppure dalla sola domanda dell'imputato (ovvero dall'ingiustificato rigetto della stessa), come nel rito contratto. La giustificazione della premialità va ricondotta all'economia processuale che i riferiti riti determinano rispetto all'ordinario schema procedimentale nonché all'accettazione anticipata dell'esito del processo basato anche sul materiale non formato in contraddittorio.

In questo contesto si parla anche di riti premiali negoziali o premiali consensuali: nei primi il contenuto della decisione è definito dall'accordo delle parti (patteggiamento); nei secondi, è sufficiente l'iniziativa assunta da una sola parte (decreto), dovendo il consenso dell'altra ritenersi desumibile *ex lege* (implicito). La premialità, in altri termini, può essere oggetto di un'intesa, variamente avviata (richiesta e consenso; iniziativa congiunta), di una richiesta unilaterale, di una accettazione espressa (patteggiamento) o per fatti concludenti (decreto) di una parte a fronte di una iniziativa dell'altra. Qualche complessità classificatoria in questo schema presenta l'attuale rito abbreviato: non senza qualche forzatura, si potrebbe sostenere la presenza di un consenso *ex lege* del pubblico ministero. Il consenso, più riduttivamente, peraltro, senza ricadute in tema di premialità, può riguardare anche solo l'*iter* procedurale (direttissimo consensuale).

Variegato è anche il ruolo del giudice lungo lo spettro dei poteri di controllo a lui conferiti.

Invero, a situazioni di integrazione dei presupposti del procedimento (il riferimento riguarda alcune ipotesi del giudizio direttissimo) ovvero di mera verifica di alcuni presupposti di introduzione del rito (si pensi, al giudizio immediato), si affiancano ipotesi di ampi poteri decisori (come nel caso del patteggiamento o del procedimento per decreto: arg. *ex* art. 129) ovvero di poteri pieni anche in punto di prova (come nel rito abbreviato).

Un'altra ipotesi classificatoria può riguardare la tipologia criminosa per la quale i diversi riti sono previsti: si prospettano, invero, previsioni generali, come nel caso del rito abbreviato e del giudizio immediato (con l'implicita incompatibilità del giudizio davanti al Tribunale in composizione monocratica senza udienza preliminare), situazioni condizionate dalla natura dei reati (procedimento per decreto) ovvero dalla possibilità di costituirne la premessa del rito (arresto in flagranza per il direttissimo), limiti di pena ed esclusioni di ipotesi criminose per l'accesso al procedimento (patteggiamento). Si potrebbe, da altra prospettiva, considerare anche l'operatività o meno dei riti speciali codicistici nel procedimento davanti al giudice di pace (art. 2, co. 1, d.lgs. 28.8.2000, n. 274), nel processo minorile (art. 25, d.P.R. 22.9.1998, n. 448), nel giudizio nei confronti degli enti (artt. 62-64, d.lgs. 8.6.2001, n. 231).

Inoltre, ancorché non risulti agevole coglierne il significato distintivo, il legislatore etichetta in vario modo i diversi moduli qui considerati: si parla di giudizi e di procedimenti, mentre patteggiamento ed oblazione non sono qualificati.

Non mancano, poi, articolazioni interne ai vari riti; si pensi all'immediato custodiale e non; all'abbreviato secco e condizionato; al patteggiamento semplice o allargato; ai numerosi percorsi del rito direttissimo diversificati tra consensi, arresti, confessioni, convalide in sedi processuali diverse, materie.

Come anticipato, dalle considerazioni svolte, emerge che, a seconda dei parametri di riferimento, varia la collocazione dei procedimenti che, conseguentemente, si incasellano ogni volta in modo diversificato.

Alle riferite variabili classificatorie non sfugge neppure il nuovo rito speciale della sospensione del procedimento con messa alla prova: a vocazione deflativa del dibattimento (e della fase esecutiva), avviato a richiesta dell'imputato (e quindi non consensuale), non può essere considerato premiale (stante i suoi possibili contenuti sanzionatori ancorché positivamente valutabili dall'imputato).

1.4. Un quadro complesso

Com'è facile intuire da queste brevi schematizzazioni, si tratta di un panorama alquanto composito la cui utilità risiede forse nella capacità di cogliere le idee forza, le *guide-lines*, delle scelte legislative, da rafforzare nelle strategie riformatrici, così da correggere le disfunzioni del sistema.

Invero, le possibili interazioni tra i vari riti speciali, le loro interferenze con il rito ordinario, le loro ricadute sui processi cumulativi, i loro sviluppi nelle fasi successive ed in quelle di gravame, il diverso atteggiarsi delle parti e dei giudici, la varietà delle situazioni prospettabili in relazione a fenomeni criminali non omogenei presentano scenari di grande complessità suscettibili di mettere in crisi le finalità che il legislatore si era prefigurato con la loro introduzione.

Corre l'obbligo di sottolineare che le scelte dell'accusa sono sempre governate dal rispetto delle condizioni fissate dalla legge, trattandosi di riti che, seppur variamente, presuppongono comunque l'esercizio dell'azione penale, secondo i criteri generali tracciati dal capo dell'ufficio, per assicurare l'uniformità dell'azione penale. Le opzioni della difesa, invece, sono maggiormente ispirate dalle esigenze di tutelare nel modo professionalmente più adeguato il proprio assistito. Del resto, le opzioni difensive possono avere non secondarie ricadute sull'esito del processo, risultando nei riti speciali alquanto circoscritti i poteri probatori ufficiali del giudice.

Va altresì sottolineato come, escluso pubblico ministero ed imputato, le altre parti interferiscano sui percorsi dei riti speciali in modo se non eccezionale (si pensi a quanto disposto dall'art. 459, co. 1, nel procedimento per decreto, con una previsione – l'opposizione del querelante – che non sembra assistita da una sanzione processuale), certamente molto marginale. Nel patteggiamento, l'accordo delle parti espelle dal processo la parte civile, sicché spesso delle istanze del danneggiato si farà carico l'accusa, condizionando il proprio consenso. Nel rito abbreviato, sempre la parte civile, deve decidere se rimanere nel processo ovvero trasferire la sua pretesa in sede civile.

Qualche "spazio" processuale si prospetta per la persona offesa (mediazione e risarcimento), nonostante il riferimento all'art. 75, co. 3 nel rito della messa alla prova.

2. Il giudizio abbreviato

2.1. Considerazioni generali. L'evoluzione del rito

Gli artt. 438-443 disciplinano il giudizio abbreviato: si tratta di una normativa significativamente diversa da quella originaria in ragione delle decisioni della Corte costituzionale e delle modifiche novellistiche da questi interventi determinate ed imposte unitamente alle correzioni resesi necessarie in conseguenza dei mutati assetti sistematici progressivamente intervenuti nella struttura del modello processuale.

Unitamente al patteggiamento, ma in misura maggiore, il rito *de quo* ha avuto non poche difficoltà ad essere metabolizzato dal sistema della nostra giustizia penale.

In breve sintesi e nei suoi tratti essenziali: a fronte dello sconto di un terzo della pena applicabile in concreto, anche per i reati punibili con l'ergastolo, l'imputato con il consenso non motivato del pubblico ministero e con il vaglio favorevole del giudice che riteneva il processo decidibile allo stato degli atti poteva chiedere di essere giudicato nell'udienza preliminare sulla base degli atti contenuti nel fascicolo delle indagini preliminari; era esclusa l'operatività degli artt. 422 (attività di integrazione probatoria del giudice) e 423 (modifica dell'imputazione).

In rapida successione, la Corte costituzionale affermò che il pubblico ministero doveva motivare il suo dissenso, che l'erronea valutazione dell'accusa nonché l'ingiustificato rigetto della richiesta dell'imputato da parte del giudice dovevano essere sindacabili in sede dibattimentale, che contrastava con la legge delega l'accesso al rito anche per i reati punibili con l'ergastolo. In termini, peraltro, dirompenti veniva «censurato» – con l'invito al legislatore all'adeguamento della disciplina, non potendo la stessa Corte intervenire sul punto, stante la molteplicità delle soluzioni prospettabili al riguardo – lo stesso criterio della decidibilità allo stato degli atti, fortemente condizionato dall'attività di indagine – più o meno completa – effettuata dalla polizia giudiziaria e dal pubblico ministero, con il rischio di discriminazione tra imputati [1].

Con la L. 16.12.1999, n. 479 ed alcuni provvedimenti successivi (L. 5.6.2000, n. 144, L. 19.1.2001, n. 4) il legislatore provvedeva a dare al giudizio abbreviato il suo attuale assetto normativo.

2.2. I presupposti

Il giudizio abbreviato, attualmente, è avviato a richiesta dell'imputato il quale, fatti salvi – come si vedrà – gli sviluppi di cui all'art. 438, co. 5 (richiesta di giudizio condizionato ad un'integrazione probatoria) ovvero all'art. 441, co. 5 (assunzione d'ufficio di prove da parte del giudice che non ritiene di poter decidere allo stato degli atti), chiede che il giudizio sia definito dal giudice nell'udienza preliminare sulla base del materiale esistente al momento della sua richiesta.

---

[1] Corte cost., sent. n. 81 del 1991; Corte cost., sent. n. 176 del 1991; Corte cost., sent. n. 363 del 1991; Corte cost., sent. n. 470 del 1991; Corte cost., sent. n. 23 del 1992; Corte cost., sent. n. 484 del 1995.

Sulla scorta di questo elemento che da estrinsecazione al consenso richiesto dall'art. 111, co. 5, Cost. e permette di evitare il dibattimento, così da realizzare una significativa economia processuale, l'imputato gode dello sconto di un terzo (secco) della pena che concretamente il giudice riterrà di applicare, dopo aver tenuto conto di tutte le circostanze (art. 442, co. 2, primo periodo). Se si tratta di una contravvenzione la pena è diminuita della metà (art. 442, co. 2, *ex* L. n. 103 del 2017).

Non trattandosi di una circostanza attenuante, la riduzione della pena non incide sui termini di prescrizione. Lo sconto riguarderà anche le pene accessorie temporanee, ma non l'eventuale decisione risarcitoria (se c'è la costituzione di parte civile).

Con la L. n. 33 del 2019 il legislatore ha escluso, per evitare effetti premiali sulla pena, la possibilità di consentire il giudizio abbreviato per i reati puniti con l'ergastolo (art. 438, co. 1 *bis*); sono stati conseguentemente abrogati il secondo ed il terzo periodo del comma dell'art. 442.

Qualora l'imputato abbia richiesto il rito nei termini previsti e la sua richiesta sia stata dichiarata inammissibile, modificatasi la qualificazione del fatto e diventato possibile l'accesso al rito il gup avvertirà con il decreto che dispone il giudizio della possibilità di chiedere il rito contratto (art. 429, co. 2 *bis*) ovvero, all'esito del dibattimento applicherà lo sconto di pena ai sensi dell'art. 442, co. 2.

All'opposto se ammesso il rito, la nuova imputazione dovesse escludere il rito, il giudice, anche d'ufficio revocherà l'ordinanza con la quale ha disposto il rito abbreviato (art. 441 *bis*, co. 1 *bis*).

Analoghe previsioni opereranno nei successivi gradi di giudizio nonché relativamente al giudizio abbreviato incardinato negli altri riti speciali (direttissimo e immediato: artt. 452 e 458).

Con l'interpolazione del co. 6 *bis* dell'art. 438 (L. n. 103 del 2017) il legislatore ha stabilito che la richiesta di rito abbreviato proposta nell'udienza preliminare determina la sanatoria della nullità, sempre che non siano assolute, e la non rilevabilità della inutilizzabilità, salvo quelle derivanti dalla violazione di un divieto probatorio; è esclusa altresì, ogni questione sulla competenza per territorio del giudice.

Con l'interpolazione del co. 5 *bis* dell'art. 438 (L. n. 103 del 2017) si è previsto che con la richiesta del rito abbreviato condizionato può essere proposta, subordinatamente al suo rigetto, la richiesta della decisione allo stato degli atti oppure quella di applicazione della pena patteggiata.

Il rito è quindi deflativo (nel senso indicato) e premiale (nella misura indicata; non mancano, peraltro, come si vedrà, anche altri benefici).

Stante l'importanza dell'atto, la richiesta dell'imputato, proposta oralmente o per iscritto, va presentata personalmente o per mezzo di procuratore speciale con sottoscrizione autenticata da un notaio, da altra persona autorizzata o dal difensore *ex* art. 583, co. 3. La domanda può essere proposta fino a quando non siano formulate le conclusioni ai sensi degli artt. 421 e 422. In altri termini, la difesa potrà optare per il rito contratto anche dopo aver sentito le conclusioni dell'accusa nonché, sempre in sede di conclusioni, pure in seguito all'attività di integrazione probatoria disposta d'ufficio dal giudice (art. 438, co. 2). La richiesta va presentata nell'udienza preliminare.

Secondo la Corte costituzionale, che in tal senso ha dichiarato l'incostituzionalità degli artt. 516 e 517, il rito abbreviato potrà essere richiesto anche nel corso del dibattimento relativamente al fatto diverso, ad una circostanza aggravante e al reato concorrente ivi contestato, emerso nel corso dell'istruzione dibattimentale ovvero quando la nuova contestazione concerne un fatto che già risultava dagli atti di indagine al momento di esercizio dell'azione penale[2].

Termini diversi sono fissati in caso di trasformazione dei riti (artt. 452, co. 2, 458, co. 2, 464, co. 1) e per il procedimento davanti al Tribunale in composizione monocratica (art. 556).

Non è necessario il consenso del pubblico ministero, essendo sufficiente la sola richiesta dell'imputato. L'accusa, nella conduzione delle indagini, dovrà valutare, ai fini della loro completezza, il rischio d'una domanda della difesa alla quale non potrà opporsi. Sotto questo profilo, il giudizio abbreviato non è inquadrabile nella categoria dei riti negoziali, ma piuttosto in quella dei riti consensuali (potendosi, concettualmente, ritenere il consenso del pubblico ministero, presunto *ex lege*). Un ragionamento diverso poteva prospettarsi in relazione alla struttura originaria del rito quando il pubblico ministero doveva esprimere il suo consenso alla celebrazione del giudizio (si parlava, allora, di patteggiamento sul rito).

Un consenso del pubblico ministero dovrà escludersi – alla luce dell'orientamento sul punto della Corte costituzionale[3] – anche nel caso in cui la difesa contestualmente alla domanda del rito contratto depositi i risultati delle proprie investigazioni private. [A tale proposito, il pubblico ministero potrà sollecitare i poteri officiosi del giudice in punto di prova].

La L. n. 103 del 2017 a tale proposito ha previsto che qualora l'imputato chieda il giudizio abbreviato immediatamente dopo il deposito dei risultati delle indagini difensive, il giudice provvede solo dopo che sia decorso il termine non superiore a sessanta giorni, eventualmente richiesto dal pubblico ministero, per lo svolgimento di indagini suppletive, limitatamente ai temi introdotti dalla difesa. In tal caso, l'imputato ha facoltà di revoca la richiesta (art. 438, co. 4, secondo periodo).

---

[2] Corte cost., sent. n. 333 del 2009; Corte. cost., sent. n. 237 del 2012; Corte cost., sent. n. 273 del 2014; Corte cost., sent. n. 139 del 2015.

[3] Corte cost., sent. n. 184 del 2009.

Il contenuto della domanda dell'imputato può essere duplice: una richiesta, per così dire, «secca» di giudizio allo stato degli atti, ed una, invece, condizionata all'assunzione di taluni mezzi di prova che dovranno essere indicati nella richiesta unitamente alle circostanze su cui dovranno vertere.

Nel primo caso, il giudice potrà effettuare solo un vaglio di ammissibilità sotto il profilo del rispetto della forma e dei tempi della domanda che non può essere riproposta, né davanti allo stesso giudice, né davanti ad un altro giudice (non è prevista l'impugnabilità del provvedimento). Nella seconda ipotesi, invece, al giudice è richiesto anche un controllo sul merito della richiesta, rapportato alle finalità del rito contratto: dovrà essere valutata, tenendo conto degli atti già acquisiti e utilizzabili, la necessità per la decisione delle prove richieste – alla luce dei parametri che ai sensi degli artt. 187, co. 1, 189 e 190, co. 1, governano il tema del diritto alla prova – e la loro compatibilità con l'economia processuale in relazione ai prevedibili tempi dell'istruzione dibattimentale.

Non sono esplicitati eventuali poteri – ancorché meramente interlocutori – del pubblico ministero sulle due ipotesi di richiesta del rito contratto, mentre in caso di ammissione del giudizio abbreviato condizionato è espressamente previsto il diritto della procura di chiedere ed ottenere l'assunzione della prova contraria (art. 438, co. 5, secondo periodo) che si ritiene possa essere individuata anche attraverso le indagini suppletive, ritenute non escluse in caso di abbreviato condizionato.

Se rigettata, la domanda, diversamente formulata nel merito ovvero riprodotta in termini non condizionati, può essere riproposta – purché nel rispetto dei termini di cui al co. 2 dell'art. 438 – davanti allo stesso giudice (art. 438, co. 6). È controverso se la previsione possa operare nei casi di abbreviati atipici connessi alla trasformazione dei riti. Non dovrebbe escludersi la possibilità – in questo caso, ma anche in termini più generali – di presentare contestualmente più domande, con contenuti «a scalare».

L'ineludibile valutazione di merito sottesa ad un eventuale rigetto della richiesta di giudizio abbreviato condizionato ha indotto la Corte costituzionale a dichiarare l'incostituzionalità dell'art. 438, co. 6 (nonché dell'art. 458, co. 2, per il giudizio immediato e dell'art. 464, co. 1, per il procedimento per decreto) nella parte in cui non prevede che, in caso di rigetto della richiesta di giudizio abbreviato subordinata ad un'integrazione probatoria, l'imputato possa rinnovare la richiesta prima della dichiarazione del dibattimento di primo grado e il giudice possa disporre il giudizio abbreviato (art. 438, co. 6 *ter*)[4]. In questo caso, si afferma che il giudizio (abbreviato) sarebbe celebra-

[4] Corte cost., sent. n. 169 del 2003.

to in pubblica udienza: soluzione non pienamente comprensibile, posto che il successivo giudizio d'appello sarebbe svolto con rito camerale davanti al giudice nella composizione prevista per la competenza del reato.

Si riconosce, in virtù del parallelismo con il patteggiamento, che se all'esito del dibattimento di primo grado il giudice riconosce l'ingiustificato rigetto della richiesta di rito condizionato, verrà applicata la riduzione premiale della pena.

L'ingiustificato rigetto della domanda riproposta *in limine* all'apertura del dibattimento nonché l'infondato rifiuto della domanda da parte del giudice del dibattimento nelle ipotesi di abbreviato atipico conseguente alla trasformazione del rito, se non dovessero essere riconosciuti all'esito del giudizio di primo grado, dovrebbero poter essere rivalutati, su richiesta dell'imputato, dal giudice d'appello.

2.3. La domanda

Valutata l'ammissibilità della domanda (termini, forma, condizioni) nonché, in caso di abbreviato condizionato, il suo fondamento, il giudice disporrà con ordinanza il giudizio abbreviato che – in caso di c.d. giudizio abbreviato "secco" – si svolgerà secondo le seguenti regole: a prescindere dalla competenza per materia, quindi, anche in caso di reato appartenente alla cognizione della Corte d'assise, il processo verrà celebrato dal giudice dell'udienza preliminare (si tratta di un elemento che potrebbe essere considerato anche in punto di premialità: sotto tale profilo andrebbero considerate le ampliate attribuzioni del giudice dibattimentale monocratico); si applicano le disposizioni previste per l'udienza preliminare, in quanto applicabili, con l'espressa eccezione degli artt. 422 (attività di integrazione probatoria) e 423 (modifica dell'imputazione); la presenza dell'imputato alle udienze non è obbligatoria, mentre è necessaria quella del difensore e del pubblico ministero; il giudizio si svolge in camera di consiglio (questo dato può essere considerato un elemento della premialità, perché evita la negatività della pubblicità), salvo che tutti gli imputati chiedano l'udienza pubblica (in qualche sede, l'udienza è pubblica, spettando agli imputati chiedere la non pubblicità dell'udienza) (art. 441, co. 3); in caso di udienza pubblica è consentita la partecipazione a distanza (art. 134 *bis* disp. att.); all'esito della discussione, esaminato il fascicolo processuale [vi confluiranno: gli atti *ex* artt. 416, co. 2, 419, co. 2, 419, co. 3, 421, co. 3, 422 (atti assunti prima della richiesta), le indagini difensive (eventualmente prodotte in termini)], il giudice dovrà valutare se il processo è definibile allo stato degli atti; in caso contrario, esplicitandone le ragioni, agendo sia d'ufficio, sia su istanza della parte, senza che ciò configuri l'attribuzione alle stesse di un diritto alla prova, dovrà assumere gli elementi necessari ai fini della decisione (art. 441, co. 5, che fa salva la possibilità di applicare all'esito dell'integrazione probatoria l'art. 423, cioè, la modifica dell'imputazione) che saranno acquisiti con le forme previste dall'art. 422, co. 2, 3 e 4, cioè, con quelle proprie dell'udienza preliminare e non del dibattimento; le prove dichiarative sono documentate con le videoregistrazioni (art. 441, co. 6).

Con le stesse forme si procederà nel caso in cui le prove debbano essere assunte in seguito all'accoglimento della domanda di rito abbreviato condizionato avanzata dall'imputato (art. 441, co. 6). Dovrebbe trovare estrinsecazione, anche in questo caso, all'esito dell'integrazione probatoria, l'esercizio da parte del giudice dei poteri officiosi di cui all'art. 441, co. 5.

La possibilità che, in relazione all'attività probatoria disposta dal giudice che non ritenga di poter decidere allo stato degli atti (art. 441, co. 5) ovvero richiesta con la domanda di rito da parte dell'imputato (art. 438, co. 5), risulti modificata l'imputazione, innesta una significativa «variabile» nello svolgimento del rito (regolata dall'art. 441 *bis*). Le riferite regole in punto di poteri probatori del giudice e di modifica dell'imputazione costituiscono sicuramente una riduzione della premialità rispetto all'originaria disciplina del rito *de quo* (come emerge dal conservato richiamo agli artt. 422 e 423 nel co. 1 dell'art. 441, relativamente alla disciplina dell'udienza preliminare non applicabile nel corso del giudizio abbreviato). Il dato appare giustificato dalla diversa distribuzione dei poteri delle parti e del giudice nel contesto della rivisitazione del rito effettuato con la L. n. 479 del 1999.

Risolvendo un contrasto sul punto le Sezioni Unite hanno affermato che nel giudizio abbreviato condizionato la modifica dell'imputazione è consentita solo per i fatti sopravvenuti emergenti dagli atti istruttori ed entro i limiti previsto dall'art. 423 (Cass., Sez. Un., 18.4.2020-13.2.2020).

Il mutamento degli scenari processuali posti alla base della richiesta del rito contratto prevede che – a seguito delle contestazioni *ex* art. 423, co. 1, da parte del pubblico ministero – l'imputato – personalmente o per mezzo di procuratore speciale con sottoscrizione autenticata *ex* art. 583, co. 3 (art. 441 *bis*, co. 2) – possa chiedere – irrevocabilmente – che il procedimento prosegua nelle forme ordinarie. Se è formulata richiesta in tal senso, viene revocata l'ordinanza dispositiva del rito; se è stata chiesta la sospensione del giudizio il giudice (ri)fisserà l'udienza preliminare, che invece proseguirà in caso di richiesta immediata della difesa di trasformazione del rito; il giudice potrà utilizzare per la decisione gli atti compiuti, risultando questi equiparati a quelli da lui assunti ai sensi dell'art. 422 (art. 441 *bis*, co. 4).

Per una meditata riflessione al riguardo, l'imputato ed il difensore possono ottenere dal giudice – che sospenderà il giudizio per il periodo corrispondente – fino a dieci giorni di tempo per determinarsi nel senso appena indicato (la mancata richiesta di trasformazione implica la continuità del giudizio con la nuova imputazione) ovvero per richiedere al giudice del rito abbreviato (che proseguirà con la nuova imputazione) l'ammissione di nuove prove (non più condizionate dall'economia processuale ma estrinsecazione del diritto alla prova *ex* art. 190) in relazione alle quali il pubblico ministero è ammesso a prova contraria (art. 441 *bis*, co. 5), unitamente, si ritiene, alla parte civile che ha accettato il rito (limitatamente, tuttavia, alla tutela dei suoi interessi civili).

Gli artt. 452, co. 2, 458, co. 2, 464, co. 1, e 556, co. 2, disciplinano la regressione del procedimento dal giudizio abbreviato ai riti senza udienza preliminare in caso di operatività dell'art. 441 *bis*.

Al reiterato generico riferimento all'art. 423 (artt. 438, co. 5, 441 commi 1 e 5, 441 *bis*, co. 5) il legislatore non dà seguito, a differenza di quanto esposto in relazione al co. 1 dell'art. 423 (art. 441 *bis*, co. 1), con un espresso richiamo all'ipotesi di cui al co. 2 della stessa previsione: richiedendosi per la contestazione di un fatto nuovo la richiesta del pubblico ministero, l'autorizzazione del giudice ed il consenso dell'imputato, la continuazione del procedimento con il rito abbreviato dovrà integrarsi anche con questi elementi. Il silenzio è forse giustificato anche dalla (ragionevole) difficoltà pratica di una simile evenienza, stante la riferita necessità del consenso dell'imputato.

La modifica dell'imputazione, attraverso contestazioni suppletive da parte del pubblico ministero, sarà esclusa in ogni altra ipotesi[5].

In tutti gli itinerari del rito abbreviato sin qui prospettati, espletata l'eventuale attività probatoria (quella richiesta dall'imputato, le prove contrarie dell'accusa, quella disposta d'ufficio) e terminata la discussione, il giudice emetterà sentenza – che sarà notificata per estratto all'imputato non comparso unitamente all'avviso di deposito (art. 442, co. 3, ed art. 134 disp. att.) – ai sensi degli artt. 529 (anche sui profili civili, se è costituita la parte civile). In caso di condanna – non può, peraltro, escludersi il proscioglimento o l'assoluzione, secondo le stesse regole di giudizio operanti per le decisioni dibattimentali – il giudice provvederà ad applicare, nei termini indicati in precedenza, la riduzione di pena che connota la premialità del rito *de quo*.

Pur con i limiti del giudicato, per l'imputato prosciolto o assolto si tratterebbe di una sentenza non suscettibile di revoca (art. 434).

Le decisioni dovranno essere assunte dallo stesso giudice che ha ammesso il rito contratto; in caso di mutamento della persona del giudice, dopo la pronuncia dell'ordinanza, il nuovo giudice sarà libero di prendere le proprie determinazioni anche in punto di ammissibilità[6].

---

[5] Corte cost., sent. n. 140 del 2010.

[6] Corte cost., sent. n. 484 del 1995.

2.4. Il rito

Confermando, come anticipato, che nei riti speciali un ruolo decisivo è assegnato all'imputato ed al pubblico ministero (fatto salvo quanto previsto dall'art. 459, co. 1), nel giudizio abbreviato, si prevede che la parte civile, costituitasi per l'udienza preliminare, dovrà orientarsi ad accettare o meno il rito disposto dal giudice (anche a questo dato è sotteso un qualche elemento premiale). In caso di mancata adesione – da manifestarsi formalmente, attraverso la revoca della costituzione nel processo, dovendosi valutare come accettazione alcuni comportamenti processuali conseguenti alla conservata presenza nel giudizio (ad esempio, la formulazione delle conclusioni in sede di discussione) – la parte civile costituita potrà trasferire la sua pretesa in sede civile ai sensi dell'art. 75, co. 3 (art. 441, co. 4). È conseguentemente ritenuta dal legislatore accettazione del rito la costituzione di parte civile successivamente alla conoscenza dell'ordinanza di cui al co. 4 dell'art. 438 (art. 441, co. 2).

Nel caso in cui la parte civile accetti il rito abbreviato ne resta parte a tutti gli effetti: potrà esaminare il fascicolo del pubblico ministero, produrre memorie, chiedere l'ammissione della prova contraria sui fatti inerenti la responsabilità civile da reato, nel caso in cui l'imputato abbia chiesto l'integrazione probatoria ed il giudice abbia accolto la domanda; discutere e concludere; dovrà, naturalmente, anche accettarne gli esiti e le decisioni in materia civile che il giudice pronuncerà sulla sua domanda e le ulteriori decisioni in materia (es., art. 87, co. 3).

2.5. Le impugnazioni

La particolare struttura del rito innesta significative «variabili» anche in tema di impugnazioni. In linea con le esigenze di decongestionamento della riforma Cartabia con il comma 2 *bis* dell'art. 442 si è previsto che qualora né l'imputato, né il suo difensore hanno proposto impugnazione contro la sentenza di condanna la pena inflitta è ulteriormente ridotta di un senso dal giudice dell'esecuzione. Tralasciando di dar conto dell'evoluzione della disciplina contenuta nell'art. 443, per effetto delle riferite modifiche normative intervenute e delle richiamate decisioni della Corte costituzionale in materia, attualmente si prevede che l'imputato non può proporre appello contro le sentenze di proscioglimento, fatta salva l'ipotesi in cui il proscioglimento sia stato disposto perché l'imputato non è imputabile per totale infermità di mente[7] mentre può appellare le sentenze di condanna; e che il pubblico ministero non può proporre appello contro le sentenze di condanna, salvo che

[7] Corte cost., sent. 274 del 2009.

si tratti di sentenza che modifica il titolo del reato e può proporre – a seguito di una decisione della Corte costituzionale – appello contro le sentenze di proscioglimento[8]. Ai sensi del co. 3 dell'art. 593 sono in ogni caso inappellabili le sentenze di condanna con le quali è stata applicata la sola pena dell'ammenda e le sentenze di proscioglimento relative a contravvenzioni punite con la sola pena dell'ammenda o con pena alternativa. La parte civile potrà appellare se ha accettato il rito.

Le limitazioni all'appello principale precludono quello incidentale, ormai comunque circoscritto al solo imputato (art. 595, *ex* d.lgs. n. 11 del 2018).

Quanto all'appello incidentale dovrà tenersi conto della nuova formulazione dell'art. 595, *ex* L. n. 103 del 2017 che lo esclude per il pubblico ministero e lo consente all'imputato solo se legittimato ad appellare.

Il giudizio d'appello si svolgerà *ex* art. 599 con il rito della camera di consiglio (confermando il dato della premialità connessa all'esclusione di una pubblicità negativa). Stante la struttura del rito di primo grado si prospettano contrasti in ordine all'operatività dell'art. 603 co. 3 *bis* (introdotto dalla L. n. 103 del 2017) in questo giudizio, ora tuttavia nei termini del novellato art. 603, co. 3 *bis*.

Per quanto attiene alle altre previsioni in caso di abbreviato richiesto ai sensi del co. 5 dell'art. 438, oltre alla possibile rinnovazione dell'istruzione dibattimentale effettuata in primo grado, nei limiti fissati dall'art. 603, l'imputato (appellante) dovrebbe poter sollecitare l'assunzione delle prove richieste con la domanda e non assunte dal giudice; al pubblico ministero (appellante) dovrà essere riconosciuto il diritto a prova contraria; il giudice dovrebbe poter esercitare i poteri probatori inerenti al rito abbreviato condizionato.

In caso di abbreviato secco, la rinnovazione dovrebbe ammettersi solo nei limiti di quanto già disposto in prima istanza ai sensi dell'art. 441, co. 5, e l'integrazione dovrebbe essere consentita sulla base di quanto il giudice d'appello negli stessi termini riterrà necessario per la decisione (trattandosi di potere esercitabile «anche» d'ufficio, alle parti spetterà un potere di sollecitazione e non un diritto all'assunzione della prova).

La Corte costituzionale ha affermato che nel giudizio abbreviato d'appello richiesto dal pubblico ministero trova operatività l'art. 603, co. 3 *bis*, a mente del quale il giudice, se i motivi di gravame riguardano la valutazione della prova dichiarativa, dispone la rinnovazione dell'istruzione dibattimentale (Corte cost. n. 124 del 2019), ora tuttavia nei termini di cui al novellato art. 603, co. 3 *bis*.

---

[8] Corte cost., sent. n. 320 del 2007.

2.6. Ulteriori specificità del rito

La specificità del rito riverbera conseguenze anche su altri piani.

In primo luogo, con riferimento alla durata della custodia cautelare, la possibile richiesta di un'integrazione probatoria, il nuovo momento limite dell'iniziativa e l'attribuzione all'imputato di un diritto in materia costituivano elementi che mettevano in tensione le originarie scansioni temporali della custodia cautelare. Conseguentemente, a seguito della modifica dell'art. 303, co. 1, lett. *a* e *b bis* (*ex* L. n. 144 del 2000 di conv. del d.l. 7.4.2000, n. 82), in caso di rito abbreviato, sono stati ampliati i termini di fase. Si è, infatti, previsto che la custodia perda efficacia (entro gli ordinari termini: tre mesi, sei mesi, nove mesi, in relazione alla gravità del reato) se dall'inizio dell'esecuzione non sia stata emessa l'ordinanza con cui il giudice *ex* art. 438 dispone il giudizio abbreviato, nonché (sempre negli ordinari termini: tre mesi, sei mesi, nove mesi) se dall'emissione della riferita ordinanza o dalla sopravvenuta esecuzione della custodia non sia stata pronunciata la sentenza conclusiva del rito di prima istanza.

Parallelamente (con lo stesso provvedimento legislativo) sono state modificate anche le previsioni in punto di sospensione dei termini di durata massima della custodia cautelare (art. 304, co. 1, lett. *c bis*), prevedendo che con ordinanza appellabile *ex* art. 310 i termini cui all'art. 303 sono sospesi nel rito abbreviato nelle stesse situazioni (art. 304, co. 1, lett. *a*, *b*, *c*) nelle quali sono sospesi – ricorrendo le stesse condizioni – nella fase del giudizio.

In caso di richiesta da parte dell'imputato di prosecuzione del procedimento nelle forme ordinarie, troverà operatività il cpv. dell'art. 303, cioè, si determinerà una nuova decorrenza dei termini di fase della custodia cautelare (art. 441 *bis*, co. 4, terzo periodo *ex* L. n. 4 del 2001 di conv. del d.l. n. 341 del 3000).

La *ratio* sottesa ai riferiti adeguamenti non ha reso necessario intervenire né sui termini massimi, né su quelli complessivi della custodia cautelare (artt. 303, co. 4, e 304, co. 6).

Un ulteriore elemento di differenziazione del rito – come in parte già emerso – è costituito dall'efficacia della sentenza emessa nel giudizio abbreviato quando ha acquisito i caratteri dell'irrevocabilità (anche in relazione a questo dato non difettano elementi di premialità).

Il problema non riguarda l'imputato: nei suoi confronti la sentenza, di condanna o di proscioglimento, avrà efficacia di giudicato nei giudizi civili o amministrativi di danno nonché, a seguito della modifica introdotta all'art. 653, anche nel giudizio disciplinare. La questione, come anticipato, riguarda la parte civile la quale può accettare il rito abbreviato ovvero, in aderenza a quanto previsto dall'art. 75, co. 3, trasferire la sua pretesa in sede civile (art. 441, co. 4).

Del resto, nel connotare dell'autorità del giudicato la sentenza penale irrevocabile di cui agli artt. 651 e 652 il legislatore ne circoscrive l'efficacia in quanto pronunciata «in seguito a dibattimento», con esclusione, quindi, delle decisioni – come quella *ex* art. 442 – emessa all'esito dell'udienza preliminare (esclusa, quindi, l'ipotesi in cui la decisione sia emessa a seguito del riconoscimento dell'ingiustificata esclusione del rito ovvero in relazione ad una richiesta conseguente a nuove contestazioni).

A tale proposito, con riferimento alla sentenza di condanna – quindi, ad una decisione in qualche modo favorevole al danneggiato – si consente alla parte civile che, trasferendo l'azione in sede civile non ha accettato il rito, di opporsi all'efficacia della decisione che potrebbe da lei anche non essere valutata positivamente (art. 651, co. 2).

Per quanto attiene alla decisione di proscioglimento, invece, la decisione – in termini generali – non potrà essere opposta alla parte civile che non abbia accettato il rito, mentre avrà efficacia nei suoi confronti se lo avesse accettato (art. 652, co. 1 e 2).

2.7. I giudizi abbreviati atipici

I riti acceleratori verso il dibattimento (giudizio direttissimo e giudizio immediato) e quello deflattivo dello stesso (procedimento per decreto), in quanto omissivi dell'udienza preliminare (luogo della celebrazione del rito), rischierebbero di precludere all'imputato la scelta del rito contratto. Non essendo possibile – pena una lesione costituzionale del principio di uguaglianza – impedire all'imputato una simile scelta, il legislatore ha previsto la possibilità che il giudizio abbreviato venga richiesto dopo l'instaurazione del giudizio direttissimo (art. 452, co. 2) e del giudizio immediato (art. 458, co. 2), ovvero con l'opposizione al decreto penale di condanna (art. 464, co. 1).

È consentito richiedere il giudizio contratto anche nel procedimento davanti al Tribunale in composizione monocratica con citazione diretta a giudizio, in caso di mancanza dell'udienza preliminare (art. 556) con domanda formulata prima delle conclusioni dell'udienza predibattimentale (art. 554 *ter*, co. 2.

Le modalità di regressione del rito abbreviato nel rito speciale nel quale si era innestato, a causa della sopravvenuta modifica dell'imputazione, sono regolate dagli artt. 452, co. 2 (per il giudizio direttissimo), 458, co. 2 (per il giudizio immediato), 464, co. 1 (per il procedimento per decreto), 556, co. 2 (per il procedimento a citazione diretta, senza udienza preliminare)[9].

---

[9] Per l'approfondimento dei profili processuali di questa trasformazione dei riti v. *infra* in relazione ai diversi procedimenti.

Il rito abbreviato è escluso nel procedimento davanti al giudice di pace (art. 2, co. 1, lett. *f*, d.lgs. n. 274 del 2000) mentre è consentito nel procedimento con imputati minorenni (art. 25 d.P.R. 22.9.1988, n. 448) [10].

Una disciplina specifica di questo rito è regolata dall'art. 62 d.lgs. n. 231 del 2001) nel procedimento per la responsabilità degli enti [11].

Di giudizio abbreviato atipico si parla anche nella prassi: il riferimento si indirizza all'ipotesi in cui in limine al dibattimento la difesa accetti il giudizio sulla base del materiale d'accusa in cambio d'un favorevole giudizio di comparazione delle circostanze, suscettibile di determinare uno sconto (di un terzo) della pena. Una situazione di questo genere, notevolmente differenziata dall'ipotesi tipica, può materializzarsi senza l'osservanza delle formalità della richiesta dell'imputato di cui all'art. 438, co. 3.

2.8. Considerazioni conclusive

Le resistenze a condividere le forti implicazioni sistematiche della struttura originaria del giudizio abbreviato hanno costretto il legislatore ad un suo complessivo ripensamento. Originariamente incentrato sull'intesa di pubblico ministero e difesa, esclusione di poteri officiosi del giudice ed immodificabilità dell'accusa, si è approdati ad un rito a domanda del solo imputato che recupera, ai fini del giudizio, il materiale tendenzialmente completo dell'accusa, integrato da possibili prove disposte d'ufficio dal giudice, da materiale fornito e richiesto dallo stesso imputato, da eventuali prove contrarie della procura, con possibile regressione al percorso processuale ordinario in presenza di una modifica dell'imputazione sulla quale la difesa non intende più ancorare il rito richiesto.

Anche in questo caso l'aspetto controverso era l'ampliamento dei poteri delle parti, in particolare quelli della difesa, in relazione alle esigenze di accertamento, soprattutto, con riferimento alle iniziative probatorie ufficiose del giudice.

Non infondate incertezze e perplessità circondano, invece, l'uniforme metro di abbattimento della pena – che potrebbe essere rimodulato per fasce di gravità – anche per il mancato coordinamento con alcuni aspetti premiali di diritto penitenziario.

Trattandosi di un rito consensuale – nel senso in precedenza indicato – risulteranno decisive le strategie difensive legate alla situazione fattuale del singolo processo: consistenza o lacunosità del materiale probatorio dell'ac-

---

[10] V. *infra*, rispettivamente cap. XX e cap. XIX.

[11] V. *infra*, cap. XVIII.

cusa; possibilità o meno di altri riti premiali; presenza o assenza di materiale a sostegno della linea difensiva; implicazioni sullo *strepitus fori*; prognosi sanzionatorie; tempistiche dei percorsi processuali; connotazione dei vari organi giudicanti. Si tratta, tuttavia, di opzioni estranee ai dati normativi.

3. L'applicazione della pena su richiesta delle parti

3.1. Profili generali

Gli artt. 444-448 disciplinano il procedimento di applicazione della pena su richiesta delle parti, riconducibile a meccanismi processuali di tradizione anglosassone (con inevitabili varianti) e definito anche nella prassi come «patteggiamento».

Latamente ricollegabile a quanto previsto dall'art. 77, L. 24.11.1981, n. 689, con riferimento alla richiesta di sanzioni sostitutive delle pene detentive brevi, il rito *de quo* ha ricevuto con il nuovo codice una disciplina dettagliata.

Si tratta di un rito variamente deflativo – come si vedrà – in relazione al momento dell'accoglimento della richiesta ed a contenuto premiale, ancorché diversamente articolato nelle due ipotesi nelle quali il legislatore è venuto configurandolo. Invero, sulla struttura originaria del rito, con la L. 12.6.2003, n. 134 è stata innestata una «variabile» – definita «patteggiamento allargato» – che, ampliando la sfera delle situazioni suscettibili di accordo tra le parti, ha ridimensionato i vantaggi processuali propri del rito che restano confermati per il solo modulo originario.

Dal raggio di operatività dell'applicazione del rito sono espressamente esclusi alcuni reati suscettibili di determinare un particolare allarme sociale (delitti di criminalità organizzata *ex* art. 51, co. 3 *bis*, o di terrorismo *ex* art. 51, co. 3 *quater*, ovvero determinati delitti gravi specificamente indicati) nonché particolari posizioni soggettive (i delinquenti abituali, professionali e per tendenza, o i recidivi *ex* art. 99, co. 4, c.p., qualora la pena superi due anni soli o congiunti a pena pecuniaria) (art. 444, co. 1 *bis*).

Con la L. n. 69 del 2015 è stato inserito un ulteriore co. 1 *ter* ove si prevede che nei procedimenti per i delitti di cui agli artt. 314, 317, 318, 319, 319 *ter*, 319 *quater* e 322 c.p., l'ammissibilità della richiesta di patteggiamento è subordinata alla restituzione integrale del prezzo o del profitto del reato.

Il patteggiamento non si applica nel procedimento davanti al giudice di pace (art. 2, co. 1, lett. *g*, d.lgs. n. 274 del 2000), nel processo minorile (arg. *ex* art. 25, co. 1, d.P.R. n. 448 del 1988) mentre nei procedimenti a carico degli enti l'applicazione della pena a richiesta è ammessa per tutti gli illeciti sanzionati con la pena pecuniaria, mentre per quelli sanzionati con altra pena il procedimento è condizionato dalla non applicabilità, in via definitiva, di una delle sanzioni interdittive previste dall'art. 16, d.lgs. n. 231 del 2001, come esplicitato dall'art. 63, co. 3, dello stesso provvedimento.

3.2. Il procedimento

Sotto il profilo processuale, il rito muove da una richiesta dell'imputato o del pubblico ministero, accolta dall'altra parte, ovvero da un loro accordo che viene indirizzato al giudice per una definizione anticipata del processo sulla base di una pena determinata dalle stesse parti, nella specie e nella quantità: può trattarsi di una sanzione sostitutiva o di una pena pecuniaria, diminuita fino ad un terzo, ovvero di una pena detentiva quando questa, tenuto conto delle circostanze e diminuita fino a un terzo, non supera cinque anni soli o congiunti a pena pecuniaria, imputato e pubblico ministero possono chiedere al giudice di non applicare le pene accessorie o di applicarle in misura determinata, fatta salva l'eccezione per i reati di criminalità economica (v. *infra*, *ex* art. 444, co. 3 *bis*) e di non ordinare la confisca facoltativa o di determinarla in relazione a beni specifici o a importi determinati.

La diminuzione fino a un terzo costituisce il primo elemento della premialità del rito. La «nuova» pena, conseguente alla riconosciuta premialità naturalmente, sottende anche benefici indiretti sia sul piano sanzionatorio, sia su quello processuale, sia sotto il profilo esecutivo e penitenziario.

Elemento centrale del rito è, dunque, l'accordo di pubblico ministero ed imputato, attraverso il quale l'imputato accetta il fatto, la sua qualificazione giuridica e la pena ma anche rinuncia alla facoltà di esercitare il diritto alla prova, risultando giudicato sulla scorta del materiale dell'accusa, ancorché non manchino gli spazi difensivi per la canalizzazione di materiale probatorio ovvero la possibilità di iniziative atte a sollecitare l'acquisizione di materiale di prova prima della richiesta del rito.

Quanto alla procura della Repubblica, il consenso all'iniziativa dell'imputato ovvero un'iniziativa congiunta dopo una più o meno lunga concertazione ovvero – più episodicamente – una iniziativa dell'accusa (arg. *ex* art. 555, co. 2) dovrà essere ancorata ad un rigoroso rispetto del principio di legalità nella valutazione delle condizioni che ammettono ovvero escludono il rito (tra le quali andrebbe annoverata – ipoteticamente – anche la possibilità di chiedere l'archiviazione o la sentenza di non luogo).

Nulla esclude, tuttavia, che alla base delle scelte dei patteggianti possano collocarsi altre considerazioni (pratiche e di opportunità) destinate a rimanere inespresse.

In presenza dell'accordo, sulla base degli atti, il giudice – salvo che ritenga di applicare l'art. 129 – qualora reputi corretta la qualificazione giuridica del fatto, l'applicazione e la comparazione delle circostanze prospettate dalle parti e congrua la pena, ne dispone immediatamente (arg. *ex* art. 448, co. 1) con sentenza l'applicazione, enunciando nel dispositivo che si dà seguito alla richiesta delle parti (art. 444, co. 2). Nella richiesta di pena concordata la parte può subordinare la sua efficacia alla concessione della sospensione condizionale, il cui mancato accoglimento da parte del giudice determina il rigetto della richiesta (art. 444, co. 3).

Con la L. n. 3 del 2019 in tema di contrasto alla corruzione sono state definite le condizioni per il patteggiamento di cui all'art. 444, co. 2, con riferimento all'applicazione delle pene accessorie previste dall'art. 317 *bis* c.p. (art. 444, co. 3 *bis* e art. 445, co. 1, ultimo periodo e co. 1 *ter*).

In altri termini, il giudice dovrà valutare la presenza delle condizioni formali e sostanziali (soggettive ed oggettive) per l'accesso al rito; verificare la correttezza della qualificazione giuridica prospettata; valutare la congruità della pena proposta anche alla luce di quanto previsto dall'art. 27, co. 3, Cost.[12]. La valutazione negativa di questi elementi determinerà il rigetto della richiesta che, adeguatamente modificata, nel rispetto dei termini e delle altre condizioni formali e sostanziali, potrà essere riproposta davanti allo stesso giudice.

L'intersecarsi del rigetto e della riproposizione della domanda e la possibile separazione dei procedimenti cumulativi, ove siano operate dai coimputati scelte processuali diversificate, potranno prospettare situazioni di incompatibilità del giudice chiamato a pronunciarsi[13]. Qualora il p.m. e l'imputato abbiano concordato l'applicazione di una pena sostitutiva (art. 53, L. n. 689 del 1981) il giudice, nell'impossibilità di una decisione immediata, provvederà ai sensi dell'art. 545 *bis*, co. 2 e 3.

L'altra alternativa all'accoglimento della richiesta è rappresentata – come anticipato – dall'applicazione dell'art. 129. Se, invero, si riconosce che l'eventuale proscioglimento in sede dibattimentale o di impugnazione nelle situazioni di ingiustificato dissenso del pubblico ministero o di ingiustificato rigetto del giudice consente di operare ai sensi dell'art. 530 cpv., perplessità si prospettano in ordine all'operatività della stessa regola di giudizio per le richieste di patteggiamento presentate nell'udienza preliminare (o nelle indagini preliminari). La tesi che consente di prosciogliere anche in presenza di un quadro probatorio insufficiente o contraddittorio si lascia preferire.

La richiesta può essere formulata nell'udienza preliminare fino alla presentazione delle conclusioni *ex* artt. 421, co. 3, e 422, co. 3; in caso di giudizio direttissimo il termine è collocato fino all'apertura del dibattimento di primo grado (art. 452, co. 2); nel giudizio immediato la scadenza è fissata en-

[12] Corte cost., sent. n. 313 del 1990.

[13] Corte cost., sent. n. 371 del 1996.

tro il termine e con le forme dell'art. 458 co. 1 o all'udienza prevista dal co. 2 *bis* dello stesso articolo; nel procedimento per decreto la richiesta va presentata con l'opposizione (art. 463, co. 3); è possibile chiedere il patteggiamento anche nel corso del dibattimento in caso di contestazione di un fatto diverso di una circostanza aggravante o di un reato concorrente (artt. 516 e 517), secondo quanto riconosciuto dalla Corte costituzionale[14]. Da ultimo, la Corte di Giustizia (13.6.2019) ha affermato che l'imputato non può domandare, nel corso del dibattimento, l'applicazione della pena nel caso di una modifica della qualificazione giuridica dei fatti oggetto dell'imputazione ma solo nel caso di modifica dei fatti di cui all'imputazione. Per il procedimento davanti al Tribunale in composizione monocratica a citazione diretta, previo avviso, a pena di nullità dell'atto, della relativa facoltà (art. 552, co. 2, lett. *f*), la richiesta va formulata prima delle conclusioni dell'udienza predibattimentale (artt. 556, co. 2, e 555, co. 2; per l'inserimento del patteggiamento negli altri riti: artt. 557 e 558, co. 8).

Entro questi stessi termini, il consenso può essere espresso anche se negato in precedenza (art. 446, co. 4). Ai fini del successivo controllo sulle ragioni del dissenso del pubblico ministero, questo deve essere motivato (art. 446, co. 6), al pari del rigetto da parte del giudice.

Nell'udienza la richiesta ed il consenso sono formulati oralmente; negli altri casi con atto scritto (art. 446, co. 2).

Stante l'importanza dell'atto, la volontà dell'imputato va espressa personalmente o tramite procuratore speciale; la sottoscrizione è autenticata da un notaio, da altra persona autorizzata o dal difensore; il giudice può ritenere opportuno disporre la comparizione dell'imputato per verificare la volontarietà della richiesta o del consenso (art. 446, co. 3 e 5).

Per le persone giuridiche l'attività *de qua* è svolta dal rappresentante legale; se questi ha la veste di imputato del reato da cui dipende l'illecito amministrativo si dovrà procedere alla nomina di un rappresentante *ad hoc* (art. 39 d.lgs. n. 231 del 2001).

Una variabile di questo itinerario è costituita dalla possibilità che la richiesta congiunta ovvero una richiesta con il consenso dell'altra parte sia presentata nel corso delle indagini preliminare. In tal caso, il giudice fissa con decreto – che andrà notificato a cura del richiedente dell'altra parte – l'udienza per la decisione che sarà preceduta dal deposito del fascicolo del pubblico ministero e nel corso della quale pubblico ministero e difensore saranno sentiti se compariranno (art. 447, co. 1 e 2).

Nel caso in cui la richiesta sia presentata soltanto da una parte, il giudice

---

[14] Corte cost., sent. n. 265 del 1994; Corte cost., sent. n. 184 del 2014 e Corte cost., sent. n. 82 del 2019.

– con decreto che dovrà essere notificato unitamente alla richiesta a cura del richiedente all'altra parte – fissa un termine entro il quale l'altra parte può esprimere adesione o dissenso.

È espressamente previsto dall'art. 447, co. 3, secondo periodo, che durante il tempo per esprimere il consenso o il dissenso non è consentita la revoca o la modifica della richiesta da parte del proponente: se ne deduce che – negli altri casi – la richiesta possa essere revocata o modificata fino a quando non intervenga l'accettazione dell'altra parte.

La richiesta congiunta potrebbe essere revocata o modificata di comune accordo prima della decisione da parte del giudice.

In caso di mancato accoglimento della richiesta gli atti saranno restituiti al pubblico ministero per la prosecuzione delle indagini.

Richiesta o consenso del pubblico ministero costituiscono esercizio dell'azione penale, da ritenersi, tuttavia, condizionata all'accoglimento da parte del giudice, escludendosi pertanto una deroga a quanto disposto dall'art. 50, co. 3.

La linearità della procedura appena delineata conosce una variabile legata all'eventuale – motivato – dissenso del pubblico ministero o all'eventuale rigetto – esso pure motivato – della richiesta da parte del giudice per le indagini preliminari o del giudice dell'udienza preliminare: in tal caso, infatti, l'imputato, prima dell'apertura del dibattimento di primo grado, potrà reiterare la richiesta (non è chiaro se negli stessi termini ovvero anche in termini diversi) ed il giudice – ove la ritenga fondata – potrà pronunziare la sentenza a pena concordata ovvero rigettarla. A tal fine, il giudice ordina l'esibizione degli atti contenuti nel fascicolo del pubblico ministero: se accoglie la richiesta, gli atti sono inseriti nel fascicolo per il dibattimento; se rigetta la richiesta li restituisce immediatamente al pubblico ministero (art. 135 disp. att.).

Si tratta di un termine non superabile, non essendo la domanda ulteriormente prospettabile. Tuttavia, la fondatezza della richiesta e l'ingiustificato dissenso del pubblico ministero ovvero l'ingiustificato rigetto della stessa da parte del giudice potranno essere riconosciuti anche all'esito del dibattimento di primo grado o nel giudizio di impugnazione. In quest'ultimo caso, il giudice d'appello decide anche sull'azione civile ai sensi dell'art. 578, essendosi concretizzato un accertamento della responsabilità in prima istanza.

La sentenza patteggiata è ovviamente inappellabile. Tuttavia, in caso di dissenso del pubblico ministero e di applicazione della pena in primo grado la sentenza sarà appellabile da parte dell'ufficio di procura.

Resta ferma, naturalmente, la ricorribilità per cassazione (art. 111 Cost. ed art. 568): ancorché la natura negoziale del rito ponga limiti alle questioni deducibili davanti al Supremo Collegio.

Questo profilo ha trovato una risposta nell'introduzione ad opera della L.

n. 103 del 2017 al co. 5 *bis* dell'art. 448 ove si prevede che pubblico ministero ed imputato possono ricorrere per cassazione contro la sentenza solo per motivi attinenti all'espressione della volontà dell'imputato, al difetto di correlazione tra la richiesta e la sentenza, all'erronea qualificazione giuridica del fatto e all'illegalità della pena o della misura di sicurezza. Contestualmente è stato introdotto anche un co. 1 *bis* dell'art.130 in punto di correzione di eventuali errori materiali contenuti nella sentenza patteggiata, relativi alla specie e quantità della pena per errore di denominazione o di computo.

3.3. La premialità

Alla decisione di patteggiamento conseguono alcuni effetti specifici relativi all'azione civile inserita nel processo penale ed esclusioni delle ricadute del giudicato in altri procedimenti.

Sotto il primo profilo, se c'è costituzione di parte civile il giudice non si pronuncia sulla domanda, limitandosi a condannare l'imputato – salvo che ricorrano giusti motivi per la compensazione – al pagamento delle spese sostenute dalla parte civile la quale potrà – ai sensi dell'art. 75, co. 3 – trasferire l'azione in sede civile.

Il secondo aspetto si ricollega alla natura della decisione di patteggiamento, nella parte in cui significativamente innovata dalla riforma Cartabia si stabilisce che la sentenza di patteggiamento di cui all'art. 444, co. 2 (cioè, anche per quello allargato) anche se pronunciata dopo la chiusura del dibattimento non ha efficacia e non può essere utilizzata a fini di prova nei giudizi civili, disciplinari, tributari o amministrativi e contabili. Qualora siano applicate pene accessorie, non producono effetti le disposizioni di leggi diverse da quelle penali, che equiparano la sentenza di cui all'art. 444, co. 2, alla sentenza di condanna.

Resta fermo che al di quanto sin qui previsto o da particolari disposizioni di legge, la sentenza *de qua* è equiparata ad una pronuncia di condanna.

Va tuttavia ricordato che l'art. 629, prevede che la revisione possa essere chiesta anche per le sentenze di cui all'art. 444, co. 2. e che le Sezioni Unite hanno riconosciuto alla sentenza di patteggiamento la capacità di determinare la revoca della sospensione condizionale della pena ai sensi dell'art. 168, co. 1, n. 1, c.p.

In caso di *abolitio criminis* o di declaratoria di incostituzionalità la decisione è revocabile *ex* art. 673 ed in presenza di più sentenze di applicazione della pena su richiesta delle parti si procede *ex* art. 188 disp. att.

Le riferite connotazioni premiali del rito in relazione alla pena da applicare (l'abbattimento fino ad un terzo) – anche se solo nel caso in cui la pena irrogata non sia superiore a due anni di pena detentiva soli o congiunti con pena pecuniaria (si tratta del patteggiamento originario, prima dell'allargamento effettuato con L. n. 134 del 2003 ed applicabilità, come detto, anche alla pena che non superi i cinque anni soli o congiunti a pena pecuniaria) – si completano con la previsione che la sentenza non comporta la condanna al pagamento delle spese processuali, né l'applicazione di pene accessorie (con l'eccezione di quelle di cui all'art. 609 *nonies* c.p. e d.l. 22.12.1994, n. 717 conv. in L. 24.2.1995, n. 45), né quella di misure di sicurezza (con l'eccezione della confisca *ex* art. 240 c.p. nonché *ex* art. 544 *sexies* c.p. ed art. 2, co. 5, d.lgs. 12.1.2007, n. 11), la non menzione della sentenza nel certificato generale del casellario giudiziale richiesto dal privato (art. 24, co. 1, lett. *e*, d.P.R. n. 313 del 2002). Si tratta di ulteriori elementi di differenziazione della sentenza patteggiata rispetto ad una decisione di condanna.

Con la L. n. 68 del 2015 in materia di tutela dell'ambiente si è previsto che in caso di patteggiamento, per i delitti di cui agli artt. 452 *bis*, 452 *quater*, 452 *sexies*, 452 *septies* e 452 *octies* c.p. è sempre ordinata la confisca delle cose che costituiscono il prodotto o il profitto del reato o che servirono a commettere il reato, salvo che appartengono a persone estranee al reato; ove ciò non sia possibile è disposta la confisca di beni per un valore equivalente (art. 452 *undecies* c.p.). In caso di sentenza di patteggiamento per uno dei reati di cui al Titolo VI del Libro II del codice penale il giudice ordina il recupero e, ove possibile, il ripristino dello stato dei luoghi, ponendo l'esecuzione a carico del condannato o dei soggetti di cui all'art. 197 c.p. (art. 452 *duodecies* c.p.).

Alla sentenza, con pena limitata a due anni, va anche ricondotta la previsione premiale per la quale il reato si estingue, cessa ogni effetto penale ed in caso di applicazione di pena pecuniaria o sanzione sostitutiva non è preclusa la concessione di una successiva sospensione condizionale della pena, se nel termine di cinque anni, in caso di delitto ovvero di due anni, in caso di contravvenzione l'imputato non commette un delitto ovvero una contravvenzione della stessa indole (per alcune specifiche connotazioni dell'effetto estintivo v. art. 136 disp. att.) (art. 445 co. 2).

Alla sfera della premialità viene ricondotta anche la mancanza della pubblicità del rito, e non solo di quello che si celebra – seppur statisticamente in misura ridotta – nel corso delle indagini preliminari, nonché la possibile riduzione delle spese della difesa tecnica.

Non mancano situazioni premiali di dettaglio: riduzione per il patteggiante della sanzione amministrativa accessoria della sospensione della patente ridotta fino ad un terzo (art. 222, co. 2 *bis*, d.lgs. 30.4.1992, n. 285 introdotto da L. 21.2.2006, n. 102); sostituzione della pena detentiva e pecuniaria non sospendibile con il lavoro di pubblica utilità *ex* art. 54 d.lgs. n. 274 del 2000 per il tossicodipendente patteggiante i reati di lieve entità in materia di stupefacenti (art. 73, co. 5 *bis*, d.P.R. 9.10.1990, n. 309).

3.4. Il rapporto con gli altri riti speciali

Come è emerso dalla ricostruzione effettuata, il rito *de quo* si differenzia nettamente dal giudizio abbreviato. Quest'ultimo è avviato solo a domanda dell'imputato che chiede un giudizio nel merito suscettibile di condurre ad un esito aperto sia alla condanna (con la pena non predeterminata, salva l'abbattimento secco della premialità), sia al proscioglimento; il patteggiamento muove da un accordo delle parti, originato da una richiesta di una di esse, che il giudice può accogliere o rigettare, ma non modificare.

Su questa base, si parla – per il giudizio abbreviato – di patteggiamento sul rito, in quanto l'imputato sceglie – tra le opzioni possibili – quella di essere giudicato nel merito, sul materiale dell'accusa, al quale dà il consenso (arg. *ex* art. 111 Cost.), fatte salve le integrazioni probatorie alle quali si è accennato[15]; per il «rito di cui agli artt. 444-448», invece, si fa riferimento ad un patteggiamento sulla pena, oltre che a quello sul rito (percorso processuale e riconoscimento del materiale probatorio), che, infatti, il giudice non può modificare, ma solo non ritenere congrua.

Comune ad entrambi i riti è la finalità deflativa dell'udienza preliminare (in parte, considerato il momento finale per la presentazione della richiesta), del dibattimento di primo grado (salva la verifica dell'ingiustificato dissenso o del rigetto) e per il patteggiamento anche di parte della fase delle indagini e dell'appello (sempre salva la verifica dell'ingiustificato dissenso o rigetto).

Entrambi i procedimenti sono premiali.

Tuttavia, mentre nel rito abbreviato questo si caratterizza quasi esclusivamente (il riferimento va alla mancanza di pubblicità ed ai limiti all'appello del pubblico ministero) per l'abbattimento «secco» di un terzo della pena che il giudice avrebbe ritenuto corretto applicare, nel patteggiamento – oltre alla riduzione concordata fino ad un terzo della pena – la premialità si connota – seppur in modo variegato – come si è visto, di ulteriori elementi.

Il patteggiamento è – a differenza dell'abbreviato – un rito consensuale (fatta salva la verifica dell'ingiustificato dissenso).

Un'ulteriore significativa differenza tra i due riti è costituita dalla natura delle rispettive decisioni: nel caso del rito contratto il giudice provvede a norma degli artt. 529 ss. (art. 442, co. 1); nel caso del patteggiamento gli esiti processuali, ove non conducano all'applicazione dell'art. 129 (nei termini già

[15] Cfr. *retro*, par. 2.3.

indicati), determinano la pronuncia di una sentenza (a contenuto vincolato) la cui natura – non muovendo da un pieno accertamento – può definirsi ibrida, risultando omologabile ad una decisione di condanna nei limiti in cui la legge espressamente le attribuisca questa connotazione.

Differenze consequenziali a quanto sino ad ora detto si segnalano con riferimento alla modifica dell'imputazione (art. 441 *bis*), ai poteri probatori del giudice (art. 441, co. 5), alla disciplina delle impugnazioni (art. 443), ai diversi percorsi di accesso al rito ed ai suoi sviluppi (art. 438).

Per le considerazioni svolte è esclusa la possibilità di cumulare i due riti ed i relativi benefici e di convertire un rito nell'altro mentre è possibile subordinare la domanda di abbreviato alla richiesta rigettata di patteggiamento e quella di patteggiamento al rigetto della domanda di abbreviato (art. 438, co. 5 *bis*).

È, invece, consentito – come anticipato – inserire – con scansioni cronologiche determinate – il patteggiamento nel giudizio direttissimo, in quello immediato e nel procedimento per decreto.

3.5. Riflessioni di sistema

Nel patteggiamento e più in generale nei riti premiali, in considerazione della loro finalità deflativa, erano state riposte molte delle speranze di successo della riforma del 1988, che metteva i dibattimenti – sperabilmente, appunto, non numerosi – al centro del nuovo modello processuale. Pur nel progressivo mutato assetto del sistema bifasico, anzi, proprio per questo, la propensione al rito non doveva venir meno.

Invece, nel contesto di una macchina giudiziaria complessa come quella italiana – con la presenza di molte variabili di diritto sostanziale, di diritto processuale, di esecuzione penitenziaria, con forti dislivelli di efficienza ordinamentale ed organizzativa, con un'illegalità non omogeneamente distribuita – la scommessa ha ancora esiti incerti.

L'arretramento del momento della richiesta rispetto all'impostazione originaria, che lo aveva collocato «fino alla dichiarazione di apertura del dibattimento», effettuato dalla L. n. 479 del 1999, compensato dai poteri d'integrazione probatoria di parte e d'ufficio, possibili in sede di udienza preliminare (rafforzati dalla prassi proprio per favorire la richiesta del rito *de quo* ed il suo accoglimento), unito all'ampliamento della piattaforma sanzionatoria di accesso al rito, avrebbe dovuto assecondare l'opzione deflativa, in presenza di una pena determinata con certezza e circondata da significativi elementi di premialità.

Tuttavia, una non secondaria erosione della premialità – come si è visto, le ipotesi derogatorie si sono progressivamente incrementate – un forte condizionamento del consenso del pubblico ministero ad azioni risarcitorie e restitutorie, se non anche ad ammissioni di responsabilità, un'accentuata connotazione della sentenza di patteggiamento come decisione di condanna, con inevitabili ricadute negative su più versanti, una più attenta considerazione dei limiti alla declamata cessazione di ogni effetto penale unitamente all'estinzione del reato insieme ad una generale accentuazione di aspettative e di risposte sanzionatorie, stanno disincentivando la propensione al rito *de quo*.

In questo contesto, innestato dall'intervenuto allargamento del raggio di operatività del rito (L. n. 134 del 2003), ci si interroga – nella prospettiva di una riforma – sull'opportunità di un ritorno del patteggiamento alla sua impostazione originaria.

Larga condivisione, invece, circonda le riserve per l'ampia e perciò spesso strumentale – in quanto finalizzata al tentativo di far maturare la prescrizione – ricorribilità per cassazione della sentenza patteggiata che, fatte salve specifiche e limitate situazioni patologiche, recepisce in concreto un accordo delle parti, condiviso dal giudice.

Resta sullo sfondo, il diverso approccio al rito tra chi vi vede il cedimento – seppur in parte necessitato – alla illegalità, inizialmente se non bagatellare, certamente non allarmante, ma ora anche di un certo spessore, e chi riconduce al rito *de quo* un valore capace di avvicinare accusa, difesa e giudice nella scelta di strumenti finalizzati ad una migliore attuazione della giurisdizione.

4. Il giudizio direttissimo

4.1. Considerazioni generali

Articolato in ipotesi diversificate, previsto anche da molte disposizioni extracodicistiche (leggi speciali), il tratto essenziale della specialità del giudizio direttissimo è riconducibile alla sua natura acceleratoria, deflativa dell'udienza preliminare, con una fase delle indagini circoscritta o contratta ed un dibattimento verosimilmente rapido ed agile. È un rito non premiale.

Recentemente, con la legislazione sulla sicurezza il legislatore ha agito non solo ampliando i casi dei c.d. direttissimi atipici ed intervenendo su alcuni presupposti e meccanismi del rito, ma rendendo in qualche modo – come si vedrà – obbligatorie alcune ipotesi di questo procedimento.

Integrando questo giudizio con quello immediato, ampliato nelle sue articolazioni, si è creato un sistema acceleratorio per quelle situazioni ritenute di particolare allarme sociale che per il materializzarsi delle premesse di un giudizio di responsabilità consentono – *rectius*, impongono – una risposta rapida da parte della organizzazione giudiziaria.

Il rito direttissimo è disciplinato – con alcune peculiari varianti – nel giudizio davanti al Tribunale in composizione monocratica[16]. È previsto nel processo minorile ove ai presupposti originari, fissati dall'art. 25, co. 2, d.P.R. n. 448 del 1988, è stato di recente aggiunto il co. 2 *ter* che esclude l'avvio del procedimento in caso di grave pregiudizio per le esigenze educative del minore. È espressamente escluso nel procedimento davanti al giudice di pace; tuttavia, un qualche riferimento a questo rito è deducibile dagli artt. 20 *bis* e 20 *ter* recentemente introdotti dalla L. 15.7.2009, n. 94.

4.2. I casi di giudizio direttissimo

Il co. 1 dell'art. 449 disciplina l'ipotesi «tradizionale» del rito: quella nei confronti del soggetto arrestato nella flagranza di reato (artt. 380-381). Dopo aver valutato la situazione probatoria, il pubblico ministero – mantenuto lo stato restrittivo – può optare per una duplice strategia da effettuare nell'arco delle quarantotto ore dall'arresto: chiedere la convalida al giudice per le indagini preliminari; chiedere al giudice del dibattimento la convalida ed il contestuale giudizio (direttissimo) con la conseguenza che a seguito dell'intervenuta convalida – che si svolgerà, nei limiti della compatibilità (si pensi alla pubblicità), nel rispetto di quanto previsto dall'art. 391 – si procede immediatamente al giudizio direttissimo (art. 449, co. 3).

Per l'instaurazione del rito è, però, necessario che con la convalida sia applicata anche la custodia cautelare: solo così sarà possibile contestare l'imputazione all'imputato presente (il successivo venir meno della misura, ad es. nel termine di dieci giorni concessi alla difesa, sarà irrilevante). Il dato, peraltro, è controverso: sussiste una tesi diversa.

Tuttavia, anche la mancata convalida con o senza applicazione della custodia cautelare da parte del giudice dibattimentale – ovvero la convalida senza applicazione della custodia cautelare – può condurre alla celebrazione del giudizio direttissimo: in questo caso è necessario che imputato e pubblico ministero consentano alla celebrazione del rito. La scelta sarà condizionata – per ognuna delle parti – dai, favorevoli o meno, prevedibili esiti del giudizio che dovrebbe celebrarsi secondo le stesse cadenze del rito con arresto convalidato. Il legislatore non specifica né le modalità, né gli atti, né le forme, né il tempo nel quale il consenso deve essere prestato. Dovrebbe, peraltro, escludersi che in questo caso l'imputato possa chiedere la trasformazione del rito nei giudizi negoziali.

---

[16] V. *supra*, cap. XVI.

In caso di mancata convalida, ovvero di convalida senza misura cautelare e di mancato accordo, il giudice restituirà gli atti al pubblico ministero (nella fase delle indagini preliminari).

La facoltatività della scelta della prima alternativa per il pubblico ministero si attenua nel caso in cui il pubblico ministero nelle quarantotto ore (cioè, con la richiesta di misura cautelare: arg. *ex* art. 121 disp. att.) opti per la convalida dell'arresto in flagranza davanti al giudice per le indagini preliminari.

Qualora l'arresto sia convalidato, fatta salva l'ipotesi in cui sussista un grave pregiudizio per le indagini (indagini incomplete), il pubblico ministero dovrà procedere a giudizio direttissimo presentando l'imputato in udienza entro il trentesimo giorno dall'arresto (art. 449, co. 4). In altri termini, l'arresto in flagranza convalidato conduce al rito direttissimo nel termine delle quarantottore dalla richiesta del pubblico ministero ovvero entro il trentesimo giorno dall'arresto.

Sembrerebbe che in quest'ultimo caso, per l'instaurazione del rito, oltre alla convalida non sia necessario che il giudice applichi anche la custodia cautelare. È vero che l'art. 449, co. 4, parla di presentazione dell'imputato in udienza, ma questa condizione non appare giustificata alla luce della possibilità di citare il soggetto che ha confessato ed è libero (art. 449, co. 5).

Un'ulteriore – diversa – ipotesi di rito direttissimo è legata alla confessione da parte dell'imputato (dei fatti per i quali si procede) resa nel corso dell'interrogatorio: è irrilevante che si tratta di interrogatorio cautelare o di interrogatorio investigativo (artt. 294; 299, commi 3 e 3 *ter*; 301, co. 2 *ter*; 302; 364; 374, co. 2; 388; 391, co. 3).

La doverosità dell'iniziativa del pubblico ministero è temperata, anche in questo, dal pregiudizio grave per le indagini (cioè, dal rischio di indagini incomplete).

In questa ipotesi che si snoda dalla fase delle indagini preliminari e prescinde dalle ipotesi in precedenza considerate, l'imputato libero sarà citato a comparire ad un'udienza che dovrà tenersi entro trenta giorni dall'iscrizione del nome nel registro di cui all'art. 335 (il precedente termine di quindici giorni è stato modificato dalla L. n. 125 del 2008 di conv. del d.l. n. 92 del 2008); quello in stato di custodia cautelare per il fatto di cui alla confessione è presentato – negli stessi tempi – all'udienza.

Anche in questo caso la doverosità della scelta è stata accompagnata dall'allungamento dei tempi per incardinare il processo, così da consentire sia il completamento delle indagini, sia le attività funzionali all'instaurazione ed allo svolgimento del rito.

Una ulteriore specifica ipotesi del rito *de quo* è stata introdotta a seguito della modifica di cui all'art. 384 *bis* ove si prevede il caso dell'allontanamento d'urgenza dalla casa familiare del soggetto colto in flagranza dei delitti di cui all'art. 282 *bis*, co. 6, sussistendo il pericolo di reiterazione delle condotte criminose con grave ed attuale pericolo per la vita o l'integrità fisica o psichica della persona offesa.

In tal caso il quarto periodo del co. 5 dell'art. 449 prevede che la polizia giudiziaria su disposizione del pubblico ministero possa provvedere alla sua citazione per il giudizio direttissimo e la contestuale convalida dell'arresto entro le successive quarantottore, salvo il grave pregiudizio per le indagini.

4.3. Instaurazione, svolgimento e trasformazione del rito

Come dovrebbe essere già emerso, le modalità di instaurazione del rito e quindi le modalità di esercizio dell'azione penale divergono in relazione alla condizione dell'indagato.

Se il soggetto è ristretto (arrestato in flagranza o in stato di custodia cautelare) si procederà alla sua traduzione in udienza (art. 450, co. 1): in quest'ultimo caso, il pubblico ministero procederà alla contestazione dell'imputazione all'imputato presente (art. 451, co. 4).

Se l'imputato è libero si provvede alla sua citazione: l'atto – datato, sottoscritto, con l'indicazione del giudice competente per il giudizio – è ricalcato sul decreto che dispone il giudizio (art. 429, co. 1, lett. *a*, *b*, *c*, *d bis*, *f*); il termine per comparire – stante le caratteristiche del rito – è brevissimo, ma non inferiore a tre giorni (art. 450, co. 2). Il pubblico ministero provvederà altresì a notificare senza ritardo l'avviso della data fissata per il giudizio.

Le due modalità di instaurazione del rito incidono sulla formazione del fascicolo: in tutti i casi in cui l'imputato sia in stato di arresto o di custodia cautelare il fascicolo per il dibattimento è formato dal pubblico ministero: nel caso di convalida e contestuale giudizio la formazione del fascicolo è effettuata dal pubblico ministero d'udienza dopo il giudizio di convalida (art. 138 disp. att.).

Del fascicolo per il dibattimento e di quello delle indagini preliminari (eventualmente effettuate) la difesa dovrebbe poter prendere visione a seguito della richiesta dei termini a difesa *ex* art. 451, co. 6. Peraltro, gli atti dovrebbero essere stati resi noti nell'udienza di convalida, ai fini della richiesta e dell'applicazione delle misure cautelari.

Queste ultime considerazioni dovrebbero superare, in fatto, il silenzio del legislatore sul punto, nella procedura del rito direttissimo «consensuale», che comunque sarà conseguente ad una piena conoscenza del materiale oggetto del giudizio.

Nel caso di imputato libero il fascicolo per il dibattimento – sempre formato dal pubblico ministero – è trasmesso – unitamente al decreto di citazione – alla cancelleria del giudice competente per il giudizio; quello delle indagini preliminari si trova nella segreteria del pubblico ministero. Di entrambi la difesa può prendere visione ed estrarre copia (art. 450, co. 4 e 6).

Mancano specifiche indicazioni per le ipotesi di giudizio direttissimo successivo alla convalida del giudice per le indagini preliminari ovvero di giudizio conseguente a confessione, con imputato sottoposto a custodia cautelare: il dato assume rilievo considerando che nei più ampi termini per l'instaurazione del rito il pubblico ministero potrebbe significativamente aver ulteriormente incrementato il materiale investigativo. Due le alternative possibili: accesso del difensore alla segreteria ed alla cancelleria, dopo l'avviso dell'udienza, ovvero in pendenza dei richiesti termini a difesa.

Non può escludersi che, pure nel caso di soggetti *in vinculis*, il pubblico ministero possa optare – avvalendosi dei più ampi termini conferitigli ora dalla legge – per la procedura della citazione, anche al fine di evitare le eventuali implicazioni dell'evoluzione delle misure cautelari.

Per lo svolgimento del rito si osservano le regole per il dibattimento (artt. 470 ss.); la persona offesa ed i testimoni possono essere citati anche oralmente; pubblico ministero, imputato e parte civile possono presentare i testimoni senza citazione; debitamente avvertito dal presidente, l'imputato può chiedere un termine a difesa, con sospensione del dibattimento fino all'udienza immediatamente successiva al termine massimo di dieci giorni (art. 451).

Nell'eventualità in cui il giudizio sia stato avviato fuori dai casi consentiti, il giudice dibattimentale restituirà – con ordinanza – gli atti al pubblico ministero perché proceda con il rito ordinario ovvero con quel rito di cui ricorrano i presupposti (art. 452, co. 1). Costituisce elemento significativo del giudizio *de quo* che – a differenza di quanto avviene nel giudizio immediato – la verifica dei presupposti del rito sia effettuata nel contraddittorio tra le parti.

Potendosi determinare la connessione con altri reati o altri imputati, per i quali mancano le condizioni del rito, si procede separatamente, fatto, sempre, salvo il grave pregiudizio per le indagini. Peraltro, se la riunione risulterà indispensabile, si procederà con il rito ordinario (art. 449, co. 6).

Naturalmente, l'eliminazione dell'udienza preliminare potrebbe pregiudicare l'accesso dell'imputato ai riti premiali. A tal fine, il presidente – a pena di nullità – avvisa l'imputato della possibilità di effettuare le relative richieste. Si prevede, così, che la difesa possa chiedere il giudizio abbreviato. In tal caso, il giudice, prima che sia dichiarato aperto il dibattimento, dispone che il giudizio (dibattimentale) prosegua secondo le previsioni del rito contratto (artt. 438, co. 3 e 5; 441; 441 *bis*; 442 e 443 e 438, co. 6 *bis*). Qualora, ai sensi dell'art. 441 *bis*, co. 3, l'imputato rinunci al rito, il giudice, revocata l'ordinanza che aveva ammesso il rito abbreviato, fisserà l'udienza per il giudizio direttissimo.

A differenza delle situazioni regolate dagli artt. 458 e 464 (in relazione al giudizio immediato ed al procedimento per decreto), il procedimento *de quo* non regredisce ma s'innesta nel giudizio dibattimentale.

Quanto al patteggiamento, l'art. 446, co. 1, primo periodo, prevede che la relativa domanda può essere formulata fino all'apertura del dibattimento: i successivi sviluppi sono delineati quanto alla richiesta ed al consenso dallo stesso art. 446; per i provvedimenti del giudice dispone l'art. 448.

Fino all'apertura del dibattimento di primo grado l'imputato può chiedere la sospensione del procedimento con messa alla prova (art. 464 *bis*, co. 2).

4.4. I direttissimi atipici

Volendo dare un preciso segnale, rispetto alla stagione dell'emergenza durante la quale i riti direttissimi atipici erano stati fortemente incrementati, con l'art. 233 disp. att. erano state abrogate tutte le relative previsioni; le ipotesi che erano state conservate – relative ai reati commessi a mezzo stampa ed ai reati concernenti le armi e gli esplosivi – venivano successivamente dichiarate incostituzionali (per contrasto con la legge delega) [17].

Ripristinata l'ipotesi relativa alle armi ed agli esplosivi, si è progressivamente assistito – nuovamente – ad un incremento dei riti direttissimi obbligatori in relazione a quelle materie la cui emergenza rendeva necessario ricorrere a meccanismi processuali celeri connotati dall'esemplarietà.

Il panorama di queste ipotesi di rito direttissimo si presenta alquanto variegato nei presupposti e nelle condizioni per il suo espletamento, anche per la diversità delle situazioni fattuali (possibile evidenza, semplicità o meno dell'accertamento del reato) che il legislatore sembrerebbe essersi prospettato.

Il panorama può essere così delineato.

Art. 12 *bis* d.l. n. 306 del 1992 conv. in L. n. 356 del 1992: per i reati concernenti le armi e gli esplosivi il pubblico ministero procede al giudizio direttissimo anche fuori dai casi previsti dagli artt. 449 e 558, salvo che siano necessarie speciali indagini.

Art. 6, co. 5, d.l. 26.4.1993, n. 122 conv. in L. 25.6.1993, n. 205 in materia di reati di discriminazione etnica, razziale e religiosa: per i reati indicati dall'art. 5, co. 1, si procede con giudizio direttissimo anche fuori dai casi previsti dall'art. 449, salvo che siano necessarie speciali indagini.

Art. 8 *bis* introdotto da d.l. n. 20.8.2001, n. 336 conv. in L. 19.10.2001, n. 377, successivamente integrato da d.l. 8.2.2007, n. 8 conv. in L. 4.4.2007, n. 41, nella L. 13.12.1989, n. 401, in relazione ai reati commessi in occasione di manifestazioni sportive: per i reati indicati nell'art. 6, co. 6, nell'art. 6 *bis*, co. 1 e 2, nell'art. 6 *ter* e

---

[17] Corte cost., sent. n. 68 del 1991.

nell'art. 8, si procede sempre con il giudizio direttissimo, salvo che siano necessarie speciali indagini.

Particolarmente numerose le ipotesi di rito direttissimo atipico in relazione a diverse ipotesi di reato connesse alla disciplina dell'immigrazione ed alla condizione dello straniero: art. 12, co. 4, ultimo periodo, d.lgs. 25.7.1998, n. 286, modif. da art. 2, co. 1, d.lgs. 13.4.1999, n. 113: nei casi previsti dai commi 1 e 3 della medesima previsione si procede comunque con giudizio direttissimo, salvo che siano necessarie speciali indagini; art. 13, co. 13 *ter*, d.lgs. n. 286 del 1998 modif. prima da art. 12, co. 1, lett. *g*, in L. 30.7.2002, n. 189 e poi da art. 1, co. 2 *ter*, lett. *c*, d.l. 14.9.2004, n. 241 conv. in L. 12.11.2004, n. 271: per i reati previsti dai commi 13 e 13 *bis* dello stesso articolo si procede con rito direttissimo; art. 14, co. 5 *quinquies*, d.lgs. n. 286 del 1998, *ex* art. 13, co. 1, lett. *b*, L. n. 189 del 2002, modif. da art. 1, co. 5 *bis*, d.l. n. 241 del 2004 conv. in L. n. 271 del 2004: per i reati previsti ai commi 5 *ter* e 5 *quater* della stessa previsione si procede con il rito direttissimo.

Da ultimo, con il d.l. n. 92 del 2008 conv. in L. n. 125 del 2008 si è stabilito che «si procede con rito direttissimo» nelle ipotesi disciplinate dagli artt. 235 e 312 c.p. (trasgressione di un ordine di espulsione o di allontanamento dello straniero pronunciato dal giudice).

Come si può vedere, al di là delle situazioni fattuali coinvolte – più o meno evidenti – si tratta di un panorama disomogeneo, connotato, tuttavia, da una *escalation* di esemplarità, contrassegnata dal progressivo allontanamento dal modello tipo – inizialmente derogato solo nei «casi», forse non nei termini – temperato dalla esigenza di procedere al rito ordinario in presenza della necessità di speciali indagini, e, invece, da ultimo, dall'approdo ad un modello «secco», automatico, sganciato da qualsiasi presupposto.

Va però sottolineato come nelle riferite previsioni non manchino espliciti riferimenti all'arresto obbligatorio, a volte anche fuori dai casi di flagranza ovvero all'arresto facoltativo, con possibili interferenze e sovrapposizioni con il rito direttissimo tipico (ora, reso anche meno discrezionale).

Tuttavia, inevitabilmente i silenzi normativi in materia ingenerano dubbi sulle «forme» e sui «termini» per l'avvio del rito, sulle implicazioni di un eventuale esercizio alternativo dell'azione penale da parte del pubblico ministero, sui poteri di controllo e di trasformazione del giudizio da parte del giudice (art. 452, co. 1).

Manca, inoltre, in queste leggi ogni riferimento alle modalità di instaurazione e di svolgimento del rito. Al riguardo, però, sembra ragionevole ipotizzare l'operatività degli artt. 450 e 451, tenuto conto della differente condizione dell'imputato. L'atipicità del rito, invece, non pregiudicherà la possibilità della trasformazione del giudizio in conseguenza della richiesta di accesso ai procedimenti premiali (art. 452 co. 2).

4.5. Riflessioni di sistema

La ricostruzione svolta ha messo in luce le forti tensioni e trasformazioni che hanno interessato il giudizio direttissimo. Dalla coerenza con l'originaria impostazione accusatoria del codice, si è passati ad una prospettazione votata all'esemplarietà, come sottolineano, per un verso, l'ampliamento delle ipotesi dei giudizi direttissimi atipici e, per un altro, la segnalata obbligatorietà delle ipotesi codicistiche, rafforzata dall'ampliamento dei casi di arresto in flagranza.

Integrando questo rito – come si vedrà – con quello immediato, nel cui troncone originario è stato innestato un percorso «custodiale», si è creato un meccanismo integrato in forza del quale «a cascata» si può determinare il passaggio del processo rapidamente alla fase dibattimentale, con eliminazione dell'udienza preliminare.

Si potrebbe sostenere che la ritenuta doverosità del rito nulla modificherebbe rispetto alle precedenti previsioni, sia perché si tratta di disposizioni sprovviste di sanzione, esclusa l'operatività dell'art. 124, sia perché, anche in precedenza, il comportamento del pubblico ministero, in presenza dei presupposti di legge, doveva ritenersi doveroso.

Tuttavia, la precisa scelta legislativa non può rimanere priva di significato: non può escludersi che il dato costituisca per gli uffici di procura un criterio di priorità delle indagini da far rifluire ai sensi dell'art. 132 *bis*, co. 1, lett. *f*, disp. att. nella formazione dei ruoli di udienza e nella trattazione dei processi con criteri di assoluta priorità.

5. Il giudizio immediato

5.1. Considerazioni generali

Il secondo procedimento speciale acceleratorio, deflativo dell'udienza preliminare, non premiale, contenuto nel Libro VI, è il giudizio immediato (artt. 453-458).

Assolutamente lontano, per presupposti e finalità, dal «giudizio immediato per i reati commessi in udienza» regolato all'art. 435 c.p.p. 1930, il rito *de quo* ben si inquadra nella logica del nuovo modello accusatorio che rimette alle parti le scelte procedimentali.

Invero, all'interno del giudizio immediato si collocano ipotesi diverse, legate sia all'iniziativa del pubblico ministero, sia dell'imputato.

Come si vedrà, a seguito della L. n. 92 del 2008, i presupposti del rito avviato dal pubblico ministero non solo sono stati ampliati, ma lo stesso giudizio sembra aver subito una trasformazione «genetica», maggiormente legata all'esemplarità, in linea con la filosofia della legislazione della sicurezza.

Ai sensi dell'art. 2, co. 1, lett. *i*, d.lgs. n. 274 del 2000 il giudizio immediato è escluso nel procedimento davanti al giudice di pace. Tuttavia, per una ipotesi latamente riconducibile allo schema del rito *de quo* è ora possibile richiamare gli artt. 20 *bis* e 20 *ter* del citato d.lgs.

Il rito troverà operatività nelle ipotesi di processo dinanzi al Tribunale in composizione monocratica preceduto dall'udienza preliminare. Con la riforma Cartabia si è previsto che anche nel rito a citazione diretta non preceduto da udienza preliminare sia possibile svolgere il giudizio immediato, escludendo la celebrazione dell'udienza predibattimentale (art. 558 *bis*).

Una disciplina particolare – recentemente riformata (art. 25, co. 2 *ter*, d.P.R. n. 448 del 1988 come modificato dalla L. n. 125 del 2008 di conv. del d.l. n. 92 del 2008) – è prevista per il procedimento minorile.

5.2. I casi. Il giudizio immediato chiesto dall'imputato

Una prima ipotesi di rito immediato è regolata dagli artt. 453, co. 3 e 419, co. 5.

Si prevede, infatti, che l'imputato possa rinunciare all'udienza preliminare e chiedere al giudice dell'udienza preliminare il giudizio immediato. Per questa ragione, differenziandosi dal rito avviato dal pubblico ministero, questa ipotesi di giudizio speciale viene inquadrata nella c.d. «giustizia consensuale».

La domanda dovrà essere presentata in cancelleria almeno tre giorni prima – termine perentorio, a pena di inammissibilità della richiesta – della data fissata per l'udienza. A cura del rinunciante l'atto è notificato al pubblico ministero ed alla persona offesa. Configurandosi come abdicazione ad un diritto difensivo, l'atto va compiuto personalmente o a mezzo di procuratore speciale.

La giustificazione concettuale di questa ipotesi di rito immediato, nella visione degli estensori del codice del 1988, veniva ricondotta, per un verso, alla strategia difensiva tendente a non far emergere nell'udienza preliminare le lacune investigative del pubblico ministero e, per un altro, a non far condizionare il giudice dibattimentale da un mancato proscioglimento in udienza.

Si potrebbe anche ipotizzare che l'imputato «innocente» voglia ottenere una decisione più «stabile» di quella di non luogo a procedere; si può pensare che l'opzione sia legata «storicamente» ai limiti probatori dell'udienza preliminare.

In ogni caso, anche a prescindere dal fondamento di queste considerazioni, che al limite potrebbero essere rafforzate alla luce degli ampliati poteri ufficiosi di integrazione probatoria da parte del giudice dell'udienza preliminare, la possibilità di accedere a questo percorso non pare aver avuto molto seguito presso i difensori degli imputati.

Ove si escludano i profili formali, la scelta dell'imputato non è sindacabile dal giudice per le indagini preliminari [18]. In questa ipotesi di rito immediato non trova operatività l'art. 453, co. 2.

Nel giudizio immediato chiesto dall'imputato – per una logica incompatibilità con la richiesta – il prevenuto non può richiedere il rito abbreviato (art. 458, co. 3) nonché, per quanto non espressamente previsto, il patteggiamento.

5.3. Il giudizio immediato conseguente all'opposizione al decreto penale

Va ricordato come di giudizio immediato si parli anche nel procedimento per decreto. Rimandando alla *sedes materiae* per i necessari approfondimenti, è sufficiente qui limitarsi ad un breve cenno *ad memoriam*.

Con l'opposizione al decreto penale di condanna l'imputato o il civilmente obbligato per la pena pecuniaria possono chiedere che si proceda a giudizio immediato (art. 461, co. 1). Nello stesso modo si procederà qualora il pubblico ministero non abbia espresso il consenso alla richiesta di patteggiamento, ovvero il giudice abbia rigettato l'accordo delle parti sulla pena, ovvero non abbia disposto il giudizio abbreviato condizionato, ovvero abbia trovato applicazione l'art. 441 *bis*, co. 4, ovvero l'imputato con l'opposizione non abbia formulato alcuna richiesta (art. 464, co. 1, ultimo periodo). In tal caso, il giudice che ha pronunciato il decreto penale emetterà il decreto di giudizio immediato (art. 464, co. 1, primo periodo).

Il legislatore ha fatto riferimento al rito immediato – definito «obbligatorio» – perché, pur mancando il riferimento all'evidenza della prova, ci si trova di fronte ad una condanna; perché nel procedimento per decreto è già carente l'udienza preliminare; perché la gran parte dei processi definibili con il decreto penale sono soggetti alla citazione diretta.

Una significativa differenza è costituita dal fatto che il rito presuppone l'esercizio dell'azione (come, peraltro, anche nell'ipotesi di cui agli artt. 453, co. 3 e 419, co. 5) e non ne rappresenta una modalità.

5.4. La prima ipotesi di giudizio immediato chiesto dal pubblico ministero: l'evidenza della prova

Quello richiesto dal pubblico ministero è sicuramente il giudizio immediato suscettibile di maggiori riscontri nella prassi. È verosimile, anzi – come si vedrà – che a seguito dell'ampliamento dei casi nei quali è possibile il suo

[18] Corte cost., sent. n. 234 del 1991.

svolgimento e che in conseguenza della ritenuta obbligatorietà della scelta da parte delle procure, disegnati dal legislatore «della sicurezza», il suo espletamento sia destinato a rafforzarsi.

I casi nei quali il pubblico ministero può attivarsi sono due: art. 453, co. 1, ed art. 453, co. 1 *bis*. Converrà trattarli separatamente.

La prima situazione per l'instaurazione del rito – quella prevista nella formulazione originaria del codice – si determina quando per il pubblico ministero la prova – della colpevolezza – appare evidente: cioè, le indagini avrebbero raggiunto un livello di completezza, di consistenza e di tenuta da rendere superflua l'udienza preliminare.

A seguito dell'interrogatorio dell'indagato sui fatti dai quali emerge l'evidenza della prova, il pubblico ministero esercita l'azione penale (art. 405, co. 1), chiedendo al giudice per le indagini preliminari che si proceda a giudizio immediato. Secondo l'interpretazione giurisprudenziale, per integrare il presupposto del rito è possibile far riferimento non solo all'interrogatorio condotto dal pubblico ministero (art. 388) ma anche a quelli espletati dal giudice nella procedura cautelare (artt. 294; 299, co. 3 e 3 *ter*; 301, co. 2 *ter*; 302; 391, co. 3).

Al fine di evitare che l'indagato, sottraendosi all'interrogatorio, possa impedire al pubblico ministero il riferito sviluppo processuale, si è previsto che sia equipollente all'interrogatorio l'invito a presentarsi emesso con le forme dell'art. 375, co. 3, secondo periodo (cioè, con un atto nel quale sono descritti i fatti che rendono evidenti i termini dell'accusa) e l'indagato non si sia presentato, fatte salve le ipotesi del legittimo impedimento ovvero dell'irreperibilità o della latitanza. Prima di esercitare l'azione penale con la richiesta al giudice per le indagini preliminari il pubblico ministero non è tenuto a depositare gli atti di indagine ai sensi dell'art. 415 *bis*[19].

Come in parte anticipato, con la riforma del 2008 l'operatività del rito è stata resa obbligatoria, in quanto la precedente originaria previsione («può chiedere») è stata sostituita con un significativo «chiede».

Rinviando all'esito dell'analisi di questa ipotesi e dell'altra situazione di giudizio immediato un più meditato giudizio sul più profondo significato e sulle implicazioni di sistema dell'opzione legislativa, va sottolineato come – confermando un costante dato normativo – al riferito comportamento il pubblico ministero non sia tenuto nel caso in cui l'esercizio dell'azione penale «pregiudichi gravemente le indagini», cioè, ne pregiudichi la completezza (consentendo all'imputato un accesso «favorevole» ai riti premiali).

Il riferimento al grave pregiudizio per le indagini figura anche come elemento ostativo alla celebrazione del giudizio immediato *de quo* quando il reato

---

[19] Corte cost., sent. n. 203 del 2002.

per il quale il pubblico ministero intende procedere è connesso con altri per i quali mancano le condizioni: in tal caso, si procede, infatti, separatamente per gli altri reati e nei confronti degli altri imputati. Qualora la riunione dei procedimenti risulti indispensabile, si procede con il rito ordinario.

L'evidenza della prova – nei termini riferiti – non è l'unica condizione per l'espletamento del rito: il pubblico ministero, infatti, deve presentare la richiesta alla cancelleria del giudice per le indagini preliminari entro novanta giorni dall'iscrizione della notizia di reato nel registro di cui all'art. 335. Si ritiene al riguardo, in giurisprudenza, che il termine sia ordinatorio per la richiesta del rito e perentorio solo per il compimento delle indagini.

Al fine di consentire al giudice un controllo – nei termini di cui si dirà – sulle condizioni del rito, il pubblico ministero trasmette il fascicolo delle indagini preliminari contenente la notizia di reato, la documentazione delle indagini espletate, le eventuali indagini difensive depositate e i verbali degli atti compiuti davanti al giudice per le indagini preliminari.

Entro cinque giorni dalla richiesta – termine ordinatorio – il giudice emette il decreto di cui all'art. 456 – cioè, il provvedimento con cui dispone il rito – ovvero rigetta la richiesta e restituisce con ordinanza gli atti al pubblico ministero (si tratta di provvedimenti non impugnabili).

È esclusa la possibilità per il giudice di disporre il proscioglimento dell'imputato ai sensi dell'art. 129, che si ritiene non applicabile, soprattutto in considerazione del mancato richiamo della previsione.

Anche in relazione alla carenza di contraddittorio con la difesa, ritenuta legittima dalla Corte costituzionale[20], i poteri del giudice in punto di ammissione del rito e le implicazioni di considerazioni errate da far valere da parte dell'imputato ovvero rilevabili d'ufficio dal giudice del dibattimento nei successivi sviluppi dibattimentali costituiscono un profilo centrale nella ricostruzione del rito *de quo*.

Escluso che il giudice per le indagini preliminari possa ritenere sussistente il grave pregiudizio per le indagini ostativo del rito, quanto all'evidenza probatoria il giudice dovrà valutare la tenuta dell'impianto accusatorio alla luce delle argomentazioni difensive addotte dalla difesa nell'interrogatorio.

Le Sezioni Unite hanno riconosciuto al gip il potere di controllo sui tempi dell'iniziativa del p.m., trattandosi di presupposto di ammissibilità del rito, escludendo ulteriori sindacati, stante la natura endoprocedimentale del provvedimento. Hanno riconosciuto al giudice del dibattimento di rilevare sol-

---

[20] Corte cost., sent. n. 371 del 2002; Corte cost., sent. n. 127 del 2003; Corte cost., sent. n. 256 del 2003; Corte cost., sent. n. 52 del 2004.

tanto che la richiesta non è stata preceduta da un valido interrogatorio o da un invito a presentarsi trattandosi di nullità *ex* artt. 178, co. 1, lett. *c* e 180 (Cass., Sez. Un., 26.6.2014, Squicciarino).

5.5. La seconda – più recente – ipotesi di giudizio immediato richiesto dal pubblico ministero: il c.d. giudizio immediato custodiale

Con una significativa – ulteriore – modifica introdotta nel rito *de quo* dalla L. n. 125 del 2008 di conv. del d.l. n. 92 del 2008, si è previsto che il pubblico ministero richieda il giudizio immediato in relazione al reato (*rectius*, ai fatti) per il quale l'indagato si trovi in stato di custodia cautelare (carcere ed arresti domiciliari) al di fuori del termine dei novanta giorni dalla iscrizione della notizia di reato nel registro di cui all'art. 335, ma entro i centottanta giorni dall'esecuzione della misura (art. 453, co. 1 *bis*).

Sarà, però, ulteriormente necessario che prima di formulare la richiesta il pubblico ministero attenda la definizione del procedimento cautelare ovvero la scadenza dei termini per la proposizione del riesame (art. 453, co. 1 *ter*). In altri termini, il pubblico ministero, eseguita la misura, trascorso il tempo del riesame, chiederà il giudizio immediato entro centottanta giorni dall'esecuzione del provvedimento cautelare qualora all'atto della richiesta il soggetto si trovi ancora ristretto in carcere ovvero risulti agli arresti domiciliari.

Anche in questo caso, come in quello precedente, stante l'affermata obbligatorietà del rito, è fatto salvo il grave pregiudizio per le indagini. Pure in questa ipotesi di rito immediato trova estrinsecazione il disposto del cpv. dell'art. 453 in caso di connessione con altri reati per i quali mancano le condizioni che giustificano la scelta del rito.

Troveranno applicazione per la presentazione della richiesta del pubblico ministero e procedure di cui all'art. 454: trasmissione della richiesta alla cancelleria del giudice per le indagini preliminari unitamente al fascicolo delle indagini.

Anche nell'immediato «custodiale» il pubblico ministero non procederà ai sensi dell'art. 415 *bis* prima di esercitare l'azione penale. In questo caso, tuttavia, il pregiudizio per l'imputato è molto significativo. Se, invero, nel rito caratterizzato dall'evidenza probatoria l'intervenuto interrogatorio e la compressione dei tempi delle indagini possono ridurre il pregiudizio per la difesa, un discorso di questo tipo non può essere prospettato per l'immediato custodiale: l'interrogatorio si può collocare in tempi remoti, il tempo per le indagini del pubblico ministero può essere rilevante (fino ai centottanta giorni) ed il materiale acquisito dopo l'applicazione della misura potrebbe risultare consistente. Inoltre, i tempi per l'esercizio di una significativa attività difensiva potrebbero risultare compressi.

Anche in questo caso, l'elemento problematico è costituito dai poteri di controllo del giudice per le indagini preliminari. Esclusa – pure in questa ipotesi – la sindacabilità del grave pregiudizio per le indagini, il compito del giudice appare più lineare: si tratterà di verificare se al momento della richiesta la misura era in atto, se erano stati rispettati i (due) termini fissati per formulare la richiesta.

Va, tuttavia, sottolineato come – nel giudizio immediato custodiale – il legislatore fissi un'altra condizione per la celebrazione del giudizio. L'art. 455, co. 1 *bis*, prevede, infatti, che il giudice debba rigettare la richiesta del pubblico ministero se l'ordinanza che dispone la custodia cautelare è stata revocata o annullata per sopravvenuta insussistenza degli indizi di colpevolezza.

Si tratta, com'è agevole dedurre, di una condizione diversa da quella che impone al pubblico ministero di chiedere il rito. In un caso, la misura deve essere in esecuzione; nell'altra, la misura potrebbe essere stata revocata o annullata – e quindi non essere in esecuzione – per motivi diversi (ad esempio: venir meno delle esigenze cautelari) dalla sopravvenuta carenza della gravità indiziaria. Il dato potrebbe risultare meramente teorico, considerato che la decisione del giudice sulla richiesta del pubblico ministero dovrebbe intervenire nei successivi cinque giorni (dal momento in cui la richiesta è pervenuta nella cancelleria del giudice). Tuttavia, considerata la ritenuta natura ordinatoria del termine, la questione può assumere rilievo. Resterebbe da chiedersi se, in linea con i poteri d'ufficio di cui all'art. 299, il giudice stesso possa procedere alla revoca della misura.

Anche nell'immediato custodiale si ritiene che non trovi operatività l'art. 129.

Residuano pure in questo caso – ancorché si configurino in termini più circoscritti, per la maggior determinazione dei presupposti – i dubbi interpretativi qualora il giudice abbia disposto il giudizio fuori dei casi consentiti: il che potrebbe più agevolmente condurre a sindacare l'intervenuta violazione dei presupposti del rito.

Si collocano su di un altro piano, naturalmente, le riflessioni sul merito della scelta legislativa, sulle incongruenze che la disciplina può evidenziare nell'estrema varietà delle vicende cautelari, sui profili di incostituzionalità per la lesione dei diritti difensivi.

5.6. Il procedimento conseguente all'accoglimento della richiesta/domanda

Come anticipato, qualora accolga la richiesta del pubblico ministero, il giudice per le indagini preliminari emetterà decreto di giudizio immediato (art. 456).

Sotto il profilo contenutistico, il provvedimento ricalca quanto disposto all'art. 429, co. 1 e 2, e contiene: le generalità dell'imputato e le indicazioni personali idonee alla sua identificazione (a pena di nullità); le generalità delle altre private; l'indicazione dei difensori; l'eventuale identificazione della persona offesa; l'imputazione, cioè, l'enunciazione in forma chiara e precisa del fatto, delle circostanze aggravanti, di quelle che possano comportare l'applicazione di misure di sicurezza, l'indicazione dei relativi articoli di legge (a pena di nullità); la sommaria indicazione delle fonte di prova e dei fatti a cui si riferiscono; il dispositivo e l'indicazione del giudice competente per il giudizio (artt. 132 e 132 *bis* disp. att.); l'indicazione del luogo, del giorno e dell'ora della comparizione con l'avviso del giudizio contumaciale in caso di omessa comparizione (a pena di nullità); data, sottoscrizione del giudice e dell'ausiliario (con diritto alla traduzione per l'imputato che non è in grado di comprendere la lingua italiana) [21].

Il decreto dovrà essere notificato all'imputato ed alla persona offesa – unitamente alla richiesta del pubblico ministero – e comunicato al pubblico ministero almeno trenta giorni prima della data fissata per il giudizio; nello stesso termine deve essere avvisato il difensore dell'imputato (art. 456, co. 3, 4 e 5).

È controversa, ma non dovrebbe essere esclusa, la possibilità per il pubblico ministero di svolgere attività integrativa di indagine (artt. 430, co. 1, e 433, co. 3).

Le successive scansioni del giudizio – ai sensi dell'art. 458 – sono così fissate: qualora – come si vedrà – l'imputato non abbia formulato – nei termini di legge – richiesta dei riti premiali, il decreto con il fascicolo per il dibattimento – che sarà formato ai sensi dell'art. 431 – sarà trasmesso al giudice competente per il giudizio; il difensore potrà prendere visione ed estrarre copia nella segreteria della procura del fascicolo del pubblico ministero, al quale saranno stati restituiti gli atti non confluiti nel fascicolo per il dibattimento.

Il percorso procedimentale che conduce alla fase dibattimentale è soggetto ad una possibile interruzione per iniziativa dell'imputato.

Non potendosi ammettere che la scelta del pubblico ministero di avviare il giudizio immediato pregiudichi il diritto dell'imputato di accedere ai riti speciali, il decreto con cui viene disposto il rito *de quo* deve contenere – a pena di nullità di ordine generale (art. 178, co. 1, lett. *c*) [22] – l'avviso che l'imputato può chiedere il giudizio abbreviato il patteggiamento e la messa alla prova [23].

---

[21] Corte cost., sent. n. 10 del 1993.

[22] Corte cost., sent. n. 148 del 2004.

[23] Corte cost., sent. n. 19 del 2020.

L'art. 458 prevede, infatti, che l'imputato possa formulare richiesta di rito contratto depositando nella cancelleria del giudice per le indagini preliminari la relativa richiesta, con la prova dell'avvenuta notifica al pubblico ministero, entro 15 giorni (perentori) decorrenti – secondo quanto statuito dalla Corte costituzionale[24] – dall'ultima notificazione all'imputato o al difensore rispettivamente del decreto di giudizio immediato (art. 456, co. 3) ovvero dall'avviso della data fissata per il giudizio immediato (art. 456, co. 5). Si applica l'art. 438, co. 6 *bis*, cioè la sanatoria delle invalidità, ma l'imputato può eccepire l'incompetenza per territorio.

Durante questo termine – ai fini della loro determinazione – le parti ed i difensori possono prendere visione ed estrarre copia, nella cancelleria del giudice per le indagini preliminari, del fascicolo trasmesso ai sensi dell'art. 454, co. 2 (art. 139 disp. att.). Il giudice in ogni caso fissa l'udienza in camera di consiglio con avviso al pubblico ministero, all'imputato, al difensore e alla persona offesa. Qualora riconosca la propria incompetenza ritrasmette gli atti al pubblico ministero presso il giudice competente.

Ove sia stato richiesto il giudizio abbreviato, questo si volgerà nel rispetto delle regole di cui agli artt. 438, co. 3, 5, 6 *ter*, 441, 441 *bis*, 442 e 443.

Qualora, a seguito di nuove contestazioni, l'imputato chieda che il procedimento prosegua nelle forme ordinarie, il giudice revocata l'ordinanza di ammissione del rito, fisserà l'udienza per il giudizio immediato.

Nel caso in cui non accolga la richiesta di abbreviato condizionato *ex* art. 438, co. 5, l'imputato potrà rinnovare la richiesta prima della dichiarazione di apertura del dibattimento di primo grado e il giudice potrà disporre il giudizio contratto[25]. Sempre in caso di rigetto, l'imputato potrà chiedere il rito abbreviato *ex* art. 438 co. 1, il patteggiamento o la messa alla prova (art. 458 co. 2 *bis*).

Nel caso in cui le richieste dei riti premiali siano inammissibili ovvero il pubblico ministero non presti il consenso alla pena concordata ovvero questa non sia ritenuta congrua dal giudice ovvero – come si è visto – non si celebri il rito abbreviato, il giudice rimetterà le parti al giudice del dibattimento, dandone comunicazione in udienza alle parti presenti o rappresentate.

Ai sensi dell'art. 464 *bis*, co. 2, secondo periodo, l'imputato può chiedere la sospensione del procedimento con messa alla prova nei termini e con le forme dell'art. 458, co. 1.

---

[24] Corte cost., sent. n. 120 del 2002.

[25] Corte cost., sent. n. 169 del 2003.

5.7. Considerazioni sistematiche

Come anticipato, al di là dei pur significativi profili procedurali, anche nel caso del rito immediato – forse ancora più – il dato più significativo è dato dal rafforzato comportamento al quale è chiamato il pubblico ministero.

Per una parte dei commentatori nulla sarebbe cambiato, sia perché il comportamento doveroso del pubblico ministero risultava configurabile anche in precedenza, sia perché l'eventuale inadempimento risulta sprovvisto di sanzione, esclusa quella deducibile dall'art. 124.

È, peraltro, forse possibile ritenere che il legislatore, con le modifiche introdotte dalla legislazione di sicurezza al giudizio direttissimo ed al rito immediato, abbia inteso predisporre un sistema integrato «a scalare» nel tempo (dalle novantasei ore della convalida e del contestuale giudizio *ex* art. 449, co. 1, fino ai centottanta giorni dell'immediato custodiale) di priorità dell'attività delle indagini preliminari da far confluire – in modo esemplare ed accelerato – nella fase dibattimentale, saltando l'udienza preliminare, raccordato con quanto disposto per i ruoli di udienza e la trattazione dei processi (art. 132 *bis*, lett. *f*, disp. att.).

6. Il procedimento per decreto

6.1. Un rito tra tradizione e innovazione

Appartiene al novero dei «tradizionali» riti speciali il procedimento per decreto (artt. 459-464).

La natura bagatellare dei reati per i quali è delineato il percorso, la sanzione pecuniaria con cui essi sono sanzionati, la sostanziale semplicità del loro accertamento, fortemente riduttiva dell'attività investigativa, hanno storicamente suggerito la previsione di una specificità processuale sia per le modalità procedurali, sia per la tipologia della decisione, sia per i percorsi successivi al provvedimento di condanna. Non mancano, peraltro, gli «aggiustamenti» resi necessari dal mutato contesto nel quale anche questo rito si innesta.

Inedita è, invece, la natura premiale del procedimento che, stante la concorrenza con altri riti, pure premiali (*in primis*, il patteggiamento), si è arricchita di ulteriori elementi (L. n. 479 del 1999 modificatrice dell'art. 460, co. 2 e 8) tesi a realizzare le finalità deflative sottese alla scelta legislativa, in linea con le più vaste opzioni della riforma del 1988 nel delineare i rapporti tra indagini e dibattimento.

6.2. I casi di procedimento per decreto

Il procedimento per decreto – premiale e, pertanto, deflativo sia dell'udienza preliminare, sia (eventualmente) del dibattimento – predisposto in caso di reati perseguibili d'ufficio, prevede che il pubblico ministero, se ritiene applicabile soltanto una pena pecuniaria anche se sostitutiva di una pena detentiva, presenti al giudice per le indagini preliminari una richiesta motivata di decreto penale di condanna, indicando la misura della pena da applicare. La domanda della procura costituisce esercizio dell'azione penale. Il co. 1 *bis* e 1 *ter* dell'art. 459 fissano criteri e condizioni della pena pecuniaria sostitutiva nonché prevedono la possibilità per l'imputato di richiedere la sostituzione con il lavoro di pubblica utilità.

In particolare, nel caso di sostituzione di una pena pecuniaria in sostituzione di una pena detentiva (art. 53 co. 2 della L. n. 689 del 1981) il giudice ne determina il valore giornaliero secondo il *range* che va da 5 a 250 euro al giorno, tenuto conto delle condizioni complessive dell'imputato e del suo nucleo familiare, applicando l'art. 133 *ter* c.p.

Prima dell'esercizio dell'azione penale l'imputato può chiedere la sostituzione con il lavoro di pubblica utilità, presentando il programma trattamentale. Dopo l'emissione del decreto penale di condanna a pena sostitutiva di una pena detentiva l'imputato può chiedere la sostituzione con il lavoro di pubblica utilità *ex* art. 56 *bis* L. n. 689 del 1981 senza formulare l'opposizione. Ricorrendone i presupposti il giudice può operare la sostituzione, in difetto dei presupposti respinge la richiesta ed emette decreto di giudizio immediato.

Il procedimento per decreto trova applicazione anche in caso di reati perseguibili a querela, qualora questa sia stata presentata in modo valido. Era previsto che con la querela – ma anche successivamente – il querelante poteva manifestare la sua opposizione alla pronuncia *de qua*. La previsione, già non assistita da un corredo sanzionatorio, è stata dichiarata costituzionalmente illegittima dalla Corte costituzionale[26].

Il procedimento per decreto è espressamente escluso per i reati di competenza del giudice di pace (art. 2, co. 1, lett. *l*, d.lgs. n. 274 del 2000) e nel procedimento minorile. La procedura *de qua* è, invece, applicabile agli illeciti imputabili alle persone giuridiche, in quanto sanzionabili con la pena pecuniaria (art. 64 d.lgs. n. 231 del 2001).

Il rito è escluso nel caso in cui si debba applicare una misura di sicurezza personale.

---

[26] Corte cost., sent. n. 23 del 2015.

La riferita premialità del rito è costituita – al di là di ciò che si dirà in seguito – dalla possibilità per il pubblico ministero di chiedere l'applicazione di una pena diminuita sino alla metà del minimo edittale.

La richiesta del pubblico ministero – da presentarsi previa trasmissione del fascicolo delle indagini preliminari – deve essere prodotta entro un anno dalla data in cui il nome della persona alla quale è attribuito il reato è iscritto nel registro di cui all'art. 335. La decisione, pertanto, si baserà sulle indagini del pubblico ministero ancorché, il più delle volte, l'attività della procura si limiterà a prendere conoscenza della *notitia criminis*. Si tratta, peraltro, di un termine ordinatorio; tuttavia, nel caso in cui la richiesta del pubblico ministero sia prodotta dopo i sei mesi, il rifiuto del giudice di accogliere la richiesta non costituisce provvedimento abnorme, potendo il pubblico ministero agire in via ordinaria. La conseguenza sarà rappresentata dalla perdita della premialità da parte dell'imputato (che non avrebbe proposto opposizione al decreto).

Il giudice, investito dalla richiesta del pubblico ministero, ha tre opzioni: applicare l'art. 129 (peraltro, ai sensi di quanto statuito dalla Corte costituzionale, nel caso in cui il giudice ritenga di dichiarare l'estinzione del reato per amnistia – o prescrizione – gli atti andranno restituiti al pubblico ministero per accertare se l'imputato accetta o meno l'esito processuale)[27]; non accogliere la richiesta (il giudice non ha la possibilità di modificare la pena indicata dalla pubblica accusa), restituendo – verosimilmente con ordinanza motivata – gli atti al pubblico ministero; emettere il decreto penale di condanna.

Sotto il profilo formale, il decreto di condanna contiene le generalità dell'imputato nonché, ove occorra, quella del civilmente obbligato per la pena pecuniaria di cui viene dichiarata la responsabilità *ex* artt. 196 e 197 c.p.; l'enunciazione del fatto, delle circostanze e degli articoli di legge violati; l'esposizione, concisa, dei motivi di fatto e di diritto posti a fondamento della condanna; le ragioni dell'(eventuale) diminuzione della pena; il dispositivo; la data e la sottoscrizione del giudice e dell'ausiliario. La particolarità dell'*iter* procedurale ha suggerito al legislatore di prevedere – a pena di nullità – che il decreto contenga alcuni avvertimenti e avvisi: la facoltà per l'imputato e la persona civilmente obbligata per la pena pecuniaria di nominare un difensore; la possibilità, per gli stessi soggetti, di proporre, entro quindici giorni dalla notificazione, opposizione al decreto – con possibilità di richiedere il rito immediato, il giudizio abbreviato, la richiesta di pena patteggiata o la sospensione con messa alla prova[28] – mancando la quale il provvedimento diverrà esecutivo, nonché quella per la quale la rinuncia all'opposizione ed il pagamento della pena determinano l'ulteriore abbattimento della stessa nella misura di un quinto (art. 460).

---

[27] Corte cost., sent. n. 580 del 1990.

[28] Corte cost., sent. n. 201 del 2016.

Al di là della forma del provvedimento di condanna che assume la veste del decreto, connaturata alla peculiarità del rito che conduce alla sua pronuncia, va sottolineata la mancanza dell'intestazione «In nome del popolo italiano» che, invece, compare in testa alla sentenza e la motivazione sommaria delle ragioni della decisione. Oltre alla condanna dell'imputato ed eventualmente alla dichiarazione di responsabilità del civilmente obbligato, il decreto può contenere la confisca obbligatoria *ex* art. 240, co. 2, c.p., ovvero la restituzione delle cose sequestrate, e la concessione della sospensione condizionale della pena.

Copia del decreto – già si è detto del querelante – va comunicata al pubblico ministero e notificata – con il precetto – al condannato, al difensore d'ufficio o al difensore di fiducia, se nominato, ed al civilmente obbligato. In caso di impossibilità di notificare il decreto per irreperibilità dell'imputato ovvero nel domicilio dichiarato *ex* art. 161, secondo quanto precisato dalla Corte costituzionale[29], previa revoca del decreto, gli atti sono restituiti al pubblico ministero che agirà nelle vie ordinarie. Si procederà nello stesso modo anche nel caso in cui i riferiti esiti siano prevedibili.

Come è emerso dalle considerazioni svolte, il decreto (penale) di condanna è emesso senza contraddittorio e non è preceduto dal deposito degli atti a favore della difesa ai sensi dell'art. 415 *bis*. I due elementi sono stati ritenuti costituzionalmente legittimi dalla Corte costituzionale.

Con riferimento al primo profilo considerato – in linea con quanto già deciso in relazione al codice abrogato, seppur riletto alla luce del nuovo modello processuale e dei parametri costituzionali del giusto processo – si sono esclusi profili di incostituzionalità connessi alla mancata interlocuzione dell'imputato da parte del giudice per le indagini preliminari affinché possa argomentare sulla fondatezza dell'assunto accusatorio, in quanto il procedimento *de quo* si configura come rito a contraddittorio eventuale, differito, improntato a criteri di economia processuale e di massima speditezza, nel quale le garanzie del diritto di difesa e dell'equo processo possono concretizzarsi a seguito dell'opposizione da parte dell'imputato che avvia una fase nella quale quei diritti trovano piena estrinsecazione[30]. Per quanto attiene all'omessa previsione del diritto all'avviso della conclusione delle indagini (art. 415 *bis*), secondo la Corte costituzionale, la scelta legislativa si porrebbe in linea con i presupposti che giustificano la costituzione del rito alla stregua di criteri di massima celerità e semplificazione anche perché il diritto dell'indagato ad essere informato nel più breve tempo possibile dei motivi

[29] Corte cost., sent. n. 504 del 2000.

[30] Corte cost., sent. n. 203 del 2002; Corte cost., sent. n. 8 del 2003; Corte cost., sent. n. 32 del 2003; Corte cost., sent. n. 131 del 2003.

dell'accusa deve essere variamente modulato dal legislatore ordinario in relazione ai singoli riti[31].

6.3. L'opposizione al decreto penale

Come si è appena detto – pur non potendosi escludere l'esercizio del diritto di difesa prima dell'emissione del decreto di condanna – la garanzia e la tutela per l'imputato ed il civilmente obbligato – debitamente avvertiti – sono costituite dalla possibilità di presentare opposizione nel termine perentorio di quindici giorni dalla notificazione, fatta salva la possibilità della restituzione in termini nei casi di cui all'art. 462 e degli artt. 175 e 175 *bis* cpv. In questo arco di tempo, le parti ed i difensori possono prendere visione ed estrarre copia del fascicolo delle indagini (art. 140 disp. att.).

L'atto va prodotto con la forma dell'art. 582 personalmente ovvero per mezzo di un difensore eventualmente nominato; va presentato con dichiarazione (datata e sottoscritta) nella cancelleria del giudice per le indagini preliminari che ha emesso il decreto ovvero nella cancelleria del Tribunale ovvero di una sezione distaccata (art. 163 *ter* disp. att.) ovvero del giudice di pace del luogo in cui si trova l'opponente; con l'atto di opposizione l'imputato – che non abbia già provveduto – può nominare un difensore di fiducia.

Al fine di evitare che l'opposizione venga proposta al solo fine di lucrare alcuni benefici della pena patteggiata, pur con il rischio di un incremento della pena, con detrimento dell'economia processuale in relazione a fattispecie criminose bagatellari, il legislatore ha previsto che il decreto penale di condanna: non determina la condanna al pagamento delle spese processuali; non comporta l'applicazione di pene accessorie. Nel termine di quindici giorni dalla notifica del decreto il condannato – come anticipato – che nel decreto di condanna è avvertito di questa possibilità (art. 460 co. 1 lett. *d*, *n ter*) può effettuare il pagamento della sanzione nella misura ridotta di un quinto con la rinuncia all'opposizione. Anche se divenuto esecutivo il decreto non ha efficacia di giudicato nel giudizio civile o amministrativo; consente l'estinzione del reato se, nei cinque anni successivi – se si tratta di delitto – ovvero nei due anni successivi – se si tratta di una contravvenzione – l'imputato non commette un delitto ovvero una contravvenzione della stessa indole nonché l'estinzione di ogni effetto penale e la possibilità di ottenere una successiva sospensione condizionale della pena (art. 460, co. 5). Sulla scorta di quanto deciso dalla giurisprudenza in relazione al patteggiamento, si ritiene,

---

[31] Corte cost., sent. n. 32 del 2003; Corte cost., sent. n. 131 del 2003; Corte cost., sent. n. 292 del 2004.

invece, che potrà essere revocata la sospensione condizionale della pena precedentemente concessa per il venir meno delle condizioni per la sua applicazione. Quanto al casellario giudiziale, l'iscrizione della condanna esclude tuttavia la menzione nei certificati richiesti dai privati (artt. 24, lett. *e*, ed art. 25, lett. *e*, d.P.R. n. 313 del 2002).

In caso di mancata opposizione o di opposizione ritenuta inammissibile (anche a seguito di ricorso per cassazione della relativa ordinanza) – come in caso di presentazione fuori termine, di proposizione da parte di soggetto non legittimato ovvero di mancata indicazione degli estremi del decreto, della sua data o dell'identificazione del giudice emittente – il provvedimento è dichiarato esecutivo da parte del giudice che l'ha emesso (arg. *ex* artt. 463, 648, co. 1, e 650, co. 1): coerenti le conseguenze in tema di *ne bis in idem* (art. 649) e di revisione (art. 629).

Senza entrare nel merito della controversa natura dell'opposizione – in dottrina si confrontano le opinioni di chi la ritiene un mezzo di impugnazione e chi, più correttamente, un mezzo di gravame – va sottolineato come non sia richiesta all'opponente la produzione di motivi idonei a sostanziare le ragioni sottese al suo atto. Sono varie le ragioni di questa scelta. In primo luogo, ricollegandosi a quanto statuito dalla Corte costituzionale sotto la vigenza del codice abrogato[32], essa va ricondotta alla mancanza di contraddittorio prima della pronuncia del decreto: risultando il diritto di difesa tutelato proprio attraverso l'opposizione, costituirebbe un onere gravante sull'esercizio di questo diritto l'imposizione di produrre motivi di gravame. In secondo luogo, mancando il contraddittorio, la decisione, emessa *inaudita altera parte*, non conterrebbe le ragioni difensive disattese di cui sarebbe necessario controllare il fondamento. Infine, considerato che a seguito di una opposizione ammissibile il giudice revoca il decreto penale di condanna, diventa irrilevante verificare le ragioni di censura di un provvedimento che ha ormai perduto effetto.

Il decreto non è ovviamente impugnabile dal pubblico ministero richiedente, ma neppure dal procuratore generale. Sono esclusi i casi di abnormità.

6.4. I percorsi processuali conseguenti all'opposizione

Fatto salvo quanto già detto in relazione ad un atto inammissibile, in conseguenza del contenuto dell'opposizione si snodano percorsi procedimentali differenziati.

Al fine di evitare pratiche dilatorie tendenti a far regredire il procedimento ovvero a ritardarne la definizione (e lucrare una non impossibile prescri-

---

[32] Corte cost., sent. n. 19 del 1973.

zione), è previsto espressamente (art. 464, co. 3) che le indicazioni relative agli sviluppi del rito emergano – devono essere formulate – soltanto con l'atto di opposizione e non possono essere richieste nel successivo giudizio. In particolare, l'opponente potrà richiedere al giudice che ha emesso il decreto di condanna (*id est*, il giudice per le indagini preliminari che, tuttavia, non dovrebbe essere la stessa persona fisica) che si proceda a giudizio abbreviato ovvero all'applicazione della pena concordata ovvero a giudizio immediato. Con l'opposizione può essere chiesta anche la messa alla prova (art. 464 *bis*, co. 2, ult. per.).

In caso di richiesta di rito abbreviato – secondo quanto stabilito dal co. 1 dell'art. 464 – troveranno applicazione gli artt. 438, co. 3 e 5, 441, 441 *bis*, 442, 443 e 438, co. 6 *bis* (cioè, la sanatoria delle invalidità) con la conseguenza che il giudice – nel caso regolato dall'art. 441 *bis*, co. 4, in cui l'imputato chiede la prosecuzione con le forme ordinarie – dopo aver revocato l'ordinanza di ammissione del rito contratto, fisserà l'udienza del giudizio conseguente all'opposizione. Va ricordato che, secondo quanto statuito dalla Corte costituzionale, in caso di rigetto della richiesta di giudizio abbreviato condizionato l'imputato potrà rinnovare la richiesta prima della dichiarazione di apertura del dibattimento di primo grado ed il giudice potrà disporre il rito contratto[33].

Qualora l'opponente abbia formulato richiesta di pena patteggiata, il giudice fissa con decreto un termine entro il quale il pubblico ministero possa esprimere il suo consenso; richiesta e decreto sono notificati al pubblico ministero a cura dell'opponente. In caso di dissenso del pubblico ministero o di rigetto della richiesta da parte del giudice per le indagini preliminari, l'imputato – prima della dichiarazione di apertura del dibattimento di primo grado – potrà rinnovare la richiesta e il giudice, se la riterrà fondata, potrà pronunciare sentenza (artt. 448, co. 1, secondo periodo e 135 disp. att.). Troveranno applicazione anche le successive disposizioni dell'art. 448.

Nel caso in cui sia richiesto il giudizio immediato, il giudice per le indagini preliminari provvederà ad emettere il decreto previsto dall'art. 456, con l'osservanza delle previsioni di cui ai co. 1, 3 e 5. Quest'ultimo percorso troverà operatività sia nel caso in cui il pubblico ministero non abbia aderito – nel termine stabilito – alla richiesta di pena patteggiata, sia nell'ipotesi in cui l'imputato non abbia formulato alcuna domanda. Quest'ultima ipotesi rende di difficile comprensione il significato della richiesta espressa di rito immediato.

Con l'opposizione l'imputato può presentare pure domanda di oblazione: anche questa richiesta non può essere formulata nel giudizio conseguente all'opposizione. Invero, ai sensi dell'art. 141, co. 3, disp. att. – ove ne ricorra-

---

[33] Corte cost., sent. n. 169 del 2003.

no i presupposti (artt. 162 e 162 *bis* c.p.) – il pubblico ministero – anche prima della richiesta di decreto – può avvisare l'interessato che ha facoltà di chiedere l'ammissione all'oblazione con l'effetto di estinguere il reato. Ove non si sia proceduto in tal senso, l'avviso della possibilità di chiedere l'oblazione deve essere contenuta – deve ritenersi a pena di nullità – nel decreto penale di condanna (art. 141, co. 3, disp. att.).

Emesso il decreto, e proposta soltanto – come detto – contestualmente all'opposizione la domanda di oblazione, ove questa non sia ammessa, si procederà – dovendosi ritenere legittime le richieste subordinate da parte dell'opponente – alle altre ipotesi procedimentali consentite (arg. *ex* art. 464, co. 2, che richiama le situazioni di cui al co. 1 della stessa previsione).

Il passaggio alla fase dibattimentale – che si celebrerà davanti ad un giudice di primo grado (e non di rango superiore, ribadendo, così, la peculiarità del rimedio) – è contrassegnato dalla revoca del decreto di condanna.

Il giudice del dibattimento dovrà essere diverso da quello che ha emesso il decreto penale (arg. *ex* art. 34). Il giudizio è regolato dalla disciplina ordinaria, con le differenze legate alla composizione monocratica o collegiale del Tribunale. In conseguenza dell'intervenuta revoca del decreto di condanna, il giudice dibattimentale potrà – in ogni caso – applicare una pena anche diversa e più grave e revocare i benefici (si è soliti affermare che non operi il divieto della *reformatio in peius*, come del resto non è possibile un'impugnazione incidentale del pubblico ministero). Per la stessa ragione si ritiene che l'opposizione non sia rinunciabile.

Riconducibile alla mancanza di un anticipato contraddittorio si presenta anche la disciplina dell'effetto estensivo che nel procedimento *de quo* si differenzia da quella prevista per le impugnazioni (art. 587). Se ai sensi del cpv. dell'art. 463 gli effetti dell'opposizione dell'imputato o del civilmente obbligato si estendono al non opponente (in linea con quanto previsto dall'art. 587, co. 3 e 4), ai sensi dell'art. 463, co. 1, invece, in caso di condanna di più imputati per lo stesso reato l'esecuzione del decreto è sospesa anche per i non opponenti fino alla definizione del processo con decisione irrevocabile. Infine, con il co. 5 dell'art. 464 si precisano i limiti dell'atto estensivo: il giudice revocherà il decreto nei confronti dei non opponenti nel caso in cui l'opponente sia stato prosciolto perché il fatto non sussiste, non è previsto dalla legge come reato ovvero è scriminato dalla presenza di una causa di giustificazione.

6.5. Un modello stabile con la variante della premialità

La ricostruzione effettuata ha messo in luce il sostanziale consolidamento del modello processuale che sfocia nella pronuncia del decreto penale di condanna e che si sviluppa in conseguenza all'opposizione con le significative variabili della (forte) premialità e delle trasformazioni negli altri riti consensuali o negoziali.

Restano aperte le questioni connesse ai limiti del diritto di difesa, sacrificati sull'altare dell'economia processuale ma premiati con significativi incentivi, anche per evitare il rischio della prescrizione conseguente alla celebrazione del giudizio, prospettabile – da ultimo – a seguito della rimodulazione del rapporto tra pena detentiva e pena pecuniaria convertita.

7. Sospensione del procedimento con messa alla prova

7.1. I presupposti

Il panorama dei riti speciali, con la L. n. 67 del 2014, si è arricchito della "sospensione del procedimento con messa alla prova", regolando i profili processuali dell'ipotesi di estinzione del reato disciplinata dagli artt. 168 *bis* e 168 *ter* c.p. introdotti con il medesimo intervento legislativo (artt. 464 *bis*-464 *novies*). L'istituto ha subito significative modifiche a seguito della riforma Cartabia (d.lgs. n. 150 del 2022).

Si prevede, infatti, che in caso di procedimenti puniti (astrattamente) con la sola pena edittale pecuniaria o con la pena edittale detentiva, non superiore nel massimo a quattro anni, sola, congiunta o alternativa alla pena pecuniaria, nonché per i delitti (notevolmente ampliati con la riforma Cartabia) di cui al co. 2 dell'art. 550 (ancorché sanzionati con una pena più elevata), l'imputato anche su proposta del pubblico ministero può chiedere la sospensione del processo con messa alla prova (art. 168 *bis*, co. 1, c.p.). Sul computo della pena non incide la presenza di circostanze aggravanti ivi comprese quelle ad effetto speciale (Cass., Sez. Un., 31.3.2016, Sarcinelli).

La previsione non può essere disposta nei confronti dei delinquenti abituali (artt. 102, 103 e 104 c.p.), dei delinquenti professionali (art. 105 c.p.) e dei delinquenti per tendenza (art. 108 c.p.). Resta incerta l'operatività davanti al giudice di pace, stante la mancata espressa esclusione dall'elenco dei riti speciali contenuta nell'art. 2, d.lgs. n. 274 del 2000 che, per le Sezioni Unite, va, invece, esclusa nel procedimento agli enti. Non è possibile la messa alla prova parziale in caso di processo oggettivamente cumulativo.

Il contenuto della "prova" è piuttosto articolato. La messa alla prova consiste nella prestazione di comportamenti tesi all'eliminazione delle conseguenze dannose o pericolose derivanti dal reato nonché, ove possibile, nel risarcimento del danno dallo stesso cagionato.

La "probation" consiste altresì nell'affidamento dell'imputato al servizio sociale per lo svolgimento di un programma che può comportare, tra l'altro, attività di volontariato di rilievo sociale ovvero l'osservanza di prescrizioni relative sia ai rapporti con il servizio sociale o con le strutture sanitarie, sia alla dimora, alla libertà di movimento, nonché al divieto di frequentazioni di specifici luoghi.

Ulteriore elemento al quale è subordinata la concessione della messa alla prova è costituito dalla prestazione di lavoro di pubblica utilità, consistente in una prestazione non retribuita, calibrata sulla professionalità e sulle attitudini lavorative del soggetto in favore della collettività da svolgersi presso lo Stato, gli enti territoriali, le aziende sanitarie o presso enti o organizzazioni anche internazionali (operanti in Italia) di assistenza sociale sanitaria o di volontariato. La sua durata non può essere inferire a dieci giorni anche non continuativi (non è fissato il limite massimo).

Nel definire i contenuti sarà necessario tener conto che non ne risultino pregiudicate le esigenze di lavoro, di studio, di famiglia e di salute dell'imputato: per questa ragione la durata delle attività non può superare le otto ore giornaliere.

Restano aperte le questioni relative alla messa alla prova in caso di pluralità di reati – uniti o meno dal vincolo della continuazione – commessi in data anteriore al provvedimento di *probation* il cui accertamento sia pendente davanti allo stesso o a giudici diversi, anche in sedi differenti.

Concedibile una sola volta, la concessione determina la sospensione del corso della prescrizione con l'esclusione di quanto previsto dal co. 1 dell'art. 161 c.p. in punto di effetti limitati al soggetto in prova (art. 168 *ter*, co. 1, c.p.). L'esito positivo della prova estingue il reato per quale si procede ma non esclude l'applicazione delle sanzioni amministrative accessorie, se previste dalla legge, e la confisca (in quanto non esclusa espressamente) (art. 168 *ter*, co. 2, c.p.). In caso di gravi o reiterate trasgressioni al programma di trattamento la sospensione è revocata (art. 168 *quater* c.p.). Stesso esito è previsto in caso di commissione, durante il periodo di prova, di un nuovo delitto non colposo ovvero di un reato della stessa indole rispetto a quello per cui si procede. Irrilevante la commissione di un reato dopo l'esito positivo della prova (art. 168 *quater* c.p.).

La Corte costituzionale ha escluso che il rito possa confliggere con l'art. 27 Cost. considerato, per un verso, che il giudice può applicare l'art. 129, per un altro, che la messa alla prova consegue ad una richiesta espressa dell'imputato (Corte cost. n. 91 del 2018).

7.2. La richiesta

La richiesta – orale o scritta – è espressa dall'imputato personalmente o per mezzo di procuratore speciale con sottoscrizione autenticata *ex* art. 583, co. 3, (art. 464 *bis*, co. 2 e 3 da un notaio o da altra persona autorizzata e dal difensore. Anche prima di esercitare l'azione penale, il pubblico ministero può avvertire, ricorrendone i presupposti, l'interessato che ha facoltà di chiedere di essere ammesso alla prova e che il suo esito positivo estingue il reato (art. 141 *bis* disp. att.). Questo aspetto viene dettagliato nel nuovo art. 464 *ter*, co. 1-5, ove infatti si prevede che con l'avviso di cui all'art. 415 *bis* il pubblico ministero indichi alla persona indagata la durata e i contenuti essenziali del programma trattamentale; che entro venti giorni l'indagato possa aderire alla proposta; che nei casi di adesione il p.m. previa formulazione dell'imputazione trasmetta poi al giudice per le indagini preliminari per l'avvio della procedura di sospensione e messa alla prova, previa elaborazione del programma trattamentale d'intesa con l'imputato. All'istanza è allegato un programma di trattamento contenente i riferiti contenuti della messa alla prova (cui si aggiungono – ove possibile e necessario – il coinvolgimento del nucleo familiare e dell'ambiente di vita nel processo di reinserimento sociale, le condotte tese a promuovere, ove possibile, la mediazione con la persona offesa) elaborato d'intesa con l'ufficio di esecuzione penale esterno (nel caso di impossibilità di elaborazione del programma è ritenuta adeguata anche la relativa richiesta di elaborazione del programma) (art. 464 *bis*, co. 4). Sulle attività dei servizi sociali nei confronti degli adulti ammessi alla prova ai fini della predisposizione del programma v. art. 141 *ter* co. 1, 2 e 3 disp. att. Sul rafforzamento delle strutture di esecuzione penale esterna e sulla predisposizione delle convenzioni in materia di lavoro di pubblica utilità v. artt. 7 e 8, L. n. 64 del 2014.

La richiesta di sospensione del procedimento va presentata sino a quando non siano state formulate le conclusioni nell'udienza preliminare (artt. 421 e 422), prima dell'apertura del dibattimento nel giudizio direttissimo o, nel procedimento a citazione diretta, fino alla conclusione dell'udienza predibattimentale di cui all'art. 554 *bis*. con l'opposizione nel procedimento per decreto, entro il termine di cui all'art. 458, co. 1 nel giudizio immediato.

La richiesta potrà essere proposta anche in seguito alla nuova contestazione in dibattimento *ex* art. 517 di una nuova circostanza aggravante (Corte cost. n. 141 del 2018) ovvero in caso di modifica dell'originaria imputazione *ex* art. 516 (Corte cost. n. 14 del 2019).

Con una previsione ricalcata sullo schema del patteggiamento, si prevede che la richiesta di messa alla prova possa essere formulata dall'indagato anche nel corso delle indagini preliminari (art. 464 *ter*): se il pubblico ministero, ricevuta dal gip la richiesta di messa alla prova, esprime (nei cinque giorni: termine ordinatorio) consenso (con atto scritto e sinteticamente motivato, unitamente alla formulazione dell'imputazione) si innesterà la procedura di valutazione da parte del giudice che sarà qui di seguito descritta; in caso di dissenso (che dovrà essere motivato) l'imputato potrà rinnovare la richiesta prima dell'apertura del dibattimento di primo grado. Resterebbe da chiedersi se, sussistendo l'udienza preliminare, l'istanza possa essere formulata già in quella sede.

7.3. Il procedimento

La messa alla prova potrà essere concessa qualora risulterà nel corso del procedimento ingiustificato il diniego opposto dal giudice (Corte cost. n. 131 del 2019).

I profili procedurali – nel contesto della disciplina di cui all'art. 127 – sono così scanditi.

Il giudice, che si pronuncerà con ordinanza (nel corso della stessa udienza ovvero con una apposita udienza camerale), se non deve applicare l'art. 129, sentirà le parti nonché la persona offesa; potrà essere disposta la comparizione dell'imputato per verificare la volontarietà della richiesta; dandone tempestiva conoscenza al pubblico ministero ed al difensore dell'imputato il giudice, per decidere sulla concessione della messa alla prova, potrà acquisire le necessarie informazioni tramite la polizia giudiziaria, i servizi sociali o altri enti pubblici (art. 464 *bis*, co. 5); nonché, con il consenso dell'imputato, potrà integrare o modificare il programma di trattamento (art. 464 *quater*, co. 4).

Secondo la Corte costituzionale per le determinazioni il giudice potrà accedere – come nel caso del patteggiamento – al fascicolo del pubblico ministero, ai sensi di quanto previsto dall'art. 135 disp. att. (Corte cost. n. 91 del 2018).

Il giudice accoglierà la domanda tenuto conto sia degli elementi di cui all'art. 133 c.p., sia dell'idoneità del trattamento presentato, della prognosi di non commissione di ulteriori reati, della tutela della persona offesa, ove rilevi il domicilio indicato dall'imputato nel programma di trattamento (art. 464 *quater*, co. 3).

Ai fini della decisione il giudice è legittimato ad accedere al fascicolo delle indagini preliminari, secondo le indicazioni di cui all'art. 135 disp. att. che seppur previste per il patteggiamento possono ritenersi operanti anche per la messa alla prova (Corte cost. n. 91 del 2018).

Con decorrenza dalla sottoscrizione da parte dell'imputato del verbale di messa alla prova, il procedimento può essere sospeso per un periodo non superiore a due anni quando si procede per un reato per il quale è prevista la pena detentiva sola, congiunta o alternativa alla pena pecuniaria; ad un anno quando si procede per i reati per i quali è prevista la sola pena pecuniaria (art. 464 *quater*, co. 5 e 6). Il tempo della sospensione per la messa alla prova rappresenta anche la durata massima del lavoro di pubblico utilità (Corte cost. n. 54 del 2017). Durante il tempo della sospensione, il giudice, con le modalità stabilite per il dibattimento, assume, a richiesta di parte, le prove non rinviabili e quelle che possono condurre al proscioglimento dell'imputato (art. 464 *sexies*). La sospensione esclude l'operatività dell'art. 75, co. 3, anche se, considerata la previsione del condizionamento della sospensione al risarcimento del danno, la previsione non appare lineare (art. 464 *quater*, co. 8).

Entro questi spazi temporali il giudice applicherà la sospensione adeguandola al caso concreto (Corte cost. n. 91 del 2018).

Nel caso in cui l'istanza sia rigettata, questa può essere riproposta prima della dichiarazione di apertura del dibattimento (art. 464 *quater*, co. 9).

Senza effetti sospensivi sul procedimento, le ordinanze che decidono sull'istanza di messa alla prova sono ricorribili per Cassazione dall'imputato e dal pubblico ministero (anche sollecitato dalla persona offesa; non è chiaro se operi l'art. 572). Tuttavia l'imputato non potrà impugnare le decisioni di rigetto dell'istanza da lui proposta, pronunciata in udienza preliminare, potendo riformulare la stessa prima dell'apertura del dibattimento. Le decisioni negative non reiterabili potranno essere impugnate soltanto unitamente alla sentenza (Cass., Sez. Un., 31.3.2016, Rigacci). Il pubblico ministero potrà ricorrere contro le decisioni contrastanti con il parere da lui formulato. La persona offesa è legittimata a ricorrere autonomamente in caso di omesso avviso delle udienze o perché, quando deve essere avvisata (art. 464 *quater*, co. 1), se comparsa, non è stata sentita.

7.4. L'esecuzione della prova

Il provvedimento favorevole del giudice – che viene trasmesso immediatamente all'ufficio di esecuzione esterna – fissa le modalità di esecuzione della messa alla prova e stabilisce il termine entro il quale l'imputato deve adempiervi. Con il consenso della persona offesa il pagamento del risarcimento può essere rateizzato. Durante la sospensione, il giudice, sentito il pubblico ministero e l'imputato, può modificare le prescrizioni originarie (art. 464 *quinquies*, co. 3). Su istanza dell'imputato il termine può essere prorogato per non più di una volta e per gravi motivi (art. 464 *quinquies*, co. 1 e 2).

Durante la sospensione del procedimento, l'ufficio di esecuzione esterna informa (con relazioni periodiche e con quella finale) il giudice dei comportamenti dell'imputato ai fini delle sue determinazioni: modifiche del programma, abbreviazione, situazioni suscettibili di determinare la revoca, esito positivo o negativo della prova (co. 4, 5 e 6 dell'art. 141 *ter* disp. att.).

In attesa dell'entrata in vigore della modifica del d.lgs. 2.10.2018, n. 122, recante modifiche alla disciplina del casellario, è stata dichiarata l'incostituzionalità delle previsioni che prevedevano l'iscrizione nel certificato generale e nel certificato penale del casellario giudiziale richiesto dall'interessato dell'ordinanza di sospensione del processo e messa alla prova (art. 464 *quater*) e della sentenza che dichiara l'estinzione del reato (art. 464 *septies*) (Corte cost. n. 231 del 2018).

Scaduto il tempo della prova, il giudice – sulla scorta della relazione conclusiva dell'ufficio di esecuzione penale esterna – se il comportamento dell'imputato è stata adeguato alle prescrizioni stabilite, dichiara, con ordinanza – emessa a seguito di una udienza di cui dà avviso alle parti e alla persona offesa – che la prova ha avuto esito positivo e dichiara estinto il reato (la decisione dovrebbe essere impugnabile). In caso di esito negativo della prova, il giudice dispone che il processo riprenda il suo corso (non è prevista la ricorribilità diretta del provvedimento che dovrebbe poter essere impugnato unitamente alla sentenza).

Ricorrendo le già citate condizioni di cui all'art. 168 *quater* c.p. il giudice anche d'ufficio con ordinanza – ricorribile in cassazione per violazione di legge – revoca l'ordinanza di sospensione del procedimento, previa fissazione di un'udienza camerale, di cui è dato avviso alle parti ed alla persona offesa almeno dieci giorni prima (art. 464 *octies*).

A seguito della definitività dell'ordinanza di revoca, il procedimento riprende il suo corso dal momento in cui era stato sospeso e cessa l'esecuzione delle prescrizioni e degli obblighi imposti (art. 64 *octies*, co. 4).

Nel determinare la pena da eseguire il pubblico ministero detrarrà un periodo corrispondente al periodo della prova eseguito sulla base di tre giorni di prova per un giorno di reclusione o arresto o di 250 Euro di multa o di ammenda (art. 651 *bis*).

L'esito negativo della prova o la revoca dell'ordinanza di sospensione non consentono di riproporre l'istanza di messa alla prova (art. 464 *nonies*).

7.5. Considerazioni di sistema

Il procedimento qui considerato presenta indubbiamente contenuti che conducono a configurare la contiguità con altri istituti (rimedi già presenti nel panorama – sempre più articolato – della giustizia penale), alla ricerca di soluzioni di diritto sostanziale, processuale ed esecutivo tendenti, da un lato, a deflazionare il processo, dall'altro, a ridurre le situazioni di restrizione carceraria per i soggetti colpevoli (nonché per le persone sottoposte all'accertamento penale).

Il riferimento si indirizza a quanto previsto dall'art. 35, d.lgs. n. 274 del 2000, nel procedimento davanti al giudice di pace, relativo alle condotte riparatorie, con conseguente estinzione del reato; nonché, con riferimento ai lavori di pubblica utilità, a quanto disciplinato dall'art. 54 del medesimo provvedimento. Si possono anche richiamare le previsioni di cui all'art. 186, co. 9

bis, e 187, co. 8 *bis*, del codice della strada; all'art. 73, co. 5 *bis* del d.P.R. 309 del 1990; all'art. 165, co. 1, c.p. e all'art. 105, L. n. 689 del 1981.

Sicuramente il rapporto più stretto che sembrerebbe emergere, anche per la sua definizione, è quello operante con l'art. 28, d.P.R. n. 448 del 1988 del processo penale a carico di imputati minorenni, dal quale presenta significative differenze: in primo luogo, per la stessa finalità, mirata specificamente sul recupero del soggetto minore. In secondo luogo, per il ridimensionamento dei profili sanzionatori che, invece, caratterizzano in modo significativo il rito degli adulti.

In caso di esito negativo della prova il minore non avrà nessuno sconto di pena (Corte cost. n. 68 del 2019).

Costruito componendo elementi di altri riti speciali (patteggiamento e abbreviato), il procedimento *de quo* sembra costituire una domanda dell'imputato di scontare la pena in tempi e condizioni predefiniti considerati favorevoli dal richiedente e ritenuti dall'ordinamento adeguati al complessivo sistema sanzionatorio, anche in relazione all'offeso dal reato.

8. L'oblazione

8.1. Le ipotesi di oblazione

Al novero dei procedimenti deflativi del dibattimento – il procedimento va definito prima della sua apertura – è riconducibile anche l'oblazione, cioè, il pagamento volontario di una somma di danaro che produce l'effetto di estinguere il reato (artt. 162 e 162 *bis* c.p.).

Ancorché i profili procedimentali dell'oblazione non siano ricompresi nel Libro VI, ma in una disposizione di attuazione (art. 141 disp. att.), gli aspetti consensuali del rito suggeriscono la sua trattazione tra i procedimenti speciali.

Sotto il profilo sostanziale si distinguono due ipotesi di oblazione: quella c.d. obbligatoria e quella c.d. facoltativa.

La prima, riguarda le contravvenzioni per le quali la legge stabilisce la sola pena dell'ammenda: in tal caso, a richiesta del contravventore, questi è ammesso a pagare, prima dell'apertura del dibattimento o prima del decreto di condanna, una somma pari ad un terzo della pena massima prevista per le fattispecie oltre alle spese del procedimento.

Ritenuta non ammissibile per i reati permanenti, la richiesta del contravventore deve essere accolta dal giudice al quale è presentata nel rispetto delle forme e dei termini.

La seconda, attiene alle contravvenzioni punite alternativamente con la pena dell'arresto o dell'ammenda: in tal caso, il contravventore, a sua richiesta, con contestuale deposito della somma relativa, può essere ammesso a pagare una imposta corrispondente alla metà del massimo dell'ammenda prevista in via edittale oltre alle spese del procedimento (art. 162 *bis*, co. 1 e 2 c.p.); non sono ammessi all'oblazione i recidivi reiterati, i delinquenti abituali o professionali; i soggetti che non abbiano eliminato le conseguenze dannose o pericolose del reato (art. 162 *bis*, co. 3, c.p.); l'oblazione è in ogni caso esclusa quando il fatto è ritenuto grave (art. 162 *bis*, co. 4, c.p.) ovvero il giudice ritenga di applicare la pena detentiva.

8.2. Il procedimento di oblazione

Sotto il profilo procedurale, nell'intento di accelerare la deflazione, è previsto che l'indagato possa presentare la domanda di oblazione già nel corso delle indagini preliminari: il pubblico ministero trasmetterà la domanda, con gli atti del procedimento, al giudice per le indagini preliminari per le sue determinazioni (art. 141, co. 1, disp. att.).

Dopo l'esercizio dell'azione penale, la domanda di oblazione va presentata al giudice – anteriormente all'apertura del dibattimento – (art. 141, co. 2, disp. att.).

I successivi passaggi procedimentali sono così scanditi: dopo aver sempre acquisito il parere del pubblico ministero, se respinge la domanda formulata nel corso delle indagini preliminari, il giudice restituisce al pubblico ministero con ordinanza gli atti per la prosecuzione delle indagini; se rigetta la domanda presentata dopo l'esercizio dell'azione penale, gli atti saranno trasmessi in procura affinché si dia corso a quanto previsto dall'art. 553; se ammette l'oblazione, il giudice fissa con ordinanza la somma da versare, avvisa l'interessato e dopo il pagamento, se la domanda è stata proposta nel corso delle indagini preliminari, restituisce gli atti al pubblico ministero per le sue determinazioni (archiviazione); negli altri casi, dichiara con sentenza l'estinzione del reato.

La richiesta *de qua* – sempre prima dell'apertura del dibattimento – può essere presentata a seguito di citazione diretta di fronte al Tribunale; a tal fine, della possibilità di produrre la richiesta va dato avviso all'imputato – a pena di nullità – con il decreto di citazione a giudizio (art. 552, co. 1, lett. *f*, e co. 2).

L'oblazione può essere prodotta – sempre prima dell'apertura del dibattimento – anche in caso di citazione a giudizio di fronte al giudice di pace: in tal caso, tuttavia, non è prescritto nessun avviso (art. 20, d.lgs. n. 274 del 2000).

Quanto al termine per l'oblazione, va sottolineato, innanzitutto, che la domanda, rigettata, può essere riproposta sino all'inizio della discussione finale del dibattimento di primo grado (art. 162 *bis*, co. 4, c.p.): prevista per l'oblazione facoltativa deve ritenersi operante anche per l'ipotesi dell'art. 162 c.p.

In secondo luogo, ai sensi del co. 4 *bis* dell'art. 141 disp. att. (introdotto dalla L. n. 479 del 1999), va rimarcato che in caso di modifica dell'originaria imputazione in altra per la quale l'oblazione è consentita, l'imputato è rimesso in termini per la relativa richiesta: se la domanda è accolta, il giudice fissa un termine non superiore a dieci giorni per il pagamento della somma dovuta; il versamento estingue il reato[34].

La sentenza che accogliendo la domanda di oblazione dichiara l'estinzione del reato è appellabile nei limiti di cui all'art. 593, come ridefiniti dalla Corte costituzionale dopo le modifiche introdotte dalla legge Pecorella.

Va ricordato che ai sensi del co. 7 dell'art. 604 quando il giudice di primo grado ha erroneamente respinto la domanda di oblazione, questa può essere accolta dal giudice di secondo grado.

Una disciplina particolare – stante l'incidenza che l'oblazione può avere in quel rito – è prevista per il procedimento per decreto.

Con chiari intenti deflativi il cpv. dell'art. 141 disp. att., infatti, prevede che il pubblico ministero anche prima di richiedere il decreto penale possa avvisare l'interessato, in presenza dei presupposti di legge, della facoltà di chiedere l'oblazione, segnalandone gli effetti.

Qualora non si sia così proceduto, l'avviso deve essere dato – a pena di nullità – con il decreto penale (art. 141, co. 3, disp. att.).

La domanda di oblazione deve essere prodotta con l'opposizione e viene decisa in via prioritaria rispetto ad eventuali richieste subordinate, cui si darà seguito in caso di rigetto, ovvero con la richiesta di giudizio immediato (art. 464, co. 2 e 3).

9. La particolare tenuità del fatto

9.1. I presupposti

Ispirato alla logica deflattiva, il d.lgs. 16.3.2015, n. 28 in attuazione dell'art. 1, co. 1, lett. *m*, d.l. n. 67 del 2014, ha introdotto nel codice penale l'art. 131 *bis* che disciplina gli aspetti sostanziali dell'esclusione della punibilità per particolare tenuità del fatto. Alcuni profili della disciplina sono stati riformati con la legge Cartabia (d.lgs. n. 150 del 2022).

Sono state contestualmente introdotte previsioni di natura processuale in tema di archiviazione (art. 411, co. 1 *bis*), di sentenza predibattimentale (art. 469, co. 1 *bis*), di efficacia della decisione irrevocabile nei giudizi civili e amministrativi (art. 651 *bis*), nonché di casellario giudiziario (art. 3, co. 1, lett. *f*, d.P.R. n. 313 del 2002).

---

[34] V., prima della citata modifica normativa, Corte cost., sent. n. 530 del 1995.

Nonostante l'assonanza, l'istituto si differenzia da quelli previsti nel procedimento minorile (art. 27, d.P.R. n. 448 del 1998) e nel procedimento davanti al giudice di pace (art. 34, d.lgs. n. 274 del 2000) per la diversità dei presupposti. Nel procedimento minorile il giudizio di irrilevanza del fatto tiene conto delle esigenze attinenti alle necessità educative del minore. In quello "di pace" rilevano le valutazioni inerenti al pregiudizio che la prosecuzione del procedimento può arrecare alle esigenze di lavoro, di studio, di famiglia o di salute dell'indagato o dell'imputato nonché al contrapposto interesse della persona offesa alla continuazione del procedimento.

Si tratta di una causa di non punibilità che presuppone la realizzazione di un reato perfetto in tutti i suoi elementi costitutivi, oggettivi e soggettivi, compresa l'offesa al bene giuridico che tuttavia, in attuazione del principio di proporzionalità, il legislatore ritiene di non sanzionare, in considerazione dello squilibrio della pena rispetto all'esiguità dell'offesa posta in essere concretamente. Sotto questo profilo la situazione *de qua* va nettamente distinta da quella di inoffensività che esclude la rilevanza penale del fatto che invece la particolare tenuità presuppone.

Trattandosi di una causa di esclusione soggettiva della punibilità, la stessa non può estendersi automaticamente ai concorrenti *ex* art. 110 c.p. Stante la riferita natura di non punibilità che non esclude il reato, la prescrizione prevale sulla decisione di particolare tenuità del fatto. Stante la natura sostanziale della decisione è operante l'art. 2, co. 4, c.p., relativo alla successione di leggi penali modificative della disciplina di un fatto che continua ad essere reato.

L'ambito di applicazione della non punibilità per particolare tenuità del fatto – operante sia per i reati consumati sia per quelli tentati – è calibrata sulla gravità astratta del reato: vi rientrano le fattispecie per le quali è prevista la pena detentiva non superiore nel minimo a due anni ovvero la pena pecuniaria, sola o congiunta a tale pena detentiva, così da configurare l'istituto in linea di principio applicabile a tutte le fattispecie inquadrabili nei riferiti limiti di pena. Ai sensi dell'art. 131 *bis*, co. 4, c.p., i limiti di pena si calcolano senza tener conto delle circostanze, ad eccezione di quelle per le quali la legge stabilisce una pena di specie diversa da quella ordinaria del reato e di quelle ad effetto speciale. In presenza di tali circostanze, peraltro, non si procede al bilanciamento *ex* art. 69 c.p. al fine di individuare il suddetto limite di pena. Con Corte cost. n. 156 del 2020 la particolare tenuità del fatto è stata estesa anche ai reati per i quali non è previsto un minimo edittale di pena detentiva.

La causa di non punibilità si applica anche quando la legge prevede la particolare tenuità del danno o del pericolo come circostanza attenuante, come nel caso dell'art. 62 n. 4 c.p., che stabilisce una riduzione di pena qualora nei delitti contro il patrimonio il danno cagionato sia di speciale tenuità. In questi casi, la non punibilità sarà riconosciuta in presenza di elementi ulteriori rispetto a quelli che consentono l'attenuazione della pena così da giustificare l'esclusione della stessa.

Pertanto, nel caso di esclusione della circostanza non si potrà dichiarare la non punibilità; nel caso del riconoscimento della lieve entità ai fini della circostanza non si determina di per sé l'applicabilità dell'art. 131 *bis* c.p., che richiede ulteriori e specifici criteri oltre al requisito della non abitualità del comportamento.

Sulla scorta di quanto precisato dalla giurisprudenza, l'art. 131 *bis* c.p. si applica anche in relazione ai reati che prevedono soglie di punibilità, in quanto la previsione *de qua* non opera in astratto, ma sul piano concreto della gravità del fatto.

Nel caso in cui siano previste sanzioni amministrative accessorie, il giudice penale, dopo aver applicato l'art. 131 *bis* c.p., trasmetterà gli atti all'autorità amministrativa competente.

L'istituto opera in presenza di due presupposti entrambi necessari: a) la particolare tenuità dell'offesa, desunta dalle modalità della condotta e dall'esiguità del danno o del pericolo, valutati ai sensi dell'art. 133, co. 1, c.p.; b) la non abitualità del comportamento.

Per la particolare tenuità, pertanto, si dovrà tener conto dell'elemento soggettivo relativo all'intensità del dolo e al grado della colpa; con le riferite modifiche della Legge Cartabia andranno considerate anche le condotte successive alla consumazione del reato.

Pertanto, non dovrebbe escludersi la possibilità di valutare questo elemento ai fini dell'operatività dell'art. 131 *bis* c.p.; tuttavia, l'assenza di questi comportamenti non dovrebbe essere di ostacolo al riconoscimento della causa di non punibilità.

Il co. 2 dell'art. 131 *bis* c.p. contiene un'indicazione, da ritenere non tassativa, di ipotesi di offese che non possono essere considerate tenui: l'aver agito per motivi abbietti o futili, con crudeltà anche in danno di animali; l'aver adoperato sevizie o l'aver profittato delle condizioni di minorata difesa della vittima, ovvero l'ipotesi in cui la condotta ha cagionato o da essa sono derivate, quali conseguenze non volute la morte o le lesioni gravissime di una persona. Con la citata riforma il panorama delle ipotesi che precludono l'operatività dell'art. 131 *bis* c.p. è stato significativamente esteso in ragione dell'abbattimento della soglia di accesso al rito, come anticipato.

Quanto alla non abitualità del comportamento – da ritenersi diverso e più ampio rispetto a quello dell'occasionalità – il legislatore si limita ad indicare nell'art. 131 *bis*, co. 3 c.p. alcune ipotesi e di abitualità dei comportamenti da ritenersi tassative: la dichiarazione di delinquente abituale, professionale o per tendenza; la commissione di più reati della stessa indole, anche se ciascun fatto, isolatamente considerato sia di particolare tenuità; la commissione di reati che abbiano ad oggetto condotte plurime, abituali o reiterate. Interrogativi si sono prospettati con riferimento al concorso formale al reato continuato, al reato permanente.

Al fine di far emergere questi dati è prevista l'iscrizione delle decisioni di non punibilità per la particolare tenuità del fatto nel casellario giudiziale (art. 3, d.P.R. n. 313 del 2002). La questione – stante la mancanza di un pieno accertamento – prospetta interrogativi in relazione alla tensione con il principio della presunzione di innocenza. con riferimento al provvedimento di archiviazione. Da alcuni si vorrebbe considerare questo come un mero dato storico. Il punto, come si dirà, è oggetto di una delle ipotizzate modifiche della legge del casellario.

9.2. I profili procedurali

Con riferimento alla disciplina processuale, considerata la finalità decongestionante dell'istituto, la prima modifica introdotta ha riguardato la disciplina dell'archiviazione (art. 411, co. 1). A tale riguardo, il legislatore ha predisposto alcune regole speciali. Il co. 1 *bis* dell'art. 411 prevede, infatti, che se il pubblico ministero ritiene di richiedere l'archiviazione deve avvisare la persona sottoposta alle indagini e la persona offesa le quali nel termine di 10 giorni, presa visione degli atti, possono presentare opposizione, esponendo – a pena di inammissibilità – le ragioni del dissenso. Invero, mentre l'imputato intende evitare le implicazioni negative della decisione, la persona offesa si oppone alla decisione per ragioni opposte. Il giudice, se l'opposizione non è inammissibile, fissa un'udienza, sente le parti e se accoglie la richiesta provvede con ordinanza. Nel caso di mancanza di opposizione oppure ove questa sia inammissibile, il giudice procede *de* plano e potrà accogliere con decreto la richiesta del pubblico ministero, ovvero con ordinanza rigettarla, rimettendogli gli atti, ovvero disporre un'imputazione coatta ovvero ancora ordinare delle indagini coatte *ex* art. 409, co. 4 e 5.

Resta problematica la possibilità per il giudice richiesto dall'archiviazione per manifesta infondatezza di dichiarare l'archiviazione per la particolare tenuità; ed all'opposto, per il giudice, richiesto dell'archiviazione per la particolare tenuità di disporre l'archiviazione per manifesta infondatezza.

Ritenuta applicabile la non punibilità per la particolare tenuità del fatto in udienza preliminare, stante la previsione di cui all'art. 425 che prevede la pronuncia della sentenza di non luogo quando si tratta di persona non punibile per qualsiasi causa, il secondo intervento normativo ha riguardato la sentenza predibattimentale (art. 469, co. 1 *bis*).

Al riguardo dovrebbe ritenersi che la decisione possa essere pronunciata soltanto se il pubblico ministero e l'imputato non si oppongono. In caso di opposizione, la sentenza potrà essere pronunciata, ma sarà appellabile da chi ha proposto opposizione. Nel caso in cui il giudice ritenga di pronunciare la sentenza *de qua* dovrà essere sentita la persona offesa, la cui eventuale opposizione non è ritenuta rilevante.

Non pochi interrogativi si prospettano, invece, in relazione all'applicabilità della decisione della particolare tenuità all'esito del dibattimento, non risultando la previsione inserita espressamente né tra le ipotesi di assoluzione (ovviamente) (art. 530), né tra quelle di proscioglimento, pur essendo qualificata come tale nell'art. 651 *bis*. Non essendo stato richiamato l'art. 538 nonostante la natura sostanziale del suo contenuto deve escludersi la possibilità di condannare l'imputato a risarcimenti e rifusione di spese a favore della parte civile che, pertanto, dovrà agire in sede civile.

Il dato è aggravato dal mancato inserimento di questa decisione tra le ipotesi di cui all'art. 129. In virtù di questo fatto, da un lato, è stata esclusa la ricorribilità della sentenza di patteggiamento per la mancata applicazione d'ufficio dell'art. 131 *bis* c.p.; dall'altro, non sono mancate decisioni per le quali si ritiene operante il potere del giudice di dichiarare d'ufficio la punibilità per la particolare tenuità del fatto. In questo contesto, con riferimento all'applicabilità dell'art. 131 *bis* c.p. nel giudizio di cassazione, per un verso, si è affermato che la Corte può rigettare il ricorso ove ritenga incompatibile l'istituto con gli elementi contenuti nella sentenza impugnata; per un altro, si è ritenuto che, se la Corte riconosce la sussistenza della causa di non punibilità, la dichiara d'ufficio *ex* art. 129, co. 1, annullando senza rinvio la sentenza impugnata a norma dell'art. 620, co. 1, lett. *l*.

Comunque, oltre ad essere ricorribile *ex* art. 111 Cost. ed art. 606, co. 2, la decisione, stante il suo possibile pregiudizio per l'imputato potrà essere appellata, da quest'ultimo, ma anche dal pubblico ministero che non la condivida.

Come anticipato, considerati i suoi presupposti, la decisione irrevocabile pronunciata a seguito di dibattimento ha autorità di giudicato nei giudizi civili o amministrativi, quanto alla sussistenza del fatto, alla sua illiceità ed alla affermazione che l'imputato lo ha commesso (art. 651 *bis*).

Al fine della considerazione dell'abitualità, la sentenza *de qua* e il provvedimento di archiviazione sono attualmente iscritti nel casellario giudiziale. Con la ipotizzata riforma contenuta nella delega in materia di disciplina del casellario è stabilita l'eliminazione dell'iscrizione dei provvedimenti applicativi della causa di non punibilità della particolare tenuità del fatto, prevedendo che sia il pubblico ministero a verificare, prima che vanga emesso il provvedimento, che il fatto addebitato sia occasionale.

10. Le condotte riparatorie

10.1. I presupposti

Con la L. n. 103 del 2017 il legislatore inserendo il nuovo art. 162 *ter* c.p. ha previsto che «nei casi di procedibilità a querela soggetta a remissione, il giudice dichiara estinto il reato, sentite le parti e la persona offesa, quando l'imputato ha riparato interamente, entro il termine massimo della dichiarazione di apertura del dibattimento di primo grado, il danno cagionato dal reato, mediante le restituzioni o il risarcimento, e ha eliminato le conseguenze dannose o pericolose del reato».

Si tratta «del recupero», con alcune varianti, di quanto previsto dall'art. 35 del d.lgs. n. 274 del 2000, in relazione al procedimento davanti al giudice di pace.

Non si è in presenza di un nuovo rito speciale, quanto piuttosto di una modalità di definizione anticipata del processo: invero, i profili processuali sono assolutamente scarni.

Sotto questo aspetto, infatti, che nel caso in cui la persona offesa non accetti l'offerta, ed il giudice la ritenga congrua, sia possibile per l'imputato effettuare una offerta reale ai sensi dell'art. 1208 ss. c.c. (art. 162 *ter*, co. 1 secondo periodo).

A fronte di un eventuale impossibilità ad adempiere, non addebitabile all'imputato, entro il riferito termine, il giudice può fissare – a richiesta dell'imputato – imponendo specifiche prescrizioni, un ulteriore termine non superiore a sei mesi, per provvedere – anche ratealmente di quanto dovuto. scaduto il termine della sospensione, sarà fissata una nuova udienza – comunque entro i successivi novanta giorni. la sospensione non preclude l'operatività dell'art. 240, co. 2 c.p. (cioè, la confisca) e non sospende il decorso della prescrizione (art. 162 *ter*, co. 2, c.p.).

Si ribadisce (art. 162 *ter*, co. 3, c.p.) che all'esito positivo delle condotte riparatorie il giudice dichiarerà l'estinzione del reato.

Le polemiche seguite ad una decisione di applicare l'art. 162 *ter* c.p. al delitto di *stalking* ha indotto il legislatore con la L. n. 172 del 2017 di escludere questo reato dall'ambito di operatività di questa modalità di definizione del processo ed ha precluso allo stato un ampliamento ad altri reati (contro il patrimonio o la persona) delle condotte riparatorie.

10.2. I profili procedurali

Quanto agli ulteriori profili operativi – non sempre disciplinati dalle citate previsioni – dovrebbe ritenersi: che se appare necessario l'adempimento personale dell'imputato, dovendosi escludere l'estinzione del reato nei confronti del correo inadempiente, non va escluso l'eventuale intervento delle compagnie assicuratrici; che la riparazione – integrale – stante la natura del meccanismo estintivo riguarderà il danno criminale e non quello civile; che, pur essendo prevista prima della decisione l'audizione delle parti e della persona offesa, va escluso in capo a quest'ultimo il potere di impedire al giudice di ritenere congrua la condotta riparatoria, non essendo altresì regolate né la modalità dell'interlocuzione, né un eventuale legittimazione ad impugnare la decisione.

La insufficiente disciplina del meccanismo – consegnato soltanto ad una previsione inserita nel codice penale – evidenzia significativi profili di criticità procedurale: manca ogni riferimento alla possibilità di chiedere le condotte riparatorie con l'opposizione al decreto penale di condanna, nonché di essere, conseguentemente avvertito di questa possibilità (v. invece Corte cost. n. 201 del 2016, per la messa alla prova); manca ogni riferimento alla possibilità che il giudice possa applicare l'art. 129; mancano a differenza di quanto previsto per il "parallelo" meccanismo operante per i reati di competenza del giudice di pace i parametri valutativi sulla cui base il giudice deve orientare le sue decisioni; manca una indicazione in ordine alle prove urgenti acquisibili durante la sospensione. Mancano, soprattutto, specifiche indicazioni in ordine alle determinazioni ed agli sviluppi processuali in caso di esito negativo delle condotte riparatorie: motivazione del provvedimento; impugnabilità dell'ordinanza; riproposizione della richiesta nel giudizio d'appello; successivo sviluppo nei riti alternativi.

Anche alla luce della recente sentenza della Corte costituzionale in tema di messa alla prova (Corte cost. n. 94 del 2018) è forse superabile la questione relativa all'accesso al fascicolo del p.m. per una più attenta valutazione della condotta, significativo ai fini di valutare l'entità del risarcimento.

11. I riti nelle scelte del legislatore: il binomio economia processuale e premialità

La ricostruzione effettuata ha messo in luce le istanze di polifunzionalità che il legislatore ha avuto presente nel regolare la materia dei riti speciali di cui agli artt. 438-464 ed agli artt. 162-162 *bis* c.p., ancorché il dato più marcato sia quello dell'economia processuale realizzato, da un lato, attraverso l'accelerazione del processo che incomincia a connotarsi dei caratteri della priorità nella conduzione delle indagini e nell'esercizio dell'azione penale, dall'altro, attraverso la premialità riconosciuta a chi consente una rapida ed anticipata definizione del giudizio.

I riti, cioè, ridisegnano in modo diverso dallo schema ordinario il rapporto tra indagini e dibattimento, rafforzando o escludendo il ruolo dell'udienza preliminare, così da suggerire – o imporre – una riconsiderazione della sua funzione, se non, addirittura, della sua ordinaria presenza nell'attuale strutturazione del processo penale.

Se i riti premiali puntano a deflazionare la fase dibattimentale, anticipando l'esito del processo anche al prezzo di dilatare i tempi della sua definizione nell'udienza preliminare, i riti acceleratori, in una logica che non esclude il riflusso premiale deflativo, puntano ad eliminare le complesse vicissitudini che conducono al dibattimento.

Su questi schemi si innestano variamente i percorsi ordinari e quelli articolati di cui all'art. 51, co. 3 *bis*, 3 *quater* e 3 *quinquies*, in un panorama non riconducibile ad unità, ancorché ad un'unità strutturata, come quella classica del c.d. doppio binario.

Le reiterate – significative – modifiche normative di cui tutti i riti speciali sono stati interessati – in tempi diversi – pur nella sostanziale metabolizzazione da parte del sistema della loro presenza nello sviluppo delle vicende giudiziarie, rendono problematiche sia le riflessioni di sistema, sia le valutazioni prognostiche di stabilizzazione o di ulteriori sviluppi legislativi.

Le più recenti novità introdotte in materia sono sorrette prevalentemente da una logica deflattiva: nel caso della tenuità del fatto si punta a ridimensionare le potenzialità dell'obbligatorietà dell'azione penale, favorendo la definizione anticipata del processo (obiettivo peraltro mancato); con le condotte riparatorie e la messa alla prova si cerca di anticipare, a richiesta dell'imputato, con il risarcimento ed una sanzione favorevole, la definizione del giudizio evitando gli sviluppi dibattimentali e le fasi dei gravami.

Come anticipato, si tratta piuttosto di definizioni anticipate del procedimento, quanto meno per la tenuità e le condotte riparatorie, non collocate neppure formalmente, a differenza della messa alla prova con sospensione, tra i riti speciali.

Deve emergere la consapevolezza che il processo penale si sta strutturando in molteplici sottosistemi, in larga parte condizionati dalle scelte emergenziali, anche contingenti, e che sono ormai variegate le situazioni che quotidianamente si innestano nella macchina giudiziaria penale.

Quanto affermato trova una conferma nella riforma Cartabia (d. lgs. n. 150 del 2022) tesa a decongestionare il carico giudiziario del 25% entro il 2026, in aderenza alle indicazioni del P.N.R.R. Unita alla introduzione delle pene sostitutive delle pene detentive brevi, la presenza dei riti speciali a contenuto premiale – rafforzato ne termini indicati – persegue pure l'obiettivo della riduzione dei tempi processuali nonché l'alleggerimento della presenza nelle carceri.

Parte IX

La disciplina extracodicistica dei processi

Capitolo XVIII

La procedura per accertare la responsabilità degli enti *

di *Giulio Garuti*

1. Disposizioni generali sul procedimento

Dando attuazione all'art. 11, co. 1, lett. *q*, L. 29.11.2000, n. 300 («Delega al Governo per la disciplina della responsabilità amministrativa delle persone giuridiche e degli enti privi di personalità giuridica»), il d.lgs. 8.6.2001, n. 231 («Disciplina della responsabilità amministrativa delle persone giuridiche, delle società e delle associazioni anche prive di personalità giuridica, a norma dell'art. 11 L. 29.11.2000, n. 300») ha in generale previsto che **l'accertamento della responsabilità delle imprese per illeciti amministrativi dipendenti da reato** debba avvenire nell'osservanza delle norme richiamate al Capo III (artt. 34-82) del decreto stesso, nonché «**secondo le disposizioni del codice di procedura penale e del decreto legislativo 28 luglio 1989 n.**

* Gli articoli citati senza ulteriori indicazioni si riferiscono al d.lgs. 8.6.2001, n. 231.

271», **in quanto compatibili (art. 34)**. All'impresa – non individuale – si applicano poi, con il limite della compatibilità in concreto, **«le disposizioni processuali relative all'imputato» (art. 35)**.

Se, per un verso, non può sfuggire come il **rinvio operato in chiave integratrice alle disposizioni del codice di rito** sia chiaramente volto a prevenire fenomeni di «rifiuto» della disciplina richiamata da parte del sistema nel quale è destinata a operare per l'altro verso, non vi è dubbio che la scelta legislativa effettuata sia stata ispirata e dall'esigenza di rendere effettivi gli strumenti di accertamento, e dall'intenzione di dotare l'impresa, sottoposta a procedimento, di un sistema di garanzie in grado di contrastare l'accertamento condotto con gli strumenti suddetti.

2. Profili soggettivi

2.1. Attribuzioni del giudice penale

In questa cornice, l'**art. 36**, sotto la rubrica «**Attribuzioni del giudice penale**», stabilisce che il giudice competente a **conoscere l'illecito amministrativo dell'ente** è quello competente per il reato cui accede lo stesso illecito e che le regole da osservare nell'ambito di tale accertamento non sono altro che le disposizioni sulla composizione del Tribunale, nonché quelle processuali a esse collegate, relative ai reati dai quali l'illecito amministrativo dipende.

La soluzione normativa adottata nell'ambito del d.lgs. n. 231 del 2001 rappresenta sicuramente un'anomalia dal punto di vista sistematico, ma risulta assai opportuna dal punto di vista pratico, in quanto permette di valutare, in modo tendenzialmente unitario – limitando dunque il pericolo di decisioni contrastanti – fattispecie tra loro strettamente legate.

Sotto il profilo giuridico, siamo di fronte a un **cumulo processuale** – non necessario – **di competenze principali**, conseguente a un rapporto di «pregiudizialità di fatto» connotato in termini di dipendenza dell'illecito amministrativo da quello criminoso. Sia la non necessarietà del cumulo, sia la «pregiudizialità di fatto» emergono laddove si consideri che, in caso di scissione delle due vicende, l'organo investito del giudizio sulla responsabilità amministrativa risolve in via incidentale la questione penalistica, verificandone l'esistenza in astratto (arg. *ex* art. 8, co. 1).

La «**pregiudizialità di fatto**» qui richiamata sembra, tuttavia, trasformarsi in una vera e propria «pregiudizialità giuridica» in caso di improcedibilità dell'azione penale (art. 37), nonché laddove il reato da cui dipende l'illecito amministrativo si sia estinto per prescrizione (art. 60).

Il richiamo, operato dall'art. 36, co. 2, alle disposizioni sulla composizione del Tribunale, deve essere inteso in riferimento alle norme che regolano l'attività di questo organo e in composizione collegiale (art. 33 *bis* c.p.p.) e in composizione monocratica (artt. 33 *ter* e 550 c.p.p.). Quanto, poi, al **richiamo alle disposizioni processuali collegate alle norme in tema di composizione del Tribunale**, sembra corretto ritenere che tra esse vadano inserite sia quelle relative agli effetti della connessione sulla composizione del giudice (artt. 33 *quater* e 551 c.p.p.), sia quelle riguardanti i provvedimenti sulla composizione collegiale o monocratica del Tribunale stesso (artt. 33 *quinquies*-33 *nonies* c.p.p.).

2.2. La regola del *simultaneus processus*

L'art. 38, co. 1, nel disporre che «[i]l procedimento per l'illecito amministrativo dell'ente è riunito al procedimento penale instaurato nei confronti dell'autore del reato da cui l'illecito dipende», sancisce, quale regola generale, il ***simultaneus processus***. Ciò significa che il giudice, se da un lato deve procedere alla riunione dei procedimenti indipendentemente dall'esistenza delle ipotesi di cui all'art. 17 c.p.p., dall'altro lato non è tenuto a verificare che l'eventuale riunione «non determini un ritardo nella definizione degli stessi».

La regola del ***simultaneus processus*** prescritta dall'art. 38, co. 1, trova, comunque, un **temperamento** nel dettato del co. 2 della medesima disposizione, che disciplina le situazioni in cui si procede separatamente per l'illecito amministrativo. Ciò avviene «soltanto»: *a*) in caso di sospensione del procedimento penale per incapacità dell'imputato (art. 71 c.p.p.); *b*) laddove il procedimento penale sia stato definito con una decisione assunta nell'ambito del rito abbreviato o dell'applicazione della pena su richiesta, oppure sia stato emesso un decreto penale di condanna; *c*) qualora «l'osservanza delle disposizioni processuali lo renda necessario».

A riguardo, va osservato come la **separazione dovuta alla sospensione del procedimento penale ai sensi dell'art. 71 c.p.p.**, per incapacità dell'imputato (art. 38, co. 2, lett. *a*), non rappresenti altro che una specificazione dell'ipotesi prescritta dall'art. 18, co. 1, lett. *b*, c.p.p.

Quanto all'ipotesi di **separazione dovuta al fatto che il procedimento penale sia «stato definito»** con una decisione assunta in sede di rito abbreviato o di applicazione della pena su richiesta, ovvero sia «stato emesso», nel medesimo procedimento, un decreto penale di condanna (art. 38, co. 2, lett. *b*), diversi sono i profili degni di attenzione.

In prima istanza, occorre chiarire che la separazione in parola avrà luogo tutte le volte in cui **l'imputato opti per una di queste soluzioni alternative** e l'ente, mediante il proprio rappresentante legale, faccia una scelta processuale diversa oppure sia costretto a ciò dalla circostanza che l'illecito amministrativo implica una sanzione interdittiva in via definitiva.

In secondo luogo, va osservato, sottolineandone l'**ingiustificata impostazione**, che rispetto al giudizio abbreviato e all'applicazione della pena su richiesta, la disposizione in commento esige, per giungere alla separazione, che il procedimento penale sia «stato definito», mentre rispetto al procedimento monitorio, si accontenta dell'emissione del decreto penale.

Venendo infine all'ipotesi in cui la separazione dipende dal fatto che **«l'osservanza delle disposizioni processuali lo renda necessario»** (art. 38, co. 2, lett. *c*), risulta agevole constatare come una norma di chiusura così strutturata rischi, in concreto, di diventare rifugio per tutte quelle situazioni processuali che, per qualsiasi motivo, tendono a sganciare il procedimento di accertamento dell'illecito amministrativo dal procedimento penale.

2.3. Modalità di partecipazione dell'ente al procedimento

Se, da un lato, abbiamo visto che all'ente si applicano le disposizioni processuali relative all'imputato (art. 35), dall'altro lato, dobbiamo dire che per **partecipare al procedimento penale** esso deve depositare nella segreteria del pubblico ministero o nella cancelleria del giudice – a seconda del momento processuale in cui decide di intervenire –, non solo **l'atto di costituzione**, ma anche la **procura** conferita al difensore nelle forme dell'art. 100, co. 1, c.p.p. [1].

L'**atto di costituzione** deve contenere, a pena di inammissibilità, la denominazione dell'ente, le generalità del rappresentante legale e del difensore – con l'indicazione della procura – nonché la dichiarazione o l'elezione di

---

[1] A riguardo, l'art. 111 *bis* c.p.p. («Deposito telematico») – introdotto dal d.lgs. 10.10.2022, n. 150 – afferma che: «1. [i]n ogni stato e grado del procedimento, il deposito di atti, documenti, richieste, memorie ha luogo esclusivamente con modalità telematiche, nel rispetto della normativa, anche regolamentare, concernente la sottoscrizione, la trasmissione e la ricezione degli atti e dei documenti informatici [..] – 3. La disposizione di cui al comma 1 non si applica agli atti e ai documenti che, per loro natura o per specifiche esigenze processuali, non possono essere acquisiti in copia informatica. – 4. Gli atti che le parti compiono personalmente possono essere depositati anche con modalità non telematiche».

L'art. 122 co. 2 *bis* c.p.p. («Procura speciale per determinati atti») – introdotto dal d.lgs. n. 150 del 2022 – prevede che: «La procura speciale è depositata, in copia informatica autenticata con firma digitale, nel rispetto della normativa, anche regolamentare, concernente la sottoscrizione, la trasmissione e la ricezione dei documenti informatici, con le modalità previste dall'art. 111 *bis*, salvo l'obbligo di conservare l'originale analogico da esibire a richiesta dell'autorità giudiziaria».

L'art. 87 d.lgs. n. 150 del 2022 fissa l'entrata in vigore dell'art. 111 *bis* c.p.p. in funzione dell'emanazione di decreti ministeriali, da adottarsi entro il 31.12.2023, concernenti le modalità di deposito, comunicazione e notificazione degli atti in via informatica.

domicilio. Ove il rappresentante legale dell'ente sia altresì imputato del reato da cui dipende l'illecito amministrativo, la partecipazione al procedimento penale dell'ente stesso dovrà necessariamente avvenire mediante la nomina di un **diverso rappresentante legale per il processo**. Quando, poi, il rappresentante legale dell'ente costituto non compaia, la rappresentanza di quest'ultimo viene assunta dal difensore (art. 39).

Da un primo sguardo alla disciplina qui richiamata, emerge immediatamente come l'atto attraverso il quale l'ente si costituisce richiami, in linea di massima, i modi di partecipazione al procedimento non dell'imputato, ma delle altre parti private. L'unico segnale che, sotto il profilo formale, consente di accostare la disciplina in parola a quella riguardante la partecipazione al processo dell'imputato, è rappresentato dal fatto che nell'atto di costituzione dell'ente vada indicata la **dichiarazione o l'elezione di domicilio**.

Un profilo degno di approfondimento nell'ambito della disciplina qui richiamata si coglie laddove, in via indiretta, si preclude all'**imputato del reato da cui dipende l'illecito amministrativo** l'opportunità di rappresentare legalmente l'ente nel procedimento penale. Il **conflitto di interessi** cui sarebbe esposto tale soggetto, anche se soltanto indagato, una volta chiamato a rappresentare l'ente, risulta evidente sol che si consideri il contenuto dell'art. 6, co. 1, lett. *c* e *d*, nella parte in cui prevede che l'ente non risponda dell'illecito amministrativo qualora provi che il reato posto in essere «nel suo interesse o a suo vantaggio» da un soggetto identificabile anche con il rappresentante legale, sia stato commesso «eludendo fraudolentemente i modelli di organizzazione e di gestione», sempre che non sia ravvisabile alcuna colpa in capo all'ente stesso, tenuto a controllare – attraverso il proprio organismo di vigilanza – l'osservanza dei programmi intesi a conformare le proprie decisioni secondo i modelli di legalità preventiva. Il suddetto conflitto di interessi si ritiene presunto *iuris et de iure* in base al contenuto dell'art. 39 e la sua sussistenza, pur non dovendo essere accertata in concreto, determina l'inefficacia dell'atto posto in essere dal soggetto potenzialmente investito del conflitto stesso.

In questa cornice, particolare attenzione merita la figura del **difensore dell'ente nominato in forza di procura speciale**. In generale, possiamo dire che, nonostante manchi qualsiasi richiamo puntuale all'istituto della rappresentanza, l'esplicito riferimento alla procura speciale lascia chiaramente intendere la riferibilità della disciplina in parola alla **rappresentanza volontaria**. Tale affermazione sembra tuttavia perdere parte del proprio valore, nel momento in cui si esamini la situazione disciplinata dall'art. 39, co. 4, che affida al difensore la rappresentanza dell'ente costituito, in caso di mancata comparizione del rappresentante legale: qui, pare, infatti, integrata una ipotesi di rappresentanza legale necessaria che trova il proprio fondamento in una disposizione normativa e la propria ragione in una situazione di «non presenza» del rappresentante legale.

Se i **modi di partecipazione al procedimento**, da parte dell'ente, ricordano – come abbiamo già detto – quelli delle parti private diverse dall'imputato, la volontà dell'ente – implicitamente espressa – di non intervenire nel procedimento, determina invece conseguenze tipiche riconducibili ad atteggiamenti dell'imputato: **l'ente che non ha nominato un difensore di fiducia** – al pari di quello che ne sia rimasto privo – viene, infatti, assistito da un **difensore d'ufficio** (art. 40).

2.4. Vicende modificative dell'ente nel corso del processo

L'art. 42 sancisce un **principio di continuità** del procedimento in capo agli enti che risultano dalla **trasformazione** o dalla **fusione**, o che beneficiano della **scissione dell'ente** originariamente responsabile; in particolare, questi nuovi enti «partecipano al processo, nello stato in cui lo stesso si trova, depositando la dichiarazione [prevista d]all'articolo 39, co. 2».

In proposito, preme osservare come la disciplina in esame non sia altro che la naturale conseguenza, nell'ambito del processo volto all'accertamento dell'illecito amministrativo, di quanto affermato dagli **artt. 28, 29 e 30**, ovvero del fatto che in caso di trasformazione, fusione o scissione, l'ente che risulta dalla vicenda modificativa continua a essere responsabile per i reati commessi anteriormente alla data in cui detta vicenda ha avuto effetto.

Ogni dubbio in ordine al disposto dell'art. 42 risulta poi fugato ove si consideri: *a*) che la **trasformazione** non importa l'estinzione del precedente soggetto giuridico e la creazione di un nuovo soggetto, ma implica soltanto la modifica dell'atto costitutivo dell'ente, permanendo senza soluzione di continuità l'identità dell'originario soggetto; *b*) che la **fusione** dà vita a un nuovo ente che non solo assume tutti i diritti e gli obblighi degli enti estinti, ma ne accorpa le attività aziendali, comprese necessariamente, dunque, quelle nell'ambito delle quali sono stati posti in essere i reati di cui tali ultimi enti dovevano rispondere; *c*) che la **scissione**, oltre a non comportare l'estinzione della società scissa, la quale sopravvive con un patrimonio ridimensionato, trasferisce anche l'obbligazione e la conseguente responsabilità in capo agli enti beneficiari, i quali risultano responsabili in solido tra di loro per il pagamento delle sanzioni pecuniarie, nonché singolarmente per le sanzioni interdittive. Quest'ultimo tipo di sanzione si applica all'ente cui è rimasto o è stato trasferito, pure in parte, il ramo di attività nell'ambito del quale il reato è stato commesso.

2.5. Notificazioni

Per quanto riguarda le modalità attraverso le quali vengono effettuate le **notificazioni all'ente**, il legislatore è intervenuto con una disciplina ispirata a **princìpi propri e del processo civile e del processo penale**, nonché a forme di notificazione tipiche non solo dell'imputato, ma anche delle **altre parti private** (art. 43).

Se la **prima notificazione all'ente** deve essere eseguita a norma dell'art. 154, co. 3, c.p.p., le **notificazioni effettuate mediante consegna al rappresentante legale dell'ente** sono comunque valide, indipendentemente dal fatto che questi sia o meno imputato del reato da cui dipende l'illecito amministrativo. Ove, poi, **l'ente abbia dichiarato o eletto domicilio**, le notificazioni devono essere eseguite – alla stregua di ciò che avviene per l'imputato – ai sensi dell'art. 161 c.p.p., ma l'impossibilità di effettuare le notificazioni secondo le modalità richiamate consente all'autorità giudiziaria di effettuare la notificazione mediante consegna al difensore già nominato o che viene contestualmente nominato, anche d'ufficio.

Tuttavia, qualora non sia possibile effettuare le notificazioni secondo le modalità appena citate, l'autorità giudiziaria dispone **nuove ricerche**, l'esito negativo delle quali consente al giudice di **sospendere il procedimento su richiesta del pubblico ministero**.

Procedendo con ordine all'esame delle singole situazioni, preme anzitutto evidenziare come il legislatore sia ricorso alla **normativa del processo civile soltanto per la prima notificazione all'ente e non per quelle successive**. Tale scelta trova giustificazione nel fatto che il sistema predisposto dall'art. 43, sebbene si affidi ragionevolmente alla repentina dichiarazione o elezione di domicilio da parte dell'ente, non considera tuttavia l'opportunità di svolgere il processo in caso di irreperibilità dello stesso, così come accade oggi per le persone fisiche.

Quanto poi ai **soggetti ai quali l'atto può essere consegnato**, quest'ultima disposizione si riferisce, in primo luogo e senza accordare alcuna preferenza, al rappresentante dell'ente e alla persona incaricata di ricevere la notificazione, nonché, in via successiva, ad «altra persona addetta alla sede» dell'ente. Sussistendo contemporaneamente l'impossibilità di notificare l'atto presso la sede e l'indicazione nell'atto stesso della persona che rappresenta l'ente, sarà consentito effettuare la notificazione dell'atto come se destinatario del medesimo fosse il rappresentante dell'ente, con conseguente applicazione degli artt. 138, 139 e 141 c.p.c., vale a dire quelle disposizioni che prevedono la notificazione «in mani proprie», «nella residenza, nella dimora o nel domicilio», presso il domiciliatario.

Sotto un diverso aspetto, nonostante l'opinione contraria della Corte costituzionale[2], qualche incertezza desta l'art. 43, co. 2, nel prevedere la validità delle **notificazioni effettuate mediante consegna al rappresentante legale dell'ente**, anche laddove questi sia **imputato del reato da cui dipende l'illecito amministrativo**. Non trascurabili risultano, infatti, le conseguenze collegate al conflitto di interessi, sopra prospettato, in cui potrebbe venire a trovarsi il rappresentante legale dell'ente imputato del reato da cui dipende l'illecito amministrativo.

Come abbiamo anticipato, la **dichiarazione o l'elezione di domicilio da parte dell'ente** – formalizzata nell'ambito della dichiarazione di cui all'art. 39 o in altro atto comunicato all'autorità giudiziaria – implica l'impiego delle regole prescritte dall'art. 161 c.p.p. Detto rinvio non va inteso come un richiamo all'intero contenuto di questa norma, non potendo sfuggire, per esempio, che il co. 3 della disposizione in parola non riguarda il caso di specie, poiché la peculiarità di tale disciplina è riservata all'ambito dei rapporti tra dichiarazione o elezione di domicilio e imputato detenuto che deve essere scarcerato, nonché dimesso da un istituto per l'esecuzione di misure di sicurezza.

3. Cautele

3.1. Inquadramento sistematico

Andando oltre le indicazioni fornite dalla legge delega, il legislatore del 2001, sulla falsariga della normativa contenuta nel Libro IV del codice di rito, ha operato una scelta a favore dell'introduzione di un **vero e proprio sistema cautelare**, asserendo che l'anticipazione di taluni effetti della decisione di merito mediante l'adozione di misure cautelari è in funzione dell'effettività dell'accertamento giurisdizionale e che l'inserimento dell'accertamento dell'illecito amministrativo nel processo penale determina l'estensione del processo di giurisdizionalizzazione delle misure cautelari anche a favore dell'ente. Da qui, la creazione di un sistema destinato a disciplinare, per un verso, **l'applicazione e le vicende in sede cautelare delle sanzioni interdittive** (artt. 45-52), e per l'altro verso, le **modalità esecutive** di quegli interventi denominati, dal c.p.p., **misure cautelari reali** (artt. 53-54).

---

[2] Corte cost., sent. n. 249 del 2011.

3.2. Misure cautelari interdittive: tipologia e condizioni di applicabilità

Posto che il novero delle cautele interdittive è stato individuato, dal d.lgs. n. 231 del 2001, mediante il **rinvio al catalogo delle sanzioni interdittive** di cui all'art. 9, co. 2 – catalogo dal quale era già stata esclusa, per mancanza di idoneità cautelare «generica», la misura della pubblicazione della sentenza e, per mancanza di idoneità cautelare «specifica», la chiusura temporanea dello stabilimento o della sede commerciale –, le forme di intervento cautelare in tale settore consistono: *a*) nell'interdizione dall'esercizio dell'attività; *b*) nella sospensione o nella revoca delle autorizzazioni, licenze o concessioni funzionali alla commissione dell'illecito; *c*) nel divieto di contrattare con la pubblica amministrazione, salvo che per ottenere la prestazione di un pubblico servizio; *d*) nell'esclusione da agevolazioni, finanziamenti, contributi o sussidi e nell'eventuale revoca di quelli già concessi; *e*) nel divieto di pubblicizzare beni o servizi.

A riguardo, preme poi sottolineare come l'art. 45, co. 3, in linea con la previsione di cui all'art. 15, disponga che «**in luogo della misura cautelare interdittiva**, il giudice p[ossa] nominare un **commissario giudiziale** a norma dell'art. 15 per un periodo pari alla durata della misura che sarebbe stata applicata». Il richiamo operato dall'art. 45 all'art. 15 impone, peraltro, di ritenere possibile l'impiego del commissario giudiziale sia laddove la cautela debba adottarsi nei confronti di un ente che «svolge un pubblico servizio o un servizio di pubblica necessità la cui interruzione p[ossa] provocare un grave pregiudizio alla collettività» (co. 1, lett. *a*), sia laddove «l'interruzione dell'attività dell'ente, [dovuta alla cautela da adottare, possa] provocare, tenuto conto delle sue dimensioni e delle condizioni economiche del territorio in cui è situato, rilevanti ripercussioni sull'occupazione» (co. 1, lett. *b*).

Inoltre, il collegamento esistente tra le sanzioni interdittive e le cautele della stessa indole induce l'interprete a ritenere **applicabile**, anche rispetto a queste ultime, **il contenuto dell'art. 13**: sotto il **profilo oggettivo**, l'adozione delle misure cautelari qui richiamate sarà consentita soltanto in relazione a quella fascia di condotte riconducibili a reati per i quali sia espressamente prevista la corrispondente sanzione interdittiva; sotto il **profilo soggettivo**, destinatari di queste misure potranno essere: *a*) gli enti che abbiano tratto dal reato un profitto di rilevante entità e il reato sia stato commesso da soggetti in posizione apicale ovvero da soggetti sottoposti all'altrui direzione quando, in questo caso, la commissione del reato sia stata determinata o agevolata da gravi carenze organizzative; *b*) gli enti che abbiano reiterato l'illecito, vale a dire siano già stati condannati in via definitiva almeno una volta per un illecito dipendente da reato e ne abbiano commesso un altro nei cinque anni successivi alla condanna definitiva (art. 20).

Tutte finalizzate ad **assolvere funzioni preventive di eventuali condotte illecite e di tutela conservativa dell'esistente**, le cautele interdittive in oggetto risultano applicabili unicamente in presenza di determinate condizioni. Se non è richiesta l'esistenza di un presupposto edittale relativo al reato cui ricondurre l'illecito extrapenale, sono però imposte condizioni che implicano l'esistenza e di una determinata situazione probatoria e di una determinata esigenza cautelare: ai gravi indizi circa la sussistenza della responsabilità dell'ente si accompagna il pericolo concreto – desumibile da «fondati e specifici elementi» – che vengano commessi illeciti della stessa indole di quello per cui si procede.

3.3. Criteri di scelta e modalità esecutive

In presenza delle condizioni appena richiamate, il giudice può adottare una misura cautelare interdittiva, dovendo, tuttavia, tenere conto «della specifica idoneità di ciascuna in relazione alla natura e al grado delle esigenze cautelari da soddisfare nel caso concreto» (art. 46, co. 1). Imponendo questo vincolo, il legislatore del 2001 ha dato attuazione, anche in tale contesto, al cosiddetto **principio di adeguatezza**, con l'ovvia conseguenza che dovrà essere scelta la misura meno gravosa per l'ente, tra quelle di per sé idonee a fronteggiare le esigenze cautelari. Da qui, la regola decisoria che identifica, nell'**interdizione dall'esercizio dell'attività**, la **soluzione estrema**, da adottare soltanto laddove le esigenze cautelari non possano venire adeguatamente esaudite mediante una misura caratterizzata da minor grado di afflittività (art. 46, co. 3). Nell'individuare la cautela – applicabile sempre solo singolarmente e mai congiuntamente ad un'altra (art. 46, co. 4) – il giudice, ai sensi dell'art. 46, co. 2, deve peraltro valutare se essa risulti «proporzionata all'entità del fatto e alla sanzione che si ritiene possa essere applicata all'ente» (c.d. **principio di proporzionalità**).

Destinatari naturali dei criteri considerati sono il giudice che procede – identificabile anche *ex* art. 91 disp. att. c.p.p. –, nonché il giudice per le indagini preliminari nel corso delle investigazioni, chiamati ad esercitare il potere cautelare su richiesta del pubblico ministero. Tale meccanismo esplica i propri effetti non solo al momento dell'applicazione della misura, ma anche laddove si debba provvedere alla revoca o vengano in considerazione modalità esecutive della misura stessa.

Sotto il profilo del **contenuto**, la **richiesta del rappresentante dell'accusa** deve annoverare gli atti teoricamente idonei a sostenere l'adozione della misura cautelare, gli elementi a favore dell'ente – l'omessa trasmissione dei quali non sembra tuttavia sanzionata –, nonché «le eventuali deduzioni e memorie difensive già depositate».

Sulla richiesta del pubblico ministero il **giudice procedente** decide sempre nel **contraddittorio delle parti**, provvedendo addirittura a fissare udienza apposita per la decisione – che si svolgerà con le forme di cui all'art. 127 c.p.p. (art. 47, co. 3) –, laddove la richiesta stessa sia stata avanzata al di fuori di un momento processuale così caratterizzato; in questo caso, il giudice è tenuto a dare avviso della fissazione dell'udienza al rappresentante dell'accusa, all'ente e ai difensori. La **domanda cautelare** viene evasa dal giudice con **ordinanza** che, a seconda dei casi, può essere di reiezione, di accoglimento ovvero tesa ad applicare una misura più lieve di quella ipotizzata dall'organo dell'accusa. Qualsiasi provvedimento volto all'adozione della misura dovrà essere notificato all'ente da parte del pubblico ministero (art. 48) – nonché comunicato «alle autorità che esercitano il controllo o la vigilanza sull'ente» (art. 84) – e strutturato in base alle regole previste dall'art. 292 c.p.p., espressamente richiamate, come già detto, dall'art. 45, co. 2.

3.4. Vicende evolutive

Tra le vicende evolutive attinenti le misure di interdizione, il d.lgs. n. 231 del 2001 ha previsto, accanto a quelle tipiche della **revoca**, **sostituzione**, **perenzione** e **pronuncia di determinate sentenze**, la **sospensione**.

Muovendo da quest'ultima, ne occorre immediatamente evidenziare il **collegamento con l'art. 17**, avendo il legislatore previsto che le **misure cautelari** possano essere **sospese** qualora l'ente chieda di essere autorizzato a realizzare quelle condotte riparatorie cui la legge condiziona l'esclusione di sanzioni interdittive a norma, appunto, dell'art. 17. Al di là del contenuto di tali condotte, il giudice che ritenga opportuno accogliere la richiesta dell'ente, sentito il pubblico ministero, determina una somma di danaro a titolo di cauzione, dispone la sospensione della misura e indica il termine per la realizzazione delle condotte riparatorie (art. 49, co. 1). L'obbligazione pecuniaria assunta dall'ente a titolo di cauzione – non inferiore alla metà della sanzione pecuniaria minima prevista per l'illecito – si realizza o con il versamento della somma alla Cassa delle ammende ovvero con la prestazione della garanzia mediante ipoteca o fideiussione (art. 49, co. 2). L'esito di tale procedura sarà diverso a seconda che le condizioni imposte dal giudice si siano o meno realizzate in modo corretto: il giudice, nel primo caso, revocherà la misura cautelare, ordinando la restituzione della somma depositata, la cancellazione dell'ipoteca o l'estinzione della fideiussione (art. 49, co. 4), mentre, nel secondo caso, ripristinerà la misura, devolvendo la cauzione alla Cassa delle ammende (art. 49, co. 3).

L'art. 50, nel regolare la **revoca** e la **sostituzione delle misure interdittive**, si ispira alla medesima *ratio* cui fa riferimento l'art. 299 c.p.p. Il giudice, pertanto, provvede a revocare la misura – su richiesta o d'ufficio – qualora reputi venuti meno, anche per fatti sopravvenuti, i presupposti di applicabilità o realizzate correttamente le condizioni, di cui all'art. 17, che ne avevano giustificato la sospensione. La sostituzione della misura – con una meno grave o con la medesima caratterizzata da modalità meno gravose – viene invece adottata dal giudice, su richiesta del pubblico ministero o dell'ente, in caso di attenuazione dell'esigenza cautelare o di intervenuta sproporzione tra la misura stessa, l'entità del fatto e la sanzione irrogabile.

Tra le vicende evolutive delle misure e, in particolare, tra quelle che ne determinano l'estinzione in via automatica, il legislatore del 2001 prevede – in forza del combinato degli artt. 51 e 306, co. 2, c.p.p. – la **perenzione in ragione del decorso dei termini massimi di durata**. Pur non esistendo un sistema di termini massimi organizzato in relazione ai diversi stati o gradi del procedimento, la durata di una misura – fissata dal giudice al momento della sua adozione – se di regola non può essere superiore a un anno, dopo la sentenza di primo grado può avere durata analoga alla «corrispondente sanzione applicata con la medesima sentenza»; in ogni caso, essa non può mai superare i sedici mesi.

Oltre alla perenzione, tra le vicende evolutive delle misure volte a provocarne l'estinzione in via automatica, l'art. 68 contempla le ipotesi di **cessazione della misura derivanti dalla pronuncia e della sentenza di esclusione della responsabilità** (art. 66) e della **sentenza di non doversi procedere per prescrizione della sanzione amministrativa** o **del reato** dal quale dipende l'illecito contestato all'ente (art. 67).

3.5. Misure cautelari reali

Come abbiamo anticipato, accanto alle misure cautelari interdittive il d.lgs. n. 231 del 2001 disciplina il **sequestro preventivo** e quello **conservativo**. Con quest'ultima misura il legislatore vuole evitare la dispersione delle «garanzie per il pagamento della sanzione pecuniaria, delle spese del procedimento e di ogni altra somma dovuta all'erario dello Stato», mentre, con il sequestro preventivo, egli vuole unicamente salvaguardare l'eventuale esecuzione della sanzione della confisca ai sensi dell'art. 19 e non evitare – come avviene invece per l'omologo istituto previsto dal codice di rito – che «la libera disponibilità di una cosa pertinente al reato possa aggravare o protrarre le conseguenze di esso ovvero agevolare la commissione di altri reati» (art. 321, co. 1, c.p.p.).

Puntando immediatamente l'attenzione sul **sequestro preventivo**, preme osservare come oggetto di tale misura siano le «cose di cui è consentita la confisca a norma dell'articolo 19» ovvero il prezzo o il profitto del reato, nonché somme di denaro, beni o altre utilità di valore ad essi equivalenti. Quanto alle **condizioni necessarie per l'adozione della misura**, il silenzio mantenuto in proposito dalla legge induce a ritenere non richiesta una valutazione in ordine alla sussistenza del *periculum in mora* – presunta *ope legis* poiché connaturata ai beni suscettibili di confisca –, mentre desta qualche incertezza circa la necessità di un vaglio in termini di *fumus boni iuris*: accanto a chi giustamente ritiene debbano esistere i «gravi indizi» di cui all'art. 45, non manca chi, invece, reputa sufficiente una valutazione di «astratta configurabilità dell'illecito».

Da un **punto di vista procedurale**, l'esplicito rinvio operato dall'art. 53, co. 1 ai co. 3, 3 *bis* e 3 *ter* dell'art. 321, c.p.p., nonché all'art. 323 c.p.p., permette di reputare applicabile, in tale contesto, la disciplina codicistica che regola la distribuzione delle competenze, la forma dei provvedimenti e le vicende evolutive; resta tuttavia sempre presente il limite dell'applicabilità in concreto di queste disposizioni.

Modalità particolari assistono poi il **sequestro**, eseguito **ai fini della confisca per equivalente** prevista dall'art. 19, co. 2, che abbia ad oggetto società, aziende ovvero beni, compresi titoli, quote azionarie o liquidità anche in deposito. In tal caso, il custode amministratore giudiziario ne consente l'utilizzo e la gestione agli organi societari al fine esclusivo di garantire la continuità e lo sviluppo aziendale, esercitando i poteri di vigilanza e riferendo all'autorità giudiziaria. In presenza di una violazione della predetta finalità, l'autorità giudiziaria adotterà i provvedimenti conseguenti, potendo anche nominare un amministratore nell'esercizio dei poteri di azionista (art. 53, co. 1 *bis*)[3].

Per quanto riguarda il **sequestro conservativo**, va anzitutto evidenziato come esso possa ricadere sui beni mobili e immobili dell'ente, nonché sulle somme o cose allo stesso dovute. Presupposto per l'adozione di tale misura è la sussistenza di un ***periculum in mora***, desunto da concreti e specifici elementi che rivelano l'esistenza del rischio di una perdita della garanzia del credito, per i titoli normativamente indicati, rappresentata dal patrimonio del soggetto sottoposto al procedimento, che si atteggia quale potenziale debitore.

Con il limite dell'applicabilità in concreto, l'art. 54, mediante il rinvio ad una serie di disposizioni del codice di rito – gli artt. 316, co. 4, 317, 319 e 320 c.p.p. – sancisce l'efficacia, nell'ambito del sistema qui considerato, delle regole volte a disciplinare il sequestro conservativo nel processo penale, in punto di forma, effetti ed esecuzione del provvedimento, competenza, offerta di cauzione.

---

[3] Cass., Sez. Un., 30.1.2014, Gubert, ha escluso la possibilità di disporre il sequestro preventivo finalizzato alla confisca per equivalente dei beni appartenenti alla persona giuridica, quando si procede per violazioni finanziarie commesse dal legale rappresentante della società, salvo nel caso in cui la struttura societaria costituisca un apparato fittizio utilizzato dal reo all'esclusivo scopo di farvi confluire i profitti illeciti derivanti dai reati tributari.

3.6. Controlli

L'art. 52, co. 1, prevedendo la possibilità di proporre **appello nei confronti di «tutti i provvedimenti in materia di misure cautelari [interdittive]»**, rende impugnabili le ordinanze del giudice che applicano, sospendono, revocano, sostituiscono o dichiarano la cessazione delle misure, nonché rigettano la richiesta di adozione avanzata dal pubblico ministero, e di revoca o sostituzione eventualmente proposta dall'ente o dal rappresentante dell'accusa.

Se, da un lato, viene espressamente sancito che **legittimati a presentare l'atto di appello** – obbligatoriamente corredato dai contestuali motivi – sono il pubblico ministero e l'ente mediante il proprio difensore, dall'altro lato, la disciplina concernente lo svolgimento della procedura si ricava dal **rinvio effettuato, nell'ambito dell'art. 52, ai co. 1 *bis* e 2 dell'art. 322 c.p.p.** Nonostante le norme richiamate riguardino l'appello contro le ordinanze in tema di sequestro preventivo, nonché avverso il decreto di revoca del sequestro emesso dal pubblico ministero – la qual cosa è destinata a generare alcuni problemi interpretativi –, se ne deduce che sull'appello decide sempre il Tribunale, in composizione collegiale, del capoluogo della provincia nella quale ha sede l'ufficio che ha emesso il provvedimento cautelare; che la proposizione dell'appello non sospende l'esecuzione del provvedimento; che le regole individuate per disciplinare la fase dinamica dell'appello sono, con il limite della compatibilità, quelle previste dall'art. 310 c.p.p., ovvero le disposizioni dettate dal codice di rito per l'appello avverso le ordinanze in materia di misure cautelari personali.

È stato peraltro ritenuto che nel caso di **revoca delle misure cautelari interdittive a carico dell'ente**, a seguito di **condotte riparatorie**, è da escludere la possibilità di una declaratoria di inammissibilità dell'appello cautelare pronunciata senza formalità, risultando viceversa necessaria una decisione in udienza camerale nel contraddittorio delle parti[4].

Al co. 2, l'art. 52 conferisce poi al pubblico ministero e all'ente – che opera sempre per mezzo del suo difensore – la facoltà di **ricorrere per cassazione**, soltanto per violazione di legge, avverso i provvedimenti emanati in sede di appello. L'esplicito richiamo operato dalla disposizione in oggetto all'art. 325 c.p.p. consente di ritenere applicabili, anche in tale contesto, le regole dettate dal codice di rito per il ricorso avverso i provvedimenti adottati durante il riesame o l'appello delle misure cautelari reali.

Passando ora al vaglio le **impugnazioni in tema di misure cautelari reali**, va detto come il legislatore del 2001 non abbia previsto disposizioni *ad hoc*, ma si sia limitato a richiamare, nell'ambito degli artt. 53 e 54, le disposizioni

---

[4] Cass., Sez. Un., 14.11.2018, Romeo Gestioni s.p.a.

che, nel codice di rito, sono destinate a regolare rispettivamente il riesame e l'appello dei provvedimenti che dispongono il sequestro preventivo (artt. 322, 322 *bis* c.p.p.), nonché il riesame dell'ordinanza di sequestro conservativo (art. 318 c.p.p.).

Sotto il profilo della **legittimazione a proporre impugnazione**, è interessante notare come la giurisprudenza di legittimità, nella sua massima espressione, abbia affermato, per un verso, che il **curatore fallimentare** non è legittimato a proporre impugnazione contro il provvedimento di sequestro adottato ai sensi dell'art. 19[5], mentre, per l'altro verso, che la **richiesta di riesame** avverso il decreto di sequestro preventivo può essere avanzata anche dal difensore di fiducia dell'ente non formalmente costituito nel processo, a condizione che non sia già stata inviata, all'ente stesso, l'informazione di garanzia a norma dell'art. 57[6].

4. Indagini preliminari

4.1. Struttura delle indagini

Tra le conseguenze dell'opzione legislativa volta a equiparare la posizione dell'ente a quella dell'imputato si colloca l'affidamento della strutturazione delle indagini a poche fattispecie destinate ad adattare le peculiari cadenze di questo *iter* procedimentale alla sagoma processual-penalistica.

A prescindere, per il momento, dalle disposizioni riguardanti gli epiloghi della fase qui considerata, preme subito osservare come il d.lgs. n. 231 del 2001, in punto di indagini preliminari, si limiti a disciplinare espressamente soltanto i profili riguardanti l'**annotazione dell'illecito amministrativo** (art. 55), i **termini di durata** (art. 56) e l'**informazione di garanzia** (art. 57).

Su questo sfondo, viene così a delinearsi un sistema nel quale risulta **a carico del pubblico ministero**, che ha acquisito la notizia dell'illecito amministrativo dipendente da reato, **l'onere di annotare immediatamente, nel registro di cui all'art. 335 c.p.p., gli elementi identificativi dell'ente** e, se possibile, le generalità del suo rappresentante legale, nonché il reato dal quale dipende l'illecito. Sotto il profilo della conoscibilità, l'annotazione in parola segue il regime dettato dal codice di rito per le notizie di reato.

Seppure in una prospettiva riconducibile all'illecito amministrativo, oggi **risulta applicabile, al processo all'ente**, la nuova e più precisa definizione di

---

[5] Cass., Sez. Un., 25.9.2014, Uniland.

[6] Cass., Sez. Un., 28.5.2015, Gabrielloni.

"notizia di reato" – che può essere trasfusa nella più ampia nozione di "annotazione dell'illecito amministrativo" – contenuta nell'art. 335 c.p.p., nonché **la disciplina di cui agli artt. 335 *bis*, 335 *ter* e 335 *quater* c.p.p.** volti a prevedere, da un lato, i limiti all'efficacia dell'annotazione e l'ordine, da parte del giudice per le indagini preliminari al pubblico ministero, di annotare il nome dell'ente indagato, e, dall'altro lato, il meccanismo di verifica giudiziale circa la tempestività dell'annotazione dell'illecito amministrativo.

Per quanto riguarda i **termini di durata delle indagini**, essi vengono equiparati, *ex lege*, a quelli stabiliti per l'indagine sul reato-presupposto e decorrono dal momento dell'annotazione degli elementi identificativi dell'ente nel registro delle notizie di reato.

Come abbiamo anticipato, il legislatore del 2001 ha dettato, nell'ambito dell'art. 57, una disciplina in tema di **informazione di garanzia**. La disposizione in parola – destinata a completare le regole contenute nell'art. 369 c.p.p., qui operative in forza dell'art. 34 – si limita ad adattare l'istituto in esame alle particolarità del procedimento volto ad accertare la responsabilità degli enti. Ne consegue dunque un provvedimento – da inviare all'ente soltanto laddove debba essere compiuto un atto al quale il difensore abbia diritto di assistere – che, alla stregua dell'ordinaria informazione di garanzia, deve riportare «l'indicazione delle norme di legge che si assumono violate, della data e del luogo del fatto [nonché l']invito a esercitare la facoltà di nominare un difensore di fiducia», mentre, in aggiunta al contenuto tipico previsto dall'art. 369 c.p.p., deve annoverare «l'invito a dichiarare ovvero eleggere domicilio per le notificazioni», nonché «l'avvertimento che per partecipare al procedimento [è tenuto a] depositare la dichiarazione di cui all'articolo 39, comma 2», vale a dire una dichiarazione contenente, a pena di inammissibilità, la denominazione dell'ente e le generalità del suo rappresentante legale, il nome e il cognome del difensore con l'indicazione della procura, la sottoscrizione del difensore e la dichiarazione o l'elezione di domicilio. Difficilmente l'informazione di garanzia potrà contenere l'avviso all'indagato e alla persona offesa della facoltà di accedere ai programmi di giustizia riparativa, ostando al momento ragioni di incompatibilità strutturale alla possibilità di elaborare un programma di trattamento in relazione a una persona giuridica. Non pare azzardato sostenere che, nel silenzio della legge, all'ente debba essere inviato, sempre grazie al richiamo contenuto nell'art. 34, l'informazione di cui all'art. 369 *bis* c.p.p., sul diritto di difesa.

4.2. Epiloghi. *A*) Archiviazione

Al termine delle indagini preliminari, il **pubblico ministero** che decida di non procedere alla contestazione dell'illecito amministrativo **dispone diret-**

tamente, con decreto motivato, l'archiviazione degli atti, dandone comunicazione al procuratore generale presso la Corte d'appello. Quest'ultimo, non convinto dell'opzione archiviativa, può svolgere ulteriori accertamenti e, ravvisandone l'opportunità, contestare all'ente la violazione amministrativa. Dalla comunicazione al procuratore generale dell'emissione del decreto di archiviazione all'eventuale contestazione dell'illecito non deve trascorrere un periodo di tempo superiore a sei mesi (art. 58).

Sebbene la relazione al d.lgs. n. 231 del 2001, in parte contraddicendosi, tenti una strenua difesa del meccanismo archiviativo di cui all'art. 58, pare difficile negare come la singolare deviazione dalla procedura ordinaria ivi contenuta – volta a conferire al pubblico ministero un vero e proprio potere di cestinazione diretta – rischi di destare inevitabilmente alcune perplessità sotto il profilo della legittimità costituzionale in rapporto all'**art. 112 Cost.** Ciò, nonostante taluno cerchi di superarle sul presupposto che, in detto contesto, non si debba parlare di vera e propria azione penale, ma di azione punitiva destinata a trovare ragione nell'art. 97 Cost., quale doveroso esercizio dei pubblici poteri attraverso atti volti ad assicurare il rispetto delle norme giuridiche nonché il buon andamento e l'imparzialità dell'amministrazione.

Al di là di queste considerazioni, in forza della clausola generale prevista dall'art. 34, pare corretto ritenere che il pubblico ministero debba disporre l'**archiviazione in tutte le ipotesi previste dagli artt. 408 e 411 c.p.p.**, operando, con gli opportuni adattamenti, una distinzione tra le vicende che attengono l'accertamento penale del reato-presupposto e quelle afferenti l'illecito amministrativo. Incompatibile con la struttura del suddetto illecito sembra invece essere non solo l'ipotesi di archiviazione disciplinata dall'art. 415 c.p.p., ma anche l'istituto dell'opposizione alla richiesta di archiviazione, nonché quello del rigetto della stessa (artt. 409 e 410 c.p.p.).

Un discorso a parte merita l'ipotesi di **archiviazione** introdotta dal d.lgs. 16.3.2015, n. 28, riconducibile alla **non punibilità per particolare tenuità del fatto** (art. 131 *bis* c.p.). Essa, invero, pur non essendo in astratto strutturalmente incompatibile con il modulo procedimentale di cui al d.lgs. n. 231 del 2001, determina tuttavia *ex lege* ricadute giudiziarie negative in capo al soggetto che subisce l'archiviazione (iscrizione nel casellario giudiziale) e, pertanto, in assenza di un intervento specifico del legislatore sul punto, pare difficile ritenere che le disposizioni normative che prevedono dette ricadute possano trovare applicazione estensiva in questa sede, precludendone di conseguenza al momento l'applicazione.

Pur non avendo previsto un controllo giurisdizionale in punto di archiviazione, abbiamo visto come il legislatore del 2001 abbia comunque ritenuto opportuno configurare una sorta di **verifica** – da parte del **procuratore generale presso la Corte d'appello** – sull'operato del pubblico ministero che opti per il non esercizio dell'azione penale. Detto meccanismo sembra porsi in linea con la disciplina dell'avocazione di cui all'art. 412 c.p.p.

4.3. *Segue. B*) Contestazione dell'illecito amministrativo

L'art. 59, nel tentativo di individuare le **modalità attraverso le quali contestare l'illecito all'ente**, richiama espressamente «gli atti indicati dall'art. 405, co. 1, del codice di procedura penale». Tale rinvio – da intendersi oggi all'attuale **art. 407 *bis*, co. 1, c.p.p.** [7] –, se per un verso ha la funzione di evidenziare che le forme della contestazione sono scandite da scelte procedimentali, per l'altro verso ci impone di affermare che la contestazione all'ente dell'illecito amministrativo dipendente da reato può avvenire mediante richiesta di rinvio a giudizio, di applicazione della sanzione ai sensi dell'art. 447 c.p.p., di giudizio immediato, di emissione del decreto penale di condanna, nonché mediante presentazione dell'ente stesso a giudizio direttissimo.

A riguardo, preme sottolineare come l'art. 405, co. 1, c.p.p. – attuale art 407 *bis*, co. 1, c.p.p. –, richiamato appunto dall'art. 59, non faccia riferimento alla **citazione diretta a giudizio**, da parte del pubblico ministero, innanzi al Tribunale in composizione monocratica, mentre tra i reati-presupposto individuati nel d.lgs. n. 231 del 2001 ve ne sono alcuni che rientrano nell'elenco di cui all'art. 550 c.p.p. Poiché sarebbe inusuale, in caso di reato-presupposto perseguibile con citazione diretta a giudizio, procedere nei confronti dell'ente attraverso le forme ordinarie, obbligata risulta l'applicazione del principio di sussidiarietà sancito dall'art. 34, in combinazione con la regola dettata dall'art. 36, co. 1.

Passando ora dalle modalità ai **contenuti**, va detto che la contestazione dell'illecito all'ente deve contenere, oltre agli elementi identificativi dello stesso, l'enunciazione – in forma chiara e precisa – del fatto che può comportare l'applicazione delle sanzioni amministrative, con l'indicazione del reato da cui l'illecito dipende, dei relativi articoli di legge e delle fonti probatorie.

---

[7] L'art. 22, d.lgs. n. 150 del 2022, ha modificato l'originario art. 405, co. 1, c.p.p. («Inizio dell'azione penale. Forme e termini»), spostando il co. 1 nell'attuale art. 407 *bis* c.p.p. – che ha assunto la medesima rubrica («Inizio dell'azione penale. Forme e termini») – e cambiando l'originaria rubrica in quella attuale che recita «Termini per la conclusione delle indagini preliminari». L'attuale testo dell'art. 59, co. 1, è chiaramente frutto di un difetto di coordinamento delle due normative in oggetto.

In proposito, vale la pena sottolineare che, rispetto all'**enunciazione del fatto suscettibile di provocare l'adozione di sanzioni amministrative**, l'esigenza di soddisfare i parametri di chiarezza e precisione richiamati dalla norma implica un esplicito riferimento ai criteri di imputazione – oggettivo e soggettivo – delineati dagli artt. 5, 6 e 7; nel caso in cui sia stata fornita la prova dell'adozione di modelli organizzativi, di gestione o di controllo, dovrà essere altresì evidenziata la loro insufficienza o inidoneità.

Nell'ambito dell'art. 59 non viene fatto alcun riferimento esplicito all'**avviso all'indagato della conclusione delle indagini preliminari previsto dall'art. 415 *bis* c.p.p.** Tuttavia, l'opportunità che questa disposizione operi anche nell'ambito del processo agli enti si fonda sostanzialmente su due argomenti: da un punto di vista strutturale, giocano un ruolo fondamentale gli artt. 34 e 35; sotto il profilo della tutela delle garanzie, esiste la possibilità che il procedimento per l'illecito amministrativo venga separato dal processo a carico dell'autore del reato-presupposto, con la conseguente necessità di garantire un'adeguata difesa anche alla persona giuridica e il pieno esercizio del diritto alla prova.

I medesimi argomenti possono essere utilizzati anche per sostenere l'operatività, nel contesto processuale in discussione, dell'**art. 415 *ter* c.p.p.**, in tema di diritti e facoltà, riconosciuti all'indagato e all'offeso, in caso di inosservanza dei termini per la conclusione delle indagini.

Sotto il **profilo temporale**, il pubblico ministero è tenuto a procedere alla contestazione entro determinati termini, decadendo egli dal diritto di compiere tale attività laddove il reato dal quale dipende l'illecito amministrativo risulti estinto, ai sensi dell'art. 157 c.p., per prescrizione.

5. Udienza preliminare

5.1. Svolgimento. *A*) Introduzione

L'art. 61 si limita a disciplinare i **provvedimenti emessi dal giudice dell'udienza preliminare**, non facendo alcun richiamo specifico alle regole destinate a modulare la fase in cui questi è chiamato a operare. Ne deriva che l'udienza in parola, successiva alla contestazione dell'illecito amministrativo avvenuta mediante richiesta di rinvio a giudizio, si svolge – tenuto conto del collegamento tra il d.lgs. n. 231 del 2001 e le regole del codice di rito – secondo le **disposizioni processuali ordinarie**, che trovano applicazione, in tale contesto, con il limite della compatibilità.

In forza dunque della regola del *simultaneus processus* contenuta nell'art. 38, la **richiesta di rinvio a giudizio nei confronti dell'ente** – di solito contenuta in un unico atto che recepisce la contestazione dell'illecito a carico vuoi della persona fisica vuoi della persona giuridica – verrà depositata, dal pubblico ministero, nella cancelleria del giudice dell'udienza preliminare, unitamente al fascicolo delle indagini espletate, anch'esso unico laddove i procedimenti a carico della persona fisica e dell'ente non siano stati separati [8].

Una volta ricevuta la richiesta di rinvio a giudizio, il giudice, entro cinque giorni, fissa, con decreto, l'udienza preliminare. Il **decreto di fissazione dell'udienza**, insieme alla richiesta di rinvio a giudizio, deve essere notificato, almeno dieci giorni prima dell'udienza stessa, all'ente e al suo difensore nonché necessariamente contenere l'avvertimento espresso che in caso di mancata costituzione esso sarà giudicato in contumacia, dovendo formalmente rimanere questo riferimento perlomeno fino a quando l'art. 41 non subirà una modifica [9].

Per quanto riguarda la **fase relativa alla costituzione delle parti**, va premesso come essa sia preclusa al danneggiato che intenda costituirsi parte civile nei confronti dell'ente: i danni riferibili al reato esauriscono l'orizzonte delle conseguenze destinate a fondare una pretesa risarcitoria, non esistendo ulteriori danni derivanti direttamente dall'illecito dell'ente [10].

Abbiamo già detto che l'ente, per partecipare al processo, deve depositare nella segreteria del pubblico ministero o nella cancelleria del giudice – a seconda del momento processuale in cui decide di intervenire – non solo l'atto di costituzione strutturato secondo le modalità previste dall'art. 39, ma anche la procura conferita al difensore nelle forme dell'art. 100, co. 1, c.p.p. Da qui, la necessità di nominare un **difensore d'ufficio** all'ente che, per l'udienza preliminare, non abbia già provveduto in tal senso ovvero ne sia rimasto privo.

L'art. 41 si limita poi a stabilire che venga dichiarata la **contumacia dell'ente che non si costituisce nel processo**. Tale disposizione, se per un verso sembra chiarire che l'ambito operativo della contumacia rimane limitato al periodo processuale che segue l'esercizio dell'azione penale, per l'altro verso, non curandosi di dettare previsioni ulteriori, pare costringere l'interprete a una verifica di compatibilità delle regole in punto di contumacia contenute nel codice di rito. A riguardo, preme tuttavia sottolineare come questo percorso esegetico, scontato fino a quando la contumacia era prevista e disciplinata all'interno del c.p.p., non risulta più tale oggi, essendo la situazione normativa caratterizzata vuoi dalla soppressione di questo istituto in sede di codice di rito vuoi, invece, dal mantenimento dello stesso in sede di d.lgs. n.

---

[8] Cfr., *supra*, par. 2.2.

[9] Cfr, *infra*, nota 11.

[10] Cass., Sez. VI, 22.1.2011, Fenu; Giust. UE, 12.7.2012, Giovanardi, C-79/11.

231 del 2001 [11]. Pertanto, a fronte di tale opzione legislativa – caratterizzata appunto da un mancato allineamento, su questo versante, del c.p.p. e del d.lgs. n. 231 del 2001 –, risulta corretto affermare che, in attesa di un auspicato intervento normativo volto a creare di nuovo sintonia tra i due sistemi, la **disciplina della contumacia dell'ente**, pur risultando ancora qui formalmente esistente, debba tuttavia essere **integrata**, per potere operare in concreto, dalla **nuova disciplina dell'assenza**.

È tuttavia evidente che in questa attività interpretativa, risulteranno determinanti vuoi la particolare **disciplina delle «[n]otificazioni all'ente» (art. 43)**, che prevede la sospensione del procedimento nel caso in cui risulti impossibile, anche dopo nuove ricerche, eseguire le notificazioni, vuoi, stante il collegamento tra l'ente e il suo legale rappresentante, la circostanza che la verifica circa le **situazioni relative all'effettiva conoscenza o meno della celebrazione del processo**, debba avvenire in relazione all'entità fisica del suddetto rapporto.

5.2. *Segue*. *B*) Discussione

Per quanto riguarda la **discussione**, va detto che non mancheranno di trovare applicazione, anche rispetto al processo alle società, sia le **disposizioni di carattere generale richiamate dall'art. 421 c.p.p.** – compresa la nullità condizionata alla mancata modifica, da parte del pubblico ministero, dell'imputazione generica di cui all'art. 417, co. 1, lett. b), c.p.p. –, sia le **disposizioni previste dagli artt. 421 *bis* e 422 c.p.p.**

Inoltre, si è ritenuto che pure in relazione all'ente possa essere variata la contestazione in corrispondenza dei casi originari di **modifica dell'imputazione *ex* art. 423 c.p.p.**, nonché dei **casi riconducibili alla difformità delle risultanze istruttorie e alla diversa definizione giuridica** introdotti formalmente dal d.lgs. n. 150 del 2022.

Pare tuttavia opportuno sottolineare come, nel contesto in esame, a queste modificazioni si debba provvedere avendo riguardo solamente al fatto che può comportare l'applicazione della sanzione amministrativa.

---

[11] A riguardo, va evidenziato come la L. 28.4.2014, n. 67 abbia, tra l'altro, eliminato completamente, dal c.p.p., l'istituto della contumacia e il d.lgs. n. 150 del 2022 abbia modificato l'istituto della assenza così come introdotto dalla L. n. 67 del 2014. Ne è dunque risultato un sistema processuale così articolato: l'art. 420 *bis* c.p.p. tratta oggi la «[a]ssenza dell'imputato»; l'art. 420 *quater*, la «[s]entenza di non doversi procedere per mancata conoscenza della pendenza del processo da parte dell'imputato»; l'art. 420 *quinquies* c.p.p., «[g]li atti urgenti»; l'art. 420 *sexies* c.p.p., la «[r]evoca della sentenza di non doversi procedere per mancata conoscenza della pendenza del processo»; l'art. 489 c.p.p., i «[r]imedi per l'imputato contro il quale si è proceduto in assenza nell'udienza preliminare».

Sotto il profilo del **meccanismo attuativo della modificazione della contestazione**, si reputa – in forza della previsione espressa contenuta nell'art. 39, co. 4 – che, assente in udienza il rappresentante legale dell'ente, la modifica della contestazione possa essere correttamente portata a conoscenza dell'ente mediante il meccanismo di cui all'art. 421, co. 1 *bis*, c.p.p., richiamato anche dall'art. 423, co. 1 *ter*, c.p.p., e che sia applicabile il disposto dell'art. 423, co. 2, c.p.p., alla stregua del quale il rappresentante dell'accusa può richiedere al giudice di essere autorizzato alla nuova contestazione.

5.3. *Segue*. C) Epiloghi: sentenza di non luogo a procedere

Quanto agli **esiti dell'udienza preliminare**, l'art. 61 prevede una esplicita disciplina basata su un modello che, nell'applicare i criteri di imputazione delineati dagli artt. 5, 6 e 7, si snoda nell'alternativa tra **sentenza di non luogo a procedere** e **decreto che dispone il giudizio**.

In particolare, all'ente sarà riservato un **epilogo positivo** dell'udienza sia in presenza di ostacoli procedurali, sia laddove risulti l'inidoneità probatoria degli elementi conoscitivi prospettati dal pubblico ministero unitamente all'atto di contestazione dell'illecito. Nel primo gruppo rientrano le ipotesi di estinzione della sanzione amministrativa (artt. 22 e 60) e di improcedibilità della stessa, consistenti nell'impossibilità di procedere all'accertamento dell'illecito amministrativo, poiché l'azione penale relativa all'autore del reato-presupposto non poteva essere iniziata o proseguita per mancanza di una condizione di procedibilità (artt. 4 e 37) ovvero nel caso in cui, per lo stesso reato, sia stata concessa amnistia senza che l'imputato o l'ente vi abbiano rinunciato (art. 8). Nel secondo gruppo, invece, ricadono le ipotesi di insussistenza dell'illecito extrapenale – insussistenza che può incidere o sul reato-presupposto o sulla responsabilità dell'ente (artt. 5, co. 2; 6, co. 1; 7, co. 2) – nonché le situazioni caratterizzate da inidoneità degli elementi probatori a formulare una ragionevole previsione di condanna [12]. È evidente che la responsabilità dell'ente va esclusa sia nel caso in cui dagli atti sottoposti al va-

[12] Nonostante l'art. 61, co. 1, continui a parlare, tra le altre cose, di «elementi acquisiti [che] risultano insufficienti, contraddittori o comunque non idonei a sostenere in giudizio la responsabilità dell'ente», riteniamo che il rinvio operato dall'art. 34 alle disposizioni processuali del codice di rito, imponga, in quanto compatibile, una lettura dell'art. 61, co. 1, in linea con l'attuale testo dell'art. 425, co. 3, c.p.p., che parla di «elementi acquisiti [che] non consentono di formulare una ragionevole previsione di condanna». L'attuale testo dell'art. 61, co. 1, nella parte che qui interessa, rappresenta il frutto unicamente di un difetto di coordinamento tra testi normativi. D'altronde, ragionando diversamente, si verrebbe a creare pure un disallineamento con i presupposti dettati per la richiesta di archiviazione che, in forza dell'art. 34, ricalcano quelli dettati per l'archiviazione delle persone fisiche.

glio del giudice **emergano elementi di prova positiva in ordine alla non colpevolezza**, sia laddove **manchino**, appunto, **elementi idonei a formulare una ragionevole previsione di condanna**.

Le **regole di giudizio** ai fini dell'emissione della sentenza di non luogo a procedere devono essere **necessariamente combinate con i criteri di imputazione** – oggettiva e soggettiva – destinati a costituire i presupposti della responsabilità amministrativa dell'ente.

Se in relazione ai criteri di imputazione oggettiva, occorre fare riferimento all'«interesse» o al «vantaggio» previsto dall'art. 5, co. 1, rispetto ai criteri di imputazione soggettiva, bisogna verificare se il reato costituisca espressione della politica aziendale o quanto meno derivi da una colpa in organizzazione, rimanendo tuttavia sempre salva la facoltà dell'ente di dimostrare di avere adottato quei modelli comportamentali modulati sulla prevenzione del rischio reato e volti a impedire la commissione di taluni delitti.

Sotto il **profilo dell'onere probatorio**, la gravosità dell'onere stesso risulta inversamente proporzionale rispetto all'importanza della posizione occupata, nell'ambito della gerarchia aziendale, dall'autore del reato-presupposto. Con specifico riferimento alla situazione caratterizzata dall'illecito penale posto in essere da un **soggetto di vertice**, nonostante quanto affermato dalle Sezioni Unite della Corte di cassazione[13], esiste, di fatto, un'inversione dell'onere probatorio, gravando sull'ente l'onere di dimostrare la propria estraneità attraverso la prova della sussistenza di una serie di requisiti tra loro concorrenti, vale a dire l'integrazione della fattispecie scusante prevista dall'art. 6, co. 1.

Sempre in tema di **onere probatorio**, una situazione diversa da quella appena esaminata si presenta laddove il **reato sia stato posto in essere da persona sottoposta alla direzione o alla vigilanza dei vertici dell'ente**, non essendo in questo caso il meccanismo di accertamento più basato sull'inversione dell'onere probatorio. Se, infatti, deve essere integrata la dimostrazione vuoi dell'inosservanza degli obblighi di direzione o vigilanza vuoi della commissione del reato nell'interesse o a vantaggio dell'ente, l'onere non può che ricadere sul rappresentante dell'accusa, giocando peraltro il dubbio a favore dell'ente.

La sentenza di non luogo a procedere verrà emessa anche nell'ipotesi prevista dall'art. 7, co. 2, vale a dire nel caso in cui, prima della commissione

[13] Cass., Sez. Un., 18.9.2014, Espenhahn, ha affermato come il sottosistema normativo di cui al d.lgs. n. 231 del 2001 escluda che si configuri un'inversione dell'onere della prova, posto che la dimostrazione dell'inesistenza di un valido modello organizzativo e di un congruo organismo di valutazione non deriva da deficit dell'esercizio dell'onere probatorio che la legge affida all'ente, quanto piuttosto dall'attività istruttoria condotta dal pubblico ministero.

del reato, sia stato **adottato ed efficacemente attuato un modello di organizzazione, gestione e controllo idoneo a prevenire reati della specie di quello verificatosi**; pure qui il rischio della mancata prova risulta a carico della difesa.

Per quanto riguarda la struttura e i contenuti della sentenza di non luogo a procedere, l'art. 61 richiama integralmente l'art. 426 c.p.p.

5.4. *Segue*. Decreto che dispone il giudizio

All'esito dell'udienza preliminare, **in alternativa alla sentenza di non luogo a procedere**, il giudice – sussistendo una piattaforma probatoria che riveli una ragionevole previsione di condanna (arg. *ex* art. 61, co. 1) – è chiamato a emettere, nei confronti dell'ente, il **decreto che dispone il giudizio**.

A riguardo, l'art. 61, co. 2, prevede che il **provvedimento richiamato debba contenere**, a pena di nullità, la contestazione dell'illecito extrapenale, il reato da cui questo dipende – con relativi articoli di legge e fonti di prova –, l'enunciazione, in forma chiara e precisa, del fatto che può comportare l'applicazione della sanzione amministrativa nonché gli elementi che consentono l'identificazione dell'ente. Poiché tale previsione detta una disciplina destinata a completare le regole contenute nell'art. 429 c.p.p., è evidente che il decreto che dispone il giudizio dovrà pure contenere gli elementi previsti da quest'ultima disposizione.

Sotto il profilo delle **patologie destinate a viziare il decreto che dispone il giudizio**, preme osservare che l'incerta identificazione dell'ente e le carenze in punto di accusa – contestazione dell'illecito, enunciazione del fatto e specificazione del reato presupposto – attenendo alla *vocatio in ius*, determinano la nullità assoluta del decreto ai sensi degli artt. 178, co. 1, lett. *b* e 179, co. 1, c.p.p. L'inesatta indicazione della data di comparizione integra una nullità assoluta, mentre l'inesatta indicazione dell'ora fissata per la comparizione delle parti dà luogo ad una nullità a regime intermedio. L'assenza di indicazioni circa le fonti di prova, afferendo alla violazione dei diritti di intervento, rappresentanza e assistenza, viene inquadrata, da taluno, nell'ambito delle nullità di ordine relativo nonché, da tal'altri, tra le nullità di carattere intermedio ai sensi degli artt. 178, co. 1, lett. *c* e 180 c.p.p.

Il **termine dilatorio che intercorre tra la data del decreto e la data fissata per il giudizio** non deve essere inferiore a venti giorni e il giudice del dibattimento ha la facoltà di anticipare o differire l'udienza come gli consente – grazie al rinvio di cui all'art. 34 – l'art. 465 c.p.p.

Alla conclusione dell'udienza preliminare che si concretizza con l'emissione del decreto che dispone il giudizio segue la **formazione del fascicolo** per il dibattimento secondo le regole dettate dall'art. 431 c.p.p.

5.5. *Segue*. Udienza di comparizione predibattimentale

Se, come abbiamo detto, tra i reati-presupposto ricompresi nella normativa qui considerata ve ne sono alcuni che rientrano tra i casi di citazione diretta a giudizio, anche nei confronti della persona giuridica dovrà essere riconosciuta, per quanto compatibile, l'operatività delle previsioni codicistiche di cui al libro VIII, così come modificato dal d.lgs. n. 150 del 2022.

Tra le innovazioni apportate da quest'ultimo intervento normativo, spicca la celebrazione di una **udienza di comparizione predibattimentale** (artt. 554 *bis* ss. c.p.p.), nell'ambito della quale il giudice – una volta compiuti gli accertamenti relativi alla costituzione delle parti – verifica, anche d'ufficio e dopo aver sentito le parti, che l'imputazione sia stata formulata in modo chiaro e preciso e che corrisponda al contenuto degli atti.

Se emerge una causa che estingue il reato o per cui l'azione non doveva essere iniziata o proseguita, se risulta che il fatto non è previsto dalla legge come reato ovvero che il fatto non sussiste o che l'imputato non lo ha commesso o che il fatto non costituisce reato o che l'imputato non è punibile per qualsiasi causa, il giudice pronuncia **sentenza di non luogo a procedere**; il medesimo provvedimento viene emesso laddove le **risultanze acquisite non consentano una ragionevole previsione di condanna**.

Viceversa, nel caso in cui **non sussistano le condizioni per la pronuncia della sentenza di non luogo a procedere** e in **mancanza di definizioni alternative del processo** (giudizio abbreviato, applicazione della pena su richiesta delle parti e oblazione), il **giudice fissa, per la prosecuzione del giudizio, la data dell'udienza dibattimentale** davanti a un giudice diverso e dispone la restituzione del fascicolo del pubblico ministero.

6. Procedimenti speciali

6.1. Giudizio abbreviato

Nell'ambito della sezione dedicata ai procedimenti speciali (Sezione VI del Capo III), l'art. 62, regolando il **giudizio abbreviato a richiesta dell'ente**, detta una **previsione di carattere generale** volta a imporre l'osservanza delle disposizioni del Titolo I del Libro IV del codice di rito, «in quanto applicabili» (co. 1), nonché una **previsione, più specifica**, destinata a disciplinare l'ipotesi di giudizio abbreviato in assenza di udienza preliminare, mediante l'applicazione, «secondo i casi», degli artt. 555, co. 2, 557 e 558, co. 8, c.p.p. (co. 2).

Se, a riguardo, non sembrano sussistere particolari problemi di applicabilità della disciplina qui richiamata al processo agli enti – vuoi quella generale, vuoi quella riguardante, nello specifico, le modalità di attivazione del rito con riferimento, rispettivamente, al procedimento monocratico instaurato a seguito di citazione diretta [14], al procedimento per decreto e al giudizio direttissimo –, due sono invece i profili di specialità che caratterizzano l'istituto: da un lato, viene sancita l'**applicazione della diminuzione di pena**, derivante dall'opzione specialistica, sia alla durata della **sanzione interdittiva**, sia all'ammontare della **sanzione pecuniaria** (art. 62, co. 3); dall'altro lato, risulta preclusa l'opportunità di sfruttare detta opzione laddove l'illecito amministrativo debba essere punito con «una **sanzione interdittiva in via definitiva**» (art. 62, co. 4).

6.2. Applicazione della sanzione su richiesta

L'art. 63, co. 1, nel delineare le situazioni in cui è ammessa l'**applicazione all'ente della sanzione su richiesta**, richiama i casi di punibilità dell'illecito amministrativo con la sola pena pecuniaria, nonché i casi in cui il giudizio nei confronti dell'imputato, per il reato collegato all'illecito extrapenale, sia stato definito, ovvero sia definibile, «a norma dell'articolo 444».

Se la prima e la seconda situazione sembrano non destare problemi interpretativi, non altrettanto possiamo dire in relazione alla terza, non essendo, la **definibilità di un procedimento ai sensi dell'art. 444 c.p.p.**, «un dato ricavabile dalla sola formulazione astratta del reato contestato»; da qui, la necessità, per integrare il requisito in esame, di formulare al giudice i termini esatti di una pena che l'imputato potrebbe proporre nel suo giudizio.

Al di là di queste considerazioni, occorre osservare come l'ultima parte del co. 1 dell'art. 63 preveda l'attuazione, in tale contesto, delle disposizioni contenute nel Titolo II del Libro VI del codice di rito, «in quanto applicabili». Posto che, ragionevolmente, non sembrano esistere particolari problemi di applicabilità della disciplina in oggetto, gli unici **limiti** che, in concreto, sono destinati a caratterizzare il "**patteggiamento**" nei confronti dell'ente risultano i seguenti: *a*) la richiesta di applicazione della pena non può essere subordinata alla concessione della sospensione condizionale della pena, non applicabile in detto contesto; *b*) la diminuzione di pena derivante dalla scelta del rito va applicata sia alla durata della sanzione interdittiva, sia all'ammontare della sanzione pecuniaria (art. 63, co. 2); *c*) viene

---

[14] Preme osservare che, essendo stato abrogato – dal d.lgs. n. 150 del 2022 – l'art. 555, co. 2, il rinvio a questa disposizione, riguardante la richiesta di rito abbreviato nei casi di citazione diretta a giudizio, deve essere sostituito con il rinvio al nuovo art. 554 *ter*, co. 2, c.p.p., laddove prevede che «[l]istanza di giudizio abbreviato [... è] propost[a], a pena di decadenza, prima della pronuncia della sentenza [di non luogo a procedere]».

preclusa l'opportunità di avvalersi dell'opzione specialistica in caso di illecito amministrativo punito con «una sanzione interdittiva in via definitiva» (art. 63, co. 3).

6.3. Procedimento per decreto

L'art. 64 prevede che il **decreto di condanna** possa essere richiesto, al giudice per le indagini preliminari, dal pubblico ministero che ritenga applicabile all'illecito extrapenale la sola pena pecuniaria. La richiesta in parola deve contenere adeguata motivazione, indicare la misura della sanzione pecuniaria – diminuibile «sino alla metà rispetto al minimo dell'importo applicabile» (co. 2) –, nonché pervenire, unitamente al fascicolo, entro il termine di un anno dall'iscrizione dell'illecito nel registro delle notizie di reato (co. 1).

Ove il **giudice non sia d'accordo** con la richiesta di emissione del decreto e non debba pronunciare sentenza di esclusione della responsabilità dell'ente – una valutazione, cioè, che attiene unicamente al merito dell'accusa formulata –, restituisce gli atti al rappresentante dell'accusa (co. 3).

L'art. 64, co. 4, prevede poi l'osservanza delle disposizioni del Titolo V del Libro VI del codice di rito, per gli illeciti riconducibili a reati da perseguire mediante richiesta di rinvio a giudizio, nonché dell'art. 557 c.p.p., per gli illeciti riconducibili a reati da accertare in via semplificata.

In generale, pare interessante sottolineare come la disposizione in parola, facendo riferimento alla **sanzione concretamente adottabile**, trovi applicazione nei confronti e di illeciti extrapenali punibili con la sola pecuniaria, e di illeciti extrapenali per i quali la punibilità in astratto, anche con sanzioni interdittive, sia venuta meno «per effetto delle condotte riparatorie poste in essere dall'ente in conformità al disposto dell'art. 17».

Da un **punto di vista strettamente procedurale**, va invece osservato che, sebbene nell'ambito dei procedimenti riguardanti illeciti riconducibili a reati da accertare in via semplificata non sia possibile giungere, a seguito di opposizione a decreto penale, a un vero e proprio giudizio immediato, sembra comunque ragionevole affermare – in forza del rinvio contenuto nell'art. 557, co. 3, c.p.p. – che, di regola, il rito in esame debba conformarsi alle medesime cadenze procedimentali a prescindere dal fatto che l'illecito dipenda da reati perseguibili mediante richiesta di rinvio a giudizio o con citazione diretta.

6.4. Altri riti speciali

Nonostante il legislatore del 2001 abbia ritenuto opportuno non dettare regole particolari per il **giudizio direttissimo** e per il **giudizio immediato**, non sembra esservi motivo di ritenere che laddove sussistano – rispetto all'ente e all'imputato – i presupposti per l'accesso a tali riti e non debba disporsi la separazione del procedimento penale da quello amministrativo, «anche la posizione dell'ente in ordine all'illecito dipendente da reato verrà valutata secondo i relativi moduli processuali».

Qualora, invece, si pervenga alla **separazione del procedimento penale da quello amministrativo**, nell'ambito di quest'ultimo l'accertamento della responsabilità dell'ente potrà avvenire mediante le forme del giudizio immediato a richiesta sia del pubblico ministero sia dell'ente stesso.

Per evidenti ragioni di **incompatibilità strutturale**, all'ente non sarà tuttavia applicabile il **c.d. giudizio immediato "custodiale"** (artt. 453, co. 1 *bis* e 455, co. 1 *bis*, c.p.p.) introdotto dalla L. 24.7.2008, n. 125.

All'accertamento della responsabilità dell'ente si potrà anche giungere mediante le forme del **giudizio direttissimo**, laddove l'ente, a mezzo del proprio rappresentante legale, abbia confessato la commissione dell'illecito dipendente da reato; **preclusa** sarà, invece, la possibilità di accertare la responsabilità in esame con le forme del **giudizio direttissimo conseguente ad arresto in flagranza di reato**, considerato sia che l'arresto non è configurabile nei confronti dell'ente sia che «la responsabilità dell'ente non deriva dalla commissione del reato».

Quanto, infine, alla **sospensione del procedimento con messa alla prova** (artt. 168 *bis* ss. c.p. e 464 *bis* c.p.p.), **ragioni di incompatibilità strutturale**, riconducibili, tra le altre cose, alla difficoltà di elaborare un programma di trattamento in relazione a una persona giuridica, hanno indotto la giurisprudenza di legittimità a **negare la sua operatività** nel procedimento penale che si celebra a carico degli enti collettivi [15].

7. Giudizio

7.1. Regole

La Sezione VII del Capo III del d.lgs. n. 231 del 2001, dedicata al giudizio, si limita a disciplinare espressamente il meccanismo della **sospensione del processo per la riparazione delle conseguenze del reato** (art. 65) e gli **epiloghi del dibattimento** (artt. 66-70); nulla dice, invece, in relazione alle regole che interessano la dinamica della fase processuale.

Pur ritenendo che questa scelta di carattere legislativo si fondi sul presupposto che l'illecito amministrativo va accertato, nella quasi totalità dei casi, in un contesto

[15] Cass., Sez. Un., 27.10.22, P.M. c. Società La sportiva S.p.A.

giudiziario riunito a quello che concerne la responsabilità penale, non possiamo tuttavia ignorare come, da un lato, possa accadere che l'azione penale si interrompa prima del dibattimento o, addirittura, manchi del tutto, e, dall'altro lato, sia necessario, in presenza di una situazione processuale di questo tipo, che l'opera di accertamento della responsabilità per l'illecito amministrativo prosegua comunque (artt. 8, co. 1, e 38, co. 2).

Consapevoli del fatto che una maggior ricchezza in punto di previsioni specifiche avrebbe giovato all'interprete, risulta in ogni modo difficile negare come, nel caso di specie, appaia inevitabile il ricorso alla clausola generale stabilita dall'art. 34, anche se – occorre dirlo – diverse restano le perplessità in ordine ai margini di impiego, in tale contesto, delle regole dibattimentali di *genus*. Su questo sfondo, riteniamo **applicabili**, nell'ambito della fase dibattimentale volta all'accertamento della responsabilità amministrativa, una serie di disposizioni del codice di rito: dalle regole sancite negli **artt. 467, 468 e 469 c.p.p.** alla **disciplina generale fissata nel Capo I del Titolo II del Libro VII** – salvo le disposizioni di cui agli artt. 474 e 475 c.p.p. –; dalle previsioni in punto di **questioni preliminari** alle norme in tema di **controlli sulla costituzione delle parti** nonché in tema di **processo in assenza**, da utilizzare in questo contesto, come abbiamo detto, per dare concretezza all'istituto della contumacia, qui rimasto a dispetto della normativa codicistica; dalle **disposizioni riguardanti l'istruzione dibattimentale** – salvo l'art. 513, co. 1, c.p.p. – a **quelle concernenti la modifica dell'accusa**, nonché a **quelle richiamate dagli artt. 521 e 526, co. 1 *bis*, c.p.p. e dagli artt. 555 e 559 c.p.p.** nel caso di illecito dipendente da reato perseguibile mediante citazione diretta.

7.2. Sospensione del processo per riparare le conseguenze del reato

Alle ordinarie ipotesi di sospensione del dibattimento previste dal codice di rito, qui operative in forza dell'art. 34, si accompagna una **specifica ipotesi di sospensione facoltativa** – disciplinata dall'art. 65 e dal rinvio ivi effettuato all'art. 49 – **a favore dell'ente che richieda**, anteriormente all'apertura del dibattimento di primo grado, **un termine per provvedere alla riparazione delle conseguenze del reato nei modi indicati dall'art. 17**, dimostrando di essere stato nell'impossibilità di effettuare in precedenza detta riparazione. Ove ricorrano le condizioni per accogliere la domanda, il giudice sospende il processo, determina una somma di denaro quale cauzione – somma da versare direttamente alla Cassa delle ammende ovvero da garantire mediante ipoteca o fideiussione – e fissa il termine entro il quale devono essere adempiute le attività riparatorie di cui all'art. 17.

L'**adempimento di queste attività** entro il termine indicato, se, per un verso, consente di ottenere, in caso di condanna, l'irrogazione della sola sanzione pecuniaria e di evitare l'applicazione della sanzione interdittiva, per l'altro verso, comporta la sospensione delle misure cautelari eventualmente adottate nonché, a seconda dei casi, la restituzione della somma depositata a titolo di cauzione, la cancellazione dell'ipoteca, l'estinzione della fideiussione.

Il **mancato adempimento**, l'**adempimento parziale** o il **mancato rispetto del termine indicato per l'adempimento** delle attività riparatorie, implica non solo l'eventualità che il giudice, in caso di condanna, possa adottare una sanzione interdittiva, ma anche il ripristino della misura cautelare e la devoluzione, alla Cassa delle ammende, della somma versata dall'ente a titolo di cauzione.

7.3. Incompatibilità con l'ufficio di testimone

Nel trattare le regole in tema di giudizio, occorre prendere in considerazione anche l'istituto dell'**incompatibilità con l'ufficio di testimone**, disciplinato a parte, dall'art. 44, nella Sezione III del Capo III dedicata alle prove. In ragione di tale disposizione, due sono i soggetti che non possono rivestire la qualifica di testimone: *a)* l'imputato «del reato da cui dipende l'illecito amministrativo»; *b)* il rappresentante legale dell'ente indicato nell'atto di costituzione di cui all'art. 39, co. 2, «che rivestiva tale funzione anche al momento della commissione del reato» (co. 1).

Analizzando separatamente le due ipotesi, va detto come la **situazione di incompatibilità che coinvolge l'imputato del reato da cui dipende l'illecito amministrativo** trovi ragione in un eventuale conflitto di interessi che potrebbe verificarsi tra colui che ha commesso il reato e l'ente: si pensi ad un amministratore che tenda a scaricare la responsabilità sull'ente o viceversa. È evidente, però, che il rischio collegato a tale situazione sussisterà di certo laddove l'imputato venga esaminato sui fatti posti a fondamento della responsabilità dell'ente nell'ambito di un processo cumulativo ove si discuta dell'esistenza vuoi dell'illecito penale vuoi di quello amministrativo, mentre non sussisterà laddove l'imputato venga chiamato a rendere dichiarazioni sui medesimi fatti nel procedimento instaurato separatamente per accertare la responsabilità dell'ente, non essendo chiaro quali siano le regole destinate a governare tale situazione processuale.

Passando ora alla **situazione di incompatibilità con l'ufficio di testimone volta a incidere sulla figura del rappresentante legale dell'ente indicato nell'atto di costituzione di cui all'art. 39, co. 2**, «che rivestiva tale funzione anche al momento della commissione del reato», occorre osservare come in prima approssimazione il dato normativo sembri legittimare l'ufficio di testimone in capo a un soggetto di vertice di un ente che decida di non costituirsi. Se così fosse, si lascerebbe però all'ente stesso la decisione circa l'eventualità di fare assumere la qualifica di testimone al proprio rappresentante legale, il quale, comunque, difficilmente potrà dirsi «indifferente» rispetto all'esito del processo per l'illecito amministrativo. Da qui, allora, l'esigenza di fare discendere l'incompatibilità in parola da elementi oggettivi legati all'effettività del ruolo svolto da colui che rappresenta l'ente. Ad analoga conclusione pare possibile pervenire anche in relazione al rappresentante legale dell'ente che non rivestiva questo ruolo al momento della commissione del reato.

Al di là di queste considerazioni, va ricordato come l'art. 44, co. 2, stabilisca che, in caso di incompatibilità, il rappresentante legale dell'ente possa essere «interrogat[o] ed esaminat[o] nelle forme, con i limiti e con gli effetti previsti per l'interrogatorio e per l'**esame della persona imputata in un procedimento connesso**».

7.4. Provvedimenti finali

Tra i vari epiloghi del giudizio delineato dal d.lgs. n. 231 del 2001, accanto alla **sentenza di esclusione della responsabilità dell'ente** (art. 66) il legislatore del 2001 ha indicato la **sentenza di non doversi procedere** (art. 67), nonché quella di **condanna** (art. 69).

Con la **sentenza di esclusione della responsabilità**, il giudice accerta l'insussistenza dell'illecito amministrativo ogniqualvolta manchi l'elemento materiale del reato dal quale dipende l'illecito, ovvero non siano integrati i criteri di imputazione – oggettivi e soggettivi – fissati dagli artt. 5, 6 e 7. Va, peraltro, sottolineato che – alla stregua di quanto previsto dall'art. 530, co. 2, c.p.p. – l'art. 66, co. 2, equipara, in punto di esclusione della responsabilità dell'ente, la situazione connotata da esistenza della prova positiva e quella caratterizzata da mancanza, insufficienza o contraddittorietà della stessa.

Alla sentenza di esclusione della responsabilità dell'ente segue, nella sistematica del d.lgs. n. 231 del 2001, la **sentenza di non doversi procedere**. Tale provvedimento viene adottato laddove la contestazione dell'illecito amministrativo sia intervenuta nonostante il reato risulti estinto per prescrizione (art. 60) nonché laddove analogo epilogo abbia investito la sanzione riconducibile all'illecito stesso.

A riguardo, occorre sottolineare come il contenuto dell'art. 67 non appaia esaustivo, non essendo richiamate, tra le cause suscettibili di determinare l'emissione di una sentenza di non doversi procedere, la mancanza di una condizione di procedibilità del procedimento riguardante il reato dal quale dipende l'illecito (art. 37), l'estinzione di tale reato per amnistia (art. 8, co. 1, lett. *a* e co. 2) nonché l'ipotesi di *bis in idem* concernente la vicenda giudiziaria amministrativa (art. 649, co. 2, c.p.p.).

Il terzo e ultimo epilogo del giudizio è rappresentato dall'emissione della **sentenza di condanna**, da comunicare, una volta divenuta irrevocabile, «alle autorità che esercitano il controllo o la vigilanza sull'ente» (art. 84). Con tale sentenza, il giudice dichiara l'ente responsabile dell'illecito amministrativo contestato, lo condanna al pagamento delle spese processuali, applica le sanzioni previste dalla legge, nonché indica, in caso di sanzioni interdittive, «l'attività o le strutture oggetto della sanzione».

La sezione dedicata al giudizio termina con l'art. 70, destinato a sancire, in punto di emissione della sentenza, un **principio di continuità del procedimento** in capo agli enti che risultano dalla trasformazione, fusione o scissione dell'ente originariamente responsabile.

8. Impugnazioni

La materia delle impugnazioni è regolata, nell'ambito della Sezione VII del Capo III, dagli artt. 71, 72 e 73. Al di là del fatto che in tale contesto operi, in forza del rinvio contenuto nell'art. 34, l'art. 111, co. 7, Cost. – **ricorribilità in cassazione, per motivi di legittimità, di tutte le sentenze** –, ciò che preme immediatamente evidenziare è come la disciplina riguardante la **legittimazione a impugnare risulti forgiata sul particolare sistema sanzionatorio prospettato dal d.lgs. n. 231 del 2001**.

All'ente è riconosciuto sia un **diritto assoluto di proporre appello** avverso la sentenza che applica sanzioni interdittive, (art. 71, co. 2), sia un **diritto condizionato di proporre appello** contro la sentenza che applica sanzioni amministrative diverse da quelle interdittive, «nei casi e nei modi stabiliti per l'imputato del reato dal quale dipende l'illecito amministrativo» (art. 71, co. 1). Da qui, l'identificazione delle decisioni appellabili a seconda delle sanzioni irrogate: in caso di sentenza che applichi sanzioni diverse da quelle interdittive troveranno attuazione – in quanto compatibili – le regole sancite dall'art. 593 c.p.p., mentre, in caso di sentenza che adotti sanzioni interdittive, l'esistenza di una decisione di condanna sarà sufficiente per garantire la legittimazione ad appellare. Sembra comunque fuori discussione che l'ente non possa appellare le sentenze di non doversi procedere di cui all'art. 67, nonché quelle di esclusione della responsabilità previste dall'art. 66.

In relazione poi al **diritto di impugnare attribuito al pubblico ministero**, l'art. 71, co. 3, riconosce a tale soggetto l'opportunità di proporre le medesime impugnazioni consentite per il reato da cui l'illecito amministrativo addebitato all'ente dipende.

Se in punto di legittimazione a impugnare e di identificazione dei provvedimenti suscettibili di gravame il legislatore del 2001 ha esplicitamente disposto, non altrettanto egli ha fatto in relazione alla **disciplina applicabile in tema di impugnazioni in generale, nonché di singoli mezzi di gravame in particolare**. A riguardo, il legislatore si è, invero, limitato a dettare soltanto una previsione concernente l'**effetto estensivo delle impugnazioni proposte dall'ente e dall'imputato** (art. 72). Da una situazione normativa così caratterizzata deriva, sul piano degli accadimenti concreti, sia l'applicabilità di tutte le regole previste dal Titolo I del Libro IX del codice di rito (artt. 568-592 c.p.p.) [16] – nonché il conferimento al difensore dell'ente, in base al combinato degli artt. 34, 35 e 39, della facoltà di proporre impugnazione, ferma restando la possibilità per l'ente stesso di porla nel nulla – sia l'estensibilità delle impugnazioni proposte dall'imputato e dall'ente rispettivamente all'ente o all'imputato, purché non fondate su motivi personali.

La sezione dedicata alle impugnazioni si conclude con l'art. 73, destinato a regolare l'istituto della **revisione della sentenza di condanna pronunciata nei confronti dell'ente**.

A riguardo, il legislatore del 2001 ha esplicitamente previsto, da un lato, la **non applicabilità** delle disposizioni processuali che regolano la **riparazione dell'errore giudiziario** – d'altronde, la richiesta di una somma a titolo di riparazione dell'errore giudiziario «presuppon[e] la natura penale della condanna e, comunque, l'espiazione, senza titolo, di una pena detentiva o di una misura di sicurezza» – e, dall'altro lato, l'**operatività** – nei limiti del compatibile – della **disciplina della revisione** contenuta nel codice di rito.

9. Esecuzione

L'ultima Sezione del Capo III del d.lgs. n. 231 del 2001 risulta interamente dedicata ai profili riguardanti l'**esecuzione delle sanzioni amministrative dipendenti da reato**.

Strutturata sulla falsariga delle regole contenute nel codice di rito per l'esecuzione penale e posta in deroga alla disposizione ordinaria prevista dall'art. 664, co. 4, c.p.p., per l'esecuzione delle sanzioni conseguenti a violazioni amministrative accertate nel processo penale, la disciplina in punto di esecuzione, nell'ambito del d.lgs. n. 231 del 2001, attribuisce espressamente al **giudice indicato nell'art. 665 c.p.p. il compito di conoscere dell'esecuzione delle sanzioni amministrative dipendenti da reato** (art. 74, co. 1) nonché delle questioni concernenti: *a*) la cessazione dell'esecuzione in caso di

[16] Con esclusione delle disposizioni relative alla impugnazione per i soli interessi civili (artt. 573, 574, 576 e 578 c.p.p.), non essendo consentita la costituzione di parte civile nei confronti dell'ente. Cfr. *supra*, par. 5.1.

abrogazione dell'illecito amministrativo o del reato-presupposto; *b*) la cessazione dell'esecuzione in caso di estinzione del reato per amnistia; *c*) la determinazione della sanzione amministrativa applicabile in caso di cumulo delle comminatorie; *d*) la confisca e la restituzione delle cose sequestrate (art. 74, co. 2). Un esame più approfondito del sistema, unitamente a una lettura più flessibile delle norme, induce poi a ritenere che il giudice di cui all'art. 665 c.p.p. sia tenuto ad occuparsi anche dei provvedimenti in tema di conflitto pratico di giudicati (art. 669 c.p.p.) e delle verifiche sul titolo esecutivo (art. 670 c.p.).

L'identificazione delle **regole procedimentali** cui deve attenersi il giudice dell'esecuzione passa attraverso un **richiamo generale all'osservanza delle disposizioni di cui all'art. 666 c.p.p.** – in quanto applicabili – nonché un rinvio specifico alle previsioni di cui all'art. 667, co. 4, c.p.p. Se il rito camerale sembra, dunque, rappresentare la regola, l'adozione del procedimento *de plano* pare consentita in relazione a ipotesi tassative: *a*) laddove si debba ordinare la cessazione dell'esecuzione in caso di estinzione del reato per amnistia o deliberare sulla sorte delle cose sequestrate (art. 74, co. 3); *b*) qualora l'ente richieda – in costanza di esecuzione della sanzione dell'inibitoria dall'esercizio dell'attività – l'autorizzazione al compimento di atti di gestione ordinaria che non comportino la prosecuzione dell'attività interdetta (art. 74, co. 4); *c*) nel caso in cui il giudice sia chiamato a decidere in punto di confisca del profitto ottenuto all'esito della gestione commissariale dell'ente (art. 79, co. 3).

Quanto alla **pubblicazione della sentenza che applica la condanna**, a una espressa previsione volta a porre in capo all'ente condannato le spese di pubblicazione, si accompagna un richiamo all'osservanza della disciplina sancita dall'art. 694, co. 2, 3 e 4, c.p.p., in punto di esecuzione dell'omologa pena accessoria (art. 76).

Per ciò che concerne **l'esecuzione delle sanzioni interdittive**, se, da un lato, viene attribuito al pubblico ministero il compito di notificare all'ente l'estratto della sentenza di condanna, dall'altro lato, decorre dal giorno della notificazione il termine di durata della sanzione (art. 77). Va, peraltro, osservato come entro venti giorni dal suddetto termine, l'ente che abbia posto in essere tardivamente le condotte riparatorie di cui all'art. 17, possa richiedere la conversione della sanzione interdittiva in sanzione pecuniaria. Il giudice, dopo avere sospeso l'esecuzione della misura laddove la richiesta non si presenti manifestamente infondata, decide nell'ambito di un'udienza in camera di consiglio, valutando la gravità dell'illecito ritenuto in sentenza e le ragioni che hanno determinato il ritardo dell'adempimento delle condizioni poste dall'art. 17. L'eventuale accoglimento della richiesta – da sancire con ordinanza – determina l'applicazione di «una sanzione pecuniaria che assume a proprio parametro commisurativo quella già inflitta con la sentenza, assommandosi ad essa» (art. 78).

L'art. 79 detta poi le **regole da seguire in fase esecutiva laddove la sentenza**, in luogo dell'applicazione della sanzione interdittiva dell'inibitoria dall'esercizio dell'attività, **abbia disposto la gestione commissariale dell'ente** per un periodo pari alla durata della sanzione che avrebbe dovuto essere irrogata. Su richiesta del pubblico ministero, il commissario viene nominato, senza formalità, dal giudice dell'esecuzione, il quale svolge, nei confronti del commissario stesso, una generica funzione di vigilanza, oltre a decidere sulla confisca del profitto della gestione commissariale.

Nel tentativo di assicurare ampia conoscibilità delle sanzioni amministrative dipendenti da reato, nonché dei provvedimenti del giudice dell'esecuzione sulle sanzioni medesime, il legislatore del 2001 aveva istituito, presso il casellario giudiziale centrale, l'anagrafe nazionale delle sanzioni amministrative irrogate a carico degli enti. Questa materia, disciplinata nell'ambito del d.lgs. n. 231 del 2001 dagli artt. 80, 81 e 82, è stata, tuttavia, modificata con l'introduzione del d.P.R. 14.11.2002, n. 313, destinato a rappresentare il testo unico delle disposizioni legislative e regolamentari in materia di **casellario giudiziale, di anagrafe e dei relativi carichi pendenti**. Dopo avere abrogato i suddetti artt. 80, 81 e 82, il d.P.R. n. 313 del 2002, modellando definitivamente – nei limiti della compatibilità in concreto – il sistema riguardante gli illeciti amministrativi su quello in punto di reati, ha provveduto a regolare, al Titolo IV, l'anagrafe delle sanzioni amministrative dipendenti da reato (artt. 9-11), al Titolo V, l'anagrafe dei carichi pendenti degli illeciti amministrativi (artt. 12-14), al Capo II del Titolo VII, i servizi relativi al rilascio dei certificati dell'anagrafe (artt. 30-32), nonché, al Titolo VIII, le questioni concernenti le iscrizioni e i certificati (art. 40).

Capitolo XIX

Il processo penale minorile*

di *Giorgio Spangher*

SOMMARIO: 1. Premessa: dal processo sul fatto al processo sulla persona. – 2. La competenza, la specializzazione degli organi della giustizia minorile e le specificità del procedimento. – 3. Accertamenti sulla personalità: assistenza tecnica, affettiva e psicologica, attività di sostegno. – 4. La disciplina della libertà personale. – 5. Le formule decisorie. – 6. Il procedimento. – 7. I riti speciali, il dibattimento, le impugnazioni. – 8. Il sistema sanzionatorio. – 9. Conclusioni.

1. Premessa: dal processo sul fatto al processo sulla persona

Una motivata sensibilità connessa alle previsioni costituzionali (artt. 30, 31, co. 2, Cost., unita agli artt. 2, 3, 4 e 27 sempre della Costituzione) nonché ad un movimento sovranazionale riconducibile al P.i.d.c.p. (art. 14), alle Regole minime delle Nazioni Unite per l'amministrazione della giustizia minorile (c.d. Regole di Pechino, del novembre del 1985), alla Raccomandazione R (87)20 del Comitato dei Ministri del Consiglio d'Europa sulle reazioni sociali alla delinquenza minorile (approvata il 17 settembre 1987) imponeva di dar corso, contestualmente alla riforma del processo penale nei confronti degli adulti, anche alla modifica del processo penale a carico di imputati minorenni.

Muovendo dal riconoscimento del minore quale titolare di diritti radicati su fondamentali istanze di compiuta personalizzazione e dalla convinzione che i problemi afferenti al comportamento deviante del minore devono essere affrontati e risolti non isolandolo ma coinvolgendo la sua famiglia e la comunità, era maturata la consapevolezza che il minore non avesse solo diritto ad un suo giudice, ma altresì il diritto ad un suo processo.

Sulla scorta di quanto indicato nella legge delega (art. 3, L. n. 81 del 1987), il legislatore ha approvato il d.P.R. 22.9.1988, n. 448 il cui art. 1, integrato dall'art. 1 disp. att., richiama, per quanto non espressamente previsto,

* Gli articoli richiamati senza ulteriori indicazioni si riferiscono al d.P.R. 22.9.1988, n. 448 e gli articoli seguiti dalla dicitura disp. att. si riferiscono al d.lgs. 28.7.1989, n. 272.

la disciplina del codice di procedura penale, applicata in modo adeguato alla personalità e alle esigenze educative del minorenne. Le previsioni vanno integrate con quanto previsto dagli artt. 4, co. 4, e 63 della disciplina del procedimento davanti al giudice di pace, nonché con le norme del r.d.l. 20.7.1934, n. 1404 che, in quanto non abrogate, restano in vigore se non risultano incompatibili con la nuova disciplina.

Va sottolineato, in senso critico, che la novellazione del processo minorile non è stata accompagnata in relazione ai minori da una riforma della disciplina del diritto penale sostanziale e del diritto penitenziario.

Elemento centrale del nuovo processo penale minorile è la centralità del minore, in una logica di soggettivizzazione e di individualizzazione. Considerata la personalità in evoluzione, si punta ad evitare i pregiudizi del processo penale, riducendo le sollecitazioni psicologicamente negative dell'esperienza processuale, puntando al suo recupero sociale. A tal fine, si dovranno acquisire elementi circa le condizioni e le risorse personali, familiari, ambientali e sociali del minore allo scopo di accertarne l'imputabilità ed il grado di responsabilità e valutare la rilevanza sociale del fatto, così da poter adottare i provvedimenti più adeguati per una sua evoluzione positiva (art. 9, co. 1). L'obiettivo è quello di trasformare la negatività del processo penale in strumento positivo, cogliendo l'occasione per l'adozione di provvedimenti sia penali, sia civili, così da mettere in campo una "rete" di protezione e di sostegno, rimuovendo le ragioni che hanno condotto al fatto di reato, individuato quale "spia" di una situazione che va monitorata e rimossa.

Elemento fondamentale è quello di non interrompere i processi educativi in atto, anzi è necessario che siano assicurate le attività di studio o di lavoro e le altre attività utili per la sua maturazione. Peraltro, il processo penale minorile resta modulato secondo i princìpi generali del processo penale, seppur con le modificazioni ed integrazioni imposte dalle particolari condizioni psicologiche del minore, dalla sua maturità e dalle sue esigenze di crescita.

2. La competenza, la specializzazione degli organi della giustizia minorile e le specificità del procedimento

Senza alcun riferimento a criteri qualitativi, quantitativi o residuali, i reati commessi dai minori degli anni diciotto sono sempre attribuiti alla competenza del Tribunale per i minorenni senza che su questa attribuzione incida il successivo momento di celebrazione del processo (art. 3; per la competenza territoriale: art. 3, r.d.l. n. 1404 del 1934; per l'esclusione della connessione: art. 14 c.p.p.). Se commessi da minori, il Tribunale per i minorenni è competente anche per i reati attribuiti al giudice di pace (art. 3, co. 4, d.lgs. 28.8.2000, n. 274).

Il decisivo rilievo dell'età è confermato dalla disciplina del suo accertamento e dal fatto che l'incertezza giova sempre al minore (artt. 67 c.p.p. ed art. 8), nonché dall'obbligo dell'immediata declaratoria anche d'ufficio della non imputabilità dell'infraquattordicenne (art. 26).

Oltre a radicare la competenza, l'età ha significative conseguenze sia in ordine al riconoscimento di diritti, sia in relazione allo svolgimento di attività processuali. Così, l'età è un elemento da valutare: ai fini dell'arresto in flagranza e dell'accompagnamento (artt. 16, co. 3; 18 co. 2; 18 *bis*, co. 5); ai fini della durata della custodia cautelare (art. 23, co. 3); ai fini della richiesta del minore dell'udienza dibattimentale pubblica (art. 33, co. 2).

Così, fino al compimento del ventunesimo anno di età si eseguono, da parte del personale dei servizi minorili, le misure cautelari, le misure alternative, le sanzioni sostitutive, le pene detentive e le misure di sicurezza, secondo le norme e con le modalità previste per i minorenni anche nei confronti di coloro che nel corso dell'esecuzione oppure prima del loro inizio abbiano compiuto 18 anni (art. 24 disp. att.); le funzioni della magistratura di sorveglianza attribuite al Tribunale per i minorenni ed al magistrato di sorveglianza cessano al compimento del venticinquesimo anno di età (art. 3, co. 2); a venticinque anni è fissato anche il limite della competenza – rispetto alla Corte d'appello – del Tribunale per i minorenni in relazione alla riabilitazione speciale (art. 24, r.d.l. n. 1404 del 1934). Limiti di età sono previsti anche dalla disciplina del casellario giudiziario (artt. 5, co. 4, e 28, d.P.R. 14.11.2002, n. 313).

Un processo come quello appena delineato non può non essere sorretto da una organizzazione giudiziaria che sia in grado di supportare le scelte processuali, così da renderle più efficaci ed incisive. In tal senso, dando attuazione all'art. 5, legge delega 16.2.1987, n. 81 si è operato con gli artt. 3, 14, 18, 20, 25, 30 e 31 disp. att. adeg. ord. giud. (d.P.R. 22.9.1988, n. 449).

Gli organi giudiziari nel procedimento a carico di minorenni sono elencati nell'art. 2 del d.P.R. n. 448 del 1988.

Le funzioni requirenti nel processo minorile sono esercitate dal procuratore della repubblica presso il Tribunale per i minorenni e dal procuratore generale presso la Corte d'appello (art. 2, co. 1, lett. *e*): tuttavia, mentre il primo costituisce un ufficio autonomo con competenze esclusive (art. 4, r.d.l. n. 1404 del 1934 ed art. 2 ord. giud.), il secondo assomma a quelle riguardanti i processi minorili le competenze dei procedimenti ordinari.

Più specificamente, al procuratore della repubblica minorile sono attribuiti, in linea generale, nella materia di competenza del Tribunale per i minorenni, tutti i poteri che le leggi conferiscono al pubblico ministero presso il Tribunale (art. 4, co. 3, r.d.l. n. 1404 del 1934) e specificamente le funzioni assegnate dal d.P.R. n. 448 del 1988 (artt. 4, 6, 9, 10, 12, 14, 18, 18 *bis*, 27, 28, 30, 32, 33, 37, 41); al procuratore generale presso la Corte d'appello, oltre alle funzioni derivate in secondo grado dalle previsioni operanti in prima istanza e di quelle riconducibili alle attività inquadrabili nel contesto del codice di procedura penale, si dovrà tener specificamente conto della possibilità di impugnare – appello e ricorso immediato per cassazione – la sentenza di non luogo a procedere per irrilevanza del fatto (art. 27, co. 3).

Va ulteriormente sottolineato che presso ciascuna procura della repubblica minorile è istituita una sezione specializzata di polizia giudiziaria con personale dotato di specifiche attitudini e preparazione (artt. 5 e 6 disp. att.).

Per quanto attiene alla funzione giudicanti queste sono attribuite al giudice per le indagini preliminari presso il Tribunale per i minorenni, al Tribunale per i minorenni, alla sezione di Corte d'appello per i minorenni (art. 2, co. 1, lett. *b*, *c*, *e*).

In particolare, ai sensi dell'art. 50 *bis* ord. giud. (introdotto dall'art. 14 disp. adeg. ord. giud.), si prevede, da un lato, che in ogni Tribunale per i minorenni uno o più magistrati sono incaricati, come giudici singoli, dei provvedimenti previsti dal codice di procedura penale per la fase delle indagini preliminari e, dall'altro, che nell'udienza preliminare il Tribunale giudica composto da un magistrato e da due giudici onorari, un uomo e una donna, dello stesso Tribunale.

In una diversa composizione – due giudici togati e due giudici onorari – il Tribunale per i minorenni giudica in sede dibattimentale oltre che negli altri casi previsti dalla legge (art. 50 ord. giud.).

Al Tribunale per i minorenni (in questa ultima composizione) sono attribuite anche le funzioni di Tribunale di sorveglianza (art. 79 ord. penit.), di Tribunale della libertà (art. 25 disp. att.) e di giudice dell'esecuzione (dei provvedimenti da esso pronunziati, nelle forme del procedimento di esecuzione, salva diversa disposizione) (artt. 30, co. 2, e 40, co. 1).

Sulle impugnazioni dei provvedimenti del Tribunale per i minorenni e negli altri casi previsti dalle leggi (es. art. 27, co. 3) giudica una sezione della Corte d'appello di cui fanno parte due esperti, un uomo ed una donna, aventi i requisiti prescritti dalla legge, i quali si aggiungano ai tre magistrati della sezione (art. 5, r.d.l. n. 1404 del 1934; art. 58 ord. giud.; art. 2, co. 1, lett. *e*).

Le funzioni di sorveglianza nel processo minorile sono svolte dal magistrato di sorveglianza per i minorenni e dal Tribunale per i minorenni al quale sono conferite quelle svolte nella procedura ordinaria dal Tribunale di sorveglianza (art. 7, co. 1, r.d.l. n. 1404 del 1934; art. 51 ord. giud.; art. 79, co. 1, ord. penit.; art. 2, co. 1, lett. *f*): la competenza dei suddetti organi viene meno allorché il condannato o l'internato raggiunge il venticinquesimo anno di età (art. 3, co. 2, secondo periodo).

Al fine di assicurare la necessaria specializzazione dei magistrati minorili, norme specifiche sono dettate per l'assegnazione degli affari (art. 2 disp. att.), per le applicazioni e le supplenze (art. 3 disp. att.), per la composizione delle sezioni di Corte di appello per i minorenni (art. 4 disp. att.). Sempre allo scopo di garantire la riferita specializzazione dei magistrati ordinari e onorari addetti agli uffici giudiziari minorile, il Ministero della giustizia ed il Consiglio Superiore della Magistratura predispongono corsi di formazione e di aggiornamento nelle materie attinenti al diritto minorile ed alle problematiche della famiglia e dell'età evolutiva (art. 5 disp. att.).

Oltre alla specializzazione degli organi della giustizia minorile, al di là di quanto emergerà di seguito, il rito minorile si connota anche per alcune significative peculiarità che ne caratterizzano gli sviluppi e le finalità.

Innanzitutto, non trova applicazione l'art. 12 c.p.p. sia nell'ipotesi di procedimenti relativi ad imputati che al momento del fatto erano minorenni e procedimenti relativi ad imputati maggiorenni, sia nel caso di procedimenti per reati commessi dall'imputato minorenne e procedimenti per reati commessi dello stesso imputato maggiorenne (art. 14 c.p.p.).

In secondo luogo, nel procedimento minorile non c'è spazio per l'azione civile per le restituzioni ed il risarcimento del danno cagionato dal reato, perché la presenza di una accusa privata potrebbe pregiudicare le finalità educative e di protezione del minore (art. 10, co. 1). Inoltre, a questi fini, la sentenza penale non ha efficacia di giudicato e neppure può essere riconosciuta la sentenza penale straniera (art. 10, co. 2 e 3). Viene peraltro valorizzato il ruolo della vittima (artt. 27, co. 2; 28 co. 2; 31, co. 3) con azioni ed iniziative finalizzate anche a promuovere la conciliazione del minore con la persona offesa.

Vige, inoltre, il divieto – fatto salvo il caso in cui il dibattimento si svolga in pubblica udienza – di pubblicazione e divulgazione con qualsiasi mezzo, di notizie o immagini che consentano di identificare comunque il minorenne coinvolto nel procedimento (art. 13, co. 1 e 2). Sono, altresì, escluse la ripresa di immagini e la trasmissione di dibattimenti che si svolgano a porte chiuse (art. 147 disp. att. c.p.p. ed art. 33, co. 1 e 2).

Infine, è prevista la possibilità di adottare provvedimenti civili a protezione del minore: a tal fine, da un lato, l'autorità giudiziaria informa il procuratore della repubblica presso il Tribunale per i minorenni nella cui circoscrizione il minorenne abitualmente dimora dell'inizio e dell'esito del procedimento penale in corso (art. 4); dall'altro, in presenza di una situazione di urgente necessità, questi provvedimenti, immediatamente esecutivi, con effetti per 30 giorni dall'emissione, possono essere assunti dal giudice nel corso dell'udienza preliminare (art. 32, co. 4).

Il riferito spostamento dell'ottica del processo penale minorile, dal fatto alla persona, unita alle considerazioni sin qui svolte – supportato dalla forte specializzazione degli organi della giustizia penale minorile – richiede una significativa attività di accertamenti, di informazioni, di verifiche, di valutazioni, di assistenza e di sostegno.

3. Accertamenti sulla personalità: assistenza tecnica, affettiva e psicologica, attività di sostegno

Come anticipato, ai fini dell'accertamento della personalità del minore, per verificare la sua capacità di intendere e volere, per valutare il disvalore sociale del fatto, per assumere i provvedimenti (penali e civili) necessari alla sua condizione, sarà necessario scandagliare – anche derogando agli artt. 194 co. 2, e 220, co. 2, c.p.p. – «le condizioni e le risorse personali, familiari, sociali ed ambientali» nelle quali il minore è quotidianamente inserito, così da verificare anche le sue frequentazioni ed acquisire elementi per valutare quali conseguenze potrebbe avere il processo nel suo percorso educativo (art. 9, co. 1).

L'iniziativa – da ritenersi doverosa – è assunta dal pubblico ministero e dal giudice (per le modalità: art. 17 disp. att.) ma anche dalla polizia giudiziaria e dai servizi dell'amministrazione della giustizia e degli enti locali.

Mancando indicazioni sugli strumenti attraverso i quali perseguire questi obiettivi, in generale, si tratterà di tutti quelli tesi ai fini indicati, nei limiti dell'art. 189 c.p.p. Più specificamente, si farà riferimento al parere degli esperti nonché alle indicazioni emergenti dei soggetti che hanno avuto rapporti con il minore (art. 9, co. 2). I relativi elementi saranno inseriti nel fascicolo per il dibattimento (art. 431, lett. *g*, c.p.p.), trattandosi di documenti relativi al giudizio sulla personalità (art. 236 c.p.p.).

Sempre in questo contesto, al minore va assicurata, durante il procedimento, l'assistenza tecnico-psicologica ed affettiva.

Stante la ridotta capacità del minorenne di orientarsi negli sviluppi del processo – oltre all'esigenza che il giudice illustri all'imputato minorenne il significato delle attività processuali che si svolgono in sua presenza nonché il contenuto e le ragioni anche etico-sociali delle decisioni (art. 1, co. 1) – risulta potenziato il ruolo del difensore. Il dato s'impone soprattutto per la difesa d'ufficio. A tal fine, il Consiglio dell'Ordine forense predispone degli elenchi di difensori con specifica preparazione nel diritto minorile, organizzando annualmente, d'intesa con il presidente del Tribunale per i minorenni e con il procuratore della repubblica per i minorenni, corsi di aggiornamento per avvocati nelle materie attinenti il diritto minorile e le problematiche dell'età evolutiva (art. 11 ed art. 15 disp. att.).

Quanto all'assistenza psicologica ed affettiva, questa sarà assicurata dai genitori e dai servizi (art. 12, co. 1 e 2).

Sono molti i passaggi processuali nei quali è prevista la presenza dei genitori (artt. 18, co. 1; 20, co. 1; 27, co. 2; 30, co. 1; 31, co. 3 e 4; 33, co. 4; 38, co. 1; 40, co. 2; 41, co. 1), trattandosi di soggetti presuntivamente idonei alla riferita funzione. È, peraltro, possibile che questo ruolo di ausilio affettivo e psicologico venga svolto anche da altra persona idonea espressamente indicata dal minore. Ove sussistano l'interesse del minore ovvero inderogabili esigenze processuali, non è escluso, tuttavia, che il pubblico ministero ed il giudice possano procedere al compimento di atti per i quali è richiesta la partecipazione del minorenne senza la presenza dei soggetti appena indicati ed anche di quella dei servizi (art. 12, co. 3).

Un ruolo significativo – nella diversa prospettiva dei poteri e dei diritti di natura processuale – è svolto dall'esercente la responsabilità genitoriale, con riferimento alle notifiche dell'informazione di garanzia, del decreto di fissazione dell'udienza ed alla proposizione delle impugnazioni (artt. 7 e 34).

Coessenziale in questa prospettiva – di costante interazione tra sistema di assistenza sociale e sistema di giustizia penale – si prospetta il ruolo dei servizi sia quelli dell'amministrazione della giustizia, sia quelli degli enti locali (come emerge dagli artt. 6, 9, 12, 18, 18 *bis*, 19, 20, 21, 22, 23, 28, 30, 31, 38, 40).

Ai sensi del co. 2 dell'art. 12, è, infatti, previsto che «in ogni caso» (salva l'eventualità del co. 3 della stessa previsione) al minore deve essere assicurata l'assistenza dei servizi.

Nella prospettiva di un ruolo pregnante di mediazione tra giudice ed imputato, i servizi svolgono un'attività integrata: i primi – quelli dell'amministrazione della giustizia – operando nell'area connotata processualmente; i secondi – quelli degli enti locali – agendo essenzialmente nell'area socio-assistenziale.

4. La disciplina della libertà personale

La particolare fragilità caratteriale del minore (evidenziata anche dal fatto commesso) e la necessità di non causare dannose interruzioni dei processi evolutivi della personalità in atto impongono, inevitabilmente, una specifica e mirata disciplina della libertà personale. Sono due gli elementi di fondo: la consapevolezza della delicatezza del primo impatto del minore con lo Stato – apparato; la convinzione della necessità di evitare la restrizione carceraria, da ritenersi – anche per il minore – l'*extrema ratio*.

Ne conseguono: il ripudio degli automatismi (con conseguente esclusione di quanto previsto dagli artt. 380, 381, 275, co. 3, e 276 c.p.p.: così specificamente l'art. 19, co. 2, secondo periodo); la tipicità e la specificità sia dei provvedimenti precautelari, dove all'arresto ed al fermo (art. 16-18) si aggiunge l'accompagnamento (art. 18 *bis*), sia di quelli cautelari (artt. 20-23) calibrati sulle esigenze del minore, sia la presenza di elementi specifici di valutazione dei presupposti applicativi (art. 16, co. 3; art. 19, co. 2; artt. 18, 19, 20, 21, 22), imperniati sulla considerazione del soggetto nei cui confronti si rivolgono.

La normativa, naturalmente inserita nella cornice costituzionale degli artt. 13 e 31 Cost., tiene conto delle specifiche indicazioni contenute nella già riferita disciplina sovranazionale.

Calando questi rilievi nella regolamentazione delle misure precautelari, va ribadito che la riproduzione formale delle misure per adulti viene piegata alle esigenze di maggior tutela ed ai più elevanti *standards* di garanzie che questo primo contatto con l'Autorità statale impone. Il dato assume rilievo soprattutto considerando che nella flagranza di reato commesso da minori non sempre intervengono le sezioni specializzate di polizia giudiziaria cui si è fatto cenno in precedenza (artt. 5 e 6 disp. att.).

Del resto, l'arresto – solo facoltativo – previsto per i delitti per i quali a norma dell'art. 23, co. 1, può essere disposta la misura della custodia cautelare (delitti non colposi puniti con pena non inferiore nel massimo a nove anni; delitti consumati o tentati di cui al co. 2, lett. *e*, *f*, *g*, *h* dell'art. 380 c.p.p., nonché in caso di violenza sessuale) impone di valutare la gravità del fatto, l'età dell'autore e la sua personalità (art. 16, co. 3).

Quanto al fermo – anch'esso facoltativo – motivato dal pericolo di fuga, è consentito in relazione ai reati per i quali può essere disposta la custodia cautelare (art. 23, co. 1, appena riportato), a condizione, tuttavia, che in caso di reclusione questa non sia inferiore a due anni (art. 17).

Gli adempimenti successivi sono così cadenzati: chi ha eseguito il provvedimento (ufficiali o agenti di polizia giudiziaria) informa immediatamente il pubblico ministero (che potrà disporre, ai fini delle successive determinazioni, di condurre il minore davanti a sé: art. 18, co. 4), l'esercente la responsabilità dei genitori o l'eventuale affidatario nonché tempestivamente i servizi minorili (art. 18, co. 1); il pubblico ministero potrà liberare immediatamente il minore quando le misure sono state disposte fuori dai casi previsti dalla legge ovvero perché pensa di non richiedere una misura cautelare (art. 18, co. 3); in alternativa, il pubblico ministero disporrà che il minore sia condotto senza ritardo presso un centro di prima accoglienza ovvero una comunità pubblica o autorizzata ovvero, tenuto conto delle modalità del fatto, dell'età e delle situazioni di contesto (art. 18, co. 2), presso l'abitazione familiare (art. 20 disp. att. per il verbale di consegna). Seguiranno gli adempimenti funzionali alla celebrazione dell'udienza di convalida (art. 18, co. 5).

Con una previsione interpolata dall'art. 39, d.lgs. 14.1.1991, n. 12, in alternativa all'arresto in flagranza – per i reati per i quali la legge stabilisce la pena della reclusione non inferiore nel massimo a cinque anni – è possibile che il minore – il quale non potrà essere trattenuto per più di dodici ore negli uffici di polizia – sia consegnato dagli ufficiali o agenti di polizia giudiziaria all'esercente la responsabilità dei genitori o all'affidatario ovvero a persona da questi indicata che saranno invitati a presentarsi per prendere, tenere in consegna il minore e vigilare sul suo comportamento (art. 18 *bis* co. 1, 2 e 3; art. 20 *bis* disp. att. per la redazione del verbale di consegna). La mancata presenza o presentazione di questi soggetti o la loro inidoneità determinerà il pubblico ministero, avvertito dalla polizia giudiziaria, a disporre la conduzione del minore presso un centro di prima accoglienza o presso una comunità pubblica o autorizzata (art. 18 *bis*, co. 4).

Le scansioni esecutive ricalcano, con le varianti richieste dalla diversità della misura, quelle dell'arresto e del fermo (art. 18 *bis*, co. 5, che richiama gli artt. 16, co. 3, 18, co. 2, 3, 4, 5 e 19, co. 5).

Come anticipato, ove si escluda il carcere, peraltro considerato – l'estrema risorsa – le misure cautelari nei confronti dei minorenni – tassativamente previste (artt. 19, co. 1) – sono specificamente modulate nella tipologia e nelle modalità applicative sulle esigenze del minore.

Le coordinate entro le quali sono collocate le singole misure sono delineati dall'art. 19 e dall'art. 23, co. 2.

Ancorché riferiti alla custodia cautelare (in carcere) ma operanti per tutte le misure (arg. *ex* art. 20, co. 2), i *pericula* sono individuati nelle gravi ed inderogabili esigenze attinenti alle indagini, relativamente al concreto pericolo di inquinamenti probatori; nel concreto pericolo di reiterazione di gravi delitti con uso di armi o altri mezzi di violenza personale o diretti contro l'ordine costituzionale ovvero di criminalità organizzata o della specie di quella per cui si procede, desunto dalle modalità e circostanze del fatto e dalla personalità del minore, non senza qualche *deficit* di garanzia rispetto a quanto previsto dall'art. 274 c.p.p. per effetto delle modifiche introdotte con la L. 8.8.1995, n. 332. È stato escluso dalla Corte costituzionale [1], per contrasto con la legge delega, il pericolo di fuga.

Le esigenze cautelari, tuttavia, non saranno valutate indipendentemente dalle istanze educative (evidenziate dalla costante presenza dei servizi durante la loro esecuzione), con cui entreranno sempre in bilanciamento, dovendosi tener conto della necessità di non interrompere i processi educativi in

---

[1] Corte cost., sent. n. 359 del 2000.

atto (art. 19, co. 2, primo periodo). In altri termini, nel processo minorile le misure hanno una doppia valenza: cautelare ed educativa.

Quanto ai canoni di operatività delle misure, l'art. 19 prevede, oltre alla ricordata tassatività delle stesse (co. 1), all'esclusione dell'operatività dell'art. 275, co. 3, secondo periodo, c.p.p. (co. 2, secondo periodo), alla appena richiamata presenza dei servizi per l'attività di sostegno e controllo (co. 3) ed ai criteri di applicazione (co. 2, primo periodo), la possibilità che siano disposte solo per i delitti per i quali la legge stabilisce la pena della reclusione non inferiore nel massimo a cinque anni, determinata *ex* art. 278 c.p.p. con il riconoscimento della minore età (co. 4 e 5). Gli artt. 20, co. 3; 21, co. 5, e 22, co. 4, stabiliscono, altresì, la possibilità che il giudice applichi la misura più grave solo in caso di gravi e ripetute violazioni degli obblighi previsti per la misura in atto.

La misura meno afflittiva è costituita dalle prescrizioni (art. 20): si tratta di una misura flessibile, ricca di possibili contenuti, che prevedono obblighi e divieti legati alle attività di studio, di lavoro e di altre attività (come quelle del tempo libero) utili per l'educazione del minore. La misura perde efficacia dopo due mesi dal provvedimento e, in presenza di esigenze probatorie, può essere rinnovata per non più di una volta.

Le prescrizioni possono essere imposte anche in caso di scarcerazione per decorrenza dei termini (art. 24).

La misura successiva, in punto di afflittività, è costituita dalla permanenza in casa (art. 21), non equiparabile agli arresti domiciliari (chi si allontana, non commette evasione). Sotto il profilo contenutistico, la misura impone al minorenne di rimanere presso l'abitazione familiare ovvero un altro luogo di privata dimora: per le esigenze di studio, di lavoro o altre attività utili per la sua educazione il minore può allontanarsi dall'abitazione; per le esigenze di cautela può essergli impedito di comunicare con persone diverse da quelle che con lui coabitano o che lo assistono. La vigilanza sul suo comportamento è affidata ai genitori ovvero ai titolari dell'abitazione che dovranno permettere l'espletamento delle attività di sostegno e di verifica dei servizi e quelle (eventuali) di controllo disposte dal giudice.

Seguono nella scala di afflittività il collocamento in comunità ed il carcere. La prima misura è costituita dall'affidamento del minore ad una comunità pubblica autorizzata (art. 22). Anche in questo caso l'allontanamento non costituisce evasione. Stante la riferita esigenza di bilanciare la cautela con le finalità educative del minorenne sono date prescrizioni inerenti alle attività di studio, di lavoro ed alle altre attività funzionali alla sua educazione, consentendo, a questi fini, pure la possibilità che il minore si allontani dalla comunità. L'attività di sostegno e di controllo è svolta dal responsabile della comunità e dai servizi. Le ripetute e gravi violazioni del collocamento in comunità possono determinare l'applicazione della custodia cautelare, per un tempo non superiore ad un mese, se si procede per un delitto sanzionato con la reclusione non inferiore nel massimo a cinque anni (art. 22, co. 4).

Sia in caso di permanenza in casa, sia nell'ipotesi del collocamento in comunità (artt. 21, co. 4, e 22, co. 3), l'esecuzione delle due misure, in caso di infermità, è regolato dall'art. 23 disp. att.

Quanto al carcere, il cui contenuto non ha bisogno di illustrazioni, questo può essere disposto, ai sensi del co. 1, dell'art. 23, negli stessi casi che sono stati richiamati per l'arresto in flagranza.

Dal momento della cattura, dell'arresto, del fermo o dell'accompagnamento decorrono i termini della custodia cautelare di cui all'art. 303 c.p.p. che sono ridotti della metà per i minori degli anni diciotto e per i due terzi per i minori degli anni sedici (art. 23, co. 2). Come già detto, con la scarcerazione per decorrenza dei termini possono essere applicate le prescrizioni *ex* art. 20 (art. 24).

Una particolare attenzione (art. 277 c.p.p., per gli adulti) è dedicata dal legislatore alle modalità di esecuzione dell'arresto, del fermo, dell'accompagnamento e della traduzione (art. 20 disp. att.): devono essere usate le opportune cautele per proteggere il minore dalla curiosità del pubblico o da ogni specie di pubblicità; devono essere ridotti i disagi e le sofferenze materiali e psicologiche; sono esclusi, ove non necessari, gli strumenti di coercizione fisica; per i soggetti in particolari condizioni emotive va assicurata l'assistenza psicologica da parte dei servizi; negli uffici di polizia giudiziaria il minore va trattenuto separatamente dai maggiorenni arrestati o fermati.

L'ordinanza applicativa delle misure è suscettibile di riesame (art. 309 c.p.p.) davanti al Tribunale della libertà (art. 25 disp. att.) che ha una composizione mista (art. 50 ord. giud.); la decisione è suscettibile di ricorso per Cassazione *ex* art. 111 Cost. dove, peraltro, non c'è alcuna previsione di una diversa composizione del collegio. Trova operatività, in relazione agli altri provvedimenti cautelari, l'appello, ai sensi dell'art. 310 c.p.p. (art. 25 disp. att.).

5. Le formule decisorie

Un'altra caratteristica del rito minorile è costituita dalla peculiarità di alcune ipotesi decisorie. Al di là di quanto disposto dall'art. 26 che prevede la declaratoria di non imputabilità in ogni stato e grado del processo nei confronti dell'infraquattordicenne, sono regolati alcuni possibili esiti definitori che, in alcuni casi potrebbero assumere (ed in parte hanno già assunto) un valore sperimentale trasferibile in altri percorsi processuali (si pensi all'art. 34, d.lgs. n. 274 del 2000 rispetto all'art. 27).

Alla base delle scelte in materia si collocano le esigenze del minore finalizzate a salvaguardarne la personalità da effetti stigmatizzanti, prescindendo, ove possibile, dalla irrogazione di una condanna.

L'idea è quella della minima offensività del processo, così da ridurre le sollecitazioni negative derivanti dall'impatto del minore con il sistema penale, e della rapida definizione del caso, anche per collegare strettamente fatto e processo, così da favorire una rapida espulsione del minorenne dal circuito penale e trasformare un dato negativo in una possibile occasione foriera di elementi positivi.

Gli elementi significativi di novità sono rappresentati dalla possibile pronuncia della sentenza di non luogo a procedere per irrilevanza del fatto (art 27 [2]) e dalla possibile declaratoria di estinzione del reato conseguente alla sospensione del processo, messa alla prova del minore ed esito positivo della stessa (art. 28).

La previsione di cui all'art. 27 nasce dall'affermata necessità di una rapida uscita del minore dal circuito penale; pur esistendo il reato, si esclude la punibilità, trattandosi di un fatto di reato accertato concretamente e non di una mera ipotesi accusatoria, tuttavia, ritenuto di scarso interesse sociale alla sua persecuzione.

I presupposti sono la tenuità del fatto (nel senso che comunque va raggiunta la soglia della tipicità); il comportamento occasionale del minore, non frutto di una scelta precisa e consapevole ma dettato da pulsioni momentanee tipiche della variabilità emotiva e comportamentale; il possibile pregiudizio per le esigenze educative (storicizzando il gesto si tratta di valutare comparativamente gli effetti positivi e negativi della prosecuzione dell'esperienza processuale) (art. 27, co. 1).

Sotto il profilo procedimentale, le scansioni sono così delineate: la richiesta – effettuate le indagini ed esclusa la richiesta dell'archiviazione – è avanzata dal pubblico ministero e costituisce esercizio dell'azione penale; il giudice – che potrà applicare l'art. 129 c.p.p. – si pronuncerà in camera di consiglio *ex* art. 127 c.p.p., sentiti il minore, l'esercente la responsabilità genitoriale, l'offeso del reato (art. 27, co. 2); la domanda potrà essere accolta e successivamente eventualmente appellata dal procuratore generale, dal minore e dall'esercente la responsabilità genitoriale ovvero non accolta (anche dalla Corte d'appello a seguito di impugnazione) con restituzione degli atti al pubblico ministero per la prosecuzione delle indagini, all'esito delle quali il pubblico ministero potrà (eventualmente) reiterare la richiesta (art. 27, co. 3).

La decisione può essere pronunciata, anche d'ufficio, nell'udienza preli-

---

[2] Reintrodotto *ex* L. 5.2.1992, n. 123, dopo che Corte. cost., sent. n. 250 del 1991 ne aveva dichiarato l'incostituzionalità per eccesso di delega.

minare, nel giudizio direttissimo, nel giudizio immediato (art. 27, co. 4) ed in dibattimento[3].

La previsione continua a suscitare dubbi di illegittimità costituzionale – peraltro non insuperabili – sotto il profilo dell'indeterminatezza dei presupposti e in relazione alla lesione dell'obbligatorietà dell'azione penale. Resta, invece, problematica la discrasia tra il consenso che ai fini di quanto previsto dall'art. 111, co. 4 e 5, Cost. l'imputato deve prestare nel corso dell'udienza preliminare, per consentire al giudice di pronunciare anche la sentenza *de qua*, e la sola audizione del minore, prevista *ex* art. 27, co. 2, nella fase delle indagini preliminari, salvo ritenere che l'ascolto sia finalizzato anche all'acquisizione del consenso.

Può dunque affermarsi che la scelta legislativa – escluse vocazioni indulgenziali – cerchi di bilanciare la dimensione del fatto con le connotazioni personologiche del suo autore.

L'altro esito processuale al quale si è accennato è costituito dalla possibilità di sospendere il processo, mettere alla prova il minore ed all'esito positivo della stessa dichiarare estinto il reato (art. 28). L'idea sottesa a questa significativa innovazione normativa è costituita dalla considerazione che la personalità del minorenne evolve incessantemente e che questa evoluzione va assecondata con adeguati programmi di aiuto e di sostegno.

Sotto il profilo oggettivo, il contenuto della previsione è l'esistenza del fatto di reato e la colpevolezza del minore; in caso contrario, il giudice emetterà le decisioni alternative in relazione alla fase in cui si trova il processo. La messa alla prova può riguardare qualsiasi reato, risultando la sua gravità rilevante solo per il tempo di durata della prova (fino a 3 anni per i reati per i quali è prevista la pena della reclusione non inferiore nel massimo a dodici anni; fino ad 1 anno per gli altri reati) – e per la valutazione della personalità del minore e sulla possibilità di un suo ravvedimento (senza che sia necessaria la confessione o l'ammissione dell'addebito).

Sotto il profilo soggettivo, valutata la personalità del minore alla luce degli accertamenti di cui all'art. 9, il giudice dovrà essere in grado di formulare una probabile prognosi positiva della messa alla prova. Gli elementi dai quali desumere quest'ultimo dato possono essere individuati nel tipo di reato, nelle sue modalità di attuazione, nei motivi a delinquere, nei precedenti penali e nel carattere del minore, senza che nessuno di questi dati, isolatamente considerato, sia decisivo per una decisione negativa, ritenendosi che la prova possa essere disposta anche in caso una precedente concessione del perdono giudiziale ovvero di una precedente prova negativa.

---

[3] Corte cost., sent. n. 149 del 2003.

L'iniziativa che conduce alla sospensione del processo ed alla messa alla prova del minore può essere presa dalle parti, dal difensore dell'imputato ovvero d'ufficio dal giudice nel corso dell'udienza preliminare (in questo caso, ai sensi dell'art. 32, co. 1, il minore deve formulare il consenso alla definizione anticipata del processo), in dibattimento (anche nel giudizio d'appello) ovvero a seguito di instaurazione del giudizio direttissimo, di quello abbreviato o immediato[4]: pertanto, esaurite le indagini preliminari, il pubblico ministero deve aver esercitato l'azione penale. Corte cost. n. 139 del 2020 ha ritenuto legittima l'esclusione nel corso delle indagini preliminari.

Il provvedimento di sospensione del processo (che interrompe il corso della prescrizione: art. 28, co. 1, terzo periodo) è assunto con ordinanza, nel contraddittorio delle parti. L'ordinanza di sospensione (non quella di rigetto) è ricorribile per cassazione da parte del pubblico ministero, dall'imputato, dal suo difensore, dall'esercente la responsabilità genitoriale (art. 28, co. 3).

Elemento essenziale del provvedimento – che fissa anche la durata della prova, determinata, come si è visto, nei termini massimi dal co. 1, secondo periodo, dell'art. 28 – è il progetto che sarà elaborato dai servizi, acquisite tutte le indicazioni necessarie (art. 27, co. 1, disp. att.).

Si deve trattare di un progetto specifico, soggettivamente mirato, flessibile, il cui contenuto deve comunque prevedere: le modalità di coinvolgimento del minore, del suo nucleo familiare, del suo ambiente di vita; gli impegni specifici assunti dal minore (attività di studio, lavoro, sport, volontariato); i divieti da rispettare (frequentazione, orari); l'attività degli operatori nel programma rieducativo (art. 27, co. 2, disp. att.).

Il provvedimento di sospensione ed il progetto possono contenere pure indicazioni dirette a riparare le conseguenze del reato, promuovendo anche la conciliazione con la persona offesa (art. 28, co. 2, ed art. 27, co. 2, lett. *d*, disp. att.) nonché a formulare l'invito alla partecipazione a programmi di giustizia riparativa.

Al di là di quanto si è detto in ordine al consenso alla definizione del procedimento al di fuori del dibattimento, così da conferire valore probatorio agli atti, *ex* art. 111, co. 4 e 5, Cost., è necessaria la volontà del minore di sottoporsi alla prova aderendo spontaneamente e convintamente al contenuto prescrittivo del progetto (art. 27 disp. att.).

Per lo svolgimento della prova, il minore è affidato ai servizi per l'espletamento delle attività di osservazione, trattamento e sostegno; deve essere mantenuto dai servizi un periodico collegamento tra il ragazzo ed il presidente del collegio che deve essere costantemente informato dello svolgimento della

---

[4] Corte cost., sent. n. 125 del 1995.

prova, attraverso le relazioni degli stessi servizi, con facoltà di sentire, anche informalmente gli operatori ed il minore; possono essere proposte, se necessarie, modifiche al progetto per adeguarlo all'evolversi della situazione; possono essere disposte proroghe, per favorire un esito positivo della prova, se non è scaduto il termine massimo; si possono decidere abbreviazioni, se l'esito positivo si ritiene maturato prima della scadenza fissata, ovvero revoche se il minore commette grave e ripetute violazioni delle prescrizioni (non sono sufficienti sporadici episodi di devianza) ovvero se il minore commette nuovi reati (art. 27, co. 3 e 4, disp. att.).

Scaduto il tempo della sospensione, i servizi presentano una relazione sullo svolgimento della prova al presidente del collegio ed al pubblico ministero il quale può chiedere di fissare un'udienza (art. 27, co. 5, disp. att.) nel corso della quale: in caso di esito positivo della prova, conseguente alla relazione dei servizi relativa al comportamento ed all'evoluzione della personalità del minore, viene dichiarato estinto il reato e non si procede all'iscrizione della sentenza nel casellario; ovvero viene riconosciuto l'esito negativo della stessa, con conseguente prosecuzione del processo dalla fase in cui è stata disposta la sospensione per l'assunzione delle altre decisioni previste dalla legge (art. 29). Tuttavia, l'ipotesi di una nuova messa alla prova non può ritenersi del tutto esclusa.

Secondo la Corte costituzionale a differenza del rito ordinario (art. 657 *bis* c.p.p.) l'esito negativo della prova del minore non dà diritto a nessuno sconto di pena (Corte cost. n. 68 del 2019).

Un'altra ipotesi specifica di definizione del processo a carico dei minori è costituita dalla concessione del perdono giudiziale (art. 169 c.p.). Fino all'entrata in vigore del d.P.R. n. 448 del 1988 questa possibile decisione ha costituito l'unico strumento di rinuncia alla punizione per favorire – pur mancando i supporti necessari – la risocializzazione del minorenne autore di un reato. Ancorché il legislatore abbia significativamente incrementato – come si è visto – il novero dei provvedimenti tesi a favorire l'uscita del minore dal circuito penale, con un ricco corredo di azioni di sostegno e di recupero tese a favorire l'evoluzione positiva della sua personalità, il perdono giudiziale sembra conservare un suo rilievo, soprattutto se il giudice saprà valorizzare quanto disposto dall'art. 1, co. 2, facendo comprendere al minore il significato della decisione, tenuto conto del fatto che – seppur nei più ampi ambiti considerati da Corte cost., sent. n. 108 del 1973 e Corte cost., sent. n. 154 del 1976 – il perdono giudiziale non può essere concesso più di una volta (art. 169, co. 4, c.p.).

Le condizioni di applicabilità della decisione sono così delineabili. Sotto il profilo oggettivo, il perdono giudiziale potrà essere concesso al minore – di cui sia stata accertata imputabilità e responsabilità – qualora il giudice ritenga di applicare, in concreto, tenendo conto della diminuente della minore età, una pena detentiva non superiore a due anni di reclusione o una pena pecuniaria, sola o congiunta a pena detentiva di ammontare non superiore a 1549,37 euro (art. 169, co. 1, c.p.).

Sotto il profilo soggettivo, la *conditio sine qua non* per la concessione del perdono giudiziale è la prognosi di una futura buona condotta: a tal fine, come indicato dal co. 1 dell'art. 169 c.p., nel formulare la sua valutazione prognostica il giudice prenderà in esame i parametri indicati nell'art. 133 c.p., considerando, altresì, le indicazioni emergenti dagli accertamenti sulla personalità del minore (art. 9) e le indicazioni dei servizi (art. 6). Per questa ragione, non potrà ottenere il perdono giudiziale il minorenne già condannato a pena detentiva per delitto, anche se riabilitato, ovvero quello dichiarato delinquente abituale, professionale o per tendenza (art. 169, co. 3, c.p.).

Quanto agli effetti, la decisione di concedere il perdono determina l'estinzione del reato come conseguenza diretta, immediata (cioè, non differita), incondizionata ed irrevocabile della pronuncia; esclude l'applicazione di pene accessorie e di misure di sicurezza; resta iscritta nel casellario giudiziale fino al compimento dei ventun anni.

La decisione può essere pronunciata nel dibattimento in alternativa alla condanna (art. 169, co. 2, c.p.), ovvero nell'udienza preliminare in alternativa al rinvio a giudizio (art. 169, co. 1, c.p.): in quest'ultimo caso, implicando un accertamento della responsabilità, la sentenza potrà essere pronunciata se l'imputato avrà prestato il consenso alla definizione anticipata del processo; nei confronti della sentenza, l'imputato potrà presentare opposizione ai sensi dell'art. 32 *bis*.

Nonostante il richiamo agli artt. 34 e 35, d.lgs. n. 274 del 2000 contenuto nell'art. 63 dello stesso provvedimento, deve ritenersi che l'esclusione della punibilità nei casi di particolare tenuità del fatto e l'estinzione del reato conseguente a condotta riparatoria non operino nel processo minorile: quest'ultima, fra gli altri rilievi, considerata la mancanza di autonomia patrimoniale del minore e l'assenza di elementi tesi a favorire l'evoluzione positiva della sua personalità; la prima, stante il rapporto di specialità intercorrente tra le due previsioni, pur nella non omogeneità dei presupposti e dell'*iter* procedurale.

Suscita, invece, qualche perplessità il mancato richiamo all'art. 29, co. 4, d.lgs. n. 274 del 2000, che pure avrebbe potuto essere trasfuso – con qualche adattamento – nella vicenda processuale penale minorile. Qualche cauta prospettiva in materia, seppur in una logica diversa – quella della consapevolezza da parte del minore della lesione determinata dal reato commesso, al fine di verificare la positiva evoluzione della sua personalità – emerge da quanto previsto dall'art. 28, co. 2, secondo periodo e dall'art. 27, co. 2, lett. *d*, disp. att. nel caso della sospensione e messa alla prova.

Va sicuramente esclusa, nel sistema delineato dal d.P.R. n. 448 del 1988, la possibilità di ricorrere alla mediazione, come momento di superamento del conflitto, così da precludere lo svolgimento stesso del processo: la conclusione riposa sul fatto che la previsione non trova riscontri normativi ed ha ricadute in punto di legalità della persecuzione penale. Residua la possibilità di utilizzare la mediazione e la conciliazione per favorire la rinuncia alla querela, nonché, nella prassi, per procedere – in forza della intervenuta composizione dei rapporti tra minore e vittima – ad una pronuncia per irrilevanza del fatto.

6. Il procedimento

Le più volte richiamate connotazioni del processo penale a carico di minori, le ricordate specificità della sua disciplina e le già evidenziate previsioni caratterizzanti alcuni suoi esiti condizionano anche lo sviluppo procedimentale che, seppur modulato secondo lo schema delineato dalla riforma del processo penale del 1988, presenta ulteriori significative varianti.

Il riferimento non riguarda le indagini preliminari, che restano finalizzate alle determinazioni inerenti all'esercizio dell'azione penale. Le specificità sono individuabili nelle già riferite previsioni relative all'invio dell'informazione di garanzia non solo al minore ma anche all'esercente la responsabilità di genitori (art. 7), alle attività connesse all'accertamento della personalità del minorenne (art. 9), alle indagini legate alla determinazione dell'età del soggetto indagato (art. 8), alla richiesta del pubblico ministero della sentenza di non luogo a procedere per irrilevanza del fatto (art. 27).

Invece, considerata, come emergerà, la marginalità del dibattimento – alla luce della più volte rimarcata esigenza di far uscire rapidamente, ove possibile, il minore dal circuito penale e processuale – un ruolo centrale e diverso rispetto a quello previsto nel rito ordinario è assunto nel processo minorile dall'udienza preliminare, come emerge già dalla composizione collegiale dell'organo giudicante (ove, altresì, l'unico giudice togato è affiancato da due giudici onorari).

Le specificità processuali sono così delineabili: dell'udienza, oltre alle parti, va dato avviso alla persona offesa dal reato (ai fini dell'esercizio dei diritti e delle facoltà previste dall'art. 90 c.p.p.) (art. 31, co. 5, primo periodo), ai servizi ed all'esercente la responsabilità dei genitori (art. 31, co. 3) il quale, se non compare senza un legittimo impedimento, può essere condannato al pagamento di una somma a favore della cassa delle ammende, ma ricorrendo le esigenze di cui all'art. 12, co. 3, può essere allontanato in qualsiasi momento (art. 31 co. 4); fatto salvo l'impedimento a comparire (art. 420 *ter* c.p.p.) ovvero la necessità di rinnovare l'avviso (art. 420 *bis* c.p.p.), il giudice può disporre l'accompagnamento coattivo del minore non comparso (art. 31, co. 1); nel suo esclusivo interesse, il minore (che, se presente, sarà sentito dal giudice: art. 31, co. 5, secondo periodo) potrà essere allontanato dal giudice durante l'assunzione di dichiarazioni rese dalle altre persone citate o convocate (art. 31, co. 5, terzo periodo) e la discussione sui fatti e circostanze inerenti alla sua personalità (art. 31, co. 2).

L'elemento caratterizzante la funzione dell'udienza preliminare nel rito *de quo* è, tuttavia, rappresentato dai suoi possibili esiti, suscettibili di costituire una robusta sostituzione del ruolo del dibattimento: oltre al rinvio a giudizio, da ritenersi ipotesi residuale, troveranno applicazione – come anticipato – gli artt. 26, 27, 28, 29 e l'art. 169 c.p., nonché quanto disposto dall'art. 425 c.p.p. Inoltre, su richiesta del pubblico ministero, sarà possibile condannare il minore ad una pena pecuniaria o ad una sanzione sostitutiva che potrà essere diminuita fino alla metà del minimo edittale (art. 32, co. 2). Si prospettano incertezze applicative della previsione per i reati di competenza del giudice di pace commessi da minori (arg. *ex* artt. 60, 62, 63, co. 1, d.lgs. n. 274 del 2000).

In caso di urgente necessità il giudice può assumere anche provvedimenti civili temporanei a protezione del minore, immediatamente esecutivi e con effetti limitati a trenta giorni (art. 32, co. 4).

Le tensioni che un esito pur «positivo» del processo, in presenza, tuttavia, d'una valutazione di responsabilità emessa sulla base dello stato degli atti, sollevavano, in relazione alla tutela del contraddittorio (art. 111, co. 4 e 5, Cost.), hanno indotto il legislatore (L. 1.3.2001, n. 63) a richiedere che, prima dell'inizio della discussione, l'imputato – salvo che non l'abbia fatto in precedenza – presti consenso alla definizione anticipato del processo (art. 32, co. 1). L'ambito ricostruttivo della previsione, a fronte di una sua infelice formulazione, è stato ridefinito dalla Corte costituzionale[5], sicché il consenso dell'imputato deve ritenersi necessario rispetto agli epiloghi decisori dell'udienza preliminare che risultino per lui pregiudizievoli mentre non è richiesto per le sentenze di non luogo che non presuppongono un accertamento di responsabilità.

Il consenso dell'imputato ad una definizione anticipata del procedimento non preclude il suo diritto alla verifica del merito della decisione assunta in sede di udienza preliminare attraverso l'atto di opposizione al Tribunale dei minori nella sua composizione allargata (art. 32 *bis*, co. 1). Si tratta di comportamenti che si collocano su piani diversi e quindi tra loro compatibili,

---

[5] Corte cost., sent. n. 195 del 2002; Corte cost., sent. n. 208 del 2003; Corte cost., sent. n. 110 del 2004; nonché Corte cost., sent. n. 165 del 2012 (in motivazione).

frutto di successivi interventi normativi e di una sentenza della Corte costituzionale[6] che ne ha allargato l'originario raggio di operatività.

I profili procedurali dell'opposizione possono essere così tratteggiati: l'atto si propone contro la sentenza di condanna di cui al cpv. dell'art. 32 e nei confronti delle sentenze di non luogo a procedere con le quali è stata comunque presupposta la responsabilità dell'imputato; la legittimazione spetta all'imputato, al difensore munito di procura speciale ed all'esercente la responsabilità genitoriale (art. 32, co. 3, primo periodo e 34); è esclusa la legittimazione del pubblico ministero; l'atto (non necessariamente motivato) va depositato entro cinque giorni dalla pronuncia o, se l'imputato non è comparso, dalla notificazione per estratto della decisione nella cancelleria del giudice *a quo* (art. 32, co. 3, primo periodo) (se dichiarerà l'inammissibilità per difetto di legittimazione o tardività dell'atto, l'ordinanza sarà ricorribile per cassazione da parte dell'opponente: art. 32 *bis*, co. 2); il decorso del termine per produrre l'opposizione o di quello per impugnare l'ordinanza che dichiara l'inammissibilità dell'opposizione produce l'irrevocabilità della sentenza (art. 32, co. 3, secondo periodo); se l'opposizione è ammissibile, il fascicolo per il dibattimento, formato dal giudice *a quo*, è trasmesso al Tribunale per i minorenni competente per il giudizio (art. 32 *bis*); trattandosi di opposizione, nel giudizio si revoca la decisione gravata ed è applicabile una pena anche diversa e più grave di quella fissata nella sentenza opposta e possono essere revocati i benefici (art. 32 *bis*, co. 4 e 5); nel caso di processo cumulativo, l'effetto estensivo opera nei limiti indicati dal co. 3 *bis* dell'art. 32 e del co. 6 dell'art. 32 *bis*.

7. I riti speciali, il dibattimento, le impugnazioni

La presenza nel giudizio minorile delle forme di definizione anticipata dal processo – quali l'irrilevanza del fatto, la messa alla prova, il proscioglimento per immaturità, la concessione del perdono giudiziale – ha significative conseguenze sui riti speciali (art. 25): la loro finalità non è deflativa, ma piuttosto finalizzata a favorire l'uscita del minore dal processo.

È consentito, in quanto non escluso, il giudizio abbreviato, mentre l'operatività del giudizio immediato, anch'esso inizialmente non escluso, trova ora un espresso riferimento a condizione che non ci sia un grave pregiudizio per le esigenze educative del minore (art. 25, co. 2 *ter*, *ex* L. 25.7.2008, n. 125).

Considerato che al minore non può essere applicata la pena dell'ergastolo si ritiene che nel processo minorile, a differenza del rito ordinario (L. n. 33

---

[6] Corte cost., sent. n. 77 del 1993.

del 2019), sia possibile procedere con il rito abbreviato anche per i reati per i quali è prevista la pena perpetua.

Le Sezioni Unite e la Corte costituzionale[7] hanno precisato che il giudizio abbreviato in seguito a trasformazione dal giudizio immediato si celebra davanti al Tribunale dei minori nella composizione di un giudice togato e di due giudici esperti, in quanto espletato in udienza preliminare.

Analoga previsione – che integra quella legata alla possibilità di svolgere le indagini sulla personalità (art. 9), nonché quella di assicurare al minore l'assistenza affettiva e psicologica (art. 12) – connota gli sviluppi del rito direttissimo, ancorato non solo al caso dell'arresto in flagranza, ma anche all'ipotesi dell'accompagnamento *ex* art. 18 *bis* (art. 25, co. 2, 2 *bis*, 2 *ter*, *ex* L. n. 125 del 2008).

Vengono, invece, espressamente esclusi il patteggiamento e il procedimento per decreto (art. 25, co. 1). Per l'applicazione della pena a richiesta la giustificazione risiede sia nel fatto che richiederebbe una capacità di valutazione e di decisione che sottendono una piena maturità e consapevolezza di scelte, sia nelle finalità di recupero del minorenne e di tutela della sua personalità, sia negli obiettivi pedagogico-rieducativi piuttosto che retributivo-punitivi del processo penale minorile.

Quanto al procedimento per il decreto l'esclusione è giustificata dalla mancanza di autonomia patrimoniale del minorenne, dalla scarsa incidenza rieducativa e dall'impossibilità di procedere da un'adeguata valutazione della sua personalità.

A differenza del rito ordinario nel quale – almeno nelle intenzioni del legislatore – il dibattimento assume un ruolo centrale, nel processo penale minorile questa fase ha un ruolo residuale, risultando – come si è visto – il *focus* rappresentato dall'udienza preliminare.

A tutela del minore, l'udienza si svolge a porte chiuse, dando ulteriore estrinsecazione a quanto previsto dall'art. 13; è tuttavia consentito all'imputato già sedicenne di chiedere che l'udienza sia pubblica; il Tribunale valuterà se accogliere la richiesta, considerate le ragioni addotte e la sua opportunità nell'esclusivo interesse del minore. La richiesta va rigettata se ci sono coimputati minori di anni sedici e se uno o più coimputati manifestano una opinione contraria (art. 33, co. 2). In caso di udienza pubblica, viene meno per il minore richiedente il divieto di pubblicazione (art. 23, co. 1); per gli altri minorenni coinvolti nel processo (testimoni o persona offesa) troverà applicazione l'art. 114 c.p.p.

L'esame dell'imputato è condotto dal presidente, anche su domande e contestazioni proposte dal pubblico ministero, dai difensori e dai giudici (art. 32,

[7] Cass., Sez. Un., 27.2.2014; Corte cost., sent. n. 1 del 2015.

co. 3). Per lo svolgimento dell'udienza dibattimentale sono richiamate le regole già analizzate che presidiano l'espletamento dell'udienza preliminare *ex* art. 31 ed in caso di urgenza anche il giudice dibattimentale può adottare i provvedimenti civili temporanei (immediatamente esecutivi e con efficacia di trenta giorni) a protezione del minore (art. 33, co. 4).

La disciplina delle impugnazioni presenta poche differenze rispetto a quella del rito ordinario (per le regole dell'appello: art. 35; e per gli organi «competenti»: art. 2, co. 1, lett. *d* ed *e*); oltre alla legittimazione dell'esercente la responsabilità genitoriale in tutti i casi in cui l'impugnazione è conferita al minore, con prevalenza di quella proposta da quest'ultimo in caso di iniziativa concorrente contrastante (art. 34), va richiamato quanto già detto in relazione all'opposizione nei confronti delle sentenze emesse all'esito dell'udienza preliminare.

8. Il sistema sanzionatorio

Quanto al sistema sanzionatorio, l'imputato responsabile del fatto di reato contestato, non uscito dal circuito penale con i più volte richiamati provvedimenti (artt. 26, 27, 28-29; art. 169 c.p.; artt. 425 e 529-531), sarà punito – escluso l'ergastolo[8] e tenuto conto della diminuente della minore età (art. 98 c.p.) – con la pena detentiva o pecuniaria, nonché, per i reati di competenza del giudice di pace, con quelle proprie di questo giudizio (art. 63, co. 1, d.lgs. n. 274 del 2000 tenendo, peraltro, conto di quanto anche disposto dagli artt. 60 e 62 dello stesso provvedimento, conseguentemente, con molti dubbi applicativi).

Considerata la più volte ricordata condizione del minore, la rafforzata esigenza e valenza rieducativa della pena da applicare nei suoi confronti, il rischio che la detenzione pregiudichi i processi evolutivi ed esponga il minore a contatti delinquenziali, il legislatore – con il novellato art. 30 – modificando l'art. 30, co. 1, in linea con la riforma Cartabia, ha stabilito che al minore siano applicabili le pene sostitutive di cui alla L. n. 689 del 1981 e con i co. 2, 3 e 4 ne ha disciplinato le modalità esecutive.

Il giudice nell'applicare la pena sostitutiva terrà conto della personalità e delle esigenze di lavoro o di studio del minorenne, nonché delle sue condizioni familiari, sociali ed ambientali.

Una disciplina specifica è prevista per l'applicazione delle misure di sicurezza (artt. 36-41) e per il casellario giudiziale (artt. 3; 5, co. 4; 24, co. 2; 25, co. 2; 28, d.P.R. n. 313 del 2002).

---

[8] Per effetto di Corte cost., sent. n. 168 del 1994.

9. Conclusioni

La ricostruzione effettuata ha messo in luce come la riforma del processo minorile del 1988 abbia posto il minore al centro degli snodi processuali caratterizzati da una sintesi di applicazioni sanzionatorie e di funzioni rieducative.

L'obiettivo risulta quello di contemperare le finalità del processo con la specificità della condizione del singolo imputato, mettendo in campo iniziative il più possibile individualizzate.

Lungi dal trattarsi di propensioni indulgenziali, si prefigurano itinerari di non secondario impegno da parte del minore e di professionalità della «rete» che è chiamata all'intervento in presenza di un fatto – il reato – visto come indice e spia di una situazione che deve essere ricomposta.

Resta il dubbio che le scelte, sicuramente confacenti alla criminalità occasionale e quindi, ricuperabile, risultino inadeguate per quella più dura e quindi resistente all'attività di indirizzo e di sostegno nonché per quella per la quale le condizioni soggettive rendono più complessa, per mancanza di riferimenti, l'opera di risocializzazione.

In senso fortemente critico, corre, invece, l'obbligo di sottolineare come, nonostante le sollecitazioni della Corte costituzionale, anche alla luce delle previsioni della Costituzione (artt. 3; 27, co. 1-3; 30 e 31 Cost.) e delle disposizioni sovranazionali citate in esordio, sino ad oggi sia mancata una risposta differenziata sia sul piano sanzionatorio, sia sotto il profilo esecutivo e di sorveglianza che tenga conto delle peculiarità della condizione minorile.

Capitolo XX

Il procedimento penale davanti al giudice di pace[1]

di *Giorgio Spangher*

SOMMARIO: 1. Un giudice per una giustizia minore. – 2. Regole generali. – 3. La struttura giudiziaria. – 4. La competenza. – 5. La competenza determinata dalla connessione. – 6. Il sistema sanzionatorio. – 7. Le indagini preliminari. – 8. L'archiviazione. – 9. L'archiviazione per la particolare tenuità del fatto. – 10. L'archiviazione per intervenute condotte riparatorie. – 11. La citazione a giudizio. La presentazione immediata. La citazione contestuale. – 12. Il giudizio. – 13. Il dibattimento. – 14. Le decisioni. – 15. Le impugnazioni. – 16. L'esecuzione. – 17. Conclusioni.

1. Un giudice per una giustizia minore

Con il d.lgs. 28.8.2000, n. 274 (attuativo della legge delega 24.11.1999, n. 468) – dopo un lungo travaglio – è stata istituita la competenza penale del giudice di pace.

Si tratta di un sottosistema (sostanziale e processuale), gestito da un giudice onorario, modellato sulla struttura del codice di procedura penale, come riformato nel 1988 – ancorché collocato in una sede extracodicistica, sia per un fatto cronologico, sia per la sua specificità – con competenze, sanzioni e rito del tutto peculiari.

Nel contesto di una ridefinizione delle competenze penali – abolizione del pretore, istituzione del giudice unico di Tribunale – era necessario caratterizzare la fascia minore della criminalità, attraverso la presenza di un giudice di prossimità, connotandolo con profili adeguati al circuito giudiziario minore, ma non per questo non significativo: rafforzare la giurisdizione ordinaria liberandola dalle situazioni bagatellari, riavvicinare la giustizia ai cittadini, comporre la microconflittualità individuale, sperimentare nuovi percorsi procedurali.

[1] Gli articoli citati senza ulteriori indicazioni si riferiscono al d.lgs. 28.8.2000, n. 274.

2. Regole generali

Come in parte anticipato, il procedimento davanti al giudice di pace è regolato, per quanto non espressamente previsto dal d.lgs. n. 274 del 2000, dalle norme del codice di procedura penale, nei limiti della compatibilità (art. 2, co. 1). Si stabiliscono, tuttavia, alcune esclusioni. Innanzitutto: l'arresto in flagranza, il fermo di indiziato di reato, le misure cautelari. Non trovano operatività alcuni riti speciali: giudizio abbreviato; applicazione della pena su richiesta; giudizio direttissimo; giudizio immediato; decreto penale di condanna. Residuano incertezze per quanto attiene alla sospensione con messa alla prova, da intendersi negativamente, nonostante il silenzio del legislatore. In secondo luogo: l'incidente probatorio (v., peraltro, l'art. 18), la proroga delle indagini (v., tuttavia, l'art. 16, co. 2), l'udienza preliminare.

Dando attuazione alla rubrica («Principi generali»), si prevede che l'intero procedimento – pertanto anche al di là di singole previsioni che ne danno maggiormente attuazione – sia informato alla funzione conciliativa (art. 2, co. 2). In altri termini, se – come si vedrà – l'art. 29 regola specificamente l'attività finalizzata alla definizione del processo attraverso la conciliazione tra le parti, la previsione qui considerata mette in luce come la finalità compositiva sia un elemento essenziale da sviluppare lungo l'intera vicenda processuale (v., per alcuni possibili «passaggi» nei quali può estrinsecarsi la riferita attività di mediazione, gli artt. 34 e 35).

Sulle disposizioni regolamentari relative alla tenuta dei registri v. l'art. 51.

3. La struttura giudiziaria

Esclusa, per ragioni di semplificazione, l'istituzione di un procuratore di pace onorario e non professionale a cui attribuire le funzioni d'accusa, queste sono assegnate alla procura della repubblica presso il circondario dove ha sede il giudice di pace. Per alleggerirne il lavoro l'art. 50 prevede un'ampia possibilità di delegare, in relazione ad una determinata udienza o a un singolo procedimento, alcune delle funzioni che il pubblico ministero svolge nel rito ordinario.

Le funzioni giudicanti sono assegnate ad un magistrato onorario che ha sede nei capoluoghi dei mandamenti. Le funzioni che nel procedimento ordinario sono svolte dal giudice delle indagini preliminari, nel procedimento davanti al giudice di pace, sono assegnate – per ovvie ragioni di economia e funzionalità – al giudice di pace del luogo ove ha sede il Tribunale del circondario in cui è compreso il giudice di pace territorialmente competente. In particolare, ai sensi dell'art. 19, a quest'organo spettano: le decisioni sulla richiesta di archiviazione (art. 17); il provvedimento di sequestro preventivo e conservativo (quest'ultimo nel rito ordinario, invece, non può essere disposto prima dell'esercizio dell'azione penale: art. 316 c.p.p.); la decisione sull'opposizione e sulla richiesta di sequestro *ex* art. 368 c.p.p.; le valutazioni sulla richiesta di riapertura delle indagini; l'autorizzazione a disporre le operazioni di intercettazioni *ex* art. 266 e 267 c.p.p. nonché ad assumere i successivi provvedimenti esecutivi e quelli attinenti alla conservazione della documentazione. L'elenco è meramente indicativo, dovendosi tener conto di quanto disposto in linea generale dall'art. 5, co. 2, rispetto ad ogni attività che il giudice per le indagini preliminari svolga nel rito ordinario.

4. La competenza

La competenza penale del giudice di pace è innanzitutto delineata dall'art. 6 c.p.p. (introdotto dall'art. 47), in modo indiretto, attraverso l'affermazione che il Tribunale è competente per i reati che non appartengono alla competenza della Corte d'assise o del giudice di pace. Invero, la competenza del giudice onorario è delineata dall'art. 4, co. 1 e 2, con l'eccezione di cui al co. 3, in presenza di una o più circostanze ad effetto speciale specificamente indicate (i settori interessati sono: l'ordine pubblico, la mafia, le misure di prevenzione, la discriminazione razziale, etnica e religiosa).

Rinviando alla riferita previsione per la specifica indicazione dei singoli delitti e contravvenzioni attribuiti alla competenza del giudice onorario, in termini generali, si può affermare che si tratta di reati che, non consentendo allo stato una depenalizzazione, tuttavia, non determinano un particolare allarme sociale, configurandosi come situazioni sperabilmente marginali, spesso di facile accertamento, a volte connesse alla piccola conflittualità interpersonale (come emerge dalla larga perseguibilità a querela) risolvibile attraverso gli strumenti deflativi, stante l'occasionalità dei comportamenti, ovvero con le procedure conciliative. A volte, prevale anche una logica tendente a non appesantire il carico dei giudici ordinari e la prossimità rispetto al fatto delittuoso[2].

Quanto alla competenza per territorio – come emerso dalla configurazione ordinamentale del procedimento – è necessario distinguere: per la fase del giudizio è competente il giudice di pace del luogo in cui il reato è stato consumato (art. 5, co. 1, integrato *ex* art. 2, co. 1, dalle previsioni di cui agli artt. 8, 9 e 10 c.p.p.); per la fase delle indagini preliminari, le funzioni (art. 19) sono svolte dal giudice di pace «circondariale» (cioè, dal giudice di pace del

---

[2] Per una questione di legittimità costituzionale dell'art. 4, Corte cost. n. 236 del 2018.

luogo dove ha sede il Tribunale del circondario in cui è compreso il giudice territorialmente competente) (art. 5, co. 2).

5. La competenza determinata dalla connessione

Anche la disciplina della connessione si adatta alla specificità del rito. Al riguardo è necessario distinguere tra connessione eterogenea (quella spettante a giudici diversi) e connessione omogenea (quella spettante a diversi giudici di pace).

Quanto alla prima, le regole sono fissate dall'art. 6. La connessione tra procedimenti di competenza del giudice di pace e giudici diversi opera solo nel caso di persona imputata di più reati commessi con la stessa azione od omissione (art. 6, co. 1): la competenza appartiene al giudice superiore (art. 6, co. 2). La connessione non opera se non è possibile la riunione di procedimenti e se uno dei reati è attribuito alla competenza di un giudice speciale (co. 3). Troveranno operatività l'art. 63 (relativamente alla disciplina applicabile) e l'art. 48 (relativamente alla decisione di un altro giudice).

L'art. 7 regola – in deroga alla disciplina ordinaria – le ipotesi di connessione «omogenea»: costituirà ipotesi di connessione rilevante ai fini della pendenza del procedimento davanti al medesimo giudice soltanto l'ipotesi in cui il reato per cui si procede è stato commesso da più persone in concorso o cooperazione fra loro ovvero l'ipotesi in cui una persona sia imputata di più reati commessi con un'azione od omissione. Dal raffronto con l'art. 12 c.p.p. sono esclusi i casi di cui alla lett. *c*, le condotte colpose indipendenti di cui alla lett. *a*, l'ipotesi del rato continuato di cui alla lett. *b* (in quest'ultimo caso, gli effetti della pena *ex* art. 81 c.p. saranno disposti in sede di esecuzione).

La connessione ha ovviamente ricadute anche sulla competenza territoriale: nel caso della connessione eterogenea queste dipendono dal giudice competente per materia; in quella omogenea, qualora i fatti siano compiuti in luogo diverso, non opererà il criterio della gravità di cui all'art. 16 c.p.p. – anche in relazione alla scarsa differenza dei livelli edittali di pena fra i vari reati e della irrilevanza della distinzione tra delitti e contravvenzioni – ma quella del giudice del luogo dove è stato commesso il primo reato (criterio di rara operatività stante i casi di connessione). Nell'impossibilità di ricorrere a questo criterio, la competenza si radicherà nel luogo in cui è stato compiuto il primo atto a valenza procedimentale, qualunque sia l'organo che vi abbia proceduto (art. 8).

Nel caso della connessione omogenea, prima di procedere all'udienza di comparizione, qualora non derivi pregiudizio alla rapida definizione dei processi, il giudice di pace potrà disporre la riunione degli stessi (art. 9, co. 1).

La riunione potrà essere ordinata anche in caso di condotte colpose indipendenti (si pensi alle lesioni in caso di incidenti stradali), di continuazione, mentre, al pari del regime codicistico, la riunione è possibile a fronte di reati commessi in danno reciproco (art. 9, co. 2).

Il processo cumulativo è interdetto, invece, nel caso della connessione teleologica, della connessione consequenziale, della connessione occasionale e nell'ipotesi di collegamento probatorio, mentre, per regola generale, può essere disposta quando «giovi alla celerità e alla completezza dell'accertamento». Problemi pratici potrebbe, invero, porre la differente modalità di instaurazione del processo (per citazione della polizia giudiziaria; a seguito di ricorso immediato dell'offeso), risolti, tuttavia, dagli interpreti nel senso che quando è proposto ricorso saranno applicabili le regole dettate in tema di mancata comparizione del ricorrente.

La competenza a designare il giudice di pace per l'eventuale riunione, nel caso in cui i procedimenti che possono essere trattati congiuntamente siano assegnati a giudici diversi, spetta al coordinatore dell'ufficio del giudice di pace, tenuto conto dei criteri di cui all'art. 2 disp. att. c.p.p. ai sensi dell'art. 1, d.m. 6.4.2001, n. 204.

La discrezionalità di apprezzamento da parte del giudice permea anche la disciplina della separazione dei processi: da effettuarsi prima di procedere all'udienza di comparizione e comunque non oltre la dichiarazione di apertura del dibattimento, essa deve essere obbligatoriamente disposta quando permette la «composizione» di almeno una delle vicende sottoposte al giudice-pacificatore ovvero quando essa determina la «rapida definizione» di uno dei processi riuniti, a prescindere, diversamente dal rito ordinario, dall'accordo delle parti. L'unico limite alla discrezionalità giudiziale *ex* art. 18, co. 1, c.p.p. è rappresentato dalla riunione, allorché essa risulti assolutamente necessaria per l'accertamento dei fatti (art. 9, co. 3).

La decisione circa l'eventuale riunione o separazione dei processi presuppone che l'azione penale sia già stata esercitata e che i processi siano pendenti nello stesso stato e grado, coincidendo con il deposito (da parte del pubblico ministero, nelle ipotesi normali, e dall'offeso, nei casi di ricorso immediato) dell'atto di citazione, almeno sette giorni prima della data fissata per l'udienza di comparizione (art. 29, co. 1), anche se sembrerebbe necessario attendere la fase degli atti preliminari dell'udienza di comparizione, ove si ritenga applicabile l'art. 19 c.p.p., che prescrive, per le decisioni in tema di riunione o separazione, la previa audizione delle parti, necessaria nei limiti in cui la giurisprudenza dà rilievo a tale adempimento.

I reati di competenza del giudice di pace commessi dai minori saranno giudicati dal Tribunale per i minorenni, non essendo possibile derogare – al di là delle ragioni di economia e funzionalità – al riconoscimento al minore di un suo processo (art. 4, co. 4). Il dato, peraltro, pone alcuni interrogativi in ordine ai limiti di applicabilità dell'art. 63.

Con una norma di coordinamento e di attuazione si prevede che qualora i giudici togati riconoscano – in ogni stato e grado del processo – la competenza dei giudici di pace, la dichiarino con sentenza, trasmettendo gli atti al pubblico ministero, con piena utilizzabilità degli atti compiuti (art. 48).

Nel ribadire questa previsione le Sezioni Unite hanno affermato che resta ferma la competenza del giudice togato per effetto della *perpetuatio iurisdictionis* sia nel caso in cui l'originario reato gli sia stato attribuito nel rispetto delle norme sulla competenza e la riqualificazione sia effetto delle acquisizioni probatorie nel corso del processo, sia nel caso in cui sia venuto meno il vincolo della connessione (Cass., Sez. Un., 10.10.2019-30.5.2019).

Una previsione è dedicata anche al tema dell'astensione e della ricusazione: la competenza nel primo caso spetta al presidente del Tribunale; nel secondo decide la Corte d'appello. Le leggi di ordinamento regolano la sostituzione del giudice astenutosi e ricusato; in caso di impossibilità di sostituzione il processo sarà rimesso al giudice di pace dell'ufficio più vicino (art. 10).

6. Il sistema sanzionatorio

Le peculiarità delle competenze e del rito sono state accompagnate anche da un rinnovato tariffario sanzionatorio (artt. 52-62 *bis*) che, per un verso, ha introdotto nuove sanzioni criminali, quali la permanenza domiciliare (art. 53) ed il lavoro di pubblica utilità (art. 54), per un altro, ha «puntato» sulla pena pecuniaria, che è stata conservata per quei reati che già la prevedevano in via esclusiva (art. 52, co. 1) ed è stata integrata con le nuove sanzioni per gli altri reati, secondo i criteri di cui ai co. 2, 3 e 4, dell'art. 52.

In altri termini, stante la natura del giudizio, si è avuta di mira la finalità rieducativa della pena e la reintegrazione dell'offesa, escludendo la possibilità per il giudice di pace di applicare la pena detentiva (così, le due nuove sanzioni di cui agli artt. 53 e 54 sono definite, paradetentive o non detentive).

Sono fissati anche alcuni criteri di ragguaglio delle nuove pene.

Le due nuove sanzioni – pene equivalenti alle pene detentive – devono considerarsi ad ogni effetto giuridico della specie corrispondente a quella della pena originaria, mentre se si deve effettuare, per qualsiasi effetto giuridico un ragguaglio tra la pena detentiva e tali sanzioni, un giorno di pena detentiva equivale a due giorni di pena domiciliare o a tre giorni di lavoro di pubblica utilità; un giorno di pena detentiva equivale a 38,73 euro di pena pecuniaria irrogata in luogo di quella detentiva; in ogni caso, la pena della multa o dell'ammenda non può eccedere la somma di 7746,85 euro ovvero la somma di 30987,41 euro qualora il giudice operi l'aumento previsto dall'art. 133 *bis*, co. 2, c.p. (art. 58).

Il legislatore definisce i profili contenutistici delle due nuove pene.

La permanenza domiciliare consiste nell'obbligo di rimanere presso la propria abitazione o in altro luogo di privata dimora, di cura, di assistenza o di accoglienza nei giorni di sabato e domenica, fatta salva l'eventualità in cui il giudice, in presenza di esigenze familiari, lavorative, di studio o di salute del condannato (elenco non esaustivo) ne disponga l'esecuzione in giorni diversi ovvero, se c'è la sua richiesta, continuativamente (arg. *ex* art. 33).

La durata della pena non può essere inferiore a sei giorni né superiore a quarantacinque giorni ed il condannato non è considerato in stato di detenzione. Il giudice può imporre al condannato, valutata la sua capacità a delinquere (art. 133, co. 2, c.p.), delle pene accessorie, come il divieto di accedere a specifici luoghi nei giorni in cui non è obbligato alla permanenza domiciliare, tenuto sempre conto delle esigenze familiari, di lavoro, di studio o di salute del condannato. Tale divieto, tuttavia, non può avere una durata superiore al doppio della durata massima della pena della permanenza domiciliare e cessa quando quest'ultima è stata interamente scontata (art. 53, co. 4). Una preclusione all'irrogazione del divieto di accedere a specifici luoghi discende dall'art. 55, co. 5, nel caso in cui l'obbligo della permanenza domiciliare consegua all'insolvibilità della pena pecuniaria e non sia formulata la richiesta di svolgere il lavoro sostitutivo.

Il lavoro di pubblica utilità – applicato soltanto se c'è la richiesta dell'imputato, in linea con l'art. 4, par. 2, C.e.d.u. – consiste nell'obbligo di svolgere un'attività non retribuita in favore della collettività da espletare presso lo Stato, le regioni, le province, i comuni o presso enti o organizzazioni di assistenza sociale e di volontariato, per un periodo non inferiore a dieci giorni né superiore a sei mesi. Le modalità di svolgimento sono determinate dal Ministro della giustizia d'intesa con la Conferenza unificata Stato-Regioni-Enti locali di cui all'art. 8 d.lgs. 28.8.1997, n. 28, secondo le indicazioni del d.m. 26.3.2001. Si tratta, anche in questo caso, di una pena principale Dal punto di vista esecutivo, la pena comporta la prestazione per non più di sei ore di lavoro settimanali da svolgere con modalità e tempi che non pregiudichino le esigenze di lavoro, di studio, di famiglia e di salute del condannato. L'attività viene svolta nell'ambito della provincia di residenza. Tuttavia, sempre su richiesta del condannato, il giudice può stabilire che il lavoro sia svolto per un tempo superiore alle sei ore settimanali, salvo il limite di otto ore per la prestazione giornaliera.

Ai fini del computo della pena, un giorno di lavoro di pubblica utilità consiste nella prestazione, anche non continuativa, di due ore di lavoro. Subito dopo la pronuncia della sentenza di condanna alla permanenza domiciliare, l'imputato (o il difensore munito di procura speciale) può chiedere l'esecuzione continuativa della pena. Il giudice, se ritiene la richiesta ammissibile, integra il dispositivo della sentenza. Allo stesso modo il giudice procede quando l'imputato acconsente all'esecuzione del lavoro di pubblica utilità in luogo della permanenza domiciliare, secondo il tipo e la durata da lui proposti (art. 33).

Le modalità esecutive di queste due pene sono delineate dagli artt. 43 e 44.

Qualora a seguito dei controlli effettuati sull'osservanza degli obblighi di permanenza domiciliare e del lavoro di pubblica utilità (art. 59) emerga che il condannato senza giustificato motivo si allontani dai luoghi in cui deve permanere o non si rechi nel luogo del lavoro o lo abbandoni nonché reiteratamente, senza motivo, violi gli obblighi ed i divieti inerenti alla sanzione applicata, il Tribunale (in composizione monocratica: art. 57) potrà condannarlo (senza possibilità di applicare le sanzioni sostitutive di cui agli artt. 53 ss., L. 24.11.1981, n. 689) con la reclusione fino ad un anno (art. 56).

La specificità dell'apparato sanzionatorio nel procedimento *de quo* è completata da ulteriori elementi. In primo luogo, va segnalata l'integrazione della disciplina della interruzione della prescrizione relativa agli itinerari procedimentali previsti dall'art. 160 c.p. con la citazione a giudizio (art. 20) con i provvedimenti di cui agli itinerari disegnati dagli artt. 20 *bis* e 20 *ter* e con il decreto di convocazione delle parti emesso dal giudice di pace (art. 27) (art. 61). Inoltre, sia in relazione alla mancata deflazione, sia con riferimento alla mitezza delle pene che si richiede siano effettivamente scontate il giudice onorario non può concedere la sospensione condizionale della pena ai sensi degli artt. 163 ss. c.p. (art. 60). Infine, non sono applicabili le sanzioni sostitutive previste dagli artt. 53 ss. della L. n. 689 del 1981 (art. 62), fatta salva l'ipotesi, da ultimo prevista (L. 15.7.2009, n. 94), dell'espulsione di cui all'art. 16, t.u. n. 286 del 1998 in tema di immigrazione (art. 62 *bis*).

La riferita particolarità del regime sanzionatorio estende i suoi effetti anche nel caso in cui i reati di competenza del giudice di pace siano giudicati da altro giudice (art. 63).

7. Le indagini preliminari

Un elemento che caratterizza il procedimento davanti al giudice di pace è costituito dalla prevalente conduzione delle indagini da parte della polizia giudiziaria: il dato si materializza sia nel caso in cui la notizia di reato venga appresa o ricevuta direttamente dalla polizia giudiziaria, sia nell'ipotesi in cui la stessa sia trasmessa alla polizia giudiziaria dal pubblico ministero che non intenda svolgere personalmente le investigazioni. La giustificazione della previsione viene fatta risalire alle esigenze di economia e snellezza procedurale, in linea con la natura dei reati attribuiti alla competenza del giudice di pace, senza alterare le prerogative costituzionali del pubblico ministero (artt. 109 e 112 Cost.).

Le investigazioni di polizia giudiziaria – eventuali o parallele nel caso in cui il pubblico ministero non proponga direttamente la citazione in giudizio – sono svolte in autonomia, senza deleghe o direttive del procuratore della Repubblica (eccettuata l'ipotesi di cui al primo periodo dell'art. 12) – esclusi altresì i casi in cui, come si vedrà, sia necessaria l'autorizzazione del pubblico ministero – e possono essere condotte per quattro mesi dall'apprensione o dalla ricezione della *notitia criminis*.

La violazione del termine – del giorno e dell'ora in cui ha acquisito la notizia la polizia giudiziaria dovrà informare il pubblico ministero all'atto di trasmettere la relazione scritta dell'attività svolta (art. 11, co. 3) – non incide sull'utilizzabilità degli atti espletati, potendosi, tuttavia, prospettare profili di responsabilità disciplinare. Non può escludersi che la polizia giudiziaria possa comunque informare il pubblico ministero del fatto di reato appreso o ricevuto, comportamento, forse, da ritenersi doveroso nel caso di atti che richiedono la presenza del difensore il cui intervento dovrebbe essere preceduto dall'invio dell'informazione di garanzia (art. 369 c.p.p.), ovvero in caso di nomina del difensore d'ufficio dalla comunicazione sul diritto di difesa (art. 369 *bis* c.p.p.).

Nel più generale contesto delle finalità connesse all'attività di polizia giudiziaria (art. 55 c.p.p.), saranno svolte – considerato anche l'arco temporale entro il quale possono essere espletate – tutte le attività funzionalmente tese ad esaurire le indagini, così da materializzare la relazione scritta che la polizia giudiziaria è tenuta a trasmettere al pubblico ministero onde consentirgli di determinarsi ai sensi dell'art. 112 Cost. (art. 11, co. 1).

L'attività investigativa della polizia giudiziaria – di cui non è agevole la qualificazione, pur essendo collocata nel Capo II del Titolo I del d.lgs. n. 274 del 2000 dedicato alle «indagini preliminari» – si espleterà nel rispetto delle forme e delle modalità previste dalle parallele disposizioni del codice di procedura penale (arg. *ex* art. 2, co. 1). Tuttavia, anche al fine di evitare – per le più volte ricordate esigenze di celerità e di funzionalità – l'incardinamento dell'attività investigativa presso l'ufficio di procura – come emerge dall'art. 14 che impone l'iscrizione della notizia di reato nel relativo registro in caso di un atto di indagine svolto personalmente dal pubblico ministero – alla polizia giudiziaria è consentito – in seguito ad autorizzazione del pubblico ministero – l'espletamento di una attività, definita «atipica», in quanto non consentita nel rito ordinario.

Si tratta – ai sensi dell'art. 13, pena la sanzione dell'inutilizzabilità – degli accertamenti tecnici non ripetibili (art. 360 c.p.p.), fatta salva l'eventualità che la difesa abbia avanzato richiesta *ex* art. 18 (assunzione di prove non rinviabili); delle perquisizioni e dei sequestri nelle situazioni nelle quali la polizia giudiziaria non può procedervi di propria iniziativa (art. 352 c.p.p.), fatta salva l'eventualità in cui la polizia giudiziaria non opti per il loro compimento autonomo, con richiesta della convalida entro le novantasei ore successive; gli interrogatori o i confronti ai quali debba partecipare la persona sottoposta alle indagini.

In alternativa al rilascio dell'autorizzazione, il pubblico ministero, previa iscrizione della *notitia criminis* nel registro delle notizie di reato, potrà procedere personalmente al compimento dell'atto richiesto.

Esaurita la propria attività, la polizia giudiziaria – unitamente al fascicolo contenente la relativa documentazione – trasmetterà al pubblico ministero una relazione scritta che potrà avere un duplice contenuto, ancorché l'art. 11 ne prospetti uno soltanto. Ove, invero, a giudizio della polizia giudiziaria la notizia sia infondata, questa si limiterà a trasmettere la documentazione dell'attività svolta; qualora, invece, sempre secondo la polizia giudiziaria, la notizia di reato risulti fondata, la riferita relazione conterrà l'enunciazione del fatto in forma chiara e precisa con l'indicazione degli articoli di legge che si assumono violati (non si tratta dell'imputazione, mancando l'adesione del pubblico ministero, come si vedrà, in seguito). Non è più prevista la contestuale richiesta di autorizzazione a disporre la comparizione della persona sottoposta ad indagini davanti al giudice di pace (art. 11, co. 2, come di fatto modificato dal d.l. 27.7.2005, n. 144 conv. in L. 31.7.2005, n. 155).

Ricevuta la relazione di cui all'art. 11 (ovvero la richiesta di autorizzazione alla citazione *ex* artt. 20 *bis* e 20 *ter*), il pubblico ministero, dopo aver iscritto la notizia di reato, potrà richiedere l'archiviazione, formulare l'imputazione ovvero espletare personalmente le ulteriori indagini necessarie, impartire direttive alla polizia giudiziaria per il loro svolgimento ovvero delegare alla stessa il loro compimento.

Il riferito percorso che conduce alle determinazioni del pubblico ministero in ordine all'esercizio/non esercizio dell'azione penale conosce alcune ipotesi alternative ed alcune variabili (ad alcune si è già accennato). Ricevuta direttamente la notizia di reato, non determinatosi alla richiesta di archiviazione, non trasmessa la *notitia criminis* alla polizia giudiziaria (con eventuali direttive), il pubblico ministero – se non ritiene necessarie indagini – iscrive la notizia nel relativo registro e formula l'imputazione (art. 12).

Peraltro, nello stesso percorso, il pubblico ministero potrebbe, iscritta la notizia di reato da lui ricevuta, procedere allo svolgimento di atti di indagine (art. 14) personalmente ovvero per il tramite (direttive o delega) della polizia giudiziaria.

Nelle riferite situazioni nelle quali il pubblico ministero ritenga di integrare il materiale probatorio o di svolgere attività investigativa, il termine per il loro espletamento è di quattro mesi dall'iscrizione della notizia di reato (art. 16, co. 1). Esclusa dall'art. 2, co. 1, lett. *d*, l'operatività della disciplina della proroga delle indagini *ex* art. 406 c.p.p., il legislatore – in presenza di investigazioni di particolare complessità – prevede che sia lo stesso pubblico ministero – con provvedimento motivato – a disporre – per un ulteriore periodo non superiore a due mesi – la prosecuzione delle indagini, fermo restando che il giudice di pace circondariale, immediatamente informato, ritenute insussistenti, in tutto o in parte, le argomentazioni dell'accusa, non dichiari – nei cinque giorni successivi alle comunicazioni – la chiusura delle indagini ovvero riduca il tempo che il pubblico ministero si è autoassegnato (art. 16, co. 2). L'attività del pubblico ministero espletata fuori dai riferiti termini è sanzionata con l'inutilizzabilità.

L'espressa esclusione della possibilità di disporre incidenti probatori (arg. *ex* art. 2) – anche in considerazione della ritenuta compressione della durata delle indagini preliminari – non esclude che sia necessario assumere durante la fase investigativa gli elementi probatori non rinviabili al dibattimento. L'art. 18 prevede, al riguardo, che, prospettandosi la riferita situazione di urgenza, si proceda osservando le disposizioni di cui all'art. 467, co. 2 e 3, c.p.p.: alla parte pubblica e a quella privata (compresa la persona offesa) è consentito formulare la relativa richiesta anche al di là delle situazioni di cui all'art. 392 c.p.p., con diritto ad essere avvertite, unitamente ai difensori, con almeno ventiquattro ore di anticipo, del giorno, dell'ora, del luogo stabiliti per il compimento dell'atto; le prove saranno assunte con le forme previste per il dibattimento; la competenza spetterà al giudice di pace circondariale in costanza delle indagini preliminari, successivamente alla loro chiusura e fino all'udienza di comparizione provvederà il giudice di pace competente nel merito; il verbale sarà inserito direttamente nel fascicolo dibattimentale, non applicandosi l'art. 403 c.p.p.

8. L'archiviazione

L'alternativa all'esercizio dell'azione penale, anche nel processo davanti al giudice di pace, è costituita dall'archiviazione. A tale proposito, l'art. 17 dispone che il pubblico ministero presenti al giudice di pace la relativa richiesta quando la notizia è infondata, nonché nei casi regolati dall'art. 411 c.p.p. e dall'art. 125 disp. att. c.p.p. La previsione non è coordinata con la nuova disciplina operante nel rito ordinario.

Rispetto al rito ordinario, il novero delle ipotesi archiviative, come si vedrà va integrato con le situazioni di cui agli artt. 34 e 35. La competenza a provvedere, come anticipato, spetta al giudice di pace circondariale (arg. *ex* art. 19).

L'archiviazione potrà essere disposta anche quando sia ignoto l'autore del reato: al riguardo, tuttavia, il richiamo alla disciplina di cui all'art. 415 c.p.p. prospetta alcune incertezze sui tempi delle indagini antecedenti la richiesta archiviativa e su quelli di un'eventuale proroga per il loro completamento, non per quanto attiene al potere del giudice, che ritenga già individuata la persona alla quale attribuire il reato, di ordinarne l'iscrizione nel registro di cui all'art. 335 c.p.p.

La procedura che conduce all'archiviazione segna «passaggi» differenziati rispetto al rito ordinario. In primo luogo, si prevede che il pubblico ministero deve notificare (e non solo avvisare) alla persona offesa (che nella notizia di reato o successivamente alla sua presentazione abbia espresso la volontà di essere informato) copia della richiesta. In tal modo, essendo a conoscenza delle ragioni dell'iniziativa dell'accusa, potendo altresì prendere visione degli atti, il destinatario può esercitare in modo più pregnante i propri diritti difensivi. La persona offesa, infatti, potrà presentare richiesta motivata di prosecuzione delle indagini (indicando a pena di inammissibilità gli elementi di prova che giustificano il rigetto ovvero le ulteriori indagini necessarie) e successivamente avrà la possibilità di proporre opposizione.

La decisione del giudice sulla richiesta del pubblico ministero di archiviazione e sull'ammissibilità/inammissibilità dell'opposizione sono assunte *de plano*, con contraddittorio meramente cartolare.

Le determinazioni del giudice sono modellate sulle previsioni del rito ordinario: accoglimento della richiesta, indagini coatte, imputazione coatta.

Nel caso in cui l'archiviazione sia stata disposta, emergendo esigenze di nuove investigazioni, il pubblico ministero si attiverà con una formale richiesta al giudice di pace (circondariale) ai sensi dell'art. 414 c.p.p.: seguirà una nuova iscrizione e l'avvio delle indagini da parte del pubblico ministero.

9. L'archiviazione per la particolare tenuità del fatto

Come anticipato, l'archiviazione nel procedimento per i reati di competenza del giudice di pace conosce alcune ipotesi peculiari.

Recuperando – non senza significative differenze – quanto previsto dall'art. 27, d.P.R. 22.9.1988, n. 448, si prevede una situazione di improcedibilità in presenza di un fatto che abbia un'offensività penale minima. Al fine di evitare una lesione al principio di obbligatorietà dell'azione penale, anche attraverso una valutazione discrezionale del giudice, sono fissati precisi parametri che connotano il fatto criminoso del canone della particolare tenuità.

Si prevedono così, condizioni oggettive (l'esiguità del danno o del pericolo), condizioni soggettive (il grado della colpevolezza) ed elementi inerenti all'autore del fatto (l'occasionalità della sua condotta, le sue esigenze lavorative, familiari, di vita).

Più specificamente, il livello quantitativo delle offese deve essere esiguo; il grado della colpevolezza dovrà commisurarsi sull'intensità del dolo o sul grado della colpa, sulla ricorrenza di situazioni semiscusanti, sull'eventuale scarsa conoscenza del precetto penale, sull'intensità della capacità d'intendere e di volere; l'occasionalità della condotta ricorrerà nel caso di un evento isolato, eccezionale ed episodico nella vita del soggetto.

Un rilievo residuale ed integrativo è assegnato al pregiudizio che la prosecuzione del procedimento potrebbe arrecare alle esigenze lavorative, di studio, familiari o di salute dell'indagato o dell'imputato.

Quest'ultimo riferimento consente di affermare che nel caso del mancato accoglimento della richiesta di archiviazione, sarà possibile dichiarare l'improcedibilità anche nella fase del giudizio. La logica conciliativa che – come detto – connota il procedimento davanti al giudice di pace, ha suggerito al legislatore di tenere in considerazione la posizione della vittima. Costituisce causa ostativa alla pronuncia di improcedibilità, l'opposizione dell'offeso del reato, ovvero, nella fase del giudizio, quella dell'imputato e della persona offesa. Quest'ultima può manifestare il proprio interesse alla prosecuzione del procedimento nella querela o nella denuncia ovvero in sede di assunzione di informazione nel corso delle indagini preliminari, ovvero dopo che le è stata notificata la richiesta di archiviazione. Qualora la persona offesa non abbia chiesto di essere informata dell'eventuale richiesta archiviativa o non abbia espresso opinioni al riguardo, il giudice non è tenuto a verificare la posizione dell'offeso.

I riferiti elementi rendono problematica l'ipotesi – da non escludersi in linea teorica – della dichiarazione di archiviazione *de qua* nel caso in cui il pubblico ministero formuli parere contrario alla citazione in conseguenza della presentazione del ricorso: l'atto sembra presupporre – implicitamente – l'interesse della persona offesa alla prosecuzione del procedimento.

10. L'archiviazione per intervenute condotte riparatorie

La seconda ipotesi peculiare di archiviazione è costituita – come anticipato – dall'estinzione del reato conseguente a condotte riparatorie o risarcitorie da parte dell'autore del reato (art. 35).

La previsione, operativa per tutti i reati, anche a prescindere dal regime di procedibilità, è riconducibile alla riparazione (restituzione e/o risarcimento) o al risarcimento del danno (sia patrimoniale e/o non patrimoniale) cagionato dal reato (in forma specifica ovvero per equivalente, ma comunque in forma integrale) ovvero all'eliminazione delle conseguenze dannose o pericolose dell'attività illecita.

L'attività *de qua* deve essere volontaria – va escluso l'intervento di un terzo – ed effettiva. Al giudice spetta la valutazione dell'idoneità dell'attività svolta dall'imputato, senza che incida l'eventuale contraria volontà della persona offesa.

Per quanto riguarda la sua natura la causa di estinzione costituisce una ragione sopravvenuta di non punibilità, applicabile solo al soggetto alla quale si riferisce.

Nel corso delle indagini, l'attività *de qua* potrà dar luogo alla remissione della querela; dopo la chiusura delle indagini la riferita condotta rientra nelle ipotesi di cui all'art. 411 c.p.p.

Per i delitti oblazionabili è possibile una sovrapposizione con l'oblazione (qualora sussistano conseguenze dannose o pericolose).

11. La citazione a giudizio. La presentazione immediata. La citazione contestuale

Esaurita l'attività di indagine e non avendo ritenuto di richiedere l'archiviazione, il pubblico ministero – senza dar luogo al deposito di cui all'art. 415 *bis* c.p.p. – eserciterà l'azione penale formulando l'imputazione attraverso la citazione a giudizio (che costituisce uno degli atti con i quali si determina l'assunzione della qualità di imputato: art. 3) (art. 20). L'atto, notificato a cura dell'ufficiale giudiziario, all'imputato, al suo difensore ed alla persona offesa almeno trenta giorni prima della data dell'udienza, riporta oltre all'imputazione ed all'eventuale indicazione di testimoni e consulenti di cui è chiesto l'esame, con le relative circostanze, i «tradizionali» contenuti legati alla sua funzione, tra i quali si segnala l'avviso del deposito del fascicolo delle indagini preliminari nella segreteria del pubblico ministero (v. *amplius* l'art. 20, come modificato da L. n. 155 del 2005 che ha conv. d.l. n. 144 del 2005 per adeguarlo all'intervenuta esclusione nell'art. 11 della presenza della polizia giudiziaria nella procedura *de qua*).

Il percorso sin qui descritto non è l'unico che nel procedimento del giudice di pace conduce alla fase del giudizio.

A seguito della L. n. 94 del 2009 sono state, infatti, inserite le ipotesi della presentazione immediata a giudizio dell'imputato in casi particolari (art. 20

bis) e della citazione contestuale dell'imputato in udienza in casi particolari (art. 20 *ter*).

Obbligatoria nell'ipotesi prevista dall'art. 10 *bis*, co. 3, (in relazione al reato di cui al co. 1 dello stesso art. 10 *bis*, d.lgs. 25.7.1998, n. 286), la presentazione immediata a giudizio per tutti i reati di competenza del giudice di pace procedibili d'ufficio prevede che – in caso di flagranza di reato ovvero di prova evidente – la polizia giudiziaria chieda al pubblico ministero l'autorizzazione a presentare immediatamente l'imputato (invero, non ancora tale) davanti al giudice (art. 20 *bis*, co. 1). La richiesta di fissazione dell'udienza, depositata nella segreteria del pubblico ministero, contiene le generalità dell'imputato, del suo difensore se nominato, l'indicazione delle persone offese, la descrizione del fatto, in forma chiara e precisa con l'indicazione degli articoli di legge che si assumono violati, l'indicazione delle fonti di prova a sostegno della richiesta, i riferimenti delle generalità dei testimoni e consulenti tecnici, nonché delle circostanze del loro esame (art. 20, co. 2).

A fronte di questa richiesta, il pubblico ministero – ove non ritenga di richiedere l'archiviazione – potrà negare l'autorizzazione ritenendo l'insussistenza dei presupposti, la loro manifesta infondatezza ovvero l'incompetenza per territorio del giudice di pace individuato dalla polizia giudiziaria, ovvero autorizzare la presentazione nei quindici giorni successivi (termine ordinatorio), indicando data e ora del giudizio e nominando un difensore all'imputato che ne sia privo (art. 20 *bis*, co. 3).

L'autorizzazione – che potrebbe anche modificare la descrizione del fatto delineato dalla polizia giudiziaria – costituisce esercizio dell'azione penale, dovendosi escludere che questa possa farsi risalire alla richiesta della polizia giudiziaria ovvero che possa essere individuata nella lettura dell'imputazione che il pubblico ministero effettua ai sensi dell'art. 32 *bis*, co. 4.

All'autorizzazione del pubblico ministero segue l'attività finalizzata alla presentazione in giudizio dell'imputato: sono notificate la copia della richiesta della p.g. e la copia dell'autorizzazione del pubblico ministero con l'avviso che la mancata comparizione determinerà la dichiarazione di contumacia; che mancando la nomina di un difensore di fiducia, ci sarà l'assistenza di uno d'ufficio che il fascicolo delle indagini è depositato – con diritto di visione e copia – nella segreteria del pubblico ministero (art. 20 *bis*, co. 4 e 5).

Nelle stesse situazioni indicate dall'art. 20 *bis*, co. 1 (cioè, flagranza di reato ovvero evidenza della prova), in presenza di gravi e comprovate ragioni di urgenza che non permettono di attendere la fissazione dell'udienza della presentazione immediata, ovvero se l'imputato è sottoposto – a qualsiasi titolo – a misure di limitazione o privazione della libertà, la polizia giudiziaria formula richiesta di citazione contestuale per l'udienza (art. 20 *ter*, co. 1). Se il pubblico ministero non accoglie la richiesta, si procederà con le regole – appena analizzate – della presentazione immediata (*ex* art. 20 *bis*, co. 3, secondo periodo): se, invece, la richiesta è accolta, il pubblico ministero rinvia l'imputato direttamente davanti al giudice di pace con citazione per l'udienza contestuale all'autorizzazione, modellata secondo lo schema del rito a presentazione immediata (art. 20 *ter*, co. 2).

I successivi adempimenti della polizia giudiziaria varieranno in relazione allo *status* dell'imputato: se risulta ristretto, verrà condotto – salva espressa rinuncia a partecipare all'udienza – davanti al giudice di pace per la trattazione del processo; se si trova in stato di libertà, la polizia giudiziaria gli notificherà immediatamente la richiesta della stessa polizia giudiziaria ed il provvedimento del pubblico ministero. In entrambi i casi sarà avvertito – con immediatezza – il difensore (art. 20 *ter*, co. 3).

Appartiene, invece, alla formulazione originaria del d.lgs. n. 274 del 2000 il ricorso immediato al giudice (art. 21). Si tratta, anche in questo caso, di una assoluta novità, ancorché non possa parlarsi di una azione penale privata (la persona offesa formula un mero addebito; l'imputazione resta atto del pubblico ministero). Si prevede, infatti, che per i reati procedibili a querela la persona offesa possa citare a giudizio davanti al giudice di pace (con un atto ritenuto equipollente alla querela) la persona alla quale il reato è attribuito. A pena di inammissibilità (art. 24), l'atto, sottoscritto dall'offeso o dal suo legale rappresentante, dagli altri soggetti indicati al co. 4 dell'art. 21, e dal difensore (che autentica la sottoscrizione della persona offesa), contiene una serie di elementi fra i quali si segnalano: la descrizione, in forma chiara e precisa, del fatto che si addebita alla persona citata a giudizio; i documenti di cui si chiede l'acquisizione; l'indicazione delle fonti di prova a sostegno della richiesta; le circostanze su cui deve vertere l'esame dei testimoni e consulenti; l'indicazione delle altre persone offese di cui il ricorrente conosca l'identità (v. *amplius* art. 21, co. 2).

Come si può notare, si tratta di un atto tecnicamente alquanto impegnativo sotto il profilo contenutistico e documentale (sul piano delle prove potranno essere prodotti sia gli eventuali atti di investigazione difensiva, sia quelli, conosciuti, effettuati dalla polizia giudiziaria in caso di precedente presentazione della querela), per il quale, pertanto, appare indispensabile il supporto del difensore, con incidenza sui costi.

Oltre al rispetto del termine di tre mesi dalla notizia del fatto che costituisce reato per la presentazione del ricorso, è previsto – sempre a pena di inammissibilità (art. 24) – che la persona offesa dia prova di averlo previamente comunicato al pubblico ministero (art. 22, co. 1), il quale, entro dieci giorni, presenterà le sue richieste nella cancelleria del giudice di pace (art. 25, co. 1).

Oltre alla verifica dell'ammissibilità dell'atto, l'accusa potrà ritenere il ricorso manifestamente infondato (senza che ciò configuri un'ipotesi di richiesta di archiviazione) ovvero presentato davanti ad un giudice di pace incompetente per territorio, esprimendo conseguentemente parere contrario alla citazione; ovvero, potrà formulare l'imputazione (con conseguente iscrizione della notizia nel registro delle notizie di reato), confermando o modificando (peraltro, non è chiaro entro quali limiti ed ambiti) l'addebito contenuto nel ricorso (art. 25, co. 2).

Scaduto il termine assegnato al pubblico ministero, il giudice, anche in difetto di una richiesta dell'accusa, potrà assumere le sue determinazioni: in caso di inammissibilità o di manifesta infondatezza del ricorso trasmetterà gli atti al pubblico ministero per l'ulteriore corso del procedimento; al pubblico ministero trasmetterà con ordinanza gli atti anche nel caso in cui dovesse rilevare che il reato appartiene alla competenza di un altro giudice; se riscontrerà un'incompetenza per territorio restituirà con ordinanza gli atti al ricorrente che, entro venti giorni, a pena di inammissibilità, potrà reiterare il ricorso davanti al giudice competente (art. 26, co. 1, 2, 3, 4).

L'alternativa a queste decisioni è costituita dal decreto di convocazione delle parti in udienza (atto interruttivo della prescrizione: art. 61) che il giudice emetterà entro venti giorni dal deposito del ricorso, con un intervallo, tra il deposito del ricorso e la data dell'udienza, non superiore ai novanta giorni (art. 26, co. 1 e 2), che sarà notificato, a cura del ricorrente, al pubblico ministero, alla persona citata in giudizio, al suo difensore, alle altre persone offese da lui conosciute, almeno venti giorni prima dell'udienza (art. 26, co. 4) anche ai fini di quanto previsto dall'art. 35.

Il decreto – che farà assumere la qualifica di imputato al soggetto al quale il reato è attribuito (art. 3) – fra gli altri elementi, conterrà la trascrizione dell'imputazione che il pubblico ministero avrà formulato (lett. *d*, co. 3 dell'art. 26 al quale si rimanda per gli ulteriori elementi contenuti nel decreto; co. 4 per le invalidità nel caso della loro inosservanza).

Il riferimento alla trascrizione dell'imputazione, consente di affermare che, in difetto della sua formulazione da parte del pubblico ministero *ex* art. 25, co. 2, il giudice – come emerge dal riferimento alle sole decisioni di cui all'art. 26 (arg. *ex* art. 27, co. 1) – non potrà convocare le parti, essendogli precluso il potere di formulare l'atto di imputazione, e rimetterà gli atti al pubblico ministero.

Specifiche disposizioni sono fissate per la costituzione di parte civile (art. 23), in caso di presenza di una pluralità di persone offese (art. 28), per regolare i rapporti tra il ricorso immediato ed un'eventuale antecedente presentazione della querela con conseguente sviluppo di attività di indagine da parte della polizia giudiziaria (o del pubblico ministero) (art. 22, co. 2, 3 e 4).

12. Il giudizio

Ove il procedimento non sia stato «archiviato», anche attraverso le riferite definizioni alternative (artt. 34 e 35), escluso in tutti gli itinerari prospettati lo sviluppo procedimentale attraverso l'udienza preliminare, il giudizio davanti al giudice di pace – avviato *ex* artt. 20, 20 *bis*, 20 *ter* e 21 – si aprirà con l'udienza di comparizione (art. 29).

Almeno sette giorni prima della data fissata per l'udienza, il pubblico ministero (nel caso di citazione della polizia giudiziaria) o la persona offesa (nel caso di presentazione del ricorso immediato) provvedono al deposito dell'atto di citazione a giudizio nella cancelleria del giudice di merito con le relative notifiche (art. 29, co. 1). Nello stesso termine, le parti diverse dal pubblico ministero e dal ricorrente privato – che vi hanno già provveduto a norma degli artt. 20, co. 2, lett. *c*, e co. 6 e 21, co. 2, lett. *h* e 94, co. 1, lett. *c* – devono, a pena di inammissibilità, depositare nella cancelleria del giudice di pace nonché delle persone di cui all'art. 210 c.p.p., di cui intendono chiedere l'esame, precisando altresì le circostanze su cui esso verterà. Nel caso in cui la convocazione o la citazione a giudizio non siano state correttamente eseguite, esse andranno rinnovate, anche d'ufficio, dal giudice di pace (art. 29, co. 3).

In linea con la funzione del procedimento (art. 2, co. 2) davanti al giudice di pace, trovano spazio, in questa sede, gli strumenti conciliativi e sono privilegiati quelli finalizzati alla definizione anticipata del procedimento.

Qualora si tratti di definire un fatto di reato perseguibile a querela, la prima attività obbligatoriamente richiesta al giudicante è quella di promuovere la conciliazione tra le parti. Sempre che non ricorra una causa di non punibilità *ex* art. 129 c.p.p., al giudice di pace viene assegnato, quindi, un ruolo propositivo obbligatorio. L'interesse e la prevalenza assegnata dalla legge a questi meccanismi di composizione del conflitto appaiono pregnanti al punto da prevalere rispetto alle sempre avvertite esigenze di speditezza ed economia processuale. Indicativa di questa tendenza è la possibilità conferita al giudice, che lo consideri opportuno, di rinviare l'udienza per un periodo non superiore a due mesi (termine meramente ordinatorio), onde consentire alle parti di raggiungere un accordo non formalizzato nella prima udienza.

Al medesimo fine è consentito al giudice di avvalersi dell'attività dei centri per la giustizia riparativa presenti sul territorio. La legge sul giudice di pace – in materia civile e penale – assegna a queste organizzazioni un ruolo importante, pur dovendosi constatare come la loro capacità a recepire tali nuove funzioni non sia stata oggetto di alcun potenziamento dal punto di vista strutturale. Certamente l'opera conciliativa è compito difficile e delicato che impone al giudice una particolare preparazione, senza, peraltro, che possano avere ricadute negative sul convincimento giudiziale gli eventuali epiloghi negativi. A questo fine, ben si giustifica la preclusione – stabilita dalla legge – di impiegare, ai fini della decisione, il materiale probatorio assunto nel corso dell'udienza nel caso in cui la conciliazione non abbia avuto esito felice.

Nell'ottica dell'interesse manifestato dalla legge verso questo tipo di epilogo processuale, va evidenziato l'art. 30 il quale sanziona la mancata comparizione del ricorrente privato alla relativa udienza con la declaratoria di improcedibilità del ricorso, la condanna alla rifusione delle spese processuali e – previa richiesta all'imputato – al risarcimento dei danni. Naturalmente, la conciliazione risponde a finalità deflative. Al riguardo, va ricordato come la felice conclusione della conciliazione produca la remissione della querela o la rinuncia al ricorso, solo a seguito dell'accettazione da parte della persona offesa ovvero della mancata opposizione – espressa o tacita – alla remissione o alla rinuncia (per chi si richiama all'art. 155 c.p.).

Qualora l'imputato sia assente, si potrà – nonostante la mancanza di una delle parti – giungere alla conciliazione prendendo atto della volontà della persona offesa di accedere a tale forma di soluzione e non riscontrando una diversa volontà dell'imputato. Il processo verbale è redatto solo a conciliazione avvenuta, a seguito della quale il giudice pronuncerà sentenza di proscioglimento per intervenuta estinzione del reato.

Quanto alle persone offese (diverse dal ricorrente), se queste non aderiscono alla soluzione conciliativa possono liberamente esercitare il proprio diritto di querela dando vita ad un giudizio ordinario. L'epilogo estintivo lascia, tuttavia, aperte le residuali ed eventuali questioni legate agli obblighi civilistici dipendenti dal reato. A questo fine si è prospettata l'opportunità che nel processo verbale sia fatta menzione della tipologia dell'accordo intervenuto fra le parti.

Alla logica deflativa va ricondotta anche la possibilità che, prima dell'apertura del dibattimento (termine perentorio), l'imputato presenti domanda di oblazione (tutte le contravvenzioni devolute alla cognizione del giudice di pace sono oblazionabili). Si tratta, quindi, di un'attività che, pur collocata nell'udienza di comparizione, è sistematicamente fuori dal processo. L'accettazione della stessa costituisce, al pari della conciliazione, epilogo anticipato del procedimento. La previsione opera rispetto alle diverse figure di oblazione, quella ordinaria o comune, di cui all'art. 162 c.p., e quella facoltativa o speciale, prevista dall'art. 162 *bis* c.p.

Se, nella prima ipotesi, l'oblazione costituisce un vero e proprio diritto pubblico soggettivo ad ottenere l'estinzione del reato contravvenzionale, previo pagamento della dovuta somma di denaro, senza che al giudice sia conferito alcun potere valutativo in ordine all'opportunità di definire il processo con la sentenza di non doversi procedere, l'oblazione speciale è, al contrario, subordinata all'esercizio favorevole del potere discrezionale del giudice, basato sulla valutazione della gravità del fatto e sul positivo accertamento in merito all'assenza di conseguenze dannose o pericolose eliminabili da parte del contravventore.

Va sottolineato, tuttavia, come, nel procedimento in commento, tale causa estintiva concorra con la più conveniente possibilità di ricorrere alla causa estintiva del reato prevista dall'art. 35, la quale esige dal reo una mera condotta riparativa. A quest'ultima si potrà, allora, ricorrere nel caso di inammissibilità dell'oblazione, nelle ipotesi di recidiva reiterata, di abitualità nelle contravvenzioni e professionalità nel reato previste dall'art. 162 *bis*, co. 3, c.p. Nel caso di riscontro favorevole alla richiesta di oblazione (anche speciale), le spese del procedimento devono gravare sull'imputato[3]. Ad ogni modo, in via preliminare e pregiudiziale ad una qualsiasi determinazione sull'oblazione, al giudice compete verificare l'assenza di una causa di proscioglimento *ex* art. 129 c.p.p. Nel caso di esito negativo, la procedura si apre a due possibili soluzioni alternative: la domanda di oblazione o l'apertura del dibattimento.

Nel contesto qui analizzato si inseriscono anche le ipotesi alternative definitorie del procedimento delineate negli artt. 34 e 35.

Quanto all'improcedibilità dell'azione nei casi di particolare tenuità del fatto, questa potrà essere dichiarata, nella fase predibattimentale, all'esito dell'udienza di comparizione, ovvero, ricorrendone i presupposti, al termine del giudizio, a condizione che il giudice non debba pronunciare sentenza pienamente assolutoria nel merito e purché non vi sia opposizione – espressa o tacita – dell'imputato e della persona offesa, della quale – quindi – una volta esercitata l'azione penale, non si richiede più l'interesse alla prosecuzione del procedimento (si ritiene tuttavia che l'opposizione della persona offesa non pregiudichi la possibilità per il giudice di dichiarare l'improcedibilità *ex* art. 34, potendo la vittima ricorrere ai rimedi della giustizia civile); nessun potere di veto spetta al pubblico ministero.

L'estinzione del reato per condotta riparatoria – anche al fine di evitare ripensamenti e ravvedimenti tardivi – può intervenire fino all'udienza di comparizione. A questo limite fa eccezione, al pari di quanto si è già visto accadere in sede di conciliazione, il caso in cui la persona si sia trovata nell'oggettiva e soggettiva impossibilità di adempiere. In tal caso, valutate le ragioni addotte, il giudice può respingere ovvero accogliere l'istanza. In quest'ultima ipotesi, il giudice dispone con ordinanza la sospensione del processo per un periodo non superiore a tre mesi, imponendo, se occorre, delle specifiche prescrizioni ed incaricando un ufficiale di polizia giudiziaria ovvero un operatore del servizio sociale di verificare l'effettivo adempimento delle attività risarcitorie e riparatorie. Nell'udienza fissata al temine della sospensione al giudice è consentito: dichiarare l'estinzione del reato; disporre la prosecuzione secondo le forme ordinarie in caso di inadempimento agli obblighi imposti; disporre un ulteriore differimento su richiesta dell'imputato.

L'udienza di comparizione prospetta alcune variabili in caso di ricorso im-

[3] Corte cost., sent. n. 443 del 1990.

mediato della persona offesa. Allo scopo di evitare ricorsi pretestuosi o strumentali, la legge prevede che, nel caso in cui il ricorrente sia assente all'udienza di comparizione e non sia rappresentato da un procuratore speciale, salvo che l'impossibilità a comparire derivi da caso fortuito o da forza maggiore, venga dichiarata l'improcedibilità del ricorso. Infatti, la persona offesa – che ha presentato l'istanza – non comparendo, sembrerebbe manifestare un interesse contrario alla prosecuzione del giudizio. L'assenza ingiustificata comporta, altresì, la condanna obbligatoria alla rifusione delle spese processuali, quella al risarcimento dei danni in favore dell'imputato che ne abbia fatto richiesta. La declaratoria di improcedibilità non ricade, tuttavia, sulla persona offesa non ricorrente. L'udienza di comparizione può, tuttavia, aver luogo, a seguito della richiesta dell'imputato (ovviamente, presente) o della persona offesa (diversa dal ricorrente): la legge consente a quest'ultima, infatti, di sostituirsi al ricorrente dando prevalenza all'interesse all'accertamento giurisdizionale.

Una conclusione atipica del giudizio si realizza anche allorché il giudice accerti che il reato contestato nell'imputazione non rientra tra quelli per cui è ammessa la citazione diretta a giudizio: in tal caso, lo stesso organo disporrà la trasmissione degli atti al pubblico ministero, salvo che l'imputato non chieda di procedere ugualmente al giudizio. Come riferito, nel caso in cui il ricorrente dimostri che la mancata comparizione sia derivata da caso fortuito o da forza maggiore, il giudice di pace sarà tenuto a fissare una nuova udienza. Il giudice provvederà alla convocazione delle parti con decreto, da notificarsi a cura del ricorrente; in caso di rigetto dell'istanza formulata dal ricorrente, nel termine perentorio di dieci giorni dalla cessazione del fatto impediente, il giudice emetterà decreto motivato avverso il quale è ammesso «ricorso» (*rectius*, impugnazione) innanzi al Tribunale in composizione monocratica, limitatamente alla sola sussistenza degli impedimenti citati. Il Tribunale provvederà con le forme dell'art. 127 c.p.p. e la sua decisione è – ad ogni modo – inoppugnabile. In caso di accoglimento del ricorso, il giudice di pace dovrebbe provvedere a fissare una nuova udienza di comparizione, anche se non si può escludere che la convocazione possa venir disposta direttamente dal Tribunale adito.

13. Il dibattimento

Ai tentativi di conciliazione e di oblazione infruttuosamente espletati (ovvero quando questi non siano esperibili, in quanto l'imputazione concerne un delitto perseguibile d'ufficio) fa seguito il giudizio ordinario.

L'art. 29 non si occupa di regolamentare gli «atti preliminari al dibattimento»: opererà la normativa ordinaria in ragione del generale rinvio operato dall'art. 2, fermo restando, in tema di assunzione anticipata delle prove, l'indicazione contenuta nell'art. 18. Come ricordato, la peculiarità del rito pervade l'intera disciplina dedicata alla verifica della regolare costituzione delle parti che, anticipando il tentativo di conciliazione o la domanda di oblazione, segue il controllo sulla convocazione o sulla citazione a giudizio e pone il giudice di pace di fronte alla possibilità di una rinnovazione della citazione nel caso di impedimento a comparire dell'imputato o del difensore, ovvero della dichiarazione di contumacia (art. 29, co. 3).

L'apertura del dibattimento costituisce il limite utile per proporre le questioni preliminari *ex* art. 491 c.p.p., eccettuate quelle relative al fascicolo del dibattimento che nel rito *de quo* verrà formato a dibattimento già aperto. Se è possibile procedere immediatamente al giudizio, il giudice provvede all'ammissione delle prove, escludendo quelle vietate dalla legge, quelle superflue o irrilevanti, senza, peraltro, che quest'ultime connotazioni debbano emergere in maniera «manifesta», così come prevede, invece, l'art. 190 c.p.p. (art. 29, co. 7); le prove ammesse saranno quelle richieste dalle parti ai sensi dell'art. 493 c.p.p., anche se va sottolineato il silenzio normativo serbato in ordine alla possibilità di un'esposizione orale, che ben potrebbe giustificarsi in ragione della particolare articolazione descrittiva richiesta in sede di redazione degli atti di citazione. Le parti possono – comunque – formulare istanze in ordine alle prove documentali ed a quelle sopravvenute. Dopo l'ammissione delle prove, il giudice provvedere alla formazione del fascicolo del dibattimento.

Diversamente da quanto stabilito in sede ordinaria (v. artt. 431 ss. c.p.p.), quindi, la formazione del materiale sul quale il giudice sarà chiamato a decidere avviene quando il giudizio è già stato dichiarato aperto. Ad ogni modo, si consente alle parti di concordare sull'acquisizione degli atti contenuti nel fascicolo del pubblico ministero, degli atti compiuti nel corso dell'attività di investigazione difensiva o allegata al ricorso proposto dalla persona offesa (art. 29, co. 7). Oltre a non far gravare sulla cancelleria la formazione del fascicolo, la scelta di determinarlo in virtù dell'accordo delle parti permette di risolvere immediatamente ogni questione che potrebbe eventualmente sorgere, eliminando quella conflittualità che si sviluppa in sede d'applicazione dell'art. 491, co. 2, c.p.p.

Qualora risulti necessario rinviare l'udienza di istruzione, data l'assenza delle persone indicate nelle liste testimoniali, il giudice autorizza ciascuna parte alla citazione dei propri testi, al fine di garantire che non vi siano delle inutili o strumentali dilazioni, escludendo, tuttavia, le testimonianze vietate dalla legge e quelle manifestamente sovrabbondanti. Mette conto osservare come l'inerte decada dalla prova, per cui deve essere cura delle parti presentare, sin dall'udienza di comparizione, tutti i soggetti di cui si richiede l'esame o l'escussione (art. 29, co. 8).

L'istruzione dibattimentale innanzi al giudice di pace si modella, in ragione della semplicità dei reati rimessi al suo giudizio, secondo modalità e procedure connotate dall'essenzialità. L'art. 32 stabilisce che l'esame dei testimoni, dei periti, dei consulenti tecnici e delle parti private possa venir condotto – previo accordo, e quindi sul semplice consenso (anche tacito) delle parti – dallo stesso giudice. Fermo restando che quest'ultimo potrà ritenere, comunque, più opportuna una conduzione dell'istruzione dibattimentale secondo le modalità previste dalla disciplina ordinaria, nel caso in cui il giudice assuma la conduzione dell'esame questo dovrà essere oggettivamente circoscritto alle sole domande e alle sole contestazioni proposte dal pubblico ministero e dai difensori. Al di là dell'onere imposto dalla legge alle parti nell'indicazione delle questioni, mette conto osservare come la limitazione permetta di garantire una minor ingerenza dell'organo decidente circa i contenuti dell'esame, assicurando – nel contempo – l'intervento delle parti interessate. Al giudice è, peraltro, consentito – ove lo ritenga assolutamente necessario – disporre, anche d'ufficio, l'assunzione di nuovi mezzi di prova, secondo il potere conferitogli dall'art. 507 c.p.p.

Quanto al verbale d'udienza, in linea con la semplificazione propria del rito, si prescrive che esso («di regola») venga redatto solo in forma riassuntiva, salvo il caso in cui lo stesso giudice non ritenga necessario che la verbalizzazione avvenga in forma integrale, ovvero, che quella riassuntiva sia accompagnata dalla riproduzione fonografica o audiovisiva. Ragioni di snellezza, di semplicità oltre che di brevità e chiarezza, giustificano il conferimento del potere di redigere la motivazione della sentenza in forma abbreviata. Essa va depositata entro quindici giorni dalla lettura del dispositivo, salvo che non sia dettata direttamente a verbale. L'inosservanza del termine rende, comunque, applicabili i termini stabiliti dall'art. 548, co. 2, c.p.p.

Nel caso di impedimento alla sottoscrizione da parte del giudice di pace, la sentenza, previa menzione della causa di sostituzione, può essere sottoscritta dal presidente del Tribunale, limitatamente alle ipotesi nelle quali la motivazione sia stata, comunque, già redatta, almeno nella forma di minuta. In caso contrario, l'impedimento determina la nullità della sentenza per totale carenza di sottoscrizione e di motivazione.

Un *iter* maggiormente semplificato – nel contesto della riferita disciplina (generale) operante per il dibattimento (art. 32 *bis*, co. 1, che richiama l'art. 32) – contrassegna il giudizio a presentazione immediata di cui agli artt. 20 *bis* e 20 *ter*, in linea con le connotazioni particolarmente agili e snelle di questi itinerari procedimentali: persona offesa e testimoni possono essere citati anche oralmente; pubblico ministero, imputato e parte civile presentano testimoni e consulenti tecnici direttamente a dibattimento; il pubblico ministero da lettura dell'imputazione; l'imputato può chiedere un termine a difesa non superiore a sette giorni che si riduce al massimo a quarantotto ore nell'ipotesi di cui all'art. 20 *ter* (art. 32 *bis*, co. 2, 3, 4, 5).

14. Le decisioni

Ricco, articolato e peculiare si presenta il ventaglio delle decisioni che possono essere assunte dal giudice di pace. Si è già accennato alle situazioni che consentono – in vario modo ed in tempi differenziati – di definire anticipatamente il processo: la conciliazione, l'oblazione, la particolare tenuità del fatto, le condotte riparatorie.

Ove il giudice di pace non abbia pronunciato (artt. 129 e 469 c.p.p.) o non pronunci sentenza di proscioglimento, di assoluzione o di estinzione del reato (artt. 529-531 c.p.p.), sarà emessa una sentenza di condanna.

Oltre alla pena pecuniaria, potranno essere disposte le misure paradetentive della permanenza domiciliare (art. 53) e del lavoro di pubblica utilità (art. 54)[4].

Con riferimento a questi due ultimi epiloghi, l'art. 33 delinea un meccanismo di formazione del dispositivo della sentenza del tutto peculiare. Qualora il giudice pronunci una sentenza di condanna alla permanenza domiciliare, l'imputato o il difensore munito di procura speciale possono, infatti, chiederne l'esecuzione continuativa (art. 33, co. 1); il giudice dovrà, pertanto, indicare in un dispositivo provvisorio il tipo e la durata dell'attività. In un primo momento, quindi, il giudice procede alla pronuncia della condanna ed alla fissazione delle modalità di esecuzione della pena. Il contenuto definitivo della statuizione è rimesso, successivamente, alla determinazione del condannato cui spetta aderire o meno alla decisione del giudice (art. 33, co. 1).

Sono così conferiti al giudice di pace la funzione e la veste che normalmente competono al magistrato di sorveglianza. La necessità del consenso dell'interessato e l'esigenza di evitare delle richieste anticipate, che avrebbero potuto risolversi in un'implicita ammissione di responsabilità, hanno indotto il legislatore a subordinare la definizione di questi profili della pena alla irrevocabile domanda dell'imputato o del difensore munito di procura speciale. La scelta costituisce, quindi, un atto personalissimo. Ne discende, che il dispositivo della sentenza di condanna sarà caratterizzato da una formazione progressiva, rappresentata da una prima fase, in cui il giudice è il monopolista assoluto della decisione, e da una seconda fase, volta al completamento della stessa, secondo le scelte formulate dall'imputato (art. 33, co. 4).

---

[4] Per i contenuti delle due sanzioni, v. *retro*, par. 6.

La proposizione delle richieste costituisce valido motivo per la fissazione di una nuova udienza entro dieci giorni – termine, peraltro, ordinatorio – dalla pronuncia del dispositivo (art. 33, co. 3).

15. Le impugnazioni

Gli artt. 36-39 disciplinano le impugnazioni delle sentenze del giudice di pace.

In particolare, il pubblico ministero può proporre appello contro le sentenze di condanna se è applicata una pena diversa da quella pecuniaria, mentre – a seguito della L. 20.2.2006, n. 46 (c.d. legge Pecorella) – non può appellare le sentenze di proscioglimento (art. 36, co. 1).

Quanto alla legittimazione ad appellare dovrebbe trovare operatività l'art. 543 *bis* c.p.p. (novellato dal d.lgs. n. 11 del 2018): legittimato sarà il procuratore della repubblica e solo in caso di acquiescenza o avocazione il procuratore generale. A tal fine i due uffici promuoveranno adeguate intese.

Naturalmente, in attuazione dell'art. 111 Cost., le sentenze emesse a seguito del giudizio d'appello e quelle inappellabili saranno suscettibili di ricorso per cassazione. Legittimato è il procuratore generale presso la Corte d'appello, come deciso dalle Sezioni Unite.

Anche all'imputato è precluso l'appello nei confronti delle sentenze di proscioglimento (art. 37, co. 2), mentre potrà appellare le sentenze di condanna ad una pena diversa da quella pecuniaria; anche in quest'ultimo caso, tuttavia, l'appello sarà consentito ove l'imputato impugni il capo relativo alla condanna, anche generica, al risarcimento del danno.

Pure per l'imputato è previsto il ricorso per cassazione contro le sentenze inappellabili e contro quelle pronunciate dal giudice d'appello.

Ai sensi dell'art. 39 *bis* (d.lgs. n. 11 del 2018) contro le sentenze pronunciate in grado di appello il ricorso per cassazione può essere proposto soltanto per i motivi di cui all'art. 606, co. 1, lett. *a*, *b*, *c*, c.p.p.

I ricorsi contro le sentenze di appello e contro le sentenze inappellabili per reati di competenza del giudice di pace, l'art. 608, co. 2 *bis*, c.p.p. (novellato dal d.lgs. n. 11 del 2018) potranno essere proposti solo per violazione di legge.

A differenza di quanto accaduto in tema di appello delle sentenze dibattimentali del Tribunale e della Corte d'assise (v. art. 593 c.p.p.), la Corte costituzionale non ha ritenuto di censurare con la declaratoria di incostituzionalità i limiti alla legittimazione ad appellare le sentenze di proscioglimento da parte di pubblico ministero ed imputato (il tema è di minor impatto stante la natura bagatellare dei reati di competenza del giudice di pace)[5]. Più specificamente, l'incostituzionalità della previsione è stata esclusa con riferimento all'appello da parte del pubblico ministero delle sentenze di proscioglimento per i reati puniti con pena alternativa[6].

Il giudizio di appello – per il quale è competente il Tribunale (in composizione monocratica: la natura dei reati non sembra richiedere la garanzia della collegialità) del circondario in cui ha sede il giudice di pace che ha pronunciato la sentenza impugnata (art. 39, co. 1) – si svolgerà *ex* art. 2 con le regole previste per l'appello delle sentenze dibattimentali.

Il Tribunale annullerà la decisione oltre che nei casi di cui all'art. 604 c.p.p., anche nel caso in cui l'appello sia proposto dal contumace «incolpevole», secondo quanto stabilito dall'art. 39, co. 2. Si tratta di una disciplina diversa rispetto a quanto stabilito dall'art. 603 c.p.p.: la giustificazione viene fatta risalire alla volontà di consentire l'accesso ai più volte ricordati meccanismi conciliativi.

Stante il suo particolare ruolo, al soggetto che ha chiesto la citazione a giudizio dell'imputato *ex* art. 21, nonché al ricorrente intervenuto accanto al ricorrente principale (arg. *ex* art. 28), è conferita una legittimazione ad impugnare – anche agli effetti penali – la sentenza di proscioglimento (art. 38, co. 1: il riferimento ai casi in cui impugna il pubblico ministero non legittimato ad appellare, dopo la modifica introdotta all'art. 36 dalla L. n. 46 del 2006, non dovrebbe incidere sulla legittimazione della persona offesa anche in considerazione del conservato potere di gravame ai fini penali).

È prevista una condanna alle spese processuali ed (eventualmente, se c'è colpa grave) ai danni a favore dell'imputato e del responsabile civile in caso di rigetto o di inammissibilità dell'impugnazione (art. 38, co. 2).

Anche nel procedimento davanti al giudice di pace si darà luogo alla revisione delle decisioni irrevocabili di condanna.

16. L'esecuzione

Il particolare regime sanzionatorio (che esclude le pene detentive ed individua sanzioni specifiche) unito alle altre specificità del rito (assorbimento nel momento sanzionatorio di alcune funzioni spettanti al magistrato di sorveglianza) influiscono pure sulla disciplina dell'esecuzione dei provvedimenti emessi dal giudice di pace. La competenza spetta al giudice di pace che ha emesso il

---

[5] Corte cost., sent. n. 298 del 2008; Corte cost., sent. n. 332 del 2008; Corte cost., sent. n. 42 del 2009.

[6] Corte cost., sent. n. 258 del 2010.

provvedimento; al giudice di pace che ha emesso il provvedimento diventato irrevocabile per ultimo spetterà provvedere in caso di pluralità di provvedimenti pronunciati da più giudici di pace. Se il provvedimento emesso dal giudice di pace concorre con un provvedimento di un altro giudice ordinario o di un giudice speciale, la competenza spetterà, nel primo caso, sempre al giudice ordinario; nel secondo, al Tribunale in composizione collegiale nel cui circondario ha sede il giudice di pace (art. 40, co. 1, 2, 3 e 4). La riferita competenza permane anche in caso di modifica del provvedimento (art. 40, co. 5).

Il procedimento di esecuzione è disciplinato dall'art. 666 c.p.p. Fa eccezione alle regole ordinarie il regime delle impugnazioni: contro la decisione di inammissibilità della richiesta e contro l'ordinanza che decide sulla richiesta, l'interessato – la parte privata nei cui confronti il titolo deve essere seguito – può, entro quindici giorni dalla notifica del provvedimento, proporre ricorso per motivi di legittimità al Tribunale nel cui circondario ha sede il giudice di pace. Osservando quanto previsto dall'art. 127 c.p.p., il Tribunale in composizione monocratica decide con ordinanza non impugnabile (art. 41, co. 2 e 3).

Una particolare attenzione è dedicata dal legislatore alle modalità esecutive delle più volte ricordate sanzioni previste dal rito *de quo*.

In linea con quanto previsto dalla riforma Cartabia con l'art. 42 *bis* è regolata l'esecuzione delle pene pecuniarie (opera l'art. 660 c.p.p.) e con l'art. 55 sono definiti i criteri di conversione delle pene pecuniarie non eseguite.

Le modalità esecutive della pena della permanenza domiciliare e del lavoro di pubblica utilità, nonché la disciplina delle modifiche da apportare alle modalità della loro esecuzione, sono regolate dagli artt. 43 e 44.

Il regime del casellario giudiziale delle sentenze del giudice di pace era disciplinato dagli artt. 45 e 46 e dall'art. 21 del d.m. 6.4.2001, n. 204, abrogati dal d.P.R. 14.11.2002, n. 313, che agli artt. 5, 24 e 25, tuttavia, ne ha integralmente riprodotto il contenuto, ribadendo il regime di eliminazione delle iscrizioni (art. 5, co. 2, lett. *e*, *f*, *g*, *h*) e quello del certificato generale, penale e dei carichi pendenti richiesto dall'interessato (art. 24, co. 1, lett. *i*, *l*; art. 25, co. 1, lett. *i*, *l*; art. 27, co. 2, lett. *e*, *f*), ove si precisa che non sono riportati i provvedimenti giudiziari emessi dal giudice di pace nonché i provvedimenti giudiziari relativi ai reati di competenza del giudice di pace emessi da un giudice diverso, limitatamente alle iscrizioni riguardanti questi reati.

17. Conclusioni

La ricostruzione effettuata consente di affermare che il procedimento *de quo* si connota di valenze positive e di aspetti problematici.

Sotto il primo profilo, va segnalato l'elemento di prossimità ai cittadini che nelle intenzioni legislative dovrebbe connotare questo giudice. Sotto questo stesso aspetto, tuttavia, una maggiore attenzione andrebbe rivolta al reclutamento che, pur senza prefigurare una robusta professionalità, sappia meglio corrispondere allo svolgimento di funzioni giurisdizionali.

L'idea d'una pena mite ma effettiva, la scelta di strumenti sanzionatori inediti ed innovativi, il possibile ricorso ad ipotesi alternative di definizione del processo, la vocazione conciliativa del rito, il combinarsi di poteri cognitivi con competenze esecutive sono sicuramente punti di forza del modello processuale costruito per le fattispecie attribuite alla competenza del giudice di pace, che non escludono – in presenza d'una positiva sperimentazione – una loro – ancorché selezionata – estensione ai processi davanti ai giudici togati.

Le riserve riguardano i limiti frapposti all'attività difensiva che, con qualche adeguato innesto normativo (fra questi, i richiami agli artt. 369 e 415 *bis* c.p.p.), andrebbe rafforzata, soprattutto nella fase delle indagini di polizia giudiziaria, per evitare che l'imputato possa trovarsi stretto tra l'iniziativa pubblica e quella privata (ancorché, in termini statistici, quest'ultima risulta ancora poco esercitata).

Parte X

I giudizi di impugnazione

Capitolo XXI

Le impugnazioni in generale

di *Alfredo Gaito*

1. Verso la decisione "giusta"

Uno dei punti di convergenza delle diverse convenzioni internazionali è costituito dalla proclamazione della dignità della persona umana nella ricerca di una base minima per l'affermazione di una sorta di **diritto comune internazionale**, il cui carattere innovatore è deducibile dal sistema delle garanzie. In questa prospettiva, se scopo primario della C.e.d.u. e del P.i.d.c.p. è la strumentalità in ordine alla **tutela dei diritti umani** e delle libertà fondamentali, rendendo possibile l'esercizio di un controllo superstatuale sulle azioni ed omissioni degli organi degli Stati membri che risultino lesive delle garanzie in discorso, i singoli Paesi, a loro volta, non possono esimersi dall'introdurre, nei rispettivi sistemi interni, tanto gli strumenti idonei a prevenire violazioni del genere quanto adeguati meccanismi in funzione riparatoria. È questa la *ratio* delle Convenzioni (l'art. 2, par. 1, VII Protocollo aggiuntivo C.e.d.u. prevede che «ogni persona dichiarata colpevole da un Tribunale ha il diritto di fare esaminare la dichiarazione di colpevolezza o la condanna da una giurisdizione superiore. L'esercizio di tale diritto, ivi compresi i motivi per cui può essere esercitato, è disciplinato dalla legge». A sua volta, l'art. 14, par. 5, P.i.d.c.p. garantisce che «ogni individuo condannato per un reato ha diritto a che l'accertamento della sua colpevolezza e la condanna siano riesaminati da un Tribunale di seconda istanza in conformità della legge». La Costituzione per l'Europa, al contrario, non annovera norme a garanzia del diritto d'impugnazione, se non l'assorbente tutela del diritto di difesa *ex* art. 108, par. 2) che prevedono un doppio grado di giudizio strettamente connesso al principio del giusto processo, le cui garanzie non possono essere eluse nella progressione procedimentale successiva al giudizio di primo grado [1], sicché anche in sede di impugnazione devono essere assicurati una durata ragionevole [2], un diritto di difesa concreto ed effettivo [3] e una pronuncia in pubblica udienza [4].

Un tempo, si riteneva che un ampio ventaglio di impugnazioni costituisse segno di civiltà, prima ancora che esigenza di giustizia. Una simile suggestione va oggi respinta con fermezza, dovendosi ritenere, al contrario, che, a prescindere dal profilo numerico e dalla varietà nomenclatoria degli strumenti di controllo esperibili, un sistema giurisdizionale efficiente debba assicurare rimedi tali da poter rimuovere in qualsiasi momento la decisione che si profili come ingiusta. Per l'effetto, preliminare a tutto il resto è la risoluzione del quesito se il giudizio di impugnazione debba essere rappresentato da un **nuovo giudizio sullo stesso fatto** o possa consistere, *tout court*, nel **riesame della precedente statuizione** ovvero nella valutazione della correttezza, sostanziale e/o formale, della decisione del giudice di primo grado. Soprattutto sulla spinta della prassi della giurisdizione amministrativa, tendente a dilatare l'àmbito degli atti suscettibili di verifica giudiziale, è sempre più sentita l'esigenza di non limitarsi ai controlli tipizzati, dovendo utilizzare tutti gli strumenti *lato sensu* offerti dal legislatore ed efficaci alla bisogna per rimuovere un provvedimento ritenuto lesivo delle garanzie dell'individuo. Per questo motivo, al fine di offrire una *chance* effettiva di impugnazione, oltre al sistema dei rimedi praticabili, occorre prima ancora focalizzare l'attenzione sul provvedimento decisorio che si intende sottoporre al vaglio critico di un altro giudice, in quanto il modello delle impugnazioni può funzionare solamente se vi

---

[1] Corte eur., sent. 31.3.1998, Reinhardt e Slimane-Kaid c. Francia; Corte eur., sent. 27.3.1998, K.D.B. c. Olanda; Corte eur., sent. 25.3.1998, Belziuk c. Polonia; Corte eur., sent. 26.5.1988, Ekbatani c. Svezia.

[2] Corte eur., sent. 23.9.1998, Portington c. Grecia.

[3] Corte eur., sent. 25.3.1999, Pelissiér e Sassi c. Francia.

[4] Corte eur., sent. 19.12.1989, Kamasinski c. Austria; Corte eur., sent. 2.3.1987, Monnell e Morris c. Regno Unito; Corte eur., sent. 22.2.1984, Setter c. Svizzera.

sia "visibilità" delle reali ragioni che abbiano portato all'emissione dell'atto, ritenuto errato, per il quale si pretende un controllo. Sotto questo profilo, la **tassatività** imposta dal legislatore italiano, in ordine agli aspetti che devono connaturare l'atto terminale di una fase del procedimento, pare soddisfare quest'esigenza (cfr. gli artt. 292 e 546 relativi, rispettivamente, all'ordinanza cautelare e alla sentenza). La c.d. Riforma c.d. "Orlando" ha voluto rafforzare questo aspetto nell'imposizione di una forma di motivazione cadenzata da specifici punti che necessariamente il giudice è tenuto a render noti al destinatario. La nuova **lett. *e*) dell'art. 546** è stata, infatti, arricchita con una formula alla stregua della quale, tra gli altri requisiti, la sentenza deve contenere «*e*) la concisa esposizione dei motivi di fatto e di diritto su cui la decisione è fondata, con l'indicazione dei risultati acquisiti e dei criteri di valutazione della prova adottati e con l'enunciazione delle ragioni per le quali il giudice ritiene non attendibili le prove contrarie, con riguardo: all'accertamento dei fatti e delle circostanze che si riferiscono all'imputazione e alla loro qualificazione giuridica; alla punibilità e alla determinazione della pena, secondo le modalità stabilite dal co. 2 dell'articolo 533, e della misura di sicurezza; alla responsabilità civile derivante dal reato; all'accertamento dei fatti dai quali dipende l'applicazione di norme processuali». Si tratta di aspetti ai quali è immediatamente collegata una più attenta impostazione dell'atto di impugnazione in appello: a compiti crescenti per il giudice della sentenza deve corrispondere, a pena di inammissibilità, precisione maggiore nella stesura dei motivi di impugnazione *ex* art. 581[5].

2. Princìpi generali delle impugnazioni in sede sovranazionale e differenze rispetto al sistema interno

Se uno degli elementi per valutare il grado di civiltà di un Paese è rappresentato dalla possibilità di intervenire, a presidio della decisione giusta al fine di scongiurare in via definitiva **l'errore** giudiziario, occorre prendere atto che il sistema delle impugnazioni rappresenta solo il punto di partenza, al quale è necessario affiancare la funzionalità di altri istituti che, interagendo, permettano un controllo non meramente formale della pregressa statuizione. È opportuno, quindi, che le norme in materia di prove e le garanzie a salvaguardia della terzietà ed imparzialità del giudice siano combinate in maniera consona a dotare l'impugnante di strumenti realmente efficienti per rivedere la pregressa decisione. Ecco perché il microcosmo delle impugnazioni, più che

---

[5] V. *infra*, par. 9 di questo capitolo.

essere un arsenale numericamente nutrito, deve rispondere a determinate caratteristiche di funzionalità, miranti ad offrire "qualità" ai singoli modelli Quest'aspirazione, suggerita da autorevoli fonti, ha raggiunto *standards* apprezzabili a livello di enunciati legislativi mediante la proclamazione del **giusto processo** che, pur non andando ad incidere direttamente e formalmente sulle cadenze operative del Libro IX del codice di rito penale, ha aperto il varco ad un nuovo filone culturale, che associa e coniuga il diritto delle impugnazioni con il diritto delle prove.

La formulazione del **co. 3** dell'art. **111 Cost.** permette all'imputato «l'acquisizione di ogni altro mezzo di prova a suo favore» (si tratta di conquista che, in termini così perentori, non trova ancora adeguata corrispondenza nell'evoluzione della giurisprudenza e nella letteratura prevalente, l'una e l'altra rimaste impastoiate negli schemi e nelle ricostruzioni sistematiche elaborate in un passato irreversibilmente superato). Dubitare dell'applicabilità di questa innovativa scelta di campo sarebbe un fuor d'opera. Semmai, è opportuno valutare la compatibilità di una formulazione così ampia con le problematiche sottese alla necessità di ridimensionare lo spettro delle impugnazioni, anche a fronte delle restrizioni apportate dalla L. 20.2.2006, n. 46.

Le valutazioni "a caldo" della dottrina erano state prevalentemente critiche, in quanto un **diritto incondizionato alla prova contraria** vanificherebbe ogni possibilità di controllo sulla pertinenza delle prove a discarico, evidenziando, pertanto, la "scollatura" della Costituzione rispetto alla versione operativa offerta dal codice, che pone dei limiti di ammissibilità, legati, di volta in volta, ad una delibazione di **legalità**, **pertinenza** e **rilevanza** (art. 190), **necessarietà** (art. 438, co. 5), **novità** ed ancora necessarietà (rispettivamente co. 2 e 3 dell'art. 603), decisività ai fini dell'annullamento della decisione impugnata in sede di legittimità (art. 606, co. 1, lett. *d*).È chiaro, però, che – non potendosi erodere i profili di tutela scanditi in Costituzione sull'altare delle disposizioni di legge pregresse – l'ostinato mantenimento di un simile atteggiamento riduttivo determinerebbe l'illegittimità costituzionale delle norme ordinarie appena evocate, a meno che non se ne offrisse un'interpretazione ridimensionatrice, fondata sull'esigenza di garantire un'efficiente e rapida gestione del procedimento penale, rispettosa dei diritti fondamentali del singolo. Del resto, la giustizia (non solo penale) in Italia è sempre stata oggetto di aspre critiche per la sua lentezza, non certo per la sua iniquità.

Poste queste premesse, sotto il profilo operativo, la C.e.d.u. ed il P.i.d.c.p. riconoscono il **diritto di impugnazione** al solo condannato e non a qualsiasi parte processuale; di conseguenza, sarebbe tecnicamente praticabile un modello processuale che non prevedesse la possibilità d'impugnazione da parte del titolare della funzione d'accusa. La Costituzione italiana, in questa prospettiva, è contemporaneamente più e meno esplicita, e le ragioni insistono probabilmente nel fatto che l'art. 111 Cost. fissa il minimo etico della disciplina nel ricorso per violazione di legge avanti al giudice di legittimità, completamente disinteressandosi dei profili soggettivi di legittimazione.

A conferma significativa dell'opportunità di assicurare **controlli efficaci** da parte del giudice e sulle decisioni del giudice penale, la C.e.d.u. aveva scandito un ragguardevole complesso di diritti, poi ribaditi a livello territorialmente più ampio dal P.i.d.c.p. con il par. 5 dell'art. 14. C'è, poi, da fare i conti con il VII Protocollo aggiuntivo C.e.d.u., adottato a Strasburgo il 22.11.1984 e successivamente ratificato dall'Italia con L. 9.4.1990, n. 98, quindi quando già era operativo il codice Vassalli che, in attuazione delle direttive poste a carico del legislatore delegato, avrebbe dovuto «adeguarsi alle norme delle convenzioni internazionali ratificate dall'Italia e relative ai diritti della persona e al processo penale»[6]. L'aspetto peculiare dell'art. 2 del VII Protocollo è dettato dagli ampi spazi di discrezionalità che vengono lasciati ai singoli Stati nel regolare l'esercizio dello *ius impugnandi*[7], da un precedente giudizio celebrato avanti ad un'autorità giurisdizionale di grado superiore e da un accertamento di colpevolezza costituente la riforma di un precedente giudizio conclusosi con il proscioglimento dell'accusato. Restrizioni che sarebbero giustificabili in ragione della differenza che corre tra ricorribilità ed appellabilità, potendo, invece, lo Stato limitare l'accesso alla giurisdizione di legittimità caso per caso.

Da non trascurare, infine, l'incidenza delle **alternative procedimentali** dell'accusato che, per esempio, nel procedimento penale italiano implicano una preclusione, totale o parziale, all'impugnazione (pare il caso dell'applicazione della pena su richiesta delle parti e, rispettivamente, del giudizio abbreviato).

3. L'obiettivo del giusto processo e i princìpi delle impugnazioni penali

Nei capitoli che precedono con insistenza sono stati descritti i princìpi generali, le regole di settore e le deroghe particolari al modello processuale ordinario, con attenzione specifica alle condizioni di **capacità** del **giudice**, ai presupposti dell'esercizio dell'**azione penale**, ai requisiti essenziali degli atti processuali, al **procedimento probatorio** e alle regole di **esclusione**, alle forme del dibattimento, ai **criteri di valutazione della prova** e allo schema della mo-

---

[6] In questi termini la direttiva n. 1 della legge delega.

[7] Cfr. l'ultimo periodo del par. 1.

tivazione in fatto, alle garanzie previste dal Legislatore a pena di nullità, inammissibilità, decadenza ed inutilizzabilità. Tutto questo compendia una serie tendenzialmente completa di mezzi e di strumenti affinché al buon giudice sia consentito di perseguire il risultato di una giustizia penale non solo efficiente ma soprattutto equa e credibile. Questi mezzi o strumenti giuridici che, configurando quasi una serie di scatole cinesi, costringono il giudice successivo a riesaminare continuamente la correttezza degli atti nonché dell'operato delle parti e più in generale di chi lo ha preceduto nella progressione procedimentale, appartengono alla categoria (non codificata) dei **controlli** e segnatamente all'istituto (codicistico) delle impugnazioni. Il loro scopo è quello di rimuovere le eventuali lesioni all'interesse pubblico e privato correlate e conseguenti ad un provvedimento errato o illegittimo, su impulso di parte: in prospettiva generalissima, le parti del processo penale, ove legittimate e titolari di interesse secondo i criteri più oltre indicati, possono chiedere la riforma o l'annullamento di qualsiasi provvedimento, affinché un giudice almeno fisicamente diverso – quando non si tratti di un giudice superiore – lo controlli e pronunci un autonomo giudizio di conferma o di modifica.

I periodi di crisi sociale accentuano la contraddittorietà delle due spinte che, da sempre, condizionano (ora in senso involutivo, ora in senso evolutivo) lo sviluppo concreto dell'esperienza processuale penale, da un lato richiedendosi l'espunzione di tutto quanto formalistico ed accessorio, in quanto causa di inutile lentezza, dall'altro lato avvertendosi l'esigenza di accrescere il controllo giurisdizionale sui momenti fondamentali della vicenda giudiziaria. È una distonia solo apparente, che non ha potuto ostacolare l'affermazione in Costituzione e la diffusione, nelle aule d'udienza, di un nuovo modo di intendere la giurisdizione, oramai ancorata in modo saldo e difficilmente reversibile al concetto e alle categorie del giusto processo, imposto quale metodo elaborativo e decisorio a garanzia imprescindibile per tutto ciò che attiene alla retta amministrazione della giustizia (non solo penale). In prospettiva pragmatica, quindi, si tratta di individuare le garanzie attualmente irrinunciabili per conseguire un livello di controllo sugli atti giudiziali tale da poter essere considerato adeguato in riferimento agli *standard* ricostruttivi e argomentativi legislativamente imposti ai giudici penali per ogni decisione.

Oggi gli ambiti del controllo del giudice e sugli atti del giudice sono più ampi di quanto si riteneva per solito, sia per quanto riguarda il profilo oggettivo sia per quanto attiene ai connotati soggettivi. E si spiega. A parte l'ovvia constatazione che nei controlli possono confluire tutte le questioni di diritto e di procedura penale, ove ne sia stata proposta tempestiva e rituale deduzione, nelle impugnazioni penali trova collocazione anche la verifica, caso per caso e volta per volta, circa l'effettivo adeguamento della fase delle impugnazioni ai canoni del giusto processo.

Come si è avuto modo di evidenziare[8], l'innovata dimensione dei diritti del singolo quale risultante dalla Convenzione europea dei diritti dell'uomo, dai protocolli aggiuntivi della Carta di Nizza, dagli Accordi di Schengen e dal Trattato di Lisbona, oltre che dall'art. 111 Cost., determina l'espansione delle aspettative in termini di risposte adeguate che l'ordinamento è obbligato a fornire, in correlazione dei rinnovati diritti riconosciuti come meritevoli di tutela. Questa consapevolezza, però, tarda ad affermarsi nella materia delle impugnazioni, dove la stagnazione delle idee pare addirittura più marcata rispetto ad ogni altro settore del processo penale; e ciò nonostante una novità d'importanza epocale delineata dalla c.d. «legge Pecorella» nell'introdurre anche nel giudizio di cassazione una possibilità di controllo giudiziale effettivo sulla correttezza del metodo decisorio sulle sentenze di merito (art. 606, co. 1, lett. *d* ed *e*, nel testo modificato dalla L. n. 46 del 2006).

4. Diritto all'effettività dell'impugnazione

Il sistema dei controlli in genere e delle impugnazioni in particolare non si risolve in alcunché di formalistico, concretando bensì un assieme di meccanismi tutti volti al conseguimento dell'obiettivo di una giustizia penale **esente da errori**, cioè una giustizia che si ispiri alla verità e appaghi le aspettative tanto dei protagonisti (pubblico ministero, imputato e parti private) quanto dell'opinione pubblica. In questa prospettiva, trova adeguata giustificazione l'insistenza con cui nelle pagine che precedono si è fatto riferimento alla necessità di ampliare gli ambiti delle impugnazioni in simbiosi con il necessario rispetto per i crescenti diritti via via riconosciuti alle parti. Ma è chiaro che l'apprestamento di una serie di strumenti e di mezzi affinché la giustizia penale risulti il più possibile aderente alla **verità** (in termini curiali si parla di verosimiglianza) rischierebbe di risolversi in una mera lustra esterna ove e quando non fossero, al contempo, previste dal legislatore predeterminate **garanzie formali**, adeguate all'oggetto dell'accertamento e agli interessi in gioco, senza di che non sarebbe a parlarsi di effettività del diritto al controllo.

Certo, la proliferazione degli strumenti di controllo e il moltiplicarsi delle garanzie procedurali rischiano di rallentare i ritmi della progressione dell'accertamento. In particolare, nell'effetto **sospensivo** dell'impugnazione (per cui il provvedimento impugnato non è esecutivo durante il procedimento di controllo) si ravvisa un ostacolo cospicuo al pronto ripristino della legalità vio-

---

[8] V. *supra*, Parte I, cap. II, par. 4.

lata; non a caso, da più parti in passato si erano levate voci favorevoli all'immediata esecutività della condanna di primo grado. E si suole ripetere che per contenere i ritardi della giustizia penale bisognerebbe incidere sull'assetto delle impugnazioni in genere e del ricorso per cassazione in particolare.

Va detto subito, per chiarezza, che si deve senz'altro convenire quanto agli obiettivi: bisogna abbreviare i tempi di una giustizia penale che appare sempre più condizionata dai termini di scadenza delle misure cautelari, anzi che conformata sulle sole esigenze di accertamento; mentre non può che contrastarsi con fermezza l'idea, pur affiorata, che per accelerare la celebrazione dei processi penali si debba incidere sull'ampiezza dell'area di praticabilità delle impugnazioni. Per la ragione, semplice ed elementare, che il fine ultimo del giusto processo è quello non già di pervenire ad una statuizione, qualunque essa sia, bensì quello di conseguire una decisione ponderata, equa e condivisibile, nel senso di immune da errori.

Non per nulla la Corte costituzionale, già da tempo, ha messo in guardia contro il moltiplicarsi degli errori giudiziari, invitando legislatore e giudici ad adoperarsi con ogni strumento a disposizione per rimediare in senso riparatorio, ogni qualvolta non sia stato possibile prevenire l'errore; in particolare, nel luglio del 2000 i giudici delle leggi ebbero ad ammonire in modo perentorio la Corte di cassazione, rimarcando come fosse statisticamente eccessivo il numero degli errori commessi anche nel giudizio di legittimità, prospettando l'opportunità di praticare un rimedio sulla scia del ricorso straordinario già conosciuto per gli errori di fatto della Cassazione civile, e bollando di illegittimità formale l'assetto codicistico del ricorso per cassazione, ma pronunciando formalmente declaratoria di inammissibilità della questione, sulla base dell'anacronistico assunto di non poter entrare *in medias res*, essendo questo un compito riservato in via esclusiva al Parlamento [9]; insomma, pur segnalando che vi erano delle storture, perché in un Paese democratico l'obiettivo di eliminare gli errori è a ritenersi irrinunciabile, di fatto la Corte costituzionale ritenne di non poter intervenire sul tessuto normativo: per l'effetto, circa un anno dopo, fu inserito l'art. 625 *bis*, così aumentando i controlli della Corte di cassazione, senza modificare l'assetto del giudizio di legittimità; a fronte di che, nell'ortodossa ed innovata prospettiva del giusto processo, il sistema non potrebbe tollerare ripensamenti volti ad attenuare lo *standard* dei meccanismi di controllo devoluti alla cassazione penale.

Le prospettive di riforma poi, anche nell'ottica comparatistica, vanno proprio in questo senso; in Italia è stata la evoluzione della giurisprudenza costituzionale ad affermare la necessità di una nuova ipotesi di revisione ove risulti accertata la violazione delle regole del giusto processo europeo [10],

---

[9] Corte cost., sent. n. 395 del 2000, n. 21 del 1982 e n. 294 del 1995.

[10] Corte cost., sent. n. 113 del 2011. V. Raccomandazione n. R (2000) 2 del Consiglio d'Europa per cui, nel caso di accertata violazione degli artt. 5 e 6 C.e.d.u., automaticamente si deve proce-

soddisfacendo un'istanza di tutela che solo di recente è stata accolta dal legislatore con l'introduzione di un rimedio per l'esecuzione delle sentenze della Corte di Strasburgo (art. 628 *bis*).

E allora. Posta la necessità di operare nel rispetto delle regole, non appena si consideri che, in epoca di **parità delle armi** e di pienezza del **contraddittorio**, sarebbe inconcepibile che possano sussistere ancora delle sacche di arbitrio incontrollabile, appare chiaro che, sull'ortodossia procedurale, deve sempre essere ammesso un meccanismo di **strumenti di controllo effettivi**[11] e penetranti, con correlativa possibilità di rimedi in funzione riparatoria. Come in un gioco, in effetti, tutti i soggetti che si muovono nel processo debbono rispettare le regole. E la Corte di cassazione, quale vertice della giustizia, è tenuta a verificare (e ad assicurare) la fedele osservanza della legge da parte degli organi del merito. Ciò posto, a fronte di impugnazione specifica e puntuale, è doverosa la verifica sull'impiego ortodosso degli strumenti del procedimento probatorio, trattandosi di altrettanti aspetti formali, tutti e ciascuno positivamente essenziali ed ineliminabili per una decisione davvero rispettosa del paradigma delineato all'art. 546, ed in linea con i "fondamentali" del giusto processo.

5. Le impugnazioni nella disciplina codificata

Il **Libro IX** del codice di procedura penale disciplina il sistema delle impugnazioni, rimedi, posti a disposizione del soggetto legittimato, per rimuovere o sostituire un provvedimento giurisdizionale pregiudizievole con un altro più favorevole, emesso da un giudice diverso da quello che aveva deliberato il primo.

---

dere mediante l'istituto della revisione o comunque il procedimento deve essere riaperto. In caso di violazione sia di un diritto sostanziale riconosciuto dalla convenzione europea che di norme procedurali di sicuro rilievo in relazione all'esito del relativo procedimento, l'unica soluzione ragionevole adottabile, sembra essere quella offerta dall'ipotesi di celebrare il processo *ex novo* (Corte eur., sent. 18.2.1999, Hood c. Regno Unito), secondo le regole dell'«equo processo» europeo. Del resto, molti stati (come Belgio, Spagna, Svezia, Russia) hanno risolto il problema grazie al riconoscimento operato da parte della giurisprudenza (interna) dell'operatività del meccanismo per cui quando la Corte europea accerta la violazione del giusto processo ne consegue immediatamente la riapertura dello stesso. In altri stati (come Francia, Austria, Germania, Svizzera, Regno Unito, Polonia, Bulgaria) esistono espresse disposizioni normative che prevedono il medesimo rimedio.

Con decisione del 5.7.2006 il Comitato dei ministri del Consiglio d'Europa ha imposto la riapertura dei procedimenti penali già conclusi, ove si tratti di eliminare le conseguenze delle violazioni del diritto ad un giusto processo già rilevate dalla Corte europea dei diritti dell'uomo.

[11] Corte eur., 4.3.2014, Grande Stevens c. Italia; Corte eur., 27.9.2011, Menarini Diagnostics s.r.l. c. Italia.

La grande distinzione che si suole prospettare, a proposito dei mezzi di impugnazione, è tra mezzi di **gravame** e mezzi di **impugnazione**. I mezzi di gravame sono quegli strumenti offerti attraverso i quali la parte che ha subito un pregiudizio da una decisione ha il potere di provocare direttamente il riesame della pronuncia impugnata, semplicemente lamentandone l'ingiustizia e, correlativamente, il giudice a ciò chiamato viene investito del potere di riesaminare le questioni già esaminate dal giudice della sentenza impugnata, sulla base di questa pura e semplice richiesta; i mezzi di impugnazione in senso stretto, invece, implicano che la parte impugnante affermi e provi che nel provvedimento impugnato è presente uno dei vizi tassativamente previsti dal legislatore per quel mezzo di impugnazione.

Sul piano della realtà effettuale, se si propone un mezzo di gravame la pronuncia ha sempre carattere **sostitutivo**, anche se è identica come contenuto a quella impugnata; se si esperisce un mezzo di impugnazione, l'esito del rigetto equivale a sostanziale **conferma** della pronuncia impugnata; mentre l'accoglimento di uno o più tra i motivi di censura prospettati determina l'annullamento della sentenza impugnata in tutto o in parte, con celebrazione di un'ulteriore fase (rescissoria) in epilogo della quale lo stesso giudice adìto, o altro giudice individuato in funzione di rinvio, emana un'altra sentenza da sostituire a quella annullata.

La finalità di ottenere un vantaggio dalla decisione del giudice del controllo costituisce uno dei presupposti che rende ammissibile l'impugnazione. Nella prospettiva dell'utilità pratica del mezzo, in forza del co. 4 dell'art. 568, affinché l'impugnazione sia ammissibile è necessario che la parte abbia un **interesse concreto**, e non meramente astratto, a chiedere ed ottenere un **controllo effettivo** da parte di un giudice diverso (normalmente, ma non necessariamente, superiore), ossia ad una decisione pratica più vantaggiosa, che vada oltre il risultato astrattamente più corretto.

La valutazione dell'interesse ad impugnare, sussistente allorché il gravame sia in concreto idoneo a determinare, con l'eliminazione del provvedimento impugnato, una situazione pratica più favorevole per l'impugnante, va operata con riferimento alla prospettazione rappresentata nel mezzo di impugnazione e non alla effettiva fondatezza della pretesa azionata [12].

L'intero settore è fondato su alcune distinzioni utili al fine di meglio comprendere i caratteri funzionali dei diversi strumenti di controllo e di garanzia offerti dalla legge. Secondo la sistematica invalsa (ma da tempo risalente sottoposta ad erosiva critica), bisognerebbe distinguere le impugnazioni in **or-**

---

[12] Cass., Sez. Un., 28.3.2019, Massaria.

dinarie e **straordinarie**: la prima categoria varrebbe ad individuare quelle che possono essere esperite, entro un termine stabilito, avverso la decisione ancora non definitiva (cioè non passata in giudicato); la seconda, invece, starebbe ad accomunare quelle volte a mettere in dubbio la "giustezza" di un provvedimento giurisdizionale irrevocabile.

Sono considerate tradizionalmente impugnazioni ordinarie **l'appello** ed il **ricorso per cassazione** (ma tali sono sicuramente anche il riesame, l'appello ed il ricorso per cassazione esperibili contro le ordinanze in materia di misure cautelari personali e reali; non è a dirsi lo stesso, invece, per la ricusazione di cui all'art. 37, mezzo esperibile al fine di eccepire una situazione soggettiva d'incompatibilità del giudice, e i conflitti di competenza, strumenti alternativi volti a stabilire l'esatta attribuzione della competenza in ipotesi di insistito dissenso tra giudici altrimenti non rimediabile). È sempre stata qualificata impugnazione straordinaria la **revisione** (artt. 629 ss.), alla quale di recente si è affiancato il **ricorso c.d. «straordinario» per errore percettivo materiale o di fatto** (art. 625 *bis*) e, per mano della riforma del 2022, il rimedio per l'esecuzione delle decisioni della Corte europea dei diritti dell'uomo (art. 628 *bis*); ma in una ridefinizione sistematica più moderna sembra potersi, con maggior correttezza, affermare che in tutte le ipotesi in cui concretamente si presuppone una decisione esecutiva si rientra tra gli strumenti poliedrici di controllo e garanzia diretti a verificare la stabilità del giudicato (si pensi alla pronuncia di *abolitio criminis ex* art. 673 sopravvenuta alla irrevocabilità della condanna ed alla vasta categoria degli incidenti d'esecuzione *ex* artt. 666 ss.).

La materia delle impugnazioni è fondata su determinate regole che, salvo deroghe previste per uno specifico mezzo, si applicano a tutti i singoli strumenti di impugnazione e, pertanto, anche a quelli non rientranti direttamente nella disciplina codificata nel Libro IX.

6. La tassatività e la conversione del mezzo di impugnazione

L'art. 568 pone dei punti fermi in ordine alla **tassatività**, sia in riferimento al **mezzo** di impugnazione, sia in rapporto alla **legittimazione** dei soggetti che possono avvalersene. È stabilito e si suole ripetere, infatti, che «i casi ed i modi delle impugnazioni sono fissati dalla legge» e, correlativamente, i provvedimenti non soggetti per legge ad un determinato mezzo di impugnazione sono inoppugnabili, anche qualora connessi con provvedimenti impugnabili. È questo il contenuto della regola della tassatività che, oltre al mezzo d'impugnazione ed al provvedimento impugnabile, investe altresì i soggetti e la legittimazione ad impugnare, spettante solo a colui al quale è espressamente conferita dalla legge, fermo restando che, «ove non vi siano distinzioni tra le parti legittimate, il diritto è attribuito a ciascuna di esse». A prescindere da tali limiti, il co. 2 dell'art. 568 stabilisce che «sono sempre soggetti a ricorso per cassazione, quando non altrimenti impugnabili, i provvedimenti e le sentenze con le quali il giudice decide sulla libertà personale», in maniera conforme a quanto stabilito nell'art. 111, co. 7, Cost. Può accadere, tuttavia, che il provvedimento giurisdizionale presenti anomalie genetiche o funzionali tanto radicali da non potere essere inquadrato nello schema normativo processuale tipico e che, al fine di offrire un rimedio contro gli arbitri degli organi giudicanti, debba mitigarsi la regola della tassatività che pervade il regime delle impugnazioni e, in modo particolare, dilatarsi l'àmbito dell'impugnabilità attraverso il ricorso per cassazione, inteso come strumento di controllo contro qualsivoglia inesatta osservanza della legge.

Il provvedimento che, per singolarità e stranezza, risulti avulso dall'intero ordinamento processuale viene qualificato, da letteratura e giurisprudenza, come «atto **abnorme**», atto cioè che – pur essendo in astratto manifestazione di legittimo potere – si esplichi al di fuori dei casi consentiti e dalle ipotesi previste oltre ogni ragionevole limite. La categoria dell'abnormità, elaborata in stretto collegamento con il tema della tassatività delle impugnazioni, integra – sempre e comunque – uno sviamento della funzione giurisdizionale, la quale non risponde più al modello previsto dalla legge, ma si colloca al di là del perimetro entro il quale è riconosciuta dall'ordinamento. La sua *ratio* è sempre legata al principio per cui tutto ciò che non è consentito deve ritenersi vietato.

Il problema delle abnormità processuali si era già presentato sotto la vigenza del codice Rocco, pur esso improntato al principio di tassatività delle impugnazioni, ma non ha trovato una definizione legislativa nel codice di rito vigente. Nella Relazione al progetto preliminare dell'attuale codice è stato sottolineato che «è rimasta esclusa l'espressa previsione dell'impugnazione dei provvedimenti abnormi, attesa la rilevante difficoltà di una possibile tipizzazione e la necessità di lasciare sempre alla giurisprudenza di rilevarne l'esistenza e di fissarne le caratteristiche ai fini dell'impugnabilità» [13].

L'elaborazione giurisprudenziale ha tracciato le caratteristiche della categoria dell'abnormità [14]: è affetto da vizio di abnormità, sotto un primo profilo, il provvedimento che, per singolarità e stranezza del suo contenuto, risulti avulso dall'intero ordinamento processuale, ovvero quello che, pur essendo

---

[13] *Rel. prog. prel. c.p.p.*, p. 126.

[14] Cass., Sez. Un., 25.2.2004, p.m. in c. Lustri; Cass., Sez. Un., 29.5.2002, Manca; Cass., Sez. Un., 29.5.2002, Manca; Cass., Sez. Un., 9.7.1997, p.m. in c. Quarantelli; Cass., Sez. Un., 24.3.1995, p.m. in c. Cirulli; Cass., Sez. Un., 18.6.1993, p.m. in c. Garonzi.

in astratto manifestazione di legittimo potere, si esplichi al di fuori dei casi consentiti e delle ipotesi previste, al di là di ogni ragionevole limite. Sotto altro profilo, si è rilevato che l'abnormità può discendere da ragioni di **struttura**, allorché l'atto si ponga al di fuori del sistema organico della legge processuale, ovvero può riguardare l'aspetto **funzionale**, nel senso che l'atto stesso, pur non essendo estraneo al sistema normativo, determini la stasi del processo e l'impossibilità di proseguirlo.

La voluta omissione di una specifica previsione di legge circa i modi e i tempi di impugnazione del provvedimento affetto da abnormità dipende dalla difficoltà della sua tipizzazione e dalla non riconducibilità ad alcuno degli schemi disciplinati dal sistema processuale, per cui la sua imprevedibilità non consente l'inserimento di esso tra gli atti impugnabili, come tali tassativamente previsti. Peraltro, a fronte di atti caratterizzati da assoluta peculiarità rispetto al sistema processuale, ovvero tali da determinare l'impossibilità di prosecuzione del processo, la giurisprudenza di legittimità ha ritenuto indispensabile consentire di porre rimedio a tali situazioni di palese ed eccentrico sviamento della funzione giurisdizionale attraverso l'impugnazione in cassazione, al fine di rimuovere un provvedimento non inquadrabile nel sistema o che assurga ad impedimento dello sviluppo processuale. Naturalmente, operando **in deroga alla tassatività**, la categoria dell'atto abnorme e, soprattutto, del mezzo esperibile per la sua rimozione, presenta indubbi caratteri di eccezionalità, essendo ravvisabile solo in mancanza di ulteriori strumenti di gravame ovvero di possibilità offerte dal sistema per rimediare con prontezza all'anomalia della pronuncia giudiziale nell'ambito dello sviluppo processuale e delle sue fasi.

Nella sua opera di progressiva ricostruzione del fenomeno (nulla di nuovo sotto il sole, in quanto già in epoca fascista, allo scopo di porre rimedio a situazioni oggettivamente inique in un sistema dal quale erano state, con scrupolosa cura, espunte le cause di nullità, la Corte di cassazione era giunta, con apprezzata sensibilità, a teorizzare l'inesistenza quale causa non codificata di annullamento delle sentenze ingiuste), la giurisprudenza ha cercato di coniugare il regime ordinario posto per le impugnazioni con le caratteristiche dell'atto abnorme, la cui imprevedibilità comporta, per lo più e necessariamente, una diversa individuazione del termine per impugnare, decorrente dal momento in cui l'interessato ha avuto effettiva conoscenza del provvedimento e, in difetto di prova contraria, coincidente con quello indicato dal ricorrente [15].

Il tema della tassatività, da non intendersi in senso strettamente formalistico, deve essere raccordato con l'aspirazione alla «**conservazione** dei **mezzi**

---

[15] Cass., Sez. Un., 11.2.2001, p.m. in c. Chirico.

di impugnazione»: ai sensi del co. 5 dell'art. 568, invero, «l'impugnazione è ammissibile indipendentemente dalla qualificazione ad essa data dalla parte che l'ha proposta» e, anche «se l'impugnazione è proposta ad un giudice incompetente, questi trasmette gli atti al giudice competente». La previsione implica la conversione del mezzo di impugnazione.

Per stabilire se l'impugnazione sia o meno ammissibile, il dettato normativo consente, senza dubbio alcuno, di prendere in considerazione la volontà del soggetto di proporre un mezzo di impugnazione e, quindi, di non sottostare alla decisione ritenuta ingiusta, senza attribuire alcun rilievo all'errore che potrebbe essersi verificato nel momento della manifestazione di volontà. La *ratio* della legge è quella di attribuire comunque efficacia al mezzo di impugnazione erroneamente proposto, ma non di modificare la reale volontà della parte al fine di rendere legittima un'impugnazione che, così come originariamente formulata, era inammissibile. In giurisprudenza si è chiarito come e perché «nel caso in cui il provvedimento giurisdizionale sia impugnato dalla parte interessata con un mezzo di gravame diverso da quello normativamente previsto e proposto avanti a un giudice incompetente, questo si deve limitare a prendere atto della volontà di impugnare proveniente dal soggetto e quindi, senza che gli sia dato procedere a qualsiasi ulteriore indagine, a trasmettere gli atti al giudice competente, che procederà all'esatta qualificazione del mezzo di gravame, deliberandone l'ammissibilità e la fondatezza»[16]. Inoltre, la conversione avviene nell'ipotesi in cui la parte abbia proposto un mezzo di impugnazione non previsto dalla legge o diverso da quello prescritto, a prescindere dal suo contenuto, visto che altro è l'errore commesso nella scelta del gravame mentre altro è, invece, la non conformità del contenuto rispetto alle previsioni di legge. A proposito di conversione del mezzo di impugnazione, è utile il richiamo all'art. 580, così come modificato dall'art. 7, L. n. 46 del 2006 (c.d. «legge Pecorella»), ove, seppure per diverse finalità, è stabilito che «quando contro la stessa sentenza sono proposti mezzi di impugnazione diversi, nel caso in cui sussista la connessione di cui all'art. 12, il ricorso per cassazione si converte nell'appello».

Il previgente art. 580 disponeva che il ricorso si convertisse in appello tutte le volte in cui, anche solo in astratto, concorressero mezzi di impugnazione eterogenei, ovvero sia nel caso in cui alla medesima parte fossero conferiti dall'ordinamento strumenti diversi verso distinti capi della sentenza, sia qualora a parti diverse fossero attribuiti mezzi d'impugnazione differenti verso uno stesso capo della sentenza, con la conseguenza che ciascuna parte, nel concreto esercizio del diritto di impugnazio-

[16] Cass., Sez. Un., 31.10.2001, De Palma.

ne, si sarebbe dovuta attenere al rispetto delle norme fissate dal codice, non tenendo conto che altri avessero già esercitato il proprio diritto d'impugnazione, così determinando la concorrenza di più mezzi di impugnazione e ponendo in essere la condizione perché si procedesse a conversione.

Il legislatore della riforma del 2006 ha voluto limitare fortemente il fenomeno della conversione di cui all'art. 580, ed ha statuito, a tal fine, che l'istituto opera limitatamente al «caso in cui sussista la **connessione** di cui all'art. 12 c.p.p.». Il presupposto di tale tipo di conversione, dunque, non è più il semplice contestuale svolgimento, in un'unica sede, di più giudizi, non essendo più sufficiente che nella medesima sentenza siano contenute una pluralità di statuizioni aventi ad oggetto più imputazioni o relative a più imputati, ma occorre che fra le suddette statuizioni contenute in un'unica decisione sussista una connessione *ex* art. 12.

È difficile negare una profonda razionalità logica alla scelta del legislatore di riconoscere spazio all'istituto della conversione solo in caso di connessione sostanziale ed effettiva fra i diversi procedimenti, posto che, laddove non c'è connessione processuale, la conversione non ha senso perché non si può paventare un conflitto di giudicati e viene così meno una delle ragioni che storicamente hanno determinato l'ingresso dell'istituto della conversione nel nostro ordinamento processuale. La regola della conversione opera anche con riferimento alla materia cautelare, sia perché i procedimenti previsti dagli artt. 309 e 310 sono da considerarsi dei veri e propri mezzi di impugnazione, sia in ossequio al principio del *favor libertatis*. Inoltre, non deve escludersi la possibilità di estendere il meccanismo in parola anche al campo dell'esecuzione penale, riconoscendo ad esempio la convertibilità dell'incidente di esecuzione in impugnazione ordinaria e viceversa; dell'impugnazione ordinaria e della proposizione di incidente di esecuzione in gravame proprio della magistratura di sorveglianza; del ricorso per cassazione in opposizione avverso l'ordinanza emessa *de plano* dal giudice dell'esecuzione in materia di applicazione dell'amnistia e dell'indulto.

7. I soggetti legittimati ad impugnare

La vigenza del principio di tassatività, è stato già detto, implica che le parti processuali, per proporre impugnazione, debbano essere a ciò legittimate dalla legge, a meno che la stessa non operi distinzioni tra parti; ed allora il diritto all'impugnazione spetta a ciascuna di esse. La legittimazione ad impugnare, combinata con l'interesse all'impugnazione, costituisce un presupposto di ammissibilità del mezzo esperito.

7.1. L'impugnazione del pubblico ministero

Tra i soggetti legittimati all'impugnazione, la legge annovera il pubblico ministero. Ai sensi dell'art. 570, quando la legge ammette che un provvedimento sia impugnabile dal pubblico ministero, deve intendersi che possa essere impugnato sia dal pubblico ministero **presso il giudice di primo grado**, sia dal procuratore generale **presso la Corte di appello**. A norma dell'art. 593 *bis* contro le sentenze del giudice per le indagini preliminari, della Corte d'assise e del tribunale può appellare il procuratore della Repubblica presso il tribunale. Il procuratore generale può proporre impugnazione nonostante l'impugnazione o l'acquiescenza del pubblico ministero presso il giudice che ha emesso il provvedimento. Deve sottolinearsi, inoltre, la legittimazione attribuita al rappresentante dell'accusa che ha presentato le conclusioni. Il co. 3 del citato art. 570 prevede, invero, che «il pubblico ministero che ha presentato le conclusioni e ne faccia richiesta nell'atto di appello, può partecipare al successivo grado di giudizio quale sostituto del procuratore generale presso la Corte di appello, quando quest'ultimo lo ritenga opportuno». Ciò comporta che la migliore conoscenza del processo da parte del pubblico ministero presso il giudice *a quo* può accelerare il dibattimento anche in fase d'impugnazione ma non può essere trascurato il rischio della personalizzazione dell'accusa, che c'è sempre ed è concreto.

Inoltre il pubblico ministero può impugnare agli effetti penali anche **a seguito di richiesta della parte civile**, della persona offesa non costituita parte civile, nonché degli enti ed associazioni intervenute *ex* artt. 93 e 94. Quando non propone impugnazione, il pubblico ministero decide con decreto motivato da notificare alla parte richiedente: l'organo d'accusa sollecitato dalla parte privata deve esplicitare le ragioni per le quali non intende dar corso alla domanda di impugnazione.

7.2. L'impugnazione dell'imputato e del difensore

Ogni qualvolta vi sia un concreto interesse da salvaguardare, l'impugnazione può essere proposta dall'imputato personalmente o per mezzo di **procuratore speciale**, nominato anche prima dell'emissione del provvedimento.

La novella del 2017 ha eliminato la possibilità, per l'imputato, di presentare ricorso per cassazione personalmente, intervenendo sull'art. 613 ed inserendo un'apposita clausola di salvezza all'art. 571. Cosicché, l'imputato può proporre personalmente l'impugnazione salvo che si tratti di ricorso per cassazione. Questo può essere proposto solo dal difensore iscritto nell'albo speciale istituito presso la Suprema Corte.

Nel caso in cui la parte sia incapace di intendere e di volere, all'impugnazione provvede il tutore e, se si tratta di persona inabilitata, la dichiarazione di impugnazione deve essere integrata da un curatore.

L'impugnazione può essere autonomamente proposta dal difensore dell'imputato al momento del deposito del provvedimento, anche se l'imputato non abbia espresso la volontà di impugnare: si tratta di potere che può essere esercitato a prescindere dal preventivo assenso (diverso sarebbe il caso di esplicito dissenso) dell'imputato in virtù del mandato conferitogli da quest'ultimo in quanto si tratta di attività rientrante nella difesa tecnica. L'impugnazione proposta dal difensore può essere vanificata dall'imputato attraverso la rinuncia espressa da parte di questi (art. 571, co. 4). Inoltre, alla stregua del **principio di unicità degli atti di impugnazione** non è ammessa la possibilità, da parte del difensore, di integrare, ai fini dell'ammissibilità e della regolarità, l'impugnazione eventualmente proposta dall'imputato.

7.3. L'impugnazione delle parti eventuali per la tutela degli interessi civili

Tra i soggetti legittimati a proporre impugnazione sono annoverate anche le c.d. **«parti eventuali»**, quali la **parte civile**, il **responsabile civile** e la **persona civilmente obbligata**. In particolare, il codice riconosce in astratto alla parte civile un autonomo potere di impugnazione, ma limitatamente alla tutela dei propri interessi civili (art. 576) e solo a condizione che sia conservata tale posizione fino al termine del dibattimento ed abbia presentato le proprie conclusioni scritte. Con la riforma del 2006, operata attraverso la L. n. 46 del 2006, è stata eliminata la previsione per cui la parte civile poteva proporre impugnazione col mezzo previsto per il pubblico ministero. Correlativamente, a seguito della suddetta riforma, ed in linea con il principio di tassatività del mezzo di impugnazione, è stata affermata l'impugnabilità della sentenza per i soli interessi della parte civile, esclusivamente attraverso il ricorso per cassazione: non essendo, infatti, specificata la facoltà della parte civile di proporre appello, ed essendo stato eliminato il riferimento, nell'art. 576, alla possibilità di utilizzare il mezzo di impugnazione previsto per il pubblico ministero, l'unica possibilità era quella di ricorrere all'art. 568, co. 2, secondo cui la sentenza, quando non altrimenti impugnabile, è sempre soggetta a ricorso per cassazione.

A tale situazione equivoca ha posto rimedio la giurisprudenza che, pur in deroga al principio di tassatività, ha stabilito che *ex* art. 576, co. 1, la parte civile, anche dopo l'intervento ad opera della L. n. 46 del 2006, può comunque proporre appello contro i capi della sentenza che riguardano l'azione civile[17].

---

[17] Cass., Sez. Un., 29.3.2007, p.c. in c. Lista.

Proponendo appello, la parte civile può impugnare la sentenza di proscioglimento per i soli interessi civili. Tale facoltà è funzionalmente orientata ad evitare che si formi un giudicato penale sulla decisione liberatoria dell'imputato essendo la sentenza di assoluzione irrevocabile idonea ad avere un'efficacia vincolante nei giudizi di danno (art. 652). Come si vedrà meglio in seguito, il giudice civile o amministrativo, richiesto della condanna al risarcimento del danno, non può non tener conto dell'accertamento compiuto dal giudice penale sull'insussistenza del fatto o sull'esistenza di una causa di giustificazione o, comunque, sull'esclusione della penale responsabilità.

Discorso a parte vale quando la sentenza è impugnata **solo** per gli interessi civili. In tal caso, la riforma del 2022, allo scopo di alleggerire il carico di lavoro degli uffici giudiziari penali, ha stabilito che il giudice d'appello o di legittimità, se l'atto di impugnazione supera il controllo di ammissibilità, rinvia per la prosecuzione al giudice civile competente, il quale deciderà avvalendosi delle prove raccolte nel processo penale e di quelle eventualmente acquisite nel giudizio civile (art. 573, co. 1 *bis*).

8. Le impugnazioni delle ordinanze predibattimentali e dibattimentali e delle sentenze che dispongono misure di sicurezza

Le ordinanze predibattimentali o dibattimentali possono essere impugnate soltanto con l'impugnazione della sentenza. L'impugnazione è ammissibile anche se ha ad oggetto il solo contenuto o la sola efficacia dell'ordinanza. Correlativamente, la decisione sull'impugnazione dell'ordinanza è giudicata **unitamente** a quella contro la **sentenza**. Solo nel caso in cui l'ordinanza predibattimentale o dibattimentale sia da considerare alla stregua di un atto c.d. "abnorme" questa è immediatamente ricorribile per cassazione. Tale regola è derogata nel caso in cui la legge disponga altrimenti. Nelle ipotesi di ordinanze in materia di libertà personale, infatti, l'impugnazione è ammessa immediatamente, a prescindere da quella esperibile contro la sentenza (art. 586, co. 3).

Contro le sentenze di condanna, di proscioglimento o di non luogo a procedere si può proporre impugnazione anche per ciò che concerne le misure di sicurezza, salvo che l'impugnazione sia proposta per un capo della sentenza che riguardi i soli interessi civili.

L'impugnazione contro le sole disposizioni della sentenza che riguardano le misure di sicurezza è indirizzata, *ex* art. 680, co. 2, al Tribunale di sorveglianza.

Per le decisioni che riguardano la **confisca**, l'impugnazione è proponibile con lo stesso mezzo previsto per l'impugnazione contro i capi penali della sentenza. A tanto deve aggiungersi che, nel caso in cui il provvedimento di confisca incida sui diritti del terzo rimasto estraneo al processo e, pertanto, non legittimato a proporre impugnazione avverso la sentenza di condanna, questi potrà presentare istanza di restituzione al giudice che ha la disponibilità del procedimento, il quale potrà decidere, avvalendosi della procedura di cui agli artt. 676 e 667, con ordinanza suscettibile di opposizione innanzi allo stesso giudice. A norma del nuovo art. 578 *bis*, quando è stata ordinata la confisca in casi particolari prevista dal co. 1 dell'art. 240 *bis* c.p. e da altre disposizioni di legge, il giudice di appello o la Corte di cassazione, nel dichiarare il reato estinto per prescrizione o per amnistia, decidono sull'impugnazione ai soli effetti della confisca, previo accertamento della responsabilità dell'imputato.

9. Forme, termini e modalità di presentazione dell'impugnazione

La proposizione dell'impugnazione, nelle forme, nei termini e con le modalità prescritte dalla legge, assume fondamentale rilevanza ai fini della **ammissibilità** del mezzo di controllo. Su tale aspetto ha profondamente inciso prima la c.d. Riforma Orlando del 2017, cristallizzando alcune linee interpretative adottate di recente dalla Corte di cassazione in punto di ammissibilità dell'impugnazione e, successivamente, la riforma del 2022 aprendo a forme dematerializzate di spedizione dell'impugnazione, non senza difficoltà operative dovute agli oneri di allegazione di documenti informatici assegnati alla difesa.

Il novellato art. 581 prescrive che l'impugnazione debba essere proposta con atto scritto nel quale devono essere indicati il provvedimento impugnato, la data di emissione ed il giudice che l'ha emesso, le parti dello stesso che si intende sottoporre a controllo (capi o punti della sentenza), le richieste, anche istruttorie, ed i motivi con l'indicazione in forma **puntuale** ed **esplicita** dei rilievi critici in relazione alle ragioni di fatto e di diritto, e le prove delle quali si deduce l'inesistenza, l'omessa assunzione o l'omessa o erronea valutazione.

Volto a imprimere maggiore rigore nel controllo sul rispetto dei requisiti minimi dell'atto di impugnazione, l'attenzione del nuovo disposto normativo è diretta soprattutto sui profili attinenti alle prove: chi propone impugnazione è tenuto ad enunciare **in modo specifico** – a pena di inammissibilità – le proprie doglianze relative ai dati conoscitivi asseritamente travisati, ignorati, o inesistenti, ed esplicitare, con la medesima trasparenza, le proprie richieste di acquisizione di nuove prove, o alla riassunzione di quelle già acquisite. Correlativamente la dichiarazione vaga ed approssimativa, non fondata su specifici motivi, comporta l'inammissibilità dell'impugnazione per difetto di specificità (art. 591, co. 1, lett. *c*). Si tratta di regola connaturata alla semplificazione delle procedure e ad una più meditata valutazione dell'atto che la parte deve compiere.

Ancora sul piano dei requisiti, la riforma del 2022 ha introdotto ulteriori adempimenti connessi all'esigenza di agevolare le attività di notificazione dell'ufficio giudiziario d'impugnazione, con particolare riferimento alla notifica dell'**atto introduttivo**.

È previsto, **a pena di inammissibilità**, che le parti private e i difensori sono tenuti a depositare la dichiarazione o l'elezione di domicilio ai fini della notificazione del decreto di citazione a giudizio; per la medesima finalità, è stabilito che, in caso di procedimento in assenza, con l'atto d'impugnazione del difensore è depositato, in aggiunta, uno specifico mandato ad impugnare rilasciato dopo la pronuncia della sentenza avversata (art. 581, co. 1 *ter* e 1 *quater*), allo scopo di assicurare che i controlli sulla sentenza siano effettuati solo quando è documentata la piena conoscenza della vicenda processuale da parte dell'imputato.

Quest'ultimo aggravio formale, nell'ottica del legislatore della riforma, trova un fattore di bilanciamento nella nuova disciplina dell'assenza, che prevede un maggior tempo per impugnare in favore dell'imputato (585, co. 1 *bis*) e, in secondo luogo, la possibilità per questi di essere restituito nel termine per avversare la sentenza anche quando dimostra di non aver avuto effettiva conoscenza della pendenza del processo e di non aver potuto impugnare tempestivamente senza sua colpa (art. 175, co. 2.1).

Nello stabilizzare alcune novità emerse con la legislazione dell'emergenza, il nuovo art. 582 impone, quale regola generale, che il deposito avvenga con le modalità **telematiche** dell'art. 111 *bis*, mentre le parti private conservano la facoltà di scelta tra la presentazione telematica e quella tradizionale, cioè personalmente o tramite un incaricato nella cancelleria del giudice *a quo*. Inoltre, l'imputato detenuto può proporre impugnazione personale con una dichiarazione ricevuta dal direttore dell'istituto penitenziario, immediatamente comunicata alla cancelleria del giudice che ha emesso il provvedimento.

Prevedere come obbligatorio l'uso dello strumento telematico per presentare l'impugnazione, mediante la formazione di un documento informatico da inviare via "PEC", se da un lato ha reso superflua la previgente disciplina sulla spedizione con modalità alternative o sulla presentazione presso un ufficio giudiziario diverso da quello in cui è stato emesso il provvedimento, dall'altro è in grado di creare notevoli difficoltà operative a regime, specie dove si consideri che l'impugnante, ad esempio, è tenuto ad allegare soltanto documenti autenticati all'atto di gravame.

L'impugnazione deve essere presentata entro i **termini** prescritti dalla legge, strettamente ancorati ai termini a disposizione del giudice per il deposito della motivazione: ai sensi dell'art. 585, i termini per impugnare decorrono per le parti presenti, o da considerare tali, in udienza, nel caso di contestuale lettura della motivazione ovvero dal termine fissato dalla legge o dal giudice per il deposito della sentenza (art. 548, co. 1) o, ancora, dalla notificazione o comunicazione dell'avviso di deposito (art. 548, co. 2) o, a seguito della modifica operata dalla L. 28.4.2014, n. 67, dal giorno in cui è stata eseguita la comunicazione dell'avviso di deposito con l'estratto del provvedimento, per il procuratore generale presso la Corte d'appello rispetto ai provvedimenti emessi in udienza da qualsiasi giudice della sua circoscrizione diverso dalla Corte d'appello.

A livello quantitativo, il **termine per impugnare** a disposizione della parte, **a pena di inammissibilità**, è di:

a) quindici giorni per i provvedimenti emessi in seguito a procedimento in camera di consiglio, con decorrenza dalla notifica dell'avviso di deposito del provvedimento;

b) quindici giorni quando la motivazione è redatta insieme al dispositivo (nella pratica quotidiana, evento alquanto raro), con decorrenza dalla lettura del provvedimento in udienza per le parti presenti o da considerarsi presenti al momento della lettura;

c) trenta giorni quando la motivazione è depositata non oltre il quindicesimo giorno da quello della pronuncia, con decorrenza dalla scadenza stabilita dalla legge;

d) quarantacinque giorni quando la motivazione è depositata in un termine più ampio di quindici giorni e non eccedente i novanta da indicarsi nel dispositivo e nella sentenza: il termine decorre dalla scadenza stabilita dalla legge o determinata dal giudice nel dispositivo[18].

Quando la decorrenza del termine è diversa per l'imputato e per il difensore, opera per entrambi il termine che scade per ultimo.

Nel caso in cui l'imputato sia contumace secondo la vecchia normativa, allo stesso deve essere notificato l'avviso di deposito e l'estratto della sentenza, ed i termini per impugnare decorrono dal momento della notificazione.

Anche nel caso in cui il giudice abbia stabilito un termine per il deposito della motivazione ma non sia riuscito a rispettarlo, a cura della cancelleria deve essere notificato alle parti ed ai difensori, nonché al pubblico ministero, l'avviso di deposito della sentenza e dalla data della notificazione decorreranno i termini per impugnare.

---

[18] Cass., Sez. Un., 21.5.1994, Vigorito.

L'atto di impugnazione deve essere comunicato al pubblico ministero presso il giudice che ha emesso il provvedimento, nonché al procuratore generale, e va notificato alle altre parti a cura della cancelleria: si tratta di previsione significativa per le implicazioni sottese alle previsioni di cui agli artt. 569, co. 2, e 595, rispettivamente in tema di *ricorso per saltum* e appello incidentale, condizionati dalla preventiva conoscenza dell'avvenuta impugnazione.

Fino a quindici giorni prima dell'udienza fissata per la discussione e nonostante l'unicità dell'atto di impugnazione, ai sensi del co. 4 dell'art. 585, sarà possibile presentare motivi nuovi nella cancelleria del giudice c.d. *ad quam*, con le forme telematiche già previste per la presentazione dell'impugnazione L'eventuale inammissibilità dell'impugnazione non può essere sanata dalla presentazione di **motivi nuovi**. Resta da comprendere se i motivi nuovi debbano riguardare gli stessi punti della sentenza già impugnati con l'atto principale, oppure possano riguardare anche altri punti o capi della sentenza. La nomenclatura e l'aggettivo «nuovi» potrebbero far pensare alla possibilità di prospettare posizioni diverse ed integrative rispetto a quelle già contenute nell'atto di impugnazione. Non si tratta, invero, di «motivi aggiunti», bensì di motivi nuovi. Le Sezioni Unite della Corte di cassazione, seppure con riferimento al ricorso *ex* art. 311, hanno specificato che i motivi nuovi a sostegno dell'impugnazione devono avere ad oggetto i capi o i punti della decisione impugnata che sono stati enunciati nell'originario atto di gravame [19].

10. L'inammissibilità e la rinuncia all'impugnazione

L'atto di impugnazione, il provvedimento impugnato e gli altri atti del procedimento sono trasmessi, senza ritardo, al giudice dell'impugnazione, competente a verificare, prima di decidere sulla fondatezza o meno del gravame, l'**ammissibilità** dell'impugnazione. Le impugnazioni *de libertate* godono di un canale accelerato di trasmissione (art. 100 disp. att.).

Ferma restando la possibilità di dichiarare in ogni stato e grado del procedimento l'inammissibilità dell'impugnazione, il giudice – anche d'ufficio – si pronuncia con **ordinanza** in camera di consiglio, senza la presenza delle parti le quali potranno proporre, comunque, ricorso per cassazione avverso l'ordinanza stessa, eccezion fatta per il caso in cui a dichiarare l'inammissibilità sia la Corte di cassazione. L'impugnazione della declaratoria di inammissibilità ha effetto **sospensivo** [20].

---

[19] Cass., Sez. Un., 25.2.1998, Bono.

[20] V. *infra*, par. 11 di questo capitolo.

I motivi di inammissibilità sono enucleati dall'art. 591 e sono comuni a tutti i mezzi di impugnazione. L'appello, al pari del ricorso per cassazione, è inammissibile per **difetto di specificità dei motivi** quando non risultano esplicitamente enunciati e argomentati, in forma puntuale ed esplicita, i rilievi critici rispetto alle ragioni di fatto o di diritto poste a fondamento della decisione impugnata, fermo restando che tale onere di specificità, a carico dell'impugnante, è direttamente proporzionale alla specificità con cui le predette ragioni sono state esposte nel provvedimento impugnato[21]. Più in generale, poi, le cause di inammissibilità sono individuabili nel difetto di legittimazione o nella mancanza di interesse all'impugnazione, nell'inoppugnabilità del provvedimento, nel mancato rispetto delle norme relative alla forma, alla presentazione anche telematica, ai termini dell'impugnazione ed infine nella sopravvenuta rinuncia della parte. A tale ultimo proposito, deve sottolinearsi che la **rinuncia** è atto con il quale la parte, che ha proposto impugnazione, dichiara di non volersene più avvalere perché, in genere, non vi ha più interesse o perché muta la strategia difensiva. La rinuncia presuppone che l'impugnazione sia stata proposta e sia ammissibile.

Ex art. 589, il pubblico ministero può rinunciare all'impugnazione da lui proposta fino all'apertura del dibattimento. Successivamente, la dichiarazione di rinuncia può essere effettuata prima dell'inizio della discussione ma dal pubblico ministero presso il giudice dell'impugnazione, anche se l'impugnazione è stata proposta dal pubblico ministero presso il giudice di primo grado.

Le parti private possono rinunciare all'impugnazione anche per mezzo di procuratore speciale, fino all'inizio della discussione in dibattimento.

10.1. L'improcedibilità dell'azione penale dovuta al superamento dei termini di durata massima dei giudizi di impugnazione

La riforma del 2022 ha legato le condizioni di procedibilità dell'azione penale alla durata dei giudizi d'appello e di cassazione.

A seguito della riforma della prescrizione di cui alla L. 27.9.2021, n. 134, che ha determinato la **cessazione definitiva del corso della prescrizione con la pronuncia della sentenza di primo grado**, così sostanzialmente azzerando le possibilità di estinzione del reato per prescrizione in impugnazione (art. 161 *bis* c.p.), il legislatore ha coniato, in funzione di contrappeso, una **nuova causa di improcedibilità dell'azione penale**.

In linea generale è stabilito che, a regime, la mancata definizione del giudizio di appello o di quello conseguente all'annullamento con rinvio da parte della Corte di cassazione in due anni o, ancora, del giudizio di legittimità in

[21] Cass., Sez. Un., 27.10.2016, Galtelli.

un anno, fa venir meno la procedibilità dell'azione penale esercitata dal p.m., privando il giudice del potere di statuire sulla regiudicanda, salvo che si tratti di procedimenti per delitti puniti con la pena dell'ergastolo, anche come effetto dell'applicazione di circostanze aggravanti (art. 344 *bis*).

Gli effetti del superamento dei termini massimi sono disciplinati dall'art. 578 *ter*.

La disposizione intende coordinare la caducazione del potere di statuizione, che impedisce la produzione di effetti penali di sorta in caso di sopravvenuta carenza di una delle condizioni di procedibilità dell'azione, con l'esigenza di assicurare la produzione di alcune conseguenze ablatorie del patrimonio dell'imputato, che sono ammesse anche in difetto di una statuizione di condanna.

Sul primo profilo, è stabilito che il giudice dell'impugnazione, quando dichiara l'improcedibilità per il superamento dei termini di cui all'art. 344 *bis*, applica la **confisca** nei casi in cui è prevista come **obbligatoria** dalla legge anche quando non è stata pronunciata una condanna. Il riferimento va, in via principale, alla confisca obbligatoria delle cose la cui fabbricazione, uso, porto, detenzione o alienazione costituisce reato (art. 240, co. 2, n. 2, c.p.), trattandosi di beni che non potrebbero comunque legalmente circolare per via delle loro caratteristiche.

Al di là di questa ipotesi, può darsi che vi siano beni in sequestro di cui è stata disposta la confisca da parte del giudice di primo grado.

In tal caso, si prevede che il giudice d'appello o la Corte di cassazione adottano un'ordinanza di trasmissione degli atti al procuratore della Repubblica presso il tribunale del capoluogo del distretto o al procuratore nazionale antimafia e antiterrorismo, affinché possano, secondo le rispettive competenze, adottare le **misure patrimoniali di cui al codice antimafia** (d.lgs. 6.9.2011, n. 159). In particolare, l'effetto dell'ordinanza in questione è quello di prolungare di novanta giorni la durata del sequestro a partire dal momento in cui si verifica l'evento che determina l'improcedibilità dell'azione, in quanto il sequestro cessa di avere effetto se, nel detto termine, non interviene il provvedimento ablatorio di prevenzione.

Al di fuori delle ipotesi in cui è possibile disporre la confisca obbligatoria o, all'esito del termine sospensivo di cui al comma 3, le misure patrimoniali di prevenzione, la lettera dell'art. 578 *ter* non sembra ammettere ulteriori poteri ablatori del giudice, in linea con la teoria generale sulle condizioni di procedibilità dell'azione.

A ben guardare, le uniche ipotesi di confisca ammesse dalla disposizione non confliggono con l'idea che l'improcedibilità recide la potestà di decidere nel caso concreto: non nel primo caso, in quanto, come si è accennato, i beni in questione sono comunque considerati illeciti dall'ordinamento, per cui possono essere confiscati anche in assenza di una statuizione di condanna e, dunque, del relativo potere; non nel secondo, dal momento che le misure patrimoniali di prevenzione antimafia rappresentano, per orientamento consolidato, misure *praeter delictum*, che non richiedono, cioè, l'accertamento di un fatto di reato per essere applicate né, dunque, il relativo potere di condanna.

Ulteriori considerazioni merita il rapporto tra l'innovativa causa di improcedibilità in impugnazione e **l'azione civile** esercitata nel processo.

Quando, con la sentenza di primo grado, la domanda risarcitoria della parte civile abbia trovato accoglimento, è stabilito che, in tutte le ipotesi in cui la sentenza viene impugnata anche per gli interessi civili, il giudice d'appello o di cassazione, accertata l'ammissibilità dell'atto d'impugnazione, nel dichiarare improcedibile l'azione secondo l'art. 344 *bis* rinvia per la prosecuzione al giudice civile competente, dinanzi al quale sono utilizzabili le prove acquisite nel processo penale e mantiene efficacia il sequestro conservativo eventualmente disposto a garanzia delle obbligazioni civili derivanti dal reato, fino alla formazione del giudicato civile.

11. Gli effetti delle impugnazioni

Quando la parte processuale, legittimata a farlo, decide di avvalersi della possibilità di impugnare un provvedimento giurisdizionale, inevitabilmente la proposizione del mezzo di impugnazione produce degli **effetti** che si ripercuotono sul provvedimento sottoposto a controllo e, se coinvolte, sulle altre parti processuali.

11.1. L'effetto sospensivo

In prospettiva generale, la proposizione di un mezzo di impugnazione **sospende l'esecuzione** del provvedimento da sottoporre a controllo. L'esecuzione della sentenza è sospesa durante il corso dei termini per impugnare e fino all'esito dell'ultimo giudizio di impugnazione esperito dalla parte. Si tratta di conseguenza coerente con la regola costituzionale della presunzione di non colpevolezza (art. 27 Cost.) che consente l'eseguibilità della sentenza solo nel momento in cui questa sia divenuta definitiva.

La regola non è esente da **eccezioni**. Invero, le sentenze di proscioglimento e quelle di non luogo a procedere sono immediatamente eseguibili per la parte in cui dispongono la revoca delle misure cautelari personali. Altra deroga sussiste in caso di impugnazione presentata avverso ordinanze in materia di libertà personale adottate in sede cautelare: l'impugnazione *de libertate* (*ex* artt. 309, 310, 311) non ha effetto sospensivo.

Altra deroga si realizza quando l'impugnazione concerna solo i capi civili della sentenza: in tal caso, l'esecuzione degli effetti penali del provvedimento impugnato non è sospesa e, pertanto, la sentenza è suscettibile di irrevocabilità (art. 573, co.2) quanto alla statuizione sulla penale responsabilità.

11.2. L'effetto estensivo

Vi sono casi in cui, in procedimenti con più imputati, l'impugnazione proposta da uno di questi **si estende anche agli altri**, nel rispetto di certe condizioni espressamente previste dalla legge.

Più in particolare, l'estensione dell'impugnazione si manifesta nel caso di **concorso di persone nel reato**, quando l'impugnazione stessa non si fondi su motivi esclusivamente personali; nel caso di **riunione** di procedimenti per reati diversi, qualora si censurino violazioni della legge processuale, sempre che non si tratti di motivi strettamente personali; nel caso di impugnazione del **responsabile civile** e della persona civilmente obbligata a favore dell'imputato, anche agli effetti penali (art. 587, co. 3 e 4), purché l'impugnazione non si fondi su ragioni personali; nel caso di impugnazione dell'imputato a favore del responsabile civile e del civilmente obbligato per la pena pecuniaria. In tali casi, alla parte che non ha proposto impugnazione è consentito di **partecipare** al relativo giudizio e, soprattutto, di giovarsi degli effetti favorevoli derivanti da un'impugnazione proposta da altra parte, con la quale vi sia, comunque, un interesse collegato. Da tanto, la necessità che l'impugnazione presentata dalla parte impugnante abbia ad oggetto questioni sostanziali o processuali obbiettive, comuni tra i coimputati e non, invece, situazioni attinenti alla qualità ed alle condizioni soggettive della persona che ha proposto impugnazione.

Se sussistono tali presupposti, chi non ha impugnato ha diritto ad essere **citato** nel giudizio di impugnazione proposto dalla parte impugnante e di parteciparvi attivamente anzitutto attraverso la presentazione di **motivi nuovi** sull'impugnazione altrui e poi anche con la partecipazione alla discussione.

Quando il giudice dell'impugnazione non provveda alla citazione (e, correlativamente, non applichi estensivamente gli eventuali effetti favorevoli dell'impugnazione *ex* art. 587) degli imputati non impugnanti, benché titolari di un interesse, costoro non hanno diritto a ricorrere per cassazione avverso la sentenza per mancata pronuncia sull'effetto estensivo nei loro confronti, in quanto la legittimazione all'impugnazione è circoscritta a chi è stato effettivamente parte. In ipotesi del genere, tuttavia, è consentito alla parte non impugnante l'accesso al giudice dell'esecuzione ai fini dell'applicazione degli effetti favorevoli della decisione pronunciata nei confronti dell'impugnante: è tale giudice, infatti, che – ovviando all'omissione del giudice dell'impugnazione –, può rivedere la condanna e ridimensionarla sulla scorta dell'effetto estensivo della più favorevole decisione assunta con la decisione sul gravame.

11.3. L'effetto devolutivo

La proposizione del mezzo di impugnazione produce, inevitabilmente, la **devoluzione** della **cognizione** della causa ad un giudice diverso da quello che ha pronunciato il provvedimento da sottoporre a controllo.

La legge stabilisce i casi in cui il giudice del controllo debba conoscere totalmente le questioni decise e trattate dal primo giudice e quelli in cui, invece, debba limitarsi a quanto dedotto dalla parte impugnante nell'atto di gravame. Generalmente per comprendere il concetto di devoluzione si fa riferimento ai concetti di "capo" e "punto" della decisione impugnata.

La sentenza si compone di **capi** e **punti**. Per capi si intendono le singole imputazioni: il capo singolo può costituire da solo il contenuto della sentenza allorquando vi sia una sola imputazione. Per punti, invece, si intendono i temi generali che devono necessariamente essere affrontati dal giudice per la sua decisione: si pensi all'accertamento sul fatto storico, alla riconducibilità dello stesso all'imputato, alla sussistenza o meno di cause di giustificazione, al fatto riconducibile alla fattispecie penale incriminatrice quanto sia dal punto di vista dell'elemento oggettivo che soggettivo, alle eventuali circostanze aggravanti o attenuanti ed alla loro comparazione, alla determinazione della pena.

Sulla base dell'interesse e della finalità perseguita con la proposizione dell'impugnazione, il soggetto impugnante deve enunciare, **a pena di inammissibilità**, i capi o i punti della decisione ai quali si riferisce l'impugnazione, le richieste ed i motivi, con l'indicazione **specifica** delle ragioni di diritto e degli elementi di fatto che sorreggono ogni richiesta. Ciò non toglie che l'impugnazione si possa riferire a tutti i capi e punti della sentenza. Ad esempio, avvalendosi dell'appello, la parte impugnante può decidere di volere sottoporre al controllo del giudice di secondo grado l'intera decisione, curandosi – però – di indicare nell'atto di gravame, le ragioni di fatto e di diritto che sorreggono la sua richiesta, in virtù del principio di specificità e chiarezza. Il discorso è parzialmente diverso nel caso di ricorso per cassazione il quale, fermo restando l'onere di specificità e chiarezza, è caratterizzato da un limite devolutivo, potendo essere proposto solo per i motivi espressamente indicati dall'art. 606 che, come si vedrà in seguito, permettono di censurare l'atto solo per ragioni di diritto.

Specificità e chiarezza nella devoluzione devono sussistere a pena di inammissibilità dell'impugnazione (art. 581). Alla regola, tuttavia, v'è un'eccezione. L'onere di specificare i motivi della devoluzione e le parti del provvedimento impugnato da sottoporre a controllo subisce una deroga nel caso di riesame delle ordinanze che dispongono una misura cautelare: quello disciplinato dall'art. 309 è gravame puro a devoluzione integrale; la parte che vi ha interesse può inoltrare istanza investendo il giudice competente della totale rivalutazione di tutti gli elementi già valutati dal primo giudice, senza alcun onere di specificarne le ragioni in fatto o in diritto.

12. La soccombenza ed il pagamento delle spese processuali

Nel giudizio di impugnazione è operativo il **principio di soccombenza** che comporta, a carico della parte privata, che si è vista rigettata o dichiarata inammissibile l'impugnazione, la condanna al pagamento delle spese del procedimento.

L'imputato che riporta condanna in sede di impugnazione, è condannato altresì al pagamento delle spese dei precedenti gradi del giudizio, anche ove in questi sia stato prosciolto. Se vi sono più imputati, essi sono condannati in solido ma ciascuno è condannato individualmente per il pagamento delle spese di custodia cautelare.

Nei giudizi di impugnazione per i soli interessi civili, la parte privata soccombente è condannata alle spese.

Capitolo XXII

L'appello

di *Alfredo Gaito*

1. La fisionomia del giudizio di secondo grado

Per tradizione millenaria, rarefatta nell'età di mezzo e poi rinvigorita e razionalizzata nel processo canonico, alla parte soccombente in un processo (civile o penale: era lo stesso) è sempre stata offerta la possibilità di contestare la decisione, eventualmente provocando l'instaurazione di una nuova fase finalizzata a far riesaminare la questione normalmente da un collegio diversamente formato, composto da magistrati di grado più elevato, più numerosi, più esperti e più anziani del primo. Sia chiaro, però, che il fine dell'appello non è mai stato quello di devolvere in secondo grado ogni questione a giudici più competenti, in virtù del superiore grado gerarchico (in tal caso, il giudizio precedente sarebbe stato sempre inutile per definizione), quanto piuttosto quello di conseguire un ulteriore giudizio, auspicabilmente più completo di quello già elaborato. Dove non c'è garanzia istituzionale che la sentenza pronunciata quale epilogo del giudizio d'appello sia più appagante e convincente della prima. D'altronde, l'esperienza giudiziaria ha insegnato che lo scarto fisiologico tra ricostruzione processuale e verità reale può essere ridotto solo praticando il metodo della progressiva rielaborazione critica del materiale probatorio disponibile. Le varianti astratte sono state, e sarebbero, molteplici (dall'opposizione di antica memoria alla c.d. doppia – o tripla –

conforme); lo scrupolo del nostro legislatore per una decisione giusta, dovendo coniugare l'aspirazione utopistica dei singoli ad un sistema di controlli tendenzialmente infinito e senza limitazioni con le esigenze pratiche della certezza dei rapporti e della celerità delle decisioni, ha recepito l'attuale strumento di un **controllo di merito** senza vincoli particolari quanto all'oggetto da riesaminare, con esclusione tendenziale delle questioni nuove e con limitazioni – forse divenute anacronistiche – all'introduzione di prove nuove.

Di preliminare importanza risulta comprendere se, per non incorrere nella violazione del **diritto ad un secondo giudizio di merito**, sia indispensabile la ripetizione integrale del giudizio di primo grado con possibilità di integrazione probatoria o, invece, possa ritenersi sufficiente la possibilità di ripercorrere bensì criticamente ma in maniera cartolare (cioè: *ex actis*) il procedimento formativo e valutativo della prova e il percorso decisorio praticato dal primo giudice. Optare per la prima (più dilatante) prospettiva, in via generalizzata, significherebbe appesantire, innanzitutto, il sistema delle impugnazioni e, nel contempo, sancire in modo radicale l'inadeguatezza delle strutture e delle dinamiche processuali nostrane (ancora assurdamente arroccate sul dogma, oramai stantio e superato dell'infallibilità del giudice e della completezza dell'accertamento del giudizio di primo grado) che contemplano la possibilità di rinnovare il dibattimento in secondo grado solo in via eccezionale, a fronte di ipotesi circoscritte e tassativamente previste (art. 603), seppure allargate con la L. n. 103 del 2017.

Affinché possa parlarsi di **effettività** del diritto al doppio grado di giudizio di merito – indipendentemente dalle regole che lo diversificano, in conformità alla potestà organizzativa, lasciata ad ogni singolo Stato, di optare per la fisionomia più acconcia allo scopo che intende perseguire – quel che conta veramente, più che una stratificazione di gradi di accertamento, è la possibilità di fruire di una *chance* reale di difesa attiva che permetta all'accusato di criticare e di dimostrare tempestivamente l'erroneità della decisione, senza dover attendere la revisione. Correlativamente, il problema che si pone non è legato tanto alla presenza o meno all'interno dell'ordinamento di un doppio grado di giudizio di merito, quanto piuttosto allo *standard* di "qualità" della tipologia di controllo attualmente sperimentata e, in particolar modo, se l'appello così come delineato dalla trama codicistica (e praticato nelle aule di giustizia) possa essere ritenuto conforme o meno ai princìpi sovranazionali. Sta di fatto che, nel passaggio dal rito inquisitorio a quello tendenzialmente accusatorio, proprio a proposito delle impugnazioni il c.d. codice Vassalli ha segnato il passo, lasciando in vasta misura invariata la disciplina del codice Rocco, come se Costituzione, leggi e tempi non avessero dimostrato l'inadeguatezza di certe soluzioni, sicuramente valide sessanta anni prima ma da tempo destinate ad essere sottoposte a rimeditazione critica integrativa alla luce dei princìpi europei e della cultura del giusto processo.

Ebbene. Se prima della costituzionalizzazione del giusto processo il giudizio di secondo grado poteva definirsi in modo ortodosso *revisio prioris instantiae*, secondo quella necessità del giudice di appello di ripercorrere i sentieri gnoseologici battuti dal primo giudice e di rivalutarli, alla luce delle indicazioni scaturite dall'esercizio del potere di critica delle parti, oggi l'esaltazione del diritto alla prova contraria, previsto dal co. 3 dell'art. 111 Cost., induce a pretendere un *novum iudicium* vero e proprio; nel senso di fase di giudizio che non sia circoscritta ad assicurare, per finalità di critica settoriale avverso la prima decisione, una integrazione probatoria limitata da considerare non più che in termini di "eccezionalità" rispetto ad un primo grado di giudizio connotato dalla presunzione di regolare esaustività dell'accertamento (ma ogni presunzione di regolarità va bandita dal processo penale, ove il giudizio può essere ritenuto completo solo in via di astrattezza teorica, fino a quando si disveli in concreto l'esistenza di elementi conoscitivi non considerati), bensì quale momento istituzionalmente deputato all'esercizio (o al recupero) del diritto alla prova, dove il mito (tipico dei regimi autoritari) della infallibilità del giudice e delle istituzioni cede il passo all'esigenza di porre rimedio ad ogni **possibile errore giudiziario** in qualunque momento della progressione processuale penale. Di conseguenza, nell'ipotesi in cui difetti, o venga respinta, la possibilità di nuovi apporti conoscitivi, l'appello si risolve soltanto in un giudizio di critica, in fatto ed in diritto, dei percorsi motivazionali del giudice di primo grado, in considerazione della fisionomia stessa del modello ereditato dalle esperienze del passato: dal principio devolutivo nella formulazione dell'impugnazione mediante la predisposizione dei motivi, alla relazione della causa che va rivisitata in rapporto alle censure dell'appellante.

In una prospettiva innovativa, rispettosa dei diritti sostanziali dei singoli e del nuovo ruolo della difesa, non più statica ma chiamata ad attivarsi nella ricerca della prova a confutazione, può guardarsi al giudizio di secondo grado e, in particolare, all'appello non quale strumento dilatorio sistematicamente proposto per differire l'esecutività della sentenza (in virtù dell'effetto sospensivo), bensì quale mezzo per la correzione degli errori del primo giudizio.

1.1. La generalizzazione dell'appello e i tempi del processo penale

Nell'effetto **sospensivo** è stato individuato, da più parti, uno dei fattori maggiormente responsabili dei ritardi nell'amministrazione della giustizia; tanto da indurre taluno ad invocare l'immediata esecutività di qualsiasi sentenza, appena pronunciata. Ma è intuitivo che il ritorno ad una sorta di "giustizia sotto l'albero" comporti dei rischi troppo alti per un regime democratico ove "libertà" è ancora parola densa di significati.

Il fenomeno dell'utilizzo degli appelli pretestuosi, tipico dei modelli di giustizia ad organizzazione piramidale, non costituisce, però, il solo fattore di possibile ritardo nella definizione dei procedimenti penali, ma si unisce su un piano parallelo alla dilatazione dei tempi delle indagini (sempre più lunghi e male utilizzati), al ricorrente disimpegno dei giudici (giudice per le indagini preliminari e Tribunale della libertà) investiti dei compiti di controllo sulla ritualità delle indagini e sull'imputazione cautelare e all'ipertrofia dei possibili strumenti di contrasto attribuiti alle parti (es.: riesame, ricorso in cassazione, istanza di revoca, appello, nuovo ricorso; opposizione, incidente di esecuzione, ricorso, nuovo incidente, nuovo ricorso): una combinazione perversa che ha paralizzato il sistema con tutte le conseguenze che ne sono derivate sulla (ir)ragionevole durata dei processi. Non è questa la sede per discettare dei possibili rimedi; certo è che la condanna alle spese e la devoluzione di una modesta somma alla c.d. Cassa delle ammende in ipotesi di rigetto o inammissibilità dell'impugnazione non rappresentano un deterrente efficace a dissuadere dalla attivazione di procedure pretestuose. In particolare, si è puntato l'indice sull'utilizzo distorto che dell'appello può fare il pubblico ministero, il quale, secondo l'impronta offerta dalle Convenzioni internazionali, potrebbe essere tranquillamente estromesso da ogni forma di impugnazione, posto che, a livello di enunciati di principio, gli unici soggetti legittimati rimangono il condannato ed i soggetti civilmente obbligati (responsabile civile e civilmente obbligato per la pena pecuniaria).

2. L'appello nel sistema codicistico

L'appello è un mezzo di impugnazione attraverso il quale la decisione di primo grado viene portata all'attenzione di un giudice **sovraordinato** per censure che attengono a questioni sia di fatto che di diritto. Ferme restando le considerazioni svolte in precedenza, da tale definizione si potrebbe essere indotti a concludere *tout court* che attraverso l'appello trovi concreta attuazione il diritto al doppio grado di giurisdizione di merito sancito espressamente sia nell'art. 14, par. 5, del P.i.d.c.p. – seppur con non trascurabili eccezioni – che nell'art. 2 del VII Protocollo aggiuntivo alla C.e.d.u., risolvendosi nel diritto alla fruibilità di un'impugnazione "di merito" da parte di chi sia stato condannato in primo grado. In particolare, se nella concezione astratta e tradizionale del modello, «doppio grado di giudizio» (o «di giurisdizione») significa **«doppia cognizione di merito» della medesima controversia**, effettuata da due organi giudicanti diversi, nella relatività storica dell'ordinamento di diritto positivo prevale una concezione concreta di «doppio grado» parzialmente divergente da quella astratta e strutturata secondo uno schema orientato verso la logica del controllo piuttosto che del secondo giudizio di merito.

L'appello è un mezzo di impugnazione **parzialmente devolutivo**, essendo limitata la cognizione del giudice di secondo grado ai motivi di doglianza che non sono, comunque, tassativamente indicati dalla legge e che, pertanto, possono investire ogni capo e punto della sentenza da riesaminare.

Con la L. n. 103 del 2017 e, da ultimo, con la Riforma "Cartabia", il Legislatore ha cercato solo di circoscrivere la dichiarazione di appello, imponendo che nella stessa siano ben indicati in forma puntuale ed esplicita, a pena di inammissibilità, non solo i motivi di doglianza, ma ogni singola ragione che li sorregge, in fatto ed in diritto (art. 581, co. 1 *bis*); non solo le richieste ma anche le ragioni sulle quali esse si fondano e, in maniera particolare, le prove delle quali si deduca l'inesistenza, l'omessa assunzione o l'omessa o erronea valutazione. Del resto, nonostante l'assenza di motivi tassativi, anche la giurisprudenza era giunta ad affermare l'inammissibilità dell'impugnazione difettosa in punto di specificità dei motivi e dei rilievi critici rispetto alle ragioni di fatto o di diritto poste a fondamento della sentenza impugnata [1].

Il giudice d'appello ha la medesima ampiezza di **poteri** del giudice di primo grado; diversamente dal primo, tuttavia, il giudice d'appello è tenuto a basarsi – ai fini della decisione – sui verbali dei *materialia iudicii* acquisiti in occasione del primo giudizio, essendo la rinnovazione del dibattimento ancora caratterizzata da eccezionalità, salvo che per l'ipotesi di cui ai commi 3 *bis* e 3 *ter* dell'art. 603.

È, infatti, caratteristica del giudizio di impugnazione in parola l'essere un procedimento essenzialmente "**cartolare**" (con buona pace degli enfatizzati caratteri dell'immediatezza e dell'oralità), nel quale la cognizione del giudice del controllo si basa, generalmente, sui protocolli di causa formati e trasmessi dal primo giudice. Ne deriva che la compromissione del principio di **immediatezza** nell'assunzione e valutazione delle prove è istituzionale, non realizzandosi di regola alcun **contatto diretto** con le fonti di conoscenza già valutate in primo grado, tuttavia soggette ad una rivalutazione da parte del giudice dell'impugnazione, con ovvie conseguenze sul diritto della parte a vedersi riconosciuto, in tale fase, il diritto alla controprova, pur garantito a livello costituzionale senza alcuna limitazione cronologica o funzionale in riferimento alle diverse fasi che scandiscono il processo penale nel suo progredire.

3. Il giudice d'appello: competenza e cognizione

L'appello rappresenta uno strumento di potenziale garanzia per le parti alle quali la legge attribuisce la possibilità di devolvere la cognizione della

---

[1] Cass., Sez. Un., 22.2.2017, Galtelli.

causa ad un giudice diverso da quello che aveva giudicato in primo grado. Il giudice di appello, come quello di primo grado, possiede poteri d'ufficio attraverso i quali può rilevare il difetto di giurisdizione, l'incompetenza per materia, l'inutilizzabilità di prove, le nullità assolute o quelle a regime intermedio, la violazione del divieto connesso al *bis in idem*.

Sull'appello proposto contro la sentenza del Tribunale o della Corte d'assise, decidono rispettivamente la Corte d'appello e la Corte d'assise d'appello. Se si impugna una sentenza emessa dal giudice dell'udienza preliminare in sede di giudizio abbreviato, decide la Corte d'appello o la Corte d'assise d'appello, in base al tipo di reato (art. 596, co. 3). Se si propone appello avverso una sentenza del giudice di pace, competente per il giudizio di secondo grado è il Tribunale in composizione monocratica del circondario in cui ha sede il giudice di pace.

4. L'appello contro le sentenze di condanna

Il pubblico ministero e l'imputato possono appellare contro le sentenze di condanna. La regola non è senza eccezioni, a maggior ragione a seguito delle recenti riforme al sistema delle impugnazioni. A norma del nuovo art. 593 l'imputato può appellare contro le sentenze di condanna mentre il pubblico ministero può appellare contro le medesime sentenze solo quando modificano il titolo del reato o escludono la sussistenza di una circostanza aggravante ad effetto speciale o stabiliscono una pena di specie diversa da quella ordinaria del reato. Sono, poi, inappellabili le sentenze di condanna per le quali è stata applicata la sola pena dell'ammenda, da intendersi come pena originaria e non sostitutiva della pena detentiva, o la pena sostitutiva del lavoro di pubblica utilità; ancora, sono inappellabili le sentenze di proscioglimento relative a reati puniti con la sola pena pecuniaria o con la pena alternativa (art. 593, co. 3). Sono, inoltre, inappellabili le misure di sicurezza quando non sia stata proposta impugnazione contro i punti della sentenza relativi agli effetti penali.

Altre deroghe sono costituite da alcune limitazioni in riferimento all'appellabilità delle sentenze emesse a seguito di rito abbreviato e patteggiamento che abbisognano di un discorso a parte.

5. L'appello contro le sentenze di proscioglimento

Rispondendo allo spirito di «attuare i princìpi della Costituzione e adeguarsi alle norme delle convenzioni internazionali ratificate dall'Italia e relative ai diritti della persona» come prevede la direttiva n. 2 della legge delega al codice di procedura penale, nonché all'esigenza di comprimere i tempi processuali a favore di un processo senza inutili dilazioni, era stata promulgata la L. 20.2.2006, n. 46 (c.d. legge Pecorella). D'altronde, la costituzionalizzazione del principio del giusto processo in una cornice di garanzie processuali già presenti in Costituzione (artt. 3, 13, 14, 15, 24, co. 2 e 4, 27, co. 2) e nelle convenzioni internazionali (art. 14, par. 5, P.i.d.c.p.; art. 5 e 6 C.e.d.u.; art. 2, par. 1, VII Protocollo aggiuntivo C.e.d.u.) e successivamente trasfuse nella disciplina ordinaria del processo di cognizione di primo grado (L. 1.3.2001, n. 63), non potevano non comportare corrispondenti modifiche del sistema delle impugnazioni. In questo contesto culturale, di adeguamento ai nuovi *standards* di impugnazione, era stata introdotta una **delimitazione del potere di appello** avverso le sentenze di **proscioglimento** conformemente ai princìpi della considerazione di **non colpevolezza** dell'imputato e alla necessità di ancorare la valutazione della prova di colpevolezza a canoni di sussistenza, non contraddittorietà e ragionevole certezza (art. 530, co. 2, e, successivamente alla sua modifica, art. 533, co. 1), secondo una valutazione idonea ad escludere il ragionevole dubbio in linea con l'impostazione tracciata dalla moderna dottrina statunitense che, nell'indicare la differenza tra *irrational doubt* e *rational doubt* sposta l'oggetto della riflessione dai criteri soggettivi di formazione del giudizio nella mente dei giurati ai distinti temi della struttura e del tipo di prova, del ragionamento probatorio, delle inferenze induttive e delle logiche connessioni tra evidenza e verdetto, del grado di resistenza all'ipotesi d'accusa, alla luce dell'evidenza probatoria, rispetto alle ipotesi alternative e antagoniste, prendendo in seria considerazione i profili epistemologici della prova e la logica della decisione.

Il "cuore" della novella legislativa ha ruotato intorno all'art. 593 ed aveva, coerentemente con i princìpi suddetti, escluso il potere di appello avverso le sentenze di proscioglimento, a meno che non fosse stato dedotto un *novum* probatorio decisivo ai fini della valutazione finale del giudice. Si trattava di un intervento apprezzabile dal punto di vista delle garanzie e della tutela dell'imputato prosciolto in primo grado che, dati gli ampi poteri attribuiti al pubblico ministero, non poteva – e non può tuttora – che incontrare insormontabili difficoltà nell'esercizio del diritto di difesa nel giudizio d'appello promosso dall'accusa. L'intervento legislativo sull'inappellabilità delle sentenze di proscioglimento è stato poi posto nel nulla da una raffica di declaratorie di illegittimità costituzionale pronunciate dal giudice delle leggi [2].

Inizialmente, era stato lasciato immutato il divieto per l'imputato di appellare le sentenze di proscioglimento che, tuttavia, avevano riconosciuto implicitamente la sua responsabilità (per esempio nel caso di perdono giudiziale) o che avevano adottato formule non completamente liberatorie e che potevano arrecargli effetti pregiudizievoli dal punto di vista civilistico. Tale

[2] Corte cost., sentt. n. 26 del 2007; n. 85 del 2008.

situazione, sempre sulla scia di una disparità di trattamento tra accusa e difesa già esaltata con la decisione sopra citata, ha indotto la Corte costituzionale a dichiarare **l'illegittimità dell'art. 593 come modificato dall'art. 1 L. n. 46 del 2006** nella parte in cui escludeva che l'imputato potesse appellare contro le sentenze di proscioglimento relative a reati diversi dalle contravvenzioni punite con la sola ammenda o con pena alternativa, fatta eccezione per le ipotesi previste dall'art. 603, co. 2[3].

Il legislatore del 2018 è nuovamente intervenuto sull'art. 593 stabilendo delle limitazioni all'appello contro la decisione di proscioglimento. Mentre il pubblico ministero può appellare in via generalizzata le sentenze di proscioglimento, la facoltà dell'imputato è circoscritta: questi, invero può appellare le sentenze di proscioglimento emesse al termine del dibattimento, salvo che si tratti di sentenze di assoluzione perché il fatto non sussiste o perché l'imputato non lo ha commesso.

La Corte costituzionale era intervenuta anche dichiarando l'inammissibilità della questione relativa all'art. 576 (come modificato dall'art. 6 L. n. 46 del 2006), in riferimento agli artt. 3 e 111 Cost., nella parte in cui escluderebbe che la parte civile possa proporre appello avverso la sentenza di proscioglimento dell'imputato. Invero – ha spiegato la Consulta[4] – tale preclusione non è affatto pacifica, tant'è che nella giurisprudenza di cassazione ha trovato diffuso accoglimento l'opposta tesi, in virtù della quale la citata novella non avrebbe affatto determinato il venir meno, in capo alla parte civile, del potere di appello contro le sentenze di proscioglimento, ai soli effetti della responsabilità civile; le Sezioni Unite, chiamate a dirimere il contrasto interpretativo insorto sul punto, attraverso una lettura costituzionalmente orientata che ha dato al principio di tassatività delle impugnazioni un'interpretazione meno rigida, hanno stabilito che l'art. 576 debba intendersi nel senso che alla parte civile sia consentita ogni forma di impugnazione ordinaria e, pertanto, anche l'appello[5].

Allorché la **parte civile** impugni una sentenza di proscioglimento che non abbia accolto le sue conclusioni, chiedendo la riforma di tale pronunzia, il gravame, purché ne ricorrano le altre condizioni di validità, è ammissibile anche quando non contenga l'indicazione che l'atto è proposto ai soli effetti civili, discendendo tale effetto direttamente dall'art. 576[6].

In tema di impugnazioni, in presenza di specifica richiesta della parte civile, la pronuncia sulle domande di restituzione o di risarcimento del danno non può essere

---

[3] Corte cost., sent. n. 85 del 2008.

[4] Corte cost., ord. n. 32 del 2007.

[5] Cass., Sez. Un., 29.3.2007, Poggiali.

[6] Cass., Sez. Un., 20.12.2012, Buccino.

omessa per il solo fatto che la sentenza assolutoria dell'imputato non sia stata impugnata dal pubblico ministero, dovendo, in tal caso, il giudice effettuare, in via incidentale e ai soli fini civilistici, il giudizio di responsabilità; ma la pronuncia su tali domande non può che restare legata (e subordinata) all'accertamento (incidentale) della responsabilità penale. Ciò in considerazione del fatto che, una volta presenti nel gravame le richieste, indipendentemente dal loro contenuto, la precisazione dell'art. 576 non richiede ulteriori requisiti di forma dell'impugnazione accanto a quelli previsti dall'art. 591, bensì contiene un criterio rivolto al giudice la cui decisione non potrebbe oltrepassare il limite degli interessi civili. Lo sbarramento normativo non sarebbe violato da una richiesta di affermazione della responsabilità penale, inevitabilmente implicante, per le ragioni sopra accennate, anche la richiesta di condanna al risarcimento dei danni; senza considerare che un'interpretazione restrittiva finirebbe per fare invece della indicazione in oggetto un requisito, appunto, di formale redazione dell'impugnazione in apparente contrasto con la tassativa elencazione del combinato disposto degli artt. 581 e 591.

Come già segnalato, la giurisprudenza europea aveva deliberato in chiave di metodo che se e quando la **prova dichiarativa** incarna l'unica prova **a carico** ovvero l'elemento accusatorio prevalente, l'impostazione tradizionale come controllo *ex actis* del procedimento di impugnazione in generale non può essere considerata quale circostanza idonea a giustificare una deroga al vincolante principio in tema di pienezza della difesa secondo il metodo della **oralità** e del contraddittorio in tutti i procedimenti di appello instaurati dal pubblico ministero che abbia impugnato la sentenza **assolutoria** pronunciata dal giudice di primo grado[7]. E di tanto il Legislatore e i giudici nazionali hanno preso atto.

La Corte di cassazione è giunta ad affermare che la previsione contenuta nell'art. 6, par. 3, lett. *d* della Convenzione europea per la salvaguardia dei diritti dell'uomo e delle libertà fondamentali, relativa al diritto dell'imputato di esaminare o fare esaminare i testimoni a carico ed ottenere la convocazione e l'esame dei testimoni a discarico, come definito dalla giurisprudenza consolidata della Corte EDU – che costituisce parametro interpretativo delle norme processuali interne – implica che il giudice di appello, investito della impugnazione del pubblico ministero avverso la sentenza di assoluzione di primo grado, anche se emessa all'esito del giudizio abbreviato, con cui si adduca una erronea valutazione delle prove dichiarative, non può riformare la sentenza impugnata, affermando la responsabilità penale dell'imputato, senza avere proceduto, anche d'ufficio, a rinnovare l'istruzione dibattimentale attraverso l'esame dei soggetti che abbiano reso dichiarazioni sui fatti del processo, ritenute decisive ai fini del giudizio assolutorio di primo grado. Anche nel caso in cui in appello si voglia riformare ai soli fini civili la sentenza assolutoria di primo grado sulla base di un diverso apprezzamento dell'attendi-

---

[7] Corte eur., sent. 14.6.2011, Dan c. Moldavia.

bilità di una prova dichiarativa ritenuta decisiva, il giudice di secondo grado è obbligato a rinnovare l'istruzione dibattimentale, anche d'ufficio[8]. Il suddetto metodo è imposto anche quando la sentenza di assoluzione di primo grado, impugnata dal pubblico ministero, sia emessa all'esito del giudizio abbreviato, semplice o condizionato ad integrazione probatoria[9].

Sarebbe affetta da vizio di motivazione *ex* art. 606, co. 1, lett. *e*, per mancato rispetto del canone di giudizio "al di là di ogni ragionevole dubbio", di cui all'art. 533, co. 1, la sentenza di appello che, su impugnazione del pubblico ministero, affermasse la responsabilità dell'imputato, in riforma di una sentenza assolutoria, operando una diversa valutazione di prove dichiarative ritenute decisive, delle quali non fosse disposta la rinnovazione a norma dell'art. 603, co. 3; ne deriva che, al di fuori dei casi di inammissibilità del ricorso, qualora il ricorrente abbia impugnato la sentenza di appello censurando la mancanza, la contraddittorietà o la manifesta illogicità della motivazione con riguardo alla valutazione di prove dichiarative ritenute decisive, la Corte di cassazione dovrebbe annullare con rinvio la sentenza di appello[10].

In perfetta sintonia con tali princìpi, il legislatore della riforma del 2017 ha provveduto ad introdurre una nuova ipotesi di rinnovazione dell'istruttoria dibattimentale in appello (art. 603, co. 3 *bis*), stabilendo che, in caso di appello del p.m. contro una sentenza di proscioglimento per motivi attinenti alla valutazione di una prova dichiarativa, il giudice **dispone** la rinnovazione dell'istruzione dibattimentale. Tanto vale non solo per la prova testimoniale, ma anche per la prova peritale: l'omessa rinnovazione della prova peritale acquisita in forma dichiarativa da parte del giudice di appello che proceda, sulla base di un diverso apprezzamento della stessa, nella vigenza dell'art. 603, co. 3 *bis*, alla riforma della sentenza di assoluzione, determina una nullità di ordine generale a regime intermedio della sentenza, denunciabile in sede di giudizio di legittimità a norma dell'art. 606, co. 1, lett. c), mentre la pronuncia di riforma adottata sulla base della rivalutazione della relazione del perito, acquisita in forma puramente cartolare, è sindacabile per vizio di motivazione *ex* art. 606, co. 1, lett. e), sempre che la prova negata, confrontata con le ragioni addotte a sostegno della decisione, sia di natura tale da potere determinare una diversa conclusione del processo[11].

La riforma del 2022 è intervenuta nuovamente sulla disciplina dell'art. 603 riducendo i casi di rinnovazione obbligatoria, al fine di coniugare le esigenze di immediatezza e oralità in appello con l'efficienza del mezzo d'impu-

[8] Cass., Sez. Un., 28.4.2016, Dasgupta.

[9] Cass., Sez. Un., 19.1.2017, Patalano.

[10] Cass., Sez. Un., 28.4.2016, Dasgupta.

[11] Cass., Sez. Un., 28.01.2019, Pavan.

gnazione. Per l'effetto, il co. 3 *bis* viene modificato nel senso di escludere la rinnovazione della prova orale in caso di sentenza di proscioglimento emessa nel giudizio abbreviato c.d. semplice, quando, cioè, non si è svolta alcuna attività istruttoria nell'ambito del rito semplificato.

6. Appello e procedimenti speciali

La possibilità di proporre appello avverso la sentenza di condanna o di proscioglimento merita un discorso a parte nel caso in cui la decisione sia stata emessa a seguito di giudizio **abbreviato** o di procedimento per l'**applicazione della pena su richiesta** delle parti. Con riferimento al giudizio abbreviato, va sottolineato che l'imputato non può proporre appello contro le sentenze di proscioglimento. Il pubblico ministero non può proporre appello contro la condanna pronunciata nel giudizio abbreviato, ma ha tale potere quando il giudice abbia modificato il titolo del reato (art. 443).

Con riferimento al **patteggiamento**, in via generale la sentenza di applicazione della pena è **inappellabile**: poiché la richiesta consensuale di applicazione della pena si traduce in una scelta processuale che implica la rinuncia ad avvalersi della facoltà di contestare l'accusa mediante atto dispositivo con cui l'interessato abdica all'esercizio del diritto alla prova, l'intervenuto patteggiamento preclude la possibilità di contestare i termini fattuali dell'imputazione[12]. In base al principio di conversione dell'impugnazione, il giudice d'appello adito per l'impugnazione avverso la sentenza emessa ai sensi dell'art. 444, è tenuto a qualificare il gravame come ricorso per cassazione e trasmettere gli atti alla corte di legittimità. Il pubblico ministero può proporre appello se non aveva prestato consenso al patteggiamento (art. 448, co. 2): può accadere, invero, che vi sia il dissenso da parte del pubblico ministero all'applicazione della pena e che il giudice lo ritenga ingiustificato, disponendo comunque la pena richiesta.

Negli altri casi la sentenza di applicazione della pena patteggiata può essere impugnata solo attraverso il ricorso per cassazione secondo l'art. 448, co. 2 *bis*, fermi restando i limiti legati all'ammissibilità e all'interesse all'impugnazione.

7. L'appello incidentale

Disciplinato nel nuovo art. 595, per appello incidentale si intende **l'impugnazione della parte non appellante** a seguito dell'appello di altra parte legittimata.

---

[12] Cass., Sez. Un., 27.10.1999, Fraccari.

Originariamente previsto solo come possibilità offerta al pubblico ministero (sotto la vigenza del codice Rocco), nell'aspirazione a realizzare un equilibrio astrattamente idoneo a conseguire una generalizzata parità tra accusa e difesa, il codice Vassalli aveva stabilito che l'istituto dovesse operare a favore di tutte le parti processuali (previgente art. 595, co. 1) con finalità di integrare il contraddittorio nel giudizio d'appello, consentendo all'appellante in via incidentale di sottoporre al giudice una tesi alternativa sulle questioni oggetto della cognizione da parte del giudice di secondo grado e sui punti in connessione essenziale con quelli denunciati con l'appello principale.

Con la riforma del 2018 l'appello incidentale è riservato al solo imputato, che può proporlo entro quindici giorni decorrenti dalla notificazione dell'appello principale presentato da altra parte qualora non abbia presentato impugnazione. Inoltre, entro quindici giorni dalla notificazione dell'impugnazione presentata dalle altre parti, l'imputato può presentare al giudice, memorie o richieste scritte.

Inevitabilmente, l'appello incidentale segue le sorti dell'appello principale, perdendo efficacia in caso di inammissibilità o di rinuncia a quest'ultimo (art. 595, co. 4). Inoltre, come previsto in via generale, presupposto dell'appello incidentale è che la parte proponente, in questo caso l'imputato, sia comunque legittimata all'appello e non l'abbia, per qualsivoglia ragione, proposto. Per converso, la parte non legittimata ad appellare in via principale, non può proporre appello incidentale; può comunque proporre ricorso per cassazione e, qualora sussista una situazione di connessione *ex* art. 12, il ricorso si converte in appello come previsto dall'art. 580, senza che ciò modifichi i contenuti dell'impugnazione.

8. La cognizione del giudice d'appello

Sulla scorta delle implicazioni dell'effetto devolutivo dell'impugnazione, la proposizione dell'appello implica l'attribuzione, al giudice di secondo grado, della cognizione del procedimento limitatamente ai **punti** della decisione ai quali si riferiscono i motivi proposti (si tratta del principio del *tantum devolutum quantum appellatum*, con conseguente inserimento dell'appello tra i mezzi parzialmente devolutivi). Tuttavia, il giudice d'appello nell'accertare la correttezza o meno dell'operato del primo giudice in relazione al punto impugnato, non è obbligato a limitarsi alle prospettazioni effettuate dall'appellante nella proposizione dei motivi, potendo indirizzare la sua attenzione a punti della decisione sottoposta a gravame che, seppure non impugnati, si trovano in **rapporto di pregiudizialità**, di **dipendenza**, di **inscindibilità** e **connessione essenziale** con quelli appellati; inoltre, al giudice d'appello, seppure in via eccezionale, sono consentite decisioni su profili implicitamente contenuti nella domanda o sopravvenuti alla presentazione della stessa, non oggetto della decisione impugnata. Correlativamente, la regola che concretizza l'effetto devolutivo e per la quale, nel caso dell'appello, i poteri di cognizione del giudice di secondo grado sono circoscritti ai punti della sentenza cui si riferiscono i motivi di impugnazione, è suscettibile di temperamenti poiché, alcune questioni possono essere comunque valutate e decise da quel giudice: alla stregua dell'art. 597, co. 5, infatti, con la sentenza possono essere applicate, anche d'ufficio, la sospensione condizionale della pena, la non menzione della condanna nel certificato del casellario ovvero una o più circostanze attenuanti; può essere altresì effettuato il giudizio di comparazione.

La Corte di cassazione, ha opportunamente chiarito che «il giudice d'appello è legittimato a verificare tutte le risultanze processuali e a riconsiderare anche i punti della sentenza di primo grado che non abbiamo formato oggetto di specifica critica, non essendo vincolato alle alternative decisorie prospettate nei motivi di appello e non potendo comunque sottrarsi all'onere di esprimere le proprie determinazioni in ordine ai rilievi dell'imputato»[13].

Inoltre, rimane ferma la possibilità di decidere su questioni rilevabili d'ufficio, quali il difetto di giurisdizione, l'incompetenza per materia, le situazioni di nullità, il *ne bis in idem*, le cause di non punibilità, le questioni di legittimità costituzionale e l'errore di persona.

9. I poteri decisori

Strettamente legati ai poteri di cognizione, i poteri decisori del giudice d'appello assumono una diversa configurabilità, a seconda che l'appello sia proposto anche dal pubblico ministero oppure dal solo imputato. Più in particolare, quando appellante è il pubblico ministero, se l'appello riguarda una sentenza di condanna, il giudice può dare al fatto una definizione giuridica **più grave**, mutare la specie o aumentare la misura della pena, revocare i benefici, applicare, eventualmente, misure di sicurezza ed adottare ogni altro provvedimento imposto o consentito dalla legge, sempre mantenendosi nei limiti della competenza del giudice di primo grado; ciò può fare anche se l'appello riguarda una sentenza di proscioglimento pronunciando condanna ove ne ricorrano le condizioni[14], o – in alternativa – prosciogliere per una causa diversa da quella enunciata nella sentenza appellata.

---

[13] Cass., Sez. Un., 12.7.2005, Mannino; Cass., Sez. Un., 31.3.2004, Donelli ed altro.

[14] In rapporto alla regola di esclusione della riforma della sentenza di proscioglimento quando non sia stata effettuata in pienezza di contraddittorio la rinnovazione dell'istruttoria dibattimentale sulle prove dichiarative disponibili. V. *supra*, par. 5 di questo capitolo.

Nel caso in cui, invece, appellante sia **il solo imputato**, il giudice di secondo grado, pur potendo dare al fatto una qualificazione giuridica diversa e più grave, nel rispetto dei limiti di competenza del giudice di primo grado, risulta vincolato dal **divieto di *reformatio in peius*** (art. 597, co. 3) e cioè, il giudice non potrà aumentare la pena per specie o quantità o revocare i benefici concessi in primo grado, né applicare una misura di sicurezza nuova c più grave. Se l'imputato propone appello avverso una sentenza di proscioglimento, il giudice di secondo grado non potrà prosciogliérlo per una causa meno favorevole di quella enunciata nella sentenza impugnata. Il divieto della *reformatio in peius* può essere spiegato solo in base al c.d. *favor rei*, principio informatore che può comportare eccezione anche ai fondamentali princìpi sui quali è fondata la materia penale. Può, in forza dello stesso, accadere che vi sia una deroga al principio di legalità stabilito dall'art. 1 c.p., potendo determinarsi l'impossibilità di modificare l'applicazione di pene non previste dalla legge: qualora, infatti, il giudice, investito dall'appello del solo imputato, ritenga di dover attribuire al fatto una qualificazione giuridica diversa e tale da importare una pena «per specie e quantità» più grave, in forza del divieto della *reformatio in peius* deve comunque essere mantenuta ferma la pena più mite inflitta dal primo giudice, con una rilevante eccezione al canone fondamentale dell'autonomia e indipendenza del giudice nella valutazione dei fatti sottoposti al suo esame.

Nel corso degli anni, la giurisprudenza ha affrontato e variamente risolto il problema se il divieto agisca in relazione ai singoli elementi della pena o soltanto al risultato complessivo; le Sezioni Unite sono intervenute a dirimere il contrasto, osservando che la disposizione codificata non si limita a sancire genericamente il divieto della *reformatio in peius* contemplando piuttosto l'obbligo a diminuire la pena in maniera corrispondente nel caso di accoglimento dell'appello dell'imputato in merito a circostanze aggravanti o reati concorrenti: donde, l'impossibilità di riferire il divieto in discorso soltanto alla pena complessiva e non anche ai singoli elementi da cui è composta [15]. Il giudice di appello, pur dopo avere escluso una circostanza aggravante o riconosciuto una ulteriore circostanza attenuante in accoglimento dei motivi proposti dall'imputato, può, senza incorrere nella violazione del divieto di *reformatio in peius*, confermare la pena applicata in primo grado, ribadendo il giudizio di equivalenza tra le circostanze purché esso sia accompagnato da adeguata motivazione [16].

---

[15] Cass., Sez. Un., 27.9.2005, Morales.

[16] Cass., Sez. Un., 18.4.2013, Papola.

10. La rinnovazione dell'istruttoria dibattimentale

A fronte della regola (sia detto senza infingimenti: utopistica) costituita dalla completezza del giudizio di primo grado, anche in riferimento ai poteri suppletivi esercitabili dal giudice (artt. 506, 507, ma anche 441, co. 5, nel giudizio abbreviato) e della presunzione di regolarità postulata nella prassi, la **rinnovazione dell'istruttoria dibattimentale** permette di recuperare sentieri gnoseologici inesplorati che integrano la piattaforma probatoria ereditata dal giudizio di primo grado nei limiti del *devolutum* dell'appellante, ogni qualvolta possano scaturirne dati utili. La integrazione sottesa all'acquisizione di materiale conoscitivo ulteriore si pone, pertanto, come *extrema ratio* rispetto alla conservazione degli atti, a sua volta ispirata ad un principio di economia processuale.

L'insieme di riforme degli ultimi anni ha offerto una nuova dimensione all'istituto della rinnovazione istruttoria, rivitalizzato dalla riforma del processo penale del 2017 e nuovamente messo in discussione dalla riforma del 2022 in tema di appello a fronte di un'assoluzione emessa col rito abbreviato. Non si può disinvoltamente trascurare l'importante svolta dettata dal potere di avvalersi della prova a discarico, come prevede il co. 3 dell'art. 111 Cost., che rende illegittima la reiezione – per preclusioni di tipo meramente formalistico – della controprova affermata dalla difesa dell'imputato, quando dalla sua acquisizione possa ragionevolmente scaturire una smentita dell'ipotetico esito della prova diretta, cioè della consistenza dell'assunto fatto valere in via principale dal pubblico ministero; ovvero quando la stessa sia idonea, non solo a negare la circostanza dedotta dalla controparte o la sua valenza specifica, ma anche a dimostrare l'esistenza di altra circostanza che, qualora verificata, risulterebbe incompatibile con la versione dell'accusa poi recepita nella sentenza impugnata, o comunque ne eliderebbe la rilevanza. Questa nuova *regula iuris* non può essere restrittivamente circoscritta al solo giudizio di primo grado, posto che non trova alcun limite tanto nella Costituzione quanto negli enunciati specifici dell'art. 603 che legittimano l'introduzione della prova nuova sopravvenuta o scoperta dopo il giudizio di primo grado, secondo la delibazione preliminare di ammissibilità prevista dall'art. 495, con il solo limite costituito dall'ortodosso contemperamento della tutela dell'inventiva delle parti e della gestione contenuta dei tempi processuali. Ed ora, posta l'insopprimibile necessità di adeguare costantemente il diritto alle continue esigenze di **equità processuale** e giustezza della decisione, il giudice d'appello deve, anche al di fuori della sede tipica di formazione della prova (individuata nel dibattimento di primo grado), determinare l'incidenza della prova nuova secondo gli innovati parametri di giudizio che pretendono una colpevolezza dimostrata oltre ogni ragionevole dubbio (art. 533, co. 1), allargando le paratie valutative pregresse anche nel solco delle spinte garantiste della giurisprudenza [17].

Insomma, specialmente quando si tratta di procedimenti connotati da indubbia complessità, ed in particolare, quando si tratti di processi indiziari, nella interpretazione delle norme che presiedono alla ammissione e assunzione delle prove e nell'esercizio della discrezionalità che ai giudici di merito compete in materia, il giudice d'appello deve sapientemente coniugare la necessità della speditezza del procedimento penale con l'altra insopprimibile esigenza di un accertamento processuale senza errori, quale corrispondenza della decisione ai dati probatori emersi ed emergenti dal processo.

Con la rinnovazione l'appellante può chiedere che siano assunte **prove nuove**, le quali non sono solo quelle sopravvenute, ma anche tutte quelle «non acquisite nel precedente giudizio, ovvero acquisite, ma non valutate neanche implicitamente, purché non si tratti di prove dichiarate inammissibili o ritenute superflue dal giudice, e indipendentemente dalla circostanza che l'omessa conoscenza da parte di quest'ultimo sia imputabile a comportamento processuale negligente o addirittura doloso del condannato, rilevante solo ai fini del diritto alla riparazione dell'errore giudiziario» [18].

Come già accennato, e qui si ripete, il legislatore del 2017 ha introdotto un'ipotesi nuova di rinnovazione dell'istruttoria dibattimentale, ulteriormente modificata dalla riforma del 2022 nel senso che: "Nel caso di appello del pubblico ministero contro una sentenza di proscioglimento per motivi attinenti alla valutazione della prova dichiarativa, il giudice, ferme le disposizioni di cui ai commi da 1 a 3, dispone la rinnovazione dell'istruzione dibattimentale **nei soli casi di** prove dichiarative assunte in udienza nel corso del giudizio dibattimentale di primo grado o all'esito di integrazione probatoria disposta nel giudizio abbreviato a norma degli articoli 438, comma 5, e 441, comma 5» (art. 603, co. 3 *bis*).

La formulazione della norma, che, almeno nella sua versione iniziale, ha recepito appieno gli orientamenti della giurisprudenza europea [19], vieta di riformare la sentenza di assoluzione quando la responsabilità non è provata al di là di ogni oltre ragionevole dubbio in un nuovo giudizio in contraddittorio nel corso del quale è rinnovata l'assunzione orale di ogni voce dichiarativa d'accusa [20]. E non solo. Uno dei requisiti fondamentali del processo equo

---

[17] Cass., Sez. Un., 30.10.2003, Andreotti; Cass., Sez. Un., 10.7.2002, Franzese; Cass., Sez. Un., 21.4.1995, Costantino.

[18] Cass., Sez. Un., 26.9.2001, Pisano.

[19] Corte eur., sent. 14.6.2011, Dan c. Moldavia; Corte eur., sent. 5.3.2013, Manulachi c. Romania; Corte eur., sent. 4.6.2013, Hanu c. Romania.

[20] Nelle more tra l'approvazione in parlamento e la pubblicazione nella Gazzetta Ufficiale della Riforma Orlando è intervenuta Corte eur., Sez. I, sent. 29.6.2017, Lorefice c. Italia, argomentando tra l'altro che la pena eventualmente comminata nella sentenza di condanna in riforma di prece-

è rappresentato dalla possibilità per l'accusato di ottenere **l'escussione diretta** ed eventualmente un confronto con i testimoni alla presenza del giudice deputato in ultima istanza a decidere, dal momento che il controllo di quest'ultimo sul contegno e la credibilità dei testimoni può avere conseguenze per l'accusato. L'assunto vale anche in caso di riforma della sentenza assolutoria sulla base di un diverso apprezzamento delle dichiarazioni – di natura decisiva – rese dal perito o dal consulente tecnico dinanzi al primo giudice, in quanto prova dichiarativa. L'obbligo di rinnovare non sussiste qualora un siffatto diverso apprezzamento abbia ad oggetto la relazione del perito acquisita in primo grado senza l'effettuazione dell'esame[21].

Procedere alla rinnovazione dell'istruttoria dibattimentale, in caso di diverso apprezzamento di **attendibilità** della prova orale ritenuta in primo grado inattendibile, è obbligo imprescindibile per il giudice di appello.

Coloro che hanno la responsabilità di decidere la colpevolezza o l'innocenza di un imputato dovrebbero, in linea di massima, poter udire i testimoni personalmente e valutare la loro attendibilità: la valutazione dell'attendibilità di un testimone è un compito complesso che generalmente non può essere eseguito mediante una semplice lettura delle sue parole verbalizzate. Trattasi di un'affermazione che non può soffrire eccezioni o deroghe neanche quando si tratti di prova testimoniale di persona offesa maggiorenne e la stessa appaia decisiva ai fini dell'affermazione della responsabilità penale. In altri termini, dunque, se è ben vero che, in assenza di mutamenti del materiale probatorio acquisito al processo, la riforma della sentenza assolutoria di primo grado, una volta compiuto il confronto puntuale con la motivazione della decisione di assoluzione, impone al giudice di argomentare circa la configurabilità del diverso apprezzamento come l'unico ricostruibile al di là di ogni ragionevole dubbio[22]. L'insistenza accusatoria del pubblico ministero può anche trovare una qualche giustificazione all'interno del sistema, ma a condizione che non si riduca solo ad una diversa "lettura" dei protocolli di causa.

Si tratta di una forte accelerazione impressa alle prospettive evolutive delle impugnazioni penali che ha conosciuto, tuttavia, una battuta d'arresto nel passaggio dalla prima versione dell'art. 603, comma 3 *bis*, introdotta dalla L. n. 103 del 2017, a quella attuale, frutto della riforma del 2022. Questa, infatti, ha inteso escludere l'obbligo di rinnovazione in caso di assoluzione nel giudizio abbreviato semplice, dove non vi è stata l'assunzione di prove dichiarative in udienza preliminare.

---

dente assoluzione, senza la previa rinnovazione delle prove dichiarative disponibili, determina l'inefficacia (e quindi la non eseguibilità) della pena quale effetto necessitato della celebrazione di un giudizio d'appello estraneo alle coordinate operative del processo giusto.

[21] Cass., Sez. Un., 2.4.2019, Pavan.

[22] Cass., Sez. Un., 28.4.2016, Dasgupta; Cass., Sez. Un., 19.1.2017, Patalano.

Pur ponendosi in aperto contrasto con l'orientamento delle Sezioni Unite, che avevano esteso la regola della rinnovazione obbligatoria in appello anche all'impugnazione della condanna in abbreviato [23], il legislatore ha inteso dare seguito, in tal modo, ad un discusso pronunciamento della Corte europea, secondo il quale la rinuncia all'escussione dei testimoni effettuata col rito abbreviato puro consente, in caso di assoluzione, al successivo giudice d'appello di condannare l'appellante senza procedere ad alcuna citazione di testi [24].

In parallelo, è stata introdotta una nuova ipotesi di rinnovazione obbligatoria del dibattimento in appello collegata alla disciplina del **procedimento in assenza**: quando l'imputato eccepisce la nullità della sentenza nei casi di cui al comma 5 *ter* dell'art. 604 e chiede al giudice d'appello esclusivamente la rinnovazione istruttoria, invece che la trasmissione degli atti al giudice della fase in cui può essere esercitata la facoltà da cui è decaduto, il primo è obbligato ad assumere i mezzi di prova in secondo grado. In tal caso, però, il giudizio di ammissione dei mezzi richiesti avviene secondo il criterio di cui all'art. 190 *bis*. Quando vi sia la necessità di acquisire nuovi elementi probatori per completare l'attività svolta, v'è la possibilità di chiedere con l'atto di appello la rinnovazione dell'istruttoria dibattimentale, finalizzata a garantire il diritto alla prova nel contesto di un processo di parti. Ed allora, salvo i casi in cui sia assolutamente necessaria per l'accertamento del fatto e venga disposta d'ufficio, i poteri decisori del giudice d'appello si estrinsecano anche nel concedere o negare alla parte richiedente la rinnovazione dell'istruttoria dibattimentale, secondo parametri e limiti stabiliti dalla legge.

L'istituto è disciplinato dall'art. 603 che, oltre alla richiesta **di parte**, delinea, altresì, le ipotesi in cui la rinnovazione del dibattimento debba operare ***ex officio***. Ed è tra queste che si inserisce l'ipotesi di nuovo conio di cui al co. 3 *bis* dell'art. 603. Si tratta di potere che in taluni casi si configura come atto dovuto a fronte delle incertezze che hanno caratterizzato il giudizio precedente e della mancata possibilità per la parte di avvalersi di prove a discarico. Si pensi, ad esempio, al caso in cui il giudizio di appello costituisca la sede di svolgimento del giudizio di rinvio a seguito di annullamento da parte della Corte di cassazione (*ex* art. 627). In tale ipotesi, a fronte delle rilevate invalidità verificatesi in una fase processuale pregressa, il giudice d'appello non può che avvalersi – anche a fronte dell'inerzia delle parti – dei suoi officiosi poteri di assunzione e valutazione di prove diverse e utili a scongiurare l'errore già rilevato in sede di legittimità.

Quando una parte, con l'atto di appello o con i motivi nuovi, chiede la riassunzione di prove già acquisite nel dibattimento di primo grado o l'as-

[23] Cass., Sez. Un., 19.1.2017, Patalano.

[24] Corte eur., sent. 25 marzo 2021, Di Martino e Molinari c. Italia.

sunzione di prove nuove, il giudice, se ritiene di non essere in grado di decidere allo stato degli atti, dispone la rinnovazione dell'istruttoria dibattimentale. In tal caso il criterio discrezionale in base al quale il giudice decide se rinnovare o meno il dibattimento in appello è dato dall'impossibilità di decidere sugli elementi raccolti e valutati in primo grado, anche se vi siano prove nuove preesistenti. L'impossibilità di decidere deve ritenersi sussistente quando i dati probatori già acquisiti siano incerti, nonché quando l'incombente richiesto sia decisivo, nel senso che lo stesso possa eliminare le eventuali incertezze ovvero sia di per sé oggettivamente idoneo ad inficiare ogni altra risultanza. Il giudice, nella sua valutazione sull'ammissibilità della richiesta, deve apprezzare la necessità dell'integrazione probatoria anche in relazione alle prospettive di riforma della sentenza impugnata ed all'idoneità della stessa a giustificare un ragionevole dubbio sulla colpevolezza.

Nel caso di nuove prove **sopravvenute** o **scoperte dopo** il giudizio di primo grado, la rinnovazione dell'istruttoria in appello è ammissibile alle stesse condizioni previste dall'art. 495, co. 1, per il giudizio (art. 603, co. 2). Ciò significa che la rinnovazione deve essere disposta dal giudice di secondo grado rispettando i parametri validi per l'ammissione dei mezzi di prova nel giudizio di primo grado: in tal caso il diritto alla prova si ri-espande sicché, per effetto del rinvio all'art. 495 e, da questo, all'art. 190, la rinnovazione del dibattimento va sempre disposta, salvo il caso di prove vietate dalla legge o manifestamente superflue o irrilevanti.

Ulteriore ipotesi di rinnovazione del dibattimento è disciplinata al co. 6 dell'art. 604, ove è stabilito che, quando il giudice di primo grado ha dichiarato che il reato è estinto o che l'azione penale non poteva essere iniziata o proseguita, il giudice di appello, se riconosce erronea tale dichiarazione, ordina, occorrendo, la rinnovazione del dibattimento e decide nel merito.

10.1. La rinnovazione dell'istruttoria dibattimentale nel giudizio abbreviato

L'evoluzione giurisprudenziale ha portato a ritenere, in maniera diffusa, che in tema di giudizio abbreviato, l'imputato che abbia subordinato la richiesta di accedere al rito abbreviato ad una specifica **integrazione probatoria** può richiedere in appello la rinnovazione dell'istruttoria dibattimentale, mentre rimane confermato il risalente indirizzo alla stregua del quale chi abbia richiesto il rito abbreviato allo stato degli atti può solo sollecitare il giudice di appello all'esercizio del potere di ufficio di cui all'art. 603, co. 3[25]. Benché incontrastato, l'approccio non convince in quanto non più attuale alla stregua dei canoni del giusto processo. Si spiega.

---

[25] Cass., Sez. Un., 29.1.1996, Clarke.

Lungi dal limitarsi alla conclusione di un accordo avente ad oggetto l'ibernazione del materiale conoscitivo, il giudizio abbreviato del terzo millennio, da mera decisione allo stato degli atti, è stato trasformato in un giudizio di merito scandito da un completo procedimento probatorio. Conclusa la parentesi di un rito "a bocce ferme", l'imputato si trova oggi di fronte ad uno strumento complesso, in cui la manifestazione di volontà può scatenare effetti indiretti. Già nella sua forma essenziale (c.d. richiesta semplice), l'opzione per il giudizio abbreviato non preclude all'organo giudicante di attingere *aliunde* elementi conoscitivi necessari alla decisione. Donde l'esigenza difensiva di attrezzarsi (anche attraverso un'inchiesta di parte) al fine di prevedere le eventuali iniziative istruttorie *ex officio*.

Maggiormente articolata, la richiesta complessa esige particolare perizia nella selezione del materiale probatorio di cui si chiede l'ammissione, non foss'altro al fine di prevedere e prevenire il diritto alla controprova riconosciuto in tale ipotesi al pubblico ministero. Anche in tal caso, peraltro, la possibilità di un'attivazione ufficiosa in punto di prova da parte del giudice dell'udienza preliminare impone tutta una serie di valutazioni implicanti un bagaglio tecnico-giuridico di notevole spessore. In tale panorama, la rinnovazione dell'istruzione dibattimentale in appello assume connotati inediti e poco prevedibili, dal momento che l'asserita rinuncia al diritto alla prova assume, nel vigente assetto normativo, una valenza notevolmente ridimensionata.

Nel silenzio del legislatore, il quale non ha predisposto una disciplina calibrata sul diverso modulo probatorio operativo in primo grado, sembra plausibile ipotizzare un'"attenuazione" del **diritto alla prova**: se l'imputato abdica volontariamente all'esercizio del diritto alla prova nel giudizio di primo grado, correlativamente in appello l'incremento probatorio non può non subire qualche compressione, fermo restando l'obbligo, a carico del giudice d'appello, di disporre d'iniziativa propria o su sollecitazione di parte, l'assunzione di tutti i mezzi di prova assolutamente necessari ai fini della decisione e gli elementi probatori sopravvenuti, stante il parallelismo sussistente tra gli artt. 441, co. 5, e 603, co. 3. Perché è del tutto ovvio che la rinuncia meditata alla prova a confutazione «allo stato degli atti» esistenti e conosciuti al momento della richiesta di giudizio abbreviato non può comportare la preclusione ad assumere tutti i dati conoscitivi emergenti nel corso della celebrazione o addirittura successivamente alla sentenza che ha concluso il rito speciale. Nel caso in cui le dinamiche evolutive dell'eventuale processo ordinario "separato" palesino l'esistenza di prove non conosciute nell'abbreviato, nulla può ostacolare l'ammissione di prove che non siano state assunte dal giudice di primo grado: il giudizio d'appello costituisce non solo l'occasione irrinunciabile per attuare il diritto alla prova dell'imputato, ma anche lo strumento per rimediare all'*error in procedendo* da cui è affetta la sentenza appellata.

Nel caso di appello del pubblico ministero contro una sentenza di proscioglimento per motivi attinenti alla valutazione della prova dichiarativa, l'art. 603, co. 3 *bis* obbliga il giudice a disporre la rinnovazione dell'istruzione dibattimentale anche in caso di giudizio di primo grado celebrato nelle forme del rito abbreviato con integrazione probatoria: non sussiste in questo caso alcun contrasto tra l'art. 603, co. 3 *bis*, e l'art. 111, co. 5, Cost., il quale si limita a consentire che la prova possa in casi eccezionali formarsi al di fuori del contraddittorio, ma non prescrive affatto che 'una tale modalità di giudizio debba necessariamente valere per ogni fase del processo, compresa quella di appello [26].

L'imputato può richiedere in appello la rinnovazione dell'istruzione dibattimentale e comunque il giudice di appello è tenuto allo scrupoloso esercizio del potere di ufficio di cui all'art. 603, co. 3. Una precisazione s'impone per le ipotesi di sopravvenienza o scoperta della prova: nessuna controindicazione, per vero, parrebbe ostare all'ammissione di prove *noviter repertae* (art. 603, co. 2). Militano a favore dell'assunto sia una concezione costituzionalmente orientata del diritto alla prova nuova, sia ragioni di economia processuale.

Sotto il primo profilo, il diritto a vedere ammessi mezzi di prova non acquisiti rende, *a fortiori*, innegabile il diritto a domandare l'acquisizione delle prove «sopravvenute o scoperte dopo il primo grado di giudizio». Le ragioni di economia processuale, invece, impongono l'offerta di spazi istruttori in secondo grado onde evitare che l'imputato debba attendere la formazione del giudicato per proporre istanza di revisione. In tale ipotesi, trattandosi di dato conoscitivo naturalisticamente nuovo, le regole di ammissibilità sono quelle prescritte dall'art. 603, co. 2, cioè a dire i criteri ordinari prescritti dagli artt. 190 e 190 *bis*. Ogni diversa e più riduttiva impostazione, fondata sull'originaria scelta del rito, non sarebbe giustificabile.

10.2. L'integrazione probatoria nell'appello cautelare

In tema di appello cautelare, il silenzio serbato dall'art. 310 e l'assenza di apposite direttive circa la possibilità di introdurre nuovi elementi probatori (si osservi: precludere al giudice la conoscenza degli eventuali incrementi conoscitivi rispetto al materiale presentato *ex* art. 291 significherebbe sottoporre al suo vaglio una vicenda cautelare già superata), avevano condotto la giurisprudenza di legittimità a schierarsi lungo due direttrici. Un primo orientamento, anche al fine di garantire un'effettiva verifica circa la proporzionalità della misura disposta, tendeva ad equiparare la disciplina dell'ap-

---

[26] Corte cost., sent. n. 124 del 2019; Cass., Sez. Un., 19.1.2017, Patalano.

pello cautelare a quella ordinaria, consentendo, in tal modo, l'operatività della rinnovazione istruttoria. L'opposto convincimento, volto a circoscrivere la cognizione giudiziale ai soli motivi ed elementi addotti dalle parti anteriormente all'emanazione dell'ordinanza cautelare, fondava le proprie argomentazioni sulla natura eccezionale dell'art. 603. Una terza via, postulando una sorta di "schizofrenia" dell'appello cautelare, prediligeva soluzioni differenti a seconda che l'iniziativa provenisse dall'indagato ovvero dal pubblico ministero, escludendo, solo in quest'ultimo caso, la possibilità di valutare elementi indiziari sopravvenuti alla formulazione dell'atto di impugnazione.

La possibilità di produrre **elementi a discarico** nell'ambito del procedimento cautelare costituisce applicazione del generale **diritto di «difendersi provando»**, che permea tutta la disciplina processuale. Limitare, in quella sede, i poteri di produzione di atti a discarico, si tradurrebbe in un'ingiustificata compressione del diritto di difesa della persona *in vinculis*, proprio nel momento in cui l'indagato è maggiormente vulnerabile, in quanto privato della più alta libertà della persona.

A dirimere il contrasto è intervenuta la Corte di cassazione nella sua massima composizione[27], affermando che «l'appello nel processo di merito e l'appello nel procedimento incidentale in materia di libertà personale partecipano della stessa natura, poiché integrano lo stesso strumento di verifica del provvedimento del primo giudice»[28]. Prendendo in considerazione le peculiarità proprie dei rimedi cautelari, le Sezioni Unite hanno ammesso l'ingresso delle prove nuove nell'appello *de libertate*, sostenendo che, in caso di impugnazione del pubblico ministero avverso l'ordinanza di rigetto della richiesta di un provvedimento cautelare personale, è possibile acquisire nell'udienza camerale elementi probatori nuovi, sia preesistenti che sopravvenuti, purché non dedotti o non scoperti in precedenza e a condizione che siano attinenti allo stesso fatto contestato con la genetica richiesta cautelare.

11. L'udienza in camera di consiglio e il «concordato sui motivi di appello»

Il giudizio d'appello non sempre si presenta omogeneo, dal momento che può svolgersi secondo moduli differenziati.

In linea generale è possibile distinguere tre tipologie fondamentali.

Vi sono casi in cui, per scelta tecnica o per tutelare al massimo l'efficienza

---

[27] V. Cass., Sez. Un., 31.3.2004, Donelli ed altro.

[28] In senso analogo v., già, Cass., Sez. Un., 3.10.1997, Gibilras.

del giudizio d'impugnazione, si è ritenuto non opportuno attivare un meccanismo complesso come quello dibattimentale (con il complesso corredo di avvisi, notificazioni, verbalizzazione integrale, ecc.), consentendo la decisione in camera di consiglio **senza la partecipazione delle parti** (art. 598 *bis*). Questa ipotesi rappresenta la massima compressione possibile delle facoltà di interlocuzione orale e di intervento delle parti: il confronto tra il procuratore generale e le altre parti avviene solo in forma scritta e il giudice d'appello adotta la propria decisione a partire dalla sola lettura degli atti di causa e delle richieste di parte presentate in forma scritta, nel rispetto dei termini di legge.

In particolare, fino a quindici giorni prima dell'udienza, il procuratore generale presenta le sue richieste e, nel medesimo termine, le parti possono presentare motivi nuovi e memorie, mentre fino a cinque giorni prima dell'udienza è possibile presentare le memorie di replica, con cui ciascuno svolge le controdeduzioni rispetto a quanto rappresentato dalla parte opposta.

Diversamente, può aversi una decisione in camera di consiglio ma **con la partecipazione delle parti** (art. 599). In tal caso, seguendo il modulo di cui all'art. 127, possono essere presentate memorie fino a cinque giorni prima dell'udienza e, soprattutto, vi è facoltà di intervento orale in udienza, in quanto le parti sono sentite se compaiono.

In terzo luogo, vi è l'**udienza pubblica**, che rappresenta la sequenza più complessa in quanto prevede l'attivazione delle forme più estese di conoscenza dell'udienza (con gli avvisi e le notificazioni), di verbalizzazione dell'attività da svolgersi e di contraddittorio tra le parti, che potrà avvenire in forma tanto scritta quanto orale.

La svolta efficientista che sta alla base della riforma del 2022 ha suggerito un capovolgimento della disciplina tradizionale, che prevedeva quale modulo ordinario l'udienza pubblica, salvo il ricorso, in ipotesi eccezionali, al procedimento camerale partecipato dell'art. 127.

Innovando profondamente rispetto al passato, anche con marcato sacrificio dei princìpi di oralità e del contraddittorio, è ora previsto che il **giudizio d'appello si svolga, di base, in camera di consiglio senza la partecipazione delle parti**, alle quali è consentito soltanto di formulare richieste e repliche in forma scritta, rispettivamente fino a quindici giorni e a cinque giorni prima dell'udienza. **Per evitare questa sequenza**, è necessario che l'appellante e, in ogni caso, l'imputato o il suo difensore, presentino, entro quindici giorni dalla notifica del decreto di citazione (art. 601) o dell'avviso della data di udienza d'appello, una **richiesta di partecipare all'udienza**. In tal caso, la corte ammette l'intervento delle parti e decide se ciò avverrà in udienza pubblica o secondo il rito camerale partecipato dell'art. 127.

Quanto a tale scelta, l'udienza camerale partecipata ha luogo quando si tratta di appello proposto contro le sentenze emesse a seguito di giudizio abbreviato, oppure quando l'impugnazione abbia ad oggetto esclusivamente la specie o la misura della pena, anche con riferimento al giudizio di comparazione fra circostanze, oppure, ancora, l'applicabilità delle circostanze attenuanti generiche, delle sanzioni sostitutive, della sospensione condizionale della pena o della non menzione della condanna nel certificato del casellario giudiziale.

Al di fuori del caso in cui vi sia apposita richiesta di intervento in presenza, la corte può disporre d'ufficio la partecipazione delle parti per la rilevanza delle questioni introdotte con l'impugnazione, adottando un apposito provvedimento col quale indica, altresì, se l'appello sarà deciso in udienza pubblica o nella camera di consiglio dell'art. 127. Tale facoltà di scelta della corte si trasforma in obbligo nel caso in cui è necessario procedere alla rinnovazione dell'istruzione dibattimentale dell'art. 603: in tal caso, tuttavia, si presenta un'ulteriore particolarità nella scelta del rito, in quanto, pur non essendo prevista l'udienza pubblica, le prove verranno assunte in camera di consiglio ma con la partecipazione necessaria del p.m. e dei difensori.

Il giudizio camerale, inoltre, è previsto anche per l'impugnazione della parte civile, che ne faccia espressa richiesta, avente ad oggetto le statuizioni della sentenza che abbia omesso di pronunciarsi o abbia rigettato la domanda di esecuzione provvisoria delle disposizioni civili, secondo quanto disposto dall'art. 600.

Può accadere che le parti dichiarino di **concordare sull'accoglimento, in tutto o in parte, dei motivi di appello**, con rinuncia agli altri eventuali motivi, prevalentemente al fine di ottenere una pena ridotta (art. 599 *bis*). La L.103 del 2017, infatti, ha reintrodotto il concordato sui motivi in appello, disciplinandolo nel nuovo art. 599 *bis*, che la riforma del 2022 ha dovuto coordinare con l'innovativa disciplina della decisione camerale non partecipata in impugnazione.

L'istituto era originariamente previsto nell'assetto codicistico. Nel 2008 (d.l. 23.5.2008, n. 92, conv. in L. 24.7.2008, n. 125, c.d. «Pacchetto sicurezza») era stato soppresso con la finalità di rendere più severi i trattamenti sanzionatori e certa l'esecuzione della pena.

La sua reintroduzione ha un evidente intento deflattivo. Peraltro, con la riforma del 2022 si è deciso, per un verso, di **ampliarne** l'ambito di applicazione, eliminando dall'art. 599 *bis* il richiamo alle preclusioni oggettive e soggettive di accesso al patteggiamento allargato, per cui allo stato attuale è possibile concordare sulla rinuncia ai motivi d'appello per un più ampio numero di reati.

Per altro verso, secondo un ordine gerarchico, il procuratore generale presso la Corte d'appello, sentiti i magistrati dell'ufficio e i procuratori della Repubblica del distretto, indica i criteri idonei a orientare la valutazione dei magistrati del pubblico ministero nell'udienza, tenuto conto della tipologia dei reati e della complessità dei procedimenti.

Se i motivi dei quali viene chiesto l'accoglimento comportano una nuova determinazione della pena, il pubblico ministero, l'imputato e la persona civilmente obbligata per la pena pecuniaria indicano al giudice anche la pena sulla quale sono d'accordo, nel termine decadenziale di quindici giorni prima dell'udienza.

Nei casi in cui è prevista la decisione in camera di consiglio senza la partecipazione delle parti, il giudice, se ritiene di non poter accogliere, allo stato, la richiesta, dispone la partecipazione di queste e indica se l'appello sarà deciso in udienza pubblica o col procedimento dell'art. 127. In questo caso, la richiesta e la rinuncia perdono effetto, ma possono essere riproposte in udienza.

Quando, invece, si tratta di un giudizio d'appello da decidere in udienza pubblica o camerale partecipata, se la corte rigetta la richiesta delle parti dispone la prosecuzione del giudizio.

In virtù del combinato disposto di cui agli artt. 127 e 599, si reputa, per lo più, che quando l'udienza si svolga in forma camerale la partecipazione di accusa e difesa non sarebbe necessaria, salvo quando occorra procedere alla rinnovazione dell'istruttoria dibattimentale, come previsto dall'art. 599, co. 3: di conseguenza, qualora il pubblico ministero e i difensori non partecipino fisicamente all'udienza, se disposta l'integrazione probatoria, il giudice fissa una nuova udienza, ordinando che copia del provvedimento sia comunicata all'organo d'accusa e notificata al difensore. Può, altresì, accadere che l'imputato faccia richiesta di presenziare all'udienza camerale ma sia legittimamente impedito; in tal caso l'udienza deve essere rinviata.

Per previsione legislativa espressa, è sempre camerale la celebrazione dell'appello in tema di misure di prevenzione, di estradizione e di riparazione per l'ingiusta detenzione. Già si è visto[29], tuttavia, come le novità provenienti dalla normativa europea e dalla giurisprudenza sovranazionale[30] e costituzionale[31] inducano l'interprete a particolare cautela: ovviamente, la snellezza e la celerità tipica del rito camerale, per certi versi apprezzabile, non può che cedere dinanzi alla portata degli interessi personali e patrimoniali in gioco, almeno in materia di misure *praeter delictum*. Il significativo impatto che tali provvedimenti hanno sulla situazione personale e patrimoniale del proposto, in un ragionevole giudizio di bilanciamento fra valori entrambi

[29] V. *supra*, Parte I, cap. II, par. 4.

[30] Esemplarmente Corte eur., sent. 10.4.2012, Lorenzetti c. Italia; e già Corte eur., sent. 13.11.2007, Bocellari e Rizza c. Italia.

[31] Corte cost., sent. n. 93 del 2010.

meritevoli di tutela, impone la prevalenza del diritto ad una giustizia amministrata pubblicamente, irrinunciabile garanzia di trasparenza.

11.1. L'udienza pubblica e il dibattimento

Dove non operano le preclusioni di cui agli artt. 598 *bis* e 599, il giudizio di appello si svolge nelle forme dell'udienza dibattimentale pubblica, giacché l'art. 598 fa omnicomprensivo rinvio, sempre che applicabili, alle norme relative al giudizio di primo grado.

Se questa era, un tempo, la modalità ordinaria di celebrazione del giudizio d'appello, con la riforma del 2022 si è assistito ad un'inversione di rotta, in quanto il rito di seconde cure assume, in via principale, la veste **cartolare**, con un contraddittorio soltanto scritto tra le parti e scandito da termini perentori prima della celebrazione della camera di consiglio.

Dove, invece, residua lo spazio per la decisione in udienza pubblica, l'imputato appellante deve essere citato con rituale e tempestivo avviso notificato a cura del cancelliere e, se vi è appello del pubblico ministero, della data dell'udienza va dato avviso anche all'imputato non appellante. Deve disporsi, eventualmente, anche la citazione del responsabile civile, della persona civilmente obbligata, della parte civile e del querelante che abbia impugnato o nei cui confronti sia stato proposto appello in ordine a spese e danni. Venti giorni prima della data fissata, l'avviso dovrà essere dato anche ai difensori.

Secondo lo schema semplificato di cui all'art. 602, il primo atto della fase dibattimentale è la **relazione della causa** ad opera del presidente o del consigliere delegato, necessariamente preceduta dagli accertamenti sulla regolare costituzione delle parti di cui all'art. 484. Ad essa segue, ove non vi sia spazio per la rinnovazione dell'istruttoria, la discussione, che può essere preceduta dalla lettura, anche d'ufficio, di atti del giudizio di primo grado ovvero, ma soltanto nei limiti segnati dall'art. 511, di atti compiuti nelle fasi antecedenti.

Terminata la discussione, il giudice procede alla deliberazione, cui segue la **redazione** e **pubblicazione** della sentenza (art. 605).

12. Le decisioni del giudice d'appello sulle questioni di nullità

La regola vuole che il giudice di appello pronunci sentenza con la quale conferma o riforma la sentenza appellata (art. 605). Tuttavia, in casi eccezionali il giudice d'appello può **annullare** quest'ultima, provocando la **restituzione degli atti** al giudice di primo grado. L'art. 604 detta un'articolata disciplina dei casi in cui il giudice di appello si trovi a rilevare un vizio di nullità della sentenza o degli atti del procedimento di cui costituisce l'epilogo, operando le opportune distinzioni circa le conseguenze che la rilevazione del vizio comporta e che variano a seconda che la nullità dia luogo a una regressione procedimentale, con obbligo di reiterare l'attività viziata anche solo in via derivata, o, più limitatamente, a una rinnovazione del singolo atto viziato nel corso dello stesso giudizio di appello. Ciò denota la **doppia funzione** del giudizio appello, quale **strumento di controllo** esclusivamente finalizzato alla rilevazione del vizio, con conseguente restituzione degli atti al giudice del provvedimento che ne è affetto e, alternativamente, quale sede di un **nuovo giudizio** con ammissione della ripetizione dell'atto viziato, secondo lo schema delle impugnazioni pienamente devolutive. In conformità all'impostazione che individua la restituzione degli atti al primo giudice come ipotesi residuale, la previsione della regressione del procedimento al primo grado è limitata alla circostanza della nullità della sentenza per **difetto di contestazione**, in particolare in caso di intervenuta condanna per un fatto diverso da quello contestato o per applicazione di una circostanza aggravante non contestata per la quale la legge stabilisce una pena diversa da quella ordinaria del reato o di una circostanza aggravante ad effetto speciale (sempre che non vengano ritenute prevalenti o equivalenti circostanze attenuanti) (art. 604, co. 1).

I difetti di contestazione non possono essere efficacemente eliminati senza dare luogo per intero alla fase processuale che si è consumata con l'accertata grave compromissione del diritto di difesa e del diritto al contraddittorio. È per questa elementare ragione che si impone la restituzione del processo alla fase che ha visto l'esplicazione degli effetti dannosi del vizio, perché essa sia per intero celebrata *ex novo*.

La situazione è diversa nell'eventualità che siano state ritenute prevalenti o equivalenti alle circostanze non contestate le circostanze attenuanti oppure siano state applicate circostanze aggravanti non contestate ma diverse da quelle sopra indicate, perché in tal caso il giudice d'appello non può dichiarare la nullità ma deve limitarsi ad escludere le circostanze aggravanti effettuando, ove occorra, un nuovo giudizio di comparazione con correlativa rideterminazione della pena (art. 604, co. 2). Se, poi, la nullità della sentenza di primo grado per difetto di contestazione consegua alla condanna per un reato concorrente non contestato o per un fatto nuovo non contestato, il giudice di appello dichiara nullo il relativo capo della sentenza ed elimina la pena corrispondente. In tal caso il giudice d'appello deve, altresì, disporre che del provvedimento sia data notizia al pubblico ministero per le sue determinazioni (art. 604, co. 3).

Alla regressione procedimentale deve, invece, farsi necessariamente ricorso laddove sia rilevata una nullità assoluta o una nullità d'ordine generale, c.d. a regime intermedio, che non sia stata comunque sanata, nel caso in cui risulti inficiato un atto propulsivo o comunque la nullità si riverberi, per effetto del rapporto di derivazione, sul decreto che dispone il giudizio o sulla sentenza di primo grado. Se, invece, si tratta di nullità diverse e quindi, da un lato, nullità relative oppure, dall'altro lato, nullità assolute o d'ordine generale, c.d. a regime intermedio, che non abbiano determinato la nullità del decreto di rinvio a giudizio o della sentenza di primo grado, allora il giudice d'appello deve limitarsi a dichiararle potendo provvedere poi a decidere nel merito se l'atto nullo non fornisce elementi necessari al giudizio; in caso contrario, può ordinare la rinnovazione dell'atto nullo se questo sia invece di utilità per il giudizio. L'omessa previsione di legge delle nullità relative non sanate, sempre che afferenti, anche solo per effetto del rapporto di derivazione, ad un atto propulsivo come il decreto che dispone il giudizio o alla sentenza di primo grado, rivela l'opzione legislativa di collegare esclusivamente alle tipologie di nullità più gravi il meccanismo dell'invalidità derivata.

La riforma del 2022 ha sostituito il comma 5 *bis* e ha aggiunto i co. 5 *ter* e 5 *quater* all'art. 604, nei casi in cui si sia proceduto **in assenza dell'imputato**, se vi è la prova che la dichiarazione di assenza è avvenuta in difetto dei presupposti dell'art. 420 *bis*, co. 1, 2 e 3, il giudice di appello dichiara la nullità della sentenza e dispone la trasmissione degli atti al giudice che procedeva quando si è verificata la nullità. Questa regola, tuttavia, incontra dei limiti, in quanto la nullità è sanata se non è stata eccepita nell'atto d'appello e, comunque, non può essere rilevata o eccepita se risulta che l'imputato era a conoscenza della pendenza del processo ed era nelle condizioni di comparire in giudizio prima della pronuncia della sentenza impugnata.

Può darsi che non vi sia la prova che il giudizio di prime cure sia stato celebrato in violazione della disciplina dell'assenza. In tal caso, ferma la validità degli atti già compiuti, con disposizioni parallele alla rinnovata regolamentazione del procedimento in assenza, si stabilisce che l'imputato è restituito nel termine se prova che, per caso fortuito, forza maggiore o altro legittimo impedimento, gli è stato impossibile comparire in tempo utile per esercitare le sue prerogative e che non ha potuto trasmettere tempestivamente la prova dell'impedimento incolpevole. Similmente, è restituito nel termine se, nei casi di cui all'art. 420 *bis*, co. 2 e 3, prova di non aver avuto l'effettiva conoscenza della pendenza del procedimento e di non essere potuto intervenire, senza sua colpa, per l'esercizio delle sue facoltà.

Nel caso di annullamento e conseguente regressione del procedimento al grado precedente, il giudice di appello dispone la trasmissione degli atti ad altra sezione del Tribunale o della Corte d'assise e, comunque, ad un giudice (persona fisica) diverso da quello che ha pronunciato il provvedimento annullato.

13. La decisione nel merito e la motivazione

Fuori dalle ipotesi appena descritte, come già si è accennato, il giudice d'appello **conferma** o **riforma** la sentenza impugnata, con obbligo di rendere adeguata **motivazione** anche nel caso di conferma della stessa, data l'impossibilità di limitarsi a una motivazione che si rifaccia ***per relationem*** alla sentenza di primo grado. Anche la motivazione del giudice d'appello deve ancorarsi al modello normativo delineato dagli artt. 192 e 546 per tutte le decisioni "in fatto": ogni passaggio argomentativo deve risultare giustificato affinché risultino delimitati i confini del libero convincimento del giudice, con riguardo alle ragioni poste a fondamento del giudizio di valutazione delle prove legittimamente acquisite e individuata quale base della sua decisione, anche alla luce della nuova formulazione della lett. *e* dell'art. 546.

Se, in prospettiva generale e dal punto di vista informativo, la sentenza deve affrontare rispettivamente i temi concernenti l'accertamento dei fatti di cui all'imputazione e la loro qualificazione giuridica, la punibilità e le sanzioni applicate (pene e misure di sicurezza), la responsabilità civile derivante dal reato, nonché, da ultimo, l'accertamento di ogni altro fatto da cui dipende l'applicazione di norme processuali; e se in relazione a ciascuno di tali temi, il giudice è poi tenuto ad esporre concisamente «i motivi di fatto e di diritto» posti a base delle determinazioni assunte, con particolare riguardo ai «risultati acquisiti», ai «criteri di valutazione della prova adottati» e alle «ragioni» per cui non sono state ritenute «attendibili le prove contrarie», la sentenza del giudice d'appello non può esimersi dal dare risposte puntuali ai motivi di gravame proposti dalla parte nell'atto di appello, secondo il nuovo schema delineato, a pena di inammissibilità, dal legislatore (art. 581, co. 1 *bis*).

In una responsabile prospettiva di effettività del controllo del giudice di secondo grado, è necessario che al paradigma devolutivo (che implica la specificità dei motivi di impugnazione attraverso il riferimento a capi e punti della decisione da sottoporre a controllo) che circoscrive la cognizione del giudice d'appello, corrisponda un apparato argomentativo idoneo a fornire risposta ad ogni doglianza esplicitata dalla parte (anche nelle memorie *ex* art. 121, oltre che nell'atto introduttivo dell'impugnazione e nei motivi nuovi). Correlativamente, il giudice d'appello assolve all'obbligo di motivazione solo quando riesca a confutare gli argomenti che hanno costituito l'ossatura dello schema difensivo dell'imputato, e non, invece, liquidando "una per tutte" le deduzioni difensive esplicitate nei motivi d'appello. Non può ritenersi congrua la motivazione del giudice d'appello che, a fronte di precise considerazioni dell'appellante sui singoli capi e punti della sentenza di primo grado, si limiti a richiamare quest'ultima, venendo così meno il dovere di motivazione che è l'unico strumento attraverso il quale le parti possono esercitare il loro diritto al controllo effettuato da un giudice superiore sui passaggi logici seguiti dal primo giudice.

Tali considerazioni valgono ancor di più nel caso in cui in appello venga riformata la decisione di primo grado in punto di affermazione di responsabilità (soprattutto se in primo grado assolutoria). In tali ipotesi è posto a carico del giudice di appello, oltre all'obbligo di procedere alla riassunzione delle prove dichiarative (art. 603, co. 3 *bis*), un dovere **rafforzato** di esplicitazione delle ragioni della diversa decisione a mezzo del quale il giudice, pena l'avverarsi di una patologia motivazionale, deve confutare le ragioni poste dal primo giudice a sostegno della pronuncia assolutoria, dimostrando l'insostenibilità sul piano logico e giuridico degli argomenti più rilevanti della sentenza di primo grado, avendo attenta considerazione dei contributi offerti dalla difesa nel giudizio d'appello e fornendo ragione adeguata delle scelte operate e della maggiore considerazione accorata ad elementi di prova diversi o diversamente valutati. Solo attraverso tale *modus operandi* si offre alla parte una risposta effettiva al gravame proposto anche in funzione del successivo controllo di legittimità esperibile attraverso il ricorso per cassazione.

Ai sensi del co. 2 dell'art. 605 le sentenze del giudice di appello sull'azione civile sono **immediatamente esecutive** ancorché siano impugnate per cassazione. Nell'eventualità che la sentenza del giudice d'appello non sia impugnata per cassazione, l'art. 605, co. 3, stabilisce che copia della sentenza di appello, con gli atti del procedimento, sia trasmessa senza ritardo, a cura della cancelleria, al giudice di primo grado competente per l'esecuzione (ciò in conseguenza del disposto dell'art. 665, co. 2, per cui se nel giudizio d'appello il provvedimento giurisdizionale è stato confermato oppure è stato riformato soltanto in relazione alla pena, alle misure di sicurezza o alle disposizioni civili, il giudice di primo grado è competente per l'esecuzione).

Capitolo XXIII

Il ricorso per cassazione

di *Alfredo Gaito*

1. Il ruolo e la funzione della Corte di cassazione

Anni fa, un maestro del diritto processuale (S. SATTA) scrisse che solo conoscendo la storia della Corte di cassazione è dato rendersi conto della funzione di questo singolare istituto che, seppur posto al vertice dell'ordinamento giudiziario (donde la qualifica di Suprema Corte), non ha competenza di sorta a giudicare sui fatti di causa, rimanendo del tutto estraneo alla sua funzione il decidere se una sentenza sia "giusta" o meno. E già nel più acuto e ponderoso studio dedicato al tema da altro insigne maestro (CALAMANDREI), la parte dedicata alla ricostruzione storica era preponderante rispetto al resto, rilevandosi che l'indagine sullo svolgimento storico della cassazione è una delle più fruttuose e appassionanti che si possano compiere nel campo delle istituzioni giudiziarie. L'odierna Corte Suprema è, infatti, la filiazione diretta di quel *Tribunal de Cassation* di matrice rivoluzionaria, istituito dall'Assemblea costituente francese nel 1790 quale organo paralegislativo fuori dall'organizzazione giudiziaria, e come tale avente compito di controllo sull'operato dei giudici al fine di contenerne gli eccessi e ripararne tutti gli errori commessi nell'applicazione della legge. Specificamente, il *Tribunal de Cassation* assunse il ruolo di sentinella della legge, una sorta di *remède extreme*, a difesa dell'autorità legislativa, attraverso la cancellazione delle sentenze non aderenti alle leggi (è appunto da *casser* che la Corte di cassazione prende il suo nome). Le pronunce del *Tribunal de Cassation* avevano, perciò, la peculiare caratteristica di essere sempre a contenuto negativo. Questa scissione dal mondo dei giudici mostrò ben presto la corda: invero, decidere sul come vada interpretata una legge è classica attività giudiziaria, attività che si pone fuori dall'orbita del potere legislativo e, soprattutto, del potere esecutivo. L'originaria caratterizzazione anti-giurisdizionale era destinata a dissolversi, a causa dell'insofferenza generalizzata per un istituto limitato a controllare (ove una parte in causa lo avesse richiesto attraverso il *recours*) se il giudice avesse applicato correttamente, o meno, la legge: ove riconosciuto l'errore, la sentenza era "cassata" e la causa nuovamente esaminata da un giudice di pari grado, ma fisicamente diverso; se inesistente l'errore, il ricorso era rigettato, tutto rimanendo come prima. Dopo poco più di un decennio, con senatoconsulto del 28 floreale dell'anno II (18.5.1803), il *Tribunal de Cassation* veniva inserito nell'ordinamento giudiziario e posto al vertice di esso con il nome, rimasto attuale, di *Cour de Cassation*.

Nell'esperienza italiana, l'evoluzione è stata diversa. La funzione di conservazione dello *jus constitutionis* ha coerentemente comportato la tutela delle domande di quelle parti che chiedevano un'applicazione corretta della legge dello Stato; in parole povere, si è inteso tutelare massicciamente anche lo *jus litigatoris*. In particolare, la corretta applicazione delle leggi che regolano l'andamento dei processi ha comportato sempre la tutela di coloro che potevano avere subìto conseguenze pregiudizievoli da un'inosservanza della legge processuale. Per questa ragione, nel sistema processuale penale attuale, un controllo a tutto campo sul procedimento probatorio e sulla motivazione appare irrinunciabile, quanto meno in funzione di verifica sull'esatta applicazione di tutti quei meccanismi procedurali che impongono particolari modalità nell'assunzione della prova dichiarativa indiretta, specifiche regole di giudizio per la prova indiziaria e per le dichiarazioni dei collaboranti, nonché tassative regole di esclusione probatoria, e che pertanto risultano sicuramente incidenti sulla correttezza della deliberazione: la motivazione può essere ricavata interamente dalla sentenza ovvero *per relationem* (nei casi di c.d. doppia conforme) ma la sua congruità va valutata dall'esterno ossia dal complesso delle risultanze del processo. Basti pensare allo stretto raccordo tra la sentenza ed il rispetto delle regole scandite agli artt. 64, 191, 192, 526, 546 e 604. Ad esempio, l'art. 526, co. 1, non si limita a stabilire le modalità secondo cui va deliberata la decisione, bensì risolve negativamente il quesito sul "se" un certo elemento probante possa entrare nel patrimonio cognitivo destinato a fungere da base per la formazione del convincimento del giudice. L'art. 526, co. 1, nel momento in cui prescrive l'inutilizzabilità delle prove diverse da quelle legittimamente acquisite nel dibattimento, impedisce all'organo giurisdizionale di avvalersene.

2. Il giudizio di cassazione verso nuovi equilibri

Per tradizione assai risalente nel tempo, il giudizio di cassazione è caratterizzato dal suo avere ad oggetto solo **questioni di diritto**, formulate sulla scorta dei tassativi motivi di ricorso enucleati all'art. 606 (ma vi sono casi in cui ha poteri di accertamento di merito ed entra direttamente nella cognizione dei fatti: es. conflitti di competenza, rimessione, estradizione). La Corte di cassazione, secondo l'art. 65 ord. giud., è organo supremo di giustizia che deve assicurare l'esatta osservanza della legge, eliminando gli errori di interpretazione della medesima, e garantire il rispetto dei limiti delle diverse giurisdizioni, regolando i conflitti di competenza e attribuzione. Ma il tema del ruolo e della funzione della cassazione penale nel momento decisorio del giudizio di diritto, non può essere affrontato solo in rapporto a schemi teorici precostituiti in tempi remoti ed alle pretese aspettative della collettività, bensì tenendo in adeguata considerazione anche le esigenze garantistiche dell'imputato.

Non bisogna trascurare che il giudizio di diritto in cassazione si pone semplicemente in una fase intermedia, tra le tante che contrassegnano la progressione del processo penale dalla *notitia criminis* al completamento dell'esecuzione della pena. In questa ortodossa prospettiva, che non può essere svincolata da un responsabile bilanciamento dei valori e degli interessi in perenne contrapposizione, l'assetto del giudizio di cassazione risente della colpevole sottovalutazione della necessità di adattare la tradizionale disciplina delle impugnazioni (nonostante gli interventi parzialmente innovativi, ispirata ai canoni di tassatività tipici del sistema inquisitorio) alle innovate cadenze di un processo tendenzialmente accusatorio.

Il sistema codificato delle impugnazioni appresta tutela all'ipotesi in cui siano sollevate in sede di legittimità censure riguardanti errori di diritto, vizi procedurali o di ordine motivazionale, nel qual caso comunque è necessario che la doglianza riguardi la logicità o la sufficienza della motivazione e che il vizio risulti dal testo del provvedimento (o, dal 2006, da altri atti del procedimento specificamente indicati nei motivi di gravame). Qualora la violazione riguardi il merito del giudizio (e, magari, si verifichi nel corso del secondo grado) è da interrogarsi se la successiva procedura costituisca o meno un rimedio effettivo, non essendo il giudice di ultima istanza competente a conoscere questioni di fatto.

A proposito delle anomalie decisorie, e delle conseguenti ricadute in termini quanto meno perplessi sull'ortodossia della **funzione nomofilattica** della cassazione penale (qualunque ne sia l'accezione, in funzione di tutela dello *ius constitutionis* o dello *ius litigatoris*), rimane un'amara constatazione: ogni qualvolta e nella misura in cui nel giudizio di fronte alla Corte di cassazione risulti in concreto negata la rivalutazione del ragionamento probatorio fondante la decisione di merito, si realizza il rischio che non sia possibile porre rimedio alle iniquità precedentemente verificatesi.

Trattandosi dell'ultimo rimedio esperibile in via ordinaria dalla parte, la procedura terminale di cassazione deve essere capace di porre rimedio all'ingiustizia della decisione impugnata; sicché, il giudice di ultima istanza non può sottrarsi alla conoscenza delle questioni di fatto, seppure nella prospettiva del **giudizio di diritto** [1], dei **vizi procedurali** e dei **vizi di ordine motivazionale**. Correlativamente, ogni ingiustificata restrizione, ogni rifiuto conoscitivo da parte della Corte decidente del percorso argomentativo del provvedimento impugnato e della sua fedeltà ai dati probatori emersi nel giudizio di merito, andrebbe a determinare la celebrazione di una fase inutile e non consona al fine cui è preposta (o il giudice dell'impugnazione esplica un controllo pieno oppure viene meno la stessa effettività dell'impugnazione, che degrada all'infimo livello del rimedio ingannevole), e pertanto da considerare sostanzialmente superflua.

Ciascuno ha diritto ad un processo equo: l'equità deve essere apprezzata in base ad una valutazione globale della procedura. E quando il diritto alla controprova, il diritto al rispetto delle cadenze del procedimento probatorio e/o il diritto al rispetto delle regole rigorosamente scandite per individuare il materiale decisorio utilizzabile venga ignorato con reiterata disinvoltura nelle sentenze di cassazione (sempre più propense a sacrificare, per finalità di efficienza, la funzione della nomofilachia, attraverso quella semplificazione generalizzante per cui tutto quanto attiene alla prova e al suo travisamento rientrerebbe tra le questioni di fatto sottratte al vaglio di legittimità), si realizza una violazione dei diritti garantiti non solo a livello codicistico e costituzionale interno, ma altresì dall'art. 6 C.e.d.u. e dall'art. 6 del Trattato di Lisbona, che li consacrano alla stregua di princìpi fondamentali dell'ordinamento. Tuttavia, sempre più di frequente il ricorrente in cassazione non ha la possibilità di vedersi esaminati di fronte alla Corte Suprema gli argomenti fattuali e giuridici rilevanti per contestare la decisione impugnata, in quanto

---

[1] Impostazione condivisa da Cass., Sez. Un., 24.4.2014, Espenhan ed altri.

sempre più spesso i giudici di legittimità trascurano il ruolo e la funzione che è loro attribuita, e cioè quella di garantire un controllo a tutto campo, con la sola esclusione dell'apprezzamento di merito circa la ricostruzione di fatto espressa dalle giurisdizioni inferiori.

Bisogna prendere atto che, alla stregua della giurisprudenza in via di consolidamento, il ricorrente per cassazione non gode sempre (come pure dovrebbe essere) di uno strumento di impugnazione effettivo interno, in contrasto con i c.d. "fondamentali" del giusto processo europeo, non essendo quasi mai possibile, nel procedimento successivo alle fasi di merito procedere ad un riesame delle valutazioni di fatto, espresse dalla giurisdizione inferiore. Se le censure concernenti la mancata assunzione della prova decisiva, il mancato rispetto delle cadenze del procedimento probatorio, la disapplicazione dei canoni normativizzati sulla valutazione del materiale decisorio e la congruità o sufficienza della motivazione della sentenza *ex* art. 606, co. 1, lett. *c*, *d* ed *e*, non consentissero alla Corte di cassazione un riesame dell'efficacia probatoria degli elementi posti a carico dell'imputato, la conseguenza sarebbe drastica: il ricorso per cassazione per motivi di legittimità non potrebbe più essere, di per sé, considerato un rimedio adeguato ed **effettivo**; con ovvie conseguenze in termini di illegittimità a livello europeo.

Il quesito cui dare risposta è se in cassazione possano o meno essere sperimentate limitazioni al giusto processo. E la risposta è nell'*incipit* dell'art. 111 Cost.: la giurisdizione si attua mediante il giusto processo; e non sono consentite deroghe. I princìpi della giurisdizione e del giusto processo impongono il rispetto della garanzia del contraddittorio, e quindi anche del diritto alla prova e del diritto di sottoporre ad un giudice superiore ogni decisione di merito sulla prova. Una volta stabilito che la decisione terminativa non può scaturire che da un giusto processo, allora la possibilità che il giudice dell'impugnazione rivaluti integralmente il rispetto del metodo del contraddittorio, e l'osservanza delle regole sulla formazione e sulla valutazione della prova compiuta dal giudice inferiore, costituisce lo strumento più appropriato per il conseguimento di una verità giudiziale che valga a scongiurare l'errore giudiziario. Correlativamente, si tratta di consentire anche in Cassazione (ove e quando reso necessario dalla natura del vizio censurato) una verifica sulla legalità della celebrazione del processo di merito, per stabilire se sia stato assicurato l'utile contributo argomentativo di ogni parte al fine di non sottovalutare alcuna ipotesi alternativa configurabile sul tema di fatto (e sui profili di diritto) dell'imputazione. Insomma: i princìpi di **effettività** e di non contraddizione impongono l'apprestamento di un meccanismo di controlli ove trovino adeguato riconoscimento i diritti attribuiti alle parti nei gradi pregressi del giudizio e, al contempo, trovi spazio la verifica sul rispetto da parte del giudice inferiore delle regole di procedura. Ed ecco il punto: il convincimento del giudice del merito non può e non deve rimanere avulso dalla conoscenza di tutti quei fatti che possano risultare comunque significativi nella ricostruzione della vicenda dedotta in giudizio, sicché la decisione non può non poggiare sull'apprezzamento comparato e contestuale delle opposte argomentazioni; per l'effetto, non sarebbe effettivo, ma soltanto apparente ed illusorio, un giudizio d'impugnazione che in via istituzionale precludesse alla Corte di cassazione di verificare come il giudice del merito abbia compiuto la ricostruzione del fatto e, in pratica, se il provvedimento portato al vaglio di legittimità si sia colpevolmente discostato dalle enunciazioni della difesa nella loro dimensione rivelatrice delle eventuali incongruenze affioranti nella tesi sostenuta dall'accusa.

Nell'elaborazione giurisprudenziale della Corte di cassazione non mancano prese di posizione che vorrebbero resecare vaste porzioni degli innovati spazi di controllo sulla motivazione, così determinando l'abrogazione per via giudiziaria della riforma avviata dalla «legge Pecorella», almeno per quanto attiene al giudizio di legittimità. Ma escludere o limitare simili possibilità di controllo significa frustrare il diritto di difesa, relegandolo in un piano statico, passivo ed anacronistico rispetto alla svolta in chiave di metodo scandita dalla fisionomia accusatoria del vigente codice, dai rivolgimenti legislativi del biennio 1999-2001 e dalla comunitarizzazione del diritto al processo equo, oramai a regime a seguito dell'entrata in vigore del Trattato di Lisbona.

3. Requisiti oggettivi e soggettivi del ricorso in cassazione

È stato già altrove evidenziato che sono sempre soggetti a ricorso per cassazione i provvedimenti con i quali il giudice decide sulla libertà personale e le sentenze. Le sentenze impugnabili con ricorso sono quelle pronunciate in grado di appello e quelle inappellabili, di condanna o di proscioglimento, eccezion fatta per i provvedimenti che possono dar vita a un conflitto di giurisdizione o di competenza a norma dell'art. 28. Va, al riguardo, ricordato che, ai sensi dell'art. 569, la parte legittimata ad appellare la sentenza di primo grado può proporre direttamente ricorso per cassazione (c.d. ricorso ***per saltum*** o ricorso immediato per cassazione). Correlativamente, mentre le sentenze inappellabili sono immediatamente ricorribili, quelle appellabili possono essere suscettibili solo di ricorso *per saltum ex* art. 569 nei modi e con i limiti previsti dalla norma circa i motivi. Può, tuttavia, accadere che avverso la medesima sentenza appellabile sia attivata una pluralità di strumenti di controllo o impugnazione (es. concorso tra l'appello e il ricorso *per saltum*, tralasciando l'incidente di esecuzione). In tal caso opera il meccanismo della **conversione** *ex* art. 580.

È ricorribile per cassazione la sentenza di patteggiamento nella parte relativa alla condanna alla rifusione delle spese di parte civile, in particolare per quanto attiene alla legalità della somma liquidata e alla esistenza di una corretta motivazione sul punto, una volta che sulla relativa richiesta, proposta all'udienza di discussione, nulla sia stato eccepito[2]. A seguito della recente novella legislativa, all'art. 448 è stato inserito il co. 2 *bis* che limita i casi di ricorso avverso la sentenza di applicazione di pena da parte di pubblico ministero e imputato: nello specifico potranno essere lamentati esclusivamente errori attinenti l'espressione della volontà dell'imputato; il difetto di correlazione tra la richiesta e la sentenza; l'erronea qualificazione giuridica del fatto, oppure l'illegalità della pena o misura di sicurezza irrogata. Sono, poi, impugnabili con ricorso per cassazione i provvedimenti **abnormi**, con termine decorrente dal momento in cui la parte ne abbia avuto effettiva conoscenza[3], mentre l'abrogazione dell'art. 625 *ter*, ha nei fatti escluso la competenza della Corte in materia di rescissione del giudicato. Così come risulta modificata anche la competenza in materia di impugnazione del provvedimento di archiviazione a favore del Tribunale «nei casi di nullità tassativamente previsti dai co. 1 e 2 dello stesso art. 410 *bis*» che deciderà con ordinanza non impugnabile.

La riforma del 2017, in una logica di "semplificazione" e "sfoltimento" dei ricorsi, ha introdotto all'art. 608 un nuovo co. 1 *bis*, volto a limitare la possibilità di ricorrere in cassazione nel caso di cosiddetta "**doppia conforme assolutoria**". Cosicché, se il giudice d'appello pronuncia sentenza di conferma di quella di proscioglimento, il ricorso può essere proposto solo per eccesso di potere, erronea applicazione della legge penale ed erronea applicazione di norme processuali stabilite a pena di nullità, inutilizzabilità, inammissibilità e decadenza.

La legittimazione a proporre ricorso per cassazione è dell'imputato che, solo tramite il suo difensore, può proporre ricorso contro la sentenza di condanna o di proscioglimento ovvero contro la sentenza di non luogo a procedere pronunciata in grado di appello (art. 428, co. 3 *bis*). Volendo, l'imputato può ricorrere anche soltanto contro le disposizioni della sentenza che riguardano il pagamento delle spese processuali (art. 607). L'imputato è rappresentato nel giudizio da uno o due difensori[4] che siano iscritti all'albo speciale della Corte di cassazione.

Legittimata a proporre ricorso di legittimità è anche la parte pubblica nella persona del procuratore generale presso la Corte d'appello contro la sen-

---

[2] Cass., Sez. Un., 14.7.2011, Tizzi.

[3] Cass., Sez. Un., 11.7.2001, Chirico.

[4] Cass., Sez. Un., 15.12.2011, Di Cecca.

tenza pronunciata in quest'ultima sede e, invece, nella persona del procuratore della repubblica presso il Tribunale contro le sentenze della Corte d'assise, del Tribunale o del giudice delle indagini preliminari (art. 608).

Non vanno trascurate le nuove previsioni dell'art. 428 ed il nuovo regime di impugnazione della sentenza di non luogo a procedere. Con l'entrata in vigore della riforma, il mezzo di impugnazione avverso la sentenza pronunciata *ex* art. 428, è in via principale costituito dall'appello, pur rimanendo in via residuale la competenza della Corte di cassazione. Ai sensi del novellato co. 2, dal quale è stato soppresso il secondo periodo, la persona offesa è legittimata a proporre, esclusivamente e direttamente, ricorso per cassazione solo nei casi di nullità previsti dall'art. 419, co. 7. Tuttavia, avverso la "sentenza di non luogo a procedere pronunciata in grado di appello", potranno ricorrere per cassazione solo l'imputato ed il procuratore generale, esclusivamente per i motivi di cui alle lett. *a*), *b*) e *c*) co. dell'art. 606, co. 1 e la decisione avverrà attraverso le forme della camera di consiglio c.d. non partecipata ai sensi dell'art. 611.

4. I motivi di ricorso per cassazione

Stante il ruolo di giudice del **controllo di legittimità** assegnato alla Corte di cassazione, i **motivi** per i quali è possibile esperire tale mezzo di impugnazione sono **tassativamente predeterminati** all'art. 606, nel cui ultimo co. è specificato, altresì, che il ricorso è inammissibile se proposto per motivi diversi da quelli consentiti dalla legge. Alla prescrizione in discorso si somma l'art. 111, co. 7, Cost., che contempla la ricorribilità almeno per violazione di legge per tutti i provvedimenti incidenti sulla libertà personale. La garanzia costituzionale sembrerebbe offrire una tutela talmente ampia da non ingenerare restrizioni di sorta al controllo demandato al giudice di legittimità su ogni tipologia di provvedimento destinato ad incidere, restringendola, sulla libertà personale[5]. Tuttavia, dal riferimento alla «violazione di legge», ribadita a livello di enunciati codicistici dagli artt. 311, co. 2, per le misure coercitive e 324, co. 1, in tema di misure cautelari reali (ma lo stesso vale in tema di controlli sul regime di carcere duro ai sensi dell'art. 41 *bis* ord. penit. e in materia di misure di prevenzione), si sono tratte delle limitazioni al diritto al controllo effettivo innanzi alla Corte di cassazione, circoscrivendo il vizio

---

[5] In tema di ricorso avverso il provvedimento applicativo di una misura cautelare custodiale nelle more revocata o divenuta inefficace, ai fini della riparazione per ingiusta detenzione, è necessario che la circostanza formi oggetto di specifica deduzione, formulata personalmente dall'interessato: Cass., Sez. Un., 16.12.2010, Testini.

deducibile alla sola violazione di norme sostanziali e processuali con esclusione del controllo sulla motivazione[6].

Sta di fatto, però, che il **diritto** al **controllo sulla motivazione** costituisce una specificazione del precetto costituzionale di cui all'art. 111, co. 6, Cost., che stabilisce l'obbligo della motivazione dei provvedimenti giurisdizionali, facendo derivare dall'inosservanza di esso la nullità dell'atto.

Di regola, non possono essere prospettati per la prima volta in cassazione motivi di impugnazione che non abbiano già formato oggetto di gravame in precedenza. Eccezion fatta, per natura di cose, in ipotesi di ricorso diretto in cassazione o *per saltum*; a fronte di cause di invalidità insanabili e rilevabili in ogni stato e grado del processo (art. 609); e in ipotesi di sentenza d'appello che abbia radicalmente riformato la decisione di primo grado (es.: l'imputato assolto in primo grado non ha interesse all'appello, ma ove riformata l'assoluzione in accoglimento del gravame del pubblico ministero, ha bensì interesse ad un ricorso per cassazione che per ciò stesso necessariamente prescinde dalla consueta piattaforma – costituente *tertium comparationis* nell'opera di verifica della corrispondenza tra chiesto e pronunciato[7] – dei motivi d'appello presentati dal medesimo soggetto).

4.1. La violazione di legge

Nonostante l'evoluzione di Costituzione, leggi e tempi, permangono, dunque, ambiti processuali entro i quali il controllo che può devolversi alla Corte di cassazione è circoscritto alla «violazione di legge». Si tratta di limitazione che ha sempre dato vita ad arretramenti di tutela ed a lesioni dei diritti di difesa garantiti dal sistema delle norme interne e sovranazionali in materia di processo giusto.

Mentre nel concetto di violazione di legge è stato opportunamente ricondotto il vizio di **mancanza di motivazione** (o presenza di motivazione meramente apparente)[8] in riferimento alla violazione dell'art. 125, l'illogicità delle argomentazioni del giudice è da sempre stata ritenuta estranea al concetto stesso. Correlativamente, deve porsi il problema se tale disciplina sia rispondente alle condizioni richieste dai precetti costituzionali per l'esercizio del diritto di difesa, in termini adeguati rispetto ai valori e agli interessi coinvolti, e se la limitazione dell'esperibilità del ricorso per cassazione possa trovare razionale collocazione nel sistema processuale vigente, ancorato, come si è più volte ripetuto, ai princìpi di equità e giustizia sostanziale.

[6] Corte cost., sent. n. 321 del 2004.

[7] Cass., Sez. Un., 23.11.2003, Calò e Andreotti.

[8] Cass., Sez. Un., 28.1.2004, Ferrazzi.

La potestà di restringere libertà costituzionalmente garantite non può prescindere dall'osservanza delle garanzie che sono proprie del processo e di riflesso, per quanto concerne le impugnazioni, deve essere assicurato sempre il controllo effettivo e reale, non solo della sentenza, ma di tutte le decisioni comunque direttamente o indirettamente limitative della libertà personale. Per l'effetto, se e quando il sindacato di legittimità non ricomprende la possibilità di controllare la congruenza della struttura logica della motivazione, si determina una innegabile contrazione del livello di **effettività della tutela** apprestata alla libertà della persona dall'art. 13 Cost. fino a configurare una carenza legislativa per inadeguatezza, stante l'anacronistica utilizzazione di uno strumento predisposto in tempi remoti dalla legge ma non più rispondente agli obiettivi attuali del processo penale accusatorio.

4.2. L'eccesso di potere

All'art. 606, co. 1, lett. *a*, è contemplato il c.d. eccesso di potere. Si tratta di motivo di ricorso che permette alla parte e, correlativamente, obbliga il giudice di legittimità a controllare l'operato del giudice che lo ha preceduto nel giudizio e di valutare se la sua condotta abbia superato la soglia del legalmente consentito, esercitando potestà spettanti ad organi legislativi ovvero appropriandosi di funzioni per le quali la competenza spetta ad organi amministrativi. Si pensi alla situazione in cui il giudice "crei", per analogia, una norma penale incriminatrice e condanni l'imputato per un fatto non previsto dalla legge come reato o a quella in cui il giudice penale annulli un provvedimento di competenza di un'autorità amministrativa.

Si tratta di ipotesi di ricorso raramente praticata (a livello statistico) ma che, ad ogni modo, permette alla parte ricorrente di poter rimuovere un provvedimento emesso in violazione di poteri conferiti dalla legge.

4.3. L'erronea applicazione della legge penale sostanziale

Quelle ipotizzate all'art. 606, co. 1, lett. *b*, sono ipotesi attraverso le quali è possibile censurare i c.d. ***errores in iudicando*** che, in concreto, si realizzano attraverso un'erronea interpretazione o applicazione alla fattispecie concreta della norma penale sostanziale ovvero di altra legge extrapenale cui essa faccia riferimento (come nel caso delle c.d. norme penali in bianco, le quali, per designare il fatto costitutivo del reato, rinviano ad un atto normativo di grado inferiore). Questo motivo di censura consente di riesaminare in chiave critica l'opzione del giudice che, nel conferire la qualificazione giuridica ad un fatto correttamente ricostruito, si discosti dalla fattispecie penale tipizzata applicandola ovvero interpretandola erroneamente, in violazione del principio di legalità. Si tratta di un profilo di censura che risponde all'interesse "pubblico" all'esatta interpretazione della legge, la cui tutela è affidata alla Corte di cassazione; interesse che è, in pari tempo ed inscindibilmente, collegato con l'interesse di una parte privata del processo a rimuovere un pregiudizio subìto. Tuttavia, pur quando non si rilevi un pregiudizio per la parte privata, nella prassi accade talvolta che il giudice di legittimità rilevi anche l'errore che non investe né la decisione, né l'argomento impiegato per giustificarla, ma soltanto l'inquadramento teorico della fattispecie. Il giudice di legittimità procede, in tal modo, a verificare l'errore ed a rettificarlo.

È possibile proporre per la prima volta in cassazione motivi che attengono alla **qualificazione giuridica del fatto**, quando a tale pronuncia il ricorrente abbia interesse concreto; occorre però che non sia controversa o controvertibile la ricostruzione del fatto compiuta dal giudice di merito, altrimenti il giudizio di legittimità si trasformerebbe in un non consentito terzo grado di giudizio di merito.

4.4. L'inosservanza di norme processuali stabilite a pena di invalidità

Il terzo dei motivi di ricorso per cassazione previsto dall'art. 606 attiene alla mancata od erronea applicazione di norme processuali. Precisandosi che la mancata osservanza di una norma processuale in tanto ha rilevanza **in quanto sia stabilita a pena di nullità, inutilizzabilità, inammissibilità o decadenza**, come espressamente scandito dalla lett. *c* del co. 1. Sull'operatività e sulla valenza pratica di tale previsione le Sezioni Unite hanno stabilito che la sentenza impugnata, pur se formalmente viziata da inosservanza di norme processuali stabilite a pena di inutilizzabilità, in tanto va annullata in quanto risulti che la prova illegittimamente acquisita abbia avuto nel ragionamento giudiziale una determinante efficacia dimostrativa, cioè un peso reale sul convincimento e sul *dictum* del giudice di merito, nel senso che la scelta di una determinata soluzione, nella struttura argomentativa della motivazione, non sarebbe stata la stessa senza l'utilizzazione di quella prova, nonostante la presenza di altri elementi probatori di per sé ritenuti non sufficienti a giustificare identico convincimento[9]. Insomma: per condurre all'annullamento di una sentenza occorre che la Corte di cassazione accerti l'esistenza del c.d. ***error causalis***.

L'operazione volta alla verifica della "tenuta" del provvedimento al vaglio di legittimità una volta espunto il dato invalido è comunemente definita **«prova di resistenza»**. A seconda della tipologia del vizio, ove sia possibile un controllo *ex actis*, decide direttamente il giudice di cassazione; ove sia ne-

[9] Cass., Sez. Un., 21.6.2000, Tammaro.

cessario l'accesso ai protocolli di causa per una verifica complessa, si impone una decisione di rinvio ad altro giudice del merito. Di qui un onere di specificazione e di allegazione a carico del ricorrente al fine di semplificare l'accertamento di cause di invalidità di atti del procedimento che non appaiano manifeste, in quanto implichino la ricerca di risultanze processuali o di dati fattuali; in ogni caso, è onere della parte interessata rappresentare adeguatamente (si parla di «autosufficienza del ricorso») le eventuali situazioni di invalidità dipendenti dalla omissione di adempimenti formali, specie se la questione non sia stata eccepita in precedenza.

È fondamentale chiarire che, in tema di cognizione della Corte di cassazione, qualora sia dedotto con il ricorso un *error in procedendo* ai sensi dell'art. 606, co. 1, lett. *c*, la Corte può accedere all'esame diretto dei relativi atti processuali [10] trasmessi in cancelleria (normalmente solo le notificazioni, i verbali d'udienza, le sentenze, i motivi d'impugnazione; non mai, salvo esigenze particolari e richieste specifiche, i protocolli istruttori). È onere del ricorrente indicare specificamente (e preferibilmente allegare in copia) l'atto denunciato come invalido, ovvero produrre documentazione idonea a dimostrarne l'inesistenza agli atti del processo.

4.5. La mancata assunzione di una prova decisiva

Attraverso il ricorso per cassazione è possibile censurare la mancata assunzione di una prova decisiva a confutazione della prova a carico quando la parte ne aveva fatto richiesta, anche apparentemente tardiva. L'art. 606, co. 1, lett. *d*, ha subìto una modifica integrativa attraverso la L. 20.2.2006, n. 46 con l'aggiunta dell'inciso «anche nel corso dell'istruzione dibattimentale». Antecedentemente alla riforma, la lesione del diritto all'acquisizione della controprova, garantito dall'art. 495, co. 2, consentiva il ricorso *ex* art. 606, lett. *d*, solo se tale diritto fosse stato esercitato nella fase introduttiva del dibattimento oppure se le prove in questione fossero risultate scoperte o sopravvenute in un momento successivo. Ora, il nuovo volto di questo motivo di ricorso mira palesemente ad includere nell'area delle ipotesi censurabili anche la mancata ammissione di una prova contraria (decisiva) sollecitata ai termini dell'art. 507. La nuova previsione è sicuramente ispirata alla *ratio* di garantire il conseguimento della giusta decisione sotto il profilo della sua fedeltà alle risultanze probatorie – quale risultato inscindibilmente connesso all'esercizio del diritto della parte alla formazione della prova nel pieno contraddittorio – e della conformità del ragionamento decisorio al criterio di valutazione legale, completa e razionale della prova, che è speculare alla regola di

---

[10] Cass., Sez. Un., 31.10.2001, Policastro.

giudizio per cui la colpevolezza sia accertata e provata «al di là di ogni ragionevole dubbio». In questa prospettiva, trova adeguata giustificazione l'estensione della possibilità di ricorso per cassazione per la mancata assunzione di una prova decisiva, quando la parte ne ha fatto richiesta anche nel corso dell'istruttoria dibattimentale; vizio che, pur avendo di mira la completezza del materiale informativo della decisione, si coniuga necessariamente con un vizio della motivazione.

La nuova formulazione della disposizione in discorso risponde anche alla finalità di tutelare il **diritto alla prova**, posto che l'art. 6, par. 3, lett. *d*, C.e.d.u. non fissa (e quindi non tollera) alcuna limitazione temporale all'acquisizione della prova nel processo penale. L'estensione del controllo di legittimità sulla ortodossia del procedimento probatorio in sede dibattimentale è in sintonia con i nuovi poteri di verifica sulla motivazione precisati nella innovata formulazione della lett. *e* del co. 1 dell'art. 606, finalizzata al controllo del grado di completezza di informazione sugli elementi di prova rilevanti per la decisione. L'estensione di tutela anche alla prova richiesta nel corso dell'istruttoria dibattimentale assegna autonoma valenza al vizio concernente il rigetto della richiesta di prova contraria o l'eventuale revoca della stessa ai sensi dell'art. 495, co. 4, e valorizza il **diritto costituzionale alla prova favorevole** che, lo si ribadisce, non tollera ostacoli (il diniego dell'integrazione probatoria e/o della rinnovazione dell'istruttoria dibattimentale in appello sostanzialmente compromette l'effettività del contraddittorio fra le parti in ordine ad elementi probatori decisivi, determinando una violazione delle regole per la realizzazione del giusto processo consacrate negli artt. 6 C.e.d.u. e 111 Cost., cui deve necessariamente conseguire una forma di riparazione).

Sul concetto di "decisività" della prova non assunta si è espressa la giurisprudenza, nel senso che la «prova decisiva», la cui mancata assunzione legittima il ricorso per cassazione, è quella idonea a superare contrasti e conseguenti dubbi emergenti dall'acquisito quadro probatorio oppure atta di per sé ad inficiare l'efficacia dimostrativa di altra o altre prove di sicuro segno contrario e che, se assunta e valutata, avrebbe inciso in modo significativo sul procedimento decisionale seguito dal giudice del merito, determinando una differente valutazione complessiva dei fatti e, in concreto, una decisione diversa.

Secondo un recente orientamento delle Sezioni Unite, la mancata effettuazione di un accertamento peritale non può costituire motivo di ricorso per cassazione ai sensi dell'art. 606, co. 1, lett. *d*, in quanto la perizia non può farsi rientrare nel concetto di prova decisiva, trattandosi di un mezzo di prova "neutro", sottratto alla disponibilità delle parti e rimesso alla discrezionalità del giudice, laddove la lett. *d*, attraverso il richiamo all'art. 495, co. 2, si riferisce esclusivamente alle prove a discarico che abbiano carattere di decisività [11].

4.6. Il vizio di motivazione

La motivazione costituisce lo strumento finalizzato a **garantire l'effettività del controllo** di legalità della decisione giurisdizionale. Tale controllo è puntualmente garantito attraverso la previsione di uno specifico motivo di ricorso per cassazione a fronte di una decisione caratterizzata da mancanza, manifesta illogicità o contraddittorietà della motivazione, quando il vizio risulti dal testo del provvedimento impugnato ovvero da altri atti del processo specificamente indicati nei motivi di gravame (art. 606, co. 1, lett. *e*). Come il precedente motivo di cui alla lettera *d* della medesima norma, quello inerente al vizio di motivazione censurabile innanzi alla Suprema Corte, è stato riscritto dal Legislatore con l'art. 8, L. n. 46 del 2006 che ha introdotto la ricorribilità per contraddittorietà della motivazione e l'estensione del controllo dell'esistenza di essa e degli altri vizi di mancanza e di manifesta illogicità oltre le ristrette paratie del testo del provvedimento impugnato e cioè anche in rapporto «ad altri atti del processo specificamente indicati nei motivi di gravame».

Per mancanza di motivazione deve intendersi non tanto la mancanza grafica, sanzionata altresì dalla nullità della sentenza per omessa motivazione *ex* art. 125, co. 3, e censurabile attraverso il motivo di ricorso di cui alla lett. *c* dell'art. 606, co. 1, bensì l'inesistenza di un discorso giustificativo, la quale può riguardare l'apparato argomentativo che supporta la decisione nel suo complesso (**mancanza totale**), oppure il discorso che giustifica singoli punti decisivi (**incompletezza** rispetto al *thema decidendum*) o quello che supporta la scelta del materiale probatorio. Il vizio si ravvisa, in coerenza con il sistema, quando il discorso giustificativo sia del tutto avulso o dissociato dalle risultanze processuali o si avvalga di argomentazioni di puro genere o di asserzioni apodittiche o di proposizioni prive di efficacia dimostrativa dell'assunto, vale a dire in tutti i casi nei quali il ragionamento espresso dal giudice a sostegno della decisione adottata sia soltanto fittizio e perciò sostanzialmente inesistente.

Può accadere che la motivazione rinvii interamente ad altra decisione senza alcuna valutazione critica che ne giustifichi l'adesione nonostante le critiche alle soluzioni ivi adottate. È questo il caso tipico di motivazione ***per relationem***, diffuso nella prassi e fatto proprio spesso dal giudice d'appello nelle ipotesi di conferma della sentenza di primo grado. Risulta, altresì, vizia-

---

[11] Cass., Sez. Un., 23.3.2017, A.

ta per mancanza di motivazione la sentenza che contenga argomentazioni prive di completezza in relazione alle specifiche doglianze formulate dall'interessato con i motivi di appello e dotate del requisito della decisività; ovviamente non solo non è precluso alla Corte di legittimità, ma anzi è doveroso l'esame dei motivi di appello al fine di accertare la congruità e la completezza dell'apparato argomentativo adottato dal giudice di secondo grado con riferimento alle doglianze mosse alla decisione impugnata, rientrando nei compiti attribuiti dalla legge alla Corte di cassazione la disamina della specificità o meno delle censure formulate con l'atto d'appello quale necessario presupposto dell'ammissibilità del ricorso. Per individuare la carenza di motivazione, pertanto, non è sufficiente il semplice esame del **testo del provvedimento** impugnato e, quindi, lo sviluppo logico delle argomentazioni in esso enunciate, ma è, altresì, indispensabile un raffronto fra il testo della sentenza impugnata dinanzi alla Corte di cassazione ed i **motivi di appello** proposti contro la sentenza di primo grado. Questa direttiva risulta rafforzata dall'eliminazione del limite della rilevabilità del vizio dal solo testo del provvedimento impugnato (con estensione della disamina del giudice di legittimità anche ad altri atti del processo specificamente indicati dalla parte).

L'**illogicità manifesta** sussiste ogni qualvolta il giudice di merito, nel compiere l'esame degli elementi probatori sottoposti alla sua analisi e nell'esplicitare, in sentenza, l'*iter* logico seguito, si esprima attraverso una motivazione incoerente, incompiuta, monca e parziale. Invero il legislatore ha inteso equiparare la carenza di motivazione alla carenza di logica nella motivazione; detta carenza va desunta, più che dalla mancanza di parti espositive del discorso motivazionale, dall'assenza di singoli elementi esplicativi, i quali siano tali da costituire tappe indispensabili di un percorso logico argomentativo, che deve necessariamente snodarsi tra i temi sui quali il giudice è tenuto a formulare la sua valutazione.

Il concetto di **contraddittorietà** evoca un contrasto tra il ragionamento del giudice confluito nella decisione ed il contenuto degli atti processuali; il riferimento agli altri atti del processo specificamente indicati rafforza la regola della necessaria fedeltà della decisione agli atti probatori. Ciò non vuol dire che la Corte di legittimità operi necessariamente una valutazione nel merito, non comportando il giudizio affidatole alcun apprezzamento degli elementi in fatto. La sua valutazione deve avere ad oggetto la corrispondenza (o correlazione) della decisione impugnata agli elementi probatori emersi nei gradi precedenti di giudizio e alle ragioni versate in atti dalle parti. In tal senso, gli «altri atti del processo specificamente indicati nei motivi di gravame» sono quelli che concernono i dati fattuali entrati nell'orizzonte decisorio del giudice che aveva deliberato la sentenza impugnata, dei quali non può discutersi l'interpretazione, bensì la loro fedele riproduzione o rappresentazione e, solo eventualmente – con riguardo al vizio della struttura ricostruttiva – la conformità alla logica del significato loro attributo o la compatibilità di esso con le conclusioni cui è pervenuto il giudice del merito. Questa impostazione, ancora talvolta contrastata in nome dell'asserita contaminazione della purezza del giudizio di diritto derivante dall'incursione conoscitiva sugli atti del processo, risponde in realtà alla diffusione della cultura del **giusto processo**.

Nell'ambito della riforma dei motivi di ricorso per cassazione, il principio della già segnalata c.d. **autosufficienza del ricorso** in riferimento agli «altri atti del processo specificamente indicati nei motivi di gravame» impone al ricorrente di illustrare analiticamente le risultanze processuali ritenute rilevanti (che non possono essere solo riassuntivamente richiamate). Sebbene la formulazione letterale si riferisca alla indicazione degli atti nei «motivi di gravame», la locuzione *gravame* va intesa come sinonimo di impugnazione. È stata già descritta la tradizionale differenza tra mezzi di impugnazione e mezzi di gravame, a fronte della quale questi ultimi si identificano nella richiesta di riesame e nell'atto di appello. In prospettiva strettamente letterale, la formulazione significherebbe che gli atti dai quali derivi il vizio di motivazione debbano essere quelli indicati nell'atto di appello quali censure alla decisione terminativa del giudizio di primo grado. Tuttavia, sulla base dell'elaborazione giurisprudenziale, pare consentito ritenere che la denuncia del contrasto tra la motivazione e gli altri atti del processo specificamente indicati, comporta l'onere dell'indicazione dell'atto da cui risulta il vizio denunciato ed è necessario che dall'esposizione del ricorrente emerga quanto meno il *fumus* di illogicità ovvero contraddittorietà del provvedimento impugnato, e che tale *fumus* sia ricollegabile ad un atto del processo puntualmente individuato nell'atto di ricorso. Solo in questa maniera, del resto, troverebbero tutela situazioni anomale di ripulsa della prova nuova emersa nel corso del giudizio di secondo grado, non risultanti dai motivi di appello. La *ratio* dell'introduzione della c.d. **contraddittorietà** – inerente alla mancata corrispondenza tra l'atto processuale o probatorio e il risultato probatorio posto a base dell'argomentazione del giudice – esalta la regola della necessaria fedeltà della decisione agli atti di causa.

Da qualche anno si comincia a parlare di **«travisamento della prova»**, come aspetto peculiare della contraddittorietà della *ratio decidendi* derivante dalla errata percezione delle risultanze probatorie (rimane sempre escluso dalla cognizione di legittimità il «travisamento del fatto», che presuppone un'attività di interpretazione e di valutazione degli atti coincidente con un'operazione di ricostruzione della vicenda processuale propria ed esclusiva del giudice di merito). È a parlarsi di travisamento della prova in caso di mancata corrispondenza tra il contenuto dell'atto probatorio esistente nel processo e quello dell'omologa risultanza richiamata in sentenza.

5. Il ricorso *per saltum*

Disciplinato dall'art. 569, il ricorso immediato per cassazione, denominato anche ricorso *per saltum*, è esperibile – con le medesime modalità dell'ordinario ricorso disciplinato dagli artt. 606 ss. – direttamente dalla parte che, intenzionata a rinunciare ad un grado di giudizio (l'appello), voglia denunciare direttamente in cassazione un vizio di legittimità di un provvedimento giurisdizionale (sentenza o ordinanza custodiale). Si tratta di mezzo di impugnazione che, per avere regolare corso in un processo con più parti, presuppone il **consenso** di tutti a rinunciare all'appello e chiedere subito il sindacato del giudice di legittimità. Quando non vi è accordo tra le parti, ove una di esse proponga appello, il ricorso proposto *ex* art. 569 si converte in appello *ex* art. 580.

Il ricorso *per saltum* soffre di alcune limitazioni concernenti i motivi per i quali può essere sperimentato. L'art. 569, co. 3, stabilisce che lo stesso non è esperibile per i motivi di cui alle lett. *d* ed *e* dell'art. 606, e cioè quando si tratti di mancata assunzione di una prova decisiva ovvero di vizio di motivazione. Se proposto per lamentare violazioni del genere, il ricorso si **converte** in appello. La *ratio* di tali limitazioni risiede nel rilievo per cui, una volta rilevato uno dei suddetti vizi, la Corte dovrebbe annullare la decisione impugnata con rinvio al giudice del merito e, potendo essere conseguito il controllo nel merito attraverso il mezzo tipico dell'appello (o del riesame nel caso di ordinanze cautelari), si verificherebbe un'inutile complicazione, contrastante con le esigenze di economia e ragionevolezza dei tempi cui è ancorato il processo penale.

Convertito il ricorso *per saltum* in appello, rimane comunque ferma l'impugnabilità della decisione di secondo grado in via ordinaria innanzi alla Corte di cassazione.

6. La cognizione della Corte di cassazione

È stato già specificato che la Corte di cassazione ha la cognizione del procedimento limitatamente ai motivi proposti che, a pena di inammissibilità, sono quelli delineati nel co. 1 dell'art. 606.

Tralasciando, per ora, le questioni circa l'inammissibilità del ricorso e la sua rilevabilità, non bisogna sottacere che ai limiti di devoluzione che caratterizzano il giudizio di cassazione fanno da contraltare alcune eccezioni.

Al co. 2 dell'art. 609 è stabilito che la Corte decide le questioni rilevabili d'ufficio in ogni stato e grado del processo e quelle che non sarebbe stato possibile dedurre in grado di appello. Correlativamente, l'intempestiva e la mancata deduzione di un possibile motivo di censura in sede di appello ne precludono la deducibilità in cassazione salvo che si tratti di questioni rilevabili d'ufficio ovvero sopravvenute alla celebrazione del giudizio di appello. Si pensi, ad esempio, allo *ius superveniens* che può essere rilevato per la prima volta in cassazione anche in applicazione dei princìpi contenuti nell'art. 2 c.p.

7. Il procedimento. Gli atti preliminari e la declaratoria di inammissibilità

L'art. 2, n. 89, legge delega del 16.2.1987, imponeva al legislatore delegato la «previsione dei casi di dichiarazione in camera di consiglio della inammissibilità delle impugnazioni ivi compreso il ricorso per cassazione», nonché l'ulteriore specifica «previsione dei casi di dichiarazione in camera di consiglio dell'inammissibilità del ricorso per cassazione anche per manifesta infondatezza con adeguate garanzie per la difesa».

La fase degli atti preliminari e la eventuale declaratoria delle cause di inammissibilità hanno ruolo di rilievo. Il legislatore della riforma del 2017 ha riformato la procedura avente ad oggetto il **vaglio preliminare di inammissibilità**, inserendo un nuovo **co. 5 *bis*** nell'art. **610**. Per limitare il carico di lavoro delle sezioni, è oggi consentito alla cassazione di dichiarare l'inammissibilità del ricorso "senza formalità di procedura" in ipotesi di "vizi formali" (quali il difetto di legittimazione a impugnare, quello di non impugnabilità del provvedimento, di violazione delle disposizioni di cui agli artt. 582, 583, 585, 586 e di rinuncia all'impugnazione). Lo stesso è a dirsi per i casi di inammissibilità del ricorso avverso la sentenza di applicazione della pena su richiesta, o di quella emessa ai sensi del nuovo concordato sui motivi di appello. Il presidente della Corte di cassazione, ancor prima di assegnare i ricorsi alle singole sezioni, ha il compito funzionale di rilevare – evidentemente con l'ausilio di magistrati all'uopo delegati, identificabili con quelli addetti al tradizionale esame preliminare o «spoglio» dei ricorsi pervenuti – le eventuali cause di inammissibilità dei ricorsi e di assegnarli, in tal caso, ad «**apposita sezione**» (art. 610, co. 1). Contro la declaratoria di inammissibilità ***de plano*** è proponibile ricorso straordinario *ex* art. 625 *bis*. V'è da dire che il regime di semplificazione così ottenuto sia comunque bilanciato dal rafforzamento del contraddittorio nella procedura davanti alla "sezione-filtro": l'avviso di cui all'art. 610, co. 1, deve infatti contenere l'enunciazione della causa di inammissibilità rilevata «con riferimento al contenuto dei motivi di ricorso».

Le sezioni penali della Corte di cassazione che si occupano dell'esame delle questioni devolute attraverso l'atto di ricorso sono sei: a queste vengono assegnati i ricorsi sulla base di criteri periodicamente stabiliti in armonia con le regole ordinamentali. Con la L. 26.3.2001, n. 128, è stata istituita la settima sezione – a competenza **funzionale esclusiva** – al fine di sfrondare il carico di lavoro delle sei sezioni penali ordinarie dai ricorsi manifestamente inammissibili. Il presidente della settima sezione fissa la data per la decisione in camera di consiglio **non partecipata** e la cancelleria dà comunicazione del deposito degli atti e della data d'udienza al procuratore generale e ai difensori almeno trenta giorni prima mediante avviso contenente l'enunciazione della specifica causa d'inammissibilità rilevata. L'udienza si svolge con le forme del rito camerale delineato dall'art. 611, co. 1, e con un esangue e solo teorico contraddittorio cartolare tra le parti. Arduo dire se questo alteri la parità delle armi (sta di fatto, comunque, che il procuratore generale ha un ampio spazio cronologico per studiare la vicenda e redigere la requisitoria scritta, laddove la parte privata è costretta nei termini anelastici scanditi dall'art. 610); certo è che l'efficienza del giudizio potrebbe invece meritare qualcosa di più. Se l'obiettivo è quello della decisione più giusta, nel senso di non errata, magari sarebbe auspicabile sia la previsione di un ulteriore passaggio delle carte tra Procura Generale e difesa e viceversa, sia la parità di trattamento quanto ai modi e ai tempi di consultazione delle carte processuali e di elaborazione delle note scritte da parte della difesa. La procedura diretta alla declaratoria dell'inammissibilità manifesta del ricorso è comunque reversibile, qualora il collegio giudicante dell'apposita sezione sia di diverso avviso. In tal caso, gli atti sono rimessi al presidente della Corte di cassazione, il quale provvederà all'assegnazione del ricorso secondo i consueti criteri tabellari (art. 610, co. 1 e 1 *bis*). Resta ferma, a questo punto, l'autonomia decisionale della singola sezione circa le modalità di fissazione del ricorso *ratione materiae* con il rito dell'udienza pubblica ovvero con quello camerale «partecipato» o «non partecipato», e ovviamente circa gli epiloghi della fase di controllo.

Nell'alveo delle cause di inammissibilità risulta, in particolare, la **«manifesta infondatezza» dei motivi di ricorso**, assimilata ormai, per struttura e funzione, agli altri casi di **inammissibilità** secondo il nuovo dettato legislativo orientato ad eliminare l'accesso a tale mezzo di impugnazione per fini meramente pretestuosi e dilatori. Il regime dell'inammissibilità è applicabile ad ogni tipologia di ricorso, compresi quelli *de libertate*. Non può non evidenziarsi, anche alla luce della recente giurisprudenza della Corte europea dei diritti dell'uomo, che il dovere di motivare, al cui rispetto è tenuto ogni giudice investito dell'impugnazione, ed in particolare il dovere di garantire un esame efficace dei rispettivi argomenti mal si concilia con un giudizio di inammissibilità deputato solamente a verificare, con i limiti della preliminarietà, l'incapacità del procedimento introduttivo ad innestare una sequenza procedimentale eventuale. Se attraverso un'elusione dell'obbligo di motivazione si perviene alla declaratoria di inammissibilità dell'impugnazione vanificando di fatto il diritto ad una pronuncia sul merito dell'impugnazione, si manifesta il fondato rischio che venga riconosciuta la violazione dell'equità processuale [12]. Una più attenta definizione del rapporto tra effettività del controllo e ammissibilità del ricorso, peraltro, ha giustificato alcune aperture giurisprudenziali volte a scongiurare il menzionato rischio, aprendo alla possibilità di un intervento sulla pena illegale, da parte della Corte di cassazione, anche quando l'atto introduttivo del giudizio non rispetta i canoni redazionali prescritti per il ricorso ammissibile [13].

7.1. L'assegnazione del ricorso alle Sezioni Unite

Su richiesta delle parti o d'ufficio il presidente della Corte può assegnare il ricorso alle Sezioni Unite, quando occorra dirimere contrasti insorti tra le decisioni delle singole sezioni o quando le questioni proposte siano di speciale importanza (art. 610, co. 2). Anche la singola sezione può rimettere il ricorso alle Sezioni Unite se rileva che la questione di diritto sottoposta al suo esame abbia dato luogo o possa dar luogo ad un contrasto giurisprudenziale (art. 618).

Le Sezioni Unite della Corte di cassazione sono composte da otto consiglieri e presiedute dal primo presidente, il quale può decidere di restituire il ricorso alle sezioni semplici se alle Sezioni Unite siano stati assegnati ricorsi sulla stessa materia o se il contrasto giurisprudenziale sia ritenuto superato.

Al fine di promuovere, accentuandola, la funzione nomofilattica della Cassazione, il legislatore della riforma del 2017 ha introdotto un nuovo co. 1 *bis* all'art. 618 che prevede un meccanismo finalizzato a ridurre i contrasti giurisprudenziali: la sezione semplice che non condivide un principio di diritto affermato dalle Sezioni Unite deve rimettere la decisione del ricorso a queste ultime. È stato introdotto anche il co. 1 *ter* che fa salva, per le Sezioni Unite, la possibilità di pronunciarsi sulla questione di diritto sottoposta loro, nonostante l'inammissibilità del ricorso per causa sopravvenuta.

8. L'udienza in cassazione

Esigenze deflattive, di celerità e di garanzia per le parti trovano operatività nella scelta di differenti modi di celebrazione dell'udienza innanzi alla

---

[12] Corte eur., 6.2.2020, Felloni c. Italia; 28 ottobre 2021, Succi ed a. c. Italia

[13] Cass., Sez. Un., 31 marzo 2022, Miraglia, per cui alla Corte di cassazione spetta il potere di rilevare che il giudice del provvedimento impugnato ha applicato una pena illegale anche se il ricorso è inammissibile, in applicazione degli artt. 3, 13, 25 e 27 della Costituzione.

Corte di cassazione, specie all'esito delle trasformazioni della procedura decisionale introdotte con la riforma del 2022. L'udienza può essere in **camera di consiglio** o **pubblica**.

Al procedimento in camera di consiglio il legislatore ha dedicato l'art. 611 prevedendo che la Corte giudichi sui motivi, sulle richieste del procuratore generale e sulle memorie della difesa che, fino a quindici giorni prima della data fissata per l'udienza, può presentare motivi nuovi e fino a cinque giorni prima può depositare memorie di replica. All'esito delle modifiche introdotte dal legislatore della riforma del 2022, si tratta di una procedura ad applicazione generale se non è diversamente stabilito da un'apposita previsione di legge, che si svolge in deroga a quanto contemplato dall'art. 127, non essendo prevista la comparizione delle parti ed essendo praticato un contraddittorio solo cartolare.

Per evitare questa sequenza, il procuratore generale e i difensori possono chiedere che la causa venga trattata in pubblica udienza o in camera di consiglio con la loro partecipazione, a seconda dei casi (art. 611, co. 1 *bis*). Segnatamente, quando il provvedimento impugnato col ricorso è una sentenza dibattimentale o pronunciata col rito abbreviato, la richiesta di parte determina la **conversione** in **pubblica udienza**. Quando, invece, si tratta di un ricorso per cui la legge prevede l'attivazione delle forme camerali di cui all'art. 127, oppure in caso di impugnazione della sentenza pronunciata all'esito della camera di consiglio non partecipata dell'art. 598 *bis*, la richiesta di parte comporta il passaggio alla decisione in **camera di consiglio** con la **partecipazione delle parti**, salvo che l'oggetto dell'appello riguardasse esclusivamente questioni sulla pena o sull'applicazione dei benefici.

Nelle stesse ipotesi appena illustrate, è in facoltà della Corte di cassazione disporre il passaggio all'udienza pubblica o al rito camerale con la partecipazione del procuratore generale e dei difensori, quando lo richiede la rilevanza delle questioni introdotte col ricorso [14].

Inoltre, l'applicabilità del giudizio camerale, nella forma descritta dall'art. 611, è estesa al caso in cui si impugni la sentenza emessa prima della dichiarazione di apertura del dibattimento, quella di applicazione della pena su richiesta delle parti, non emessa nel dibattimento (il ricorso va invece trattato in pubblica udienza nel caso di sentenze di patteggiamento emesse dopo la chiusura del dibattimento di primo grado o nel giudizio di impugnazione, nelle ipotesi in cui il giudice abbia ritenuto ingiustificato il dissenso del pubblico ministero) [15], quella di patteggiamento emessa in seguito alla istanza presentata dall'imputato all'udienza di convalida dell'arresto, quando debba decidersi su una richiesta di ricusazione, nel caso in cui si tratti di decidere sull'applicazione di

[14] Cass., Sez. Un., 1.10.1991, Sini.

[15] Cass., Sez. Un., 12.10.1993, p.m. in c. Scopel.

misure di prevenzione o su richieste di riparazione per l'ingiusta detenzione, nonché nei casi in cui si impugnino provvedimenti emessi in sede di esecuzione.

La disciplina del **procedimento in camera di consiglio** in cassazione risulta meno garantista di quella apprestata dal previgente codice poiché, per le forme più complesse e discutibili d'inammissibilità – ovvero quelle dipendenti da motivi non ammessi o manifestamente infondati – la parte ricorrente risultava tutelata dalla richiesta di pubblica udienza prevista dall'art. 531 c.p.p. 1930, cui seguiva la doverosa fissazione di nuova data per la discussione del ricorso. Tale possibilità risulta, ad oggi, preclusa – nonostante quello alla **pubblica udienza** sia un diritto idoneo a realizzare un **equo processo** – in favore di un principio di **economia processuale** che consente che si proceda in quella sede, senza che occorra provvedere al rinvio alla pubblica udienza, sempre che sia salvaguardato il contraddittorio tra le parti interessate.

Costituisce importante eccezione alla regola del contraddittorio meramente cartolare, espressa dall'art. 611, l'udienza in camera di consiglio per i provvedimenti di riesame o di appello in materia di misure cautelari, per i quali i relativi ricorsi, ai sensi dell'art. 311, co. 5, sono trattati in camera di consiglio «partecipata» secondo il modello procedimentale stabilito dall'art. 127; lo stesso vale per i controlli sulle misure cautelari reali per effetto del rinvio all'art. 311, co. 3, 4 e 5 contenuto nell'art. 325, co. 3 come modificato dalla L. n. 103 del 2017 [16].

Alla luce della riforma del 2022, può dunque dirsi che l'ipotesi dell'udienza pubblica in cassazione è diventata residuale, essendo subordinata ad un'esplicita richiesta di parte che deve essere presentata, a pena di decadenza, entro dieci giorni dalla ricezione dell'avviso di fissazione d'udienza [17] e sempre che il tipo di provvedimento impugnato lo consenta, altrimenti profilandosi, nei casi previsti dal co. 1 *bis* dell'art. 611, il semplice passaggio al rito camerale partecipato.

Nei giudizi di cassazione, l'imputato e le altre parti private non sono citati, essendo rappresentati dai loro difensori e comparendo in udienza per mezzo degli stessi. Per rimediare a possibili carenze nell'assistenza tecnica nei confronti di colui che sia privo di un difensore di fiducia, è prevista una deroga a quanto previsto dall'art. 613, co. 2: gli avvisi dati al difensore nominato d'ufficio vanno notificati anche all'imputato, che può godere di un'azione più vigile sugli sviluppi processuali.

Nell'udienza pubblica, dopo la verifica della regolare costituzione delle

[16] Cass., Sez. Un., 16.11.1992, Lucchetta; Cass., Sez. Un., 26.4.1990, Serio.

[17] Se, invece, il procedimento è da trattare con le forme dell'art. 127, l'avviso di fissazione dev'essere comunicato o notificato almeno venti giorni prima dell'udienza e il termine per la richiesta d'intervento della parte è ridotto a cinque giorni.

parti, si procede alla relazione della causa ad opera del consigliere relatore. Segue la requisitoria del procuratore generale, la discussione – nel consueto ordine – dei difensori della parte civile, del responsabile civile e dell'imputato.

Nel dibattimento innanzi alla Suprema Corte non sono ammesse repliche, salvo che la questione sia dedotta per la prima volta nel corso della discussione.

9. L'elaborazione della decisione

Terminata la discussione, la Corte delibera la sentenza in camera di consiglio (salvo che il presidente, per l'importanza delle questioni del decidere, ritenga di differire la deliberazione ad un'udienza successiva) nel rispetto delle regole contenute nell'art. 527.

Nel recepire un orientamento già espresso dalla Corte europea [18], il legislatore della riforma del 2022 ha stabilito che, quando si intende dare al fatto una qualificazione giuridica diversa, la Corte deve disporre d'ufficio, con apposita ordinanza, la pubblica udienza o quella camerale con la partecipazione delle parti, per ripristinare la pienezza del contraddittorio sulla configurazione giuridica del fatto (art. 611, co. 1 *sexies*).

Il dispositivo deve essere sottoscritto dal presidente del collegio e letto pubblicamente in udienza subito dopo la deliberazione. La motivazione deve essere redatta osservando le disposizioni concernenti la sentenza di primo grado (art. 546) in quanto compatibili, e la sentenza deve essere depositata in cancelleria non oltre il trentesimo giorno dalla deliberazione.

Il richiamo alle regole ed ai princìpi che attengono alla redazione della motivazione operato dal legislatore anche nel giudizio di cassazione rileva come anche la Corte di cassazione, con la funzione ulteriore – rispetto ad altri giudicanti – di perseguire il fine dell'unità e della certezza della giurisprudenza, sia vincolata ad un dovere di motivare le sue decisioni, anche in funzione di eventuali controlli straordinari [19].

Il dispositivo delle decisioni *de liberate* in camera di consiglio non viene letto in aula ma depositato in cancelleria.

10. Epiloghi del ricorso in cassazione. L'inammissibilità e il rigetto

Il giudizio di cassazione può concludersi con sentenza di **inammissibilità**, di **rigetto** o di **annullamento (con o senza rinvio)**. Può accadere, altresì, che

---

[18] Corte eur., sent. 11.12.2007, Drassich c. Italia.

[19] Corte eur., sent. 16.12.1992, Hadjianastassiou c. Grecia.

la Corte di cassazione rettifichi semplicemente gli errori non determinanti annullamento (art. 619).

Se l'inammissibilità non venga dichiarata dalla sezione a ciò deputata e attraverso il procedimento camerale già descritto, può essere comunque dichiarata a seguito dell'esame del ricorso dalla sezione al quale è stato assegnato (art. 615). D'altronde, l'inammissibilità può essere rilevata in ogni stato e grado del procedimento (art. 591, co. 4), anche per manifesta infondatezza dei motivi di ricorso: in tal caso, la parte privata che ha proposto il ricorso è condannata al pagamento delle spese processuali, salvo che la causa di inammissibilità si sia verificata senza sua colpa.

La Corte emette sentenza di rigetto quando il ricorso risulti infondato in tutte le sue parti e non si accolga alcuno dei motivi proposti. Anche al rigetto consegue il pagamento delle spese processuali.

10.1. La rettificazione degli errori

In via preliminare, occorre evidenziare come, affinché la Corte possa operare una rettificazione di errori, il ricorso per cassazione deve essere pertinente ad uno dei vizi contemplati dall'art. 606 e diversi dall'errore in questione. Non può proporsi ricorso esclusivamente al fine di sollecitare la Suprema Corte all'esercizio dei poteri previsti dal co. 2 dell'art. 619, in quanto la rettificazione senza annullamento presuppone un ricorso che sia stato comunque ritenuto **ammissibile** ed esaminabile nel merito. L'operazione descritta dall'art. 619 non produce effetti rescindenti nelle decisioni con cui la Corte rettifica erronee indicazioni di testi di legge ed errori di diritto nella motivazione, entrambi ininfluenti sul dispositivo. Lo stesso è a dirsi qualora si debba correggere il nome delle parti o il calcolo matematico della pena inflitta. La rettifica sottintende *ex se* una decisione reiettiva del ricorso e, quindi, una sentenza che, persistendo nella sua efficacia, deve essere emendata da eventuali errori o carenze. La norma trova la sua *ratio*, conformemente al canone costituzionale della ragionevole durata del processo, nell'esigenza di scongiurare l'annullamento della decisione impugnata tutte le volte in cui la Corte, rimanendo nell'ambito della sua funzione istituzionale e, quindi, nel rispetto della ricostruzione del fatto come ritenuto dal giudice di merito, possa ovviare ad errori di diritto, insufficienze motivazionali o cadute di attenzione da parte del giudice *a quo*, lasciando inalterato l'essenziale del contesto decisorio[20].

Il riferimento alla correzione di insufficienze motivazionali non è inclusa nella lettera dell'art. 619, che fa riferimento agli «**errori di diritto** contenuti

---

[20] Cass., Sez. Un., 24.6.1998, Kremi.

nella motivazione». La motivazione insufficiente è "entità" normativa prevista e regolata dal combinato disposto degli artt. 130 e 547 che assegnano al giudice che lo ha emesso (non solo alla cassazione) il potere di correggere o integrare la sentenza, nell'ipotesi in cui non ricorrano ragioni di nullità della medesima. Stando al tenore dell'art. 619, l'insufficienza della motivazione sul fatto, non determina conseguenze di sorta, così come la rettifica della sentenza *ex* art. 619, che regola errori della motivazione in diritto (come quelli che si possono definire *lapsus*: si pensi agli errori nell'indicazione dei testi di legge).

Il giudice di legittimità può validamente ricondurre nei limiti legali la sanzione inflitta in misura illegale qualora venga in considerazione un mero errore materiale o di calcolo, al fine proprio di assicurare la prevalenza della volontà sostanziale delle parti su quella formale sempre che la sanzione possa essere rettificata nella misura legale senza sostanziali involuzioni *in bonam* o *in malam partem* (analogamente nel caso in cui la pena per il patteggiamento *ex* art. 444 sia stata indicata in misura inferiore al minimo edittale o erroneamente ragguagliata nella conversione da pena detentiva a pena pecuniaria, oppure erroneamente calcolata e l'effettivo accordo delle parti sia riconoscibile dalla Corte).

10.2. L'applicazione dello *ius superveniens*

La Corte di cassazione provvede, **senza pronunciare annullamento**, quando si tratti di applicare disposizioni di legge più favorevoli all'imputato, anche se sopravvenute alla proposizione del ricorso, qualora non siano necessari apprezzamenti di merito. È questo uno dei casi in cui potrebbe confutarsi l'assioma che vuole la cassazione quale giudice del puro diritto. L'ipotesi è ben differente da quelle tracciate dai primi due commi dell'art. 619: la Corte, lungi dal limitarsi ad una correzione che lasci intatto il dispositivo o lo emendi sotto aspetti inessenziali, effettua una riforma *in melius* (come se annullasse senza rinvio) applicando la norma più favorevole (allegata dal ricorrente o rilevata *ex officio*), tanto se la stessa sia sopravvenuta al ricorso, quanto nel caso in cui, invece, preesistesse al medesimo. Unica condizione della riforma: che l'applicazione della legge più benevola non richieda nuovi accertamenti in fatto.

10.3. L'annullamento senza rinvio

Ai sensi degli artt. 620 e 621, la Corte di cassazione può annullare la sentenza impugnata senza rinvio. Ciò significa che la decisione impugnata perderà i suoi effetti senza necessità che il giudice del merito operi un nuovo esame della fattispecie. L'annullamento senza rinvio della sentenza impugnata può essere dichiarato: quando il fatto non è previsto dalla legge come reato; quando il reato è estinto; se l'azione penale non doveva essere iniziata o proseguita; se la condanna è stata pronunciata per errore di persona; quando il reato non era di competenza del giudice ordinario (si pensi ai reati in cui sia competente la giurisdizione penale militare); se il provvedimento impugnato contenga disposizioni eccedenti i poteri di giurisdizione o non sia consentito dalla legge.

Qualora vi sia una contraddizione tra il provvedimento impugnato o altra decisione anteriore concernente la stessa persona ed il medesimo oggetto, pronunciata dallo stesso giudice o da altro giudice, la Corte dispone l'esecuzione della prima decisione, salvo che si tratti di sentenza d condanna, nel qual caso ordina l'esecuzione della condanna meno grave (art. 621).

Dopo avere annullato la sentenza, la Corte rimette gli atti al pubblico ministero nel caso di violazione dell'art. 522 qualora, cioè, vi sia difetto di contestazione in relazione ad un reato concorrente o ad un fatto nuovo.

Ai sensi dell'art. 620, co. 1, lett. *l*, così come sostituito dal legislatore del 2017 con una *ratio* chiaramente deflattiva, la Corte deve annullare senza rinvio anzitutto quando ritiene di poter decidere, non essendo necessari ulteriori accertamenti di fatto, o di rideterminare la pena sulla base delle statuizioni del giudice di merito o di adottare i provvedimenti necessari, e in ogni altro caso in cui ritiene superfluo il rinvio[21]. Non può nascondersi il rischio che la Corte possa espandere i propri poteri cognitivi, valorizzando esigenze di economia processuale che, tuttavia, possono portare un vantaggio all'imputato nei casi in cui le violazioni e carenze dei gradi di merito siano talmente gravi da imporre la immediata perdita di efficacia del titolo provvisorio.

Nel corpo unico dell'art. 620 sono accomunate due diverse tipologie di decisione: decisioni a prevalente **effetto rescindente** unite a decisioni rescindenti sì, ma con contestuale **giudizio rescissorio**, ossia con sostituzione della decisione della Corte a quella annullata. Al di là di questa *summa divisio*, è chiaro il carattere che accomuna le due classi decisorie: in entrambi i casi è superfluo il rinvio al giudice del merito. Sono decisioni a puro effetto rescindente gli annullamenti per questioni d'incompetenza del giudice ordinario, difetto di giurisdizione, annullamento di provvedimenti abnormi (art. 620, co. 1, lett. *b*, *c* e *d*). In tutti questi casi la decisione della cassazione ha carattere processuale, ossia tale da lasciare impregiudicato al corso successivo il merito della causa; sempre che uno ve ne sia – s'intende – come appare chiaro dall'ipotesi, regolata all'in terno del successivo art. 621, della trasmissione degli atti

[21] Cass., Sez. Un., 30.11.2017, Matrone.

all'autorità effettivamente competente, nei casi di annullamento per incompetenza del giudice ordinario.

Altrettante decisioni processuali, ossia tali da lasciare intatti eventuali sviluppi successivi, sono le decisioni di annullamento per mancanza di una condizione di procedibilità dell'azione (che può talvolta sopravvenire); di annullamento per mancata contestazione del reato concorrente o del fatto nuovo (dove il séguito probabile è l'esercizio dell'azione penale sugli stessi fatti ad opera del pubblico ministero, cui viene data notizia dell'annullamento a termini dell'art. 621); così pure nell'ipotesi di sentenza annullata perché emessa a carico di qualcuno per errore sull'identità fisica, errore da dichiararsi in ogni stato e grado del giudizio per espresso disposto dell'art. 68: anche in tal caso, la mera constatazione dell'errore non preclude sviluppi processuali a carico dell'autentico imputato.

Diversa l'ipotesi di cui all'art. 620, co. 1, lett. *i*: l'errore processuale del giudice di secondo grado che ha pronunziato a seguito di appello su materia inappellabile, provoca l'annullamento della decisione impugnata e il séguito del giudizio dinanzi alla Cassazione, qualora vi sia materia adatta, cioè quando – applicando la conversione di cui all'art. 568, co. 5 – i motivi dell'originario appello valgano a configurare i requisiti di un ricorso ammissibile.

Ai sensi dell'art. 621, nel caso del *bis in idem* non rilevato nei due precedenti gradi di merito, la Corte di cassazione ordina l'esecuzione del provvedimento anteriore, ma il criterio è temperato dal richiamo espresso al meccanismo mirato all'esecuzione effettiva della dosimetria punitiva meno sfavorevole.

10.4. L'annullamento ai soli effetti civili

La Corte di cassazione può annullare la sentenza solo con riferimento ai **capi** che riguardano **l'azione civile**, fermi restando gli effetti penali. Quando accoglie il ricorso della parte civile contro la sentenza di proscioglimento emessa nei confronti dell'imputato, rinvia, se occorre, al giudice **civile** competente per il valore in grado di appello, anche se si tratta di sentenza inappellabile (art. 622) [22].

Nel momento in cui accoglie il ricorso della parte civile avverso la sentenza che ha prosciolto l'imputato, la cassazione elimina gli effetti preclusivi del giudicato penale sul successivo giudizio civile (art. 651) e lo fa lasciando im-

[22] In applicazione della medesima regola, Cass., Sez. Un., 28 gennaio 2021, Cremonini, ha affermato che laddove è necessario annullare, ai soli effetti civili, la sentenza di appello che ha condannato l'imputato al risarcimento del danno, per non aver disposto la rinnovazione della prova dichiarativa decisiva, il giudizio prosegue davanti al giudice civile competente per valore in grado d'appello.

pregiudicati i capi penali non toccati dall'impugnazione proposta dalla sola parte civile la quale ha l'onere, a pena d'inammissibilità, di fare riferimento specifico agli effetti di carattere civile che intende conseguire, non potendosi limitare alla richiesta concernente l'affermazione della responsabilità dell'imputato. In tale ipotesi, il giudice dell'impugnazione, dovendo decidere su una domanda civile necessariamente dipendente da un accertamento sul fatto reato e, dunque, sulla responsabilità dell'autore dell'illecito, può – pur se solo in via incidentale – statuire in modo difforme sul fatto oggetto dell'imputazione, ritenendolo ascrivibile al soggetto prosciolto: allora la *res iudicanda* si sdoppia, dando luogo a differenti decisioni potenzialmente in contrasto tra loro, contrasto che può rimanere interno alla giurisdizione penale oppure manifestarsi tra giudici di giurisdizioni diverse.

Il peculiare rinvio dettato dall'art. 622 trova applicazione solo nei casi in cui venga accolto il ricorso della parte civile, mancando *ab origine* o venendo *in toto* respinti altri eventuali ricorsi sui temi penali; ed è chiaro: dove la vicenda penalistica prosegua a seguito di annullamento con rinvio *ex* art. 623, resta altresì impregiudicata la possibilità di partecipazione del danneggiato al nuovo giudizio penale.

10.5. L'annullamento con rinvio

Se la Corte di cassazione accoglie i motivi di ricorso, fuori dai casi di cui agli artt. 620 e 621, **annulla** il provvedimento impugnato e **rinvia** la causa al giudice del merito fissando un **principio di diritto vincolante** per quest'ultimo. I casi di annullamento con rinvio non sono definiti per legge; possono, tuttavia, ricavarsi *a contrariis* dai casi descritti dall'art. 621.

La Corte deve annullare con rinvio ove sia doveroso l'ulteriore corso del processo per tutte quelle situazioni che la medesima non può risolvere in quanto giudice di legittimità.

Nel giudizio di rinvio, salvo quando non sia espressamente escluso dalla legge, deve trovare applicazione l'art. 34 che detta la disciplina sulla compatibilità-incompatibilità del giudice che abbia compiuto atti nello stesso procedimento. L'operatività di tale disciplina è finalizzata a garantire che un giudice terzo ed imparziale ri-decida nel merito le questioni affrontate illegittimamente da un precedente giudice.

Non si dimentichi che l'imparzialità del giudice deve essere valutata sia sotto il profilo soggettivo, avendo riguardo alle sue convinzioni personali, sia sotto quello oggettivo, onde assicurarsi dell'esistenza di garanzie sufficienti ad escludere ogni legittimo dubbio circa la sussistenza dell'imparzialità [23].

---

[23] Corte eur., sent. 16.11.2000, Royal Morales c. Italia.

Ciò chiarito, ai sensi dell'art. 623, co. 1, lett. *a*, in caso di annullamento di un'ordinanza non impugnata con la sentenza, al fine di conservare l'unità del giudizio gli atti sono trasmessi al giudice che l'ha emessa; costui, però, è tenuto ad uniformarsi alla decisione di annullamento.

Su un ulteriore piano si pone il caso di annullamento di una sentenza di condanna nei casi di **nullità per difetto di contestazione**: il giudice del rinvio è sempre quello di primo grado al fine di realizzare la regressione del procedimento allo stato e nel grado in cui si è compiuto l'atto nullo. Se è annullata una sentenza di condanna nei casi previsti dall'art. 604, co. 1 e 4, ', la Corte di cassazione dispone che gli atti siano trasmessi al giudice di primo grado. Con riferimento alla **disciplina dell'assenza**, se viene disposto l'annullamento della sentenza di condanna nei casi di cui ai co. 5 *bis* o 5 *ter* dell'art. 604, gli atti vengono trasmessi, rispettivamente, al giudice del grado o della fase in cui si è verificata la nullità oppure al giudice dinanzi al quale può essere esercitata la facoltà da cui l'imputato è decaduto, a meno che, in quest'ultimo caso, risulti che egli, conscio della pendenza del processo, era nelle condizioni di comparire prima della pronuncia della sentenza impugnata.

L'annullamento **per *error in iudicando***, anche quando ingenerato da errore processuale provoca, necessariamente ed in virtù dell'art. 34, il rinvio ad un nuovo giudice, diverso da quello che aveva emesso il provvedimento ritenuto viziato, secondo i criteri descritti dall'art. 623, co. 1, lett. *c* e *d*.

A sostegno di tale fondamentale canone interpretativo, finalizzato a garantire l'imparzialità del giudizio, l'art. 623, co. 1, lett. *a*, è stato di recente dichiarato costituzionalmente illegittimo nella parte in cui non prevede che non possa partecipare al giudizio di rinvio dopo l'annullamento il giudice che ha pronunciato o concorso a pronunciare ordinanza di accoglimento o rigetto della richiesta di applicazione in sede esecutiva della disciplina del reato continuato, ai sensi dell'art. 671 [24].

E così, se è annullata una sentenza di una Corte d'assise d'appello o di una Corte d'appello, ovvero di una Corte d'assise o di un Tribunale collegiale, il giudizio di rinvio dovrà essere celebrato innanzi ad altra sezione della stessa Corte o Tribunale o, in mancanza, alla Corte o Tribunale più vicini.

Se è annullata la sentenza di un Tribunale monocratico o di un giudice dell'udienza preliminare, gli atti del giudizio dovranno essere trasmessi al medesimo Tribunale ma a giudici (persona-fisica) diversi da quelli che avevano pronunciato il provvedimento annullato.

Infine, in caso di ricorso immediato in cassazione, escluse le ipotesi in cui nel giudizio di appello si sarebbe dovuta annullare la sentenza di primo gra-

[24] Corte cost., sent. 9.7.2013, n. 183.

do, il rinvio conseguente all'annullamento della sentenza deve essere disposto al giudice competente per l'appello (art. 569, co. 4).

L'annullamento con rinvio può avere ad oggetto l'intero provvedimento impugnato o solo una parte di esso con correlativa distinzione tra annullamento totale ed annullamento parziale (art. 624). La distinzione non ha una misura determinata o costante, risultando dai termini nei quali la cassazione ha deciso, non essendo possibile per il giudice del rinvio oltrepassare gli spazi di valutazione assegnatigli dalla sentenza di annullamento. Per questa ragione, in caso di annullamento **parziale**, il giudizio sarà rinnovato solo con riferimento alle disposizioni della sentenza annullate (quando occorre, è la stessa Corte di cassazione che, d'ufficio o su sollecitazione di parte, chiarisce quali parti della sentenza diventano irrevocabili: art. 624, co. 2 e 3), mentre le altre assumeranno il valore di decisione passata in giudicato (che non significa, tuttavia, eseguibilità della sentenza in ordine alle parti non annullate, poiché l'eseguibilità della sentenza di condanna va posta in relazione alla formazione di un vero e proprio titolo esecutivo, mentre l'autorità di cosa giudicata ad una o più statuizioni contenute nella sentenza di annullamento parziale è correlata esclusivamente all'esaurimento del relativo giudizio)[25]: l'autorità di cosa giudicata viene assunta dall'intera *res iudicanda*, a processo concluso.

Sui singoli **punti** possono formarsi solo **preclusioni processuali**, e cioè limitazioni al potere di cognizione del giudice del rinvio, che impediscono al titolare della fase rescissoria di riesaminare la *quaestio iuris* decisa – e lasciata impregiudicata – dal giudice della fase rescindente, analogamente a quanto accade per i punti che non siano stati investiti da uno specifico motivo di impugnazione. Tali osservazioni, coerenti con il sistema processuale, si scontrano con la prassi che valorizza la formazione del c.d. «giudicato progressivo» che comporta il passaggio in giudicato di tutte le parti della sentenza non toccate dall'annullamento, determinando la consunzione del potere di decisione del giudice del rinvio. Diversamente, di recente si è ritenuto che, in caso di condanna, la mancata impugnazione della ritenuta responsabilità dell'imputato fa sorgere la preclusione su tale punto, ma non basta a far acquistare alla relativa statuizione l'autorità di cosa giudicata, quando per quello stesso capo l'impugnante abbia devoluto al giudice l'indagine riguardante la sussistenza di circostanze e la quantificazione della pena, sicché la ***res iudicata*** si forma solo quando tali punti siano stati definiti e le relative decisioni non siano censurate con ulteriori mezzi di gravame. Ne consegue che l'eventuale causa di estinzione del reato deve essere rilevata finché il giudizio

[25] Cass., Sez. Un., 19.1.1994, Cellerini.

non sia esaurito integralmente in ordine al capo di sentenza concernente la definizione del reato al quale la causa stessa si riferisce[26].

Tali problematiche non hanno ragioni di esistere se tra le parti della sentenza annullate e quelle non annullate sussista una connessione essenziale. Si ha connessione essenziale tra le parti o le statuizioni della sentenza di merito, quando l'annullamento di una statuizione comporti necessariamente il riesame delle altre non esplicitamente attinte dall'annullamento; tale fenomeno può ricorrere in caso di annullamento per vizio di motivazione nella ricostruzione del fatto, con conseguenti riflessi "connessi" sulla parte non annullata del provvedimento impugnato. In tal caso è impedita la formazione del giudicato sulle parti non annullate, con possibilità per il giudice del rinvio di valutare la sussistenza delle condizioni per una declaratoria di cause di non punibilità *ex* art. 129.

Quando è annullata una sentenza d'appello di condanna, la Corte di cassazione dispone la cessazione delle misure cautelari (art. 624 *bis*).

11. Il giudizio di rinvio

Quando la Corte di cassazione annulla la sentenza impugnata con rinvio enuncia il **principio di diritto**, che vale per il giudice del rinvio come la legge di quel processo in prosecuzione. *Ex* art. 627, co. 3, il giudice del rinvio si uniforma alla sentenza della Corte di cassazione per ciò che concerne ogni questione di diritto con essa decisa. Si tratta di un vincolo che incide sulla qualificazione giuridica del fatto, sulla valutazione dello stesso così come accertato in sentenza e, soprattutto, sui criteri di utilizzazione ed integrazione probatoria e sulla acquisizione di nuovi elementi probatori.

Poiché la caratterizzazione del giudizio di rinvio è la **regressione** del procedimento alla fase nella quale si è verificata l'invalidità rilevata dalla Corte di cassazione, il giudice e le parti conservano **i poteri tipici del grado** al quale si rinvia con rilevanti implicazioni sul diritto alla prova ed alla controprova che è opportuno affrontare autonomamente nel prosieguo. Ciò posto, occorre chiarire che la sentenza di annullamento si caratterizza per essere attributiva della **competenza**. Pertanto, nel giudizio di rinvio non è ammessa la discussione sulla competenza conferita al giudice, salvo che non emergano fatti nuovi o circostanze che possano modificarla (art. 627, co. 1).

È precluso, altresì, rilevare cause di nullità, anche assolute, o di inammissibilità non rilevate verificatesi nei precedenti gradi di giudizio e non riscontrate dalla Corte di cassazione. Lo stesso non è a dirsi per l'inutilizzabilità

---

[26] Cass., Sez. Un., 19.1.2000, Tuzzolino.

(art. 191): la stessa, oltre a non essere compresa nell'elenco di cui all'art. 627, co. 4, è rilevabile in ogni stato e grado del procedimento e, pertanto, anche nel giudizio di rinvio.

Nel giudizio di rinvio trovano operatività i princìpi generali applicabili in materia di impugnazioni. In particolare, ricorre il divieto di *reformatio in peius*: nel caso di impugnazione del solo imputato, il divieto in parola si estende anche al giudizio di rinvio ed, eventualmente, agli ulteriori giudizi di rinvio attraverso la comparazione tra decisioni, necessaria ai fini dell'individuazione del trattamento meno deteriore per l'imputato, prendendo in considerazione anche quella di primo grado, restando immodificabile l'esito per lui più favorevole tra quelli intervenuti a seguito della sua impugnazione. Il divieto è da intendersi come obbligo per il nuovo giudice di non aggravare il trattamento sanzionatorio disposto con la sentenza annullata. In prospettiva evolutiva le Sezioni Unite hanno affermato che il divieto di *reformatio in peius* opera anche nel giudizio di rinvio e con riferimento alla decisione del giudice di appello se il ricorso per cassazione è stato proposto dall'imputato, essendo irrilevante, per il verificarsi di questi effetti, che la sentenza di primo grado sia stata appellata dal pubblico ministero[27].

Trova poi operatività l'effetto estensivo dell'impugnazione: in relazione a quanto stabilito dall'art. 627, co. 5, sarà necessario procedere alla citazione dell'imputato che può giovarsi degli effetti favorevoli della sentenza di annullamento da parte della Corte di cassazione – salvo che l'imputato impugnante avesse enunciato motivi esclusivamente personali – ed intervenire attivamente nel giudizio di rinvio.

Per giurisprudenza consolidata, il giudice del rinvio non può accertare una causa di estinzione del reato ed emettere una decisione *ex* art. 129, anche se sopravvenuta nelle more del procedimento[28].

11.1. Diritto alla prova nel giudizio di rinvio e motivazione della sentenza

L'annullamento con rinvio, lo si è detto, implica la regressione del procedimento alla fase nella quale è stata rilevata l'invalidità e, pertanto, il giudice ha gli stessi poteri di acquisizione e valutazione della prova propri del giudice del merito che ha deciso nella fase al quale il processo è stato riportato a seguito dell'annullamento. Lo stesso è a dirsi per le parti, alle quali deve essere garantito il diritto alla prova e la formazione della stessa nel contraddittorio.

---

[27] Cass., Sez. Un., 27.3.2014, p.m. in proc. Destro.

[28] Cass., Sez. Un., 26.3.1997, Attinà.

Nel caso in cui venga annullata con rinvio la sentenza per vizio di motivazione, ovvero per la mancata assunzione di una prova decisiva, l'esame del giudice non può limitarsi agli specifici punti di carenza o contraddittorietà indicati nella sentenza di annullamento. La sua valutazione deve, invece, essere compiuta ri-analizzando il materiale probatorio ed acquisendo la prova decisiva trascurata nel precedente giudizio attraverso una valutazione comparativa della prova stessa ed oggetto della prospettazione difensiva.

Nel caso di rinvio al giudice d'appello, qualora le parti ne facciano richiesta, la rinnovazione dell'istruttoria dibattimentale per l'assunzione di prove rilevanti si configura come atto dovuto del giudice del rinvio al quale risulta precluso pervenire alla decisione sulla base dei soli atti già acquisiti nei precedenti giudizi. Non deve escludersi la possibilità di disporre d'ufficio, *ex* art. 507, l'ammissione di nuove prove utili alla formazione del proprio convincimento. A tal proposito, ferma restando la libertà di operare un'autonoma valutazione della situazione di fatto concernente i punti annullati, il giudice del rinvio non può esimersi da una giustificazione delle proprie determinazioni che, comunque, devono implicitamente o esplicitamente rispondere a quanto enunciato nella sentenza di annullamento, restando in tal modo vincolato a una determinata valutazione delle risultanze processuali o al compimento di specifiche indagini, in precedenza omesse, di determinate rilevanze ai fini della decisione o, ancora, all'esame, non effettuato, di specifiche istanze difensive incidenti sul giudizio conclusivo, al fine di non ripetere i vizi della motivazione rilevati nella sentenza annullata. Il giudice del rinvio non può fondare il proprio convincimento sugli stessi argomenti cassati dalla Corte di legittimità.

Quando la Corte di cassazione annulla con rinvio per **vizio di motivazione**, mediante indicazione di punti specifici di carenza o contraddittorietà, il potere del giudice del rinvio non è limitato all'esame dei singoli punti, come se essi fossero isolati dal restante materiale probatorio, essendo il giudice stesso tenuto a compiere anche atti istruttori sui cui risultati basare la decisione, fornendone giustificazione in sentenza. Ove ciò non accada, non può escludersi un ulteriore annullamento della Suprema Corte a seguito di impugnazione della sentenza del giudice del rinvio. Quest'ultima, infatti, *ex* art. 628, è ulteriormente ricorribile per cassazione o col mezzo previsto dalla legge se pronunciata in primo grado. Naturalmente l'impugnabilità resta circoscritta ai soli punti oggetto di annullamento da parte della Corte di cassazione e nei casi in cui il giudice del rinvio si discosti dal principio di diritto enunciato *ex* art. 627.

12. Il rinvio pregiudiziale alla Corte di cassazione per la decisione sulla competenza per territorio

La struttura verticistica dell'ordinamento processuale penale può dar luogo a situazioni in cui la Corte di cassazione, nella fase prossima alla conclusione del processo, rilevi il difetto di un presupposto processuale come la **competenza per territorio** ritualmente eccepita, determinando la retrocessione della sequenza e l'azzeramento di tutta l'attività decisoria nel frattempo posta in essere.

Poiché il ripristino della legalità del procedere compromette, in queste circostanze, le attività giurisdizionali compiute, con conseguente apprezzabile pregiudizio in termini di efficienza della macchina giudiziaria, la riforma del 2022 ha introdotto un innovativo strumento di **risoluzione preventiva** delle questioni sulla competenza per territorio.

Con l'art. 24 *bis* l'intento efficientista viene perseguito consentendo che il quesito sulla competenza per territorio possa essere proposto fin dal momento in cui questo si presenta, agevolando la formazione preventiva di un giudicato sul punto e consentendo alle parti di "litigare al sicuro" da eventuali vizi territoriali di instaurazione del processo che possono portare ad una pronuncia caducatoria della Corte di legittimità.

Nel sistema previgente, l'unica possibilità era quella di eccepire tempestivamente il difetto di competenza territoriale del giudice procedente – entro la conclusione dell'udienza preliminare o, secondo l'art. 21, co. 2, prima della dichiarazione di apertura del dibattimento – e riproporre la questione coi motivi d'appello e di cassazione, predisponendosi ad un futuro annullamento della sentenza, con contestuale retrocessione del processo.

All'esito della riforma, in questa sequenza si inserisce la possibilità per il giudice dell'udienza preliminare o, in assenza, per quello di primo grado, di rimettere, su sollecitazione di parte o d'ufficio, la questione sulla competenza per territorio alla Corte di cassazione: egli adotta un'ordinanza con cui rimette le parti dinanzi alla Corte e forma, al tempo stesso, il fascicolo per la definizione di tale procedimento incidentale, trasmettendo anche gli atti necessari alla risoluzione della questione (art. 24 *bis*, co. 2). Anche se la disposizione del comma 2 attribuisce al giudice *a quo* il potere di allegazione degli atti rilevanti per la decisione, è opportuno sottolineare che, trattandosi di questione processuale, vale comunque il principio generale per cui, sull'*error in procedendo*, la Corte regolatrice non subisce i limiti di cognizione che sono propri del giudizio di legittimità, disponendo di ampi poteri di accertamento del fatto in cui esercizio sia funzionale alla risoluzione del quesito.

Definito l'incidente sulla competenza per territorio, il dispositivo di sentenza è immeditatamente comunicato al giudice rimettente e, in caso di accoglimento della questione, al giudice competente, nonché ai rispettivi uffici del pubblico ministero, ed è notificato alle parti private.

Se il giudice dichiarato incompetente per territorio aveva disposto delle misure cautelari, il termine di venti giorni di cui all'art. 27 decorre dalla comunicazione per estratto della sentenza.

È stabilito, infine, che quando la parte eccepisce l'incompetenza territoriale senza sollecitare la trasmissione degli atti in Cassazione, decade dalla facoltà di riproporre l'eccezione nel corso del procedimento.

Parte XI

Il giudicato

Capitolo XXIV

Il giudicato

di *Filippo Raffaele Dinacci*

1. Valori ed ideologie

Il giudicato costituisce il momento di cristallizzazione **dell'accertamento penalistico sulla regiudicanda**. Esso implica un *dictum* il cui *stare decisis* è posto a garanzia della certezza delle situazioni giuridiche e di stabilità delle decisioni ma nel contempo costituisce strumento diretto ad evitare il rischio di una reiterabilità del procedimento nei confronti della stessa persona per lo stesso fatto. Di qui l'emergere di un istituto preposto non solo a mettere un fine alla "lite", disciplinandone le ragioni con una specifica efficacia di accertamento, ma principalmente a tutelare l'individuo da ripetute "aggressioni" giudiziarie che traggono origine da un fatto già deciso. Ed è proprio questo il **profilo di garanzia del giudicato**, capace ad erigersi a salvaguardia della tutela dei diritti individuali a fronte dell'autorità statuale che intende esercitare il suo diritto di punire. Soluzione questa imposta da una più "matura" lettura dei princìpi costituzionali in forza dei quali ad una visione di assoluta intangibilità del giudicato si impone l'esigenza di tutelare la conformità della sentenza ai principii dell'ordinamento dovendosi assicurare la necessaria rispondenza della decisione ad esigenze di giustizia anche successivamente all'irrevocabilità.

In sostanza sembra essersi presa contezza che, seppure il giudicato non costituisce oggetto di specifica tutela costituzionale in sé considerato quale

atto normativo del caso concreto, esso è comunque sussistente nei limiti in cui rappresenta la risultante di un "processo giusto" caratterizzato dall'osservanza dei presidi preposti a garanzia dell'individuo e dell'accertamento.

Solo a tali condizioni potrà dirsi di essere in presenza di un "**giusto titolo esecutivo**".

Non a caso le linee di evoluzione legislativa si indirizzano verso forme cedevoli del giudicato. Senza volere qui anticipare temi trattati in altre sedi (cfr. cap. XXV), basti pensare alla nuova dimensione della fase esecutiva: non più mera esecuzione della volontà punitiva dello Stato potendosi in quella sede pervenire anche a modifiche del titolo esecutivo [1]. Del pari si abbia riguardo alla moltiplicazione dei rimedi straordinari proponibili avverso la decisione passata in giudicato [2]. Si tratta all'evidenza di linee evolutive del sistema che traghettano l'ideologia del giudicato da un'intangibilità vissuta quasi con superstizione ad una cedevolezza del medesimo ogniqualvolta non è in grado di garantire l'esecuzione di un *dictum* osservante dei parametri del sistema posti a tutela dell'individuo e dell'accertamento [3].

2. Irrevocabilità

Sul piano strutturale il giudicato segue **all'esaurimento della funzione giurisdizionale ordinaria**. In tali evenienze la sentenza assume il requisito dell'irrevocabilità. L'art. 648 dispone che «sono irrevocabili le sentenze pronunciate in giudizio contro le quali non è ammessa impugnazione diversa dalla revisione». La disposizione normativa non contempla le ipotesi di ricorso straordinario per errore materiale o di fatto (art. 625 *bis*), il ricorso per rescissione del giudicato (art. 629 *bis*) e da ultimo la richiesta per l'eliminazione degli effetti pregiudizievoli delle decisioni adottate in violazione della Convenzione per la salvaguardia dei diritti dell'uomo e delle libertà fondamentali o dei Protocolli addizionali (art. 628 *bis*).

Si tratta, all'evidenza, di rimedi che intervengono su una decisione avverso cui non sono proponibili impugnazioni ordinarie.

---

[1] V. esemplificativamente artt. 669, 670, 671, 672, 673, 676. In particolare per l'affermazione dell'obbligo di rideterminare la pena "illegale" in sede di esecuzione cfr. Cass., Sez. Un., 26.2.2015 n. 37107.

[2] Cfr. artt. 625 *bis*, 628 *bis*, 629, 629 *bis*.

[3] Emblematico di una tale filosofia è la disposizione di cui all'art. 628 *bis* la quale disciplina un rimedio revocatorio della sentenza e/o del decreto passati in giudicato se adottati in violazione della Convenzione per la salvaguardia dei diritti dell'uomo e delle libertà fondamentali o dei Protocolli addizionali.

Pertanto è da ritenere che la loro mancata inclusione nel dettato normativo dell'art. 648, co. 1 sia dovuta ad un difetto di coordinamento piuttosto che ad una volontà legislativa. In tale direzione appare utile segnalare come, nelle evenienze prospettate, il legislatore preveda la facoltà di sospensione dell'esecuzione della pena o delle misure di sicurezza (art. 628 *bis*, co. 4 e art. 629 *bis*, co. 4 che richiama l'art. 635) ovvero la sospensione del provvedimento (625 *bis*, co. 2); previsione queste che implicano l'esecutività delle decisioni; caratteristica che l'art. 650, co. 1 lega all'irrevocabilità delle medesime «salvo che sia diversamente disposto». E siccome le ipotesi prese in considerazione non "dispongono" una elisione tra irrevocabilità ed esecutività risulta confermato che la mancata inclusione nell'art. 648 dei rimedi straordinari in discorso sia imputabile ad una distrazione legislativa [4].

Ne deriva che il **provvedimento è irrevocabile** nella misura in cui avverso allo stesso non risulta proposta né più proponibile una impugnazione ordinaria. E cioè l'appello e/o il ricorso per cassazione a cui deve aggiungersi, con riferimento al decreto penale di condanna, l'opposizione al medesimo.

Sul punto occorre subito precisare come la non proponibilità dell'impugnazione ordinaria non solo consegua alla mancata previsione di una sua esperibilità ma si realizza anche quando, pur essendo ammessa, «è inutilmente decorso il termine per proporla o quello per impugnare l'ordinanza che la dichiara inammissibile» o, nella ipotesi di ricorso in cassazione, si sia verificato il rigetto del medesimo ovvero l'annullamento senza rinvio del provvedimento impugnato (art. 648, co. 2). Tuttavia non tutte le tipologie di pronunce giurisdizionali possono assumere la caratteristica dell'irrevocabilità cui si lega in linea di massima l'immodificabilità. L'art. 648, co. 1 riserva infatti tale possibilità solo alle «**sentenze pronunciate in giudizio**».

Non potranno quindi assumere il dato dell'irrevocabilità provvedimenti diversi dalla sentenza, fatta eccezione per il **decreto penale di condanna** espressamente richiamato nell'art. 648, co. 3. Stessa sorte spetterà al provvedimento di archiviazione suscettibile di una riapertura delle indagini (art. 414) e alla sentenza di non luogo a procedere emessa all'esito dell'udienza preliminare, e quindi non pronunciata in giudizio; peraltro, la sentenza in esame, pur essendo in grado di acquisire all'esito delle impugnazioni una certa stabilità, comunque è soggetta ad una revoca che può orientarsi anche *contra reum* (art. 434).

---

[4] Sul punto non è dubbio che sarebbe auspicabile una maggiore qualità del prodotto normativo anche perché la dimenticanza in discorso si è verificata con L. n. 128 del 2001 allorché fu introdotto l'art. 625 *bis*; con L. n. 103 del 2017 con cui fu inserito l'art. 629 e infine con d.lgs. n. 151 del 2022 a cui si deve la previsione dell'art. 628 *bis* In nessuna delle tre riforme indicate vi è stata quella capacità di coordinamento che sarebbe lecito attendersi da un legislatore attento.

Occorre sul punto segnalare che l'art. 650, co. 2 precisa come le sentenze di non luogo a procedere abbiano «**forza esecutiva quando non più soggette ad impugnazione**». Tuttavia sul piano concettuale la distinzione tra l'irrevocabilità e l'inoppugnabilità appare complessa. La scelta di non riconoscere l'irrevocabilità anche alla sentenza di non luogo a procedere è da rinvenirsi nella volontà di non rendere operante il divieto di un secondo giudizio per lo "stesso fatto" e ciò proprio per salvaguardare l'opzione legislativa di contemplare la revocabilità della decisione.

A questa, del resto, quando non più impugnabile, è riconosciuta una sua efficacia preclusiva come dimostrato dal fatto che senza la revoca non possono esperirsi indagini o esercitarsi *ex novo* l'azione penale nei confronti del prosciolto ovviamente con il limite dello "stesso fatto". Probabilmente, proprio la circostanza di aver contemplato una revocabilità della sentenza in esame ha condizionato le scelte del legislatore che, per non incorrere in ipotesi di contraddizione, non se la sentì di riconoscere l'irrevocabilità della decisione. In quella sede, però, sembra essere sfuggito che la revocabilità di cui all'art. 434, con riferimento alla sentenza di non luogo a procedere, origina dal potere riconosciuto al giudice di eliminare il provvedimento da lui stesso emanato: una sorta di autotutela giudiziaria. Viceversa, l'irrevocabilità contemplata all'art. 648 è un attributo del provvedimento non impugnabile o non più impugnabile in via ordinaria e, quindi, si accompagna a tutte le sentenze avverso le quali non è esperibile alcun rimedio impugnatorio ordinario. E, tra queste, appare incoerente la decisione di escludere la sentenza di non luogo a procedere, soprattutto ove si consideri che i sintagmi normativi "irrevocabile" e "non più impugnabile" hanno indiscutibilmente un riferimento comune e si diversificano non sul piano concettuale-contenutistico bensì su quello verbale.

Ad ogni modo, al di là di tali considerazioni, occorre prendere atto che il legislatore ha operato la scelta di non conferire il requisito dell'irrevocabilità alla sentenza di non luogo a procedere.

A medesime considerazioni pare potersi pervenire anche con riferimento alla **sentenza di non luogo a procedere emessa ai sensi dell'art. 554 *ter*** nelle ipotesi di modello processuale a citazione diretta. In tali evenienze, infatti, pur collocandosi la sentenza in un momento in cui l'azione penale è già esercitata, si registra una completa assonanza contenutistica e regolatoria con l'omonima pronuncia adottabile all'esito dell'udienza preliminare, ivi compresa la regola di giudizio ancorata alla "ragionevole previsione di condanna".

La conclusione è ancor più valevole avuto riguardo alla sentenza disciplinata all'art. 420 *quater* di «**non doversi procedere per mancata conoscenza della pendenza del processo da parte dell'imputato**». Basti pensare che, ai sensi dell'art. 420 *sexies*, co. 1 la polizia giudiziaria, quando rintraccia la persona nei cui confronti è stata emessa sentenza *ex* art. 420 *quater*, «le notifica la sentenza e le dà avviso della riapertura del processo nonché della data dell'udienza [...] nella quale è citata a comparire davanti all'autorità giudiziaria che ha emesso la sentenza». Automatismo, quest'ultimo, che, al di là di altre problematiche [5], esclude in radice ogni questione sull'eventuale irrevocabilità.

Con riguardo alle **sentenze dibattimentali** in grado di conseguire l'irrevocabilità, dovranno annoverarsi quelle pronunciate tanto nell'ipotesi in cui conseguano allo sviluppo processuale del giudizio ordinario, direttissimo e immediato includendovi anche le sentenze predibattimentali adottate *ex* art. 469, quanto nella diversa evenienza in cui costituiscano la definizione di riti alternativi diretti a deflazionare il dibattimento. Si pensi al giudizio abbreviato, alla sospensione del procedimento con messa alla prova, all'applicazione pena su richiesta delle parti, alla sentenza estintiva del reato conseguente all'esito del programma riparativo.

3. Esecutività

Un **predicato non necessario** dell'irrevocabilità è costituito dall'esecutività del provvedimento. L'art. 650 dispone che «le sentenze e i decreti hanno forza esecutiva quando sono divenuti irrevocabili» ma a tale regola segue l'eccezione contenuta nell'inciso «salvo che sia diversamente disposto». Non si è quindi al cospetto di una regola assoluta potendo accadere che specifiche previsioni normative scindano il legame irrevocabilità ed esecutività. Quest'ultima, del resto, non è nemmeno una necessaria conseguenza dell'irrevocabilità. L'esecutività, infatti, in quanto idoneità del provvedimento ad essere attuato coattivamente è una caratteristica tipica dei provvedimenti del giudice; l'art. 131 prevede che quest'ultimo «nell'esercizio delle sue funzioni può chiedere l'intervento della polizia giudiziaria e, se necessario, della forza pubblica, prescrivendo tutto ciò che occorre per il sicuro ed ordinato compimento degli atti ai quali procede».

Ne deriva che il **binomio irrevocabilità-esecutività** non si pone in assoluto in termini di correlazione necessaria. Ma, anche quando l'esecutività, viene analizzata come momento conseguente alla irrevocabilità vi sono provvedimenti i quali ancorché non irrevocabili sono esecutivi: si pensi alle disposizioni civili della sentenza laddove la condanna alle restituzioni o al risarcimento del danno può essere dichiarata dal giudice esecutiva (art. 540, co. 1) ovvero alla condanna al pagamento di una provvisionale (art. 540, co. 2), al provvedimen-

[5] Prima fra tutte la considerazione che non si tratta di sentenza pronunciata "in giudizio".

to del giudice di appello sull'azione civile (art. 605, co. 2), all'applicazione provvisoria di una misura di sicurezza (art. 312), al provvedimento cautelare ancora impugnabile (art. 588, co. 2).

Viceversa, come già accennato, con riferimento alle **sentenze di non luogo a procedere** pronunciate ai sensi dell'art. 425, si riconosce, ai sensi dell'art. 650, co. 2 forza esecutiva se non più soggette ad impugnazioni [6]. Tuttavia con riferimento alle medesime sebbene ancora soggette ad impugnazioni si prevede una immediata efficacia esecutiva. Il riferimento è all'art. 300 laddove sancisce l'immediata perdita di efficacia delle misure cautelari personali che siano state disposte in ordine al medesimo fatto per il quale l'imputato è stato giudicato.

4. Il giudicato sostanziale

Oltre al giudicato formale collegabile all'irrevocabilità della decisione vi è un giudicato sostanziale che si concreta negli effetti che derivano dalle decisioni irrevocabili e che determinano vincoli preclusivi e valutativi. I primi collegabili all'operatività del *ne bis in idem* sancita dall'art. 649, co. 1, i secondi scaturenti dall'efficacia extrapenale del giudicato in grado di vincolare, entro certi limiti ed alla presenza di determinate condizioni, il giudice civile, amministrativo e disciplinare.

La ragione giuridica risiede, da un lato, nella volontà di salvaguardare la certezza dei rapporti giuridici e, dall'altro lato, nella esigenza di tutelare il diritto individuale a non essere perseguito più volte per lo stesso fatto. Volendo schematizzare, nelle scelte del legislatore convivono esigenze di garanzia oggettiva dell'ordinamento, espresse con lo *stare decisis* e cioè con la tendenziale stabilità dei rapporti giuridici, ed esigenze di garanzia soggettiva individuabile nelle preclusioni a repliche accusatorie per lo stesso fatto a carico dello stesso soggetto.

4.1. Il *ne bis in idem*

L'effetto preclusivo di un secondo giudizio per il medesimo fatto è enunciato nell'art. 649, co. 1 In quella sede si precisa che «l'imputato prosciolto o

---

[6] La considerazione, in forza dell'assonanza delle sentenze di non luogo a procedere *ex* art. 425 con quelle contemplate dall'art. 554 *quater* del medesimo codice, si ritiene possa essere estesa anche a quest'ultime e ciò pure in forza della genericità delle soluzioni normative "sentenza di non luogo a procedere" contenute nell'art. 650, co. 2 incapace di escludere dal relativo ambito di operatività le sentenze di non luogo a procedere emesse ai sensi dell'art. 554 *quater*.

condannato con sentenza o decreto penale divenuti irrevocabili non può essere di nuovo sottoposto a procedimento penale per il medesimo fatto, neppure se questo viene diversamente considerato per il titolo, per il grado o per le circostanze». Il principio, pur essendo un fondamentale presidio di garanzia, non riceve diretta tutela costituzionale [7] ma è riconosciuto nell'art. 4, par. 1, Protocollo 7 Convenzione EDU e nell'art. 50 della Carta di Nizza dove è previsto che nessuno può essere «perseguito e condannato» per un reato per il quale è già stato giudicato «a seguito di una sentenza definitiva conformemente alla legge ed alla procedura penale di uno stato». A sua volta l'art. 649, co. 2 definisce gli effetti del *ne bis in idem* statuendo che «se ciò nonostante viene di nuovo iniziato procedimento penale, il giudice in ogni stato e grado del processo pronuncia sentenza di proscioglimento o di non luogo a procedere enunciandone la causa nel dispositivo».

Occorre inoltre precisare come l'**efficacia preclusiva** del giudicato soffra di eccezioni individuate dalla clausola di salvezza contenuta nel co. 1, dell'art. 649 laddove limita l'operatività del principio con la locuzione «salvo quanto disposto dagli artt. 69, co. 2 e 345».

La prima delle disposizioni è relativa **all'erronea sentenza per morte dell'imputato**; in tali casi la relativa sentenza non impedisce un nuovo procedimento per il medesimo fatto e contro la stessa persona qualora si scopra che la morte è stata erroneamente dichiarata. Si tratta indiscutibilmente di un'eccezione al *ne bis in idem* posto che viene resa inoperativa l'efficacia preclusiva di un secondo giudizio.

Diverso è il discorso con riferimento all'art. 345 Qui si consente un nuovo giudizio a fronte di una **decisione irrevocabile per mancanza di una condizione di procedibilità** nel momento in cui la medesima sopraggiunge [8]. In tale evenienza, però, non si è in presenza di una vera eccezione al *ne bis in idem* posto che si è al cospetto di una decisione in rito e non sul merito della regiudicanda. In sostanza, pur senza la previsione derogatoria, la situazione giuridica poteva e doveva comunque essere regolata nel medesimo modo applicando l'ordinaria disciplina.

Un'ulteriore precisazione va posta con riferimento all'**espansione della preclusione** da *ne bis in idem*. Essa infatti opera sia nel **processo** che nel **procedimento** nel senso che se anche il nuovo procedimento si trova in in-

---

[7] Per una previsione di tutela costituzionale nei paesi stranieri cfr. art. 103, co. 3, Costituzione tedesca, il V emendamento della Costituzione degli Stati Uniti d'America.

[8] Si segnala che ai sensi dell'art. 345, co. 2 lo stesso trattamento viene riservato laddove sia stata emessa sentenza di non luogo a procedere ai sensi dell'art. 72 *bis*, lo stato di incapacità dell'imputato viene meno o si accerta essere stato erroneamente dichiarato. Con una fattispecie di chiusura il co. 2 della medesima disposizione include nella relativa disciplina qualsiasi condizione di procedibilità ancorché non disciplinata espressamente dalla norma.

dagini preliminari viene comunque colpito dalla preclusione da giudicato; conclusione questa che emerge evidente anche dal lessico utilizzato dall'art. 649, co. 1 laddove fa riferimento al "procedimento" e non al processo. Non deve peraltro sfuggire come il principio processuale in discorso precluda un secondo procedimento e non solo una seconda condanna. La preclusione agisce a monte ed è qui che si evidenzia la differenza tra il *ne bis in idem* processuale e quello sostanziale. Questo, infatti, tende ad impedire che il medesimo fatto possa essere inquadrato in più reati quando gli stessi si trovino in rapporto di concorso apparente. E ciò avviene quando le fattispecie invocate si pongano in una relazione di specialità, sussidiarietà od assorbimento giuridico. Quel che si intende impedire non è l'inizio di un nuovo procedimento ma che il soggetto agente sia punito più volte per lo stesso fatto.

4.2. Il perimetro preclusivo del giudicato

L'art. 649 preclude un secondo giudizio se intentato nei confronti del medesimo soggetto in relazione al "medesimo fatto". L'identità soggettiva non pone particolari problemi vertendosi inequivocabilmente sulla figura dell'imputato già giudicato. Ciò non toglie che possano essere sottoposte a procedimento persone diverse da chi è stato già giudicato anche se sono accusate di aver concorso con questi. In ogni caso chi ha assunto la qualifica di **imputato** nel procedimento passato in giudicato non è escluso che possa essere sottoposto all'altro procedimento per il medesimo fatto storico come **responsabile civile** o **civilmente obbligato per la pena pecuniaria**.

Discorso più complicato è l'individuazione del paradigma normativo di "**medesimo fatto**". Il legislatore, infatti, non ne fornisce una definizione legale se non attraverso la precisazione che il fatto resterebbe lo stesso anche se diversamente considerato per il "titolo", il "grado" e le "circostanze". Considerato che il "**titolo**" è la definizione giuridica del fatto, il "**grado**" è la maggiore o minore gravità concreta del reato e le "**circostanze**" sono riferibili alle aggravanti ed attenuanti incluse quelle inerenti la personalità del colpevole, occorre concludere che una diversa qualificazione giuridica come una differente valutazione dell'elemento psicologico non comporta diversità del fatto. Del pari una diversa progressione da reato tentato a quello consumato esprime effetti preclusivi pur implicando una maggiore o minore gravità del reato o della responsabilità; infine anche la diversa configurazione degli elementi circostanziali del reato non consente un nuovo processo.

A fini ulteriormente esemplificativi occorre precisare che il riferimento:

– al "titolo" rende irrilevante ogni diversa qualificazione giuridica. Colui che è stato giudicato per rapina non può subire per gli stessi fatti un nuovo giudizio per furto aggravato. Del pari, deve ritenersi irrilevante la diversa valutazione dell'elemento psicologico. Così se Tizio è giudicato per l'omicidio doloso di Caio non può poi essere nuovamente processato, permanendo il medesimo fatto naturalistico, per l'omicidio colposo di Caio.

– al "grado" del fatto rende irrilevante tutto ciò che attiene alla misura dell'evento, ad esempio percossa – lesione – omicidio (artt. 581, 528, 575 c.p.), danneggiamento – devastazione (artt. 635, 419 c.p.), ingresso abusivo sul fondo altrui – invasione (artt. 637, 633 c.p.), tentativo – consumazione. In sostanza, non importa che l'oggetto deciso fosse limitato al titolo minore perché cambierebbe solo il grado. Del pari, è da ritenersi irrilevante anche il diverso apprezzamento circa la gravità in concreto del reato o della responsabilità. Pertanto, se si è giudicati per un omicidio realizzato con una pugnalata non si può essere sottoposti nuovamente a giudizio sul presupposto che le pugnalate siano state più di una.

– alle "circostanze" rende irrilevante una modifica del fatto determinata solo dall'operare di circostanze aggravanti o attenuanti. Si pensi al giudizio su lesioni semplici che non consente un nuovo processo per lesioni aggravate.

Dalla scelta normativa di ritenere irrilevante, ai fini della individuazione del "medesimo fatto", il "titolo", il "grado" e le "circostanze" emerge come il legislatore abbia descritto una nozione di fatto rilevante ai fini del *ne bis in idem* **disincarnato da tutte le componenti giuridiche**. Quindi per definire correttamente il medesimo fatto occorre fare riferimento alla componente strettamente storico – naturalistica del medesimo. In questa prospettiva è certamente da ripudiare quell'orientamento che, ai fini dell'individuazione della fattispecie processuale in discorso, riteneva necessario che il fatto fosse identico in tutti i suoi elementi costitutivi e cioè: condotta, evento e nesso causale (se contemplati dalla fattispecie incriminatrice includendovi anche l'offesa al medesimo bene giuridico). L'approccio ermeneutico, sicuramente erroneo, veicolava conseguenze estreme potendosi qualificare il fatto come "medesimo" solo in caso di assoluta coincidenza tra gli aspetti naturalistici e quelli giuridici. Tutto ciò conduceva a ritenere non essere il medesimo fatto la stessa condotta solo perché diversamente qualificata in termini giuridici.

L'impostazione, evidentemente *contra legem*, che viceversa pretende un fatto impermeabile al titolo, grado e circostanze, nella realtà conduce alla neutralizzazione della preclusione da *ne bis in idem*.

La realtà è che, se deve farsi riferimento al fatto nella sua accezione naturalistica, il medesimo sarà costituito dalla condotta e dall'oggetto naturale sulla quale essa cade.

In tale contesto soccorrono allo scopo le previsioni di **fatto nuovo e fatto diverso** richiamate ai fini della modifica dell'accusa. Il fatto è nuovo non solo quando si pone in termini accrescitivi ma anche laddove realizza una modifica dei suoi elementi essenziali: per l'appunto condotta e possibile oggetto fisico su cui la medesima cade; il fatto è diverso quando si modificano gli elementi secondari della condotta e del fatto naturalistico: in sostanza chi, dove, come e quando. Ne deriva che ai fini della preclusione da giudicato il fatto è il "medesimo" nella evenienza in cui è solo "diverso" nella disciplina della modifica dell'accusa, in quanto variano solo gli elementi secondari. Questi, infatti, integrano il deducibile che, unitamente a quanto dedotto, viene coperto dal giudicato.

L'impostazione è stata recepita dalla **Corte costituzionale** (n. 200 del 2016) la quale ha affermato che il «criterio di giudizio legato all'*idem* legale [...] non è compatibile né con la Costituzione né con la Corte EDU, sicché è necessario che esso sia definitivamente abbandonato». Di qui la conclusione secondo cui si ha medesimo fatto ai fini del *ne bis in idem* quando vi è corrispondenza storico – naturalistica della condotta e dell'oggetto materiale su cui la medesima cade. In particolare il giudice delle leggi ha affermato la violazione del *ne bis in idem* in un caso in cui si è proceduto nei confronti dell'imputato per omicidio doloso a fronte di un proscioglimento per omissione dolosa di cautele antifortunistiche (art. 437 c.p.) e disastro doloso (art. 434 c.p.) dai quali era derivata la morte della medesima persona.

4.3. Il concorso formale di reati

Come si è visto fino al 2016 in sede operativa prevaleva l'idea di medesimo fatto valutato nelle sue componenti giuridiche. Di qui la conseguenza che a fronte di un concorso formale di reati non era eccepibile il *ne bis in idem*. Il rilievo traeva origine dalla considerazione che il giudicato formatosi in considerazione ad uno degli eventi giuridici consentiva un nuovo procedimento in relazione all'altro. In tali ipotesi, applicando correttamente l'art. 649 co. 1, la preclusione procedimentale sarebbe risultata operante perché la condotta si sarebbe caratterizzata come la medesima e la diversificazione avrebbe riguardato solo il titolo come noto ininfluente per espressa previsione normativa. Questo è un esempio dei guasti che ha provocato la "concezione giuridica" del fatto posto a fondamento del *ne bis in idem*. Peraltro il tema si connota di ulteriori incidenze negative ove si consideri che il nostro ordinamento è caratterizzato da una moltiplicazione delle fattispecie di reato, circostanza questa che esponeva maggiormente l'individuo a differenti valutazioni del medesimo fatto il quale, essendo considerato sul piano giuridico diverso non comportava la preclusione da giudicato. Ne derivava che la garanzia individuale venisse assicurata solo a fronte di una formula assolutoria perché "il fatto non sussiste".

Da tempo la Corte EDU, nonostante l'art. 4, par. 1, Protocollo 7 Convenzione EDU, ponesse a base del *ne bis in idem* il medesimo reato, ha affermato che la preclusione al nuovo processo opera solo a fronte di una diversificazione degli elementi naturalistici posti a fondamento dell'accusa [9]. Sul punto però la giurisprudenza interna, come si è visto, ha continuato a fare riferimento ad una nozione giuridica di *idem factum*, contravvenendo a quell'obbligo di interpretazione che deriva dai vincoli europei. Ed è proprio tale situazione che ha condotto all'intervento della Corte costituzionale (n. 200 del 2016) attraverso il parametro interposto di cui all'art. 117 Cost. In quella sede si è dichiarata l'illegittimità dell'art. 649, co. 1 nella parte in cui consente, a fronte di un'identità di fattispecie naturalistica, che si svolga un nuovo processo «per la sola circostanza che sussiste un concorso formale tra il reato giudicato con sentenza divenuta irrevocabile e il reato per cui è iniziato il nuovo procedimento penale».

4.4. Il reato progressivo

La preclusione da giudicato dovrebbe trovare applicazione anche nelle ipotesi di reato progressivo. Questo è caratterizzato da una progressione criminosa (ad esempio percosse – lesioni – omicidio) che comporta una modifica degli eventi naturalistici. Tuttavia la modifica in questione incide sul titolo e/o grado del reato che, come noto, costituiscono quelle variabili irrilevanti rispetto all'operatività della preclusione da giudicato.

Sul punto, in ogni caso, si segnala una presa di posizione giurisprudenziale diretta a non riconoscere il *bis in idem* sul rilievo del differente evento naturalistico che connota la progressione criminosa [10]. Di qui solo l'obbligo di assicurare la proporzione sanzionatoria. In sostanza il giudice del nuovo procedimento in caso di condanna deve detrarre dalla sanzione che ritiene di irrogare quella già comminata nel procedimento precedente. In tal modo, secondo la Corte, si garantirebbe una complessiva adeguatezza e proporzionalità della pena. Visione sostanzialistica che viola la regola di cui all'art. 649, co. 1. Impostazione forse indotta da equivoci linguistici dell'intervento della Corte costituzionale (n. 200 del 2016) laddove assegna rilevanza ai fini dell'esclusione del *bis in idem* alla modifica dell'evento naturalistico. Tale impostazione, come si è già detto, nel caso di specie introduce tra gli elementi della fattispecie il titolo e/o il grado definiti, viceversa, espressamente ininfluenti dall'art. 649. Come se non bastasse, la Corte nomofilattica risolve il problema della progressione criminosa in termini di giustizia compensativa, immaginando una doppia condanna. Ma se questa non dovesse intervenire e si palesassero giudicati discordanti di condanna e di assoluzione, o si ricono-

---

[9] Corte EDU, Gr. Ch., 10 febbraio 2009, Zolotoukim c. Russia.

[10] Cass., sez. V, 14.1.2022, n. 1363.

sce l'*idem factum* soccorrendo il rimedio di cui all'art. 669, o si persiste nel ritenere compatibile un secondo giudizio ed allora non resterà che affidarsi all'ipotesi di revisione di cui all'art. 630, lett. a) [11]. Evento questo certamente traumatico all'interno dell'ordinamento oltre che in contrasto col principio di economia processuale, sebbene imposto da una lettura non osservante delle disposizioni di legge.

4.5. Reato complesso, reato permanente e reati a fattispecie alternativa

Tra le ipotesi che destano maggiori difficoltà interpretative vanno annoverate quelle relative ai reati consumatisi con condotte alternative, al reato permanente e al reato complesso.

Partendo da quest'ultimo la problematica sorge in quanto il **reato complesso** si configura quando la legge qualifica come elementi costitutivi o aggravanti di un reato fatti di per sé integranti un altro reato [12]. Sul punto, se è indubitabile che la decisione sul reato complesso impedisca un secondo giudizio sui singoli reati che lo compongono, alla medesima conclusione non pare possa pervenirsi nella ipotesi inversa. Infatti, la decisione per uno dei reati componenti il reato complesso non parrebbe escludere una decisione sugli altri reati componenti e sullo stesso reato complesso. In quest'ultima ipotesi dubbi potrebbero sorgere laddove il reato complesso comporti una modificazione del titolo e/o del grado. Ma, a ben vedere, ciò non accade perché non si è in presenza di una progressione criminosa ed anzi la formazione complessa del reato postula una modifica delle connotazioni storico – naturalistiche del fatto.

Quanto al **reato permanente**, lo stesso è caratterizzato da condotte che si protraggono nel tempo con la conseguenza che ogni segmento delle stesse è idoneo ad integrare il reato [13]. In tali evenienze il perimetro processuale definito dall'imputazione funge da elemento definitorio dell'operatività del *bis in idem*. Lo stesso potrà essere rilevato con riferimento alla condotta contestata nel processo. Così, se in quella sede si addebita la condotta realizzata in un determinato arco temporale, nulla esclude che il soggetto agente sia sottoposto ad altro procedimento per la medesima condotta posta in essere in altro arco temporale.

---

[11] Come noto, l'art. 630 lett. a) contempla un'ipotesi di revisione in presenza di un conflitto teorico di giudicati e cioè «quando i fatti stabiliti a fondamento della sentenza o del decreto penale di condanna non possono conciliarsi con quelli stabiliti in un'altra sentenza irrevocabile del giudice ordinario o di un giudice speciale».

[12] Si pensi al reato di rapina di cui all'art. 628 o di violenza privata previsto dall'art. 610.

[13] V. il sequestro di persona previsto dall'art. 630 c.p.

Altra ipotesi da analizzare è quella dei **reati a condotte alternative** per la cui consumazione è sufficiente realizzare una delle varie condotte descritte nella fattispecie [14]. Si tratta di condotte indiscutibilmente diverse e quindi un nuovo giudizio basato su una condotta diversa non è da ritenersi precluso. Sul punto però occorre una precisazione: la conclusione raggiunta è valida nelle ipotesi di assoluzione ma non di condanna. Il rilievo trae origine dall'operatività del *ne bis in idem* sostanziale diretto a vietare non un secondo giudizio ma una seconda condanna.

4.6. Il *bis in idem* scaturente da procedimento sanzionatorio diverso da quello penale

La preclusione da giudicato si arricchisce di una nuova problematica nelle evenienze in cui i fatti storici posti a fondamento del procedimento penale siano gli stessi che sostengono un procedimento amministrativo, tributario o comunque di natura sanzionatoria. In tali casi, infatti, pur non essendosi nell'ambito di un procedimento penale si è al cospetto di procedimenti e/o procedure che hanno, in ragione del loro riflesso sanzionatorio, natura sostanzialmente penale. Concetto, questo, postulato dalla Corte EDU laddove ha riconosciuto come sostanzialmente penali tutte quelle sanzioni che, seppure non qualificate tali negli ordinamenti interni: a) hanno una connotazione afflittiva e in ragione di ciò risultano concretamente dissuasive; b) perseguono uno scopo repressivo e preventivo; c) risultano applicabili alle generalità dei consociati [15]. Ne deriva che in presenza di una condanna per un procedimento sostanzialmente penale debba operare la preclusione da giudicato contemplata dall'art. 4, par. 1, Protocollo 7 Convenzione EDU. Tale criterio è stato ribadito nel caso Grande Stevens c. Italia [16] in cui la Corte europea ha rinvenuto la violazione del divieto di un secondo giudizio per lo stesso fatto in una vicenda in cui ad una persona era stata irrogata una sanzione amministrativa e penale per una fattispecie di manipolazione di mercato.

Col tempo, tuttavia, si è assistito ad una "retromarcia" indotta dal timore di abolire sostanzialmente il criterio sanzionatorio del doppio binario. In particolare, quel che preoccupava era la maggiore velocità del procedimento amministrativo la cui conclusione avrebbe impedito lo svolgimento del processo penale. Di qui un processo di rivisitazione della Corte europea che ha ritenuto operante il *ne bis in idem* solo nella evenienza in cui i procedimenti

[14] Si pensi all'art. 616 c.p. dove, per consumare il reato, è sufficiente prendere visione, distruggere o sottrarre la corrispondenza di altri.

[15] V. Corte EDU, Gr. Ch., 8 giugno 1976, Engel e altri c. Paesi Bassi.

[16] Corte EDU, 4 marzo 2014, Grande Stevens c. Italia.

non siano paralleli ma l'uno si instauri dopo le conclusioni dell'altro. Quando, viceversa, i **procedimenti** sono **contemporaneamente pendenti**, il *bis in idem* non risulterebbe eccepibile qualora tra essi sussista una «connessione sostanziale e temporale sufficientemente stretta» [17]. Infatti, secondo la Corte, una tale connessione qualificherebbe le due pendenze come unico procedimento. E non a caso la giurisprudenza interna non ha mancato di rilevare che, in tale ipotesi, il giudice, nella irrogazione della pena, debba tenere conto di quella già comminata in sede amministrativa. Il problema è che la Corte europea ha enucleato dei parametri per riconoscere la connessione di cui si discute particolarmente vaghi e quindi suscettibili di diverse conclusioni; circostanza, questa, ancora più rilevante ove si consideri che la Corte di Giustizia, in un giudizio vertente sulla compatibilità del doppio binario, ha individuato criteri non coincidenti con quelli della Corte europea [18].

Si verte in una situazione in cui la vaghezza e l'incertezza dei criteri di fatto lasciano liberi i legislatori e le Corti nazionali.

Tuttavia deve rilevarsi come, a fronte di un diritto vivente che declinava il tema relativo all'ammissibilità di un secondo giudizio in termini di pena, nel senso che occorreva tenere conto di quella già inflitta nell'altro procedimento, la **Corte costituzionale**, con sentenza n. 149 del 2022, è pervenuta ad una declaratoria di illegittimità dell'art. 649 nel caso in cui un soggetto sottoposto a procedimento per illecito amministrativo sul diritto di autore sia stato poi sottoposto per il medesimo fatto anche a procedimento penale. Occorre segnalare come l'ordinanza di rimessione alla Corte invitasse la medesima a dichiarare l'illegittimità dell'art. 649 con riferimento a tutti i casi in cui, relativamente allo stesso fatto, fosse stata già irrogata una sanzione sostanzialmente penale nell'ambito del procedimento amministrativo privo di quella connessione sostanziale e temporale sufficientemente stretta che autorizza a ritenere di essersi in presenza di un unico procedimento. La Corte, tuttavia, ha preferito limitarsi alla specifica materia del dritto di autore; ed anzi dalle cadenze argomentative è dato cogliere come non abbia ritenuto di esondare in ambiti riservati al legislatore precisando che «tutti gli argomenti del giudice *a quo* miranti a dimostrare l'insussistenza di una connessione sostanziale e temporale sufficientemente stretta tra i due procedimenti sono, infatti, calibrati su questa peculiare disciplina, e non si estendono necessariamente a tutte le variegate altre ipotesi in cui, nel nostro ordinamento, sono disciplinati regimi di "doppio binario" sanzionatorio per i medesimi illeciti».

---

[17] Corte EDU, 21 luglio 2020, Velkov c. Bulgaria; Id., Grande Camera, 15 novembre 2016, A e B c. Norvegia.

[18] Corte Giust., 20 marzo 2018, C-524/15, Menci; C-537/16 Garlsson Real Estate e altri; C-596/16 e 597/16, Di Puma e Zecca.

4.7. Litispendenza: la preclusione in pendenza di processo

Per completezza, occorre segnalare come l'efficacia preclusiva del *bis in idem* sia stata estesa anche alle evenienze in cui non vi sia ancora un processo passato in giudicato. Le Sezioni Unite hanno infatti collegato l'efficacia preclusiva anche alla contemporanea pendenza di più processi per lo stesso fatto e a carico della stessa persona. In quella sede, si è precisato, per l'operatività della preclusione, che i due procedimenti risultino contemporaneamente pendenti innanzi alla stessa sede giudiziaria; siano instaurati dallo stesso ufficio del pubblico ministero; non siano riconducibili ai conflitti di competenza [19].

Si tratta più che di un'ipotesi di espansione del principio del *ne bis in idem* della acquisita consapevolezza giurisprudenziale del fatto che la preclusione da giudicato sia fattispecie connotata da **effetti giuridici preliminari** in grado di governare le ipotesi di litispendenza processuale che trovano espressa disciplina solo nella materia processualcivilistica. Non a caso le Sezioni Unite, nell'individuare quale dei due procedimenti pendenti contemporaneamente abbia efficacia preclusiva rispetto all'altro, lo rinviene in quello sorto per primo affidandosi così alla logica della prevenzione già recepita nell'omologo codice di rito civilistico.

4.8. *Ne bis in idem* internazionale

La "modernità" criminale impone di porsi il problema del se il divieto di un secondo giudizio per lo stesso fatto ed a carico della stessa persona sia operativo anche laddove uno dei processi si sia celebrato oltre il confine nazionale.

Sul punto occorre rilevare come non esista un principio generale di *ne bis in idem* nel diritto internazionale da rispettare in osservanza dell'art. 10, co. 1, Cost.; del pari non esiste una norma interna che ponga il divieto di reiterazione di giudizio relativamente a fatti già giudicati all'estero. Tale realtà, però, può essere derogata da accordi internazionali, che hanno l'effetto di rendere la disciplina codicistica sussidiaria e subvalente.

In tale prospettiva assume rilievo l'**art. 50 della Carta dei diritti fondamentali dell'Unione europea**, ratificata e posta in esecuzione dall'Italia con L. n. 388 del 1993, ove si dispone che «nessuno può essere perseguito o condannato per un reato per il quale è già stato assolto o condannato nell'Unione a seguito di una sentenza penale definitiva conformemente alla legge». Secondo la Corte di giustizia la previsione normativa trova applicazione

---

[19] Cass., Sez. Un., 28.6.2005, n. 34655.

in un procedimento penale attivato in uno Stato contraente per fatti che hanno già condotto a una condanna dell'interessato in un altro Stato contraente [20].

Peraltro, si evidenzia come già il 25 marzo 1987 sia stata firmata una **Convenzione tra gli Stati membri delle Comunità europee**, resa esecutiva in Italia con l. n. 350 del 1984 in cui si precisava che «una persona che sia stata giudicata con sentenza definitiva in uno Stato membro non può essere sottoposta ad un procedimento penale per i medesimi fatti in un altro Stato membro a condizione che, in caso di condanna, la pena sia stata eseguita o sia effettivamente in corso di esecuzione attualmente o, secondo la legge dello Stato di condanna, non possa essere più eseguita».

La ricostruzione diacronica palesa come il principio del *ne bis in idem* internazionale sia una realtà operante all'interno del diritto dell'Unione europea e, comunque, con riferimento agli stati contraenti di Trattati o aderenti a Convenzioni internazionali che contemplino l'operatività del principio in questione.

4.9. Divieto di *bis in idem*: rilevabilità e conseguenze

L'art. 649, co. 2 stabilisce che allorché si accerti la violazione del *bis in idem* il giudice «in ogni stato e grado del processo pronuncia sentenza di proscioglimento o di non luogo a procedere enunciandone la causa nel dispositivo».

Il comando normativo sembra non disciplinare l'operatività della regola nel caso in cui l'esistenza di un giudicato sugli stessi fatti e contro la stessa persona emerga nel corso delle indagini preliminari. Sul punto non può pensarsi che il pubblico ministero, per rilevare il *bis in idem*, debba esercitare l'azione penale. Il fatto che l'art. 649, co. 2 disciplini l'evenienza processuale non esclude un'applicazione della regola anche in fase di indagine. Del resto la regola in esame si pone quale preclusione al procedere, da ritenersi operante nell'intero arco del procedimento. Basti pensare che a quest'ultimo l'art. 649, co. 1 collega la preclusione.

Ogni diversa visione, oltre a sanzionare il diritto individuale a non essere sottoposto per gli stessi fatti ad un nuovo procedimento, violerebbe il contenuto espresso del dato normativo ed un elementare criterio di economia processuale. Pertanto, laddove l'"identità di lite" sia individuabile già dalla fase delle indagini preliminari, le medesime possono e devono essere concluse con un'archiviazione. Si può obiettare che la soluzione proposta possa sembrare estranea agli artt. 408 e 411. Al riguardo potrebbe agevolmente re-

---

[20] Corte giust., 28 settembre 2006, C-150/05.

plicarsi che, essendosi al cospetto di una preclusione al procedere, l'ipotesi potrebbe *lato sensu* ricondursi in questione sulla procedibilità non estranea ai parametri normativi in discorso. In ogni caso, non deve dimenticarsi che l'art. 408 impone al pubblico ministero di chiedere l'archiviazione ogniqualvolta gli elementi acquisiti «non consentono di formulare una ragionevole previsione di condanna o di applicazione di misura di sicurezza diversa dalla confisca»; ipotesi, queste, certamente non ricorrenti nella evenienza di un preesistente giudicato per gli stessi fatti nei confronti della medesima persona.

L'inammissibilità di un nuovo procedimento, come si è visto, deve essere rilevata in ogni stato e grado del processo e quindi anche nel giudizio che si svolge innanzi alla Corte di cassazione. L'affermazione va concretizzata alla luce della specificità che caratterizza quel giudizio. La lettura combinata degli artt. 620, lett. *h*) e 621 prevede che la Corte nomofilattica pronunci annullamento senza rinvio «se vi è contraddizione tra la sentenza [...] impugnata e un'altra anteriore concernente la stessa persona e il medesimo oggetto» ed in tale ipotesi «ordina l'esecuzione della prima sentenza; ma, se si tratta di sentenza di condanna, ordina la esecuzione della sentenza che ha inflitto la condanna meno grave».

Il senso della disciplina normativa è chiaro: se la Corte ravvisa un precedente giudicato sull'*idem factum*, anziché rilevare l'efficacia preclusiva del medesimo, pone le decisioni a confronto e annulla la pronuncia meno favorevole anche se è quella già passata in giudicato. In questo caso, la preferenza per il *favor rei* consente di derogare ai criteri che guidano il *ne bis in idem*. Non è un caso che, laddove non funzioni per qualsivoglia motivo tale forma di risoluzione "preventiva" del contrasto di giudicati e ci si trovi di fronte ad un "conflitto pratico" [21] tra gli stessi, naturalmente si prevede che una soltanto delle sentenze potrà essere eseguita. Sul punto, soccorre l'art. 669 che in siffatta evenienza dispone, sempre in un'ottica di *favor rei*, l'eseguibilità della sentenza più favorevole.

5. Le interferenze di giudicato

Come già accennato, il giudicato sostanziale oltre a produrre il vincolo negativo del *ne bis in idem* genera **vincoli valutativi**. Gli stessi originano dal contenuto dell'accertamento penalistico a cui il legislatore ha ritenuto di dover assegnare un'efficacia vincolante a certi effetti e condizioni. In sostanza, la decisione penale assume poteri di interferenza negli altri giudizi civili,

[21] E cioè un conflitto inerente decisioni aventi ad oggetto lo stesso fatto e la stessa persona.

amministrativi e disciplinari. L'opzione di politica legislativa trae origine da una consapevolezza e da una volontà. La consapevolezza attiene ai maggiori poteri di accertamento che ha il giudice penale rispetto ai suoi omologhi di altri rami dell'ordinamento giuridico. La maggiore ampiezza dei poteri d'indagine rende la decisione penalistica più affidabile in ordine alla sua verosimiglianza. La volontà che presiede alla scelta normativa è quella di evitare i cc.dd. conflitti teorici di giudicati. La soluzione potrebbe apparire, ed in effetti appare, eccentrica rispetto ad un sistema che ha rifiutato il principio di **unità della giurisdizione** e in ragione di tale rifiuto ha drasticamente ridotto l'operatività degli strumenti di composizione preventiva del contrasto tra giudicati costituito dalle questioni pregiudiziali. Non pare controvertibile che la previsione dell'interferenza del giudicato penale nei giudizi civili, amministrativi e disciplinari si pone quale meccanismo di recupero di quell'unità giurisdizionale negata in sede di disciplina delle pregiudiziali.

A prescindere dalla segnalata frizione di sistema, va rilevato come il fenomeno dell'espansione del giudicato penale si realizzi non con tutti i procedimenti civili, amministrativi e disciplinari ma solo con quelli che presentano elementi comuni con l'oggetto del processo penale. Del pari, il *decisum* penalistico non è in grado di vincolare su qualsivoglia questione in quella sede decisa ma solo sui temi di giudizio specificamente individuati dagli artt 651 e ss.

Il rilievo induce ad un'ulteriore considerazione. Proprio il fatto che il legislatore abbia individuato le ipotesi in cui il giudicato penale è in grado di produrre effetti sugli altri giudizi conduce a ritenere le stesse **tassative** e quindi non assoggettabili a quelle forme di autointegrazione dell'ordinamento giuridico costituite dall'analogia. Di qui l'esigenza di letture di stretta interpretazione. E proprio in tale prospettiva occorre prendere atto che nelle ipotesi contemplate dalle disposizioni normative non sia prevista un'evenienza di efficacia del giudicato penale nel processo penale [22]. Tale realtà esclude tra processi penali forme di interferenza valutativa aventi l'effetto di un vincolo.

Il giudicato penale può consentire conoscenze giudiziali di quanto accertato in altre decisioni (v. art. 238 *bis*) ma non vincola sul punto il decidente.

L'interferenza di giudicato tocca punti nevralgici della conoscenza giudiziale ed è per questo che va maneggiata con cura. Basti pensare che l'effetto vincolante della decisione penalistica non riguarda il dispositivo ossia il *dictum* della decisione (contenente l'affermazione di innocenza e/o colpevolezza con l'eventuale irrogazione di pena e condanna al risarcimento) bensì le

[22] Diversa è l'ipotesi del *ne bis in idem* che, come visto, postula lo stesso fatto e lo stesso soggetto.

argomentazioni della medesima sui capi e punti su cui si esprime il giudizio. Rileveranno tanto gli accertamenti storici quanto le valutazioni giuridiche operate in quella sede. Proprio la grande estensione del giudicato penale ha indotto il legislatore a garantire gli effetti solo se il soggetto che viene a subire l'efficacia extrapenale della decisione abbia partecipato o sia stato messo in condizione di partecipare a quel processo. Si ratifica così il **limite soggettivo del giudicato** già riconosciuto nel previgente codice in seguito ad interventi della Corte costituzionale [23].

Effettuata questa premessa di genere sui modi dell'efficacia extrapenale del giudicato penalistico occorre ora analizzare gli specifici criteri di disciplina.

5.1. ...nel giudizio civile o amministrativo di danno

La materia è disciplinata dagli artt. 651, 651 *bis* e 652 riguardanti rispettivamente le sentenze di condanna [24], quelle di proscioglimento per particolare tenuità del fatto e infine quelle di assoluzione.

Prendendo le mosse dall'efficacia extrapenalistica che può produrre la sentenza di condanna deve da subito evidenziarsi come la stessa debba essere «**pronunciata a seguito di dibattimento**». Il vincolo è ancorato all'esplicazione del modello cognitivo di accertamento in fatto anche in ragione della circostanza che il legislatore assegna alla decisione di condanna un'elevata attendibilità conoscitiva. Infatti alla decisione in esame viene riconosciuta efficacia extrapenale «quanto all'accertamento della sussistenza del fatto, della sua illiceità penale e all'affermazione che l'imputato lo ha commesso». Si è quindi in presenza di un vincolo che non ricomprende solo gli accertamenti in fatto ma si estende anche alle questioni giuridiche e alla responsabilità del soggetto. In considerazione della rilevanza degli effetti, l'art. 651 ritiene soggetti al vincolo l'imputato e il responsabile civile sebbene quest'ultimo solo qualora sia stato citato o sia intervenuto nel processo, fatta eccezione per le evenienze in cui abbia chiesto ed ottenuto la propria estromissione ai sensi dell'art. 86, co. 2 o che comunque sia stato escluso dal processo su istanza di parte o *ex officio* secondo quanto disposto dagli artt. 86, co. 1 e 87.

---

[23] V. Corte cost. n. 55 del 1971; id. n. 99 del 1973; id. n. 165 del 1975.

[24] Tra queste ovviamente vi rientrano anche quelle di condanna a pena sostitutiva contemplata dall'art. 545 *bis*.

Come si è visto, il tema dell'accertamento esportabile nel giudizio di danno è particolarmente ampio ma non del tutto esaustivo. Si pensi agli accertamenti ulteriori che il giudice civile o amministrativo devono condurre in ordine alla quantificazione del danno risarcibile ma anche relativamente ad eventuali, ulteriori ed autonomi titoli risarcitori [25].

In particolare, nel perimetro di accertamento della sentenza penale di condanna non vi rientra la tematica del concorso di colpa della persona offesa negli aspetti non esaminati dal giudice penale [26].

Con riferimento alle sentenze in grado di veicolare un'efficacia extrapenale di condanna oltre alle decisioni pronunciate "in seguito a dibattimento" il co. 2 dell'art. 651 include anche la sentenza pronunciata a seguito di **giudizio abbreviato** salvo che «vi si opponga la parte civile che non abbia accettato» il rito speciale. Pertanto, a tal fine non sarà sufficiente non aver accettato il giudizio abbreviato secondo quanto disposto dall'art. 441, co. 4 pretendendosi una specifica ed espressa opposizione a che la sentenza pronunciata a seguito di giudizio abbreviato possa fare stato nel giudizio civile e/o amministrativo di danno.

Diversa è la questione relativa alla **sentenza di applicazione di pena su richiesta delle parti** e al **decreto penale di condanna**. Si è, infatti, al di fuori di una decisione adottata a "seguito di dibattimento" e del resto la preclusione a produrre efficacia extrapenale vincolante è esplicitamente enunciata in specifiche disposizioni contenute all'interno della disciplina speciale di quei riti (cfr. artt. 460, co. 5 e 445, co. 1 *bis*). In particolare l'art. 445, co. 1 *bis* precisa senza possibilità di equivoci che «la sentenza prevista dall'art. 444, co. 2 anche quando è pronunciata dopo la chiusura del dibattimento, non ha efficacia e non può essere utilizzata ai fini di prova nei giudizi civili, disciplinari, tributari o amministrativi compreso il giudizio per l'accertamento della responsabilità contabile».

Per fini di mera completezza si segnala che l'art. 10 del DPR n. 448 del 1998 stabilisce che la sentenza di condanna adottata nei confronti di chi al momento del fatto fosse minorenne non fa stato nel giudizio civile per il risarcimento del danno derivante da reato. Si tratta a ben vedere di una coerente conseguenza della scelta legislativa di escludere dal processo penale minorile l'ammissibilità della costituzione di parte civile.

---

[25] V. Cass., Sez. Un. civ., 25.5.2010, n. 4549 che, in ipotesi di condanna per truffa ai danni di un ente pubblico, ha dovuto accertare l'autonomo titolo risarcitorio derivante dal danno finanziario subito.

[26] Cfr. ancora Cass., Sez. Un. civ., 25.2.2010, cit., laddove precisa che, se il giudicato penale di condanna riguarda un reato di danno, l'esistenza del danno è implicita e, conseguentemente, non può formare oggetto di ulteriore accertamento, negativo o positivo, in sede civile se non con riferimento al soggetto o ai soggetti che lo abbiano subito o alla misura di esso.

Quanto alla sentenza di **proscioglimento per particolare tenuità del fatto** emessa ai sensi dell'art. 651 *bis* a seguito di dibattimento o nel giudizio abbreviato non solo non accettato ai sensi dell'art. 441, co. 4 ma espressamente opposto come prescrive il comma 2 della medesima disposizione, la scelta normativa è quella di assegnarle il medesimo regime riconosciuto al giudicato di condanna. Pur trattandosi di una sentenza di proscioglimento si è ritenuto doverle riconoscere una tale efficacia evidentemente in ragione della circostanza che la sentenza in questione comunque accerta la sussistenza del fatto e del suo disvalore non pervenendo alla punibilità in ragione della particolare tenuità del fatto; situazione, questa, in ordine alla quale, pur accertando l'esistenza di un fatto connotato da disvalore penale, si è ritenuto di non giustificare sul piano dell'economia e dell'offesa arrecata una soluzione diversa da quella proscioglitiva.

Riguardo alla **sentenza irrevocabile di assoluzione** emessa a seguito di dibattimento, la medesima ha efficacia extrapenale quanto «all'accertamento che il fatto non sussiste o che l'imputato non lo ha commesso o che il fatto è stato compiuto nell'adempimento di un dovere o nell'esercizio di una facoltà legittima». La previsione normativa non comprende altre formule terminative. Si pensi alla sentenza di non doversi procedere e/o al proscioglimento per estinzione del reato. Queste, del resto, non sono annoverate tra le assoluzioni. Tuttavia l'art. 652 non contempla nemmeno l'ipotesi di assoluzione perché il fatto non costituisce reato o non è previsto dalla legge come reato. Tali decisioni sono inquadrabili tra le sentenze di assoluzione ma non sono in grado di produrre accertamento in ordine all'insussistenza del fatto o che il medesimo non sia stato commesso dall'imputato. Di qui un autonomo spazio di azione del giudice extrapenale per individuare gli elementi conoscitivi occorrenti ai fini dell'integrazione della fattispecie civilistica o amministrativa.

Il problema si pone avuto riguardo ai limiti di operatività del vincolo. Problema che trae origine dalle diverse regole di giudizio che disciplinano i differenti settori dell'ordinamento. Non può sfuggire infatti che in sede penale si debba pervenire ad assoluzione anche in ipotesi di prova dubbia (art. 530, co. 2) od addirittura di prova di colpevolezza che non superi il ragionevole dubbio (art. 533). Regole valutative queste che non trovano rispondenza negli altri settori della giurisdizione.

Ed allora il tema è quello di stabilire se la sentenza di assoluzione emessa dal giudice penale esplichi un vincolo extrapenalistico in quanto tale ovvero sia necessario verificare, al di là della decisione, quanto effettivamente sia stato accertato. Sul punto, facendo leva sul sintagma linguistico contenuto nell'art. 652 laddove ha riguardo all'accertamento, si è ritenuto che a questo occorre fare riferimento per come emerge dalle motivazioni della sentenza del giudice penale. In tal modo, però, si offre la via per disapplicare il vincolo precettivo che promana dall'art. 652 e si dimentica che la decisione penalistica si fonda su poteri di indagine che altri giudici non hanno. Pertanto, se nonostante quei poteri così pervasivi anche nella sfera delle libertà protette non si perviene ad una prova sufficiente per poter affermare che il fatto sussiste o che l'imputato lo abbia commesso, non sembra lecito potersi discostare dal giudicato penale. Una diversa conclusione apparirebbe come inosservante del comando giuridico emanato dall'art. 652.

Con riferimento alla posizione del **danneggiato** il vincolo extrapenalistico trova operatività nel giudizio civile o amministrativo di danno «promosso dal danneggiato o nell'interesse dello stesso» sempre che il danneggiato «si sia costituito o sia stato posto in condizione di costituirsi parte civile». La precisazione normativa, introdotta con la L. 97 del 2001, con cui si è puntualizzato che il giudizio civile a cui si estende l'efficacia del giudicato va individuato in quello promosso non solo dal danneggiato ma anche più semplicemente nel suo interesse, è diretta ad estendere il vincolo assolutorio anche a chi agisce per conto del danneggiato.

Peraltro proprio perché la sentenza assolutoria è per quest'ultimo un elemento sfavorevole, l'art. 652, co. 1 precisa che l'efficacia extrapenale non è invocabile se il danneggiato ha esercitato l'azione civile separata ai sensi dell'art. 75, co. 2. Disposizione questa diretta a stimolare la proposizione dell'azione civile nella sua sede naturale.

Viceversa, laddove il danneggiato esercita l'azione civile dopo la pronuncia della sentenza penale di primo grado il giudizio civile viene sospeso e di conseguenza il giudicato assume efficacia extrapenale sempre che, come già detto, il danneggiato medesimo sia stato posto in condizioni di costituirsi parte civile.

Evenienza questa che si potrebbe legare ad un'omessa informazione dell'esistenza del processo; situazione non improbabile ove si consideri che non sempre il danneggiato è persona offesa, con evidenti limiti a ricevere non solo l'informazione di garanzia (art. 369) ma anche l'avviso relativo all'udienza preliminare (art. 419).

Infine, l'efficacia extrapenale della sentenza di assoluzione è riconosciuta quando il danneggiato promuove l'azione in sede civile solo dopo averla esercitata in sede penale. Comportamento "disordinato" a fronte del quale ovviamente l'ordinamento prende le contromisure.

Di contro, proprio a garanzia del danneggiato che si trova a subire limitazioni alla partecipazione della formazione della prova, l'art. 404 prevede che la sentenza di assoluzione non abbia efficacia di giudicato nel giudizio di danno se pronunciata «sulla base di una prova assunta con incidente probatorio a cui il danneggiato non è stato posto in condizioni di partecipare [...] salvo che ne abbia fatta accettazione anche tacita».

Da ultimo, con riferimento alla **sentenza di assoluzione** adottata a seguito di giudizio **abbreviato**, l'art. 652, co. 2 ne esclude l'efficacia vincolante in sede extrapenale se il danneggiato non ha accettato il rito; siccome trattasi di decisione sfavorevole al medesimo, il legislatore non richiede come per la sentenza di condanna l'espressa opposizione nell'ambito del giudizio civile o amministrativo.

5.2. ... negli altri giudizi civili o amministrativi

L'art. 654 regolamenta l'efficacia del giudicato penale, con riferimento alla sentenza di condanna o assoluzione, nei giudizi civili od amministrativi diversi da quelli di danno.

Si tratta di giudizi che hanno ad oggetto fatti diversi da quelli relativi all'accertamento del reato i quali comunque rilevano ai fini del giudizio sulla esistenza o meno di una fattispecie civile o amministrativa che ha momenti di collegamento col perimetro probatorio del processo penale.

Si pensi agli artifizi e raggiri qualificanti un'ipotesi di truffa che costituiscono un'evenienza di annullamento del contratto per dolo nel giudizio civile; ovvero all'ipotesi di annullamento di un contratto per vizio del consenso rispetto al giudicato penale che abbia accertato l'esistenza di una minaccia o violenza. In tali casi l'accertamento penalistico funge da antecedente logico – giuridico della decisione da adottare in sede civile o amministrativa.

L'art. 654, infatti, prevede che l'efficacia dei giudicati la si riscontra quando «si controverte intorno a un diritto od interesse legittimo il cui riconoscimento dipende dall'accertamento degli stessi fatti materiali che furono oggetto del processo penale». Quindi, se il riconoscimento del diritto od interesse legittimo deve dipendere dall'accertamento dei fatti che «furono oggetto del processo penale» emerge evidente lo **schema della questione pregiudiziale** su cui si adagia la fattispecie normativa in discorso. E ciò evidenzia la perplessità di scelte legislative che, da un lato, riducono sino a quasi eliminarle le questioni pregiudiziali e, dall'altro lato, le reintroducono sotto mentite spoglie.

Comunque, al di là di considerazioni sulla coerenza del sistema, la decisione penalistica per poter generare un vincolo extrapenale deve essere pronunciata «**a seguito di dibattimento**». Ne resteranno quindi escluse le sentenze emesse a seguito di giudizio abbreviato; quelle adottate in conseguenza di un c.d. patteggiamento [27]; quelle di non doversi procedere ovvero di non luogo a procedere ed infine quelle di proscioglimento per estinzione del reato [28].

Definito l'ambito esplicativo del vincolo extrapenale del giudicato occorre rilevare come si sia al cospetto di un'operatività più limitata. Il vincolo, infatti, avendo riguardo ai "**fatti materiali**", non si estende alle valutazioni giuridiche operate in sentenza e relative al disvalore penalistico dei fatti accertati. Ne deriva che il giudice civile o amministrativo, pur essendo vincolato all'accertamento di quei fatti materiali, ha autonomia di qualificazione dei medesimi. Si è in sostanza in presenza di una situazione giuridica che poco ha del giudicato in senso proprio in quanto deficita il vincolo sugli effetti giuridici che derivano dai fatti accertati. Solo su questi il giudice civile o amministrativo non può decidere diversamente in ordine alla loro esistenza od insussistenza, a prescindere dalle ulteriori indicazioni probatorie a sua disposizione. Peraltro il vincolo in discorso viene meno se la legge penale pone **limiti alla prova della posizione soggettiva controversa** [29].

In conclusione, lo schema normativo dell'art. 654, più che al giudicato, sembra meglio adattarsi, con le approssimazioni del caso, alla **prova legale**.

Ovviamente deve trattarsi di fatti rilevanti per il giudizio civile o amministrativo, circostanza acclarata dalla considerazione che, come già visto, dal loro accertamento «dipende il riconoscimento di diritti o interessi legittimi».

Inoltre, tali fatti devono essere supportati dal requisito della rilevanza nel processo penale. Sugli stessi si pretende un accertamento pieno che non può conseguire ad una semplice valutazione incidentale priva di determinazione ai fini del *decisum* finale.

Infine, l'art. 654 prevede che subiscano il giudicato solo le parti nel processo penale. Quindi occorre una specifica partecipazione non essendo a tal fine sufficiente (a differenza di quanto disciplinato dagli artt. 651 e 652) che si sia stati posti in condizione di intervenire.

5.3. ... nel giudizio disciplinare

L'art. 653 disciplina l'efficacia del giudicato penale nei giudizi disciplinari innanzi alle autorità pubbliche. Proprio quest'ultima specificazione delimita

---

[27] Si rammenta l'esclusione espressa di ogni vincolo di giudicato sancita dall'art. 445, co. 1 *bis*.

[28] Le categorie escluse evidentemente fanno pervenire alle medesime conclusioni avuto riguardo alle sentenze adottate *ex* artt. 554 *ter* e 420 *quater*.

[29] Si pensi all'art. 2722 c.c. che vieta la prova testimoniale quando abbia ad oggetti «patti aggiunti o contrari al contenuto di un documenti, per i quali si alleghi che la stipulazione è stata anteriore o contemporanea»

il campo operativo del vincolo extrapenale a quei procedimenti disciplinari che coinvolgono dipendenti pubblici, di enti pubblici ed ordini professionali rimanendo, invece, esclusi i dipendenti di enti privati [30].

La disposizione normativa è stata in parte ridisegnata dalla L. n. 97 del 2001 nell'ottica di una volontà di contrasto ai fenomeni di corruzione ed è diretta a limitare il potere discrezionale dell'autorità disciplinare riconoscendo un vincolo tanto con riferimento alla sentenza di assoluzione (co. 1) quanto a quella di condanna (co. 1 *bis*). In particolare, l'attuale disciplina non richiede che la decisione sia stata adottata «in seguito a dibattimento». Si richiede comunque una sentenza e quindi dovranno escludersi dal novero dei provvedimenti capaci a determinare un vincolo extrapenale il decreto penale di condanna e il patteggiamento in considerazione della espressa previsione dell'art. 445, co. 1 *bis*.

Quanto alle categorie delle sentenze, potranno assumere un'efficacia vincolante nel procedimento disciplinare solo quelle di assoluzione e/o di condanna. Il richiamo lessicale all'"assoluzione" esclude le sentenze di non luogo a procedere e quelle di proscioglimento, ivi incluse quelle conseguenti alla valutazione della particolare tenuità del fatto [31]. Viceversa, rientrano certamente nel novero delle pronunce che producono un vincolo di giudicato quelle adottate a seguito di giudizio abbreviato. Quanto fin qui detto esclude dai provvedimenti con effetto vincolante non solo le sentenze di non luogo a procedere perché prive del requisito dell'irrevocabilità, ma anche quelle emesse ai sensi dell'art. 554 *ter* le quali, come si è già accennato (cfr. *supra*, par. 2) sono sentenze di non luogo a procedere con l'unica differenza che sono emesse in fase predibattimentale nelle ipotesi in cui il modello processuale non contempla il controllo sull'azione penale da parte del giudice dell'udienza preliminare [32].

---

[30] È da ritenere che il richiamo alle autorità pubbliche identifichi l'autorità e non il tipo di rapporto di lavoro del dipendente sottoposto a procedimento disciplinare che potrebbe anche essere di natura privatistica.

[31] Risultano quindi escluse anche le sentenze estintive del reato emesse a seguito di un programma riparativo, nonché quelle conseguenti all'esito positivo del periodo di messa alla prova contemplato all'art. 464 *septies*. Peraltro tali decisioni, a prescindere dall'intento del legislatore di escluderle dal novero di quelle cui è riconosciuto un effetto vincolante nel procedimento disciplinare, risultano inidonee ad esplicare qualsivoglia efficacia di accertamento sui fatti di cui all'imputazione posto che il giudice è chiamato ad esprimere un giudizio non sui quei fatti bensì sull'adeguatezza del percorso "virtuoso" intrapreso dall'imputato.

[32] Il tema del requisito dell'irrevocabilità, ovviamente, elimina *ab origine* il dubbio sulle sentenze emesse *ex* art. 420 *quater* he risultano, per come disciplinate anche dall'art. 420 *sexies*, automaticamente revocabili nel momento in cui l'imputato viene rintracciato. E ciò a prescindere dall'inesistenza di ogni efficacia di accertamento in ordine ai fatti di causa.

Con riferimento al perimetro del "**giudicato vincolante**" relativamente a quello di **condanna** occorre rilevare come il medesimo si atteggi specularmente a quello di condanna nei giudizi civili e amministrativi di danno; e cioè farà stato quanto «all'accertamento della sussistenza del fatto, della sua illiceità penale e all'affermazione che l'imputato lo ha commesso». Nella medesima direzione si pone il **giudicato di assoluzione** che produrrà un vincolo nel procedimento disciplinare quanto «all'accertamento che il fatto non sussiste o non costituisce illecito penale ovvero che l'imputato non lo ha commesso». Pertanto, mentre le formule assolutorie perché il fatto non sussiste o perché l'imputato non lo ha commesso dovrebbero condurre ad un esito positivo del procedimento disciplinare, non può dirsi la stessa cosa laddove si pervenga ad un'assoluzione con la formula perché il fatto non costituisce reato. In tale evenienza, infatti, si esclude la rilevanza penale del fatto ma non la sua possibile incidenza disciplinare e ciò in ragione dei diversi requisiti del reato e dell'illecito disciplinare. Ne discende pertanto che, tenendo ferma la ricostruzione dei fatti effettuata in sede penale, il "giudice disciplinare" potrà valutare in autonomia se quei medesimi fatti possano assumere una rilevanza disciplinare.

Anche qui si pone il problema interpretativo dell'efficacia di accertamento valevole in sede disciplinare che può conseguire ad una sentenza di assoluzione "dubitativa" (art. 530, co. 2).

Sul punto, come si è già accennato, se si ritenesse che il giudizio disciplinare possa accertare diversamente i fatti, significherebbe escludere il vincolo derivante dal giudicato penale. Si tratterebbe di una ipotesi interpretativa che contrasta con la volontà espressa dalla legge. E ciò rileva ancora di più ove si consideri che i due processi, quello penale e quello disciplinare, sono assoggettati a differenti regole di giudizio. Inoltre non occorre dimenticare che nel settore penalistico l'assoluzione deve conseguire anche quando vi è prova di colpevolezza non in grado però di superare il ragionevole dubbio (art. 533).

Sulla base di tali coordinate sembrerebbe difficile poter ritenere che l'assoluzione conseguita in sede penale possa non "vincolare" il giudizio disciplinare.

Infine, è da segnalare come l'art. 653 non richieda **alcun limite soggettivo** al vincolo extrapenalistico in esame e quindi il giudicato penale assume valenza anche nei confronti di chi non ha partecipato né è stato posto in condizione di partecipare al processo. In forza di tale disciplina, l'autorità pubblica si potrebbe trovare a subire gli effetti del giudicato pur non avendo partecipato né potuto partecipare al processo. L'opzione legislativa trova probabilmente origine nella considerazione che l'autorità pubblica in quella sede è comunque rappresentata dal pubblico ministero. E rafforza tale ipotesi ricostruttiva l'obbligo che ha il pubblico ministero di informare la pubblica autorità quando abbia esercitato l'azione penale contro un impiegato dello stato o di altro ente pubblico ovvero quando nei confronti dei medesimi soggetti si sia proceduto ad arresto o fermo ovvero si trovino in stato di custodia cautelare (art. 129, co. 1 e 3 *bis*, disp. att.).

Peraltro non si è mancato di onerare il pubblico ministero di un ulteriore obbligo di informazione del decreto che dispone il giudizio «alle amministrazioni o enti di appartenenza quando è emesso nei confronti di dipendenti di amministrazioni pubbliche o di enti pubblici ovvero di enti a prevalente partecipazione pubblica» anche se solo con riferimento ad alcuni reati tra cui spiccano quelli contro la pubblica amministrazione (art. 133, co. 1 *bis*, disp. att.).

In conclusione, al di là della scelta legislativa di conferire efficacia *erga omnes* al giudicato penale in sede disciplinare, deve rilevarsi che in corso di procedimento e di processo sia prevista una serie di obblighi informativi del pubblico ministero all'amministrazione o all'ente pubblico a cui appartiene l'imputato/indagato, tali da consentire, volendolo, tra le altre cose, una partecipazione al processo.

Capitolo XXV

I mezzi straordinari di impugnazione

di *Novella Galantini*

1. Premessa. Il ruolo dei rimedi straordinari come strumento per superare il giudicato

Le impugnazioni straordinarie sono strumenti che consentono di effettuare il controllo delle sentenze divenute irrevocabili. Si qualificano in questo modo per via della loro particolarità che consiste **nel far venir meno gli effetti del giudicato a fronte di esigenze di giustizia**.

Rientrano in questa categoria la revisione (artt. 629 ss.), il ricorso straordinario per cassazione per errore materiale o di fatto (art. 625 *bis*), la rescissione del giudicato (art. 629 *bis*) e, infine, a seguito della recente riforma intervenuta con d.lgs. n. 150/2022, la richiesta rivolta alla corte di cassazione al fine di eliminare gli effetti pregiudizievoli derivanti dalle sentenze emesse in violazione dei diritti sanciti dalla Convenzione europea (art. 628 *bis*), il cui riconoscimento è avvenuto con sentenza della Corte EDU, adita dal soggetto ritenutosi pregiudicato dalla violazione di un suo diritto.

La differenza che intercorre tra i diversi strumenti consiste in primo luogo nell'oggetto e nella finalità:

– la **revisione** è esperibile nei confronti di pronunce di condanna irrevocabili al fine di correggere l'errore giudiziario (art. 630);

– il **ricorso straordinario per errore materiale o di fatto** (art. 625 *bis*) ha ad oggetto sentenze emesse dalla Cassazione viziate da errori grafici o percettivi da correggersi in favore del condannato;

– la **rescissione del giudicato** (art. 629 *bis*) si rivolge alle sentenze definitive, di condanna o proscioglimento, rese in un processo della cui celebrazione l'imputato non ha avuto conoscenza e al quale non ha potuto incolpevolmente partecipare;

– **la richiesta per l'eliminazione degli effetti pregiudizievoli derivanti dalle sentenze emesse in violazione di diritti sanciti dalla C.e.d.u.** (art. 628 *bis*), consiste nel ricorso che il soggetto, pregiudicato dalla violazione, propone alla Corte di cassazione sulla base della pronuncia della Corte EDU che ha riconosciuto la violazione stessa.

La Corte d'appello è competente non solo per la revisione, ma anche per la rescissione del giudicato, mentre alla Corte di cassazione è attribuita la competenza in ordine al ricorso straordinario per errore materiale o di fatto e alla richiesta per l'eliminazione degli effetti pregiudizievoli derivanti dalle sentenze emesse in violazione di diritti sanciti dalla C.e.d.u., a seguito del nuovo art. 628 *bis*.

Da non confondere con i mezzi straordinari di impugnazione previsti dal codice è il ricorso alla Corte europea dei diritti dell'uomo alla quale spetta il sindacato sulla osservanza dei diritti della Convenzione da parte dei giudici nazionali.

Il ricorso alla Corte EDU rappresenta ora il presupposto perché il soggetto ritenutosi pregiudicato dalla violazione di un suo diritto convenzionale, possa ottenere il riconoscimento della violazione e possa così presentare la richiesta alla Cassazione *ex* art. 628 *bis*. La Corte EDU può essere infatti adita dal soggetto che si ritenga pregiudicato nei suoi diritti dalla sentenza resa nel processo penale interno, con ricorso esperibile dopo l'esaurimento dei rimedi ordinari interni (art. 35, par. 1, C.e.d.u.)[1] e quindi solo a seguito della irrevocabilità della sentenza ovvero del suo passaggio in giudicato (v. *supra*, cap. XXIV). Con l'accoglimento del ricorso si determina l'applicazione dell'art. 46, par. 1, C.e.d.u. secondo cui «le Alte Parti contraenti si impegnano a conformarsi alle sentenze definitive della Corte sulle controversie nelle quali sono parti».

Come si dirà meglio in seguito, nella parte dedicata al nuovo art. 628 *bis*,

---

[1] Per le modalità di redazione del ricorso, v. *Règlement de la Cour*, 3 ottobre 2022, in *www.echr.coe.int*.

il tema delle modalità con cui riparare alle conseguenze derivanti dalla violazione del diritto convenzionale, viene ora ad essere modulato sullo schema predisposto dal legislatore che ha delineato con precisione quali misure la Cassazione può adottare a seguito della **richiesta *ex* art. 628 *bis*.**

In via generale la giurisprudenza della Corte EDU ha ritenuto non sufficiente la riparazione pecuniaria di cui all'art. 41 C.e.d.u., sostenendo – se pure con qualche distinguo[2] – che sia da privilegiare la *restitutio in integrum* in favore dell'interessato a mezzo di misure idonee a ricostituire la situazione equivalente a quella che si sarebbe verificata in assenza della violazione del diritto. Si vedrà ora, sulla base della nuova disposizione e dei nuovi ricorsi, come la Cassazione intenderà applicare le nuove regole ed eseguire le pronunce della Corte EDU che accertano le trasgressioni occorse in una sentenza interna irrevocabile.

Fino alla introduzione del nuovo art. 628 *bis*, la mancanza di uno specifico strumento normativo che consentisse di superare il vincolo del giudicato ha determinato **varie interpretazioni e applicazioni pratiche che consentissero comunque di rimediare al pregiudizio riconosciuto dalle sentenze della Corte europea**.

Per ovviare al vuoto normativo e al fine di favorire il recupero delle garanzie violate, **si sono utilizzati rimedi già presenti nel sistema**:

la revisione e il ricorso straordinario per errore materiale o di fatto sono stati oggetto di applicazioni estese oltre il loro ambito originario in seguito ad interventi della giurisprudenza costituzionale e di legittimità, che hanno individuato in essi lo strumento per dare attuazione alle sentenze della Corte EDU. In alcuni casi si è fatto capo al ricorso straordinario di cui all'art. 625 *bis* Successivamente la Corte costituzionale, dichiarando la illegittimità dell'art. 630, ha individuato nella revisione lo strumento idoneo a compensare la mancanza di un rimedio (Corte cost. n. 113/2011).

Fino alla riforma portata dal d.lgs. n. 150/2022, è stata dunque solo la declaratoria di illegittimità dell'art. 630 ad avere introdotto un ulteriore caso di revisione funzionale alla rinnovazione del processo nel quale si sia integrata la violazione di un diritto della C.e.d.u. riconosciuta dalla sentenza definitiva della Corte EDU. Lo strumento individuato dalla Consulta non ha tuttavia compensato le criticità derivanti dalla mancata sistemazione organica

---

[2] Corte EDU, Grande Camera, 11.7.2017, Moreira Ferreira c. Portogallo (n. 19867/12), sulla non necessarietà della riapertura del processo che rimane oggetto di valutazione da parte del giudice nazionale. Sul punto, Corte cost., 27.4.2018, n. 93. Per un caso di riconoscimento del pregiudizio derivante dalla violazione dei diritti difensivi, con conseguente riparazione pecuniaria, ma senza ripetizione del giudizio, Corte EDU, Sez. I, 24.1.2019, Knox c. Italia (n. 76577/13).

della nuova fattispecie e ne ha reso problematica l'operatività[3]. Si analizzerà quindi la nuova disciplina (art. 628 *bis*), per verificare in quale misura il nuovo istituto riuscirà ad attuare concretamente la compensazione del pregiudizio subito dal soggetto nei confronti del quale una sentenza definitiva ha inciso su uno dei diritti tutelati dalla Convenzione.

In ogni caso, è evidente che i rimedi straordinari interni, sia che incidano sulla sentenza irrevocabile ingiusta, errata o processualmente invalida resa dal giudice nazionale sia che operino a seguito della pronuncia della Corte dei diritti che riconosca le violazioni, implicano il superamento della logica della inviolabilità del giudicato. Tuttavia, individuata la natura della autorità della cosa giudicata quale garanzia del singolo alla cristallizzazione della sola decisione giusta, è comprensibile che si ammetta la progressiva erosione della sua assoluta intangibilità in favore di una ragionata tutela dei diritti.

2. La revisione

La revisione, che viene qui trattata per prima quale rimedio tradizionalmente mirato a correggere gli **errori giudiziari e finalizzata, quindi,** alla tutela delle **esigenze di giustizia sostanziale** che devono prevalere rispetto all'accertamento consacrato dal giudicato, si può instaurare quando, successivamente alla sentenza irrevocabile di condanna, emergano fatti che palesano un errore nel giudizio sulla responsabilità e quindi **l'ingiustizia della sentenza di condanna** e ne richiedono la verifica al fine della revoca della pronuncia errata. L'art. 629 definisce i contorni applicativi dell'istituto disponendo che «è ammessa in ogni tempo a favore dei condannati, nei casi stabiliti dalla legge, la revisione delle **sentenze di condanna** o delle sentenze emesse ai sensi dell'art. 444, co. 2, o dei **decreti penali di condanna, divenuti irrevocabili, anche se la pena è già stata eseguita o estinta»**. Oggetto della revisione sono dunque non solo le pronunce che hanno accertato la responsabilità in sede di giudizio ordinario o di giudizio nel quale sia comunque effettuato un accertamento di merito, ma anche i decreti penali divenuti esecutivi in assenza di opposizione o nel caso di inammissibilità di quest'ultima (art. 461, co. 5) e le sentenze definitive di applicazione della pena concordata tra le parti (art. 444, co. 2). Le **sentenze di patteggiamento**, pur se soltanto equiparate a sentenze di condanna (art. 445, co. 1 *bis*), sono state infatti inserite tra i casi passibili di revisione con L. n. 134 del 2003.

[3] Un caso di inapplicabilità della "revisione europea" era stato ravvisato nel caso della istanza del Procuratore generale relativa a sentenza di proscioglimento fondata sulla prescrizione. La Corte di appello di Reggio Calabria aveva affermato la inammissibilità della richiesta *in malam partem* (Corte App. R.C., 2.7.2021).

Sulla esclusione dal rimedio straordinario delle **sentenze che dichiarano la prescrizione** vi era un contrasto giurisprudenziale[4], risolto dalle Sezioni Unite[5].

La natura straordinaria del mezzo di **impugnazione** ne caratterizza l'oggetto e le modalità di esperimento che può avvenire **senza limiti temporali** e anche a fronte dell'estinzione della pena o della sua avvenuta esecuzione.

Inoltre, l'esigenza di riequilibrio degli effetti derivanti dalla decisione ingiusta comporta che, anche nel caso di decesso della persona condannata, sia ammessa la praticabilità del **rimedio da parte dell'erede o del prossimo congiunto** a tutela della dignità del soggetto erroneamente giudicato colpevole.

In effetti **l'errore che si censura con la revisione è di natura fattuale, riguardando il fatto storico** nelle sue componenti essenziali ed è la sua correzione che può determinare il riconoscimento della insussistenza di responsabilità del condannato. Tanto che la prima condizione di ammissibilità della richiesta di revisione è costituita dalla presentazione di elementi idonei a dimostrare, se accertati, che la persona, che **riassume la qualità di imputato** (art. 60, co. 3), deve essere prosciolta per motivi di merito.

Ciò si ricava dai casi di revisione che, come si vedrà, riflettono l'ingiustizia in fatto della sentenza, anche se non è da escludere che il proscioglimento possa derivare dalla verifica di condizioni di **improcedibilità o di cause estintive del reato** così come risulta dall'art. 631, che rinvia anche alle cause di proscioglimento di cui agli artt. 529 e 531.

L'ammissibilità della revisione nei casi di condanna ingiusta chiarisce come il rimedio **non possa considerarsi una deroga al principio del *ne bis in idem*.** La rinnovazione del processo implica infatti una **reiterazione del rito non in pregiudizio del condannato, bensì a suo vantaggio** in quanto il nuovo giudizio è mirato alla caducazione della sentenza di condanna, anche se

---

[4] Cass., Sez. II, 19.1.2017, n. 2656.

[5] Cass., Sez. Un., 7.2.2019, n. 6141 ha stabilito che «è ammissibile, sia agli effetti penali che civili, la revisione richiesta ai sensi dell'art. 630, comma 1, lett. *c* della sentenza del giudice dell'appello che, decidendo anche sulla impugnazione ai soli effetti delle disposizioni e dei capi concernenti gli interessi civili, in applicazione dell'art. 578 c.p.p., abbia prosciolto l'imputato per l'intervenuta prescrizione del reato e contestualmente confermato la sua condanna al risarcimento del danno nei confronti della parte civile». La questione era stata rimessa da Cass., Sez. IV, ord. 15.6.2018, n. 27539.

V., inoltre, Cass., Sez. III, 15.3.2019, n. 44519, secondo cui è ammessa la revisione della sentenza di condanna per la quale è intervenuta l'estinzione del reato *ex* art. 167 c.p., sussistendo l'interesse del condannato per via della permanenza degli effetti pregiudizievoli ai fini della dichiarazione di abitualità o recidiva e per l'iscrizione nel casellario giudiziale.

l'esito del giudizio può non essere poi necessariamente quello del proscioglimento. Anche quando, con la sentenza già richiamata della Consulta, si era creato un caso specifico di revisione mirato alla riapertura del processo a seguito della sentenza della Corte EDU che avesse riconosciuto la violazione di un diritto della Convenzione, la ripetizione del processo non si riteneva costituisse deroga al *ne bis in idem*: l'art. 4, co. 2, Protocollo 7 alla C.e.d.u. stabilisce infatti che il principio non impedisce un nuovo giudizio qualora un vizio fondamentale nella procedura antecedente avrebbe potuto condizionare l'esito del caso.

Si ritiene invece che costituisca una eccezione al divieto di duplicazione del processo *in idem* **la revisione *in peius*** prevista, ad esempio, in procedimenti per particolari gravi reati nei confronti dei collaboratori di giustizia, quando i benefici previsti in ragione del loro *status* siano stati applicati «per effetto di dichiarazioni false o reticenti» o quando colui che ne ha usufruito «commette, entro dieci anni dal passaggio in giudicato della sentenza, un delitto per il quale l'arresto in flagranza è obbligatorio» e dal quale si desume la «permanenza del soggetto nel circuito criminale». La speciale revisione attivata dal procuratore generale presso la Corte d'appello e alla quale si applicano in quanto compatibili le norme ordinarie, comporta, in caso di accoglimento della richiesta, la riforma della sentenza di condanna e la determinazione della nuova misura della pena (artt. 9, co. 2, e 16 *septies*, d.l. n. 8 del 1991 conv. in L. n. 82 del 1991).

2.1. I casi di revisione

I casi di revisione devono essere **stabiliti dalla legge** (art. 629): risponde infatti alla fisiologia delle azioni di annullamento, di cui la revisione costituisce un tipico esempio, che le possibili cause siano tipiche ossia legalmente definite. I **casi sono individuati dall'art. 630** che determina in **quattro fattispecie** i presupposti idonei a qualificare l'erroneità della decisione e la sua conseguente ingiustizia.

Si tratta delle ipotesi originariamente e tradizionalmente enucleate dal legislatore, cui si era aggiunto, come si è già rilevato, un ulteriore caso a seguito della declaratoria di illegittimità dell'art. 630 nella parte in cui non prevede una diversa ipotesi di revisione al fine di consentire la riapertura del processo quando ciò sia necessario per conformarsi, ai sensi dell'art. 46 C.e.d.u., ad una sentenza definitiva della Corte EDU che abbia accertato la violazione di un diritto della Convenzione (Corte cost. n. 113 del 2011).

Come già ricordato, la recente riforma ha introdotto un rimedio specifico affidato alla Cassazione (art. 628 *bis*) che potrà consentire di superare così le difficoltà applicative riscontrate nella applicazione della revisione creata dalla

Consulta, derivanti dal difficile adattamento della disciplina, pensata per ipotesi con differenti presupposti.

La revisione può dunque essere chiesta nei seguenti casi.

a) ***Inconciliabilità tra sentenze irrevocabili***

Il rimedio è praticabile «se i fatti stabiliti a fondamento della sentenza o del decreto penale di condanna non possono conciliarsi con quelli stabiliti in un'altra sentenza irrevocabile del giudice ordinario o del giudice speciale» (art. 630, lett. *a*)[6]. Si tratta di decisioni a premesse storiche non compatibili ovvero di giudicati in conflitto teorico. Tra le sentenze deve emergere una differente realtà fattuale ovvero **una oggettiva incompatibilità tra i fatti storici** su cui le due pronunce si fondano, non essendo sufficiente il mero contrasto di principio tra due sentenze[7], né la semplice contraddittorietà logica tra le valutazioni effettuate nelle due decisioni[8]. È dunque ammissibile la richiesta di revisione di una **sentenza di patteggiamento per inconciliabilità con l'accertamento compiuto in giudizio nei confronti di altro imputato per il quale si sia proceduto separatamente**, a condizione che l'inconciliabilità si riferisca ai fatti stabiliti a fondamento della sentenza di condanna e non già alla loro valutazione[9].

Sul tema è intervenuta di recente la pronuncia della Corte costituzionale[10] che ha dichiarato inammissibile la questione di legittimità dell'art. 631, co. 1, lett. *a* in relazione alla impossibilità di attivare la revisione quando il contrasto attenga soltanto ad una parte della condotta contestata.

b) ***Pregiudiziale civile o amministrativa***

Secondo l'art. 630, co. 2, lett. *b* la revisione può essere richiesta se la sentenza o il decreto penale di condanna hanno ritenuto la **sussistenza del reato a carico del condannato in conseguenza di una sentenza del giudice civile o**

---

[6] Cass., Sez. III, 16.1.2020, n. 10407, per la infondatezza della questione di legittimità costituzionale dell'art. 630 dove esclude come caso di revisione la ipotesi di inconciliabilità dei fatti stabiliti da sentenza di condanna con quelli stabiliti da provvedimento di archiviazione.

[7] Cass., Sez. VI, 14.5.2014, n. 20029; Cass., Sez. I, 21.2.2017, n. 8419; Cass., Sez. VI, 17.4.2018, n. 34927.

[8] Cass., Sez. II, 29.3.2011, n. 12809; Cass., Sez. II, 24.3.2017, n. 14785; Cass., Sez. V, 10.1.2018, n. 633; Cass., Sez. VI, 17.4.2018, cit.

[9] Cass., Sez. V, 11.3.2015, n. 10405; Cass., Sez. VI, 5.1.2017, n. 488; Cass., Sez. IV, 7.11.2019, n. 46885; Cass., Sez. II, 11.9.2019, n. 41450.

[10] Corte cost. n. 42 del 2018.

amministrativo, successivamente revocata, che abbia deciso una questione pregiudiziale sullo stato di famiglia o di cittadinanza (art. 3) o questioni civili o amministrative di particolare complessità (art. 479).

Si tratta del caso in cui ad esempio la condanna si sia fondata sulla ritenuta insussistenza in sede civile di un vincolo di parentela che, se invece sussistente, può determinare la non punibilità del delitto contro il patrimonio ai sensi dell'art. 649 c.p.

c) *Nuove prove*

Il caso si integra «se dopo la condanna sono sopravvenute o si scoprono nuove prove che, **sole o unite a quelle già valutate, dimostrano che il condannato deve essere prosciolto** a norma dell'art. 631» (art. 630, lett. *c*). Il quesito risalente se per nuova prova debba intendersi quella *noviter reperta* o quella *noviter producta* ovvero la prova successiva o preesistente al giudicato, trova soluzione nella giurisprudenza secondo cui per **prove nuove rilevanti** a norma dell'art. 630, lett. *c* devono intendersi non solo le **prove sopravvenute** alla sentenza definitiva di condanna e quelle **scoperte successivamente** ad essa, ma **anche quelle non acquisite nel precedente giudizio ovvero acquisite ma non valutate nemmeno implicitamente**, purché non si tratti di prove dichiarate inammissibili o ritenute superflue dal giudice, e indipendentemente dalla circostanza che l'omessa conoscenza da parte di quest'ultimo sia imputabile a comportamento processuale negligente o addirittura doloso del condannato [11]. Si deve quindi ritenere che la richiesta di revisione sia ammissibile anche se fondata su prove preesistenti o addirittura colpevolmente non indicate nel giudizio di cognizione di cui si invoca la rilettura.

L'interpretazione estensiva del presupposto del *novum* probatorio deve tuttavia essere circoscritta alle ipotesi di revisione relative a **sentenze di condanna pronunciate nel giudizio di merito**. Prospettare la sua applicazione alle sentenze di patteggiamento di cui si chieda la revisione fondata su prove preesistenti volontariamente non sottoposte alla valutazione giudiziale, comporterebbe un improprio ampliamento del rimedio straordinario.

È in ogni caso da escludersi l'ammissibilità di prove già valutate nel precedente giudizio o che siano state implicitamente oggetto di pregressa valutazione [12]. Come chiaramente affermato dalla Corte costituzionale nel dichiarare infondata la questione di legittimità degli artt. 630 e 637 «nella parte in

[11] Sez. Un., 9.1.2002, n. 624; Cass., Sez. III, 16.5.2019, n. 42132 per la inammissibilità della richiesta di revisione fondata su prove ammesse, ma non assunte in quanto revocate dal giudice.

[12] Cass., Sez. III, 20.3.2014, n. 13037.

cui non consentono la revisione della condanna sulla base della sola diversa valutazione delle prove assunte nel precedente giudizio, allorché risulti evidente che la condanna stessa si è fondata su un errore di fatto incontrovertibilmente emergente da quelle stesse prove», **non sono passibili di emenda in sede di revisione né l'errore valutativo, né l'errore di fatto che abbia avuto una influenza decisiva sulla pronuncia di condanna** [13].

Va in ogni caso **esclusa** l'ammissibilità della richiesta di revisione, priva di allegazione di elementi probatori nuovi specificamente indicati, che si sostanzi nella domanda di procedere all'**esame di testimoni** sulla base della **ipotetica possibilità** che la loro escussione nel giudizio di revisione **conduca a dichiarazioni favorevoli al condannato**, dovendo se mai queste ultime essere preesistenti alla presentazione della richiesta [14].

L'avvento della nuova **prova scientifica** determina poi in capo alla Corte d'appello stabilire se il **nuovo metodo scientifico** posto a base della richiesta, scoperto e sperimentato successivamente a quello applicato nel processo ormai definito, **sia in concreto produttivo di effetti diversi** rispetto a quelli già ottenuti e se i risultati così conseguiti, da soli o insieme alle prove già valutate, possano determinare una diversa decisione rispetto a quella di condanna già pronunciata [15].

In sostanza, la **prova nuova deve dimostrare** che il compendio probatorio originario non è in grado di sostenere l'affermazione della responsabilità dell'imputato **oltre ogni ragionevole dubbio** [16].

---

[13] Corte cost. n. 90 del 2014.

[14] Cass., Sez. I, 17.2.2015, n. 6897. V., inoltre, Cass., Sez. I, 5.10.2018, n. 44591.

[15] Cass., Sez. IV, 26.1.2015, n. 3446. V., inoltre, Cass., Sez. III, 21.5.2019, n. 31309: «non costituisce prova nuova quella fondata su nuovi studi che non neghino la validità scientifica del sapere posto a base della condanna». Secondo Cass., Sez. IV, 14.7.2021, n. 28724, ai fini della ammissibilità della richiesta di revisione, possono costituire "prove nuove" quelle che, «pur incidendo su un tema già oggetto di indagine nel corso della cognizione ordinaria, siano fondate su nuove acquisizioni scientifiche e tecniche diverse e innovative, tali da fornire risultati non raggiungibili con le metodiche in precedenza disponibili». In questo caso la Corte ha ritenuto che il riversamento in HD ad alta definizione del contenuto di un CD contenente un filmato dei fatti, non possa integrare "prova nuova", in quanto la tecnologia ad alta definizione era già operativa ai tempi del processo di merito. V., inoltre, Cass. Sez. V, 18.6.2021, n. 34515.

In relazione alle intercettazioni, Cass. Sez. VI, 3.5.2022, n. 19429, secondo cui non costituisce un caso di revisione la sopravvenuta inutilizzabilità delle intercettazioni poste a fondamento della decisione, derivante da un mutamento giurisprudenziale, se pure delle Sezioni Unite, successivo alla irrevocabilità della sentenza.

[16] Cass., Sez. V, 9.6.2016, n. 24070. V., inoltre, Cass., Sez. VI, 21.6.2019, n. 43565 sull'obbligo del giudice di fornire adeguata giustificazione logica del motivo per cui le "prove nuove" non sono idonee a incrinare il quadro probatorio posto a fondamento della sentenza di condanna.

d) *Condanna pronunciata in conseguenza di un fatto costitutivo di reato*

La quarta ipotesi di revisione si fonda sulla dimostrazione che «la condanna venne pronunciata in conseguenza di falsità in atti o in giudizio o di un altro fatto previsto dalla legge come reato» (art. 630, lett. *d*). In questo caso la sentenza che accerta la falsità (ad esempio, **falsa testimonianza**) o il fatto costituente reato (ad esempio, **calunnia, abuso d'ufficio, frode processuale)** deve essere irrevocabile e porsi come **presupposto causale della condanna** di cui si chiede la revisione, pur non potendosi escludere a priori che la capacità di resistenza della sentenza oggetto della impugnazione straordinaria provenga dalle fonti probatorie già presenti.

2.2. Il procedimento

Avviato su iniziativa del **condannato o del prossimo congiunto o dell'erede** in caso di morte del condannato ovvero da parte del **procuratore generale** presso la Corte d'appello nella cui circoscrizione fu pronunciata la condanna, il giudizio di revisione si svolge davanti alla **Corte d'appello** individuata secondo i criteri di cui all'art. 11 e quindi afferente **ad un distretto diverso da quello in cui si è svolto il giudizio divenuto irrevocabile** (art. 633, co. 1). La sua determinazione avviene attraverso i criteri tabellari ricavabili dal rinvio presente nell'art. 1 disp. att. c.p.p.

Il codice prevede una **prima fase di delibazione dell'ammissibilità** della richiesta, preceduta dal parere del procuratore generale, finalizzata a verificare la sussistenza dei presupposti oggettivi e soggettivi relativi al provvedimento impugnato e, quindi, allo specifico caso di revisione richiamato, alla legittimazione, alla forma della richiesta e, in particolare, alla presenza degli elementi che, se accertati, siano tali da dimostrare che il condannato deve essere prosciolto a norma degli artt. 529, 530 e 531.

Quanto alla causa di inammissibilità individuata nella manifesta infondatezza della richiesta, la giurisprudenza ritiene che essa sussista se «le ragioni poste a suo fondamento risultino, dalla domanda in sé e per sé considerata, evidentemente inidonee a consentire una verifica circa l'esito del giudizio, essendo invece riservata alla fase del merito ogni valutazione sull'effettiva capacità delle allegazioni a travolgere, anche nella prospettiva del ragionevole dubbio, il giudicato»[17]. **Se pure prevista in via preliminare, si ritiene che l'inammissibilità della richiesta possa essere dichiarata anche successivamente**[18].

---

[17] Cass., Sez. II, 19.3.2015, n. 11453.

[18] Cass., Sez. III, 20.10.2014, n. 43573; Cass., Sez. II, 23.7.2018, n. 34773.

Se non viene dichiarata con ordinanza la inammissibilità (art. 634), inizia la **fase introduttiva** del giudizio di revisione tramite l'emissione da parte del presidente della Corte d'appello di un decreto con il quale **dispone la citazione delle parti** seguendo le disposizioni previste in sede di appello (art. 636, co. 1), anche se il rito è sottoposto poi alle disposizioni del giudizio di primo grado, in quanto applicabili e nei limiti delle ragioni indicate nella richiesta (art. 636, co. 2). La Corte d'appello può in qualunque momento disporre la sospensione dell'esecuzione della pena o della misura di sicurezza e applicare, se necessario, una misura coercitiva (art. 635 che rinvia alle misure di cui agli artt. 281, 282, 283 e 284).

Nel giudizio di revisione, vista la **applicabilità delle disposizioni sul rito di primo grado** in quanto compatibili, è esclusa l'operatività delle norme in punto di modifica dell'imputazione o di contestazione suppletiva (art. 516 ss.), mentre la **fase istruttoria si potrà avvalere delle regole di assunzione previste per il rito ordinario** (artt. 498-499) o in punto di lettura di atti divenuti irripetibili[19]. Nel caso in cui il giudizio si fondi in particolare su **nuove prove,** costituite ad esempio da testimonianze che abbiano natura speculare e contraria rispetto a quelle già acquisite e consacrate nel giudicato penale, il giudice deve accertare se quegli elementi nuovi possano portare ad una diversa valutazione delle prove già precedentemente esaminate[20]. Il giudice deve inoltre verificare **l'attitudine dimostrativa delle prove poste a fondamento della richiesta congiuntamente alle prove del precedente giudizio**, rispetto al risultato finale del proscioglimento[21].

La pronuncia della sentenza finale è sottoposta alle regole del giudizio ordinario, richiamate espressamente e rinvenibili negli artt. 525, 526, 527 e 528 (art. 637, co. 1). **In caso di accoglimento** della richiesta di revisione la Corte d'appello **revoca la sentenza di condanna o di patteggiamento o il decreto penale di condanna e pronuncia il proscioglimento**, enunciandone la causa nel dispositivo (art. 637, co. 2). Alla sentenza conseguono i necessari **provvedimenti mirati alla *restitutio in integrum*** anche sul piano pecuniario e patrimoniale (art. 639).

Il provvedimento che chiude sia la fase di delibazione che di decisione è passibile di ricorso per cassazione (art. 634, co. 2 e art. 640). Non essendo riprodotta nel codice la norma previgente che attribuiva alla Cassazione il ruolo di giudice del merito (art. 569 1930), dovrebbe ritenersi che in caso di ricorso presentato dal pubblico ministero per violazione dell'art. 637, co. 3 per avere la Corte d'appello pronun-

---

[19] Cass., Sez. III, 29.7.2007, n. 40194.

[20] Cass., Sez. VI, 29.2.2012, n. 7932.

[21] Cass., Sez. I, 16.7.2008, n. 29486.

ciato il proscioglimento sulla base di una diversa valutazione delle prove assunte nel precedente giudizio, il giudice di legittimità possa solo annullare con rinvio la sentenza ed investire quindi del giudizio la Corte d'appello da individuarsi ancora secondo le regole tabellari rivenienti dall'art. 11.

Secondo una pronuncia delle Sezioni Unite è inoltre garantito un ulteriore strumento impugnativo straordinario contro le pronunce sfavorevoli emesse dallo stesso giudice di legittimità. Si è infatti «ammessa, a favore del condannato, la richiesta *ex* art. 625 *bis*, per la correzione dell'errore di fatto contenuto nella sentenza con cui la Corte di cassazione abbia dichiarato inammissibile o rigettato il suo ricorso contro la decisione negativa della Corte d'appello pronunciata in sede di revisione»[22].

2.3. La riparazione dell'errore giudiziario

L'errore incorso nel giudizio di merito e riconosciuto in sede di revisione comporta il **diritto del prosciolto ad una riparazione**, sancita sul piano costituzionale (art. 24, co. 4, Cost.). Al requisito della risoluzione del giudicato ingiusto, deve aggiungersi la insussistenza di dolo o colpa grave del soggetto nell'aver dato causa all'errore (art. 643, co. 1). Il che esige una condotta ineludibile ed esclusiva sul piano causale.

L'azione riparatoria, di natura civile, può essere esperita dai soggetti legittimati (artt. 643 e 644) **entro due anni dalla pronuncia di proscioglimento** davanti alla Corte d'appello che l'ha emessa (art. 645). Il procedimento segue il rito camerale di cui all'art. 127.

Al prosciolto, che ha diritto ad una **riparazione commisurata alla durata dell'eventuale espiazione della pena** o internamento e alle conseguenze personali e familiari derivanti dalla condanna (art. 643, co. 1), può essere riconosciuta una **somma di denaro** ovvero, tenuto conto delle condizioni del soggetto e della natura del danno, la **costituzione di una rendita vitalizia** o il ricovero in un istituto a spese dello Stato (art. 643, co. 2).

Ai diversi soggetti aventi diritto a seguito della morte del prosciolto, purché non indegni, non può essere attribuita una somma maggiore di quella che sarebbe stata liquidata al prosciolto (art. 644). Nel caso in cui la revisione sia stata ammessa per essere stata la condanna pronunciata a seguito di falsità in atti o in giudizio o di commissione di un reato, lo Stato, se è stata corrisposta la riparazione, si surroga nel diritto al risarcimento dei danni contro il responsabile fino alla concorrenza della somma pagata (art. 647).

[22] Sez. Un., 17.3.2017, n. 13199.

3. Il ricorso straordinario per errore materiale o di fatto

Il codice previgente stabiliva espressamente il principio secondo cui «tutti i provvedimenti della cassazione in materia penale, anche se emessi dalle singole sezioni, sono inoppugnabili» (artt. 552 c.p.p. 1930). Se pure nel codice vigente non risulti riprodotta questa disposizione, il principio permane implicitamente salva la deroga introdotta dall'art. 625 *bis* che, in eccezione appunto alla inoppugnabilità delle sentenze del giudice di legittimità, prevede il ricorso straordinario per errore materiale o di fatto, apprestando una **impugnazione di natura particolare in favore del condannato, esperibile nei confronti di una sentenza pronunciata dalla Cassazione**. Il nuovo strumento di impugnazione è stato inserito nel codice dalla L. 26.3.2001, n. 128 che ha voluto predisporre un mezzo speciale finalizzato alla correzione degli **errori materiali o fattuali** commessi dal giudice del diritto. In effetti, pur in presenza di una disposizione di carattere generale che consente la correzione degli errori materiali (art. 130) – ora rivisitata dalla L. n. 123 del 2017 (art. 1, co. 49) –, si è ravvisata la necessità di enucleare un diverso rimedio per i vizi relativi al processo volitivo interno del giudice che non potevano essere ricondotti nel perimetro del mero errore incidente sulla manifestazione di volontà del giudice stesso.

Promosso dalla Consulta – che, dichiarando non fondata la questione di legittimità della disciplina della revisione là dove non consente la correzione degli errori di fatto della cassazione, ha tuttavia sollecitato lo stesso organo di legittimità a individuare, nella sua funzione nomofilattica, un rimedio di autocorrezione degli errori percettivi (Corte cost. n. 28.7.2000, n. 395) – il ricorso straordinario si pone nel solco del rimedio revocatorio previsto dall'art. 391 *bis* c.p.c. per le sentenze pronunciate dalla cassazione nel giudizio civile ed è stato oggetto di alcuni interventi normativi a seguito della L. 23.6.2017, n. 103.

3.1. La distinzione tra errore materiale e errore di fatto

La suddivisione tra i casi di errore materiale e i casi di errore di fatto si colloca sostanzialmente nella **distinzione tra errori grafici e errori percettivi**, da cui deriva l'attribuzione della natura di impugnazione vera e propria al solo ricorso per errore di fatto.

La definizione di ***errore materiale*** può essere ricavata dall'art. 130 sulla correzione degli errori materiali, nel quale si individuano le caratteristiche di questi vizi negli «**errori od omissioni che non determinano nullità e la cui eliminazione non comporta una modificazione essenziale dell'atto**». In sostanza, secondo la giurisprudenza, questo tipo di errore si integra nella mancata rispondenza tra volontà formatasi correttamente e sua estrinsecazione grafica. Il *lapsus calami* manifesta dunque una **divergenza del tutto formale o esteriore tra volontà effettiva e volontà manifestata**. Alla sua correzione si pone il rimedio speciale dell'art. 625 *bis* che, pur omologo all'art. 130, non si sostituisce ad esso totalmente.

L'art. 130 si ritiene possa permanere a disciplina dei casi residui di errore materiale quali ad esempio gli errori od omissioni che inficiano provvedimenti diversi da quelli che rendono definitiva la condanna (es. provvedimenti conclusivi di procedimenti incidentali)[23] o le disattenzioni la cui correzione non sia favorevole al condannato[24]. Inoltre, l'art. 130, co. 1 *bis*, prevede che l'errore di denominazione o di computo della pena nella sentenza di patteggiamento possa essere corretto dal giudice che ha emesso il provvedimento, anche d'ufficio, rettificando specie o quantità della pena stessa e che, in caso di impugnazione, provveda la cassazione *ex* art. 619, co. 2.

Quanto all'***errore di fatto***, se ne individua l'essenza nella **svista o equivoco** incidente sugli atti interni al giudizio di cassazione. Il ricorso può essere quindi esperito per dedurre **l'erronea percezione nella lettura degli atti** che ha determinato una decisione diversa da quella che sarebbe stata adottata senza quell'errore incidente sul processo logico-formativo della volontà giudiziale. Come è stato ritenuto dalla giurisprudenza di legittimità, l'errore coincide con l'errore revocatorio del processo civile ravvisabile nel «travisamento degli atti nelle due forme della "invenzione" o della "omissione"»[25]. Si tratta in sostanza dei **casi in cui «la decisione è fondata sulla supposizione di un fatto la cui verità è incontrastabilmente esclusa, oppure quando è supposta l'inesistenza di un fatto la cui verità è positivamente stabilita»** (artt. 395, co. 1, n. 4 e 391 *bis* c.p.c.).

Sul piano degli effetti, le due tipologie di errore divergono nella misura in cui la loro correzione implica **conseguenze differenti sugli atti** che ne sono colpiti. Mentre la eliminazione dell'errore materiale riveste una funzione tipicamente riparatoria, in quanto diretta a rettificare o integrare il documento senza incidere sulla volontà del giudice, **l'errore di fatto comporta il controllo degli atti** del procedimento, così che la sua emenda si traduce nella modificazione della decisione, che sarebbe stata diversa senza l'interferenza dell'errore.

Al riguardo, l'errore di fatto **deve essere decisivo** nel senso che deve tradursi nella erronea supposizione di un fatto realmente influente sull'esito del

---

[23] Cass., Sez. II, 14.3.2008, n. 11741 e Cass., Sez. V, 19.1.2016, n. 15368. Per altri casi di permanenza della applicabilità dell'art. 130, Cass., Sez. V, 3.4.2019, n. 14702.

[24] Cass., 17.2.2009, n. 6809; Cass., Sez. V, 26.3.2019, n. 30743.

[25] Cass., Sez. I, 2.2.2011, n. 3695; Cass., Sez. I, 21.5.2019, n. 33567.

processo, con conseguente **incidenza effettiva** sul contenuto del provvedimento con cui si è concluso il giudizio di legittimità. La disattenzione percettiva deve essere obiettivamente e immediatamente rilevabile e deve avere portato ad affermare l'esistenza di un fatto decisivo incontestabilmente escluso dagli atti o dai documenti o la inesistenza di un fatto decisivo accertato incontestabilmente dalle risultanze processuali[26].

È da escludersi peraltro che rientri nel concetto di errore di fatto l'errore di valutazione e di giudizio determinati da una non corretta interpretazione degli atti o da un erroneo apprezzamento delle risultanze processuali. «Si tratta, dunque, di un errore meramente percettivo, che non coinvolge in nessun modo l'attività valutativa e interpretativa di situazioni processuali esattamente colte dal giudice nella loro oggettività»[27]. **Sono ad esso estranei anche gli errori interpretativi di una norma, pure se dovuti ad ignoranza di indirizzi giurisprudenziali consolidati**[28]. L'errore di fatto non può essere quindi individuato nell'errata conclusione sul tema storico, «altrimenti l'intera *quaestio facti* diventerebbe discutibile in cassazione» (CORDERO).

Tra i casi per i quali è stato ritenuto ammissibile il ricorso straordinario per **errore di fatto**, si è individuato l'omesso o erroneo esame, da parte della cassazione, della **questione della prescrizione del reato**, a condizione che la causa estintiva non sia soggetta ad alcuna valutazione giuridica o di fatto, ma effetto esclusivo di una svista o di un equivoco[29]. Si è inoltre ammesso che legittimata alla proposizione del ricorso straordinario per errore di fatto sia anche la persona condannata con sentenza annullata con rinvio in relazione alla sussistenza di una **circostanza aggravante**[30].

Anche l'omesso esame di un motivo di ricorso è stato ritenuto riconducibile all'errore di fatto, purché esso sia stato determinato da una mera svista ovvero da una disattenzione di ordine percettivo che abbia provocato l'errore di supporre la inesistenza del motivo. Si richiede inoltre che l'omissione sia effettiva e che da questa sia scaturita una decisione diversa da quella che sarebbe stata pronunciata considerando il motivo non valutato[31].

---

[26] Sez. Un., 30.4.2002, n. 16103; Cass., Sez. VI, 17.4.2015, n. 16287; Cass., Sez. II, 16.12.2016, n. 53657; Cass., Sez. V, 25.6.2018, n. 29240; Cass., Sez. II, 18.6.2019, n. 28513.

[27] Corte cost. n. 90 del 2014 e Sez. Un., 6.5.2015, n. 18651.

[28] Sez. Un., 30.4.2002, cit. Si esclude che possa essere posto a fondamento del ricorso straordinario il travisamento della prova (Cass., Sez. II, 27.6.2018, n. 29450).

[29] Sez. Un., 17.10.2011, n. 37505; Cass., Sez. IV, 23.1.2014, n. 3319; Cass., Sez. III, 4.6.2015, n. 23964; Cass., Sez. I, 17.10.2019, n. 50489.

[30] Sez. Un., 17.7.2012, n. 28717. V., inoltre, Cass., Sez. V, 13.11.2018, n. 57484.

[31] Cass., Sez. VI, 28.1.2015, n. 4195; Cass., Sez. IV, 24.4.2015, n. 17178.

Del progressivo ampliamento dei casi di ricorso dà atto la Cassazione che, nella pronuncia a Sezioni Unite[32], ricostruisce il percorso interpretativo alla luce del principio secondo cui il nesso funzionale tra decisione di legittimità e giudicato non necessariamente deve essere immediato e diretto. Da qui il riconoscimento della ammissibilità del ricorso contro le pronunce di inammissibilità o rigetto del ricorso contro la decisione negativa della Corte d'appello pronunciata in sede di revisione[33]. **Permane comunque l'orientamento circa la inammissibilità del ricorso straordinario contro le pronunce definitive in materia cautelare, prive della natura di sentenze di condanna**[34].

Il ricorso straordinario è invece ammesso contro i provvedimenti che dichiarano la inammissibilità del ricorso per cassazione contro la sentenza di patteggiamento e contro la sentenza pronunciata in appello *ex* art. 599 *bis* per rinuncia concordata ai motivi (art. 610, co. 5 *bis*).

3.2. Il procedimento

Quanto al procedimento, esso può essere avviato su richiesta del **procuratore generale presso la Corte di cassazione o dal condannato** (art. 625 *bis* co. 2). Posto che il rimedio è esperibile **in favore del condannato**, è **esclusa la legittimazione della persona offesa**[35] **e della parte civile**[36].

Il termine per la presentazione del ricorso è di centottanta giorni che decorrono dal deposito del provvedimento della cassazione. La presentazione del ricorso non ha effetto sospensivo, salvi i casi di eccezionale gravità in cui la Corte può disporre la sospensione (art. 625 *bis*, co. 2).

L'errore materiale può essere rilevato dalla cassazione, d'ufficio, in ogni momento e «senza formalità» (art. 625 *bis*, co. 3). Anche **l'errore di fatto può essere rilevato d'ufficio dalla cassazione, ma entro il termine di novanta giorni dalla deliberazione** (art. 625 *bis*, co. 3).

---

[32] Sez. Un., 17.3.2017, n. 1399, cit.

[33] Sez. Un., 17.3.2017, n. 13199, cit.

[34] Cass., Sez. V, 16.1.2017, n. 1821. Per l'esclusione della ammissibilità del ricorso da parte del soggetto sottoposto a misure di prevenzione, Cass., Sez. I, 12.1.2017, n. 46433.

Si esclude inoltre il ricorso per errore di fatto contro le sentenze della Cassazione che intervengono in materia di riconoscimento di sentenza penale straniera (Cass., Sez. II, 26.4.2017, n. 45093). È escluso inoltre il ricorso straordinario per errore di fatto nel caso di ordinanza di inammissibilità della istanza di rimessione (Cass., Sez. II, 8.1.2019, n. 17319).

[35] Cass., 19.10.2010, n. 37489; Cass., Sez. VI, 3.1.2014, n. 91.

[36] Cass., Sez. IV, 30.7.2013, n. 32989; Cass., Sez. III, 24.9.2014, n. 39179.

Se la Corte non dichiara l'inammissibilità del ricorso per mancanza dei presupposti o inosservanza del termine (art. 625 *bis*, co. 4), il procedimento si svolge in **camera di consiglio** secondo le regole generali di cui all'art. 127 In caso di accoglimento della richiesta la Corte adotta i **provvedimenti necessari a correggere l'errore** (art. 625 *bis*, co. 4). La genericità del dettato normativo si presume funzionale ad un flessibile atteggiamento della Corte nella scelta circa le modalità di correzione del vizio che può essere effettuata, secondo i casi, non necessariamente in due fasi, rescindente e rescissoria, ma sostituendo la decisione viziata. Secondo le Sezioni Unite i momenti rescindente e rescissorio possono essere unificati o separati[37].

3.3. Le applicazioni estemporanee

Come si è anticipato nella Premessa, il ricorso straordinario è stato utilizzato in passato al di là delle ordinarie fattispecie per le quali è stato enucleato dal legislatore, per consentire l'adempimento degli obblighi derivanti dalla pronuncia della Corte EDU in procedimenti nei quali è stata accertata la violazione di diritti sanciti dalla C.e.d.u. È opportuno dunque ricordare alcuni casi emblematici in cui ha prevalso la tutela dei diritti al di là di espresse previsioni normative.

Nel noto caso **Drassich**[38] la Cassazione aveva ritenuto ammissibile il ricorso *ex* art. 625 *bis* al fine di revocare una sua precedente sentenza in relazione alla diversa e più grave qualificazione giuridica del fatto operata d'ufficio in sede di legittimità senza avere consentito alla difesa il contraddittorio sulla diversa definizione dell'addebito. Secondo i giudici del diritto «può farsi ricorso alla procedura straordinaria per dare esecuzione ad una sentenza della Corte europea per la salvaguardia dei diritti dell'uomo che ha rilevato una violazione del diritto di difesa occorsa nel giudizio di legittimità e che abbia reso iniqua la sentenza della Corte di cassazione, indicando nella riapertura del procedimento, su richiesta dell'interessato, la misura interna per porre rimedio alla violazione contestata»[39]. Alla revoca della sentenza viziata era seguito quindi un nuovo giudizio davanti alla Cassazione per consentire l'esercizio del diritto di difesa in ordine alla differente qualificazione giuridica[40].

---

[37] Sez. Un., 30.4.2002, cit. V., inoltre, Cass., Sez. III, 18.3.2015, n. 29285; Cass. Sez. III, 5.3.2020, n. 15307.

[38] Corte EDU, 11.12.2007, Drassich c. Italia.

[39] Cass., Sez. VI, 11.12.2008, n. 45807.

[40] Cass., Sez. VI, 18.9.2009, n. 36323.

Anche nel caso **Scoppola** la Cassazione aveva ammesso la praticabilità del rimedio straordinario preordinato ad ottenere – in esecuzione di una sentenza della Corte europea che aveva accertato la non equità del trattamento sanzionatorio determinato con sentenza definitiva – la sostituzione della pena inflitta con quella ritenuta equa dai giudici di Strasburgo. La Cassazione, riconosciuto il diritto del ricorrente *ex* art. 625 *bis* ad ottenere «una modifica della pena in attuazione della legalità della Convenzione europea», aveva quindi revocato la sua precedente sentenza e rideterminato la pena, non ritenendo necessario un nuovo giudizio di merito[41].

Si sottolinea ancora una volta come **l'applicazione del ricorso straordinario ai casi menzionati abbia rivelato significativamente la mancanza di un mezzo specifico** – che consentisse di rimediare alle violazioni di diritti convenzionali sancite dalla Corte EDU – non compensabile dalla "revisione europea" creata dalla Consulta con la declaratoria di illegittimità dell'art. 630. L'estensione in via analogica dello strumento *ex* art. 625 *bis* aveva del resto suscitato dubbi interpretativi a fronte della stessa natura straordinaria del mezzo impugnativo[42].

4. La rescissione del giudicato

4.1. La natura e i presupposti del rimedio straordinario

Lo strumento straordinario è stato creato dal legislatore con L. n. 67 del 2014 con cui è stato ridefinito l'assetto normativo del **processo *in absentia*.** Ora, a seguito della già richiamata riforma del 2022, il rimedio si perfeziona a fronte di un **ulteriore ritocco garantista delle norme sul diritto partecipativo dell'imputato al suo processo**[43].

Nell'ambito delle nuove previsioni che consentono una tutela rafforzata del soggetto inconsapevole della celebrazione del proprio processo[44], il ri-

---

Drassich aveva poi presentato ricorso alla Corte europea ritenendo il ricorso straordinario inidoneo alla completa tutela dei diritti difensivi. Per il rigetto del ricorso, Corte EDU, Sez. I, 22.2.2018.

[41] Cass., Sez. V, 28.4.2010, n. 16507.

[42] Cass., Sez. II, 12.9.2013, n. 37413.

Secondo Cass., Sez. II, 18.6.2019, n. 33483, il ricorso straordinario non può essere destinato in via prevalente alla rimozione di sole ipotizzate violazioni della C.e.d.u., mentre è idoneo a rimediare alla inosservanza della Convenzione avvenuta nel giudizio di legittimità.

[43] Sulla disciplina del processo *in absentia*, v. *supra*, cap. XV.

[44] La tutela si pone in linea con la Direttiva 2016/343/UE sul rafforzamento di alcuni aspetti della presunzione di innocenza e del diritto di presenziare al processo.

medio impugnativo affidato alla **competenza della Corte d'appello (art. 629 *bis*)** è finalizzato a **rescindere ovvero a revocare la sentenza definitiva pronunciata nei confronti di chi, senza colpa, abbia avuto conoscenza del giudizio solo dopo il passaggio in giudicato del provvedimento che lo ha condannato** o che gli ha applicato una misura di sicurezza. In questi termini si esprime l'art. 629 *bis* secondo cui «*il condannato o la persona sottoposta a misura di sicurezza con sentenza passata in giudicato, nei cui confronti si sia proceduto in assenza, può* ottenere *la rescissione del giudicato qualora provi che sia stato dichiarato* ***assente in mancanza dei presupposti*** *previsti dall'art. 420-bis, e che* ***non abbia potuto proporre impugnazione*** *della sentenza nei termini senza sua colpa, salvo risulti che abbia avuto effettiva conoscenza della pendenza del processo prima della pronuncia della sentenza*» (art. 629 *bis*, co. 1). La disposizione si pone in linea con il passato, nella logica delle garanzie dell'imputato, protetto anche dalla regola secondo cui «l'elezione di domicilio presso il difensore d'ufficio non ha effetto se l'autorità che procede non riceve, unitamente alla dichiarazione di elezione, l'assenso del difensore domiciliatario» (art. 162, co. 4 *bis*). Se non presta l'assenso, il difensore attesta l'avvenuta comunicazione da parte sua all'imputato della mancata accettazione della domiciliazione o le cause che hanno impedito tale comunicazione (art. 162, co. 4 *bis*).

Ci si muove dunque nella prospettiva garantista già segnata dalla pronuncia delle Sezioni Unite secondo cui la sola elezione di domicilio presso il difensore d'ufficio non è di per sé presupposto idoneo per la dichiarazione di assenza, dovendo il giudice verificare che vi sia stata una effettiva instaurazione del rapporto professionale tale da dimostrare la conoscenza della pendenza del procedimento [45].

La collocazione sistematica dell'istituto rivela la volontà legislativa di conferirgli la natura di mezzo di impugnazione straordinario, più che di strumento giurisdizionale incidente sul giudicato in sede esecutiva. Così del resto lo avevano già qualificato le Sezioni Unite nella pronuncia a chiarimento di vari profili interpretativi [46]. Resta comunque il fatto che permane nel si-

---

Corte Giustizia UE, Sez. IV, 19 maggio 2022, C-569/20: «in tema di processo *in absentia*, qualora sia impossibile reperire l'imputato, questi può essere giudicato in contumacia purché gli venga riconosciuto, successivamente, il diritto di ottenere la riapertura del processo ovvero un mezzo di ricorso giurisdizionale idoneo a determinare, in sua presenza, un nuovo esame del merito del procedimento, salva l'ipotesi in cui si sia volontariamente sottratto alla giustizia, impedendo alle autorità di informarlo sullo svolgimento del processo».

[45] Sez. Un. 17.3.2020, n. 23948.

[46] Sez. Un., 17.7.2014, n. 36848.

stema – anche se con operatività limitata essendo rimasta priva delle necessarie modifiche – la norma secondo cui al giudice dell'esecuzione è affidato il controllo sull'osservanza delle garanzie previste in caso di irreperibilità del condannato (art. 670, co. 1 e 3).

4.2. Il procedimento

Alla richiesta è **legittimato il soggetto assente** per tutta la durata del processo, sul quale grava **l'onere di provare** la non conoscenza della celebrazione del giudizio. Sul punto la disposizione non è stata modificata e si ripropone dunque il **dubbio circa la compatibilità della disciplina con le indicazioni della giurisprudenza europea** dei diritti nella misura in cui il tema circa l'inversione dell'onere probatorio era già stato superato nelle modifiche intervenute sull'istituto della restituzione in termini dopo le censure della Corte EDU [47].

Secondo la giurisprudenza di legittimità, l'onere probatorio sembra avere tuttavia «una sua plausibilità in ragione degli specifici accertamenti ora demandati al giudice ai fini della verifica dei presupposti per la dichiarazione di assenza di cui al novellato art. 420-*bis* cod. proc. pen.». In ogni caso la Corte d'appello può acquisire documentazione integrativa eventualmente anche in sede di esame preliminare, «potendo essere necessario chiarire aspetti ambigui o colmare possibili lacune o verificare la rispondenza della documentazione esibita alla realtà processuale» [48].

Sul piano procedurale, il rito si fonda su una **richiesta** presentata, a pena di inammissibilità, personalmente dall'interessato o da un difensore munito di procura speciale, autenticata nelle forme di rito, entro trenta giorni dal momento della avvenuta conoscenza della sentenza (art. 629 *bis*, co. 2). La richiesta è presentata alla **Corte di appello nel cui distretto ha sede il giudice che ha emesso il provvedimento (art. 629 *bis*, co. 2)**. La Corte di appello provvede secondo quanto prevede l'art. 127: il rito viene quindi definito secondo la forma camerale partecipata. La competenza funzionale della Corte di appello è in linea con quanto deve essere accertato in ordine alla valutazione della prova e del merito circa il fatto processuale dell'assenza ai fini della riapertura del processo.

---

[47] Corte EDU, Sejdovic c. Italia, 2004.

[48] Sez. Un., 17.7.2014, cit. Per il richiamo ancora all'onere probatorio, Cass., Sez. II, 18.1.2018, n. 7485.

Sulle modalità di presentazione della richiesta, Cass., Sez. IV, 17.2.2020, n. 5983, che esclude la praticabilità delle regole *ex* artt. 582 e 583.

La verifica positiva della Corte circa la sussistenza dei presupposti conduce all'accoglimento della richiesta e determina la **revoca della sentenza** e la **trasmissione degli atti al giudice della fase o del grado in cui si è verificata la nullità** (art. 629 *bis*, co. 3), così consentendo la **riassunzione della qualità di imputato** al soggetto condannato, che ridiviene tale appunto a seguito della riapertura del processo (art. 60, co. 3), potendo esercitare così i diritti e le facoltà che gli competono.

Quanto ai diritti del soggetto la cui sentenza di condanna sia stata rescissa, si prevede un opportuno rinvio all'art. 635 (art. 629 *bis*, co. 4) secondo cui la Corte d'appello può in qualunque momento disporre con ordinanza **la sospensione della pena o della misura di sicurezza** (art. 635, co. 1). La disposizione è in linea con quanto affermato dalle Sezioni Unite che avevano già introdotta interpretativamente la sospensione a tutela del soggetto condannato in un rito di cui è stata riconosciuta la illegittimità. Il limite applicativo della sospensione dell'esecuzione, ricondotto dalla cassazione ai casi di «eccezionale gravità», può essere superato alla luce della valutazione discrezionale della Corte d'appello. In ogni caso, contro l'ordinanza che decide sulla sospensione, possono ricorrere per cassazione il pubblico ministero e il condannato (art. 635, co. 2). La stessa sentenza emessa nel giudizio di rescissione è ora passibile di ricorso di legittimità a seguito del rinvio all'art. 640 (art. 629 *bis*, co. 4).

4.3. I rapporti tra rescissione del giudicato, restituzione in termini e richiesta alla Cassazione ai fini dell'esecuzione della sentenza della Corte EDU

Se pure brevemente, è opportuno accennare al fatto che la tutela del soggetto sottratto al suo processo vede un rafforzamento nella recente riforma processuale, cui si è prima accennato. Ciò è ravvisabile nella rivisitazione della disciplina sulla **restituzione in termini *ex* art. 175** secondo cui, oltre che nelle ipotesi di caso fortuito e forza maggiore (co. 1), «l'*imputato giudicato in assenza è restituito, a sua richiesta, nel termine per proporre impugnazione, salvo che vi abbia volontariamente rinunciato se, nei casi previsti dai commi 2 e 3 dell'articolo 420-bis, fornisce la prova di non aver avuto effettiva conoscenza della pendenza del processo e di non aver potuto proporre impugnazione nei termini senza sua colpa*» (art. 175 co. 2.1).

Il rapporto tra i due rimedi viene chiarito dalla relazione al testo della riforma nel senso per cui:

– la **restituzione in termini** viene ampliata a chi «*non deduca una errata dichiarazione di assenza, ma assuma che malgrado la correttezza della pronuncia egli in realtà non aveva avuto effettiva conoscenza del processo*»;

– **il rimedio rescissorio** opera solo se la dichiarazione di assenza è avvenuta in mancanza dei presupposti previsti dall'art. 420 *bis*[49].

La dichiarazione di assenza, avvenuta correttamente oppure no, segna dunque il discrimine tra i due rimedi: rescissione nel primo caso, restituzione in termini nel secondo. La *ratio* di questa scelta di tornare alla restituzione in termini per l'impugnazione discende dalla circostanza della contestuale introduzione «*per l'assente (di) un onere aggiuntivo per proporre appello*» costituito dal «*deposito di una procura speciale o di una elezione di domicilio successivi alla sentenza*» (art. 581 co. 1 *quater*). Dunque, «*il rimedio più coerente con questa scelta, che tende a precludere la proposizione della impugnazione per l'assente che non si manifesti, è infatti la restituzione in termini per proporre quella impugnazione, per i casi in cui davvero l'imputato non aveva conoscenza della pendenza del processo e non era nelle condizioni di proporre impugnazione, senza sua colpa*»[50].

In ogni caso, nell'atto con cui il pubblico ministero notifica l'ordine di esecuzione e il decreto di sospensione, **deve essere dato avviso** al condannato che, se il processo si è svolto in sua assenza, **può chiedere la restituzione nel termine per proporre impugnazione o la rescissione del giudicato**, in presenza dei relativi presupposti, entro trenta giorni dalla conoscenza della sentenza (art. 656, co. 5).

Va inoltre sottolineato che la **richiesta per l'esecuzione della sentenza "europea" (art. 628 *bis*), contempla anche il caso in cui «*la violazione accertata dalla Corte europea riguarda il diritto dell'imputato di partecipare al processo*» (art. 628 *bis*, co. 8)**. Si prospetta dunque la necessità del raccordo tra "rescissione" e "richiesta per l'esecuzione" anche perché l'art. 629 *bis*, co. 1, sulla rescissione, esordisce con la clausola per cui la rescissione è prevista «*fuori dei casi disciplinati dall'art. 628-bis*». Alla luce del delicato rapporto tra i due rimedi straordinari, sembra allora preferibile rinviarne la trattazione dopo l'esame della normativa sul nuovo rimedio (v., *infra*, 5.5) che, si ripete, prevede in effetti un caso specifico di richiesta per l'esecuzione di sentenza della Corte EDU che abbia accertato la violazione del diritto dell'imputato a partecipare al processo (art. 628 *bis*, co. 8). Sarà infatti opportuno svolgere alcune considerazioni circa l'eventualità di una sovrapposizione tra i due rimedi e i relativi effetti che ne possono derivare.

---

[49] Relazione illustrativa al decreto legislativo recante attuazione della delega, p. 122.

[50] Relazione, cit., p. 122.

5. La richiesta per l'eliminazione degli effetti pregiudizievoli derivanti dalle sentenze emesse in violazione di diritti sanciti dalla C.e.d.u. (art. 628 *bis*)

5.1. Premessa

Come si è più volte ricordato, l'introduzione del rimedio esperibile davanti alla Cassazione, rappresenta la **principale novità portata dalla riforma del 2022**, attesa da tempo a fronte del richiamato vuoto normativo, ingiustificato in relazione alle garanzie previste in ambito europeo e concretizzate dai dicta della Corte EDU. Prima di analizzare partitamente le nuove disposizioni, è opportuno ricordare quanto in passato ha costituito la base fondativa del nuovo modello impugnativo.

Come si è prima sottolineato, è stato **l'intervento della Consulta** a promuovere l'applicazione del rimedio straordinario della revisione ad un nuovo caso. Con la già richiamata **sent. n. 113 del 2011** era stata dichiarata la illegittimità costituzionale dell'art. 630 per contrasto con l'art. 46 C.e.d.u., quale norma interposta nel giudizio di costituzionalità rispetto al parametro costituito dall'art. 117 Cost. L'occasione alla creazione della "**revisione europea"** quale strumento per consentire la riapertura del processo al fine di conformarsi alla sentenza della Corte EDU, era stata offerta dal procedimento **Dorigo** nel quale si era riconosciuta la violazione dell'art. 6 par. 3 C.e.d.u. in relazione alla condanna pronunciata sulla base di dichiarazioni di coimputati che poi si erano avvalsi in dibattimento del diritto al silenzio.

La Corte, chiamata a vagliare la questione di legittimità dell'art. 630, ne aveva in un primo tempo dichiarato l'infondatezza[51] in ragione della erronea indicazione dei parametri di costituzionalità evocati nella questione. Con un nuovo intervento la Consulta era poi invece pervenuta al giudizio di illegittimità fondato sui corretti diversi parametri. Rimaneva peraltro pendente l'invito che la Corte aveva già rivolto al legislatore «ad adottare i provvedimenti ritenuti più idonei per consentire all'ordinamento di adeguarsi alle sentenze della Corte europea dei diritti dell'uomo che abbiano riscontrato, nei processi penali, violazioni ai principi sanciti dall'art. 6 della Cedu»[52].

Nonostante vari disegni di legge[53] prospettassero l'introduzione di uno specifico strumento – quale ad esempio il *réexamen* del processo francese

---

[51] Corte cost. n. 129 del 2008.

[52] Corte cost. n. 129 del 2008, cit.

[53] Il progetto era racchiuso nel d.d.l. C. 3009 recante «Modifiche al codice di procedura penale e alle norme di attuazione, di coordinamento e transitorie del medesimo codice, di cui al decreto

contro le sentenze penali definitive rese nei confronti di un soggetto riconosciuto colpevole in un processo in cui si siano verificate violazioni dei diritti convenzionali verificate dalla Corte europea (art. 622-1 *code proc. pén.*) – si è arrivati solo con la **riforma del 2022**[54] **al nuovo strumento straordinario** che risponde ad alcuni quesiti che si erano presentati nella applicazione della cosiddetta "revisione europea" creata dalla Corte costituzionale, tra i quali l'estensione o meno dell'esito del rimedio a soggetti che, in posizione analoga a quella di coloro che avessero presentato ricorso, accolto, alla Corte EDU, non avessero invece promosso il giudizio europeo per la identica violazione. Inoltre, viene affrontato il tema della tipologia di violazione, di natura processuale *ex* art. 6 C.e.d.u. o sostanziale *ex* art. 7 C.e.d.u., che possa essere riconosciuta.

5.2. Il procedimento

Il nuovo art. **628 *bis*** – inserito in un apposito Titolo III-*bis* nel libro IX del codice che contempla i rimedi per l'esecuzione delle decisioni della Corte europea – riguarda dunque la richiesta per l'eliminazione degli effetti pregiudizievoli delle decisioni adottate in violazione della Convenzione sui diritti dell'uomo e delle libertà fondamentali o dei Protocolli addizionali.

In particolare si prevede che il **soggetto condannato o sottoposto a misura di sicurezza personale** possa ricorrere alla **Corte di cassazione** al fine di eliminare gli effetti pregiudizievoli derivanti dalla violazione accertata dalla Corte europea o a seguito della cancellazione dal ruolo del ricorso *ex* art. 37 C.e.d.u. a seguito del riconoscimento unilaterale della violazione da parte dello Stato[55].

---

legislativo 28 luglio 1989, n. 271, in materia di revisione del processo a seguito di sentenza della Corte europea dei diritti dell'uomo», assegnato alla Commissione Giustizia della Camera il 4.6.2015 e poi, come d.d.l. S23 assegnato alla 2ª Commissione di Giustizia il 21.6.2018.

[54] Nella legge delega n. 134/2021 si prevedeva «*introdurre un mezzo di impugnazione straordinario davanti alla Corte di cassazione al fine di dare esecuzione alla sentenza definitiva della Corte europea dei diritti dell'uomo, proponibile dal soggetto che abbia presentato il ricorso, entro un termine perentorio; attribuire alla Corte di cassazione il potere di adottare i provvedimenti necessari e disciplinare l'eventuale procedimento successivo; coordinare il rimedio di cui alla presente lettera con quello della rescissione del giudicato, individuando per quest'ultimo una coerente collocazione sistematica, e con l'incidente di esecuzione di cui all'articolo 670 del codice di procedura penale*» (art. 1, co. 13, lett. o).

[55] Art. 37 C.e.d.u. 1. In ogni momento della procedura, la Corte può decidere di cancellare un ricorso dal ruolo quando le circostanze permettono di concludere: (a) che il ricorrente non intende più mantenerlo; oppure (b) che la controversia è stata risolta; oppure (c) che per ogni altro motivo di cui la Corte accerta l'esistenza, la prosecuzione dell'esame del ricorso non sia più giustificata. Tuttavia la Corte prosegue l'esame del ricorso qualora il rispetto dei diritti dell'uomo garantiti dalla Convenzione e dai suoi Protocolli lo imponga. 2. La Corte può decidere una nuova iscrizione a ruolo di un ricorso se ritiene che le circostanze lo giustifichino.

La richiesta è pertanto subordinata all'accertamento da parte della Corte europea della violazione del diritto, denunciata attraverso il ricorso del soggetto condannato in sede giudiziaria nazionale. La scelta della competenza funzionale in capo alla Cassazione è da riferirsi al suo ruolo nomofilattico, tale da assicurare l'uniforme interpretazione della nuova normativa, nonché in una logica di sussidiarietà che consente al giudice nazionale la verifica della incidenza effettiva del vizio.

Sul piano formale, la **richiesta** va presentata personalmente dal soggetto interessato o, in caso di morte, da un prossimo congiunto, a mezzo di difensore munito di procura speciale: il ricorso va depositato presso la cancelleria del giudice che ha emesso la sentenza o il decreto penale di condanna, osservando le forme dell'art. 582, **entro novanta giorni** dalla data in cui è divenuta definitiva la decisione della Corte europea o dalla data in cui è stata emessa la decisione che ha disposto la cancellazione del ricorso dal ruolo (art. 628 *bis* co. 2).

La richiesta ha quindi come oggetto:

– la **revoca della sentenza penale o del decreto penale di condanna**;
– la **riapertura del procedimento**;
– o, comunque, **l'adozione dei provvedimenti necessari alla eliminazione degli effetti pregiudizievoli** derivanti dalla violazione riscontrata in sede europea.

Con la richiesta va depositata, a pena di inammissibilità, la sentenza emessa dalla Corte europea che ne costituisce il fondamento e alla quale la richiesta si riferisce anche per chiarire i motivi per cui si richiede l'intervento della Cassazione: a pena di inammissibilità la richiesta deve infatti contenere ***«l'indicazione specifica delle ragioni che la giustificano»*** (art. 628 *bis*, co. 2).

La Cassazione procede con rito in camera di consiglio e, se ne ricorrono i presupposti, può disporre la sospensione dell'esecuzione della pena o della misura di sicurezza.

La Corte può:

– dichiarare la inammissibilità della richiesta;
– se ammissibile, **accogliere** la richiesta quando la violazione accertata dalla Corte europea ha avuto una **incidenza effettiva, per natura e gravità**, sulla sentenza o sul decreto penale di condanna;
– assumere i **provvedimenti necessari** a rimuovere gli effetti pregiudizievoli e, quindi,
– disporre la **revoca** della sentenza o del decreto di condanna, oppure
– trasmettere **gli atti al giudice dell'esecuzione,** oppure

– disporre la **riapertura del processo** nella fase o nel grado in cui si procedeva al momento della violazione, stabilendo quali atti già compiuti nel precedente processo, e in che parte, conservano efficacia. Il soggetto **riassume quindi la qualità di imputato** (art. 60, co. 3).

In sostanza, la Corte può rimediare subito alla violazione, se non sono necessari ulteriori accertamenti di fatto o comunque risulta superflua la riapertura del processo. In caso contrario, dispone che sia una diversa sede a provvedere, tanto che si prevede una espressa disciplina in caso di riapertura davanti alla corte di appello il cui giudizio deve sottostare ai termini di cui all'art. 344 *bis* relativi alla improcedibilità.

5.3. I presupposti soggettivi della richiesta. L'esclusione dei c.d. "fratelli minori"

Secondo la normativa richiamata, il nuovo rimedio è esperibile soltanto nel caso in cui sia intervenuta una **sentenza definitiva della Corte EDU sulla medesima vicenda** oggetto del processo alla quale sia necessario conformarsi. In questo senso la riforma si pone nel solco della pronuncia, già citata, della Corte costituzionale che nell'aprire alla revisione "classica" (Corte cost. n. 113/2011) riteneva che l'obbligo di riapertura del processo *ex* art. 46 C.e.d.u. non valesse per coloro che non avessero presentato ricorso alla Corte EDU, in ordine ai quali «*per l'ordinamento interno si è formato il giudicato*» (Corte cost. n. 210 del 2013).

L'interpretazione era stata seguita dalla giurisprudenza di legittimità[56] secondo cui la revisione europea non avrebbe potuto operare in un caso «solo genericamente assimilabile» a quello oggetto della sentenza che riconosce la violazione del diritto[57]. Si poneva quindi quale condizione imprescindibile che il condannato avesse esperito il ricorso alla Corte EDU ottenendo il riconoscimento della violazione del diritto di cui alla Convenzione. La giurisprudenza aveva infatti ritenuto inammissibile la richiesta di revisione fondata sui vizi accertati dalla Corte EDU in procedimento relativo ad altro imputato: la asserita sussistenza di una situazione analoga non poteva legittimare infatti il ricorso al rimedio straordinario in quanto «la violazione dei parametri convenzionali si misura nella logica della effettiva lesione del diritto ad un equo processo alla luce di valutazioni strettamente correlate alla fattispecie specifica»[58] trattata nel medesimo processo[59]. Si affermava dunque che la decisione della Corte EDU

---

[56] Cass., Sez. VI, 6.11.2014, n. 46067.

[57] Cass., Sez. I, 4.7.2014, n. 52965.

[58] Cass., Sez. VI, 26.9.2014, n. 39925.

[59] Cass., Sez. VI, 17.6.2016, n. 29167; Cass., Sez. II, 20.6.2017, n. 40889.

doveva essere stata emessa in un giudizio in cui il soggetto che chiede la revisione avesse rivestito la qualità di parte [60].

In questo senso, come si è detto, si esprime ora l'art. 628 *bis*, co. 1 che collega la richiesta all'avvenuto accoglimento del ricorso presentato alla Corte europea e accolto con sentenza definitiva. Dovrebbe a questo punto ritenersi definitivamente stabilito il limite intrinseco nel nuovo strumento straordinario, **impraticabile nei casi identici o corrispondenti** nei quali si sia comunque accertata la stessa violazione, **ma in relazione ai quali non sia stato esperito il ricorso**, salvo ricorrere, se ancora possibile, al nuovo strumento secondo le norme transitorie [61].

Il tema dei c.d. "**fratelli minori**" ribadito dalla Corte costituzionale [62], può tornare a ripresentarsi in relazione al tentativo verso nuovi approdi che si era già manifestato quando si era ammessa l'astratta possibilità della "revisione europea" anche per i casi analoghi qualora venga lamentato il carattere generale della violazione accertata dalla Corte in una situazione corrispondente e la sentenza sia stata emessa in una controversia che abbia avuto come convenuto lo Stato italiano [63]. La nuova disciplina **non sembra esprimersi sul fatto** – trattato in giurisprudenza in relazione alla "revisione europea'– **che la innovativa richiesta *ex* art. 628 *bis* possa fondarsi su una "sentenza pilota"** [64], **riguardante una situazione corrispondente per disfunzioni strutturali o sistematiche all'interno del medesimo ordinamento** [65].

---

[60] Cass., Sez. III, 25.2.2015, n. 8358; Cass., Sez. II, 20.6.2017, n. 40889; Cass., Sez. I, 23.10.2018, n. 56163.

[61] Per la disciplina transitoria, art. 91 disp. att. c.p.p. Art. 91. Disposizioni transitorie in materia di rimedi per l'esecuzione delle decisioni della Corte europea dei diritti dell'uomo. 1. Quando, in data anteriore all'entrata in vigore del presente decreto, è divenuta definitiva la decisione con cui la Corte europea ha accertato una violazione dei diritti riconosciuti dalla Convenzione per la salvaguardia dei diritti dell'uomo e delle libertà fondamentali o dai Protocolli addizionali alla Convenzione, ovvero la Corte europea ha disposto, ai sensi dell'articolo 37 della Convenzione, la cancellazione dal ruolo del ricorso a seguito del riconoscimento unilaterale della violazione da parte dello Stato, il termine indicato nell'articolo 628-*bis*, comma 2, del codice di procedura penale decorre dal giorno successivo alla data di entrata in vigore del presente decreto. – 2. Per i reati commessi in data anteriore al 1° gennaio 2020, la prescrizione riprende il suo corso in ogni caso in cui la Corte di cassazione dispone la riapertura del processo ai sensi dell'articolo 628-*bis*, comma 5, del codice di procedura penale.

[62] Corte cost. n. 123 del 2017.

[63] Cass., Sez. VI, 2 marzo 2017, n. 21635, Barbieri.

[64] Circa la definizione di "sentenza pilota", quale decisione in cui si imputa la violazione convenzionale a un difetto strutturale o sistemico dell'ordinamento interno, suscettibile di determinare altri ricorsi analoghi, v. art. 61.1 *Règlement de la Cour*, cit.

[65] Cass., Sez. VI, 6.11.2014, n. 46067, cit.; Cass., Sez. III, 25.2.2015, n. 8358, cit.; Cass., Sez. I, 11.10.2016, n. 44193; Cass., Sez. I, 11.10.2017, n. 16900; Cass., Sez. I, 13.12.2018, n. 56163; Cass., Sez. V, 21.2.2019, n. 7918, Di Dato.

5.4. La natura delle violazioni

Il quesito circa la estensibilità della pronuncia ai soggetti non ricorrenti in sede europea trovava d'altra parte soluzioni differenziate a seconda che il **vizio** denunciato alla Corte europea fosse di **carattere processuale**, per inosservanza dei diritti *ex* art. 6 C.e.d.u., o invece di **natura sostanziale**, comportando la violazione dell'art. 7 C.e.d.u. Si poteva così distinguere la sentenza "processualmente viziata", dalla sentenza "sostanzialmente viziata". Su quest'ultimo fronte si è aperto un nuovo quadro giurisprudenziale originato dal noto **caso Contrada** nel quale si era riconosciuta in sede europea la violazione del principio di legalità sostanziale[66] e il cui seguito processuale interno ha dato luogo alla ineseguibilità della condanna solo in sede di incidente di esecuzione, non essendo stata ammessa la revisione[67].

Nell'analogo **caso Dell'Utri**, pur essendo stata ritenuta ammissibile la revisione, si era rigettata la richiesta e si era esclusa l'estensibilità dei princìpi sostanziali fissati nella sentenza Contrada[68]. La questione si era tuttavia riaperta. Con una articolata pronuncia in merito alla richiesta di revisione basata sui criteri accolti nel caso Contrada, la Cassazione aveva rimesso alle Sezioni Unite il quesito circa la sorte dei "fratelli minori" sia sul piano della portata generale dei parametri di legalità penale sostanziale individuati dalla Corte europea[69], sia sul piano dei rimedi processuali[70]. **Le Sezioni Unite han-**

---

[66] Corte EDU, Sez. IV, 14.4.2015, Contrada c. Italia.

[67] Cass., Sez. I, 20.9.2017, n. 43112 (in *Dir. pen. contemporaneo*, 26 settembre 2017).

Contrada ha inoltre presentato ricorso, dichiarato ricevibile, alla Corte europea per violazione dei diritti difensivi in relazione alle perquisizioni subite dopo la revoca della condanna (in *Il dubbio*, 28 febbraio 2019.

[68] Cass., Sez. V, ud. 22.1.2019, dep. 19.6.2019, n. 27308, Dell'Utri.

Un ulteriore ricorso di Dell'Utri è stato presentato alla Corte europea e risulta tuttora pendente (n. 3800/15).

[69] Cass., Sez. VI, 22.3.2019, n. 21767, Genco. Il quesito rimesso alle Sezioni Unite era il seguente: «se la sentenza della Corte Edu del 14 aprile 2015 sul caso Contrada, abbia una portata generale, estensibile nei confronti di coloro che, estranei a quel giudizio, si trovino nella medesima posizione, quanto alla prevedibilità della condanna; e conseguentemente, laddove sia necessario conformarsi alla predetta sentenza nei confronti di questi ultimi, quale sia il rimedio applicabile».

Per la inapplicabilità alle misure di prevenzione del criterio del "difetto di prevedibilità", Cass., Sez. V, 12.12.2018, n. 55894.

[70] Cass., Sez. VI, 22.3.2019, n. 21767, cit.

Il tema dei rimedi processuali è trattato in varie sentenze. Cass., Sez. I, 13.7.2018, n. 50919, in un caso di illegittimità del procedimento di prevenzione, opera la distinzione tra l'incidente di esecuzione, «strumento che sottintende – in rapporto alla rimozione del giudicato – una mera presa d'atto della esistenza di accadimenti successivi che ne travolgano la validità o la riconoscibilità di un vizio di formazione del titolo, con esclusione dei vizi del procedimento coperti dal giudicato» e la "revisione europea" che «presenta quegli ineliminabili connotati di atipicità rispetto alla revisione ordinaria, che risultano essenziali al raggiungimento di uno scopo essenziale per la tutela

no tuttavia escluso l'estensione dei princìpi enunciati nel caso Contrada. Si è quindi affermato che, in tema di concorso esterno in associazione a delinquere di stampo mafioso, tali princìpi non si applicano «a coloro che, pur trovandosi nella medesima posizione, non abbiano proposto ricorso in sede europea, in quanto la richiamata decisione del giudice sovranazionale non è una sentenza pilota e non può neppure ritenersi espressione di un orientamento consolidato della giurisprudenza europea»[71]. In sostanza, si è ritenuto che la violazione riconosciuta dalla Corte europea, anche se di natura sostanziale, non incide sulla (non) estensibilità della pronuncia a soggetti diversi dal ricorrente.

Il principio del perimetro soggettivo del rimedio straordinario viene ribadito come detto, dall'art. 628 *bis*, mentre il quesito circa le violazioni emendabili, se solo processuali o anche sostanziali, pare superato dalle facoltà riconosciute alla Cassazione nel vaglio della richiesta. La discrezionalità che connota il giudizio si esprime nella varietà delle soluzioni che la Corte può adottare. La riapertura del procedimento si omologa ai possibili esiti della revisione "classica", mentre la trasmissione degli atti al giudice dell'esecuzione consente la eventuale rimodulazione della pena, in assonanza con quanto si riteneva precedentemente in giurisprudenza circa l'utilizzo dell'incidente di esecuzione.

Il punto richiama il problema della applicabilità diretta delle norme convenzionali[72] e della stessa interpretazione offertane dalla giurisprudenza europea, sul quale non sembrano esserci aperture da parte della Corte costituzionale che ha ribadito la sostanziale primazia delle norme interne e l'autonomia interpretativa del giudice nazionale, salvo il caso di un «diritto consolidato o di una sentenza pilota» a fronte dei

---

dell'ordinamento costituzionale, ossia la capacità di coniugare l'esigenza di eliminazione delle conseguenze della violazione con quelle della rielaborazione dei dati cognitivi idonei a pervenire alla soluzione del caso, sia con assoluzione che con una nuova condanna, in un contesto giurisdizionale aperto, che si ponga l'obiettivo di rimettere il soggetto in una condizione emendata dal vizio in rito, ma non necessariamente liberatoria».

In sostanza, si è sostenuto che l'incidente di esecuzione è strumento adeguato ad eseguire le sentenze della Corte europea quando queste non impongono la riedizione del processo per la violazione dell'art. 6 C.e.d.u., ma comportano la mera rimozione degli effetti pregiudizievoli della condanna, per cui è competente il giudice dell'esecuzione (Cass., Sez. I, 20.9.2017, n.i, Contrada, cit.).

[71] Sez. Un., 24.10.2019, n. 8544, dep. 3.3.2020, Genco.
Cass. Sez. VI, 9.4.2020, n. 11770.

[72] V., ancora, Cass., Sez. I, 20.9.2017, n. 43112, Contrada, cit., in cui, sul ricorso contro il rigetto di incidente di esecuzione della Corte di appello, si è dichiarata ineseguibile e improduttiva di effetti penali la sentenza di condanna. In questo caso si è applicata in via diretta la disposizione dell'art. 46 C.e.d.u, dichiarandosi «l'efficacia immediatamente precettiva delle norme della Convenzione».

quali «il giudice italiano sarà vincolato a recepire la norma individuata a Strasburgo, adeguando ad essa il suo criterio di giudizio per superare eventuali contrasti rispetto ad una legge interna», utilizzando ogni strumento ermeneutico o, se non fosse possibile, ricorrendo all'incidente di legittimità costituzionale[73].

Si pone in ogni caso a monte la mancata ratifica del **Protocollo n. 16 alla C.e.d.u.** che consentendo alle autorità nazionali di rivolgere alla Corte EDU la **richiesta di pareri consultivi su questioni interpretative o applicative dei diritti** convenzionali, favorirebbe in via preventiva uno strumento alle potenziali violazioni e un contestuale allineamento all'esegesi del giudice di Strasburgo. Ad oggi il Protocollo n. 16, in vigore dal 1° agosto 2018 per la raggiunta ratifica di dieci Stati firmatari, non vede ancora il deposito dello strumento di ratifica dell'Italia[74].

5.5. Il rapporto tra la rescissione del giudicato e il nuovo rimedio ai fini della esecuzione delle sentenze della Corte EDU

Come si è prima accennato (v., *supra*, par. 4.3.), nella logica della più ampia tutela del soggetto privato del diritto alla partecipazione al suo processo, la disposizione che innovativamente ha creato il rimedio per l'esecuzione delle sentenze della Corte Edu ha previsto che il nuovo rimedio straordinario sia praticabile **«anche quando la violazione accertata dalla Corte europea riguarda il diritto dell'imputato a partecipare al processo» (art. 628 *bis*, co. 8)**. Si tratta allora di verificare quale sia il rapporto tra i due rimedi in punto di violazione del diritto, anche alla luce della ulteriore disposizione secondo cui il soggetto può ricorrere alla rescissione del giudicato **«fuori dei casi disciplinati dall'art. 628-*bis*» (art. 629 *bis*, co. 1)**.

In attesa delle concrete applicazioni giurisprudenziali, si pone il quesito a quale strumento il soggetto possa far capo, a fronte di una parziale sovrapposizione normativa tra i due rimedi, in caso di mancato rispetto del suo diritto.

Una prima prospettiva sul rapporto tra rescissione e richiesta per l'esecuzione della sentenza della Corte europea, viene delineata nella individuazione di quale violazione vi sia stata, se di una disposizione interna in tema

---

[73] Corte cost. n. 49 del 2015.

[74] Il disegno di legge indicato negli atti parlamentari (A.C. 1124), non sembra avere trovato seguito. Attualmente risulta attuato soltanto il Protocollo n. 15. (L. 15 gennaio 2021, n. 11– Ratifica ed esecuzione del Protocollo n. 15 recante emendamento alla Convenzione per la salvaguardia dei diritti dell'uomo e delle libertà fondamentali, fatto a Strasburgo il 24 giugno 2013. (21G00014).

partecipazione o se di un diritto tutelato dalla C.e.d.u. In questi termini si è espresso l'Ufficio del Massimario della Cassazione nella relazione sulla riforma, secondo cui «sulla base della clausola di espressa riserva a favore dell'art. 628 *bis*, contenuta all'art. 629 *bis, sarà esperibile il rimedio europeo, a fronte dell'accertata violazione da parte della Corte EDU dei diritti dell'imputato di partecipare al processo, mentre la rescissione del giudicato (di competenza delle corti d'appello) costituisce rimedio rispetto alla mancata partecipazione al processo conseguente alla violazione delle norme nazionali nel corso del procedimento*»[75].

La soluzione non sembra tuttavia coprire altri profili.

In primo luogo, si può affermare che la preclusione segnata dall'art. 629 *bis*, co. 1 porti ad ammettere che lo strumento cui ricorrere sia quello enucleato *ex novo* per l'esecuzione della sentenza della Corte europea che abbia riconosciuto la violazione del diritto: in sostanza, **il rimedio della rescissione del giudicato sarebbe precluso qualora il soggetto abbia già presentato ricorso alla Corte EDU e abbia ottenuto il riconoscimento della violazione**. Sulla base della sentenza potrà dunque presentare la richiesta alla Cassazione *ex* art. 628 *bis* che, come già prima ricordato, prevede che il nuovo rimedio possa essere utilizzato a fronte del riconoscimento della violazione da parte della Corte EDU circa il mancato rispetto del diritto alla partecipazione.

La potenziale sovrapposizione dei due rimedi dovrebbe dunque ricomporsi in concreto anche per via del fatto che la sentenza della Corte europea in accoglimento del ricorso, ha definito i contorni della violazione accertata con una motivazione alla quale la Cassazione dovrà necessariamente riferirsi ai fini della valutazione circa l'incidenza effettiva sulla sentenza di condanna pronunciata nei confronti del ricorrente (art. 628 *bis*, co. 5). Potrebbero rimanere dubbi, peraltro astratti, circa la scelta tra il ricorso europeo e la rescissione, o circa il fatto che la prima scelta dell'uno o all'altro rimedio produca un responso negativo, così da far pensare ad una ulteriore possibilità del rimedio alternativo. Sembra da ritenersi improbabile la possibile alternativa che genererebbe la soluzione di un eventuale, singolare contrasto, tra provvedimenti difformi provenienti da organi istituzionalmente differenti. Inoltre, **la differenza tra i due rimedi si fonda su un diverso assetto dell'onere probatorio circa la sussistenza del diritto violato**, in capo al soggetto secondo le regole processuali, al contrario in capo alla autorità che procede secondo la giurisprudenza della Corte europea. Il che indurrebbe alla scelta, in astratto, del rimedio europeo posto che, da un lato, il soggetto sarebbe

---

[75] Corte Suprema di Cassazione, Ufficio del Massimario. Servizio penale. *Relazione su novità normativa. La 'Riforma Cartabia'*, Rel. 2/2023, 5 gennaio 2023, p. 179.

esonerato dalla prova e, dall'altro, che il mancato adempimento dell'onere probatorio da parte dell'autorità che procede, produrrebbe l'accoglimento del ricorso. Come si è detto, saranno le applicazioni giurisprudenziali a chiarire il coordinamento tra i due rimedi anche considerando le esigenze di efficienza processuale.

Capitolo XXVI

L'esecuzione penale

di *Enrico Maria Mancuso*

1. Premessa

La fase esecutiva rappresenta il momento in cui si realizza l'**attuazione del comando** espresso dalla pronuncia giudiziale. All'esecuzione è dedicato il libro X del codice di procedura penale.

L'avvio della fase esecutiva segna la concretizzazione del comando contenuto nel provvedimento giurisdizionale passato in giudicato, in quanto irrevocabile (art. 648). È la giuridica impossibilità di rivisitazione del contenuto del titolo – per il mancato gravame o per l'esaurimento dei mezzi di impugnazione – a fondare l'esecutività della sentenza (o del decreto penale di condanna). Così, l'art. 650 pone, al primo comma, un vincolo di natura univoca tra irrevocabilità e produzione di effetti giuridici esecutivi. La forza esecutiva di un provvedimento costituisce, in questi termini, una speciale situazione di **potenzialità giuridica** preordinata all'avverarsi del contenuto e degli effetti propri del provvedimento medesimo.

Un'attività di verifica giudiziale non seguita dalla concreta attuazione del comando costituirebbe, difatti, uno sterile esercizio conoscitivo.

2. Il titolo esecutivo

L'**efficacia penale esecutiva** del provvedimento giurisdizionale costituisce elemento fondante del titolo esecutivo, consentendo la concreta attuazione della volontà della legge in esso espressa. L'**esecutività** (art. 650) non costituisce, tuttavia, condizione sufficiente perché possa essere promossa la coercizione del titolo, dovendosene vagliare l'**effettiva eseguibilità**. Il passaggio dalla "mera potenzialità esecutiva" alla "esecuzione in atto" esige la verifica di una qualità ulteriore che funga da ponte di collegamento tra pronuncia inoppugnabile e titolo.

Il passaggio al **titolo esecutivo** comporta la necessaria verifica circa l'inesistenza di cause ostative alla concretizzazione del comando, siano esse di carattere sostanziale o meramente processuale.

In via meramente esemplificativa, si pensi alle ipotesi di rinvio dell'esecuzione della pena descritte dagli artt. 146 e 147 c.p.; alla sospensione del titolo in corso d'espiazione per grave pregiudizio, disposta dal magistrato di sorveglianza nelle more della decisione del tribunale di sorveglianza sull'affidamento in prova al servizio sociale, *ex* art. 47, co. 4, ord. penit.; al dubbio sulla identità fisica della persona detenuta, secondo l'art. 667, co. 2; alla sospensione facoltativa dell'esecuzione della pena o della misura di sicurezza in pendenza del giudizio di revisione, ai sensi dell'art. 635; alla facoltà sospensiva nei casi di eccezionale gravità riconosciuta in caso di proposizione di ricorso straordinario per errore materiale o di fatto, secondo l'art. 625 *bis*, co. 2; al possibile differimento dell'esecuzione della pena detentiva disposta a norma dell'art. 684.

Il verificarsi di una condizione, giuridica o fattuale, che impone un ostacolo al completo dispiegarsi del titolo esecutivo è rimesso di volta in volta alla **competenza della giurisdizione esecutiva**, di quella di **sorveglianza** o del **giudice di merito** (in caso di gravame straordinario), proprio in ragione della eterogeneità degli istituti potenzialmente rilevanti.

Ciò non impedisce di cogliere una prospettiva unificante: l'ordinamento giuridico traccia **correttivi** all'univoca attuazione della *res iudicata*, esigendo un intervento della giurisdizione che verifichi il ricorrere delle cause – tassative – nelle quali si debba imporre una crasi tra esecutività ed eseguibilità concreta della pronuncia penale.

3. L'ordine di esecuzione

È il **pubblico ministero** presso il giudice dell'esecuzione (art. 655, co. 1) a dover identificare il comando promanante dalla sentenza (o dal decreto) di condanna suscettibile di coercizione[1].

---

[1] Questo criterio conosce due deroghe: la prima, per le misure di sicurezza diverse dalla

L'ufficio del pubblico ministero a cui sono attribuite le funzioni esecutive è individuato *per relationem* avuto riguardo al giudice dell'esecuzione (art. 655, co. 1), il quale, di regola, è quello che ha deliberato il provvedimento da eseguire (art. 665).

Ricevuto dalla cancelleria del giudice che ha emesso il provvedimento divenuto irrevocabile l'estratto della sentenza contenente l'**attestazione del passaggio in giudicato**, secondo quanto previsto dagli artt. 27 ss., reg. esec. c.p.p., il pubblico ministero diviene **titolare dell'azione esecutiva**.

L'**estratto** esecutivo include – oltre alla indicazione della pena detentiva e di quella pecuniaria – la menzione delle eventuali pene accessorie, delle misure di sicurezza o di sanzioni diverse (come, ad esempio, le pene sostitutive *ex* art. 53, L. n. 689 del 1981, disposte a norma dell'art. 545 *bis*, o le sanzioni amministrative accessorie alla condanna); dovrà, inoltre, render conto di eventuali periodi di presofferto cautelare (per consentire le verifiche richieste dall'art. 657), se del caso a seguito di adeguata istruttoria attivata dal rappresentante della procura della Repubblica e consistente nell'acquisizione dei certificati storici del DAP che indichino i periodi di custodia carceraria e nella consultazione dell'autorità giudiziaria procedente o della forza pubblica incaricata della sorveglianza nel periodo di esecuzione della cautela domiciliare.

L'iscrizione del titolo nel **registro dell'esecuzione**, secondo l'art. 29 reg. esec. c.p.p., definisce la fase di controllo deputata al sindacato d'eseguibilità del provvedimento, anche allo scopo di consentire l'attivazione delle garanzie della giurisdizione esecutiva, cui competono significativi poteri di intervento sull'esistenza, sull'efficacia e sul contenuto del titolo esecutivo. La segreteria del pubblico ministero, ricevuto l'estratto esecutivo, deve iscrivere la condanna a pena detentiva nel registro delle esecuzioni e procedere alla formazione di un fascicolo cartaceo in cui sono inseriti l'estratto esecutivo stesso, il certificato del casellario giudiziale, nonché se esistente, il documento riassuntivo di tutti gli atti esecutivi precedenti, anche provvisori o svolti in altro ufficio, il cosiddetto *stato di esecuzione.*

Il pubblico ministero presiede, quindi, all'attuazione del comando contenuto nella sentenza e cura che ad esso sia data attuazione nelle forme prescritte dalla legge. L'esecuzione della pena è, infatti, **obbligatoria**, **officiosa** e **irretrattabile**: una volta dato impulso al procedimento esecutivo, soltanto il

---

confisca ordinate con sentenza, per le quali legittimato all'esecuzione è il pubblico ministero presso il magistrato di sorveglianza (art. 658, primo periodo); la seconda, per i provvedimenti della magistratura di sorveglianza che prevedano la carcerazione o la scarcerazione del condannato, per i quali si attiva il pubblico ministero a cui è affidata l'esecuzione della sentenza di condanna.

giudice dell'esecuzione potrà determinarne la sospensione o la interruzione, in seguito alla instaurazione di un contraddittorio tra i soggetti interessati.

L'**ordine di esecuzione** contiene le generalità del condannato e ogni altro elemento utile alla identificazione, l'imputazione per cui v'è stata condanna, il dispositivo del provvedimento e ogni altra disposizione necessaria alla esecuzione (art. 656, co. 3).

4. L'esecuzione delle pene detentive

Quando si debba dare esecuzione a una pena detentiva, e non sussistano i presupposti per la sospensione della esecuzione (art. 656, co. 5 ss.; cfr. *infra*), l'ordine di esecuzione è consegnato in copia a mani dell'interessato (art. 656, co. 1). L'ordine è altresì consegnato senza ritardo alle forze di polizia, perché provvedano all'arresto del condannato e all'accompagnamento nel più vicino istituto penitenziario. Se il condannato non sia rintracciato, il funzionario di polizia ne informa al più presto il pubblico ministero che ha formato l'ordine di esecuzione, in vista degli adempimenti di cui agli artt. 295 e 296 (dichiarazione dello stato di latitanza).

Sebbene non sia più prevista dal codice di rito l'*ingiunzione a costituirsi in carcere* nel termine di cinque giorni dalla irrevocabilità della sentenza di condanna, originariamente prevista per il caso in cui la pena non superasse i sei mesi e non vi fosse pericolo di fuga, è sempre possibile che il condannato si presenti *spontaneamente*, così da evitare l'arresto e la coercizione in fase di accompagnamento all'istituto penitenziario.

Se, tuttavia, il condannato si trovi già *in vinculis*, l'ordine gli dovrà essere notificato e dovrà essere comunicato al ministro della giustizia (art. 656, co. 2). Quando, in particolare, il condannato si trovi in stato di custodia cautelare in carcere, il pubblico ministero – nell'emettere l'ordine di esecuzione – verifica se non sussistano i presupposti per l'applicazione della liberazione anticipata (art. 54 ord. penit.), trasmettendo, se del caso, gli atti al magistrato di sorveglianza per la delibazione sul punto (art. 656, co. 4 *ter*).

In ogni caso, l'ordine di esecuzione deve essere notificato al difensore del condannato, a pena di nullità dell'azione esecutiva (artt. 655, co. 5 e 656, co. 3).

Quando l'ordine di esecuzione riguardi una madre di prole di età inferiore agli anni diciotto, esso è comunicato al procuratore della Repubblica presso il tribunale per i minorenni del luogo di esecuzione della sentenza (art. 656, co. 3 *bis*).

Una specifica disciplina è dettata con riferimento alla esecuzione delle pene detentive di **breve-media durata**. Al fine di impedire fenomeni di *porte girevoli* in carcere, sin dall'entrata in vigore della L. n. 165 del 1998 (la c.d. legge Simeone) sono previsti meccanismi sospensivi dell'ordine di esecuzione, in tutti i casi in cui la pena detentiva possa esser sostituita con una misura alternativa alla detenzione.

In particolare, al ricorrere dei presupposti stabiliti dai co. 5 ss. dell'art. 656, l'ordine di esecuzione emesso dal pubblico ministero è contestualmente **sospeso** e non si procede alla esecuzione della pena. La procedura in analisi svolge un ruolo chiave di **raccordo** fra la fase esecutiva e l'ordinamento penitenziario: essa è, in particolare, diretta a evitare lo stigma derivante dall'ingresso in carcere. L'accesso alle **misure alternative** è consentito a condizione che la pena in concreto suscettibile di esecuzione non sia superiore a quattro anni[2] di reclusione per il condannato che possa beneficiare delle misure ordinarie: l'affidamento in prova al servizio sociale (art. 47 ord. penit.), la detenzione domiciliare (art. 47 *ter* ord. penit.) o la semilibertà (art. 50 ord. penit.). Il limite di pena sale a sei anni di reclusione in tutti i casi in cui il condannato possa accedere alle misure alternative speciali: l'affidamento in prova terapeutico (art. 54 t.u. stup.) e la sospensione della esecuzione della pena (art. 90 t.u. stup.).

I limiti indicati si riferiscono alla pena residua da scontare in concreto, al netto del computo di eventuali periodi di presofferto (artt. 657 e 657 *bis*; cfr. *infra*, § 4.1) e considerato anche lo sconto di pena derivante dal previo calcolo della liberazione anticipata (art. 656, co. 4 *bis* e 4 *quater*).

Il pubblico ministero ha l'**onere di notificare** al condannato e al difensore: l'**ordine di esecuzione**, l'avviso che il condannato ha la possibilità di presentare, entro trenta giorni, l'istanza relativa alla misura alternativa, e il **decreto di sospensione** (art. 656, co. 5). Quest'ultimo provvedimento impedisce l'esplicarsi della forza esecutiva del titolo almeno fino alla scadenza del

---

[2] A seguito di Corte cost., sent. n. 41 del 2018, che ha dichiarato l'illegittimità costituzionale dell'art. 656, co. 5 «nella parte in cui prevede che il pubblico ministero sospende l'esecuzione della pena detentiva, anche se costituente residuo di maggior pena, non superiore a tre anni, anziché a quattro anni». L'intervento della Corte costituzionale ha contribuito a un'ulteriore evoluzione del meccanismo sospensivo nel senso di ampliarne l'operatività parallelamente alle innovazioni in materia penitenziaria. L'incoerenza sistematica che derivava dal mancato raccordo fra l'affidamento in prova "allargato" per pene fino a quattro anni (art. 47, co. 3 *bis*, ord. penit.) e la norma esecutiva, la cui soglia d'accesso alla sospensione non era stata oggetto di corrispondente modifica, ha indotto la Corte a dichiarare l'illegittimità costituzionale dell'art. 656, co. 5. Per contro, la scelta legislativa operata dalla "legge spazzacorrotti" (L. n. 3 del 2019), di includere fra i reati di cui all'art. 4 *bis* ord. penit. (che sono esclusi dalla sospensione dell'esecuzione) anche i principali delitti contro la pubblica amministrazione, muove in senso contrario, favorendo l'ingresso in carcere per questa specifica categoria di reati.

termine per proporre l'istanza di accesso alla misura alternativa o, quando essa sia stata presentata, fino alla decisione del Tribunale di sorveglianza.

La concreta possibilità di accesso alla misura alternativa dallo stato di libertà è subordinata all'**iniziativa del condannato o del suo difensore** che dovranno, nel termine perentorio stabilito, presentare istanza, unitamente alla documentazione necessaria. Essi vengono, altresì, specificamente informati che, nel caso in cui non presentino tempestiva istanza o la stessa sia inammissibile, per la mancanza della certificazione funzionale all'accesso alle misure alternative speciali, «l'esecuzione della pena avrà corso immediato» (art 656, co. 5).

L'istanza deve essere corredata della **documentazione** a sostegno della richiesta di accesso alla misura alternativa; in mancanza, tale documentazione può esser depositata nella cancelleria del Tribunale competente fino a cinque giorni prima dell'udienza camerale (art. 656, co. 6). È, in ogni caso, salva la facoltà del giudice competente di procedere all'acquisizione *ex officio* dei documenti o delle informazioni necessarie, se del caso provvedendo a una istruttoria secondo il modello camerale speciale di cui all'art. 666, co. 5 (su cui v. *infra*, § 10).

Con l'avviso, il condannato è altresì informato della facoltà di accedere ai **programmi di giustizia riparativa** e che, se il processo si è svolto in sua **assenza**, «nel termine di trenta giorni dalla conoscenza della sentenza può chiedere, in presenza dei relativi presupposti, la restituzione nel termine per proporre impugnazione o la rescissione del giudicato» (art. 656, co. 5, ult. periodo, come integrato dal d.lgs. n. 150 del 2022).

Una nuova **nomina del difensore** è richiesta per l'intera fase esecutiva. Tuttavia, quando ne manchi uno specificamente investito del mandato *in executivis*, sarà destinatario della notifica dell'ordine di esecuzione il difensore che abbia già assistito il condannato nella fase di merito. Solo in via residuale, vale a dire quando il mandato sia stato revocato o vi sia stata rinuncia, il pubblico ministero dovrà provvedere alla nomina di un difensore d'ufficio. L'istanza può essere quindi presentata dal condannato o dal difensore individuato secondo le regole indicate o nominato «allo scopo» dal pubblico ministero (arg. *ex* art. 656, co. 5 e 6). Nel caso in cui sia «provato» o appaia «probabile» che «il condannato non abbia avuto effettiva conoscenza dell'avviso» che consente di presentare l'istanza per la misura alternativa, il pubblico ministero, assunte le opportune informazioni anche presso il difensore, può disporre il rinnovo della notifica (art. 656, co. 8 *bis*).

Se l'istanza viene presentata, il pubblico ministero la **trasmette**, con la documentazione a corredo, al Tribunale di sorveglianza competente in relazione al luogo in cui ha sede l'ufficio del pubblico ministero che ha formato il titolo.

Eventuali documenti a sostegno dell'istanza possono essere depositati fino a cinque giorni prima dell'udienza fissata ai sensi dell'art. 666 (su cui v. *infra*, § 10). Resta salva la possibilità per Tribunale di sorveglianza di disporre *ex officio* l'acquisizione di «documenti» o di «informazioni» o l'«assunzione di prove», ai sensi del co. 5 dell'art. 666 (art. 656, co. 6). La decisione del Tribunale dovrà essere presa «non prima» di trenta giorni e «non oltre» quarantacinque giorni dalla ricezione dell'istanza. Tali termini devono considerarsi ordinatori.

Se l'istanza di accesso alle misure alternative **non sia stata tempestivamente presentata**, sia sprovvista della certificazione necessaria ad accedere alle misure speciali o, ancora, se il Tribunale di sorveglianza la dichiari inammissibile o la respinga, il pubblico ministero revoca immediatamente il decreto di sospensione dell'esecuzione, dando corso alla esecuzione del titolo.

La sospensione della esecuzione, nei termini descritti, **non** può essere disposta **più di una volta**: ulteriori istanze in seguito proposte dal condannato sia che abbiano a oggetto la medesima misura, seppur in forza di nuove argomentazioni, ovvero riguardanti una diversa misura alternativa sarebbero inammissibili, poiché oggetto di una specifica preclusione (art. 656, co. 7).

Esistono, inoltre, specifiche situazioni in presenza delle quali il titolo **non è sospeso**. In particolare, il meccanismo sospensivo non opera (art. 656, co. 9):

a) nei confronti dei condannati per i **gravi reati** menzionati dall'art. 4 bis ord. penit., nonché per quelli di cui agli artt. 423 *bis*, 572, co. 2, 612 *bis*, co. 3, 624 *bis*, c.p., fatta eccezione per coloro che si trovino agli arresti domiciliari terapeutici disposti ai sensi dell'art. 89 t.u. stup.;

b) nei confronti di coloro che, per il fatto oggetto della condanna da eseguire, si trovi in stato di **custodia** cautelare in carcere nel momento in cui la sentenza diventa definitiva.

Una procedura particolare è, invero, prevista per chi si trovi agli **arresti domiciliari** per il fatto oggetto della condanna da eseguire. In ipotesi, il pubblico ministero, contestualmente alla sospensione dell'ordine di esecuzione, trasmette gli atti al Tribunale di sorveglianza per l'eventuale applicazione di una misura alternativa, senza attendere la previa istanza dell'interessato. Fino alla decisione del Tribunale di sorveglianza, il condannato «permane nello stato detentivo nel quale si trova»: lo *status detentionis* non muta e il periodo di tempo corrispondente «è considerato come pena espiata a tutti gli effetti» (art. 656, co. 10). Un'ulteriore ipotesi sospensiva è prevista dall'art. 1, L. n.199 del 2010. Secondo tale norma, quando non possa essere emesso il decreto sospensivo di cui all'art. 656, co. 5 (e purché non ricorrano le condizioni ostative sopra descritte), se la pena detentiva – pur residua – non sia superiore a diciotto mesi, il pubblico ministero «sospende l'esecuzione dell'ordine di carcerazione e trasmette gli atti senza ritardo al magistrato di sorveglianza affinché disponga che la pena venga eseguita presso il domicilio».

4.1. Cumulo delle pene concorrenti e detrazione del presofferto cautelare

Il pubblico ministero, organo deputato a promuovere l'esecuzione dei provvedimenti, cura che il titolo esecutivo definisca in maniera unitaria la posizione del condannato. Nelle sue prerogative rientrano tutte le operazioni funzionali a tal fine, particolarmente quelle riguardanti il **cumulo delle pene concorrenti** (art. 663) e il **computo del presofferto cautelare** (art. 657).

In particolare, quando vi sia una **pluralità di condanne** per diversi reati nei confronti della stessa persona, il pubblico ministero individua **un'unica pena**, senza soluzione di continuità (art. 663). Tale pena è il risultato del cumulo dei diversi titoli, che potrà essere operato secondo le regole del cumulo materiale o del cumulo giuridico stabilite dal diritto sostanziale (artt. 72 ss c.p.).

Il provvedimento di cumulo ha un **valore ricognitivo e dichiarativo** della situazione esecutiva del condannato: esso è modificabile, anche in conseguenza dell'intervento del giudice dell'esecuzione, dovendo tener conto delle vicende modificative o estintive che possono verificarsi nel corso della fase. La sopravvenienza di nuovi titoli o di una causa estintiva del reato o della pena, o, ancora, la concessione di benefici possono, in particolare, imporre l'esigenza di un nuovo calcolo della pena da espiare in concreto.

Accade sovente che un nuovo titolo esecutivo sopraggiunga durante l'espiazione di un cumulo. In ipotesi, occorre verificare se tale titolo si riferisca a un reato commesso prima che sia iniziata l'esecuzione del cumulo stesso, oppure a un reato commesso successivamente e durante l'espiazione del predetto cumulo, eventualmente in un momento in cui lo stato detentivo fosse venuto meno per varie ragioni (es.: misure alternative, permessi o evasione). Nella prima ipotesi, la nuova pena va senz'altro considerata concorrente e, dunque, il cumulo preesistente deve essere sciolto per essere sostituito da uno nuovo comprensivo anche del sopraggiunto titolo. Nella seconda ipotesi, invece, bisogna effettuare un cumulo parziale, che comprenda sia la parte di sanzione ancora da scontare al momento della commissione del nuovo reato, sia la pena inflitta per quest'ultimo. Nell'effettuare un nuovo cumulo, ad ogni modo il pubblico ministero deve tenere conto dei temperamenti di cui all'art. 78 c.p., i quali possono – tuttavia – essere superati, nel corso della vita del condannato, attraverso la formazione di cumuli diversi, posto che tali limiti rilevano soltanto nei confronti di pene tra loro concorrenti. Attraverso la formazione del provvedimento di cumulo si realizza **una sostanziale unificazione delle sanzioni**, con la conseguente perdita di individualità di ciascun titolo esecutivo. Il sistema, infatti, mira a evitare al condannato il possibile pregiudizio derivante dalla distinta esecuzione delle sanzioni penali irrogate per una pluralità di reati.

Nell'ordine di esecuzione sono specificate **tutte le operazioni di computo** della pena finale, tenuto conto dei periodi di custodia per il fatto oggetto del giudicato (o di una misura di sicurezza provvisoria, poi non applicata in via definitiva; art. 657, co. 1) o dei periodi di detenzione o di custodia riguardanti titoli venuti meno per la revoca della condanna (*ex* art. 673 o per la revisione del processo), o, ancora, per la concessione di una amnistia o di un indulto (art. 657, co. 2).

Quanto alla detrazione del **presofferto cautelare**, essa riguarda i periodi di: custodia cautelare, di applicazione provvisoria di una misura di sicurezza detentiva e di espiazione della pena *sine titulo*. Va computato il periodo di custodia cautelare – **in carcere** o **in luogo di cura** e, in virtù dell'equiparazione espressa dall'art. 284, co. 5, anche agli **arresti domiciliari** – subìta per il reato oggetto della condanna o per altro reato, anche quando la custodia sia ancora «in corso». In ogni caso, possono essere oggetto di computo soltanto i periodi di custodia cautelare o le pene espiate **dopo la commissione del reato** per il quale deve essere determinata la pena da eseguire (art. 657, co. 4). Ciò al fine di evitare il consolidarsi di *crediti* di pena, che possano evitare l'espiazione per reati successivamente commessi.

Nel caso di **applicazione provvisoria della misura di sicurezza** detentiva (artt. 312-313), il periodo relativo potrà essere computato, nella pena inflitta per lo stesso o per altro reato, solo se non sia stata applicata la misura in via definitiva. Deve, infatti, escludersi la fungibilità fra pena e misura di sicurezza e fra misura di sicurezza provvisoria e definitiva, e ciò sia per la «indeterminatezza della durata» della misura di sicurezza, sia perché l'accertata pericolosità sociale «deve essere neutralizzata indipendentemente da ogni considerazione sanzionatoria» (Rel. prog. prel. c.p.p., p. 145).

I periodi di pena detentiva espiati per **un reato diverso** vanno computati solo quando siano **«senza titolo»**, vale a dire se la relativa condanna sia stata revocata: ciò può avvenire in seguito a revisione, a un conflitto pratico di giudicati (art. 669), alla *abolitio criminis* (art. 673), o quando il reato sia stato investito da amnistia o da indulto, per quanto abbia inciso sulla pena (art. 657, co. 2)[3].

Il criterio di fungibilità menzionato, che consente di riscattare la custodia cautelare e le pena detentiva espiata *sine titulo* è riferibile a tutte le sanzioni: alla pena detentiva, alla pena pecuniaria e alle sanzioni sostitutive. Allo scopo, si applicano i criteri di ragguaglio individuati negli artt. 135 c.p., 57, L. n. 689 del 1981, e 58 d.lgs. n. 274 del 2000. In caso di espiazione di pene detentive per un precedente titolo, il condannato può, altresì, chiedere che le sanzioni sostitutive espiate siano

[3] Per quel che riguarda le pene estine per indulto, la giurisprudenza di legittimità ha riconosciuto l'interesse del condannato all'applicazione della causa estintiva anche in caso di pene indultabili interamente espiate, in ragione del credito di pena derivante dall'art. 657, co. 2. Sul punto, Cass., Sez. I, 1° ottobre 2009, n. 41852, in *CED Cass.*, n. 245056.

computate nelle sanzioni sostitutive da eseguire per un altro reato (art. 657, co. 3). Anche le sanzioni sostitutive espiate senza titolo possono essere computate nelle corrispondenti sanzioni sostitutive da eseguire per altro reato. Quando la detrazione del periodo di custodia cautelare o di pena detentiva espiata senza titolo sia finalizzata a determinare la pena pecuniaria o la sanzione sostitutiva da eseguire, è necessaria **una specifica richiesta** dell'interessato al pubblico ministero. L'automatico computo è escluso perché si intende «valorizzare il diritto del condannato di autodeterminarsi in ordine alla valutazione dei propri interessi» (Rel. prog. prel. c.p.p., p. 145), particolarmente quando sia sottoposto ad altri procedimenti penali e reputi maggiormente vantaggioso chiedere la detrazione da una sanzione più afflittiva.

Dall'avvenuta detrazione del presofferto discendono diverse conseguenze. In relazione alla custodia cautelare computata, **viene meno** il diritto alla **riparazione per ingiusta detenzione** (art. 314, co. 4). Parimenti, viene meno il diritto alla **riparazione dell'errore giudiziario**, con riferimento a quella parte di pena detentiva relativa a un reato diverso che sia stata detratta dalla sanzione da espiare, ai sensi dell'art. 657, co. 2.

Qualora la riparazione per ingiusta detenzione sia stata già ottenuta, nel quantificare la pena da espiare il pubblico ministero deve computare il periodo di custodia cautelare subìto dal condannato per altro reato, ai sensi dell'art. 657. Fermo restando che, ove la somma liquidata a titolo riparatorio sia stata già corrisposta, lo Stato possa agire per il suo recupero, avvalendosi dell'azione di ingiustificato arricchimento *ex* art. 2041 c.c.

In caso di revoca o di esito negativo della **messa alla prova**, il pubblico ministero, nel formare l'ordine di esecuzione, opera una detrazione di pena «corrispondente a quello della prova eseguita» (art. 657 *bis*). Il criterio di ragguaglio è quello di tre a uno: tre giorni di messa alla prova equivalgono a un giorno di detenzione (reclusione o arresto), ovvero corrispondono a 250 euro di multa o di ammenda. Nel determinare la pena, il pubblico ministero detrae un periodo con riguardo al tempo durante il quale la «prova» è stata eseguita, valorizzando l'avvenuto svolgimento di prestazioni di lavoro di pubblica utilità (artt. 168 *bis* c.p. e 464 *bis*) in misura proporzionalmente ridotta.

Il principio di fungibilità è prospettato dall'art. 662, co. 2, anche fra pene accessorie e misure cautelari interdittive di contenuto corrispondente.

I provvedimenti di cumulo e di scomputo del presofferto devono esser **notificati** al condannato e al suo difensore, **a pena di nullità**, al fine di consentire la verifica della legittimità dell'operato e chiedere l'intervento – eventuale – della giurisdizione esecutiva (artt. 655, co. 5, 657, co. 5 e 663, co. 3).

5. L'esecuzione delle misure di sicurezza ordinate con sentenza

Una specifica disciplina è dedicata alle ipotesi in cui, con la **sentenza** di condanna o di assoluzione, siano state applicate **misure di sicurezza**, **personali** o **patrimoniali** (art. 658).

Quando l'esecuzione riguardi una misura di sicurezza differente dalla confisca, al pubblico ministero legittimato all'esecuzione spetta il solo compito di trasmettere gli atti al pubblico ministero presso il magistrato di sorveglianza, *ex* art. 678, co. 3, da individuarsi secondo i criteri di cui all'art. 677. La notizia è funzionale all'**accertamento** ad opera di quest'ultimo della **pericolosità sociale** ai sensi dell'art. 203 c.p. e all'eventuale adozione dei **provvedimenti conseguenti**, su richiesta del pubblico ministero o di ufficio (art. 679).

La cancelleria del predetto magistrato di sorveglianza iscrive in un apposito registro l'**estratto del provvedimento** che ha disposto la misura in questione, formando un fascicolo nel quale vengono raccolti tale estratto e gli atti del procedimento, a norma dell'art. 31 reg. es. c.p.p.

Il sistema, in questo caso, attribuisce un ruolo preminente al magistrato di sorveglianza. La peculiarità si giustifica avendo riguardo all'abrogazione dell'art. 204 c.p. (dovuta all'art. 31, co. 2, L. n. 663 del 1986), con la quale è venuta meno ogni ipotesi di presunzione legale di pericolosità sociale. Le misure devono, infatti, essere applicate dal magistrato di sorveglianza in seguito a una **concreta verifica** della pericolosità sociale del soggetto.

I provvedimenti relativi saranno poi eseguiti dal pubblico ministero presso il giudice di sorveglianza che li ha adottati (artt. 659, co. 2, e 679, co. 2).

Per quel che riguarda l'esecuzione delle misure di sicurezza di cui sia stata ordinata l'**applicazione provvisoria** ai sensi dell'art. 312, esse sono eseguite a cura del pubblico ministero presso il giudice che ha emesso il provvedimento. Lo stesso regime si estende alle misure di sicurezza adottate in sede di udienza preliminare e di pronuncia della sentenza di non luogo a procedere, a dispetto del dato letterale dell'art. 658 che – riferendosi nella prima parte del co. 1 alla misura di sicurezza «ordinata con sentenza» – potrebbe indurre a collocare la fattispecie nel contesto sopra descritto.

L'esecuzione della **confisca** è affidata al pubblico ministero presso il giudice dell'esecuzione, non comportando una verifica in concreto della pericolosità della *res* oggetto di ablazione. Si applica, al riguardo, l'art. 676.

6. L'esecuzione delle pene pecuniarie

Il procedimento per l'esecuzione della condanna a **pena pecuniaria**, anche in sostituzione di una pena detentiva, è regolato in modo organico e autonomo dall'art. 660 (rivisitato con il d.lgs. n. 150 del 2022), sulla falsariga della procedura di esecuzione delle pene detentive.

Ne consegue che organo dell'esecuzione è, anche in questo caso, il pubblico ministero, il quale emette l'ordine di esecuzione con il quale ingiunge al condannato il pagamento (art. 660, co. 1). L'ordine è notificato al condannato e al difensore (appositamente nominato per la fase esecutiva o, in mancanza, a quello della fase del giudizio) e, nei casi di condanna del civilmente obbligato alla pena pecuniaria (art. 534), anche a quest'ultimo. La notifica può essere rinnovata dal pubblico ministero quando, assunte opportune informazioni anche presso il difensore, è provato o appaia probabile che il condannato non abbia avuto effettiva conoscenza dell'ordine di esecuzione (art. 660, co. 5).

I contenuti dell'ordine *de quo* sono modellati sull'art. 656, co. 3, secondo una duplice funzione **ingiuntiva** e **informativa**.

Anzitutto, l'ordine contiene le generalità del condannato e ogni altro elemento utile alla identificazione, l'imputazione, il dispositivo del provvedimento, nonché l'indicazione dell'ammontare della pena e le modalità di pagamento stabilite dal giudice nel provvedimento di condanna, in unica soluzione o a rate mensili *ex* art. 133 *ter* c.p. (art. 660, co. 2).

S'impone un *distinguo*.

Se è disposto il **pagamento in unica soluzione**, l'ordine contiene, altresì, l'intimazione al condannato di provvedere al pagamento entro novanta giorni dalla notifica, a pena di conversione *ex lege* n. 689 del 1981 (v. *infra*), e l'avviso che il condannato può depositare, entro venti giorni, **istanza di pagamento rateale** presso la segreteria del pubblico ministero, che la trasmette al giudice competente in questa fase, cioè al magistrato di sorveglianza (art. 660, co. 3; art. 678, co. 1 *bis*). L'istanza di pagamento rateale è valutata *de plano* ai sensi dell'art. 667, co. 4.

Se è disposta la rateizzazione, sin da principio o a seguito di istanza *in executivis*, l'ordine di esecuzione contiene l'indicazione del numero delle rate, dell'importo e delle scadenze di ciascuna per il pagamento, nonché l'ingiunzione di pagare la prima rata entro il termine di trenta giorni dalla notifica e l'avvertimento che, in caso di mancato tempestivo pagamento della prima rata, è prevista l'automatica decadenza dal beneficio e il pagamento della restante parte della pena in un'unica soluzione, da effettuarsi, a pena di conversione della stessa, entro i sessanta giorni successivi (co. 4).

Ulteriori avvisi riguardano la possibilità, per il condannato, di formulare istanza per **essere rimesso in termini** per proporre impugnazione, di richiedere la rescissione del giudicato, per il caso di processo celebrato in assenza, nonché la facoltà di accedere ai programmi di giustizia riparativa.

Le funzioni del pubblico ministero non si esauriscono con l'intimazione di pagamento della pena pecuniaria: costui vigila sull'**esatto adempimento** della pena pecuniaria, da parte del condannato o del civilmente obbligato alla pena pecuniaria, nei termini e secondo le modalità indicate nell'ordine di esecuzione. Dopo aver accertato il pagamento tempestivo *una tantum* o il pagamento dell'ultima rata, il pubblico ministero dichiara l'avvenuta esecuzione della pena (art. 660, co. 6). Viceversa, per il caso di inadempimento, anche di una sola rata, trasmette gli atti al magistrato di sorveglianza, per la conversione della parte di pena non ancora pagata ai sensi degli artt. 102 e 103, L. n. 689 del 1981 ovvero, quando si tratti di pena pecuniaria sostitutiva, ai sensi dell'art. 71 della medesima legge (art. 660, co. 7).

L'art. 102, L. n. 689 del 1981 stabilisce la **conversione** in semilibertà sostitutiva, secondo il criterio di ragguaglio di cui all'art. 135 c.p., comunque non superiore a quattro anni (se si converte la multa) o due anni (se si converte l'ammenda). L'art. 103, L. n. 689 del 1981, in modo meno severo, dispone (secondo specifici criteri di ragguaglio) la conversione in lavoro di pubblica utilità sostitutivo o, se il condannato si oppone, nella detenzione domiciliare sostitutiva, quando le condizioni economiche e patrimoniali del condannato al momento dell'esecuzione rendano impossibile il pagamento della pena pecuniaria. Il ragguaglio, a norma dell'art. 135 c.p., non può comunque determinare una sostituzione in pena superiore a due anni (se si converte la multa) o a un anno (se si converte l'ammenda). L'art. 71, L. n. 689 del 1981 stabilisce la conversione in semilibertà sostitutiva o in detenzione domiciliare sostitutiva (co. 1), ovvero, quando l'inadempimento è dovuto a impossibilità, in lavoro di pubblica utilità sostitutivo o, se il condannato si oppone, nella detenzione domiciliare sostitutiva (co. 2).

Il procedimento di conversione si svolge secondo le forme dell'art. 667, co. 4, con l'applicazione, in quanto compatibili, delle disposizioni sulla udienza di *sentencing* di cui all'art. 545 *bis* (art. 660, co. 8).

In base all'art. 660, co. 9, la **conversione** è disposta con **ordinanza**, previo accertamento della condizione di insolvenza (colpevole, contingente e transitoria impossibilità giuridica di porre in essere validi atti di pagamento) ovvero di insolvibilità (incolpevole incapacità economica del condannato di far fronte al pagamento per carenza di beni)[4], cui corrisponde una diversità di disciplina. In primo luogo, se il mancato pagamento è dovuto a insolvibilità, il condannato può chiedere al magistrato di sorveglianza il differimento della conversione, per un tempo non superiore ai sei mesi, rinnovabile per una so-

---

[4] Cfr., sulla norma previgente, *ex multis*, Cass., Sez. I, 16 maggio 2014, n. 25355, in CED Cass., n. 262545.

la volta se lo stato di insolvibilità perdura (art. 660, co. 10); in secondo luogo, se vi è stata condanna *ex* art. 534, il pubblico ministero ordina al civilmente obbligato per la pecuniaria di provvedere al pagamento, a pena di conversione della pena nei confronti del condannato insolvibile (art. 660, co. 11); infine, come si è detto, l'impossibilità del pagamento determinata dalle disagiate condizioni economiche e patrimoniali del condannato al momento dell'esecuzione implica l'applicazione di un regime di conversione meno severo ai sensi degli artt. 103 e 71, co. 2, L. n. 689 del 1981.

Contro l'ordinanza di conversione, eseguita secondo le disposizioni che regolano l'esecuzione delle sanzioni (pene) sostitutive (artt. 62-63 e 107, L. n. 689 del 1981), può essere proposto **ricorso per cassazione** con effetto sospensivo (art. 660, co. 12-14). Il condannato può, in ogni caso, far cessare l'esecuzione delle pene sostitutive, conseguente alla conversione della pena pecuniaria, pagando la pena pecuniaria non adempiuta, dedotta la somma corrispondente alla durata della pena da conversione espiata; può anche ottenere la sospensione dell'esecuzione delle pene sostitutive, se ammesso al pagamento rateale (art. 660, co. 15).

7. L'esecuzione delle pene sostitutive

La disciplina relativa all'esecuzione delle **pene sostitutive** (non più sanzioni, dopo il d.lgs. n. 150 del 2022) è contenuta nell'art. 661 e concerne l'applicazione della semilibertà, della detenzione domiciliare, del lavoro di pubblica utilità e della pena pecuniaria, quale «sanzione sostitutiva».

In particolare, quando debba essere eseguita una sentenza di condanna a una delle pene sostitutive della **semilibertà** o della **detenzione domiciliare**, il pubblico ministero presso il giudice dell'esecuzione trasmette l'estratto della sentenza al magistrato di sorveglianza, territorialmente competente ai sensi degli artt. 677 e 678, il quale si pronuncerà a norma delle leggi vigenti (art. 62 s., L. n. 689 del 1981), stabilendo le modalità da seguire (art. 661, co. 1).

Fino alla decisione del magistrato di sorveglianza, se il condannato alla pena sostitutiva della semilibertà o della detenzione domiciliare si trovi in *status custodiae* a titolo cautelare, costui permane nello stato detentivo in cui si trova e «il tempo corrispondente è considerato come pena espiata a tutti gli effetti» (art. 661, co. 1, secondo periodo). In ogni altro caso, le misure cautelari disposte perdono immediatamente efficacia.

Quando si debba procedere alla esecuzione della pena sostitutiva del **lavoro di pubblica utilità**, essa è ordinata dal giudice che ha applicato la pena, che provvede a norma dell'art. 63, L. n. 689 del 1981.

L'esecuzione della **pena pecuniaria**, invece, rimane pur sempre governata dall'art. 660, che ne prevede la disciplina generale, anche quando tale pena venga applicata quale sanzione (o pena) sostitutiva (cfr. *supra*, § 6).

8. L'esecuzione delle pene accessorie

La condanna alle **pene accessorie** può dipendere – *ope legis* ovvero *ope iudicis* – dalla condanna per determinati reati. Per la loro esecuzione, ai sensi degli artt. 19 e 28 ss. c.p., e 662 il pubblico ministero presso il giudice dell'esecuzione trasmette l'estratto della sentenza di condanna agli **organi di polizia giudiziaria** e **di pubblica sicurezza**, nonché – ove occorra – alle altre autorità amministrative interessate, indicando le sanzioni da eseguire.

Nei soli casi di interdizione legale (art. 32 c.p.), di decadenza dalla responsabilità genitoriale o di sospensione dall'esercizio di quest'ultima (art. 34 c.p.), il pubblico ministero trasmette l'estratto della sentenza al **giudice civile competente**, per l'adozione dei provvedimenti conseguenti.

Qualora alla condanna per determinate fattispecie segua una pena accessoria **predeterminata** dalla legge nella specie e nella durata, il pubblico ministero ne richiede l'applicazione al giudice dell'esecuzione, sempreché non si sia già provveduto con la sentenza di condanna (art. 183 disp. att. c.p.p.).

Se dalla condanna derivi l'applicazione della pena accessoria dell'interdizione dai pubblici uffici (*ex* art. 28 c.p.) oppure da una professione o da un'arte (*ex* art. 30 c.p.), dell'interdizione temporanea dagli uffici direttivi delle persone giuridiche e delle imprese (*ex* art. 32 *bis* c.p.), o ancora della decadenza o della sospensione dall'esercizio della responsabilità genitoriale (*ex* art. 34 c.p.), per la determinazione della relativa durata si **scomputa** la misura cautelare interdittiva di contenuto corrispondente eventualmente disposta a norma degli artt. 288, 289 e 290. Si tratta di una peculiare forma di presofferto, del tutto analoga a quella già esaminata (cfr. *supra*, § 4).

9. Il giudice dell'esecuzione

L'intervento del giudice in fase esecutiva, costruito secondo le direttive espresse dalla L. delega 16 febbraio 1987, n. 81, esige poteri, funzioni ed esiti rispettosi delle garanzie giurisdizionali imposte dalla Carta fondamentale. Liberatosi della connotazione puramente amministrativa e servente rispetto al processo di cognizione, il capitolo esecutivo offre oggi fondamentali spunti di sistema, ridefinendo le cadenze e il peso del giudicato, che correlativamente perde il connotato di intangibilità riconosciuto sotto il vigore del codice del 1930, per lasciar spazio a una flessibilità strumentale all'attuazione di un **giusto titolo esecutivo**.

In tal prospettiva, la portata del contraddittorio attivabile *post rem iudicatam* ben si sposa con la rigorosa verifica sui presupposti che definiscono il titolo, lasciando al giudice dell'esecuzione margini d'intervento, in potenza destinati a incidere sull'ampiezza e sul significato del comando contenuto del provvedimento irrevocabile. Il giudice, su impulso di parte, può in tal prospettiva essere chiamato a verificare la perfezione, l'efficacia e il contenuto precettivo del titolo, se del caso significativamente incidendo sull'originaria portata dello stesso.

In questo accresciuto ruolo, la giurisdizione designata sovraintende alla esecuzione del titolo adottando i necessari provvedimenti *risolutivi* (artt. 672 e 673), *integrativi* o *modificativi* (artt. 671, 674, 675 e 676), *selettivi* (art. 669) o *sospensivi* (art. 670), elevandosi a garante della legalità della pena oggetto d'espiazione. Le specifiche competenze della giurisdizione *in executivis* saranno oggetto di analisi nel prosieguo della trattazione.

Salvo che sia diversamente disposto dalla legge, **giudice dell'esecuzione** è il giudice che ha deliberato il provvedimento divenuto irrevocabile (art. 665, co. 1). Si tratta, come è facile intuire, di una competenza avente natura **funzionale**; e in quanto tale inderogabile.

Alla regola generale, il legislatore aggiunge criteri sussidiari e residuali, per contemplare le diverse articolazioni del procedimento di merito.

Quando è stato proposto **appello**, nel caso in cui il provvedimento sia stato «confermato o riformato soltanto in relazione alla pena, alle misure di sicurezza o alle disposizioni civili», è competente il giudice di primo grado; diversamente, se l'intervento del giudice di seconde cure sia andato oltre le statuizioni appena richiamate, modificando nella sostanza la decisione di primo grado, giudice dell'esecuzione è il giudice d'appello (art. 665, co. 2).

Quando è proposto **ricorso per cassazione**, possono darsi diverse ipotesi. Se il ricorso è stato dichiarato inammissibile o rigettato o vi è stato annullamento senza rinvio, quando il provvedimento impugnato era stato confermato in appello o riformato solo in relazione alla pena, alla misura di sicurezza o alle disposizioni civili, è competente il giudice di primo grado. Analogamente accade quando il ricorso sia stato proposto contro una decisione inappellabile o mediante ricorso *per saltum* (art. 569). Diversamente, quando vi sia stata una riforma nel merito da parte del giudice di seconda istanza, giudice d'esecuzione è il giudice d'appello. Se vi è stato, invece, annullamento con rinvio (art. 623), competente per l'esecuzione è il giudice di rinvio (art. 665, co. 3).

In caso, poi, di una **pluralità di provvedimenti** da eseguire emessi da giudici diversi, il legislatore opta per un criterio cronologico, in base al quale è competente il giudice «che ha emesso il provvedimento divenuto irrevocabile per ultimo» (art. 665, co. 4, primo periodo). La regola incontra due eccezioni. In primo luogo, se i provvedimenti sono stati emessi da giudici ordinari e da giudici speciali, è «competente in ogni caso il giudice ordinario» (art. 665, co. 4, secondo periodo). Infine, se si tratta di provvedimenti emessi dal Tribunale in composizione monocratica e collegiale, «l'esecuzione è attribuita in ogni caso al collegio» (art. 665, co. 4 *bis*).

10. Il procedimento di esecuzione ordinario

Superata l'idea della natura meramente amministrativa della fase d'esecuzione, non in linea con i parametri costituzionali che governano il processo penale, con il nuovo codice di rito si è affermata una concezione di segno opposto, fondata sulla **natura giurisdizionale** della fase deputata alla attuazione del comando contenuto in sentenza: ogni decisione assunta sul titolo, in tal senso, deve essere il frutto di un procedimento che possegga i requisiti minimi dell'equità processuale (imparzialità e terzietà del giudice, contraddittorio, controllabilità del provvedimento adottato).

Il procedimento d'esecuzione prevede forme e garanzie minime per i soggetti interessati, descrivendo un rito che potremmo definire *ordinario* (per distinguerlo dal procedimento *de plano* celebrato, in peculiari ipotesi, senza formalità; sul punto v. *infra*, § 11).

In linea con il brocardo *ne procedat iudex ex officio*, il rito esecutivo ordinario può essere attivato su istanza di parte, secondo le cadenze descritte dall'art. 666, co. 1: il pubblico ministero, l'interessato o il difensore possono sollecitare la funzione giurisdizionale. Quando il soggetto interessato sia un infermo di mente, titolare del potere sollecitatorio della giurisdizione esecutiva sono il tutore e il curatore (art. 666, co. 8).

Il riferimento generico all'«interessato» consente di ritenere che possa sollecitare l'intervento del giudice dell'esecuzione chiunque sia titolare di un interesse giuridico rilevante per la decisione, a prescindere dalla posizione assunta e dalla partecipazione al processo penale. Nella maggior parte dei casi, l'iniziativa sarà del pubblico ministero o del condannato; meno frequentemente, del prosciolto o del terzo, che potrebbe agire nella sede esecutiva, ad esempio, ai fini della restituzione della cosa sequestrata (art. 676), oppure per la dichiarazione della falsità di atti o documenti (art. 675).

Il procedimento d'esecuzione è costruito sul paradigma camerale descritto dall'art. 127, pur distinguendosene per una più accentuata valenza partecipativa e per un maggior dettaglio nella definizione della fase istruttoria. Rispetto al **procedimento camerale** *standard*, infatti, il procedimento descritto dall'art. 666 prevede la partecipazione necessaria del pubblico ministero e del difensore; impone un filtro d'ammissibilità della richiesta; ammette un'attività istruttoria.

La delibazione preliminare sulla **ammissibilità** della richiesta risponde a chiare esigenze di deflazione e di economia del procedimento, mirando a scoraggiare intenti strumentali e dilatori, nonché ad assicurare stabilità al provvedimento esecutivo, impedendo l'accesso all'udienza camerale di richieste all'evidenza infondate o frutto di reiterazione. Si pensi all'istanza «manifestamente infondata per difetto delle condizioni di legge»: è il caso della richiesta priva dei requisiti legali o che presenti ragioni inconsistenti per genericità o per vaghezza. Quanto alla «mera riproposizione di una richiesta già rigettata, basata sui medesimi elementi», essa va valutata in base all'identità dell'oggetto e delle ragioni giustificative, in fatto e in diritto.

Pur in mancanza di una specifica disposizione, il provvedimento che dispone la *vocatio in iudicium* deve contenere l'indicazione dell'oggetto del procedimento e consentire la integrazione del contraddittorio. L'**avviso di fissazione dell'udienza** deve essere comunicato o notificato almeno dieci giorni prima della data dell'udienza alle parti, al difensore e al pubblico ministero. Fino a cinque giorni prima dell'udienza possono essere depositate in cancelleria **memorie difensive**, che permettano un primo contraddittorio cartolare (art. 666, co. 3).

La natura tecnica dei temi affrontati giustifica la previsione della **partecipazione necessaria del pubblico ministero e del difensore**, a fronte della natura eventuale della partecipazione dell'interessato. Proprio la partecipazione di quest'ultimo è subordinata a una richiesta, sia nel caso in cui si tratti di un soggetto libero, sia allorché sia detenuto o internato entro la circoscrizione del giudice procedente. Di contro, il detenuto o l'internato che si trovino in un istituto non compreso nella circoscrizione, hanno **diritto di essere sentiti**, previa richiesta e prima del giorno dell'udienza, dal magistrato di sorveglianza competente sul luogo di restrizione e salvo che il giudice non ritenga di disporne la traduzione (art. 666, co. 4).

Va comunque tenuto conto che l'art. 45 *bis* disp. att. c.p.p. consente, nei casi e secondo quanto previsto dall'art. 146 *bis*, co. 1, 1 *bis*, 1 *ter*, e 1 *quater* disp. att. c.p.p., la partecipazione del condannato al procedimento camerale a distanza, ossia tramite collegamento audiovisivo tra l'aula d'udienza e il luogo di custodia.

La **dinamica probatoria** camerale del procedimento esecutivo è tracciata dal co. 5 dell'art. 666, a memoria del quale è il giudice ad avere un potere di iniziativa, pur nel rispetto del contraddittorio. Si rovescia, così, la regola processuale espressa dall'art. 190 in tema di diritto alla prova, delineandosi un mero onere di allegazione in capo al soggetto che invochi un provvedimento favorevole. L'impulso probatorio spetta al giudice, che «se occorre assumere prove, procede in udienza», con una chiara deroga al principio dispositivo.

Il ruolo centrale del giudice lo porta a disporre dell'**acquisizione documentale**, cui il procedimento riserva valore preminente nell'acquisizione di informazioni, o a decidere se instaurare d'ufficio una vera e propria **istruzione probatoria**, pur alleggerita delle formalità tipiche del dibattimento. In altri termini, «se occorre assumere prove», ossia quando si ritenga utile ai fini della decisione svolgere un'attività istruttoria, il giudice «procede in udienza nel rispetto del contraddittorio». Il peculiare criterio di ammissibilità della prova si conforma alla specificità della fase e alla tipologia delle questioni: nella maggior parte dei casi, non è richiesta un'acquisizione ulteriore al fine di incrementare il materiale già in atti. Il giudice «procede senza particolari formalità anche per quanto concerne la citazione e l'esame dei testimoni e l'espletamento della perizia» (art. 185 disp. att. c.p.p.). Per il resto, basta che si rispetti il contraddittorio, nella sua connotazione essenziale dell'*audiatur et altera pars*, consentendo il confronto dialettico sui temi da verificare.

Una regola particolare prevede che il giudice acquisisca d'ufficio «le copie delle sentenze o dei decreti irrevocabili, se non sono allegate alla richiesta prevista dall'articolo 671, co. 1» volta ad applicare la disciplina del concorso formale o della continuazione (art. 186 disp. att. c.p.p.).

A conclusione di un'eventuale istruttoria, le parti sono chiamate a formulare le rispettive richieste, in esito alla discussione. Il giudice provvede, quindi, alla deliberazione. L'**ordinanza**, motivata a pena di nullità *ex* art. 125, è depositata dal giudice e comunicata o notificata alle parti e ai difensori.

Il giudice, in altri termini, non deve decidere immediatamente all'esito dell'udienza, ma può differire la pubblicazione del provvedimento: tuttavia, la lettura operata in udienza, ai sensi dell'art. 148, co. 5, sostituisce la notificazione, purché ne sia fatta menzione nel verbale.

Contro le decisioni pronunciate dal giudice dell'esecuzione, può esser proposto **ricorso per cassazione** per le sole violazioni di legge (art. 666, co.

6). Il ricorso non sospende l'esecuzione dell'ordinanza, a meno che il giudice che l'ha emessa disponga diversamente (art. 666, co. 7).

Una volta decorso il termine per l'impugnazione (o all'esito del giudizio di gravame), l'ordinanza emessa in sede di esecuzione si stabilizza e determina una preclusione al nuovo sindacato sui medesimi elementi: si produce un effetto che si definisce **giudicato allo stato degli atti**, poiché non è ammesso un secondo giudizio *de eadem re*, salvo che mutino le condizioni in base alla quale era stata emessa la prima decisione. Se, dunque, una nuova richiesta è presentata al giudice dell'esecuzione sulla base dei medesimi elementi, il giudice la dichiara **inammissibile** (art. 666, co. 2).

11. Il procedimento di esecuzione *de plano*

La necessità di una rapida definizione di alcune questioni che possono sorgere in sede esecutiva ha suggerito la previsione di un meccanismo agile, che consenta al giudice di adottare una decisione senza la previa convocazione delle parti in udienza. Si tratta del **procedimento *de plano***, disciplinato dall'art. 667, co. 4, cui si potrà ricorrere in caso di dubbio sulla identità fisica della persona detenuta, oltre che in caso di applicazione dell'amnistia o dell'indulto ovvero, ancora, in altre ipotesi tassativamente previste dalla legge.

Pur non essendovi alcun cenno sul punto nella scarna disposizione prevista dal co. 4 dell'art. 667, il procedimento in analisi non può prescindere dall'**iniziativa di parte**, a differenza del procedimento di sorveglianza, dove l'iniziativa d'ufficio si conforma alle peculiari funzioni della giurisdizione penitenziaria.

In questi casi, le **formalità** sono **ridotte**: dopo aver sentito il pubblico ministero, il giudice provvede con una ordinanza che, in virtù della generale previsione dell'art. 125, co. 3, va motivata. Essa è notificata all'interessato e comunicata al pubblico ministero. Nulla è disposto sui termini per la decisione e sul deposito della ordinanza: anche la specifica previsione per cui l'ordinanza viene comunicata al pubblico ministero e notificata all'interessato, se da un lato individua adempimenti funzionali a consentire il diritto all'opposizione, dall'altro non li correla ad alcun termine.

Il **contraddittorio** è, dunque, **eventuale** e può essere instaurato a seguito della opposizione che va presentata «entro quindici giorni dalla comunicazione o dalla notificazione dell'ordinanza» innanzi al medesimo giudice.

L'opposizione, pur non avendo natura di gravame, va redatta **per iscritto** e deve esser depositata presso la cancelleria del giudice dell'esecuzione; al detenuto è consentita la presentazione della stessa al direttore dell'istituto o a un ufficiale di polizia giudiziaria.

La richiesta diretta al medesimo giudice che ha pronunciato l'ordinanza è funzionale al recupero del contraddittorio e mira a ottenere una decisione che sia frutto del confronto dialettico. Le ragioni dell'opposizione potranno, in ogni caso, essere esposte nel corso dell'udienza.

Il **giudizio camerale** che si apre in seguito all'opposizione si svolge nelle forme previste dall'art. 666: quindi, salvo che l'opposizione venga dichiarata inammissibile (con decreto ricorribile per cassazione per le sole violazioni di legge), alla revoca dell'ordinanza opposta seguirà la celebrazione del giudizio in camera di consiglio, secondo il modello già *supra* descritto.

12. La giurisdizione sul titolo: sindacato preventivo e successivo

Per quel che riguarda le tempistiche del sindacato, già nella fase che precede l'emissione dell'ordine di esecuzione, il pubblico ministero è chiamato a svolgere le necessarie verifiche concernenti la legittimità e l'efficacia del titolo, se del caso sollecitando **in via preventiva** la giurisdizione *in executivis*, secondo le cadenze procedurali sopra descritte. Tale controllo è attivato, anzitutto, per evitare che sia data esecuzione a una pena che si collochi al di fuori del sistema sanzionatorio (la **pena illegale**) [5] o che risulti lesiva dei diritti fondamentali del condannato (la **pena illegittima**) [6].

Il pubblico ministero è, inoltre, tenuto a svolgere il controllo sulla pena nei casi di ***abolitio criminis*** (art. 673), quando ricorrano gli estremi per il **rinvio dell'esecuzione** (artt. 146 e 147 c.p.) o, ancora, quando ritenga di dover sollecitare una **rideterminazione della pena** a seguito dell'istruttoria svolta preparando l'ordine di esecuzione (artt. 657 e 657 *bis*).

Il pubblico ministero, inoltre, sollecita l'intervento del giudice dell'esecuzione quando si debba procedere a una **revoca *in malam partem*** di precedenti benefici, ostativi a una esecuzione penale o al prodursi di altro effetto del titolo (arg. *ex* art. 674).

---

[5] Pena che non corrisponda – per specie o per quantità – a quella prevista per la fattispecie incriminatrice. Si pensi, a titolo esemplificativo, ai casi di illegalità della pena riconosciuti dalla Corte costituzionale in materia di delitti in materia di stupefacenti. Cfr., al riguardo, Corte cost., sent. 19 settembre 2012, n. 251; Corte cost., sent. 12 febbraio 2014, n. 32; Corte cost., sent. 8 marzo 2019, n. 40.

[6] Le sezioni unite della Corte di cassazione hanno definito illegittimo il giudicato a fronte di «evidenti e pregnanti compromissioni in atto dei diritti fondamentali della persona», pur non esplicitamente sancite da una pronuncia della Corte EDU (Cass., Sez. Un., 24 ottobre 2013, Ercolano) ovvero in caso di declaratoria di illegittimità costituzionale di una norma diversa da quella incriminatrice, idonea a mitigare il trattamento sanzionatorio (Cass., Sez. Un., 29 maggio 2014, Gatto).

La facoltà di adire il giudice dell'esecuzione potrà, in un momento successivo, essere esercitata dal **destinatario dell'ordine di esecuzione**, l'interessato a un corretto computo della sanzione da espiare, tenuto conto della possibile rilevanza di una causa estintiva del reato o della pena (art. 676); della necessaria revoca del titolo per l'abolizione della fattispecie incriminatrice, dovuta a un intervento legislativo o giurisprudenziale (art. 673); della opportuna applicazione del cumulo giuridico delle pene detentive, in luogo di quello materiale (nei casi previsti dall'art. 671); della dovuta conversione di una pena detentiva in pena pecuniaria, per la retroattività della *lex mitior* (*ex* artt. 2, co. 3, e 135 c.p.); della rilevanza di un provvedimento di amnistia o di indulto (art. 672); o, ancora, dell'esistenza di un conflitto pratico tra giudicati, per la pluralità di sentenze riguardanti il medesimo fatto (art. 669).

La tipologia e l'ampiezza contenutistica degli interventi menzionati testimonia la anticipata **flessibilità del giudicato**, che può essere rivisitato (e perfino interpolato) sino a constatarne l'inesistenza (art. 670) o l'illegittimità. La garanzia d'intervento in sede esecutiva costituisce, in tal prospettiva, un presidio immanente, funzionale a correggere i vizi del titolo e ogni altro aspetto che si palesi come controverso in ogni momento della fase esecutiva.

Si passeranno in rassegna, nei paragrafi seguenti, le singole competenze del giudice *in executivis*.

12.1. Il dubbio sull'identità fisica del detenuto

Secondo l'art. 667, co. 1, quando vi sia «ragione di **dubitare**» dell'**identità fisica** di una persona arrestata per l'esecuzione di una pena o perché evasa mentre scontava una condanna, il giudice dell'esecuzione provvede all'interrogatorio e «compie ogni indagine utile alla sua identificazione», anche servendosi della polizia giudiziaria. La previsione è funzionale a evitare che si proceda alla restrizione della libertà di una persona diversa dal condannato e non riguarda i casi di identità anagrafica, separatamente disciplinati dal codice (art. 668, su cui v. *infra*, § 12.2).

Nel caso in cui, a seguito degli accertamenti svolti, si verifichi che **non v'è errore di persona**, si darà corso all'esecuzione: e se la persona detenuta deve esser giudicata per altri reati, «l'ordinanza è comunicata all'autorità giudiziaria procedente» (art. 667, co. 5).

Quando, in seguito agli accertamenti svolti, il giudice riconosca che **non si tratti** della persona nei cui confronti debba essere disposta l'esecuzione della pena, ne ordina l'immediata liberazione (art. 667, co. 2, primo periodo).

Di contro, se – pur dopo le verifiche svolte – l'identità fisica resta **incerta**, il giudice ordina la sospensione dell'esecuzione e dispone la liberazione, invitando il pubblico ministero a procedere a ulteriori indagini (art. 667, co. 2, secondo periodo).

Infine, qualora risulti **evidente** l'errore di persona, e non sia possibile il tempestivo intervento del giudice dell'esecuzione nelle modalità previste, è il pubblico ministero del luogo in cui l'arrestato si trova a dover disporre, in via provvisoria, con decreto motivato, la liberazione. Tale provvedimento, caratterizzato dall'urgenza di evitare il protrarsi dello stato detentivo alla persona che si stata erroneamente trattenuta, ha effetto fino a quando non provveda il giudice competente, a cui gli atti sono immediatamente trasmessi (art. 667, co. 3).

In tutti i casi, il giudice dell'esecuzione provvede senza formalità, ***de plano***, con una ordinanza comunicata al pubblico ministero e notificata all'interessato, contro la quale quest'ultimo, il difensore e il pubblico ministero possono proporre **opposizione** nel termine di quindici giorni dalla comunicazione o dalla notificazione della ordinanza (art. 667, co. 4, su cui v. *supra*, § 11).

12.2. La persona condannata per errore di nome

Dall'errore di persona, che considera l'identità fisica (v. *supra*, § 12.1), va distinto l'errore di nome, che si riferisce invece all'**identità anagrafica**, oggetto di specifica disciplina nell'art. 668. Quest'ultima ipotesi contempla due situazioni, assai differenti fra loro, suscettibili di dar vita a decisioni affatto simili.

L'errore di nome può, in primo luogo, essere stato **meramente materiale**: il processo si è svolto nei confronti del vero responsabile, regolarmente citato in giudizio, sia pur sotto diverso nome. In questo caso, il giudice dell'esecuzione dispone la modifica le generalità, nelle forme di cui all'art. 130, che si riferisce alla correzione degli errori materiali.

Di contro, se l'errore di persona abbia comportato la celebrazione del processo nei confronti di **una persona diversa** da quella contro cui si sarebbe dovuto procedere, il processo è suscettibile di **revisione**, a norma dell'art. 630, co. 1, lett. c. In questo caso, è sospesa l'esecuzione contro la persona erroneamente condannata (art. 668, ult. periodo).

In via prioritaria, spetta dunque al giudice dell'esecuzione verificare i termini concreti della questione per comprendere se e come correggere l'errore materiale, attivando il procedimento esecutivo.

In caso di mero errore materiale, la correzione spetta al giudice che ha emesso il provvedimento, **anche d'ufficio**, quando l'errore «non comport[i] una modificazione essenziale dell'atto» (art. 130, co. 1). Il rito camerale, in questo caso, si conclude con una ordinanza che dovrà essere annotata sull'originale del provvedimento emendato.

Il procedimento in contraddittorio di cui all'art. 666 dovrà essere attivato quando si tratti di verificare il possibile errore giudiziario. Quando il giudice dell'esecuzione riscontri un errore rilevante, dispone in ogni caso la **sospensione dell'esecuzione** e trasmette gli atti alla Corte d'appello competente per la revisione del processo.

12.3. Il conflitto pratico di giudicati

Quando, in violazione del principio del *ne bis in idem*, nei confronti della stessa persona siano stati pronunciati più provvedimenti in ordine al medesimo fatto, divenuti irrevocabili, si verifica un **conflitto pratico tra giudicati**, che deve essere oggetto di risoluzione in fase esecutiva.

In questa ipotesi, il giudice dell'esecuzione è chiamato a individuare il provvedimento da eseguire e a revocare, contestualmente, gli altri, sulla scorta dei criteri dettati dall'art. 669.

La previsione, nel declinare i criteri in forza dei quali una sentenza debba essere dichiarata esecutiva, non segue in maniera indiscriminata il criterio cronologico, che imporrebbe l'esecuzione della sentenza divenuta irrevocabile per prima, ma accorda prevalente preferenza al *favor rei*.

Il criterio generale è quello descritto dal co. 1 dell'art. 669, secondo cui in caso di **pluralità di sentenze** di condanna nei confronti della medesima persona e per il medesimo fatto, il giudice dispone l'esecuzione di quella «**meno grave**, revocando le altre». Così, ai sensi del co. 3, nei casi in cui concorrano una pena pecuniaria e la pena detentiva, si esegue la pena pecuniaria; se concorrano pene detentive o pene pecuniarie di specie diversa, si esegue la pena di minore entità; mentre se le pene sono di uguale entità, si esegue rispettivamente l'arresto o l'ammenda. Se concorrano la pena detentiva e la sanzione sostitutiva della semidetenzione o della libertà controllata, si esegue la sanzione sostitutiva; nel caso di concorso di una sanzione sostitutiva della semidetenzione o della libertà controllata e della pena pecuniaria, si esegue la pena pecuniaria (art. 669, co. 3).

Per l'art. 669, co. 4, poi, quando le **pene principali** sono **uguali**, «si tiene conto della eventuale applicazione di pene accessorie o di misure di sicurezza e degli altri effetti penali».

Solo se le condanne siano **identiche**, rivive il criterio cronologico e si esegue la sentenza divenuta irrevocabile per prima.

Tuttavia, quando le **pene** irrogate siano **diverse**, il condannato «**può indicare** la sentenza che deve essere eseguita» (art. 669, co. 2). La scelta, da esercitarsi prima che intervenga la pronuncia del giudice dell'esecuzione, è vincolante e prevale rispetto ai criteri selettivi enunciati nei co. 3 e 4, non potendo esser sindacata dal giudice. Pertanto, se le pene sono diverse, i criteri legislativi si profilano come residuali e sono applicabili a condizione che l'interessato non abbia indicato una preferenza.

I parametri selettivi descritti dalla norma sono, in altri termini, tesi a privilegiare l'esecuzione della sentenza che comporti, in concreto, la **pena meno afflittiva** per il condannato.

Quando la sentenza revocata sia stata in tutto o in parte già eseguita, la pena espiata è **computata** rispetto al titolo che il giudice ha selezionato come eseguibile (art. 669, co. 5).

Le regole e i criteri enunciati si applicano anche se si tratti di **più decreti penali di condanna**, o quando concorrano **sentenze e decreti penali**, ovvero se il fatto è stato giudicato in **concorso formale** con altri fatti o quale episodio di un **reato continuato**, previa eventuale determinazione della pena corrispondente (art. 669, co. 6).

Quando siano state pronunciate **più sentenze di non luogo a procedere** o **più sentenze di proscioglimento**, non v'è l'esigenza di individuare la pena da espiare, bensì la sentenza più favorevole all'interessato. In ipotesi, il giudice, se l'interessato non eserciti il suo diritto alla indicazione della sentenza da eseguire (secondo l'art. 669, co. 2), ordina l'esecuzione della sentenza in concreto più favorevole, guardando alla formula di proscioglimento o di non luogo a procedere adottata, e revocando contestualmente l'altra sentenza (o le altre sentenze) (art. 669, co. 7).

Più delicato, anche dal punto di vista teorico, il caso del **concorso eterogeneo di pronunce**, che si ha qualora concorrano sentenze di condanna e pronunce di proscioglimento. È, infatti, in questa ipotesi che il *favor rei* produce gli effetti più significativi, conducendo alla revoca del provvedimento di condanna anche quando la sentenza di proscioglimento sia stata pronunciata – in aperta violazione del divieto di *bis in idem* – dopo quella di condanna (art. 669, co. 8, primo periodo). Tuttavia, se il proscioglimento è stato dichiarato per l'intervenuta **estinzione del reato** «verificatasi **successivamente** alla data in cui è divenuta irrevocabile la decisione di condanna», si esegue quest'ultima (art. 669, co. 8, secondo periodo).

L'art. 669, co. 8 fa salvi casi in cui la sentenza irrevocabile sia stata pronunciata per **estinzione del reato** conseguente alla **morte** dell'imputato (art. 69) o per mancanza di una **condizione di procedibilità** (art. 345): in questi casi, saranno infatti esecutivi la sentenza o il decreto penale di condanna pronunciati dopo che sia accertata l'esistenza in vita dell'imputato o che sia sopravvenuta la condizione di procedibilità.

Infine, quando concorrano una sentenza di non luogo a procedere (resa all'esito dell'udienza preliminare o dell'udienza di comparizione predibattimentale) e una sentenza pronunciata in giudizio o un decreto penale di condanna, la **pronuncia di merito** – qualunque sia l'esito – prevale e il giudice ne ordina l'esecuzione. Rileva, in questo caso, il maggior grado di stabilità della pronuncia: mentre la sentenza di non luogo a procedere è suscettibile di revoca (*ex* artt. 434 e 554 *quinquies*), con la conseguente ripresa del procedimento penale, la sentenza pronunciata in esito al giudizio (ordinario o abbreviato) e il decreto penale acquistano il carattere dell'irrevocabilità.

12.4. Il concorso formale e la continuazione

Tra le competenze di maggior rilievo che il codice di rito attribuisce al giudice dell'esecuzione v'è, senz'altro, quella indicata dall'art. 671, concernente l'applicazione della disciplina del **concorso formale** e del **reato continuato**. Disciplina simbolo del venir meno del mito della intangibilità del giudicato penale, essa consente il riequilibrio sanzionatorio dovuto alla circostanza di una celebrazione separata di processi riguardanti vicende legate da vincoli per i quali la disciplina sostanziale prevede un trattamento più mite, contemplando forme di cumulo giuridico delle sanzioni inflitte.

Il rimedio compensativo consente, cioè, il recupero della disciplina di cui all'art. 81 c.p., evitando il cumulo materiale delle pene in presenza dei presupposti stabiliti dalla legge sostanziale.

Il recupero *ex post* del trattamento più favorevole pone al riparo il sistema da censure di incostituzionalità, sia in rapporto al **principio di uguaglianza**, in quanto risulterebbe iniquo un regime sanzionatorio differenziato a seconda che si tratti di processo cumulativo o separato, sia con riferimento al **diritto di difesa**, visto che l'esercizio del medesimo non può risultare compresso o precluso quando vi siano, per ragioni indipendenti dalla volontà dell'interessato, processi separati.

La possibilità di attivare il rimedio esige l'esistenza di più decisioni irrevocabili per fatti diversi, in procedimenti separati, nei confronti della stessa persona. È, di contro, riservata alla competenza esclusiva del giudice di cognizione la verifica circa l'esistenza del **vincolo connettivo rilevante** nel caso di una pluralità di reati commessi dalla stessa persona e oggetto di un medesimo procedimento. È, inoltre, necessario che il concorso formale o la continuazione **non siano stati esclusi** dal giudice di **cognizione**. Questo presupposto, di segno negativo, costituisce naturale conseguenza della prevalente determinazione del giudice di merito, espressa e ormai sigillata dal giudicato, che preclude ogni rivalutazione al riguardo.

Per effetto di una modifica, operata con d.l. n. 272 del 2005, convertito in L. n. 49 del 2006, «fra gli elementi che incidono sull'applicazione della disciplina del reato continuato vi è la consumazione di più reati in relazione allo stato di tossicodipendenza» (art. 671, co. 1). La disposizione mira ad attenuare il rigido trattamento sanzionatorio che si prospetta in rapporto ai reati collegati a questo stato.

Accertati dal giudice i presupposti per l'applicazione del cumulo giuridico, si provvede a un **nuovo calcolo della pena**, che non può comunque superare il limite del triplo della pena inflitta per la fattispecie più grave; in ogni caso, il computo finale non può eccedere la somma delle pene inflitte con ciascuna sentenza o con ciascun decreto di condanna (art. 671, co. 2).

Si applicano le disposizioni di cui all'art. 81, co. 4, c.p., e dunque in caso di condannato che sia stato dichiarato **recidivo reiterato** (art. 99, co. 4, c.p.), l'aumento della pena per i reati satellite non può essere inferiore a un terzo della pena inflitta per il reato più grave (art. 671, co. 2 *bis*).

Secondo l'art. 187 disp. att. c.p.p., ai fini della determinazione della violazione più grave, rileva «quella per la quale è stata inflitta la pena più grave, anche quando per alcuni reati si è proceduto con il giudizio abbreviato». Questa pena, individuata dal giudice di cognizione, costituirà la pena-base, sulla quale il giudice dell'esecuzione opererà gli aumenti per i reati satellite.

Alla verifica dei presupposti sopra descritti, il giudice provvede nelle forme del **giudizio camerale ordinario** (art. 666). A integrazione della disciplina dettata in materia di istruzione probatoria (artt. 666, co. 5), l'art. 186 disp. att. c.p.p. prevede che «le copie delle sentenze o [dei] decreti irrevocabili, se non sono allegate alla richiesta prevista dall'art. 671, co. 1 del codice, sono acquisite di ufficio».

Quando la pena sia oggetto di nuovo computo, per effetto del riconoscimento del concorso formale o del reato continuato, il giudice dell'esecuzione può concedere la **sospensione condizionale della pena** e la **non menzione della condanna nel certificato del casellario giudiziale**. Si tratta di una valutazione discrezionale, che il giudice opererà secondo i parametri posti dal diritto sostanziale (artt. 163-164 e 175 c.p.). Il regime sanzionatorio complessivo può, in altri termini, essere rivisitato anche in relazione ai benefici di originaria competenza del giudice del merito, non applicati in forza del regime di separazione delle regiudicande. Il giudice adotta, infine, ogni altro **provvedimento** necessario e **conseguente** all'applicazione del cumulo giuridico (art. 671, co. 3).

12.5. Amnistia e indulto

La disciplina che consente l'operatività delle cause estintive di cui agli artt. 151 e 174 c.p., l'**amnistia** e l'**indulto**, è delineata nell'art. 672. Benché «le cause di estinzione del reato o della pena operano nel momento in cui esse intervengono» (art. 183, co. 1, c.p.), occorre un provvedimento del giudice che ne verifichi la sussistenza dei presupposti, definitive o condizionate che siano (art. 672, co. 1 e 5).

Spetta al giudice dell'esecuzione la competenza a dichiarare le cause estintive verificatesi **dopo il giudicato**; di contro, quando amnistia e indulto siano intervenuti **prima dell'irrevocabilità**, permane una competenza condivisa con il giudice di cognizione. Se il giudice del merito non abbia provveduto a dichiarare la causa d'estinzione (e sempre che non abbia espressamente escluso l'operatività della stessa), se ne occuperà il giudice in sede esecutiva, in mancanza di disposizioni contrastanti e a salvaguardia del *favor rei.*

In linea di principio, è possibile applicare l'amnistia e l'indulto anche a pena totalmente espiata; tale possibilità è, tuttavia, subordinata all'esistenza di un interesse giuridico concreto – qual è il computo della pena condonata ai fini della determinazione di altra pena da espiare (art. 657) – o, più semplicemente, di un interesse morale, di cui il condannato debba farsi carico per ottenere la declaratoria della causa estintiva.

Quando, a seguito dell'indulto o dell'amnistia, occorra applicare o modificare una **misura di sicurezza** (art. 210 c.p.), il giudice dell'esecuzione è tenuto a trasmettere gli atti al magistrato di sorveglianza.

Al fine di impedire il protrarsi dello stato detentivo, il pubblico ministero che cura l'esecuzione della sentenza può disporre, **in via provvisoria**, la liberazione del condannato detenuto ovvero la cessazione delle sanzioni sostitutive o delle misure alternative alla detenzione, prima che essa sia definitivamente ordinata dal giudice con il provvedimento che applichi l'amnistia o l'indulto (art. 672, co. 3).

Qualora l'amnistia e l'indulto siano stati sottoposti a **condizioni** o a **obblighi** (artt. 151, co. 4 e 174, co. 3, c.p.), l'art. 672, co. 5, prevede che l'esecuzione della sentenza o del decreto penale sia sospesa fino alla scadenza del termine stabilito nel decreto di concessione, o, quando non sia stato fissato un termine, fino alla scadenza del quarto mese dal giorno della pubblicazione del decreto. L'amnistia e l'indulto condizionati si applicano definitivamente se, alla scadenza del termine, sia dimostrato l'adempimento delle condizioni e degli obblighi.

12.6. *Abolitio criminis* e declaratoria di illegittimità costituzionale

Il potere emendativo del giudice della esecuzione si estende anche ai casi in cui la norma incriminatrice sia stata oggetto di **abrogazione**, con abolizione della fattispecie, o sia stata dichiarata **costituzionalmente illegittima**. Si tratta di un intervento **risolutivo del giudicato**, che ne cancella tutti gli effetti penali e impedisce l'esecuzione o la prosecuzione della stessa (arg. *ex* artt. 2, co. 2, c.p., 136, co. 1, Cost., e 30, co. 4, L. n. 87 del 1953).

In tal direzione, l'art. 673 stabilisce che, nei casi di abrogazione o di dichiarazione di illegittimità costituzionale della norma incriminatrice, è disposta **la revoca della sentenza di condanna** (cui è equiparabile, per l'art. 445, la sentenza che applica una pena concordata) **o del decreto penale di condanna**, dichiarando che il fatto non è previsto dalla legge come reato e adottando **«i provvedimenti conseguenti»** diretti all'eliminazione di ogni altro effetto penale.

Il giudice dell'esecuzione può provvedere alla revoca del provvedimento di condanna ai sensi dell'art. 673 in tutti i casi in cui sia intervenuta una *abolitio criminis*, con cancellazione della fattispecie o degradazione a semplice illecito civile o amministrativo, anche a seguito di *referendum* abrogativo. Ciò vale non solo nel caso in cui l'abrogazione della fattispecie incriminatrice sia posteriore alla condanna, ma anche quando, pur essendo anteriore, non sia stata dichiarata dal giudice di cognizione. Non è, di contro, riconducibile alle ipotesi di *abolitio criminis*, e non consente quindi l'intervento revocatorio del giudice dell'esecuzione, il mutamento giurisprudenziale sulla penale rilevanza di una condotta.

Il procedimento per la revoca si svolge nelle forme camerali tipiche dell'art. 666.

Il giudice dell'esecuzione revoca **integralmente** la sentenza di condanna nel caso in cui essa riguardi soltanto fatti che non abbiano più rilievo penale; si limita, di contro, a una revoca **parziale**, nel caso in cui si tratti di sentenza oggettivamente cumulativa e residuino pene da porre in esecuzione. In quest'ultima eventualità, il giudice sarà chiamato a nuovamente modulare il trattamento sanzionatorio, limitandosi ai fatti penalmente rilevanti.

Pur in mancanza di un dato letterale analogo a quello del co. 3 dell'art. 671, è pacifico che tra i «provvedimenti conseguenti» menzionati dall'art. 673 rientri la possibile concessione della **sospensione condizionale della pena**, in presenza dei presupposti di legge.

La **cancellazione degli effetti penali**, in seguito al provvedimento di revoca, travolge la pena principale, eventuali misure di sicurezza personali, le pene accessorie e ogni altro effetto penale.

Il provvedimento di revoca è **annotato** nella sentenza di condanna a cura della cancelleria del giudice che l'ha emessa (art. 193 disp. att. c.p.p.); di contro, l'iscrizione della sentenza nel casellario giudiziale è cancellata (art. 5 (L), co. 2, lett. *a*, t.u. casellario).

La revoca è specificamente prevista non solo in rapporto alla pronuncia di condanna, ma anche quando è stata emessa una **sentenza di proscioglimento** o **di non luogo a procedere** per estinzione del reato o per difetto d'imputabilità, al fine di guadagnare il più favorevole esito che «il fatto non è previsto dalla legge come reato» (art. 673, co. 2).

13. Altre questioni sul titolo esecutivo

Ogniqualvolta accerti che il provvedimento posto alla base dell'ordine di esecuzione **manchi** o **non** sia divenuto **esecutivo**, dopo aver valutato «anche nel merito l'osservanza delle garanzie previste nel caso d'irreperibilità del condannato», il giudice dell'esecuzione – sebbene investito sul punto rispetto ad altra questione di cui abbia competenza – lo dichiara con ordinanza e sospende l'esecuzione, «disponendo, se occorre, la liberazione dell'interessato e la rinnovazione della notificazione non validamente eseguita». In questa ultima evenienza, decorre nuovamente il **termine** per proporre **impugnazione** (art. 670, co. 1).

La previsione ha lo scopo di mettere ordine nella materia riguardante i rapporti tra incidente di esecuzione, impugnazione acronica e restituzione nel termine, definendo le competenze del giudice dell'esecuzione e di quello del gravame, nonché gli effetti reciproci delle relative decisioni[7].

La verifica circa **l'esistenza giuridica** e **l'efficacia del titolo** è, infatti, antecedente logico necessario per poter attivare il momento esecutivo.

Il titolo manca quando sia inesistente, sotto il profilo materiale o giuridico. Considerate le formalità tipiche del procedimento, è arduo ipotizzare l'inesistenza **materiale** del titolo. Di maggior rilievo, dal punto di vista pratico, l'inesistenza **giuridica**, correlata a vizi macroscopici del provvedimento, che ne impediscono la perfezione e, di conseguenza, l'efficacia: si pensi alla sentenza pronunciata da un soggetto privo del potere giurisdizionale (il giudice rimosso dal servizio o già collocato a riposo) o a quella resa in materia penale da un giudice civile o amministrativo; ancora, alla sentenza di condanna nei confronti del minore non imputabile o alla pronuncia emessa da un giudice in stato di coartazione fisica o psichica.

Non rilevano, di contro, i vizi del provvedimento (nullità, inammissibilità, inutilizzabilità o decadenza) che non siano stati tempestivamente dedotti e che siano stati sanati dal giudicato penale.

La formazione del **giudicato apparente** potrebbe essere il frutto di una omessa o irregolare notifica del provvedimento posto in esecuzione, impeditiva dell'esercizio del diritto alla impugnazione. Si pensi al vizio relativo alla notificazione dell'avviso di deposito della sentenza (artt. 548, co. 2 e 585, co. 2, lett. c) o del decreto penale di condanna (art. 460, co. 3 e 4). Si tratta di una condizione che impedisce la valida formazione del giudicato formale: la crisi di conoscenza del provvedimento da sottoporre a critica preclude, infatti, la formazione della cosa giudicata.

---

[7] Sul punto, v., Cass., Sez. Un. 24 giugno 2005, n. 36084, Fragomeli.

Verificatesi queste condizioni, il sistema consente il recupero dei poteri di critica, legittimando un **duplice intervento** di natura giurisdizionale su istanza dell'imputato (non ancora) condannato. Si ammette, anzitutto, l'**incidente *in executivis***: il giudice dell'esecuzione, adito nelle forme del procedimento camerale tipico, secondo l'art. 666, accerta in concreto la mancanza delle condizioni di legge, ordinando se del caso la liberazione del soggetto erroneamente destinatario dell'ordine di esecuzione.

L'imputato può, inoltre, proporre **impugnazione** (od opposizione) tardiva, vale a dire pur dopo la scadenza del termine erroneamente computato. In questa seconda ipotesi, il giudice dell'esecuzione, «dopo aver provveduto sulla richiesta dell'interessato» anche in ordine alla libertà personale, **trasmette gli atti** al giudice dell'impugnazione competente, che, se ritiene ammissibile il gravame, sospende con ordinanza l'ordine esecutivo non ancora sospeso (art. 670, co. 2).

L'istanza al giudice dell'esecuzione e l'impugnazione possono, dunque, essere presentati **in via successiva**, e cioè quando il primo giudice *in executivis* abbia rigettato l'incidente; **in via simultanea**; o, ancora, quando non vi sia ancora stata la definizione del primo dei due procedimenti attivati.

Ciò significa che mentre la decisione del giudice dell'esecuzione *in favorem rei* vincola il giudice di cognizione che dovrà decidere sull'impugnazione, in caso contrario resta impregiudicata la possibilità per l'interessato di ricorrere successivamente anche al giudice dell'impugnazione, allo scopo di ottenere una diversa valutazione che ritenga ammissibile il gravame e ottenga l'effetto sospensivo del provvedimento.

Da ultimo, l'interessato, nel proporre richiesta l'incidente di esecuzione, può rilevare la sussistenza dei presupposti per la **restituzione nel termine**, ai sensi dell'art. 175. A tal fine, la norma precisa che la richiesta non deve essere stata in precedenza presentata al giudice dell'impugnazione. Il giudice dell'esecuzione, «se non deve dichiarare la non esecutività del provvedimento, decide sulla restituzione». In tal caso, la richiesta di restituzione nel termine non potrà più essere riproposta al giudice del gravame. Se, di contro, accoglie la richiesta, dichiarando il titolo non esecutivo, sospende l'esecuzione, libera, quando occorre, il condannato e provvede a rinnovare la notifica ritenuta invalida (art. 670, co. 3).

Nell'ampliata prospettiva di utilizzo che la prassi ha consentito, l'art. 670 ha costituito un mezzo di controllo di legalità della pena ben più duttile. In particolare, utilizzando il medesimo istituto, si è riconosciuto al giudice dell'esecuzione il potere-dovere di incidere sul provvedimento irrevocabile in tutti i casi in cui la sanzione penale sia stata considerata convenzionalmente e costituzionalmente illegittima. Ciò è accaduto, ad esempio, nella complessa vicenda giudiziaria conosciuta come "caso

Ercolano", che ha visto interventi susseguenti della Corte di cassazione e della Corte costituzionale, al fine di decidere la legittimità della possibile sostituzione della pena dell'ergastolo con quella della reclusione di trent'anni [8].

13.1. Competenze residue

Il giudice dell'esecuzione è, a tutti gli effetti, **garante** della perfezione, della legalità e della efficacia del titolo esecutivo. Il suo intervento, a salvaguardia della legittimità complessiva della esecuzione, può sempre essere sollecitato, tramite l'incidente di esecuzione, ai sensi dell'art. 666, anche **quando manchi una previsione** specifica sul versante processuale.

In questa prospettiva, nella lettura della giurisprudenza di legittimità, il giudice dell'esecuzione può provvedere alla rettifica o alla correzione della pena inflitta, quando essa non sia prevista dal sistema oppure quando essa ecceda il limite legale. L'intervento del giudice dell'esecuzione per la **rideterminazione** della pena inflitta rimarca, da un lato, la relatività del giudicato, suscettibile di andare incontro a variazioni nel contenuto e nelle conseguenze sanzionatorie, e, dall'altro, il ruolo della giurisdizione esecutiva, presidio di controllo sulla legittimità del titolo.

Secondo l'art. 674, poi, il giudice dell'esecuzione è legittimato a disporre la **revoca** della **sospensione condizionale** della pena, della **grazia**, dell'**amnistia** e dell'**indulto condizionati** e della **non menzione** della condanna nel certificato del casellario giudiziale in caso di condanna per un nuovo reato, sempre che non vi abbia già provveduto il giudice di cognizione.

L'intervento revocatorio, in funzione sussidiaria rispetto alle fasi cognitive, è subordinato all'iniziativa del pubblico ministero.

Per ciò che riguarda la sospensione condizionale della pena, l'art. 674 si applica alle ipotesi di revoca di diritto previste nel co. 1 dell'art. 168 c.p., che riguardano la sopravvenienza di cause preclusive dell'effetto estintivo. In seguito alle modifiche che ha incontrato l'art. 168 c.p. (ad opera della L. n. 128 del 2001), il co. 1 *bis* dell'art. 674 stabilisce che il giudice dell'esecuzione provvede altresì a rimediare all'erronea concessione da parte del giudice di cognizione, revocando il beneficio quando sia stato concesso in violazione dell'art. 164, co. 4, c.p., in presenza di cause ostative (art. 168, co. 3, c.p.), ossia qualora fosse stato concesso per più di una volta o per più di due volte, oltre i limiti differenziati di pena previsti dall'art. 163 c.p.

La revoca di altri benefici si prospetta solo in rapporto ai provvedimenti di grazia, amnistia e indulto condizionati – sottoposti, cioè, a una condizione risolutiva qual è la commissione di un nuovo reato – e rispetto al provvedi-

---

[8] Cass., Sez. Un., 24 ottobre 2013, Ercolano.

mento della non menzione della condanna nel certificato del casellario giudiziale, quando il condannato commetta in seguito un delitto (art. 175, co. 3, c.p.).

Il giudice dell'esecuzione, ai sensi dell'art. 675, può poi dichiarare la **falsità di un atto o di un documento** «accertata a norma dell'art. 537», ma non «dichiarata nel dispositivo della sentenza» dal giudice di cognizione, sempre che non sia stata proposta impugnazione per questo capo. L'intervento in fase esecutiva è subordinato alla richiesta di «ogni interessato»: anche di chi, quindi, purché interessato al provvedimento, non sia stato parte nel processo penale. La richiesta formulata a norma dell'art. 675 costituisce, in altri termini, uno strumento di duplice tutela: della fede pubblica e degli interessi del soggetto rimasto estraneo al giudizio di merito.

La dichiarazione di falsità dell'atto o del documento presuppone che la falsità del documento sia stata accertata dal giudice di merito ed emerga dal testo della decisione, risultando d'immediato riscontro. Non è, di contro, richiesta la declaratoria della responsabilità penale dell'imputato, e perciò la pronuncia a norma dell'art. 675 può esservi anche nel caso di sentenza di non doversi procedere per intervenuta prescrizione del reato di falso. Il giudice dell'esecuzione provvede ai successivi adempimenti, che possono consistere nella cancellazione, totale o parziale, nella ripristinazione, nella rinnovazione o nella riforma dell'atto o del documento falso.

In tutti i casi indicati in questo paragrafo, il giudice dell'esecuzione, previa istanza dell'interessato, decide nelle forme del **rito camerale tipico**, secondo il modello paradigmatico di cui all'art. 666.

14. La giurisdizione di sorveglianza

Mentre il giudice dell'esecuzione, come illustrato *supra*, provvede su ogni questione riguardante il titolo esecutivo, la giurisdizione di sorveglianza ha una competenza funzionale limitata al momento di espiazione della pena.

La **magistratura di sorveglianza** è, in altri termini, giudice della pena: essa è chiamata a verificare l'adeguatezza del contenuto sanzionatorio del titolo esecutivo alla **finalità rieducativa** e **risocializzante** del condannato imposta dall'art. 27, co. 3, Cost. e ad assicurare la progressività trattamentale e la flessibilità della pena. Il principio costituzionale in analisi presuppone un trattamento sanzionatorio flessibile e implica che l'esecuzione della sanzione detentiva sia attuata attraverso strumenti e misure idonei a considerare nel suo complesso la condotta del detenuto e a stimolarne l'evoluzione della personalità, in una prospettiva risocializzante.

Nell'esercizio della giurisdizione c.d. rieducativa il giudice di sorveglianza verifica che la sanzione penale sia quindi adattata alle esigenze rieducative del soggetto e valuta lo **specifico comportamento** tenuto dal condannato sin dall'esordio della fase esecutiva (nei casi previsti dall'art. 656, co. 5) o, ancor più di frequente, nel corso della intera espiazione della pena.

Oltre ad essere differenti dal punto di vista delle competenze specialistiche e delle dinamiche d'intervento, i due tipi di giurisdizione sopra citati si articolano in modo diverso.

La giurisdizione di sorveglianza viene delineata nella struttura e composizione dall'ordinamento penitenziario (artt. 69 ss. ord. penit.): è costituita da un organo monocratico – il magistrato di sorveglianza – e da un organo collegiale – il Tribunale di sorveglianza.

Il **magistrato di sorveglianza** – al quale sono demandate rilevanti **funzioni di vigilanza, amministrative e giurisdizionali** – opera, ai sensi dell'art. 69 ord. penit., presso gli uffici costituiti nelle sedi di cui alla tabella A allegata all'ord. penit.

Il magistrato di sorveglianza esercita la funzione di **vigilanza** operando con una duplice modalità: da un lato assume dirette informazioni sullo svolgimento dei vari servizi dell'istituto e sul trattamento dei detenuti; dall'altro è chiamato a esaminare e decidere in merito ai reclami indirizzatigli dai detenuti, nei casi previsti dalla legge. Tra le funzioni **amministrative** svolte, si possono menzionare l'adozione dei provvedimenti che dispongono il trasferimento dei condannati o degli internati in ospedale o comunque in altri luoghi esterni di cura (art. 11 ord. penit.); l'approvazione del provvedimento di ammissione al lavoro esterno *ex* art. 21 ord. penit. nonché la revoca dell'ammissione al lavoro all'esterno; l'approvazione del programma di trattamento (art. 69, co. 5, ord. penit.); la concessione delle licenze ai condannati ammessi a espiare la pena in regime di semilibertà (art. 69, co. 7, ord. penit.); la modifica delle prescrizioni riguardanti le modalità di svolgimento dell'affidamento in prova al servizio sociale e della detenzione domiciliare (art. 69, co. 7, ord. penit.). Sulle funzioni **giurisdizionali**, v. *infra*.

Il **Tribunale di sorveglianza** esercita esclusivamente funzioni **giurisdizionali**, operando, in alcuni casi, quale giudice di prima istanza; in altri, quale giudice di seconde cure: in tale ipotesi, decide sui reclami avverso i provvedimenti pronunciati dal magistrato di sorveglianza.

Il Tribunale di sorveglianza, a norma dell'art. 70 ord. penit., è istituito presso ogni capoluogo di distretto di Corte d'appello (ovvero in ogni città ove è ubicata una sezione staccata di detta Corte) e non è invece dotato di un proprio organico di magistrati, ma è composto da tutti i magistrati di sorveglianza in servizio nel distretto e da giudici non togati, scelti tra gli esperti nelle materie indicate dall'art. 80, co. 4, ord. penit., nonché fra i docenti di scienze criminalistiche e nominati dal Consiglio superiore della magistratura in numero adeguato alle necessità del servizio per periodi triennali rinnovabili. Il Tribunale di sorveglianza adotta i provvedimenti con una **composizione** peculiare: il collegio è composto da **quattro giudici**, due togati (di cui il più anziano con funzioni di presidente) e due onorari (c.d. componenti laici o esperti). Sempre allo scopo di garantire al collegio un'adeguata conoscenza del reo, uno dei giudici togati deve essere quello sotto la cui giurisdizione è posto il condannato (art. 70, co. 6, ord. penit.).

La **competenza per territorio** della magistratura di sorveglianza è definita dall'art. 677, che opera un *distinguo* fra condannato libero e condannato detenuto o internato.

Se l'interessato è **detenuto** in espiazione di pena o internato per l'esecuzione di una misura di sicurezza, vale il criterio del *locus custodiae*: è competente il Tribunale o il magistrato di sorveglianza che ha giurisdizione sull'istituto di prevenzione e di pena in cui si trova l'interessato al momento della richiesta, della proposta o dell'inizio d'ufficio del procedimento.

In virtù del principio della *perpetuatio iurisdictionis*, una volta radicatasi la competenza, essa resiste a mutamenti di sorta: non rileva, quindi, il fatto che successivamente il detenuto sia trasferito presso altro istituto.

Se invece il condannato è **libero**, occorre verificare se operi o no la procedura sospensiva dell'ordine di esecuzione prevista dall'art. 656, co. 5 ss. Nel caso in cui l'ordine di esecuzione debba essere sospeso per consentire l'accesso alle misure alternative alla detenzione, vige il particolare criterio previsto dall'art. 656, co. 6, per cui è competente il Tribunale di sorveglianza del luogo in cui ha sede il pubblico ministero che ha emesso (e sospeso) l'ordine di esecuzione.

In tutti gli altri casi, e in via generale, l'art. 677 prevede che sia competente il Tribunale o il magistrato di sorveglianza che ha giurisdizione sul luogo in cui l'interessato ha la **residenza** o il **domicilio**. Prevale, perciò, l'esigenza di valorizzare la vicinanza del giudice al luogo in cui si trova l'interessato.

Quando la competenza non possa essere determinata in questo modo, soccorrono taluni criteri suppletivi, per cui è competente il Tribunale o il magistrato di sorveglianza del luogo in cui fu pronunciata la sentenza di condanna o di proscioglimento o di non luogo a procedere e, nel caso di una pluralità di sentenze di condanna o di proscioglimento, il Tribunale o il magistrato di sorveglianza del luogo in cui fu pronunciata la sentenza divenuta irrevocabile per ultima. Quando il condannato libero chiede una misura alternativa alla detenzione o un altro provvedimento di competenza della magistratura di sorveglianza, è previsto che egli debba fare la dichiarazione o l'elezione di domicilio, e comunicare anche ogni relativa variazione (art. 677, co. 2 *bis*). A tal fine, si applicano, in quanto compatibili, le disposizioni in materia di notificazioni (art. 161).

La **competenza per materia** della magistratura di sorveglianza, quando si guardi alle funzioni **giurisdizionali**, è suddivisa tra organo monocratico e collegio, secondo la disciplina contenuta nelle norme di ordinamento penitenziario (in particolare artt. 69-70 ord. penit.), nelle leggi speciali (si pensi al t.u. stup. o al t.u. immigrazione) e nel codice di rito.

Il **magistrato di sorveglianza**, in base ai co. 1 e 1 *bis* dell'art. 678 è competente a decidere in ordine ai ricoveri per infermità psichica sopravvenuta al condannato; all'applicazione e a ogni questione relativa alle misure di sicurezza; alla dichiarazione di abitualità, di professionalità nel reato, di tendenza a delinquere; alla rateizzazione e alla conversione delle pene pecuniarie; alla remissione del debito; alla esecuzione delle sanzioni sostitutive della semidetenzione e della libertà controllata. Specifiche attribuzioni sono, inoltre, previste con riferimento alla concessione della grazia (art. 681).

Il magistrato di sorveglianza provvede, inoltre, ai sensi dell'art. 35 *bis* ord. penit., sui reclami concernenti le condizioni di esercizio del potere disciplinare; la costituzione e la competenza dell'organo disciplinare; la contestazione degli addebiti e la facoltà di discolpa, potendo anche valutare il merito dei provvedimenti di «isolamento durante la permanenza all'aria aperta» ovvero di «esclusione dalle attività in comune» (art. 39, co. 1, n. 4 e n. 5, ord. penit.); nonché sui reclami riguardanti l'inosservanza da parte dell'amministrazione penitenziaria di disposizioni previste dall'ord. penit. e dal regolamento (d.P.R. n. 230 del 2000) da cui derivi al detenuto un attuale e grave pregiudizio all'esercizio dei diritti.

Il **Tribunale di sorveglianza**, cui – come anticipato – spettano esclusivamente funzioni giurisdizionali, è competente a pronunciarsi in materia di **misure alternative alla detenzione**; è, inoltre, competente a conoscere di materie attinenti alla sfera penitenziaria negli altri casi stabiliti dalla legge (ad esempio, sulla sospensione dell'esecuzione della pena ai sensi dell'art. 90 t.u. stup.). Ulteriori attribuzioni o specificazioni emergono dagli artt. 682-684, che disciplinano, sul versante processuale, istituti i cui presupposti di applicabilità sono previsti nel codice penale. Si tratta della liberazione condizionale (art. 682), della riabilitazione (art. 683), del rinvio facoltativo o obbligatorio dell'esecuzione della pena (art. 684).

Il Tribunale di sorveglianza è inoltre competente, quale giudice di secondo grado, a seguito di appello o reclamo.

In tema di **reclamo**, assume specifico rilievo la disciplina penitenziaria (v. in particolare artt. 14 *ter*, 30 *bis*, 30 *ter*, 41 *bis*, 69.*bis* ord. penit.).

Riguardo all'**appello**, in base all'art. 680, l'organo collegiale decide in ordine ai provvedimenti del magistrato di sorveglianza in tema di misure di sicurezza (co. 1); ai provvedimenti del magistrato di sorveglianza concernenti la dichiarazione di delinquenza qualificata (abitualità, professionalità nel reato, tendenza a delinquere) (co. 1), alle impugnazioni contro le sentenze di condanna o di proscioglimento concernenti le (sole) disposizioni che riguardano le misure di sicurezza diversa dalla confisca (co. 2).

Le funzioni di **pubblico ministero** davanti al magistrato di sorveglianza sono esercitate dal procuratore della Repubblica presso il Tribunale della sede dell'ufficio di sorveglianza; davanti al Tribunale di sorveglianza, dal procuratore generale presso la Corte d'appello (art. 678, co. 3). Una deroga si riscontra quando, a seguito di un provvedimento del giudice di sorveglianza, debba essere disposta la carcerazione o scarcerazione del condannato: è il pubblico ministero che cura l'esecuzione della sentenza di condanna a emettere l'ordine di esecuzione ai sensi dell'art. 656, co. 3; tuttavia, nei casi di urgenza, il pubblico ministero presso il giudice di sorveglianza che ha adottato il provvedimento può emettere un ordine provvisorio di esecuzione, che sarà efficace fino a quando non provveda il pubblico ministero presso il giudice dell'esecuzione (art. 659, co. 1).

14.1. Il procedimento di sorveglianza

Il modello processuale seguito dalla magistratura di sorveglianza è costituito *in primis* dal **procedimento di sorveglianza tipico**, disciplinato dagli artt. 678 e 666. Tale procedimento è utilizzato in tutti i casi in cui sia necessario procedere alla verifica d'adeguatezza della pena rispetto al piano di trattamento del condannato e, quindi, a perseguire la finalità rieducativa che le è propria. Il procedimento di sorveglianza tipico non rappresenta, tuttavia, l'unica modalità mediante la quale si esercita la giurisdizione di sorveglianza, essendo previsti altri modelli processuali, ispirati al paradigma di riferimento ordinario.

Come si osserverà *infra* nel paragrafo seguente, anche in materia di sorveglianza è attivabile il **rito *de plano*** delineato dall'art. 667, co. 4, che consente al giudice di emettere la decisione senza formalità. Il co. 1 *ter* dell'art. 678, introdotto dal d.lgs. n. 123 del 2018, prevede, poi, un **rito semplificato** per la concessione delle misure alternative richieste dal condannato ai sensi dell'art. 656, co. 5, quando la pena da espiare non sia in concreto superiore a un anno e sei mesi: in tale evenienza, l'applicazione in via provvisoria della misura alternativa (da parte del magistrato di sorveglianza) è in seguito confermata dal tribunale di sorveglianza, senza formalità, in mancanza di opposizione delle parti; ma qualora il magistrato non abbia emesso ordinanza di applicazione provvisoria della misura o questa non sia stata confermata dal tribunale o, ancora, sia stata oggetto di opposizione, la concessione della misura verrà valutata nelle forme del procedimento di sorveglianza tipico.

Il richiamo operato dall'art. 678 al modello camerale esecutivo di cui all'art. 666 definisce **una matrice comune** del rito di sorveglianza. Il modello unitario di contraddittorio camerale scelto dal legislatore del 1988 garantisce una interlocuzione snella e il possibile ricorso a poteri istruttori da parte del giudice. La scelta legislativa è stata operata avendo chiaramente in mente l'esigenza di affermare il carattere pienamente giurisdizionale di questi interventi sulla pena, pur lasciando sopravvivere le residue procedure di reclamo disciplinate nelle fonti penitenziarie.

Si noti, peraltro, come anche le procedure di reclamo penitenziarie, in seguito agli interventi della Corte costituzionale, ai moniti della Corte edu e agli interventi legislativi più recenti, sono state progressivamente modellate e avvicinate al procedimento di sorveglianza tipico, sia pure con alcune varianti.

Esistono alcune peculiarità, che riguardano il solo rito di sorveglianza. Esse riguardano l'iniziativa del procedimento, l'attività probatoria e la decisione. Alcune deroghe riguardano anche la pubblicità dell'udienza e la presenza dell'interessato.

La prima e più rilevante variante rispetto al procedimento di esecuzione riguarda le modalità di instaurazione del rito: in particolare, l'art. 678 riconosce al magistrato e al tribunale di sorveglianza **il potere di procedere d'ufficio**, in ragione del ruolo di difesa dei diritti dei detenuti e di garante delle finalità rieducative della pena.

Le istanze possono, poi, pervenire dal pubblico ministero, dall'interessato e dal difensore (oltre che dal tutore e dal curatore, cui fa riferimento l'art. 666, co. 8). In aggiunta a questi soggetti, con particolare riferimento all'accesso ai benefici penitenziari, l'art. 57 ord. penit. prevede che siano legittimati alla richiesta di affidamento in prova al servizio sociale, di semilibertà, di licenze al condannato in semilibertà o all'internato, nonché di liberazione anticipata, anche i prossimi congiunti (art. 307, co. 4, c.p.) del condannato e dell'internato e il gruppo di osservazione e trattamento.

Non è prevista l'osservanza di particolari forme o termini per la presentazione della richiesta: la **domanda** potrà essere **scritta** – depositata presso la cancelleria del giudice o inoltrata al direttore dell'istituto ai sensi dell'art. 123 – o **orale** laddove presentata in un'udienza fissata per altri scopi. Quanto al contenuto, non specificato dalla legge, si ritiene che l'istanza debba indicare gli elementi propri di ogni domanda giudiziale: le generalità del richiedente, il *petitum* e la *causa petendi*, oltre alla sottoscrizione dell'atto. Non è richiesta la contestuale indicazione dei motivi, la cui mancanza non determina inammissibilità dell'atto. Al contrario quando l'istanza sia presentata dal condannato non detenuto, deve contenere, a pena di inammissibilità, a norma dell'art. 677, co. 2 *bis*, la dichiarazione o l'elezione di domicilio: la previsione è finalizzata a rendere più spedito il procedimento di sorveglianza.

L'**udienza** si svolge di regola **in camera di consiglio**, ma in base al nuovo co. 3.1 dell'art. 678, l'interessato può chiedere che essa si svolga in forma **pubblica**. L'estensione applicativa degli artt. 471 e 472, in quanto compatibili, consente di limitare l'accesso in aula o di procedere a porte chiuse nei casi previsti dalle disposizioni richiamate, nonostante la richiesta dell'interessato di pubblica udienza.

L'attività d'udienza è documentata attraverso il **verbale** redatto di regola **in forma riassuntiva**, secondo quanto dispone l'art. 666, co. 9.

Quanto alle modalità di partecipazione all'udienza, si prevede una presenza "fisica" o "virtuale", distinguendo a seconda che la persona sia detenuta o internata in un luogo situato all'interno oppure fuori dalla circoscrizione del giudice.

Anzitutto, l'**avviso di fissazione dell'udienza**, notificato all'interessato, deve contenere, a pena di nullità, «l'avvertimento della facoltà di parteciparvi personalmente». Quando si tratti di detenuto o di internato in luogo situato all'interno della circoscrizione del giudice che procede, è possibile che l'interessato chieda di essere presente: in questa ipotesi, il giudice dovrà disporne la traduzione in udienza. Se l'interessato chieda di partecipare a distanza, di contro, si procederà mediante videoconferenza; nei casi previsti dall'art. 45 *bis* disp. att. c.p.p., poi, se l'interessato chieda di essere presente all'udienza, è disposta la partecipazione a distanza mediante videoconferenza. Quando si tratti di detenuto o internato in luogo situato fuori dalla circoscrizione del giudice che procede, l'interessato può partecipare a distanza mediante videoconferenza. È, comunque, previsto che il giudice, «ove lo ritenga opportuno», disponga la traduzione dell'interessato in udienza (art. 678, co. 3.2).

Avvenuta la verifica circa la costituzione dei soggetti interessati, è previsto il compimento di alcuni atti preliminari all'udienza, finalizzati a garantire l'utile svolgimento della stessa.

In primo luogo, il giudice è chiamato a valutare l'**ammissibilità** della domanda, nell'ipotesi in cui il procedimento non sia stato attivato d'ufficio. Il vaglio di ammissibilità è demandato al magistrato di sorveglianza o al presidente del collegio che procede *de plano* al di fuori dell'udienza.

Oltre alle cause di inammissibilità di portata generale, due sono le cause di inammissibilità specificamente contemplate nell'art. 666, co. 2. La prima riguarda la manifesta infondatezza della richiesta per difetto delle condizioni di legge; la seconda consiste nella mera riproposizione dell'istanza già rigettata sui medesimi elementi. A tali ipotesi devono aggiungersi quella specificatamente prevista dall'art. 677, co. 2 *bis*, e cioè l'istanza presentata dal condannato non detenuto che non sia corredata di elezione o di dichiarazione di domicilio, nonché le residue cause di inammissibilità appositamente indicate nella disciplina delle singole misure, come ad esempio l'inammissibilità derivante dalla mancata allegazione della documentazione all'istanza di affidamento c.d. terapeutico.

La declaratoria di inammissibilità è pronunciata dal giudice sentito il pubblico ministero. Il **decreto motivato** di inammissibilità della richiesta, che deve essere notificato entro cinque giorni all'interessato, è ricorribile per cassazione nei quindici giorni successivi alla notifica.

Per quanto concerne l'**attività istruttoria**, diversamente da quanto avviene nel processo di cognizione, ove si riconosce alle parti un potere dispositivo preponderante, nel procedimento di sorveglianza l'impulso istruttorio è di regola riconducibile al **giudice**. Ciò non preclude, tuttavia, **iniziative di parte**, al fine di consentire la piena attuazione del diritto alla prova. Potrà trattarsi di prove costituende (tipicamente dichiarative) o precostituite: in entrambe le situazioni, l'assunzione o l'acquisizione delle stesse avverrà in udienza nel contraddittorio tra le parti.

Quando «si procede nei confronti di persona sottoposta a osservazione scientifica della personalità» (art. 678, co. 2), e dunque nell'ambito dei procedimenti che riguardano misure e benefici penitenziari, il giudice è tenuto ad acquisire «la relativa documentazione», e «se occorre» può anche avvalersi della consulenza dei tecnici del trattamento, ossia degli operatori penitenziari (quali sono gli educatori, gli assistenti sociali, gli psicologi, gli esperti in scienze psicosociali di cui all'art. 80, co. 4, ord. penit.).

Il convincimento del giudice si forma sulla base delle risultanze istruttorie legittimamente acquisite, tenendo conto delle conclusioni e delle richieste illustrate dalle parti nella discussione finale. In occasione del momento deliberativo, a differenza di quanto avviene nel giudizio di cognizione e in quello di esecuzione, dove vale il criterio per cui quando «vi sia parità di voti, prevale la soluzione più favorevole all'imputato» (art. 527, co. 3), davanti al Tribunale di sorveglianza si applica il diverso criterio per cui «in caso di **parità di voti** prevale il voto del presidente» (art. 70, co. 8, ord. penit.).

La decisione assume la forma dell'**ordinanza** motivata, a pena di nullità, a norma dell'art. 125. Il provvedimento conclusivo del procedimento di sorveglianza è comunicato o notificato al pubblico ministero, all'interessato e al suo difensore, senza ritardo, a norma dell'art. 666, co. 6.

14.2. Il procedimento semplificato

Accanto al procedimento di sorveglianza tipico, l'art. 667, co. 4, contempla un procedimento **semplificato** a contraddittorio eventuale e differito, attivabile in alcuni casi tassativamente indicati. Il ricorso a questo rito è giustificato dalla **minore rilevanza** della materia trattata o dalla natura tendenzialmente **documentale** dell'accertamento, trattandosi in alcuni casi di adempimenti burocratici o comunque di questioni in cui sono coinvolti interessi di natura privatistica.

Si pensi ai casi della rateizzazione e della conversione delle pene pecuniarie, alla remissione del debito, alla esecuzione della semidetenzione e della libertà controllata previste dagli artt. 53 e ss. della L. n. 689 del 1981. Analogamente, il Tribunale di sorveglianza seguirà la procedura semplificata in materia di riabilitazione, in ordine all'esito dell'affidamento in prova al servizio sociale, nonché nei casi di dichiarazione di estinzione del reato a seguito di liberazione condizionale e di differimento dell'esecuzione della pena nei casi n. 1-2 dell'art. 146 c.p.

Il magistrato o il tribunale di sorveglianza provvedono **senza formalità** e pronunciano l'**ordinanza** senza una previa instaurazione del contraddittorio; essa viene in seguito comunicata al pubblico ministero e notificata all'interessato. Da tale momento decorre il termine perentorio di quindici giorni entro il quale il pubblico ministero, l'interessato e il suo difensore possono proporre **opposizione** avverso il provvedimento emesso *de plano*. Come per il procedimento esecutivo *de plano*, anche in questo caso l'opposizione non ha natura di mezzo di impugnazione, ma di semplice istanza diretta a ottenere una decisione in contraddittorio.

Con l'opposizione si instaura il **procedimento di sorveglianza tipico**, disciplinato dagli artt. 678 e 666, davanti al medesimo giudice che ha emesso il provvedimento opposto.

Qualora, di contro, le parti non presentino opposizione nel termine stabilito, l'ordinanza pronunciata *inaudita altera parte* diventa definitiva.

15. Il processo di sicurezza

Il magistrato di sorveglianza, per l'art. 69 ord. penit. sovraintende all'esecuzione delle **misure di sicurezza personali**.

A tal proposito, specifiche disposizioni vengono dettate negli artt. 679, co. 2, e 69, co. 4, ord. penit. Nell'ipotesi in cui la misura di sicurezza sia stata applicata dal giudice della cognizione, il processo di sicurezza viene instaurato per **eseguire**, **modificare** o **revocare** la misura di sicurezza già disposta. Nell'ipotesi in cui il giudice del merito non abbia provveduto, il processo di sicurezza viene avviato proprio al fine di **applicare** per la prima volta la misura di sicurezza, per darvi esecuzione o, ancora, per modificare o revocare la misura disposta in seguito alla formazione del titolo esecutivo.

Tutti i provvedimenti del magistrato di sorveglianza in materia presuppongono la effettiva verifica della **pericolosità del soggetto**, che deve sussistere non solo quando la misura è disposta, ma anche al momento della sua applicazione e della successiva esecuzione.

Mediante il processo di sicurezza, il magistrato di sorveglianza provvede anche alla dichiarazione della abitualità o della professionalità nel reato al fine dell'applicazione di una misura di sicurezza, così come alla revoca della dichiarazione di delinquenza abituale, professionale o per tendenza. Non rientrano, viceversa, nell'ambito del processo di sicurezza l'applicazione della confisca, che, non presupponendo la pericolosità sociale del soggetto, è di competenza del giudice della cognizione o di quello dell'esecuzione; e l'applicazione provvisoria delle misure di sicurezza nel corso del procedimento penale, riservate dall'art. 312 al giudice di cognizione.

Il processo di sicurezza segue le cadenze tipiche del **rito di sorveglianza** tipico (art. 678). L'udienza si svolge di regola in **camera di consiglio** (ma può essere pubblica, su richiesta dell'interessato), con la partecipazione necessaria del pubblico ministero e del difensore e la possibile partecipazione personale dell'interessato, nei termini previsti dall'art. 678, co. 3.2. Il procedimento si conclude con un'**ordinanza** con la quale il magistrato di sorveglianza dispone l'esecuzione, l'applicazione, la modifica o la revoca della misura di sicurezza. La pronuncia è emessa **allo stato degli atti**, in quanto il giudizio di pericolosità, sotteso al provvedimento emesso, è legato alle condizioni personali e sociali dell'interessato, e quindi suscettibile di variazioni.

Contro i provvedimenti del magistrato di sorveglianza in materia di misure di sicurezza e di delinquenza qualificata sono legittimati a proporre **appello** il pubblico ministero, l'interessato e il difensore (art. 680, co. 1). Competente a conoscere del gravame è il Tribunale di sorveglianza.

Si applicano le disposizioni generali in materia di impugnazioni. Tuttavia, l'appello non ha effetto sospensivo, salvo che il Tribunale disponga diversamente (art. 680, co. 3). La deroga, rispetto al criterio espresso in materia d'impugnazione (art. 588), si spiega in ragione della situazione di pericolosità del soggetto, che non ammette ritardi nell'esecuzione della misura.

Il Tribunale di sorveglianza è competente, quale giudice di secondo grado, anche quando siano impugnate **le sole disposizioni** della sentenza di condanna o di proscioglimento **che riguardano le misure di sicurezza** (artt. 579, co. 2 e 680, co. 2). Quando invece l'impugnazione abbia ad oggetto, oltre alle decisioni concernenti le misure di sicurezza, i capi penali della sentenza (art. 579, co. 1) o riguardi la misura della confisca (art. 579, co. 3), la competenza funzionale torna in capo al giudice della cognizione.

Parte XII

I rapporti con le autorità straniere

Capitolo XXVII

Spazio penale europeo e cooperazione giudiziaria internazionale

di *Alfredo Gaito*

SOMMARIO: 1. La prevalenza del diritto dell'Unione Europea, delle convenzioni e del diritto internazionale generale. – 2. Lo spazio penale europeo ed il mutuo riconoscimento delle decisioni e dei provvedimenti giudiziari. – 3. La gerarchia delle fonti nell'evoluzione della giurisprudenza europea.

1. La prevalenza del diritto dell'Unione Europea, delle convenzioni e del diritto internazionale generale

La cooperazione internazionale in materia penale è fenomeno che affonda le radici in esigenze da sempre avvertite, epperò affrontate, e risolte, in una prospettiva sempre rimasta incentrata su una marcata chiusura nazionalistica e sulla piena autarchia degli Stati: siffatto sistema di rapporti risulta in via di superamento, sotto la triplice spinta dell'accelerazione dei ritmi nei rapporti sociali ed economici, della progressiva **integrazione** sovranazionale per grandi aree geografiche e della globalizzazione, che ha indotto gli Stati ad elaborare nuove forme meno lente e meno burocratizzate di cooperazione, vanificandosi altrimenti le rinnovate esigenze di massima rapidità ed immediatezza nel contrasto di una criminalità sempre più agile e tecnologicamente aggiornata.

Alla moltiplicazione dei rapporti tra Stati è correlato il progressivo superamento della tradizionale concezione di assistenza giudiziaria, intesa come una specie di concessione, cioè come qualcosa che si fa solo episodicamente, nell'interesse di un altro Stato.

Le norme del **Libro XI** del codice di rito, sono state oggetto di una recente riforma per implementare il codice di rito ed adeguarlo ai nuovi rapporti di **cooperazione** già in atto **tra Stati** dell'Unione Europea. Il legislatore (con il d.l. 3.10.2017, n. 149, che ha attuato la Delega attribuita con la L. 21.7.2016, n. 149) è intervenuto già nell'incipit del Libro XI, modificando l'art. 696 che delinea le fonti a cui fare riferimento per la disciplina della cooperazione in materia penale.

Si è espressamente stabilito che la cooperazione in ambito euro-unitario è regolata dalle norme del Trattato dell'Unione Europea e del Trattato sul funzionamento dell'Unione Europea, nonché dai singoli strumenti di attuazione dei medesimi Trattati, oltre che dalle convenzioni internazionali.

Nei rapporti con gli Stati membri dell'Unione Europea soltanto in assenza di strumenti di attuazione dei Trattati o quando questi lascino agli Stati membri margini per introdurre disposizioni più specifiche, troveranno applicazione le convenzioni internazionali e le norme di diritto internazionale generale e, in via residuale, le norme del codice di rito.

Invece, nei rapporti con gli Stati che **non** siano **membri** dell'Unione Europea, la cooperazione giudiziaria si dovrà svolgere nel rispetto delle **convenzioni** internazionali e delle norme di **diritto internazionale generale** e, in via **residuale**, nel rispetto delle disposizioni del Libro XI del **codice** di procedura penale, con la precisazione che le richieste da esse regolate potranno essere rifiutate anche in difetto di adeguate "garanzie di **reciprocità**". La novella, puntando sui criteri di maggiore efficacia e tempestività, ha ridisegnato l'intera disciplina dei rapporti con autorità straniere alla luce del principio generale del mutuo riconoscimento delle decisioni giudiziarie (*ex* artt. 696 *bis*-696 *decies*) valorizzando, da un lato, i presupposti di un meccanismo – quanto m ai opportuno – di costante ed automatico adattamento del sistema processuale alla normativa europea e, dall'altro, le necessarie condizioni di coerenza ed unitarietà di indirizzo interpretativo nell'applicazione dei relativi istituti.

L'art. 696 non fissa una gerarchia delle fonti normative, ma riconosce sicura rilevanza alle fonti europee ed alle convenzioni internazionali. È già in vigore da tempo un complesso di strumenti normativi che trovano attuazione nei rapporti tra autorità giudiziarie europee, in gran parte ispirati al principio del mutuo riconoscimento, in funzione della più ampia circolazione in ambito europeo non solo delle decisioni giudiziarie, ma anche della prova. Non adeguare il codice di rito alle nuove frontiere della cooperazione lo avrebbe reso obsoleto e fonte di molti equivoci applicativi che, invece, con la recente riforma, si è inteso superare.

2. Lo spazio penale europeo ed il mutuo riconoscimento delle decisioni e dei provvedimenti giudiziari

Il complesso dei più recenti trattati sulla cooperazione internazionale, dall'Accordo di Schengen fino al Trattato di Lisbona, ha portato alla creazione di uno **spazio penale europeo**, all'interno del quale l'interesse alla collaborazione prevale istituzionalmente sull'interesse del singolo Stato; estremamente significativi, in questa prospettiva, appaiono gli strumenti del mandato d'arresto europeo, volto a semplificare le procedure di consegna di persone ricercate negli Stati membri, e la prospettiva dell'Ordine europeo di indagine. Alla soppressione dei controlli alle frontiere interne si sono accompagnate, col tempo, misure compensative sia nel settore della cooperazione fra polizie, sia in materia di cooperazione giudiziaria.

Il panorama delle fonti normative, nei rapporti di cooperazione giudiziaria in materia penale con autorità straniere, è alquanto variegato, ricomprendendo Trattati, Convenzioni multilaterali e bilaterali (fra le più importanti convenzioni in ambito europeo, occorre segnalare: Convenzione europea di estradizione – Parigi 13.12.1953; Convenzione europea di assistenza giudiziaria in materia penale – Strasburgo 20.4.1959; Convenzione europea sulla sorveglianza delle persone condannate o liberate sotto condizione – Strasburgo 30.11.1964; Convenzione europea sulla validità internazionale dei giudizi repressivi – L'Aja 28.5.1970; Convenzione europea sul trasferimento delle persone condannate – Strasburgo 23.3.1983; Convenzione europea sull'applicazione del *ne bis in idem* – Bruxelles 25.5.1987; Convenzione europea sul riciclaggio, la ricerca, il sequestro e la confisca dei proventi di reato – Strasburgo 8.11.1990. C'è da tener conto, altresì, dell'Accordo tra gli Stati membri delle comunità europee sul trasferimento dei procedimenti penali – Roma 6.11.1996, e della Convenzione europea sull'esecuzione delle condanne penali straniere – Bruxelles 13.11.1991, mai ratificate) e, in ambito europeo, Decisioni Quadro (Decisione Quadro 2002/584/GAI del 13.6.2002 relativa al mandato d'arresto europeo ed alle procedure di consegna tra Stati membri; direttiva 2014/41/UE del 3.4.2014 relativa all'odine europeo di indagine; Decisione Quadro 2006/783/GAI del 6.10.2006, relativa all'applicazione del principio del reciproco riconoscimento delle decisioni di confisca; direttiva 2016/343/UE del 9.3.2016 sul rafforzamento di alcuni aspetti della presunzione di innocenza e del diritto di presenziare al processo nei procedimenti penali, direttiva 2017/541/UE sulla lotta al terrorismo).

In questo contesto la matrice comune dei provvedimenti (Decisioni Quadro e direttive UE) europei nei rapporti di cooperazione penale, sta nel principio del c.d. "**mutuo riconoscimento**", oggi oggetto di un apposito titolo del Libro XI del codice di procedura penale.

Il legislatore del 2017, invero, ha introdotto il Titolo I-*bis* dedicato alle regole che il mutuo riconoscimento impone nella cooperazione tra Stati in un regime di fiducia reciproca, con lo scopo di guidare l'interprete, ma anche il futuro legislatore, tra i criteri ispiratori delle disposizioni del diritto dell'Unione Europea già emanate o che verranno emanate.

Il riconoscimento mutuo tra Stati europei implica attribuire ad una decisione assunta da uno Stato effetti all'interno di altro Stato. In sostanza, si tratta di un principio secondo il quale le decisioni dei giudici penali o di altre autorità assimilate di uno Stato membro devono essere riconosciute dai giudici o dalle autorità assimilate degli altri Stati membri ed eseguite allo stesso modo delle proprie. In senso passivo ciò significa che alla decisione di un giudice penale di uno Stato membro devono essere attribuiti dal sistema giuridico di un altro Stato membro gli stessi effetti giuridici che sarebbero attribuiti all'analoga decisione presa da un giudice interno; e, in senso attivo, che i giudici di uno Stato membro devono non solo riconoscere come valide le decisioni e i provvedimenti dei giudici e delle autorità assimilabili degli altri Stati membri, ma anche prendere provvedimenti positivi per la loro esecuzione, quando ciò sia necessario.

Un limite all'operatività del principio del mutuo riconoscimento è espressamente stabilito all'art. 696 *ter*: i "**diritti fondamentali**" vengono eretti ad **ostacolo** per l'autorità giudiziaria competente al **riconoscimento** e all'esecuzione. La prospettiva è quella di tutelare l'imputato e il condannato da atti che configurano una grave violazione dei princìpi fondamentali dell'ordinamento giuridico dello Stato e dei diritti fondamentali della persona.

Uno dei principali già noti effetti del riconoscimento delle decisioni giurisdizionali tra Stati è dato dall'eliminazione del filtro politico e dalla diretta trasmissione delle decisioni medesime tra autorità giudiziarie: dal punto di vista passivo, l'autorità giudiziaria competente riceve direttamente le decisioni e i provvedimenti da riconoscere ed eseguire nel territorio dello Stato; dal punto di vista attivo, l'autorità giudiziaria trasmette direttamente alle competenti autorità giudiziarie degli altri Stati membri le decisioni e i provvedimenti da riconoscere ed eseguire (art. 696 *quater*). Le decisioni e i provvedimenti giudiziari degli altri Stati membri sono riconosciuti ed eseguiti senza sindacarne le ragioni di merito, salvo che sia altrimenti previsto e fermo restando il rispetto dei princìpi fondamentali dell'ordinamento giuridico dello Stato (art. 696 *quinquies*). È prescritto un onere in capo all'autorità emittente: quello di dare comunicazione al Ministro della giustizia, nei casi e nei modi previsti dalla legge, dell'avvenuta trasmissione delle decisioni e dei provvedimenti da riconoscere, affinché possa svolgere anche la funzione di controllo ai sensi del successivo art. 696 *sexies*. Il ruolo del Ministro è solo residuale muovendocisi, da tempo, verso la **giuridizionalizzazione** dei rapporti tra Stati in materia penale. A norma del nuovo art. 696 *sexies*, e sul solo versante passivo, all'autorità politica è riservato il compito di garantire e verificare l'osservanza delle condizioni eventualmente poste in casi particolari dall'autorità giudiziaria dello Stato membro per dare esecuzione alle decisioni giudiziarie di cui è stato chiesto il riconoscimento, sempre che tali condizioni non contrastino con i princìpi fondamentali dell'ordinamento giuridico dello Stato. Deve ricordarsi che la gestione di rapporti politici rallenterebbe la cooperazione che, invece, il mutuo riconoscimento mira ad accelerare. Il nuovo art. 696 *octies*, per il suo carattere di norma generale, con funzione "orientativa", omette di prevedere dei termini "fissi" entro i quali occorre procedere al riconoscimento e all'esecuzione, utilizzando la clausola «senza ritardo» e specificando che, in caso di consenso dell'interessato alla consegna ad altro Stato, si possa procedere senza formalità.

Le decisioni oggetto di reciproco riconoscimento possono riguardare anche le persone giuridiche e la responsabilità da reato degli enti, per le quali si applicano le stesse regole procedurali.

Le decisioni di riconoscimento ed esecuzione di provvedimenti emessi da altro Stato sono soggette ad impugnazione, senza che questa sospenda l'esecuzione. È sempre prevista l'impugnazione delle decisioni limitative della libertà personale, per le quali è proponibile il ricorso per cassazione per violazione di legge. Sono previsti idonei rimedi a tutela dei diritti dei terzi di buona fede, eventualmente pregiudicati dall'esecuzione della decisione: i terzi in buona fede interessati e lesi dal riconoscimento di una decisione giurisdizionale hanno diritto di partecipare al procedimento con le garanzie previste in casi analoghi a livello interno (art. 696 *decies*).

3. La gerarchia delle fonti nell'evoluzione della giurisprudenza europea

Già in passato la giurisprudenza europea si era attestata su posizioni di assoluta garanzia, anche nei rapporti di cooperazione giudiziaria con autorità straniere, ammettendo la possibilità di eccepire la violazione dell'art. 6 C.e.d.u. nel caso in cui, a seguito di una decisione di estradizione, l'estradando aveva subito o rischiava di subire la negazione di un **processo equo** nel Paese richiedente. Ma si era sempre trattato di rapporti tra Stati ricompresi nello spazio giudiziario europeo[1]. In tempi recenti la Corte europea dei diritti dell'uomo[2], nel prendere in considerazione il ricorso di quattro stranieri islamici avverso la decisione delle autorità inglesi di concedere la loro estradizione alle autorità degli U.S.A. (con correlativa alta probabilità di condanna a pene assai severe, di applicazione di un regime carcerario di particolare rigore e di consegna amministrativa diretta – senza ri-estradizione – verso altri Paesi), ha chiarito in maniera esplicita come e perché, in caso di

[1] Corte eur., sent. 4.2.2005, Mamatkulov e Askarov c. Turchia; e già Corte eur., sent. 7.7.1989, Soering c. Regno Unito; Corte eur., sent. 12.3.2003, Ocalan c. Turchia.

[2] Corte eur., sent. 6.7.2010, Abu Hamza ed altri c. Regno Unito.

alta probabilità ovvero **rischio reale** che provvedimenti incidenti sui diritti soggettivi degli interessati vengano adottati «con la deliberata elusione del giusto processo», si verificherebbe una situazione «inaccettabile per uno Stato di diritto e per i valori tutelati dalla Convenzione», in quanto «sarebbe incompatibile con gli obblighi della Convenzione se lo Stato contraente estradasse dal suo territorio uno o più individui, creando la circostanza del rischio che si verifichi una ... violazione dei più elementari diritti garantiti dalla Convenzione».

Di particolare interesse è il rilievo assunto dalla dosimetria della pena nel paese di destinazione nella prospettiva della Corte europea, che ha dubitato dell'ortodossia di una probabile pena di cinquanta anni di reclusione: «la Corte rileva che il secondo ricorrente ha trentacinque anni. Se venisse applicata una pena di cinquanta anni, anche con la riduzione del 15% che è possibile per legge (punto 72), il ricorrente avrebbe quasi 68 anni al momento del rilascio», nel che si ravviserebbe una possibile violazione dell'art. 3 C.e.d.u. Orbene, tenuto conto che il diritto penale statunitense non prevede alcuna ipotesi di continuazione di reati, onde mitigare la severità del cumulo aritmetico di pene, è evidente che gli estradandi verso gli U.S.A. ai quali sia addebitata una serie di reati, magari con vincolo associativo, corrono sempre il rischio, ove condannati per tutti i reati contestati, di scontare pene contrarie ad ogni umano sentire, in palese violazione del precetto costituzionale che impone la funzione rieducativa della pena.

Si tratta di una presa di posizione autorevole che, valendo a denotare l'affermazione della **supremazia assoluta dei princìpi europei** del giusto processo, scandisce l'esistenza di una vera e propria gerarchia tra fonti internazionali, dove i singoli trattati bilaterali rimangono applicabili nella misura in cui non profilino il rischio dell'elusione dei princìpi cardine dello spazio giudizio europeo. Sta di fatto che il generico *refrain* sulla tendenziale prevalenza delle norme sovranazionali europee si incarna, adesso, in una sorta di clausola di salvaguardia del diritto europeo (enucleata per via giurisprudenziale) per scongiurare gli effetti perversi di qualsiasi Trattato con Paesi extraeuropei recante disposizioni contrastanti con i princìpi fondamentali dell'Unione.

Capitolo XXVIII

Mandato d'arresto europeo ed estradizione

di *Alfredo Gaito*

1. L'evoluzione dei rapporti giurisdizionali tra autorità straniere, dall'estradizione al mandato d'arresto europeo

L'estradizione è il tradizionale strumento di cooperazione internazionale per la consegna di una persona da parte dello Stato in cui questa si trova ad altro Stato che deve giudicarla (c.d. estradizione **cognitiva**) o che intende dare esecuzione ad una condanna già pronunciata (c.d. estradizione **esecutiva**). L'estradizione si distingue anche in estradizione passiva (o **per l'estero**) ed in estradizione attiva (o **dall'estero**), con riferimento, rispettivamente, alla posizione dello Stato richiesto per la consegna ovvero dello Stato richiedente. Nell'estradizione passiva, la disciplina è più articolata, per la predeterminazione di precisi limiti a livello costituzionale e per un maggiore dettaglio sul piano delle prescrizioni di diritto penale sostanziale e processuale; il procedimento dinanzi all'autorità giudiziaria (c.d. garanzia giurisdizionale) e le competenze dell'autorità amministrativa si integrano reciprocamente (si parla, al proposito, di struttura mista). L'assetto codicistico dell'estradizione attiva, al contrario, è alquanto carente, il che ha determinato l'insorgere di non irrilevanti disorientamenti operativi a risolvere i quali è dovuta talvolta intervenire la Corte costituzionale. Benché l'art. 111 Cost. e, inevitabilmente l'art. 6 C.e.d.u., valgano certamente anche in questo settore, stenta ancora ad affermarsi l'idea del giusto processo estradizionale.

In diretta correlazione con la vicinanza paesistica e con l'intensità dei rapporti politico-economici o anche solo turistici, le relazioni con alcuni Stati sono tradizionalmente più intense; questi Stati hanno nel tempo provveduto a concludere e ad aggiornare gli accordi multilaterali o bilaterali di cooperazione. Emblematici in tal senso la Convenzione europea di estradizione, che vincola gli Stati aderenti al Consiglio d'Europa, da un lato, e il Trattato di estradizione Italia-U.S.A. (oggetto di recentissimo aggiornamento promosso dall'Unione europea), dall'altro lato, assieme alle Convenzioni con i Paesi latino-americani, con il Canada, con la Thailandia.

Tra i Paesi dell'Unione europea, da qualche anno (in Italia con L. 22.4.2005, n. 69) è stato introdotto – non senza difficoltà ideologiche ed applicative – il mandato d'arresto europeo (Decisione Quadro 2002/584/GAI del 13.6.2002) che incarna una procedura estradizionale semplificata, coerentemente al presupposto condiviso di una piattaforma comune di valori, di cultura e di rispetto per i diritti della persona nello spazio comune europeo. Da tanto, la necessità della enucleazione di uno **spazio penale europeo di cooperazione giudiziaria**, sempre più coeso, realizzabile (forse con lentezza, ma) con fermezza e coerenza, attraverso una permanente produttività regolamentare, indice dell'avvertita esigenza di certezza nella collaborazione integrata e sintomo della necessità operativa di strumenti efficaci utili a conseguire tempestività di azione cooperativa, effettività punitiva e reciproco affiatamento tra ordinamenti. Nel dare attuazione alla Decisione Quadro relativa al «mandato di arresto europeo ed alle procedure di consegna di persone ricercate negli Stati membri», la L. n. 69 del 2005 ha aggiornato il tradizionale meccanismo dell'estradizione (che, in ambito europeo, rimane applicabile per i fatti del passato, e comunque nei rapporti con Paesi estranei all'U.E.), delineando i contorni di uno strumento di cooperazione diretta tra le autorità giudiziarie degli Stati dell'Unione europea, con l'intento dichiarato di semplificare la procedura e di scongiurare gli effetti negativi derivanti dalla complessità dell'*iter* estradizionale[1]. Sta poi a vedersi se l'obiettivo dell'efficienza venga conseguito, o meno, a scapito dello *standard* minimale delle garanzie connaturate al giusto processo.

---

[1] Corte eur., sent. 7.10.2008, Moredevo Angola c. Spagna.

La legislazione speciale interna, non inserita nella trama delle norme codificate, disciplina – prevedendone organi, cadenze, formalità e tempi – una procedura *ad hoc*, che sostituisce quella tradizionale di tipo estradizionale, per il caso in cui la richiesta di consegna di un individuo a fini di giustizia penale rinvenga titolo in una decisione giudiziaria «emessa da uno Stato membro dell'Unione europea» (c.d. Stato di emissione) «in vista dell'arresto e della consegna da parte di un altro Stato Membro» (c.d. Stato di esecuzione) «di una persona, al fine dell'esercizio di azioni giudiziarie in materia penale o dell'esecuzione di una pena o di una misura di sicurezza privative della libertà personale» (art. 1, co. 2, L. n. 69 del 2005).

Quaranta articoli suddivisi in tre titoli (artt. 1-4 disposizioni di principio; artt. 5-37 norme di recepimento internazionale; artt. 38-40 disposizioni finali e transitorie) delineano i contorni di un microsistema caratterizzato dal fatto che, in aderenza al principio del mutuo riconoscimento, la procedura di consegna individuale rientra per intero, e in via esclusiva, nella sede giurisdizionale (con estromissione dell'ingerenza di autorità governative). I lineamenti della procedura passiva di consegna presentano, per il resto, analogie marcate con l'omologo procedimento d'estradizione passiva (artt. 679-719).

2. La procedura di estradizione passiva per la consegna del ricercato ad uno Stato straniero

A garanzia contro provvedimenti di comodo elusivi delle regole (si pensi alla c.d. «estradizione mascherata», cioè all'espulsione in funzione di una consegna allo Stato richiedente una estradizione non consentita), la consegna di una persona all'estero, per l'esecuzione di una misura coercitiva *ante processum* ovvero, rispettivamente, per l'esecuzione di una condanna a pena detentiva, può aver luogo soltanto mediante estradizione (art. 697).

In ambito europeo, nella procedura per mandato d'arresto, la decisione finale in tema di consegna del ricercato al Paese richiedente compete in via esclusiva all'autorità giudiziaria; in ogni altro caso, la decisione compete al Ministro della giustizia, sempre vincolato a rispettare la decisione della Corte d'appello (e/o della Corte di cassazione) che esclude la legittimità della consegna del ricercato (art. 701), mentre la previa deliberazione favorevole della Corte d'appello (e/o della Corte di cassazione) non obbliga il Ministro a disporre acriticamente la consegna dell'estradando.

Nell'ipotesi normale, di consegna dell'estradando previa deliberazione favorevole dell'autorità giudiziaria, la decisione del Ministro rileva solo sul piano dell'opportunità e non *in peius* (la decisione del Ministro giammai potrebbe determinare effetti restrittivi sulla libertà personale, in quanto la materia è costituzionalmente coperta da riserva di giurisdizione). Inoltre, per il momento della valutazione discrezionale, è stato delineato un sistema di doppio controllo integrato tra autorità giudiziaria ed autorità amministrativa (art. 698), destinato a sfociare nell'impugnazione del decreto ministeriale dinanzi al T.A.R. (e poi al Consiglio di Stato).

La riforma del 2017 (d.l. 3.10.2017, n. 149) è intervenuta a restringere i poteri del Ministro nella gestione delle richieste di estradizione: se previsto da singoli accordi internazionali, il potere di rifiutare l'estradizione del cittadino può essere esercitato tenuto conto «della gravità del fatto, della rilevanza degli interessi lesi dal reato e delle condizioni personali dell'interessato», e sempre che il singolo accordo non disciplini esso stesso le condizioni e i casi di rifiuto. Restano fermi i poteri di rifiuto collegati alla salvaguardia degli interessi nazionali e della sicurezza (art. 697).

Se il fatto per il quale è domandata l'estradizione è punito con la pena di morte secondo la legge dello Stato estero, l'estradizione può essere concessa solo quando l'autorità giudiziaria accerti che è stata adottata una decisione irrevocabile che irroga una pena diversa dalla pena di morte o, se questa è stata inflitta, è stata commutata in una pena diversa. Qualche dubbio sulla legittimità delle attribuzioni spettanti al Ministro della giustizia potrebbe, semmai, essere profilato in riferimento a quelle situazioni in cui è consentita l'estradizione anche in mancanza della celebrazione della garanzia giurisdizionale, ove l'estradando presti consenso alla consegna (art. 701, co. 2), che deve essere espresso alla presenza del difensore, di fiducia o d'ufficio e, se necessario, di un interprete. Le garanzie che caratterizzano la libertà del consenso dell'estradando appaiono rafforzate (tanto più alla luce delle modalità previste nell'art. 202 disp. att. e della riforma dell'art. 701) e, del resto, rimane comunque fermo il principio per cui sia la decisione favorevole della Corte d'appello, sia il consenso dell'estradando «non rendono obbligatoria l'estradizione» (art. 701, co. 3).

Le attribuzioni del Ministro possono essere ricondotte nella valutazione dell'opportunità politico-amministrativa dell'adesione alla richiesta del Governo straniero. Un aspetto, comunque, va segnalato: nell'estradizione non disciplinata da Trattato il Ministro non si trova mai nella situazione di dover consegnare l'estradando ma, tutt'al più, in quella di poterlo consegnare allo Stato estero.

Correlativamente, la **fase giurisdizionale** ha rilevanza maggiore sotto il profilo della garanzia assicurata all'estradando piuttosto che sotto quello della pretesa preclusione, prevista solo a tutela dell'interessato (nel caso di pronuncia contraria alla concessione dell'estradizione). Le decisioni, adottate sotto forma di decreto ministeriale, sono vincolate all'osservanza delle cadenze temporali stabilite nell'art. 708 (che integrano la fattispecie di termini perentori, con ovvie conseguenze risolutive in caso di inosservanza). Il provvedimento di estradizione ha **natura amministrativa**; di conseguenza è ammissibile il sindacato del giudice amministrativo sull'atto ministeriale, sotto i disparati profili di legittimità (incompetenza, violazione di legge o eccesso di potere) e di merito (opportunità o convenienza).

Legittimato a sollecitare il controllo da parte del giudice amministrativo è l'estradando nel caso di concessione dell'estradizione, mentre il provvedimento di diniego potrebbe essere impugnato dallo Stato estero richiedente, dovendosi riconoscere agli Stati stranieri personalità giuridica interna nell'ordinamento italiano in forza delle norme di diritto internazionale generale.

2.1. La procedura passiva nel mandato d'arresto europeo

Il sistema di cooperazione tra Stati nello spazio giudiziario europeo è fondato sui corollari della tempestività, dell'effettività e del reciproco affidamento tra ordinamenti che, con l'estradizione, sono di difficile realizzazione. Nell'intento di velocizzare il sistema di contrasto a forme di criminalità sovranazionale, il Consiglio U.E. ha imposto agli Stati membri di far propria una **procedura semplificata**, alla quale si da avvio attraverso l'emissione di un mandato d'arresto contenente le generalità del ricercato, l'indicazione dell'esistenza di una sentenza definitiva di condanna o di un ordine d'arresto da parte dell'autorità richiedente, la qualificazione giuridica del fatto e la pena inflitta ovvero stabilita dalla legge dello Stato di emissione, nonché una relazione sui fatti addebitati, i dati segnaletici ai fini dell'individuazione del ricercato e l'elenco delle norme che si assumono violate. L'intero documento deve pervenire tradotto in lingua italiana.

Il mandato perviene al Ministro della giustizia che, a sua volta, lo trasmette al presidente della Corte d'appello competente. La decisione sulla richiesta di consegna del soggetto nei cui confronti è stato emesso il mandato di arresto europeo spetta solo all'autorità giurisdizionale, fermo restando il potere della Corte d'appello di chiedere direttamente consulenza all'Eurojust. La verifica cui è chiamata la Corte d'appello ruota attorno alla ricorrenza dei presupposti fissati dalla legge per pervenire alla decisione, spingendosi fino alla valutazione sulla sussistenza dei gravi indizi di colpevolezza. Infatti, la consegna sulla base del mandato d'arresto può avvenire – ferme le residue condizioni negative e positive contemplate dalla legge attuativa – sulla base di una sentenza irrevocabile pronunciata o di una misura cautelare personale emessa in un altro Paese dell'Unione; in quest'ultimo caso, la disciplina impone la presenza dei «gravi indizi di colpevolezza». Il differente trattamento rispetto alla procedura estradizionale nasce da un'opportuna cautela del legislatore italiano. Il giudicato straniero, che si forma dopo l'esaurimento delle impugnazioni ordinarie, assicura di per sé il presupposto fondamentale secondo cui l'esecuzione della pena deve essere legittimata da rituali procedure di accertamento della responsabilità; presupposto che, pur con le intuibili specificità nazionali, poggia su linee-guida convergenti, nel solco tracciato dalla Corte europea.

Per converso, risulta più subdolo il tema concernente i limiti alla libertà *ante judicium*, dove la misura privativa è disposta ancor prima di sapere se l'imputato è responsabile o meno; profilo dal quale si arguisce che il rischio di compromettere un diritto fondamentale è molto più alto rispetto all'ipotesi in cui il mandato d'arresto europeo consegua ad una sentenza irrevocabile. Ed ecco la particolare cura italiana nel precisare il tasso indiziario di colpevolezza richiesto per limitare la libertà durante le fasi dell'accertamento: non «sufficienti», ma «gravi» indizi di colpevolezza. Ciò per scongiurare qualsiasi rischio di abuso ogni qualvolta nel Paese richiedente la privazione della libertà sia subordinata a presupposti più elastici di quelli codificati.

Le Sezioni Unite hanno stabilito che, ai fini del vaglio del presupposto della gravità indiziaria, l'autorità giudiziaria italiana deve limitarsi a verificare che il mandato sia, per il suo contenuto intrinseco o per gli elementi raccolti in sede investigativa, fondato su un compendio indiziario che l'autorità giudiziaria emittente abbia ritenuto seriamente evocativo di un fatto-reato commesso dalla persona di cui si chiede la consegna [2].

La delibazione sulla detenzione cautelare e sulla decisione in ordine alla consegna costituiscono due passaggi correlati: tutta l'attività prodromica alla fissazione dell'udienza di deliberazione trova regolamentazione in una serie di disposizioni che disciplinano l'inizio ed il graduale sviluppo del procedimento. L'atto d'impulso del procedimento di consegna coincide con la comunicazione del mandato europeo, ovvero con il momento di esecuzione della misura restrittiva della libertà personale; e vale come momento iniziale non solo per il termine entro il quale deve essere fissata l'udienza ma anche per quello entro il quale deve essere adottata la decisione.

La consegna della persona arrestata allo Stato richiedente è sempre subordinata alla mancanza delle **condizioni ostative** delineate in maniera dettagliata dalla normativa del 2005 (il giudice è tenuto, perciò, ad esperire un vaglio concreto in ordine alla loro sussistenza).

3. Il principio di specialità nell'estradizione passiva

L'art. 699 recepisce un principio di diritto internazionale volto ad imprimere ai rapporti internazionali la maggiore precisione di contenuto, affinché i

---

[2] Cass., Sez. Un., 1.1.2007, Ramoci.

diritti e i doveri degli stati abbiano una base sicura, scongiurando eventuali malintesi. Il principio trova spiegazione nell'ambito delle limitazioni all'estradizione: il sistema delle garanzie procedimentali a favore dell'estradando si risolverebbe in un'inutile lustra esterna, se lo Stato richiedente potesse procedere, e punire, per altri reati anteriori alla consegna; si suole ripetere che il principio (o clausola: è lo stesso) di specialità ha la funzione di evitare domande fraudolente. Cosicché la concessione dell'estradizione, e la riestradizione, è sempre subordinata alla condizione che, per un **fatto anteriore alla consegna e diverso da quello per il quale vi è stata concessione dell'estradizione**, il soggetto non venga sottoposto a misure restrittive della libertà personale, in esecuzione di una pena o misura di sicurezza, né assoggettato ad altra misura restrittiva della libertà personale, né consegnato ad altro Stato. Per l'esatta individuazione della portata dell'espressione «fatto anteriore diverso» si dovrebbe prendere in considerazione il momento in cui l'estradizione sia stata effettivamente eseguita, con la conseguenza che sarebbero da ritenersi coperti dalla clausola tutti i reati commessi prima che la persona venga materialmente consegnata allo Stato straniero. Quanto alle altre implicazioni derivanti dall'espressione fatto diverso, l'elemento letterale rende palese come la salvaguardia contro misure restrittive arbitrarie debba riferirsi unicamente al fatto materiale, senza alcuna considerazione per eventuali mutamenti nella definizione giuridica.

L'effettivo contenuto della clausola viene, volta per volta, concordato tra gli Stati che concludono una Convenzione di estradizione e può divergere da trattato a trattato. L'art. 699 ha funzione sussidiaria, esplicitamente fissando la necessità di rispettare il principio anche nei casi di estradizione extraconvenzionale. Nell'estradizione esecutiva, gli ambiti operativi della clausola di specialità sono individuati dal titolo esecutivo, cioè la sentenza o il decreto di «condanna».

La scelta del legislatore potrebbe apparire, per certi versi, deludente, avendo optato, tra i possibili effetti riduttivi della clausola sui poteri giurisdizionali dello Stato assistito, per la soluzione meno garantista. A parte il fatto che la volontà di precludere soltanto eventuali limitazioni alla libertà personale è recepita in modo esplicito in molti dei Trattati stipulati dall'Italia, sembra potersi obiettare, in contrario, che qui occorreva delineare unicamente una disciplina-tampone per i casi non regolati da Convenzione. Né si poteva certo arrivare sino al punto di spogliare lo Stato richiedente anche dei poteri che normalmente gli competono in regime di estradizione convenzionale. Si è, in tal modo, delineato un minimo al di sotto del quale non potrà scendersi, attribuendo tuttavia al Ministro il potere di «subordinare la concessione dell'estradizione ad altre condizioni che ritiene opportune» (art. 699, co. 3): non ci sono limitazioni alla «fantasia» dell'autorità amministrativa, che, volta per volta e caso per caso, sarà chiamata a quantificare gli effetti riduttivi della clausola sui poteri sovrani, di cognizione e di esecuzione, dello Stato richiedente, senza escludere la possibilità di stabilire anche un effetto paralizzante totale dei poteri dello Stato che ha ottenuto l'estradizione.

Gli effetti limitativi della clausola di specialità non sono assoluti. In particolare, l'art. 699, co. 2, contempla la c.d. **purgazione dell'estradizione** quale condizione risolutiva degli effetti medesimi. In concreto, si prevede che i poteri dello Stato assistito rimangano compressi per tutto il tempo nel quale la persona estradata debba permanere sul quel territorio, ma cessino non appena vengano meno gli ostacoli alla partenza (ad esempio, conclusione del processo o ritorno in libertà per avvenuta espiazione della pena), e, pur avendone la possibilità, la stessa persona non abbandoni lo Stato al termine di quarantacinque giorni, ovvero, dopo averlo lasciato, spontaneamente vi abbia fatto rientro. Ad evitare comportamenti fraudolenti da parte degli Stati assistiti, l'art 699, co. 4, impone al Ministro di verificare «l'osservanza della condizione di specialità e delle altre condizioni eventualmente apposte». L'attivazione è d'ufficio, ma c'è ampio spazio anche per eventuali segnalazioni da parte dell'interessato. Gli esiti dell'intervento ministeriale in funzione di controllo non sono predeterminati. Il minimo che si deve pretendere è una diffida alle autorità straniere per indurle allo scrupoloso rispetto delle condizioni prefissate; ma non potrebbe escludersi *a priori* l'estremo costituito da una richiesta di restituzione della persona da considerare non più estradata (non solo *ex nunc*, ovviamente) per revoca sopravvenuta del consenso all'estradizione, magari con interruzione dei rapporti di cooperazione internazionale di là da venire. Da segnalare che non sono stati stabiliti i criteri ed i parametri indicatori delle inadempienze dell'autorità straniera; ma ciò è in diretta correlazione all'elasticità delle condizioni apposte. Di conseguenza tutto è rimesso alla valutazione discrezionale del Ministro.

I contenuti dell'art. 699 valgono integralmente, come da esplicita previsione di legge, per l'estradizione suppletiva (estensione dell'estradizione già concessa) e per la riestradizione.

La previsione della specialità è comunemente considerata come rientrante nella categoria delle norme consuetudinarie del diritto internazionale generale. Da questo inquadramento sistematico discende che la clausola di specialità si impone anche quando il provvedimento di estradizione eccezionalmente non ne faccia menzione: va anzi ribadito che, in ogni caso, la specialità *ex* art. 699 deve considerarsi sancita anche in difetto di un riferimento *ad hoc*. In questa prospettiva, la specialità svolge una funzione di garanzia successiva, cioè ad estradizione avvenuta, posta a salvaguardia degli obblighi che gli Stati, con la richiesta di estradizione, in modo implicito ma inequivocabile, si impegnano ad osservare. Correlativamente, la violazione della clausola di specialità da parte dello Stato assistito integra altresì un illecito internazionale, come tale censurabile a livello di rapporti tra Stati.

L'estradato ha diritto all'integrale operatività della clausola di specialità, con sua conseguente non sottoponibilità ad un trattamento diverso da quello considerato nella vicenda estradizionale, ma questo diritto non è automaticamente azionabile da parte dell'estradato, in quanto per definizione il diritto internazionale, come diritto fra gli Stati, considera soltanto i rapporti fra enti internazionali, non già i singoli individui. Per stabilire la portata della autonoma tutela dell'estradato, occorre, perciò, accertare caso per caso, in relazione allo Stato coinvolto, l'esistenza di norme di collegamento, tra diritto internazionale e diritto interno, le quali attribuiscano all'estradato il diritto corrispondente al principio internazionalistico di specialità dell'estradizione.

Per opinione diffusa (ma suscettibile di essere posta in discussione), il principio di specialità previsto dall'art. 14, par. 1 della Convenzione europea di estradizione e dall'art. 721 non è riferibile alle misure di prevenzione personali e al relativo procedimento di applicazione; ne consegue che la persona estradata in Italia per ragioni diverse può essere assoggettata a misure di prevenzione personali e al relativo procedimento, senza la necessità di una preventiva richiesta di estradizione suppletiva allo Stato che ne ha disposto la consegna [3].

3.1. Esecuzione del mandato d'arresto europeo e principio di specialità

Il principio di specialità è operativo anche per i rapporti nascenti tra gli Stati dell'Unione attraverso il mandato d'arresto europeo. Agli artt. 26 e 32, L. n. 69 del 2005 è previsto che la consegna del soggetto richiesto è sempre subordinata alla condizione che, per un **fatto anteriore e diverso** da quello per il quale è stata concessa, la persona non venga sottoposta a un procedimento penale, né privata della libertà personale in esecuzione di una pena o misura di sicurezza, né altrimenti privata della libertà personale. L'operatività del principio, anche nell'ambito del mandato europeo, trova delle limitazioni legate alle circostanze della permanenza del soggetto nel territorio dello Stato, decorsi quarantacinque giorni dalla sua liberazione o del successivo ritorno nello stesso e della rinuncia espressa al principio di specialità rispetto a particolari fatti anteriori. Inoltre la clausola di specialità non trova applicazione se il reato non è punibile con una pena o misura privativa della libertà personale, se il procedimento non consente l'applicazione di misure restrittive della libertà personale o se la persona è soggetta a una pena che non implica privazioni della libertà stessa.

La giurisprudenza europea ha chiarito come, per stabilire se il reato considerato sia o no un «reato diverso» da quello che ha determinato la conse-

---

[3] Cass., Sez. Un., 6.3.2008, Gallo.

gna, ai sensi dell'art. 27, n. 2, della Decisione Quadro 2002/584/GAI, relativa al mandato d'arresto europeo, tale da imporre lo svolgimento della procedura di assenso contemplata dall'art. 27, n. 3, lett. *g*, e dall'art. 4 della medesima Decisione Quadro, occorre verificare se gli elementi costitutivi del reato, in base alla descrizione legale di quest'ultimo fatta nello Stato emittente, siano quelli per i quali la persona è stata consegnata e se esista una corrispondenza sufficiente tra i dati contenuti nel mandato di arresto e quelli menzionati nell'atto procedurale successivo. Eventuali mutamenti nelle circostanze di tempo e di luogo sono ammessi, a condizione che derivino dagli elementi raccolti nel corso del procedimento instaurato nello Stato emittente in relazione ai comportamenti descritti nel mandato di arresto, che non alterino la natura del reato e che non comportino l'insorgenza di motivi di non esecuzione ai sensi degli artt. 3 e 4 della ridetta Decisione Quadro[4].

4. Profili procedurali dell'estradizione passiva: la garanzia giurisdizionale

La struttura del procedimento passivo anche dopo la novella è confermata nelle sue linee portanti, mantenendosi inalterata una fase giurisdizionale ed una fase amministrativa. La nuova disciplina prevede che l'estradizione non sia il solo strumento di consegna allo Stato estero, dovendosi ricorrere al mandato d'arresto europeo, che consente l'attivazione di una procedura di consegna più rapida e facilitata dei ricercati, basata sul principio del mutuo riconoscimento.

L'estradizione di una persona imputata o condannata all'estero è subordinata alla **garanzia giurisdizionale**, nel senso che l'estradizione non è ammessa senza la previa deliberazione favorevole dell'autorità giudiziaria, adottata con le forme indicate negli artt. 700-705. Ciò costituisce un ostacolo all'estrinsecazione dei poteri del Ministro della giustizia, il quale non è legittimato a concedere l'estradizione se l'autorità giudiziaria non abbia riconosciuto la contemporanea sussistenza di tutti i requisiti di legge. L'art. 701, co. 4, stabilisce che investita dei poteri deliberativi è la Corte d'appello del luogo ove l'imputato o il condannato ha la residenza, la dimora o il domicilio nel momento in cui la domanda di estradizione perviene al Ministro. Vi sono poi ulteriori criteri sussidiari contemplati dalla norma, fino a quello residuale che individua la competenza nella Corte d'appello di Roma ogni qualvolta non risulti individuabile un'altra sede.

---

[4] Corte Giust. CE, sent. 1.12.2008, C-353/06.

Se il procedimento d'estradizione riguarda un soggetto minorenne, la competenza spetta bensì alla Corte d'appello, ma ad una specifica sezione funzionalmente competente a giudicare soggetti minori d'età[5].

La riforma del 2017 è intervenuta a rafforzare la garanzia giurisdizionale che è omessa allorché l'estradando faccia espressa e rituale domanda di essere consegnato allo Stato interessato all'estradizione. Il **consenso dell'interessato**, che deve essere espresso alla presenza del difensore e, se del caso, dell'interprete e del quale è fatta menzione nel verbale, rende superfluo il controllo giurisdizionale e demanda l'esame della legalità dell'estradizione integralmente all'autorità amministrativa: è dubbio se l'omissione della garanzia giurisdizionale rimanga legittima ove, nelle more della decisione ministeriale, sopravvenga una richiesta di estradizione da parte di altro Stato nei confronti della stessa persona. La domanda dell'interessato di essere consegnato allo Stato straniero deve essere formulata alla presenza del difensore, raccolta dal procuratore generale (art. 703, co. 2) che può procedere all'interrogatorio o dal presidente della Corte d'appello (art. 717, co. 1) e dettagliatamente verbalizzata (art. 701, co. 2). A norma del riformato co. 2 dell'art. 703, infatti, il procuratore generale, ricevuta la domanda, dispone la **comparizione** davanti a sé dell'interessato e provvede non più solo alla sua identificazione. Procede, altresì, all'interrogatorio dello stesso e ne raccoglie, previa informazione sulle conseguenze, l'eventuale consenso all'estradizione o la rinuncia al principio di specialità. L'interessato è avvisato che è assistito da un difensore di ufficio, ma che può nominarne uno di fiducia. L'atto è compiuto alla necessaria presenza del difensore cui deve essere dato avviso almeno ventiquattro ore prima. Il consenso all'estradizione e la **rinuncia al principio di specialità** non sono validi se non sono espressi alla presenza del difensore. La rinuncia dell'estradato alla garanzia del principio di specialità è irrevocabile, salvo l'intervento di fatti nuovi che modifichino la situazione esistente al momento della rinuncia. La espressa previsione dell'interrogatorio in questa fase, la cui necessità è stata sin qui esclusa dalla giurisprudenza, è funzionale all'attività di acquisizione probatoria preliminare attribuita al procuratore generale. Le maggiori garanzie durante la manifestazione del consenso sono finalizzate a garantire l'interessato contro eventuali arbìtri, desumibili dalla giurisprudenza degli anni '80 che troppe volte aveva equiparato al consenso il silenzio dell'estradando.

La garanzia giurisdizionale deve essere omessa, altresì, quando lo Stato richiedente abbia revocato la domanda; in casi del genere, il procuratore generale, preso atto della superfluità del giudizio deliberatorio, dovrebbe archiviare la pratica con decreto, atto meramente amministrativo, e restituire il passaporto al legittimo titolare.

---

[5] Corte cost., sent. n. 310 del 2008.

Né la deliberazione giudiziaria favorevole né il consenso dell'estradando rendono obbligatoria l'estradizione.

L'attuazione della garanzia giurisdizionale è subordinata all'attivarsi del procuratore generale cui compete in via esclusiva di promuovere il giudizio della Corte d'appello. È il Ministro ad investire il procuratore generale presso la Corte competente della domanda di estradizione, «salvo che ritenga che essa vada respinta» (art. 703, co. 1). Non sono descritti i criteri sui quali, in questa fase iniziale, il Ministro possa basarsi per respingere una domanda di estradizione, dal momento che ancora non è stato compiuto alcun accertamento preventivo né da parte del pubblico ministero né per opera di organi giurisdizionali.

La riforma ha però abbreviato i termini: il Ministro della giustizia quando ritiene di dare corso alla domanda di estradizione, la trasmette entro trenta giorni dal ricevimento con i documenti che vi sono allegati al procuratore generale (art. 703, co. 1).

Le **attività probatorie** del pubblico ministero sono descritte nel co. 3 dell'art. 703: oltre all'interrogatorio dell'estradando, il Procuratore generale ha il potere di acquisire la documentazione e le informazioni necessarie, richiedendole all'autorità straniera anche per mezzo del Ministro. Entro trenta giorni dalla data in cui la domanda di estradizione gli è pervenuta, presenta alla Corte di appello la requisitoria che rimane a disposizione delle parti, le quali possono prenderne visione assieme alla documentazione acquisita e depositare memorie.

Oltre alla formale richiesta di procedere nei confronti dell'estradando, il pubblico ministero è tenuto a produrre gli atti su cui la stessa si fonda, con gli elementi a sostegno della domanda trasmessi dallo Stato richiedente *ex* art. 700.

Di particolare rilievo, per il carattere innovativo rispetto alla prassi già invalsa, la necessità che alla domanda di estradizione vengano allegati «copia del provvedimento restrittivo della libertà personale o della sentenza di condanna a pena detentiva» ed inoltre il testo delle disposizioni di legge applicabili, con l'indicazione se per il fatto per cui è domandata l'estradizione è prevista dalla legge dello Stato estero la pena di morte e, in tal caso, quali assicurazioni lo Stato richiedente fornisce che tale pena non sarà inflitta o, se già inflitta, che non sarà eseguita, oltre che il provvedimento di commutazione della pena di morte, a norma del riformato art. 698, co. 2.

Una volta ricevuta la richiesta di giudizio sull'estradizione, il presidente della Corte d'appello fissa **l'udienza per la decisione** ai sensi dell'art. 704, co. 1 che deve essere presa entro sei mesi dalla data del deposito della requisitoria del Procuratore generale a condizione di reciprocità, oltre ai soggetti necessari, è possibile l'intervento dello Stato richiedente, rappresentato da un avvocato, che ha diritto di essere avvisato dieci giorni prima. L'osservanza delle forme è stabilita espressamente a pena di nullità (art. 704, co. 1). Alla data fissata con decreto dal presidente, il pubblico ministero interviene nella camera di consiglio per esporre oralmente le proprie conclusioni; la presenza del difensore, eventualmente nominato anche d'ufficio, è necessaria, mentre la presenza dell'estradando e del rappresentante dello Stato richiedente è soltanto facoltativa, anche se entrambi debbono essere sentiti quando compaiono.

Nulla è detto circa l'ordine da seguire nel corso dell'udienza. La Corte d'appello deve stabilire se ricorrano le condizioni per far luogo all'estradizione. L'esame riguarda le implicazioni non soltanto dell'art. 13 c.p., ma anche degli artt. 7, 8, 9, 10 e 11 c.p. e, soprattutto, degli artt. 10 e 26 Cost. L'esame deve essere condotto sulla base della documentazione allegata dal pubblico ministero alla requisitoria, delle dichiarazioni dell'estradando e del rappresentante dello Stato straniero se compaiono e di quant'altro raccolto in forza dell'art. 704, co. 2 («dopo aver assunto le informazioni e disposto gli accertamenti ritenuti necessari»).

Quando la decisione è favorevole all'estradizione, la Corte, se vi è richiesta del Ministro della giustizia, dispone la custodia cautelare in carcere della persona da estradare che si trovi in libertà. Provvede, altresì, al sequestro del corpo del reato e delle cose pertinenti, stabilendo quali devono essere consegnati allo Stato richiedente. Viceversa, quando la decisione e contraria all'estradizione, la Corte revoca le misure cautelari applicate e dispone in ordine alla restituzione delle cose sequestrate.

I poteri della Corte d'appello, particolarmente ampi, sono dettagliatamente enumerati all'art. 705, le cui prescrizioni comportano che le notizie fornite dallo Stato assistito e la richiesta del pubblico ministero debbono essere considerate come una semplice ipotesi da verificare, non risultando accompagnate da alcuna presunzione di attendibilità. Segnatamente, l'autorità giudiziaria è tenuta ad accertare, in modo irrinunciabile, la sussistenza di gravi indizi di colpevolezza o di una decisione irrevocabile di condanna per reati che comportano la pena detentiva; l'inesistenza di un giudizio pendente o di un giudicato nazionale per lo stesso fatto; il tipo di trattamento processuale riservato all'estradando; la compatibilità della sentenza straniera da eseguirsi a seguito dell'estradizione con i princìpi fondamentali dell'ordinamento; il rischio probabile per l'interessato di essere sottoposto ad atti, pene o trattamenti persecutori, discriminatori, disumani o degradanti, del tipo di quelli indicati nell'art. 698, co. 1; a norma della nuova lett. *c bis* dell'art. 705, il rischio di conseguenze eccezionalmente gravi per l'interessato dovute all'età o alle condizioni di salute. A tale proposito la giurisprudenza europea esige dal giudice nazionale la scrupolosa applicazione di criteri rigorosi e l'esercizio di un attento controllo quando, trattandosi in ogni caso di valutare l'esistenza di un reale rischio di maltrattamenti in caso di allontanamento di una persona dal territorio dello Stato assistito per estradizione, espulsione od ogni altra misura avente questo obiettivo[6].

Ove la decisione sull'estradizione intervenga prima della decisione sulla condanna, la motivazione della Corte d'appello non deve esprimere giudizi sulla colpevolezza dell'estradando: deve essere fatta una distinzione fondamentale tra l'affermazione che taluno sia sospettato di aver commesso un reato e il riconoscimento che la medesima persona sia certamente responsabile. Qualsiasi dichiarazione di colpevolezza «anticipata» rispetto alla celebrazione del processo nello Stato richiedente si risolverebbe in un'imperdonabile violazione del giusto processo[7].

La decisione è emessa in forma di sentenza.

4.1. La garanzia giurisdizionale e le dinamiche procedurali per l'esecuzione del mandato d'arresto europeo

La competenza a dare **esecuzione** ad un mandato di arresto europeo spetta, nell'ordine, «alla Corte d'appello nel cui distretto l'imputato o il condannato ha la residenza, la dimora o il domicilio nel momento in cui il provvedimento è ricevuto dall'autorità giudiziaria» (art. 5, co. 2, L. n. 69 del 2005), ovvero, se la competenza non può essere così determinata, alla Corte di appello di Roma (co. 3); in ogni caso, la consegna non può essere concessa senza la decisione favorevole della Corte territoriale (co. 1).

Per ciò che concerne la dinamica procedurale, poi, la Corte d'appello – salvo che nell'ipotesi di consegna consensuale (art. 14, L. n. 69 del 2005) – decide con sentenza in camera di consiglio «sull'esistenza delle condizioni per l'accoglimento della richiesta di consegna, sentiti il procuratore generale, il difensore, e, se compare, la persona richiesta in consegna nonché, se presente, il rappresentante dello Stato richiedente» (art. 17, co. 1, L. n. 69 del 2005); e, qualora ritenga insufficienti ai fini del decidere «le informazioni trasmesse dallo Stato membro di emissione, richiede con urgenza allo stesso, direttamente o per il tramite del Ministro della giustizia, le informazioni integrative occorrenti. In ogni caso stabilisce un termine per la ricezione di quanto richiesto, tenendo conto della necessità di rispettare i termini stabiliti dall'articolo 14, comma 4, o dall'articolo 17, comma 2-*bis*, per l'adozione della propria decisione». Inoltre, la medesima Corte può disporre «d'ufficio o su richiesta delle parti [...] ogni ulteriore accertamento che ritiene necessario, rispettando i termini stabiliti dall'articolo 14, comma 4, o dall'articolo 17, comma 2-*bis*, per l'adozione della decisione» (art. 16, L. n. 69 del 2005).

---

[6] Corte eur., sent. 22.2.2008, Saadi c. Italia, Corte eur., sent. 15.7.2005, Ranzy c. Paesi Passi.

[7] Corte eur., sent. 24.4.2009, Ismoilov ed altri c. Russia.

Il termine ordinatorio di trenta giorni entro il quale deve essere prodotta la documentazione integrativa, stabilito dalla versione previgente dell'art. 16, decorre dal momento in cui la richiesta perviene all'autorità estera, a meno che non vi sia stata una precisa indicazione del termine stesso da parte dell'autorità italiana. Lo hanno stabilito le Sezioni Unite, probabilmente per ovviare alle difficoltà inerenti all'individuazione del momento in cui l'interessato, non pervenuta la documentazione utile per la decisione, avrebbe diritto ad essere rimesso in libertà se sottoposto a misura coercitiva [8].

Le **cadenze cronologiche del procedimento** sono scandite dagli artt. 10, 17, 21, 22, 23, L. n. 69 del 2005: «il presidente della Corte di appello, o il magistrato da lui delegato» fissa con decreto l'udienza in camera di consiglio per la decisione «entro il termine di quindici giorni dall'esecuzione della misura» eventualmente applicata e dispone contestualmente «il deposito del mandato di arresto europeo» (art. 10, co. 4); la Corte d'appello deve emettere la decisione «nel più breve tempo possibile e, comunque, entro quindici giorni dall'esecuzione della misura cautelare di cui all'articolo 9 o, nel caso previsto dall'articolo 11, dall'arresto della persona ricercata».

Quando la Corte d'appello decide di non applicare alcuna misura cautelare nell'ambito della deliberazione prevista dall'art. 9, co. 4, «fissa con decreto l'udienza per la decisione non oltre i quindici giorni successivi e dispone contestualmente il deposito del mandato di arresto» (art. 10, co. 4-*bis*).

A proposito dell'interpretazione della norma in ordine ai tempi della decisione sulla consegna, la Corte di Giustizia, investita di una questione pregiudiziale interpretativa, ha stabilito che l'art. 17 della Decisione Quadro, nei procedimenti di consegna di imputati/condannati (a seconda della finalità processuale o esecutiva del MAE), statuisce nel senso dell'obbligo per le autorità nazionali competenti di proseguire il procedimento di esecuzione del mandato anche dopo la scadenza dei termini fissati dal ridetto art. 17, senza che questa imponga il rilascio della persona detenuta ai fini della consegna (rilascio che potrebbe compromettere l'effetto utile del meccanismo di cooperazione predisposto dalla decisione quadro). Tuttavia, secondo la Corte, l'operatività del meccanismo in parola non deve pregiudicare il rispetto dei diritti sanciti dalla Carta dei diritti fondamentali, in particolare il diritto alla libertà e alla sicurezza sancito dal suo art. 6, alla luce del quale la decisione quadro deve essere interpretata. Ciò implica che la custodia di una persona in circostanze come quella di specie non può oltrepassare una **durata "ragionevole"**. E al fine di verificare che la custodia del consegnando non sia eccessiva e possa, al contrario, considerarsi giustificata anche alla luce della giurisprudenza della Corte europea dei diritti dell'uomo, il giudice della procedura deve considerare una serie di fattori: occorre tenere in considerazione l'eventuale inerzia delle auto-

[8] Cass., Sez. Un., 30.1.2007, Ramoci.

rità dello Stato di emissione e di quello di esecuzione, il "contributo" del ricercato alla durata del procedimento, nonché la pena cui si espone il ricercato o la pena inflittagli, l'esistenza di un rischio di fuga e la circostanza che il ricercato sia stato detenuto per un periodo la cui durata totale ecceda significativamente i termini previsti dalla decisione quadro per l'adozione della decisione sull'esecuzione del M.A.E. Qualora il giudice *a quo* procedesse alla liberazione del consegnando, secondo la Corte, egli dovrebbe disporre – ad ogni modo – ogni misura necessaria ad evitare che questi si dia alla fuga, assicurando il permanere delle condizioni sostanziali necessarie alla sua effettiva consegna, finché non sarà adottata una decisione definitiva sulla sua consegna [9].

Quanto ai **presupposti della consegna** della persona richiesta, per ciò che concerne il requisito di ammissibilità rappresentato dalla previsione bilaterale del fatto come reato (c.d. doppia punibilità) [10], dal combinato disposto degli artt. 7 e 8, L. n. 69 del 2005 si ricavano i profili di un sistema che presenta, comunque, oggettivi caratteri di continuità con il tradizionale strumento estradizionale. Anzitutto si stabilisce che, in linea di massima, l'Italia «dà esecuzione al mandato d'arresto europeo solo nel caso in cui il fatto sia previsto come reato anche dalla legge nazionale, indipendentemente dalla qualificazione giuridica e dai singoli elementi costitutivi del reato» (art. 7, co. 1, casi di doppia punibilità), e purché il fatto stesso sia «punito dalla legge dello Stato membro di emissione con una pena o con una misura di sicurezza privativa della libertà personale della durata massima» superiore a dodici mesi (art. 7, co. 3), mentre in caso di «esecuzione di una sentenza di condanna, la pena o la misura di sicurezza dovranno avere una durata non inferiore a quattro mesi» (art. 7, co. 4). In caso di modifica della pena prevista, prevale la legge del tempo del fatto [11]. Per altri versi si prevede, invece, che deve farsi luogo alla consegna indipendentemente dalla doppia punibilità per «i reati che, secondo la legge dello Stato membro di emissione, rientrano nelle categorie di cui all'articolo 2, paragrafo 2, della decisione quadro e sono puniti con una pena o una misura di sicurezza privative della libertà personale pari o superiore a tre anni» (art. 8, co. 1).

In sostanziale elusione delle indicazioni promananti sul punto dell'art. 2 della Decisione Quadro, la nostra disciplina riafferma, come regola, il principio della c.d. **doppia incriminabilità**, la cui eliminazione – seppure in via tendenziale – avrebbe dovuto rappresentare il valore aggiunto della Decisione Quadro sul mandato di arresto europeo, in considerazione del ritardo che il relativo accertamento giudiziario è solito determinare nella trattazione del-

---

[9] Corte Giust. UE., sent. 16.7.2015, C-273/15.

[10] Corte Giust. UE, sent. 1.12.2008, C-338/08.

[11] Corte. Giust. UE, sent. 3.3.2020, C-717/18.

le domande di estradizione. Nel contempo, è stato attenuato il prevedibile impatto operativo connesso a tale scelta, prevedendosi nell'art. 8, L. n. 69 del 2005 una serie specifica di ipotesi di reato, individuate mediante il rinvio all'elencazione contenuta nella Decisione Quadro 2002/584/GA sul mandato d'arresto europeo che consentono – a prescindere dalla doppia incriminazione – la consegna dell'individuo richiesto.

Agli automatismi imposti in sede europea nell'intento di velocizzare le procedure di cooperazione in ambito penale fa da contraltare la previsione di ipotesi nelle quali lo Stato richiesto può rifiutare l'esecuzione e la correlativa consegna del soggetto richiesto. Il legislatore italiano, agli artt. 18, 18-*bis*, 18-*ter* e 19 L. n. 69 del 2005, ha stabilito i casi di rifiuto della consegna da parte della Corte d'appello, nonché le garanzie cui può essere condizionata, ad opera dell'autorità giudiziaria italiana, l'esecuzione del mandato di arresto.

In particolare, la legge distingue motivi di rifiuto facoltativi e obbligatori.

Quando il mandato è stato emesso per l'esercizio di azioni giudiziarie, l'autorità italiana può rifiutarne l'esecuzione (art. 18-*bis*):

a) «se il mandato di arresto europeo riguarda reati che dalla legge italiana sono considerati reati commessi in tutto o in parte nel suo territorio, o in luogo assimilato al suo territorio, ovvero reati che sono stati commessi al di fuori del territorio dello Stato membro di emissione, se la legge italiana non consente l'azione penale per gli stessi reati commessi al di fuori del suo territorio»;

b) qualora sia in corso un procedimento penale per lo stesso fatto di cui al mandato di arresto e a carico della stessa persona.

Nel caso in cui il mandato d'arresto sia stato emesso per eseguire una pena o una misura di sicurezza personale, la Corte territoriale può rifiutare la consegna del cittadino italiano o di «persona che legittimamente ed effettivamente risieda o dimori in via continuativa da almeno cinque anni sul territorio italiano», ma in tal caso deve disporre l'esecuzione della pena o della misura in Italia, nel rispetto delle disposizioni di diritto interno (art. 18-bis, co. 2).

In relazione al controllo sulla legittima ed effettiva residenza o dimora sul territorio italiano della persona richiesta, «la corte di appello accerta se l'esecuzione della pena o della misura di sicurezza sul territorio sia in concreto idonea ad accrescerne le opportunità di reinserimento sociale, tenendo conto della durata, della natura e delle modalità della residenza o della dimora, del tempo intercorso tra la commissione del reato in base al quale il mandato d'arresto europeo è stato emesso e l'inizio del periodo di residenza o di dimora, della commissione di reati e del regolare adempimento degli obblighi contributivi e fiscali durante tale periodo, del rispetto delle norme nazionali in materia di ingresso e soggiorno degli stranieri, dei legami familiari, linguistici, culturali, sociali, economici o di altra natura che la persona intrattiene sul territorio italiano e di ogni altro elemento rilevante. La sentenza è nulla se non contiene la specifica indicazione degli elementi di cui al primo periodo e dei relativi criteri di valutazione» (art. 18-*bis*, co. 2-*bis*).

Un'ulteriore fattispecie di rifiuto facoltativo è prevista dall'art. 18-*ter* in caso di decisioni pronunciate in assenza, di cui si dirà più avanti.

All'art. 18, invece, è previsto il rifiuto obbligatorio della consegna:

a) se il reato alla base del mandato di arresto è estinto per amnistia secondo la legge italiana, «quando vi è la giurisdizione dello Stato italiano sul fatto»;

b) se a carico del destinatario della richiesta di consegna sono già stati emessi in Italia, per gli stessi fatti, «sentenza o decreto penale irrevocabili o sentenza di non luogo a procedere non più soggetta a impugnazione o, in altro Stato membro dell'Unione europea, sentenza definitiva, purché, in caso di condanna, la pena sia stata già eseguita ovvero sia in corso di esecuzione, ovvero non possa più essere eseguita in forza delle leggi dello Stato che ha emesso la condanna»;

c) se la persona a cui è rivolto il mandato di arresto non aveva compiuto i quattordici anni al tempo del fatto.

Quanto alle garanzie cui può essere condizionata l'esecuzione del mandato da parte del giudice italiano, l'art. 19 prevede due ipotesi principali.

Nel caso in cui il reato che sta alla base del mandato di arresto è punibile con una sanzione che priva della libertà personale a vita, la Corte d'appello subordina la consegna alla condizione che lo Stato di emissione preveda «nel suo ordinamento giuridico una revisione della pena inflitta, su richiesta o trascorsi al massimo venti anni, oppure l'applicazione di misure di clemenza alle quali la persona ha diritto in virtù della legge o della prassi dello Stato membro di emissione, affinché la pena o la misura di sicurezza non siano eseguite».

Può darsi che il mandato di arresto sia stato emesso nei confronti di un cittadino italiano, oppure di un altro Stato dell'Unione ma legittimamente ed effettivamente residente in Italia da almeno cinque anni. In questo caso, l'esecuzione del mandato può essere subordinata «alla condizione che la persona, dopo essere stata sottoposta al processo, sia rinviata nello Stato italiano per scontarvi la pena o la misura di sicurezza privative della libertà personale eventualmente applicate nei suoi confronti nello Stato membro di emissione. Si applicano le disposizioni dell'articolo 18-*bis*, comma 2-*bis*».

La Corte di Giustizia ha chiarito, in proposito, che una persona ricercata «risiede» nello Stato membro di esecuzione qualora essa abbia ivi stabilito la propria residenza effettiva, e «dimora» in tale Stato qualora, a seguito di un soggiorno stabile di una certa durata nel medesimo, abbia acquisito con tale Stato legami di intensità simile a quella dei legami che si instaurano in caso di residenza. Per stabilire se tra la persona ricercata e lo Stato membro di esecuzione esistano legami che consentono di constatare che tale persona ricade nella fattispecie designata dal termine «dimori» di cui al detto art. 4, punto 6, l'autorità giudiziaria dell'esecuzione è tenuta a effettuare una valutazione complessiva di un certo numero degli elementi oggettivi caratterizzanti la situazione della persona in questione, tra i quali, segnatamente, la durata, la natura e le modalità del suo soggiorno, nonché i legami familiari ed economici che essa intrattiene con lo Stato membro di esecuzione [12].

Inoltre, è stato chiarito che lo Stato membro di esecuzione non può, in aggiunta ad una condizione relativa alla durata di soggiorno in detto Stato, subordinare l'applicazione del motivo di non esecuzione facoltativa di un mandato di arresto ad ulteriori requisiti amministrativi, quali il possesso di un permesso di soggiorno a durata indeterminata [13]. La Corte costituzionale ha deciso in conformità [14].

L'esistenza di un rischio concreto che il procedimento condotto nello Stato membro emittente non si svolga secondo i canoni indicati nell'art. 47, par. 2, della Carta dei diritti fondamentali – che fa riferimento all'accesso ad un giudice «indipendente» tra i requisiti connessi al diritto fondamentale ad un ricorso effettivo – può far venire meno l'obbligo di eseguire il m.a.e. (*ex* art. 1, par. 2, della Decisione Quadro 2002/584/GAI), potendo quindi impedirne l'esecuzione ai fini della consegna [15].

Nel caso il cui la condanna all'estero sia stata emessa in contumacia, l'autorità italiana può subordinare la consegna alla condizione che l'autorità richiedente fornisca la possibilità alla persona di richiedere un nuovo processo nello Stato richiedente che si celebri in sua presenza [16]. La Decisione Quadro 2009/299/GAI ha voluto realizzare sostanzialmente un'armonizzazione "indiretta" delle legislazioni processuali penali degli Stati membri quanto, appunto, alle garanzie da fornire all'imputato nei processi in contumacia.

Il d.lgs. 2 febbraio 2021, n. 10 ha inserito l'art. 18-*ter*, dedicato alle decisioni pronunciate in assenza.

Può accadere che, nello Stato di emissione del mandato d'arresto, l'interessato sia stato condannato ad una misura privativa della libertà all'esito di un processo in cui non è comparso personalmente.

In questa circostanza, la Corte di appello può rifiutare l'esecuzione se il mandato «non contiene l'indicazione di alcuna delle condizioni di cui all'articolo 6, comma 1-*bis*, e lo Stato di emissione non ha fornito indicazioni su tali condizioni neppure a seguito della richiesta inoltrata ai sensi dell'articolo 16».

---

[12] Corte Giust. UE, sent. 17.7.2008, C-371/05.

[13] Corte Giust. UE, sent. 6.10.2009, C-123/08.

[14] Corte cost., sent. n. 227 del 2010.

[15] Corte Giust. UE, sent. 25.7.2018, C.216/18

[16] Corte Giust. eur., 26.2.2013, C-399/11, Melloni, ha interloquito nel senso che lo Stato membro di esecuzione non possa subordinare la consegna di una persona condannata in contumacia alla condizione che la sentenza possa essere oggetto di revisione nello Stato richiedente.

Infatti, se il procedimento all'estero si è svolto in assenza, secondo l'art. 6, co. 1-*bis* il mandato d'arresto deve dimostrare che l'interessato era stato informato con modalità idonee ad assicurare l'effettiva conoscenza del procedimento, oppure che aveva rinunciato ad azionare i rimedi interni previsti per il riesame nel merito della decisione presa in sua assenza; oppure, ancora, che effettivamente non aveva ricevuto notizia del procedimento ma, quando verrà consegnato allo Stato richiedente, potrà ottenere un nuovo giudizio oppure la facoltà di impugnare la decisione oggetto della richiesta di consegna.

Al comma 2 dell'art. 18-*ter*, tuttavia, il legislatore prevede che, in queste circostanze, la Corte territoriale può comunque decidere di consegnare la persona richiesta «se risulta provato con certezza che l'interessato era a conoscenza del processo o che si è volontariamente sottratto alla conoscenza del processo».

5. L'applicazione delle misure cautelari nel procedimento di estradizione passiva

Gli artt. 714-719 descrivono i meccanismi in base ai quali è possibile applicare misure di cautela **personale o reale** in funzione del procedimento estradizionale. I criteri di fondo stanno, da un lato, nell'abbandono dell'idea che la custodia in carcere dell'estradando sia un elemento indispensabile del procedimento di estradizione e, dall'altro, che non v'è ragione perché all'estradando, in tema di misure di coercizione, non sia riservato lo stesso trattamento dell'imputato avanti ad un giudice italiano; salvo poi a prevedere, come ulteriore presupposto legittimante tali misure, il pericolo di fuga in considerazione della particolare situazione in cui tale soggetto viene a trovarsi.

La competenza appartiene alla Corte d'appello o, nel corso del procedimento d'impugnazione, alla Corte di cassazione. Si tratta di competenza **funzionale**, ma l'autorità giudiziaria non è legittimata ad emettere di propria iniziativa i provvedimenti ritenuti opportuni o necessari nei casi congrui stante la perentorietà dell'art. 714, co. 1, in forza del quale misure coercitive e sequestro possono essere disposti soltanto «a richiesta del Ministro della giustizia»; per converso, se la necessità della previa richiesta ministeriale viene a delineare un tipico presupposto processuale (in mancanza del quale il potere cautelare non sorge neppure in capo all'organo giurisdizionale investito della vicenda), siffatta richiesta non può essere ritenuta vincolante. Il dato emerge con sicurezza dal tenore letterale della disposizione («può essere sottoposta, a richiesta», «può essere disposto, a richiesta»), la quale si adegua in modo lineare all'art. 13, co. 2, Cost., che, riservando alla libera valutazione dell'autorità giudiziaria l'emanazione dei provvedimenti restrittivi della libertà, non tollera alcuna intromissione dell'esecutivo.

L'art. 714 non specifica direttamente le situazioni che legittimano l'adozione delle misure cautelari, richiamando l'osservanza delle «disposizioni del Titolo I del Libro IV, riguardanti le misure coercitive, fatta eccezione di quelle degli artt. 273 e 280, e le disposizioni del Capo III del Titolo III del Libro III», nei limiti in cui risultino «applicabili». In concreto, perciò, i poteri cautelari debbono rimanere circoscritti nei limiti risultanti dalla disciplina ordinaria, salvi gli espliciti adattamenti imposti dalla peculiarità della materia: in particolare, il riferimento è al **pericolo di fuga** dell'estradando (art. 714, co. 2) ed al termine massimo di custodia cautelare. Al riguardo, il dato normativo originario imponeva la revoca della misura cautelare una volta decorso il termine di nove mesi, prorogabili di altri tre quando fosse risultato «necessario procedere ad accertamenti di particolare complessità» (art. 714, co. 4); successivamente, in forza della modifica apportata dall'art. 35 d.lgs. 14.1.1991, n. 12, all'art. 714, co. 4, tale termine massimo di custodia è stato portato ad un anno ovvero un anno e sei mesi (a seconda che il procedimento estradizionale sia ancora pendente dinanzi alla Corte d'appello ovvero in cassazione), prorogabili per un periodo complessivamente non superiore a tre mesi, quando è necessario procedere ad accertamenti di particolare complessità. Il limite è stato introdotto dal legislatore del 2017 [17]. In sostanza, si tende a far pagare al singolo, in termini di maggior sacrificio della libertà personale, le carenze nella documentazione prodotta dallo Stato estero a sostegno della domanda (art. 700) ovvero i ritardi e l'eventuale inerzia degli organi pubblici operanti nella vicenda estradizionale (artt. 703 e 704). Le misure coercitive sono altresì revocate se sono trascorsi tre mesi dalla pronuncia della decisione favorevole del Ministro della giustizia sulla richiesta di estradizione senza che l'estradando sia stato consegnato allo Stato richiedente. Il termine è sospeso dalla data di deposito del ricorso presentato al giudice amministrativo avverso la decisione del Ministro della giustizia, fino alla data di deposito della sentenza che rigetta il ricorso o della decisione che dichiara l'estinzione del giudizio, comunque per un periodo non superiore a sei mesi.

Importante, forse più per la dimensione di principio che per i concreti effetti pratici, è la previsione di un divieto circa l'applicazione delle misure coercitive e del sequestro in presenza di ragioni che facciano ritenere insussistenti i presupposti per una pronuncia favorevole all'estradizione (art. 714, co. 3). È prevista e disciplinata, altresì, l'eventualità di applicazione **provvisoria** di misure cautelari prima che la domanda di estradizione sia pervenuta; provvede al riguardo, per tempi, forme e modi, l'art. 715. A prescindere da qualsiasi considerazione sull'ambiguità dei presupposti ivi delineati (doman-

---

[17] Corte eur., sent. 14.12.2006, Bogdanovski c. Italia; Corte eur., sent. 17.2.2005, Sardimas Albo c. Italia.

da dello Stato estero con contestuale dichiarazione «che nei confronti della persona è stato emesso provvedimento restrittivo della libertà personale ovvero sentenza di condanna a pena detentiva e che intende presentare domanda di estradizione», accompagnata con «la descrizione dei fatti, la specificazione del reato e gli elementi sufficienti per l'esatta identificazione della persona»; pericolo di fuga; richiesta «motivata» del Ministro), parzialmente diversi da quelli necessari a sostegno della domanda *ex* art. 700, va segnalata l'introduzione di un obbligo di avvertimento, o al rappresentante diplomatico in Italia o al Ministro degli esteri dello Stato straniero, dell'applicazione in via provvisoria delle misure cautelari. Tale comunicazione integra il *dies a quo* del termine di quaranta giorni entro il quale debbono pervenire alle autorità ministeriali italiane la domanda di estradizione ed i necessari documenti che la supportano, pena la revoca delle misure cautelari (art. 715, co. 5 e 6). Dove non solo il termine appare eccessivo in sé, ma si profila addirittura il rischio di un incontrollabile slittamento del fulcro iniziale di decorrenza ogni qualvolta il Ministro non provveda con immediatezza alle necessarie incombenze informative. Donde la necessità di pervenire ad un'interpretazione rigida, a garanzia dell'estradando, nel senso di far coincidere il decorso del termine di perenzione della misura cautelare con il momento in cui la misura stessa viene applicata dal giudice. Ogni altra soluzione sarebbe lesiva dei valori *ex* art. 13 Cost., non potendo farsi dipendere l'entità del sacrificio delle libertà individuali dal comportamento di un organo amministrativo.

Allorché pervenga notizia della rituale presentazione della domanda di applicazione di misure coercitive, gli organi di polizia giudiziaria possono eseguire **l'arresto dell'estradando** anche senza provvedimento dell'autorità giudiziaria, e prescindendo dalla richiesta ministeriale, «nei casi di urgenza» (cioè, fondato sospetto di fuga), provvedendo altresì al sequestro del corpo del reato e delle cose pertinenti al reato (art. 716, co. 1). Quanto alla necessità, ai modi ed ai termini della **convalida**, statuisce espressamente l'art. 716 delineando queste cadenze: dell'arresto va data immediata notizia al Ministro; entro quarantotto ore dall'adozione della misura, gli ufficiali o agenti di polizia giudiziaria che hanno eseguito l'arresto provvisorio debbono porre l'interessato a disposizione del presidente della Corte d'appello territorialmente competente, al fine di controllo e convalida; il presidente provvede entro le successive quarantotto ore, informando immediatamente il Ministro dei provvedimenti adottati: liberazione o applicazione di misure coercitive (più precisamente, come è stato chiarito in giurisprudenza, il presidente, quando non deve disporre la liberazione dell'arrestato deve adottare due provvedimenti fra loro strutturalmente e funzionalmente distinti: il primo con cui convalida l'arresto, il secondo con cui dispone l'applicazione di una misura coercitiva).

La disciplina in materia di arresto d'urgenza dell'estradando va coordinata con le interpolazioni portate dal d.l. 22.12.2011, n. 211 – conv. con modificazione in L. 17.2.2012, n. 9 – alla regolamentazione dell'arresto in flagranza e del fermo dell'indiziato di delitto – ma anche che essa impone imprescindibili attività di controllo successivo dell'attività degli operanti.

Un problema di coordinamento, di non poco conto, con la riforma di cultura e di sistema introdotta dal d.l. 22.12.2011, n. 211, conv. in L. 17.2.2012, n. 9 (che ha modificato gli artt. 386 e 558): l'estradando, una volta che sia arrestato d'urgenza dalla polizia giudiziaria *ex* art. 716, dovrebbe come chiunque altro essere custodito – in attesa della convalida ad opera del presidente della Corte d'appello – in uno dei luoghi indicati nell'art. 284, co. 1 o in un luogo pubblico di cura o di assistenza ovvero, ove istituita, in una casa famiglia protetta); mentre, il presidente della Corte d'appello – solo in caso di mancanza, indisponibilità o inidoneità di tali luoghi, o quando essi sono ubicati fuori dal circondario in cui è stato eseguito l'arresto, o in caso di pericolosità dell'arrestato – potrebbe disporre con provvedimento motivato che la persona richiesta in consegna sia custodita presso idonee strutture nella disponibilità degli ufficiali o agenti di polizia giudiziaria che hanno eseguito l'arresto o che hanno avuto in consegna l'arrestato; inoltre, solo in caso di mancanza, indisponibilità o inidoneità di tali strutture, o se ricorrono altre specifiche ragioni di necessità o di urgenza, il presidente medesimo potrebbe disporre che l'arrestato sia condotto nella casa circondariale del luogo dove l'arresto è stato eseguito ovvero, se ne possa derivare grave pregiudizio per le indagini, presso altra casa circondariale vicina.

A questo punto il Ministro è tenuto ad informare lo Stato estero dei provvedimenti adottati, mentre la misura coercitiva eventualmente disposta è sottoposta alla duplice condizione risolutiva della richiesta ministeriale di mantenimento entro dieci giorni dalla convalida e dalla presentazione della domanda di estradizione, con i documenti a sostegno, entro quaranta giorni dall'informativa ministeriale (il che ripropone le perplessità poc'anzi prospettate a proposito dell'art. 715, co. 5 e 6). Questo sistema discende dall'attribuzione al Ministro del potere di concedere l'estradizione: essendo questa stessa scelta rimessa a sue valutazioni politiche, sarebbe incomprensibile una previsione che consentisse all'autorità giudiziaria di adottare misure di coercizione senza che fosse lo stesso Ministro a richiederle, sempre nell'ambito di valutazione in vario senso politiche.

L'art. 717 regola la fase immediatamente successiva all'adozione della misura cautelare nei confronti dell'estradando. A norma del primo comma riformato nel 2017, il presidente della Corte di appello, entro cinque giorni dall'esecuzione della misura o dalla convalida dell'arresto, provvede all'identificazione della persona, al suo interrogatorio, e ne raccoglie, previa informazione sulle conseguenze giuridiche che ne derivano, l'eventuale consenso all'estradizione o la rinuncia alla garanzia del principio di specialità, facendone menzione nel verbale. Tutti gli adempimenti sono compiuti alla necessaria presenza del difensore, al quale è dato avviso almeno ventiquattro ore prima. Il consenso all'estradizione e la rinuncia alla garanzia del principio di specialità non sono validi se non sono espressi alla presenza del difensore, di fiducia o nominato d'ufficio. La rinuncia dell'estradato alla garanzia del principio di specialità è irrevocabile, salvo l'intervento di fatti nuovi che modifichino la situazione esistente al momento della rinuncia.

Per esplicita previsione dell'art. 718, coerentemente all'inquadramento sistematico del ruolo dell'autorità amministrativa, le misure cautelari debbono essere revocate non appena il Ministro si pronunci in tal senso: in mancanza della richiesta, è data all'autorità giudiziaria la possibilità di revocare o sostituire le misure in precedenza applicate, alla stregua dei criteri generali, all'esito di un procedimento in camera di consiglio che deve svolgersi secondo le forme dell'udienza partecipata previste dall'art. 127, e non secondo le modalità di cui all'art. 299 [18].

Posto che in forza all'art. 704, co. 3 «quando la decisione è **favorevole** all'estradizione, la Corte se vi è richiesta del Ministro della giustizia, dispone la custodia cautelare in carcere della persona da estradare che si trovi in libertà», si tratta di affrontare e risolvere due problemi. Il primo attiene all'individuazione del corretto significato della locuzione «persona da estradare che si trovi in libertà». Nonostante la contraria opinione affiorata in giurisprudenza, è da escludere che tale *status libertatis* possa essere inteso come riferito in via esclusiva al procedimento estradizionale, prescindendo dalla situazione soggettiva assunta dalla persona da estradare in altre vicende giudiziarie. Se detenuta per altra causa, la persona da estradare non può essere fittiziamente considerata in stato di libertà per l'estradizione: il punto di emersione della problematica è quello delle misure alternative, che sarebbero revocate, di fatto, con l'adozione della misura coercitiva estradizionale, erodendo gli ambiti di intervento dei magistrati di sorveglianza.

L'altro aspetto riguarda la posizione del giudice di fronte al Ministro, la cui richiesta cautelare è da taluno ritenuta vincolante. Va detto senza mezzi termini che atteggiamenti interpretativi del genere sembrano costituire allarmante retaggio di un indirizzo giurisprudenziale diffuso in passato, all'epoca in cui il potere cautelare ancora apparteneva al pubblico ministero. Forse, la tesi della vincolatività della richiesta poteva trovare spiegazione in un regime caratterizzato dalla subordinazione gerarchica del pubblico ministero al Ministro, ma era già stata sottoposta a penetrante riesame critico per effetto delle notevoli innovazioni introdotte dalla Costituzione e da leggi successive. Alla luce soprattutto degli artt. 104, co. 1, 107, co. 4, e 108, co. 2,

---

[18] Cass., Sez. Un., 28.5.2003, Di Filippo.

Cost. era parso anacronistico sostenere ancora, con riferimento alla cattura della persona da estradare, che il pubblico ministero potesse essere vincolato agli ordini del Ministro. Oggi che la posizione del pubblico ministero nei confronti dei provvedimenti *de libertate* è stata ridisegnata, ad essere vincolato dagli ordini del Ministro sarebbe addirittura il giudice. Senonché né i giudici di merito né quelli di cassazione possono ritenersi vincolati: se così non fosse, da un lato, verrebbero disapplicate le previsioni codicistiche pur espressamente richiamate dall'art. 714, co. 2, in tema di coercizione della persona da estradare; e, dall'altro, sarebbe violato l'art. 13, co. 2, Cost. che riserva all'autorità giudiziaria l'emanazione dei provvedimenti limitativi della libertà personale, e quindi non consente che il giudice debba disporre la cattura della persona da estradare solo perché il Ministro ne ha fatto richiesta per motivi di opportunità politica.

L'ordinanza cautelare nei confronti della persona da estradare, costituendo comunque l'atto determinante la privazione della libertà personale dell'individuo sottoposto ad un procedimento penale, non può essere considerata atto meramente esecutivo della richiesta ministeriale, ma deve essere motivata quanto meno con una delibazione della legittimità della richiesta stessa. Soltanto la lettura combinata dell'art. 704, co. 3, con riferimento all'art. 274 consente di pervenire ad un'interpretazione che àncori a parametri legali il giudizio sul rischio relativo alla mancata consegna della persona allo Stato estero. La diversità di contenuti che il *periculum libertatis* assume nelle due accezioni rispettivamente indicate dall'art. 274, co. 1, lett. *b* e dell'art. 704, co. 3, non comporta per il giudice la necessità di adottare distinti metri di accertamento.

Se, sulla base delle regole ordinarie, il **rischio di fuga** acquista una rilevanza tale da legittimare l'atto coercitivo solo nel caso in cui il giudice ritenga che tale pericolo sia concreto, non vi sono fondate ragioni perché l'omologa esigenza cautelare, prevista in materia di estradizione, debba prevalere comunque sul diritto alla libertà personale, senza che al giudice sia data la possibilità di misurarne la rilevanza secondo i criteri codificati. L'interpretazione contraria preclude al giudice la via di un autonomo riscontro del *periculum libertatis*, il quale dovrebbe pertanto ritenersi sussistente per il solo fatto della formulazione di una richiesta ministeriale di coercizione personale: il che sarebbe palesemente in contrasto con gli artt. 13, 14, 76, 101 e 104 Cost.

Quanto alla richiesta di **riesame** dei provvedimenti cautelari, personali e reali, se ne deve ritenere l'ammissibilità stante il tenore dell'art. 714, co. 2.

I provvedimenti emessi dal presidente o dalla Corte d'appello relativi alle misure cautelari sono soggetti a ricorso per cassazione **per violazione di legge**: legittimati in proposito sono soltanto il procuratore generale presso la Corte d'appello, l'estradando e il suo difensore (art. 719); suscita perplessità la mancata inclusione del rappresentante dello Stato straniero.

È questione controversa, quella delle forme del ricorso *de libertate* e dell'udienza per la correlativa decisione dinanzi alla Corte di cassazione. In mancanza di una diversa disciplina espressa, per ciò che riguarda il termine del ricorso e le altre modalità della sua proposizione, nonché della decisione, vanno necessariamente applicate le disposizioni contenute nell'art. 311, da coordinarsi, per ciò che attiene alla decorrenza del termine, con quanto dispone l'art. 719.

Va segnalato, infine, che nel caso di arresto provvisorio e di applicazione provvisoria di misura custodiale su domanda dello Stato estero che si accerti carente di giurisdizione, il soggetto ha diritto alla riparazione per l'ingiusta detenzione sofferta ai sensi dell'art. 314. Nonostante non vi sia un'espressa previsione in tal senso, la suddetta norma va interpretata in senso conforme al fondamento solidaristico della riparazione per l'ingiusta detenzione, per cui può affermarsi che il diritto alla riparazione per ingiusta detenzione si ricollega alla presenza di una oggettiva lesione della libertà personale, comunque ingiusta alla stregua di una valutazione *ex post*[19].

Al contrario, l'intervenuta consegna allo Stato richiedente della persona reclamata comporta l'inammissibilità, per sopraggiunta carenza di interesse, per tutte le impugnazioni *de libertate* ancora pendenti, avendo la cautela personale esaurito la sua funzione strumentale alla consegna e non residuando, dopo la consegna, neppure la possibilità di ottenere la riparazione per ingiusta detenzione[20].

5.1. L'applicazione delle misure cautelari nella procedura del mandato d'arresto europeo

Le previsioni degli artt. 9, 10, 11, 12 e 13, L. n. 69 del 2005 delineano, per la procedura relativa al mandato d'arresto europeo, senza effettive fratture rispetto alla tradizionale procedura estradizionale, i lineamenti del sistema cautelare personale nei confronti del soggetto di cui è richiesta la consegna.

Dopo la ricezione del mandato, il Ministro opera la trasmissione al presidente della Corte d'appello competente che, compiuti gli adempimenti inerenti la cognizione dei documenti allegati al mandato stesso, riunisce la Corte e questa, sentito il procuratore generale, procede con **ordinanza** motivata, all'applicazione di una **misura cautelare coercitiva**. L'applicazione della cautela non è automatica, stante il requisito della necessarietà imposto dall'art.

---

[19] Corte cost., sent. n. 231 del 2004 e Corte eur., sent. 28.9.2006, HU c. Italia.

[20] Cass., Sez. Un., 27.10.2011, Marinaj.

9, L. n. 69 del 2005 e legato alla salvaguardia dell'esigenza di prevenire il pericolo di fuga del consegnando. Si osservano, in quanto applicabili, le disposizioni dei capi I, II, IV e VIII del Titolo I del Libro IV del codice di rito, eccezion fatta per gli artt. 273, 274, co. 1, lett. *a* e *c*, 280, 275, co. 2-*bis*, 278, 279, 297, nonché le disposizioni degli artt. 299 e 300, co. 4, c.p.p. e dell'art. 19, co. 1, 2 e 3, del d.P.R. 22 settembre 1988, n. 448. Si applicano le disposizioni dell'art. 719 c.p.p.

Le misure coercitive non possono essere disposte se vi siano ragioni per ritenere che sussistano **cause ostative alla consegna**.

Entro cinque giorni dall'applicazione della misura, il magistrato procede a sentire la persona ristretta in presenza del difensore, informandola del contenuto del mandato d'arresto e della possibilità di prestare il consenso alla consegna. Entro quindici giorni deve essere fissata l'udienza in camera di consiglio e disposto il deposito del mandato d'arresto.

Alla restrizione della libertà della persona ricercata può procedersi anche attraverso arresto da parte della polizia giudiziaria a seguito di segnalazione nel S.I.S. effettuata dallo Stato membro richiedente. In tal caso l'interessato deve essere posto immediatamente e, comunque, non oltre ventiquattro ore, a disposizione dell'autorità giurisdizionale competente mediante trasmissione del verbale di arresto, di cui deve essere reso edotto altresì il Ministro della giustizia. L'informazione all'autorità amministrativa è finalizzata alla comunicazione allo Stato richiedente dell'avvenuta cattura ai fini della trasmissione del mandato d'arresto. Anche in tal caso l'interessato deve essere informato, in una lingua da lui compresa, della facoltà di dare consenso alla consegna, di nominare un difensore di fiducia e di essere assistito da un interprete. Entro quarantotto ore deve procedersi alla convalida a cura del presidente della Corte d'appello o di altro magistrato da questi delegato. Se risulta che l'arresto è stato eseguito in presenza dei presupposti utili alla convalida, si procede con ordinanza all'applicazione della misura cautelare coercitiva nelle forme di cui agli artt. 9 e 10, L. n. 69 del 2005 e, con decreto di cui si dà lettura, alla fissazione dell'udienza per la decisione di merito in camera di consiglio.

Peraltro, il d.lgs. n. 10 del 2021, modificando l'art. 13, co. 3, L. n. 69 del 2005, ha stabilito che la segnalazione della persona nel SIS, effettuata dall'autorità che ne ha competenza, equivale al mandato di arresto se contiene i requisiti minimi previsti dall'art. 6. Per conseguenza, non è più previsto che il provvedimento restrittivo, adottato in occasione della convalida, perde efficacia se, entro dieci giorni, non perviene il mandato d'arresto o la segnalazione della persona nel SIS.

Il Capo III del Titolo II della legge sul mandato d'arresto europeo, in fine, disciplina le misure reali accessorie alla richiesta di consegna, accentrando la relativa competenza, tanto nel versante attivo che passivo, su base distrettuale, come risulta delle attribuzioni rispettivamente riconosciute al procuratore generale presso la Corte d'appello ed alla medesima Corte territoriale (artt. 34-36, L. n. 69 del 2005).

Con recentissima decisione dell'estate 2018 la Corte di Giustizia ha stabilito in maniera chiara che «L'autorità giudiziaria chiamata a eseguire un mandato d'arresto europeo deve astenersi dal darvi seguito se ritiene che la persona interessata rischi di subire una violazione del suo diritto fondamentale a un **giudice indipendente**», e a un «**equo processo**», a causa di «carenze» che incidono sull'indipendenza del potere giudiziario nello Stato membro emittente[21].

6. La decisione sull'estradizione passiva e i controlli

La sentenza sull'estradizione pronunciata dalla Corte d'appello è ricorribile per cassazione: legittimati al ricorso sono l'estradando, il difensore, il pubblico ministero ed il rappresentate dello Stato estero (art. 706). Peculiarità del ricorso contro la sentenza sull'estradizione è il potere della Corte di cassazione di pronunciarsi **anche nel merito**. La Corte procede ad un tipico giudizio di secondo grado: pertanto, può assumere le informazioni e compiere le indagini che ritenga necessarie in relazione ai motivi di impugnazione ai fini della sua decisione. La Corte di cassazione delibera in camera di consiglio, con sentenza, dopo aver sentito il procuratore generale, il difensore e, se compaiono, l'estradando e il rappresentate dello Stato straniero. Il giudizio davanti alla Corte di cassazione si svolge alla medesima stregua del procedimento davanti alla Corte d'appello (art. 706, co. 2).

In quanto provvedimenti giurisdizionali suscettibili di esecuzione, ciascuna delle decisioni poc'anzi indicate, sia della Corte d'appello sia della Corte di cassazione, può essere oggetto di **incidente di esecuzione** ai sensi dell'art. 666.

6.1. La decisione di consegna ed il sistema delle impugnazioni nella procedura del mandato d'arresto europeo

Il legislatore italiano, all'art. 22, L. n. 69 del 2005, ha stabilito che contro i provvedimenti che decidono sulla consegna, la persona interessata, il suo difensore ed il procuratore generale, possono proporre **ricorso per cassazione**,

---

[21] Corte Giust. CE, sent. 25.7.2018 causa C-216/18.

entro cinque giorni dalla conoscenza legale della sentenza e solo per i motivi di cui all'art. 606, co. 1, lett. *a*, *b* e *c* del codice di rito, che devono essere enunciati contestualmente. Il ricorso per cassazione sospende l'esecuzione della sentenza. La Corte di legittimità deve decidere «con sentenza entro dieci giorni dalla ricezione degli atti» (art. 22, co. 3, L. n. 69 del 2005), e, nel caso di inosservanza del termine previsto per la consegna della persona richiesta, «la custodia cautelare perde efficacia e il presidente della Corte d'appello, o il magistrato da lui delegato, dispone la liberazione dell'arrestato, sempre che l'ineseguibilità della consegna non sia imputabile a quest'ultimo» (art. 23, co. 5, L. n. 69 del 2005).

Nel caso in cui la Corte di cassazione annulli con rinvio la decisione che aveva disposto la consegna, il giudice del rinvio decide entro dieci giorni dalla loro ricezione.

7. Le modalità esecutive e le vicende successive alla decisione favorevole alla consegna nell'estradizione passiva

La disciplina della fase successiva alla garanzia giurisdizionale fissa modi e tempi per gli adempimenti che il Ministro è chiamato ad assolvere. Poiché la prima e fondamentale conseguenza della concessione dell'estradizione è **la consegna dell'estradato**, al Ministro viene assegnato un **termine improrogabile** di quarantacinque giorni variamente decorrenti (dal ricevimento del verbale che documenta il consenso ovvero dall'irrevocabilità della sentenza) entro cui decidere se consegnare o meno la persona richiesta (ed a quali autorità straniere, nell'ipotesi di una pluralità di domande). L'interessato riacquista la libertà sia nel caso di inutile decorso del termine sia nell'eventualità di decisione negativa. La consegna è preceduta da una comunicazione del Ministro della giustizia, il quale informa ufficialmente le autorità straniere dell'avvenuto accoglimento della domanda: la comunicazione è dovuta sia nel caso di concessione sia nell'eventualità reciproca di rifiuto. Anche se l'art. 708 tace in proposito, sembra che, non soltanto per elementari princìpi di correttezza, debbano essere indicati i motivi della decisione negativa: a parte la possibilità di sollecitare un controllo dinanzi al giudice amministrativo, non può neppure trascurarsi l'eventualità che lo Stato straniero riproponga la domanda sulla base di elementi nuovi. L'art. 707, infatti, chiarisce come la sentenza sul tema, risolvendosi in una decisione allo stato degli atti, abbia non più che un effetto limitatamente preclusivo: donde la riproponibilità della domanda del Governo estero, purché fondata su elementi non valutati dal giudice italiano in occasione del procedimento instaurato sulla base della domanda precedente.

Il Ministro deve comunicare il luogo e la data a partire dalla quale è possibile la consegna ed indicare la durata della detenzione sofferta nel procedimento di estradizione. Il provvedimento di estradizione resta caducato se lo Stato assistito non provvede a prendere in consegna l'interessato entro il termine di quindici giorni dalla data stabilita o quello eventualmente prorogato (su domanda motivata e per non oltre venti giorni) ai sensi dell'art. 708, co. 5.

La consegna dell'estradato allo Stato straniero può essere **anche** soltanto **provvisoria**, con l'obbligo di riconsegnare la persona nei termini e nei modi volta per volta concordati. Ogni decisione al riguardo compete al Ministro della giustizia, al quale è devoluto, in via esclusiva, il compito di valutare del se e del come dare la prevalenza all'attuazione della legge italiana ovvero ai doveri di pronta solidarietà internazionale ogni qualvolta la persona estradata abbia carichi pendenti in Italia o debba scontarvi una pena. Verificandosi questi stessi presupposti, il Ministro può anche consentire l'esecuzione all'estero della pena che dovrebbe essere scontata nelle carceri nazionali, a condizione che risultino «osservate le disposizioni del Capo II del Titolo IV» (art. 709).

La sospensione dell'estradizione non si estende fino a ricomprendere l'esecuzione delle misure di sicurezza (evidentemente personali, posto che per quelle patrimoniali non si richiede la presenza fisica dell'individuo), a cui il prosciolto o il condannato sia stato sottoposto prima del provvedimento di estradizione: l'art 713 stabilisce che l'esecuzione di tali misure è in ogni caso differita, dovendo trovare applicazione non appena la persona estradata rientri, per qualsiasi motivo, nel territorio nazionale, ed è subordinata al riesame delle condizioni della persona, per accertarne la perdurante pericolosità sociale. Di conseguenza occorre che intervenga un provvedimento del magistrato di sorveglianza *ex* art. 679 per autorizzare l'esecuzione della misura di sicurezza già applicata in passato. Il magistrato di sorveglianza può provvedere a revocare o modificare le misure di sicurezza ove possa ritenere che la persona abbia cessato di essere socialmente pericolosa. Qualora il Ministro della giustizia sospenda, a norma dell'art. 709, l'esecuzione dell'estradizione «a soddisfatta giustizia italiana», non sono applicabili alle misure coercitive in corso di esecuzione all'atto della sospensione i termini di durata massima previsti dagli artt. 303, co. 4, e 308[22].

Gli artt. 710 e 711 regolano due eventuali vicende successive alla concessione dell'estradizione ed alla consegna dell'estradato: la c.d. estradizione **suppletiva** e la **riestradizione**. Il criterio ispiratore è, in entrambi i casi, che gli effetti preclusivi della specialità sui poteri dello Stato straniero possano venire meno ove le autorità italiane concedano un'autorizzazione in tal senso. In

[22] Cass., Sez. Un., 28.11.2006, Stosic.

forza dell'art. 710, prima di poter eseguire gli atti procedimentali preclusi dal precedente decreto di estradizione, lo Stato estero deve presentare domanda di estensione dell'originario provvedimento, corredata dalla documentazione consueta, cui bisogna aggiungere, «le dichiarazioni della persona interessata, rese davanti a un giudice dello Stato richiedente, in ordine alla richiesta estensione dell'estradizione». Quanto ai profili procedimentali, per l'estensione dell'estradizione valgono regole usuali, salvi gli adattamenti imposti dal fatto che in questa ipotesi particolare l'autorità giudiziaria «procede in assenza della persona interessata» (art. 710, co. 2). Così essendo già stata effettuata la consegna dell'estradato, potrebbero venir meno i parametri attributivi della competenza territoriale *ex* art. 701: in ogni caso, però, non dovrebbe esserne investito lo stesso giudice-persona fisica, profilandosi altrimenti una situazione di incompatibilità determinata da atti compiuti nel medesimo procedimento (art. 34). Allo stesso modo, l'eventuale consenso all'estradizione suppletiva non verrà prestato alla presenza del magistrato italiano bensì dinanzi al giudice straniero. Qui il problema sarà, piuttosto, quello di verificare se la verbalizzazione del giudice straniero abbia riprodotto fedelmente la volontà della persona ovvero se il consenso sia stato indebitamente ottenuto con mezzi «eterodossi».

Per esplicita previsione dell'art. 711 gli stessi meccanismi procedimentali valgono «nel caso in cui lo Stato al quale la persona è stata consegna domanda il consenso alla riestradizione della stessa persona verso un altro Stato». La ragione di questa tutela è evidente; se lo Stato assistito fosse libero di riestradare la persona consegnatagli, attraverso questa via sarebbe conseguito il risultato di farla punire da un terzo Stato, non tenuto al rispetto della clausola di specialità, per fatti non compresi nell'originaria domanda di estradizione. È ovvio, però, che la garanzia vale unicamente per i fatti-reato anteriori alla consegna, non già per gli illeciti eventualmente compiuti in epoca successiva.

L'art. 712 contiene una dettagliata disciplina del «transito attraverso il territorio dello Stato di una persona estradata da uno ad altro Stato» allorché la persona venga trasportata per via diversa da quella aerea o comunque si verifichi uno scalo nel territorio nazionale. Apprezzabile lo scrupolo che ha portato a questo ulteriore momento di garanzia: è, infatti, prevista una domanda formale, l'autorizzazione del Ministro, la garanzia giurisdizionale, e sono delineate le condizioni impeditive. In concreto, alla peculiare collocazione geografica del nostro Paese ed allo sviluppo dei mezzi di trasporto dovrebbe conseguire l'inutilità della previsione, salva l'ipotesi di scalo imprevisto dovuto ad avaria: anche in tal caso, però, occorre considerare che la complessa procedura dell'art. 712 non prende l'avvio fino a quando il soggetto in transito non abbia varcato il confine (ad esempio, rimanga a bordo di un aeromobile straniero o sulla pista di un aeroporto internazionale).

7.1. L'esecuzione della decisione di consegna a seguito di mandato d'arresto europeo

Divenuta irrevocabile la decisione sull'esecuzione del mandato d'arresto europeo, entro dieci giorni deve procedersi alla consegna, a meno che non sussistano cause di forza maggiore che impediscano di procedere nel termine suddetto. In tal caso viene disposta la sospensione dell'esecuzione sino al momento della cessazione dei motivi della sospensione.

All'atto della consegna, la Corte d'appello deve trasmettere all'autorità richiedente le informazioni occorrenti a consentire la deduzione del periodo di custodia cautelare preventivamente sofferto in esecuzione del mandato d'arresto, anche ai fini della determinazione della durata massima della custodia cautelare.

Con la decisione che dispone l'esecuzione del mandato d'arresto, l'autorità giurisdizionale può stabilire che la consegna sia rinviata per consentire che la persona possa essere sottoposta a procedimento penale in Italia o scontarvi una pena alla quale sia stato condannato per un reato diverso. In tal caso l'autorità italiana può, eventualmente disporsi, il trasferimento temporaneo concordando le condizioni.

8. La procedura estradizionale attiva (per la richiesta di un ricercato all'estero)

Quando occorre chiedere ad uno Stato estero l'estradizione di una persona, imputata o condannata in Italia, si parla di estradizione **attiva**. Il riferimento testuale dell'art. 720 all'«estradizione di un imputato o di un condannato, nei cui confronti debba essere eseguito un provvedimento restrittivo della libertà personale», impedisce di estendere l'area applicativa a persone le quali assumano nel processo un ruolo diverso oppure siano coinvolte in meccanismi repressivi posti in essere al di fuori del processo penale: deve, pertanto, ritenersi esclusa la possibilità di richiedere l'estradizione nei confronti del responsabile civile, del civilmente obbligato per la pena pecuniaria o del soggetto da sottoporre o già sottoposto a misure di prevenzione.

L'iniziativa è da attribuire al **procuratore generale** presso la Corte d'appello del cui distretto si provvede ovvero fu pronunciata sentenza di condanna; si tratta di una domanda, corredata degli atti e documenti che la giustificano, da presentare al Ministro della giustizia, affinché formuli richiesta di estradizione alle autorità competenti dello Stato straniero nel quale l'imputato o condannato si trova. Ogni potere di decisione e di attivazione è rimesso al Ministro che è tenuto, comunque, ad informare delle proprie decisioni l'autorità giudiziaria procedente. La richiesta è svincolata dall'osservanza di tempi prefissati e, concretandosi in un tipico atto amministrativo, dovrebbe assumere la forma di decreto ministeriale, con ovvie conseguenze operative sotto il duplice profilo della configurabilità di meccanismi di controllo sul provvedimento ministeriale e della possibilità di acquisire materiale probatorio.

Una volta ritenuta l'opportunità dell'estradizione, il Ministro, ne formula espressa richiesta al Ministro degli esteri oppure al rappresentante diplomatico in Italia dello Stato straniero, L'individuazione della documentazione da allegare va fatta volta per volta, con specifico riferimento alla normativa dello Stato richiesto. La lentezza che comporta l'inoltro della domanda di estradizione per via diplomatica spiega la previsione di consentire domande di arresto provvisorio, sulla base di una richiesta incompleta e comunicata per via informale.

Il computo della custodia cautelare subìto all'estero per l'estradizione anche al fine della scarcerazione automatica dell'imputato-estradato ha costituito per anni un arduo problema, in ordine al quale si sono registrati preoccupanti oscillazioni giurisprudenziali e legislativi. Da un lato, il testo originario dell'art. 722, era intervenuto in modo non controvertibile a colmare una lacuna normativa, affermando esplicitamente la fungibilità della custodia cautelare subita all'estero a fini estradizionali con la custodia *ante processum* nel nostro Paese, ed introducendo congrui correttivi di salvaguardia per la persona ogni qualvolta i tempi della custodia all'estero si fossero protratti in modo abnorme; dall'altro lato – per effetto della modifica apportata all'art. 722 (art. 10 d.l. 8.6.1992, n. 306, conv. con L. 7.8.1992, n. 356) – la custodia cautelare all'estero ebbe a ricevere un riconoscimento più limitato, potendo essere «computata ai soli effetti della durata complessiva» della custodia stessa, e non più come riferimento alle singole fasi del procedimento. Senonché, l'innegabile riforma *in peius* del regime cautelare in materia di estradizione così consumatasi (allo scoperto fine di scoraggiare gli estradandi verso l'Italia dall'esperire i controlli consentiti dall'ordinamento straniero), è venuta meno in conseguenza di un doveroso intervento della Corte costituzionale, che ha sancito l'illegittimità dell'art. 722, nella parte in cui non prevede che la custodia cautelare all'estero – in conseguenza di una domanda di estradizione presentata dallo Stato – sia computata anche agli effetti della durata dei termini di fase[23]. Il nuovo disposto normativo, risultato dell'intervento riformista del 2017, in conformità al dettato del Giudice delle leggi, prevede che la custodia cautelare all'estero in conseguenza di una domanda di estradizione presentata dallo Stato sia computata ai sensi dell'art.

[23] Corte cost., sent. n. 253 del 2004.

303, fermo quanto previsto dall'art. 304, co. 6. A norma del nuovo art. 722 *bis* la custodia cautelare all'estero in conseguenza di una domanda di estradizione presentata dallo Stato è computata ai fini della riparazione per ingiusta detenzione nei casi indicati all'art. 314.

Nel caso in cui abbia subito una condanna in contumacia, il soggetto richiesto ha diritto a chiedere di essere restituito nei termini per proporre impugnazione. Ai sensi del co. 2 *bis* dell'art. 175, nel caso di estradizione dall'estero i trenta giorni per la presentazione della richiesta di restituzione nel termine per impugnare, decorrono dal momento della consegna del condannato.

8.1. La procedura attiva nel mandato d'arresto europeo

Per ciò che concerne i profili della procedura attiva di consegna (artt. 28-33, L. n. 69 del 2005), il mandato di arresto europeo – emesso dal giudice che ha applicato la misura della custodia in carcere o degli arresti domiciliari, ovvero dal pubblico ministero [24] presso il giudice dell'esecuzione «sempre che si tratti di pena di durata non inferiore a un anno e che non operi la sospensione dell'esecuzione» (art. 28, co. 1, lett. *b*, L. n. 69 del 2005) – è trasmesso al Ministro della giustizia «che provvede alla traduzione del testo nella lingua dello Stato membro di esecuzione e alla sua trasmissione all'autorità competente». La **competenza funzionale** ad emettere il mandato d'arresto europeo per l'esecuzione di una misura cautelare custodiale, anche in funzione del conseguimento dell'assenso alla consegna suppletiva, spetta al giudice investito della competenza sulla gestione della misura nel procedimento in cui la stessa è stata disposta [25]. Dell'emissione del mandato è data immediata comunicazione al Servizio per la cooperazione internazionale di polizia (art. 28, co. 2, L. n. 69 del 2005).

Il d.lgs. n. 10 del 2021 ha modificato l'art. 30 relativo al contenuto del mandato d'arresto, il quale ora rinvia alle informazioni richieste nel modello di cui all'allegato annesso alla Decisione Quadro; in tal modo, il dato normativo è stato allineato ai requisiti del nuovo formulario europeo.

Pertanto, nel mandato di arresto occorre indicare, tra l'altro:

a) le informazioni relative all'identità della persona ricercata;

b) la decisione su cui si basa il mandato d'arresto;

c) le indicazioni sulla durata della pena prevista per il reato per cui si procede, con riferimento alla durata massima edittale e a quella in concreto applicata, anche indicando la pena residua da scontare;

---

[24] Corte Giust. UE, 11.12.2019, C-566/19

[25] Cass., Sez. Un., 21.1.2014, Pizzata.

d) nel caso di decisione emessa in assenza, se l'interessato «è stato chiamato a comparire di persona o informato in altro modo della data e del luogo dell'udienza che ha portato alla decisione *in absentia*», mentre, in caso contrario, è necessario illustrare le garanzie giuridiche che gli verranno riconosciute una volta consegnato alle autorità giudiziarie;

e) la descrizione in fatto e in diritto del reato contestato;

f) l'eventuale descrizione e ubicazione di beni, se noti, considerando che il mandato d'arresto si applica anche al sequestro e alla consegna dei beni che possono servire come prova.

In particolare, l'emissione del mandato di arresto europeo è condizionata all'avvenuta localizzazione del ricercato (indagato, imputato o condannato) nel territorio di uno Stato membro dell'Unione; ciò nonostante, quando «il luogo della residenza, del domicilio o della dimora non è conosciuto e risulta possibile che la persona si trovi del territorio di uno Stato membro dell'Unione europea», la competente autorità giudiziaria dispone l'inserimento di una specifica segnalazione nel SIS (Sistema Informativo Schengen), in conformità all'art. 95 della Convenzione di applicazione dell'accordo di Schengen, che «equivale a un mandato di arresto europeo corredato delle informazioni di cui all'art. 30» (art. 29, co. 2, L. n. 69 del 2005).

L'art. 31, L. n. 69 del 2005 sancisce il **principio dell'accessorietà-dipendenza** del mandato di arresto europeo rispetto al provvedimento interno, prevedendone la perdita di efficacia «quando il provvedimento restrittivo, sulla base del quale è stato emesso, è stato revocato o annullato ovvero è divenuto inefficace». In tal caso, il procuratore generale presso la Corte d'appello «ne dà immediata comunicazione al Ministro della giustizia ai fini della conseguente comunicazione allo Stato membro di esecuzione».

Inoltre, l'art. 33, L. n. 69 del 2005 attua nell'ordinamento interno il principio generale della deducibilità del periodo di custodia cautelare scontato all'estero, previsto espressamente dall'art. 26, par. 1, della Decisione Quadro, richiamandosi alla corrispondente disciplina dettata nel codice di procedura penale tanto agli effetti della determinazione della pena detentiva (art. 657), quanto ai fini del computo dei termini di durata complessiva delle misure cautelari e della loro sospensione (artt. 303, co. 4, e 304). In conseguenza della già ricordata sentenza n. 253 del 2004 della Corte costituzionale, deve ritenersi che la custodia cautelare subìta all'estero in esecuzione del mandato d'arresto europeo emesso dal giudice italiano, rilevi anche ai fini del computo dei termini di fase[26].

---

[26] Lo ha stabilito Corte cost., sent. n. 143 del 2008. Cfr. anche Corte cost., sent. n. 347 del 2009 e Corte cost., sent. n. 60 del 2009.

9. Le attività di acquisizione probatoria e l'incidenza della clausola di specialità sui poteri del giudice nell'estradizione attiva

Quanto alle attività esperibili nel procedimento principale di cognizione pendente, nei tempi che precedono la consegna della persona per estradizione dall'estero, agli organi nazionali competenti investiti dal procedimento va riconosciuta la titolarità dei consueti poteri. Per il periodo successivo alla domanda del procuratore generale ovvero all'attivazione diretta da parte del Ministro, in considerazione della varietà dei casi, va prospettata una distinzione.

Prima che sia formalmente richiesta l'estradizione dall'estero, il procedimento segue le cadenze normali, senza che siano profilabili limitazioni derivanti da un fenomeno (estradizione) che non si sa ancora se troverà o meno concreta attuazione; nell'attesa della decisione dello Stato straniero, non potendosi escludere il diniego dell'estradizione, rimane ancora possibile compiere atti del procedimento senza particolari limitazioni: una volta ottenuta l'estradizione dell'imputato, occorre far riferimento ai contenuti della decisione dello Stato straniero ed alle condizioni accettate dal Ministro che vincolano l'autorità giudiziaria, nonché a quanto consegue alla vigenza del principio della specialità, per cui il potere giurisdizionale viene (normalmente) compresso per tutti i reati diversi ed anteriori non menzionati in quell'atto.

Con precipuo riguardo all'estradizione attiva, il legislatore della riforma del 2017 è intervenuto a modificare la portata della clausola di specialità che, nella specie, assurge a condizione di sospensione del procedimento. La persona estradata non può essere sottoposta a restrizione della libertà personale in esecuzione di una pena o di una misura di sicurezza detentiva, né assoggettata ad altra misura restrittiva della libertà personale per un fatto anteriore alla consegna diverso da quello per il quale l'estradizione è stata concessa. Per il **fatto anteriore e diverso**, il giudice dispone la sospensione del processo se l'azione penale è stata esercitata, sempre che non debba essere pronunciata sentenza di proscioglimento o di non luogo a procedere.

Tale **sospensione**, adottata con **ordinanza impugnabile** con ricorso per cassazione, non preclude il compimento di atti urgenti e l'assunzione di prove non rinviabili o comunque idonee a determinare il proscioglimento dell'estradato per fatti anteriori alla consegna. Anche in tal caso, alla garanzia del principio di specialità, salvo che norme convenzionali lo escludano, la persona estradata potrà rinunciare, dopo la consegna, solo mediante dichiarazione raccolta dal giudice e la rinuncia dovrà essere considerata irrevocabile, salva la sopravvenienza di fatti nuovi che modifichino la situazione esistente al momento della rinuncia stessa.

La limitazione dei poteri giurisdizionali cessa soltanto all'avverarsi di una delle condizioni indicate esplicitamente all'art. 721: consenso dello Stato straniero a seguito di domanda di estradizione suppletiva, mancato allontanamento dal territorio italiano entro i quarantacinque giorni successivi al rilascio definitivo, ovvero volontario ritorno in Italia. Tra i molteplici effetti riduttivi sui poteri del giudice procedente, il legislatore ha individuato una tipologia di regolamentazione per così dire minima, riguardo al fatto-reato commesso dalla persona estradata anteriormente al provvedimento di estradizione ed in esso non compreso. Questo livello di garanzia, al di sotto del quale è precluso avventurarsi, è costituito dalla salvaguardia contro qualsiasi «restrizione della libertà personale in esecuzione di una pena o misura di sicurezza» nonché contro ogni «altra misura restrittiva della libertà personale» (il che induce fondamentalmente a ritenere che la clausola di specialità sia di ostacolo anche all'applicazione delle misure di prevenzione).

D'altronde, le condizioni che gli Stati stranieri appongono all'estradizione sono imprevedibili: ecco perché, rifuggendo da generalizzazioni astratte, si è individuato nel Ministro l'organo funzionalmente competente ad operare un vaglio sulla convenienza, per gli interessi nazionali, di accettare le clausole ulteriori e specifiche aggiunte dallo Stato che dispone il trasferimento del soggetto richiesto. In questa opera di selezione, oltre al bene comune, il Ministro ha quale parametro di riferimento obbligatorio la ragionevolezza e l'etica; nel senso che è inibita all'autorità amministrativa l'accettazione di condizioni *boomerang* per l'efficacia della giustizia e quelle eventualmente «contrastanti con i princìpi fondamentali dell'ordinamento giuridico italiano». Anche questa valutazione e specificazione degli ambiti della specialità nel caso concreto dovrebbe trovare espressione formale in un decreto, con tutti i problemi che ne conseguono in punto di controlli.

Il giudice che, in ogni stato e grado del procedimento, si trovi a subire un limite al proprio potere giurisdizionale per effetto della clausola di specialità deve con scrupolo verificarne l'ampiezza (dall'inapplicabilità di misure coercitive fino all'esclusione di tutti i poteri giurisdizionali per fatti diversi anteriori) ed emettere le decisioni conseguenti (dall'ordinanza di rigetto della richiesta di applicazione di una misura cautelare fino alla sentenza di improcedibilità). I provvedimenti emessi in violazione della clausola di specialità non potrebbero che risultare inesistenti o abnormi. Ove il giudice procedente non abbia pronunciato la decisione del caso, l'invalidità derivante dall'inosservanza della clausola di specialità può essere fatta valere anche in sede di esecuzione attraverso il meccanismo del procedimento di esecuzione.

Per il caso dell'**estensione dell'estradizione** richiesta allo Stato estero, è stato introdotto l'art. 721 *bis* che consente, ai soli fini della richiesta di estensione medesima, l'emissione di un'ordinanza cautelare quando sussistono gravi indizi di colpevolezza. L'esecuzione dell'ordinanza resta sospesa fino alla concessione della estensione dell'estradizione ed è revocata, anche d'ufficio, in caso di rifiuto da parte dello Stato estero. Solo una volta concessa l'estensione, su richiesta del pubblico ministero l'ordinanza di custodia cautelare è confermata ai fini dell'esecuzione se, fermi i gravi indizi di colpevolezza, sussistono esigenze cautelari a norma dell'art. 274.

9.1. Mandato d'arresto europeo, principio di specialità e adattamenti interni

In forza dell'art. 32, L. n. 69 del 2005 «la consegna della persona ricercata è soggetta ai limiti del principio di specialità, con le eccezioni previste, relativamente alla procedura passiva di consegna, dall'art. 26». Per conseguenza, sulla ritualità della procedura nazionale successiva alla consegna del ricercato all'Italia si appuntano alcune osservazioni, prendendo le mosse dalla constatazione della realtà per cui tutto quanto accade a seguito della consegna dell'arrestato nell'ambito della procedura di mandato europeo non si articola in termini esclusivi di procedimento nazionale interno ordinario bensì in chiave di «specialità». Se non vi sono problemi di contumacia e/o di prova e/o di pena (es.: ergastolo), tutto risulta regolare e la «specialità» comporta un adattamento di forme minimale (es.: diverso computo dei termini di custodia preventiva, ritardato decorso dei termini per l'interrogatorio di garanzia) che tende a riassorbirsi fino a coincidere con le regole generali; se invece viene in ballo l'incidenza di istituti non coincidenti (es.: contumacia ed ergastolo) tra Paese di rifugio (es.: Spagna) e Stato del processo (Italia) allora la «specialità» derivante dalla cooperazione internazionale comporta una deroga inevitabile alle cadenze comuni ordinarie nella progressione processuale ancora a svolgersi nel nostro Paese.

In ipotesi di elusione della clausola di specialità integrante violazione del giusto processo (es.: mancata rinnovazione del giudizio contumaciale, esecuzione della pena dell'ergastolo), l'interessato è legittimato a proporre ricorso alla Corte europea dei diritti dell'uomo.

Capitolo XXIX

Rogatorie

di *Alfredo Gaito*

SOMMARIO: 1. La circolazione delle prove tra Stati: dalle rogatorie ai nuovi meccanismi di assistenza giudiziaria tra Stati. – 2. Le rogatorie passive o dall'estero. – 2.1. Il procedimento di esecuzione. – 2.2. Le modalità esecutive. – 3. Le rogatorie attive o all'estero. – 3.1. Modalità esecutive ed utilizzabilità delle prove assunte, tra *lex loci* e *lex fori*.

1. La circolazione delle prove tra Stati: dalle rogatorie ai nuovi meccanismi di assistenza giudiziaria tra Stati

La più recente esperienza in tema di rapporti giurisdizionali con autorità straniere mostra come la collaborazione tra Stati, rispetto al passato, abbia subito una crescita imponente, rafforzando il fenomeno della **cooperazione internazionale** per la lotta alla criminalità, finalizzato non solo all'applicazione della pena ma anche a tutto ciò che precede il fenomeno punitivo poiché l'accertamento della responsabilità penale rappresenta sempre fine principale di una preliminare attività di ricerca probatoria, quale ne sia l'area spaziale di operatività. Nell'ambito di tale attività, si inserisce per tradizione la rogatoria internazionale, nella quale confluiscono trasmissioni di oggetti, documenti in senso stretto e atti preformati o da formare dall'autorità giudiziaria locale per gli scopi propri di un procedimento penale in corso in un altro Stato.

La rogatoria, oggetto di significativi interventi di riforma ad opera del d.l. 3.10.2017, n. 49, presenta evidenti analogie con **l'estradizione**, ulteriore e primaria forma di cooperazione tra Stati in materia penale: evidente, però, si manifesta la diversità dell'oggetto della richiesta di collaborazione nell'uno e nell'altra, decisamente più ampio nel caso delle rogatorie.

Solo in epoca relativamente recente, affrancandosi dall'ottica di subordinazione all'estradizione, la rogatoria ha acquisito una propria autonomia, soprattutto attraverso la stipulazione della Convenzione europea di assistenza giudiziaria del 1959, attualmente in vigore per i Paesi firmatari. Ad essa si è affiancato il Trattato di mutua assistenza in materia penale tra Italia e Stati Uniti del 1982 che indica, quale oggetto dell'assistenza, la ricerca di persone, la notifica di documenti, la produzione di documenti e di atti, l'esecuzione di richieste di perquisizioni o sequestri, il trasferimento di persone per rendere testimonianze, il sequestro e la confisca di beni, chiarendo altresì l'ammissibilità di altre forme di assistenza consentite dagli ordinamenti nazionali. Da non trascurare l'Accordo Italia-Svizzera del 1998, aggiuntivo alla Convenzione europea di assistenza che, seppure di natura bilaterale, ha rappresentato l'occasione per importanti modifiche al codice di rito italiano (L. 5.10.2001, n. 367) e la Convenzione di assistenza giudiziaria in materia penale dell'Unione europea del 29.5.2000 ed i relativi Protocolli addizionali, recepita in Italia con il d.l. n. 52 del 2017.

Come per l'estradizione, le rogatorie sono distinte in due specie: rogatorie rivolte dal giudice o dal pubblico ministero italiano a quello straniero (c.d. **attive** o all'estero) e del giudice o del pubblico ministero straniero rivolte a quello nazionale (c.d. **passive** o dall'estero). Le rogatorie sono regolate da forme peculiari, concorrendo inevitabilmente sia le norme dello Stato richiedente sia quelle dello Stato richiesto. Salvi particolari accordi internazionali e, ad oggi, la normativa vigente tra i Paesi UE, può dirsi, per l'ipotesi della rogatoria attiva, che la legge italiana (artt. 727-729) ne disciplina forme, contenuto, garanzie e conseguenze, finché la stessa non sia pervenuta all'autorità straniera ed immediatamente dopo che quest'ultima l'abbia restituita espletata; per l'ipotesi passiva, l'espletamento degli atti richiesti è disciplinato dalla normativa italiana (artt. 723-726 *ter*) fino a quando le rogatorie rimangono in possesso delle competenti autorità nazionali.

Ad uno schema pressoché simile si conformano i nuovi strumenti di cooperazione istruttoria rispondenti ad esigenze di snellezza e celerità. Nell'ottica della creazione di uno **spazio unico di libertà, sicurezza e giustizia**, basato sul principio del mutuo riconoscimento delle decisioni tra Stati e della mutua assistenza nelle collaborazioni finalizzate a reprimere e prevenire il crimine transnazionale, le istituzioni europee – al pari di quanto è stato fatto con l'introduzione del mandato d'arresto europeo – hanno varato un sistema di assistenza giudiziaria attraverso il quale sarà possibile acquisire oggetti, documenti e dati da utilizzare a fini probatori nei procedimenti penali degli Stati membri. Con la Decisione Quadro 2008/978/GAI del 18.12.2008 (in vigore dal 19.1.2009), relativa al mandato europeo di ricerca delle prove, sarebbe stato possibile acquisire oggetti, documenti e dati da utilizzare nei procedimenti penali avviati da un'autorità giudiziaria con riferimento a un illecito penale in base alla legislazione nazionale dello Stato di emissione. Era stato previsto che la procedura sarebbe stata operativa anche per procedimenti avviati dalle autorità amministrative in relazione a fatti punibili in base alla legislazione nazionale dello Stato di emissione a titolo di violazioni di norme giuridiche e quando la decisione avrebbe potuto dar luogo a un procedimento dinanzi a un organo giurisdizionale competente, segnatamente in materia penale; nonché in procedimenti avviati dalle autorità giudiziarie in relazione a fatti punibili in base alla legislazione nazionale dello Stato di emissione o procedimenti in collegamento con i procedimenti di cui sopra relativi a reati o violazioni per i quali una persona giuridica potrà essere considerata responsabile o punita nello Stato di emissione. La Decisione Quadro sul mandato europeo di ricerca della prova è stata sostituita dalla Direttiva sull'Ordine Europeo di Indagine[1]: la direttiva 2014/41/UE, recepita nell'ordinamento interno con il d.lgs. n. 108 del 2017 ha introdotto un nuovo mezzo di cooperazione istruttoria che permetterà di compiere atti di indagine o di assunzione probatoria che hanno ad oggetto persone o cose che si trovano nel territorio dello Stato o di un altro Stato membro dell'Unione ovvero di acquisire informazioni o prove che sono già disponibili. L'obiettivo perseguito con l'OEI è quello di sostituire, nei rapporti tra gli Stati membri, gli attuali strumenti di cooperazione in materia di ricerca e di acquisizione della prova, con un nuovo e più agile modello a carattere "orizzontale", applicabile a molteplici attività investigative.

Come per il mandato d'arresto europeo, anche per **l'ordine di indagine** è predisposto, dalla prospettiva attiva, un modello *standard* ai fini della sua emissione che deve essere redatto da un organo giurisdizionale o da un magistrato inquirente, oppure convalidato da questi ultimi, prima della trasmissione all'autorità di esecuzione, qualora sia stato disposto da un'altra autorità. Tra gli atti di indagine che potranno essere acquisiti previa richiesta sono annoverati: audizione di testi e periti in videoconferenza, intercettazioni, esame di soggetti detenuti anche con trasferimento temporaneo. Sarà possibile avvalersi di agenti infiltrati per indagini sotto copertura. L'ordine europeo potrà essere emesso anche per indagini sui conti bancari aperti in un altro Stato membro da una persona fisica o giuridica oggetto di un procedimento penale. L'OEI potrà essere richiesto anche dalla difesa e comporterà un immediato trasferimento delle prove acquisite dall'autorità giudiziaria dello Stato di esecuzione a quella dello Stato di emissione. Nella procedura volta ad acquisire la prova deve essere, in ogni caso, assicurata la riservatezza dell'indagine e il rispetto dei diritti fondamentali e dei princìpi sanciti dall'art. 6 TUE, compresi i diritti della difesa delle persone sottoposte a procedimento penale.

La normativa sull'ordine di indagine deve coordinarsi con quella che ha recepito la Convezione europea di assistenza giudiziaria, attuata con il d.lgs.

---

[1] 2010/C-165/02, in *Gazz. uff. CE*, 24.6.2010.

n. 52 del 2017. Anche tali disposizioni fondano il procedimento di assistenza per attività probatoria sulla trasmissione diretta delle richieste tra autorità giudiziarie (Procura della Repubblica), con qualsiasi mezzo idoneo a garantire l'autenticità della documentazione e della provenienza. Un ruolo residuale è conservato in capo al Ministro della giustizia. Anche qui le attività che possono compiersi sono sequestri di beni provenienti da reato, presenti sul territorio nazionale, anche ai fini della loro restituzione all'avente diritto; intercettazioni; trasferimento temporaneo di soggetti detenuti nello Stato richiedente, qualora la loro presenza sia funzionale all'esecuzione di una richiesta di assistenza ai fini di acquisizione probatoria. In tal caso, requisito imprescindibile della procedura passiva, volta al trasferimento temporaneo in territorio nazionale del soggetto detenuto all'estero, è il consenso della persona ristretta, che dovrà essere attestato da una dichiarazione trasmessa dall'autorità estera. Un ulteriore strumento peculiare di assistenza, disciplinato dal decreto, consiste nell'audizione di testimoni, periti, indagati e imputati tramite videoconferenza. Le modalità di svolgimento di tale attività sono concordate tra le autorità giudiziarie, le quali dovranno anche disporre le misure volte alla tutela della persona da sentire, nonché la nomina di un interprete, nei casi previsti dalla legge. Si precisa che l'audizione dell'imputato e della persona sottoposta alle indagini può essere disposta unicamente ove essi vi consentano.

Sta di fatto che l'Ordine europeo di indagine, quale unico strumento regolante l'acquisizione della prova nel territorio dell'Unione Europea, implica il superamento dei previgenti strumenti giuridici, compresa la Convenzione di assistenza giudiziaria attuata dal decreto legislativo del 2017.

In precedenza, sono state introdotte, con d.l. n. 34 del 2016, le c.d. "Squadre investigative comuni", con attuazione nell'ordinamento italiano della Decisione Quadro 2002/465/GAI del Consiglio UE. Il legislatore ha individuato, quale autorità competente ad esercitare l'iniziativa volta a costituire una squadra investigativa, il Procuratore della Repubblica «quando procede a indagini relative ai delitti di cui agli artt. 51, co. 3 *bis*, 3 *quater* e 3 *quinquies*, e 407, co. 2, lett. *a*, o a delitti per i quali è prevista la pena dell'ergastolo o della reclusione superiore nel massimo a cinque anni». Si tratta – come è noto – di condotte criminose gravi e sovente caratterizzate da portata transnazionale. Tale circostanza è sufficiente a giustificare il ricorso alla costituzione di una squadra comune. La speculare procedura di costituzione di quest'ultima su richiesta dell'autorità competente di un altro Stato membro, in linea con le più recenti tendenze volte alla completa giurisdizionalizzazione delle procedure di cooperazione giudiziaria europea in materia penale, rimette in capo al Procuratore della Repubblica la scelta di aderirvi o meno, senza il filtro del Ministro della giustizia. L'atto costitutivo della squadra deve contenere l'indicazione dell'oggetto e della finalità delle indagini nonché della loro durata. i risultati probatori degli atti di indagine compiuti all'estero dai membri della squadra sono utilizzabili «secondo la legge italiana». Ne discende che tali atti non saranno automaticamente utilizzabili in un processo penale in corso in Italia, ma dovranno costituire oggetto di vaglio da parte dell'autorità giudiziaria, sulla base degli ordinari parametri probatori.

2. Le rogatorie passive o dall'estero

Se in passato la condizione necessaria per l'espletamento della rogatoria passiva era la duplice valutazione di ammissibilità affidata al Ministro della giustizia ed alla Corte d'appello, la riforma del 2017 ha ridefinito i poteri del Ministro e superato il modello che si basava sulla competenza della Corte d'appello, assegnando il compito di eseguire la rogatoria al procuratore della Repubblica presso il tribunale del capoluogo del distretto che, solo in casi di atti per i quali è richiesta l'autorizzazione dell'autorità giurisdizionale, dovrà farsi autorizzare dal giudice per le indagini preliminari.

L'art. 723 riformulato tende a distinguere il potere di intervento e di rifiuto del Ministro di dar corso alla richiesta di rogatoria a seconda che la richiesta provenga da un Pese appartenente all'Unione o da un Paese extra UE. Il Ministro della giustizia provvede sulla domanda di assistenza giudiziaria di un'autorità straniera, trasmettendola per l'esecuzione all'autorità giudiziaria competente entro trenta giorni dalla ricezione della stessa. Il termine è meramente ordinario. Quando le Convenzioni in vigore tra gli Stati membri dell'Unione europea, ovvero gli atti adottati dal Consiglio e dal Parlamento dell'Unione europea, prevedono un intervento del Ministro, questi può disporre con decreto di non dare corso alla esecuzione della domanda di assistenza giudiziaria nei casi e nei limiti stabiliti dalle convenzioni e dagli atti indicati. Nei rapporti con Stati diversi da quelli membri dell'Unione europea, tale potere può essere esercitato altresì in caso di pericolo per la sovranità, la sicurezza o altri interessi essenziali dello Stato. Nei rapporti con i paesi extra UE sono fatti salvi gli interessi essenziali dello Stato, ma anche poteri di inibizione ogni volta che non sia adeguatamente garantita la reciprocità ovvero il rispetto di diritti fondamentali, ivi comprese le garanzie di immunità del testimone.

Pertanto, se per un verso è previsto il potere di non dare corso alla rogatoria di un'autorità straniera soltanto in caso di pericolo per la sovranità, la sicurezza o altri interessi essenziali dello Stato con riguardo ai rapporti con Stati differenti da quelli dell'Unione Europea, in ambito europeo, al contrario, tale potere è esercitato nei casi e nei limiti stabiliti dalle convenzioni in vigore tra gli Stati ovvero dagli atti adottati dal Consiglio e dal Parlamento dell'Unione europea.

È evidente che il processo di integrazione giudiziaria in corso in ambito europeo abbia imposto di limitare la possibilità di forme di "rivalutazione" dei rapporti tra Stati differenti ed ulteriori rispetto a quelle già oggetto di accordi.

Spetta al Ministro verificare, altresì, se gli atti richiesti risultino contrari alla **legge** o ai **princìpi fondamentali dell'ordinamento**. In caso di «evidente» contrasto è inibito l'espletamento della rogatoria. Lo stesso vale ogni qualvolta vi siano «fondate ragioni per ritenere» che gli atti richiesti siano in qualsiasi modo finalizzati ad una persecuzione dell'imputato dettata da motivi politici, razziali, religiosi, di sesso, di nazionalità, di lingua, di condizione personale o sociale, *ex* art. 723, co. 5 (l'elenco è da ritenere esemplificativo).

Quando un accordo internazionale prevede la trasmissione diretta della richiesta di assistenza, l'autorità giudiziaria che la riceve ne trasmette copia senza ritardo al Ministero della giustizia.

Nella logica dell'assetto normativo, l'intervento preliminare del Ministro appare giustificato essenzialmente da esigenze di semplificazione ed economia processuale: donde la razionalità di un compito di controllo in **funzione di blocco** riguardante le sole richieste per le quali risulti palesemente inaccettabile la cooperazione, essendo rimessa all'autorità giudiziaria ogni valutazione di non compatibilità eccedente la pura e semplice constatazione *ictu oculi.*

Le rogatorie riguardanti **reati politici** non sono vietate in assoluto. A parte il dovuto ossequio alle esigenze di una collaborazione crescente, specie in materia di terrorismo internazionale, ai sensi dell'art. 724, co. 7, lett. *c*, l'assistenza è negata ove gli atti richiesti siano destinati ad inserirsi in un processo su cui possano influire negativamente considerazioni relative alle opinioni politiche dell'imputato: ma il «libero consenso» di costui relativamente allo specifico oggetto della rogatoria ne permette l'espletamento. Altro aspetto non trascurabile va riscontrato nell'individuazione degli atti che possono essere richiesti tramite rogatoria. La novella del 2017 ha eliminato l'elencazione contenuta nel vecchio testo dell'art. 723, co. 1, che si riferiva a «comunicazioni, notificazioni e [...] attività di acquisizione probatoria». Il nuovo co. 1 dell'art. 724 fa oggi riferimento a «richieste di assistenza giudiziaria per le attività di acquisizione probatoria e di sequestro di beni a fini di confisca». L'elencazione di notificazioni, comunicazioni ed attività di acquisizione probatoria di giudici e magistrati del pubblico ministero è, invece, mantenuta sul versante attivo dal co. 1 dell'art. 727. Correlativamente, in generale, rientrano nella c.d. assistenza giudiziaria tutti quegli atti destinati ad inserirsi nello «svolgimento» di un «processo» in corso nello Stato assistito. Il riferimento generico ad atti da compiersi davanti al giudice (art. 724, co. 2), consente inoltre di estendere l'elenco degli atti presente nell'art. 727 anche a quelli che lo stesso può compiere in sede di incidente probatorio, di udienza preliminare, di dibattimento, di incidente d'esecuzione. L'elenco degli atti rogabili si può estendere anche a quelli relativi ad alcuni procedimenti di natura amministrativa, come il procedimento di concessione della grazia, per il quale si prevede esplicitamente l'estensione delle rogatorie nella stessa Relazione esplicativa alla Convenzione del 1959.

È considerata modalità per espletare l'assistenza giudiziaria, la **videoconferenza internazionale**, a cui il legislatore della riforma ha riservato apposita disciplina codificata, anche sul fronte passivo, nell'art. 726 *quinquies*, introdotto insieme all'art. 726 *quater* che disciplina il trasferimento temporaneo all'estero di persone detenute. Nel collegamento audiovisivo a distanza, l'attività di acquisizione probatoria viene condotta secondo il diritto interno direttamente dall'autorità richiedente, mentre l'autorità richiesta, esautorata dai suoi compiti usuali, si limita a svolgere funzione di mero controllo affinché sul territorio nazionale non si consumi alcuna violazione dei princìpi fondamentali del proprio ordinamento. La videoconferenza viene concepita essenzialmente per audizione di testimoni e periti, per ascoltare o interrogare l'indagato/imputato, per lo svolgimento a distanza del processo penale e nulla esclude che, nell'evoluzione tecnologica della relativa strumentazione, essa possa essere utilizzata anche per compiere altre attività come ricognizioni, sequestri e perquisizioni. L'audizione e la partecipazione a distanza della persona sottoposta alle indagini o dell'imputato è subordinata all'acquisizione del consenso dello stesso. Al termine delle operazioni è redatto processo verbale attestante la data e il luogo di esecuzione delle medesime, l'identità della persona sentita o che ha partecipato all'udienza, fatte salve le misure eventualmente concordate per la protezione della stessa, nonché l'identità e le qualifiche di tutte le altre persone presenti, le eventuali prestazioni di giuramento e le condizioni tecniche in cui si è svolto il collegamento. Il processo verbale, sottoscritto dall'autorità giudiziaria procedente, è trasmesso all'autorità richiedente.

Volta per volta occorrerà stabilire se per la richiesta di atti destinati a collocarsi nel quadro delle iniziative di indagini condotte all'estero da organi di polizia giudiziaria possa, o meno, essere esaudita. Ad ogni modo, per le attività di polizia soccorrono specifici accordi.

A norma del nuovo art. 726 *sexies*, è stabilito che nei casi previsti dagli accordi internazionali, l'audizione del testimone o del perito che si trovi nello Stato e la cui comparizione davanti all'autorità richiedente non sia possibile od opportuna può essere eseguita mediante teleconferenza, non prevista invece sul fronte attivo.

Una disciplina peculiare è stabilita per il caso di **trasferimento temporaneo** all'estero di persone detenute **a fini probatori**. Il nuovo art. 726 *quater*, se il trasferimento è previsto da accordi internazionali, assegna la competenza per la decisione sul trasferimento al Ministro, sentita l'autorità giudiziaria procedente ovvero il magistrato di sorveglianza quando si tratti di soggetto condannato o internato e acquisite le informazioni relative alla situazione processuale, alle condizioni di salute e alle eventuali esigenze di sicurezza. In caso di accoglimento, il Ministro della giustizia indica il termine entro il quale la persona deve essere riconsegnata, che non può comunque eccedere il tempo strettamente necessario all'espletamento dell'atto. Sono concordate tra autorità giudiziarie le modalità di trasferimento e di detenzione del soggetto. Data la delicatezza dell'atto che potrebbe comportare abusi da parte dell'autorità straniera, è prevista la clausola di immunità che condiziona il trasferimento alla condizione che la persona non sia perseguita, detenuta o sottoposta a qualsiasi altra restrizione della libertà personale nello Stato richiedente per fatti commessi o condanne pronunciate prima del suo temporaneo trasferimento, salvo che, il soggetto, avendone avuta la possibilità, non ha lasciato il territorio dello Stato richiedente trascorsi quindici giorni dal momento in cui la sua presenza non è più richiesta dall'autorità giudiziaria e che, avendolo lasciato, vi ha fatto volontariamente ritorno. La persona trasferita rimane in stato di detenzione nel territorio dello Stato estero, salvo che l'autorità giudiziaria italiana ne disponga la liberazione. La detenzione al di fuori del territorio nazionale si considera ad ogni effetto come sofferta in Italia.

2.1. Il procedimento di esecuzione

Come anticipato, la procedura che contemplava il controllo affidato alla Corte di appello è stata sostituita da un modulo che prevede la diretta collaborazione tra autorità giudiziarie. Il nuovo art. 724 delinea la trasmissione delle richieste di assistenza giudiziaria per le attività di acquisizione probatoria e di sequestro di beni a fini di confisca direttamente al procuratore della Repubblica presso il tribunale del capoluogo del distretto del luogo nel quale deve compiersi l'attività richiesta, se la richiesta ha per oggetto acquisizioni probatorie che prescindono dal necessario intervento del giudice. Il procuratore della Repubblica, ricevuti gli atti trasmessi dal Ministro della giustizia o direttamente dall'autorità straniera a norma di convenzioni internazionali in vigore per lo Stato, se la rogatoria ha per oggetto acquisizioni probatorie da compiersi davanti al giudice ovvero attività che secondo la legge italiana devono essere svolte dal giudice, presenta senza ritardo le proprie richieste al giudice per le indagini preliminari. Negli altri casi, previo decreto motivato, da esecuzione alla cooperazione. Le istanze di semplificazione sotto il profilo procedurale sono attuate affievolendo l'intensità del vaglio in sede giudiziaria e individuando nel procuratore della Repubblica **l'organo esecutivo delle richieste** di assistenza, in maniera assimilabile a quanto previsto nell'attuazione della direttiva sull'Ordine europeo di indagine penale.

È espressamente disciplinata l'attribuzione a un solo ufficio delle richieste eseguibili in più distretti, secondo il criterio del loro maggior numero ovvero del loro maggiore rilievo investigativo e all'uopo è regolata la materia del potenziale conflitto tra uffici requirenti. Quando invece insorgano questioni circa la competenza di più giudici a dare esecuzione alla richiesta, esse sono risolte dalla Corte di cassazione secondo le regole generali sul conflitto di competenza.

Rimangono ferme le ipotesi di diniego per atti domandati contrari a disposizioni di **legge** o ai **princìpi generali dell'ordinamento**, in correlazione all'**ordine pubblico** o al **buon costume** *ex* art. 31 disp. prel. c.c.; se il fatto per cui si procede all'estero non costituisca illecito penale in entrambi gli Stati e non risulti che l'imputato abbia liberamente espresso il suo consenso alla domanda di assistenza giudiziaria; se vi siano fondate ragioni per ritenere che considerazioni relative alla razza, alla religione, al sesso, alla nazionalità, alla lingua, alle opinioni politiche o alle condizioni personali o sociali possano influire sullo svolgimento o sull'esito del processo e non risulti che l'imputato abbia liberamente espresso il suo consenso alla domanda di assistenza giudiziaria. La perentorietà della disposizione induce ad escludere che il giudizio di ammissibilità possa estendersi al merito del provvedimento richiesto. Il compimento degli atti richiesti è sospeso ogni qualvolta possano risultarne pregiudicate indagini in corso (art. 724, co. 8). Il procuratore della Repubblica trasmette senza ritardo al procuratore nazionale antimafia e antiterrorismo copia delle richieste di assistenza dell'autorità straniera che si riferiscono ai delitti di cui all'art. 51, co. 3 *bis* e 3 *quater*.

Sia per esigenze di celerità sia perché l'attività richiesta è meramente formale e strumentale, gli artt. 726 e 726 *bis* delineano un meccanismo procedimentale **semplificato**, cioè non assistito da particolari garanzie giurisdizionali: fermo restando che al Ministero competono gli usuali poteri di verifica e di veto, il pubblico ministero territorialmente competente procede alla notificazione della citazione non appena ricevuti gli atti dall'autorità amministrativa (il testimone citato rimane libero di comparire o meno, senza che le autorità italiane possano adottare alcun provvedimento coercitivo per garantire la comparizione dinanzi al giudice straniero richiedente). Il ruolo così attribuito al pubblico ministero non interferisce con la «collocazione del pubblico ministero come parte nel processo penale italiano». Ove sussista, infatti, la necessità di un intervento del giudice, ovvero di atti da compiersi dinanzi a quest'ultimo, il procuratore li dovrà trasmettere al gip distrettuale per l'attività di sua competenza, ma nella prima ipotesi gli atti torneranno nuovamente al procuratore della Repubblica per la relativa esecuzione.

In riferimento alle rogatorie provenienti da autorità amministrativa straniera (nei casi contemplati dagli accordi internazionali) l'art. 726 *ter* prevede che la richiesta di assistenza sia trasmessa per l'esecuzione al procuratore della Repubblica del luogo nel quale devono essere compiuti gli atti richiesti.

Ogni qualvolta non esistano **accordi** interstatuali o manchi un'esplicita e rituale richiesta circa l'adattamento delle modalità di compimento dell'atto alle esigenze del processo straniero, i soggetti pubblici operanti nel processo penale italiano (giudice per le indagini preliminari, pubblico ministero ed ausiliari) debbono in ogni caso attenersi al rispetto della normativa processuale italiana vigente. Per il compimento degli atti richiesti si applicano le disposizioni del codice di rito, salva l'osservanza delle forme espressamente richieste dall'autorità giudiziaria straniera che non siano contrarie ai princìpi dell'ordinamento giuridico dello Stato. Dispone espressamente in proposito l'art. 725, co. 1. Ne deriva la necessità di rispettare integralmente la normativa processuale penale, senza eccezioni di sorta, assicurando l'intervento della difesa (nei limiti consentiti) e l'omogeneità operativa nel compimento dei singoli atti. Correlativamente, in assenza di qualsiasi previsione eccettuativa o derogatoria, e ricorrendone i presupposti, non può che trovare applicazione la disciplina del procedimento in camera di consiglio *ex* art. 127 (con il corredo usuale di avvisi, notifiche e partecipazione difensiva) anche quando la legge straniera non preveda un meccanismo corrispondente.

Era affermazione ricorrente che per gli atti di sequestro eseguiti per rogatoria non sarebbe stata esperibile richiesta di riesame al Tribunale della libertà (ma soltanto incidente di esecuzione). Le Sezioni Unite hanno stabilito, in maniera coerente con il sistema processuale, che «in tema di rapporti giurisdizionali con autorità straniere, anche una richiesta di assistenza giudiziaria all'estero per l'esecuzione di un sequestro probatorio, in quanto presuppone un provvedimento, sia pure solo implicito, dell'autorità giudiziaria italiana, è impugnabile mediante istanza di riesame dinanzi a quest'ultima, unica competente a valutare la sussistenza delle condizioni legittimanti l'adozione e il mantenimento della misura, salvi gli eventuali ulteriori rimedi esperibili secondo le regole stabilite dall'ordinamento dello Stato richiesto»[2]. E non potrebbe essere altrimenti: il sequestro è un vincolo costituito per effetto di una sequela di iniziative che compongono la trama di un procedimento la cui sequenza è descritta da un complesso di norme che delineano non già qualcosa di estraneo, ma inseriscono l'atto materiale acquisitivo della *res* (si suole parlare dell'"*in sé*" del sequestro) come momento esecutivo del regime giu-

---

[2] Cass., Sez. Un., 16.4.2003, Monnier.

ridico dell'atto, compiutamente disciplinando sia i modi e le forme del trasferimento d'autorità del potere di disposizione sulla cosa dal suo titolare agli organi di giustizia sia i limiti di efficacia e gli strumenti di controllo sulla legittimità e sulla ritualità del vincolo apposto.

Quando l'esecuzione della rogatoria importa il compimento di atti implicanti limitazioni di diritti costituzionalmente garantiti il lasciare l'interessato privo di qualsiasi forma di tutela comporterebbe una disparità di trattamento fra chi sia coinvolto in un procedimento penale che si svolga nello Stato e chi, invece, sia coinvolto a qualsiasi titolo, in un procedimento penale che si svolga in territorio estero.

Il codice vigente ha allineato la posizione soggettiva di chi è coinvolto nelle vicende di cooperazione con autorità straniere a quella dell'imputato, e in particolare ha allineato il **sistema dei rimedi** avverso i provvedimenti di sequestro a quello predisposto per le misure di coercizione personale. Ne emerge un complesso normativo in cui le funzioni riservate all'attività di cooperazione non possono mai svilire il contenuto tipico della tutela degli spazi segnati dagli artt. 3, 13, 14, 15, 24, 25 e 111 Cost. Così, se l'*exequatur* è sempre subordinato al filtro *ex* art. 724, deve esserci comunque un giudice competente a rivalutare in piena autonomia l'opportunità dell'atto richiesto: in particolare, trattandosi di provvedimento incidente sulle libertà inviolabili, guidato dai medesimi parametri che legittimano il compimento dello stesso atto nel corso di un procedimento interno, questo connotato implica la possibilità di verificare l'osservanza delle forme che, a garanzia della persona, vigilano sull'esercizio del potere d'indagine e cautelare. La vigente normativa sulle rogatorie non contraddice affatto la spinta, che percorre l'intero sistema, verso il **primato della giurisdizione nel processo**. Di contro, la prassi si mostra ferma nell'esprimere una posizione molto lontana dalla volontà legislativa di attuare in materia la piena tutela delle libertà costituzionali e del diritto alla difesa. A tacer d'altro, limitare *tout court* l'applicazione delle norme del codice alla sola esecuzione materiale dell'atto chiesto per rogatoria è in contrasto con l'ultima parte dell'art. 725, co. 2, laddove l'adattamento delle forme interne è esplicitamente condizionato al duplice e contemporaneo presupposto che risulti un'espressa richiesta straniera in tal senso e che non abbia a determinarsi alcun contrasto con i princìpi dell'ordinamento. E della contrarietà all'ordinamento italiano non può dubitarsi, posto che la diffusività del procedimento camerale con partecipazione della difesa e dei controlli sui presupposti di ogni tipo di provvedimento è pacificamente acquisita tra i princìpi generali del diritto processuale penale.

Si afferma spesso che *ubi lex voluit dixit, ubi noluit tacuit*. Se in questi delimitati settori sono state dettate regole di adattamento formale, mentre per le forme procedimentali essenziali e per il regime dei controlli non è stata espressa alcuna specificazione, ciò vuol dire che in questo particolare ambito tutto rimane tal quale, perfettamente armonizzato con il sistema, per le marcate affinità (addirittura per la totale identità) dell'atto assunto per rogatoria con l'atto compiuto per il processo.

2.2. Le modalità esecutive

La norma che maggiormente documenta il clima di crescente collaborazione internazionale in materia penale è l'art. 725, co. 1, che offre la possibilità di adattare le modalità di compimento dell'atto richiesto alle esigenze del processo penale straniero, con la sola condizione che queste si mantengano in un ambito generale di legalità alla stregua dei nostri canoni. Essendo quello del "travaso" di atti processuali da un sistema giuridico ad un altro un problema di notevole complessità, l'innovazione non potrà che facilitare tale trasmigrazione, rendendo meno traumatico e, perciò, più semplice il superamento dei nodi attinenti alla compatibilità ed utilizzabilità degli atti medesimi.

In fase esecutiva si applicano le modalità previste dall'art. 370: il pubblico ministero compie gli atti personalmente, avvalendosi della polizia giudiziaria in alcuni casi, con l'assistenza del difensore se necessaria.

L'autorità giudiziaria può autorizzare, con decreto motivato, la presenza al compimento degli atti richiesti di rappresentanti o incaricati dell'autorità richiedente. Quando la richiesta proviene da autorità diverse da quelle di Stati membri dell'Unione europea, l'autorizzazione è comunicata al Ministro della giustizia. Se nel corso dell'esecuzione il procuratore della Repubblica rileva l'opportunità del compimento di atti ulteriori non indicati nella richiesta, ne informa senza ritardo l'autorità richiedente ai fini dell'integrazione della richiesta, ferme restando le clausole di cui all'art. 724, co. 7 e 9.

3. Le rogatorie attive o all'estero

L'art. 727 individua, in esordio, gli ambiti oggettivi e soggettivi delle rogatorie attive, con il testuale riferimento a «comunicazioni, notificazioni e [...] attività di acquisizione probatoria», e ad «autorità estere», senza far cenno a limitazioni derivanti dalla fase procedimentale in corso.

Quanto all'oggetto, il tenore della legge appare talmente generico da confermare che lo spazio dell'assistenza giudiziaria è tanto ampio quanto vario è il numero degli atti ritenuti necessari per l'accertamento della responsabilità dell'imputato, in quanto ogni atto potrebbe costituire in astratto il possibile oggetto di una rogatoria. Possono confluirvi perizie, esperimenti, sequestri, notificazioni, assunzioni di testimonianze, trasmissioni di corpi di reato e di documenti e qualsiasi altra cosa possa riguardare un reato per il quale si procede, a scopo di indagare o di chiarire la verità dei fatti allegati dall'accusa o dalla difesa.

È da escludere l'ipotesi della contestazione dell'accusa mediante emissione delegata di provvedimento di cattura, arresto, comparizione o accompagnamento, alla quale sopperisce l'estradizione; l'attività eseguibile all'estero risulta, ovviamente, vincolata ai poteri dell'autorità giurisdizionale straniera. Presupposto della trasmissione di rogatorie è la necessità di eseguire all'estero un atto processuale **non eseguibile in Italia**, non essendo sufficiente l'opportunità di acquisire gli atti di un procedimento penale ivi celebrato (anche tenendo conto delle condizioni e dei limiti posti a tal fine dall'art. 78, co. 1, disp. att., che richiama espressamente l'art. 238). In assenza di previsioni specifiche *ad hoc*, la trasmissione dei corpi di reato e di prove documentali dovrebbe seguire le formalità previste per le rogatorie più che quelle delle notifiche di citazioni a testi e parti; l'unica differenza è che in questi casi la richiesta di cooperazione ha per oggetto attività già esperite autonomamente dallo Stato straniero.

Quando le convenzioni in vigore tra gli Stati membri dell'Unione europea, ovvero le disposizioni del diritto dell'Unione europea, prevedono l'intervento del Ministro della giustizia, questi può disporre con decreto che non si dia corso all'inoltro della richiesta di assistenza giudiziaria nei casi e nei limiti stabiliti dalle convenzioni e dagli atti indicati. Nei rapporti con Stati diversi da quelli membri dell'Unione europea, tale potere può essere esercitato, oltre a quanto previsto dalle convenzioni, in caso di pericolo per la sovranità, la sicurezza o altri interessi essenziali dello Stato.

Ogni qualvolta la legislazione interna stabilisca determinati requisiti per il compimento degli atti a pena di **inutilizzabilità**, nella domanda di assistenza giudiziaria occorre specificare le relative **modalità**, indicando al loro interno quali siano gli elementi necessari affinché gli atti richiesti siano processualmente utilizzabili (così l'art. 727, co. 9, peraltro con esclusivo riferimento agli accordi internazionali che contemplano tale possibilità).

Quanto ai **soggetti legittimati**, si tratta anzitutto del pubblico ministero nel corso delle indagini preliminari e del giudice per le indagini preliminari investito dalla richiesta di incidente probatorio; ma non vi sono ragioni plausibili per escludere il giudice dell'udienza preliminare e il giudice del dibattimento. Qualche perplessità potrebbe sussistere per il giudice dell'esecuzione, ma gli ampi poteri ricostruttivi nel merito che gli sono attribuiti, quanto meno al fine di accertare l'identità del disegno criminoso *ex* art. 81 c.p., inducono ad optare per la soluzione affermativa.

I modi di comunicazione fra autorità richiedente e autorità richiesta segnano una vistosa evoluzione rispetto al recente passato, caratterizzato dal parere-filtro del procuratore generale in funzione di controllo. In forza dell'art.

727, co. 1, l'autorità giudiziaria richiedente trasmetterà gli atti direttamente al Ministro della giustizia, il quale provvederà agli incombenti successivi per via diplomatica, cioè per il tramite del Ministro degli esteri e delle autorità diplomatiche italiane nello Stato richiesto. L'eliminazione dell'intervento del procuratore generale nel momento genetico della richiesta vale a dissipare possibili dubbi di incostituzionalità derivanti dalla sovrapposizione di tale organo all'apprezzamento di un giudice, ma il procedimento appare ancora inadeguato alla concezione ormai invalsa dei rapporti penali internazionali, la cui efficacia sembra direttamente proporzionale alla rapidità di esecuzione dell'atto richiesto. Proprio la lentezza del mezzo di trasmissione per via diplomatica giustifica il ricorso ad altre forme procedurali, tanto più che all'art. 727, co. 4, ci si riferisce esplicitamente alla possibilità di un tramite diretto diplomatico-consolare utilizzabile non solo nei casi urgenti, ma anche a fronte dell'inerzia ministeriale.

Particolarmente complesso appare il ruolo del Ministro, il quale opera sulla rogatoria una valutazione **politica**, disponendo con **decreto**, entro trenta giorni dalla ricezione della richiesta, che questa non abbia seguito tutte le volte in cui si profili l'eventualità di mettere in pericolo «la sicurezza o altri interessi dello Stato». In ogni caso, il Ministro è tenuto ad informare l'autorità giudiziaria richiedente sia della data in cui ha ricevuto la domanda sia in quella in cui l'ha inoltrata ovvero ha emesso il decreto di blocco. Si tratta di adempimenti irrinunciabili, per una serie di ragioni. Anzitutto, all'inutile decorso del termine di trenta giorni consegue l'attribuzione in capo all'organo procedente di autonomi poteri di trasmissione; inoltre, il provvedimento ministeriale viene ad essere inserito fra gli atti del procedimento, con conseguenze non facilmente prevedibili ai fini della valutazione del materiale probatorio, stante il contrasto fra il giudizio di essenzialità in chiave processuale formulato dall'autorità giudiziaria ed il giudizio di inopportunità in chiave politica espresso dall'autorità amministrativa; infine si tratta di consentire il controllo della fondatezza della scelta operata dal ministro dinanzi al giudice amministrativo.

Ove il Ministro lasci trascorrere il termine assegnato senza inoltrare, né bloccare espressamente, la rogatoria per mezzo del decreto, l'organo richiedente ha facoltà di rivolgersi *omisso medio* direttamente all'agente diplomatico o consolare italiano, informandone, però, il Ministro della giustizia (art. 727, co. 4); quest'ultima formalità sembra anch'essa irrinunciabile, risultando finalizzata a consentire un intervento, sia pure tardivo del Ministro, il quale può in ogni tempo bloccare la rogatoria inoltrata autonomamente dall'autorità giudiziaria, non essendo apposto alcun limite temporale all'esercizio del potere di veto.

Diversamente accade nei **casi urgenti**, allorché la regola è proprio quella del coinvolgimento diretto dell'agente diplomatico o consolare all'estero da parte dell'autorità giudiziaria, con trasmissione contestuale della richiesta al Ministro, al quale è, tuttavia, riconosciuto il potere di apporre il veto, con decreto, «sino al momento della rogatoria, da parte dell'agente diplomatico o consolare, all'autorità straniera» (art. 727, co. 5). A parte la difficoltà di enucleare i connotati tipici dell'urgenza, è verosimile immaginare che, con la dilatazione delle ipotesi di giudizio immediato, quasi tutte le rogatorie saranno urgenti, considerati i tempi ristretti delle indagini preliminari e la necessità di non dilatare la durata del dibattimento; correlativamente questo modo di comunicazione, per così dire contratto, diventerà il più frequente ed il veto del Ministro giungerà spesso *in itinere* (e ciò a scapito delle esigenze di snellezza e semplificazione).

Quando un accordo internazionale prevede la trasmissione diretta della richiesta di assistenza giudiziaria, l'autorità giudiziaria ne trasmette copia senza ritardo al Ministro della giustizia. Quando, nei rapporti di assistenza giudiziaria con Stati diversi da quelli membri dell'Unione europea, le convenzioni internazionali prevedono la trasmissione diretta delle domande di assistenza, l'autorità giudiziaria provvede alla trasmissione diretta decorsi dieci giorni dalla ricezione della copia della stessa da parte del Ministro della giustizia. Entro il termine indicato, il Ministro della giustizia può esercitare il potere di impedire il corso della rogatoria se compromettente la sicurezza o gli interessi dello Stato.

In ogni caso, copia delle richieste di assistenza giudiziaria formulate nell'ambito di procedimenti relativi ai delitti di cui all'art. 51, co. 3 *bis* e 3 *quater*, è trasmessa senza ritardo al procuratore nazionale antimafia e antiterrorismo.

L'inosservanza delle disposizioni sugli strumenti di trasmissione costituisce causa di **invalidità** delle rogatorie compiute che abbiano ad oggetto atti di acquisizione probatoria: all'inosservanza delle fonti consegue, infatti, **l'inutilizzabilità** della **prova**. Resta in tal modo escluso che possa procedersi all'acquisizione probatoria all'estero con metodi alternativi, a meno di previsione ammissiva espressa a livello di norme di diritto internazionale pattizio. In particolare, ove facciano difetto i presupposti stabiliti nelle convenzioni internazionali, l'attivazione diretta del giudice italiano all'estero, essendo in via di principio sfornita di supporto normativo, integra normalmente il profilarsi di una carenza di potere giurisdizionale con correlativo determinarsi di una nullità assoluta. Ma potrebbe configurarsi anche l'abnormità quale categoria connaturata al fatto che una pronuncia giurisdizionale si ponga in contrasto con l'intero sistema della legge processuale.

Le spese per le rogatorie sono a carico dello Stato richiesto (salvo eventuali rimborsi per atti di notevole complessità), in applicazione di un criterio forfettario, per il quale si presume l'uguaglianza delle spese reciproche in casi reciproci e si compensa il tutto.

3.1. Modalità esecutive ed utilizzabilità delle prove assunte, tra *lex loci* e *lex fori*

In via di principio, alle rogatorie è data esecuzione nelle forme proprie dello Stato richiesto. La dottrina da tempo evidenzia come la regola del ***locus regit actum*** si presti a creare, per le diversità esistenti tra i vari ordinamenti, ostacoli praticamente insuperabili, qualora l'escussione della prova all'estero in contrasto con le leggi italiane ne determini i caratteri di atto contrario all'ordine pubblico o ai princìpi generali dell'ordinamento, come tale illegittimo e, quindi, idoneo a formare il convincimento del giudice procedente. Per tale ragione, attraverso la riforma del 2017 viene riformulata l'ipotesi di deroga convenzionale al principio della *lex loci* (art. 727, co. 9) assegnando efficacia escludente alle condizioni poste dallo Stato per l'utilizzabilità della prova. Il mancato rispetto delle forme e delle modalità richiesta dà luogo ad inutilizzabilità solo ove espressamente previsto dalla legge processuale, come stabilito dal novellato art. 729, anche esso, come si vedrà, oggetto di modificazioni.

La circostanza che in ambito UE sia oggi regolata espressamente la possibilità di assumere atti alle condizioni stabilite dall'autorità richiedente e secondo le norme del diritto interno di queste e che ciò sia contemplato da numerosi accordi internazionali, costituiscono il complesso di fattori che giustifica la necessità di coordinare gli interventi modificativi del codice di procedura penale al diritto interno sopravvenuto e allo stato delle leggi che hanno ratificato accordi internazionali recanti disposizioni del tutto analoghe.

L'art. 728 garantisce, in prospettiva generale e di fondo, al testimone, al perito e all'imputato proveniente dall'estero, in seguito a richiesta di assistenza giudiziaria, un regime di **immunità temporanea**, rimanendo consentita l'adozione di provvedimenti cautelari in riferimento esclusivo ai fatti successivi alla notifica della citazione, salvo che ricorrano due ipotesi di purgazione (modellate sulla falsariga dell'analogo fenomeno nell'estradizione): la prima consiste nella volontaria permanenza nel territorio nazionale trascorsi quindici giorni dalla cessazione degli impegni giudiziari, la seconda nel volontario ritorno.

L'art. 729, co. 1, nella sua nuova formulazione, non impone il rispetto della normativa convenzionale richiamata dall'art. 696. Nei casi in cui lo Stato estero abbia posto condizioni all'utilizzabilità degli atti richiesti, l'autorità giudiziaria è vincolata al rispetto di tali condizioni. Se lo Stato estero dà esecuzione alla richiesta di assistenza con modalità diverse da quelle indicate dall'autorità giudiziaria ai sensi dell'art. 727, co. 9, gli atti compiuti sono inutilizzabili solo nei casi in cui l'inutilizzabilità è prevista dalla legge. La formulazione della norma deve comunque tener conto del contenuto generale dell'art. 191: si tratta di norma generale che impedisce, in ogni stato e grado del procedimento, di utilizzare una prova che – a livello interno – sia difforme dalle modalità consentite per l'assunzione.

Il tema dell'oculato contemperamento tra *lex loci* e *lex fori* è quanto mai "scivoloso", cosparso com'è di norme poco consone alla complessità della materia, scarne e scarse, tutte affidate all'occhio pratico e alla capacità riplasmatrice della giurisprudenza. Nell'apparente disinteresse della letteratura e della giurisprudenza rispetto alle correlazioni anomale tra rapporti extraterritoriali e forme deroganti rispetto ai nostri canoni operativi, esistono alcuni punti fermi che consentono di riavviare un discorso interpretativo tutt'altro che equivoco. È regola generale, in materia di assistenza giudiziaria internazionale, che la prova raccolta in territorio estero è disciplinata dalla *lex loci* (ovvero dalle norme processuali vigenti nello Stato richiesto) quanto alla forma di acquisizione, mentre vale esclusivamente la legge dello Stato richiedente per tutto quanto riguarda l'efficacia dimostrativa: regola questa che, prima ancora che nel dato normativo, trova fondamento nel comune buon senso e nella natura delle cose. Fino a quando l'atto rimane all'interno dello Stato richiesto, cioè per tutto il tempo della sua formale acquisizione, viene regolato dalla legge del luogo, ma è la legge dello Stato assistito a regolamentare successivamente il medesimo atto, nel momento in cui lo stesso è chiamato a produrre effetti nel procedimento di destinazione. Da ciò la necessità che la prova assunta per rogatoria, sia pure nel rispetto della *lex loci* e/o dei poteri conferiti allo Stato richiesto dalle Convenzioni internazionali, risulti altresì conforme ai **princìpi** essenziali e ai **valori tutelati** a **livello costituzionale** dall'ordinamento dello Stato richiedente. Pesa l'insegnamento oramai antico, ma rimasto insuperato, della Corte costituzionale, perentoria nello stabilire come e perché occorre sempre distinguere «tra norme che regolano **l'assunzione** e norme che ne disciplinano **l'utilizzazione**» non potendosi ritenere che «le prove assunte nel rispetto della Convenzione» siano «per ciò stesso, pienamente utilizzabili» mentre piuttosto sempre «il giudice nazionale deve verificare, in piena indipendenza e secondo i princìpi fondamentali del proprio ordinamento, se le modalità con cui l'atto è stato assunto lo rendono utilizzabile come prova»; non basta, pertanto, che l'atto probatorio risulti compiuto «secondo le regole vigenti nello Stato in cui è stato assunto, ma occorre anche che dette modalità non si pongano in contrasto con le leggi interne proibitive concernenti le persone e gli atti e con quelle che, in qualsiasi modo, riguardino l'ordine pubblico»[3]. Ne consegue che, nella fase di in-

---

[3] Corte cost., sent. n. 379 del 1995.

serimento dell'atto acquisito in territorio estero all'interno dell'ordinamento della Parte richiedente, risulta indispensabile, ed ineludibile, verificare che la prova sia stata assunta con modalità compatibili con le norme procedurali interne che regolano atti omologhi e con i princìpi fondamentali ai quali l'ordinamento è ispirato.

Orbene: che il diritto dell'imputato, a che il giudice procedente valuti gli elementi a carico secondo la legge interna disciplinante il processo, rappresenta un principio essenziale dell'ordinamento giuridico italiano è conclusione tanto ovvia che non meriterebbe di essere sottolineata.

Non risulta che nella giurisprudenza di legittimità siano mai stati compiutamente precisati gli àmbiti del controllo giudiziale sulla prova assunta per rogatoria, solo rinvenendosi in tempi remoti – antecedenti l'avveramento del giusto processo – sporadiche affermazioni nel senso che tra i princìpi di ordine pubblico non rientra interamente lo *standard* operativo codificato, mera modalità di regolamentazione del generale diritto di difesa, il quale può essere graduato dal legislatore ordinario nei molteplici momenti processuali, sia come tutela piena sia soltanto come assistenza e rappresentanza defensionale. Sta di fatto, però, che un tale approccio interpretativo – oltre a fornire un parametro talmente ristretto che finisce con il non tutelare le posizioni giuridiche lese dall'atto istruttorio straniero – reca insito il rischio di svuotare di qualsiasi apprezzabile significato il concetto stesso di giusto processo, inglobando nel procedimento di destinazione l'atto istruttorio alieno nonostante le differenze strutturali o contenutistiche rispetto all'omologo atto interno.

Detto questo, giova precisare come ciò non significa che ogni minima difformità dallo schema interno dell'atto impedisca l'inserimento della prova rogata nel materiale decisorio; tuttavia, ogni qualvolta un atto prodotto da un ordinamento straniero confligga con le modalità che costituiscono elementi della fattispecie legale necessari ed irrinunciabili per la produzione dell'effetto secondo la legge italiana (quando cioè il codice impone diverse modalità di assunzione «a pena di inutilizzabilità»), ebbene risulta per ciò solo escluso che quell'atto possa entrare a far parte del materiale probatorio utilizzabile per la decisione, dovendosi convenire sull'impossibilità di aggirare quella che si pone come perentoria regola di esclusione. Vuol dirsi, con ciò, che certi apprezzamenti sono stati fatti a monte dal Legislatore e non possono essere rimessi in discussione, dando una ingiustificata prevalenza alla prova straniera su quella nazionale. È pertanto ovvio che lesioni di valori fondamentali costituzionalmente protetti (effettività del diritto di difesa, consapevolezza dei propri diritti, privilegio contro l'autoincriminazione, scelta responsabile nel rendere dichiarazioni *contra alios*), e deviazioni dal modello legale dettato dalla normativa codicistica in specifica attuazione di quei princìpi essenziali dell'ordinamento, in nessun caso potrebbero essere tollerati. D'altra parte, ammettere che, in via generale, il diritto alla difesa, all'autodifesa e alla preventiva informazione circa i propri diritti rientra tra i princìpi di ordine pubblico, per poi concludere nel senso dell'utilizzabilità di materiale probatorio raccolto all'estero senza la presenza del difensore e senza qualsiasi avvertimento corrispondente a quelli imposti dagli artt. 63 e 64 in conformità della *lex loci*, significherebbe, di fatto, consentire ad un diverso ordinamento un maggior spazio di incidenza sui diritti inviolabili di quanto si conceda all'autorità giudiziaria nostrana nell'ambito dell'ordinamento interno, introducendo un'irragionevole discriminazione tra prove "interne" e prove raccolte "oltre confine". Il che non può essere. Ciò che occorre tutelare non è tanto il feticcio astratto e formale del *privilege against self-incrimination*, bensì la situazione sostanziale di effettiva libertà di autodeterminazione (quale strumento di garanzia non solo e non tanto del singolo *loquens* quanto e soprattutto quale strumento di garanzia volto a prevenire accuse di comodo senza assunzione alcuna di responsabilità) come concretizzato dal legislatore ordinario nelle norme del codice di rito; sicché anche il materiale probatorio raccolto in territorio estero – per produrre effetti ed essere inserito nel materiale decisorio utilizzabile – deve di necessità essere acquisito con modalità compatibili con la normativa interna. In tempi di giusto processo, ogni decisione giudiziale deve scaturire dalla valutazione degli elementi probatori che risultino utilizzabili alla stregua della nostra legislazione.

Fermo restando che l'atto assunto all'estero segue la ***lex loci***, anche con le modalità imposte dallo Stato richiedente, la prova formata all'estero è comunque destinata ad esplicare i suoi effetti processuali in termini di **utilizzabilità** in un procedimento iniziato e regolato dall'ordinamento processuale italiano. La prova assunta all'estero, destinata a confluire nel fascicolo dibattimentale, per quanto possibile, deve porsi in linea con le norme che presiedono il c.d. procedimento probatorio. In ogni caso si stabilisce (art. 729, co. 3) che non possano essere comunque utilizzate le dichiarazioni, da chiunque rese, aventi ad oggetto il contenuto degli atti di rogatoria di cui sia esclusa l'utilizzabilità a sensi dei primi due commi dell'art. 729.

La documentazione relativa ad atti e ad informazioni spontaneamente trasmessi dall'autorità di altro Stato può essere acquisita al fascicolo del pubblico ministero. L'autorità giudiziaria è vincolata al rispetto delle condizioni eventualmente poste all'utilizzabilità degli atti e delle informazioni spontaneamente trasmessi. Si tratta di una previsione nuova oggetto del nuovo art. 729 *bis* che, ad ogni modo, non importa l'utilizzazione dibattimentale delle informazioni o degli atti trasmessi, essendo acquisibili solo nel fascicolo del pubblico ministero.

Anche dalla prospettiva attiva è stata inserita la possibilità di richiedere il trasferimento temporaneo di persone detenute, disciplinato dal nuovo art. 729 *ter*, e l'audizione mediante videoconferenza o altra modalità audiovisiva, disciplinata dal nuovo art. 729 *quater*.

Per quel concerne il **trasferimento** in Italia di persone detenute, le regole sono assimilabili a quanto trova applicazione dal punto di vista passivo: in questo caso l'autorità giudiziaria italiana concorda con l'autorità straniera competente le modalità del trasferimento temporaneo nel territorio di persona detenuta in altro Stato, per il compimento di un atto di indagine o per l'assunzione di una prova. Ai fini dell'esecuzione il procuratore della Repubblica dispone che la persona temporaneamente trasferita sia custodita, per la durata del trasferimento temporaneo, nella casa circondariale del luogo di compimento dell'atto di indagine o di prova. La persona trasferita rimane in stato di detenzione sul territorio nazionale, salvo che l'autorità straniera non ne chieda la liberazione e, anche in questo caso, il trasferimento temporaneo può esser condizionato al fatto che la persona trasferita non debba essere perseguita, detenuta o sottoposta a qualsiasi altra restrizione della libertà personale nello Stato italiano per fatti commessi o condanne pronunciate prima del suo temporaneo trasferimento. L'immunità cessa qualora il testimone, il perito o l'imputato, avendone avuta la possibilità, non ha lasciato il territorio dello Stato trascorsi quindici giorni dal momento in cui la sua presenza non è più richiesta dall'autorità giudiziaria ovvero, avendolo lasciato, vi ha fatto volontariamente ritorno.

Per quel che riguarda, invece, **l'audizione** di soggetti tramite **videoconferenza**, a condizione che sussistano accordi internazionali che la prevedano, nel caso si tratti di persona sottoposta alle indagini o dell'imputato, l'espletamento è subordinato all'acquisizione del consenso dello stesso.

La persona sottoposta alle indagini e l'imputato devono essere assistiti da un difensore presente nel luogo di esecuzione. Alla necessaria assistenza si accompagna il fatto che indagato o imputato devono essere informati dall'autorità giudiziaria e da quella richiesta dei diritti e delle facoltà che sono loro riconosciuti da entrambi gli ordinamenti.

Sono, inoltre, disciplinati nel dettaglio gli avvisi e le facoltà delle persone che devono essere sentite, in sintonia con i princìpi generali del codice di rito nonché le modalità di esecuzione e di formalizzazione dell'attività. Le modalità pratiche dell'audizione, nonché le eventuali misure relative alla protezione della persona da ascoltare, sono concordate tra autorità giudiziarie. Perché possa essere avanzata richiesta funzionale alla videoconferenza è necessario che la persona da ascoltare si trovi all'estero e che motivi particolari di impossibilità ne impediscano l'audizione diretta.

Non è regolata la conferenza telefonica di testimoni e periti in quanto si tratta di modalità di assunzione della prova non contemplata dall'ordinamento interno.

L'art. 729 *quinquies*, infine, costituendo del tutto una novità per l'assetto codicistico, regola le **squadre investigative comuni** nei rapporti con i paesi UE secondo le disposizioni di legge già vigenti (d.l. 15.2.2016, n. 34 di attuazione della Decisione Quadro 2002/465/GAI del 13.6.2002).

Le squadre investigative comuni costituiscono una forma di cooperazione non rogatoriale finalizzata all'accertamento e alla repressione di forme di criminalità transazionale particolarmente allarmanti. La novità di maggiore impatto dello strumento consiste nel fatto di non prevedere mere misure di coordinamento tra organi requirenti nazionali bensì di consentire la formazione di un vero e proprio gruppo investigativo internazionale che agisce nell'ambito di un obiettivo comune, operando simultaneamente nei vari Stati membri interessati dalle indagini. Tale modalità operativa dovrebbe realizzare una maggiore efficacia repressiva nei confronti di quei crimini (in particolare, traffico di stupefacenti, terrorismo, ecc.) che agiscono sempre più su scala internazionale, con conseguente frazionamento della fattispecie criminosa tra i vari Stati membri che, caratterizzandosi per normative penali talora assai difformi, appongono seri ostacoli alle attività investigative e repressive.

Il procuratore della Repubblica può richiedere la costituzione di una o più squadre investigative comuni con le modalità e alle condizioni stabilite dalla legge. Nei rapporti con le autorità giudiziarie di Stati diversi da quelli membri dell'Unione europea il procuratore della Repubblica può richiedere la costituzione di una o più squadre investigative comuni con le modalità e alle condizioni stabilite dalla legge, nei casi previsti dagli accordi internazionali. In tal caso, della costituzione di una o più squadre investigative comuni è data comunicazione al Ministro della giustizia.

I risultati probatori degli atti di indagine compiuti all'estero dai membri della squadra sono comunque utilizzabili nei limiti predisposti dalla legge italiana.

Capitolo XXX

La cooperazione giudiziaria nell'esecuzione e la nuova disciplina del trasferimento dei procedimenti penali

di *Alfredo Gaito*

1. Rapporti tra Stati nell'esecuzione delle decisioni giurisdizionali: regole interne e profili europei

I rapporti giurisdizionali con autorità straniere riguardano anche la possibilità e le modalità, con le connesse limitazioni, per rendere esecutive nell'ordinamento interno le sentenze penali straniere e le misure cautelari reali ed all'estero le sentenze penali italiane e i provvedimenti di sequestro e confisca. Tale attività trova la sua disciplina nel Titolo IV del Libro XI del c.p.p. vigente, oggetto di recente modifica ad opera del d.l. 3.10.2017, n. 149: gli artt. 730-741, in correlazione con l'art. 12 c.p. costituiscono un'alternativa alla regola della rinnovazione del giudizio in ordine a reati commessi all'estero ed ivi giudicati: il giudice italiano, poste determinate condizioni, recepisce la sentenza pronunciata in un altro Stato a fini prestabiliti senza alcun intento di parificare l'atto giudiziale straniero a quello italiano, ma assumendolo unicamente quale presupposto per un ulteriore giudizio devoluto al giudice italiano.

Escluso che la legge straniera possa essere usata ai fini della decisione, qui il giudice italiano non accerta il dovere di punire alla stregua di un altro ordinamento, ma, in quanto ricorrano date condizioni, recepisce la sentenza pronunciata in un altro Stato a certi fini tassativamente determinati, fra i quali può rientrare l'applicazione di una pena principale. Questa connotazione dell'istituto induce a ribadire quanto sia insoddisfacente la sua collocazione codicistica nell'ambito dei rapporti giurisdizionali con autorità straniere, anzi che nell'esecuzione penale vera e propria.

Di rilievo l'introduzione nella trama codicistica (con L. 9.8.1993, n. 328, in applicazione della Convenzione sul riciclaggio, la ricerca, il sequestro e la confisca dei proventi di reato – Strasburgo 8.11.1990) di una serie di disposizioni che permettono l'esecuzione di un provvedimento di confisca straniero attraverso il riconoscimento della sentenza che lo dispone (art. 735 *bis*); di consentire indagini, da parte di un'autorità straniera, relative a beni che potrebbero divenire oggetto di confisca (art. 737 *bis*) e, viceversa, di richiedere all'estero lo svolgimento di indagini allo stesso fine (art. 745, co. 2 *bis*).

L'aspetto maggiormente caratterizzante di queste innovazioni consiste nell'aver introdotto nel sistema processuale penale una tipologia di **confisca** diversa dalla tradizionale confisca di proprietà: la «confisca di valore» in uso in diversi Stati dell'Unione. L'ordinamento italiano prevede la confisca facoltativa soltanto delle cose che furono destinate a commettere il reato e di quelle che ne sono il prodotto o il profitto (art. 240, co. 1, c.p.). La confisca di valore (o «**per equivalente**»), invece, consiste nell'imporre il pagamento di una somma di denaro calcolata in base ad una stima del valore del prodotto derivante direttamente dal reato. Essa risulta prevista anche dagli artt. 323 *ter* e 640 *quater* c.p., introdotti dall'art. 3, L. 29.9.2000, n. 300.

Quanto all'istituto disciplinato dagli artt. 742-746, è da segnalare che la complessa tematica delle limitazioni all'esercizio dei poteri giurisdizionali in esecuzione per una sorta di delega ad autorità straniere è recepita per la prima volta nella cornice di un codice. Anche in tale settore, attraverso le più recenti forme di manifestazione del processo di «europeizzazione», si inseriscono quegli atti con finalità di armonizzazione delle discipline nazionali che tendono a realizzare il principio del mutuo riconoscimento in uno spazio giudiziario unico: quello europeo.

A tal fine sono state adottate diverse Decisioni Quadro sull'applicazione del principio del reciproco riconoscimento alle sentenze penali, ai fini della loro esecuzione in altri Stati membri tra cui, in particolare, la Decisione Quadro 2005/214/GAI, del 24.2.2005, relativa all'applicazione del principio del reciproco riconoscimento alle sanzioni pecuniarie, la Decisione Quadro 2008/909/GAI, del 27.11.2008, relativa all'applicazione del principio del reciproco riconoscimento alle sentenze penali che irrogano pene detentive o misure privative della libertà personale, ai fini della loro esecuzione nell'Unione [1], e la Decisione Quadro 2008/947/GAI, del 27.11.2008, re-

[1] Le disposizioni attuative (una ventina di articoli oltre a norme di coordinamento e transitorie) sono state introdotte con d.lgs. 7.9.2010, n. 161, e saranno concretamente operative a far data dal 5.10.2011.

lativa all'applicazione del principio del reciproco riconoscimento alle sentenze e alle decisioni di sospensione condizionale in vista della sorveglianza delle misure di sospensione condizionale e delle sanzioni sostitutive.

Tali iniziative mirano a colmare le deficienze del sistema in materia di **esecuzione di giudicati penali** per le ipotesi nelle quali una persona, condannata in uno Stato, intenda scontare la pena residua nel proprio Stato di appartenenza; meccanismo, questo, già previsto nella Convenzione del Consiglio d'Europa sul trasferimento delle persone condannate del 1983.

Merita segnalazione la Decisione Quadro 2003/577/GAI del 22.7.2003 sull'esecuzione degli **ordini di congelamento dei beni e sequestro**, che costituisce applicazione anticipata del principio del mutuo riconoscimento delle decisioni definitive anche alla fase cautelare della giustizia penale patrimoniale; ad essa ha fatto seguito la collegata Decisione Quadro 2006/783/GAI del 6.10.2006 relativa al reciproco riconoscimento alle decisioni di confisca. Con tali provvedimenti l'Unione vuole assicurarsi che tutti gli Stati membri siano dotati di una legislazione in grado di aggredire in modo adeguato e tempestivo i proventi del reato in tutti quei settori della criminalità sensibili ai proventi economici. Nel loro insieme tali Decisioni Quadro consentono il congelamento e l'aggressione in tempo reale dei patrimoni illeciti, contemplando un più penetrante ed efficace utilizzo dello strumento della confisca, in un contesto di legislazioni nazionali armonizzate.

Con d.lgs. 7.8.2015, n. 137, in vigore dal 17.9.2015, è stata data attuazione alla Decisione Quadro 2006/783/GAI relativa all'applicazione del principio del reciproco riconoscimento delle decisioni di **confisca**. La struttura del provvedimento è articolata sulla falsariga di quanto stabilito per il mandato di arresto europeo.

In prospettiva evolutiva, occorre considerare che con d.lgs. 11.2.2015, n. 9, in attuazione della Direttiva 2011/99/UE del Parlamento europeo e del Consiglio, è stato introdotto nell'ordinamento interno un nuovo strumento di cooperazione bastato sul mutuo riconoscimento. È stato istituito, ed è operante anche per l'Italia, **Ordine di Protezione Europeo** (E.P.O., European Protection Order), finalizzato alla tutela delle vittime di fatti penalmente rilevanti. Si tratta di una decisione con la quale l'autorità di un Paese dell'Unione dispone che gli effetti di una misura di protezione – disposta a tutela di una persona vittima di un atto penalmente rilevante – si estendano al territorio di un altro Paese membro nel quale la persona protetta risieda o soggiorni o dichiari di voler risiedere o soggiornare.

Il nuovo articolato normativo disciplina il procedimento di emissione e trasmissione all'estero, e quello di emissione e trasmissione dall'estero, dell'E.P.O. Avvalendosi del primo, l'autorità giudiziaria italiana, può disporre una misura di protezione i cui effetti dovranno poi essere estesi al territorio di un altro Stato membro. È la vittima che può richiedere la sua emissione da parte del giudice competente a disporre le nuove misure cautelari dell'allontanamento dalla casa familiare (art. 282 *bis*) e del divieto di avvicinamento ai luoghi frequentati dalla persona offesa (art. 282 *ter*). Il giudice provvede con un'ordinanza, che contiene le generalità della persona protetta e quelle relative alla persona che determina il pericolo; la data a decorrere dalla quale la persona protetta risieda o soggiorni ovvero intenda risiedere o soggiornare nello Stato in cui l'ordine di protezione debba essere eseguito; le informazioni complete circa il provvedimento applicativo della misura cautelare sulla base della quale è stato emesso l'ordine europeo e le motivazioni sottese alla stessa; i divieti e le restrizioni imposti dalla misura di protezione, nonché l'eventuale applicazione di dispositivi tecnologici per il controllo a distanza previsti dall'art. 275 *bis*. Una volta emesso, l'ordine di protezione europeo deve essere inviato senza ritardo al Ministero della giustizia, che a sua volta provvede a trasmetterlo alle autorità competenti dello Stato in cui l'ordine dovrà essere eseguito.

Dal punto di vista "passivo", è previsto il **riconoscimento**, nell'ordinamento italiano, di un ordine di protezione europeo emesso all'estero. L'autorità giudiziaria interna competente al riconoscimento è la Corte di appello nel cui distretto la persona protetta ha dichiarato, in sede di richiesta di emissione dell'E.P.O., di soggiornare o di risiedere o di avere intenzione di soggiornare o di risiedere. Il presidente della Corte d'appello competente per territorio riceve l'ordine di protezione dal Ministero della giustizia e decide in merito entro dieci giorni senza formalità. Disposto il riconoscimento, la Corte dispone con ordinanza l'applicazione di una delle misure cautelari previste dagli artt. 282 *bis* e 282 *ter* – in modo tale da assicurarne la corrispondenza con le prescrizioni contenute nella misura di protezione – e informa il Ministero affinché ne dia comunicazione alla persona protetta, a colui che determina il pericolo, alla polizia giudiziaria e ai servizi socio assistenziali del luogo presso il quale la persona protetta ha dichiarato di soggiornare.

Qualora la persona che determina il pericolo violi le prescrizioni contenute nell'ordine di protezione europeo, la Corte d'appello – su richiesta del Procuratore Generale – può applicare una misura più grave se ne sussistono i presupposti, per un termine non superiore a trenta giorni, dandone comunicazione all'autorità competente dello Stato di emissione dell'E.P.O. Spettano infatti sempre a quest'ultima le decisioni in merito alla proroga, al riesame, alla modifica, all'annullamento o alla sostituzione della misura di protezione da cui è scaturito l'ordine di protezione, nonché l'applicazione di più gravi misure cautelari.

2. Gli effetti delle sentenze penali straniere

I fini tradizionali del riconoscimento di sentenze straniere sono individuati dall'art. 730, facendo specifico e **tassativo** riferimento agli **effetti** indicati nell'art. 12, nn. 1, 2 e 3, c.p. Cioè, per stabilire la recidiva o un altro effetto penale della condanna ovvero per dichiarare l'abitualità o la professionalità nel reato o la tendenza a delinquere (n. 1); per applicare la pena accessoria che la condanna importerebbe secondo la legge italiana (n. 2); per applicare una misura di sicurezza personale alla persona condannata o prosciolta, che si trovi nel territorio italiano, ogni qualvolta ne sia accertata la concreta pericolosità sociale (n. 3). Ma l'art. 731 fa anche riferimento ad «**altri effetti**», oltre che all'esecuzione di una pena, «a norma di **accordi** internazionali».

Il riconoscimento della sentenza straniera non intende parificare l'atto giudiziale straniero a quello italiano, ma soltanto assumerlo quale fatto storico giuridico per alcuni effetti tassativamente determinati, sicché la sentenza straniera è soltanto il presupposto per un ulteriore giudizio devoluto al giudice italiano. Il problema della determinazione dei limiti e delle modalità con cui opera nell'ordinamento italiano la sentenza straniera è stato particolarmente avvertito nell'ambito degli studi di diritto internazionale processuale, con soluzioni diverse in correlazione al mutare dei momenti e della sensibilità storico-politica. I disorientamenti sono stati risolti in modo definitivo dall'art. 686, co. 2, in forza del quale le sentenze straniere possono essere iscritte nel casellario unicamente all'esito della procedura di riconoscimento. Coerentemente con questa impostazione, il riconoscimento è il presupposto perché la sentenza penale straniera possa esplicare un qualsiasi effetto in Italia: prima del riconoscimento l'esistenza della sentenza straniera rileva unicamente sul piano delle formalità che fanno capo al ministero della giustizia ed al procuratore generale presso la Corte d'appello.

2.1. Il riconoscimento tradizionale: forme e contenuti

Presupposto **sostanziale** del riconoscimento è l'esistenza di una sentenza penale straniera; presupposto **formale** è la ricezione del provvedimento medesimo da parte del Ministro della giustizia, anche se i modi trasmissione al Ministro sono irrilevanti.

Le attività preparatorie dell'autorità amministrativa sono scandite dall'art. 730 in un preciso ordine di successione logica e cronologica. Anzitutto, occorre verificare che la sentenza sia stata pronunciata nei confronti di persone (cittadini, apolidi o stranieri, è lo stesso) residenti ovvero «sottoposte a procedimento penale» in Italia; poi, vanno posti in essere gli atti di impulso per l'attivazione del procuratore generale competente (acquisizione di documenti ed informazioni, traduzione della sentenza, trasmissione del *dossier* risultante, eventuale richiesta di riconoscimento nell'ipotesi di sentenza proveniente da Stato con il quale non esistono accordi in tema di estradizione). Esula dalle attribuzioni del Ministro l'accertare se oggetto della sentenza siano c meno fatti costituenti reato per la nostra legislazione.

L'attivazione compete al procuratore generale presso la Corte d'appello di Roma ogni qualvolta la sentenza da riconoscere riguardi stranieri o apolidi residenti in Italia o cittadini nati all'estero o nati in Italia di cui non sia stato possibile accertare il luogo di nascita, nonché cittadini italiani nati nell'ambito territoriale del distretto della Corte d'appello di Roma; negli altri casi la competenza resta individuata dal luogo di nascita del cittadino se conosciuto.

È compito del procuratore generale effettuare una valutazione circa l'opportunità di domandare il riconoscimento della sentenza straniera per gli effetti indicati dall'art. 12, nn. 1, 2 e 3, c.p. Ove abbia bisogno di accertare fatti o di avere chiarimenti, al procuratore generale è riconosciuto il potere di richiedere, per mezzo del ministero della giustizia, alle autorità straniere ogni informazione che reputi opportuna per consentire alla Corte d'appello di giudicare con efficacia ed immediatezza. Se, in seguito all'esame degli atti ed alle informazioni pervenutegli successivamente, ritiene di dover domandare il riconoscimento della sentenza, il procuratore generale presenta richiesta scritta alla Corte d'appello, specificando a quali effetti lo chiede.

Si discute in dottrina se, in caso di apprezzamento positivo circa la riconoscibilità della sentenza straniera, si configuri per il procuratore generale un **dovere** di procedere ovvero un **potere discrezionale**: la terminologia impiegata nell'art. 12 c.p. («può essere dato riconoscimento») appare significativa nel senso della seconda alternativa. Pure è controverso se il pubblico ministero debba richiedere un provvedimento di archiviazione nel caso in cui ritenga insussistenti le condizioni per il riconoscimento.

Posto che, in via di principio, il privato (offeso o danneggiato o imputato che sia) non è ammesso a chiedere il riconoscimento di una sentenza penale straniera, tale facoltà gli è attribuita in via di eccezione, qualora abbia interesse a far valere in giudizio nello Stato le disposizioni penali di una sentenza straniera agli effetti civili (art. 732). La titolarità dell'azione compete sia ai soggetti che avevano preso parte al giudizio penale straniero, sia a persone estranee al precedente rapporto processuale svoltosi all'estero: quel che rileva è unicamente l'effettiva sussistenza dell'interesse a conseguire le restituzioni o il risarcimento del danno ovvero «altri effetti civili». Risultano, in tal modo, individuate da un lato le persone danneggiate dal reato, allorché soltanto attraverso il riconoscimento la sentenza straniera (limitata alla condanna penale e, come spesso accade, alla condanna generica al risarcimento) possa conseguire autorità *ex* artt. 651 e 652 nel giudizio civile o amministrativo per le restituzioni o per il risarcimento del danno; dall'altro i privati aventi interessi diversi da questi ultimi, allorché il giudicato penale assuma rilevanza *ex* art. 654 nel giudizio civile ove si controverta intorno a diritti il cui riconoscimento dipende dall'accertamento dei fatti materiali oggetto del giudizio penale (ad esempio, separazione dei coniugi, indennità successoria, revoca di donazione). È escluso in ogni caso, alla luce della portata restrittiva dell'art. 77, co. 4, l'intervento del pubblico ministero a favore del danneggiato incapace.

In assenza di qualsiasi indicazione specifica quanto ai tempi, forme o contenuti della richiesta, il vuoto può essere colmato attraverso un'operazione di coordinamento con gli artt. 730 e 733, salvi gli adattamenti derivanti dal particolare atteggiarsi della situazione concreta. Ferma la necessità di una domanda scritta, con la precisa indicazione degli atti per cui si chiede il riconoscimento, ed esclusa ogni ingerenza nell'acquisizione e nella traduzione in lingua italiana della sentenza da riconoscere, l'interessato può rivolgersi all'autorità amministrativa sollecitandone l'acquisizione tramite i canali ufficiali, la relativa traduzione e la trasmissione diretta alla Corte d'appello per la deliberazione.

Non essendo previsto alcun filtro preventivo del pubblico ministero spetterà al giudice di merito in via esclusiva verificare, in base all'autonoma domanda dell'interessato, se il riconoscimento sia o no ammissibile (non è necessario che esista trattato di estradizione o che, in mancanza, il Ministero della giustizia formuli la «richiesta»). Ove il Ministero abbia già espletato le operazioni di traduzione e trasmissione degli atti alla procura generale, il privato può limitarsi ad unire la sua domanda di riconoscimento della sentenza straniera promosso dal privato, essendo finalizzato a consentire l'instaurazione di un consecutivo giudizio di danno, è attributivo dell'efficacia di giudicato quanto alla sussistenza del fatto, alla sua illiceità ed alla responsabilità del condannato, alla stregua degli artt. 651, 652 e 654.

Per poter essere riconosciuta, la sentenza straniera deve essere l'atto finale di un procedimento in cui il condannato sia stato trattato con **imparzialità**, **equità** e giustizia. Per questo, sono individuate in modo dettagliato le condizioni impeditive al riconoscimento: l'elenco si rivela particolarmente significativo in quanto l'art. 733, sia pure in chiave negativa, cioè configurandone il mancato rispetto come ostativo al riconoscimento, delinea *ex lege* i princìpi basilari del nostro sistema procedurale, così da garantire soprattutto uno *standard* minimo in materia di diritti di difesa. Oltre alla conformità del titolo e delle condizioni poste dallo Stato estero per l'esecuzione con i princìpi fondamentali dell'ordinamento, deve verificarsi il rispetto dell'**effettività della difesa** desumibile dalla regolarità della citazione, dall'acquisizione dell'interrogatorio in una lingua comprensibile alla persona condannata e dall'assistenza legale; nonché dell'indipendenza ed **imparzialità** del **giudice** adito; della celebrazione di un **processo giusto**, non influenzato da pregiudizio di sorta in conseguenza di razza, religione, sesso, nazionalità, lingua, opinioni politiche, condizioni personali e sociali della persona condannata; dell'adeguatezza e conformità delle disposizioni contenute nella sentenza straniera ai **princìpi fondamentali** dell'ordinamento italiano.

Oltre alla qualificazione dell'atto giurisdizionale straniero da riconoscere sotto i tre diversi aspetti della nazionalità, della natura e dell'oggetto (deve trattarsi di un provvedimento giurisdizionale straniero del tipo della sentenza, pronunciato per un delitto), vi sono, poi, ancora altri dati da verificare. Occorre accertare, anzitutto, la sopravvenuta irrevocabilità della sentenza alla stregua della legislazione straniera (è, perciò, esclusa la possibilità di riconoscere le sentenze provvisoriamente esecutive ed i provvedimenti cautelari), mentre un secondo punto fermo riguarda l'esigenza che il fatto oggetto della sentenza straniera costituisca **reato anche in Italia**: pertanto, ove il fatto fosse perseguibile solo all'avverarsi di una condizione obbiettiva di punibilità non contemplata dalla legge straniera, la sentenza non sarebbe riconoscibile, in quanto il fatto giudicato non costituirebbe reato nel nostro ordinamento, mancandone un elemento essenziale (di contro, nessun ostacolo si opporrebbe alla riconoscibilità della sentenza avente ad oggetto un fatto per il quale sia soltanto stabilita una condizione di procedibilità).

Rileva, infine, l'insussistenza di una situazione preclusiva sul piano sostanziale derivante dalla circostanza che si stia procedendo ovvero dall'essersi già proceduto in Italia per il medesimo fatto nei confronti della stessa persona (si realizza qui un'importante specificazione degli effetti del *ne bis in idem*).

Per effetto dell'esplicita previsione dell'art. 734, risultano integralmente recepiti gli schemi del procedimento camerale incidentale (art. 127), ora scandito, a seguito della riforma del 2017, dai tempi ben precisi ed acceleratori della procedura.

La Corte d'appello delibera in ordine al riconoscimento senza ritardo, e comunque non oltre novanta giorni dal ricevimento della richiesta, pronunciando sentenza, nella quale enuncia espressamente gli effetti che ne conseguono, osservate le forme di cui all'art. 127.

Il presidente della Corte d'appello nomina un difensore d'ufficio all'interessato che non ne abbia uno di fiducia, fissa con decreto il giorno della deliberazione e ne fa comunicare avviso al pubblico ministero, all'interessato, al difensore ed al terzo che eventualmente abbia proposto la domanda di riconoscimento agli effetti civili almeno dieci giorni prima di quello stabilito.

Il pubblico ministero, i privati ed i loro difensori possono comparire per essere sentiti direttamente in camera di consiglio e presentare memorie (ovvero dal magistrato di sorveglianza all'uopo delegato, quando siano detenuti in un luogo diverso da quello nel quale risiede il giudice del riconoscimento). Nei casi disciplinati dagli artt. 730, 732 e 741 la Corte d'appello decide sulla base della richiesta scritta del procuratore generale e delle memorie presentate dalle parti. La decisione, emessa in forma di sentenza, è comunicata al procuratore generale e notificata agli interessati. Avverso la decisione della Corte d'appello il procuratore generale, l'interessato e il difensore possono proporre ricorso per cassazione per violazione di legge. La decisione della Corte di cassazione è adottata entro sessanta giorni dal ricevimento del ricorso. A tale proposito, occorre dissipare un equivoco: il dato testuale parla di «interessato», con evidente ed esclusivo riferimento alla persona nei cui confronti sia stato chiesto il riconoscimento, ma negare il diritto alla notifica e la facoltà di impugnare a chi abbia chiesto il riconoscimento ai sensi dell'art. 732 sarebbe contrario alla logica del contraddittorio, integrando un'evidente violazione dei princìpi di eguaglianza e difesa. L'impugnazione non ha effetto sospensivo, a meno che il giudice *a quo* disponga diversamente, con decreto motivato. La decisione della Corte d'appello può essere di inammissibilità, quando difettino uno o più presupposti per il riconoscimento, oppure di riconoscimento.

A norma del nuovo art. 734 *bis* il Ministro della giustizia assicura il rispetto delle **condizioni** eventualmente poste dallo Stato estero per l'esecuzione della sentenza della quale è stato chiesto il riconoscimento, purché non contrastanti con i princìpi fondamentali dell'ordinamento giuridico dello Stato.

L'art. 741 consente al privato di sollecitare il riconoscimento delle disposizioni civili di sentenze penali straniere, senza novità di rilievo rispetto alla disciplina precedente. Al più, la domanda del privato assume un ruolo semplicemente integrativo della richiesta principale del pubblico ministero. Significativamente, il riconoscimento delle disposizioni civili, con la relativa immediata esecutorietà, può essere deliberato dalla Corte d'appello nell'atto di dichiarare il riconoscimento della sentenza straniera ai fini penali. Ne consegue la celebrazione di un procedimento cumulativo, nel quale la competenza e gli sviluppo procedimentali seguono sempre gli schemi tipici della richiesta promossa dal procuratore generale, quale che sia il momento (originario o successivo) dell'unificazione processuale delle varie domande, vigendo in pieno il principio di accessorietà dell'azione civile: competente a deliberare il riconoscimento agli effetti concorrenti è, perciò, normalmente la Corte d'appello del distretto nel quale ha sede l'ufficio del casellario individuato ai sensi dell'art. 685.

Un diverso criterio attributivo di competenza è fissato per l'ipotesi in cui il procedimento venga instaurato dall'interessato in piena autonomia, senza che concorrano altre domande di riconoscimento provenienti da privati o dal pubblico ministero: in tal caso, trovano applicazione le norme generali disciplinanti la competenza territoriale del giudice investito dell'azione per le restituzioni o il risarcimento del danno.

Competente a deliberare in ordine al riconoscimento delle disposizioni civili di sentenze penali straniere è sempre una sezione penale della Corte d'appello, essendo preclusa all'interessato l'azione *ex* art. 796 c.p.c. Il rito è quello camerale incidentale: al privato viene, quindi, consentita un'attiva partecipazione processuale, a sostegno e documentazione della propria tesi diretta al riconoscimento del giudicato straniero, alla stregua dei diritti attribuiti ad ogni interessato. In sede di deliberazione sulla domanda del privato, la Corte è tenuta ad effettuare un controllo sui presupposti (che coincide senza residui con quello conseguente all'iniziativa del pubblico ministero). La decisione è data con sentenza ricorribile per cassazione.

Allorché il procedimento venga promosso dal privato, dopo che sia già stata irrevocabilmente riconosciuta ai fini penali la medesima sentenza straniera, la coincidenza dei presupposti e delle forme del riconoscimento e la posizione accessoria della pretesa riparatoria in sede penale inducono ad attribuire alla prima decisione autorità di cosa giudicata sull'esistenza dei requisiti comuni.

2.2. Il riconoscimento per l'esecuzione della pena

Accordi internazionali già sottoscritti potrebbero essere in concreto inoperanti nelle more del deposito dello strumento di ratifica. L'art. 731 sembra costituire una previsione ponte al fine di agevolare l'applicazione della normativa di carattere pattizio ratificata ma ancora sprovvista del deposito formale della ratifica: non troverebbe altrimenti spiegazione logica il riferimento dell'art. 731, co. 1, all'esistenza di «un accordo internazionale» *tout court*, laddove nel preambolo l'art. 2 della legge delega richiede rigorosamente l'adeguamento «alle norme delle Convenzioni internazionali ratificate dall'Italia». Nel che, peraltro, non sembra siano individuabili eccessi di sistema: il legislatore ha ritenuto semplicemente che in tema di cooperazione internazionale all'esecuzione fosse da agevolare l'operatività della normativa internazionale in corso di perfezionamento. A riprova di tale atteggiamento sta la previsione, non già dell'esecuzione automatica della disciplina internazionale non ratificata, bensì del **doppio filtro** rappresentato dal vaglio del Ministro della giustizia e della Corte d'appello investita dal procuratore generale, secondo cadenze affini a quelle poc'anzi descritte per il riconoscimento tradizionale. In questa particolare ipotesi, il riconoscimento è disposto in funzione dell'esecuzione in Italia della sentenza straniera, e l'aspetto più importante è costituito dalla «determinazione della pena» da eseguire in concreto (art. 735). A tale proposito si sovrappongono e si integrano reciprocamente due criteri in funzione di **proporzionalità** ed **adeguatezza**: per un verso rileva la natura della pena irrogata all'estero, per altro verso quella prevista per il medesimo fatto dalla legge italiana. Ad esempio, nei rapporti con uno Stato ove sia possibile infliggere la pena capitale o comunque non operi alcun tetto al cumulo delle pene detentive, in presenza di convenzione, alla pena di morte dovrebbe sostituirsi l'ergastolo ed alla pena detentiva temporanea la reclusione per un tempo non superiore a trent'anni. Con l'ulteriore limitazione a tutela della persona, per cui «tale quantità non può eccedere il limite massimo previsto per lo stesso fatto dalla legge italiana» ed «in nessun caso [...] può essere più grave di quella stabilita nella sentenza straniera». Analogamente deve procedersi per quanto riguarda la sospensione condizionale della pena e la liberazione condizionale. Se la decisione prevede la concessione di benefici riconosciuti nello Stato di emissione, diversi da quelli di cui al co. 4 dell'art. 735, essi sono convertiti in misure analoghe previste dall'ordinamento giuridico italiano. Si tratta di una previsione nuova, introdotta nel 2017, e apprezzabile nell'interesse del destinatario della decisione.

È pure previsto un dettagliato meccanismo per l'applicazione di **misure cautelari personali** (art. 736) e **reali** (artt. 737 e 737 *bis*), sul modello di quanto previsto dalla disciplina ordinaria, riformato quanto ai tempi ed alle garanzie. In caso di adozione di misure coercitive richieste dal procuratore generale per il condannato in esecuzione di sentenza a pena detentiva ed applicate a seguito di audizione del soggetto (*ex* art. 736, co. 3), il riconoscimento della sentenza da parte della Corte d'appello deve avvenire, a pena di revoca della misura, entro il termine di tre mesi, e non più di sei mesi, dalla sua applicazione, tenendo conto che la stessa esaurisce parimenti la sua efficacia se decorrono cinque mesi in assenza di pronuncia irrevocabile di riconoscimento (art. 736, co. 4).

Una volta effettuato il **riconoscimento** con sentenza **irrevocabile**, la pena nella misura rideterminata deve essere eseguita alla stregua della legge italiana. Lo stesso vale per la confisca. La custodia cautelare e la pena presofferta sono computate nella pena da eseguire, secondo le regole generali. Le pene pecuniarie vanno liquidate sull'ammontare specificato nel dispositivo della sentenza straniera, ragguagliato al tasso di cambio del giorno in cui il riconoscimento viene deliberato. Organo dell'esecuzione è il procuratore generale (art. 738, co. 2).

L'art. 739 costituisce l'estrinsecazione di un valore che stenta ad affermarsi nei rapporti tra Stati: quello del *ne bis in idem* internazionale, oggetto di un'apposita Convenzione (Bruxelles, 25.5.1987, resa esecutiva con L. 16.10.1989, n. 350), nonché dell'art. 54 della Convenzione di Schenghen del 14.6.1985 (ratificata ed entrata in vigore per l'Italia con L. 30.9.1993, n. 388). Si tratta di un valore che, oltre ad ispirare questi istituti assolutamente originali nella nostra esperienza, si pone, altresì, a chiusura del sistema quale baluardo contro possibili abusi, escludendosi che la persona condannata con la sentenza riconosciuta possa essere estradata all'estero ovvero sottoposta a procedimento penale per il medesimo fatto pur se diversamente considerato per titolo, grado o circostanze.

Da tempo la Corte costituzionale, pur ribadendo che il principio del *ne bis in idem* non è ancora regola di diritto internazionale generale, ha riconosciuto che tale regola «è tuttavia principio tendenziale cui si ispira oggi l'ordinamento internazionale, e risponde del resto ad evidenti ragioni di garanzia del singolo di fronte alle concorrenti potestà punitive degli Stati»[2].

Nel 1989, contestualmente all'entrata in vigore del codice di procedura penale, furono emanate nuove disposizioni «per l'attuazione di convenzioni internazionali aventi ad oggetto l'esecuzione delle sentenze penali» (L. 3.7.1989, n. 257), riproponendo sostanzialmente la disciplina codicistica, con differenze minime in tema di condizioni ostative al trasferimento e di criteri per la conversione della pena stabilita nella sentenza penale straniera. La legge, suddivisa in quattro titoli, contempla espressamente l'attuazione della Convenzione sul trasferimento delle persone condannate (Strasburgo 21.3.1983, resa esecutiva con L. 25.7.1988, n. 334), del Trattato di cooperazione per l'esecuzione delle sentenze penali con la Thailandia (Bangkok 28.2.1984, reso esecutivo con L. 27.7.1988, n. 369) e della Convenzione europea di Strasburgo 30.11.1964, resa esecutiva con L. 15.11.1973, n. 772).

La sorte dei beni confiscati in Italia, in esecuzione di provvedimento straniero, è scandita dall'art. 740 e dai successivi artt. 740 *bis* e 740 *ter* (aggiunti dall'art. 5, L. 3.8.2009, n. 116) e sono normalmente devolute allo Stato richiedente quando sia stato correttamente espletata la procedura di riconoscimento.

3. L'esecuzione all'estero di sentenze penali italiane

I detenuti che espiano la pena lontano dallo Stato di origine soffrono particolari disagi. Le difficoltà e le discriminazioni di fatto alle quali sono esposti a causa della diversità di lingua, religione, cultura, mentalità, usi e costumi, frequentemente portano all'isolamento: l'impossibilità di comunicare con altri detenuti, agenti di custodia, educatori o assistenti sociali e la stessa difficoltà di accedere a libri, giornali, radio e televisione costituiscono un problema sempre più avvertito, a tutti i livelli.

---

[2] Corte cost., sent. n. 58 del 1997.

I detenuti stranieri sono quasi completamente esclusi dalla possibilità di istruirsi e migliorare la loro preparazione, nonché di organizzare il tempo libero; il rispetto della normativa penitenziaria porta spesso a dei conflitti interiori con i comandamenti della propria religione; gli effetti pregiudizievoli di un isolamento progressivamente crescente vengono esasperati, proprio per la lontananza, dalla difficoltà delle visite dei familiari.

Al fine di favorire il reinserimento sociale dei condannati è stato disegnato l'istituto (anch'esso del tutto originale ed innovativo) dell'**esecuzione all'estero dei giudicati italiani**. Affinché il meccanismo risulti effettivamente operativo, è impensabile che basti averne fissato i presupposti: occorre l'esistenza di una **disponibilità reciproca** da parte dello Stato straniero, volta per volta coinvolto, ad accollarsi l'esecuzione della condanna italiana. Ciò spiega la locuzione d'esordio dell'art. 742, che si riferisce ai «casi previsti da accordi internazionali e dall'art. 709 comma 2° c.p.p.».

In sintonia con le finalità di recupero del condannato, ogniqualvolta la condanna attenga ad una pena detentiva, il trasferimento dell'esecuzione è subordinato, di regola, all'avverarsi di una **duplice condizione**: il consenso liberamente prestato dal condannato e l'identità strutturale dell'esecuzione all'estero per il recupero dei condannati. In via di eccezione, si prescinde dal consenso quando l'interessato si trovi già in territorio straniero e l'«estradizione è stata negata o non è comunque possibile». La legittimazione alla domanda (o al consenso, ove l'iniziativa provenga dallo Stato estero) appartiene al Ministero della giustizia, previa deliberazione favorevole della Corte d'appello competente per territorio promossa dal procuratore generale. Il procedimento è quello camerale incidentale; la decisione ha la forma della sentenza, ed è ricorribile; il consenso deve essere acquisito dal giudice procedente o, se il condannato si trova all'estero, dall'autorità consolare italiana, ma non è esclusa l'acquisizione da parte di un giudice dello Stato straniero (art. 743); in ogni caso, il condannato deve essere formalmente «edotto delle conseguenze» del suo consenso (art. 742, co. 2).

Nel rispetto dei **diritti umani**, prima ancora che delle finalità rieducative e di reinserimento sociale del condannato, l'art. 744 elenca una serie di presupposti impeditivi, in presenza dei quali al Ministro è precluso il richiedere e l'attuare il trasferimento dell'esecuzione all'estero. Si tratta delle situazioni minimali di tutela, analogamente da quanto previsto dagli artt. 698, 705 e 733, anche se più chiaro e dettagliato resta l'elenco dei motivi ostativi fornito dall'art. 6 della Convenzione sulla validità internazionale dei giudici repressivi (L'Aja 28.3.1970, ratificata con L. 16.5.1977, n. 305).

Ove sia ammissibile l'esecuzione all'estero di una pena restrittiva della libertà personale e il condannato si trovi all'estero, l'art. 745, co. 1, impone al Ministro di richiedere l'adozione della custodia cautelare; è ovvio, però, che le modalità attuative di tale misura cautelare sono disciplinate dalla legge straniera, non potendo il legislatore italiano dettare regole valide per altri ordinamenti. I presupposti legittimanti la misura cautelare andranno, perciò, individuati volta per volta alla stregua della legislazione interna dello Stato richiesto. L'art. 745, co. 2, contempla, a sua volta, l'ipotesi in cui venga domandata l'esecuzione all'estero di una confisca; in tal caso il Ministro ha la facoltà di richiedere il sequestro in funzione cautelare.

L'art. 746 descrive gli effetti del trasferimento di giurisdizione in *executivis*. Due le conseguenze più rilevanti, entrambe ispirate al principio del *ne bis in idem*: l'esecuzione penale sul territorio nazionale è sospesa dal momento in cui ha inizio l'esecuzione all'estero e per tutta la sua durata; la pena, interamente espiata per la legislazione del Paese straniero coinvolto, non può più essere comunque esecutiva in Italia.

4. La nuova disciplina del trasferimento dei procedimenti

La riforma della disciplina dei rapporti giurisdizionali con autorità straniere, attuata con il d.l. 3.10.2017, n. 149, si è posta da ultimo l'obiettivo di prevenire e rimediare alle ipotesi patologiche di **litispendenza internazionale** per evitare che nei confronti del medesimo soggetto e per lo stesso fatto si instaurino procedimenti paralleli in Paesi diversi. Per far fronte ai *deficit* di garanzie individuali connessi alla duplicazione delle iniziative penali – in ambito nazionale e sovranazionale – sono stati adottati nuovi meccanismi procedurali, sollecitati più volte per evitare un *vulnus* al principio della libera circolazione delle persone nell'ambito dello spazio giudiziario europeo ed il correlativo pregiudizio dei diritti e degli interessi dei singoli.

Il quadro emerso dalle iniziative dell'Unione europea, peraltro in linea con altre analoghe del Consiglio d'Europa, era ormai tale da far ritenere non più rinviabile l'introduzione di una regola da cui consegue la necessità di prevedere, a livello nazionale, la cessazione del procedimento penale pendente a fronte della iniziativa presa in altro Paese, nel rispetto del principio fondamentale del *ne bis in idem*, assurto, come è ben noto, a principio guida non solo nell'Unione ma anche a livello internazionale.

Seppure la giurisprudenza interna abbia sinora escluso la configurabilità del *ne bis in idem* quale norma di diritto internazionale generalmente riconosciuta, riconoscendone l'operatività esclusivamente nei rapporti tra gli Stati aderenti agli strumenti convenzionali che espressamente lo contemplano, non può tuttavia escludersi che in futuro venga riconosciuta a tale principio la natura di norma di diritto internazionale generale o di rango consuetudinario ai sensi dell'art. 10 Cost., proprio in considerazione dell'inclusione dello stesso in un numero sempre maggiore di strumenti sovranazionali.

E che il principio del **divieto di doppio giudizio** assuma rilievo fondamentale nell'ordinamento europeo è stato più volte ribadito anche dalla Corte di giustizia, che lo ha ritenuto uno dei cardini che assicura la libertà di circolazione delle persone all'interno dello spazio europeo: nessun cittadino comunitario, in sostanza, si sentirebbe libero di circolare se venisse perseguito o arrestato per un fatto per il quale è stato già giudicato nel suo o in altro Paese dell'Unione europea.

Tuttavia l'Unione europea già da tempo aveva rilevato come il principio *ne bis in idem* riceva più efficace rispetto qualora vengano eliminate le condizioni che danno origine ai cd. processi paralleli: fermarsi a uno stadio precedente costituisce una evidente ragione di economia processuale perché consente di evitare che vengano pronunciate sentenze che si risolvono a posteriori come *inutiliter datae* siccome in contrasto con il principio in questione. Da qui l'approvazione della Decisione Quadro 2009/948/GAI, «*sulla prevenzione e risoluzione dei conflitti relativi all'esercizio della giurisdizione nei procedimenti penali*», alla quale l'Italia ha dato esecuzione con il d.lgs. 15.2.2016, n. 29.

Nell'elaborare la nuova normativa si è cercato di prevedere norme coerenti, da un lato, con quelle introdotte in sede di implementazione della Decisione Quadro 2009/948/GAI e, dall'altro, con le norme introdotte *in subiecta materia* in sede di ratifica degli Accordi aggiuntivi alla Convenzione europea di assistenza giudiziaria in materia penale del 20 aprile 1959, conclusi con la Svizzera, l'Austria e la Germania.

In particolare, si è inteso prevedere un adeguato meccanismo che consenta il trasferimento dei procedimenti, tenendo conto del principio dell'obbligatorietà dell'azione penale per il trasferimento "attivo".

Lo strumento infatti è contemplato al fine di prevenire contrasti e disciplinare conflitti anche **potenziali** di giurisdizione. La individuazione di una soluzione per i casi in cui più autorità giudiziarie possiedano la legittimazione ad occuparsi di uno stesso fatto di rilevanza penale secondo la legge di ordinamenti diversi, ha trovato risposta nelle forme della cosiddetta giurisdizione concordata ovvero della competenza delegata o per rappresentazione che costituiscono il risultato di un accordo tra gli organi interessati ai due procedimenti pendenti *in idem*. Esempi di questi meccanismi sono presenti in Convenzioni mirate a specifici settori di criminalità o in testi normativi destinati ad operare in un futuro spazio giudiziario europeo gestito da organi comunitari, in cui si prevede che, verificata la sussistenza della competenza giurisdizionale *in idem* di più Stati in base a criteri di collegamento diversi, si giunga ad individuare concordemente, mediante consultazioni preliminari, una sola autorità che eserciti l'azione penale.

La formula **"trasferimento delle procedure penali"** sta ad indicare un fenomeno per il quale, allorquando un soggetto sia imputato di un reato e ci si trovi dinanzi ad una situazione in cui rilevano elementi diversamente orientati a strutturare la competenza giurisdizionale di una pluralità di Stati, si attribuisce valore preminente ad uno o più di essi, così da giustificare la competenza di un solo Stato nel cui ambito territoriale si svolgerà il giudizio, con la contestuale rinuncia degli altri a procedere. Il congegno è concretamente finalizzato a distribuire la giurisdizione penale, in via preventiva rispetto al sorgere di conflitti di competenza internazionale, con individuazione del giudice competente in base a criteri stabiliti per legge e riconoscimento concreto del principio del *ne bis in idem* a livello internazionale.

Anche sistema codicistico è inserito un minimo contenuto di disciplina destinato a trovare attuazione, al di là di quello dettato in ambito UE dalla citata Decisione Quadro, ove non diversamente disposto dalle singole convenzioni internazionali e consentire, oltre le assunzioni in Italia di procedimenti già iniziati all'estero, anche forme controllate di rinuncia alla giurisdizione in favore dell'autorità straniera. E ciò alle condizioni generali stabilite dall'art. 746 *bis* e dunque dell'esistenza di più stretti legami territoriali con il fatto oggetto di procedimento o con le prove riconosciuti a favore dello Stato estero.

A questo riguardo, tenuto anche conto del contenuto degli accordi già in vigore, è previsto che al trasferimento e all'assunzione si possa comunque fare luogo solo prima che l'azione penale sia esercitata e siano individuati i criteri di prossimità territoriale che autorizzano trasferimento o assunzione dei procedimenti.

L'art. 746 *ter* disciplina le ipotesi di trasferimento dall'estero e quindi di assunzione nello Stato di un procedimento penale. Tale disposizione mira a risolvere i molteplici problemi che tale trasferimento può determinare, sia in relazione alla tutela degli interessi della persona offesa, sia in relazione agli effetti di tale trasferimento su eventuali misure reali o personali adottate all'estero.

Va preliminarmente evidenziato che tale disciplina non presuppone la sussistenza di ipotesi di litispendenza, a differenza di quanto previsto dalla Decisione quadro sui conflitti di giurisdizione, il cui presupposto è l'esistenza di "procedimenti paralleli", e risulta pertanto ricoprire un ambito di applicazione di maggior ampiezza.

Si è ritenuto di introdurre una disciplina coerente con quella derivante dagli artt. 6 ss. c.p.

A livello generale può intravedersi un sistema modulato su una struttura multilivello di cooperazione giudiziaria, che assume diversi connotati a seconda che il rapporto di cooperazione si instauri con Stati membri dell'Unione europea, con Paesi aderenti a convenzioni internazionali di cui anche l'Italia sia parte e, infine, con Paesi terzi, con i quali non esista convenzione o accordo, nel qual caso la cooperazione si svolge a condizioni di reciprocità.

La diversità dei modelli normativi rappresenta il riscontro della nuova formulazione dell'art. 696 ove si ribadisce la priorità di determinate fonti normative e il carattere residuale delle norme codicistiche formulate nel Libro XI.

4.1. Procedura passiva e procedura attiva

Il Titolo IV *bis* del Libro XI, di nuova introduzione, detta la disciplina del trasferimento dei procedimenti penali secondo la tradizionale scansione regolatrice della procedura passiva e di quella attiva.

Salve le disposizioni speciali in materia di conflitti di giurisdizione che regolano i rapporti tra le autorità giudiziarie degli Stati membri dell'Unione europea, possono essere disposti, quando previsto dalle convenzioni internazionali, sia il trasferimento del procedimento penale in favore dell'autorità giudiziaria di altro Stato perché essa proceda, sia l'assunzione, nello Stato, del procedimento penale pendente davanti all'autorità giudiziaria di Stato estero.

Il **trasferimento** del procedimento penale o la sua **assunzione** sono disposti fino a quando non sia esercitata l'azione penale, tenendo conto dei legami territoriali con il fatto per il quale si procede o con le fonti di prova, in base al luogo in cui è avvenuta la maggior parte dell'azione, dell'omissione o dell'evento, del luogo in cui si è verificata la maggior parte delle conseguenze dannose, del luogo in cui si trovano il maggior numero di persone offese, di testimoni o di prove, dell'impossibilità di procedere ad estradizione dell'indagato che ha trovato rifugio nello Stato richiesto e, infine, del luogo in cui risiede, dimora, è domiciliato ovvero si trova l'indagato.

L'assunzione **interna** del procedimento penale **attivato all'estero** non presuppone la litispendenza di un procedimento sullo stesso fatto e nei confronti della stessa persona in Italia. In ragione di tale peculiarità, l'iniziativa è attribuita all'autorità straniera, che trasmette la sua richiesta al Ministro della giustizia oppure – ove le convenzioni internazionali prevedano l'instaurazione di rapporti diretti tra le stesse autorità – all'ufficio del pubblico ministero legittimato. Nella prima ipotesi, il ruolo svolto dal rappresentante dell'esecutivo si esaurisce nel compito di informazione, previa trasmissione della richiesta pervenuta dall'autorità straniera all'ufficio del pubblico ministero presso il giudice competente e della decisione adottata dall'autorità giudiziaria italiana allo Stato estero, in modo da consentire la produzione di quegli atti necessari per la definizione del procedimento interno. Nella seconda ipotesi, invece, nessun ruolo residua in capo al Ministro, risultando solo destinatario della comunicazione inerente al provvedimento di assunzione adottato dall'ufficio del pubblico ministero, cui è attribuita una funzione esclusiva in ragione dei rapporti diretti con l'autorità straniera.

La decisione che dispone il trasferimento del procedimento in Italia deve essere notificata alla persona offesa, con avviso della facoltà di proporre querela, se questa è richiesta. È prevista la conservazione dell'efficacia della querela eventualmente presentata dinanzi all'autorità straniera, nel caso in cui tale condizione di procedibilità sia richiesta da entrambi gli ordinamenti. Ove tale condizione sia prevista solo dall'ordinamento italiano, il termine per la presentazione della stessa inizierà a decorrere dalla data della notifica della decisione sul trasferimento del procedimento all'offeso.

Mancante la litispendenza, l'assunzione del procedimento dall'estero richiede **l'iscrizione** nel registro delle notizie di reato.

Per le misure cautelari adottate nel procedimento oggetto di trasferimento si è ritenuto opportuno richiamare la disciplina dettata dall'art. 27 (misura cautelare adottata da giudice incompetente), così consentendo una valutazione da parte dell'autorità giudiziaria italiana in ordine alla sussistenza dei presupposti delle stesse in base ai princìpi dell'ordinamento interno ed in particolare ai sensi degli artt. 292, 317 e 321; l'ordinanza deve essere adottata dal giudice competente entro trenta giorni, in considerazione della necessità di traduzione degli atti del procedimento trasferito, che caratterizza tali casi rispetto a quelli di trasferimento interno. Il periodo di custodia sofferto all'estero assume effetti ai fini dei termini e dei computi di legge.

Tenendo conto del principio di economicità e di quello di **conservazione degli atti processuali**, il legislatore ha optato per la soluzione del mantenimento dell'efficacia degli atti di acquisizione probatoria compiuti all'estero, purché gli stessi non contrastino con i princìpi fondamentali dell'ordinamento italiano.

È infine prevista la tempestiva comunicazione all'Autorità straniera, da parte del Ministro, delle decisioni assunte in relazione alla richiesta di trasferimento, al fine di permettere all'Autorità straniera medesima l'adozione dei provvedimenti che consentano la definizione del procedimento interno e la conseguente cessazione della litispendenza (creatasi a seguito della decisione interna favorevole al trasferimento ovvero preesistente) e, conseguentemente, prevenendo il realizzarsi di un *bis in idem*.

Dal punto di vista attivo, e cioè per il caso di trasferimento **all'estero** del procedimento **interno**, l'effetto immediato è la rinuncia dello Stato alla sua potestà punitiva e, di conseguenza, la disciplina è più stringente.

Quando il pubblico ministero ha notizia della pendenza di un procedimento penale all'estero, per gli stessi fatti per i quali si è proceduto all'iscrizione a norma dell'art. 335, adotta le proprie determinazioni in relazione al trasferimento del procedimento, dopo essersi consultato con la competente autorità straniera. La decisione è comunicata al Ministro, che potrà esercitare il potere di diniego quando possono essere compromessi la sovranità, la sicurezza o altri interessi essenziali dello Stato, nonché quando vi è ragione di ritenere sussistenti motivi di discriminazione. Il Ministro provvederà ad adottare le decisioni di propria competenza nel termine di 30 giorni dalla ricezione degli atti e ad informare tempestivamente l'autorità giudiziaria della decisione assunta.

Il procedimento è sospeso dal momento della trasmissione al Ministro e sino alla comunicazione della decisione assunta, restando comunque possibile l'espletamento degli atti urgenti o irripetibili.

A seguito della comunicazione della trasmissione all'estero del procedimento penale ovvero, nel caso di trasmissione diretta, del mancato esercizio del potere di diniego da parte del Ministro, è emesso provvedimento di **archiviazione**. Quanto al motivo di archiviazione praticabile, nella impossibilità di ricavarlo dalle fattispecie tipiche, può rintracciarsi nel difetto di giurisdizione (art. 20), utilizzato anche nei casi di mancanza di talune condizioni di procedibilità.

L'archiviazione del procedimento interno non comporta una radicale ed irrevocabile rinuncia alla giurisdizione. Sulla scorta delle Convenzioni considerate, il trasferimento del procedimento ovvero la delega ad avviarlo risultano di fatto condizionati all'adempimento degli obblighi processuali da parte dell'autorità dello Stato impegnato dall'accordo. È sufficiente al riguardo la lettura di alcune disposizioni pattizie là dove dispongono che, in quell'evenienza, lo Stato richiedente riprende il suo diritto di procedere. In questa prospettiva, infatti, è previsto che ove l'azione penale non sia esercitata all'estero, il pubblico ministero possa chiedere la riapertura delle indagini, secondo il disposto dall'art. 414.

La **riapertura** è ammessa quando l'azione penale non sia esercitata all'estero entro i termini convenuti all'atto del trasferimento anche al fine di evitare inerzie una volta assunta la decisione e di impedire una rinuncia *sine die* all'azione penale interna. L'omissione dell'esercizio dell'azione all'estero assurge a condizione per procedere alla riapertura del procedimento interno archiviato per difetto di giurisdizione.

La riapertura delle indagini in Italia è consentita solo a condizione che non sia preclusa dal divieto di *bis in idem*. Il 'recupero' del potere punitivo arretra, invero, innanzi all'eventuale adozione di una decisione estera, peraltro non meglio identificata, che determini il divieto di un ulteriore giudizio *in idem factum* nello Stato. A tal fine dovrebbero la prassi maturata nella elaborazione della giurisprudenza interna ed europea in materia di *ne bis in idem* internazionale contengono i paradigmi per la individuazione di quali possano essere i modelli entro cui ricondurre i provvedimenti definitivi o irrevocabili idonei a fondare l'effetto di preclusione processuale.

Parte XIII

Il procedimento di prevenzione

Capitolo XXXI

Il procedimento di prevenzione

di *Leonardo Filippi*

1. Diritto di prevenzione o misure di polizia?

Nate con le L. n. 1423 del 1956 e n. 575 del 1965, le misure di prevenzione apparivano quanto mai illiberali e irrispettose dei fondamentali principi di diritto sostanziale e processuale, ma, essendo introdotte con leggi precedenti l'avvento della Costituzione, si sperava in una loro riforma adeguatrice ai precetti costituzionali e convenzionali. Invece le "controriforme" del 2008, del 2009, del 2010 e del 2011, le cui linee portanti sono confluite nel "codice delle leggi antimafia e delle misure di prevenzione", e poi le modifiche degli anni successivi, confermano la negativa valutazione del sistema di prevenzione[1].

La legislazione speciale italiana degli ultimi anni ha rafforzato il *corpus* di un «diritto di polizia», che, nato nel campo dell'amministrazione per applicare "misure di polizia" dirette a prevenire i danni sociali che possono derivare dall'attività dei privati, ha poi maturato l'ambizione di diventare un «diritto di prevenzione» ed ha dato luogo ad un microsistema, un vero e proprio **doppio binario**, differenziato dal macrosistema del diritto penale, con la

[1] La Corte costituzionale ha da tempo escluso l'operatività della presunzione di innocenza nel procedimento di prevenzione, osservando che l'art. 27, co. 2, Cost. riguarda la responsabilità penale e importa la presunzione di non colpevolezza dell'imputato fino alla condanna, mentre le misure di prevenzione, «pur implicando restrizioni della libertà personale, non sono connesse a responsabilità penali del soggetto, né si fondano su la colpevolezza, che è elemento proprio del reato» (Corte cost., sent. 23.3.1964, n. 23).

previsione di fattispecie non tipizzate e di mero sospetto (la **«pericolosità per la sicurezza pubblica»**), giudicate in un **"processo del sospetto"** e sanzionate da vere e proprie **"pene di polizia"** (foglio di via obbligatorio, avviso orale, obblighi, divieti, ammonimenti, ma soprattutto la più gravosa sorveglianza speciale di pubblica sicurezza, con divieto o obbligo di soggiorno nel comune di residenza o di dimora abituale, confisca dei beni).

La materia è ora disciplinata organicamente dal **"Codice delle leggi antimafia e delle misure di prevenzione"**[2], introdotto dal d.lgs. 6.9.2011, n. 159, più volte modificato, che si articola nel Titolo I, dedicato alle misure di prevenzione personali, nel Titolo II, intitolato alle misure di prevenzione patrimoniale, mentre il Titolo III disciplina l'amministrazione, la gestione e la destinazione dei beni sequestrati e confiscati, il Titolo IV garantisce la tutela dei terzi e i rapporti con le procedure concorsuali, il Titolo V regola gli effetti delle misure di prevenzione e infine il Titolo V *bis* prescrive la trattazione prioritaria del procedimento di prevenzione patrimoniale.

Tale ibrido sistema di prevenzione è stato più volte sottoposto all'esame sia della Corte costituzionale, sia della Corte europea dei diritti dell'uomo. Infatti, la Corte EDU stabilì che l'applicazione della misura della sorveglianza speciale con ordine di soggiorno all'isola dell'Asinara disposta nei confronti del ricorrente, indiziato di appartenenza ad un'associazione mafiosa ai sensi della L. n. 575 del 1965, non aveva soltanto limitato la sua libertà di circolazione ma, a causa della particolare ristrettezza del luogo in cui egli era confinato e della situazione di sostanziale isolamento personale in cui era costretto a vivere, si era risolta in una **illegittima privazione della libertà personale**[3].

Più recentemente, la Grande Camera di Strasburgo, nella sentenza De Tommaso *v.* Italia del 2017, ha censurato l'**eccessiva discrezionalità con cui i tribunali italiani applicano le misure di prevenzione**, rilevando che «né la legge, né la Corte costituzionale hanno chiaramente identificato gli "elementi di fatto" o le specifiche tipologie di comportamento che devono essere presi in considerazione al fine di valutare la pericolosità sociale della persona e che possono giustificare le misure di prevenzione». In particolare, la Grande Camera, dopo aver preso atto che la Corte costituzionale italiana, con la sent. n. 177/1980[4], aveva già considerato insufficiente il criterio delle "tendenze criminali" per definire la categoria degli individui ai quali le misure di prevenzione potevano essere applicate, ha osservato che le previsioni degli artt. 3 e 5 della L. n. 1423 del 1956 erano scritte in termini veramente generali ed il loro contenuto era estremamente vago e indeterminato. Ciò accadeva in particolare nelle prescrizioni concernenti l'obbligo di **«tenere una condotta onesta e rispettosa della legge»** e di

---

[2] Il codice delle leggi antimafia e delle misure di prevenzione, originariamente approvato con il d.lgs. n. 159 del 2011 e più volte modificato, sarà abbreviato d'ora in avanti in "c.l.a.m.p.".

[3] Corte EDU, Grande Camera, 6.11.1980, Guzzardi c/Italia.

[4] Corte cost. sent. 16.12.1980, n. 177.

«non dar motivo di sospetto», rispetto alle quali la Corte costituzionale, dapprima, aveva escluso che tali generiche previsioni legislative di *honeste vivere* violassero il principio di legalità, ma, con un successivo *revirement*, ha ritenuto che **urtino contro la prevedibilità della condotta sanzionata**[5]. La Corte di Strasburgo aggiunge che l'interpretazione offerta dalla Corte costituzionale italiana nella sua sent. n. 282 del 2010[6] fu susseguente ai fatti della presente causa e fu impossibile per il ricorrente accertare, sulla base della stessa sentenza, il preciso contenuto di qualcuno dei requisiti ai quali egli era stato sottoposto mentre era sotto sorveglianza speciale. Tali requisiti, in verità, possono dar luogo a diverse differenti interpretazioni, come la stessa Corte costituzionale italiana aveva ammesso e la Corte europea conferma, riconoscendo che tali requisiti sono espressi in termini vaghi. In aggiunta, l'interpretazione data dalla Corte costituzionale nella sent. n. 282/2010 non risolse il problema del **difetto di prevedibilità delle misure di prevenzione applicabili**. Infine, i giudici europei non sono convinti che le prescrizioni di «condurre una vita onesta e rispettosa della legge» furono sufficientemente circoscritte dall'interpretazione della Corte costituzionale.

La Corte europea ha perciò riconosciuto, all'unanimità, che alle misure di prevenzione deve essere applicato l'art. 6, § 1, C.e.d.u., "*in its civil limb*", e che esso è stato violato per **difetto di pubblica udienza**, ma ha anche dichiarato la violazione dell'art. 2 del Protocollo n. 4 addizionale alla C.e.d.u., sotto il profilo della **insufficiente qualità della base legale** della limitazione della libertà di circolazione[7].

La sentenza spiega i suoi effetti anche sulla vigente legislazione perché il d.lgs. 6.9.2011, n. 159, individua i soggetti destinatari delle misure di prevenzione nelle generiche categorie indicate all'art. 1, d.lgs. cit., che difettano della prevedibilità neces-

[5] La Corte costituzionale dichiarò l'illegittimità dell'art. 75, co. 2, c.l.a.m.p., nella parte in cui prevede come delitto la violazione degli obblighi e delle prescrizioni inerenti la misura della sorveglianza speciale con obbligo o divieto di soggiorno ove consistente nell'inosservanza delle prescrizioni di "vivere onestamente" e di "rispettare le leggi"; nonché, in via consequenziale, l'illegittimità dell'art. 75, co. 1, c.l.a.m.p., nella parte in cui prevede come reato contravvenzionale la violazione degli obblighi inerenti la misura della sorveglianza speciale senza obbligo o divieto di soggiorno ove consistente nell'inosservanza delle prescrizioni di "vivere onestamente" e di "rispettare le leggi" (Corte cost. sent. 24.1.2019, n. 25).

[6] Corte cost. sent. 7.7.2010, n. 282.

[7] Corte EDU, Grande Camera, 23.2.2017, De Tommaso v. Italia. Invece, nella sentenza Corte EDU, Grande Camera, 28.6.2018, G.I.E.M. s.r.l. e altri v. Italia (§129), la Corte, nell'inquadrare tra le *penalties* la confisca disposta con la dichiarazione di prescrizione del reato di lottizzazione abusiva, osservò che non è necessario determinare se la confisca rientri nella categoria delle confische disposte in seguito alla condanna dell'imputato o indipendentemente dall'esistenza di un procedimento penale, poiché in ogni caso trova applicazione l'art. 1, co. 2, del Protocollo n. 1, secondo cui le disposizioni del precedente co. 1 «non pregiudicano in alcun modo il diritto di uno Stato di far rispettare le leggi che ritiene necessarie per controllare l'uso della proprietà in conformità con l'interesse generale o per garantire il pagamento di tasse o altri contributi o sanzioni».

saria per rispettare il principio di legalità, ed anche le vaghe prescrizioni di "vivere onestamente" e di "rispettare le leggi" sono tuttora vigenti nell'art. 8, d.lgs. cit., sanzionate penalmente dall'art. 75, co. 2, dello stesso d.lgs.[8] e la loro violazione può comunque dar luogo ad un aggravamento della misura di prevenzione personale.

Successivamente la Corte costituzionale ha riconosciuto che **sequestro e confisca di prevenzione** «pur non avendo natura penale», restano peraltro «misure che incidono pesantemente sui diritti di proprietà e di iniziativa economica, tutelati a livello costituzionale (artt. 41 e 42 Cost.) e convenzionale (art. 1 Prot. addiz. C.e.d.u.)». Esse, pertanto, **devono essere assistite da uno statuto di garanzie** cui la Costituzione e la stessa C.e.d.u. subordinano la legittimità di qualsiasi restrizione ai diritti in questione, «tra cui – segnatamente – : a) **la sua previsione attraverso una legge (artt. 41 e 42 Cost.)** che possa consentire ai propri destinatari, in conformità alla costante giurisprudenza della Corte EDU sui requisiti di qualità della "base legale" della restrizione, di prevedere la futura possibile applicazione di tali misure (art. 1 Prot. addiz. C.e.d.u.); b) **l'essere la restrizione "necessaria" rispetto ai legittimi obiettivi perseguiti** (art. 1 Prot. addiz. C.e.d.u.), e pertanto proporzionata rispetto a tali obiettivi, ciò che rappresenta un requisito di sistema anche nell'ordinamento costituzionale italiano per ogni misura della pubblica autorità che incide sui diritti dell'individuo, alla luce dell'art. 3 Cost.; nonché c) **la necessità che la sua applicazione sia disposta in esito a un procedimento che** – pur non dovendo necessariamente conformarsi ai principi che la Costituzione e il diritto convenzionale dettano specificamente per il processo penale – **deve tuttavia rispettare i canoni generali di ogni "giusto" processo garantito dalla legge** (artt. 111, primo, secondo e sesto comma, Cost., e 6 C.e.d.u., nel suo "*volet civil*"), **assicurando in particolare la piena tutela al diritto di difesa (art. 24 Cost.) di colui nei cui confronti la misura sia richiesta**»[9].

---

[8] Cass., Sez. Un., 27.4.2017, Paternò, affermò che l'inosservanza delle prescrizioni generali di "vivere onestamente" e di "rispettare le leggi", da parte del soggetto sottoposto alla sorveglianza speciale con obbligo o divieto di soggiorno, non integra la norma incriminatrice di cui all'art. 75, co. 8, d.lgs. 6.9.2011, n. 159. Essa può, tuttavia, rilevare ai fini dell'eventuale aggravamento della misura di prevenzione personale.

[9] Corte cost., sent. 24.1.2019, n. 24. Il Regolamento UE 2018/1805 del Parlamento europeo e del Consiglio del 14.11.2018, relativo al riconoscimento reciproco dei provvedimenti di congelamento e di confisca, che ha diretta applicabilità negli Stati membri, all'art. 1 stabilisce «le norme secondo le quali uno Stato membro riconosce ed esegue nel suo territorio provvedimenti di congelamento e provvedimenti di confisca emessi da un altro Stato membro nel quadro di un procedimento in materia penale», «un concetto autonomo del diritto dell'Unione interpretato dalla Corte di giustizia dell'Unione europea, ferma restando la giurisprudenza della Corte europea dei diritti dell'uomo» (*considerandum* 13). La confisca cosiddetta allargata *ex* art. 240 *bis*

2. Le misure di prevenzione

Le **misure di prevenzione "tipiche"** possono essere **personali** (foglio di via obbligatorio ed avviso orale[10], disposti dal questore *ex* artt. 2 e 3 c.l.a.m.p., nonché sorveglianza speciale di pubblica sicurezza, eventualmente aggravata dal divieto o obbligo di soggiorno nel comune di residenza o di dimora abituale, disposta dall'autorità giudiziaria, ai sensi dell'art. 5 c.l.a.m.p.) **oppure patrimoniali** (confisca ed eventuale misura cautelare del sequestro, ordinata dall'autorità giudiziaria, a norma degli artt. 20 e 24. c.l.a.m.p., cauzione e garanzie reali, ai sensi dell'art. 31 c.l.a.m.p., nonché le misure dell'amministrazione giudiziaria dei beni (personali ovvero connessi ad attività economiche e delle aziende) e del controllo giudiziario delle aziende, di cui agli artt. 33, 34 e 34 *bis* c.l.a.m.p.).

Nella presente trattazione ci interesseremo soltanto delle misure **"tipiche"**, ma sono previste anche misure di prevenzione **"atipiche"** perché non ricomprese nel c.l.a.m.p. e soggette ad una diversa disciplina.

Esse sono il divieto di accesso ai luoghi dove si svolgono le manifestazioni sportive (c.d. DASPO) che può imporre il questore (art. 6, L. 13.12.1989, n. 401, *Interventi nel settore del giuoco e delle scommesse clandestini e tutela della correttezza nello svolgimento delle manifestazioni sportive*), l'ammonimento che il questore può rivolgere, prima della proposizione della querela, al soggetto sospettato di essere autore del delitto di atti persecutori (art. 8, d.l. 23.2.2009, n. 11, conv. dalla L. 23.4.2009, n. 38, *Misure urgenti in materia di sicurezza pubblica e di contrasto alla violenza sessuale, nonché in tema di atti persecutori*), l'espulsione dell'extracomu-

---

c.p. rientra sicuramente nell'ambito dei procedimenti "in materia penale", mentre non pare possa rientravi la confisca di prevenzione, che la Corte EDU considera di natura non penale (cfr. Grande Camera 23.2.2017, De Tommaso c/Italia, cit.) e anche la Corte costituzionale 27.2.2019, n. 24, riconosce alla confisca *ex* art. 24, d.lgs. n. 159 del 2011 una funzione meramente ripristinatoria, negandogli natura sanzionatoria-punitiva ed escludendo l'applicazione della disciplina delle pene.

[10] La Corte costituzionale ha dichiarato l'illegittimità costituzionale dell'art. 3, co. 4, c.l.a.m.p. nella parte in cui include i telefoni cellulari tra gli apparati di comunicazione radiotrasmittente di cui il questore può vietare, in tutto o in parte, il possesso o l'utilizzo (Corte cost., sent. 20.12.2022, n. 2 del 2023). Infatti, il divieto non è disposto con atto motivato dell'autorità giudiziaria, bensì dall'autorità amministrativa, cui è attribuito perciò un potere autonomo e discrezionale, senza nemmeno la necessità di successiva comunicazione all'autorità giudiziaria. In altri termini, «la legittimità costituzionale delle misure di prevenzione limitative della libertà protetta dall'art. 15 Cost. è necessariamente subordinata all'osservanza del principio di legalità e alla esistenza della garanzia giurisdizionale». Al questore può certamente essere attribuito il potere di proporre che a un determinato soggetto sia imposto il divieto di possedere o utilizzare un telefono cellulare, ma il rispetto dell'art. 15 Cost. impone che «la decisione non può che essere dell'autorità giudiziaria, con le procedure, le modalità e i tempi che compete al legislatore prevedere, nel rispetto della riserva di legge prevista dalla Costituzione».

nitario (art. 13, co. 2, lett. *c*, d.lgs. 25.7.1998, n. 286, *Testo unico delle disposizioni concernenti la disciplina dell'immigrazione e norme sulla condizione dello straniero*), l'ammonimento che il questore può rivolgere al soggetto segnalato come autore di un reato di violenza domestica (art. 3, d.l. 14.8.2013, n. 93, conv. dalla L. 15.10.2013, n. 119, *Disposizioni urgenti in materia di sicurezza e per il contrasto della violenza di genere, nonché in tema di protezione civile e di commissariamento delle province*), l'ordine di allontanamento e il divieto di accesso che rispettivamente il sindaco e il questore possono disporre nei confronti di chi pone in essere condotte che impediscano l'accessibilità e la fruizione di determinati luoghi in violazione dei divieti di stazionamento o di occupazione degli spazi, nonché nei confronti di coloro che, nelle stesse aree, abbiano commesso gli illeciti amministrativi di ubriachezza atti contrari alla pubblica decenza, esercizio abusivo del commercio o parcheggio abusivo (artt. 9 e 10, d.l. 20.2.2017, n. 14, conv. dalla L. 18.4.2017, n. 8, *Disposizioni urgenti in materia di sicurezza delle città*); il divieto di accesso all'interno e nelle immediate vicinanze di scuole, plessi scolastici, sedi universitarie, locali pubblici o aperti al pubblico ovvero in uno dei pubblici esercizi (divieto aggravato in ipotesi peculiari dall'applicazione di ulteriori specifiche misure), che il questore può applicare per ragioni di sicurezza nei confronti delle persone condannate con sentenza definitiva o confermata in grado di appello nel corso degli ultimi tre anni per la vendita o la cessione di sostanze stupefacenti o psicotrope, di cui all'art. 73, d.P.R. 9.10.1990, per fatti commessi nei luoghi sopraindicati (art. 13, d.l. 20.2.2017, n. 14, conv. dalla L. 18.4.2017, n. 8); l'ammonimento del questore, fino a quando non è proposta querela o non è presentata denuncia per taluno dei reati di cui agli artt. 594, 595 e 612 c.p. e all'art. 167 codice per la protezione dei dati personali, per fatti commessi, mediante la rete internet, da minorenni di età superiore agli anni quattordici nei confronti di altro minorenne (art. 7, l. 29.5.2017, n. 71 *Disposizioni a tutela dei minori per la prevenzione ed il contrasto del fenomeno del cyberbullismo*).

3. L'azione

L'azione di prevenzione «può essere esercitata anche indipendentemente dall'esercizio dell'azione penale» (art. 29 c.l.a.m.p.): emergono così i caratteri della **discrezionalità e indipendenza dell'azione di prevenzione rispetto a quella penale**, per cui il procedimento di prevenzione è considerato del tutto autonomo rispetto a quello penale, ma da questo può ricevere *notitiae periculi* ed elementi di prova e il proscioglimento nel processo penale non impedisce l'applicazione della misura di prevenzione per lo stesso fatto. In realtà la proposta di una misura di prevenzione corrisponde all'esercizio dell'azione penale nel processo penale di cognizione e, come quella, dovrebbe essere obbligatoria per garantire l'uguaglianza dei cittadini e l'indipendenza del pubblico ministero, mentre la sua discrezionalità urta con il principio dell'obbligatorietà dell'azione di prevenzione, imposto dall'art. 112 Cost. Inoltre, l'azione di prevenzione dovrebbe essere riservata al pubblico ministero, con esclusione di altri soggetti (ed invece il questore e il direttore della Direzione investigativa antimafia possono proporre misure di prevenzione), i quali non offrono le medesime garanzie di indipendenza e qualificazione giuridica. Ancora, mentre per l'applicazione delle misure personali occorrono «proposte motivate», quelle patrimoniali sono ordinate dal Tribunale «anche d'ufficio» con decreto motivato che dispone il sequestro dei beni. Ma il procedimento di prevenzione non può sottrarsi al principio del *ne procedat iudex ex officio*, per cui il Tribunale dovrebbe procedere sempre e soltanto su proposta motivata. Infine, la proposta di una misura di prevenzione è da considerarsi immodificabile nel corso del giudizio, giacché gli artt. 516-522 rappresentano disposizioni eccezionali e non possono trovare applicazione fuori dei casi per i quali sono state dettate.

4. I soggetti attivi

La proposta di applicazione della misura di **prevenzione personale** della sorveglianza speciale di pubblica sicurezza e dell'obbligo di soggiorno nel comune di residenza o di dimora abituale, ai sensi dell'art. 5 c.l.a.m.p., può essere avanzata dal **Procuratore nazionale antimafia e antiterrorismo**, dal **Procuratore della Repubblica presso il tribunale del capoluogo del distretto ove dimora la persona** (cioè in cui la persona ha la dimora effettiva e reale, che può anche non coincidere con quella anagrafica), dal **questore** o dal **direttore della Direzione investigativa antimafia**.

L'applicazione, invece, delle misure *ante delictum* personali del foglio di via obbligatorio e dell'avviso orale (artt. 2 e 3 c.l.a.m.p.) ricade, in via esclusiva, in capo all'**autorità di pubblica sicurezza** e solo nei confronti dei soggetti di cui all'art. 1 c.l.a.m.p.

L'art. 17 c.l.a.m.p. annovera tra i legittimati a richiedere nei confronti dei soggetti di cui all'art. 16 c.l.a.m.p. l'adozione di una misura di **prevenzione patrimoniale** anche il **Procuratore nazionale antimafia ed antiterrorismo**, oltre che il **Procuratore della Repubblica presso il Tribunale del capoluogo del distretto ove dimora la persona**, il **questore** e il **direttore della Direzione investigativa antimafia**.

Infine, ai sensi degli artt. 5, co. 2, e 17, co. 2, c.l.a.m.p. quando la misura di prevenzione personale o patrimoniale è richiesta nei confronti dei soggetti di cui all'art. 4, co. 1, lett. *c*, *i*, *i bis e i ter* c.l.a.m.p. il potere di proposta è attribuito anche al Procuratore della Repubblica presso il tribunale nel cui circondario dimora la persona, previo coordinamento con il Procuratore della Repubblica presso il tribunale del capoluogo del distretto.

5. I soggetti passivi

È sufficiente un indizio di colpevolezza, non sempre per reati di particolare allarme sociale, per divenire soggetto passivo del procedimento di prevenzione.

Infatti, le misure di prevenzione personale possono essere applicate alle **persone «pericolose per la sicurezza pubblica»** (art. 6 c.l.a.m.p.), concetto quanto mai evanescente e opinabile[11].

Inoltre, le modifiche degli ultimi anni hanno comportato una smisurata estensione dei soggetti passivi delle misure di prevenzione "antimafia" perché colpiti da pericolosità "mafiosa". L'art. 4 c.l.a.m.p. individua i **soggetti destinatari delle misure di prevenzione personali applicate dall'autorità giudiziaria** in una sconfinata serie di individui: gli indiziati di partecipazione alle associazioni di tipo mafioso anche straniere di cui all'art. 416 *bis* c.p. (art. 4, co. 1, lett. *a*, c.l.a.m.p.); gli indiziati di uno dei reati previsti dall'art. 51, co. 3 *bis*, (cioè i delitti che, nel procedimento penale di cognizione, sono attribuiti all'investigazione delle Direzioni distrettuali antimafia e antiterrorismo) ovvero del delitto di cui all'art. 12 *quinquies*, co., 1, d. l. 8.6.1992, n. 306, conv. con mod. dalla L. n. 356 del 1992, cioè trasferimento fraudolento di valori o del delitto di cui all'art. 418 c.p., cioè assistenza agli associati (art. 4, co. 1, lett. *b*, c.l.a.m.p.); i soggetti di cui all'art. 1 c.l.a.m.p. (art. 4, co. 1, lett. *c*, c.l.a.m.p., cioè coloro che debbano ritenersi, sulla base di elementi di fatto, abitualmente dediti a traffici delittuosi[12], di coloro che per la condotta

---

[11] La giurisprudenza più attenta esige che il giudizio di pericolosità, necessario al fine di rendere le misure di prevenzione conformi convenzionalmente, in un'ottica costituzionalmente orientata ad esito della sentenza della Corte EDU De Tommaso c/Italia, si fonda su un'interpretazione restrittiva dei presupposti per l'applicazione ai c.d. "pericolosi generici" e, dunque, sull'oggettiva valutazione di fatti sintomatici collegati ad elementi certi e non su meri sospetti, significativi di un'effettiva tendenza a delinquere del proposto. Anche al fine dell'applicazione del sequestro e della confisca, il preliminare giudizio incidentale di pericolosità generica, presupposto necessario della misura anche nel caso di applicazione disgiunta, deve essere ancorato a dati e fatti oggettivi secondo un'interpretazione convenzionalmente orientata a seguito della citata sentenza della Corte EDU (Cass., sez. II, c.c. 7 febbraio 2018, n. 9517, in *Cass. pen.*, 2018, p. 3144). Cass., sez. I, 15.2.2022, n. 31498, ha dichiarato illegittimo il foglio di via obbligatorio applicato dal questore alla prostituta perché essa non rientra tra i soggetti considerati pericolosi dall'art. 1 c.l.a.m.p.

[12] La Corte costituzionale ha escluso che la locuzione «coloro che debbano ritenersi, sulla base di elementi di fatto, abitualmente dediti a traffici delittuosi» abbia un significato certo e ragionevolmente prevedibile *ex ante* per l'interessato, e vi ha quindi ravvisato una violazione del prin-

ed il tenore di vita debba ritenersi, sulla base di elementi di fatto, vivere abitualmente, anche in parte, con i proventi di attività delittuosa e di coloro che per il loro comportamento debba ritenersi, sulla base di elementi di fatto, comprese le reiterate violazioni del foglio di via obbligatorio nonché dei divieti di frequentazione di determinati luoghi previsti dalla normativa vigente, che sono dediti alla commissione di reati che offendono o mettono in pericolo l'integrità fisica o morale dei minorenni, la sanità, la sicurezza o la tranquillità pubblica); agli indiziati di uno dei reati previsti dall'art. 51, co. 3 *quater*, cioè delitti consumati o tentati con finalità di terrorismo, e a coloro che, operanti in gruppi o isolatamente, pongano in essere atti preparatori, obiettivamente rilevanti, ovvero esecutivi diretti a sovvertire l'ordinamento dello Stato, con la commissione di uno dei reati previsti dal Capo I, Titolo VI, del Libro II, del codice penale o dagli artt. 284, 285, 286, 306, 438, 439, 605, 630 c.p. nonché alla commissione dei reati con finalità di terrorismo anche internazionale ovvero a prendere parte ad un conflitto in territorio estero a sostegno di un'organizzazione che persegue le finalità terroristiche di cui all'art. 270 *sexies* c.p. (art. 4, co. 1, lett. *d*, c.l.a.m.p.); coloro che abbiano fatto parte di associazioni politiche disciolte ai sensi della L. 20.6.1952, n. 645, «*Norme di attuazione della XII disposizione transitoria e finale (1° comma) della Costituzione*», e nei confronti dei quali debba ritenersi, per il comportamento successivo, che continuino a svolgere un'attività analoga a quella precedente (art. 4, co. 1, lett. *e*, c.l.a.m.p.); coloro che compiano atti preparatori, obiettivamente rilevanti, ovvero esecutivi diretti alla ricostituzione del partito fascista, ai sensi dell'art. 1, L. n. 645 del 1952, in particolare con l'esaltazione o la pratica della violenza (art. 4, co. 1, lett. *f*, c.l.a.m.p.); coloro che, fuori dei casi prima citati nelle lett. *d*, *e*) ed *f*, siano stati condannati per uno dei delitti previsti nella L. 2.10.1967, n. 895, «*Disposizioni per il controllo delle armi*» e negli artt. 8 ss., L. 14.10.1974, n. 497, «*Nuove norme contro la criminalità*», quando debba ritenersi che, per il loro comportamento successivo, siano proclivi a commettere un reato della stessa specie e con la finalità di sovversione dell'ordinamento dello Stato o di terrorismo anche internazionale (art. 4, co. 1, lett. *g*, c.l.a.m.p.); gli istigatori, i mandanti ed i finanziatori di uno qualsiasi dei reati indicati nelle lettere precedenti (art. 4, co. 1, lett. *h*, c.l.a.m.p.); ancora, gli indiziati di aver agevolato gruppi o persone che

---

cipio di legalità sostanziale. Infatti, la stessa Corte costituzionale ha dichiarato l'illegittimità sia dell'art. 4, co.1, lett. c), c.l.a.m.p., nella parte in cui stabilisce che i provvedimenti dell'autorità giudiziaria che applicano misure di prevenzione personali si applichino anche a «coloro che debbano ritenersi, sulla base di elementi di fatto, abitualmente dediti a traffici delittuosi»; sia dell'art. 16 c.l.a.m.p., nella parte in cui stabilisce che le misure di prevenzione del sequestro e della confisca, disciplinate dagli artt. 20 e 24, si applichino anche «coloro che debbano ritenersi, sulla base di elementi di fatto, abitualmente dediti a traffici delittuosi» (Corte cost. sent. 24.1.2019, n. 24).

hanno preso parte attiva, in più occasioni, alle manifestazioni di violenza sportiva di cui all'art. 6, L. n. 401 del 1989, nonché alle persone che, per il loro comportamento, debba ritenersi, anche sulla base della partecipazione in più occasioni alle medesime manifestazioni ovvero della reiterata applicazione nei loro confronti del divieto previsto dallo stesso articolo, che sono dediti alla commissione di reati che mettono in pericolo l'ordine e la sicurezza pubblica, ovvero l'incolumità delle persone in occasione o a causa dello svolgimento di manifestazioni sportive (art. 4, co. 1, lett. *i*, c.l.a.m.p.); ai soggetti indiziati del delitto truffa aggravata per il conseguimento di erogazioni pubbliche, di cui all'art. 640 *bis* c.p., o del delitto di associazione per delinquere, di cui all'art. 416 c.p., finalizzato alla commissione di taluno dei delitti di cui agli artt. 314, co. 1, 316, 316 *bis*, 316 *ter*, 317, 318, 319, 319 *ter*, 319 *quater*, 320, 321, 322 e 322 *bis* c.p. (art. 4, co.1, lett. i *bis*, c.l.a.m.p.); ai soggetti indiziati del delitto di atti persecutori, di cui all'art. 612 *bis* c.p. (art. 4, co.1, lett. i *ter*, c.l.a.m.p.). Si rammenta, poi, che possono essere sottoposti alla misura di prevenzione personale del foglio di via obbligatorio e dell'avviso orale (artt. 2 e 3 c.l.a.m.p.) solo i soggetti di cui all'art. 1 c.l.a.m.p.

L'art. 16 c.l.a.m.p. individua, invece, i **soggetti destinatari delle misure di prevenzione patrimoniali**. Si tratta, in primo luogo, di tutti i soggetti di cui al precedente art. 4 c.l.a.m.p. (art. 16, co. 1, lett. *a*, c.l.a.m.p.), cioè coloro nei cui confronti possono applicarsi le misure di prevenzione personale, a cui si aggiungono le persone fisiche e giuridiche segnalate al Comitato per le sanzioni delle Nazioni Unite, o ad altro organismo internazionale competente per disporre il congelamento di fondi o di risorse economiche, quando vi sono fondati elementi per ritenere che i fondi o le risorse possano essere dispersi, occultati o utilizzati per il finanziamento di organizzazioni o attività terroristiche, anche internazionali (art. 16, co. 1, lett. *b*, c.l.a.m.p.). L'art. 16, co. 2, c.l.a.m.p. precisa, inoltre, che nei confronti dei soggetti di cui all'art. 4, co. 1, lett. *i*, c.l.a.m.p. la misura di prevenzione patrimoniale della confisca può essere applicata relativamente ai beni, nella disponibilità dei medesimi soggetti, che possono agevolare, in qualsiasi modo, le attività di chi prende parte attiva a fatti di violenza in occasione o a causa di manifestazioni sportive. Il sequestro effettuato nel corso di operazioni di polizia destinate a prevenire le predette manifestazioni di violenza deve essere convalidato dal tribunale entro trenta giorni, ai sensi dell'art. 22, co. 2, c.l.a.m.p.

A differenza del precedente regime, l'art. 18 c.l.a.m.p. stabilisce che **le misure di prevenzione personali e patrimoniali possono essere richieste e applicate disgiuntamente** e **le misure di prevenzione patrimoniali «indipendentemente dalla pericolosità sociale del soggetto proposto per la loro applicazione al momento della richiesta della misura di prevenzione»**. L'infelice formula legislativa fu interpretata per anni nel senso la confisca poteva essere disposta a prescindere dall'accertamento della pericolosità del proposto. Fu necessario l'intervento del**le Sezioni unite della Corte di cassazione** per chiarire che **possono essere confiscati i beni acquistati nell'arco di tempo in cui si è manifestata la pericolosità sociale del soggetto proposto per l'applicazione della misura, anche se costui, al momento della richiesta della misura di prevenzione, abbia cessato di essere pericoloso**[13].

Di conseguenza, **le misure di prevenzione patrimoniali possono essere disposte anche in caso di morte del soggetto proposto per la loro applicazione** e, in tal caso, il procedimento prosegue nei confronti degli eredi o comunque degli aventi causa, che possono subire la confisca del bene da loro acquisito.

Il procedimento di prevenzione patrimoniale può essere iniziato anche in caso di morte del soggetto nei confronti del quale potrebbe essere disposta la confisca; in tal caso **la richiesta di applicazione della misura di prevenzione può essere proposta nei riguardi dei successori a titolo universale o particolare entro il termine di cinque anni dal decesso.**

Il procedimento di prevenzione patrimoniale può essere iniziato o proseguito anche in caso di assenza, residenza o dimora all'estero della persona alla quale potrebbe applicarsi la misura di prevenzione, su proposta dei soggetti di cui all'art. 17 competenti per il luogo di ultima dimora dell'interessato, relativamente ai beni che si ha motivo di ritenere che siano il frutto di attività illecite o ne costituiscano il reimpiego.

Agli stessi fini il procedimento può essere iniziato o proseguito allorché la persona è sottoposta ad una misura di sicurezza detentiva o alla libertà vigilata.

6. L'istruzione

La fase istruttoria è disciplinata assai diffusamente per quanto riguarda le indagini "patrimoniali", stabilendosi che i soggetti titolari dell'azione di

---

[13] Cass., Sez. Un., c.c. 26.6.2014 (dep. 2.2.2015), Spinelli e altro, n. 4880/2015, hanno premesso che «la pericolosità sociale» è «misura temporale» del suo «ambito applicativo e quindi della sua efficacia acquisitiva». In particolare, con riferimento alla pericolosità generica, esse hanno affermato il principio di diritto secondo cui «sono suscettibili di ablazione soltanto i beni acquistati nell'arco di tempo in cui si è manifestata la pericolosità sociale, indipendentemente dalla persistente pericolosità del soggetto al momento della proposta di prevenzione». Riguardo alla pericolosità qualificata, se essa «investe l'intero percorso esistenziale del proposto e ricorrano i requisiti di legge, è pienamente legittima l'apprensione di tutte le componenti patrimoniali ed utilità, di presumibile illecita provenienza, delle quali non risulti, in alcun modo, giustificato il legittimo possesso». Se, invece, «la fattispecie concreta consenta al giudice della prevenzione di determinare il momento iniziale ed il termine finale della pericolosità sociale, saranno suscettibili di apprensione coattiva soltanto i beni ricadenti nell'anzidetto perimetro temporale».

prevenzione procedono, anche a mezzo della guardia di finanza o della polizia giudiziaria, ad indagini sul tenore di vita, sulle disponibilità finanziarie e sul patrimonio dei soggetti destinatari della proposta a norma dell'art. 16 nei cui confronti possa essere proposta la misura di prevenzione della sorveglianza speciale della pubblica sicurezza con o senza divieto od obbligo di soggiorno, nonché, avvalendosi della guardia di finanza o della polizia giudiziaria, ad indagini sull'attività economica facente capo agli stessi soggetti allo scopo anche di individuare le fonti di reddito. Gli stessi titolari dell'azione di prevenzione accertano, in particolare, se dette persone siano titolari di licenze, di autorizzazioni, di concessioni o di abilitazioni all'esercizio di attività imprenditoriali e commerciali, comprese le iscrizioni ad albi professionali e pubblici registri, se beneficiano di contributi, finanziamenti o mutui agevolati ed altre erogazioni dello stesso tipo, comunque denominate, concesse o erogate da parte dello Stato, degli enti pubblici o dell'Unione europea. Le indagini sono effettuate anche nei confronti del coniuge, dei figli e di coloro che nell'ultimo quinquennio hanno convissuto con i soggetti destinatari della proposta nonché nei confronti delle persone fisiche o giuridiche, società, consorzi od associazioni, del cui patrimonio i soggetti medesimi risultano poter disporre in tutto o in parte, direttamente o indirettamente. I soggetti titolari della proposta di prevenzione possono richiedere, direttamente o a mezzo di ufficiali o agenti di polizia giudiziaria, ad ogni ufficio della pubblica amministrazione, ad ogni ente creditizio nonché alle imprese, società ed enti di ogni tipo informazioni e copia della documentazione ritenuta utile ai fini delle indagini nei confronti dei soggetti oggetto di investigazione. Possono altresì accedere, senza nuovi o maggiori oneri, al Sistema per l'interscambio di flussi dati (SID) dell'Agenzia delle entrate e richiedere quanto ritenuto utile ai fini delle indagini. Previa autorizzazione del Procuratore della Repubblica o del giudice procedente, gli ufficiali di polizia giudiziaria possono procedere al sequestro della documentazione con le modalità di cui agli artt. 253, 254, e 255 (art. 19 c.l.a.m.p.).

Nessuna disposizione regola, invece, le indagini "personali", che quindi sono tutte e sempre ammissibili senza alcuna indicazione di modalità, tempi, soggetti ed oggetto.

Comunque, **per entrambi i tipi di indagine, manca qualsiasi garanzia difensiva**, in contrasto con l'art. 24, co. 2, Cost. e con il principio del "giusto processo" che prescrive il contraddittorio nella formazione della prova (art. 111, co. 4, Cost.), oltre che con le regole dell'"equo processo" sancite dall'art. 6 C.e.d.u., soprattutto perché **non si tratta di atti di indagine, ma di veri e propri atti istruttori di acquisizione della prova**. Ma è inaccettabile che l'istruzione sia condotta dalla polizia e dal pubblico ministero, i quali assumono la prova, utilizzabile nel giudizio, in segreto e senza contraddittorio.

Non è prevista alcuna garanzia difensiva, né informazione di garanzia, né quella sul diritto di difesa, ma, a nostro parere, si devono osservare per analogia almeno le garanzie difensive stabilite per le indagini preliminari, per cui dovrebbe trovare applicazione nell'ambito del sistema di prevenzione pure l'art. 415 *bis*. Inoltre, la circostanza che le indagini non abbiano una durata massima vanifica il precetto della ragionevole durata del processo (artt. 111, co. 2, Cost. e 6 C.e.d.u.). Anche l'art. 327 *bis*, che consente investigazioni difensive, è da ritenersi applicabile nel procedimento di prevenzione, dal momento che si tratta di disposizione attuativa del diritto di difesa, costituzionalmente e convenzionalmente presidiato dagli artt. 24, co. 2, Cost. e 6, co. 3, C.e.d.u.

Cionostante, la Corte costituzionale, con la sent. n. 21 del 2012[14] e con l'ordinanza n. 216 del 2012[15], ribadì la conformità ai principi costituzionali del procedimento di prevenzione, anche alla luce delle riforme operate nel 2008 e nel 2009.

Presso le segreterie delle procure della Repubblica e presso le cancellerie dei Tribunali sono istituiti appositi registri, anche informatici, per le annotazioni relative ai procedimenti di prevenzione. Nei registri viene curata l'immediata annotazione nominativa delle persone fisiche e giuridiche nei cui confronti sono disposti gli accertamenti personali o patrimoniali da parte dei soggetti titolari del potere di proposta (art. 81 c.l.a.m.p.). Si tratta del "registro delle notizie di prevenzione", sicuramente utile in un sistema come quello vigente in cui le indagini preliminari alla proposta sono assai poco disciplinate e possono essere condotte da diversi titolari che potrebbero sovrapporsi o addirittura ostacolarsi nello svolgimento delle stesse.

Pur non essendo previsto, si deve ritenere che il pubblico ministero, che al termine delle indagini reputi gli elementi acquisiti non idonei a sostenere la proposta in giudizio, debba richiedere al tribunale della prevenzione l'**archiviazione della *notitia periculi***. Se, come riteniamo, anche l'azione di prevenzione è obbligatoria, deve esservi un controllo giurisdizionale sul mancato esercizio di tale obbligo.

Il questore e il direttore della Direzione investigativa antimafia devono assicurare un «raccordo informativo» con il Procuratore della Repubblica del capoluogo del distretto informandolo degli accertamenti in corso, dello svolgimento delle indagini e, a pena di inammissibilità, delle loro proposte di misure di prevenzione. Essi, inoltre, sono tenuti a trasmettere al Procuratore distrettuale il loro provvedimento motivato di archiviazione: in questo modo il controllo sul mancato esercizio dell'azione di prevenzione è assicurato almeno da un organo giudiziario, se non giurisdizionale.

---

[14] Corte cost., sent. 25.1.2012, n. 21.

[15] Corte cost., ord. 18.7.2012, n. 216.

In virtù del rinvio che l'art. 7, co. 9, c.l.a.m.p. opera alle disposizioni dell'art. 666, «in quanto compatibili», **il presidente del collegio, sentito il pubblico ministero** (ma dovrebbe essere sentito anche il difensore, giacché la mancanza di contraddittorio, dovuta all'omessa audizione del difensore, viola gli artt. 24, co. 2, Cost. e 6 C.e.d.u.) **può dichiarare, con decreto motivato, l'inammissibilità della richiesta quando la stessa appare manifestamente infondata «per difetto delle condizioni di legge ovvero costituisce mera riproposizione di una richiesta già rigettata, basata sui medesimi elementi».**

7. Il giudizio

Il giudizio si svolge presso i "tribunali distrettuali di prevenzione", cioè le sezioni specializzate istituite presso i tribunali del capoluogo del distretto di corte d'appello (oltre i tribunali circondariali di Santa Maria Capua Vetere e di Trapani), mentre in passato la competenza era attribuita ai tribunali aventi sede nei capoluoghi di provincia.

Nonostante manchi la garanzia dell'udienza preliminare, anche nel giudizio di prevenzione è individuabile una **fase degli atti preliminari all'udienza**. Devono operare le disposizioni dettate per l'omonima fase degli atti preliminari al dibattimento, per cui trovano applicazione gli artt. 465-469.

Il giudizio di prevenzione si svolge con una **tipica udienza camerale** ovvero, **su richiesta dell'interessato, con la garanzia della pubblicità**. La decisione del tribunale distrettuale (nella forma del decreto motivato) dovrebbe intervenire entro trenta giorni (termine ordinatorio) dal deposito della proposta nella cancelleria del tribunale del capoluogo del distretto (art. 7, co. 1, c.l.a.m.p.), ma è assicurata la priorità assoluta nella trattazione dei procedimenti per l'applicazione delle misure patrimoniali di prevenzione (art. 34 *ter* c.l.a.m.p.). A pena di nullità è prescritto che il presidente fissi la data dell'udienza e ne faccia dare avviso alle parti, alle altre persone interessate e ai difensori almeno dieci giorni prima della data predetta e deve contenere la «concisa esposizione dei contenuti della proposta». Se l'interessato è privo di difensore, l'avviso è dato a quello di ufficio (art. 7, co. 2, c.l.a.m.p.). Fino a cinque giorni prima dell'udienza possono essere presentate memorie in cancelleria (art. 7, co.3, c.l.a.m.p.).

A pena di nullità, l'udienza si svolge con la partecipazione «necessaria» del difensore e del pubblico ministero, mentre gli altri destinatari dell'avviso sono sentiti se compaiono. Pertanto, se il proposto è detenuto o internato nell'ambito del circondario del tribunale deve essere tradotto in udienza, mentre se è ristretto in luogo posto fuori della circoscrizione del giudice e ne fa tempestiva richiesta, la partecipazione all'udienza deve essere assicurata a distanza mediante collegamento audiovisivo, ai sensi dell'art. 146 *bis*, co. 3, 4, 5, 6 e 7, norme att. c.p.p., salvo che il collegio ritenga necessaria la presenza della parte. In caso di indisponibilità di mezzi tecnici idonei, il presidente deve disporre la traduzione dell'interessato detenuto o internato (art. 7, co. 4, c.l.a.m.p.). Trattandosi di un caso di "contraddittorio necessario", pubblico ministero e difensore devono partecipare all'udienza, a pena di nullità della stessa: nullità che è assoluta *ex* artt. 178, co. 1, lett. *c*, e 179, co. 1 per l'assenza del difensore e invece "a regime intermedio" *ex* artt. 178, co. 1, lett. *b*, e 180 in caso di assenza del pubblico ministero (art. 7, co. 7, c.l.a.m.p.).

A pena di nullità, l'udienza è rinviata anche se sussiste un legittimo impedimento del difensore (art. 7, co. 5, c.l.a.m.p.). Qualora il difensore del proposto non sia presente in udienza, in applicazione analogica degli artt. 97, co. 4, e 420, il presidente gli designa come sostituto altro difensore.

In apertura di udienza il presidente compie l'**accertamento della regolare costituzione delle parti**, dichiarando l'eventuale nullità degli avvisi, delle notificazioni o comunicazioni, e ammette le prove rilevanti, escludendo quelle vietate dalla legge o superflue (art. 7, co. 4 *bis* c.l.a.m.p.). Pur non essendo esplicitamente previsto, al fine di evitare prove a sorpresa, deve ritenersi che l'ammissione delle prove debba essere preceduta dalla presentazione della lista *ex* art. 468 e dalle richieste di prova, a norma dell'art. 493.

Nulla è previsto per quanto riguarda il **diritto alla prova in capo alle parti**, ma trattandosi di un diritto di matrice costituzionale e convenzionale non può essere obliterato, per cui l'art. 190 deve trovare applicazione.

La presenza obbligatoria del pubblico ministero e del difensore del proposto comporta che gli stessi debbano partecipare all'istruzione probatoria e debbano necessariamente assumere le conclusioni.

Per assicurare l'effettiva conoscenza del processo, dovrebbero applicarsi analogicamente gli artt. 420 *bis*, 420 ***ter***, **420 *quater***, 420 ***quinquies*** e 420 ***sexies***. Come per l'imputato, anche il proposto nel procedimento di prevenzione non ha un obbligo, ma solo il diritto di presenziare all'udienza, per cui ove l'interessato non intervenga e occorra la sua presenza per essere sentito, il presidente lo invita a comparire, avvisandolo che avrà la facoltà di non rispondere (art. 7, co. 6, c.l.a.m.p.).

L'art. 23, co. 2, 3 e 4, c.l.a.m.p. prevede che se risulta che i beni sequestrati sono di proprietà, comproprietà o gravati da diritti reali o personali di godimento nonché da diritti reali di garanzia di terzi, questi, nei trenta giorni successivi all'esecuzione del sequestro, sono chiamati dal tribunale, con decreto motivato contenente la fissazione dell'udienza, ad intervenire nel procedimento, nel quale possono svolgere le loro deduzioni con l'assistenza di un difensore nonché chiedere l'acquisizione di ogni elemento utile ai fini della decisione sulla confisca.

Non essendo prevista la formazione del fascicolo per il giudizio di prevenzione, **tutti i verbali delle indagini confluiscono nel fascicolo a disposizione del giudice**, in contrasto con il principio della formazione della prova in contraddittorio, di cui agli artt. 111, co. 4, Cost. e 6 C.e.d.u., **con conseguente utilizzabilità ai fini della decisione di ogni e qualsiasi atto di indagine compiuto segretamente e unilateralmente dagli uffici di polizia o dal pubblico ministero**.

Le questioni concernenti la competenza per territorio o il difetto di legittimazione dell'organo proponente devono essere rilevate o eccepite, a pena di decadenza, alla prima udienza e comunque subito dopo l'accertamento della regolare costituzione delle parti e il tribunale le decide immediatamente. Il tribunale, se ritiene la propria incompetenza, la dichiara con decreto e ordina la trasmissione degli atti al Procuratore della Repubblica presso il tribunale competente, ma la declaratoria di incompetenza non produce l'inefficacia degli elementi già acquisiti (art. 7, co. 10 *bis* e 10 *ter*, c.l.a.m.p.). Quando il tribunale riconosce la propria incompetenza, il sequestro perde efficacia se, entro venti giorni dal deposito del provvedimento che pronuncia l'incompetenza, il tribunale competente non provvede al sequestro. Il termine di un anno e sei mesi di efficacia del sequestro decorre nuovamente dalla data del decreto di sequestro emesso dal tribunale competente (art. 7, co. 10 *quater*, c.l.a.m.p.).

Non si è mai proposto di introdurre **riti speciali nel processo di prevenzione**, nemmeno il giudizio abbreviato, che potrebbe ridurre i tempi processuali, o la sospensione del processo con messa alla prova, che potrebbe essere utile per verificare la permanenza o meno nel tempo della pericolosità del proposto.

L'art. 7, co. 1, c.l.a.m.p. prescrive al tribunale di provvedere entro trenta giorni dalla proposta, termine pacificamente considerato ordinatorio, con la conseguenza che i tempi medi di durata, per i tre gradi di giudizio, non sono inferiori a diversi anni, in spregio agli artt. 111, co. 2, Cost. e 6 C.e.d.u., che impongono una ragionevole durata del processo.

Per quanto riguarda la disciplina applicabile alla fase del giudizio nel procedimento di prevenzione occorre avere riguardo al combinato disposto degli artt. 7 e 19, co. 5, c.l.a.m.p. Quest'ultimo legittima il Tribunale, «ove necessario», a «procedere ad ulteriori indagini oltre a quelle già compiute a norma dei commi che precedono». Ma tali poteri probatori d'ufficio urtano con i princìpi della terzietà e imparzialità del giudice (artt. 111, co. 2, Cost. e 6 C.e.d.u.).

L'art. 7 c.l.a.m.p. disciplina il procedimento applicativo delle misure di prevenzione personale, richiamando come clausola di riserva, in quanto compatibili, le disposizioni di cui all'art. 666 (art. 7, co. 9, c.l.a.m.p.), quindi con **rinvio alla disciplina del procedimento di esecuzione**. Qualora il tribunale debba sentire soggetti informati su fatti rilevanti per il procedimento, il presidente del collegio può disporre l'esame a distanza nei casi e nei modi indicati all'art. 147 *bis*, co. 2, norme att. c.p.p. (art. 7, co. 8, c.l.a.m.p). Il successivo art. 23, co. 1, c.l.a.m.p., in tema di misure *ante delictum* reali, precisa che, salvo che sia diversamente disposto, al procedimento per l'applicazione di una misura di prevenzione patrimoniale si applicano, in quanto compatibili, le disposizioni dettate, in via generale, per le misure di prevenzione personali, salvo particolarità che riguardano singole misure. Pure le regole che disciplinano la connessione dei procedimenti *ex* art. 12 e la conseguente possibilità di riunione o separazione, a norma degli artt. 17 e 18, sono generalmente riconosciute dalla giurisprudenza, che ammette, però, per ragioni di economia processuale, la trattazione congiunta o separata pur in assenza di un formale provvedimento di riunione o separazione. In caso di incapacità del proposto di partecipare coscientemente al processo, mentre nel procedimento per l'applicazione delle misure di prevenzione personali gli artt. 70 ss. devono trovare applicazione analogica, in quello finalizzato alla confisca si afferma che l'esercizio del diritto di difesa sarebbe legittimamente garantito da parte del tutore o del curatore, giacché, in linea con la natura di *actio in rem* del procedimento di prevenzione reale, si potrebbe prescindere dalla partecipazione personale del proposto [16].

L'art. 67, co. 3, c.l.a.m.p. consente al Tribunale, in presenza di «motivi di particolare gravità» di disporre «in via provvisoria» i divieti di cui all'art. 67, co. 1 (cioè ottenere licenze o autorizzazioni di polizia e di commercio, concessioni di acque pubbliche e diritti ad essi inerenti nonché concessioni di beni demaniali allorché siano richieste per l'esercizio di attività imprenditoriali, concessioni di costruzione e gestione di opere riguardanti la pubblica amministrazione e concessione di servizi pubblici, iscrizioni negli elenchi di appaltatori o di fornitori di opere, beni e servizi riguardanti la pubblica amministrazione, nei registri della camera di commercio per l'esercizio del commercio all'ingrosso e nei registri di commissionari astatori presso i mercati annonari all'ingrosso, attestazioni di qualificazione per eseguire lavori pubblici, altre iscrizioni o provvedimenti a contenuto autorizzatorio, concessorio o abilitativo per lo svolgimento di attività imprenditoriali, comunque denominati, contributi, finanziamenti o mutui agevolati ed altre erogazioni dello stesso tipo, comunque denominate, concessi o erogati da parte dello Stato, di altri enti pubblici o delle Comunità europee, per lo svolgimento di attività imprenditoriali, licenze per detenzione e porto d'armi, fabbricazione, deposito, vendita e trasporto di materie esplodenti) e 2, c.l.a.m.p. (cioè la decadenza di diritto dalle licenze, autorizzazioni, concessioni, iscrizioni, attestazioni, abilitazioni ed erogazioni di cui al comma 1, nonché il divieto di concludere contratti pubblici di lavori, servizi e forniture, di

[16] Corte cost., sent. 6.6.2017, n. 208.

cottimo fiduciario e relativi subappalti e subcontratti, compresi i cottimi di qualsiasi tipo, i noli a caldo e le forniture con posa in opera; le licenze, le autorizzazioni e le concessioni sono ritirate e le iscrizioni sono cancellate ed è disposta la decadenza delle attestazioni a cura degli organi competenti) e di sospendere l'efficacia delle iscrizioni, delle erogazioni e degli altri provvedimenti e atti.

È pacifica l'operatività dell'istituto del **patrocinio per i non abbienti a spese dello Stato**, dato che l'art. 75, co. 2, d.P.R. 30.5.2002, n. 115 (Testo unico delle disposizioni legislative e regolamentari in materia di spese di giustizia) precisa che le relative disposizioni si applicano, «in quanto compatibili», anche «nei procedimenti relativi all'applicazione di misure di sicurezza o di prevenzione o per quelli di competenza del tribunale di sorveglianza, sempre che l'interessato debba o possa essere assistito da un difensore o da un consulente». Si ritiene pure che nel procedimento di prevenzione non sia configurabile un conflitto di competenza rispetto ad un contrasto non attuale e non è ammissibile, in tal caso, un regolamento preventivo di competenza, non previsto nel processo penale.

Garanzia fondamentale, ma spesso disconosciuta nel procedimento di prevenzione, è quella dell'**immutabilità del giudice**. La regola è stata ribadita dalla Corte costituzionale, che, con la sentenza n. 484 del 1995 [17], recepì l'orientamento della giurisprudenza di legittimità che già in precedenza affermava il principio dell'immutabilità del giudice anche per le ordinanze adottate all'esito della procedura in camera di consiglio, negli incidenti di esecuzione e nel procedimento di sorveglianza. Parte della giurisprudenza afferma che nel giudizio di prevenzione, che ha carattere peculiare, dovrebbe ritenersi consentita la diversa composizione collegiale tra un'udienza e l'altra, essendo ciò considerato addirittura una garanzia di assoluta imparzialità del giudice nei confronti dei soggetti proposti; né siffatta diversa composizione tangerebbe i principi di cui agli artt. 178, co. 1, lett. *a*, e 525, applicabili alla formazione della volontà collegiale nel giudizio conseguente a pubblico dibattimento. L'eccentricità dell'argomentazione non merita replica e, a prestarle fede, dovrebbe anche nel procedimento di cognizione addivenirsi all'eliminazione del principio d'immutabilità del giudice, visto che rappresenterebbe una garanzia di imparzialità del giudice. Altre pronunce hanno, più seriamente, ritenuto operante il principio dell'immutabilità del giudice anche nei procedimenti in camera di consiglio, con la precisazione che la violazione va esclusa nel caso in cui il diverso giudice abbia totalmente rinnovato la procedura, ed altre ancora hanno invece ritenuto applicabile il principio dell'immutabilità del giudice anche al procedimento di prevenzione, ma solo a certe condizioni.

---

[17] Corte cost., sent. 6.11.1995, n. 484.

Si ammette la rimessione del procedimento di prevenzione, in virtù della sua natura pienamente giurisdizionale e dell'espresso richiamo, per il suo svolgimento, contenuto nell'art. 7, co. 9, c.l.a.m.p. alla disciplina di cui all'art. 666, in quanto compatibile. Per gli stessi motivi di assicurare al prevenuto tutte le garanzie accordate all'imputato nel processo penale, tra le quali quella relative al giudice – «terzo e imparziale» *ex* artt. 111, co. 2, Cost. e 6 C.e.d.u. – trovano applicazione anche gli istituti dell'**incompatibilità** [18], nonché quelli dell'**astensione** e della **ricusazione del giudice** [19].

La decisione del tribunale di prevenzione è adottata con la forma del decreto motivato, che deve essere depositato in cancelleria entro quindici giorni (termine ordinatorio) dalla conclusione dell'udienza, ma quando la stesura della motivazione è particolarmente complessa, il tribunale, se ritiene di non poter depositare il decreto entro tale termine, dopo le conclusioni delle parti, può indicare un termine più lungo, comunque non superiore a novanta giorni (art. 7, co. 10 *sexies* e 10 *septies*, c.l.a.m.p.).

La decisione emessa dal tribunale di prevenzione può essere di rigetto oppure di accoglimento della proposta. Tale provvedimento ha contenuto evidentemente decisorio, pur avendo forma di decreto, ed ha natura sostanziale ed efficacia di sentenza [20], dal momento che conclude una fase ed è soggetto agli stessi mezzi di impugnazione cui è soggetta una sentenza, per cui la sua motivazione deve presentare carattere di completezza in ordine sia alla dimostrazione della sussistenza o meno dei presupposti della misura applicata, sia delle ragioni che ne giustificano il contenuto.

Si riconosce in giurisprudenza che il **principio di correlazione tra contestazione e pronuncia** opera anche nel procedimento di prevenzione; in particolare, esso si è ritenuto rispettato se, proposta l'applicazione di una misura con riferimento alla pericolosità sociale qualificata dagli indizi di appartenenza ad un'associazione di tipo mafioso, il provvedimento applicativo risul-

---

[18] La giurisprudenza nega l'incompatibilità qualora lo stesso giudice adotti il provvedimento relativo alla confisca – quale misura di prevenzione e (nello stesso procedimento) quello relativo al sequestro – quale misura di prevenzione, stante la mancata presenza nel procedimento di prevenzione di una soluzione di continuità tra la fase cautelare e quella definitiva (Cass., sez. VI, 24.6.2020, n. 23605).

[19] Le Sezioni unite della Corte di cassazione hanno affermato che può essere ricusato dalle parti il giudice che, chiamato a decidere sulla misura di prevenzione, abbia in precedenza espresso in altro procedimento, anche penale, una valutazione di merito sullo stesso fatto nei confronti del medesimo soggetto (Cass., Sez. Un.,24.2.2022, Lapelosa, n. 25951).

[20] Cass., Sez. Un., 29.10.2009, Galdieri, n. 600, CED 245174-01, rilevò che «Il decreto che conclude il procedimento di prevenzione ha natura di sentenza e, pertanto, ad esso si applicano le disposizioni relative ai requisiti indicate, per quest'ultima, nell'art. 546 c.p.p., tra cui quello della sottoscrizione del giudice, la cui mancanza ne determina la nullità».

ti fondato sulla pericolosità generica del soggetto, ma sulla base di elementi di fatto sui quali l'interessato ha avuto modo di difendersi.

I provvedimenti con i quali il tribunale dispone la confisca dei beni sequestrati, l'applicazione, il diniego o la revoca del sequestro, il rigetto della richiesta di confisca anche qualora non sia stato precedentemente disposto il sequestro ovvero la restituzione della cauzione o la liberazione delle garanzie o la confisca della cauzione o l'esecuzione sui beni costituiti in garanzia, per consentire l'impugnazione, sono comunicati senza indugio al Procuratore generale presso la Corte di appello, al Procuratore della Repubblica e agli interessati (art. 27, co. 1, c.l.a.m.p.).

8. La prova

Nella disciplina del giudizio di prevenzione dettata dall'art. 7 c.l.a.m.p., nonostante l'ormai indiscusso carattere giurisdizionale e l'altrettanto chiara natura sanzionatoria, **manca però qualsiasi riferimento alle regole generali sulla prova ed ai divieti probatori** che regolano la materia nel processo penale di cognizione. Tale lacuna legislativa consente che gli atti d'indagine del pubblico ministero e della polizia, assunti in segreto e unilateralmente, siano destinati ad essere sempre e comunque ammissibili e utilizzabili come prova dal giudice ai fini dell'applicazione della misura di prevenzione. E la giurisprudenza consente al giudice di acquisire informazioni e prove, anche d'ufficio, senza l'osservanza dei principi sull'ammissione della prova di cui all'art. 190, essendo «essenziale l'accertamento dei fatti, nel semplice rispetto della libertà morale delle persone e con le garanzie del contraddittorio»[21]. In realtà, poiché le regole probatorie sono disposizioni tutt'altro che eccezionali, anzi generali ed alcune derivanti da precise prescrizioni costituzionali e convenzionali, quali il contraddittorio ed il diritto di difesa, tipici del "giusto" ed "equo" processo, si impone una loro applicazione analogica nel giudizio di prevenzione. Di conseguenza le *leges probatoriae* dettate per il processo penale di cognizione o almeno quelle generali prescritte dagli artt. 111 Cost. e 6 C.e.d.u., devono operare, in quanto applicabili, nel giudizio di prevenzione. Nello stesso senso le Sezioni Unite Cagnazzo del 2010 hanno sot-

---

[21] Cass., sez. II, c.c. 18.1.2017, n. 3954, in *Cass. pen.*, 2017, p. 3291, che non ha ravvisato alcuna lesione del principio del contraddittorio nel fatto che, nel corso della prima udienza in appello, erano state disposte, su istanza del procuratore generale, ulteriori indagini su operazioni immobiliari mediante delega alla Guardia di finanza, senza concedere alcun termine a difesa per l'esame del rapporto integrativo dopo il suo deposito o per richiedere prove a discarico, e senza dare avviso al difensore del deposito stesso.

tolineato come le intercettazioni dichiarate inutilizzabili a norma dell'art. 271, così come le prove inutilizzabili a norma dell'art. 191, perché acquisite in violazione dei divieti stabiliti dalla legge, non sono suscettibili di utilizzazione agli effetti di qualsiasi giudizio, ivi compreso quello relativo all'applicazione di misure di prevenzione[22].

Recentemente **i criteri di valutazione della pericolosità sociale sono stati meglio precisati dalla Corte di cassazione** in alcune pregevoli pronunce, che hanno ribadito la necessità di una motivazione reale e non apparente.

In una prima sentenza il proposto era stato sottoposto alla misura di prevenzione personale della sorveglianza speciale di pubblica sicurezza e a quella patrimoniale della confisca in quanto ritenuto evasore fiscale abituale con rilevanza della condotta ai fini previsti dall'art. 1 d.lgs. n. 159 del 2011. Tale valutazione era stata effettuata dal giudice di merito sulla base dei precedenti di polizia (denunzie per reati tributari, bancarotta, truffa), di condanne per reati depenalizzati (emissione assegni senza provvista) e per il reato di omesso versamento delle ritenute previdenziali, del certificato dei carichi pendenti (da cui si desumeva, in particolare, l'esistenza di un'iscrizione per dichiarazione infedele dei redditi), valorizzato in questo modo un verbale ispettivo redatto dalla Guardia di finanza, da cui emergeva la condotta di evasione relativa a due compagini societarie riconducibili al proposto. La decisione dei primi giudici è stata ribaltata dai giudici di legittimità, che hanno ricordato che, dovendosi previamente individuare i delitti di natura tributaria, il giudice della prevenzione era tenuto a realizzare una ricognizione precisa, dato che l'ordinamento tributario prevede diverse figure di illecito fiscale che vanno dalla sanzione amministrativa, alla contravvenzione, al delitto e solo in quest'ultimo caso può dirsi legittima l'iscrizione del soggetto nella categoria criminologica della pericolosità generica. Ciò ha comportato la rilevazione di un primo vizio della decisione di merito, dal momento che, ferma restando la possibile "iscrizione" del soggetto dedito ad attività di evasione fiscale con carattere di abitualità e destinazione, anche mediata, al soddisfacimento dei bisogni nella «stringa normativa» di cui all'art. 1, co. 1, lett. b, c.l.a.m.p., ciò può avvenire nella misura in cui le attività in questione siano riconoscibili e dimostrate quali "delitti", mentre nella decisione impugnata, si affermava la possibile rilevanza, a tal fine, di illeciti amministrativi. Altro vizio è stato riscontrato dalla Corte suprema nelle modalità realizzative di un accertamento che deve possedere il carattere ineliminabile della giurisdizionalità. In particolare è stato indicato quale possa essere il confine della "autonomia" dell'azione di prevenzione (sulla base dei contenuti dell'art. 29 c.l.a.m.p., norma che ribadisce l'assenza di pregiudizialità necessaria), azione di certo possibile anche in assenza di una decisione (o di un giudicato) penale, ma accoglibile lì dove il giudice della prevenzione, con effettivo percorso di apprezzamento critico dei dati disponibili, realizzi una qualificazione di "illiceità penale" dei comportamenti del soggetto proposto e ne apprezzi la continuità. Nel caso in esame, il giudice della prevenzione aveva recepito, senza alcuna previa elaborazione

[22] Cass., Sez. Un., 25.3.2010, Cagnazzo ed altri.

ed analisi critica dei criteri utilizzati dalla polizia amministrativa, degli atti redatti dalla Guardia di Finanza che hanno dato luogo, per quanto espresso nel provvedimento, a delle iscrizioni a ruolo. Tale metodologia, secondo il Supremo Collegio rifluisce nel vizio di motivazione "apparente", posto che è risultata del tutto mancante l'analisi autonoma del corretto metodo seguito in sede di accertamento amministrativo, così come richiesto dalla giurisprudenza di legittimità laddove si tratti di valutare la sussistenza dell'illecito di natura tributaria. E così è stato affermato che, proprio in ragione della possibile "autonomia" dell'azione di prevenzione, in presenza di una semplice notizia di reato (o un esercizio dell'azione penale) il principio di autonomia va coniugato con quello della responsabilità argomentativa, nel senso che il giudice della prevenzione è tenuto ad elaborare il dato dimostrativo nella direzione della "valutazione incidentale" di sussistenza del reato e non può certo richiamare *per relationem* gli atti della polizia tributaria. Tale dovere, in effetti, è attributo connaturale all'esercizio della giurisdizione, inteso come momento di apprezzamento cognitivo autonomo dei dati fattuali rilevanti, e rappresenta la proiezione del principio fondamentale di soggezione di ogni giudice alla sola legge (art. 101, co. 2, Cost.)[23]. Questo approdo ermeneutico ha trovato la sua più significativa e recente conferma in un'altra pronuncia che ha annullato un decreto di confisca che aveva ricostruito in via incidentale la pericolosità sociale dei proposti, con motivazione ritenuta "apparente" dai giudici di legittimità. La Corte di cassazione, per addivenire all'annullamento, ha fissato i seguenti principi di diritto: *a*) nel giudizio cognitivo di prevenzione, l'applicazione delle previsioni di legge di cui all'art. 1, co. 1, lett. *a*, *b*, c.l.a.m.p. richiede adeguata motivazione circa la esistenza pregressa delle condotte delittuose commesse dal proposto, aderenti ai contenuti della previsione astratta, declinata, quest'ultima, in termini tassativi, trattandosi della base logica e normativa del giudizio di pericolosità soggettiva; *b*) il giudice della misura di prevenzione può fare riferimento, in tale parte della motivazione, a provvedimenti emessi in sede penale che abbiano affermato (anche in via provvisoria) la ricorrenza dei delitti in questione, esprimendo argomentata condivisione e confrontandosi con gli argomenti contrari introdotti dalla difesa; *c*) il giudice della misura di prevenzione può ricostruire in via totalmente autonoma gli episodi storici in questione, anche in assenza di procedimento penale correlato, in virtù della assenza di pregiudizialità e della possibilità di azione autonoma di prevenzione (art. 29 c.l.a.m.p.); *d*) il giudice della misura di prevenzione è tuttavia vincolato a recepire l'eventuale esito assolutorio non dipendente dall'applicazione di cause estintive, sul fatto posto a base del giudizio di pericolosità, prodottosi nel correlato giudizio penale (art. 28 c.l.a.m.p.) con le sole eccezioni che seguono: il segmento fattuale oggetto dell'esito assolutorio

---

[23] Cass., Sez. I, ud. 23.3.2018, n. 37044, Lo Bianco e altri. La Suprema Corte ha anche chiarito come anche a seguito di assoluzione nel merito, si possa applicare una misura di prevenzione allorché i fatti considerati nelle due decisioni non siano incompatibili. In sostanza, è ben possibile che il giudice del merito "assolva" con riguardo ad una determinata imputazione, ma ciò non esclude che, avendo riguardo a fatti connessi ma diversi da quelli presi in considerazione nel giudizio di merito, si possa comunque addivenire all'adozione di una misura di prevenzione, ovviamente sussistendone tutti i presupposti di legge (Cass., sez. II. 5.4.2022, Moccia e altri, n. 22732).

del giudizio penale si pone come ingrediente fattuale solo concorrente e minusvalente rispetto ad altri episodi storici rimasti confermati (o non presi in esame in sede penale); il giudizio di prevenzione si basa su elementi cognitivi autonomi e diversi rispetto a quelli acquisiti in sede penale; la conformazione legislativa del tipo di pericolosità prevenzionale è descritta in modo sensibilmente diverso rispetto ai contenuti della disposizione incriminatrice oggetto del giudizio penale (ipotesi di pericolosità qualificata). Ma la stessa sentenza ha anche ribadito che le misure di prevenzione rientrano in una accezione lata di provvedimenti di portata afflittiva, il che impone di ritenere applicabile, in tale materia, il generale principio di tassatività e determinatezza dei contenuti della fattispecie astratta. La suprema Corte ha poi rammentato che il processo di prevenzione è un procedimento teso ad accertare, in via principale o incidentale, l'esistenza o meno delle manifestazioni di pericolosità di un soggetto, non essendosi trasformato (come avvenuto in altri settori dell'ordinamento, con l'emanazione del d.lgs. n. 231 del 2001 in tema di responsabilità "da reato") in un processo teso ad accertare la responsabilità di persone giuridiche o di gruppi associativi in quanto tali. I beni, anche rappresentati da quote di partecipazione al capitale sociale, vengono in rilievo solo in quanto correlati alle manifestazioni di pericolosità delle persone fisiche e sono oggetto di sequestro e confisca esclusivamente in relazione alla loro componente di "valore presente" nel patrimonio, o nella disponibilità di fatto, di dette persone fisiche, ritenute pericolose. In ipotesi di investimento collettivo va dunque realizzata non già un'affermazione indistinta di riferibilità dei beni ad un "gruppo di fatto", quanto una scissione delle quote riferibili a ciascuno dei soggetti pericolosi[24].

9. Le misure personali

Sono misure di prevenzione personali, applicate in esito ad un giudizio, **la sorveglianza speciale di pubblica sicurezza, eventualmente aggravata dal divieto o dall'obbligo di soggiorno**[25].

Il provvedimento del tribunale che accoglie la proposta stabilisce la **durata della misura di prevenzione personale, che non può essere inferiore ad un anno né superiore a cinque** (art. 8, co. 1, c.l.a.m.p.). Qualora il tribunale

[24] Cass., Sez. I, ud. 14.4.2018, n. 43826, Righi e altri.

[25] Corte cost., sent. 2.12.2013, n. 291 ha dichiarato l'illegittimità dell'art. 15 c.l.a.m.p. nella parte in cui non prevede che, nel caso in cui l'esecuzione di una misura di prevenzione personale resti sospesa a causa dello stato di detenzione per espiazione di pena della persona ad essa sottoposta, l'organo che ha adottato il provvedimento di applicazione debba valutare, anche d'ufficio, la persistenza della pericolosità sociale dell'interessato nel momento dell'esecuzione della misura. Le Sezioni unite hanno affermato che il reato di violazione degli obblighi inerenti alla sorveglianza speciale, previsto dall'art. 75 d.lgs. 6.9.2011, n. 159, non sussiste in mancanza della rivalutazione dell'attualità e persistenza della pericolosità sociale del proposto» (Cass., Sez. Un., 21.6.2018, Marillo).

disponga l'applicazione della misura di prevenzione della sorveglianza speciale di pubblica sicurezza, eventualmente aggravata dal divieto di soggiorno in uno o più comuni, diversi da quelli di residenza o di dimora abituale o in una o più regioni o dall'obbligo di soggiorno nel comune di residenza o di dimora abituale, nel provvedimento sono determinate le **prescrizioni che la persona sottoposta a tale misura deve osservare**.

A tale scopo, qualora la misura applicata sia quella della sorveglianza speciale di pubblica sicurezza e si tratti di persona indiziata di vivere con il provento di reati, il tribunale prescrive di darsi, entro un congruo termine, alla ricerca di un lavoro, di fissare la propria dimora, di farla conoscere nel termine stesso all'autorità di pubblica sicurezza e di non allontanarsene senza preventivo avviso all'autorità medesima. In ogni caso, si prescrive, con formula assai vaga, di «vivere onestamente, di rispettare le leggi, e di non allontanarsi dalla dimora senza preventivo avviso all'autorità locale di pubblica sicurezza»; si prescrive, altresì, di «non associarsi abitualmente alle persone che hanno subito condanne e sono sottoposte a misure di prevenzione o di sicurezza, di non rincasare la sera più tardi e di non uscire la mattina più presto di una data ora e senza comprovata necessità e, comunque, senza averne data tempestiva notizia all'autorità locale di pubblica sicurezza, di non detenere e non portare armi, di non partecipare a pubbliche riunioni», ovvero, con riferimento ai soggetti che per il loro comportamento debba ritenersi, sulla base di elementi di fatto, comprese le reiterate violazioni del foglio di via obbligatorio nonché dei divieti di frequentazione di determinati luoghi previsti dalla normativa vigente, che sono dediti alla commissione di reati che offendono o mettono in pericolo l'integrità fisica o morale dei minorenni, la sanità, la sicurezza o la tranquillità pubblica, il divieto di avvicinarsi a determinati luoghi, frequentati abitualmente da minori. Ai fini della tutela della sicurezza pubblica, gli obblighi e le prescrizioni inerenti alla sorveglianza speciale possono essere disposti, con il consenso dell'interessato ed accertata la disponibilità dei relativi dispositivi, anche con le modalità di controllo elettronico previste all'art. 275 *bis* (art. 6, co. 3 *bis*, c.l.a.m.p.). Il tribunale, inoltre, può imporre tutte quelle prescrizioni che ravvisi necessarie, avuto riguardo alle esigenze di difesa sociale; ed, in particolare, il divieto di soggiorno in uno o più comuni, o in una o più regioni. Qualora sia applicata la misura dell'obbligo di soggiorno nel comune di residenza o di dimora abituale o del divieto di soggiorno, può essere inoltre prescritto di non andare lontano dall'abitazione scelta senza preventivo avviso all'autorità preposta alla sorveglianza e/o di presentarsi all'autorità di pubblica sicurezza preposta alla sorveglianza nei giorni indicati ed a ogni chiamata di essa. Alle persone alle quali è imposto l'obbligo o il divieto di soggiorno è consegnata una «carta di permanenza» da portare con sé e da esibire ad ogni richiesta degli ufficiali ed agenti di pubblica sicurezza.

Il provvedimento del tribunale è comunicato al Procuratore della Repubblica, al Procuratore generale presso la Corte di appello, all'interessato e al suo difensore (art. 8 c.l.a.m.p.).

10. Le misure patrimoniali

Sono misure di prevenzione patrimoniali **la confisca**[26] **(e l'eventuale misura cautelare del sequestro**[27]**), la cauzione, le garanzie reali, l'amministrazione giudiziaria dei beni personali del proposto e dei beni connessi ad attività economiche e delle aziende e il controllo giudiziario delle aziende**.

A norma dell'art. 20 c.l.a.m.p., il tribunale, anche d'ufficio, ordina con decreto motivato il **sequestro dei beni dei quali il proposto per la misura di prevenzione «risulta poter disporre, direttamente o indirettamente, quando il loro valore risulta sproporzionato al reddito dichiarato o all'attività economica svolta ovvero quando, sulla base di sufficienti indizi, si ha motivo di ritenere che gli stessi siano il frutto di attività illecite o ne costituiscano il reimpiego»**, ovvero dispone l'amministrazione giudiziaria dei beni o il controllo giudiziario delle aziende.

Ma il tribunale può anche imporre "indagini coatte", perché, prima di fissare l'udienza e decidere, restituisce gli atti all'organo proponente quando ritiene che «le indagini non siano complete e indica gli ulteriori accertamenti patrimoniali indispensabili per valutare la sussistenza dei presupposti» necessari per l'applicazione del sequestro o dell'amministrazione giudiziaria dei beni connessi ad attività economiche o del controllo giudiziario delle aziende (art. 20, co. 2, c.l.a.m.p.). Il sequestro è revocato dal tribunale quando risulta che esso ha per oggetto beni di legittima provenienza o dei quali l'indiziato non poteva disporre direttamente o indirettamente o in ogni altro caso in cui è respinta la proposta di applicazione della misura di prevenzione patrimoniale (art. 20, co. 3, c.l.a.m.p.).

È previsto anche un **sequestro "anticipato"** rispetto all'udienza «quando vi sia concreto pericolo che i beni di cui si prevede debba essere disposta la confisca vengano dispersi, sottratti od alienati»: in tal caso i soggetti legittimati alla proposta possono, unitamente alla proposta stessa, richiedere al presidente del tribunale competente per l'applicazione della misura di prevenzione di disporre anticipatamente il sequestro dei beni prima della fissazione dell'udienza. Il presidente del tribunale provvede con decreto motivato entro cinque giorni dalla richiesta. Il sequestro eventualmente disposto perde efficacia se non convalidato dal tribunale entro trenta giorni dalla proposta (art. 22, co. 1, c.l.a.m.p.).

---

[26] Il d.lgs. n. 137 del 2015 ha dato attuazione alla decisione quadro 2006/783/GAI, relativa al riconoscimento reciproco delle decisioni in materia di confisca.

[27] Cass., Sez. Un., 23.2.2017, p.m. in proc. Yang, considera legittima la confisca su beni non previamente sottoposti a sequestro con autonomo provvedimento.

Il **sequestro "urgente"** è disposto nel corso del procedimento, a richiesta dei soggetti legittimati alla proposta o degli organi incaricati di svolgere ulteriori indagini disposte dal tribunale, «nei casi di particolare urgenza» dal presidente del tribunale con decreto motivato e perde efficacia se non è convalidato dal tribunale nei trenta giorni successivi. Analogamente si procede se, nel corso del procedimento, anche su segnalazione dell'amministratore giudiziario, emerge l'esistenza di altri beni che potrebbero formare oggetto di confisca (art. 22, co. 2, c.l.a.m.p.).

Con il provvedimento con il quale dispone il sequestro il tribunale nomina il giudice delegato alla procedura e un amministratore giudiziario, assicurando la capacità dell'amministratore, la trasparenza nella sua scelta e la rotazione degli incarichi (art. 35 c.l.a.m.p.) e salvaguardando l'impresa e l'occupazione del personale (art. 35 *bis* c.l.a.m.p.).

Il tribunale dispone la **confisca**, quale misura di prevenzione[28], **sui beni sequestrati di cui il proposto «non possa giustificare la legittima provenienza» e di cui, anche per interposta persona fisica o giuridica, «risulti essere titolare o avere la disponibilità a qualsiasi titolo in valore sproporzionato al proprio reddito, dichiarato ai fini delle imposte sul reddito, o alla propria attività economica, nonché dei beni che risultino essere frutto di attività illecite o ne costituiscano il reimpiego»**.

Un potere ufficioso è riconosciuto al tribunale, il quale, se non dispone la confisca, può applicare anche d'ufficio le misure dell'amministrazione giudiziaria dei beni connessi ad attività economiche e il controllo giudiziario delle aziende.

Un vero e proprio **divieto probatorio** ***contra reum***, di dubbia ragionevolezza, impedisce al proposto di giustificare la legittima provenienza dei beni adducendo che il denaro utilizzato per acquistarli sia provento o reimpiego dell'evasione fiscale (art. 24, co. 1, c.l.a.m.p.). Il tribunale, quando dispone la confisca di partecipazioni sociali "totalitarie", ordina la confisca anche dei relativi beni costituiti in azienda (art. 24, co. 1 *bis*, c.l.a.m.p.).

Il provvedimento di sequestro perde efficacia se il tribunale non deposita il decreto che pronuncia la confisca entro un anno e sei mesi dalla data di immissione in possesso dei beni da parte dell'amministratore giudiziario. Nel caso di indagini complesse o compendi patrimoniali rilevanti, tale ter-

---

[28] In riferimento, invece, alla confisca quale misura di sicurezza v. Corte cost. sent. 15.4.2015, n. 109, che dichiarò l'illegittimità costituzionale degli artt. 666, co. 3, 667, co. 4, e 676, nella parte in cui non consentono che, su istanza degli interessati, il procedimento di opposizione contro l'ordinanza in materia di applicazione della confisca si svolga, davanti al giudice dell'esecuzione, nelle forme dell'udienza pubblica.

mine può essere prorogato con decreto motivato del tribunale per sei mesi. Ai fini del computo dei termini suddetti, si tiene conto, «in quanto compatibili», delle cause di sospensione dei termini di durata della custodia cautelare, previste dal codice di procedura penale. Il termine resta sospeso per un tempo non superiore a novanta giorni ove sia necessario procedere all'espletamento di accertamenti peritali sui beni dei quali il proposto risulta poter disporre direttamente o indirettamente. Il termine resta altresì sospeso per il tempo necessario per la decisione definitiva sull'istanza di ricusazione presentata dal difensore e per il tempo decorrente dalla morte del proposto, intervenuta durante il procedimento, fino all'identificazione e alla citazione degli eredi o aventi causa, nonché durante la pendenza dei termini per la redazione e il deposito del decreto che ha deciso sulla proposta (art. 24, co. 2, c.l.a.m.p.).

È possibile anche **il sequestro e la confisca "successivi"**, che possono essere adottati, su richiesta dei soggetti legittimati alla proposizione, quando ne ricorrano le condizioni, anche dopo l'applicazione di una misura di prevenzione personale. Sulla richiesta provvede lo stesso tribunale che ha disposto la misura di prevenzione personale, con le forme previste per il relativo procedimento e rispettando le disposizioni per l'applicazione delle misure di prevenzione patrimoniale (art. 24, co. 3, c.l.a.m.p.).

Dopo la presentazione della proposta, quando il proposto non ha più la disponibilità dei beni, è ammesso anche **il sequestro e la confisca "per equivalente"**, cioè su altri beni di valore equivalente e di legittima provenienza, dei quali il proposto ha la disponibilità, anche per interposta persona (art. 25 c.l.a.m.p.).

Il tribunale, quando accerta che taluni beni sono stati fittiziamente intestati o trasferiti a terzi, con il decreto che dispone la confisca, dichiara la nullità dei relativi atti di disposizione. A tal fine, si presumono fittizi, fino a prova contraria, sia i trasferimenti e le intestazioni, anche a titolo oneroso, effettuati nei due anni antecedenti la proposta della misura di prevenzione nei confronti dell'ascendente, del discendente, del coniuge o della persona stabilmente convivente, nonché dei parenti entro il sesto grado e degli affini entro il quarto grado, sia i trasferimenti e le intestazioni, a titolo gratuito o fiduciario, effettuati nei due anni antecedenti la proposta della misura di prevenzione (art. 26 c.l.a.m.p.)[29].

---

[29] Cass., Sez. Un., 22.12.2016, De Angelis e altri, affermò alcuni principi di diritto. Anzitutto, si è chiarito che le nozioni di erede e di successore a titolo universale o particolare, di cui all'art. 18, co. 2 e 3, d.lgs. 6.9.2011, n. 159, sono quelle proprie del codice civile. Si è altresì stabilito che, nell'ipotesi in cui l'azione di prevenzione patrimoniale prosegua ovvero sia esercitata dopo la morte del soggetto socialmente pericoloso, la confisca può avere ad oggetto non solo i beni pervenuti

La misura patrimoniale della **confisca di prevenzione** (che si differezia dalla confisca-misura di sicurezza di cui agli artt. 240 e 240 *bis* c.p.) ha avuto negli ultimi anni grande applicazione, anche perché il suo ambito di applicazione è stato esteso ai soggetti a "pericolosità generica", ma rimane ancora **controversa la sua natura assimilabile alla pena** (dato il carattere sanzionatorio dell'ablazione) **oppure alla misura di sicurezza** (stante la finalità preventiva contro la pericolosità, come negli artt. 240 e 240 bis c.p.)[30] **o ancora ad un non meglio precisato *tertium genus*.**

Al riguardo si registra un'importante presa di posizione della Corte europea dei diritti dell'uomo con la sentenza Gogitidze e altri *v.* Georgia del 2015[31]. Nonostante la particolare severità della disciplina georgiana, che prevede l'applicazione della confisca prima della condanna, l'inversione dell'onere della prova e l'estensione dell'ablazione ai familiari dell'accusato, i giudici di Strasburgo hanno escluso che si tratti di «materia penale» e quindi nemmeno di «pena», non ravvisando alcuna violazione e qualificando tale confisca di prevenzione come ***actio in rem* di natura civilistica**, cioè come uno strumento di recupero di ricchezza illecitamente accumulata, finalizzato alla sua restituzione ai legittimi titolari. La Corte europea ha considerato legittima l'interferenza statale nel godimento della proprietà privata alla luce dei requisiti previsti dall'art. 1, Protocollo 1, C.e.d.u. Sotto questo profilo, i giudici di Strasburgo hanno ritenuto, anzitutto, che l'ablazione avesse una valida base legale e potesse essere applicata anche retroattivamente, in quanto rappresenta una disciplina attuativa della legge contro la corruzione. Secondo la Corte europea la confisca di prevenzione rispetta anche gli altri requisiti dell'art. 1, Protocollo 1, C.e.d.u.: la "causa di pubblica utilità" consi-

---

a titolo di successione ereditaria, ma anche i beni che, al momento del decesso, erano comunque nella disponibilità del *de cuius* per essere stati fittiziamente intestati o trasferiti a terzi. Infine, la Corte ha statuito che, nell'ipotesi in cui il giudice accerti la fittizietà dell'intestazione o del trasferimento di beni a terzi, la declaratoria di nullità prevista dall'art. 26, co. 1, d.lgs. n. 159 del 2011 non è pregiudiziale ai fini della validità della confisca, ma costituisce un obbligo consequenziale all'accertamento della fittizietà, la cui inosservanza da parte del giudice non integra vizi rilevanti ai sensi degli artt. 177 ss., bensì un'omissione rimediabile, anche d'ufficio, con la procedura *ex* art. 130; – le presunzioni di fittizietà previste dall'art. 26, co. 2, d.lgs. cit. si riferiscono esclusivamente agli atti realizzati dal soggetto portatore di pericolosità e non riguardano anche gli atti dei suoi successori.

[30] Cass., Sez. Un., 29.5.2014, Repaci, distinse la confisca di prevenzione da quella prevista dall'allora vigente art. 12 *sexies*, d.l. n. 306 del 1992 (ora art. 240 *bis* c.p.), negando la possibilità di equiparare le due forme di ablazione.

[31] Corte EDU, sez. IV, 12.5.2015, Gogitidze e altri v. Georgia, esaminò un caso di applicazione della confisca di prevenzione, disposta in pendenza del processo penale a carico di un ex ministro accusato di reati contro la pubblica amministrazione e di estorsione e motivata con la sproporzione tra il reddito dichiarato dai loro titolari ed alcuni familiari e il valore dei beni stessi, e da detta sproporzione si era dedotta la sospetta origine illecita dei beni confiscati.

ste nel contrasto ai reati contro la pubblica amministrazione e nella restituzione dei beni di provenienza illecita; e anche la "proporzionalità" è fatta salva proprio a causa del preminente interesse al contrasto dei reati contro la pubblica amministrazione, riconosciuto da tutti i trattati internazionali. Ma la Corte europea, pur ammettendo esplicitamente l'inversione dell'onere della prova, in realtà si riferisce alla concezione penalistica di questa perché specifica che, **in relazione all'origine illecita dei beni da confiscare, l'accusa deve adempiere al suo onere probatorio, anche se non col regime penalistico della prova (cioè "al di sopra di ogni ragionevole dubbio"), con quello più basso civilistico (cioè il criterio del "più probabile che non")**. E, anche ai fini della dimostrazione della proporzionalità del sacrificio del diritto di proprietà alla finalità restitutoria perseguita, richiesta dall'art. 1 del Protocollo 1, C.e.d.u., la Corte richiede una prova basata sulla prevalenza delle probabilità o l'«alta probabilità dell'origine illecita», sommata con la mancata prova contraria da parte del proposto, purché si garantisca alla difesa «una ragionevole opportunità di sottoporre le sue ragioni davanti alle corti nazionali». Ma va sottolineato che la Corte richiede l'applicazione del principio del contraddittorio in modo che l'udienza sia "equa" secondo i canoni del processo civile *ex* art. 6, co. 1, C.e.d.u. nel rispetto dei diritti della difesa: perciò il processo di prevenzione italiano contrasta con l'art. 6, co. 1, C.e.d.u. proprio perché non garantisce l'assunzione della prova in contraddittorio, nemmeno secondo lo *standard* civilistico. Soprattutto, a differenza di quanto avviene in altri ordinamenti, nel sistema italiano la confisca senza condanna non ha ad oggetto soltanto determinate somme di denaro o singoli beni ma interi patrimoni e aziende, non limitandosi perciò a restituire quanto indebitamente percepito, secondo la finalità restitutoria ammessa dalla Corte europea, ma, in realtà, annientando il diritto di proprietà e la libertà di iniziativa economica[32].

Sconcerta che, fino al 2015, la legge italiana, consentendo l'applicazione disgiunta di misura personale e patrimoniale, fosse interpretata nel senso di prescindere dal requisito della pericolosità sociale del proposto per la confi-

---

[32] In riferimento alla nozione costituzionale di materia penale', una sentenza della Corte Suprema degli Stati uniti d'America, per la prima volta nella sua storia, dichiarò "*unconstitutionally vague*" (cioè indeterminata o imprecisa) una disposizione dell'*Immigration and Nationality Act* (*INA*) relativa all'espulsione dello straniero quale conseguenza amministrativa di una sentenza penale di condanna. La Corte suprema sottolineò il carattere afflittivo e punitivo dell'espulsione: «*a particularly severe penalty which may be af greater concern to a convicted alien than any potential jail sentence*» e che, quando consegue a una sentenza penale di condanna, è «*intimately related to the criminal process*» e richiede perciò di essere valutata con lo stesso criterio («*the same standard*») in rapporto alla garanzia accordata dai principi di legalità e determinatezza della legge penale (Corte suprema federale U.S.A., 17.4.2018, *Attorney general v. Dimaya*).

sca e quindi riconoscendo una pericolosità intrinseca della *res* confiscata e non quella del soggetto che di quella cosa aveva la titolarità o disponibilità. L'imposizione della confisca a prescindere dalla pericolosità del titolare o detentore, dato l'incontestabile carattere afflittivo e sostanzialmente punitivo delle misure di prevenzione, realizzava un'ablazione patrimoniale nei confronti di un soggetto che poteva essere estraneo al sodalizio criminoso o al reato e perfino in perfetta buona fede: una vera e propria sanzione patrimoniale inflitta, senza contraddittorio, ad un soggetto incolpevole. Il fatto che le misure di prevenzione patrimoniale potevano essere applicate prescindendo da un accertamento della pericolosità sociale del soggetto che aveva la titolarità o la disponibilità del bene da confiscare faceva sì che si applicasse una sanzione senza alcun titolo, andando contro il principio della personalità della responsabilità penale (art. 27, co. 1, Cost.), la finalità rieducativa della pena (art. 27, co. 3, Cost.), senza contraddittorio, nemmeno al più basso livello civilistico (art. 6 C.e.d.u.) e comunque contro il riconoscimento della proprietà privata, espropriata senza titolo.

Non era costituzionalmente né convenzionalmente ammissibile che, in assenza non solo di un accertamento di responsabilità penale ma persino anche di una semplice pericolosità sociale, la legge consentisse l'applicazione di misure preventive come la confisca, che, potendo comportare la definitiva ablazione anche dell'intero patrimonio o dell'azienda di un soggetto, erano certamente più afflittive delle sanzioni penali della multa e persino dell'omonima misura di sicurezza, la quale, a norma dell'art. 240, co. 1 e 2, c.p., colpisce solo determinati beni.

Come si è già detto, rendendosi conto della sicura incostituzionalità della legge, **le Sezioni Unite Spinelli del 2015**[33] **offrirono un'interpretazione costituzionalmente e convenzionalmente orientata della confisca di prevenzione**, ribadendo in maniera chiara la **necessità dell'accertamento della peri-**

---

[33] Cass., Sez. Un., c.c. 26.6.2014 (dep. 2.2.2015), Spinelli e altro, cit., affermano che «la confisca disgiunta non è istituto che ha introdotto nel nostro ordinamento una diretta *actio in rem*, restando imprescindibile il rapporto tra pericolosità sociale del soggetto e gli incrementi patrimoniali da lui conseguiti». Le stesse Sezioni Unite precisano che «ad assumere rilievo non è tanto la qualità di pericoloso sociale del titolare, in sé considerata, quanto piuttosto la circostanza che egli fosse tale al momento ... dell'acquisto del bene. Se così è, ... resta esaltata la funzione preventiva della confisca, in quanto volta a prevenire la realizzazione di ulteriori condotte costituenti reato, stante l'efficacia deterrente della stessa ablazione». Le Sezioni Unite confermano la natura della confisca quale misura di prevenzione, concludendo che «le novelle legislative non hanno inciso sulla tradizionale fisionomia della confisca di prevenzione, ..., è logico inferire che non v'è ragione di dubitare della persistente assimilabilità della misura di prevenzione patrimoniale alle misure di sicurezza e, dunque, della ritenuta applicabilità alla prima della previsione di cui all'art. 200 cod. pen Esclusa la natura sanzionatoria, non può dunque trovare applicazione, in *subiecta* materia, il principio di irretroattività di cui all'art. 2 cod. pen.».

colosità sociale al momento dell'acquisto del bene, anche se non più attuale al momento della decisione. In altre parole, le Sezioni Unite richiesero una **c.d. correlazione temporale**, cioè un «legame logico e temporale che deve intercorrere tra emergere della pericolosità e momento di acquisizione delle utilità da ablare».

Successivamente **le Sezioni unite Gattuso del 2017** stabilirono che, anche nel procedimento applicativo delle misure di prevenzione personali agli indiziati di "appartenere" ad una associazione di stampo mafioso, **è necessario accertare il requisito della "attualità" della pericolosità del preposto**[34]. Qualche pronuncia afferma pure che la pericolosità sociale del proposto debba essere valutata e desunta da un giudizio di abituale dedizione ad attività delittuose, basato su sentenze di condanna definitive o, anche, su procedimenti penali non definiti con sentenza irrevocabile, o conclusisi con sentenze di assoluzione o con declaratoria di improcedibilità per prescrizione, dovendosi escludere la ricostruzione della pericolosità basata sul condotte e comportamenti mai contestati in sede giudiziaria.

La tutela dei terzi in buona fede è approntata dall'art. 52 c.l.a.m.p.[35], che stabilisce che **la confisca non pregiudica i diritti di credito dei terzi che ri-**

---

[34] Cass., Sez. Un., 30.11.2017, Gattuso, n. 111, precisa che la pericolosità non può essere presunta, ma corroborata dalla «valorizzazione di specifici elementi di fatto» che sostengano la presunzione ed «evidenzino la natura strutturale dell'apporto, per effetto delle ragioni di collegamento espressamente enucleate sulla base degli atti, onde sostenere la connessione con la fase di applicazione della misura», per contro, «...occorre confrontarsi, al fine della valutazione di persistente pericolosità, con qualsiasi elemento di fatto suscettibile, anche sul piano logico, di mutare la valutazione di partecipazione al gruppo associativo, al di là della dimostrazione di un dato formale di recesso dalla medesima – anche lì dove sia possibile evocare astrattamente un recesso, che si può connettere solo ad attività partecipativa –, quale può ravvisarsi nel decorso di un rilevante periodo temporale o nel mutamento delle condizioni di vita, tali da renderle incompatibili con la persistenza del vincolo».

[35] Corte cost., sent. 11.2.2015, n. 94, ha dichiarato l'illegittimità costituzionale dell'art. 1, co. 198, L. 24.12.2012, n. 228, recante «Disposizioni per la formazione del bilancio annuale e pluriennale dello Stato (Legge di stabilità 2013)», nella parte in cui non include tra i soggetti legittimati a valersi della speciale procedura di accertamento dei crediti, ivi disciplinata, anche «i creditori privilegiati (ed in particolare i lavoratori dipendenti)». Corte cost., sent., 5.12.2018, n. 26, ha dichiarato anche l'illegittimità costituzionale dell'art. 1, co. 198, della stessa L. 24.12.2012, n. 228, limitatamente alle parole «muniti di ipoteca iscritta sui beni di cui al comma 194 anteriormente alla trascrizione del sequestro di prevenzione» e «Allo stesso modo sono soddisfatti i creditori che: a) prima della trascrizione del sequestro di prevenzione hanno trascritto un pignoramento sul bene; b) alla data di entrata in vigore della presente legge sono intervenuti nell'esecuzione iniziata con il pignoramento di cui alla lettera a)», con la conseguenza che anche i creditori non forniti di tali titoli possono ottenere tutela in giudizio. Corte cost. sent. 5.12.2018, n. 26/2019, ha dichiarato l'illegittimità costituzionale dell'art. 1, co. 198, della L. 24 dicembre 2012, n. 228, recante «Disposizioni per la formazione del bilancio annuale e pluriennale dello Stato (Legge di stabilità 2013)», limitatamente alle parole «muniti di ipoteca iscritta sui beni di cui al co. 194 anteriormente alla trascrizione del sequestro di prevenzione» e «Allo stesso modo sono soddisfatti i creditori che: a)

sultano da atti aventi data certa anteriore al sequestro, nonché i diritti reali di garanzia costituiti in epoca anteriore al sequestro, ove ricorrano le seguenti condizioni: a) che il proposto non disponga di altri beni sui quali esercitare la garanzia patrimoniale idonea al soddisfacimento del credito, salvo che per i crediti assistiti da cause legittime di prelazione su beni sequestrati; b) che il credito non sia strumentale all'attività illecita o a quella che ne costituisce il frutto o il reimpiego, sempre che il creditore dimostri la buona fede e l'inconsapevole affidamento; c) nel caso di promessa di pagamento o di ricognizione di debito, che sia provato il rapporto fondamentale; d) nel caso di titoli di credito, che il portatore provi il rapporto fondamentale e quello che ne legittima il possesso. Nella valutazione della buona fede, il tribunale tiene conto delle condizioni delle parti, dei rapporti personali e patrimoniali tra le stesse e del tipo di attività svolta dal creditore, anche con riferimento al ramo di attività, alla sussistenza di particolari obblighi di diligenza nella fase precontrattuale nonché, in caso di enti, alle dimensioni degli stessi. La confisca definitiva di un bene determina lo scioglimento dei contratti aventi ad oggetto un diritto personale di godimento o un diritto reale di garanzia, nonché l'estinzione dei diritti reali di godimento sui beni stessi[36].

La "riforma Cartabia" ha creato un inedito e improprio canale di comunicazione tra procedimento penale e di prevenzione. Infatti, l'art. 578 *ter* è stato modificato e ora prevede che, **se vi sono beni in sequestro, la Corte, nel dichiarare l'improcedibilità dell'azione penale, dispone la confisca quando è obbligatoria, anche se non è pronunciata condanna** (ad es. per le cose la fabbricazione, l'uso, il porto, la detenzione o l'alienazione costituisce reato, *ex* art. 240, co. 2, n. 2, c.p.). **Nei casi, invece, in cui la confisca è discrezionale, il giudice dell'impugnazione, nel dichiarare l'azione penale improcedibile, deve disporre, con ordinanza motivata ma inoppugnabile, la trasmissione degli atti al procuratore della Repubblica presso il capoluogo del distretto o al procuratore nazionale antimafia e antiterrorismo, competenti a proporre le misure patrimoniali antimafia e di prevenzione**. Il sequestro disposto nel procedimento penale a fini di confisca (ovviamente, soltan-

prima della trascrizione del sequestro di prevenzione hanno trascritto un pignoramento sul bene; b) alla data di entrata in vigore della presente legge sono intervenuti nell'esecuzione iniziata con il pignoramento di cui alla lettera a)».

[36] Le Sezioni unite hanno escluso che la cessione, avvenuta dopo la trascrizione del provvedimento di sequestro o di confisca di prevenzione, del credito ipotecario precedentemente insorto determini o meno di per sé uno stato di mala fede in capo al nuovo titolare, come tale preclusivo dell'ammissibilità della sua ragione creditoria, potendo il terzo cessionario del credito ipotecario oggetto del sequestro o della confisca di prevenzione dimostrare la propria buona fede (Cass., Sez. Un., c.c. 31.5.2018, Island Refinancing s.r.l., in *Cass. pen.*, 2018, p. 3611).

to il sequestro preventivo può essere convertito in confisca di prevenzione, non certo quello probatorio o conservativo) cessa di avere effetto se, entro novanta giorni dall'ordinanza di trasmissione degli atti, non è disposto il sequestro di prevenzione *ex* art. 20 c.l.a.m.p. o il sequestro urgente a norma dell'art. 22 c.l.a.m.p. (art. 578 *ter*). Come si vede, al fine di alleggerire il procedimento penale dichiarato improcedibile e nonostante la declaratoria di improcedibilità dell'azione penale, che impedisce ogni atto diverso dalla medesima declaratoria, nel procedimento di prevenzione prosegue l'ultravigenza del sequestro preventivo e la decisione sulla confisca, preclusa al giudice penale, è attribuita al giudice della prevenzione, al quale sono trasmessi tutti gli atti (del fascicolo dibattimentale, ma nessuna norma impedisce al pubblico ministero di acquisire anche gli atti dell'istruzione di prevenzione). In questo modo, il sequestro preventivo mantiene vigore, su un fatto non definitivamente accertato, per novanta giorni, che possono scadere anche dopo la formazione del giudicato penale. Ma soprattutto l'ablazione cautelare può essere in questo modo impropriamente trasformata in ablazione di prevenzione, che ha presupposti ben diversi.

Sono misure patrimoniali cautelari la cauzione e le garanzie reali.

Il tribunale applica **la cauzione**, prescrivendo che la persona sottoposta alla misura personale versi presso la cassa delle ammende una somma, a titolo di cauzione, di entità che, tenuto conto anche delle sue condizioni economiche e dell'eventuale sequestro, costituisca un'efficace remora alla violazione delle prescrizioni imposte.

La cauzione può essere sostituita, su istanza dell'interessato, dalla presentazione di idonee garanzie reali (art. 31 c.l.a.m.p.). In caso di violazione degli obblighi o dei divieti derivanti dall'applicazione della misura di prevenzione, il tribunale dispone la confisca della cauzione oppure che si proceda ad esecuzione sui beni costituiti in garanzia, sino a concorrenza dell'ammontare della cauzione (art. 32 c.l.a.m.p.).

Al fine di impedire l'inquinamento mafioso del libero mercato è prevista la **misura patrimoniale dell'amministrazione giudiziaria**.

Nei confronti dei soggetti indicati nell'art. 4, co. 1, lett. *c*, *d*, *e*, *f*, *g* ed *h*, c.l.a.m.p. il tribunale può aggiungere alla misura della sorveglianza speciale di pubblica sicurezza, quella dell'amministrazione giudiziaria dei beni personali, esclusi quelli destinati all'attività professionale o produttiva, quando ricorrono sufficienti indizi che la libera disponibilità dei medesimi agevoli comunque la condotta, il comportamento o l'attività socialmente pericolosa. Il tribunale può applicare soltanto l'amministrazione giudiziaria se ritiene che essa sia sufficiente ai fini della tutela della collettività (art. 33 c.l.a.m.p.). Quando ricorrono sufficienti elementi per ritenere che il libero esercizio delle attività economiche, comprese quelle imprenditoriali, sia direttamente o indirettamente, sottoposto alle condizioni di intimidazione o di assoggettamento previste dall'art. 416 *bis* c.p. o possa comunque agevolare l'attività delle persone nei confronti delle quali è stata proposta o applicata una delle misure di prevenzione personale o patrimoniale, ovvero di persone sottoposte a procedimento penale per taluno dei delitti di cui all'art. 4, co. 1, lett. a, *b* e *i bis*, c.l.a.m.p. ovvero per i delitti previsti dagli artt. 603 *bis*, 629, 644, 648 *bis* e 648 *ter* c.p. e non ricorrono i presupposti per l'applicazione delle misure di prevenzione patrimoniale, il tribunale dispone l'amministrazione giudiziaria delle aziende o dei beni utilizzabili, direttamente o indirettamente, per lo svolgimento delle predette attività economiche (art. 34 c.l.a.m.p.).

Allo stesso fine di fronteggiare il pericolo di infiltrazioni mafiose è prevista la più blanda **misura patrimoniale del controllo giudiziario delle aziende**, che può essere disposto quando risulta soltanto «occasionale» l'agevolazione delle persone socialmente pericolose di cui al menzionato art. 34 c.l.a.m.p. In questo caso il tribunale dispone, anche d'ufficio, il controllo giudiziario delle attività economiche e delle aziende, se sussistono circostanze di fatto da cui si possa desumere il pericolo concreto di infiltrazioni mafiose idonee a condizionarne l'attività. Il controllo giudiziario è adottato dal tribunale per un periodo non inferiore a un anno e non superiore a tre anni. Con il provvedimento che lo dispone, il tribunale può: a) imporre nei confronti di chi ha la proprietà, l'uso o l'amministrazione dei predetti beni e delle aziende l'obbligo di comunicare al questore e al nucleo di polizia tributaria dell'impresa, gli atti di disposizione, di acquisto o di pagamento effettuati, gli atti di pagamento ricevuti, gli incarichi professionali, di amministrazione o di gestione fiduciaria ricevuti e gli altri atti o contratti indicati dal tribunale. Tale obbligo deve essere assolto entro dieci giorni dal compimento dell'atto e comunque entro il 31 gennaio di ogni anno per gli atti posti in essere nell'anno precedente; b) nominare un giudice delegato e un amministratore giudiziario, il quale riferisce periodicamente, almeno bimestralmente, gli esiti dell'attività di controllo al giudice delegato e al pubblico ministero. Con il provvedimento di nomina, il tribunale stabilisce i compiti dell'amministratore giudiziario finalizzati alle attività di controllo e può imporre l'obbligo: a) di non cambiare la sede, la denominazione e la ragione sociale, l'oggetto sociale e la composizione degli organi di amministrazione, direzione e vigilanza e di non compiere fusioni o altre trasformazioni, senza l'autorizzazione da parte del giudice delegato; b) di adempiere ai doveri informativi nei confronti dell'amministratore giudiziario; c) di informare preventivamente l'amministratore giudiziario circa eventuali forme di finanziamento della società da parte dei soci o di terzi; d) di adottare ed efficacemente attuare altre misure organizzative, anche ai sensi degli artt. 6, 7 e 24 *ter*, d.lgs. 8.6.2001, n. 231; e) di assumere qualsiasi altra iniziativa finalizzata a prevenire specificamente il rischio di tentativi di infiltrazione o condizionamento mafiosi. Per verificare il corretto adempimento dei citati obblighi, il tribunale può autorizzare gli ufficiali e gli agenti di polizia giudiziaria ad accedere presso gli uffici dell'impresa nonché presso uffici pubblici, studi professionali, società, banche e intermediari mobiliari al fine di acquisire informazioni e copia della documentazione ritenute utili. Nel caso in cui venga accertata la violazione di una o più prescrizioni ovvero ricorrano i presupposti dell'amministrazione giudiziaria dei beni, il tribunale può disporla. Il titolare dell'attività economica sottoposta al controllo giudiziario può proporre istanza di revoca. In tal caso il tribunale fissa l'udienza entro dieci giorni dal deposito dell'istanza e provvede nelle forme di cui all'art. 127. All'udienza partecipano il giudice delegato, il pubblico ministero e, ove nominato, l'amministratore giudiziario (art. 34 *bis* c.l.a.m.p.).

11. L'interdittiva antimafia

Anche l'informazione antimafia interdittiva è una misura di natura cautelare e preventiva che presidia la libera concorrenza tra le imprese, il buon andamento e l'imparzialità della pubblica amministrazione. Essa determina una particolare forma di incapacità giuridica, e dunque la insuscettività del soggetto (persona fisica o giuridica) che di esso è destinatario ad essere titolare di quelle situazioni giuridiche soggettive (diritti soggettivi, interessi legittimi) che determinino (sul proprio c.d. lato esterno) rapporti giuridici con la Pubblica Amministrazione[37].

La c.d. "interdittiva antimafia" è un provvedimento amministrativo emesso dal Prefetto, a scopo preventivo, che attesta la sussistenza o meno di una delle cause di decadenza, di sospensione o di divieto o di eventuali tentativi di infiltrazione mafiosa tendenti a condizionare le scelte e gli indirizzi delle società o imprese interessate (art. 84, co. 3 c.l.a.m.p.).

Al fine di evitare che al mercato delle commesse pubbliche possano partecipare imprese in "odore di mafia" o che le stesse possano beneficiare di erogazioni pubbliche, l'art. 83 c.l.a.m.p. prescrive che la pubblica amministrazione e gli enti pubblici, prima di stipulare, approvare o autorizzare contratti e subcontratti relativi a lavori, servizi e forniture pubblici o rilasciare o consentire i provvedimenti di cui all'art. 67 c.l.a.m.p., debbano acquisire la menzionata documentazione antimafia. Le situazioni relative ai tentativi di infiltrazione mafiosa che danno luogo all'adozione dell'informativa antimafia

[37] Consiglio di Stato, Ad. Plen., 6.4.2018, n. 3.

interdittiva sono desunte dai provvedimenti che dispongono una misura cautelare o il giudizio, ovvero che recano una condanna anche non definitiva per taluni delitti, dalla proposta o dal provvedimento di applicazione di taluna delle misure di prevenzione o da altri accertamenti (art. 84, co. 4, c.l.a.m.p.). La decisione del prefetto è quindi ampiamente discrezionale perché priva di alcun presupposto e tanto meno dei criteri di esercizio, senza nemmeno dover valutare l'impatto della sospensione dell'attività economica svolta sul sostentamento personale e familiare del soggetto riguardato, per cui sconfina nell'arbitrio, peraltro proveniente da un soggetto privo delle garanzie di indipendenza tipiche dell'autorità giudiziaria. L'interdittiva ha natura necessariamente provvisoria e temporanea, essendone la validità limitata a dodici mesi *ex* art. 86, co. 2, c.l.a.m.p., per cui il prefetto è tenuto ad aggiornare l'esito dell'informazione al venir meno delle circostanze rilevanti per l'accertamento dei tentativi di infiltrazione mafiosa e ciò può fare anche su «documentata richiesta dell'interessato», a norma dell'art. 91, co. 5, c.l.a.m.p.[38].

12. Le impugnazioni

Gli artt. 10 e 27 c.l.a.m.p. disciplinano le impugnazioni, rispettivamente, in materia di misure di prevenzione personale e patrimoniale, prevedendo il **«ricorso» sia in appello sia in cassazione**.

L'art. 10, co. 4, c.l.a.m.p., in materia di **misure di prevenzione personale**, prescrive che, «salvo quanto è stabilito nel presente decreto», per la proposizione e la decisione dei ricorsi si osservano, «in quanto applicabili», le norme del codice di procedura penale «riguardanti la proposizione e la decisione dei ricorsi relativi all'applicazione delle misure di sicurezza». Ma, poiché il citato art. 10 detta una disciplina speciale articolata nel ricorso alla Corte d'appello ed alla Corte di cassazione, l'operatività delle più generali disposizioni del codice di procedura penale riguardanti le impugnazioni contro i provvedimenti riguardanti le misure di sicurezza (cioè l'art. 680) è destinata a subentrare solo in caso di lacuna della disciplina speciale. È

[38] Cass., sez. I, 15.6.2022, n. 42646, Derenzo, ha chiarito che la definitività del provvedimento prefettizio di interdizione antimafia, a seguito del rigetto dell'impugnazione da parte del giudice amministrativo, non determina la stabilità e intangibilità dell'interdizione, né preclude *sine die* all'azienda di contrattare con l'Amministrazione. Ne deriva quindi che decorso il termine di un anno dall'emanazione di un precedente atto a effetto interdittivo, il prefetto deve aggiornare la propria valutazione in ordine alla situazione di infiltrazione mafiosa e adottare un'informativa liberatoria nel caso in cui sia venuto meno il pericolo di condizionamento, ovvero dovrà emettere una nuova informativa interdittiva, ove permangano le circostanze rilevanti in tal senso.

ovvio che, se nemmeno alla luce dell'art. 680 si dovesse risolvere il dubbio interpretativo, è giocoforza ricorrere ai principi generali in tema di impugnazioni.

Riguardo alle misure patrimoniali, l'art. 27, co. 1, c.l.a.m.p. regola le impugnazioni contro i provvedimenti con i quali il tribunale dispone la confisca dei beni sequestrati[39], l'applicazione, il diniego o la revoca del sequestro, il rigetto della richiesta di confisca anche qualora non sia stato precedentemente disposto il sequestro ovvero la restituzione della cauzione o la liberazione delle garanzie o la confisca della cauzione o l'esecuzione sui beni costituiti in garanzia, stabilendo che tali provvedimenti sono comunicati senza indugio, ai fini dell'impugnazione, al Procuratore generale presso la Corte d'appello, al Procuratore della Repubblica e agli interessati, ed ovviamente ai loro difensori.

Il procedimento di gravame per le misure patrimoniali di prevenzione è disciplinato, per espressa previsione dell'art. 27, co. 2, c.l.a.m.p., **dalle norme che regolano le impugnazioni dei provvedimenti applicativi di una misura personale di prevenzione** di cui all'art. 10 del medesimo codice.

È pacifico che anche nel procedimento di prevenzione vige il **principio di tassatività delle impugnazioni**, per cui si esclude che possano essere impugnati provvedimenti diversi da quelli specificamente dichiarati impugnabili[40]. Sono ovviamente inoppugnabili i provvedimenti relativi alla competenza che possono dar luogo a conflitti, in analogia a quanto prevede l'art. 568, co. 2.

In passato si riteneva in giurisprudenza che l'istituto dell'**appello incidentale** fosse applicabile anche nel procedimento di prevenzione al fine di deflazionare il ricorso ad impugnazioni pretestuose, possibili anche in questa materia in considerazione non solo della gradualità della durata delle stesse, ma anche per il maggiore o minore grado di afflittività delle medesime. Ma ora l'appello incidentale è riservato all'imputato ed è collocato fra le disposizioni concernenti l'appello, mentre l'art. 10, co. 4, c.l.a.m.p. rinvia, per quanto non previsto, alle norme relative all'applicazione delle misure di sicurezza, attualmente contenute negli artt. 679 e 680 e quest'ultimo, a sua volta, rinvia alle «disposizioni generali sulle impugnazioni», escludendo, quindi, ogni possibilità di richiamo delle regole proprie dei singoli mezzi di impugnazione, come è appunto l'art. 595.

---

[39] Cass., Sez. Un., 23.2.2017, p.m. in proc. Yang, cit., considera appellabile il decreto con cui il giudice rigetta la richiesta del pubblico ministero di applicazione della misura di prevenzione patrimoniale della confisca, anche qualora non preceduta da sequestro.

[40] Cass., Sez. Un., 26.10.1985, Giovinazzo, affermò il principio dell'ammissibilità dell'impugnazione soltanto nei confronti del provvedimento definitivo che dispone la confisca.

Il decreto del Tribunale, che decide sulla proposta, è comunicato al Procuratore della Repubblica, al Procuratore generale presso la Corte d'appello, all'interessato ed al suo difensore, per consentire loro l'impugnazione (art. 8, co. 8, c.l.a.m.p.).

La lacunosa disciplina fa sorgere qualche dubbio riguardo all'**impugnabilità soggettiva**. In grado d'appello sono legittimati al ricorso il Procuratore della Repubblica, il Procuratore generale presso la Corte d'appello, l'interessato e il suo difensore, a norma dell'art. 10, co. 1, c.l.a.m.p., mentre la titolarità del ricorso in cassazione spetta al «pubblico ministero, all'interessato ed al suo difensore» (art. 10, co. 3, c.l.a.m.p.), ma, nonostante la formula, la legittimazione non può che competere al solo difensore iscritto all'albo delle magistrature superiori, oltre al pubblico ministero.

L'interessato ha un diretto ed immediato potere dispositivo sul meccanismo delle impugnazioni perché può togliere effetto all'impugnazione proposta dal difensore (art. 571, co. 4), sia nominare un nuovo difensore all'espresso fine di impugnare.

Ovviamente per proporre ricorso «è necessario avervi interesse», come stabilisce l'art. 568, co. 4. Pertanto, il Procuratore della Repubblica e il Procuratore generale possono impugnare sia i provvedimenti di accoglimento della proposta sia quelli di rigetto, quali che siano state le conclusioni del pubblico ministero intervenuto all'udienza. L'interessato, invece, ha **interesse ad impugnare** solo i decreti di accoglimento. È principio generale, applicabile anche nel procedimento di prevenzione, che il Procuratore generale può proporre impugnazione «nonostante l'impugnazione o l'acquiescenza del pubblico ministero presso il giudice che ha emesso il provvedimento» (art. 570, co. 1.).

È pacifico che l'**effetto estensivo** non può trovare cittadinanza nel processo di prevenzione in mancanza dei presupposti essenziali dell'istituto, il quale è dettato in tema di concorso di persone nel reato o di riunione di procedimenti penali o di rapporti tra impugnazioni dell'imputato, del responsabile civile e della persona civilmente obbligata per la pena pecuniaria.

L'**effetto sospensivo non opera riguardo alle impugnazioni contro le misure di prevenzione personale**, essendo espressamente bandito dall'art. 10, co. 2 e 3, c.l.a.m.p. La *ratio* di tale previsione di natura eccezionale rispetto al principio generale delle impugnazioni penali – racchiuso nell'art. 588, co. 1 – trova spiegazione nella finalità di difesa sociale della legislazione di prevenzione, in modo che il giudice di primo grado possa mettere in esecuzione la misura personale *ante delictum* pure in pendenza del ricorso dell'interessato e senza dover attendere la formazione del giudicato, proprio per incidere in modo immediato e perciò efficace sulle condotte ritenute sintomatiche di pericolosità sociale.

Invece, **l'impugnazione contro le misure di prevenzione patrimoniale ha effetto sospensivo**. Infatti, secondo l'art. 27, co. 2, c.l.a.m.p. l'impugnazione avverso i provvedimenti del tribunale che dispongono la confisca dei beni sequestrati, la confisca della cauzione o l'esecuzione sui beni costituiti in garanzia «diventano esecutivi con la definitività delle relative pronunce».

Secondo il co. 3 dello stesso art. 27 c.l.a.m.p., i provvedimenti del tribunale che dispongono la revoca del sequestro divengono esecutivi dieci giorni dopo la comunicazione alle parti, salvo che il pubblico ministero, entro tale termine, ne chieda la sospensione alla Corte d'appello. In tal caso, se la Corte entro dieci giorni dalla sua presentazione non accoglie la richiesta, il provvedimento diventa esecutivo; altrimenti l'esecutività resta sospesa fino a quando nel procedimento di prevenzione sia intervenuta pronuncia definitiva in ordine al sequestro. Infine, il provvedimento che, accogliendo la richiesta del pubblico ministero, sospende l'esecutività può essere in ogni momento revocato dal giudice che procede.

I provvedimenti della Corte d'appello che, in riforma del decreto di confisca emesso dal tribunale, dispongono la revoca del sequestro divengono esecutivi dieci giorni dopo la comunicazione alle parti, salvo che il Procuratore generale, entro tale termine, ne chieda la sospensione alla medesima Corte d'appello. In tal caso, se la Corte entro dieci giorni dalla sua presentazione non accoglie la richiesta, il provvedimento diventa esecutivo; altrimenti l'esecutività resta sospesa fino a quando nel procedimento di prevenzione sia intervenuta pronuncia definitiva (art. 27, co. 3 *bis*, c.l.a.m.p.).

È pacifica l'operatività dell'**effetto devolutivo del ricorso**. Pertanto trova applicazione il principio *tantum devolutum quantum appellatum*, sancito dall'art. 597, co. 1, secondo cui l'impugnazione attribuisce al giudice di secondo grado la cognizione del procedimento «limitatamente ai punti della decisione ai quali si riferiscono i motivi proposti» e di conseguenza la Corte d'appello può riesaminare il decreto impugnato limitatamente ai punti della decisione oggetto dell'impugnazione.

È controversa l'applicabilità nel processo di prevenzione del **divieto di *reformatio in peius*** della decisione di primo grado, che, com'è noto, vige nel processo penale *ex* art. 597, co. 3, nel caso sia appellante soltanto l'imputato. La Corte di cassazione ne ha riconosciuto da tempo l'operatività nel processo di prevenzione personale, considerandolo un principio generale del processo. Non esistono, infatti, ostacoli, né logici né giuridici, a ritenere che, in mancanza di impugnazione da parte del pubblico ministero, la Corte d'appello non possa applicare una misura, personale o reale, più grave, per specie o quantità, rispetto al provvedimento impugnato dall'interessato.

Quanto ai **termini ed alle modalità per le impugnazioni**, l'art. 10, co. 2 e 3, c.l.a.m.p., stabilisce che la presentazione del ricorso in appello e in cassazione deve avvenire entro dieci giorni dalla comunicazione o notificazione del provvedimento, termine da intendersi a pena di inammissibilità, a causa del rinvio alle norme del codice di procedura penale operato dal successivo co. 4 della stessa disposizione e quindi, in particolare, all'art. 591, co. 1, lett. *c*. Qualora la comunicazione del provvedimento all'interessato ed al difensore avvenga in tempi diversi, trova applicazione l'art. 585, co. 3, secondo il quale la decorrenza è determinata dall'ultima delle comunicazioni o notificazioni.

Poiché si applicano nel processo di prevenzione le **regole generali concernenti le impugnazioni**, non vi è dubbio sull'operatività anche dell'art. 175, co. 1, e, quindi, deve ritenersi ammessa la restituzione nel termine a favore del pubblico ministero, delle parti private e dei difensori, se provano di non averlo potuto osservare per caso fortuito o per forza maggiore.

Per la **presentazione dell'impugnazione** le regole generali *ex* art. 680, co. 3, impongono di osservare le modalità descritte nell'art. 582, co. 1, cioè l'atto di impugnazione deve essere presentato mediante deposito con modalità telematiche nella cancelleria del giudice che ha emesso il provvedimento impugnato o le altre disposizioni più favorevoli all'impugnante (ad esempio, la dichiarazione al direttore dell'istituto ove il proposto è detenuto o internato, *ex* art. 123, co. 1). L'atto d'impugnazione deve essere comunicato al pubblico ministero e notificato alle parti private «senza ritardo», a norma dell'art. 584, al fine di consentire una conoscenza dell'intervenuto gravame pure alla controparte, anche se, come abbiamo detto, deve escludersi la proponibilità dell'appello incidentale.

L'atto di impugnazione deve essere motivato, a pena di inammissibilità. Infatti, nonostante il silenzio dell'art. 10 c.l.a.m.p., il richiamo alle regole sulle impugnazioni previste per le misure di sicurezza e, quindi, alla disciplina generale in materia impone l'osservanza del principio generale per cui qualsiasi impugnazione deve essere supportata dai motivi che la sostengono. I motivi devono essere specifici, a pena di inammissibilità, come prescrive in generale per l'atto di impugnazione l'art. 581, co. 1, lett. *d*, il quale, com'è noto, esige l'enunciazione specifica dei «capi o dei punti della decisione» ai quali si riferisce l'impugnazione, delle «prove delle quali si deduce l'inesistenza, l'omessa assunzione o l'omessa o erronea valutazione», delle «richieste, anche istruttorie e dei motivi «con l'indicazione delle ragioni di diritto e degli elementi di fatto che sorreggono ogni richiesta». Inoltre, l'appello è inammissibile per mancanza di specificità dei motivi quando, per ogni richiesta, non sono enunciati in forma puntuale ed esplicita i rilievi critici in relazione alle ragioni di fatto o di diritto espresse nel provvedimento impugnato, con riferimento ai capi e punti della decisione ai quali si riferisce l'impugnazione (co. 1 *bis*). Con l'atto d'impugnazione delle parti private e dei difensori è depositata, a pena d'inammissibilità, la dichiarazione o elezione di domicilio, ai fini della notificazione del decreto di citazione a giudizio (co. 1 *ter*). Nel caso di proposto rispetto al quale si è proceduto in assenza, con l'atto d'impugnazione del difensore è depositato, a pena d'inammissibilità, specifico mandato ad impugnare, rilasciato dopo la pronuncia della sentenza e contenente la dichiarazione o l'elezione di domicilio del proposto, ai fini della notificazione del decreto di citazione a giudizio (co. 1 *quater*).

È pacifico che nel processo di prevenzione trova applicazione la regola generale dell'art. 591 che nel processo penale di cognizione detta le cause di **inammissibilità dell'impugnazione**. L'impugnazione è, dunque, inammissibile quando è proposta da chi non è legittimato o non ha interesse, quando il provvedimento non è impugnabile o quando non sono osservate le disposizioni degli artt. 581, 582, 585, 586 Competente a giudicare dell'ammissibilità è il giudice dell'impugnazione, il quale decide con ordinanza ricorribile in cassazione, a norma dell'art. 591, co. 2 e 3. L'inammissibilità, quando non è stata rilevata dal giudice dell'impugnazione, può essere dichiarata in ogni stato e grado del procedimento, come prescrive l'art. 591, co. 4.

13. L'appello

Il Procuratore della Repubblica, il Procuratore generale, l'interessato e il suo difensore possono proporre **«ricorso» alla Corte d'appello, «anche per il merito» contro i provvedimenti che hanno deciso in materia di misure di prevenzione personale o patrimoniale**[41].

---

[41] Le Sezioni unite della Corte di cassazione chiarirono che il provvedimento con cui il tribunale competente per le misure di prevenzione neghi l'applicazione del controllo giudiziario richiesto *ex* art. 34 *bis*, co. 6, d.lgs. 6.9.2011, n. 159, è impugnabile con ricorso alla corte di appello anche per il merito (Cass., Sez. Un., 26.9.2019, (dep. 19.11.2019), Ricchiuto, n. 46898). La Corte di legittimità ha anche riconosciuto che il principio del doppio grado di impugnazione, di cui agli artt. 10 e 27 c.l.a.m.p. è applicabile anche al decreto del tribunale di prevenzione che, in sede di gestione, abbia disposto la cessazione dell'attività e la vendita dei beni strumentali (Cass., sez. II, 9.7.2020, Spada, n. 28922). Si afferma pure che la Prefettura non è parte nel procedimento di prevenzione, perché la parte pubblica del procedimento di prevenzione, titolare del potere di introdurre l'atto di impugnazione avverso una decisione terminativa del procedimento, è identificata dal legislatore nel Procuratore della Repubblica e nel Procuratore Generale con esclusione di altri soggetti pubblici. Né a conclusioni diverse può pervenirsi in riferimento al fatto che la Prefettura sia stata coinvolta nella trattazione preliminare della domanda della società destinataria della informazione interdittiva (Cass., sez. I, 30.1.2020, n.8084). L'obbligo per il prefetto di comunicare all'interessato l'avvio del procedimento per l'emissione di un'interdittiva antimafia vale solo per i procedimenti iniziati dopo l'entrata in vigore del d.l. 6.11.2021, n. 152 (Cons. Stato, 21.6.2022, n. 5086).

Al termine del procedimento di primo grado il Procuratore della Repubblica forma un fascicolo nel quale vengono raccolti «tutti gli elementi investigativi e probatori» eventualmente sopravvenuti dopo la decisione del tribunale. Gli atti inseriti nel predetto fascicolo sono portati immediatamente a conoscenza delle parti, mediante deposito nella segreteria del Procuratore generale (art. 10, co. 1 *bis* c.l.a.m.p.). Il Procuratore della Repubblica, senza ritardo, trasmette il proprio fascicolo al Procuratore generale presso la Corte d'appello competente per il giudizio di secondo grado.

Come detto, **il ricorso non ha effetto sospensivo per quanto riguarda l'applicazione delle misure personali** (art. 10, co. 2, c.l.a.m.p.), mentre **i provvedimenti che dispongono la confisca dei beni sequestrati, la confisca della cauzione o l'esecuzione sui beni costituiti in garanzia diventano esecutivi con la definitività delle relative pronunce**, *ex* art. 27, co. 2, c.l.a.m.p.

Il giudizio d'appello si svolge davanti alla Corte d'appello con l'osservanza, in quanto applicabili, delle disposizioni di cui all'art. 666[42]. Infatti, l'art. 10, co. 4, c.l.a.m.p. stabilisce che, per la proposizione e la decisione dei ricorsi, si osservano, «in quanto applicabili», le norme del codice di procedura penale relative all'applicazione delle misure di sicurezza. Pertanto, il presidente della Corte provvede a fissare la data dell'udienza in camera di consiglio e a farne dare avviso almeno dieci giorni prima, comunicandolo al pubblico ministero e notificandolo all'interessato e al suo difensore, a norma dell'art. 666, co. 3. Alla luce del dettato normativo di cui all'art. 10, co. 2, c.l.a.m.p. che recepisce la pronuncia della Corte cost. n. 93 del 2010, l'avviso *de quo* deve contenere anche l'avvertimento che, su istanza dell'interessato, l'udienza potrà svolgersi anche alla presenza del pubblico[43].

La Corte d'appello provvede con la partecipazione necessaria del difensore e del pubblico ministero e sentito personalmente il proposto che ne abbia fatto richiesta, come si può argomentare dall'art. 666, e, se egli è detenuto o internato in luogo posto fuori della circoscrizione del giudice e ne fa tempestiva richiesta, si procede mediante collegamento a distanza, quando una particolare disposizione di legge lo prevede o quando l'interessato vi consente. Tuttavia, se è detenuto o internato in luogo posto fuori della circo-

---

[42] Corte cost., sent. 19.5.2014, n. 135, dichiarò l'illegittimità costituzionale degli artt. 666, co. 3, 678, co. 1, e 679, co. 1 «nella parte in cui non consentono che, su istanza degli interessati, il procedimento per l'applicazione delle misure di sicurezza si svolga, davanti al magistrato di sorveglianza e al tribunale di sorveglianza, nelle forme dell'udienza pubblica».

[43] Corte cost., sent. 8.3.2010, n. 93, aveva dichiarato l'illegittimità costituzionale, in riferimento all'art. 117, co. 1, Cost., dell'art. 4, L. n. 1423 del 1956 e dell'art. 2 *ter*, L. n. 575 del 1965 [oggi artt. 7 e 10, c.l.a.m.p.], nella parte in cui non consentivano, su istanza degli interessati, che il procedimento per l'applicazione delle misure di prevenzione si svolgesse, davanti al Tribunale e alla Corte d'appello, nelle forme dell'udienza pubblica.

scrizione del giudice e non consente all'audizione mediante collegamento a distanza, l'interessato è sentito prima del giorno dell'udienza dal magistrato di sorveglianza del luogo, salvo che il giudice ritenga di disporre la traduzione (art. 27, co. 4, c.l.a.m.p.).

I poteri del giudice d'appello sono regolati dall'art. 597, co. 1 e 2, lett. *a* e *b*. Di conseguenza, per l'effetto devolutivo, **il giudice di secondo grado deve prendere cognizione del decreto impugnato limitatamente ai punti della decisione ai quali si riferiscono i motivi proposti**. Se sussistono i presupposti di cui all'art. 603, è consentita la **rinnovazione dell'istruzione probatoria**. In tal caso è stato sostenuto che il combinato disposto degli artt. 666, co. 5 e 185 disp. att. c.p.p. consentirebbero una libertà di forme di acquisizione probatoria. Tuttavia, è lecito dubitare della fondatezza di tale tesi, dal momento che l'art. 111, co. 2, Cost. e 6 C.e.d.u. impongono in «ogni processo» il contraddittorio tra le parti, in condizioni di parità, davanti a giudice terzo e imparziale. Da ciò discende che l'assunzione della prova deve avvenire in modo da rispettare tale modalità paritaria, come, d'altra parte, esige la Corte europea dei diritti dell'uomo.

La decisione della Corte d'appello, quando appellante è solo il proposto, deve rispettare il **divieto di *reformatio in peius*** di cui all'art. 597, co. 3, principio generale in tema di impugnzioni.

La giurisprudenza esclude correttamente la possibilità di una domanda di sequestro oggettivamente "nuova" in sede di impugnazione, fondando la conclusione sui principi generali che regolano le impugnazioni e l'*ordo iudiciorum*.

Analogamente a quanto dispone l'art. 603, co. 3 *bis*, deve ritenersi che **nel caso di appello del pubblico ministero contro un decreto che non ha applicato la misura proposta per motivi attinenti alla valutazione della prova dichiarativa, la Corte d'appello debba disporre la rinnovazione dell'istruzione dibattimentale** nei soli casi di prove dichiarative assunte in udienza nel corso del giudizio dibattimentale di primo grado.

Il decreto motivato contenente la decisione d'inammissibilità, conferma o riforma, deve essere depositato in cancelleria entro il termine di trenta giorni dalla proposizione del ricorso. Come detto, la giurisprudenza afferma che tale termine ha natura meramente ordinatoria e quindi la sua inosservanza non ha alcun effetto sulla validità della decisione, alla stregua del principio generale di tassatività delle cause di nullità o di efficacia dei provvedimenti giudiziari. Ma detto indirizzo interpretativo deve essere rivisto in tema di provvedimenti di prevenzione di natura reale, in ragione di quanto disposto all'art. 27, co. 6, c.l.a.m.p., il quale prevede che il provvedimento di confisca perde efficacia se la Corte d'appello non deposita la motivazione del decreto entro un anno e sei mesi dal deposito del ricorso.

La Corte d'appello, inoltre, annulla il decreto di primo grado qualora riconosca che il tribunale era incompetente territorialmente ovvero qualora la proposta sia stata avanzata da soggetti non legittimati a norma dell'art. 5 c.l.a.m.p. e le relative doglianze siano riproposte nei motivi di impugnazione ed ordina la trasmissione degli atti al procuratore della Repubblica competente. La declaratoria di incompetenza non produce l'inefficacia degli elementi già acquisiti (art. 10, co. 2 *bis* e 2 *ter*, c.l.a.m.p.). In caso di conferma del decreto impugnato, la Corte d'appello pone a carico della parte privata che ha proposto l'impugnazione il pagamento delle spese processuali (art. 10, co. 2 *quater*, c.l.a.m.p.).

Nel caso di annullamento del decreto di confisca con rinvio al tribunale il termine di un anno e sei mesi di efficacia del decreto di sequestro decorre nuovamente dalla ricezione degli atti presso la cancelleria del tribunale stesso (art. 27, co.6 *bis*, c.l.a.m.p.).

14. Il ricorso

Avverso il decreto della Corte d'appello sulle misure di prevenzione personali e patrimoniali è ammesso **ricorso in cassazione ma soltanto «per violazione di legge» da parte del pubblico ministero e del difensore dell'interessato**[44] (art. 10, co. 3, c.l.a.m.p.), entro il termine di dieci giorni dalla comunicazione o notificazione dell'avviso di deposito del provvedimento.

Le modalità di presentazione del ricorso sono quelle previste in via generale per le impugnazioni dall'art. 582.

Il ricorso in materia di misure di prevenzione personale, come detto, non ha effetto sospensivo, mentre **i provvedimenti che dispongono la confisca dei beni sequestrati, la confisca della cauzione o l'esecuzione sui beni costituiti in garanzia diventano esecutivi con la definitività delle relative pronunce** (art. 27, co. 2, c.l.a.m.p.).

---

[44] Sul punto v. Corte cost. sent. 15.4.2015, n. 106, nonché Cass., Sez. Un., 29.5.2014, Repaci, n. 33451, che esclude il vizio di motivazione dell'illogicità manifesta di cui all'art. 606, lett e), c. p. p., dal novero di quelli deducibili in sede di legittimità, potendosi esclusivamente denunciare con il ricorso il caso di motivazione inesistente o meramente apparente, poiché qualificabile come violazione dell'obbligo di provvedere con decreto motivato. Cass., Sez. Un. 30.10.2014, Borrelli e altri, n. 46140, ha dichiarato inammissibile il ricorso per cassazione proposto, avverso il decreto che dispone la misura di prevenzione della confisca, dal difensore del terzo interessato non munito di procura speciale, *ex* art. 100; né, in tal caso, può trovare applicazione la disposizione di cui all'art. 182, co. 2, c.p.c. per la regolarizzazione del difetto di rappresentanza.

Il ricorso è deciso in camera di consiglio entro il termine ordinatorio di trenta giorni dalla sua presentazione, secondo le prescrizioni dell'art. 10, co. 3, c.l.a.m.p.

Alcune pronunce ammettono il ricorso per cassazione contro i provvedimenti emessi in materia di misure di prevenzione anche per vizio di motivazione nei limiti consentiti nel giudizio di cassazione e, quindi, anche per mancanza, contraddittorietà o manifesta illogicità della motivazione, risultante dal testo del provvedimento impugnato ovvero da altri atti del processo specificamente indicati nel ricorso.

Ma secondo il prevalente orientamento della Corte di cassazione, confermato dalla Corte costituzionale[45]**, le censure deducibili con il ricorso sono limitate espressamente dall'art. 10, co. 3, c.l.a.m.p. per le misure di prevenzione personale (richiamato a sua volta dall'art. 27, co. 2, c.l.a.m.p. per quelle patrimoniali), alla «violazione di legge»**, sicché l'ambito del sindacato devoluto alla Corte di legittimità non si identificherebbe con quello proprio del motivo di ricorso di cui all'art. 606, co. 1, lett. *e*, ma avrebbe un'estensione circoscritta alla motivazione inesistente o meramente apparente, non potendosi, secondo tale opinione, farsi coincidere la violazione di legge con l'illogicità manifesta della motivazione. Ne deriva che, oltre ai casi di mancanza di motivazione, col ricorso per cassazione contro i decreti emessi in materia di misure di prevenzione la motivazione dovrebbe ritenersi censurabile soltanto quando sia priva dei requisiti minimi di coerenza, di completezza e di logicità, al punto da risultare meramente apparente, o sia assolutamente inidonea a rendere comprensibile il filo logico seguito dal giudice di merito ovvero, ancora, quando le linee argomentative del provvedimento siano talmente scoordinate e carenti dei necessari passaggi logici da fare risultare oscure le ragioni che hanno giustificato l'applicazione della misura. A nostro avviso, la limitazione dell'ambito del ricorso in cassazione nel processo di prevenzione non ha fondamento giuridico, dal momento che, se è previsto il ricorso per cassazione, deve trovare applicazione la disciplina dettata in generale per questo mezzo di impugnazione, senza distinguere tra i provvedimenti impugnati e, pertanto, il ricorso è ammissibile per tutti i motivi indicati nell'art. 606. Non si vede la ragione per cui anche la mancata assunzione di una prova decisiva, quando la parte ne ha fatto richiesta a norma dell'art. 495, co. 2 – analogicamente applicabile – o la mancanza, la contraddittorietà o la manifesta illogicità della motivazione, quando il vizio risulta dal testo del provvedimento impugnato ovvero da altri atti del processo spe-

---

[45] Corte cost., sent. 5.11.2004, n. 321, per le misure di prevenzione personale, e Corte cost., sent. 15.4.2015, n. 106, per quelle patrimoniali.

cificamente indicati nei motivi di gravame, debbano essere sottratti al sindacato di legittimità, pur essendo «violazioni di legge» sulle quali la Corte di cassazione è, in via generale, legittimata ad interloquire sia dall'art. 111, co. 7, Cost., sia dall'art. 606, co. 1, lett. *d* ed *e*. D'altra parte, il controllo logico, e non soltanto giuridico, della motivazione costituisce una piena verifica, da parte di un diverso giudice, della razionalità del potere esercitato, e permette così un riesame rigoroso e completo circa la concreta applicazione del diritto al fatto. Seguendo la tesi restrittiva, il giudice d'appello sarebbe autorizzato a motivare in modo manifestamente illogico o contraddittorio, senza che tale viziata motivazione possa subire alcun controllo, dando luogo ad un processo non certamente "giusto" ai sensi dell'art. 111, co. 7, Cost., né "equo" a norma dell'art. 6 C.e.d.u.

Essendo consentiti solo motivi di legittimità, giustamente la Corte di cassazione ritiene inammissibili le questioni aventi ad oggetto la critica sulla scelta degli elementi indizianti di pericolosità sociale ed il correlativo tentativo di fornire spiegazioni alternative a quelle fatte proprie dai giudici di merito.

È controversa l'applicabilità, nel processo di prevenzione, dell'art. 569, che, com'è noto, consente il ricorso in cassazione *per saltum*, cioè evitando il grado d'appello.

L'art. 10, co. 3, c.l.a.m.p. stabilisce che **la Corte di cassazione «provvede in camera di consiglio»**, per cui è pacifico che si debba seguire la disciplina *ex* art. 611, co. 1. Pertanto, se non è diversamente stabilito e in deroga a quanto previsto dall'art. 127, la Corte giudica sui motivi, sulle richieste del procuratore generale e sulle memorie **senza la partecipazione del procuratore generale e dei difensori**. Fino a quindici giorni prima dell'udienza il procuratore generale presenta le sue richieste e tutte le parti possono presentare motivi nuovi, memorie e, fino a cinque giorni prima, memorie di replica. Tuttavia, il procuratore generale e i difensori possono chiedere la trattazione in camera di consiglio con la loro partecipazione per la decisione (art. 611, co. 1 *bis*, lett. a)[46].

La Corte svolge il proprio sindacato sulla legittimità del provvedimento, controllando, come si è detto, a norma dell'art. 606, co. 1, lett. *d* ed *e*, anche la correttezza della motivazione e la mancata assunzione di una controprova

---

[46] Vigente la precedente disciplina legislativa, la Corte costituzionale aveva giudicato manifestamente infondate le eccezioni di legittimità costituzionale sollevate in proposito sotto vari profili. In passato l'udienza davanti alla Corte di cassazione, nella forma «non partecipata» *ex* art. 611, non trovava ostacolo nella giurisprudenza della Corte europea dei diritti dell'uomo, neppure dopo la citata sentenza della Corte costituzionale n. 93 del 2010, così come confermato dalla medesima Corte nella successiva pronuncia n. 80 del 2011.

decisiva e, se non dichiara l'inammissibilità del ricorso, pronuncia una sentenza di rigetto oppure di annullamento con o senza rinvio.

In caso di annullamento con rinvio è controverso se gli atti debbano essere trasmessi alla stessa sezione che ha adottato il decreto annullato oppure, come sembra preferibile, ad altra sezione della stessa Corte d'appello, diversa da quella che ha emesso il provvedimento o, in mancanza, alla Corte più vicina, in quanto il procedimento di prevenzione ha carattere giurisdizionale ed i decreti che ne concludono le fasi hanno natura sostanziale di sentenza, come riconosciuto dalle Sezioni unite Galdieri del 2010[47].

Si estendono anche al ricorso per cassazione i precetti di cui all'art. 10, co. 2 *bis* e 2 *ter*, c.l.a.m.p., ove ricorrano le ipotesi ivi previste. In caso di annullamento del decreto applicativo di una misura di prevenzione da parte della Corte di cassazione deve essere ordinata l'immediata comunicazione del provvedimento al Procuratore generale presso il giudice competente, dal momento che – ai sensi dell'art. 10, co. 4, c.l.a.m.p. – si osservano in materia le norme del codice di procedura penale riguardanti le misure di sicurezza e, quindi, anche l'art. 626, che regola gli effetti della sentenza della Corte di cassazione sulle misure di sicurezza. Tale disposizione prescrive alla cancelleria della Corte di cassazione di dare immediata comunicazione del dispositivo al Procuratore generale presso la medesima Corte «perché dia i provvedimenti occorrenti», mentre l'art. 28, co. 1, disp. reg. c.p.p., da parte sua, impone alla cancelleria della stessa Corte, quando l'esecuzione consegua alla decisione della stessa Corte di cassazione, di trasmettere «senza ritardo, e comunque entro cinque giorni» l'estratto del provvedimento al pubblico ministero presso il giudice competente per l'esecuzione.

15. Il giudicato

Stante l'ormai indiscusso carattere giurisdizionale del processo di prevenzione e la natura sostanzialmente di sentenza del provvedimento definitivo, **il decreto, se non impugnato o non più impugnabile, diviene irrevocabile ed è assistito dal principio dell'intangibilità del giudicato**.

L'irrevocabilità del decreto di rigetto comporta la cessazione delle misure di prevenzione eventualmente applicate in via provvisoria e degli effetti derivanti da tale applicazione, mentre il decreto irrevocabile che applica la misura di prevenzione diviene esecutivo.

L'art. 11, co. 2, c.l.a.m.p., regola **la revoca o la modifica della misura di prevenzione in corso di esecuzione** prescrivendo che, dopo l'esecuzione della misura stessa, il provvedimento, su istanza dell'interessato e sentita l'au-

[47] Cass., Sez. Un., 29.10.2009, Galdieri, n. 600/2010, cit.

torità di pubblica sicurezza che lo propose, può essere revocato o modificato dall'organo dal quale fu emanato, quando sia cessata o mutata la causa che lo ha determinato. Il provvedimento può essere altresì modificato, anche per l'applicazione del divieto o dell'obbligo di soggiorno, su richiesta dell'autorità proponente, quando ricorrono gravi esigenze di ordine e sicurezza pubblica o quando la persona sottoposta alla sorveglianza speciale abbia ripetutamente violato gli obblighi inerenti alla misura.

L'art. 14, co. 2 *ter*, c.l.a.m.p. disciplina invece la **sospensione dell'esecuzione della sorveglianza speciale** durante il tempo in cui l'interessato è sottoposto a detenzione per espiazione di pena. Dopo la cessazione dello stato di detenzione, se esso si è protratto per almeno due anni, il tribunale verifica, anche d'ufficio, sentito il pubblico ministero che ha esercitato le relative funzioni nel corso della trattazione camerale, la persistenza della pericolosità sociale dell'interessato, assumendo le necessarie informazioni presso l'amministrazione penitenziaria e l'autorità di pubblica sicurezza, nonché presso gli organi di polizia giudiziaria. **Se persiste la pericolosità sociale, il tribunale emette decreto con cui ordina l'esecuzione della misura di prevenzione. Se invece la pericolosità sociale è cessata, il tribunale emette decreto con cui revoca il provvedimento di applicazione della misura di prevenzione**.

Si suole dire, con gergo giudiziario, che **il giudicato "copre il dedotto e il deducibile"**, ma in dottrina si ritiene che, nel processo di prevenzione, ciò non impedisca la valutabilità di quegli elementi di fatto che non potevano essere conosciuti o che, emersi da nuove risultanze probatorie, acquistano un significato diverso che a suo tempo non poteva essere loro riconosciuto. È giurisprudenza costante che **il principio dell'intangibilità del giudicato opera, in tema di misure di prevenzione, nei limiti della condizione *rebus sic stantibus***, secondo i *dicta* di diverse pronunce delle Sezioni Unite della Corte di cassazione[48]. Solo entro questo limite le Sezioni Unite riconoscono

---

[48] Cass., Sez. Un., 12.11.1993, Gallucci, avevano ammesso, in generale, che anche i provvedimenti diversi dalla sentenza acquistano l'irrevocabilità. In particolare, si era affermato che le ordinanze inoppugnabili e quelle impugnabili, qualora non siano state impugnate o si siano esauriti i diversi gradi di impugnazione, acquistano la caratteristica dell'irrevocabilità che, pur non essendo parificabile all'autorità di cosa giudicata, parimenti porta con sé il limite negativo della preclusione, nel senso di non consentire il *bis in idem*, salvo che siano cambiate le condizioni in base alle quali fu emessa la precedente decisione. Successivamente Cass., Sez. Un., 19.1.1994, Cellerini ed altri, avevano chiarito che l'autorità di cosa giudicata non va scambiata con l'esecutorietà di una decisione, perché l'esecutorietà non è sufficiente ad attribuire ad un provvedimento la suddetta autorità e, talvolta, neppure il carattere della irrevocabilità mentre vi possono essere decisioni aventi autorità di cosa giudicata senza essere in tutto o in parte eseguibili. Ancora Cass., Sez. Un., 3.7.1996, Simonelli e altri, affermarono che, poiché nel procedimento di prevenzione il giudicato produce una preclusione allo stato degli atti, è consentita la rivalutazione della pericolosità del proposto con l'eventuale aggravamento delle misure già applicate, qualora sopravvengano elementi indiziari

che i provvedimenti relativi alle misure di prevenzione hanno natura sostanziale di sentenza e acquistano un'intangibilità relativa, divenendo suscettibili di costituire ostacolo all'instaurarsi di un ulteriore analogo procedimento, per cui nessuna preclusione deriva da un precedente rigetto della richiesta di sequestro dei beni dell'indiziato di appartenere ad un'associazione di tipo mafioso, perché nessuno sbarramento può operare all'esercizio dei poteri cautelari del Tribunale, essendo quello in esame un provvedimento non suscettibile di passare in cosa giudicata. Le Sezioni Unite ritengono di aver trovato una conferma testuale di tale soluzione nell'art. 11, co. 2, c.l.a.m.p., il quale stabilisce che il provvedimento applicativo delle misure di prevenzione, su istanza dell'interessato e sentita l'autorità di pubblica sicurezza che l'ha proposto, può essere revocato o modificato dall'organo che lo ha emanato quando sia cessata o mutata la causa che lo ha determinato: ciò costituirebbe conferma dei limiti preclusivi del peculiare "giudicato di prevenzione", essendo relativa l'immutabilità del provvedimento definito *rebus sic stantibus*, il quale, accertando lo *status* di pericolosità sociale di una persona, «non ha il crisma della definitività, in quanto elementi comunque non presi in considerazione sfuggono alla preclusione»[49].

Ne consegue – sempre secondo le Sezioni Unite – che, poiché la decisione di prevenzione non accerta la sussistenza di un fatto-reato e la responsabilità di una persona, gli elementi non presi in considerazione nei passaggi argomentativi e nei presupposti di fatto della decisione sfuggirebbero alla preclusione, ponendosi in una relazione di novità[50]. Le Sezioni Unite osservano, ancora, che la misura di prevenzione, avendo carattere strumentale ed insita la provvisorietà, è finalizzata al contenimento della pericolosità sociale e quindi alla prevenzione di reati: ne risulta l'"affinità strutturale e sistematica" con le misure cautelari per il comune carattere di strumentalità e di provvisorietà in quanto decisioni "allo stato degli atti" non immutabili, tanto da ravvisare una simmetria tra l'art. 11 c.l.a.m.p. e l'art. 299, che prevede la revoca o la sostituzione di dette misure cautelari «anche per fatti sopravvenuti». Il legislatore ha, infatti, ritenuto legittima la rivalutazione della posizione del soggetto interessato ed altresì la reiterazione di una misura cautelare per gli stessi fatti che si renda necessaria a seguito della caducazione di una precedente, qualora non ricorra alcuna preclusione, la quale è di ostaco-

---

non precedentemente noti. Cass., Sez. Un., 7.2.2001, Madonia, ha ulteriormente precisato che i provvedimenti relativi alle misure di prevenzione danno luogo ad una preclusione processuale, impedendo a qualsiasi giudice di prendere cognizione della questione già decisa, in mancanza di deduzione di fatti nuovi modificativi della situazione definita allo stato degli atti.

[49] Cass., Sez. Un., 7.2.2001, Madonia, cit.

[50] Cass., Sez. Un., 30.3.1998, Pisco.

lo ad una riproposizione quando non intervenga una modificazione dei fatti di riferimento[51]. Pertanto, secondo le Sezioni Unite il principio dell'intangibilità della decisione non troverebbe applicazione in materia di prevenzione, in quanto non potrebbe verificarsi una situazione di "cosa giudicata" in senso proprio, dal momento che sulla base di nuovi elementi di pericolosità può instaurarsi un nuovo, diverso procedimento di prevenzione, alla stregua di una nuova considerazione della situazione di fatto sotto entrambi i profili, personale e patrimoniale[52]. In altre parole, una volta divenuto definitivo il decreto che decide sull'applicazione di una misura di prevenzione, contro la stessa persona non può essere avanzata proposta per l'irrogazione di un'ulteriore misura di prevenzione basata sui medesimi elementi. Soltanto il sopravvenire di fatti nuovi e diversi può giustificare l'apertura di un altro procedimento a carico dell'interessato. In particolare, la Corte di cassazione afferma che, allorché sia stata applicata una misura di prevenzione, anche prima della sua esecuzione è legittimo, purché fondato su un diverso "quadro sintomatico", un nuovo e autonomo provvedimento applicativo della medesima misura, la cui esecuzione è destinata a saldarsi con quella della prima senza soluzione di continuità, non esistendo, in linea di principio, ostacoli al cumulo[53]. È affermazione corrente che il decreto non impugnato ovvero non più impugnabile diviene definitivo e pertanto contro la stessa persona non può essere irrogata una ulteriore misura basata sugli stessi elementi in base ai quali era stata inflitta la precedente. Giurisprudenza e dottrina traggono da questo principio la conseguenza che per procedere nei confronti del medesimo soggetto debbono essere valutati nuovi e diversi fatti[54]. Ma tale orientamento giurisprudenziale non può essere accolto perché

---

[51] In questo senso v. già Cass., Sez. Un., 3.10.1997, Gibilras, e Cass., Sez. Un., 10.9.1992, Grazioso ed altri.

[52] Cass., Sez. Un., 7.2.2001, Madonia, cit.

[53] Cass., Sez. Un., 29.10.2009, Galdieri, cit. sottolinea che «Il principio del *ne bis in idem* è applicabile anche nel procedimento di prevenzione, ma la preclusione del giudicato opera *rebus sic stantibus* e, pertanto, non impedisce la rivalutazione della pericolosità ai fini dell'applicazione di una nuova o più grave misura ove si acquisiscano ulteriori elementi, precedenti o successivi al giudicato, ma non valutati, che comportino un giudizio di maggiore gravità della pericolosità stessa e di inadeguatezza delle misure precedentemente adottate».

[54] Cass., Sez. Un., 29.10.2009, Galdieri, cit., ha affermato che non costituisce violazione del principio *ne bis in idem* la rilevanza data ad una sentenza di condanna emessa nei confronti del proposto che già abbia costituito il presupposto di una misura di prevenzione precedentemente inflitta, quando la sentenza stessa sia menzionata solo come antecedente storico, rilevante, al pari della misura già emessa, ai fini della valutazione della personalità del soggetto in coordinazione con altri dati indiziari, dal momento che nel procedimento di prevenzione la preclusione derivante dal giudicato opera sempre *rebus sic stantibus* e non impedisce la rivalutazione della pericolosità qualificata, ove sopravvengano nuovi elementi indiziari, precedentemente ignorati, che comporti

confonde la revocabilità della misura con la revocabilità del decreto conclusivo del processo di prevenzione, per cui il nuovo provvedimento, sia pure nei confronti dello stesso soggetto, è però basato su fatti diversi, e quindi, in realtà, ha ad oggetto un'altra *res iudicanda*, diversa dalla prima, che resta irrevocabilmente giudicata. Infatti, il decreto che applica una misura di prevenzione, spirato il termine per impugnarlo o esauriti i gravami, diventa irrevocabile, ma gli effetti della misura restano condizionati al permanere della pericolosità sociale del proposto, per cui il venir meno di questa comporta la revoca della misura, cioè il provvedimento resta irrevocabile anche se viene revocata la misura. Tale elementare distinzione emerge anche nel procedimento di sorveglianza, dove il provvedimento di concessione di un "beneficio penitenziario", dopo l'inutile decorso del termine per impugnarlo, è da considerare irrevocabile, mentre l'applicazione del "beneficio" rimane condizionata al perdurare dell'idoneità del trattamento, per cui il venir meno di questa comporta la revoca del "beneficio" stesso. Di conseguenza si ritiene difficilmente prospettabile un'ipotesi di conflitto di giudicati, avuto riguardo appunto alla limitata operatività del *ne bis in idem*, e comunque si afferma in giurisprudenza l'estensibilità alle misure di prevenzione della disciplina dettata per le sentenze ed i decreti penali di condanna dall'art. 669, che, com'è noto, prevede, quando più sentenze di condanna divenute irrevocabili sono state pronunciate contro la stessa persona per il medesimo fatto, l'esecuzione della pronunzia più favorevole, a condizione, però, che si tratti di provvedimenti aventi identica natura ed efficacia e, dunque, relativi alla medesima misura o a misure omogenee.

Sono numerosi gli **effetti del giudicato**. Infatti, una volta divenuto definitivo il decreto che ha applicato la misura di prevenzione, personale o patrimoniale, questo acquista l'**esecutività** e, **in caso di confisca, il bene viene devoluto allo Stato e affidato all'Agenzia nazionale per l'amministrazione e la destinazione dei beni sequestrati e confiscati alla criminalità organizzata** al fine di assicurare allo stesso una destinazione sociale (art. 110 ss. c.l.a.m.p.).

Ai fini della restituzione del bene confiscato, resta invece irrilevante la sopravvenuta cessazione della pericolosità del soggetto per morte o risocializzazione.

Il giudicato comporta diversi altri effetti, alcuni disciplinati dallo stesso c.l.a.m.p., altri da leggi speciali.

Il c.l.a.m.p. prevede che **la definitività del decreto di accoglimento della proposta della misura della sorveglianza speciale, semplice o con divieto od**

no una valutazione di maggiore gravità della pericolosità stessa e un giudizio di inadeguatezza delle misure adottate.

obbligo di soggiorno, comporta l'iscrizione nel casellario giudiziale (artt. 81, co. 3, c.l.a.m.p. e 3, co. 1, lett. *l*, d.P.R. 14.11.2002, n. 313, «*Testo unico delle disposizioni legislative e regolamentari in materia di casellario giudiziale, di anagrafe delle sanzioni amministrative dipendenti da reato e dei relativi carichi pendenti*») **e il divieto di menzione in certificati diversi da quello del casellario giudiziale. Non devono invece iscriversi i provvedimenti che applicano misure patrimoniali di prevenzione.**

Altro effetto del giudicato è l'**aggravamento delle sanzioni penali** in caso di commissione di reati da parte del soggetto sottoposto con provvedimento definitivo ad una misura di prevenzione personale (artt. 71-76 c.l.a.m.p.).

La definitività del provvedimento di prevenzione comporta numerosi **altri effetti**. Essi sono il diniego o la revoca della patente di guida per autoveicoli (artt. 120, co. 1 e 130, co. 1, d.lgs. 30.4.1992, n. 285, «*Nuovo codice della strada*»)[55] e per imbarcazioni da diporto (art. 6, co. 1, d.P.R. 9.10.1997, n. 431, «*Regolamento sulla disciplina delle patenti nautiche*»), il diniego o il ritiro del passaporto (artt. 3, lett. *e*, e 12, co. 1, L. 21.11.1967, n. 1185, «*Norme sui passaporti*»), il diniego delle autorizzazioni di polizia prescritte in materia di armi (art. 9, co. 2, L. 18.4.1975, n. 110, «*Norme integrative della disciplina vigente per il controllo delle armi, delle munizioni e degli esplosivi*»), l'incapacità di rivestire le cariche di amministratore, direttore generale, dirigente munito di rappresentanza e sindaco nelle società fiduciarie e di revisione ed in quelle di gestione dei fondi comuni di investimento (art. 28, co. 1, L. n. 55 del 1990), difetto di idoneità degli esponenti aziendali (art. 26, co. 1, d.lgs. 1.9.1993, n. 385, «*Testo unico delle leggi in materia bancaria e creditizia*»), la perdita dell'elettorato attivo (art. 6, c.l.a.m.p.), finché durano gli effetti dei provvedimenti stessi» (art. 2, co. 1, lett. *b*, d.P.R. 20.3.1967, n. 223, «*Testo unico delle leggi per la disciplina dell'elettorato attivo e per la tenuta e la revisione delle liste elettorali*»), con conseguente cancellazione dalle liste elettorali (art. 32, d.P.R. n. 223 del 1967), la decadenza dagli uffici politici (art. 15, co. 1, lett. *f*, e co. 3, L. n. 55 del 1990 abrogato, salvo per quanto riguarda gli amministratori e i componenti degli organi comunque denominati delle aziende sanitarie locali e ospedaliere, i consiglieri regionali, dall'art. 274, co. 1, lett. *p*, d.lgs. 18.8.2000, n. 267, «*Testo unico delle leggi sull'ordinamento degli enti locali*», e sostituito dall'art. 58, co. 1, lett. *e* dello stesso d.lgs. n. 267 del 2000), la cancellazione dall'albo nazionale dei costruttori

---

[55] La Corte costituzionale ha dichiarato l'illegittimità costituzionale dell'art. 120, co. 2, d.lgs. 30.4.1992, n. 285 (Nuovo codice della strada) nella parte in cui dispone che il prefetto «provvede» – invece che «può provvedere» – alla revoca della patente di guida nei confronti dei soggetti che sono o sono stati sottoposti a misure di prevenzione ai sensi del d.lgs. 6.9.2011, n. 159 (c.l.a.m.p.) (Corte cost. 6.5.2020, n. 99).

(art. 21, co. 1, n. 2 *bis*, L. 10.2.1962, n. 57, «*Istituzione dell'Albo nazionale dei costruttori*»), lo scioglimento dei consigli comunale e provinciale per «infiltrazioni mafiose» (art. 143, d.lgs. n. 267 del 2000), l'espulsione «amministrativa» dal territorio dello Stato dello straniero quando appartiene a taluna delle categorie indicate negli artt. 1, 4 e 6 c.l.a.m.p. (art. 13, co. 2, lett. *c*, d.lgs. 25.7.1998, n. 286, «*Testo unico delle disposizioni concernenti la disciplina dell'immigrazione e norme sulla condizione dello straniero*»).

Tra gli effetti del giudicato possono ricomprendersi anche il **fermo di indiziato di delitto** e l'**intercettazione di conversazioni o comunicazioni**.

Nei confronti dei soggetti ai quali è stata applicata dall'autorità giudiziaria una misura di prevenzione personale è consentito il fermo di indiziato di delitto, anche al di fuori dei limiti di cui all'art. 384, purché si tratti di reato per il quale l'arresto discrezionale in flagranza è consentito ai sensi dell'art. 381 del medesimo codice.

Il Procuratore della Repubblica del luogo dove le operazioni debbono essere eseguite, può autorizzare gli ufficiali di polizia giudiziaria ad intercettare comunicazioni o conversazioni telefoniche, telegrafiche, informatiche, telematiche o mediante qualunque altra trasmissione a distanza di suoni, immagini od altri dati, quando lo ritenga «necessario al fine di controllare» che i soggetti nei cui confronti sia stata applicata dall'autorità giudiziaria una delle misure di prevenzione personale «non continuino a porre in essere attività o comportamenti analoghi a quelli che hanno dato luogo all'applicazione della misura di prevenzione». Si osservano, «in quanto compatibili», le modalità previste dall'art. 268 per l'esecuzione delle operazioni di intercettazione. Gli elementi acquisiti attraverso le intercettazioni «possono essere utilizzati esclusivamente per la prosecuzione delle indagini e sono privi di ogni valore ai fini processuali». Le registrazioni debbono essere trasmesse al Procuratore della Repubblica che ha autorizzato le operazioni, il quale dispone la distruzione delle registrazioni stesse e di ogni loro trascrizione, sia pure parziale (art. 78 c.l.a.m.p.).

16. La revisione

Come nel processo penale è possibile la revisione del giudicato di condanna, nel procedimento di prevenzione **il provvedimento che ha applicato la misura di prevenzione, personale o patrimoniale, pure se irrevocabile, può essere revocato o modificato, anche *in peius*.** È anche questa una peculiarità negativa del procedimento di prevenzione rispetto al processo penale, nel quale, com'è noto, la revisione del giudicato, avendo ad oggetto soltanto i provvedimenti di condanna, è istituto *pro reo*.

La giurisprudenza afferma che, in materia di prevenzione, il giudicato è *rebus sic stantibus* e gli eventuali errori di fatto intervenuti nel corso del procedimento sono ordinariamente emendabili, non col ricorso straordinario per errore materiale o di fatto, ma attraverso l'istituto della revoca.

Infatti, **il provvedimento che ha applicato la misura di prevenzione personale, su istanza dell'interessato e sentita l'autorità di pubblica sicurezza che lo propose, può essere revocato o modificato dall'organo dal quale fu emanato «quando sia cessata o mutata la causa che lo ha determinato».**

Il provvedimento può essere altresì modificato, **anche per l'applicazione del divieto o dell'obbligo di soggiorno, su richiesta dell'autorità proponente, quando ricorrono «gravi esigenze di ordine e sicurezza pubblica o quando la persona sottoposta alla sorveglianza speciale abbia ripetutamente violato gli obblighi inerenti alla misura»** (art. 11, co. 2, c.l.a.m.p.).

Il ricorso contro il provvedimento di revoca o di modifica non ha effetto sospensivo. Nel caso di modificazione del provvedimento o di taluna delle prescrizioni per «gravi esigenze di ordine e sicurezza pubblica, ovvero per violazione degli obblighi inerenti alla sorveglianza speciale», il presidente del tribunale può, nella pendenza del procedimento, disporre con decreto l'applicazione provvisoria della misura, delle prescrizioni o degli obblighi richiesti con la proposta (art. 11 c.l.a.m.p.).

Riguardo alle misure di prevenzione patrimoniale, la revocazione della decisione definitiva sulla confisca di prevenzione può essere richiesta, nelle forme previste per la revisione dagli artt. 630 ss., «in quanto compatibili», alla Corte d'appello individuata secondo i criteri di cui all'art. 11 (art. 28, co. 1, c.l.a.m.p.)[56].

Le ipotesi di revisione, similari a quelle per cui è ammessa la revisione del giudicato penale, si riferiscono al caso di scoperta di prove nuove decisive, sopravvenute alla conclusione del procedimento; a fatti accertati con sentenze penali definitive, sopravvenute o conosciute in epoca successiva alla conclusione del procedimento di prevenzione, i quali escludano in modo assolu-

---

[56] Le Sezioni unite, in tema di misure di prevenzione patrimoniale, hanno precisato che il rimedio esperibile avverso il provvedimento definitivo di confisca fondato sulla pericolosità generica, *ex* art. 1, co. 1, lett. a), d.lgs. 6.9.2011, n. 159, al fine di far valere il difetto originario dei presupposti della misura, a seguito della sopravvenuta sentenza della Corte costituzionale n. 24 del 2019, è la richiesta di revocazione, di cui all'art. 28, co. 2, del d.lgs. citato. Da parte sua, la Corte di cassazione, investita del ricorso in materia di confisca di prevenzione definitiva, adottata. In relazione alle ipotesi di pericolosità generica ai sensi dell'art. 1, co. 1, lett. a) e lett. b), d.lgs. 6.9.2011, n. 159, per far valere gli effetti della declaratoria di illegittimità costituzionale pronunciata con sentenza n. 24 del 2019, è tenuta all'annullamento senza rinvio della sola misura fondata, in via esclusiva, sull'ipotesi di cui all'art. 1, co. 1, lett. a) (Cass., Sez. un., 16.12.2021 (dep. 31.1.2022), Eugenio Fiorentino, n. 3513/2022).

to l'esistenza dei presupposti per l'applicazione della confisca; al caso in cui la decisione sulla confisca sia stata motivata, unicamente o in modo determinante, sulla base di atti riconosciuti falsi, di falsità nel giudizio ovvero di un fatto previsto dalla legge come reato (art. 28, co. 1, lett. *a*, *b* e *c*, c.l.a.m.p.). Analogamente deve ritenersi ammessa anche la richiesta alla Corte di cassazione *ex* art. 628 *bis* per l'eliminazione degli effetti pregiudizievoli delle decisioni adottate in violazione della Convenzione per la salvaguardia dei diritti dell'uomo e delle libertà fondamentali o dei Protocolli addizionali[57].

In ogni caso la revoca della confisca può essere richiesta solo al fine di dimostrare il «difetto originario dei presupposti per l'applicazione della misura» (art. 28, co. 2, c.l.a.m.p.). La richiesta di revoca deve essere proposta, a pena di inammissibilità, entro sei mesi dalla data in cui si verifica uno dei casi di revisione, elencati all'art. 28, co. 1, c.l.a.m.p., a meno che l'interessato, con una vera e propria "prova diabolica", non dimostri di non averne avuto conoscenza per causa a lui non imputabile (art. 28, co. 3, c.l.a.m.p.)[58]. Non costituisce prova nuova una diversa valutazione tecnico-scientifica di dati già valutati, che si tradurrebbe in apprezzamento critico di emergenze oggettive già conosciute e delibate nel procedimento. Quando accoglie la richiesta di revocazione, la Corte d'appello provvede, ove del caso, alla restituzione dei beni confiscati, ai sensi dell'art. 46 c.l.a.m.p., anche per equivalente. Più precisamente, il rinvio alla predetta disposizione determina che la restituzione dei beni confiscati, ad eccezione dei beni culturali di cui all'art. 10, co. 3,

[57] La giurisprudenza in passato riteneva applicabile la c.d. "revisione europea", introdotta dalla Corte cost., sent. 4.4.2011, n. 113, che dichiarò l'illegittimità costituzionale dell'art. 630, nella parte in cui non prevede un diverso caso di revisione della sentenza o del decreto penale di condanna al fine di conseguire la riapertura del processo, quando ciò sia necessario, ai sensi dell'art. 46, paragrafo 1, della Convenzione per la salvaguardia dei diritti dell'uomo e delle libertà fondamentali, per conformarsi ad una sentenza definitiva della Corte europea dei diritti dell'uomo.

[58] Secondo la giurisprudenza affermatasi in tema di revisione, per "prova nuova", deve intendersi, non solo quella sopravvenuta o scoperta successivamente alla sentenza definitiva di condanna, ma anche quella non acquisita nel precedente giudizio e quella che, seppur acquisita, non è stata valutata, neanche implicitamente, sempre che non si tratti di prova dichiarata inammissibile o ritenuta superflua dal giudice (Cass., Sez. Un., 26.9.2001, P.M. in proc. Pisano). Le Sezioni unite della Corte di cassazione, investite del quesito se, ai fini della revocazione della confisca, nella nozione di «prove nuove decisive, sopravvenute alla conclusione del procedimento» debbano includersi, o meno, anche le prove preesistenti alla definizione del giudizio che, sebbene deducibili in tale sede, non siano però state dedotte, e perciò valutate, in conformità alla nozione di prova nuova come elaborata ai fini della revisione nel procedimento penale, hanno statuito che la prova nuova, rilevante ai fini della revocazione della misura ai sensi dell'art. 28, d.lgs. 6.9.2011, n. 159, è sia quella sopravvenuta alla conclusione del procedimento di prevenzione, essendosi formata dopo di esso, sia quella preesistente ma incolpevolmente scoperta dopo che la misura è divenuta definitiva; non lo è, invece, quella deducibile e non dedotta nell'ambito del suddetto procedimento, salvo che l'interessato dimostri l'impossibilità di tempestiva deduzione per forza maggiore (Cass., Sez. Un., 26.5.2022, Lo Duca e altri, n. 43668).

d.lgs. 22.1.2004, n. 42 (*Codice dei beni culturali e del paesaggio*) e degli immobili e delle aree dichiarati di notevole interesse ai sensi dell'art. 136 e ss., d.lgs. n. 42 del 2004, nell'ambito delle risorse disponibili a legislazione vigente, può avvenire anche per equivalente, al netto delle migliorie, quando i beni medesimi sono stati assegnati per finalità istituzionali o sociali, per fini di giustizia o di ordine pubblico o di protezione civile e la restituzione possa pregiudicare l'interesse pubblico. In tal caso, pertanto, il soggetto nei cui confronti venga, a qualunque titolo, dichiarato il diritto alla restituzione del bene ha diritto ad ottenere una somma equivalente al valore del bene confiscato quale risulta dal rendiconto di gestione, al netto delle migliorie e rivalutato sulla base del tasso di inflazione annua. Se si tratta di beni immobili, si tiene conto dell'eventuale rivalutazione delle rendite catastali (art. 46, co. 1, c.l.a.m.p.). Il tribunale, infine, determinato il valore del bene, ordina il pagamento della somma ponendola a carico del Fondo Unico Giustizia, se il bene è stato venduto ovvero dell'amministrazione assegnataria, in tutti gli altri casi (art. 46, co. 3, lett. *a* e *b*, c.l.a.m.p.).

È da ritenersi analogicamente applicabile anche l'art. 629 *bis* che prevede la rescissione del giudicato al soggetto sottoposto a misura di prevenzione con decreto passato in giudicato nei cui confronti si sia proceduto in assenza, qualora provi che sia stato dichiarato assente in mancanza dei relativi presupposti e che non abbia potuto proporre impugnazione senza sua colpa, salvo che risulti che abbia avuto effettiva conoscenza della pendenza del procedimento prima della pronuncia del decreto.

17. La riabilitazione

L'art. 70 c.l.a.m.p. disciplina l'istituto della riabilitazione, limitandola alle **sole misure personali di prevenzione**. In particolare, si prevede che dopo tre anni dalla cessazione della misura di prevenzione, l'interessato può chiedere la riabilitazione. Quando, invece, la misura di prevenzione personale è applicata nei confronti dei soggetti di cui all'art. 4, co. 1, lett. *a* e *b*, c.l.a.m.p. il termine è aumentato a cinque anni (art. 70, co. 4, c.l.a.m.p.), con un'inspiegabile distonia di questo meccanismo con l'omologo istituto di cui all'art. 179 c.p. dettato in riferimento alla condanna penale, ove, anche per i delitti *de quibus*, si consente la riabilitazione decorsi tre anni dal giorno in cui la pena principale sia stata eseguita o sia in altro modo estinta.

La riabilitazione è concessa, se **il soggetto «ha dato prova costante ed effettiva di buona condotta»**, dalla Corte d'appello nel cui distretto ha sede l'autorità giudiziaria che dispose l'applicazione della misura di prevenzione o dell'ultima misura di prevenzione.

La riabilitazione comporta la «cessazione di tutti gli effetti pregiudizievoli riconnessi allo stato di persona sottoposta a misure di prevenzione nonché la cessazione dei divieti previsti dall'art. 67». Si osservano, «in quanto compatibili», le disposizioni del codice di procedura penale riguardanti la riabilitazione (art. 70, co. 1, 2 e 3, c.l.a.m.p.).

Il procedimento di riabilitazione è disciplinato dall'art. 666, relativo agli incidenti di esecuzione, in virtù del richiamo alle disposizioni del codice di procedura penale riguardanti la riabilitazione penale e, quindi, all'art. 678 che regolamenta il rito di sorveglianza, il quale a sua volta impone di adottare la procedura relativa agli incidenti di esecuzione.

La giurisprudenza afferma che la procedura da adottare in tema di riabilitazione è quella indicata dall'art. 678, co. 1, che rinvia al precedente art. 666, il quale prevede, a pena di nullità, l'avviso alle parti della data d'udienza e la necessaria partecipazione del difensore e del pubblico ministero, oltre l'audizione dell'interessato che ne abbia fatto richiesta, per cui il provvedimento adottato *de plano* è viziato di nullità assoluta. L'udienza si svolge, su istanza degli interessati, nelle forme dell'udienza pubblica.

Il provvedimento conclusivo è un'ordinanza, dal momento che l'incidente di esecuzione viene deciso con tale provvedimento.

Contro l'ordinanza possono ricorrere per cassazione il pubblico ministero e il difensore dell'interessato (art. 666, co. 6), ai quali il provvedimento è, senza ritardo, comunicato e notificato.

Come i provvedimenti definitivi di applicazione della misura di prevenzione della sorveglianza speciale, semplice o con divieto od obbligo di soggiorno, anche le ordinanze riabilitative debbono essere iscritte nel casellario giudiziale, a norma degli artt. 81, co. 3, c.l.a.m.p.) e 3, co. 1, lett. *l*, d.P.R. n. 313 del 2002.

18. Conclusioni

Le misure di prevenzione, personali e patrimoniali, hanno senza dubbio un contenuto sostanzialmente sanzionatorio e, ciononostante, sono irrogate con minimali garanzie da una giurisdizione solo apparente che trasforma il giudice in poliziotto, dopo che la prova è già stata assunta in segreto e senza contraddittorio dalla polizia o dal pubblico ministero.

Anche il giudizio, che si limita a confermare il sospetto di polizia, è caratterizzato da **bulimia probatoria, vaghi indizi e irragionevoli presunzioni, inversione dell'onere della prova**[59] **con pretese di "prova diaboli-**

---

[59] L'inversione dell'onere della prova sull'origine legittima di presunti proventi o altri beni confiscabili non è applicata in modo efficace negli Stati parti alla Convenzione n. 198 del Consiglio d'Europa del 16.5.2005, in vigore sul piano internazionale dal 1.5.2008 (che ha aggiornato

ca" a carico del proposto[60]**, scorciatoie procedurali e mutilazioni della difesa.**

La realtà è che **il processo di prevenzione sta ormai scalzando il processo penale perché lo sostituisce con la funzione di surrogare una prova insufficiente per condannare e confiscare**. E quando esiste la prova sufficiente per il processo penale il soggetto è sanzionato due volte per lo stesso fatto, cioè sia con la pena detentiva per il reato, sia con la misura di prevenzione.

Si può concludere constatando che il "diritto di polizia", nato con natura amministrativa e che perciò non dovrebbe mai incidere sui diritti fondamentali dell'uomo, ha usurpato il nome di "diritto della prevenzione", ammantando formalmente dei caratteri giurisdizionale e processuale ciò che non è altro che un potere di polizia, ma con pesanti e inammissibili intrusioni nella libertà personale e di circolazione e nel diritto di proprietà.

In definitiva, il sistema di prevenzione criminale, che dovrebbe mirare a tutelare la sicurezza pubblica, tenta di raggiungere tale risultato applicando ad un semplice indiziato, sulla base di presunzioni difficilmente superabili, una "sanzione senza colpa e senza processo" e quindi si tratta di **un vero e proprio corpo estraneo al nostro ordinamento giuridico**, che, speriamo quanto prima, soltanto una salutare crisi di rigetto potrà espellere.

---

quella dell'8.10.1990) sul riciclaggio, la ricerca, il sequestro e la confisca dei proventi di reato e sul finanziamento del terrorismo, nota come Convenzione di Varsavia. È quanto ha scritto il Comitato della Convenzione nel rapporto sull'applicazione tematica orizzontale, presentato il 30.6.2021 nel corso della Conferenza degli Stati parti, dedicato all'art. 3, par. 4 del Trattato. La norma indicata prevede che ogni stato Parte adotti le misure legislative o di altro tipo necessarie per esigere che, nel caso di una o più infrazioni gravi, come definite nel diritto interno, il presunto autore dell'illecito dimostri l'origine dei suoi beni che potrebbero essere i proventi del reato. Malgrado la presenza della norma, come risulta sulla base dei questionari raccolti dal Comitato, diversi Stati non hanno introdotto una regola *ad hoc* o hanno dichiarato di non volerla applicare. L'Italia, ad esempio, che ha ratificato la Convenzione il 21.2.2017, ha posto una riserva con la quale dichiara di non applicare l'art. 3, par. 4. Tuttavia, nelle risposte presentate le autorità nazionali hanno dichiarato che in Italia esistono già, nella legislazione antimafia, specifiche forme di inversione dell'onere della prova con le misure di prevenzione patrimoniali. Il Comitato ha perciò chiesto alle autorità italiane di ritirare la riserva posta.

[60] La giurisprudenza esige che il proposto non si limiti ad indicare l'esistenza di una provvista sufficiente per concludere il negozio di acquisto dei beni, ma dimostri pure gli elementi fattuali dai quali il giudice possa dedurre che i beni non sono stati acquistati con i proventi di attività illecita ovvero ricorrendo a esborsi non sproporzionati rispetto alla sua capacità reddituale.